U0615527

中華大典

醫藥衛生典

四川出版集團·巴蜀書社

《中華大典》工作委員會

主　任：柳斌傑　金人慶

副主任：李　彥　李東生　于永湛　鄔書林　張少春　李衛紅
周和平　陳金泉　李靜海

委　員：張小影　伍　杰　朱新均　吳尚之　孫　明　王家新
徐維凡　劉小琴　毛群安　遲　計　曹清堯　彭常新
王志勇　潘教峰　姜文明　王　正　石立英　安平秋
陳祖武　詹福瑞　戴龍基　宋煥起　孫　顒　陳　昕
魏同賢　王建輝　朱建綱　高紀言　莫世行　段志洪
湯漢清　何學惠　甄樹聲　馮俊科　譚　躍　羅小衛
王兆成

《中華大典》編纂委員會

總主編：任繼愈

副主編：席澤宗 程千帆 戴　逸 吳文俊 柯　俊 傅熹年

編　委：卞孝萱 任繼愈 李明富 余瀛鰲 林仲湘 郁賢皓
馬繼興 袁世碩 席澤宗 陳美東 黄永年 章培恒
張永言 張晉藩 葛劍雄 董治安 程千帆 傅世垣
曾棗莊 龐　朴 趙振鐸 劉家和 潘吉星 錢伯城
戴　逸 楊寄林 穆祥桐 吳文俊 金正耀 戴念祖
柯　俊 金維諾 白化文 汪子春 周少川 孫培青
朱祖延 傅熹年 李　申 郭書春 熊月之 柴劍虹
吳子勇 寧　可 江曉原 鄭國光 吳征鎰 尹偉倫
魏明孔

《中華大典》前言

《中華大典》是運用我國歷代漢文古籍編纂的一部大型工具書。其目的是爲學術界及願意了解中國古代珍貴文化典籍的人士提供準確詳實、便於檢索的漢文古籍分類資料。

中國是世界文明古國之一，幾千年來纂寫和聚集的文化典籍浩如烟海。我國歷代都有編纂類書的優良傳統，具有代表性的《永樂大典》等大多已佚失，現存《古今圖書集成》編就距今也已數百年。爲了適應今天和以後研究和檢索的需要，一九八八年海内外三百多位專家學者和各古籍出版社同仁倡議，在已有類書的基礎上，用現代科學方法編纂一部新的類書《中華大典》。

國務院在關於編纂《中華大典》問題的批覆中指出，編纂《中華大典》『是我國建國以來最大的一項文化出版工程』。本書所收漢文古籍上起先秦，下迄清末，約三萬種，達七億多字，分爲二十四個典，近百個分典，内容廣博，規模宏大，前所未有。

《中華大典》的編纂工作堅持科學態度和百花齊放、百家争鳴方針。儘量採用古精校精刻本，優先採用我國建國後文獻學和考古學的優秀成果。對傳統文化中重要的不同學派的資料，兼收並蓄。運用現代圖書分類的方法，對搜集到的資料，精選、精編，力求便於檢索、準確可信。

這項工作從開始起就受到中共中央、國務院和有關部門的重視和支持。國家主席江澤民、國務院總理李鵬分别爲《中華大典》題詞。江澤民的題詞是：『同心同德，群策群力，認真編好中華大典，爲建設有中國特色的社會主義服務。』李鵬的題詞是：『繼承和弘揚民族優秀傳統文化。』全國政協主席李瑞環、國務委員李鐵映也作了重要指示，要求抓緊辦理。一九九〇年五月，國務院批准《中華大典》爲國家重點古籍整理項目。一九九二年九月，正式成立了《中華大典》工作委員會和《中華大典》編纂委員會，召開了《中華大典》工作、編纂會議。自此，《中華大典》的編纂工作由試點轉入正式啓動，逐步鋪開。

編纂《中華大典》，學術性很强，工作量很大，工程十分艱巨，全賴廣大專家學者和全國各有關高等院校、科研院所、圖書館、出版單位的鼎力支持與積極參與。大家本着弘揚中華民族優秀文化的心願，發揚奉獻精神，克服各種困難，團結協作，給這部巨大類書的出版提供了根本保證。在此謹表示誠摯的謝意。

對本書的批評與建議，我們將十分歡迎。

《中華大典》編纂委員會

一九九七年四月

二〇〇六年十一月修訂

《中華大典》編纂通則

一、性質：《中華大典》（以下簡稱《大典》）是對漢文古籍（含已翻譯成漢文的少數民族古籍）進行全面的、系統的、科學的分類整理和彙編總結的新型類書，是在繼承歷代類書優良傳統、考慮漢文古籍固有特點的基礎上，借鑑和參照近代編纂百科全書的經驗和方法編纂而成。編纂《大典》的目的，是爲學術界及願意了解中國古代珍貴文化典籍的人士提供各種分門別類的、準確詳細的古代漢文專題資料。

二、規模和體例：《大典》所收古籍的時限，上自先秦，下迄辛亥革命。全書共收各類漢文古籍三萬餘種，七億多字。全書體例，着重汲取清代《古今圖書集成》所採用的經目和緯目相交織這一統一框架結構的模式，同時參照現代科學的學科、目録分類方法，並根據各類學科内容的實際情況，一般將每一大類學科輯爲一典，也有將幾個相關學科共輯爲一典的。對各典名稱，均以現代學科命名，對於所收入的各種古籍資料，亦儘可能納入現代科學分類體系之中。

三、經目：《大典》共分二十四個典，即哲學典、宗教典、政治典、軍事典、經濟典、法律典、教育體育典、語言文字典、文學典、藝術典、歷史典、歷史地理典、民俗典、數學典、物理化學典、天文典、地學典、生物學典、醫藥衛生典、農業典、林業典、工業典、交通運輸典、文獻目録典。典以下以分典、總部、部、分部分級，分部之下的標目根據各學科特點由各典自行擬定。

四、緯目：共設置九項緯目，用以包容各級經目的具體内容：

①題解：對有關學科的名稱、概念、含義、特點等作總體介紹的資料。

②論説：有關理論部分的資料。

③綜述：有關學科或事物的系統性資料，凡有關學科或事物的性狀、制度、範疇、特點及學科地位、發展情況等具體内容均編入此緯目中。

④傳記：有關人物的傳記資料。

⑤紀事：有關學科或事物的具體活動或事例的資料。

⑥著録：重要人物或文獻的有關著作資料，如專集介紹、序跋、藏書題記，以及有關著作的成書經過、版本源流等。

⑦藝文：有關屬於文學欣賞性的散文或韵文。

⑧雜録：凡未收入以上各緯目，而又有較高參考價值的資料，均入雜録。

⑨圖表：根據有關經目的内容需要，圖與表附於相關專題之下，或集中彙總於某級經目之後。

《大典》以内容分類安排各級緯目，各級緯目的正文，一般以原書爲單位，按時代順序排列。每一條資料前標明出處，包括書名或作者名、篇名或卷次，以利讀者核對原書。

五、書目：每分典後附有該分典所收書之書目，書目包括書名、作者、時（年）代、版本等内容。時代以成書時代爲準，成書時代不詳者，以作者主要活動時代爲準，並遵從歷史習慣。

六、版本：《大典》在選用版本時儘量採用古人的精校精刻本，亦採用部分學術界通用的近、現代整理圈點本及現代學者校點整理本。

七、校點：爲儘可能保存古籍原貌，《大典》衹對底本中明顯的脱、訛、衍、倒進行勘正。古本中的避諱字一般不作改動，衹對缺筆字補足筆畫。後人刻書時避當朝人諱而改動的字，據古本改回。《大典》採用新式標點法。

《中華大典》編纂委員會

一九九六年八月

二〇〇六年十一月修訂

《中華大典·醫藥衛生典》編纂委員會

顧　　問： 馬繼興　鄭孝昌

主　　編： 傅世垣　李明富　余瀛鰲　趙立勛　曹洪欣

副 主 編： 鄭金生　黃英志　陳貴廷　呂光榮　張志斌

秘 書 長： 鄭金生　李　戎

學術秘書： 李繼明　萬　芳　吳　勇　劉楚玉

編　　委： （以姓氏筆畫爲序）

王大淳　王文科　王再謨　王咏芳　王咪咪　王華秀　王樹芬
孔慶璽　艾儒棣　呂光榮　李　戎　李明富　李繼明　吳　勇
吳家駿　汪惟剛　宋　興　余瀛鰲　林森榮　范永升　和中浚
段光周　陳貴廷　黃英志　梁繁榮　張早華　張志斌　張瑞賢
萬　芳　董德容　傅元謀　傅世垣　曾一林　賈德容　楊　宇
楊榮輝　趙立勛　廖品正　鄭金生　劉楚玉　潘桂娟　謝克慶
羅永芬　嚴石林

《中華大典·醫藥衛生典》序

《中華大典·醫藥衛生典》是《中華大典》的重要組成部分，也是先期開展工作的試點之一，它包括《醫學分典》、《藥學分典》和《衛生學分典》，由成都中醫藥大學、中國中醫研究院和雲南中醫學院分工合作編纂。中宣部、文化部、國家教委、新聞出版署等十餘部委聯合組成的《中華大典》試點工作領導小組決定：先行試編《醫學分典》，在取得經驗的基礎上，再編纂其餘兩個分典。

一九八九年一月廿一日，《醫學分典》編委會在成都中醫藥大學成立，標誌着試點工作正式啓動。經過四年的試點、實踐，取得了較爲豐富的經驗，初步確定了《醫藥衛生典》的基本框架，擬訂了《醫藥衛生典》的《工作細則》、《共用書目表》和《醫學分典》的《編纂方案》、《書目表》等有關文件與資料，以及編寫出了《醫學通論總部》、《内科總部》、《兒科總部》的樣稿。從而爲《醫學分典》乃至《醫藥衛生典》編纂工作的順利開展提供了重要的前提條件。

在《醫學分典》試點工作取得經驗的基礎上，一九九三年九月，《醫藥衛生典》編委會在中國中醫研究院正式成立，《醫藥衛生典》的編纂自此全面啓動。

在中國醫學史上，也曾有過大型醫藥學類書的編纂，較早者如晉代的《雜藥方》，最大者如隋代的《四海類聚方》，較近者則當推清代《古今圖書集成》中的《醫部全録》。但清代以前的類書多已亡佚，僅存者也有資料不全、查找不便或錯訛等問題。工具書的編纂歷來是『前修未密，後出轉精』，

《醫藥衛生典》收編先秦至清末期間醫藥衛生及經史百家典籍中重要的醫藥衛生文獻資料，共約五千萬字，通過經緯交織的編纂方法，將我國古代人民對醫藥衛生的認識及防病治病的科學成果，按現代學科與專題予以分類編纂。它不僅展示了中醫藥學術的豐富内涵，也有助於廣大讀者把握中醫藥學術形成、發展的源流與脈絡。出版後，將成爲國内外醫藥衛生工作者和其他相關學科學者了解中醫藥科學知識的一個重要信息源、資料庫。

《醫藥衛生典》具有以下特點：

第一，它不僅是中醫藥界組織編纂的一部大型工具書，而且是國家中央政府『盛世修典』的一個重要組成部分。又被選作試點工程，充分體現出了黨和國家對醫藥衛生事業的關懷與重視。

第二，涵蓋面廣，内容豐富，規模空前。本典不僅博採醫藥衛生界所熟知的醫學、藥學以及衛生學等有關學科内容，還包括一般人不太了解，但已爲學術界和管理層所認識到並被視作優勢之一的『中醫藥文化』等方面的内容。資料來源廣涉經史百家文獻與出土簡帛文獻、域内傳世文獻與流失海外的文獻等多個層面；在時空上跨越先秦以迄清末；在數量上查閱文獻達一萬三千餘種，引用典籍七千種以上。如此的涵蓋面和容量規模，不僅明顯超越歷史上已有的中醫藥類書，也爲當前同類中醫藥出版物所不及。

第三，在編纂方法上具有高度的科學性和完整的系統性。本典按照現代學科分類方法，並結合我國類書編纂的優良傳統，分爲若干分典、總部、部、分部等各級經目，經目之下又設多個緯目。這樣經緯交織，系統完整，將數千萬字的資料科學有序地盡收一書，這在歷史上是罕見的。

第四，具有廣泛的實用性。由於本典搜裒歷代百家資料，又有多種目録、索引、書目表等供查檢，並在系統全面輯編文獻資料的基礎上做了一番去粗取精的工作，故對於專業人員和其他學科中需了解醫藥衛生資料的學者都具有很高的研究價值和參考價值。

第五，具有類書編纂的高水平和權威性。《中華大典》是經國務院批准，並由中央有關部委負責組織實施的國家重點古籍整理項目。本典由國內一大批著名專家和中青年學者參與編纂，歷時十一年，取得了豐富的經驗。在編纂中注意汲取古代類書輾轉傳鈔、校勘粗疏、出處不詳的教訓，總結歷代類書編纂的利弊得失，充分吸收近二百年來在古籍整理和考古研究方面的新成果，儘可能選用可靠的、經過專家校勘的善本，層層嚴把質量關，從而保證了本典的學術水平與權威性。

中國醫藥學是一個偉大的寶庫，是中國人民長期同疾病作鬥爭的經驗總結，它不僅包含着對疾病診療以及衛生保健與康復的豐富經驗，而且形成了獨特的理論體系。在西方醫學未傳入中國之前，它爲中國人民的繁衍昌盛作出了卓越貢獻，就是到了現代醫學高度發達的今天，仍是中國醫藥衛生事業的重要組成部分，並越來越爲全世界所矚目。這是我們力圖編好本典的基點。在長達十一年的編纂工作中，我們抱着嚴謹認真的科學態度，發揚奉獻精神，團結合作，克服了許多困難，付出了辛勤勞動，有的同志病逝在工作崗位上。整個編纂工作，在黨中央、國務院的親切關懷下，在《中華大典》工委會、編委會和國家中醫藥管理局的指導下進行，四川省黨政領導部門和國家圖書館等全國很多單位給予有力的支持，我們在此表示衷心的感謝，並歡迎海内外廣大讀者對我們的不足之處提出寶貴意見和建議。

《中華大典·醫藥衛生典》編纂委員會

一九九九年七月十八日

《中華大典·醫藥衛生典》凡例

一、《醫藥衛生典》是《中華大典》的組成部分之一，收録一九一一年以前中國古籍文獻中有關中醫、中藥及衛生保健方面的資料，其中包括日本、朝鮮等鄰近國家刊刻或撰著的反映中國古代醫藥知識的部分文獻。

二、根據《中華大典》『經緯交織』的編纂特點和體例規定，典是一級經目，分典是二級經目，總部、部、分部則分别為三、四、五級經目。《醫藥衛生典》包括《醫學分典》、《藥學分典》和《衛生學分典》三個二級經目。分典下設總部、部、分部等經部，或於分部之下更設專題。各級經目依據學科發展的歷史狀況而設，不求整齊劃一。三個分典下的總部設置情況分别為：《醫學分典》下設《醫學通論總部》、《基礎理論總部》、《診法總部》、《傷寒總部》、《溫病總部》、《針灸總部》、《推拿總部》、《内科總部》、《外科總部》、《骨科總部》、《婦科總部》、《兒科總部》、《眼科總部》、《耳鼻咽喉口齒總部》、《醫家總部》、《典制總部》、《辭章雜記總部》；《藥學分典》下設《藥學通論總部》、《人物典制總部》、《藥材總部》、《藥性理論總部》、《藥物總部》、《藥物圖録總部》；《衛生學分典》下設《人體衛生總部》、《環境衛生總部》、《怡情養性總部》、《食養藥養總部》、《氣功總部》。

三、依據《中華大典》體例要求，本典各級經目下設題解、論説、綜述、紀事、著録、藝文、雜録、圖表八個緯目。題解：為對同級經目的名稱、含義、概念、特點等作總體性、概括性介紹的資料。論說：為經目中有關理論部分的資料。綜述：為經目性狀、特點、地位、實際應用發展情況等具體內容方面的資料。紀事：為有關具體活動和事例的資料。著錄：為相關重要著作、文獻的評價、成書經過、版本源流諸方面的資料。藝文：為以文學欣賞性為主的相關資料，主要收詩賦等韻文，也收少量散文。雜錄：未收入以上緯目，而又具有一定參考價值，或其科學性有待進一步研究的資料。

各級經目下之緯目的設置，視所據有資料的情況，有則設之，無則不設。各緯目之下按時代先後排列資料，時代的確定以成書年代為準，難以考實者就近排列，或遵從歷史習慣。

四、所引資料先標明出處，出處標署包括朝代、責任者名、書名、卷或篇名等內容。

五、所引資料若在一段之中有略去不用者，則以【略】代之，所略內容如果位於段首或段尾，則不加標志，以免繁瑣。

六、本書用字盡量保持版本原樣，對異體字未作總體統一，原則上在同段文章中進行規範。通假字、古今字一般不改，只在同一段中加以統一，規範原則一般是就多不就少。

七、本書注文的編排遵從歷史習慣采用兩種方法：一是隨文夾注，主要用於針對字、詞的短注；《素問》、《太素》等醫經之王冰注、林億等新校正、楊上善注作隨文夾注處理。二是低正文一格的注文排法，主要用於對正文的發揮闡釋等文字。

八、作者自注不出注家名。注家不清楚者，不出注家名。《太素》楊上善注遵從歷史習慣不出注家名。其餘注家可考證者一律出注家名。

九、本書所采用的圓括號（）用於處理訛字和衍字。六角括弧〔〕的用法有二：一為標署正字和增補的脱字，二是在注文前標署注家名。（書中收録有少量簡帛文獻，其隸定字用六角括弧，通假的本字、古今字的今字用圓括號，為特例。）各分典特殊標記法見其編纂説明。

一〇、在標點使用上，遵從《中華大典》通則的規定，多用逗號和句號，盡量少用或不用其他符號。

一一、遵從《中華大典》通則的規定，對古籍的卷次，用一、二、三、四、五、六、七、八、九、〇標示，不用十、百、千、萬。

一二、各總部卷末，附載資料引用書目。書目包括書名、責任者、時（年）代、版本等内容。《藥學分典》為整體推出，故引用書目見於分典之末。

《中華大典·醫藥衛生典》編纂委員會

二〇一二年十月三十日

中華大典·醫藥衛生典

藥學分典

《中華大典·醫藥衛生典·藥學分典》編纂委員會

顧　　問：馬繼興

主　　編：鄭金生

副 主 編：王咪咪　張志斌　汪惟剛　萬　芳　張瑞賢

學術秘書：萬　芳　劉　悅

編　　委：（主編、副主編均為編委成員）

鄔家林　趙中振　鍾贛生　侯酉娟　楊梅香　李鍾文　裘　儉

曹　輝　劉　悅　紀征瀚　李鴻濤　程　英　蕭永芝　張同君

陸　翔　馬　健　葉　子　王柳青　李玉清　張偉娜　張心悅

《中華大典・醫藥衛生典・藥學分典》編纂説明

《中華大典・醫藥衛生典・藥學分典》（以下簡稱《藥學分典》）是組成《中華大典・醫藥衛生典》的三個分典之一。本分典在系統收集相關資料的基礎上，力圖全面客觀地反映中國古代藥物學的豐富内容。

《藥學分典》下分六個總部，即《本草圖録總部》、《藥學通論總部》、《人物典制總部》、《藥材總部》、《藥性理論總部》、《藥物總部》。其中《本草圖録總部》已於二〇〇七年先期出版。其他以文字為主的五個總部分為十册，本次同時出版。

根據《中華大典》全書的性質，《藥學分典》旨在為學術界及願意瞭解中國古代藥學典籍的人士提供準確翔實、便於檢索的漢文藥學古籍的分類資料。為了達到這一目的，本分典編纂人員從一九一一年以前記載藥學狀況的各類文獻中廣泛收集資料。在近二十年中，為了最大限度收集齊全古代本草資料，本分典主編及部分成員參與了《中國本草全書》（古代本草相關書籍的大型影印叢書）的編纂，又組織了從海外複製回歸中國失傳古醫藥典籍的兩個大型國家級課題，為收集國内外資料打下了良好的基礎。本分典主要資料來源有：

本草專著：在全面調查上千種古本草著作（或存或佚）的基礎上，從現存的三百餘種古本草（含醫書中的本草專卷）中遴選資料，融歷代本草精華於一爐。其中有十餘種古本草國内已經失傳，今從海外複製回歸，其珍貴資料已匯入本分典。此外，本分典成員還先後發掘明代《補遺雷公炮製便覽》、清初《元素集錦》等古今從未見著錄的醫藥書籍，采擷其中圖文，以光篇幅。

醫學書籍：在普查四千多種古代非本草類的古醫籍基礎上（含海外複製回歸的中國散佚相關醫書百餘種），從中摘錄零散的藥學篇節，或具體的辨藥、用藥資料，匯入本分典相關總部之中。醫方書包含有極為豐富的藥物配伍、炮製及醫家臨床用藥經驗，是歷代本草專著的資料源泉。這部分的資料最為鮮活，尤其對臨床用藥多有裨益。

地方志：本分典繼承古代本草書從地方志中搜集藥物資料的優良傳統，在普查六千餘種古今地方志的基礎上，從中摘取一百三十多種地方志中所載地產藥物種類、名稱、形態和用途等內容。

古代筆記類文獻：古代筆記小說類書籍衆多，其中記載了許多藥物知識，資料來源非常廣泛。本分典從中選取近百種筆記小說中的藥物資料，以補醫藥文獻之不足。

其他類文獻：包括從相關學科（如農學、博物學等）、相關書籍（如佛經道藏、文史書籍等）中搜羅的古代藥物資料。

為便於衆多古代藥物資料在當代發揮實際作用，本分典在内容編排方面汲取古代類書之長，但又最大限度地反映當代藥學研究的某些成果，注意體現時代的先進性。其中最能體現時代特徵之處，是采用新型藥物分類編排方式。這一方式以古代藥物傳統分類方法為主幹，結合現代分類學，充分反映當代藥物來源鑒定的最新研究成果。

具體來説，本分典藥物分類的一級類別很近似於《本草綱目》分類法，共分二十三部。這樣的大部類劃分既照顧了讀者閱讀古本草的習慣，又充分體現了生物進化和現代動植礦物的分類階梯。尤其是各部類下的藥物編排，充分汲取了當代中藥基原研究的最新成果（主要參考《中華本草》中的藥物考證部分）。在每一部或分部下的藥物，凡能鑒定出分類位置的同科動、植物都排列在一起，以利於對照研究。

中國歷代本草著作的内容有非常明顯的承繼脈絡。為了盡量減少重複，本分典充分注意原創資料與後世化裁資料的取捨。

《藥學分典》的設立，在古代類書中還從未見到。雖然《古今圖書集成》中有草木典、禽蟲典的設置，但其中的藥物内容比較少，大多是文學類材料，無法作為專門藥學類書使用。本分典以竭澤而漁之心力，廣泛收集藥物相關資料，但因古代藥學資料極為豐富，本分典篇幅難於盡納，故只能選精薈粹，淘汰蕪雜。

為盡量避免重複，凡完全照引前人資料者，概不收録。故同一性質的資料，若未見有較晚書籍之名，大多因文字重複而被略去，而非遺漏。例如編繪于明萬曆辛卯年（一五九一年）的《補遺雷公炮製便覽》，其彩色藥圖已被本分典《本草圖録總部》全部收録。但其文字部分因絕大多數與明余應奎《補遺本草歌訣雷公炮製》重複而未收録，僅取獨見於該書的少數藥物歌訣。而余應奎之書各藥條文的正文部分全部摘抄自宋代唐慎微《證類本草》，僅藥物歌訣為余氏書首見。故本分典只收録《補遺本草歌訣雷公炮製》之藥物歌訣。又如題為元賈銘所撰的《飲食須知》，實為託名之偽書，内容全襲清朱本中《飲食須知》；題為明薛己撰《本草約言》之卷三、四（名為《食物本草》），乃竊取明盧和、汪穎《食物本草》全部内容。此類偽書，一律不入本分典。

《藥學分典》五個以文字為主的總部計有：

《藥學通論總部》：主要反映中國古代藥物學一般的通用論說。總部下分六個部，依次为《用藥大法部》、《諸病用藥法》、《四時臟腑經絡用藥法》、《食養服餌法》、《煎藥服藥法》等內容。另《要藥簡録部》則將臨床各科臨床常用藥及用藥法匯於該部。

《人物典制總部》：下分《人物部》與《典制部》。《人物部》主要收集古代與藥學相關的人物資料，其中的緯目『傳記』中，收羅歷代藥學人物生平的有關史料，緯目『著録』則采録藥學著作的序跋、凡例等，以反映藥書及其作者的有關情况。《典制部》兩組『綜述』緯目中，先載有關朝廷律令，刑律、禮制、祭祀、醫學考試、編校典籍、訪書求賢等詔令，後載有關的醫學官制，官辦藥局及學校設置等的制度。緯目『紀事』中，則采集與官府相關的藥事活動，如官府疫病施藥、賜藥，鄰邦及各地貢藥、采藥製藥、食貨，宫廷醫療事故等。

《藥材總部》：主要反映天然物在人力促成下，最終形成可服用藥材這一過程中所涉及的各項內容。其中分《辨藥部》、《名實異同部》、《炮製製劑部》、《藥出州土部》、《收采藏留部》、《用藥劑量部》、《栽培馴養部》。最後為《藥業部》，列述藥業中與藥物流通貿易相關的內容。

本總部《藥出州土部》下之『綜述』，彙集各地方志之藥物資料，但其排列順序不以年代先後為序，而以地區為序，相當於當今同一省區的地方志排列在一起。各省排列順序為：吉林、河北、河南、山西、陝西、寧夏、山東、江蘇、安徽、湖北、浙江、江西、湖南、四川、雲南、貴州、廣東、廣西、福建、臺灣。各省內的同一縣（或州、府等）之志書，則按成書年代為序排列（如《乾道臨安志》置於《咸淳臨安志》之前）。

《藥性理論總部》：主要反映中醫用藥的理論內容。舉凡前人對藥物性效所進行的理論思維產物，都屬於本總部。該總部下設十個部，次第為《三品部》、《氣味陰陽部》、《配伍製方部》、《功能效用部》、《法象藥理部》、《升降浮沉部》、《歸經引經部》、《藥毒解毒部》、《藥食慎忌部》。最後是《藥性歌賦部》，將歷代出現過的、旨在便讀易記而出現的藥性歌賦。

《藥物總部》：這是本分典内容最龐大的一個總部，下列『部』與『分部』兩級經目。經目下的緯目『綜述』及『雜錄』設專題名，即單味藥的正名。單味藥在本總部中為最小單元，其正名乃從該藥諸多名稱中遴選得來。本總部共收載藥物四千三百零九種。各藥條下的主要内容有基原鑒別、生長地區與環境、采收時月、炮製、性味良毒、七情、功用主治、相關附方等。

本總部下分二十三部，次第為：火、水、土、金、玉石、藻菌、地衣苔蘚、蕨、草、藤蔓、穀豆、菜、果、木、製釀、器用、蟲、介甲、蛇蜥、魚、禽鳥、獸、人。各部藥物的編排順序與《本草圖錄總部》相同。鑒於本總部收藥衆多，資料豐富，故又分為八册（具體内容見《藥物總部》提要）。

《藥物總部》之末，附有《引用書目》，羅列本分典所引用的原始文獻，以成書年代先後為序排列。若僅知其大致成書時間，則標明朝代、世紀，或在可能性比較大的年份前加上『約』字。成書年難以確考的某書傳本，或偽託之書，則將其成書年附系于祖本或相關書籍成書年之後，前加『附』字以示區別。另全書之後附『藥名索引』。進入索引的藥名僅限於藥物正名。

附言：《藥學分典》的編纂工作從一開始就得到了《中華大典》工作委員會和編委會的具體指導和幫助，中國中醫科學院各有關院所為本分典的編纂提供了許多良好的工作條件。在收集資料方面，國内外許多專家學者及資訊資源單位給予了大力的幫助。巴蜀書社的領導和責任編輯與我們並肩奮戰，為共同編纂好《藥學分典》發揮了巨大的作用。謹向所有為本分典的編纂提供支援和幫助的單位和人士表示衷心的感謝。

《藥學分典》的編纂在歷史上尚屬首次，工程浩大，經驗不足，肯定會存在某些缺點錯誤，歡迎讀者批評指正。

《中華大典·醫藥衛生典·藥學分典》編纂委員會

二〇一二年八月十日

《藥學分典》總目錄

藥學分典 一

藥學通論總部　人物典制總部

目錄

《藥學通論總部》提要

本总部主要反映中國古代藥物學一般的通用論說。其中總部下各緯目列述有關藥學學科的論述、以藥學為主題的藝文及雜錄。

本總部下分六個部，次第敍說『用藥大法』、『諸病用藥』、『四時、臟腑、經絡用藥法』、『食養服餌法』、『煎藥服藥法』。另將臨床各科常用藥相關專論，以及從不同角度歸納的臨床用藥法，以『要藥簡錄部』為名，列在該總部之後。其中『綜述一』為臨床各科、各專病要藥簡錄，『綜述二』則從藥物主治或六淫用藥角度歸納的要藥內容。上述各部內容，多無法歸入其他總部，故總匯在本總部予以介紹。

藥學通論總部

題解

漢・劉安《淮南子・修務訓》 古者，民茹草飲水，采樹木之實，食蠃蜣之肉。時多疾病毒傷之害。於是神農乃始教民播種五穀，相土地宜燥濕肥墝高下，嘗百草之滋味，水泉之甘苦，令民知所辟就。當此之時，一日而遇七十毒。

《漢書・平帝紀》 〔元始〕五年【略】徵天下通知逸經、古記、天文、曆算、鍾律、小學、《史篇》、方術、《本草》及以《五經》《論語》《孝經》《爾雅》教授者，在所爲駕一封軺傳，遣詣京師。至者數千人。

漢・許慎《説文解字》第一艸部 藥，治病艸。從艸，樂聲。

後蜀・韓保昇《蜀本草》〔見《證類本草》卷一《序例上》〕 韓保昇云：按藥有玉石、草木、蟲獸，而直云本草者，為諸藥中草類最多也。

宋・王懷隱《太平聖惠方》卷二 論用藥 夫濟時之道，莫大於醫。去病之功，無先於藥。人居五行四氣，病生暑濕風寒。藥分三品七情，性有溫平冷熱。凡於行用，不得差殊。庶欲立方，便須憑據。療之合理，病無不痊。若自昧新陳，莫分真假，用之偏僻，使之稀踈，著以別名，求於奇異，未諳體性，妄說功能。率自胸襟，深為造次。是以醫不三世，不服其藥，斯言信有之矣。豈不慎思者哉！又不得用土地所無，貴價難市。珠珍諸寶，稀罕所聞，縱富貴而無處搜求，設貧下而寡財不及，或於遠邦求藥，或則確執古方，不能變通，稽於致辯，病既深矣，藥何療焉？繇是醫者，必須捨短從長，去繁就簡，卷舒有自，盈縮随機，斟酌其宜，增減允當。察病輕重，用藥精微，則可謂上工矣。

宋・寇宗奭《本草衍义》卷一《序例上》 本草之名，自黃帝、岐伯始。其《補注・總敘》言，舊說《本草經》者，神農之所作，而不經乎。《帝紀》元始五年，舉天下通知方術本草者，所在軺傳，遣詣京師，此但見本草之名，終不能斷自何代而作。又《樓護傳》稱，護少誦醫經、本草、方術，數十萬言，本草之名，蓋見於此。是尤不然也。《世本》曰：神農嘗百草，以和藥濟人，然亦不著本草之名，皆未臻厥理。嘗讀《帝王世紀》曰：黃帝使岐伯嘗味草木，定《本草經》，造醫方，以療眾疾；則知本草之名，自黃帝、岐伯始。其《淮南子》之言，神農嘗百草之滋味，一日七十毒，亦無本草之說。是知此書，乃上古聖賢具生知之智，故能辨天下品物之性味，合世人疾病之所宜。後之賢智之士，從而和之者，又增廣其品，至一千八十二名，《補注本草》稱一千八十二種，然一種有分兩用者，有三用者，其種字為名字，于義方允。可謂大備。然其間注說不盡，或捨理別趣者，往往多矣。是以衍摭餘義，期於必當，非足以發明聖賢之意，冀有補于闕疑。

宋・許洪《指南總論》卷上 論用藥法 夫濟時之道，莫大于醫。去疾之功，無先于藥。人居五行四氣，病生暑濕風寒。藥分三品七情，性有溫平冷熱。凡于行用，不得差殊，庶欲立方，便須憑據，療之合理，病無不痊。若自昧新陳，莫分真偽，用之偏僻，使之稀疏，著以別名，求于奇異，未諳體性，妄說功能，率自胸襟，深為造次，是以醫不三世，不服其藥，斯言信有之矣。豈不深思者哉！又不得用土地所無，貴價難市，珠珍諸寶，希罕所聞。縱富貴而無處搜求，設貧下而寡財不及。或于遠邦求藥，或則確執古方，不能變通，稽于致辨，病既深矣，藥何療焉？繇是醫者必須舍短從長，去繁就簡，卷舒自有，盈縮隨機，斟酌其宜，增減允當，察病輕重，用藥精微，則可謂上工矣。

宋・張杲《醫說》卷二 百藥自神農始 《淮南子》曰：神農始嘗百草之滋味，當此之時，一日而七十毒。《世本》曰：神農和藥濟人，則百藥自神農始也。《世紀》或云：伏羲嘗味百草，非也。梁陶弘景《本草》序曰：神農氏，王天下宣藥，療疾以拯夭傷。《高氏小史》曰：炎帝嘗百藥以治病，嘗藥之時，百死百生。《帝王世紀》曰：炎帝嘗味草木，宣藥療疾，著《本草》四卷，至梁陶弘景，唐李世勣等注敘為二十卷。皇朝開寶中重校定。仁宗嘉祐中命掌禹錫等，集類諸家敘藥之說，為《補注本草》。《唐書・于志寧傳》志寧云：班固惟記黃帝《內外經》，不載《本草》，齊《七錄》乃稱之。世謂神農嘗藥，黃帝以前文字不傳，以識相付，至桐雷乃載篇冊。然所載郡縣，多漢時張仲景、華佗竄記其語。梁陶弘景此書應與《素問》同類，其餘多與志寧之說同也《事物紀原》。

元・王履《醫經溯洄集》 神農嘗百草論 《淮南子》云：神農嘗百草，一日七十毒。予嘗誦其書，每至于此，未始不歎夫孟子所謂盡信書則不如無書。夫神農，立極之大聖也，閔生民之不能以無疾，故察夫物性之可以愈疾者，以貽後人，固不待乎物物必嘗而始知也。苟待乎物物必嘗而始知，則不足謂之生知之聖也。以生知之聖言之，則雖不嘗亦可知也。

設使其所知果有待乎必嘗，則愈疾之功，非疾不能以知之。其神農眾疾俱備而歷試之乎？況污穢之藥不可嘗者，其亦嘗乎？且味固可以嘗而知，其氣、其性、其行經、主治及畏惡反忌之類，亦可以嘗而知乎？苟嘗其所可嘗，而不嘗其所不可嘗。不可嘗者既可知，而可嘗者亦不必待乎嘗之而後知矣。謂其不嘗不可也，謂其悉嘗亦不可也。然《經》於諸藥名下，不著氣性等字，獨以味字冠之者，由藥入口，惟味為先故也。

又藥中雖有玉石蟲獸之類，其至眾者，惟草為然，故遂曰嘗百草耳，豈獨嘗草哉？夫物之有毒，嘗而毒焉有矣，豈中毒者日必七十乎？設以其七十毒偶見於一日而記之，則毒之小也，固不死而可解。毒之大也則死矣，孰能解之？亦孰能復生之乎？先正謂《淮南》之書多寓言，夫豈不信？

明・劉純《醫經小學》卷一 醫學指南總訣二首，并出《玉匱金鑰》。 不讀本草，焉知藥性？專泥藥性，決不識病。假饒識病，未必得法。識病得法，工中之甲。能窮《素問》，病受何氣，便知用藥，當擇何味。

不誦十二經絡，開口動手便錯。不通五運六氣，檢遍方書何濟。經絡明，認得標；運氣明，認得本。求得標，只取本，治千人，無一損。

明・周禮《醫聖階梯》卷一《醫論門》 無病服藥 無病服藥，如壁裏安柱，有何不可？曰：藥勢有所偏勝，令人臟氣不平，無疾不可餌也。人只知補之為利，而不知補之為害。無故求益生之祥，病反生焉。況五穀為養，五肉為充，五菜為資，五菓為助。穀肉菜菓，養充資助，多食之則損脾胃，傷元氣。藥乃攻邪之物耳，豈可多服乎？

明・張四維《醫門秘旨》卷三 南北地氣辨 或問曰：人言東南氣熱，可服寒藥；西北氣寒，須服溫藥。然今東南之俗，胡椒、薑、桂，人常食之不見生病，而北京士夫畏食胡椒辛熱之物，何也？曰：東南雖熱，然地卑多濕；西北雖寒，然地高多燥，辛熱食藥却能助燥故耳。治病用藥，須識此意。

明・謝肇淛《五雜俎》卷一一 神農嘗百草以治病，故書亦謂之《本草》。可見古之入藥者，不過草根木實而已。其後推廣，乃及昆蟲。然殺眾物之生以救一人之病，非仁人之用心也。況醫之用及昆蟲，又百中之一二乎？孫思邈道行高潔，法當上升，因著《千金方》，中有水蛭、螻蛄，為天帝所罰。故能却而不用，亦推廣仁術之一端耳。

明・羅周彥《醫宗粹言》卷四 吳文正公序《醫方大成》曰：以一藥治一病者，本草也；以數藥治一證者，醫方也。醫方祖于本草，而其合數藥為一方也。大抵處方要在合宜而用，不可務取品味數多，過制越此，反為不効矣。

明・龔廷賢《壽世保元》卷一《本草門》 藥論：夫藥者，天地間之萬物也。昔古神農，憫蒼生之疾苦，格物理之精微，其用心可為仁矣。故本草藥品雖多，然其味不過五，乃甘、辛、鹹、苦、酸是也。而其性不過六，溫、涼、補、瀉、升、降者也。且甘、辛、溫、補、升者，陽也；苦、鹹、涼、瀉、降者，陰也。淡滲泄而屬陽，酸性陽而味陰。故藥有純陽者，有純陰者，有陰中之陽，有陽中之陰。有專用其氣者，有獨用其味者。大抵味之厚者必補，氣之重者必降。味淡則瀉，性輕則升。升者治在上在表之病，降者治在下在裏之疾。諸寒涼者，治乎血熱。諸溫熱者，治乎氣鬱氣虛。潤以濡燥，澀以收脫。又甘為諸補之原，苦為諸瀉之本。辛香者，亦升泄之類；酸鹹者，皆補降之屬。所謂補者，性味各有所補；而其瀉者，亦各有所瀉。然補中有瀉，而瀉中有補。如酸入肝，生津以制燥。至苦入心，滋陰以降火。辛能潤肺以退寒，鹹可堅腎以禦熱。如欲去其邪，在使復其正。瀉陽有以補陰，瀉陰有以補陽。降則通，其自升。升則欲，其自降。惟病有兼成，而法當合用，故方有奇偶，而藥有君臣。製之以散者，散也。或成之以錠者，鎮也。用湯者，蕩也，取氣味蕩洋，而無所不至。用丸者，緩也，取氣味緩達，而有所及遠。湯有生熟，瀉則宜生，補則宜熟。丸有大小，病在上者宜小，凡服於食後，或散末以輕調，或含丸以緩化。病在下者宜大，俱服於食前，或藥後以食壓，或湯藥以頓服。吞補劑於早於未語之前，服疾藥當脫衣臨睡之際。鬱氣妙舐嚼之方，溫症利丸散之功。凡用甘草者，解諸藥毒，取甘以緩脾。劑投生薑者，行諸藥力，取辛以開胃，故病以脾胃為主，始得以攻病之力。用酒者，欲其上達。用鹽者，取其下行。丸用蠟者，以匱其毒，裹用蠟者，以藏其氣。水丸求其速化以清利，蜜丸取其緩行以滋潤。用新者速其功，用陳者遠其毒。調脾胃之藥，丸宜五穀。和氣血之劑，利用醋酒。炒以緩其性，泡以剖其毒。浸能滋陰，煉可助陽。但製有太過不及之弊，忌用有相反畏惡之情。有療之於理者，有療之以意者，又有不藥之術，出乎才智之巧，如針灸、薰熨、淋漬之類，治六淫外病之藥也。有以人事真偽之機，委曲旁求之變，動人耳目，移病者之心志。鬱者散之，散者鬱之，勞者逸之，靜者動之，乃治七情內病之藥也。故導引運行，調乎飲食起居，存中正之心，無欺妄之憂者，乃修養之藥也。故藥者，非徒藥物之為藥，而人事所宜之間，莫不為之藥也。

明・蕭京《軒岐救正論》卷六　無病服藥　藥為病設。若人元氣充實，真陰恬靜，飲和可資攝養，何必別假丹劑，鼓溢氣血，奔突散漫，而為揠助之患。每見有無故而服參、耆、歸、朮、蓯蓉、骨脂，滋益脾腎之藥，暴致血衄脹滿，成不可解之疾者。竊謂病者，身之賊也。藥，治病之兵也。朝廷不得已而用兵，人有病而始用藥。病實者尚虞驟補，病虛者更畏妄攻，藥其可漫嘗乎？歲己巳，家大人佐郡錦官，由渝州登陸以進，道經永川、兩昌、內江諸邑，目擊井里蕭條，民懷菜色。因詢諸父老曰：爾蜀古天府之國，土沃人殷，風俗醇美，今何若是之彫殘乎？諸父老曰：正苦十年來奢酋搆難，間經援兵四集，淫虐悍暴，尤甚於賊也。尚悲風鶴已邈，澤雁未歸，稱民賊者，又輒輻疊至，既罹烽煙之禍，復遭塗炭之苦，民愈不堪命矣。始信將愎兵驕，害甚乎賊，語不誣。於是家大人抵官勵操，以治楚者治蜀及屢署郡邑符，八載敷仁，皆一意恬靜慈和，為挽復元氣之善圖。耻事針砭之速，究竟功牧參苓，甦生重困。時蜀臬江右曾銘石先生，秉憲清嚴，執鑒人倫，每與當事，擊楫寮寀。則曰守令者，親民之官。官以清著固難，但未免尚峻刻耳。若清且和，留心民瘼，如錦官蕭司馬者，則尤難其人也。噫！治病與治國一也。久病而服誤劑，猶青苗之厲法。無病而輕服藥，乃黷武之危圖，均害民也，傷生也。

清・顧元交《本草彙箋・總略》　論本草爲歷代醫學之本出陶弘景　焉文云：史稱炎皇嘗草，爲萬世開物之祖。則醫學以本草尚矣。醫者談理說證，娓娓動聽，究于病者何益？唯此區區寸草片木，人嗌以判安危，人奈何反視爲粗近之學，而率爾以應乎？夫以神聖之資，一日而遇毒七十，奚況古人嘗藥治病，今人以病嘗藥，投之稍差，即同鴆毒。病有萬殊，藥有千變，因病投藥，原無定衡。世罕通材，或偏寒涼，或偏溫熱，每成一時風尚。蓋用寒用熱，期於中病，偏寒偏熱，同一殺人。執此非彼，因噎廢食，可爲當今之大惑。

藥之所主，止說病之一名。假令中風，迺有數十種；傷寒證候，亦有二十餘條。更復就中求其數例，配證合藥。病之變狀，不可一概言之。所以醫方千卷，猶未盡其理。春秋已前，及和緩之書蔑聞，而道經略載扁鵲數法，其用藥猶是《本草》家意。至漢淳于意及華佗等方，今時有存者，亦皆條理。藥性惟張仲景一書，最爲衆方之祖。又悉依《本草》，但其善診脈，明氣候，以意消息之爾。至於刳腸剖臆，刮骨續筋之法，迺別術所得，非神農家事。自晉代以來，有張苗、宮泰、劉德、史脫、靳邵、趙泉、李子豫等一代良醫，其貴勝阮德如、張茂先、裴逸民、皇甫士安及江左葛洪、蔡謨、殷仲堪諸名人等，並研精藥術，宋有羊欣、元徽、胡洽、秦承祖，齊有尚褚澄、徐文伯、嗣伯群從兄弟，療病亦十愈八九，各有所誤。用方觀其指趣，莫非《本草》者，或時用別藥，亦循其性度，非相踰越。《范汪方》百餘卷，及葛洪《肘後》，其中有細碎單行經用者，或田舍試驗之法，或殊域異識之傳，如藕皮散血，起自庖人。牽牛逐水，近出野老。麵店酸虀，迺是下蛇之藥。路邊地菘，而爲金瘡所秘。此蓋天地間物，莫不爲天地間用。觸遇則會，非其主對矣。顏光祿亦云道經仙方，服食斷穀，延年卻老，迺至飛丹煉石之奇，雲騰羽化之術，莫不以藥道爲先。用藥之理，一同本草，但制御之途，小異世法。今庸醫處療，皆耻看本草，或倚約舊方，或聞人傳說，便攬筆疏之，以此表奇，其畏惡相反，故自寡昧，而藥數遠僻，分兩參差，不以爲疑。偶而值瘥，則自信方驗，旬月未瘳，了不反求諸己。虛搆聲稱，自貽伊譴矣。其五經四部，軍國禮服，少有乖越。止於事迹非宜耳，至於湯藥，一物有繆，便性命及之。千乘之君，百金之長，可不深思戒懼耶？

清・羅美《古今名醫彙粹》卷四　用藥總論附　東庵曰：藥品多端，理可融會。性不過寒、熱、溫、涼，味不過辛、甘、酸、澀、苦、鹹六種而已。寒者凝滯，熱者宣行，溫者熱之次，涼者寒之輕，酸則必收，澀則必固，苦則必降，辛則必散，鹹能潤下，甘能緩中。香燥者其性竄烈，多服則耗氣。滋潤者其性濡濕，多服則傷脾。消導者其性甚劣，多服則破氣。推蕩者其性迅烈，多服則傷陰。滲泄者其性下流，多用則走泄。諸凡種種，可以類推。是能於去病之功，但用之不宜偏務；推有補益之品，久服多服不妨，但不宜呆補。以行滯分消之品，用之則萬全而無弊矣。

清・馮兆張《馮氏錦囊秘錄・雜症大小合參》卷一　藥論　概用藥之弊也，始於執流而忘源，信方而遺理，泥成方之驗，不解隨人活潑，膠章句之跡，未能廣會靈通。王太僕曰：粗工褊淺，學問未精，以熱攻寒，以寒療熱，治熱未已，而冷疾頓生，攻寒日深，而熱病更起；熱起而中寒尚在，寒生而外熱不除；欲攻寒，則懼熱不前；欲療熱，則思寒又止；豈知臟腑之源，有寒熱溫涼之主哉！夫藥有君臣佐使，逆從反正，厚薄輕重，畏惡相反，未得靈通，而漫然施療，許學士所謂獵不知兔，廣絡源野，術亦疏矣。君為主，臣為輔，佐為助，使為用，製方之原也。逆則攻，從則順，反則異，正則宜，治病之法也。必熱必寒，必散必收者，君之主也。不宣不明，不受不行者，臣之輔也。能受能令，能合能公者，佐之助也。或擊或發，或劫或開者，使之用也。破寒必熱，逐熱必寒，去燥必濡，除濕必泄者，逆則攻也。治驚須平，治損須溫，治留須收，治堅須潰者，從則攻也。熱病用寒藥，而導寒攻熱者必熱，如陽明病發熱，大便硬者，大承氣湯，酒製大黃熱服之類也。寒病用熱藥，而療熱去寒者必寒，如少陰病下利，服附子、乾薑不止者，白通湯加入尿、豬膽之類也。塞病用通藥，而導通除塞者必塞，如胸滿煩驚，小便不利者，柴胡加龍骨、牡蠣之類也。通病用塞藥，而導塞止通者必通，如太陽中風下利，心下痞硬者，十棗湯之類。反則異也。治遠以大，治近以小，治主以緩，治客以急，正則宜也。輕清成象，重濁成形。清陽發腠理，濁陰走五臟。清中清者，榮養於神。濁中濁者，堅強骨體。辛甘發散為陽，酸苦湧泄為陰。氣為陽，氣厚為陽中之陽，氣薄為陽中之陰，薄則發泄，厚則發熱。味為陰，味厚為陰中之陰，味薄為陰中之陽，薄則疏通，厚則滋泄。親上親下，各從其類也。畏者，畏其制我，不得自縱。惡者，惡其異我，不得自知。畏惡之中，亦可相成，在因病製方輕重多寡之間也。至於相反，兩仇不共。然大毒之病，又須大毒之藥以劫之，雖相反之中，亦有相成之妙，神化在是，顧良工用之耳。奈何近醫舍至靈至變之玄理，而執不靈不變之成方。果若斯之奇，則上古聖賢，千言萬卷，只為贅餘，而今之學者，神聖工巧，一切可廢矣。不知方之為言仿也，仿病而有方也。其將立也，因是病而後成，融通不滯。其既立也，非是病則勿用，確然難移。是以《素問》無方，《難經》亦無方，非無方也，為仿，為活法也。漢世纔有方，為借於仿也。今奇方療疾，倘果可以發無不中，則昔者軒、岐、扁、倉，神靈之智，慈濟之仁，豈不及此，何不每一病，只立一方，使後人彰明顯著，用無不當，而乃廣為昭析，多立文詞，以累後學，紛賾難窮，效無十全哉！雖然，方不可泥，亦不可遺，以古方為規矩，合今病而變通，既詳古論之病情，復揣立方之奧旨，或病在上而治反在下，病在下而治反在上。病同而藥異，病異而藥同。症端蜂起，而線索井然；變現多危，而持執不亂，誠為良矣。倘此旨未達，逐症尋求，既治其上，又攻其下，既療其彼，復顧其此，本之不揣，藥無精一，如着百家衣，徒為識者笑，救頭救脚之譏，寧能免夫。要知一身所犯，病情雖多，而其源頭，只在一處，治其一，則百病消，治其餘，則頭緒愈多，益增別病。蓋古今億萬人之形體雖殊，而其相傳相成之臟腑、陰陽則一，百病之害人雖異，而治法不外乎氣血虛實之間，虛實既明，而寒熱亦在其中。正強邪盛者，亟祛邪以保正，正弱邪強者，亟保正以禦邪，務使神氣勿傷，長有天命。蓋岐黃仁術，原重生命以治病，故每重本而輕標，何今之人，徒知治病而不顧生命，每多遺本顧末，不惟不勝治，終亦不可治也。故能於虛實、寒熱、邪正處灼然明辨，則益心之陽，寒亦通行，強腎之陰，熱亦痊可。發舒陽氣，以生陰精，滋養陰精，以化陽氣，或養正而邪自除，或驅邪而正始復，或因攻而為補，或借補為攻，治千萬種之疾病，統不出乎一理之陰陽。苟臨症狐疑，不知所重，姑以輕和之劑，以圖萬一之功，昔有直入之兵，焉望捷得之效？因循待斃，亦何異於操刃殺人！此皆不求至理，徒守成方者之誤也。

清・張叡《醫學階梯》卷二　本草總論　本草始於神農，世多失考。後固有《圖經本草》《大觀本草》《蒙筌》《本草元始》《必讀》諸本草，而註釋本草、考訂藥品，頗甚詳細。但不若《本草綱目》更明且備也。始以《本經》為綱，繼以《別錄》為目，又著之以發明，輯之以附方，考訂諸本草，窮究諸藥物，重者刪之，缺者補之，而分部編類，條條有法。自《本經》三百六十五種而始，以至一千八百九十二種而止，其分為十六部，編為五十二卷。增藥五百餘種，輯方一萬餘零。通稱時珍《本草》為萬世不朽之書。但今人畏難苟安，反云《綱目》書繁，不免望洋而嘆，不知李子時珍著解本草，原非好為博觀自炫於世。凡考藥品，各有門數。如草、木、菓、菜、穀部，但逐漸条考，久則諸性可自識也。如鱗、介、獸、蟲、禽部，考訂採摘，不過有數幾種，而金石部用者則有限也。至火、土、水、人部，爕陰陽而全五行，其用微妙，然亦載在《綱目》，不待遠索也。且萬物非生於陰，即產於陽，不成於五行之生，即敗於五行之尅。而況一草一木，豈不盡陰陽五行之理？先將本草統論大綱，而後藥性詳解，請再叅焉。

清・徐大椿《醫學源流論》卷上　本草古今論　本草之始，仿于神農，藥止三百六十品。此乃開天之聖人，與天地為一體，實能探造化之精，窮萬物之理，字字精確，非若後人推測而知之者。故對症施治，其應若響。仲景諸方之藥，悉本此書。藥品不多，而神明變化，已無病不治矣。迨其後，藥味日多，至陶弘景倍之，而為七百二十品。後世日增一日。凡華夷之奇草逸品，試而有效，醫家皆取而用之，代有成書。至明李時珍，增益唐慎微《證類本草》為《綱目》，考其異同，辨其真偽，原其生產，集諸家之說，而本草更大備。此藥味由少而多之故也。至其功用，則亦後人試驗而知之，故其所治之病益廣。然皆不若《神農本草》之純正真確。故宋人有云：用神農之品無不效，而弘景所增已不甚效，若後世所增之藥則尤有不足憑者。至其詮釋，大半皆視古方用此藥醫某病，則增注之。或古方治某病，其藥不止一品，而誤以方中此藥為專治此病者有之。更有以己意推測而知者。又或偶愈一病，實非此藥之功，而強著其效者。種種難信。至張潔古、李東垣輩，以某藥專派入某經，則更穿鑿矣，其詳在治病不必分經絡藏府篇。故論本草，必以神農為本，而他說則必審擇而從之。更必驗之于病而後信。又必考古方中所曾用者，乃可採取，餘則止可于單方外治之法用之。又有後世所增之奇藥，或出于深山窮谷，或出于殊方異域，前世所未嘗有者，後人用之，往往有奇效。此乃偏方異氣之所鍾，造物之機，久而愈洩，能治古方所不能治之奇病。博物君子，亦宜識之，以廣見聞，此又在本草之外者矣。

清・李文榮《知醫必辨・雜論》　凡人有病，如鎖錯鐄；醫者治病，如以鑰開鎖。不善開鎖，雖極用力而鎖不開，甚且將鎖損壞。銅匠善開鎖，只須銅線一根，輕輕一撥，而鎖自開。故不善治病者，雖用重劑，而病不解，甚且加增；善治病者，只須一藥，即可得效。初學治病，當自審其能治則治，否則以待善治者，不可未識病情，孟浪用藥，將人損壞，雖有善者，未如之何！夫鎖可損也，人亦可損乎哉？

凡用藥調理病人，如澆灌花木，然有宜清水者，有宜肥壯者，既得其宜，而又澆灌適中，無太過不及之弊，自然發旺異常。調理病人亦然，有宜清養者，有宜峻補者，有宜補氣者，有宜補陰者，必求其當而後有效，不可蒙混施治也，即如有求速效者，以為人蔘補氣，既服人蔘，何氣尚不足？熟地補陰，既服熟地，何陰尚不足？不知用藥培養，亦如澆灌花木之道，澆灌得宜，則花木藉以易長，非所澆灌者，即是花木也。即如芍藥最宜稠糞，多以稠糞加之，豈即變為芍藥乎？是故氣虛者，宜蔘，則人之氣易生，而人蔘非即氣也；陰虛者，宜地，服地則人之陰易生，而熟地非即陰也。善調理者，不過用藥得宜，能助人生生之氣，若以草根樹皮，竟作血氣用，極力填補，如花木之澆肥太過，反遏其生機矣。我輩用藥，總要輕重得宜，不可呆泥。況善用補者，補中有開，譬如作文，盡填實字，無一虛字，可能成文乎？總之，不通儒學，不能通醫理也。

論說

《戰國策・楚四》卷一七　有獻不死之藥於荊王者，謁者操以入。中射之士問曰：可食乎？曰：可。因奪而食之。王怒，使人殺中射之士。中射之士使人說王曰：臣問謁者，謁者曰可食，臣故食之。是臣無罪，罪在謁者也。且客獻不死之藥，臣食之而王殺臣，是死藥也。王乃殺無罪之臣，而明人之欺王。王乃不殺。

唐・歐陽詢《藝文類聚》卷八一　藥　《本草經》曰：太一子曰：凡藥上者養命，中者養性，下者養病。《禮記》曰：君有疾飲藥，臣先嘗之。親有疾飲藥，子先嘗之。醫不三世，不服其藥。《左傳》曰：臧孫曰：季孫之愛我，美疢也；孟孫之惡我，藥石也。美疢不如藥石。《尚書》曰：若藥不瞑眩，厥疾弗瘳。《論語》曰：康子饋藥，拜而受之。曰：丘未達，不敢嘗。墨子南遊，見楚惠王。穆賀謂墨子曰：言誠善矣。王無乃曰：賤人所為，不用乎。墨子曰：譬若藥焉，夫子服之，以療其疾，豈曰一草之本，而不食哉？【略】《史記》曰：長桑公與扁鵲藥，服之三十日，見人五臟。東方朔曰：武帝好方士。朔曰：陛下所使取神藥者，皆天地之間藥，不能使人不死。獨取死人藥、天上藥，能使人不死耳。上曰：天何可至？朔曰：臣能上天。既辭去，出殿門復還。曰：今臣上天，似謾誕者，願得一人為信驗。上即遣方士與朔俱期三十日而返。朔等辭而行，日日過諸侯傳飲，方士晝臥，朔遽呼之曰：若極久不應我，何耶？今者屬從天上來。方士大驚，乃具以聞。上問朔，朔曰誦天上之物，不可稱原。上以為面欺，詔朔下獄。問之左右，方提去。朔啼泣對曰：使須幾死者再。上曰：何也？朔對曰：天公問臣下，方人何衣？臣對曰：衣蟲。蟲何若？臣對曰：蟲喙頎頎類馬，色邠邠類虎。天公大怒，以臣為慢使。使下問還報，名曰蠶天公，乃出臣。今陛下苟以為詐，願使人上天問之。上大驚曰：善。欲以喻我止方士也。《淮南子》曰：羿請不死之藥於西王母，姮娥竊以奔月。《列仙傳》曰：負局先生者，負磨鏡局，循吳市中，得一錢便磨。輒問主人，得無有疾苦，若有，輒出紫丸藥以與之。又曰：崔文子賣黃散，發疫死者萬計，服皆愈，愈者亦萬計。《漢武內傳》曰：西王母謂武帝曰：其太上之藥，乃有風實，雲子玉津金漿，冥陵鱗膽。炎山其日，東掇扶桑之丹椹，俯採長河之丈藻。太真紅芝，九色鳳腦，有得食之，後天而老。此太上之所服，非衆仙之所寶也。次藥有班龍黑胎，閬風石髓，蒙山白鳳之脙，靈邱蒼鸞之血，有得服之，後天而逝。此天帝之所服，非下仙之所逮也。其次藥有丸丹金液，紫華紅芝，五雲之漿，玄霜絳雪，若得食之，白日升天。此天仙之所服，非地仙之所見。其下藥有松栢之膏、山木薑沉精菊草，澤瀉、枸杞、茯苓、菖蒲、門冬、巨勝、黃精，草類煩多，若有數千子得服之，可以延年。《漢書》曰：灌夫擊吳，身中大鎗十餘，適有萬金良藥，故不得死。《東觀漢記》曰：上嘗與朱祐共買蜜合藥，上念追之，即賜祐白蜜一石，問：何如在長安時，共買蜜乎？曹毗《杜蘭香傳》曰：神女蘭香降張碩，碩問：禱祀何如？香曰：消摩自可愈疾，淫祀無益。香以藥為消摩。邴原《別傳》曰：魏太子為中郎將，原為長史。太子宴會衆賓客數十人。太子建議曰：君父各篤疾，有藥一丸，可救一人，當救君耶父耶？衆人紛紜，或君或父。時原在坐，不與此論。太子諮之於原，原勃然對曰：父也。太子亦不復難。《魏志》曰：太祖性嚴毅，屬公事往往加杖。何夔常蓄毒藥，誓死無辱，是以終不見及。皇甫謐《高士傳》曰：韓康字伯休，京兆霸陵人，常採藥名山，賣於長安市口，不二價。三十餘年時，女子從康買藥，守價不移。女子怒曰：公是韓伯休耶？乃不二價。康歎曰：我本避名，今女子皆知有我，何用藥為。乃遁入霸陵山中。晉陽秋曰：吳陸抗與晉羊祜，推僑札之好。抗嘗遺祜酒，祜飲之不疑，抗有疾，祜饋之藥，抗亦推心而服之。《異苑》曰：魏武北征，踰頓升嶺，眺矚見一山岡，不生百草。王粲曰：是古塚，此人在世，服礜石死，而石生熱蒸出外，故卉木燋滅。即令鑿看，果得大墓，有礜石滿塋。仲宣博識強記，皆此類也。一說：粲在荊州從劉表，登彰山見此異，按魏武之平烏桓也。粲猶在荊南，此言為譎。沈約《宋書》曰：張禕字少微，禕少有操行，歷官為瑯琊王國郎中令。王還京都，高祖封酒一甖，付禕使密加王酖毒，禕受命，既還於道，自飲藥酒而卒。

啓　梁劉孝綽《謝給藥啓》曰：一物之微，遂留膏肓名醫。上藥爰自城府，雖巫咸視診，岐伯下鍼，松子玉漿，衛卿雲液，比妙衆珍，實云多愧。

唐·孫思邈《千金要方》卷一　用藥第六　或曰：古人用藥至少，分兩亦輕，差病極多；觀君處方，非不煩重，分兩亦多，而差病不及古人者，何也？答曰：古者日月長遠，藥在土中，自養經久，氣味真實，百姓少欲，稟氣中和，感病輕微，易為醫療。今時日月短促，藥力輕虛，人多巧詐，感病厚重，難以為醫。病輕用藥須少，痾重用藥即多。此則醫之一隅，何足怪也。又古之醫者，自將採取，陰乾、暴乾，皆悉如法，用藥必依土地，所以治十得九。今之醫者，但知診脉處方，不委採藥時節。至於出處土地，新陳虛實，皆不悉，所以治十不得五六者，寔由於此。夫處方者，常須加意，重複用藥，藥乃有力。若學古人，徒自誤耳。將來學者，須詳熟之。

凡紫石英、白石英、朱砂、雄黃、硫黃等，皆須光明映澈，色理鮮淨者為佳。不然令人身躰乾燥，發熱口乾而死。凡草石藥，皆須土地堅實，氣味濃烈。不爾，治病不愈。凡狼毒、枳實、橘皮、半夏、麻黃、吳茱萸，皆欲得陳久者良，其餘唯須精新也。

宋·李昉《太平御覽》卷第九八四　藥　《歸藏經》曰：昔常娥以不死之藥奔月。《易》曰：無妄之疾，勿藥有喜。《象》曰：無妄之藥，不可試也。《書》曰：若藥弗瞑眩，厥疾弗瘳。《周禮》曰：醫師掌聚〔毒〕藥，供醫事，疾醫以五藥養病。凡藥以酸養骨，以辛養筋，以鹹養脉，以苦養氣，以甘養肉，以滑養竅。鄭玄注曰：毒藥，〔藥〕之辛苦者也。五藥：草、木、蟲、石、穀。《禮記》曰：【略】　又曰：季春餧獸之藥，無出九門。為鳥獸方孚乳，傷之為逆天時。天子九門者：路門、應門、雉門、畢門、庫門、臯門、城門、近郊門、遠郊門、關門。孟夏之月，聚蓄百藥。蕃蕪之時，毒氣盛也。《左傳》曰：藏孫曰：季孫之愛我也，疾疹也。孟孫之惡我也，藥石也。常志相違戾，猶藥石之療疾也。美疹不如惡石，孟孫死，吾亡無日矣。又曰：許悼公疾，飲太子止之藥，卒。太子奔晉。書曰：弒其君。君子曰：盡心力以事君，舍藥物可也。藥物有毒，當由醫，非凡人所知。譏止不舍藥物，所以加殺君之名。《論語》曰：康子饋藥，拜而受之，曰：丘未達，不敢嘗。饋，遺。《史記》曰：長桑君與扁鵲藥，服之三十日，見人五藏。《漢書》曰：灌夫擊吳，身中大創十餘，適有萬金良藥，故得不死。又曰：王嘉為丞相，數上封事，言不宜封董賢。上怒，有詔假謁者節，召丞相詣廷尉詔獄。使者既到府，掾史涕泣，共和藥進嘉。嘉引藥盃以擊地，謂官屬曰：丞相幸得備位三公，奉職有罪，當伏刑都市，以示萬眾，丞相豈兒女耶？何為咀藥而死？《東觀漢記》曰：上嘗與朱祐共買蜜合藥，上追念之，即賜祐白蜜一石，問：何如長安時共買蜜乎？

又曰：鄧訓為護烏桓校尉，吏士常大病瘧，轉易至數十人。訓身煮湯藥，咸得平愈，其無妻者，為適配偶。又曰：王閎者，王莽叔父平阿侯譚子也。王莽簒位，潛忌閎。乃出為東郡太守，閎懼誅，常繫藥手內。莽敗，漢兵起，閎獨完全。華嶠《後漢書》曰：張楷，字公超。家貧，無以為業，常乘驢車至縣賣藥。《九州春秋》曰：青州刺史焦和，多作陷水丸沉河，望寇不得渡。《吳書》曰：合肥之役，凌統身被六七瘡，有卓氏良藥，故得不死。《魏志》曰：太祖性嚴，掾屬公事往往杖之。何夔常畜毒藥，誓死無辱，是以終身不見及。《晉書》曰：餘杭隱士郭文，字文舉。王導聞，召之，永昌中大疫，父病亦殆。導遺藥。文曰：命在天，不在藥也。王隱《晉書》曰：李涓為尚書令，家至貧。兒病無錢買藥，上賜錢十萬。李涓，一作李鳳。又曰：程咸，字延休，其母夢白頭公授藥，曰：服此當得貴子。後生咸，至侍中。又曰：苻生常使太醫令程延合安胎藥，問人參好惡，并藥分多少。延曰：雖小小不具，自可堪用。生以為譏己，遂斬之。又曰：陸抗與羊祜推喬扎之好，抗嘗遺酒，祜飲之不疑，抗有疾，祜饋之藥，抗亦推心服之。《宋書》曰：高祖微時，伐荻新洲，見大蛇長數丈，射傷之。明日洲中聞杵臼聲，往視之。見童子數人，皆青衣，於榛中(禱)〔擣〕藥。問其故，答曰：我王為劉寄奴所射，合藥傅之。帝曰：神何不殺之？童子曰：寄奴王者，不死不可殺。帝叱之，皆散。仍收藥而反。又客經下邳逆旅，會一沙門，謂帝曰：江表當亂，能安之者，其在君乎？帝先患手瘡，經年不愈。沙門有黃藥，因留與帝，既而忽亡。帝以黃散傅瘡，一傅而愈。寶其餘及所得童子藥，每遇金瘡，傅之並愈。《齊書》曰：隨郡王子，隆年二十一，而體過充壯，常使徐嗣伯合蘆茹丸，服以自銷損。又曰：豫章王嶷薨後，見形於沈文季，曰：我未應死，皇太子加膏中十一種藥，使我癰不差，湯中復加藥一種，使利不斷，吾已訴先帝，先帝許還東邸，當判此事。因胷中出青紙文書，示文季曰：與卿少舊，因卿呈主上。俄失所在。文季祕而不傳，甚懼此事。少時，太子薨矣。《魏書》曰：邢巒為侍郎，甚見親遇。高祖因行藥園，至司空府南，見巒宅，遣使謂巒曰：期行藥園至此，見卿第宅乃佳，東望德館，情有依然。又曰：天竺烏長國婆羅門為上族，解天文。人有爭訟，服之藥，曲者發狂，直者無恙。《隋書》曰：隋大舉伐陳，王頒力戰被傷，恐不堪復鬬，悲感嗚咽。夜中睡夢有人授藥，比寤而瘡不痛，時人以為忠感。又曰：楊素寢疾，帝每令醫診候，賜以上藥。然(蜜)〔密〕問醫人，恆恐不死。素又自知名位已極，不肯服藥，亦不將慎，每語弟約曰：我豈須臾活耶？《唐書》曰：太宗幸襄城宮，登子邏坂，見暍者僵於路。駐馬命左右取藥飲之，乃甦。又曰：天竺方士郍羅邇婆娑寐，自言壽二百歲，云有長生之術。太宗信之，深加禮敬，館之金飆門內造延年之藥，令崔敦禮監主之。發使天下採諸奇藥異石，不可稱數，後竟不就。又曰：元和中，山人柳泌言靈藥可得。上信之，乃以為台州刺史，賜紫〔緋〕令，採靈藥。又曰：柳公綽，有道士獻藥，試之有驗。問所從來，曰：合此藥於薊門。時朱克融方叛，公綽遽謂曰：惜哉！至藥來於賊臣之境，雖驗何益？乃沉之於江，而逐道士。《莊子》曰：宋人有善為不龜手之藥者，龜，手裂若龜文。世世以洴音萍澼音僻絖音曠為事，洴澼，漂也。絖，絮也。冬漂絮，則手拘，能為藥以自治。客聞之，請買其方，百金以說吳王說可以戰。吳王使之將，冬與越人水戰，大敗越人，列地而封之。能不龜手一也。或以封，或不免於洴澼絖，則所用之異也。唐子曰：仙人韓終，即韓馮之兄，為宋王採藥，王不肯服之。終因服之，遂得仙。《淮南子》曰：羿請不死之藥於西王母，姮娥竊而奔月。姮娥，羿妻也。羿從西王母請不死之藥於西王母，未及服之，姮娥盜服，得仙，奔入月中為月精。又曰：今夫地黃主屬骨，而甘草食肉之藥也。以其屬骨，而責其生肉，以其生肉，而責其屬骨，是王孫綽之欲倍偏枯之藥，而欲以生殊死之人，亦謂失論矣。王孫綽，魯人也。　又曰：　崑崙墟旁有九井，玉橫維其西北之隅。橫猶光色。橫，或作彭，盛不死藥器也。　四水者，帝之神泉，以和百藥，以潤萬民。　《抱朴子》曰：《神農經》曰：　上藥令人身安命延，昇天神仙，遨遊上下，役使萬靈，體生毛羽，行廚立至。　又曰：　五芝及餌丹砂、玉札、曾青、雄黃、雲母、太一禹餘糧，各可單服之，皆令人飛行長生。　又曰：　中藥養性，（不）〔下〕藥除病，能令毒蟲不加，猛獸不死，惡氣不行，眾祆辟屏。　《孝經援神契》曰：　椒、薑禦濕，菖蒲益聰，巨勝延年，威喜辟兵。此皆上聖之至言，方術之實録也。　又曰：　仙藥之上者丹砂，次則黃金，次則白銀，次則諸芝，次則五玉，次則五雲，次則明珠，次則太一禹餘糧，次則石中黃子，次則石桂英，次則石腦，次則石流丹，次則石粭，次則曾青，次則松栢脂、茯苓、地黃、麥門冬、（术）〔木〕巨勝、重樓、黃連、石韋、柠石、（家紫）〔象柴〕，一名托盧是也。　或名仙人杖，或名西王母杖，或名天精，或名卻老，或名地骨，或名枸杞也。【略】　《說苑》曰：　湯曰：　藥食先嘗於卑，然後至於貴。　藥食嘗乎卑，然後至乎貴，教也；　藥言獻於貴，然後聞於卑，道也。　又曰：　孔子：　良藥苦於口，利於病；　忠言逆於耳，利於行。　《呂氏春秋》曰：　魯有公孫綽者，告人曰，我能治偏枯，今吾倍為偏枯之藥，則可以起死人矣。　物固有〔可〕以為小，不可以為大；　可以為半，而不可以為全者矣。　又曰：　良醫醫病，病萬變，藥亦萬變，病變而藥不變，嚮之壽民，今為殤子矣。　又曰：　若用藥者，得良藥則活人，得惡藥則殺人。　義兵之為天下良藥也，亦大矣。　《論衡》曰：　大王亶父睹王季之可立，故易名曰歷。　歷者，適也。　大伯覺悟，採藥以避王季。　《山海經》曰：　大荒之中有黃木，赤枝青葉，群帝取藥。言樹、花、實皆為藥也。　又曰：　大荒中有山名豐阻玉門，日月所入，有靈山，巫咸、巫昉、巫即、巫盼、巫彭、巫姑、巫真、巫祀、巫謝、巫羅十巫，從此升降，百藥爰在。　酈善長注《水經》曰：　茯山甚嵒峻重疊，（灌）〔淮〕栢齊陰，攢柯翠峙，泉石轉深。　蓋仙居之宿所，是以世人目巖為擣藥，巖名此水為擣藥水。　《漢武內傳》曰：　王母謂武帝曰：　太上之藥，乃有玄光黎角，風實雲子，帝園王族，昌城王蘂，夜河天骨，崆峒靈瓜，四劫一實，冥陵鱗膽，仰掇扶桑之丹椹，俯採長河之文藻，紫虬童子，九色鳳腦，太真虹芝，天漢臣革，南宮大碧，西卿扶老，三梁龍華，生子大道，有得食之，後天而老。此太上之所服，非中山之所寶也。　又曰：　武帝崩，遺詔以《雜道書》四十卷置棺中。　到延康二年，河東工曹李及入上黨抱犢山採藥，於巖室中得此書，盛以金箱。　其書後題臣姓名，記日月，是武帝時物也。　河東太守張純以箱及書奏宣帝。　宣帝示武帝時左右侍臣，有典書中郎，見書流涕曰：　此是帝崩時殯殮物也。　《東方朔別傳》曰：　孝武皇帝好方士，敬鬼神，使人求神僊不死之藥，甚至初無所得。天下方士，四面蜂至，不可勝言。　東方朔睹方士虛語以求尊顯，即云上天欲以喻之。　其辭曰：　陛下所使取神藥者，皆天地之間藥也，不能使人不死。　（不）獨天上藥能使人不死耳。上曰：　然。天何可上也？　朔對曰：　臣能上天。　上知其謾詑陁後二音，〔欲〕極其語，即使朔上天取不死之藥。　朔既辭去，出殿門，復還曰：　今臣上天，似謾詑者，願得一人為信驗。　上即遣方士與朔俱往，期三十日而反。　朔等既辭而行，日日過諸侯傳飲，往往留十餘日，期又且盡，無上天意。　方士謂之曰：　期且盡，日日飲酒，為奈何？　朔曰：　鬼神之事難豫言，當有神來迎我者。　於是方士晝臥良久，朔遽覺之曰：　呼君極久不應，我今者屬從天上來。　方士大驚，還具以聞。　上以為面欺，詔下朔獄。　朔啼對曰：　朔頃幾死者再。　上曰：　何也？　朔對曰：　天公問臣，下方人何衣？　臣朔曰：　衣蟲。　蟲何若？　臣朔曰：　蟲喙髯髯類馬，〔色〕邠邠類虎。　天公大怒，以臣為謾言，繫臣，使下問。　還報有之，名蠶。　天公乃出臣。　今陛下苟以臣為詐，願使人上問之。　上大驚曰：　善。　齊人多詐，欲以喻我止方士也。　罷諸方士，弗復用也。　由此，朔日以親近。　《列僊傳》曰：　樂子長者，齊人也，少好道真。　到霍林山遭僊人，受服巨勝赤松散方。　僊人告之曰：　蛇服此藥化為龍，人服此藥老翁成童，能昇雲上下，改易形容，崇氣益精，起死養生，子能服之，可以度世。　子長服之，年百八十，色如少女。　妻子九人，皆服此藥，老者還少，少者不復老。　又曰：　燕王遣韓終採藥，王先使韓終服之，面如金色。　又曰：　安期生賣藥海邊，時人以為千歲公。　又曰：　瑕丘仲賣藥於寧，後地動舍壞，仲死，人取屍棄水，收其藥賣之，仲被（裏）〔裘〕詣之，後為（失）〔夫〕余使者。　又曰：　崔文子，太山人，賣藥都市。　後有疫死者萬計，文子擁朱幡，持黃散，循問民，服其散愈者萬計。　後在蜀賣黃散、赤丸，世故寶之。　又曰：　負局先生者，語似燕代間人也。　負磨鏡局，循吳帝市中，磨一鏡一錢。　因磨輒問主，得無人疾苦者。　有輒出紫丸藥以與之，得莫不愈。　後上吳山絕崖頭，世世懸藥與下人，曰： 吾欲還蓬萊山，與汝曹神水。崖頭一旦有水，白色，從石間來下，服之，病多愈。 《高士傳》曰： 韓康，字伯休，京兆霸陵人。採藥名山，賣於長安市。口不二價，三十餘年。時有女子從康買藥，康價不移。女子怒曰： 公是韓伯休，郁乃不二價也？ 康歎曰： 我本避名，今女子皆知有我，何用藥為？ 乃遯入霸陵山中。 《魯女生別傳》曰： 封君達，隴西人也。少好道，初服黃連丸五十餘年，乃入鳥鼠山，又於山中服水銀百餘年。還鄉里，年如二十者。常乘青牛，故號為青牛道士。 《桂陽先賢畫讚》曰： 蘇耽嘗除門庭，有眾賓來，耽告母曰： 人招耽去，已種藥着後園梅樹下，可治百病，一葉愈一人，賣此藥過足供養。便隨賓去。母走牽之，四體如醉，足不能舉。 《邴原別傳》曰： 魏太子為五官中郎將，原為長史。太子讌會眾賓百數十人。太子建議曰： 君、父各有篤疾，有藥一丸，可救一人。當救君耶？ 父耶？ 眾人紛然，或君或父。時原在坐，不與此論。太子諮之於原，原悖然對曰： 父！ 太子亦不復難。 曹毗《杜蘭香傳》曰： 神女蘭香，降張碩，碩問壽如何？ 香曰： 消磨自可愈疾，滛祀無益。香以藥〔爲〕消磨。 王子年《拾遺録》曰： 燕昭王坐祇明之室，晝而假寐，忽夢西方有白雲，蓊蔚而起，俄而闇於庭間，有人衣服皆毛羽，駕蒼螭之車，從雲中而出，直詣王所。王夢中與語，問以上僊之術。羽人曰： 大王精智未開，欲求恆生，不可得也。王請受絕慾之教。羽人指畫，王心應手而裂。王乃驚悟，因患心疾，久之用昇於泉照之館，復見前所夢人於前。曰： 本欲易王之心。乃出方寸綠囊，囊中有續脉名丸、哺(四)〔血〕精散，其細若灰，以手摩主之臆，俄而即愈。王因請其方，曰： 其用物也，有九明神芝，煎以蒼鷹之血； 黑河鱗膽，煮以琨璵之脂； 貯以玉缶，緘以金繩，封以玉印，王得服之，後天而死。若溺於淫，嗜於慾，求者祇苦心焉。語畢，化為青鳧入天際。 王求合藥，終不能成。 黑河，北極也，其水濃黑不流，上有濃雲生焉。有黑鯤千尺如鯨，常飛遊於南海。 《博物志》曰： 夫性之所以和，病之所以愈，是當其藥應其病則生，違其藥失其應則死。 《本草經》曰： 太一子曰： 凡藥上者養命，中藥養性，下藥養病。神農乃作赭鞭鉤鍘尺制切，從六陰陽，與太一升五岳四瀆，土地所生草石，骨肉心皮毛羽萬千類，皆鞭問之。得其所能主治，當其五味百七十餘毒。 《異苑》曰： 魏武北征(踰)〔蹋〕頓，升嶺眺矚，見一崗不生百草，王粲曰： 如是古冢，此人在世，服生礜石死，而石上熱蒸出外，故卉木燋滅。即令鑿之，果得大墓，有礜石滿塋。仲宣博識強記，皆類此也。一說粲在荊州從劉表登鄣山見此異。 任昉《述異記》曰： 漢世古諺云，雖有神藥，不如少年； 雖有珠玉，不如金錢。太原神釜崗中，有神農嘗藥之鼎在焉。成陽山中，有神農鞭藥處。一名神農原，一名藥草山。山中有紫陽觀，世傳神農於此辨百藥也。 《養生略要》曰： 《神農經》曰： 五味養精神，強魂魄； 五石養髓，肌肉肥澤。諸藥其味酸者，補肝養心，除腎病。其味苦者，補心養脾，除肝病。其味甘者，補脾養肺，除心病。其味辛者，補肺養腎，除脾病。其味鹹者，補腎養肺，除肝病。故五味應五行，四體應四時。夫人性生於四時，然後命於五行，以一補身，不死命神，以母養子，長生延年，以子守母，除病究年。 《嶺表録異》曰： 廣之屬郡及鄉里之間，多蓄(蟲)〔蠱〕，彼之人悉能驗之，以草藥治之，十得其七八。藥則金釵(服)〔股〕，形如石斛、古漏子、女栗畏苦，食之能即吐。人肝藤。濃汁煎喫。陳家白藥子，一名吉利。本梧州陳氏有此藥，善解(蟲)〔蠱〕毒。每有中者，即求之，前後救人多矣，遂以為名。今封康州有得其種者，廣府每歲常為土貢焉。諸解毒藥，功力皆不及陳家白藥。 王彪之《閩中賦》曰： 藥草則青珠、黃連、卷栢、決明、蓯蓉、鹿茸、漏蘆、松欒，痊痾則年永，練質則翰生。 謝靈運《山居賦》曰： 本草所載山澤不一，雷桐是別，和緩是悉，三枝六根，五華九實。 《樂府歌詩》曰： 仙人騎白鹿，髮短耳何長。道我奉上藥，覽之獲無疆。來到主人門，奉藥一玉箱。主人服此藥，身體日康強。髮白復還黑，延年壽命長。 魏文帝詩曰： 西山何如高，高高殊無極。上有兩仙童，不飲亦不食。與我一丸藥，光耀有五色。服藥四五日，身體生羽翼。 應劭表曰： 臣劭言： 郡舊因計吏獻藥，闕而不修，慙悸交集，無辭自文。今道少通，謹遣五官孫艾貢茯苓十斤，紫芝六枝，鹿茸五斤，五味一升，計吏發行，輒復表貢。

宋·寇宗奭《本草衍義》卷二《序例中》 世有不謹衛生之經者，動皆觸犯。既以犯養生之禁，須假以外術保救，不可坐以待斃。《本草》之經，於是興焉。既知保救之理，不可不窮保救之事，《衍義》於是存焉。二者其名雖異，其理僅同。欲使有知無知盡臻壽域，率至安樂之鄉，適是意者，求其意而可矣。

宋·寇宗奭《本草衍義》卷二《序例中》 嘗讀《唐·方技傳》有云： 醫

要在視脈，唯用一物攻之，氣純而愈速。一藥偶得，他藥相制，弗能專力，此難愈之驗也。今詳之：病有大小、新久、虛實，豈可止以一藥攻之？若初受病，小則庶幾；若病大多日，或虛或實，豈得不以他藥佐使？如人用硫黄，皆知此物大熱，然石性緩，倉卒之間，下嚥不易便作效。故智者又以附子、乾薑、桂之類相佐使以發之，將併力攻疾，庶幾速效。若單用硫黄，其可得乎？故知許嗣宗之言，未可全信，賢者當審度之。

夫用藥如用刑，刑不可誤，誤即干人命；用藥亦然，一誤即便隔生死。然刑有鞫司，鞫成然後議定，議定然後書罪。蓋人命一死，不可復生，故須如此詳謹。今醫人纔到病家，便以所見用藥。若高醫識病知脈，藥又相當，如此，即應手作效。或庸下之流，孟浪亂投湯劑，逡巡便致困危。如此殺人，何太容易！世間此事甚多，良由病家不擇醫，平日未嘗留心於醫術也，可不懼哉！

金·劉完素《素問病機氣宜保命集》卷上　本草論第九　論曰：流變在乎病，主治在乎物，制用在乎人。三者併明，則可以語七方十劑。宣、通、補、瀉、輕、重、澀、滑、燥、濕，是十劑也。大、小、緩、急、奇、偶、複，是七方也。是以製方之體，欲成七方十劑之用者，必本於氣味生成而成方焉。

其寒、熱、溫、涼四氣者，生乎天。酸、苦、辛、鹹、甘、淡六味者，成乎地。氣味生成，而陰陽造化之機存焉。是以一物之中，氣味兼有。一藥之內，理性不無。故有形者謂之味，無形者謂之氣。若有形以無形之治，喘急昏昧乃生。無形以有形之治，開腸洞泄乃起。

《經》所謂陰味出下竅，陽氣出上竅。王注曰：味有質，故下流便瀉之竅。氣無形，故上出呼吸之門。故陽為氣，陰為味。味歸形，形歸氣，氣歸精，精歸化，精食氣，形食味。王注曰：氣化則精生，味化則形長。是以有生之人，形精為本。故地產養形，形不足者，溫之以氣。天產養精，精不足者，補之以味。形精交養，充實無虧，雖有苛疾，弗能為害。故溫之以氣者，是溫之以肺。補之以味者，是補之以腎。

是以人為萬物之靈，備萬物之養，飲和食德，以化津液，以淫筋脈，以行營衛。故《經》所謂陰之所生，本在五味，氣味合而服之，以補精益氣，所以為全生之術。故五穀、五畜、五菜、五果，甘、苦、酸、辛、鹹，此為補養之要也。何則？穀入於口而聚於胃，胃為水穀之海，喜穀而惡藥，藥之所入，不若穀氣之先達。故治病之法，必以穀氣為先。是以聖人論真邪之氣者，謂汗生於穀，不歸於藥石。辨死生之候者，謂安穀則生。過期不惟數於五臟，先明胃氣為本，以此知五味能養形也。雖毒藥攻邪，如國之用兵，蓋出於不得已也。是以聖人發表不遠熱，攻裏不遠寒。辛甘發散為陽，酸苦涌泄為陰。故辛散、酸收、甘緩、苦堅、鹹軟，隨五臟之病證，施藥性之品味，然後分奇、偶、大、小、緩、急之制也。

故奇偶者，七方四制之法。四制者，大、小、緩、急也。所謂氣有多少，病有盛衰。治有緩急，方有大小。故大小者，君一臣二，奇之制也。君二臣四，偶之制也。君二臣三，奇之制也。君二臣六，偶之制也。又曰：奇方云君一臣二，君二臣三。偶方云君二臣四，君二臣六。所以七方者，四制之法。奇偶四制，何以明之？假令小承氣、調胃承氣為奇之小方也，大承氣、抵當湯為奇之大方也，所謂因其攻下而為之用者如此。桂枝、麻黄為偶之小方，葛根、青龍為偶之大方，所謂因其發而用之者如此。

《經》所謂近者奇之，遠者偶之。身之表者為遠，身之裏者為近。汗者不以奇，下者不以偶。不以者，不用也。

故補上治上制以緩，補下治下制以急。急則氣味厚，緩則氣味薄。故味厚者為陰，薄為陰之陽，為味不純粹者也。故味所厚，則泄之以下。味所薄，則通氣者也。王注曰：味厚則泄，薄則通。氣厚者為陽，薄為陽之陰。故附子、乾薑味甘溫大熱，為純陽之藥，為氣厚者也。丁香、木香味辛溫平薄，為陽之陰，氣不純粹者也。故氣所厚則發熱，氣所薄則發泄。《經》曰：薄則發泄，厚則發熱。王注曰：陰氣潤下，故味薄則發泄。陽氣炎上，故氣厚則發熱。味薄為陰少，故通泄。氣薄為陽少，故汗出。是以論氣味之薄厚，合奇偶之大小。腎肝位遠，數多則其氣緩，不能速達於下，必大劑而數少，取其迅急可以走下也。心肺位近，數少則其氣急，不能發散於上，必小劑而數多，取其氣易散，可以補上也。王注曰：肺服九，心服七，脾服五，肝服三，腎服一，乃五臟生成之常數也。

若奇之不去則偶之，是謂重方也。偶之不去，則反佐以取之，是謂寒熱溫涼，反從其病也。王注曰：是以聖人反其佐，以同其氣，令聲氣應合，復令寒熱參合，使其終異而始同，燥潤而敗堅，剛必折，柔脆自消爾。故逆者正治，從者反治，從少從多，觀其可也。仲景曰：少陰病下利而脈微者，與白通湯。利不止，厥逆無脈者，乾嘔煩者，白通加猪膽、人尿。王注曰：若調寒熱之逆，冷熱必行，則熱物冷服，下嚥之後，冷體既消，熱性便發，由是病氣隨愈，嘔噦皆除。情且不違，而致大益，此加人尿、猪膽汁鹹苦寒物於白通湯熱劑中，要其氣相從，可去格拒之寒也。《經》所謂熱因熱用，寒因寒用，塞因塞用，通因通用，必伏其所主，而先其所因。其始則同，其終則異。可使破積，可使潰堅，可使氣和，可使必已，此之謂也。若病所遠，而中道氣味乏者，食而過之，無越其制度。王注曰：假命病在腎，而心之氣味飼而冷，是仍急過之，不飼以氣味。腎藥淩心，心腹益衰，與上下遠近例同。是以聖人治上不犯下，治下不犯上，和中上下俱無犯。故《經》所謂誅罰無過，命曰大惑，此之謂也。

有中外不相及，則治其主病，皆論標本，不令妄攻也。故從所來者為本，其所受者為標。是以內者內調，外者外治。內者調之，不言其治。外者治之，不言其調。《經》所謂上淫於下，所勝平之。外淫於內，所勝治之。此之謂也。若從內之外，盛於外，先調其內，而後治其外。從外之內而盛於內者，先治其外而後調其內。王注曰：皆謂先除其根底，後削其枝條也。是故病發有餘，本而標之，後治其標。故仲景曰：傷寒醫下之，續得下利清穀，身疼痛者，急當救裏。身疼痛，清便自調者，急當救表。救裏四逆湯，救表宜桂枝湯。故裏不足，必先救之，清便自調，知裏氣已調，然後急與桂枝湯以救表，是謂病發本而標之，先治其本，後治其標，此以寒為本也。故知標本者，萬舉萬全。不知標本，是謂妄行。此之謂也。

雖《本草》曰：上藥一百二十種為君，應天，中藥一百二十種為臣，應人，下藥一百二十種為使，應地。若治病者，特謂此三品之說，末也。《經》所謂有毒無毒，所治為主，適其小大為制也。故主病者爲之君，佐君者爲之臣，應臣者爲之使，非上中下三品之謂也。王注曰：但能破積愈疾，解急脫死，則為良方，非必要以先毒為是，後毒乃非。有毒為是，無毒為非，必量病輕重大小之常也。帝曰：三品何謂也？岐伯曰：所以明善惡之殊貫也。是以聖人有毒無毒，服自有約。故病有新久，方有大小。有毒無毒，宜合常制矣。

大毒治病，十去其六。常毒治病，十去其七。小毒治病，十去其八。無毒治病，十去其九。穀肉果菜，食養盡之，無使過之，傷其正也，不盡，行復如法。王注曰：法，謂前四約也。餘病不盡，然再行之，毒之小大，如約而止，必無大過矣。是以上古聖人謂重身之毒，有故無殞，衰其大半而止。故藥之性味，本以藥治疾，誠能處以中庸，以疾適當，且如半而止之，亦何疑於攻治哉？此之謂也。

故非調氣而得者，治之奈何？有毒無毒，何先何後，願聞其道。王注曰：夫病生類，其有四焉：一者，始因氣動而內有所成，為積聚癥瘕、瘤氣癭起、結核癲癇之類是也；二者，始因氣動而外有所成者，爲癰腫瘡瘍、痂疥疽痔、掉瘛浮腫、目赤瘭胗、胕腫痛癢之類是也；三者，不因氣動而病生於內，爲留飲澼食、飢飽勞損、宿食霍亂、悲恐喜怒、想慕憂結之類是也；四者，不因氣動而病生於外，為瘴氣賊魅、蠱毒蜚尸、鬼擊衝薄墮墜、風寒暑濕、斫射刺割、捶撲之類是也。如此四類者，有獨治內而可愈，大小承氣、陷胸、抵當、三花、神祐、藏用之類是也。有獨治外而愈者，善應膏、拔毒散、點眼、生肌之類是也。有兼治內而愈者，大小柴胡、通聖、洗心、涼膈、黃連解毒之類是也。有兼治外而愈者，撥雲散、苦參散、千金內托散之類是也。有先治內後治外而愈者，瘭胗、丹毒、瘡瘍、疹㾊、痘之類，悉因三焦相火，熱甚於內，必先疏啟其中，涼苦寒之劑，蕩滌藏府，或以砭射敷、掃塗、抹於外者是也。有先治其外後治其內而愈者，傷寒、刺割、破傷，皆因風寒之邪，從外之內，先以發散其外，發之不已，量其淺深峻泄之。有齊毒而攻擊者，暴病、大小便不利、胎死、堅積、滿脹之類是也。有復無毒而調引者，痰滯、氣痞、胃虛、脾弱、氣不往來以通經利其氣之藥之類是也。方法所施，或勝或復。寒者熱之，熱者寒之，溫者清之，散者收之，抑者散之，燥者潤之，急者緩之，剛者輭之，衰者補之，強者瀉之，堅者削之。留者攻之，客者除之，勞者溫之溫養也，結者散之，燥者濡之，損者益之補也，逸者行之，勞者動之，驚者平之平，常也，常見常聞。上之吐之，下之泄之，磨之灸之，浴之薄之，劫之燔之鍼劫其下。開之發之，適可為故，各安其氣，必清必淨，則病氣衰去，歸其所宗，此治之大體也。是以聖人法無定體，體變布施。藥不執方，合宜而用。故論言：治寒以熱，治熱以寒，而方士不能廢繩墨而更其道也。

有病熱者，寒之而熱。有病寒者，熱之而寒。二者皆在，新病復起。奈何？治諸寒之而熱者，取之以陰，熱之寒者，取之以陽，所謂求其屬也。王注曰：謂治之而病不衰退，反因熱寒而隨生寒熱，病之新也。謂其益火之原，以消陰翳，壯水之主，以制陽光。故曰求其屬也。夫取心者，不必齊以熱。取腎者，不必齊以寒。取但益心之陽，寒亦通行。若強腎之陰，熱之猶可。此論五味所歸五臟，寒熱溫涼之主也。

嗚呼！聖人之道久塞，而後之人獨不能之也。王注曰：言少可以貫多，舉淺可以料深，何法之明也如此。故非聖人之道，孰能至於是耶？是以治病之本，須明氣味之厚薄、七方十劑之法也。方有七，劑有十，故方不七不足以盡方之變，劑不十不足以盡劑之用。方不對病，非方也。劑不蠲疾，非劑也。今列而論之。

七方者，大、小、緩、急、奇、偶、複。大方之說有二：一則病有兼證，而邪不專，不可以一二味治之，宜君一臣三佐九之類是也；二則治腎肝在下而遠者，宜分兩多而頓頻服之是也。小方之說有二：一則病無兼證，邪氣專一，可以君一臣二小方之治也；二則治心肺在上而迫者，宜分兩微，而頻頻少服之，亦為小方之治也。緩方之說有五：有甘以緩之為緩方者，為糖、蜜、甘草之類，取其戀膈也；有丸以緩之為緩方者，蓋丸之比湯、散藥力宣行遲故也；有品味群眾之緩方者，蓋藥味眾多，各不能騁其性也；有無毒治病之緩方者，蓋藥性無毒，則攻自緩也；有氣味薄而緩方者，藥氣味薄，則常補於上，比至其下，藥力既已衰，為補上治上之法也。急方之說有四：有急病急攻之急方者，如腹心暴痛，前後閉塞之類是也；有急風蕩滌之急方者，謂中風不省口噤是也，取湯劑蕩滌，取其易散而施攻速者是也；有藥有毒之急方者，如上涌下泄，奪其病之大勢者是也；有氣味厚之急方者，藥之氣味厚者，直趣於下而力不衰也，謂補下治下之法也。奇方之說有二：有古之單行之奇方者，為獨一物也；有病近而宜用奇方者，為君一臣二、君二臣三，數合於陽也，故宜下不宜汗也。偶方之說有二：有兩方相配而為偶方者，蓋兩味相合者是也；有病遠而宜用偶方者，君二臣四、君四臣六，數合於陰也，故宜汗不宜下也。複方之說有二：有二三方相合之為複方者，如桂枝二越婢一湯之類是也；有分兩勻同之複方者，如胃風湯各等分之類是也。又曰重複之複，二三方相合而用也。反復之復，謂奇之不去則偶之是也。

十劑者，宣、通、補、瀉、輕、重、澀、滑、燥、濕。宣者，鬱而不散為壅，必宣劑以散之，如痞滿不通之類是也。《本草》曰：宣可去壅，必宣劑以散之，如薑、橘之屬，攻其裏則宣者上也，泄者，下也，涌劑則瓜蒂、梔、豉之類是也。發汗通表亦同。通，留而不行為滯，必通劑以行之，如水病、痰癖之類也。《本草》曰：通可去滯，通草、防己之屬，攻其內則通者行也，甘遂、滑石、茯苓、芫花、大戟、牽牛、木通之類是也。補，不足為弱，必補劑以扶之，如氣形羸弱之類是也。《本草》曰：補可去弱，人參、羊肉之屬，攻其裏則補養也。《經》所謂言而微，終日乃復言者，此奪氣也。故形不足，溫之以氣。精不足，補之以味。是以膏粱理疾，藥石蠲疾，五穀五畜，能補善養也。瀉，有餘為閉，必泄劑以逐之，如腹脹、脾約之類是也。《本草》曰：泄可去閉，即葶藶、大黃之屬。《經》所謂濁氣在上，則生䐜脹。故氣不施化而鬱閉不通，所以葶藶、大黃味苦大寒，專能泄熱去濕下氣。仲景曰：趺陽脈浮而澁，浮則胃氣強，濇則小便數，浮濇相搏，大便則難，其脾為約，故約束津液，不得四布。苦寒之劑，通塞潤燥，而能泄胃強也。輕，實則氣壅，欲其揚也，如汗不發而腠密，邪勝而中蘊，必輕劑以揚之。《本草》曰：輕可去實，麻黃、葛根之屬。《經》所謂邪在皮者，汗而發之。其實者，散而泄之。王注曰：陽實則發散。重，怯則氣浮，欲其鎮也，如喪神守而驚悸氣上，厥逆癲疾，必重劑以鎮之。《本草》曰：重可去怯，即磁石、鐵粉之屬。《經》所謂厥成為癲疾，故驚乃平之。所以鎮涎也，故使其物體之重，則下涎而用之也。澀，滑則氣脫，欲其收斂也，如開腸洞泄，便溺遺失，必澀劑以收之。《本草》曰：澀可去脫，則牡蠣、龍骨之屬，如寧神寧聖之類是也。滑，澀則氣著，欲其利也，如便難、內閉，必滑劑以利之。《本草》曰：滑可去著，即冬葵、榆皮之屬。滑能養竅，故潤利也。燥，濕氣淫勝，腫滿脾濕，必燥劑以除之。《本草》曰：燥可去濕，即桑白皮、赤小豆之屬。所謂濕甚於上，以苦燥之，以淡泄之是也。濕，津耗為枯，五藏痿弱，營衛涸流，必濕劑以潤之。《本草》曰：濕可去枯，即紫石英之屬，故痿弱者用之。王注曰：心熱甚則火獨光，火炎上，腎之脈常下行，今火盛而上炎用事，故腎脈亦隨火炎爍而逆上行也。陰氣厥逆，火復內焰，陰上隔陽，下不守位，心氣通脈，故生脈痿。是故膝腕樞紐如折去，而不相提挈，脛筋縱緩，而不能任用於地也，可下數百行而愈。

故此十劑七方者，乃太古先師，設繩墨而取曲直，何叔世方士，出規矩以為方圓。王注曰：嗚呼！人之死者，但曰命，不謂方士愚昧而殺之邪。是以物各有性，以謂物之性有盡也。制而用之，將使之無盡，物之用有窮也。

變而通之，將使之無窮，夫惟性無盡，用無窮。故施於品劑，以佐使斯人，其功用亦不可一而足也。於是有因其性而為用者，有因其所勝為制者，有氣同則相求者，有氣相克則相制者，有氣有餘而補不足者，有氣相感則以意使者，有質同而性異者，有名異而實同者。故蛇之性上竄而引藥，蟬之性脫而退翳，虻飲血而用以治血，鼠善穿而用以治漏，所謂因其性而為用者如此。弩牙速產，以機發而不括也；杵糠下噎，以杵築下也；所謂因其用為使者如此。萍不沉水，可以勝酒；獨活不搖風，可以治風；所謂因其所勝而為之用制也如此。麻木殼而治風，水豆殼而治水，所謂氣相同，則相求者如此。牛土畜，乳可以止渴疾；豕水畜，心可以鎮恍惚；所謂因其氣相克則相制也如此。熊肉振羸，兔肝明目，所謂因其氣有餘，補不足也如此。鯉之治水，鶩之利水，所謂因其氣相感則以意使者如此。蜂蜜成於蜂，蜜溫而蜂寒；油本生於麻，麻溫而油寒，茲同質而異性也。蘼蕪生於芎藭，蓬虆生於覆盆，茲名異而實同者也。所以如此之類，不可勝舉。

故天地賦形，不離陰陽。形色自然，皆有法象。毛羽之類，生於陽而屬於陰。鱗介之類，生於陰而屬於陽。空青法木色青而主肝，丹〔砂〕法火色赤而主心，雲母法金色白而主肺，磁石法水色黑而主腎，黃石脂法土色黃而主脾。故觸類而長之，莫不有自然之理也。

欲為醫者，上知天文，下知地理，中知人事，三者俱明，然後可以愈人疾病。不然，則如無目夜遊，無足登涉，動致顛殞，而欲愈疾者，未之有也。故治病者，必明天地之理道，陰陽更勝之先後，人之壽夭生化之期，乃可以知人之形氣矣。王注曰：不明天地之理，又昧陰陽之候，則以壽為夭，以夭為壽，雖盡上聖救生之道，心道明經脈藥石之妙，猶未免世中之誣斥也。明乎醫者，幸詳究焉。

宋·陳衍《寶慶本草折衷》卷一《序例萃英上》　敘本草之傳舊文計十一章，新集二段。

唐謹微序例此謹微纂集諸家之文也。述陶隱居序凡三章。　其一章：本草舊稱《神農本經》，以神農氏宣藥療疾，以拯夭傷之命，惠彼群生，恩流含氣。民到於今賴之。此書應與《素問》同類，黃帝又與岐伯等講明五運六氣，三部九候，榮衛經絡，砭刺俞穴，以成《內經素問》也。但後人多更修飾之爾。　其二章：今庸醫處療，皆恥看《本草》。或倚約舊方，或聞人傳說，或遇其所憶，便攬筆疏之。其畏惡相反，分兩參初金切差初宜切，亦不以為疑脫。或偶爾值差，則自信方驗；若旬月未瘳，則言病源深結，了不反求諸己。虛駕聲稱，多納金帛。非惟在顯宜責，固將居幽貽譴矣。　其三章：晉時有一才人原闕姓氏，欲刊正《周易》及諸藥方，先與祖訥共論。祖云：辨釋經典，縱有異同，不足以傷風教；至於湯藥小小不達，便致壽夭所由，則後人受弊不小，何可輕以裁斷？

又述：開寶重定序凡一章。　《三墳》之書，神農預其一。百藥既辨，《本草》存其錄。舊經世所流傳，別錄互為編纂。至梁正白先生陶景，以《別錄》參《本經》，朱墨雜書，朱書即今白字。又考功用，為之註釋。逮唐參校補證，然而載歷年祀。朱字墨字，無本得同。乃討源於別本，定為印板。以白字為神農所說，墨字為名醫所傳。白字、墨字，嘗以數本比對，頗有舛互。今《折衷》總作墨字，以防抄刻舛互之弊也。

又述：嘉祐補註總敘凡一章。　兩漢以來，名醫益衆。張機、華佗輩，始因古學，附以新說，通為編述，《本草》繇是見於經錄。

又述：圖經序凡一章。　昔唐永徽中年號也刪定《本草》，復有《圖經》相輔而行。圖以載其形色，經以釋其同異。而明皇御製，又有《天寶單方藥圖》，皆所以敘物真濫。二書散落殆盡，又詔命編述，復廣藥譜之未備，圖地產之所宜。

寇宗奭序例凡三章。　其一章：本草之名，自黃帝、岐伯始。其舊說元始五年前漢年號，舉天下通知方術本草者，軺詣京師。此但見本草之名，終不能斷自何代而作。又《世本》曰：神農嘗百草，以和藥濟人，亦不著本草之名。嘗讀《帝王世紀》曰：黃帝使岐伯嘗味草木，定《本草經》，則知本草之名，自黃帝、岐伯始。其《淮南子》言：神農嘗百草，一日七十毒，亦無本草之說。新集：偽蜀韓保昇序云：藥有玉石、草木、蟲獸，而直云本草者，為諸藥中草類最多也。論曰：神農嘗草，以識性味之用，而本草之名尚閟也。至黃帝使岐伯嘗草，以定《本草經》，經定而名顯矣。然名雖由岐伯而顯，其道端自神農而倡。故梁《七錄》及嘉祐賜名，竟謂之《神農本草》，不言岐伯，所以尊倡道之祖也。　其二章：上古聖賢，具生知之智，故能辨天下品物之性味，合世人疾病之所宜。後之賢智，從而和之者，又增廣其品至一千八十二名，《補註本草》稱一千八十二種，然一種有分兩用者，有三用者。其種字為名字，於義方允。名字，今《折衷》又改作條字。可謂大備。　其三章：茈音柴胡條云：註釋本草，一字亦不可忽，蓋萬世之後，所誤無窮耳。

縉雲《纂類》序凡一章。　本草猶儒家之史書，雖無紀傳表志之殊，而有上下例錄之別。況採取制度，服食禁忌，五土方宜，三品類敘，皆表志中事。先君後臣，有毒無毒，將軍、國老，養生延年，皆紀傳中事。以名、體、性、用《三因方》作名、德、性、味。四字而類之，使其條然。儻能留意，則上事君親，下濟民瘼，無施不可，又豈止多識鳥獸草木之名而已哉？

許洪註《局方》敘意凡一章。　若昔聖賢製方，雖曰神融心會，與造化合其妙，然藥之寒溫良毒，與夫治療之所主，凡識其性而用之，各當其宜者，皆自《本草》中來。後世用方，詎可不於此而究心焉？新集：　王壬撰註《局方》序云：　方書之夥，用之在人。對證投劑，例能言之。要之活法所係，當熟玩本草為根柢也。

元・羅天益《衛生寶鑑》卷三　輕易服藥戒　何秀才一女子病，其父謂予曰：　年十三時，五月間，因傷冷粉，腹中作痛。遂於市藥鋪中，贖得神芎丸服之，臍腹漸加冷疼，時發時止，今踰七八年不已，何也？答曰：　古人云，寒者熱之，治寒以熱，良醫不能廢其繩墨而更其道也。據所傷之物，寒也。所攻之藥，亦寒也。重寒傷胃，其為冷痛，豈難知哉？凡人之脾胃，喜溫而惡冷，況女子幼小，血氣尚弱，不任其寒，故陽氣潛伏，寒毒留連，久而不除也。治病必先求其本，當用溫中養氣之藥，以救前失，服之月餘方愈。嗚呼！康子饋藥，孔子拜而受之，以未達不敢嘗，此保生之重者也。奈何常人命醫拱默而令切脉，以謂能知病否？且脉者，人之血氣附行於經絡之間，熱勝則脉疾，寒勝則脉遲，實則有力，虛則無力，至於所傷何物，豈能別其形象乎？醫者不可不審其病源，而主家不可不說其病源。如何氏女子，不以病源告醫，而求藥於市鋪，發藥者亦不審其病源而以藥付之，以致七八年之病，皆昧此理也。孫真人云：　未診先問，最為有準。東坡云：　只圖〔愈疾，不圖〕困醫。二公之語，其有功於世大矣。

妄投藥戒　高郎中家，好收方書及得效藥方，家人有病，自為處治，亦曾有效。中統庚申五月間，弟婦產未滿月，食冷酪、飯苦苣及新李數枚，漸覺腹中痛。太夫人以自合檳榔丸七十丸服之，至夜痛尤甚。恐藥力未達，又進五十丸，須臾間大吐且瀉，其痛增極，肢體漸冷，口鼻氣亦冷。急求醫療，未至而卒。後太夫人見予，訴其由，曰天命耶，藥之過耶，君試裁之。予曰：　非難知也。凡醫治病，虛則補之，實則瀉之，此定法也。人以血氣為本，今新產血氣皆損，胃氣虛弱，不能腐熟生硬物，故滿而痛也。復以寒劑攻之，又況夏月陰氣在內，重寒相合，是大〔寒〕氣入腹，使陰盛陽絕，其死何疑？《難經》曰：　實實虛虛，損不足而益有餘。如此死者，醫殺之耳，非天命也。太夫人然其言。噫！曲禮謂醫不三世，不服其藥。其慎如此，彼過已往而不可咎，後之用藥者，當以此為戒之。

元・羅天益《衛生寶鑑》卷一三　藥戒　客有病痞者，積於其中，伏而不得下，自外至者，捍而不得納。從醫而問之，曰非下之不可。歸而飲其藥，既飲而暴下。不終日而向之伏者散而無餘，向之捍者柔而不支，焦膈導達，呼吸開利，快然，若未始有疾者，不數日痞復作，投以故藥，其快然也亦如初，自是不逾月而痞，伍作而伍下，每下輒愈。然客之氣，一語而三引，體不勞而汗，股不步而慄，膚革無所耗於前，而其中柔然莫知其所來。嗟夫！心痞非下不可已，予從而下之，術未爽也，茶然獨何如？聞楚之南有良醫焉，往而問之，醫嘆曰：　子無怪是茶然者也。凡子之術，固而是茶然也。坐，吾語汝：　且天下之理，有甚快於吾心者，其末必有傷求無傷於終者，則初無望其快於吾心。夫陰伏而陽蓄，氣與血不運而為痞，橫乎子之胸中者，其得大矣。擊而去之，不須臾而除甚大之累，和平之物不能為也，必將擊搏震撓而後可。夫人之和氣，沖然而甚微，汩乎其易危，擊搏震撓之功未成，而子之和蓋已病矣。由是觀之，則子之痞凡一快者，子之和一傷矣。不終月而快者五，子之和平之氣，不既索乎？故體不勞而汗，股不步而慄，茶然如不可終日也。且將去子之痞而無害於和也。子歸燕居三月，而後與之藥，可為也。客歸三月，齋戒而復請之，醫曰：　子之氣少復矣，取藥而授之曰：　服之三月，而疾少平。又三月而少康，終年而復常，且飲藥不得亟進。客歸而行其說，然其初使人懣莫困反，然而遲之，蓋三投藥而三反之也，然日不見其所攻之效。久較則月異而時不同，蓋終歲而疾平。客謁醫，再拜而謝之，坐而問其故，醫曰：　是醫國之說也，豈特醫之於疾哉？子獨不見秦之治民乎？悍下罕反，性悍恙也。而不聽分，墮而不勤事，放而不畏法，令之不聽，治之不變，則秦之民嘗痞矣。商君見其痞也，厲以刑法，威而斬伐，悍厲猛鷙脂利反，不貸毫髮，痛剗楚恨反而力鋤之，於是乎秦之政如建紀偃反瓴户經反。流通四達，無敢或拒，而秦之痞嘗一快矣。自孝公以至二世也，凡幾痞而幾快矣。頑者已圮，部鄙反，段也。強者已柔，而秦之民無歡心矣。《史·商公傳》：孝公用衛鞅欲變法。孝公曰：善。卒定變法之令，令民為什伍而相守，司連坐，不告奸者腰斬，告奸者與斬敵首同賞，匿奸者與降敵同罰。故猛政一快者，歡心一亡，積快而不已，而秦之四支枵然，徒具其物而已。民心日離，而君孤立於上，故匹夫大呼，不終日而百疾皆起。秦欲運其手足肩膂，而漠然不我應。故秦之亡者，是好為快者之過也。昔者先王之民，其初亦嘗痞矣。先王豈不知砉然擊去之以為速也，惟其有傷於終也。故不敢求快於吾心，優柔而撫存之，教以仁義，導以禮樂，陰解其亂，而除去其滯，旁視而懣然有之矣。然月計之，歲察之，前歲之俗，非今歲之俗也。不擊不搏，無所忤逆，是以日去其戾氣，而不嬰其歡心，於是政成教達，安樂久而無後患矣。是以三代之治，皆更數聖人，歷數百年而後俗成。則予之藥終年而愈疾，蓋無足怪也。故曰：天下之理，有快於吾心者，其末也必有傷。求無傷於其終，則初無望其快吾心。雖然，豈獨於治天下哉？客再拜而記其說。

元·曾世榮《活幼口議》卷二　議投藥　議曰：水有淺涸而可深，山有頹荒而可林，地有傾陷而可固，物有損益而可珍。藥有貴賤，人有尊卑，心存至理，追究弗迷。然其貴賤，長幼嬰孩，所患疾病，異端傳變。異證者，受氣稟賦，資質厚薄故也。由是根不固而體不備，氣不充而志不寧。貴者則驕多，賤者則勞盛。驕多即胚胎而得之，勞盛乃孕育而招之。凡兒氣受之不實，或芘蔭之有餘，月期過滿，或看承之有虧，所襲剛柔而然，猶抱虛實而已。從生成應有別，假造亦無違，察貴賤各體，其根較長幼，皆循其理。凡療小兒，非以一體之謂，不可同常之見。所言投藥者，或用投之于簡，的也。投之久練，純熱也。投之窮研，精粹也。投之益後，投之勝前，良工用心之至，是謂投藥之專。若以重劑投于離，乳小也。或以峻藥投于貴，峻謂嚴緊藥。直不可混殺而設，造次而施。合以通利者，審問扶而下之。當用益補者，察詳按而調之。孰謂恣妄之有耶？所謂不可攻擊者，曰虛，曰幼，曰嬌，曰重。不宜冒致者，曰久，曰閑，不言所受。曰冗，用藥眾多。曰競，爭與攻擊。復加之以母之情僻，執彌也。父之性急，愚憨也。子之意頑，不服藥也。病之候難，傳遇壞證。母之彌神，父之遺祟，如此人事，曷可勉強而與勞心枉究哉？不惟無補，而反無思，觀其病家情意相順，禮識相傾，看傾也。功歸于我，行著于先，叩依先嘗所行。是便信醫即愈，重藥即痊，用其湯劑得為之良者，誠在彼此毋忽之之謂也。

議料理　議曰：大凡人復處性愚魯，用心狠戾者，不可以學醫。師不擇善，禍難逃跡。其或秉志怯率，為性懦弱者，亦不可以言藥。《素問》有云：人如舟也，藥如水也，水能濟舟，亦能覆舟。一圓一散，對證盡善，起活危困，未足為奇。一有共利，壞證傷候，且過在爾。其智拙鈍，非彌藥也。學者請預究其純粹，施其精研，尅效斯時，以副規矩，不可得而述者，醫之良工也。夫醫之用藥，將之用兵，古人亦有言矣。且如善醫明證，良將得策，藥能勝病，卒能守城。若也將無計策，醫共證候，病何以瘳？城何以固？今人皆知發藥，殊不究竟表裏臟腑，虛實冷熱，經絡榮衛，投之不當，反為它害。亦不可執用一方一藥，且《大醫局》四味理中圓、小柴胡湯之類，皆大人藥劑，所謂意到證見，藥無不驗。能者此理，證候方藥，諸家所載，無不應效。但究竟不到有乎，得共盡由，攻乎異端，涉獵繁雜，智性不專，事在狂簡，確實與言，更請思之。

明·寇平《全幼心鑒》卷一　戒醫士用好心勸病家用好藥　竊謂天地之大德曰：生生者，人之所同樂也。人之一身，不幸於有病，有病不得已而請醫。為醫者當自存好心，彼之病猶己之病。藥契天，不敢以一毫客氣，勿問貧富貴賤，則與善藥專以救人為念，以慕尊生樂道之意，造物者自祐之以福。今有一等醫士用心不臧，乘人之急，纔見一病，視為奇貨，不用的劑，惟恐效速是禍，不極而功不大；或以二二藥為秘傳，不肯示人；或以知前人已用之藥，妄加一二味，改易其名，便為秘方以惑眾聽。又有一等平昔初無寸長，全恃吻口強談謊說，及至治病，莫能措手，病家未免他向，同道至門，便為仇讎，枉用小人之心，而終不曾見本事。此皆含靈之巨賊。又有一等惟務奔馳爭趨，人門不請自至，時獻苞苴，以問病為由，自逞明能，謾談異說，出示一人，且云是某處收效，某處曾用，此等無非貢諛。病家無主，易於搖惑，則便修合，忽然病變，急自散去，病家雖悔何及。每見病家鄙吝所費，凡有病隱忍，不肯急醫，待至自愈；或自檢方合藥，病不能退，又不請明了之醫，惟恐所費浩大，甘心以千金之身，付托於剽竊；庸俗之手，脈既不明，藥不能辨，妄意臆度，具帳合藥無他，且圖易於扭合爾；日久困重，方請明醫，醫士至門，已難用藥者有之。又有醫士數日方欲成功，而病家親朋或主薦，或獻方，間有主人自有定見，不受讒言者有之；間有易於搖撼者，則醫士徒費前功者有之。有調理病愈，主人自謂須是五行不死則可者有之；或謂夜來曾作何善事，今早稍愈有之；醫士盡心用力，而病家諸般破說背負者有之。世道澆漓，間有此等人。然而醫士自當始終盡其在我無愧於好生之心，則盡善盡美。至於病者索藥，必要供方，方肯服藥，殊不知醫士間有奇方，病重而藥賤，必不肯說，一也。或有衆醫在傍，其間果有秘傳，亦不肯供方，只以尋常所用海行之方用之，二也。其間又有病者本自虛損，反諱人說是虛，喜服良藥，或有平日耗散，或自外邪誘於虛弱，喜服補劑，醫士一見，不敢進言實情，符合病者意向，隨所喜而供之者，三也。此世之通患，莫之能革。余集此書，欲使家家洞達，人人自曉，勿為末俗小兒詭詐而愚，豈曰小補之哉！

明・程玠《松厓醫徑》卷首　古人方，固有為一病而設者，亦有數處用者，如四君子湯，可以補氣，可以調氣，又可以降氣，凡涉於氣證者，皆可用之。四物湯，可以補血，可以調血，又可以止血，凡涉於血證者，皆可用之。前輩云：肝腎同歸於一治。愚謂心肺亦當同歸於一治。有如八味丸之類，既可以補腎，又可以補肝。金花丸之類，既可以治心，亦可以治肺。腎也，肝也，心也，肺也，既可以通治。而脾也，獨不可以通治乎？脾居中州，貫乎四臟，故善治四臟者，未有不治乎脾。此承氣湯之類，又能治四臟之邪者，為是故也。引而伸之，觸類而長之，無不如是。故此一書，皆摘人所常用之方，互可相通者，塡註於各證之下，編成序次，使人易於披閱。或病證時有出入，又當以意消息，互相假借而用可也。

明・周恭《醫說續編》卷三《用藥》　用藥不可孟浪　凡治病用藥，以前人方論未可者，切不可孟浪，須沉潛思繹千條萬緒，必求氣之所在而取之，不過格物致知之功，久久自入窮通變化之妙丹溪。

明・俞弁《續醫說》卷四　無病服藥　浙人柯敬仲、陳雲嶠、甘從化三人，自恃稟氣強盛，預防癰疽之患，皆好服防風通聖散，每日須進一服以為快。其後三人不及中壽之年，無病暴亡。噫！豈非好服涼藥太過，銷鑠元氣，急無所救者歟？欲求益生，反致殞命。嗟夫！張潔古有云：無病服藥，乃無事生事，可不戒哉楊太史《山居新話》！

明・韓悉《韓氏醫通》卷上　緒論章第一　飛霞子曰：天地萬物，氣成形也。不位不育，病之時也。人之養氣，踐形而致中和者，醫之道也，失而至於鍼砭藥餌，第二義矣。《易》無妄九五曰：無妄之疾，勿藥有喜。孔子曰：無妄之藥，不可試也。此最上義也。得醫之最上義者，氣之沖，神之化，皆此身之真息以踵也。盧扁指（堅）〔豎〕子，華陀剖腸腑，白玉蟾呵醫癰，藥餌云乎哉？鍼砭云乎哉？【略】

神農嘗百草，雖非經見，理或有之。軒岐尹咸多古書，要難盡信。《周禮》大司巫掌醫卜，則醫之為道也，技焉爾矣。

秦漢以前，有說無方。故《內經》諸書，鄭重覼縷，亦多累世附會竄雜之言。漢魏而下，有方無說。非無說也，言愈多而理愈晦也。自張戴李諸君子出，立法分類，原病處方，而後經旨燦然。丹溪朱彥修乃能集名醫之大成，尊《素》《難》如六經，以諸子為羽翼，醫之為技，庶乎其顯著矣。今之日諸書充棟，學者望洋，安得起群公而就正刪述一番，有經有傳有史，俾醫道不淪於遠泥，而有以達中和極致之功，然後為快邪。【略】

閱古方，必如親見其人稟賦與當時運氣風土，始可以得作者之意。有可為典要者，處方之起劑也。有一時權衡者，處方之參考也。全在真知藥性，灼見病情。予每以夜央跏坐，為人處方，有經旬不能下筆者。

病如橐，方如龠。萬龠一橐，反為橐害矣。世有經驗一方，而遞相偶中者，遂不自審度而輕用之，何也？君臣佐使之外，有一標使。如劑中合從辛以達金，則取引經一味，辛者倍加之，故其效速。

處方正不必多品。但看仲景方，何等簡淨。丹溪謂東垣多多益善，豈醫固有材邪！

明・吳文炳《醫家赤幟益辨全書》卷三　本草單方　上古用藥最簡，以其藥治某病，單方一味，故其力專，其效速。甚者用君臣佐使四味，謂之全方，至矣。何今世之醫專尚藥品衆多，以冀獲效。殊不知品味多則藥混，而對症之力淺，故效遲也。而本草每藥之條下，專治某病，可集一本，用之輒有奇效，學者不可不知也。

明・李詡《戒庵老人漫筆》卷五　論醫大抵醫者不盡人之性，不能知病，不盡物之性，不能知藥，不盡己之性，則亦莫知人物之性之所由來也。今之醫者，每分血氣痰之證，而藥鮮奏功。【略】用藥之法，補則俱補，瀉則俱瀉，無並行之理。天下之物，與我同體，故五色、五聲、五味、五香、七情，莫非一氣之所為，故皆可以為藥，眼耳鼻舌身意，皆可以受藥也。使萬物非吾一體，何能益於吾身？且如革聲健脾，金聲通肺，黑色養目，紅白傷明，論梅生津，思穢作嘔，哀而淚，愧而汗，怒而熱，畏而寒，病與醫之故皆可識也。《本草》載藥必曰性氣味，未有用氣者，何也？ 不知氣之靈，無所不為也。

明・芮經《杏苑生春》卷一　藥味專精　凡藥昆蟲、草木產之有地，根、葉、花、實採之有時，失其地則性味有異矣，失其時則氣味不全矣。又況新陳之不同，精麄之不等，倘不擇而用之，其不效者，醫之過也。《經》曰：司氣備物，氣味之精專也。【略】是以脩合藥劑，須要物得其地，採得其時，新陳合宜，用無不效。反畏之物，性不相□□而用之，豈無乖爭？ 藥之入口，生死係焉，為工者慎之無忽，實為醫道之幸焉。故治病者，必明六化，分治五味五色，所生五臟所宜，乃可以言盈虛病生之緒也。謹候氣宜，無失病機，其主病何如，言採藥之歲也。司歲備物，則無遺主矣。先歲物何也，天地之專精也。專精之氣，藥物肥濃，又於使用當其正氣味也。五運主歲，不足則物薄，有餘則物精，非專精則散氣，散氣則物不純，是以質同而異等，形質雖同，力用則異也。氣味有厚薄，性用有躁靜，治化有多少，力化有淺深，此之謂也。

明・謝肇淛《五雜俎》卷一一　今《本草》中，禽獸昆蟲，巨細必載，大自虎狼、鸛鶴，小至蚊蚋、蜂蚓，無不畢備，遂令殺生以求售者日盈於市。余見山東蒙陰取蠍者，發巨石，下探其窟穴，計以升斗，以火逼死，累累盈筐。此物不良，死固不足惜，然藏山谷中者，何預人事？ 而取之不休，亦可憫也。至於蝦蟆、龜蛇之屬，皆靈明有知，而封腸剔骨，慘酷異常。又其大者，針鹿取血，剝驢為膠，即可以長生不死。君子不為也，而況未必效乎。

明・張景岳《宜麟策》　藥食論方　種子之方，本無定軌，因人而藥，各有所宜。故凡寒者宜溫，熱者宜涼，滑者宜澁，虛者宜補，去其所偏，則陰陽和而生化著矣。今人不知此理，而但知傳方，豈宜於彼者，亦宜於此耶？ 且或一人偶中，而不論宜否，而偏傳其神，競相製服，又豈知張三之帽，非李四所可戴也？

明・張景岳《類經》卷一一《氣味類》　天食人以五氣，地食人以五味《素問・六節臟象論》。附草根樹皮說。　帝曰：余聞氣合而有形，因變以正名，天地之運，陰陽之化，其於萬物，孰少孰多，可得聞乎？ 因氣之合而有萬物之形，因形之變而有萬物之名，皆天地之運，陰陽之化也。然萬物之廣，孰少孰多，無不有數，欲詳知之，故以為問。　岐伯曰：悉哉問也，天至廣，不可度，地至大，不可量，大神靈問，請陳其方。天地廣大，不可度量，萬物衆多，亦難盡悉，請陳其方，謂舉其要者言之耳。　草生五色，五色之變，不可勝視。草生五味，五味之美，不可勝極。此以草言者，木亦在其中矣。青黃赤白黑，五色之正也，然色有淺深間雜之異，故五色之變不可勝視。酸辛甘苦鹹，五味之正也，然味有厚薄優劣之殊，故五味之美，不可勝極。即此五色五味之變，已不可窮，而天地萬物之化，又烏得而量哉？【略】　愚按：本篇帝以天地陰陽之化為問，而伯獨以草為對，因發明五氣五味之理。觀者但謂其言草，而不知人生所賴者惟此，故特明其義，誠切重之也。余居京邸，嘗治一薦紳之疾，愈已七八，勢在將安。忽其契者，薦一偽誕庸流，以導引栽接稱長技，極口眇醫，冀要其功。且云：彼醫藥者，雖為古法，然但可除輕淺之疾，療不死之病耳。至於存真接氣，固本回天，豈果草根樹皮之力所能及哉？ 病者忻服，信為神仙。自後凡見相候者，輒云近得神仙之術，幸脫沉疴，今賴為主，而以藥副之。余聞是言，殊為不平。然竊計之，則又安忍以先聖之道，為人之副。由是謝絕，不為加意。居無何，舊疾大作，遣人相延者再四且急。余不得已，勉效馮婦之舉。既至，察其藥缺已久，更劇於前，復為殫竭心力，僅獲保全。乃相問曰：向聞得導引之功，今則何以至此？ 彼赧顏答曰：此固一說，然亦無可憑據，及病作而用之，則無濟於事，以今觀之，似不可與斯道爭先也。余因告之曰：醫祖三皇，其來尚矣，豈易言者哉？ 雖軒岐之教，初未嘗廢恬憺虛無、呼吸精氣之說，然而緩急之宜，各有所用。若于無事之時，因其固有而存之養之，亦足為却病延年之助。此於修養之道而有能及其妙者，固不可不知也。至於疾病既成，營衛既亂，欲舍醫藥而望其邪可除，元可復，則無是理也。亦猶亂世之甲兵，飢餒之糧餉，所必不容已者，即此藥也。孰謂草根樹皮，果可輕視之哉？ 然余猶有說焉，按史氏曰：人生於寅。朱子曰：寅為人統。夫寅屬三陽，木王之鄉也，而人生應之，其為屬木可知矣。至察養生之用，則瓊漿玉粒，何所生也？ 肥鮮甘脆，何所成也？ 高堂廣廈安其居，何所建也？ 布帛衣裘溫其體，何所制也？ 然則草木之於人也，服食居處，皆不可以頃刻無也，無則無生矣。而人之屬木也，果信然否？ 第以穀食之氣味，得草木之正；藥餌之氣味，得草木之偏。得其正者，每有所虧；鍾其偏者，常有所勝。以所勝而治所虧，則致其中和而萬物育矣。此藥餌之功用，正所以應同聲，求同氣，又孰有更切於是而謂其可忽者哉？ 是以至聖如神農，不憚其毒而遍嘗以救蒸民者，即此草根樹皮也。何物狂生，敢妄肆口吻，以眇聖人之道乎！ 病者聞之曰：至哉言也，謹奉教矣。言者聞之，乃縮頸流汗而不敢面者許久焉。余觀本篇之言，知岐伯之意正亦在此，因並附之，用以彰其義云。

明・李中梓《頤生微論》卷一　宣藥論第七附七方十劑　慨自用藥之弊也，始于執流而忘源，信方而遺理。將有劑已大謬，猶懸懸而計效。方或偶當，反忽忽而自疑。病已藥傷，尚嫌處劑之輕；功本將臻，乃欲更端以治。泥成方之驗，不解隨人活潑；膠章句之跡，未能廣會靈通。如斯愚昧，皆由格理之功疎，而尋源之學淺也。王太僕曰：粗工褊淺，學未精深，以熱攻寒，以寒療熱，治熱未已，而冷疾已生。攻寒日深，而熱病更起，熱起而中寒尚在，寒生而外熱不除。欲攻寒，則懼熱不前；欲療熱，則思寒又止。豈知臟腑之源，有寒熱溫涼之主哉？夫藥有君臣佐使，逆從反正，厚薄輕重，畏惡相反，未得靈通，而慢(肰)〔然〕施療。許學士所謂獵不知兔，廣絡原野，術亦疎矣。君為主，臣為輔，佐為助，使為用，製方之原也。逆則攻，從則順，反則異，正則宜，治病之法也。必熱必寒，必散必收者，君之主也。不宣不明，不受不行者，臣之輔也。能受能令，能合能公者，佐之助也。或擊或發，或劫或開者，使之用也。破寒必熱，逐熱必寒，去燥必濡，除濕必泄者，逆則攻也。治驚須平，治損須溫，治留須收，治堅須潰者，從則順也。熱病用寒藥，而導寒攻熱者必熱，如陽明病發熱，大便鞕者，大承氣湯、酒製大黃熱服之類也。寒病用熱藥，而導熱去寒者必寒，如少陰病下利，服附子、乾薑不止者，白通湯加人尿、猪膽之類也。塞病用通藥，而導通除塞者必塞，如胸滿煩驚，小便不利者，柴胡加龍骨、牡蠣之類也。通病用塞藥，而導塞止通者必通，如太陽中風下利，心下痞鞕者，十棗湯之類也。反則異也，治遠以大，治近以小，治主以緩，治客以急。正則宜也，輕清成象，重濁成形，清陽發腠理，濁陰走五臟。清中清者榮養于神，濁中濁者堅強骨髓。辛甘發散為陽，酸苦涌泄為陰。氣為陽，氣厚為陽中之陽，氣薄為陽中之陰。薄則發泄，厚則發熱。味為陰，味厚為陰中之陰，味薄為陰中之陽。薄則疏通，厚則滋泄。親上親下各從其類也。畏者，畏其制我，不得自縱。惡者，惡其異我，不得自知。畏惡之中，亦可相成，在因病製方、輕重多寡之間也。至于相反，兩仇不共，(肰)〔然〕大毒之病，又須大毒之藥以劫之，雖相反之中，亦有相成之妙。而謂神化在是，顧良工用之耳。(肰)〔然〕非以博洽之才，運其神靈之識，將見驚眩妄錯，靡知統宗，匪肆即拘，曷中窾會夫，(肰)〔然〕後智盡能索，祇計蓄方。若曰方非吾方，上古聖人之方，異人秘密之方，人即不信醫，能不信聖人與異人哉？至有秘而不宣，雖父子不相授受。吁，何其愚也！不知天有不同者，運氣異也；地有不同者，方宜異也；人有不同者，稟畀異也；時有不同者，風會異也；境有不同者，貴賤異也；病有不同者，標本異也。方果可執乎哉？奈何舍至靈至變之理，而就不靈不變之方也。此無他，初得之聞，而神奇過告，繼試之用，而功效偶臻，遂以為無踰其右，獨不計方果若斯之奇，則上古聖賢千言萬卷祇為贅餘。而今之學者，神聖工巧，一切可廢矣。不知方之為言倣也，倣病而有方也。其將立也，因是病而後成，融通不滯。其既立也，匪是病則勿用，確(肰)〔然〕難移，是以《素問》無方，《難經》亦無方，非無方也，謂倣為活法也。漢世纔有方，為備于倣也。今奇方療疾，可以發無不中，則昔者軒岐、扁倉，神靈之智，慈濟之仁，豈不及此？何不每一病只立一方，使後之人，彰明顯著，用無不當，而乃廣為昭析，多立文詞，使後之人，紛賾難窮，效無十全哉。雖(肰)〔然〕方不可泥，亦不可遺，倘藉口變通，而古法未諳，有心立異，而審症未詳，去拘方之失，未有以大相懸也。而其過有五：夫子母虛實，鬼邪微正，治病之本也。明此之故，病在上而治反在下，病在下而治反在上，病同而藥異，病異而藥同，症端蜂起，而線索井(肰)〔然〕，變現多危，而執持不亂。此旨未達，逐症尋求，既治其上，又攻其下，既療其彼，復顧其此，本之不揣，藥無精一，如著百家衣，為識者笑，救頭救脚之譏，所不免已，過一也。氣血虛實，寒熱邪正，灼(肰)〔然〕明辨，則益心之陽，寒亦通行。強腎之陰，熱之猶可，發舒陽氣，以生陰精，滋養陰精，以化陽氣。或養正而邪自除，或驅邪而正始復，或因攻為補，或借補為攻，苟臨症狐疑，則進退交戰，姑以輕和之劑，冀其萬一之功，非有直入之兵，收其捷得之效，則兩騎之誚，所不免已，過二也。或讀本草類方，刻意求簡，以為精專，不知制之小者君一臣二，制之大者，君一臣三佐九。聖人初無從簡之心，惟是合宜以治耳。仲景、東垣共稱醫聖，而用多用寡，兩不相侔。王節齋謂東垣如韓信將兵，多多益善。丹溪不過能將十萬，不敢效其多，是以多寡分優劣也，將置仲景于何地耶？故得其要者，多亦不雜，不得其要，少亦不專。不究確(肰)〔然〕之理，而以品味多寡為衡，是崇末而遺本已，過三也。未能宏博，炫(肰)〔然〕自矜，好為奇僻，不可一世，原其立異之初心，不過思假此以要尊信耳。究也治而弗勣，反深沉困，其尊信果安在哉，過四也。仲景云觀今之醫，各承家技，終始順舊，省疾問病，務在口給，相對斯須，便處湯劑，動數發息，不滿五十，明堂闕庭，盡不見察。夫欲視死別生，實為難矣。如斯鹵莽，且圖速效，則寒熱溫涼，行散補瀉，能無過當乎？不知藥無次序，猶兵無紀律，雖有勇健，適足僨事已，五過也。省此五過，務圖去之，惟當尚友千古，毋多自遜以阻進階，則天地之理得而見垣非難爾。願天下惕(肰)〔然〕于生死之故，慨(肰)〔然〕為窮原之學，則四家可五，而軒岐且至今存矣。

清・李延昰《本草論》〔《藥品化義》卷首〕 用藥救生，道在乎危微之介，非神聖不能抉其隱微。後之君子，將以仁壽為己任，舍博綜無由矣。昔在神農，闢本草四卷，藥分三品，計三百六十五種，以應周天之數。察寒熱溫平，分君臣佐使，救生民之夭枉，醫藥之祖鼻也。嘗讀《淮南子》云，神農嘗百草，一日七十毒，未始不歎所謂盡信書則不如無書之說也。夫神農立極之大聖，以生知之聖，固不待物物而嘗。使其果有待乎必嘗，則須患是病而後服其藥。神農豈極人世之苦，歷試某藥之治某病乎？設其七十毒偶見於一日而記之，則毒之小也猶不死而可解，毒之大也將必死矣，又孰有神農者而解之乎？甚矣！《淮南子》之好寓言也。六朝陶弘景，增漢魏以來名醫所用藥三百六十五種，並為七卷，謂之《名醫別錄》。分別科條，區畛物類，可謂勤矣。惜其防葵、狼毒，妄曰同根；鉤吻、黃精，連為同類。豈聞見缺於殊方，而詮釋泥於獨學乎？北齊徐之才增飾《雷公藥對》凡二卷，使古籍流傳，亦其力也。劉宋時雷斆著《炮炙論》，胡洽居士重加定述，藥凡三百種，為上中下三卷。其性味炮炙、熬煮修治之法多古奧，別成一家者歟。唐高宗命司空英國公李勣等修陶隱居所著《神農本草經》，增為七卷，世謂之《英公唐本草》，頗有增益。顯慶中，右監門長史蘇恭重加訂注，帝復命太尉趙國公長孫無忌等二十二人與恭詳定，增藥一百一十四種，分為玉石、草、木、人、獸、禽、蟲、魚、果、米穀、菜，有名未用十一部，凡二十卷，目錄一卷，別為《藥圖》二十五卷，《圖經》七卷，共五十三卷，世謂之《唐新本草》。自謂《本經》雖缺，有驗必書；《別錄》雖存，無稽必正，良有以也。開元中，三元縣尉陳藏器以《神農本經》雖有陶、蘇補集之說，然遺漏尚多，故別為序例一卷，拾遺六卷，解分三卷，總曰《本草拾遺》，而世或譏其怪僻。不知古今隱顯亦異，如辟虺雷、海馬、胡豆之類，皆隱於昔而用於今；仰天皮、燈花、敗扇之類，皆所常用者，非此書收載，何從稽考乎？肅、代時人李珣著《海藥本草》，獨詳於偏方，亦不可缺也。李含光、甄立言、殷子嚴皆有《本草音義》，初學之所藉乎。蜀主孟昶命翰林學士韓保昇等取《唐本草》參較增補注釋，別為《圖經》，凡二十卷，世謂之《蜀本草》。其圖說藥物形狀，詳於陶、蘇矣。宋開寶六年，命尚藥奉御劉翰、道士馬志等九人取唐蜀本草詳校，仍取陳藏器《拾遺》諸書相參，刊正別名，增藥一百三十三種，馬志為之注解，翰林學士盧多遜等刊正。七年，復詔志等重定，學士李昉等看詳，凡神農者白字，名醫所傳者墨字別之，並目錄共二十一卷，如敗鼓皮移附於獸皮，胡桐淚改從於木類。或討源於別本，或傳效於醫家。下採眾議，幾於聚腋成裘矣。仁宗嘉祐二年，詔光祿卿直秘閣掌禹錫、尚書祠部郎中秘閣校理林億等同諸醫官修本草，新補八十二種，新定一十七種，通計一千八十二條，謂之《嘉祐補注本草》，共二十卷，校修之功勤矣。仁宗又詔天下郡縣圖上所產藥物，用唐永徽故事，專命太常博士蘇頌撰述，凡二十一卷，謂之《圖經本草》。考證詳明，但圖與說不無矛盾，或有圖無說，或有說無圖，或說是圖非，此其疏漏耳。徽宗大觀二年，蜀醫唐慎微取《嘉祐補注本草》及《圖經本草》、陳藏器《本草》、孟詵《食療本草》，舊本所遺者五百餘種，附入各部，並增五種。仍採《雷公炮炙》及《唐本草》、《食療》、陳藏器諸說收未盡者，附於各條之後。又採古今單方，並經〔史〕百家之書有關藥物者亦附之，共三十一卷，名《證類本草》，上之朝廷，改名《大觀本草》。政和中，復命醫官曹孝忠校正刊行，故又謂之《政和本草》。慎微貌寢陋而學該博，使諸家本草及各藥單方不致淪沒者，咸其功也。開寶中，日華子大明序集諸家本草，所用藥各有寒溫性味、華實蟲獸為類，其言功用甚悉。政和中，醫官通直郎寇宗奭以《補注圖經》及《圖經》二書，參考事實，覈其情理，援引辨正，名《本草衍義》，宜東垣、丹溪所尊信也。但以蘭花為蘭草，卷丹為百合，抑千慮之一失乎？金易州張元素，言古方新病各不相能，乃自成家法，辨藥之氣味陰陽厚薄、升降浮沉補瀉、六氣、十二經及隨證用藥之法，立為主治秘訣、心法要旨，謂之《珍珠囊》，誠《靈》《素》之羽翼也。後人翻成韻語，謂之東垣著者，謬矣。惜乎止論百品，未及遍評。或者貴精不貴多乎？元真定李杲，祖潔古《珍珠囊》，增以用藥凡例、諸經嚮導、綱要活法，而著《用藥法象》，有青出於藍之意。補醫學教授王好古著《湯液本草》二卷，取本草及張仲景、成無己、張潔古、李東垣之書，間附己意，亦本草之附庸歟。朱震亨因寇氏《衍義》之義，而推衍之近二百種，多所發明。胡粉之為錫粉，胡亦泥於舊說乎？　明代嘉靖末，祁門醫士陳嘉謨，依王氏《集要》，部次集成。每品具氣味、產採、治療、方製，創成對語，便於誦習，名曰《蒙筌》，誠稱其實。楚府奉祠蘄州李時珍著《本草綱目》五十二卷，列為一十六部，部各分類，類凡六十。標名為綱，列事為目，增藥三百七十四種。其蒐羅百代，訪采四方，尊為本草之大成，當無愧也。天啟時，海虞繆希雍取《本草綱目》，節其緊要者，著《本草經疏》。詮次有功，亦晚近之師匠也。黃帝時臣桐君《采藥》二卷，魏吳普著《吳氏本草》一卷，唐鄭虔著《胡本草》七卷，竟已失傳。李當之著《李氏藥錄》三卷，僅散見吳氏、陶氏本草，皆足惜也。又如唐孫思邈《千金食治》，同州刺史孟詵著《食療本草》，張鼎又補其不足者八十九種，並舊為二百二十七條，凡三卷。南唐陪戎副尉劍州醫學助教陳士良著《食性本草》十卷，元海甯醫士吳瑞著《日用本草》八卷，明正德時九江知府江陵汪穎著《食物本草》二卷，蓋釐東陽盧和之舊本而成也。嘉靖時京口甯原著《食鑒本草》，皆切於飲食，本《周禮》食醫之義而撰述。古惟有淮南王《食醫》一百二十卷，崔浩《食經》九卷，竺宣《食經》十卷、《膳饈養療》二十卷，昝殷《食醫心鑒》三卷，婁居中《食治通說》一卷，陳直奉《親養老書》二本，並有食治諸方，此其流亞不可廢也。他如洪武初周（憲）〔定〕王著《救荒本草》四卷，乃念旱澇民飢而設。宣德中，寧獻王著《庚辛玉冊》二卷，以備丹爐學者留供淹博，胡可少乎？　至如唐蘭陵處士蕭炳，取本草藥名上一字，以平上去入四聲相從，以便討閱，著《四聲本草》四卷；　潤州醫博士兼節度隨軍楊損之，刪去本草不急及有名未用之類，著《刪繁本草》五卷；　宋哲宗元祐中，閬中醫士陳承合《本草圖經》二書為一，間綴數語，著《本草別說》。明洪武時，山陰徐彥純取張潔古、李東垣、王海藏、朱丹溪、成無己數家之說，著《本草發揮》三卷；　宏治中，禮部郎中慈溪王綸取本草常用藥品及潔古、東垣、丹溪所論序例，略節，著《本草集要》八卷。嘉靖中，祁門醫士汪機懲王氏《集要》不收草木形狀，乃削古本草上中下三品以類相從，菜穀通為草部，果品通為木部，並諸家序例，編為二十卷，皆不能有所發明。零星臆度，存而不論可也。嗟乎，昆蟲草木至繁，雖歷代群賢窮收博採，亦未能盡，學者洵能熟讀深思，由博反約，則於用藥救生之道，庶幾不負先賢於醫之道，思過半矣。

清・李延昰《藥論》〔《藥品化義》卷首〕　醫道降為賤工，其間顛倒錯亂，誠不足怪。至於藥料之真偽精粗，藥性之補瀉轉變，亦當少為留意。譬之將兵者然，曰精騎三千，足敵羸卒十萬。三千非十萬之敵，而強弱調度之不同，則勝敗立見，其故何哉？　審與不審已耳。其粗疏莫辨，可供拊掌，略舉數端而後知其非不欲審，蓋不知審耳。藥而至於不知審，則將何以用藥哉？

夫豨薟去風，大有殊功，而近時依方修制，九蒸九曬，服之經年罕效。至疑之者曰：　豈制法未盡善歟？　抑道地不得其宜歟？　不知蜀地土深水厚，豨薟方莖花白。方者金之形，白者金之色，故味厚者力雄。九蒸九曬者，正以殺其勢也。肝為風木之藏，木旺風淫，藉豨薟稟金精之氣以制肝木，猶畏過猛，蒸曬者如使貪使詐，必用駕馭之法耳。若產浙江者，莖漸圓而色純黃。黃者土之色，性遲緩，乃仍用古法，至精華盡去，惟存糟粕，是驅弱卒而使鬥，又先飢疲之而且縛其手足，是以卒予敵也，望其克敵，可乎？　如此類者，昧於變通之法也。

人參《本經》謂其微寒，《別錄》謂其微溫，使人莫所適從，調停者曰寒不甚寒，故曰微寒，溫不甚溫，故曰微溫。此但為微字訓詁，而寒與溫之二義了無著落，不知人參生用則寒，焙用則溫，猶之生地熟地也。生地則能涼血，熟地稍溫更能補腎也，故吐血劑中不妨生用，存其陽中之陰，與麥冬五味以滋化源；　脾胃虛寒劑中必經焙熟，以發陽中之陽，與芪术升柴以建立中氣。人參本質何有寒熱之分哉？　如此類者昧於分別之法也。

阿膠用阿井水熬成，阿井乃濟水伏流，然其性趨下，寒重而沉，凡有濁水，取阿井水攙和攪之，則濁者可清，故治瘀濁及逆上之痰也。治吐衄者，血得火則輕而上浮，故治以重而下沉之品。先儒皆謂濟水性下勁疾，故能入河穴地流注顯伏，東阿亦濟所經，取其井水煮膠，謂之阿膠，人服之下膈疏痰。因濟水伏流絕河，乃物理之常也。《本經》惟用牛皮同煮，後人用烏驢皮，取烏色屬水，以制熱則生風之義。而阿地之人神其說，謂驢偶食仙草，變而為黑，皆不足聽也。初時，內府但入藥局，至宣德間，宮婢數千嘗苦風沙繞鬢，有謂用阿膠清水浸化，女人掠髮，光潤可鑒，至暮自解。故晝夜監造，以供內用，而民間不可常得矣。以至肆中真者絕跡，而醫人之與濟水遠者，亦莫辨矣。近之贗物百出，大概曰以酥脆明朗者為上，其脆非若燥脆之脆，乃膠之浮於上者，其質最清而細，故一拍可斷。其實脆中仍帶滋潤，苟以指爪掐之，誠有相入之勢，非若他水煎者之燥而脆，以指爪掐之則堅拒而不入也。有喜其（緣）〔綠〕色者，則投以茶子；　有喜其紫色者，則投以紫草；　有喜其明亮者，則和以麻油；　有喜其黑者，則加以煤黑；　有嫌其過燥者，則雜以猪皮。凡求真者，終不勝作偽者之巧。至目力有時而窮，於是阿膠之功拙矣。今時宮婢不用阿膠，熬煎甚易，大約井水十擔，驢皮一張，驢皮，至路口貨重地滑，有買前失後失者，立時開剝，則氣血可藉之為功，病倒者自救不暇，何能及人？　桑柴火三晝夜，可得膠五六斤，即所費無多，古方四物湯等藥亦不必投。蓋所資者妙在阿井之水，因病配藥，尤為活法，奈何醫者對之茫然，遇病家相質，輒支吾妄語，如此類者，(味)〔昧〕於考究之道也。

麻黃中空體輕，以其入肺，為發汗之要藥。然連根節用之，又能止汗。丹溪以人參與之同用，謂之一散一補，其中妙用，有如走珠。凡寒邪入肺，失於表散者，經年咳嗽，百藥無功，自非麻黃，終難搜逐；　即虛癆咳嗽，火浮於肺，帶節麻黃用麥冬、貝母收功，何以畏之如鴆？　徒用桑皮、枳殼，肺經愈瀉愈虛，邪反乘之盤踞，致咳而失音，死者比比。方中一見麻黃，必變色而起，何不取丹溪之意，一再思之，蓋麻黃非桂枝羌防薑葱佐之，斷不發汗。即真傷寒者，頭疼惡熱惡寒而無汗，以麻黃為君，桂枝為臣，謂之麻黃桂枝湯，則能發汗，此無汗欲其有汗也。真傷風者，頭疼發熱惡寒而有汗，以桂枝為君，麻黃為臣，謂之桂枝麻黃湯，則能止汗，此有汗欲其無汗也。麻黃之可散可補，協力呈能，固燎然明白，何所致驚？　如此類者，昧於通融之理也。

銀州柴胡別為一種，五疳熱癆非此不除，即男女一應癆熱，亦所必用，不獨肥兒丸奉為神丹也。凡退熱之藥味必苦寒，重則梔連知柏，輕則花粉黃芩，未有不傷胃減食。惟銀柴胡味甘性涼，甘先入脾，亦能退熱，多用無損中和，時珍曰銀州即今延安府神木縣五原城，是其廢跡所產。柴胡長尺餘而微白且軟，此地所產亦如前胡而軟，今人謂之北柴胡是也。若治五疳癆熱者，產銀州之西畔，此藥氣香直上雲間，多引白鶴綠鶴飛翔其上，過往聞者皆為氣爽。根如桔梗沙參，粗與筆管相似，其色黃中帶綠，屈之柔軟，質嫩味甘方為佳品。因其退熱除蒸，有類柴胡，故亦以柴胡名之，而土人特加一銀字以別之。誤認北柴胡即銀柴胡者，乃加一軟字，不知軟者對南柴胡之強硬者而言，不可混指為銀柴胡也。南柴胡價賤，北柴胡來亦無利，以致肆中絕跡，惟粗軟之銀柴胡，其價數倍，販者常集。時珍曰：　南土所產，不似前胡，正如蒿根強硬，不堪使用。將亦未明南北之用歟？　南柴胡氣味俱輕，陽也，升也，苦而微溫，故傷寒少陽證中用之發散表熱；　銀柴胡氣味俱重，陰也，降也，甘而微寒，故疳癆證中用之清解(裹)〔裏〕熱。《經疏》謂《本經》並無二種之說，功用亦無分別，但云銀州為勝，則知其優於升散，而非除虛熱之藥。總之，不明銀州柴胡實有二種，細而軟者為升散，粗而軟者為滋潤，故《衍義》謂《本經》並無一字治癆者，指南柴胡而言；　日華子謂補五癆七傷者，正指銀州柴胡言也。如此類者，昧於體認之功也。

藥有宜忌，如地黃、何首烏之類，皆忌鐵器，人所共知。而人參價重力宏，富貴者旦暮資食，然曰生用宜㕮咀，熟用宜隔紙焙之，並忌鐵器，乃醫者反無一言及之。今從遼陽歸者，始知以鐵器掘參，則餘根腐爛，故有詩曰峒邊削木劚參苗，其忌鐵固昭然可證矣。如此類者，昧於輕重之道也。

地黃得地之堅凝，合土之正色，為純陰之品，故非太陽與烈火九蒸九曬，則無以轉陰為陽。即當用熟地矣，猶須用薑酒炒之，正畏其泥膈也。今人用熟地，畏其性滯，用竹瀝制之，曰取竹瀝之快利，熟地無泥膈之虞，可為捧腹。薑酒性熱而行，故以制地黃之滯，若竹瀝則性大寒，用之中風劑中，猶仗薑汁為佐，則能通行經絡，如同熟地，則助其寒矣，又焉得使熟地之不泥膈乎？如此類者，昧於佐使之用也。

桂附能引龍雷之火下行，謂之從治之法，誠有捷效。若腎水已竭，脈極細數，口中黑胎，食即咽痛，小便如血，故龍雷之火無所依附，勢乃燎原，立見自焚，即與滋陰，實已無及，況可更投桂附，厝火於積薪之下乎？　僥倖萬一，速人死亡，心粗膽大，強辨飾非，幽有鬼神，詎無報應。如此類者，昧於審察之機也。

鬱金大秦國色鮮黃而味極芳香，故古詩曰鬱金香也。如播州蠻洞所產，形扁而色黃，氣雖不香，猶可暫用。近名廣鬱金者，形圓而辣，了無香氣，庸流以其價賤，樂於自欺，曰吾常買鬱金療病矣，未嘗責其效也。屢用不休，豈知真氣日耗，必增咽乾舌苦，氣未開而病愈危。如此類者，昧於真偽之辨也。

白术產於潛縣者，繇山鏄土少，故术體瘦小，其大如錢，故謂之金錢术。土人采之，當頭剖開七八分，以便曬乾，而下連一蒂，長一二寸者為真。因山中受雲霧之氣居多，故味甘氣溫而香，大益脾胃。乃嗜利者，分種置之平田，壅以菜餅諸糞，則大至數兩，味劣氣濁，服之脹悶。更有割大术旁生之節，形如錢許，以充金錢术，不知金錢术上雖兩分，而下實連蒂，不如割者之止見其半面也。如此類者，昧於地之肥瘠也。

肉桂生廣西潯州者良，味甘氣香，而質不甚厚。産交趾者厚至寸許，嘗之則辣而不甘，亦鮮香氣，其功遠遜。不知者徒喜質厚，見潯産反疑其薄。夫藥，曰氣也，曰味也，舍之而不論，此何意哉？ 桂嶺必無雜樹叢生，以木得桂而枯也。一老醫謬曰： 木得桂而和，枯之義無出。不知和者指其能宣導百藥，通血脈，止煩出汗，調其血而汗自出，謂之和也固可。而枯之義，實不可廢。南唐後主嫌階砌生草，有請以桂屑置砌間，草遂不生，豈非枯之可證乎？ 桂心肉桂，功用相同，蓋肉桂乃近根之最厚者，桂心乃刮去外之粗皮並去内之浮膜，故曰心也。今人僅去其外，而存其内，便失心字之義。如此類者，昧於連脱之故也。

以上數端，乃日用常行之事，而比比竟不知察，故復贅之於左，固不滿智者之一笑也。

明·蕭京《軒岐救正論》卷六 草藥 無知愚民，每每擅一二單方草藥，為能立奏殊功，且復省費，誰不悦從。但此須村里，堅剛異稟，別具一副耐毒腸胃者，用之極驗。若元氣稍虚，誤服旋傾。目擊者屢矣，書此為戒。

明·裴一中《裴子言醫》卷一 藥有偶中而病愈者，有誤中而病愈者，未可居功於不疑。當猛然省，翻然悔，惶悚無地，則學日長而識日高。昔如一水匠趙與一鐵匠杜，行次乞宿。其家有病人不納。杜紿曰： 此趙君，世醫家也。蒙上司見召，失路至此，必病者之當愈也。主人遂延入診之，曰： 一藥可愈。潛出，得牛糞一塊，作三十粒，下以溫水，胸中頓覺如蟲行，一涌而出小蟯蛕狀者二三升，病如脱。越宿禮餞而去。嗚呼！ 此二人小人也，欲苟一宵之寢，以穢物治人，蓋偶中耳。竊恐二人此去，必且謂醫學無難，而居然一世醫家，幾不自識其初心矣。又有一病身冷而脉沉伏者，醫認為陰，投以桂、附等熱藥。一婢煎之，適傾覆，茫無以應，借黄連香薷飲一杯代之，不謂一飲而瘥。是何也？ 陽證似陰非陰也，醫誤以為陰也。設藥不為婢誤，醫之誤不可言矣。設藥不為醫誤，婢之誤不可言矣。幸其相誤，而因誤以中病，乃得生耳。吾不知此醫亦居功不自疑否？ 如居功，恐又為此婢竊笑也。此二事深可為近世醫家提醒，故戲志之。

清·潘楫《醫燈續焰》卷二一《附餘》 病家須知潘之淇著 慎藥石： 病家有三種陋習。一者聽信師巫，廣行殺戮，禱賽鬼神，而醫藥反若可緩，煎調漫托匪人。二者不明藥理，旦暮更醫，致使源流不清，臧否淆溷，亂投雜劑，罔知適從。三者自命知醫，膠持意見，妄為加減，以掣醫人之肘。有此三弊，雖倉扁無以見其能矣。善養者知之。

清·喻昌《寓意草》卷一 先議病後用藥 從上古以至今時，一代有一代之醫，雖神聖賢明，分量不同，然必不能舍規矩準繩，以為方圓平直也。故治病必先識病，識病然後議藥，藥者所以勝病者也。識病則千百藥中任舉一二種，用之且通神。不識病則歧多而用眩。凡藥皆可傷人，況於性最偏駁者乎？ 邇來習醫者衆，醫學愈荒，遂成一議藥，不議病之世界，其夭(柱)〔枉〕不可勝悼。或以為殺運使然，不知天道豈好殺惡生耶？ 每見仕宦家，診畢即令定方，以示慎重。初不論病從何起，藥以何應，致庸師以模稜迎合之術，妄為擬議。迨藥之不效，諉於無藥。非無藥也，可以勝病之藥，以不識病情，而未敢議用也。厄哉！《靈樞》《素問》《甲乙》《難經》，無方之書，全不考究，而後來一切有方之書，奉為靈寶。如朱丹溪一家之言，其《脉因症治》一書，先論脉，次因，次症，後迺論治，其書即不行。而《心法》一書，群方錯雜，則共宗之。又《本草》止述藥性之功能，人不加嗜。及繆氏《經疏》兼述藥性之過劣，則莫不懸之肘後。不思草木之性，亦取其偏，以適人之用，其過劣不必言也，言之而棄置者衆矣。曷不將《本草》諸藥盡行删抹，獨留無過之藥五七十種而用之乎？ 其於《周禮》令醫人採毒藥以供醫事之旨，及歷代帝王恐《本草》為未備，而博采增益之意，不大剌謬乎？ 欲破此惑，無如議病精詳，病經議明，則有是病，即有是藥，病千變，藥亦千變，且勿論造化生心之妙，即某病之以某藥為良，某藥為劫者，至是始有定名。若不論病，則藥之良毒、善惡，何從定之哉？ 可見藥性所謂良毒、善惡，與病體所謂良毒、善惡不同也。而不知者，必欲執藥性為去取，何其陋耶？ 故昌之議病，非得已也。昔人登壇指顧，後效不爽前言。聚米如山，先事已饒碩畫。醫雖小道，何獨不然？ 昌即不能變俗，實欲借此榜樣，闡發病機，其能用不能用，何計焉？ 胡卣臣先生曰： 先議病，後用藥，真《金匱》未抽之論。多將熇熇，不可救藥，是能議病者。若藥不瞑眩，厥疾不瘳，是能用藥者。

清·郭章宜《本草匯》卷二 一藥不可治衆疾 《本草類説》云： 人有貴賤少長，病當別論。病有久新虚實，理當別藥。蓋人心不同，臟腑亦異，臟腑既異，乃以一藥治衆病，其可得乎？ 故仲景曰： 又有土地高下不同，物理剛柔飡居亦異，且有長幼老壯氣血盛衰之不同，臨病之功，宜須兩審。

清・李熙和《醫經允中》卷二一　《靈》《素》諸篇，刪繁就簡，所存不過十之六七。蓋因世遠年湮，未免以訛傳訛，故闕疑舉要，不敢以臆見強解，遺悞後人也。至《本草》一書，廣收博採，比他本較詳備者，不過欲人知某藥某物有益於人，某藥某物有損於己，使知趨避，不致罹疾病夭枉之害焉耳。讀者毋以其雜而寡要也。

清・景日昣《嵩厓尊生全書》卷四　治病用藥宜活論　譬如內傷症治以寒涼，此庸鄙不足言者也。間有名手，又耑主甘溫，除却補中歸脾、六味等湯丸，更無他技，不效，則曰病劇，難措也。此不明于活治者也。設使內傷，元氣尚強，何妨暫投清快之劑？即本原已憊，若久用甘溫不效，倘少佐之以辛，而邪火自散，所以為養正祛邪之助也。若寒病久用熱藥，何妨稍為涼解；熱病久用寒藥，何妨暫為溫理。在明理者自酌之耳。

清・王三尊《醫權初編》卷上　論用藥效否當責之元氣強弱第三十七　夫藥者，所以治病也。其所以使藥之治病者，元氣也。故元氣之壯者，得病皆係有餘，少服驅邪消伐清涼之劑，元氣易於運行，其效立見。弱者，雖得外感痢瘧、瘡瘍、傷食之症，皆當以補益為本，兼以治標之藥，使元氣得以運行藥力，以治其病也。若舍本而竟治其標，非徒無益，必元氣愈傷，立見危殆矣。譬如刃者，所以殺賊也。其所以使刃之殺賊者，人力也。若力之強者，雖操輕刃，亦能殺賊。力之弱者，雖操重刃，安能得用？實足倒戈自害也。知此理者，其用藥思過半矣。【略】

論用藥戒濫竽術第四十九　《經》云：毒藥攻邪，五穀為養。是知攻邪必以毒藥，調養必以五穀也。臟氣之偏者為病，藥氣之偏者為毒。病，亦毒也。以偏救偏，以毒治毒，但使歸於中正而已。故《書》云：若藥不瞑眩，厥疾不瘳。但有似是實非，不可顛倒誤施。故《經》云：毋實實，毋虛虛。又中病即止，不可過劑。故《經》云大毒治病十去其六，中毒治病十去其七，小毒治病十去其九是也。吾觀今之醫人見解不透，恐瞑眩之劑，用之不當，立刻取咎，姑取中平藥數十種，俗號為果子藥，加以世法，濫竽於眾醫之中。病之淺而將退者，適湊其效，不知此病不服藥亦痊。若病之深者，適足養虎貽患也。此醫馳名甚眾，謂其穩妥而樂服也。見用瞑眩之劑，反指為霸。譬如阿諛逢迎，碌碌無奇者，舉世悅之。而剛正直諒者，反畏而遠之，群起而笑之也。可勝歎哉！雖然，其賢於寡聞淺識，粗心浮氣，誤用剛猛之劑，而殺人於俄頃者，又不無優劣於其間矣。

清・吳澄《不居集》卷一九　勿藥須知　《大藏經》曰：救災解難，不如防之為易。療疾治病，不如避之為吉。今人見左，不務防之，而務救之；不務避之，而務藥之。譬之有國者，不能勵治以求安，有身者不能保養以全壽。是以聖人求福於未兆，絕禍於未萌。人能靜坐持照，察病有無。心病心醫，治以心藥，奚俟盧扁，以瘳厥疾。若使病積於中，傾潰莫遏，蕭墻禍起，恐非金石草木可攻也。

清・吳澄《不居集》卷二〇　衛生種子　好服溫熱之人，多講採補之說。近見時下名醫，專講此術，以媚富貴，美其名曰衛生，曰種子，不過為淫穢之方技，結歡於內外，以售其不通之醫。醫雖不善，亦見親狎，乃出耀於閭里，則必盛行矣。而害道戕生，可勝誅耶？

服藥長生　世人服丸藥以圖長生，固已惑矣。甚者恃服補藥，以縱其慾，則惑之甚者也。真人曰：可惜！可惜！真可惜！世間有寶人不識，真精噴與粉骷髏，却在街頭買秋石。

寶換草　精是寶，藥是草。恃服丸藥而縱慾者，是以寶換草也。蓋數錢之丸，所補能有幾何？而肆其無厭之慾，故真人名之曰寶換草，以驚醒世人耳。

峻厲猛藥　方士慣用峻厲丸藥，或草頭藥，不顧人之體質，能任不能任，總以霸劑取效於目前，圖一時之快，不知剝削真元，損傷根本，氣血日壞，漸變虛勞之症。

古方無妄用　鄱陽周順醫有十全之功，云古方不可妄用。如《聖惠》《千金》《外臺秘要》，所論病原脈症及針灸法，皆不可廢。然處方分劑，與今大異，不深究其旨者，謹勿妄用。有人得目疾，用古方治之，目遂突出。又有婦人產病，用《外臺秘要》坐導方，其後反得惡露之疾，終身不差。曾有一士人得脚弱病，方書羅列，積藥如山，而疾益甚。余令屏去，但用杉木為桶濯足，及令排樟腦於兩股間，以脚棚定，月餘而安健如故。南方多有此疾，不可不知。順固名醫，語必不妄，故書以為誡。

清・黃庭鏡《目經大成》卷上　品藥製方治病解　萬物皆藥也。利而行之，無有窒礙，方書之所以作也。是故陰中陽、陰中陰、陽中陰，陽中陽，品藥之性也。君為主，臣為輔，佐為助，使為用，製方之旨也。逆則衰，從廼制，經以時，權得中，治病之法也。辛甘味薄為陽，辛甘則發散，味薄則通，陰中陽也；酸苦味厚為陰，酸苦則收降，味厚則泄，陰中陰也；味鹹氣薄為陰，味鹹則滋利，氣薄則和解，陽中陰也；味淡氣厚為陽，味淡則滲洩，氣厚則溫熱，陽中陽也。必熱必寒，必固必散，君之主也；不宣不明，不授不行，臣之輔也；或劫或和，或發或補，佐之助也；能升能降，能合能開，使之用也。殗暴須奪，破留須行，潰堅須攻，除濕須泄，逆則衰也；熱病用寒藥，而導寒攻熱者必熱，陽明病發熱大便鞕者，大承氣湯，酒製大黃熱服之類也；寒病用熱藥，而導熱去寒者必寒，少陰病下利，服附子乾薑不止，白通湯加人尿猪膽汁之類也；塞病用通藥，而導通除塞者必塞，胸滿煩驚，小便不利，柴胡加龍骨牡礪湯之類也；通病用塞藥，而導塞止通者必通，太陽中風，下利，心下痞硬，十棗湯之類也，從迺制也。驚者平之，勞者溫之，散者收之，損者益之，經以時也；治遠以大，治近以小，治主且緩，治客以急，權得中也。《易》曰：同聲相應，同氣相求，水流濕，火就燥，本乎天者親上，本乎地者親下，物各從其類也。為其從類，乃依類品藥，緣藥製方，按方治病，蕩蕩平平，與物皆春，功其成也。或曰：藥陰則無陽，藥陽則無陰，眼藥雜沓，無用君臣佐使，眼病純一，不必逆從經權，此齊東野人，謂之瞽而惑於大道者也。

清·張叡《醫學階梯》卷一　常人好藥論　藥有延年之效，藥有辟穀之功，藥有生人之力，藥有殺人之禍。藥得中正則乍服無妨，久服不礙。慎不可喜新厭舊，錯縱藥餌，以致湯液改為丹丸，而丹丸改為湯液也。又如好服烈藥而壯陽者，有好服暖藥而種子者，有好服烏鬚黑髮者，有好煉服食而希飛升者，妄言不一，取禍非細也。蓋古人立方，無病不按聖人，嘗藥無性不識，豈有歸脾湯而改為歸脾丸，補心丹而改為補心湯者，即此兩湯論之，其過莫大也。至好服燥熱藥而壯陽種子者，非殀人之年壽，即敗人之體貌。況暖藥不過桂、附之類，燥藥不過仙茅、硫黃之類，苟不記附子補火必妨涸水之說？獨不思仙茅有使君昨夕纔持去，今日人來乞墓銘之句乎？由此論之，世上何嘗無種子之方，亦何嘗無烏鬚黑髮之藥？要知種子，女不過養血調經，男不過滋陰益腎，烏鬚黑髮亦不過補腎益陰而已。種子何嘗見用熱藥而聚胎，烏鬚又何嘗見用暖藥而變黑？總之，藥有天然之數，非躁妄可能為也。又如黃精、茯苓、松黃、栢實諸品，道家稱為服食不止，療病亦能，療飢少食，漸能有益，久服可致延年，常人食之，亦未嘗不覺大補，此等仙品，百益無損，不比朝丸暮湯，惟藥是好，貪癡欲速，有損無益也。

病人不信藥論　昔人有云：不藥得中醫。丹家又云：服藥不若忌口。二者是憤激之言，乃愚人遂矇惑終身，且當藥不藥，當食不食，竟致束手待斃。曷不思忌口與不藥之旨乎？夫過食得傷，不如少食。悞藥致損，不如勿藥。此修養家格言，庸醫輩良論何得不別？庸良不知節戒，寧信俗不信醫乎？況上古無病而服藥，聖人不治已病治未病，何今人見病而不信醫藥也？或有天性不善服藥者，或有輕命而重財者，或有惜費而竊取丹丸者，或有假作聰明而自悞者，種種諸弊，不堪悉數。惟願學者毋以諱疾忌醫之言，甘心待死，亦不得以射利之心，必欲強而服藥。仁人君子之心，無所不可。故太史公謂：信巫不信醫，為不治。有昧乎其言之哉！

清·張叡《醫學階梯》卷二　偏藥論　藥以療其病也。而用藥者，存乎其人。苟不明寒涼壯熱，金石香燥，峻補尅伐，孰知中庸之法耶？大凡寒涼則傷胃口，壯熱則涸腎水，金石則傷脾土，香燥則助火邪，峻補則壅遏邪氣，尅伐則耗散真元。如斯等類，可與知者言，難為不知者道也。即如黃柏、知母、黃連、犀角，俱寒涼之類。附子、肉桂、吴萸、乾薑，俱壯熱之類。丹砂、石膏、玉屑、金屑，俱金石之類。縮砂、木香、荳蔻、半夏，俱香燥之類。人參、黃芪、當歸、白朮，俱峻補之類。芒硝、大黃、枳實、檳榔，俱尅伐之類。故能救死回生者，必不出斯藥之範圍也。然而施之有法，用之有術，調齊之道，古人未嘗不詳且備矣。余每見今人用藥，非偏於溫熱，即偏於寒涼，非偏於峻補，即偏於尅伐，以致無益反損，皆由見之偏爾，不得不為業醫者正告之也。

僻藥論　知藥最易，精藥則難，而用藥則尤難。古人設藥，原為療疾，非好異也。是故因病用藥，因藥用意，有對症而下藥者，有用隔二隔三之法者，有因藥配合得宜者，有因方加減得法者，有用古方取驗者，有採今方而合局者，間亦愈用愈奇，要必有得心應手處，豈故為喜新厭常，不與人以測度乎？凡諸日用之藥，猶之飲食之常，不過取其溫厚和平，並不是耳未常聞，目未常見之藥。若不聞不見之藥，以之邀一時之名猶小，而以之致殺人之害實大。投之於輕病已非其道，而況加之於重病，其何異於執刃而往耶？

良藥論　藥有功效，審量用之則善矣。古分上、中、下三品，大約以平淡為良，如參、耆、术、草、芎、歸、芍、地，語云菓子藥爾。殊不知平淡中，亦有不平淡者，人不當補氣，而用參、芪，反加飽悶。不當養血，而用芎、歸，多致走散真氣。不當健脾，而用朮、草，不免有制水中滿之患。不當滋陰，而用芍、地，必致有寒涼脾胃之咎。又如人參消陰，黃芪閉氣，白朮傷腎，甘草滿中，當歸滑腸，川芎暴亡，芍藥酸收，熟地泥膈，生地寒胃，此所謂平淡中而不平淡者，在於用之得宜耳。陽愈旺，不用參、耆，則不致消陰閉氣。脾胃兼虛，朮、草並用，則不致制水中滿。脾胃不實，不用當歸，則不致潤滑腸胃。養血不用川芎，則不致久服暴亡。中寒新產，不輕投芍藥，則不致酸寒收斂，而伐生生之氣。胸中飽悶，熟地薑製，則不致泥膈。中氣虛寒，生地酒洗，則不致妨胃。總之，良藥種種，功多過少，用者十之七八，不用者十之一二也。昔人有言薛立齋偏於溫補，張子和利於尅伐。不識子和一生無補劑成功，立齋一生無攻劑獲驗乎？藥性不明，用之不善，非誣子和，即誣立齋。立齋、子和自若也，奈何重誣藥哉？

毒藥論　藥之為功大矣，藥之為害亦不小。夫藥原為救人，非為害人。苟不明藥有良毒，不且為藥餌悞乎？昔神農嘗藥，一日遇七十毒，則藥之良與不良，厥有旨哉。嘗攷《本草》，甘草能安和七十二種石，(解)一千二百草，可見金石草木，某某無毒，某某有毒也。但其間有本性毒者，有他性而致毒者，有毒藥而行良法者，亦有良藥而經毒手者。種種確論，良藥與毒藥，曷不類而推之。附子有毒，童便、薑製，未嘗壯火食氣。黃連有毒，薑汁、吳茱萸拌炒，又何嘗反從火化。南星有毒，牛膽套之，不止逆流挽舟。半夏有毒，薑汁製之，不見毒之為害也。昔人有以良藥餌疾者，亦有以毒藥克病者，總在人之善用與不善用爾。如參、芪之類，何曾有毒，設不當服參、芪而悞用者，未嘗不死。硝、黃之類，未曾無毒，設垂死當用硝、黃者，又何嘗不生。即此兩說，良藥中久服損壽，毒藥中多服延年，固亦有之矣。大凡知藥無論小毒大毒，有毒無毒，在辨法與用法而已，不得槩言有毒，棄而不用，亦不得因其毒，而故用之。中庸之法難得也，中庸之道難言矣夫。

大藥論　古之大藥，所謂上池水也。可以療疾，可以延年。今之大藥，所謂刀圭匕也，可以生人，可以殺人。予每檢《本草》，人參無毒，附子有毒，芒硝輕身耐老，大黃不飢延年，如斯之類，余並存其說。工醫者，非精於藥性，即善於用法。有時人參分許尚不可用，有時數錢至數兩者，有時附子分許以至錢許，有時錢許以至兩許者，有時黃連分餘乃至錢餘者，有時石膏數錢乃至數兩者，有時麻黃止許三五分者，有時桂枝竟用三五錢者，有時肉桂竟用一二錢者，有時乾薑竟有三五錢者，有時犀角止用分許、錢許者，有時羚羊角竟用二三錢者，有時沉香止許一二分者，有時鬱金竟用二三錢者，有時膽星竟用三五錢者，有時牛黃止許一二分者，有時巴豆竟用一二粒者，有時粟殼止許一二分者，有時辰砂止許分許者，有時硫黃竟用兩許者，有時龜板膏止許錢許者，有時鹿角膠錢許以至兩許者，有時秋石只用匙許者，有時回龍湯竟動碗許者，有時鰒魚汁止許數匙者，有時雞矢醴許飲數觔者，有時蘆茹止許數分者，有時烏賊骨竟用數錢者，有時草菓止許分許、錢許者，有時肉菓竟有數錢、數兩者，有時五味子數粒以至數十粒者，有時五倍子數分以至數錢者，有時三七分許以至錢許者，有時紅花錢許以至兩許者，有時金屑止可分許者，有時琥珀竟用錢許者，有時滑石數錢以至數兩者，有時海石分許以至錢許者，有時虻蟲、水蛭止許錢許者，有時商陸、牽牛分許者，有時青鹽分許以至錢許者，有時仙茅數錢以至數兩者，有時海腎一對以至數對者，有時黃精、茯苓數錢、數兩、數觔以至數十觔者，有時黑荳數升以至數斗者，有時何首烏不計觔者，有時紫河車一具以至數具者，有時飴糖數錢以至數兩者，有時燈心數十寸以至數分者，有時生薑數片、數錢乃至數兩者，有時浮麥數勺以至數升者。大藥種種，論其大槩，補益不出參、耆，尅伐不外硝、黃，溫熱不出桂、附，寒涼不外芩、連，表汗多用麻、桂，行水間用商、牽，收斂用五味、五倍，軟堅用青鹽，壓驚用金、珀，定神用辰砂，補陽用鹿角霜，益陰用龜板膏，降火滋陰用真秋石，返本還元用回龍湯，壯陽用仙茅、海腎，益羸瘦用羊肉、紫河車，道家服食用黃精、茯苓，黑髮烏鬚用料豆、何首烏，抑胃經假火用煅過石膏，補命門真陽用久製硫黃，大毒用去油巴豆，療休息痢用陳年粟殼，風痰暴壅用陳膽星，痰迷心竅用真牛黃，療心風用犀角，止癲癇用羚羊角，開胸膈用鬱、貝，抑有餘氣用沉木香，益肝用鰒魚汁，血枯用蘆茹，消膨脹用雞矢醴，療產勞用烏賊骨，止血用川三七，去惡血用紅蘭花，定心用燈心草，建中用白飴糖，止汗用空頭小麥，發散用帶皮生薑，此其大較也。若乃變而通之，或用或否，攻邪者或藉以存真，守中者或更以却敵，務求有功，不致貽害，則在精於方藥者自得之，非含毫吮墨之所能盡也。

生靈藥論　古人用藥，惟在草木菓菜諸部上条考。今人用藥，好在鱗介獸蟲諸部上搜尋。曷不從本草二字，顧名思義耶。且十六部中，草、木、菓、菜、穀十居七八，鱗、介、獸、蟲、禽十中不得一二。鱗部之有龍骨、烏賊魚之類，介部之有牡蠣、鰒魚、黿、鱉甲之類，獸部之有牛黃、狗寶、虎骨、鹿茸、羚羊、犀角之類，蟲部之有水蛭、虻蟲、殭蠶、全蝎之類，藥中所必須者，豈能盡行擯斥，顧一部《本草》，取用何窮，蟲魚鳥獸，不得已而用者，什常不得一二焉。若使用之日甚則生靈含冤日深，採之者非急於死取，即急於生摘，如活腐鹿茸，生則虎掌，計取牛黃、狗寶，硬鋸犀角、羚羊，懸掉蟾酥，籠絡雞矢，活搗殭蠶，枯炙全蝎，痛擂蜣螂，枉烹烏賊，悶死蝙蝠，躁殺蜘蛛，苛用水蛭，殃及虻蟲，禽獸遭殃，昆蟲受害，不惟殘物類之生，抑且傷天地之和。孫真人云：殺生求生，去生更遠。生靈之藥，可不慎諸？況貪夫嗜利，無論禽獸之自死與敗死者，一槩收取售肆，藥或失真，用亦無效，其又奚取焉？

清・沈懋官《醫學要則》卷一　第二則不按本草不明性味沉浮　本草始創神農，後有《圖經本草》。至商伊尹作《湯液本草》，明輕清重濁，晰陰陽升降，十二經表裏之宜，復有《食療本草》《本草拾遺》《證類本草》《日華子諸家本草》《本草衍義》《日用本草》《本草發揮》《衍義補遺》《食物本草》《證治本草》《本草會韵》《本草會編》《本草集要》《本草蒙筌》，以前諸家之作雖多，藥品未為廣博，評論涉略不為備悉，無如明紀。李瀕湖《本草綱目》廣收博採，備細敷陳，即如毫無用處之品，亦然詳明註釋，且每味必有別號幾種，出于何處為上，何處為次，何處為下，又必發明其性之寒熱溫平，味之甘淡鹹酸，氣之浮沉，陰陽所屬，通何臟腑，何症所宜，復加已前各名家用入何方，治何證候，計有數萬餘種，歷歷備載，其博覽遍察，一段苦功，若非(弘)〔宏〕才大略，焉能臻此。然欲以醫道自居，以仁壽己任，非博綜無繇也。若本草不明，不知其性味升降，朦然浮沉，未覺經絡，悞施臟腑錯配，症之輕者反重，而重者致危而死，則曰非醫不力也，命也，恆心何在！非惟不能濟衆，而反害衆，烏得為仁術也？是以潛心修習者，務須熟玩精通，深明奧理，而臨症擬方，即隨手揮成，則升降有法，補瀉得體，藥到病去，何快如之。

清・方肇權《方氏脈症正宗》卷四　補瀉溫涼要得宜　如補者，補其不足也。夫人身中之病，因氣血偏勝而發焉。誠氣血調和，斯人無恙。似物之長短不齊，當截長以補短，則形相侔也。是氣虛者，宜擬類補氣湯，改正四君子湯以補氣。是血虛者，宜擬類補血湯，改正四物湯以補血。若血虛補氣，而氣虛補血，是截短以補長，非為有益於物，而反損物也。果是氣血兩虛者，方用八珍之味，斯不過十中之無一耳。如果腎虛者，宜擬類補腎湯，改正六味地黃湯以滋之。此二湯者，悞用於氣虛下陷者，反戾也。

如瀉者，瀉其有餘也。然乾燥閉結，因熱邪迫血分之有虧。宜補血為本，兼用大黃、芒硝而下之，不過一二劑即止，恐下多則亡陰，仍養血以配氣。又有濕症者，常使腹內脹滿，堅硬不消，本因氣分之弱，致寒濕相連，停留為害。宜補氣為本，兼用商陸、牽牛、管仲、大戟而行之，必推痰涷而出，亦只一二劑即止，仍補氣以配血，或氣血兩調之。

如溫者，溫燥寒邪也。若風寒之邪，入筋骨藏府之深，亦因氣分之弱，不能充禦皮膚，故邪乘間而入。宜補氣為本，兼用二活、防風、紫蘇、肉桂、附子、乾薑、吳萸，以散燥之，亦不過六七劑即止，接以八珍湯調其氣血。藥過發散，有亡陽之患。藥過溫燥，則傷陰分，引虛火之上炎，而虛損致也。

如涼者，清其熱也。但熱邪之入，則傷血分，久則乾燥。宜補血為本，兼用石(羔)〔膏〕、黃連、(枝)〔梔〕子、黃芩以清之，亦不過二三劑即止，仍以養血配氣，微熱者兼分利之。

清・徐大椿《醫學源流論》卷上　藥誤不即死論　古人治法，無一方不對病，無一藥不對症。如是而病猶不愈，此乃病本不可愈，非醫之咎也。後世醫失其傳，病之名亦不能知，宜其胸中毫無所主也。凡一病有一病之名，如中風，總名也。其類有偏枯、痿痺、風痱、歷節之殊，而諸症之中，又各有數症，各有定名，各有主方。又如水腫，總名也。其類有皮水、正水、石水、風水之殊，而諸症又各有數症，各有定名，各有主方。凡病盡然。醫者必能實指其何名，遵古人所主何方，加減何藥，自有法度可循。乃不論何病，總以陰虛陽虛等籠統之談概之，而試以籠統不切之藥。然亦竟有愈者。或其病本輕，適欲自愈。或偶有一二對症之藥，亦奏小效。皆屬誤治。其得免於殺人之名者，何也？蓋殺人之藥，必大毒，如砒鴆之類，或大熱大寒，峻厲之品。又適與病相反，服後立見其危。若尋常之品，不過不能愈病，或反增他病耳，不即死也，久而病氣自退，正氣自復，無不愈者。間有遷延日久，或隱受其害而死。更或屢換庸醫，偏試諸藥，久而病氣益深，元氣竭亦死。又有初因誤治，變成他病，輾轉而死。又有始服有小效，久服太過，反增他病而死。蓋日日診視，小效則以為可愈，小劇又以為難治，並無誤治之形，確有誤治之實。病家以為病久不痊，自然不起，非醫之咎，因其不即死，而不之罪。其實則真殺之而不覺也。若夫誤投峻厲相反之藥，服後顯然為害，此其殺人，人人能知之矣；惟誤服參附峻補之藥，而即死者，則病家之所甘心，必不歸咎於醫。故醫者雖自知其誤，必不以此為戒，而易其術也。

用藥如用兵論　聖人之所以全民生也，五穀為養，五果為助，五畜為益，五菜為充，而毒藥則以之攻邪。故雖甘草、人參，誤用致害，皆毒藥之類也。古人好服食者，必生奇疾，猶之好戰勝者，必有奇殃。是故兵之設也以除暴，不得已而後興；藥之設也以攻疾，亦不得已而後用，其道同也。故病之為患也，小則耗精，大能傷命，隱然一敵國也。以草木偏性，攻藏府之偏勝，必能知彼知己，多方以制之，而後無喪身殞命之憂。是故傳經之邪，而先奪其未至，則所以斷敵之要道也；橫暴之疾，而急保其未病，則所以守我之巖疆也；挾宿食而病者，先除其食，則敵之資糧已焚；合舊疾而發者，必防其併，則敵之內應既絕。辨經絡而無泛用之藥，此之謂向導之師。因寒熱而有反用之方，此之謂行間之術。一病而分治之，則用寡可以勝眾，使前後不相救，而勢自衰。數病而合治之，則併力搗其中堅，使離散無所統，而眾悉潰。病方進，則不治其太甚，固守元氣所以老其師；病方衰，則必究其所之，更益精銳所以搗其穴。若夫虛邪之體攻不可過，本和平之藥而以峻藥補之，衰敝之日不可窮民力也；實邪之傷攻不可緩，用峻厲之藥而以常藥和之，富強之國可以振威武也。然而選材必當，器械必良，剋期不衍，布陣有方，此又不可更僕數也。《孫武子十三篇》治病之法盡之矣。

湯藥不足盡病論　《內經》治病之法，鍼灸為本，而佐之以砭石、熨浴、導引、按摩、酒醴等法。病各有宜，缺一不可。蓋服藥之功，入腸胃而氣四達，未嘗不能行於臟腑經絡。若邪在筋骨肌肉之中，則病屬有形，藥之氣味不能奏功也。故必用針灸等法，即從病之所在，調其血氣，逐其風寒，為實而可據也。況即以服藥論，止用湯劑，亦不能盡病。蓋湯者，盪也，其行速，其質輕，其力易過而不留，惟病在榮衛腸胃者，其效更速。其餘諸病，有宜丸、宜散、宜膏者，必醫者預備，以待一時急用，視其病之所在，而委曲施治，則病無遁形。故天下無難治之症，而所投輒有神效。扁鵲、倉公所謂禁方者是也。若今之醫者，祇以一煎方為治，惟病後調理則用滋補丸散，盡廢聖人之良法。即使用藥不誤，而與病不相入，則終難取效。故扁鵲云：人之所患，患病多；醫之所患，患道少。近日病變愈多，而醫家之道愈少，此痼疾之所以日多也。

醫必備藥論　古之醫者，所用之藥皆自備之。《內經》云：司氣備物，則無遺主矣。當時韓康賣藥，非賣藥也，即治病也。韓文公《進學解》云：牛溲、馬勃、敗鼓之皮，俱收並蓄，待用無遺，醫師之良也。今北方人稱醫者為賣藥先生，則醫者之自備藥可知。自宋以後，漸有寫方不備藥之醫，其藥皆取之肆中，今則舉世皆然。夫賣藥者不知醫，猶之可也。乃行醫者竟不知藥，則藥之是非真偽，全然不同，醫者與藥不相謀，方即不誤，而藥之誤多矣。又古聖人之治病，惟感冒之疾，則以煎劑為主，餘者皆用丸散為多。其丸散，有非一時所能合者。倘有急迫之疾，必須丸散，俟丸散合就，而人已死矣。又有一病止須一丸而愈，合藥不可止合一丸。若使病家為一人而合一料，則一丸之外，皆為無用。惟醫家合之，留待當用者用之，不終棄也。又有不常用，不易得之藥，儲之數年，難遇一用，藥肆之中，因無人問，則亦不備。惟醫者自蓄之，乃可待不時之需耳。至于外科所用之煎方，不過通散營衛耳。若護心托毒，全賴各種丸散之力，其藥皆貴重難得。及鍛煉之物，修合非一二日之功，而所費又大，亦不得為一人止合一二丸。若外治之圍藥、塗藥、昇藥、降藥，護肌腐肉，止血行瘀，定痛煞痒，提膿呼毒，生肉生皮，續筋連骨；又有薰蒸烙灸，吊洗點溻等藥，種種各異，更復每症不同，皆非一時所能備，尤必須平時豫合。乃今之醫者，既不知其方，亦不講其法；又無資本以蓄藥料，偶遇一大症，內科則一煎方之外，更無別方；外科則膏藥之外，更無餘藥。即有之，亦惟取極賤極易得之一二味，以為應酬之具，則安能使極危、極險、極奇、極惡之症，令起死回生乎？故藥者，醫家不可不全備者也。

清・徐大椿《慎疾芻言》　用藥　醫道起於神農之著《本草》，以一藥治一病。但一病有數症，統名為病，如瘧、痢之類；分名為症，如瘧而嘔吐、頭疼，痢而寒熱、脹痛之類。後之聖人取藥之對症者，合幾味而成方，故治病必先有藥而後有方。方成之後，再審其配合之法，與古何方相似，則云以某方加減。並非醫者先有一六味、八味、理中等湯橫於胸中，而硬派人服之也。至其辨症用藥之法，如有人風、寒、痰、食合而成病，必審其風居幾分，寒居幾分，痰食居幾分，而藥則隨其邪之多寡以為增減。或一方不能兼治，則先治其最急者。所以無一味虛設之藥，無一分不斟酌之分兩也。況醫之為道，全在自考，如服我之藥而病情不減，或反增重，則必深自痛懲，廣求必效之方而後已，則學問自能日進；若不論何病，總以幾味溫補投之，愈則以為己功，死則以為病本不治，毫無轉計，此則誤盡天下而終身不自知也。又其所名陳方者，用柴胡一味即名柴胡湯，用大黃一味即名承氣湯，於古人製方之義全然不知，隨其口之所指而已。其醫案，則襲幾句陰陽虛實、五行生克籠統套語，以為用溫補之地，而文人學士又最易欺，見有陰陽五行等說，即以為有本之學，深信不疑。其人亦自詡為得醫學之捷徑，將千古聖人窮思極想所制對症之方數千首，皆不必問，而已稱名醫矣！夫醫者欲道之行，相習成風，猶無足怪。獨是閒居涉獵之人，亦俱蹈襲此等謬說，與醫者同聲合氣，親知家有病，即往幫助醫者用危言拿住本家，使之不得不用溫補貴重之藥，以明關切，因而致死。死則以為用此等藥原未嘗云病者服之必效，不過如此門第之家，於理不該服價賤之藥耳！若己生疾，又有人亦以此法斃之，真屬可憫！數十年前亦有涉獵醫學者，頗能辨別藥性，博覽經方，今乃相率而入於魔道，其始起於趙養葵、張景岳輩，全不知古聖製方之義，私心自用，著書成家，彼亦不知流弊至於此極也。我知天心仁愛，其轉移必不久矣。

清・俞廷舉《金臺醫話》　用藥貴勇敢　凡用藥，固貴謹慎，尤貴果斷。蓋有是病，則有是藥，又不可過于畏葸而不敢用也。如果病氣皆實，則凡三承氣等湯，皆可用以下之，所謂實者瀉之是也。如果症屬虛寒，則凡八味、理中等藥，皆可用以治之，所謂寒者熱之是也。所謂有病則病受之，何虞之有？此又貴于見真識定，勇敢果決，不必畏首畏尾，遲疑自悞也。

清・許豫和《許氏幼科七種・散記續編》　用藥相機　凡用藥，疑而勿用，忌而勿用，藥非自備不用，與議不合不用。疑者，審症未決，藥宜從輕，峻利之劑不用。忌者，病人自言某藥素不合不敢服，可易者易之，可去者去之。藥非自製，恐有陳腐不真之弊。與議不合者，有一是必有一非，高者請辭，下者偏執，未有行伍不和而能克敵者。

藥有不合用者，時輩往往輕使。予見其悞甚多，舉以示後，非欲後人全不用，用時須斟酌，勿任意輕使耳。

予前集所戒者，木通、厚朴、九製膽星及細辛、炮薑、白附、欵冬等味，二十年來，希有合用者，其間惟木通、厚朴二味，偶一用之。然必瀉濕滿，乃用厚朴，表症已除，裏熱未泄者，乃敢用木通。至於膽星一味，不惟九製者不用，即製一二次者亦不用，以南星大毒之藥，握之則手麻，嘗之則舌麻，行十里許舌乃回施之，嬰幼膚淺之病，與保赤之義悖矣。

藥之淡者，葳蕤、石斛。葳蕤雖淡，甘平滋潤，補而不滯。石斛之淡，中有澀味，用之不能去病，只能留病。且六霍產者甚希，肆中木斛，長二三尺，味全澀，予故棄而不用。或言河間地黃飲子用石斛，用其味之澀乎？汪赤厓云：地黃飲子之功，不在石斛，後世存而不去者，猶古帖之存敗筆也。

予友張夢畹云：瘧三日一發，至十日一發，為痁瘧，本草惟葳蕤一味，治寒熱痁瘧。及門鮑北山病痁，日久以葳蕤三兩濃煎，每日早晚分三服，半月止，不復作。蓋甘平之性，補而不滯，邪無所容也。【略】

黃精、首烏，良藥也。本草黃精益壽，多食不飢。何首烏三百年者，服之成地仙。二物之功，皆為真元完固，無病人言也。若肉食凡夫，妄想神仙，愚矣！予曾記遊黃海，途中飢，以黃精代糧，晚宿文殊院，腹悶不欲食，此甘令人滿之驗也。何首烏固澀之品，非去病藥，無病而寡欲者宜之。七寶美髯丹，亦偶中耳。後人習用，何嘗有効？以之治病，遺患甚多。凡有癥痞者，有飲症者，肝氣胃氣痛者，服首烏終身不除，即久瘧用之，亦多不効。首烏性固澀，小兒麻痘未過，尤不宜，蓋收斂者利一時，固澀者留後患。

地黃一味，前集已言之矣。以其為滋補之第一藥，故復詳言之。地黃種於春，成於秋，與稻粱同色，黃而體厚，稟坤土之全德，九蒸晒而製為熟地。受南方之氣，見北方之色，苦寒之性盡釋，甘溫之味漸純，肥大多脂，中含土德，能使陰陽交姤，水火不偏，仲景用為滋補君藥，後世大家無有能易之者。錢仲陽以小兒純陽之體，減去桂、附，始稱六味。六者，陰成之數，不獨小兒為宜，人身陰常不足，大人亦宜之。但苦後世加味，多有擁塞之虞，乏滋生之性，未達製方之苦心也。六味本方，配合已成，無容加減，欲加血肉之屬以補陽，則鹿茸為上，角膠次之，而蓯蓉、枸杞亦陰中補陽之上品，以二味性溫潤，無滅裂之患也。欲加血肉之屬以補中養血，則河車、阿膠為上。欲加血肉之屬以補陰，則龜版、猪脊髓為最。麥冬、五味純靜之品，潤而能固者也。養陰益氣，則參、耆可加，乙癸同源，則歸、芍並舉。本方為主，視其體質，所加不過一二味，補而不滯，生生之道得矣。

杜仲、仙茅、破故紙、巴戟天等，皆有烈性，不及蓯蓉、枸杞之溫潤。至於冬青，庸碌之品，安得與地黃為伍？加入丸方，何所益哉？

幼科末藥，以參苓白朮散一方為主。脾喜燥也，燥久則傷肺，其中桔梗一味，最得製方之妙。因思保肺之藥，莫如麥冬，而麥冬不能入末藥，故取桔梗，不知藥之體者，不能製方。

丸藥取乎潤，茯苓、山藥人乳拌蒸。末藥取乎燥，茯苓、山藥用米飲拌。若用人乳，不旬日而羶膩，成餅失香燥之味矣。故凡膩性之物，皆不入末藥。

犀角屬水，為骨之餘，有清血熱解毒之功。羚羊屬風木，抱骨而生，理直，為筋之餘，故肝風抽掣者宜之。痘中血熱，只有犀角地黃湯，無用羚羊之理，不知生物之性而浪用，以訛傳訛，悮人不少。痘後目疾，用之清肝熱也。

伏龍肝，灶中不潔之土，其中夾有石灰，用者多悮。予所用陳土，皆自捻土丸，純黃不雜用之，最穩。治急病，清熱鮮毒，則掘鮮黃土，攪水用之。

竹瀝不可輕用。風痰宜疎利，濕痰宜燥利。用竹瀝透遛不除，如油入麵。為風癇者有之，為驚厥者有之，寒痰服之，面青指冷，頃成不救者有之。乳下兒不可用，大便滑泄者不用。應用者，熱痰湧盛及皮裏膜外，四肢麻痺，頭旋背脹，積歲不除之老痰。

瓜蔞苄子，入口犯嘔者多。予不輕用。欝金，川產氣香者少，肆中所貨，是薑黃所種，服之令人心中懵雜，反能增病，亦不用。

甘、桔加元參、梔仁，急服犯嘔，諭令緩服，徐徐細呷，合乎膈上之病，小劑之服法也。

予病目日久，肝火盛，生地、丹皮、芩、連、犀角、梔子、木通，服之屢矣。道友勸加龍膽草，理亦近是。服一二日，竟不能嚥，自午初嘔至未正，用涼水頻漱，梨汁頻呷，夜臥猶是。龍膽之味因思芩連之苦味之正也。龍膽苦中有濇，纔入口，使人不可耐藥，不親嘗而浪用可乎？

蔴仁潤燥，殼厚，仁最難取，帶殼搗，入藥無功。若取仁，滾湯泡過，夏布袋盛，懸井中一夜，晒乾，以新瓦兩片，疊擦之，則殼裂仁出。取法甚難，予用生脂蔴研爛，加入煎劑，勝於蔴仁。

使君子，甘能殺蟲。榧肉，亦甘能殺蟲。東坡詩言：驅除三彭蟲，已我心腹疾。則榧之力，勝於使君矣。予至黃山，見榧樹花實相間，問之土人，云：榧樹頭年開花，次年結菓，三年成熟，故又名三代菓。榧實在樹三年，受生氣最多，力勝使君。生閩蜀，來路遠，油壞者多，故予皆用榧肉。

庸工治瘧疾，有不用柴胡者，為集柴胡解以悟之。

柴胡古名茈胡，《本經》上品，仲景大小柴胡湯，為柴胡之正用。訒菴《本草備要》，為柴胡之正解，更集諸家之說而評論之，柴胡之功見矣。【略】

李東垣曰：柴胡能引清氣而行陽道，傷寒有熱則用，無熱則不用。又能引胃氣上行，而行春令。凡治諸瘧，以柴胡為君，隨所發在何經，以引經藥佐之。

《經》曰：熱淫於內，以苦發之。柴胡、黃芩之苦，以發傳邪之熱。裏不足者，以甘緩之，人參、甘草之甘，以緩中和之氣。邪半入裏，則裏氣逆，半夏之辛散，以除煩嘔。邪在半表，則營衛爭，薑、棗之辛甘，以和營衛。

楊士瀛曰：柴胡退熱，不及黃芩。李時珍曰：柴胡乃苦以發之，散火之標也。黃芩乃寒能勝热，折火之本也。

瘧之爲病，即傷寒之少陽症也。《內經・瘧論》，雖分五臟六腑，而其主之者，則少陽也，謂少陽而兼及他經則有之，謂他經而不涉少陽，則不成其為瘧矣。故曰瘧之不離少陽，由咳之不離於肺也。

龐元英《談藪》云：張知閤久病瘧，熱時如火，年餘骨立。補劑服至茸、附，熱益甚。召醫官孫琳診之，投柴胡湯一帖，熱減十之七，三服脫然。琳曰：此名勞瘧，熱從髓出，加以剛劑，氣血愈虧，安得不瘦？蓋熱有在皮膚，在藏府，在骨髓，非柴胡不可。若得銀柴胡，只須一服，南方者力減，故三服乃除也。觀此，則得用藥之妙的矣。

子治久瘧體虛及三陰瘧，年餘不止者，用補中益氣湯愈者甚多，以其中有柴胡，能提出少陽之邪也。

有言治瘧疾不可用柴胡者。試問之，瘧疾不在少陽在何經？少陽不用柴胡用何藥？不識彼，將何以應我？

喻嘉言曰：傷寒分表、裏、中三治，表裏之邪俱盛，則從中而和之，故有小柴胡之和法。於人參、甘草、半夏、生薑、大棗，助脾之中，但用柴胡一味透表，黃芩一味透裏，飲入胃中，聽胃氣之升者，帶柴胡出表，胃氣之降者，帶黃芩入裏，一和而表裏之邪盡解，未盡者加工治之，不相扞格矣。

柴胡一方，加減法甚多，不必悉舉。但有太陽症未盡者，加桂枝，帶柴胡從太陽而解也。兼見陽明症者，加石膏，帶黃芩從陽明而解也。

《綱目》柴胡，銀夏產者最良，長尺餘，微白，且軟，不易得也。北地所產，亦如前胡而軟，今謂之北柴胡亦良。南土產者，力薄不堪用。近時有一種根似桔梗、沙參，色白而大，市人偽充銀柴胡，殊無氣味，不可不辨。雷斅老人稱銀柴胡生處芳香之氣，上徹雲間，有白鶴飛翔，過客聞之，皆氣爽也。市中銀柴胡，全無香氣，僞可知矣。

予少時見南柴胡，鳳陽所產，近蘆處有白茸，嗅之微有辛香之氣，邇時亦少。市中通用柴胡，箬嶺所生長，不過三寸，雖軟而氣不香，力愈薄。故予治瘧疾，每以青蒿佐之，青蒿得少陽之令最早，有芳香之氣也。

清・吳鞠通《温病条辨》卷六　萬物各有偏勝論　無不偏之藥，則無統治之方。如方書内所云某方統治四時不正之氣，甚至有兼治内傷、產婦者，皆不通之論也。近日方書盛行者，莫過汪訒庵《醫方集解》一書，其中此類甚多，以其書文理頗通，世多讀之而不知其非也。天下有一方而可以統治四時者乎？宜春者即不宜夏，宜春夏者更不宜秋冬。余一生體認物情，只有五穀作飯，可以統治四時餓病，其他未之聞也。在五穀中尚有偏勝，最中和者莫過飲食，且有冬日飲湯，夏日飲水之别。況於藥乎！得天地五運六氣之全者，莫如人，人之本源雖一，而人之氣質，其偏勝為何如者。人之中最中和者，莫如聖人，而聖人之中，且有偏於任，偏於清，偏於和之異。千古以來不偏者，數人而已。常人則各有其偏，如《靈樞》所載陰陽五等可知也。降人一等，禽與獸也；降禽獸一等，木也；降木一等，草也；降草一等，金與石也。用藥治病者，用偏以矯其偏。以藥之偏勝太過，故有宜用，有宜避者，合病情者用之，不合者避之而已。無好尚，無畏忌，惟病是從。醫者性情中正和平，然後可以用藥，自不犯偏於寒熱溫涼一家之固執，而亦無籠統治病之弊矣。

清・吳瑭《醫醫病書》　醫者有好用之藥有畏用之藥論　醫者之於藥也，不可有絲毫成見。不可有好用之藥，有好用之藥，必有不當用而用者，病人死於是矣。不可有畏用之藥，有畏用之藥，必有當用而不用者，病人又死於是矣。修齊治平，以端好惡為主，孰謂醫家不當如是耶？嗚呼！可懼哉！

清・黄凱鈞《橘旁雜論》卷上　用藥如用兵　醫之用藥，如將之用兵。熱之攻寒，寒之攻熱，此正治也。因寒攻寒，因熱攻熱，此因治也。子虚者補其母，母虚者益其子。培東耗西，增水益火。或治標以救急，或治本以湔緩。譬如兵法，聲東擊西，奔左備右，攻其所不守，守其所不攻。衝其虚，避其實，擊其惰，遠其鋭。兵無常勢，醫無常形。能因敵變化而取勝者，謂之神明；能因病變化而取效者，謂之神醫。

清・李文榮《知醫必辨・雜論》　病之生也，百出不窮，治法總不外乎陰陽五行四字。天以陰陽五行化生萬物，醫以陰陽五行調治百病。要之，五行之生尅，仍不外乎陰陽。陰陽即血氣之謂也，氣為陽，血為陰也。氣血即水火之謂也，氣為火，而血為水也。氣無形，而血有形，氣附血以行，血無氣亦不能自行。無陰則陽無以生，無陽則陰無以化，陰陽和而萬物生焉。人生一小天地，陰陽必得其平。醫者偏於用涼，偏於用溫，皆不得其正也。

醫有定理，亦有活法。王太僕云：寒之不寒，是無水也，宜壯水之主，以制陽光；熱之不熱，是無火也，宜益火之源，以消陰翳。此定理也。又有論目云：能遠視不能近視，責其無水；能近視不能遠視，責其無火。夫目乃水精之光，無水則任意滋水可也。而書稱目無火不病，又稱眼病無寒，設以不能遠視之故而任意補火，能無損目乎？凡人生而近視者甚多，往往不受熱藥，此則當參以治法，不可盡責其無火也。

清・周鉞《香遠居醫學舉要》　論藥：近今之藥，皆非當初出於本生之土，氣味俱薄，又不得古人所採的原種，藥猶是而種已非山澤中所自產，性力皆劣。古之藥係醫家自備隨帶，故稱醫者，為賣藥先生。今之藥取之市肆，藥之種類多殊，貴賤不一，或以近似者代之，洋貨充之。且古者以司歲備物，如君相二火司歲則收附子、薑、桂之熱類，太陽寒水司歲則收大黄、芩、連之寒類，蓋以主歲之氣助之，令物之功力更倍。中古已不然，衹代以炮製法，如製附子曰炮助其熱，黄連製以水浸助其寒之類，後人識見不及，每用相反之藥製之，背謬已甚。始自《雷公炮製》，要知此係宋時人，非黄帝時之雷公也。衹如地黄、杞子，取其潤降，炒鬆則上浮，炒炭則枯燥。附子、乾音甘薑取其辛烈，炮淡則平緩，炮黑則溫和。及參、貝、陳皮、鹽水、枳實之類，欺人太甚。至於黄耆生用則托裏發汗，炒用則補氣止汗；棗仁生用令人不睡，炒熟則令人睡；麥門冬不去心令人煩，桑白皮不炒大瀉肺氣，此相沿之陋，為識者笑。夫藥亦皆天地所生，而其體與人懸殊，其性即所生之理也，其氣味自枝、葉、花、梗、根、實以及動物各品，俱得天地之偏，各有所主。而人因六淫七情，致氣傷形瘁，藉其偏者以補救之。故欲救人，當每藥透澈其所以然之妙。但《本草經》所列上品，多係補養之藥，觀其俱有久服二字可知。然久而增氣，夭之由也。如黄連苦寒，苦極反化熱之類。若用以補正，必先知病之有分有合，合者邪正混居，豈可用補分者？邪正相離，有虚有實，實處瀉而虚處補，兼用無礙。然用之亦僅入疏理藥中，且斷不用膩滯斂澁之品，斯庶不以生人者殺人矣。如人參生津液，無所不補，非若他藥之偏長。白朮芳香四達，不專益中宮，其功用在燥，而妙在於多脂，衹可炒熟，不可炒焦。白茯苓治脾虛不能化水，痰飲留結諸經之疾。甘草味甘之極，主脾土，脾氣旺則五臟循環受益，又解毒，以毒入土，則化之義也。地黃氣味重濁，四物湯謂地黃能護胎，即可悟其護邪之害。白芍苦平，後人誤作酸斂，其為百花之殿音店，用以瀉肝邪耳。當歸、川芎氣溫味辛，通經活血，但芎性主升，凡滋潤疏利陰分之藥，皆能令陰氣流通，不使亢陽為患，即所以補血也。生薑、葱白，以今人看書，死煞句下，祇知其發汗，不知有匡正止汗之功；葱白更能引陽歸腎，觀白通湯、通脈四逆湯可恍然悟。麻黃氣味甚清，發表最速，與棗同用留中緩發，又能入內頑痰頑血中，他藥所不能到處，此乃能無微不至。細辛，宋陳氏謂不可過一錢，不通之語，近人因此忌用。方書所言，類如此者不少，何以神農列之上品乎？防風、巴戟天，《本草經》俱有主大風三字，防風主除風之害，巴戟主得風之益，人乘氣以行氣即是風，和風生人，疾風殺人，風氣通於肝，二藥能化疾風為和風也。五味子酸之極，則為斂藏，且腎主蟄藏，為補腎要藥。烏梅亦酸澁，澁為酸之變味，和肝養肝，人第知梅收斂之藥，而未知其春生上達之性。半夏辛斂，斂中有散，宜於治嘔，而治痰非其所長。旋覆花鹹，鹹皆治下，而能治上焦者絕少，惟此鹹降以治之。蟬、蠶俱鹹，並得金水之性，但蟬溺而不糞，日出鳴，日入息，通調水道，止兒夜啼；蠶糞而不溺，感風而殭，反能治風氣，類相感，使為嚮導，即從治之法，其沙降濁也。龍骨甘平，牡蠣鹹寒，合治虛痰之神品。龍骨純陽，為正氣，以之治人，亦斂正氣，而不斂邪氣，且人之神屬陽，非可補瀉，故治神為最難。龍乃天地之陽神，以神治神，同類感通耳。如黃連至苦，非若他藥味苦者，屬火，其性自熱，故能治濕熱等水火相亂之病。吳萸溫而大辛，以濁陰上逆，隔塞脹滿，非此不治。桂枝古方多用尖，腎氣丸亦用桂枝，非肉桂也，因後人有春夏禁用桂枝之說，除惡去聲寒症，他症即不敢用。夫桂枝乃溫通血氣，為諸藥宣導通用之品。若肉桂性熱下達，非下焦虛寒不可妄用。蓋人身有氣中陽，有血中陽，如附子暖血，肉桂暖氣，一定之理。然氣之陽勝，則能動血；血之陽勝，則能益氣，又相因之理也。肉桂氣分藥，而驗則見於血，其義不昭然耶？丹參上交於下，治心腹血分積聚，今人謂一味丹參，功兼四物，誤為補血之藥。元參下交於上，治腹中火氣積聚，又降腎部浮游上升之火，第腎火分陰陽，陽火發於氣分，所謂壯火食氣；陰火發於血分，所謂諸寒之而熱者取之陰也。貝母治煩熱、淋瀝、疝痛、喉痺，今人以治痰嗽，誤矣。知母苦寒，下水，治浮腫，指燥熱火而言。梔子雖治陽明藥而走胃，不入大腸。忍冬亦入胃，不入脾。桔梗為氣分藥，上中下三焦皆可治，元素謂舟楫之藥，載諸藥而不沉，今人熟念在口，奉為格言，可笑。夏枯草主氣分鬱熱，其至夏反枯，性稟純陰可知，此以物稟之氣候為治，又一義也。薏苡仁甘淡，體重力厚，制風勝濕。滑石甘寒，利胃并大小腸，石性多燥，惟滑石最滑潤。桑白皮生長之氣液頗足，主五勞六極，今人以補益品誤認為清肺，且云生用瀉肺，須蜜炙之，不知此藥忌炒炙。凡白色走肺者皆然，金畏火也。益母花子主明目益精，今人奉為女科專藥，往往誤人。特桑寄生生長無時，不假土力，故能滋養血脈，為胎前要藥，合以白茯苓，更有妙義。遠志乃心家氣分藥，通心氣，利九竅。菖蒲亦利九竅，能入心，轉舌出聲，功用同遠志，但其性自下行於上，與遠志自上行於下有別。天麻是赤箭根，得氣運之全，補益上藥，世人僅用以治風，惜哉！紫石英治衝脈，補血納氣；白石英主消渴，以理上焦之燥。龜、鱉二甲，諸家皆言滋陰補水，實未必然。大凡介類制陽，藉可止熱，生於水中，自能利濕，其甲屬金，又能入陰分，攻散堅結。髮為血餘，奉心化赤所生，主通小便，煅之存性，即血餘炭，仍能入陰臟而助水精化血。後人惑於以人補人之說，乃用胎骨、胞衣，致熱且穢，不如用此藥為效。竹茹以竹之脈絡治人之脈絡，故治熱嘔，并血上吐下崩。鬱金主治血積及血淋尿血，人因命名為鬱，取治氣鬱症，何藥理之不明。何首烏苦澁，於瘧痢久而虛者，可取用之。總之，苦以堅之，澁以固之，與清理溫通藥，參用他病亦宜，人以為大補血氣筋骨，延年不老，此相傳之誤也。犀角、羚羊角，以其為靈異之獸角，中虛有通靈之象，借其氣以養心肝而辟邪，今人以治血症，殊不合宜。鹿角膠以鹿茸溫補過峻，不如角膠之甘平可貴。鹿之精氣全在於角，功用略同，無非主補骨之督脈、血之衝脈，而以治婦人血閉血崩，且以安胎者，必視其病因及體質何如耳。大凡枝、葉、稍、根、花、實，並金石及動物，專分之則有或攻或補之偏，能配合之則有相佐相化之妙用。故謂某藥能治某經則可，謂某藥不復能治他經則不可。謂某病當用某藥則可，謂某病不得用他藥則不可。至云麻黃發表汗，其根則止汗；金櫻子澁小便，其根則利小便；赤小豆瀉陰分濕，而反能治膚腫；白鶴花之不腐肉，而能腐骨。物理之不可測如此，由於少格致之學，未得深明藥理，以臻神化，致令單方一味，氣死名醫，如諺所云也。當日神農著《本草經》既未得採藥睹形，而即明其性質，又不得每藥親試，而深識其功能，計藥無多，而所投必效，豈非與造物相為默契，斷非後人智慮所能及者乎？至用藥味數，古方較少於今，分兩又較輕，一方不過二三味、四五味，多至八味、九味、十味，間或有之，其一兩核之今碼祇二錢零，一升祇二合，況一劑有分三服，不必盡劑者，且有煎幾沸，急火煎，緩火煎，先煎後入，或攪，或泡，或漬，用新汲水、甘瀾水、地漿水等法，湯藥外又宜於丸、散、膏、丹者，以上各有服法，或空腹，或食後，或臨卧，或熱服，或冷服等不一，服後將息，并飲食、舉動、禁忌，病瘥之後亦然。後人不能遵循合度，徒仗藥力，取效難矣。

清·莫枚士《研經言》卷一　藥驗論　凡中病之藥，服後半日許，可驗其當否者，大法有三：一則藥到病除。如《靈樞》不得卧，用半夏、秫米，覆杯即卧，及他方所云一劑知、二劑已者是也。一則服藥後別生他病，非藥之祟，正是病被藥攻，拒之使然。如《傷寒論》太陰病服桂枝湯反煩，風濕相摶服朮附湯其人如冒狀者是也。一則服藥後所病反劇，非藥之誤，正是以藥攻病，托之使然。如《證類本草》成訥《進豨薟丸方表》云臣弟訢患中風五年，服此丸至二千丸，所患愈加，不得憂慮，服至四千丸必得復，至五千丸當復丁壯是也。第一驗人所易知。其第二驗恒易令人疑惑，自非識病辨脈確有把握，必將改易方法，以致轉輾貽誤者有之。若第三驗則必訾之議之，因而棄之矣。然數十年目見耳聞，第三驗最多，如傷寒初起及瘧痢方盛之時，投以中病之藥，往往增劇。第二驗次之，第一驗最少。世人狃於第一驗之快，而欲以概其餘。噫！此事真難言哉。

清·陸以湉《冷廬醫話》卷一　慎藥　乩方之風，於今尤甚。神仙豈為人治病，大率皆靈鬼耳，故有驗有不驗。余所目擊者，都門章子雅患寒熱，乩方用人參、黃耆，痰塞而殞。蕭山李儀軒老年足痿，乩方用附子、熟地、羌活、細辛等味，失血而亡。彼惑於是者，效則謂仙之靈，不效則謂其人當死，乃假手於仙以斃之也。噫！是尚可與言乎？

藥以養生，亦以傷生，服食者最宜慎之。秀水汪子黃孝廉同年燾，工詩善書，兼諳醫術。道光乙未，余與同寓都城庫堆胡同，求其治病者踵相接。丙申正月，汪忽患身熱汗出，自以為陽明熱邪，宜用石膏，服一劑，熱即內陷，膚冷泄瀉神昏，三日遽卒。醫家謂本桂枝湯證，不當以石膏遏表邪也。嵊縣吳孚軒明經鵬飛，司鐸太平，壬寅六月科試，天氣大熱，身弱事冗，感邪遂深。至秋仲疾作，初起惡寒發熱，病勢未甚，紹台習俗，病者皆飲薑湯，而不知感寒則宜，受暑則忌也，服二琖，暑邪愈熾，遂致不救。又有不辨藥品而致誤者，歸安陳龍光業外科，偶因齒痛，命媳煎石膏湯服之，誤用白砒，下咽腹即痛，俄而大劇，詢知其誤，急飲糞清吐之，委頓數日始安，猶幸砒湯僅飲半琖，以其味有異而舍之，否則殆矣。吾邑陳莊李氏子，夏月霍亂，延醫定方，有製半夏二錢，適藥肆人少，而購藥者衆，有新作夥者，誤以附子與之，服藥後腹即大痛發狂，口中流血而卒。李歸咎於醫，醫謂藥不誤，必有他故，索視藥渣，則附子在焉。遂控藥肆於官，餽以金乃已。

世俗喜服熱補藥，如桂、附、鹿膠等，老人尤甚，以其能壯陽也，不知高年大半陰虧，服之必液耗水竭，反促壽命。余見因此致害者多矣。

禽蟲皆有智慧，如虎中藥箭而食青泥，野猪中藥箭食薺苨，雉被鷹傷貼地黃葉，鼠中礬毒飲泥汁，蛛被蜂螫以蚯蚓糞掩其傷，又知嚙芋根以擦之，鸛之卵破以漏蘆纏之。方書所載，不可勝數。今人不辨藥味，一遇疾病，授命於庸醫之手，輕者重，重者致死，亦可哀已。

凡服補劑，當審氣體之所宜，不可偏一致害。葉天士《景岳全書發揮》云：沈赤文年二十，讀書明敏過人，父母愛之，將畢姻，合全鹿丸一料，少年四人分服，赤文於冬令服至春初，忽患渾身作痛，漸漸腹中塊痛，消瘦不食，渴喜冷飲，後服酒蒸大黃丸，下黑塊無數，用水浸之，胖如黑豆，始知為全鹿丸所化，不數日熱極而死。同服三少年，一患喉痺，一患肛門毒，一患吐血咳嗽，皆死。此乃服熱藥之害也。葉天士《醫驗錄》云：黃朗令六月畏寒，身穿重棉皮袍，頭帶黑羊皮帽，喫飯則以火爐置牀前，飯起鍋熱極，人不能入口者，彼猶嫌冷，脈浮大遲軟，按之細如絲。此真火絕滅，陽氣全無之症也。方少年陽旺，不識何以至此，細究其由，乃知其父誤信人云：天麥二冬膏，後生常服最妙。遂將此二味熬膏，令早晚日服勿斷，服之三年。一寒肺，一寒腎，遂令寒性漸漬入臟，而陽氣寖微矣。是年春，漸發潮熱，醫投發散藥，熱不退，而汗出不止，漸惡寒，醫又投黃連、花粉、丹皮、地骨皮、百合、扁豆、貝母、鼈甲、萎蕤之類，以致現症若此。乃為定方，用人參八錢，附子三錢，肉桂、炮薑各二錢，川椒五分，白朮二錢，黃耆三錢，茯苓一錢，當歸錢半，川芎七分。服八劑，去棉衣，食物仍畏冷，因以八味加減，另用硫黃為製金液丹，計服百日而後全愈。此則服涼藥之害也。人之愛子者，可不鑒於此，而慎投補劑乎？

程杏軒治汪木工夏間寒熱、嘔瀉、自汗、頭痛。他醫與疏表和中藥，嘔瀉止，而發熱不退，汗多口渴，形倦懶言，舌苔微黃而潤，脈虛細。據《經》言脈虛身熱，得之傷暑，因用清暑益氣湯加減，服一劑，夜熱更甚，譫狂不安。次早復診，脈更細，舌苔色紫肉碎，凝有血痕，渴嗜飲冷，此必熱邪內伏未透，當舍脈從證，改用白虎湯加生地、丹皮、山梔、黃芩、竹葉、燈心，服藥後，週身汗出，譫狂雖定，神呆手足冰冷，按脈至骨不見，【略】闔目不省人事，知為熱厥，舌苔形短而厚，滿舌俱起紫泡，大如葡萄，并有青黃黑綠雜色罩於上，辭以不治。其母哀懇拯救，乃令取紫雪蜜調塗舌，前方加入犀角、黃連、元參以清熱，金汁、人中黃、銀花、菉豆以解毒，另用雪水煎藥。厥回脈出，舌泡消苔退，僅紫乾耳。再劑熱淨神清，舌色如常。是役也，程謂能審其陽證似陰於後，未能察其實證類虛於前，自咎學力未到，蓋以初用清暑益氣湯之誤也。因思此湯，最不可輕用，況因傷暑而脈虛，外見汗多口渴等症，則尤不當用也。

醫家以丸散治病，不可輕信而服之。吾里有患痞者，求治於湖州某醫，醫授丸藥服之，痞病愈而變臌脹以死。又有嬰兒驚風，延某醫治之，灌以末藥不計數，驚風愈而人遂癡獃，至長不愈，其藥多用硃砂故也。

世人喜服參朮，虛者固得益，實症適足為害。蘇州某官之母，偶傷於食，又感風邪，身熱不食，醫者以其年高體虛，發散藥中雜參朮投之，病轉危殆。其內姪某知醫，適從他方至，診其脈，且詢起病之由，曰：右脈沉數有力，體雖憊而神氣自清，此因傷食之後，為補藥所誤，當以峻藥下之。乃用大黃、檳榔、厚朴、萊菔子之屬，一劑病如故。眾疑其謬，某謂藥力未到，復投二劑，泄去積滯無算，病遂瘳。此可為浪服補藥之鑒。

世俗每謂單方外治者，非比內服，可放膽用之，不知亦有被害者。《續名醫類案》云：一僧患瘡疥，自用雄黃、艾葉燃於被中熏之，翌日偏體焮腫，皮破水出，飲食不入，投以解毒不應而死。蓋毒藥熏入腹內而散真氣，其禍如此。又云：余舉家生瘡，家人亦用此方熏之，瘡不愈，未幾鑾兒出痘，症極凶，藥不能下咽而歿，殆亦受其毒耳。竊意所患瘡，當是熱毒，以熱攻熱，毒乃益熾。故凡用藥，先宜審明陰陽虛實，不得謂外治無害而漫試之。

身軀肥瘦，何關利害？而隨郡王子隆體肥，乃服蘆茹丸以消。名位升沉，何與榮辱？寇萊公望得相，乃服地黃兼餌萊菔。推之服金丹以求仙，反促其壽；餌春藥以求子，轉傷其生。皆逐末忘本者也。

鄱陽名醫周順，謂古方不可妄用，如《聖惠》《千金》《外臺秘要》，所論病原脈症及鍼灸法，皆不可廢，然處方分劑，與今大異，不深究其旨者，謹勿妄用。有人得目疾，用古方治之，目遂突出。又有婦人產病，用《外臺秘要》坐導方，反得惡露之疾，終身不瘥。余謂古方固勿妄用，近世所傳單方，尤當慎擇用之。朱子藩眉極少，方士令服末子藥六七釐，眉可即生，戒以服藥後須避風。服之夕即有汗，偶值賊至，乃出庭除，及歸寢，大汗不能止，幾至亡陽，後竟不壽。見《折肱漫錄》。湖州胡氏子患水腫，服藥不效，有教以黑魚一尾，入綠礬腹中，燒灰服之，服後腹大痛遽死。夫古方單方，用之得當，為效甚速，但當審病症之所宜，且勿用峻厲之藥，庶幾有利而無弊耳。【略】

用藥最忌夾雜，一方中有一二味即難見功。戊午季春，余自武林旋里，杭舟子陳姓病溫，壯熱無汗，七日不食，口渴胸痞，咳嗽頭痛，脈數右甚於左，杭醫定方，用連翹、瓜蔞皮、牛蒡子、冬桑葉、苦杏仁、黑山梔、象貝、竹葉、蘆根，藥皆中病，惜多羚羊角、枳殼二味，服一劑，病不減，胸口悶，熱轉甚，求余診治，余為去羚羊角、枳殼，加淡豆豉、薄荷，服一劑，汗出偏體，即身涼能食，復去淡豆豉、牛蒡子，加天花粉，二劑全愈。因思俗治溫熱病，動手即用羚羊角、犀角，邪本在肺胃，乃轉引之入肝心，輕病致重，職是故耳。

陶穀《清異錄》云：昌黎公愈，晚年頗親脂粉，故事服食，用硫黃末攪粥飯，啖雞男，不使交千日，烹庖，名火靈庫，公間日進一隻焉，始亦見功，終致絕命。以湉按：白樂天詩中退之服硫黃句，昔人已辨其非昌黎公，陶氏此說，未必可信，然亦足徵服食之當謹也。

用藥【略】吳人畏服重藥，馬元儀預用麻黃浸豆發蘖，凡遇應用麻黃者，方書大(黃豆)(豆黃)卷，俾病家無所疑懼。當時治病皆於醫家取藥。徐靈胎治張某病當用大黃，恐其不服，詭言以雪蝦蟆配藥製丸，與服得瘥。此可想見良工心苦，非拘方之士所能及也。

清・劉仕廉《醫學集成》卷一　用藥如用兵

古人云不為良相，當為良

醫，此何以說？蓋良醫保命治病，無異於良相保主克賊。間嘗論之，國家無事，內安外寧，如人天君泰然，百體從命，元氣充實，外患不侵。倘元氣稍虧，急宜培補。如嗣主闇弱，宜輔弼多賢。倉廩空虛，宜儲財節用。務使君明臣良，民殷國富，始無境內之憂也。設不幸而蠻夷竊發，擾亂邊疆，如人偶為風寒外侵，一汗可愈。使純用補藥收斂，是謂關門逐賊，賊必深入。夫賊既深入，為良相者必先薦賢保主，然後興兵討賊。如善醫者，必先審胃氣，然後用藥攻邪。更不幸而兵圍城下，糧絕君危，惟有保主出。（異）〔冀〕良相之區畫籌謀，良相之陳善辟邪，何異良醫之延年却病。故岐伯相黃帝，即推此意，以作《靈樞》。觀仲景《傷寒》，用藥如講兵法。他如兵法云：知己知彼，百戰百勝。兵不在多，貴於善用。皆與醫道無二理也。吁！上醫醫國，良相知醫用藥如用兵，古人先我而言矣。保命如保主，庸醫不能識也。誠能引伸觸類，舉一反三，則於醫道，豈復有餘蘊哉？

清・王燕昌《王氏醫存》卷八　慎藥　老弱人皆表虛易汗。凡麻黃、羌活、獨活、荊芥、防風、白芷、細辛，一切發汗之藥，固當慎用。然補虛方中常有桂枝、肉桂、升麻、乾薑，凡屬宣揚疏達之性，皆能發汗。又如當歸能溫血，血溫則汗出，得川芎更易汗矣。又脾虛則易瀉，凡大黃、芒硝、二丑、巴豆，一切攻下之藥固當慎用。然補虛方中常有二冬、二地、知母、蓮子，凡屬陰寒油溼滑潤之性，皆能致瀉。又降香、沉香、山查、麥芽、（只）〔枳〕殼、蘇子等，皆能破氣。若用此而無固氣之藥，則氣虛更易汗瀉也。故有不發表而汗，不攻下而瀉，甚有汗脫、瀉脫者，此類是也。然則見為不宜汗，則當留心於能汗之藥，見為不宜瀉，則當留心於能瀉之藥。蓋立方大非易事也。老人表邪未盡散，熱痰未盡消，實火未盡清等證，須於應用方中，酌加清補一二味，以固其本。又多有積食，宜兼用消食之藥者，凡感冒鼻塞，忌大發汗。按：鼻塞者，風塞肺竅也。以前胡、桔梗開之。若兼頭痛身熱無汗，乃風寒皆有，加紫蘇。若並無表邪而鼻塞口乾，是溼熱淤滯肺竅也。用黃芩、陳皮、半夏、麥冬開之。

清・張學醇《醫學辨正》卷一　藥治風寒暑濕不能治七情論　天食人以五氣，地食人以五味。故風寒暑濕之有餘不足，皆能令人病，所謂外感是也。外感之症，用氣味相勝之藥以治之，用之得當，其效如神。若內傷七情，則非草根樹皮之藥所能治，病得于喜怒悲憂恐，則當求其生尅以治之，專持醫藥，則難脫體。如因憂愁而病者，一逢喜事即愈，所謂人逢喜事精神爽者是也。先母患肝鬱之症，筋骨疼痛，諸醫束手，帶疾延年者十餘載。丁卯夏五月，痛長孫之夭亡，悲傷過度，舉家咸以為憂，不意悲痛之後，諸症悉除，方知七情之症，非七情不能治。《內經》之所謂悲勝怒，怒勝思，思勝恐，恐勝喜，喜勝憂，以五藏治五藏之妙也。至于平時調養，當看人之體氣而進飲食。如火旺者，宜食清涼滋陰之菜菓以補之；不足者，以甘溫之品為宜。如是則老者可壯，壯者益治矣。

藥可治病不可常服論　上古之世，茹毛飲血，無所謂疾病。自燧人氏鑽木取火之後，人得熟食，而疾病生矣。故神農嘗百草，軒岐著《內經》，立法以治之，扶偏救弊，非令人常服也。《至真大要論》云：增氣而久，夭之由也。明示人不可服補藥以增氣。後世惑于《本草》久服延年之說，喜參、耆而惡硝、黃，服人參不起者不識人參之誤用，反說用人參而不起，可以告無罪于天地矣。更有富貴之家，無病服藥，以為保養。藥不對症，固無足論，即使對症，如陰虧服六味地黃丸、瓊玉膏之類，其初未嘗不好，服至陰陽相平，即要停止。若一直服去，必致受其害而後已。人乳乃精血所化，氣味甘寒，《本草》云漢張蒼服人乳壽過百歲，此指陽旺之人而言。若陽虛之人，非但不能延年，轉恐致疾。世人惑于以人補人之說，每服人乳以為調養。余見病後服人乳而喪命者屢矣，此皆《本草》不分寒熱之誤也。飲食乃人之根本，脾胃有病，則不能食。他經有病，脾胃無恙，則仍能食。不能食必治令能食而後已，此治病之道也。近來醫家，不問脾胃有病無病，諄諄以不食為戒，往往餓損胃氣，以成不起。余親見小兒之餓死者，不知凡幾。至於大人病中禁食，及至病退胃虛貪食以傷身者，亦復不少。不究其病中禁食，餓損胃氣，反謂其貪食致死，病中倘能稍進飲食，病退自不致貪食復病。如果脾胃有病，彼自不食，何待禁耶？不揣其本，一味以不食為戒，豈治病之法哉？所謂病中禁忌，不過病中少食，及熱病忌溫，寒病忌涼而已。今人不問寒熱，統忌生冷，試問方中何以有涼藥耶？

清・趙晴初《存存齋醫話稿》卷一　〔十八〕學醫猶學奕也，醫書猶奕譜也。世之善奕者，未有不專心致志于奕譜，而後始有得心應手之一候。然對局之際，檢譜以應敵，則膠柱鼓瑟，必敗之道也。醫何獨不然？執死方以治活病，強題就我，人命其何堪哉？故先哲有言曰：檢譜對奕奕必敗，拘方治病病必殆。丹溪朱氏亦曰：古方新病，安有能相值者？泥是且殺人。由是言之，世所傳經驗單方，往往僅標治某病，而不辨別脈證，其間清和平淡之品，即不對證，試用尚無大礙，若剛暴猛烈之藥，用者尚其慎之。余親見一婦人用密陀僧截瘧，一男子用蘄蛇酒治痛風，皆頃刻告殂，與服毒無異。又張石頑曰：或問近世治黃癉病，多用草頭單方，在窮鄉絕域，猶之可也。城郭愚民亦多效尤，仁人鑒此，豈不痛哉？嘗見有服商陸根、苦匏酒、過山龍、雪裏青、鹿葱等汁，吐利脫元而死者，指不勝屈。曾有孕婦病黃，誤用瓜蒂搐鼻，嘔逆喘滿，致胎息上沖，慘痛叫號而斃。設當此際，得何法以救之耶？答言：是皆宿孽使然，與飛蛾觸火無異。欲救之者，惟廣行刊佈，垂誡將來，勿蹈前轍，庶不失仁人之用心。欲手挽已覆之車，吾未如之何也。按：此則草頭單方之誤人，為禍尤烈。第瓜蒂搐鼻治黃，是仲聖法，因不知孕婦應忌，而誤用致斃。拘方治病病必殆，斯言洵不誣矣。至用商陸根等，猶舉其名，當其誤用時，或能知何藥之誤，尚可設法解救。特有一種以草藥治病者，輾轉傳授，謬稱秘方，僅識其形狀氣色之草藥，采而用之，在用者自己，尚不能舉其名，而且先揉搗之，使人莫能辨識，故神其說以惑人。治或得效，則群相走告，詫為神奇。後凡遇是病，以為業經試驗之方，放膽用之而不疑，一服未效，再服三服。殊不知效於此者，未必效於彼，以病有淺深，體有強弱，證有寒熱虛實，斷不能執一病之總名，而以一藥統治之也。且草藥之用，往往力專而性猛，藥病偶或相當，其奏功甚捷，一不相當，亦禍不旋踵。深願世之明哲保身者，守未達不敢嘗之訓，萬弗以性命為試藥之具。並輾轉勸誡，俾共知用藥治病，雖專門名家，尚須詳細體察，詎可輕服草藥，存僥倖之心，致蹈不測之禍哉。

清・孔胤《脉症治三要》卷一　統論方藥

丹溪之語，用藥每以兵論，旨哉，斯言乎！夫藥病之相搏，即將敵之交鋒也。勝負決于俄頃之間，存亡係於呼吸之際，鋒刃相投，毫釐莫爽。甚哉，藥之難用，方之難制也。藥之所以難用者，以其氣味之差殊，故辨之宜早。所謂將帥貴識夫士卒之情者也。方之所以難制者，以其合併之紛糾，故統之欲聯，所謂士卒貴知將帥之意者也。方士卒之情，將帥能識之遍，辨之詳矣。則某也壯而勇，以之先驅。某也剽而疾，以之接戰。某也知而確，以之出奇。某也精而健，以之犄角而張弛操縱。不將由乎己也耶。將帥之意，士卒能知之審，信之篤，則以先驅也，而進必銳以接戰也，而勢必張以出奇也，而機必中以犄角也，而氣必倍于里，筭勝不可豫決也耶。夫藥之君臣，即兵之所以先驅而接戰者也。藥之佐使，即兵之所以出奇而犄角者也。然有一當先者焉，在夫區別之精明；有當急者焉，在夫率領之不紊。故區別不精，則藥味混淆，是士卒之情，猶昧而任，使難得其皆當矣。率領皆紊，則藥力紛爭，是士卒之意猶疑而嚮往，難得其直前矣。此用藥製方，非深意而細究焉，不可也。余當即夫書冊，而備考諸家之為法矣。大約古之方也，其類少；今之方也，其類多。古之方也，其品寡；今之方也，其品繁。古之方也，其分數重；今之方也，其分數輕。古之方也，其氣味之性統而合；今之方也，其氣味之性支而散。此無他其識大病症之原委也，或未必如古人之定其察。夫脉理之陰陽也，或未必如古人之真，故矢無虛發，惟后羿之巧為然。而一以當百，非光武之英莫與也。余又嘗靜觀夫一身之所具，與夫諸方之所施，而擬諸其形容，如吾之飲，有時而當夫火酒峻釀者焉，啜未下咽，而暖氣已透夫腰臍，赤色隨彰于顔色，是則濕熱入胃之蒸也。今湯散既煎，滓質俱化，惟辛香之氣，苦鹹之味，渾融洋溢，與夫火酒峻釀，冰漿冽泉，類相同也。其嚥未下，而遽遍周身，唇方沾而遂達顔面，倏忽變更，與火酒之飲，冰漿之啜，亦猶相類也。故善了悟者，即此而可知養夫中氣者之為急焉。蓋運化之神，最先必由脾胃也。夫孰得而越夫津要，又可知辨夫陰陽者之當的焉。蓋氣味之行，瞬息而至遍体也，夫孰得而禦其勁悍，又可知製夫方藥，其品數之簡且重者之為妙焉。蓋邪氣入身，横行竊據，即專力竭才，猶惧其弗敵矣。若品泛則氣輕，數少則味淡，又安能以孱弱之群兵，而探渠魁之虎穴也？凡此皆病夫折肱之後，浪漫之疑。不敢蓄藏，聊筆以請正大方。

清・養晦齋主人《醫家必閱》　用藥懼謗之弊

《周禮》採毒藥以供醫事，以無毒之品可以養生，不可以勝病。予每見今醫選數十味無毒之藥供用，以免謗議。假稱王道，不知者以為穩妥，躭誤病人，莫此為甚。蓋明醫用藥，不論有毒無毒，審其病之當用者用之，常起死於苓連薑附，活人於參朮硝黃。無奈俗人反生疑謗，或言苓連苦寒敗胃，或言薑附熱毒傷陰，或言參朮補起虛火，或言硝黃瀉傷元氣。此皆不經之謬說，大拂有道之婆心。是用平常藥者，反為得計矣。然世俗可欺，而冥冥之中決不宥也。予勸醫者，甯可受人之謗，定存活人之心，切不可誤人性命，而博穩妥之名。又藥有當用不當用，宜多宜少者，就甘草一不嫌其多，酒客中滿、嘔吐之人，皆不宜用。即一二分亦不可。何今之醫家，凡藥方中一概甘草三分，深為可笑！

清・唐宗海《本草問答》卷上 問曰：神農嘗藥，以天地五運六氣配人生五臟六腑，審別性味，以治百病，可謂精且詳矣。乃近出西洋醫法全憑剖視，謂中國古人未見臟腑，託空配藥，不足為憑，然歟？否歟？答曰：不然，西人初創醫法，故必剖割，方知臟腑。中國古聖定出五臟六腑諸名目，皎然朗著，何必今日再用剖割之法？當神農時創立醫藥，或經剖視，或果聖人洞見臟腑，均不必論，然其定出五臟六腑之名目，而實有其物，非親見臟腑者不能，安得謂古之聖人未曾親見臟腑耶！《靈樞經》云：五臟六腑可剖而視也。據此經文則知古聖已剖視過來，且西洋剖視只知層析而不知經脈，只知形迹而不知氣化，與中國近醫互有優劣。若與古聖《內經》《本經》較之，則西洋遠不及矣。

問曰：西人謂彼用藥全憑試驗，中國但分氣味以配臟腑，未能試驗，不如西法試驗之為得也，其說然歟？答曰：中國經神農嘗藥定出形色、氣味，主治臟腑百病絲毫不差，所謂嘗藥即試驗也。歷數聖人之審定，蓋已詳矣。豈待今日始言試驗哉？【略】

問曰：神農以《本草》名經，而其中多及金石，遞於禽獸、昆蟲，何也？答曰：草木最多，故以為主名。但草木雖備五行，然其得甲乙之氣較多，於人之五臟六腑氣化，或未盡合，故又濟之以金石、昆蟲，而禽獸血肉之品，尤與人之血肉相近，故多滋補，比草木、昆蟲、金石之品更為見效。草木植物也，昆蟲動物也，動物之攻利尤甚於植物，以其動之性本能行，而又具攻性，則較之植物本不能行者，其攻更有力也。鼈甲攻破肝氣，去癥瘕。穿山甲性能穿山，從地中出，故能攻瘡膿，使之破，又能攻堅積，使之散。水蛭銳而善入，又能吮血，故主攻血積。蝱飛而食血，故主行上下之血。但動物皆血肉之品，入血分者多，故以上諸藥皆主攻血，惟鼈山甲得金水之性者，尚能兼攻氣分耳。動植之物，性皆不鎮靜也，惟金石性本鎮靜，故凡安魂魄，定精神，填塞鎮降，又以金石為要。金箔能鎮心神，心神浮動，賴肺氣以收止之。故《內經》言，肺為相傅之官，以輔相其心君也。黃金本肺金之氣，以鎮靜其心神，與相傅之鎮撫其君，無以異也。硃砂之鎮，補心神，則直歸於心，以填補之。龍骨亦重，能潛陽氣，故亦能鎮心神。白銀能定驚，小兒驚風，孕婦胎動多用之，乃是以肺金平肝木，以重鎮制浮動也。赤石脂、禹餘糧石中之土，又具濇性，故以之填濇腸胃。銅乃石中之液，色赤象血，故能入血分，性能鎔鑄堅凝，(能)故能續接筋骨，為跌打接骨之藥。自然銅有火自鎔，入血分，鎔鑄接骨，尤為異品。此等皆草木昆蟲所不逮者也，至於禽獸血肉與人無異，多能補益。猪肉性平，則以為常食，而油潤之功專於滋燥。牛肉性溫，則能補脾胃。鴨得金水之性，則肉能滋肺。雞得木火之性，則肉能溫肝。羊肉羶而溫肝，羊肝尤能入肝，以散結氣。猪肝亦然，性比羊肝更平。蓋猪為水畜，以水生木，故能治目疾。猪腎入腎，脊髓入髓，皆是各從其類。猪之油網，象人之油網，而其上之胰子油，更屬潤油，且歸油膜，用為引導，治油膜中之疾，并治膈食腸枯之病。仲景猪膏髮煎治燥屎，即此意也。猪膚是猪項皮，仲景以之治咽痛，亦取其引歸於項之義。獸之靈異無如鹿，其宿以頭顧尾，能通督脈。督者腎脈，坎中一陽之主脈也。鹿生北方，得坎中一陽之氣，故其督脈旺，而脊與腦髓極足，是以上發而生角，每年一換。初生則為鹿茸，茸之精氣極足，為補髓強精，壯陽益血之聖藥。但其性上行，凡是血逆、火逆者不宜用。惟血虛火弱，陽不舉、氣不上者，乃為合宜。鹿胎則渾然無氣，歸下焦而不上行，為種子益腎、補胞宮之妙藥。龜之性伏，而其精在板，能通任脈，任為離中之陰，以下交於督，合為既濟之象，故龜板益陰，以滋心腎，與鹿茸確是對子。虎骨有猛力，故強筋壯骨。虎嘯風生，風從虎，故虎骨為治中風風痛之要藥。獸可食者多，茲其尤有功效者。凡此金石、禽獸諸品，能助草木之所不逮，故本草兼用之。

清・徐延祚《醫粹精言》卷一 服藥既得寐　凡治病者，服藥既得寐，此得效之徵也。正以邪居神室，臥必不安。若藥已對證，則一匙入咽，群邪頓退，盜賊甫去，民即得安。此其治亂之機，判于頃刻。藥之效否，即此可知。其有悮治亂投者，反以從亂，反以助瘧，必致煩惱懊憹，更增不快。知者見機，當以此預知之矣。

清・徐延祚《醫意》卷二 不藥為中醫　醫者意也，藥者療也。醫不能活人，雖熟讀《金匱》《玉函》之書無益也。藥不能中病，雖廣搜橘井杏林之品無當也。在昔《集驗》之論傷寒，則曰傷寒症候難辨，慎勿輕聽人言，妄投湯藥。《濟眾》之論瘟疫，則曰瘟疫不俱於胗，古方今多不驗，弗藥無妨。又如養葵所著，嵩厓所輯，謂咳嗽吐衄未必成瘵也，服四物、知、柏之類不已，則瘵成矣。所謂非癆而治成癆是也。胸腹痞滿，未必成脹也。服山查、神麯之類不已，則脹成矣。面浮胕腫，未必成水也。服泄氣滲利之類不已，則水成矣。氣滯痞塞，未必成噎也。服青皮、枳殼之類不已，則噎成矣。不獨此也，《千金》云消渴三忌酒色鹽，便不服藥亦可。漢卿云：痘疹諸症，以不服藥為上。諺曰：服藥於未病。此攝生之旨，甚言疾之可以不藥也。【略】

用藥宜慎　升麻引上，牛膝引下，桔梗載藥浮中，三承氣分三焦，此用藥之法也。然治上者，豈能禁其不入於下？治下者，豈能禁其不經於上？又桂枝、桑枝達四肢者也，然治左未必竟肯走左，治右者未必竟肯走右。引藥亦不過以意度之耳。若誤用引邪，如足太陽症誤用葛根，領邪傳入陽明；手太陽症誤用犀角，領邪徑犯心君。又如誤用升麻治痢，而邪提於上焦；誤用牛膝治產，而瘀降於兩腿，其害甚大。又女科載催生方，內用附子、牛膝，云附子先令兒轉身向上，牛膝再使兒翻身向下。此說尤恐腹中未必答應。又痘症用人參、鹿茸者，往往亦提毒於胸；用大黃、石膏者，每開灰白陷下之門。甚矣！用藥之宜慎也。即能當其位，中其病矣，能不犯無故矣，而分兩之輕重多寡，或過或不及，不可必也。不及則留邪，過則傷正。然不及尚可增，過則難減也。亦有先則不及而後又過者，有藥本不誤而藥性未發，疑其無效，易藥服之而反誤者。有初已誤而性未發，信其有效，再三服之而大誤者。有醫多藥雜，性有制而不及發，無由辨其誤者。又有病家夙服他藥，他藥性發，疑是此藥之誤而莫能辨其誤者。有主人執定一見，不喜說錯，與醫家自以為是而不肯認錯者，不在此例。然用藥難必無誤也。周官尚有失三失四之文，仲景亦有誤汗誤下之戒。既誤而救之，元氣已傷，易生他變。或忽患急病，或原病陡然加重，以致臟有偏絕而暴夭者。如味過於酸，肝氣以津，脾氣乃絕之類，可以推矣。又如多食辛令人夭，辛藥太散故也。又常服苦參、黃連，反能生熱。又常服附子、人參，熱在陽分者，其害易見。熱在陰分者，似為無害，必至熬乾津液而後已。前人屢以為戒，非無故也。又如吐血症服參者多難愈，服涼藥者卒至敗脾胃而死。今人信藥，不思其弊，良可慨矣！彼藉藥以縱慾者，又何論哉？

清・徐延祚《醫醫瑣言》卷上　本草　本草妄說甚多，不足以徵也。然至考藥功，豈可廢乎？宜擇其合於仲景法者用之。至如延齡長生，補元氣，美顏色，入水不溺，白日見星，殊不可信也。其非炎帝書也，不待辯而明矣。後世服食家說攙入《本經》，不可不擇焉。【略】

用藥　藥之逐病也，無不瞑眩，此其所以為藥也。今人懼瞑眩甚於疾病。至篤癃大患，尚且欲以平淡泛雜之劑治之，終使可生者斃。殊可慨矣！

清・毛祥麟《對山醫話》卷三　中醫用藥，惟憑氣味以扶偏制勝，乃今藥肆所售，竟有形似而實非者，倘非常品，必親嘗而後用之。蓋投藥如遣將，若未知其人之性情賢否而任之，鮮不僨事。憶昔在鄉近鎮有王某，病火腑秘結，便阻五十餘日，余用更衣丸，以未效而疑之。幸病家細心，服時留取數枚以示，余嘗之，味甚甘。駭曰：是丸僅用蘆薈、硃砂二味，取其苦滑重鎮；今味反甘，乃偽耳。因書方令自合，一服即通。知鄉間藥肆，其不可靠有如此者。昔人言用藥有三忌，謂從未經驗、臭穢猛毒、氣味異常也。知此三者，庶可驅使草木耳。

清・康應辰《醫學探驪》卷二　用藥論　古人謂用藥如用兵，此語信然。凡用兵必先偵探地勢，再詳查敵人眾寡虛實，而後派猛將強兵，一鼓可獲全勝。若用藥必先診視脈象，再詳察形症輕重強弱，而後始選藥立方，一劑可保身安。此同然之理也。況醫生之方，本為治病而立，非為冠冕好看。今市廛之小藥肆，如阿膠、牛黃、羚羊、犀角、琥珀、水安息、白花蛇之類，多非地道之藥，有其名而無其實，雖似是而實則非。倘必用此藥，可於發行處沽買。若真知其無有，立方時可以他藥代之。一方用藥不過數味，苟信筆開去，服之不效，遂推諉藥料之不真，醫生竟欲以此為藉口。夫祛寒清熱之藥，不一而足，醫生操用藥之權，仔細思之，病之不效，果誰之咎歟？惟醫生用藥，當以診視為先，務指下明白，胸中雪亮，立方自不至失之差謬。如脈理不清，診視終是糢糊，不敢用涼藥清熱，復不敢用溫藥祛寒，選一平妥湯頭為君，再加幾(位)〔味〕平和之藥為佐。此方雖不能去疾，亦自不能添病。若無關緊要之症，服之固然無妨，一遇傷寒傳變之症，以平淡之方，優游貽誤，致令病勢日盛，正氣日衰，牽延至於莫救。所謂庸醫殺人者，不必在過用峻劑也。想山藥、扁豆乃田家之風味，芡實、蓮子又筵席之珍饈。諸如此類，飽食可以充飢，飲湯何能止餓？此不過為無病之人，欲資保養，與之立方，研末，煉蜜為丸，每服若干，藉以為茶點之用耳。以之保養則可，以之療疾則不可。然亦非謂主治立方，盡宜用猛烈之品也。夫古人單方可以濟世，一藥可以活人。凡蟲、魚、鳥、獸、動、植、飛、潛，萬物之中，皆可為人效用。韓文公云牛溲、馬勃、敗鼓之皮，兼收並蓄，其謂之何哉？因病施治，精於診視，自必精於選擇，雖朽腐皆可化為神奇焉。

清・周巖《本草思辨錄》緒説　徐洄溪、陳修園，皆尊信《本經》與仲聖之至者。徐謂神農為開天之聖人，實能探造化之精，〔窮〕萬物之理。仲聖諸方，悉本此書。藥品不多，而神明變化，已無病不治。又其所著《百種錄》，自謂探本溯源，發其所以然之義。所著《傷寒論類方》，自謂於方之精思妙用，一一注明，發其所以然之故。陳謂藥性始於神農，不讀《本草經》，如作制藝不知題在《四書》。仲聖集群聖之大成，即儒門之孔子。又其所著《本草經讀》，自謂透發其所以然之妙，求與仲聖書字字吻合。今按二家之書，於《本經》皆止順文敷衍，於仲聖方皆止知大意。徐雖較勝於陳，而不能實踐其言則一也。試姑舉人參一物以明之。小柴胡湯，胸中煩而不嘔者，去半夏、人參，加栝樓實一枚。徐注云：不嘔不必用半夏，煩不可用人參，栝樓實除胸痹，此小陷胸之法。按心煩喜嘔為少陽本證，或煩而不嘔，則方有加減。觀心煩喜嘔之用參，即可知參之去，為煩而不嘔。不嘔自無需半夏，故以去半夏、人參並言之。蓋嘔則胸中之邪，不至於窒，若不嘔而用參，則更閉其邪，故去參而加以蕩胸之栝樓實。徐以不嘔與煩拆講，又但知《別錄》栝樓實主胸痹，而不知證之何以胸痹，故其注語全不中肯。況柴胡加龍骨牡蠣湯，煩而有參，柴胡桂枝乾薑湯，煩而不嘔無參，不可參觀而得之邪。陳謂桂枝加生薑芍藥新加湯，特提出沉遲二字，以辨身痛不是餘邪，乃營血凝滯作痛，故以人參借薑桂之力，增芍藥領入營分以通之。不知仲聖云：沉者營氣微也。又云：遲者營氣不足，血少故也。人參入營生脈有專能，故以脈沉遲，明加人參之故，豈以為營血凝滯之故？又謂四逆湯，通脈四逆湯俱不加參，慮陰柔之品，反減薑、附之力。而論中有四逆加人參湯者，以其利止亡血而加之也。茯苓四逆少佐以人參者，以煩躁在汗下之後也。按二方之證，兼有外熱而利，故雖脈微不加人參。四逆加人參湯，惡寒脈微而身不熱，故加之。夫利止脈不出者加人參，仲聖固明明言之。是其加參為脈微，非為利止亡血。至茯苓四逆湯，乃少陰陽虛，上擾其心，故煩躁。以四逆扶陽而平躁，茯苓入腎而抑陰，人參入心而去煩，各味俱有實義，何得以顢頇了之。二家之論方辨藥，大率類是。又不獨二家為然。語有之，儒學醫，菜作齏。噫！豈易言哉！集中人參未言治煩，故補論之。

清・黃傳祁《醫學折衷勸讀篇》卷下　備藥治病論　古者藥不市賣，皆醫者自採而備之。所稱賣藥之人，即醫人也。昌黎以牛溲、馬勃兼收待用為藥師之良，可見唐世醫人，猶自備藥。自宋以後，始有寫方不備藥之醫。今則舉世皆然，取藥市肆。藥之真偽是非，全不過問。方即不誤，而藥之誤也多矣。況古人治病，惟感冒專用煎方，餘病多用丸散。兼有用膏攤貼者。其藥或貴重難得，或一時難成，斷非倉卒之間所能修合。設遇急證重證，必須丸散，彼病者豈能忍死以待合藥乎？至外治之方，外科之藥，種種各異，非平時合就，何以待不時之需？且膏丸治病，一人所服無多，病家僅製少許，則不便施功。修合一料，則所餘甚多，置之無用。惟醫家平日博攷其方，講求其法，畜藥待乃用，可隨證奏功。今之醫者不知有此等方，偶知一二，既惜資本，又自知不善運用，恐成虛擲。故內科則煎方外無方，外科則膏藥丹藥之外，僅畜極賤極易得之藥數品，以為通套應酧之具。一遇深痼奇險之大證，束手坐視，無所能為，惟杜湊不補不攻、不寒不熱之方，以倖功而諉過。所以今時不治之證，可治者十七，真不治者不過十三，皆由醫有煎方而無丸散，有內治而無外攻，敷衍遷延，以致於死。如內證之中風痿痺，痰飲水腫，噎膈反胃等病，外證之對口，乳巖，瘰癧，失榮，流注，附骨疽脫，鶴膝風等病，以及肺腸諸內癰疽，皆有良法可以救。縱使方能對證，藥雖是而法已非。況加以冒昧雜投，全無規則。但能使不當死者死耳，安能使可生者生乎？醫者誠有志濟人，必使於學問之精深，而加以藥科之完備。擇其要者，攜帶身傍。隨地隨時，皆可救人性命。一切疑難深痼之病，胥能獨任其難。即處貧寒之境，欲藉以兼贍身家，藥備術精，每治必愈，自然求之者眾，名日起而利即隨之。若能慈祥愷惻救人，遺澤之長，爰及苗裔。昔洞庭王洪緒，四世皆兼習外科，活人既多，又著書刊行，以不傳之秘，公諸天下。其後壽逾七十，子登甲科。喻嘉言、葉天士諸人，醫術精深，藥料完備，雜見醫案及各筆託所紀。其家子孫，至今繁盛。為醫者盍鑒於斯，而少費藥資，以為人己兩利計乎！【略】

不服藥為中醫論　古有不服藥為中醫之說，自宋以前已有之。蓋百家之學，自大道外，莫難於醫。而其本原所在，又與性命之道相通。古之良醫，皆能貫徹陰陽，根極造化，此經非上智之資，仁聖之志，固難得之。三代以後，其工巧而幾於聖。今有傳書者，惟張仲景一人。然二千年來，至今者不過得其六七。天下之大，古今之遠，後先相望，不及百人。而病者之須醫，則止論一時，亦須二三千良醫，始能徧及。雖在上世，豈可得乎？至今日而挂牌行道者，大率皆不通文理，藉此糊口容身。即偶有一二名家，則皆儒者兼通，不肯以此為業。即令熱腸濟世，所及幾何？故延醫之難，古今一轍。縱病者眼明，能辨高下，而時醫伎倆，大略相同。別擇之能，無所可用。惟有安心靜攝，俟病漸退，元氣漸復。但非死證，皆可望痊。雖不能速愈，亦免至不死於病而死於藥。此亦小心謹慎之法也。徐靈胎則謂：病之在人，有不治自愈者，有不治難愈者，有不治則日深，竟不愈而死者。自愈之病，固不必治。其難愈不愈者，既不敢以身試醫，又不可坐待病進，計惟有擇和平輕淺、約略對證之藥數味，繙閱古方，攷校斟酌，配合成方。中病有功，小誤無害，則又稍進於中醫矣。如感冒風寒，則用葱白蘇葉湯取微汗。傷風無寒，則用荊、防、枳、桔亦妥。偶傷飲食，則用山查、麥芽、神麴等以消食。偶傷暑，則用藿香丸、六一散以解暑。偶有風熱，則用燈心、竹葉、元參、薄荷、蓮心以清火。偶腹瀉，則用陳茶、佛手等以和腸胃。咳嗽初起，則用杏仁、蘇葉以開肺寒，加生薑以散之，燥加枇杷葉、貝母、洋參以清之。瘧疾初起，則用小柴胡湯加減。痢疾初起，則用黃芩湯加減。如此之類，皆和平切病，淺近易知，而頗合古法。即使小誤，必無大傷。（世之病者，往往以病試藥。醫輩以藥試病。不辨陰陽虛實，一概妄投。以致輕者致重，重者致死。誠浩歎。惟痢症初起，輒概用黃芩湯以治之，未必痢門皆係火症乎？）其論韙矣！然此必涉獵方書，粗知藥性，乃能知藥之輕重平烈，方之大小緩急，詳擇而慎用之。安能人人解此？且重大險雜之病，又非此等藥所能瘳。苟無確可信任之醫，惟有不藥以待天命。貧苦之家，有病不治，遷延而愈者，十之七八。日增而死者，十之二三。然則徐氏之說，亦僅可為士人言之，終未若不服藥之為愈矣。【略】

用藥如用兵說　古人云：不為良相，當為良醫。此何以說？蓋良醫保命治病，無異於良相保主克賊。間嘗論之，國家無事，內安外寧，如人天君泰然，百體從令，元氣充實，外患不侵。倘元氣稍虧，急宜培補，如嗣主闇弱，宜輔弼多賢；倉廩空虛，宜儲財節用。務使君明臣良，民殷國富，始無境內之憂也。設不幸而蠻夷竊發，擾亂邊疆，如人偶為風寒外侵，一汗可愈，使純用補藥收斂，是謂關門逐賊，賊必深入。夫賊既深入，為良相者必先薦賢保主，然後興兵討賊，如善醫者必先審胃氣，然後用攻邪。更不幸而兵圍城下，糧絕君危，惟有保主出奔，再圖恢復，如人元氣將脫，且緩治病，而急保命，命存而病可徐圖也。蓋行軍以糧食為先，用藥以胃氣為本。軍無糧食必困，藥非胃氣不行。庸醫不先固本，一意攻邪，何異姜伯約九伐中原，糧食不繼，出師未捷，而昏主讒臣反納降於鄧艾，可借鑒焉。大將討賊，內顧雖已無憂，而用兵尤貴知法，如人氣血未虧，却病不難。不善醫者，雜亂用藥，自相矛盾，反壞胃而引賊。何異趙括將兵，漫無紀律，反折兵而喪國乎。良醫用藥，必如諸葛將兵，運籌帷幄，決勝千里。心有主宰而不惑，兵有紀律而不亂，陣有變化而不拘。相天時，察地理，乘機勢。大軍對壘奇埋伏，進可討賊，退可自守。雖三軍之士，性情不同，而我駕馭有法，同心克敵則一也。雖然，敵雖克矣，國家元氣必因此而耗傷，城池關隘或因此而崩圮。為良相者，安我人民，實我倉庫，固我封疆，所必然也。如人病後不服補藥，營衛其何以固？元氣其何以復乎？至於內傷諸症，不過三陰虧損，本無外邪入寇。善醫者如伊尹相太甲，但使之處仁遷義，救弊扶偏，調燮陰陽而已矣。何用霸功征伐，以擾我境內耶。若食積痰火，蟲瘀癰疽諸實症，又如國有大奸，急宜剪除，不可純用王道之劑，姑息以養奸也。試觀元首股肱，君臣同歌一體，忠言良藥，救正信有同途。良相之以道事君，何異良醫之以藥療病。良醫之切脈審症，何異良相之區畫籌謀。良相之陳善閉邪，何異良醫之延年却病。故岐伯相黃帝，即推此意以作《靈樞》。觀仲景傷寒用藥，如講兵法。他如兵法云：知己知彼，百戰百勝。兵不在多，貴於善用。皆與醫道無二理也。吁！上醫醫國。良相知醫，用藥如用兵，古人先我而言矣。保命如保主，（律）（庸）醫不能識也。抑又聞之，良將與良相，亦須相需成功，以維國祚。良醫與良方，更宜合德盡性，以全生命。如衛青相也，衣冠未整，不敢冒見汲黯。後汲長孺矯詔發粟濟困，而國步清平者，即良醫善用調胃承氣湯是也。蕭禹亦相也，勢位正濃，持權袒護涉車。至馮奉世矯詔克敵成功，而讒奸見嫉者，即時醫不識大黃瀉心湯類也。誠能引伸觸類，舉一反三，則於醫道，豈復有餘蘊哉？

藝文

宋・陸游《老學庵筆記》卷八　大駕初駐蹕臨安，故都及四方士民商賈輻輳，又刱立官府，扁牓一新。好事者取以爲對曰：【略】王防禦契聖眼科，陸官人遇仙風藥。乾溼脚氣四斤丸，偏正頭風一字散，【略】如此凡數十聯，不能盡記。

明・周履靖《茹草編》卷二　采芝歌張服采　暮景百憂息，夙好在山林。蒼烟閟石室，白日閒江潯。襟期羅海嶽，誰能識此心。所以羨門子，曠志凌高岑。商山華頂連王屋，紫芝燁燁生幽谷。安期火棗何處尋，嵇康石乳無緣服。采芝采芝山之阿，白雲縹緲峰嵯峨。山中老人絕塵想，日日拍手成高歌。採芝採芝山之麓，瑤草芊芊碧如玉。種出藍田五色枝，何如少室三花郁。劉阮不復見，天台空杳冥。潺潺只清澗，彌深靜者聽。人生百年在須臾，東流之水西飛鳥。寧知意氣凌三島，安能齷齪徒為乎。乘風欲呼黃鶴騎，遨遊八極四海陲。天空萬里發長嘯，歸來晞髮臨天池。老我俱免塡溝辱，日茹藜藿勝膏肉。他人富貴亦何希，微軀自效惟耕牧。竹下欣逢嵇阮流，棕鞵席帽相追逐。周君自是烟霄侶，採摘時時丹岫裏。採得華芝任飽飱，逍遙出世同黃綺。五字成詩稱絕奇，六書洒翰聯翩美。慙余仲蔚偃蓬蒿，一代風流邁知己。拂石松間撫素琴，與君偕有白雲心。為彈一曲採芝弄，溪上桃花春水深。

明・李詡《戒庵老人漫筆》卷四　藥名傳文：常熟蕭觀瀾韶遺集一冊，乃余少時業師益齋趙公所校錄者，中有《桑寄生傳》一篇，取藥名成文，足稱工巧，殊可資玩。《傳》云：桑寄生者，常山人也，爲人厚樸，少有遠志，讀書數百部。長而益智不凡，雌黃今古，談辭如玉屑，狀貌瑰異，龍骨而虎睛。膂力絕人，運大戟八十斤，走及千里馬。與劉寄奴爲布衣交，劉即位，拜爲將軍。日含雞舌侍左右，恩幸無比。薦其友秦艽、周升、杜仲、馬勃，上召見之，曰：公等所謂參苓芝朮，不可一日無者也，何相見之晚耶！生即進曰：士以類合，猶磁石取針，琥珀拾芥，若用小人而望其進賢，是猶求柴胡、桔梗於澤瀉也。然頗好佛，與天竺黃道人、密陀僧交最善。從容言於上，上惡其異端，弗之用。木賊反，自號威靈仙，與辛夷、前胡相結連，犯天雄軍。上謂生曰：豺狼毒吾民，奈何？生曰：此小草寇，臣請折箠笞之。上大喜，賜穿山甲、犀角帶，問：何時當歸？曰：不過半夏。遂帥兵往，乘海馬攻賊，大戰百合，流血餘數里。令士卒挽川弓，發赤箭，賊不能當，遂走，絆於鐵蒺藜，或踐滑石而躓，悉追斬之。惟先降者獨活，以延胡索繫之而歸，獲無名異寶不可勝計。或曰：馬援以薏苡興謗，此不可留也。俱籍獻之。上迎勞生曰：卿平賊如剪草，孫吳不能過也。因呼爲國老而不名。生益貴，賞賜日積，鍾乳三千兩，胡椒八百斛，以真珠買紅娘子爲妾。紅娘子者有美色，髮如蜀漆，顏如丹砂，體白而乳香。生絕愛之，以爲牡丹、芍藥不能與之爭妍也。上聞，賜以金銀花、玳瑁簪，月給胭脂胡粉之費。一日，上見生體羸，謂曰：卿大腹頓減，非以好色故耶？宜戒淫慾，節五味以自養。且令人放遠其妾。生不得已，贈以青葙子而遣之。然思之不置，遇秋風起，因取破故紙題詩以寄焉。其詩曰：牽牛織女別經年，安得鸞膠續斷絃。雲母帳空人不見，水沉香冷月娟娟。澤蘭憔悴渚蒲黃，寒露初凝百草霜。不共玉人傾竹葉，茱萸甘菊自重陽。妾答之曰：菟絲曾附女蘿枝，分手車前又幾時？羞折紅花簪鳳髻，懶將青黛掃蛾眉。丁香謾比愁腸結，豆蔻長含別淚垂。願學雲中雙石燕，庭烏頭白竟何遲？天門冬日曉蒼涼，落葉愁驚滿地黃。清淚暗銷輕粉面，凝塵閒鎖鬱金裳，石蓮未嚼心先苦，紅豆相看恨更長。鏡裏孤鸞甘遂死，引年何用覓昌陽？生得詩，情不自勝，乃言於上，召之使返。然生既溺於欲，又不能防風寒所侵，寖以成疾。面生青皮，兩手如乾薑，皤然白頭翁也。上疏乞骸骨，上曰：吾曩者預知子之有今日矣。賜神麯酒百斛，以皁角巾歸第，養疾而卒。

作史君子曰：桑氏出於秦大夫子，桑生蓋桑白皮之後也。有名螵蛸者，亦其遠族。生少孤煢，僅知母而不識父，卒能以才見於時，非所謂郄林之桂枝，沅江之鼈甲也。與其後耽於女色，甘之如石蜜，而忘其苦於熊胆，美之如琅玕，而不知其毒甚於烏蛇也。迷而不悟，卒以傷生，惜哉！觀瀾三十餘卒，此傳又其初年作，使假之年，容可量也。或曰，因其同邑有桑姓者，所行多不謹，故特爲此傳，語多含譏刺，似其人，今遠不可詳矣。意者其然與！

清・王士禛《香祖筆記》卷八　溫飛卿以蒼耳子對白頭翁，寧陽許襄敏公彬取作一聯云：道上鉤衣蒼耳子，風前聒客白頭翁。蓋其去國之作，上句即迷陽迷陽，勿傷吾行，下句即違山十里，蟪蛄之聲尚猶在耳之意。

清・梁章鉅《浪跡叢談》卷七　又有以藥名屬對者，曰：白頭翁牽牛過常山，遇滑石跌斷牛膝。予對曰：黃髮女炙草堆熟地，失防風燒成草烏。【略】一對曰：天設奇方，曰雪曰霰曰霜，合來共成三白散。對曰：地生良藥，名苓名連名栢，煎去都成大黃湯。

清・佚名氏《草木春秋》第一回：梔子鬭嘴

老夫扮甘草上場，引：　名傳上古羲皇世，品重當今醫士家。　坐，詩曰：　光陰送盡兩鬢霜，克壯其猷四海揚。雖有許多神妙手，誰能獨效在(江)〔疆〕場？　白：　老夫姓甘名草，山西汾州府平和村人氏。不幸夫人早亡，所生一女，名喚菊花。當許金石斛為婚。年方二八，尚未出閣。思量起來，好不煩悶人也。　唱：　老甘草，有百性，名傳不朽；　一個個，顯奇能，百病無憂。誰似我，性甘平，善調諸藥；　也善會，解百毒，名揚千秋。就敷我，溫中去，炙也有益。但是我，年高邁，女大難留。　花面扮賊使，一正一副，手執聘禮上場。白：　夥計，這就是甘府門首了。問他一聲：　裏面有人麼？　甘草白：　梔子那裏？　丑扮梔子出來答應：　來了！　有何使用？　草白：　外邊看，是何人叩門？　梔子應：　曉得！　呀！　你是甚麼人？　賊使答：　我是逐水寨來的！　要見你家爺爺。　梔子進稟：　逐水寨有人要見！　草白：　待我去看！　出門問白：　你們來此何故？　賊使回答：　我家大王爺爺，聞聽你家菊花小姐素有佳色，秀容可愛，今送來玉盘繡帳，要娶你女兒成親。　甘草怒白：　胡說！　唱：　你好像生卷柏，來破胃血，豈知我，用煎熬，斷不容情。恨一恨，吞吃了，你這草寇。纔免得，腹內疼，積寒不生。你們還不走開！　正賊使白：　夥計他竟是罵起來了，這便怎麽？　副賊使白：　咱就回去，見了大王爺，再作商議。　正賊使白：　罷了。便宜他！　二賊使下。　甘草進門，怒氣白：　好惱！　好惱！

梔子亦怒白：　可惡！　可惡！　小旦扮菊花，副旦扮木香。菊花上，白：　欵冬寒已至，半夏熱初行。用治風痰嗽，前胡藝獨精。白：　奴家菊花，不知爹爹前庭吵鬧，所為何事，待奴上前去問。　菊花上前拜問曰：　爹爹你老與何人吵嚷？　甘草白：　女兒那曉，逐水寨出了海藻、大戟、甘遂、芫花，這是四大賊寇，送來玉盘繡帳，要娶女兒成親。方纔被我搶白而去！

菊花驚白：　不好了！　哭唱：　奴本是，真節性，去風明目。到如今，有災禍，難熬雪霜。他好像，茯苓皮，治奴腫脹；　還有些，氣不順，須用木香。白：　爹爹呀！　孩兒出汗不止，心內又覺煩燥。　甘草白：　如此就叫梔子去請黃醫生來與你療病。木香，將你姑娘扶在東籬，好好伺候！　木香應：　曉得！　木香扶菊花下。　甘草白：　吾想半夏、瓜蔞、貝母、白及、白蘝，與烏頭相反。諸參、辛、芍與藜蘆紛紛相爭，已教我時刻謹防，恐遭毒禍。今有海藻、大戟、甘遂、芫花，與我相反。要娶吾的女兒成親，真乃可畏人也。

唱：　嚇的我菊花兒，神昏氣短。不住的，渾身戰，汗出如津。聞聽說，老黃芪，善醫此症。只得是，恭請他，調治兒身。　白：　吾想黃芪補中益氣，固有專長。他就是調理雜症，亦皆各有奇方。那日在天門冬前、麥門冬後，搖起兜鈴。忽然出來兩個婦人，一個叫知母，頭帶一枝旋覆花，搽上一臉天花粉；　一個叫貝母，頭帶一枝欵冬花，搽上一臉元明粉，款動金蓮，〔百部而〕來，求咳嗽奇方。黃芪抬頭一看，即知二婦人頭上所有，各自俱是治咳嗽奇方，放下兜鈴，會成一方，便將熱咳嗽喘，一併治去，真可謂國手無雙也！

唱：　他喂着，一羚羊，能清肝肺；　帶一掛，金鈴子，治疝殺蟲。喝幾口，膠泥水，嘔吐能止；　吃一把，豨薟草，除濕去風。上常山，理痰結，瘟瘧並治。再吃些，山豆根，並治咽疼。　白：　梔子，你去把黃醫生請來，與你姑娘療病！　梔白：　爺爺，姑娘有病，何不自己調治？　草白：　梔子，聽我道來！　唱：　那香附，理滯氣，調經最要；　側栢葉，治吐衄，能理血腸。熟地黃，能補血，且療虛損；　生地黃，能涼血，更醫諸瘡。赤芍藥，破積血，熱毒亦解；　白芍藥，生新血，退熱尤良。琥珀兒，安心神，鎮驚定魄；　胡黃連，退煩熱，疳疾須嘗。有柴胡，並乾葛，療肌解表；　有枳實，並枳殼，氣降胸寬。　白：　吾想此種藥材，俱皆可用，但是我心中恍惚，毫無定見。你把黃醫生請來，吾就有了主意。　梔白：　爺爺不用請他，小人也會調治。爺爺聽我道來。唱：　用一味車前子，通他小便；　割瞿麥，再治他，熱淋有益。地膚子，用一味，洗他瘙癢；　再用些，當門麝，打胎甚捷！　草怒，白：　你胡說！　該打嘴，快請黃醫生來！　梔白：　我不去！　叫木香去罷！　草白：　哇！　那木香係一女流，如何去得？你快去罷！　梔白：　我不去！

草怒白：　小畜生！　唱：　你仰着那一副〔鮮〕皮臉，療足頑痹。　梔答：　小人是鮮皮臉，難道說爺爺就是沒皮臉了？　唱：　你也是地骨皮，治我骨蒸。　草怒，白：　畜生！　此話從何說起？　梔子白：　想當日，黃醫生與你療癰疽。你連金銀花也沒有。今日又要白礬，消痰解毒。誰不知，你是塊龍骨。　草白：　怎麽？　我是龍骨？　梔白：　你是濇精。　草怒白：　哇！　胡說！　你快去請黃醫生與你姑娘看脈。　梔白：　〔若是看脈，可以不必請他〕。唱：　咱家有大麥芽，可以寬腸；　又有那小麥耳，可以養心。咱還有浮小麥，方纔漂下，總然是不甚奇，可止汗津。　草白：　一派胡說！

每日用藥，那位醫生不知我甘草呢！你速去請他來。到那裏囑咐他多捎幾味涼藥來。　梔白：捎甚麼涼藥來？　草白：聽我道來！唱：捎元蔘治浮火，清利咽膈；捎丹蔘，理崩漏，益血通經；捎苦蔘治瘡疥，腸風下血；捎竹茹清胃火，嘔吐不生；捎竹葉，療腸熱，虛煩亦解；捎竹瀝，補陰虛，痰火能清。　梔白：就捎這〔幾樣〕？還捎甚麼？　甘白：還要的。唱：捎澤瀉，降陰火，通淋利水；捎丹皮，除肝熱，破血有功；捎芒硝，通大腸，軟堅潤燥；捎萹蓄，清膀胱，小水能通；捎地榆，療腸風，並治血痢；捎瓜蔞，潤肺喘，還治結胸。　梔白：我看你把人家藥廚兒都抬來罷，還有甚麼？　木香跑上，驚白：爺爺，不好了！不知我姑娘看見甚麼，又說又笑，赤身露體，撲下床來了。　甘草驚白：這，這該怎麼樣？　梔白：爺爺不用害怕，小人吃過大力丸，管保把他摟在床上！　草白：哇！胡說！快取藥包來，待我(攢)〔揀〕藥，不用含糊。　梔子取藥包，甘草抓藥，白：枸杞子，天之精；地黃，地之精；川椒，日之精；白菊，月之精；柏子仁，金之精；菟絲子，(木)〔水〕之精；肉桂，(水)〔木〕之精；蓯蓉，火之精；白茯苓，土之精；懷山藥，萬年精。木香，這是十精藥，大有補益，也能避邪。快忙拿去，你將你姑娘扶在東籬床上。　木香回答：曉得！　木香下，草怒，白：梔子，還不請醫生去？這等慢事，就該吃打！唱：你就是，八脚風，也須百部；用着你癩蛤蟆，那怕疳癆。惹動我，三焦火，定叫你去！若不去，打碎你，還要煎熬！　甘草作打介，白：你是去不去？　梔白：我去罷！　草白：快去。　草下，梔白：這就是奇了。往日請醫生，他還不當成一件事。今日就是這般模樣。看是病實不堪了。唱：雄黃兒，治的我，滿身毒氣；消癰腫，去毒氣，快尋公英。白：是瘡不是瘡，先喝地丁湯。蒲公英他本是黃花地丁，外科家治瘡疔，還須陀僧。

第二回：陀僧戲姑

副淨扮陀僧上場，引白：浪蕩彌陀僧，熬膏治瘡疔。酒肉結朋友，相與眾醫生。　白：吾乃紅爐寺彌陀僧是也。寺內銀老師，因我秉性最毒，不肯容留。多蒙眾醫生，用我熬膏，代治瘡疔。每日在外，到處結為厚友，只以吃肉為事。唱：我今日吃驢肉，動了風淫。吃狗肉，狗肉溫，壯陽益腎；吃羊肉，羊肉熱，大發瘡痕；吃猪肉，雖養脾，生痰有妄；吃牛肉，補脾虛，最能益人。吃鱉肉，有鱉甲，滋陰退熱；吃雞肉，有雞肫，磨積最要。白：想吾平日，各樣肉兒，無所不吃。今日跟着黃醫生，(濃濃)〔膿膿〕水水，吃了多少(亂)〔爛〕肉。肉中有塊驢肉，叫我吃了。把我疴疾又發，風淫又動。而今只想吐痰，身上有些腫脹，恐怕是黃疸疾病。不妨，且往苦蒂庵尋他一尋！唱：抖一抖，大象膽，免去驚搐。我好像，下乳汁，王不(流)〔留〕行。白：來此已是，我不免把山門兒，敲上一敲。　旦，慈姑上場，白：是何人叩門？開門，介，白：呀！原來是老師，請到庵中。　陀僧、慈姑進門，笑白：慈姑，你可好麼？　姑白：老師可費心了。　梔子看陀僧，白：噯呀！好個禿驢。他到姑子庵中做甚麼？待我跟去，在門外聽他一聽。　姑拉僧白：老師你往這裏來。唱：咱兩個，入蓮房，暫解慾火。還要我塗蟾酥，發你麻癢。　僧白：我吃了驢肉，動了風淫。你今日這個模樣，莫非也是吃了驢肉了？　姑白：我不吃驢肉，我要吃你這驢腎。僧唱：忽聽說，吃驢腎，痿陽立起。尊慈姑，你不信，摸上一摸！　姑手握，白：呀！這個班毛蟲兒，這等性硬，只怕他破了血，還怕嫌疼。　僧白：不怕的。唱：我有那茜草根，與你止血；我還有明沒藥，與你止疼。姑白：這等說來，我到也愛中了。我且問你，那一日卻怎麼無有這等性硬？　僧白：實對你說了罷！我今日吃了壯藥了！　姑白：你吃的甚麼壯藥？　僧唱白：吃的是，海狗腎、母丁香，大行陽道；又吃些，金櫻子、石蓮肉，且固腎精。　姑白：難道說就是這幾樣麼？　僧白：倒也還有。我這時候，實在顧不得說了。你快忙脫了罷！唱：露出你，黑仙茅，壯陽益腎；還要我赤小豆，解毒消癰。弄出些陰陽水，霍亂有用。速使你，嫩蓮蕊，治我遺精。　姑白：噯呀！怎麼這等受用？　僧白：我纔用房中術藥來。　姑白：用的皆是些甚麼術藥？　僧白：聽我告訴你這一奇方：七粒丁香八粒椒，細辛龍骨海螵蛸。枯礬少許蜂蜜合，十八歲嬌娘閃斷腰。　重句，姑白：此方倒也還妙。　梔聽罷，闖進房，手指僧白：哇！你來這裏，調戲尼姑呢！　又指姑白：你叫他在這裏做甚麼？　姑白：我叫他在這裏唱開胃的神曲兒與我聽。　梔白：我不信！若果然他會唱，你叫他唱個我聽聽！　姑白：你唱一個他聽聽！

陀僧捧手唱曲：波濶波羅摩訶薩，能治雀眼夜明砂。清熱利水海金砂，和胃安胎用縮砂。消喉腫，有硼砂。去風濕，有蠶砂。鎮心寧神用硃砂。波漓波羅摩訶薩。　梔白：倒也唱得好，唱得妙。又指尼姑白：你也唱一個我聽！　姑白：我不會唱。　梔白：你只會陪着和尚睡覺麼？唱：我想起，你爹娘，真正混(障)〔帳〕；送你到，姑子庵，玷辱家鄉。　姑白：俺是佛家弟子。　梔白：善治頭風蔓荊子，吸出滯物蓖麻子，驅風除濕蒼耳子，能化脇痰白芥子，消食開胃萊菔子，斂毒止瀉五倍子，清音濇精有(柯)〔訶〕子，下氣定喘有蘇子，解散結毒皂角子。子兒甚多，你說的是個甚麼子？我今不知你是個什麼子。有了！　唱：想必是，你身上，也有瘡毒；你腹內，常懷着，一個孩子。　尼姑怒白：胡說！難道我就不是人了麼？　梔白：你又說你是人，你道是個甚麼人？開胃進食用砂仁，通經破血有桃仁，宣水潤腸郁李仁。唱：我看你倒像個，能治咳嗽，恰是那禿和尚理肺杏仁。　陀僧怒白：硫黃原是火之精，朴硝一見便相爭。水銀不合砒霜藥，狼毒最怕我彌陀僧。唱：誰不曉，我平生，秉性最劣；〔蝕歹肉，治惡瘡，善喝惡血〕。你就是真狼毒，也還怕我。頃刻間，管叫他，一命快絕。　梔白：巴豆性烈最為上，一見牽牛不順情。丁香莫與鬱金見，牙硝難合京三稜。唱：連忙走，到衙前，先稟牙皂；叫牙皂，速通關，逐這邪風。　姑拉梔白：你休走，川烏、草烏怕見犀，人蔘最怕五靈脂。官桂善能調冷氣，若逢石脂便相欺。唱：我見那，草烏兒，能解風痹；生用了，管叫他，即刻蒙迷。　白：叫弟子，將山門，與我閉了。　梔白：閉不得，我還要走呢！

僧白：你且休走，我有個草菓兒與你吃，消消膨脹。　姑白：我也有一個白菓兒，與你吃了，定定嗽喘。　梔白：你們哄我的！　陀僧上前，揪住梔子，姑(舊)〔就〕手灌藥，僧白：我今用，生草烏，把你蒙住；送你到，青蒿棵，治你骨蒸。　眾手將梔子抬下。慈姑向陀僧介白：咱今把人害了，卻怎麼處？　僧白：你說怎麼處？有了！還要你，頭上留起頭髮，鬢邊插上蒙花，臉上搽上輕粉，腦後帶上米殼花。丁香貫耳邊，胭脂把嘴搽。身穿着昆布，手拏着枇杷。開懷露乳香，人見必胡麻。相與一個千金子，他自有金屑、銀屑與咱。有人來欺咱，拏着乾漆棍兒打他。把他打的嘔吐痰涎，也不饒他半夏。總然遇着官桂，必然生百法護咱。那時吃齋亦可，不吃齋也可，情願跟你當歸，再不想寺裏出家。　姑白：你說的甚麼話？滋陰止血用頭髮，退翳明目要蒙花。楊梅腫毒用輕粉，濇腸止痢米殼花。丁香快脾胃，胭脂塗痘瘡。消瘰癧昆布，治咳嗽枇杷。止疼痛乳香，補虛損胡麻。見了破積千金子，倘有心恍，金銀鎮壓。破血殺蟲用乾漆，嘔吐堪入半夏。遇熱性官桂，冷氣不能攻咱；為甚麼說吃齋也罷，不吃齋也罷？養榮血惟當歸，何不做個藥戶人家？　僧白：這何嘗是藥戶人家，不過是一個接骨的黑老婆。　姑白：那黑老婆是個甚麼？　僧白：名兒叫土鱉。　姑白：那有出家人應土鱉？　僧白：出家人還俗了，不當鱉會作甚麼？　姑白：你當鱉罷，我不願去。　陀僧拉姑的手，喜白：你不願去，不好了，有人來了。唱：我勸你，跟我去，留起頭髮。除溫瘧，逐鬼邪，去應天靈。　姑白：天靈是個甚麼？　僧白：你只管來罷！底下還有一個字呢？　姑白：還有一個甚麼字？　僧白：你常問得是個甚麼字？你來這裏來，我告訴你，底下是一個蓋字。　姑白：嘻嘻嘻。松月靜庵多薄命，煙花柳巷是紅妝。　僧白：從今不把彌陀念，強抹胭脂誘俊郎。

第三回：妖蛇出現

梔子醒過來，白：好蹊蹺，好蹊蹺！因何在這草棵裏睡覺？纔明明和尚戲尼姑，我在中間胡鬧，忽然就到這裏，令人不測、不測！這件事我且莫管。我爺爺叫我去請黃醫生去。我只得拴着一副五加皮臉，強筋健步，走上一遭。我想那黃醫生，住在那溫家莊，倒有許多溫性也。　唱：有一個蓽澄茄，入腎除冷。有一個高良薑，暖胃止疼。有一味覆盆子，固精暖腎。還有那蓽撥兒，去把寒攻。黑附子，能回陽逐寒益腎，有烏藥理腸痛，順氣調中。有蘆巴，益腎火，疝氣能治；吳茱萸暖肝腎，也治腸痛。　白：就是他溫性奴婢，亦且不少。　唱：有一個，叫麝香，能開百竅；有一個小茴香，理疝暖宮。還有那青木香，亦能散氣；白檀香，定霍亂，兼治心疼。　白：我若到他門(酋)〔前〕，假(妝)〔裝〕偶感風寒，尋些生薑發散、乾薑暖中。他就是沒藥治傷損，我不過是拴着一張陳皮臉，只當開開脾胃。呀！我又想起來了。他那裏有一麻黃，最是不好的。他會行病治病，治出人家汗來了，又使根兒止住人家汗眼。這根他又偏好治人家風嗽，倘忽聽我咳嗽一聲，必舉動桔梗，借上五味子，一齊治我。罷了！　唱：(妝)〔裝〕頭疼，假咳嗽，還要細辛；我昨日，在川椒，樹根所過。要止癢，散寒氣，暫且停住。補精血，益腎宮，還要蓯蓉。我將欲，補命門，可借肉桂。胡桃肉，補命門，也算有益。得一個，續斷兒，折傷能治。生精血，補崩漏，還有鹿茸。韮菜子，能助陽，且醫白濁；虎骨兒，壯筋骨，能去毒風。　白：我今日，在此處胡椒一會，去了多少冷痰。若是秦椒，必得將我風疼俱除。但是我蟲痛又發，且在此楝根樹下歇歇再行。　小旦扮白花蛇上，白：生來本領實不差，癱瘓癧疹來尋咱。若問奴家(和)〔何〕姓，群蛇隊內稱白花。　正旦扮烏蛇，白：學成武藝最是高，瘡癢不仁皆能療。若問奴的名合姓，群蛇隊內稱烏稍。

二蛇相見，問白：妹妹，今日出門，有何事幹？　白花蛇，唱：我誤吃了蟹爪甲，傷了胎孕。到那裏，尋艾葉，止漏安胎。　烏稍蛇，唱：妹妹，孕婦所忌東西，你就忘記了麼？班毛水蛭及虻蟲，烏頭附子配天雄。枳(什)〔實〕水銀並巴豆，牛膝檳榔與蜈蚣。三稜芫花代赭麝，大戟蟬蛻配雄黃。牙皂(忙)〔芒〕硝牡丹桂，槐花牽牛鬼箭同。半夏南星與通草，瞿麥乾薑桃仁通。硇砂乾漆蟹爪甲，莪术大黄俱失中。這是孕婦所忌的東西，妹妹何不留心？　白花蛇，白：姐姐到此有何事幹？　烏稍蛇，唱：有一人，逐邪風，放了赤箭；我要尋，白及兒，治我金瘡。　梔子猛然站起，對烏蛇白：好妖孽！好妖孽！古石灰，能止血，拌着韮根，擣千捶，抹到瘡口。手緊捏，治金瘡，效甚捷。你尋我梔子，有何用？　又對白花蛇說：好妖精！好妖精！安胎雖然艾葉好，必加阿膠始見靈。止漏血、補虛羸，你要我梔子終何用？　又指白蛇說：我看你這一個白白的婦人。唱：你好像白豆蔻，能治反胃。　又指烏蛇說：我看你這一個黑黑的婦人，眼珠上有一個紅圈，你好像，唱：像一個，紅豆蔻，會治吐酸。　又對白蛇唱：我想你，水牡蠣，治我遺精。　白蛇唱：呸！你是個菟絲子，也治遺精。〔梔子〕又對烏蛇唱：我想你，巴豆兒，破水開積。　烏蛇唱：哇！你若是有血積，煎你歸尾。　〔梔子〕又對白蛇唱：你頭上，白朮兒，真正好看；必真是，能健脾，燥濕消痰。　又總白：你這兩個酸貨兒。你哄我唱：都像是，(嚴)〔釅〕米醋，補益消腫。　烏蛇白：妹妹，你看這孩子，竟敢調戲你我。咱倆就故來賣俏，將他引到洞內，把他吃了罷！　白花蛇說：待我哄他一哄！　白蛇和梔子白：你這孩子，你往哪裏去的？　梔答：我主人叫我去請黃醫生的。　白蛇，白：黃醫生在我家裏哩！　梔白：你哄我罷！　白蛇說：我說的是實話，你跟俺兩個來罷。到那裏俺還有些意思呢。

二蛇眼內傳情，將梔子引着。梔子背後白：好哇，你看他兩個眉來眼去，引得我魂飛魄散。想是他心上有了我哩！不管是不是，我且跟他兩個去臊臊皮兒！　梔子轉過，歡白：我去罷！　二蛇眼內又傳情，說：你來罷！　梔白：你家還有甚麼人？　二蛇應白：就是咱二人。

梔唱：聽此言，喜的我，渾身發軟。栢子仁，消癰腫，也非尋常。到那裏，陽起石，興陽玩耍。我還要，吃人乳，滋補腎元。那怕這癆嗽病，血痰發動；去癆嗽，理血痰，還是紫菀。　梔子跟蛇走，白蛇唱：叫梔子，跟我來，川山甲過；消癰腫，理痔漏，透毒排膿。你好似，益母草，女科要藥；胎前後，正用你，去瘀生新。　烏蛇唱：我今日，送你到，紫河車內；補虛損，治癆瘵，培養根本。你好似，無名異，金瘡最要；止疼痛，療傷折，生肌有准。白花蛇說：到了。你且在石岸下歇一歇。待吾先進去看看有人無人。你休走了。若是無人，俺再出來。　梔白：好哇！你看他們兩個都(攢)〔鑽〕進去了，想是他把床褥鋪好，纔請吾石韋通他小便。唱：還要他，蛤蚧皮，治我遺精。梔白：卻怎麼這時候還不出來？想是裏面有人，我就在此藏的一藏。這正是，有緣千里來相會，無緣對面不相逢。

第四回：石斛降妖

小生扮金石斛上場，引：初步青雲氣象新，胸中韜略耀黌門。益陰定志補虛怯，煩熱兼除贊化功。　坐，白：小生金石斛是也。昨日在郊外尋那史君子，要治小兒疳疾。只見那洞中出來一道黑氣。我即射一赤箭，竟把赤箭拐去。我今日精滑(濇)〔泄〕痢，又想尋那赤石脂，少不得帶上鬼箭，再尋蕪荑，把這邪風惡蟲，一併治去。我還一件寶貝，名叫預知子，遇毒作聲。這寶貝能以殺蟲，我不免帶去。　唱：預知子，夾領中，遇毒作聲。這寶貝，能殺蟲，萬古留名。還有那，鶴虱寶，諸蟲皆避；雷丸兒，除積熱，也會殺蟲。　梔子出去，石斛看見，白：石岸甚麼妖精，待我一箭射死。　梔子猛然站起，大聲白：我不是妖孽，我是人！　斛白：你是人？來到這裏做甚麼？　梔白：這是我的親戚。　斛白：你越發胡說了！這裏並無人家居住，那的有你親戚？你說實話！不說實話，我一刀將你殺死。　梔白：我在此不敢說。　斛白：你來這裏說。　梔白：罷了，我說實話罷。我原是在楝根樹底下歇了一歇，遇見兩個婦人，他說黃醫生在他家裏，他叫我跟他到此。　斛白：他還對你說甚麼？　梔白：那白朮婦人，唱：他說是，吃爪甲，傷了胎孕；又說是，尋艾葉，止漏安胎。白：那川烏的婦人。唱：他說是，逐邪風，中了赤箭；好像似，服釣藤，治我瘈瘲，那葫蘆，治的我，中滿氣脹；恨不得，使連翹，治他腫疼。　斛向梔白：你當那兩個婦人是兩個甚麼人？　那是兩個妖精。昨日把我赤箭拐去，今日正要尋他，又把你哄在這裏，他要吃你的。　梔子跪白：　相公快些救命罷！

斛白：　有我在此，大料無妨！　烏蛇出頭看，急叫白蛇說：　妹妹呀，我的冤家又來了。咱兩個爽利把他吃了罷。　說完：　預知子便作聲，來了，真果有了妖孽了。　石斛猛看烏蛇，恨說：　好妖孽，那裏走，還我赤箭；再用這，鬼箭羽，殺你邪蟲。　烏蛇唱：　我昨日，冷不防，中你赤箭；　你今日，為甚麼，又來唬人？　化穀食，消毒氣，咱要大蒜；　用石膏，清胃火，治你牙疼。　石斛唱：　好妖孽，你漫說，只你兩個；　你就是，栢子仁，補心定悸；　若是我，消痞結，平脉破滯。　定然要，用利刀，揭你青皮。　切烏頭，去厥冷，風濕並治。　用白薇，治的你，人事不知。　白蛇唱：　說這話，惹得我，鼻塞流涕；　有香臭，要能聞，還要辛夷。　且把你，當葛花，安排醒酒；　那怕你，使水蛭，打胎破瘀。　烏蛇轉叫白蛇，白：　妹妹，我看他好像金石斛，一身(混)〔棍〕氣，最是不善，休吃他的虧。　妹妹不信，問他一問！　白花蛇說：　你是何人？　石斛白：　我是縣學中一名武秀才，有名劣生金石斛是也。　白花蛇白：　我看你沒有一點儒氣，必是不通！　斛白：　你怎見我不通？　宗師考我的時節，膀胱火(甚)〔盛〕，小便不通，我那時有《通草賦》兩篇，把我進了，怎(模)〔麼〕見我不通？　白蛇說：　便要不通，你也不中。通便是別人做的。　石斛冷笑道白：　哈哈！　他兩個一身的妖氣，他笑話起我來了。　烏蛇叫白蛇，說：　妹妹呀，他果是金石斛，這便怎麼？　白花蛇說：　姐姐放心，妹妹有麒麟血竭，管叫他變作麒麟，撲向前去唬他，將他吓死。　烏蛇白：　這等說來，我也有蜈蚣、全蠍，一齊放出，定治他口噤臍風。　白蛇白：　如此，即各顯神通便了。　二蛇念咒，梔白：　相公，你看他兩個唧唧噥噥，不知他說些甚麼？　忽然麒麟跑上，後跟蜈蚣、全蠍，梔白：　呀，不好了，快些逃命！　梔子拉石斛下。　麒麟、蜈蚣、全蠍一齊趕去，(白蛇)〔梔子〕說：　相公，這、這、這該怎麼處？　斛白：　吾想此種異獸，世間那有？　必是邪術作怪。　待我用辰砂鎮住。　麒麟跑上，石斛用辰砂打倒在地，梔子見了，笑白：　哈哈！　這個異獸果然現出本相來了。　紅紅的，好像一塊紅花膏。　斛白：　待我看來！　這原是麒麟血竭，去瘀和血，大有可用，忙忙收了。　梔子笑白：　噯呀呀，噯呀呀！　斛白：　這是怎麼？　梔白：　那金頭蜈蚣，暗暗的咬了我一口，全蠍又(折)〔螫〕了我一刺，好疼好疼！　斛白：　快忙取膽礬，用唾沫調搽，則疼痛立止。　二蛇趕上，仝白：　哇！　你這劣生，那裏走！　白花蛇唱：　你好像，牛黃兒，治我痰熱；　又好像，天竺黃，治我驚風。　有磁石，哪怕你，是個鐵漢；　白花蛇，咬一口，送你墓中。　烏稍蛇唱：　你好像，皂礬兒，治我黃疸；　又像似，木鱉子，治我瘡癰。　有三稜，哪怕你，腹積堅硬；　烏稍蛇，使使風，吸你腹中。　斛白：　你兩個越(法)〔發〕是妖孽了！　唱：　取鬼箭，先治你，腰腿疼痛；　再放那，鶴虱兒，殺這邪蟲。　定驚癇，治邪風，還要蟬蛻；　定叫你，風痹去，求我寄生。　烏蛇向白蛇說：　妹妹，不好了！　我有些渾身發癢！　唱：　鶴虱兒，咬的我，着實心慌。　白蛇唱：　我身上，也好像，有了鶴虱；　咱兩個，急忙兒，且回洞房。　梔子向石斛白：　你看他兩個都(躦)〔鑽〕進石洞去了！　斛白：　趕進去，要治他，風濕疥癩；　我定要，起痿陽，尋他蛇床！　梔白：　且(漫)〔慢〕進去，恐有毒邪害你！　斛白：　任憑他，有甚麼毒邪，我全然不怕他。　梔白：　不如我先到洞口，看他一看。看介：　噯呀！　那裏面是甚麼東西？　速拿一條棍來，挑出看看。　梔子持棍挑出，介白：　原來是條長蟲皮。　斛白：　這個名叫蛇蛻，能除目翳，治驚癇。這孽畜定然脫皮而走，想是他怕了我了。他再也不敢出來。我就到石岸上，留下詩句，作為銘記可也。　詩曰：　堪笑癡迷好色流，妖魔乘隙媚容投。百般艷態春情露，天外魂飛不自由。　又詩：　妖魔變出幻面真，窺透機關有幾人。正氣但能高百尺，群邪膽喪化灰塵。　梔白：　好詩，好詩，好詩！　今日幸遇相公，若還是不遇着相公，我白白叫他害了。我這裏謝相公！　梔叩謝，石斛白：　請起來！　梔白：　請問相公，方纔說你是縣學中一名武秀才，名喚金石斛。我甘草爺爺有位門婿，名喚金石斛，莫非就是相公麼？　斛白：　正是！　你是何人？　梔白：　小人就是甘草爺爺奴婢呀，名喚梔子。　斛白：　你到此何故呢？　梔白：　姑爺聽來！　唱：逐水寨，出來了，四大賊寇；　要聘我，甘小姐，押寨成親。　唬的他，父女們，成了大病；　纔叫我，溫家莊，去請醫生。　石斛怒唱：　聽此言，不由的，心頭火起；　我定要，尋(牛)〔片〕腦，治他頭風。　白：　我想深山散府，有一位威靈仙，是我的厚友。他的神通廣大，你隨我速去請他，先平賊寇，然後再請醫生也不為遲。　梔答：　是了。　石斛詩曰：　草寇穿山到異鄉，心操狼毒聘紅娘。靈仙若展玄精藝，定剝青皮、木賊傷。

第五回：靈仙平寇

正生扮靈仙上場引：驅風壯骨千年健，益腎興陽巴戟天。若要宣風去得順，必須尋我威靈仙。坐白：想我在蕊石山，從師學藝。學會了驅風放火，有號為威靈仙。只是凡心未退，不願在山，身有微恙。不知如何纔好！唱：那杜仲，理腰疼，壯骨强筋；鹿角膠，補精血，益腎有功。川牛膝，理足疼，也能通淋。且吃個，肉菓兒，止瀉熱中。再吃些，懷山藥，脾陰有益。坐到那，沉香木，降逆暖宮。白：叫檳榔，今日身上少安，你與我消脹逐水，把寸白蟲殺了。再請你二位奶奶出來。丑扮檳榔上，白：奶奶，爺爺有請！正旦扮紫石英上場，引：百般武藝我都通，能療驚悸並怔忡。世人有害崩漏症，正該請我紫石英。吾乃紫石英是也！副旦扮劉寄奴上場，引：百般武藝還屬我，散血療傷敗毒火。世人有傷金瘡證，正該請我劉寄奴。吾乃劉寄奴是也。靈仙白：我今日寒邪反胃，嘔吐作疼，心內有些霍亂，腸中又兼泄瀉，這該怎麼着？紫石英白：老爺今日之病，必得那治嘔吐、散寒、健脾、除風之藥纔好。唱：你吃些，紫蘇葉，散寒下氣；你吃些，香薷兒，去去暑風。你吃些，川厚朴，理痛消脹；你吃些，白扁豆，益脾和中。劉寄奴白：還得那，滲濕和胃止瀉定亂之藥纔好。唱：你吃些，烏梅肉，治治暑熱；你吃些，藿香葉，定亂止疼。你吃些，大腹皮，利水消脹；你吃些，白茯苓，滲濕調中。紫石英白：呀，這一會我身上也兼發冷！想是感冒風寒。我又不肯使錢買藥，這該怎麼呢？有了！唱：吃一些，蘿蔔兒，去去膨脹；喝一碗，葱薑湯，散散風寒。劉寄奴白：我看你，捨命不舍錢，也是個甲魚頭。紫石英說：你瞎說！

金石斛與梔子仝上場，石斛唱：急忙忙，來到了，威府門首；我不免，上前去，問他一聲。梔子問白：誰在這裏？檳榔問白：何人？原來金相公！石斛白：正是。你往裏相傳，就說我到。檳榔白：少待。檳榔介白：啟上爺爺，外面有金相公要見。仙白：金相公是我厚友，你們不必回避。快忙有請。檳榔出白：裏面有請。斛白：梔子你且少站，待我進去。石斛進見作揖，介白：大哥在上，小弟有禮。二位嫂嫂，弟也有禮了。仙白：請坐。看賢弟面色愴惶，所為何事而來呢？斛白：大哥聽我道來！唱：逐水寨，忽出了，四大賊寇；要聘我，甘小姐，押寨成親。弟特來，請大哥，去洩此恨；剮剮他，烏賊骨，好治崩漏。仙唱：忽聽說，這枸杞，陰興陽起；我今日，用管仲，殺這邪蟲。聞着我，他頭疼，也想白芷；定使個，獨活兒，治這邪風。拿着我，伏龍肝，治他吐血；傷折了，骨碎補，他豈能行。這一會，氣的我，渾身是汗，倒覺着，滿身上，爽快許多。白：即隨賢弟前去可也。紫石英白：老爺且莫去。唱：你今日，傷風寒，還要防風；我有那，揀人參，補你元氣。我有那，明玉竹，也益肺經。我有那，炙首烏，滋陰益腎；還有那，白茯神，你且安神。劉寄奴白：老爺你且息怒。唱：你今日，傷風寒，也要防己；我有那，川萆薢，能去風濕。我有那，炙龜板，也益腎陰。我有那，結豬苓，利水去濕；熟棗仁，叫你睡，且宜養心。仙白：夫人休勸，我是去心一定了。二旦仝白：老爺既然去心一定，我二人也要跟去，到那裏，與老爺，助上一陣，奴才放心。仙白：如此甚好！唱：叫一聲，利便的，火麻仁上。火麻扮馬童上場引：快牽那，壯陽的，千里海馬；速取那，玄精石，救陰前行。白：把金賢弟請來同行。斛白：請！靈仙人馬、梔子仝下。黑淨面扮海藻上場引：生來性烈力又猛。大花面扮大戟上場引白：十棗神祐稱豪雄。二花面扮芫花上場引：王道不行當霸術。三花面扮甘遂上場引：破水消毒立大功。白：吾乃海藻是也。吾乃大戟是也。吾乃芫花是也。吾乃甘遂是也。海藻白：眾賢弟請了。眾白：請了。海藻坐白：吾前日與甘草送去聘禮，要娶他女兒成親，竟被他們搶白而回，這便怎麼處？眾白：大哥，他既不從親事，就該準備馬匹，多帶人役，將他女兒搶進帳來，與他成親，他也無可奈何！海藻白：此計甚妙！今就前去！賊使跑上白：大王不好了！威靈仙領着二位婦人，盡力發表，要攻水寨。海藻笑白：好哇！我正要搶親，他就送上門來了，好不歡喜人也。薑黃、秦艽聽令！仝白：侍侯大王！海藻令白：威靈仙領着二位婦人，差你們二將，快去搶來，吾好與他成親。二人應介：得令！二人仝下，眾人白：這等湊巧，就該預賀纔是！海藻白：既如此，就請宴上。四賊齊下，薑黃、秦艽上。薑黃上場唱：咱大王，他要想，急力成親。秦艽唱：那知道，威靈仙，也會橫行。薑黃唱：他好像，羌活兒，叫我出汗。秦艽唱：他好像，紫草茸，發我痘疹。薑黃唱：我只怕，失了血，三七纔止。秦艽唱：我又怕，氣不固，(尿屁直留)(屎尿直流)。

靈仙逐住，喊白：來者何人？敢犯我威靈仙的邊界？薑黃白：老爺性最烈，消腫又破血。你若心腸疼，下氣尋老爺。老爺薑黃是也。唱：你若有，珍珠兒，免受驚癇；省得我，尋川芎，治你頭疼。靈仙怒白：你這(茅)〔草〕蔻！唱：去寒積，理脹疼，挐拿你草寇！治血崩，止吐衄，捉你茅根。仙又問：你是何人？秦艽白：老爺能驅風，逐水有奇能。你若肢節疼，先問秦爺名。老爺秦艽是也。唱：你若有，好金箔，免受驚搐；省得你，黄疸了，還要茵蔯。仙怒白：好狗才！唱：壯腰(腿)〔脊〕，我定要，剝你狗脊；攤膏藥，我還要，揭你狗皮。二人相戰，薑黃唱：我今日，寧肺嗽，與你百合。仙唱：用木瓜，治的你，霍亂轉筋。秦艽唱：我今日，止吐血，與你藕節。仙唱：用馬鞭，打的你，破血通經。相戰二次，薑黃唱：口說我，薑黃兒，性情猛烈；誰知我，到這裏，竟不能行。少不得，再下氣，去尋鬱金。秦艽唱：我秦艽，養筋血，風熱能解；誰知他，威靈仙，竟是敵家。少不得，止驚搐，往求天麻。薑黃、秦艽二將敗回。海藻上場引：耳聽好消息，眼觀報捷旗。海藻坐下，薑黃、秦艽二將進見，白：大王在上，二將交令。海藻問白：勝敗如何？二將答白：敗陣而回。海藻怒白：那土草木人，你們也殺他不過？叫小的們，快請你眾大王！大戟、芫花、甘遂三人仝上：大哥，將小弟等喚來，有何話說？海藻白：那曉二將敗回營來，還得咱們弟兄出馬。唱：割來他，靈仙皮，補陰益腎；還要他，求海藻，去治瘰癧。二人仝唱：大哥，咱今日，要治那，腸風赤帶；我定要，剝去他，椿根白皮。藻白：眾賢弟，快忙上馬！四寇上馬齊來，威靈仙與兩個夫人仝上。靈仙唱：忽聽說，這賊寇，也敢出馬；吾就在，高阜處，望望賊行。白：夫人隨我來！

靈仙和夫人在高阜處，望見賊寇，靈仙笑唱：哈哈！吾看他，一個個，賊手賊脚；他竟敢，除熱渴，顯他蘆根。他就是，破積水，雄猛有力；我定使，刺蒺藜，治他眼睛。白：夫人聽令！向紫石英說：你一面焚起蒼朮香。向劉寄奴說：你一面架起蘇木火。二人仝應：得令！紫石英放烟說：蒼朮米泔浸，專能治目盲。捷來先燥熱，脾濕最為良。唱：我再用，安息香，逼除邪惡。劉寄奴放火說：蘇木性最烈，專治人撲跌。輕則通其經，重則破其血。唱：我再用，夏枯草，破血消癥。四寇仝說：好烟好烟！好燒好燒！仝唱：這那有，寒水石，治我燒瘡。倒叫咱，無處躲，同赴九泉。四寇俱死，靈仙喜白：賢弟，你看！這些賊寇，盡都燒死，你可速到甘府，完你婚姻大事。吾便辭別回去了！斛白：小弟感恩不盡。異日登門再謝，送大哥！仙白：賢弟請回罷！靈仙牽馬下，石斛白：梔子哪裏？梔子跑上白：好戰好戰！吓的渾身是汗。好藏好藏，駭的我幾乎脫陽。前日我姑爺，說威靈仙神通廣大，果然不錯。但是我有些驚慌，底下又覺滑瀉，這該怎麼樣？有了！唱：用故紙，益腎火，暖腰補瀉；用殭蠶，再治我，急慢驚風。〔尋鎖陽，固精髓，養筋潤燥；犀牛角，解心熱，大有奇功〕。斛怒白：這奴才哪裏去了？梔應：來了！姑爺說甚麼？斛白：這請醫生事兒，你就忘記了？還不快去！

梔答：是！小人速去就是了！梔下，斛白：梔子請醫生前去，我不免就到甘府看看小姐病體如何？石斛詩曰：罵聲賊寇太輕狂，只落巫山夢一場。射中雀屏天有定，關雎豈是枉歌揚。〔下：投親去了〕。

第六回：甘府投親

甘草上場，引：人逢喜事精神爽，悶來愁腸瞌睡多。白：老漢甘草是也。女兒身染重病。叫梔子去請醫生，到如今尚未回來，好不煩悶人也！唱：我吃些，天門冬，先清肺嗽；再吃些，銀柴胡，暫退骨蒸。建蓮肉，清心肺，醒脾須用；吃幾杯，甘松酒，解鬱和中。金石斛上場白：〔利水通淋瞿麥穗，赤白帶下墓頭回。吾乃金石斛是也。前日雖平四寇，聞聽甘小姐身染重病，未知痊癒，欲到甘府投親〕。來此已是甘府門首，我不免上前去問他一聲：裏面有人麼？甘草笑白：這就好了。木香快來！木香應介：來了！老爺說甚麼？草白：外面有人叩門，想是梔子回來了，快去開門！木香答應：曉得！開門介白：呀！你是何人？斛白：往裏傳稟，就說是金石斛前來投親！木香答：曉得！進稟白：稟爺，外面有金相公前來投親！甘草問白：是你姑爺到了！請他進來！

木香出門，介白：裏面有請！石斛進門，介白：岳父在上，小婿拜見！草白：請起！坐了敘話。斛白：告坐。岳父身旁可好？草白：我倒也平安。賢婿一向作何事業，不期而來，必有緣故。斛白：容稟！唱：我昨日，在路旁，遇見梔子；被妖蛇，纏住了，難以脫身。我纔用，鶴虱寶，將他搭救；方纔說，溫家庄，去請醫生。他又說，逐水寨，出了賊寇；要聘我，甘姑娘，押寨成親。聽此言，不由我，心中發怒；速搬了，威靈仙，纔把寇平。他向那，溫家庄，請醫前去；我今到，貴府上，卜吉成婚。　草白：既是這樣，且在舍下，款住幾日。待小女病體痊癒，然後成就你夫婦大禮。　斛白：盡在岳父。　草白：請到書房。　甘草、石斛下。木香唱：好哇！他要娶，女貞子，急補腎水；我就到，東籬下，速報佳音。　木香跑東籬白：請姑娘！　菊花帶病形上場唱：每日間，肝氣動，哪有佛手；金相公，想的奴，步也難行。總有那，好燕窩，能補元氣；奴也是，懶飡他，痘不發生。白：請你姑娘有何話說？　木香笑白：姑娘你不知道，那曉我姑爺他，前來投親。　菊花白：他在哪裏？　木香白：現在書館。　菊花白：當真的？　木香答：哪個哄你不成？　菊花白：他在那裏，好哇！唱：他好像，綠升麻，能散風熱；喜的奴，心中樂，頭也不暈。真果是，薄荷葉，能清頭目；犀牛角，解心熱，大有奇功。白：木香！快取菱花鏡，待奴梳洗便了！唱：正了正，青絲髮，能止血漏；盤成了，水磨雲，風飄桂香。有官粉，理蟲積，佳人飾面；飾就了，閉月貌，仙子臨凡。帶幾枝，金銀花，腫毒能去；穿一件，綠豆衣，毒熱何妨。叫木香，快醒脾，請你姑爺；叫他到，金線樓，敘敘衷腸。白：木香附耳來！速去快來，休教爺爺知道。　木香答應：曉得！　菊白：妙哇！唱：昏暮時，夜不明，無人看見；會一會，金石斛，纔顯夜光。他若是，急性子，急速來道；攻去了，癥瘕病，奴纔放心。　木香引石斛上場，白：快來罷！　斛白：我不去！若是爺爺知道，吾就有丹皮面，也難消他的肝火！　木香白：怎麼叫丹皮面？　斛白：羞的我面色發紅，豈不是丹皮面麼？　木香白：姑爺呀，你哪知根深不怕風搖動，樹正何愁月影斜。你來罷。到了，你且少站，待我稟知姑娘。　斛白：你快去速來！　木香白：姑爺你太急性了。　木香進門低聲白：姑娘，伏耳來。我姑爺來了！　菊白：快忙有請！　木香出門笑白：噯噯！我是個急性子，誰知他兩個比我還急性子。待我笑話笑話他。　斛白：丫鬟姐，你姑娘說甚麼？　木香笑白：我姑娘說，你好像有了疝氣，就不大茴，也該小茴！　斛白：這是怎說？　木香白：叫你回去！　斛白：罷！我就回去。　木香白：我是與你作玩！　斛白：這是甚麼時候，你還要作那上玩！　木香白：姑爺請進來！這就是姑娘！　斛白：這就是小姐？小生拜見。　木香白：我姑娘也有一拜。　菊白：與你姑爺看坐。　斛白：有坐，請問小姐貴恙可曾全癒否？　菊白：病已全癒。但是逐水寨出了四大賊寇，要娶奴家成親，相公快與奴家作主罷！　斛白：小姐哪曉得，我搬來威靈仙，已經將四寇平滅，纔來你甘府投親。那賊寇只落得：（困水无鱼）（靜水無風）空作浪。　菊對：繡花有色不聞香。多謝相公了！　丑扮木賊，輕步上場引：吾乃木賊是也。想我在巔嶺以上，常見兩個瞳人，日在晶明池內玩耍。竟那日被害眼妖邪，駕起雲翳，將他蒙住，是我心中不悅，暗將雲翳盜去，纔把兩個瞳人救出，人就號我為木賊。這也不題。聞聽人言說，甘草老兒，他的菊花小姐，秀容可愛。今晚跳進他府，暗與小姐配合，盜些障被之物，豈不甚美？來此已是，吾便越墻而過。　木賊跑進墻去，又白：呀！天色昏暗，兩眼看之不真，也不知到了甚麼地方。待吾用夜明砂將眼一耀，便知分曉。好哇，這正是東籬繡閣，怎麼這般時候，燈尚未熄，待我聽他一聽。　木賊將聽，甘草上，白：女兒身染重病，叫我睡夜難安。生就傲霜枝葉，鮮花豈肯敗殘？不管夜半勞瘁，就到東籬去看。　甘草看見木賊上，驚白：你看那繡樓上，黑黑隱隱的，莫非是個賊人麼？待我問他一聲：你是何人在此？　木賊閃在一旁，石斛跑上，驚白：小、小、小婿金石斛在此。　草白：我問的是賊，那個問你。你看那賊，想必是來盜汗，快取霜桑葉拏住！　木賊聞說，急跳墻而出。　甘草驚白：不好了！越墻而走了！　金石斛白：岳父不必驚怕，小婿在此無妨。　甘草怒白：哇！你不在書館，到此何故？　石斛跟白：到此拏賊！　甘草大怒白：依我看，你就賊首。好惱好惱！唱：你真是，瀉肺的，桑白皮，全無血色；止血的，棕櫚皮，面有千層。　菊花白：木香，快請你的爺爺！　木香答白：我姑娘有請！　甘草有氣白：我正要見他。　甘草進門怒白：好奴才，你這宗東西，做的這樣好事！　木香從旁邊細勸白：爺爺呀！唱：我姑爺，他本是，明目俊秀；纔與我，甘姑娘，結下良緣。就等候，九重陽，玉蕊開放；那時節，蜂採去，也要蜜甜。總不如，白蘞起，他早成就；防備着，慾火動，腫毒來纏。白：爺爺你再思再想！　甘草笑白：哈哈唱：我今日，心氣迷，知識蒙蔽；有你這，石菖蒲，纔把竅開。白：快請你姑爺到來！　木香出門喜白：請姑爺！　斛帶氣白：我是個賊首，請我去做甚麼？不去！　木香笑白：嘻嘻！姑爺呀！今天晚上，正叫你做賊呢，你快快來罷！　木香將石斛拉着手進去。草白：賢婿，老夫今天晚上，多吃了幾盃水酒，醒脾亂性，多有得罪！　斛白：好說！　草白：　老夫看來，今日乃是黃道之際，你夫婦正宜配合。　木香撇開紅毡，請你姑爺、姑娘，正拜花堂。　木香白：　請姑爺、姑娘一拜花堂！　拜畢，草白：　木香掌燈來，送老夫回去，到明日再擺宴筵。　木香答應：　曉得。　木香挑燈，草出門，詩：　昔日結成秦晉好，何妨鸞鳳下粧樓。　木香、甘草下，石斛白：　噯，好晦氣呀！　菊花笑白：　相公！　唱：　奴非是，零陵草，清香可愛；　也要你，三春柳，快毒鬆肌。　你要想，配清香，還要三柰；　為甚麼，怒不息，錯悞佳期。　石斛笑唱：　好哇！　吾好像，痘疹家，犯了紫滯；　可喜你，嫩紫草，活血有知。　菊花唱：　奴不過，粉乾葛，聊以解渴；　豈像那，靈芝草，自古罕稀。　石斛白：　小姐你也太謙詞了！　唱：　我愛你，桃花面，破水消腫；　我愛你，富龍眼，養血歸脾。　我愛你，金蓮小，能解煩熱；　我愛你，蠶蛾眉，痿陽立起。　咱就到，象牙床，生肌止漏；　少不得，用龍腦，入竅通瘀。

第七回：　紅娘賣藥

丑扮紅娘，上場引：　當家每日在外，他人常來討債。　拿上幾味藥材，且往醫家去賣。　換上幾百銅錢，買來一些酒菜。　他就是偶然回家，大料無甚妨礙。　白：　吾乃紅娘便是。　只因我家主人，終日在外採藥，家下無有一文銅錢。　他也不知我在家有錢無有。　我今天自已只得拿上幾樣藥材，送到黃醫生家中，換上幾百銅錢，買些美味便了。　唱：　買幾個，鮮鯽魚，暖暖胃氣；　買一隻，肥白鴨，補補虛羸。　取一壺，好黃酒，調經活血；　稱幾兩，頂細茶，明目清心。　買幾個，山查菓，消我肉積；　嗑幾個，冬瓜子，益脾和中。　他就是，回家來，問吃何飯；　我就說，淡豆豉，解熱消風。　紅娘下，梔子上，白：　噯呀！　噯呀！　我受了多少驚唬，還不知那黃醫生，在家無有。　且在大街上等一個人來問他一問。　呀！　那壁廂來了一位娘子。　我有心問他一聲，又恐怕是妖邪出現。　等他到來，我先詐他一詐！　紅娘正白：　我今日要上黃醫生那裏賣藥去。　但是這藥材俱不要緊，還不知那位老先生要是不要。　唱：　那黃芪，除虛寒，不肯留下；　我定要，破氣血，纏他莪术。　梔子迎住，大喊叫白：　哇！　前面來者，莫非是妖怪呢罷？　紅娘怒白：　你這孩子，未受教訓，好生無理，竟罵起老娘來了。　你若罵娘，我兒，現害脫肛。　梔白：　唱：　我叫人，拿利刀，割你鱉頭；　叫我兒，研細末，好塗脫肛。　紅娘怒白：　老娘樣子做生意的人，要和悅容色。　你看你是甚麼光景？　紅娘怒白：　老娘樣子不好，你快爬開，老娘還要去賣藥！　梔白：　你有甚麼藥？　我正要買哩！　紅白：　你又不是先生，買藥做甚麼？　梔白：　我還是我自已要吃藥。　紅娘白：　你看你那模樣子，像個吃藥不像？　梔白：　像！　像！　你沒聽人家說，窮漢子吃藥，富漢子還錢。　紅娘白：　你這孩子，說得好聽。　你心想要白吃藥不成？　梔白：　不是白吃，我是真正無有錢。　紅白：　你既無錢，何不吃那不使錢的藥？　梔白：　不使錢的那是些甚麼藥？　紅娘白：　你問那不使錢的藥，聽我道來！　唱：　你吃些人中黃，能解熱毒；　你吃些，人中白，能治牙疳。　還有那，白丁香，能破結毒；　還有那，兩頭尖，能治頭風。　還有那，小童便，滋陰降火；　還有那，五靈脂，調血止疼。　還有那，望月砂，退翳明目；　還有那，糞中蛆，腹結能通。　梔白：　你這等說來，竟是叫我吃糞喝尿？　紅白：　你不吃糞喝尿，那有許多藥與你白吃？　梔子好說：　我是真真有點要緊病。　紅白：　你有甚麼要緊病？　梔白：　我不好說得！　紅白：　我曉得了。　唱：　想是你，小便血，要吃小薊；　想是你，害瘙疳，還要土苓。　想是你，害痔瘡，要吃槐角；　想是你，清心肺，還要沙蔘。　你若是，卵胞腫，我有橘核；　你若是，大頭瘟，我有藍根。　梔白：　不是不是！　我是有些腎虛。　紅唱：　你若是，害腎虛，要吃狗腎。　梔白：　你越發罵起我來了！　紅白：　我說的是京話！　唱：　你若是，吃狗腎，壯陽補羸。　梔白：　叫我吃那東西，那叫哪路京話？　你吃罷，我是要吃藥的。　我也不吃你賣的那藥！　紅白：　你為甚麼不吃我賣的那藥？　梔白：　你聽！　唱：　你賣的，不過是，澤蘭葉，通經破血；　不過是，炒蒲黃，止血止崩；　不過是，浮萍草，治你瘙癢；　不過是，桑螵蛸，治你漏精。　白：　我是要吃你身上帶的那藥材呢！　紅白：　老娘身上帶的藥倒也有許多，只要你有錢！　梔白：　你就把你身上帶的那藥說來我聽。　紅唱：　頭帶着，紅花兒，通經破血；　臉搽着，海石粉，墜痰壓驚。　鬢押着，紫稍花，壯陽益腎，耳墜着，石榴墜，止瀉固精。　身帶着，紫降香，破血降逆；　腰繫着，青黛兒，肝火能清。　梔白：　你說你外面帶的藥，說了你那裏面那藥我纔用。　紅白：　我那裏邊藥，你用甚麼？　梔白：　你那裏面藥，我喜你那黑仙茅、蛤蜊皮這兩味藥！　紅娘怒白：　你這孩子，好掏怨。　我與你講的外邊帶的那藥材，我也(昧)〔沒〕賣你那藥！　梔白：　這等說來，你身上好有一比。　紅白：　比作甚麼？　梔白：　我看你，頭髮似烏鴉，簪子是紅花。臉上搽海粉，鬢邊押紫（稍）花。降香身邊掛，石榴墜耳下。青黛兒倒也不差，不差！唱：你好像，牡牛犢，也會說話。頭頂上，反長着，兩犀牛角。紅白：這是怎說？梔白：身材倒也罷了，就是有些脚大。紅娘罵白：好賊火燒的！竟敢說奴的脚大。你沒聽見人家說麼，脚大福也大，陳穀亂芝蔴。梔子笑白：我且問你：唱：那陳穀，碾成米，能治虛瀉；那芝蔴，作成油，會治毒瘡。白：你這脚大，會作甚麼？你說！老丑扮冬瓜上場引：老漢白冬瓜是也。生來能驅煩燥，忽聽街前吵鬧，手拿一根拐杖，出去瞧上一瞧！冬瓜坐白：噯呀！你二人是幹甚麼來的？梔白：我要去請黃醫生，他擋住罵我，不叫我去。紅白：我上黃醫生那裏去賣藥呢，他擋住罵我，不叫我走！冬瓜白：他罵你甚麼來？紅白：你說這東西野不野，他膽敢罵我脚大！冬瓜白：就是這樣罵你的？他說你的脚大，你就該回去纏上一纏。紅娘指冬瓜唱：怪不得，人家都叫你，叫老冬瓜；我看你，好像一個老南瓜，發你瘡根。冬瓜白：你若是，遇冬瓜，解渴利便；你若是，遇南瓜，發你瘡根。倒不如，用猴頭，軟軟足跟；裹小些，叫他當，醒脾王瓜。

紅白：你這老頭子，你越發老混帳了。你就是有瘡膿，孩兒茶、自然銅可增；我並非是久害紅痢的，要你這白頭翁，何必顯能。冬瓜白：你是個，大楓子，耑治疥癩；你並非，白附子，能去遊風。論起來，你兩個，各自滚開；分梨去，止嗽痰，免受熱蒸。再不必到此地，多要胡荽；反惹的，消穀食，痘疹發生。紅白：我今真是晦氣，藥材也未賣了，倒叫他二人放了多少狗屁。罷了，我回去罷！唱：行乳汁，卻毒惡，且回漏蘆；等着我，海南子，逐水還鄉。他先用，玉簪花，取了牙齒；我還要，逐勞熱，揭他龜板。紅娘下，梔子向冬瓜作揖，白：借問老人家，那黃醫生家住那裏？

冬瓜白：那黃醫生是我一個老鄰居，和他的朋友何首烏，同去治瘡去了。

梔白：他會治瘡？你怎曉得？冬瓜白：他作一篇《外科賦》，甚是明通。我雖不能全記，亦曾略記一二。待吾念來你聽：豈無陰疽，亦有陽瘡。腫毒由於外感，輕重關乎內傷。所喜者紅活高腫，可畏者，氣血虛尩。先時解散兮，十全八九；臨時區處兮，反費張惶。腫硬時艾灸為要，潰破後紅昇最良。然僅消陰疽以艾葉，去腐肉以昇丹。又不若兼十全大補氣血而有益；不數日長肌肉而非常。你聽此賦，豈不是治瘡的名手麼？梔白：如今他往那裏去了？冬瓜白：今早他二人說說笑笑，同行而去。我也不知他往那裏去了。梔白：這等說來，我也尋他不見，到不如急速回去。冬瓜白：你且慢行。我對你說，他還有六個兒子，聽我道來！唱：一個兒，叫黃連，能清心火；一個兒，叫黃芩，瀉肺有功。一個兒，叫黃精，大有補益；一個兒，叫黃栢，補瀉腎宮。一個兒，叫黃蠟，磨肝消積；一個兒，叫黃香，拔毒消腫。白：何不請上一位，叫他同你前去？梔白：你老人家那曉，我奉來我爺爺之命，焉敢請他。待我急速回去，見了我家爺爺，再作商議。冬瓜白：既然如此，這等說來，是正道理。老漢就失陪了。冬瓜下，梔子白：罷了，我回去罷！唱：急的我，兩腿酸，難以存站；速使個，鑽地楓，健步前行。用松節，吃虎脛，兩腿加力；跑的我，兩腿疼，還要海桐。我回去，尋木香，快快膈氣；我還要，拔茄根，治我脚疼。白：來到了！唱：我進去，麥門冬，止嗽解煩；且坐在，青礞石，定痰喘。甘草白：噯！這奴才，他也不來了。草坐，見白：梔子，你回來了。你請那黃醫生呢？梔白：那黃醫生正是興隆之時，小人尋他不見。甘草笑白：哈哈！到也虧不來，既省下幾頓飯，又省下許多錢。

梔子白：這是怎麼說？甘草告白：梔子，那日自從你姑爺來到咱府，你姑娘的病也就全愈。今日拜過堂了。梔白：這等說來，我姑爺的藥方比那黃醫生的藥方還妙！草白：胡說！正是：人逢喜事精神爽。梔子對白：蜂採花心分外香。甘草怒白：打嘴！梔白：是、是該打嘴！

第八回　金釵遺禍

石斛上場引：暫屈鳳鸞棲枳棘。菊花上引：終騰梟鶴上雲霄。

石斛坐白：小姐，今逢大比之年，吾想上京赴試，求取功名。只是意尚未決。聞聽人說，鬧陽市有一決明先生，甚是靈驗，吾有心卜得一課，不知小姐意下如何？菊白：任憑相公！斛白：既是這說，小姐請回，待我前去便了。唱：因為這，功名事，未知可否；吾要求，益智子，縮便固精。來到了，滑石街，行行小便；再上那，鬧陽市，去會決明。石斛下，決明上場引：位列上中下，才分天地人。五行生父子，八卦定君臣。吾乃草決明是也。自幼令治眼疾，也會卜周易，人將吾草字不提，皆稱決明先生。今在大街賣卦，便將招牌掛出去，賺幾個接骨的古錢也就罷了。唱：我今日，掛招牌，原非五味，問卜的，他來到，豈是白前。　決明坐下，石斛上場引：　是吾往前正走，那壁廂有招牌一面，待吾看來！　決明堂能卜周易，兼治眼疾。想必就是決明先生了。待我問他一聲：　你可是決明先生麼？　決明笑答：豈敢！　就是小弟。請坐敘話。相公來此為着何事？　斛白：　小弟原為功名之事。　決明答：　待我與你卜來。　石斛搖錢畢，決明裝卦，看白：呀！　原是凶卦。相公你不久就有殺身之禍，還問甚麼功名。　斛白：　先生還要細看。　決明白：　待我再看變卦如何。　決明又叫石斛搖錢，次看卦白：　這變卦裏雖有逢凶化吉，總有惡毒纏身。不成卦！　斛白：　這是先生卦禮。　決明白：　卦禮不要，請回。　斛白：　請了。唱：　忽聽說，決明子，立斷凶卦；　到叫我，為功名，疑病復生。我是想，用黑豆，滋陰和血，誰知道，痔漏發，還要瓦松。唬的我，神不定，去尋小草；　少不得，養心血，還要歸身。　石斛下，決明白：　噯！　三天未曾發市，今日又遇此卦，敗興！　敗興！　待我將招牌摘下，耑治眼疾去罷！　唱：　無論這風火眼，吾皆能治；　他就是，有雲翳，我也能攻。白：　再不賣卦了。　決明下，石斛上：　今天占卦，好不幸。小姐哪裏？　菊白：　相公回來了。你占得卦可吉可凶？　斛白：　是吾占了一課，甚是不祥。這功名事兒，吾也就心淡了。　菊唱：　相公呀，你若想，折桂枝，調榮養衛；　還要你，有遠志，益智安神。休聽那，決明子，胡言亂語；　纔顯你，炙升麻，提氣上昇。白：　奴想你，這功名，乃為大事；　還得與爹爹知道，商議纔是。有請爹爹！　甘草上引：　芙蓉花遂時開放，消腫毒四季平安。白：　請老夫有何話說？　斛白：　今逢大比之年，小婿有心赴考，不敢自專，只得上稟。　草白：　賢婿有此遠志，老夫也不留行。　斛白：　只是小婿在大街上占了一課，甚是不祥。　草白：　賢婿你沒聽見人家說：　算卦的口，無量的斗。俱是胡說，不必聽他。梔子哪裏？　梔應：　有！　草白：　你姑爺要上京赴考，準備弓馬行囊，即隨你姑爺前去。　梔應：　曉得！　梔下，草白：　賢婿穩坐草堂，老夫還有囑託。唱：　聖天子，開科選，你今前去；　到路上，節飲食，起居須防。你吃些，白蜂蜜，解熱潤燥；　帶上些，枳椇子，能治酒傷。吃上些，紅棗肉，益脾和胃；　取上些，大麥芽，消食潤腸。住店時，要明目，沙苑適當。無人處，免驚搐，壯你熊膽。　菊花苾起，背通唱：　忽聽說，備弓馬，射干前去；　要防那，咽腫閉，風火毒纏。奴有心，用菊酒，將他留餞；　真果是，花纔放，不敢胡言。白：　相公你往這裏來。　金石斛進前，介問白：你說甚麼？　菊花白，西江月：　相公要赴選，奴家豈肯留連。特贈你金釵一件，時時佩帶身邊。茅店逼除惡夢，荒郊鎮壓驚顛。盼情郎氣爽神清，定赴那瓊林聖宴。　斛白：　多謝小姐美意！　金石斛轉回，甘草白：　賢婿請坐。　梔白：　稟老爺，弓馬行囊，俱以齊備。　石斛作揖白：　小婿拜別！　甘白：　送賢婿！　斛白：　岳父請回罷！　石斛上馬，梔子跟下。菊花、甘草轉回，白：　你看賢婿，壯懷忽奮淩雲志。　菊對：　大勇還裕厚朴材。　草白：　丹桂高攀臨帝闕。　菊對：　青雲獨步上天台。　草白：　好一個青雲獨步上天台。隨我來。　菊花、甘草同下。　陀僧扮店主上場，引：　生就狼毒心腸，但治瘡濕客商。暗用些信石，下在壺腹，管叫命喪黃泉。白：　吾乃彌陀僧是也。自從姑子庵，把梔子害了，我與慈姑，逃在外邊，無處安身。改名換姓，在此開了黑店一座。今日天色已晚，我不免出去瞭望一回。　陀僧出門介，石斛、梔子仝上，石斛唱：　離桑梓，到中途，水火風濕；　霎時間，日墜落，兩腿發酸。白：　梔子，上前去問，此處可有店房無有？　梔白：　曉得！　問介：　此處可有店房麼？　僧白：　老客莫非是要投宿？　梔答：　正是！　僧白：　請進來，就到上房安歇。　石斛、梔子仝進。陀僧問介：　相公你可用甚麼飯？　斛白：　飯已用過，只是要那來明燈一盞。　僧白：　小夥計們，拏燈來！　相公，這是明燈一盞，內有燈心數寸。既是清心，又能利水。二位走路多乏，你們歇歇罷！　斛白：　店主請回！　僧出門時說：　噯喲！　我看那位相公，身帶金釵，怎麼得到我的手纔好？　但等二更時候，私下自進店房，將那位隨使和相公他二人，一刀兩斷，將他殺死，金釵、行囊，何愁不到我的手？　就是這番主意。　僧下，梔白：　姑爺，我看那個店主，好像是那彌陀僧。他秉性最毒，必有歹意。姑爺務必大加小心，好好防備。　斛白：　你不必驚慌，我自有主意。歇歇罷！　鼓打一更，金石斛唱：　忽然間想起了，眾位朋友。有一個楮實子，壯腎明目；　有一個，叫青鹽，也壯腎宮。還有那，青葙子，除風退翳；　石決明，理內障，並治瘡癰。眾兄弟，到圍場，爭光奪目；　准定要，顯奇能，又見精功。　陀僧聽鼓打二更，暗暗上場，白：　忽聽譙樓上，鼓已打二更，想他一定睡熟，待我取短刀一把，上前動手便了。　陀僧聽將門撥開，進門上前，用刀動手，白：　招刀！　石斛閃過，將刀奪住，二人相打。陀僧跑下。石斛趕上。梔子跑上，白：不好了！當真有賊，待我躲避纔好！吾就快去店後，尋他蜂房。若有葱白佳人，必然見愛。叫他與我溫洗溫洗。待賊風消除，吾再出去。　梔子跑下，慈姑扮娼婦上場：噯！自從那日來了一個吃狗腎的嫖客，放着前門不走，他將我後門闖開。闖的我腸風下血，不一時就便了兩次。須得些槐花治治纔好！待吾尋上一尋。　梔子跑上，看見蜂房，白：怎麼這座房內，門只半開，燈尚未熄，想必就是蜂房。要避賊風，待我進去。　姑白：你是甚麼人？快忙與我出去。你若不肯出去，我就喊叫。　梔子揪住慈姑，怒白：你若喊叫，我有短刀，一刀一定把你一片一片，將你切切斯子，怡怡如也。吾且問你，那店主他是誰？快說實話。不說實話，你看我那東西，要你的狗命。　慈姑驚白：他、他、他是彌陀僧。梔子怒白：你是何人？　慈姑怕白：我、我、我是山慈姑。　梔子怒白：好！好雜種。你這禿賊，你這禿養漢的禿屄！你兩個前者在姑子庵，你兩個幾乎把我傷害，又想在這裏害我。你這禿屄老婆，那裏走，吃我這一刀。吾既將慈姑殺死，就是那禿彌陀僧，也難逃姑爺之手。待吾急速去看。　梔子跑下，陀僧跑出去，在高阜處，大大喊聲，叫白：眾夥計快來！

眾答：那裏使用？　僧白：咱店住的那個虻蟲，破血消癥，甚是利害。大家動手，與我打了。　石斛跑上，用刀砍來：招打！　石斛將他眾夥計打死，急(忙)跑上尋陀僧。僧白：不好了！他將我眾夥計打死，吾到那裏去藏藏。有了，我有帽子一頂，人皆稱為團魚蓋，能破血消癥。待我藏在裏面。　梔子跑上，聽見罵白：哇！你就藏在你的娘腹皮裏面，也要將你尋出。要想獨活，萬萬不能。　陀僧用刀砍來：招刀！　梔子閃過，大聲叫白：姑爺快來。　石斛跑上，與陀僧相打，即將陀僧揪住，倒在地，白：你這禿驢，你這惡僧，爺爺將你這禿雜種生擒活捉，那容分說，打碎你下油鍋去罷。　石斛將陀僧打死，梔子白：咱既把人傷害，就該急速逃走。到京倘得一官半職，此等罪案，方可消滅。　斛白：既是這樣，快牽馬來。　金石斛上馬白：今朝脫去金釣禍，他日還沾玉璽恩。快走快走！

第九回：　番鱉造反

大花面扮番木鱉上場，舞介白：哦呀！　哦呀！　吾乃閤方御駙馬番木鱉是也！　生來秉性最毒，且又有力無窮。今在西番招為駙馬，改名又叫馬前子。父王命我領定人馬，反進中原，使出毒氣，俱叫吐倒而亡。天開黃道，正好行程。小番兒，帶馬前去。　番木鱉領兵齊下。老丑扮飴糖急跑上，白：呀！不好了。唱：我飴糖，能建中，大有補益；不料我，年高邁，也遇災殃。番鱉子，造了反，不久就到；嚇的我，稀屎病，還要枯礬。白：快跑快跑！　老丑扮瓦楞子上場迎住，白：老人家，慌慌張張，所為何事？

糖白：瓦楞子，你這孩子，只顧與人家破血消癥，你那曉番木鱉造反，不久就到了。不好了，腹內作响，我要出恭。　飴糖跑下，瓦楞子唱：忽聽的，老飴糖，報了一聲；驚的我，痰火甚，去尋南星！還有些，氣不順，蘇梗須用；再用些，荔枝核，速治疝疼。白：吾想那，水紅花，他子幼母孀，是我一個老鄰居。我何不叫他知道，也叫他急速逃命。來此既是，快忙開門！快忙開門！　正旦扮水紅花，小生扮紅花子，仝上開門，白：嫂嫂，是誰叫門？　瓦楞子白：嫂嫂，不好了，番木鱉造反，不久就到了，你母子還不逃命麼？　瓦楞子跑下，水紅花哭唱：吓的我，水紅花，魂飛魄散。龍齒兒，定驚癇，也是枉然。叫吾子，你慢慢，將我扶住；省得那，蘇合香，理厥化痰。咱今日，無熟地，難以逃命；倒叫娘，眼發紅，淚珠不乾。你娘舅，雖然會，烏鬚黑髮；也是個，沒食子，家內貧寒。哭白：這該怎麼樣？　有了！唱：忽想起，那阿魏，是你仁叔；他也會，化痞疾，權度時光。咱母子，快忙走，投他前去；你與他，同化痞，纔把兒安。你若是，煩渴了，還要知母；再休想，貝母性，去化燥痰。白：我兒！　拉着紅花子，白：拉手隨娘來，快走！　二人同下。石斛扮武將上場，大舞，白：聖德醍醐天寵握，王言綸綍國恩多。末將金石斛，今因逢大比之年，上京赴選，行至中途，吾將店主殺死，逃命京都，得武進士，高中第一名。聖上將我分發四川錦將軍帳下聽用。今日元帥升帳，只得在此伺候。　黃扮大將軍上場，引：君恩多雨露，臣第壯風雲。坐，詩：勇力剛強氣象毫，皇恩錫爵樹旗飄。通瘀破結功勞大，身着黃裳拜聖朝。白：吾乃四川大將軍，姓錦名裝黃，外號大黃是也。聖天子因我有蕩滌邪寇之力，並除惡積之能，封吾為四川大將軍是也。中原地界，少有不寧。我東擋西除，南征北戰，決不肯有少為惜力。今坐大帳，帥字旗無風自動，必有軍情大事！　報子上白：一心忙似箭，兩足快如風。報子告進！　報子進見，叩白：元帥在上，報子叩頭！　將軍問白：有何軍情？　報子叩稟：啟上元帥，番木鱉造反，領定人馬，反進中原。大將軍白：下去再探。好反賊。唱：他竟敢，學螃蟹，橫行散血；豈知我，配生肌，要剖蟹黃。他就是，刺蝟皮，能除痔漏；也叫他，尋象皮，去治刀傷。殺了這，鷄頭子，固精有效；省得他，眼亂了，還要枯礬。白：金石斛聽令！命你前戰先鋒，速傳四營兵將聽點！ 斛白：得令！ 前營火兵聽點！ 火兵齊應。將軍點名：石硫黃！ 應：有！ 軍唱：你速去，用烈火，燒他胃腹；馬牙硝，引鬱火，也有奇能。 石斛傳令：南川烏！ 應：有！ 軍唱：你速去，燒寒痹，兼治風濕；有一個雷火針，也治腿疼。 石斛傳令：後營水兵聽點！ 水兵齊應。將軍點名：商陸！ 應：有！ 軍唱：你速去，開水積，決一死戰；戰的他，水氣喘，葶藶當先。 金石斛傳令：牽牛子！ 應：有！ 軍唱：你速去，逐水府，二便齊下；拿住他，冬葵子，破血通關。 石斛傳令：左營弓箭手聽令！ 弓箭手齊應。將軍點名：皂角刺！ 應：有！ 軍唱：你速去，透膿毒，治他腫硬；多帶些，鬼箭羽，殺這邪蟲。 石斛傳令：蕤仁子！ 應：有！ 軍唱：還要你，有準頭，治他眼腫；他若是，癲狂了，快用鐵漿。 石斛傳令：右營押糧兵聽令！ 押糧兵齊應。將軍點名：禹餘糧！ 應：有！ 軍唱：你速去，運糧草，提防濕處；多運些，薏苡仁，健脾濕痊。 石斛傳令：馬齒莧聽令！ 應：有！ 軍唱：還要你，塗癰腫，謹防賊火；路途上，水不利，快尋木通。 將軍點名：副將枳實！ 應：有！ 聽點：副將芒硝！ 應：有！ 〔金石斛〕：先鋒官，今將人馬點齊，轅門外放炮起營。 放炮三聲，人馬齊下，復後眾將白：稟元帥！此地已離賊營不遠了。 將軍令白：一擁殺上前去！ 番木鱉迎住，白：你這黃臉小兒，見了駙馬爺，就該早早下馬，前來投降。 將軍怒白：滿口胡說！想是你邪熱太甚，枳實、芒硝聽令！ 二馬連環，一齊攻下！ 合戰二將，木鱉敗走。將軍趕去，木鱉跑下，又上場，白：黃臉小兒甚是驍勇，不來追趕就罷，若來追趕，急將石燕子使出，打的他破血墜胎。 將軍與眾將趕上，木鱉使出石燕，將軍敗，白：好個反賊！竟敢使石燕飛來，打我兵將！ 待吾請天雄神將！ 將軍持劍作法，咒白：天雄赴壇！ 大花面扮天雄上場白：法師請了牒文相召，有何見諭？ 將軍上白：天軍那曉，番木鱉使出石燕，從空飛來，將兵受打，因此纔請尊神下降到來，放出烈火，將他燒碎！ 天雄應白：遵法咒語！ 天雄看見石燕子，白：果是石燕子飛打。豈知你天雄爺，性如烈火。待我急速將寶貝使出。 千百個石燕從空飛來，落皆死。天雄回稟：啟上法師！千百石燕，全被我用烈火燒死！ 將軍謝白：有勞天軍了。叩謝尊神，請回。眾將趕上前去。 將軍領眾將趕去。番木鱉急跑上，白：黃臉小兒，竟將吾的寶貝破了。那曉吾還有硇砂筒一個。一陣風布列空中，就如大雪一般。吹入眼內，管叫他俱成瞽目。吾就急速將東西使出便了！ 番鱉念咒作法，將軍領兵追上，白：反賊又使邪術，快忙收兵。 將軍敗下。小番白：啟上駙馬爺，大黃人馬，俱皆掩目敗走！ 番木鱉白：敗將莫追，收兵回營！ 番鱉收兵下，將軍跑上，下馬白：好惱好惱！可恨可恨！ 先鋒官白：稟元帥，眾將不知受了什麼毒，二千餘人俱皆瞎眼，耳旁俱聽啼哭之聲。 將軍驚白：呀！不好了！唱：我實想，用柿蒂，降逆止呃。誰知道，旱蓮草，也會烏須。他要害，休息痢，叫我難治；得一個，鴨蛋子，纔保無虞。白：這該怎樣？ 先鋒官白：啟上元帥！山西汾州府平和村，有一甘草。他能解百毒，也會眼科。元帥修本奏與聖上，召他速到陣前作為參謀。番木鱉縱有甚麼樣多大惡毒，見了甘草，諸位各樣百毒，俱能解散，他也就投降而順了。 將軍令白：罷了！若是顛頂疼痛，少不了還要藁本。你就差人去請甘草。下令傳眾將，各歸隊歇馬。 眾將全下，將軍詩白：賊炮如雷夜幾千，由他霹靂响震天。心堅不為虛驚恐，吩咐三軍且自眠。 大將軍下，石斛上白：元帥修本，待我修書便了。 修書寫畢，吩咐梔子：梔子快來。 梔子上白：小人伺候。石斛吩咐：這是書字一封，回到太原府汾州，送至甘府，呈上你爺爺開閱就明白了。你星夜奔走，速去快來。 梔應：曉得！ 梔子收書下，金石斛白：時事急需有緣投，十年磨劍試，軍國方有難，也須萬里覓封侯。

第十回：甘草和國

梔子上場引：昔日曾為莨菪子，今朝始得大茴香。能治疝氣疼痛症，莨菪蟲牙也最良。白：吾乃梔子便是。我姑爺叫我去上太原汾州，與我甘爺爺下書。奉命我即星夜奔走便了。唱：我姑爺，他叫我，快忙前去；好像似，荊芥穗，催毒去風。好像那，兔腦丸，催胎立下；兩腿足，害風痛，去尋荊芥。跑的我，肺喘了，蛤蚧須用；使的我，勞火甚，秋石也行。白：快走快走！來到了平和村，吾家門首了。門首那裏去了？待我問他一問：眾位請了！那座是我的甘府門首？ 眾人答白：哈哈！你不是梔子麽？前面就是你家，你連你自家門首都不認的。你是真渾蛋，可治赤遊毒，難找這渾蛋！可笑可笑！　梔白：衆人你說這個話，有些大便不通。那曉我梔子，小便就是一點也不通。我原是因反賊吓的，把自家門首也摸不着了。罷了！我進去罷。爺爺快來！　甘草上白：梔子你回來了麽。你自己回來，你姑爺呢？　梔白：俺姑爺有書呈上。　草白：呈來老夫一觀。　甘草觀書畢白：原是你姑爺到京高中，遂即奉差出征，不幸軍前有難。我且問你，那反賊可是甚模樣？　梔白：爺爺聽來！唱：生就的，銅青面，能醫爛眼；長就的，紅蓮鬚，還補遺精。帶一頂，白鷄冠，能治白帶；穿一件，猪蹄甲，痔漏有功。身跨着，橘紅馬，化痰止嗽；手舉着，大戟斧，要把水攻。　草白：這等可惡！快請你姑娘出堂！　梔子進白：有請姑娘！　菊花上唱：只見那，並頭蓮，花花娟娟；香風來，撲奴鼻，惹動心猿。想金釵，不能見，椿堂又喚；想必是，折桂枝，衣錦還鄉。　菊花進見，拜白：爹爹，喚女兒有何話說？　甘草白：女兒那曉得！唱：我門婿，占鰲頭，軍前書到；番木鱉，不投降，叫我和番。我想那，反賊兒，有何可用；不過是，草蘆薈，能治蟲疳。他本是，巨勝子，大補精血；他竟敢，瀉肝火，要吃龍膽。他惹的，乾地龍，下清火熱；纔叫他，扒山虎，治他腿傷。　菊花唱：爹爹呀！你如今，年高邁，精神短少；豈像那，大力實，能治喉疼；豈像那，茺蔚子，明目有用；豈像那，土螻蛄，耳可不聾。他就是，毒藜蘆，叫人吐倒；該使個，青盲人，吸他(谷)〔穀〕精。叫爹爹，去和番，已屬不可；為甚麽，使君子，也去殺蟲！　草白：女兒那曉！我賢婿現在軍營。唱：他好像，魚骨兒，鯁在喉內；必得個，橄欖核，纔保無恙。　菊白：爹爹既然要去，路上雖要多加小心。　草白：女兒不必多慮。還要女兒在家，謹守門戶。老夫即便起程。　菊白：送爹爹！　草白：女兒回避了罷！　梔子、甘草下，菊花轉回唱：㗇喲！今有這，老荷葉，游魚戲水；想是他，欲助胃，還要升陽。惹的奴，蓮子心，煩渴須解；等着他，馬勃回，毒熱纔涼。叫木香，來與我，將門關上！　菊花、木香下，甘草、梔子上，唱：渡汾河，出潼關，虔心前去；盡是些，百草林，樹木叢叢。我見那，透骨草，除風去濕；山茱萸，補肝臟，也固腎精。聞着那，排香草，撲鼻可愛；還有那，翻白草，洗痔消癰。爐甘石，點眼疾，大有奇效；老鸛草，治腿疼，要去成功。　梔子白：爺爺你看，那路途上，那手推藥丸的，他是甚麽人？　草白：梔子那曉！他名叫蜣螂，外號屎蜣螂，能以殺蟲，又能通腸，又好用藥丸保養，故此天天用力推丸，不顧早晚吞服。　梔答：哈哈！他吃丸藥吃的黑胖黑胖的。爺爺，你看那大肚漢子，身架絲羅好像一個有錢的，他又是甚麽人？　草白：他名叫蜘蛛，最是個不好的。憑空起事，好吃飛食。就是蝎螫難堪，他也要(咬咀)〔使嘴〕吸吸。　梔白：就叫他與我吸吸！　草白：閒話莫講，快忙前去。快走快走！　唱：咱今日，抖精神，快忙走到；會一會，番鱉子，纔免禍緣。我若是，壯大力，將他挐住；定然要，剝去皮，還要油煎。　梔子稟介：稟姑爺！我家甘爺爺到了！　斛白：待我出去迎接！　斛出迎，作揖介：岳父來了！有請！　石斛、甘草仝上介，白：岳父在上，小婿拜揖！　草白：多慮！　斛白：遠路迢迢，有勞岳父。　草白：老夫一生平和，不會廝殺，有辱了罷？　斛白：岳父暫且歇息，小婿自有主意便了。　石斛下。將軍上場，白：興兵自愧無長算，失了虎威坐帳嘆。勝敗軍家之常事，要把前事差進瀚。將軍笑白：番木鱉造反，前在兩軍陣前，我國受毒的兵將，卻是不少。數十餘人。本帥日夜憂慮，着先鋒官，命使臣差人去請甘草。到如今尚未回音，好不煩悶人也。唱：恨不得，到天上，摘下南星；竟把我，風痰去，胸膈纔清。今有這代赭石，鎮肝降逆；也顯我，威靈仙，大難消平。石斛進帳稟介：啟稟元帥！甘草已到。　將軍令白：快忙急速有請！　小兵叩請甘草先生，將令請：將令迎接！　甘草白：賢婿頭行！　草通介白：元帥在上，甘草叩見！　將軍喜白：請起，坐了敘話。　甘草作揖禮白：謝坐了。元帥招我，有何見教？　將軍訴白：先生請聽：番木鱉造反，不知使的甚麽毒物，忽然傾出一陣風來，佈的如打雷一般。吹入眼內，俱成瞽目。　草白：元帥不知，西番慣出硇砂，雖能去翳，又能消爛肉，必是使的此物作祟。這是空青數枚，速散軍中，用此一點，急便開明。　將軍喜白：先生可謂國手無雙也。他若再用此物，先生何以擋之？　草白：元帥聽來！唱：他若是，使硇砂，再來作祟；吾還有，青風藤，慣會去風。一陣風，將硇砂，吹入雲內；管叫他，撥雲翳，有吉無凶。　軍白：他若不肯投降，如之奈何？　草白：元帥，他若是，氣血滯，叫他腹痛；我還有，索一條，名叫元胡。理氣血，吾竭力，將索使出；管叫他，來歸順，橫逆全無。　軍白：先生即有如此這樣奇妙之方，先鋒官進帳聽令！　軍唱：　命先鋒，領將令，寄生前去。傳將官，速上馬，闖進番營。　番鱉子白：　你這瞎眼小兒，又來睜眼說話。想是你們用何物，又將吾的寶貝破了，吾再使出硇砂，看你何以擋之。　草白：　好個反賊，又用硇砂作祟！豈知你甘爺爺有青風藤，慣能去風。一陣風，將硇砂，搧入雲中。　番鱉問白：　你是甚麼人，竟敢破我法術！　甘草答白：　你爺爺甘草是也。　番鱉驚白：　小兒快忙收兵！　番鱉跑下，眾將喊白：　啟上元帥，番鱉這賊敗走了！　將軍白：　隨後追趕！　將軍追下。鱉跑上，白：　呀！　不好了！　唱：　有甘草，解百毒，名傳天下；　又有那，大將軍，叫我怎當！　總不如，寫降表，趕早投順。就叫我，去壯力，這也何妨！　將軍趕上，白：　你這反賊，哪裏走！　番鱉下馬，白：　元帥不必動手，這是降書順表，代進天朝，請功受賞去罷！　將軍接表，白：　待我看來！　將軍念表：　伏維番臣，生長外邦，荷蒙中國之化，秉性毒惡；　又少平和之養，所以草木無知。擅出地界，犬馬猖獗；　偶犯天威，雖勿益人益力。臣有片長，亦不過與鶯爪為偶，助人猛浪之力。與士子同伴，益人筋骨之傷。豈若白魚鰾理筋，自然銅接骨，續斷續筋而有益；　血竭，兒茶續傷，疼痛立止。此法最良。臣今投降歸順，伏求望將軍寬恩。番臣自此，年年進貢，歲歲來朝。持此上旨，謹具化押。　將軍看表畢，白：　罷了，饒你鱉命！　回朝降表，呈與聖上便了。

將軍下，皇帝上場，引：　百般藥性全都嘗，冠冕堂皇坐朝綱。朕神農皇帝是也。前者錦將軍有本奏上，番木鱉反進中原，他與金石斛帶兵征討，甘草作為參謀，〔吾想此種惡毒，既〕有金石斛與錦將軍為之推蕩，又有甘草和解，凱歌捷報，不久就要還朝。　黃門官白：　當今旨下，有事出班早奏，無事捲簾退朝。　將軍進朝上本：　臣莊黃錦文軍見駕！　有本奏上！　將軍奏白：　啟奏我主，那反賊聞見甘草，即寫降表，逃命而去。臣將降表呈上。皇帝答白：　待朕一觀。皇帝看畢，笑白：　果然如此。必真是韜略貫胸中，別有奇謀能濟功。威名顯外國，不用動戰自成功。朕心大喜，就宣甘草上殿！　將軍傳旨：　旨下！　甘草上殿！　甘草上殿，白：　臣甘草見駕！

皇帝封曰：　甘草聽旨！　朕念你和解有功，封為國老，帶旨還鄉。　甘草叩謝皇恩：　謝主龍恩！　皇帝又詔下旨：　錦將軍聽封。　錦將軍上跑，皇帝封曰：　朕因卿討賊不惜餘力，真為汗馬功勞第一，奪關斬將，蓋世無雙。朕龍心大喜，封為世襲大將軍，領旨四川鎮守。　將軍叩白：　謝主龍恩！　甘草、將軍下，皇帝詔金石斛上殿：　將軍傳旨，命金石斛上殿！將軍傳旨：　金石斛聽封！　斛上跪白：　臣金石斛有本奏上！　皇帝答曰：　啟奏上來！　石斛奏白：　臣大比之年，上京赴考，不幸中途住一黑店。臣自帶金釵，那店主彌陀僧，見臣身帶金釵，見財起意，當起不良之心。是臣將伊殺死，打碎下油鍋熬膏去了。　皇帝答曰：　金石斛聽封！　朕因你治亂有功，將功折罪，封為守備之職，隨錦將軍帳下聽用，如遇太平，與你兩件公事，平胃助腎，不得有違！　石斛叩頭曰：　謝主龍恩！　皇帝退位回宮，站曰：　朕坐江山萬萬春，多虧文武百官臣。嘗草為孤萬民命，教民稼穡耦日耕。百草能救萬民病，五味五色分五行。稻粱黍秫麥菽稷，五穀豐登享太平！　得病雖殊各有因，良醫辛苦費心情。漫將起死回生手，化作微歌解悶人。　草木無知成幻相，靈丹有濟盡陽春。他年演出梨園隊，舉世應無不療人。

雜錄

《史記・秦始皇本紀》　丞相李斯曰：【略】臣請史官非秦記皆燒之。非博士官所職，天下敢有藏《詩》、《書》、百家語者，悉詣守、尉雜燒之。有敢偶語《詩》《書》者棄市。以古非今者族。吏見知不舉者與同罪。令下三十日不燒，黥為城旦。所不去者，醫藥卜筮種樹之書。若欲有學法令，以吏為師。制曰：　可。

《史記・貨殖列傳》　醫方諸食技術之人，焦神極能，為重糈也。

《後漢書・鄧寇列傳》　羌胡俗恥病死，每病臨困，輒以刃自刺。訓聞有困疾者，輒拘持縛束，不與兵刃，使醫藥療之，愈者非一，小大莫不感悅。

晉・葛洪《抱朴子內篇》卷五《至理》　抱朴子曰：　召魂小丹三使之丸，及五英八石小小之藥，或立消堅冰，或入水自浮，能斷絕鬼神，禳却虎豹，破積聚於腑臟，追二豎於膏肓，起猝死於委尸，返驚魂於既逝。夫此皆凡藥也，猶能令已死者復生，則彼上藥也，何為不能令生者不死乎？　越人救虢太子於既殞，胡醫活絕氣之蘇武，淳于能解顱以理腦，元化能刳腹以滌胃，文摯愆期以瘳危困，仲景穿胸以納赤餅。此醫家之薄技，猶能若是，豈況神仙之道，何所不為？夫人所以死者，諸欲所損也，老也，百病所害也，毒惡所中也，邪氣所傷也，風冷所犯也。今導引行氣，還精補腦，食飲有度，興居有節，將服藥物，思神守一，柱天禁戒，帶佩符印，傷生之徒，一切遠之，如此則通，可以免此六害。今醫家通明腎氣之丸，內補五絡之散，骨填枸杞之煎，黃耆建中之湯，將服之者，皆致肥丁。漆葉青蓁，凡弊之草，樊阿服之，得壽二百歲，而耳目聰明，猶能持鍼以治病。此近代之實事，良史所記注者也。

又云：有吳普者，徒華陀受五禽之戲，以代導引，猶得百餘歲。此皆藥術之至淺，尚能如此，況於用其妙者耶？今語俗人云：理中四順，可以救霍亂，款冬、紫(苑)〔菀〕，可以治欬逆，萑蘆、貫眾之煞九蟲，當歸、芍藥之止絞痛，秦膠、獨活之除八風，菖蒲、乾薑之止痹濕，菟絲、蓯蓉之補虛乏，甘遂、葶藶之逐痰癖，栝樓、黃連之愈消渴，薺苨、甘草之解百毒，蘆茹益熱之護眾創，麻黃、大青之主傷寒，俗人猶謂不然也，寧煞生請福，分著問祟，不肯信良醫之攻病，反用巫史之紛若，況乎告之以金丹可以度世，芝英可以延年哉？

宋·不著撰人《宋大詔令集》卷一三七　皮場土地制建中靖國元年六月戊午　敕，皮場土地，人神之分異矣。傳稱以道涖天下，則其效至於神不傷人，爾神非特不傷人而已。瘍醫之所難療者，又能愈之，以顯濟于一方。朕咸秩無文，肆及遐外，而況都邑之內靈貺若此者乎。爰視侯封，褒錫美號，益隆初惠，以助吾仁。可特封靈貺侯。

皮場土地封靈貺公制中書省奉聖旨：皮場土地靈貺侯以灰藥救疾，所療輒愈，尚居侯列，未稱其神，可封以公爵。

宋·陸遊《老學庵筆記》卷七　趙相挺之使虜，方盛寒，在殿上。虜主忽顧挺之耳，愕然急呼小胡指示之，蓋閹也。俄持一小玉合子至，合中有藥，色正典，塗挺之兩耳周匝而去，其熱如火。既出殿門，主客者揖賀曰：大使耳若用藥遲，且拆裂缺落，甚則全耳皆墜而無血。扣其玉合中藥為何物，乃不肯言，但云：此藥市中亦有之，價甚貴，方匕直錢數千。某輩早朝遇極寒，即塗少許。吏卒輩則別有藥，以狐溺調塗之，亦效。

宋·周密《癸辛雜識》續集下　相憐草　又云：彼之山中產相憐草，媚藥也。或有所矚，密以草少許擲之，草心著其身不脫，彼必將從而不捨。嘗得試輒驗，後為徐有功取去。

宋·張杲《醫說》卷二　《本草》黑白字　滕元發云：一善醫，惟取《本草》白字藥用之多驗。蘇子容云：黑字者，是後漢人益之。【略】

誤注《本草》　張文潛好食蟹，晚苦風痺。然嗜蟹如故，至剔其肉滿貯巨栝而食之，嘗作詩云：世言蟹毒甚，過食風乃乘。風淫為末疾，能敗股與肱。我讀《本草》書，美惡未有憑。筋絕不可理，蟹續牢如絙。骨萎用蟹補，可使無崩騫。凡風待火出，熱甚風迺騰。中言若遇蟹，其快如霜冰。俗傳未必妄，但恐殊愛憎。《本草》起東漢，要之出賢能。雖失諒不遠，堯跖終殊稱。書生自信書，俚說徒營營。文潛為此詩，殆嗜蟹之僻而為之辯耶，抑真信《本草》也。如河豚之目，并其子凡血，皆有毒，食者每剔去之，其肉則洗滌數十過，俟色如雪，方敢烹，故梅聖俞詩云：烹炰苟失所，入喉為鏌鋣。而《大觀本草》乃云：河豚性溫，無毒。所謂注《本草》誤而能殺人者，殆此類耶。

宋·張杲《醫說》卷六　治蠱毒　嘉祐中范吏部道為福州守，日揭一方於石，云凡中蠱毒，無論年代遠近，但煮一鴨卵，插銀釵於內，併噙之，約一食頃，取見釵卵俱黑，即中毒也。其方用五倍子二兩，硫黃末一錢，甘草三寸，一半炮出火毒，一半生，丁香、木香、麝香各十文，輕粉三文，糯米二十粒，共八味，瓶內水十分煎取七，候藥面生皺皮為熟，絹濾去滓，通口服。病人平正仰臥，令頭高，覺腹中有物衝心者，三即不得動，若出，以盆桶盛之，如魚鰾之類，乃是惡物，吐罷，飲茶一盞，瀉亦無妨，旋煮白粥補。忌生冷、油膩、鮓醬。十日後服解毒圓三兩丸，經旬平復。丁、木、麝三香價，嘉祐中十文，今言之數倍乃可爾《類編》【略】。

解蠱毒呪并方　頃有朝官與一高僧西遊，道由歸峽程頓荒遠，日過中餒甚。抵小村舍，聞其家畜蠱，而勢必就食，去住未判。僧曰：吾有神呪，可無憂也。食至，僧閉目誦持，俄見小蜘蛛延緣盌吻。僧曰速殺之，於是竟食無所損。其呪曰：姑蘇啄摩耶啄，吾知蠱毒生四角，父是穹窿窮，母是舍耶女，眷屬百萬千，吾今悉知汝，摩訶薩，摩訶。是時同行者，競傳其本，所至無恙。別傳解毒方，用豆豉七粒，巴豆去皮二粒，入百草霜，一處研細，滴水丸菉豆大，以茅香湯吞下七丸。又泉州一僧治金蠶毒，云：才覺中毒，先吮白礬，味甘而不澁，次嚼生豆，不腥者是也。但取石榴根皮，煎汁飲之，即吐出活蟲，無不立愈。李晦之云：以白礬(茶)〔搽〕牙，擣為末，冷水服，凡一切毒皆可治。併載於此，以貽後人《辛志》。

宋·張杲《醫說》卷七　被毒蛇傷　有人被毒蛇傷，良久已昏困。有老僧以酒調藥二錢，灌之遂甦，及以藥滓塗咬處，良久復灌二錢，其苦皆去。問之乃五靈脂一兩、雄黃半兩，為末爾。有中其毒者，用之無不驗《本草衍義》。

宋・張杲《醫說》卷八

用藥偏見　蜀人石藏用以醫術游都城，其名甚著。陳承，餘杭人，亦以醫顯。石好用暖藥，陳好用涼藥。古之良醫，必量人之虛實，察病之陰陽，而後投以湯劑，或補或瀉，各隨其證。二子乃執偏見於冷暖。俗語曰：藏用檐頭三斗火，陳承篋裏一盤冰《泊宅編》【略】。

施藥　夫人既以五穀養其生，而亦以藥石伐其病。苟無藥石，則寒暑勞苦之太過，喜怒飢飽之無節，時令不常，衛生無術，身貧而莫求醫藥，雖富者或無良劑，或客遊半道臥病而無所治療，如是而喪者亦多矣。且好仁之士，有濟物之心，或蓄一驗方，或有一奇藥，計力多寡，精加修製，廣行施惠，使沉痾宿疾，苦楚萬狀，危惡之候，一藥能愈。俾呻吟變為和氣，雖身貧力微，難以修合，濟人者誠能得一奇湯妙劑，隨所治之疾，印寫千百本粘之於墻壁道路之間，利亦博矣。【略】

古方無妄用　鄱陽周順醫有十全之功，云：古方如《聖惠》《千金》《外臺秘要》所論病源脉證及鍼灸法，皆不可廢，然處方分劑與今大異，不深究其旨者，謹勿妄用。有人得目疾，用古方治之，目遂突出。又有婦人因產病，用《外臺秘要》坐導方，其後反得惡露之疾，終身不差。曾有士人得脚弱病，方書羅列積藥如山，而疾益甚。余令屏去，但用杉木為桶濯足，及令排樟腦於兩股間，以脚棚繫定，月餘而安健如故。南方多此疾，不可不知。順固名醫語必不妄，故書以為誡《遯齋閑覽》。

草藥不可妄服　紹興十九年三月，英州僧希賜往州南三十里洸口掃塔，有客船自番禺至，舟中士人携一僕，僕病脚弱不能行，舟師憫之曰：吾有一藥，治此病如神，餌之而差者，不可勝計，當以相與。既賽廟畢，飲胙頗醉，乃入山求得藥，漬酒，授病者，令天未明服之。如其言，藥入口即呻吟，云腸胃極痛如刀割截，遲明而死。士人以咎舟師，舟師恚曰：何有此？即取昨夕所餘藥自漬酒服之，不踰時亦死。蓋山多斷腸草，人食之輒死。而舟師所取藥為根蔓所纏結，醉不暇擇，徑投酒中，是以及於禍，則知草藥不可妄服也《甲志》。

宋・陳衍《寶慶本草折衷》卷一《序例萃英上》　敘業醫之道舊文計十三章，新集十段。

唐謹微序例述陶隱居序凡四章。　其一章：醫者，意也。古之所謂良醫者，蓋善以意量得其節也。新集：《名醫錄》云：徐書記有室女，病似勞，醫僧法靖診曰：二寸脉微伏，是憂思膈氣而勞，請示病實，治之無誤。徐曰：女子因夢吞蛇，漸成此病。靖謂有蛇在腹，用藥轉下小蛇，其疾遂愈。靖密言：非蛇病也，因夢蛇憂過感疾，當治意而不治病。其蛇亦非自臟腑中出。吾只與轉藥也。周守忠《蒙求》亦舉此。　其二章：諺云：俗無良醫，枉死者半。拙醫療病，不如不療。　其三章：但病亦別有先從鬼神來者，則宜以祈禱祛丘於切，禳却也。之。雖曰可祛，猶因藥療致益，李子豫赤丸之例是也。《續搜神記》云：許永弟患心腹痛十餘年，求候，子豫視曰：鬼病也，用出八毒赤丸與服之，大利數行而差。〇許，一作路。張杲《醫說》亦舉此。其藥療無益者，是則不可祛，晉景公膏肓之例是也。《左氏傳》云：晉公病，求醫緩。未至，公夢二豎子曰：彼良醫也，懼傷我。其一曰：居肓之上，膏之下，若我何？醫至，曰：疾在肓之上，膏之下，不可為也。〇肓，鬲也；膏，心下也。為治也。新集：《北史》云：許智藏善醫，會秦王后疾，召之。后夢亡妃崔氏曰：智藏到，妾入靈府中避之。及智藏診曰：疾已入心，不可救也。　其四章：《論語》云：人而無常，不可以作巫醫。所以醫不三世，不服其藥。見《禮記》。九折臂者，及成良醫。《楚辭》云：九折臂而成醫兮。註謂：人九折臂，更歷方藥，乃成良醫。蓋謂學功須深也。今之承藉者，多恃衒名價，不能精心研習。虛傳聲美，聞風競往。自有新學該明，而名稱未播，貴勝多不信用，委命虛名，諒可惜也。新集：方慤《禮記解》云：醫為異能，非父祖子孫傳業，亦無自而精矣。此言道其常而已。若或自得於心手之間者，未及三世，固在所取也。或傳非其人，雖三世亦所不取也。〇顏丙《如如語錄》舉古云：學書費紙，學醫費人。費紙何妨，費人罪多矣。須博覽方書，廣問老宿。拍拍是令，最有陰德。

又述：掌禹錫按徐之才等序凡一章。　夫衆病積聚，皆起於虛也，虛生百病。積者，五臟之所積；聚者，六腑之所聚。如斯等疾，多從舊方，不假增損。虛而勞者，其弊萬端，宜應隨病增減。

寇宗奭序例凡七章。　其一章：夫人之生，以氣血為本。人之病，未有不先傷其氣血者。世有童男室女，積想在心，思慮過當，多致勞損。男則神色先散，女則月水先閉，蓋愁憂思慮則傷心，心傷則血逆竭，血逆竭故神色先散而月水先閉也。火既受病，不能榮養其子，故不嗜食。脾既虛則金氣虧，故發嗽。嗽既作，俟五臟傳遍，卒不能死，然終死矣。此一種，於諸勞中最為難治。若自改易心志，用藥扶接，如此則可得九死一生。　其二章：　夫治病有八要。八要不審，病不能去。其一曰虛，五虛是也；脉細，皮寒，氣少，泄利前後，飲食不入，此為五虛。二曰實，五實是也；脉盛，皮熱，腹脹，前後不通，悶瞀，此五實也。三曰冷，臟腑受其積冷是也；四曰熱，臟腑受其積熱是也；五曰邪，非臟腑正病也；六曰正，非外邪所中也；七曰內，病不在外也；八曰外，病不在內也。既先審此八要，參之六脉，審度所起之源，繼以望聞問切，按《難經》云：望而知者，謂之神；聞而知者，謂之聖；問而知者，謂之工；切脉知者，謂之巧。蓋能知其病也。豈有不可治之疾也。夫不可治者，有六失：失於不審，失於不信，失於過時，失於不擇醫，失於不識病，失於不知藥。六失之中，有一於此，即為難治。新集：《史記·扁鵲傳》云：病有六不治：驕恣不論於理，一也；輕身重去聲財，二也；衣食不能適，三也；陰陽并，藏氣不定，四也；形羸不能服藥，五也；信巫不信醫，六也。　其三章：矧又醫不慈仁，病者猜鄙，二理交馳，於病何益？由是言之，醫者不可不慈仁，不慈仁則招禍；病者不可猜鄙，猜鄙則招禍。　其四章：　病人有既不洞曉醫藥，復自臆度，如此則九死一生。或醫人不識其病，或以財勢所迫，占奪強治，此醫家、病家，不可不察也。　其五章：　凡人少、長、老，其氣血有盛、壯、衰三等。故岐伯曰：　少火之氣壯，壯火之氣衰。蓋少火生氣，壯火散氣。況復衰火？故治法亦當分三等。其少日服餌之藥，於壯老之時，皆須別處之。　其六章：　凡為醫者，須略通古今，粗守仁義，絕馳騖音務能所之心，專博施救拔之意。如此則心識自明，神物來相，又何必戚戚沽名，齪齪求利也。新集：許叔微《本事方》序云：醫之道，可以回生起死，必有默相於冥冥之中。上古如岐伯，殆及後世有扁鵲、倉公、孫思邈，皆神奇精巧，而今人之不逮也。古人以此救人，故天畀其道，使普惠含靈。後人以此射利，故天嗇其術，而不輕畀予也。〇《如如語錄》云：醫家勤行作福，平等用心，助天行道，為國救民。如此處心，自然福至心靈。〇王文《古醫經補遺》云：為醫先知報應，正心行道，無親疏高下，無妍醜仇讎。到彼診視，若己之疾或瘟疫瘡痍、瀉痢臭穢，近無所惡。防穢法見雄黃續說。是蒼生之大醫，則福祿隨之，神明祐之也。有見不即治，俄至增劇；不恤緩急，務在多取；辨證不明，用藥差誤，此含靈之巨賊，則禍患隨之，鬼神害之，可不謹歟？或往病家，金玉無欲，綺羅無視；溫柔為本，篤敬為基。病輕勿言其重，可以依憑任信，則俯仰無愧矣。　其七章：　診病之道，觀人勇怯、骨肉皮膚，能知其情，以為診法。若患人脉病不相應，醫者不免盡理質問。病家見所問繁，還為醫業不精，往往得藥不肯服，似此甚多。新集：《坡仙志林》論脉又號脉說云：　脉之難明，古今所病也。病字謂有所不足也。至虛有盛候，而大實有羸狀。差之毫釐，疑似之間，便有死生禍福之異。士大夫多秘所患求診，以驗醫之能否，使索病於溟漠，辨虛實冷熱於疑似之間。醫不幸而失，莫之悟也。吾求醫必先盡告以所患，使醫知之，然後求之診。虛實冷熱，先定於中，則脉之疑似，不能惑也。吾求疾愈而已，豈以困醫為事哉？論曰：聖賢分六脉測臟腑，寄虛實冷熱於浮沉遲數色角切息至渺茫之間。學者固宜融會典文，貫徹表裏，心與指通，犁然無不允當。或脉與病違者，尤當審夫言以參之也。雖然，脉之難，難矣！或因其難而廢之，亦猶捨權衡而求輕重，豈理也哉？惟朱肱謂未診先問，最為有準，簡直著明，請事斯語矣。世有診太素脉者，能占吉凶休咎，類乎相命之術，各是一家，與醫道不相干焉。

許洪註《局方·總論》凡一章。　夫濟時之道，莫大於醫；去疾之功，無先於藥。療之合理，病無不痊。用之偏僻，著以別名。如用半夏，稱其別名水玉之類。又貴價難市，希罕所聞。縱富貴而無處搜求，設貧下而寡財不及。或於遠邦求藥，或則確執古方，不能變通，稽於致辦。病既深矣，藥何療焉？繇是醫者必捨短從長，去繁就簡，隨機斟酌，增減允當。察病輕重，用藥精微，可謂上工矣！新集：葛稚川《肘後方》序云：　珎貴之藥，豈貧家野居所能立辦？今採其要為《肘後》，率多易得之藥，可了所用。或世俗苦於貴遠賤近，恐不能用，安可強乎？論曰：夫奇貨異物，何問乎郡邑村疃吐管切，華屋蓽門，皆難置而難辦也。茲因近要之方，猶或用奇異之藥，所以《折衷》從輿議，不敢盡撤奇異之條，以為討論之資。通活法者，當無固執。

敘保養之理舊文計十二章。

唐謹微序例述陶隱居序凡一章。　夫舉動之事，必皆謹思。若飲食恣情，陰陽不節，最為百痾之本。致使虛損內起，風濕外侵，所以共成其害。惟當勤於藥療爾。

又述：唐本序凡一章。　天地之大德曰生，運陰陽以播物；含靈之所保曰命，資亭育以盡年。

又述：掌禹錫按徐之才等序凡一章。凡五方之氣，俱能損人。人生其中，即隨氣受疾。

寇宗奭總敘及序例并凡九章。其一章：天地以生成為德，有生所甚重者，身也。身以安樂為本，安樂所可致者，以保養為本。其二章：夫草木無知，猶假灌溉；矧人為萬物之靈，豈不資以保養？然保養之義，其理萬計。約而言之，其術有三：一養神，二惜氣，三堤疾。忘情去智，恬憺虛無，此養神也；抱一元之本根，固歸精之真氣，此惜氣也；飲食適時，溫涼合度，此堤疾也。其三章：攝養之道，莫若守中。守中則無過與不及之害。其四章：善服藥，不若善保養；不善保養，不若善服藥。世有不善保養，又不善服藥，倉卒病生，而歸咎於神天。噫！是亦未嘗思也。其五章：善養生者養內，不善養生者養外。養外者，實外以充快悅澤，貪欲恣情為務。殊不知外實則內虛也。善養內者，實內使臟腑安和，三焦各守其位。飲食常適其宜，故莊周曰：人之可畏者，衽席飲食之間，而不知為之戒者過也。若能常如是畏謹，疾病何緣而起？壽考焉得不長？其六章：夫柔情難綰而不斷，不可不以智慧決也。故幃箔不可不遠。斯言至近易，其事至難行。蓋人之智慧淺陋，不能勝其貪欲也。故佛書曰：諸苦所因，貪欲為本。是知貪欲不滅，苦亦不滅；貪欲滅，苦亦滅。其七章：人之生，實陰陽之氣所聚耳。若不能調和陰陽之氣，則害其生。其八章：神不可大用，大用即竭；形不可大勞，大勞則斃。是知精、氣、神，人之大本，不可不謹養。智者養其神，惜其氣，以固其本。世有不謹衛生之經者，動皆觸犯。既以犯養生之禁，須假外術保救，不可坐以待斃。其九章：夫八節之正氣，生活人者也；八節之虛邪，殺人者也。非正氣則為邪，非真實則為虛。所謂正氣者，春溫、夏熱、秋涼、冬寒，此天之氣也。若春在經絡，夏在肌肉，秋在皮膚，冬在骨髓，此人之氣也。在處為實，不在處為虛。故曰：若以身之虛，逢時之虛邪不正之氣，兩虛相感，始以皮膚經絡，次傳至臟腑，逮於骨髓，則藥力難及矣。正宜用藥抵截散補，防其深固，又須保護胃氣。

宋・陳衍《寶慶本草折衷》卷二《逢原紀略》 記用方貴審訂 《蘇沈方》云：世之為方者，稱其治效，常喜過實。《千金》《肘後》之類，尤多溢言，使人不復敢信。論曰：孟子謂盡信書不如無書，今於方藥治狀見之矣。如《和劑局方》十華散，用薑、桂、烏、附，其熱甚矣。治狀云：解二毒傷寒。儻陽盛狂躁，更服熱劑，害不移踵。又如《幼幼新書》三霜元，用砒霜、巴豆，其毒酷矣，治狀云：止嬰兒水瀉。矧臟弱瀉損，更服毒劑，禍猶反掌。然二方治狀，乖舛特甚，豈止溢言而已哉！轉移運用，又豈不在人自為準的耶？又云：有方得其精要，與病相當，勿增他藥。藥之中病處，人多不測，多因增益他藥而致不驗，難可意測也。《四時治要序》云：收方三年，無病可治；治病三年，無方可用。世傳以為確論。《經驗方》云：凡藥方分兩，宜作大字，如一二作壹貳之類。不然，點畫少差，即或害人性命，不可不謹！

明・寇平《全幼心鑒》卷一 六甲合藥吉日 戊辰 己巳 庚午 壬申 乙亥 戊寅 甲申 丙戌 辛卯 乙未 丙午 辛亥 己未 除日 開日 破日

天醫服藥吉日 正 二 三 四 五 六 七 八 九 十 十一 十二
丑 寅 卯 辰 巳 午 未 申 酉 戌 亥 子

要安服藥吉日 正 二 三 四 五 六 七 八 九 十 十一 十二
寅 申 卯 酉 辰 戌 巳 亥 午 子 未 丑

六甲服藥吉日 乙丑 壬申 癸酉 乙亥 丙子 丁丑 壬午 甲申 丙戌 己丑 壬寅 癸巳 甲午 丙甲 丁酉 戊戌 己亥 庚子 辛丑 戊申 己酉 癸丑 辛酉

右按彭祖曆云：破日可服藥。滿日、未日皆主毒氣為害，凶。求醫凶日。要得天醫神在日，方為吉兆。丁酉 戊午 己酉 庚戌 辛丑 壬寅 癸巳 甲戌 乙酉

《明會典》卷九二 先醫：嘉靖十五年，建聖濟殿于文華殿後，以祀先醫。歲用羊一、豕一、鉶二、簠簋各二、籩豆各八、帛一。遣太醫院正官行禮。二十一年，又建景惠殿于太醫院。上祀三皇，配以勾芒、祝融、風后、力牧，而附歷代醫師於兩廡，凡二十八人。歲遣禮部堂上官一員行禮。太醫院堂上官二員分獻。二殿之祭，並以春冬仲月上甲日。一陳設：【略】

東廡醫師十四位，分設三壇：僦貸季 天師岐伯 伯高 鬼臾區 俞跗 少俞 少師 桐君 太乙雷公 馬師皇 伊尹 神應王扁鵲 倉公淳于意 張機【略】

西廡醫師十四位：華陀 王叔和 皇甫謐 抱朴子葛洪 巢元方 真人孫思邈 藥王韋慈藏 啟玄子王冰 錢乙 朱肱 李杲 劉完素 張

元素　朱彦修

明・俞弁《續醫説》卷一〇　番藥　西域回紇部搿思干城產藥十餘種，皆中國所無，療疾甚效。曰：阿只兒，狀如苦參，治馬鼠瘡，婦人損胎及打撲內傷，用豆許噙之自消。曰：阿息兒，狀如地骨皮，治婦人產後胞衣不下，又治金瘡膿不出，嚼碎，傅瘡上即出。曰：奴哥撒兒，形似桔梗，治金瘡及腸與筋斷者，嚼碎，敷之自續。回紇有蟲如蛛，毒中人則煩渴，飲水立死，惟過醉葡萄酒，一吐則解《馬氏日鈔》。

明・吴球《諸症辨疑》卷五　倒倉一法不出丹溪先生《心要》　余觀倒倉一法，不出丹溪先生《心要》，而得之西域異人之法門。人悮錄於勞瘵吐血條下，豈不妄耶？且勞瘵咳血，真陰虧損，臟腑脾胃虛弱，津液枯竭，不宜吐瀉，况斯患與積氣停痰治不相同。傳寫訛矣，深可疑哉。【略】

其四疑藥　予治一患，氣虛脾泄，畏服利氣藥。一士〔大〕夫病失血，素好服補陰，見參耆如畏蛇蝎。今日補陰，明日補陰，但如此則可。或惱怒勞役，或食傷火動，則責醫用參耆利氣藥故也。吁！性偏疑藥，病加責醫，亦非士大夫待醫之氣象也。

明・賀岳《醫經大旨》卷四《藥戒》　無病服藥辨　諺曰：無病服藥，如壁裏安柱。此無稽之説，為害甚大。夫天之生物，五味備焉。食之以調五臟，過則生疾。故《經》云：陰之所生，本在五味。陰之五宫，傷在五味。又曰：五味入胃，各歸其所喜攻。酸先入肝，辛先入肺，苦先入心，甘先入脾，鹹先入腎。久則增氣，氣增而久，夭身之由也。夫五味口嗜而欲食之，必是裁制，勿使過焉。至於五穀、五菓、五畜、五菜，氣味全而食之補精益氣。倘用之時，食之不節，猶或生病，況藥力攻邪之物，無病而可服哉？《聖濟經》曰：彼脩真者，敵於補差。輕餌藥石，陽劑剛勝，積若燎原，為消狂癰疽之屬，則天癸竭而榮涸。陰劑柔勝，積若凝水，為洞泄寒冰之屬，則真火微而衛散。一味偏勝，一臟偏傷。一臟既傷，四臟安得不病乎？故潔古老人云：無病服藥，乃無事生事。此千古不易之論，後人當以為龜鑑耳。

明・芮經《杏苑生春》卷二　四問曰：醫不三世，不服其藥。《禮記》謂父子相承，宋潛溪謂習通《脉經》《本草》《鍼灸》三世之書者，子今從何是歟？曰：聖賢謂世次相承意，其父子授受，習諸脉藥病候之愔偽，而無妄悮之失。宋公謂徒恃世醫，不究歷代經書，昧乎醫之義理，必有庸謬之禍。又《難經》云：色、脉、皮膚三者，知一為下工，知二為中工，知三為上工。據之於理，當兩存焉。

明・周暉《金陵瑣事》卷三　賣藥用術　甲賣藥於市，車載觀音大士像。問病，將藥從大士手過。有留於掌者，曰：大士許服此也。市上皆神之。乙旁觀，思得其術。邀飲酒家，相約飲畢竟出，酒傭見如不見。飲三遍後，甲問何能如此？乙曰：聊戲作小術。君能以術相易乎？甲因自陳大士掌是塊磁石，丸藥中有鐵末，是以相粘。乙曰：吾之術不足奉報，不過先以錢付酒家，戒出門勿問而已。此驗封黄公所談，嘉靖初年事。

明・沈德符《萬曆野獲編》卷二四　京城俗對　京師人以都城內外所有作對偶，其最可破顔者，如【略】文官果對孩兒茶，【略】天理肥皂對地道藥材，【略】奇味薏米酒對絶頂松蘿茶。

明・謝肇淛《五雜俎》卷九　戚大將軍繼光鎮閩日，嘗獵得一生虎，縶以鐵絙內檻中，日令屠者飼肉十斤。屠苦之，賂一醫者爲告免辦，醫諾之。無何，戚有目疾，召醫，醫言：惟生虎目可療。遂殺虎取目。後戚目疾雖瘳，而不虞醫之詐也。

明・繆希雍《本草經疏》卷一　祝醫五則　凡人疾病，皆由前生不惜眾生身命，竭用人財，好殺鳥獸昆蟲，好箠楚下賤，甚則枉用毒刑，加諸無罪。種種業因，感此苦報。業作醫師，為人司命，見諸苦惱，當興悲憫。詳檢方書，精求藥道，諦察深思，務期協中。常自思惟，藥不對病，病不對機，二旨或乖，則下咽不返。人命至重，冥報難逃。勿為一時衣食，自貽莫懺之罪於千百劫。戒之哉！宜懼不宜喜也。

凡為醫師，當先讀書。凡欲讀書，當先識字。字者，文之始也。不識字義，寧解文理？文理不通，動成窒礙。雖詩書滿目，於神不染，觸途成滯，何由省入？譬諸面牆，亦同木偶。望其拯生民之疾苦，顧不難哉？故昔稱太醫，今曰儒醫。太醫者，〔通天地人者也；儒醫者〕，讀書窮理，本之身心，驗之事物，戰戰兢兢，求中於道。造次之際，罔敢或肆者也。外此則俗工耳，不可以言醫矣。

凡為醫師，先當識藥。藥之所產，方隅不同則精麤頓異，收采不時則力用全乖。又或市肆飾偽，足以混真。苟非確認形質，精嘗氣味，鮮有不為其誤者。譬諸將不知兵，立功何自？醫之於藥，亦猶是耳。既識藥矣，宜習修事。《雷公炮炙》，固為大法。或有未盡，可以意通。必期躬親，勿圖苟且。譬諸飲食，烹調失度，尚不益人，反能增害，何況藥物關乎軀命者也？可不慎諸！

凡作醫師，宜先虛懷。靈知空洞，本無一物。苟執我見，便與物對。我見堅固，勢必輕人；我是人非，與境角立。一靈空竅，動為所塞，雖日親至人，終不獲益。白首故吾，良可悲已！執而不化，害加於人。清夜深思，宜生媿恥。況人之才識，自非生知，必假問學。問學之益，廣博難量。脫不虛懷，何由納受？不恥無學，而恥下問。師心自聖，於道何益？苟非至愚，能不儆省乎！

醫師不患道術不精，而患取金不多。舍其本業，專事旁求。假寵貴人，冀其口腹，以希世重。縱得多金，無拔苦力。於當來世，豈不酬償？作是惟思，是苦非樂。故當勤求道術，以濟物命。縱有功效，任其自酬，勿責厚報。等心施治，勿輕貧賤。如此則德植厥躬，鬼神幽贊矣。

上來所祝五條，皆關切醫師才品道術，利濟功過。仰願來學，俯從吾祝，則進乎道而不囿於技矣。詎非生人之至幸，斯道之大光也哉！

明・朱國禎《湧幢小品》卷二五　景皇帝御醫徐樞有名。帝嘗問藥性遲速，對曰：藥性猶人性，善者千日而不足，惡者一日而有餘。人以為藥諫云。

明・黃承昊《折肱漫録》卷一　藥者，人生之大利大害也。不遇良醫，不如不藥，不藥而悞也悔，藥而悞也亦悔，然不藥之悔小，悞藥之悔大。

病者所忌，自酒色、勞役、飲食及一切例禁外，所大忌者有二：認病為真，終朝侘傺，一也；求速效而輕用醫藥，二也。予病中守戒甚嚴，獨犯此二者，以是久而不痊，慎之哉！

子輿氏曰：盡信書則不如無書。在岐黃家尤甚。蓋見解不同識，古今不同運，在智者神而明之。若執書以治病，為悞滋多。或因書以生憂，反受其害。予所親試者，如盛稱枳术丸之能健脾，可常服也，而反以傷脾；如言玉屏風散之能禦風寒也，而反以開腠理；如侈口豨薟丸之能延年也，而反以耗精神；如謂痰中縷血之最重難治也，火起九泉之下之百不救一也。予少年患此，憂不可言，而尚延殘喘，雖予之能慎疾，勤服藥，得免於死。而方書不足盡信，大概如此矣。【略】

薛立齋先生之論陰虛，發前賢之所未發，其謂陰虛乃足三陰虛也。足三陰者，足太陰脾、足少陰腎、足厥陰肝也。而脾屬土，尤為至陰而生血，故陰虛者，脾虛也，補陰宜自補脾始。大凡足三陰虛多，因飲食勞役，以致腎不能生肝，肝不能生火，而害脾土不能滋化。但補脾土，則土生金，金生水，木得平而自相生矣。先生治一人飲食失宜，患晡熱口乾，體倦，小便赤澀，兩腿酸痛，令服補中益氣湯，彼不信而服四物湯、知母、黃栢之劑，變症百出，後仍服甘溫等藥而愈。蓋脾稟於胃，故用甘溫之劑，以生發胃中元氣而除大熱，顧乃反服苦寒，復傷脾血耶。若前症果屬腎經陰虛，亦因腎經陽虛不能生陰耳。《經》云：無陽則陰無以生，無陰則陽無以化。又云：虛則補其母，當用補中益氣、六味地黃以補其母，尤不宜用苦寒之藥。世以脾虛俱為腎虛，輒用黃栢、知母之類，反傷胃中生氣，害人多矣。

立齋云：若人少有老態，不耐寒暑，不勝勞役，四時迭病，皆因少時氣血方長，而勞心虧損，或精血未滿而御女過傷，故其見症難以悉狀，此精氣不足，但滋化源，其病自痊。又若飲食、勞役、七情失宜以致諸症，亦當治以前法。設或六淫所侵，以致諸症，亦因真氣內虛，而外邪乘襲，尤當固胃氣為主。蓋胃為五藏之根本，故黃栢、知母不宜輕用，恐復傷胃氣也。凡雜症屬內因，乃形氣病氣俱不足，當補不當瀉。傷寒雖屬外因，亦宜分其表裏虛實治者。審之先生此論，提綱挈領，滋化源，固胃氣二語，真醫雜病者之龜鑑也。《經》云：安穀者昌，人之有生也。先天元氣全賴後天穀氣以助之，故脾胃不傷，即有他病，猶可調治。若脾胃壞，飲食少，本根之地既搖，則雜症蜂起，而難為力矣。故切脉先看胃氣，有胃氣則生，無則死。養病家第一先須於脾胃上着力，每治他病，切須照顧脾胃，不可一意攻伐，忘其本根。予自恨年少不知醫，受累已多，故特揭此以告患者。

薛立齋先生治虛勞諸症，大概以補中益氣湯、六味地黃丸二藥兼服取效，最為純正妙理。但王者必世後仁，此藥亦須歲時方效。若服之三四月，輒以為無大效而置之，則謬矣。予初病時，亦曾遵此法，以自服藥一兩月未見效，遂爾易方，醫藥亂投，幾殆比受苦二十年，後來畢竟以此收功，悔之無及。

明・裴一中《裴子言醫》卷二　四十年前之人，雖多服久服當歸、地黃、門冬、知母等濕潤之藥，不見有傷脾之患。今時之人則不必多服久服，而食減胸膨，肌浮腸滑之證旋接踵焉。噫嘻！是豈養血滋陰之法，僅可行于四十年之前，而不可行于四十年之後邪？非也！世風衰而真元薄也。雞、豚、牛、羊之餘，食蔬者有幾？瓜、梨、橘、藕之餘，食粟者有幾？醇漿、乳酪之餘，食羹者有幾？其助則薑、桂、椒、蒔，其和則油、鹽、醯、醬，嘗而煎、炒、燒、炙，異而脯、腊、膾、糝、醉、酢、蒸、酥，與凡百巧為滋味，以佐長夜之豪觴。富貴之家，斯已濫矣。市井之輩，靡有止焉。且也，義命之理茫然，怨慕之心横起。趨利趨名，視昔孰冷而孰熱？患得患失，視昔孰淡而孰濃？世故紛撓，晨昏競出。酬應之間，視昔孰勞而孰逸？至有素風為礪，恬退自分之人，則又世網彌天，人情叵測，而憂思驚怖之懷，更不知其孰多而孰少也。如是而欲求脾胃元氣之不薄于今日，則戛戛乎難之矣。而謂當歸、地黄、門冬、知母等濕潤之藥，可恣投而勿顧乎？

清・陳士鐸《本草新編》卷一　勸醫六則　人生斯世，無病即是神仙。能節慾寡過，使身心泰然，俯仰之間，無非樂境，覺洞天丹丘無以過也。無如見色忘命，見財忘家，營營逐逐，墮於深淵，沉於苦海，憂愁怨恨之心生，嗔怒鬬爭之事起，耗精損氣，而疾病隨之矣。苟或知非悔悟，服藥于將病之時，覓醫于已病之日，則隨病隨痊，又何慮焉！乃求人之過甚明，求己之過甚拙。而且諱病忌醫，因循等待，及至病成，始嘆從前之失醫也，已無及矣。鐸勸世人幸先醫治。

人病難痊，宜多服藥。蓋病之成，原非一日，則病之愈，豈在一朝。無如求速效于目前，必至墮成功于旦夕。更有射利之徒，止圖酬謝之重，忘顧僥倖之危，或用輕粉劫藥，取快須臾，未幾，毒發病生，往往不救。何若攻補兼施，損益並用，既能去邪，復能反正，雖時日少遲，而終身受惠無窮。鐸勸世人毋求速效。

病關生死，醫能奏效，厥功實弘。世有危急之時，懸金以許，病痊而報之甚薄。迨至再病，醫生望門而不肯入，是誰之咎歟。等性命於鴻毛，視金錢如膏血，亦何輕身而重物乎。鐸勸世人毋惜酬功。

病痊忘報，俗子負心。病痊索報，亦醫生慚德。蓋治病有其功，已報而功小；治病忘其功，不報而功大。要當存一救人實意，不當惟利是圖。勿以病家富，遂生覬覦心；勿以病家貧，因有懶散志。或養癰貽患，或恐嚇取錢，皆人惡道。鐸勸行醫幸毋索報。

人不窮理，不可以學醫；醫不窮理，不可以用藥。理明斯知陰陽，識經絡，洞臟腑，悟寒熱虚實之不同，攻補滑澁之各異，自然守經達權，變通于指下也。否則，徒讀《脉訣》，空覽《本草》，動手即錯，開口皆非，欲積功反損德矣。鐸勸學醫幸務窮理。

醫道講而愈明，集眾人議論，始可以佐一人識見。倘必人非我是，堅執不移，則我見不化，又何能受益于弘深乎。邇來醫術紛紜，求同心之助，杳不可多得。然而天下之大，豈少奇人。博採廣諮，裒獲非淺。鐸勸學醫幸尚虚懷。大雅堂主人遠公識。

清・屈大均《廣東新語》卷三　羅浮　沖虚觀後，有葛稚川丹竈，夜輒有光，見於龍虎峰上，或以為霞光，非也。取竈中土，以藥槽之水洗之，丸小粒，投於水中。輒有白氣數縷，沖射四旁，生泡不已，哈哈有聲，頃之一分為二，二分為四，四分為八。然後融化，服之可療腹疾。道士號為丹渣，嘗以餉客。竈高五尺，周六丈，旁有八卦石一方，蓋昔時鎮爐之用者。黄泰泉云：四山皆有稚川壇址。而丹竈當羅山中脈，可謂神解道之妙徼者，有為銘者云：堅如石，赤如日。竈雖存，火已息。民鮮知，爭餌食。豈泥丸，生羽翼。各有自，不愛惜。至哉仙公，萬古無極。

清・王士禛《香祖筆記》卷九　田綸霞少司徒爲詩文好新異。康熙壬午謝病歸，浹歲臥痾。醫立方以進，輒嫌其俗，易他名始服之，如以枸杞爲天精，人參爲地精，木香爲東華童子之類，其癖好新奇如此。

清・楊友敬《本草經解要附餘・考證》　音訓：諸藥

藥有五行，金、木、水、火、土，即五行。五氣，香、臭、臊、腥、羶。五色，青、赤、黄、白、黑。五味，酸、苦、甘、辛、鹹。五性，寒、熱、溫、涼、平。五用。升、降、浮、沉、中。凡使用，别陰陽補瀉，酌君臣佐使，不待言矣。凡作湯液，用水各别，火欲緩，恒令小沸，利湯欲生，補湯欲熟。凡用諸香、諸角、丹砂、芒消、蒲黄、阿膠等，須另研，俟湯熟去柤，納入和服，加酒亦然。凡服藥，疾在胸膈以上者，食後服；在心腹以下者，食先服；在四肢血脈者，宜空腹而在旦；在骨髓者，宜飽滿而在夜。凡云等分者，多寡相等。云方寸匕者，匕匙也，匙挑藥末不落為度，正方一寸也。刀圭者，寸匕十之一也。一錢匕，匕大如錢者。五匕，將五銖錢取藥，僅當五字不落，蓋一錢之半，又云一字是也。一撮者，四刀圭也。

茲於《解要》內藥及製方同用之藥，宜音釋者，並列之。

何首烏同諸藥治血痢，內有草石蠶。見《本草綱目》菜部。即甘露子，氣平，主除風破血，和五藏。蟲部另有石蠶，生溪澗石上，一名石蠹，氣寒，主五癃、石淋，除熱解結。石部又有石蠶，生海岸，狀如蠶，其實石也。氣熱，主石淋血結，治金瘡。三者世皆罕用也。

萎蕤音威甤。　紫菀菀郁二音，別有白菀。　秦艽音交。以根作羅紋相交結者良，故名。

柴胡柴舊作茈，茈，別音紫，在此自讀柴也。　消入水即消，又能消化諸物，故名。俗作硝。　山楂俗作查。　牡荊子即黃荊，與葉如杏之蔓荊異。　飴音移，米糖也。　餳徐盈切，即飴也。　香薷音殊，此讀柔，本作葇。　茹藘音如閭，茜草也。

凡使黃蘗、地黃，忌鐵器。二味腎經藥也。錢仲陽曰：腎有補而無瀉。又曰虛者補其母，實者瀉其子。腎乃陰中之少陰，為涵養真元之水藏，忌鐵，蓋防伐木瀉肝，恐子能令母虛也。

清・葉大椿《痘學真傳》卷一　錢陳藥異同論　治痘之祖，首出宋孝子仲陽錢乙，所著有《傷寒指微》，論嬰兒百篇。仲陽，錢塘人也。錢塘地氣溫暖，專本《內經》諸痛癢瘡皆屬心火之說，故多用寒涼，少用溫補，每用黃連解毒湯、白虎湯，似與劉河間偏寒涼之見相同。厥後張潔古、王海藏咸宗之。後有文秀陳文中出，所著有《幼幼新書》《病原方論》。文秀，宿州人也，宿州土寒地厚，每主溫補，未出之時，悉用十一味木香散，已出之時，悉用十二味異攻散，其意歸重於太陰一經。蓋以手太陰肺主皮毛，足太陰脾主肌肉，肺惡寒，脾惡濕，故取丁香、官桂以治肺之寒，木香、香附以治脾之濕。錢陳兩師之見，各極其妙，無如天下後世之昧於醫者，偏泥其方，而利害各半矣。至越中丹溪翁立中和之論，用中和之藥，舉世遂悞為矯文秀之偏，而歸重於仲陽者，皆以苦寒為痘中必用之藥。殊不知痘瘡雖屬心火，卻與諸瘡不同。諸毒初未成形，可解散而愈；已成形未成膿，又可不成膿而愈。痘發五臟，必藉氣血送出皮膚，運化之而成膿，收斂之而成痂，其可內消而愈乎？可不成膿而愈乎？故諸瘡以解毒清火為主，而痘瘡以氣血運化為主。氣血能送毒以灌漿結痂則生，不能則死。故痘身熱則出，出齊熱退，漿行又熱，漿足熱退，漿回又熱，痂結熱退。若專用寒涼，則血凝氣滯，毒內攻矣，此專於寒涼者不可也。近世因其不可，而參、附溫補之說行矣。獨不思太陰肺經氣所主焉，何乃反用木香散，令其肺氣蕩洩，則烏乎有制毒之功，又有丁香、附子大熱之劑，以攻其清輕之體；且人身一水也，而有二火，痘瘡尤火症也，專用大熱，是猶甑中無水添薪，則湯氣焉得而上蒸乎？況痘瘡之發，無不由感觸而起者，故其本體雖虛，若有雜症，急宜隨症調治，俟客症已退，方可治本也。如驚食未消，寒暑未解，可亂投耶？況症之悞於寒者，其害緩，正其治，尚可補救；若悞於熱者，其害速，頃刻難支，此專於辛熱者不可也。若然，則錢陳水火乎，俱不可宗乎？是又不然。獨不思錢曰瘡疹始出未有他證不可下，陳曰若無他症不宜服藥，是同一主見也。錢曰痘疹屬陽，故春夏為順，陳曰遇春而生發，至夏而長成，是同一喜好也。錢曰惡寒不已，身冷出汗，耳骫反熱者，乃腎氣太旺，脾虛不能制；陳曰其瘡癢塌，寒戰咬牙，乃脾胃肌肉虛，是同一歸重於脾也。錢曰惟用溫涼藥治之，是錢亦用溫補；陳曰如六七日身壯熱，不大便，與三味消毒散，微利則住，是陳亦用涼瀉。錢曰更看時日，陳曰須分表裏虛實，是二師之見，究非一偏。然繼二師之統，寒熱攻補，隨症施治，無太過，無不及，三百年中惟丹溪翁一人耳。誰謂偏寒而不可宗，致抹煞翁之大旨耶！

清・嵇璜、刘墉《清朝通典》卷五〇　羣祀：順治元年定祀先醫之神之禮。每歲春二月、冬十一月上甲日，致祭先醫於太醫院署之景德殿，殿中安奉太昊伏羲氏神位於正中，炎帝神農氏神位於左，黃帝軒轅氏神位於右。東配句芒、風后，西配祝融、力牧。東廡僦貸季、天師岐伯、伯高、少師、太乙雷公、伊尹、倉公、淳于意、華陀、皇甫謐、巢元方、藥王韋慈藏、錢乙、劉完素、李杲。西廡鬼臾區、俞跗、少俞、桐君、馬師皇、神應王扁鵲、張機、王叔和、抱朴子葛洪、真人孫思邈、啟元子王冰、朱肱、張元素、朱彥修。均東西向，以禮部堂官一員主祭，太醫院堂官二員分獻。

清・黃凱鈞《橘旁雜論》卷上　三折肱、醫不三世不服其藥辨　《左傳》云：三折肱知為良醫也。從未有人註及三折肱之意。予謂：古之醫者，自備藥籠至病家診治後，向籠取藥，或君臣未配，或輕重失宜，取而復置，置而復取，總以鄭重為事，此為三折肱也。又《禮記》云：醫不三世，不服其藥。後註者，多以世業之謂，非也。醫必父而子，子而孫，如是其業則精，始服其藥。若傳至曾元，更為名醫矣！其間賢者不待言，其不肖者若何？因其世業，而安心服其藥。設為所誤，生死攸關，雖愚者不為也。況醫道可通仙道，遠數十百年，偶出一豪傑之士，聰明好學，貫微徹幽。然而上世並非醫者，捨是人而必求所謂三世者，有是理乎？凡醫者必讀上古《神農本草》、黃帝《素問》《靈樞經》及仲景《傷寒論》三世之書，方為有本之學，從而服藥，庶無誤人。三世者，三世之書也。漢儒謂《神農本草》、黃帝《素問》、元女《脈訣》，為三世之書。聊記以質博學之君子。

清·黃凱鈞《橘旁雜論》卷下　以藥得名為善得子　醫貴集大成，而秦越人過洛陽為老人醫，入趙為帶下醫，入秦為小兒醫。又似入國問境，因地制宜者。我邑唐介菴先生，抱性慈厚，於醫學深究南陽之旨，各家亦能探討。中年後，以用大黃著名。凡士夫與窮巷僻鄉，遇有熱結不解者，必延唐大黃焉。於是乎先生之字，竟為大黃之名掩矣。先生遇表症則汗之，虛則補之，寒則溫之，亦何嘗執大黃而療人之疾哉！乃人遇欲下之症，延先生耳，非先生之偏用大黃也！先生之品，堪師堪拜，遇貧苦有疾，邀一次，下日自來，數里之內不坐船，常佩紙筆墨硯，暨一囊錢。診視後，隨取寫方，不待假諸鄰也。囑服幾劑，即將錢數置案頭，觳藥炭之需。常見一家，深秋尚眠竹簟，曰：不宜，盍勿易草席？答言：乏錢。先生歸，令一价持席往。又一鄰人手藝營生，積銀十兩，常置臥所。一日忽不見，遂病，醫藥終無效。先生知其情，袖銀如數，診脈時潛置於枕席間，病人一旦復得，喜悅而病瘥。後皆知先生所為，糾而還之，終無德色。先生初無子，其室人當天癸已絕之年，忽然懷姙生子，奇矣！非先生盛德之感，有是理乎？

清·錢一桂《醫略》卷一　勿藥論　病有天作之災，有自作之災，有人作之災。天作之災，風寒暑濕燥火，六淫是也。自作之災，七情六慾、飲食男女、勞倦內傷是也。人作之災，庸醫是也。其人作之災，較天作之災、自作之災為尤酷，何也？夫雨暘燠寒風，五者咸若各以其時，元氣流行，太和祥洽，乃無病之天也。人身一小天，天無病而人身亦無病。忽焉而風而寒，而暑濕，而燥火，氣之不正，即天有時而病，人感之而亦病。此不必治。越數日而寒消暑退，風恬火息，濕者收而燥者潤，何待治之耶？自作之災，如情志拂欝，酒色過度，飲食不調，勞倦不節，以致臟腑內傷。苟能自知樽節愛養，病即自愈，又何待治之耶？惟人作之災，如庸醫者，罔識脉理，不辨症候，讀《藥性賦》，熟《湯頭歌》，以為餬口計，輙爾懸壺，草菅人命。且有坊肆購醫方一二種，見某方治某病，強記數藥，即躍躍欲試，亦竟有服之而愈，轉相稱述，流毒愈廣。致有輕病變重，重病變死者，不可勝紀。故余謂天作之災、自作之災，猶可以不治治之。人作之災，治之以致不治，其禍為尤烈也。余欲作《勿藥論》久矣。《易》曰：無妄之疾，勿藥有喜。《內經》曰：聖人治未病，不治已病。諺曰：有病不治，常得中醫。世安得上醫，則何如勿藥之猶為中醫乎？《記》有之：醫不三世，勿服其藥。此漢儒拘牽之論。竊謂義猶未盡。蓋斯道父不能傳之子，師不能傳之弟，必其人有絕倫之聰明，加以十年二十年之學力，而又以臨證多者為更優，三折肱為良醫。三世未必即良醫也。然此言亦猶知自愛之道，今世士大夫並不深究醫之學問若何，或偶治輕淺症，尚無大咎。或出入縉紳家，必為能事，即以性命之重付托。治之而愈，更奉之如神。治之而死，亦委之於命，或云病本不治。良可嘆也！嗟嗟！軒岐不再出，洞垣之技，世無其人。其間容亦有彼善于此者，譬之圍棋，高一着有一着之見，而低一着者無由知之。譬之登樓，上一層有一層之見，而下一層者無由知之。則庶幾慎選良醫，苟無其人，寧守勿藥之說，勿為人災所中，則幸甚。昔《魯論》記夫子一則曰疾病，再則曰疾病，初不聞其服藥。康子饋之，不敢嘗也。他日門人又記子之所慎，疾與戰並重。夫戰，危事也。聖人不得已而用之。故余非知醫者，惟勿藥一言，為深知醫之流極，而進苦言之藥也云爾。

清·張九思《審病定經》卷上　醫藥二悮論　是集所録醫藥之悮，却見不少，並非虛語。亦非閒話。試看傷寒百病門中，予嘗嘆世之壞病。命雖終於天年，然亦未有不悮於醫藥者也。夫終於天年，縱有盧扁復出，豈得再生？若悮於醫藥，先賢豈無濟生之術。予觀漢儒張仲景著《傷寒論》，創立三百九十七法之條，大開六經法門，辨明經證，并剖晰陰陽，謂內有是病，外必有是證，證應何經，即用何經之方法而治。由此觀之，而知先賢有神聖工巧之術，有岐黃靈變之訣，條條是路，着着是法，處方用藥，一毫不茍。若今之病，悮於醫者，皆由不宗《傷寒》，未得其訣，但憑一證，守定成方，脈候欠審，辨證不詳，一切粗疎遺漏，輙投方藥，其不至殺人者幾希。吾固曰病有悮於醫者如此。若病悮於藥者，皆由藥室不顧性命，惟利是圖，如方斗劑，不管病之輕重，但顧錢之多寡，價足照單製配，價少減藥偽代，并將方之君臣顛倒，違古炮製。似此既悮於醫，復悮於藥，兩相為悮，服此而不死者，葢亦寡矣。吾固曰病有悮於藥者又如此。凡此二悮，亦非醫藥兩家之獨咎也，始由病家不察醫之良庸，不識藥之真偽，但見是醫便治，是藥便服，安得有不自悮？夫病者，豈不為醫藥病三家同悮乎？予竊憫之久矣。夫古之為人子者，不可以不知醫，并不可以不識藥。今録此訣，指示其悞，願我同人有志於活人者，必當以濟世為心，更當以此醫藥二悞之殺人為戒耳。

清・陳定泰《醫談傳真》卷二　本草親嘗　本草始自神農親嘗百草而著《本經》，共三百六十五味，分上、中、下三品。後代梁之陶隱君《別録》倍之，為七百三十種。迨唐宋以後，旁搜徧録，推而廣之，為一千七百四十六種。明之李時珍《本草綱目》合訂修增而為一千八百七十一種。於是病有萬變，藥無滲漏，美矣善矣。究之糞土、沙坭，莫不可以為藥。識其本源，三百六十餘種不為少，不識其本源，雖倍一千八百七十一種，亦未能盡。何者？治病者，藥之氣味，非物之渣滓也。仲景一百一十三方，用本草只九十一種耳，而諸法悉備，何在多耶？予因詳攷諸藥之所産及氣味性功，惟見《本草綱目》太多，欲簡之以便醫學，更創一分門別戶之圖，庶幾用力少而成功多也。共選二百七十五味。

清・王孟英《歸硯録》卷二　《明史》載光宗諒闇，鄭貴妃進美女四人，上不豫，內醫崔文升用大黃藥，一日夜三四十起，頭目眩暈，不能動履。楊漣疏劾之云：有心之誤耶？無心之誤耶？有心則齏粉不足償，無心則一誤豈可再誤！上宣漣入，目注久之。方從哲薦李可灼進紅丸，上飲湯輒喘，藥進乃受。上喜稱忠臣者再，頃之傳聖體用藥後，暖潤舒暢。復進一丸，明旦駕崩矣。從哲擬旨賞可灼銀五十兩，以王舜安疏改罰俸一年。於是言者蜂起，謂文升情罪不減張差，而可灼次之，並劾從哲。從哲疏辨，自請削奪，可灼遣戍，文升發遣南京。愚謂此勝國三大案之一，實千古之大疑案也。論者紛紛，迄未得其病情，以文人多不知醫耳。吾友仁和徐君亞枝嘗云：李可灼進紅丸於光宗也，先有奄人崔文升之用大黃，故尤悔庵《擬明史樂府》有大黃一下法不治，紅丸雖進補已遲之句。其謂文升誤下固然矣，而以紅丸為補則非是。蓋光宗之病，陽明實而太陽未罷之證也。史載進紅丸後，聖體暖潤舒暢，則前此用大黃時，必惡寒無汗、周身拘急之證悉具。大黃下之，湯飲不受，明是誤下成結胸之證。紅丸者丸而色紅，莫知所用何藥。余意必是開太陽兼陷胸之品，所以進後暖潤舒暢。史載上不豫於進美女之下，或太陽經府均病，配紅鉛為經府雙解之劑，故其丸色紅，則仍是下法，不是補法。嘉言所謂得其下之之力，非得其補之之力者也。至於明旦駕崩，或因小愈而復犯女色，宮闈邃密，外庭莫知，不然豈有得暖潤舒暢之轉機，未嘗變證而甫隔一夜遽然長逝乎？因慨文人談醫，每多謬誤，如《兩般秋雨庵隨筆》載詠《甘草》云：歷事五朝長樂老，未曾獨將漢留侯。皆未讀醫書之故也。愚謂雖讀醫書，而閱歷未深者，尚有人為書囿之弊，故論病最非易事。

清・陸以湉《冷廬醫話》卷五　質正　《曲禮》云：醫不三世，不服其藥。鄭氏註云：慎物齊也。孔氏疏云：凡人病疾，蓋以筋血不調，故服藥以治之，其藥不慎於物，必無其徵，故宜戒之。擇其父子相承至三世也，是慎物調齊也。又說云：三世者，一曰《黃帝鍼灸》，二曰《神農本草》，三曰《素問脈訣》。又云《夫子脈訣》。若不習此三世之書，不得服食其藥。然鄭云慎物齊也，則非為《本草》《鍼經》《脈訣》，於理不當，其義非也。按此，則所謂三世者，註疏因主父子相承之說也，近世有專主通於三世之書，而以三世相承為俗解之誤，殆未讀註疏耳，且經書文義雖古，而辭無不達，既謂通於三世之書，何以不明言之，而曰醫不三世？故作此不了語，以炫惑後世乎？

清・陸以湉《冷廬醫話》卷五　藥品　張鷟《朝野僉載》云：洛州有士人患應聲，語即喉中應之，良醫張文仲令取本草讀之皆應，至其所畏者即無聲，乃錄取藥合和為丸服之，應時而止。其後《遯齋閒覽》載楊勔腹中應聲，讀本草至雷丸不應，服數粒而愈。《泊宅編》載毛景喉中有物應聲，誦本草至藍不應，飲汁吐蟲而愈。其說皆為方書所徵引，竊意蟲之應聲，乖氣所感，非有知覺之靈，豈能聞所畏之物而遂不作聲乎？殆皆小說家附會之辭。

清・龍之章《蠢子醫》卷一　學醫真詮　學醫第一看藥性，有了藥性心有定。某藥入某經，某藥治某病。或是溫，或是涼，與某症相稱；或是補，或是瀉，與某症相應。各藥各有溫涼補瀉理，各經各有寒熱虛實症。看得到時藥分明，此中早已有把柄。學了藥性學脈理，學了脈理方有用。某經是真虛，某經是真實，用某藥相應；某經是真寒，某經是真熱，用某經相稱。各經各有虛實寒熱理，各藥各有溫涼補瀉性。看得到時脈分明，任憑病來如明鏡。有了明鏡有把柄，一下筆時便入聖。不靠湯頭歌，不任人家命。病端雖夾雜，病脈總清淨。藥方雖更變，藥性總周正。君臣佐使無參差，便是醫中之捷徑。即有天師再臨凡，亦難尋找方中病。學醫者，每多藥性不熟，脈理不精，果能心如明鏡？洞悉某藥與某病相稱，某脈與某症相應，則治病自不難矣。姪金門謹誌。

診脈下藥詩　診脈下藥心內裁，手未立方眼已開。肺實有力宜大瀉，前胡枳實橘紅偕。肺虛無力宜大補，黨參五味百合輔。肺實有力夾風火，酒芩全蔞元參佐。輔也。肺虛無力夾風寒，欵冬紫(苑)〔菀〕麻黄添。心實有力宜大瀉，菖蒲鬱金淩霄偕。心虛無力宜大補，棗仁遠志柏子輔。佐也。心實有力夾風火，黄連連翹梔子佐。心虛無力夾風寒，白附天麻蓽茇添。胃實有力宜大瀉，大黄枳殼檳榔偕。胃虛無力宜大補，白朮雲苓炙芪輔。胃實有力夾風火，知母石膏乾葛佐。胃虛無力夾風寒，乾薑白芷藁本添。肝實有力宜大瀉，桃仁醋軍大黄朮莪朮稜三稜偕。肝虛無力宜大補，當歸川芎香附輔。肝實有力夾風火，柴胡生地二芍赤芍、白芍佐。肝虛無力夾風寒，吴萸艾葉首烏添。命實有力宜大瀉，芒硝火麻郁仁偕。命虛無力宜大補，縮砂益智肉蔻輔。命實有力夾風火，槐花地榆蒲黄佐。命虛無力夾風寒，黑薑附子故紙添。腎實有力宜大瀉，木通澤瀉車前偕。腎虛無力宜大補，熟地萸肉山藥輔。腎實有力夾風火，黄柏丹皮萆薢佐。腎虛無力夾風寒，肉桂巴戟椒川椒茴小茴添。此雖守株待兔法，聊訓蒙醫以開先。　吾祖嘗曰：　吾之脈理遵節庵，此即遵節庵之意，如篇中六部脈之虛實，加風火風寒，皆於有力無力中分，又各有主藥以治之，學者熟察乎此，不惟能知脈理，且能知溫涼之補瀉，某藥入某經，治某病之數十品矣。姪孫濬川謹誌。

清·龍之章《蠢子醫》卷二　山中之藥能壯筋骨，服壯之人宜用　山中物件骨力堅，穿山跳澗他無難。人生軟弱不能行，得了此味便立痊。虎骨能硬猴骨軟，軟硬適宜最便便。鹿角屬陽龜屬陰，陰陽相濟最娟娟。花蛇烏蛇除陰濕，鷹爪羚羊能透穿。縱有補氣補血藥，不得此味總不堅。我今敬勸司命者，必須山經讀一篇。

水中之物能眠陽，虛癆之人宜用　水中之物能眠陽，虛癆之人宜細嘗。蒲藕清脆真肥齒，菱菱角芡鷄頭子甘淡堪潤腸。荸薺地梨荸薺之類共為粉，紫菜白菜並煮湯。海馬海狗能興陽，恐恣游子之邪蕩。海蛤海龍能滋腎，獨助修士以行藏。年幼學生，壞此症者不少，沙土炒焦為末，黄酒下，其功不在紫河車下。再吃龍骨以固本，再飲鱉頭以垂囊。沙土炒焦，黄酒下。庶息後起之相火，即返固有之元陽。

清·徐士鑾《醫方叢話》卷七　草藥療病當慎　村民多採草藥療病，或致殞命者有之。蓋草藥多有相似者，似是而非，性味不同，愚民不能別，一概與人服之，不至於誤者寡矣。嘗觀《本草》云山陽有草，其名曰黄精，餌之可以長生。山北有草，其名鉤吻，入口即死。蓋此草相類，而性善惡不同如此。又安吉朱氏親友有為子腹疼，教以取楝樹東南根煎湯者，子初不肎服，其父撻之，既入口，少頃而絕。蓋出土之根能殺人，朱氏不考古之過也。此表兄沈子成在安吉目擊其事，嘗以戒人。醫家用桑白皮，《本草》云出土者亦能殺人，可不戒哉！

清·徐延祚《醫粹精言》卷二　私僻單方及草頭方子，服之亦嘗愈病。但有不愈者，不惟不愈，且益變。是乃見似為真，妄擬妄逞，輕信輕試之悞也。願有識者達而嘗之，則效否有理可評，授受無詭幻之設矣。

清·毛祥麟《對山醫話》卷四　夏子益曰：　天地山川樹木，皆有脂。此係陰陽氣化之餘，結而成髓。飲天脂者，成上仙；　地脂成地仙，山川樹木之脂，壽俱無量。《鬼谷子語仙錄》云：　取天脂須於危峰絕頂，人跡罕到之處，置金盤盛明珠，每於寅卯之交往探，有清露即傾去，得漿色白，芳香不散，味極清甘者，是也。地脂於地脈流行聚合之處，從土湧出，不收仍入地。大抵天地之脂，每六十年一泄。山脂即鍾乳之類，鍾乳乃石之汗液，脂其髓也。水脂出大海中，高噴百丈，還落水中，介類吞之得為神。樹脂數千年老樹，枯而復榮者再，始有脂，能化嬰兒，遊行不定，頗不易得。《方鎮編年》載高展為井州判官，一日見砌間沫出，以手撮之，試塗一老吏面上，皺皮頓改，顏色如少。展問承天道士，曰：　此名地脂，食之不死。展乃發磚，已無有矣。

國朝康熙間，順德有民入山樵採。忽聞樹頂有兒啼聲，仰視，見古木上有氣縷縷如煙，飛鳥過之皆墮，斫視其中有人，狀類凝脂，問之不應，拂之則笑。一同伴曰：　此名樹脂，非惡物也。遂蒸食，食已覺熱，尋浴溪中，肉盡潰裂而死。余謂仙佛之書，大都渺茫，固不足信。凡異常之物，智者不食。信然！

清·黄皖《黄氏醫緒》卷一　神農嘗草，原以金石酷烈有毒，而血肉往往傷生。後世金石，專取性味平正，而制伏之法，考究特詳。除(流)〔硫〕黄毒能損骨，餘亦無多流弊。至血肉諸品，則有甚至采生折割者，雖皆勢不獲已，而揆諸聖人立法初心，已大有閒。時方乃有以人心、人肝、人膽、人骨、人血入藥者，讀《孟子》獸相食，且人惡之之語，能無毛骨聳然？　茲于此類，概屏弗錄。唯砒石大毒，而有時不得不資用少許者，仍在制伏得法，乃可無害。若人胞、爪甲、齒髮，則皆已見割棄之物，亦無禁焉。

清・杜鍾駿《管窺一得》 中西藥性論　西醫合信氏詆中藥為淡薄無用，且謂五氣五味五色入胃即化各走五臟之說，純屬空言。是說也，蓋不知中藥之功用，妄加詆毀，又何足怪？夫中醫自神農嘗百草，一日而遇七十五毒之後，著為《本經》，垂訓後世，成效昭著。厥後陶弘景之《別錄》，晉唐以來，代有所增。自有明及清而大備。雖牛溲、馬勃、猴結、羊哀，莫不一一搜羅，載於各家本草之中。其中泛而不切者固不能免，而效驗彰彰者實難更僕數也。若概詆為無用，未免厚誣。夫西藥以覇功取效，大都以金石、銅鐵、鉛汞、硝強、硫強、鹼礬、石粉等類，製成藥粉藥水，名之曰鉀養、銅養、鉛養、綠養、輕養、淡養以及汗藥、吐藥、瀉藥，大半又以大黃、巴豆、蓖麻、鴉片為之。氣剛性烈，一味攻病，置元氣於不問。取效速而取禍亦速。嘗見病者痛苦釋後，精神忽離，無故而自斃者甚多。此中亦有定數，非筆舌所能爭也。夫覇功之藥，中國豈少？《內經》所謂毒藥攻邪，即張子和汗吐下三法也。中醫知子和之法而不敢輕用，非畏葸也，為顧惜元氣也。然有膽識者，間嘗用之。而病家又執本草以相繩，某藥毒，某藥剛，某藥傷氣，某藥傷陰，種種懷疑，多方詰難。設強用之，必遭謗毀。坐令智者灰心，巧者避謗。釀出不寒不熱、不攻不補之方，養癰貽患，病久不愈。轉就西醫，孤注一擲。夫西藥之猛之烈，十倍於中藥。徒以形色精良，無從考其性質。病家甘心服之而不疑，即病不起，亦從無歸咎西醫者。若五金、硝硫、鉛汞、大黃、巴豆之類，中國本草未嘗不載其功用，以其毒而猛，故用之者罕，從不敢輕於一試。為顧惜元氣，慎重生命也。且中西異稟，強弱不同。即合信氏亦嘗有言：中土本草所載藥性淡薄者多，偶然誤投，其害尤緩。若番藥各有功力，用之得當，取效甚速，苟或誤施，關係匪輕。又言華人血不足者居多，西人血常有餘。無先用收斂之理，各國人體質不同，治法亦因之小異，不可不知，足見中西體質互異。西醫亦知其未盡合宜，而諄諄垂誡，奈何華人之無識者，反一盲引眾盲至死而不悟。良可歎也！

清・方仁淵《倚雲軒醫案醫話醫論》 《本草綱目》未載新出藥品　李時珍《本草綱目》載藥一千八百餘味，搜索彌遺。自神農已來，未有多於此者。世遞遷而藥遞變，今有其名而無其藥者，已十二三。而《綱目》所未載，近世新出者，亦不少矣。如猴棗、金果蘭、呂宋果、蘇蘿子、胖大海等。其海外西國之藥，不預焉。按猴棗，乃猴傷於獵，自採藥草治愈而成疤。以後再為人獲，疤中有物，如石子圓潤光結，名曰猴棗。能清涼解毒。亦猶牛黃、狗寶難得。蘇卜子和脾舒肝，開欝結之氣。胖大海味辛微苦，溫散肺風而治欬嗽。呂宋果產呂宋，性味功用未詳，俟考。

徐珂《清稗類鈔・藝術類》 太醫院處方　太醫院醫官恭請聖脈，皆隔別分擬，而又不得大有歧異。醫官患得罪，乃推一資格稍長者為首，凡用藥之溫涼攻補，皆此人手持鈕珠某粒為記，各醫生皆視為趨向。又所開之方，必須精求出處，故諸醫擬方，必用《醫宗金鑑》，以其不能批駁也。至次日復診，照例不能復用舊方，又不得多改，惟酌改藥兩三品，方為合格，故復診數次，即與初方宗旨迥不同矣。【略】

蒙古醫士：【略】至居住蒙古本境之人，如有疾病，則延喇嘛診治，兼施針灸，重則更須誦經祈禱。喇嘛治病，雙手切脈，不說病源，不開藥方，無藥店，藥由喇嘛配給。藥不煎飲，研末和水飲之。通常之藥三種，為腦路不凍湯，烏郎湯治風寒咳嗽等症，暢漢湯治頭眩吐嘔等症，功用與內地之紅靈丹、平安散、四小飲等。藥品概由喇嘛自歸化運至。幼兒亦有種痘者，惟尚舊法，無牛痘耳。獸醫亦喇嘛充之，頗有擅長刀圭之術而能起死回生者。【略】

西康醫藥：西康番人有疾病，尚禱祈，或延喇嘛而誦梵經，或入寺院而拜佛像，畫符以避邪祟，問卜以測死生，人人皆然。亦間有番醫，而驗病之方，不察明堂，不究息脈，但以病者之溺一盌，用木枝撓之，觀其顏色泡影而已。至於用藥，亦有草木、鹿茸、麝香之類，惟用醫藥者少耳。光緒丁未，邊務大臣趙爾豐憫番人之疾苦，兼以漢籍軍民出關，醫藥不便，故由川省購藥餅，延醫士，赴裏塘、巴塘、鹽井等處，為人療病，並延痘醫前往，令其種痘。始而番人疑慮，繼則延醫服藥者絡繹不絕。乃奏明設局，廣延醫士，由公家給予薪資，於德格登科、河口、稻城，凡改流之處，皆設有醫士，自是而醫藥始盛行矣。

徐珂《清稗類鈔・藝術類》 草頭醫治疾　我國之醫，恆不識藥，而業藥者則不知醫，故醫藥截然為兩途。俗有賣藥草者，間能治病，於是遂以草頭醫得名。草頭醫所用之藥，名之曰草頭方，苟所患之病不誤傳，往往得奇驗。

宣統辛亥，山陰有羅某至鄉省親，途中腹大飢，無所得食。時適春初，舟子有糉藏於舟，越俗，歲初舟子、轎夫至士紳家，均給以糉及年餻。給羅食之。以過多，遂致疾，藥不能進，羣醫束手。羅有族人某，草頭醫也。至是，乃進言曰：我能醫汝，惟我藥僅餘三丸，今以二丸贈汝，一丸將備以自用。汝愈，當酬我以銀幣四十圓。羅許之，遂取二丸服焉。次日，腹大泄，泄後果愈，即以四十圓致謝。旋知所謂丸者，乃釀酒之酒藥，碎而和之。三丸，僞言也。詰之，某曰：彼以食冷糉致疾，實非疾也，特凝積於腹而不能化，故藥弗進。我以酒藥投之，不旋踵而發酵，酵則凝者浮，積者散矣，故泄也。彼名醫者不解此，故四十圓落我手耳。乃相與一笑而散。

有余一初者，嘗於夏日狂飲燒酒，大啖牛肉。至晚，疾大作，舌焦身熱，便赤成痢。草頭醫曰：食牛致疾，必飲稻草湯始可愈。試之，果立效。

用藥大法部

題解

《黄帝内經素問・五常政大論篇第七十》 岐伯曰：寒熱燥濕，不同其化也。故少陽在泉，寒毒不生，其味辛，其治苦酸，其穀蒼丹。陽明在泉，濕毒不生，其味酸，其氣濕，其治辛苦甘，其穀丹素。太陽在泉，熱毒不生，其味苦，其治淡鹹，其穀[黄十今]秬。厥陰在泉，清毒不生，其味甘，其治酸苦，其穀蒼赤，其氣專，其味正。少陰在泉，寒毒不生，其味辛，其治辛苦甘，其谷白丹。太陰在泉，燥毒不生，其味鹹，其氣熱，其治甘鹹，其穀[黄十今]秬。化淳則鹹守，氣專則辛化而俱治。故曰：補上下者從之，治上下者逆之，以所在寒熱盛衰而調之。故曰：上取下取，内取外取，以求其過。能毒者以厚藥，不勝毒者以薄藥。此之謂也。氣反者，病在上，取之下；病在下，取之上；病在中，傍取之。治熱以寒，温而行之；治寒以熱，涼而行之；治温以清，冷而行之；治清以温，熱而行之。故消之削之，吐之下之，補之瀉之，久新同法。帝曰：病在中而不實不堅，且聚且散，奈何？岐伯曰：悉乎哉問也！無積者求其藏，虚則補之，藥以祛之，食以隨之，行水漬之，和其中外，可使畢已。帝曰：有毒無毒，服有約乎？岐伯曰：病有久新，方有大小，有毒無毒，固宜常制矣。大毒治病，十去其六，常毒治病，十去其七，小毒治病，十去其八，無毒治病，十去其九，穀肉果菜，食養盡之，無使過之，傷其正也。不盡，行復如法。必先歲氣，無伐天和，無盛盛，無虚虚，而遺人夭殃；無致邪，無失正，絶人長命。

宋・唐慎微《證類本草》卷一《序例上》卷一〔《本經》〕 欲療病，先察其源，先候病機，五臟未虚，六腑未竭，血脈未亂，精神未散，服藥必活。若病已成，可得半愈。病勢已過，命將難全。

〔梁陶弘景《本草經集注》〕 右本説如此。按今自非明醫，聽聲察色，至乎診脈，孰能知未病之病乎？且未病之人，亦無肯自療。故桓侯怠於皮膚之微，以致骨髓之痼。今非但識悟之為難，亦乃信受之弗易。倉公有言曰：病不肯服藥，一死也；信巫不信醫，二死也；輕身薄命，不能將慎，三死也。夫病之所由來雖多端，而皆關於邪。邪者，不正之因，謂非人身之常理，風、寒、暑、濕、飢、飽、勞、逸，皆各是邪，非獨鬼氣疫癘者矣。人生氣中，如魚在水，水濁則魚瘦，氣昏則人病。邪氣之傷人，最為深重，經絡既受此氣，傳入臟腑，隨其虚實冷熱，結以成病，病又相生，故流變遂廣。精神者，本宅身以為用。身既受邪，精神亦亂。神既亂矣，則鬼靈斯入，鬼力漸強，神守稍弱，豈得不致於死乎？古人譬之植楊，斯理當矣。但病亦别有先從鬼神來者，則宜以祈禱祛之，雖曰可祛，猶因藥療致愈，昔李子豫有赤丸之例是也。其藥療無益者，是則不可祛，晉景公膏肓之例是也。大都鬼神之害則多端，疾病之源惟一種，蓋有輕重者爾。《真誥》中有言曰：常不能慎事上者，自致百痾之本，而怨咎於神靈乎？當風臥濕，反責他人於失覆，皆癡人也。夫慎事上者，謂舉動之事，必皆慎思；若飲食恣情，陰陽不節，最為百痾之本。致使虚損内起，風濕外侵，所以共成其害，如此者，豈得關於神明乎？惟當勤於藥術療理爾。【略】

療寒以熱藥，療熱以寒藥，飲食不消以吐下藥，鬼疰蠱毒以毒藥，癰腫瘡瘤以瘡藥，風濕以風濕藥，各隨其所宜。

梁陶弘景《本草經集注》 右本説如此。又按藥性，一物兼主十餘病者，取其偏長為本，復應觀人之虚實補瀉，男女老少，苦樂榮悴，鄉壤風俗，並各不同。褚澄療寡婦、尼僧，異乎妻妾，此是達其性懷之所致也。

唐・孫思邈《千金要方》卷一 處方第五 夫療寒以熱藥，療熱以寒藥，飲食不消以吐下藥，鬼疰蠱毒以蠱毒藥，癰腫瘡瘤以瘡瘤藥，風濕以風濕藥。風勞氣冷，各隨其所宜。

雷公云：藥有三品，病有三階。藥有甘苦，輕重不同；病有新久，寒溫亦異。重熱膩滑、鹹酢藥石、飲食等，於風病為治，餘病非對。輕冷麁澀、甘苦藥草、飲食等，於熱病為治，餘病非對。輕熱辛苦、淡藥、飲食等，於冷病為治，餘病非對。其大綱略顯其源流，自余覩狀可知。臨事制宜，當識斯要。

宋・許洪《指南總論》卷上　論處方法　夫處方療疾，當先診知病源，察其盈虛而行補瀉。辨土地寒暑，觀男女盛衰，深明草石甘辛細委，君臣、冷熱，或正經自病，或外邪所傷，或在陰、在陽，或在表、在裏。當須審其形候各異，虛實不同，尋彼邪由，知疾所起。表實則瀉表，裏實則瀉裏，在陽則治陽，在陰則治陰。以五臟所納之藥，於四時所用之宜，加減得中，利汗無誤，則病無不瘥矣。若不洞明損益，率自胸襟，畏忌不分，反惡同用，或病在表而却瀉裏，病在裏而却宣表，在陰則瀉陽，在陽則瀉陰，不能曉了，自昧端由，病既不瘳，遂傷患者，深可戒也。故為醫者，必須澄心用意，窮幽造微，審疾狀之深淺，明藥性之緊緩，製方有據，與病相扶，要妙之端，其在於此。

凡療諸病，當先以湯蕩除五臟六腑，開通諸脈，理順陰陽，令中破邪，潤澤枯朽，悅人皮膚，益人氣力，水能淨萬物，故用湯也。若四肢病久，風冷發動，次當用散，散能逐邪，風氣濕痺，表裏移走，居無常處，散當平之。次當用圓，圓藥者，能逐風冷，破積聚，消諸堅癥，進美飲食，調和榮衛，能參合而行之者，可謂上工。故曰：醫者，意也。大抵養命之藥則多君，養性之藥則多臣，療病之藥則多使，審而用之，則百不失一矣。

宋・陳衍《寶慶本草折衷》卷二《逢原紀略》　記治病當究原：張松《究原方》序云：凡疾必有所從受，其證不一。或見於手足，或發於頭目，或作於腹背脅脇，故醫者多從其所形見以療於外。雖有幸獲少差者，及證狀既異，始茫無所措。百藥俱試，冀於一得，良由真見不明，妄以臆度，不審其從受之原，故力雖勞而效愈遠。猶木之有蠹，蠹本於心，則枝葉皆病。徒灌溉枝葉，求以去蠹，終不可得。所以精察受病之原，不返為藥所誤。

記用藥當審虛實：《究原方》云：俗言不問虛實、目赤、齒齦腫、口瘡，便作虛陽上盛，服黑錫丹藥之屬。若果虛尚可，若實熱則必成瘡癰不測之患。今時多以酒色作虛，初不以人稟賦壯弱為主。有年七旬，強壯而不服藥；有未娶而怯弱，暖藥不離於口。以此推之，當求標本。

記用藥當通變：洪邁《夷堅志》云：張銳醫蔡魯公孫婦，以兒生，明日大泄，而喉痹不食。衆醫曰：二疾如冰炭，又產蓐甫爾，雖扁鵲復生，無活理也。銳曰：使即日愈。取藥數十粒使吞之，咽喉即平，泄亦止。公開宴請銳，酌酒為壽，曰：敢問一藥而治兩疾，何也？銳曰：此於經無所載，特以意處之，乃附子理中元裹以紫雪耳。方喉閉不通，非至寒藥不為用。既已下咽，則消釋無餘。其得至腹中者，附子力也，故一服而兩疾愈。論曰：《吳珽名方》序謂：一病必對一藥者，乃經常之道也。今張氏以意處治，所製元子裹寒藥於外，以寬喉；用熱藥在中，以止泄，故一服而兩收其功。蓋自得乎通變之活法，而不滯於經常也。後人觀此，以類達類，廣而充之，則思過半矣。

記用藥當先探：屠鵬《四時治要》云：凡欲知陰別陽，須當觀脉論形，視喘息，聽音聲，而知病所苦；按尺寸，觀權衡，而知病所生。然後知其虛實，得其本末，更精加審察，徐徐取之。如《仲景活人書》，下證俱備，當行大承氣，必先以小承氣試之；合用大柴胡，必先以小柴胡試之。及陰證曉然，合用四逆湯，必先以理中湯、真武湯之屬試之。此皆大賢得重敵之要，學者其不審乎？論曰：夫湯劑元散，生靈之司命也。死生壽夭，傷寒之瞬息也。豈以試為言哉？蓋與其躁暴而多虞，寧若重敵而無失。矧神醫如張銳，療一傷寒，診脉察色，皆為熱極，煮承氣湯，欲飲復疑，至於再三，如有掣其肘者，始持藥以待。病者忽發顫悸，覆緜衾四五重始稍定，有汗如洗，明日脫然。使其藥入口，則人已斃矣！由此觀之，若屠氏之探試，真後學之龜鑑歟！

記用藥無執偏見：朱肱《南陽活人書》後序云：有好用涼藥者，如附子、硫黃，則不喜用，雖隆冬使人飲冷，服三黃元之類。有好用熱藥者，如大黃、芒消，則不敢使，雖盛暑勸人灸焫而悅切，爇也。服金液丹之類。蓋偏見曲說所越者然也。《活人書》新行之本有此序。

方勺《泊宅編》云：蜀人石藏用，以醫遊都城，名甚著。陳承，餘杭人。一云閬中人，又云武林人。亦以醫顯，石好用暖藥，陳好用涼藥。古之良醫，必量人之虛實，察病之陰陽，而後投以湯劑。或補或瀉，各隨其證。二子乃執偏見於冷暖。俗語曰：藏用檐頭三斗火，陳承篋裏一盤冰。《漁隱叢話》以陳承為劉寅也。

元・李杲《脾胃論》卷上　用藥宜禁論　凡治病服藥，必知時禁、經禁、病禁、藥禁。

夫時禁者，必本四時升降之理，汗、下、吐、利之宜。大法春宜吐，象萬物之發生，耕耨科斫，使陽氣之鬱者易達也。夏宜汗，象萬物之浮而有餘也。秋宜下，象萬物之收成，推陳致新，而使陽氣易收也。冬周密，象萬物之閉藏，使陽氣不動也。〔《經》云〕：夫四時陰陽者，與萬物浮沉於生長之門，逆其根，伐其本，壞其真矣。又云：用溫遠溫，用熱遠熱，用涼遠涼，用寒遠寒，無翼其勝也。故冬不用白虎，夏不用青龍，春夏不服桂枝，秋冬不服麻黄，不失氣宜。如春夏而下，秋冬而汗，是失天信，伐天和也。有病則從權，過則更之。

經禁者，足太陽膀胱經為諸陽之首，行於背，表之表，風寒所傷則宜汗，傳入本則宜利小便。若下之太早，必變證百出，此一禁也。足陽明胃經，行身之前，主腹滿脹，大便難，宜下之，蓋陽明化燥火，津液不能停，禁發汗、利小便，為重損津液，此二禁也。足少陽膽經，行身之側，在太陽、陽明之間，病則往來寒熱，口苦胸脇痛，祇宜和解。且膽者，無出無入，又主發生之氣，下則犯太陽，汗則犯陽明，利小便則使生發之氣反陷入陰中，此三禁也。三陰非胃實不當下，為三陰無傳，本須胃實得下也。分經用藥，有所據焉。

病禁者，如陽氣不足，陰氣有餘之病，則凡飲食及藥，忌助陰瀉陽。諸淡食及淡味之藥，瀉升發以助收斂也；諸苦藥皆沉，瀉陽氣之散浮；諸薑、附、官桂辛熱之藥，及濕麵、酒、大料物之類，助火而瀉元氣；生冷、硬物損陽氣，皆所當禁也。如陰火欲衰而退，以三焦元氣未盛，必口淡淡，如鹹物亦所當禁。

藥禁者，如胃氣不行，內亡津液而乾涸，求湯飲以自救，非渴也，乃口乾也，非溫勝也，乃血病也。當以辛酸益之，而淡滲五苓之類，則所當禁也。汗多禁利小便，小便多禁發汗。咽痛禁發汗利小便，若大便快利，不得更利。大便秘澁，以當歸、桃仁、麻子仁、郁李仁、皂角仁，和血潤腸，如燥藥則所當禁者。吐多不得復吐，如吐而大便虛輭者，此上氣壅滯，以薑、橘之屬宣之；吐而大便不通，則利大便，上藥則所當禁也。諸病惡瘡及小兒癍後大便實者，亦當下之，而薑、橘之類，則所當禁也。又如脉弦而服平胃散，脉緩而服黄耆建中湯，乃實實虛虛，皆所當禁也。人稟天之濕化而生胃也，胃之與濕，其名雖二，其實一也。濕能滋養於胃，胃濕有餘，亦當瀉濕之太過也。胃之不足，惟濕物能滋養。仲景云：胃勝思湯餅，而胃虛食湯餅者，往往增劇濕能助火，火旺鬱而不通主大熱。初病火旺不可食，以助火也。察其時，辨其經，審其病，而後用藥，四者不失其宜，則善矣。

元・曾世榮《活幼口議》卷二　議下藥　議曰：凡調理小兒，須先觀視氣色，察其證候。其或氣色有不正者，謂啼哭而致散亂。即憑察紋診脉有不定者，謂久睡。即究證候，其或症有壞候作變，謂前人攻擊，有傷氣血或傷臟腑。即選良妙方藥以主之。不及則無咎，切不可大過。若以意揣其疾，盲投其藥，深恐有乎得共。古云：醫者，意也。審思前賢，載述妙用，無虞之意，文參詳父兄師長教誨指示，取舍可否之意，又裁度自己曾經療治，輕重量度，斟酌成全之意，三者既備，可謂醫者意也。如此究竟，無不盡善。原夫醫家為用，憑藥以活人，所言下藥者，臨機輻湊是也。可以下即下，當下不下，其候少頃則過矣。不當下而下，其證反為它疾矣。下藥之法，慎勿躊躇。若也思慮可否之間，或反覆再四，則疑在中，有疑切莫用藥，須當預察，無大過不及之議，即而定已，投之決效，非止利下之謂下，又非於投劑之謂下。下者有先有後，或先利而後補，或先補而後利，或先扶表，次救裏，或先救裏，後解表。如此者眾，舉隅而言之。用藥得其中，輕重得其所，是謂下藥。毋恣意，毋致緩，毋倉皇，毋競利，毋勉強，毋疑惑。或得或失，利害有之。利則僥倖以全其功，害則盡世不可言也。凡為醫士用藥，不可妄知，不容無知，不可執見，毋徇眾見，主醫裁藥，明識俱見，按脉對證，心無虧弊，道副自然，以應上古聖意，端的篇章，君臣問答，語言玄妙，至道而已。

元・蕭璜鳴《傷寒用藥說》〔見《敖氏傷寒金鏡錄》〕　夫醫者何？猶防之將也。凡視人疾，在究其淺深之異而療之。且疾之襲人，若寇之侵境。方其至也，必瞰其勢之強弱，先以安撫，次以講和。戒嚴守禦，以防其逆也。如堅然不退，至再、至三，恣強肆侮，意謀土地，當此之際奈何？必選將練兵，尅期攻戰，寇滅乃已。若倉皇無措，則土地陷矣。豈非將者不識韜略，不知合變，以致悮也？可勝嘆哉！夫今之醫，不閱方書，不察脉理，臨症茫然。當解而不解，當吐下而不吐下，畏首畏尾，顛倒錯亂，助病日深。殊不知醫乃司命，其可輕忽如此？大抵病之輕淺者，即為和解。深重者，即便攻擊。故曰用藥之時，膽欲大而心欲小。毋使君臣失職，佐使不當，反嫁疾焉。苟能如將之用兵，進退合宜，操存有法，何疾之不愈也？余每察脉用藥，覺有疑滯，幸承先師之誨，故姑撮其要領以告後人云。至正改元一陽吉日永和三仙至人蕭璜鳴書。

明・劉純《醫經小學》卷五　水火分治一首。出《玉匱金鑰》。　肝膽由來從火治，三焦包絡都無異。脾胃常將濕處求，肺與大腸同濕類。腎與膀胱心小腸，寒熱臨時旋商議。惡寒表熱小膀溫，發熱表寒心腎熾。十二經，最端的，四經屬火四經濕，四經有熱有寒時，攻裏解表細消息。裏熱裏寒宜越竭，表熱表寒宜汗釋。濕同寒，火同熱，寒熱到頭無兩說。六分分來火熱寒，寒熱中停真浪舌。熱寒格拒病機深，亢則害，承乃治，別緊寒，數熱脈，正邪標本求之真妙訣。休治風，休治燥，治得火時風燥了。當解表時莫攻裏，當攻裏時莫解表。表裏如或兩可攻，後先內外分多少。治濕無過似決川，此個筌蹄最分曉。感謝軒岐萬世恩，爭奈醯雞笑天小。

明・寇平《全幼心鑒》卷一　用藥法　用藥之法，不可僻執古方，當加減藥末，細辯冷熱，精辯玄微，使令子母相得，切忌妄自施為，誤投圓散，頃刻反惡，以致不救，傷殘性命，痛切傷心，得不自責。如雄黄、牙硝、石英、南鵬、丹砂之類不可火煎，川烏、半夏、附子、鬱金、南星不生服。精專至誠，依方修製，療疾則隨手而癒矣。

明・俞弁《續醫説》卷四　用藥有權　震澤王文恪公云：今世醫者，率、祖李明之、朱彥脩，其處劑不出參、朮之類，所謂醫之王道也，信知本者矣。然病出於變，非參、朮輩所能效者，則藥亦不得不變。可變而不知變，則坐以待亡；變而失之毫釐，則反促其死，均之為不可也。故曰：可與立，未可與權。藥而能權，可謂妙矣。明之、彥脩未嘗廢權也。世醫師其常，而不師其變，非用權之難乎《震澤文集》？

明・周禮《醫聖階梯》卷一《醫論門》　藥石各逞其能　或問：《經》謂清氣在下則生飧泄，濁氣在上則生膹脹。夫病在上者，法當用木香、檳榔等藥以降之；病在下者，法當用升麻、柴胡等藥以提之，理宜然也。其或泄痢、脫肛、後重、大孔痛不可忍，是為氣下陷也，法當舉之以升麻、柴胡，和之以木香、檳榔。若夫四藥同劑，不無升降混淆，奚有歸一治病之功耶？曰：天生藥石，治病各逞其能。如張仲景製大柴胡湯，用柴胡、大黄同劑，以治傷寒表裏俱見之證。然柴胡升而散外邪，大黄降而泄內實，使病者熱退氣和而愈。今用升麻、柴胡自能升清氣而上行，木香、檳榔自能逐邪氣而下降，故使脫肛舉而後重除，故可同劑而成功矣。何疑之有哉？欲用藥者宜倣此而擴充之可也。

明・皇甫嵩《本草發明》卷一　治病有逆從反正之法　《經》曰：逆者正治。逆病氣而正治。以寒攻熱，以熱攻寒也。從者反治。謂熱因寒用，寒因熱用，塞因塞用，通因通用。伏其所主，而先其所因。其始則同，其終則異。可使破積，可使潰堅，可使氣和，可使必已。熱因寒用，如熱物冷服，下嗌之後，冷體既清，熱性便發，病氣隨愈，醇酒冷飲之類是熱因寒用也。又病熱者，寒攻不入，惡其寒勝，熱乃消除，從其氣則熱增，寒攻之則不入，如荳豉諸冷藥，酒浸溫服之，酒熱氣同，固無違忤。酒熱既盡，寒藥已行，從其服食，熱便隨散，此寒因熱用也。如下氣虛乏，中焦氣壅，腹脹滿甚，食已轉增，欲散滿，恐下愈虛，若補虛，則中滿甚，法宜疏啓其中，峻補其下，少服反滋壅，多服則宣通，中滿自除，下虛斯實，此塞因塞用也。如大熱內結，注泄不止，以寒下之，結散利止；又如寒凝內，久下利溏泄，愈而復發，綿歷歲年，以熱下之，寒去利止，此皆通因通用也。投寒以熱，涼而行之；投熱以寒，溫而行之，始同終異，諸如此等反治之道斯其類。

論治寒熱病求其所屬　帝曰：有病〔熱〕者，寒之而熱；有病寒者，熱之而寒，二者皆在熱，新病復起，奈何？岐伯曰：諸寒之而熱者，取之陰；熱之而寒者，取之陽，所謂求其屬也。諸寒之而熱，謂病熱者投寒藥，而反熱也。取之陰，言壯水之主，以制陽光。諸熱之而寒，謂病寒者投熱藥，而反寒也。取之陽者，言益火之源，以消陰翳。故曰求其屬也。其指水火也，屬猶主也，謂心腎也。求其屬者，言水火不足，而求于心腎也。火之原者，陽氣之根，即心是也。水之主者，陰氣之根，即腎是也。粗工但知以寒治熱，而不知熱之不衰者，由乎真水之不足；徒知以熱治寒，而不知寒之不衰者，由乎真火之不足；不知真水火不足，汎以寒熱藥治之，非惟藏府習熱藥反見化干，其病而有者弗去，無者復至矣。故治熱未已而冷病已生，攻寒日深而熱病更起熱。而中寒尚在，起寒生而外熱不除，豈知藏府之源有寒熱溫涼之主哉。夫取心者不必齊以熱，取腎者不必齊以寒，但益心之陽，寒亦通行，強腎之陰，熱之猶可。苟不明真水火于寒熱之病有必勝必制之道，但謂藥未勝病，愈投愈盛，卒至殞滅，而莫之悟也。

服寒而反熱，服熱而反寒者，何也？曰：治其王氣，是以反也。曰：不治王而然者，何也？曰：不治王氣，屬也。夫五味入胃，各歸所喜，攻酸先入肝，(若)〔苦〕先入心，甘先入脾，辛先入肺，鹹先入腎，久而增氣，物化之常也。氣增而久，夭之由也。治王氣而反，如肝氣溫和，春以清治，而反溫；心氣暑熱，夏以冷治，而反熱；肺氣清涼，秋以溫治，而反清；腎氣寒冽，冬以熱治，而反寒。蓋由補益王氣太甚也。不知物體有寒熱氣，性有陰陽，觸王之氣而補益太甚，則強其用，而臟之寒熱氣自多矣。久而增氣，如久入肝為溫，入心為熱，入肺為清，入腎為寒，入脾為至陰。而四氣兼之，皆為增其味而益其氣，故各從本臟之氣用耳。故久服黃連、苦參而反熱者，此其類也。餘味可以類推。故服之日久而氣增，物化之常。氣增不已，益以歲年，則藏氣偏勝。氣有偏勝，則有偏絕，故曰夭之由也。故藥不具五味，不備四氣，久服雖絕勝，必致暴夭，此之謂歟。

明・李時珍《本草綱目》卷一《序例》 時珍曰：《素問》云：上古作湯液，故爲而弗服；中古道德稍衰，神氣時至，服之萬全；當今之世，必齊毒藥攻其中，鑱石針艾治其外。又曰：中古治病，至而治之湯液，十日不已，治以草蘇荄枝，本末爲助，標本已得，邪氣乃服。暮世治病，不本四時，不知日月，不審逆從，病形已成，以爲可攻，故病未已，新病復起。

淳于意曰：病有六不治：驕恣不論於理，一不治；輕身重財，二不治；衣食不適，三不治；陰陽臟氣不定，四不治；形羸不能服藥，五不治；信巫不信醫，六不治。六者有一，則難治也。

宗奭曰：病有六失：失於不審，失於不信，失於過時，失於不擇醫，失於不識病，失於不知藥。六失有一，即爲難治。又有八要：一曰虛，二曰實，三曰冷，四曰熱，五曰邪，六曰正，七曰內，八曰外也。《素問》言：凡治病，察其形氣色澤，觀人勇怯、骨肉、皮膚，能知其情，以爲診法。若患人脈病不相應，既不得見其形，醫止據脈供藥，其可得乎。今豪富之家，婦人居帷幔之內，復以帛蒙手臂，既無望色之神，聽聲之聖，又不能盡切脈之巧，未免詳問。病家厭繁，以爲術疏，往往得藥不服。是四診之術，不得其一矣，可謂難也。嗚呼！【略】

時珍曰：氣味有厚薄，性用有躁靜，治體有多少，力化有淺深。正者正治，反者反治。用熱遠熱，用寒遠寒，用涼遠涼，用溫遠溫。發表不遠熱，攻裏不遠寒。不遠熱則熱病至，不遠寒則寒病至。治熱以寒，溫而行之；治寒以熱，涼而行之；治溫以清，冷而行之；治清以溫，熱而行之。木鬱達之，火鬱發之，土鬱奪之，金鬱泄之，水鬱折之。氣之勝也，微者隨之，甚者制之；氣之復也，和者平之，暴者奪之。高者抑之，下者舉之，有餘折之，不足補之，堅者削之，客者除之，勞者溫之，結者散之，留者行之，燥者濡之，急者緩之，散者收之，損者益之，逸者行之，驚者平之，吐之、汗之、下之、補之、瀉之，久新同法。又曰：逆者正治，從者反治。反治者，熱因寒用，寒因熱用，塞因塞用，通因通用。必伏其所主，而先其所因。其始則同，其終則異。可使破積，可使潰堅，可使氣和，可使必已。又曰：諸寒之而熱者取之陰，熱之而寒者取之陽，所謂求其屬以衰之也。此皆約取《素問》之粹言。

明・杜文燮《藥鑑》卷一 用藥之法 寒者熱之，熱者寒之。微者逆之，甚者從之。堅者削之，客者除之。勞者溫之，結者散之。濇者行之，燥者潤之。損者益之，驚者平之。逸者行之，上者下之。逆者正治，從者反治。

風則肝，法春木，酸生之道也。失常則病矣，風淫於內，治以辛涼，佐以甘辛，以甘緩之，以辛散之。暑則心，法夏火，苦長之道也。失常則病矣，熱淫於內，治以鹹寒，佐以甘苦，以鹹甘收之，以苦發之。濕則脾，法中央土，甘化之道也。失常則病矣，濕淫於內，治以酸熱，佐以鹹寒，以苦燥之，以淡泄之。燥則肺，法秋金，辛收之道也。失常則病矣，燥淫於內，治以苦溫，佐以甘辛，以辛潤之，以苦下之。寒則腎，法冬水，鹹藏之道也。失常則病矣，寒淫於內，治以甘熱，佐以苦辛，以辛發之，以苦堅之。

假如風淫於內，即是肝木失常，火隨而熾，治以辛涼，是用辛金剋其肝木，涼水沃其炎火也。餘治例此。【略】

病機賦 明藥脉病機之理，識望聞問切之情。藥推寒熱溫涼平和之氣，辛甘淡苦酸鹹之味。升降浮沉之性，宣通補瀉之能。脉究浮沉遲數滑濇之形，表裏寒熱虛實之應。藥用君臣佐使，脉分老幼肥瘦。老人脉濡，小兒脉數，瘦者脉大，肥者脉細。病有內傷外感，風寒暑濕燥火之機。治用宣通補瀉，滑濇濕燥重輕之劑。外感異於內傷，外感有餘，內傷不足。寒證不同熱證，直中之邪為寒，傳經之邪為熱。外感宜瀉，內傷宜補。寒證可溫，熱證可清。外感風寒宜分經而解散，內傷飲食可調胃以消鎔。胃腸主氣司納受，陽常有餘。脾陰主血司運化，陰常不足。胃乃六腑之本，能納受水穀，方可化氣液。脾為五臟之本，能運化氣液，方能充榮衛。胃氣弱，則百病生，脾陰足，而諸邪息。調理脾胃，為醫中之王道，節戒飲食，乃却病之良方。病多寒冷鬱氣，氣鬱發熱。寒為風寒外感，晝夜發熱。冷為生冷內傷，午後發熱。或出七情動火，火動生痰。有因行藏動靜以傷暑邪，或是出入雨水而中濕氣。亦有食飲失調而生濕熱，或有房勞過度以動相火。制伏相火要滋養其真陰，(怯)〔祛〕除濕熱須燥補其脾胃。外濕宜表散，內濕宜淡滲。陽暑可清熱，陰暑可散寒。尋火尋痰，分多分少而治。究表究裏，或汗或下而施。風寒則汗之，謂溫散也。生冷則下之，謂滲利也。痰因火動，治火為先。火因氣生，理氣為本。治火輕者可降，重者從其性而升消。理氣微則宜調，甚則究其源而發散。實火可瀉，或瀉表而或瀉裏，指外感也。虛火宜補，或補陰而或補陽，指內傷也。暴病之謂火，怪病之謂痰。寒熱燥濕風五痰有異，溫清燥潤散五治不同。有因火而生痰，有因痰而生火。或鬱久而成病，或病久而成鬱。金水木火土五鬱當分，泄折達發奪五治宜審。鬱則生火生痰而成病，病則耗氣耗血以致虛。病有微甚，治有逆從，微則逆治，以寒藥治熱，以熱藥治寒。甚則從攻，以寒藥治熱佐以熱藥，以熱藥治寒佐以寒藥。病有標本，治有緩急。急則治標，緩則治本。法分攻補，虛用補而實用攻。少壯新邪專攻是則，老衰久病兼補為規。久病兼補虛而兼解鬱，陳瘕或蕩滌而或消溶。積在腸胃，可下而愈。塊居經絡，宜消而痊。婦人氣滯血瘀，宜開血而行氣。男子陽多乎陰，可補陰以配陽。氣病血病二症宜分，陽虛陰虛兩般勿紊。氣病陽虛，晝重夜輕，自子至巳為陽。血病陰虛，晝輕夜重，自午至亥為陰。陽虛生寒，寒生濕，濕生痰，陽為氣為真火。陰虛生火，火生燥，燥生風，陰為血為真水。陽盛陰虛則生火，火逼血而錯經妄行。陰盛陽虛則生寒，寒滯氣而周身浮腫。陽虛畏外寒，陽氣虛不能衛外，故畏外寒。陰虛生內熱，陰氣虛不能配血，故生內熱。補陽補氣用甘溫之品，滋陰滋血用苦寒之流。調氣貴用辛涼，氣屬陽無形者也。氣鬱則發熱，宜用辛涼之藥以散之。和血必須辛熱，血屬陰有形者也。血積則作痛，宜用辛熱之藥以開之。氣陽為血陰之引導，血陰乃氣陽之依歸。陽虛補陽，陰虛滋陰。氣病調氣，血病和血。陰陽兩虛惟補其陽，陽生而陰自長。氣血俱病只調其氣，氣行而血自隨。小兒純陽而無陰，老者多氣而少血。肥人氣虛有痰，宜豁痰而補氣。瘦者血虛有火，可瀉火以滋陰。膏粱無厭發癰疽，燥熱所使。淡薄不堪生腫脹，寒濕所積。北地聳高宜清熱而潤燥，南方卑下可散濕以溫寒。奇、偶、複、大、小、緩、急，七方須知，初、中、末三治要察。初則發攻，中則調和，末則收補。寒因熱用，熱因寒用。通因通用，塞因塞用。通因通用者，通其積滯而下焦自然開密也。塞因塞用者，塞其下流，而上焦自然開豁也。風能勝濕，濕能潤燥。辛能散結，甘能緩中。淡能利竅，苦能泄逆。酸以收耗，鹹以軟堅。升、降、浮、沉則順之，寒、熱、溫、涼宜逆也。病有淺深，治有難易。初感風寒，乍傷飲食，一藥可愈。舊存痃癖，久患虛勞，萬方難療。臨病若能三思，用藥終無一失。略舉眾疾之端，俾為後學之式。

明・芮經《杏苑生春》卷一　用藥中病不必盡劑　治寒以溫，治熱以涼。蓋溫藥頻施，必至於煩躁。閧熱涼藥頻施，必至於嘔惡沉寒。又如當汗當下，逐水發吐之劑，皆是一時攻邪，豈宜再服？故皆中病即已，不必盡劑。古人有用寒遠寒，用熱遠熱，又有通因通用，塞因塞用，所貴酌量權度，一毫無過用焉，是為活法。

明・沈應暘《明醫選要濟世奇方》卷首　用藥樞機　嘗聞用藥如用兵，而世分王伯之辨，此何以說也。大抵用正則王，用奇則伯，用之得其當則似伯而實王，用之失其當則雖王而亦伯。今夫藥之溫涼寒熱言其性，甘酸辛苦辨其味，浮沉升降異其施，補瀉收散殊其用，此各司治病之功者也。果孰為王，孰為伯乎？曰：嘗觀茯苓、當歸、芍藥、陳皮等劑，性質平和，用雖未當，亦不為害，誠藥中之王道也。假若芩、連之大寒，薑、附之大熱，參、芪之大補，三稜、莪朮之大耗，硝、黃、巴豆、牽牛之大泄，性皆猛狠，未易輕試者也。苟縱巨膽而妄投之，禍不旋踵矣。譬之五伯之兵，惟恃強力以圖倖功，而不顧殞身亡國之禍也。曰是不然。夫用峻利之藥而取禍者，非藥之伯也。用之者，伯之耳。脉症不明，方術倒置，有以致之也，豈藥之故哉？人徒見當歸、芍藥、茯苓、陳皮等劑無甚得失，遂目之為王道，然不知非所用而用，則病邪不解，而終至于危亡矣，安得為王耶？至于大寒、大熱、大補、大瀉之藥，人見其用之不當，取禍反掌，遂畏其為伯，不知脉症精明，施之允當，則以峻利之劑，回生于危迫之沉疴，真若三代之兵，惟恐其來蘇之少後也，何為伯哉？世之醫者，不辨藥性，不精脉理，如當用和平者，而謬投以猛烈之劑，是以斧斤伐山木，以殺僇擾良民也，寧無伯功之害乎？如遇危迫之際，當用峻利者，而猥守和平之劑，是猶舞干羽于七雄角逐之前，脩文教于五胡亂華之日也，寧非王道之悮乎？然藥無王伯，醫有得失，症有緩急，而用有君臣，脉有輕重，而機有操縱，此又不可不知也。如氣血兩病者，而氣分重于血分，則宜以氣藥為主，而以血藥佐之。如調血為急，則以理氣佐之可也。如內外兩病者，而內傷重于外感，則宜以滋補藥為主，而以驅散佐之。如散外為急，則以補內佐之可也。如寒以火鬱，則當開其內鬱之火，而以溫藥兼解其寒。如熱以寒閉，則當祛其外感之寒，而以涼藥兼消其熱。此其君臣佐使、先後緩急之間，誠有樞機在，而昧是者，可得為醫哉？

明・繆希雍《本草經疏》卷一　治法提綱陰陽、寒熱、臟腑、經絡、氣血、表裏、標本先後、虛實緩急　病在於陰，毋犯其陽；病在於陽，毋犯其陰。犯之者，是謂誅伐無過。病之熱也，當察其源：火苟實也，苦寒、鹹寒以折之；若其虛也，甘寒、酸寒以攝之。病之寒也，亦察其源：寒從外也，辛熱、辛溫以散之；動於內也，甘溫以益之，辛熱、辛溫以佐之。

《經》曰：五臟者，藏精氣而不瀉者也，故曰滿而不能實。是有補而無瀉者，其常也。臟偶受邪，則瀉其邪，邪盡即止。是瀉其邪，非瀉臟也。臟不受邪，毋輕犯也。世謂肝無補法，知其謬也。六腑者，傳導化物糟粕者也，故曰實而不能滿。邪客之而為病，乃可攻也。中病乃已，毋盡劑也。

病在於經，則治其經；病流於絡，則及其絡。經直絡橫，相維輔也。病從氣分，則治其氣；虛者溫之，實者調之。病從血分，則治其血；虛則補肝、補脾、補心，實則為熱、為瘀，熱者清之，瘀者行之。因氣病而及血者，先治其氣；因血病而及氣者，先治其血。因證互異，宜精別之。

病在於表，毋攻其裏；病在於裏，毋虛其表。邪之所在，攻必從之。受邪為本，現證為標；五虛為本，五邪為標。譬夫腹脹由於濕者，其來必速，當利水除濕，則脹自止，是標急於本也，當先治其標。若因脾虛，漸成脹滿，夜劇晝靜，病屬於陰，當補脾陰；夜靜晝劇，病屬於陽，當益脾氣。是病從本生，本急於標也，當先治其本。舉一為例，餘可類推矣。

病屬於虛，宜治以緩。虛者精氣奪也。若屬沉痼，亦必從緩。治虛無速法，亦無巧法。蓋病已沉痼，凡欲施治，宜有次第，故亦無速法。病屬於實，宜治以急。實者，邪氣勝也。邪不速逐，則為害滋蔓，故治實無遲法，亦無巧法。此病機緩急一定之法也。【略】

論製方和劑治療大法　夫虛實者，諸病之根本也；補瀉者，治療之綱紀也。何謂虛？五臟六腑虛所生病也。何謂實？五臟六腑實所生病也。《經》曰：真氣奪則虛，邪氣勝則實。虛則補之，實則瀉之。此萬世之常經也。以補為瀉，是補中有瀉也；以瀉為補，是瀉中有補也。譬夫參、耆、炙甘草之退勞倦氣虛發熱，地黃、黃檗之滋水堅腎，以除陰虛潮熱，是補中之瀉也。桑根白皮之瀉肺火，車前子之利小便除濕，是瀉中之補也。舉斯為例，餘可類推矣。升降者，病機之要最也。升為春氣，為風化，為木象。故升有散之之義；降為秋氣，為燥化，為金象，故降有斂之之義。飲食勞倦，則陽氣下陷，宜升陽益氣。瀉利不止，宜升陽益胃。鬱火內伏，宜升陽散火。滯下不休，宜升陽解毒，開胃除熱。因濕洞泄，宜升陽除濕。肝木鬱於地中，以致少腹作脹、作痛，宜升陽調氣。此病宜升之類也。陰虛則水不足以制火，火空則發而炎上。其為證也，為咳嗽，為多痰，為吐血，為鼻衄，為齒衄，為頭痛，為齒痛，為眼痛，為頭眩，為暈，為眼花，為惡心，為嘔吐，為口苦舌乾，為不眠，為寒熱，為骨蒸，是謂上盛下虛之候。宜用蘇子、枇杷葉、麥門冬、白芍藥、五味子之屬以降氣，氣降則火自降，而氣自歸元。而又益之以滋水添精之藥，以救其本，則諸證自瘳。此病宜降之類也。設宜降而妄升，當升而反降，將使輕變為重，重必斃矣。

明・黃承昊《折肱漫録》卷一　方書言治病者，衰其大半而止，不可過劑，過則反傷元氣。大凡以藥攻病者，去其大半，即宜養正氣，而佐以祛邪，正氣充，則邪氣自盡。若必欲盡去其邪，而後補正，將正氣與邪氣俱盡而補之，難為力矣。予少不知此理，每為人言所悞。王節齋論治痰，謂中焦之痰，胃亦賴其所養，難以盡去，去盡則胃虛而難治，亦同此理。常聞庸醫有祛邪務盡之語，大是悞人。

立齋曰：《異法方宜論》云東南之域，卑下濕熱，其人腠理疏通，汗液妄泄，陽氣內虛，故宜食椒、薑辛熱之物，以助其陽。西北之域，高陵風寒，其人腠理緻密，汗液內固，陽氣充實，不宜食椒、薑辛熱之物，反益其陽。昔東坡先生仕黃州，其民疫癘流行，先生以聖散子治之甚效。蓋其地卑濕，四時鬱熱，腠理疏通，陽氣虛寒，是以相宜。西北疫癘民用之死者接踵。風氣各別，治法不同，不可不知也。

明・李中梓《醫宗必讀》卷一　辨治大法論：病不辨則無以治，治不辨則無以痊。辨之之法，陰陽、寒熱、臟腑、氣血、表裏、標本先後、虛實緩急七者而已。

陰陽者，病在於陰，毋犯其陽；病在於陽，毋犯其陰。謂陰血為病，不犯陽氣之藥，陽旺則陰轉虧也；陽氣為病，不犯陰血之藥，陰盛則陽轉敗也。

寒熱者，熱病當察其源，實則瀉以苦寒、鹹寒，虛則治以甘寒、酸寒，大虛則用甘溫，蓋甘溫能除大熱也。寒病當察其源，外寒則辛熱、辛溫以散之，中寒則甘溫以益之，大寒則辛熱以佐之也。

臟腑者，《經》曰：五臟者，藏精而不瀉者也。故有補無瀉者，其常也，受邪則瀉其邪，非瀉藏也。六腑者，傳導化物糟粕者也，邪客者可攻，中病即已，毋過用也。

氣血者，氣實則宜降、宜清，氣虛則宜溫、宜補。血虛則熱，補心、肝、脾、腎，兼以清涼；血實則瘀，輕者消之，重者行之。更有因氣病而及血者，先治其氣；因血病而及氣者，先治其血。於表裏者，病在於表，毋攻其裏，恐表邪乘虛陷入於裏也；病在於裏，毋虛其表，恐汗多亡陽也。

標本先後者，受病為本，見證為標；五虛為本，五邪為標。如腹脹因於濕者，其來必速，當利水除濕，則脹自止，是標急於本，先治其標；若因脾虛漸成脹滿，夜劇晝靜，當補脾陰，夜靜晝劇，當補胃陽，是本急於標，先治其本。

虛實者，虛證如家貧室內空虛，銖銖累積，非旦夕間事，故無速法；實證如寇盜在家，開門急逐，賊去即安，故無緩法。

以上諸法，舉一為例，餘可類推，皆道其常也。或證有變端，法無二致，是在圓機者神而明之。書家有言曰：學書先定規矩，然後縱橫跌宕，惟變所適。此亦醫家之規矩也，若不能縱橫跌宕，是守株待兔耳，司命云乎哉？

明·李中梓《本草通玄》卷下　用藥機要：醫之神良，識病而已；病之機要，虛實而已。虛甚者必寒，實甚者必熱，然常病易曉，變病難知。形衰神憊色夭，脉空而知其虛；形盛神鼓色澤，脉強而知其實，不待智者決也。至實有羸狀，悮補益疾；大虛有盛候，反瀉含寃。陽狂與陰燥不同，蚊跡與發癍有別，自非洞燭玄微者，未易辨也。

居養有貴賤，年齒有老少，稟賦有厚薄；受病有久新，臟腑有陰陽，情性有通滯；運氣有盛衰，時令有寒暄，風氣有南北。六氣之外客不齊，七情之內傷匪一，不能隨百病而為變通，乃欲執一藥而理眾病，何可得也！故曰：用古方治今病，譬猶拆舊料改新房，不再經匠氏之手，其可用乎？明于此者，始可與言醫也矣。

清·喻昌《醫門法律》卷一　申治病不知約藥之律律一條，發明《內經》二條。

凡用藥太過不及，皆非適中。而不及尚可加治，太過則病去藥存，為害更烈，醫之過也。

帝曰：【略】

下品烈毒之藥，治病十去其六，即止藥。中品藥毒次於下品，治病十去其七，即止藥。上品藥毒，毒之小者，病去其八，即止藥。上、下、中品，悉有無毒平藥，病去其九，即當止藥，此常制也。

有毒無毒，所治為主，適大小為制也。

但能破積愈疾，解急脫死，則為良方。非必以先毒為是，後毒為非；無毒為非，有毒為是。必量病輕重、大小而制其方也。

《周禮》令醫人採毒藥以供醫事，以無毒之藥可以養生，不可以勝病耳。今世醫人通弊，擇用幾十種無毒之藥，求免過愆，病之二三且不能去，操養癰之術，坐悮時日，遷延斃人者比比。而欲已身長享，子孫長年，其可得乎？

清·郭章宜《本草匯》卷一　治病察機　《本草》云：欲療病，先察其源，先候病機，五臟未虛，六腑未竭，血脉未亂，精神未散，服藥必活。若病已成，可得半愈。病勢已過，命將難全。陶弘景曰：自非明醫聽聲察色診脉，孰能知未病之病乎？且未病之人，亦無肯自療，故齊矦怠于皮膚之微，以致骨髓之痼。非但識悟之為難，亦乃信受之非易。【略】又有八要：一虛，二實，三冷，四熱，五邪，六正，七內，八外也。

清·尤怡《醫學讀書記》卷下　方法餘論　治外感，必知邪氣之變態；治內傷，必知臟腑之情性。治六淫之病，如逐外寇，攻其客，毋傷及其主，主弱則客不退矣。治七情之病，如撫亂民，暴其罪，必兼矜其情，情失則亂不正矣。

營道者，知其雄，守其雌。製方者，知其奇，守其正。

攻除陳積之藥，可峻而不可駛，宜專而不宜泛。駛則急過病所，泛則搏擊罕中，由是堅壘如故，而破殘已多，豈徒無益而已哉？

母之與子，氣本相通。母旺則及其子，子旺亦氣感於母。故《刪繁論》云：肝勞病者，補心氣以益之。餘藏皆然。則不特虛則補其母一說已也。

陽與陰反，然無陰則陽不見矣。邪與正反，然無正則邪不顯矣。是以熱病飲沸湯而不知熱，痿痹手足反無痛者，陰盛而無與陽忤，正衰而不與邪爭也。如是者，多不可治。

木、火有相通之妙，金、水有相涵之益。故不特木能生火，而火亦生木。不特金能生水，而水亦生金。水之生金，如珠之在淵。火之生木，如花之含日。

清·許豫和《許氏幼科七種·散記續編》 用藥有法　古言用藥如用兵，予謂用藥如用人，務識其人之心腹可使，而後用之。茫茫大地，人山人海，何能盡識。一部《綱目》，藥味數千，何能盡用。古人經驗之方，親嘗氣味，識其性而嘗用者，十中不過一二。我識其性者，我用之。彼識其性者，彼用之。眾人所共識者，眾人共用之。彼不識其性而妄用，其失在彼。彼識其性而我未之嘗、未之試者，斷不敢從彼。不敢從彼者，未知彼果識其性與否也。我識其性，我真識其性，屢試而不敗吾事，然後置諸囊中。如仲景之桂枝、麻黃，用作風寒兩解。東垣之升、柴、羌、獨，可佐參、芪而得力。丹溪之知、栢用作補陰以配陽，河間善攻而有地黃飲子，則知其攻之非妄也。子和善吐下，見悮補之傷人，力行三法，有卓識也。庸工認症不真，妄施良毒，何異用人不實？如果見症不差，藥病相當，雖毒藥可使也。

仲景方中無秦艽，而《機要》有大秦艽湯，後人用治風症，取效甚多。皆云勝於侯氏黑散、引風續命等方，豈後世之見，長於仲景乎？病機有異，時勢不同耳。

侯氏黑散中，重用礬石，後人所不敢。其法：初服二十日，溫酒調服方寸匕，禁一切魚肉，常宜冷食，六十日止藥。藥積腹中不下，熱食即下矣。礬石得冷則止，得熱則行，藥力填塞空竅，則舊風盡去，新風不受，藥行則病解矣。喻嘉言謂其能行堵截法，是聖於製方者。予謂方稱侯氏，則非仲景方，喻嘉言未必實用其藥。即令病者肯服，亦未必服至六十日之久，填堵胃中而兼冷食以助之也。人以胃氣爲本，豈有冷食填堵六十日，而不生變者乎？仲景服桂枝湯，須臾啜稀粥一碗以助藥力，何等爽快。盡信書不如無書，冷食填塞，吾不敢信也。

仲景抵當湯，治太陽熱結少腹堅滿，小便自利，其人發狂者，必有畜血。所以然者，以太陽隨經瘀熱在裏故也。桃仁、大黃，加入蝱蟲、水蛭，以蝱蟲、水蛭為食血蟲也，蝱蟲敢用，水蛭則不敢。予曾治熱病畜血發狂，與汪赤厓同製代抵當丸用之効。

河間、東垣之砒石、硇砂，吾但服其神明，而無其膽識。【略】

又云：《內經》統論藥，則曰辛甘淡三味為陽，酸苦鹹三味為陰，辛甘發散，淡滲泄，酸苦鹹湧泄，發散者歸之汗，湧者歸於吐，泄者歸於下，殊不言補，乃知聖人止有三法，無第四法也。然則聖人不言補乎？蓋汗吐下以草木為治也，補者以穀、肉、菓、菜，養口體者也。

又云：予之三法，能兼眾法。用藥之時，有按有蹻，有揃有導，有減有增，有續有止。今之醫者，不得予之法，皆仰面而笑曰：吐者瓜蒂而已矣，汗者蘇黃而已矣，下者巴豆、牽牛、大黃、芒硝、芫花、甘遂而已矣。既不得其術，從而誣之。予固難與苦辨，所謂三法兼眾法者，如引涎、漉涎、嚏氣、追淚，凡上行者，皆吐法也。炙蒸、薰渫、洗熨、烙針、砭射、導引、按摩，凡解表者，皆汗法也。催生、下乳、磨積、逐水、破經、泄氣，凡下行者，皆下法也。此予之法，所以該眾法未嘗棄，眾法各相病之所宜，大率三法居其八九，而眾法所當纔一二也。至於吐中有汗，下中有補，所謂三法而兼眾法也。時俗習溫補者多，故節録戴人快論以救之。

藥為我用，以治彼病，用之權在我，受之權在彼。兵法有言，知彼知己，每戰必勝。知彼者，彼果有是病，果能受我之藥，其病在於何經何藏，我用之藥，適至其所，則病當之，病當之則病去而元氣不傷。無是病而用是藥，或有是病而不在其處，謂之誅伐無過，元氣受傷，輕者致重，重者不可為矣。

去病如治米，簸之揚之，糠粃在前；淘之汰之，瓦礫在後。人身以通暢為快，久懣者思嚏，久臥者思起。頭髮結滯，急與梳通；芒刺在肉，急與抉剔。病不除而言補，可乎？

清·許豫和《許氏幼科七種·橡村治驗》 用藥須知　用藥之機，在乎辨症。辨症不明，藥於何有？能知辨症，在乎明理。不讀詩書，理安得明？【略】

六經而下，張劉朱李，都要會通，臨症自有感觸，用藥自無偏頗。常見有專事溫補者，有習用寒涼者，只讀得一家書耳。

作文要中題，射箭要中的，用藥要中病，八面風欄杆，網習以為常，而不知愧醫云乎哉！

欲知用藥，先須識藥，不識形色氣味，何由知所使？

識得形色氣味，並須識藥之真偽，及收采之時、修治之法，而藥之性，始與吾心相感，乃能用之而不疑。

形色，藥之體也；氣味，藥之用也。藥之取效，氣味為重。羌、獨、藁本、荊芥、薄荷，以氣用者也。芩、連之苦，烏梅之酸，食鹽之鹹，國老之甘，以

味用者也。椒、桂、大黄，氣味俱厚，惟善用者，〔能收奇功。〕

六淫外侵，以仲景法治之，仲景之用參、附，所以驅邪也。七情内結，以東垣法治之，東垣之用升、柴，所以輔正也。舉此推之可也。

藥為我用，則參、附可使驅邪，升、柴可使輔正。我為藥用，則參、耆益氣，歸、芍養血而已。

予一生内熱服丸藥數十年，不離知、栢，並無中寒之患。一日在席，悞食椒醬一豆許，當時唇腫喉痛，故一生用藥，惟桂、附最慎。

桂、附雖慎，認症的確，予亦何嘗肯廢。但不敢輕用耳。然見有常服者，與予之服知、栢同。人之禀賦，本自不齊，藥為補偏救弊而設。然求之桂、附之體，則百中不過一二。

細辛一味，非東南分野之藥。真少陰症，仲景麻黄附子細辛湯用之，餘無敢用者，邇來喉科每輕用細辛，予曾見服細辛者幾人，皆咽喉糜爛而死。不知藥性之利害，罔人性命，哀哉！

沙參、石斛、扁豆、茯苓，雖悞用何傷？參、耆悞服，亦在可救。若芩、連之寒，桂、附之熱，麻黄之散，大黄之利，一或有差，變生頃刻，是以古人諄諄致戒。故麻黄之用滾湯泡過，大黄之酒浸酒洗，吴萸之湯泡七次，應用處尚如此其斟酌，而況蠟匱巴霜，棗變百祥，能使毒藥赴病，正氣不傷，學者俱當細細玩味。

藥有當製者，如達表和血之用酒製，消痞斂汗之用醋製，潤下之用鹽水，和脾之用陳土、米泔，止嘔之用薑汁，皆萬不可損者也。

白术之功在燥，炒之以土，益其燥也。地黄之用在滋，蒸及九次，透其液也。世有惡白朮之燥而蒸用之，慮地黄之滯而炒用之，是欲疾其車，而方其輪，趨程而刖其足也。

或問穀芽與老米同性，其用亦有別乎？予曰：有。穀芽含生發之機，宜於胃。老米抱陳腐之氣，利於脾。

炒黑藥，如荊芥、蒲黄、地榆、槐花之屬，古人用以止血。邇時有不因血症，而牛膝、麥冬亦炒成炭，甚至銀花、菊花亦炒成炭，欺人乎？自欺乎？

牡蠣炒阿膠，便泄者宜之。血液之屬，必竟以淡酒溶化為是。

臍帶有三孔，一通天氣，一通地氣，一通母氣。河車置器中，以水浮起，覆者為男，仰者為女，此物之易辨者。虎豹之骨，麋鹿之茸，此物之難辨者。阿膠、寄生之多偽，非目睹，終難信，諒情用之，不必深責。

赤小豆，赤而緊小者，能利濕。肆中所用，形圓而半黑者，名相思子，不可用。

穭荳，生於野，晚成，得清露之氣，清涼解毒之最妙者。

凡物可食，而有利於病者，謂之餌。草木蟲魚之不可食，而有功於病者，則謂之藥。食之不必入乎藥，猶藥之不可以為食。俗有以海參、魚鰾、燕窩、淡菜等物，加入養陰藥中服之，些少無功。可見此時醫好異之過也。《經》曰：陰之所生，本在五味，調和作膳，豈不大妙。

或謂食物既不入藥，則古人之用飴糖、葱白、薑、棗，獨非食物乎？予曰：此世俗之所謂藥引者也。藥之疏散，貴有生氣，生薑、葱白，助表藥而生發之也。中氣不立，飴糖之甘，以守中。榮衛不和，薑、棗之辛甘，以和榮衛，統諸藥之力歸之，藥引之中，所以為妙。仲景方後，仿而行之，必如逍遥之用薄荷，歸脾之用龍眼則可。若如近時之用燕窩、淡菜、荸薺、筍尖、蘿蔔之類，則未見其可也。

或謂痘科之用魚、筍，非藥引乎？予曰：痘以發為主，納清涼之力於魚、筍之中，引而伸之，則藥力得矣。

調治内傷，以脾胃為主。歸脾湯，心之脾胃藥也。逍遥散、歸芍六君，肝之脾胃藥也。生脉湯，補中益氣，肺之脾胃藥也。六味地黄湯，腎之脾胃藥也。地黄以色名，生用為脾胃之正藥，煮熟色黑，遂用為補腎之藥。黑者，色之變也，非地黄之本色也。世俗之論，地黄丸以其中有茯苓、山藥，謂其能補脾者，此見之淺也。六君之補脾胃，補後天之脾胃也。地黄之色變而為黑，補先天之脾胃也。

地黄生用苦寒，熟則變為甘溫。既已甘溫，非脾胃藥乎？（色）色既自黄而黑，味復由苦而甘，脾腎兼補，顯然明矣。世人惑於泥膈之說，使先天之脾胃無以茲生，致令火炎土燥，肺金消鑠，而不可為矣。

清·羅國綱《羅氏會約醫鏡》卷二 用藥之法 《經》曰：塞因塞用，通因通用，寒因熱用，熱因寒用，用熱遠熱，用寒遠寒。不無義理，宜明析之。脾虚作脹，治以參术。脾得補而能運化，則脹自消，所謂塞因塞用也。傷寒挾熱下利，中有燥屎，用承氣湯下之乃安，所謂通因通用也。寒因熱用者，藥本寒也，而反佐之以熱藥一二味，或寒藥熱服。熱因寒用者，藥本熱也，而反佐之以寒藥一二味，或熱藥冷服，俾無拒格之患。所謂必先其所主，而伏其所因也。用熱遠熱，用寒遠寒者，如寒病宜投熱藥，熱病宜投寒藥，僅使中病即止，勿過用焉。過用則反為藥傷矣。如前諸法，前賢既已指示，後人宜為會悟。

清・黃元吉《醫理發明》卷一　論用藥無過緩　夫人之受病也，有輕重焉，有近遠焉。而醫為治病之司，誠能診脉時務必審其病之輕重，問其日之近遠，用藥服藥，可易見效。若不審其病之重輕，日之近遠，概以些些之藥服之，藥不勝病，終難奏功。病者不能深信，醫者亦枉其勞，欲求重病久病之愈，豈可得哉？誠能於診脉時認真審的其脉，實在病重者，即量其病而用大劑，使藥能勝病，病雖重雖久，亦可陸續見效而全。

論治病無太急　夫藥者，治病也。若醫診的其脉，果立方無差，雖有十分之病，而用七分之藥，使藥能治病，其病自可漸退，正氣不致大傷，亦可易於調養，又不能轉變他病，以致誤人性命。倘見症不真，以十分之藥，治三分之病，藥過於病，不惟不愈其病，必過傷其氣血，症未愈而他病生，即醫能挽回，亦大費躊躇矣。

論治病用藥合式　夫病者，以藥愈也。有是病而用是藥，藥到而症自減。若有是病而無是藥，不惟藥到病不減，而服藥反更增其病矣。是故醫之治病也，務於診脉時小心詳審脉之虛實表裏，因症立方，使藥進症退。切不可執己之見，好用某藥，好用某方，症藥不對，服之不但不效，必多致誤人性命。慎之慎之！

清・奎瑛《素仙简要》卷上　素仙法則　原夫補氣自然生血，氣藥過於血藥，反至銷鑠真陰。補血不能生氣，補陰過於補陽，亦能尅害元神。痰隨氣上，降痰先須利氣。痰生脾弱，化痰先要實脾。一水不補，則二火不息。元氣不充，則邪氣不消。逐痰太過，必致傷脾。瀉火太過，必致傷胃。脾傷則腫脹泄瀉，胃傷而寒嘔不食。開氣用溫藥，順其性也。更有氣盛上衝，非寒不制。瀉火用涼藥，制其性也。如其火極上炎，非熱不墮。火壅咽喉，不宜下逐。氣滯腰膝，猶可升提。脾虛而肺必虧，補脾須兼補肺。心弱而脾必病，養心當兼養脾。風從上始，用汗劑而平者，此風因雨靜之意。濕從下起，投風藥而愈者，此濕以風乾之理。水利而渴消，若欲治渴，尤忌逐水。氣清則血生，若欲理氣，當禁補血。春夏主乎寒涼，秋冬濟於溫熱。伐實補虛，引經為要。修方進藥，禁忌宜知。大黃、芒硝，一切尅伐之劑，利於西北，勿驟施於東南寒弱之人。蒼朮、半夏，諸凡香烈之藥，宜於東南，勿輕加於西北風燥之地。其間氣運不齊，未可執一而論。男子須養陰降火，婦女要理氣調經。辛苦之人病，清利為先。膏粱之子病，滋補為上。治久病先扶元氣，攻急症暫伐餘邪。治病不顧真元，非探本之論。用藥不慮將來，豈明理之儒。此又功用之要旨，不可不知也。

清・石壽棠《醫原》卷下　用藥大要論　《易》曰：立天之道，曰陰與陽；立地之道，曰柔與剛。草木雖微，其氣味有陰陽之分，體質有剛柔之別，一物一太極也。古人論藥性，多言氣味，少言體質。蓋以地之剛柔，即天之陰陽所化，言陰陽而剛柔即在其中。後人不悟此理，每每誤用。春山先生謂病有燥濕，藥有燥潤。凡體質柔軟，有汁有油者，皆潤；體質乾脆，無汁無油者，皆燥。然潤有辛潤、溫潤、平潤、涼潤、寒潤之殊，燥有辛燥、溫燥、熱燥、平燥、涼燥、寒燥之異，又有微潤、甚潤、微燥、甚燥之不同。大抵潤藥得春、秋、冬三氣者多，得夏氣者少；燥藥得夏、秋、冬三氣者多，得春氣者少。燥藥得天氣多，故能治濕；潤藥得地氣多，故能治燥。藥未有不偏者也，以偏救偏，故名曰藥。試舉其大略言之，辛潤如杏仁、牛蒡、桔梗、葛根、細辛、前胡、防風、青蒿、紫菀、百部、當歸、川芎、桃仁、紅花、茺蔚子、白芷、鮮石菖蒲、遠志、鮮鬱金、蜀漆、殭蠶、芥子、萊菔子、蘇子、薤白、生薑、豆豉、葱白、芹菜汁、韭汁之類。溫潤如黨參、高麗參、黃芪、甜冬朮、蓯蓉、枸杞、山萸、菟絲、蘆巴、巴戟天、桑椹、金櫻子、五味子、桂圓、大棗、胡桃、鹿茸、鹿角、鹿膠、羊腎、海參、淡菜、紫河車、坎氣之類。大抵溫潤一類，氣溫，得天氣多；質潤，得地氣多。受氣比他類較全，且味多帶甘，秉土之正味，治陰陽兩虛者，頗為合拍。平潤如南北沙參、東洋參、熟地、首烏、芍藥、玉竹、百合、沙苑、柏子仁、酸棗仁、甜杏仁、冬瓜仁、麻仁、亞麻仁、黑脂麻、烏梅、蜂蜜、飴糖、阿膠、燕窩、猪膚、鴨湯、人乳之類。涼潤如乾地黃、元參、天麥冬、西洋參、鮮石斛、女貞子、銀花、菊花、鮮桑葉、蒲公英、知母、荷葉、竹瀝、竹茹、竹葉、淡竹葉、蘆根、白茅根、懷牛膝、川貝母、枇杷葉、瓜蔞、花粉、海藻、昆布、柿霜、紫草、白薇、梨、藕、蔗汁、荸薺汁、露水、龜板、鱉甲、牡蠣、決明、文蛤、海浮石、童便之類。寒潤如石膏、鮮地黃、犀角、羚羊角、蚌水、猪膽汁之類。辛燥如羌獨活、蘇葉、荊芥、薄荷、藿香、佩蘭、香茹、木香、香附、麻黃、桂枝、牽牛、芫花之類。溫燥如蒼朮、厚朴、半夏、半夏雖燥，其質尚滑。南星、蔻仁、砂仁、益智仁、破故紙、山楂、青陳皮、檳榔之類。燥熱如附子、肉桂、乾薑、肉桂、桂枝、乾薑質雖微潤，究竟氣厚。炮薑、吴萸、椒目之類。平燥如茯苓、琥珀、通草、苡仁、扁豆、山藥、山藥體微燥，而精尚多。甘草、神麴、炒穀芽、猪苓、澤瀉、川牛膝、萆薢、茵陳、防己、豆卷、蠶砂、車前子、海金砂車前子精汁頗多，但其性走泄。海金砂質微燥。二者在利水藥中，尚不甚傷陰。之類。涼燥如連翹、梔子、霜桑葉、丹皮、地骨皮、釵石斛、滑石、寒水石、柴胡、升麻、蟬退、鈎藤、槐米、枳殼、枳實、葶藶子之類。寒燥如黄連、黄芩、黄柏、木通、苦參、金鈴子、龍膽草、大黄、元明粉、大戟、甘遂之類。本草體質，大略如此。然既詳其體質，又須辨其氣味。大抵氣薄者多升、多開；味厚者多降、多闔。辛甘發散為陽，主升；酸苦涌泄為陰，主降。溫者多開，寒者多闔。瀉者多開，補者多闔。辛苦、辛酸之味多開，酸鹹之味多闔。辛能散、能潤，又能通津行水；苦能燥、能堅，又能破泄。酸能收之；鹹能軟之，又能凝之；甘得土之正味，甘藥皆無毒。同開則開，同闔則闔，緩中之力獨多；淡得天之全氣，淡薄無味象天，寓有清肅之燥氣，故功專滲濕。上升於天，下降於泉，滲濕之功獨勝。若夫水族，如鼀板、鼈甲諸品，稟乾剛之氣，得坎水之精，體剛質柔，味鹹而淡，能攻堅軟堅，能燥濕清熱，能滋陰潛陽，一藥三用，陰虚夾濕熱者、血燥結塊者，用之尤宜。獨是草木受氣多偏，味難純一，一藥多兼數味，或先苦後辛、後甘，或先甘後辛、後苦，總以味偏勝者為主，味居後者為真，但須平昔親嘗，方能不誤。春山先生從邵子元運之説，謂古今藥性，未能畫一，如今之元會世運，正當燥火司天，故燥病獨多，萬物亦從之而變燥，金味辛，火味苦，故藥味多變苦辛。愚按：元運之説，似難盡憑，而地氣不同，確有可據。如論中所辨麥冬本甘，今甘中帶辛，杭產者辛味猶少，川產者辛味較多。釵斛本淡，今霍山產者，地近中州，味仍甘淡，川產者，味淡微苦，廣西、雲南產者，味純苦而不甘，以廣西、雲南居中州西南之邊陲，得燥火之氣獨勝也。所辨實皆不爽，不獨時地不同，即種植亦異。如高麗人參，氣本微濕，今用硫黄拌種，則溫性較勝。如此類推，不可枚舉。至用藥之法，須知用意。醫者，意也。以意治病，是最上一乘，不得已而用藥，已落二乘，然無情之藥，以有知之意，用之則靈。古法用藥如用兵，用兵有戰有守，有奇有正，用藥亦然。夫以天地之氣，猶橐籥之開闔，運行不息，故能化生萬物，在人則不能，故其機一停則病，一偏亦病，一息則死。六氣之中，寒、濕偏於闔；燥、火偏於開；風無定體，兼寒、濕則闔，兼燥、火則開；暑有熱有濕，偏於熱者多開，偏於濕者多闔。用藥治病，開必少佐以闔，闔必少佐以開，升必少佐以降，降必少佐以升，或正佐以成輔助之功，或反佐以作嚮導之用，陰陽相須之道，有如此者。燥病治以潤，不妨佐以微苦，以微苦屬火，火能勝金也；濕病治以燥，不如治以淡，以淡味得天之燥氣，功專滲濕也。更有病純者藥純，病雜者藥雜。如瀉心、黄連諸湯是也。有病雖雜而出於一源，則立方要有專主；有病雖純而夾以他病，則立方要有變通。燥病須防其夾濕，濕病須防其化燥。觀其已往，以治其現在；治其現在，須顧其將來。表裏、寒熱、虚實，固當分明；標本、先後、重輕，尤宜權變。燥病當用膏滋，濕病當用丸散。燥病夾濕，潤藥用炒，或用水丸；濕病化燥，燥藥用蒸，或用蜜丸。欲其速行，則用湯藥，取湯以蕩之之義；欲其緩化，則用丸藥，取丸以緩之之義。至於煎法，亦當用意。如陰液大虧，又夾痰涎，則濁藥輕煎，取其流行不滯。如地黄飲子是也。如熱在上焦，法宜輕蕩，則重藥輕泡，取其不犯下焦。如大黄黄連瀉心湯是也。如上熱下寒，則寒藥淡煎，溫藥濃煎，取其上下不礙。如煎附子瀉心湯法。或先煎以厚其汁，或後煎以取其氣，或先煎取其味厚而緩行，或後煎取其氣薄而先至。如大承氣湯，先煎大黄、枳實、厚朴，後下芒硝是也。欲其速下，取急流水；欲其緩中，用甘瀾水。即千揚水，如煎大半夏湯法。欲其上升外達，用武火；欲其下降內行，用文火。或藥後啜薄粥，助藥力以取汗。如服桂枝湯法。或先食後藥，助藥性之上升。種種治法，非參以意不可。試觀仲景先師，一百一十三方，三百九十七法，皆有真意存乎其間。學者以意會意，自有心得。此不過論其大略而已！

清・高奉先《醫宗釋疑》卷一　用藥須知法　病猶賊也，藥猶兵也，醫猶帥也。不善用兵，不可以為帥。不善用藥，不可以言醫。藥分四相，有毒者半。金、石、草、木，性各不同，用之不善，豈不夭人，長命者幾希矣。夫虚者補之，用補不善則重虚。實者瀉之，用瀉不善則重實。涼劑不善用，熱從中生。熱劑不善用，寒從外起。此病未去，彼病復生。二地補腎陰，苦寒則敗脾。桂附益相火，辛熱則傷肺。參朮補脾胃，甘溫生中滿。芩連瀉火熱，寒涼傷正氣。有益於此，必損於彼。多服苦寒，久而增氣。多服辛熱，久而畏寒。久補則氣餒，久瀉則致痞。過寒生熱，過熱生寒，過猶不及，物極則反。此無他用之不善也，而善用者，豈然乎？有通因通用者，熱逼暴注反瀉之，熱去則瀉止。有澹因澹用者，虛鬱脹滿反補之，氣化則脹消。有熱因熱用者，浮陽上越反溫之，窩暖陽自回。有寒因寒用者，熱深發厥反攻之，熱去則不厥。假病所以反用也。有相佐而用者，防風佐黄耆，補氣於周身。枳實佐大黄，去積而能通。竹瀝佐薑汁，通行經絡。葱白佐麻黄，能發腠理。相佐功力益大也。有相治而用者，白芍治麻黄發表不傷氣，茯苓治熟地補陰不泥滯，薑汁治黄連清胃不寒中，甘草治大黄攻裹不傷脾，相治以安其亂也。有相兼而用者，用陽必兼陰，無陰則亢害。用補必兼瀉，無瀉則泥滯。用升必兼降，無降則厥逆。用散必兼斂，無斂則耗氣，相兼以補其偏也。有相須而用者，人參無甘草，白朮無陳皮，猶門户之無樞。黄栢無知母，故紙無胡桃，猶水母之無蝦，相須而不可離也。有相得而用者，黄耆本固表，得僵蠶而去虛風。當歸本活血，得香附而補肝氣。人參調榮衛，得茯苓而清虛熱。黄連瀉君火，得枳實而化痞滿。相得而從其化也。以寒治熱，溫而行之。以熱治寒，涼而行之。以涼治溫，暖而行之。以溫治涼，清而行之。行之以達病情也。治邪勿失正，治陰勿失陽，治表須連裏，治裏勿犯表，勿伐天和，勿犯司氣，勿實實，勿虛虛，勿太過不及，勿立二主，用法千變，善與不善而已。善用藥者，人參可使其攻毒，大黄能令其止泄。不善用藥者，參耆足以敗脾胃，芩連能以生燥熱。故用必有法，法必有律，有法有律，是之為善。孫思邈曰：膽欲大而心欲小，智欲圓而行欲方。其意盡矣。倘不知藥之所之、用之所用，妄投無忌，雜亂無章，猶疎淡之交，寡遊之地，盲人騎瞎馬，夜半臨深池，豈不致危哉？

論説

宋·寇宗奭《本草衍義》卷一序例上　夫安樂之道，在能保養者得之。況招來和氣之藥少，攻決之藥多，不可不察也。是知人之生須假保養，無犯和氣，以資生命。纔失將護，便致病生，苟或處治乖方，旋見顛越。防患須在閑日，故曰安不忘危，存不忘亡，此聖人之預戒也。

攝養之道，莫若守中，守中則無過與不及之害。《經》曰：春秋冬夏，四時陰陽，生病起於過用。蓋不適其性，而強去為逐，強處即病生。五臟受氣，蓋有常分，用之過耗，是以病生。善養生者，既無過耗之弊，又能保守真元，何患乎外邪所中也。故善服藥，不若善保養；不善保養，不若善服藥。世有不善保養，又不善服藥，倉卒病生，而歸咎於神天。噫！是亦未嘗思也，可不慎歟！【略】

夫人之生，以氣血為本，人之病，未有不先傷其氣血者。世有童男室女，積想在心，思慮過當，多致勞損，男則神色先散，女則月水先閉。何以致然？蓋愁憂思慮則傷心，心傷則血逆竭，血逆竭，故神色先散，而月水先閉也。火既受病，不能榮養其子，故不嗜食。脾既虛，則金氣虧，故發嗽，嗽既作，水氣絶，故四肢乾。木氣不充，故多怒。鬢髮焦，筋痿。俟五臟傳遍，故卒不能死，然終死矣。此一種于諸勞中最為難治，蓋病起於五臟之中，無有已期，藥力不可及也。若或自能改易心志，用藥扶接，如此則可得九死一生。舉此為例，其餘諸勞，可按脈與證而治之。【略】

夫人有貴賤少長，病當別論；病有新久虛實，理當別藥。蓋人心如面，各各不同，惟其心不同，臟腑亦異。臟腑既異，乃以一藥治衆人之病，其可得乎？故張仲景曰：又有土地高下不同，物性剛柔，餐居亦異。是故黄帝興四方之問，岐伯舉四治之能，臨病之功，宜須兩審。如是則依方合藥，一概而用，亦以疏矣。且如貴豪之家，形樂志苦者也。衣食足則形樂，心慮多則志苦。岐伯曰：病生於脈。形樂則外實，志苦則内虛，故病生於脈。所養既與貧下異，憂樂思慮不同，當各逐其人而治之。後世醫者，直委此一節，閉絶不行，所失甚矣。嘗有一醫官，暑月與貴人飲。貴人曰：我昨日飲食所傷，今日食減。醫曰：可餌消化藥，他人當服十丸，公當減其半。下嚥未久，疏逐不已，幾致斃。以此較之，虛實相遼，不可不察，故曰病當別論。又一男子，暑月患血痢，醫妄以涼藥逆制，專用黄連、阿膠、木香藥治之。此藥始感便治則可，今病久腸虛，理不可服，逾旬不已，幾致委頓，故曰理當別藥。如是論之，誠在醫之通變。又須經歷，則萬無一失。引此為例，餘可效此。

宋·寇宗奭《本草衍義》卷二《序例中》　凡人少、長、老，其氣血有盛、壯、衰三等。故岐伯曰：少火之氣壯，壯火之氣衰。蓋少火生氣，壯火散氣，況復衰火，不可不知也。故治法亦當分三等。其少，日服餌之藥，於壯老之時，皆須別處之，決不可忽也。世有不留心於此者，往往不信，遂致困危，哀哉！

宋・寇宗奭《本草衍義》卷三《序例下》　夫八節之正氣，生活人者也；八節之虛邪，殺人者也。非正氣則為邪，非真實則為虛。所謂正氣者，春溫、夏熱、秋涼、冬寒，此天之氣也。若春在經絡，夏在肌肉，秋在皮膚，冬在骨髓，此人之氣也。在處為實，不在處為虛。故曰，若以身之虛，逢時之虛邪不正之氣，兩虛相感，始以皮膚、經絡，次傳至臟腑；逮於骨髓，則藥力難及矣。如此則醫家治病，正宜用藥抵截散補，防其深固而不可救也。又嘗須保護胃氣。舉斯為例，餘可效此。

金・張元素《醫學啟源》〔任應秋輯本〕卷下　治法綱要　《氣交變〔論〕》〔云〕：五運太過不及。夫五運之政，猶權衡也，高者抑之，下者舉之，化者應之，變者復之，此長化收藏之運，氣之常也，失常則天地四塞矣。

注云：失常之理，則天地四時之氣，無所運行。故動必有靜，勝必有復，乃天地陰陽之道也。以熱治熱法，《經》曰：病氣熱甚，而與寒藥交爭，〔則〕寒藥難下，故反熱服，順其病勢，熱勢既休，寒性乃發，病熱除愈，則〔如〕承氣湯寒藥反熱〔服之〕者是也。病寒亦同法也。凡治病，必求〔其〕所在，病在上者治上，在下者治下，故中外臟腑經絡皆然。病氣熱，則除其熱；病氣寒，則退其寒。六氣同法，瀉實補虛，除邪養正，平則守常，醫之道也。

大法曰：前人方法，即當時對證之藥也。後人用之，當體指下脈氣，從而加減，否則不效。余非鄙乎前人而自用也，蓋五行相制相兼，生化制〔承〕之體，一時之間，變亂無常，驗脈〔處〕方，亦前人之〔法〕也。厥後通乎理者，〔當〕以余言為〔然〕。

宋・聞人規《痘疹論》　用藥不執一者何？　前輩言老人之病必先助火，以其陰盛而陽微，當預溫之。治小兒當先瀉火，謂其陽多而陰少，須用導引，勿令生熱。然或有老而實，幼而虛者，此又當隨時變通。又五實當瀉，謂身熱、脉大、大小便不利，能食、悶瞀，為五實之證。五虛當補，謂身寒、脉細、不食，前後利，汗出，為五虛之證。或曰：用利藥者，候大小秘而利，則利之愈；用溫藥者，候大小便利而溫，則溫之愈。二者合利而利，合溫則溫也。其或外證合利，大小便已自利，何必利？合溫，大小便既自溫，何必溫？大抵治病最嫌陰陽偏勝。用藥者，但令陰陽不偏，則是常有生意。又況小兒臟腑嬌脆，易寒易熱，易虛易實，尤難調和，所以用藥不可執一也。

用緩慢藥反致害人者何？　病有外同而內異者；又有病中遇天時節令變遷，因而感異氣者；又有病中氣血不定，宿有蘊藏之疾，隨之發動者，其證未易辨識。凡用藥之際，須當識證，切中病源。但欲治熱，當令熱去而不冷；治冷，當令冷去而不熱，則無不愈者。治風以治風藥，治溫以治溫藥，治癆治氣，用治癆治氣藥。今人不能究其病因，一概用不急之藥，如四君子、參苓之類，其意止欲逃差誤耳。殊不知縱令病勢滋蔓，誤人最多。要之用和緩之藥，亦各從其類而和緩耳，何嘗謂不切病情而徒能和緩耶？

貴賤不同用藥亦異者何？　富貴之人，形樂而志苦，加之奉養既過，風雨寒暑之邪易於侵襲，故方暑而傷熱，多陰則中寒，嗅荊芥、薄荷而腹痛，服桂附、丹石而不知其熱。貧賤之士，其形雖苦，其志則安，服薑、橘、蒼朮則熱發而大便秘，狎風雨霜露而習以為常。用藥之際，安可一概論哉？其他又有形志俱樂，形志俱苦之不同，學者合併知之。

方宜不同用藥亦異者何？　《經》云：一病而用藥各不同。然皆愈者何也？答曰：此地勢使然爾。於是悉論五方地勢與夫風土，受病治病之異。如張仲景論治傷寒，用桂枝、麻黃、大青龍湯，治西北二方，四時行之，無不應驗；惟江淮地暖處，須有加減法。此亦言方宜之不同也。雖然西北風土剛強，外邪不能侵襲，病生於裏，其治宜毒藥。設有陰證，亦須用理中、四逆之類，以復陽氣。東南方陽精拱上，其地下水土弱，霧露之所聚，證有陽盛之證，如大黃、芒硝輩，寒涼之劑亦當用之。治小兒瘡痘，亦當知方宜之說，又當知變通之理。是故非圓機之士，不足以言醫。

宋・張杲《醫說》卷八　老人疾患　常見世人治年高之人疾患，將同年少亂投湯藥，妄行鍼灸，以攻其疾，務欲速愈。殊不知上壽之人，血氣已衰，精神減耗，危若風燭，百疾易攻，至於視聽，不至聰明，手足舉動不隨，其身體勞倦，頭目昏眩，風氣不順，宿疾時發，或祕或泄，或冷或熱，此皆老人之常態也。不須緊用鍼藥，務求痊差，往往因此別致危殆。且攻病之藥，或汗或吐，或解或利，緣衰老之人，不同年少。年少之人真氣壯盛，雖汗吐轉利，未至危困。其老弱之人，若汗之則陽氣泄，吐之則胃氣逆，瀉之則元氣脫，立致不可救，此養老之大忌也。大體老人藥餌，止是扶持之法，只可用溫平順氣，進食補虛中和之藥治之，不可用市肆贖買，它人惠送，不知方味及狼虎之藥與之服餌，切宜審詳。若身有宿疾，或時發動，則隨其疾狀，用中和湯藥，調順三朝五日，自然無事。惟是調停飲食，依食醫之法，隨食性變饌治之，此最為良也《養老奉親書》。

風土不同　夾河風性寒，民多傷風。河洛以東，地鹹水性冷，故民雖哺粟食麥，亦無熱疾。滑臺風水性寒冷尤甚，士民服附子如芋栗《瑣碎録》。

宋·張杲《醫説》卷九　川人服丹　川人好服丹，蓋西北方土厚，人稟氣盛，可勝丹，不為所反。南方魚鹽陰濕之地，非宜服之。大概脾惡濕，腎惡燥，久服損腎，其害尤大。《瑣碎録》。

元·張從正《儒門事親》卷二　推原補法利害非輕説十七　《原補》一篇，不當作。由近論補者，與《內經》相違，不得不作耳。夫養生當論食補，治病當論藥攻。然聽者皆逆耳，以予言為怯。蓋議者嘗知補之為利，而不知補之為害也。論補者蓋有六法：平補，峻補，溫補，寒補，筋力之補，房室之補。以人參、黃芪之類為平補，以附子、硫黃之類為峻補，以豆蔻、官桂之類為溫補，以天門冬、五加皮之類為寒補，以巴戟、蓯蓉之類為筋力之補，以石燕、海馬、起石、丹砂之類為房室之補。此六者，近代之所謂補者也。若施之治病，非徒功效踈濶，至其害不可勝言者。《難經》言東方實，西方虛，瀉南方，補北方。此言肝木實而肺金虛，瀉心火，補腎水也。以此論之，前所謂六補者，了不相涉。試舉補之所以為害者：如瘧，本夏傷於暑，議者以為脾寒而補之，溫補之則危，峻補之則死；傷寒熱病下之後，若以溫辛之藥補之，熱當復作，甚則不救，瀉血；血止之後，若溫補之，血復熱，小溲不利，或變水腫霍亂吐瀉；本風濕暍合而為之，溫補之則危，峻補之則死；小兒瘡疱之後，有溫補之，必發癰腫焮痛；婦人大產之後，心火未降，腎水未升，如黑神散補之，輕則危，甚則死；老人目暗耳瞶，腎水衰而心火盛也，若峻補之，則腎水彌涸，心火彌盛；老人腎虛，腰脊痛，腎惡燥，腰者，腎之府也，峻補之則腎愈虛矣；老人腎虛無力，夜多小溲，腎主足，腎水虛而火不下，故足痿，心火上乘肺而不入脬囊，故夜多小溲，若峻補之，則火益上行，脬囊亦寒矣！老人喘嗽，火乘肺也，若溫補之則甚，峻補之則危；停飲之人不可補，補則痞悶轉增；脚重之人不可補，補則脛膝轉重。男子二十上下而精不足，女人二十上下而血不流，皆二陽之病也。時人不識，便作積冷極憊治之，以溫平補之。夫積溫尚成熱，而況燔鍼于臍下，火灸手足腕骨。《內經》本無勞證，由此變而為勞，煩渴咳嗽，涎痰肌瘦，寒熱往來，寢汗不止，日高則顏赤，皆以為傳尸勞，不知本無此病，醫者妄治而成之耳！夫二陽者，陽明也，胃之經也。心受之則血不流，脾受之則味不化。故男子少精，女子不月，皆由使內太過。故隱蔽委曲之事，各不能為也。惟深知涌瀉之法者，能治之。又如春三月，風傷于榮，榮為血，故陰受之。溫傷于衛，衛為氣，故陽受之。初發之後，多與傷寒相似。頭痛身熱，口乾潮熱，數日不大便，仲景所謂陰陽俱浮，自汗出，身重多眠睡，目不欲開者是也。若以寒藥下之，則傷臟氣；若以溫藥補之，則火助風溫，發黃發班，溫毒熱增劇矣！風溫外甚，則直視、潮熱譫語，撏衣撮空，驚惕而死者，溫補之罪也。《內經》雖言形不足者，溫之以氣；精不足者，補之以味。氣屬陽，天食人以五氣；血屬陰，地食人以五味者，戒乎偏勝，非便以溫為熱也。又若《經》云：損者補之，勞者溫之。此溫乃溫存之溫也，豈以溫為熱哉？又如虛則補其母，實則瀉其子者，此欲權衡之得其平也。又烏在燔鍼壯火，煉石燒砒，硫、薑、烏、附，然後為補哉？所謂補上欲其緩，補下欲其急者，亦焉在此等而為急哉？自有酸、苦、甘、辛、鹹、淡，寒、涼、溫、熱、平，更相君、臣、佐、使耳。所謂平補者，使陰陽兩停，是謂平補。奈時人往往惡寒喜溫，甘受酷烈之毒，雖死而不悔也，可勝歎哉？余用補法則不然。取其氣之偏勝者，其不勝者自平矣。醫之道，損有餘，乃所以補其不足也。余嘗曰：吐中自有汗，下中自有補，豈不信然！予嘗用補法，必觀病人之可補者，然後補之。昔維陽府判趙顯之，病虛羸，泄瀉褐色，乃洞泄寒中證也。每聞大黃氣味即注泄。余診之，兩手脉沉而軟，令灸水分穴一百餘壯，次服桂苓甘露散、胃風湯、白术丸等藥，不數月而愈。又息城酒監趙進道，病腰痛，歲餘不愈。診其兩手脉，沉實有力，以通經散下五七行；次以杜仲去粗皮細切，炒斷絲為細末，每服三錢；猪腰子一枚，薄批五七片，先以椒鹽淹去腥水，摻藥在內，裹以荷葉，外以濕紙數重封，以文武火燒熟，臨臥細嚼，以溫酒送下；每旦以無比山藥丸一服，數日而愈。又相臺監酒岳成之，病虛滑泄，日夜不止，腸鳴而口瘡，俗呼為心勞口瘡，三年不愈。予以長流水，同薑棗煎五苓散五七錢，空心使服之，以治其下；以宣黃連與白茯苓去皮，二味各等分為末，以白麵糊為丸，食後溫水下三五十丸，以治其上，百日而愈。又汝南節度副使完顏君寶，病臟毒，下衃血發渴，寒熱往來，延及六載，日漸瘦弱無力，面黃如染。余診其兩手脉沉，而身涼。《內經》寒以為榮氣在，故生，可治。先以七宣丸下五七行；次以黃連解毒湯加當歸、赤芍藥，與地榆散同煎服之，一月而愈。

若此數證，余雖用補，未嘗不以攻藥居其先，何也？蓋邪未去而不可言補，補之則適足資寇。故病蠲之後，莫若以五穀養之，五果助之，五畜益之，五菜充之，相五臟所宜，毋使偏傾可也。凡藥皆毒也，非止大毒、小毒謂之毒，雖甘草、苦參，不可不謂之毒，久服必有偏勝。氣增而久，夭之由也。是以君子貴流不貴滯，貴平不貴強。盧氏云：强中生百病，其知言哉！人惟恃強，房勞之病作矣，何貴于補哉？以太宗、憲宗高明之資，猶陷于流俗之蔽，為方士燥藥所誤；以韓昌黎、元微之猶死于小溲不通、水腫。有服丹置數妾家，而死于暴脫；有服草烏頭、如聖丸，而死于鬚瘡；有服乳石、硫黃，小溲不通；有習氣求嗣，而死于精血；有嗜酒，而死于發狂見鬼；有好茶而為癖。乃知諸藥皆不可久服，但可攻邪，邪去則已。近年運使張伯英病宿傷，服硫黃、薑、附數月，一日喪明；監察陳威卿病嗽，服鍾乳粉數年，嘔血而殞。嗚呼！後之談補者，尚監茲哉！

宋・陳衍《寶慶本草折衷》卷一《序例萃英中》 敘服食稟受之士舊文計十四章，新集六段。

唐謹微序例述陶隱居序凡四章。其一章：療寒以熱藥，療熱以寒藥。飲食不消，以吐下藥。先用消散等藥，未可遽然吐下。鬼疰蠱毒，以毒藥。癰腫瘡瘤，以瘡藥。風濕以風濕藥，各隨其所宜。其二章：按藥性一物兼主十餘病者，取其偏長為本，復應觀人之虛實補瀉，男女老少，苦樂榮悴，鄉壤風俗，並各不同。褚澄南朝宋人，仕齊為侍中。療寡婦尼僧，異乎妻妾，是達其性懷所致也。新集：許叔微云：昔宋褚澄療師尼寡婦，別製方，蓋此二種鰥居，獨陰無陽，慾心崩一作萌而多不遂，是以陰陽交爭，乍寒乍熱，全類溫瘧，久則為勞。論曰：許君申褚氏之說者，是或然之事，而未必皆然也。若其人之砥節礪行，偶乎疢丑刃切疾，證似而非者，要當循常以為治，不可囿此二說也。其三章：病在胸膈以上者，先食後服藥；病在心腹以下者，先服藥而後食。病在四肢血脉者，宜空腹而在旦；病在骨髓者，宜飽滿而在夜。其四章：王公貴勝，合藥悉付群下。其中好藥貴石，無不竊換。巧偽百端，雖復監檢，終不能覺。以此療病，固難即效，如斯並是藥家之盈虛，不得咎醫人之淺拙也。

又述：掌禹錫按徐之才等序凡一章。凡有十種，是藥之大體，如宣可去壅，即薑、橘生薑、橘皮之屬是也；洩可去滯，即通草、防己之屬是也；補可去弱，即人參、羊肉之屬是也；洩可去閉，即葶藶、大黃之屬是也；輕可去實，即麻黃、葛根之屬是也；重可去怯，即磁石、鐵粉之屬是也；澀可去脫，即牡蠣、龍骨之屬是也；滑可去着，即冬葵、榆皮之屬是也；燥可去濕，即桑白皮、赤小豆之屬是也；濕可去枯，即紫石英、白石英之屬是也。屬者，類也。謂藥類繁多，約此二十藥為例，宜觸類而長之。○長，張丈切。只如此體，皆有所屬。此屬者，謂治療之所屬，猶如聯任，各有統屬也。用者審而詳之，則靡所遺失矣。

又述：《補注並圖經》序凡一章。良醫之不能以無藥愈疾，猶良將不能以無兵勝敵也。兵之形易見，善用者能以其所以殺者生人；藥之性難窮，不善用者，返以其所以生者殺人。吁！可畏哉！新集：《褚氏遺書》云：即褚澄也。用藥如用兵。善用兵者，徒有車之功；善用藥者，薑有桂之效也。

寇宗奭序例凡五章。其一章：藥有宣通補洩輕重澀滑燥濕十種。已見掌禹錫所述序。今詳之，惟寒熱二種，何獨見遺？如寒可去熱，大黃、朴消之屬是也。掌禹錫嘗言：大黃洩可去閉。今寇宗奭又言大黃寒可去熱，蓋寇論性而掌則論功也。如熱可去寒，附子、桂之屬是也。今特補此二種，以盡厥旨。其二章：夫人有貴賤少長，病當別論。病有新久虛實，理當別藥。蓋人心如面，各各不同。惟其心不同，臟腑亦異；臟腑既異，乃以一藥治衆人之病，其可得乎？故仲景曰：又有土地高下不同，物性剛柔，飡居亦異。故黃帝興四方之問，岐伯舉四治之能。臨病之功，宜須兩審，如是則依方合藥，一概而用，亦以踈矣。且如貴豪之家，形樂志苦者也。衣食足則形樂，心慮多則志苦。形樂則外實，志苦則內虛，故病生於脉。所養既與貧下異，憂樂思慮不同，當各逐其人而治之。嘗有一醫官，暑月與貴人飲。貴人曰：我昨日飲食所傷，今日食減。醫曰：可飲消化藥。他人當服十丸，公當減其半。下嚥未久，踈逐不已，幾致斃。以此較之，虛實相遼，不可不察。故曰：病當別論。又一男子，暑月患血痢，醫專用黃連、阿膠、木香藥治之。此藥始感便治則可，今病久腸虛，理不可服。踰旬不已，幾致委頓。故曰：理當別藥。如是論之，誠在醫之通變，又須經歷，則萬無一失。新集：《肘後方續古》序云：古方藥品分兩、灸穴分寸不類者，蓋古今人體大小或異，臟腑血脉亦有差焉，請以意酌量。○《良方》云：酒之於人，飲之踰石而不亂者，有濡咳則顛眩者；漆之於人，有終日搏漉而無害者，有觸之則瘡爛者，焉知他藥之於人無似之者？此稟賦之異也。南人食豬魚以生，北人食豬魚以病，此風氣之異也。○屠鵬《四時治要》云：東南方人，魚鹽之鄉，土地卑濕，氣弱中寒，大率宜溫燥之藥，以守脾胃為先；西北方人，多食肉麪，土厚水深，所用之藥，宜蕩滌開發為先。故《經》云：東南方人，收而溫之；西北方人，散而寒之。論曰：夫東西南北之人，或互相往來於其間，又當審度寢食而通其變也。其三章：唐《方技傳》有云見《許嗣宗傳》：醫要在視脉，唯用一物攻之，氣純而愈速。他藥相制，弗能專力。今詳之，病有大小、新久、虛實，豈可止以一藥攻之？若初受病小，則庶幾；若病大多日，或虛或實，豈得不以他藥佐使？如人用硫黃，皆知此物大熱，然石性緩，倉卒不易作效，故又以附子、乾薑、桂之類相佐使以發之，併力攻疾，庶幾速效。若單用硫黃，其可得乎？其四章：夫用藥須詳謹，今醫人纔到病家，便以所見用藥；若高醫識病知脉，藥又相當，即應手作效。或庸下之流，孟浪投劑，《莊子音釋》云：孟浪，亦音漫瀾，無所趣舍之謂。又云：不精要之貌。便致困危。如此殺人，何太容易，可不懼哉？其五章：有人病瘧月餘，日又以藥吐下之，氣遂弱。觀其病與脉，乃夏傷暑，秋又傷風，與柴胡湯壹劑安。此小柴胡湯也，用藥見仲景及《局方》。後又飲食不節，寒熱復作，此蓋前以傷暑，今以飲食不謹，遂致吐逆不食，脇下牽急而痛，寒熱無時，病名痰瘧。以十棗湯壹服。用藥見仲景及《三因方》，惟強壯人可服也。下痰水數升。明日，又與理中散或作湯貳錢遂愈。用藥見《局方》。

許洪註《局方・總論》凡四章。其一章：夫處方療疾，當診知病源，察其盈虛，而行補瀉。辨土地寒暑，觀男女盛衰；深明草石甘辛，細委君臣冷熱。澄心用意，窮幽造微。其二章：夫藥有君臣佐使，人有強弱虛實。或宜補宜瀉，或可湯可元，加減不失其宜，藥病相投必愈。凡藥勢與食氣不欲相逢。食氣消即進藥，藥氣散而進食，即得五臟安和。其三章：凡服湯，欲得稍熱服之，則易消下；若冷則嘔吐不下，若太熱則傷人咽喉。湯必須澄清，若濁則令人心悶不解。中間相去如步行十里久，即再服。若太促者，前湯未消，後湯來衝，必當吐逆。仍問病者腹中藥消散否，乃更進服。其四章：凡餌湯藥後，其粥食肉菜，皆須大熱。大熱則易消，與藥相宜。若生則難消，復損藥力。仍須少食菜。亦少進鹽醋，亦不得苦心用力及喜怒。是以療病，用藥力為首，不在食治。將息得力，大半於藥。新集：《善善錄》云：唐柳公度年八十，有強力。人問其術，對曰：吾平生未嘗以脾胃熟生物、暖冷物也。論曰：夫咀梨以解熱止消渴，嚼甜瓜以敵暑，通擁氣，及飲藕汁破產後之血悶，皆有是病服是藥，各有主對，故不忌乎生冷，難以例論也。

元・馬宗素《劉河間傷寒醫鑒》 論好用寒藥 《活人書》云：傷寒，論家方論不一，獨伊尹、仲景之書，猶六經也，其餘諸子百家，時有一得，要之不可為法。況有好涼藥者，附子、硫黃，笑而不喜用，雖隆冬，使人服三黃丸之類；又有好熱藥者，如大黃、芒硝，則畏而不敢用，雖盛暑，勸人灸病，服金液之類。非不知罪福，蓋緣偏見所趨然也。

又云：近時用小柴胡湯，不問陰陽表裏，凡傷寒之家，皆令服此藥。蓋不可輕用！雖不若大柴胡湯、小承氣湯緊要之藥，病不相當，其為害也同。往往服小柴胡湯而成陰證者甚多矣。

又云：陰毒傷寒，心神煩躁，頭痛，四肢逆冷，返陽丹主之。此方甚驗，喘促嘔逆者，入口便住。若加小便不通及陰囊縮入、小腹絞痛欲死，臍下二寸灸，仍與返陽丹、當歸四逆加吳茱萸生薑湯，慎勿與尋常利小便之藥。尋常利小便之藥者，多是冷滑藥，此陰毒氣在小腹所致也。

守真云：大凡治病，必先明此寒暑燥濕風火六氣，最為要也。故曰其治病之法，以寒治熱，以熱治寒，以清治溫，以濕治燥，乃正治之法也。又云：逆治，所謂藥氣逆病之氣也，其病輕微，則當如此治。其病重，當從反治之法。其反治者，亦名從治，所謂從順於病之氣也。是故《經》曰：以熱治熱，以寒治寒。治熱非謂病氣熱甚，更以熱性之藥治之。本是寒性之藥，反熱佐而服之。所謂病氣熱甚，藥氣反寒，病熱極甚，而拒其藥寒，寒攻不入，寒熱相爭，則其病轉加也。故用寒藥，反熱佐而服之，令藥氣與病氣不相違忤。其藥性寒，熱服下咽之後，熱體既消，寒性乃發，由是病氣隨愈。其餘皆倣此。然正治之法，猶君刑臣過，逆其臣性而刑之矣，故熱病不甚，治之以寒，逆其病氣而病自除矣。反治之法，猶臣諫君非，順其君性而說之，其始則從，其終則逆，可以諫君失其邪而歸於正也。《素問・至真要大論》云：寒者熱之，熱者寒之。從者逆之，順者從之。

元・羅天益《衛生寶鑑》卷一 無病服藥辨 諺曰：無病服藥，如壁裏安柱，此無稽之說，為害甚大。夫天之生物，五味備焉。食之以調五臟，過則生疾。故《經》云：陰之所生，本在五味。陰之五宮，傷在五味。又曰：五味入胃，各歸其所喜攻，酸先入肝，辛先入肺，苦先入心，甘先入脾，鹹先入腎，久而增氣，氣增而久，夭身之由也。又云：酸走筋，辛走氣，苦走骨，鹹走血，甘走肉，五味口嗜而欲食之，必自裁制，勿使過焉。至於五穀為養，五菓為助，五畜為益，五菜為充，氣味合而食之，補精益氣，倘用之不時，食之不節，猶或生疾，況藥乃攻邪之物，無病而可服焉？《聖濟經》曰：彼脩真者，蔽於補養，輕餌藥石，陽劑剛勝，積若燎原，為消狂癰疽之屬，則天癸竭而榮涸。陰劑柔勝，積若凝冰，為洞泄寒中之屬，則真火微而衛散。一味偏勝，一臟偏傷，一臟既傷，四臟安得不病？唐孫思邈言藥勢有所偏勝，令人臟氣不平。裴潾諫唐憲宗曰：夫藥以攻疾，非朝夕常用之物。況金石性酷烈有毒，又加煉以火氣，非人五臟所能禁。至於張皋諫穆宗曰：神慮清則氣血和，嗜欲多而疾疢作，夫藥以攻疾，無疾不可餌。故昌黎伯銘李子之墓曰：余不知服食說自何世起，殺人不可計，而世慕尚之益至，此其惑也。今直取目見，親與之游，而以藥敗者六七公，以為世誡。工部尚書歸登、殿中御史李虛中、刑部尚書李遜、弟刑部侍郎建、襄陽節度使工部尚書孟簡、東川節度使御史大夫盧植、金吾將軍李道古。今又複取目見者言之，僧閣仲章服火煉丹砂二粒，項出小瘡，腫痛不任，牙痒不能嚼物，服涼膈散半斤始緩。後飲酒輒發，藥以寒涼之劑則緩，終身不愈。鎮人李潤之，身體肥盛，恐生風疾，至春服搜風丸，月餘，便下無度，飲食減少，舌不知味，口乾氣短，臍腹痛，足脛冷，眩運欲倒，面色青黃不澤，日加困篤。乃告親知曰：妄服藥禍，悔將何及。後添煩躁喘滿，至秋而卒。張秀才者，亦聽方士之說，服四生丸，推陳致新。服月餘，大便或溏或瀉，飲食妨阻，怠惰嗜臥，目見黑花，耳聞蟬聲，神虛頭旋，飄飄然身不能支。至是方知藥之悞也，遂調飲食，慎起居，謹於保養。三二年間，其證猶存，踰十年後方平復。劉氏子聞人言，臘月晨飲涼水一杯，一月至春而無目疾。遂飲之，旬餘，覺腹中寒痛不任，咳嗽嘔吐，全不思食，惡水而不欲見，足脛寒而逆。醫以除寒燥熱之劑急救之，終不能效。此皆無故求益生之祥，反生病焉，或至於喪身殞命。壁裏安柱，果如何哉？且夫高堂大廈，樑棟安，基址固，壞塗毀塈，柱於壁中，甚不近人情。潔古老人云：無病服藥，乃無事生事。此誠不易之論。人之養身，幸五臟之安泰，六腑之和平。謹於攝生，春夏奉以生長之道，秋冬奉以收藏之理，飲食之有節，起居而有常，少思寡慾，恬澹虛無，精神內守，此無病之時，不藥之藥也。噫！彼數人者，既往不咎矣，後人當以此為龜鑑乎。

元·羅天益《衛生寶鑑》卷二　用藥無據反為氣賊　北京按察書吏李仲寬，年踰五旬，至元己巳春，患風證，半身不遂，四肢麻痹，言語謇澁，精神昏憒。一友處一法，用大黃半斤，黑豆三升，水一斗，同煮豆熟，去大黃，新汲水淘淨黑豆，每日服二三合，則風熱自去。服之過半，又一友云：通聖散、四物湯、黃連解毒湯相合服之，其效尤速。服月餘，精神愈困，遂還真定，歸家養病。親舊獻方無數，不能悉錄。又增瘖瘂不能言，氣冷手足寒。命予診視，細詢前由，盡得其說。予診之，六脉如蛛絲細。予謂之曰：夫病有表、裏、虛、實、寒、熱不等，藥有君臣佐使、大小奇偶之制，君所服藥無考憑，故病愈甚，今為不救，君自取耳。未幾而死。有曹通甫外郎妻蕭氏，六旬有餘，孤寒無依，春月忽患風疾，半身不遂，語言謇澁，精神昏憒，口眼喎斜，與李仲寬證同。予刺十二經井穴，接其經絡不通，又灸肩井、曲池。詳病時月，處藥服之，減半。予曰：不須服藥，病將自愈。明年春，張子敬郎中家見行步如故。予歎曰：夫人病全得不亂服藥之力。由此論李仲寬亂服藥，終身不救。蕭氏貧困，恬憺自如獲安。《內經》曰：用藥無據，反為氣賊，聖人戒之。一日，姚雪齋舉許先生之言曰：富貴人有二事反不如貧賤人，有過惡不能匡救，有病不能醫療。噫！其李氏之謂歟。

元·羅天益《衛生寶鑑》卷三　戒妄下　真定鈔庫官李提舉，年踰四旬，體幹魁梧，肌肉豐盛。其僚友師君告之曰：肥人多風證，君今如此，恐後致中風，搜風丸其藥推陳致新化痰，宜服之。李從其言，遂合一料，每日服之，至夜下五行。如是半月，覺氣短而促。至一月餘，添怠惰嗜臥，便白膿，小便不禁，足至膝冷，腰背沉痛，飲食無味，仍不欲食，心胸痞滿，時有躁熱，健忘，恍惚不安。凡三易醫皆無效，因陳其由，請予治之。予曰：孫真人云，藥勢有所偏助，令人臟氣不平。藥本攻疾，無病不可餌。平人穀入於胃，脉道乃行。水入於經，其血乃成。水去則榮散，穀消則衛亡，榮散衛亡，神無所依。君本身體康強，五臟安泰，妄以小毒之劑，日下數行，初服一日，且推陳下行，踈積已去，又何推焉？今飲食不為肌膚，水穀不能運化精微，灌溉五臟六腑，遍身百脉，神將何依？故氣短而促者，真氣損也；怠惰嗜臥者，脾氣衰也；小便不禁者，膀胱不藏也；便下膿血者，胃氣下脫也；足胻寒而逆者，陽氣微也；時有躁熱，心下虛痞者，胃氣不能上榮也；恍惚健忘者，神明亂也。《金匱要略》云：不當下而強下之，令人開腸洞泄，便溺不禁而死。前證所生非天也，君自取之，治雖粗安，促君命期矣。李聞之，驚恐，汗浹於背。起謂予曰：妄下之過，悔將何及？雖然，君當盡心救其失。予以謂病勢過半，命將難痊，固辭而退。至秋疾甚作，醫以奪命散下之，躁熱喘滿而死。《內經》曰：誅罰無過，是謂大惑。如李君者，蓋《內經》所謂大惑之人也。衛生君子，可不戒哉！

元・王好古《湯液本草》卷一《東垣先生〈藥類法象〉》 標本陰陽論

天，陽，無，圓。氣，上，外，升，生，浮，晝，動，輕，燥，六腑。

地，陰，有，方。血，下，內，降，殺，沉，夜，靜，重，濕，五臟。

夫治病者，當知標本。以身論之，則外為標，內為本，陽為標，陰為本，故六腑屬陽為標，五臟屬陰為本，此臟腑之標本也。又，臟腑在內為本，各臟腑之經絡在外為標，此臟腑經絡之標本也。更，人身之臟腑、陰陽、氣血、經絡各有標本也。以病論之，先受病為本，後傳流病為標。凡治病者，必先治其本後治其標。若先治其標後治其本，邪氣滋甚，其病益畜。若先治其本後治其標，雖病有十數證皆去矣。謂如先生輕病，後滋生重病，亦先治輕病，後治重病，如是則邪氣乃伏。蓋先治本故也。若有中滿，無問標本，先治中滿，謂其急也。若中滿後有大小便不利，亦無問標本，先利大小便，次治中滿，謂尤急也。除大小便不利及中滿三者之外，皆治其本，不可不慎也。

從前來者為實邪，從後來者為虛邪，此子能令母實，母能令子虛是也。治法云：虛則補其母，實則瀉其子。假令肝受心火之邪，是從前來者為實邪，當瀉其子，火也。然非真瀉其火，十二經中各有金木水火土，當木之分，瀉其火也。故《標本論》云：本而標之，先治其本，後治其標。既肝受火邪，先於肝經五穴中瀉滎火，行間穴是也。後治其標者，於心經五穴內瀉滎火，少府穴是也。以藥論之，入肝經藥為之引用，瀉心火藥為君，是治實邪之病也。假令肝受腎邪，是從後來者，為虛邪，虛則當補其母。故《標本論》云：標而本之，先治其標，後治其本。既受水邪，當先於腎經湧泉穴中補木，是先治其標。後於肝經曲泉穴中瀉水，是後治其本。此先治其標者，推其至理，亦是先治其本也。以藥論之，入腎經藥為引用，補肝經藥為君是也。

元・王好古《湯液本草》卷二《東垣先生〈用藥心法〉》 治法綱要 《氣交變論》云：夫五運之政，猶權衡也。高者抑之，下者舉之，化者應之，變者復之。此生長化成收藏之理，氣之常也。失常則天地四塞矣。失常之理，則天地四時之氣，無所運行。故動必有靜，勝必有復，乃天地陰陽之道也。假令高者抑之，非高者固當抑也，以其本下，而失之太高，故抑之而使下。若本高，何抑之有？假令下者舉之，非下者固當舉之也，以其本高，而失之太下，故舉而使之高。若本下，何舉之有？

如仲景治表虛，制桂枝湯方：桂枝，味辛熱，發散助陽，體輕，本乎天者親上，故桂枝為君，芍藥、甘草為佐。陽脈澀、陰脈弦，法當腹中急痛。制小建中湯方：芍藥，味酸寒，主收補中，本乎地者親下，故芍藥為君，桂、甘草佐之。一則治表虛，一則治裏虛，各言其主用也。後之用古方者，觸類而長之，不致差誤矣。**【略】**

察病輕重　凡欲療病，先察其源，先候其機。五臟未虛，六腑未竭，血脈未亂，精神未散，服藥必效。若病已成，可得半愈；病勢已過，命將難存。自非明醫聽聲察色至於診脈，孰能知未病之病乎？

元・朱震亨《局方發揮》 或曰：氣上升者，皆用黑錫丹、養正丹、養氣丹等藥，以為鎮墜。然服之者，隨手得效。吾子以為熱甚之病，亦將有悮耶？

予曰：相火之外，又有臟腑厥陽之火，五志之動，各有火起。相火者，此《經》所謂一水不勝二火之火，出於天造。厥陽者，此《經》所謂一水不勝五火之火，出於人欲。氣之升也，隨火炎上升而不降，孰能禦之。今人欲借丹劑之重墜而降之，氣鬱為濕痰，丹性熱燥，濕痰被刼，亦為暫開，所以清快。丹藥之法，偏助狂火，陰血愈耗，其升愈甚。俗人喜溫，迷而不返，被此禍者，滔滔皆是。

或曰：丹藥之墜，欲降而升，然則如之何則可？

予曰：投以辛涼，行以辛溫，制伏肝邪，治以鹹寒，佐以甘溫，收以苦甘，和以甘淡，補養陰血，陽自相附。陰陽比和，何升之有。先哲格言，其則不遠，吾不贅及。

元・徐彥純《本草發揮》卷四 治法綱要 《氣交變論》云：五運太過不及，夫五運之政，猶權衡也。高者搗之，下者舉之，化者應之，變者復之，此生長化收藏之理，氣之常也。失常，則天地四塞矣。註云：失常之理，則天地四時之氣無所運行，故動必有靜，勝必有復，乃天地陰陽之道也。以熱治熱法，《經》云：病氣熱甚而與寒藥交爭，而寒藥難下，故反熱服，順其病勢，熱體既去，寒性乃發，病熱除愈。則如承氣湯，寒藥反熱服之者是也。寒病亦同法也。凡治病者，必求其所在，病在上者治上，病在下者治下。故中外、藏府、經絡皆然。病氣熱，則除其熱。病氣寒，則除其寒。六氣同法，瀉實補虛，除邪養正，平則守常，醫之道也。太法曰：前人方法，即當時對證之藥也。後人用之，當體指下脉氣，從而加減，否則不効。予非鄙乎前人，而自用也。蓋五行相制相兼，生化制承之體，一時之間，變亂無常，驗脉處方，亦前人之法也，而後有通乎理者，當以予言為然。

明・劉純《醫經小學》卷五　三法一首。集見《内經・至真要大論篇》。

法無定體，應變而施。藥不執方，合宜而用。備三法焉，初中與末，乃更變權。初治之道，猛峻可先，緣病新感，大劑急蠲。中治之道，寬猛劑兼，緣病少久，得中藥然，去邪養正，罔或不痊。末治之道，藥必寬緩，性味平善，廣服必安，此其大法。所用之體，制君臣佐，各使其宜。主病為君，佐君為臣，應臣為使。適大小制，各安其氣。寒者熱之，熱者寒之。微者逆之，甚者從之。堅者削之，客者除之。勞者溫之，結者散之。留者行之，燥者潤之。急者緩之，散者收之。損者溫之，逸者行之。驚者平之，上者下之。摩之浴之，薄之劫之。開之發之，適事為故。逆者正治，從者反治。反治之謂，熱因寒用，寒因熱用，塞因塞用，通因通用。伏其所主，先其所因。其始則同，其終則異。可使破積，可使潰堅，可使氣和，可使必已。其病之氣，惟標與本，先受為本，次者為標。或為兼證，知逆與從，正行無問。知標本者，萬舉萬全。〔不知標本〕，是謂妄行。六氣為本，三陰三陽。經病為標，病氣為本。受病經絡，臟腑為標。急則治標，緩則治本。治之要極，無失色脈。用之不惑，治之大則。逆從倒行，標本不得，神亡命失。

五治一首。集見《此事難知》。　夫抑火升水，養陰退陽，流濕潤燥，推陳致新。漬形為汗，潤腸為下。溫經散寒，補中益氣，調經破血，痛隨利減。風從汗出，發表攻裏。斂表滲泄，雙解獨攻。應變從權。治由有五，其細末之，和取從折，屬其備兮。如假小熱，以涼和之，和之不已，次用取之。為熱勢大，寒藥以取，取之不已，更用從之。因熱既甚，從以溫藥，從之不已，以法折之。為恐衝逆，味隨所為，寒因熱用，或更發之。折之不已，求屬衰之，求屬之法，同氣同聲。法制之體，五治所因。經言不分，邪僻內作。工不能禁，此之謂也。

明・董宿，方賢《奇效良方》卷六五　飲乳嬰兒與能食童子用藥不同

夫飲乳嬰兒者，由人之生，胃氣未固，膚革未成，飲乳易傷，風邪易入，臟腑嬌嫩，血氣懦弱，肌體不密，精神易弊，故用藥當審其大小輕重而用之可也。蓋差之毫釐，立見危殆，安可與能食童子同用藥也？且能食童子自絕乳後，食火灼炮炙之物，酒麵甘肥，魚肉滋味，安可與飲乳嬰兒同用藥也？夫嬰兒有疾，服藥但與乳母服之為要法，譬如童子喫食，與嬰兒飲乳同。乳母既服其藥，必流入乳，兒亦飲之。是以童子能食服藥也，免其慓悍毒烈之藥蒸薰臟腑，亦為良法。且能食童子穀氣既實，臟腑充盈，如生疾病，能食不大便，裏急後重，手掌心并腋下有汗，當令大便如常；遇心熱啼哭，小便不通，心神不安，當利其小便。飲乳嬰兒有斯疾，但將斯藥與乳母服，是亦嬰兒服之也。

貴賤不同用藥亦異　貴賤不同，形志有異。士貴之人，形雖樂，而志苦，動慮關心，所稟多虛，未三日天晴而中暑心悶，未陰雨則寒，嗅荆芥、薄荷而腹痛，服桂附茸乳而宜溫之，蓋皆裏寒不能運行榮衛故也。又有瘡疹始發，或斑或血疱，未結痂疕時，心煩狂燥、氣喘、妄語，或見神鬼，大小便秘，腹脹渴而能食；若毒氣發而黑色者，此為實，宜用猪尾膏、奪命膏、宣毒膏、良方猪血龍腦膏，皆可從漸而與服，以知效為度。常人不辨虛實，既用藥又不能撙節，小熱遂以大涼藥治之，熱疾未去，冷病為害者多矣。又有瘡疹自班點結血疱瘡，六七日當結痂疕。設或六七日不結痂疕者，此是毒氣盛實，心火既燥，熱毒內外貫注，故令不結痂疕，當此宜用猪尾膏，曾用之進一服，隨時結痂疕，神速特異。以意思之，人常遇天氣節令，寒暄不時，脫着衣服，以避寒溫，必先呷冷水一二呷，即不感冒，是心涼腠理秘而斂，則風寒不能侵之也。今瘡痘用猪尾膏，是心屬火而燥，居於上焦，又加之被蘊熱毒氣併於心臟，熱氣既盛，則毒氣內外貫注。古人用猪尾血，乃以心血歸心，用龍腦香以涼其心，榮衛得香而行，遇臭則止。心得血引，龍腦香已行榮衛，血疱始結膿窠，膿血結痂疕，餘證自退矣。大抵用猪尾膏之意，豈不觀傷寒厥陰證，土敗木賊，用承氣湯下之？脾間毒去，脾土既和，則水升火降，寒熱作而大汗解，不知其熱，此富貴之人常態也。田野之人其形雖苦，其志甚樂，其神甚安，所

稟多實，嗅薑桂而熱發，服橘實而便秘，負危亡而不知其憂。此田野之人常態也。雖幼穉霜露中向日，不知霜露之寒，此皆素習以為常態也。是以醫者，當察富貴貧賤之不同，用藥亦異，不可一概而治也。

防用藥之失　前輩言治老人之病，當先助火。蓋老人者，自然陰盛而陽微，謂不欲見其虛而治其虛，預以溫之。治小兒則曰當先瀉火，為小兒自然陽盛而陰微，預以藥導引，以平為期，不至生熱也。此治之大略也。若老而實，幼而虛，此為當隨時變通，不可執於一曲也。又曰：五實當瀉，五虛當補。何謂五實？身熱，脉大，大小便不利，無汗，為實。有此證者下之愈。何謂五虛？身冷，皮冷，大〔小〕便自利，汗出，為五虛。溫之愈。又曰：用利藥〔者〕，候大小便秘而(利)利之愈。用溫藥者，候大小便利而溫之愈。二者合利而利，合溫而溫也。又有外證合利，大小便已自利，何必利？外證合溫，大小便已秘，何必溫？大抵治病最嫌陰陽偏絕，則無能救藥。善用藥者，但令陰陽不偏，則人不死也。故因而知，又有熱瀉冷秘之辨，此好事者必言之，則終是不同。熱瀉者渴水，心煩，小便赤，手掌心出汗，宜利小便。冷秘者不能食，胸滿吐清涎，面青瘦而不能食者，冷秘也。其證少，又非暴病，不可不知。

明・周恭《醫說續編》卷三《用藥》　面黑白用藥不同　凡面黑者不可多用黃芪，以其本氣實而又補之也。面白者不可多用發散，以其本氣虛而又虧之也。面白人不可多飲酒，以酒耗血故也《心法》。【略】

久病用藥加減不同　或問一人之證，久伏牀枕，處方即定前後，又有加減者，何也？曰：內有初中虛實之異，外有八風之變，四時更易，氣運迭遷，七情所動，是以主病之藥，雖不更而佐使豈能無加減也《或問》。

明・汪機《石山醫案》附錄　辨《明醫雜著・忌用參耆論》　按汝言王公撰次《明醫雜著》，其中有曰：若酒色過度，傷損肺腎真陰，咳嗽、吐痰、衄血、咳血、咯血等症，此皆陰血虛而陽火旺也，宜甘寒之藥，生血降火。若過服參耆等甘溫之藥，則死不可治。蓋甘溫助氣，氣屬陽，陽旺則陰愈消故也。又云：咳嗽見血，多是肺受熱邪，氣得熱而變為火，火盛而陰血不寧，從火上升，治宜滋陰瀉火，忌用人參等補氣之藥。又撰次《本草集要》云：人參入手太陰而能補火，故肺受火邪、咳嗽及陰虛火動、勞嗽、吐血者忌用之，誤用多致不救。予常考其所序，固皆本之丹溪。然丹溪予無間然矣，而王氏未免有可議者。

丹溪曰：治病必分血氣，氣病補血，雖不中病，亦無害也；血病補氣，則血愈虛散矣。此所以來王氏陽旺則陰愈消之說也。丹溪又曰：補氣用人參，然蒼黑人多服之，恐反助火邪而爍真陰。此所以又來王氏咳嗽見血多是火盛陰虛，忌用人參補氣之論。而《集要》復有人參補火，肺受火邪、勞嗽、吐血等症忌用人參之戒也。

夫王氏之言雖出丹溪，但過於矯揉，而又失之於偏也。不曰誤服參耆多致不救，則曰多服參耆死不可治，言之不足，又復申之，惟恐人以咳嗽、失血為氣虛，不作陰虛主治也。篇末雖曰亦有氣虛咳血之言，又恐人因此言復以咳嗽、失血為氣虛，故即繼之曰但此症不多爾。是以愈來後人之惑，凡遇咳血，雖屬氣虛，終以前言為主，而參耆竟莫敢用也。殊不知丹溪立法立言活潑潑地，何嘗滯於一隅？於此固曰血病忌用參耆，於他章則又曰虛火可補，參、朮、生甘草之類；又曰火急甚者，兼瀉兼緩，參朮亦可，是丹溪治火，亦未嘗廢人參而不用。王氏何獨但知人參補火，而不知人參瀉火邪？丹溪又曰：陰虛喘嗽，或吐紅者，四物加人參、黃柏、知母、五味、麥門冬。又曰：好色之人元氣虛，咳嗽不愈，瓊玉膏；肺虛甚者，人參膏。凡此皆酒色過傷肺腎。咳嗽、吐血症也，丹溪亦每用人參治之而無疑，王氏何獨畏人參如虎耶？叮嚀告戒，筆不絕書。宜乎後人印定耳目，確守不移，一遇咳嗽血症，不問人之勇怯，症之所兼，動以王氏藉口，更執其書以證，致使良工為之掣肘，病雖宜用，亦不敢用，惟求免夫病家之怨尤耳。病者亦甘心忍受苦寒之藥，縱至上吐下瀉，去死不遠，亦莫知其為藥所害。興言及此，良可悲哉！

茲取丹溪嘗治驗者以證之：一人咳嗽、惡寒、胸痞、口乾、心微痛，脈浮緊而數，左大於右，蓋表盛裏虛，聞其素嗜酒肉有積，後因行房涉寒，冒雨忍飢，繼以飽食。先以人參四錢，麻黃連根節錢半，與二三帖，嗽止寒除，改用厚朴、青陳皮、瓜蔞、半夏為丸，參湯送下，二十服而痞除。夫既咳嗽嗜酒，不可謂肺無火也；復因行房感冒，不可謂陰不虛也；初服人參四錢，再用參湯送藥，不可謂不多服也。何如不死？

又一人患乾咳嗽、聲啞，用人參、橘紅各錢半，半夏麯一錢，白朮二錢，知母、瓜蔞、桔梗、地骨皮各五分，復加黃芩五分，入薑煎，仍與四物加炒蘗、童便、竹瀝、薑汁，二藥晝夜相間，服兩月聲出而愈。夫患乾咳嗽、聲啞，不可謂肺無火邪也，不可謂陰不受傷也，服人參兩月，不可謂不多也，又何如不死？

又一壯年，因勞倦不得睡，咳痰如膿，聲不出。時春寒，醫與小青龍湯，喉中有血絲，腥氣逆上，漸有血線自口右邊出，晝夜十餘次，脈弦大散弱，左大為甚。此勞倦感寒，強以辛甘燥熱之劑動其血，不治恐成肺痿，遂以參、耆、歸、朮、芍藥、陳皮、生甘草、帶節麻黃，煎入藕汁，服二日嗽止，去麻黃，與四日，血除。但脈散未收，食少倦甚，前藥除藕汁，加黃芩、砂仁、半夏，半月而愈。夫嗽痰如膿，聲不出者，不可謂肺不熱也；又以甘辛燥熱動其血，不可謂血不病也；服參耆亦不可謂不多也。又復何如而不死？

凡此諸病，以王氏言之，未免皆作酒色傷陰，而用滋陰瀉火之藥。然而丹溪率以參耆等劑治之而愈，並不見其助火增病者，蓋病有所當用不得不用也。雖勞嗽吐紅，亦有所不避也。且古今治勞，莫過於葛可久，其保真湯、獨參湯何嘗廢人參而不用？但詳其所挾之症何如耳，豈可謂其甘溫助火，一切棄而不用哉？

肺受火邪，忌用人參，其源又出於海藏（《本草液》）〔《湯液本草》〕之所云，而丹溪實繹其義，不意流弊至於如此。又嘗因是而推廣之。

丹溪曰蒼黑之人多服參耆，恐助火邪而爍真陰，肥白之人多服最好，此固然矣。考其嘗治一人，形瘦色黑，素多酒不困，年半百，有別館。一日，大惡寒發戰，言渴不飲，脈大而弱，右關稍實略數，重則濇。以王氏觀之，以形色論之，正合滋陰瀉火之法。而丹溪謂此酒熱內鬱不得外泄，由表熱而虛也，用黃耆二兩，乾葛一兩，煎飲之，大汗而愈。既不以蒼黑忌用參耆為拘，亦不以酒色傷陰忌服參耆為禁，是知丹溪立言以示人者，法之常，施治而不以法為拘者，善應變也。王氏但知其立法之常，而未察其治不以法為拘之變，故於參耆等劑，每每畏首畏尾，若不敢投，蓋亦未之考也。

《雜著》所製諸方，雖未嘗盡廢參耆，察其用處，必須脈之細微而遲者，方始用也。然而東垣、丹溪之用參耆，亦不專在於此。東垣曰：血虛脈大，症象白虎，誤服白虎湯者必死。乃用黃耆六錢，當歸一錢，名曰當歸補血湯，以治之。是血虛脈大，東垣亦嘗用黃耆矣。丹溪曰：一人滯下，一夕昏仆，目上視，溲注汗泄，脈大無倫，此陰虛陽暴絕也，蓋得之病後酒色，急灸氣海，服人參數斤而愈。是陰虛脈大，丹溪亦嘗用人參矣。豈必脈之細微遲者而後用哉？考之《本草》，仲景治亡血脈虛，以人參補之，取其陰生於陽，甘能生血，故血虛氣弱，仲景以人參補之，是知人參不惟補氣，亦能補血。況藥之為用，又無定體，以補血佐之則補血，以補氣佐之則補氣，是以黃耆雖專補氣，以當歸引之，亦從而補血矣。故東垣用黃耆六錢，只以當歸一錢佐之，即名曰補血湯，可見黃耆功力雖大，分兩雖多，為當歸所引，不得不從之補血矣。矧人參功兼補血者耶？人參性味不過甘溫，非辛熱比也，稍以寒涼佐之，必不至助火如此之甚，雖曰積溫成熱，若中病即已，亦無是也。夫芎、歸味辛甘溫，世或用治勞熱血虛之病，並無所疑。然辛主耗散，本非血虛所宜。彼人參雖甘溫，而味不辛，比之芎、歸，孰輕而孰重哉？

抑勞嗽吐血陰虛之病，亦有始終不用人參，莫克全其生者，何也？或肉食不節，則古人所謂厚味厝熱也；或房勞不遠，則古人所謂縱欲傷生也。二者不謹，而獨致畏於人參，是謂不能三年之喪，而緦小功之察，何其謬耶。

噫！醫之用藥，固所當審，不可輕視人之死生。如咳嗽失血等症，若果脾胃強健，飲食無阻，則當從王氏所論，與之滋陰瀉火，固無不可；設或上兼嘔逆，中妨飲食，下生泄洩，汗自泄而洗洗惡寒，四肢倦而兀兀多睡，則又當從陰虛陽虛，權其輕重而兼治之可也。苟不知此而專主乎王氏，未免陷於一偏，而有無窮之患矣。故予不得不極論之，莫辭乎僭踰之罪焉。正德庚辰二月朔旦新安祁門省之撰。

明・吳球《諸症辨疑》卷四 膏粱藜藿治不同論 或問：富貴之人得病用藥而罔效，貧賤之人藥用及時而即痊，藥一也，而功之成否異焉，何也？蓋富貴之人逸安而心勞，厚味而多慾，外感少而內傷多，故藥罔效；貧賤之人日以形勞，動蕩血脈；夜以心安多睡，故藥少而效速矣。或有貧者得病日深，服藥無效者，何耶？其間聰明苦困，思想無窮，反甚前者。所以膏粱之腹與藜藿之不同矣。抑且備急丸、化鐵丹、神佑丸不可施與城郭之人，慎其內傷多故也。倘有前症，亦宜詳切，不可悮投前藥，為害不淺。

明・王綸著，薛己補注《名醫雜著》卷五 小兒用藥不宜峻厲 小兒驚藥，皆些小丸散，多峻厲，取其易於成功，以之治肝心有餘之症，對病則可，中病宜即止，不可以為常也。病勢輕淺，只用輕劑，病退便宜和中調理。如牛黃丸，三四十味，亂雜殊甚。涼驚丸非氣壯實，肝火旺者不宜。抱龍丸亦多不見效，且麝、腦香辛太甚，走散真氣，又傷脾胃元氣，虛則病愈生矣。

愚按：小儿之症，有餘便屬肝經，不足便屬脾，其邪既去，用補脾肺以實其表，庶風邪不能再入，往往表散之後，熱嗽不退，復行發表，多變壞症。○吴江史玄年子，傷寒用表散化痰之藥，痰盛咳嗽，肚腹膨大，面色㿠白，此脾土虚，不能生肺金也。余用六君子湯加桔梗，一劑頓愈。至三日，前症仍作，鼻中流涕，此復傷風寒所致。用前藥加桑皮、杏仁、桔梗而愈。○史少參季子喘嗽，胷腹膨脹，泄瀉不食。此飲食傷脾土，而不能生肺金也。用六君子湯，一劑諸症悉愈。○史木川子六歲，感冒咳嗽，發散過度，喘嗽不食。用六君子湯加桔梗而愈。時四月，隨其父巡視耕種，忽發寒戰，仍復咳嗽，或用發表之劑，痰中有血。余曰：此成肺癰也。次日吐痰兼膿，用桔梗湯而愈。後元氣未復，大便似痢，或用五苓、黄連、枳實之類，痰喘目劄，四肢抽搐。余曰：此脾氣敗，而變慢脾風也。辭不治，果然。

明·方穀《本草纂要》卷首 明經法制論　觀本草寒熱溫涼偏勝之氣，辛酸甘苦鹹淡之味，補瀉平治主佐之法，表裏虚實氣血之論，俱在醫以明之，察其形症，診其脉息，分其表裏，辨其虚實，別其陰陽，然後定其用方，擇其加減，依經旨而推之，其病未有不瘥也耶。是故甘入脾，酸入肝，鹹入腎，苦入心，辛入肺，此五臟所入之味也。然而調治之法，辛主散，酸主收，甘主緩，苦主堅，鹹主軟，此調治之法也。設若主治之法，辛甘發散爲陽，酸苦涌泄爲陰，淡味滲泄爲陽，鹹味濡泄爲陰，輕之清者親乎上，重之濁者本乎地，氣之勝者取乎氣，氣之微者取乎味，氣味全無難以取，自有性質取乎配，此主治之大法也。然而用治之法，以寒治寒，以熱治熱，名曰正治；以寒治熱，以熱治寒，名曰反治。寒因熱用，熱因寒用，通因通用，塞因塞用；發表不遠熱，攻裏不遠寒；形不足者補之以氣，精不足者補之以味；急則治其標，緩則治其本；木鬱達之謂之吐，令［其］條達也；火鬱發之謂之汗，令其踈散也；土鬱奪之謂之下，令其無壅碍也；金鬱泄之謂滲泄，解表利小便也；水鬱折之謂踈通，抑其衝逆也。此其用治之大法也。設或施治之法，近者奇之，遠者偶之，汗者不可以奇，下者不可以偶，補上治上治以緩，補下治下治以急，急則氣味厚，緩則氣味薄，此施治之大法也。設或服治之法，凡用補劑不可驟，驟則助氣盛；凡用下劑不可緩，緩則下必難。氣之急者宜與緩，緩則氣自下，氣之嘔者莫與急，急則嘔返出。發散之藥宜熱頓，熱頓頻服邪自退；治火之藥宜緩寒，緩寒徐服火難盛；治氣之藥陽分服，治血之藥陰分用；在上之病食後服，在下之病食前應，此服治之大法也。設若理治之法，風從汗泄，以之而發散驅風，則風自解；風從火化，以之而踈泄其風，則火自衰；風自熱生，以之而通暢熱鬱，則熱自清；風能勝濕，以之而燥濕行風，則濕自除。又有熱從汗解，發汗可以清熱。熱自虚生，補虚而熱亦自平；熱自火生，非苦寒治熱不退；熱自陰虚，非滋陰治熱不清；日晡潮熱，非壯陽治熱不退；往來寒熱，非和解治熱不清。熱能耗液，清熱而燥亦自止；風能勝濕，驅風而燥不自生。設或濕之爲症，濕從水化，濕熱而生水濕，濕自土生，水濕而聚陰凝，陰凝之症，宜以燥濕可也，濕熱之病，亦以清熱可生。如其火之爲病，君火從其心，相火從其腎，陰火從其補，陽火從其瀉，虚火從其補，實火從其瀉，此理治之大法也。設若正治之法，風則散之，寒則溫之，暑則清之，濕則燥之，燥者潤之，火者瀉之；熱者凉之、寒之、清之；表者發之、清之、實之、升之、攻之；裏者實之、下之；半表半裏宜和解之；虚則補之，實則瀉之；飲食不能健運宜消導之，以辛散之；氣之閉者宜以散之，以甘緩之；氣之急者宜以緩之，以酸斂之、收之；氣之虚者宜以收之；氣之散者宜以斂之，以苦泄之；氣之實者宜以泄之，以酸軟之；氣之堅者宜以軟之。鬱者開之，氣之鬱者宜以開之；淡者滲之，謂滲泄濕也；苦者下之，謂下氣也；下者上之，謂升提也；上者清之，謂清頭目也；積者破之，如癥瘕積聚，破積是也；勞者溫之，損者溫之，溫能除大熱故也；輕清可以上升，重濁可以下降；清陽實四肢，濁陰走五臟；清陽發腠理，濁陰歸六腑；陰中之陽發升上，陽中之陰利泄下，陽中之陽大溫中，陰中之陰腹可通，陰中之陽清頭目，陽中之陰利小便，此理治之大法也。設若五臟所宜之法，心苦緩，急食酸以收之；肝苦急，急食甘以緩之；脾苦濕，急食甘以燥之；肺苦氣上逆，急食苦以瀉之；腎苦燥，急食辛以潤之。肝欲散，急食辛以散之；心欲軟，急食鹹以軟之；脾欲緩，急食苦以緩之；肺欲收，急食酸以收之；腎欲堅，急食苦以堅之，此五臟所宜之法也。設若所食之宜，鹹走血，血病毋多食鹹；苦走骨，骨病毋多食苦；辛走氣，氣病毋多食辛；酸走筋，筋病毋多食酸；甘走肉，肉病毋多食甘。又曰：多食鹹，則脉凝泣而變色；多食苦，則皮槁而毛拔；多食辛，則筋急而爪枯；多食酸，則肉胝腐而唇揭；多食甘，則骨痛而毛落。此所食可否之法也。設若六淫所勝，各有平治。風淫於內，治以辛凉，佐以苦甘，以甘緩之，以辛散之；　熱淫於內，治以鹹寒，佐以甘苦，以酸收之，以苦發之；　濕淫於內，治以苦熱，佐以酸淡，以苦燥之，以淡泄之；　火淫於內，治以鹹冷，佐以苦辛，以酸收之，以苦發之；　燥淫於內，治以苦溫，佐以甘辛，以苦下之，以甘潤之；　寒淫於內，治以甘熱，佐以苦辛，以鹹瀉之，以辛潤之，以苦堅之。　風淫所勝，平以辛凉，佐以苦甘，以甘緩之，以酸瀉之；　熱淫所勝，平以鹹寒，佐以苦甘，以酸收之；　濕淫所勝，平以苦熱，佐以酸辛，以苦燥之，以淡泄之；　火淫所勝，平以鹹寒，佐以苦甘，以酸收之，以苦發之；　燥淫所勝，平以苦溫，佐以酸辛，以苦下之；　寒淫所勝，平以辛熱，佐以苦甘，以鹹瀉之，此六淫所勝，各有平治也。　设若五運之主客，木位之主，其瀉以酸，其補以辛，厥陰之客以辛補之，以酸瀉之，以甘緩之；　火位之主，其瀉以甘，其補以鹹，少陰之客以甘瀉之，以酸收之；　少陽之客以鹹補之，以甘瀉之，以鹹軟之；　土位之主，其瀉以苦，其補以甘，太陰之客以甘補之，以苦瀉之，以甘緩之；　金位之主，其瀉以辛，其補以酸，陽明之客以酸補之，以辛瀉之，以苦泄之；　水位之主，其瀉以鹹，其補以苦，太陽之客以苦補之，以鹹瀉之，以苦堅之，以辛潤之，是故客勝則瀉客補主，主勝則瀉主補客，隨其緩急而治之。　又有東垣引經之藥，不得不記，實有益於十二經之見症也，實有備於十二經之脉絡也。　故曰：　小腸膀胱屬太陽，藁本羌活是本鄉，三焦膽與肝包絡，少陽厥陰柴胡強，大腸陽明并足胃，乾葛白芷升麻當，脾經少與肺部異，升麻兼之白芍詳，少陰心經獨活主，腎經獨活加桂良，通經用此藥爲使，豈有何病到膏肓。　又有《本經》十法，不可不知：　宣可以去壅，通可以去滯，補可以去弱，洩可以去閉，輕可以去實，重可以去著，燥可以去濕，濕可以去枯，寒可以去熱，熱可以去寒，此所謂十法也。　又言其制，君一臣二制之小也，君一臣二佐五制之中也，君一臣二佐九制之大也。　寒者熱之，熱者寒之，微者逆之，甚者從之，堅者削之，客者除之，勞者溫之，結者散之，留者攻之，燥者濡之，急者緩之，散者收之，損者益之，逸者行之，驚者平之，上之下之，摩之浴之，開之發之，適事爲故，此《內經》之大法也。　自始至終不可舍其理，不可廢其論，不可徒其讀，務必用心於寒熱溫凉偏勝之氣，辛酸甘苦鹹淡之味，復審其補瀉平治佐宜之法，明其表裏虚實氣血之論，誠爲有學之明醫也。　穀嘗求羲農，讀《內經》，觀《本草》，訪《湯液》，考《圖經》，辨《證類》，學東垣、丹溪選擇用治，效雷公法制修煉，以百十餘味君臣佐使之藥，合諸家治病之用法，足以痊百病，愈百疾，故纂之於首，名之曰《本草纂要》，使後之醫者近而易至，簡而易聞，可爲初學之階梯也，故敘之於便覽爾。

明·周之幹《周慎齋遺書》卷四　用藥權衡　用藥如用兵，醫之有方法，如兵之有軍法也。　醫用藥而無準繩，猶將之用兵而無紀律也。　凡用藥須擇一味為主帥，其餘分佐使而驅用之。　治上必達下，下病必升舉，法固然也。　若治病無法，雖輕病亦不宜措手。　如有邪固宜攻邪，攻邪而邪不退者，因正氣虚，不能勝邪故也，必要扶正為主，正氣足，邪自然不能藏匿，求路而出矣。　然又必順其開竅，令邪得有出路，而其出無難矣。　如補中益氣湯加羌活、防風，頭痛加川芎、蔓荊子，使邪從汗散；　若自汗表虚，邪因虚入，補中正法，無如緩治最宜，或補中，或保元，加桂枝、白芍，因表虚也。　故正氣未虚，邪氣獨盛，邪在於表，當卻邪而存正，作傷寒治之；　若病久則不可用此法。　寒熱往來，仲景用小柴胡湯，黄芩清肺，柴胡行表，半夏豁痰，甘草和中是矣。　又用人參者，何為肺虚也？　內熱見渴，病在上焦，加麥冬、乾葛；　熱而不渴，是未達也，加猪苓、木通。　五苓散散表之裏藥，白术、茯苓各一錢五分，猪苓、澤瀉各二錢，四味是矣，又用肉桂者何？　是暑熱之藥，能行表裏，熱飲通表，水調達下，煩渴飲水過多，水入則吐，心中痰濕在內，即當利之。　五苓用肉桂，補中用升麻，當知其為引使通達之妙也。　潮熱，病在上焦，宜表；　病在中焦，宜理；　病在下焦，宜升不宜降，宜緩不宜急，使血氣歸於中道，斯無偏勝之患。

諸藥方有用氣留味者，有用味留氣者。　如補中益氣湯，用之入陽分以補氣，黄耆、當歸氣厚者宜重用，人參、白术味厚者次之，升麻、柴胡升散，陳皮破滯，俱於氣不利，用之宜最少。　故味先而氣後，後至者成功，是為用味留氣。　用之入陰分以補血，人參、白术味厚者宜重用，黄耆、當歸氣厚者次之，升麻、柴胡提氣，陳皮行氣，俱於血有益，用之不妨多。　張東扶曰：　提氣所以有益於血者，陽生則陰長也。　行氣所以有益於血者，氣行則血生也。　故氣先而味後，後至者成功，是為用氣留味。　自餘諸方，大約倣此而已。　補中益氣湯升麻、柴胡升提走表，黄耆、陳皮氣藥，餘皆血藥。

凡服溫補藥，調理莫過於參苓白术散；　服大熱藥，調理莫過於八珍散。

凡病先用熱藥太過，現出熱證，用清凉和解，二三劑即愈。　用寒涼太過，現出寒證，用溫中理脾，三五劑即愈。

上通益氣湯，下達六味丸。

如用補中益氣湯，汗少，肺氣不開，重用黄耆；汗多，裏氣不守，重用人參；熱不退，重用甘草；臍以下無汗，加黄柏三分，渾身拘急作脹，加羌活、防風；不拘急，但作痛，宜用附子。

如保元湯、益氣湯、歸脾湯，用木香同煎，令其氣味浸入，則能助參耆成功，是謂補正卻邪。四君、十全大補用木香，但以湯磨，沖和藥內，不入藥器同煎，令其氣味不散，則能行參耆之滯，是謂去邪存正。

用乾薑不得用蓮肉，一清一溫，則溫者力減，不能見功。

暑月用滋陰藥，必用燥藥調理；用燥藥，必用滋陰藥調理。

胃有邪火，宜養不宜燥。胃無邪火，宜燥不宜養。養者，養胃陰也。張東扶曰：此二語殊不然，脾宜燥，胃不宜燥，不必定有火也。《經》云：胃為多氣多血之海，燥則氣增而血耗矣。故胃之治法，始終宜養，不可偏言燥也。王胥山曰：謂胃無邪火宜燥不宜養，若以胃家有停飲者當之，此理亦是，未可駁其非也。學者看書須有圓通之法，自然四通八方，路路皆達矣。

表裏不清，但用補中益氣湯。病久不愈，但宜八珍。若附子必無熱證方可用，乾薑、肉桂必是寒證方可用。血凝氣滯，表上焦熱，升陽散火，補中益氣，調理莫過於參苓白术散；散火調理，莫過於八珍。補中益氣加附子合和中散，内傷盡矣；十全大補合二陳湯，脾胃盡矣。

凡有濕熱在上焦者，用茯神、遠志，能使濁氣下降；在中焦用之，能使清氣上升。

參苓白术散，大人小兒俱宜之藥，用砂仁所以行滯燥濕，不可無也。

其人素見陰脈，服補藥不合者，以其陰中之陽虛也，宜補陰中之陽，用八味地黄丸；但見脈數，是為細數，細數者不治。

其人素見陽脈，服熱藥不得者，以其陽中之陰虛也，宜補陽中之陰，用補中益氣湯；倘脈見數，是為弦數，弦數者無妨。

人參、黄耆、甘草，退熱之聖藥也。不有細辛，其何能使腎水之上升？不有乾薑、肉桂，其何能使邪熱之發越也？王胥山曰：此為治虛邪寒邪者言，與治實邪、熱邪迥異。

肺氣宜斂，有不可斂者，痛不可斂，脹不可斂，渾身腫脹俱不可斂。有不可開者，嘈雜不可開。如治消中不宜蓮子之類。

上焦血虛，當歸、肉桂多用，白术少用；中焦白术多用，血燥則與歸身並用；下焦血虛用熟地、肉桂，湧泉火起用黄柏。

四君加用木香，治滯氣在胸中。四物加用沉香，治動氣在臍下。若氣虛不用木香用黄耆，血虛不用沉香用肉桂。

補脾兼補腎，如腹痛腹鳴，脾土虛寒可知，而或腎亦虛寒，倘專一補脾，未免有土剋水之患，故用藥有兼施焉。山藥、白茯苓、乾薑所以補腎者也；而補骨脂、大茴香、肉桂、杞子、熟地則補脾之中，兼以補腎矣。所謂補脾兼補腎者如此。

補腎兼補脾，如小腹脹滿，腎氣虛寒可知，而或脾亦虛寒，倘專一補腎，未免有水來侮土之患，故用藥有概舉焉。補骨脂、肉蓯蓉、大茴香、肉桂所以溫腎者也，而乾薑則溫腎兼溫脾矣。所謂補腎兼補脾者如此。

補脾兼補腎不宜用白术，補腎兼補脾不宜用熟地；又二治法俱不用小茴，恐其行腎氣也。錢登穀曰：久泄則术反不宜，以其燥健能滲土中真氣也。故脾病久者，必兼補腎。若脾中有濕，又不可拘此。

凡嘈雜脾陰不足，山藥宜多用；火旺，甘草宜多用；大便艱血燥，當歸宜多用；心不寧，蓮心、苡仁宜多用。忌生熟地，脾惡血藥故也。

陽虛下陷，填入命門，上無氣以養而枯槁，大升大舉，使氣上歸於肺，皮毛遂潤澤。蓋陽不可下陷，下陷則陽為火，而陰氣絕矣。陽升則肺氣下滋，氣歸於肺，澤及皮毛矣。

調理脾胃，有治、理、調、和、養、補之不同，用山查、神麴、麥冬等藥謂之治；用消剋之藥以攻其病，是治賊邪也，故云治。用四君子湯謂之理，是清理之也，故云理。用參苓白术散加益智，謂之調；此藥能上能下能中，故云調。用四君子湯，寒加乾薑，熱加川連，謂之和；有熱去熱，有寒去寒，故云和。四君子湯等分用之，謂之養；等分均平，不攻不入，故云養。補者，不必正治，但補腎令脾土自溫，謂之補。補者，補其母也。土之母，命門火是也。

六味丸湯用山藥、白茯苓，皆脾經藥也。如單補腎，不宜加入。張東扶曰：此論殊不然，山藥滋精固氣，白茯苓極降腎逆，俱是腎經對證藥，古人用此專以補腎，而兼以補脾，所謂治病莫忘脾胃者此也。若六味去此二味，用之便不成方矣。

命門脈實六味丸，脈弱八味丸，如痰嗽腹脹者不宜。咳嗽夜間舌乾口燥，亦可酌用；口乾不渴，血虛血燥故也，宜耆歸湯。

凡用溫暖藥，細辛切忌用之，以其引陽氣上升故也。

脾多血少氣，患其不醒，藥味帶醒則入脾矣，如四君用陳皮之類。胃多血多氣，患其不舉，藥味帶舉則入胃矣，如四君、八珍用半夏之類。

藥有必不可用者，如肝病之於白朮，脾病之於當歸，肺病之於生地，腎病之於桔梗，心病之於桂附，此則必不可用者也。有必不可已者，如納氣用地黃，脾病用茯苓，肺病用參耆，肝病用白芍，肺火用門冬，心火用川連，膽火用黃芩，腎火用澤瀉，小腸用木通，大腸用萆薢，膀胱用羌活，有其證，不可不用其藥也。縱有未宜處，亦當以他藥制之。如藏附於朮，藏附於烏藥，藏桂於芍之類也。

所謂熱因寒引者，如用熱藥，佐以辛涼，則由表達裏，榮衛和而熱者不燥。所謂寒因熱引者，如用寒藥，佐以溫熱，則上通下達，炎燄消而寒者不滯。故退熱用紫蘇、葛根、前胡、桔梗；攻熱用黃連一分，炮薑四五分之類。

病在肝，用白朮則引肝邪入脾。病在脾，用當歸則引脾邪入肝。蓋白朮走脾，當歸走肝故也。脾虛亦忌當歸、白朮，用之反致脹滿。

凡腰痛、小腹痛者，陰中之氣滯，用小茴、補骨脂行氣破滯。陽痿多屬於寒，瑣陽固精，蓯蓉壯陽，菟絲子添精明目。杞子升發陽氣，隨見證用之。腰以下脚膝痿軟無力，多屬濕熱，若大便結燥，四物加蒼朮、黃柏、虎骨、龜板、漢防己之類。脾胃虛，四君子加入前藥，腹脹用蒼朮煮白朮入藥，參苓白朮散亦可。骨髓中熱，加知母、杜仲，補脾陰之不足，且能走腎。諸藥得牛膝下引，能退骨髓中邪熱，而助諸藥成功。故曰牛膝下部藥也。

用川芎不得用牛膝，嫌其行血行氣也。如氣血大虛，十全大補湯加杜仲、補骨脂、枸杞子，勿用牛膝。

凡用陽藥宜和，陰藥宜急，行氣藥宜少不宜多，少則效，多則無效。

凡發散藥內，不得用白朮，白朮性滯入脾，反能令邪氣滯而不散也。

凡怒氣傷肝，不可用白朮，當用人參、黃耆、五味清理肺氣。

凡用藥必須求得君藥，如渾身脹痛羌活為君，血病當歸、肉桂為君，氣虛人參為君，表虛黃耆為君，餘倣此。

汗後虛煩不安，麥冬五錢、黃耆二錢，當歸二錢，甘草、五味各一錢，煎服，麥冬引甘草，瀉心中之火，加燈草之清空，則麥冬、甘草降火，下行甚速。

凡病勢已亟，議用薑、桂、附子熱藥，須脈帶緩沉無力，或豁大而胃氣尚存者可用。倘脈細小數，外現氣促神昏，形脫音啞，自汗潮熱洩瀉者，切忌用之。

防風，黃耆所畏，用黃耆則防風只可用一分，多則反致不效。用羌活，須用歸身制之。

凡病和之不足須補，補而不愈宜發。

中氣足，則清升濁降，諸病皆愈，倘宜用寒涼藥，須用一二味，引入小便去，能使中氣不寒。

傷寒證中須知有內傷，雜病證中須知重脾胃，胃氣不傷，百病皆易痊。

五味味酸，從參、耆、甘草則入脾，助參耆補上焦元氣，宜搥碎，少用；從當歸、麥冬則主收斂，助歸麥滋下焦陰氣，宜全用多用，入溫肺湯中收斂下行，補益真陰。桂薑導火，藏於九地之內，反不熱而涼矣。

木香行痰導〔氣〕，磨服，入補藥煎服。

升麻升氣，用三分氣可升至胸，用五分可升至頂，過此不可再增矣。

黃連去心肝之火，引入心用一分，引入肝用三分，俱不宜製。若酒炒入肺，則能引熱入腸胃。慎之！

黑山梔清中帶補，瀉肺肝脾三經之火，胃口痛尤宜多用。

傷血重用芍藥，傷氣重用甘草。白朮水煮爛成餅，晒乾，能補脾陰之不足。鹿茸溫腎，其性走而不守。白膠溫腎，能走表上巔頂。鹿角霜能補氣血兩虛。胡椒由裏達表，花椒由表達裏。蓽撥但能溫肺。肉豆蔻溫腎，宜去油。白芥子破脇下痰積，不可輕用。蘿蔔子破痰破氣。蘇子下痰下氣，且能發散。

馬兜鈴大寒之藥，用以治咳，取其清空。紫菀補血補陰。款冬劫藥，必須斟酌用之。

川芎、補骨脂二味，殊不宜輕用，一則太竄散，一則太竄燥，最宜斟酌。

檳榔、枳殼俱行氣破滯之藥，如胃口作痛，用良薑溫散。不有檳榔，其何能使鬱積下行？上焦虛弱，用參耆溫補，不有枳殼，其何能使胸膈無滯？專於補益，而不加之以行氣，補益者何能成功？偏於行氣，而不先之以補益，行氣者何能獲效？

車前子退熱利小便，瞿麥利心經濕熱，萹蓄破血，主赤淋。

沉香行血中之氣，小腹滯痛者宜之。肉桂與沉香同功，且能補血。血滯者用沉香，血虛者用肉桂。

蟹爪能去死血，下死胎胞衣。

香附開鬱，行滯疎肝，故能止瘧。桃仁、元胡索俱為破血之藥。然香附見元胡索則破氣，香附見桃仁則破血。

紅花涼血，丹皮退熱，不可混施。

炮薑、肉桂所以溫胃也，見吳茱萸則溫中。四君子所以補脾也，見丁香則溫胃止嘔吐，必加檳榔，則胃可溫而吐可止。厚朴主小腸經，小腸久瀉虛薄者最宜。若欲溫胃，必加生薑，方升而不降。草果其性猛烈，破積氣痰食，湅米溫中，白糖溫中，益智暖丹田，紅麯健脾進食，蓽澄茄溫胃去濕。

蜜糖開肺，潤皮毛。沙糖動胃，利小腸。飴糖潤脾澤胃。白糖溫胃，大便瀉者相宜。

益智溫腎，且入胃；鹿茸溫腎，其性下走；肉蓯蓉壯陽；肉桂行血、生血、溫血；巴戟溫腎：以上數味，皆命門之藥。命門乃陽中之陰，用之於所不當用，恐動大便。瑣陽、菟絲、鹿角膠、鹿角霜、破故紙、小茴香、枸杞子，以上數味，俱少陰腎藥。腎乃陰中之陽，用之於所不當用，恐其火起。

蓯蓉補腎(中)〔經〕之陰，菟絲子補腎經之陽，杜仲平腎經氣分之濕，益智溫腎，與山藥同用，則不起火。

上焦滿悶，用紫蘇、杏仁、陳皮；中焦滿悶，用炮薑、肉桂、吳茱萸；下焦亦同中焦，但加小茴。上焦熱用梔子，中焦熱用黃連，下焦熱用黃柏。上焦虛用保元湯，中焦虛用補中益氣湯，下焦虛用地黃丸。上焦嘈雜用生地，中焦嘈雜用山藥，下焦嘈雜用熟地。

氣結澁，蘇梗、杏仁。血結澁，桃仁、紅花。木瓜淡能利濕，青皮洩肝氣，不使之上升。枳殼解肝結利氣，防風為卻風潤劑，去肝家氣分之風；蒺藜去肝家血分之風，益心火，制肺金，所以疎肝。萆薢去腎濕，亦平肝家血分之濕；山梔清肝火，柴胡清膽火；郁李仁清利膽氣，解膽結；白蓮花藕潤心經氣分之燥，牛乳潤心經血分之燥，防已瀉血分中濕熱；杜仲、澤瀉久瀉可用；葶藶得大戟則逐水之功愈大；赤石脂入心、小腸，性澁可以止脫，氣脫者為虛寒，則澁從溫可知。丁香溫胃，乾薑和中，牛膝利小便行血，同補腎藥去濕熱，理下焦之痿弱。晚蠶沙去上焦風濕熱，製香附治走氣痛。吳茱萸性下，若臍腹作脹，知氣已下陷，多用之，氣愈陷，故行氣者用一分，臍腹作痛，邪氣已滯，少用之，恐邪氣難開，故破氣者用三五分。大茴、小茴俱辛溫，小茴走少陰與氣海，大茴入厥陰肝經。

四物湯加黃柏、知母，去血積、血塊、血鱉，加肉桂，行血氣得上升，而諸積從小便出矣。

八珍湯，人參與當歸相並，川芎與甘草相並，白芍與白朮相並，茯苓與生地相並，用川芎不得用生地、熟地，用人參不得用茯苓，以上下相制，不能專用其力也。

納氣法，有用和而令氣納者，甘草用一錢五分以和中，益智用一錢以溫腎，此和而納之也。有用溫而令氣納者，八味丸、十味丸，肝之脾胃虛，氣不歸腎，七味丸用吳茱萸、北五味、肉桂、磁石、人參，此溫而納之也。有用涼而令氣納者，黃連五錢，生薑一兩，同搗爛服之；肺之脾胃虛，氣不歸腎，生地一兩，生薑七錢，同搗爛服之；或生脈散加磁石、牡蠣：此涼而納之也。

麻黃，脈緊數畏寒無汗者當用。桂枝，脈遲緩畏風有汗者當用。

白芍，大便泄，酒炒黃色，若後重緊急，則生用。

燥渴大瀉，乾薑必用，咽喉痛禁之。

神麯生用消食，炒用消積，打糊消痰。麥芽和平，治腹中氣鳴，滯血膨脹。山查破滯，虛人少用。

黃蘗，兩尺脈洪大真有力者當用。

附子，尺脈遲弱大便溏者可用，若尺脈洪大便閉者忌之。

大便堅實，脈沉有力的是熱證，宜用皮硝，助以大黃，大黃可用五錢，皮硝用七錢。

巴豆用一粒，大戟酒炮為末，只用三四釐。斑貓用一枚，丁香用三分，細辛用三分。此五味依數用之，再多傷人。以上錢登穀本有之，而草廬本不載，今附録於後。

人參錢五分，黃耆三錢，可配柴胡一錢。此條從胡念菴家所鈔《周慎齋家載醫案》內出，以見柴胡之不可多用也。草廬本不載，今附録於後。

明・葆光道人《秘傳眼科龍目總論》卷一 點眼藥訣 凡點眼之藥，多用腦、麝之類，通入關竅毛孔，易至引惹風邪。點眼之時，宜向密室端坐，然後用銅筯點少許藥放入眼內。點畢，以兩手對按魚尾二穴，次合眼良久，候血脈稍定，漸漸放開。若是夜臥用藥，則又不拘此法也。或向當風去處，或是點罷即開，則風邪乘入，血脈〔澀〕滯難散，疾勢愈切，切須留意。

明・李時珍《本草綱目》卷二《序例》 張子和汗吐下三法　人身不過表裏，氣血不過虚實。良工先治其實，後治其虚。粗工或治實，或治虚。謬工則實實虚虚。惟庸工能補其虚，不敢治其實。舉世不省其誤，此余所以著三法也。夫病，非人身素有之物，或自外入，或自内生，皆邪氣也。邪氣中人，去之可也，攬而留之可乎？留之輕則久而自盡，甚則久而不已，更甚則暴死矣。若不去邪而先以補劑，是盜未出門而先修室宇，真氣未勝而邪已横鶩矣。惟脈脱下虚，無邪無積之人，始可議補爾。他病惟先用三法，攻去邪氣，而元氣自復也。

《素問》一書，言辛甘發散、淡滲泄爲陽，酸、苦、鹹湧泄爲陰。發散歸於汗，湧歸於吐，泄歸於下。滲爲解表同於汗，泄爲利小便同於下，殊不言補。所謂補者，辛補肝，鹹補心，甘補腎，酸補脾，苦補肺，更相君臣佐使，皆以發腠理、致津液、通氣血而已，非今人所用溫燥邪僻之補也。蓋草木皆以治病，病去則五穀、果、菜、肉皆補物也，猶當辨其五臟所宜，毋使偏傾可也。若以藥爲補，雖甘草、苦參，久服必有偏勝增氣而夭之慮，況大毒有毒乎。是故三法猶刑罰也，粱肉猶德教也。治亂用刑，治治用德，理也。余用三法，常兼衆法，有按有蹻，有揃有導，有減增，有續止。醫者不得余法而反誣之，哀哉！如引涎漉涎，取嚏追淚，凡上行者，皆吐法也。薰蒸、渫洗、熨烙、針刺、砭射，導引、按摩，凡解表者，皆汗法也。催生、下乳，磨積、逐水，破經、泄氣，凡下行者，皆下法也。

天之六氣，風、寒、暑、濕、燥、火，發病多在上；地之六氣，霧、露、雨、雪、水、泥，發病多在乎下；人之六味，酸、苦、甘、辛、鹹、淡，發病多在乎中，發病者三，出病者亦三。風寒之邪，結搏於皮膚之間，滯於經絡之内，留而不去，或發痛注麻痹，腫痒拘攣，皆可汗而出之。痰飲宿食在胸膈爲諸病，皆可湧而出之。寒濕固冷火熱客下焦發爲諸病，皆可泄而出之。吐中有汗，下中有補。《經》云：知其要者，一言而終。是之謂也。

吐法凡病在胸膈中脘已上者，皆宜吐之。考之本草，吐藥之苦寒者，瓜蔕、卮子、茶末、豆豉、黄連、苦參、大黄、黄芩。辛苦而寒者，常山、藜蘆、鬱金。甘而寒者，桐油。甘而溫者，牛肉。甘苦而寒者，地黄、人參蘆。苦而溫者，青木香、桔梗蘆、遠志、厚朴。辛苦而溫者，薄荷、芫花、菘蘿。辛而溫者，蘿蔔子、穀精草、葱根鬚、杜衡、皂莢。辛而寒者，膽礬、石緑、石青。辛而溫者，蝎稍、烏梅、烏頭、附子尖、輕粉。酸而寒者，晉礬、緑礬、虀汁。酸而平者，銅緑。甘酸而平者，赤小豆。酸而溫者，飯漿。鹹而寒者，青鹽、滄鹽、白米飲。甘而寒者，牙硝。辛而熱者，砒石。諸藥惟常山、膽礬、瓜蔕有小毒，藜蘆、芫花、烏、附、砒石有大毒，他皆吐藥之無毒者。凡用法，先宜少服，不湧漸加之，仍以鷄羽撩之；不出，以虀投之，不吐再投，且投且探，無不吐者。吐至瞑眩，慎勿驚疑，但飲冰水、新水立解。强者可一吐而安，弱者作三次吐之。吐之次日，有頓快者，有轉甚者，引之未盡也，俟數日再吐之。吐後不禁物，惟忌飽食酸鹹硬物乾物油肥之物。吐後心火既降，陰道必强，大禁房室悲憂，病人既不自責，必歸罪於吐法也。不可吐者有八：性剛暴好怒喜淫者，病勢已危老弱氣衰者，自吐不止者，陽敗血虚者，吐血、咯血、衄血、嗽血、崩血、溺血者，病人粗知醫書不辨邪正者，病人無正性反復不定者，左右多嘈雜之言者，皆不可吐，吐則轉生他病，反起謗端，雖懇切求之，不可强從也。

汗法風寒暑濕之邪，入於皮膚之間而未深，欲速去之，莫如發汗，所以開玄府而逐邪氣也。然有數法：有溫熱發汗，寒凉發汗，熏漬發汗，導引發汗，皆所以開玄府而逐邪氣也。以本草校之，荆芥、薄荷、白芷、陳皮、半夏、細辛、蒼术、天麻、生薑、葱白，皆辛而溫者也。蜀椒、胡椒、茱萸、大蒜，皆辛而熱者也。青皮、防己、秦艽，其辛而平者乎。麻黄、人參、大棗，其甘而溫者乎。葛根、赤茯苓，其甘而平者乎。桑白皮，其甘而寒者乎。防風、當歸，其甘辛而溫者乎。官桂、桂枝，其甘辛而大熱者乎。厚朴、桔梗，其苦而溫者乎。黄芩、知母、枳實、苦參、地骨皮、柴胡、前胡，其苦而寒者乎。羌活、獨活，其苦辛而微溫者乎。升麻，其苦甘且平者乎。芍藥，其酸而微寒者乎。浮萍，其辛酸而寒者乎。凡此皆發散之屬也。善擇者，當熱而熱，當寒而寒，不善擇者反此，則病有變也。發汗中病則止，不必盡劑。凡破傷風、小兒驚風、飧泄不止、酒病火病，皆宜汗之，所謂火鬱則發之也。

下法積聚陳莝於中，留結寒熱於内，必用下之。陳莝去而腸胃潔，癥瘕盡而營衛通。下之者，所以補之也。庸工妄投，當寒反熱，當熱反寒，故謂下爲害也。考以本草，下之寒者，戎鹽之鹹，犀角之酸鹹，滄鹽、澤瀉之甘鹹，枳實之苦酸，膩粉之辛，澤漆之苦辛，杏仁之苦甘。下之微寒者，豬膽之苦。下之大寒者，牙消之甘，大黄、牽牛、瓜蔕、苦瓠、牛膽、藍汁、羊蹄根苗之苦，大戟、甘遂之苦甘，朴消、芒消之苦鹹。下之溫者，檳榔之辛，芫花之苦辛，石蜜之甘，皂角之辛鹹。下之熱者，巴豆之辛，下之凉者，豬、羊血之鹹。下之平者，郁李仁之酸，桃花之苦。皆下藥也。惟巴豆性熱，非寒積不可輕用，妄下則使人津液涸竭，留毒不去，胸熱口燥，轉生他病也。其不可下者凡四：洞泄寒中者，表裏俱虚者，厥而唇青手足冷者，小兒病後慢驚者，誤下必致殺人。其餘大積大聚、大痞大秘、大燥大堅，非下不可，但須寒熱積氣用之，中病則止，不必盡劑也。

明・杜文燮《藥鑑》卷一 標本論　治病當知標本。先受病為本，後傳流之病為標。如先感輕病，而後滋生重病，亦先治輕病，而後治重病，於是邪氣乃伏，蓋治其本故也。若先其本，雖病有十餘症皆去矣。不先治本而治其標，邪氣益甚，病勢益重，不可去矣。若有中滿，無問標本，先治中滿，謂其急也。若中滿復有閉結，亦無論標本，當先治閉結，後治中滿，謂尤急也。除閉結中滿之外，皆先治本，不可不慎也。假如肝受心火之邪，是從前來者為實邪，當瀉其子火也。故《經》曰：本而標之，先治其本。入肝經藥為引，用瀉心火藥為君，是治實邪之病也。假如肝受腎邪，是從後來者為虛邪，當補其母水也。故《經》曰：標而本之，先治其標。入腎經藥為引，用補肝藥為君，是治虛邪之病也，用補肝藥。【略】

脉病機要　醫有王佐，法有反正。難辯必辯，難明必明。其明以理，其辯以因。治從其先，機握其神，遲硬兩見。附子兼行薑、桂，實數雙形。大黃必佐連、苓，調胃承氣，治痢下之遲滑。鹿茸、官桂救浮數之無根，氣虛血衰，別軟弱之相似。有汗無汗辯疾緊之雷同，緊似疾而硬，其象曰寒。疾似緊而軟，其象曰風。血衰軟大如綿，氣虛微弱似空。术附斂浮數無力之勞倦，知栢救沉數有力之勞蒸。裏和表病，汗之則愈。表和裏病，下之則痊。沉實不差，可以再下。浮緊不差，可以再汗。寸緊，雖閉勿下。尺遲，雖熱勿汗。浮沉遲而且濡，表裏寒濕之生料。上下滑而且數，内外熱燥之通聖。陰盛于内者格陽，陽盛于内者格陰。厥而怔忡者水，怔忡而厥者虛。陽明狂言有不數之脉，少陰下利有當通之機。便難便易，喘而不卧者燥尿。腹痛腹脹，小便反易者血禁。欲吐不吐，必瀉欲瀉，不瀉必疼。婦人氣滯，先開其血。男子多陽，急配其陰。老人以扶陽為主，小兒以启脾為聖。難生臍築之愁痛，不治溫熱之脉沉。奇哉偷關之法，壯哉提蓬之能。實母三，虛母二，此是條目。虛先微，實先甚，此是綱領。

明·繆希雍《本草經疏》卷一

論塞因塞用、通因通用、寒因熱用、熱因寒用、用熱遠熱、用寒遠寒　《經》曰塞因塞用者，譬夫脾虛中焦作脹，腎虛氣不歸元，致上焦逆滿，用人參之甘以補元氣，五味子之酸以收虛氣，則脾得補而脹自消，腎得補而氣自歸元，上焦清泰，而逆滿自平矣。通因通用者，譬夫傷寒挾熱下利，或中有燥糞，必用調胃承氣湯，下之乃安。滯下不休，得六一散清熱除積而愈，皆其義也。寒因熱用，是藥本寒也，而反佐之以熱。熱因寒用，是藥本熱也，而反佐之以寒，則無拒格之患。故曰：必先其所主，而伏其所因也。用熱遠熱者，是病本於寒，法應熱治，所投熱劑，僅使中病，毋令過焉。過則反生熱病矣。用寒遠寒，義亦同此。

論天地風氣漸薄，人亦因之漸弱，用藥消息亦必因之而變，不可執泥古法，輕用峻利　夫人在氣交之中，其強其弱，卒莫逃乎天地之氣明甚。是以上古之人，度百歲乃去，今則七十稱古稀矣。身形長大，常過七尺，今則世鮮六尺之軀矣。其壽數精神，既已漸減，則血氣臟腑，亦應因之漸薄，乃天地之風氣使然，有非人力所能挽回者。又况時丁末造，眾生識昏見陋，五欲熾然，難解難遏，斲喪戕賊，日惟不足，於是疾病叢生，虛多實少。臨證施治，多事調養，專防剋伐，此今日治法之急務也。設使病宜用熱，亦當先之以溫；病宜用寒，亦當先之以清。縱有積滯宜消，必須先養胃氣；縱有邪氣宜祛，必須隨時逐散，不得過劑，以損傷氣血。氣血者，人之所賴以生者也。氣血一虧，則諸邪輻輳，百病横生。世人之病，十有九虛。醫師之藥，百無一補。甯知用藥之誤，則實者虛，虛者死，是死於〔醫〕藥，而非死於疾病也。其慎其難，屬諸司命。臨證之頃，宜加戰兢。勉之哉！毋執己見而輕人命也。

通評虛實論　《經》曰：邪氣盛則實，精氣奪則虛。又曰：邪之所湊，其氣必虛。凡言虛者，精氣奪也；凡言實者，邪氣勝也。是故虛則受邪，邪客為實，法先攻邪，邪盡治本。邪猶未盡，勿輕補益。犯之者，是為實實。精者，陰也；氣者，陽也。設被削奪，是五臟六腑之陰精陽氣皆虛也。宜從其類以補之。陰精虛者，補陰精；陽氣虛者，益陽氣。一切剋伐攻擊之藥，概勿施用。犯之者，是為虛虛。《經》曰：實實虛虛，損不足而益有餘，如是者，醫殺之耳！戒之哉！

論治陰陽諸虛病皆當以保護胃氣為急　夫胃氣者，即後天元氣也，以穀氣為本。是故《經》曰：脈有胃氣曰生，無胃氣曰死。又曰：安穀則昌，絕穀則亡。可見先天之氣，縱猶未盡，而他臟亦不至盡傷。獨胃氣偶有傷敗，以至於絕，則速死矣。穀氣者，譬國家之餉道也。餉道一絕，則萬眾立散；胃氣一敗，則百藥難施。若陰虛，若陽虛，或中風，或中暑，乃至瀉利滯下，胎前產後，丁腫癰疽，痘瘡痧瘮驚疳，靡不以保護胃氣、補養脾氣為先務，本所當急也。故益陰宜遠苦寒，益陽宜防增氣，祛風勿過燥散，消暑毋輕下通，瀉利勿加消導。滯下之忌芒硝、巴豆、牽牛，胎前泄瀉之忌當歸，產後寒熱之忌黃連、梔子，丁腫癰疽之未潰忌當歸，痘瘮之不可妄下。其他内外諸病，應投藥物之中，凡與胃氣相違者，概勿施用。投藥之頃，宜加三思。【略】

論陽常有餘，陰常不足，藥必因之以為損益，誤則殺人　人身之有陰陽也，水一而已，火則二焉，是稟受之始。陽常有餘，陰常不足，天地且然，況於人乎？故自少至老，所生疾病，靡不由於真陰不足者，其恒也。若夫真陽不足之病，千百而一二矣。陽者，氣也，火也，神也；陰者，血也，水也，精也。陰陽和平，氣血均調，是為平人氣象之常候。苟失所養，或縱恣房室，或肆情喜怒，或輕犯陰陽，或嗜好辛熱，以致腎水真陰不足，不能匹配陽火，遂使陽氣有餘。氣有餘，即是火，故火愈盛而水愈涸，於是發為吐血、咳嗽、吐痰、內熱、骨蒸、盜汗，種種陰虛等病。醫師不察，不揆其本，凡見前證，不分陰陽，類施溫補。參、耆、二术，視同食物，佐以薑、桂，若啖五辛。倘遇僨劇，輒投附子。於是輕者重，重者斃，纍纍相踵，死而不悟。良可憫也！然使其術得售者，不獨醫師之罪，亦病家不明，有以致之耳！何則？難成易虧者，陰也。益陰之藥，縱醫師選用無差，亦必無旦夕之效。助陽之藥，能使胃氣一時暫壯，飲食加增；或陽道興舉，有似神王。醫師藉以要功，病者利其速效，彼此固執，莫辨厥由。故知陰虛真水不足之病，十人而九；陽虛真火不足之病，百不得一。醫師之藥，補助陽火者，往往概施；滋益陰精者，未嘗少見。宜乎服藥者之多斃，無藥者之反存也。予見世醫以此傷人者甚眾，茲特著其誤，以為世戒。

論上盛下虛本於腎水真陰不足　人身以陰陽兩稱為平，偏勝則病，此大較也。水不足則火有餘，陰既虧則陽獨盛。蓋陰陽之精，互藏其宅，是陰中有陽，陽中有陰也。故心，火也，而含赤液；腎，水也，而藏白氣。赤液為陰，白氣為陽。循環往復，晝夜不息，此常度也。苟不知攝養，縱恣情慾，虧損真陰，陽無所附，因而發越上升，此火空則發之義，是周身之氣，併於陽也。併於陽則陽盛，故上焦熱而咳嗽生痰，迫血上行而為吐衄，為煩躁，為頭痛，為不得眠，為胸前骨痛，為口乾舌苦，此其候也。陽愈盛則陰愈虛，陰愈虛則為五心煩熱，為潮熱骨蒸，為遺精，為骨乏無力，為小水短赤，丹田不暖，則飲食不化，為瀉泄，為卒僵仆，此其候也。治之之要，當亟降氣，當益陰精。氣降即陽交於陰，是火下降也。精血生即腎陰復，是水上升也。此既濟之象，為坎離交也。坎離交，即是小周天。至此則陰陽二氣復得其平矣，病何自而生哉？

論陰精陽氣補益不同　《經》曰：形不足，溫之以氣。人參、羊肉、黃耆、人胞、紅鉛之屬是已。益陽氣也，乃可以卻沉寒。《經》曰：精不足，補之以味。人乳、鼈甲、地黃、黃蘗、枸杞、牛膝、天門冬之屬是已。補陰精也，乃可以除伏熱。

明・倪朱謨《本草彙言》卷二〇

吐汗下三法　人身不過表裏，氣血不過虛實。良工先治其實，後治其虛。粗工或治實，或治虛，謬工則實實虛虛，惟庸工能補其虛，不敢治其實。張子和《儒門事親》一書，內稱聖人止有三法，無第四法。夫病非人身本有之物，或自外入，或自內生，皆邪氣也。邪氣中人，輕則久而自盡，甚則久而不已，更甚則暴亡矣。若不去邪而先用補，是盜未出門而先固扃鑰，有是理乎？惟脉脫下虛，無邪無積之人，始可議補。他病惟用汗吐下三法，攻去邪氣而元氣自復也。《素問》一書，言辛甘發散、淡滲洩爲陽，酸苦涌泄爲陰。發散歸于汗，涌歸于吐，泄歸于下，滲爲解表，同于汗；洩爲利小便，同于下。殊不言補。所謂補者，辛補肝，鹹補心，甘補脾，酸補肺，苦補腎，皆以發腠理、致津液、通氣血而已。蓋草木皆以治病，病去則穀、果、菜、肉皆補物也。是故三法猶刑罰也，粱肉猶德教也。治亂用刑，治治用德，理也。三法亦兼衆法，如引涎、漉涎、取嚏、追淚，凡上行者，皆吐法也。熏蒸、渫洗、熨烙、針刺、砭射、導引、按摩，凡解表者，皆汗法也。催生、下乳、磨積、逐水、破經、洩氣，凡下行者，皆下法也。天之六氣，風寒暑濕燥火，發病多在上；地之六氣，霧露雨雪水泥，發病多在下。人之六味，酸苦甘辛鹹淡，發病多在中。發病者三，出病者亦三。風寒暑濕之邪，結搏于皮膚之間，滯于經絡之內。或發痛注、麻痹、拘攣，莫如發汗，所以開玄府而逐邪氣也。凡破傷風、小兒驚風、飧泄不止、酒病、火病，皆可汗之，所謂火鬱則發之也。汗有數法：有溫熱發汗，寒涼發汗，熏漬發汗，導引發汗。善擇者，當熱而熱，當寒而寒。不善擇者，反此，則病有變也。凡痰飲宿食，病在胸膈中脘以上者，皆宜吐之。用法先宜少服，不涌漸加之，仍以雞羽探之，不出以虀投之，且投且探，吐至瞑眩，慎勿驚疑，但飲新水立解。强者可一吐而安，弱者作三次吐之。吐之次日，有頓愈者，有轉甚者，引之未盡也，越數日再吐之。吐後忌飽食酸鹹硬物、乾物、油肥之物。吐後心火既降，陰道必强，大禁房室、悲憂。病人既不自責，必歸咎于吐也。不可吐者有六：性好怒、喜淫者，病勢已危、老弱氣衰者，自吐不止者，吐血、咯血、衄血、嗽血、崩血、溺血者，病人無正性、反復不定者，左右多嘈雜之言者，皆不可吐也。凡積聚陳莝于中，留結寒熱于內，必用下之。陳莝去而腸胃潔，癥瘕盡而營衛通下之者，所以補之也。或苦寒下之，或辛熱下之。庸工妄投，當寒反熱，當熱反寒，故謂下爲害也。惟巴豆性熱，非寒積不可輕用耳。不可下者凡四：洞泄寒中者，表裏俱虛者，厥而唇青、手足冷者，小兒病後慢驚者。設下必致殺人。其餘大積、大聚、大痞、大秘、大燥、大堅，非下不可也。

按仲景《傷寒論》用吐汗下三法，而張子和《儒門事親》一書，發揮甚暢。蓋謂治病之要，在于却邪，邪去則正自安。若非吐汗下，則邪無出路，何自而去？庸醫用補，是闔門養寇也。直謂聖人祇有三法，無第四法，其論頗卓。李東垣謂飲食勞倦，內傷脾胃，亦能使人發熱惡寒，此與外感風寒之證頗同而實異。外感風寒乃傷其形，內傷脾胃乃傷其氣。傷其形爲有餘，傷其氣爲不足。有餘者瀉之，不足者補之。其論主于升陽益胃，取潔古枳朮丸之義，而立補中益氣湯一方，以發脾胃之氣，升騰而行春令。此發前人所未發也。朱丹溪謂：天不足西北，地不滿東南。西北之人，陽氣易降；東南之人，陰火易升。苟不知此而徒守升陽之法，將見下焦丹田之氣，日漸虛乏。于是上盛下虛，有升無降之病作矣！其論主于滋補陰氣，與劉守真之用凉劑以降心火、益腎水爲主，大致相同。迨至明朝王宇泰輩，則謂氣爲陽，血爲陰，人之一身，形骸精血皆陰也，而通體之溫者，陽氣也。一生之活者，陽氣也。五官五藏之神明不測者，陽氣也。及其既死，形固存而氣則去，此以陽氣爲生死也。天之大寶，只此一輪紅日；人之大寶，只此一息真陽。孰謂陽常有餘，陰常不足，而欲以苦寒之物，伐陽而益陰乎？其論主于溫補陽氣。以上諸家，皆原本《內經》之旨，而各成其是者也。夫古今之運氣不齊，南北之風土亦異。人之藏府，萬有不同，人之疾病，亦萬有不同。學者深維乎《內經》之理，而融會乎諸家之論，臨證切脉，不執古法。實邪在表裏者，當用吐汗下三法。陽氣下陷者，則當升陽益胃。陰虛火熾者，則當滋養陰氣。脾腎虛寒者，則當溫補陽氣。善法水者，以水爲師；善治病者，以病爲師。斯其庶幾矣乎！【略】

寒熱虛實各有真假集《類經》註。　張介賓曰：愚按病名甚多，診病之要，不出寒熱虛實而已。綱目分列，病之標本，藥之補瀉，真如綱之提綱，衣之挈領，大無不包，細無不舉。學者熟讀數行之簡，勝千卷之繁矣。然而臨證治病，動多乖舛者，非寒熱虛實之難知，而真假之難辨也。既不辨其真假，則是以寒爲熱，以熱爲寒；以虛爲實，以實爲虛，未有不顛隕者矣！《經》曰：寒者熱之，熱者寒之；微者逆之，甚者從之；逆者正治，從者反治；從少從多，觀其事也。若使病無真假，則祇有正治之法耳，何以有反治之法哉？如寒熱之真假者，真寒則脉沉而細，或弱而遲，爲厥逆，爲嘔吐，爲腹痛，爲飧泄下利，爲小便清頻。即有發熱，必欲得衣，此浮熱在外而沉寒在內也。真熱則脉數有力，滑大而實，爲煩躁喘滿，爲聲音壯厲，或大便秘結，或小水赤澀，或發熱掀衣，或脹疼熱渴，此皆真病。真寒者，宜溫其寒；真熱者，直解其熱。是當正治者也。至若假寒者，陽證似陰，火極似水也。外雖寒而內則熱，脉數而有力，或沉而鼓擊，或身寒惡衣，或大便秘結，或煩渴引飲，或腸垢臭穢，此則惡寒非寒，明是熱證，所謂熱極反兼寒化也。假熱者，陰證似陽，水極似火也。外雖熱而內則寒，脉微而弱，或數而虛，或浮大無根，或弦芤斷續。身雖熾熱而神則靜，語雖譫妄而聲則微。或虛狂起倒，而禁之則止；或蚊跡假斑，而淺紅細碎；或喜冷水，而所用不多；或舌胎面赤，而衣被不撤；或小水多利，或大便不結。此則惡熱非熱，明是寒證，所謂寒極反兼熱化也，此皆假病。假寒者，清其內熱，內清則浮陰退舍矣。假熱者，溫其真陽，中溫則虛火歸原矣，是當從治者也。又如虛實之治，實則瀉之，虛則補之，此不易之法也。然至虛有盛候，則有假實矣。大實有羸狀，則有假虛矣。蓋虛者，正氣虛也，爲色慘形疲，爲神衰氣怯，或自汗不收，或二便失禁，或夢遺精滑，或嘔吐隔塞，或病久攻多，或氣短似喘，或勞傷過度，或暴困失志，雖外證似實而脉弱無神，皆虛證之當補也。實者，邪氣實也。或外閉于經絡，或內結于藏府，或氣壅而不行，或血留而凝滯，此實證之當攻也。惟是虛實之間，最多疑似。有正已奪而邪方盛者，將顧其正而補之乎？抑先其邪而攻之乎？若正氣既虛，則邪氣雖盛，亦不可攻。恐呼吸變生，措手無及。故治虛邪者，當先顧正氣，且補中有攻，補陰所以攻熱，補陽所以攻寒。兼之酌量緩急，從少從多，寓戰于守，斯可矣！此治虛之道也。若邪氣內壅者，外雖尫羸，自不宜補，蓋補之則正無與而邪反盛，適足藉寇兵而資盜糧。當直去其邪，邪去則身安。此治實之道也。要之，假虛之證少而假實之證多，假寒之證不難治而假熱之證最易誤也！真假之間，非智者，孰能與于此哉！

反治之法處集《類經》註。　《素問・至真要大論》云：岐伯曰：熱因寒用，寒因熱用。塞因塞用，通因通用。必伏其所主，而先其所因，可使氣和，可使必已。張介賓曰：按熱因寒用者，如大寒內結，當治以熱。然寒甚格熱，熱不得前，則以熱藥冷服。下嗌之後，冷體既消，熱性使發，此熱因寒用之法也。寒因熱用者，如大熱在中，以寒攻治則不入，以熱攻治則病增。乃以寒藥熱服，入腹之後，熱氣既消，寒性遂行，此寒因熱用之法也。塞因塞用者，如下氣虛乏，中氣壅塞，欲散滿則更虛其下，欲補下則滿甚于中。治不知本，而先攻其滿，藥入或減，藥過依然。氣必更虛，痛必漸甚。不知少服則資壅，多服則宣通。峻補其下，以疏啓其中，則下虛自實，中滿自除。此塞因塞用之法也。通因通用者，如大熱內蓄，或大寒內凝，積聚留滯，瀉利不止。寒滯者，以熱下之；熱滯者，以寒下之。此通因通用之法也。以上四治，必伏其所主者，制病之本也；先其所因者，求病之由也。既得其本，而以真治真，以假治假，則能使氣和而病必已也。

《素問・至真要大論》云：黄帝曰：服寒而反熱，服熱而反寒，其故何也？岐伯曰：治其王氣，是以反也。張介賓曰：愚按：治其王氣者，如陰虛火旺之病，醫者用苦寒以治火之王，豈知苦寒皆沉降，沉降則亡陰，陰愈亡則火愈盛，故服寒反熱者，陰虛不宜降也。氣弱生寒之病，醫者用辛温以治陰之王，豈知辛温皆耗散，耗散則亡陽，陽愈亡則寒愈甚，故服熱反寒者，陽虛不宜耗也。又如夏令本熱，而伏陰在內，故多中寒；冬令本寒，而伏陽在內，故多內熱。醫不察此，而惟用寒于夏，用熱于冬，則有中寒隔陽，服寒反熱；中熱隔陰，服熱反寒者矣。

《素問・至真要大論》云：岐伯曰：寒熱温凉，反從其病。王太僕曰：愚按微小之熱，爲寒所折；微小之冷，爲熱所消。甚大寒熱，則必能與違性者爭雄，異氣者相格，聲不同不相應，氣不同不相合，則病氣與藥氣抗衡，而閉關拒守矣！是以聖人反其佐以同其氣，借熱以行寒，借寒以行熱，使其始同終異，淩閨而敗堅，是皆反佐變通之妙，所謂因其勢而利導之也。

《素問・至真要大論》云：岐伯曰：諸寒之而熱者取之陰，熱之而寒者取之陽。所謂求其屬也。張介賓曰：愚按：苦寒治熱而熱反增，非火之有餘，乃真陰之不足也。當取之于陰，謂不宜治火也，宜補陰以配其陽，壯水之主，以制陽光，則陰氣復而熱自退矣。辛熱治寒而寒愈甚，非寒之有餘，乃真陽之不足也。當取之于陽，謂不宜攻寒也，宜補水中之火，益火之源，以消陰翳，則陽氣復而寒自消矣。所謂益與壯者，温養陽氣、填補真陰是也。

治氣之法《素問・陰陽應象大論》云：岐伯曰：氣虛宜掣引之。張介賓曰：愚按：掣者，挽也，挽回其氣而引之使復也。上氣虛者，升而舉之；中氣虛者，温而補之；下氣虛者，納而歸之。皆掣引之義也。

《素問・疏五過論》云：黄帝曰：治病之道，氣內爲寶。張介賓曰：愚按：氣有外氣，天地之六氣也；有內氣，人身之元氣也。氣失其和，則爲邪氣。氣得其和，則爲正氣，亦曰真氣。真氣所在有三：上、中、下也。上者所受于天，以通呼吸者也；中者生于水穀，以養榮衛者也；下者氣化于精，藏于命門，以爲三焦之根本者也。故上有氣海，曰膻中也，其治在肺；中有水穀氣血之海，曰中氣也，其治在脾胃；下有氣海，曰丹田也，其治在腎。人之所賴，惟此氣耳。氣聚則生，氣散則死。故曰氣內爲寶，誠最重之詞，醫家最切之旨也。

明・黄承昊《折肱漫録》卷一 時師見小便不利，大便不實，多用茯苓、澤瀉等淡滲之藥，不以為意。立齋每謂淡滲導損陽氣，反益其病，而兢兢乎慎之，絕不用以治此症，識見超出等夷。吾人不宜輕忽淡滲之劑，而頻服之也。

明・岳甫嘉《醫學正印種子編・男科》 服藥節宣 男子以陽用事，從乎火而主動，動則諸陽生。女子以陰用事，從乎水而主靜，靜則諸陰集。故治男子毋過熱以助其陽，治女人毋過寒以益其陰。古人以黄栢、知母之類每用於男子，而乾薑、艾葉之類恒施於婦人，良有以也。男女陰陽自然之體，若六氣迭侵於外，七情交戰於中，飲食致傷其中州，房勞虧損其元氣，發為諸病，又不可執一而治。況如近世情慾太早，或男精未通而御女，或女經始至而近男，譬如荄之木質原柔脆，根本既薄，枝葉必衰，豈能蕃衍乎？故男女嗣續稍遲，雖無疾病，尤當保護。何者？男子陽動之體，惟慮合而易失，未獲中其肯綮，女子陰靜之質，多苦交而勿孕，不能遂其生成，故精清流而不射，皆為精氣不足，白淫、白帶、月信愆期，皆為血氣不調，則預為調養，不可不得節宣之法。是以在男則用中和之劑，收固真陰以為持久之計，在女則用温經之藥，鼓作微陽以為發育之基。間有男女虛寒，而純用熱藥，實熱而純用寒涼者，此又對症立方，節宣之所不可偏廢者也。竊怪今之療求子者，治婦人而寒熱兼濟者有之矣，至治男子而專用熱藥，徒取亢陽用事快一時之樂，久之而精血耗散，禍迺叵測。每見縉紳中惑此，有尿血數升，不旬日而斃者，有發腎癰囊毒而斃者，有發肺癰及翻胃膈噎而斃者，種種不可枚舉，非徒無益，而又害之，不可不謹也。余特著《經驗良方》，并斟酌溫涼補瀉之劑，對症之虛實寒熱，而考訂之，庶為廣嗣者之一助云。

明・李中梓《醫宗必讀》卷一 用藥須知《內經》之法論：用藥之難，非順用之難，逆用之難也；非逆用之難，逆用而與病情恰當之難也。今之醫師，知以寒治熱，以熱治寒，以通治塞，以塞治通。熱者熱之無遺，寒者寒之無遺而已矣。獨不聞諸經曰：塞因塞用，通因通用，寒因熱用，熱因寒用，用熱遠熱，用寒遠寒。則又何以說也？蓋塞因塞用者，若脾虛作脹，治以參朮，脾得補而脹自消也。通因通用者，若傷寒挾熱下利，或中有燥屎，用調胃承氣湯下之乃安；滯下不休，用芍藥湯通之而愈也。寒因熱用者，藥本寒也，而反佐之以熱；熱因寒用者，藥本熱也，而反佐之以寒。俾無拒格之患，所謂必先其所主，而伏其所因也。用熱遠熱，用寒遠寒者，如寒病宜投熱藥，熱病宜投寒藥，僅使中病而已，勿過用焉，過用則反為藥傷矣。

如前諸法，非通達者，烏足以語此？故曰：病無常形，醫無常方，藥無常品。順逆進退，存乎其時；神聖工巧，存乎其人；君臣佐使，存乎其用。此長桑、盧扁能斡旋造化之偏，而噓其枯萎。仲景、東垣諸君子之方，所向神奇，為世司命，豈偶然也哉？彼庸夫俗子，心不存救濟之思，目不閱軒、岐之典，規尺寸之利以自肥，因而傷殘於世比比也。嗟乎！安得讀萬卷挾靈奇者，與之商醫事哉！

明・蕭京《軒岐救正論》卷三 甘遂、大戟、巴荳、牽牛、芫花、葶藶、阿魏、商陸、薑黃、鬱金之數藥者，稟性毒烈，敷功峻悍，諸家每矜其能奏效俄頃。又云必惟大積大聚，用之相宜。嗟乎！此說悞世不小。若積與聚，何以大稱。夫人元氣壯盛，脾氣得運，飲食入胃，隨納隨化，何有停留作祟乎？及其漸衰也，脾失轉輸，物入為患，傷于五藏，則有伏梁、息賁、痞滿、肥氣、奔豚之積。妨于七情，則有虛腫實脹、噎膈反胃、癥瘕之病。故元氣微虛，則積為微積，元氣大虛，則積為大積，是積聚之大小，由乎氣虛之微甚也。治法斷須養正緩圖則可全生。每有輕用前藥，而速其死者，比比也。雖舟車丸、羅破飲、萬應丸諸方，固宜于西北形氣壯實之人，愚以為形氣既云壯實，何以有此病恙？況風氣日漓，賦稟漸薄，恐今之西北，非昔之西北也，亦須斟酌耳。試舉一二以證其謬。歲甲申冬，里人曾雲宇繼室，年踰四旬，素鬱怒，（娶）〔婺〕居十載，神思為病。忽一日因行經暴怒，血上溢，兼致鼓脹。初延一老醫，投散氣藥，不瘥。且漸篤，再延余治。余曰：此乃藏病，得之數年，今始顯發，丹溪鼓脹論可鑒也。脉已洪短，與病相逆矣。須峻補脾原，功以漸致，不半載不瘥。議用六君加薑、桂，倍入參、朮。彼懼增脹，死不敢服。因改投金匱腎氣丸，服一月，血逆已止，脹雖如故，未見增劇。為藥力未到，須寧耐耳。不信，別請一醫。恃有神丹，謂旦夕可愈。果投一藥，下咽半晌，而即脹消便泄，進食靜睡，精神快爽，舉家欽以為神，願擲百金奉壽，而尤刺余之迂緩尠識也。及察前劑，乃阿魏、薑黃、甘遂、葶藶、穿山甲、牽牛、玄胡之屬。過數日，症仍作，仍投前藥，亦仍隨手而愈，獨氣困怠耳。不三朝夕，喘滿不堪，再投而漫不應，日甚一日，未及旬而歿。又余從舅曾六海長子，亦因素鬱患前症。余曰：此病治本稱難，但廣費珍藥，又非舌耕清儒所能辦，當奈何？未幾有進以草藥者，彼悅捷法，信而服之。飯許，大號數聲而死。嗚呼！病從何生，藥從何治，如此盲妄，矜功頃刻，殺人轉盼，誰之咎也！

明・裴一中《裴子言醫》卷二 久病後不可恣投以藥，且無論藥之謬，即對病者亦不可不慎。何也？人之元氣以胃氣為本，胃氣又以穀氣為本。久病之人，與穀氣久踈，則所喜者食物，所惡者藥物，理之自然也。此際正當以食物投其所好，以養胃氣。胃氣旺則元氣亦旺，不補之中有至補者在，何用此佛意之物妨碍胃氣邪？《素問》曰：得穀者生，失穀者死。未嘗曰得藥者生，失藥者死也。矧藥之攻疾，猶刑罰之除殘；食之養生，猶德教之治平也。疾已而猶藥之，不幾於刑罰治平同類而用邪？今之醫者，不明此理，每遇病久乍痊，必謂氣血兩虛，還須大補。其藥不外當歸、地黃、枸杞、故紙、山藥、蓯蓉、參、耆、苓、朮等類，不煎則丸，恣投無憚。有服之而飲食反減者，有服之而作瀉作嘔與腫滿者，甚至膈脹不能食而反生他證者。名為補人，而實害人。

又曰：或問人言，東南氣熱，可服寒藥；西北氣寒，須服溫藥。然今東南之俗，胡椒、薑、桂，人常食之，不見生病，而北京士大夫畏食胡椒辛熱之物，何也？曰：東南雖熱，然地卑多濕，辛熱食藥，亦能劫濕。西北雖寒，然地高多燥，辛熱食藥，卻能助燥。故耳用藥者宜識此意。

明・李中梓《本草通玄》卷下 治熱以寒，溫而行之；治寒以熱，涼而行之；治溫以清，冷而行之；治清以溫，熱而行之。木鬱達之，火鬱發之，土鬱奪之，金鬱泄之，水鬱折之。氣之勝也，微者隨之，甚者制之；氣之復也，和者平之，暴者奪之，高者抑之，下者舉之，有餘折之，不足補之，堅者削之，客者除之，勞者溫之，結者散之，留者行之，燥者濡之，急者緩之，散者收之，損者益之，逸者行之，驚者平之。又曰：逆者正治，從者反治。反治者，熱因寒用，寒因熱用，塞因塞用，通因通用，必伏其所主，而先其所用。其始則同，其終則異。可使破積，可使潰堅，可使氣和，可使必已。又曰：諸寒之而熱者取之陰，熱之而寒者取之陽，所謂求其屬以衰之也。

王太僕曰：粗工褊淺，學未精深，以熱攻寒，以寒療熱，治熱未已而冷疾已生，攻寒日深而熱病更起，熱起而中寒尚在，寒生而外熱不除，欲攻寒則懼熱不前，欲療熱則思寒又止。豈知臟腑之源，有寒熱溫涼之主哉。

清·王子固《眼科百問》卷下　第一百零八問：點藥有何妙法？答曰：當擇其藥之精善者，多用乳汁和之，用茶匙傾入眼中，或吸入絮桶傾亦可，蓋金、銀、銅、象牙等簪，將眼皮反向外，抹藥到眼皮上，令其自合，恐眼中屈曲之處，有到有不到者，不如乳汁和藥，入眼無一處不到也。更恐手力重濁之人，點之不妙，反能損目也。不如乳汁和藥，傾入眼中，每日三次，任其紅腫痛楚，一日全愈。

清·蔣示吉《醫宗說約》卷一　病在上而求諸下　示吉曰：凡病頭病目痛，耳紅腮腫，咽喉腫痛，一切上焦等症，除清涼發散正治外，更有三法：大便結，脉沉實者，用酒蒸大黃三錢，加入本湯中微下之，名釜底抽薪之法；大便如常，脉無力，用牛膝、車前引下之，名引火歸原之法；如大便洩瀉，脉沉，足冷者，宜六味地黃丸加牛膝、車前、肉桂，足冷甚者加熟附子，是冷極于下而迫其浮火上升也，名導龍入海之法。若不知此，不免頭痛醫頭之誚也。

一同學年二十餘歲，患腮腫，醫以清涼散火之劑不效，一夜舌忽腫塞口，命在須臾，叩門求救。予診其脉微細而數，大便四五日不行矣。微數雖屬虛火，而便結又已屬實。予用百草霜吹舌上，內用酒蒸大黃五錢，肉桂一錢，引火下行，一劑而愈。

一友始而牙痛，既而咽腫，醫投涼藥，痛轉甚。予診其脉沉細，大便一日二三次。予曰：浮火上升也，其足必冷。察之果然。以金匱腎氣料作湯與之，服完即睡，覺來病失矣。

病在下而求諸上　示吉曰：凡治下焦病，用本病藥不愈者，須從上治之。如足痛足腫，無力虛軟，膁瘡紅腫，用木瓜、米仁、牛膝、防己、黃栢、蒼朮之品不愈者，定是中氣下陷，濕熱下流，用補中益氣升提之。若足軟能食而不能行，名曰痿症，宜清肺熱。如治泄瀉，用實脾利水之劑不效，亦用升提補中益氣，去當歸，加蒼朮、炮薑，脉遲再加故紙、肉蔻。如治下痢，日數行，寸口脉滑者，宜吐之。如治溺血，用涼血利水不效，宜清心蓮子飲，清心復不止，再加升麻、柴胡。如治大便下血，用地榆、側栢、槐花、棕灰、蒲黃、荊芥、血餘、阿膠等件不效者，若兼泄瀉，再診其脉，如右關微細或數大無力，是脾虛不能攝血，宜用六君子加炮薑；若右關沉緊，是飲食傷脾不能攝血，予製沉香末子甚驗；若右寸洪數，大便如常，是實熱在肺，熱之流通，傳于大腸，宜清肺熱，用麥冬、花粉、玄參、枯芩、桔梗、五味、枳殼之類。如小便閉，用五苓、車前、瞿麥不效者，藥加清肺藥，桑皮、桔梗、玄參之類；脉虛口渴者，用生肌散加燈心、木通之類，《經》云氣化則能出矣。若上部脉滑，有痰，是痰壅于上，如玉漏之上竅塞而下竅閉也，宜用二陳四君煎大劑頓服，鵝翎探吐之。

一徐萬壽，楓江人，年二十餘歲，七月中下血不止，通醫不效，至十月初，屢次昏暈，事急矣。求治于予，予診之，右寸獨得洪數，是必實熱在肺，傳于大腸也。用麥冬、花粉、桔梗、玄參、黃芩、山梔、五味、沙參，服數劑而愈。

胡明甫年五十餘，患膁瘡三載，沿皮瘙痒，微腫，色紫黑，用膏藥蓋之，則流水鞋襪盡濕，去膏藥即又燥烈痒痛難忍，易醫數人，內外兼治，日甚一日，不得已而求予。予曰：予非瘍醫，然亦識之，此濕熱下流也。人但知燥濕清熱解毒，而不知濕熱之原，從脾家下陷耳。遂用補中益氣湯升舉其氣，更加黃栢清熱，蒼朮燥濕，茯苓、澤瀉利水，蓋治濕不利小便，非其治也。彼求外敷藥，適在山中未便，細思之，燥濕散瘀者無如陳石灰，清熱者無如側栢汁，皆山中所有，遂以石灰研末，擣栢汁調勻，稍加火酒，為從治之具。試之，明日則瘡乾矣，數日而全愈。

吳江吳姓者，巨族也，有子十餘歲，下血已久，百藥不效。乘便過湖乞藥，予以沉香末子數服與之。一月後遇諸塗，復索前藥甚急。予曰：尚未愈乎？彼曰：子愈矣，猶子亦病此也。後服之亦愈。蓋小兒多因食傷脾胃，以致不能攝血也。昔丹溪已言及之，其外泄瀉，溺寒痿症，治驗頗多。然古人已有成案，予又附之，則蛇足矣。

清·張志聰《侶山堂類辯》卷下　寒熱補瀉兼用辯　夫治病有專宜于寒

者，熱者，補者，瀉者，又宜寒熱補瀉之兼治用者。如傷寒有附子瀉心湯，用大黄、芩、連、附子寒熱之並用者；有柴胡加龍骨牡蠣湯，以人參、大黄、黄芩、薑、桂，補瀉寒熱之並用者；《金匱》有大黄、附子細辛湯，有大黄、乾薑、巴豆之備急丸。此皆先聖賢切中肯綮之妙用，當參究其所用之因，而取法之。今時有用涼藥而恐其太涼，用熱藥而恐其太熱，是止知藥之寒熱，而不知病之邪正虚實也。然亦有並用寒熱補瀉而切當者，反為不在道者笑之。○開之曰：寒熱補瀉兼用，在邪正虚實中求之則得矣。

清・郭章宜《本草匯》卷二　標本：李杲曰：【略】又如病先發熱，加之吐利大作，粥藥不入，略緩治熱，先定嘔吐，漸進飲食，方兼治瀉，待元氣稍正，乃攻熱耳。此所謂緩則治其本，急則治其標也。【略】

服藥風土之異　丹溪曰：西北之地多風寒，故患外感者多。東南之地本卑濕，故患濕熱者衆。所以方土之候，各有不齊，而所生之物，各隨土著。治北病宜以攻伐外邪為多，治南疾宜以保養内氣為本。蓋北方風氣渾厚，禀賦雄壯，兼之飲食倍常，一有疾病，輒以疎利，其病如脱。若夫東南之人，體質柔脆音翠，腠理不密，兼之飲食、色欲之過侈，概以攻劑施之，不猶操刃乎？雖然，北方禀氣固厚，安能人人皆實？南方禀氣雖薄，安得人人皆虚？當觀其人與證而施治之，斯無一偏之弊矣。

醫貴應變　商學士云：醫者，意也。貴乎臨機應變。方固難于盡用，然非方，則古人之心弗傳，方果可弗用乎？然方固良矣，尤多熟之《素問》以求其本，熟之《本草》以究其用，熟之診視以察其證，熟之治療以通其變，始于用方，而終至于無俟于方，夫然後可以言醫。所以劉守真、李東垣二師之法，雖攻補不同，會而通之，悉得神効。近時稱良醫者，皆以能持東垣者謂之王道，持張、劉者謂之霸道。噫！堯舜以揖讓，湯武以征誅，苟合道濟世，何必曰同。常病世之專于攻伐者，邪氣未退，而真氣先剝。專于補養者，或致氣道壅塞，正氣未復，而邪氣愈熾。古人云藥貴合宜，法當應變。泥其常者，人參反以殺人。通其變者，烏頭可以活命。孫真人所謂隨時增損，物無定方，真知言哉。

固元為本　崆峒子云：脾土上應于天，亦屬濕化，所以水穀津液不行，即停聚而為痰飲也。夫人之病痰火者，十之八九。老人不宜速降其火，虚人不宜盡去其痰，攻之太甚，則病轉劇，而致危殆。太史公曰：凡人所生者，神也。所託者，形也。神大用則傷，形大勞則敝，形神離則死。故聖人重之。

真元耗散　《續醫説》云：五勞者，五臟之勞，皆因動作勉强，用力過度曰勞。《索短新書》云：受氣貪慾則為勞。夫人身之真元根本，氣血津液是也。世之勞瘵證，最為難治。蓋因人之壯年，恣意酒色，以致耗散真元，不生津液，遂至嘔血吐痰，骨蒸體熱，腎虚精憊，面白頰紅，白濁遺精，及痰涎痰嗽，謂之火乘金候，重則半年死，輕則一年必危。俗醫不究其源，更以大寒大熱之藥，妄投亂進，殊不知大寒則氣愈虚，大熱則血愈竭，是以世之犯此疾者，多不能免于死，由醫之不得其人，辨藥不精也。

三法五治　三法者，初、中、末也。初治之道，法當猛峻，緣病得之新暴，感之輕，得之重，當以疾利之藥急去之。中治之道，法當寬猛相濟，為病得之非新非久，當以緩疾得中，養正去邪相兼治之，仍依時令消息，對證增減為妥。末治之道，法當寬緩，謂藥性平善，廣服無毒，惟能安中養血氣，蓋為病久，邪氣潛伏，故以善藥養正而邪自去。五治者，和、取、從、折、屬也。一治曰和，假令小熱之病，當以涼藥和之。和之不已，次用取。二治曰取，為熱勢稍大，當以寒藥取之。取之不已，次用從。三治曰從，為勢既甚，當以溫藥從之，為藥氣溫也，味隨所為，或以寒因熱用，味通所用；或寒以溫用，或以汗發之。不已又再折。四治曰折，為病勢極甚，當以逆制之，制之不已，當以下奪之。下奪不已，又用屬。五治曰屬，為求其屬以衰之，緣熱深陷在骨髓，無法可出，故求其屬以衰之。《經》曰：陷下者衰之。夫衰熱之法，所云火衰于戌，金衰于辰之類是也。或有不已，當廣其法而治之。【略】

八要　《衍義》云：醫有八要，八要不審，病不能去，非病不去，醫無可去之術也。故須審辨，庶不有誤。一曰虚，五虚是也。脉細、皮寒、氣少、泄瀉前後、飲食不進，此為五虚。二曰實，五實是也。脉盛、皮熱、腹脹、前後不通、悶瞀，此五實也。三曰冷，臟腑受其積冷是也。四曰熱，臟腑受其積熱是也。五曰邪，非臟腑正病也。六曰正，非外邪所中也。七曰内，病不在外也。八曰外，病不在内也。審此八者，參之以脉，辨之以藥，何有不可治之疾也？

清・程履新《程氏易簡方論》卷一《用藥機要》　王太僕曰：粗工實褊淺，學未精深，以熱攻寒，以寒療熱，治熱未已，而冷疾已生；攻寒日深，而熱病更起，熱起而中寒尚在，寒生而外熱不除，欲攻寒則懼熱不前，欲療熱則思寒又止，豈知藏府之源，有寒熱溫涼之主哉？【略】

王好古曰：四時總以芍藥為脾劑，蒼朮為胃劑，柴胡為時劑。十一經皆取決于少陽為發生之始故也。

補氣用參、芪，氣主煦之也。補血須歸、地，血主濡之也。然久病積虛，雖陰血衰涸，但以參、芪、朮、草為主者，《經》所謂無陽則陰無以生，是以氣藥有生血之功，血藥無益氣之理。夫氣藥甘溫，法天地春生之令，而發育萬物。況陽氣充則脾土受培，轉輸健運，由是食入于胃，變化精微，不特洒陳於六府，而氣至抑且和調于五藏而血生，故曰氣藥有生血之功也。血藥涼潤，法天地秋肅之令，而凋落萬物，且粘滯滋潤之性，在上則泥膈而減食，在下則滑腸而易泄，故曰血藥無益氣之理也。每見俗醫療虛熱之症，往往以四物湯或同知母、黃栢而投之，脾土受傷，上嘔下瀉，至死不悟，幽潛沉冤，悔何及矣！

清·李世藻《元素集錦·戒律》 予所處之方藥，味皆相近，而輕重不同，君臣佐使各異，故所治之病，即有不同矣。有病予藥味之少者，豈知《經》云：無毒治病，十去其九。藥可不擇而用，與予固不惟善擇方，且善擇藥耳。夫五經之書，豈有異文哉？然而其文已至矣。【略】

學醫貴至于精，畧知一二者，恆多悮事。彼所見治法之淺，見人所用之治法而不信；彼所知藥味之少，見人所用，又惑之甚也。

清·李熙和《醫經允中》卷一 寒因寒用，熱因熱用論 用藥之法，不外寒溫補瀉，其于寒因熱用，熱因寒用，盡人而知之矣。至于用藥之精妙，全在寒因寒用，熱因熱用。惜未有窺其旨者，所當急為明辨也。夫人之一身外為陽，內為陰，背為陽，腹為陰。然腹之中，六腑為陽，五臟為陰；而五臟之中，心為陽中之陽，肺為陽中之陰，腎為陰中之陰，肝為陰中之陽，脾為陰中之至陰。可見陰中有陽，陽中有陰。朱子所謂不雜乎陰陽，亦不離乎陰陽也。故陰陽和平，身無寒熱陰陽偏勝，寒熱交爭矣。是以熱因熱用者，如形寒飲冷，內之陰邪既甚，外之陽氣亦盛，而肌膚反熱，蓋以陰勝則陽病，亦以水就濕，火就燥，各從其類故也。使于此而專用寒藥以治之，則陰寒勝于內，而陽邪愈併于外，甚至眼紅唇燥，煩躁擾亂矣。惟用寒潤以泄其表熱，而兼用溫瀉以散其裏寒，使陰氣出于外，則陽氣入于內，陰陽和而病解矣。所云寒因寒用者，如傷寒四五日，邪傳少陰，為裏證已極，而手足反厥冷者。《經》曰少陰病四逆，其人或欬或悸，或小便不利，腹中痛，泄利下重者，四逆散主之，方用柴胡、枳實、芍藥、甘草，俱寒涼之劑，何也？蓋以陰陽不相順接，陽氣內陷，熱氣逆伏故也。倘悮用熱藥以治之，是抱薪救火矣。然非遇熱症而概用熱，遇寒症而概用寒也。必也觀色辨症，而憑脉以為準，則如陽症見陰脉，而自利不渴，熱因熱用可也。陰症見陽脉，而大便閉結，煩躁飲冷，寒因寒用可也。使表裏洞然，內外明徹，而無纖毫之疑似焉，則用藥合宜，而動輒奏效矣。此豈可膠柱鼓瑟，執一成見于胸中也哉？故善醫者，必明天氣之溫涼，風土之高下，性情之剛柔，禀質之厚薄，與夫起居勞逸之不均，心志苦樂之不一，病有標本新久，緩急先後之不齊，務期體驗于平時，察識于臨症，不特愈已病，而先治其未病焉，庶不負乎死生之寄也矣！

藥不執方 《內經》云：凡治病必先度其形之肥瘦，以調其氣之虛實。實則瀉之，虛則補之。無問其病，以平為期。此數語，實治病之大綱領也。夫天地之道，不外陰陽五行，而人身一小天地，亦豈有外于陰陽五行？故陰陽和，和則無病。病者，陰陽之偏勝也。藥者，各走經絡，非補即瀉，陰陽之偏者也。治病者，因臟腑之偏勝，而以補瀉之藥救正之，使之適得其平而止，則起死回生，全在和平其臟腑，豈有執一定之方，可以應無窮之症者？如拘執程方，但于疑似之際，似某症，則以某湯主之；或內寒而外熱，尚用白虎、青龍；或上盛而下虛，即用十全、四物，致虛虛實實，損不足而益有餘，不致殺人者鮮矣。但能審脉之浮沉遲數，辨症之寒熱虛實，如某經虛寒，即以某經溫補之藥治之；某經實熱，即以某經寒瀉之藥治之。凡補瀉寒溫，一隨經絡之偏勝，而行所無事。總之，因病以立方，斷不執方而治病，又何病之不可愈？何方之可執哉？或者曰無作聰明亂舊章，聖賢已戒之矣。子識見雖高，未必超于劉李張朱之上也。不遵古方，豈非剛愎自用乎？愚意不然。夫軒岐、仲叔，醫家之孔孟程朱也，劉李張朱，猶儒家之韓柳歐蘇也。使為良醫者，治病用藥必遵古方而不變，則為名士者作文，用古必當抄襲雷同，一字而不可易也。有是理乎？況劉李張朱，其書咸在，亦各抒所見，求當乎理而已，未常張之同乎劉，朱之同乎李也。使程方可執，仲景而後可無書矣，何劉李張朱之多贅也？且千百年來，時異勢殊，不知幾經變易矣。使古名醫而至今存，猶然執此數方也，亦斷無是理矣。總之，禹稷顏子易地皆然，使愚生數百年之前，用藥自與古人同，使古人生于今之時，用藥斷未必與已異也。但師其意，不拘其迹可也。或又曰：子之用藥，不遵古方是矣，但所用之藥，止此數味，豈今人之病皆相似耶？而不知非然也。夫千百人之面目各異矣，未常外于五官也。用藥者之君臣佐使各異矣，未常外于五臟也。治病者，但各隨經絡，即于庸常之藥，配合輕重之間，神而明之，斯善矣。若惡庸常而求珍異，是不特舍正路，而出邪徑，且必欲乘牛車而入鼠穴矣。吾不解其意也。柳柳州有云：蜀之南恒雨少日，日出則犬吠。當今之時，而不用古方，亦蜀之日也，其不為庸惡訕笑者幾希。

清・李熙和《醫經允中》卷一七　用藥管見　東坡先生謂治天下如養生，憂國倫亂如服藥。養生者，不過慎起居飲食，節聲色而已。節慎在未病之先，而服藥于已病之後。今憂寒疾而先服烏喙，憂熱疾而先服苓、連，則病未作而藥殺人矣。噫！藥之不可輕嘗也。所以古人云用藥如用兵，言不可不慎重也。業醫者當一下藥，念係民生死關必也，望聞問切察之詳，寒溫補瀉施之確，精思熟審，期恰當而適中，毋以輕心躁心處之可耳。《景岳全書》云：一補瀉之法，補亦治病，瀉亦治病，然有其要，不可不知。臨症治病，不必論其有虛症無虛症，但無實症可據，便當兼補以調營衛精血之氣；亦不必論其有火症無火症，但無熱症可據，便當兼溫以培命門脾胃之氣。此補瀉之要領，所當留意也。此言是矣，抑愚更有進焉，脾胃當補也，倘胸膈痞滿，兼動氣積滯者，即用黄芪、白术閉氣之劑以補之，則不助正反益邪矣。營衛當調也，倘禀質虛寒，倉廩不固者，即用地黄、當歸泥膈潤腸之劑以調之，則泄瀉益甚而痰唾愈多矣。健脾當知脾家喜燥而惡濕，少用香燥之藥，如蒼术、砂仁開氣之物以醒之，則胸膈寬暢，飲食加餐。書曰：安穀者昌。又曰：脾為統領之官，未有脾胃既健，飲食多進而諸症不退者。夫氣屬陽，血屬陰，凡人陽盛則生，陰盛則死。丹書云：陰氣不盡不仙，陽氣不盡不死。又云：但知行氣法，便是得仙人。蓋以陽生陰長，氣行血隨也。調營衛者，先用行氣之劑，如川芎、香附等藥以調之，則氣得周流，血亦無凝滯，自然清陽上升，濁陰下降，五藏安和，百骸通泰矣。其有客邪已退，本元未復者，然後用參、芪、歸、地、枸杞、蓯蓉之類以資補之，則胸寬氣順，自能納受而歸腎，由是丹田氣盛，上蒸脾土，脾土沖和，灌溉臟腑，上下相交，水火相濟，如此而疾病不除者，未之有也。陰陽兩虛，惟補其陽，陽生而陰長。血氣俱病，只調其氣，氣行而血隨。此又要中之至要，所當留意也。《〔景岳〕全書》云：用藥之法，既欲合宜，尤當知忌，先避其害，後用其利。誠至言也。總之，用寒用熱，各合其宜，當補當瀉，無過不及。醫家稱郎中，則中之一字宜味也。此愚千慮之一得，用藥之要訣，萬舉萬全者，不得不為同學諄諄也。

清・馮兆張《馮氏錦囊秘錄・雜症大小合參》卷一　補藥得宜論　天虛者宜補，然有不受補者，乃補之不得其當也。必須憑脈用藥，不可問病執方。六脈一部，或大或小之間，便有生克勝負之別；一方分兩，或加或減之中，便存重此輕彼之殊。脈有真假，藥有逆從。假如六脈洪大有力者，此真陰不足也，六味地黄湯。右寸更洪更大者，麥味地黄湯。如洪大而數者，人謂陰虛陽盛，而用知柏地黄湯則誤矣。如果真陽盛實，則當濟其光明之用，資始資生，而致脈有神，疾徐得次，以循其常經矣。惟其真陽不足，假陽乘之，如天日不彰，而乃龍雷之火妄熾，疾亂變常也，宜六味加五味子、肉桂，助天日之陽光，以逐龍雷之假火。若至弦數、細數，則更係真陰真陽虧損，便當重用六味少加桂、附，以火濟火，數既可從，承乃可制，火既制而陰易長矣。況脈之微緩中和胃之氣也，不微而洪大，不緩而弦數，近乎無胃，用此既補真陽，以息假陽，復借真火，以保脾土，此補腎中真陰真陽之至論也。更有勞心運用太過，飢飽勞役失調，以致後天心脾氣血虧損者，設以根本為論，從事補腎，則元氣反隨下陷，化源既絶於上，腎氣何由獨足於下，縱下實而上更虛矣。理宜六脈浮大無力者，此中氣不足，榮陰有虧，而失收攝元氣之用，宜於溫補氣血之中，加以斂納之味，如養榮湯，用五味子，更宜減去陳皮是也。六脈沉細無力者，此元陽中氣大虛，大宜培補中州，溫補氣血，蓋脾胃既為氣血之化源，而萬物之滋補，亦必仗脾胃運行而始得，故古方諸劑，必用薑、棗，即此義也。況中氣既虛，運行不健，故用辛溫鼓舞，使藥力自行，藥力不勞於脾胃之轉輸，如歸脾湯之劑、木香十全湯之用肉桂是也。如六脈遲緩甚微者，則無陽大虛，純以挽救陽氣為主，輕則人參理中湯，重則附子理中湯，不得雜一陰分之藥，蓋陽可生陰，陰能化陽耳。如六脈細數，久按無神者，此先天後天之陰陽並虧也，早服八味地黄丸，晚服人參養榮湯去陳皮，或十全大補湯去川芎，生地換熟地可也。如兩寸洪大，兩尺無力者，此上熱下寒，上盛下虛也，宜八味地黄湯加牛膝、五味子，服至尺寸俱平而無力，則照前方，另煎參湯沖服。如兩尺有力，兩寸甚弱者，此元氣下陷，下實上虛也，宜補中湯升舉之。地既上升，天必下降，二氣交通，乃成雨露，此氣行而生氣不竭矣。先天之陽虛補命門，後天之陽虛溫胃氣；先天之陰虛補腎水，後天之陰虛補心肝。蓋心為血之主，而肝為血之臟也。然更重乎太陰，蓋脾者，榮之本，化源之基，血之統也。且一方之中，與脈有宜、有禁，宜者加之，禁者去之。如應用十全大補湯，而肺脈洪大者，則芎、芪應去，而麥、味應加者也，蓋芎味辛而升，芪味雖甘，氣厚於味，故功專脾肺而走表也。六脈無力，則十全最宜，倘無力服參者，芪术倍加，止用當歸，勿用地、芍，蓋重於補氣，則歸為陰中之陽，地、芍為陰中之陰耳。至於地黃一湯，依脈輕重變化，百病俱見神功。但六脈沉微，亡陽之症，暫所忌之。蓋雖有桂、附之熱，終屬佐使，而地、茱一隊陰藥，乃係君臣，故能消陰翳之火也。其熟地重可加至二三兩，山茱只可加至三四錢，蓋酸味獨厚，能掩諸藥之長，況過酸強於吞服，便傷胃氣矣。此張姑取數端，以證變化之無盡，學者類推之，而自得其神矣。

論補須分氣味緩急　夫藥之五味，皆隨五臟所屬，以人而為補瀉，不過因其性而調之。五味一定之性，本定而不可變。在人以五臟四時，迭相施用，行變化而補瀉之。然藥之形有形，其氣味寒熱則無形。人之神無形，動而變，變而病，則有形，故以有形之藥而攻有形之病，更以無形之氣味而調無形之神氣。大抵善攻克削之藥皆無神，而與人氣血無情，故可只為糟粕之需。善調元氣之藥必有神，而與人氣血有情，故堪佐助神明之用。且五臟皆有精，五臟之精氣充足，始能輸歸於腎，腎不過為聚會關司之所，故《經》曰：五臟盛乃能瀉。設一臟之精氣不足，則水穀日生之精正堪消耗於本臟，焉有餘力輸歸及腎哉！故補之之法，務調臟，臟平和，則腎水之化源自得。然輕清象天，《經》曰：形不足者，溫之以氣。濁陰象地，《經》曰：精不足者，補之以味。補者，謂彼中所少何物，我即以此補之，償其不足也。味者，重濁厚味之謂，如地黃、枸杞膏之類是也。奈何近用味藥者，僅存其名，體重之藥每同體輕者等分，或用錢許幾分，是有名而無實效。且欲峻補腎家者，用牛膝、杜仲之類，下趨接引，尚慮不及，反加甘草緩中，藥勢難以趨下，泥滯中脘矣。至如血少者養血，歸、地、芍藥之類是也；氣虛者益氣，參、芪、苓、术之類是也；真陰虧者補真陰，地、茱、麥、味之類是也；真陽損者補真陽，桂、附之類是也。如飢者與食，渴者與水，無不響應得宜。其血脫補氣者，雖謂陽旺能生陰血，究竟因當脫勢危迫，而補血難期速效，故不得已為從權救急之方，苟非命在須臾，還須對症調補，氣虛補氣，血虛補血，陰虧補陰，陽虧補陽，虛之甚者補之甚，虛之輕者補之輕。虛而欲脫者，補而還須接，所以有補接二字，書未詳明。蓋脫勢一來，時時可脫，今用大補之劑，挽回收攝。若藥性少過，藥力一緩，脫勢便來，故峻補之藥，必須接續，日夜勿間斷也。俟元氣漸生於中，藥餌方可少緩於外。虛病受得淺者，根本壯盛者，少年血氣未衰者，還元必快。衰敗者，還元自遲，必須補足，不可中止，工夫一到，諸侯霍然向來，所有之病、大病內可除，向來不足之軀、大病內可壯。故人不求無病，病中可去病，病復可知調理樽節也。【略】

製方和劑治療大法　《靈樞》曰：人之血氣精神者，所以奉生而周於性命者也。經脈者，所以行血氣，營陰陽，濡筋骨，利關節者也。衛氣者，所以溫分肉，充皮膚，肥腠理，司開合者也。志意者，所以御精神，收魂魄，適寒溫，和喜怒者也。是故血和則經脈流行，營復陰陽，筋骨勁強，關節清利矣。衛氣和則分肉解利，皮膚調柔，腠理致密矣。志意和則精神專直，魂魄不散，悔怒不起，五臟不受邪矣。寒溫和，則六腑化穀，風痺不作，經脈通利，肢節得安矣。故虛實者，諸病之根本也。補瀉者，治療之綱紀也。《經》曰：邪之所湊，其氣必虛。凡言虛者，精氣奪也；凡言實者，邪氣勝也。是故虛則受邪，邪客為實。《經》曰邪氣盛則實，精氣奪則虛者，此耳。倘邪重於本，則以瀉為補，是瀉中有補也。本重於邪，則以補為瀉，是補中有瀉也。且升降者，病機之要括也。升為春氣，為風化，為木象，故升有散之之義；降為秋氣，為燥化，為金象，故降有斂之之義。如飲食勞倦，則陽氣下陷，宜升陽益氣；瀉利不止，宜升陽益胃，鬱火內伏，宜升陽散火。因濕洞泄，宜升陽除濕，此類宜升之之也。如陰虛則水不足以制火，火空則發而炎上，其為證也，咳嗽多痰，吐血鼻衄，頭疼齒痛，口苦舌乾，骨蒸寒熱，是謂上熱下虛之候，宜用麥冬、貝母、枇杷葉、白芍藥、牛膝、五味子之屬以降氣，氣降則火自降，而氣自歸元，更又益之以滋水添精之藥，以救其本，則諸症自瘳，此類宜降之之也。更有塞因塞用者，如脾虛中焦作脹，腎虛氣不歸源，以致上焦逆滿，用人參之甘，以補元氣，五味子之酸，以收虛氣，則脾得健運，而脹自消，腎得斂藏，而氣自歸，上焦清泰，而逆滿自平矣。通因通用者，如傷寒挾熱下利，或中有燥糞，必用調胃承氣湯下之乃安。傷暑滯下不休，得六一散清熱除積乃愈，然治寒以熱，治熱以寒，此正治也。如熱病而反用熱攻，寒病而反用涼劑，乃從治也。蓋聲不同不相應，氣不同不相合，大寒大熱之病，必能與異氣相拒，善治者乃反其佐，以同其氣，復令寒熱參合，使其始同終異也。如熱在下，而上有寒邪拒格，則寒藥中入熱藥為佐。《內經》曰：若調寒熱之逆，冷熱必行，則熱藥冷服，下膈之後，冷體既消，熱性隨發。寒在上，而上有浮火拒格，則熱藥中入寒藥為佐，下膈之後，熱氣既散，寒性隨發，情且不違，而致大益，病氣隨愈，嘔煩皆除，所謂寒因熱用，熱因寒用，使同聲易於相應，同氣易於相合，而無拒格之患。《經》曰：必先其所主，而伏其所因也。譬之人火可以濕伏，可以水滅。病之小者似之。大者則若龍雷之火，逢濕則焰，遇水益燔，太陽一照，火即自息，此至理也。用熱遠熱者，是病本於寒，法應熱治，所投熱劑，僅使中病，毋令過焉，過則反生熱病矣。用寒遠寒者，是病本於熱，法應寒治，所投寒劑，僅使中病，毋令過焉，過則反生寒病矣。故益陰宜遠苦寒以傷胃，益陽以遠辛散以泄氣，祛風勿過燥，清暑毋輕下，產後忌寒涼，滯下忌斂澀。然天地四時之氣，行乎六合之間，人處氣交之中，亦必因之而感，春氣生而升，夏氣長而散，長夏之氣化而軟，秋氣收而斂，冬氣藏而沉。人身之氣自然相通，其生者順之，長者敷之，化者堅之，收者肅之，藏者固之，此藥之順乎天者也。春溫夏熱，元氣外泄，陰精不足，藥宜養陰；秋涼冬寒，陽氣潛藏，勿輕開通，藥宜養陽，此藥之因時制用，補不足以和其氣者也。然既戒勿伐天和，而又防其太過，所以體天地之大德也。昧者舍本從標，春用辛涼以伐肝，夏用鹹寒以抑火，秋用苦溫以泄金，冬用辛熱以涸水，謂之時藥。殊失《內經》逆聖之理，夏月伏陰，冬月伏陽，推之可知矣。然而一氣之中，初同末異；一日之內，寒暖迥殊。且有乖戾變常之時，大暑之候，而得寒症，大寒之候，而得熱症。證重於時，則舍時從證；時重於證，則舍證從時。六氣太過為六淫，六淫致疾為客病，以其天之氣從外而入也。七情動中為主病，以其人之氣從內而起也。此用藥權衡主治之大法，萬世遵守之常經，雖聖哲復起，莫可變更也。然有性禀偏陰偏陽，又當從法外之治。假如性偏陰虛，雖當隆冬，陰精虧竭，水既不足，不能制火，陽無所依，外泄為熱，或反汗出，藥宜滋陰，設從時令，誤用辛溫，勢必立斃。假如性偏陽虛，雖當盛夏，陽氣不足，不能外衛其表，表虛不任風寒，洒淅戰栗，思得熱食，及御重裘，是雖天令之熱，亦不足以敵真陽之虛，病屬虛寒，藥宜溫補，設從時令，誤用苦寒，亦必立斃。故變通合宜之妙，存乎其人。且人禀天地陰陽之氣以有生，而強弱莫外乎天地之運氣，當天地初開，氣化濃密，則受氣常強，及其久也，氣化漸薄，則受氣常弱。故上古之人，度百歲乃去，今則七十稱古稀矣。蓋天地風氣漸薄，人亦因之漸弱，以致壽數精神，既已漸減，則血氣臟腑，亦應因之漸衰。故用藥消息，亦必因之漸變，不可執泥古法，輕用峻利。況時當晚季，囂競日深，戕喪斫賊，難解難遏，於是元氣轉薄，病疾叢生，虛多實少。臨症施治，專防克伐，多事溫補，痛戒寒涼，抵當、承氣，日就減少；補中、歸脾，日就增多，此今日治法之急務也。設使病宜用熱，亦當先之以溫；病宜用寒，亦當先之以清；縱有積滯宜消，必須先養胃氣；縱有邪氣宜祛，必須隨時疏散，不得過劑，以損傷氣血。氣血者，人之所賴以生者也。氣血充盈，則百邪外禦，病安從來？氣血一虧，則諸邪輻輳，百病叢生。世人之病，十有九虛，醫師之藥，百無一補，豈知用藥一誤，則實者虛，虛者死，是死於藥，而非死於病也。且古人立方，既有照膽之朗識，復盡活人之苦心，有是病方下是藥，分兩多而藥味寡，譬如勁兵，專走一路，則足以破壘擒王矣。後人既無前賢之識，見徒存應世之遊移，分兩減而藥味多，譬猶廣設攻治，以庶幾於一遇，嗟呼！術雖疏而心更苦矣。品類既繁，攻治必雜，病之輕者，因循而愈，病之重者，豈能一得乎！然藥雖有大力之品，終屬草木之華，必藉人之正氣為倚，附方得運行而獲效，如中氣餒極，雖投硝、黃，不能迅下也；榮陰枯槁，雖投羌、麻，不能得汗也；元陽脫盡，雖投熱藥不覺熱也；真陰耗極，雖投寒藥不覺寒也；正氣重傷，雖投補藥不覺補也。非醫者立見不移，病人專心守一，焉有日至功成之益哉！

清・李文來《李氏醫鑒》卷九 陰精陽氣補益不同論 《經》曰：形不足，溫之以氣，人參、羊肉、黃耆、人胞、紅鉛之屬是矣。益陽氣也，乃可以却沉寒。《經》曰：精不足，補之以味，人乳、鱉甲、地黃、黃栢、枸杞、牛膝、天冬之屬是矣。補陰精也，乃可以除伏熱。

清・李文來《李氏醫鑒》卷一〇 治氣三法藥各不同論 一補氣。氣虛宜補之，如人參、黃耆、羊肉、小麥、糯米之屬是也。二降氣、調氣。降氣者即下氣也，虛則氣升，故法宜降，其藥之輕者，如蘇子、橘皮、麥冬、枇杷葉、蘆根汁、甘蔗。其重者如番降香、欝金、檳榔之屬。調者和也，逆則宜和，和則調也，其藥如木香、沉水香、白豆蔻、縮砂蜜、香附、橘皮、烏藥之屬。三破氣。破者損也，實則宜破，如少壯人暴怒氣壅之類。然亦可暫不可久，其藥如枳實、青皮、枳殼、牽牛之屬。溫氣分之病，不出三端治之之法，及所主之藥，皆不可混濫者也。悞則使病轉劇，世多不察，故表而出之。

治血之法三各不同論 血虛宜補之。虛則發熱，內熱治宜甘寒、甘平、酸寒、酸溫，以益榮血，其藥為熟地、白芍、牛膝、炙甘草、酸棗仁、龍眼肉、鹿角膠、肉蓯蓉、甘枸杞、甘菊花、人乳之屬。血熱宜清之涼之。熱則為癰腫瘡癤，為鼻衄，為齒衄，為牙齦腫，為舌上出血，為舌腫，為血崩，為赤淋，為月事先期，為熱入血室，為赤遊丹，為眼暴赤痛。法宜酸寒、苦寒、鹹寒、辛涼，以除實熱，其藥為童便、丹皮、赤芍、生地、黃芩、犀角、地榆、大小薊、茜草、黃連、山梔、大黃、青黛、天冬、玄參、荊芥之屬。血瘀宜通之。瘀必發熱發黃作痛及作結塊癖積。法宜辛溫、辛熱、辛平、辛寒、甘溫，以入血通行，佐以鹹寒，乃可軟堅，其藥為當歸、紅花、桃仁、蘇木、桂、五靈脂、蒲黃、薑黃、欝金、京三稜、延胡索、花蕋石、沒藥、䗪蟲、乾漆、自然銅、韭汁、童便、牡蠣、芒硝之屬。蓄血為榮，陰也，有形可見，有色可察，有症可審者也。病既不同，藥亦各異，治之之法，要在合宜，倘失其宜，為厲不淺。

治吐血三要論　宜降氣，不宜降火。氣有餘即是火，氣降即火降，火降則氣不上升，血隨氣行，無溢出上竅之患矣。降火必用寒涼之劑，反傷胃氣，胃氣傷則脾不能統血，血愈不能歸經矣。今之療吐血者，大患有二，一則專用寒涼之味，如黃芩、山梔、青黛、柿餅灰、四物湯、黃栢、知母之類，往往傷脾作泄，以致不救。一則專用人參，肺熱還傷肺，欬逆愈甚。亦有用參而愈者，此是氣虛喘嗽，氣屬陽，不由陰虛火熾所致，然亦百不一二也。宜以白芍藥、炙甘草制肝，枇杷葉、麥門冬、薄荷、橘紅、貝母清肝，苡仁、淮藥養脾，韭菜、番降香、蘇子下氣，青蒿、鱉甲、銀柴胡、牡丹皮、地骨皮補陰清熱，酸棗仁、白茯神養心，山萸、枸杞、牛膝補腎。此屢試輒驗之方。然陰無驟補之法，非多服藥不効。病家欲速其功，醫者張皇無主，百藥雜試，以致殞命。悲夫！宜行血，不宜止血。血不循經絡者，氣逆上壅也。夫血得熱則行，得寒則凝，故降氣行血，則血循經絡，不求其止，而自止矣。止之則血凝，血凝必發熱惡食及胸脇痛，病日沉痼矣。　宜補肝，不宜伐肝。《經》曰：五藏者，藏精氣而不瀉者也。肝為將軍之官，主藏血。吐血者，肝失其職也。養肝則肝氣平，而血有所歸。伐之則肝不能藏血，血愈不止矣。

少年人陽痿因于失志不宜補陽論　《經》曰：腎為作強之官，技巧出焉，藏精與志者也。夫志主決定，心主思維，思維則或遷或改，決定則一立不移，此作強之官之驗也。苟志意不遂，則陽氣不舒。陽氣者，即真火也。譬夫極盛之火，置之密器之中，閉悶其氣，使不得發越，則火立死而寒矣，此非真火衰也，乃悶欝之故也。宣其抑欝，通其志意，則陽氣立舒，而其痿立起矣。

清·陳治《證治大還》卷上《藥理近考》　學者醫理既明，脈法洞悉，尤宜用藥切近庶幾，治疾有當。自古聖賢，皆參透精微，而垂諸典要，以便後世好學之士，從此而得心應手。苟非探頤索隱，焉能遵聖學而起沉疴乎？余故採取羣珍，以樹寶林之意，公諸同志，毋哂管窺。

補法　虛則補之，正氣奪則虛。人參、黃芪、白朮、甘草，補氣藥也。歸、芍、地黃，補血藥也。二門、知、栢、歸、地，補陰藥也。附子、蓯蓉、鹿膠、菟絲，補陽藥也。精不足者，補之以味。乃天地生成之味，非烹飪調和之味也。如羊肉、黑豆之類。　黑瘦人腸胃時燥，口乾渴，髮鬚枯悴，(饑)〔肌〕膚不澤，筋骨疼，夜甚。是陰血虛，津液不足，當用潤劑，燥藥宜禁。四物、二冬、花粉為主。　肥白人行則氣促，腠理不密，自汗時出，四肢倦怠，屬氣虛有溼痰，宜燥劑，忌潤劑，必以參、朮、芪、草，益氣為主。　產後氣血大虧，大補為主，須分氣血。今人止以四物增減，倘脾胃弱而氣不足者，寧不戕人？

老人亦以補養為主，有外感，補中益氣，加芎、蘇、羌、防等解散，邪去熱淨而止。　內傷飲食，參、朮補脾，兼以消導。痰火咳嗽，加化痰藥。冬月先發散。

一切病後，瘡疽後，有外感及內傷者，悉從此法，助正伐邪，不傷氣血，可保無虞。　稟賦怯弱人、脈弱無力、年高、產後、胎前同法。　五虛：　脾虛者，心腹飽脹，不能運化飲食，四肢痿弱，怠惰嗜臥，九竅不利，面黑痿黃。補中益氣增減，以甘補之是也，大忌尅伐。　心虛者，兩寸微洪，善悲怔忡，口乾煩悶不寧。古用澤瀉炒鹽，以鹹補之。不若人參、茯神、栢子仁、菖蒲為佳，補心丹最的。一說虛則補其母，陳皮、生薑。　肝虛者，目䀮䀮無所見，耳無所聞，善恐，如人將捕之。筋痿不用。陰痿，面青白，脈弦細無力。古方用陳皮、生薑，以苦補之。大抵肝氣常有餘，肝血常不足，古方補母，用熟地黃、黃栢及錢氏地黃丸，是滋陰血也。　肺虛者，鼻塞不利，少氣自汗，喘咳，面色淡白，毛焦落，久病產後及瘡腫出膿後，發喘是也。必用人參、麥冬、五味，甘益氣，酸補肺也。　錢氏補肺阿膠散中，有甘草、兜鈴、糯米，正合此義，第不若生脈散多效爾。　腎有二水，中有火，枯槁秘結，小便淋澁，相火上炎，兩尺洪大，夢遺，盜汗，耳鳴，是天乙真水不足。當滋陰，六味地黃丸之類。兩尺微弱而澁，四肢痿厥，腰膝痠痿，食少及不消化，腰似折，小腹痛，是元陽虛憊，真火微也。人參、枸杞、菟絲、桂、附、鹿茸、鹿膠之類。　曰氣、曰血、曰精、曰津液，一或不足，當先理脾胃。若脾胃不和，食少，不能生化精血，縱加峻補，不能成功。昧者但知四物養血，謂參、术不可用，庸之甚矣。大抵邪之所湊，其氣必虛，木必先腐，而後蟲生。牆壁堅固，賊自難入。醫家若不審脾胃元氣精血，妄加尅伐，涉虛之人，鮮有不致于危者。余家世業醫，目擊其弊，特為拈出，明哲幸諒之。

瀉法　實則瀉之，邪氣盛則實。六淫客邪，外感七情，飲食內傷，為痰為火，為癰為積，或汗而散，或吐而達，或下而滌，或刺以決之，或灸以劫之，使邪氣早退，正氣得復，是瀉法不得妄談也。謹録于左。《內經》曰：辛甘發散為陽。凡味辛藥則散，桂枝、麻黃、乾薑、生附，辛熱發汗藥也，大寒溼客于表者用之。羌、獨、芷、朴、蒼术、芎、蘇，辛溫藥也，感冒輕者用之。石膏、薄荷、黃芩、升麻、葛根，辛涼藥也，內外熱盛者用之。

汗法薰蒸、渫洗、熨烙、針刺、砭射、導引、按蹺，諸解表者，皆汗法也。　風寒客于人，使人毫毛畢直，皮膚閉而為熱，頭痛惡寒，四肢拘急，脈浮而緊，是為表症，宜辛以散之，得汗而解。冬月麻黃湯，他時大羌活湯增減。咳嗽，寒包熱者同法。溼流關節，身痛脈沉，當取微汗。風溼相搏，一身盡痛，不可大汗。胃虛過食冷物，抑遏陽氣于脾土之中，蒸蒸發熱，升陽散火湯，火鬱發之也。風熱拂鬱于表，或成疹班，或生瘡疥，一切(明)〔目〕痛齒痛，痛風腿痛，溼痰流注，瘡疽初起，四肢拘急，惡寒發熱，悉宜取汗，敗毒散加減最穩。小兒痘疹、痧同。中酒當出汗，古方用葛花解醒是也。北人冒寒，頭痛寒熱，用有力人將病者兩手，極力揉按至手指尖，以針或磁石砭去惡血即愈，即前砭針取汗法也。傷寒過經熱不止，或發汗不徹，用紫蘇煎湯，取一大壺置被中接汗，內服辛涼藥，即出。

吐法引涎，涎取嚏追。凡上行者，皆吐法也。　在上者，因而越之。人脈有力，強健者宜吐。食滯中脘，脹悶惡心，頭痛鬱熱，有如傷寒，寸口脈滑盛，急以鹽湯探吐。中風，痰涎壅盛，不能言語，不遺尿，脈滑實有力者，稀涎散吐之。小水不通，痰滯胸膈，不得下降，升柴二陳二术湯探吐。氣虛秘者，補中益氣湯，先服後吐。姙娠轉胞，小水不通，參、芪、术煎服探吐。肝氣鬱結，心下中脘痛悶，脈細結，不下食者，蘿蔔子煎湯探吐。溼痰痛風，用杉木煎湯吐。癲癇，痰涎上潮，小兒驚風，脈滑人健而實者，三聖散吐之。傷寒三四日，邪傳胸膈，懊憹不得眠，是實煩也，瓜蒂散或梔子豆豉湯吐之。風痰頭痛，百法不應，久之則傷目，瓜蒂散或青黛散搐鼻吐之。暴嗽，風涎上湧，咽塞不利，茶調散吐之。瘧久不止，心中脹悶，脈滑實者，四獸飲吐之。膏粱人多食生鱠，因而生蟲，脹痛發嘔，面上白班，時作時止，藜蘆散吐之。久患脇痛，胸膈不快，噎食不下，獨聖散加蝎稍半錢吐之。筋攣急痛，體厚，溼痰盛者，神應散吐之。偏枯痰盛，追風散吐之。頭風後，有目疾，有半明，可救者，防風散吐之。胸膈滿，背痛或臂疼，可用祛風湯吐之，後服烏藥散。厲風瘡癬惡瘡，三聖散吐之，後服苦參丸。一切暴厥，中氣中風，脈沉實滑數有神，不省人事，不遺尿者，用神聖散鼻內灌之，吐出涎立醒。破傷風，牙關緊急，角弓反張，亦用神聖散吐之。豆豉、梔子、芽茶、苦參、芩、連、瓜蒂，吐胸中之熱痰。礬、鹽酸鹹，吐膈上之頑痰。輕粉、鬱金、桔梗，吐胸中之鬱結痰。烏頭尖、附子尖，吐胸中之寒痰。皂角、蝎稍吐胸中之風痰。丹溪取吐法，先以布搭膊，勒肚腹，於不通風處行之。探吐，將鵝翎桐油浸二三日，却以皂角洗淨，晒乾待用。逆流水和藥，取吐佳。凡藥升上者，皆可吐，如防風、桔梗、芽茶、山梔、川芎、蘿蔔子，以薑汁、醋少許，瓜蒂散少許，入虀汁溫服，以鵝翎于喉中探，即吐。吐食積痰用蘿蔔子五合，油炒，擂入漿水，濾汁，入桐油、白蜜少許，旋旋半溫服下，以鵝翎探。蝦汁引涎法，見中風門。肥人溼痰盛，益氣散，虀汁調吐。【略】

吐藥　桔梗蘆、人參蘆、虛人用此。艾葉、末茶、瓜蒂、附子尖、藜蘆、砒，此數味皆自吐，不用探法。【略】丹溪方用鬱金半兩、藜蘆一錢、苦參一錢，右為末，虀汁調吐，如吐不止，嚼丁香一粒即止。又不止，葱白湯呷之。

仲景瓜蒂散　凡用瓜蒂，良久涎未出者，含砂糖一塊，下咽，即引涎吐出。瓜蒂，即甜瓜蒂也。用近皮半寸許，暴乾用。一法：每用一二錢，加膩粉一錢，水調之，吐風痰佳。此數味皆自吐，不用探法。吐劑用瓜蒂等藥不透者，必用熱藥攻之。後方。【略】獨聖散：用砒不以多少，研細，每服一錢，以新汲水調下。經驗吐哮痰方：用砒一錢，麪二兩，清水和捏餅，香油煎黃，為末，用一錢，江茶末三錢，調勻，五更井水下。如不吐，可添半錢，次日服。凡服吐藥不吐，以虀汁投之，不動，續續投之，無不吐者。吐後昏憒，切勿驚疑，如頭眩難忍，飲童便或自便，或涼水一口佳。凡服草木藜蘆、瓜蒂等吐不止者，飲麝香湯即止。葱白湯止藜蘆吐。石藥吐不止，甘草貫眾湯止之。服砒不止，地漿水解之。冷菉豆湯、新汲水俱佳。

五臟瀉法　五志過極，五味過傷，則火動而偏勝，宜分經瀉之。大怒則火起于肝，肝盛則夢山林樹木，兩脇痛引少腹，脈弦數。古方瀉青丸為對症藥。或柴胡醋炒，青皮、梔子、龍膽草煎服佳，甚者當歸、龍薈。肝家溼熱盛者，龍膽瀉肝湯，以酸瀉之，白芍藥。多喜則心實，胸中痛，脇滿，咲不休，口舌乾燥，狂亂不眠，夢見丘山煙火。古方以甘瀉之，用甘草。如無他症，錢氏方中重則瀉心湯，輕則導赤散。思慮不節，厚味不謹則脾盛，脾盛則夢歌樂，身重不舉，痞塞氣不利。古方以枳實瀉之，或錢氏瀉黃散。實者瀉其子，用桑皮瀉肺。積熱痰涎，客于肺則肺盛，肺盛則夢哭，喘咳，右脇脹痛，古方桑白皮瀉之，或瀉白散。實則瀉其子，用澤瀉。五臟惟腎無瀉法，以腎常不足也。古方澤瀉瀉腎，是引下焦濁火從小便洩去，非瀉腎也，不可不知。【略】

瀉心湯，黃連一味，為細末，每服二分至五分，甚者一錢，臨睡溫水下。

【略】

正治從治　治寒以熱，治熱以寒，此正治也。熱病而反用熱攻，寒病而反用涼劑，乃從治也。且聲不同不相應，氣不同不相合，大寒大熱之病，必能與異氣相拒，善治者乃反其佐，以同其氣，復令寒熱參合，使其始同終異也。如熱在下，而上有寒邪拒格，則寒藥中入熱藥為佐。《內經》曰：若調寒熱之逆，冷熱必刑，則熱藥冷服，下膈之後，冷體既消，熱性隨發。寒在上而上有浮火拒格，則熱藥中入寒藥為佐，下膈之後，熱氣既散，寒性隨發，情且不違，而致大益，病氣隨愈，嘔煩皆除，正《內經》所謂寒因熱用，熱因寒用，必伏其所主，而先其所因，其始則同，其終則異之義。如伏寒在胃，嘔吐不納，是虛火泛上，古方用炮薑理中湯，水浸冷服。又如傷寒少陰症，瀉不止，厥逆無脈，乾嘔煩悶，不內藥，白通湯加猪膽汁之類是也。先賢譬之人間之火，可以溼伏，可以水滅。病之小者，似之大者，則若龍雷之火，逢溼則燄，見水益燔，太陽一照，火即尋滅，亦此理也。

清・王三尊《醫權初編》卷上　論小兒用藥當預為補計第五十四　夫老人血氣枯槁，得病易致變虛，人所共知。至於小兒，專門幼科，以為純陽之體，且多痰滯，合成丸散，百無一補，甚則雜以巴霜、牽牛之類，始終以之。殊不知小兒血氣未充，柔脆之極，最易變虛，較老人更甚也。虛症用補，固不待言，至於一切實症，亦當預為補計。縱有餘邪未清，即當補瀉兼施。若直待補期方補，恐有措手不及之患矣。至於痘疹，有始終不用溫補者，另有專門，不在此論。

清・程國彭《醫學心悟》卷一　人參果　昔者純陽呂祖師，出賣人參果，一文一枚，專治五勞七傷，諸虛百損。并能禦外邪，消飲食，輕身不老，却病延年，真神丹妙藥也。市人聞之，環聚爭買者千餘人。祖師大喝曰：此果人人皆有，但汝等不肯服食耳。眾方醒悟。今之患虛者眾矣，或歸怨貧乏而無力服參，或歸怨醫家不早為用參，或歸怨醫家不應早用參，或歸怨用參之太多，或歸怨用參之太少，或歸怨用參而不用桂、附以為佐，或歸怨用參而不用芪、朮以為援，或歸怨用參而不用二地、二冬以為制。議論風生，全不反躬自省，以致屢效屢復，難收全功。不佞身肩是任，寧敢造次，博稽古訓，百法追尋，每見歷代良醫，治法不過若此。於是睜開目力，取來參果一車，暫送虛人服食。凡病危而復安者，不論有參無參，皆其肯服參果者也。凡病愈而復發者，不論有參無參，皆其不服參果者也。世人請自思維，定知此中消息。惟願患者各懷其寶，必然服藥有功，壽世永年，無負我祖師垂救之至意，是懇是禱。

以上數篇，發明醫中之誤，細詳調攝之方，蓋弭患于未萌，治未病之意也。後此皆言治法。

清・吳澄《不居集》卷二〇　病輕藥重　丸者，緩也，難奏赫赫之功。或病輕而藥重，攻之太急，補之太驟，初服一月半月，精神倍加，飲食倍進，痛苦頓減，累奏奇功，人以為喜。吾恐其進銳者，其退速，不克終劑，而有他變也。何則？人之有疾，譬如屋歪斜，將欲牮之，必須緩緩用力，中立牮止，不可太過，若急欲正之，只知一面用力猛勇，一往無前，屋東坍亦必西塌矣。服丸藥者，何以異於是？

意貴圓通　丸者，緩也，圓也。丸方之制，意要圓通，不可執滯。視其臟腑，調其陰陽，圓會變通，自有一定不易之理。若心無主宰，雜亂繁多，補瀉兼施，寒熱互用，自以為處方得宜，用意周密。殊不知不揣其本，見症醫症，誠恐誅無過，伐有功，不虛而虛，不損而損矣。

清・黃庭鏡《目經大成》卷上　點服之藥用須適宜說　眼科之藥，外治曰點，內治曰服。有點而不服，有服而不點，有點服竝行，此何以故？蓋病分內外，治有輕重。內症已成，外象都無，不必點，惟以服藥為主。假初起輕發，不過微邪，邪退之後又為餘邪，點固可消，服藥夾攻亦可。若內病方殷，外症又險，必須標本合理，故點服俱行。夫藥所以補偏救弊，非不得已，二者都可不必。今人喜點惡服，或癖服毀點，壹皆見之偏也。總之，本重於標，點維從輕。所謂止其流者，莫若濬其源；伐其枝者，莫若斷其根；揚湯止沸，不如釜底抽薪。標重於本，服維從輕。所謂物穢當浣，鏡垢須磨。汗液鹽鹵，着刀劍必鏽，不經磨礪，焉能利用。一執己之膚見，則標本遂亂，標本亂而病能愈者，未之有也。諺云：伐標仍審本，顧本勿忘標。主內失外謂之痴，治內失外謂之愚。內外兼理，是為良醫。

清·徐大椿《醫學源流論》卷下　發汗不用燥藥論　驅邪之法，惟發表攻裏二端而已。發表所以開其毛孔，令邪從汗出也。當用至輕至淡，芳香清冽之品，使邪氣緩緩從皮毛透出，無犯中焦，無傷津液，仲景麻黄、桂枝等湯是也。然猶恐其營中陰氣，為風火所煽，而消耗於內，不能滋潤和澤，以托邪於外。於是又啜薄粥，以助胃氣，以益津液，此服桂枝湯之良法。凡發汗之方，皆可類推。汗之必資於津液如此。後世不知，凡用發汗之方，每專用厚朴、葛根、羌活、白芷、蒼术、豆蔻等溫燥之藥，即使其人津液不虧，內既為風火所熬，又復為燥藥所爍，則汗從何生？汗不能生，則邪無所附而出，不但不出邪氣，反為燥藥鼓動，益復横肆；與正氣相亂，邪火四布，津液益傷，而舌焦唇乾，便閉目赤，種種火象自生，則身愈熱，神漸昏，惡症百出。若再發汗，則陽火盛極，動其真陽，腎水來救，元陽從之，大汗上泄，亡陽之危症生矣。輕者亦成痙症，遂屬壞病難治。故用燥藥發汗而殺人者，不知凡幾也。此其端開於李東垣，其所著書立方，皆治濕邪之法，與傷寒雜感無涉。而後人宗其說，以治一切外感之症，其害至今益甚。況治濕邪之法，亦以淡滲為主，如猪苓、五苓之類，亦無以燥勝之者。蓋濕亦外感之邪，總宜驅之外出，而兼以燥濕之品，斷不可專用勝濕之藥，使之內攻，致邪與正爭，而傷元氣也。至於中寒之症，亦先以發表為主，無竟用熱藥以勝寒之理，必其寒氣乘虛陷入，而無出路，然後以薑附回其陽，此仲景用理中之法也。今乃以燥藥發雜感之汗，不但非古聖之法，并誤用東垣之法。醫道失傳，只此淺近之理不知，何況深微者乎？

攻補寒熱同用論　虛症宜補，實證宜瀉，盡人而知之者。然或人虛而症實，如弱體之人，冒風傷食之類；或人實而症虛，如強壯之人，勞倦亡陽之類；或有人本不虛，而邪深難出；又有人已極虛，而外邪尚伏。種種不同。若純用補，則邪氣益固；純用攻，則正氣隨脱。此病未愈，彼病益深，古方所以有攻補同用之法。疑之者曰：兩藥異性，一水同煎，使其相制，則攻者不攻，補者不補，不如勿服。若或兩藥不相制，分途而往，則或反補其所當攻，攻其所當補，則不惟無益，而反有害，是不可不慮也。此正不然。蓋藥之性，各盡其能，攻者必攻強，補者必補弱，猶掘坎於地，水從高處流下，必先盈坎而後進，必不反向高處流也。如大黄與人參同用，大黄自能逐去是堅積，決不反傷正氣；人參自能充益正氣，決不反補邪氣。蓋古人製方之法，分經別臟，有神明之道焉。如瘧疾之小柴胡湯，瘧之寒熱往來，乃邪在少陽，木邪侮土，中宫無主，故寒熱無定。於是用柴胡以驅少陽之邪，柴胡必不犯脾胃；用人參以健中宫之氣，人參必不入肝胆。則少陽之邪自去，而中土之氣自旺，二藥各歸本經也。如桂枝湯，桂枝走衛以祛風，白芍走榮以止汗，亦各歸本經也。以是而推，無不盡然。試以《神農本草》諸藥主治之説細求之，自無不得矣。凡寒熱兼用之法，亦同此義，故天下無難治之症。後世醫者不明此理，藥惟一途。若遇病情稍異，非顧此失彼，即游移浮泛，無往而非棘手之病矣。但此必本於古人製方成法，而神明之。若竟私心自用，攻補寒熱，雜亂不倫，是又殺人之術也。

補藥可通融論　古人病愈之後，即令食五穀以養之，則元氣自復，無所謂補藥也。黄農、仲景之書，豈有補益之方哉？間有別載他書者，皆托名也。自唐《千金翼》等方出，始以養性補益等各立一門。遂開後世補養服食之法。以後醫家，凡屬體虛病後之人，必立補方，以為調理善後之計。若富貴之人，則必常服補藥，以供勞心縱欲之資；而醫家必百計取媚，以順其意。其藥專取貴重辛熱為主，無非參、术、地黄、桂、附、鹿茸之類，托名祕方異傳。其氣體合宜者，一時取效；久之必得風痺陰涸等疾，隱受其害，雖死不悔。此等害人之説，固不足論。至體虛病後補藥之方，自當因人而施，視臟腑之所偏而損益之。其藥亦不外陰陽氣血，擇和平之藥數十種，相為出入，不必如治病之法，一味不可移易也。故立方只問其陰陽臟腑，何者專重而已。況膏丸合就，必經月經時而後服完。若必每日視脈察色，而後服藥，則必須一日換一丸方矣。故凡服補藥，皆可通融者也。其有神其説，過為艱難慎重，取貴僻之藥以可以却病長生者，非其人本愚昧，即欲以之欺人耳！

清・徐大椿《慎疾芻言》　補劑　學問之道，必由淺入深，從未有淺近不知而專求怪僻者。況醫法一誤，必至傷生害命，尤不可不慎也！　夫所謂淺近者，如傷風則防風、荊芥，感寒則蘇葉、葱頭，咳嗽則蘇子、杏仁，傷食則山楂、神麴，傷暑則香薷、廣藿，瘧疾則柴胡湯加減，痢疾則黄芩湯加減，婦人則四物湯加減，小兒則異功散加減。此皆歷聖相傳之定法，千古不能易也。至於危險疑難之症，則非此等藥所能愈，必博考群方，深明經絡，實指此病何名，古人以何方主治而隨症加減。今則以古聖之法為卑鄙不足道，又不能指出病名，惟以陽虚、陰虚、肝氣、腎弱等套語概之，專用溫補，以致外邪入裏，馴至不救。間有稍馴謹之人，起病時仍用切近之藥一二劑，未即有效，即轉而改用溫補。不思病之中人，愈必有漸，不可因無速效而即換方也。況所服之方，或未盡善，不思即於前方損益萬妥，而遽求變法，又不肯先用輕淡之劑探測病情，專取性雄力厚之品，大反前轍，必至害不旋踵。總由胸無定見之故。當思人之有病，不外風、寒、暑、濕、燥、火為外因，喜、怒、憂、思、悲、驚、恐為內因，此十三因，試問何因是當補者？　大凡人非老死即病死，其無病而虚死者，千不得一，況病去則虚者亦生，病留則實者亦死。若果元氣欲脱，雖浸其身於參、附之中，亦何所用？　乃謬舉《内經》曰：　邪之所湊，其氣必虚。氣虚固當補矣，所湊之邪不當去耶？　蓋邪氣補住則永不復出，重則即死，輕則遷延變病；　或有幸而愈者，乃病輕而元氣漸復，非藥之功也。余少時見問疾者，聞醫家已用補藥則相慶病者已愈，今則病勢方張，正群然議進參、附、熟地，豈不可駭！　其始也，醫者先以虚脱嚇人，而後以補藥媚人。浙江則六味、八味湯加人參、麥冬等藥；　江南則理中湯加附、桂、熟地、鹿茸、臍帶等藥。於是人人習聞，以為我等不怕病死，只怕虚死。所以服補而死，猶恨補之不早、補之不重，並自恨服人參無力，以致不救。醫者虚脱之言，真有先見之明，毫無疑悔。若服他藥而死，則親戚朋友，群詬病家之重財不重命，死者亦目不能瞑。醫者之罪，竟不勝誅矣！　所以病人向醫者述病，必自謂極虚，而傍人代為述病，亦共指為極虚，惟恐醫者稍用攻削之劑，以致不起。或有稍識病之醫，即欲對症擬方，迫於此等危言，亦戰戰兢兢，擇至補之藥，以順其意，既可取容，更可免謗，勢使然也。此風之起，不過三十餘年，今則更甚，不知何時而可挽回也！【略】

治法　凡病衹服煎藥而愈者，惟外感之症為然，其餘諸症，則必用丸、散、膏、丹、針、灸、砭、鐮、浸洗、熨、溻、蒸、提、按摩等法，因病施治。乃今之醫者，既乏資本，又惜功夫，古方不考，手法無傳，寫一通治煎方，其技已畢。而病家不辭遠涉，不惜重聘，亦衹求得一煎方，已大滿其願。古昔聖人窮思極想，製造治病諸法，全不一問，如此而欲愈大症痼疾，無是理也。所以今人患輕淺之病，猶有服煎藥而愈者，若久病大症，不過遷延歲月，必無愈理也。故為醫者，必廣求治法，以應病者之求。至嘗用之藥，一時不能即合者，亦當預為修製，以待急用，所謂工欲善其事，必先利其器，奈何欲施救人之術，而全無救人之具也。

清・李文培《食物小錄》序　《素問》云：　五穀為養，五菜為充，五果為助，五畜為益，皆養生者不可一日缺也。然五方所產之物各異，性味之良毒不同，養生者則又不可不知。故《經》云：　病有三因，有內因、外因、不內外因。外因者，由六氣之所感；　內因者，由不節飲食之所傷。為能慎寒暑，節飲食，則外不能感而內不能傷，又奚病之有？　由此觀之，則卻病延年之功未嘗不自飲食始也。予之錄是篇者，亦不過欲養生者，和食飲，知良毒，別宜忌，慎調攝，以當衛其生耳。然物理之性味各異，而諸書之注釋不同。餘不揣固陋，採擇諸家之長，集為《食物小錄》。而文字多欠通明，難豁觀者之心目，冀我同人諒許，並用以就正焉。李文培友章氏謹識。

清・俞廷舉《金臺醫話》　用大寒大熱藥要有憑據，不可臆度　凡大寒大熱之藥，必要有憑有據，而後可用，切不可以意度之。藥所以補偏而救弊也，寒藥所以治熱，熱藥所以治寒，中病即止，勿過用也。若夫大苦大寒，與大燥大熱之藥，尤宜斟酌慎用。如熱病必要有熱症熱脉，寒病必要有寒症寒脉，內外相符，確鑿可據，而後始可用以治之，自無不瘳。若無確憑確據，而但以意揣度之，則害人不淺。以大寒大熱之藥，其力最悍，極易壞事。苟非脉與症對，皆有確憑確據，則斷不可輕用。此醫中之最要緊語也。獨怪夫世之不讀書者，每執一己偏見，私心自用，或好寒涼，知、柏、硝、黄任用，或好燥熱，桂、附、硫黄妄投，造次孟浪，欲其不殺人也，難矣，故再三致戒焉。【略】

瀉火只去七分　丹溪曰：　氣有餘便是火，火即氣也。然用寒瀉火，即瀉氣，故火只可瀉至七分，則止餘三分，留下聽其自去。若務瀉至十分，只恐火盡氣盡，人無生理矣。此不可不慎也！　張景岳因丹溪此語有弊，故即以氣不足，便是寒救之。

清・許豫和《許氏幼科七種・散記續編》　藥悞思救　凡救藥悞，一經診視，須要心平氣和，不動聲色，視其所悞淺深，總以人命為重，善藥承之，緩言慰之。若嫉之太甚，使聞者生讒，則病危矣。

悞服汗劑，如麻黄、桂枝、羌、獨、藁本，汗出脉弱，人困倦者，只須四君加黄芪、薑、棗，徐徐救之。汗多氣喘，脉大，目直，有亡陽之象者，歸脾去木香、遠志，加熟地、附子急救之。悞下欲脫者，五味異攻加粳米同煎，徐徐與服，以救胃氣。再視其病之所在，依法治之。悞服白虎、芩、連，亦以五味異攻加粳米，和其胃氣，胃氣回，再依法治。不可急投辛熱藥，冷熱交攻，胃中必不能受。悞服桂、附、炮薑，津液必傷，傷之輕者，參麥湯。若速進薑、附，唇舌焦黑如鉎者，最難救。每以大劑養陰，生地、丹皮、麥冬、料豆、甘草，少加人參以生津，料豆、甘草能解桂、附之毒也。悞服參、芪、熟地等劑，胸悶食少，和胃行滯，不難通暢。

寒熱虚實，倒行逆施，病勢加重者，視其所悞，為之把正，猶有門路可尋。若茫然無知，亂雜無倫之方，致傷胃氣者，但與和胃而已。

更有宿搆丸散，見病畧有相似者，動輒亂投，方底圓蓋，如何得合，使救悞者無處捉摸，更屬可憐。

病家知醫者少，半解者强以為知，每於受悞之後，始知悔悟，思質老成。故予邇年來熟籌救悞之法，救之早，十中尚全五六，藥重悞深，不能救矣。

清・韋協夢《醫論三十篇》　寒熱補散互相為用　將飛者翅伏，將噬者爪縮，欲擒先縱，欲抑先揚。偏寒偏熱，偏補偏散，乃猝遇勍敵偏師制勝之奇兵，非前茅慮無，中權後勁，百戰百勝之善陳也。草木之性，正而醇者，為五穀，為蔬菜。偏而疵者，為藥物。《周禮》聚毒藥以共醫事，葢言慎也。故良醫製方，寒熱互用，補散兼施，視其病而增減之，監其藥而匡扶之，補偏救弊為符節之合，影響之應。譬若六轡在手，雖載馳載驟，必嚴其銜橛，謹其磬控，不敢以輕心掉之，不敢以躁氣乘之，庶範我馳驅，不至有覂駕之虞，陷淖之失矣。

好用涼散，不勝則變速而禍小，勝則變遲而禍大。東坡謂好兵之禍，不勝則變速而禍小，勝則變遲而禍大。余謂好用涼散者亦然。藥之有溫補，猶天有雨露，國有德禮。藥之有涼散，猶天有雷電，國有兵刑。風雨露雷，無非至教。然試觀一歲之中，雨露廣乎？風雷多乎？政刑特以助德禮之窮，而兵尤不得已而後用。奈何醫病與醫國同功，而曰以涼散之藥，戕賊斯人之真氣乎？曷為不勝則變速而禍小？涼藥為小人，溫藥為君子。君子之過，千人皆見。小人之過，浸灌而滋潤。故用熱藥而誤者，其效立覩。用涼藥而誤者，無形可指。幸而元陽尚旺，誤用寒涼，陰與陽鬥，必有輾轉不寧之處，病者有所畏而不敢服，醫者有所懼而不敢用，所謂小懲而大誡，改過不吝也。曷為勝則變遲而禍大？元陽本虚，甘受荼毒而不覺，而病者因虚火暫退，姑息養安，不知暗傷。元氣本實先撥，迨至脾胃日弱，飲食日少，寒涼之害層見疊出，始悟向者服藥之誤，已噬臍靡及矣。然則寒涼竟不可用乎？而又非也。當熱毒肆虐之時，其伏也如地雷之深藏，其發也如硝磺之迅速，若非峻利苦寒，何以解燔灼而救縻爛。但中病即止，不可過劑，否則始為熱中，而卒為寒中者有之，可不慎歟！【略】

寧使病浮於藥，毋任藥浮於病　有是病則有是藥，如磁石之引針，如琥珀之拾芥，自爾得於心，而應於手。然智者千慮，必有一失。苟非危急存亡之秋，不得不背城借一，解倒懸以安衽席。寧使病浮於藥，毋任藥浮於病。病浮，不過多服一二劑，便收全效。藥浮，即獲奏功，亦暗傷隱微而不覺。至初學讀書未廣，臨症未多，尤宜慎之又慎。如熱藥之應用桂、附，先以破故紙，白荳蔻之類探之。寒藥之應用犀、連，先以黄芩、梔子之類探之。倘見未真，而識未定，不妨薦賢引退，所謂自知之明，又不難於自屈。聖門高第弟子尚謙讓而未遑，況醫之小道乎？勿食古而不化，勿師心而自用，勿妒賢而嫉能，勿飾智而驚愚，民命攸關，責任匪細，習是藝者，毋甘為棘門霸上之軍可也。【略】

用藥必先通絡　天於穆而不已，聖至誠而無息。人身三百六十五竅，竅通則氣順，氣順恆與天地流通而往來相應，美在其中，暢於四支，發於事業。故治病以理氣為先，而用藥以通絡為主。葢人之經絡不通，則轉輸不捷，藥不能盡其功。瀉劑之通絡不待言，而補劑如四君子必用茯苓，四物必用川芎，六味地黄必用丹皮、澤瀉，皆以通為補。且人知瀉劑之能通絡，而病在某經，必以某經之藥引之，庶絡通而病解。否則誅伐無過，而渠魁未殲，《詩》曰發彼有的，以祈爾爵，盍三復之。

清・齊秉慧《齊氏家傳醫秘》卷上　八卦定六脈用藥辨　巽為風，屬厥陰風木。木旺於東，肝屬乙木，故脈應左關。其脈弦，其色青，其味酸，酸入肝。白芍和肝，山萸補肝。二味性酸，酸以收斂營血。離為火，屬少陰君火。火旺於南，心屬丁火，故脈居左寸。其脈洪，其色赤，其味苦。黃連味苦，苦能瀉心熱。菖蒲苦香，引入心經。舌乃心苗，口舌生瘡，用菖蒲一錢、黃連二錢。孤軍深入，效如桴鼓。乾為天，屬辛金。金旺於西，肺屬辛金，脈應右寸。其脈浮，其色白，其味辛。麻黃味苦，發肺邪。杏仁味辛，下肺氣。甘草味甘，緩肺急。石膏味甘，清肺熱。此乃仲景麻杏甘石湯，治足太陽傳手太陰肺經之妙方。又桔梗開提，桑皮瀉熱。坎為水，屬癸水。水旺北方，腎屬癸水，脈應兩尺。其脈沉，其色黑，其味鹹寒。六味丸補水，附桂補火，水火既濟，以生脾土，土為萬物之[母]，其利溥矣。坤為地，屬陽明胃，中土。艮為山，屬太陰脾，濕土。土無定位，寄居西南，脈應右關，陽明脈大，太陰脈緩。其色黃，其味甘，參、芪、朮、草，甘溫之品，培補後天。八味丸補脾母，歸脾湯補胃土。脾胃兩傷者，朝服歸脾湯，晚服八味丸，培補先天。

清・顧錫《銀海指南》卷二　用藥法　夫病有虛實寒熱之殊，故藥有補瀉溫涼之別。若虛中挾實，實中挾虛，寒因熱化，熱因寒化，上寒下熱，上熱下寒，其症種種不同，則臨證用藥之法不可不知。昔韓丞之嫂，口舌唇皆瘡，或至封喉，下部虛脫，白帶如注。醫或投涼劑，解其上，則下部疾愈甚；或投熱劑及以湯藥薰蒸，其下則熱，暈欲絕。丞曰：此亡陽症也。以鹽煮附子為君，制以薄荷、防風，佐以薑、桂、芎、歸，水煎後，入井冰冷，與之。未盡劑即少瘥。或問其故。曰：真對真，假對假。上乃假熱，故以假冷之藥從之；下乃真寒，故以真熱之藥反之。斯上下和，而病解矣。此治假熱真寒之法也。張銳治蔡魯公孫婦，產後次日大泄，而喉閉不入食。眾醫曰二疾若冰炭，雖司命無如之何。張曰：無憂也。取藥數十粒，使吞之，咽喉即通，下泄亦止。魯公奇之。張曰：此於《經》無所載，特以意處之。向者所用藥乃附子理中丸，裹以紫雪耳。方喉閉不通，非至寒之藥不為用，既下咽則消釋無餘，其得至腹中者，附子力也，故一服而兩疾愈。此寒熱並治之法也。羅謙甫治一婦，肝脾鬱結，午前用補中益氣湯下六味丸，午後用逍遙散下歸脾湯。此氣血並治之法也。謙甫又治一婦，肝脾氣滯，與歸脾湯下蘆薈丸。此補瀉兼施之法也。薛新甫治一婦，怒氣傷肝，氣血俱虛，朝用逍遙散，夕用歸脾湯。又治一婦，鬱怒傷肝脾，朝用歸脾湯，夕用逍遙散。蓋一則肝陰大損，故先用逍遙以達木性，次用歸脾以補其土，使木不能尅制。一則脾土既為肝木所尅，故先用歸脾以扶衰敵強，次用逍遙以疎其氣，使木性得暢，土不復尅。此治標治本先後次序之法也。李東垣治息賁伏梁，諸丸初令服二丸，一日加一丸，二日加二丸，加至大便微溏為度。再從二丸加服，周而復始，俟積消大半而止，蓋恐病淺藥深，轉傷正氣，故必逐漸增添，此由少加多之法也。李士材製陰陽二積之劑，補中數日，然後攻伐，不問積去多少，再與補中，待其神旺，則復攻之，屢攻屢補，以平為期。此攻補迭用之法也。余本各法以治目疾，應手輒效。嘗治沈某目紅壅腫，眵淚如膿，口乾唇燥，小便赤澀。此一水不能勝五火也。第降其火，則水不即生，第滋其水，則火不遽息。乃以六味作湯，下青寧丸，火清而水亦壯。又姚某右目為苗葉刺傷，白障滿泛，疼痛不止。當以活血為本，治氣為標。乃朝用四物湯加蘇木、紅花、乳香、沒藥、䗪蟲以行其血，夕用沉香越鞠丸以通其氣。又干某痘後，兩睥生癬。此因虛鬱熱停滯脾胃，當以扶脾為本，清熱為標。乃朝用六君子去甘草，加升麻、望月砂、杏仁以健脾潤肺，夕用清目散以瀉火。又李某兩目赤障，晝則時痛時止。此陽不和也。乃朝用香砂六君子以和其陽，然上焦鬱氣未通，再用搐鼻碧雲散以達其氣。又馬某兩目赤翳，夜則時痛時止，此陰不和也。余用補肝散合四物湯以和其陰，然浮火上升，不可不降，再用熟地、附子搗爛塗湧泉穴，以降其浮游之火。

又劉某兩目昏眊，胸膈鬱悶，無事生怒。此腎水不能生肝木也。余用左歸飲下越鞠丸，則壯水之中，兼解其鬱。凡此陰陽互濟，氣血並調，虛實兼治諸法，不能遍舉，略述數條，以待學者隅反。或曰：何不合一湯以治之？余曰：不然，用藥之法，同于用兵，譬如兩枝兵合路而來，則合師以勦，自可奏功。若東一枝兵、西一枝兵分路來犯，若合師以勦，東馳西走，力不能專，何如分師進取，各奏成功。然而奇正相生，各存乎人，總期變通盡利。故兵法曰多算勝者，少算不勝也。

清・黃凱鈞《橘旁雜論》卷上　醫不盡藥石　醫者，意也。其術不盡於藥石，故古人有泥丸囊草，可以濟人之語。蘇耽橘井，食葉飲泉即愈，豈專藥石也？此在醫者有恆，能真心濟世，不逐聲利之間，則雖祝由，可以已病。以我正氣，却彼邪氣，德行所積，隨施隨驗，固非常理可測。若只專計刀錐之利，己心不正，安能却邪？雖已試之方，珍異之藥，或未必能有神明助乎？其間非可擯之為妄語也！【略】

治重疾須用重藥　病當危急時，非峻重之劑，不能救百中之一二。今之醫者，皆顧惜名譽，姑以輕平之方，冀其偶中，幸而不死，則曰是我之功；不幸而死，則曰非我之罪。恐真心救世，不應如此也。真心救世者，必慨然以生死為己任。當寒即寒，當熱即熱；當補即補，當攻即攻。不可逡巡畏縮，而用不寒不熱，不補不攻，如諺所謂不治病不傷命之藥。嗟乎！既不治病，欲不損命，有是理耶？倘於此認不的確，不妨闕疑，以待高明。慎勿嘗試，以圖僥倖，庶不負仁者之初心也。【略】

溫涼之藥俱不可執　涼藥誤人，人不易覺，熱藥誤人，一服便見。往時有患咳嗽吐血，一醫用涼血之品，生地、丹皮之類，病者服之，喜其血止。出入加減，數十劑咳嗽不減，納食漸少，病者不悟，竟成腹臟而斃。嗚呼！此服寒涼誤人，而人不覺也。又南城李姓，病症未詳，諸醫罔效。延蘆墟郁某來治，用八味湯二劑而愈。明年病復作，症一如前，仍延郁治，仍用八味湯，一服而殂。此熱醫誤人而易見者也。前人有用熱藥如君子，涼藥如小人之喻。所謂君子者，苟有過，人必知之，為人則可，藥關人性命，用之不當，雖君子亦何取乎？而況小人耶？【略】

論用補藥　一人見予所著醫案中，有開手即補者，有邪未盡去而間用補者，有邪纔去而用峻補者，乃訝之。予告之曰：古來名醫，莫如仲景，病邪之甚，莫若傷寒。仲景立一百一十三方，七十餘方皆用人參，謂邪之所湊，其氣必虛，故於表散中用人參，清疏中用人參，溫劑中用人參。予之邪未盡而間用補者，是法仲景也。後世名醫，如金之東垣，明之介賓，亦為表表者。東垣補中益氣等湯，治勞倦內傷，其效如神；介賓八陣方中一陰煎至四陰煎等湯，治血虛發熱，其效亦如神。予之開手即補，乃法東垣、介賓也。至於邪已去而用補者，庸人之技耳，何待辨哉？蓋予之為治，貧乏居多，其患每由勞倦而得。《脾胃論》言之甚詳，姑再述其要者，以見意焉。開手即補，其要端有三：先視其色，面無黑滯油氣，再問明身熱惡寒，若臥於被中，則體不寒，或自汗不思納，納亦無味，肢軟氣弱，舌上微胎不渴，脈浮大而軟，小便微赤而長，正屬勞倦內傷，合補中益氣。若其人身熱不惡寒，盜汗舌絳少胎，喜飲而不消水，面帶微紅，脈細數無力，此為陰虧發熱，合四物、四陰煎等湯。或有勞倦兼血虛者，以上之症，間而有之，合八物或補中益氣，加生地、歸身、麥冬之類。至若久病，或療治未痊，正氣已虛，留邪未盡，理應清疏中佐補，補劑中佐徹邪，辨症稍涉疑似，不但用補藥誤人，清疏溫瀉，何一不誤人？況予之虛心，君不得而知也。每遇用或攻、或補、或寒、或熱之劑，常另立一簿，錄出方案。若復診，必悉其情；如不復診，必再四探聽，服劑已痊，中心始安。醫案所述，盡如此也。客聞之，唯唯而退。

清・錢一桂《醫略》卷一　反佐　岐伯曰：微者逆之，甚者從之。又曰：逆者正治，從者反治。註謂：微小之熱，折之以寒；微小之冷，折之以熱。甚大寒熱，則必能與異氣相格，是以反其佐以同其氣，復令寒熱条合，使其始同終異也。黄帝問：反治何謂？岐伯曰：熱因寒用，寒因熱用，必伏其所主，而先其所因。其始則同，其終則異。王註謂：大寒內結，當治以熱。然寒甚格熱，則以熱藥冷服，此熱因寒用也。如大熱在中，以寒攻治則不入，以熱攻治則病增，乃以寒藥熱服。此寒因熱用也。愚按：反而曰佐，曰從，則必有君而後佐之，有正而後從之，非盡反也。未有寒病純治以寒，熱病純治以熱之為從者反治也。景岳《反佐篇》有云：火極似水者，宜反也。寒極反熱者，宜反也。夫火極似水，正宜治火；寒極反熱，正宜治寒。此熱者正治，非反也。必異氣相格，則反以佐之，其義始明。仲景四逆湯用冷服及加猪膽汁湯，皆反佐以取之。即《經》所謂治寒以熱，涼而行也。

景岳《十問篇》有云：凡陽邪雖盛而真陰又虛，不可因其火盛喜冷，便云實熱。蓋其內水不足，欲得外水以濟。水涸精虧，真陰枯也。嘗治傷寒垂危重症，每以峻補之劑浸冷與服，或以冰水、參、熟(或)〔地〕、附子等劑，相間迭進，然必其乾渴燥結之甚者乃可。愚按：此等治症，亦反佐之意。但須細察脈候，慎勿輕進，生死在反掌間也。

清・孫德潤《醫學匯海》卷一　用藥權變　岐伯曰：寒因熱用，熱因寒用，塞因塞用，通因通用，此為權變，不可不知。如硝黄大寒之藥，乘熱服之，則是寒因熱用也。薑、桂大熱之藥，候冷服之，則是熱因寒用也。脹滿之症而補中，則是塞因塞用也。瀉痢之症而退滯，則是通因通用也。知此可以行權矣。

滋其化源　凡病以熱治寒，而寒彌甚；以寒治熱，而熱反熾者。蓋不知五臟之性，當因其類而取之，所謂滋其化源也。如心實生熱寒之不退者，宜急滋腎，腎水滋，則熱將自除矣。又如腎虛生寒熱之不消者，宜補其心，心火降，則寒將自除矣。《經》所云：益火之源，以消陰翳；壯水之主，以制陽光。此之謂也。

清・賀大文《方脈指迷》卷一　指明用藥不遵《內經》之迷　從來用藥之難，非順用之難，逆用之難也。非逆用難，逆用而與病情恰當之難也。獨不思《內經》塞因塞用，通因通用，寒因(寒)〔熱〕用，熱因(熱)〔寒〕用，用熱遠熱，用寒遠寒之說乎？蓋塞因塞用者，如脾虛作脹，腎虛氣不歸源，用人參之甘以補元氣，五味之酸以收虛氣，則脾得健運而脹自消，腎得斂藏而氣自歸，上焦清泰而逆滿自平矣。通因通用者，如傷寒挾熱自利，或中有燥糞，用調胃承氣湯下之乃安；傷暑滯下不休，用六一散消之乃愈。寒因熱用者，藥本寒也，而反佐以熱。熱因寒用者，藥本熱也，而反佐以寒。俾無拒格之患，《經》所謂必先其所主，而伏其所因也。用熱遠熱者，是病本于寒，法應熱治，所投熱劑，僅使中病，毋令太過，過則反生熱病矣。用寒遠寒者，是病本于熱，法應寒治，所投寒劑，僅使中病，勿令太過，過則反生寒病矣。他若益陰宜遠苦寒以傷胃，益陽宜遠辛散以泄氣，驅風勿過燥，清暑毋輕下，產後忌寒涼，滯下忌收濇，如此種種，非通達烏足以語此？彼庸夫俗子，目不閱軒岐之典，規尺寸之利以自肥，因而傷殘于世者比比矣，可勝嘆哉！

清・吳鋼《類經證治本草》　飛來子曰：胃病虛寒宜辛甘，忌苦。實熱宜苦淡，忌甘。西周氏曰：肥人氣虛生寒，寒生濕，濕生痰。瘦人血虛生熱，熱生火，火生燥。此得之為外。其中藏腑為病，亦有寒溫燥熱之殊，不可不知。《玉匱金鑰》曰：肝藏由來同火治，三焦包絡都無異。脾胃常將濕處求，肺與大腸同濕類。腎與膀胱心小腸，寒熱臨時旋商議。又曰：氣血偏勝而成病，故以藥偏勝之氣，以此之偏濟彼之偏，而使之平，此用藥之功也。藥優於伐病，而不優於養生；食優於養生，而不優於伐病。

清・羅紹芳《醫學考辨》卷一一　將相兼資論　症有全由正虛者，溫之補之，譬如陰陽燮理馴致昇平也。症有全由邪實者，攻之逐之，譬如元老壯猶剪除凶惡也。有正虛而邪亦微者，或微用驅邪之品，先去其邪，而後議補；或即於補正之中，微兼逐邪之品，均無不可也。惟正虛而邪亦實者，藥不峻則邪不服。藥過峻，則正愈傷，而邪愈不服。勢不得不攻補並行，將相兼資焉。如體虛而感重寒者，古人有再造散，參、芪、羌、防、細辛並用之例。有體虛而得瘧疾者，古人有加味常山飲，人參、當歸、常山、草菓、山甲並用之例。有體虛而得大便閉塞者，古人有黃龍湯，人參、熟地、硝黃並用之例。有體虛而得痺症者，古人有八珍湯，加蒼朮、威靈仙、穿山甲之例。有體虛而得血積者，古人有八珍湯送下手拈丸、失笑丸之例。有體虛而中寒痰者，古人有參、附、薑、夏濃煎，灌吐之例。有體虛而得熱痢者，古人有參連飲之例。夫既有精銳之師以克敵於外，又有經體之德以安撫於內，將焉往而不利哉？即古云正虛邪實，或先補之，而後攻之；或暫攻之，而隨補之，均未若茲之計慮周而運用神也。

清・蘊真子《賽金丹》卷上　用藥宜忌錄要　蓋聞藥能治病，亦能殺人，知其宜，尤貴知其忌。即如補方之制，補其虛也。氣虛者宜補其上，人參、黃芪、白朮之屬也。精虛者宜補其下，熟地、棗皮、枸杞之屬也。陽虛者宜補而兼暖，桂、附、乾薑之屬也。陰虛者宜補而兼清，門冬、芍藥、生地之屬也。至於調和元氣，陰虛而精血虧損者，忌利小水，四苓、通草湯之屬也。肺熱乾咳者，忌用辛燥，細辛、芎、歸、香附、半夏、白朮、蒼朮之屬也。陽虛於上，忌消耗，陳皮、砂仁、木香、檳榔之屬也。陽虛於下，忌沉寒，黃柏、知母、梔子、木通之屬也。大便溏瀉者，忌滑利，二冬、牛膝、蓯蓉、當歸、柴胡、童便之屬也。表邪未解者，忌收斂，五味、棗仁、地榆、文蛤之屬也。氣滯者忌閉塞，黃芪、白朮、薯芋、甘草之屬也。經滯者忌寒凝，門冬、生地、石斛、芩、連之屬也。火在上者不宜升，寒在下者不宜降；火動者忌溫暖，血動者忌辛香；汗動者忌蘇散，補動者忌耗傷，此和劑用藥之概也。若夫傷寒，峻散者，麻黃、桂枝；平散者，防風、荊芥、紫蘇；溫散者，細辛、白芷、生薑；涼散者，柴胡、甘葛、薄荷。羌活、蒼朮，能走經去濕；升麻、川芎，能舉陷上行。邪淺者忌峻散之屬，氣弱者忌雄悍之屬，熱多者忌溫燥之屬，寒多者忌清涼之屬。熱渴煩燥者，喜甘葛，而嘔惡者忌之；寒熱往來者，宜柴胡，而泄瀉者忌之。寒邪在上者，宜升麻、川芎，而內熱炎升者忌之。至若輕清者，宜以清上，黃芩、石斛、連翹、花粉之屬也；重濁者宜以清下，黃栢、梔子、龍膽、滑石之屬也。性力之厚者，能清大熱，石膏、黃連、蘆薈、苦參、豆根之屬也；性力之緩者，能清微熱，丹皮、玄參、貝母、石斛、童便之屬也。以攻而用者，去癃閉之熱，大黃、芒硝、木通、茵陳、猪苓、澤瀉之屬也；以補而用者，去陰虛枯燥之熱，生地、芍藥、二冬、梨漿、細甘草之屬也。詳用熱之法，乾薑能溫中，亦能散表，嘔惡、無汗者宜之。肉桂能行血，善達四肢，血滯多痛者宜之。吳茱萸善暖下焦，腹痛泄瀉者極妙。肉豆蔻可溫脾胃，滲泄滑利者最奇。胡椒溫胃和中，其類近於蓽撥。丁香止嘔行氣，其暖過於豆蔻。故紙性降善閉，故納氣定喘，止帶濁、泄瀉。附子性行如酒，故無處不到，能救急回陽。審用攻之法，凡攻氣、攻血、攻痰、攻積，真實者攻之未及，可以再加；微實者攻之太過，每因致害。思用固之法，固肺、固腎、固表、固腸，當固不固，則滄海亦將竭；不當固而固，則開門揖盜也。可不慎歟？再如半夏、南星，化痰堪用，津液枯者忌之。木香、烏藥調氣治疼，氣虛者忌之。巴戟、仙茅、羊藿、胡桃，皆能補腎，命火熾者忌之。附子性悍，獨任為難，必得熟地、人參、炙草以制之，然陰分虛者大忌。多汗者忌薑，薑能散也。失血者忌桂，桂動血也。氣短、氣怯者忌故紙，故紙降氣也。況藥有八反，孕有宜忌，倘若悞用，人命所關，尤當審慎。大凡氣香者，多不利於氣虛症。味辛者，多不利於見血症。上虛者忌降，下虛者忌泄。上實者忌升，下實者忌秘。諸動者再動即散，諸靜者再靜即滅。欲表散者，須遠酸寒。欲降下者，勿兼升散。甘勿施於中滿，苦勿施於假熱，辛勿施於熱燥，鹹勿施於傷血。酸木最能尅土，脾胃虛者少設。陽中還有陰象，陰中復有陽訣，知宜知避，不可膠柱鼓瑟，使能通此元微，則醫理何難透澈？

清·李文榮《知醫必辨》 論初診用藥　初診立方，宜小其制，不及可以補進，太過恐挽救為難也。如遇傷寒，似可以用麻黃湯而姑用羌、防。江南無正傷寒，麻黃湯甚不合用。昔陶節庵製九味羌活湯以代麻黃湯，煞有苦心。知人傷於寒則病熱，於方中特少加生地、黃芩以預防之，真良法也。然予思初受寒邪，芩、地究慮其早，往往去芩、地，加當歸、赤芍，兼加二陳以和暢陽明，使痰不生而邪無所踞，寒頗易解而熱亦不甚，似亦芻蕘之一得。遇陰虛不能化汗者，當歸用至八錢，一汗而解。曾醫李青原著有成效。此等運用，學者宜知。至於傷風，亦不必驟用桂枝。南方之風氣柔弱，非比北方之風氣剛勁，只須蘇、杏、二陳加防風錢許可解。如果頭痛項強，傷及太陽，不見有汗，則羌、防亦可稍加。如果畏風兼畏寒，則桂枝亦可加用，但不宜多耳。至於時邪症候，乃天地六淫之氣，非盡寒邪，亦非盡熱邪也。如受風寒，則按上法治之。如受暑，則多從口鼻而入，侵及心胞，三陽之藥全不合用，宜清暑益氣湯、六一散或生脈散，於醫書暑門內參酌而用之。惟暑能傷氣，不可妄用溫散；暑能傷陰，不可妄用剛燥也。如受熱則所謂陽邪，不同暑乃陰邪也。故受暑必有汗，而受熱必無汗；受暑則心中懊憹，受熱則神情煩躁。人參白虎湯、天生白虎湯服之，一汗而解。有治之已遲，熱入心胞者，則犀角地黃湯在所必用。診此須分晰明白，切不可暑、熱混為一門也。若夫長夏傷於濕，有宜燥者，有宜利者。但長夏受濕，往往兼暑，暑傷氣，暑傷陰，專於燥、利，又恐轉傷陰氣，濕更難化。昔人以補中益氣湯調理脾胃，濕自不能困脾；以六味地黃湯治下焦濕熱，而濕熱因養陰而化。此皆治其本也。若先治其標，則五苓散、四苓散、平胃散、小分清飲、滲濕湯，皆可相宜而用。要之，濕有未化熱者宜燥；漸化熱者宜濕熱兼治，古方所以有二妙、三妙也；濕有全化熱者，則宜專治其熱。今人總言曰濕熱，而不分此三等治之，所以鮮效也。至於冬傷於寒，春傷於風，夏傷於暑，秋傷於濕，此《內經》之言也。而喻西昌增為長夏傷於濕，秋傷於燥，實有至理，足補《內經》之缺。常見秋分以前，或暑氣未盡，即濕氣亦未盡，秋分以後，暑濕俱退，金風拂拂，燥火侵人，肺不耐燥，故生咳嗽，喻氏清燥救肺湯實可獲效。乃柯韻伯以為多事，此不過欲抹煞前人，自詡高明耳！即其傷寒注釋之書，何能如喻氏之深入而顯出？吾輩宜宗喻氏，即秋燥一層，毋庸疑議，庶可備六淫之氣，而詳審時邪之病也。但用藥之道，宜小其制，得效乃漸加增。李士材云：將欲用涼，先之以清；將欲用熱，先之以溫。後人萬不及前人，安得任意妄用乎？至於大寒、大熱之藥，尤宜謹慎。寒藥如水，熱藥如火。譬如一卷書，錯落水中，急急撈起，難免破爛矣；錯落火中，急急救起，難免枯焦矣。病人之臟腑，豈堪破爛、枯焦乎？若夫用下，更宜慎之又慎。六淫之邪，如風寒便閉，腹痛拒按，熱邪傳裏，神糊譫語，可以用下，然非瘟疫，亦下不可早。至暑濕亦可用下乎？戴北山《瘟疫明辨》，較勝於吳又可《瘟疫論》。然其書止辨氣一條，謂瘟疫必作屍氣，不作腐氣，可見時邪、瘟疫之分，而其餘所論，則皆時邪也，何不云時邪明辨而曰瘟疫明辨耶？其最誤人者，謂下法至少用三劑，多則有一二十次者。人之腸胃無血肉，不得已而用下，未嘗不傷氣血，下至一二十次，豈不邪正俱亡耶？戴北山究治何人，具有成效，並無醫案，而為此妄言，其害不更勝於吳氏耶？今之醫者，輕率用下，往往以此為辭。現有鄉醫某姓，在城懸壺，好用下法，屢次誤事，每以下遲下少為說。予親見李氏子出麻，被其再下而死，而猶執戴氏之說以為辨，豈不深可痛恨哉！予此篇真可謂之明辨，我後人宜細玩之，切忌之，毋負老人苦心也。

清·莫枚士《研經言》卷一 用藥論一　藥性有剛柔：剛為陽，柔為陰，故剛藥動，柔藥靜。剛而動者其行急，急則迅發而無餘，其起疾也速，其殺人也亦暴；柔而靜者其行緩，緩則潛滋而相續，其起疾也遲，其殺人也亦舒。無識者，好為一偏，其害不可勝言。而中立者，因有牽掣之說焉。豈知柔者自遲，不能強之使速；剛者自速，不能強之使遲。遲速並使，遲者必讓速者以先行，下咽之後，但見陽藥之行陽，不見陰藥之行陰。若病宜於陽，則陰藥初不見功，而反釀禍於陽藥已過之後；若病宜於陰，則陰藥未及奏效，而已顯受夫陽藥反掌之災。是以中立者亦謬也。總之，對病發藥，斯為行所無事。

用藥論二　凡藥能逐邪者，皆能傷正；能補虛者，皆能留邪；能提邪出於某經者，皆能引邪入於某經。故麻、桂發表，亦能亡陽；苓、瀉利水，亦能爍津。於此知無藥之不偏矣。惟性各有偏，故能去一偏之病。若造物生藥，概予以和平之性，何以去病乎？夫亦在馭之而已，馭之能否全在醫者識症有定見。俾逐邪者，辨其正之虛不虛，而邪去正自復；補虛者，知其邪之盡不盡，而正勝邪難干。斟酌輕重之間，分別後先之次，神明於隨症用藥四字，方法之能事畢矣。何必朋參、耆而仇硝、黃哉！

清・陸以湉《冷廬醫話》卷一用藥　許允宗治王太后病風不能言，以防風、黃耆煎湯數斛，置牀下薰蒸，使口鼻俱受，此夕便得語。陸嚴治徐氏婦產後血悶暴死，胸膈微熱，用紅花數十觔，大鍋煮湯，盛木桶，令病者寢其上薰之，湯氣微，復進之，遂得甦，此善師古法者也。李玉治痿，謂病在表而深，非小劑能愈，乃熬藥二鍋，傾缸內稍冷，令病者坐其中，以藥澆之，踰時汗大出立愈，則又即其法而變化之。醫而若此，與道大適矣。【略】

世人襲引火歸源之說以用桂、附，而不知所以用之之誤，動輒誤人。今觀秦皇士所論，可謂用桂、附之準，特錄於此。趙養葵用附、桂辛熱藥，溫補相火，不知古人以肝腎之火喻龍雷者，以二經一主乎木，一主乎水，皆有相火存其中，故乙癸同源。二經真水不足，則陽旺陰虧，相火因之而發，治宜培養肝腎真陰以制之。若用辛熱攝伏，豈不誤哉？夫引火歸源而用附、桂，實治真陽不足，無根之火，為陰邪所逼，失守上炎，如戴陽陰躁之症，非龍雷之謂也。何西池曰：附、桂引火歸源為下寒上熱者言之，若水涸火炎之症，上下皆熱，不知引此火歸於何處？此說可與秦論相印證。龍雷之火，肝腎之真陰不足，肝腎之相火上炎，水虧火旺，自下沖上，此不比六淫之邪天外加臨，而用苦寒直折，又不可宗火鬱發之，而用升陽散火之法，治宜養陰制火，六味丸合滋腎丸及家秘肝腎丸地黃、天冬、歸身、白芍、黃柏、知母，共研細末，元武膠為丸。之類是也。

病有上下懸殊者，用藥殊難。《陸養愚醫案》有足以為法者，錄之。陸前川素患腸風便燥，冬天喜食銅盆柿，致胃脘當心而痛，醫以溫中行氣之藥療其心痛，痛未減而腸紅如注，以寒涼潤燥之藥療其血，便未通而心痛如刺。陸診其脈，上部沉弱而遲，下部洪滑而數，曰此所謂胃中積冷，腸中熱也。用潤字丸三錢，以沉香衣其外，濃煎薑湯送下二錢，半日許，又送一錢，平日服寒涼藥一過胃脘，必痛如割，今兩次丸藥，胸膈不作痛，至夜半大便行極堅而不甚痛，血減平日十之六七，少頃又便一次，微痛而血亦少，便亦不堅，清晨又解(便溏)〔溏便〕一次，微見血而竟不痛矣。惟心口之痛尚未舒，因為合臟連丸，亦用沉香為衣，薑湯送下，以清下焦之熱而潤其燥，又用附子理中料為散，以溫其中，飴糖拌吞之，以取戀膈，不使速下，不終劑而兩症之相阻者並痊，此上溫下清之治法也。盧紹庵曰：丸者，緩也，達下而後鎔化，不犯中宮之寒。散者，散也，過咽膈即銷鎔，不犯魄門之熱。妙處在於用沉香、飴糖。

陳曙倉室人咳嗽吐痰有血，夜熱頭眩，胸膈不舒，脚膝無力，醫用滋陰降火藥已半年，飲食漸少，精神漸羸，診其脈，兩寸關沉數有力，兩尺濇弱而反微浮，曰此上盛下虛之症。上盛者，心肺間有留熱瘀血也。下虛者，肝腎之氣不足也。用人參固本丸，令空腹時服之，日中用貝母、蘇子、山查、丹皮、桃仁、紅花、小薊，以茅根煎湯代水煎藥，服之十帖，痰清血止，後以清氣養營湯，茯苓、白芍、歸身、川芎、木香、白豆蔻、陳皮、黃連。與固本丸間服，三月後病瘥而受孕。此上清下補之治法也。

清・鄭壽全《醫理真傳》卷一　用藥弊端說　用藥一道，關繫生死，原不可以執方，亦不可以執藥，貴在認證之有實據耳。實據者何？陰陽虛實而已。陰陽二字，萬變萬化，在上有在上之陰陽實據，在中有在中之陰陽實據，在下有在下之陰陽實據。無奈仲景而後，自唐宋元明以逮本朝，識此者固有，不識此者最多。其在不識者，徒記幾個湯頭，幾味藥品，不求至理，不探玄奧，自謂知醫，一遇危症，大海茫茫，陰陽莫曉，虛實莫辨，吉凶莫分，一味見頭治頭，見脚治脚，幸而獲效，自誇高手。若不獲效，延綿歲月，平日見識用盡，方法使完，則又藉口曰病入膏肓，藥所難療。殊不知其藝之有未精也。醫不執方藥，在平日求至理而探玄奧。一得上中下陰陽實據，用藥即不誤人。病家知此理法，延醫入門，以此審其高下，決其從違，《萬病回春》立說之功不淺。此先醫醫，而後醫病家，具見良工心苦。更有一等病家，略看過幾本醫書，記得幾個湯歌、藥性，家人稍有疾病，又不敢自己主張，請醫入門，開方去後，又或自逞才能，謂某味不宜，某味太散，某味太涼，某味太熱，某味或不知性，忙將《本草備要》翻閱，看此藥能治此病否，如治與病合則不言，不與病合則極言不是，從中添減分兩，偶然獲效，自矜其功。設或增病，咎歸醫士。此等不求至理，自作聰明，每每釀成脫絕危候。雖盧緩當前，亦莫能治，良可悲也。學養兼到之醫，方能識此火候，太非易易。更有一等富貴之家，過於把細，些小一病，藥纔入口，稍有變動，添病減病，不自知也。又忙換一醫，甚至月延六七位，每每誤事。不知藥與病有相攻者，病與藥有相拒者，豈即謂藥不對證乎？何不多延數時，以盡藥力之長哉？予觀古人稱用藥如用兵，有君臣，有佐使，有嚮導，有緩攻，有急攻，有偷關，有上取，有下取，有旁取，有寒因寒用，熱因熱用，塞因塞用，通因通用諸法，豈非知得藥與病有相拒相鬭者乎？予願富貴之家，不可性急，要知病係外感，服一二道發散藥，有立見鬆減些者；氣滯食滯腹痛卒閉之症，服行氣消導開竅之品，有片刻見效者。若係內傷虛損日久，悞服宣散、清涼、破氣、滋陰等藥，釀成咳嗽白痰，子午潮熱，盜汗骨蒸，腹脹面腫，氣喘等症，又非三五劑可見大功。所以古人治病，有七日來復之說，或三十劑、五十劑，甚至七八十劑，始收全功者矣。最可怪者，近之病家，好貴惡賤，以高麗參、枸杞、龜、鹿、虎膠、阿膠、久製地黃、鹿茸等品，奉為至寶，以桂、麻、薑、附、細辛、大黃、芒硝、石膏等味，畏若砒毒。由其不知陰陽虛實至理，病之當服與不當服耳。病之當服，附子、大黃、砒霜皆是至寶。病之不當服，參、耆、鹿茸、枸杞都是砒霜。捫蝨而談，其言侃侃，有旁若無人之概。無奈今人之不講理何？故諺云：參、耆、歸、地治死人無過，桂、附、大黃治好人無功。溯本窮源，實由於不讀仲景書，徒記幾個倖中方子，略記得些各品藥性，懸壺於市，外著幾件好衣服，轎馬往來，目空一世，並不虛心求理，自謂金鍼在握。仔細追究，書且點不過兩篇，字且畫不清幾個，試問尚能知得陰陽之至理乎。東家被他桂、附治死，西家被他硝、黃送命，相沿日久，釀成此風。所以病家甘死於參、耆、歸、地之流，怕亡於薑、附、硝、黃之輩，此皆醫門之不幸，亦當世之通弊也。淋漓盡致。予願業斯道者，務將《內經》、《難經》、仲景《傷寒》、《金匱》、孫真人《千金翼》諸書，與唐宋金元、朱張劉李，並各後賢醫書，彼此校量，孰是孰非，更將予所著《醫理真傳》，並此《醫法圓通》，留心討究，陰陽務求實據，不可一味見頭治頭，見咳治咳。總要探求陰陽盈縮機關，與夫用藥之從陰從陽變化法竅，而能明白了然。醫學骨髓，盡此一語，學者潛心。經方、時方，俱無拘執，久之法活圓通，理精藝熟，頭頭是道，隨拈二三味，皆是妙法奇方。觀陳脩園先生《三字經》，列病數十條，俱言先以時方治之不效，再求之《金匱》，明是知道近日醫生之胸中也。然時方如四君、六君、四物、八珍、十全、歸脾、補中、六味、九味、陰八、陽八、左歸、右歸、參蘇、五積、平胃、柴苓、逍遙、敗毒等方，從中隨證加減，亦多獲效。大抵利於輕淺之疾，而病之深重者，萬難獲效。脩園所以刻《三字經》與《從眾錄》之意，不遽揭其非，待其先將此等方法用盡，束手無策，而後明示曰，再求《金匱》，是教人由淺而深，探求至理之意也。竊以《金匱》文理幽深，詞句奧古，閱之未必即解其至理。誠不若將各證外感內傷陰陽實據，與市習用藥，認證雜亂處搜出，以便參究。予豈好辨哉，予實推誠相與，願與後世醫生，同入仲景之門，共用仲景之法，普濟生靈，同登壽域，是所切望也。一片婆心。

清・鄭壽全《醫理真傳》卷三　用藥須知　外感風寒，忌收納也。凡一切外邪初入，切不可攻下，攻下則引邪入裏，變證百出；切不可妄用溫固收納，收納為關門捉賊，延禍匪輕；切不可妄用滋陰，滋陰則留戀陰邪，病根難除。只宜按定六經提綱病情施治，庶不悞人。內傷虛損，忌發散也。凡內傷之人，多半咳嗽，由清陽不升，濁陰不降，閉塞清道而成。只宜辛甘化陽之品，蕩去陰邪，清升濁降，咳嗽自已。昧者不識，稱為陳寒入肺，純用一派搜寒宣散之品，每每釀成脫證。不知病既內傷，正虛無疑，而更用此宣散，則一線之正氣，又為大傷，豈能久延時刻，而不脫絕者乎？凡內傷之人，多半胸滿不食，痰多，由中宮氣衰，轉輸失職，陰邪痰水，堵塞胸中。只宜溫中醒脾助正，胸滿、痰水自去也。昧者不察，多用一派推蕩破滯之品，每每釀成腹脹不治之病，不可不知。凡內傷之人，多有身熱而却不疼，雖然內熱而口不渴，如此等病情，近似外感，近似火症，只宜回陽收納，收納則陽不外越，而身熱自已，陽回則鎮納陰邪，而陰潮不作。諸書稱內熱由陰虛，不知陽衰而陰鬼立出，即晝夜亦可知也。昧者不識，一見發熱，稱為外感，便以發散投之必危。一見內熱，稱為陰虛，滋陰降火必殆。陽虛吐血忌滋陰也。凡吐血之人，由正氣已衰，中宮不運，陰邪僭居陽位，久久積聚，陽無力以施運行之權，陽無力以中乾剛之令，一觸即發，血所以出也。只宜甘溫扶陽，以申其正氣，正氣日申，陰血自降，一定之理。昧者不察，一見吐血，便以滋陰止血之品，希圖速效，究竟釀成死證，含糊有年，真憾事也。　陰虛吐血，忌溫補也。凡陰虛吐血之人，多半精神有餘，火伏於中，逼血妄行。吐後人不困倦，此乃有餘之候，百中僅見一二，只宜清涼，平其有餘，若照陽虛吐血治之必殆，不可不知。　陽虛一切病證忌滋陰也。凡陽虛之人，多屬氣衰血盛，無論發何疾病，多緣陰邪為殃，切不可再滋其陰。若更滋其陰，則陰愈盛而陽愈消，每每釀出真陽外越之候，不可不知。　陰虛一切病證忌溫補也。凡陰虛之人，多屬氣盛血衰，無論何部發病，多緣火邪為殃，切不可再扶其陽。若扶其陽，則陽愈旺，而陰愈消。每每釀出亢龍有悔之候，不可不知。

清・熊煜奎《儒門醫宗》後集卷二　補劑主治二三卷俱倣黃宮繡《本草求真》增刪翼註。

人身之陰陽，血氣司之，其要必發源於真水真火。惟秉賦無偏，則水以附火，火以溫水，水火足而一身之氣血有以相資，陽生陰長，乃無缺陷不平之憾。無如秉賦不齊，則或水衰而致血有所虧，或火衰而致氣有所損，氣血虧損，即精竭而神敝，故不得不假以補助。萬物惟溫則生，故補以溫為正。土為萬物之母，脾胃屬土而喜甘，故補更以甘為上。蓋凡藥入胃，必先藉脾氣以為之健運，脾胃治則中氣立，左旋右轉，四象亦因之以治。若濫用苦寒，必先傷脾胃，脾胃傷而不能運布，即有他經對證藥，亦無用矣。此補劑之所以必重中氣，多從甘溫，或間用甘涼，而苦寒非所貴也。至實熱證不忌苦寒者，以有病當之也。　按：虛證宜補，而補須對證。有在衛者，有在營者，有在肌膚者，有在筋骨者，有在臟腑者，有分各腑各臟之經絡者。肺虛有宜補肺氣者，有宜補肺液者。心、肝、脾虛有宜補氣者，有宜補血者。而心又有宜靜而歛心神者，有宜重而鎮心怯者。補肝之義，《內經》與仲景似異而實同。《內經》云：以辛補者，所以助其用也。仲景云：補用酸者，所以益其體也。腎虛有宜補精者，有宜補氣者，有宜補水者，有宜補火者。此五臟補劑之大略也。顧五臟，應五行，更有以子母相生為補者。《經》曰：虛則補其母，實則瀉其子。又曰：子能令母實，則隔二隔三之治，所當知也。即五臟以推六腑，彼此可以參會。總而計之，或在氣分，或在血分，或在精神，又或宜兼達菀，或宜兼舉陷，或宜兼開發，或宜兼歛濇，或從急，或從緩，或溫劑，或涼劑，或燥劑，或潤劑，俱須分別其見證何所因，何所屬，何為標，何為本。若審證未的，即投方不應矣。外有虛中兼實者，或補而後瀉，或瀉而後補，或補瀉兼施間用。又有陰陽疑似者，補陽須防其勝陰，補陰須防其損陽，或瀉陽有以助陰，或瀉陰有以扶陽，是在臨證之能達其變也。

補氣之劑　黃耆　野白朮　炙甘草　諸參兼補氣血

補血之劑　地黃　當歸　白芍藥　柏子仁　何首烏　枸杞　真川膝　阿膠　海參

人只知以氣藥補氣，血藥補血，詎知氣屬陽，血屬陰，獨陽不長，孤陰不生，是陰陽氣血本自相倚者也。或氣虛而偏於陰盛者，專補陽以配陰可也。或血虛而偏於陽盛者，專補陰以配陽可也。若氣不足而血亦非有餘，則補氣須兼補血，以氣長於血也。若血不足而氣亦非有餘，則補血須重補氣，以血生於氣也。古有血脫補氣之法，即此可悟。又補氣藥多屬溫，補血藥有涼有溫，其常也。極其變，則各有寒熱之辨，俱宜臨時細參。總之，脾為生血之本，胃為化氣之原。欲補氣血，必求之於脾胃也。又補氣藥不傷脾胃易知，補血藥能不碍脾胃難知也。尚其審之。

平補氣血之劑　西洋參　冬白朮　炙甘草　棗皮　金毛狗脊　真川膝　山藥　芡實　蓮子　芝元　玉竹　黃精　黑大豆　扁豆　大棗　薏苡米　飴糖

久病虛勞者，虛中或兼有實證，寒中或兼有熱證，將補氣而恐妨血，補血而恐妨氣，補上而恐碍下，補下而恐碍上，又不得不擇和平之劑，以權圖穩妥耳。凡宜用平劑者，可以此類推。

以上補劑，通主上中下，其後補劑，多主下元虛者。

補火之劑　附子　肉桂　乾薑　川椒　韭子　胡蘆巴　補骨脂　石硫黃　胡桃　魚鰾近有此種補劑存參。

火虛宜補者，以此火原本於水，在兩腎命門間。下司二陰，上通於心，溫養諸臟，貫腦，為相火之主，精氣之府，神機之發，生命之原，人物皆有，故亦名子火、少火、真火。又心為君火，肝、膽、三焦、包絡皆相火所寄。諸邪火及有餘之火，可以冷水(拆)〔折〕。惟真火病者，不可以冷水(拆)〔折〕，此火若動，雖見火證，只可謂之陰火，不得謂之陽火，是必擇其同氣同類者，引之納之，或兼用牛膝、車子、五味、龍骨、牡蠣等品為使，以治之，而火始得安其位。外有因真水虛，而火不能藏者，必兼滋水以養之。有因真水寒，而火不能歸者，必兼暖水以通之，如桂附地黃湯之類。又如傷寒證陰盛隔陽於外，當用薑、附以回陽。若虛勞證，陰虧而水火不交者，即不可浪用桂、附，致火益浮蕩，而陰陽離決也。又有因中氣虛而火不能攝者，必從溫中以養之，如參、耆、甘、朮，甘溫能除大熱。又若胃氣虛，致中焦火不歸元及裹寒而脾陽外越者，宜四君、異功之類，君炮薑、炙草以回之。其因元虛而火上越者，宜培元而兼重鎮之劑。其因表虛而火外浮者，宜固表而兼斂攝之劑。又有虛火證不宜補，復忌苦寒者，則以甘緩之，以酸收之，以鹹潤之，或兼用清肅下行之品，總無瀉法也。推而言之，諸臟陽不足皆屬火衰，如用桂心補心火，砂仁、益智補脾火，白蔻補肺火，吳茱萸補肝火，乾薑、丁香補胃火，小茴補小腸火，韭菜補大腸火，可以類其餘也。

補水之劑　西洋參　地黃　枸杞　天冬　女貞子　燕窩近多偽造，性反助陽，用宜斟酌。

人只知以寒涼滋水，不知天一生水，而腎應之，為萬物之原。水中有火，稟蒸鼓盪，其水乃有融和之氣，發生之機，而後為血、為液、為精、為髓，因得以分布一身，滋濡灌溉，此真水之謂也。故水虧而火旺者，或補水以配火，或壯水以制火，或滋水以緩火。只用甘涼之味，間兼甘溫之味。若水虧而火不旺者，則專用甘溫之味，以培此水生化之源。至若苦寒等劑，雖亦有時偶用，究其實，沉陰肅殺，只可暫治其標，若恃此以補水，不但無能補水，且反以消滅真火。又況苦寒傷胃，致土不能生金，金不能生水，真水愈涸，而虛火轉發矣。要之，同一補水，而或宜溫，或宜涼，或宜平劑，此中具有微妙，宜視其人，視其證以定方，不可執一也。

峻補真元潤劑　巴戟天　肉蓯蓉　鹿茸　鹿角膠　蛤蚧

凡下元虛弱不振及精枯血竭，而見燥澁證者，宜於此選用，或条以前各補劑。

平補真元堅劑　何首烏　菟絲子　關沙苑　杜仲　山茱萸

凡下元虛而不固及不受峻補者，宜於此選用，亦可条以前各補劑。

肝主疎泄，腎主閉藏，故肝欲散，而腎欲堅。或肝腎痿弱者，宜壯陽起陰之品，以峻補之。若腎氣不固者，必用苦澁堅凝之劑，徐徐填補，庶無動滑之患。《經》曰腎欲堅，急食苦以堅之，以苦補之，即此等苦堅之補劑耳。此外有脾胃強而腎氣旺，見有邪熱證者，不妨暫用知、檗等味，以清降之。而淺者乃徒以知、檗等味，為苦堅之補劑，冤哉！餘詳前卷氣味宜忌篇。

筋骨虛弱之劑　何首烏　菟絲子　真川膝　杜仲　金毛狗脊　鹿茸　鹿角膠　肉蓯蓉　熟地黃　枸杞

筋骨損傷之劑　續斷　骨碎補　(華)〔革〕薢　木瓜　金毛狗脊　真川膝　懷牛膝　自然銅　虎骨

肝主筋，腎主骨，二經氣血充盛，而後筋骨強健。若氣血不榮，即筋骨枯痿矣。故欲壯筋骨，必補氣血也。至筋骨損傷，有因六淫傷者，条外因門；有因七情傷者，条內因門；有因跌打挫折傷者，条行氣行血等劑。亦皆不能外氣血以為治耳。又脾行氣於四肢，陽明主潤宗筋，凡筋骨病，更宜從太陰脾經、陽明胃經条審。

上下內外主治　人之一身，營行脉中，衛行脉外，營衛運行，上下升降，內外出入，週而復始，生化於以不息。營衛失職，即神機廢矣。其為病也，或陷而下，或逆而上，或浮越於外，或窒(寒)〔塞〕於內，形證多端。其治法有升降開闔之殊，而極其變，有升而後能降者，有降而後能升者，有開而後能闔者，有闔而後能開者，有置上下內外，而急於治中者，俱宜分標本虛實用藥。

重鎮之劑　硃砂　磁石　代赭石　紫石英　龍骨　金銀煎銀，無毒，功優於金。

收斂之劑　棗仁　五味子　烏梅　訶子　百合　五棓子　白及　白芍藥　山茱萸　龍骨　牡蠣　赤白石脂

舉陷攝脫之劑　續斷　遠志　山茱萸　益智子　補骨脂

固澁止滑之劑　蓮子　蓮蕊鬚　芡實　山藥　罌粟殼　肉豆蔻　禹餘糧　牡蠣　赤白石脂

以上二條，凡補劑及收斂、升提等劑，皆可条用。又本條宜分寒熱用，又或有積滯而陷脫者，必先去其積滯，而後治以此劑，乃為合法。

升提之劑　升麻　葛根　柴胡　桔梗　荷葉　黃耆　芎藭　酒

沉降之劑　沉香　蘇子　蘇梗　枳殼　檳榔　枇杷葉　旋覆花　前胡　杏仁　厚朴　牛膝　牽牛子　代赭石　青礞石　鹽

通關開竅之劑　半夏　細辛　石菖蒲　蔓荊子　皂角　牽牛子　冰片　麝香

合下共三條，凡痰氣閉塞及風寒濕邪壅滯者，宜於此選用。又淡滲利竅之品，屬濕證部。

通達諸經之劑　威靈仙　皂角刺　穿山甲

通行諸經之劑　附子　桂枝　艾葉　香附　乳香　沒藥

氣病主治　凡氣之慓悍，行於脉外者為衛氣。氣之專精，行於脉中者為營氣。其大氣之積於胸中，搏而不散者為宗氣。脾胃之間為中氣，集於丹田者為元氣。總之，人身之氣發於腎，出於肺，運於脾，護於表，行於裏，周流無間。一有所乖，即為病矣。《經》曰：百病生於氣，怒則氣上，恐則氣下，喜則氣緩，悲則氣消，寒則氣收，熱則氣泄，驚則氣亂，勞則氣耗，思則氣結，是氣之見證甚多。故於補氣之外，另列此門，宜辨別經臟，分標本虛實酌用。

又氣逆宜降，氣陷宜升，氣閉宜通，氣脫宜固，氣散宜收，氣浮宜鎮，氣急宜緩，氣竭宜助，氣菀宜開，氣結宜解，氣冷宜溫，氣熱宜涼，以及邪氣、惡氣，一切雜氣並解。見於前後各條，可叅會。

丹田納氣之劑　沉香　丁香　茴香　川椒　益智　補骨脂　胡蘆巴

此外於補火劑中及歛降劑中並可叅用。又氣不納，亦有兼陰精與陰血虛者，宜叅補精補血之品。

溫中和氣之劑　乾薑　煨薑　良薑　花椒　胡椒　砂仁　白豆蔻　草豆蔻　肉豆蔻　藿香

前條除補骨脂、胡蘆巴，其餘皆可移用於此。

三焦豁氣之劑　木香　吳茱萸

前二條皆可移用於此。

行氣之劑　木香　烏藥　橘皮　香附　山查核　白芥子　川楝子　遠志　肉桂　荔枝核

按：遠志能通心氣於腎，但既用甘草水製後，更宜用鹽水炒。至肉桂一藥，用法罕明。肉桂能行血分之氣，亦可化膀胱之氣，是虛寒證主藥也。世俗於五苓散用肉桂，只知其一，不知其二。葢仲景治太陽表裏證，邪入膀胱之腑，而表證未罷。方中所云桂者是桂枝，用以宣散經表之邪，而兼達膀胱氣化，以利小便。此中妙旨，世俗不知也。其尤怪妄不經者，凡陰虛火炎之證，謬奉此為引火歸元之品，肆鮮此種，且多方購求之不效，則以為偽造非真。舉世夢夢，貽害無極，創此說者，其人已死，其書不絕，曷勝浩嘆。

破氣之劑　枳實　檳榔　青皮　草菓　萊菔子　荊三稜　蓬莪茂

瀉氣之劑　厚朴　枳殼　枳實　檳榔　大腹皮　生山查　牽牛子　葶藶子　苦杏仁

血病主治　衛司氣而營司血。血者，灌溉一身，榮養五臟六腑。凡五官百骸，其氣之所至，皆其血之所流通也。有先氣病而後血病者，有先血病而後氣病者，有血病原於陰衰者，有血病起於陽弱者。血無陰不盛，血無陽不溫。古云補血止血，多責於氣。觀此，則其餘血病可以悟矣。故於補血之外，另列此門，亦宜辨別經絡臟腑，分標本虛實酌用。

溫血之劑　當歸　芎藭　肉桂　紫蘇　艾葉　炭薑

涼血之劑　生地黃　白芍藥　牡丹皮　紫草　槐花　女貞子　白茅根　側柏葉　地榆　桑葉　白頭翁　白微　龜板　鼈甲　牡蠣　乾柿　青鹽

破血之劑　桃仁　蘇木　紅花　大小薊　王不留行　蒺藜　薑黃

行血和榮之劑　芎藭　當歸尾　蘇木宜少　紅花少用

行血去瘀之劑　赤芍藥　生蒲黃　生山查　懷牛膝生　五靈脂生　紅麯　紅砂糖

去瘀生新之劑　丹參　益母草　澤蘭　荷葉　藕汁　乳香　沒藥　血竭

逐瘀除積之劑　鼈甲　龜板　花蕊石　瓦楞子

散瘀止血之劑　藕節　三七　自然銅　花蕊石　醋　亂髮　童便

溫性止血之劑　荊芥炭　艾炭　薑炭　韭汁　五靈脂炒　伏龍肝　釜煤　百草霜

涼性止血之劑　生地黃　生白芍　白茅根　桑葉　側柏　地榆　山梔炭

平性止血之劑　黑蒲黃　黑椶櫚　白及　陳墨

止血之法不一，凡血寒失養者，宜逐寒；血熱妄行者，宜清熱；血脫不固者，宜補氣。吐血宜下引，忌芎藭；便血宜上引，忌牛膝。此外有宜兼疏逆者，有宜兼行滯者，更有隔二隔三之治，並宜會通。

總氣血兼理之劑　香附　元胡索　艾葉　紫蘇　益母子　芎藭　肉桂　乳香　沒藥　郁李仁　鬱金　薑黃　荊三稜　蓬莪茂

清・王燕昌《王氏醫存》卷四　藥宜中病而止　弱人服補藥，病愈而藥未止，猶可緩也。壯人服發汗攻下消尅等藥，每次中病即止，不止則反傷之矣。如兒痘未形宜發散，恐兒氣弱不足送毒出外，則加升麻以宣揚之。若痘見點，則忌升麻。再用則痘殼薄而易破。若痘漿未足，宜人參補之，鹿茸催之。若漿已足而誤用參茸，則疼脹難靨。若色紫不起，則少加生地清之。多用則迫其溫和，又不起矣。若乾紫不起，脾胃熱極，宜酌用大黃。若漿足而誤用大黃，中氣下陷而漿立回矣。凡發表藥視升麻例，收濇清涼藥視生地例，溫燥藥視補藥例，溼潤滑膩藥視大黃例。兒痘視此，他病同慎。痘證清熱，須留熱三分，以助柔嫩之元陽，使漿得溫氣以起脹。老弱久病等人患實熱用清涼之藥，亦須留熱三分，以養既衰之元陽。醫者理也，試觀此等人實熱病，能如少壯人病之劇態乎。【略】

幼壯老弱用藥不同　幼壯而病有餘，藥宜重劑。蓋氣血方盛，助熱作劇，輕劑不足敵也。老與弱病有餘，宜用輕劑可思矣。老弱病不足，宜峻補續服。若大劑頓服，則不能載之，疑為不受則誤矣。蓋氣血太弱，只能載三四分之藥也。且補劑中之溫散藥尤須慎用。蓋肌膚不固，腠理不密，用溫散則汗。若誤用麻黃則亡陽矣。

補宜於平日不宜於病時　書謂邪之所湊，其正必虛。但虛乃往日事，應於往日乘虛補完。乃今新邪方熾，而未知亟去其邪，妄曰補正，則藥皆助邪為瘧矣。故人參、燕菜、龍眼等物，應用於未受外邪時也。

清・王燕昌《王氏醫存》卷一五

汗下相因　表邪初感無汗而大便結者，發得汗出，大便自利。又日久裏熱盛，舌苔黃黑，大便結而汗不出者，下得糞出，汗亦自解。

虛弱人表證日久勿再散　膏粱人、虛弱人感冒十餘日而身熱鼻塞、頭疼肢冷、痰咳之類未愈者，乃氣血鬱滯也。但宜宣鬱開滯自愈，不可再散。

清・龍之章《蠢子醫》卷二

霸藥亦不可少　吾謂天師藥甚霸，縱有二豎亦不怕。其實藥味甚平和，和風甘雨連九夏。一切大毒藥，並未繞筆下。一切攻伐大毒藥，往往用之若食蔗。毒藥得炮製之法，亦不毒矣，治病最有力。豈是後學好奇異，如今世道人心甚可詫。不用此藥便不靈，用得此藥回造化。如今之人多呃逆，不用此藥不能下。如今之人多喉閉，不用此藥不能下。如今之人多塞胸，不用此藥不能下。如今之人多癥結，不用此藥不能下。如今之人多瘰癧，不用此藥不能下。如今之人多石淋，不用此藥不能下。如今之人多鬼窟，不用此藥不能下。有此奇奇怪怪症，必用奇奇怪怪藥，安能舍此不用罷。吾嘗立方時，必兼此味作舟駕。雖有堂堂正正藥，舍了此味不神化。譬如由基射伯棼，衹在當面那一詐。譬如關帝斬蔡陽，衹在背後那一吒。如此一點藥，不必多用，一點就到。也最靈，也最捷，好似神龍飛火射。今日謹告小後主，莫謂江東無小霸。凡用霸道毒藥，其勢不得不然，非有過人之識，脈理分明，病原參透，不可妄加。至炮製藥時，尤要遵古今良法，百倍其功，轉極毒之品，成極平之性，否則恐致誤事。孫鎮川謹識。毒藥按法炮製，最有奇功，篇中言呃逆等症，每因氣鬱所致，用此藥則氣血周流，上下貫通，病自愈矣。非病症察明，勿妄投。姪孫濬川謹識。

治病不必定用此病藥　凡事有滯即生熱，不結氣來便結血。萬病皆從氣血壅鬱而生。我嘗治一眼疾眼甚紅，搜風涼血一齊攻。兩關不見大結滯，若有結滯，便用酒軍、醋軍。衹用金丹和藥中。喫得兩付便能愈，因他破滯兼除風。又嘗治一少年腿甚疼，腫硬無頭甚可驚。因用發散和血藥，加上金丹調入中。衹喫兩付疼已愈，亦因破滯能除風。可知治病全在看活潑，看得活時無不通。金丹原非二症藥，我若用時妙化工。

過燥過濡之藥久用便有變化　人有溼寒甚不安，必須蒼朮硫黃與馬前。若是日用常常服，再得地黃方周全。人有虛熱甚不安，必須二芍赤芍、白芍。生地與車前。若是日用常常服，再得朮苓白朮、茯苓。方周全。不是用藥好夾雜，暫服久服要細參。暫服一偏便能了，久服必得和藥入其間。

丸藥用補，必帶和方可　補氣補血莫認真，補中帶和方出神。煎藥純補猶可說，久服丸藥須細斟。

時下小方亦有可取　不在脈理亦有病，多少名醫不中用。竟有出個方兒甚是巧，村夫野婦竟成聖。前日有長脚搭背，雖多用藥空受罪。有言卷住火艾用烟熏，熏來熏去病自退。又有大胯突硬甚可驚，多少名醫治不中。有言此是沉寒滯裏邊，無大寒者，必不作大熱。只用拓法便能生。葱薑炒醋麩，頻拓頻換。又有少婦心翻病不寧，清涼解散全無功。有言此是火煞子，須用鹽水打穴中。打遍手彎並腿彎，手彎腿彎，打過皆青。一針舌根便立清。又有妄用針法氣不通，用盡打藥毫不靈。有言皂角末最善，裝入竹筒吹腸中。大抵病不在內裏，只用外治病自已。強似出外請先生，時下小方亦可取。

清・龍之章《蠢子醫》卷三　治病須要兼風藥　治病須要兼風藥，不兼風藥不合作。人之姿質本五行，金木水火土，皆是實的。人之運氣由六合。風寒暑濕燥火，皆是虛的。六氣皆以風為本，一呼一吸通橐籥。我初治病不謂然，往往置之於高閣。孰知人在天地間，無非大造所磅礴。況屬肝木原是賊，每於人身肆狂虐。《素問》皆是大聖人，尤於此處言鑿鑿。風者，百病之長也。《素問》曾屢言之。試看一切虛寒症，加上風藥便綽約。荊芥、防風、羌活、獨活之類。一則能升提，二則能揮霍。再看一切實火症，加上風藥便引却。前胡、柴胡、升麻之類。一則能發散，二則能開拓。我今始知風藥為最靈，不用風藥總脫略。譬如做文章，之乎者也為關鑰。譬如煉仙丹，噓嘻咨咦為鼓橐。始知從前治病理，不得精微皆糟粕。以後要讀《南華》《道德經》，元空妙理為上著。

治病風藥斷不可少　人生治病皆有偏，一切細密難周全。我初治病脉清楚，虛實寒熱得真傳。一看虛實寒熱症，便將溫涼補瀉詮。至於一切除風藥，全不置念在心間。間有受風甚顯然，始加發表四五錢。中年悟澈五運六氣理，始知人生受病風為先。以後治病開方子，必於風藥加檢點。寒症便須蒼蒼朮麻麻黃羌羌活防防風用，熱症即將二胡乾葛添。只因一身之病皆由氣，氣若到時風自鑽。必加此味始通靈，好如熊經鴟顧在眼前。必加此味始有力，好如抽坎填離在心間。可知妙手空空爾，登場傀儡一線牽。治病豈必在實際，八萬毫毛皆能宣。但置風藥三兩味，便是虛醫到身邊。

症雜藥雜，有先後遞用者　病雜藥亦雜，必與合處見精佳。亦有病雜藥亦雜，必與分處見權拿。雖然一付藥，有合有分始無差。我嘗治一傷寒症，見了藥水便腸滑，平素不論補瀉藥，一入肚中便瀉出。汗從何處發？且是肝經滯而熱，不得破藥不合法。如此病疾甚別致，縱有仙人亦難去治他。我用參黨參朮白朮苓雲苓草甘草三生引，方見首卷。細辛白芷共升麻。俟他渾身汗出後，再加金丹破肝家。加入煎藥汁中。只是一藥分補瀉，有先有後便堪誇。可知君子時中理，一用藥時自知嘉。

清・與樵山客《平法寓言》卷八　論用藥　邪之傳化，五藏六府，無所不至，故其出見，亦不拘於何經，而總之達於皮毛則一也。在六府者不必輕，在五藏者不必重，但視脈象何如耳。俗所謂變證者，不可拘其方，以變證同而所以至於變者，每相反也，不知脈故也。俗所稱死證者，尤不可信其說。以死證見，而所以救其死者，鮮能用也，亦不知脈故也。表實而不敢發，裏實而不敢攻，陽虛而不敢補氣，陰虛而不敢補血，即知之矣。一用而不敢復進，輕用而不敢重投，亦知猶不知耳。雖然知之，豈易言哉？即如世俗所用加減葛根湯，亦罕明其所以用之之故，知其故者，可以驅敵出境，而制之不敢復犯矣。必也先清其本源，次去其邪僻。綱明紀立，而後乃可與有為。相火為主帥，肌肉為偏裨，皮毛為門戶，氣為精悍，血為輜重。葛根以達肌肉，升麻以達皮毛，芍主收斂，使血氣不能泛馳，草主調和，使血氣無所阻滯，所謂堅甲利兵，而制梃可撻者也。天下事可與立者，乃可與權，操縱之以為治，鼓舞之以盡神。或為表實，或為裏實，或為陽虛，或為陰虛，各隨見證，以酌應加之藥，各因脈象以定輕重之宜，斷未有聽命於客邪而不能自振者也。惟審勢而不疑其破格，故轉敗而亦可以為功，雖然知之，豈易言哉！

清・釋心禪《一得集》卷上　補藥不宜輕服論　《內經・四氣調神》為攝生之本，五穀為養，五菜為充，五果為助，五畜為益。飲食有節，不可過也，過食即有偏勝之患。是故多食鹹則脈凝泣而色變，多食苦則皮槁而毛落，多食辛則筋急而爪枯，多食酸則肉胝䐢而脣揭，多食甘則骨痛而髮落。此五味之所傷也。而人之所賴以生者穀也。萬物之性，中正和平者，亦莫如穀。故人雖百年而不厭其常食也。上古治病之法，病去則調養以穀味，未嘗病後而峻補之者。張仲景為立方之祖。觀《傷寒論》及《金匱》二書，其方皆是治病，補劑之方甚少。後賢惟張子和得之，病去則教人以糜粥調養，與《內經》之旨不相違悖。而補方之盛行者，則始於張景岳、趙養葵。動輒參、耆、歸、地，而薛立齋宗之。後世徒震其名，以為信然，效之者誤人無算。觀其治案中，無不以補中益氣、逍遙散、歸脾湯三方，通治百病，其餘採用之方甚少，即此便可知矣。蓋風寒暑濕四時之氣，其中於人也，則曰邪氣。人在氣交之中，其能免乎？而風則傷衛，寒則傷營，暑則傷氣，濕則傷人皮肉筋骨，內傷於脾胃。是四氣之傷人也，在表則惡寒發熱，在裏則四肢困倦，類乎內傷之虛象，即燈結煤而暗之義，前已詳論之矣。若外邪正盛，或病初愈而邪未盡，誤投補劑，必至邪與正為互，如油入麪，莫能去之，致成終身之疾，可慨也！識者鑒及於此，是以有不服藥為中醫之說。寧使五穀調養，既可省費，亦無弊竇也。

清・周學海《讀醫隨筆》卷五　斂降并用　凡治痢疾，用白芍、檳榔、木香、黃連者，此數藥皆味極苦濇，性極沉降者也。因痢疾是濕熱邪毒，旁漬腸胃細絡夾膜之中，苦濇之味能吸而出之，隨渣滓而俱下矣。故裏急後重用此等藥，攻下穢涎而病愈者，腸胃絡膜之濁氣洩盡也。若用大黃、芒硝，傷正留邪，每至不救；若用粟殼、烏梅，固脫留邪，多成休息，得其一而遺其一也。錢仲陽治小兒驚癇，輕粉、巴豆、牽牛并用，一斂一泄，即攝取痰涎而驅下之也。古方此類甚多。

斂散并用　凡欲發汗，須養汗源，非但慮其傷陰，亦以津液不充，則邪無所載，仍不得出也。故桂枝湯中用芍藥，或更加黃芩；麻黃湯中用杏仁，或更加石膏。匪但意清內熱，以為胃汁充盈，邪乃有所附而聚，聚乃可驅之使盡耳！故《傷寒論》有發熱自汗而病不愈，以桂枝湯先其時發汗則愈者，充其榮，則衛不能藏奸也。張石頑曰：凡患溫熱，煩渴不解，往往得水，或服黃芩、石膏等寒藥，浹然汗出而解者，腸胃燥熱，力不勝邪，寒清助胃生津故也。凡辛散之劑，佐用甘酸，皆此義也。小青龍之五味子，大青龍之石膏，桂枝湯之白芍，最可玩味。

清・徐延祚《醫意》卷二　用藥之法　各症皆有用藥大法，今舉氣血以見。例如治氣有四法，氣虛宜補，參、芪、朮、草；氣升宜降，輕用蘇子、橘紅、烏藥、杷葉，重用降香、沉香。氣逆宜調，木香、陳皮、香附、白蔻仁、砂仁。氣實宜破，枳殼、枳實、青皮、厚朴、檳榔之類。又治血亦有數法，血虛宜熟地、當歸、杞子、萸肉、鹿膠，血熱宜生地、芍藥、阿膠，大熱宜犀角、梔子，血瘀宜桃仁、紅花、蘇木、丹皮，血瘀而痛，宜沒藥、乳香、靈脂，血滯宜丹參、益母草，血陷宜升麻、川芎、白芷，血滑宜烏梅、五倍、白及、髮灰，血燥宜柏子仁、蓯蓉，血寒宜乾薑、官桂。氣虛不生血，不攝血宜參、芪、朮、草。引血歸經用當歸。失血不能引氣歸元，用炮薑、炙草。止血用黑藥，如黑荊芥、炒蒲黃、炒靈脂之類。表散之藥，太陽風用桂枝，寒用麻黃，陽明用葛根，少陽用柴胡，太陰蒼朮，少陽細辛，厥陰川芎，此分經者也。麻黃峻散寒邪，桂枝解肌緩散。防風、荊芥、紫蘇，平散。細辛、白芷、生薑，溫散。柴胡、乾葛、薄荷，涼散。蒼朮、羌活，走經去濕而散。升麻、川芎，能舉陷上行而散。此性味之別也。又麻黃無葱不汗，山梔無豉不吐不宣，大黃非枳實不通，芫花非醋不利，附子無乾薑不熱。又附子走而不守，得乾薑則守而不走。竹瀝非薑汁，何以行經？蜜導非皂角，何以通結？此配法也。又大黃同白朮用則入心，同生薑搗用則不直下，同滑石用則走小便，亦配法也。又巴豆同黃連用不烈，同大黃用反不瀉。南星得防風則不麻，斑毛以豬油炒則不毒，半夏泡透則不傷胎，此製法也。又黃連治火君藥，略炒以從邪。實火，硝水炒；假火，酒炒；虛火，醋炒；痰火，薑汁炒；氣滯痛，吳萸水炒；血瘀痛，乾漆水炒。亦製法也。諸藥皆有配製法，果皆配製得宜，一藥可抵兩藥用。醫書各有詳註，宜詳審之。至若某方治某病之類，茲不復贅矣。然審症用藥，此中大有本領。如傷寒吐衄，有宜用犀角地黃湯者，有宜用麻黃湯者，此表裏之別也。傷寒發狂，有宜用大承氣者，有宜用海藏參、芪、歸、朮、陳、甘者，此虛實之分也，全在識症，不可忽也。

清・徐延祚《醫粹精言》卷三　藥治變通法　大黃同附桂用，是溫下法。《葉氏醫按》痢門，姚頤真用大劑肉蓯蓉配薑附，是即溫下法化為溫滑法。瀉心湯薑連並用，是苦辛開降法。馬元儀《印機草》中乾薑同栝蔞用，是即苦辛開降法化為辛潤開解法。栝蔞潤燥開結，蕩熱滌痰，為胸膈熱鬱之聖藥。其性濡潤，謂之滑腸則可，若代大黃作下藥用則不可。章虛谷有蔞仁辨，言之甚詳。

清・徐延祚《醫粹精言》卷四　用藥輕重須視胃氣　藥氣入胃，不過借此調和氣血，非入口即變為氣血，所以不在多也。有病人粒米不入，反用膩膈酸苦腥臭之藥，濃煎大碗灌之。即使中病，尚難運化，況與病相反，填塞胃中，即不藥死，亦必塞死。小兒尤甚。此洄谿徐氏目擊心傷，所以《慎疾芻言》有制劑之說也。即余屢言用藥治病，先須權衡胃氣，亦此意也。乃醫家病家，往往不達此理，以致誤藥傷生，可慨已！洄谿一案，備錄於後，足為世鑒焉。郡中朱姓有飲癖，在左脇下，發則脹痛嘔吐。始發甚輕，醫者每以補劑療之，發益勤而甚。余戒之曰：此飲癖也。患者甚多，惟以清飲通氣為主，斷不可用溫補。補則成堅癖，不可治矣。不信也。後因有鬱結之事，其病大發，痛極嘔逆，神疲力倦。醫者乃大進參附，熱氣上冲，痰飲閉塞，其痛增劇，肢冷脈微。醫者益加參附，助其閉塞。飲藥一口，如刀箭攢心，哀求免服。妻子環跪泣求曰：名醫四人合議立方，豈有謬誤？人參如此貴重，豈有不效？朱曰：我豈不欲生？此藥實不能受。使我少緩痛苦，死亦甘心耳。必欲使我痛極而死，亦命也。勉飲其半，火沸痰壅，呼號宛轉而絕。大凡富貴人之死大半皆然，但不若是之甚耳。要知中病之藥，不必入口而知，聞其氣即喜樂欲飲。若不中病之藥，聞其氣即厭惡之。故服藥而勉強苦難者，皆與病相違者也。《內經》云：臨病人問所便。此真治病之妙訣也。若

《尚書》云：藥不瞑眩，厥疾不瘳。此乃指攻邪破積而言，非一例也。此案載王孟英《歸硯錄》。自注云：余編《洄谿醫案》，漏此一條。迨刻竣始知之，不便補鐫，故錄於此。按《洄谿醫案》為王孟英所編刻，其中疑有托名者。然觀古人書，立論處方，平正通達，便足師法。否則即使真本，亦難信從，正不必辨其真偽也。

清・寶輝《醫醫小草》 精義匯通

滋膩妨中運，剛烈動內風。滋膩如天冬、麥冬、熟地、生地、石斛、萎蕤、人參、阿膠、百合、蜂蜜、甘草、大棗、麻仁、文蛤、花粉、菊花、小麥、雞黄、蠶砂、首烏之斂陰，剛烈如吳萸、丁香、川椒、乾薑、肉桂、附子、硫黄、蒼朮、巴豆、草果之動陽，乃一時救急之藥，非常病可久任之品。妨中運者，以土喜燥而惡濕。動內風者，以木喜水而憎火也。

辛熱耗營液，溫補實遂絡。外感發表，辛藥固不可少，如麻黄、蘇葉、葛根、升麻、羌活之散氣，桂枝、柴胡、荊芥、當歸、川芎之行血，各有奇功。誤用耗液，多變痙厥。內傷托裏，溫藥亦未可廢，如白朮、黄芪、飴糖之補脾，杜仲、菟絲、故紙之補腎。非無幸中，第過用阻絡，定患藥癖。二者皆能助邪而益病，主用者不可不慎。

苦寒傷生氣，鹹潤蔽太陽。熱在氣分宜甘寒，在血分宜苦寒，盡人而知。據時令言，春溫，秋燥，甘寒用處甚多，惟夏外陽內陰，則宜苦以燥濕，寒以勝熱。然胃陽素虛者，自不可過投。而《金匱・吐衄篇》三黄瀉心湯云：治心氣不足，西昌謂培生氣而堅臟。誠然！何醫只知有倒胃之弊哉？其藥如大戟、甘遂、葶藶、防己、知母、大黄、黄芩、黄連、梔子、丹皮、青黛、木通、苦參、龍膽草、鴉膽子之類是苦寒，雖有清實熱之益，弊與滋膩同，不再贅。鹹寒如鱉甲、蟹殼、殭蠶、蟬蛻、蛇皮、蜣螂、水蛭、䗪蟲、海藻、紫葳、文蛤、牡蠣、秋石、戎鹽、人中白、肉蓯蓉、桑螵蛸、元明粉之屬，軟堅，清燥，却風火，攻宿血，非無捷效，用之過當，心陽蒙蔽，而神明為之不靈，精血為之日削矣，司命者尤當急知之。

外感忌酸收，內症戒消導。酸收如棗仁、榴皮、五味、烏梅、訶黎勒、罌粟花、宣木瓜、山茱萸，澀可固脫是也。設有一毫外感，令邪永無出路。即係內傷吐血、咳嗽之證，反致成勞。觀仲景用烏梅，必用川椒；用五味，必用乾薑；用麥冬，必用半夏；用棗仁，必用川芎，其意深矣。內傷之證，有陽虧於外者，有陰虛於內者。彼茱萸、茯苓、澤瀉、滑石、瞿麥、石韋之利溺，牽牛、芒硝、大白、大青、大黄之滑腸，切勿亂投。即兼有外感，則麻、桂發汗，瓜蒂、皂角探吐，更宜酌用。《傷寒》有云亡血家不可發汗，瘡家亦不可汗，濕家不可下，是其例也。乃暴病忌參、朮、黄芪、熟地，沉痾忌枳、朴、桃仁、山楂，亦可類推。合觀四節，可審用藥之法。

二妙不盡妙，四神亦非神。蒼朮、黄柏，一生一熟，偶方中之小劑，濕熱證之妙方，所以二妙命名。究竟治濕重於熱者則妙，若熱重濕輕，當加入知母、地榆較妥，而風濕寒濕，終非其治也。故紙、豆蔻、吳萸、五味，四藥合丸，治食後脾泄、五更腎泄神效。殊不知脾腎之泄，有命火虛者，有肝火熾者，徒以為神，即有增病速死之神矣。可知方書中隨意命方者，如八珍、十全、固本、保真之類，不得以其名目好看而妄投不計。但四君子扶脾，誰謂不善？以治脾虛，可稱君子。若遇胃實，何異小人？蓋方無論平奇，要在對證。

白虎固金佳，青龍驅水捷。虎嘯風生，其熱自平，凡火刑肺胃，當推白虎第一。若火在肝腎，即芩連阿膠雞子黄湯、白頭翁湯之證治，此方未能勝其任。胃有實邪，粳米又宜減之。而小青龍，桂枝開天，細辛通地，復有薑、夏、麻、草溫中以散其外，芍藥內助以托其邪，面面周到，無微不入，故洄溪謂為治寒水之神劑。發汗利水，並可補四逆、真武之不逮。然溫邪咳嗽，誤投必斃。大青龍發汗亦然。是二法乃一大寒大熱之對子，瀉心、四逆，庶堪比肩。

理中傷胃脂，逍遙劫肝陰。理中湯之醒脾，逍遙散之疏肝，洵為良方。然治氣分不足則可，若以之治血虛之體，是增病而速斃。凡方皆利弊相因，彼偏用二方者，何徒知其利而不計其弊哉？

牛黄損離火，黑錫奪坎水。一清心中痰火，一攝腎下寒水，誠醫家宜備之要藥。然備以治倉猝閉證，則有無窮之益；誤施於久延脫證，其害不可勝言。蘇合香丸治氣閉，大活絡丹治中風，損益同此。合觀四節，可以悟投方之機。

溫寒須行氣，清熱要活血。氣滯而後寒積，血壅而後熱生。行氣如旋覆、香附、陳皮、葱、薤等味，加入溫藥隊中以散寒，其效倍捷。清熱，苦寒、甘寒、鹹寒諸藥，大劑寒涼，必加入活血之品，如桃仁、丹皮、澤蘭、茜草、劉寄奴、參三七等，乃無冰伏熱邪之弊。此理本易知，惜醫多不識，故特表而出之。

命方良有以，製劑豈徒然。方有膏、丹、丸、散、煎、飲、湯、漬之名，各有取義。膏取其潤，丹取其靈，丸取其緩，散取其急，煎取其下達，飲取其中和，湯取其味以滌蕩邪氣，漬取其氣以留連病所。而君臣佐使，配合全在分量，如小承氣用大黄為君，走中下焦血分，厚朴為君，即變而為中上焦氣分之法。陽旦湯，桂枝為君，走太陽，芍藥加倍，便入太陰。當歸赤小豆散，赤豆為君，重在敗毒，當歸為君，重在理血。主之，佐之，輕之，重之，運用之妙，存乎一心，立方者詎可忽諸？

清・何景才《外科明隱集》卷四 陽證不實勿用寒涼降藥論 瘡科之證，十中之數，九陰有餘，一陽不足。醫者每多按毒火之疑，而驟用清降涼消，尅伐胃氣之劑，豈知毒屬陰，火屬陽，毒愈盛而火愈虛，以致真陽之氣不能敵邪，毒邪內攻，諸惡悉增。患至斯時，再遇明者，恐難得濟。余每臨證，先察內外之理，非外形紅熱疼腫，內情脣乾發渴，二便秘結，脈實沉數，諸所稍有不實，決不敢輕用寒涼之劑。余投方藥，經年不用軍、消寒涼之藥，亦未嘗悞證。雖言如此，終以前代之書，每將寒熱均論為疑，或者前醫多居南方，而南方多實熱，北方多虛邪之不同，亦未可定。余言是否，後賢君子宜明鑒焉。

清·黄傳祁《醫學折衷勸讀篇》卷下　湯藥不足盡病論　古人治病，首重鍼灸，而佐以砭石、熨浴、導引、按蹻等法。漢唐醫者，尚能兼通。宋元以還，鍼砭漸廢。自明至今，殆於絶矣。世之醫者，僅有湯藥一途。通行方書，亦皆如此。病變多端，而方術簡陋，醫道所以日下，而痼疾所以日多也。即以藥論，內治則有湯、有散、有酒、有丸、有膏，外治則有探喉、搐鼻、熨浴、熏貼諸法，止用湯劑，萬不能盡切病情。《千金方》論引張仲景曰：欲療諸病，先以湯盪滌五藏，開通諸脈，治道陰陽，破散邪氣，潤澤枯朽，悦人皮膚，益人氣血，水能淨萬物，故用湯也。若四肢病久，風冷發動，次當用散。散能逐邪，風氣濕痺，表裏移走，居無常處者，散當平之。次當用丸。丸藥者，能逐風冷，破積聚，消諸堅癖，進飲食，調和榮衛。能參合而行之者，可謂上工。東垣曰：湯者盪也，去久病用之。散者散也，去急病用之。丸者緩也，不速去，徐而治之也。陳修園曰：飲者日用一劑，煎成，如啜茶之法，時時飲之，不拘多少，服數與湯不同，於暑熱最宜。案(及)[反]胃服湯則止，亦以飲法為妙。是內服之方，固不容專恃湯劑矣。至於積聚有形之病，皮膚筋骨經絡腠理之疾，則外治之法，收效更神。此外或以熏浴取汗，或以敷熨通氣，或搐鼻以除腦患，或探喉以出痰涎。以及敷臍可通小便，蜜導可通大便，膏藥可消痞塊，可散風寒，暨瘧痺癱瘓，淋疝水腫，頭風脚氣之倫，外治皆有良法。故《千金》《外臺》載外治方甚多。今人除一煎方，絶無他技。即使用藥不誤，而緩急行止，未得其宜。中病之藥，不能適至病所，雖有微效，必難成功。徐靈胎曰：凡病止服煎藥而愈者，惟外感及輕淺之病為然。若久病大證，則必兼用丸散膏丹、砭灸、熏浴、熨溻、蒸提、按摩等法。今之醫既無資本，又惜工夫，古書中種種治法，全不過問，只恃數首通套煎法。病家延醫，亦止求一煎方，更不知有他。所以大證痼疾，不過遷延歲月，斷無愈期。扁鵲云：人之所患患病多，醫之所患患道少。誠哉，是言也！嗟乎！用藥為治病之一端，服藥則用藥之一端，湯劑又服藥之一端。以古方今，其偏全大小之相去，殆不啻九牛之一毛、滄海之一滴矣，又何怪夭札之徧天下哉！

綜述

清·屠道和《分類主治》　溫中　人身一小天地耳。天地不外陰陽五行，以為健順。人身不外水火氣血，以為長養。蓋人稟賦無偏，則水以附火，火以生水。水火既足，則氣血得資而無虧缺不平之憾矣。惟其稟有不同，賦有各異。則或水衰而致血有所虧，火衰而致氣有所歉，故必假以培補，俾偏者不偏，而氣血水火自爾安養而無病矣。第其病有淺深，症有輕重，則於補劑之中，又當分其氣味以求。庶於臨症免惑。如補之有宜於先天真火者，其藥必燥必烈，是為補火之味。補有宜於先天真水者，其藥必滋必潤，是為滋水之味。補有宜於水火之中而不敢用偏勝之味者，其藥必溫必潤，是為溫腎之味。補有宜於氣血之中而不敢用偏勝之味者，其藥必甘必溫，是為溫中之味。補有宜於氣血之中而不敢用過補之藥者，其藥必平必淡，是為平補之味。是合諸補以分，則於補劑之義已得其槩。又按萬物惟溫則生，故補以溫為正也。萬物以土為母，甘屬土，故補又以甘為貴也。土虧則物無所載，故補脾氣之缺陷，無有過於白朮；補肝氣之虛損，無有過於雞肉。補肺氣之瘦弱，無有過於參耆。補心血之缺欠，無有過於當歸。是皆得味之甘而不失其補味之正也。其次補脾之味，則有如牛肉、大棗、飴糖、蜂蜜、龍眼、荔枝、鯽魚，皆屬甘溫。氣雖較與白朮稍純，然蜂蜜、飴糖則兼補肺而潤燥，龍眼則兼補心以安神，荔枝則兼補營以益血。惟有牛肉則能補脾以固中，大棗則能補脾以助胃，鯽魚則能補土以制水也。且予嘗即補脾以思其土之卑監而不平者，不得不藉白朮以為培補。若使土乾而燥，能勿滋而潤乎？是有宜於山茱、黄精、猪肉之類是也。土溼而凝，能勿燥而爽乎？是有宜於白蔻、砂仁之屬是也。土潤而滑，能勿濇而固乎？是有宜於蓮子、芡實、肉蔻之屬是也。土鬱而結，能勿疎而醒乎？是有宜於木香、甘松、藿香、菖蒲、胡荽、大蒜之屬是也。土浸而傾，能勿滲而利乎？是有宜於茯苓、扁豆、山藥、鯽魚之屬是也。土鬱而蒸，能勿清而利乎？是有宜於薏苡仁、木瓜、白鮮皮、蚯蚓、紫貝、皂白二礬、商陸、郁李之屬是也。土寒而涷，能勿溫而散乎？是有宜於乾薑、附子之屬是也。土敦而阜，能勿通而泄乎？是有宜於參、耆、甘草之屬。凡此屬補脾之味，然終不若甘溫補脾之為正耳。

平補　精不足而以厚味投補，是虧已在於精而補不當用以平劑矣。氣不足而以輕清投補，是虧已在於氣而補亦不當用以平劑矣。惟補氣而於血有損，補血而於氣有損，補上而於下有礙，補下而於上有虧，其症似虛非虛，似實非實，則不得不擇甘潤和平之劑以進。如萎蕤、人乳，是補肺陰之至平者也。山藥、黃精、羊肉、猪肉、甘草，是補脾陰之至下者也。柏子仁、合歡皮、阿膠，是補心陰之至平者也。冬青子、桑寄生、桑螵蛸、狗脊，是補肝腎陰之至平者也。燕窩、鴿肉、鴨肉，是補精氣之至平者也。但阿膠、人乳，則合肝腎與肺而皆潤，合歡則合脾陰五臟而皆安。山藥則合肺腎而俱固，桑螵蛸則能利水以交心。至陳倉米能養胃以除煩，扁豆能舒脾以利脾，皆為輕平最和之味。餘則兼苦兼辛兼淡，平雖不失而氣味夾雜，未可概作平補論耳。

補火　按李時珍云：命門為藏精繫胞之物，其體非脂非肉，白膜裹之，在脊骨第七節兩腎中。此火下通二腎，上通心肺，貫腦，為生命之原，相火之主，精氣之府。人物皆有，生人生物，皆由此出。又按汪昂謂人無此火，則神機滅息，生氣消亡。趙養葵謂火可以水折，惟水中之火不可以水折。故必擇其同氣，招引歸宅，則火始不上浮而下降矣。此火之所由補也。第世止知附、桂為補火之最，硫黃為火之精，此外毫不計及，更不知其桂、附因何相需必用，詎知火衰氣寒而厥，則必用以附子；火衰血寒腹痛，則必用以肉桂。火衰寒結不解，則必用以硫黃；火衰冷痺精遺，則必用以仙茅。火衰疝瘕癥偏墜，則必用以胡巴；火衰氣逆不歸，則必用以沉香。火衰腎泄不固，則必用以補骨脂。火衰陽痿血瘀，則必用以陽起石。火衰風冷麻痺，則必用以淫羊藿。火衰風溼瘡癢，則必用以蛇床子。火衰臟寒蟲生，則必用以川椒。火衰氣逆呃起，則必用以丁香。火衰精涎不攝，則必用以益智。至於陽不通督，須用鹿茸以補之。火不交心，須用遠志以通之。如竅不開，須用鍾乳石以利之。氣虛喘乏，須用蛤蚧以禦之。精滑不禁，須用阿芙蓉以澀之。皆當隨症酌與，不可概用。若使水火並衰，及或氣陷不固，陰精獨脫，尤當切禁。否則禍人反掌。

滋水　馮楚瞻曰：天一生水，故腎為萬物之原，乃人身之寶也。奈人自伐其源，則本不固而勞熱作矣。熱則精血枯竭，憔悴羸弱，腰痛足酸，自汗盜汗，發熱咳嗽，頭暈目眩，耳鳴耳聾，遺精便血，消渴淋瀝，失音喉瘡，舌燥等症，莫不因是悉形。（非）不滋水鎮火，無以制其炎爍之勢。愚按：滋水之藥品類甚多，然終不若地黃為正。蓋地黃性溫而潤，色黑體沈，可以入腎滋陰，以救先天之精。至於氣味稍寒，能佐地黃以除骨蒸痞瘧之症，則有龜板、龜膠，膠則較板而更勝矣。佐地黃補肌澤膚以除枯涸之症者，則有人乳、猪肉，肉則較乳而有別矣。佐地黃以通便燥之症者，則有火麻、胡麻，胡麻則較火麻而益血矣。至於水虧而目不明，則須佐以枸杞。水虧而水不利、胎不下，則有佐於冬葵子、榆白皮。水虧而風溼不除，則有佐於桑寄生。水虧而心腎不交，則有佐於桑螵蛸、龜板。水虧而陰痿不起，則有佐於楮實。水虧而筋骨不健，則有佐於冬青子。水虧而精氣不足，則有佐於燕窩。水虧而血熱吐血，則有佐於乾地。水虧而堅不軟，則有佐於食鹽。水虧而虛怯不鎮，則有佐於磁石。水虧而氣不收及血不行，則有佐於牛膝。水虧而噎隔不食，則有佐於黑鉛。但黑鉛為水之精，凡服地黃而不得補者，須用黑鉛鎮壓，俾水退歸北位，則於水有補。然必火勝水涸，方敢用此以為佐。若水火並衰，則又當佐性溫以暖腎臟，否則害人不輕。

溫腎　腎虛在火，則當用辛用熱。腎虛在水，則當用甘用潤。至於水火並衰，則藥雖兼施，惟取其性溫潤與性微溫，力耑入腎者，以為之補。則於水火並虧之體，自得溫潤調劑之宜矣。按地黃體潤不溫，因於火日蒸曬而溫，實為補血補腎要劑，其藥自屬不易。然有肝腎虛損，氣血凝滯，不用杜仲、牛膝、續斷以通，而偏用肉桂、陽起石以燥。風溼內淫，不用巴戟天、狗脊以溫，而偏用淫羊藿、蛇床子以燥。便結不解，不用肉蓯蓉、鎖陽以溫，而偏用火麻、枸杞、冬葵子以潤。遺精滑脫，不用菟絲子、覆盆子、山茱萸、胡桃肉、瑣瑣葡萄等藥以收，而偏用粟殼、牡蠣等藥以進。軟堅行血，不用海狗腎溫暖以潤，而偏用青鹽、食鹽鹹寒以投。補精益血，不用麋茸、鹿膠、犬肉、紫河車、何首烏等藥以溫，而偏用硫黃、沉香等藥以勝。鬼（蛀）〔疰〕蠱毒，不用獺肝溫暖以驅，而偏用川椒、烏梅以制。凡此非失於燥而致陰有所劫，即失於寒而致火有所害，豈溫暖腎臟之謂哉？噫！誤矣。

溫濇　收者，收其外散之意；濇者，濇其下脫之意。如發汗過多，汗當收矣。虛寒上浮，陽當收矣。久嗽亡津，津當收矣。此皆收也。泄利不止，泄當固矣。小便自遺，遺當固矣。精滑不禁，精當固矣。《十劑篇》云：濇可去脫，牡蠣、龍骨之屬是也。凡人氣血有損，或上升而浮，下泄而脫，若不收斂濇固，無以收其亡脫之勢。第人病有不同，治有各異。陽旺者陰必渴，故脫多在於陰。陰盛者陽必衰，故脫多在於陽。陽病多燥，其藥當用以寒。陰病多寒，其藥當用以溫。此定理耳。又按溫以治寒，濇以固脫，理雖不易，然亦須分臟腑以治。如蓮子肉、豆蔻，是治脾胃虛脫之藥也。故泄瀉不止者，最宜蓮鬚，是通心交腎之藥也，為心火搖動、精脫不固者最佳。補骨脂，瑣瑣葡萄、阿芙蓉、沒石子、沉香、芡實、石鍾乳、胡桃肉、靈砂，是固腎氣之藥也，為精滑腎泄者最妙。但補骨脂則兼治腎瀉泄，葡萄則兼起陽興痘，阿芙蓉則耑固濇收脫，沒石子、沉香則耑降氣歸腎。芡實則兼脾溼並理，石鍾乳則兼水道皆利。胡桃肉則兼腸肺俱潤，靈砂則合水火並降也。他如菟絲、覆盆，性雖不濇而氣溫能固。木瓜酸中帶濇，醒脾收肺有功。烏梅斂肺濇腸，訶子收脫止瀉，清痰降火。赤石脂固血久脫。治雖不一，然要皆屬溫濇固脫藥耳。惟有禹餘糧、柿蒂，性屬濇平，與體寒滑脫之症微有不投，所當分別。

寒濇　病有寒成，亦有熱致。寒成者固當用溫，熱成者自當用寒。如五棓子、百草煎，其味雖曰酸濇，而性實寒不溫，為收肺虛火浮之味，故能去嗽止痢，除痰定喘。但百草煎則較棓子而鮮收耳。牡蠣性耑入腎，固脫化痰軟堅，而性止耑入腎而不入肝。龍骨入肝斂氣，收魂固脫，凡夢遺驚悸，是其所宜，而性不及入腎。各有專治兼治之妙耳。至於粟殼，雖與五棓入肺斂氣濇腸相似，而粟殼之寒則較棓子稍輕，粟殼之濇則較棓子更甚。故甯用粟而不用棓也。粳米氣味甘涼，固中除煩，用亦最妙。若在蛤蜊粉，氣味鹹冷，功專解熱化痰固肺。及秦皮性亦苦寒，功耑入肝除熱，入腎濇氣，亦宜相其熱甚以行，未可輕與龍骨、牡蠣、粟殼微寒之藥為比也。

收斂　酸主收，故收當以酸為主也。然徒以酸為主，而不兼審陰陽虛實以治，亦非得乎用酸之道矣。故酸收之藥其類甚多，然大要性寒而收者，則有白牡蠣、粟殼、五棓子、百花煎、皂白二礬，其收兼有濇固，而白芍則但主收而不濇耳。性溫與濇而收者，則有五味、木瓜、烏梅、訶子、赤石脂等味。但五味則專斂肺歸腎，濇精固氣。木瓜則專斂肺脾，烏梅則專斂氣濇腸，訶子則專收脫止瀉，清痰降火，赤石脂則專收脫止血也。若在金櫻，雖為濇精要劑，然徒具有濇力而補性絕少。山茱萸溫補肝腎，雖為收脫固氣之用，而收多於濇。不可不分別而異施耳。

鎮虛　虛則空而不實，非有實以鎮之則易覆矣。虛則輕而易敗，非有實以投之則易墜矣。故重墜之藥，亦為治病者所必需也。然用金石諸藥以治，而不審其氣味以別，亦非治病通活之妙。故有熱者宜以涼鎮，如代赭石、珍珠之治心肝二經熱驚，辰砂之清心熱，磁石之治腎水虛怯，龍骨、龍齒之治肝氣虛浮是也。有寒者宜以熱鎮，如雲母石之能溫中去怯，硫黃之能補火除寒、通便定驚是也。寒熱俱有者，宜以平鎮，如禹餘糧、金銀(薄)〔箔〕、鐵粉、密陀僧之屬是也。但禹餘糧則兼止脫固泄，金銀(薄)〔箔〕則兼除熱祛風，鐵粉則兼療狂消癰，皆借金性平木。密陀僧則兼除積消熱滌痰也。同一鎮墜而藥品氣味治用各自有別，其不容紊如此。然要若病有外邪，不可輕投，令寒邪得鎮而愈固耳。

散寒　凡病傷於七情者宜補，傷於六淫者宜散宜清。傷於七情者宜補，則補自有輕重之分、先天後天之別。傷六淫者宜散，則散自有經絡之殊、邪氣之異。如輕而淺者，其邪止在皮毛，尚謂之感，其散不敢過峻。至若次第傳變，則邪已在於經，其散似非輕劑可愈。迨至愈傳愈深，則邪已入不毛，其邪應從下奪，又非散劑所可愈矣。是以邪之本乎風者，其散必謂之驅，以風善行數變，不驅不足禦其奔迅逃竄之勢也。邪之本於寒者，其散止謂之散，以寒凝結不解，不散不足啟其冰伏否塞之象也。邪之得於霧露陰寒之溼者，其邪本自上受，則散當從上解而不得以下施。邪之漸鬱而成熱者，其散當用甘平辛平，而不可用辛燥。至於邪留於膈，欲上不上，欲下不下，則當因高而越，其吐之也必宜。邪固於中，流連不解，則當從中以散，其溫之也必便。若使邪輕而感，有不得用峻烈之藥者，又不得不用平淡以進，俾邪盡從輕散，而不至有損傷之變。此用散之概也。又按陰盛則陽微，陽盛則陰弱。凡受陰寒肅殺之氣者，自不得不用辛熱以治。惟是邪初在表，而表尚有表中之表，以為區別。如邪初由皮毛而入太陽，其症必合肺經並見，故藥必先用以麻黃，以發太陽膀胱之寒。及或佐以杏仁、生薑入肺，并或止用桔梗、紫蘇、蔥管、黨參入肺之味以進，但杏仁則專入肺散寒，下氣止喘，生薑則耑入肺辟惡止嘔，蔥管則耑入肺發汗解(飢)〔肌〕，桔梗則耑入肺開提肺中風寒，載藥上浮。黨參可以桔梗、防風偽造，則其氣味亦即等於防風、桔梗，以疎肺氣。至於細辛、蔓荊，雖與諸藥同為散寒之品，然細辛則宣腎家風寒，蔓荊則除筋骨寒溼，及發頭面風寒，皆非太陽膀胱專藥及手太陰肺經藥耳。他如白蔻、蓽撥、良薑、乾薑、川椒、紅豆蔻氣味辛熱，並薰香氣味辛平，與馬兜鈴、白石英、冬花、百部氣味辛溫，雖於肺經則治，然終非入肺耑品，所當分別以異視者也。

驅風　風為陽邪，寒為陰邪。風屬陽，其性多動而變。寒屬陰，其性多靜而守。故論病而至於風，則症變遷而莫定矣。論藥而至於風，則其藥亦變遷而莫定矣。如肝屬風，病發於風，則多由肝，見症乃有風不在肝而偏在於肌肉之表，症見惡風自汗，當用桂枝以解其肌。風在太陽膀胱，症見遊風攻頭，當用以羌活。症見一身骨痛，當用以防風。症見風攻巔頂，當用以藁本者，有如此矣。且有風在少陰腎經，症見伏風攻頭，當用以獨活。症見口乾而渴，當用以細辛。與風在骨髓，症見痰迷竅閉，當用以冰片。風在皮膚骨髓，症見驚瘓疥癩，當用以白花蛇。風在關節，症見九竅皆閉，當用以麝香。症見風溼痺痛，當用以茵芋。風在經絡，症見瘡瘍癰腫之當用以山甲，症見痰涎壅塞之當用以皂角，風在十二經絡，症見頑痺冷痛之當用以威靈仙，風在腸胃，症見惡瘡腫毒之當用以肥皂，風在陽明胃經，症見諸頭面諸疾之當用以白附、白芷者，又如此矣。更有風熱在肺，症見鼻塞鼻淵之當用以辛夷，症見目翳眩暈之當用以甘菊，症見惡寒發熱、無汗而喘之當用以杏仁，症見癰腫瘡毒之當用以牛蒡，症見喘嗽體重之當用以白前者，又如此矣。至於風已在肝，而症又挾有溼，則如秦艽既除腸胃溼熱，又散肝經風邪，浮萍既入肝經散風，復利脾經之溼，海桐皮以療風溼諸痛，豨薟草以治麻木痛冷，蒼耳子以治皮膚瘡癬、通身周痺，巴戟、狗脊、寄生以強筋骨之類。而萎蕤、萆薢、茵芋、白芷、白附之皆風溼而治，可類推矣。風已在肝，而肝症見有熱成，則如全蝎之治胎風發搐，鉤籐之治驚癇瘛瘲，蟬退之治皮膚癮疹，薄荷之治咽喉口齒，石楠葉之能逐熱堅腎，決明子、木賊、蕤仁之治風熱目翳之類。而辛夷、冰片、牛蒡之皆風熱以理，又可思矣。風病在肝，而症見有風痰，則有如南星之散經絡風痰，天麻之治肝經氣鬱虛風，川芎之散肝經氣鬱之類。而麝香之偕痰氣並理，又可思矣。風病在肝，而症見有風痛，則有如蛇退之能殺蟲辟惡，蜈蚣之能散瘀療結之類。而山甲、草烏、牛蒡、肥皂之皆風毒以理，又其餘矣。風病在肝，而症見有寒溼之症，則有宜於蔓荊、殭蠶、五加皮、烏附尖之類，但其功用治效則有殊矣。風病在肝，而症見有骨痿不堅之症，則有宜於虎骨、虎膠之類，但其氣味緩急則有間矣。至於風病在肝而症見有肌膚燥熱，則不得不用荊芥以達其膚而疎其血風。病在肝而症見有瘡疥目赤，則不得不用蒺藜以散其風而逐其瘀風。病在肝而症見有溼熱燥癢，則不得不用蕪荑以泄其溼。要皆隨症審酌，以定其趨。但其理道無窮變化，靡盡其中旨趣，在於平昔細為體會，有非倉卒急迫所能得其精微也。

散溼　《經》曰：半身以上，風受之也。半身以下，溼受之也。然有溼不下受而溼偏從上感，則溼又當上治。蓋溼無風不行，如風在上，則溼從風以至者，則為風溼。是風是溼，非散不愈也。溼值於寒，寒氣慄裂，其溼由寒至者，則為寒溼。是寒是溼，亦非由散不除也。且有好食生冷，留滯腸胃，合於雨露感冒，留結不解，隨氣勝復，變為寒熱。以致頭重如裹，皮肉筋脈皆為溼痺，則不得不從開發以泄其勢。然散溼之藥不一，而止就溼而言散者，如蒼朮之屬是也。有因風溫而言散者，如白芷、羌活、獨活、防風、寄生、萎蕤、秦艽、巴戟、狗脊、靈仙、海桐皮、豨薟草、蒼耳子、萆薢、茵芋之屬是也。有就寒溼而言散者，如五加皮、天雄、蔓荊子、殭蠶、細辛之屬是。有兼風熱而言散者，如蕪荑之屬是。有就熱溼而言散者，如香薷之屬是。有就痰溼而言散者，如半夏之屬是。至溼而在胸腹，症見痞滿，宜用川朴以散之。溼在肌肉，症見膚腫，宜用排草以洗之。溼在腸胃，挾風而見拘攣痺痛，宜用秦艽以除之。溼在筋骨，而見頭面不利，宜用蔓荊子以治之。此皆就表就上受溼論治，故以散名。若使溼從下受，及已內入為患，則又另有滲溼、瀉溼諸法，而非斯藥所可統而歸之也。

散熱　熱自外生者，宜表宜散。熱自內生者，宜清宜瀉。熱自外生而未盡至於內者，宜表宜散。熱自內成而全無表症者，宜攻宜下。凡人感冒風寒，審其邪未深入，即當急撤其表，俾熱從表解，不得謂熱已成，有清無散，而不用表外出也。第熱之論乎散者，其法不一。有止解熱以言散者，如升麻之升諸陽引熱外出，葛根之升陽明胃氣引熱外出，柴胡之升少陽膽熱外出，淡豆豉之升膈熱外出，夏枯草之散肝熱外出，野菊花之散肝肺熱中出也。有合風熱以言散者，如辛夷能散肺經風熱，冰片能散骨蒸風熱，木賊能散肝膽風熱，蕤仁、決明子、爐甘石、薄荷能散肺經風熱也。有合溼熱而言散者，如蕪荑能散皮膚骨蒸溼熱，香薷能散肺胃心溼熱是也。有解風火熱毒而言散者，如蟾蜍、蟾酥之能升拔風火熱毒外出是也。有解血熱而言散者，如石灰能散骨肉皮膚血熱，穀精草能散肝經血熱也。至於熱結為痰，有藉吐散，如木鱉則能引其熱痰成毒結於胸膈而出，瓜蒂則能引其熱痰結於肺膈而出，膽礬則能引其風熱之痰亦結在膈而出也。若使表症既罷，內症已備，則又另有法在，似無庸於瑣贅。

吐散　邪在表宜散，在裏宜攻，在上宜吐，在中下宜下，反是則悖矣。昔人謂邪在上，因其高而越之，又曰在上者涌而吐之是也。但吐亦須分其所因所治以為辨別。如常山、蜀漆，是吐積飲在於心下者也。藜蘆、皂白二礬、桔梗蘆、皂角，是吐風痰在於膈者也。生菜、菔子是吐氣痰在於膈者也。烏附尖是吐溼痰在於膈者也。胡桐淚是吐腎胃熱痰上攻於膈而見者也。梔子、瓜蒂是吐熱痰聚結於膈而成者也。磁石是吐寒痰在於膈者也。至於膈有熱毒，則有木鱉、青木香以引之。痰涎不上，則有燒鹽以涌之。但吐藥最峻，過用恐於元氣有損。況磁石、木鱉尤屬惡毒，妄用必致生變，不可不慎。

溫散　熱氣久積於中，自當清涼以解。寒氣久滯於內，更當辛溫以除。故溫散之味，實為中虛寒滯所必用也。然中界乎上下之間，則治固當以中為主，而上下亦止因中而及。是以溫以守內而不凝，散以行外而不滯。溫散並施而病不致稍留於中而莫禦矣。第不分辨明晰，則治多有牽混而不清。如縮砂密、木香、香附、乾薑、半夏、胡椒、吳茱萸、使君子、麥芽、松脂，皆為溫中行氣快滯之味。然縮砂密則止暖胃快滯，木香則止疏肝醒脾，香附米則止開鬱行結，活血通經，半夏則止開痰逐溼，乾薑則止溫中散寒，胡椒則止溫胃逐痰除冷，吳茱萸則止逐肝經寒氣上逆腸胃，使君子則止燥胃殺蟲，麥芽則止消穀磨食，松脂則止祛風燥溼，而有不相兼及者也。至於溫中而兼及上，則有如華撥之散胸腹寒逆，藿香之醒脾辟惡，寬胸止嘔，菖蒲之通心開竅，醒脾逐痰，元胡索之行血中氣滯、氣中血滯，安息香之通活氣血，各有專司自得之妙。溫中而兼及下，則有如益智之燥溼逐冷溫腎縮泉，蛇床子之補火宣風燥溼，蒺藜之祛肝腎風邪，大小茴之逐肝腎沈寒痼冷，各有主治獨得之趣。溫中而兼通外，則有草果之溫胃逐寒辟瘴辟瘧，蘇合香、樟腦、大蒜、山柰、甘松、排草之通竅逐邪殺鬼，白檀香之逐冷除逆以引胃氣上升，良薑、紅豆蔻之溫胃散寒，艾葉之除肝經沈寒痼冷以回陽氣將絕，胡椒之通心脾小腹，解惡發痘，烟草之通氣爽滯，解瘴除惡，白芥子之除脇下及皮裏膜外之風痰，石灰之燥血止血散血，烏藥之治氣逆胸腹不快，各有其應如響之捷。溫中而至通上徹下，則有如丁香之泄胃暖胃，燥腎止呃，川椒之補火溫臟，除寒殺蟲，各有氣味相投之宜。若使溫中獨見於上，則有如草豆蔻之逐胃上之風寒，止當心之疼痛，薰草之通氣散寒，解惡止痛，其效俱不容掩。且溫中而獨見於上下，則有如薤之通肺除痺，通腸止痢，其效又屬不泯。其一溫中而氣味各殊，治效各別，有不相同如此。然予謂溫中之味，其氣兼浮而升，則其散必甚。溫中之味其氣必沈而降，則其散甚微。溫中其氣既浮，而又表裏皆徹，則其散更甚，而不可以解矣。是以丁香、白蔻之降，與於草豆蔻、白檀之升，絕不相同。即與縮砂密之散，木香之降，亦且絕不相似。薑氣味過散，故止可逐外寒內入，而不可與乾薑溫內同比。藿香氣味稍薄，故止可除臭惡嘔逆，而不可與木香快滯並議。烏藥徹上徹下，治氣甚於香附，故為中風中氣所必需。薤白氣味辛竄，行氣遠駕木香，故為胸痺腸滯所必用。凡此是溫是散，皆有義理。錯綜在人細為體會可耳。

平散　藥有平補，亦有平散。補以益虛，散以去實。虛未甚而以重劑投之，其補不能無害。實未甚而以重劑散之，其散更不能無害矣。如散寒麻黃，散風桂枝，散溼蒼朮，散熱升葛，散暑香薷，散氣烏藥，皆非平者也。乃有重劑莫投，如治風與溼，症見疥癬周痺，止有宜於蒼耳子；症見瘙癢消渴，止有宜於蠶砂；症見麻木冷痛，止有宜於豨薟；症見膚癢水腫，止有宜於浮萍；症見目翳疳蝕，止有宜於爐甘石，皆能使其風散溼除。又如治風與熱，症見目翳遮睛，爛弦胞腫，止有宜於甘菊、蕤仁、木賊；症見風熱蒸騰，腎陰不固，止有宜於石南葉，皆能使其風熄熱退。又如治寒與熱，症見咳嗽不止，止有宜於冬花；症見頭面風痛，止有宜於荷葉；症見肺熱痰喘，聲音不清，止有宜於馬兜鈴；症見寒燥不潤，止有宜於紫白石英；症見肝經鬱熱不散，止有宜於夏枯草；症見風寒溼熱脚氣，止有宜於五加皮；症見風寒痰溼，止有宜於殭蠶，皆能使其寒熱悉去。至於治氣，則又只用橘皮之宣肺燥溼，青皮之行肝氣不快，神麯之療六氣不消，檳榔、大腹皮之治胸腹疫脹，白及之散熱毒而兼止血，野菊花之散火氣癰毒，疔腫瘰癧目痛，青木香之除風溼惡毒氣結，皆能使其諸氣悉消。凡此藥雖輕平，而用與病符，無不克應，未可忽為無益而不用也。

瀉濕　瀉溼與滲溼不同。滲溼者受溼無多，止用甘平輕淡，使水緩滲，如水入土，逐步滲泄，漸漬不驟。瀉溼者受溼既多，其藥既須甘淡以利，又須鹹寒以瀉，則溼始從熱解，故曰瀉溼。然瀉亦須分其臟腑。如溼在肺不瀉，宜用薏苡仁、黑牽牛、車前子、黃芩、白微之類。但薏苡仁則治水腫溼痹，疝氣熱淋，黑牽牛則治脚氣腫滿，大小便秘，黄芩則治癃閉、腸澼、寒熱往來，車前子則治肝肺溼熱，以導膀胱水邪，白微則治淋痹，酸痛，身熱肢滿之為異耳。如溼在於脾胃不瀉，宜用木瓜、白鮮皮、蚯蚓、白礬、寒水石之類。但木瓜則治霍亂泄瀉轉筋，溼熱不調，白鮮皮則治關竅閉塞，溺閉陰腫，蚯蚓則治伏熱鬼疰，備極熱毒，白礬則能酸收涌吐，逐熱去沫，寒水石則能解熱利水之有別耳。如溼在於脾胃不清，宜用扁蓄、茵陳、苦參、刺蝟皮之類。但扁蓄、苦參則除溼熱殺蟲，茵陳則能除溼熱在胃，刺蝟皮則治膈噎反胃之不同耳。如溼在心不化，宜用燈心、木通、黄連、連翹、珍珠、苦楝子之類。但燈草則治五淋伏熱，黄連則治實熱溼蒸，木通則治心熱水閉，連翹則治癰毒淋毒，珍珠則治神氣浮遊，水脹不消，苦楝子則治熱鬱狂燥，疝瘕蠱毒之有分耳。若在小腸溼熱而見淋閉莖痛，則有海金沙以除之；溺閉腹腫，則有赤小豆以利之；娠姙水腫，則有赤茯苓以導之；膀胱溼閉而見水腫風腫，則有防己以泄之；暑溼內閉，則有猪苓以宣之；小便頻數，則有地膚子以開之；水蓄煩渴，則有澤(泄)〔瀉〕以治之；實熱熾甚，則有黄蘗以瀉之；暑熱溼利，則有滑石以分之。他如腎有邪溼，症見血瘀溺閉，則有宜於琥珀、海石矣。症見水氣浮腫，則有宜於海蛤矣。症見痔漏淋渴，則有宜於文蛤矣。而寒水石、苦參之能入腎除溼，又自可見肝有邪溼，症見驚癇疫瘧，則有宜於龍膽矣。症見風溼內乘，小便痛閉，則有宜於萆薢矣。而連翹、珍珠、琥珀之能入肝除溼，又自可推。凡此皆屬瀉溼之劑也。至於水勢溯湃，盈科溢川，則又另有法在，似不必於此瑣贅云。

瀉水　瀉水者，因其水勢急迫，有非甘淡所可滲，苦寒所可瀉。正如洪水橫逆，迅利莫禦，必得極辛極苦極鹹極寒極陰之品，以為決瀆，則水始平。此瀉水之説所由起也。然水在人臟腑，本自有分。即人用藥以治水勢之急，亦自有別。如大戟、芫花、甘遂，同為治水之藥矣，然大戟則瀉臟腑水溼，芫花則通裏外水溼，甘遂則瀉經隧水溼也。葶藶、白前，同為入肺治水劑矣，然葶藶則合肺中水氣以為治，白前則搜肺中風水以為治也。商陸入脾行水，功用不減大戟。故仲景牡蠣、澤瀉用海藻、海帶、昆布，氣味相同，力專泄熱散結軟堅，故瘰癧瘕疝，隧道閉塞，其必用之。螻蛄性急而奇，故能消水拔毒。田螺性稟至陰，故能利水以消脹。續隨子下氣至速，凡積聚脹滿諸滯，服之立皆有效。紫貝有利水道通瘀之能，故於水腫蠱毒目翳用之，自屬有功。至於瞿麥瀉心，石韋清肺，雖非利水最峻，然體虚氣弱，用亦增害，未可視為利水淺劑而不審實以為用也。

下氣　氣者人身之寶，周流一身，頃刻無間。稍有或乖，即為病矣。治之者惟有保之養之，順之和之，使之氣常自若。豈有降伐其氣而使不克自由哉。然河間謂人五志過極皆為火，丹溪謂人氣有餘便是火，則是氣過之極，亦為人身大患也。是以氣之虚者宜補，氣之降者宜升，氣之閉者宜通，氣之鬱迫者宜寛，氣之鬱者宜泄，氣之散者宜斂，氣之脱者宜固，氣之實而堅者則又宜破宜降宜下而已。蓋氣之源發於腎，統於脾，而氣之出由於肺，則降之藥每出於肺居多，而腎與脾與肝止偶見其一二而已。如馬兜鈴非因入肺散寒清熱而降其氣乎？蘇子非因入肺寛胸消痰、止嗽定喘而下其氣乎？杏仁非因入肺開散風寒而下其氣乎？枇杷葉非因入肺瀉熱而降其氣乎？葶藶非因入肺消水而下其氣乎？桑白皮非因入肺瀉火利水而通其氣乎？旋覆花非因入肺消痰除結而下其氣乎？栝蔞、花粉非因入肺消痰清火而下其氣乎？續隨子非因入肺而瀉溼中之滯乎？枳殼非因入肺寛胸開膈而破其氣乎？枳實降氣則在胸膈之下，三稜破氣則在肝經血分之中，赭石則入心肝二經，涼血解熱，而氣得石以壓而平。郁李則入脾中下氣，而兼行水破瘀。山甲則破癰毒結聚之氣，而血亦消。蕎麥則消腸中積滯之氣，炒熟(菜)〔萊〕菔子則下肺喘而消脾滯。至於沉香、補骨脂，是引腎真火收納歸宅，黑鉛是引腎真水收納歸宅，皆能下氣定喘。凡此皆屬降劑，一有錯誤，生死反掌。治之者可不熟思而詳辨乎？

降痰　痰之見病甚多，痰之主治不少。如痰之在於經者，宜散宜升。痰之在於上者，宜涌宜吐。痰之在中在膈，不能以散，不能以吐者，宜降宜下。此降之法所由起也。第降有在於肺以為治者，如栝蔞、貝母、生白果、杏仁、土貝母、訶子之屬是也。有在胸膈以為治者，如硼砂、礞石、兒茶之屬是也。有在心肝以為治者，如牛黄之屬是也。有在皮裏膜外以為治者，如竹瀝之屬是也。有在肝膽以為治者，如全蝎、鶴虱之屬是也。有在腎以為治者，如沉香、海石之屬是也，但貝母則合心肝以為治，射干則合心脾以為理，皆屬清火清熱，降氣下行。惟白礬則收逐熱涎，或從上涌，或自下泄，各隨其便。至於痰非熱成，宜溫宜燥，宜收宜引，則又在人隨症活潑，毋自拘也。有在脾以為治者，如密陀、白礬之屬是也。

瀉熱　《內經》帝曰：人傷於寒而傳為熱，何也？岐伯曰：寒氣外凝內鬱之理，腠理堅緻，玄府閉密，則氣不宣通。溼氣內結，中外相薄，寒盛熱生。觀此則知熱之由作，悉皆外邪內入而熱，是即本身元陽為邪所遏，一步一步而不得泄，故爾變而為熱耳。然不乘勢以除，則熱更有進而相爭之勢。所以古人有用三黃石膏及或大小承氣，無非使其熱瀉之謂。余按熱病用瀉，考之方書，其藥甚眾。然大要在肺則止用以黃芩、知母。在胃則止用以石膏、大黃、朴硝。在心則止用以黃連、山梔、連翹、木通。在肝則止用以青黛、龍膽。在腎則止用以童便、青鹽。在脾則止用以石斛、白芍。此為諸臟瀉熱首劑。至於在肺，又有他劑以瀉。蓋以熱邪初成未盛，則或用以百合、百部、馬兜鈴。毒氣兼見，則或用以金銀花、牛蒡子。久嗽肺痿，則或用以沙參。脚氣兼見，則合用以薏苡仁。咽瘡痔漏，則或用以柿乾、柿霜。熱挾氣攻，則合用以牽牛。三焦熱併，則或用以梔子。煩渴而嘔，則或用以竹茹。熱而有痰，則或用以貝母。熱而氣逆不舒，則或用以青木香。熱而溺閉，則或用以車前、石韋。久嗽兼脫，則或用以五棓子、百草煎。乳汁不通，則或用以通草。若更兼有血熱，則又當用生地、紫菀。此瀉肺熱之大概也。在胃又有他劑以瀉。蓋以熱兼血燥，犀角宜矣。毒盛熱熾，綠豆宜矣。中虛煩起，粳米宜矣。暑熱渴生，西瓜宜矣。時行不正，貫眾宜矣。疫熱毒盛，人中黃、金汁、雪水宜矣。咽瘡痔漏，柿蒂、柿乾宜矣。便結不軟，玄明粉宜矣。乳癰便閉，漏蘆宜矣。蟲積不消，雷丸宜矣。熱盛呃逆，竹茹、蘆根宜矣。腸毒不清，白頭翁、刺蝟皮宜矣。口渴不止，竹葉宜矣。若更兼有血熱，則又宜於地榆、槐角、槐花、蘇木、三漆、乾漆。此瀉胃熱之大概也。而大腸熱結，仍不外乎硝、黃、白頭翁、黃芩、綠豆、蝸牛、生地之藥矣。在心又有他劑以瀉，則或因其溺閉而用瞿麥、木通，氣逆而用赭石，痰閉而用貝母、天竺黃，暑渴而用西瓜，精遺而用蓮鬚，抽掣而用鉤籐，咳嗽而用(白)〔百〕合，疝瘕而用川楝。與夫血熱而更用以犀角、射干、童便、血餘、紅花、辰砂、紫草、生地、鬱金、桃仁、茜草、蘇木、丹參、沒藥、蓮藕、益母草、熊膽等藥，又可按味以考求矣。此瀉心熱之大概也。在肝又有他劑以瀉，則如肝經氣逆，宜用赭石以鎮之。腎氣不固，則用石南葉以堅之。溺閉不通，則用車前子以導之。痰閉不醒，則用牛黃以開之。目翳不明，則用秦皮、空青、蒙花、石燕、青葙子、石決明以治之。咳嗽痰逆，則用前胡以降之。蟲積不消，則用蘆薈以殺之。溼鬱驚恐，宜用琥珀以鎮之。神志昏冒，宜用棗仁以清之。若使熱在於血，其藥眾多。大約入肝涼血，則有赤芍、赭石、蒲公英、青魚膽、紅花、地榆、槐花、槐角、側柏葉、卷柏、無名異、凌霄花、猪尾血、紫草、夜明砂、兔肉、旱蓮草、茅根、蜈蚣、山甲、琥珀、芙蓉花、苦酒、熊膽之類。入肝破血，則有莪朮、紫貝、靈芝、紫參、益母草、蒲黃、血竭、蓮藕、古文錢、皂礬、歸尾、鱉甲、貫眾、茜草、桃仁之類。入肝敗血，則有三漆、蝱蟲、䗪蟲、螃蟹、瓦楞子、水蛭、花蕊石之類。皆當審實以投。此瀉肝熱之大概也。而瀉膽熱之味，又豈有外空青、銅綠、銅青、熊膽、膽礬、前胡等藥者乎？在腎又有他劑以瀉，如龍膽、防己，為腎熱盛、溺閉者所宜用也。秋石為腎熱盛、虛咳嗽、溺閉者所必用也。寒水石為腎熱盛、口渴水腫者所必用也。地骨皮為腎熱盛、有汗骨蒸者所必用也。食鹽為腎熱盛、便閉者所必用也。琥珀、海石，為腎熱盛、血瘀溺秘者所必用也。若使熱在於血，則藥亦不出乎童便、地骨皮、血餘、銀柴胡、蒲公英、生牛膝、旱蓮草、赤石脂、自然銅、古文錢、青鹽之類。而瀉膀胱熱結，其用猪苓、澤瀉、地膚子、茵陳、黃蘗、黃芩、龍膽、川楝子藥者，又可按其症治以考求矣。此瀉腎熱之大概也。脾熱須藥無多，惟有脾經血熱，考書有用郁李、射干、紫貝、薑黃、蓮藕、皂礬、蚯蚓。然亦須辨藥症以治。要之，治病用藥，須當分其臟腑。然其是上是下，毫微之處，未可盡拘。如藥既入於肺者，未有不入於心；入於肝者，未有不入於脾；入於腎者，未有不入於膀胱。且藥氣質輕清者上浮，重濁者下降，豈有浮左而不浮右，重此而不重彼者乎？但於形色氣味重處比較明確，則藥自有圓通之趣，又奚必拘拘於毫芒間互為較衡，而致蹈其神智者乎？

瀉火　趙養葵曰：真火者，立命之本，為十二經之主。腎無此則不能以作強，而技巧不出矣。膀胱無此則三焦之氣不化，而水道不行矣。脾胃無此則不能腐水穀，而五味不出矣。肝膽無此則將軍無決斷，而謀慮不出矣。大小腸無此則變化不行，而二便閉矣。心無此則神明昏，而萬事不應矣。治病者，的宜以命門真火為君主而加意。以火之一字觀此，則火之不宜瀉也，明矣。而丹溪又言：氣有餘便是火。使火而果有餘，則火亦能為害，烏在而不瀉乎？惟是火之所發，本有其基。藥之所生，自有其治。氣味不明，則治罔不差。如大黃是瀉脾火之藥，故便閉硬痛，其必用焉。石膏、茅根是瀉脾胃之藥，口渴燥熱，其必用焉。黃芩、生地是瀉肺火之藥，膈熱血燥，效各呈焉。火盛則痰與氣交窒，是有宜於栝蔞、花粉。火盛則水與氣必阻，是有宜於桑白皮。火盛則骨必蒸，是有宜於地骨皮。火盛則三焦之熱皆并，是有宜於梔子。火盛則肺化源不清，是有宜於天冬、麥冬。火盛則必狂越燥亂，是有宜於羚羊角。火盛則氣必逆而嗽，是有宜於枇杷葉。火盛則必挾胃火盛氣上呃，是有宜於竹茹。此非同為瀉肺之藥乎？黃連、犀角，是瀉心火之藥也，燥熱溼蒸，時疫班黃，治各著焉。火盛則小腸必燥，是有宜於木通、燈草。火盛則喉必痺而痛，是有宜於山荳根。火盛則目必翳而(瘴)〔障〕，是有宜於熊膽。火盛則心必煩燥懊憹，是有宜於梔子。火盛則口必渴而煩，是有宜於竹葉。火盛則肺失其養，是有宜於麥門冬。火盛則血必妄沸，是有宜於童便、生地。火盛則憂鬱時懷，是有宜於萱草。此非同為瀉心之藥乎？至於青黛、膽草，號為瀉肝之火，然必果有實熱實火者方宜。若止因火而見抽掣，則鉤籐有難廢矣。因火而見目(瘴)〔障〕，則熊膽其莫除矣。因火而見骨蒸，則青蒿草其必須矣。因火而見驚癇骨痛，則羚羊角其必用矣。因火而見口舌諸瘡，則人中白其以進矣。因火而見時症斑毒喉痺，則大青其極尚矣。因火而見痰熱往來，則黃芩其必用矣。此非同為瀉肝之用乎？而膽火之必用以膽草、大青、青黛者可思。若在腎火，症見骨蒸勞熱，不得不用黃柏。症見咽痛不止，不得不用元參。症見楊梅惡毒，不得不用胡連。症見頭目不清，痰涎不消，不得不用茶茗。症見火留骨節，不得不用青蒿草。症見無汗骨蒸，不得不用丹皮。此非同為瀉腎藥乎？而膀胱火起之必用以人中白、童便，及三焦火起之必用以青蒿草、梔子者，又自可驗。諸火之瀉，當分臟腑如此。但用而不顧其病症之符臟氣之合，則其為禍最速，可不深思而長慮乎？

平瀉　平瀉者，從輕酌瀉之意也。凡人臟氣不固，或犯實邪，不瀉則養虎貽患，過瀉則真元有損，故僅酌其微苦微寒、至平至輕之劑以進。如瀉脾胃虛熱，不必過用硝黃，但取石斛輕淡以瀉脾，茅根以瀉胃，柿蒂以斂胃蘊熱邪，粳米、甘米甘涼以固中而已。瀉肺不必進用黃芩、知母，但用沙參清肺火熱，百部除肺寒鬱，百合清肺餘熱，薏苡仁清肺理溼，枇杷葉清肺下氣，金銀花清肺解毒而已。瀉肝不必進用膽草、青黛，但用鱉甲，入肝清血積熱，消勞除蒸；旱蓮草入肝，(清)〔青〕蒿草清三焦陰火伏留骨節。白芍入肝斂氣，鉤籐入肝清熱除風而已。瀉心不必黃連、山梔，但用麥冬清心以甯肺，連翹清心以解毒，竹葉清心以滌煩，萱草清心以醒憂利水，鬱金入心以散痰，丹參入心以破血而已。瀉腎不必進用黃柏、童便、知母，但用丹皮以除無汗骨蒸，地骨皮以除有汗骨蒸而已。至於調劑陰陽則或用以陰陽水，止嗽消渴解毒則或用以薺苨，散瘀行血則或用以蒲黃、沒藥、苦酒，開鬱則或用以木賊、蒙花、穀精草而已。凡此雖屬平劑，但用之得宜，自有起死回生之力，未可忽為淺嘗已也。

涼血　血寒自當用溫，血熱自當用涼。若使血寒不溫，則血益寒而不流矣。血熱不涼，則血益結而不散矣。故溫血即為通滯活瘀之謂，而涼血亦為通滯活瘀之謂也。第書所載涼血藥味甚多，然不辨晰明確，則用多不合。如血閉經阻，治不外乎紅花。毒閉不解，治不外乎紫草。此定法也。然有心胃熱極，症見吐血，則又不得不用犀角。心脾熱極，症見喉痺，不得不用射干。肝胃熱極，症見嘔吐血逆，不得不用茅根。腸胃熱極，症見便血，不得不用槐角、地榆。心經熱極，症見驚惕，不得不用辰砂。且癰腫傷骨，血瘀熱聚，無名異宜矣。毒盛痘閉，乾紅晦滯，猪尾血宜矣。目盲翳障，血積上攻，夜明沙、穀精草、青魚膽宜矣。瘀血內滯，關竅不開，髮餘宜矣。肝木失制，嘔血過多，側柏葉宜矣。火伏血中，肺癰失理，凌霄花宜矣。肝胃血燥，乳癰淋閉，蒲公英宜矣。至於腸紅脫肛，血出不止，則有炒卷柏可治。血瘕疝痺，經閉目赤，則有赤芍藥可治。諸血通見，上溢不下，則有生地黃可治。心腎火熾，血隨火逆，則有童便可治。肝腎火起，骨蒸血結，則有童便可治。其他崩帶驚癇，噎膈氣逆之有賴於代赭石；溼熱下注，腸胃痔漏之有賴於刺蝟皮；血瘀淋滴，短濇溺痛之有賴於琥珀；心肝熱極，惡瘡目翳之有賴於龍膽；齒動鬚白，火瘡紅發之有賴於旱蓮草，亦何莫不為通瘀活血之品？但其諸藥性寒，則凡血因寒起，當知所避慎，不可妄見血閉而即用以苦寒之味以理之也。

下血　血為人身之寶，安可言下？然有血瘀之極，積而為塊。溫之徒以增熱，涼之或以增滯。惟取疎動走泄、苦寒烈毒之品以為驅逐，則血自爾不凝。按書所載破血下血藥類甚眾，要在審症明確，則於治方不謬。如症兼寒兼熱，內結不解，則宜用以莪朮、桃仁、鬱金、母草以為之破，取其辛以散熱、苦以降結之意也。瘀氣結甚，則宜用以班蝥、乾漆以為之降，取其氣味猛烈，得以驟解之意也。寒氣既除，內結滋甚，則宜用以丹參、郁李、沒藥、蘴黃、三七、紫菀、紫參、貫眾以為之下，取其苦以善降，不令內滯之意也。寒氣既除，瘀滯不化，則宜用以蒲黃、蘇木以為之疎，取其氣味宣滯，不令鬱滯之意也。至有借食人血以治血，則有蝱蟲、水蛭可用。借其鹹味，引血下走，則有茜草、血竭、瓦楞、紫貝、䗪蟲、鱉甲可取。借其質輕，靈活不滯，則有蓮藕、花蕊石可投。借其陰氣徧佈可解，則有螃蟹、蚯蚓可啖。借其酸澀鹹臭以解，則有皂礬、五靈脂可入。惟有苦溫而破，則又更有劉寄奴等味。但劉寄奴、自然銅、古文錢、三七、血竭、沒藥、䗪蟲則於跌仆損傷而用，蚯蚓則於解毒而用，丹參則於血瘀神志不安而用，水蛭、蝱蟲、桃仁則於蓄血而用，花蕊石則於金瘡血出而用，五靈脂、益母草、蒲黃則於婦人血滯而用，茜草則於婦人經閉不解而用，瓦楞子則為婦人塊積而用，班蝥則為惡瘡惡毒而用，鬱金則為血瘀胞絡、痰氣積聚而用，莪朮則為血瘀積痛不解而用，郁李仁則爲下氣行水破血而用，乾漆則爲鏟除老血蟲積而用，紫貝則為血蟲水積而用，貫眾則為時行不正而用，鱉甲則為勞熱骨蒸而用，紫參則為血痢癰腫而用，薑黃則為脾中血滯而用，蘇木則為表裏風起而用，皂礬則為收痰殺蟲除溼而用，生藕則為通調津液而用也。至於班蝥、乾漆、三七、水蛭、蝱蟲、䗪蟲、螃蟹、瓦楞子、花蕊子，尤為諸劑中下血敗血之最。用之須當審顧，不可稍有忽畧，以致損人元氣於不測也。

殺蟲　病不外乎虛實寒熱，治不外乎攻補表裏。所以百病之生，靡不根於虛實寒熱所致，即治亦不越乎一理以為貫通，又安有雜治蕪劑之謂哉？惟是虛實異形，寒熱異致，則或內滯不消而為傳屍鬼疰，外結不散而為癰疽瘡瘍。在蟲既有虛實之殊、寒熱之辨，而毒亦有表裏之異、升降之別。此蟲之所必殺，而毒之所以必治也。至於治病用藥，尤須審其氣味冲和，合於人身氣血相宜為貴。若使辛苦燥烈，用不審顧，禍必旋踵。謹於雜劑之中，又將諸藥之品另為編帙，俾人一覽而知，庶於本草義蘊，或已得其過半云。又按：蟲之生，本於人之正氣虧損而成。體實者，其蟲本不易生，即生亦易殄滅。體虛者，其蟲乘空內蓄，蓄則即為致害，害則非易治療。考之方書所載，治蟲藥品甚多，治亦錯雜不一。如黃連、苦參、黑牽牛、扁蓄，是除溼熱以殺蟲也。大黃、朴硝，是除熱邪以殺蟲也，故其為藥皆寒而不溫。蒼耳子、松脂、密陀僧，是除風溼以殺蟲也，故其為藥稍溫而不涼。川椒、椒目，是除寒溼水溼以殺蟲也，故其為藥溫燥而不平。蘇合香、雄黃、阿魏、樟腦、蛇退，是除不正惡氣以殺蟲也，故其為藥最辛最溫。水銀、銀硃、輕粉、鉛粉、黃丹、大楓子、山茵陳、五棓子、百草煎，是除瘡疥以殺蟲也，故其為藥寒熱皆有。紫貝、桃仁、乾漆、皂礬、百草霜，是除血瘀以殺蟲也，故其藥亦多寒熱不一。厚朴、檳榔，是除熱滿瘴氣以殺蟲也，故其為藥苦溫而平穀蟲。鶴虱、使君，是除痰食積滯以殺蟲也，故其為藥又溫而又寒。獺肝之補肝腎之虛以殺蟲也，故其藥味寒而氣溫。至於榧實則能潤肺以殺蟲，烏梅則能斂肺以殺蟲，百部則能清肺散熱以殺蟲，皆有不甚寒燥之虞。且蟲得酸則止，凡烏梅、五棓子等藥，非是最酸之味以止其蟲乎？得苦則下，凡大黃、黃連、苦楝根、蘆薈、苦參，非是至苦之藥以下其蟲乎？得辛則伏，凡川椒、雄黃、乾漆、大楓子、阿魏、輕粉、樟腦、檳榔，非是最辛之味以伏其蟲乎？得甘則動，凡用毒蟲之藥，必加甘蜜為使，非是用以至甘之味以引其蟲乎？至於寒極生蟲，可用薑附以為殺。蟲欲上出，可用藜蘆上涌以為殺。熱閉而蟲不下，可用芫花、黑牽牛以為殺。蟲食齲齒，可用胡桐淚、莨菪、韮子、蟾酥以為之殺。蟲食皮膚而為風癬，可用川槿皮、海桐皮以為殺。九蟲陰蝕之蟲，可用青葙子、覆盆葉以為之殺。癆瘵之蟲，可用敗鼓心、桃符板、虎（糞）〔脛〕骨、死人枕、獺爪、鸛骨以為之殺。但用多屬辛苦酸澀，惟使君子實治蟲，按書偏以甘取，義實有在，自非精於醫道者所可與之同語也。

發毒　《內經》曰：營氣不從，逆於肉裏，乃生癰腫。又曰：諸痛瘡癢，皆屬心火。又觀丹溪有言：癰疽皆因陰陽相滯而生。則是癰疽之發，固合內外皆致，而不僅於肉裏所見已也。但其毒氣未深，等於傷寒邪初在表，其藥止宜升發，而不遽用苦寒，俾其毒從外發。若稍入內為殃，則毒勢纏綿不已，而有毒氣攻心必死之候矣。予按發毒之藥，品類甚多。有三陽升麻、柴、葛、薑、防、白芷、荊芥、薄荷、桔梗等藥，何一不為發毒散毒之最？山甲、皂角等，何一不為驅毒追毒之方？至於蜈蚣則能驅風通痰散結，蛇退則能驅風辟惡，野菊花則能散火逐氣，王不留行則能行氣宣滯，皆為祛散惡毒之劑。外有蟾酥、蟾蜍力能透拔風邪火毒，象牙力能拔毒外脫，楓香力能透毒外出，人牙力能入腎推毒，胡桐淚力能引吐熱毒在膈，輕粉、黃丹、銀硃力能制外癰疽瘡疥，螻蛄、蓖麻力能通水開竅，拔毒外行。若在芙蓉花，則藥雖屬清涼而仍兼有表性，是以用此以為敷毒箍毒之方。餘則治毒之劑，審其性有苦寒之味者，應另列於解毒之中，不可入於發毒劑例。俾人皆知毒從外發，不得竟用內藥內陷云。

解毒　毒雖見症於外而勢已傳於內，則藥又當從內清解。故解毒亦為治毒之方所不可缺也。第人僅知金銀花、牛蒡子、甘草為解毒之品，凡屬毒劑，無不概投。詎知毒因心熱而成者，則有黄連、連翹可解；因於肺火而成者，則有黄芩可解；因於肝火而成者，則有膽草、青黛、藍子可解；因於肺火肺毒而成者，則有石膏、竹葉、大黄可解；因於腎火而成者，則有黄柏、知母可解。且毒在於腸胃，症見癰疽乳閉，宜用漏蘆以通之。症見消渴不止，宜用綠豆煮汁以飲之。症見腸癖便血，宜用白頭翁以解之。症見時行惡毒，宜用金(針)〔汁〕、人中黄以利之。至於楊梅，症見多屬肝腎毒發，宜用土茯苓以清之。喉痺咽痛，多屬痰火瘀結，宜用射干以開之。心腎火熾，宜用山荳根以熄之。鬼疰瘰癧，潰爛流串，多屬經絡及脾毒積，宜用蚯蚓以化之。口眼喎斜，癰腸痔漏，多屬經絡腸胃毒發，宜用牛黄以治之。乳癰乳岩，多屬肝胃熱起，宜用蒲公英以療之。惡瘡不斂，多屬心肺痰結，宜用貝母以除之。無名疔腫，惡瘡蛇虺，瘰癧結核，多屬痰結不化，宜用山慈姑以治之。毒勢急迫，咳嗽不止，多屬中氣虛損，宜用薺苨以緩之。他如癰腫不消，宜用米醋同藥以治。熱涎不除，積垢不清，有用皂白二礬以入。癰疽掀腫，胸熱不除，有用甘草節以投。皆有深意內存，不可稍忽。若在班蝥、鳳仙子惡毒之品，要當審症酌治，不可一毫稍忽於其中也。

毒物　凡藥沖淡和平，不寒不熱，則非毒矣。即或秉陽之氣為熱，秉陰之氣為寒，而性不甚過烈，亦非毒矣。至於陰寒之極，燥烈之甚，有失沖淡和平之氣者，則皆為毒。然毒有可法製以療人病，則藥雖毒而不得以毒稱。若至氣味燥迫，並或純陰無陽，強為伏制，不敢重投者，則其為毒最大，而不可以妄用矣。如砒霜、硇砂、巴豆、鳳仙子、草烏、射罔、鉤吻，是熱毒之殺人者也，水銀、鉛粉、木鱉、蒟蒻，是寒毒之殺人者也，(革)〔蓖〕蔴、商陸、狼牙，是不寒不熱，性非沖和，寓有辛毒之氣，而亦能以殺人者也。然予謂醫之治病，凡屬毒物，固勿妄投，即其性非毒烈，而審顧不真，辨脈不實，則其為毒最大而不可以救矣。況毒人之藥，有所共知，人尚知禁。若屬非毒，視為有益，每不及防。故余竊見人病，常有朝服無毒之藥而夕即見其斃者，職是故也。因附記以為妄用藥劑一戒。

清・陸懋修重訂《重訂理虛元鑒》卷四　理虛用藥宜忌

黄柏、知母忌用。　凡治虛勞之證，當分已成未成二候。《丹溪心法》有云：虛損吐血，不可純用苦寒，恐致相激，只宜瓊玉膠主之。此就已成虛勞者言之也。其所用大補丸用黄柏一味，三補丸用芩、連、柏三味，滋陰百補丸並用知、柏二味，此就未成虛勞者言之也。《經》曰：少陰之客，苦以補之。又曰：水位之主，其補以苦。蓋此以苦補腎之法，惟丹溪知之。丹溪而後，則一遇咳嗽、吐血而早用此二味，則其誤甚矣。及其已成虛勞，則咳嗽、吐血皆因虛所致，而仍用此二味，則其誤益甚矣。此時之火，則虛火也，相火也，陰火也。即丹溪所謂虛火可補，人參、黄耆之屬是也。今余亦就已成之虛勞言之。夫相火寄於肝腎之間，出入於甲膽，聽命於心君。君火明則相火伏。若君火不明，則相火烈焰沖天。上感清虛之竅，耳聾鼻乾，舌痛口苦，頭暈身顫，天突急而淫淫作癢，肺葉張而咳嗽頻頻。當斯時也，惟有清氣養營，滋方寸靈臺之雨露，以熄膻中煩焰，庶幾甲膽、乙肝之相火不撲而自滅。蓋以陰火為龍雷之火，起於九泉之下。每遇寒水陰曀，其焰愈騰。惟得陽光一照，自然消滅。此三火者，皆無當於知、柏之降火滋陰者也。況當虛勞既成，則黄柏適以傷胃，知母適以滑脾。胃傷則飲食不進，脾滑則洩瀉無度。一臟一腑，乃生人之本。《經》云：得穀者昌，失穀者亡。又曰：陽精上奉其人壽，陰精下降其人夭。今以苦寒傷胃，豈非失穀者亡乎？以冷滑泄脾，豈非下降者夭乎？用此二味者，意在滋陰，而不知苦寒下降最易亡陰。陰虧而火愈熾。意在清金，而不知中土既潰，金源遂絕。金薄而水益衰，吾未見其利，徒見其害耳。大凡虛勞之人，未有不走脾胃而死者，則皆不善用知、柏故也。豈丹溪之過哉！

丹皮、地骨皮宜用。　夫黄柏、知母，其為倒胃敗脾之品，固宜黜而不錄矣。然遇相火既灼，甚至爍石流金之際，又將何以處此？曰：丹皮、地骨皮平正純良，用代知、柏，固有成而無敗也。丹皮稟水氣而制火，得金味以平肝。地骨皮除有汗之蒸，清骨間之熱。骨皮者，枸杞之根。枸杞為補腎要藥。然以其升而實於上，故但能溫髓助陽。虛勞初起，相火方熾，不敢驟用。若其根則伏而在下也，以其為根也，故能資真陰之水。以其為皮也，故能滋肺葉之枯。涼血清骨，除熱退蒸，其功用較丹皮更勝。且其味本不苦，不致倒胃。質本不濡，不致滑脾。有知、柏之功而無其害，最為善品。

桑白皮宜用。　二皮之外，又有桑根白皮，清而甘者也。清能瀉肝火之有餘，甘能補肺氣之不足。且其性潤中有燥，為三焦逐水妙劑。故上部得之，清火而滋陰。中部得之，利濕而益土。下部得之，逐水而散腫。凡虛勞證中，最忌喘腫二候。金逆被火所逼，高而不下，則為喘。土卑為水所侮，陷而失隄，則為腫。喘者為天不下濟於地，腫者為地不上交於天。故上喘下腫，天崩地陷之象也。是證也，惟桑皮可以調之。以其降氣也，故能清火氣於上焦。以其折水也，故能奠土德於下位。奈何前人不知，謂無純良之性，用之當戒。不思物性有全身上下純粹無疵者，惟桑之與蓮。乃謂其性不純良，有是理乎？

柴胡、前胡酌用。　柴胡升清調中，平肝緩脾，清熱散火，理氣通血。出表入裏，黜邪輔正。開滿破結，安營扶衛。凡藏府經絡，無所不宜。當虛勞初起，或有外感時邪，固為必需之品。至於七情所結，浸淫鬱滯，有待宣通，舍此秉性純良之柴、前二胡，更無有出其右者矣。故每用些少以佐之，然後專用清源補斂之品，乃為十全。即當其調理之時，中間或攖或感，亦必間用柴、防、葛根等味清澈之，然後再用補斂，庶免關門捉賊之患。但其性升散，用當中病即止耳。再有女人抑鬱傷陰之證，必當選用。蓋多鬱則傷元氣，柴胡平肝散鬱，功最捷也。後人因陳藏器一言，忌用柴胡，遇內傷而兼外感之證，將反用麻黃、紫蘇輩以散之耶？

蘇子不必用。　白前宜用。　虛勞而至，火既乘金，氣高不降。治宜平其火而已，不必下其氣也。彼雜證之喘急而氣高者，有三子養親之說，而醫者混取以治勞，以為得真蘇子下之，則氣可平而火可降，喘可定而痰可消。而不知其病之復也，必增劇矣。白前為平喘之上品。凡撥肚擡肩，氣高而急，能坐不能臥，能仰不能俯者，用此平之，取效捷而元氣不傷，大非蘇子可比。

桔梗宜用。　夫肺如華蓋，居最高之地。下臨五藏，以布治節之令。其受病也，以治節無權，而致氣逆火升，水涎上泛，中州濕滯，五藏俱乖。惟桔梗稟至清之氣，具升浮之性，兼微苦之味，升中有降，清中有補。至清故能清金，升浮故能載陷，微苦故能降火。其升中有降也，以其善清金，金清自能布下降之令。其清中有補也，以其善保肺，肺固自能為氣血之主。實為治節君主之劑，不但引經報使而已。且其質不燥不滯，無偏勝之弊，有十全之功。服之既久，自能清火消痰，寬胸平氣，生陰益陽，功用不可盡述。世之醫者，每畏其開提發散而不敢投於補劑之中，沒其善而掩其功，可惜也！

澤瀉宜用。　肺金為氣化之源，伏火蒸灼，則水道必淤，淤則金氣不行而金益病。且水停不流，則中土濡濕，而奉上無力。故余治勞嗽吐血之證，未有不以導水為先務者。古人每稱澤瀉有神禹治水之功，夫亦嘗究其命名之義矣。蓋澤者，澤其不足之水。瀉者，瀉其有餘之火。惟其瀉也，故能使生地、白芍、阿膠、人參，種種補益之品，得其前導則補而不滯。惟其瀉也，故但走濁道，不走清道，非若猪苓、木通、腹皮等味之削陰破氣，直走無餘。要知澤瀉一用，肺脾腎三部咸宜。所謂功同神禹者，此也。故方於六味丸用之，功有四種，《頤生微論》論之極詳，庸醫不察，視為瀉陰削伐之品，殊謬！

茯苓宜用。　又有謂茯苓善滲，凡下元不足者忌之。亦非也！夫茯苓為古松精華蘊結而成，入地最久，得氣最厚。其質重，其氣清，其味淡。重能培土，清能益金，淡能利水。惟其得土氣之厚，故能調三部之虛。虛熱虛火，脾虛痰濕，凡涉虛者皆宜之。以其中和粹美，非他迅利尅伐者比也。蓋金氣清肅，自能開水之源。土地平調，自能益氣之母。三臟既理，則水火不得憑淩，故一舉而五臟均調。又能為諸陰藥之佐而去其滯，為諸陽藥之使而宣其道。補不滯澀，洩不峻利，精純之品，無以過之。乃治虛勞者，久已與澤瀉同棄，殊為良藥惜矣！

生地宜用。初病審用。　世人以生地為滯痰之物而不敢用，是不知痰之隨證而異也。雜證之痰，以燥濕健脾為主。傷寒之痰，以去邪清熱，交通中氣為主。惟虛勞之痰，獨本於陰虛血少，火失其制，上尅肺金，金不能舉清降之令，精微不徹於上下，滯而為痰。治宜清肺則邪自降，養血則火自平。故余於清金劑中，必兼養營為主。營者血也，陰者水也，潤下之德也。清金而不養營，如吹風滅火，火熱愈逆，烈焰愈生。兼以養營，則可引水制火，沾濡瀰漫，煙氛自熄。故桑、桔、貝母之類，清金之品也。歸、地、丹皮之類，養營之品也。而養營劑中，又以生地為第一。以生地治雜證之痰，則能障痰之道，能滯化痰之氣，且反能助痰之成。若加之虛勞劑中，則肺部喜其潤，心部喜其清，腎部喜其滋，肝部喜其和，脾部喜其甘緩而不冷不滑。故凡勞嗽吐血，骨蒸內熱之劑，必無遺生地之理。惟勞嗽初起，客邪未清，痰嗽方盛，却忌生地泥滯。至於內熱蒸灼，金受火刑，非生地之清潤以滋養化源，則生機將絶矣。若因畏其滯而始終不用，乃是不明要義也。

當歸審用。　夫當歸之養營，以佐清金也，尚矣。然其味未免於辛，其性未免於溫。雖有養血之功，究是行血之品。故治血證者，宜待血勢既定，君相二火咸調，然後以此大補腎水，自可收功。若執當歸命名之義，謂能使氣血各得其歸，不顧血證新久而用之，亦有誤處。

人參審用。　人參大補元氣，而在陽補陽，在陰補陰。《本經》主補五藏，以五藏屬陰也。故補氣必用人參，補血須兼用之。古法血脫益氣，蓋陽生則陰長，陰長血乃旺。若獨用補血藥，血無自而生也。後世不察，概謂人參補火。夫火與元氣不兩立，正氣勝則邪氣退。若人參既補元氣，而又補邪火，則是反復之小人矣，又何能與苓、朮、甘草為四君子耶？故惟脉見弦強緊實，滑數洪盛，長大有力，或右手獨見脉實者，此皆鬱火內實，自不可用。若浮而芤濡，虛火遲緩無力，沉而遲濇，弦細微弱無力者，皆可用也。古人治勞，莫過於葛可久。其獨參湯、保真湯，未嘗廢人參而不用，蓋可知矣。總之右手虛大而嗽者，雖有火邪，此為腎水不足，虛火上炎，乃刑金之火，非肺金自有之火，正當以人參救肺，保其陰液。但須多用，方始得力。若少用，必反增脹滿，此又不可不知也。

麥冬、五味子酌用。　治肺之道，一清一斂一補。故麥冬涼，五味斂，人參補，三者肺怯之病不可缺一者也。然麥、味之清斂固有道焉。蓋虛勞初起，亦由外感而來。故初治必兼柴、前以疏散之。若不分病之新久而驟清、驟斂、驟補，則肺必滿促不安，邪氣濡滯，久而不徹。此非藥之為害，實用方之不的耳。若夫疏解之後，邪氣既清，元氣已耗，則當急用收斂清補為主。舍此三物，更何求焉？況五味不但斂肺為功，兼能堅固心腎，為虛勞必用之藥。乃用之不當者，反咎五味之酸，引痰致嗽，畏而棄之。不知病至伏火乘金，金氣耗越之際，除却此味，更有何藥可使之收斂耶？

黃芪宜用。　余嘗說建中之義，謂人之一身，心上腎下，肺右肝左，脾胃居於中。黃芪之質，中黃表白，黃入脾，故能補中。白入肺，故能實表。虛勞之證，氣血既虧，中外失守。上氣不下，下氣不上。左不維右，右不維左。得黃芪甘溫益氣之品，主宰中州。中央旌幟一建，而五方失位之師各就其列，此建中之所由名也。故勞嗽久久失氣，氣不根於丹田，血隨氣溢。血既耗散，氣亦飛揚。斯時也，雖有人參回元氣於無何有之鄉，究不能固真元於不可拔之地。如欲久安長治，非任黃芪不可。蓋人參之補迅而虛，黃芪之補重而實。故呼吸不及之際，芪固不如參。若夫鎮浮定亂，返本還元，統氣攝血，實表充裏，其建立如墻壁之不可攻，其節制如將令之不可違，其饒裕如太倉之不可竭，其禦邪扶正如兵家之前旄中堅後勁，不可動搖，種種固本重任，參反不如芪。每見服參久久，漸至似有若無。雖運用有餘，終是浮弱，不禁風浪。若以黃芪為墻垣，以白朮作基址，中氣得補，可至風雨不畏，寒暑不侵。向來體弱者，不覺脫胎換骨，誠有賴於此也。除虛勞初起，氣火方盛，心肺雖失其和，脾胃猶司其事，此時只宜養營為主。黃芪微滯，尚宜緩投。若久病氣虛，肺失其制，脾失其統。上焉而飲食漸難，下焉而泄瀉並作。此時若不用黃芪以建中，白朮以實土，徒以沉陰降濁之品，愈傷上奉升騰之用，必無濟也。

白朮宜用。　虛勞初治，未有不以清金為第一義者。而清金之品，生地、阿膠、丹皮、白芍之外，又有如麥冬之能清心，元參之能降火，為虛勞所必需。然有一種中土素弱之人，脾胃不實，并麥冬亦微惡其冷，元參亦且嫌其寒。久久漸妨飲食，漸陷中氣。於斯時也，又宜以培土調中為主，而虛證內培土之劑，止有黃芪、白朮、茯苓、山藥四味，有功無過。夫虛勞之培土也，貴不損至高之氣。故二陳之燥，平胃之烈，固有不可。即如扁豆、薏仁，力雖亦能健脾，猶未免於走血。且即四味之中，茯苓、山藥雖極沖和，然無峻補回生之力。惟此芪、朮二種，不獨有益於土部，且能培土以生金而至高之部，胥有賴也。或謂朮性微燥，於虛證似當緩投。然却喜其燥而不烈，有合於中央之土德。且補土自能生金，正如山嶽之出雲蒸霧，降為雨露，以濡萬物，而何病燥之有哉？繆仲醇謂其燥能傷陰，殊不知傷陰者，乃蒼朮而非白朮，固不得以治敦阜者，治卑監也。因一言而廢之，而病近收功之際，失此培土之藥，浮火終不歸根。甚矣！立言之難也。

陳皮偶用。　雜證之有胸膈氣滯，皆由於寒濕侵胃。故用陳皮之辛以利之，誠為至當。乃世醫不察虛勞、雜證之分，但見胸口氣滯，輒以陳皮理氣。不知陳皮味辛而性燥，辛能耗肺氣之清純，燥能動陰虛之相火。本以理氣，氣反傷矣。惟清金之久，化源初動，脾氣未健，胃口漸覺涎多，可少加陳皮以快之。使中宮一清，未為不可。又或脾胃濡弱，濕注溏泄，亦可暫用數劑以理之。然亦去病則已，不宜常用。

桂圓審用。　龍眼大補心血，功並人參，然究為溫熱之品。故肺有鬱火，火亢而血絡傷者，服之必劇。世醫但知其補，而昧於清溫之別，輒投之虛勞病中，心血衰少，夜臥不安之人。殊不知肺火既清之後，以之大補心脾，信有補血安神之效。若肺有鬱伏之火，服之則反助其火。或正當血熱上沖之時，投此甘溫大補之味，則血勢必涌溢而加沖。不可不慎也！

杞子酌用。虛勞之施治有次序。先以清金為主，金氣少肅，即以調脾為之繼。金土咸調，則以補腎要其終。故初治類多用元參、麥冬，漸次芪、朮，終治杞子、牛膝、龜、鹿膠之類，功收一旦。凡屬陰虛，未有不以此為施治之節者也。然杞子之性太溫，若君火未明，相火方熾，肺葉張舉之時，龍雷鼓動之後，投此則嗽必頻，熱必盛，溺必濇，血必湧溢而不可止，未可泥於杞子性涼之說也。

青皮、枳殼不可用。虛勞之治，曰清金，曰安神，曰培土，曰調肝，曰益腎，而惟補之一字，徹乎終始。故火亦補，痰亦補，滯亦補，三焦、五藏、六府、十二經絡，無所往而不宜補者。乃有謬妄之流，一見中氣塞滯，不究虛實，便用青皮、枳殼以伐之。不知虛勞治氣，與雜證不同。其滯也不可以利之，其高也不可以下之，其治滿也不可以破之。陳皮、蘇子，已不當用，況青、枳乎？

清・徐延祚《醫意》卷二 薰藥法： 薰藥法治風氣痛，用川烏、草烏、千年健、降香、鬧楊花、鑽地風、陳艾、麝，捲紙筒糊緊，烏金紙包，燃熏病處，痛則病出。

藥紙薰法： 硫黃五兩，化開，入銀硃、硃砂、明雄三錢，川烏、草烏二錢半，生大黃、黃柏一錢，麝一分，攪勻，傾紙上，再蓋一紙，壓匾。每紙一寸，裁取十塊。點着，放粗草紙上移熨，治風氣閃挫，熱透自愈。

桑枝針： 有用桑枝扎把燒熏者，名桑枝針。補陽氣虛弱，散腫潰堅，妙。或用桃枝削針，此亦一法也。

神火照法： 神火照法，硃砂、雄黃、沒藥、血結三錢，麝五分，捲紙撚蘸麻油，點燒，自外而內，周圍照之，可以散毒氣，治痘，并一切腫毒。亦針法之變。凡寒痺陰疽，痞塊閃挫，用針甚效。如嫌製針費事，或點穴難準，可貼膏藥，隨意捲針藥為筒，或捲紙撚，熏於膏上亦可。

諸病用藥部

題解

北齊・徐之才《藥對》〔見宋・唐慎微《證類本草》卷一《序例上》〕 夫衆病積聚，皆起於虛也。虛生百病。積者，五臟之所積；聚者，六腑之所聚。如斯等疾，多從舊方，不假增損。虛而勞者，其弊萬端，宜應隨病增減。古之善為醫者，皆自採藥，審其體性所主，取其時節早晚；早則藥勢未成，晚則盛勢已歇。今之為醫，不自採藥，且不委節氣早晚，又不知冷熱消息，分兩多少；徒有療病之名，永無必愈之效，此實浮惑，聊復審其冷熱，記增損之主爾。虛勞而頭痛復熱，加枸杞、萎蕤。虛而欲吐，加人參。虛而不安，亦加人參。虛而多夢紛紜，加龍骨。虛而多熱，加地黃、牡蠣、地膚子、甘草。虛而冷，加當歸、芎藭、乾薑。虛而損，加鍾乳、棘刺、蓯蓉、巴戟天。虛而大熱，加黃芩、天門冬。虛而多忘，加茯神、遠志。虛而驚悸不安，加龍齒、沙參、紫石英、小草，若冷，則用紫石英、小草；若客熱，即用沙參、龍齒；不冷不熱皆用之。虛而口乾，加麥門冬、知母。虛而吸吸，加胡麻、覆盆子、柏子人。虛而多氣兼微咳，加五味子、大棗。虛而身強，腰中不利，加磁石、杜仲。虛而多冷，加桂心、吳茱萸、附子、烏頭。虛而勞，小便赤，加黃芩。虛而客熱，加地骨皮、白水黃耆。白水，地名。虛而冷，用隴西黃耆。虛而痰，復有氣，用生薑、半夏、枳實。虛而小腸利，加桑螵蛸、龍骨、雞肶胵。虛而小腸不利，加茯苓、澤瀉。虛而損，溺白，加厚朴。諸藥無有一一歷而用之，但據體性冷熱，的相主對，聊敘增損之一隅。夫處方者宜准此。

宋・趙佶《聖濟總錄》卷三《敘例》 治法 汗下補瀉，鍼灸湯醴，各有所宜。知其要者，一言而終。不知其要，流散無窮。善治病者，隨其所宜，適事為故，然後施治，則病不足治。假令邪在皮膚，當汗而發之。其有邪者，漬形以為汗。中滿內實者瀉之，形精不足者補之。其高者因而越之，為可吐也；

慓悍者，按而收之，為按摩也。臟寒虛奪者，治以灸焫；脈病攣痺者，治以鍼刺；血實蓄結腫熱者，治以砭石；氣滯痿厥寒熱者，治以導引；經絡不通，病生於不仁者，治以醪醴；血氣凝泣，病生於筋脈者，治以熨藥。而況治有先後，取標本不同者；法有逆從，用多少為制者。藥性輕重，奇偶制度，必參其所用；土地風氣高下不同，當隨其所宜。誠能參合於此，為治療之法，則萬舉萬全矣。

明·戴思恭《推求師意》卷下 藥病須要適當 假如病大而湯劑小，則邪氣少屈而藥力已乏，欲不復治，其可得乎？猶以一杯水救一車薪火，竟不得滅，是謂不及。若症小而湯劑大，則邪氣已盡而藥力有餘，欲不傷正，其可得乎？猶火熾崑崗，玉石俱焚，是謂太過。三者之論，惟中而已，過與不及，皆為偏廢，然而太過尤甚於不及。蓋失於姑息，邪復勝正者，只是勞而無益，猶可勉而適中；或失苛暴，則正氣被傷，因而羸瘠者有之，危殆者有之，此所謂尤甚也，可不戒哉！嘗考仲景於承氣條下則曰：若更衣，止後服。於桂枝方下則曰：微汗漐漐乃佳，不可令如水淋漓。其旨深矣！

明·董宿，方賢《奇效良方》卷六五 病證未分所用藥 病有外同而內異，又有病中遇天氣寒暑燥濕不同，感異氣者，又有病中喜怒哀樂不節，病變異不常。書中無名者，仲景謂之目睛不了了，睛不和是也。目睛不了了，醫未識其證也。了睛不和，用藥不中，其病此外同而內異也。大抵治病多調適寒溫，治熱熱去而不冷，治冷冷去而不熱，陰不虧而陽不損，無不愈者。治風以治風藥，治冷以治冷藥，治勞治氣，無非同治勞治氣藥。後人不能究其病之源流緊要，一概用四君子湯、參苓之類，藥性溫平，為不能知病之由。欲逃其差悞，殊不知縱令病勢彌漫，卒不能救，悞人者多，不可不知。要之用和緩之藥，各從其類而和緩，但不致剛烈爾。且防風、白朮治漏風，川芎、當歸治血風，川芎、荊芥治頭風，獨活、羌活治高風，天雄、附子治虛風，乾薑、細辛治寒風，大黃、荊芥治熱風，木瓜、天麻治筋風，各隨虛實寒熱而治之，何嘗治風而不用風藥，治冷而不用冷藥？但令病去而不生他證為妙也。

明·李時珍《本草綱目》卷二《序例》 陳藏器諸虛用藥凡例 夫衆病積聚，皆起於虛也，虛生百病。積者，五臟之所積，聚者，六腑之所聚，如斯等疾，多從舊方，不假增損。虛而勞者，其弊萬端，宜應隨病增減。古之善爲醫者，皆自采藥，審其體性所主，取其時節早晚，早則藥勢未成，晚則盛勢已歇。今之爲醫，不自采藥，且不委節氣早晚，又不知冷熱消息、分兩多少，徒有療病之名，永無必愈之效，此實浮惑。聊復審其冷熱，記增損之主爾。

虛勞頭痛復熱，加枸杞、葳蕤。虛而欲吐，加人參。虛而不安，亦加人參。虛而多夢紛紜，加龍骨。虛而多熱，加地黃、牡蠣、地膚子、甘草。虛而冷，加當歸、芎藭、乾薑。虛而損，加鍾乳、棘刺、蓯蓉、巴戟天。虛而大熱，加黃芩、天門冬。虛而多忘，加茯神、遠志。虛而口乾，加麥門冬、知母。虛而吸吸，加胡麻、覆盆子、柏子仁。虛而多氣兼微咳，加五味子、大棗。虛而驚悸不安，加龍齒、沙參、紫石英、小草。若冷，則用紫石英、小草；若客熱，即用沙參、龍齒；不冷不熱，皆用之。虛而身強，腰中不利，加磁石、杜仲。虛而多冷，加桂心、吳茱萸、附子、烏頭。虛而勞，小便赤，加黃芩。虛而客熱，加地骨皮、白水黃芪。白水，地名。虛而冷，加隴西黃芪。虛而痰，復有氣，加生薑、半夏、枳實。虛而小腸利，加桑螵蛸、龍骨、鷄肶胵。虛而小腸不利，加茯苓、澤瀉。虛而損，溺白，加厚朴。髓竭不足，加生地黃、當歸。肺氣不足，加天門冬、麥門冬、五味子。心氣不足，加上黨參、茯神、菖蒲。肝氣不足，加天麻、川芎藭。脾氣不足，加白朮、白芍藥、益智。腎氣不足，加熟地黃、遠志、牡丹皮。膽氣不足，加細辛、酸棗仁、地榆。神昏不足，加朱砂、預知子、茯神。

明·葉雲龍《士林餘業醫學全書》卷三《用藥法則》 隨病制宜 病在上宜升，病在下宜降。病在外宜浮，病在內宜沉。病寒則治以熱，病熱則治以寒。變化不一，故升降浮沉則順之，所謂無傷歲氣，勿伐天和也。寒熱溫涼則逆之，所謂調其氣，使之平也。外感襍病，引經報使之藥不可忽略。凡見病從某經而出，即用某經藥引主藥，始得力，未有不效者。

明·繆希雍《本草經疏》卷一 論諸病惟虛與火為難治 《經》曰：精氣奪則虛。又曰：邪之所湊，其氣必虛。虛者，空也，無也。譬諸國內空虛，人民離散，則百禍易起，鎮撫為難。非委任賢智，安靖休養以生息之，未可保其無事也。病之虛者，亦猶是已。醫非明哲，孰能鎮之以靜？久而弗搖，卒成收合散亡，克復故物之功哉！是故《經》曰：不能治其虛，安問其餘？蓋言虛為百病之本，宜其首舉以冠諸證也。

夫火者，陽也，氣也，與水為對待者也。水為陰精，火為陽氣，二物匹配，名曰陰陽和平，亦名少火生氣，如是則諸病不作矣。設不善攝養，以致陰虧水涸，則火偏勝。陰不足，則陽必湊之，是謂陽盛陰虛，亦曰壯火食氣。是知火即氣也，氣即火也。故仙經謂：藥即火，火即藥，一而二，二而一者也。東垣亦曰：火與元氣不兩立。亦指此也。譬諸水性本流、本寒，過極則凝而不流，為層冰矣。解則復常，非二物也。蓋平則為水火既濟，當斯時也，火即真陽之氣矣。及其偏也，則(即)〔積〕陽氣而為火也，始與元氣不兩立，而成乖否之象矣。故戴人亦曰：莫治風，莫治燥，治得火時風燥了。言苟能解此，則已達陰陽水火之原，曲暢旁通，何施不可？正指火之變態多端，其為病也非一，了此則餘皆可辨。然學者非心領神會，詎足喻於斯乎？

明・蕭京《軒岐救正論》卷六　藥隨病施　先哲有云：用得其宜，雖烏、冏亦可奏功。不得其宜，至參、苓亦能為害。夫藥何定施哉？昔有人患陽明胃腑證，法須承氣，因誤投參、术，幾殆。後以他病陽虛發熱，宜用參、术，却為前故，畏而不服，亦致留連增劇，是猶因噎廢食者也。吁！同一藥石耳，用之有宜，有不宜，而生死繫之，益見病者須擇好醫耳。

清・顧元交《本草彙箋・總略》　論治病宜通本草之原出王肯堂　焉文云：大凡四民不就，以及羽流釋子，不安本位者，咸竄業於醫。通都之市，懸壺者載道。又時遭喪亂，士子恥就功名，亦往往藉醫糊口。然大多浮獵脈經，略明物理，遽欲妄摻司命之責。至如《本經》、《別錄》、甄權、李杲、日華諸書，暨昭代名家發明註疏等集，皆蔑焉罔聞，藐視輕忽，以爲此其粗者耳。此於治病之本，先自茫昧，將何所挾持，以爲繕生救死之術耶？予嘗謂歷代名醫，俱各有得手處。近如王損菴，廼從《內經》得手，繆仲淳廼從《本草》得手。今觀損菴之論本草，蓋《內經》藥理兩造其極。仲淳《經疏》全旨，暨今賈九如《化義》之精奧，先生早以數語盡之。嘗見有精於藥理者，稍通經義，用藥中病，即同遊刃。假令《靈》《素》之書日攻，而藐棄《本草》爲粗學，與之空談，真能奪席。及夫臨症，下手即訛。此猶爲讀書明理者言也，奚況絕無知識者乎？

讀《本草》有法，勿看其主治。曰：不看主治，又何以知藥性也？曰：天豈爲病而生藥哉？天非爲病而生藥，則曰何藥可治何病，皆舉一而廢百耳。草木得氣之偏，人得氣之全，偏則病矣。以彼之偏，輔我之偏，醫學所繇設也。讀《本草》者，以藥參驗之，辨其味，察其氣，觀其色，考其以何時苗，以何時花，以何時實，以何時萎，則知其稟何氣而生。凡見某病爲何氣不足，則可以此療之矣。《靈樞・邪客篇》論不得臥者，因厥氣客於臟腑，則衛氣獨衛其外，行于陽，不能入于陰，行于陽，則陽氣盛，陽氣盛，則陽蹻滿，不得入于陰，陰氣虛，故目不瞑，治之以半夏湯。夏至而後一陰生，半夏茁其時，則知其稟一陰之氣而生，所以能通行陰之道。五月陽氣尚盛，故生必三葉，其氣薄，爲陽中之陰，故能引衛氣從陽入陰。又其味辛，能散陽蹻之滿，故飲之而陰陽通，其臥立至。李明之治王善夫小便不通，漸成中滿，是無陰而陽氣不化也。凡利小便藥，皆淡味滲泄爲陽，止是氣藥，陽中之陰，所以不效。隨處以稟北方寒水所化，大苦寒，氣味俱陰者，黃柏、知母，桂爲引使，爲丸投之，溺出如湧泉。蓋此病惟下焦真陰不足，故純用陰中之陰，不欲干涉陽分，及上中二焦，故爲丸又令服之多也。《本草》何嘗言半夏治不得臥，黃柏、知母利小便哉？則據主治而覓藥性，亦何異鍥舟求劍也？

清・徐大椿《醫學源流論》卷上　病有不必服藥論　天下之病，竟有不宜服藥者，如黃疸之類是也。黃疸之症，仲景原有煎方，然輕者用之俱效，而重者俱不效，何也？蓋疸之重者，其脇中有囊以裹黃水，其囊並無出路，藥祇在囊外，不入囊中。所服之藥，非補邪即傷正，故反有害。若輕病則囊尚未成，服藥有效。至囊成之後，則百無一效。必須用輕透之方，或破其囊，或消其水，另有秘方傳授，非泛然煎丸之所能治也。痰飲之病亦有囊，常藥亦不能愈。外此如吐血、久痞等疾，得藥之益者甚少，受藥誤者甚多。如無至穩必效之方，不過以身試藥，則寧以不服藥為中醫矣。

清・韋協夢《醫論三十篇》　病不虛不服藥自解　人之有元氣，其猶天地之有橐籥乎。天氣下降，地氣上升，天地交而萬物生。腎水上升，心火下降，心腎交而百病除。故氣不虛不病，病不虛不劇，且病不虛不服藥自解，邪正不兩立，邪勝正則病，正勝邪則痊。麻黃、桂枝、大黃、芒硝，皆所以逐邪而匡正也。如果正氣充實，偶感外邪，傳經既遍，自徐徐而漸愈。譬如滿朝正人，即有一二宵小，亦無地自容，斂身而退。古人所以有不服藥得中醫之說，願病家之擇能而使，願醫家之臨事而懼，毋聽浮言，毋逞私智，其亦體天地好生之德也與。

論說

宋・唐慎微《證類本草》卷一《序例上》〔《本經》〕 夫大病之主，有中風、傷寒，寒熱，溫瘧，中惡，霍亂，大腹，水腫，腸澼、下痢，大小便不通，賁豘上氣，咳逆嘔吐，黃疸，消渴，留飲，癖食，堅積，癥瘕，驚邪，癲癎，鬼疰，喉痹，齒痛，耳聾，目盲，金瘡，踒烏臥切折，癰腫，惡瘡，痔瘻，癭瘤；男子五勞七傷，虛乏羸瘦；女子帶下，崩中，血閉，陰蝕；蟲蛇蠱毒所傷。此大略宗兆，其間變動枝葉，各宜依端緒以取之。

梁陶弘景《本草經集注》 右本說如此。按今藥之所主，止說病之一名，假令中風，乃有數十種，傷寒證候，亦有二十餘條，更復就中求其類例，大體歸其始終，以本性為根宗，然後配合〔諸〕證，以合藥爾。病之變狀，不可一概言之。所以醫方千卷，猶未盡其理。春秋已前，及和緩之書蔑聞，而道經略載扁鵲數法，其用藥猶是本草家意。至漢淳于意及華佗等方，今時有存者，亦皆條理藥性。惟張仲景一部，最為眾方之祖，又悉依本草。但其善診脈，明氣候，以意消息之爾。至於刳腸、剖臆，刮骨、續筋之法，乃別術所得，非神農家事。自晉代已來，有張苗、宮泰、劉德、史脫、靳邵、趙泉、李子豫等，一代良醫。其貴勝阮德如、張茂先輩，逸民皇甫士安，及江左葛洪、蔡謨、商仲堪諸名人等，並研精藥術。宋有羊欣、元徽、胡洽、秦承祖，齊有尚書褚澄、徐文伯、嗣伯群從兄弟，療病亦十愈其八九。凡此諸人，各有所撰用方，觀其指趣，莫非本草者乎？或時用別藥，亦循其性度，非相踰越。《范汪方》百餘卷，及葛洪《肘後》，其中有細碎單行經用者，或田舍試驗之法，或殊域異識之術。如藕皮散血，起自庖人；牽牛逐水，近出野老。餅店蒜齏，乃是下蛇之藥；路邊地菘，而為金瘡所秘。此蓋天地間物，莫不為天地間用，觸遇則會，非其主對矣。顏光祿亦云：詮三品藥性，以本草為主。道經、仙方、服食、斷穀、延年、却老，乃至飛丹鍊石之奇，雲騰羽化之妙，莫不以藥道為先。用藥之理，一同本草，但制御之途，小異世法。猶如粱、肉，主於濟命，華夷禽獸，皆共仰資。其為主理即同，其為性靈則異爾。大略所用不多，遠至二十餘物，或單行數種，便致大益，是其服食歲月深積。即本草所云久服之效，不如俗人微覺便止，故能臻其所極，以致遐齡，豈但充體愈疾而已哉。今庸醫處療皆恥看本草，或倚約舊方，或聞人傳說，或遇其所憶，便攬筆疏之，俄然戴面，以此表奇。其畏惡相反，故自寡昧，而藥類違僻，分兩參差，亦不以為疑脫。或偶爾值差，則自信方驗；若旬月未瘳，則言病源深結。了不反求諸已，詳思得失，虛搆聲稱，多納金帛，非惟在顯宜責，固將居幽貽譴矣。其五經四部，軍國禮服，若詳用乖越者，猶可矣，止於事迹非宜爾。至於湯藥，一物有謬，便性命及之。千乘之君，百金之長，何不深思戒慎邪？昔許太子侍藥不嘗，招弒君之惡；季孫饋藥，仲尼有未達之辭，知其藥性之不可輕信也。晉時有一才人，欲刊正《周易》及諸藥方，先與祖訥共論，祖云：辨釋經典，縱有異同，不足以傷風教；至於湯藥，小小不達，便致壽夭所由，則後人受弊不少，何可輕以裁斷。祖之此言，可為仁識，足為龜鏡矣。按《論語》云：人而無恒，不可以作巫醫。明此二法，不可以權飾妄造。所以醫不三世，不服其藥；九折臂者，乃成良醫。蓋謂學功須深故也。復患今之承藉者，多恃衒名價，亦不能精心研習，實為可惜。虛傳聲美，聞風競往；自有新學該明，而名稱未播，貴勝以為始習，多不信用，委命虛名，諒可惜也。京邑諸人，皆尚聲譽，不取實事。余祖世已來，務敦方藥，本有《范汪方》一部，斟酌詳用，多獲其效，內護家門，傍及親族。其有虛心告請者，不限貴賤，皆摩踵救之。凡所救活，數百千人。自余投纓宅嶺，猶不忘此，日夜翫味，常覺欣欣。今亦撰方三卷，並《效驗方》五卷，又補葛氏《肘後方》三卷。蓋欲承嗣善業，令諸子姪，不敢失墜，可以輔身濟物者也。

宋・張銳《雞峰普濟方》卷一 虛勞用藥 凡虛勞之疾，皆緣情慾過度，榮衛勞傷，致百脉空虛，五臟衰損，邪氣乘襲，致生百疾。聖人必假藥石以資血氣，密腠理以禦諸邪。肌肉之虛，猶物體之輕虛，如馬勃、通草、蒲梢、燈心之屬是也，非滋潤粘膩之物以養之，不能實也。故前古方中鹿角膠、阿膠、牛乳、鹿髓、羊肉、飴糖、酥酪、杏仁煎、酒、蜜、人參、當歸、地黃、門冬之類者，蓋出此意。《本草經》云：補可去弱，羊肉、人參是也。所謂虛勞者，因勞役過甚而致虛損，故謂之虛勞。今人纔見虛弱疾證，悉用燥熱之藥，如伏火金石、附子、薑、桂之類，致五臟焦枯，血氣乾涸而致危困，皆因此也。如虛而兼冷者，止可於虛勞方中加諸溫熱藥為助可也，如此即不失古人之意。

宋・朱端章《衛生家寶產科備要》卷六　產後諸證用藥例

產後惡露或多或少，皆能令人暈悶，心煩滿急。

產後惡血攻心，則能令人眼生黑花，心悶欲絕。產後纔覺惡心，頭眩頭昏，多涕唾，身如在舟車中，此是血暈之候也。便以猛醋煙燻，及服保生圓、勝金湯、百草霜散等治血藥，則如熟乾地黃、生薑、芸臺子、當歸、蒲黃涼、沒藥、桂心、延胡索、赤芍藥、牡丹皮、牛膝、川芎、麒麟竭之類。

產後惡血攻心，則荒言亂語，驚怕，或啼或笑，宜服金黃散、麒麟竭散等破惡血；　養好血藥則如琥珀、熟乾地黃、當歸、蒲黃涼、赤芍藥之類；　安心氣則如遠志、茯神、朱砂、麝香之類。

產後惡血不絕，為自來經血虛損，或產時惡血出不盡，留滯腹中，先有宿冷，遂成淋瀝不止，宜服保生圓等，如牡蠣、當歸、熟乾地黃、艾葉、阿膠、厚朴、乾薑之類。性冷藥不可服之。

產後因惡物不下，或下不盡，心腹疼痛，煩悶，宜服千金散、地黃散、桃仁散、川芎散、勝金湯、保生圓等；　又宜服桂心、當歸、牛膝、牡丹皮、虎杖、蓬莪茂、延胡索、赤芍藥之類。產後須常體問產婦，如所下惡物多，即不須再三進逐惡血藥，恐氣血益虛，煩悶暈亂，及生疾病；　如覺比尋常少，或不行，則須急攻之。緣血隨氣上行，掩於心，故令煩悶而心滿急。二者得失甚大，切在詳審。產後大腸秘澁，此是產時走津液多，腸胃未和，乃常事也。切不可亂服通利藥，但只依尋常服調氣血藥，及調粥食，常令溫暖細軟，依時漸進，不得失飢，亦勿傷飽。氣血調和，則腸胃自然平復矣。

產後體虛，切不可妄進湯藥，如別無證候，但只與保生圓及調養氣血等藥。

產後三日，起坐不得，眼見黑花，目或暈絕，全不見物者，是血氣未安，運走五臟，奔注於肝故也。有不識者，呼為暗風，悞矣！宜服黑散子。

產後乍寒乍熱及渴者，是產後虛羸，敗血入心肺則熱，入脾則寒。不識者呼為瘧疾，悞矣！宜服黑散子。

產後四肢浮腫及寒熱者，是產後敗血流入五臟，五臟將滿，流入四肢，停留日久，卻還不得，乃化為水。有不識者，呼為水氣，悞矣！血與水氣，狀候不同，何以明之？水氣喘而小便澁，血氣渴而四肢沉，當細辯之。宜服黑散子。產後言語顛狂，乍見神鬼，時復寒熱及渴者，是產後敗血衝心，心不受觸，既被蒸燻，心臟熱極，遂生此疾。不識者，呼為風邪神祟，悞矣！宜服黑散子。

產後一臘，非時不語者，是敗血上衝，陷入心孔中，既被蔽之，便致不語。宜服黑散子。

產後遍身疼痛者，是百節開張，血症結處，停留不散，結聚虛脹，是以疼痛。宜服黑散子，骨間敗血即去。

產後雖滿月，血氣不通，上氣咳嗽，痰涎多者，經脉未還，便不忌，謹多食熱麵，壅結成疾，聚即成塊，散即上衝，氣急咳嗽，四肢虛熱，心悶口乾，睡夢多驚，四肢無力，盜汗心痛，月候不調，或成血癥，環遶臍下，或即面赤，因變骨蒸，但多服黑散子即瘥。須急服之，此疾難理故也。

產後敗血停在脾胃，食衝於胃，胃衝於氣，氣衝即不安，便當吐逆，胸脇俱脹。有不識者，呼為翻胃。但服黑散子，吐出惡物即瘥。

金・張元素《醫學啟源・主治心法》〔任應秋輯本〕卷上　隨證治病用藥

頭痛須用川芎，如不愈，各加引經藥，太陽蔓荊，陽明白芷，〔少陽柴胡，太陰蒼朮〕，少陰細辛，厥陰〔吳〕茱萸。

頂巔痛，〔用〕藁本，去川芎。肢節痛，用羌活，風濕亦用之。小腹痛，用青皮、桂、茴香。腹痛用芍藥，惡寒而痛加桂，惡熱而痛加黃蘗。腹中窄狹，〔用〕蒼朮、麥芽。下部腹痛川楝子。腹脹用薑製厚朴、紫草。腹中實熱，用大黃、芒硝。心下痞，用枳實、黃連。肌熱去痰，用黃芩，〔肌熱〕亦用黃耆。虛熱，用黃耆，亦止虛汗。脇下痛，往來寒熱，用柴胡。胃脘痛，用草豆蔻。氣刺痛，用枳〔殼〕，看何經，分以引經藥導之。眼痛不可忍者，用黃連、當歸根，以酒浸煎。莖中痛，用甘草〔梢〕。脾胃受濕，沉困無力，怠惰嗜臥，去痰，用白朮、〔枳實、半夏、防風、苦參、澤瀉、蒼朮〕。破滯氣，用枳殼〔高者用之，能損胸中至高之氣，三二服而已。陳皮、韭白、木香、白豆蔻、茯苓。〕調氣用木香、〔香附子、丁、檀、沉〕。補氣用人參、〔用〕膏、粳米。去滯氣用青皮，多則瀉元氣。破滯血用桃仁、蘇木、〔紅花、茜根、玄胡索、郁李仁〕。補血不足，用甘草、〔當歸、阿膠〕。和血用當歸，凡血受病皆用。血刺痛用當歸，詳上下用根梢。〔上部血，防風使，牡丹皮、剪草、天麥二門冬。中部血，黃連使。下部血，地榆使。新血紅色，生地黃；　陳血瘀色，熟地黃。〕去痰用半夏，熱痰加黃芩，風痰加南星。胸中寒邪痞塞，用陳皮、白朮。然多則瀉脾胃。嗽用〔五味、杏仁、貝母〕，去上焦濕及熱，須用黃芩，瀉肺火故也。去中焦濕與痰，用黃連瀉心火故也。去下焦濕腫及痛，并膀胱火，必用漢防己、草龍膽、黃蘖、知母。渴者用乾〔葛〕、茯苓、〔天花粉、烏梅〕，禁半夏。心煩，用梔子仁、〔牛黃、朱砂、犀角、茯苓〕。飲水多致傷脾，用白朮、茯苓、猪苓。喘用阿膠。宿水不消，用黃連、枳殼。水瀉，用白朮、茯苓、芍藥。腎燥香豉。瘡痛不可忍者，用苦寒藥，如黃芩、黃連，詳上下分根梢及引經藥〔則可〕。小便黃用黃蘖，澀者加澤瀉，〔餘瀝者杜仲〕，驚悸恍惚，用茯神、〔金虎睛珠，凡春加防風、升麻，夏加黃芩、知母、白芍藥，秋加澤瀉、茯苓，冬加桂、桂枝〕。凡用純寒純熱藥，必用甘草，以緩其力〔也〕；寒熱相雜，亦用甘草，調和其性也；中滿者禁用。《經》曰：中滿勿食甘。

金・張元素《醫學啟源・主治心法》〔任應秋輯本〕卷上

〔解利外感〕

傷風者惡風，用防風二錢，麻黃一錢，甘草一錢。如頭痛，加川芎一錢；項下脊旁至腰痛者，羌活一錢；體沉重，製蒼朮一錢；肢節痛，羌活一錢；目痛鼻乾及痛，升麻一錢；或乾嘔、或寒熱、或脇下痛者，俱加柴胡一錢。傷寒惡寒者，麻黃二錢；防風一錢，炙甘草一錢；頭沉悶者，羌活一錢。傷寒表熱，服石膏、知母、甘草、滑石、葱、〔豉〕之類寒藥，汗出即解。如熱病半在表、半在裏，服小柴胡湯能令汗出而愈〔者〕。熱甚，服大柴胡湯之下；更甚者，小承氣湯下之；裏熱大甚者，調胃承氣湯下之；〔或〕大承氣湯下之。發黃者，茵陳湯下之；結胸中，陷胸湯下之。此皆大寒之利藥也。又言：身惡寒，麻黃湯汗泄之，熱去身涼即愈。

〔傷寒熱食物〕傷西瓜、冷水、牛乳寒濕之物，白朮二錢，川烏半錢，防風一錢，丁香一個，炙甘草一錢。傷羊肉、麵、馬乳，皆濕熱之物，白朮一錢，黃連一錢，大黃二錢，炙甘草半錢，製黃芩一錢。已上二證，腹痛加白芍藥一錢；心下痞，枳實一錢；腹脹，厚朴半錢；胸中不利，枳殼半錢；腹中寒，陳皮三分；渴者，白茯苓一錢；腹中窄狹，蒼朮一錢；肢體沉重，製蒼朮一錢；因怒而傷者，甘草半錢；因憂而傷者，枳殼半錢；因喜而傷者，五味子半錢；因悲而傷者，人參半錢。大抵傷冷物以巴豆為君，傷熱物以大黃為君，詳認病證，添加為佐之〔藥〕，或丸或散〔均〕可也。

目疾　目疾暴發赤腫，羌活、防風、柴胡、香白芷、升麻，二製黃芩、黃連、甘草。白睛紅，白豆蔻少許，則當歸為主。〔去翳，穀精花、蟬蛻、瞿麥、秦皮洗。養目血，菊花。明目，蕤仁、蜀椒、龍腦。〕凡眼暴發赤腫，以防風、黃芩為君以瀉火，和血為佐，黃連、當歸是也，兼以各經藥引之。凡目昏暗，以熟地黃、當歸根為君，以羌活、防風、甘菊花、甘草之類為佐。

瀉痢水泄　凡痢疾腹痛，以白芍藥、甘草為君，當歸、白朮為佐，見血先後，分三焦熱〔論〕。凡瀉痢，小便白不澀為寒，赤澀為熱也。又法曰：完穀不化，而色不變，吐利腥穢，澄澈清冷，小便清白不澀，身涼不渴，脈細而微者，寒證也。穀雖不化，而色變非白，煩渴，小便赤黃而或澀者，熱證也。凡穀消化，無問他證及色變，便為熱也。寒泄而穀消化者，未之有也。瀉痢，白朮、甘草；水瀉，米穀不化，防風；傷食微加大黃；腹脹，厚朴；渴者，白茯苓；腹痛，白芍藥、甘草為主。冬月，白芍藥一半，白朮一半，夏月製黃芩。先見膿血，後見大便者，黃蘖為君，地榆佐之；膿血相雜而下者，製大黃；先大便而後膿血者，黃芩二製，皆以當歸根梢，詳其上下而用之；腹不痛，白芍藥半之。身體困倦，目不欲開，口不欲言，黃耆、人參；沉重者，製蒼朮。不思飲食者，木香、藿香葉。裏急，大黃、芒硝、甘草下之。後重者，木香、藿香、檳榔和之。

中風　手足不遂者，中府也，病在表也，當先發汗，羌活、防風、升麻、柴胡、甘草各二錢，作一服，取發汗，然後行經養血，當歸、秦艽、甘草、獨活各一兩，行經〔者〕隨經用之。耳聾目瞀及口偏，邪中藏也，病在裏也，當先疏大便，然後行經。白芷、柴胡、防風、獨活各一兩，又川芎半兩，薄荷半兩。右為末，煉蜜丸彈子大，每服一丸，細嚼，溫酒下，茶清亦可。

破傷風　脈浮在表，當汗之；脈沉在裏，當下之。背後搐〔者〕，羌活、防風、獨活、甘草。〔向〕前搐者，升麻、白芷、防風、獨活、甘草。兩傍搐者，柴胡、防風、甘草；右搐者，白芷加之。

〔破傷中風法〕《經》曰：凡瘡熱甚鬱結，而榮衛不得宣通，故多發白痂，是時瘡口閉塞，氣不通泄，熱甚則生風也。《治法》曰：破〔傷〕中風，風熱燥甚，怫鬱在表，而裏氣尚平者，善伸數欠，筋脈拘急，或時惡寒而搐，脈浮數而弦者，以辛熱治風之藥，開衝結滯，榮衛宣通而愈也。凡用辛熱之藥，或以寒涼之藥佐之尤妙，免致藥不中病，而風轉甚。若破〔傷〕中風，表不已，而漸入於裏，則病勢轉甚；若裏未太甚，而脈在肌肉者，宜以退風熱，開結滯之寒藥調之。或以微加治風辛熱藥，亦得以意消息，不可妄也。至寶丹亦涼藥也。如〔熱〕甚於裏，以大承氣湯下之。

瘡瘍 〔苦寒為君：黄芩、黄蘗、黄連、知母、生地黄酒洗。甘溫為佐：黄耆、人參、甘草。大辛解結為臣：連翹、當歸、藁本。辛溫活血去瘀：當歸梢、蘇木、紅花、牡丹皮。〕脈浮者為在表，宜行經：黄連、黄芩、連翹、當歸、人參、木香、檳榔、黄蘗、澤瀉。在腰以上至頭者，枳殼仍作引藥，引至瘡所。〔出毒消腫：鼠粘子。排膿：肉桂，〔人〕〔入〕心引血化經汗而不潰。傷皮：王瓜根、三稜、莪朮、黄藥子。痛甚：芩、連、蘗、知母。〕脈沉者在裏，當疏利藏府，利後，用前藥中加大黄，取利為度，隨虚實定分兩。痛者，止以當歸、黄耆止之。

婦人 產婦臨月未誕者，凡有病，先以黄芩、白朮安胎，然後用治病藥。發熱及肌熱者，黄連、黄芩、黄耆、人參。腹痛者，白芍藥、甘草。感冒者，依前解利。 產後諸病，忌用白芍藥、黄芩、柴胡。內惡物上沖，胸脇痛者，大黄、桃仁。血刺痛者，當歸。內傷發熱，黄連。渴者，白茯苓。一切諸病，各依前法，惟渴去半夏，喘嗽去人參，腹脹忌甘草。

婦人帶下，舉世皆曰寒，誤之甚矣。所謂帶下者，任脈之病也。《經》曰：任脈者，起於中極之下，以上毛際，循腹裏，上關元，至於咽喉，上頤循面入目。注言：任脈自胞上，過帶脈，貫絡而上。然其病所發，正在帶脈之分，而淋瀝以下，故曰帶下也。其赤白説者，〔與〕痢義同，而無獨寒者。法曰：頭目昏眩，口苦舌乾，嗌咽不利，小便赤澀，大便澀滯，脈實而數者，皆熱證也。

小兒 小兒但見上竄及搖頭咬牙，即是心熱，黄連、甘草。目連閃，肝熱，柴胡、防風、甘草。若左腮紅，是肝風，與錢氏瀉青丸。〔右〕腮紅，肺熱，與瀉白散。額上紅者，是心熱，與黄連一味。鼻上紅，是脾熱，與錢氏瀉黄散。頦上紅者，腎熱，知母、黄蘗皆二製，甘草炙。 凡〔治〕小兒病，藥味與大人同，祇劑料等差少。如見腮、目胞赤，〔呵〕欠，嚏噴，驚悸，耳尖、手足梢冷，即是瘡疹。三日後其證不減，亦不見瘡苗，即以柴胡、升麻、甘草，〔加〕生薑煎，慎不可投以寒涼利臟腑之劑，使瘡不能出，其禍不可〔測〕。 凡養小兒，酒、肉、油膩、生硬、冷物及生水等，不可食，自無〔疳〕癖二證，驚風搐者，與破傷風同。

潮熱 潮熱者，黄連、黄芩、生甘草。辰戌時發，加羌活；午間發，黄連；未間發，石膏；申時發，柴胡；酉時，升麻；夜間，當歸根。若有寒者，加黄耆、人參、白朮。

〔咳嗽〕 咳嗽有聲無痰者，生薑、杏仁、升麻、五味子、防風、桔梗、甘草。無聲有痰者，半夏、白朮、五味子、防風、枳殼、甘草，冬月須加麻黄、陳皮少許。有聲有痰者，白朮與半夏、五味子、防風。久不愈者，枳殼、阿膠。痰有五證，風、氣、熱、寒、溫也，詳見《活法機要》中。

宋・張杲《醫説》卷三 驚風妙藥 趙周氏之子三歲，忽驚風搐搦，體如反張弓，不納乳食，四肢盡冷，衆醫莫能措手。族弟善信來云：邑主簿李賡藏一方，療此證如神。急求併力治藥，纔合就便以擦兒齒，少頃作嚏咳聲，手稍轉動，自夜至旦，灌兩餅，從此平復。趙焚香設誓，將終其身以施人。名蝎稍餅子，用赤足全蜈蚣一條，蝎稍、乳香、白花蛇肉、朱砂、天南星、白殭蠶各半兩，麝香三錢，凡八味，砂、乳、麝別研。蛇酒浸去皮骨，取淨南星煨熟，蠶生用，與蜈、蝎五者為末，别研三者，和均，酒糊丸，捏作餅，徑四分，煎人參或薄荷或金銀花湯，磨化一粒，周歲以下者半之，全活小兒不可計《庚志》。

宋・張杲《醫説》卷六 痢有赤白 凡人患痢，不問赤白，脈小身涼者易安，脉大身熱者難差。患痢未有不腹痛者，皆緣有積也。暑積及熱積多患赤痢，冷積多患白痢。亦有腸胃有風而患赤痢者，有冷熱不調而患赤白痢者。暑積痢可用黄連阿膠元、綿煎散加滑石；白痢可用駐車元、感應元之類；冷熱不調用戊己元、巴豆元子之類。綿煎散入滑石，治赤痢極有功。又有豆飲子加減亦有功，治諸般痢用之每有效。官局靈砂丹亦甚奇。此數藥自夏及秋，皆不可闕也同上《醫餘》。

二藥治痢 鄂渚有統制王存病痢幾年，無休無息，骨立垂死。逢道人令煎四物湯下駐車圓，每服一百粒，初服此藥減半，併服之，不數日頓愈《近世養生方》。

宋・張杲《醫説》卷七 傷滯用藥不同 人之臟腑，皆因觸冒以成疾病。而脾胃最易受觸，蓋日用飲食，稍或過多則停積難化，冷熱不調則吐嘔泄痢，膏粱者為尤甚。蓋口腹恣縱，不能謹節。近用消化藥，或論飲食既傷於前，難以毒藥反攻其後，不復使巴豆、硇砂等藥，止用麴蘗之類。不知古今立方用藥各有主對，麴蘗止能消化米穀。如肉食有傷，則非硇砂、阿魏等藥不能治也。至於魚蟹過傷，則須用橘皮、紫蘇、生薑。菓菜有傷，則須用丁香、桂心。水飲傷，則須用牽牛、芫花。固不可一概論也，必審其所傷之因，對用其藥，則無不愈。其間輕重，則隨患人氣血以增之而已。又有一等虛人沉積，不可直取，當以蠟匱其藥，蓋蠟能粘逐其病，又可久留腸胃間，又不傷氣，能消磨至盡也。又有(痺)〔脾〕氣偏虛，飲食遲化者，止宜助養脾胃，則自能消磨，不須用剋化藥耳。病久成積聚癥瘕者，則須用三稜、鼈甲之類。冷成積者，輕則附子、厚朴，重則礬石、硫黃。瘀血結塊者，則用大黃、桃仁之類。醫者宜審詳之《雞峰方》。

物能去積　廚家索粉與掉粉，不得近杏仁，近之則爛。頃有一兵官食粉多成積，師以積氣元、杏仁相半，細研為元，五元，熟水下，數服愈。《摭醫新說》中有人食黃鶺子過多，因食鶺子羹遂愈。有傷粽子成積，用麴末加少木香為散，鹽湯調，數日口中聞酒香，其積遂散三說《醫餘》。

治積用藥　大抵治積，或以所惡者攻之，以所喜者誘之，則易愈。如硇砂、水銀治肉積；神麯、麥糵治酒積；水蛭、虻蟲治血積；木香、檳榔治氣積；牽牛、甘遂治水積；雄黃、膩粉治涎積；礞石、巴豆治食積。各從其類也。若用群隊之藥分其勢，則難取效。許嗣宗所謂獵不知兔，廣絡原野，冀一人獲之，術亦踈矣。須是認得分明，是何積聚，然後增加用藥，不爾反有所損。嗣宗自謂不著書，在臨時變通也《本事方》。

宋・陳自明《婦人大全良方》卷六　婦人咳嗽用溫藥方論第十二初虞世

《經》曰：微寒為嗽，寒甚為腸澼。古人立方治嗽，未有不本於溫藥，如乾薑、桂心、細辛之屬。以寒氣入裏，非辛甘不能發散。以此推之，未有不因寒而嗽也。又曰：熱在上焦，因咳為肺痿。又實則為肺癰，虛則為肺痿。此人其始或血不足，或酒色滋味太過，或因服利藥重亡津液，燥氣內焚，肺金受邪，脈數發熱，咳嗽膿血。病至於此，亦已危矣。古人立方，亦用溫藥，如建中之屬。今人但見發熱咳嗽，率用柴胡、鱉甲、門冬、葶藶等藥，旋踵受弊而不知非，可為深戒！就使不可進以溫藥，亦須炒以湯丸，委曲調治，無為鹵莽，致傷人命。治虛中有熱，咳嗽膿血，口苦咽乾，黃耆散。

宋・陳衍《寶慶本草折衷》卷二《逢原紀略》　記四病忌實補　張杲舉《醫餘》云：一曰瘧疾，二曰狂疾，三曰水氣，四曰脚氣，不可服暖藥。如平平補藥，亦須於本病上有益乃可。

記虛邪忌驟補　《本事方》舉《經》云：邪之所湊，其氣必虛。留而不去，其病則實。故必先滌所蓄之邪，然後補之。〇又云：邪之入人也，始因虛及邪，若中則反為實矣。〇《經驗方》舉李子立一本作子建論傷寒法云：邪氣在經絡中，若隨證早攻，只三四日痊安。醫者妄謂先須正氣，却行補益，使毒流熾，多致殺人。

宋・陳自明《外科精要》卷上　療癰疽發背首先用藥及點灸要訣第一此二論最緊要，要子細玩味詳覽。　凡人年四十歲已上，頭項鬢頤背膂、腰脇間，或筋骨之上，所視不見之處，稍有瘡癤，便不可輕易待之。若視之悠悠，以為常疾，每見由微至著，喪命者多矣。古人云：背無好瘡，面無好痣者是也。寧可待之重，其疾輕，安不可待之輕，令疾愈重。又不可見此疾而隱諱，又不可見此疾而憂惶。有此疾者，但宜把定心神，即便依法施治，若不失次序，未有不安者也。最不可愴惶失序，錯亂用藥，又不可纔喫四五服藥，便責無效。況此疾積襲之久，四五服藥安能奏功？大蓋此疾真似虎狼，甚如強盜，纔入於室，敵之不合其理，必致傷人。防之得理，迎刃而解。今之瘍醫，不言破陣訣要之藥，遂使後學轉乖迷途，愴惶失序，輕者必重，重者必死。凡有此病，未要辯問是癰是疽，是瘡是癤，是虛是實，是冷是熱，首先便服內托散，五七服，便止，不可多服。次服五香連翹湯，宣洩毒氣，便以騎竹馬取穴法灸之，此穴直是有起死迴生之功。或隔蒜灸之，庶使毒氣有路而出，不攻於內。假如強盜入室，窒塞其路而捉之，惟恐走了，必傷主而後已。又如遺漏，在法打破其屋，則火有路出而不傷其內；若不打破其屋，火在內然，火焰出屋，內已壞矣。更灸足三里，引熱就下，此皆良法。今此五香連翹湯方不一，僕比較之皆有不同。其中有用大黃者，蓋大黃治癰癤之要藥，所以孫真人治癰疽，方萌之時，首以單煮大黃湯以宣其毒氣，或以車螯散追毒元首，用宣利之藥，無使毒熾，此其大法。今時之人，但見寵妾稍眾，以為作喪太過，又病者於心有愧，自謂內耗中乾，致有此疾，遂令更服補助熱性之藥，投合病者之意宜矣，殊不知邪之所湊，其氣必虛，留而不去，其病乃實。若一見此病而便投熱藥，轉助毒氣，可謂抱薪救火。《經云》：實實虛虛，損不足，益有餘，如此死者，醫殺之爾。古人云：癰瘡未破，毒攻臟腑，一毫熱藥斷不可用。癰瘡已破，臟腑即虧，一毫冷藥亦不可用，此是先後次第之要訣也。《至真要論》云：諸痛癢瘡，皆屬於心。又云：陽氣湊襲，寒化爲熱，熱盛則肉腐爲膿。又云：大凡癰瘡多生於膏粱之人何也？平日寵妾滿前，溫床厚被，未寒衣綿，未飢先食，無非飲醇酒，食雞羊，噉油麪，嗜炙煿，平日熏煮臟腑，色力太過，稍有不及，便服興陽乳石狼虎之藥以助之，取一時之快意，殊不知消渴、消中、消腎、癰疽發背者，自此而起。又因氣字不順而得之，即得斯疾，於心有慊，一毫冷藥斷不肯服，醫者又不執術，只得徇情，首以十宣散投合其意，便以膏藥敷貼其外，殊不知毒氣方盛之時，外被傅藥閉其毫孔，內服溫藥助其毒氣，致令熱毒之氣無路發越，內攻臟腑，傾人性命，急如返掌。一有是證，便以騎竹馬取穴法，只灸五七壯，不可多灸。使心脈流通，毒氣有路發泄，或以蒜錢蒜餅於疽頂上灸之，亦使毒氣有路發泄，不至內攻，更於足三里穴上灸五七壯，此乃引熱就下故也詳載第四五論中。愚今謹擇內托散，又名萬金散，又名托裏散，方見第一隻。五香連翹湯第二隻，沉麝湯第三隻，甚者追毒丸又名神仙萬病解毒丸，第十七隻。及漏蘆湯，已上皆宣熱拔毒之藥。既灸之後，使毒氣有路而出，服藥之後，使毒氣不傷其臟腑，然後玩味方論，或命醫者商確疾證，依法調治，亦未晚也。若有煩熱，口燥咽乾，大府秘難，六脈沉實而滑，或洪數有力，便可投之以漏蘆湯、大黃等藥，或追毒元，為宣熱拔毒之計；或有瀉證，醫者不可便歸咎於藥，以為張本之計。殊不知患癰疽之人，每有泄瀉，皆是惡候，若疑似之間，但服內托散，次以五香連翹湯、沉麝湯，五七日之後，繼之以國老膏、萬金散、牛膠飲子、忍冬酒、柞木散、黃礬元、遠志酒之類，皆可選用，以為破敵之需。已上諸方，不冷不熱，不問老幼少壯，陰陽虛實冷熱，多服為妙，自有奇功。所有前賢精妙方論，編集於後，以備檢閱，次序門類，整然不紊，臨病之際，若能子細玩味，詳灼義理，依法治之，萬不失一。

治癰疽用藥大綱第十八　李氏云：前方所著，靡不周備，但欲使用藥者不可不知之爾。然人能逐一玩味猥說，深思用藥之意，臨時看其病證，次第用藥，無有不效。近時有親舊得此病，為愚醫所惑，或用君臣藥，或用草藥，其疾益甚，痛楚日增，然後回心杜絕眾醫，只用愚方。間蒙下問，但指示三五方與之服餌，無有不安者。今略書用藥要領，與夫先後之序，畫一於後：

一、初覺得背疽之疾，便合服內托散，又名乳香萬金散。後來方免變證。口舌無瘡，此藥但可十數服而止，便以騎竹馬灸法灸之，或用蒜灸法灸之亦可。

一、即合繼服五香連翹湯，此藥如大便寬快，內熱既退，即合住服。若一二日之後，大便再秘，須合再服，要取利毒氣至盡，然後住服。亦合看病人虛實，量其輕重而進藥。

一、疽破後多服洪氏排膿內補散。若無嘔逆之證，用酒調下。有嘔逆之證，只用木香湯調此一藥。若癰疽破後，當終始服餌不可輟。陳無擇云：當在第四節用。言之甚當。

一、癰疽初作之時，便要著艾，既灸之後，便宜用麥飯石膏四圍塗傅，以護其根脚，不可使開，中心却要留癰口如錢大，使毒氣出。如癰漸小，隨其大小傅之，直候疽破膿潰之後，口收只有徑寸許，却用神異膏貼傅，却住用麥飯石膏。

一、癰疽纔破有口，便合用猪蹄湯洗。其初連日洗，五日後間日洗，欲安之際，三日一洗。

一、癰疽既破，膿血潰多，五七日後方可用神異膏貼。若根脚小，五日後貼；如闊大，須七日、十日後可貼傅。

一、癰口將收之際，最忌用急澁斂口之藥，只宜用神異膏貼。其詳已載於第三十七篇。多見昧者，破此一段不過，病者厭於將理，醫者急欲獲利，不思毒氣發泄未盡，其疾再來，人命自此不救。更將第三十八篇所論，深思熟慮，以人命為重，陰功厚利，一舉兩全，豈不美哉！

一、疽疾將安之際，宜多服加味十全湯，以補其氣血，庶使肌肉易生故也。

一、前後病背疽之人，多是先發渴，而後背疽作。或有背疽安，而後發渴疾，因此不救者甚多。若有渴疾之人，宜專服加減八味丸方見第四十八論後，能使渴疾安，疽疾不作。若驟得背疽之疾，既安之後，不問有無渴證，便宜常服加減八味丸。此藥非特可以杜絕渴疾之將來，亦且大能滋益氣血，生長肌肉，使精神強健，此乃累試之驗。忍冬元亦妙。又名鷺鷥藤。

一、前方須是居於州縣及有力之家，方能及之。若居僻鄉及無力之人，只可用鷺鷥藤酒。一名忍冬草。一方終始服餌，俟其疽破，即以神異膏貼之。然神異膏所用藥材，皆非貴細難得之藥，前後用此以醫田夫野老，百發百中。

一、嘔逆有二證，一證謂初發時，不曾服內托散，又名萬金散。伏熱在心；一證有氣虛，脾氣不正而嘔，當子細審察病證，參酌用藥。若是因熱而嘔者，外證心煩身熱，癧作痛，此即是伏熱在心，合將內托散服三兩服即止，不可多服。若是虛氣而嘔，其證心不煩熱，遇早便嘔，或聞穢氣而嘔，早晨宜服嘉禾散。如有寒熱，宜服家傳不換金正氣散，仍五更初兼服山藥元以補之。

宋・陳自明《外科精要》卷下　論服補藥捷徑第五十二　李氏云：腎脈虛盛，當用補藥，而有抵誤處，如用鹿茸、附子之藥，是抱薪救火；如用平補之藥，腎氣猝難平復，若俟河之清。向來有一貴人苦疽疾，正生此一（訂）〔症〕，諸醫無策。愚云：昔嘗聞一名醫講論，凡人遇五更初，腎氣必開，若一語言，咳嗽口唾，即腎氣復合，遇腎開時進一服平補藥，其功效勝尋常服峻補之藥十數服。愚以上策獻之，遂選用山藥丸，所用皆平補腎氣，全無僭燥偏重之藥，依此法而進，詳以告病者與其侍旁之子弟，如法而服藥。三日之醫者診脈，已平復矣。凡有疽疾之人，腎脈虛弱，未可便如古人之論，以為不可治，若人有痼冷虛弱危困之疾，如其法而用藥，可謂用力寡而收功倍矣。無比山藥圓出《局方》，不復重錄。

元・李杲《蘭室秘藏》卷中　半產誤用寒涼之藥論　婦人分免及半產漏下昏冒不省，瞑目，無所知覺，蓋因血暴亡，有形血去，則心神無所養。心與包絡者，君火、相火也，得血則安，亡血則危。火上熾，故令人昏冒；火勝其肺，瞑目；不省人事，是陰血暴去，不能鎮撫也。血已虧損，往往用滑石、甘草、石膏之類，乃辛甘大寒之藥，能瀉氣中之熱，是血虧瀉氣，乃陰虧瀉陽，使二者俱傷，反為不足。虛勞之病，昏迷不省者，上焦心肺之熱也，此無形之熱，用寒涼之藥，驅令下行，豈不知上焦之病，悉屬於表，乃陰證也，汗之則愈。今反下之，幸而不死，暴虧氣血，生命豈能久活？又不知《內經》有說，病氣不足，宜補不宜瀉。但瞑目之病，悉屬於陰，宜汗不宜下。又不知傷寒鬱冒，得汗則愈，是禁用寒涼藥也。分免半產，本氣不病，是暴去其血，亡血補血，又何疑焉？補其血則神昌，常時血下降亡，今當補而升舉之，心得血而養神不昏矣。血若暴下，是秋冬之令大旺，今舉而升之，以助其陽，則目張神不昏迷矣。今立一方，補血養血，生血益陰，以補手足厥陰之不足也。

全生活血湯　紅花叁分　蔓荊子　細辛已上各伍分　生地黃夏月多加之　熟地黃已上各壹錢　藁本　川芎已上各壹錢伍分　防風諸陽既陷，何以知之，血下脫故也。

元・僧繼洪補編《嶺南衛生方》卷上　繼洪治瘴用藥七說景定甲子書于五羊。　夫人身本是四大假合，四大乃地、水、火、風。地即土，風即木。陰陽和會。上焦屬火而為陽，下焦屬水而為陰，遇有上熱下寒之疾，不能升降既濟之，而反用藥，實實虛虛，則水火解散而人身壞矣。繼洪嘗見柳教彭亮一日染瘴，身熱而心煩，自以為實熱，乘渴以冷水吞黃芩黃連丸，又取冷水以清胸膈。至日晡，小便漸多，更服黃芩湯，是夜連進十數服，小便愈數，次早熱纔退而逝去矣。蓋下元為人身之根本。根本既虛，於身乎何有？且如小柴胡湯，今人但謂可用解熱，曾知其所以用乎？古人惟用之以治足少陽膽經傷寒。膽無出入之道，非柴胡、半夏能和能解，則不可佐以黃芩。欲其峻快以宣泄之，復用人參，則又不得不存攻守之意也。倘或不當用而用之，鮮有不蹈教彭之轍者。

瘴病多嘔，蓋本由飲食傷脾而得之，亦炎方之疾，氣多上逆，故為嘔、為痞、為頭痛、為大便不通。所以治嘔、治痞、治頭痛之法，皆當斟酌以溫利大便也。大約言之，治嘔當以養胃湯、來復丹、治中湯、二陳湯選而用之。嘔而寒熱，藿香正氣散。嘔而膨脹，二陳湯下感應丸。嘔而頭痛，來復丹兼如聖餅子。若只胸膈不快，下虛中滿，嘉禾散主之。李待制云：雖有蘊熱，亦可冷服，是取其有升降之功，與瘴疾相宜也。雖無疾而氣不快，心腹脹，身體倦，遇風寒則一身凜然，是為欲作瘴之兆，亦宜服嘉禾散、正氣散、紅丸子之類，使氣順食消，則外邪無自而入。若夫大便不通，切不宜峻用利藥。或只須嘉禾散入少蜜煎，或宜三和散、感應丸。甚者蜜導法。氣實者可用麻仁丸。小便多而大便秘者，謂之脾約，宜服脾約丸。但病久氣虛，宜服宣利之劑，則不免困弱，須是精細飲食，加意將養，毋令之秘可也。

《指迷方》云：冷瘴必不死，熱瘴久而死，瘂瘴無不死。此雖大略之言，然亦可以即此而知受病淺深也。瘂瘴即熱瘴之甚者。蓋常人肺氣入心則為音聲。今瘴毒兜在胸臆，使脾氣不通，涎迷心竅，故不能言也。此當疎氣豁痰，清心解熱。大便秘而脉按之實者，可以薄荷、檳榔、枳殼、沉香、青皮、茯神之類，斟酌為之通利。胸膈緊者，宜用青州白丸子，薑汁爛研嚥下。若手足搐搦及成痰厥，宜服星香散。氣虛者，宜附香飲及養正丹。又有非心肺鬱閉，而惟舌根強木者，乃瘴毒中於心脾經所致。心之別脉係舌本，脾之脉連舌本散舌下，邪氣入經絡，故舌不轉而不能言。此宜投正舌散及全蝎、麝香、南星、茯苓之類，大槩治痰壓熱也。古人治瘂瘴不立方，意在臨時將息之，固不可拘執。

醫書云：人間之火，得木則炎，得水則伏，其疾之小者似之。神龍之火，得木則熖，得水則炎，疾之大者似之。乃謂疾之大者，非溫涼補瀉常法可以制治，故處方則有熱因寒用，寒因熱用。今人染瘴，重者或瘂而不能言，或熱而精神昏亂，生死一間，不謂之大病可乎？所以冷香湯、沉附湯、附子湯、冷湯等，雖主於溫劑，復以涼藥為佐使，更令冷服，乃熱因寒用也。深有理焉，用者宜審之。

朱肱論傷寒云：重陽必陰，重陰必陽，寒暑之變，物極則反。今瘴疾或始寒戰而終大熱，或連日極熱而後作寒，正謂此也。但傷寒以不飲水為內寒，瘴疾內寒者也。亦飲水，甚則欲坐水中，取水以清其心胸，蓋炎方受病，氣專炎上，心肺焦熬，華蓋乾涸，所以多渴。若其脉浮而虛，按之無力，又或病當潮時脉浮洪，病不潮時脉微弱，其證則心煩躁，額上極熱，面色多赤，頭或痛或不痛，小便或多或赤，大便滑泄，腰腿沉重，兩足不熱，甚者寒厥或疼。誤服涼藥，則渴轉甚，躁轉急，此乃陰證以陽治之，當服丹砂、附子，及灸丹田、氣海、足三里等穴，暖其下元，便陰陽交泰，而病自和解也。

方書謂麻黃生中原，有麻黃之地，冬雪不積，麻黃能泄內陽故也。今深廣無霜雪，皆如麻黃之地，陽氣常泄，即此可知。人居其間，不勞麻黃而自汗，有病則不宜輕用麻黃，此理甚明。前輩詩云：四時常是夏，一雨便成秋。讀此一聯，不惟可見嶠南天氣，亦可觸類以知乎人之病也。病者多熱，纔一經汗便翻然為冷，是豈宜輕汗耶？如五積散、破關散、金沸草散、九寶飲、小續命湯，雖用麻黃，各有主對，猶可服之，亦不宜過。若正麻黃湯、青龍湯，則嶠南不當遽用也。今人例用麻黃為發散之藥，殊不知其力秪能驅我之內陽，以刼外寒也。故古今方書用治肺經咳嗽，以肺之性惡寒，肺為嬌臟，易於感寒，乃宜用之。張仲景治足太陽經傷寒用麻黃，以太陽屬膀胱，非汗不解。及用治足少陰經傷寒，蓋少陰屬腎，治法當自膀胱經去，皆所當用也。除此二臟腑之病，方書已自少用。況今深廣不寒之地，瘴氣交重，瘴病豈因感寒邪，不因感寒，不必用麻黃，又何不可？《南史》記范雲初為陳武帝屬官，武帝寵之，將有九錫之命在旦夕矣，雲忽感傷寒之疾，恐不得預慶事。召徐文伯診視，以實懇之曰：可便得愈乎？文伯曰：便愈甚易，只恐二年後不復起耳。雲曰：朝聞道夕死猶可，況二年乎？文伯以火燒地，布桃葉設席，置雲於上，頃刻汗解，撲以溫粉。翌日愈，雲甚喜。文伯曰：不足喜也。後二年果卒。夫取汗先期，尚促壽限，況不當用而用者乎？愚又嘗親見有染瘴者，上熱下寒，腰足寒痛，自謂五積散證也。便倍加麻黃，多服覆汗，竟成重虛，雖服真武湯，亦莫能救。并贅於此，使用藥者詳審云。

《攝生方》謂南方男子多瘠，而婦人多肥，男子多弱，婦人多力，此亦陽泄陰盛之驗也。故本土婦人不甚染瘴。若北人入嶺，又當論其氣血何如。染瘴之治法，大略與男子同，更當兼以豁痰調氣。尋常小小不快，秪用四七湯、二陳湯、小烏沉湯、枳殼散之類。或煎四物湯、木香調氣散，或四物湯與參蘇飲合煎，即茯苓補心湯。臨病差排別換湯，便自應有效。又婦人來南方，間受頭風脚氣之疾，此所當先與疎氣也。醫書謂婦人性情執著，乃多喜怒，且悶悶於閨閣中，莫由散釋。醫者用藥，多本此焉。然治瘴瘧，當不出此集中數方也。況胎前產後不幸而染瘴，固當秪用平和之劑以和解之。《本事方》抑陽助陰之說，堪為病後調補之。

元·王好古《湯液本草》卷二《東垣先生〈用藥心法〉》 隨證治病藥品

如頭痛，須用川芎。如不愈，各加引經藥：太陽，川芎；陽明，白芷；少陽，柴胡；太陰，蒼朮；少陰，細辛；厥陰，吳茱萸。如頂巔痛，須用藁本，去川芎。如肢節痛，須用羌活，去風濕亦宜用之。如腹痛，須用芍藥。惡寒而痛，加桂；惡熱而痛，加黃蘗。如心下痞，須用枳實、黃連。如肌熱及去痰者，須用黃芩。肌熱亦用黃芪。如腹脹，用薑製厚朴。一本有芍藥。如虛熱，須用黃芪。止虛汗亦用。如脇下痛，往來潮熱，日晡潮熱，須用柴胡。如脾胃受濕，沉困無力，怠惰好臥，去痰，用白朮。如破滯氣，用枳殼，高者用之。夫枳殼者，損胸中至高之氣，二三服而已。如破滯血，用桃仁、蘇木。如去痰，須用半夏。熱痰，加黃芩；風痰，加南星。胸中寒痰，痞塞用陳皮、白朮，多用則瀉脾胃。如腹中窄狹，須用蒼朮。如調氣，須用木香。如補氣，須用人參。如和血，須用當歸，凡血受病者，皆當用當歸也。如去下焦濕腫及痛，並膀胱有火邪者，必須酒洗防己、草龍膽、黃蘗、知母。如去上焦濕及熱，須用黃芩，瀉肺火故也。如去中焦濕與痛熱，用黃連，能瀉心火故也。如去滯氣用青皮，勿多服，多則瀉人真氣。如渴者，用乾葛、茯苓，禁半夏。如嗽者，用五味子。如喘者，用阿膠。如宿食不消，須用黃連、枳實。如胸中煩熱，須用梔子仁。 如水瀉，須用白朮、茯苓、芍藥。 如氣刺痛，用枳殼，看何部分，以引經藥導使之行則可。 如血刺痛，用當歸，詳上下，用根梢。 如瘡痛不可忍者，用寒苦藥，如黃蘗、黃芩，詳上下，用根梢及引經藥則可。 如眼痛不可忍者，用黃連、當歸身，以酒浸煎。 如小便黃者，用黃蘗；數者、澀者，或加澤瀉。 如腹中實熱，用大黃、芒硝。 如小腹痛，用青皮。 如莖中痛，用生甘草梢。 如驚悸恍惚，用茯神。 如飲水多，致傷脾，用白朮、茯苓、猪苓。 如胃脘痛，用草豆蔻。

凡用純寒純熱藥，必用甘草，以緩其力也。 寒熱相雜，亦用甘草，調和其性也。 中滿者禁用。《經》云：中滿者勿食甘。

元・李雲陽《用藥十八辨》〔見《秘傳痘疹玉髓》卷二〕 四獸散 痘變于黑，用犬豕人猫糞燒灰治之。 豈知痘畏避者，穢汙之物。 況猫屎人服，則耳聾，犬屎人服脛不消，但人中黃能解砒毒而不解痘毒。 設立此方，非惟無益于世，抑且貽害于人。 評曰：痘症從來怕穢氛，莫將人獸糞來侵。 世人多少迷難悟，送盡飛花命喪陰。

百花膏 吳越多崇百花膏以發痘，猶有和一(七)〔匕〕金服，又有以和蛤蜊湯服，又有以和蚯蚓汁服。 豈知蜜性寒而善走，引痰起嘔。 痘全賴脾胃，倘服此而瀉吐，何以止遏？ 評曰：百花膏，百花膏，引痰作瀉不堅牢。煉來加炒朮，薑汁一匙淘。 勸君須酌用，半路莫悲號。

元・齊德之《外科精義》卷上 用藥增損法 古人用藥，因病制宜，治不執方，隨病增損。 積聚補益，可用丸藥，以從舊不改方增損。 蓋瘡疽危要之際，證候多種，安有執方之論，固可臨時加減，以從其法。 只如發背、腦疽、惡丁、腫膿潰前後虛而頭痛者，於托裏藥內加五味子；恍惚不寧加人參、茯苓；虛而發熱者，加地黃、栝蔞根；往來寒熱者，並潮熱者，加柴胡、地骨皮；渴不止者，加知母、赤小豆；大便不通者，加大黃、芒硝；小便不通者，加木通、燈草；虛煩者，加枸杞子、天門冬；自利者，加厚朴；四肢厥逆者，加附子、生薑；嘔逆者，加丁香、藿香；多痰者，加半夏並陳皮；膿多者，加當歸、川芎；痛甚者，加芍藥、乳香；肌肉遲生者，加白斂、官桂；有風邪者，加獨活、防風；心驚怯者，加丹砂；口目瞤動者，加羌活、細辛。愚雖不才，自幼及老，凡治瘡疽，常依此法加減用藥，取效如神。 後之學者宜細詳焉。

元・朱震亨《局方發揮》 或曰：婦人一門，無非經候、胎產、帶下，用藥溫暖，於理頗通，吾子其無忘言乎？

予曰：婦人以血為主，血屬陰，易於虧欠，非善調攝者，不能保全也。餘方是否，姑用置之，若神仙聚寶丹，則有不能忘言者，其方治血海虛寒，虛熱盜汗，理宜補養，琥珀之燥，麝香之散，可以用乎？ 面色痿黃，肢體浮腫，理宜導濕，乳香、沒藥，固可治血，可以用乎？ 胎前產後，虛實不同，逐敗養新，攻補難並；積塊堅癥，赤白崩漏，宜於彼者，必防於此，而欲以一方通治乎？ 世人以其貴細溫平，又喜其常服可以安神，去邪令人有子，殊不知積溫成熱，香竄散氣，服者無不被禍，自非五臟能言，醫者終不知覺，及至變生他病，何曾歸咎此丹。 余姪女，形色俱實，以得子之遲，服此藥，背上發癰，證候甚危。 余診其(詠)〔脉〕散大而濇急，以加減四物湯百餘貼，補其陰血，幸其質厚，易於收救。 質之薄者，悔將何及？ 若五積散之治產後餘血作痛，則又有不能忘言者，以蒼朮為君，麻黃為臣，厚朴、枳殼為佐，雖有芍藥、當歸之補血，僅及蒼朮三分之一。 且其方中言，婦人血氣不調，心腹撮痛，閉而不行，並宜服之。 何不思產後之婦，有何寒邪？ 血氣未充，似難發汗，借曰推陳致新，藥性溫和，豈可借用麻黃之散，附以蒼朮、枳、朴，虛而又虛，禍不旋踵。率爾用藥，不思之甚。

元・佚名氏《珍珠囊》〔見《醫要集覽》〕 用藥凡例

頭角痛須用川芎，血枯亦用。 巔頂痛須用藁本。 遍身肢節痛須用羌活，風濕亦用。 腹中痛，須用白芍藥、厚朴。 臍下痛，須用黃柏、青皮。心下痛，須用吳茱萸。 胃脘痛，須用草豆蔻。 脇下痛，須用柴胡，日晡潮熱、寒熱往來亦用。 莖中痛，須用生甘草梢。 氣刺痛，須用枳殼。血刺痛，須用當歸。 心下痞，須用枳實。 胸中寒痞，須用去白陳皮。腹中窄，須用蒼朮。 破血須用桃仁。 活血須用當歸。 補血須用川芎。調血須用玄胡索。 補元氣須用人參。 破滯氣須用枳殼、青皮。 解表熱須用黃芩，去痰亦用。 去痰須用半夏。 去風痰須用南星。 諸虛熱須用黃芪，盜汗亦用。 脾胃受濕，須用白朮，去痰亦用。 下焦濕腫，須用漢防己、草龍膽。 中焦濕熱，須用黃連。 上焦濕熱，須用黃芩。 煩渴須用白茯苓、葛根。 嗽者須用五味子。 咳有聲、無痰者，須用生薑、杏仁、防風。 咳有聲、有痰者，須用半夏、枳殼、防風。 喘者須用阿膠、天門冬、麥門冬。諸泄瀉須用白芍藥、白术。諸水瀉須用白术、白茯苓、澤瀉。諸痢疾須用當歸、白芍藥。上部見血須用防風。中部見血須用黄連。下部見血須用地榆。眼暴發，須用當歸、黄連、防風。眼久昏暗，須用熟地黄、當歸、細辛。解利傷風，須用防風為君，白术、甘草為佐。解利傷寒，須用甘草為君，防風、白术為佐。凡諸風須用防風、天麻。諸瘡瘍須用黄柏、知母為君，連翹、黄芩為佐。小便不利，須用黄柏、知母為君，茯苓、澤瀉為佐。瘧疾須用柴胡為君，隨所發之時，所屬經絡部分，以引經藥導之。已上諸藥，此大略言之，以為處方之階。欲究其精，於《指掌珍珠囊》中求之。

元・黄石峰《秘傳痘疹玉髓》 益陽湯加減藥性總要 參芪甘草加以腹、桔、桂、芎，乃作益陽之劑，製方不過于七味，治效可收乎始終。治或不同，法當加減，是以三日之前，參、芪徑進；至漿足之後，芎、桂休加；毒壅盛而煩紅、發熱，則黜保元而進以小連翹。此症一消，益陽為最。狂亂驚癇，雖犀角、地黄無害；氣虚塌陷，用丁香、附子何妨？肉蔻、參苓健胃止瀉，麥門、五味解渴消煩。用紫蘇以定喘，加茯神以安神。四物有補血化漿之功，四君有助氣制毒之玅。糯米、山查壯神進食；陳皮、貝母下氣消痰。芍藥收漿，可加於漿足之後；川芎補漏，莫缺于未滿之前。丁香助陽而逐毒，地黄清血以消煩。蒺藜祛風止痒，蟬蛻起鼎逐毒。漿滯不行，水陽堪浴；痘出不快，紫草當投。依此製方，萬無一失。

保元益陽藥要 人參、甘草補益元氣之内，黄芪、官桂出入榮衛之間。氣血不和，外剥内攻，非保元濟衛則不能施其功妙。人參以固元氣，黄芪以托裏，非桂制其血而引導之，則參芪不能獨樹其功。然桂非甘草和平，氣血則不能續其條理。此保元濟衛之説，治痘之大要也。

用藥指南 痘毒始出之前，宜開和解之門。既出之後，當塞走泄之路。痂落之餘，漸進清凉。毒已去盡，宜踈補益。是故升麻和解，用之于見點之初；解毒諸方，用之于三四日之内。其餘湯劑，對症而投，合宜而下。

明・佚名氏《銀海精微》卷上 五輪八廓總論 其症七十有二，治之須究其源。因風則散之，熱則清凉之，氣結則調順之，切不可輕用針刀鉤割。偶得其愈，出乎僥倖。或有誤而為者，則必為終身之患也。又不宜通用凉藥，恐冰其血，凝而不流，亦成痼疾。用藥當量人之老少，氣體之虚實。又有腎虚者，亦令人眼目無光，或生冷翳，宜補暖下元，滋補腎水。北方患者，多是日冒風沙，夜卧熱炕，二氣交蒸，故使之用凉藥。北方之人故與南方之人用藥有不同也。疹痘之後，毒氣鬱結於肝而氣不能瀉，攻發于眼目，傷于瞳仁者，素無治法也。

明・佚名氏《銀海精微》卷下 眼科用藥次第法 夫眼疾之醫，雖分症類，而其中病源，不可不深思而熟視哉。夫疾有久新，症有輕重，須分表裏、風熱、氣熱、濕熱、實熱。而新病者，皆因内積熱毒之輕，循經絡而上頭目，遇外風寒所觸而發者，必須先發表風邪，後乃遠其火熱，黄連、黄芩以瀉火，防風、薄荷以疏風，兼以麻黄、蒼术之類。如無風寒所逼，推血壅上，宜用當歸、大黄、防已墜下之劑。久眼昏蒙所曉，宜用當歸、地黄、防風、羌活之類，有翳膜加木賊、蒺藜、蟬退、決明等劑。如胞合眼皮不開，此乃寒邪之氣傷胞，宜行氣之藥，青皮、黄芪、香附，兼以風藥佐之。血滯者宜調血，赤芍、歸尾、鼠粘。如頭痛者羌活、白芷、蔓荊、藁本、川烏之類，佐以風藥防風、荊芥、玄參、柴胡、細辛，用之必當也。如眼眩暈昏瞶，十分作痛，但虚腫痛及眼眶，此乃痰飲所患，宜二陳湯，兼佐以風藥。如腫脹暗痛，熱淚難禁者，苦寒之藥宜然，但視人之形氣虚實，體之盛衰，務究其内外淺深，不可專書，全在人之活法。

明・周禮《醫學碎金》卷三 上中下三部見血用藥歌 三部見血如何治，上用防風中用連。下部地榆施活法，更加血藥同其煎。

三焦濕熱用藥歌 三焦濕熱腫堪憐，上用黄芩中用連。下用草龍防已蘖，要君記用莫遷延。

傷寒六經補瀉用藥 太陽證表未解，下之太早成結胸。陽明證用熱藥，太過即發黄，於遍身生血班，血衄。少陽證下之早，即兩脇痛，吐逆不止。少陰證無汗，即動血、吐血者死；下之早亡血。太陰證當溫其裏，如下之太早，心胸滿悶，下痢不止。厥陰證下之早，即四肢逆冷；若因生寒，十死一生，不宜冷。

明・陶華《傷寒瑣言》卷一 治傷寒用藥大略 凡證有頭疼惡寒，皆是傷寒，無則皆否也。何則？蓋傷寒則惡寒，傷食則惡食，理固然也。但在冬時惡寒為甚，盖冬時為正傷寒，天氣嚴凝，風寒猛烈，觸冒之者，惡寒殊甚，其餘時月雖有惡寒亦微，未若冬時之惡寒為甚也。雖四時皆有傷寒，治之不可一概論也。冬時氣寒，腠理微密，非辛甘溫不可，故以桂枝等藥以治之。然風與寒常相因，寒則傷榮，惡寒頭痛，脉浮緊而無汗，則用麻黄湯開發腠理以散邪，得汗即愈；風則傷衛，頭痛惡風，脉浮緩而自汗，則用桂枝湯充塞腠理以散邪，汗止即愈。《經》云甘辛發散為陽者是也。若夫榮衛俱傷，又非此二湯所能治也，須大青龍湯。然此湯大峻，又非庸俗所可擬也。餘亦有代之者，其非冬時有惡寒頭痛之證，皆宜辛涼之劑，通表裏以和之則愈矣。若以冬時所用桂枝辛溫之藥而通治之，則殺人矣。曰辛涼者何？羌活沖和湯是也。兼能代大青龍湯為至穩。嗚呼！一湯可代三方，危險之藥如坦夷，其神乎哉！但庸俗輩所未知也。過此則少陽、陽明二經，在乎半表半裏，肌肉之間，脉亦不浮不沉。外證在陽明，則有目疼、鼻乾、不得眠之證，脉似洪而長，以葛根湯、解肌湯、升麻湯治之。在少陽則胸脇痛而耳聾，脉見弦數，以小柴胡湯加減而和之，本方有加減法。此二經不從標本，從乎中也。余常以小柴胡湯加葛根、芍藥治少陽、陽明俱病如拾芥，但不使世俗知此奇妙耳。過此不已，則傳陽明之本為入裏，大便作實，其外證悉罷，謂無頭痛、惡寒，脉見沉實不浮，譫妄惡熱，六七日不大便，口燥咽乾而渴，輕則大柴胡湯，重則三承氣湯選用。或曰：邪既入裏而作實，無非大黄苦寒之藥除下之，何其用方之襍還也？余曰：傳來非一，治之乃殊耳。病有三焦俱傷者，則痞滿燥實全具，則宜大承氣湯，厚朴苦溫以去痞，枳實苦寒以泄滿，芒硝鹹寒以潤燥軟堅，大黄苦寒以泄實去熱，病斯愈矣。邪在中焦則有燥實堅三證，故用調胃承氣，以甘草和中，芒硝軟堅潤燥，大黄泄實，不用枳實、厚朴以傷上焦氤氲輕清之元氣，調胃之名於此立矣。上焦受傷則痞而實，用小承氣湯，枳實、厚朴能除痞，大黄之泄實，去芒硝則不傷下焦血分之真陰，謂不伐其根也。若夫大柴胡湯，則表邪尚有，而裏證又急，不得不下，只得以此湯通表裏而緩治之。猶有老弱及血氣兩虛之人，不宜用此。三陽之邪傳裏為盡。三時謂春夏秋也，不須頭疼、惡寒而反渴者，此則溫病也。暑病亦然，比之溫病則尤加熱也，治宜小柴胡湯。蓋此湯春可治溫，夏宜治暑，秋能潤肺。又宜葛根湯、升麻湯、解肌湯、敗毒散。中暑而渴者，柴胡石膏湯、人參白虎湯，看渴微甚而用，無不效。《經》曰：發熱不惡寒而渴者，溫病也。若夫陰證，則別有法，不在此例矣。

明・陶華《傷寒證脈藥截江網》　論傷寒用藥法則　標本逆從之既明，五劑之藥須用識。且如表汗用麻黄，無葱白不發。吐痰用瓜蒂，無豆豉不湧。去實熱用大黄，無枳實不通。溫經用附子，無乾薑不熱，甚則以泥清水加葱白煎之。竹瀝無薑汁不能行經絡，蜜導無皂角不能通秘結。非半夏、薑汁，不能止嘔吐。非人參、竹葉，不能止虚煩。非小柴胡，不能和解表裏。非五苓散，不能通利小便。非天花粉、乾葛，不能消渴解肌。非人參、麥門冬、五味，不能生脉補元。非犀角、地黄，不能止上焦之吐衄。非桃仁承氣，不能破下焦之瘀血。非黄芪、桂枝，不能實表間虚汗。非茯苓、白朮，不能去濕助脾。非茵陳，不能除黄疸。非承氣，不能制定發狂。非枳、桔，不能除痞滿。非陷胸，不能開結胸。非羌活沖和，不能治四時之感冒身疼。非人參敗毒，不能治春瘟。非四逆，不能救陰厥。非人參白虎，不能化斑。非理中、烏梅，不能治蚘厥。非桂枝、麻黄，不能除冬月之惡寒，熱隨汗解。非薑附湯，不能止陰寒之泄利。非大柴胡，不能去實熱之妄言。陰陽咳嗽，上氣喘急，用加減小青龍，分表裏而可汗下。此傷寒用藥之大法也。

明・陶華《傷寒明理續論》卷六　陰陽虛實用藥寒溫辯　《傷寒》一書，所謂陰陽虛盛，則精微之義，不無辯析於其間。四十八難曰：病之虛實，出者為虛，入者為實。蓋表之真陽既虛，故陰邪以盛，出而乘陽，是以脉浮於外，其病在表，法當汗之。當其陰邪出表，脉浮於外之時，不可自惑以為陽脉盛也。裏之真陰既虛，故陽邪以盛，入而乘陰，是以脉入於內，其病在裏，法當下之。當其陽邪入裏，脉實於內之時，不可自惑以為陰脉盛也。是說非古人之立言也，蓋使人知如此之為陰盛，則抑陰而助陽；如彼之為陽盛，則抑陽而助陰。陰盛，則邪出於外者，發表之藥當性溫，以助陽氣，如桂枝湯之類是也。陽盛，則邪入於內者，攻裏之藥當性寒，以抑陽氣，如承氣湯之類是也。或曰：陰出而乘於外，是陽之不足也。陽病，則當有以發表而汗之，何哉？是大不然，陰邪傳於外，不汗之，則邪何由而去？桂枝之性溫，溫之，乃所以助陽，陽有所助而長，則陰邪之所由以消，辛甘發散為陽者，此也。張氏所謂承氣入胃，陰盛乃亡者，正恐陰盛出外，而誤以承氣下之，安得而不亡。或者有陽入而乘於內，是陰之不足也。陰病，則當有以溫養而下之，何哉？是又不然，陽邪入於內，不下之，則邪從何而出？承氣之性寒，寒之，乃所以抑陽，陽受其抑則微，而真陰之所由以長，酸苦湧泄為陰者，此也。張氏所謂桂枝下咽，陽盛則斃，正恐陽盛入內，而誤以桂枝汗之，又安得而不死。觀古人發表之藥多溫，攻裏之藥多寒，則知陰陽虛實之意微，非止於汗下設矣，所以為用藥寒溫設也。

六經用藥格法　太陽屬膀胱寒水，非發汗不能愈，亦有桂枝、麻黄以助陽祛邪。此膀胱寒水之經，有標本之作。風寒初客，仍在表，宜用辛溫之劑以發散之。若無頭痛惡寒，或非冬時，皆不可用。

陽明屬胃，非通泄不能痊，必用大黄、芒硝以疏利陽熱。此言表證已罷，頭痛惡寒已除，則熱歸陽明之本矣，宜承氣湯寒劑以泄熱。若惡寒未除，則為表，寒邪尚在，不可下也。冬時亦宜用，不可拘忌。

少陽屬膽，無出入之道，柴胡、半夏能利能汗，消解血熱，黄芩佐之。

太陰脾土，惟惡寒濕，非乾薑、白朮不能燥濕也。

少陰腎水，惟惡寒燥，非附子不能溫潤。

厥陰肝木，藏血榮筋，非芍藥、甘草不能滋養。此用藥經常之道也。

陰陽虛盛用藥寒溫辯　夫傷寒發表攻裏之藥，寒熱殊途，用之一差，死生反掌。所以越人、仲景深致意於其間也。《難經》云：傷寒陽虛陰盛，汗之則愈，下之則死。陽盛陰虛，汗之則死，下之則愈。且寒邪之傷人也，有淺深焉。淺者，汗之；深者，下之。此古今不易之定法也。方其風寒初客皮毛之間，陰氣乃盛，閉塞腠理，身中陽氣已虛，不能禦衛，遂有惡風惡寒之證見焉。當此之時，止宜桂枝湯辛甘溫之藥，助陽抑陰而發之。陰邪既散，表氣沖和而愈。《經》云辛甘發散為陽者是也。不知用此而反以承氣湯苦寒之藥下之，表裏俱傷，不亡何待？表邪既罷，寒作為熱，陽陷入深而盛於裏，則津液消耗，腸胃燥澀，而臟腑之真陰虛矣。陰氣既虛，即譫妄狂躁，煩渴惡熱之病而作也。當此之時，宜用承氣湯苦寒之劑，扶陰抑陽而泄去熱氣，陽邪即退，胃中真陰來復，裏氣和平而愈。《內經》所謂酸苦湧泄為陰者是也。不知用此，乃以桂枝辛熱之藥助邪伐正，安有不斃者乎？所以仲景云：桂枝下咽，陽盛則斃；承氣入胃，陰盛乃亡。良以此夫。嗚呼！此論誠為傷寒汗下之樞機乎！俗醫不能達此為妙，昧於陰陽虛盛之道，悖逆此理而不殺人也，幾希。《經》云發表不遠熱，攻裏不遠寒，豈虛語哉！

明・董宿，方賢《奇效良方》卷六五　治瘡疹方宜不同用藥亦異　《素問》云：一病而用藥各不同，皆愈者何也？此地勢使然爾。且東方食魚而嗜鹹，令人黑色而踈理，為病癰瘍，以砭石治之。西方風土剛強，外邪不能傷，其病生於裏，治之宜於毒藥。北方風寒冰烈，藏寒生滿病，其治宜於灸焫。南方天地所以長陽盛處，其地下，水土弱，而霧露之所聚，其民嗜酸而食胕，病為攣痹，治以微鍼。中央地平以溫，其生萬物也眾，雜食而不勞，病為痿厥寒熱，其治宜於導引按蹻。是以五方地勢高下不同，治法亦異。故仲景治傷寒用桂枝、麻黄、大青龍湯，皆是熱性藥，云西北二方行之無不應驗，惟江淮地暖處用加減法，如升麻、石膏、知母之類，是隨此五方地氣而用藥也。又云：病素有虛實者，並用古方不在加減法，當此隨時變通，不可泥於一曲。且西方風土剛強，外邪不能襲，病生於裏，其治宜毒藥利之。設有陰證者，亦須用理中湯、四逆湯之類，以復陽氣。南方雖為陽精拱上，其地下，水土弱，霧露之所聚，病為攣痹。設有陽證者，即用大黄、大青、黄連、葶藶、苦酒之類，以復陰氣也。此皆前人得隨時增減之理，則知瘡疹豈在專補專瀉，但應當日脉證祛逐可也。方宜各自不同，故用藥豈可執泥哉？

瘡疹入目用藥　心熱毒生肝風，肝主目，熱毒衝之，故為目患。以涼肝丸服之，秦皮散洗之，密蒙花散服之。或因食毒物，睛突出外者，仙靈脾散。暴赤腫痛者，蓖麻子散。患半年一年餘者，蟬蜕散。出正盛而不令入目者，調肝散。入眼成翳者，瓜蔞散。生翳遮膜者，威靈仙散。入目痛楚傷目者，浮萍散。生翳者，撥雲散。風熱攻眼者，井泉石散。目中豆瘡成翳者，大黄散貼之。赤脉侵睛者，羚羊角丸。豆瘡入目昏暗者，金花散。瘡入目裏侵睛者，樺皮散。翳障不見光明者，蟬花散為良。

明・周恭《醫說續編》卷三《用藥》　治風丹劑　凡用丹劑者，為風入骨髓不能得出，故用龍、麝、牛、雄、犀、珀、珠、金，皆入骨髓，透肌膚之劑，使風邪得以外出也。若中血脉、中府之病，初不宜用龍、麝、牛黄，恐引風入骨髓如油入麪，莫之能出。若中藏，痰涎昏冒煩熱者，宜用之下痰鎮墜，清神《發明》。

宋・陳自明原著，明・薛己節刪注釋《外科精要》卷上　療發背癰疽灸法用藥第一　《經》云：諸痛癢瘡瘍，皆屬心火。前輩又謂：癰疽多生於丹石、房勞之人。凡人四十已上患發背等瘡，宜安心早治，此症如虎入室，禦而不善，必至傷人。宜先用內托散，次用五香連翹湯，更以騎竹馬法或隔蒜灸，並明灸足三里，以發泄其毒。蓋邪之所湊，其氣必虛，留而不去，其病乃實，故癰疽未潰，臟腑畜毒，一毫熱藥斷不可用。癰疽已潰，臟腑既虧，一毫冷藥亦不可用。猶宜忌用敷貼之藥，閉其毫孔。若熱渴便秘，脉沉實洪數，宜用大黄等藥，以泄其毒，後國老膏、萬金散、黄礬丸、遠志酒之類，選而用之。愚按：前症若熱毒藴於内，大便秘結，元氣無虧者，宜用大黄等藥泄其熱毒。若陰虛陽湊，精虛氣節，脾胃虛弱者，宜用甘温之劑，培其本源。若瘡不焮腫，不作膿者，雖未潰，仍須温補；若瘡已潰，而腫不退，痛不止者，仍宜清涼之劑治之。若病急而元氣實者，先治其標，病緩而元氣虛者，先治其本；或病急而元氣更虛者，必先治本，而兼以治標。大抵腫高焮痛，膿水稠粘者，元氣未損也，治之則易；漫腫微痛，膿水清稀者，元氣虛弱也，治之則難；不腫不痛，或漫腫腫黯不潰者，發於陰也，元氣虛甚，理所不治。若腫高焮痛者，先用仙方活命飲，後用托裏消毒散。漫腫微痛者，宜托裏散，如不應，加薑桂；若膿出而反痛，氣血虛也，八珍散；不作膿，不腐潰，陽氣虛也，四君加歸、芪、肉桂；不生肌，不收斂，脾氣虛也，十全大補加薑桂；晡熱内熱，陰血虛也，四物加參术；欲嘔作嘔，胃氣虛也，六君加炮薑；自汗、盗汗，五臟虛也，六味丸加五味子；食少體倦，脾氣虛也，補中益氣加茯苓、半夏；喘促咳嗽，脾肺虛也，前湯加麥門、五味；欲嘔少食，脾胃虛也，人參理中湯；腹痛泄瀉，脾胃虛寒也，附子理中湯；小腹痞，足脛腫，脾腎虛弱也，十全大補加山茱、山藥、肉桂；泄瀉足冷，脾腎虛寒也，前藥加桂附；熱渴淋閉，腎虛陰火也，加減八味丸；喘嗽淋閉，肺腎虛火也，補中益氣湯、加減八味丸。凡此變證，皆因元氣虧損，失於預補所致。故丹溪先生云：但見腫痛，參之脉症，虛弱便與滋補，氣血無虧，可保終吉。旨哉斯言！蓋古今虛實不同，因時施治，不無少異，是集治論義悉類此。

癰疽既灸服藥護臟腑論第十一　李氏云：背疽之方雖多，得効者殊少。今擇用驗者録之，庶不致誤人。如護心散，凡有疽疾早進數服，使毒氣外出，而無嘔吐之患。否則，咽喉口舌生瘡，或黑爛如菌；若瘡發四五日之後，宜間用別藥治之。愚按：護心散乃解金石發疽之藥，若發熱焮腫，作渴飲冷而嘔者宜用；若發熱焮腫，作渴飲湯而嘔者不宜用。若脾虛停痰，或寒邪内侵，或痛傷脾胃，宜用六君子湯。若喉舌生瘡，或口乾作渴，或小便頻數，宜用六味丸。大凡諸瘡作嘔，若飲冷便秘，是熱毒也，黄連消毒散解之；飲冷便和，是胃火也，竹葉石膏湯清之；懶食飲湯，是胃虛也，補中益氣湯以補之；大便不實，喜飲熱湯，是脾胃虛寒也，六君加炮薑以温之。常見脾胃虛弱者用前散反心間陰冷，無不致嘔，其喉舌生瘡，乃腎水枯涸，虛火炎上，其證甚惡，急用加減八味丸，亦有得生者。

治癰疽用藥大綱第十八　李氏云：余之所著方論，靡不周備，但欲使治者，玩味次第用之，無有不効。今略書用藥要領節次於後：一、初患癰疽便服内托散，以免後來口舌生瘡，仍用騎竹馬或隔蒜灸。一、服五香連翹湯，如大便踈快即止，仍量人虛實。一、癰疽潰後宜服排膿内補散。若嘔逆，用木香湯下。一、癰疽初作，便宜灼艾及麥飯石膏塗四圍，中留口出毒，如瘡小，通傅之；既潰用神異膏貼之。一、癰疽已潰，用猪蹄湯淋洗，將愈之際，三日一次。一、癰疽將斂，宜用神異膏；如毒未盡，不可遽用生肌之劑。一、癰疽將安，宜用加味十全湯補其氣血，庶肌肉易生。一、背疽多先渴而後發，或先疽而後渴，不救多矣；若服加減八味丸，非特杜絶渴疾，抑且大滋氣血，生長肌肉。愚按：前症及諸治法，各附四十七等論，當審用之。一、癰疽嘔逆有二：一因初發，不服内托散，伏熱在心；一因脾氣不正，若因伏熱在心者，心煩身熱，焮腫作痛，宜用内托散三兩服；若因脾氣不正者，則不煩熱，或聞穢氣作嘔，宜用嘉禾散；如有寒熱，用不換金正氣散，五更初兼服山藥丸以補腎。愚按：前症治法，當與第十一論參看。

宋・陳自明原著，明・薛己節刪注釋《外科精要》卷下　論癰疽寒熱多汗用藥第四十五　李氏云：近有數人病背疽，或先寒後熱，先熱後寒，或連日，或間日，必嘔痰，大汗而止，皆用柴胡、恒山不應。余謂此因脾氣不正，復感寒邪，痰盛而作，遂先用不換金正氣散，次用排膿内補散、木香湯，三日即愈。愚按：前症若外邪既去而仍作，宜用六君子湯以補脾胃。大凡胃氣虛而作嘔者必喜温，熱毒内攻而作嘔者必喜寒，治當辨之。

論癰疽服藥捷徑第五十二　李氏云：凡患瘡疽而腎脉虛者，急服補藥尚恐有誤，如鹿茸、附子之藥，是猶抱薪救火，反益其勢；而平補之藥，亦難奏功。有一貴人苦疽，諸藥無效。愚謂服山藥丸，於五更初物欲未接之際，腎門未開之時，如法服三日，脉症平復。若腎經沉寒痼冷，鹿茸、附子之藥，斯可用矣。愚按：前方誠有面生之功，治法見前論。

明・蔡維藩《痘疹方論》　論寒熱用藥不同　陳氏之藥主於熱，錢氏之藥主於寒。今之醫者，不可執一，因時制宜可也。

寒則因表虛而入，熱則因裏實而生。治者須分內外虛實，一向發舉固不可，一向解毒亦不可，寒用發舉，熱用解毒，斯為活法也，何以主為。陳氏方多用木香散、異功散，有丁香、官桂、附子、半夏之熱，可治不足之症。錢氏方多用解肌湯、涼膈散，有大黃、朴硝之寒，可治有餘之症。醫不察此宗，陳氏者雖痘瘡稠密，其色過度，亦用木香散、異攻散。宗錢氏者，雖痘瘡稀踈，亦用解肌湯、涼膈散。此盖仁智之見仁智者也。《明醫雜著》云：近時小兒痘疹，止宗陳文中木香散、異攻散，殊不知彼立方之時，為運氣在寒水司天，時令又值嚴冬大寒，因寒鬱遏，痘瘡不紅綻，故用辛熱之劑發之。今人不分時令寒熱，一概施治，悞人多矣。時值溫熱，山野農家貧賤之人，其或偶中也。

又云：丹溪痘疹治法，最為明備，近世通用。陳文中木香、異攻等方，乃一偏之術，若瘡疹虛怯，淡白色，痒塌者，屬虛寒，宜用陳文中方。若發熱壯盛，齊擁而出，紅紫色，燥痒者，屬實熱，宜用涼血解毒，如錢氏所主之藥之類也。自陳文中方盛行後，屬虛寒者率得生，屬實熱者悉不効。痘是胎毒，古人治法只解毒。然氣血虛則逆，毒氣不出及不能成就，故文中之法，亦千載妙訣，能補前人之未備者。但溫補之法既行，而解毒之旨遂隱，救得一邊，害了一邊，卒未得以收全功也。今之學者，必詳究東垣、丹溪二法併僕之，鄙見如右者，酌中而通行之，然後為無弊也。雖然此固言可得而傳者也，若夫應變之機，則存乎其人耳，而又奚假於言。

明·賀岳《醫經大旨》卷一　又按：藥有寒、熱、溫、涼、平、和之氣，辛、甘、淡、苦、鹹、酸之味，升、降、浮、沉之性，宣、通、瀉、補之能。《經》曰：補瀉在味，隨時換氣，故辛以散之，謂散其表裏拂鬱也。甘以緩之，謂緩其大熱大寒也。淡以滲之，謂滲其內濕，利小便是也。苦以泄之，謂泄其上升之火也。酸以收之，謂收其耗散之氣也。鹹以軟之。謂軟其燥結之大熱也。春氣溫而宜涼藥，夏氣熱而宜寒藥，秋氣涼而宜溫藥，冬氣寒而宜熱藥。若病與時遠，不拘此列。病在上而宜升藥，病在下而宜降藥，病在外而宜浮藥，病在內而宜沉藥，故曰升降浮沉則順之，謂順其藥之升降浮沉之性也。寒熱溫涼則逆之。謂逆治其寒熱溫涼之病也。

附《藥鑑》何哉？蓋欲人按病察方，按方察藥，俾藥性與病情相對，坦然無疑，慨然欒服，則藥無不效，病無不瘳者也。夫醫之為道，曰藥性，曰脉理，曰病機，曰治法，曰經絡，曰運氣，六者不可缺一焉。然學之之序，必先於藥性。何以言之？良醫之用藥，如良將之用兵。良醫知藥知性，則(何)[可]以處方而愈疾；良將知兵之法，則可以破敵而取勝。其理一也。

明·鄭寧《藥性要略大全》卷一　隨症用藥凡例　凡頭角痛須用川芎，如不愈加引經藥導之。血枯亦用川芎。巔頂痛須用藁本，去川芎。遍身肢節痛用羌活，風濕亦用羌活。腹中痛須用白芍藥、厚朴；惡寒痛加桂，惡熱痛加黃柏。腹脹須用薑製厚朴。氣虛腹痛以白芍藥、甘草為君，當歸、白术為佐。見血先後以三焦熱論用藥。臍下痛須用黃栢、青皮。《十書》無黃栢。心下痛須用吳茱萸。胃脘痛須用草豆蔻。飲水多致傷脾痛，用白术、猪苓、茯苓。脇下痛須用柴胡。日晡潮熱、寒熱往來，亦用柴胡。莖中痛須用生甘草稍。氣刺痛須用枳殼。看何部分，以引經藥導之，使氣行則愈。血刺痛須用當歸。詳病上下，用分根稍。心下痞須用枳實、黃連。宿食不消亦用枳實、黃連。腹中窄須用蒼术。腹中實熱，或積滯不消，大黃、芒硝利之。胸中寒痰痞，用去白陳皮。活血和血，須用當歸。凡血受病者皆用當歸。補血須用川芎。一本用甘草，無川芎。調血須用玄胡。破血須用桃仁、紅花、蘇木。補元氣須用人參。調諸氣須用木香。破滯氣須用枳殼、青皮。枳殼損胸中至高之氣，青皮瀉人元氣，不宜多服。肌表熱須用黃芩。去痰亦用黃芩。去痰須用半夏，熱痰加黃芩。去風痰須用南星。去胃中痰須用白术。諸虛熱須用黃芪，盜汗亦用黃芪。驚悸恍惚用茯神。脾胃受濕，沉困無力，怠惰好臥，須用白术。上焦濕熱，須用黃芩。瀉肺火也。中焦濕熱與痛，須用黃連。瀉心火也。下焦濕腫并痛，及膀胱有火邪者，必須用酒洗漢防己、草龍膽為君，黃栢、甘草為佐。或加知母。煩渴須用白术、茯苓、葛。禁半夏。胸中煩熱，須用梔子。凡嗽用五味子，有痰者以半夏為佐，喘者以阿膠為佐。有熱無痰，以黃芩為佐，但分兩多少不同爾。嗽，有聲無痰者，須用生薑、杏仁、防風。咳，有聲有痰者，須用半夏、枳殼、防風。喘者須用阿膠、天門冬、麥門冬。諸泄瀉，須用白芍藥、白术為君。諸水泄瀉，須用白术、白茯苓為君，以甘草、芍藥為佐。或加澤瀉。諸痢疾須用當歸、白芍藥。上部見血須用防風，中部見血須用黃連，下部見血須用地榆。痔漏以防風、蒼术為君，甘草、芍藥為佐。詳別症加減。小便不利或黃，以黃栢、知母為君，茯苓、澤瀉為佐。　眼久病昏暗痛，須用熟地黄、當歸為君，羌活、防風為臣，甘草、菊花、細辛之類為佐。　《十書》用歸尾、黄連浸酒為君。

傷風須用防風為君，白术、甘草之類為佐。　《經》云：辛甘發散為陽。風宜辛散，防風味辛，及治風通用，故防風為君。　傷寒須用甘草為君，防風、白术為佐，是宜甘發也。或有別症，於前隨症用藥條下，選用分兩，以君臣論。　諸風須用防風為君，或天麻隨症用藥為佐。　諸瘡痛須用黄栢為君，或知母為君，連翹、黄芩為佐。　凡諸瘡，以黄連、當歸為君，甘草、黄芩為佐。　痰疾，須用柴胡為君，隨所發之時、所屬經絡部分，各以引經藥導之。

攻尅血積癥瘕諸藥　玄胡索　三稜　蓬术　川芎　歸尾　使君　大戟　紅藍花　紅木　黑丑　雷丸　神麯　白芷　桃仁　續隨子　麝香　虻蟲　水蛭　乾漆　木香　通草　海螵蛸　牛膝　山查　大黄　瞿麥　射干　麥芽　水銀　硇砂

攻尅諸積藥例　肉積：硇砂、阿魏、巴豆，甚者信石。　酒積：乾葛、神麯、麥芽，甚者甘遂、牽牛。　血積：歸尾、桃仁、紅花、紅木，甚者水蛭、虻蟲。　氣積：木香、檳榔、沉香、檀香，盛者枳殼、牽牛。　水積：牽牛、澤瀉、猪苓、郁李仁，盛者芫花、甘遂、大戟。　涎積：雄黄、膩粉，盛者瓜蒂、甘遂。　食積：砂仁、香附、青皮，盛者礞石、巴豆。　痰積：半夏、南星、竹瀝，盛者礞石、瓜蒂、藜蘆。　癖積：三稜、莪术，盛者甘遂、蝎稍。　蟲積：使君、雷丸，盛者苦楝、白皮。

明・沈之問《解圍元藪》卷二　藥病總說

然導痰祛濕，如蒼术、白术、南星、半夏、貝母、皂莢、茯苓、阿膠、厚朴、元明粉、瓜蔞仁、胡黄連、青礞石、銀柴胡之類。濕而臌脹痰結者，非厚朴不消。元明粉止可為丸服，不宜入湯液。濕痰成塊者，阿膠專主，為末服之；若水煎服，則臭而無功。皂莢打痰從大孔出甚速。銀柴胡治肺熱之神藥，癘風聲濁痰臭者必用之；止入丸散，不入湯液。若骨蒸寒熱者，一見胡黄連即愈，亦不入煎劑，煎則無功矣。

利氣清陽，如沉、檀、麝、腦、乳、沒、木香、縮砂、豆蔻、益智、遠志、升麻、犀角、珍珠、丹砂、牛黄、柴胡之類。氣閉則陽微，氣結則血匿。諸香皆能開導幽微隱僻之鬱，通達關竅。氣滯非提不起，必須升麻、柴胡之屬。牛黄、珠粉等件香劑，能消氣聚之塊，止宜丸散，不入湯液者。以火炒水煎，則味愈苦，令人嘔吐噦啘，況有諸香不宜見火之說。

祛風散邪，如羌活、麻黄、荊芥、紫萍、苦參、風藤之類。病以風名，皆由風濕寒暑之感，若不發散，邪氣何能消溶？羌活之類，皆不可缺。苦參最殺風癘之蟲，瘡癬皮内之蟲立死，服之五臟蟯蟲立去，方中必用之聖藥也。

補血生液，如當歸、元參、紅花、茜草根、紫草、血竭、鹿茸、夏枯草、桑螵蛸、原蠶蛾、生地黄之類。元參去五臟之游火，攝血歸元。紅花去死血生新血，為治風必用。戴元禮云：夏枯草為血虚所宜，桑螵蛸之補陽填精比于人參有霄壤之功，晚蠶蛾有再生精髓之捷，血竭乃去積瘀血作痛之卒徒，故多用之。

蕩滌積滯，如代赭、皂莢、雷丸、蜂蜜、人牙、千金子、人中黄之類。油膩脂膠之積緻腸胃，非皂莢不去。代赭石名血師，專排血積瘀凝，善活血不使攣曲。雷丸去積殺蟲，止可用于男子，婦人服之，必脹悶腹痛發昏，甚則顛呆痰涎湧塞。故男子用雷丸，婦人用皂莢。

刼殺蟯蟲，如錫灰、黄芽、雄黄、鶴虱、梟實、鵝翎灰之類。黄芽，糞中蛆也；于四月内，未食茄子前，收者方好，以濃茶滷養淘炙香，方無油泛，專祛蟲積。鵝翎灰最殺風瘡中蝕蟲，若皮内癢，疥蟲非此不除。

麻痹癱瘓，如菖蒲、天麻、萆薢、防己、秦艽、豨薟、胡麻、香蛇、漏蘆、石斛、蒼耳草、白蒺藜之類。血枯必痛，血凝必麻，須用補血逐血之劑。故萆薢之補陽，菖蒲之升陽，豨薟草乃風病元氣虧乏之聖藥，非止癱瘓者用之。

筋攣肢軟，如苡仁、牛膝、杜仲、續斷、狗脊、萎蕤、白花蛇、仙靈脾之類。風注四肢，非萎蕤不能上下左右蒐逐，又能消爍諸般毒物。陽痿筋攣，非仙靈脾不能興起，乃大補元陽之藥，實救本之妙藥也。

愛食瓜果者，須倍麝香。躭嗜麯蘗者，必求枳椇。曾服汞粉，定用鉛磁。若進毒藥，急行和解。參芪之性，不及升柴。此特大略，博而約之。治風之法，先散寒邪，次攻蟲毒，次調元氣，次養陰血。待風散蟲死、血足氣清之候，再拔瘡穢，舒其筋而伸其攣，滋生毛髮，則病愈不發。補益之藥，終身服之不可止，乃不刊之秘論也。若欲速不分次序，則隨得隨失，變駁反掌，非惟無益，必反害之。如升麻能使濁氣從右而上散，柴胡能令清氣從左而上達，參芪惟能助氣而反附陽邪以損陰血，風癩以養血清陽為要，故參芪不及升柴之提散，洞達經絡，開導肌表也。麝香能消諸瓜果之毒，發渴者，乃瓜果之積，用之即消。枳椇即金鉤樹子，能祛酒毒，好酒之人宜服之。黑鉛、磁石、花椒，專收輕粉、水銀之毒，恐庸醫暗投，故宜服之，以免發毒。此用藥之大略也。

近世專用大風子為良方，不知此藥性猛大熱，有燥痰劫血之迅力，製煉不精，則病未愈，而先失明矣。大風子即海松子，又名丢子，因其專能治風而名也。生于東海日出燥炎之地，故性大熱，能直入肌骨，殺蟲祛濕，夷人稱為丢子，當果食之，以治百病。蓋海島之俗食生物者，腹多蟯蟲之毒，服此以蕩滌之，如閩廣人食檳榔以禦風瘴也。其肉上白膜最能損目，其油最能敗血，如生食之，傷人臟腑。其性怕鹽，見鹽物即消之無用，故服此者必忌鹽醬。若得麻腐與之同服，則功愈勝，須專門用之，製度有法，則功勝於諸藥。若無傳授，而道聽妄用，非惟無功，反生他害。丹溪云：大風子有燥熱之毒，能敗血動痰，損人之目。信不誣矣！且據富翁陳善長患風年久，求予先君治之，先君思善長躭于酒色，日不間斷，必難治，固辭不藥。善長密賄予家老奴，盜傳製大風子之法，善長依法製度三年，共食大風子肉七十餘斤，其病脫去，絕無他患。一日持禮幣至予家，誚先君曰：昔年求治，力辭何也？先君甚赧顏。厚謝老奴而去，始知盜方之弊。想風病損目，難歸咎於大風子。蓋世之不食大風子而瞽者甚多，後人不可泥於紙上之語。

始以湯藥宣暢，次以膏酒灌融，丸散調護，王道之常。風癩之藥，煎劑奇方，最能速效。逐散風邪，通暢脉絡，無留毒之患，第恐蕩敗脾胃，故不宜久服。一見病勢稍緩，即進丸散以厚脾胃。其豨薟、苦參、蒼耳、八寶、歸术、丁公藤等膏，捷于刦病補養，但恐傳授無脩煉之法。其藥酒雖人喜服，切不可施于初病之時，且風疾初起，病尚點滴塊㿔，未曾散漫，若即用藥酒追排氣血，領毒遍透脉絡，則遍身皆病難治矣。須待病愈之後，防其再發，宜服藥酒，使藥力鑽透肢體，把截毫竅，基固神堅，邪毒不能再犯也。其腦麝、牛黃、金石、香料，不入湯液，又忌見火，惟和丸散服之，功力合宜而順。故治風者，先須湯液，次用丸膏，愈後方進藥酒，為治法之序。

世有妄徒，盜習火刧蒸燒之術，愚人爭赴，戕害深可痛也。夫風病根于臟腑，既發于外，其勢已減，何又煨逼，使毒氣復入，假火為禍？暫雖少爽，禍不旋踵。風癩之病，穢積蟲毒先傷臟腑，延注筋骨，譬如寇入，驅出既禍減，追之為上，何故又加蒸熨刧之，復令毒氣回伏膚腠，潛入肌脉，假火鬱之勢，流蠧既開之孔竅，仍傷臟腑耶？且人身毫髮孔竅，一見火氣，百孔皆開，何氣不入？舊邪未息，新邪又入，初則毒氣禦火暫離肌表，必然皮毛顔色頓改，骨節疼折，疑是愈而爽快，愚人喜以為美，非吉兆也，乃新舊邪毒入鑽之故，為加病之漸耳。夫病人血氣已弱，再犯火毒，則氣愈敗，血更衰，津枯骨燥，若至七七日外，火熨濕熱之氣在內尋注經絡，充蠧臟腑，必使皮肉堅硬而疼痛，瘦弱無力，精乏目暗，肢軟足蹩步澁，再不避風寒，戒酒色，必至腐爛失明矣。宜速解救，以免大害。且風蟲因內熱而生，復得火濕，愈加滋蔓，仍傷髓液，至一百二十日後，其火鬱濕熱之氣，流遍周身，病勢反凶於舊，急宜用解藥掃拔禍根。多有氣血衰弱者，隨蒸而斃，人猶不畏何哉？若未曾服藥，便用蒸熨，則驅毒氣深入骨髓，淆蕩血液；若已服藥，既攻毒氣欲散，烏可復邀鬱聚？初治行之，使毒氣勝于正氣，禍不旋踵；後治行之，使毒氣入于新元，禍仍僭亂。急則急危，緩則緩害。戒之！戒之！故丹溪云：必先殺其蟲，瀉其火，然後生益涼血，袪風遏滯，降陽升陰。雖治法頗多，大都不外乎此。夫丹溪尚如此，後人何可用蒸燒之刧而害理殃人乎？

明·彭用光《體仁彙編》卷四

隨證治氣藥論說　治氣用氣藥。枳殼利肺氣，多服損胸中至高之氣。青皮瀉肝氣，多服損真氣。木香行中下焦氣，香附快滯氣，陳皮泄逆氣，紫蘇散表氣，厚朴瀉衛氣，檳榔瀉至高之氣，藿香之馨香上行胃氣，沉香升降真氣，腦麝散真氣。若此之類，氣實所宜。其中有行散者，有損泄者，其過劑乎用之，能治氣之標，而不能制氣之本。〇調氣用木香，味辛，氣能上升，如氣鬱而不達，固宜用之。若陰火衝上而用之，則反助火邪矣。故必用黃栢、知母，而少用木香佐之。〇丹溪云：氣屬陽，妄動則為火。凡氣有餘皆屬火，不足則為氣。火炎上，氣變為火，則上升矣。故上升之氣，皆屬火。又鬱則生火，故凡氣鬱皆屬火。凡治氣鬱、氣升有餘之證，當用降火藥，乃是制其本也。故云：凡治上升之氣，須用川芎、香附、山梔、黃連、黃芩等藥。《局方》治氣，率用香辛燥熱走散之藥，暫時快利，殊不知氣有餘屬火，而香辛燥熱之藥亦屬火，以火濟火，病根愈深，真氣耗散，陰血乾枯，而去死不遠矣。

隨證治血藥論說　治血用血藥，四物湯之類是也。請陳其氣味專司之要。川芎血中氣藥也，通肝經，性味辛散，能行血滯於氣也。地黃血中血藥也，通腎經，性味甘寒，能生真陰之虛也。當歸分三治，血中主藥也，通肝經，性味辛溫，能活血，各歸其經也。芍藥陰分藥也，通脾經，性味酸寒，能和血治血虛腹痛也。若求陰藥之屬，必於此而取則焉。若治者隨經損益，摘其一二之所宜，為主治可也。此特論血病而求血藥之屬耳。若氣虛血弱，又當長沙，血虛以人參補之，陽旺則生陰血也。若四物者，獨能主血分受傷，為氣不虛也。輔佐之屬，若桃仁、紅花、蘇木、血竭、牡丹破者，血滯所宜。蒲黃、阿膠、地榆、百草霜、棕櫚灰者，血崩所宜。乳香、沒藥、五靈脂、凌霄花者，血痛所宜。蓯蓉、瑣陽、牛膝、枸杞子、益母草、夏枯草、敗龜板者，血虛所宜。乳酪，血液之物，血燥所宜。乾薑、肉桂，血寒所宜。生地黃、苦參，血熱所宜。此特取其證治大畧耳，餘宜觸類而長之也。

隨證治火藥論說　君火者，心火也。可以濕伏，可以水滅，可以直折，惟黃連之屬可以制之。相火者，龍火也，不可以水濕折之，當從其性而伏之，惟黃栢之屬可以降之。噫！瀉火之法，豈止如此？虛實多端，不可不察。以藏氣司之，如黃連瀉心火，黃芩瀉肺火，芍藥瀉脾火，石膏瀉胃火，柴胡瀉肝火，知母瀉腎火，此皆苦寒之味，能瀉有餘之火。若飲食勞倦，內傷元氣，火不兩立，為陽虛之病，以甘溫之劑除之，如黃耆、人參、甘草之屬。若陰微陽強，相火熾盛，以乘陰位，為血虛之病，以甘寒之劑降之，如當歸、地黄之屬。若心火亢極，鬱熱內實，為陽強之病，以鹹冷之劑折之，如大黄、朴硝之屬。若腎水受傷，真陰失守，無根之火為陰虛之病，以壯水之劑制之，如生地黄、玄參之屬。若有腎、命門火衰，為陽脱之病，以溫熱之劑濟之，如附子、乾薑之屬。若胃虛過食冷物，抑遏陽氣，於脾土為火鬱之病，以升散之劑發之，如升麻、乾葛、柴胡、防風之屬。

明・王綸著、薛己補注《名醫雜著》卷五　驚搐等症誤用藥餌　小兒或因驚搐，或變蒸，或食積，或寒熱往來，誤服解表瀉利之藥，傷損脾胃，氣血難以發生，面黄肌瘦，目動咬牙，髮稀，足弱不能行步。此屬胃虛，非肝腎也。當長緩調理，復全胃氣可也。

愚按：藥餌偏勝之味，脾胃非所宜也。況小兒之疾，多因乳食不調，寒溫失節，虧損脾胃元氣，根本不固，而邪得以致之。亦有因乳母六淫七情，飲食起居所致。苟不明其本末，辨其緩急，而誤用峻厲之藥，重傷脾胃生生之氣，變症百出，促其夭亡，誰之咎也？丹溪先生慈幼論言之詳矣。

明・孫一奎《赤水玄珠》卷一八　論傷寒用藥法則　標本逆從之既明，五劑之藥須用識。且如表汗用麻黄，無葱白不發。吐痰用瓜蒂，無豉不湧。去實熱用大黄，無枳實不通。溫經用附子，無乾薑不熱，甚則以泥清水加葱白煎之。竹瀝無薑汁不能行經絡，蜜導無皂角不能通秘結。非半夏、薑汁不能止嘔吐，非人參、竹葉不能止虛煩。非小柴胡不能和解表裏，非五苓散不能通利小便。非天花粉、乾葛不能消渴解肌，非人參、麥門冬、五味不能生脈補元。非犀角、地黄不能止上焦之吐衄，非桃仁、承氣不能破下焦之瘀血。非黄耆、桂枝不能實表間虛汗，非茯苓、白朮不能去濕助脾。非茵陳不能去黄疸，非承氣不能制定發狂。非枳、桔不能除痞滿，非陷胸不能開結胸。非羌活不能治四時之感冒身疼，非人參、敗毒不能治春溫。非四逆不能治陰厥，非人參、白虎不能化斑。非理中、烏梅不能治蚘厥，非桂枝、麻黄不能除冬月之惡寒，熱隨汗解。非薑附湯不能止陰寒之泄利，非大柴胡不能去實熱之妄言。陰陽咳嗽，上氣喘息，用加減小青龍，分表裏而可汗下。此傷寒用藥之大法也。

陰經用藥格法　太陰脾土性惡寒濕，非乾薑、白朮不能燥濕也。少陰腎水性惡寒燥，非附子不能溫潤。厥陰肝木藏血榮筋，非芍藥、甘草不能滋養。此經常之道。【略】

刼病法【略】　傷寒鼻衄成流久不止者，將山梔炒黑，為細末，吹入鼻中，外將水紙搭於鼻冲，其血自止。若點滴其血不成流者，其邪在經未解，照後秘方用藥，不在此法。　傷寒熱邪在裏，服轉藥後，鹽炒麩皮升，將絹包，於病人腹上款款熨之，使藥氣得熱則行，大便易通矣。　傷寒吐血不止，用韭汁磨京墨呷下，其血見黑必止。如無韭汁，用鷄子青亦可。正謂赤屬火，而黑屬水也。　傷寒直中陰經，真寒證或陰毒證，身如被杖，腹中絞痛，嘔逆沉重，不知人事，四體堅冷如石冰，指甲唇青，藥不得入口，六脈沉細或無脈欲絕者，將葱縛一握，切去根葉，取白三寸許，如餅，先用麝香半分，填於臍中，後放葱餅於臍上，以火熨之，連換二三餅，稍醒，灌入生薑汁，煎服回陽救急湯；如不醒，再灸關元、氣海二三十壯，使熱氣通其內，逼邪出于外，以復陽氣。如用此法，手足溫和，汗出即醒者，為有生也。如用此法，手足不溫，汗不出，不省人事，必死。　傷寒熱病，熱邪傳裏，亢極無解，用黄連煎水一盞，放井中頓冷，浸青布搭于胸中，徐徐換之，待熱勢稍退即除，不可久漬。夏月用此法，冬月不宜用。

明・孫一奎《赤水玄珠》卷一九　傷寒發汗不出熜法：　用發表藥汗不出，將蘇葉燒湯，以器盛之，至於被內兩膝下熜之。又法：　用薑柤綿裹，周身擦之，其汗自出。此良法也。　傷寒汗出不住止法：　將病人髮披在水盆中，足冷于外，用炒麩皮、糯米粉、龍骨、牡蠣煆為末，和勻，周身撲之，其汗自止。此良法也。【略】　傷寒吐不出探法：　用梔子豉湯、大瓜蒂散不得吐，隨用三山丸合解毒散煎服，再不吐，將鵞羽在喉中探吐。　傷寒吐不住止法：　用炒糯米一撮，生薑自然汁少許，水煎服。凡嘔吐不止者，亦用此二味入各藥中同煎服，嘔吐自止。如胃實嘔吐，不可用。

明・支秉中《痘疹秘要》　治痘藥性秘要

麻黄：辛，溫。輕清上浮。去寒邪風熱，宣通皮毛九竅，消斑毒悶症之要藥。去節用。　升麻：辛，平。主頭額痛。提清氣上升，能敗濁氣。未出之時可用，見點不用，恐提散元氣。悶症必重用，以其有提沉撥溺之功。至九十日泄瀉者，亦用二三分以升提元氣。　大黄：大苦，寒。行瘀血，通閉結，消飲食。蕩滌腸胃，清濕熱。初起時大便閉者生用。　紫草：甘，寒。涼血活血。治痘疹斑毒，通大小腸，血熱乾枯，毒不發越，得紫草血行而毒出。人小不宜多用，恐滑傷腸胃。五六日前用茸，其功愈勝。乾葛：辛、甘。初起解肌表之火，止煩渴，宣斑發痘，消毒。一二三日用。防風：辛、甘，微溫。去風邪頭眩，周身痺痛，四肢攣結。一二三四日用。荊芥：辛，溫。散風熱，清頭目，消瘡毒，驅瘰癧。一二三日用，至四日則當用穗也。山查：甘，溫。消食解毒。起痘三日前生用，若炒碎，則破血也。蟬蛻：鹹、甘，寒。開腠理，宣風熱，發痘疹，主驚癇夜啼。三日前用。牛蒡子：辛，平。治咽喉腫痛，敗痘毒，發瘡科。五日前用。大便結者生用，瀉者不用或炒用。枳殼：苦、酸，微寒。寬中利氣，去宿積食。初出時大便閉者多用。枳實：仝性。理胸中實熱，消宿積，有推墻倒壁之功。初出時氣實者用。青皮：苦，溫。散邪滌痰，消胸膈積滯，止腹痛。三日前炒用。麥芽：(鹽)〔鹹〕，溫。開胃下氣，消食和中。三日前炒用。

天麻：辛，溫。去風，散痰定驚。三日前煨用。鉤藤：甘、微苦，寒。平肝去風，定驚啼，治心熱。三日前用，取軟鉤嘉。羌活：辛、苦，溫。散肌表八風之邪，利周身百節之痛，頭眩失音，手足不遂，目赤膚癢。見點時用。延胡索：辛、苦，溫。治氣凝血結，上下內外諸痛，為活血利氣第一藥。發熱時腹痛者用。薄荷：辛，涼。除風熱，清頭目，利咽喉，止痰嗽。四日前用。蘇葉：辛，溫。葉可發散風寒，梗可順氣安胎，子可消痰定喘。冬月時用，夏月宜涼表耳。甘草：甘，平。瀉心火，解百毒，調和諸藥性。首尾俱用，惟補托時用炙草以溫中。陳皮：辛、苦。帶白和中，入補則補，入消則消。去白名橘紅，消痰止渴，泄氣。首尾俱用。葱白：辛，溫。主發散，通上下陽氣。一二日用。萊菔子：辛、甘。治膨脹，下氣消食，去麵積尤宜。一二三四日用。紅花子：辛、甘，溫。起痘稀瘡，為痘家聖藥。初出時見痘多者用。小柴胡：苦，平，微寒。除寒熱往來，嘔吐煩熱，宣暢氣血。見點二三日，熱不除者用。桔梗：苦、辛，平。引清氣上行，能利膈氣，散痞滿，破血結，消痰涎，理喘咳，肺部之引經。見點二三日用。前胡：辛、甘，寒。散風祛熱，消痰下氣，開胃化食，止嗽定喘，除嘔，止小兒夜啼。見點二三日用。瓜蔞仁：甘，寒。清上焦之火，治嗽，使痰氣下行，除胸中結熱垢膩。見點二三日，研用。連翹：微寒。清十二經之火毒，且消瘡痒。六日前用，去心。花粉：甘、微苦，寒。瀉胃火豁痰，止渴排膿。與連翹同用。紅花：辛、苦、甘，溫。少則活血，多則破血。治血熱乾紅，經閉。二三四日用。桃仁：苦、甘。泄血滯，緩肝氣，畜血發狂，經閉，婦女借經用。丹皮：辛、苦，微寒。瀉血中伏火，涼血，和血，生血，破血通經，除無汗骨蒸。三四五六日用。山梔子：苦，寒。解三焦之鬱火，使屈曲下行，治心煩不眠。四五六日，炒黑用。淡竹葉：辛、淡、甘，寒。清心，消痰，止渴，除上焦煩熱，咳逆喘促，嘔噦。四五六日用。玄參：苦、微(鹽)〔鹹〕。清無根之火，治結熱癰毒，療咽喉腫痛。四五六日用。黃芩：苦，寒。瀉肺火，清中焦寔火，除脾家濕熱。用仝前。生地：甘、苦，大寒。瀉心、胃、小腸火，涼血，除大熱。用仝前。黃栢：苦，寒。瀉脾熱、膀胱相火。犀角：苦，寒。涼心，瀉肝，清胃中大熱，解毒發斑，黑陷譫狂。三四五六日用。川連：大苦，寒。瀉心火，鎮肝涼血，解毒，除疳，明目。見點三四五六日用。羚羊角：苦，寒。清心、肺、肝三經之火，金木不清者用。目疾去障用。白蚯蚓：味苦。一名地龍。涼血，清血中之火，化斑毒用。石膏：甘、淡。瀉胃火，壯熱，發斑疹，三四五日用。如痘不起發，亦不可用，以其體沉重故耳。蘆根：甘，寒。瀉胃火，清上焦之熱，口氣盛者。四五六日用。

苦參：大苦，寒。涼血，止渴生津，明目止淚，治血熱乾枯。四五六日用。木通：甘、淡。清心、肺之火，除煩退熱，通利小便。四五六日用。燈草：甘、淡，寒。清心、肺之熱，利小便。三四五六日用。玄明粉：甘，寒。去胃中寔熱，蕩滌腸中宿垢，潤燥破結。用仝前。竹茹：甘，寒。開胃土之鬱，清肺，除嘔，涼血，治上焦煩熱驚搐。四五六日用。竹瀝：甘，寒，滑。消風降火，痰迷，大熱顛狂，煩悶口噤，明目。三四五日用。黃芪：甘，溫。補表托裏，排膿驅血之藥。七八九日生用，外可用炙也。川芎：辛，溫。血中氣藥，助清陽而開諸鬱，上行頭目，下至血海，補肝，治血虛頭痛。七八九日用。當歸：甘、辛，溫，苦。血中氣藥，和血散寒，養血生肌，排膿止痛。七八九日用。僵蠶：辛，溫。治風化痰，散結驚疳，起痘漿。七八九日用。全蝎：辛、甘。治諸風，定驚癇，起痘發瘡。用仝前。如痰盛則全用，蝎尾能消痰起痘。角針：辛、鹹，溫，有小毒。通上下，開竅，治癰腫起痘頂。七八九日用。如皮薄漿清，去刺少用，恐攻破頂耳。山甲：(鹽)〔鹹〕，寒。(所)〔引〕經絡達病所，止痛排膿，和傷發痘身背不起者宜。八九日用。蜈蚣：辛，溫。善走，能散發不漿之痘，能為腐爛。去頭、尾、足，或蜜炙，或蔴油。人牙：(鹽)〔鹹〕，熱。治痘瘡倒靨，頭面不起。土裹，煆研用。

桑蟲：甘、鹹，平。善行漿，且治風痰。和酒釀用。臍帶：溫性。充養氣血，治痘虛寒不起。八九十日用。附子：辛、甘，大熱。大熱通行十二經，復散失之元陽，滋不足之真陰。痘氣血虛，寒戰咬牙者用。肉桂：辛、甘，大熱。益陽消陰，治痼冷沉寒，補命門相火。用同附子。人參：甘，溫。大補元氣，通血脉，治虛勞內傷。八九十日用。鹿茸：甘，溫。純陽，生精補髓，養血助陽，強筋骨，治腰腎虛冷，發痘瘡不起。九十日用。糯米：甘，溫。補脾肺虛寒，堅大便，發痘漿。七八九十日用。水楊柳：苦，平。治痘頂陷，漿滯不起者。用枝煎湯，浴之。丁香：辛，溫。治胃家虛冷，嘔噦腹痛，灰白不發。九十日用。梅蕋石：寒。起痘貫膿，能發不起之漿。八九日用。麥冬：甘、微苦，寒。清心止渴，除肺熱，消痰止嗽，有收斂之功。九十日用。北沙參：甘、苦，微寒。補五臟之陰，能清肺補肺，養肝益脾。九十日用。熟地：甘，微溫。生精血，補真陰，肺家有熱者用。胃口不健旺者，不宜用，恐其凝滯耳。白朮：甘，溫。補脾和中，補氣血，燥濕，止泄瀉，利小便，生膿作痛腐爛用。靨後泄瀉，炒用。丹參：苦，平。破惡血，生新血，安生胎，落死胎，排膿生肌。八九十日用。茯神：甘，溫。開心益智，安魂養神，心虛健忘。九十日用。茯苓：甘，溫。大便多而能止，小便結而能通，益氣寧心，調榮理衛。九十日用。木香：苦，溫。治一切氣痛，和脾氣，嘔逆，瀉痢腫毒。九日後用。阿膠：甘，平。清肺養肝，滋腎益氣，和血補陰，治崩帶胎動，癰疽腫毒。九十日用。白芍：苦、酸，微寒。補肝脾血分，益氣除煩，去有汗之熱。九十日用。砂仁：辛，溫。和胃醒脾，快氣調中，治腹痛痞脹。十日後用。肉豆蔻：辛，溫。理脾暖胃，下氣調中，止瀉痢。靨後用。訶子：苦、酸。斂肺消痰，開胃調中，開音聲，治冷氣腹脹，泄痢脫肛。生用清金行氣，煨熟溫胃固腸。靨後用。芡實：甘，濇。益精補脾，去濕，治泄瀉，夢遺滑精。靨後用。桑皮：甘、辛，寒。瀉肺火，下氣止嗽，清痰喘，治水腫滿。靨後用，蜜炙。大腹皮：辛，溫。和脾下氣，行水，治水腫痞脹。酒洗用。仝前。山藥：甘，平。補不足，清虛熱，固腸胃，治勞損，健忘遺精。猪苓：苦、淡、甘。利便行水，治腫脹。澤瀉：甘、淡，微寒。利濕行水，治瀉痢腫脹。薏苡仁：甘、淡。益胃滲濕，健脾，治水腫脚氣，泄瀉。烏藥：辛，溫。疏胸腹邪逆之氣及膀胱冷氣，吐食，宿食不消，瀉痢蚘蛔。神麯：甘，溫。調中開胃，化水穀積滯，瀉痢脹滿。穀芽：甘，溫。開胃快脾，下氣和中，消食化積。冰片：辛，溫。通諸竅，散鬱火，治驚癇迷痰，目赤膚翳，痘陷。猪心血作引，酒下，或紫草湯服。疳瘡亦用。川貝：微寒。潤心肺，清虛痰，咳嗽上氣，散結除熱，傅瘡斂口。靨後用。車前子：甘，寒。涼血去熱，明目，利小便，治瀉痢。牛黄：味苦。清心解熱，利痰，定驚癇，噤口，發痘。純脾發痰用。膽星：寒。除痰破結，下氣，身強，口噤。脾經用。珍珠：甘，寒。鎮心安魂，墜痰撥毒，收口生肌，治驚熱，痘疔，去目翳。研末用。金銀花：甘，寒。散熱敗毒，養血，治癰疽餘毒用。赤芍：酸，寒。瀉肝火，散惡血，治腹痛，癰腫，目赤。獨活：苦、甘，平，微溫。去下部之風邪，敗毒。引經用。天竺黄：甘，寒。去風熱，利氣豁痰，鎮肝明目，治驚癇。發痰用。牛膝：苦、酸，平。引諸藥下行。酒蒸則益肝強筋，治腰膝骨痛。生用則破惡血癥結，治心腹諸痛，淋痛尿血。土貝：寒。治癭瘤，散結除熱，敗毒。山慈菇：甘，寒。清熱散結，治癰瘡疔腫，瘰癧結核。紫貝天葵　夏枯草：辛、苦，微寒。解內熱，散經氣，治癭癧，敗毒。紫花地丁：辛、苦，寒。治餘毒，痘疔，瘰癧。海藻：〔鹽〕〔鹹〕，寒。軟堅，行水泄熱，消癭癧結核，理脚氣水腫。洗用。與昆布同功。乳香：苦、辛，溫。活血調氣，托裏護心，生肌止痛，行十二經餘毒潰痛者用。〔末〕〔没〕藥：苦，平。通滯血，散結氣，消腫定痛生肌。與乳香同功。胡〔黄〕連：苦，寒。去心熱，除五心煩熱，消菓積、驚疳良藥。青黛：〔鹽〕〔鹹〕，寒。瀉肝，散五臟鬱火，治驚癇疳瘡用。兒茶：苦，濇。清熱化痰，定痛生肌，金瘡，口疳。蘆薈：大苦，寒。清熱明目，鎮心除煩，治驚癇五疳。白馬蹄　人中白：〔鹽〕〔鹹〕，平。降火散瘀，牙疳口瘡。煅研用。石菖蒲：辛，溫。補肝益心，明耳目，發音聲，去濕除痰，消積開胃寬中。靨後用。款冬花：辛，溫。瀉熱潤肺，消痰定驚，明目，治咳逆上氣，治嗽之要藥。密蒙花：甘，寒。治目中赤脈，青盲膚翳，赤腫眵淚。白蒺藜：苦、辛，溫。散肝風，益精明目，治腰痛，遺精帶下。炒去刺用。青葙子：苦，微寒。祛風，鎮肝明目，治青盲障翳。穀精草：辛，溫。入肝、胃二經，明目退翳。草決明：甘、苦、〔鹽〕〔鹹〕，平。除風熱，治一切目疾。木賊草：溫，微甘、苦。發汗解肌，升散鬱火，風濕，退目疾翳膜。甘菊花：甘、苦。散風除熱，養目血，去翳膜。白芷：辛，溫。散風表汗，治頭目昏痛，牙疼，目癢淚出。石決明：〔鹽〕

〔鹹〕，平。除青盲內障，點目外障。麪裹煨熟，研細，水飛用。　望月砂：明目，治五疳，痘後目生翳。　夜明砂：辛，寒。活血消積，治目盲障翳。淘淨焙用。　爐甘石：甘，溫。止血消腫，收濕除爛，退赤去翳，為目疾要藥。煅紅，童便淬七次，研末，水飛用。　蓬砂：（鹽）〔鹹〕，涼。除上焦胸膈之痰熱，治喉痺口齒諸病，努肉目翳，骨（硬）〔鯁〕。　蔓荊子：辛、苦，微寒。搜風涼血，通利九竅，治頭面風虛，目赤齒痛。　蔓菁子：苦、辛。瀉熱解毒，利水明目，一切瘡疽。　桑葉：甘，寒。涼血，去風，明目。

明・杜大章《醫學鈎玄》卷三　目疾不宜服六味地黃丸辨　《經》曰：目得血而能視。以地黃為生血之劑，而以治目疾理也。乃執地黃丸而概以治目，不知六味之中，於目疾有不相宜者。蓋目屬五臟，其兩角眦屬心，白屬肺，中黑珠屬肝，上下胞屬脾，中間黑精珠屬腎。臟各有病，病各有所屬，不可概謂肝開竅於目，而從肝偏治之。況六味地黃丸中有澤瀉，乃目病所忌；山茱萸性溫，暖腎，又非宜於目者。一方六味，而兩味有乖於本病，是醫目適所以害目也。余嘗考方書眼目門，並無用六味丸者，止是杭郡賀岳所集《醫經大旨》中載此方，詳考賀岳文理有不通處，其術可知矣。余嘗思古人製方傳後，必見真議症，故製方以合其病。六味之方，乃是下部虛寒帶濕所宜服，故丹溪書云六味丸治下部痺痿陋血，豈可施於血虛、血熱之目疾乎？夫患目者，未有不是血虛、血熱者也，信乎其不可服者。余嘗以六味丸治婦人帶漏，屢投屢驗。【略】

種子服熱藥戒　世人有無子嗣者，皆謂腎家不足，乃服鹿茸、鹿角霜、鎖陽、肉蓯蓉等輩以溫腎，不知腎不可溫也。蓋腎水本寒，衰則熱矣。故腎虛為病，皆是熱證。夫欲壯腎水以資陰，而反以藥助其熱，則水益竭，而腎益虛。蓋人之得子，全賴腎水，故二八之年，腎氣盛，天癸至，陰靜海滿而去血，陽動應合而泄精，如《易》所謂男女搆精，萬物化生，故能有子。是宜以和平之劑，壯水之源，如參、歸、地黃、枸杞等輩服之，則資水而殺其火，精滿氣充，何患無子？不然，如劉河間所謂病本熱而無寒，又得熱藥，則病熱轉甚。世人不悟，乃謂服此熱藥，自誇陽事易舉，行房不倦，甚得其助，不知熱藥助火，一時舉興之力耳。火易舉，則水難養。就其房中之樂，不無藥力之助，而所損於腎者居多也。每每見服熱藥者，或生癰疽之毒，或染中風之證，色黑齒槁，身瘦耳焦，既絕其子嗣，而先傷其身軀，不亦可悼也哉？余嘗見五湖陸君兄弟以文名縉紳儒林，不悟此說，生平服八味地黃丸，兄弟感病中風而卒。夫服熱藥，豈徒不得胎，縱得胎生子，而熱毒流注胞胎，其子往往為痘疹所苦。余故深為之辨也。世人有種子者，幸毋以余言為不足信。

明・皇甫嵩《本草發明》卷一　隨症治氣藥論　治氣用氣藥。氣虛則宜補，四君子之類。氣實者宜疏導之。枳殼利肺氣，多服損胸中至高之氣；青皮瀉肝氣，多服損真氣。木香行中下焦之氣，香附順滯氣，陳皮泄逆氣，紫蘇散表氣，厚朴泄衛氣，沉香降真氣，腦麝散真氣。檳榔瀉至高之氣而下行，藿香之馨香上行胃氣。若此之本，其中有行散，有損泄，過劑用之，能治氣之標，不能治氣之本。如氣虛鬱滯，宜補劑中用之則無害。　調氣用木香，味辛氣上升。如氣鬱不達固宜用，若陰火衝上，用之反助火邪矣。必兼知、柏而少用，木香佐之。如腸胃氣滯而火盛者，須黃連、黃芩之類兼之。　丹溪云：氣屬陽，妄動則為火。凡氣有餘皆屬火，氣變為火，則上升矣。故上升之氣皆屬火，故凡氣鬱皆屬火。凡治上升之氣，須川芎、香附、山梔、芩、連等藥。《局方》治氣，率用香辛燥熱走散之藥，暫時快利，不知以火濟火，病根愈深，真氣耗散，陰血乾枯，而死期迫矣。詳見《局方發揮》。

隨症治血藥論　治血用血藥，四物之類是也。請陳其氣味、專司之要。川芎血中氣藥，通肝經性味辛散，能行血滯於氣也。地黃血中血藥，通腎經性味甘寒，能生真陰之虛。亦行厥陰與心經。當歸血中主藥，通肝經性味辛溫，能活血和血，各歸其經。芍藥陰分藥也，通脾經性味酸寒，能和血，治血虛腹痛也。若求陰藥之屬，必于此取則焉。此特論血病，而求血藥之屬耳。治者隨經損益，摘其一二之所宜，為主治可也。如氣虛血弱，又當裁制。血虛，以人參補之，陽旺則生陰血也。若四物獨能主血分受傷，為氣不虛也，補佐之屬，若枸杞子、牛膝、蓯蓉、瑣陽、益母草、夏枯草、敗龜板之類，血虛所宜。若桃仁、紅花、蘇木、血竭、丹皮之類，血滯所宜。蒲黃、阿膠、地榆、百草霜、棕櫚灰之類，血崩所宜。乳香、沒藥、五靈脂、凌霄花之類，血痛所宜。乳酪、血液之物，血燥所宜。此特其大畧耳，宜觸類而長之。

隨症治火藥論　心火者，君火也。可以濕伏，可以水滅而直折，惟黃連之屬，可以制之。相火者，龍火也，不可以水濕折之，當從其性而伏之，惟黃柏之屬可降。若以臟氣司之，黃連瀉心火，黃芩瀉肺火，芍藥瀉脾火，石膏瀉胃火，柴胡瀉肝火，知母瀉腎火，此皆以苦寒之劑，瀉有餘之火也。若飲食勞倦內傷，元氣與火不兩立，為陽虛之病，以甘寒之劑除之，如參、芪、甘草之屬。若陰微陽強，相火熾盛，以乘陰位，為血虛之病，以甘寒之劑降之，如當歸、地黃、芍藥之屬。若心火亢極，鬱熱內實，為陽強之病，以鹹寒之劑折之，如大黃、朴硝之屬。如腎水受傷，真陰失守，無根之火，為陰虛之病，以壯水之劑制之，如生地、玄參、丹皮之屬。若命門火衰，為陽虛脫之病，以溫熱之劑回之，如附子、薑、桂之屬。若胃虛，過食冷物，抑遏陽氣于脾土，為火鬱之病，以升散之劑發之，如升麻、葛根、柴胡、防風之屬。苟不明諸此類，而求火之為病施治，何所依據？故于諸經集略其說，以備處方之用，庶免實實虛虛之禍也。黃芩瀉肺火，梔子佐之。堅實細芩瀉大腸之火。黃連瀉心火。木通瀉小腸之火。柴胡瀉肝火，黃〔連〕佐之。柴胡瀉膽火，亦以黃連佐之。白芍藥瀉脾火。石膏瀉胃火，知母瀉腎火，黃柏瀉膀胱之火，柴胡瀉三焦之火。

明·李時珍《本草綱目》卷二《序例》

李東垣隨證用藥凡例　風中六腑手足不遂，先發其表，羌活、防風爲君，隨證加藥。然後行經養血，當歸、秦艽、獨活之類，隨經用之。　風中五臟耳聾目瞀，先疏其裏，三化湯。然後行經，獨活、防風、柴胡、白芷、川芎，隨經用之。　破傷中風脈浮在表，汗之；脈沉在裏，下之。背搐，羌活、防風；前搐，升麻、白芷；兩傍搐，柴胡、防風；右搐，加白芷。　傷風惡風防風爲君，麻黃、甘草佐之。　傷寒惡寒麻黃爲君，防風、甘草佐之。　六經頭痛須用川芎，加引經藥。太陽，蔓荆；陽明，白芷；太陰，半夏；少陰，細辛；厥陰，吳茱萸；巔頂，藁本。　眉棱骨痛羌活、白芷、黃芩。　風濕身痛羌活。　嗌痛頷腫黃芩、鼠粘子、甘草、桔梗。　肢節腫痛羌活。　眼暴赤腫防風、芩、連、瀉火，當歸佐酒煎服。　眼久昏闇熟苄、當歸爲君，羌、防爲臣，甘草、甘菊之類佐之。　風熱牙疼喜冷惡熱，生苄、當歸、升麻、黃連、牡丹皮、防風。　腎虛牙疼桔梗、升麻、細辛、吳茱萸。　風濕諸病須用羌活、白术。　風冷諸病須用川烏。　一切痰飲須用半夏。風加南星，熱加黃芩，濕加白术、陳皮，寒加乾薑。　風熱諸病須用荆芥、薄荷。　諸咳嗽病五味爲君，痰用半夏，喘加阿膠佐之。不拘有熱無熱，少加黃芩。春加川芎、芍藥，夏加卮子、知母，秋加防風，冬加麻黃、桂枝之類。　諸嗽有痰半夏、白术、五味、防風、枳殼、甘草。　咳嗽無痰五味、杏仁、貝母、生薑、防風。　有聲有痰半夏、白术、五味、防風。　寒喘痰急麻黃、杏仁。　熱喘咳嗽桑白皮、黃芩、訶子。　水飲濕喘白礬、皂莢、葶藶。　熱喘燥喘阿膠、五味、麥門冬。　氣短虛喘人參、黃芪、五味。　諸瘧寒熱柴胡爲君。　脾胃困倦參、芪、蒼术。　不思飲食木香、藿香。　脾胃有濕嗜卧有痰，白术、蒼术、茯苓、豬苓、半夏、防風。　上焦濕熱黃芩瀉肺火。　中焦濕熱黃連瀉心火。　下焦濕熱酒洗黃蘗、知母、防己。　下焦濕腫酒洗漢防己、龍膽草爲君，甘草、黃蘗爲佐。　腹中脹滿須用薑制厚朴、木香。　腹中窄狹須用蒼术。　腹中實熱大黃、芒消。　過傷飲食熱物大黃爲君。冷物，巴豆爲丸散。　宿食不消須用黃連、枳實。　胸中煩熱須用卮子仁、茯苓。　胸中痞塞實用厚朴、枳實，虛用芍藥、陳皮，痰熱用黃連、半夏，寒用附子、乾薑。　六鬱痞滿香附、撫芎。濕加蒼术，痰加陳皮，熱加卮子，食加神麴，血加桃仁。　諸氣刺痛枳殼、香附，加引經藥。　諸血刺痛須加當歸，詳上下用根梢。　脇痛寒熱須用柴胡。　胃脘寒痛須加草豆蔻、吳茱萸。　少腹疝痛須加青皮、川楝子。　臍腹疼痛加熟苄、烏藥。　諸痢腹痛下後當歸、白芍、甘草爲君，當歸、白术佐之。先痢後便，黃蘗爲君，地榆佐之。先便後痢，黃芩爲君，當歸佐之。裏急，消、黃下之。後重，加木香、藿香、檳榔和之。腹痛用芍藥，惡寒加桂，惡熱加黃芩，不痛芍藥減半。　水瀉不止須用白术、茯苓爲君，芍藥、甘草佐之。穀不化，加防風。　小便黃澀黃蘗、澤瀉。　小便不利黃蘗、知母爲君，茯苓、澤瀉爲使。　心煩口渴乾薑、茯苓、天花粉、烏梅。禁半夏、葛根。　小便餘瀝黃蘗、杜仲。　莖中刺痛生甘草梢。　肌熱有痰須用黃芩。　虛熱有汗須用黃芪、地骨皮、知母。　虛熱無汗用牡丹皮、地骨皮。　潮熱有時黃芩。午加黃連，未加石膏，申加柴胡，酉加升麻，辰、戌加羌活，夜加當歸。　自汗盜汗須用黃芪、麻黃根。　驚悸恍惚須用茯神。　一切氣痛調胃，香附、木香。破滯氣，青皮、枳殼。泄氣，牽牛、蘿蔔子。助氣，木香、藿香。補氣，人參、黃芪。冷氣，草蔻、丁香。　一切血痛活血補血，當歸、阿膠、川芎、甘草。涼血，生地黃。破血，桃仁、紅花、蘇木、茜根、玄胡索、郁李仁。止血，髮灰、棕灰。　上部見血須用防風、牡丹皮、剪草、天麥門冬爲使。　中部見血須用黃連、芍藥爲使。　下部見血須用地榆爲之使。　新血紅色生地黃、炒卮子。　陳血瘀色熟地黃。　諸瘡痛甚苦寒爲君，黃芩、黃連。佐以甘草，詳上下用根梢及引經藥。十二經皆用連翹。知母、生地黃酒洗爲用。參、芪、甘草、當歸，瀉心火，助元氣，止痛。解結，用連翹、當歸、藁本。活血去血，用蘇木、紅花、牡丹皮。脈沉病在裏，宜加大黃利之。脈浮爲表，宜行經，芩、連、當歸、人參、木香、檳榔、黃蘗、澤瀉。自腰已上至頭者，加枳殼引至瘡所。加鼠粘子，出毒消腫。加肉桂，入心引血化膿。堅不潰者，加王瓜根、黃藥子、三稜、莪茂、昆布。　上身有瘡須用黃芩、防風、羌活、桔梗。上截黃連，下身黃蘗、知母、防風，用酒水各半煎。引藥入瘡，用皂角針。　下部痔漏蒼术、防風爲君，甘草、芍藥佐之。詳證加減。　婦人胎前有病，以黃芩、白术安胎，然後用治病藥。發熱及肌熱者，芩、連、參、芪。腹痛者，白芍、甘草。　產後諸病忌柴胡、黃連、芍藥。渴去半夏加白茯苓，喘嗽去人參，腹脹去甘草，血痛加當歸，桃仁。 小兒驚搐與破傷風同。 心熱搖頭咬牙，額黃，黃連、甘草，導赤散。 肝熱目眩，柴胡、防風、甘草，瀉青丸。 脾熱鼻上紅，瀉黃散。 肺熱右腮紅，瀉白散。 腎熱額上紅，知母、黃蘗、甘草。

明・翁仲仁《痘疹金鏡錄》卷三 虛症禁用藥性 蟬蛻能開通肌竅，恐成表虛，耗泄元氣。 鼠粘子通肌滑竅，外致表虛，內動中氣，恐成泄脫。 人牙性烈，發表太過，內動中氣，外增潰爛。 紫草性寒，悞用溏便。 白术多用恐能燥濕，使潤濕之氣不行，則痘難成漿。 茯苓、猪苓燥濕滲泄，能令水氣下行小便，多用恐津液耗散，外不行漿，內防發渴。 訶子、龍骨、枯礬皆能阻塞肌腠，氣虛之症用此，毒愈不能前進，雖能澁泄，甚不可施。 凡治虛症泄瀉，只以補益為善。 車前、滑石性猛，利水極速，易傷脾胃，脾土一傷，則中氣必敗而塌陷，繼之內攻外剝，百變俱生。 山梔性寒降火，虛症便赤，必非實熱。 大黃蕩滌污穢，耗削胃氣，性寒潤下，雖熱渴便實，皆不可用。 生地性寒涼血，亦能潤腸。 枳殼下氣寬腸，多用則瀉。 天花粉解內熱。 乾葛療表熱性涼，外防表虛，內恐傷胃，況太涼則痘不長。 烏梅酸收，砂仁散氣。 山查散血解結，多用則內虛。 半夏性悍，多用則消渴。 麻黃開竅走泄，恐成表虛氣脫。【略】

治痘合用藥性 夫藥有寒熱溫平之性，酸苦辛鹹甘淡之味。 氣味陰陽不同，浮沉升降各異。 辛甘發散氣為陽，酸苦湧泄味為陰。 濁之濁者走于五臟，清之清者發其腠理；清之濁者四肢可實，濁之清者六腑堪至。 淡則滲而酸則收，辛散可識；鹹則軟而苦則泄，甘緩須知。 橫行直達，治法不同；稍降根升，製宜尤異。 故藥性為立方之大旨，治病之樞機也。 開具于後：

升麻： 苦辛，微寒。 解熱毒，發散瘡疹，初熱時用。 柴胡： 苦平，性寒。 解肌表熱毒，用之托痘。 麻黃： 苦甘，性溫。 發熱惡寒者用散寒邪，見瘡不用。 紫蘇： 辛，溫。 痘前乾熱，無汗暫用。 葛根： 甘平，寒。 解肌表熱，口乾渴者可用，見點不用。 前胡： 苦，微寒。 傷風咳嗽痰涎，可用解熱。 羌活： 苦甘，溫。 感風邪遍身肢節痛，太陽表裏熱俱用。 防風： 甘辛，微溫。 風熱盛者可用。 白芷： 辛，溫。 去頭痛皮膚之風，除身熱瘡痒之痺。 桔梗： 苦辛，溫。 寬胸膈，理咳嗽，利咽喉，為諸藥舟楫。 蟬退： 甘，溫。 退風熱，解毒發痘，紅紫熱盛者可用。 紫草： 苦，寒。 痘紅紫熱盛者可用，能散血解毒起痘。 陳皮： 辛苦，溫。 健脾胃，溫中化痰，理氣退熱俱可用。 半夏： 辛，溫。 化痰涎，和脾胃，止嘔吐俱用。 茯苓白： 甘淡，溫。 利水除濕，益氣和中，痘後泄瀉亦用。 厚朴： 苦辛，溫。 消腹脹，健胃寬中，泄瀉亦用。 人參： 甘，溫。 止渴生津，痘後元氣虛弱，補劑必用。 黃芪： 甘，溫。 實腠理，排膿，補氣虛，痘後托裏必用。 甘草： 甘平。 生瀉火解熱毒，炙健脾和諸藥常用。 白术： 甘，溫。 健脾消痞，止瀉補虛，熱盛煩渴不用。 川芎： 辛，溫。 利頭痛，補血虛，血滯者可用。 當歸： 辛，溫。 養血行血，痘內血虛、血熱多用，瀉不用。 青皮： 苦，寒。 破下焦滯氣，退熱消食。 砂仁： 辛，溫。 止嘔吐，消食健胃，止腹痛，孕胎痘必用。 藿香： 甘，溫。 止嘔開胃，進食溫中。 紅花： 辛，溫。 治痘中血熱，多則行血，少則引血歸經。 牡丹皮： 辛苦，寒。 去腸胃積血，痘紅盛者用以涼血。 地骨皮： 苦平，寒。 治骨蒸之熱。 大腹皮： 辛，微溫。 消浮腫，除腹脹，散毒氣。 蘇子： 辛，溫。 寬胸下氣，止嗽消痰。 芍藥白： 苦酸，微寒。 破堅積，補血制肝，消癰毒，除腹痛。 牛蒡： 辛，寒。 治喉痛，解風熱毒，痘紅紫熱盛者可用。 細辛： 辛，溫。 開竅止嗽，療齒痛，散頭面諸風。 殭蠶： 鹹辛，微溫。 除風熱，解毒，痘用和血，貫漿定痒。 川山甲： 辛，微寒。 解熱，大能起痘，防燥咽喉。 皂角： 辛，微溫。 解熱毒用之引諸藥直達瘡所。 桑皮： 甘，寒。 瀉肺定喘，下氣寬胸。 附子大： 辛，大熱。 轉厥逆，痘寒不起，泄瀉不止暫用。 香附： 辛，微熱。 開鬱行滯氣，消食助胃。 黃連： 苦，寒。 瀉心火，厚腸胃，止驚悸，痘中血熱必用。 黃柏： 苦，寒。 補腎虛，降龍雷之火。 山梔： 苦，寒。 涼心腎，治衄血，散客熱，療虛煩。 犀角： 苦酸鹹。 去心火之熱毒，痘血熱者磨用。 生地： 苦甘，寒。 涼心火之血熱，瀉脾土之濕熱。 熟地： 甘平。 滋腎水，補血，益真陰，痘中用恐滯血。 蒼术： 甘，溫。 燥脾去濕，消食寬中。 金銀花： 甘平。 解諸熱毒，痘紅紫毒盛者可用。 丁香： 辛，熱。 脾胃受寒，或吐或瀉，痘白者可用。 乾薑： 辛，熱。 脾胃虛寒嘔逆，痘白身涼可用起痘。 肉桂： 辛，熱。 表證虛寒，痘白不紅潤者可用。 訶子： 苦，溫。 腸胃虛寒，泄瀉不止者可用。 山查： 甘，溫。 行氣化痰，起痘消食，有制參芪之功。 大黃： 苦，大寒。 通大腸燥結，瀉諸實熱暫用。 滑石： 淡，大寒。 利小便，解心火之毒，熱閉者可下。 木香： 苦辛，溫。 和胃健脾，痘痢散諸滯氣如神。 肉荳蔻： 辛，溫。 內虛胃停食，瀉不止者可用。 木通： 甘平。 利水行氣，熱閉不通者可用。　連翹：苦平。退五心煩熱，散痘中熱毒。　瓜蔞仁：苦，寒。潤肺下氣，寬胸膈，止嗽定喘。　菊花：甘平。治痘入目，紅絲翳膜。　杏仁：苦，溫。潤肺止嗽，潤大腸。　羚羊角：苦，寒。清肺肝，解熱毒，痘紅盛者可用。　赤芍藥：苦酸，微寒。攻血癉，止腹痛，解熱毒。

象牙：淡鹹。能起痘，眼中有痘磨水搽上妙。　枳殼：苦酸，微寒。破滯氣，大腸熱盛者可用。　枳實：苦酸鹹。寬胸下氣，小腸熱者可用。　玄參：酸苦，微寒。消癰毒，治頸中痰熱，退無根之火。　麥門：甘平。止口乾煩渴，退肺中伏火及心熱。　荊芥：辛苦，溫。疎風退上焦火為至要，治發狂譫語。　薄荷：辛，溫。消風熱，清頭面之腫。　貝母：辛苦，微寒。消痰止嗽，利心肺，除風熱。　膽星：苦辛。除風痰，利胸膈，破堅消腫。　乳香：辛苦，溫。調血氣，定諸經之痛，痘餘毒用。　沒藥：苦辛平。破血理氣，止痛療癰，痘後餘毒用。　鹿茸：甘，溫。痘色灰白不起用之，亦能行氣貫膿。　牛膝：苦酸平。活血生血，引諸藥下行。　何首烏：苦澁，溫。治痘血熱痒塌。　天麻：辛甘。治風熱頭眩，療痳痺驚癇。　檳榔：辛苦，溫。墜滯氣，治後重如神，大便秘者暫用。　石膏：酸辛淡，寒。降胃火，消痰，止煩渴。　知母：苦，寒。滋陰補腎，散下焦之火邪。　澤瀉：甘鹹。利水通淋，補陰滋血。　麥芽：甘，溫。消食健脾。　神麯：甘，溫。開胃進食，中焦停滿可用。　冰片：辛，熱。狂躁熱盛者用一二釐，以猪尾血丸服。　硃砂：甘，微寒。熱盛狂言可用少許安神。　麝香：辛，溫。辟穢氣，開竅，少用藥內能起痘。　牛黃：苦，寒。解心火之毒，發狂譫語可用。　人牙：淡鹹。灰白黑陷，火煅一二釐，加麝香起痘。　龍膽：苦，寒。解煩熱，利小便，散熱毒。　黃芩：苦，寒。瀉肺火，解肌熱，上焦熱者必用。　五味：酸，溫。能歛肺氣，消痰止嗽，滋腎水，生津止渴。　苡仁：甘，微寒。除風濕，理脚氣。　山藥：甘，溫。補脾，除腰濕。　鷄冠血：冠頂血至清高，屬巽風，和白酒，漿易發痘。　桑蟲：大能發痘，或隨出隨沒者用之。　糯米：甘，溫。溫脾胃之中氣，制紫草之餘寒。　黃米：甘，溫。益真氣而和胃氣。　生薑：辛，溫。止嘔和中，助陽發表，又助參芪之力。　大棗：甘，溫。安中養脾，助十二經，平胃氣，生津液。

明・龔廷賢《萬病回春》卷一　諸病主藥　中風卒倒不語，須用皂角、細辛，開關為主。　痰氣壅盛，須用南星、木香為主。　語言蹇澁，須用石菖蒲、竹瀝為主。　口眼喎斜，須用防風、羌活、竹瀝為主。　手足搐搦，須用防風、羌活為主。　左癱屬血虛，須用川芎、當歸為主。　右瘓屬氣虛，須用參、术為主。　諸風，須用防風、羌活為主。　傷寒頭痛，須用羌活、川芎為主。　遍身疼痛，須用蒼术、羌活為主。　發汗，須用麻黃、桂枝為主。　久汗不出，須用紫蘇、青皮為主。　表熱，須柴胡為主。　止汗，須用桂枝、芍藥為主。　裏熱，須用黃連、黃芩為主。　大熱譫語，須用黃連、黃芩、黃栢、梔子為主。　發狂大便實，須用大黃、芒硝為主。　發渴，須用石膏、知母為主。　胸膈膨悶，須用桔梗、枳殼為主。　心下痞悶，須用枳實、黃連為主。　懊憹，須用梔子、豆豉為主。　虛煩，用竹葉、石膏為主。　不眠，須用竹茹、枳實為主。　鼻乾不得眠，須用葛根、芍藥為主。　發斑，須用玄參、升麻為主。　發黃，須用茵陳、梔子為主。　中寒陰症，須用附子、乾薑為主。　中暑，須香薷、扁豆為主。　中濕，須用蒼术、白术為主。　瀉心火，須用黃連為主。　瀉肺火，須用黃芩為主。　瀉脾火，須用芍藥為主。　瀉胃火，須用石膏為主。　瀉肝火，須用柴胡為主。　瀉腎火，須用知母為主。　瀉膀胱火，須用黃栢為主。　瀉小腸火，須用木通為主。　瀉屈曲之火，須用梔子為主。　瀉無根火，須用玄參為主。　內傷元氣，須用黃芪、人參、甘草為主。　脾胃虛弱，須用白术、山藥為主。　消食積，須用麥芽、神麯為主。　消肉積，須用山查、草果為主。　消酒積，須用黃連、乾葛、烏梅為主。　消冷積，須用巴豆為主。　消熱積，須用大黃為主。　六鬱，須用蒼术、香附為主。　結痰，須用瓜蔞、貝母、枳實為主。　濕痰，須用半夏、茯苓為主。　風痰，須用白附子、南星為主。　痰在四肢經絡，須用竹瀝、薑汁為主。　痰在兩脇，須用白芥子為主。　老痰，須用海石為主。　肺寒咳嗽，須用麻黃、杏仁為主。　肺熱咳嗽，須用黃芩、桑白皮為主。　咳嗽日久，須用款冬花、五味子為主。　氣喘，須用蘇子、桑白皮為主。　瘧疾新者宜截，須用常山為主。　瘧疾久者宜補，須用白豆蔻為主。　痢疾初起者宜下，須用大黃為主。　痢屬熱積氣滯，須用黃連、枳殼為主。　裏急後重者，須用木香、檳榔為主。　久痢白者屬氣虛，須用白术、茯苓為主。　久痢赤者屬血虛，須用當歸、川芎為主。　泄瀉須用白术、茯苓為主。　水瀉須用滑石為主。　久瀉須用訶子、肉豆蔻為主。或加柴胡、升麻，升提下陷之氣，其瀉自止。　霍亂，須用藿香、半夏為主。　嘔吐，須用薑汁、半夏為主。　欬逆，須用柿蒂為主。　吞酸，須用蒼术、神麯為主。　嘈雜，須用薑炒黄連、炒梔子為主。　順氣須用烏藥、香附為主。　痞滿，須用枳實、黄連為主。　脹滿，須用大腹皮、厚朴為主。　水腫，須用猪苓、澤瀉為主。　寬中，須用砂仁、枳殼為主。　積聚，須用三稜、莪术為主。　積在左是死血，須用桃仁、紅花為主。　積在右是食積，須用香附、枳實為主。　積在中是痰飲，須用半夏為主。　黄疸，須用茵陳為主。　補陽，須用黄芪、附子為主。　補陰，須用當歸、熟地為主。　補氣，須用黄芪、人參為主。　補血，須用當歸、生地為主。　破瘀血，須用歸尾、桃仁為主。　提氣，須用升麻、桔梗為主。　癆熱痰嗽聲嘶，須用竹瀝、童便為主。　暴吐血，須用大黄、桃仁為主。　久吐血，須用當歸、川芎為主。　衄血，須用枯黄芩、芍藥為主。　止血，須用京墨、韭汁為主。　溺血，須用梔子、木通為主。　虚汗，須用黄芪、白术為主。　眩暈，須用川芎、天麻為主。　麻者是氣虚，須用黄芪、人參為主。　木者是濕痰死血，須用蒼术、半夏、桃仁為主。　癲屬心，須用當歸為主。　狂屬肝，須用黄連為主。　癇症，須用南星、半夏為主。　健忘，須用遠志、石菖蒲為主。　怔忡驚悸，須用茯神、遠志為主。　虚煩，須用竹茹為主。　不寐，須用酸棗仁為主。　頭左痛，須用芎、歸為主。　頭右痛，須用參、芪為主。　頭風痛，須用藁本、白芷為主。　諸頭痛，須用蔓荆子為主。　烏鬚黑髮，須用何首烏為主。　耳鳴，須用當歸、龍薈為主。　鼻中生瘡，須用黄芩為主。　鼻塞聲重，須用防風、荊芥為主。　鼻淵，須用辛夷仁為主。　口舌生瘡，須用黄連為主。　牙痛，須用石膏、升麻為主。　眼腫，須用大黄、荊芥為主。　眼中雲翳，須用白豆蔻為主。　翳障，須用蒺藜、木賊為主。　内障昏暗，須用熟地黄為主。　肺癰肺痿，須用薏苡仁為主。　咽喉腫痛，須用桔梗、甘草為主。　結核瘰癧，須用夏枯草為主。　心胃痛，須用炒梔子為主。　腹痛，須用芍藥、甘草為主。　腹冷痛，須用吴茱萸、良薑為主。　止諸痛，須用乳香、沒藥為主。　腰痛，須用杜仲、故紙為主。　脇痛，須用白芥子、青皮為主。　手臂痛，須用薄桂、羌活為主。　疝氣，須用小茴香、川楝子為主。　脚氣濕熱，須用蒼术、黄柏為主。　下元虚弱，須用牛膝、木瓜為主。　痿躄，須用參、芪為主。　肢節痛，須用羌活為主。　半身不遂，須用何首烏、川草烏為主。　諸痛在上者屬風，須用羌活、桔梗、桂枝、威靈仙為主。　在下者屬濕，須用牛膝、木通、防已、黄柏為主。　消渴，須用天花粉為主。　生津液，須用人參、五味子、麥門冬為主。　赤白痢，須用茯苓為主。　遺精，須用龍骨、牡蠣為主。　小便閉，須用木通、車前子為主。　大便閉，須用大黄、芒硝為主。　便血，須用槐花、地榆為主。　痔瘡，須用黄連、槐角為主。　脱肛，須用升麻、柴胡為主。　諸蟲，須用使君子、檳榔為主。　婦人諸病，須用香附為主。　婦人腹痛，須用吴茱萸、香附為主。　婦人經閉，須用桃仁、紅花為主。　婦人血崩，須用炒蒲黄為主。　婦人帶下，須用炒乾薑為主。　婦人安胎，須用條芩、白术為主。　婦人産後虚熱，須用炒黑乾薑為主。　婦人産後惡露不行，須用益母草為主。　婦人難産，須用芎、歸為主。　婦人乳汁不通，須用川山甲為主。　婦人吹乳，須用白芷、貝母為主。　小兒疳積，須用蘆薈、蓬术為主。　小兒驚風，須用朱砂為主。　諸毒初起，須用艾火灸之為主。　發背，須用槐花為主。　癰疽，須用金銀花為主。　敗膿不去，須用白芷為主。　惡瘡，須用貝母為主。　疔瘡，須用白礬為主。　便毒，須用川山甲、木鱉子為主。　魚口瘡，須用牛膝、川山甲為主。　疳瘡，須用五倍子為主。　楊梅瘡，須用土茯苓為主。　臁瘡，須用輕粉、黄柏為主。　杖瘡跌傷，須用童便、好酒為主。　疥瘡，須用白礬、硫黄為主。　癜風，須用蜜陀僧為主。　諸瘡腫毒，須用連翹、牛蒡子為主。　破傷風，須用南星、防風為主。　湯燙火燒，須用白礬、大黄為主。　犬咬傷風，須用杏仁、甘草為主。　癲狗咬傷，須用斑猫為主。　蛇咬傷，須用白芷為主。　中諸毒，須用香油灌之為主。　中砒毒，須用豆豉、蚯蚓為主。　諸骨骾喉，須用狗涎頻服為主。

明·佚名氏《痘疹寶鑑》卷下　如治痘症，有用陳氏辛熱之藥者，有用劉氏苦寒之藥者，有錢氏溫中之藥者，有用朱氏清涼之藥者，有用仲景寒涼解表如升麻葛根之藥者，有用百祥丸者，有用人牙麝香或効或不効，何各有所宜，但有虚實寒熱之不同耳。

且如痘瘡用陳氏木香散辛熱之藥，内有丁香、官桂，以治肺經之寒，白术、半夏以治脾經之濕；　肺果有寒，脾果有濕，此中病藥也。否則用此燥熱之劑，何處消受，反為害而死者多矣。

如當歸散，胡氏三黄熟艾湯，評其藥性，黄連、黄芩苦寒之藥，治脾肺二經之熱也。　肺果有火，脾果有熱，此亦中病之藥，用之必効。　若肺無火，脾無熱者，用之大寒之劑，損傷之藥，不旋踵而亡矣。

且如陰虛發熱，滿口生瘡，唇口破裂，面赤如粧，六脉虛縮，此乃虛火上升之故，醫者以為熱格，俱用太寒之藥，以致犯而不悟，殊不知水格以火內真寒，外有假熱，是足太陽標本之病也。

有用錢氏白术散，氣虛胃實者用之必効。若氣實脉實者服之，必胸膈悶飽，氣反短促，絕食而死。

有用朱氏化毒湯、消毒飲之類，消毒清涼之藥，內有牛蒡子、荊芥、紫草茸，治熱毒熾盛之症則効；若內有實熱，胃有邪，妄者服之，必致凝滯氣血，瘡不能發，反生他症矣。

有用升麻葛根湯治痘，已發未發一概施治，悞人多矣。此藥施於未發之先，解利肌表之熱，自然當散；如有表虛自汗，亦宜禁之也。已發之後，切不可服。而其藥性寒涼，凝滯氣血，毒不能散，反以為害。結痂之際，而有可服之理，使其餘毒解散，氣順血和，免生痘癰有熱者也。

或問紫草茸飲服之或有効者何？答曰：脾虛泄瀉，灰白陷頂者，反以服之則為害。蓋紫草性寒，故不可服。或初出之時，身熱瘡紫不能起發，裏實熱服之則効。按戴氏紫草茸□□□□，此方□□□二字。蓋茸者，春日初前之芽，色澀而嫩，得人參、黃芪、當歸、芍藥、甘草、川芎之類，佐之始効。今人不達其理，一味脾病虛者服之，反作泄瀉，瘡陷而死者多矣。如瘡色焦紫，身熱，大小秘結者服之，得命活者多矣。

明・萬邦孚《萬氏家抄濟世良方》卷六 用藥大略：頭角痛用川芎，血虛亦用。〇頂巔痛用藁本。〇遍身肢節痛用羌活，風濕亦用。〇腹中痛用炒芍藥、厚朴。〇臍下痛用茴香、玄胡索。〇心下痛用吳茱萸。〇胃脘痛用草豆蔻。〇脇下痛用柴胡、青皮。日晡潮熱往來用柴胡。〇莖中痛用生甘草稍。〇氣刺痛用枳殼。〇胸中寒痞用去白陳皮。〇腹中窄用蒼术。〇破血用桃仁。〇活血用當歸。〇補血用川芎。〇調血用丹參。〇補元氣用人參。〇調諸氣用木香。〇破滯氣用枳殼、青皮。〇肌表熱用黃芩，去痰熱亦用。〇去痰用半夏。〇去風痰用南星。〇諸虛熱用黃芪，盜汗亦用。〇脾胃濕用白术，去痰亦用。〇下焦濕腫用漢防己、草龍膽。〇中焦濕熱用黃連，下焦濕熱用條芩。〇煩渴用白茯苓、葛根。〇嗽用五味子。〇欬有聲無痰，用生薑、杏仁、防風。〇咳有聲有痰，用半夏、枳殼、防風。〇喘用阿膠、天門冬、麥門冬。〇諸泄瀉用白芍、白术。〇諸水瀉用白术、白茯苓、澤瀉。〇諸痢疾用當歸、白芍。〇上部見血用防風。〇中部見血用黃連。〇下部見血用地榆。〇眼暴發用當歸、黃連、防風。〇眼久昏用熟地、當歸、細辛。〇解利傷風用防風為君，白术、甘草為佐。〇解利傷寒用甘草為君，防風、白术為佐。〇諸風用防風、天麻。〇諸瘡瘍用黃栢、知母為君，連翹、黃芩為佐。〇小便不利用黃栢、知母為君，茯苓、澤瀉為佐。〇瘧疾用柴胡為君，隨所發時所屬經部分以引經藥導之。

明・涂坤《百代醫宗》卷二 五氣切要藥性風熱濕燥寒 【略】右五氣藥性，乃是風、寒、濕、燥、熱之五氣也。醫家切用之劑，除治風門通用外，治熱門宜與治燥門兼用，治濕門宜與治寒門兼用。熱燥屬陽，寒濕屬陰故也。蓋瘦人多血虛而熱燥，肥人多氣虛而寒濕，宜分類推治。按藥有寒、熱、溫、涼、平和之性，辛、甘、淡、苦、酸、鹹之味，升、降、浮、沉之理，宣、通、補、瀉之機。經曰：補瀉在味，隨時換氣。故辛以散之，謂散其表裏拂鬱也。甘以緩之，謂緩其大寒大熱也。淡以滲之，謂滲其內濕，利小便也。苦以瀉之，謂泄其上升之火也。酸以收之，謂歛其耗散之氣也。鹹以軟之，謂軟其燥硬之性也。春氣溫而宜涼藥，夏氣熱而宜寒藥，秋氣涼而宜溫藥，冬氣寒而宜熱藥。否則，病與時違，不拘此例，病在上而宜升藥，病在下而宜降藥，病在外而宜浮藥，病在內而宜沉藥，故曰浮、沉、升、降則順之，謂順其藥性浮、沉、升、降之義也。寒、熱、溫、涼則逆之，謂逆治其時，寒熱溫涼之病也。醫者宜細思之。【略】

瘡門捷徑用藥法 瘡屬熱、屬毒，故治瘡多用清熱解毒藥。亦因氣逆血滯，又宜行氣活血藥。其瘡服藥，不過解毒清熱，行氣活血，生血補氣之藥，又何他論哉？此惟贅其傳瘡之藥而已。或有所載而未盡詳者，始亦附此。

明・鄭全望《瘴瘧指南》卷上 升藥：南方之地，其氣不正，陰常盛，春夏多寒，陽恒泄，秋冬多熱，陽外而陰內，陽浮而陰閉，故人得病多內寒外熱，下寒上熱。醫者不察，概用升陽發表等藥，致病者痰滯神昏，而不知人。服多者氣逆，噦而汗出即逝。蓋瘴病之作，秋冬為多。人之陽氣，春升夏浮，秋降冬藏。秋冬熱，是行夏浮之令，而秋冬之令不行，陽氣之不降也明矣。陽氣不降，則中下二焦空虛而寒。大法升降浮沉則順之，寒熱溫涼則逆之。知此者急使陽氣下降及溫中之不暇，而況敢用升浮涼藥，以犯逆時之戒乎？

凡升陽之藥，味辛性涼，味辛便能散真氣，性涼非脾胃虛寒所宜。因其升，故心肺之陽不降，所以神愈昏不知人。因其散氣，故中氣愈虛，不能運痰，所以痰滯。因其性涼，脾胃愈寒，所以發噦。因其發汗，故汗一出，翻然作冷，上焦幾微之間，氣隨汗而出，所以即逝。議論至此，治瘴者，豈可以升陽風藥而妄用之哉？所謂升陽風藥者。如升麻、防風、荊芥、羌活、獨活、前胡、薄荷、天麻、蔓荊、葛根、細辛、白芷、川芎、紫蘇之屬是也。予觀今之醫瘴病者，不識其端，妄以頭痛發熱、身痛口渴為時行寒疫，用敗毒散及升陽散火湯二三服，則痰滯不語，目瞪口噤。元氣素實者，熱退時此證亦退而甦，熱來時其證復來，此時急宜溫中利痰，用治瘴正法，多有得生者。若元氣虛，服三四服即變瘂瘴，七日外竟成大夢。又有一等元氣極實者，服前藥亦不痰滯，亦不變瘂，止是熱不退，直至十四日內熱微時，方作噦而逝。此等變證，不惟敗毒散火湯，雖參蘇飲，變證亦如此。

降藥：《經》曰重陰必陽，重陽必陰。瘴病之作，天氣熱而人身亦熱，上多燥渴，心胸煩熱，是重陽也。而鼻尖涼，腰足冷痛，是陰寓於其中也。又寒極生熱，熱極生寒，故瘴之始作也，必大熱。及其病退也，身無尺寸之膚，下如冰冷。醫者不知此理，見其發熱煩躁，舌黑，面紅，目赤，脈弦數，便以為大熱之證，用苦寒降藥，如黃芩、黃連、梔子、黃栢、知母之屬，愈投愈劇，連服數劑，則上熱未降，中寒大作，或變瘂，或痰滯，或發噦，或手足稍冷厥而泄。諸證一起，百無一生。又有甚者，見其煩躁引飲，而用白虎湯、石膏湯。見其舌黑，大便秘，小便赤，而用大柴胡湯、承氣湯。此藥下咽，或即發狂而斃，或即痰滯而卒，頃刻危亡。是知瘴病未必遽能危人，醫危之也。苦寒降藥，如天花粉、木通、滑石、車前子、玄參、連翹、玄明粉、生地黃之類，亦不可輕用。醫者審之，庶不誤人。【略】

麻黃：《衛生方》云：麻黃生於中牟。有麻黃之地，冬雪不積，蓋麻黃能泄內陽故也。今南方無霜雪，皆如麻黃之地，陽氣恒泄，即此可知。人居其間，不勞麻黃而自汗，有病則不宜輕發汗，輕用麻黃，此理甚明。前輩詩云：四時恒是夏，一雨便成秋。讀此一聯，不惟知南方天氣，亦可觸類而知。夫人之病也，假如病者多熱，纔經一汗，便翻然為冷，是豈宜輕發汗耶？如五積散、通關散、金沸草散、九寶散、小續命湯、十神湯、香蘇散，俱有麻黃，雖有主對，亦不可服。若麻黃湯、青龍湯，南方尤不可遽用也。今人例以麻黃為發散藥，殊不知其力祇能驅我之內陽，以劫外寒也。古今方書用治肺經咳嗽，以肺之性惡寒，肺為嬌臟，易於感寒，乃宜用之。仲景治足太陽傷寒，以太陽在表，非汗不解；及治少陰經傷寒，發熱脈沉，蓋少陰當無熱惡寒，反發熱者，邪在表也，故以溫劑佐之，發中有補，皆所當用也。除此三經，方書已自少用。況南方不寒之地，瘴氣交重，瘴病豈盡因感寒耶？不因感寒，不用麻黃，又何不可？《南史》記范雲欲赴梁武帝九錫之命，忽爾傷寒。召醫徐文伯治之。恐不得與慶事，實告之曰：欲即愈，當先期取汗，但不免妄泄元陽，恐二年後不復起矣。雲曰：朝聞夕可，況二年乎？文伯燒地布蓆，置雲於上，得汗而解。雲大喜。文伯曰：不足喜也。後二年果應。夫發汗先期，尚促壽限，況不當汗而汗乎？又嘗見有染瘴者，上熱下寒，腰足寒痛，自謂五積散證也，遂倍加麻黃，多衣覆汗，竟成重證。雖服真武湯，亦莫能救。并贅於此，為妄用藥者之戒。大凡瘴病誤用麻黃，服後啞者，七日內死。或筋惕肉瞤者，十四日內死。或目赤上氣喘促者，十四日內死。若汗出不止，脈細如無悸動寒戰發噦者，即時死。余常目擊，可不慎哉！

柴胡：《衛生方》云：夫人身本地水火風四大假合，陰陽和會，上焦屬火為陽，下焦屬水為陰，遇有寒熱，見上熱下寒之疾，不能升降既濟之，而反用藥，實實虛虛，則水火解散，而人身壞矣。嘗謂見柳司教彭亮，一日染瘴，身熱心煩，自以為實熱，乘渴以冷水吞黃連黃芩丸，又取冷水以漬胸膈，至日晡小便漸多，更服黃芩湯、小柴胡湯，是夜連進數服，小便愈數。次日早，熱漸纔退，而即逝。可畏哉！夫下元為人身根本，根本既虛，身乎何有？小柴胡湯，今人但知為可用退熱，抑知其所以用乎？夫仲景製方，惟用之以治足少陽膽經傷寒。蓋膽無出入道路，柴胡乃本經藥，邪在半表半裏，非柴胡、黃芩之苦能發傳經之熱則不可。佐以半夏之辛，以散除煩嘔。復用人參、甘草之甘，以緩中和之氣，又且存攻守之意也。倘不擇其可而概用之，鮮有不蹈彭司教之轍者。大凡瘴病誤用柴胡湯，服後愈增煩渴，舌愈黑，身沉重，自利頻頻，手稍冷漸漸厥者，二三日決死。或發噦者，七日內死。或痰逆而啞者，七日死。俱所目擊者，或曰：若然，柴胡斷不可用與。余曰：柴胡能治邪氣在半表，非不可用也。但必須其證一定不可已，方可用之。亦不可遽用，其性極寒，必須先溫中，固下正氣後，及十四日後，其病退時，脈亦弦數，外證的係實熱，方可用之。亦當與正氣平胃養胃兼用可也。或李待制柴胡散，尤為穩當。

檳榔：嶺表之俗，多食檳榔。蓋謂瘴瘧之作，率由飲食過度，氣痞痰結。而檳榔最能下氣消食去痰，故土人狃於近利，而暗於遠害。此謂北人之飲酥酪，塞北地寒，食酥酪膚理縝密。一旦病疫當汗，則寒塞而汗不得出。南方地熱，食檳榔，不知檳榔味辛，能下泄元氣，大泄胸中至高之氣，久食檳榔，臟氣疏泄。一旦病瘴，元氣已自虛羸，故不能堪。所以南方多體瘠色黃，夫豈全是氣候所致？蓋亦檳榔為患，殆不思耳。

附子：《衛生方》云：重陽必陰，重陰必陽。寒熱之變，物極則反。今瘴病或始寒戰而終大熱，或連日極熱而後作寒，正謂此也。第傷寒以不飲水為內寒。瘴則內寒者也，亦飲水，甚則欲坐水中，取水以漬其心胸。蓋炎方受病，氣專炎上，心肺焦熬，華蓋乾涸，所以多渴。若其脈浮而虛，按之無力。又或病潮時，脈洪數。病不潮時，脈微弱。其證則心煩躁，額上極熱，面色多赤，舌多黑，頭或痛或不痛，小便或頻或赤，大便或泄，腰腿沉重，兩足不熱，甚者寒厥或疼。誤服涼藥，則渴轉甚，燥轉急。治此者，當引上焦熱氣降於下焦，正宜用大附子，及灸丹田、氣海、足三里等穴，使下元暖，陰陽交泰，而病自和解矣。或曰：口渴心煩，面赤舌黑，小便赤，脈數，明是熱證，而子謂治此病者，宜用大附子，附子乃大熱藥也，以之治大熱之病，是以火濟火，甚駭耳目，吾子其有說以通之乎？余曰：方書有云，凡間之火得木則炎，得水則伏，其疾之小者似之，故立方有正治。龍雷之火，得木則燔，得水則炎，日出則滅，其疾之大者似之，故立方有從治。復佐以熱因寒用之，寒因熱用之之理。今人染瘴，或啞而不能言，或熱而精神昏亂，如臥炭火之中，去死一間，不謂之火病可乎？所以立從治之方，有薑附湯、乾薑附子湯、沉附湯、附子冷湯、附子理中湯、真武湯、冷香湯、七棗湯，極重三建湯，雖各有主對，俱係溫劑，合冷服之，或佐以涼藥，乃寒因熱用也。或曰：以熱治之之法，既聞命矣。而三建湯用川烏、附子、天雄，乃一物也，何以別之？余曰：以春月採小者為川烏，主除寒濕去痰。冬月採大，而有小子附於旁者為附子，主回陽反本，補下焦之陽虛。大而旁無小子者為天雄，取其雄不孕子之意，其力全無分散，補上焦之陽虛。以三物同一本，出於建平，故名曰三建。瘴虛因醫者誤用涼藥，以致四肢厥冷，頭額虛汗，發噦，脈數而促，證甚急，用之能收心液，能止真陽，多有得生者。

常山：瘴與瘧，似同而實異。故瘴之輕者，全類瘧疾。醫者不知治瘴之法，例用常山、白砒及草果，湧吐其痰，致元氣實者，荏苒難安，元氣弱者，即加腫脹，多致不起，深可太息。蓋瘴疾因陽氣不降，又吐之，則不降之陽氣愈升，中氣愈虛，其不危者幾希。故白砒、草果，毫不可用。若常山猶有用處，其力能去皮膚毛孔中之瘴氣，寒熱所感，邪氣多在榮衛皮肉之間。欲除根本，非常山不可。然常山多能吐，人須製之使不吐，方可用。七寶飲冷服之，不吐。截瘧丸，日服六七次，酒送之，亦不吐。屢驗之藥也。當知此藥乃末後之兵，方其瘴之始發，必先正氣和解，溫中鎮下，固守乎病人元元之氣，兵法所謂避其來鋭是也。及其熱之間斷也，明見其作息有時，一日一作，只有五六時即退，或間一日一作，審知其脾胃已和，下焦濕冷已去，元氣漸而平復，邪熱漸微漸短，即用七寶飲、截瘧丸，則應手而愈，兵法所謂擊其惰歸者是也。苟不明此理，當其病熱正盛，而用常山，則非徒無益，而正氣愈損矣。

黃芪、白朮、肉桂：瘴疾之作，率由暑熱，所以腠理不密，多自汗。醫者因其自汗，以治瘴之法治之，用參、芪、歸、朮之劑補之，服後愈覺煩悶難安，神識昏迷。不知天熱氣蒸，得雨方解。瘴病熱蒸，得汗方除。白朮止汗，黃芪止汗，密腠理，汗不得出，熱蒸無由得解，更作煩悶神昏，故白朮、黃芪亦不宜遽用。或曰：白朮、黃芪，其性斂汗，為不可用，而肉桂亦非汗藥，何又用之？余曰：肉桂固能止汗，本草有曰主溫中，又曰本乎地者親下，補腎用肉桂，故其性亦能引上焦之陽氣，下達腎經，故可用。或曰：子言天氣熱蒸，得雨方解。瘴病熱蒸，得汗方除。今病者自汗，宜其瘴之愈也，何又不除？余曰：此自汗略得舒片時之熱悶耳，若欲其愈，必也溫中固下，正氣和解，使陰升陽降，榮衛和調，邪無容地，自然大汗如雨，自頭至足，無處不出，大汗後渾身冰冷，惟口中所出之氣略溫。此等證候不見，瘴熱不復來矣。此時惟當慎其調攝，得百日，元氣可復常耳。

酒：《本草》載：三人晨同行觸霧，空腹者死，食粥者病，惟飲酒者獨不病。南方天氣，清晨多霧而寒，故人相勉以飲酒，謂其可以禦寒辟瘴。殆不知乃發瘴之源也，蓋南方暑濕，飲酒則多中暑濕毒，兼瘴瘧之作，率由上膈痰飲，而酒尤能聚痰。嶺外諺云：莫飲卯時酒，莫飽申時飯。此誠攝生之要也。然忌夕食者，人雖易曉。戒卯時酒者，人以為疑。蓋南方氣候不常，雖盛夏陰雨必寒，雖隆冬日出必暖，一日之間，寒燠屢變，要之晝多燠，夜多寒。飲酒過度，固非所宜，而卯酒尤甚。方其朝寒而飲，遇暴熱，則必聚痰以為病也。

明·芮經《杏苑生春》卷三　用藥增損　人之染患疾病，皆由四氣七情乖於調攝，致使臟腑陰陽違和，百痾生焉。往古聖賢，憫生民之疾苦，制法立方，垂福於世。其間症候變化不一，若非增損，曷能盡隨時取中之竗。人徒知藥之神者乃藥之力，殊不知用藥者之力也。人徒知辨真偽識藥之為難，殊不知分陰陽用藥之為尤難也。故推證求源，謹集用藥凡例，開列於左，倘症治自有別意，增損不在常例者，就隨原法方下注寫，但於凡例通行合用者，於此求焉。　諸風加防風、天麻、竹瀝、生薑自然汁。　中寒厥冷氣脫加炮黑附子。　中暑加香薷、黃連。　中濕加蒼朮、白朮。　頭痛加川芎、蔓荊、細辛，否加引經藥。　太陽頭疼加麻黃。　陽明頭疼加白芷。　少陽頭疼加柴胡。　太陰頭疼加蒼朮。　少陰頭疼加細辛。　厥陰頭疼加吳茱萸。　痰厥頭疼加半夏。　血虛頭疼加當歸。　氣虛頭疼加人參、黃芪。　冒風頭疼加葱白、麻黃。　巔頂痛加藁本。　腦痛加細辛。　遍身肢節痛加羌活，風濕亦用之。　心疼加良薑、五靈脂。　腹中痛加白芍。惡寒〔佐〕官桂，惡熱佐黃芩。　胸中疼痞加瓜蔞仁。　心下痛加吳茱萸。　脇下痛加柴胡。　脇下硬加柴胡、牡蠣。　腰疼加杜仲。　喉嗌痛并頷腫加黃芩、桔梗、貝母。　胃脘痛加草荳蔻。　莖中痛加生甘草稍。　臍下痛加熟地黃，未已加肉桂。　心氣不足加人參、茯神、菖蒲。　脾氣不足加白朮、白芍。　膽氣不足加細辛、酸棗仁。　神昏加硃砂、茯神。　健忘加茯神、遠志。　多夢紛紜加龍骨。　驚悸不安加龍齒。　噎證防蟲加青黛。　小兒傷乳食加山查。　瘦病加天門冬。

明·羅周彥《醫宗粹言》卷五《用藥準繩》　諸風　《經》曰：諸風掉眩，皆屬肝木。風為百病之長，而有真中、類中之分。中者未有不因真氣耗散，腠理不密，風邪乘虛而入也。藥以清痰為主，須分虛實而施。風藥不得不用，而用之須得其宜，症候雖明，藥性宜審。

防風乃風藥潤劑，聽君將命令而行，隨所使引而至也。凡一身有中風邪者通用之。　羌活者，大無不通，小無不入，乃撥亂反正之主也。散肌表八風之邪，利周身百節之痛，故四時感冒風寒，而九味羌活湯用此為君也。　獨活治風顛。（心）《液》云：　獨活細而低，治足少陰伏風，故兩足不能動履，渾身濕痺，非此不能治。　荊芥穗治頭風眩暈，婦人血風，產後中風等病。　藁本乃太陽風藥，治足太陽經頭痛，又能治寒邪結鬱于本經。　白芷治足陽明頭痛，中風寒熱解利藥也。　細辛治足少陰頭痛，溫經散風利竅也。　川芎去風，而治足少陽、足厥陰頭痛。　秦艽去熱，兼治肢節痛風。　威靈仙通十二經絡，故痛風在上者用之。　五加皮壯四肢筋骨，故風氣拘攣者用之。　天麻主小兒驚風及諸眩運，非此不除也。　僵蠶主中風失音及痰壅喉痺，非此不治也。　蟬退、全蝎、白附子多用之，以治中風抽掣驚疳。　白花蛇、烏稍蛇多用之，以療諸風頑痺搔癢。　薄荷、菊花能治頭風。　葱白、麻黃能散肌表。　牙皂治中風痰厥，乃利竅通關之劑。　川烏治風痺不遂，乃消痰行經之劑也。　白鮮皮治足頑痺之風。　何首烏主面風瘡之藥。　乾葛、柴胡風邪在表可用。　半夏、南星風濕在痰可施。　升麻又手足陽明經傷風之所必用也。　以上藥味，多是燥劑，似風而非風者，必不可用。　又有氣逆生痰，痰迷心竅，而致瘈瘲倒仆，由氣不能行痰，非風也，宜順氣行痰之劑，敢用風劑乎？　又有血燥陰虛，陽火愈熾而致筋骨痿弱枯澁，由血不能養筋，非風也，宜補血養筋之劑，敢用風劑乎？　況風邪非虛不入，果係風邪，亦當審其氣血虛實而用藥也。　故方中用八味順氣散而治風，兼有四君子而補氣也。　用大秦艽湯而治風，兼有四物而補血也。　又須識風邪宜分表裏上下，裏則內攻，表則外解，上用引而散，下用順而除，中病即已，不宜久服，後當隨症而補瀉也。【略】

傷寒　傷寒之症，傳變不一。冬月發者為正傷寒，當遵仲景治法。　正傷寒用麻黃湯者，取其開發腠理以散邪，得汗而愈也。　麻黃能泄衛中實，去榮中寒，發汗之功尤速。　桂枝去表外風邪，而表和膚密，則汗自止，非謂桂枝能補表虛而收汗也。　杏仁、甘草利氣和中，揔為表證發散之劑也，書云榮衛俱傷者不可服。　如傷寒在半表半裏，用柴胡、乾葛以療肌解表，用升麻、甘草以和胃升陽，故小柴胡湯用柴胡、黃芩、半夏、甘草、人參，誠為和解之劑也。　若傷寒表症解而裏症在，不可攻表，急當下之，如承氣湯用大黃苦寒以泄實去熱，芒硝鹹寒以潤燥軟堅，厚朴苦溫以去痞，枳實苦寒以泄滿，或用甘草以調胃也。　若大柴胡湯，柴胡、大黃、枳實、半夏、黃芩、芍藥，誠為下中有和解之意也。　此為正傷寒分表裏中治法之大要。　若夫四時感冒傷寒乃惡寒身熱，頭痛之症也，只宜和解溫散，如九味羌活湯甚為切當。　蓋羌活治太陽肢節痛，防風治一身盡痛，蒼朮雄壯上行之氣而除濕，使邪氣不傳脾經，白芷治陽明頭痛在額，川芎治厥陰頭痛在腦，生地治少陰心熱，黃芩治太陰肺熱，細辛治少陰腎經頭痛，甘草緩裏以和中。　此方凡見感冒傷寒及濕暑表症，悉宜服之，無不獲應。及夫紫蘇、香附能下氣散寒，陳皮、厚朴能理氣平胃，生薑、葱白能發汗驅邪，和解劑中亦多用之。又有勞役內傷，有損脾胃，元氣不足之症，只從補中益氣湯為主，或加黃栢以救腎水，而瀉陰中之伏火，誠王道之準，內傷必用之劑也。今人或以四時感冒之症，而認作傷寒，用傷寒之劑誤矣。所以冬月傷寒須明表裏之緩急，而四時感冒亦須辨內外之虛實也。不然，汗多亡陽、下多亡陰之患，豈能免乎？【略】

中寒　中寒，直中陰經，無頭疼，無身熱，四肢厥逆，或腹痛吐瀉，引衣倦臥，面如刀刮，乃真寒之證。藥宜溫散，當用理中湯者，乃人參、白术、乾薑、甘草。而乾薑乃溫脾燥胃，發散寒邪之劑也，與五味子同用，而治嗽之寒；與人參同用，而補氣之虛。冷痛寒瀉，皆不可缺。若夫黑附子，其性走而不守，通行諸經，浮中沉，無所不至也，能祛六府之沉寒，補三陽之厥逆。《液》云：味辛大熱，為陽中之陽，故行而不止，非若乾薑止而不行也。與乾薑同用，名薑附湯，能治中焦有寒。與白术同用，名术附湯，是為除寒濕藥。又入理中湯，能復氣虛而卒寒，能止寒痛而幾絕。又入三建湯，而治陽氣久虛，自汗厥冷，陰症幾死之症。故云非天雄不能補上焦之陽虛，非附子不能補下焦之陽虛也。但非身體涼而四肢厥者，亦不敢僭用。胃寒嘔吐者，藿香、丁香可用；中寒冷痛者，吳萸、良薑可施。肉桂散經寒，止腹痛之劑，能引補腎藥而下行，能引補氣藥而達表，又以之而治奔豚，取其熱行辛散之意也。益智虛寒人可服。蘆巴冷散者可施。茴香亦治寒疝。肉(叩)〔蔻〕止瀉溫中。胃脘寒痛用草豆蔻。積冷不磨用白豆蔻。韭子有助陽澁精之力。砂仁有暖胃安胎之能。故紙溫腎而止腎瀉。蓯蓉暖陽而壯陽虛。大抵熱藥治寒，理之常也。亦宜分表裏，若寒邪在表，用溫散之可也；如寒邪在裏，必卒中寒氣，口受寒物，方敢用熱除之。又有陽氣久虛，藏府久冷之症，由真火之不足，必須升補其陽，則陰寒自退，故曰益火之源，以消陰翳也。但今人見有似寒腹痛，即用熱藥，投之多致誤人。蓋有熱極似寒，火極似水，是為外寒內熱之症，苟不治內熱，而徒治外寒，寧不致於誤人乎？【略】

暑類　暑者，有冒、有傷、有中，須分輕重虛實治之，靜而得之為中暑，動而得之為中熱。中暑者陰症，中熱者陽症。《內經》曰：陽氣者，衛外而為固者也。炅則氣泄。今暑邪傷衛，故身熱自汗，當用清暑益氣為要，內用黃芪取其固皮毛，實腠理，不令自汗而泄氣也。取人參甘溫，補中益氣為君。取川歸、陳皮、甘草辛微溫，養胃氣和血脉為臣。取蒼术、白术、澤瀉而滲利除濕，取升麻、乾葛苦平而善解肌熱，又以風勝濕也。中有濕熱，未免食不消而作痞滿，故用青皮辛溫，炒麯甘辛，以消食快氣。腎惡燥，急食辛以潤之，故用黃栢苦辛寒，借甘味瀉熱以補腎水之虛，滋其化源也。肺喜涼，故用麥冬、五味酸寒，救天暑之傷庚金為佐也。此病多因飲食失節，勞倦所傷，損其脾胃，乘暑天而作也。汗大泄者，津脫也，加五味、炒栢、知母；濕熱乘腎肝，則痿弱無力，加酒栢、知母；大便秘澁，血中伏火也，加當歸身、生地黃、桃仁、麻仁以潤之。又孫真人製生脉散，夏月服之，是亦取人參能補元氣而瀉火，麥冬能清肺金而滋腎水，五味皆其瀉火補金滋水之劑也。又云五味能補臟氣，夏月陽氣盡泄于外而內虛，故清暑益氣。生脉二方，乃夏月必用之劑也。又春末夏初，有注夏之症，頭疼脚軟，食少身熱脉大者，是陰虛，元氣不足，又宜服補中益氣湯，或去升麻、柴胡，加炒栢、芍藥。以上三方，皆自其氣虛脾弱，乘大暑而病作者言之耳。又戴氏云：或腹痛水瀉者，胃與大腸受之。或惡心嘔吐者，胃口有痰飲。此二者為冒暑也，而用黃連香薷飲。取黃連以去心經之伏熱；香薷除煩熱，利蓄水，肺得之則清化行，而熱自下；用厚朴、白匾豆取其平胃扶脾而止嘔吐也。氣虛者不宜服之，或用五苓散，有白术、赤茯苓、豬苓、澤瀉，取其滲利之中而逐熱，內用肉桂者，乃引藥下行，開竅利水之意也。或咳嗽，發寒熱，汗出不止而脉數，是為熱在肺經，火乘金，是為中暑也，清肺湯甚効。有黃芪、人參、甘草補元氣而去熱，麥冬、五味、當歸清肺金而潤燥，用白芍不使肝木來生火，用紫(苑)〔菀〕茸取其益肺氣去胸中寒熱而止嗽也。或身熱頭痛，躁亂不寧，身如針刺，此為熱傷內也。用黃連解毒湯者，乃黃連、黃栢、黃芩、梔子，揔是退熱邪寒涼之藥也，非實熱者不可用。用白虎湯者，取石膏去三焦之壯熱，去胃中之實火而除頭痛；取知母除煩熱而不燥，甘草和中，又取其甘能除熱也。有用木瓜者，益味去濕，和胃滋脾，氣脫則能收，氣滯則能和。有用烏梅者，收肺氣，除煩熱，調中去痰之藥也。大抵夏月伏陰在內，陽氣盡浮于肌表，內多虛矣，宜補元氣為主。又心火專權，未免傷肺金，宜補腎以滋其源，宜清肺以潤其燥，必使火不傷金可也。怠惰嗜臥，飲食不調，是脾氣虛也，又當扶脾胃，庶元氣未傷，肺氣未刑，脾氣未損，則暑氣無隙可入，何病之有？此皆夏月治法之大要。《經》曰：夏傷于暑，秋必瘧痢。蓋由夏月元氣未完，肺失降下之令，脾失運化之職，而熱邪侵于榮衛之間，飲食滯于腸胃之內，屢積于中伏而不作，至秋陽氣始收，火氣下降，邪氣始作，而成瘧痢者矣。所以夏月宜調攝，不可忽也。但今不分虛實，多服寒涼之劑，以退一時之熱，以致氣虛脾弱，虛而益虛矣。《經》曰溫能除大熱，可不審諸。【略】

濕類　《內經》曰：諸濕腫滿，皆屬脾土。濕之一症，有自外入，有自內得。大抵宜微發汗，利小便，使上下分消其濕可也。而蒼术雖為上中下治濕之通劑，然發汗除上焦濕，其功最大；又鹽水炒，佐川栢除下焦濕，又能助其祛熱。白术除濕益燥，兼補中焦。《經》云：治濕不利小便，非其治也。茯苓、豬苓、澤瀉、車前、木通、琥珀，皆除濕行水之劑也。厚朴、腹皮下氣而行濕之滯，枳殼、枳實逐水而消濕之滿。夫有濕則有熱，所以去上焦濕熱，須用黄芩入肺；去中焦濕熱，須用黄連入心；去下焦濕熱，須用黄栢入腎。又防己、知母、龍膽亦能治下焦之濕熱也。丹溪云：下焦有濕，龍膽、防己為君，甘草、黄栢為佐。二陳湯中有半夏，雖是燥痰，實能去濕。丹溪云：二陳湯加酒芩、羌活、蒼术，散風行濕最妙。乾薑能瀉脾胃中寒濕之邪，附子以白术為佐，是皆除寒濕之藥。木瓜能除肺氣水瘇濕痺。薏苡仁能除筋骨中風濕。東垣治濕多用風劑，蓋風能燥濕也。濕得燥則豁然而收，故羌活主溫濕風，獨活主兩足寒濕痺不能動止，防風散濕，川芎開鬱燥濕。藁本治上焦頭目濕氣，中霧露之氣；秦艽治寒濕風痺，下水利小便；威靈仙主諸風濕冷疾，脚不能履；白鮮皮主黄疸淋瀝濕痺，肌不可屈伸；五加皮主男子陽痿囊濕，腰痛脚痺。凡腰脚風濕疼痛，而杜仲、牛膝又所當用也。是知諸風藥俱可治濕，風能勝濕故也。濕在上者宜風藥以散之，濕在下者宜淡滲藥以利之。書云風藥但能去肌表上濕，又須知濕症有自外入，有自內生者。外濕乃體受濕氣，脚履濕地，而濕在肌表之間，不過汗以發之，風以散之可也。內濕乃口傷生冷油膩熱物，抑遏于脾中生濕，宜清涼滲濕健脾之劑，如參芪健脾，茯苓、澤瀉滲濕，芩、連、梔、翹清涼之類也。豈可以內濕而同外濕者乎？又當知脾腎氣虛，風濕乘虛而入，流於經絡，以致腰膝偏枯疼痛，苟以風燥之劑治之，誤矣！須用川歸、生地、白芍、川芎補血以養筋，用人參、續斷、杜仲、牛膝壯筋以止痛，兼用白术、茯苓滲劑以除濕，少用羌活、防風潤劑以散風，斯為當矣。安敢純用風燥之劑乎？是以濕症須分上下、內外、虛實而治之也。【略】

燥類　夫燥者，水涸火炎，銷爍肺金，煎熬陰血，使津液乾枯，不能流通，有口燥而消渴，胃燥而腸結，及皮毛焦，肌膚癢，皆燥之所為也，治宜潤燥生津，滋陰斂肺。人參乃補肺氣之聖藥也，生津液，止煩渴，但肺虛熱者可服，若有實邪者，亦不宜執用。芪能益肺氣而潤皮毛之燥。當歸、地黄乃補陰血之聖藥也，能使血歸源，以潤血中之燥。麥冬退肺中隱伏之火，生肺中不足之金，兼治虛勞客熱，口乾燥渴，與地黄、阿膠、麻仁同用則潤經益血，與人參、五味同用則生脉滋源。五味滋腎經不足之水，收肺氣耗散之金，除煩潤燥，止渴生津，此為上劑也。瓜蔞仁甘能補肺，潤能降氣，肺受火邪有燥痰者用之，為其甘緩潤下之助，則痰自降矣。其根名天花粉，甚止燥渴，退煩熱。葛根止胃虛消渴，亦取其能除燥熱也。烏梅收肺氣，止煩渴，可為生津之用。貝母降逆氣，消痰結，可為潤肺之施。氣分燥有用杏仁，血分燥有桃仁、麻仁、皂仁，又能治臟結及潤腸活血之劑也。黄栢、知母能除腎燥，石膏能潤胃燥，山藥能止皮膚乾燥。《經》曰：諸澁枯涸，乾勁皴揭，皆屬乎燥者也，乃是水不能以制火，陰不能以勝陽，火勝則水涸，陽勝則陰消，肺金不能生化，津液不能流行。故燥一症，甚不可忽，須知以補金之劑而生水，以補陰之劑而生津液，金水得以相養，血津得以相滋，庶陽火自平，必無燥患。但熱劑固不可用，用熱反助其燥。而寒藥亦不宜用，用寒不能有生。惟方中有活血潤燥生津飲甚當，用生熟地生血滋陰，用天麥冬生津補肺，用五味斂金生水。未免血中有滯，故用麻仁泥以活之；未免口燥液乾，故用天花粉以潤之，用粉草取其能和燥也。再隨症虛實加減，無不獲効。【略】

火熱　火之為症，傳變不一。或外因邪鬱經絡，積熱臟腑，此為有餘之火。或內因飲食情慾氣盛似火，此為有餘中不足之火。陰虛火動，大抵弦數無力為虛火，實大有力為實火。而火之一症，動則便傷元氣，偏勝移害他經。《內經》病機十九條而屬火者五，劉河間推廣五運為病：屬肝者，諸風之火；屬脾胃者，諸濕痰火；屬心肺者，諸熱實火；屬腎者，諸虛之火；散于各經，浮遊之火；入氣分，無根之火；入血分，消陰伏火。故曰火之傳變不一，治詳虛實而施。用天門冬者，乃治肺熱之功多，虛而多熱者加用之，仍瀉肺火，止煩渴，涼血熱也。麥門冬治心肺熱及虛勞客熱。山藥涼而能補，除寒熱。前胡除傷寒客熱。貝母治傷寒煩熱。黄芩瀉肺火，除上焦痰熱，解在肌風熱。梔子去心中客熱，虛煩不眠及燥熱，兼瀉肺中之火，又能治塊中之火，乃下行降火開鬱之劑。書云性能屈曲下行，能降火從小便中出，除胃中濕熱發黄及脇熱下利，小便赤澁者也。又云用仁去心胸熱，用皮去肌表熱。石膏除三焦熱，治傷寒時氣，肌肉壯熱，頭痛，大渴之症，又能瀉胃火，治胃熱不食，兼治胃熱能食善消。連翹瀉心火，降脾胃濕熱，通五淋，除心經客熱。沙參治肺熱，止驚煩及心腹痛，結熱邪氣，頭痛肌熱。丹參涼血熱，治風邪留熱，頭痛，眼目赤熱，兼治狂悶。玄參治中風傷寒，身熱支滿，狂邪忽不知人，温瘧洒洒，頭風熱毒，骨蒸傳屍，空中氤氲之氣，無根之火，皆宜以此治之。苦參能涼血中風熱，若脚虚煩熱者，又須以人參甘温之劑為主。桔梗治肺熱而利膈氣。茯苓降肺火而伐腎邪。天花粉除消渴身熱及煩滿大熱，又能治腸胃中痼熱，莖葉治中熱傷暑。百部治肺熱咳逆。淡竹葉乃治胸中痰熱咳逆，兼涼心經，除煩熱，止消渴。若心中熱狂煩悶，壯熱頭痛，瘟疫迷悶及陰虚發大熱，須用竹瀝者也。青黛收五臟鬱火，諸熱驚疳，天行時病。丹砂涼心熱，止煩渴。凝水石能除身熱勞氣，皮中如火燒，五臟伏熱，胃中熱，亦能止渴。用薄荷者，取其行表發汗，兼涼壯熱。用梨汁者，取其除客熱，心煩肺熱，兼治咳嗽，消渴，喘嗽。多用桑白皮，亦以其能瀉肺火。前劑多是治上焦熱也。以治中焦熱之劑言之，白术除胃中熱，黄芪治肺虚發熱，為退虚熱之聖藥。甘草生用大瀉熱火，稍能除胸中積熱，瀉莖中熱結作痛。白芍瀉脾火，涼血熱。黄連瀉心火，解熱毒，除胃中濕熱煩燥，熱鬱在中焦，惡心兀兀欲吐及眼暴赤腫，熱毒下利等症。胡黄連主疳熱痢濕瘧，骨蒸勞熱。秦艽主傳屍骨蒸及時氣寒熱。大黄瀉諸實熱不通，蕩滌腸胃間熱。葛根除胃熱消渴，解肌熱出汗。茵陳治傷寒煩熱頭痛，去濕熱黄疸。香薷治傷暑，利小便，下氣除煩熱。茅根能下五淋，止消渴，解腸胃熱。烏梅下氣，除傷寒煩熱及虚勞骨蒸。升麻主時氣熱，解肌骨間熱，天行時疾發斑，升散鬱火，莫過此劑。芒硝主五臟積聚，久熱胃閉。玄明粉主心熱煩燥，又大除胃熱。滑石主身熱，洩癖解渴，除妄火。犀角治時行瘟疫，頭痛煩悶，大熱發狂。糞清亦治時行大熱狂走。菉豆主消渴煩熱。小麥除熱燥液乾。浮麥能止盜汗，又主大人小兒骨蒸肌熱及婦人勞熱。以上治中焦之熱也。又以治下焦熱之劑言之，熟地治血熱勞熱，老人血虚燥熱。生地瀉血熱及脾中濕熱。黄栢瀉膀胱熱，清小便，瀉腎中伏火，補腎陰，又治骨蒸勞熱及治結熱黄疸。知母主消渴熱中，瀉腎火，治有汗骨蒸，傳屍注病及傷寒久瘧煩熱。所以滋陰藥中多用黄栢、知母者，以其能瀉腎經有餘之火，生腎中不足之水也。牡丹皮瀉陰中火，主虚勞無汗骨蒸。地骨皮解肌熱，治大勞有汗骨蒸。柴胡瀉肝火，解肌熱，除往來寒熱，早晨潮熱及傷寒心下煩熱。條芩除大腸熱，治下痢膿血，腹痛後重，身體發熱。龍膽草主骨間寒熱，驚疳邪熱，除胃中伏熱，時氣温熱及下焦濕熱瀉痢。防己主濕温，傷寒寒熱邪氣及下焦濕熱腫盛，去膀胱留熱。龜甲主癥瘕痎瘧，骨中寒熱。鱉甲治温瘧，勞嗽骨蒸，心腹癥瘕堅積寒熱。槐花治大腸血熱。地榆亦療下焦血熱及治血熱痢疾。木通瀉小腸火，乃通經利竅也。車前子治肝中風熱，沖目赤腫。海金砂通利小腸，治傷寒狂熱。通草治五淋，導小腸熱。石韋主身熱邪氣，治淋閉不通。地膚子主膀胱熱，利小便。人溺能治寒熱頭痛，温氣熱勞，咳嗽肺痿，降火之功甚速。大抵自下而上者謂之火，宜降；自内而外者謂之熱，宜清。兼火熱之變，見於諸病不一，但瀉火之法，宜審虚實。如黄連瀉心火，黄芩瀉肺火，芍藥瀉脾火，柴胡瀉肝火，知母瀉腎火，柴胡、黄芩瀉三焦火，木通瀉小腸火，石膏瀉胃火，黄栢瀉膀胱火。此又苦寒之味，能瀉有餘之火。若飲食勞倦，内傷元氣，火不兩立，為陽虚之病，宜參、芪甘温之劑補之。若陽微陰強，相火熾盛，以乘陰位，日夜煎熬，為陰虚之病，宜歸、地甘寒之劑滋之。若心火亢極，鬱熱内實，為陽強之病，宜以大黄、芒硝鹹冷之劑折之。若右腎命門火衰，為陽脱之病，宜以乾薑、附子(濕)〔温〕熱之劑濟之。如腎水受傷，真陰失守，而無根之火妄行，為陰虚之病，宜用壯水之劑制之，如生地、玄參之屬。胃虚過食冷物，抑遏陽氣於脾土，為火鬱之病，宜以升散之劑發之，如升麻、乾葛、柴胡、防風之屬。故丹溪云：實火可瀉，虚火可補，鬱火可發。當看何經，風寒外束者可發，輕者可降，重者從其性而升之。凡火盛者，不可單用寒涼，亦須知温散，此不易之定論。不然，寧免實實虚虚之失乎？【略】

內傷附脾胃。

內傷勞倦與飲食所傷不同。内傷者，形神勞役而損於元氣，并飲食失節，當以補中益氣為要。益氣湯者，乃人參、黄芪、白术、當歸、陳皮、甘草、升麻、柴胡也。傷食者，傷於飲食也。當宜消導，平胃、枳术皆可用也。平胃散乃蒼术、厚朴、陳皮、甘草。枳术丸乃枳實、白术也。且勞傷手按心口不痛，食傷手按心口刺痛為異耳。然外傷手背熱，内傷手心熱。而脾胃中不足有濕者，又當用白术為君，加入五苓散健脾利濕。白术乃治脾胃虚弱，不思飲食，兼能去脾胃間濕，利腰臍間血，入五苓散則利水道。用之以佐黃芩則安胎氣，用之以君枳實則消痞滿。人參補脾胃中元氣。茯苓滲脾胃中濕熱。甘草生則除熱，炙能扶脾，乃滋補脾胃之主藥。半夏不惟治痰，實能益脾；陳皮不惟理氣，實能和胃：此二味合前四味為六君子。山藥潤燥涼而能補；蓮肉助脾養胃；砂仁開胃進食；薏苡仁除濕利腸胃，令人能食；匾豆和中益胃，久服充(飢)〔肌〕；桔梗寬膈利腸胃：此六味入四君子，名參苓白朮散，用以補氣，專治老人小兒脾胃虛弱及大病後理脾之聖藥。蒼朮、厚朴除濕滿，陳皮、甘草以和中，此為平胃散，調胃氣，去濕風，除嵐瘴，治疫瘧，無不獲効，脾胃不和宜服，脾胃氣虛不宜服。白芍能收胃氣，安脾經；黃芪能益胃氣，潤脾燥；石膏除胃熱及善食易飢；乾薑溫胃寒，止脾濕瀉；生薑開胃氣，專止嘔吐；肉蔻止瀉，溫中；升麻、柴胡升胃中清氣；葛根治胃中實熱；草蔻治胃脘受寒而痛。香砂養胃湯理脾胃而進食，逐寒邪而止吐。養脾胃者，又宜用川歸、白芍、粳米補益胃氣。陳倉米開胃止瀉，和以大棗乃養脾平胃之通劑也。神麯調中開胃，治宿食酒積；麥芽消化飲食，去心腹脹滿；山查消諸積宿食：三味皆助脾消導之藥也，故保和丸用之。又人參開胃湯用丁香開胃止嘔，木香順氣調中，砂仁、藿香以開胃之納受，神麯以助脾之運化，佐以厚朴、蓮肉，君以四君、二陳，治脾胃虛寒，聞食則嘔之症，必有奇効。大抵脾傷則不能運化，胃傷則不能納受，所以方中多用益胃健脾，則脾胃各司其職矣，何病之有？如脾胃實熱不通，須用大黃苦以泄熱，芒硝鹹以軟堅，通積滯者玄明粉可用，如脾胃虛者忌之。今治脾胃者，不分陰陽氣血寒熱，多用辛溫燥熱，助火消陰之劑，以致胃火益旺，脾土受傷，清純沖和之氣變為燥熱，多有脾脘乾枯，大腸燥結之症也。殊不知脾胃屬土，本濕，位居長夏，故濕熱之病十居八九。況土旺四季，寒熱溫涼各隨其時，豈可執用也哉？故古方補中益氣湯、清暑益氣湯、升陽益胃湯，皆隨時而治脾胃也，可不知乎？【略】

氣　人身之氣，要在周流順行斯無病矣。逆則諸病生焉，久而鬱熱滯為痰積。況七情之火，無日不積，此丹溪、河間力主為火也。雖然，七情總屬於一心，七氣總隸於一氣。氣，陽也，動則為火，故以降火化痰，順氣消積，量其所稟厚薄而施治之。初起則宜四七湯、分心氣飲。四七湯乃半夏、茯苓、厚朴、紫蘇。分心氣飲乃木通、官桂、茯苓、半夏、桑白皮、大腹皮、青皮、陳皮、紫蘇、羌活、甘草、赤芍，以辛溫消散。稍久宜二陳湯，乃陳皮、半夏、茯苓、甘草，加芩、連、山梔。若正氣虛者，則宜用四君子湯，乃人參、白朮、茯苓、甘草，內用人參補元氣，在肺經補肺氣，在脾經補脾氣，以升麻為使，補上焦元氣；以茯苓為使，補下焦元氣，氣短虛寒者用之；茯苓調胃氣，治胸膈逆氣；白朮和平益氣；甘草補三焦之氣：此四君子補氣之主。黃芪補肺氣，益胃氣，充腠理，實皮毛及五勞諸虛不足，以肉桂為使，又能補腎三焦命門元氣。天冬保定肺氣，治欬逆喘息促急，通腎氣。麥冬補心肺元氣不足，短氣。山藥補中益氣，除熱強陰。五味益氣補不足，治欬逆上氣，又收耗散之氣。葛根升提胃氣。升麻補元氣，又於陰中升提陽氣上行。遠志主傷中，補不足，定心氣，止驚悸，去夢邪，心下膈氣。酸棗仁補中益肝肺及治心腹寒熱邪結氣，益志益氣，安神，補不足，調諸氣，止嘔噦，利小便，當於補藥中用之。菖蒲開心孔，補五臟，通孔竅，下氣除煩，止心腹痛。貝母治欬逆上氣，散心胸鬱結之氣。紫(苑)〔菀〕主欬逆上氣，治胸中寒熱結氣，益肺氣，補不足。欵冬花溫肺止嗽，又主逆氣喘息，呼吸邪氣，寒熱邪氣。馬兜鈴亦主肺熱咳嗽，逆上之氣。桔梗利咽嗌胸膈之氣及驚恐悸氣，肺熱氣奔，促喘逆氣。桑皮補虛益氣，瀉肺氣有餘，去肺中水氣。烏梅下氣，除煩滿，收肺氣。竹葉止欬逆上氣、嘔氣。枇杷葉下氣，治卒嘔噦不止及治不欲食。沙參補中益肺氣。玄參管領諸氣，上下肅清而不濁，治空中氤氳之氣，散無根之火。龍骨去脫固氣。杜仲補中益精氣。以上皆是補氣、清氣溫涼之藥，又言溫氣、快氣辛熱之藥。乾薑主肺氣嘔逆上氣，溫脾理中。生薑入肺，治欬逆上氣，開胃止嘔，下一切結氣，胸膈壅塞冷熱氣。無病人夜不宜食，動氣故也。黑附子通行諸經引用，浮中沉，無所不至。茴香破一切臭氣，開胃下食，止嘔，治膀胱冷氣、疝氣、小腸痛氣。肉蔻溫中開胃，下氣消食，治冷積，心腹脹痛。白蔻亦治積冷氣，止嘔逆，消穀下氣，散肺中滯氣，入肺經，別有清高之氣，補上焦元氣不足。肉桂溫中利肝肺氣。縮砂消食，治脾胃氣滯結不散及心腹痛。沉香補右尺命門，壯元陽，暖腰脊，去惡氣，散滯氣，升降真氣，治心腹痛氣。檀香主霍亂中惡，能調氣，引芳香之氣上行，為理氣之劑。吳茱萸瀉肝氣，治疝氣，下氣最速，又言行氣、降氣、散氣之藥。蒼朮除惡氣，辟山嵐瘴氣，消痃癖氣塊，心腹脹痛。芎藭乃血中氣藥，治一切氣，心腹脇痛、疝痛，溫中散寒，開鬱行氣，治腹中氣結血滯作痛。香附開鬱行氣。柴胡去腸胃結氣，治胸脇痛，寒熱邪氣，升提胃氣上行。防風瀉肺實，散頭目中滯氣，瀉上焦元氣。麻黄去邪熱氣，泄衛實，止咳逆上氣。白芷與細辛同用，治鼻氣塞。荊芥宣通五臟，破結聚氣，辟邪氣。藁本清明前、立秋後凡中霧露之氣，皆清上中焦邪氣，與木香同用治之。木香和胃氣，調諸氣，散肺中滯氣，行肝氣，治腹中氣不轉運，中下焦氣結，心腹及積年冷氣，痃癖脹痛，九種心疼，又火煨能實大腸。薏苡主風濕痺，下氣，除筋骨邪氣不仁。前胡治寒熱邪氣，心腹結氣。烏藥治一切氣，中惡心腹痛。陳皮導胸中滯氣，泄逆氣，止嘔吐，去白理肺氣(降)〔消〕痰，留白理脾胃消食。杏仁主欬逆下氣，定喘止嗽，散結潤氣燥。紫蘇下氣，治寒熱氣，散寒氣，止脚氣。蘇子主肺氣喘急咳逆，潤心肺，消痰氣，調中下氣。藿香助脾開胃，溫中快氣，治霍亂吐逆心痛，去惡氣。大腹子下氣，治寒熱氣攻心腹，痰膈醋心，又言破氣消氣之藥。三稜破積聚諸氣，治痃癖癥瘕心腹痛，破血中之氣積，損真氣。蓬术主治同三稜，乃破氣中之血積。檳榔破滯氣，泄至高之氣，治後重，墜諸藥，除痰氣，治心痛，脚氣沖心。厚朴溫中，散結氣，消宿食，治腹脹滿。枳殼利胸膈痞塞結氣，破癥瘕痃癖，通利關節，〔走〕大腸，泄肺氣，損至高之氣。枳實消結氣宿食，治逆氣，心下急痞。青皮破積結膈氣，治脇痛，損真氣。麥芽、神麯、山查皆能下氣消食。薑黄、阿魏皆通結，破積氣。《内經》云：百病皆生於氣，以正氣受邪也。凡氣有餘便是火。苟治氣滯氣痛，不分寒熱，多用辛香燥熱，以祛滯氣，沖快於一時，不知藥中無溫涼制伏，未免辛香散氣，燥熱傷氣，正氣既病，邪氣遂升，此見火無所制，日漸消燥，豈不危乎？《經》又曰：邪氣盛則實，正氣奪則虚。所以耗散之劑，非堅實者不服。今見治逆氣積氣，不分虚實妄用，耗散破損，以通滯氣，不知藥中無滋補，未免耗散元氣，正氣既虚，邪氣愈實，必見積不能消，逆不能降，本勢空虚，安能救乎？【略】

血附失血。

血乃水穀之精而成，生化於脾，主息於心，藏于肝，布于肺，施于腎，脉絡臟腑，耳目手足資為運用。然陰道易虧，而陰血自少，至老不可一日不養也。一有感傷，調理失宜，以致陽盛陰虚，錯經妄行，火載則上行，挾濕則下行，是以上溢清道，從鼻而出為衄；留滯濁道，從胃脘而出為咳唾；滲入腸間，從下部而出為血痢；結于腸胃，則成積而為血瘕。分經言之，嘔吐，胃也；咳唾衄，肺也；痰帶血，脾也；咯血，係腎也；溺血，出小腸、膀胱也；下血，大腸也；牙宣，胃火或腎虚炎也。又血從汗孔出者謂之肌衄，從舌出者謂之舌衄，心與肝也；從委中出血者，謂之膕血，腎與膀胱也。無潮熱者輕，有潮熱者重。又有婦人血癥血瘕之病，摠之皆血症也。而不離乎四物為主，于中因症加減，施以引經之味。四物湯乃當歸、白芍、川芎、熟地也。血熱者則宜用生，係補血養血之主。天冬、麥冬治血熱清肺，吐衄妄行，咳血痰血，肺痰生癰吐膿血之症。五味子強陰益精，止渴生津，滋肺補腎，血出于肺，由于腎者不可少也。阿膠治肺虚極損，咳吐膿血，定喘安胎，止血痢血崩，又治腰腹痛，四肢痠疼，養肝益肺。鹿茸主漏下，惡溺血，破留血在腹，散石淋，女子崩中赤白帶下。鹿角膠主傷中榮絶，婦人血閉無子，止痛安胎，及吐血下血，崩中赤白淋露，折跌損傷。牛膝益精髓，活血生血，通月經，破血結癥瘕，能引血藥下行，腰腿之疾不可缺。枸杞強陰益精，血虚者用之。肉蓯蓉治腎絶陽不興及泄精尿血，女絶陰不産及血崩帶下。川栢治鼻紅，吐血下血，補腎水膀胱不足，及痰厥癱瘓，女子漏下赤白。桑白皮瀉肺氣有餘，治喘嗽吐血痰血。香附子逐凝血，炒黑能止血；一云童便浸炒，能引血藥至氣分；止血用醋炒，能治婦人諸血氣結痛。酸棗仁益肝，逐陰氣，歛虚汗，治心虚煩悸不眠。山茱萸補腎祕精，止小便利，暖腰膝，補女子月水不足。竹瀝清痰養血，陰虚有熱者甚宜服之。龜甲大補陰血不足，主漏下赤白，破癥瘕，(瘖)〔痎〕瘧寒熱，去瘀血，續筋骨，治勞倦，補心血。車前葉及根主衄血、瘀血、尿血及血痢。以上皆補陰也。又有屬陽者，溫補其血，蓋取陽生陰長之意。人參、白术、黄芪、甘草，與補陰藥同用，皆甘能生血也。紫(苑)〔菀〕治肺痿，咳唾膿血，消痰治喘。欵冬花同治。莎草根逐凝血，能引血藥至氣分而生血，炒黑止血，治崩漏。此補養血分藥也。又言止血、涼血、行血之劑。丹參養血，破宿血，生新血，治崩帶，調月經，安生胎，落死胎。紫蘇治腸胃大熱，吐血衄血。艾葉主下痢赤白，吐血衄血瀉血，婦人漏血，安胎，止腹痛。蒲黄治吐衄唾血，腸風血痢，尿血，撲血，血瘕，帶下，月候不匀，産後諸血病，生用破血消腫，炒用補血止血。大薊根止吐血衄血下血。小薊亦止血疾。藕消瘀血，散血，破産後血悶，節擣汁止吐衄。百藥煎止瀉血。百草霜治血崩。續斷調血，治崩漏血，尿血，跌傷腰痛腰血。地榆治帶下，月水不止，血崩，産前後諸血症，腸風血痢。牡丹皮治腸胃積血不散，衄血吐血，女子經脉不通，血瀝腰痛，産後冷熱血氣。栝蔞子炒用妙，吐血腸風瀉血。柴胡，婦人産前後必用之入血藥，能調經，佐破血藥能消血積。牡蠣主女子帶下赤白，除老血，軟積塊，療鬼交泄精，止小便。木賊治腸風下血，痔疾，止休息痢，血崩，月水不斷。荊芥下瘀血，通利血脉，治產後血暈及婦人血風病。五加皮治男子陽痿，小便遺瀝，女子陰癢及治多年瘀血在皮膚。韭汁下膈間瘀血。又觀涼血之劑，黃連治吐血，久下赤白膿血。黃芩治吐血衄血，酒炒上行，去上部積血；條實者補膀胱，滋化源。連翹通五淋及月經，治血症為中使。地榆為下使。槐花主腸風瀉血，赤白痢。栢葉主吐血衄血，痢血，奔中赤白，消血補陰之要藥也。淡竹葉主欬逆上氣，吐血。竹茹止吐血衄血，齒出血，崩中。墨入藥能止血及治血痢，產後赤白痢，血暈，崩中下血。乳香調血氣，定諸經之痛。犀角解熱毒，破血。羚羊角能去惡血。山梔最清胃脘之血，炒黑能止鼻血。葛根生汁，治胃熱吐血。萱草根治肺熱衄血。大黃下瘀血，血閉寒熱，破癥瘕。芒硝治留血，大小便不通，通月水。禹餘糧治下赤白，血閉癥瘕大熱。蠶退主血風病，治吐血衄血，腸風下血，帶下赤白，痢血五色。赤石脂主瀉痢，腸澼膿血，陰蝕下血，吐血衄血。龍骨主尿血、鼻血、吐血，女子(奔)〔崩〕漏，男子夢寐泄精。棕櫚子及皮灰澁腸，主腸風赤白痢，崩中帶下，能養血止鼻紅吐血。樗白根主赤白久痢，痔疾瀉血，女子血崩，月信多，帶下，又能縮小便。亂髮補陰甚捷，止鼻衄血暈血悶，血痢金瘡。人溺主卒血攻心，撲損瘀血，吐血鼻血。又言破消積血之藥。桃仁主癥瘕瘀血，血閉血結，血燥大便難通，止痛，破滯血，生新血。蘇木消撲損瘀血，婦人血閉，心腹痛，月候不調及血暈，產後血脹悶欲死。紅花主產後血暈口噤，腹內惡血不盡，胎死腹中，兼服酒煮服；一云多則破結血，少則生新血；與川歸同用，能和血。玄胡索治月經不調，破血結塊，心腹痛，腰痛，崩中淋露，因損下血，產後諸血病，血暈，暴血上行。五靈脂生則行血，炒則止血，凡心腹血氣刺痛用之神効。薑黃破血，通月經，治撲損瘀血，產後敗血攻心。鬱金破血積，涼心止血，血淋尿血，婦人宿血，心氣痛。茜根治六極傷心肺，衄血下血，吐血尿血，撲損瘀血，去諸死血。劉寄奴破血下血，產後餘疾，心腹痛。沒藥破血，治打撲損折血滯腫痛不可忍，婦人產後血氣痛。蒺藜子破惡血癥結，治泄精溺血。補骨脂破血止血，補折傷。骨碎補亦入婦人血氣藥。三稜治老癖癥瘕，婦人血脉不調，心腹痛，落胎，消瘀血，破血中之氣積。蓬朮治婦人血刺痛，破癥瘕痃癖，通月經，消瘀血，破氣中之血積。枳實止心下痞，去脾經積血。巴豆通女子月閉，癥瘕。乾漆消瘀血，破癥瘕，女子經脉不通，血氣心痛。山查子消滯血，治婦人兒枕痛。麥芽行上焦滯血，破宿血。麻仁潤大腸血燥，破積血，治橫逆產及產後餘疾。蝦蟆破癥堅血，治跌折損傷，活血散血。抑論血從下流者為順，易治；血從上溢者為逆，難治。書云：形役則陽無神，靜則陰生。惟陽盛則陰必衰，陰虛則火必動，血從火起，併錯經而妄行，故逆上溢口鼻而吐衄者，多是虛勞所致，非出於肺，則出於腎，苟不分虛實，妄行劫劑，則陽不抑日以熾，陰不補日以消矣，故曰難治。抑陽補陰，乃其要也。若血從下出者，非熱乘乎陰，即濕蒸于血，可清可涼者也。血成積者，非死血內凝，則瘀血未盡，可行可破者也，故曰易治。倘不究其源，則實實虛虛之患不能免矣。慎之慎之！所以血中藥劑，以四物合宜用之為主，以他藥應變用之為佐，始不失其治血之準繩也。【略】

痰

痰乃津液所成，隨氣升降，氣血調和，則流行不聚。內外感傷，則壅逆為患。新而輕者，形氣清白稀薄，氣味亦淡；久而重者，黃濁稠粘凝結，咯之難出，漸成惡味酸辣腥臊鹹苦。但痰症初起，頭痛發熱，類外感表症，久則(潮)〔朝〕咳夜重，類內傷陰火。又痰飲流注，肢節疼痛，類風症。但痰症胸滿食減，肌色如故，脉滑不勻不定為異耳。藥用天門冬者，乃治咳逆，消痰火，清肺金之要藥也。麥門冬除肺熱，益肺氣，痰亂于肺者用之，能潤肺清痰。黃芩瀉肺火，清膈上熱痰，痰因火上，用此以降火。黃連治中焦熱痰，惡心兀兀欲吐。惡心欲吐者，痰也。知母潤肺消痰止嗽。桔梗下肺氣，消痰涎。瓜蔞子潤肺降痰，胸有痰者，以肺受火迫，失降下之令，得甘緩潤下之助，則痰自降。前胡主痰滿，胸脇中痞滿寒熱，推陳致新。柴胡去諸痰熱結實，積聚寒熱。青黛收鬱火，清熱痰。百藥煎消痰止嗽，保定肺氣。貝母潤心肺，消痰開鬱，治腹中結實，心下滿，咳逆上氣。紫(苑)〔菀〕治肺痿吐膿血，消痰止嗽。欵冬花治涕唾稠粘，肺痿肺癰，止痰嗽，潤心肺。連翹消痰結。馬兜鈴治肺氣咳嗽，痰結喘促。淡竹葉主胸中痰熱咳逆。竹瀝消虛痰，痰盛人氣虛少食者用之，痰在四肢，非此不開。荊瀝除痰唾，治頭旋目眩，心頭痒痒欲吐，痰盛人氣實能食者用之。苦茗去痰熱渴。桑白皮消痰，治肺中水氣。蘇子潤心肺，降痰氣。烏梅下氣去痰。石膏能墜痰火。香附能順痰氣。海石能治老痰頑痰。五棓子佐他藥亦能治頑痰。茵陳蒿化痰利膈，行滯氣。以上皆治熱痰虛痰之劑也。又言夫治濕痰、行痰者，白朮治脾胃濕痰，怠惰嗜臥，除胃中熱，消虛痰之聖藥也。蒼朮治濕痰，痰飲成窠囊。茯苓消膈中痰水，肺痿肺癰。枳殼化痰涎，利胸膈痰僻，逐停水瀉痰，能沖墻〔倒〕

壁。橘皮除膈間痰熱，導滯氣，去白理肺降痰。木瓜下氣降痰吐。大腹皮下氣，治痰隔醋心。葶藶治肺癰，咳逆喘促，痰飲。旋覆花主結氣，脇下滿，消胸上痰結，唾如膠漆。甘遂主留飲，水結胸中。芫花主咳逆喉鳴，消胸中痰水喜唾。又言治寒痰風痰者，生薑治痰嗽，止嘔吐。嘔吐者，痰也。細辛破寒痰，開胸中滯。半夏消痰涎，止嘔吐，治胸中寒痰痞塞及太陽痰厥頭痛。南星除風痰麻痺，利胸膈。厚朴消痰下氣。天雄通九竅，利皮膚，消風痰。烏頭、附子主停寒飲逆，消胸中冷痰。皂角治風痰壅盛。白附子治驚風，散滯氣，風痰者用之。威靈仙去腹內冷滯及心膈痰水久積。巴豆破留飲痰癖。神麯開胃消食，主胸膈痰逆。麥糵化食消痰。白芥子治胸膈冷痰，痰在脇下及皮裏膜外者，此非不能達也。信石主諸瘧風痰，痰在胸膈，可作吐藥。又自消剋痰積藥言之。大黃下留痰宿飲。檳榔逐水，除痰癖。山查子消食積痰。礬石消痰止渴，治痰壅。芒硝下痰實痞滿。玄明粉去腸胃宿垢，軟積消痰。鵬砂消痰止嗽，破癥結。青礞石治食積痰不消。蛤粉墜痰嗽堅，熱痰能降，濕痰能燥，結痰能軟，頑痰能消。食鹽吐胸中痰癖。瓜蒂吐驚疳喉風痰涎壅塞。恒山主溫瘧，胸中痰結吐逆。抑論二陳湯，一身之痰，無所不治。蓋半夏治痰之主藥，用茯苓之淡以利竅，用陳皮之辛以導滯，用甘草之甘以和平，治痰之要藥也。但在上加引上藥，柴胡、升麻、防風之類也；在下加引下藥，黃栢、木通、防己之類也。一云半夏乃是燥劑，氣血虛者宜用貝母。大抵痰因氣化，氣動痰行，痰隨氣而升降也，故治痰莫先于順氣，加香附、桔梗、枳殼之類。又氣鬱必有痰，痰盛必有火，痰火相乘而逆順也，故治痰莫先於降火，加白术、黃連、軟石膏之類。又有肺金不足，故痰客于上焦，而不能降下，宜補肺金為主，加天冬、麥冬、五味、瓜蔞、貝母之類。又有脾土不足，故痰留于中脘，而不能運化者，宜實脾土為先，加白术、白芍、神麯、麥芽，兼以升麻、柴胡而升提之。又有久病陰火上升，津液生痰不生血，宜補血制相火，而痰自除，加川歸、白芍、生地、黃栢、知母之類也。又有用利痰之藥過多，變為虛症，當補中氣為要。又云痰無補法，殊不知痰之本水也，原於腎，痰之動濕也，主於脾，而且老痰凝滯膠固，非暫用溫補之藥以引導，必有拒格之患，風寒痰氣外鬱，不用溫散，亦何以開其結滯？此難拘于無補也。【略】

鬱症　夫鬱者，病結不散也，滯而不通之義。鬱有氣、血、痰、食、濕、熱之分。然氣鬱則生濕，濕鬱則生熱，熱鬱則成痰，痰鬱則血不行，血鬱則食不消而成癥痞。六者皆相因為病，治當順氣為先，降火，化痰，消積。有病久而生鬱，鬱久而生病，俱宜升發，總以越鞠丸加減。內用香附子，以其能下氣開鬱者也；撫芎味辛，鬱者用之而能散；蒼术氣烈，鬱者用之而能發。故書云：蒼术、撫芎總解鬱不可缺也。丹溪有六鬱之分，氣、血、痰、食、濕、熱是也。氣鬱有胸脇痛之症，宜多用香附、蒼术、撫芎，佐以烏藥、木香以順氣，檳榔、紫蘇以下氣。濕鬱有周身走痛，或關節痛，遇陰寒即發之症，宜多用蒼术、白术、茯苓以滲濕，白芷、川芎以散濕。熱鬱之症，昏瞀小便赤是也，用山梔以降火開鬱，青黛收五臟之鬱熱，川連解心火之伏熱，及撫芎、蒼术、香附亦不可缺。痰鬱之症，動則喘是也，用南星以燥痰開鬱，海石治鬱結頑痰，栝蔞治壅塞之逆痰，香附能順痰氣，亦所必用。若夫四肢無力，小便紅，是血鬱也，桃仁破血之凝，紅花破血之滯，丹皮治腸胃積血不散，亦須佐之以香附、川芎。噁酸腹脹不能食，是食鬱也，用山查消導食積，麥芽運化宿食，神麯開鬱調中，亦須佐之以香附、砂仁。《局方》設六鬱湯甚當，用香附為君，蒼术、撫芎、半夏、陳皮為臣，赤茯、梔子、甘草、砂仁為佐，此方能解諸鬱，再隨症加減，無不獲効。抑論五臟皆有鬱，自夫神昏氣昧，心胸微悶，舉事健忘，是心鬱也，用菖蒲開心之鬱氣，川連解心之鬱熱，少用肉桂以發散下氣。若兩脇微膨，噯氣連連有聲，是肝鬱也，用青皮行肝之氣積，川芎散肝之氣滯，亦少用吳茱萸以溫中下氣。若皮毛燥而不潤，咳嗽無痰者，是肺鬱也，用桔梗以利肺氣，麻黃以散肺邪，豆豉以治肺燥。小腹微硬，精髓少充，或濁或淋，不能久立者，是神鬱也，用茯苓以伐腎邪，小茴香以理腎氣，肉桂以行腎氣。及夫脾經之鬱，則中脘微痛，生涎少食，四肢無力是也，用蒼术燥（皮）〔脾〕土之濕，半夏治痰鬱于脾，陳皮理氣滯于胃。是知諸鬱，皆由抑遏不得越散而成也，用藥不過行其氣，通其滯，散其邪耳。是以香附一味，最能行氣，通滯散邪，為治鬱之要藥也。方中有交感丸用香附四兩，茯神一兩，煉蜜丸如彈子大，每清晨細嚼一丸，用白滾湯下，或陳皮湯下亦可，以之而治思鬱、憂鬱、怒氣、痛氣，皆能獲効。又考《內經》云：木鬱達之，宜用吐劑，令條達也。火鬱發之，宜用汗劑，令疎散也。土鬱奪之，宜用下劑，令無壅滯也。金鬱泄之，宜滲泄解表，利小便也。水鬱折之，宜抑之，制其衝逆也。皆治鬱之法也，學者可不審諸。【略】

喘嗽　《經》曰：諸逆衝上，皆屬于火。呼吸急促者，謂之喘。喉中有響聲者，謂之哮喘。非風寒乘肺，則係痰火上炎。虛者氣乏身涼，實者氣壯胸滿，身熱便硬。虛火宜滋補降氣，實火宜清肺瀉胃。虛火宜用四物湯加黄栢、知母、蘇子、枳殼、麥門冬之類。實火宜用導痰湯加芩、連、山梔、杏仁、瓜蔞，或五虎湯加茶葉之類。如胃有實火，膈有稠痰，導水丸又當用也。若久病氣短不相接續，似喘非喘，又當以生脉散、獨參湯、補中益氣湯急宜純補，不可一例紊治，以夭人也。若夫咳嗽，咳者有痰無聲，本傷乎血；嗽者有聲無痰，本動乎氣；聲痰俱發，氣血俱傷，為之咳嗽。清晨之嗽，本曰痰火，或五更而咳多者，皆食積濕熱，火流肺中，瀉白散加知母，或古二母散。上半午咳多者，胃有實火，單石膏丸加知母、貝母。或便秘喘渴，痰稠者，涼膈散。或下半午咳多者，陰虛，四物合二陳湯加知母、黄栢、麥門冬，順而下之。如陰虛火燥，寒熱盜汗，遺精見血者，四物湯加竹瀝，或滋陰降火湯、加味二母丸。黄昏嗽者，乃火浮于肺也，宜潤肺丸以斂之，不可純用涼藥，宜用二陳湯去半夏，加貝母、瓜蔞、青黛、山梔、黄芩、桑白皮。大抵春氣上升，當潤肺抑肝。夏火上炎，清金降火。秋熱濕盛，清熱瀉濕。冬為寒束，解表行散。若夫乾咳嗽者，乃鬱火之甚，難治，用苦梗以開之，兼以補陰降火之劑。若津液亡涸，肺經燥熱，咳而無痰，宜用瓊玉膏，潤肺以救一時之急。五味子在上補肺，在下滋腎，乃酸收斂而降之之劑，又治喘嗽之聖藥也。天門冬保定肺氣，虛而能補，熱而能瀉，燥而能潤，故消痰止嗽，此為必用，但專瀉而不收，體虛而熱者用之，寒多者禁服。麥門冬補肺金，瀉肺中伏火，潤燥生津，斂嗽及肺痿吐膿，所以與五味、人參同用，為生脉之劑，取其大補肺中元氣不足者也。肺氣不虛，則邪氣不敢侵矣，此治喘嗽之症不可缺也。人參乃補肺氣之神劑，惟肺氣虛弱，則外邪得以侵之，故有氣短喘嗽之症，非此不能補正而除邪也。喘嗽係陰虛火動，勞嗽吐血者勿用。蓋人參入手太陰而能補火，故肺受火邪者忌之。黄芪在上補肺，在中補脾，在下補腎，補三焦之元氣，又退三焦之虛熱也，故氣虛久嗽者用之，肺受客邪喘嗽勿用。當歸養血，地黄補血滋腎，陰虛咳嗽者用之，故《局方》有寧肺湯，能治榮衛俱虛，發熱自汗，肺氣喘急，咳嗽痰涎等症。方以四君子湯而補衛氣，以四物湯而補榮血，佐以麥冬、五味而斂耗散之金，以桑皮、阿膠而止虛勞之嗽。此方治氣血俱虛而嗽者必有奇効。阿膠能養肝氣，益肺金，定喘嗽，肺虛極損，咳吐膿血，非此不補。桑皮補虛益氣，瀉肺氣有餘，喘嗽吐血，虛勞客熱及肺中水氣，非此不除。欵冬花潤肺消痰，古今多用之而治嗽及治肺痿肺癰吐膿血。紫（苑）〔菀〕益肺氣，去胸中寒熱結氣，咳逆上氣，療肺痿咳吐膿血，乃消痰止嗽必用之劑也。故《局方》紫（苑）〔菀〕為君，冬花為臣，百部為佐，共末用烏梅煎湯調服。百部治肺熱久嗽，潤肺益氣。夫喘嗽用烏梅者，因其能收肺氣也，故久嗽用之。百合能斂肺嗽。貝母能潤肺咳逆。半夏乃治寒痰之劑，如形寒飲冷傷肺而咳者用之。桔梗利膈氣，如氣促鼻塞，喘嗽吐痰者用之。栝蔞實甘能補肺，潤能降氣，故治痰嗽，利胸膈之中用者多矣。其根名天花粉，痰嗽者用之。蛤蚧能治久遠勞嗽及咳嗽出血。海蛤治咳逆上氣及喘息煩滿。馬兜鈴止肺熱咳嗽，氣上逆連連不絕，痰結喘促。百藥煎主胸脇逆氣，咳嗽上氣沖喉中，呼吸欲絕，常作水雞聲，能保定肺氣，治嗽多用之，以溫藥相佐使尤佳。訶子其味酸苦，有收斂降火之功，治肺氣因火傷極，遂成抑遏脹滿，喘急咳嗽而不得臥者。（鶯）〔罌〕粟殼今人虛勞嗽者多用，止嗽以其能收斂故也，但刼病之功多，雖急亦不宜多服。薏苡仁古方用之治肺痿肺癰吐膿血，咳嗽涕唾上氣。杏仁下氣定喘，散肺經風寒邪氣咳嗽，如治傷寒氣上衝逆，以其能瀉肺也。葶藶治肺壅上氣，咳嗽喘促，痰飲肺中有水氣者用之，以其走泄為功，大能降氣者也。蘇子主肺氣喘急咳逆，潤心肺，消痰氣，乃調中下氣之劑，若感冒風寒，氣逆喘嗽宜用。紫蘇、枳殼泄肺氣，損胸中至高之氣，如肺氣有餘喘嗽者用之。陳皮去白理肺氣，降痰，如膈間有痰熱結氣，嘔咳吐逆者用之。又木香調氣，烏藥順氣，沉香降氣，檳榔下氣，俱可用之治上氣喘急者也。黄芩泄肺受火邪上逆于膈之咳嗽。石膏除三焦之大熱，瀉胃火，潤肺墜痰，實熱喘嗽者可用。淡竹葉主胸中痰熱，咳逆上氣。知母消痰止嗽，潤心，肺虛而口乾者加用，能補腎水，瀉胃火，與黄栢同用，皆能治陰虛火動之喘嗽也。故古方治陰虛火動喘嗽，以四物湯滋陰血，以二陳降痰火，加黄栢、知母而治陰火上升者也。地骨皮治骨蒸勞熱咳嗽，陰虛者多用之。若火嗽者，有聲痰少是也。用青黛收五臟鬱火，栝蔞潤膈上清痰。若果有係寒嗽者，可用肉桂以達寒氣，乾薑以散寒邪。自夫外感寒喘痰嗽，用麻黄以開發，如惡寒多汗用桂枝以充塞。若傷風咳嗽，鼻塞聲重，如防風、羌活治風之劑可用。若肺受濕痰，聲重喘嗽，加蒼朮、白朮治濕之劑可施。若因食壅滯氣喘，加山查、神麯消食之劑可行。又有上氣喘急不得臥者，此水氣乘肺，肺得水而浮，使氣不得流通，故臥則愈喘急，《局方》神秘湯用陳皮、桔梗、五味、人參以潤肺扶脾，半夏、陳皮以消痰理氣，用桑皮以瀉肺，大腹以消腫，木通以利水，枳實以寬中。又須知喘則生脹，脹則生喘，先喘而後脹者主于肺，治宜清金益肺之劑，而行水次之；先脹而後喘者主于脾。大抵喘脹之症相因而成，今人多有此患，故宜知標本先後而主治也。抑喘之與嗽，實有分別。喘急者，氣為火所鬱，而痰在脾胃也。咳嗽者，痰火上升，蓋因傷于肺氣，動于脾濕而成也。喘急宜理氣為要，咳逆宜治痰為先。又喘嗽宜分肺之虛實，肺虛加人參、阿膠、五味之類補之；肺實加桑皮、杏仁、葶藶之類瀉之。火重宜加降火之藥，知母、黃芩、杏仁、麥冬、石膏、五味、桔梗、桑皮之類。痰盛宜加清痰之藥，知母、貝母、半夏、栝蔞、枳殼、桔梗之類。氣逆宜加順氣之藥，陳皮、蘇子之類。外感宜加發散之藥，紫蘇、麥冬、麻黃、杏仁、甘草之類。內傷宜加補益之藥，人參、白朮、陳皮、半夏、甘草、山查、神麯之類。苟不分虛實痰火邪氣之輕重，何所之依據而治乎？徒用劫藥而止於一時，若病根則不能拔也。【略】

瘧　《經》曰：夏傷于暑，秋必痎瘧。寒熱乃陰陽交爭，兼傷暑感濕，挾食觸邪而發也。當用柴胡為君。柴胡除往來寒熱，引清氣上行陽道，以解肌和表為主；用白朮和中益氣，理胃安脾。若除濕發汗，又宜用蒼朮，其功甚烈。葛根能散外風暑邪。陳皮能理中滯氣。甘草乃和緩之味，乃所必用，固為治瘧之常劑。有一日一發，發於午前者，邪在陽分也，用黃芩、茯苓、半夏以和其陽；熱甚頭疼，加川芎、石膏以治之；口渴，加知母、麥冬以潤之。有間日或三日一發，或午後并夜發者，皆邪入陰分也，用當歸、川芎、白芍、生地、知母以滋其陰，或用紅花、酒栢、升麻，提起陽分，而後可截也。又有間一日連發二日，或日夜各發者，為氣血俱病，四君子以補氣，兼四物湯以補血。又須知有汗者要無汗，扶正為主；無汗者要有汗，驅邪為主之義，亦宜分陰分陽而治之。如陽瘧多汗，用人參、黃芪、白朮以斂之；無汗，用柴胡、二朮、芩、葛以發之。如陰瘧多汗，用歸、芍、地、芪、人參、黃栢補而收之；無汗，用升、柴、蒼朮、川芎、紅花升而散之。又瘧中多是痰與食積，傷食可用麥芽、神麯、黃連、枳實而消導之；痰盛可用半夏、知母、枳實、貝母而降下之。寒痰停飲用草菓仁。如久發用檳榔、常山、烏梅、青皮燥痰降氣之劑以截之也。又有日久虛瘧，寒熱不多或無寒而但微熱者，邪氣已無，只用八物加柴胡、黃芩、黃芪、陳皮以滋補氣血。又有瘧久不愈，脇下痞滿，腹中結塊，名曰瘧母，用鱉甲飲以除心腹癥痞，人參、黃芪、鱉甲、川歸、茯苓、白朮、厚朴、香附、撫芎、砂仁、山查、枳實、甘草是也。久積寒熱用三稜、蓬朮以消堅，用青皮、香附以理滯。作塊不免有血凝，用桃仁以行之。若頑痰鬱結，非海粉、海石不能除也。此數劑可為丸服，仍用補劑煎服。不然，寧不損脾傷氣乎？但見今治瘧症，有初發知截而不知散，則邪必鬱于中。又久發有知散而不知補，則正氣必漸虛矣。均非治之善者也。【略】

痢　夫痢，古云滯下之症是也。雖有赤白之分，總是濕熱傷暑積滯所成。初宜利之，而以川連為君，川連能去心經伏熱，亦去脾胃中濕熱。條芩除大腸經熱，主治下痢膿血。白芍和脾血而治腹痛。川歸益血止痛。檳榔破滯氣而治後重。木香、枳殼行滯寬中，兼以山查、麥芽消導，食積或加大黃、芒硝，小水不利或加滑石、木通。皆治痢之通劑也。白痢，濕熱傷氣分也，用白朮而益脾氣，用陳皮而理滯氣，用茯苓、滑石以滲濕熱之氣。若白痢久，乃胃弱氣虛，必以四君子加黃芩為主劑。赤痢，濕熱傷血分也，用芎歸而養血虛，用地榆而止血熱，用桃仁以活血中之滯。若紅痢久，乃胃弱血虛，必用四物加阿膠為主劑也。若赤白相雜，氣血俱傷，用四君陳皮以理氣，用四物桃仁以理血，斯為當矣。小便赤澁者，小腸經濕熱勝也，可用木通、澤瀉、梔子、茯苓以利之；大便燥澁者，大腸經濕熱勝也，可用蒼朮、槐花、條芩以清之。又有久痢，後重不除，此大腸下墜，氣虛下陷也，用升麻、參、芪提其氣，而活血行氣之劑必不敢用也。亦有寒痢者，宜用理中及薑桂之類。如諸劑調理日久不愈，此屬虛寒滑脫，可于溫寒補虛之中，更加龍骨、赤石脂、罌粟殼、烏梅、肉豆蔻、訶子收澁之藥，而自愈也。大抵痢乃夏月濕蒸熱瘀，鬱積日深。如初得之時遽止，則濕熱之邪不得流行，必非治也。故書云：初得之時，元氣未虛，必推蕩之，此通因通用之法也。惟大黃、朴硝下之無害，下後未愈，則脾胃元氣必虛，方宜分氣血之劑，而補養之。如補養後未愈，恐至滑而不止，方宜用固腸厚胃之劑，而收澁之。治痢之要，不過如此，宜變而通之也。【略】

泄瀉　夫瀉本屬濕，多因飲食不節，致傷脾胃而作。須看時令，分寒熱新久而治。治法補脾消食，燥濕利小便。亦有升提下陷之義，亦有用風藥以勝濕，亦有因久瀉腸胃虛滑不禁者宜收澁之，用藥須知此法為主。白朮除胃中熱，去諸經濕，乃強脾健胃止瀉之聖藥。白茯苓滲濕利水，白芍藥益血安脾，陳皮理氣，甘草和中，皆治瀉之通劑也。若夫傷食停飲，而麥芽、神麯、山查、砂仁不可無。如小水赤少，而猪苓、澤瀉、木通、梔子不可缺。如濕瀉者，非蒼术不能止。熱瀉須用芩、連，寒瀉須用薑、桂。如酒積腹中，濕熱暴下，蒼术以除濕，川連以除熱，乾葛以解酒。如泄瀉作渴，宜用人參、麥冬、乾葛以止渴生津。如冷瀉作疼，須乾薑、砂仁、木香以溫中調氣。有久瀉胃氣下陷，服利小水之藥而不効，須用參、芪為君以補中氣，以升麻、柴胡而升提下陷之氣。又或加羌活、防風、藁本、白芷助風以平之。用風劑者，以其能勝濕，故東垣先生多用之，以升陽除濕。有久瀉脾胃虛弱，滑而不禁，必用肉蔻助脾而厚胃，訶子、石脂收滑而澁腸。又有脾泄，宜白术、神麯、白芍藥為主。腎瀉，破故紙、茴香、肉蔻為先。丹溪治脾胃泄瀉，專以五味煎飲，取其酸能收澁故也。抑考《局方》治瀉，多用五苓散加減，蓋泄瀉本濕而成，用五苓散有白术、赤茯、猪苓、澤瀉、肉桂者，以其能利水而滲濕也。故治脾胃不和之泄瀉，如平胃散用蒼术、陳皮、厚朴、甘草，名胃苓湯。治夏月傷暑之泄瀉，加香薷、厚朴、川連名薷苓湯。治陰陽不分之泄瀉，加柴胡、黄芩、半夏、甘草、人參，名柴苓湯。又如寒瀉，宜用溫中，以人參、白术、甘草、乾薑、陳皮、藿香、茯苓、烏梅、薑、棗、燈草之類。下陷宜升陽，人參、黄芪、升麻、柴胡、防風之類。傷食宜保和，白术、枳實、陳皮、厚朴、山查、神麯、麥芽、連翹、萊菔子之類。滑瀉宜實腸，白术、人參、黄芪、芡實、肉蔻、蓮肉之類。當隨症通變也。須知初瀉補脾，久瀉補氣。雖濕熱之邪，宜滲利之。而滲利之後，亦以補氣為當。

明・羅周彥《醫宗粹言》卷六《用藥準繩》 霍亂 霍亂心腹卒痛，上吐下瀉之症，皆是內傷飲食，外感風寒暑濕而成。當用藿香正氣散加減。藿香能去惡氣，助脾開胃，溫中快氣；半夏勝濕燥痰，陳皮和胃止嘔，甘草益胃和中，蒼术能燥脾濕，佐以厚朴平胃，能治霍亂腹痛吐逆之要藥也。人參補元氣，兼理脾胃；以白术、甘草為佐，茯苓為使，是為四君子，止霍亂吐瀉之全劑也。故用四君子加乾薑、肉桂，以治寒多吐瀉；又用四君子加白芍、良薑以止腹痛轉筋。又白术、茯苓為滲利之劑，故入五苓散甚能止瀉，加藿香、紫蘇、厚朴、大腹皮、白芷、桔梗及二陳名藿苓湯，是為治霍亂吐瀉之良方也。砂仁大能開胃而止嘔吐、腹痛，木瓜亦能助脾而治霍亂轉筋，香薷能治傷暑霍亂腹痛吐下，白扁豆亦能治傷暑霍亂吐下。參苓白术散用之以治脾胃，黄連香薷飲用之以解暑毒，皆中和之劑也。若夫乾霍亂者，俗名絞腸（砂）〔痧〕，上不得吐，下不得瀉，邪氣鬱結，轉筋入腹即死，不可妄藥，只用鹽半盞，用熱湯數碗泡鹽，令患人飲盡，後以雞毛掃喉即吐，所飲鹽湯盡出，其症即愈。大抵霍亂多由於飲食濕熱之邪內作，以致陰陽交錯而不和，故暴吐暴瀉。邪在上焦則吐，在下焦則瀉，在中焦則吐且瀉。切莫與穀食米湯，與之即死。蓋胃中邪物吐瀉不盡，若新食入胃，不能傳化則斃矣。【略】

嘔吐 嘔吐之症屬於胃，生薑為主治之藥。《局方》多用二陳湯，陳皮、半夏、茯苓、甘草、藿香，助脾開胃，溫中快氣，嘔吐不能食者用之。丁香溫脾胃，止嘔吐，胃中有寒者用之。砂仁亦是治脾胃氣寒，滯而不散，能下氣消食。乾薑亦是理脾胃氣因寒所傷，能溫中利肺。治中脘停寒而吐，用理中湯，人參、白术、甘草、乾薑，加丁香。治內傷飲食而吐，用平胃散，蒼术、陳皮、厚朴、甘草，加藿香、砂仁。夫嘔吐多由脾胃虛弱，用六君子湯，人參、白术、甘草、茯苓、陳皮、半夏。但胃氣一虛，火氣炎上，痰隨火動，隔在中焦，以致肺金失降下之令而嘔吐也，豈可以胃寒而治哉？如胃中有熱，膈上有痰，宜六君子加黄芩、黄連、梔子、生薑之類。又有胃虛嘔吐，或脾痛脇痛，此木乘土分也，宜六君子湯加升麻、柴胡、白芍、青皮之類。又有胃虛而吐，食積與痰相假，故吐而痛，宜六君子湯加木香、檳榔，以行氣之滯。又有惡心吐清水，心胃作痛，得食則暫止，此胃中有蚘也，宜六君子加苦楝根、使君子。又有治嘔吐不止，用人參、菖蒲二味而愈，亦有用御米服之而愈。大抵嘔吐之症，宜分胃中寒熱虛實。因寒而吐者，非內傷生冷，則外感寒邪，胃氣未必虛也，猶為易治。若痰火上炎，嘔吐不止，必有胃氣虛弱，而不能生金，故金虛不能平木，木得以淩其土，實為難治。醫者仍用熱劑，必見胃脘乾稿，痰日愈逆，火日愈熾。至於反胃膈噎，莫之能治矣。【略】

反胃膈噎 反胃者，謂胃虛嘔吐，不納飲食也。膈者，結於咽喉，時覺有礙，吐不得出，咽不得下，或曰食入良久復出是也。噎者，乃飲食之際，氣卒阻滯，飲食不下者是也。皆由痰火鬱結，胃脘枯，津液少，陰血耗，土弱木強，火炎金囚，胃中多是痰火而成，宜知生津養血，順氣清痰，降火開結，故用四物為主劑，又用人參以補元氣，不可過用香燥之藥。御米以解毒，竹瀝以清痰，乾薑養血，粟米實胃，蜜以潤燥，薑以去穢。有治寒者，審脉症果因於寒，亦用丁香、木香、藿香、肉桂、砂仁、草菓、白荳蔻溫胃之劑，豈可熱論為寒，凡有此症率用之也？

丹溪治法，用二陳加薑汁、竹瀝、童便、韭汁為主。蓋二陳能理脾胃順痰氣，薑汁能開胃通竅，竹瀝能養血清痰，童便能降胃火，韭汁下膈間瘀血，此用藥意也。如胸中覺有熱悶，本方加土炒黄連以解心熱，黄芩清肺熱，瓜蔞潤痰，桔梗利膈。如血虚瘦弱，以本方加四物補陰血，童便、韭汁降陰火。如朝食暮吐，暮食朝吐，或食下須臾即吐者，此胃可容受，而脾不能傳送也，本方加麥芽、神麯以助化之。或大小腸秘結不通，食返而上奔也，本方加酒蒸大黄、桃仁以潤下；如不用大黄，加真麻油、白沙蜜，皆大能潤腸之劑。如氣虚，本方合四君子以補其氣。有因七情鬱結者，本方加香附、撫芎以開鬱，檳榔、木香以順氣，瓜蔞、砂仁以通滯潤結。及考方中有用牛羊乳，牛乳能補虚而潤肺，羊乳能益氣而潤腸。用牛轉草，以其氣能益津；用人乳，以補血液。但人乳未免有烹飪及七情之火存乎其中，不宜多服。【略】

呃逆　諸逆衝上，皆屬於火。丹溪曰：呃病，氣逆也。以其氣自臍下直衝上，出於口之名也。東垣謂火與元氣不兩立，又謂火為元氣之賊。古方悉以胃弱言之而不及火，且以丁香、柿蒂、竹茹、陳皮等劑治之，未審孰為降火，孰為補虚。人之陰氣，藉胃為養，胃土損傷，則木來侮之矣，謂土敗木賊也。陰為火所乘不得內，木挾相火之勢，故其氣直衝清道而上。言胃弱者，陰弱也，虚之甚也。病者見此以為危症，依正法而治之者，尚不能保其一二，而況誤醫者乎？雖然亦有因實而為呃者，不可不審。或因飲食太過，填塞胸中，而氣不得升降者。或有痰閉於上，火起於下，而氣不得伸越者。有為傷寒熱病，陽明內實，過期而失下，清氣不得升，濁氣不得降，以致氣不宣通而發呃者。凡若此者，皆實證也。醫者宜專心致意，察審虚實而調治之，不可妄為處治，以夭人之天年也，幸甚！【略】

嘈雜、噯氣　胃為水穀之海，無物不受。若夫濕麪、魚腥、水菓、生冷以及烹飪調和、粘滑難化等物，恣食無節，朝傷暮損，而成清痰稠飲，滯於中宮，故成嘈雜，噯氣，吞酸，痞滿，甚則為翻胃，膈噎，即此之由也。夫嘈雜之為症也，似飢不飢，似痛不痛，而有懊憹不自寧之況者是也。其症或兼噯氣，或兼痞滿，或兼惡心，漸至胃脘作痛，痰火之為患也。治法以南星、半夏、橘紅之類以消其痰，芩、連、梔子、石膏、知母之類以降其火，蒼术、白术、芍藥之類以健脾行濕，壯其本元。又當忌口節慾，無有不安者也。【略】

痞滿　夫痞滿者，非痞塊之痞也，乃胸腹飽悶而不舒暢也。丹溪曰：痞滿與脹滿不同，脹滿內脹而外亦形，痞則內覺痞悶而外無脹急之形也。蓋由陰伏陽蓄，氣血不運而成，位心下之中，䐜滿痞塞，皆土邪之所為耳。有因誤下裏氣虚，邪乘虚而入於心之分野；有因食痰積不能施行，而作痞者；有濕熱太甚，土來心下而為痞者。古方治痞，用芩、連、枳實之苦以泄之，厚朴、半夏、生薑之辛以散之，參、术甘溫以補之，茯苓、澤瀉之鹹淡以滲之，此為要藥。或痰重，則半夏、陳皮、南星、枳殼、白礬、白术、蒼术可用；或食傷，則白术、枳實、山查、神麯、麥芽、厚朴、陳皮可施；或痞由於氣鬱，須用川芎、香附、陳皮、青皮、枳殼、木香之類；或痞由於血積，須用川歸、白芍、川芎、桃仁、紅花、香附、蘇木之類。是須有痰食血氣之分於中，扶正氣以人參，健脾土以白术，不可缺也。果係實邪，固可單用消導之劑，若虚邪而成者，消導亦宜審用。【略】

鼓脹　夫鼓脹者，必膀胱癃閉，肺經所輸遊溢之氣，不能滲於膀胱，故別走於腑，從衛氣散於皮裏膜外，遂成脹滿如鼓，而中虚外實，故曰鼓脹。蓋此症多是氣鬱，勞役酒色過度，以致陰血內乏，邪火妄動，故金有制，而木得乘，木得乘，而脾受傷，肺脾二經一虚，則正氣失升降之宜，飲食失運化之體。用藥須知滋養金水，得以制木火，庶使脾土無賊邪之患，而鼓脹消矣。大法以人參、白术、白茯、陳皮扶脾為主，佐以黄芩、麥冬益金制木，少加蒼术、厚朴以平胃行濕。若氣不運，加木香、木通調之；氣下陷，加升麻、柴胡提之；血虚，加四物補血；痰盛，加半夏、陳皮、枳殼、貝母清痰。黄栢、知母用之以清膀胱之熱而滋水，猪苓、澤瀉用之以利膀胱之水而滲濕。或食不能運化，用麥芽、神麯、枳實、山查；或積不能消導，用三稜、蓬术、桃仁、紅花。但有旦食，不能暮食，病多是鼓脹，則用開胃，以藿香、砂仁下氣寬中，用青皮、陳皮及夫三稜、蓬术、木香、香附、益智耗利之劑，亦可探虚實而用也。發汗利小便，固為治鼓之常法，亦不敢泥用，隨症而主治可也。抑論方中用藥，非專於燥濕利水，則專於破血耗氣，不知人之一身脾胃為生養之本。謂之中氣者，胃氣是也；謂之陰血者，脾血是也。甚不宜破耗其氣，耗其氣則胃氣未必不下陷；破其血，則脾血未必不內乏。是以氣血破耗，則脾胃之本不能立矣，五臟六腑將何以化生？四肢百骸將何以榮養？元氣抑又將何以為本源乎？且燥濕亦恐消陰血，利水亦恐泄中氣，況專用破耗血氣之劑也耶？是知治鼓必以扶脾為主，白朮不可缺也。兼氣虛，宜用四君子加川芎、芍藥、陳皮、厚朴、甘草；兼血虛，宜用四物加人參、陳皮、甘草。或有邪氣入者，不得已而用消導，或又可用攻下之劑，一二三服便宜收拾，尤知扶脾為急務也。又且人參不惟補氣，抑且扶胃，有鼓脹不能服者，何也？或肺間有火不可服，或脾胃間有積不可服，除此二端，必不能缺人參也。【略】

水腫　夫水畏土者也，惟脾土虛，不能制水，胃為水穀之海，因虛而不傳化，以致水溢妄行，浸漬脾土，凝而不流，則滲於皮膚，注於肌肉，遂成水腫之症。須知補脾以制木，行濕以利水，斯為治腫之要矣。一方用香薷治水腫甚捷，有徹上徹下之功。肺得之則清化行，而水自下，用大葉者煎成膏丸服，可治水脹。又用五加皮、大腹皮、青皮、枳殼、茯苓、防己、木香、薏苡，順氣則水自順，而腫消矣。傷食脾虛泄瀉後發腫，加蒼朮、白朮、麥芽、枳殼；氣腫，加檳榔、萊菔子；小便不通，加木通、燈心、車前、琥珀末。上部三陽經手浮腫宜汗，加麻黃、荊芥、葱白；下部三陰經腰足浮腫宜下，少加黑丑、檳榔、葶藶、芫花。如濕中伏熱，加炒梔子、蒼朮。如脹腫朝寬暮急，為血虛，宜用四物中行濕利氣；暮寬朝急，為氣虛，宜加人參、白朮、蒼朮、陳皮。此雖不重於補脾，亦得權變之常體也。但今有用甘遂者，以其行水攻決而其氣直達所結處，故云水結胞中非此不除。大戟與甘遂固為泄水之藥，亦能通積發汗，利大小腸也。芫花蕩滌胃中留癖，亦能行水，仲景用芫花治痢，以其行水，水去則痢止也。芫花消胸中痰水及水在五臟皮膚。牽牛能治濕利水，以氣藥引之則入氣，以大黃引之則入血，乃瀉氣血之藥也。葶藶破積，通利水道，下膀胱水伏留熱氣及皮間水上出面目。商陸導腫氣。檳榔能墜諸藥至下也。巴豆開通閉塞，利水穀道。大黃蕩滌實熱不通，其性走而不守。滑石治前陰利水，其性沉重，能泄上氣下行，故曰活則利竅，輕則有用，非瀉真氣，則傷胃氣，非善治也，須以四君子加陳皮健脾為君，蒼朮、防己行濕為佐，木香、烏藥順氣為使；或加腹皮、桑皮以消腫，猪苓、澤瀉以泄水。及久病氣虛，婦人產後，并經事過多，血虛而腫，又宜調補氣血為主。又濕鬱必有熱，當以麥冬、黃芩清肺，大要以補脾為主。又或脉實人壯實者，倘或攻下，便要收拾，亦不可過用猛烈之劑，恐峻決者易，固閉者難，再或實不可補，只宜順氣，而水自行也。又今多有生瘡，因洗浴迫毒歸內而腫，此非水氣，乃毒氣也，有敗毒散一十六味，上腫加葱，下腫加燈草，甚能泄毒，去風清熱。因多有瘡毒成腫，故附此方於後。【略】

積聚　《內經》曰：積者，陰氣也。聚者，陽氣也。故陰沉而伏，陽浮而動。氣之所積名曰積，氣之所聚名曰聚。故積者，五臟所生；聚者，六腑所成也。夫所謂積者，陰氣也，其始終有常處，其病不離其部，上下有所終始，左右有所窮處。謂聚者，陽氣也，其始終無根本，其痛或隱或見，上下無所留止，痛發無所定位。雖欲消導，亦當分虛實而施。若積塊用海石、三稜、蓬朮，香附醋煮，桃仁、紅花、五靈脂為丸，白朮煎湯送下。又或用木香、檳榔以去氣積，神麯、麥芽以去酒積，虻蟲、水蛭、桃仁、大黃以去血積，礞石、巴(肉)(豆)以去食積，牽牛、甘遂、芫花以去水積，雄黃、膩粉以去涎積，硇砂、水銀以去肉積。三稜、蓬朮治癖積，紫蘇能治魚腥積，丁香、桂心治菜菓積，附子、硫黃、厚朴治寒冷之積。是前數劑，固可治積，恐積塊因虛而成，若用前劑，必見愈損而愈虛，或致氣陷脾倒，莫知能救也。須知用緩劑以緩治可也，然不可多用峻下之劑。或以海石、南星、半夏、陳皮治痰，白朮、枳實、山查、神麯化食，猪苓、澤瀉、茯苓治水，川歸、川芎、桃仁、紅花行血，烏藥、木香、枳殼、香附順氣，亦可使積得以漸磨矣，虛者亦可用。聚者不比積也，隨氣升降而作塊，或脹或痛是也。須知氣和為主，氣虛者參、朮亦宜審用，但可助氣，再可加青皮、陳皮以理其滯，木香、烏藥以順其逆，香附、川芎以開其鬱，川歸、玄胡以行其血之虛於氣，半夏、海粉以運其痰之隨於氣，使氣得平而不妄，則自無聚之患矣。抑觀積聚，皆本於虛而成，未必無火乘虛而動也。或上焦火鬱，可用酒炒黃連；下焦火伏，可用鹽炒梔栢。又有用薑桂之類，必其冷氣作痰或可也。大要俱以健脾土扶正氣為主，不可輕用耗氣損脾之劑。

五疸　名雖有五，摠是濕熱之所為也。茵陳五苓散最利水退黃，或用蒼朮、白朮、防己、龍膽以除濕，芩、連、梔、栢、豆豉以退熱鬱。亦有用大黃以通瘀結者。傷食為穀疸，宜用白朮、山查、麥芽、神麯及蒼朮、陳皮、厚朴、甘草之類。傷飲為酒疸，用乾葛、葛花、山梔、豆豉、柴胡及五苓散之類。色疸宜補元氣，用人參、白朮、茯苓、甘草，加黃芪、扁豆、白芍甚當。疸症多因血虛不能榮養而發黃，脾虛不能運化而成疸，所以參、朮補脾，芪、歸補血，俱不可少也。或有腹中脹痛，宜行氣而兼用補脾補血之劑，參不可用，亦不可多用三稜、蓬朮耗氣之類。今人見有疸症，不免中覺脹悶，便用稜、蓬、青皮、針砂、香附快氣之劑，殊不知不救脾血，而徒寬快其氣於一時，則欲疸消黃退，未之能也。況穀疸、酒疸固或可用消導，若色疸由虛，當知脾血之當扶。一云在上宜發汗，在下宜利小便，以分消其濕熱，此不易之論。若久而不愈，還宜救脾與血也。又有黃胖者，亦是脾胃不和，乘濕而作，宜平胃散加白朮、神麯、麥芽，或胃苓湯可也。黃胖易治於黃膽。【略】

虛損【略】 又恐真陰本虛，心火狂蕩，用茯神、遠志，取其安心神，益腎志也。肺金不足，用天冬、五味；脾土不足，用白朮、白芍。痰用瓜蔞、貝母而不失之燥，熱用秦艽、地骨而不失之寒。咳嗽烏梅、五味可止，夢遺芡實、石蓮可加。血症用茜根、藕汁，氣虛用人參、黃芪。此滋陰降火之聖藥也。枸杞、龜板、杜仲、牛膝、續斷，可於補陰藥中加之，以之而治腎虛，則金水相生，以之而治精滑，則水火相濟，自無遺泄虛損之患矣。世多用熱劑壯陽而助精，不知前人所用熱劑，如蓯蓉、破故紙、菟絲子、巴戟、陽起石、瑣陽之類，不過施於腎寒精冷，滑而不固者耳。及夫水火不交，陰虛火動，必以滋陰降火為主治也。況人陽常有餘，陰常不足，若妄用熱劑，不愈助陽火而消陰血乎？無論陰陽損傷，皆因水火不濟，火降則血脉和暢，水升則精神充滿，皆當以調和心腎為主，兼補脾胃，加以內觀怡養，則精神充足，而氣血自然日生矣。

勞瘵 《內經》曰：陰虛生內熱。又曰：陰氣者，靜則神藏，躁則消亡；飲食自倍，腸胃乃傷。又曰：有所勞倦，神氣衰少，穀氣不盛，上焦不行，下脘不通，而胃氣熱，熱氣薰胸中，故內熱。是故欲養陰而延生者，心神而恬靜，而毋躁擾；飲食宜適中，而無過傷；風寒暑濕之謹避，行坐立臥之有常，何勞怯之有哉？今也嗜慾無節，起居不時，七情六慾之火，時動乎中，飲食勞倦之過，屢傷於體，漸而至於真水枯竭，陰火上炎，而發蒸蒸之躁熱，或寒熱進退，似瘧非瘧，古方名曰蒸病，或二十四種，或三十六種，名雖不同，證亦少異。大抵不過咳嗽發熱，咯血吐痰，白濁白淫，遺精盜汗，或心神恍惚，夢與鬼交，婦人則月閉不通，日漸尫羸，漸成勞極之候。此皆由於耗散真元，虛敗津液，水元既竭，火竟上炎而成癆瘵也。須知降心火，滋腎水，補肺金，清骨熱，化痰涼血為要也。故有一方名東方實西方虛瀉南方補北方湯，用黃連淡薑汁炒四兩，瀉心火，寬痞滿，止嘔吐；用黃栢鹽水炒六兩，補腎水，除濕熱筋攣，抑諸火之要藥；用桔梗二兩，引諸藥至肺，助子扶母之虛；用杏仁去皮尖三兩半，收斂耗散之金，降肺除熱之氣；用知母三兩，降北方右尺相火，除煩熱，骨蒸勞熱；用貝母四兩，用瓜蔞仁煮汁浸一宿，清肺金，除痰氣，解煩熱；用片芩二兩，生用瀉肝火，清肺金；用白芍二兩半，生用，泄東方有餘之火，安中央不足之土；用白朮麩炒一兩半，益脾土，生肺金；用茯苓去皮二兩，瀉諸火於小便中出；用五味鹽水炒三錢，滋少陰不足之水，收太陰耗散之金；天花粉二兩，生津止渴；用紫(苑)〔菀〕去土二兩半，用沉香煎水浸晒，大降肺氣，止嗽；生地酒洗三兩，涼血，清榮中之伏火；當歸童便浸二兩，補大耗之陰血；天冬水泡去心四兩，潤肺，清痰中血，止吐血，清諸經混雜之血。此方誠所謂王道之始也，後當隨症加減。右剉八錢，烏梅八箇，燈草一撮，水煎溫服。或保和湯、保真湯、鼈甲散、清骨散之類，選而用之。【略】

汗症【略】 黃芪、白朮乃止汗之聖藥。麻黃乃發汗之劑，其根節又能止汗。有用龍骨、牡蠣而止汗，取其收澁也。有濕勝自汗中必用滲濕之劑，有汗不任風寒中必用逐風之劑。今人多是房勞所致，宜補腎之劑，古方黃芪湯為當用。熟地、川歸補腎滋陰，天冬、五味養金生水，黃芪、防風、肉桂、甘草相為佐使而治虛勞，用麻黃根、浮小麥、龍骨而斂汗。如發厥自汗，加熟附子；如發熱自汗，加石斛。此方甚得中和。又有心血液盛亦為汗，宜收斂心經，一方名團參湯，用人參、川歸、黃芪，再用猪心切開入藥，水煎。蓋心之液為汗，是方止汗，治其本也。及仲景桂枝湯用桂枝、芍藥、甘草，能治外感風邪自汗之劑。黃芪建中湯用黃芪、肉桂、芍藥、甘草能止外感挾氣虛自汗之劑。東垣補中益氣湯能治內傷氣虛自汗之劑，用參、芪、歸、朮、陳皮、甘草，其升麻、柴胡俱用蜜水製炒，以殺其升發湧汗之性，欲其引參、芪至肌表及加附子。陰虛加熟地，心熱加川連，相火加川栢、知母，肺金不足加麥冬、五味。再或用浮小麥、麻黃根止汗之劑，無有不効。【略】

眩運【略】 若夫南星最能燥風痰，旋覆花行痰結去頭目風，乃走散之藥也。藁本清邪於上焦，川芎散肝經風，細辛、白芷以治風眩，天麻能除諸虛眩運，甘菊能清頭目，皂角能除風邪。及夫白附子、殭蠶可以除風痰眩運，防風、羌活、獨活、升麻皆可以去頭目風邪，前胡能除痰滿，石膏墜痰，頭目昏悶者宜用蔓荆子。有或兼濕，蒼朮可用；有或兼寒，薑桂可施；有或挾熱，芩栢可入。大要以治痰補氣血為主。【略】

顛、狂、癇、怔忡、驚悸 顛者，異於常也。平日能言，顛則沉默；平日不言，顛則呻吟，甚則僵仆直視，心常不樂。此陰血虛少，心火不寧也。狂者，兇狂也。輕則自高自是，好歌好舞，甚則棄衣而走，踰墻上屋，又甚則披頭大叫，不避水火，且好殺人。此心火獨盛，陽氣有餘，神不守舍，痰火壅盛而然也。癇，因痰而塞心竅，發則頭旋卒倒，手足搐搦，口眼相引，胸背強直，叫吼吐涎，食頃乃醒。病先身熱，脉浮，在表者，陽癇也，易治；病先身冷，脉沉，在裏者，陰癇也，難治。若神脱目瞪如愚痴者，不治。怔忡、驚悸，皆屬血虛而有痰。癇與痓略相似，而實不同。痓者，身背強直，反張如弓，不時醒者是也。比癇為甚，為虛。癇則隨痰火上潮，身軟，有時而醒，時作時止者是也。治法須知尋火尋痰，分多分少而治。行痰莫過半夏、瓜蔞、膽星、青礞石。火屬於心，用黃連以降心火。痰火未免傷肺，用川連、麥冬、桑皮以清肺邪。火旺木必實，用青黛、柴胡、川芎以平肝木，以息心火。痰火妄動，又由於陰虛，用四物為主劑，如東垣安神丸，用川連、生地、川歸、甘草、硃砂是也。硃砂鎮心安神，雄黃能辟心邪，赤石脂能養心氣，琥珀安心神，龍齒安魂魄，犀角解心熱明目鎮驚。牛黃、金箔、珍珠、天竺黃俱為鎮心神，安魂魄之劑，麝香通竅。蓋癇由於心虛，則神不守舍，神去舍空，而後痰火得以乘虛而入，痰火居於神舍，填滿則迷。此症故痰火一行則醒，用藥以降痰火為主，安神為佐。但前乃金石之藥，其氣悍，其性燥，其質重，未免有慓悍炎焰之禍；其體堅，不可多服。尚在平和之藥，可以安心神也。茯神開心養神，遠志強志利竅，二味可以止癇，可以祛邪，又為水火未濟之用也。栢子仁安五臟去百邪驚癇，酸棗仁治心膽分虛煩不眠，石菖蒲開心利竅，白附子、白殭蠶、白礬、天麻、皂角、全蝎癇症方中亦用之。此症難治，若痰火不動方愈。不然，邪未退，神未能安也。顛狂雖由心火妄炎，未必不由痰迷心竅。顛則失心妄作，狂則如有所見非常之事，多因求望高遠，不得志者有之；亦有水涸，相火獨旺而致者。用藥須知降火為先，川連、犀角、珍珠、硃砂可以解乎心熱，降痰可用半夏、南星、瓜蔞、青礞石之類。心氣虛宜四君子湯，心血虛宜四物湯，心神不寧宜茯神、遠志之類。是症由不得志而成，有交感丹可用，用香附、茯神二味為丸，可為開鬱寧心之劑。若由相火狂旺者，有坎離丸可用，用知母、黃栢二味為丸，可為降火生水之劑。心經邪實而狂者，宜大黃下之，或用柴胡、乾葛散火，隨宜而用。驚者，恐怖之謂。悸者，心築築然而動也。屬虛，須用養心血及和平心氣而已，氣血充足而神自寧。《局方》養心湯可治心虛血少驚悸不寧者也，有參、芪、甘草以保和心氣，歸、芎以養和心血，有茯神、遠志、栢子仁、酸棗仁以安心神，有半夏以豁心經之痰，有五味以歛心經之耗，有茯苓引參、芪下行，有肉桂引參、芪達表。治驚悸者，揔不離此方以為之主也。再或用石菖蒲以開心竅，麥冬以清心熱，熟地、阿膠以補陰，南星、瓜蔞、陳皮以降痰。驚悸甚者，則硃砂、龍齒、琥珀、牛膝鎮心之類可用也。大抵三症揔不離於虛邪乘之也。治莫切於降痰火，尤莫先於補心養心神也。【略】

遺精便濁　林誠中曰：五臟皆有精。精者，人之本然。腎為藏精之都，會聽命於心，能遣慾澄心。精氣內守，陰平陽秘精元固密矣。或縱慾勞神，則心腎不交，關鍵不固。更有少壯人情動於中，意淫於外，慾心熾而不遂，必有遺精便濁之患也。遺精得之有四：有用心過度，心不攝腎，以致失精者。有因思色不遂，精氣失位，輸泄而出者。有慾太過，滑洩不禁者。有年壯氣盛，久無色慾，精滿洩者。然其狀不一，或小便後出，多不可禁者；或不小便而自出者；或莖中出而痛痒，常欲如小便者：皆是腎中火動而水不寧靜也。方中有八固丸，用四物湯補陰，用黃栢酒炒、知母蜜炙，靜腎火而不動，滋腎水而得生也。用牡蠣火煅、蛤粉略炒，收腎水而歸原，固精氣而不滑也。有九龍丹，用熟地、川歸以滋陰，枸杞以益腎，蓮肉以益脾，蓮鬚、山查以收滑，金櫻、芡實以澁精遺白，茯苓取其清腎水而降火也。又有遺久腎氣下陷，玉門關不時漏泄，宜升提之劑。一方神芎湯，丹參、黃芪、白术、甘草以補元氣，當歸、川芎、枸杞子以滋陰血，遠志安心神，地骨清內熱，杜仲、故紙以固精，用升麻升提腎水歸源。此三方甚得治遺精之善。有滑而不禁者，用白龍骨、赤石脂、五味子、石蓮肉以澁精氣。有寒精自出者，用菟絲子、肉蓯蓉、鹿茸、附子以壯元陽。抑論心腎者，精神之根蒂也。有思慮過度傷心，則水火不交；有快情恣慾傷腎，則精元失守。夫元氣賴胃氣以養，或脾胃有傷，而不能滋潤元氣，故有遺精之患。是遺雖本於腎，未必不由心脾而起，故宜用茯神、遠志以治心，白术、蓮肉以治脾，滋陰降火益腎補精乃其要也。今但見夢遺精滑，用助火澁精之劑，必見精滑得以內收，陰火不能外泄，是以火助火，寧免火炎上之患乎。便濁者，揔是胃中之濕熱下流滲入膀胱，故小便或赤或白而渾濁不清也。一云血虛而熱甚者，則爲赤濁，此心與小腸主病，屬火故也，宜四物湯爲主。氣虛而熱微者，則爲白濁，此肺與大腸主病，屬金故也，宜四君子湯爲主。又有濕痰流注，宜燥中宮之濕，以二陳爲主，加升麻、柴胡、防風以升提之。以三方为立方之主，随氣血痰合宜而用可也。既本於濕，則用蒼术、白术而燥濕；既本於熱，則用川栢、知母而清熱。肺氣不足，用麥冬、五味、人參；心氣不足，用茯神、遠志、菖蒲；脾氣不足，用白术、茯苓、蓮肉。又黃連、骨皮可以解熱，車前、澤瀉可以滲濕，萆薢、遠志可以止小便，蓮蕊、石蓮可以固精滑，赤石脂、牡蠣、龍骨可以收澁不禁也，升麻、柴胡可以升提下陷也。若或屬寒者，則乾薑、肉桂、附子可加。又一方清心蓮子飲，甚能清心養神秘精，意謂元氣不足，故火妄炎，心肺不清，故濁自盛。是方用人參、黃芪、甘草以補元氣，黃芩、麥冬、地骨皮以清心肺，佐以赤茯、車前流濁氣而不失之滯，以石蓮子肉秘其元而不失之滑也。蓋陰虛則火自動，熱盛則水自濁。一方八固丸，當歸、川芎、白芍、熟地、黃栢、知母、蛤粉、牡蠣乃滋潤之劑，能補陰降火閉精。一方用川栢治濕熱，青黛以解熱，用蛤粉入腎，滑石利竅，用乾薑斂肺氣下降，使陰血生，俱能監制。凡治濁，大要不過如此。【略】

淋閉小便滴瀝澁痛者為淋，急滿不痛者謂之閉也。　抑考書云：此症不可服補氣之藥，氣得補而愈脹，血得補而愈澁，熱得補而愈盛。此言一出，人皆以為治淋閉者，不過行濕清熱利水而已。殊不知有邪氣蘊結膀胱者，固不可補。若有氣虛，虛則氣不利，氣不利則滲泄之令不行，此必服人參、黃芪補氣之藥。若有血虛，虛則不得滋潤流通，此必要當歸、地黃補血之藥。腎虛宜補腎，以四物湯加知母、黃栢，或四物煎下滋腎丸。有氣結於下不通者，宜升提之藥，陳皮、半夏、茯苓、甘草加升麻、木通、香附。雖云升補之劑不可獨用，而利下之藥亦不可獨行，須佐使制伏可也。況行水之劑，未免不走泄腎氣，滲利之藥未免不敗亡津液，固不可以參芪滋補為先也。所以八正散用大黃、瞿麥、木通、滑石、扁蓄、車前、梔子、甘草，乃單行利藥。果是熱毒，元氣未虛，庶或獲効，若施於虛患者，未見其可也。【略】

小便不通　丹溪曰：小便不通者，有熱，有濕，有氣結於下，宜清，宜燥，宜升。有隔二隔三之治，如因肺燥不能生水則清金，此隔二；如不因肺燥，但膀胱有熱，則宜瀉膀胱，此正治也；如因脾濕不運而精不升，故肺不能生水，則當燥脾健胃，此隔三，宜用車前子、白茯苓清肺也，黃栢、知母瀉膀胱也，蒼术、白术健胃燥脾也。

《寶鑑》曰：小便不利，其治有三，不可概論。津液偏滲於腸胃，大便泄瀉，而小便澁少者，宜分利而已。熱搏下焦，津液則熱，濕而不行者，必滲泄則愈。脾胃氣澁，不能通調水道，下輸膀胱而化者，故可順氣，令施化而出矣。愚謂丹溪隔二隔三之治，此乃探本窮源之論也。謙甫其治有三，謂非止因於熱，兼有標本不同之病機也。二說相因，但原其情略有少異耳，併此以備參看。又云：小便不通屬氣虛血虛，有實熱，有痰氣閉塞，皆宜吐之，以提其氣，氣升則水自降。蓋氣載其水也，先哲譬之如滴水之器，必上竅通而後下竅之水出焉。氣虛參、术、升麻先服，後吐；血虛四物湯先服，後吐；痰氣閉塞者，二陳加木通、香附探吐。實熱當利之，或八正散，大便動則小便自通；老人氣短者，四物加芪、參呑滋腎丸，下焦血氣乾者死。愚按氣虛而小便不通者，《經》曰膀胱者，津液藏焉，氣化則能出矣，氣虛則不能化，故不通也。血虛而小便不通者，蓋血即津液之屬，血虛則津液燥，而溺道不利，故不通也。與痰氣閉結於下者，虛實之情不同。今丹溪皆用吐法，乃急則治其標也。雖然氣虛、血虛，以虛為本，虛則必補之而後可也。夫以參术四物調其真氣，而吐之誠可以通其溺，而其本之虛也，豈參术四物之類頃刻下咽遂能以補益之耶？吾恐病根猶在，不久必復作。故愚意以為，若果氣虛、血虛，必用補氣補血之藥，使其氣盛而施化，血生而津潤，其便自可以通，不必探吐。果宜吐者，必須先吐，候其溺通，繼服補劑，庶可平復，非如痰氣閉結者，但吐之而可已。此丹溪未盡之意，予表而出之。戴云：汗多而小便赤澁，夏月多有此證。盛暑所飲既多，小便反澁，緣上停為飲，外發於汗，津道不通，小腸澁閉，則水不運下，五苓散。然有虛勞汗多而反澁者，乃是五内枯燥，滋腴既去，不能生津，當以溫養潤肺，十全大補湯，或養榮湯之類，不可過用利小便藥。蓋汗者心液，心主血，養血則心得所養，汗止津生，不待通溺而自清矣。諸失精血及患癰毒人，或有小便反澁之證，亦是枯渴不潤之故也。

小便不禁　《原病式》曰：熱甚客於腎部，干於足厥陰之經，廷孔鬱結極甚，而氣不能宣通，則痿痺而神無所用，故液滲於膀胱，而旋溺遺失不能收禁也。戴云：小便多者，乃下元虛冷，腎不攝水，以致滲滯，宜生料鹿茸丸。睡著遺尿者，此亦下元虛冷，治如前法。有盛喜致小便日夜無度，乃喜極傷心，心與小腸為表裏，宜分清飲合四七湯煎服，再以辰砂妙香散，或小菟絲丸間服。小便數者，頻頻欲去而溺不多但不痛耳，此腎與膀胱俱虛，客熱乘之，虛則不能制水，宜補腎丸、六味地黃丸。熱又水道澁而不利，八正散或五苓散加黃栢、知母、麥門冬、木通。大便硬，小便數者，是謂脾約病，脾約丸主之。愚謂膀胱不利為癃，不約為遺溺。夫膀胱為津液之府，水注由之。然足二焦之脉虛實而為之耳。脉實約下焦，而溺不通；脉虛不約下焦，則遺溺也。《靈樞經》云：實則閉癃，虛則遺溺。若膀胱火邪妄動，水不得寧，故小便不禁而頻數也。治當以滋水瀉火之劑。久不愈者，方用收澁補腎，如牡蠣、山茱萸、五味子之類是也。

大便秘　便秘不通，必是虧損津液，消耗真陰，內火燔灼，熱傷元氣，故肺受火邪，不能行清化之令，金耗則土受木傷，不能施轉輸之常，三焦伏熱，故胃中糞燥而自秘也。須清熱，黃連、黃栢、黄芩之類；潤燥者，氣燥杏仁，血燥桃仁、麻仁之類；養血，川歸、生地；益津，黃栢、知母、麥冬、五味之類。氣虛宜補，氣滯宜順，氣結宜升，不可例用大黃、芒硝，大寒而損胃也，巴豆、牽牛峻下而亡陰也。古方有脾約丸，用枳實、厚朴以開結，大黃以通腸，麻仁、杏仁以潤腸之燥，芍藥以和脾血。此方用之於熱甚氣實、禀賦厚者可也。若氣虛便秘，須以參、芪、白术為主，佐以木香、烏藥、枳殼以助氣之轉運；氣結用升麻以提之，則便自通。血虛便秘，須以四物為主，佐以桃仁、紅花以活血之流通；血燥，用麻仁以潤腸。有胃能納受，而脾不能運化者，則亦有便秘之患，須用四君子為主，佐以神麯、麥芽、山查以助脾之消導，脾能運化，穀氣下行，無有不通者也。古方有升陽瀉熱湯，用蒼术、黃栢以清下焦之濕熱，用生地、川歸以滋下焦之陰血，用青皮以疎滯氣，升麻、黃芪以升提下結之氣，槐角子凉大腸熱，桃仁活血分滯，此方甚知氣血之虛實而補瀉也。又有腸胃受風，血因涸燥而秘澁者，故活血潤燥丸，用羌活、防風以逐風邪，皂角仁以潤風燥，川歸、桃仁、麻仁以活血潤腸，此血因風而燥澁，未必虛也，故用酒煨大黃以暫行之。但今人非氣虛則血燥，非血燥則脾傷。若是而用通利之劑，必見氣道愈虛，血分愈燥，脾氣愈傷，愈通愈結，以致腸胃乾槁，而關格之患不能免矣。【略】

頭痛附眉稜骨痛、眼眶痛、雷頭風。　頭痛有三陰三陽經之異，當隨經用藥。太陽羌活，陽明白芷，少陰柴胡，太陰蒼术，少陰細辛，厥陰吳茱萸，皆以川芎為主。川芎治少陽經頭痛及治風通用。蔓荊子治太陽經頭痛，中風寒熱解利也。細辛治少陰頭痛，風濕拘攣，利竅藥也。凡治頭痛，必以二陳加川芎、白芷為主，再隨經加減，此意不惟治外感，抑且治痰厥。痰厥則半夏、南星、白附子、殭蠶、皂角、石膏之類。若感冒則防風、羌活、藁本、升麻、柴胡、葛根之類。熱加片芩，濕加蒼术。但今頭痛非由於氣虛，則由於血虛也。如氣虛頭痛，順氣和中湯，有參、芪、白术、甘草以補氣，有升麻、柴胡以升陽，有陳皮以理逆滯，有川歸以和血，又用蔓荊子、川芎、細辛以行各經而止痛也。如血虛頭痛，補血行經湯，有四物以補血，有川栢以降血虛之陰火，又加藁本、酒炒柴胡、升麻以行至本經而止痛也。又加味調中益氣湯，能治氣血俱虛頭痛，即補中益氣湯加黃栢、蒼术以行濕，熱加蔓荊子、細辛以治頭痛。又考之東垣所立半夏白术天麻湯，治痰厥頭痛，眼黑頭旋，惡心煩悶，氣促上喘，無力少言，心神顛倒，目不敢開，如在風雲之中，頭痛如裂，身重如山，四肢厥冷，不能安臥。此症皆由風寒濕熱挾痰而作，謂之太陰痰厥頭痛，非半夏不能除；眼黑頭旋，風虛內作，非天麻不能療；黃芪甘溫，瀉火補氣，實表止汗；人參甘溫瀉火，補中益氣；二术俱苦甘溫，除濕補中；澤瀉、茯苓利水導濕；陳皮苦濕，調中益氣；神麯消食，蕩胃中滯氣；麥芽寬中助脾；乾薑辛熱，以滌中寒；川栢寒苦，以療冬天少火在泉發燥也。此東垣立法意也。【略】

鼻病　《內經》云：膽移熱於腦則辛頞鼻淵，鼻中濁涕如涌泉，不滲而下，久而不已，則為鼻巇、衄血、塞肉、鼻痣、鼻齆等症。先以防風湯，或通聖散，加薄苛、黃連、菊花；若腦凉肺寒，清涕流者，宜細辛、烏附、乾薑之類。鼻淵症始流濁涕，或流清汁，此為外寒束內熱。河間云：肺熱則出涕是也。鼻尖亦可以察病也。色黃青者，淋也；微白者，亡血也；赤者，血熱也；黃者，小便難也。戴氏曰：酒皻鼻屬肺風，有不能飲而自生者，非盡因飲酒，酒皻乃俗呼耳。用硫黃入大菜頭內，煨研塗之。【略】

咽喉　喉痺病同歸於火。後之醫者各詳狀，強立數名：單乳蛾、雙乳蛾，單喉閉，雙喉閉，纏喉風，走馬喉閉。熱氣上行，故傳於喉之兩傍近外腫作，以其形是為乳蛾，一為單，二為雙也。其比乳蛾差小者名喉閉。熱結於咽喉，腫遶於外，且麻且痒，腫而大者，名曰纏喉風。喉閉暴發暴死者，名曰走馬喉閉。此數種之名雖詳，若不歸之於火，則相去矣。其微者可以鹹軟之；而勢甚者，以辛散之，加薄苛、烏頭、殭蠶、白礬、朴硝、銅綠之類是也。

至於走馬喉閉，何待此乎？其生死反掌之間耳。急用砭刺出血，血出則病已。《易》曰血去惕出，良以此夫。【略】

消渴　消渴之由，或因飲食服餌失節，腸胃乾涸，而氣液不得宣平；或耗亂精神過違其度；或因大病陰氣損而血液衰虛；或久嗜鹹物，恣食炙熯，飲酒過度。亦有年少服金石丸散，以致濕寒之陰氣極虛，燥熱之陽氣太盛，故成消渴。此河間之論也。三消之症，總是水涸火炎，陰虛陽盛，火既熾，必上炎，故上消於心，移熱於肺，而為消上者也，其症舌上赤烈，善飲而易渴，宜補肺而生津。中消於脾，移熱於胃，而為消中者也，其症善食易飢，自汗而瘦，小便赤黃，大便硬，宜調中而益胃。下消於腎，移熱於膀胱而爲下消者也，其症煩渴引飲，耳輪焦乾，大便難，小便如膏狀，宜滋腎而強陰。上消，丹溪用川連解心熱，天花粉止渴生津，佐以人乳、藕汁、生地汁以清熱而止渴，和以蜜汁、薑汁以益津而潤燥，人參生津液，黃芪退虛熱，故肺虛煩渴者用之。天冬潤肺，不使熱侵；麥冬清肺飲，能退伏火，為生脉之源；五味子收肺氣，乾葛除膈熱，知母潤心肺，竹葉最涼心經之熱，桔梗能引諸藥入肺，白茯以滲熱，烏梅以歛肺。又有血虛津少，故火得以上升而作煩渴，宜以四物為主，兼以天花粉、麥冬、烏梅而生津，兼以黃栢、知母、黃連而降火滋源。有心火上炎，多是腎水不能既濟，宜參、芪，以茯苓為使，而補下焦元氣，用歸、地、五味而滋腎陰，再加以止渴之劑。中消用白虎湯，亦以其除胃中實熱也。方中有加味白术散，可治胃虛之善食也。用四君子為補胃之主，用乾葛、柴胡以除胃熱，升胃中清氣，木香、枳殼以調胃氣，降胃中濁氣，藿香助脾益胃，五味潤燥生津，此方甚當。有大便秘澁燥硬，此胃中有實熱，血液日消也，宜歸地以補血液，黃栢、知母、石膏以退胃中之實熱，升麻以升胃中之清氣，再加桃仁、紅花、麻仁活血潤燥，無有不通也。下消宜用四君子以補氣，佐以麥冬、五味而生腎水，黃栢、知母而瀉腎熱，禁服大黃而通便，可加川歸、麻仁而潤腸，或用升麻以提之，則小便可少，大便可通。又有心腎不交，水火不相濟，故方中有用人參、丹參、菖蒲而補心氣，棗仁、栢仁、茯神、遠志而安心神，用歸、地而滋陰血，用天冬、五味而滋水源，此數味可以清三焦之熱邪，而消腎之患可愈也。又有腎水枯竭，心火上炎，心煩燥渴，小便頻數及白濁陰痿，肌膚漸削之症，故用八味腎氣丸，以熟地補陰，五味滋腎，山萸、山藥為強陰益腎之劑，白茯、澤瀉而伐腎中之邪，丹皮瀉陰火，肉桂引藥而入腎也。又有五石過度之人，真氣盡虛，石氣獨留，而腎為之虛熱，陽過興強，不交精泄，此為難治，不可服降火生水之劑，加麥冬、五味、川栢、知母可也。大抵三消之症，總宜救水為主。有謂此症由於腎虛，而用強腎燥熱之劑誤矣。【略】

心痛附心腹痛。　心痛，非真心痛，即胃脘痛，以其在心之分，故俗名也。大夫心者，君主之官也，神明出焉，邪不得而犯之。若寒邪內搏，而成真心痛者，必手足青至節，必不可治。若夫胃脘痛，而用草豆蔻治風寒客邪在胃口之上，善去脾胃客寒，心與腹痛，能溫散滯氣，利膈上痰，因寒而作痛者宜用。若濕痰鬱結成痛亦効。吳茱萸治脾胃傷冷，停滯宿食，絞痛，下氣最効。縮砂治脾胃氣結滯而不散，主虛勞冷痛，瀉心腹痛，乃下氣消食之劑也。蓽撥走腸胃冷氣，嘔吐，心腹滿痛，此乃走泄真氣，令人腸虛下重。二味不宜多服。乾薑溫中逐寒下利，良薑治胃中逆冷，霍亂腹痛，所以理中湯用此為佐；或沉寒痼冷，下利腹痛不可忍加附子，尤獲奇効。肉桂散寒止痛，胡椒、川椒治心腹冷氣痛，益智、砂仁治胃脘寒邪痛，此皆散寒邪之劑也。有熱厥痛者，古方用炒梔子為主，川栢、芩、連之類俱能退熱於中，亦或用之；若實熱燥結，大便不通而痛，用大黃、芒硝之類。若久病下虛，須知升提內消者也，豈可執用峻猛之劑乎？丹溪云：凡痛必用溫散，意以痛者必是滯而不行之故，純寒不能行邪滯也。是以用寒涼，亦用熱劑為引導，用溫藥亦用涼劑為引導。一方用梔子、附子二味，加鹽少許，以治腹痛不可屈伸厥冷之症，即此意也。又謂之心氣痛者，氣鬱而不散也。又有死血痛者，血凝而不行也。尤宜分氣血、虛實、寒熱而治。香附開鬱行滯，又為血中之氣藥，亦能逐去凝血；木香治心腹中氣不轉運；沉香降腹中氣不下行；若治中下焦氣滯結痛，用檳榔為使；烏藥順氣，治中惡心腹痛；枳殼、枳實俱瀉滯氣；麝香利竅，能治心腹痛；乳香治血中氣，定諸經之痛。若氣結塊心腹刺痛者，三稜、蓬朮可用也。雖云諸痛不可補氣，然或正氣虛，不能運行邪滯者，參、朮、芪、草又當用也，所以理中湯治氣虛寒痛其効甚速。血積痛者，紅花逐心腹中瘀血；丹皮治腸中積血；桃仁泄滯血，通血燥；蘇木行惡血，破血閉；生蒲黃消瘀血；玄胡索破血活氣，治心腹痛、小腹痛有神；五靈脂生則行血，治心腹冷氣血刺痛甚効。但有血虛而痛者，當以四物湯為君，雖中用行血破血之劑，亦當用此為佐而兼之也，庶毋敗血之峻而亡陰。有撲損而腹痛者，必是瘀血，須用桃仁承氣湯下之，亦宜加川歸、紅花、蘇木，入酒、童便煎服可也。有痰因氣滯而聚，阻礙道路，氣不得通而痛者，宜導痰解鬱為主，用二陳加枳殼、香附之類。又積食滯於心腹之間，脾土不能運化而痛者，宜健脾化食為主，用四君子加神麯、麥芽、山查、枳實之類而消導之。又有蚘痛之症，飲則痛甚，甚則聞食即吐在胃口也，宜理中湯加烏梅、川椒神效。一云二陳加苦楝根神效。可見病無定體，治無定法，藥無定用，學者豈可執一而不變通乎？【略】

腰痛　腰痛有數種，屬於腎虛者，多臨症辨之，而腎虛者宜六味地黄丸為主，加杜仲以治腎虛腰痛，壯筋骨；破故紙能治腰膝冷痛，益精氣；龜板治腰背酸痛，大有補陰之功；枸杞補虛勞腰痛，甚有添精之力；腎中有火加黄栢、知母，況黄栢能治痿厥，知母能治虛勞；又五味子、猪脊髓為補精髓之劑，皆審用。有因醉飽入房，而酒食之積乘虛流入於本經，以致腰難以俛仰，宜四物湯合二陳加杜仲、麥芽、神麯、川栢、砂仁、葛花、枳殼之類。有挫閃跌撲致死血流入本經而痛者，須行瘀血，四物湯加桃仁、紅花、蘇木；壯實之人可以桃仁承氣湯加桂，而引下行。濕熱為病，肩背沉重，肢節腰脇疼痛，胸膈不利，可用粘痛湯。蓋人參、川歸可養一身之血氣，白术、蒼术除濕，羌活、防風以燥濕，猪苓、茵陳以滲濕熱，苦參、黄芩、甘草以涼血熱，葛根、升麻以表外熱，知母以清骨熱。又有外感風寒，流注經絡而作痛者，宜二陳湯加麻黄、羌活、白芷、川芎驅風散寒之劑。大抵多是腎虛，終不離於補腎水也審諸。【略】

脇痛　脇痛多屬肝木實也，抑肝氣為主。小柴胡湯潤肝氣，瀉肝火，和痛燥痰，此為主劑，隨症加減，川芎通肝經血中之氣藥，龍膽草去肝經濕熱，青皮行肝經滞氣，白芍瀉肝火，抑肝木。以上藥味，乃治肝氣有餘之脇痛也。【略】

脚氣　脚氣多是傷濕所致，濕鬱成熱，濕熱相搏，而後作也。又為壅疾，當用宣通之劑，使氣不能成壅，如羌活導滯湯、當歸拈痛之類。而症之虛實寒熱，表裏輕重，當分別之，黄栢、蒼术乃濕熱必用之藥；防已能治腰以下至足濕熱腫盛脚氣，一云去血中濕熱；木瓜治脚氣濕痺，此物入肝，故益筋血病，腰腎無力，俱不可缺；苦參除濕，兼去風熱，又且涼血；黄芩涼血，亦去濕熱。用白术、赤茯、猪苓、澤瀉、肉桂、茵陳、木通，俱滲利濕熱。有濕兼風者，則防風、羌活、獨活、白芷、細辛，可用以去風濕。有寒濕者，則柴胡、麻黄、紫蘇、乾葛可用以散寒。若虛寒者，可用附子、川烏、肉桂之類。予考之脚氣，多是氣不流行，有所滯而作腫也，須木香、檳榔、枳殼、香附、烏藥，順行氣道之劑。氣虛用人參、黄芪、白术。若此症又不免血失所養，以致筋骨痿痺，肢節煩疼，須用當歸、白芍、川芎、熟地補養血分之劑。血凝宜用桃仁、紅花。若求其消腫者，用腹皮、桑皮、乳香、沒藥之類。求其壯筋骨者，用牛膝、杜仲、萆薢、虎脛骨壯筋骨之類。是知脚氣之疾，惟散風清熱，調血行氣，利關節，消腫滿為要也。【略】

癩疝　疝之為病，雖或是房勞所致，多因遠行辛苦，涉水履水，熱血得寒而凝於小腸、膀胱之內，或濕熱乘虛而流於足厥（陰）陰經。古方以為寒，丹溪以為濕熱。大抵濕熱鬱於中，寒束於外，故成疝也。一方用五苓散加檳榔、木通、小茴香、金鈴子、橘核。蓋猪苓、澤瀉分陰陽以和心，心與小腸為表裏，心和則小腸氣亦通矣。白术利腰臍間血并死血，茯苓利膀胱水，肉桂伐肝邪，小茴香治小腸之氣，金鈴子、橘核去膀胱腎氣，檳榔墜下，少加木通以導引小腸之火出也。凡治疝多以熱藥而効者，即從治之法也。須用寒涼藥監制之，不可純用大熱之劑，如烏頭、附子之類。古方以烏頭、梔子作湯，其効亦速。蓋梔子降濕熱，烏頭破寒鬱，況二味皆下焦之藥，而烏頭為梔子所引，其性急速，不容胃中停留，嘗因此方隨症加減，無有不應。又須分濕熱多少而治也，蓋腫多為濕癩，却有水氣而腫，以五苓散加川楝肉、蒼术、木通滲而消之。亦有挾虛而發者，當以參、术為君，疏導藥佐之，脉甚沉緊而豁大無力者是也。其痛亦輕，但重組牽引，切弗執於宜通勿塞之語，正虛邪甚，不補可乎？食積與瘀血，亦能作痛。食積者用立効，散瘀血者，桃仁當歸湯，治宜各隨所因耳。小腸氣、膀胱氣有寒有熱，寒宜蟠葱散，熱宜葵子湯之類。陽明受濕熱傳入小腸，惡寒發熱，小腹連毛際結核悶痛不可忍，用山梔、桃仁、枳實、山查等分，入薑汁煎服。一核偏墜或俱腫脹，或一核縮入小腹，痛不可忍，用手按捺方得還，舊是為癩氣，宜蟠葱散，此寒濕之所致也。又有脹大如升斗之狀，不痒不痛，頑痺結硬如石，名曰木腎，即癩是也，但宜溫散以逐其邪，邪氣內消，榮衛流轉，如寒谷回春，有不疾而速，不行而至之妙矣。【略】

痿痺　痿者，乃血氣不充，筋骨失養，似風非風，乃虛軟之症也。《內經》有五臟之分甚明，揔是歸之於熱。丹溪云：肺金體燥，居上而主氣，畏火者也。脾土居中，而主四肢，畏木者也。火性炎上，若嗜慾無節，則水失所養，火寡於畏而侮所勝，肺得火邪而熱矣。木性剛急，肺受熱則金失所養，木寡於畏而侮所勝，脾得木邪而傷矣。肺熱則不能管攝一身，脾虛則四肢不能為用，而諸痿作矣。今人多是色慾過度，故傷陰血不足以養筋，所以四肢痿不能舉動，脛不任地，足不任身，及肌肉不仁，毛髮脫落也。宜用四物為主治，麥冬、五味、黄栢、知母乃補金生水之劑，黄連降心火，黄芩瀉肺火，白术、茯苓、黄芪、人參補脾之劑，亦當審而用之。腰足軟者，必用杜仲、牛膝、虎脛骨、龜板壯筋骨之劑為佐治也。如痿痛者，乃由濕熱所成，非黄栢、蒼术不能除，故丹溪云二味治痿之要藥也。又有用威靈仙、羌活、防風、防己，皆是燥濕止痛之劑，非因風而用也，若不由於濕者不用。氣虛者又宜四君子加黄芪為主。脾虛者宜四君子加砂仁、神麯脾胃中等藥。亦有濕痰者，二陳加白术、蒼术、芩、栢、竹瀝、薑汁可也。是知治痿無定方，合宜用之為當。今人多以痿症即作風治，誤人多矣。痺者，乃風寒濕三氣雜至，合而為之也。此由體虛所感，其風氣勝者為行痺，陽受之，故走注行而旦劇，用羌活治骨節之風，獨活不惟治風，又能治兩足寒濕不能動履，細辛能治風濕痺痛，防風治四肢攣急。其寒氣勝者為痛痺，陰受之，故痛而夜劇，用附子、川烏壯熱，茴香、肉桂驅寒。其濕氣勝者為著痺，則肌肉筋脉著而不去，用白术、蒼术、防己治腰以下至足濕氣腫，秦艽治風濕之痺，靈仙風濕俱可治也。有痺痛者，乳香、沒藥、靈脂用以止痛；有軟弱者，杜仲、牛膝、續斷、五加皮、萆薢可用以壯筋。又多由氣血不足，故以八物為主。《局〔方〕》有三痺湯甚當，用參、芪、茯苓、甘草補氣，白芍、川歸、川芎、地黄補血，用防風、獨活、秦艽、細辛、桂心以逐風寒濕之邪，用杜仲、牛膝、續斷以壯肢節之無力。又有麻木之症，麻是氣虛不行，故補氣為主；木是濕痰死血，故方用參、芪以助王道，用歸以行陰血，黄栢、蒼术、白术、茯苓以去濕熱，升麻、柴胡以升清氣，行陽道，生甘草以去腎熱，此方治麻木之主。又有癢症，是血不榮於肌腠，宜用四物加黄芩涼血；又用防風通聖散治風熱作癢，蓋防風、荊芥、薄荷以去風，梔子、芩、翹以退熱，石膏以清胃熱，桔梗以清肺熱，滑石、甘草以行腎熱，大黄、芒硝以通腸熱，用麻黄以越散風熱之邪不使歸內，歸、芎、芍藥以養血，白术以利腰臍間血，不使汗下之劑而亡陰也。此方固可以治風熱邪勝之症，如血虛者禁服。

明·許兆楨《醫四書·藥準》卷下　各證分門檢用緊要藥品

治風門　風屬陽，善行數變，自外而入，以鬱正氣。故治風多行氣開表藥。又風入久變熱，熱能生痰，宜用祛風化痰藥。又熱極生風，風能燥液，宜用清熱潤燥藥。　行氣開表藥：　羌活　獨活　防風　細辛　升麻　麻黄　白芷　川芎　藁本　蒼耳子　天麻　秦艽　威靈仙　蔓荊子　牡丹實　牛蒡子　紫蘇　薄荷　荊芥　蒼朮　祛風化痰藥：　南星　何首烏　白附子　皂莢　藜蘆　瓜蒂　蟬蜕　蠍　白殭蠶　牛黄　虎骨　白花蛇　烏稍蛇　竹瀝　生薑汁　清熱潤燥藥：　菊花　蜜蒙花　蒺藜　女萎　青葙子　木賊　白薇　天竺黄　巴戟天　五加皮

主治各經風藥：　肝川芎　心細辛　脾升麻　肺防風　腎獨活　胃升麻　大腸白芷　小腸藁本　三焦黄耆　膀胱羌活　包絡川芎

已上諸藥，發散風寒，升發鬱火，兼治表濕之劑。

治熱門　治熱以寒，寒藥屬陰，故治熱多陰藥。又鬱火宜發散，宜用風藥，火鬱則發之，升陽散火也。夫熱燥皆屬陽，宜與治燥門通看。　治上焦熱藥：　黄芩　梔子　沙參　玄參　丹參　前胡　青黛　山豆根　白前　百部　桑白皮　桔梗　瓜蔞根　貝母　竹葉　竹瀝、茹　治中焦熱藥：　黄連　胡黄連　連翹　葛根　香薷　石斛　滑石　石膏　茵蔯　草蒿　大黄　玄明粉　芒硝　犀角　羚羊角　治下焦熱藥：　黄蘗　柴胡　草龍膽　防己　車前子　地膚子　石韋　通草　地榆　苦參　秦皮　文蛤　龜甲　鱉甲　人溺

主治各經熱藥：　肝氣，柴胡；血，黄芩。　心氣，麥門冬；血，黄連。　脾氣，白芍藥；血，生大黄。　肺氣，石膏；血，山梔子。　腎氣，玄參；血，黄栢。　膽氣，連翹；血，柴胡。　胃氣，葛根；血，大黄。　三焦氣，連翹；血，地骨皮。　膀胱氣，滑石；血，黄栢。　大腸氣，連翹；血，大黄。　小腸氣，赤茯苓；血，木通。　心胞絡氣，麥門冬；血，牡丹皮。

主治骨肉分勞瘵發熱藥：　肝氣，當歸；血，柴胡。　心氣，生地黄；血，黄連。　脾氣，芍藥；血，木通。　肺氣，石膏；血，桑白皮。　腎氣，知母；血，生地。　膽氣，柴胡；血，瓜蔞。　胃氣，石膏；血，芒硝。　小腸氣，赤茯苓；血，木通。　大腸氣，芒硝；血，大黄。　三焦氣，石膏；血，竹葉。　膀胱氣，滑石；血，澤瀉。

已上諸藥，治上中下三焦內熱兼治濕熱之劑。

治濕門　濕因氣虚不能運化水穀而生。宜用補氣除濕藥，又宜調中消導藥，行濕，利大小便藥。外濕宜汗散，内濕宜用風門藥，風能勝濕也。夫濕寒皆屬陰，宜與治寒門通看。　補氣除濕藥：黄耆　人參　甘草　白朮　茯苓　山藥　白扁豆　薏苡仁　鷄頭實　蓮藕實　調中消導藥：蒼朮　半夏　橘皮　青皮　枳殻　枳實　厚朴　射干　旋覆花　大腹皮　神麯　大麥芽　赤小豆　山查　阿魏　京三稜　蓬莪朮　郁李仁　使君子　木瓜實　行濕利大小便藥：猪苓　澤瀉　瞿麥　車前　紫草　通草　百合　葶藶　地膚子　牽牛子　大戟　芫花　甘遂　海藻　昆布

主治各經濕藥：　肝白朮，一云川芎。　心黄連，一云赤茯苓。　脾白朮　肺桑白皮　腎澤瀉　胃白朮　小腸車前子　大腸秦艽　三焦陳皮　膀胱茵陳　心包絡茗

已上諸藥，治上中下三焦内濕兼補氣調氣之劑。

治燥門　燥因血虚而然。蓋血虚生熱，熱生燥是也。宜用解熱生津藥及滋血潤燥藥。夫燥熱皆屬陽，宜與治熱門通看。　解熱生津藥：天門冬　麥門冬　知母　貝母　栝蔞根　枇杷葉　牡丹皮　地骨皮　蘭草　烏梅　馬兜鈴　欵冬花　阿膠　紫(苑)〔菀〕　淡竹葉　遠志　菖蒲　五味子　酸棗仁　訶黎勒　滋血潤燥藥：生地黄　熟地黄　當歸　川芎　芍藥　杏仁　麻子　桃核仁　蜀葵花　郁李仁　牛膝　槐實　栢實　蒲黄　瑣陽　枸杞子　鹿茸　肉蓯蓉　紅藍花　蘇方木

主治各經燥藥：　肝當歸　心麥冬　脾麻仁　肺杏仁　腎栢子仁　大腸硝石　小腸茴香　三焦山藥　膀胱茴香　心胞絡桃仁

已上諸藥，治上中下三焦内燥兼補血和血之劑。

治寒門　治寒以熱，熱藥屬陽，故治寒多陽藥。外寒宜汗散，宜用風藥，寒從汗解也。夫寒濕皆屬陰，宜與治濕門通看。　治上焦寒藥：人參　黑附子　烏頭　生薑　桂枝　治中焦寒藥：乾薑　桂　高良薑　草豆蔻　白豆蔻　肉豆蔻　莎草根　訶黎勒　縮砂　益智子　薑黄　五靈脂　丁香　巴豆　蜀椒　胡椒　艾葉　韭子　白芥子　萊菔子　木香　檳榔　紫真檀　常山　草果　延胡索　鬱金　蓽澄茄　神麯　大麥芽　治下焦寒藥：菟絲子　補骨脂　杜仲　蘹香子　蓽蘚　烏藥　山茱萸　吳茱萸　沉香　胡蘆巴

主治各經寒藥：　肝氣，吳茱萸。血，當歸。　心氣，桂心；血，同。　脾氣，吳茱萸。血，同。　肺氣，麻黄；血，乾薑。　腎氣，細辛；血，附子。　大腸氣，白芷；血，秦艽。　小腸氣，茴香；血，延胡。　三焦氣，附子；血，川芎。　膀胱氣，麻黄；血，桂枝。　心包絡氣，附子；血，川芎。

已上諸藥，治上中下三焦内寒兼治濕寒之劑。

治氣門　氣屬陽，治氣門多陽藥。《經》云：壯者氣行則愈，怯者着而成病。故治氣多補氣、清氣、溫涼藥。又逆氣在上，須用達之；在中，須用調順；在下，須用消導。故又宜溫氣、快氣、辛熱藥，行氣、散氣、降氣藥，破氣、消氣藥。　補氣、清氣、溫涼藥：人參　黄芪　白朮　甘草　茯苓　沙參　天門冬　麥門冬　五味子　酸棗仁　玄參　遠志　菖蒲　肉蓯蓉　巴戟天　薏苡仁　山藥　杜仲　益智　大棗　烏梅　胡麻　白扁豆　鹿茸　枇杷葉　溫氣、快氣、辛熱藥：乾薑　生薑　黑附子　蘹香子　肉豆蔻　白豆蔻　縮砂蜜　桂　丁香　沉香　紫真檀　吳茱萸　蜀椒　訶藜勒　蒜　行氣、散氣、降氣藥：蒼朮　川芎　莎草根　柴胡　前胡　茵陳　木香　藿香　龍腦香　酒　烏藥　大腹　楝實　橘核　橘皮　杏仁　荔枝核　木瓜實　葱白　萊菔根子　韭　桔梗　荊芥　香薷　破氣、消氣藥：薑黄　阿魏　三稜　蓬朮　海藻　檳榔　枳殻　枳實　青皮　厚朴　麥芽　神麯　山查　牡礪　海蛤

治血門　血屬陰，陽生則陰長，故治血多補血、溫血，屬陽藥。陽常有餘，陰常不足，故陰血難成而易虧，又宜用補血生血，屬陰藥。凡見血之證，俱是熱迫不能循經而行，故宜用涼血、止血、行血藥。又瘀血凝滯，則為痛澼，故宜用破血、消積血藥。　補血、溫血，屬陽藥：人參　白朮　黄芪　甘草　巴戟天　乾薑　香附　紫(苑)〔菀〕　欵冬花　陽起石　補血、生血，屬陰藥：天門冬　麥門冬　生地黄　熟地黄　五味子　當歸　芍藥　川芎　牛膝　枸杞子　紅藍花　肉蓯蓉　菟絲子　覆盆子　山茱萸　黄栢　石斛　桑白皮　龜甲　阿膠　蛤蚧　狗肉　諸血　鹿茸　鹿角膠　涼血、止血、行血藥：丹參　玄參　茅根　艾葉　蒲黄　續斷　地榆　大薊根　小薊　丹皮　黄連　黄芩　連翹　槐花　竹皮　竹葉　竹瀝　大黄　墨　瓜蔞子　椶櫚子皮灰　韭汁　側栢葉　荊芥　柴胡　藕及節　酒　醋　桃花石　花蕊石　代赭石　犀角　牛角䚡　羚羊角　牡礪　亂髮灰　人溺

破血、消積血藥：補骨脂　劉寄奴　茜根　鬱金　薑黃　延胡索　京三稜　蓬莪朮　乾漆　枳實　桃仁　蘇木　巴豆　秦椒　麒麟竭　沒藥　山查　大麥芽　自然銅　麻子

治痰門　痰屬火，屬濕，治痰門多寒藥及燥藥。又隨氣升降，順氣為先，宜與治氣門通看。治熱痰虛痰藥：天門冬　知母　貝母　黃芩　黃連　栝蔞子　青黛　桔梗　柴胡　前胡　欵冬花　紫(苑)〔菀〕　馬兜鈴　蘭草　茵陳　連翹　桑皮　茶茗　荊瀝　竹葉　竹瀝　訶黎勒　五倍子　蘇子　烏梅　惡實　治濕痰行痰藥：白朮　蒼朮　茯苓　枳殼　枳實　橘皮　木瓜　大腹皮　葶藶　甘遂　蕘花　芫花　旋覆花　槐實　續隨子　治寒痰風痰藥：生薑　半夏　南星　細辛　厚朴　萊菔子　白芥子　益智仁　神麴　大麥芽　天雄　烏頭　信石　藜蘆　威靈仙　消尅痰積藥：大黃　檳榔　山查　射干　礜石　芒硝　玄明粉　硼砂　蛤粉　青礞石　瓜蒂　常山　巴豆

已上諸藥，風、熱、燥、濕、寒，乃外所因，氣、血、痰，乃內所因。《內經》云：百病皆生於風、寒、暑、濕、燥、火。丹溪云：大抵治病，不外氣、血、痰三者。余故以三說為主，畋其要藥，著之於右，為療病檢方之式，雖未敢謂聚狐成裘，亦粗補食葉得繭云爾。用者能以例廣之，則萬病可以類推矣。

明・蔡正言《甦生的鏡》上部卷二　吐蛔蟲不可用涼劑論　凡看傷寒，若見吐蛔者，雖有大熱，忌下涼藥，犯之必死。蓋胃中有寒，則蛔蟲上膈。大凶之兆，人皆不知。急用炮乾薑、理中湯一服，加烏梅二箇、花椒十粒，服後待蛔定，却以小柴湯退熱。蓋蛔聞酸則止定，見苦則安矣。

明・王應遴《答朝鮮醫問》　問：目疾腫熱，欲旨用苦寒之藥，不效，云何？　答：目傷精，眇弗能眡，世醫止知赤腫熱當從火治而概用苦寒之藥，不知目之為體，輕膜裹水；目之為用，陽以生明。執定套方，用寒藥點洗者，譬如內蘊伏火，外封冰雪，不能消散，鬱熱日深，目液受煎。久之，必乾枯而為塌陷矣。用寒藥服餌者，譬如火方內灼，注水急澆，烈焰被衝，熱氣必熾。熾而上起，燥木被燔。久之，必努肉而為翳障矣。或云：此是陽有餘而陰不足。夫陽果有餘，目但一時燥赤，而何至欲盲？不知此有餘特相火耳，不可以陽言也。蓋陰陽虛實，貴在平調。王太僕云：無陽則陰無以生，無陰則陽無以化。故補陰必佐以補陽，而益血當兼乎益氣。如謂目病但屬血，而與氣不相關，則《內經》何以云氣脫者目不明耶？眼科諸書，有謂肝木不平，內挾心火，火勢妄行，故神水受傷而為內障者。有謂酒色不節，胃氣內傷，目失其明，宜服補腎之藥者。有謂足厥陰肝主目，在志為怒，怒甚傷肝，傷肝則神水散，久則光不收者。有謂凡治目宜先補腎，次治肝，肝是腎苗，腎是肝主，治肝則神魂安定，補腎則精魄自流通者。有謂目是肝之外候，肝取木，腎取水，水能生木，母腎子肝，故肝腎氣充則明，肝腎氣乏則昏。可見氣所以帥肝腎、導精血，而發光明於兩目者，有謂臟腑精氣皆上注于目，而為之精。故目為魂魄所常營，神氣所自生者。有謂血氣不至則目盲，雖《內經》有人臥血歸肝，肝受血能眡，與目得血能眡之旨，然令氣衰之，則血雖盛，亦必不能自致于目。陽先陰後，氣運而血必隨之者。凡此皆所謂補陰必佐以補陽，益血當兼乎益氣之說也。丹溪治一老人目忽盲，他無所苦。急服參膏二觔輒效。愚昔病目半年，專主健脾方愈。余友何大魯患此，云用熟附而痊。又云：見一人用稜、莪消食積之劑，蓋病源多在血氣脾胃，必非槩用苦寒之藥所能療也。

問：咽喉腫痛，服盡寒涼之藥不愈，云何？　答：咽喉之症不同，總之火熱為患。夫降火以涼，治熱以寒，理也。然有用盡寒涼之藥而病依然，反生泄瀉之症而痛甚者，安可無變通救本之術？蓋亦有腎虛而虛火上客者矣。亦有肝虛而病生于咽者矣。《經》曰真陰太虛，陽氣飛越，遂成咽病。六脈浮大，重取必濇，可辨也。又曰：形樂志苦，病生于咽。又曰：肝者，中之將，取決于膽，咽為之使，六脈弦而帶數，可辨也。夫肝腎既虛，火必上厥，務以大劑補藥療之。若概用涼瀉，知其必不效矣。予親見一人喉痛兼瀉，六脈沉微，意其上熱者假熱，下瀉者真寒也。投以溫補之劑立愈。又一人喉痛，六脈洪數動搖，意其必虛火上泛也，用大補陰藥，佐以熟附下，咽痛即除。蓋喉痛雖上熱，實由下虛寒。世人徒治上而不治下，何怪乎久病不痊耶？

明・繆希雍《本草經疏》卷一　論治氣三法藥各不同　一、補氣：氣虛宜補之，如人參、黃耆、羊肉、小麥、糯米之屬是也。　二、降氣，調氣：降氣者，即下氣也。虛則氣升，故法宜降。其藥之輕者，如紫蘇子、橘皮、麥門冬、枇杷葉、蘆根汁、甘蔗；其重者，如番降香、鬱金、檳榔之屬。調者，和也。逆則宜和，和則調也。其藥如木香、沉水香、白豆蔻、縮砂蜜、香附、橘皮、烏藥之屬。　三、破氣：破者，損也。實則宜破，如少壯人暴怒氣壅之類。然

亦可暫不可久。其藥如枳實、青皮、枳殼、牽牛之屬。蓋氣分之病，不出三端。治之之法及所主之藥，皆不可混濫者也。誤則使病轉劇。世多不察，故表而出之。

論治血三法藥各不同　血虚宜補之。虚則發熱。内熱，法宜甘寒、甘平、酸寒、酸溫，以益榮血。其藥為熟地黄、白芍藥、牛膝、炙甘草、酸棗仁、龍眼肉、鹿角膠、肉蓯蓉、甘枸杞子、甘菊花、人乳之屬。

血熱宜清之涼之。熱則為癰腫瘡癤，為鼻衄，為齒衄，為牙齦腫，為舌上出血，為舌腫，為血崩，為赤淋，為月事先期，為熱入血室，為赤遊丹，為眼暴赤痛。法宜酸寒、苦寒、鹹寒、辛涼，以除實熱。其藥為童便、牡丹皮、赤芍藥、生地黄、黄芩、犀角、地榆、大小薊、茜草、黄連、山梔、大黄、青黛、天門冬、玄參、荊芥之屬。

血瘀宜通之。瘀必發熱發黄，作痛作腫，及作結塊癖積。法宜辛溫、辛熱、辛平、辛寒、甘溫，以入血通行。佐以鹹寒，乃可輭堅。其藥為當歸、紅花、桃仁、蘇木、桂、五靈脂、蒲黄、薑黄、鬱金、京三稜、延胡索、花蕊石、沒藥、䗪蟲、乾漆、自然銅、韭汁、童便、牡蠣、芒硝之屬。蓋血為榮，陰也，有形可見，有色可察，有證可審者也。病既不同，藥亦各異。治之之法，要在合宜。倘失其宜，為厲不淺，差劇之門，可不謹乎？

論治吐血三要　宜降氣，不宜降火。氣有餘，即是火。氣降則火降，火降則氣不上升，血隨氣行，無溢出上竅之患矣。降火必用寒涼之劑，反傷胃氣。胃氣傷，則脾不能統血，血愈不能歸經矣。今之療吐血者，大患有二：一則專用寒涼之味，如芩、連、山梔、青黛、柿餅灰、四物湯、黄檗、知母之類，往往傷脾作泄，以致不救。一則專用人參，肺熱還傷肺，咳逆愈甚。亦有用參而愈者，此是氣虚喘嗽。氣屬陽，不由陰虚火熾所致，然亦百不一二也。宜以白芍藥、炙甘草制肝，枇杷葉、麥門冬、薄荷、橘紅、貝母清肺，薏苡仁、懷山藥養脾，韭菜、番降香、真蘇子下氣，青蒿、鱉甲、銀柴胡、牡丹皮、地骨皮補陰清熱，酸棗仁、白茯神養心，山茱萸、枸杞子、牛膝補腎，此累試輒驗之方。然陰無驟補之法，非多服藥不效。病家欲速其功，醫者張皇無主。百藥雜試，以致殞命，覆轍相尋而不悟，悲夫！

宜行血，不宜止血。血不循經絡者，氣逆上壅也。夫血得熱則行，得寒則凝，故降氣行血，則血循經絡，不求其止而自止矣。止之則血凝，血凝必發熱、惡食及胸脇痛，病日沉痼矣。

宜(補)[養]肝，不宜伐肝。《經》曰：五臟者，藏精氣而不瀉者也。肝為將軍之官，主藏血。吐血者，肝失其職也。養肝則肝氣平，而血有所歸；伐之則肝不能藏血，血愈不止矣。

論腎泄多在黎明所由　凡人之生，二五妙合之頃，識神依託是中，即攬父母精血，以為立命之基，遂成左右兩腎。腎間動氣，即道家所謂先天祖氣是也。藏乎兩腎之中，以腎屬水，故稱坎宫。以平人氣象言之，此氣至子後一陽生，生即漸漸上升，歷丑、寅、卯、辰、巳，而六陽已極，則入離宫。午後一陰生，即白氣變為赤液，漸漸降下至坎宫，復為白氣，晝夜循環，升降不息，此即醫家所謂真陽之火，道家所謂君火，即先天祖氣，醫家謂為相火者是也。方此火之自下而上也，行過中焦，必經脾胃，則能腐熟水穀，蒸糟粕而化精微。脾氣散精，上歸於肺。通調水道，下輸膀胱，氣化而出，是謂清升濁降，即既濟之象也。苟不慎攝生之道，不明正性之理，則必務快其心，逆於生樂，憂患以傷心，寒熱以傷肺，飢飽以傷脾，多怒以傷肝，多慾以傷腎，則真氣漸衰，精神日損。馴至子後，一陽不以時生，不能上升腐熟穀水，則糟粕無由而化。寅為三陽之候，陽氣微則不能應候而化物，故天黎明而泄。其泄亦溏，俗名鴨溏，是為腎泄，亦名大瘕泄。昔人以四神丸治之，予加人參、蓮肉，輒獲奇效。蓋人參補五臟之陽氣故也。

論少年人陽痿因於失志，不宜補陽　《經》曰：腎為作強之官，技巧出焉，藏精與志者也。夫志從士從心，志主決定，心主思維。思維則或遷或改，決定則一立不移，此作強之驗也。苟志意不遂，則陽氣不舒。陽氣者，即真火也。譬夫極盛之火，置之密器之中，閉悶其氣，使不得發越，則火立死而寒矣。此非真火衰也，乃悶鬱之故也。宣其抑鬱，通其志意，則陽氣立舒，而其痿立起矣。若誤謂陽精不足，過投補火之劑，多致癰疽而歿，可不戒哉！

論似中風與真中風治法迥別，誤則殺人　凡言中風，有真假内外之別。差之毫釐，謬以千里。何者？西北土地高寒，風氣剛烈。真氣空虚之人，猝為所中，中臟者死，中腑者成廢人，中經絡者，可調理而瘳。治之之道，先以解散風邪為急，次則補養氣血，此治真中外來風邪之法也。其藥以小續命湯，桂枝、麻黄、生熟附子、羌獨活、防風、白芷、南星、甘草之屬為本。若夫大江已南之東西兩浙、七閩、百粤、兩川、滇南、鬼方、荊、揚、梁三州之域，天地之風氣既殊，人之所稟亦異。其地絕無剛猛之風，而多濕熱之氣，質多柔脆，往往多熱多痰。真陰既虧，內熱彌甚，煎熬精液，凝結為痰，壅塞氣道，不得通利。熱極生風，亦致猝然僵仆，類中風證。或不省人事，或語言蹇澀，或口眼歪斜，或半身不遂。其將發也，外必先顯內熱之候，或口乾舌苦，或大便秘澀，小便短赤，此其驗也。劉河間所謂此證全是將息失宜，水不制火。丹溪所謂濕熱相火，中痰、中氣是也。此即內虛暗風，確係陰陽兩虛，而陰虛者為多，與外來風邪迥別。法當清熱、順氣、開痰，以救其標，次當治本。陰虛則益血，陽虛則補氣，氣血兩虛則氣血兼補，久之自瘳。設若誤用治真中風藥，如前辛熱風燥之劑，則輕變為重，重則必死。禍福反掌，不可不察也。初清熱則天門冬、麥門冬、甘菊花、白芍藥、白茯苓、栝樓根、童便；順氣則紫蘇子、枇杷葉、橘紅、鬱金；開痰則貝母、白芥子、竹瀝、荊瀝、栝樓仁、霞天膏。次治本，益陰則天門冬、甘菊花、懷生地、當歸身、白芍藥、枸杞子、麥門冬、五味子、牛膝、人乳、白膠、黃檗、白蒺藜之屬；補陽則人參、黃耆、鹿茸、大棗、巴戟天之屬。與時消息，則因乎證。

似中風問答　或問：有患似中風證，眠不竟夕而易惺，心脈弦而不洪，多怒，肝脈弦而不長，語言蹇澀不利，多痰聲重，小便疾速不能忍，且有餘瀝，大便燥結，左尺脈浮洪，飲食少，不易消，此何以故？

答曰：眠不竟夕而易惺者，心血不足也，故其脈弦而不洪。東垣云：胃虛者多怒，多怒者肝氣必不和。《經》曰：怒則氣上逆。加以久病多鬱，故益易怒，故肝脈亦弦而不長，弦為血少。此非以智慧觀察，以慈忍靜定之力和之，未可以藥石瘳也。腎屬水，冬脈沉，故曰諸浮者，腎不足也。腎主五液，又主二便，腎家有火，則真陰日虧，津液日少，不能榮養於舌絡，舌絡勁急，故語言不利；火性急速，故小便疾出而不能忍，且有餘瀝，而大便亦多燥結也。故其脈應沉實而反浮洪，失常候也。肺者，五臟之華蓋，位乎上，象天而屬金，喜清肅而惡煩熱，熱則津液乾枯，無以下滴而通水道，或煎熬濃稠而成痰矣。肺熱則人參反助邪熱而傷肺，故往往聲重多痰，壅塞氣道，而升降不利也。脾為土臟，胃為之腑，乃後天元氣之所自出。胃主納，脾主消，脾陰虧則不能消，胃氣弱則不能納，飲食少則後天元氣無自而生，精血坐是日益不足也。《經》曰：損其脾者，調其飲食，節其起居，適其寒溫。此至論也。不如是則不足以復脾陰。然其要又在戒暴怒，使肝無不平之氣，肝和則不賊脾土矣。命門者，火臟也，乃先天真陽之氣之所寄，即道家所謂先天祖氣，醫家所謂真火是也。其壯也有三：一者元稟過厚，二者保嗇精氣，不妄施泄，三者志氣無所怫鬱，則年雖邁而猶壯也。不爾則子後一陽不生，不能上升熏蒸糟粕而化精微，以滋後天之元氣，是火不生土，而脾胃因之日弱也。法當降氣和肝滋腎，氣降是陽交於陰也。肝和則脾胃不被賊邪所干，故能納而能消也。脾胃無恙，則後天之元氣日益生長矣。腎〔滋〕足則真陰自生，津液自足，舌絡有所榮養，則舌之伸縮自由而言語自利矣。且世無不陰虛而中風者，第須撥去煩惱，一切放下，使心火不炎，則腎亦因之而不燥，此又治之之本也。

論痰飲藥宜分治　夫痰之生也，其由非一；其為治也，藥亦不同。由於陰虛火炎，上迫乎肺，肺氣熱則煎熬津液，凝結為痰，是謂陰虛痰火。痰在乎肺而本乎腎，治宜降氣清熱，益陰滋水。法忌辛溫燥熱補氣等藥。由於脾胃寒濕生痰，或兼飲嗽過度，好食油麪豬脂，以致脾氣不利，壅滯為痰，濃厚膠固，甚至流於經絡及皮裏膜外，或結為大塊，或不思食，或徹夜不眠，或卒爾眩仆，不知人事，或發癲癇，或昔肥今瘦，或叫呼異常，或身重腹脹，不便行走，或泄瀉不止及成癱瘓。種種怪證，皆痰所為。故昔人云：怪病多屬痰，暴病多屬火。有以夫！此病在脾胃，無關肺腎，治宜燥脾行氣，散結軟堅。法忌滯泥、苦寒、濕潤等藥及諸厚味。由於風寒鬱閉，熱氣在肺，而成痰嗽齁喘，病亦在肺，治宜豁痰除肺熱藥中，加辛熱、辛溫，如麻黃、生乾薑之屬，以散外寒，則藥無格拒之患。法忌溫補、酸收等藥。病因不齊，藥亦宜異。利潤利燥及利發散，各有攸當，非可混施也。世以痰飲混稱，藥亦混投。殊不知痰之與飲，其由自別，其狀亦殊。痰質稠黏，飲惟清水，特其色有異，或青或黃，或綠或黑，或如酸漿，或伏於腸胃，或上支胸脇，刺痛難忍，或流於經絡四肢，則關節不利。支飲上攻為心痛，為中脘痛，甚則汗出，為嘔吐酸水、苦黃水等，種種各異。或發寒熱，不思飲食及不得眠，皆其候也。此證多因酒後過飲茶湯，則水漿與腸胃飲食濕熱之氣，凝而為飲；或因情抱抑鬱，飲食停滯，不得以時消散，亦能成飲。總之必由脾胃有濕，或脾胃本虛，又感飲食之濕，則停而不消，此飲之大略也。治宜燥濕利水，行氣健脾，乃為得也。其藥大都以半夏、茯苓、參、朮為君，佐以豬苓、澤瀉以滲泄之，白豆蔻、橘皮以開散之，蘇梗、旋覆花以通暢之。東垣五飲丸中有人參，其旨概可見矣。

論瘧痢宜從六淫例治　風寒暑濕燥火，此天之六淫。其邪自外而入，感之而入，宜隨其邪之所在以攻治之。《經》曰：夏傷於暑，秋必痎瘧。是瘧乃暑邪為病也。雖有山嵐瘴氣發瘧一證，治稍不同，然其證大都多熱多寒，或熱多寒少，或寒多熱少，或單熱不寒，或單寒不熱，頭疼骨疼，大渴引飲，口苦舌乾，嘔吐不思飲食，或煩躁不得眠，必用白虎湯二三劑，隨證增損，解表以祛暑邪。而後隨經消息，以除其苦可也。

滯下者，俗呼為痢疾，皆緣暑濕與飲食之積滯膠固而成。其證類多裏急後重，數登圊而不便，或發熱，或口渴，或惡心，不思食何，莫非暑之標證也。必用六一散、黃連、芍藥為主，而後隨其所苦，為之增損。傷氣分則調氣益氣，傷血分則行血和血，然未有不先治暑而可獲效者也。治病必求其本，其斯之謂歟？

論病由七情生者，秖應養性怡神，發舒志氣以解之，不宜全仗藥石攻治　夫喜怒憂思悲恐驚七者，皆發於情者也。情即神識，有知不定，無跡可尋，觸境乃發，滯而難通。藥石無知，焉能消其妄執？縱通其已滯之氣，活其已傷之血，其默默緜緜之意，物而不化者，能保無將來復結之病乎？秖宜以識遣識，以理遣情，此即心病還將心藥醫之謂也。如是庶可使滯者通，結者化，情與境離，不為所轉，當處寂然，心君泰定，其何七情之為累哉？

論傷寒溫疫、癰疽痘瘄、瘧疾諸病皆由實邪所發，自裏發出於表者吉，由表陷入於裏者凶　傷寒、溫疫初發，邪在於表，必頭疼身熱，病屬三陽，即於此時急表散之。冬月即病，宜用辛溫、辛熱以汗之；春溫夏熱，宜用辛涼、辛寒、甘寒以汗之。汗後身涼脈靜，無所傷犯，病不復作而愈。如投藥濡滯，或病重藥輕，不散之於表，致邪熱內結，病屬三陰，須下乃愈。內虛之人，不勝下藥，多致危殆。又有少陰咽痛等證，則又不宜於下，或成狐惑，蟲蝕肛門，種種難治之條，皆失於不早散故也。

癰疽皆由榮家實熱氣逆所結，急宜涼血活血，散結解毒，大劑連進，內外夾攻，務使消散。即勢大毒盛，一時不能散盡，亦必十消七八。縱使潰膿，保無大害。若失於救治，使熱毒內攻，其膜必壞。膜壞則神人不能救矣。

痘瘄之害，多在血熱，解於一二日內者十全八九，若遲則熱毒內攻，陷入於裏。腸胃當之，必使大便作泄，乳食不化，或神昏悶亂，便閉腹脹，則十不救一。除是稟受虛寒，方堪補託，濟以溫熱，可救危急。若夫瘄家，便須速用辛寒、甘寒、苦寒之劑，清涼發散，十不失一。假令病重藥輕，或治療後期，或誤投溫熱，則邪熱內攻，煩躁悶亂，不可救藥矣。

瘧本暑邪，法當解肌。若元氣先虛之人，脾胃薄弱，誤投破氣消食剋伐之藥，則中氣愈虛，邪反內陷，必便膿血。治或失宜，多成腹脹，馴致不救，往往而是。

此之四證，皆須急治。要以自裏達表者吉，自表陷裏者凶。故藥宜解散通利，最忌收澀破氣及諸溫補。其關乎死生者最大，故特表而出之，俾世人知所先務也。

明・繆希雍《本草經疏》卷二　六淫門

風：諸暴強直，支痛緛戾，裏急筋縮，皆屬於風。

真中風：猝僵仆，口噤不言，不省人事。如遺尿，直視，口開，手撒，汗出如珠，屬不治證。西北高寒之地有之，東南無之。　忌破氣、下、吐、苦寒、酸斂。諸藥俱見前。　宜辛甘發散，峻補真氣。　桂枝　附子　甘草　獨活　羌活　天麻　麻黃　防風　芎藭　細辛　藁本　蔓荊實　牛黃　辛夷　牡荊實　白芷　人參　黃耆　有痰加：竹瀝、南星、半夏、薑汁。

類中風：口眼歪斜，語言謇澀，半身不遂，口噤不言，四肢不舉，痰涎壅盛，昏眊不省人事。　忌汗、吐、下，大忌破氣、溫熱、苦寒，及一切治風濕辛燥發散，並開竅走真氣，行血諸藥，慎勿犯之，犯之則輕必重，重必斃。　麝香　蘇合香　檀香　龍腦香　安息香已上開竅走真氣。　餘忌藥俱見前。　宜滋補，陽虛者補氣，陰虛者補血，陰陽兩虛則氣血雙補，兼宜清熱，降氣，豁痰及保脾胃。　天門冬脾胃薄弱者勿多用。　麥門冬　荊瀝　蘇子　栝樓根　貝母　橘紅　枇杷葉　甘草　竹瀝　童便　霞天膏　梨汁　黃檗　次益血，於前藥中加：胡麻仁、石斛、牛膝、生地黃、五味子、甘菊花、枸杞子、何首烏、薯蕷、菟絲子、白芍藥、丹參、山茱萸、白蒺藜、酸棗仁、柏子仁、車前子、竹葉、羚羊角、鼈甲、木瓜、青蒿、遠志、栝樓仁、沙參、巴戟天、茯苓、茯神。　如便閉，加：肉蓯蓉、當歸、倍麻仁。　如兼氣虛，加人參、黃耆。　有肺熱者勿入人參。

感冒風寒：俗名傷風。其證或頭疼身熱，輕者則否，鼻必塞，兼流清涕，必惡風寒，或聲重，或聲啞，甚者痰壅氣喘欬嗽，〔久而不愈屬虛，虛者宜補，當分陰陽施治，同傷風熱。〕　忌補氣、酸斂、閉氣。　諸藥俱見前。　宜發

散、辛甘、溫。　芎藭　細辛　藁本　防風　甘草　荊芥　白芷　前胡　桑白皮　桔梗　紫蘇　薄荷　杏仁　石膏

傷風熱：　忌同感冒風寒。　宜辛寒、甘寒、發散。　石膏　知母　甘草　竹葉　麥門冬　前胡　桔梗　薄荷　葛根　桑白皮　久而不愈者屬虛。陽虛者加人參、黃耆，陰虛者加五味子、地黃，倍門冬、白芍藥。

寒：　諸病上下所出水液，澄澈清冷，癥瘕癩疝堅痞，腹滿急痛，下利清白，食已不飢，吐利腥穢，屈伸不便，厥逆禁固，皆屬於寒。凡中寒，必本於陽虛。　忌破氣、苦寒、下、甘寒、辛寒。諸藥俱見前。　宜補氣、散寒、辛甘、溫熱。輕者解毒，重者溫補。　桂枝　乾薑　麻黃　人參　附子　黃耆

〔中寒：　忌宜同前〕。

〔傷寒：　太陽病，陽明病，少陽病，三陽合病，食、愈後勞復，食復，女勞復，明陽易。冬月即病。　宜從仲景治法。　陰證忌破氣、吐、下。諸藥如左。　青皮　枳殼　枳實　厚朴　檳榔以上破氣。　梔子　瓜蒂　參蘆　蝦汁　鹽湯以上吐。　大黃　芒硝　巴豆　玄明粉　青礞石　牽牛以上下。　陽證忌溫熱、補斂。諸藥如左。　乾薑　生薑　紫蘇　天雄　附子　麻黃　官桂　桂枝以上溫熱。　人參　黃耆　二朮　五味子　烏梅以上補斂。　並忌一切米麵肉食。　陰證宜服諸藥。

中寒陽證：　太陽病在表，羌活為君，甘草、豆豉佐之。　太陽即病，表藥重者麻黃、桂枝，輕者九味羌活湯。至春變為溫病，羌活為君，前胡為佐。見口渴、鼻乾、不得眠，即兼陽明。此太陽陽明證也。宜用石膏、知母、麥門冬，加羌活，大劑與之，得汗即解。　陽明病在表，嘔吐者，以白虎湯為君，加麥門冬、竹葉、粳米；　因勞而發者加人參。不嘔吐者用葛根湯解表。至春變為溫病，至夏變為熱病，及時行疫氣傳染，多在陽明。即在太陽者，亦多兼陽明證，少陽亦然。何者？　以其氣必從口鼻而入。口鼻者，上下陽明之竅也。故陽明之病獨多。若表邪盛，雖解表而復傳裏。便結者用調胃承氣湯下之。　少陽病用仲景小柴胡湯和解之。用參與否，因證消息。邪熱盛，無作勞者，勿入人參。　三陽合病，邪熱盛者，三黃石膏湯中加羌活、柴胡、乾葛、前胡。

凡治傷寒、溫病、熱病，為即病直中陰經無邪熱者，宜以辛甘發散兼補氣，如麻黃、桂枝、人參、附子之類。其餘三陽經邪熱在表者，急宜發辛寒、甘寒、苦寒藥隨經投之，應時逐散，毋使遲留滋蔓，則易為力。如治之或緩，則後時失事，而使熱邪陷入三陰。即攻治得法，亦引時日，損傷病人元氣多矣。已入三陰，悉從仲景法隨證調治。

大熱由於實：　石膏　滑石　黃芩　知母　大黃　梔子　人糞汁　童便　芒硝　白頸蚯蚓　大青　苦參　竹瀝　水中萍　牛黃　玄參　沙參　茵陳　藍葉實　愈後勞復、食復、女勞復、陰陽易：　竹茹　薤白　牡蠣　鱉甲　柴胡以上皆主勞傷。　豆豉　梔子　枳實　大黃以上皆主食傷。　牡鼠屎女勞亦用。　褌襠　韭白以上皆主陰陽易。　竹瀝　麥門冬食傷亦用。　葱白以上皆主勞傷、女勞傷。〕

論傷寒古今時地不同，因之六經治法宜異　夫傷寒者，大病也。時者，聖人所不能違者也。以關乎死生之大病，而藥不從時，顧不殆哉！　仲景，醫門之聖也。其立法造論，後之明師，如華佗、孫思邈輩，莫不宗之。漢末去古未遠，風景猶厚，形多壯偉，氣尚敦厖。其藥大都為北方感寒即病而設。況南北地殊，厚薄不侔，故其意可師也，其法不可改也。循至今時，千有餘年，風氣澆矣，人物脆矣。況在荊、揚、交、廣、梁、益之地，與北土全別，故其藥則有時而可改。非違仲景也，實師其意，變而通之，以從時也。如是則法不終窮矣，故作斯議，條列其方，稍為損益，以從時地。俾後之醫師，知所適從，庶幾患斯疾者，可免於夭枉爾！

辨驗外感真偽法　凡外感必頭疼。其疼也，不間晝夜。探其舌本，必從喉嚨內乾出於外，多兼煩躁。不煩躁者，即輕證也。不頭疼而發熱，不發熱而頭疼，頭雖疼而有時暫止，口雖乾而舌本不燥，骨雖疼而頭不疼，雖渴而不欲引飲，至夜或偶得寐，遇食不好亦不惡，居處雖若尩怯，而神氣安靜。凡若此者，皆非傷寒也。

三陽治法總要　太陽病：　其證發熱，惡寒惡風，頭痛項強，腰脊強，遍身骨痛，脈雖浮洪而不數，多不傳經。煩躁脈數急者，是欲傳經。宜先發汗以解表邪。其藥以羌活湯為主。羌活三錢，前胡二錢，甘草八分，葛根二錢，生薑三片，棗二枚，杏仁九粒，去皮尖，研爛水煎服。秋深冬月應用此方，亦可量加紫蘇、葱白。如冬月天氣嚴寒，感邪即病，服此藥不得汗，本方加麻黃一錢，生薑四片，共前七片，得汗，勿再服。

如病人自覺煩躁，喜就清涼，不喜就熱，兼口渴，是即欲傳入陽明也。若

外證頭疼，遍身骨疼不解，或帶口渴，鼻乾，目疼，不得臥，即係太陽陽明證。羌活湯中加石膏、知母、麥冬，大劑與之，得汗即解。如自汗煩躁，頭疼，遍身骨疼不解者，羌活一錢，桂枝七分，石膏一兩二錢，麥冬六錢，知母三錢，竹葉一百二十片，白芍藥二錢，甘草八分。如冬月即病太陽證，惡寒，畏風，頭疼，遍身骨疼，自汗，不渴，宜用桂枝八分，芍藥二錢，甘草一錢，大棗二枚，生薑一片。

太陽病不解，熱結膀胱，其人如狂，血自下，下之愈。其外證不解者，不可下，當先解表。表證罷，少腹急結者，乃可下之，桃仁承氣湯。無蓄血證，大承氣湯。

正陽陽明病：正陽陽明者，胃家實熱是也。其證不大便，自汗，潮熱，口渴，咽乾，鼻乾，嘔或乾嘔，目眴眴不得眠，畏人聲，畏木聲，畏火，不惡寒反惡熱，或先惡寒不久旋發熱，甚則譫語狂亂，循衣摸床，脈洪大而長。宜急解其表，用竹葉石膏湯，大劑與之。不嘔，無汗，與葛根湯，亦須大劑。若表證已罷，脈緩，小便利，是病解矣。

若表證罷後，邪結於裏，大便閉，小便短赤，宜用調胃承氣湯或小承氣湯下之。下後，按其腹中不作痛而和，病即已解。如作痛，是燥糞未盡也。再用前藥下之。以腹中和，二便通利為度。

陽明病，不能食。若其人本虛，勿輕議下。

陽明病，頭眩，欬而咽痛者，用葛根、甘草、桔梗、麥冬四味濃煎，數數與之。

陽明病無汗，小便不利，心中懊憹者，當發黃。急用梔子、麥冬、淡豆豉，大劑濃煎與之。如已見身黃，急加茵陳為君主之。

陽明病衄血，此緣失於發汗，宜用荊芥二錢，葛根三錢，麥門冬五錢，牡丹皮一錢五分，蒲黃二錢，茅根二兩，側柏葉二錢，生地黃三錢，濃煎與之，兼飲童便。

陽明病心下硬滿者，此邪未入於腹中，慎勿下之。用竹葉石膏湯，加栝樓一個，搗碎，桔梗二錢，黃連一錢。

陽明病邪結於裏，汗出身重，短氣，腹滿而喘，潮熱，手足濈然汗出者，此大便已鞕也。六七日已來，宜下之，用小承氣湯。不行，換大承氣湯，勿大其劑。若大便不鞕者，慎勿輕下。

陽明病發汗不解，腹滿急者，亟下之。○傷寒六七日，目中不了了，睛不和，無表證，大便難，宜承氣湯下之。

陽明病下之早，外有熱，手足溫，不結胸，心中懊憹不能食，但頭汗出，梔子豉湯主之。

陽明病發潮熱，大便溏，胸滿不去者，與小柴胡湯去人參，加栝樓、黃連。

陽明病自汗出，或發汗後，小便利，津液內竭，大便雖硬，不可攻之。須俟其自大便，或用蜜導、膽導法通之。○大下後，六七日不大便，煩不解，腹滿痛，本有宿食，宜再用承氣湯下之。○食穀欲嘔，屬陽明，非少陽也。胸中煩熱者，竹茹湯主之。竹茹三錢，麥門冬五錢，枇杷葉三大片，蘆根三兩。內無熱證者，小便利，口不渴，此為陽明虛也。吳茱萸湯主之。吳茱萸二錢，人參三錢，生薑一錢五分，大棗二枚，水煎，日三服。

陽明病多汗，津液外出，胃中燥，大便必鞕，鞕則譫語，以小承氣湯下之。若一服譫語止者，勿再服。

陽明病譫語，發潮熱，脈滑而數者，小承氣湯主之。服藥後腹中轉氣者，更與一服。若不轉氣者，勿更與之。若服藥後次日不大便，脈反微澀者，裏虛也，為難治。勿復議下。

陽明病下血譫語者，此為熱入血室，汗止在頭。用荊芥三錢，葛根三錢，黃芩一錢五分，麥冬五錢，牡丹皮一錢五分，生蒲黃二錢，濃煎，以童便對飲之。

陽明病脈浮緊，咽燥口苦，腹滿而喘，發熱汗出，惡熱身重。若下之，則胃中空虛，客氣動膈，心中懊憹，舌上有胎者，梔子豉湯主之。○若渴欲飲水，舌燥者，白虎湯加人參主之。若脈浮，發熱口渴，小便不利者，豬苓湯主之。

陽明病協熱下利者，宜六一散。心下痞者，以黃連栝樓湯調服之。○脈浮遲，表熱裏寒，下利清穀者，四逆湯主之：附子、乾薑、甘草。○趺陽脈浮而澀，小便數，大便鞕，其脾為約，麻子仁丸主之。麻仁十三兩，芍藥四兩，枳實四兩，大黃八兩，厚朴三兩，杏仁六兩，蜜丸如梧子大，每用十丸，日三服。

陽明實則譫語，虛則鄭聲。鄭聲者，重語也。直視、譫語、喘滿者死。下利者亦死。○發汗多，若重發其汗，譫語脈短者死；脈和者，不死。若吐、若下後不解，不大便五六日，或至十餘日，日晡時發潮熱，不惡寒，獨語如見鬼狀。若劇者，發則不識人，循衣妄撮，惕而不安，微喘直視，脈弦者生，澀者死。澀者陽證見陰脈也。微者但發熱譫語者，大承氣湯下之。利，勿再服。

陽明病發狂，棄衣而走，登高而歌，此陽明實也。以承氣湯亟下之。如便不結者，大劑白虎湯灌之。石膏四兩，麥冬二兩，知母一兩五錢，加大青一兩，甘草七錢。

太陽陽明病協熱下利者，宜六一散，以黃連煎湯調服之。

太陽陽明并病六七日，表證仍在，其人發狂者，以熱在下焦，少腹當硬滿，小便自利，下其血乃愈，當用桃仁承氣湯。

又二陽并病，太陽證罷，潮熱，汗出，大便難，譫語者，宜大承氣湯。

少陽病：　其證口苦，咽乾，目眩，往來寒熱，胸脇痛，胸滿或痛，耳聾，脈法弦細，頭痛發熱者，屬少陽。少陽不可發汗，發汗則譫語。胃和者，當自愈；不和者，則煩而悸。

傷寒三日，少陽脈小者，欲已也。

凡太陽病不解，傳入少陽者，脇下硬滿，乾嘔不能食，往來寒熱，未經吐下，脈沉緊者，與小柴胡湯。柴胡二錢四分，人參九分，黃芩九分，甘草九分，半夏一錢五分，生薑九分，大棗二枚，水煎，溫服，日三。加減法：　若胸中煩而不嘔，去半夏、人參，加栝樓實一枚。若心下痞鞕，去大棗，加牡蠣二錢半。若渴者，去半夏，加人參，栝樓根。若腹中痛者，去黃芩，加芍藥三錢。若心下悸，小便不利者，去黃芩，加茯苓二錢。若不渴，外有微熱者，去人參，加桂一錢，夏勿用。溫覆，取微汗愈。若欬者，去人參、大棗，加五味子一錢，少佐以乾薑。

陽明少陽并病，必下利，脈滑而數，有宿食也。當承氣湯下之。〇若吐、下、發汗、溫針，譫語，柴胡湯證罷，此為壞病。知犯何逆，以法治之。〇三陽合病，脈大上關上，但欲睡眠，目合則汗，藥用百合一兩，麥門冬五錢，炙甘草一錢，知母二錢，竹葉五十片，栝樓根二錢，鼈甲如法三錢，白芍藥二錢。

三陽合病，腹滿身重，譫語遺尿，白虎湯加百合主之。〇傷寒六七日，無大熱，其人煩躁者，此為陽去入陰故也。〇傷寒三日，三陽為盡，三陰當受邪，其人反能食而不嘔，此為三陰不受邪也。

三陰治法總要　三陰病：　其證有二。一者病發於三陽，不時解表，以致邪熱傳入於裏。雖云陰分，病屬於熱。糞結宜下，腹滿不可按宜下，有燥糞協熱下利宜下。腹痛下利，宜芍藥、黃芩、炙甘草以和。如便膿血，即加滑石、黃連，佐以升麻、乾葛。〇如邪雖入裏，糞猶未結，宜清其熱。渴者用白虎湯、竹葉石膏湯；不渴或心下痞者，宜黃連、黃芩、芍藥、枳殼、麥冬、栝樓輩以清之。〇或邪未結於下焦，少腹不堅痛，而誤用芒硝以伐真陰，洞泄不已，元氣將脫，宜用人參、白朮、炙甘草、大棗、乾薑、芍藥，大劑與之。不止，佐以升提，升麻、葛根、柴胡之類。

若從無陽邪表證，從不頭疼發熱，寒邪直中陰經，此必元氣素虛之人，或在極北高寒之地，始有是證。法宜溫補以接其陽，附子、人參、乾薑、官桂，大劑與之。陽回寒退，即以平補之劑調之。勿過用附、桂，以防其毒。

三陰各經見證，悉從仲景《傷寒論》法治之。如少陰咽痛，咽中生瘡，聲不出，用苦酒湯，到咽即效。故知古人立法，非今人可及也。

春溫夏熱病大法　冬傷於寒，至春變為溫病，大都頭疼發熱，或渴或不渴。三陽俱然。亦間有先微寒後即發熱者。大抵發熱其常也。藥用辛溫佐以辛寒，以解表邪。太陽宜羌活湯，陽明宜白虎湯，無汗不嘔者，間用葛根湯。少陽往來寒熱等證，不可汗、吐、下，宜和解，小柴胡湯。渴者，去半夏，加栝樓根；耳聾，熱盛，去人參，加麥冬、知母、栝樓根，渴亦加之。

至夏變為熱病，其表證大約與春溫同，但熱比於溫，則邪氣更烈耳。解表用白虎湯、竹葉石膏湯。有太陽證則加羌活，有少陽證則加柴胡、黃芩。如發斑，白虎湯、竹葉石膏湯，加玄參、梔子、桔梗、鼠黏子、連翹、大青、小青、青黛，大劑與之。〇二證若大便秘，宜按之。其邪已結於內，便鞕宜察，邪結中焦，小承氣湯，調胃承氣湯下之；邪結下焦，少腹堅痛，始用大承氣湯下之。

傷寒、溫疫，其不可治及難治者，皆屬下元虛。

傷寒、溫疫，三陽證中，往往多帶陽明者，以手陽明經屬大腸，與肺為表裏，同開竅於鼻，足陽明經屬胃，與脾為表裏，同開竅於口。凡邪氣之入，必從口鼻，故兼陽明證者獨多。

邪在三陽，法宜速逐，遲則胃爛發斑，或傳入於裏，則屬三陰。邪熱熾者，令陰水枯竭，於法不治矣。此治之後時之過也。

傷寒陰陽易之為病，其人身體重，少氣，少腹裏急，或引陰中拘攣，熱上(胸者)〔沖胸〕，頭重不欲舉，眼中生花，膝脛拘急者，燒裩散主之。取婦人中裩近陰處，剪，燒灰，以水和服方寸匕，日三。小便即利，陰頭微腫則愈。婦人病，取男子褌襠燒灰。

大病差後，勞復者，枳實梔子湯主之。枳實三枚，梔子十四枚，豉一升，綿裹，以清漿水七升，空煮取四升，内枳實、梔子，煮取二升，下豉，更煮五六沸，去滓，溫分再服。覆令微似汗。若有宿食者，加大黄如博棋子大五六枚。

傷寒差已後，更發熱者，小柴胡湯主之。脈浮者，以汗解之。脈沉實者，以下解之。

百合病者，百脈一宗，悉致其病也。其證神思常默然，飲食不美，亦不惡，如寒無寒，如熱無熱，口苦，小便赤，百合地黄湯主之。汗後者，百合知母湯。下後者，滑石代赭湯。吐後者，百合雞子湯。

近代醫師鹵莽，既不明傷寒治法，又不識雜證類傷寒，往往妄投汗、下之藥，以致虚人元氣，變證叢生。元氣本虚之人，未有不因之而斃者矣。戒之哉！汗、下之藥，焉可嘗試也！

時氣傷寒，除陰證不可服。苦參一兩，水、酒各一碗，煎八分。重者水、醋各半服之。一汗而愈。不論傷寒久近，立效。本草云：天行尤良。

暑：諸病喘嘔，暴注下迫，霍亂轉筋，身熱瞀鬱，小便濁赤，皆屬於暑。忌破氣、升，復忌下、濕潤、辛溫、辛燥、熱、發散、閉氣。諸藥俱見前。宜清暑益氣、健脾、甘寒、甘溫、辛寒、酸寒、苦寒。黄連　香薷　葛根　石膏　知母　甘草　人參　黄耆　白术　白藊豆　神麴　橘皮　白茯苓　木瓜　麥門冬　五味子　白芍藥　白梅　烏梅　大約用清暑益氣湯、香薷飲、生脈散。凡病暑之人，其氣必虚。暑傷氣，無氣以動，故當補氣為本。惟肺熱多火者，忌人參、术。

中暑：猝昏暈，急以童便灌入即省。忌、宜俱同暑。又方：用絲瓜葉一片，白鹽梅肉一枚，并取核中仁，共研如泥，新汲水調灌，立瘥。兼治中暑霍亂有神。

太陽病中暍：忌同暑。宜人參白虎湯。有肺熱火病人，不能服參者，用竹葉石膏湯。脾胃作瀉者，水調六一散。

霍亂：見胃虚條内。忌、宜俱同。

疰夏：由於脾胃薄弱，胃家有濕熱及留飲所致。忌同前。宜益氣健脾、酸寒、苦寒、淡滲。人參　白术　半夏　橘皮　白茯苓　白藊豆　白芍藥　木瓜　澤瀉　兼服生脈散。

濕：諸痓強直，積飲痞膈，中滿霍亂，吐下體重，胕腫肉如泥，按之不起，皆屬於濕。《經》曰：地之濕氣，感則害人皮肉筋脈。故其病筋骨疼痛，腰重痛不可轉側，身重，四肢不利。濕在上，病嘔吐、頭重、胸滿；濕在中，病腹脹、中滿、泄瀉；濕在下，病足脛胕腫、脚氣臁瘡久不愈。忌濕潤、甘、鹹。諸藥俱見前。宜散、滲泄、燥、辛、苦。木瓜　薏苡仁　术　石斛　萆薢　石菖蒲　茯苓　佐以防風、葛根。寒濕加半夏、五加皮，風濕加獨活，濕熱加黄蘗、車前子、木通，甚者加漢防己。

脚氣：由於濕熱。忌溫燥、濕熱、補氣，復忌破氣、升。諸藥俱見前。宜清熱、除濕、利小便、甘平、酸寒、苦寒、辛溫、淡滲。黄蘗　石斛　麥門冬　木瓜　石菖蒲　薏苡仁　車前子　茯苓　木通　澤瀉　萆薢　防己

燥：諸澀枯涸，乾勁皴揭，皆屬於燥。角弓反張，筋攣急不舒，舌強不能言，二便閉澀，口渴，口乾舌苦，皮膚皴揭，毛髮脆折，津液不生，血枯胃槁，以致飲食不化，噎膈吐食。忌升散、破氣、下、辛燥、大熱、溫。諸藥俱見前。宜潤、益血、辛、甘寒、酸寒、鹹寒，有熱證者宜兼清熱。麥門冬　當歸　地黄　肉蓯蓉　酥　人乳　牛乳　蜜　胡桃　甘菊花　麻仁　胡麻　柏子仁　人參　松實　天門冬　五味子　酸棗仁　白芍藥　蔗漿　蘆根汁　童便　梨汁　韭汁　佐以薑汁。

火：諸熱瞀瘈，暴瘖冒昧，躁擾狂越，罵詈驚駭，胕腫疼酸，氣逆上衝，禁慄如喪神守，嚏嘔，瘡瘍，喉痹，耳鳴及聾，嘔涌溢食不下，目昧不明，暴注，瞤瘈，暴病暴死，皆屬於火。忌補斂、升發、閉氣、辛燥、溫熱。諸藥俱見前。宜降折、下、鹹寒、苦寒、辛寒、甘寒。大黄　童便　芒硝　黄芩　黄連　黄蘗　連翹　石膏　山梔　玄參　生甘草　知母　天門冬　麥門冬　生地黄　藍汁　虚者宜甘寒，鹹寒以滋水，不宜用苦寒傷胃。

猝眩仆、九竅流血：多不治。忌同火。宜服童便、鹽湯、竹瀝、藍汁、梨、生犀角汁。

猝心痛：忌同火。宜服山梔、白芍藥、延胡索、生甘草、鹽湯、蘇子。

目暴赤腫痛甚：見肝實條内。忌、宜俱同。

二便忽閉：以利小便為先。忌同火。宜降潤、苦寒、甘寒、辛寒、利竅。大黄　蘇子　生蜜　麻仁　桃仁　石膏　知母　天門冬　麥門冬

黄芩〔以上利大便〕　山梔　滑石　澤瀉　猪苓　車前子　木通　海金沙〔以上利小便〕

〔小便急數短赤：　生地黄　黄檗　五味子　枸杞子　天門冬　麥門冬〕

頭面赤腫：　忌同火。　宜清熱解毒、發散、苦寒、辛寒、甘寒、鹹寒。

甘菊花　鼠粘子　連翹　荊芥　薄荷　蟬蜕　大黄　玄參　石膏　知母　竹葉　生甘草　童溺

忽大渴思冰水：　忌同火。　宜潤、生津液、辛寒、甘寒、鹹寒。　石膏　知母　玄參　麥門冬　竹葉　栝樓根　五味子　梨汁　蔗漿　童便　凉水　冰

口乾舌苦：　忌、宜俱同火。

暴瘖：　忌同火。　宜降氣、發音聲、苦、甘寒、辛凉、鹹寒。　蘇子　枇杷葉　貝母　桔梗　百部　竹瀝　梨汁　天門冬　麥門冬　甘草　薄荷　玄參　桑白皮　童便

暴注：　忌同火。　宜利水、苦寒、酸寒。　茯苓　黄連　黄芩　白芍藥　生甘草　葛根　滑石　木通　虚者加：　人參、蓮肉、白藊豆。

躁擾狂越，罵詈驚駭：　忌同火。　宜清鎮、苦寒、辛寒、鹹寒。　丹砂　牛黄　黄連　黄芩　山梔　滑石　石膏　知母　童便

大便閉者，加大黄下之。不行，加芒硝。

噤慄如喪神守：　忌同火。　宜同躁擾狂越。

氣逆衝上：　忌同火。　宜降氣、酸斂、甘寒、苦寒、鹹寒。　蘇子　枇杷葉　橘紅　五味子　番降香　山茱萸　白芍藥　麥門冬　石斛　黄檗　牛膝　桑白皮　童溺

瞤瘈瞀瘈：　忌同火。　宜清熱和肝、酸寒、苦寒、辛寒、甘寒。　白芍藥　生甘草　竹葉　玄參　黄連　黄檗　生地黄　甘菊花　麥門冬　知母　石膏

雜證門

瘧：《經》曰：　夏傷於暑，秋必痎瘧。　其證大都多熱多寒，或熱多寒少，或寒多熱少，或單熱不寒，或單寒不熱，或先寒後熱，或先熱後寒，或有汗、無汗，或汗少、汗多，或自汗、盜汗，或頭疼骨痛，或大渴引飲，口苦舌乾，或嘔吐不思食，或煩躁不得眠，或大便燥結，或瀉利，或連發，或間發，或三日發，或發於陽，或發於陰，要皆中氣不足，脾胃虚弱，暑邪乘虚客之而作。雖隨經隨證投藥解散，必先清暑益氣，調理脾胃為主。有〔傷〕食者兼消導奪食，有風兼散風，有老痰伏飲者兼豁痰逐飲，感瘴癘者兼消瘴癘，汗多者固表，無汗者解表，泄利者升發兼利小便，便燥者兼益陰潤燥。病有陰陽，藥分氣血，證有緩急，治因先後，人有虚實，法異攻補。久而不解，必屬於虚。氣虚者補氣，血虚者補血，兩虚者氣血兼補，非大補真氣，大健脾胃，不得瘳也。

忌破氣、下、〔吐〕。諸藥俱見前。

瘧必由於中氣虚，破氣則傷中氣，邪不得解，甚則中滿不思食，作泄，惡寒，口乾，惟傷食宜消，不同此法。

誤下則邪氣陷於内，變為滯下，或腹滿腫脹，嘔惡不思食。凡屬破氣、下泄藥，切戒勿施！

宜清暑益氣，健脾開胃，兼消痰。宜分臟腑手足六經所見證施治。

先清暑：　熱多者宜服白虎湯。　加減：　硬石膏自一兩至四兩，知母自四錢至二兩四錢，竹葉自一百片至四百片，麥門冬自八錢至三兩二錢，粳米自一小撮至二大撮。病人素虚或作勞者，加人參自三錢至一兩。　有痰加廣橘紅三錢，竹瀝一杯，大渴者，加栝樓根三錢至六錢。不渴者，用清暑益氣湯。　兼飲食停滯者，加枳實、青皮、草果一二劑，食消即止。勿多服。多服則損中氣。其藥俱宜黄昏煎，以井水澄冷，須露一宿，五更時溫服。蓋瘧乃暑邪為病，暑得露則散也。〔如盛暑，藥宜將二鼓時煎露，恐天熱易敗也。〕

《内經》五臟瘧證湯液：　肝瘧令人色蒼蒼、太息，其狀若死者，通脈四逆湯。按：　瘧者，暑邪也。古人以臟屬陰，故五臟瘧多用辛溫之劑。然在今時，氣候不同，虚實有異，不宜盡拘古法。即如肝瘧一證，往往用祛暑散邪，石膏、知母、麥門冬之類，後加大劑當歸、陳皮之屬而愈。此累試輒驗之常法也。令各臟湯液，先依古方列後，用者宜隨證消息焉。　心瘧令人煩心，甚欲嘔清水，反寒多不甚熱，桂枝加黄芩湯。　脾瘧令人寒則腹中痛，熱則腸中鳴，鳴已汗出，小建中湯、芍藥甘草湯。　胃瘧令人且病也。善飢而不能食，食而支滿腹大，理中丸、理中湯。善飢腹大，皆熱邪所為也。宜人參白虎湯，加术、橘皮。理中丸不宜輕用。　肺瘧令人心寒。寒甚，熱間善驚，如有所見，桂枝加芍藥湯。宜竹葉石膏湯加黄芩；　發於深秋，方加桂枝。　腎瘧令人

洒洒然，腰背痛，不能宛轉，大便難，目眴眴然，手足寒，桂枝加當歸芍藥湯。不愈，加牛膝、鱉甲。

《內經》六經瘧候湯液〕：　足太陽經屬膀胱，其證令人腰痛，頭痛頭重，寒從背起，先寒後熱，熇熇暍暍然，熱止汗出難已。〔今時見證，發寒熱，頭疼甚，項強，腰脊強〕，或遍身骨痛，小便短赤：　羌活一錢至三四錢，廣陳皮去白二錢五分，黃芩二錢，前胡二錢，甘草炙五分，猪苓一錢，知母二錢五分。若口渴者，即兼陽明，宜加石膏、麥門冬，倍知母。渴而汗少，或無汗，並加葛根。若涉深秋或入冬，無汗，宜多加薑皮。〔若偶涉風寒無汗，加麻黃錢許，得汗即去之。不可多服，服多則損真氣。〕因虛而無汗，或汗少者，加人參三五錢，麥門冬四五錢，佐以薑皮二三錢，露一宿，發日五更溫服。因虛汗多者，加黃耆三四錢，桂枝七八分。汗止，即去桂枝，不可多服。若病人素有熱者，勿服桂枝，以芍藥、五味子代之。若發於陰，並加當歸。小便短澀或赤者，與六一散二三服。〔以上分消其暑邪。〕有濕者，以猪苓、茯苓代滑石。下午服理脾健胃藥：　橘紅二錢五分，白豆蔻五分，白茯苓三錢，山查三錢，麥芽炒三錢，藿香一錢，人參三錢，白术二錢，白芍藥三錢，白藊豆三錢。有肺火〔肺熱〕者，去人參、白术，加麥門冬五錢，石斛三錢，烏梅肉一枚。停食者必惡食，加山查。傷肉食者加黃連、紅麴。傷穀食者加枳實、草果各七分。傷麪食者加炒萊菔子。食消即已，不可多服，多服則損中氣。胃家素有濕痰者，其證不渴，寒多，方可用半夏、橘紅、二术，大劑與之。嘔甚者兼用薑皮。足陽明經屬胃，其證〔令人先寒洒淅，洒淅寒甚，久乃熱。熱去汗出，喜見日月光、火氣，乃快然。今時見證。〕發熱頭疼，鼻乾，渴欲引飲，目眴眴不得眠，甚則煩躁，畏火光、人聲、木聲。宜服大劑竹葉石膏湯。無汗或汗少不嘔者，可加乾葛二三錢。病人虛而作勞者，加人參。汗多，加白术。痰多，加貝母、橘紅，得汗即解。寒熱俱甚，渴甚，汗多，寒時指爪皆紫黯者，加桂枝七八分。久而不解屬氣虛，用人參兩許，薑皮兩許，煎成露一宿，五更溫服。下午服理脾健胃藥如前方，加減亦如之。足少陽經屬膽，其證〔令人身體解㑊，寒不甚，惡見人。見人心惕然，熱多汗出甚。今時見證。〕往來寒熱，口苦，耳聾，胸脇痛，或嘔。宜服小柴胡湯。渴者，去半夏，加石膏、麥門冬。肺家有熱者，去人參、〔半夏〕，加知母，倍門冬。有痰不渴者，本方加貝母三錢至八錢，术、茯苓各三錢，薑皮一錢至三四錢。病人陰虛而有熱者，雖嘔吐忌用半夏、生薑，誤投則損人津液，令人聲啞，宜用竹茹、橘皮、麥門冬、白茯苓、烏梅以代之。

以上三陽經瘧邪客之者，其證多熱多渴，亦易得汗，藥宜大劑，急逐暑邪，毋使遲留，則病易愈。繼以理脾開胃，大補真氣，蔑不瘳矣。邪在三陽，藥宜辛寒，如石膏、知母、柴胡；甘寒，如葛根、麥門冬、竹葉、粳米；苦寒，如黃芩之屬為君，乃可以散暑邪，除熱渴，墜頭痛。兼寒甚者，則間用辛溫，如薑皮、桂枝以為嚮導，以伏其邪，則病易退。凡寒甚者，病因於虛。或作勞者，亦因於虛，皆宜甘溫。以人參、黃耆、术為君，佐以辛甘，如桂枝、薑皮之屬。脾胃虛弱，飲食不消者，則補之以參、术，佐以消導，如白豆蔻、麥芽、砂仁、草豆蔻、枳實、橘皮、山查之屬。在陰分者，則以當歸、牛膝為君，佐以薑、桂。如熱甚而渴者去薑、桂，加知母、麥門冬、竹葉、牛膝、鱉甲。

足厥陰經屬肝，其證〔令人腰痛，小腹滿，小便不利如癃狀。非癃也，數便，意恐懼，氣不足，腹中悒悒。今時見證。〕先寒後熱，色蒼蒼然，善大息，甚者狀如欲死，或頭疼而渴。宜先服三黃石膏湯加柴胡、鱉甲、橘皮，以祛暑邪。後用當歸兩許，橘皮三四錢，鱉甲四五錢，牛膝兩許，柴胡一二錢，濃煎露一宿，發日五更溫服。如熱甚而渴，加栝樓根三四錢，麥門冬四五錢，竹葉一百片，知母三四錢，鱉甲五六錢。如脾胃薄弱，或溏泄，去當歸，加人參三五錢。如有肺火，不可服參者，秖照本方，多服自愈。寒多或寒甚，指爪青黯者，加桂枝、薑皮、人參。

足太陰經屬脾，其證〔令人不樂，好太息，不嗜食，多寒熱汗出。病至則善嘔，嘔已乃衰。今時見證。〕先寒後熱，或寒多。若脾瘧，必寒從中起，善嘔，嘔已乃衰，然後發熱，熱過汗出乃已。熱甚者或渴，否則不渴喜火。宜服桂枝湯、建中湯。病人虛者，以人參、薑皮各兩許濃煎，露一宿，五更溫服。有痰者，宜加术、橘皮各三四錢。

足少陰經屬腎，其證〔令人嘔吐，甚多寒熱，熱多寒少，欲閉牖而處，其病難已。今時見證。〕寒熱俱甚，腰痛脊強，口渴，寒從下起，小便短赤。宜先服人參白虎湯加桂枝，以祛暑邪。後用鱉甲四五錢，牛膝兩許，熱甚者加知母、麥門冬各四五錢。寒甚者加桂枝錢許。嘔則兼加薑皮三四錢。如熱甚而嘔者，去桂枝、薑皮，加竹茹三錢，人參、橘皮各三四錢。用牛膝、桂枝者，肝腎同一治故也。

瘧病多挾痰。如熱痰須用貝母為君，自三錢至八錢，竹瀝、竹茹、栝樓根、橘紅、白茯苓，稱是以佐之。甚者可加霞天膏。如寒痰發瘧，寒多不渴者，用半夏、白术、橘皮為君，多加生薑皮。

瘧病多挾風。有風者必用何首烏為君，白术、橘皮為臣，葛根、薑皮、羌活以佐之。不頭痛者除羌活。

暑邪盛，解散不早，陷入於裏，則變為滯下。急投黄芩、黄連、芍藥、滑石、紅麴、甘草，佐以葛根、升麻、柴胡，以表裏分消之。脾胃薄弱者，加人參、藊豆、蓮肉，大劑與之，以愈為度。滯下若愈，瘧亦隨止，即不止，其熱必輕，仍隨經隨證以治之，不煩多藥而自止也。

又暑熱濕之邪内伏，百藥不效者，用獨雄黄丸立愈。

凡勞瘧，病人陰不足，或作勞，或房勞，病發於陰，或間日一發，或三日一發。三日一發為病深，須以鼈甲、牛膝、何首烏為君，橘皮為佐。發於夜而便燥者，加當歸。脾胃弱者勿加，佐以薑皮，熱甚勿入。大劑與之，日三乃差。

附録：諸瘧主治　熱多宜貝母　石膏　麥門冬　橘紅　乾葛　滑石　竹葉　牛膝　知母　黄芩　柴胡　白茯苓　烏梅　牡蠣　何首烏　鼈甲

寒多宜桂枝　薑皮　人參　二术　黄耆　當歸　橘紅　半夏　草豆蔻　白豆蔻　炙甘草

汗多宜人參　白术　黄耆　秋冬加桂枝

無汗宜乾葛　柴胡　石膏　羌活　薑皮　人參　蒼术

瘧母宜鼈甲　射干　牡蠣　三稜　縮砂仁　桂　橘皮　青皮　人參

凡瘧疾多熱，久不解者，其人必本陰虚，法當益陰除熱，非鼈甲、牛膝不能除也。多寒而久不解者，其人必本陽虚，非人參、白术、黄耆不能除也。

按：瘧有山嵐瘴氣，停痰留飲而發者，古方類用常山、砒霜等吐之。今人誤執其方，見瘧輒用，不知二藥有大毒，損人真氣，犯之多致危殆。慎之！慎之！

滯下：俗呼痢疾。其證腹痛便膿血，或赤或白，或赤白相雜，或下純血，或下紫黑血塊，或如豆汁，或如魚凍，或如屋漏水，或下純黄積類。多裏急後重，數登圊而不得便，小便短赤不利，或發熱，或口渴，甚則嘔惡不思食。此皆暑濕之邪與飲食積滯膠固腸胃而作，必先祛暑滲濕安胃為主。傷氣分則調氣益氣，傷血分則和血補血，挾瘀血則行血。藥雖因證而設，要皆以補養胃氣為急。故其證以噤口痢為最重，胃氣一絶則不可治矣。故曰：安穀則昌，絶穀則亡。俗治多藉口迎而奪之之說，輕用大黄、朴硝，及誤用巴豆、牽牛，以致洞泄腸開而斃。又有妄投訶子、粟殼、亞芙蓉、肉豆蔻收澀之劑，以致便閉腹脹，或濕熱上攻，肢節腫脹拘攣，痛不可忍，難以救療。慎之！慎之！　忌破氣、閉氣、收澀、燥、溫熱、鹹寒、滑膩。諸藥俱見前。　宜清熱消積，開胃氣，升、利小便。〔苦寒、酸寒、甘平〕。　黄連　黄芩　白芍藥　紅麴　山查　廣橘紅　升麻　葛根　甘草　滑石　蓮肉　白藊豆　烏梅　如胃弱，加人參三四錢，蓮子四十粒，橘紅二錢，升麻七分。　如腹痛，以黄連四錢，白芍藥三錢，炙甘草一錢五分，黄檗一錢，升麻七分，煎服。　如裏急，同上藥加當歸二錢。　如後重甚，加檳榔一錢五分，枳殼一錢五分，木香汁一字〔七匙〕。　如口渴，去木香，倍滑石。　如小便赤澀短少，或不利，亦倍之。　赤多，倍烏梅、山查、紅麴。　白多，加吳茱萸七分。　惡心欲嘔，即噤口痢，多用人參、蓮肉、藊豆、白芍藥，以綠色升麻七分佐之。　久痢不止，加肉豆蔻一錢，人參三錢，砂仁一錢五分，白茯苓二錢。　凡滯下，非元氣壯實，多啖能食之人，慎勿輕用大黄、巴豆、牽牛等下藥。　復有毒痢一證，或痧毒内陷下膿血，各藥不效者，加忍冬藤為君，地榆、丹砂、犀角汁次之。凡産後滯下，積滯雖多，腹痛雖極，不可用大黄等藥行之，致傷胃氣，遂不可救。但用人參、白芍、當歸、紅麴、升麻、益母草、炙甘草、滑石末足矣。　若惡露未盡，兼用乳香、沒藥各七分五釐，炒砂仁一錢，久之自愈。　血虚可加阿膠三錢。　凡胎前滯下，宜用黄芩、黄連、白芍、炙甘草、橘紅、赤麴、枳殼、蓮肉，略用升麻。未滿七月，勿用滑石。

瀉利：俗稱泄瀉。〇因於濕。　忌濕潤、破氣、下、苦寒、滑利、〔滯膩、鹹寒〕。諸藥俱見前。　宜安胃補脾，升、利小便。　人參　白茯苓　蓮肉　白藊豆　白术　車前子　升麻　橘紅　藿香　木瓜　乾葛　炙甘草　白萊菔　虚寒者，加肉豆蔻、補骨脂、吳茱萸。　虚熱者，去白术，加川黄連，倍芍藥、蓮肉。　暑濕為病則小水短赤，或口渴。倍用薑炒黄連為君，佐以乾葛、升麻。　由於感風寒者，二术、吳茱萸、砂仁、陳皮、乾薑、紫蘇主之。若由於飲食停滯者，兼消導，山查、麥芽、神麴、陳皮、肉豆蔻。

五疸：方書所載五疸，酒、食、大飢後、過飽、女勞失治而成。然其證必由濕熱傷脾及飲食停滯。又有瘀血發黄一證，方所不載。分別一誤，則藥不對證，多致不救。慎之！慎之！　忌破氣、閉氣、下、鹹、滑利、滯膩、潤、燥熱，有瘀血者兼忌酸寒。諸藥俱見前。　宜清熱、利水、除濕、養胃氣，有停滯者宜消積滯，有瘀血者宜行血。　茵陳蒿　黄連　苜蓿酒疸非此不愈。　梔子　紫草　栝樓根　秦艽　黄芩　滑石　車前子　白鮮皮　仙人對坐草　白茯苓　連錢草一名蟹靨草，一名九里香，取汁，入薑汁少許，飲之良。　虛者，加人參。　停滯者，加紅麴、橘紅、穀麥蘗、山查。　瘀血，加琥珀、牡丹皮、紅麴、紅花、桃仁、延胡索、蒲黄、五靈脂、韭。　元氣壯實者，服前藥瘀血不行，可加熟大黄。虛者勿用。

痰：　由於熱者，忌燥、溫熱、補斂、升。諸藥俱見前。　宜降、潤、清熱、苦寒、辛寒，佐以鹹寒。蘇子　橘紅　天門冬　枇杷葉　麥門冬　黄芩　桑白皮　薄荷　百部　栝樓根　栝樓仁　桔梗　貝母　蛤粉　竹瀝　童便膠固者加霞天膏，并用猫兒刺。　由於風寒者，忌補斂、濕潤、酸、鹹。諸藥俱見前。　宜降氣、辛散。橘紅　蘇子　杏仁　天麻　前胡　半夏　南星　葛根　桑白皮　薄荷　白前　生薑汁　由於濕者，忌潤、鹹、酸、滯膩、發濕。諸藥俱見前。　宜健脾、燥濕、辛散，佐以淡滲。人參　二术　橘紅　半夏　桑白皮　白茯苓　澤瀉

飲：　如涎而薄者，或如涎而稠者，伏於胸中及脾胃間，或吐酸水、苦水、黄水、綠水，或伏而不吐，上支心胸胃脘，作痛不可忍，按之不得下，或發寒熱，嘔吐不能飲食。　忌、宜俱同脾虛證内停飲條。

諸氣：　氣有餘即是火。　忌升、閉氣、酸斂、滯膩。諸藥俱見前。　虛者宜降、補斂、調、溫、酸、辛、甘。　蘇子　枇杷葉　橘紅　麥門冬　蘆根汁　甘蔗　番降香　沉水香　白豆蔻　鬱金　甘草　童便　白芍藥　五味子　因虛極而氣不得行者，加人參。　實者宜破散、香燥、辛苦、辛寒。　枳殼　青皮　檳榔　厚朴　木香　沉香　香附　烏藥　降香　藿香　縮砂蜜

鬱：　忌酸斂、滯膩、補氣、閉氣。諸藥俱見前。　屬情抱者宜開發志意，調氣散結，和中健脾。遠志　貝母　鬱金　石菖蒲　香附　蘇子　橘紅　白豆蔻　木香　蘇合香　縮砂蜜　麥門冬　屬五臟者，木鬱達之，宜升、吐。升麻　柴胡　川芎　瓜蒂　人參蘆　火鬱發之，宜散。升麻　葛根　柴胡　防風　羌活　土鬱奪之，宜下。檳榔　枳實　厚朴　大黄　金鬱泄之，宜降。橘紅　蘇子　桑白皮　猪苓　澤瀉　茯苓　木通〔水鬱折之，宜利。茯苓　海金沙〕猪苓　澤瀉　木通　赤小豆　車前子　烏蠡魚

關格：　不得大小便為關，是熱在丹田也。吐逆水漿不得下為格，是寒反在胸中也。是陰陽易位，故上下俱病。先投辛香通竅下降之藥以治其上，次用下泄苦寒之藥以通二便。此急證，法難緩治。縱有裏虛，通後再補。忌升、補斂、閉氣、酸。諸藥俱見前。　宜降下、辛寒、辛溫。　沉香　白豆蔻　丁香　蘇子　龍腦香　蘇合香　橘紅　生薑　藿香　次用大黄　黄檗　知母　滑石　木通　車前子　牛膝

噦：　俗呼呃逆。久病沉痼而發者，屬真氣虛，多不治。　忌破氣、升、散。諸藥俱見前。　宜補斂、甘溫、甘寒。　人參　黄耆　炙甘草　麥門冬　五味子　益智子　白芍藥　石斛　傷寒失下而發者，忌補斂、酸、燥熱、滯膩。諸藥俱見前。〔大便硬閉〕，宜下，大小承氣之類。便不鞕閉，按之腹中和軟，未經汗吐者，宜辛寒解表，白虎湯之類。　因氣逆衝上而發者，忌升、補。諸藥俱見前。宜降氣、甘寒、鹹寒。蘇子　橘紅　枇杷葉　竹茹　蘆根汁　麥門冬　童便　因痰水停膈而發者，忌升、潤、苦寒、甘寒、酸寒。諸藥俱見前。宜降氣、開痰、辛散。橘紅　蘇子　貝母　桑白皮　半夏　旋覆花　生薑　白豆蔻

吐血、咯血、鼻衄、齒衄、耳衄、舌上出血：　忌升提發散、下、破血、補氣、閉氣、破氣、溫熱、辛燥，復忌極苦寒傷胃。諸藥俱見前。　宜降氣、清熱、涼血益陰，兼行血、鹹寒、酸寒、甘寒。　蘇子　麥門冬　橘皮　枇杷葉　降香　鬱金　天門冬　沙參　牛膝　阿膠　生地黄　枸杞子　五味子　鼈甲　白芍藥　犀角汁　牡丹皮　青蒿　剪草　白藥子　童便　側柏葉　小薊　茅根　椶灰　藕節　當歸　蒲黄

蓄血：　俗名内傷。或積勞，或多怒，或飽後行房，或負重努力，或登高墜下，或奔逐過急，皆致蓄血。其證多發熱，其熱類外感而不頭疼、不作渴。天明少間，至午復劇。有汗，汗多劑。頸而還，自汗，無氣以息，目光短，不思飲食，不得眠，二便自利，小便或赤，大便或泄。　忌破氣，復忌補氣、下、苦寒、辛燥。諸藥俱見前。　宜行血、辛溫，佐以鹹寒，瘀血行後宜補血益脾，和肝。　桃仁　紅藍花　延胡索　桂有火之人勿用。　鬱金　當歸尾　蘇方木　乳香　番降香　沒藥　穿山甲　䗪蟲　赤芍藥　五靈脂　蒲黄　紅麴　麒麟竭　韭汁　童便　桃梟　甚者用大黄、花蕊石。瘀行則止，勿過劑。

如元氣虛，脾胃素弱者，勿輕用大黃。 如瘀血行後，宜〔補血益陰〕。 生地黃 川續斷 白膠 當歸身 麥門冬 牛膝 白芍藥 炙甘草 酸棗仁 大棗 龍眼肉 枸杞子 山茱萸

頭痛：挾風寒者，忌補斂。諸藥俱見前。 宜辛溫、發散。 羌活 防風 細辛 荊芥 薄荷 川芎 藁本 升麻 白芷 蔓荊子 生薑 葱白 挾邪熱者，忌同挾風寒。宜辛寒、苦寒、解散。石膏 薄荷 黄芩酒炒 芽茶 黑豆 烏梅 甘菊花 土茯苓 熱極目昏便燥者，加酒蒸大黃。 挾痰者，忌升、補斂、酸甘、滯膩。諸藥俱見前。 宜豁痰降氣、辛燥。 蘇子 橘紅 貝母 半夏 前胡 竹瀝 术 天麻 陰虛者，忌辛熱發散。 諸藥俱見前。 宜補血益陰、〔酸斂〕、甘寒、酸寒。 生地黃 甘菊花 當歸 天門冬 麥門冬 枸杞子 黃蘗 白芍藥 忍冬 五味子 烏梅 眉稜骨痛，忌、宜俱同陰虛頭痛。

齒痛：忌升、補斂、燥熱、辛溫。 諸藥俱見前。 宜清熱涼血、苦寒、辛寒、甘寒、鹹寒。 麥門冬 生地黃 赤芍藥 牡丹皮 竹葉 知母 黃連 黃芩 黃蘗 玄參 石膏 薄荷 蘇子 甘草 童便 上下齦痛屬胃與大腸火，宜石膏、熟大黃、麥門冬、黃芩、黃連、赤芍藥、生地黃、生甘草、青黛、細辛、西瓜皮灰、薄荷、枇杷葉、蘇子、木通。 真牙浮動及黑爛，屬腎虛有火，已見腎虛條內，忌、宜俱同。

胃脘痛：因火者，忌補斂、燥熱。 諸藥俱見前。 宜降、苦寒、甘寒、鹹寒、辛寒。 蘇子 橘紅 黃連 山梔 麥門冬 炙甘草 石膏 知母 玄參 童溺 因寒者，忌破氣、滯膩、苦寒。 諸藥俱見前。 宜辛溫發散。 橘皮 草豆蔻 益智子 丁香 桂 白术 藿香 白豆蔻 縮砂蜜 吳茱萸 厚朴 香附 乾薑 因宿食者，忌升、補斂、苦寒。 諸藥俱見前。 宜消導，兼降氣。 山查 橘皮 草菓 紅麴 枳實 术 檳榔 草豆蔻 青皮 厚朴 穀麥蘖 縮砂蜜 〔肉食積宜加礬紅末，痛止去之。〕 因脾胃虛弱以致食停者，消導藥中加人參。 因瘀血者，忌補氣、酸斂。 諸藥俱見前。 宜辛溫、苦溫以行血。 桃仁 延胡索 紅麴 紅花 山查肉 牡丹皮 韭菜 通草 番降香 鬱金 肉桂 三稜 童溺 琥珀 菴䕡子 牛膝 赤芍藥

因血虛者，按之則痛止。 忌破氣，復忌補氣、燥熱、辛溫。 諸藥俱見前。 宜潤、補斂、甘寒、甘溫。 麥門冬 炙甘草 酸棗仁 石斛 白芍藥 生地黃 當歸 因蟲者，忌補、升、發散、甘。 諸藥俱見前。 宜殺蟲、苦、酸。 錫灰 苦楝根 檳榔 鶴虱 雷丸 使君子 蕪荑 薏苡仁根 大黃 烏梅 因惱怒者，虛弱人忌破氣，壯實人忌補氣，總忌酸斂、升。 諸藥俱見前。 宜降氣、辛溫。 蘇子 枇杷葉 白豆蔻 番降香 縮砂蜜 木香 橘紅 延胡索 五靈脂 因痰飲者，忌、宜俱見痰飲證下。

腹痛：因於寒，忌苦寒、下利。 諸藥俱見前。 宜溫中、辛散。 白术 厚朴 乾薑 吳茱萸 桂 炙甘草 木香 縮砂蜜 橘皮 因於熱，火在少腹則絞痛。 忌辛熱、香燥、補斂。 諸藥俱見前。 宜甘、苦寒。 山梔仁 麥門冬 石斛 白芍藥 甘草 桔梗 黃芩 黃連 滑石 木通 戎鹽 諸痛不可按，屬實。 忌補氣、大熱。 諸藥俱見前。 宜破散、疏利、苦寒。 枳實 青皮 檳榔 三稜 滑石 蓬莪茂 木通 大黃有積滯宜用，無者勿用。 諸痛可按，屬虛。 忌破氣、破血、下利、發散。 諸藥俱見前。 宜補氣血、甘溫、酸斂。 人參 黃耆 二术 生地黃 當歸 炙甘草 白芍藥 薯蕷 酸棗仁 五味子 〔諸痛由於怒氣以致胸脇脹悶作痛，或努力所傷致腰痛，忌服二术、黃耆、天門冬、升麻、黃蘗、黃芩、黃連、山梔、柿。 腹脹滿由於熱者，宜白芍藥、蓮肉、黃芩、黃連、麥門冬、白扁豆、青黛、木通、車前子、滑石、百合、桑白皮、皂莢、忍冬、射干、大豆黃卷。 由於虛寒，宜人參、术、乾薑、草豆蔻、沉水香、木香、丁香。〕

痹：拘攣而痛也。因風寒濕三者合而成。風氣勝者為行痹，寒氣勝者為痛痹，濕氣勝者為著痹。 忌下、收斂、酸寒、苦寒、鹹寒。 諸藥俱見前。 宜辛散、行氣、燥濕、甘溫、淡滲。 漆葉 續斷 黃耆 甘草 甘菊花 萆薢 防己 白术 防風 羌活 獨活 秦艽 牛膝 木瓜 天麻 茯苓 澤瀉 菖蒲 車前子 桑寄生 狗脊 蔓荊實 杜仲 白鮮皮 石斛 細辛 松節 松葉 葈耳 原蠶沙 威靈仙 海風藤

痿：屬濕熱。《經》曰：治痿獨取陽明。 忌破氣、升、辛熱發散。 諸藥俱見前。 宜大補氣血、清熱除濕、甘寒、甘溫、苦寒、酸寒。 人參 黃耆 二术 炙甘草 生地黃 麥門冬 白芍藥 木瓜 石斛 薏苡仁 黃蘗 茯苓 澤瀉 車前子 木通 黃連 黃芩

交腸：其病大小便易位而出。或因大怒，或因醉飽，遂至臟氣乖亂，不循常道。法當宣吐以開提其氣，使闌門清利，得司泌別之職則愈矣。 忌破

氣、燥熱。諸藥俱見前。宜升清降濁，兼補氣、淡滲。升麻 柴胡 蘇子 降香 橘紅 人參 朮 茯苓 澤瀉 猪苓 木通 滑石 車前子

鬼疰、尸疰、飛尸、客忤：此係天地陰邪殺厲之氣乘虛中人，或遍身青黯，或忽消瘦聲啞，面色青黃不定，或忽驚厥，目直視，手握拳，或遍身骨節疼痛非常。忌破氣，復忌補氣、升、燥熱、酸斂。諸藥俱見前。宜〔靜攝、益陰〕，辟惡氣、安神鎮心、辛香發散、金石鎮墜。牛黃 丹砂 蘇合香 天竺黃 琥珀 沉水香 龍腦香 乳香 安息香 檀香 木香 麝香 真珠 雄黃 鬼臼 龍齒 犀角 金銀箔 虎骨 代赭石 天靈蓋 獺肝 生地黃 菖蒲 遠志

婦人門

赤白帶下：婦人多憂思鬱怒，損傷心脾，肝火時發，血走不歸經，所以多患赤白帶也。白帶多是脾虛。蓋肝氣鬱則脾受傷，脾傷則濕土之氣下陷，是脾精不守，不能輸為榮血，而下白滑之物矣。皆由風木鬱於地中使然耳。法當開提肝氣，補助脾元。宜以補中益氣湯，加酸棗仁、茯苓、山藥、黃檗、蒼朮、麥門冬之類，濃煎，不時飲之。再用六味地黃丸中加牡蠣粉、海螵蛸、杜仲、牛膝，蜜丸，光大如豆。空心飢時吞下五六錢。陰虛火熾加枸杞子、五味子、黃檗。白帶多屬氣虛，補氣健脾，治法之要領也。帶下如濃泔而臭穢特甚者，濕熱甚也，且多有濕痰下墜者，宜蒼朮、白朮、黃檗、黃芩、茯苓、車前子為主，佐以升提。帶下如雞子清者，脾腎虛極也。面色必不華，足脛必浮，腰腿必酸，宜五味子、八味丸。間用開脾養心之劑，如歸脾湯之類。陰虛有火，宜八味丸中加五味子、菟絲子、車前子、黃檗。叔和云：崩中日久為白帶，漏下多時骨水枯。蓋言崩久氣血虛脫，而白滑之物下不止耳。此證雖有氣血寒熱之分，要歸總屬於虛。赤淋多因於心火、肝火時熾不已，久而陰血漸虛，中氣漸損，遂下赤矣。治宜養心為主，兼以和肝緩中，涼血清氣。赤帶久不止則血虛，宜膠艾四物湯加便煅牡蠣粉、酸棗仁、麥門冬。標急而元氣不甚憊者，先救其標；標急而元氣衰劇者，則當本而標之可也。忌破氣、降、溫熱。諸藥俱見前。宜補斂、清熱、辛甘、苦寒，佐以淡滲。生地黃 人參 白芍藥 阿膠 山茱萸 黃檗 五味子 麥門冬 白膠 枸杞子 續斷 杜仲 牛膝 白茯苓 車前子 澤瀉 蛇床子 香附 補骨脂 牡蠣 艾 二朮

血枯經閉：由於脾胃薄弱，氣血不生。忌破氣、破血、燥熱、膩膈滑腸、升發、苦寒。諸藥俱見前。宜補脾胃，甘溫、甘平、〔甘寒、辛酸〕。人參 蓮肉 酸棗仁 白藊豆 甘草 茯苓 薯蕷 橘紅 白芍藥 縮砂蜜 菟絲子 牛膝 牡丹皮 白膠 阿膠 芡實 麥門冬

經行先期：為血熱。忌升、補氣、辛溫、燥熱。香附 當歸 烏藥 艾已上辛溫。餘忌藥俱見前。〔又忌行血諸藥，見經行後期下〕。宜涼血清熱，補肝腎，兼降氣，甘寒、酸寒、苦寒。生地黃 牡丹皮 白芍藥 天門冬 麥門冬 枸杞子 杜仲 青蒿 枇杷葉 蘇子 鼈甲 阿膠 黃檗 黃芩 知母

經行後期：為血虛。忌行血、破氣、燥熱、苦寒。諸藥俱見前。宜補肝腎，甘溫、酸溫。熟地黃 薯蕷 人參 菟絲子 山茱萸 杜仲 續斷 阿膠 艾 五味子 當歸 枸杞子 白膠 牛膝

月事過多：屬心火盛，脾氣弱。忌破氣、降、辛溫、苦寒。諸藥俱見前。宜涼血、斂攝，酸平、甘寒。麥冬 生地瀉泄禁用。 青蒿 生甘草 牡丹皮 白芍藥 酸棗仁 五味子

崩中：屬氣血兩虛有熱。忌破氣、行血、降、溫熱、辛燥、苦寒。諸藥俱見前。宜補氣血，兼清熱，甘溫、甘寒，酸斂。人參 黃耆 生地黃 熟地黃 地榆 芍藥 白膠 阿膠 香附 續斷 甘草 麥門冬 山茱萸 杜仲 五味子 白茅根 蒲黃炒 桑耳灰 側柏葉 艾葉 木耳灰

熱入血室：其證類傷寒，或經事適來忽住，或屆期不行，忽發大熱，口渴，或厥，但不頭疼為異於傷寒耳。忌補氣、溫燥、辛燥、收斂、下泄、大熱、升發。諸藥俱見前。宜行血清熱，甘寒、鹹寒、（苦）（辛）寒。生地黃 牡丹皮 蒲黃 蘇木 牛膝 延胡索 麥門冬 犀角 白芍藥 黃芩 童溺 荊芥穗 如便閉，加大黃。

種子：內分男、女，氣虛、血虛，精寒、血熱，火熾，精滑，因證選用。忌破氣、破血、燥，過用辛熱。諸藥俱見前。宜調氣補血，男子宜固精，〔大補氣血〕。桑螵蛸溫，平，治男子精滑。柏實甘，溫，治男子精滑精寒。海狗腎鹹，熱，治男子精寒。魚膠平，治男子精滑。陽起石熱，治男子精寒。覆盆子甘，溫，治男子精滑。車前子鹹，寒，治男女火熾。鹿茸溫，鹹，治男子精寒。蓮鬚甘，溫，治男子精滑。巴戟天溫，治男子精寒。何首烏苦，溫，益男子氣血。牛膝苦，平，治男子血虛陰痿。

補骨脂辛，溫，治男子精寒陰弱。　沙苑蒺藜甘，平，男子固精益(血)〔陰〕。　白膠溫，平，治男女氣血兩虛精寒。　肉蓯蓉溫，酸，鹹，治男女血虛精寒。　黃蘗苦，寒，治男女火熾。　人參微溫，治男女氣虛，脾胃薄弱。　麥門冬甘，寒，男女血熱。　五味子酸，溫，治男女精滑精寒。　山茱萸酸，溫，治男女精滑精寒。　天門冬苦，寒，治男女火熾。

蓮肉甘，平，治男女胃弱精滑。　熟地黃甘，寒，男女益血生精。　白薇溫平，女。　當歸辛，溫，女。　白芍藥酸，寒，女。　紫石英溫，女。　艾葉辛，溫，女。

妊娠惡阻：　忌破氣、升散、燥熱、苦寒、滑腸、膩膈。諸藥俱見前。　宜順氣、甘寒、酸寒。　蘇子　橘紅　枇杷葉　白茯苓　麥門冬　蘆根　竹葉　木瓜　白芍藥　竹葉　人參　縮砂蜜　白梅　烏梅

安胎：　忌破氣、破血、升散、辛熱、辛燥。諸藥俱見前。　八月以後及胎前滯下者，方可用枳殼，氣虛者不用。　三月以前宜養脾胃，四月以後宜壯腰腎，補血益陰，順氣，總宜清熱。　茯苓　麥門冬　薯蕷　人參　芍藥　白朮　橘紅　炙甘草　縮砂蜜　艾葉　杜仲　生地黃　益母草　白膠　阿膠　續斷　黃芩　枸杞子　青蒿子　桑寄生　鯉魚　烏雌雞　葱白

胎漏：　屬氣血虛有熱。　忌、宜俱同安胎條。

難產：　忌破氣、破血、收斂。諸藥俱見前。　宜補氣血、滑利、潤。　人參　柞樹枝　魚膠　冬葵子　千里馬　白芷梢　牛膝　桂心　當歸　芎藭　益母草　百草霜　石燕　弓弩　麻油　猪脂　酒　生雞子　兔頭　滑石　麝香

預防血暈：　腹痛坐草時，即用蘇木菊花心者一兩，生地黃一兩，降香末二錢，水三盌，煎一盌，加童便半盌，兒墮地即飲之，永無惡血衝心之患。房中常打醋、炭，萬一血暈亦須此藥。更以家寶丹一丸，灌下神效。　凡婦人氣弱者，無氣力送子出產門，須服人參。此藥能兼治橫生、側產，世醫不知也。　凡臨產交骨不開，惟濃煮柞木枝湯飲之則自開。柞木俗名一葉一刺，其木枝榦直上，每一葉下必發一刺。　胞衣不下，用乳香、沒藥末各七分五釐，麝香一分，芒硝一錢五分，研細。以酒調服，立下。　飲熱童便以滋藥力，更妙。

產後諸病：　忌破氣、升、汗、吐、下、燥、苦寒、大熱。諸藥俱見前。　宜行血，次宜補血清熱，總宜補養肝脾腎、辛溫、甘寒、酸寒。　蘇木　黑豆　鹿角末　紅花　乳香　沒藥　牛膝　炮薑　當歸脾胃弱者勿用。　桃仁胃弱者禁用，亦不可過用，〔多用，二劑可也〕。　桂天寒無火之人可用。　益母草　澤蘭　乾地黃　續斷　白膠　杜仲　山茱萸　人參　青蒿　麥門冬　白芍藥　五味子

產後少腹痛，按之痛甚有結塊，名兒枕痛。　忌酸斂、補氣、破氣、升、下、汗、燥。諸藥俱見前。　宜行血活血散結，兼健脾。　延胡索　紅藍花　牡丹皮　蘇方木　山查肉　益母草　蓬莪茂　蒲黃　白膠　當歸　黑豆　生地黃　澤蘭　牛膝　五靈脂　縮砂蜜　橘紅　童便　桃仁　乾薑　痛極加乳香、沒藥各六七分。天寒加桂，暑月勿用，肺熱有火勿用。〔陰虛內熱亦勿用。餘仿此。附子例同〕。

產後少腹痛，按之即止者，屬血虛。　忌行血、破氣、汗、吐、下、燥、苦寒、大熱。諸藥俱見前。　宜補血、補脾、和肝。　乾地黃　白芍藥　當歸　續斷　白膠　阿膠　牛膝　人參　酸棗仁　麥門冬　炙甘草　大棗　薯蕷　橘皮

產後泄瀉：　忌消導、滑腸、膩膈、發散、生冷、破氣、苦寒。諸藥俱見前。　宜溫中補氣、健脾開胃。　人參　甘草　薯蕷　蓮肉　藊豆　茯苓　白芍藥　橘皮　車前子　肉豆蔻內熱津液不足者少用。　藿香　五味子　補骨脂內熱火熾者勿用。　縮砂蜜

產後發熱或自汗盜汗：　忌苦寒、發散、升提、破氣、破血、下、辛燥、大熱、寒滑傷脾。諸藥俱見前。　宜補血、涼血、補肝、補心、生津液，兼斂攝實表。　乾地黃　炙甘草　白芍藥　五味子　麥門冬　酸棗仁　牡丹皮　童便　青蒿　鼈甲　澤蘭　黑豆　黃耆　人參肺熱者禁用。

產後頭痛：　由於血虛。　忌發散、破血、升提、辛燥、大熱。諸藥俱見前。　宜益血、涼血、降、甘溫、甘寒，佐以酸寒。　生地黃　甘菊花　烏梅　麥門冬　蘇子　童便　甘草　當歸　白芍藥　黑豆　五味子　鼈甲

產後發渴：　由於血虛有熱。　忌同產後發熱。　宜同產後發熱，加蔗漿，倍麥門冬、五味子。

產後氣喘：　由於氣血兩虛。　忌同產後發熱，〔更忌香燥〕。　宜補氣血、潤肺、下降。　人參　橘紅　生地黃　天門冬　麥門冬　蘇子　枇杷葉　栝樓仁　栝樓根　童便　五味子　竹茹

產後惡寒：由於氣血兩虛。忌同產後發熱。宜補氣血、溫中、甘溫，佐以辛溫。人參 黃耆 炙甘草 乾地黃 龍眼肉 當歸 炮乾薑

產後小便不利或短赤：由於腎水真陰不足。忌利小便，餘忌同產後發熱。諸藥俱見前。宜生津液、益陰、補血、涼血、清熱、甘溫、甘寒、酸寒。天門冬 麥門冬 生地黃 枸杞子 山茱萸 白芍藥 車前子 牛膝 五味子 青蒿子 鼈甲 竹葉

產後大便閉結：由於血枯內熱。忌補氣、行血、辛熱、燥、下、升、苦寒。諸藥俱見前。宜益血、涼血、潤燥、滋肝腎、生津液。生地黃 熟地黃 天門冬 麥門冬 五味子 蔗漿 牡丹皮 肉蓯蓉 當歸 麻仁 人乳 蜜

產後不得眠：忌同產後大便閉結。宜補心、降心火、補肝、補脾陰，兼清內熱。生地黃 麥門冬 茯神 丹參 沙參 酸棗仁 白芍藥 竹葉 遠志 蓮肉 龍眼肉

產後腹脹：由於陰血虛，脾陰虛。忌破氣寬中、升提發散、消導、吐、下、甘、苦寒、鹹寒、大熱、溫燥、滯膩。諸藥俱見前。宜益脾陰、補脾、和肝、酸寒、收斂、甘溫。白芍藥 酸棗仁 人參 茯苓 石斛 橘皮 薯蕷 五味子 木瓜 蓮實 車前子 芡實

產後惡心欲嘔或吐：由於胃虛。忌升提發散、濕潤、滯膩、苦寒、生冷、燥熱。諸藥俱見前。宜降氣、補氣、安胃、酸寒，佐以辛溫。蘇子 枇杷葉 竹葉 人參 橘紅 麥門冬 白芍藥 藿香 石斛 木瓜 白豆蔻 生薑 由於寒，倍生薑，白豆蔻、藿香。由於熱，倍竹茹，去生薑、白豆蔻、藿香。

下乳汁：漏蘆 狗四足 猪四足 麥門冬 人參 栝樓仁 王瓜根 葵子 猪胰 木通

小兒門·痘瘡

血熱證：忌溫補、燥熱。天靈蓋 雞冠血 桑蠹 鯪鯉甲 人齒 官桂 附子 丁香 木香 冰片已上燥熱 餘忌藥俱見前。宜涼血、活血、解毒、甘寒、苦寒。犀角 生地黃 人中黃 紫草 黃連 麥門冬 牡丹皮 白芍藥 童溺 連翹 金銀花 玄參 貝母 蟬蛻 鼠黏子

虛寒證：忌汗、吐、下、苦寒、酸寒。諸藥俱見前。宜辛甘發散、補氣、溫，痘密者佐以解毒。人參 紅鉛 黃耆 甘草 桂枝 丁香 當歸胃弱大便不閉者禁用。 蓮肉 糯米 大棗 龍眼肉 乾葛 木香 忍冬藤

痧瘮：此證多有嘔吐者，勿治嘔吐，但治痧毒，則嘔自止，況嘔中便有發散之義。忌破氣、溫補、酸斂、燥熱、辛溫、滯膩。諸藥俱見前。宜清熱透肌、辛寒、甘寒、苦寒。石膏 鼠黏子 赤檉木即西河柳 知母 甘草 玄參 麥門冬 連翹 薄荷 竹葉 黃連 黃芩 葛根 黃檗 蟬蛻 栝樓根 青黛 蔗漿 貝母 如冬月，佐之以辛散，荊芥、麻黃。去節沫，蜜酒炒，只可用一劑。

痧瘮者，手太陰肺、足陽明胃二經之火熱發而為病者也。小兒居多，大人亦時有之。殆時氣瘟疫之類歟？其證類多欬嗽，多嚏，眼中如淚，多泄瀉，多痰，多熱，多渴，多煩悶，甚則躁亂，咽痛，唇焦神昏，是其候也。治法當以清涼發散為主。藥用辛寒、甘寒、苦寒以升發之。惟忌酸斂，最宜辛散。誤施溫補，禍不旋踵。辛散如荊芥、西河柳、乾葛、石膏、鼠黏子、麻黃；清涼如玄參、竹葉、栝樓根、青黛、薄荷；甘寒如麥門冬、生甘草、蔗漿；苦寒如黃芩、黃連、黃檗、貝母、連翹。隨證輕重，製劑大小，中病則已，毋太過焉。

痧瘮乃肺胃邪熱所致，初發時必欬嗽，宜清熱透毒，不得止嗽。瘮後欬嗽，但用貝母、苦梗、甘草、薄荷、栝樓根、玄參、麥門冬，以清餘熱，消痰壅，則自愈，慎勿用五味子等收斂之劑。多喘，喘者邪熱壅於肺故也，慎勿用定喘藥，惟應大劑竹葉石膏湯加西河柳兩許，玄參、薄荷各二錢。如冬天寒甚，痧毒鬱於內，不得透出者，加蜜酒炒麻黃一劑，立止。凡熱勢盛者，即用白虎湯加西河柳，忌用升麻，服之必喘。多泄瀉，慎勿止瀉，惟用黃連、乾葛、升麻、甘草，則瀉自止。瘮家不忌瀉，瀉則陽明之邪熱得解，是亦表裏分消之義也。

瘮後泄瀉及便膿血，皆由熱邪內陷故也，大忌止澀，惟宜升散，仍用升麻、甘草、乾葛、黃連、白芍藥、白藊豆。便膿血則加滑石末，必自愈。

瘮後牙疳最危，外用牡黃牛糞尖，煅存性，研極細，加片腦一分，研勻吹之；內用連翹、乾葛、荊芥穗、升麻、玄參、黃連、甘草、生地黃，水煎，加生犀角汁二三十匙調服。緩則不可救藥。

痧後元氣不復，脾胃薄弱者，宜用白芍藥、炙甘草為君，蓮肉、山藥、白藊豆、麥門冬、青黛、龍眼肉為臣。多服必漸強，慎勿輕用參、朮。

痧後生瘡不已，餘熱未盡故也。宜用金銀花、荊芥穗、連翹、玄參、甘草、

懷生地、鼈虱胡麻、黄連、木通，濃煎飲之良。瘄不宜依證施治，惟當治本。本者，手太陰、足陽明二經之邪熱也。解其邪熱，則諸證自退矣。

嘔吐：因傷乳食者，忌升、苦寒。諸藥俱見前。宜溫中、消導。橘皮 縮砂蜜 枳實 厚朴 穀麥蘖 草果 山查 紅麴 半夏 人參 因寒者，忌破氣、升、苦寒。諸藥俱見前者。宜辛熱、溫中。藿香 橘皮 丁香 人參 白朮 生薑 半夏 白豆蔻 因暑者，忌升、破氣、溫熱。諸藥俱見前。宜清暑、補氣、安胃，兼利小便。黄連 香薷 人參 木瓜 茯苓 竹茹 石斛 橘皮 甘草 白藊豆 麥門冬 白梅 滑石 木通 澤瀉 有蟲者，忌升、甘。諸藥俱見前。宜酸斂，佐以苦寒。白芍藥 五味子 木瓜 黄連 楝根 烏梅 檳榔 榧子肉 木香 使君子 總之，數嘔吐宜安胃，久則宜補氣。

泄瀉：總忌破氣、下、滑利、滯膩。諸藥俱見前。 因食者，宜和胃消食。橘皮 草果 紅麴 穀麥蘖 白豆蔻 白朮 山查 白茯苓 肉豆蔻 縮砂蜜 因濕者，宜燥脾、利水。二朮 橘皮 木瓜 茯苓 澤瀉 車前子 石斛 黄連 薯蕷 猪苓 升麻 葛根 因暑者，宜前藥中加人參、蓮肉、白藊豆。總之當補脾胃，兼升，兼利小便。

急驚：忌補斂、升、燥熱。諸藥俱見前。 宜降、清熱、鎮墜、豁痰、和肝。丹砂 琥珀 牛黄 天竺黄 貝母 竹瀝 鈎藤鈎 殭蠶 茯神 犀角 金箔 膽星 真珠 全蝎 龍腦 麝香 白檀香

慢驚：多因久吐瀉、大病後陰陽兩虚而成。 忌破氣、下、升、苦寒及治急驚藥。諸藥俱見前。 宜補脾健胃、和肝益氣、甘溫、酸平，佐以辛熱。人參 黄耆 茯苓 白芍藥 甘草 龍眼肉 酸棗仁 石菖蒲 遠志 麥門冬 茯神 冬瓜仁 橘紅

疳積：忌破氣、酸斂、燥熱。諸藥俱見前。 宜除疳熱，兼消導、苦寒、甘寒，佐以辛寒、辛溫。胡黄連 川黄連 肉豆蔻 穀麥蘖 神麴 山查 木香 橘皮 白蕪荑 使君子 蘆薈 白朮 白芙蓉花 五穀蟲 雷丸 青黛 厚朴

諸蟲：忌升、甘。諸藥俱見前。 宜殺蟲、酸寒、苦寒，佐以辛寒。檳榔 雷丸 使君子 苦楝根 錫灰 鶴虱 盧薈 芍藥 烏梅 黄連 黄芩 牽牛

胎毒：忌補斂、燥熱、辛溫。諸藥俱見前。 宜涼血清熱、解毒，兼發散於外。勿從外治，以致熱毒内攻。生地黄 玄參 牡丹皮 黄檗 黄連 忍冬藤 甘草 連翹 麥門冬 貝母 犀角 荊芥 鼠黏子 牛黄

外科

癘風：忌破氣、酸斂、燥熱、下。諸藥俱見前。 宜涼血、殺蟲、祛風、苦寒，佐以辛寒、辛平。豨薟 天門冬 甘菊花 生地黄 青黛 漆葉 苦參 何首烏 鼈虱胡麻仁 白芷 荊芥 天麻 續斷 羌獨活 半枝蓮 白花蛇 烏梢蛇 皂角刺

癰疽先後發渴：忌升、破氣、辛溫、燥熱、吐、下。諸藥俱見前。 宜活血、涼血、解毒散結。生地黄 連翹 忍冬藤 白芷 白及 白斂 茜草 夏枯草 紫花地丁 甘菊花 地榆 貝母 鼠黏子 黄檗 栝樓根 乳香 没藥 芍藥 生菉豆 半枝蓮 白藥子 紅藥子 黄蠟 明礬 已潰者加人參、黄耆、麥門冬、五味子。〔已潰主補斂，忌升、下、苦、寒、燥。諸藥如左：二朮、黄連、黄芩、山梔、枳殼、枳實、青皮、厚朴、檳榔。宜人參、黄耆、貝母、五味子、連翹、麥門冬、熟地黄、生地黄、白蠟、當歸、炙甘草、白芍藥、豬肉、豬肚、餛飩、黄蠟、枯礬。〕

腫瘍：忌，宜俱同癰疽。先後發渴，更忌當歸。

癰疽毒氣攻心，發譫語。宜以生菉豆粉、丹砂、乳香，為丸服之。

潰瘍：忌閉氣、苦寒、破氣，又忌燥。諸藥俱見前。 宜補氣血、甘、酸溫，佐以解毒。人參 紅鉛 胎骨 黄耆 當歸 地黄 芍藥 甘草 白及 白斂 忍冬藤 甘菊花 貝母 薯蕷 大棗 五味子 麥門冬

散毒外傅：雄黄 雌黄 粉錫 礬石 龍腦香 松脂 地榆 水銀粉 鐵鏽 白及 白斂 漏蘆 櫱木 青葙子 楝實 蕳茹 石灰 鐵漿 苦參 菖蒲 槲皮 葵根 柳華 五加皮 梓葉 苎根 紫草 馬鞭草 艾灸

止痛排膿外傅：白及 白斂 大黄 乳香 没藥 丹砂 紅藥子 龍腦 金華 白藥子 麥飯石 米醋 蜜

去瘀肉外傅：巴豆膏 輕粉 粉霜 烏梅肉灰

蝕膿外傅：蛀竹屑 蕳茹 雄黄 白芷 大黄 巴豆 地榆 枯礬

長肉收口外傅：仙人杖燒油 人參 金華 白蠟 黄蠟 血竭 蛀竹

屑　枯礬末　黃芩末　珠末　象牙末　鉛丹　紅粉霜　胡粉　芝麻油　猪蹄湯

疔瘡：　忌補斂、溫熱。諸藥俱見前。　宜涼血活血、解毒、祛風、汗、下。　生甘草　辟虺雷　茜草　生地草　貝母　紫花地丁　白藥子　大黃　金銀花　蒼耳草　連翹　夏枯草　鼠黏子　礬石已上內　半枝蓮　牛黃　蟾酥　紅藥子　白及　白斂已上內外　龍腦　鐵鏽　桑礵　銅青　雄黃已上外

瘰癧馬刀瘡附：　同屬少陽膽經，治法亦同。　忌補氣、辛熱、酸斂。諸藥俱見前。　宜清熱散結、和肝涼膽、苦寒、甘寒、鹹寒，佐以辛寒。　連翹　玄參　忍冬藤　紫背天葵　乳香　麝香　夏枯草　鼠黏子　貝母　天名精　沒藥　薄荷　肥皂莢　皂角子　何首烏　柴胡　黃芩　甘草　昆布　牡蠣　鼈甲　栝樓根　惡實　漏蘆　守宮煅　猫頭　天荷葉　映山紅　海藻　海蛤　蘇合油　雄黃　礬石　斑猫　蟾酥　鼈虱胡麻　回燕窩泥

癭瘤：　忌、宜俱同瘰癧，兼宜薜荔、半夏、文蛤、南星、通草、生薑。

痔：有內外二證。忌破氣、降、燥熱、辛溫。諸藥俱見前。　宜涼血、活血，除大腸熱，兼升。　去血過多者宜補血、甘寒、苦寒、酸寒，佐以辛寒。　生地黃　五倍子　黃連　黃芩　白芍藥　地榆　蝟皮　大小薊　黃檗　側柏葉　槐實　皂莢灰　熊膽　升麻　鼈甲　紅藍花　龍腦香　茜草　黃耆　赤石脂　猪懸蹄　蛇蛻　榧實　白礬　金銀花　青黛　象牙末　蛀竹屑　牛角䚡　白蠟

通腸漏：　忌破氣、下、發散、溫燥、辛熱。諸藥俱見前。　宜涼血、清利濕熱、解毒、消漏管、補氣血、長肉。　槐實　黃連　黃芩　青黛　地榆　白及　忍冬藤　半枝蓮　生地黃已上涼血、解毒。　猪懸蹄　刺蝟皮　黃牛角䚡　蛀竹屑　明礬　金頭蜈蚣已上消漏管。　黃耆　熟地黃　當歸　人參　白芍藥　五味子　牛膝　山藥　枯礬　黃蠟　白蠟　麻皮灰　鉛華　月經布　沒食子已上補氣血、長肉。　天名精　地骨皮俱要鮮者。　皮硝　文蛤已上煎濃湯熏洗。

乳巖、乳癰、內外吹：　忌補氣、升、溫補、辛熱、燥、酸斂。諸藥俱見前。　宜散結氣、和肝、涼血活血、清熱解毒。　貝母　橘葉　連翹　栝樓根　山慈菇　山豆根　蒲公英　紫花地丁　黃連　甘草　柴胡　白芷　青皮　橘皮　牡鼠糞　王不留行　乳香　沒藥　漏蘆　夏枯草　忍冬藤　栝樓仁　頭垢　人爪　鯪鯉甲　半枝蓮　茜根

陰蝕：即下部䘌瘡。忌同乳巖。　宜涼血活血、除熱散毒、苦寒、辛寒。　青黛　茜草　苦參　鮮地骨皮　黃檗　小薊　艾葉　馬鞭草　木瓜　牛膝　木通　全蝎　蛇床子外　橄欖核外　蛀竹屑外　猪脊髓外　青葙子外　膩粉外　官粉外　杏仁外　珠末外　皂角末外　鉛丹外　象牙末外　龍腦香外　白殭蠶外　粉霜外　煙膏外　天靈蓋外　滴乳石外　白蠟外

金瘡：　忌破氣、閉氣、升散、酸斂、苦寒、冷利、燥、酸寒。〔凡瘀血同〕。諸藥俱見前。　宜止血、和血、涼血、甘溫、甘寒，佐以辛溫。　地黃　䗪蟲　當歸　續斷　牛膝　甘草　麥門冬　地榆　半夏　茜草　白膠　杜仲　芎藭　乳香　沒藥　艾葉　水楊花　釣樟根　黃荊子炒黑　王不留行　古錢　自然銅　狗頭骨　黃麻皮灰　蘆竹籜　韭　大小薊內外　劉寄奴內外　花蕊石內外　麒麟竭內外　古石灰外　白蠟外　降香外　海螵硝外　桑柴灰外　人骨灰外　紫檀末外　三七外

破傷風：　忌同金瘡。　宜同金瘡，佐以祛風藥，如白芷、荊芥、防風、柴胡之屬。

跌撲損傷：　忌同金瘡。　宜同金瘡。有瘀血停滯者，宜加行血藥，如桃仁、紅花、蘇木、自然銅、䗪蟲、千年灰、古文錢之屬。

踒折挫閃：　忌、宜俱同金瘡、跌撲。

火灼：　忌燥熱及寒物塗罨。　井泥　冰　涼水　芭蕉根　醋已上寒物塗罨。　餘忌藥俱見前。　宜拔散火毒、辛散、潤、甘寒、辛寒、苦寒。　柴胡　葛根　甘草　升麻　黃連　麥門冬　連翹　栝樓根　石膏　黃檗　雞子油　柏白皮　生胡麻　食鹽　豆醬　黃芩　地榆　山梔　外用好酒滿浸傷處，溫即易之。如遍體被傷，用酒滿浸，時時易之即不死。一方用蜜水潤之。一方石灰水和生芝麻油敷，治已爛臭甚者，神驗。一方用黏米炒黑，為末，將菜汁調敷，神效。

漆瘡：　宜蟹、茱萸皮、雞子白、杉材、石蟹、漆姑草、韭菜炒熱罨上、井中苔萍。

明·翟良《治痘十全》卷一　首尾忌麝腦　痘順無症忌麝腦，蓋痘以顆粒完固、磊落齊整者為佳，最忌破爛而流漿。氣血壯盛元氣充，則痘方易以

成功。麝腦能開氣活血，用之透竅亦甚捷，大損元氣傷氣血。開放太過，令頂破漿流而不能完固，惟氣血凝滯之極，痘色黑紫，痘形硬，按之如石，周圍活，方用麝腦等之藥開氣透竅急救之。然不可認症不真，或投而嘗試之。

明·翟良《治痘十全》卷三　用藥發痘以氣血為主　發痘之藥，用各不同。穿山甲、人牙、蟾酥、（蟾）〔蟬〕退，以毒攻毒也。紫草、紅花、牛蒡、犀角、木通、連翹、銀花，解毒清毒也。川芎、白芷、荊芥、升麻、蔓荊，升提氣血也。麻黃、桂枝、柴胡、乾葛、防風、紫蘇、葱白，解散寒邪也。丁香、木香、陳皮、厚朴、山查、大黃，行氣行滯以通壅塞也。附子、肉桂、乾薑、肉豆蔻，益火回陽，健脾止瀉也。凡此孰非托裏起痘之法。然但可以此為佐，而必以氣血為主，則在乎四君、四物、十全大補之類，庶乎隨手而應。

用藥小兒與大人異　小兒肌疎骨嫩，腸胃鬆薄，風寒易受亦易出，病勢易盛亦易衰。服藥不得過劑，分兩不得太重，藥味不得過猛，恐病勢已退，而藥力方張，轉生他病也。今杭醫治痘，用藥極多，分兩極重，小兒豈能當此？是以服涼藥多，則痘灰白而泄瀉；服毒藥多，則痘後癰毒叢生。但言小兒毒重，不知用藥之非，亦已過矣。況痘中敗其氣血，痘後百病交集，或終身瘦弱，或少年殤夭，其禍豈不大哉？

用藥當變通　關東人參，今已貴極，中等人家，便難取辦。自唐宋以來，方書所用，皆係上黨人參，多用煎膏，皆能補益。熟地、人參、黃芪，古人云多則宣通，少則壅滯，如審症的確當用，分兩宜較他藥為重。杭醫治痘，用黃芪固知其當重矣，獨熟地則恐其泥隔，恐其生痰，而不敢用。夫地黃生於中州色黃，大補中土，生者寒涼，故恐凝滯；熟者甘溫，煎汁服之，譬如生米熬成粥湯，何至泥隔？況今人水虛者多，小兒真陰尤不足，是以木枯而多肝病，如服熟地，正投所好。大凡用藥，分兩輕則上升，重則下降。地黃沉降之品，若輕其分兩，則不下降而上升，宜乎其泥隔耳。《本草》云：地黃能除痰。丹溪曰：陰火上升，津液生痰不生血，宜補血以制相火，其痰自除。蓋熟地為補血之上劑，凡痘瘡氣升而血不附者，重用歸地，乃可求生。杭醫用小生地，用新鮮生地一兩二兩，不以為疑，而獨不敢重用熟地，所謂敢於殺人，而不敢於養人也。杭醫治痘用藥，有一定格式，如云七日黃芪八日參，斷斷不肯假借，且千手雷同，或明知其非，而不敢違眾。倘遇症之極虛，而須早用補劑者，必待七日用芪，八日用參，則何及？此種印板治法，僅可施之順症，若症候略有變遷，則用藥即須活動，不可拘泥一二三四五六七八九十之成數也。

明·翟良《痘科類編釋意》卷一　評諸家明用藥寒熱要各得其宜九　治痘之家多矣。劉河間悉用寒涼，偏害非小。至於錢仲陽立方亦以解毒為主，而多用寒涼，少用溫補。張潔古、王海藏咸宗之，此其意俱本於《內經》諸痛瘡瘍皆屬心火之一言，故以寒涼瀉火也，專用黃連解毒湯、白虎湯等寒涼之劑。厥後陳文中立方力矯其偏，專用溫補。凡痘瘡未出之間，諸症悉用十一味木香散；已出之間，悉用十二味異功散，其意歸重於太陰一經。蓋以手太陰肺主皮毛，足太陰脾主肌肉，肺經惡寒，脾經惡濕，故用丁香、官桂以治肺之寒，用木香、香附、半夏以治脾之濕。二方用之，得其當其效固大。然不分虛實寒熱而一概用之，則不宜於實熱，其偏害又可知也。朱丹溪辨之是矣，至丹溪立論矯陳氏之偏，而取錢氏之長，主於解毒、和中、安表，似為妥當。舉世宗之數百年來，無敢議其失者。不知丹溪治他病極多妙論，獨於治痘則亦有未盡其妙者，倘亦千慮之失乎？蓋其矯偏於陳氏，而不敢輕用木香、香附等熱劑，似乎因噎而廢食；其取長於錢氏，而必用芩、連、牛蒡、連翹之類，以監制參、芪、歸、术等補劑，似乎任將而中制也。其失亦起於泥《內經》諸痛瘡瘍皆屬心火之言，而未思其理也。不知痘瘡雖屬心火，却與諸瘡不同。諸瘡之毒，其初發而未成形，可用藥解散內消而愈；及已成形而未成膿，又可用藥逐散，不成膿而愈。痘瘡發自五臟，必藉氣血送出於皮膚，運化之而成膿，收靨之而成痂，而後收成全之功也。可內消而愈乎？可不成膿而愈乎？故諸瘡以解毒為主，能解毒於早則輕，不能解毒於早則重。痘瘡以氣血為主，氣血能送毒以灌漿結痂則生，氣血不能送毒以灌漿結痂則死。解毒之藥多損血氣，不顧血氣之虛損而急於解毒，是猶不慮我兵之羸弱而急於殺敵也。況毒有不必解者，又有不可解者。若小兒秉氣強壯，胃氣好，飲食如常，其血氣自旺，自能送毒出外以灌漿結痂，而成功其痘，自始至終多順症，此不必解毒者也。若其秉賦素弱，脾胃又虛，出痘時飲食又少，或瀉，或腹脹，或手足冷，或氣短促，或失音，或出不快，或根窠不紅活，或色白而頂陷，或當灌膿而不灌膿，或當結痂而不結痂，此皆由氣血不能送毒，此又不可解毒者也。當速用溫補以扶胃氣，而助血氣，若用參、芪、歸、术等而力不足，即加丁香、木香、桂、附等佐之，亦不為過，何必參入芩、連、牛蒡、連翹等涼品，以監制溫補之力，而損血氣乎？ 問又教人用犀角地黄湯以解痘毒，人習用之，以為奇妙，而不知其害也。蓋心者，血之主。心之所以能主血者，以其屬火也。痘瘡屬心火，正藉心以運用一身之血而成功，豈心火可瀉而去之乎？ 蓋人身之血，溫則流行，寒則凝滯，犀角地黄湯涼心經而瀉心火，心經既涼，心火既瀉，則一身之血俱凝滯不行，何以運化痘毒，而成膿結痂乎？則內攻之患作而竟以告斃者，瀉心火之藥寔殺之，而人竟不知也，醫亦竟不悟也。可慨也！ 故痘已出之後，未痂之前，凡一切涼心之藥，如犀角、地黄之類，宜一概禁絕不用，直待結痂後用之解餘毒可也。或曰若然，則未收結之前，毒俱不可解乎？曰奚為皆不可解。若其血氣與毒氣俱盛者，脉必洪數，痘或初出即帶紫色，或既出而稠密紅紫，內症則煩悶躁渴，小便赤色不利，大便秘結，此則屬實熱，宜速用清涼之劑以解毒，如大便久秘，量入酒炒大黄，微利之可也。或有鼻口出血者，即犀角、生地之類用之亦可也。若其毒雖盛，而血氣不旺者以解毒為主，而兼之以活血補氣，則參、术、歸、芍之類，亦不可離也。

補遺：用藥寒熱，斷不可偏執。如出痘小兒形體虚弱，六脉微細，痘色灰白，或曾經大病損傷元氣，或大病初愈，或時在吐瀉交作，或又值天氣嚴寒，此從虚治，輒用溫補之劑，以助氣血宜矣。是使氣血俱旺，能送毒外出，運化成膿，收靨結痂而成功也。若不問兒之虚怯，概用芩、連、梔、蘗之屬，以致脾胃損傷，不食癱塌，為害多矣。如小兒形體壯健，六脉洪數，大小便秘，痘色紅紫，或又值天氣暄熱，此從實治，輒用清涼之劑以解其毒，亦宜矣。是使邪熱解退，氣血不受煎熬，亦得送毒出外，運化成膿，收靨結痂而成功也。若不問兒之壯盛，概用丁、桂、薑、附之類，以致皮膚潰爛，咽瘡目矇，害立至矣。誰謂用藥寒熱可執一偏之見，而貽禍無窮哉？【略】

首尾忌腦麝論二十一 忌腦、麝之說，為痘之順而無症者言也。蓋痘以顆粒完固，磊落齊整為佳，最忌破爛漿流，且氣血壯盛，元氣充實，方易成功。腦、麝能開氣活血，透竅甚捷，用之不當，大損氣血，傷元氣； 開放太過，令頂破漿流而不完固者有之。唯氣血凝滯之極，痘色黑紫，痘形堅硬，按之如石，週圍之血肉尚活者，即用腦、麝等藥，開氣透竅以急救之。若不急用腦、麝，則偏身血死而斃，不可執定首尾忌之之說而不用也。然亦不可認症不真，輕投而嘗試之。【略】

參术散、豆蔻丸說三十二 此等丸散治痘之家必須預製，以防虚滑泄瀉。若痘起脹，或收靨時驟然泄瀉不止，危在旦夕矣。然止瀉用湯藥多不效，有服至異功散而不止者，惟此丸散可以止之。唯毒熱作瀉者，加味四苓散一二服可止。起脹灌漿時，或有六七日不大便而煩悶作痛者，毒盛而閉也，用清毒活血湯去參、芪，加懷牛膝二錢，紫草、當歸各加至二錢，煎藥熟，去渣，入蜜半酒盃服之； 如又不通，用前藥加酒炒大黄三錢微利之； 若仍不通，用猪膽汁滴入穀道中，即通； 終不可用硝、黄大下，恐下後變他症則危矣。

明・陳文治《瘍科選粹》卷一 圍藥各有所宜 瘡疽有陰陽之分，近世瘍科之寡昧者，止憑所製圍藥一二種，或僅一種，概以用之。若藥品屬熱而敷於陽毒，藥品屬寒而敷於陰毒，豈非所謂如水益深，如火益熱歟？丹溪曰：敷貼之藥，應酬輕小熱證耳。若不辨其陰陽之所由分，妄敷寒涼之劑，迷塞腠理，凝滯氣血，毒氣內攻，歸之肝心，反至危殆矣。況氣脉得寒而不行，瘀血得寒而不散，瘀肉得寒而不潰，新肉得寒而不生，為患不可勝言也。

丹溪又云：外施敷貼，正與發表之意同。大凡氣得熱則散，冷則歛。向見鄭經歷絲竹空穴湧出一角，長短如鷄距，稍堅。他醫以大黄、朴硝、腦子冷藥罨之，一夕豁開如醬蚶，徑三寸，後血自蚶中濺出高數尺而死。此冷藥外逼，熱鬱不得發故也。且瘡疽之發，本乎臟腑不和，自內達外者也。乃不思抽薪止沸，而卻舍本從末，雖陰陽寒熱適宜，僅可歛其根脚而已。要之證屬純陽，外熱內疼者，用涼藥敷貼宜抑陽散，則熱毒自和，瘀滯自消。證屬半陰半陽者，宜用陰陽散，則氣血自和，瘀滯自消。證屬純陰，外冷內疼者，用熱藥敷貼宜抑陰散，則脾胃自壯，陽氣自回。若其勢成氣猛，必不可當頭敷遏，如鄭經歷之禍，兵法所謂避其鋭氣者是也。如陰氣外逼皮膚，宜用熱物熨之，雖大熱而不覺者，必須更翻熨透，亦能消散。其他如麥飯石膏宣毒散、鐵箍散等類，各有所宜，併録於集，俟用者擇焉。

明・陳文治《瘍科選粹》卷二 癰疽用藥論 瘡之始發也，既灼艾矣，或用騎竹馬法矣。勢之微者，亦可自消； 勢之重者，不免腫發。苟不因其陰陽虚實，酌量用藥，惟執古方之已效者，概施於人，不能無實實虚虚之禍，變證之所由生，危殆因而立至，可不慎諸？ 大率主治之法，若腫高焮痛者，宜先服仙方活命飲，後用托裏消毒散。漫腫微腫者，用托裏散。如不應，則加薑、桂，他如黄礬丸、阿膠飲子、牛膠飲子之類，俱有消毒之功，有益無損之劑也。相兼用之，自無不可。

若夫隨證加減之法，薛立齋以托裏消毒散立論，所敘甚明。雖有巧者，豈能越其軌範哉？茲於本方之後，條述其法，醫者因是而察所患之陰陽虛實，復能以己意增損一二，斯為上工矣。

托裏消毒散：治胃氣虛弱，或因尅伐，不能潰散，服此未成即消，已成即潰，腐肉自去，新肉自生。 人參 黃耆鹽水拌炒。 當歸酒拌。 白芍藥炒。 川芎 白术炒。 白茯苓各壹錢。 金銀花 白芷各柒分。 甘草炙。 連翹各伍分。

薛立齋加減法： 高腫焮痛，熱毒也，加黃連。 漫腫微痛，氣虛也，去金銀花、連翹，加參、术。 頭痛發熱，邪在表也，本方加川芎、羌活。 外邪在表，而元氣實者，暫用人參敗毒散。 頭痛惡寒，表虛也，去金銀花、連翹，加參、耆。 發熱飲冷，便秘，內熱也。去參、耆、歸、术，加大黃。 發熱飲熱，便秘，內虛也。去金、連，加參、耆、歸、术。 發熱飲冷，小便澀滯，肝熱也。去參、耆，加柴胡、山梔。 不作膿，膿不潰，氣虛也。去金、連及白芷，加參、术、肉桂，如不應，暫用十全大補湯。 腫赤作痛，血凝滯也。本方加乳香、沒藥，如不應，暫用仙方活命飲。 膿出反痛，氣血虛也。去金、連、白芷三味，加參、耆、歸、地。 肉赤而不斂，血虛而有熱也。去上三味，加熟地、牡丹皮。 肉黯而不斂，陽氣虛寒也。去上三味，加參、耆、白斂。 漫瘇不痛，或肉死不潰，脾氣虛也。去上三味，加人參、白术； 如不應，加薑、桂； 更不應，急加附子。 肉白而不斂，陽氣虛也。去上三味，加參、耆、歸、术。 膿多而不斂，氣血虛也。去上三味，加參、耆、歸、术、熟地，如不應，暫用十全大補湯。 飲食少思而不斂，胃氣虛也。去上三味，加參、耆，如不應，暫用補中益氣湯。 飲食難化而不斂，脾氣虛也。去上三味，加參、术，如不應，暫用六君子湯； 又不應，佐以八味丸。 膿少而帶赤，血虛也。去上三味，加歸、地、參、术，如不應，暫用八珍湯加牡丹皮。 忿怒晡熱而出血，肝火血虛也。去上三味，加牡丹皮、熟地、炒黑山梔，如不應，暫用八珍湯送六味丸。 面青血脹而出血，肝氣虛而不能藏血也。去上三味，加山茱萸、五味子，如不應，兼用六味丸。 食少體倦而出血，脾氣虛而不能攝血也。去上三味，加參、耆、歸、地，兼鬱少寐加遠志、酸棗仁、茯神、龍眼肉，如不應，暫用歸脾湯。 欲吐作嘔，或外搽內服寒涼，或痛甚，或感寒邪穢氣而嘔，胃氣虛也。去上三味，加藿香、參、术。 飲食少思，腸鳴腹痛，腹冷泄瀉，脾氣虛寒也。去三味，加炮薑、木香。 手足逆冷，脾血虛寒也。去三味加炮薑、木香、附子，煎送四神丸。 飲冷作渴，熱毒也。加赤小豆、知母，如不應，暫用竹葉黃耆湯。 善食作渴，胃火也。加石膏、山梔，如不應，暫用竹葉石膏湯。 膿多作渴，氣血虛也。去三味加熟地黃、五味子，如不應，暫用十全大補湯加五味子、麥門冬。 口乾舌燥，腎氣虛也。去三味加熟地、山茱萸、山藥，如不應，兼用六味丸； 又不應，佐以補中益氣湯。 自汗內熱，口乾，胃氣虛也。去三味，加參、耆、歸、术，如不應，暫用六君子湯。 盜汗內熱，口乾，陰血虛也。去三味，加熟地、麥門、五味，如不應，暫用當歸六黃湯。 莖中痛，而小便不利，精內敗也。去三味，加山茱萸、山藥、澤瀉，如不應，佐以六味丸。 愈便則愈痛，愈痛則愈便，精復竭也。去三味，煎送六味丸。 食少體倦，口乾飲熱，小便黃短，脾肺虛熱也。去三味，加五味子、山茱萸，如不應，暫用六味丸。 勞役而小便黃，元氣下陷也。去三味，加升麻、柴胡。 午後小便黃短，腎虛熱也。去三味，加升麻、柴胡，不應，煎送六味丸。 口燥作渴，小便頻數，腎水虧也。去三味，加五味子、山茱萸、山藥、熟地，不應，兼用六味丸。 四肢逆冷，腎氣虛寒也。去三味，加桂、附，不應，佐以八味丸。 食少體倦，作渴，胃氣虛也。去三味，加參、耆、白术，不應，暫用補中益氣湯。 體倦頭痛，或眩暈，中氣虛也。去三味，加柴胡、升麻，不應，暫用補中益氣湯加蔓荊子。 日晡頭痛，或眩暈，陰血虛也。去三味，加熟地黃，不應，佐以六味丸。 夢泄遺精，頭眩頭痛，或痰喘氣促，腎虛不能納氣也。去三味，竝川芎，佐以六味丸，如不應，是虛寒也，用八味丸。

面目赤色，煩熱作渴，脉大而虛，血脫煩躁也。去三味，加黃耆、當歸，不應，暫用當歸補血湯。 身熱惡衣，欲投於水，脉沉微細，氣脫發躁也。去三味，加肉桂、附子，不應，暫用附子理中湯。 多思不寐，體痛盜汗，脾血虛也。去三味，加茯神、遠志、酸棗、圓眼肉，不應，暫用歸脾湯。 寢寐而汗出，腎氣虛也。去三味，加五味子煎送六味丸。 飲食時出汗，胃氣虛也。去三味，加參、耆、歸、术、五味子，不應，暫用六君子湯。 睡後覺飽，出盜汗，宿食也。去三味，加參、术、半夏，不應，暫用六君子湯。 胸滿多痰，脾氣虛也。去三味，加桔梗、半夏，不應，暫用六君子湯加桔梗、枳殼。 晡熱多痰，脾血虛也。去三味，加歸、地、參、术，不應，暫用六君子湯加芎、歸、熟地。 咳嗽唾痰，腎虧津液泛上也。去三味，加山茱萸、山藥、熟地，不應，佐以六味丸。忿怒胸痞，肝氣滯也。加桔梗、山梔，不應，暫用補中益氣湯加桔梗、枳殼。倦怠胸痞，中氣虚也。去三味，加參、术、茯苓，不應，暫用八珍湯加柴胡。口苦，寒熱往來，肝火血虚也。去三味，加柴胡，熟地。因怒寒熱往來，肝火血虚也。加柴胡、黄芩，不應，暫用八珍湯加炒山梔、酸棗仁、酒炒黑龍膽草。體倦，寒熱往來，肝脾氣滯也。去三味，加參、耆、歸、术，不應，暫用補中益氣湯。内熱，晡熱，或寒熱往來，陰血虚也。去三味，加芎、歸、牡丹皮、柴胡，不應，暫用八珍湯加牡丹皮。畏寒或寒熱往來，胃氣虚也。去三味，加參、苓、白术、升麻，不應，暫用補中益氣湯。脇痛痞滿，或寒熱往來，肝氣滯也。去三味，加青皮、木香，不應，屬氣血虚也，更加芎、歸、參、术。婦人勞役恚怒，或適經行發熱譫語，或夜間熱甚，此邪在血分也。去三味，加生地、牡丹皮、柴胡，不應，暫用加味四物湯。誤服尅伐之劑，或膿血大泄，或因吐瀉，或誤入房，或勞損元氣，或夢泄遺精，或外邪感觸，以致發熱頭痛，小便淋澀，或滑數便血，目赤煩喘，氣短頭暈，體倦熱渴，意欲投水，身熱惡衣，揚手擲足，腰背反張，鄭聲自汗，此陽氣脱陷之假熱證也。畏寒頭痛，咳逆嘔吐，耳聵目矇，小便自遺，瀉利腸鳴，裏急腹痛，玉莖短縮，牙齒浮痛，肢體麻痺，或厥冷身痛，或咬牙嚙唇，此陽氣脱陷之真寒證也。以上假熱真寒勿論，其脉勿論，其證但有一二，則去三味，急加桂、附補之，庶有復生之理。按加减六十二法，皆托裏消毒之發揮也。即此意而消息之，則得瘍家之要矣。行灼艾法後，若護心散等二十一方，皆有益無損之藥，故繼托裏消毒散而録之，在隨宜取舍而已。

明·孫志宏《簡明醫彀》卷一《要言》 傷寒不藥 諸病中，惟傷寒關係最重，然治之亦有捷要。但乘其初起，在肌表時，蚤如法治之，無弗愈者。譬禦盜於未入室之前，自易驅除。要在審辨的確，所謂陰盛陽虚，汗之則愈，下之則死。陽盛陰虚，下之則愈，汗之則死。差毫釐，謬千里，不死於病，而反死於醫藥，不如不藥之為愈矣，故曰傷寒不藥為中醫。蓋或值旅邸舟次，或山僻鄉村，無明理醫家，切勿妄服藥。凡傷寒初起，頭疼身痛，怕寒拘急，無汗，為寒傷榮，即宜絶戒腥酒穀味諸菓飲食，一切有形難化之物。更宜却勞、斷怒氣、房慾，風寒，安臥。急取帶鬚葱頭一握，生薑五錢，陳皮二三錢，細茶葉一撮，白梅一個，紫蘇三錢，水二大鍾，砂鍋煮沸，以被袱覆患者，頭入藥確，令熱氣先薰頭面汗出，再乘熱飲一大鍾，渣即煎接飲，以厚被覆身，裏頭烘足，俟汗出至足為愈。腿足無汗，而身熱頭疼仍在者，寒邪未盡也，宜再發微汗。如病初起，頭疼身熱，大汗出者，屬風傷衛，不必發汗，恐有亡陽之害。如自有微汗，仍如前法，再略取汗。前法中去紫蘇、葱頭，加黑棗三個，煎服，汗止為愈。如起病時胸膈脹滿，因傷穀肉諸物，本日即與淡鹽湯熱飲三二碗，以吐出飲食為度。不得吐，即以所傷之物燒灰，薑湯調服。如過數日者，用薑葱熨，法見傷寒。最忌腥酒、米湯，不飲一口，必無餓死之理，絶戒穀味，易安。如絞腸沙，米湯一口，殺人例也。如口乾大渴，但飲茶白湯、燈心湯、薑湯。或至七八日熱極，則如雪梨、西瓜、鮮菱、嫩藕、生蘿蔔，惟搗取清汁啜之，去渣。凡調理不如法，至數日後，熱邪傳裏，身大熱，口大渴，譫語煩躁，狂言發斑，大便閉，或下利穢水，揚手擲足，揭去衣被，唇焦，舌白胎漸變黄黑，或天氣暄熱，内外熱極，可將病人臥於涼地蓆上，四圍多致水盆，令病人手浸水中，或更以青布一幅，浸濕覆於胸前，切宜避風，必病人喜好，方可為之。若渴極欲水，問其欲飲幾何，但與之半，勿多飲。或和蘇葉、薑汁、沙糖、滷梅之類亦佳，勿强與水，致水結胸之患。又有大熱至六七日，忽然作冷，厚加蓋覆，猶寒戰悚不定，此名發戰，廼正氣復而邪欲出之象，急宜泡薑湯一大壺，置病人胸前，任意呼啜，以助正氣，少頃正勝邪散，汗出而解矣。如七八日外熱退，或乍有潮熱，二便通快，胸膈清爽，惟以清米湯飲之，漸加稠湯，進薄粥以少為貴。若進腥酒，立刻番復。更慎房室。尤有鄉村專務殺牲禱神，所謂食歸眾口，罪歸病人，惜哉！又陰證傷寒，腹痛肢冷，依中寒條，多吃濃薑湯，炒鹽熨，用灸法治之。

明·陳司成《黴瘡秘録》 或問：丈夫染此症，内室預服敗毒等藥，可否？余曰：上工治未病者，毋容邪氣侵也。今人未見毒氣有無，遂服敗毒等藥，果有毒者則可，如無毒者，徒使元氣内虚，内一虚，則外邪易入，是無病而求病也。譬諸國家蓄兵以禦寇，醫家蓄藥以攻疾，豈有無警而用兵，無病而用藥哉？

或問：生生乳必須礜石配合，近世方書鮮有用者。又未能辨其真僞，乞明示以便采取何如？余曰：古人處方，自有識見，決非杜撰也。余撿《本草》礜石，性大熱有毒，主寒熱鼠（瘘）〔瘻〕，蝕瘡死肌，除膈中熱，止消渴，益肝下氣。閲《本草》註：礜石煅煉配薑、附、皂、桔，為大露宿丸，主寒冷百病。又有匈奴露宿丸，主心腹積聚，食飲不下。前賢靳邵者，一時名醫也，創置礜石散方，晉士大夫皆獲異效。余家傳此方，製度有法，用之有驗。但此石難得。癸酉春，余客武林，徧訪藥舖，無有真者。偶得之宦族任上帶歸，約有數十觔，視之形似滑石，扣之堅剛，碎之如漿絡。余盡購歸，依法養火，開視悉如化灰，嘗之有味，燒之有氣，配合生生乳，大有奇功。余得此石甚多，又熟於煅煉，用之有餘，或有配藥者，亦可取用，其方附後。

或問：生生乳亦有朱汞在內，與粉霜、輕粉相類。余曰：朱汞者，得礜石而白如雪，得硫黃而赤如丹，得礜石而慓悍解。且藥石各有宜忌之不同，相宜者如油珠丸，治小兒驚風，輕粉雖烈，用之有效。如奪命丹治疔腫，用之反能豁毒。即如砒霜有毒，寒痰冷哮，非此不效，瘧疾水瀉，服之亦瘳。又如蜈蚣、全蝎，藥性非良，芽兒臍風，投之即愈。非灼見病因，毋妄投也。

或問：金鼎砒有毒，方士多用之，何也？余曰：以毒攻邪也。凡瘡毒年深月久，流膿出水者，症屬虛寒，非金鼎砒佐他藥不能收功。若瘡毒初起服之，反能為害。或有悞服輕粉寒涼隱藥，結毒破爛，眾方不效者，服之得效。丹經曰水銀不離砒下死，信非虛語。【略】

黴瘡宜忌　夫宜忌者，即所苦所欲也。五臟各有所宜，五臟各有所忌。如黴瘡一症，舉世未諳藥物宜忌，并飲食宜忌，混同施治，殊不知從其氣則和，違其性則有偏勝之害。故凡有益於陽者，必不宜乎陰；有益於陰者，必不宜乎陽。宜於燥者，不宜乎濕；宜於濕者，不宜乎燥。能破散者，不可以治虛；能收斂者，不可以治實。故藥物有良毒之難齊，氣味之莫測。有相益、相濟、相畏、相惡、相忌、相制之不同。不諳宜忌者，則其失也。罔請以余所見聞者陳之：一友患便毒，其勢熾盛，欲速愈，單服大黃五錢不利，又服七錢亦不利，後加至兩許，終不能通，而大黃毒氣上攻，七孔流血而斃。一人染廣瘡，服敗毒散不效，後服商陸根汁，遂吐瀉經兩日不止，藥食俱不受，六日而死。一人患楊梅瘡，結百會穴，破爛兩年，諸醫不效。偶遇方士傳靈砒方，即製服之。經七日齒落喉閉，飲食不進而亡。一人生棉花瘡，無力贖藥，用毒蛇一條，酒煮罄飲，即時昏暈，膚理腫裂出水，至五日方知痛苦，其瘡猶不愈。一人患疳瘡便毒，兼之筋骨疼痛，數服草藥不效。又取活蟾七隻，內猪脂煮食，食未畢，作吐不已，水漿不進，方延余治。余(胗)〔診〕之曰：胃氣傷也，非大劑人參不治。遂咀人參五錢，加烏梅七個，同煎，漸飲之。又服一劑，纔能進粥，後用化毒甲字丸一料，服盡而愈。一人生魚口不痊，服大料五虎湯，少頃小便作脹，日夜叫嗽，苦不能溺。邀余(胗)〔診〕之。余曰：乃班毛毒氣為患，當速解之。即用猪脂二兩，糯米五合，粉草五錢，長流水煎，頓服，外以葱白、食鹽煎湯揉洗，解出血筋數條始通，其毒仍不減，後又生瘡如砂仁，從余調治方愈。噫！今之庸愚襲不經之方，投有毒之藥，外患未盡，內毒尚存，諸如此類，悞莫能拔。寧知脈症相對，名實相符，方可投劑。今以五臟苦欲，藥物宜忌，謹録于後：

心為君主之官，神明出焉。其華在面，充在血脈，為陽中之太陽，為牡臟。通於夏氣。神能固守，則氣血流通，萬物繫之以興亡。思慮太過，則虛邪從之。病於內傷者，十居六七；病於外感者，百無四五。調治者，當以安神養血為主。味忌鹹，多食鹹則脈凝泣而變色。味宜苦，羊肉、小麥、杏、薤之屬。心苦散緩，急食酸以收之，五味子之屬是已。斂則寧靜清明，故宜酸以收其緩也。軟者，和調之義也。心君本和調，邪熱乘之則燥急，故復用芒硝之酸寒，除其邪熱，以軟其燥急堅勁之氣，使復其平也。以鹹補之，澤瀉導心氣以入腎也，煩勞則虛而生熱，故用參、芪、甘草之甘溫以益元氣，而虛熱自退，故為之瀉也。心以下交於腎為泰，炒鹽之鹹以潤之，即得心與腎交也。火空則發，鹽為水味，得之使心氣下降，是既濟之道也，有補之義焉，故軟即補也。

心經藥食所宜：藥宜：補：人參、茯神、遠志、當歸、柏子、石菖蒲、紅花、天雄、桂心、血餘、紫石英、甘草、苜蓿、辰砂、琥珀、乳香、胎元。瀉：升麻、細辛、麻黃、紫草、木通、川山甲、連翹、貝母、鬱金、赤茯苓、蜂房、犀角、珍珠、血結、片腦、赤小豆、忍冬花、黃連、牛黃、麝。食宜：羊肉、鹿肉、雞卵、牛乳、犬肉、猪心、火肉、風魚、淡菜、龍眼、荔枝、芝麻、菉豆、蓴菜、橙、藕、梨、杏、棗。

心經藥食所忌：藥忌：死砂、生砒、輕粉、苦參、麥冬、蛇、韶粉、蝸牛、硝。食忌：石首魚、蟹、鯉、猪肝、鴨卵、鵝、蜆、蛤、南麪、荳、茄、茭白、諸牲血。

肝為將軍之官，謀慮出焉。血之本，魂之居也。其華在爪，其充在筋。為陽中之少陽，為牡臟。通於春氣。魂靜則至道不亂，木性易動，動則有摧折之意焉。怒甚則血不歸肝而溢於外，病於外感內傷者居半。味忌辛，多食辛則筋急而爪枯。味宜酸，犬肉、小荳、李、韭之屬。肝苦急，急食甘以緩之，甘草之屬是已。扶蘇條達，木之象也。升發開展，魂之用也。故其性欲散，急食辛以散之，解其束縛也，是散即補也。辛可以散，川芎之屬是已。若其太過，則屈制之，毋使逾分；酸可以收，芍藥之屬是已。急也，斂也，肝性之所苦也，違其性而苦之，肝斯虛矣。補之以辛，是明以散為補也，細辛、生薑、陳皮之屬是也。

肝經藥食所宜：藥宜：補：當歸、川芎、地黃、山萸、酸棗仁、遠志、茯神、甘草、阿膠、桂皮、木瓜、烏梅、琥珀、辰砂、龍齒、龜甲、牛黃。瀉：芍藥、膽草、柴胡、青皮、忍冬花、香附、丹皮、瓜蔞、菊花、升麻、木通、射干、秦皮、皂角、薄荷、全蝎、川山甲、降香、羚羊、乳香、片腦、珍珠、膽礬、殭蠶、麝。食宜：犬肉、鴨、雁、鹿肉、鱸魚、火肉、風魚、猪腎、鷄卵、葡萄、橄欖、李、薺、林檎、馬齒莧。

肝經藥食所忌：藥忌：死砂、生砒、輕粉、水鱉、胡黃連、商陸。食忌：石首魚、水鷄、鵝、鴨卵、猪肝、蝦、茄、蒜、芋、杏、諸血。

脾為倉廪之官，五味出焉。主運動磨物之臟，營之居也。其華在脣，四白，其充在肌，此為至陰之類。通於土氣。為牝臟。意平則智無散越，宜健不宜滯，濕則滯矣，滯則邪氣從之。病於內傷者多半，調治者當以去濕導滯。味忌酸，多食酸則肉胝䐢而脣揭。味宜甘，牛肉、粳米、棗、葵之屬。脾苦濕，急食苦以燥之，使復其性之所喜，脾斯健矣，白术之苦溫是已。過燥則復欲緩之以甘，甘草之屬是已。稼穡之化，故甘先入脾。性欲健運，氣旺則行，補之以甘，人參是已。長夏之令，濕熱主人，脾氣斯困，故當急食苦以瀉之，黃連之苦寒是已。虛則宜補，炙甘草之甘以益血，大棗之甘以益氣，乃所以補其不足也。

脾經藥食所宜：藥宜：補：白术、茯苓、人參、黃芪、薏苡仁、山藥、陳皮、甘草、蒼术、扁荳、川石斛、荳蔻、天麻、當歸、奇良、雄黃、辰砂、丁香、萎蕤、山查。瀉：升麻、白芍、防風、白芷、砂仁、烏藥、草果、大黃、靈仙、鼠粘、忍冬花、山甲、皂子、沉香、沒藥、乳香、山豆根、烏蛇、牛黃、麝。食宜：牛肉、猪脂、鴨、犬肉、鹿肉、鰻鱺、蚶、鰣魚、雞卵、火肉、羊、鯽魚、猪胰、芡蓮肉、棗、荔枝、橄欖、松子、川椒、薑、萊菔、芹。

脾經藥食所忌：藥忌：死砂、生砒、苦參、胡黃連、地黃、膽草、蝦蟆、蜈蚣。食忌：石首魚、鵝、猪肝、鴨卵、雉、蝦、南麪、菱、梅、柰、糟、醋、榴、韭、諸血。

肺為相傅之官，治節出焉。氣之本，魄之居也。其華在毛，其充在皮，為陽中之太陰，為牝臟。通於秋氣。魄安則德修壽延，氣常則順，氣變則逆，逆則違其性矣。病於外感者居半，調治者當以清肅上焦而使氣平。味忌苦，多食苦則皮枯而毛折。味宜辛，雞肉、黃黍、桃、葱之屬。肺苦氣上逆，急食苦以瀉之，黃芩之屬是已。其政斂肅，故其性善收，宜食酸以收之，白芍之屬是已。賊肺者，熱也。肺受熱邪，急食辛以瀉之，桑白皮之屬是已。不斂則氣無所管束，是肺失其職也，故宜補之以酸，使遂其收斂之性，是即補也，五味子之屬是已。

肺經藥食所宜：藥宜：補：人參、黃芪、茯苓、阿膠、白荳仁、木香、桂枝、沙參、蛤蚧、琥珀、鍾乳粉、辰砂、牛黃。瀉：麻黃、杏仁、防風、升麻、川貝母、桔梗、羌活、荊芥、橘紅、射干、檳榔、鮮皮、花粉、牙皂、蘭葉、槐花、鼠粘、山甲、殭蠶、神水、片腦、白花蛇、麝。食宜：鷄、猪肺、火肉、風魚、猪胰、羊肉、鷄卵、牛乳、鴿、鵝、胡荽、萊菔、芹、麻油、松子、榛子、梨、榧、柿、葱、蜜。

肺經藥食所忌：藥忌：死砂、生砒、苦參、黃連、班毛、胡連、天門冬、鉛粉、硫黃、葶藶。食忌：石首魚、蝦、蟹、鴨卵、猪肝、麩筋、杏、柰、楊梅、銀杏、萵苣、諸血。

腎為作強之官，伎巧出焉。封藏之本，精之處也。其華在鬢髮，其充在骨，為陰中之少陰，為牝臟。通於冬氣。志營則骨髓滿實，屬真陰。其性本潤，故惡燥涸。病於腑者多外感，病於臟者多內傷，調治者當以滋陰益精。味忌甘，多食甘則骨痛而齒落。味宜鹹，豕肉、大荳、栗、藿之屬。腎苦燥，急食辛以潤之，知母之屬是已。欲堅，急食苦以堅之。蓋腎非堅，則無以稱作強之職。四氣以遇濕熱則軟，遇寒冷則堅；五味以得鹹則軟，得苦則堅，故宜急食苦以堅之，黃柏味苦氣寒，可以堅腎，故宜急食以遂其欲堅之性也。以苦補之，是堅即補也，地黃、黃柏是已。鹹能軟堅，即瀉也，澤瀉是已。虛者精氣奪也。然非益精無以為補，故宜熟地黃、黃柏補之。

腎經藥食所宜：藥宜：補：熟地、枸杞、山萸、五味、狗脊、川牛膝、當歸、杜仲、首烏、故紙、益智仁、鹿茸、敗龜、鱉甲、附子、肉桂、五加皮、蛇床、羊藿、鍾乳、磁石、虎骨、陽起石、海狗腎、紫河車、紅鉛、天靈蓋。瀉：黃柏、知母、澤瀉、獨活、沉香、川山甲、蟬退、全蝎、血竭、烏藥、琥珀、牛黃、麝。食宜：豕肉、猪腎、醃鷄、甲魚、鰻鱺、鹿肉、犬肉、鷄卵、火肉、風魚、雀、芡、胡桃、乾笋、栗。

腎經藥食所忌：　藥忌：　靈砂、靈砒、輕粉、胡連、蟾酥、蜣螂。　食忌：　牛肉、鵝、石首魚、鴨卵、猪肝、蝦、蛙、鯿魚、茄、甜菜、蕎麥、南麪、柑、糖、青梅。

宜忌一則，雖不及於傷寒痘疹，投劑少差，死生立判。　是證少錯，輕必變而為重，重必至於傾危，毫釐千里，毋得忽略。　且宜忌不為智者道也，如產後無虛，肝無補法，痘瘡不宜汗下，傷寒不宜進補，此數者，皆謂粗工不諳病之進退，故有是戒。　余觀上古哲人治疾，或以毒藥攻之，投毒藥者，不盡劑也，所以有十去其幾之約。　殊不知十去其幾之約為最難，而又難於識病氣之淺深也。　明於病氣淺深者，又不拘於藥之良毒矣。　如扁鵲投入毒藥，名聞諸侯。　五石散不忌參、术，感應丸（芭）〔巴〕、黄竝施，產後以人參、五靈脂同劑，此皆古人心契意會，立方之玅。　故良將用兵，奇正虛實互施者，神算故也。　業此術者，豈不亦猶良將乎哉？　傳曰：　神而明之，存乎其人。　信夫。

明·黄承昊《折肱漫録》卷一　痢之初起，用芍藥湯而加大黄，以蕩滌其滯，此常法也。　然禀質有強弱，歲運亦有不同，概服大黄，常有至隕命，不可不慎。

明·黄承昊《折肱漫録》卷二　時師治人感冒，不論形氣虛實，輒忌人參，不知古人論虛人感冒，不任發表者，服補中益氣湯。　夫參且忌之，而令服芪、术，有不驚而咋舌者乎？　予初病外感，憚不敢服參，名醫朱心園始教我助正踈邪，不妨並劑。　及覽方書，亦有觸發，遂敢補散兼施，頗覺相宜。　後至黄芪與防風並用，亦未見壅閉外邪。　大概醫家立論不同，止有二説。　一則謂外感之候，必須先散而後補；　停食之候，必須先消而後補。　一則謂攻補可以兼行。　兩説每致枘鑿。　予初亦不能無惑，乃後屢以身試，始悟氣體壯實者，可以散之消之而後補。　若氣體虛弱之人，必先扶其正，而後可以攻其邪，一補一攻，邪氣乃去。　倘泥於先攻後補之言，則邪氣未即去，而元氣已先傷矣，可不戒哉？

凡痰火症，時師必禁用熟地，以其膩也，多用橘紅、貝母、天花粉等藥以消痰，及涼藥以降火。　常觀先賢用六味丸，稍加別藥，以治痰而奏效。　蓋痰因火動，補其陰則火降，而痰自消。　若專治其痰，脾胃先傷，而痰終難治矣。　況又有腎虛而水泛，為痰者，尤宜服六味丸。　予常患痰症不輟，六味丸未見膩膈助痰，而屢以得效。

明·黄承昊《折肱漫録》卷七　《外科方書》每言生肌收口之藥，不宜早用。　薛立齋指摘生肌散之害人，而言毒盡時，但用當歸膏為玅，生肌最速，並無他害。　予家人歷試之頗驗，原方：　生地、當歸各一兩，麻油四兩，白蠟五錢，或黄蠟則用一兩，以歸地入油煎黑，去滓，用蠟投之鎔化成膏。　予試之，膏太軟爛，不便貼，或當增藥減油腫毒。

明·傅仁宇《審視瑶函》卷一　用藥寒熱論　用藥如用兵，補瀉寒熱之間，安危生死之所係也，可不慎與。　雖云目病非熱不發，非寒不止，此言夫火之大槩耳。　內有陰虛，冷淚昏眇，脫陽等症，豈可獨言是火而用寒涼也。　今之庸醫，但見目病，不識症之虛實寒熱，辨別氣血，惟用寒涼治之，殊不知寒藥傷胃損血，是標未退而本先傷，至胃壞而惡心，血敗而拘攣，尚不知省，再投再服，遂令元氣大傷而變症日增。　必虛寒之症已的，始可投以溫和之藥，否則有抱薪救火之患。　設是火症，投以熱藥，其害猶速，不可有慎。　大抵燥赤者清涼之，結秘者寒涼之，陰虛者滋補之，脫陽者溫熱之。　然熱藥乃回陽之法，寒藥乃救火之方，皆非可以常用者。　外障者，養血去障。　內障者，滋膽開鬱。　故治火雖用芩、連、知、柏之類，製之必以酒炒，庶免寒涼泄瀉之患。　而寒熱補瀉之间，又宜諒人禀受之厚薄，年力之盛衰，受病之輕重，年月之遠近，毋使太過不及，當於意中消息，如珠之走盤，如權之走秤，不可拘執，是為良醫。

明·吴有性《温疫論》卷上　用參宜忌有前利後害之不同　凡人參所忌者，裏證耳。　邪在表及半表半裏者，投之不妨。　表有客邪者，古方如參蘇飲、小柴胡湯、敗毒散是也。　半表半裏者，如久瘧挾虛，用補中益氣，不但無礙，而且得效。　即使暴瘧，邪氣正盛，投之不當，亦不至脹，為無裏證也。　夫裏證者，不特傷寒、溫疫傳胃，至如雜證，氣鬱、血鬱、火鬱、濕鬱、痰鬱、食鬱之類，皆為裏證，投之即脹者，蓋以實填實也。

今溫疫下後，適有暫時之通，即投人參，因而不脹，醫者病者以為用參之後雖不見佳處，然不為禍，便為是福，乃恣意投之，不知胃家喜通惡塞，下後雖通，餘邪尚在，再四服之，則助邪填實，前證復起，禍害隨至矣。　間有失下以致氣血虛耗者，有因邪盛數下及大下而挾虛者，遂投人參，當覺精神爽慧，醫者病者，皆以為得意，明後日再三投之，即加變證。蓋下後始則乘其胃家空潤，虛則沾其補益而無害。殊弗思餘邪未盡，恣意投之，則漸加壅閉，邪火復熾，愈投而變證愈增矣。所以下後邪緩虛急，是以補性之效速，而助邪之害緩，故前後利害之不同者有如此。

妄投破氣藥論　溫疫心下脹滿，邪在裏也。若純用青皮、枳實、檳榔諸香燥破氣之品，冀其寬脹，此大謬也。不知內壅氣閉，原有主客之分。假令根於七情鬱怒，肝氣上升，飲食過度，胃氣填實，本無外來邪毒、客氣相干，只不過自身之氣壅滯，投木香、砂仁、豆蔻、枳殼之類，上升者即降，氣閉者即通，無不立效。今疫毒之氣，傳於胸胃，以致升降之氣不利，因而脹滿，實為客邪累及本氣，但得客氣一除，本氣自然升降，脹滿立消。若專用破氣之劑，但能破正氣，毒邪何自而泄？脹滿何由而消？治法非用小承氣弗愈。既而腸胃燥結，下既不通，中氣鬱滯，上焦之氣不能下降，因而充積，即膜原或有未盡之邪，亦無前進之路，於是表裏上中下三焦皆阻，故為痞滿燥實之症。得大承氣一行，所謂一竅通，諸竅皆通，大關通而百關盡通也。向所鬱於腸胃之邪，由此而下，腸胃既舒，在膜原設有所傳不盡之餘邪，方能到胃，乘勢而下也。譬若河道阻塞，前舟既行，餘舟連尾而下矣。至是邪結並去，脹滿頓除，皆藉大黃之力。大黃本非破氣藥，以其潤而最降，故能逐邪拔毒，破結導滯，加以枳、朴者，不無佐使云爾。若純用破氣之品，津液愈耗，熱結愈固，滯氣無門而出，疫毒無路而泄，乃望其寬胸利膈，惑之甚矣。

妄投補劑論　有邪不除，淹纏日久，必至尪羸。庸醫望之，輒用補劑。殊不知無邪不病，邪去而正氣得通，何患乎虛之不復也？今投補劑，邪氣益固，正氣日鬱，轉鬱轉熱，轉熱轉瘦，轉瘦轉補，轉補轉鬱，循環不已，乃至骨立而斃。猶言服參幾許，補之不及，天數也。病家止誤一人，醫者終身不悟，不知殺人無算。

妄投寒涼藥論　疫邪結於膜原，與衛氣并，因而晝夜發熱，五更稍減，日晡益甚，此與瘴瘧相類。瘴瘧熱短，過時如失，明日至期復熱。今溫疫熱長，十二時中首尾相接，寅卯之間，乃其熱之首尾也。即二時餘焰不清，似乎日夜發熱。且其始也，邪結膜原，氣并為熱，胃本無病，誤用寒涼，妄伐生氣，此其誤者一。及邪傳胃，煩渴口燥，舌乾苔刺，氣噴如火，心腹痞滿，午後潮熱，此應下之證。若用大劑芩、連、梔、柏，專務清熱，竟不知熱不能自成其熱，皆由邪在胃家，阻礙正氣，鬱而不通，火亦留止，積火成熱。但知火與熱，不知因邪而為火熱。智者必投承氣，逐去其邪，氣行火泄，而熱自已。若概用寒涼，何異揚湯止沸？每見今醫好用黃連解毒湯、黃連瀉心湯，蓋本《素問》熱淫所勝，治以寒涼。以為聖人之言必不我欺。況熱病用寒藥，最是捷徑，又何疑乎？每遇熱甚，反指大黃能瀉而損元氣，黃連清熱，且不傷元氣，更無下泄之患，且得病家無有疑慮，守此以為良法。由是凡遇熱症，大劑與之，二三錢不已，增至四五錢，熱又不已，晝夜連進，其病轉劇，至此技窮力竭，反謂事理當然。又見有等日久，腹皮貼背，乃調胃承氣症也。況無痞滿，益不敢議承氣，唯類聚寒涼，專務清熱。又思寒涼之最者，莫如黃連，因而再倍之，日近危篤。有邪不除，耽誤至死，猶言服黃連至幾兩，熱不能清，非藥之不到，或言不治之症，或言病者之數也。他日凡遇此證，每每如是，雖父母妻子，不過以此法毒之。蓋不知黃連苦而性滯，寒而氣燥，與大黃均為寒藥，大黃走而不守，黃連守而不走，一燥一潤，一通一塞，相去甚遠。且疫邪首尾以通行為治，若用黃連，反招閉塞之害，邪毒何由以泄？病根何由以拔？既不知病原，焉能以愈疾耶？

問曰：間有進黃連而得效者，何也？曰：其人正氣素勝，又因所受之邪本微，此不藥自愈之證。醫者誤投溫補，轉補轉鬱，轉鬱轉熱，此以三分客熱，轉加七分本熱也。客熱者，因客邪所鬱，正分之熱也，此非黃連可愈；本熱者，因誤投溫補，正氣轉鬱，反致熱極，故續加煩渴、不眠、譫語等症，此非正分之熱，乃庸醫添造分外之熱也，因投黃連，於是煩渴、不眠、譫語等症頓去。要之黃連，但可清去七分無邪本熱，又因熱減而正氣即回，所存三分有邪客熱，氣行即已也。醫者不解，遂以為黃連得效，他日藉此概治客熱，則無效矣，必以昔效而今不效，疑其病原本重，非藥之不到也。執迷不悟，所害更不可勝計矣。

問曰：間有未經溫補之誤，進黃連而疾愈者，何也？曰：凡元氣勝病，為易治；病勝元氣，為難治。元氣勝病者，雖誤治，未必皆死；病勝元氣者，稍誤，未有不死者。此因其人元氣素勝，所感之邪本微，是正氣有餘，足以勝病也。雖少與黃連，不能抑鬱正氣，是為小逆，以正氣勝而疾幸愈也。醫者不解，竊自邀功。他日設遇邪氣勝者，非導邪不能瘳其疾，誤投黃連，反招閉塞之害，未有不危者。

明・佚名氏《異授眼科》 點藥藥性　甘石，止痛淚。乳香、沒藥，止痛散血。青鹽，去障眵翳，能涼血。銅青，去風障，正瞳神。白丁香，去胬肉扳睛。石蟹，去脹眵，消腫。硃砂，正瞳神。蕤仁，去障眵，解毒還睛。明礬，去障風翳。硼砂，涼血去障。枯礬，去風障乾爛弦。膽礬，去翳。血竭，散血住痛。輕粉，住痛殺蟲。巴豆，去胬肉瞖膜。水粉，止淚生光。瑪瑙，去障。連末，解藥毒，通竅散血。熊膽，分塵去垢，散血，瞖膜眵脹。龍骨，去瞖障膜，止淚。珊瑚，去障塵。琥珀，去障生光。硇砂，熟用去瞖膜，生用爛肉。珍珠，生用傷爛肉，熟用去膜生光。牛黃，正瞳生光，清心止痛，去障膜。【略】

演藥法　認得其病，即當用藥，如認不真，必當用術。設有瞳色不變，障翳全無，但只不見，欲見光明者，何以處之？欲與養明，反生障翳，欲與去翳，又不可磨，必須先用輔藥七分，加主藥三分，勤點兩三日，發出翳來，就與去之。如其無翳，當與斂光，覺得少有光明，便是生(意)〔翳〕。令病人慎守，內服降火養水之劑，外點散氣養明之藥，漸漸光明，乃是效處，不宜急速攻之。如旬日之內，光不得轉，此為廢疾，不可強之。或有障翳漫布，黑白不分，覩物有影，欲求分明者，何以治之？急于去翳，必損餘光。一于養明，翳不得(敷)〔薄〕，必須先用主藥六分，輔藥四分，勤點五六日，翳不動而光略生，方施重劑。光不生而翳略薄，施藥何用。凡有不識之病，不可輕誑輕詐，以致誤人。少行演試之術，可行則行，可止則止，此乃善誘之意，不可拒絕人也。【略】

點藥法　今人點藥於眼，皆以大眦為根，不拘何症，皆點是處。殊不知大眦但胬肉可治，餘不能除。不若揭起上弦瞼，以藥插入，緊閉良久，使藥周圍散漫，無處不到。睛珠瞼眦，藥無所間。至於磨翳，必傍翳點藥，隨其上下，方得翳去。不可間散施點，使藥不驗。

用藥法　治眼之法，用藥最難，大熱則發，大寒則凝，所以冰片禁用，黃連少用。外點之藥，須以消鎔斂光為主。內服之藥，須以發散破氣為先。初發者降火消風，久病者以蕩翳發光。若驟補驟瀉者，皆能損目，無欲速，無放肆，慎之。

明・王象晉《三補簡便驗方》卷首　用藥隨證　頭痛用川芎，不愈各加引經藥，太陽川芎，陽明白芷，少陽柴胡，太陰蒼朮，少陰細辛，厥陰吳茱萸。頂巔痛，用藁本，去川芎。肢節痛，用羌活，風濕亦宜用之。腹痛，用芍藥。惡寒而痛，加桂；惡熱而痛，加黃栢。心下痞用枳實、黃連。腹脹用薑製厚朴，一用芍藥。治寒用附子。肌熱及去痰須黃芩。胸中煩熱用梔子仁。虛熱用黃芪，止虛汗亦用。脇下痛，往來潮熱，日晡潮熱用柴胡。治風用防風。脾胃受濕，沉困無力，倦怠好臥及痰，用白朮。破滯氣用枳殼，高者用之，損胸中至高之氣，勿多服。破滯血用桃仁、蘇木。補血不足，用甘草。去痰用半夏，熱痰加黃芩，風痰用南星，胸中寒痰痞用陳皮、白朮。腹中窄狹，用蒼朮。調氣用木香，補氣用人參。和血用當歸，凡血受病者皆用。去上焦濕熱，用黃芩瀉肺火；去中焦濕與痛熱，用黃連瀉心火；去下焦濕腫及痛，並膀胱有火邪，用酒洗防己、草龍膽、黃栢、知母。腹中實熱用大黃、芒硝。去滯氣用青皮，勿多服，瀉人真氣。嗽用五味子，喘用阿膠。渴用乾葛、茯苓，禁半夏。宿食不消用黃連、枳實。氣刺痛用枳殼，看何部分，以引經藥導之。血刺痛用當歸，詳上下用根稍。胃脘痛用草豆蔻。眼痛不可忍用黃連、當歸根酒浸煎。瘡痛不可忍用黃栢、黃芩，詳上下用根稍及引經藥。水瀉用白朮、茯苓、芍藥。小腹痛用青皮。莖中痛生甘草稍。小便黃用黃栢，數者、澀者加澤瀉。飲水多傷脾胃，用白朮、茯苓、猪苓。驚悸恍惚用茯神。咳嗽，春多上升之氣，用川芎、芍藥、半夏、黃芩之類；夏多火炎逼肺，用黃芩、山梔、桑白皮、石膏、知母之類；秋多濕熱傷肺用蒼朮、桑白皮、黃芩、防風之類；冬多風寒外來，用麻黃、桂枝、半夏、乾葛、防風、羌活之類。若病與時違，不拘此例。泄瀉，寒月用辛苦溫藥，乾薑、(宿)〔縮〕砂、陳皮、厚朴之類；夏暑月暴注水泄，用苦寒、酸寒藥，黃連、山梔、茵陳、芍藥之類。若病與時違，不拘此例。傷冷食腹痛，或霍亂吐瀉，夏月可用辛熱溫中藥，乾薑、附子、(宿)〔縮〕砂、厚朴之類。感風寒，肌表寒慄，或發熱面赤，暑月可用辛溫解表藥，乾薑、麻黃、桂枝、羌活、防風之類。病酒或素有熱症，雖在寒冷月，可用清涼寒苦藥，黃芩、黃連、乾葛之類。凡用純寒純熱藥，必用甘草以緩其力。寒熱相雜，亦用甘草和其性，惟中滿者禁用。

清・孫光裕《血症全集》　失血各經藥性主治

胃經血：　山梔子　大黃　清氣加粉葛

肝經血：　條芩酒炒　韮汁　童便　牡丹皮　鬱金　山茶花　黃栢蜜炙　側栢葉　清氣柴胡

心經血：　黃連炒　當歸　青黛　阿膠　熟地　清氣麥門冬

腎經血：玄參　黄栢　天門冬　麥門冬　貝母　桔梗　百部　遠志　熟苄　清氣知母

脾經血：百合　葛根　黄芪　黄連　當歸　甘草　白朮　山藥　清氣白芍　升麻　山梔子　黄芩　芍藥　生地　紫(苑)〔菀〕　丹參　阿膠

肺經血：天門冬　片芩　山梔子　百部　犀角　清氣石膏

三焦湧血：血來湧者，多出自三焦火盛。地骨皮　清氣連翹

膽經血：口吐苦汁，乃膽經血也。淡竹葉　清氣柴胡

心胞絡血：倍牡丹　茅根紫黑色唾之，小腹脹痛者是也。

大腸便血：炒山梔　槐花　地榆　百草霜　條芩　清氣連翹

小腸溺血：炒山梔子　木通　車前子　小薊　黄連　琥珀　滑石　蒲黄　淡竹葉　藕節　清氣赤茯苓

膀胱尿血：牛膝　茅根　黄栢　清氣滑石　琥珀　積熱加大黄　芒硝　犀角　薄荷　生地　玄參

瘀血死血：藕汁　茅根　桃仁　韮汁　紅花

吐血不止：加桃仁　紅花　大黄

諸血證阿膠不可無。

失血分經引用便覽《經》云：善治血者先清氣，蓋氣清則血和，氣濁則血亂，故妄行也。吐血赤色者，乃心經血也，倍加當歸、熟地黄，以生心血。用青黛以降心火，用阿膠以散心血，用麥門冬以清心氣。

小便混濁溺血者，此小腸血也，加炒山梔子以清小腸血，用木通以瀉小腸火，用黄連清心以治小腸之源，用琥珀、滑石以通小腸之氣，用蒲黄、竹葉、藕節之類以散小腸之血，用赤茯苓以清小腸之氣。

吐血青紫色者，乃肝經血也，四物湯内倍牡丹皮，引血使歸肝經，不致妄行。酒炒條芩以降肝火，用韮汁、童便、側栢以散肝血，用韮金以達肝氣，用蜜炙黄栢滋腎，以培肝之源，用柴胡以清肝之氣。吐血兼嘔苦汁者，此膽經血也。用淡竹葉以降膽火，用柴胡以清膽氣。

吐血黑色者乃腎經血，用黄栢以滋腎水，用玄參以瀉腎火，用天冬、麥冬、貝母以清腎血，用熟地黄、遠志以生腎血，用知母以清腎氣。

吐紫黑色血，唾之小腹脹疼者，此命門心包絡血也。四物湯内倍牡丹皮以清命門之血，用茅根以瀉命門之火，用麥冬以清命門之氣。

吐血中多兼白痰，咳而聲嘶者，此肺經血也。倍用天門冬以潤肺金，用片黄芩以降肺火，用山梔子、百部、升麻、白芍、生地以瀉肺氣，用紫(苑)〔菀〕、阿膠以清肺熱，用石膏以清肺氣。

吐血兼大便血者，此大腸血也。四物内加條芩以降大腸火，用山梔子、百草霜以清大腸之血，用炒槐花、地榆以散大腸之血，用連翹以清大腸之氣。

吐血兼黄痰稠濁者，此脾經血也。加白朮、山藥、甘草以養脾之本，用當歸、黄連以清脾之血，用黄芪以開脾之氣，用百合、粉葛以清脾之熱，用白芍以清脾之氣。

吐血多作嘔逆，不納飲食者，此胃脘血也。主方内加山梔子以清胃脘之血，用酒大黄以引胃火下行，用粉葛以清胃之氣。

吐血湧出過多者，此三焦火盛也。主方内加地骨皮以瀉三焦之火，用連翹以清三焦之氣。

尿血莖中痛甚者，此膀胱經血也。用川牛膝、黄栢以降膀胱之火，用茅根以清膀胱之熱，用滑石、琥珀以清膀胱之氣。

明・喻昌《醫门法律》卷二　寒中少陰，行其嚴令，埋沒微陽，肌膚凍裂，無汗而喪神守，急用附子、乾薑，加葱白以散寒，加猪膽汁引入陰分。然恐藥力不勝，熨葱灼艾，外内協攻，迺足破其堅凝。少緩須臾，必無及矣。此一難也。

若其人真陽素擾，腠理素疎，陰盛於内，必逼其陽亡於外，魄汗淋漓，脊項強硬。用附子、乾薑、猪膽汁，即不可加葱及熨灼，恐助其散，令氣隨汗脱，而陽無繇内返也。宜撲止其汗，陡進前藥，隨加固護腠理。不爾，恐其陽復越。此二難也。

用附子、乾薑以勝陰復陽者，取飛騎突入重圍，搴旗樹幟，使既散之陽，望幟爭趨，頃之復合耳。不知此義者，加增藥味，和合成湯，反牽制其雄入之勢，必至迂緩無功。此三難也。

其次，前藥中即須首加當歸、肉桂，兼理其榮，以寒邪中入，先傷榮血故也。不爾，藥偏於衛，弗及於榮，與病即不相當，邪不盡服，必非勝算。此四難也。

其次，前藥中即須加入人參、甘草，調元轉餉，收功帷幄。不爾，薑、附之猛，直將犯上無等矣。此五難也。

用前藥二三劑後，覺其陽在躬，運動頗輕，神情頗悅，更加黃芪、白朮、五味、白芍，大隊陰陽平補，不可歇手。蓋重陰見晛，浪子初歸，斯時搖搖靡定，怠緩不為善後，必墮前功。此六難也。

用群隊之藥以培陰護陽，其人即素有熱痰，陽出蚤已從陰而變寒。至此，無形之陰寒雖散，而有形之寒痰阻塞竅隧者，無繇遽轉為熱，薑、附固可勿施，其牛黃、竹瀝，一切寒涼，斷不可用。若因其素有熱痰，妄投寒劑，則陰復用事，陽即躁擾，必墮前功。此七難也。

前用平補後，已示銷兵放馬，偃武崇文之意，茲後總有頑痰留積經絡，但宜甘寒助氣開通，不宜辛辣助熱壅塞。蓋辛辣始先，不得已而用其毒，陽既安堵，即宜休養其陰，何得喜功生事，徒令病去藥存，轉生他患，漫無寧宇。此八難也。

清・談金章《誠書痘疹》地集　用藥法　一症自有一症之情形，一人自有一人之賦稟，一藥自有一藥之用度，一隅自有一隅之風氣，一方自有一方之苦心，一時自有一時之司令。不于此而講求，漫曰我宗錢，我宗陳，始取二說而非之，又牽扯二說而合之，可謂長太息者此也。又曰我得某書，又曰我得秘傳，殊非通論，明目張膽而治，尚有或失之處，豈有所謂秘哉？如執書而治病，相去徑庭矣。夫用藥如用兵，假如火牛背水，當時自有玅用，後之傚法者，必潰握要在心，權衡在目，神而明之，存乎其人，余著《用藥法》，正開人以生面也。

余著《用藥法》，豈外前人之程式，而別為奇僻之論哉？臨症消息合《經》而理。《經》曰：形不足者溫之以氣，精不足者補之以味。正因人之勇怯，而施方治形歸氣。氣歸陽，補陽參、耆之屬是也。精為血，血為陰，補陰芎、歸之屬是也。《經》曰：其在皮者，汗而發之；其實者，散而瀉之。正因邪之盛衰而施方治，邪在表則留連肌肉，壅塞經絡，以輕劑發之，輕可去實，麻黃、葛根之屬是也。邪在裏則三焦凝滯，五內鬱遏，以洩劑瀉之，洩可去閉，大黃、牽牛之屬是也。《經》曰：春夏養陽，秋冬養陰。正因時之寒燠而施方治。春夏天氣主之，治在心肺，故心肺之藥，宜多芩、連、荊、防之屬是也。秋冬地氣主之，治在肝腎，故肝腎之藥，宜多丁、桂、薑、附之屬是也。故用寒遠寒，用熱遠熱，語其常也。發表不遠熱，攻裏不遠寒，語其變也。治熱以寒，溫而行之；治寒以熱，涼而行之；虛則補之，實則瀉之；折其鬱氣，滋其化源，以平為期，治之要也。自首尾不可汗下之論一出，不究其症之若何，遂援引其說，附會其能，有製變藥性以為奇者，有假藥性之似是以爲巧者，有逢迎主家以爲計者，至使有宜汗而失汗，宜下而失下，宜涼而失涼，宜溫而失溫者，其誤天下蒼生，豈淺鮮哉？

余繇是而益信，閱歷之難，更覺讀書之苦，豈敢居作者之林，彼應制之文，得失榮辱一身一家而已。治病之書，不惟一時之利害，千百世之生死攸關。孟子闢楊墨，闢其害人心，矧害人命者乎！余與世人約略言之，敘論與當場逈不同也。讀書與臨症又逈不同也。畢竟卓我膽量，堅我見解者，要在當場多敘論廣識見也，多讀書充學力也。若然，則敘論與讀書無補我術矣。與臨症也。即以讀書論，凡全集盈數十卷，其一生得力處，僅僅幾篇，其中備足名數者不少。故痘疹之書，言理者非不精玅，言方者非不確據，究之扼要者幾何？故曰讀書須見古人心，展卷時當審其作書者南人耶？北人耶？耑家耶？博名耶？我于當場臨症時，默默印合乎書，得書中之味，則知操管者當年合群書而訂是非者耶？抑虛談名理者耶？果席不暇暖而罄寫痌瘝者耶？余所以商用藥法，必考前人之方，每考一方必原立方之旨，大都痘症本門之方，與本症之藥有幾，諸如五苓散、四物湯、六君子湯之類，謂其夾雜症者，多可見治痘者，不止于治痘已也。其中之見症不一，而藥亦多端，功在善讀書，善閱歷，勿以此道輕試可也。

清・祁坤《外科大成》卷一《論症治》　藥忌用藥之法，如執權衡，若大勢已退，仍用悍霸之藥，為誅伐無過，失《內經》之旨矣。如敗毒散有表症者宜之，多則損氣。流氣飲氣結胸滿者宜之，多則敗血。內補十宣散，在冬月可助內托之功，能移深居淺，然燥榮瀉衛之藥太多，在夏月及虛之甚者勿用。五香散腫瘍時用之，似有暢達之理，潰瘍時用之，則犯重虛之戒。護心散能解丹石之毒，若不因此及老年病深症憊者禁用。蟬酥等丸，皆有砒硇之輩，乃取汗之峻劑也，治初起寒熱，拘急疼痛，脉沉細者，為毒氣內陷也，宜用，若身熱脉洪及已潰者禁與。玉樞丹為下毒之藥，無取膿之功，而體虛者、已成者勿用。垣云：一經受病，止責其一經，不可干擾餘經。如流氣飲通行十二經，則諸經皆為所損矣，禁之。

清・丘克孝《隘村醫訣》　證藥增損賦照東垣定例。　人病無常，用藥不一，增損合宜，全在活潑。諸風兮防麻薑瀝，諸濕兮蒼白二朮。中寒厥冷附子天雄，中暑燥煩黃連香薷。頭痛而芎蔓細辛，未應而引經藥用。太陽麻黃，陽明白芷，少陽柴胡，太陰蒼术，少陰細辛，厥陰吳萸；痰厥痛而半夏，血虚痛而當歸。氣弱人參黃芪，冒風麻黄葱白。頂痛藁本，腦痛細辛。若夫遍身節痛而羌活，風濕亦加；水腫脹急而甘遂，虚人忌用。心疼良薑五靈，下痛吳萸；心痞枳殼枳實，夯悶黃連。腹疼芍藥，惡寒佐以官桂，惡熱佐以黃芩。骨蒸柴胡，有汗增以地骨，無汗增以牡丹。栝實橘紅消胸中之痰痞，柴胡牡蠣理脇下之痛堅。腰疼杜仲，膝疼牛膝。喉嗌疼而黃芩桔貝，胃痛草蔻，莖痛甘稍；臍下痛而肉桂地黃，氣刺木香，血刺當歸。腹中窄而蒼术，腹中急而炒甘。足膝痿輭黃栢防己，肩背酸疼防風羌活。腹疼兮厚朴，咳逆兮柿霜。氣不轉運而木香砂仁，風痰上壅而竹瀝薑汁。活血當歸，補血川芎，調血胡索，崩血五靈，死血蘇木，畜血虻蛭，破血桃仁。歸鬚止血，炒蒲歸首。補氣人參，順氣烏藥，調氣木香，降氣沉香，清氣檀香，導氣檳榔。破滯氣以青殼，提元氣以升麻。虚熱黃芪，蒸熱地骨。上焦熱而黃芩，中焦熱而黃連，下焦熱而黃栢。嗌乾乾葛，煩渴天花。牛黃堪清心火，硃砂善安神志。熱痰栝實，濕痰蒼术；半夏風痰，南星老痰。枳實礞石。脾胃受濕兮白术，下部濕腫兮防己。肉積草菓，食積麯芽。口甜石膏，口苦柴連。五味子肺虚咳嗽，桑白皮肺實咳嗽。風寒嗽而麻黃杏仁，脉瘻嗽而麥冬黃芩。有聲無痰生薑防杏，有聲有痰殼夏防風。上氣喘急兮肺氣有餘，杏仁蘇子；氣促氣短兮元氣不足，參味麥冬。吞酸吳萸黃連，吐酸土炒黃連。冷涎丁香藿香，乾噦竹茹薑汁。水腫喘急葶藶桑皮，諸虚泄瀉术苓芍藥。傷食作瀉者草菓，傷寒熱瀉者黃連。諸痢芍藥當歸，血痢黃連犀角。上部見血兮防風，中部見血兮黃連，下部見血兮地榆。大便熱結芒硝大黃，血秘者麻仁桃仁，氣秘者大黃枳殼。小便不通木通滑石，淋澀者猪苓澤瀉，頻數者益智螵蛸。滑瀉不禁臟寒也，訶子肉蔻；若不已而升麻羌活。小便失遺氣虚也，人參黃芪；若腎虚而地黃牡蠣。驚悸恍惚茯神龍骨，心志不寧菖蒲遠志。胸中煩熱不眠而梔子，心膽虚怯不眠而棗仁。顛狂煩亂硃砂黃連，自汗盜汗黃芪浮麥。眼暴發而連歸防風，眼久昏而當歸熟地。翳膜木賊穀精，涕淚川椒甘菊。胎氣上升者砂仁，胎動不安者芩术。股腫大黃牡蠣，結核牡蠣芽茶。癰毒喘促兮栝實，癰疽已潰兮參芪。諸瘡作渴人參黃芪花粉，消諸腫毒連翹花粉忍冬。表虚桂芍，表實葛麻；表寒桂枝，表熱柴胡。裏虚參术，裏實枳黃；裏寒薑附，裏熱芩硝。上焦寒者人參，中焦寒者乾薑，下焦寒者肉桂。降虚火兮炒梔，退虚熱兮地骨。水瀉車前，寒瀉乾薑。肺氣不足而二冬五味，腎氣不足而遠志地黃，肝氣不足而川芎天麻，心氣不足而參茯菖蒲，脾氣不足而白术芍藥，膽氣不足而細辛酸棗。神昏硃砂茯神，健忘茯神遠志。多夢紛紜兮龍骨，驚悸不安兮龍齒。噎症防蟲兮青黛，小兒傷食兮山查。疸病茵陳，癭病天冬。下痢去不快而氣實者大黃，表虚惡風寒而自汗者桂枝。殺蟲檳榔苦楝，定喘阿膠杏仁。證治多端，筆舌難罄；引伸觸類，是在高明。

清·汪琥《痘疹廣金鏡錄》卷下 痘疹用藥直指活法 痘瘡用藥，雖不可拘於日數，然險痘常例，必待藥以起發收功，大約以十二三日為期。黃芝石先生云：醫有賢愚，嘗見治痘者，不究藥性寒熱及病之虚實，先後不分，亂投湯劑，故予開明報形起脹，行漿收靨之宜忌，頗為治痘之準繩，殊非一定之方，使不致於天壤之遠矣。幸同道君子能循序而活變行之，始不亂乎病機先後，虚實可否云耳。痘如初熱，未出或已出，於一二三朝，宜用下藥，能解表透肌，開提氣血，以立起發之功。升麻：面痘難起，又已形，水瀉不止及升陽氣於上加之。葛根：春夏秋已形未形，身熱無汗，毛焦肌熱者乃用之。川芎：見形即用，至頭面漿足方止，宜酒浸切用。桔梗：能開提氣分之熱，清痰止嗽，又內助參耆走表，為首尾常用之藥。防風：風藥中潤劑，已形未齊，四肢不足者宜加之。羌活：惡寒發熱，項背密，或不見點者用之。獨活：腰痛，內引脊裏者加之。蘇葉：三冬初春，已未形感寒，無汗煩躁作喘者加之。麻黃：嚴冬寒甚，無汗躁喘，鼻孔掀舉，面赤若怒者用之。香薷：夏月發熱無汗者用之。荊芥：已形有餘證，疏散風氣，涼血解毒加之。薄荷：已未形，風熱盛而肌膚焮腫疼煩者加之。前胡：傷風痰熱者加之。柴胡：少陽往來寒熱證，或兩脇出不快方用之。木通：佐風藥以透肌行氣，止熱兼利小便，五日後禁用。甘草：生用性涼，解毒，七日後宜炙用。牛蒡子：一名大力，又名鼠粘。痘多毒盛，實證見形時生用，起脹時炒。枳殼：喘急胸滿，傷食，大腸風熱便秘者加之。腹皮：熱毒壅遏，腹脹喘急者加之。赤芍：涼解血分之熱，兼治腹痛，五日後不用。陳皮：健脾開胃，溫中消食，豁痰，虚寒實熱皆可用以為佐。地骨皮：初發時皮毛焦，壯熱入骨，毒鬱於中不能宣發者用之。痘出熱解則止。大腹皮：現形一二日，氣喘而腹脹者加之。　杏仁：　痘前後傷風寒，喘急痰逆者，湯泡去皮尖用之。　筍尖：　未形已形皆可用以透發，過五朝不用。　薑芽：　風寒襲表，不能透發加之。

以上等藥，除甘草、陳皮、薑芽，氣虛痘皆不宜用。痘如已出，或出未齊，於三四五六朝宜用下藥，能清熱解毒，匀活營衛，以助長養之力。　川芎、桔梗、陳皮、甘草、防風、牛蒡。　連翹：　清解熱毒，利小便，三四日用起，虛者禁之。　白芷：　疏散風濕，發痘內托，排膿，四五日用，起漿濃則止。　生地：　起脹時血熱有餘，發斑者用之涼血，六日後禁用。　當歸：　起脹時不論虛實俱用，能活血養血，起痘行漿。　丹皮：　起脹時血熱紅紫發斑，用之涼血清熱。　紅花：　報形起脹時，佐當歸活血涼血。六日後不用。　紫草：　報形起脹時，痘不易出，實熱之證加之。五日後止之。　山查：　行滯氣，傷食腹痛，內攻作喘加之。　白芍：　五六日氣血屬虛者，佐當歸斂血附氣成膿根，散者宜酒炒用。　玄參：　三四日火極發斑及咽喉痛用之。　山梔：　肺胃火熱亢極及衄血，炒黑用之。　黃芩：　現形時表熱盛，紅紫色，大便秘者加之。　與黃連並用涼血清熱，解毒化斑。過六日不宜用。　黃連：　痘紅紫，內熱毒盛，三四日即用之；　六日後熱緩色正，不宜過用；　然亦有七八日後心火尚盛，紅色不減，大便仍結，補托兼清可也。　大黃：　痘疹見形，實熱內盛，痘不起綻，大腸燥結不能便，或致發斑，狂躁譫語，昏沉者用一二錢，熱盛不下者或三五錢。若血虛風熱便秘者不可用。　石膏：　痘疹現形時，大熱煩渴引飲，自汗者用之，與知母加糯米同煎服，即白虎湯也。又痘如紅紫，熱極發斑，胃爛口腥唇腫者，與犀角同用。　滑石：　夏月痘三四五六日，紅紫熱盛，小便秘澀，心火狂燥，熱毒壅遏者，水飛研，同甘草末服之，即六一散也。又名天水益元散。　人中黃：　痘疹未形，已發壯熱，頭大面頰腫，乃天行疫毒之氣，凡發散解毒藥中宜加用之。　桂枝：　痘疹於隆冬時，風寒之氣傷營衛，凡行表藥中宜少加之。　木香：　痘前後腹中寒氣積滯，須用二三分，以健脾和胃。　蟬蛻：　能涼血發毒，起痘定驚搐，宜用於五日之前，不宜用於行漿之際。若痘後餘毒凝滯，皮膚作癢及目翳，宜少加之。　殭蠶：　能和血貫漿，定癢，風熱盛有餘之證，宜於五六七八朝用之。若氣血弱者，雖毒盛不宜用。　穿山甲：　能行血滯，痘於起發時，或紅紫黑陷，乾枯，宜於歸、芐、芎、芍中少加之，每用二三分，必以好酒浸透，砂炒黃，研末為佳。此藥虛實俱宜，乃痘中之聖藥，有挽回造化之功。　犀角：　解心火熱極，非血熱斑痘不加，此心臟為斑，其色赤，非夾斑也。吐血火盛用之。又若感冒風寒作斑者勿用。　人參：　虛證不起不透用之，以補而兼發也。又已形未形，兒怯弱，痘色淡白，或素虛作瀉者加之。又氣虛熱毒盛者，於行漿之時，可加三五分於芩、連、梔、蘗、連翹、牛蒡、升麻、山豆根、紫草之中，但用生者好，油熟者勿加。虛證用一錢、二三錢、五錢、一兩，須知藥病相宜。

痘如起發見點已齊，於七八九十朝，宜用下藥，能托裏灌漿，充實腠理，以為收斂之基。　川芎、桔梗、防風、佐黃耆走表。甘草、陳皮、連翹、白芷、佐黃耆能行漿。當歸、查肉、白芍、木香、人參、牛蒡子。　黃耆：　補衛氣，行皮毛肌肉之分，白芍佐之，拘血排膿，止癢起痘。身面漿濃足則止。如濕潤難斂者，蜜炙用，能收靨成功。凡參一錢配耆一錢五分，如收功後對用。　熟地：　補營血，益真氣，血虛痘宜用之。又痘後血虛咬牙不止及腎虛骨軟難行，與當歸並用。其性滋膩，入藥以薑汁同酒製之。　川貝母：　麻痘六七日後，虛中挾火之證用之，能利心肺，降熱清痰，解毒，痘後散癰退腫宜之，每用七八分、一錢止。　天花粉：　麻痘六七日後，清胃消痰，解火毒，發聲音，熱證煩渴生痰者用之。與貝母彷彿，然貝母治瘡其力猶勝。虛寒痰證勿加。　麥門冬：　麻痘六七日後，元氣不足，虛火作渴，解心下煩熱，治咳嗽痰涎，每用一錢至二三錢。　五味子：　痘已貫漿，虛而煩渴者用之，能止嗽生津，每用五七粒，生脈散中一錢止。　金銀花：　解諸熱毒，痘發時夾瘡瘍者用之，或發疔腫及痘後餘毒亦用，能消癰退腫，每用五六分，或一二錢。潰後勿加。

何首烏：　痘於回漿時，氣血虛，不能收靨宜加之。凡用須黑豆製熟，生用則消毒，潤大腸。　白朮：　痘中如作吐瀉減食，漿清發泡者用之。又十日後濕潤難靨，虛煩作渴者亦加用。如熱瀉燥渴者勿加。　茯苓：　痘於六七日前，非脾虛吐瀉者不加，七八日後，漿清作泡，吐瀉虛弱者，與生耆、白朮同用。痘後能利水收靨。若起發行漿時多用、獨用之，反使痘癢塌難漿矣，醫者不可不知。　藿香：　十日內外，虛證作嘔惡，中病則已。又痘後脾胃虛弱，不食乾嘔，用之能溫中進食。痘前乾嘔者，乃毒火也，不可用。每用三五分止。宜蘇州杜藿香佳。　半夏：　痘前後風寒痰壅嗽喘者，不得已用之，倘嘔逆不止者，先以生薑、橘皮代之為穩。　生薑：　痘前能和中止嘔瀉，助陽走表，佐參耆能行漿。虛證九日後與糯米並加附氣，成漿不亞於桂。一法以去皮切細，炒乾，性熱能引血藥生血，氣血虛寒宜用之。　砂仁：　痘於七八日後，傷食惡食，腹痛吐瀉者加之。痘後調脾開胃，行氣亦用，每用炒研末三五分止。　薏苡仁：痘於灌漿時，下體不足宜用之，以足漿作靨。又祛風濕，理脚氣浮腫，炒黄色用，能治腹中作脹。　大棗：宜用金華長黑者，去核。能安中和脾胃，助十二經脈，上行生津液，與生薑並用，能使表裏和平。　糯米：能助參耆灌膿起頂，若用紫草、石膏者，後必加之，使胃氣不虧。用生不用炒，每用止一錢，多則稠粘難服。　陳黄米：益真氣而和胃氣，痘內減食嘔惡者，作粉加砂仁與食，但惡食而不嘔者加砂糖調，與食甚佳，或用龍眼肉煎湯調更妙。　丁香：痘內感寒，脾胃虚冷作吐嘔及瀉青白，致陷伏厥陰之證，方可少加三四五粒，中病即已。痘色紅活，熱證嘔吐，勿妄加之。　乾薑：痘於行漿時，脾胃虚寒，吐瀉青白，厥冷，痘色灰白難起綻者，佐保元能溫經排膿，佐四君能止吐瀉。大寒厥陰之證，佐附子有功。每用二三分止。生用大熱，炒黑性溫，能引血歸經，使不妄行。　附子：痘前後四肢通身厥逆，口氣冷，面青白，痘陷伏灰白色，或吐瀉青白不臭，方可加入保元湯內，每用五七分，或一二錢止。亦有與乾薑並用者。凡用附子須一兩以外，頂臍平正如饅頭樣者，童便浸三日夜，去皮，濕紙裹煨，竹刀切開。勿犯鐵器。又法：黄連、菉豆、甘草煮熟，或薑汁煮亦可。　肉桂：供官者厚而色紫味甜，去皮，又名桂心。虚寒證痘色淡白者宜加之。能行血附氣走表，翊助參耆之力，以成漿薄者行上部。如血熱毒盛，虚中挾毒者勿加。

訶子：痘於見形時泄瀉腸滑不禁者用之，行漿時多用恐氣血澀滯，宜暫用三五分。六日前熱瀉勿用。　老鷄：有毒，加椒、薑、桂皮，用陳酒煮爛與兒食之，能起發痘瘡。又袁氏治痘板黄，用鷄一隻，以參、耆、當歸、紅花、桂，和蜜、酒煮熟食之。倘兒但乳不能食者，蒸鷄露與飲之。蒸鷄露法：丹雄鷄一隻，如常治淨，內裝入嫩黄耆片一兩，人參片五錢，瓦鍋內貯水，以大碗安水上，上覆中碗，貯鷄於上，蓋好，猛火蒸一伏時，其大碗內當有氣水入，即鷄露也。初生羔羊亦可為之，羊只去毛，不可剝皮。　鹿茸：痘於八九朝，灰白色不起綻者，宜好酒煮烊，加入湯劑，或乳炙為末，酒調服，最能助漿。　人乳：甘溫，血所化，大能助漿保元及八珍、十全大補湯內皆可加入服之。

痘如回漿，或已收靨，於十一二三四朝，宜用下藥，能和中溫胃，調補真元，以免餘毒之患。　黄耆、人參、蒸白朮、茯苓、熟地、川芎、歸身、炙甘草、白芍、丹皮、貝母、麥冬、何首烏、查肉、大棗、牛蒡、陳皮、金銀花、連翹、生薑、藿香、半麯、薏苡仁、升麻、柴胡，上三味各少許。砂仁、蟬蛻。　山藥：痘漿足後，補脾除濕，收靨，安五臟，止吐瀉。凡用炒黄色，五六分、一錢止。　扁豆：能燥脾去濕，解暑熱，止霍亂，開胃進食。收靨脫痂時每用五七分、一錢止，炒黄研用。　知母：滋陰補腎，治痘後陰虚少睡，夜熱早涼及骨蒸潮熱，口渴，夜多咳嗽痰喘。凡用刮去毛，或人乳，或鹽酒拌透，微焙乾，每用五七分止。　天門冬：止痘後虚嗽，補養心血，潤肝燥，安神助睡，每用一錢上下，去心。　石斛：能養脾胃，清虚熱。痘後牙疳，甘露飲中用之，同天麥冬、生熟地、枇杷葉、山茵蔯、枳殼、黄芩、犀角屑等共劑，少加甘草煎服，其滋腎水，清胃火之功多矣。用之須去根，七八分、一錢止。　牛膝：生血，活血，破血，引諸藥下行。惟痘後足軟難行者，與五加皮同用，能壯筋骨，益氣力。餘勿妄施。每用酒洗，五七分止。　厚朴：痘後腹膨吐瀉宜用之，佐蒼朮寬中消食，平胃除濕；佐朮、茯補脾溫胃，消痰。凡使須薑汁拌鬱一宿，炒乾，用至四五分止。　蒼朮：燥脾去濕，消食寬中，兼辟瘴氣。痘中脾濕不化穀者加之。凡使，須糯米泔和，日照黄土末浸三日夜，去皮切片，炒久烟漸微清，勿焦枯為佳；或同黑脂麻炒。每用五七分止。　神麯、麥芽：俱能消米穀，健脾胃，進飲食。痘後傷食，發熱吐瀉者宜用之，每用炒黄色，五七分止。　尖檳榔：能消穀逐水，通腸胃中結滯之氣，且能殺蟲。痘後肝熱脾虚，少食肚腹脹痛者加之；腹虚膨滿，氣喘粗者，不分餘毒、食積、畜水，並先利之。有塌氣丸用雞心檳榔一隻，以牽牛為君，木香佐之，下後始以二朮、二苓、參、耆、澤、朴、桂心、陳皮、大腹皮以調之，而虚腫自消。凡用以水磨汁效。　使君子：能除疳積，殺諸蟲。治痘後兒好睡，默默不欲食，上下唇有瘡，其聲啞嗄，病名狐惑。此候最惡，麻疹後尤多，黄連陰䘌丸專治之，方用使君子肉為君，與黄連、蘆薈、蕪荑、乾蟾、川楝子取肉為末，烏梅肉為丸，米飲服之，兼治蛔厥證。入藥生用。　鈎藤：主小兒寒熱十二驚癇，夜啼瘈瘲，風痰熱擁客忤。痘後忽然口噤涎潮，角弓反張，身青黑色，遶臍腹痛，有鈎藤湯以之為君，同芎、歸、芍、連、桂、木、草、紅花、青皮、木香、生薑各等分，水煎服。入藥宜生用及多用。　枸杞子、杜仲、菟絲子：俱痘後補腎生精，壯筋骨，止腰痛，扶痿弱難行藥。惟杜仲鹽酒拌炒斷絲。每用六七分、一錢止。　酸棗仁、遠志：痘靨後心血衰耗，精神不能自守，邪熱乘虚入於血室，以致睡中讝語不安，用之養血安神；虚證火燥者，又栢子仁亦堪加入。凡棗仁心虛少睡者炒熟用，膽熱多睡者生研用之。遠志用甘草湯泡，搥取肉。每用五七分、一錢止。　皂角刺：痘後發癰者少用，二三分、五分止。引諸藥直達瘡所，成功甚效。　乳香、沒藥：皆能行氣破血，活血止痛，消癰解毒。並用多服，令人筋骨軟難行，潰則勿加。須去油，用每三五分。

穀精用花、白蒺藜炒去刺、甘菊花去蒂、草決明酒炒研末、木賊去節：上五味，皆治痘後目翳睛赤，羞明畏日之藥，惟菊花須用單瓣味甘者。　蓮肉：清補心脾，主五臟不足，利十二經脈，安上下君相火邪。凡清心益脾藥中可加入之。痘後宜煮食。　百合：白花細長瓣者，去心。專治虛熱，補元氣，宜蜜蒸食之。且能療痘後癰腫，諸毒瘡。　綠豆：清涼能解腸胃熱毒。痘後中氣不足，不喜食者用，和糯米等分，炒為末，紅棗湯調服大佳。

附：疹子　疹浮小而有頭粒，隨出即收，不結膿疱，北人謂之糠瘡，南人謂之麩瘡，吳人謂之痧，越人謂之瘖，古所謂麻，聞人氏所謂膚疹是也。與前所謂脾為疹者不同，小兒有出一二次者，有出輕而日數少者，有出稍重而日數稍多者，有出於痘前者，有出於痘後者。但痘發於臟，疹發於腑。臟屬陰，其病本深，故難出難收，而藥以溫平為宜；腑屬陽，其病本淺，故易出易收，而藥以清涼為宜。

清・郭志邃《痧脹玉衡》卷上　用藥大法　痧氣壅遏，未有不阻塞於中，故作痛作脹。用荊芥、防風之類，從表而散；用青皮、陳皮之類，從中而消；用枳實、大黃之類，從大便而下；用木通、澤瀉之類，從小便而行；用山查、蔔子之類，所以治其食之阻；用金銀花、紅花之類，所以治其血之壅；用(梹)〔檳〕榔、蓬朮之類，所以治其積之滯也。

清・郭志邃《痧脹玉衡》卷下　藥性便覽　荊芥：透肌解表，散痧毒。痧筋隱隱不發者，非此不現。用四分至八分止。　防風：透肌發表，為臣使之助。寒熱往來，痧毒壅滯，鬱遏不發者，非此不清。用三分至七分止。

羌活：痧症忌其發表太過。若頭痛或又因受寒而起，更兼痧症，欲用之引太陽經，止許用半分至二分。　連翹：消痧毒，解諸經火邪，清熱而不滯，治痧之要藥也。用七分至一錢。　陳皮、青皮：陳行痧氣，青伐肝氣。痧氣壅阻鬱結不行者，非此不利。用六分至一錢。　枳殼、枳實：破痧氣，驅毒氣，除脹氣，下食氣。積滯壅塞者，非此不開。但枳殼性緩，枳實性速，各有所宜。用五分至一錢五分。　桃仁：破瘀活血。痧為血阻，非此不流；痧為血滯，非此不順。去皮而用，為皮味澁而阻血路也。用七分至一錢六分。　秦艽：活血驅風，消痧毒。筋骨疼痛，壯熱不清者，非此不解。用三分至六分。　川芎：上行頭目，頭角骨痛者必需；下通血海，肝臟不華者當用。用一分至三分，止恐提痧氣上騰也。　桔梗：入肺經，為諸藥之舟楫，其性上而復下，故能引枳殼破胸中至高之氣。用六分至八分。　香附：行血中之氣。恐其香燥，須用便製；欲其行血，必要酒炒；取其斂血，在乎醋炒。用三分至八分。　木香：行滯氣，燥濕氣，驅寒氣，開鬱氣，散結氣。痧後腹痛不解者，此要藥也。用一分至三分止。　檀香：痧後心腹疼痛不休，胸脇脹悶，寒凝氣滯，得此而抒。若痧之始發，當知忌用。用一分至三分。　砂仁：順氣開鬱，散痧消食。此始終可用之要藥也。用三分至一錢。　穿山甲：土炒為末。透痧消痰，破瘀托毒。善走經絡之神劑也，故經絡有諸藥所不到者，非此不達。用一分至五分。　童便：解痧毒，消痰降火最速。定痛治血痢，痢下血水，諸藥莫及。　天蟲：能治血分之痰，佐山甲透經絡以破瘀毒。用須炒末，自一分至二分。　烏藥：善行周身之氣。凡痧氣阻滯者，得此無處不到。用三分至五分。　紅花、金銀花、茜草：活血，解痧毒。用六分至一錢。　山查、蔔子、麥芽、神麴：痧為食壅，取其善消而不暴也。　大黃：大便不通，痧氣閉塞，非此不能攻而下之。用五分至一錢五分。　木通、車前、澤瀉：痧氣鬱阻，小便不利，在所當求。若熱鬱太重，不因小水，更在所禁。用二分至五分。　黃連、黃芩：冷性凝滯，痧中忌用。用須酒炒，或薑汁製。　生地：涼血。血瘀者非其所宜。　熟地、白芍：補血斂血，痧所大忌。　參、芪、白朮、山藥：用之恐補毒氣，痧所大禁。　甘草：用之恐成痧塊難治，在所忌用。　白茯苓：恐其滲濕，實其痧氣，俱在禁例。　細辛：透竅破血，散痧之要藥也。用七分至一錢。　薑黃：其性雖溫，善能消痰下氣，破惡血。用二分至四分。　貝母：川者專消熱痰，土者兼破瘀血。用一錢至一錢五分。　白芥子：脇下之痰，非此不達。用四分至六分。　半夏、白芷、蒼朮：性燥，忌用。　竹瀝：性寒，忌用。用須薑汁，方走經絡。　雄黃、牛黃、膽星、天竹黃：消痰丸中宜用。　麝香：開竅散痧，功亦甚大。　當歸：頭身尾各有所宜，用須斟酌。　柴胡：和解表裏，專治少陽膽經寒熱往來。用六分至一錢。　乾葛：散陽明胃經之邪，兼能解渴。用六分至八分。　前胡：

疏風消痰治嗽，表熱者宜用。用六分至八分。　桑皮：　治嗽瀉肺。用四分至八分。　兜(苓)〔鈴〕：　瀉肺嗽。用三分至五分。　杏仁：　瀉肺潤腸胃，利氣消痰涎。去皮尖用，用四分至一錢。　麥冬、天冬：　潤肺消痰，一治其本，一治其標。去心用之，用七分至一錢五分。　(山)〔三〕稜、蓬术：　食積心疼，痧毒阻滯，痞悶者宜。用六分至八分。　五靈脂：　善消宿血。血塊凝滯不散，非此不破。用五分至八分。　鼈甲：　去兩肋，酥炙為末。破宿血，勝於靈脂。在胸者用上半截，在下者用下半截。　蘇木：　敗惡血，新瘀者莫及。用五分至一錢五分。　玄胡索：　活血行氣。氣血凝滯作痛，用五分至一錢五分。　香薷：　通上徹下，利水氣，治暑氣之要藥。用五分至一錢。　紫朴：　寬中治嘔，消痰下氣。用六分至八分。　牛膝：　活血，引痧氣下行。用八分至二錢。　木瓜、五味子：　酸斂，忌用。　升麻：　禁用，恐提痧氣上升而難遏也。　肉桂、附子、吴茱萸：　禁用，恐助痧毒，立刻有變也。　乾薑：　過服寒冷之水，宜少用之，善散寒氣也。若用之不當，亦能助熱毒，當忌。　麻黄：　發表太過，禁用。　薄荷：　辛涼利竅，消腫解毒，清氣清喉。用五分至一錢。　紫蘇：　疏風順氣，身熱當用三分至六分。明礬：　解痧毒，消痰定痛。用之探吐宿食甚妙。　玄參：　清氣消痰，滋陰潤肺。但色黑止血，痧有瘀血忌用。　花粉：　性沉寒，止渴。痧毒未清者忌用，恐凝滯痧氣也。　角刺：　透毒，能引諸藥至於痧毒血瘀之所，立奏其功。　牛蒡子：　解痧毒，清喉，痧中要藥。用七分至一錢。　乳香：　消瘀血而不傷新血，痧症用之以治血結。用五分至一錢。　黑砂糖：　活瘀血，解痧毒，故瘀血作痛者，得此則安。　沒藥：　痧痛用之，破瘀血。用四分至一錢。　食鹽：　解痧毒，定痛，用之吐去新食。　芋艿：　治痧熱，解毒。有痧患者，食之甘美。　晚蠶沙：　解痧毒，治熱。　阿魏：　破積聚，逐惡血，其功甚大。　大麻仁：　消大腸腸胃燥結者宜用。其中分數，如遇西北強壯人，當加一、二、三倍，不可執一。

清・郭志邃《痧脹玉衡》卷下　痧方餘議　鬱金：　價貴，時有換之以薑黄者。(其)〔此〕二味溫涼之性，雖有不同，然以之治痧，下氣消瘀，薑黄未爲無效；　若欲入心經，散鬱消瘀，則痧毒攻心者，非鬱金不能立奏其功，薑黄有所不及。故方中所載鬱金，切勿以薑黄代之。　穿山甲：　土炒用。　凡痧毒瘀血壅塞，阻而不通，得此透入經絡，引諸藥所不能到者，即到所犯經絡、血分之所。識者其留意焉！　黑丑：　通上徹下。痧毒脹滿，必須用此於丸散中，救人立功。凡破氣之味，俱莫能及。但耗散真氣，恐人有宜有不宜，故方中不載。　大黄：　治食積，阻痧毒。爲丸以備急用，其功莫大。若痧脹之極，必須急服此以攻之。恐病有宜有不宜，故方中雖載，不及細加，惟審病症緩急輕重而行之。丑、黄等分，粥丸三分，稍冷湯下。

清・釋傳傑《癘瘍全書》卷五　藥性宜忌炮製引　藥之性本偏，與稻黍稷麥有異。又產植異地，生熟異宜，自非選擇精良，製度周密，鮮能匠心而收功效。前方中雖稍註一二而缺略未備，慮有遺失，因總括大意，推原《本草》，取法雷公。雖未能遠窺《綱目》之奥，近登《經疏》之堂，而於癘瘍雜症合用之品，庶幾炮炙燎然，一覽可悉，不致貽誤後人焉耳。管窺有漏，隅見未全，寓內高明，尚其恕之。

升表祛風散濕之品錄三十三種。

川芎：　《本草》名芎藭。味辛，性溫。入足厥陰經。為血中氣藥。上行頭角，下行血海。能止卒急風邪頭痛，中惡，胸脇腫痛。不可多用久用。陰虛氣弱多汗禁服。〇忌火炙。凡芬芳取氣之藥，俱忌見火。可以類推。

藁本：　味辛、苦，溫、微寒。入足太陽經。氣厚，能透人之顛頂。大寒犯腦，皮膚疵皯並治之。若火炎頭痛，產後血虛及春夏疫瘟，發熱作渴，皆不宜服。

羌活：　味苦、辛，溫。散肌表八風之邪，利周身百節之痛，小無不入，大無不通，真祛風散寒除濕之要品。兼入手足太陽表裏行經，乃撥亂反正之主君藥也。幹長節密而香者為真。勿經水火，臨用切入效。虛人禁用。

獨活：　味苦、甘，平，微溫。川產香者為上。治足少陰傷風頭痛，腰足濕痺，不能行動，不論新久，非此不除。羌活氣雄，獨活氣細，功用略等，但氣有厚薄之殊耳。

防風：　味甘、辛，溫。氣厚味薄，入手陽明、足少陽厥陰三經。風藥也，升而能散，通療諸風。風能燥濕，故兼治濕。東垣云：　防風乃卒伍卑賤之職，隨所引而至。同耆、芍則實表止汗，同芎、芷則治頭目，同羌、獨則治腰膝，同當歸、地黄則治血風，同甘、术則治脾風，同芩、連、連翹則治熱風。蓋因引經之藥而俱能奏功者也。叉頭者，令人發狂；　叉尾者，發痼疾。南方中風，氣虛，產後血虛痙急，頭痛不因風邪，溏泄不因寒濕，二便秘澀，小兒慢驚脾風，諸氣升火嘔自汗，俱忌服。

麻黄：味苦、甘，氣辛溫。足太陽、手陽明太陰少陰之藥。療冬月傷寒，解肌第一。主中風頭痛，溫瘧發表去邪，風寒鬱結之欬逆亦能治之。開腠理，疏壅實，佐以葱、薑而力愈大。多服令人虛，有亡陽血溢之患。春秋非宜，夏月尤禁。陳者良。用去根。

升麻：性溫，味辛、微苦。入肺、大腸、脾、胃四經。能升陽氣於至陰之下，陽氣下陷者宜之。主解百毒，殺精物，辟瘟疫，除蠱毒，止瀉痢。提氣解肌，升而不降。吐血衄血，痰嗽，陰虛嘔吐、怔忡等症，俱忌之。小兒斑疹痘瘡未見點時可用，見標之後不可用。先蒸熟，或醋炒用。大忌生用。

紫蘇：味辛，性溫。其氣芬芳，稟天地之陽和，得春秋之正氣，散而不走，溫而不燥，陽草中至純至善之品。主下氣，除寒中，治心腹脹滿，止(藿)[霍]亂，脚氣，開胃下食，和血安胎，不特解肌發表而已。火升作嘔，多汗，陰虛病後忌服，惟可服子。〇蘇子：乃肺氣喘急之要藥。諸氣藥皆燥，惟蘇子為氣藥中之潤劑。定反胃，通五膈，潤心肺，消痰嗽，和潤奏功。性無偏峻，《本草》云其子尤良，蓋以此也。市者多以僞雜真，取一匕，手掌中擦，聞其氣如蘇葉者真。淘去土，隔紙炒氣香即止，研用。

荊芥：一名假蘇。氣溫，味辛。上行頭目，通肝氣，入血分，發汗解肌之輕劑也。吐血及婦人產後血暈衝心，取其穗，童便拌炒，或水煎，或末服，皆極效。表虛有汗，陰虛火炎上者忌之。

柴胡：味苦，平，微寒。入足少陽經。雖帶升散，實從和解，若非少陽，雖瘧勿用。治左右脇痛，往來寒熱及大腸停積水脹，濕痺拘攣，風藥能勝濕故也。

白芷：辛，溫。其氣香烈，入手足陽明、太陰。性善祛風，兼走氣血，止頭痛，除濕痺，主婦人血閉，諸淋，消腫潤肌，皮膚搔痒，初痢瘡瘍並效，皆辛散溫和之力也。病人火熾血熱勿用，癰疽已潰，宜漸減去。

葛根：味甘，平。入足陽明胃經。發傷寒之表邪，止胃虛之消渴。治溫瘧，解酒毒，升陰氣而療壯熱。故或以性寒，實非寒也，上盛下虛之人勿服；邪未入陽明，無渴證者不宜服，恐反引邪入陽明也，猶未傳少陽勿服柴胡之意。

蔓荊子：辛，溫。苦寒能清頭目風邪，為太陽經藥。力雖不及川芎，而性較和，於白芷、菊花、荊芥之儔伍也，主腦鳴頭眩，目淚出，堅齒明目，殺寸白長蟲。去白衣，酒浸一宿，久蒸晒乾，研用。

天麻：味辛，平。獨入足厥陰經。故主痰熱上壅，頭風眩暈，四肢麻木，風濕作痺及小兒風癇驚悸等症必需之藥。凡使，明者良。先用白蒺藜炒焦，為末，水拌入甑中久蒸用。病人咽乾舌燥，津液衰少，大便閉澁及頭眩不因風痰血虛，類中風者，皆禁用。

秦艽：味苦、辛，平，微溫。可升可降，降多於升，入手足陽明經。主風濕，活血榮筋，通身拘攣，肢節痛，無問新久妙藥。兼利小便，酒疸，口噤，腸風飧泄等。去土、黄毛，童便浸一宿，晒乾用。虛寒人、小便不禁者勿服。

五加皮：味辛，氣溫。入足少陰、足厥陰。主心腹痛，痺風脚弱，疝氣，陰痿，除風濕，堅筋骨，強志意，久服輕身耐老。浸酒服尤良。

細辛：辛，溫。氣味俱厚，手少陰、太陽經風藥也。主頭痛腦動，百節拘攣，風濕痺痛，死肌發汗，行血，溫中下氣，除喉痺，下乳結，破癇痰，利水道，升散而兼開竅，犯寒者可用。亦不可過多，五分而止。血虛內熱，氣虛自汗，火炎咳嗽，法皆禁之。

威靈仙：味苦，氣溫。入足太陽經。風藥之宣導善走者也。威言其性猛，靈仙言其效速。祛風濕，溫瘧，結痰冷滯，消癥瘕癇癖，膀胱宿膿。尤屬腰膝冷痼，下部之要藥。然非專用之品，須輔氣血之藥而行，則迅速有功。多服疏真氣，虛弱人忌之。忌茗。

(莃)[豨]薟：味苦，寒，有小毒。祛風除濕，入肝活血之要藥。不應有毒，而云有小毒者，以生用能令人吐故也，如法修製，則無毒矣。古法去根，細剉，擣汁熬膏，以甘草、地黄亦熬膏，煉蜜收之，溫酒調服效。今法八九月採嫩葉枝頭蜜和酒拌，九蒸九晒，為末，配入血藥、潤藥，煉蜜為丸效。前人盛稱其功力之大，善療中風癱瘓腰膝無力，去麻痺骨疼，長鬚眉黑髮，明耳目，行大腸氣，輕身駐顏，功驗倍常。總是去風濕為主藥，能勝風濕者，未有不燥，若病不因風濕，脾腎兩虛，陰血不足者，不宜服。

白附子：色白，味辛，故入肺，而治風痰。微甘且溫，故入脾而透肌膚。升陽之品，亦有小毒。主心痛，血痺瘡癬瘢疵，引藥勢上行，有祛風燥濕散結之功。入藥炮用。類中風及小兒慢驚，勿服。

蒼耳：《本草》名葈耳。其實味苦、甘，溫。其葉苦、辛，微寒。主風寒頭痛，風濕周痺，四肢拘攣，惡肉死肌，脛膝痛，祛風療濕之品也。炒令香，杵去刺，研用。反猪肉，解犬毒。

辛夷：味辛，氣溫。入手太陰、足陽明經。主頭腦痛，溫中解肌，利九竅，通鼻塞，治面腫，齒痛，眩運如在車船之上者。又生鬚髮，去白蟲。蓋辛夷氣清而芳，味薄而散，上竄頭目，逐陽分之風邪；下通腸胃，去浸淫之風濕。鼻淵初起，用之最良。血虚火熾咳嗽忌用；乍感風寒鼻塞頭痛者，亦不必用。

牙皂：味辛、鹹，性溫，有小毒。入肝、胃二經。主風痺死肌，頭風目淚，通關竅，消脹滿，理癰疽，除癬疥。搐鼻立嚏，敷腫疼痛即除。和生礬可吐風痰，拌蜜膽名為導箭。厲風鼻梁崩倒，眉髮自落者，酥炙用效。〇角刺：質銳性剛，無柔婉之態，故能引諸藥力直走患處，不達不止。療厲風瘡瘍。去鋒剉片，蜜水拌，九蒸九曝為粉。皆可暫服，多用能損氣血。

虎骨：味辛，微熱。入腎經。主筋骨毒風攣急，走注疼痛，除邪惡氣，殺鬼疰毒。止驚悸，治惡瘡鼠瘻犬傷。蓋虎，西方之宿，山獸之長，屬金而性正有力。虎嘯風生，風木受制於金也，所以治風病攣急，脚膝無力，屈伸不便，諸風疾等多效。重其脛者，虎之強悍，皆賴於脛，雖死而蹲踞，矻立不仆，脛為之也。尤重其前左者，以虎蹉卧，則虎吻正當前足左脛，氣息吹注於此，故用之尤有力也。羊酥炙黃用。〇虎睛：治癇症，先於羊血中浸一宿，漉出，微火焙乾，搗成粉，配入藥。爪：辟惡魅。膏：塗狗嚙瘡。食虎肉壞人齒。其中毒自斃者，骨亦變色，殊常勿用。

牛黃：味苦，平，氣涼。入足厥陰少陽、手少陰經。解百毒而消痰熱，散心火而療驚癇，開噤安神，尤治小兒百病。惟傷乳食作瀉，脾胃虚寒者，不當用。大人氣虚，類中風者，亦忌用。又墮胎。凡牛生黃，則眼如血色，好照水，夜視其身有光，乃精華凝結而成，此神物，如人身之有內丹也，畢竟無毒。或云牛病發黃，非此之黃也。肉且不堪食，何有於黃。

白殭蠶：味鹹、辛，平。入心、肺、肝、脾四經。主中風口噤，失音喉痺，風痰結滯，小兒驚癇夜啼，去三蟲，滅皮膚黑䵟，諸瘡瘢痕，男子陰瘍，女子崩中赤白，產後餘痛，皮膚諸似如蟲行，能發散諸邪熱氣故也。取白而直者，米泔浸去涎絲及黑嘴，微火焙乾，研用。大人小兒症無外邪者，勿用。

晚蠶沙：主腸鳴，熱中消渴，風痺癮瘮，着風濕，筋骨癱緩，腰膝軟疼，皮膚頑麻，手足不隨等症。得酒良。

全蠍：味辛，有毒。祛風逐邪，入足厥陰經。療諸風癮瘮及中風半身不遂，口眼喎斜，語濇，手足抽掣，小兒急驚諸風痰證。取其頭尾全者，酒浸，去鹽土，炙用。類中風及小兒慢脾風病屬於虚，法咸忌之。

鈎藤：味甘，平，性微寒。入手少陰、足厥陰二經。主小兒寒熱驚癇，一切驚啼瘈瘲，胎風客忤及婦人懷胎，胎動弔痛，咸效。色黃而嫩鈎多者佳。

清風藤：一名青藤，一名尋風藤。主治風痰，治風濕流注，歷節鶴膝，麻痺瘙癢，損傷瘡腫。入酒藥中用。〇海風藤：攷《綱目》《證類》《圖經》諸本草俱未詳，嘗從市肆搜取，較清風藤為珍重，察其氣味辛溫，委是祛除風濕之品。咀嚼微香，澹無邪猛之氣，知其無毒。亦蔓草之禀陽而升散者也。見聞寡陋，未核名賢箋注，姑列於此。

薄荷：味辛，性涼。入手太陰、少陰經。去頭風，透關節，解勞煩，發汗消腫。清利六陽之會首，驅除諸熱之風邪。陰虚人及病新瘥，寒嗽不因熱證，俱忌服。小兒傷食疳積，暨痘瘡氣虚者，雖身熱初起，亦不可用。

生薑：辛，溫。入心、肺、脾、胃四經。主通神明，辟穢惡，散風寒，止嘔吐，開鬱結，暢脾胃。療水泄水腫，除寒嗽寒痰，衛天地之正氣，而舒臟腑之陰寒者也。惟自汗盜汗，內熱吐血，臟毒腸澼，火熱腹痛，法並忌之。

葱白：辛，平。入手太陰、足厥陰、足陽明經。主傷寒寒熱，無汗，骨節痛，中風面目浮腫，喉痺不通，轉筋脚氣，利五臟，安中安胎，除肝邪明目，解毒。大抵發散之功居多。葱白解表，葱實明目，葱葉解毒。鬚止頭痛，熨臍可以回陽定厥，煨熱可以罨損止痛，功用又有差別也。病人表虚易汗者勿食，已得汗勿再進。

消導逐瘀行滯之品錄三十四種。

枳實：味苦，微寒。入足陽明、太陰經。破結實痰熱，消脹痞氣逆痛。承氣、陷胸用之破散衝走，有推墻倒壁之力。誤用屢用，能損真氣。陳久良。麩炒用。

枳殼：氣味主治與枳實略同。形大則氣散，故性緩行遲。兼入肺，能寬大腸。浸去黑瓤，亦用麩炒。〇柚有大小，吳中名香圓，味甘、辛，氣芳，能下氣寬中，助胃和脾，降三焦壅滯。陳久取皮，同蘇子用，最為氣分中和之劑。

橘皮： 味苦、辛，氣溫。入手足太陰、足陽明經。主胸中瘕熱逆氣，利水穀，除膀胱留熱停水，五淋，止吐逆霍亂，去寸白，止洩。此六陳之一，愈久愈良。去白消痰理氣，留白補胃和中。自汗，吐血，火嘔亡津液，氣不歸元及適當盛怒上氣，俱勿施。〇橘核： 炒研，調酒，除腰痛疝痛。〇橘葉： 引經，行肝氣，散乳癰脇癰。〇橘囊內筋膜，微炒煎飲，除醉嘔發渴。

青皮： 味甘，氣溫烈。入足厥陰經。破堅積，散滯氣，治脇痛膈食。陳皮治上，青皮治下。醋炒用。肝脾氣虛者勿施。

厚朴： 味苦，大溫。厚而色紫，有油者佳。薑汁炒用。平胃去脹，溫中降痰，下氣，主霍亂嘔逆，積瀉腹痛。下而不守，孕婦虛人忌之。膨脹亦勿屢服。

香附子： 理血氣，婦人之用。《本草》名莎草根。味甘、辛，微寒。亦應微溫。入足厥陰氣分，亦入手太陰經。言除胸中熱，充皮毛，長鬚眉者，平肝安肺之效也。治霍亂吐瀉，冷氣腹痛，婦人崩漏帶下，月事不調者，皆降氣理氣，散結推陳之功也。氣厚於味，不免過燥。古法搗去毛，童便、苦酒漬過用。今當童便先浸月餘，暑月頻換，長流水淘淨，清水浸一宿，再淘，晒乾，鹽水拌一宿，晒乾，酒拌一宿，晒乾，醋拌一宿，晒乾，然後炒黑，磨碎用。勿犯鐵。較四分各製者，尤為盡善。血熱氣虛及月事先期者，勿用。

烏藥： 辛，溫。入脾、肺二經。治一切氣，一切冷，一切風。主中惡心腹痛，天行疫瘴，膀胱腎間冷氣，攻沖背膂。婦人血氣阻積，小兒腹內諸蟲。

山查： 味酸，微溫。治肉積，除疝氣。米泔蒸，去核用。風寒未經發散者，勿用。茹素者不必用。紅痢身熱最忌。

神麴： 甘，溫。耑化穀食，健脾暖胃。炒黃用。脾陰虛，胃火盛者勿服。孕婦亦忌。〇紅麴： 亦消食健脾之品，而尤能活血和傷，治血痢有神。無積滯瘀血者，禁使。

麥芽： 甘、鹹。耑消麵食，降痰和中。炒去芒用。誤用生者，反能泥膈，以其發生未化也。嘔家忌之，以其甘也。

萊菔： 俗名蘿蔔根。味辛、甘，子味尤辛。主消食下氣，去痰癖，散腫，尤消麵積。子力更大，炒研用。

玄胡索： 味辛，氣溫。入足厥陰，亦入手少陰經。主婦人腹中結塊，產後血暈，暴血衝上及受寒心痛，疝氣危急。辛能走，醋炒則性和。血熱血虛者忌之。

五靈脂： 寒號蟲糞也。味甘，性溫。亦入肝、心二經。耑主行血去瘀，療心腹冷氣，小兒五疳，女子月閉，產後血暈，兒枕塊痛。凡使酒研，去砂石。生者行血，炒者止血。血虛無瘀忌之。

紅花： 古本名紅藍花。味辛，性溫。行血藥也。血生於心，藏於肝，會於衝任，其色紅，故並主之。內傷瘀血惡血，蠱毒，產後血暈，胎死腹中，得酒良。汁為臙脂，治小兒聤耳，護眼痘瘡不入。勿過用，令血不止。

桃仁： 味苦、甘，平。主瘀血血閉，破癥瘕，殺蟲辟邪。棄雙仁者，去皮尖，研如泥用。然散而不收，瀉而無補，過用損真陰，為害非細。

蘇木： 味甘、鹹，平。主破血，新產惡血脹悶，必須。

牡丹皮： 味苦、辛，入手少陰厥陰、足厥陰少陰，入血分，涼血熱之要藥也。主寒熱中風，除癥堅瘀血，療腰痛癰瘡，五勞客熱，跌撲內傷。凡用酒炒，婦人血崩，月信超前及經行屢日不淨，忌用。

檳榔： 味辛，性溫。主消穀下氣，除痰癖，殺蟲。墜諸藥，性若鐵石；治後重，驗如奔馬。嶺南人率多食之，以能下氣消食，除嵐瘴也。中氣不足者，雖有積滯，亦在所禁。

大腹皮： 微溫，氣味所主，與檳榔略同。蓋即其外皮，而性尤緩。入足陽明、太陰二經。下氣豁痰，除脹。古法水洗去黑水，復以大豆汁淋洗，晒乾用。以檳榔樹上，集多鴆鳥故也。病涉虛弱勿用。

澤蘭： 味苦、甘，微溫。入足厥陰、太陰經。通關竅，理血脉，主乳婦畜血中風及四肢浮腫，金瘡內寒。

蒲黃： 味甘，平。入肝經。生主行血，通經墮胎，消瘀排膿，祛熱，利小便。炒用止血，除崩漏帶下，一切吐衄血病，尿血腸風，並主精滑。忌鐵器。宜隔紙慢火多炒。

益母草： 味辛、甘，微溫。能行血通經，逐瘀利產，消惡毒疔腫，血貫瞳神，下胎死腹中。得酒良。用稍陳者。子名茺蔚，俗稱小胡麻，入瘋門者，亦以其能去惡血，除肌膚癮疹故也。

蓬朮： 《本草》名蓬莪茂。味苦、辛，溫。入足厥陰經。主心腹痛，中惡霍亂。能破氣中之血，香烈能調氣通竅，散結破積。醋漬煨用。此藥易損真元，即有血氣凝結，飲食積滯，亦當與健脾補元藥同用。

三稜：味苦，平。主消癖瘕結塊，能治有形之堅積。又主通經墮胎，産後血結止痛，皆散血行氣之功用也。大忌專用，亦須醋製。

大黄：味至苦，其氣大寒。入足陽明、太陰、厥陰，並入手陽明經。氣味俱厚，發泄善下，所至蕩平，有戡定禍亂之功，性又急疾，故號將軍。下瘀血，癥瘕積聚，留飲宿食，破氣降痰，心腹脹滿。總之，此藥乃除實熱燥結，下有形積滯之要品。生用則速，酒蒸則緩，一發不收，用者慎之。

牽牛：味辛，有毒。主下氣，除水腫風毒，利小便，驅蟲。去氣分濕熱；此平金洩氣之藥，原非佳品，降伐之力白過於黑。逐粒敲碎，磨取頭末，餘棄不用。凡藥皮殼皆澀，澀則不行，故牽牛再磨，則外皮雜入無效。

巴豆：亦名江子。味辛，氣熱，有大毒。性烈而降，蕩滌臟腑，開通閉塞，寒積寒痰，癥瘕結聚，利水道，去惡肉。乃斬關奪門之將，有迅速威猛之功，善用者借以成功，不善用之，徒致禍患。試觀此小沾人肌肉即起泡灼爛，其猛烈可知矣。製法：去殼，去心膜，搗碎，紙壓去油極淨，六七月間新瓦上烈日中晒久，密絹盛掛當風日無雨處，候冬月重霜時，皿盛夜露多次方可用。倘不及如前製法，亦須炒熟去油用差可。

朴硝：芒硝、風化硝、玄明粉，總是一種。初煎者為朴硝；其輕清上浮者為芒硝；風日中停久，色白者為風化硝；臘月投入滚湯，夜置冰霜之下，水内結成牙子，撈起曝乾者，為玄明粉。未煉則性生而效速，久煉則性和而效遲。味辛、鹹，大寒。能軟堅，能潤燥，能瀉實。入手少陰、厥陰、陽明經。虚人無實火，寒痰在胸膈，老人血枯風秘，莫投。

葶藶：味苦、辛，大寒，有小毒。主癥瘕積聚，寒熱結氣，通利水道，破堅逐邪，瀉肺，治腫滿。本入心、肝二經，故兼走膀胱、大腸。酒拌，同糯米炒至米黄，去米用。近世甜、苦二種，經著其苦，則甜者恐不中用。此藥有瀉無補，虚人禁之。

甘遂：苦，寒，有毒。反甘草。主癥瘕腹痛，面目浮腫，破堅積，利水治鼓，傷寒水結胸暫用之。虚腫大禁。

大戟：味苦、辛，寒，有小毒。主解蠱毒，洩腫滿，利大小腸，瀉肺。善走，能損真氣。

乾漆：味辛，溫，有毒。其葉無毒。削年深之堅積，除久凝之瘀血。殺三蟲，絕傳屍，療心疼，風寒濕痹。炒令烟盡用。忌鐵。畏蟹、鷄子、油膩。專主化物。中其毒者，即以所畏之物解之。

劉寄奴：味苦，溫。主破血，下脹。入心脾，專走血分。傳云多服令人痢，亦以其宣泄耳。

韭：味辛，溫，微酸。入厥陰經。散滯導瘀。久食無傷，生尤取益。惟胃虚脾滑勿食，瘧時亦忌，如食之，次年應期復發。花亦動風。子，甘溫，補肝及命門，亦菜品中和血益腎之善物也。

解毒除翳生肌之品録二十六種。

金銀花：名忍冬。味甘，溫。耑主癰疽，純和解毒，能稀痘，治血痢，服之令人三焦通暢行氣，療風之良藥也。蜜水拌蒸用。梗葉作湯，洗瘡癩有功。

漏蘆：味苦，鹹，寒。主皮膚熱毒惡瘡，乳癰發背，排膿活血，能下乳汁，止遺溺。同甘草蒸過，揀用。妊娠所禁，瘡瘍陰症亦忌。

白鮮皮：味苦，鹹，寒。入肺、小腸二經。能除濕熱，主頭風，黄疸，濕痺死肌，不可屈伸，一切疥癩惡瘡，時毒天行，腹中大熱，小兒驚癇，婦人産後餘痛。惟下部虚寒人勿用。惡桔梗、茯苓、萆薢。

夏枯草：味苦、辛，寒。入足厥陰經。治瘰癧鼠瘻，脚腫濕痺，一切癰疽腫毒，解熱止痛。亦治目疾。其味淡，宜多用。作湯以煮他藥有功。

連翹：味苦，平。輕揚上行，專瀉心家客熱，兼降脾胃濕熱。諸瘡痛痒，皆屬心火，火清而毒自解耳。目、口、鼻、咽喉、胸腹瘡痒熱症，靡不取效。癰疽已潰，脾胃薄弱者勿服。

牛蒡子：味辛，性溫。可升可降，主肌膚癮疹，咽喉不利，風熱瘡瘍，面浮齒痛。亦能消痰止嗽。酒拌炒，研用。

赤芍藥：味酸，微寒。主行血而利小便，能瀉肝而治脇痛。制肝則補脾，行血則消腫。積堅經閉，目赤瘡毒，皆所必需。白補而赤瀉。産後惡露已行，癰疽已潰，肝虚人並不宜服。

川山甲：俗稱也，原名鯪鯉甲。味辛、鹹，微寒，有毒。性善攻走，辟邪去驚，消毒排膿，行瘀血，通經絡，下乳發痘，療痔瘻，逐風追毒，向導之藥也。黄沙同炒黄脆，研用。癰疽已潰，不宜服。痘瘡元氣不足，不能起發者，不宜服。

木賊：味甘，微寒。入足厥陰、少陽二經血分。主目疾，退翳膜，益肝膽。又消積塊，療腸風止痢及婦人月水不斷。消中有補，應是味兼澀斂。畢竟伐肝，目疾出於怒氣及暑熱赤腫痛，非關翳膜因血虛內障者，非其任也。

蜜蒙花：味甘，平，微寒。耑療眼疾，為肝家正藥。主青盲膚翳，赤澀多眵淚，消目中赤脉，小兒疳氣攻眼。酒拌一宿，晒乾，再蜜水拌蒸，晒乾用。

決明子：味鹹、苦、甘，平，微寒。主青盲，赤白翳膜，暴赤眼痛淚出。亦耑入厥陰，而除風熱者也。炒研用。〇石(厥)〔決〕明，一名真珠母。味鹹，平。主目痛障翳，青盲。水調，麵裹煨透，去麵，搗研極細，配藥可服可點。得龍骨療洩精，並治小兒疳眼。忌食山桃。

蕤核仁：味甘，溫。入足厥陰經。主目赤腫痛，眦爛淚出。破心下結痰痞氣。凡修事，破核取仁，湯泡去皮尖，劈作兩片，用芒硝、木通水煮一伏時，取出，研膏，入點藥用。〇萎蕤和潤補益，蕤仁去風除障，豈同本而用殊，抑別自一種耶？當再叅攷。

青葙子：味苦，性寒。得秋金之至清，去皮膚風熱，鎮肝臟，堅筋骨，益髓開目。

蟬退：一名金牛兒。味鹹、甘，寒。入肝。祛風散熱，主小兒壯熱驚癇，能發瘡疹，去目障翳。大人失音，疔腫毒瘡搔痒。小兒噤風天弔，夜啼心悸。又摧生者，取其蟬退之義也。洗去土，去翅足，漿水蒸，晒乾用。痘瘡虛寒證勿服。

雄黃：稟火金之性，得正陽之氣以生。辛、苦，大溫，有毒。氣味俱厚，入足陽明經。主積聚癖疰，百節中大風，鼠瘻惡瘡，蟲蜃疽痔死肌，目痛，鼻中息肉。殺諸蛇虺蠱毒，解藜蘆毒。明者為雄，闇者為雌。外傳見長，內服可暫。

乳香：苦，溫。入心、脾、肝經。療瘡腫，止痛生肌，定心腹急疼，霍亂。亦能催產。此與沒藥，胃弱人勿服。癰疽已潰，勿服。諸瘡膿多時，勿傳。

沒藥：味苦，平，涼。較乳香尤行血分。主金瘡杖瘡，諸惡瘡痔漏，卒下血，目中翳暈。最能破瘀止痛，孕婦忌服，血虛人並忌。

血竭：味甘、鹹，溫，有小毒。入血分，能破瘀。主金瘡惡瘡，斂肌止痛。敲斷有光彩，磨指甲紅透者佳。忌火，炙即化為水。凍月宜加，暑月却反引膿，宜減。

松脂：味苦、甘，溫。瘡瘍之聖藥。除濕解毒，散風榮痺，相傳久服輕身延年，恐烟火之人，不堪充服。〇油松節：苦，溫。性燥。主百節久風，脚痺疼痛。入酒良。〇松實：甘馥溫和，潤而不走，通而不散，補氣調中，久服駐顏不飢，與栢子仁，伯仲佳品也。

水銀：味辛，有毒。能銷五金，治瘡瘻，殺蟲，墮胎。不入服餌。同鉛少許火煉，即不走。〇輕粉：即水銀同皂礬昇煉而成者。主瘰癧疥癬，風瘡酒皻。服之舌碎，齒縫出涎。

(蘆)〔爐〕甘石：味甘，性平。生肌解毒之珍品。入眼藥。童便浸，煅，黃連汁收，入生肌藥。葱汁浸，煅，三黃汁收。

花蕋石：一名花乳。療一切金刀箭鏃瘡傷，止血止痢，內傷瘀血凝痛，產後敗血奔心，胎死腹中，胞衣不下。火煅，研細末，童便入溫酒，調下一錢立效。

滴乳石：即石鍾乳。白瑩似玉，脆潔類冰，孕天地之精華，吐山川之秀粹。明目定欬，安臟補虛，通百節，利九竅，下乳汁。療脚弱，解毒生肌。餌服之品，經火則毒，不煉服之，令人淋。揀取鮮明光潤，如鵝翎管子為上。有長四五寸者，去粗厚黑闇石脚不用，煉法：先□□□水沉香、甘松、藿香、零陵香、白茅等。煮過一伏時，次用甘草湯、紫背天葵搗汁，漬收，再煮一伏時，漉出拭乾，慢火焙之，研極細，再水飛，日乾用。

白礬：味酸，寒。收澀，解毒。煅過尤燥濕，主寒熱久痢，陰蝕惡瘡，目痛弩肉，鼻中(臭)〔瘜〕肉，喉痺風痰疥癬。〇綠礬：即皂礬。性力功用略與白礬同。煅過即礬紅，善消肉食堅積。近世煅法不一，或同砂糖炒，或糯米，或浮小麥，漸投漸炒至枯，或米粉作餅包入煅，但以氣不腥惡為上。此消剋之物，多服令人瀉，胃弱腸滑人忌之。服過終身忌食蕎麥麵。

龍骨：味甘，平，微寒。入肝、腎、心、胃。火煅，研極細用。澀以去脫之藥也。定魂魄，安五藏，止盜汗，洩精久痢，女子漏下崩中。惟久病虛脫者宜之。〇龍齒：單入肝、心。能殺精物鬼魅，鎮驚癇狂疾。亦煅研用。凡修事，統當先水飛，再用黑豆汁煮一伏時，晒乾用。如急用，亦須以酒焙乾，否則着人腸胃，日久作熱。

伏龍肝：對鍋底久年黃土。主去濕消毒，亦鎮小兒夜啼。細研，止泡湯服。〇石灰：主惡瘡癩疾死肌，去黑子，療金瘡。陳久良。外傳救標之藥，非可服食。〇水龍骨：即敗船油灰，海舶上者，內有硫黃。主收熱解毒。外傳之藥，煅研，油調用。

降泄滑利分消之品錄三十七種。

貝母：味辛，微寒。川產者甘和，消痰止嗽，利肺補虛。浙產者味苦，開鬱下氣，解毒除熱。如濕痰眩暈，胃寒作泄忌之。

前胡：即全胡。味苦，微寒。入手太陰、少陽。主痰滿，胸脇心腹結氣。治傷寒寒熱，推陳致新，散風邪而定咳喘，無出其右。柴胡主升，前胡主降。氣虛血少，非外感證莫用。

茯苓：味甘，平。性主滲泄，(冬)〔各〕經俱入。利水除濕，實脾止瀉，其能事也。白者入壬癸，降虛熱。赤者入丙丁，行血分。病人腎虛，小水自利，精氣清滑，皆不得服。茯神另註補益條下。

琥珀：味甘，性平，微燥。入心、脾、小腸，亦入血分。主安五臟，定魂魄，殺邪魅，消瘀血，利水道，通五淋。作外傅藥，能止血生肌，合金瘡。陰虛水涸不利者，勿服。

石斛：味甘，平。入足陽明、少陰，亦入手少陰經。主下氣除痺，弭邪熱，厚腸胃，健足力，補虛勞羸瘦，定志除驚，統益脾胃心腎。川者為上，其本長而細堅；金釵次之；竹葉者味苦，不堪用。凡使以蜜水拌蒸，晒乾，闢脚膝冷疼症，以酒拌蒸。止供湯液，不入丸散。

杏仁：味苦、甘，溫，雙仁者有毒。入手太陰經。主風寒欬逆，時行頭痛，喉痺驚癇，潤腸。仲景麻黄桂枝湯，俱以杏仁配入，則其發散下氣之功為大可知矣。湯泡，去皮尖用。肺虛喘逆，不繇外邪者不得用。

天花粉：栝樓根也。味苦，寒。色白入肺，耑治消渴，除腸胃痼熱，黄疸。亦能解毒。脾胃虛寒作泄者，勿服。

瓜蔞仁：潤肺及大腸，去痰止嗽，痢疾後重，女人乳癰，在所必需。去殼，炒研，略去油用。

桑根白皮：味甘，寒。入手太陰經。甘以補元，寒以除熱。凡肺中有水氣及肺火有餘者宜之。止渴止嗽，利水去脹，亦能燥濕。補多瀉少，去粗皮，□□蜜水拌蒸用。浮露土上者勿用。肺虛咳嗽勿用。家桑葉：止汗，製服可以引年。桑椹：生津，蒸煉尤能益血。桑枝：可以去風濕。桑寄生：可以療拘攣。桑耳：可以去癖積。桑蟲：可以發痘疹。桑汁：可以治鵝口，解蜈蚣毒。桑之為用，大矣哉。

欵冬花：味辛、甘，溫。耑治氣升火炎之病，解渴定喘，為咳嗽要藥。寒熱虛實，皆可施用。杏仁、紫(苑)〔菀〕為相得之品。太寒滑泄之藥，不可同用。蜜水拌，微蒸效。

紫菀：味苦、辛，溫。入手太陰，兼入足陽明經。主欬逆上氣，胸中寒熱結氣。療欬吐膿血，喘悸，小兒驚癇。然辛溫走散，雖治嗽有功，當與苦寒潤劑參用，不可耑用多用。蜜蒸，焙良。

旋覆花：一名金沸草。味鹹、甘，溫，有小毒。主結氣，脇下滿，除水，去藏腑寒熱，消隔上痰結如膠，膀胱留飲。亦走散之藥，病虛人及大腸滑泄皆禁用。

馬兜鈴：味苦，寒。主肺熱咳嗽，痰結喘促，血痔瘻瘡。入肺，故兼入大腸也。寒痰肺虛，勿服。根名青木香，下氣疾速。□□□藥。

澤瀉：味甘，微寒。入脾、胃、膀胱。為淡滲利竅之藥。利水去濕，故□脾□□。鹽水拌□□，其性帶燥，腎惡燥，腎水□□□□□□□□□□□□□□□論也。

豬苓：味甘、苦，平。主痎瘧，利水道。□□淡滲，久服多服，能亡津液，必伐腎氣，□□□□□症勿服。

車前子：味甘，鹹，寒。主氣□□□□□□淋瀝，明目，袪燥，潤而不瀉，滑而不伐。蒸治研用。惟腎氣虛脫者，勿與淡滲藥同施。

滑石：味甘，氣寒。利六腑之澀結，蕩腸胃之積熱，解暑熱，通淋閉，除濕瘀，利關竅，滑洩順□，降而不守，故脾□者反助泄，陰虛者反伐腎，分理陰陽，非其能也。擇潔白者，水飛用。

青礞石：治食積留滯，藏腑不消，癥塊久不瘥，小兒食積羸瘦，驚痰喘急。其除熱泄結，墜痰軟堅，真應如桴鼓。法先略研碎，入銀罐煅赤，離火少頃，對配入研細火硝，再同煅後，研極細用。虛寒久病者忌之。不獨王隱君所論，水瀉雙身為不宜而已。

百部：味苦，微寒，有小毒。主肺熱久嗽，能殺百蟲。胃弱人忌之。

香薷：味辛，微溫。入足陽明太陰、手少陰經。主鬱寒傷暑，霍亂吐下腹痛，散水腫。此溫中解表之劑，在勞倦內傷發熱，非傷暑者，非所宜也。

茵蔯蒿：味苦，平，微寒。入足太陽、陽明、太陰三經。主風濕寒熱，邪氣熱結，黄疸，小便不利。以帝鐘茵蔯，俗名角茵蔯，梗葉堅硬者為上。嫩綠如柔草，名鷺鷥茵陳者，為次。總治諸疸，惟蓄血發黃禁用。

瞿麥：苦，寒。專主通利，逐水行血。心與小腸有實火者宜之。腎虛，小腸無大熱，胎前產後及脾虛蠱脹，俱不得施。

木通：味辛、甘，平，微寒。氣淡味薄，入足少陰、太陽，亦入手少陰、太陽。通利九竅血脉關節，出聲音，療耳聾，脾疸，常欲眠，令人不忘。散癰腫息肉，下乳通經，墮胎。凡精滑自遺，陽虛氣弱者，禁用。懷姙忌之。

桔梗：味苦、甘，平，微溫。入手太陰、少陰，兼入足陽明經。散邪解毒，通利有升上之力，為舟楫佐使之職，諸藥得此，性不下沉。寬胸膈，利咽喉，開鬱行痰。雖無大補，亦不走散。凡氣逆喘急，暴怒及攻補下部藥中，勿參入。

萆薢：味苦、甘，平。入足陽明、少陰、厥陰。主腰背骨節強痛，風寒濕周痺，五緩。其腎虛腰痛，不繇風濕者，不宜服。

防己：味苦、辛，溫。性燥不淳，善走下行，長於除濕。主風寒溫瘧，利大小便，水腫風腫，中風攣急，要以病犯中濕者為宜。陰虛、胃虛人，胎前產後，慎勿用。

郁李仁：味酸，平。獨入大腸。主水腫大腹，面目四肢浮腫，利水通結，滑腸破血。此治標救急之藥，似潤而燥，最能虧損津液。

麻仁：味甘，性平，滑利。主逐水，利大小便，破積血，潤腸催產。走而不守，不可過服，男子滑精，女人發帶疾。

海金沙：味淡，氣寒。主通利小腸，熱淋膏淋血淋等證。其療傷寒熱狂，則釜底抽薪之義也。此即竹蕒葽葉中之銹，日中曝之，紙襯杖擊，收取為真。

石韋：味苦，平。清熱利水，本入膀胱、小腸，兼入肺。主勞熱邪氣，五淋癃閉。亦療癰疽。拭去毛，恐射肺作嗽。羊脂炙黃用。〇石幹、石蠶，均破氣逐水之劑，水蠱初起暫用，不得頻施。

海藻：味苦、鹹，寒。耑消頸下癭瘤，馬刀瘰癧，諸瘡堅而不潰者。破結散氣，療皮間積聚，腹中鳴，水腫，清熱，利小便，皆鹹能軟堅潤下之效也。反甘草。脾家有濕者勿服。

昆布：味鹹，寒。主水腫，癭瘤聚結。水煮去鹹味，焙用。

茅根：味甘，寒。入肺、胃二經。主消渴客熱，嘔逆反胃，噎噦不下食。止小便頻數，并傷寒時疾大熱。搗汁用，或水煎。因寒嘔吐勿服。

常山：味苦、辛，微寒，有毒。主山嵐瘴氣，寒熱溫瘧，老痰積飲。其性暴悍，入口即吐。酒炒用。若氣虛傷暑，飲食作痰，因而成瘧，此非所宜。

雷丸：味苦、鹹，微寒，有小毒。主殺三蟲，解蠱毒，治小兒濕熱，蟲積百病。赤色者能殺人，用時細揀去之。

甜瓜蒂：味苦，性寒，有小毒。浮而升，湧泄吐越之劑也。入手太陰、足陽明太陰經。主暴邪食逆，膈間稠痰，黃疸，四肢浮腫。古人治病，以吐為先，雖頭風中濕，尚有用吐者，何況客邪痰食，上焦氣滯為患。故胸中懊憹煩懣，格格不快，得此湧吐，使胸次蕩然舒暢，藏腑不留餘邪，不大愉快乎。惟病久氣虛，尫羸脾弱，原係嘔吐，或失血證，誤用為害匪淺。

梨：味甘，微酸，氣寒。入手太陰、足陽明經。止嗽消痰，解毒。而風寒之痰嗽，與瘡瘍已潰，非所宜也。乳婦、金瘡、痘後，尤不可食。

益氣養陰補斂之品錄四十七種。

人參：味甘，微寒、微溫，無毒。稟清陽至和之精，具生生升發之氣，能卻虛邪於俄傾，回元陽於垂絕，功魁群草，力贊先天。故其主治，補五臟，安精神，定魂魄，止驚悸，除邪氣，明目，開心益智。療腸胃中冷，心腹鼓痛，胸脇逆滿，霍亂吐逆，調中，止消渴，通血脉，破堅積。令人不忘，久服輕身延年。斯見功能廣大，真實不虛者也。惟天稟火多之人，及表邪寒熱，肺虛咳嗽，火痰衄血，暴怒氣升，產後惡露未行，痘後邪熱未盡，俱不宜服。諸參反藜蘆。

沙參：味甘，微苦，微寒。入手太陰經。補中除熱，益肺氣，補五藏之陰。治肺痿肺熱久嗽，自汗。久服利人，惟寒嗽勿服。去蘆不用。凡藥蘆頭，能令病人嘔，故人參蘆，遂目為吐藥。

黃芪：味甘，微溫。入手陽明、太陰經。功能實表，補中益氣，主丈夫虛損，五勞羸瘦，止渴盜汗。療癰疽，排膿止痛，大風癩疾惡血，筋攣。蜜水炙用。氣實邪熾，陽盛陰虛，多怒，肝氣不和，血熱，痘瘡，俱禁用。

茯神：即茯苓之抱木而生者，有依守之義，故多安神之功。性味功用，與茯苓大同小異。主安魂魄，養精神，止驚悸恚怒，健忘，開心益智。療風眩風虛不語，五勞，口乾，兼辟不祥。

甘草：味甘，平。生則分身稍而瀉火，炙則健脾胃而和中。解百毒而有效，協諸藥以無爭。以其甘能緩急，故有國老之稱。熱症宜生，裏寒宜熟。熱藥用之緩其熱，寒藥用之緩其寒。酒客嘔家，濕腫中滿，咸不宜服。反甘遂、海藻。

白朮：味甘，性溫。利水道以除濕，強脾胃而進食。佐黄芩以安胎，君枳實而消痞。益氣止汗，定霍亂吐下不止，利腰臍間惡血。細者能理氣而速；大者為雲朮，因糞土灌溉而成，主補氣而緩。製法有三：米泔浸過，切片晒乾，壁土同炒至蕉黄色，一法也；大塊同生黄土水拌，入甑蒸一伏時，洗出切片，晒炒，二法也；其一米泔浸後，劈小片，每日鋪飯上蒸過，旋晒，多次至色黑而輕，始切薄片，炒，此為尤妙。統期於去燥以收其功，不傷陰分耳。火嗽咯血忌之。

蒼朮：氣味主治與白朮略同，補中益氣力不及白，寬中發汗功過於白。古人所論，似反以蒼者為上。主風寒濕痺，逐水降痰，暖胃消穀，延年不飢，為仙家餌食之珍品，必其功效深遠故也。製法：米泔浸，刮去粗皮，切片晒乾，仍用新淘下米泔先燒滾，却入蒼朮片煮一二沸，即撈起，投冷水中浸少頃，漉出晒乾，再炒用。有用黑芝麻研漿炒，亦一法也。

山藥：《本草》名薯蕷。味甘，溫，平。主補脾益力，止腰痛泄瀉，補虛勞羸瘦，強陰不飢。生搗敷癰瘡，治熱腫。飯上蒸，得穀氣良。不宜與麵同食，多食亦滯氣。

薏苡仁：味甘，微寒。主風濕周痺，下部筋骨拘攣，利腸胃，消水腫，理脚氣。性燥而降，蒸過用。大便燥，小便短少忌之。妊娠禁用。

百合：味甘，平。入手太陰、陽明，亦入手少陰經。補中益氣，除浮腫腹脹，心痛，利大小便，乳難，喉痺，止涕淚。

蓮子：味甘，氣平。入足太陰、陽明，兼入手少陰經。主補中養神，益氣力，除百疾，久服輕身耐老，不飢延年。此品於諸疾無迕，泄瀉久痢，淋濁崩帶，尤所必需。去心，蒸用。○藕：主熱渴。生食治霍亂，醒酒，解蟹毒。蒸熟補五臟，實下焦。久服令人懽。藕汁：能消瘀血不散。○藕節：止吐血衄血。○葉蒂、蓮房：主助脾，澀精安胎。蜜水炙用。○蓮鬚：一名佛座鬚。味甘，澀，氣溫。入心、腎。耑治遺滑。焙用。○石蓮子：味苦，寒。能治噤口痢。炒為末，陳米湯調，細細呷下，便覺思食，妙然。有偽者，以堅實如石者為真。

栢子仁：味甘，平。入足厥陰、少陰，亦入手少陰經。不寒不燥，甘而補，芳而潤。主驚悸，安五臟，益智寧神，除痺止汗。久服令人潤澤，聰明輕身延年。隔紙炒用。已油者勿用。腸胃作瀉者，勿服。○側栢葉：主吐血衄血，血痢，崩中，血淋。與扁栢另一種。

穞豆：味甘，溫。入脾和中，止泄痢，消暑氣，定霍亂，除濕熱。解一切草木毒、酒毒、河豚等毒有驗。白者入藥，炒透研用。諸豆皆動氣，惟穞豆、馬料豆則否。多食亦能滯氣。感外邪者忌食。

生地黄：味苦、甘，性寒。涼血為最，亦主降。血熱妄行，煩熱驚悸，津枯腸燥，肝虛胎動，血熱生瘡，法在必用。若崩中，下部見血，傷胎欲墮，恐難資其涼血之功，而不能禁其下行之勢。《本草》所言，未可全恃。多痰，胃困及瀉勿用。忌見鐵。

熟地黄：味甘，溫。乃補腎之要藥，益陰之上品。入手少陰、足厥陰經。主五勞七傷，通血脉，益氣力，利耳目，定魂魄，填髓強骨。選懷慶者，每一觔用醇酒二觔，先浸一宿，澄去沙土，重湯煮一日，酒乾為度，酒不可增多，酒多則地黄永不爛矣。大忌即用器皿着火煮。一法：大碗盛地黄四兩，酒八兩，每日飯上蒸一次，凡七日止，酒乾斷不可增，脾弱恐滯膈，量加砂仁末同蒸。

當歸：味甘、辛，溫。可升可降，為血分要藥。入手少陰、足厥陰太陰經。其用有四：頭止血，身養血，稍破血，全活血。主補五臟，生肌肉，中風剛痓，濕痺痛風，內傷畜血。得酒良。溏泄勿用。上下部見紅及胎前產後慎用。

天門冬：味苦、甘，平。氣寒而降，除肺、腎虛熱之要藥。陰虛水涸，發為痰喘，此能保定肺氣，去寒熱，養肌膚，益氣力，利小便，冷而能補。蒸，去心用。泄瀉惡食者勿用。

麥門冬：味甘，平，微寒。入足陽明，兼入手少陰、太陰經。除燥渴，補虛勞，調中保神，定肺氣，安五臟，此君主之藥，裨益甚大，不專補肺也。蒸，去心用。產後、痘後，凡脾胃虛寒者，咸忌之。

五味子：味酸、微苦，性溫。滋腎經不足之水，收肺氣耗散之金。降燥熱，生津止渴。補虛勞，益氣強陰。霍亂轉筋，遺精盜汗並治。產五臺者為上。火痰暴嗽，氣怒喘急忌之。

山茱萸：　味酸，微溫。入足厥陰、少陰。補斂之劑，溫中下氣，止汗強陰，益精，安五臟，通九竅，止小便利，明目強力，益肝補腎。去核用。命門火熾，膀胱熱結勿用。

白芍藥：　味苦、酸，微寒，有小毒。酒煮透，切片炒用。入肝、脾血分，與赤者性殊。白補而赤瀉，白收而赤散。止瀉利，固腠理，和血脉，收陰氣，衄衂自汗，腹痛腰痛，白者奏功。肝虛目翳暴赤，外感風寒，新產，忌之。

酸棗仁：　味甘、酸，平。入肝、膽、心、脾。主煩心不眠，虛汗煩渴，補中益血，堅筋骨，助陰氣。臨用炒熟，研。藏腑有實邪者，勿用。

杜仲：　味辛、甘，性溫。入肝、腎二經。主腰脊痛，補中強志，益精氣，堅筋骨。祛下部濕熱，除脚膝酸痛，不能踐地。去粗皮，羊酥炙，或鹽少許，酒拌炙。腎虛火熾勿用，即用當與黃栢、知母同入。

枸杞子：　味甘，平。主入肝、腎，補勞傷，堅筋骨，益精明目，安神，除熱強陰，利大小腸。脾弱亦忌。〇根名地骨皮，味苦、甘，寒。耑退骨蒸勞熱，盜汗。淡能除熱，寒不傷胃，風濕周痺亦治。水滌去(上)〔土〕，多用效。梗葉煎湯，浴體能潤肌膚。

何首烏：　味苦，澀，微溫。入足厥陰、少陰。益血祛風，黑髭鬚，悅顏色，長筋骨，固精髓。兼療婦人產後帶下諸疾。然而性緩，自有大功，勿責其速效可也。凡使，以生黃土、童便拌浸三日，長流水中洗淨，竹刀劈開，每十觔同小黑豆一斗，淘淨，入柳木甑蒸之，旋晒，候首烏蒸軟，再將竹刀切作薄片，再蒸再晒，凡九次為度。忌犯鐵。惡生白蘿蔔，忌見諸熱藥，如附子、薑、桂等，不可同用。

牛膝：　味苦、酸，平。主寒濕痿痺，四肢拘攣，膝痛不可屈伸，填骨髓，除腦中痛及腰脊痛。婦人月水不通。得酒良。孕婦忌，經閉未久，疑有娠者勿用。血崩尤忌。

菟絲子：　味辛、甘，平。《經》云：　腎惡燥，急食辛以潤之，菟絲子之屬是也。與辛香燥熱之辛，逈乎不同，故兼補脾、腎、肝三經。主續絕傷，益氣力，堅筋骨，養肌強陰。去面上䵟，止莖中寒精自出，溺有餘瀝。久服明目延年。淘淨，略晒，再揀淨，水煮候絲出，加酒拌，再煮。如先用酒，則絲永不出矣。重湯蒸製尤妙。熟山藥得對配搗作餅，晒乾用。腎家多火，大便燥結勿用。

續斷：　味苦、甘、辛，微溫。入足厥陰、少陰。主傷中，補不足，續筋骨折傷，金瘡惡血，腰痛，崩中漏血，關節緩急，生肌肉，益氣力。酒浸焙用。禁與苦寒藥同用。

萎蕤：　味甘，平。主潤心肺，除煩渴，補勞傷虛損，腰脚疼痛，目痛眦爛淚出，莖中寒，去面黑䵟。醇良和緩，頗類黃精，有益無損。蜜水拌蒸，再切片，炒香用。

蒺藜：　有二，產同州沙苑者，形如羊腎，色葇味腥，酒浸炒香，為末用。主入腎，益精明目，種子，止小便遺瀝。產秦州東省者，名刺蒺藜，主入肝，破惡血積聚，□喉痺乳難，肌體風癢，下氣明目。先微炒，去刺，□□蒸晒，磨末用。

丹參：　味苦，微寒。入手少陰、足厥陰少陰經。主心腹邪氣，腸鳴幽幽如走水，除癥瘕痼疾，寒熱積聚，腰脊強，脚痺。洗去土，酒拌蒸用。妊娠無故勿服。

木瓜：　味酸，性溫。入足太陰、厥陰、陽明經。主濕痺脚氣，霍亂大吐下，轉筋不止。耑療肝脾之病也。忌鐵。有積滯勿用。

骨碎補：　一名猴薑。味苦，氣溫。好生陰處，得陰氣為多。止血，補折傷，入腎強骨，固齒。銅刀刮去毛，切片，蜜拌蒸，晒用。

訶黎勒：　味苦，澁，氣溫。治腸澼久洩，帶下，止水道，塞大腸，收斂之功為多。《本草》主冷氣心腹脹滿下食，恐非其效。又俗傳訶子能出聲音，益無是理。

金櫻子：　味酸，澀，氣溫，平。入足太陽少陰、手陽明經。療脾泄久痢，澀精氣，止小便勤。《經》云：　澀可去脫。故能收斂虛脫之氣。去刺，劈開，去穰，長流水滌令毛淨，煎膏用。火熱暴注及陰虛火熾者，不宜用。

樗根白皮：　味苦，燥，微寒，有毒。入血分。主殺蚘蟲，蠱毒，止赤白久痢，腸風脫肛，及女子帶漏崩中，經行不止。入丸散，不入湯液。作湯，淋洗諸瘡疥疳䘌效。古法以生葱汁拌蒸。今去粗皮，蜜炙用。〇椿根皮：　性較微溫，功用相同。

丹砂：　味甘，微寒。生用無毒，伏火有毒。主安魂魄，通血脉，殺精魅邪惡鬼，除中惡腹痛，疥瘻毒瘡，小兒急驚，墜痰。水研，飛三次用。不宜多服久服。

赤石脂：味甘、酸、辛，氣溫。體重而澀，直入下焦陰分，故主腹痛，洩澼下痢赤白，小便頻數，癰疽痔瘡，女子崩中漏下，產難，胞衣不出。白者功用一同。不用火煅，水飛用。

牡蠣：味鹹，性寒。入腎經。醋煅，細研用。止汗澀精，化痰軟堅，去熱止渴，能消喉痹，咳嗽，疝瘕。虛寒無火，精寒自出者，反非所宜。

五倍子：味苦、酸，澀。入肺、大腸。固脫收斂，主痰嗽消渴，風濕，盜汗，牙宣口瘡，腸虛泄利，金瘡，脫肛，小兒面鼻疳瘡，內外兼治，亦一聖藥。火焙，研用。暴病火症忌服，慮其酸斂太驟耳。

人乳：乃陰血所化，五藏無有不入，無有不補。生精養血，療目赤多淚，一切虛勞，燥渴不足之症。令人肥白悅澤，返老還童，稱為仙釀，真神丹也。外此，鹿乳、牛乳、羊乳亦屬珍品，惟胃弱滑泄不宜服。

紫河車：味甘、鹹，氣溫。治真陽虛，氣血羸瘦，憔悴勞損，物從其類以補之也。少年及多火之人勿用。米泔或酒洗極淨，重湯酒煮爛，入諸藥同搗勻，炙為末。

鱉甲：味鹹，平。稟天地至陰之氣，滋陰而消散。主心腹癥瘕堅積寒熱，療溫瘧腰痛在勞熱骨蒸，陰虛往來寒熱，非此不除。產後陰脫，小兒脇下堅，資之尤急，醋炙□用。妊娠及泄瀉嘔惡，胃弱不思食，咸忌。○龜甲：性味功用與鱉甲略同，第鱉甲無毒，龜甲有毒，非自死敗龜板不可用，雖炙過，中濕則有毒。

大棗：味甘，性溫。入足太陰、陽明經。主安中養脾，定驚，生津液，和百藥，通九竅，助十二經，益氣強力。療心下懸，腸澼，宜用熟者。中滿忌之，齒病、蟲病、小兒疳熱，并忌。

龍眼：味甘，性溫。入足太陰、手少陰經。安志強魂，去邪解毒，補益心脾之功最大。久服聰明，輕身不老。

烏梅：味酸，平。入肝養筋，生津止痢，安心除煩，消痰醒睡，定霍亂，解酒毒。骨柔齒痛及病當發散者，忌之。

米醋：味酸，性溫。主下氣，除煩，血氣心痛，消癰腫，產後血暈，金瘡傷損，出血迷悶。解一切魚肉菜毒。肝脾有餘之症，俱宜少用。

香燥辛熱之品錄四十三種。

沉香：味苦、辛，溫。入腎，兼入心、脾。主心腹痛，霍亂中惡吐瀉，冷風麻痹，癇癖氣痢，暖腰膝，補命門相火。得酒良。有火邪及氣不歸元者，忌用。凡取氣香藥，俱忌火炙。

木香：味苦、辛，性溫。為三焦氣分之藥。主嘔逆，瀉痢，健脾消食，冷氣煩悶，癥癖脹壅，散滯氣，調諸氣，利胃氣，泄肺氣，行肝氣。病有火邪者，禁用。○青木香：原名獨行根，即馬兜鈴根。味苦、辛，有毒。□吐蠱毒，利大腸，外治蛇傷疔瘡。不可多服，令人吐利不止。俗多取治番胃膈氣，殊不考究，貽禍匪淺。

降真香：味辛，溫。番舶來，色紅者入藥，色紫者止供焚烟燒之，辟天行時氣，宅舍怪異。宜令小兒佩帶。主內傷吐血，瘀血胸脇痛，外傅刀傷出血，俱大效。

丁香：氣味辛溫。主暖脾胃，行滯氣，止霍亂嘔吐，除風毒腫脹，透竅散結，除穢濁。虛寒症需之，火症忌用。

藿香：辛，溫。療霍亂心痛，勝邪辟惡，為脾胃吐逆之要藥。溫中快氣，耑理中焦。廣產者良。陰虛火旺，陽明邪實，火嘔，並禁用。

鬱金：味苦、辛，氣寒。陰也，降也。得酒亦能升，入心、胃、肝三經。為調逆氣、行瘀血之要藥。宿血心痛，冷氣結聚，溫醋磨服效。肝鬱氣滯，忽然吐血，用之亦效。真陰虛吐血，勿用。

薑黃：味苦、辛，香燥不寒。入肝入脾。主心腹結積，祛邪辟惡，下氣破血，除風熱癰腫，產後敗血攻心，功力烈於鬱金。血虛腹痛，勿誤服。

乾薑：味辛，大熱。生用主胸滿，欬逆上氣，中惡霍亂，寒冷腹痛作泄，逐風濕痹。炒黑，治產後惡露不盡，血虛發熱。生者墮胎，耗氣走血。不可久服，陰虛吐血，定并寒症，畢竟難用。

高良薑：味辛，熱。入足陽明、太陰經。主客寒犯胃，霍亂腹痛，惡心嘔清水，風冷痺弱，皆暖胃溫中，散寒祛冷之功也。血虛火症及傷暑氣虛怯，咸忌之。

白豆蔻：出伽蘿國。味辛，大溫。入足太陰、陽明經。主溫中，心腹痛，積滯冷氣，止嘔逆，反胃，霍亂，消穀下氣，去目中翳，功效最大。○產閩之建寧者，形質較大，氣亦芳烈，善散冷氣，療胃脘痛，能理中焦，而味不及白蔻之和。○產滇、貴、南粵者，名草豆蔻，俗呼草果，氣猛而濁。善破瘴癘，消一切宿食，停滯作脹悶及痛。已上俱去殼，生研用。病人氣虛日久，俱勿用。

肉豆蔻：俗呼肉果。味辛，氣溫。主溫中，治積，理脾開胃，消宿食，止洩瀉及小兒乳霍。水調糯米粉裹煨，去粉擂碎用。忌銅鐵器。胃火腸紅及滯下初起，勿服。

砂仁：《本草》名縮砂蜜。味辛，氣溫。心、腎、肝、脾俱入。主冷瀉，宿食不消，腹中虛痛，止休息痢，轉筋霍亂，下氣，安胎。薑汁浸透，炒研。火症及咳嗽不應用，以本非肺經藥也。

益智：味辛，氣熱。主脾腎虛寒，君相二火不足。安三焦，調諸氣，治客寒犯胃，令人多唾，夜多小便及小便餘瀝，資其辛燥以為收斂。終是宣通開散，當與脾腎補藥同用。證屬燥熱精虧者，忌之。去殼，生研用。

蘹香：即茴香。味辛，平，甘，溫。入足太陰、陽明、太陽□□經。主霍亂，脚氣筋攣，寒疝，毒癰，蛇傷。大者味厚力大，小者氣薄力小。胃火作嘔，相火有餘，勿服。

吳茱萸：味辛，大熱，有小毒。入足陽明、太陰，兼入足少陰、厥陰經。主溫中降氣，逐寒邪，開腠理，利五臟，冷痰停積咳逆，中惡，心腹絞痛，厥逆，風濕血痺，俱治。用陳久者，黃連湯拌炒。非真寒症勿用。

蓽撥：味辛，大溫。入脾、胃、膀胱。治心腹冷痛，霍亂陰疝，瀉痢日久，犯寒齒痛，消食開痰，溫中下氣。醋浸，刮去皮上粟子用。火症忌之。

蓽澄茄：味辛，大溫。主心腹氣脹，下氣消食，令人能食。止泄瀉，療鬼氣，皮膚風濕。去柄，酒浸蒸，細杵用。

白芥子：味大辛，氣溫。入肺而發散，有溫中除冷，發汗辟邪，豁痰利氣之功。寒痰在脇下及皮裏膜外，非此不能達。生研用。肺熱痰嗽及瘡瘍痔疾便血者忌之，即其莖葉亦不當食。

半夏：味辛，性燥，生寒熟溫，有毒。入脾、胃、心、膽。辛能理氣開鬱，溫能攻表和中。凡風寒暑濕四氣相搏，鬱滯不清，非此不和。傷寒邪在表裏，往來寒熱，心下堅痛，痰實嘔逆，非此不解。大忌者，陰虛血少，津液不足諸症，故古人立三禁，謂血家、渴家、汗家也。如誤投，聲嘶喘急，禍不旋踵。姙娠忌之。先用白礬水煮透，晒乾，每十觔加苦瓜蔞大者十個，杏仁十兩去皮尖，神麯一觔，共搗勻，作麴，陳久用。

天南星：味苦、辛，有毒。入手太陰經。主中風，除痰，麻痺，下氣，破堅積，消癰腫，利胸膈，散血墮胎。得牛膽則燥氣減，風寒鬱於肺家，風痰壅盛及小兒急驚疾，食此為要藥。得火(泡)〔炮〕，則毒性緩。西北人氣厚，真中風者用之。半夏治濕痰，南星治風痰，此為微異。二藥宜忌，大約相類。

菖蒲：味辛，氣溫。為通利心、脾二經之要藥。主風寒濕痺，欬逆上氣，開心通竅，出音聲，明耳目，溫腸胃，止小便。療小兒溫瘧，積熱不解。堅細，一寸九節者為真。銅刀刮去黃黑皮節，同嫩桑條拌蒸，晒乾用。泥菖、夏菖，大如竹鞭者，不堪用。

遠志：味苦，溫，微辛。入心經，兼入肝、腎、脾。定心氣，止驚悸，益智慧，強志力。主欬逆邪氣，心下膈氣。先去心，用甘草湯浸一宿，漉出晒乾用。凡藥當去心而不去心，能令人心悶且煩，餘倣此。

黑附子：味辛，大熱，有大毒。入脾、胃、三焦、命門、督脉。降多升少，走而不守。治陰寒濕、陽虛氣弱之症。主癥堅積聚血瘕，寒濕踒躄拘攣，膝痛脚疼冷弱，不能行步，腰脊風寒，心腹冷痛，霍亂轉筋。堅肌骨，強陰。又墮胎。為百藥長，能回陽於既絕，却沉寒於六腑，全在製度精良，不中其毒。症屬陰虛內熱，火痰血衄，及傷寒溫病，熱病陽厥等症，犯之立斃。古法：文武火炮，或去皮尖，切薄片，同小黑豆水浸五日，漉出用。今法：擇一兩重至一兩三錢者，先童便浸三日，寒月五日，或七日，清水滌淨，去皮臍并尖，每隻橫切六七片，每十隻用綠豆一升，甘草二兩，勻放砂瓶內，上空寸許，仍童便灌滿齊藥止，花箬扎□，隔湯煮，增湯不增便，夏天一日，冬天二日，取起□□風乾用。忌烈日中晒，即有毒。大者為天雄，小者為烏頭、側子，亦名烏喙。浙產者為草烏，功能略等，形質自殊，大熱大毒則一也。中烏附毒者，俱用綠豆、黑豆、防風、甘草煎湯，冷服解之。

肉桂、桂枝：□□□□□□□甘，大熱，有小毒。木之純陽者也，□□□□□□□也。入足太陽經。氣薄則發洩，故上行而發表。氣之厚者，肉桂也，入足少陰、厥陰經。氣厚則發熱，故下行而補腎。薄桂上行肩臂，桂心入手少陰、厥陰經。四者俱能入血行血，宣遏百藥。而吳茱萸主瀉，中利肝氣，心腹冷痰，自汗，霍亂嘔吐，遍身麻痺不仁，凡真寒，真陽虛症，有大效。大凡諸實□□□欬□中□□□□婦人骨□或□□前或便後下血□多，一切□病熱症發斑，□□□□虛目□□兒痧疹痘瘍等□每嘗試，不宜與嘗□□□□，令人發熱。

補骨脂：一名破故紙。□□□□辛，氣溫。入心包絡、命門

□□□□□□□□□□冷精□□虛盜汗，腰□□□□導火歸原，補□□□□□鹽拌炒，或研胡桃肉同炒用。□□□□□口燥夢遺，尿血，皆不宜服。

肉蓯蓉：味甘、酸、鹹，氣溫。相傳以為熱者，非也。入腎及命門。主五勞七傷，強陰益精多子，除腰痛，莖中寒，婦人癥瘕。軟而肥大者良。酒浸，去甲，劈去心，紙包，乾土擊壓，去鹽，却蒸過，再酥炙用。泄瀉及精氣不固者，忌之。

仙茅：味辛，溫，有毒。入手足厥陰經。主心腹冷氣不能食，腰脚風冷，攣痺不能行，□陽道□□筋骨。酒拌小黑豆同蒸，忌見鐵□□□□□□□，一切血症□□並禁用。

巴戟天【略】

瑣陽【略】

艾葉：味苦，微溫。□□□□□□□□陳久者良。主灸百病，辟惡，殺蟲，止血安胎，□□□□虛寒白帶，霍亂轉筋，傷濕下痢，並治之。血虛火症為忌。

覆盆子：味甘、酸，溫。入肝、腎二經。主溫中，益氣補虛，續絕陰痿精滑，小便頻數，女子食之多孕。酒浸蒸曝用。小便多者服之，當覆其溺器，故名。

胡蘆巴：味辛，氣熱。入膀胱、小腸。主元臟虛冷，腹脇冷痛，疝氣，極效。酒浸，炒研用。

鹿茸：係鹿角初生，如繭如栗，端如瑪瑙紅玉者真。其端有縐紋者，乃觸折再長之角也，質雖較大，功力自殊。先燎去毛，酥炙用。味甘、鹹，溫。入手足少陰、厥陰四經。補下元真陽，益氣強志，療腰腎虛冷，脊痛，凡四肢酸疼，羸瘦無力，便多精滑溺血，夢與鬼交，虛勞洒洒如瘧，婦人衝任脉虛，漏下惡血，或瘀血，石淋帶下，咸治之。○鹿，山獸，屬陽。麋，澤獸，屬陰。是以鹿茸補陽，麋茸補陰，角亦如之。鹿角熬成白膠，氣味甘緩，功用一同。又除少腹急痛，折傷惡血。鹿之全體，無一不珍，肉、血、髓、腎、筋、皮、胎、乳俱甘溫補陽之品。惟陽盛陰虛，胃火齒痛，火痰血症，不宜服。

膃肭臍：即海狗腎。味甘、鹹，大溫。入腎、命門。補真陽，固精氣，暖腰膝，種子之要藥。產登、萊州。市者多偽。置睡犬之旁，忽驚跳若狂者真。酒浸，炙香入藥。

石硫黃：味酸，大熱，有毒。《本經》療心腹積聚邪氣，冷癖在脇及脚冷疼弱無力。細研用。堿水煮一次，黑豆汁煮一次，清水淘淨，晒乾用。勿久服，令人胸腹反緊。忌諸血。外傅除陰蝕疽痔，殺蟲，自其所長。

蛇床子：味苦、辛，氣溫燥。入腎入脾。除濕痺惡瘡，利關節，令婦人子臟熱，男子陰強有子。同生地久蒸用。

蓖麻子：味甘、辛，有小毒。其力長於收吸，故能拔毒追□，□有形之滯物。又通關竅，療水瘕瘰癧，喉痺，口眼歪斜及盤腸生產，研塗髮頂即收。體質多濁，宜於外傅，不堪內服藥。主脚氣風腫不仁，搗蒸敷效。

續隨子：一名千金子。辛，溫，有毒。攻擊蕩利之藥。解蠱毒，癥瘕脹滿，下痰積惡滯，利大小腸，婦人血結月閉。終是以毒攻勝之藥，不可漫服。搗去油，白紙壓淨，取霜用。已上二條，應註解毒部。

麝香：味辛，氣溫。主心腹暴痛脹急癇痞，婦人難產，辟惡殺鬼，去三蟲，目翳，能墮胎。麝者，射也，內透骨竅藏腑，外徹皮肉筋膜，凡類中風，小兒慢驚，一切虛症，勞怯人，忌之。

冰片：《本草》名龍腦香。味辛，性溫。言寒者，非也。走竄開竅，無往不達。主心腹邪氣，風濕積聚，中風牙噤，耳聾喉痺，目赤膚翳。表症暫用，確有奇功。凡虛症癱瘓，小兒慢脾風，肝虛目暗，悉忌之。

蜀椒：味辛，性熱，有毒。入足太陰、手厥陰經。溫中下氣，除冷發汗，消食解毒，開腠理，通血脉。閉口者殺人。○胡椒：尤辛熱，入手足陽明經。性雖無毒，不可過服。治心腹冷痛，冷氣霍亂，沉寒冷積，是其所宜。火症血症，肺痿痔漏，陰虛消渴，二椒均所當忌也。

阿魏：味辛，氣□□烈殊常，似有毒，而實無毒。主殺諸蟲，消肉積痞塊，除穢惡邪鬼，蠱毒。醋浸用。入丸藥，不入湯液。走而不守，脾胃虛弱不可輕用。○蒜：味辛，溫，有小毒。入脾、腎。主霍亂，腹中不安，消穀肉食，理胃溫中，除邪穢痺疾。惟目疾忌。氣虛驚悸亦忌。

酒：性大熱，味苦，亦兼辛甘。入十二經。祛邪穢，禦霧瘴，溫脾胃，破癥結，行血脉，助藥力。惟不宜於勞嗽吐血，哮喘，暴怒鼓脹，顛癇諸症。火酒尤忌。

苦寒瀉火之品錄二十八種。

黃連：味苦，性寒。入手少陰、陽明，足陽明、少陽、太陰、厥陰經。主熱氣，目痛眦傷淚出，口糜舌腫，下痢腹痛，身熱噤口，腸澼濃血，臟毒瘡瘍，小便尿血，病酒消渴，盜汗，調胃厚腸，益膽，誠袪邪散熱，清肅潔淨之品。痢症，吳茱萸湯拌炒。目症，酒炒。大忌猪肉。陰虛內熱，大□腎泄，風寒目疾，表邪未汗，產後腹痛，小兒痘後虛泄，或行漿後作瀉，並禁用。

胡黃連：味苦，平，寒。主小兒久痢成疳，溫瘧骨熱，善除濕熱伏邪。折之塵出如烟者真。亦忌猪肉。脾陰太弱者，勿用。

黃芩：味甘，平，寒。主諸熱黃疸，腸澼泄痢，惡瘡火瘍，往來寒熱。中枯者瀉肺火，利痰氣，除風熱。細堅者，瀉大腸火，涼血安胎，養陰退陽。酒浸蒸用。脾胃虛熱，寒泄水腫，血虛腹痛，初受寒邪，並禁用。

黃栢：《本草》名蘗木。味苦，氣寒。入足少陰經。主黃癉腸痔，目赤口瘡，女子漏下赤白。陰虛內熱，得知母瀉膀胱相火，補腎水不足。得蒼朮除濕清熱，療諸瘡痛不可忍。蜜炙用。脾虛作瀉忌之。

犀角：味苦，氣寒。入足陽明、手少陰經。主鎮肝心，散邪熱，解諸毒，止驚明目。治諸血症，傷寒班黃狂妄，痘瘡熱極稠密，清水磨服效。忌火炙。鎊碎，紙裹懷中，乘熱搗之，即成末。證屬虛寒及孕婦勿服。

阿膠：味甘，平。入手太陰、足少陰厥陰經。治一切男女血症，欬嗽虛勞羸瘦，肺痿肺癰，腰腹痛，勞極似瘧，安胎，止痢，利小便，調大便。蛤粉炒成珠，或酒化，如調經。入醋頓化明徹不臭，質脆色綠者為真。烏驢皮，稟純陰之性；阿井水，乃濟水之伏者。清冷色綠，重而降下，故有益陰滋水，補血清熱之大功。但多偽造者，以馬牛皮雜水煮之，穢濁不堪，亦一恨事。脾胃虛弱勿服。

羚羊角：味鹹、苦，性寒。入手太陰少陰、足厥陰經。主明目，益陰，定風散血，安心氣，除邪氣，辟蠱毒不祥，魘夢狂越，小兒驚癇。剉細，更研如飛塵，入藥免刮人腸。凡肝心兩經虛而有熱者，宜之。虛而無熱者，不宜用。

甘菊花：味苦、甘，平。歷三時之氣，得天地之清，獨稟金精，專制風木，故主頭風眩痛，淚出欲脫。療腰痛，風濕痺疾，胸中煩熱，解癰疔風火毒。單瓣色黃為上。黃為土之正色，故兼入心脾，并益肺與大腸也。根葉俱能解毒。忌火炙。

梔子：味苦，性寒。入手太陰少陰、足陽明經。主五內邪熱，面赤酒皶，瘡瘍，目痛，心胸大熱煩悶。輕飄上越，故仲景用為吐藥，以洩肺胃之邪。仁治內熱，皮治皮膚之熱。虛火炎上者，炒黑用。煩鬱嘔逆者，薑汁炒用。血虛發熱，脾胃虛弱及癰疽潰後，概不可用。

知母：味苦，甘，平，性寒。入手太陰、足少陰經。主消渴熱中，傷寒久瘧煩熱，脇下邪氣，風汗內疸。多服令人洩。去毛，鹽水炒透用。此陰柔瀉火之藥，惟狂陽熾熱，正治為宜。在陰虛陽虛、脾弱假熱之症，並禁用。

玄參：味苦、鹹，寒。足少陰經君藥也。主傷寒狂邪，陽毒發斑，咽痛，煩渴，溫瘧洒洒，頸下瘰核癰腫，滋陰清火，不戕真氣，勝黃栢、知母遠甚。去蘆，忌鐵。血虛腹痛，脾虛泄瀉，勿服。

石膏：味辛、甘，大寒。入足陽明，兼手太陰、少陽經氣分。陰中之陽，可升可降。治頭疼壯熱，口渴煩燥不眠，及汗後煩熱不解，多汗，傷暑，痰熱咽乾，喉痺發癍，小兒陽邪痘瘮，此能解肌發表，與諸寒藥不同。煅研，宜多用，如少用不能奏功。邪氣未傳陽明及邪已結裹，宜下者，勿用。脾胃弱甚，勞熱不因外感，產後惡露發熱，並勿誤用。

苦參：味大苦，寒。入足少陰經，兼入氣血。苦以燥濕，寒以除熱，熱散濕除，則臟腑安和。故主心腹結氣，癥瘕積聚，黃疸，溺有餘瀝，逐水利竅，醒酒除熱，止渴，殺蟲，療毒風惡瘡眉脫。糯米泔浸過，蒸用。肝腎虛，無大熱者，勿服。

草龍膽：味苦，澀，大寒。入肝、胃、腎三經。除胃中伏火，時氣濕熱，熱洩下痢，目赤胬肉，去腸中小蟲。去鬚，甘草湯蒸用。空腹勿服，令人溺不禁。脾虛作泄，忌之。

蘆薈：係草部，俗呼象膽，非也。味苦，寒。入心與肝。去胸膈間煩悶熱氣，明目，治大便秘結，痔瘻。解巴豆毒。□□疳，殺三蟲，為小兒驚癇要藥。至苦大寒，主消不主補，小兒脾胃虛寒作瀉及不思飲食者，禁用。

天竺黃：味甘，寒。入手少陰經。功用有似竹瀝。主小兒驚風天弔，鎮心明目，去諸風痰熱，療金瘡止血。

使君子：味甘，溫。主小兒五疳便濁，殺蟲，療瀉痢，健胃□脾。煨□去殼，如生熟各半用，一補一瀉之意也。

青蒿：味苦，寒。入心經。主骨蒸勞熱虛煩，盜汗，明目，殺蟲。童便浸，蒸，晒乾用。胃弱人忌之。

青黛：味鹹，寒。主解諸毒實熱，小兒驚癎，天行大頭，傷寒赤癍，諸血症，口糜，金瘡熱瘡，惡腫。並水研服。或外傅。性亦作嘔，陰虛內熱，陽無所附，發為吐衄咯血等證，用之非宜。

蘆根：味甘，寒。解消渴邪熱，小便頻數，胃火嘔逆，時痰煩悶瀉利，孕婦心熱，悉主之。筍，亦能除熱，利小便，解河魨魚、蟹毒。

蒲黃：味甘，辛，平，微寒。入手太陽太陰少陰、足陽明厥陰經。主心腹膀胱寒熱，利小便。生用消瘀血，熟用止血。炒至黑，即取大磚封壓之，免成灰，去火毒用。

地榆：味苦，甘，酸，微寒。入足厥陰少陰、手足陽明經。止汗，消渴，治血痢，熱瘡，補絕傷，婦人乳痛漏下，外傅金瘡，止膿血。去尾用身，醋炒良。性寒下行，虛寒作泄禁服。

茜根：味苦，酸，寒。入足厥陰少陰、手少陰經。行血涼血，止血和血，理下部濕熱，故主風寒濕痺，補中止崩，益膀胱。療腸風痔瘻，治瘡排膿。惟胃弱泄瀉勿服。

木鱉子：味甘，溫。主消結腫，惡瘡乳癰，除粉刺䵟䵳，肛門腫痛。世多以治小兒疳積，《本草》從未言治疳，恐傳習之誤。〇番木鱉：味大苦，性大寒。磨汁，點喉痺，丹毒，息肉，痔瘡效。二種止供外傅，不堪服餌。服番木鱉者，見風寒戰，尤能傷人。

槐實：味苦，酸，鹹，氣寒。入手足陽明、足厥陰經。為除熱散結，清火涼血要藥。主五內邪熱，五痔火瘡，婦人乳瘕，子臟急痛。炒，研末用。作洩墮胎。〇花：苦，平。主目赤，痔痛，腸風血痢。皮：主濕毒爛瘡。枝葉：作湯，洗瘡癬，囊濕效。

淡竹葉：味辛，平，寒。入足陽明、手少陰經。主胸中痰熱欬逆，邪熱發渴。〇取竹，刮去浮青，刮下竹茹，主嘔吐酸水，吐血崩中及女勞復。〇淡竹大者，截斷，燒取竹瀝，味亦甘寒，而性滑流利，為中風驅痰要藥。陰虛火旺，煩悶痰熱亦用。淡竹，較他竹皮薄質柔為辨。寒痰濕痰及感寒挾食生痰，不宜用。

蜜：味甘，平，微溫。益氣補中，止痛解毒，和百藥，養脾氣，除心煩，止腸澼。久服明耳目，輕身延年。白者為上，色青赤味酸忌用。每一觔加清水一盞，慢火煉數十沸，濾淨，并去沫用。生用有小毒。性寒滑，能作泄。忌與葱、鮓，萵苣同食，害人。大腸氣虛，完穀不化，及嘔家，酒家，中滿鼓脹，濕熱脚氣等，勿服。蠟，性亦略相同。補人。

童便：味鹹，氣寒。膀胱乃其舊路，能引肺胃之火下行，為除勞熱骨蒸，咳嗽煩渴，吐血咯血，及婦人產後血暈悶絕，胞衣不下之聖藥。晉褚澄云降火甚速，降血甚神，服涼藥百不一生，飲(瘦)〔溲〕溺百不一死，誠稱其功力之優也。肺腎有火必需之物，勝於秋石，自便多矣。惟脾虛溏泄，飲食不消者，忌之。

藥性補遺

孩兒茶：一名烏爹泥。味苦，濇，性平，無毒。主清上膈熱，化痰生津。塗金傷，一切諸瘡，尤治口瘡，并脫肛痔疾，生肌定痛，止血收濕。

粟殼：味酸，澀，性微溫，無毒。治虛嗽，及瀉痢脫肛，遺精。蜜水拌，炙用。〇花：名米囊，其米味甘，平。主丹石發動，不下食。和竹瀝煮作粥，食之良。〇囊之嫩時，以針刺有白漿，筆蘸磁器收取，陰乾。能助陽道，療虛寒隔食。

瓜蒂：味苦，寒，有小毒。入手太陰、足陽明、足太陰經。主肢體水氣浮腫，欬逆上氣。療黃疸，殺蠱毒，去鼻中息肉。果部中之吐藥，元氣尩羸脾虛浮脹，勿誤用。

大楓子：味苦，辛，氣熱，有毒。燥濕殺蟲，通行經絡，用以治大風癘疾。多服能損陰。外治風癬疥癩諸瘡有功。

樟腦：味辛，氣熱。以水煎取樟木滋液而成，氣香能通關竅，逐中惡邪氣，并去濕殺蟲，一切濕毒瘡瘍，疥癩瘙癢，在所必須。

餘糧丸內製皂礬、附子法：皂礬每觔煎化，湯去脚，將浮麥二升，糯米半升，仝礬水煎紅，乾為度研細末用。〇附子一個，麵餅包裹，煨熟，去皮尖，切片，用人參一錢煎，入片收乾，入前藥研細用。勿傷元氣，勿令人番胃。

清・蕭壎《女科經綸》卷二　安胎用黃芩白术論　方約之曰：婦人有娠則礙脾，運化遲而生濕，濕生熱。丹溪先生用黃芩、白术為安胎之聖藥。蓋白术健脾燥濕，條芩清熱故也。但娠婦賴血養胎，方內四物去川芎，佐之為尤備耳。

辨安胎用黃芩白术論　張飛疇曰：古人用黃芩安胎，是因子氣過熱不寧，故用苦寒以安之。脾為一身之津梁，主內外諸氣，而胎息運化之機，全賴脾土，故用白术以助之。然惟形瘦血熱，營行過疾，胎常上逼，過動不安者為相宜。若形盛氣衰，胎常下墜者，非人參舉之不安。形實氣盛，胎常不運者，非香砂耗之不安。血虚火旺，腹常急痛者，非歸、芍養之不安。體肥痰盛，嘔逆眩暈者，非半、苓豁之不安。此皆治母氣之偏勝也。若因風寒所傷，而胎不安，則桂枝湯、香蘇散、葱白香豉湯，諒所宜用。伏邪時氣尤宜急下。此即安胎之要訣。下藥中獨芒硝切不可犯。若有客犯而用白术，使熱邪留戀不解，反足傷胎矣。

清・蕭壎《女科經綸》卷五　產後戒不可遽用參芪　單養賢曰：凡產後服生化湯加人參，須血崩血暈，形色俱脱者加之。若無虚脱形證不可加。若有血塊痛甚不移處，止加紅花、肉桂，切不可用參、芪、术補氣，夭人命也。【略】

產後滯下不可用下藥　繆仲淳曰：凡產後痢，積滯雖多，腹痛雖極，不可用大黄等藥行之，致傷胃氣，遂不可救。但用人參、歸、芍、紅麯、醋炒升麻，倍加甘草與益母草、滑石足矣。若惡露未盡，兼用乳香、沒藥，砂仁、阿膠自愈。

清・李世藻《元素集錦・戒律》　氣病亦多端矣。有凝滯之氣，有逆上之氣，有挾濕、挾寒、挾痰、挾火之氣，不可一概而用氣藥，必當細分。然又有右脇氣痛不能動，作言語及汗大出，乃血虚之證，用破氣、順氣、消積之藥，則殺人。急當溫補之，始終不可用氣藥。不可不知。

清・王凱《痧症全書》卷上　用藥大法【略】　無食積瘀血而痧氣壅盛者，藥須冷服；有食積而無血瘀者，稍冷服；毒盛血瘀者，微溫服。稍冷者，九分冷也；微冷者，八分冷也；微溫者，七分冷也。

藥宜【略】細辛：透竅散痧之妙藥，勿以其味辛而疑之。汾按：細辛極散真氣，過服即能殺人。壯實而痧重者，多止錢許；老稺單弱者，酌減少用；痧輕者，可弗用。【略】桑皮、兜鈴：治嗽瀉肺。汾按：兜鈴清熱降氣，但肺虚挾寒者大忌。曾聞之世醫者云：凡治嗽，禁用訶子、兜鈴、紫、白芍、五味等藥，小兒尤忌，能令肺縮小。即貝母，亦非風寒、濕滯、諸痰症所宜。誤用反令不愈。附識于此，以俟別擇。赤芍：血熱發斑者可用。陳香圓：破結氣可用。丹參：亦活血之劑。【略】劉寄奴：散瘀血，解痧毒。下氣消脹，破血仙藥。多服令人下痢。紫花地丁：解毒化斑。澤蘭葉：解痧毒。益母草：女人胎產俱宜。地骨皮：退熱除蒸，止陰虚骨蒸勞熱。菊花：清心，解熱毒。葉亦可用。青黛：治痧至妙之品。晚蠶沙：解痧毒，治熱。【略】石膏：病痧暑天最多。自汗大渴，用白虎湯即解。【略】殭蠶：治血分之痰，佐山甲，透經絡以破瘀毒。須炒末。用二分。【略】板藍根：即靛葉。普濟消毒飲中用之，以解瘟毒。小青草：一名血見愁。清熱除疹最速。梅花：得一元之氣，治痧上品。取大半開者，紙籠當風處陰乾。桃花亦可。天仙子：即紅蓼子。治痧塊多用，亦去痞積。紫荊皮：絲一絲四，俱用作引。

補原本未列藥注取本草　薑黄：理血中之氣。破血下氣，性(列)[烈]于鬱金，血虚者勿用。片子者，入手臂。(梹)[檳]榔：破滯散邪，消食行痰，墜諸氣至于下極。氣虚下陷者勿用。白蒺藜：散肝風，瀉肺氣，破血消癥，通乳墮胎。去刺，酒蒸用。降香：辟邪惡，療傷創，止血定痛，消腫生肌。丹皮：瀉陰胞中火，治無汗骨蒸。地骨，治有汗骨蒸。蒲黄：性滑，行血消瘀，通經脉，利小便。無瘀勿服。炒黑性濇，止一切血。白豆蔻：利三焦，暖脾胃，散滯氣。消酒積。若火升作嘔，因熱腹痛，氣虚諸症，咸宜禁之。旋覆花：軟堅下氣，行痰水，通血脉。肺與大腸藥。虚者勿多服，冷利大腸宜戒。絹包扎煎。瓜蔞：降痰治嗽，蕩熱滌垢，清咽利腸。胃虚脾泄者忌。大腹皮：下氣行水，治痞脹。稍涉虚者勿用。洗淨。威靈仙：善走十二經絡，治諸風痰積，浮腫閉結。大走真氣，耗血。忌茶、麪。

清・陳士鐸《洞天奥旨》卷四　瘡瘍敷藥論　瘡瘍內散，第二善法也。至瘡口已潰，內不能散，必須外治之矣。外治之法最多，大約敷法為佳。敷者，化也，散也。乃化散其毒，使不壅滯耳。然瘡瘍之緩急不同，火毒之冷熱亦異，必須敷得其宜，而後效驗始速。如赤腫焮痛，此陽火之毒也，宜用寒性化毒敗火之藥敷之。如不變色而腫勢深暗者，此陰火之毒也，宜用溫性化毒敗火之藥敷之。如不熱不涼，此半陰半陽之火毒也，宜用和解化毒敗火之藥敷之。自然肌肉不壞，而毒隨藥散，火隨藥消，膿易熟而肉不敗也。倘宜寒而用熱，愈增其外炎；倘宜熱而用寒，益添其內陷；倘宜和解而用攻擊，自至于敗壞而不止也。揔之，瘡瘍貴內外兼治，而敷藥亦不可猛浪輕忽，要貴用得宜耳。

又曰：瘡瘍既以陰陽辨之矣，而陰陽之中俱用敷藥貼之。如陽症用寒藥貼之，期其必散也，後用熱藥散之，不可竟用寒藥也。如陰瘡初起，即用熱藥，後不必又用寒藥也。如半陰半陽，以敷藥和之，雜用溫藥散之，不可先用寒後用熱也。故不必論其皮之厚薄，或先或後，或乾或濕，或生或死，或香或臭，惟以三者消息之，斷不爽也。

清·李文來《李氏醫鑒》卷一 《本草備要》主治註釋 〔瘰癧〕 牡蠣茶引，消頸核。 蒼耳子消瘰癧。 殭蠶消瘰癧結核。 胡桐淚治瘰癧結核。 玄參寒散火，鹹軟堅。消鼠瘻。 何首烏治瘰癧。 木鱉子治瘰癧，消腫。 礬治瘰癧，化痰墜濁。 土茯苓 南星 半夏 紫花地丁 白頭翁 射干 蒲公英 蓬砂 慈石 鹽 蜈蚣 薄荷 浮石一名海石。 連翹治瘻瘰結核有神效。 荊芥 石灰 夏枯草要藥。 海藻 昆布 芒硝 大黃酒拌炒。 馬刀疘，海藻、甘草。並用，蓋激之以潰堅也。 蛤粉丹溪云：散癭核。 忍冬藤 紫背天葵 麝香 天明精 沒藥 肥皂莢 皂角子 柴胡 黃芩 鱉甲 花粉 惡實即牛蒡子。 漏蘆 守宮煆。 猫頭有食其肉而愈者。 天荷葉 映山紅

蘇合油 雄黃 蟾酥 鱉虱胡麻 回燕窩泥 瘻瘤忌宜俱同瘰癧，兼宜薜荔、半夏、文蛤、南星、通草、生薑。 蒜灸腫核。

《本草備要》主治註釋 〔眼目〕 龍膽草消赤睛努肉，瀉肝火，眼科多用之。然目疾初起宜發散，忌用寒涼。 決明子除風熱，治一切目疾，故有決明之名。又曰：益腎精。瞳子神光，屬腎。日華曰：明目甚于黑豆。 蕤仁亦曰白桵，桵同蕤。甘，溫。入肝脾心三經。消風散熱，益水生光。三經皆血藏也，血得其養，則目疾平是也。並治目赤腫痛，眦爛淚出，眼胞上下風腫爛弦，左右眦熱障努肉，清火止淚，療眼要藥。 原蠶砂治爛弦風眼，此去風收濕之功也。目上胞屬脾，有風濕則蟲生弦爛。 覆盆子葉除膚赤，止淚。絞汁，滴目中，出目弦蟲。 （鑪）（爐）甘石消腫收濕，除爛弦，退赤去翳，為目疾要藥。訒庵曰：燥濕去目疾。 夏枯草治目痛建神功，止目珠痛。目珠連目本，即目系也。夏枯草氣稟純陽，以陽勝陰，故治此如神，並治冷淚羞明。 木賊退翳。翳乃肝邪鬱遏，不能上通于目。 車前草明目。凡利水之味多損于目，惟此味能解肝與小腸之熱，熱濕退而目清矣。

車前子治目赤障翳，能除肝熱。 芒硝治目赤障翳。 瞿麥明目去翳。 青葙子祛風熱，鎮肝明目，治青盲赤障。 穀精草明目退翳，功在菊花之上。 田中穀草椿春間收之，治目疾勝于穀精草，以其受天地四時之氣全，雨露霜雪之氣備，故佳。 硇砂 蓬砂並治努肉目翳。 夜明砂治目盲障翳。 羚羊角去青盲，明目。青盲，乃肝熱也。

麝香治翳。 青魚膽治目疾，點消赤腫障翳。 石決明治青盲內障，水飛點內外障。

珍珠點目，去翳膜。 蟬蛻去目翳。 蜜蒙花治赤脈，青盲膚翳，益水生光。 沒藥治翳暈目赤，肝經血熱。 冰片治目赤膚翳，引火出外，從治之法。 白豆蔻治目睛翳膜。白睛屬肺，能散肺中滯氣。又治太陽經目眦紅筋極效。 琥珀明目磨翳。 薑皮去目翳。 石燕除目障。 秦皮治目疾。洗目赤，退翳膜。 苦參明目止淚。 石菖蒲明目。

澤瀉同上。 木通治目眩。 通草治目昏。脾胃有濕熱，目亦昏。 地膚子葉煎湯洗眼，除雀盲澁痛。 青蒿明目。 仙茅 菟絲子 蔘實 楮實 桑葚 槐實 竹瀝 五加皮 銅青 黑參 麥冬 欵冬花 熟地俱明目。 射干鎮肝明目。 澤蘭治目痛，明目。 萆薢益精明目。 黑豆明目。 胡麻同上。 葱益睛。子，明目。 百合止目淚、涕淚，肺肝熱也。肺為涕，肝為淚。 玄明粉消腫明目，血熱去則腫消而目明。 青鹽治目痛赤澁，明目。 食鹽治目赤。 白礬治風眼。 五靈脂治血眼。 海螵蛸一名烏賊骨。治目翳淚出聤。聤，音亭。目汁凝也。 五倍子煎水洗，消目腫。 人乳點赤澁多淚。 栢子仁明目。目屬肝，甘能益血。 覆盆子補肝虛而明目。 白芍治目澁。肝血不足，益陰，肝血自足。 槐花治風熱目赤。 葳蕤治目痛眦爛，風濕。 白芷治目痒淚出。 細辛治風眼淚下。 羌活治目赤腫。 麻黃 柴胡 升麻 雞蘇 黃芩並治目赤腫痛。 旋覆花治目風。 獨活治目眩。 貝母同上。 防風治目赤腫痛，眩暈。 荊芥同上，並治目中黑花。 丹參治目赤。又曰：目得血而能視。 薄荷 茶俱清利頭目。 益母子益精明目，血滯目病者宜之。

蒼耳子治目暗。 熊膽明目。和人乳點，可去翳膜。 磁石明目。 神麯明目。

按：時珍曰：一士病目，漸生翳。珍以羌活勝濕加減，而以磁石丸佐之，兩月遂愈。蓋磁石入腎，鎮養真精，使神水不外移；硃砂入心，鎮養心血，使邪火不上攻；佐以神麯，消化滯氣，養脾胃生發之氣，乃道家黃婆媒合英姹之理。方見孫真人《千金方》。但云明目，而未發出用藥精微義也。 磁石通耳明目，腎水足則目明。《經疏》云：石藥皆有毒，獨磁石冲和，無悍猛之氣，又能補腎益精，然體重，漬酒優于丸散。○姹，同妊音嗏，上聲，美女也。○有人患赤眼腫痛，脾虛不能食，用涼藥治肝，則脾愈虛，用暖藥治脾，則目愈痛，但以溫平藥中倍加肉桂，制肝而益脾，一治而兩得之。 補遺： 雄雀屎一名白丁香。一頭尖者是雄，兩頭圓是雌。凡用研細，甘草水浸一宿，焙乾用。 蘇恭以首生男子乳研雀屎成泥，點目中努肉，赤脈貫瞳子者即消，神效。 蓋取其辛散，拔出火毒之義也。 菊花與枸杞相對蜜丸，永無目疾。

《本草備要》主治註釋〔鼻〕　細辛治鼻齆。　辛夷治鼻淵、鼻塞。　木通治鼻齆。　蓽茇治鼻淵。　蓖麻子搗爛，綿裹塞鼻，治鼻塞。　白礬治鼻中瘜肉。　麝香治鼻窒。　冰片治鼻瘜，能通氣也。　盧薈吹鼻，殺腦疳，除鼻癢。　通草治鼻塞。　草決明治鼻淵。研末，止鼻洪。　萱草根治衄血。　鬱金　荊芥　澤蘭並治鼻洪。　白茅根治肺火衄血，甘和血，寒涼血，引火下降，故治之。　車前草根葉搗汁飲之，治衄血。　生地　丹皮　香附　白頭翁　韮汁並根。　墨　黑薑　滑石　代(頳)〔赭〕石　伏龍肝　槐花　竹茹　荷葉　大薊並止衄血。

清・李文來《李氏醫鑑》卷二　《本草備要》主治註釋〔口、唇肥〕　花粉治口燥唇乾。　柴胡治口苦。　木通治口燥舌乾。　細辛治口瘡。辛散浮熱。　升麻治口瘡。　薄荷　鷄蘇並治口臭。　香薷煎湯含漱，治口臭。　菟絲子治口苦燥渴。脾燥而生內熱，益陰清熱，故治之。　砂仁散口齒浮熱。　蓬砂治口齒諸病。與兒茶等分治口瘡。　百草霜治口舌諸瘡。　羊乳含漱，治口瘡。　茯苓治口焦。口為脾竅，火下降，則熱除。　黃栢治口瘡，蜜漬含之。　丁香治口臭。　乾柿餅霜治口瘡佳甚。　黃連並細辛治口瘡，古方一冷一熱，陰陽相配之妙。　五倍子治口瘡。　乳香治口噤。　巴豆治口喎。　胡桐淚口齒家多用之，爲要藥。

《本草備要》主治註釋〔齒、舌〕　牛(昔)〔膝〕　莽草葉煎湯熱含，治牙蟲甚妙甚效。　細辛治齒䘌。音匿，蟲蝕至齦，膿爛也。　胡桐淚治齒䘌。訒庵曰：口齒家多用之，為要藥。　海桐皮治牙蟲，煎服或含之。　松脂治齲齒，齒有孔，脂紝塞，蟲即從脂出。〔紝，音任。機縷也。〕　丁香治風䘌。　膽礬治牙蟲。　山柰治風蟲牙痛。　茵芋葉煎湯熱含，治牙蟲甚效。　白芷治陽明風熱牙痛。　蓬砂治齒病。　升麻　薄荷　蛇床子　蓽茇　穀精草　白礬　殭蠶　五倍子皆治牙痛。　砂仁散齒浮熱。　草蔻治腦寒齒痛。　杜牛膝汁漱止牙痛。　山豆根含之嚥汁，治齦腫齒痛。　白頭翁治牙痛骨痛。　冰片治骨痛齒痛，治骨。　石膏治陽明經熱牙痛。　蒲公英擦牙，烏髭髮，有返少丹方。東垣曰：苦寒入腎，腎經必用之藥。　槐實固齒。　胡椒治牙浮熱作痛，合蓽茇散之。　苦參擦牙止痛。　川芎止齒中出血。　骨碎補治牙痛，炒黑為末，擦牙嚥下，亦良。　大戟咬于痛處，治牙齒搖痛。　蔓荊子散陽明風熱，止牙痛。　羊脛骨燒灰，擦牙良。

《本草備要》主治註釋〔耳〕　蓖麻子去殼搗爛，綿裹塞耳，治耳聾。　石菖蒲聰耳。　澤蘭通耳竅。　細辛治耳聾。　柴胡治耳聾，乃肝膽之邪。　木通治耳聾，洩腎火，通竅。　通草　麝香　巴豆　冰片皆治耳聾。　澤瀉　仙茅　骨碎補　狗脊　菟絲子　磁石　女貞子　桑葚　胡麻俱聰耳。　栢子仁聰耳，香能通竅故也。　萸肉治耳鳴耳聾。腎虛則有二者之病，固精通竅，故治之。　黃栢治耳鳴。乃腎火。　葱利耳鳴。　耳閉不通氣，甘草、甘遂末各包，各入一耳，遂通。

《本草備要》主治註釋〔咽喉〕　薄荷治失音。　木通治失音。能清肺金。　通草治失音。淡通竅，寒降火，利肺氣。　馬勃治失音。清肺解熱。　殭蠶　蟬蛻並治中風失音。　桔梗　半夏發聲音。　荊芥　細辛俱治失音。　訶子開音。肺斂則音開。　石菖蒲出聲音。　荊瀝　竹瀝並治中風失音。

《本草備要》主治註釋〔鬱〕　薑黃理血中之氣，下氣破血，治氣脹，功烈于鬱金。　川芎助清陽，開諸鬱。氣升則鬱降，為通陰陽血氣之使。　澤蘭辛散鬱，香舒脾。　蘭花葉開胃解鬱。　艾葉溫中開鬱。　鬱金散肝鬱。　乾葛散火鬱。　升麻升發火鬱。　蘇子溫中開鬱。　青黛散五藏鬱火。　益智仁能開發鬱結，使氣宣通。　草蔻開鬱。　香附解六鬱。　木香能升降諸氣，治一切氣痛氣結。　甘松理諸氣，開諸鬱。　薑解諸鬱。　(枝)〔梔〕子解三焦之鬱火。　吳茱萸解鬱。　竹茹開胃土之鬱。　香附得蒼朮則解六鬱。　貝母辛散肺鬱，心火降則肺氣寧，功專散鬱解結。　夏枯草散結氣，有疏通之力。　益母子順氣。　菴蕳子行血散結，散中有補。　三稜散一切氣結。　威靈仙行氣。　連翹散結氣。　半夏開鬱。　白斂散結氣。　葱通上下陰陽之氣。　葍子泄下焦大腸氣滯。　殭蠶散結氣。　琥珀　志肉並散結氣。　沉香　檀香並治氣壅。　醋下氣。　厚朴、訶子同陳皮則下氣。

《本草備要》主治註釋〔滿脹〕　白朮　蒼朮　蘇梗子　麥芽俱除脹。　甘草得茯苓則不滋滿而反泄滿，故云下氣除滿。　桔梗治胸膈刺痛，乃火鬱上焦。　白(全)〔前〕治胸膈逆滿。　半夏下逆氣，除痞滿。　川芎治腹痛脇風。　白芍止脇痛。　薑黃治氣脹。　神麯治脹滿，心膈氣痰逆。　黃芩利胸中氣。　芫花治痛引胸脇。　牛蒡子利胸膈。　薑治胸壅。　桂心治胸腹滿。　地骨皮清肝，平胸脇痛。　枳殼實消痞脹。脾無積血，心下不痞滿，濁氣在上，則生䐜脹，並治脇脹痛。〇䐜，音嗔，肉脹起也。　厚朴與枳實、大黃同用則清實滿。與橘皮、蒼朮同用，則瀉濕滿。　檳榔　大腹皮　丁香均治壅脹。　烏藥能疏胸腹邪逆之氣。　吳茱萸亦治脹滿。東垣曰：濁陰不降，甚而脹滿，非吳茱不可治也。　花椒　蔔子並除脹。　陳皮利胸膈滯氣。　青皮治左脇脹痛。　薑皮治脹滿。　百合治心下滿痛。　薤治胸痺刺痛。　柴胡治脇痛。　葍子治胸痺刺痛。　鱉甲以柴胡引之。去脇下堅硬。　桂枝治脇風。脇風屬肝，桂能平肝，又橫行手臂。　青皮同枳殼、肉桂、川芎治左脇痛。　槐角治心胸煩悶。　牡蠣以柴胡引之，去脇下硬。

《本草備要》主治註釋〔心腹〕 蕪荑治心腹冷積癥痛。和麪炒黃，為末，米飲下，治蟲痛。 桔梗治腹痛腸鳴，由肺火鬱于大腸。 附子治陰毒腹痛。 紫草治心腹邪氣。邪氣即熱也。 蒲黃祛心腹膀胱之熱。同五靈脂治心腹血氣一切諸痛。 鬱金 莪术 丹參皆治心腹痛。 藁本治心腹中急痛。乃太陽經寒濕為痛。 黃連得黃芩、厚朴治腹痛。 草蔻治客寒胃痛。 木香治九種心痛。 良薑治胃脘冷痛。 罌粟殼、茯苓治心腹結痛。 桂心治腹內冷痛，九種心痛。熱痛忌用。 訶子治腹脹冷痛。 威靈仙治心腹冷痛。 山查治腹冷痛。 甘松治心腹卒滿急痛。 蓽茇治腹痛腸鳴，冷痛惡心。 鶴虱治蚘嚙心腹痛，肥肉汁調末服。 山豆根治腹痛。 蔄子止腹痛。 白芥子止痛，氣行則痛止。 薑治寒痛。 百合治心下滿痛。 地漿治腹內熱毒絞痛及蟲蜞入腹。 夜明砂治血氣腹痛。 香附治一切諸痛。 海螵蛸治環臍腹痛。 蜜止心腹諸痛。甘緩可以去急。 厚朴治冷痛。 訶子得陳皮、砂仁治冷氣腹痛。 丁香治冷痛。 乳香治心腹痛。 蕤仁治心腹邪熱。 沉香治心腹痛。 吳茱萸治陰毒少腹痛。 花椒治心腹冷痛，又治蚘蟲嚙痛。 胡椒治陰毒少腹痛。 核桃治心腹諸痛。 荔枝核散滯氣，辟寒邪。 巴戟天治小腹痛引陰中。 胡荽通小腹氣。 茴香治腹痛。 生地止心腹急痛。 赤芍 艾葉 川芎 當歸皆止心腹諸痛。 仙茅溫胃，治心腹冷氣痛，不能食。 牛膝治心腹諸痛。 韭除胃中熱瘀血作痛。論詳胃門。 罌粟殼治心腹痛。 白芷腸有敗膿血，淋露腥穢，致臍腹冷痛，須此排之。

清・李文來《李氏醫鑒》卷三 《本草備要》主治註釋〔筋骨〕 丹參治骨節痛。 南星治身強。 菴蕳子治腰膝骨節重痛。 天麻通血脈，強筋骨。 秦艽治通身拘攣，此血不營筋故也。 茵芋同上。 羌活利周身百節之痛。若血虛遍痛者，忌用。 防風治脊痛項強，周身盡痛。 荊芥治身強項直，口面喎邪，通行血脈。 細辛治脊強。 蒼耳子上通頂腦，下行足膝，外達皮膚。〔四〕肢攣痛，通身瘙癢，作浴湯佳。 善發汗。 蕪荑祛五藏皮膚、肢節風濕。 薑黃除風消腫。片子者能竟入手臂，治風寒濕痹痛。 防已能行十二經，通腠理，利九竅，治水腫風腫。陰虛濕熱在上焦者，禁用。 木瓜舒利筋骨。 乳香能伸筋。 白鮮皮通關節，治痰入筋骨牽引隱痛。 附子治拘攣。 土萆薢堅筋骨，風濕去則筋骨堅。 蛇床子治腰痠體痹，祛風燥濕。煎湯浴，去風痹。 茯苓治筋骨拘攣，除風濕，利筋骨。 白頭翁堅腎，涼血，治骨痛。 胡麻填精髓，堅筋骨，逐風濕氣。 白芥子治痰氣阻滯，筋骨諸痛。 慈石治羸弱，周痹骨節痠疼。 石硫黃治足寒無力。 阿膠治骨痛血痛。 虎骨追風健骨定痛。頭風用頭骨，手足風用脛骨，腰脊風用脊骨，各從其類也。 原蠶砂治風濕為痰，肢節不隨，皮膚頑痹，腰脚冷痛，冷血瘀血。炒熱熨患處亦良。用治風，炒黃，浸酒。 扁栢葉治歷節風痛，肢節大痛，晝靜夜劇，名白虎歷節風，亦風濕所致。 牛蒡子利腰膝凝滯之氣，散結除風，行十二經。 香附通行十二經八脈氣分。生則上行胸膈，外達皮膚。熟則下走肝腎，旁徹腰膝。 仙茅暖筋骨，治腰脚冷痹不能行。 桑葉燥濕去風，煎洗手足，去風痹。 枳實、枳殼通利關節，療背膊倦悶。論詳諸風本藥後。 五加皮療筋骨拘攣。 罌粟殼治筋骨諸痛。

《本草備要》主治註釋〔痿痹〕 夏枯草治痿痹。 蒼耳子治痛痹。 茜草除風痹。 薑黃除風寒濕痹痛。 薏仁治痿痹要藥。 土茯苓利筋骨，治筋骨拘攣。 麥冬治痿蹶。手足緩縱，曰痿蹶。 虎骨治風痹拘攣疼痛。 羚羊角治筋脈攣急，祛風舒筋。 蔓荊子治拘攣。 天麻治四肢拘攣。 仙茅治攣痹不能行要藥。 秦艽養血營筋，理肢節痛及通身拘急不遂。 白鮮皮通關節，利風痹之要藥。 萆薢治風寒濕痹，堅筋骨。 何首烏養血祛風，強筋骨。 麻黃治麻木不仁。 淫羊藿治四肢不仁。 原蠶砂治風濕為疾，肢節不隨，皮膚頑痹，腰脚冷痛。 沉香治冷風麻痹。 車前子治濕痹。 浮麥散血止痛，熨風濕痹痛，互易至汗出良。 薑汁和黃明膠熨貼風濕痹痛。 百沸湯患風冷氣痹人，以湯淋脚至膝，用物厚覆取汗。然別有藥，特假陽氣而行耳。 桑木火拔引風寒濕痹，其法：取桑木片紮成小把，燃火吹息，炙患處，內服祛風寒濕藥，甚良。 桑葉煎湯洗手足，去風痹。 茵芋治拘急痹痛，古方有茵芋酒。 麻黃、附子治風痹。 硫黃治寒痹。 天雄治風寒濕痹，風家主藥。 王不留行去痹疾。 葱治風痹。 陽起石治腰膝冷痹。 急流水風痹之藥宜之。 阿膠治一切風病。 蠡魚主濕痹。 鰻魚治濕痹。 川山甲去濕冷痹。 扁栢去冷風濕痹。 棗仁治痠痹。 山萸肉治風寒濕痹。溫肝，故逐風。 地骨皮治風濕周痹。 海桐皮治風蹶頑痹。 枳實殼辛散風，去痹。 石南葉風痹要藥。 皂莢熬膏，貼一切痹痛。 吳萸治血痹。 丹參治諸痿痹。手足受血而能握履。 石斛療風痹，壯筋骨。 蘭葉消諸痹，東垣常用屢驗。 芡實主濕痹。 五加皮療筋骨之拘攣，腎得其養，則妄水去而骨壯，肝得其養則邪風去而筋強。得牛膝、木瓜、黃栢、麥冬、生地、苡仁、石斛、虎脛骨、山藥治濕熱痿痹，腰已下不能行動。同二术、萆薢、石菖蒲、苡仁、白蒺藜、甘菊花、防風、羌活、獨活、白鮮皮、石斛治風寒濕成痹。 加皮一味，釀酒飲之，治風痹四肢拘攣。 葧臍治痹熱。

《本草備要》主治註釋〔腎〕 五加皮堅骨益精，治虛羸。 黃栢補腎水不足，堅腎潤燥。非真能補也，腎苦燥，急食辛以潤之。腎欲堅，急食苦以堅之也。 相火退而腎固，則無狂蕩之患矣。 訒菴曰：腎本屬水，虛則熱矣。心本屬火，虛則寒矣。 五加皮同續斷、杜仲、牛膝、萸肉、巴戟、(固)〔故〕紙治腎虛，寒濕客之作腰痛。　蛇牀子久服令人駐顏，令人有子，強陽補腎。　孫真人金櫻子煎去刺核，煎似稀糖，每服一匙，暖酒調服，活血駐顏，其功不可備述。　水陸丹益氣補真，金櫻子去刺核，和芡實粉為丸。　芡實甘，濇。固腎濇精，補脾去濕，治腰膝痛痺。　吳子野曰：人之食芡，必枚嚙而細嚼之，使華液流通，轉相灌溉，其功過于乳石也。　沉香入右腎命門，暖精壯陽。　桑葚入腎補水。　萆薢益精。史信國云：若欲興陽，先滋筋骨。萆薢堅筋骨，祛風濕，補下焦。　白頭翁苦堅腎。　旱蓮草補腎益精，功効甚速。　決明子益腎精。　黑大豆補腎益精。　陽起石補右腎命門，治陰痿精乏。　鍾乳強陰益陽。　石硫黃大熱純陽，補命門真火不足。　阿膠滋腎。　鹿茸生精補髓，養血助陽。　鹿角滋補。鹿，一名班龍，西蜀道士嘗貨班龍丸，歌曰：尾閭不禁滄海竭，九轉靈丹都漫說。惟有班龍頂上珠，能補玉堂關下穴。蓋指鹿茸與膠霜也。　龜板滋陰益腎，治腰膝痠痛。　龜鹿二仙膏一陰一陽，其功甚妙。　肉蓯蓉補命門相火不足，益精強陽。　桑螵蛸益精固腎。　沙參益腎。　玄參益精。　黃精填精益髓。　石斛益精。　志肉補精壯陽。　牛膝益精。　五味子滋腎水。　天冬滋腎潤燥。　麥冬強陰益精。　熟地填髓生精。　何首烏添精益髓，令人有子。　骨碎補補腎。　益母子益精。　知母潤腎燥而滋陰。　苦參補陰益精。　瑣陽益精興陽。　巴戟強陰益精。　胡盧巴壯元陽，治腎冷。　菟絲子強陰益精，去腰膝痠軟。　覆盆子益腎固精，起陽痿，澤肌膚，女子多孕。李士材曰：強腎，無燥熱之偏。固精，無凝濇之害。金玉之品也。　沙苑蒺藜補腎益精。　淫羊藿補命門，益精氣，起陽絕。　益智仁濇精。　香附鹽水浸炒，補腎氣。　茴香補命門不足。　地膚子強陰益精。　石韋益精氣。　車前子強陰益精。腎有二竅，車前子利水竅而固精竅，精盛則有子，故五子衍宗丸用之。　栢子仁潤腎燥。　肉桂氣厚純陽，入肝腎血分。平肝補腎，補命門相火之不足。兩腎中間，先天祖氣，乃真火也，人非此火不能有生，無此真陽之火，則無以蒸糟粕而化精微，脾胃衰敗，氣盡而亡矣。　山萸補腎固精，強陰助陽。　枸杞滋腎生精，助陽。　狗脊苦堅腎，甘益血，或熬膏用，甚妙。　女貞子補腎妙品。　蓮肉濇精氣。　蓮鬚固精益血。　杜仲補腎強骨，治腰膝痠痛。　牛蒡子利腰膝凝滯之氣。　韮子補腎暖腰膝。　龍骨益腎固精，利腰膝。　鱉甲、海螵蛸均治腰痛，肝腎不足。　桂心暖腰膝。　瑣陽腰膝軟弱，珍為要品。　芡實去腰膝痠軟。　秦皮益腎氣，令人有子。　海桐皮治腰膝疼痛。　石南葉苦養腎，補內傷陰衰，利筋骨腎弱要藥。　牛膝治腰膝骨痛。　肉蓯蓉治腰膝冷痛。　破(固)〔故〕紙治腰膝冷痛，腎冷精流。　山萸暖腰膝。　枸骨皮浸酒，補腰膝強健。　楮實入腎經，主補虛勞，壯陰痿，助腰膝。　蒲公英東垣曰：苦寒入腎，腎經必用之藥。　菴蕳子治陽痿，腰膝骨節重痛。　蚶起陽。

《本草備要》主治註釋〔疝〕　茴香治小腸冷氣，癩疝陰痛。　胡盧巴同茴香、巴戟、川烏、楝實、吳茱萸，治瘕疝冷氣。　海藻治陰癀陰蝕腫痛。　防風　苡仁　萆薢治陰疝。　射干治瘕疝。　白頭翁同上。又治偏墜，搗敷患處。　五靈脂、牡蠣均治疝，凡疝氣，皆屬風。蝎乃治風要藥，宜加之。　五加皮治陰痒囊濕，並疝氣。　苦楝子治疝要藥。　吳茱萸治陰疝。　乾漆治瘕疝。　皂莢治囊結，寒客于肝，則為囊結，塗之則腫散毒消。　青皮治疝痛。　丹參同上。　澤瀉同上。　赤芍治瘕疝，邪聚腹內為瘕，外腎為疝。　藁本治婦人瘕疝，陰寒腫痛。　甘遂治疝瘕。　商陸治瘕疝。　木賊止疝痛。　蛇牀子治陰痿囊濕。　荷葉煎湯，薰洗囊風。　乾莧菜同上。　昆布治陰癀腹痛。　杜仲治陰下濕癢。　白附子治陰下濕痒。　膽礬治陰蝕。　白礬治陰蝕陰挺。陰肉挺出，肝經之火。　石灰收陰挺，亦名陰菌。　鰻魚治陰戶蝕瘡，皆有蟲作痒。　蛇牀子治女子陰腫陰痒，濕生蟲。　白鮮皮治女子陰中腫痛，濕熱乘虛客腎與膀胱所致。　海螵蛸治陰蝕腫痛。　槐實治陰瘡濕痒。　烏藥主膀胱、腎間冷氣，攻衝背膂。　蛤粉丹溪云：治疝氣。

附下疳：孩兒茶一錢，真珠一分，片腦半分，為末，傅之。○孩兒茶、硼砂等分，為末傅之。真珠、人中白、黃栢、青黛、硼砂，和冰片少許，加雞內黃金、膩粉。　雞肫內黃皮，不落水者，五枚。焙存性，枯礬一錢，研細，搽。治陰頭疳蝕。　燈草燒灰，傅甚効。

《本草備要》主治註釋〔脚氣〕　胡盧巴治寒濕脚氣。　苡仁　龍膽草　川烏　楝實　三柰並治寒濕脚氣。　茴香治乾脚氣。　檳榔　大腹皮並治水腫脚氣。　木瓜舒筋，去濕，治脚氣。　麥冬　黃栢　石菖蒲　木通治脚氣。　仙茅治冷痺不能行。　澤瀉治脚氣。　五加皮治小兒脚軟不能行。　狗脊　石斛治脚軟。　蓖麻子葉搗蒸，傅脚氣風腫不仁，或煎湯薰洗亦妙。　百沸湯見痿門。治脚氣。　麩熨脚氣，互易至汗出良。　原蠶砂同上。　茄根煎湯，薰、洗、淋，極効。　吳茱萸　香附　地骨皮　萆薢並治脚氣。　赤小豆同鯉魚煮食，治脚氣。　白芥子治痺木脚氣。　巴戟　夏枯草治脚氣。　白蚯蚓蘇頌曰：脚氣必用之為使。　海藻治脚氣浮腫之濕熱。　枇杷葉治脚氣上衝。　香薷單煮服，治脚氣効。　滑石治脚氣。　樟腦着鞋中，去氣臭。　瘡甲方趾甲內惡肉突出，蜈蚣焙研，傅之，以南星末醋調，傅四圍。　脚凍瘡方白斂、黃栢為末，(由)〔油〕調傅。　茄根煎湯，洗凍瘡。　松葉炙罨凍瘡。　案：有一宦遊京師，病腿痛，發熱，不能履地。眾以腿癰治，不効。以補中益氣湯，加羌活、防風各一錢，一服如失。又案：一少年新娶，得脚軟病，且痛甚。作脚氣治不効。孫琳曰：此乃腎虛，非脚氣也。用杜仲一兩，半酒半水煎服，三日能行，六日全愈。

清·李文來《李氏醫鑒》卷四 《本草備要》主治註釋〔脾胃〕 犀角解一切毒。時珍曰：五藏六府皆稟氣于胃，風邪熱毒，必先干之。飲食藥物，必先入胃。角乃犀之精靈所聚，足陽明胃藥也，故能入胃，解諸毒，清胃中大熱。 石膏清胃火。 知母清胃火。 大麻仁治胃熱。 萆薢善清胃家濕熱，故能去濁分清。 秦艽去腸胃之熱。 玄明粉去胃中之實熱。 白鮮皮入脾胃，除濕熱。 肉桂治脾虛惡食，乃命火不足。 丁香治胃冷。 蓽茇治胃冷。 良薑散寒暖胃。 乾薑除胃冷。 花椒暖胃。 胡椒暖胃快膈，胃寒吐水。 肉豆蔻理脾暖胃。 白豆蔻溫暖脾胃。 草蔻健脾暖胃，治客寒胃痛。 韮益胃，除胃熱。 蒜開胃健脾。 白芥子溫中開胃。 醋開胃。 神麯開胃。 紫蘇開胃益脾。子同。 黃耆壯脾胃。 甘草補脾胃不足。 白朮燥胃強脾。 蒼朮同上。能升發胃中陽氣。 黃精益脾胃。 石斛平胃氣。 石菖蒲開胃。 半夏和胃健脾。 莪朮開胃。 粳米和胃。 糯米補脾。 穀芽助胃氣上行。 白扁豆脾藥也。調脾暖胃。 苡仁胃藥也。益胃健脾。 薑暢胃。 山藥補脾，固腸胃。 白芍安脾。 滑石補脾胃。 (蘆)〔爐〕甘石溫胃。 茯苓益脾。 梔子仁助脾。 棗仁醒脾。 枳殼開胃健脾。 厚朴平胃，厚腸胃。 黃連、胡連皆厚腸胃。 訶子開胃。 辛夷入肺胃氣分，能助胃中清陽上行。 檀香引胃氣上行，進飲食。 沉香香氣入脾。 枇杷葉和胃。 圓眼益脾。 蓮子脾之果也。厚腸胃。 荷葉助脾胃。 芡實補脾。 土茯苓健脾胃。 使君子健脾胃。 大棗發脾胃升騰之氣。 木香和脾。 防風欲補脾胃，非此引用不能行，健脾藥中不可少。 荊芥助脾消食。 益智仁治客寒犯胃。 砂仁和胃醒脾。 藿香 茴香皆開胃。 葧臍開胃消食，食後宜食。 蕪荑和麵炒黃，為末，米飲下，治胃中有蟲，食即作痛。 鯽魚和胃，合蓴作羹，主胃弱不下食。鯽魚稟土氣以生，故其味甘，其氣溫，無毒。是以能入胃，治胃弱。孟詵云：調中，益五藏。表其益脾和胃之功也。 調胃實腸，與病無礙，諸魚之中，惟此可常食。 神麯開胃健脾，消食止泄，同山查、麥芽、穀芽、砂仁、陳皮、草果、藿香、白朮、乾葛、蓮肉等用効。

黑芝麻一味，九蒸九曝，加茅山蒼朮，乳拌，蒸晒三次，作丸，能健脾燥濕，益氣延年。

《本草備要》主治註釋〔感冒〕 葛根開腠發汗，解肌退熱。若太陽初病，不可便服升葛湯發之，反引邪入陽明也。縱用，須與黃芩同入。 柴胡為足少陽膽表藥，若病在太陽，服之太早，則引賊入門。若病入陰經，復服柴胡，則重虛其表。此味貽禍極多，最宜慎。 升麻引葱白，散手陽明風邪。同葛根，能發陽明之汗。引石膏，止陽明頭痛。引甘溫之藥上行，以補衛氣之散而實其表。柴胡引少陽之清氣上行，升麻引陽明之清氣上行，故補中益氣湯用為佐使。 羌活氣雄而散，散肌表八風之邪，利周身百節之痛，為却亂反正之主藥。小無不入，大無不通。 獨活辛苦，微溫。氣緩善搜，入足少陰氣分，以理伏風。同細辛治本經傷風頭痛。 防風散上焦風邪，頭痛，脊強項強，解表，周身盡痛。 荊芥輕宣發表，祛風，通行血脈，助脾消食。 白芷通竅表汗，散風除濕。 細辛散風邪，益肝膽，除頭痛脊強。 前胡解風寒，散邪熱，下氣，降火消痰。 猪苓開腠發汗。 麻黃發汗解肌，去營中寒邪，衛中風熱，通九竅，開毛孔。夏月禁用。 紫蘇發汗解肌，香溫散寒。 薄荷發汗散風，搜肝氣而抑肺盛。 木賊發汗解肌，升散火鬱。 浮萍能發揚邪汗。丹溪曰：浮萍發汗，勝于麻黃、紫背者良。 蒼耳子善發汗，散風濕，通腦頂，行足膝。 滑石開腠理，發表解肌，通治上下表裏諸症。 防己通腠理。 巴戟辛散風邪。 淡豆豉得酒散風。 蔥子 白芥子並發散。 肉桂去營衛風寒表虛，自汗。 桂枝發汗解肌。《經》曰：辛甘發散為陽。 桔梗解表散寒。 半夏發表開鬱。 當歸辛溫，散內寒。 川芎行氣搜風，為通陰陽血氣之使。 澤蘭辛散鬱，通九竅，利關節。 秦艽辛散風。 香附辛散行氣，氣行而風寒自散。 蒼朮散風寒。 杏仁除風散寒。 陳皮調中快膈，宣通五藏，統治百病。 橘紅兼能除寒發表。 青皮達表發汗，有汗及虛人禁用。 木通通利九竅血脈關節。 吳茱萸開腠理，逐風寒。 川椒發汗散寒。 藿香治肺虛有寒，正氣通暢，則邪逆自除。 葱發汗解肌，和裏通陽，活血。 蒜達諸竅，去寒濕。 薑祛寒發表，開痰下食。 乾薑逐寒邪而發表，去藏府沉寒(錮)〔痼〕冷，大燥，回陽，通宣脈絡，開五藏六府，利四肢關節。 地骨皮能除內熱，散表裏邪。 葱粥治傷風鼻塞，用糯米煮，臨熟入葱數莖，再略沸，食之。 蒼耳粥治目暗不明及諸風鼻流清涕，用蒼耳子五錢，取汁和米三合，煮食。 肉桂酒治感寒身體疼痛，用(辛)〔辣〕桂末二錢，溫〔酒〕用。

《本草備要》主治註釋〔諸熱〕 人參得黃耆、甘草退大熱。東垣曰：參、耆、甘草退熱之聖藥。訒菴曰：煩勞則虛而生熱，得甘溫以益元氣，而虛熱自退。 五味子 麥冬 菊花 貝母 白芍 生地皆止血虛發熱，陰虛生內熱。 丹皮除發熱，退無汗之骨蒸。 地骨皮治有汗之骨蒸。訒菴曰：能退內潮，人所知也。能退外潮，人所不知。病或風寒散而未盡，作潮熱往來，非柴胡所能治。用地骨皮走表又走裏之藥，消其浮游之邪，服之無有不愈者，故治表裏無定之風邪。 大小薊退熱不及黃芩。 乾葛解肌退熱。脾主肌肉。 秦艽治虛勞煩熱。詳悉虛勞類。 前胡除寔熱痰熱。 柴胡退熱不及黃芩。 地膚子除虛熱大熱，利小便，此釜底抽薪之意也。 龍膽草治骨間寒熱，骨主腎。　木通除煩退熱，汗多者禁用。　通草退熱。　香薷散皮膚之蒸熱。　滑石解肌。　石膏體重瀉熱，氣輕解肌。　茯苓退熱，脾虛腎燥而生內熱。　鱉甲補陰退熱。　地骨皮同青蒿退熱屢有奇功。　猪苓退大熱，利小便，亦分消之意。　花粉退熱。　（枝）〔梔〕子皮退表熱。　竹瀝退熱。　胡荽散四肢熱。　穀芽開胃和中之要藥。脾胃和則中自溫，氣自下，熱自除。　使君子收斂虛熱。　菟絲子治脾虛腎燥而生內熱，益陰清熱，故治之。　薄荷治小兒驚熱骨蒸。　雞蘇退邪熱。　紫蘇解肌。　黃芩除寒熱往來。　胡黃連治五心煩熱。　青黛治小兒疳熱、丹熱。　白芍補勞退熱。　生地治血虛發熱。

《本草備要》主治註釋　〔潤燥〕　玄明粉潤燥。　白石英潤以去燥。　食鹽潤燥。　阿膠潤燥。　栢子仁潤腎燥，滋肝。　郁李仁治大腸氣滯，燥結不通。　黃栢潤燥，補腎水不足。　槐實潤肝燥。　桃仁治血燥。　牛蒡子潤肺。　瑣陽潤燥養筋。　肉蓯蓉滋潤五藏。　知母下潤腎燥。　細辛潤腎燥，水停心下，則腎燥。細辛之辛，能行水氣以潤之。腎燥者，心亦燥，火屈于水，故燥也。《經》曰：腎苦燥，急食辛以潤之。　甘蔗潤燥利便。　枳椇子潤五藏。　柿乾潤肺。　杏仁潤上焦風燥。　桃仁潤血燥。　大棗潤心肺。　胡桃潤肺。　竹茹清肺金之燥。　竹瀝潤燥。　杜仲潤肝燥。　蜜蒙花潤肝燥。　胡麻潤五藏。　牛乳潤腸胃。　龜板、蜂蜜皆潤燥。　黃精潤心肺。　葳蕤潤心肺。　天冬滋腎潤燥。　麥冬清心潤肺。　欵冬花瀉熱潤肺。　紫（苑）〔菀〕潤肺。　百部潤肺。　半夏潤腎。　花粉潤燥。　瓜蔞潤肺。　貝母潤心肺。　當歸潤腸胃。　川芎潤肝燥，補肝虛。　紅花潤燥。　苧根潤燥。　大黃　芒硝　玄明粉俱潤燥。

《本草備要》主治註釋　〔濕〕　石菖蒲去濕。　半夏　艾逐寒濕。　秦艽　茵芋　防風均為勝濕之聖藥。　藁本下行去濕。　羌活治風濕相搏。　獨活治濕痺。　白芷　細辛散風濕。　木瓜　厚朴　木賊　浮萍　蒼耳子俱散風濕。　木通　黃連　苦參俱燥濕。　龍膽草去下焦之濕。　甘遂能瀉腎經及隧道水濕。　大戟瀉藏府水濕。　防己　澤瀉　車前子俱利濕熱。　附子引溫暖藥達下焦。以祛在裏之冷濕。　萆薢　蛇牀子　白蔻　草蔻　金銀花　扁豆　赤小豆　胡麻　苡仁　蒜俱去寒濕。　乾薑燥脾濕。　白礬　兒茶　海螵蛸祛寒濕。　牡蠣　原蠶砂　茯苓去濕熱。　松節燥血中之濕。　栢子仁　桑葉　猪苓　黃栢　五加皮　海桐皮　蕪荑　皂莢　花椒　蒼朮　白朮俱去濕。　黃芩　商陸　白鮮皮　甜瓜蒂　椿樗皮　榆白皮　木瓜俱去濕熱。　滑石為蕩熱除濕之要劑。時珍曰：滑石利竅，不獨小便。上開腠理而發表，是除上中之濕熱，下利便溺而行水，是除中下之濕熱，熱去則三焦寧，而表裏和。濕去則闌門通，而陰陽利矣。河間益元散通治上下表裏諸病，蓋是此意。燥可去濕，桑白皮、赤小豆之類是也。滑石為至燥之劑，蓋皆以行水之藥為燥，而不以燥熱之藥為燥也。五苓瀉濕勝，故用桂、朮、猪苓；瀉熱勝，故用滑石。　華茇治陽明之浮熱。　青葙除風熱。　蓬砂去上焦之痰熱。　辛夷治風熱。　蕤仁消風散熱。　槐寔疎導風熱。　竹茹去上焦煩熱。　淡竹葉除上焦煩熱。　甘菊去風熱。　荊芥　白芷　細辛　麻黃　槐花　穀精草俱除風熱。

《本草備要》主治註釋　〔噎膈反胃〕　韭汁散瘀。　竹瀝　薑汁消痰。　童便降火。　人乳、牛羊乳潤燥補血。　蘆根止嘔。　茅根汁涼血。　甘蔗汁和胃。　荸薺消食。　驢尿殺蟲。　或加燒酒、米醋、白蜜，和諸汁頓服亦佳。　硇砂治噎膈有殊功。　韭汁、薑汁、牛乳各一杯，細細緩緩溫服。薑汁下氣，清痰和胃；牛乳解熱潤燥，補虛。　砂仁治噎膈。　白豆蔻、草蔻並治吐逆反胃。　肺胃火盛，氣虛者忌服。　白芥子治反胃。　吳茰治胃冷噎膈。　桂心治噎膈。　訶子治氣膈。　蓬砂含嚥，治噎膈。　百草霜治疸膈。　白水牛喉除兩頭，去脂膜，醋浸炙末，治反胃吐食，腸結不通。　虎肚治反胃，取生者，存滓穢勿洗，新瓦固煅存性，為末，治反胃吐食，腸結不通。　大鯽魚治噎膈反胃，去腸留鱗，以大蒜填滿腹，紙包十重，泥固，晒半乾，炭火煨熟，單取肉用，和平胃散一兩，杵丸梧子大，密藏，每服三十丸，米飲下。　一方：用鯽魚合蓴作羹。治胃弱不下食。　蝟肉味甘平，能開胃氣，止反胃。酒煮，殺之。　羚羊角為細末，飲服方寸匕，治噎塞不通。　破故紙、小茴、芡寔、烏藥、沉香、治氣膈，隨食隨吐，或食下未幾，隨變痰涎吐出，虛加人參。　蔗漿七升、薑汁半升，和勻，日日細細呷。　甘蔗汁、蘆根汁、梨汁、藕汁、人乳、童便、竹瀝，和勻，時時飲之。人乳易牛乳更妙。　枇杷葉、薑汁炙。　竹茹、木瓜、蘆根、石斛、人參、白茯苓。治反胃。　胃熱嘔吐，加童便、人乳、竹瀝、蘇子、白芍、甘蔗漿。治噎膈反胃。　大腹皮治痰膈。　烏藥治反胃吐食。　昆布含嚥汁，治噎膈。　烏梅治反胃。　半夏治痰膈。　蘆根治嘔逆反胃。火升胃熱則嘔逆，食不下。　附子治胃寒而嘔噦膈噎。　枳實治五膈。　厚朴治反胃。　荸薺治五種膈氣，憂恚氣熱寒。　黑鉛治噎膈反胃。鎮墜之性，有反正之功，不可多服久服。　水銀鎮墜痰氣上逆，嘔吐反胃。　雞肫皮不見水，男用雌，女用雄，治反胃。

清・李文來《李氏醫鑒》卷五　《本草備要》主治註釋　〔積聚癥瘕〕　三稜、莪朮、鱉甲積聚癥瘕良。　威靈仙治積聚癥瘕。　丹參、澤蘭、凌霄花、莪朮、大黃、葶藶、大戟、蒺藜、貫仲、神麯、硇砂、陽起石、麝香、龜板、桂心、檳榔、車前草並治癥瘕。　附子、木香治癥塊。　海螵蛸、鱉甲治血瘕，鹹軟堅。　牡蠣消老血瘕氣。　琥珀破癥結。　枳實同上。　沉香同上。　皂莢消堅癥。　花椒治癥結。

蒜破癥積，每日取三顆，截却兩頭吞之，名曰內炙，必効。　牽牛　木香　丁香治痃癖。　韭除痃癖。　夏枯草破癥。　馬齒莧破癥結。　蚶殼以米醋三度淬後，埋令壞，醋膏丸，治癥瘕痃癖。　牛膝破癥結，血行則結散。　獨活治奔豚，風寒濕客于腎家所致。

黃連治伏梁心積。　砂仁治奔豚。　丁香同上。　大棗仲景用治奔豚者，滋脾土以平胃氣也。　石菖蒲治伏梁。　白馬尿用銅器盛飲，治伏梁。

《本草備要》主治註釋　〔痞滿〕　香附　牽牛　澤瀉皆治水痞。　乾薑治寒痞。　秋石治堅痞。　蕤仁治痰痞。　枳實治痞脹。　檳榔　大腹皮均治痞滿。　巴豆治氣痞。　桃仁治血痞。　青皮散痞。　吳茱萸治痞滿。　性雖熱而能引熱下行。　東垣曰：濁陰不降，厥氣上逆，甚則脹滿，非吳萸不可治也。

《本草備要》主治註釋　〔腫滿蠱脹〕　香薷，一斤，熬膏。　加白朮末七兩，丸如桐子大，米飲送下，治通身水腫，頗著神功。　商陸治水腫脹滿，取白花，搗貼臍，入麝少許，小便利，則腫脹消。　雞屎白治蠱脹。《素問》：心腹脹，旦食不能暮食，名為蠱脹，治之以雞屎醴，一劑知，二劑已。王太僕註云：《本草》雞屎並不治蠱脹，但能利小便。蓋此病皆生于濕熱，濕熱脹滿，則小便不利，雞屎能通利下泄，則濕熱從小便而出，其病自愈，故曰治濕熱，不利小便，非治也。《普濟方》治旦食不能暮食，用臘月乾雞屎白半斤，袋盛，以酒醅一斗，漬七日，溫服三杯，日三。或為末，服二錢，亦得。《積善堂經驗方》治一切腹肚四肢腫脹，不拘鼓脹、氣脹、水脹等，用乾雞屎一升，炒黃，以酒焙，三碗煮一碗，濾汁飲之，少頃腹中氣大轉動，利下，即日脚下皮皺消也，未盡隔日再作。　葧臍《經疏》云：去皮，填入雄猪肚內，線縫，砂器煮糜食之，勿入鹽，治腹滿脹大。　知母消浮腫，小便利則腫消。　五味子　紫草　麻黃治水腫。　赤小豆下水氣。　金銀花主寒熱身腫。　蛤粉丹溪曰：消浮腫。　旋覆花治大腹水腫，虛者慎用。　昆布消水腫。　澤蘭同上。　蘭花葉利水。　白茅根清火行水。　威靈仙消浮腫。　苦參逐水。　大黃治水腫。　牽牛治水腫滿喘。　甘遂、大戟有以甘遂末敷腫處，濃煎甘草湯服之，其腫立消。　澤瀉　通草　苡仁　生薑均消腫，消水氣。　薑皮和脾行水，治皮膚水腫。　甜瓜蒂治皮膚水腫。　滑石　陽起石治水腫。　鯉魚　烏魚　鯽魚　桑白皮　桑葚均利水消腫。　猪苓治水腫。　檳榔　大腹皮　巴豆　防己　木瓜　茯苓

冬葵子　郁李仁　枳實　黃芩　黃栢　木香　香附　木通　車前子　瞿麥　楮實並治水腫。　花椒治水腫。子能消水蠱，除脹。　海金砂治濕熱肺滿。　芫花治腹滿喘急。　白頸蚯蚓治大腹。　大蒜敷臍，能達下焦，消水。　皂礬煅赤，名絳礬，入血分，伐肝木，燥濕。張三丰有伐木丸，治腫滿。　茯苓皮專能行水，治水腫膚脹。　榆白皮治腫滿。　百合治浮腫蠱脹。　益母草並子並下水消腫。　續隨子治水腫甚捷。有毒傷人，不得過用。服後瀉多，以醋同粥食即止。去殼，取白色者，研爛，紙包壓去油，取霜用。　王不留行研末，入猪腰內煨熟，食之效。　珍珠甘味，亦能益脾氣，寒能除熱，堅能消滯，故主手足皮膚逆臚也。　蓖麻子治水癥浮腫，研服，當下黃水。壯人只可五粒。

《本草備要》主治註釋　〔三消〕　蘭葉為消渴良藥。《經》曰：數食肥甘，傳為消渴，治之以蘭。除陳氣也。　澤瀉治消渴。　猪苓治消渴。　黃栢　地骨皮　荊瀝　竹瀝　葧臍並治消渴。　枸杞　知母　綠豆　天冬　欵冬花　露水　羊乳　人乳　蛤蜊　蛤粉並治消渴。　桑葚代茶，止消渴。　胡黃連治三消。　蠶繭止消渴。　繰(系)〔絲〕湯飲之可愈。　訶子止渴，火降則渴止。　豌豆煮食，治消渴。　枇杷葉治消渴。　烏骨鷄治消渴。

《本草備要》主治註釋　〔蟲〕　石菖蒲　生地　檳榔　連翹　苦參　牽牛　艾葉並殺蟲。　黃連　黃栢安蚘。　核桃　榧　百部殺一切蟲。　槐花　貫眾　冰片並殺二蟲。　鶴虱　厚朴並殺藏蟲。　杏仁　白果　杜牛膝　皂莢　皂角刺　大風子　吳萸　扁栢　五靈脂並殺蟲。　馬齒莧殺諸蟲及去寸白蟲。　烏藥治小兒蚘蟲，去腹中蟲。

《本草備要》主治註釋　〔哮喘〕　天冬治喘促。　馬兜鈴治喘促。　白茅根治肺熱喘促。　欵冬治氣喘，肺虛挾火。　前胡除哮喘。　麻黃治痰哮氣喘。　蔔子定痰喘。　杏仁治煩熱喘促。　山豆根治喘。　葍子治肺氣喘急。　紫蘇并子辛溫，寬中暢肺，定喘消痰。　阿膠定喘，痰入肺則塞竅，為喘咳，背冷。　食鹽喘逆。　哮症忌之。　龍骨定喘，氣不歸元則喘。　鯉魚治喘嗽。　蛤蚧定喘。　桑白皮、瓜蔞子治哮喘極効。　訶子治喘急。　榆白皮治喘嗽。　皂莢治痰喘。　花椒子定喘。

白果定喘嗽。　五味子定喘。　葶藶子主肺壅上氣，咳嗽喘促，痰氣結聚，肺家水氣急滿，非此莫療。但不敢多用，酒炒或糯米拌，炒熟，去米。

《本草備要》主治註釋　〔呃逆、嘔、噦、吐〕　五味子止嘔。　半夏止嘔逆。

柴胡治嘔吐。　前胡治嘔逆。　麥冬治胃火上冲而嘔。　益智仁攝涎，吐嘔出于胃，胃冷則涎湧，故治嘔吐。　砂仁治嘔吐。　茴香止嘔。　澤瀉治嘔吐。　香薷治嘔逆。　附子治胃寒嘔噦。　滑石治嘔吐。　乾薑治胃寒嘔逆。　茯苓治胃火嘔

噦。　梔子薑汁炒，止煩嘔。　枳殼、枳實治嘔逆。　厚朴、訶子並治嘔逆。　槐實治吐涎如醉。　吳茱萸黃連水炒，止嘔逆。　花椒治腎氣上逆，能下行，導火歸元。

淡竹葉、甘蔗並治嘔噦。　竹茹治胃熱嘔噦。　枇杷葉薑汁炙，治嘔逆。　白茅根治呃逆。

清・李文來《李氏醫鑒》卷六　《本草備要》主治註釋　〔痰飲〕　蒼朮實脾土，燥脾濕，是治痰之本也。　前胡治風痰，性陰而降，功嵓下氣，氣下則火降而痰消。　氣有餘便是火，火則生痰。　熟地滋腎水，化痰之妙品也。　石菖蒲開竅除痰。　乾生地除痰。　欵冬花、紫(苑)〔菀〕消痰，嵓治血痰。　桔梗治痰壅喘。　白前下痰。　天南星嵓治濕痰。　貝母潤心肺，清虛痰。　天花粉潤燥滑痰。　澤蘭除痰澼。　蘭花葉消痰清肺。　威靈仙治濕痰、痰水。　天麻疏痰氣。　細辛破痰。　紫蘇並子消痰。　知母消痰。　黃芩丹溪曰：黃芩降痰，假其降火也。訒菴曰：痰因火動，當先降火。　葶藶除痰。　芫花治痰癖。　澤瀉治痰飲。　蛤粉丹溪云：治熱痰、濕痰、老痰、頑痰、虛痰。　麥芽除痰。　芒硝治停痰。　砂仁祛痰。　蓽茇祛痰。　甘草治痰迷。　犀角利痰。　射干行太陰、厥陰之積痰。　神麯化痰逆。　韮逐停痰。　生薑、乾薑、黑薑俱治寒痰。　甜瓜蒂吐風熱痰涎。　浮石除痰熱。　蓬砂去上焦胸膈之痰熱。　慈石為利痰之聖藥。　兒茶化痰生津。　五靈脂化痰。　牛黃利痰。　礞石化痰，置痰上，痰化為水。　雄黃化痰涎。　白礬燥濕追涎，化痰墜濁。　阿膠化痰。　牡蠣化痰。　珍珠墜痰。　殭蠶化痰，蠶病風則殭，故因以治風，能散相火逆結之痰。　五倍子化痰。噙之，善收頑痰。　人中黃清痰火。　茯苓治膈中痰水，脾虛所致。　枳殼、枳實治痰澼。　厚朴消痰。　訶子化痰。　檳榔行痰。　冰片治痰迷。　皂莢清痰。　人中白化痰。　半夏除濕化痰。　瓜蔞仁寒潤下，能清上焦之火，使痰氣下降。

胡椒下氣，消寒痰。　竹瀝潤燥行痰，痰迷大熱。　荊瀝化痰涎、痰迷眩運，為化痰妙品。熱多用竹瀝，寒多用荊瀝。丹溪云：虛痰用竹瀝，實痰用荊瀝。並宜薑汁助送，則不凝滯。　淡竹葉消痰。　天竹黃滑痰利竅。　烏梅湧痰。　白梅(播)〔擦〕牙，治痰厥僵仆。　山查　柿并霜并化痰。　海藻治痰壅。　枇杷葉薑汁炙，降氣，氣下則火降痰消。　旋覆花消痰結堅痞，唾如膠漆。　天冬消痰。腎主津液，燥則凝而為痰，得潤劑則痰化，所謂治痰之本也。天冬滋陰助元，消腎痰。麥冬清心降火，火降則痰消。　白朮清痰水。　山藥化痰涎，滲濕，故化痰。　蚶殼丹溪用以治痰積，製法見癥瘕後。　鬱金末加韭汁、薑汁、竹瀝、童便服，治痰中帶血。

《本草備要》主治註釋　〔咳嗽〕　細辛治咳嗽上氣。　前胡治咳嗽。　紫蘇並子消痰止嗽。　薄荷治痰嗽。　知母定嗽。　黃芩治火嗽喉腥。　麻黃治欬逆上氣，風寒欝于肺經。《經》曰：諸氣膹欝，皆屬于肺。　芫花治咳嗽。　蒺藜治咳逆。　砂仁治咳嗽。　牛蒡子理痰嗽。　山豆根治熱嗽。　罌粟殼治久嗽。　蘿蔔治咳嗽。　百合清熱止嗽。久嗽之人，肺氣必虛，虛則宜斂，百合之甘斂，勝于五味之酸收。　禹餘糧治咳逆。　浮石止嗽。　蓬砂生津止嗽。　白石英治欬逆上氣，重潤肺。　膽礬　伏龍肝並治咳逆。　白毛烏骨鴨止嗽。　露水宜煎潤肺之藥。　阿膠治虛勞咳嗽。　獺肝止嗽。　龜板治久嗽。　牡蠣止嗽。　秋石　茯苓治咳逆。　肉桂治咳逆結氣。咳逆亦由氣不歸元，能引火歸宿丹田。　地骨皮治咳嗽。　白前止咳嗽，治逆滿。　訶子肺挾痰水，或被火傷，宜此斂之。　枳殼治咳嗽。　沙參治久嗽。　牛膝止久嗽，引火下行。　五味子寧久嗽。表邪未盡，不可服。　天冬　麥冬潤肺止嗽。　欵冬花為治嗽要藥，寒熱虛實皆可施治。《本草滙》曰：隆冬獨秀，先春開敷，得腎之體，先肝之用，故為理嗽溫肺之最。大抵欬必因寒，寒為冬氣入肺為逆，欵冬非肺家嵓藥，乃使肺邪從腎順流而出也。　紫(苑)〔菀〕辛溫潤肺，專治血痰，為血勞咳嗽聖藥。　百部治肺熱咳嗽。　桔梗表散寒邪，瀉上焦火。又治乾咳無痰。　馬兜鈴寒能清肺熱，降氣治痰嗽。　半夏治咳逆。　貝母治咳嗽上氣。　瓜蔞子為治嗽要藥。肺受火逼，失下降之令，故生痰作嗽。　當歸治咳逆上氣。　白芍治肺脹咳逆。　枇杷葉治熱欬。　白果定喘嗽。　柿乾潤肺寧嗽，霜更佳。　木瓜斂肺。　陳皮統治百病，嗽家所需。　烏梅治久嗽。　杏仁治欬逆上氣。肺虛而咳者禁用。　淡竹葉治咳逆。　桑白皮瀉肺火，清痰止嗽。性不純良，肺氣虛及風寒作嗽者慎用。　梨治熱嗽，熬膏加薑汁、煉蜜，消痰止嗽。　白鮮皮治肺熱咳嗽。　白芥子同蘇子、蔔子煎好，入熟蜜與薑汁各一匙，虛人痰嗽，服之殊妙。　蛤蚧療咳嗽，勞極則肺腎虛而生熱，故外邪易侵，內症兼發也。蛤蚧屬陰，能補水之上源，則肺腎皆得所養，而勞熱咳嗽自除。　榆白皮治咳嗽不得眠。　髮主咳嗽。

《本草備要》主治註釋　〔咳吐咯血〕　澤蘭一名孩兒菊。治吐血，其妙載鼻部末。　艾葉　大小薊　地榆頭並治吐血。　鬱金唾吐並治。　荊芥　雞蘇　黃芩俱治吐血。　青黛治吐血，陰虛火炎者忌用。　車前草　香附治吐血。　白芍凡病嘔吐血者，皆用此主之。故知太陰藥也。　薏仁治咳血膿血，以〔猪〕肺蘸薏仁末服。　葱　韮　薊　乾薑炮黑止吐血。　滑石　代赭石　青鹽　伏龍肝　阿膠並治吐血。　犀角治吐血，畜血發狂。　龍骨　蛤蚧治咯血，氣血兩虛者宜之。　童便　輪迴酒止血。　扁栢葉酒蒸。　槐樹嫩枝　地骨皮　桑白皮治肺熱唾血，散瘀血。　棕燒炭，不可太過，同髮灰服，止血。　竹茹　淡竹葉　乾柿治咯血。　藕節　荷

葉蒂　蒜搗汁飲，主吐血心痛。　白膠療吐血。　瓜蔞子炒香，酒服止血。　天冬　麥冬　欵冬花治咳吐膿血。　紫菀苦能達下，辛可益金，吐血保肺，收為上劑。　雖入至高，善于達下，使氣化及于州都，小便自利，人所不知。士材曰：辛而不燥，潤而不寒，補而不滯，非多用獨用，不能速效，誠金玉君子。

《本草備要》主治註釋　〔肺痿肺癰〕　天冬治肺痿肺癰。　麥冬治肺痿吐膿。　欵冬花治肺痿肺癰。　紫菀治喘吐膿血。　旋覆花治吐如膠漆。　桔梗治肺癰。　白前治肺氣壅實。　馬兜鈴能清熱，降肺氣，熱清氣降，則肺自安。　白及濇補肺，肺損者能復生之。　貝母治肺痿肺癰。　升麻治肺痿吐膿。　雞蘇治肺痿。　蒺藜治肺痿。　山豆根去大腸，肺之風熱，瀉心火以保金氣。　苡仁治肺痿肺癰，咳吐膿血，以猪肺蘸苡仁末服。　白石英治肺痿吐膿。　阿膠治肺痿吐膿。　蛤蚧治肺痿。　竹茹治肺痿。

清·李文來《李氏醫鑒》卷七　《本草備要》主治註釋　〔瘧〕　常山專治諸瘧。士材曰：常山發吐，惟生用多用為然。與甘草同用，亦必吐。若酒浸炒透，但用錢許，每見奇功，未見其或吐也。世人泥于老人、久病忌服之説，使良藥見疑，沉疴難起，抑何愚耶。　鱉甲治溫瘧、瘧母，瘧必由于暑邪，類多陰虚之人，邪入陰分，出併于陽則熱，入併于陰則寒，元氣虚羸，邪陷中焦，則結為瘧母。鱉甲能益陰除熱而散結，故為治瘧之要藥。　猪苓治痎瘧。瘧多由暑，暑必兼濕。《經》曰：夏傷于暑，秋為痎瘧。　葳蕤治寒熱痁瘧。　牛膝治久瘧。　白薇治溫瘧，寒熱痠痛，寒熱作則營氣不能內營，故痠痛。　半夏治痰瘧。　何首烏治惡瘧，瘧家要藥。　草蔻治瘴癘寒瘧，佐常山能截瘧，或與知母同用，取其一陰一陽，治寒熱瘴瘧。　草果治太陰獨勝之寒，知母治陽明獨勝之火。　青皮治久瘧，入肝散邪，入脾除痰，瘧家必用之品，故清脾飲以之為君。治久瘧用醋炒。　乾葛治溫瘧。　麻黄　胡黄連　大黄　淡豆豉　虎頭骨　牡蠣以上並治溫瘧。　知母治久瘧。　白頭翁治溫瘧寒熱。　芫花治瘴瘧。　茵陳　檳榔　大腹皮　烏梅　良薑並治瘴瘧。　青蒿治久瘧。　射干治瘧母，同鱉甲煎之，取其降厥陰相火也。　附子治寒瘧。　龜板治痎瘧，或經數年中結痞塊，名曰瘧母。　白豆蔻治脾虚瘧疾。　雄黄治暑瘧。　杜牛膝搗汁，入好酒服之，取吐痰瘧。　白礬　皂礬均治瘧，取其燥濕化痰。　殭蠶治痰瘧。　阿魏治諸瘧，瘧多由積滯而起。　海螵蛸治瘧疾。　麝香治瘴瘧。　龍骨治瘧。　穿山甲治風瘧要藥。　百草霜　鷄肫皮治小兒食瘧。　五靈脂治瘧。　夜明砂治瘧魃。魃音奇，小兒鬼。

《本草備要》主治註釋　〔滯下〕　木香治後重，癃閉。同檳榔治痢疾。行血則膿血自愈，調氣則後重自除，此治痢之要旨。　枳實除後重。　白頭翁東垣曰：腎欲堅，急食苦以堅之。痢則下焦虚，故以純苦之劑堅之。仲景治熱痢，有白頭翁湯，加連、柏、秦皮。　藠子治泄痢下重。下者，氣滯也。四逆散加此以散滯。　赤石脂治大小腸下後虚脱。訒庵曰：非濇劑無以固之，其他濇藥輕浮，不能達下，惟赤石脂體重而濇，直入下焦陰分，故為久痢泄澼要藥。仲景桃花湯用之，加乾薑、粳米。　白芍　牛膝瀉痢不可缺。　艾葉治冷痢。　附子　乾薑　使君子　良薑　地漿水治泄痢冷熱赤白，以新汲水沃黄土，攪濁，澄清用。　雄黄治澼痢。　石硫磺治冷澼。　大蒜同黄丹治痢。　桔梗丹溪曰：痢疾腹痛，乃肺經之氣鬱在大腸，宜桔梗以開之。　胡椒　蕪荑以上並治冷痢。蕪荑得訶子、豆蔻良。初起勿用。　雞蘇治血痢。　薄荷治血痢，血病在凝滯，辛能散，涼能清。　葱　五靈脂　羚羊角　扁栢　〔枝〕〔梔〕子並治血痢。　棕燒黑。能止久血痢，與髮灰同用更良。　荊芥　苦參　乾葛俱止血痢。　木賊治赤痢。　牡蠣　大青草治熱痢。　大黄治下痢赤白。　澤瀉　車前子治暑濕瀉痢。　知母治下痢。　黄芩得白芍治下痢。　胡黄連治瀉痢。　蘿蔔生搗汁，治噤口痢。夏月食其菜數斤，秋不患痢。冬月以菜攤屋瓦上，任霜雪打，至春收之，煎湯飲治痢。　蔔子調下痢後重。　檳榔同上。　砂仁治赤白痢。　蓽茇治氣痢，牛乳煎服。　玄明粉治痢。訒庵曰：瀉痢不止，用大黄、玄明粉以推蕩之，而瀉痢反止。蓋宿垢不淨，疾終不除，《經》所謂通因通用是也。　山豆根治下痢。　木鱉子　赤小豆治瀉痢。　淡豆豉治血痢。又曰得薤則治痢。　綠豆　苡仁並治瀉痢。　神麯同上。　紅麯治赤白痢。　五穀蟲治毒痢作吐。　淮藥　滑石　白礬　皂礬　石灰　百草霜　雞肫皮並止痢。　禹餘糧治下痢。　厚朴　烏藥並治瀉痢，腹痛後重。　青蒿治久痢。　龍骨　海螵蛸　五倍子　罌粟殼　金櫻子去核。　代赭石　龜板並治久痢。　槐花治赤白痢。　黄蠟療下痢。　蠟貫丸、巴豆丸止久痢冷痢。論載洩瀉門。　椿樗皮治久痢。　苦滯氣。

《本草備要》主治註釋　〔小便〕　蘆根治小便數。中空，能入心肺，清上焦熱，熱清則肺之氣化行，而小便復其常道而不數。　萆薢治小便頻而痛。　桑螵蛸縮小便，能通故能縮。腎與膀胱相表裏，腎得所養，氣化則能出，故能通，腎氣既固，則水道安常，故又能止也。　茯苓小便結者能通，多者能止，熱除則便自止。　山萸縮小便。　金櫻治便數。　縮泉丸：烏藥同益智仁等分為丸。治虚便數者，取其通陽明、少陰也。　花椒治溲數。　芡實治小便不禁。　石斛治囊濕餘瀝。　杜仲治小便餘瀝。　菟絲子同上。　續斷縮小便。　韮子治溺頻。　〔固〕〔故〕紙縮小便。　天冬　麥冬　白芍

牽牛　燈心　通草　木通　白茅根　浮萍　澤瀉　車前草子　黃栢　知母　扁蓄　地膚子　香薷並利小便，併赤澁。　使君子治便濁。　萆薢能去分清。　石膏治小便赤濁。　滑石同上。　蘿蔔　桑白皮　猪苓　苦楝子　梨　瞿麥　防己二陰不通者，非此不可。因濕熱流入十二經之所致。　蛤粉丹溪曰：利小便。　郁李仁治癃閉。　秦艽牛乳點服，利二便。　髮利二便。　赤小豆利小便。　石燕磨汁飲之，利小便。　狗脊治失溺不禁。　牛膝治失溺。　紫菀小便及溺血者，服一兩立効。　車前草根葉擣汁飲，治尿血。　茜根治尿血。　樗樹皮利小便。　加味腎氣丸，腫滿蠱脹門。　治小便不利。方後訒庵君附子論甚精晰，可条看。

《本草備要》主治註釋〔二便〕東垣曰：桃仁、杏仁俱治大便閉，當分氣血，晝便難屬陽氣虛，夜便艱難為陰血虛。虛人便閉，不可過泄。脈浮屬氣，用杏仁、陳皮。脈沉屬血，用桃仁、陳皮。　黃耆同陳皮、白蜜，能通虛人腸閉。補脾肺之功也。　元參　天冬　半夏　益母草俱通二便。　紅花　紫草血熱則毒閉，得此涼之，則血行而毒出。　凌霄花　威靈仙治大小腸秘。　秦艽　乾葛　知母　牽牛　木通　冬葵子　葱　蔔　榆白皮俱利二便。　細辛治便濇。　葶藶利便。　防己濕熱流入十二經，致二陰不通者，非此不可。　木鱉子利大腸。　大麻仁滑腸。　石硫磺性雖熱，疏利大腸，又治老人虛秘。　鹽通二便。　枸杞利大便。　地骨皮利二便。　瑣陽　肉蓯蓉潤大腸燥結。　杏仁通大腸氣秘。　桃仁通血閉。　瓜蔞子利便。

《本草備要》主治註釋〔泄瀉、腸鳴、脫肛、膿血〕寇氏方：瀉痢不止，用大黃、元明粉以推蕩之，而瀉痢反止，蓋前垢不淨，疾終不除，《經》所謂通因通用也。　四時暴瀉痢四肢、臍腹令坐深湯中，浸至腹上，四圍用物遮圍，升陽之藥無速於此。此訒庵方也。　骨碎補研末，入猪腎煨熟，止久瀉。久瀉多屬腎虛，不可耑責脾胃。　白芍泄瀉不可缺。　升麻　木香　赤小豆　五倍子　代(頳)〔赭〕石　芡實並治泄瀉。　藁本治胃風泄瀉。　澤瀉治濕瀉、水瀉。　車前子治暑濕泄瀉。　苡仁　土茯苓　木鱉子　山藥　蓽茇止水瀉。　五味子並止瀉。　香附止吐瀉。　肉蔻　(嬰)〔罌〕粟殼　棗仁　金櫻子　石榴皮　赤石脂並治久瀉。　薑止濕瀉。　肉桂止濕盛泄瀉，土為水尅，不能防水。　猪苓　黃栢治水瀉。　烏梅同上。　訶子佐白朮、蓮子，治虛寒久瀉。　吳茱治冷瀉。　熟藕實大腸，止瀉。　硫黃治久患泄瀉，垂命欲盡，服無不効。但中病即已，不可盡劑。　柿乾濇腸。　雞肫皮治便數。　黃連寒味多泄，惟此味厚腸胃，而止泄瀉。

《本草備要》主治註釋〔腸風痔瘻〕槐實治腸風血痔，十月上巳採，漬牛膽中，陰乾一日，食前吞一枚佳。　山茶花治腸風。為末，入童便、薑汁，或酒調服，可代鬱金。　棕櫚燒黑與髮灰同用更良。初起勿用。　吳茱萸治腸風痔疾，利大腸壅氣，故治之。　沒藥治痔瘻。　蕪荑治痔瘻。　柿乾治腸風痔瘻，藏清則府熱亦除。　圓眼治腸風血不歸脾。　代赭石治腸風。　石燕治腸風痔瘻，磨汁飲之。　馬兜鈴治血痔瘻瘡。　花粉治瘡痔。　赤芍治腸風。　首烏治瘡痔。　續斷治腸風癰痔。　茜草治腸風痔瘻。　荊芥治腸風痔瘻，最散血中之風。　木賊治腸痔瘻，脫肛。　蒺藜治痔瘻。　射干治腸風痔瘻，肝經濕氣，因疲勞而發便毒者，用三寸與薑同煎，利兩行効。　乾葛治腸風。　白芷治腸風痔瘻。　苦參治腸風。　香附治腸風痔瘻。　丹皮治腸風。　山豆根治五痔。　黃芩治澼。　木鱉子治痔。　赤石脂治腸澼癰痔。　砒石外用枯痔。　葱　金銀花爲腸澼藏毒要藥。　兒茶治痔腫。　伏龍肝治腸風。　雞肫皮治腸風。　五靈脂　阿膠治血痔腸風。　龜板治五痔。　扁栢　地骨皮凉血而補正氣。　黃栢治痔血腸風。　訶子佐樗皮，治腸澼便血。　葧臍治下血。　黃連訒庵曰：治下血，用連、蒜，一陰一陽，寒因熱用，熱因寒用，最得製方之妙。　赤小豆除大便血。　枳殼肺與大腸相表裏，風邪入肺，則並入大腸，風熱相搏，而為腸風下血。枳殼苦寒，下泄之氣，則血熱清而風自除，且能引諸藥至病所，為風病不可少之味。　卷栢生石上，俗名萬年松，鹽水煮，井水煮，各半日，焙用。治腸風脫肛。　升麻治脫肛。　罌粟殼同上。　白礬石灰同上。　五倍子治五痔，收脫肛。　龍骨治脫肛，澀可去脫，牡蠣、龍骨之屬是也。

《本草備要》主治註釋〔驚悸、怔忡、健忘〕志肉強志益智，治迷惑善忘，驚悸。　石菖蒲開心孔，利九竅，為水草之精英，神仙之靈藥。　茯苓治憂恚驚悸，心肝不足。　茯神療心虛多恚，健忘。　郁李仁治悸，用酒能入膽。　圓眼葆心養血。　地黃能交心、腎、膽，故治諸症。　淮藥治健忘。　虎骨治驚悸。　龍骨安魂鎮驚。　琥珀寧心定魂。　黃松節茯神心木，治健忘。　栢子仁益智寧神。　棗仁寧心。

《本草備要》主治註釋〔不得眠〕志肉強志益智。治迷惑善忘，驚悸。　柏子人益志寧神。腎藏志，心藏神。　石菖蒲益心安神，通九竅。　棗仁療膽虛不眠。膽虛，寒也，故溫膽湯加之。肝虛則膽亦虛，肝不藏魂，故不寐。血不歸脾，臥亦不安。　丹砂瀉心經邪熱，清肝鎮心。　金箔鎮心肝，定驚悸，安魂魄。肝經有風熱，則爲驚癇失志，魂魄飛揚。肝屬木而畏金，故治之。　淮山藥益心氣，治健忘。　百合潤肺寧心。　(枝)〔梔〕子治心煩懊憹不得眠。　甜瓜蒂治懊憹不得眠。　淡豆豉治懊憹不得眠。　郁李仁一婦因大恐而病，愈後目張不得眠，目系內連肝膽，恐則氣結，膽橫不下，潤能散結，隨酒入膽，結去膽下，而目瞑矣。　榆白皮治喘嗽不眠，(稽)〔嵇〕康《養生論》榆令人瞑。

阿膠治煩渴不眠。　益智仁　麥冬　神麯　菊花　貝母　五味　扁豆　乾葛俱治不眠。　羚羊角治夢魘驚駭。　鹿角治夢與鬼交，酒服一錢，鬼精即出。　龍齒鎮心安魂。　真珠同上。　虎睛安魄。　人參治多夢紛紜，安精神，定驚悸。　茯苓　茯神定魂安魄。

《本草備要》主治註釋〔夢遺失精〕石蓮肉、龍骨、益智仁等分，為末。每服二錢，空心米飲下。　龍骨、五倍炒、赤石脂、牡蠣煅、餘糧石等分為末，水丸。　晚蠶蛾乾為末，每服三錢，空心下。　牡蠣、五味子、地黃、萸肉、枸杞子、車前子、沙苑蒺藜、蓮鬚、杜仲治夢遺。　覆盆子、黃栢、沙苑蒺藜、蓮鬚、五味、砂仁、魚膠、萸肉治夢遺泄精。　肉蓯蓉　萆薢　漏蘆　罌粟殼　山藥　伏龍肝　蓮子　芡實　巴戟　續斷以上並治夢遺。　菟絲子止遺泄固精首劑。　韮子治遺精。　椿樗皮治夢遺滑精。　茯苓治遺精，益心腎。若虛寒之人，又當用溫熱之味峻補其下，非淡滲之味所能治。　核桃肉皮濇斂肺，固腎泄精。今藥中罕用。訒庵曰：若用之當勝金櫻、蓮鬚也。　花椒治泄精，下焦虛寒。　澤瀉泄精，亦有因濕熱者，用此味良。

《本草備要》主治註釋〔淋濁〕甘草稍止莖中痛，淋濁症中要藥。　牛膝治淋痛尿血。　天門冬治淋。　白薇治熱淋。　益母草治血淋。　澤瀉治淋瀝。　貝母同上。　白茅根　雞蘇　黃芩　苦參並治淋。並溺血。　木通治淋瀝不通。　通草　燈草並通淋。　瞿麥　蒲公英並為通淋要藥妙品，至驗至効。　扁蓄治熱淋。　地膚子通淋，無陰則陽無以化。　石韋治淋閉。　海金砂治五淋莖痛。　萆薢治莖痛，遺濁。　薏仁治熱淋，益土所以生金，故補肺清熱。白色入肺，微寒清熱。　瓦松即生古瓦上者，亦治淋。　滑石治淋閉，偏主石淋。　浮石通淋。　阿膠治血淋。　蛤蚧通淋。　石決明通五淋。　桑螵蛸通五淋。　茯苓治淋瀝。　琥珀通五淋。　猪苓治淋濁。　枳實治淋閉。　石燕磨汁飲之，通淋。　蒼朮脾精不禁，淋濁不止，腰背疫疼，宜用此以斂脾精，精生于穀，故也。　(枝)〔梔〕子治五淋。　榆白皮治五淋。　沉香治氣淋。　石蓮子　藕節並治五淋。　生地　白茅根　鬱金　苦參　澤瀉　漏蘆　伏龍肝　扁栢並治尿血。　青鹽　雞肫皮　韮子　龍骨　桑螵蛸並治溺血。　車前草子並通淋。子能利水竅，而固精竅。

《本草備要》主治註釋〔盜汗〕葳蕤止自汗。　大麻仁治胃熱汗多。　半夏並治汗。　天雄發汗，又能止陰汗。　糯米收自汗。　浮小麥止虛汗、盜汗。　淡豆豉得葱則發汗，炒熟則止汗。　栢子仁止汗。　桑葉末服，止盜汗。　牡蠣從正曰：寢汗不禁，澁以牡蠣、五倍之屬。　地骨皮止虛汗。　白芍固腠理，止汗。　五味斂汗。　石斛止自汗。　白朮無汗能發，有汗能止。　澤瀉止陰汗。　酸棗仁斂汗。

清·李文來《李氏醫鑒》卷八

《本草備要》主治註釋〔調經〕丹皮　生地　益母子　澤蘭　蘭葉　阿膠　柴胡俱調經。　延胡　香附均治月候不以時至。　艾附丸治婦人諸病。　菴藺子治經澀。　茜草一兩酒煎，通經甚効。　薑黃通經。　三稜　大黃　葶藶　瞿麥　附子　漏蘆　王不留行　芒硝　蟹　殭蠶　肉桂　花椒俱通經。　桃仁　射干　紅花　牛膝均治經閉。　五靈脂生用通血閉，炒用能止經多。　代赭石治經不止。　木通行經下乳，氣順血行，故經調。　莪术消瘀通經。　乾薑　桂枝皆溫經。　赤芍　鱉甲均治經阻。　花粉通經。　枇杷葉治婦人發熱咳嗽，經期先至，佐補陰清熱之藥服之，可使經期正而受孕。　蘇木調經。　蒲黃同五靈脂。　艾葉調經。　白薇調經種子，古方多用之。　麥冬治經枯。　丹參調經。　丹皮通經脈。

《本草備要》主治註釋〔姙娠〕紫石英治女子血海虛寒不孕。衝為血海，任主胞胎。《經疏》云：女子繫胞于腎及心包絡，虛則風寒乘之，故不孕。紫石英辛溫，走二經，散風寒，鎮下焦，為暖子宮之要藥。　硇砂暖子宮。硇音鐃。　覆盆子令女子多孕。　淫(陽)〔羊〕藿治陰絕不產。　破(固)〔故〕紙治婦人血虛，婦人之血脫氣陷，亦猶男子之腎冷精流。　蛇牀子治子藏虛寒。　陽起石治子宮虛冷。　續斷暖子宮，治胎漏。　艾葉暖子宮，安胎。　杜仲治胎漏，懷孕瀝血。　葱白一物湯發汗而安胎，加薑亦佳。即此亦治姙娠傷寒。　生地　大小薊　紫蘇　阿膠　知母　木香　砂仁　藟子俱安胎。　黃芩、白朮安胎聖藥。　鹿角膠治血閉不孕，止痛安胎。　胡黃連治胎蒸。　竹茹治胎動。　貝母治產難。　益母草同上。　木通　車前子　白蒺藜　王不留行　禹餘糧　大麻仁　滑石俱催生。　冬葵子滑胎。　丹參安生胎，下死胎。　牛膝治產難。　麥芽下胎。　花乳石下死胎、胞衣，惡血化則胞胎無阻。　紅花同上。　赤石脂催生，下胎衣，能去惡血，故胞胎無阻。東垣云：胞胎不下，濇劑可以下之。　枇杷葉治產後口乾。　茜根治產後血暈。　蘇木血暈脹滿欲死，產後敗血，非此無効。　羚羊角主產後餘痛。　竹茹胎前不損子，產後不礙婦。　伏龍肝催生下胎。　夜明砂下死胎。　蟬退催生下胞。　童便治胞衣不下。　冰片治產難。　皂莢下胎。　皂角刺治胎衣不下。　石燕兩手合握，胎即下。　澤蘭治產後血瀝腰痛，瘀行未盡，產前後百病，皆治產家要藥。　白薇治產虛煩嘔。　鬱金治產後敗血攻心。　薑黃同上。　白芷治產後傷風，血虛頭痛。　知母治蓐勞。　青蒿同上。虛熱相宜。　乾薑產後大熱者宜之，此非有餘之熱，乃陰虛生內熱也。能入肝利氣，能入肝引眾藥生血，須與補藥同用。　吳萸下產後餘血，故產後必飲之。　山查治兒枕作痛，惡露積于太陰，少腹作痛，名兒枕痛。砂糖調服。　黑芝麻蒸熟，主產後羸困。　竹瀝丹溪云：味甘性緩，能除陰虛之有大熱者，寒而能補，胎後不礙虛，胎前不損子，世人因《本草》大寒二字，棄而不用，不知假火而成，何寒如此之甚耶。　柴胡新產發熱不可用。

《本草備要》主治註釋〔崩帶〕　鹿角膠治下血，崩中不止。　五靈脂治崩中，非正治之藥，乃去風之劑，與荊芥、防風治崩中義同。　生地　何首烏同治。　續斷　益母草子並用同治。　艾葉　延胡　茜草　凌霄花　地榆頭若虛禁用。　白茅根　白芷崩帶。　升麻　雞蘇　木賊　白礬　石韋　砂仁　香附　赤石脂　禹餘糧　代赭石　伏龍肝　雞肫皮　烏骨雞　阿膠　龍骨　海螵蛸　龜板　牡蠣　殭蠶　扁栢　訶子　椿樗白皮崩。　秦皮同上。　槐花　棕竹茹　蓮子　石榴皮　蓮鬚同治。　荷葉　芡實同治。　大小薊並治崩中。

帶類：　白果治帶濁赤者，濕傷血分，從小腸來。白者濕傷氣分，從肺、大腸來。帶濁並有寒熱二症，亦有因痰者，宜二陳加升、柴、二朮。　艾葉治帶要藥。　升麻能緩帶脈之縮急。　蜀葵花赤者治赤帶，白者治白帶。　肉蓯蓉治帶。　韭子同上。　桑螵蛸能治白帶白淫。　訶子取其收斂。同蛇床子、五味、山萸、杜仲、續斷治虛寒帶下。　棕燒黑存性，與髮灰同服。　蛤粉丹溪云：治白濁帶下。　槐米炒，同牡蠣鹽水浸煅為粉，等分為末服，或糊丸，米飲下，治白帶甚効。

《本草備要》主治小兒驚癇雜症註釋　杜牛膝治乳蛾、喉痺、急慢驚風。已見前。　丹皮　天麻小兒諸病要藥。　使君子同上。　欵冬花定驚。　紫菀治驚癇，亦虛而有熱。　南星治風痰，耑治濕痰，驚癇，身強口噤。　細辛辛益肝膽，故膽虛驚癇宜之。　薄荷治骨蒸驚熱。　黃連定驚。　胡黃連驚癇良藥，消菓子積。　龍膽草治驚癇邪氣，肝經風火也。　青黛治驚癇。　防己治熱氣諸癇，降氣下痰。　附子治慢驚。　慈石治驚癇，重鎮怯。　燈草燒灰，塗乳止夜啼。　金治驚癇風熱，肝膽之病。　犀角定驚。　代赭石半錢，冬瓜仁湯調服，治慢驚。　白礬　五靈脂　夜明沙　雄黃俱治驚癇。　牛黃清心解熱，利痰，治驚，通竅辟邪，治小兒百病。　阿膠小兒驚風後瞳人不正者，以阿膠倍人參服之，最良。阿膠育神，參益氣。　羚羊角　麝香　熊膽　龍骨皆鎮驚安魂，治十二癇。　龍齒同上。　真珠鎮心安魂，治驚癇。　殭蠶治驚癇，膚如鱗甲，由氣血不足，亦治胎垢，煎湯浴之。　蝎治驚癇搐掣，口眼喎斜。慢驚屬脾虛者慎用。　蝎為驚風要藥。　蜈蚣治驚癇。　髮合鷄子黃煎為水，療驚熱。　鷄子能去風痰。　栢子仁定驚。　虎頭骨　巴豆　淡竹葉　蘆薈　蕪荑　秦皮俱治驚癇。　白梅同上。　冰片治驚癇痰迷。　硃砂治癲癇。　鈎鈎藤治小兒驚啼瘈瘲，熱擁客忤，胎風班瘮，主肝風相火之病，相火散行於膽、三焦、心包，風靜火息，諸症自除。　蜈蚣治臍風噤口。　青蒿治風毒瘛〔瘲〕。　前胡治夜啼。　蟬退治驚癇夜啼。　肉蔻治吐逆，乳食不下。　蔔子同上。　蚯蚓屎治陰囊忽虛熱腫痛，以生甘草汁入輕粉末塗之。　胡麻生嚼，治頭瘡。　桑螵蛸炙飼，可止夜遺尿。　秦艽、炙甘草各一兩，一方加薄荷五錢，每服一二錢，治潮熱，食減瘦弱。　韭子　益智仁　牡蠣　龍骨　金櫻子　鷄屎白並治遺尿。《素問》云：足厥陰病則遺尿，韭子入足厥陰。　五加皮五錢、牛膝、木瓜各二錢半，為末。每服五分，米飲下酒二三滴，治小兒三歲不能行。　疳積：　使君子補脾，殺蟲，消積。忌茶。　柴胡治五疳羸瘦。　前胡　黃連同猪肚煮，為丸，除疳。　青黛治熱疳，殺蟲。　百部　百草霜　皂礬　五穀蟲並治疳積。　甘松治風疳齒䘌。　木鱉治疳積。　地黃甘能殺蟲。　五靈脂　蟾蜍治勞疳、疳積。　蟾酥治腦疳。　蘆薈治五疳。　黃丹治疳疾。　海螵蛸治疳蟲。　阿魏治疳勞。　蜜蒙花治疳氣攻眼。　椿樗皮去疳䘌。　海桐皮同上。　月明沙解毒殺蟲，治勞疳。

《本草備要》主治癰疽瘡瘍一切腫毒消散註釋　瓜蔞仁　紅花　大小薊　大黃　蒲黃　薑黃　三(葰)〔稜〕散一切血瘀，消腫止痛。　白芷　升麻　連翹　牛蒡子　金銀花　石菖蒲　防己俱消腫散毒　皂角刺宣通竅，鋒銳直達病所，能至患處，潰散癰疽腫毒惡瘡。　柴胡散十二經瘡疽，血凝氣聚，功同連翹。連翹治血熱，柴胡治氣熱，少異。　陳皮　葶藶　射干　紫檀香　山豆根俱消散癰腫。　薄荷消散皮膚癮瘮瘡疥。　蒼耳子上通頂腦，下走肢脚，外達皮膚，散一切毒，作湯浴，治遍身瘙癢。　甘遂末敷腫處，濃煎甘草湯服之，其腫立消。　苧根搗貼消癰腫。　香附生用消癰疽瘡瘍。　芙蓉花消腫。已見前方。　大戟消散頭項脇腫。　山藥能消熱腫，蓋補正氣，則邪氣自消。丹溪云：補陽氣，生搗敷，能消癰毒腫硬。　鹿角消腫，醋磨，塗癰疽腫毒。　榆白皮消赤腫，傅。　皂莢塗之腫消。　楮樹皮煎湯洗惡瘡。　莖主癮瘮作癢，單煮洗浴。　石決明研末，塗腫毒。　地膚子散惡瘡，煎洗瘡疥亦良。　枳殼　荊芥　防風　苦參　白蒺藜消癰腫。　敗蒲煎湯沐浴，治風瘮作癢。　天南星為末，敷消腫毒。　貝母敷惡瘡。　石韋炒，末，冷酒調服，消癰疽。　紫草血熱則膿閉，得此涼之，則血行毒出。　白芥子　蔔子消腫，痰行則腫消。　續斷消腫毒，外科需為上品。　漏蘆治癰疽發背，古以漏蘆湯為首稱，鹹軟堅，寒勝熱，散熱解毒，排膿止血，生肌殺蟲。　蒲公英一名黃花地丁。化熱解毒，消腫核，拔疔毒。　益母草同上。　紫花地丁同上。　木鱉子消腫，耑入外科要藥。　蒜消癰腫，搗爛，蔴油調敷，乾則易之。　赤小豆消腫，清熱解毒，敷一切瘡疽，鷄子白調末箍之，性極粘，乾則難揭，入苧根末，則易起。　醋治癰腫，外科敷藥多用之，取其斂癰熱，散瘀解毒。訒庵曰：　貝母性散而斂瘡口，蓋能散，所以能斂。醋性酸收而散癰腫，蓋消則內散，潰則外散，收處則是散處，兩者一義也。　黑大豆活血解毒，古稱解毒，試之不然，再加甘草，其驗乃奇。消腫止痛，搗塗一切腫毒。　犀角消癰化膿。　草蘗(萎)〔蔞〕，一名鷄腸草。發背瘡瘍，搗爛塗敷。　蘇木消腫毒，破死血，非此無功。　黑參解毒消腫。　土茯苓治楊梅瘡毒，一切瘡瘍癰毒。訒菴曰：　患膿疥者，煎湯代茶，甚妙至驗。　益母草根搗爛，入燒鹽少許，敷拔疔毒如神。　牡蠣鹹以軟堅，以柴胡引之，去脇下硬。茶引之，消頸核。大黃引之，消股間腫。以貝母為使，消積結。

蛤粉功同上。用鹽水浸漬，煅。　浮萍濃煎汁浴，治惡疾瘡癩遍身，又止瘙癢。　蛇床子瘡瘍要藥，煎湯浴，去風癢。　烏藥一切腫痛之屬氣者，皆可治。瘡癧疥癩，皆由於血逆，理氣亦治之。　殭蠶治瘙癢，皆風熱為病。　桃仁治皮膚血熱瘙癢。　羌活治膚癢。五倍子治風濕瘡。　蟬退治風熱瘡瘍。　扁蓄治蟲疥。　青蒿治瘙癢。　白鮮皮治風疥。　青葙子治蟲疥惡瘡。　苦參　黃栢治濕熱蟲瘡。　萆薢治惡瘡。　商陸傅惡瘡。　瞿麥決癰消腫。

《本草備要》止外痛註釋凡血熱血瘀，則作腫痛。血壅不流，則為痛。氣行則痛止，血和痛亦止。　當歸止痛和血。　川芎　甘草　石菖蒲　白芍　木通　莪术　三稜　連翹　白芷　白芥子　白礬　五靈脂　穿山甲　蜜　黃白蠟　松脂　扁栢葉　蘇木　降真香亦可外塗定痛。　山豆根　乳香　沒藥　烏藥　續斷　延胡　紅花　王不留行　兒茶　鹽　香附生用。　砂仁　藿香　牛膝

連翹　花粉

《本草備要》排膿生肌註釋毒氣化則成膿，補其氣，故為內托。不成膿者，死不治。

黃耆為排膿內托之聖藥。生用。　桂心能引血化汗化膿，內托癰疽。　澤蘭排膿。威靈仙蝕宿膿。　白芷排膿，又能蝕膿。　穿山甲　桔梗養血，又排膿。　地榆　大黃　枯礬　丹參以上俱排膿。　犀角化膿。　赤小豆排膿。　烏梅蝕惡肉，燒灰存性，研末傅之。

《本草備要》生肌斂口註釋　白斂生肌止痛，斂瘡方多用之，故名。每與白及相須。　木通　漏蘆　扁栢　花粉　丹參以上生肌。　白及蝕敗疽死肌，蓋去腐逐瘀生新之聖藥。　木鱉子生肌。　殭蠶滅痕。　䕡子生肌。　續斷生肌。　自然銅　黃丹去瘀長肉，拔毒解熱。外用。　黃蠟　白蠟生肌，外科要藥。　白礬蝕惡肉，生好肉。　琥珀從辛溫藥則生肌。　桂心生肌。　貝母敷斂瘡口，火降邪散，瘡口自斂，非其性收斂也。　五倍子散熱毒，斂瘡口，熱毒散，則自斂。　代赭石金瘡長肉。　花乳石止金瘡出血，刮末敷之即合，仍不作痛。　石灰風化者良。壙灰火毒已出，主頑瘡膿水淋漓，斂瘡口尤妙。散血定痛，生肌，止金瘡血。臘月用黃牛膽汁，和納膽中，陰乾用。殺瘡蟲，蝕惡肉，滅瘢痕，和藥點痣。　赤石脂潰瘍收口，長肉。　真珠生肌收口。　血竭治瘡口不合，止痛生肌，不可多使。　蛀竹屑　黃栢末俱外用要味。　脚心垢男用女，女用男，敷口即收斂。　附子治癰疽不斂。　杖瘡極驗方：　上好石灰用無根水浸攪，少頃澄清，去灰取水，用桐油二兩，入水內攪，敷上，惡血從毛孔而出即愈。

《本草備要》主治註釋　癬　消風散風門。治癬酒下。　濕癬方蘆薈一錢，炙甘草五分，為末，傅之立乾。　麻油治癬。　天南星治疥癬。　艾葉殺蟲治癬，苦酒煎服。　蕪荑治濕癬，燥濕殺蟲。　大風子取油，治瘡癬。　蛇床子為末，治濕癬。　使君子治瘡癬。　梔子　五加皮　海桐皮　白鮮皮　漏蘆俱治癬。　紫草治瘑癬。瘑，音戈。　百部治癬殺蟲。（白）

《本草備要》總解諸毒註釋　青黛敷蛇犬毒。　犀角解毒，凡飲食有毒，以犀角攪之，則生白沫。　荸薺末服可避蠱毒。　羖羊角辟惡鬼虎狼，治蠱毒，解諸毒。　木香解蠱毒。　橄欖解河豚毒，煑汁服之，必愈而解。　白礬治虎、犬、蛇、蟲傷蠱，化開澆傷處，極効。內可服，外可敷。　硫黃辟鬼魅惡。　南星用敷箍蛇蟲咬傷。　蚯蚓屎以鹽研敷蛇犬傷。　蘓恭主敷狂犬傷，出犬毛者神効。　楮樹汁塗蝎螫毒。　木鱉治蜂毒。　菴䕡子能制蛇，蛇見之則爛。　白芷解砒毒蛇傷。　雄黃殺百毒，解蛇傷。　山豆根解蛇咬、蜘蛛傷，療人馬急黃。　蘭花葉殺蠱辟惡。　茜根　烏藥　檳榔　椿白皮竝治蠱毒。　商陸瀉蠱毒。　扁豆葉敷蛇蟲咬最佳。　葱解毒，殺藥毒、魚肉毒，連鬚煎。　韭解藥毒、食毒、狂犬、蛇蟲毒。　蒜化肉食，殺蛇蟲蠱毒。　薑殺半夏、南星、厚朴、菌蕈、野禽毒。早行含一塊，辟霧露山嵐邪氣。　水銀解金、銀、銅、錫毒。　杏仁制錫毒、犬咬毒。　蘿蔔解酒毒，制麵毒、豆腐積。　扁豆　蘆根竝解河豚毒。　綠豆解一切金石草木砒石諸毒。　蟹解鱔魚毒。　紫蘇解魚蟹毒。　胡椒殺一切魚肉鱉蕈菌毒。　蒲公英解食毒。　硇砂音鐃。治肉積有殊功。　硃砂解毒，胎毒、痘毒更相宜。　土茯苓解楊梅瘡毒，悞服輕粉毒。　花椒殺魚蟲毒。　五味子解酒毒。　白茅根　乾葛並花。　秦艽　蛤粉　桑椹　黃連　草蔻　扁豆　苦參　枳實子以上竝解酒毒。　食鹽　檳榔　砂仁竝醒酒。　白蔻消酒積。　白果　烏梅　西瓜　甘蔗　梨竝醒酒，殺酒毒。　橄欖同上。　冰解燒酒毒。　赤小豆解小麥毒。　蟹解漆瘡，漆見之化成水。　醋殺魚肉菜蕈諸蟲毒。　石菖蒲　益

母草　莪术解百藥毒。

清・李文來《李氏醫鑒》卷九

《本草備要》主治註釋　黃耆補肺氣，益元氣。　甘草補三焦元氣。　人參大補肺中元氣。　沙參專補肺氣。　白朮補氣。　黃精補中益氣。　葳蕤補中益氣。　狗脊溫養氣。　石斛濇元氣。　志肉壯氣。　五味子益氣。　柴胡能引清氣上行，主陽氣下陷。　升麻能升陽氣于至陰之下。　茯苓寧心益氣。　枸杞益氣。　地骨皮涼血而補正氣。　天麻益氣強陰。　連翹散諸經血凝氣聚。　蘇葉下氣。子同上。　益智固氣。　白茅根補中益氣。　大棗補中益氣。

白果溫肺益氣。　胡桃補氣。　葧臍溫中益氣。　胡麻補氣。　天冬　麥冬俱益氣。　雞蘇　醋　旋覆花　烏藥　胡椒　郁李仁　桑白皮　紫菀俱下氣。　白斂　沒藥俱散結氣。　志肉同上。　穀芽　麥芽下氣。　葱通上下陽氣。　萵子　薤白泄下焦大腸氣滯。　蔔並子熟用俱降氣。　白芥子利氣。　滑石　蟹散結氣。　枳實、枳殼俱破氣。　厚朴同陳皮則下氣。　橘紅下氣帶發散。　葶藶大能下氣。　砂仁快氣。　白豆蔻散滯氣。　肉蔻下氣。　草蔻破氣開鬱。　百合補中益氣。　山藥益心氣。　羊肉益氣血。　牛肉益氣。　阿膠益氣，肺主氣，腎納氣。　紫河車大補氣血。　藿香快氣。　甘松理諸氣。　華茇溫中下氣。　琥珀能使肺氣下降，而通膀胱。　大腹皮下氣。　沉香能降能升，上至天，下至泉，理諸氣，下氣而墜痰涎，不傷氣。　檀香理氣要藥。　吳茱溫中下氣。　延胡索能行血中氣滯，氣中血滯，治氣凝血結。　鬱金下氣，行滯氣，亦不損正氣。　薑黃理血中之氣。　莪术破氣中之血。

三(萎)〔棱〕散氣結，功近香附，而力峻。　桔梗利胸膈凝滯之氣。　杏仁降氣，利胸膈滯氣。　陳皮同補藥則補，補則留白，下氣則去白。　青皮入肝膽氣分，破滯削堅。　山查健脾行氣。　木瓜氣脫能收，氣滯能和。　枇杷葉降氣，氣降則火降痰消。　荔枝核散滯氣。　淡豉　黑豆均下氣。　神麯散氣。　香附乃血中氣藥，通行十二經八脈，主一切氣。人身以氣為主，氣盛則強，虛則衰，順則平，逆則病，絕則死矣。七情之氣，香附為君，隨症而加升降清補之藥。丹溪曰：天行健運不息，所以生生無窮，即此理耳。時珍曰：凡人病則氣滯而餒，香附為氣分君藥，臣以參、耆，佐以甘草，治虛怯甚速也。　木香三焦氣分之藥，能升降諸氣，泄肺氣，疏肝氣，和脾氣。時珍曰：諸氣膹鬱，皆屬于肺，上焦氣滯用之者，金鬱則泄之也。中氣不運，皆屬于脾。中焦氣滯用之者，脾喜芳香也。大腸氣滯則後重，膀胱氣不化則癃秘，肝氣鬱則為痛。下焦氣滯用之者，塞者通之也。　莪术雖為泄劑，亦能益氣，故治氣短不能接續。

《本草備要》統治諸血主註釋　當歸補血潤燥，為血中氣藥。治虛勞寒熱，咳逆上氣，溫瘧澼痢，頭痛腰痛，心腹諸痛。衝脈為病，氣逆裏急；帶脈為病，腹痛滿腰，溶溶如坐水中。及婦人諸不足，一切血症，陰虛而陽無所附者，四物湯用之為君，治血之總劑。血虛佐以參、耆，血熱佐以梔、芩，血積佐以大黃、牽牛。訒菴曰：血屬陰，四物能養陰，陰得其養，則血自生，非四物能生血也。若氣虛血弱之人，當用人參，取陽旺生陰血之義。多有過服四物陰滯之藥，而反致害者。使血氣各有所歸，故名血滯能散，血虛能補，血枯能潤，血亂能撫，蓋其辛溫能行氣分，使氣調而血和也。四物湯用川芎者，特取其辛溫而行血藥之滯耳，豈真用此辛散之味，以養下元之血哉？訒菴曰：血屬陰，陰無陽不生，芍、地酸寒為陰，芎、歸辛溫為陽，故藉其相濟以生血也。　川芎行氣搜風，補血潤燥，散瘀調經止痛，上行頭目，下行血海，治頭脇腹氣鬱血鬱諸痛，濕瀉，血痢，寒痺筋攣，目淚多涕，男婦一切血症。　乾生地補陰涼血，滋陰退陽，生血，治血虛發熱，吐衄尿血，血運崩中，折跌絕筋。填骨髓，長肌肉。利大小便，調經安胎。又能殺蟲，治心腹急痛。《本草滙》曰：丹溪云氣病補血，雖不中病，亦無害也。不知血藥屬陰，其性凝滯，若胃虛氣弱之人，過服歸、地等劑，反致痞悶，飲食減少，變症百出，至死不悟，豈不惜哉！大抵血虛固不可專補其氣，而氣虛亦不可遂補其血也。凡勞病陽虛宜四君補氣，陰虛宜四物補血，陰陽俱虛者宜合用名八珍湯。　白及濇，補肺。性濇而收，得秋金之令，入肺止吐血。《摘玄》云：試血法，吐水內，浮者肺血也，沉者肝血也，半浮沉者，心血也。各隨所見。以羊肺心蘸白及末，日日服之佳。　白芍補血瀉肝，濇斂陰，安脾肺，固腠理，和血脈，收陰氣，斂逆氣，治肺脹喘逆。其收降之體，又能入血海，而至厥陰，治胎產一切血病。又曰：新產後忌用。同白朮補脾，同參、耆補氣，同歸、地補血，同川芎瀉肝，同甘草止腹痛，同黃連止瀉痢，同防風發痘疹，同薑棗溫經散濕。　赤芍入肝經血分。通血脈，瀉肝火，散惡血。白補而收，赤散而瀉。白益脾，能于土中瀉木。赤散邪，能行血中之滯。產後俱忌。　熟地黃平補肝腎，滋腎水，補真陰，填骨髓，生精血，聰耳明目，黑髭黑髮，胎產百病，為補血之上劑。丹溪曰：胎前當清熱養血為主，產後宜大補氣血為主。雖有雜症，從末治之。王碩云：男子多陰虛，宜熟地。女子多血熱，宜生地。以好酒拌砂仁末，浸蒸晒九次用。地黃性寒，得酒與火與日則溫，性泥得砂仁則利氣，且能引入丹田。六味丸以之為君，尺脈弱者加桂、附，所謂益火之原，以消陰翳也。尺脈旺者加知、栢，所謂壯水之主，以制陽光也。　何首烏平補肝腎，濇精。苦堅腎，溫補肝，濇收斂精氣，添精益髓，養血祛風，強筋骨，烏髭髮，令人有子，為滋補良劑。氣血太和，諸病不生。七寶美髯丹以之為君。忌鐵器。　丹皮瀉伏火而補血，退無汗之骨蒸，瀉血中伏火。色丹，故入血分。時珍曰：伏火，即陰火也。陰火，即相火也。世人專以黃栢治相火，不知丹皮之功更勝，和血涼血而生血，破積血，通經脈，為吐衄必用之藥。又治神志不足。《內經》云：水之精為志，故腎藏志。火之精為神，故心藏神。　續斷補肝腎，理筋骨，宣通血脈而理筋骨，主傷中，補不足。暖子宮，破瘀血，女科、外科需為上劑。　琥珀入足厥陰血分，消瘀血，破癥結。　栢子仁益血。　側栢葉補陰止血，養陰滋肺而燥土，最清血分，為補陰要藥。止吐衄崩痢，一切血症。　肉桂入肝腎血分，疏通血脈。　桂心活血，辛走血，能引血化汗化膿。　地骨皮瀉熱涼血，退有汗之骨蒸，補正氣，使精氣充足，而邪火自退。　防風凡治血，防風為上部之使，黄連為中部之使，地榆為下部之使。　蘇木多破血，少和血。　紅花入肝經而破瘀血，活血。瘀行則血活。有熱結于中，暴吐紫黑血者，吐出為好，吐未盡，加桃仁、紅花行之。大抵鮮血宜止，瘀血宜行。少用養血，多用則行血。　茜根活血行血。入厥陰心包、肝血分，消瘀。　童便潤肺散瘀。鹹走血，治血衄吐血，損傷，一切血症，功効甚神。　韮入血分而行氣散瘀，治一切血症，搗汁，童便和服。　韮子較根葉尤勝。　澤蘭通關竅，理血脈，行血而無推蕩之患，養血而無膩滯之虞。一名孩兒菊。　血竭入血分，補心包、肝血不足，專除血痛，散瘀生新，為和血之聖藥。治内傷血聚。　乾薑引血藥入血分，氣藥入氣分，去瘀養新，有陽生陰長之意。故吐衄腸風及産後血虚大熱者宜黑薑，乃熱因熱用，從治之法也。夫血遇熱則走，生乾薑行之，固其宜也。而吐衄下血，崩漏淋産症，熟者反能止之，何也？蓋物極則反，血去多而陰不復，則陽無所附，得此以助陽之生，而陰復矣。且見火則味苦色黑，守而不走，血安得不止耶。然必病久氣虚亡陽，而多盜汗及手足冷者宜用，若初病火熾，遽爾投之，是抱薪救火，危亡立致，可不謹乎！　槐花入肝、大腸血分而涼血，血涼則陰自足。治風熱，一切諸血病。　射干能瀉實火，火降則血散腫消，而痰結自解，故能消老血。　白頭翁寒涼血，入陽明血分胃、大腸。　冬葵子治血燥。　紅麯活血和傷。　降真香治一切血症，當鬱金神効。　乾柿消宿血。　牛膝散惡血，生用。　木賊治諸血病。　王不留行走血分，通血脈，乃陽明衝任之藥。陽明多氣多血，又能止血。　旱蓮草補腎止血，其功甚速。　大麻仁破積血。　赤石脂止血。　花乳石能化血為水。　禹餘糧血分重劑，能固下。李先知云：下焦有病人難會，須用餘糧赤石脂。又治血閉。　代赭石苦寒，養血氣，除血熱，入肝與心包，專治二經血分之病，治吐衄崩。　白礬止血，治血痛。　食鹽治血熱。　兒茶止血。　蔓荊子涼血。　五靈脂入肝經血分。通利血脈，散血和血，血痺血積諸血病。　犀角治吐下畜血發狂，一切血病。　五倍子止血，治下血。　梔子炒黑，止血。　厚朴破宿血。　五加皮逐皮膚之宿血。　椿樗皮入血分而濇血。病不足者宜椿皮。　山茶花治諸血，可代鬱金。　棕燒黑與髮灰同服，治久血不止。　乾漆破日久凝結之瘀血，能化瘀血為水。　桃仁治熱入血室，血燥血痞，皮膚血熱燥癢，畜血如狂，並損傷積血及夜發瘧。　山查散瘀血。　荷葉涼血散血，去瘀血，留好血，治一切血症。　香附得歸、地則補血。　虻蟲凡血在藏府經絡者，祛逐攻下，蓋食血而能治血，因其性而為用也。去足翅，焙。　瓜蔞子炒香酒服，止血，治一切血症。寒降火也。　龜甲補新血。　自然銅消瘀血。　骨碎補能破血止血，入血行傷，故治折傷。　海螵蛸治血枯。　紫石英甘辛性溫而補，重以去怯，濕以去枯，入心肝血分，故心神不安，肝血不足，用此重鎮，心潤補肝。　紫草涼血活血。　凌霄花一名紫葳。去血中伏火，破血去瘀。　延胡索為活血利氣第一藥，治暴血上衝。　大小薊破血下氣，行而帶止，止吐衄，破瘀生新，葆精養血。　地榆入下焦，除血熱。　蒲黄生用行血消瘀，療撲打損傷。炒黑性濇，主止血，治一切血症。　卷栢生用破血通經，炙用止血，治腸風，收脱肛。　蓮子治一切血病。　藕節治一切血病，和地黄汁、童便服之良。　菴䕡子行血散結，散中有補，閃挫氣痛折傷。　白茅根消瘀血，血閉發寒熱，治吐衄諸血，補中益氣。時珍曰良藥也，世人以微而忽之，惟事苦寒之劑，傷冲和之氣，烏足知此哉。　鬱金下氣破血，治唾血、吐血、衄血、尿血，月經逆行衄血。　薑黄下氣破血及血積。　莪朮破氣中之血，消瘀通經。　三稜破血中之氣，散一切血症。　荊芥炒黑，止下焦血。用山梔、乾薑、地榆、蒲黄、五靈脂之類，皆應炒黑者，以黑勝紅也。　李士材曰：若血受病，亦先調氣，謂氣不調則血不行氣。諸血症見各門，惟汗孔出血，謂之肌衄，心與肝也。又驚而動(動)血者，屬心；怒而動血者，屬肝；憂而動血者，屬肺；思而動血者，屬脾；勞而動血者，屬腎。

清·李文來《李氏醫鑒》卷一〇　痰飲藥宜分治論　夫痰之生也，其由非一。其為治也，藥亦不同。由于陰虚，火炎上迫乎肺，肺氣熱則煎熬津液，凝結為痰，是謂陰虚痰火。痰在乎肺，而本乎腎，治宜降氣清熱，益陰滋水，法忌辛溫燥熱補氣等藥。由于脾胃寒濕生痰，或兼飲啖過度，好食油麵猪脂，以致脾氣不利，壅滞為痰，濃厚膠固，甚至流于經絡及皮裏膜外，或結為大塊，或不思食，或徹夜不眠，或卒爾眩仆，不知人事，或發癲癇，或昔肥今瘦，或叫呼異常，或身重，腹脹不便行走，或泄瀉不止及成(癰)(癱)瘓，種種怪症，皆痰所為。故昔人云怪病多屬痰，暴病多屬火，有以夫。此病在脾胃，無關肺腎，治宜燥脾行氣，散結軟堅，法忌滯泥苦寒濕潤等藥及諸厚味。由于風寒鬱閉(然)(熱)氣在肺，而成痰嗽齁喘，病亦在肺，治宜豁痰除肺熱藥中加辛熱辛溫，如麻黄、生薑、乾薑之屬，以散外寒，則藥無格拒之患。法忌濇補酸收等藥。病因不齊，藥亦宜異。利潤利燥，及利發散，各有攸當，非可混施也。世以痰飲混稱，藥亦混投，殊不知痰之與飲，其由自別，其狀亦殊。痰質稠黏，黏同粘。飲如清水，特其色有異，或青或黄，或緑或黑，或如酸漿，或伏于腸胃，或上支胸脇，刺痛難忍，或流于經絡四肢，則關節不利。支飲上攻為心痛，為中脘痛，甚則汗出，為嘔吐酸水、苦黃水等，種種各異；　或發寒熱，不思飲食及不得眠，皆其候也。　此症多因酒後過飲茶湯，則水漿與腸胃飲食濕熱之氣，凝而為飲；　或因情抱抑欝，飲食停滯，不得以時消散，亦能成飲。　總之，必由脾胃有濕，或脾胃本虛又感飲食之濕，則停而不消，此飲之大畧也。　治宜燥濕利水，行氣健脾，乃為得也。　其藥大都以半夏、茯苓、參、术為君，佐以猪苓、澤瀉，以滲泄之，白豆蔻、橘皮以開散之，蘇梗、旋覆花以通暢之。　東垣五飲丸中有人參，其旨概可見矣。

清・朱純嘏《痘疹定論》卷三　總之，痘瘡長漿，必賴參、耆、歸、芍補助血氣，送毒出外，運化成漿，豈區區人牙、人糞、人中黃、金汁等所能專於解毒，而使陷者起發、倒靨者灌漿？　此理之必不能者也。　然方書備載，予不得已而詳辨之，業幼科者，當以此再質諸高明。

清・王三尊《醫權初編》卷上　論滑石、貫衆第二十一　前云薄荷發汗，乃見太陽表症。　如汗出而表不解，兼口渴溺澀，此七日自汗症也，《溫疫論》用柴胡清燥湯治之。　蓋疫症最喜涼而疏通之品，滑石最為相宜，每劑加入，洵取自汗之妙藥也。　貫衆苦毒微寒，能破癥結，發斑疹，解腹痛，辟瘟疫。　疫症胃口痞滿結痛者，用之最當。　何吳又可置而勿論乎？

清・魏鑒《幼科彙訣直解》卷六　治痘用藥權宜　藥貴中病，不貴執方。　喜行溫補者，動稱乎文中；　專於涼解者，祖述仲(湯)〔陽〕。　痘有緩急，治宜機變。　藥有寒熱，法有經常。　執其繩脉者，如守株待兔；　惑於方書者，似多歧之亡羊。　且如紅紫焮腫兮涼血為上，灰白平塌兮補氣最良。　出不快兮為表實，而發散可用；　二便閉兮是裏實，而踈利何(方)〔妨〕。　毒不能以速散，毒盛者令微汗之發越；　熱不可以盡除，熱劇者使小便之清長。　三陰盛而多寒(兮)，必投辛熱；　三陽數而多熱兮，無過苦涼。　是故補元氣，參、芪、白术；　養榮血，歸、芍、地黃。　發散表邪，重柴、葛而輕桂枝。　踈通裏實，微枳殼而甚大黃。　解熱毒，芩、連、梔子；　快斑疹，紫草、荊、防、牛蒡。　連翹瘡中之要領，甘草乃藥中之君王。　玄參、桔梗能治咽痛，木通、車前利其膀胱。　氣逆兮陳皮、青皮，胃寒兮丁香、木香。　泄瀉兮訶子、豆蔻，嘔吐兮砂仁、藿香。　祛風熱兮蟬退、白芷，定驚搐兮天麻、殭蠶。　頭痛兮川芎、藁本、蔓(京)〔荊〕可用，腰疼兮杜仲、牛膝、玄胡索堪嘗。　麥冬、乾葛清心而止煩渴，厚朴、腹皮療水腫而消腹脹。　五味、杏仁潤肺止嗽而定喘，山查、枳實消食行滯為良。　痰實，半夏、南星、貝母；　汗秘，羌獨、紫蘇、麻(廣)〔黃〕。　紅花、丹皮可除血熱，鹿茸、山甲能起痘瘡。　食積，麥芽、神麯、草菓；　後重，枳殼、檳榔、木香。　犀角、羚羊解乎心肺之熱，秦艽、香附退乎脾胃之黃。　乳香、沒藥止痛，乾薑、附子回陽。　前胡、蘇子能消痰嗽，豬苓、澤瀉、茯苓清小腸。　此迺藥味加減之大要，若病之輕重，各有主方。【略】

治痘合用藥性

升麻：　苦，平，微寒。　發表邪，解熱毒，散瘡疹。　初發熱用，見點不用。　柴胡：　苦，平，微寒。　和解肌表熱毒，托痘。　初熱面青寒熱，少陽經用。　麻黃：　苦甘，性溫。　發熱惡寒，〔無〕汗身痛用。　散風邪，見痘不用，不得已暫用。　紫蘇：　辛，溫。　痘遇嚴寒乾熱日，或風寒閉塞暫用。　乾葛：　甘，平，寒。　透肌解表熱，發汗止口渴。　陽明經用。　羌活：　苦甘，溫。　感冒風邪，遍身肢節疼，頭痛。　解太陽表熱，三日前用。　防風：　甘辛，微溫。　風熱者用，痘六日前同解毒用，六日後佐黃芪行表用。　白芷：　辛溫。　去頭痛，皮膚之風。　痘中行漿止痒，陽明經用。　前胡：　微寒。　傷風咳嗽痰涎，解表邪，解風熱。　痘六日前〔用〕。　桔梗：　苦辛，溫。　寬胸膈，理咳嗽，利咽喉腫痛，為諸藥之舟楫。　六日前用。　蟬蛻：　甘溫。　退翳，祛風解毒。　痘紅紫熱盛可用，勿多用，行漿忌用。　紫草：　苦寒。　痘紅紫熱盛，能散血潤肌滑腸，解毒。　起痘行漿時忌用。　陳皮：　辛苦，溫。　健脾快胃和中。　化痘理氣，痘行漿泄瀉可用，六日前慎用。　半夏：　辛溫。　化痰涎，和脾胃，止嘔吐。　痘中用少，異攻散用之。　白茯苓：　甘淡，溫。　利水除濕，益氣和中。　行漿忌用，有水泡暫用，收斂乾痰要用。　厚朴：　苦辛，溫。　消脹，健脾寬中。　痘食傷泄瀉用，裏急後重兼檳榔用。　人參：　甘，微寒。　止津渴生津，豁虛痰，保元氣，□□□，保元托裏，必用聖藥。　黃芪：　甘溫。　實腠理，排膿。　痘五六日色不紅□□。　甘草：　甘平。　生瀉火，解熱毒灼，健脾胃，和諸藥。　白术：　甘溫。　健脾消痞，止瀉補虛。　痘前忌用；　泄瀉不止□□□用。　痘後虛用。　川芎：　辛溫。　利頭痛，血虛血滯，頭面或左顴不起用。　厥陰經血中氣藥。　當歸：　辛溫。　養血行血。　痘四五日來血虛用。　血熱同生地用。　白芍：　苦酸，微寒。　破堅積，補血伐肝，消癰。　痘前忌。　行漿時根盤散潤，酒炒用。　赤芍：　苦酸，微寒。　攻血痺，散疼痛，解熱毒。　痘四五日前用。　乾生地：　甘寒。　涼心經之血熱，瀉脾土之濕熱。痘紅紫血熱，六日前用。　鮮生地：苦甘，大寒。痘出紅紫焦頭，或有黑陷，唇面先腫，赤斑，便秘口渴者，搗汁入藥用。　砂仁：辛溫。止嘔，消食健胃，止腹中冷痛。痘中用少。孕婦出痘安胎必用。　紅花：辛溫。痘初出時血熱，多則行血，少則引血歸經。行漿時忌用。　丹皮：辛苦，寒。去腸胃積血。痘紅紫發斑，用以涼血散血。　牛蒡子：一名鼠粘子，一名大(蘗)〔力〕子。辛，寒。治喉痛，解風熱。痘紅紫熱甚，四五日解熱清毒，分顆粒用。　白殭蠶：鹹辛，微溫。祛頭風，解咽痛。發痘，頭面(種)〔腫〕(早)，咽痛必用。　川山甲：辛，微寒。解毒，大能起痘黑陷，無漿用；多用恐燥咽喉。　皂角刺：辛，微溫。解熱毒，引諸藥直達瘡所，痘不起頂用。大附子：辛，大熱。轉厥陰逆，痘虛寒灰白，無漿，寒戰泄瀉暫用。　桂枝：辛熱，氣薄。能走四肢，實腠理。痘虛寒助漿，引行達表。　丁香：辛熱。胃中受寒，吐瀉寒戰，異攻散用。　木香：辛苦，溫。和胃健脾，止痢散滯氣。痘不起上，如有寒毛用，異攻散、木香散用。　訶子：辛溫，味澁。腸胃虛寒，痘中泄瀉不止用。　肉蔻：辛溫。脾虛寒停食泄瀉不止，用以補之，漿時瀉不止用。　鹿茸：甘溫。痘大虛灰白不起用，能助血行氣灌漿。　人牙：淡鹹。痘黑陷不發，火煅二三釐，加麝能起黑陷。　桑蟲：甘，微寒。化毒。痘五六日毒根不出，無漿路者，用之化毒行漿。　麝香：辛溫。辟穢開竅，痘黑陷不起，加別藥少用。　犀角：苦酸鹹，寒。去心火定驚，解熱毒，痘血熱紅紫，磨用。　羚羊角：苦寒。清肝肺，解熱毒。痘兩頰紅紫不起發者，磨用。　象牙：淡鹹。能起痘，眼中有痘，磨水搗上好。　黃連：苦寒。瀉心火，厚腸胃，止濕熱瀉，解痘熱毒，額頭紅紫血熱必用，酒炒。　黃芩：苦寒。瀉肺，解肌熱。痘未出齊忌用。用須酒炒。　山梔：苦寒。涼心腎，治衄血，散客熱，療虛煩。炒黑用。　大黃：苦，大寒。通燥結，瀉實熱，瀉上焦熱。用酒洗。祛風熱熟用。　石膏：酸辛，淡寒。降胃火肺火，墜痰，止煩熱。痘發斑、便秘、渴用。　滑石：淡寒。利小便，瀉六腑之熱。痘渴甚，小便秘，五日前用。　玄參：酸苦，微寒。消癰毒，治咽喉痛，消痰痎熱毒，退無根火。　麥冬：甘平。止煩渴，潤肺清心。痘毒侵剋心肺，用以解之。　貝母：辛苦，微寒。消胸膈熱痰，解毒止嗽，利心肺。痘後喉肺間病必用。　連翹：苦，平。退五心煩熱，解諸經熱毒，為瘡要領。痘前常用。　薄荷：辛，溫。消風熱，清頭面之風腫。痘四五日前用。　荊芥：辛，苦，溫。疎風，退上焦火，散肌毒，風熱癮疹。痘五日前用。　木通：甘，平。利水，瀉小腸火熱閉不通。痘五日前用。　枳殼：苦酸，微寒。寬胸下氣。痘五六日前大便難者，用以寬腸。山查肉：甘，溫。健脾，消食化痰。起痘，三四日前可用。　菊花：甘，平。清頭目。痘後紅(系)〔絲〕翳膜遮睛用。　何首烏：苦澁，溫。治血中風濕麻痺。痘血熱痒塌用。　天花粉：苦，寒。開胸中結痰，消結核，止渴除煩，解熱毒。痘六日前用。　薏仁：甘，微寒。除風濕，理脚氣。痘上體漿足結痂用之，引漿行下體，補脾利水。　山藥：甘，微溫。補脾除濕。痘後補脾利水，乾漿。　龍胆草：苦，寒。退肝經邪熱，除下焦濕熱，止驚癇客忤。痘後散邪熱，目畏明用。　茅根：甘，寒。血熱鼻血用。痘紅紫發斑，取汁用。　穀精草：辛，溫。痘後黑珠上白翳，畏明，白珠紅障努肉，用之退翳除障。　硃砂：甘，微寒。心熱盛，發狂神亂，少用安神。　牛黃：苦寒。解心經之毒，發狂讝語，豁痘用。　鷄冠血：陰中之陽，最能升高透頂，發痘灰白無漿。刺熱血酒調用。　乳香：辛苦，溫。調血氣，定痛。痘後餘毒用。　沒藥：苦，平。破血理氣，止痛。痘後餘毒用。　桑蟲：性平和。解痘毒，轉痘白為紅，起痘陷為脹，同川山甲用力益大。

清·程國彭《外科十法》總論服藥法　凡癰疽服藥，宜照顧脾胃為主。不得已而用清涼，但期中病，切勿過劑。大法初起時，設有挾風寒者，宜先用芎芷香蘇散一劑以散之，散後而腫未消，隨用銀花、甘草以和解之。若腫勢(掀)〔焮〕痛，大便閉結，內熱極盛者，則用衛生湯加大黃以疏利之。若病勢雖盛，而元氣漸虛者，則清藥中須兼托補之劑，透膿散主之。若膿水已潰，必須托補元氣為主，參、耆內托散主之。如或元氣虛寒，則托補藥中須用辛熱以佐之。脾虛者，理中湯、參苓白朮散；氣虛下陷者，補中益氣湯。胃經受寒，飲食停滯者，藿香正氣散。氣血兩虛者，十全大補湯加附子、鹿茸輩。間亦有虛而挾熱者，即于前方中去附子、薑、桂，加麥冬、銀花、丹皮等藥以收功，是又不可不知也。大抵有陽毒，有陰毒，有半陰半陽，宜細辨之。陽毒者，瘡勢紅腫，瘡頂尖聳，根脚不散，飲食如常，口渴便結，五心煩熱，脈洪數。陰毒者，瘡勢灰白平塌，頑麻少痛，根脚走散，食少便溏，手足厥冷，口鼻氣冷，脈沉遲。半陰半陽者，瘡腫雖紅，不甚尖聳，飲食差減，大便不結，寒熱往來，微渴喜熱，腫處軟。此三者，必須細辨。俾用藥寒溫得宜，方為合法。治陽者清涼解毒，治陰者溫中回陽，半陰半陽之治，清不傷胃，溫不助邪，如斯而已矣。

清・葉大椿《痘學真傳》卷一　用藥權衡論　藥性有偏全利害，用藥有前後緩急，有兼治專治，不可以混施也。假如升麻葛根湯，初發熱類用之，一見點(轍)〔輒〕忌之，不知葛根但能走表，不能攻裏，芍藥但能酸收，不能發散，麻、桂雖能溫肌，而實能助火，此見點時所當忌也。至如升麻能升下陷之氣，亦散內結之毒，可概禁乎？如濁氣上衝，痰涎內壅者，能無礙乎？如保元湯爭用之，不知痘色淡白氣虛，或至七八日漿清不足，用之皆宜，若遇紫黑色，屬實熱者，用之反助其毒，禍在反掌間矣。如犀角地黃湯，一見紅紫色(轍)〔輒〕亂投之，不知犀角性甚猛烈，極能走散元氣；芍藥性有酸收，遂能錮蔽毒氣；惟生地涼血，而牡丹清熱，僅為可用。如痘症有實毒，而元氣頗足者，用此湯亦可有益。若痘家毒氣未散，而元氣不足者，謬用此湯，禍不旋踵。如木香異攻散，人或用之，不知丁香、附子之大熱，訶子之歛澁，即投以虛寒之症，隆冬之日尚多，未當如天時和暖，況痘瘡類多熱毒，而悞用此劑，是以火濟火也。惟遇嚴寒之時，或痘色淡白，虛怯不起者，於滋補藥中略加桂、附，以助陽氣可也。如錢氏惺惺散，未為不可。然須選擇之，蓋參、朮能補，而實能滯氣，細辛、防風能散，而實能耗氣。至如痘有煩渴者，類用白虎湯、導赤散，不知石膏、滑石性寒而沉降，能無令毒之下注乎？況胃弱血虛者，用石膏愈耗其真氣。又有燥熱者，用滑石愈亡其津液，此宜細察也。痘有驚搐狂躁者，類用抱龍丸、牛黃鎮心丸，不知雄黃、辰砂之燥烈，真珠、牛黃之凝定，能無使毒之內錮乎？況痘毒方熾，而以燥劑助其烈焰，痘毒未散，而以凝劑滯其本來，此宜細察也。蓋藥有得失，則用有權衡。古方固未可盡廢，亦不可偏執。如時當溫補，則大用參、耆未為不可，但當用於元氣不足之時，所謂無實實也。時當發散，則大用升、防未為不可，但當用於毒氣未散之時，所謂無虛虛也。時當涼解，則大用芩、連亦無不可，但當以溫藥制其寒性，所謂寒因熱用也。時當解肌，則兼用麻、桂亦無不可，但當以涼藥制其熱性，所謂熱因寒用也。症宜大下，則峻用大黃亦無不可，但當以養胃升發之藥，保其中氣，毋蹈下陷之弊可也。此用藥之權衡，予所經驗，因不敢秘。

清・吳澄《不居集》卷二〇　壁裏安鼠　近世謂無病服藥為壁裏安柱。《寶鑑》云：世俗謂壁裏安柱為安鼠，安鼠則必致穿壞墻壁矣。此無病服藥，致無事生事，斯為近理。然亦必古人之深誡也。後世俗因為柱字之語訛耳，不然則固有所化之矣。

清・張琰《種痘新書》卷二　用藥

補氣：人參、黃芪、白朮、茯苓、炙草、肉桂、丁香。　補血：鹿茸、當歸、川芎、芍藥、地黃。　發散表熱：升麻、乾葛、柴胡、前胡、紫蘇、葱白。　清解裏熱：黃芩、黃連、山梔、黃栢、犀角、羚羊。栢、梔、犀，羚不可輕用。　表寒：黃芪、桂枝、生薑、川芎、防風、麻黃。麻黃不可妄用。　裏寒：乾薑、肉桂、附子、丁香、木香、豆蔻。　利小便：猪苓、澤瀉、木通、車前、滑石。　通大便：枳殼、枳實、大黃、牽牛、玄明粉。不可輕用。　活血涼血：生地、紅花、紫草、丹皮、荊芥、歸尾。　理氣：木香、陳皮、青皮、香附。　喉痛：玄參、桔梗、牛蒡、豆根、射干。　胃寒嘔吐：藿香、丁香、木香、砂仁、白蔻、煨薑。　驚搐：天麻、白附、殭蠶、全蝎、硃砂、辰砂、牛黃、竹黃。　咳嗽：桔梗、陳皮、桑皮、杏仁、橘紅。　祛風：蟬退、防風、全蝎、白附、鈎藤、殭蠶。　泄瀉：白朮、茯苓、訶子、豆蔻。　腰痛：續斷、故(芷)〔紙〕、杜仲、牛膝、玄胡。　頭痛：川芎、藁本、薄荷、蔓(京)〔荊〕。　清痰：半夏、南星、貝母、欵冬、花粉。　止渴：乾葛、麥冬、五味。　消食：山查、麥芽、神麯、草菓。　腹脹：厚朴、蒼朮、腹皮。　快癍：紫草、防風、荊芥、升麻。　解毒：牛蒡、連翹、慈菰、地丁。　起痘攻漿：鹿茸、山甲、川芎。　腹痛：厚朴、蒼朮、玄胡、川楝、木香。　氣痛：乳香、沉香、木香、枳殼、香附。　眼目：菊花、蒙花、膽草、決明、兔糞、蒺藜。　吐血衄血：百草霜、(血)〔藺〕茹、京墨、山梔。　此大概言之，以備初孛應用，而臨機應變，又不可固執也。

清・徐大椿《醫學源流論》卷下　病深非淺藥能治論　天下有治法不誤，而始終無效者。此乃病氣深痼，非泛然之方藥所能愈也。凡病在皮毛榮衛之間，即使病勢極重，而所感之位甚淺，邪氣易出。至於臟腑筋骨之痼疾，如勞怯、痞隔、風痺痿厥之類，其感非一日，其邪在臟腑筋骨，如油之入麪，與正氣相併。病家不知，屢易醫家，醫者見其不效，雜藥亂投，病日深而元氣日敗，遂至不救。不知此病，非一二尋常之方所能愈也。今之集方書者，如風痺大症之類，前錄古方數首，後附以通治之方數首，如此而已。此等治法，豈有愈期？必當偏考此病之種類，與夫致病之根源及變遷之情狀，并詢其歷來服藥之誤否。然後廣求古今以來治此症之方，選擇其內外種種治法次第施之；又時時消息其效否，而神明變通之，則痼疾或有可愈之理。若徒執數首通治之方，屢試不效，其計遂窮，未有不誤者也。故治大症，必學問深博，心思精敏，又專心久治，乃能奏效。世又有極重極久之病，諸藥罔效，忽服極輕淡之方而愈，此乃其病本有專治之方，從前皆係誤治。忽遇對症之藥，自然應手而痊也。【略】

圍藥論　外科之法，最重外治，而外治之中，尤當圍藥。凡毒之所最忌者，散大而頂不高。蓋人之一身，豈能無七情六慾之伏火，風寒暑濕之留邪，食飲痰涎之積毒？身無所病，皆散處退藏，氣血一聚而成癰腫，則諸邪四面皆會。惟圍藥能截之，使不併合，則周身之火毒不至矣。其已聚之毒，不能透出皮膚，勢必四布為害，惟圍藥能束之使不散漫，則氣聚而外洩矣。如此，則形小頂高，易膿易潰矣。故外治中之圍藥，較之他藥為特重，不但初起為然，即成膿收口，始終賴之，一日不可缺。若世醫之圍藥，不過三黃散之類，每試不效，所以皆云圍藥無用。如有既破之後，而仍用圍藥者，則群然笑之。故極輕之毒往往至於散越，而不可收拾者，皆不用圍藥之故也。至於圍藥之方，亦甚廣博，大段以消痰拔毒、束肌收火為主，而寒熱攻提、和平猛厲，則當隨症去取。世人不深求至理，而反輕議圍藥之非，安望其術之能工也？

清·顧世澄《瘍醫大全》卷六　論瘡瘍寒熱逆從用藥法　嘗見治寒以熱，而寒彌甚。治熱以寒，而熱彌熾。何也？假如心實生熱者，當益其腎，腎水滋，熱自除。腎虛生寒者，補益其心，心火降，寒自退。此所謂寒之而熱者，取之陰。熱之而寒者，取之陽也。又寒因熱用，熱因寒用，要在通其理而已。又聞微者逆之，甚者從之。蓋治寒以熱，必涼藥以行之。治熱以寒，必溫藥以導之。此亦欲其藥性之調和也。其間有正有權者，因病有微、甚微者逆治，理之正也。甚者從治，理之權也。【略】

論瘡瘍用香散藥　伍氏曰：氣血聞香則行，聞臭則逆。大抵瘡瘍多因營氣不從，逆於肉理，故鬱聚為膿。得香散藥則氣流行，故當多服五香連翹湯、萬金散、清心內固金粉散。凡瘡本腥穢，又聞臭觸，則愈甚者。若毒氣入胃，則為咳逆。古人用此，可謂有理。且如飲食調令香美，則益脾土，養真元，保其無虞矣。

〔澄〕曰：脾喜馨香藥品，香燥固能行氣散鬱，若真陰不足，虛火上炎，素多痰火之人，又所當禁。又曰：潰後瘡瘍生肌藥中務須少加冰、麝。蓋冰、麝香竄，多用則走泄真氣，反令瘡口難斂。又曰：潰後忌房內焚燒安息、沉香，燒則瘡口燥癢。又曰：潰後忌佩香囊、離宮錠等物，不獨耗散真氣，且恐引動相火遺洩。

論瘡瘍泥用止痛藥　薛立齋曰：夫瘡瘍之作，由六淫七情所傷而痛也。因氣血凝滯所致，假如熱毒在內，便秘而作痛者，內疏黃連湯導之。熱毒熾盛，焮腫而作痛者，黃連解毒散治之。不應，仙方活命飲解之。瘀血凝滯而作痛者，乳香定痛散和之。作膿而痛者，托裏消毒散排之。膿脹而痛者，針之。膿潰而痛者，補之。若因氣虛而痛，四君加歸芪；血虛而痛，四物加參芪；腎虛而痛，六味地黃丸；口乾作渴，小便頻數者，加減八味丸。此皆止痛之法也。丹溪云：膿出而反痛，此為虛也，宜補之。穢氣所觸者，和解之。風寒所逼者，溫散之。若泥用乳、沒，斯執方矣。李東垣曰：夫瘡疽之證候不同，寒熱虛實皆能為痛。止痛之法，殊非一端。世人皆謂乳、沒珍寶之藥，可住疼痛，殊不知臨病制宜，自有方法。蓋熱毒之痛者，以寒涼之劑折其熱，則痛自止也。寒邪之痛，以溫熱之藥熨其寒，則痛自除矣。因風而有痛者，除其風；因濕而痛者，導其濕；燥而痛者潤之，塞而痛者通之，虛而痛者補之，實而痛者瀉之，因膿鬱而閉者開之，惡肉浸潰者引之，陰陽不和者調之，經絡秘澀者利之。臨機應變，方為上醫，不可執方而無權也。《十書》。

清·唐千頃《增廣大生要旨》卷二　催生諸藥說　生不必催也。催之非但無益，而反害之矣。古方有用兔腦丸者，有用猪脂者，有用油、蜜、葱白者，有用冬葵子者，有牛乳、榆皮、滑石者，有用金鳳子者，有用弩牙灰者，有用石榴枝者，有用筆頭灰者，有用百草霜者，有用伏龍肝者，有用鑒頭灰者，有用握石燕者，有用蓖麻子貼於足心者，用之不驗，徒增煩擾。噫！平時失於調理，不守禁忌，以致臨產艱難，頻以雜藥催之，又何濟乎？

清·董维嶽《痘疹專門秘授》卷下　標內應用藥性　柴胡：治兩脇俱疼，可退往來寒熱，外感宜投。能升胃中清氣。前胡：除內外之痰實，逐胸脇之結氣。防風：治一身之痛，除上焦風邪。荊芥：清頭目而肌表立解，下瘀血而瘡痍即散。桔梗：療肺癰而利咽膈，化痰順氣，開提血氣上行。薄荷：清太陽之會，首涼心膈，而治頭風纏，能清熱。甘草：

生寒瀉火，炙溫以健脾經，和諸藥而勿爭，解百毒而無憂。反甘遂、海藻、大戟、芫花。瘡有蛔者，宜少用，以蛔蟲見苦則降，逢甘則升。　以上八味，係標內通用之方，復附應用。　升麻：　散手陽明之寒邪，療足陽明之齒痛。能升胃中清氣。　地骨皮：　治有汗之骨蒸，亦發風邪，退熱尤宜。　乾葛：　發表解肌，止渴生津，能解酒毒，免傷心肺。見點忌用。　枳殼：　寬中下氣，性緩而長。　枳實：　削積消痰，性急而速。標末可用。　地膚子：　利膀胱。可洗皮膚之風，痘密者用以掃痘。　麻黃：　發汗。根則固陽。　葱白：　治傷寒下痢及陽明頭疼。面白者不宜。　紫蘇：　解肌，療風寒之傷。葉發散，根行氣，子潤肺。　白芷：　止陽明頭痛，却風熱瘙痒，排膿通用。　川芎：　止頭痛而開鬱，又生血而調經。頭面密者宜少用。　標後不忌。　獨活：　治頸項難舒及風寒濕痺。　使君子：　治小兒疳積，更可殺蟲。　山查：　消食醒脾，又行滯氣。　山豆根：　解熱毒而止喉疼。　蟬退：　去熱除驚，兼退目翳。　人參：　味甘。大補元氣，止渴生津，調榮養胃。用參忌山查。　天麻：　治小兒風疳驚悸，療大人風熱頭疼。　勾藤：　平肝風，除心熱，治小兒驚癇內釣，療大人目眩頭旋。以上二味，標內熱甚發驚者，常用之。【略】

小胱應用藥性　黃芩：　枯者清肺金，堅者涼大腸，降熱痰，佐白朮則能安胎。　黃柏：　治痿定蛔，退伏火而療勞熱，滋不足之水，大治陰(處)〔虚〕火症。　焦梔：　降火極速，從小便瀉出。性能屈曲下行，又能清肺胃之煩，止血家之吐衄。　木通：　瀉膀胱而利小便，通利關節。　當歸：　生血補心，扶虛益損，逐瘀生新。　赤芍：　利小水，消癰腫，又為火眼要藥。其性能瀉能散，生用最宜。赤白二芍，產後勿用，以性帶酸寒，能伐發生之氣也。　牛子：　治喉痛而散熱邪，消隱疹而除濕風。　甘草　以上八味，係小胱通用之方，復附應用。　黃連：　瀉心火而津液自生，除濕熱而腸胃自厚。薑製則能降痰。芩、連二藥，若用猪膽汁炒，又能降肝膽之火。　石膏：　降胃火而理頭疼，解肌表而止煩渴。　生地：　生血而涼心腎。生熟二地，酒洗則性溫，薑製則不泥於膈。　犀角：　解火毒而療鼻血、瘡瘍，安心神而除煩渴、風毒。　大黃：　乃蕩滌之將軍，走而不守，奪土而無壅，破瘀血而下流。　丹皮：　治無汗之骨蒸，消下焦之積血，止上焦之吐衄，破血亦宜。竹葉：　逐上氣咳逆喘促，退虛熱煩燥不眠。專涼心熱，尤却風痙。　花粉：　止渴通經，降膈上之熱痰，乃消渴之聖藥也。　連翹：　消癰毒，散諸經之血凝氣滯。　紫草：　利水通竅，涼痘瘡血熱。多用恐瀉。　燈心：　降心火而瀉肺氣。　青黛：　散五臟鬱火，去熱消斑而解丹毒。　茜草：　治吐瀉鼻洪之血，有活血行血之功。　菉豆：　補益元氣，調和五臟，去浮火，解熱毒。研粉，撲痘濕爛。　滑石：　利小便，解心火之毒熱。閉者可下。　通草：　瀉小腸火鬱不散，利膀胱水閉不行。　玄明粉：　去胃中之實熱，蕩腸中之宿垢。　紅花：　最消瘀血，多則通經，少則養血。　玄參：　退熱消斑，清火邪，止喉痛。　羚羊角：　清肝肺之火。　紫花地丁：　辛苦而寒，瀉熱解毒。又黃花地丁，亦瀉熱解毒。入脾胃。其性甘平。　桔梗　枳殼　枳實　川芎　使君子　山查肉【略】　蜜導法：　熬蜜法，火不及則軟，太過則焦，務要得中。用蜜一二合，於銅器中，微火熬，不住手攪，勿令焦，滴於冷水中成珠，不粘手為度。傾入冷石上，將皂角末少許，入內拌勻，捻及頭銳如棗核樣，長一寸許，大人長寸半，放在冷水待硬，然後用油摸過，托入穀道中，其蜜欲軟，再入冷水即硬。　止嘔吐：　用白芥子研極細末，入酒調敷足心。如指頭大一塊，敷之。痘者必說足熱，一二時其吐即止。然不宜敷多時，一飯之頃即洗去，久則恐發泡也。男左女右為是。　又方：　用熟附子搗爛，唾津調敷兩足心，甚妙。凡火上升而足冷者，可用此方。【略】

大胱應用藥性　黃芪：　生用固表，炙用補中，托瘡生肌。氣虛莫少，得防風其功愈大。　殭蠶：　治風去痺，又能和解內毒痰症。　茯苓：　除濕利竅。白化痰涎，赤通水道。遇漏漿痘，宜少用。　山藥：　理脾止嗽，逐腰痛，強陰。　薏米：　除濕脾而消水腫，拘攣可治，肺癰能療。　甘草　查肉　白芷　以上八味，係大胱通用之方，復附應用。　白芍：　止瀉痢，補陰血，治心腹虛疼。尤健脾經，其性能收能補。酒炒方妙。　熟地：　滋潤而益真陰，活血而填骨髓。　附子：　去臟腑之沉寒，浮而不降，治三陰之厥逆，走而無踪。厥冷回陽用生。引諸藥行經，用麵裹火煨。去皮臍。　沙參：　消腫排膿，補肝而益肺，退熱而除風。　肉桂：　暖胃而止瀉。　木香：　理滯氣，泄肺疏肝而和脾。　白朮：　健脾強胃，止瀉除濕。君枳實能驅痰痞，佐黃芩可安胎固。　北棗：　和脾助胃，生薑汁製。又有厚腸胃之益。　訶子：　澁腸止痢，降火斂肺。　丁香：　暖胃，併止腹疼。氣血勝者，勿與以其益也。　鹿茸：　益氣生血，補虛澁精。　淫羊藿：　興陰起陽。　全蝎蟲：療風疳，最能解毒。用黄酒洗淨鹽水。　人牙齒：救痘瘡之(到)〔倒〕靨，灰白黑陷，火煅一二釐，少加麝香服之，起痘。　皂角針：取其貫頂，引諸藥直達瘡所。　川山甲：解熱起痘，防燥咽喉。　糯米：溫脾胃之中氣，制紫草之餘寒。　酒：走皮經，血氣並行。　當歸酒洗　紅花酒洗　防風　桔梗　枳殼　川芎　君子　查肉　人參　牛子酒洗　菉豆【略】

咳嗽應用藥性　天冬：止渴補虚，治痰嗽而潤肺。能引熟地而至所補之處。　麥冬：生脉清心，止煩渴而去肺家之伏火。能引生地而至所生之位。　瓜蔞子：定喘消痰，虛浮可逐，瀉肺氣而通小便。　杏仁：除咽中氣逆喘促，潤大腸氣閉難通。　款冬花：瀉火消痰，併治肺癰。　五味：生津止渴而療虛煩，益腎止嗽而收肺氣。　辰砂：正心降痰。　桑皮：治喘嗽，瀉肺氣有功。　貝母：利心肺，療時疾黄(膽)〔疸〕。　兜鈴：却痰治喘，清肺家火熱。　麻後多咳嗽，特類附以備應用，痘後咳嗽者，俱可通。

清・黄宫綉《本草求真》卷九《主治下》　六淫病症主藥　綉按：病自内成，則七情固為致病之根；病自外成，則六淫更為致病之由。凡人衣被不慎，寒暑不謹，則六淫俱能致害。而症見有肌膚灼熱，身痛骨痛，并或類於内傷，而致症見體瘦骨蒸，神昏氣倦，痞滿不食，苟以補劑混投，則邪得補愈熾，況邪襲人肌膚，始雖及於經絡，終則深入臟腑，症類異形，流派百出。非不從一體會，則病根底莫曉，是篇統論藥性，既以臟腑主治諸藥冠列篇首，復以六淫主治諸藥並氣血等藥，縱横臚列，載於篇末。俾令藥性通達，而無臨症歧亡之弊云。

風：《經》曰：風為百病長，其變無常，非無常也。實以風隨四時之氣而乃變耳。喻嘉言曰：風在冬為觱發之寒風，在春為調暢之溫風，在夏為南薰之熱風，在秋為淒其之涼風，則知風隨時易，其變靡定。是以風在於肝，其風為熱。風在於脾於腎，其風為寒為濕。風在於胃於肺，其風為燥。風在於脾於肝，其風為痰為濕。隨其臟腑氣候以分，則風愈變愈多而莫測矣！考古有言風在於肝，宜用荊芥、鉤藤、蛇蜕、蒺藜、蟬蜕、全蝎、浮萍、虎骨、蜈蚣、豨薟草、海桐皮、木賊、蕤仁、決明子、芎藭、南星、天麻、蕪荑、薄荷、五加皮、殭蠶以治。風在於脾，宜用萆薢以治。風在於腎，宜用獨活、蛇床子、巴戟、淫羊藿、附子、細辛以治。風在於胃，宜用白附、蝸牛以治。風在於肺，宜用甘菊、葳蕤、辛夷、牛子、杏仁、白前以治。風在經絡關竅，宜用白花蛇、麝香、皂角、山甲、茵蕷、蘇合香、樟腦、蓖麻子以治。風在膀胱，宜用藁本、羌活以治。風在肝腎，宜用白花蛇、石南藤、川烏附、桑寄生、狗脊以治。風在肝脾，宜用蒼耳子、爐甘石、秦艽以治。風在肺胃，宜用五棓子、百藥煎以治。風在於衛，宜用桂枝以治。《經》曰：以辛散之。此治風之有分其經絡臟腑之異也，至於風以寒見，其藥則有杏仁、淫羊藿之類。風以熱見，其藥則有辛夷、木賊、蕤仁、冰片、決明子、爐甘石、牛蒡子、青葙子之類。風以濕見，其藥則有羌活、獨活、葳蕤、桑寄生、蛇床子、巴戟、狗脊、白芷、松脂、茵蕷、蒼耳子、豨薟草、五棓子、百藥煎、萆薢、靈仙、海桐皮、秦艽、防風之類。風與痰見，其藥則有南星、皂角、烏尖附、白芥子、白附、天麻、白前之類。風與濕熱皆見，其藥則有蕪荑、蝸牛之類。風與熱氣並見，其藥則有薄荷之類。《經》曰：風淫於内，治以辛涼。風與寒濕並見，其藥則有五加皮、天雄、蔓荊子、殭蠶、細辛之類，但風性急莫禦，用辛宜以甘制，《經》曰：以甘緩之。且此止屬論藥大概，至其臨症施治，則又在人心通化裁，而不為藥所拘，是真得乎用藥之妙法矣！

《經》曰：風淫於内，治以辛涼，佐以苦甘，以甘緩之，以辛散之。風屬木，辛屬金，金能勝木，故治以辛涼，過辛恐傷真氣，故佐以苦甘，苦勝辛，甘益氣也。木性急，故以甘緩之。木喜條達，故以辛散之。五運。厥陰司天，巳亥；厥陰在泉，寅申。

〔祛風〕荊芥肝　鉤藤肝　蛇蜕肝　蒺藜肝　蟬蜕肝　浮萍肝　全蝎肝　王不留行肝　虎骨肝　蜈蚣肝　白花蛇肝腎　川烏附肝腎　石南藤肝腎　甘菊肺腎　藁本膀胱　桂枝衛　〔祛風濕〕海桐皮肝　豨薟草肝　蒼耳子肝脾　松脂肝脾　桑寄生肝腎　狗脊肝腎　巴戟天腎　獨活腎　側附子腎　蛇床子腎　葳蕤肺　白芷胃　萆薢胃　百藥煎肺胃　五棓子肺胃　秦艽肝胃　防風膀胱胃　羌活膀胱肝　茵芋關節　威靈仙十二經　〔祛風熱〕辛夷肺　牛蒡子肺　木賊肝膽　決明子肝　蕤仁　冰片骨髓　爐甘石肝脾　〔祛風寒〕杏仁肺　淫羊藿腎　〔祛風氣〕芎藭肝　麝香關竅　〔祛風痰〕南星肝　天麻肝　白前肺　白附子胃　皂角肝肺大腸　白芥子脇　〔祛風熱濕〕蕪荑肝　蝸牛經絡腸胃　〔祛風熱氣〕薄荷肝　〔祛風寒濕〕細辛腎　天雄腎　五加皮肝腎　殭蠶肝肺胃　蠶沙肝肺胃　蔓荊子筋骨頭面　〔通關諸藥〕皂角　山甲　蜈蚣　白花蛇　茵芋　蘇合香　樟腦　細辛　蓖麻子　麝香　冰片　全蝎　川烏附

寒：　風為六淫之長，而寒亦居其次，故漢仲景專以傷寒立論，凡風寒由於背俞而入，次第傳變，則為傳經。傷寒其邪止在於表，而不在裏。若不由經傳變，直入三陰，有寒無熱者，則為直中傷寒，其邪在裏而不在表，且有表症全無，厥氣內生，寒戰不已者，則為火衰，內虛真寒而表，切禁。更有火熱內閉，火不得泄，外顯種種厥象者，則為假寒症見，又非溫藥表藥可治。是以寒初在表，邪未深入，或止偶爾感傷輕寒薄冷，用以紫蘇、桔梗、葱白、生薑，一藥可愈。如其次第傳變，在太陽膀胱則當用以麻黃，在陽明則當用以升葛，在少陽則當用以柴胡，此治表寒之大概也。《經》曰：以辛潤之。至有中氣素虛，其寒或兼有痰、有氣、有濕，則當用以蓽撥、白蔻、薑黃、紅豆蔻、乾薑、薰香、川椒、冬花、百部、紫白二英、馬兜鈴等類以治。寒兼有風，則當用以杏仁、淫羊藿等藥以治。寒兼風濕，則當用以五加皮、天雄、蔓荊子、殭蠶、蠶沙、細辛以治。寒兼痰壅，則當用以生薑以治。然亦不失散藥之類，若使內寒之極。在胃則有草豆蔻、草菓、白檀香、益智、丁香可逐，但丁香則合肺腎而皆治，在腎則有仙茅、胡巴、肉桂、川椒、補骨脂、陽起石可入，在肝則有吳茱萸、艾葉、大小茴可進，在大腸則有巴豆可通，在心則有桂心可投。《經》曰：寒淫於內，治以甘熱，佐以苦辛。若更兼有痰濕，則又無若附子、胡椒，此逐寒之大概也。若使寒止假見，則為內熱灰伏，有非燥藥可愈。在表宜以輕劑疏散，使熱外發；在裏宜以苦鹹下降，如三黃、石膏、知母、黃柏、朴硝，《經》曰：以鹹瀉之，以苦堅之。使熱除而寒自不見矣！但世僅知以寒治寒，而不知寒有真偽，則治又當變活，而不可僅以寒拘耳。

《經》曰：寒淫於內，治以甘熱，佐以苦辛，以鹹瀉之，以辛潤之，以苦堅之。土能制水，熱能勝寒，故治以甘熱，苦而辛，亦熱品也。傷寒內熱者，以鹹瀉之，內燥者，以辛潤之，苦能瀉熱而堅腎，瀉中有補也。五運。太陽司天辰戌，太陽在泉丑未。

〔散寒〕桔梗肺　紫蘇肺　葱白肺　紫石英肺　白豆蔻肺　馬兜鈴肺　黨參肺　白石英肺　紅豆蔻肺　冬花肺　百部肺　麻黃膀胱　蓽茇胸腹　良薑胃　薰香肺心　乾薑脾胃　〔散寒風〕杏仁肺　淫羊藿腎　荷葉膽　〔散寒風濕〕五加皮肝腎　天雄腎　細辛腎　蔓荊子筋骨血脉　殭蠶肝肺胃　蠶沙肝肺胃　〔散寒痰〕生薑肺　〔逐血寒〕肉桂肝腎　桂心心　〔逐寒〕陽起石腎　胡巴腎　仙茅腎　補骨脂腎　川椒腎　巴豆腎　吳茱萸肝　大茴香肝　小茴香肝　艾葉脾肝腎　草菓胃　白檀香胃　益智胃　丁香肺胃腎　大蒜諸竅　草豆蔻胃口上　〔逐寒痰〕胡椒胃腎　附子腎　砒石腸胃

暑：　書曰：靜而得之為中暑，動而得之為中熱。又曰：暑症有二，一曰陰暑，一曰陽暑。陰暑者，因暑受寒之謂。陽暑者，因暑受熱之意。可知陰暑即為中暑，陽暑即為中熱也。玩書所載治暑藥類甚多。而其確實以指治暑之藥。其數有限。蓋暑必挾有濕，如書所言能散暑中濕氣，其藥止有紫蘇以疏肺受暑邪，厚朴以消胸腹暑脹，大蒜以開暑塞竅穴，扁豆以舒脾中暑鬱，蒼术以發脾中濕鬱也。又暑必挾有熱，如書所言，能散暑中熱氣。其藥止有香薷以除上下熱氣薰蒸，木瓜以收濕熱耗損之氣也。至於濕熱傷胃而渴，則有雪水、西瓜、石膏可除。傷腑而見溺閉，則有滑石可解，他則無有論及，惟於症治之內，或言暑有宜於參、耆、白术，是因暑能傷氣，氣補則於暑可除矣。有言宜用黃柏、黃連，是因暑挾有熱，熱除則於暑克除矣。有言宜用猪苓、澤瀉，是因暑濕不利，濕利則於暑更可除矣。有言宜用薑、附、肉桂，是因暑挾沉寒，寒去則於暑無不去矣。有言宜於草菓、砂仁，是因暑濕傷中，中治則於暑無不治矣。有言宜於乾葛、升麻，是因暑傷於胃而氣不升，氣升則於暑無不消矣。有言宜於烏梅、甘草，是因暑熱傷津，津和而暑無不和矣。有言宜於生地、赤芍、阿膠，是因暑傷血燥，血和而暑無不和矣。若使意義不明，徒以書載香薷以為治暑要劑，無論是虛是實，是陰是陽，概為投服，且令朝夕代茶，保無有傷元氣之害乎。噫，誤矣！

〔散暑濕〕紫蘇肺　厚朴胸腹　大蒜諸竅　蒼术脾　扁豆脾　〔散暑濕熱〕木瓜脾　香薷肺胃心　〔散暑熱〕雪水胃　石膏胃　滑石中下　西瓜心包胃　〔補氣治暑〕人參　黃耆　白术　〔清熱治暑〕黃柏　黃芩　黃連　〔利濕熱除暑〕猪苓　澤瀉　〔祛寒治暑〕乾薑　附子　〔消滯治暑〕草菓　砂仁　〔升胃氣治暑〕乾葛　升麻　〔養津治暑〕烏梅　甘草　〔養血治暑〕赤芍　生地　阿膠

濕：　《經》曰：諸濕脹滿，皆屬於脾，則濕當以理脾為主。又書有曰：濕因於寒，為寒濕。濕因於熱，為熱濕。濕因於風，為風濕。濕因於燥，為燥濕，則濕當視所因以治。又曰：濕在上，宜散；濕在中，宜燥；濕在下，宜清；然亦未可盡拘。如濕有宜於散，其濕挾寒而至者，則當以寒為治，如蔓荊、細辛、天雄之屬是也。因於熱者，則當以熱為治，如香薷、木瓜之屬是也。因於風者，則當以風為治，如白芷、羌活、獨活、威靈仙、海桐皮、秦艽、葳蕤、桑寄生、側附子、蛇床子、巴戟、狗脊、松脂、茵芋、爐甘石、蒼耳子、豨薟草、五棓子、百藥煎、萆薢、防風之屬是也。因於燥者，則當以燥為治，如葳蕤、桑寄生、巴戟、狗脊之屬是也。至於中寒而濕不去，則有宜於燥矣。凡白术、伏龍肝、橘皮、紅豆蔻、川椒、草豆蔻、蛇床子、密陀僧，皆屬燥類。《經》曰：濕淫於內，治以苦熱。又曰：以苦燥之。腎寒而濕不化，則有宜於滲矣。其滲宜以熱施，凡肉桂、鍾乳、附子，皆屬熱類。若使中下皆熱，在中，輕則宜以芡實、木瓜、木通、神麯、扁豆、山藥、陳倉米、浮萍等藥以為採擇。《經》曰：佐以酸淡。又曰：以淡滲之。重則宜以滑石、赤小豆、扁蓄、白鮮皮、苦參、茵陳、刺蝟皮、豬苓、皂白二礬、商陸、紫貝、郁李、膽草以為選入；在下，輕則宜以地膚子、文蛤、苦楝子、澤瀉、琥珀，重則宜以海帶、海藻、昆布、田螺以為審用。總之，濕症雖多，而要不外寒濕、熱濕兩種。寒濕者，宜以去寒燥濕補火為要。熱濕者，宜以清熱利濕，滋陰為尚。若概用以清利，及僅知其蒼术為上下治濕要藥。不惟效不克臻，且更變見多端矣，可不慎於所用乎？

《經》曰：濕淫於內，治以苦熱，佐以酸淡，以苦燥之，以淡泄之。濕為土氣，苦熱皆能燥濕，淡能利竅滲濕，用酸者，木能制土也。五運。太陰司天丑未，太陰在泉辰戌。

〔散濕〕蒼术脾　厚朴胸腹　排草肌　〔散濕風〕豨薟草肝　海桐皮肝　松脂肝脾　蒼耳子肝脾　桑寄生肝腎　狗脊肝腎　巴戟腎　獨活腎　側附子腎　蛇床子腎　葳蕤肺　白芷胃　萆薢胃　百藥煎肺胃　五棓子肺胃　秦艽肝胃　防風膀胱胃　羌活膀胱肝　茵芋關節　威靈仙十二經　〔散濕風寒〕細辛腎　天雄腎　五加皮肝腎　殭蠶肝肺胃　蠶沙肝肺胃　蔓荊子骨頭面　〔散濕熱風〕蕪荑肝　〔散濕熱〕香薷肺胃心

〔散濕痰〕半夏脾胃膽心　〔燥濕〕白术脾　石灰脾　草豆蔻脾　伏龍肝肝脾　橘皮肺脾　川椒肺胃　紅豆蔻胃　草豆蔻胃　〔燥濕風〕蛇床子腎

〔燥濕熱〕密陀僧脾

〔滲濕〕茯神心　萱草心　山藥脾　浮萍脾　扁豆脾　澤蘭脾　鯽魚脾　芡實脾　鴨肉脾　海螵蛸腎　桑螵蛸腎　椒目腎　桑白皮肺　薑皮肺　石鍾乳腸胃　冬葵子腸胃　榆白皮腸胃　神麯腸胃　土茯苓肝腎　肉桂膀胱　天仙藤肝　鯉魚胃腎　通草肺胃

〔瀉濕熱〕白礬脾　蚯蚓脾　苦參腸胃　茵陳腸胃　刺蝟皮腸胃　扁蓄腸胃　木瓜脾胃筋骨　石燕脾胃肝小腸　瞿麥心　燈草心　黃連心　白鮮皮脾胃腸　黑牽牛肺　黃芩肺　石韋肺　車前子肺　海蛤腎　文蛤腎　琥珀腎　豬苓膀胱　澤瀉膀胱　龍膽草肝　赤苓小腸　赤小豆小腸　白薇肺胃　寒水石胃腎　薏苡仁脾肺　白斂肝脾　皂礬肝脾　連翹心肝　珍珠心肝　木通小腸心　滑石中下　苦楝子心胞小腸膀胱

〔伐水〕海藻腎　海帶腎　昆布腎　郁李脾　商陸脾　葶藶肺　田螺膀胱　紫貝肝脾　甘遂經隧　大戟臟腑　芫花裏外　續隨子胃腑濕滯　蓖麻子經絡　螻蛄諸水

燥：燥為六淫之一。何肺多以燥見，以肺處於高源而燥，故肺獨以燥名也。然肺燥烈不潤，則脾自必見枯，血亦自必見槁，精亦自必見竭，腸亦自必見涸。又安有肺燥而不與之俱燥哉？是以治燥而在於肺，則有葳蕤、人乳、阿膠、熟蜜、榧實以潤之矣。治燥而在於脾，則有山藥、黃精、羊肉、人乳、豬肉以潤之矣。治燥而在於肝，則有荔枝、阿膠、桑寄生、何首烏、狗脊、麋茸、獺肝、紫河車、兔屎以潤之矣。治燥而在於腎，則有冬青子、燕窩、桑寄生、枸杞、龜板、龜膠、胡麻、冬葵子、榆白皮、黑鉛、桑螵蛸、楮實、磁石以潤之矣。治燥而在於心，則有柏子仁、龜板、食鹽以潤之矣。治燥而在於大腸，則有胡麻、枸杞、花生、蓯蓉、油當歸、鎖陽、蜂蜜以潤之矣。至於因風而燥，則有羌活、秦艽、防風。因火而燥，則有黃芩、麥冬。因熱而燥，則有石膏、知母、生地、大黃、朴硝。《經》曰：以苦下之。然此人所皆知，其有水極而燥，寒極而燥，人絕不曉，蓋水衝擊橫溢，血氣不周，上下隔絕，而症有不燥乎？寒凍不解，津無氣化，而症有不燥乎？如大便秘結，症果屬熱，用以大黃以下，其燥自開。症果屬燥，用以胡麻、火麻以潤，其燥亦開，若使燥屬於寒，在表則當用以麻、桂、羌、防、細辛以開其鬱，在裏則當用以硫黃、巴豆、半夏以開其結，在中則當用以香砂、薑、半以通其滯。《經》曰：燥淫於內，治以苦溫，佐以甘平。水燥而溺不通，在寒則當用以苓、桂，在熱則當用以知、柏。若使寒熱皆見，則治又當用以四苓。至於燥氣結極而有塊硬不消，則治又當用以食鹽、芒硝、海藻等藥以為之軟，其燥無有不化。《易》曰：燥萬物者，莫熯乎火，治燥必兼治火，然苟如此通活，則遇燥皆識，治無不效。又奚必僅以所見之燥為拘哉？

《經》曰：燥淫於內，治以苦溫，佐以甘辛，以苦下之。燥屬金，苦屬火，火能勝金，故治以苦溫。甘能緩，辛能潤，苦能下，故以為佐也。五運。陽明司天卯酉，陽明在泉子午。

〔通燥〕胡麻　冬葵子　榆白皮　蓯蓉肉　鎖陽　熟蜜　〔通寒燥〕硫黃　巴豆　大蒜　葱白　半夏　〔通熱燥〕大黃　豬膽汁　食鹽　〔軟堅〕海狗腎腎　牡蠣腎　海帶腎　昆布腎　食鹽腎　青鹽腎　蛤蜊粉腎　海石腎　白梅腎　芒硝腸胃　䗪蟲肝　紫貝肝脾　鳳仙子骨穴硬處

火：火有在於外者，宜散。失於不治，則即變為鬱火。火有因於虛者，宜補，宜滋，宜緩。火有因於實者，宜瀉，宜清。火有根於裏虛上浮者，宜引。火有因於表虛外浮者，宜斂。此治火之大概也。但人止知梔、連、芩、柏，為瀉火要劑。《經》曰：以苦發之。詎知火鬱於表，宜散，是即麻黃、桂枝、升麻、乾葛、柴胡，輕可去實之意也。火燥於裏，宜滋，是即六味補精化氣，壯水鎮陽之意也。火虛於中，宜補宜緩，是即參、耆、甘、术，甘溫能除大熱之意也。火實於裏，宜瀉宜清，是即三黃、石膏、朴硝、知母，熱不遠寒之意也。《經》曰：火淫於內，治以鹹冷。因於裏虛上浮者，宜引，是即川膝、車前、五味、補骨脂、附、桂八味，引陽歸陰之意也。因於表虛者，宜斂，是即參、耆、白芍、棗仁、龍骨、牡蠣，斂陰秘陽之意也。《經》曰：以酸收之。至其瀉火之味，考之本草，所載雖多，然究其要，脾不外乎石斛、白芍。肺不外乎黃芩、桑皮。心不外乎黃連、梔子。膽不外乎膽草、青黛。腎不外乎黃柏、知母。餘則按症酌增，但須審症明確，則所投皆應。自無牽制悖謬之弊矣！李時珍曰：燥甚則地乾，暑勝則地熱，風勝則地動，濕勝則地泥，寒勝則地裂，火勝則地涸，此六淫見勝之義也。

《經》曰：火淫於內，治以鹹冷，佐以苦辛，以酸收之，以苦發之。相火，腎火也，故治以鹹冷，辛能滋潤，酸能收斂，苦能泄熱，或從其性而升發之也。五運。少陽司天寅申，少陽在泉巳亥。

〔散火〕麻黃 桂枝 升麻 乾葛 柴胡 香薷 〔滋火〕地黃 枸杞 淮山 首烏 阿膠 菟絲子 〔補火〕人參 黃耆 白朮 附子 肉桂 乾薑 〔緩火〕甘草 合歡皮 人乳 黃精 麥冬 葳蕤 〔瀉火〕黃柏 黃芩 黃連 石膏 知母 膽草 〔引火〕五味 補骨脂 附子 肉桂 熟地黃 牛膝 〔收火〕人參 黃耆 白芍 龍骨 棗仁 牡蠣

熱：熱者，寒鬱內成之意，因其平素有火，加以寒鬱，下熱成矣。若臟氣素陰，則寒雖入，而熱不生，在初惟見無熱惡寒，至夜方有熱見，且有平素無熱，因於火虛而陽上浮。其症有似於熱，又或中有食滯，上下氣不宣泄，而身時見熱作，皆非真正純熱之謂。所以治熱須分表裏陰陽，及有積熱、伏熱、熱毒、假熱之異也。但世僅知苦寒解熱，而不知其邪初在表，熱未內結，其可不用升麻、乾葛、柴胡、秦艽及或夏枯草之類以散之乎！熱挾有風，而症見有鼻淵目翳，其可不用辛夷、木賊、蕤仁、冰片、決明子、薄荷、爐甘石、青葙子之類以解之乎！熱挾有濕，而症見有面垢不仁，肌膚痿痹，其可不用香薷、蕪荑以解之乎！熱挾有痰不散，而症見有目翳痘癰，其可不用海石以散之乎！血瘀不散，而症見有肝虛目翳，瘡瘍惡毒，其可不用石灰、穀精草以治之乎！熱不在經，而在於膈，而症見有欲吐不吐，其可不用木鱉、栝蔞、膽礬等藥以治之乎！此散表熱之大概也。若熱已在於裏，法當用瀉，然瀉脾則不外乎石斛、白芍，瀉胃則不外石膏、朴硝、大黃，瀉肺則不外乎黃芩、知母，瀉大腸則不外乎黃芩、生地，瀉心則不外乎連翹、山梔、黃連，瀉肝則不外乎膽草、青黛，瀉膽則不外乎前胡，瀉腎則不外乎童便、食鹽。《經》曰：熱淫於內，治以鹹寒。瀉膀胱則不外乎豬苓、澤瀉、黃柏，餘則看症酌增，此瀉裏熱之大概也。若熱久伏不發，其熱最深，其藥亦不越乎知、連、芩、柏。《經》曰：以苦發之。但總不得妄行升發以助其勢，如春溫夏熱之有禁用乾葛、升麻、麻黃、桂枝、柴胡之類是已。此瀉伏熱之大概也，至於熱挾有濕，藥亦不外清利之味，然亦須分病症輕重，輕則用以通草、茯苓等藥以滲，重則用以澤瀉、木通、車前、燈草、扁蓄、萆薢、海金沙、防己、茵陳、地膚子、豬苓、滑石等藥以為瀉，再重則有大戟、芫花、甘遂等藥以為之伐，此瀉濕熱之大概也。他如熱入於血，而症見有蓄血、便血等症，則當按其破血、涼血之劑以進，久積而熱不化，則當用以黃芩、黃柏、知母之類以投，久積久毒不解，則當用以連翹、牛蒡、綠豆、金銀花、蒲公英、金汁、人中黃之類以治，惟有真陰素虧，真陽失守，無根之火浮溢於表，外極似熱，而內則無真正熱症熱脉可據。惟當用以附子理中及或附桂八味，方可回生。凡此皆屬治熱之品，但不可盡以熱屬內實，而概用以苦寒，以傷其胃也。

《經》曰：熱淫於內，治以鹹寒，佐以苦甘，以酸收之，以苦發之。水勝火，故治以鹹寒，甘勝鹹，佐之所以防其過，必甘苦者，防鹹之過，而又以瀉熱氣作實也。熱淫，故以酸收之，熱結，故以苦發之。五運。少陰司天子午，少陰在泉卯酉。

〔散熱〕決明子肝 夏枯草肝 柴胡膽 乾葛胃 升麻胃 秦艽腸胃 野菊花肝肺 淡豆豉膈上 香薷肺胃心 〔散風熱〕辛夷肺 蕤仁肝 決明子肝 薄荷 青葙子肝 爐甘石肝 木賊肝膽 〔散濕熱〕蕪荑皮膚骨節 〔散熱痰〕海石腎 〔散血熱〕石灰骨節皮膚 穀精草肝 〔吐痰〕木鱉熱毒 栝蔞肺膈熱 膽礬肺膈風熱 〔瀉脾熱〕石斛 白芍 〔瀉胃熱〕雪水 柿蒂 大黃大腸胃 竹茹胃肺 竹葉 玄明粉大腸胃 漏蘆 白頭翁大腸胃 人中黃大腸胃 金汁 梨胃肺 西瓜胃心 珍珠胃肝心 蘆根 犀角 蒲公英 粳米 石膏 柿乾胃肺 柿霜胃肺 雷丸 朴硝大腸胃 綠豆胃大腸

刺蝟皮 貫衆 〔瀉肺熱〕馬兜鈴 青木香 百草霜 通草 車前子肺肝 貝母肺心 牽牛 石韋 牛子 金銀花 山梔子肺心 白薇 知母 沙參 薏苡仁 百部 百合肺心 黄芩大腸肺 芙蓉花 柿霜肺胃 柿乾肺胃 土貝母肺心 竹茹肺胃 梨肺胃 蛤蜊粉 太行山黨參 〔瀉大腸熱〕白頭翁大腸胃 人中黄大腸胃 生地 朴硝大腸胃 大黄大腸胃 黄芩大腸肺膀胱 緑豆大腸胃 蝸牛 玄明粉大腸胃 〔瀉心熱〕代赭石 木通 瞿麥 牛黄心肝 天竺黄 連翹 山梔子心肺 西瓜心胃 黄連 辰砂 百合心肺 鬱金 蓮鬚 貝母心肺 鈎藤 珍珠心肝胃 土貝母心肺 川楝子心胞膀胱心 〔瀉心胞熱〕川楝子心胞膀胱心 〔瀉肝熱〕代赭石 石南葉 琥珀肝腎 車前子肝肺 牛黄肝心 前胡肝膽 秦皮 空青膽肝 銅青肝膽 蒙花 石决明 珍珠肝心胃 淩霄花 生棗仁 蘆薈 〔瀉膽熱〕空青肝膽 緑青石部 銅青膽肝金部 熊膽 青魚膽 膽礬 前胡 〔瀉腎熱〕琥珀腎肝膀胱 防己 青鹽 秋石 寒水石 龍膽草膽肝 食鹽 童便 地骨皮 〔瀉膀胱熱〕猪苓 澤瀉 地膚子 茵陳 黄柏 黄芩 龍膽草膀胱腎肝 川楝子心胞膀胱心 〔瀉脾濕熱〕白鮮皮腸胃大腸 薏苡仁脾肺 木瓜脾胃腎 蚯蚓 紫貝 皂礬肝脾 白礬 商陸 郁李仁 〔瀉胃濕熱〕扁蓄 白鮮皮大腸胃脾 木瓜胃脾腎 苦參胃腎大腸 茵陳 刺蝟皮大腸胃 白薇 寒水石胃腎 續隨子 蕘花 〔瀉肺濕熱〕黑牽牛 黄芩小腸肺 石韋 車前子 通草 薏苡仁肺脾 葶藶 〔瀉大腸濕熱〕防己大小腸腎 白鮮皮大腸胃 苦參大腸腎胃 刺蝟皮大腸胃 黄連大腸心 玄明粉 〔瀉心濕熱〕木通小腸心 黄連大腸心 連翹心肝 梔子 珍珠心肝 瞿麥 苦楝子心胞膀胱心小腸 〔瀉心胞濕熱〕苦楝子心胞膀胱心小腸 〔瀉小腸濕熱〕海金砂 赤小豆 木通小腸心 生地 赤茯苓 黄芩小腸心 防己大小腸腎 川楝子心小腸心胞膀胱 〔瀉肝濕熱〕龍膽草肝膽膀胱 連翹肝心 珍珠肝心 皂礬肝脾 〔瀉膽濕熱〕龍膽草膽肝膀胱 〔瀉腎濕熱〕防己大小腸腎 木瓜腎脾胃 苦參大腸腎胃 海蛤 文蛤 琥珀 寒水石腎胃 海藻 海帶 昆布 茯苓 〔瀉膀胱濕熱〕猪苓 澤瀉 地膚子 黄柏 田螺 川楝子心胞心小腸 〔瀉脾血熱〕郁李仁 射干肝心 紫貝肝脾 薑黄 藕脾心肝 皂礬脾肝 蚯蚓 〔瀉胃血熱〕地榆大腸胃肝 槐角大腸胃肝 槐花大腸胃肝 蘇木胃心 三七胃肝 乾漆胃肝大腸 〔瀉肺血熱〕生地黄肺心 紫菀 〔瀉大腸血熱〕石脂大腸胃肝 槐角大腸胃肝 槐花大腸胃肝 地榆大腸胃肝 刺蝟皮 乾漆 〔瀉心血熱〕犀角 射干心脾 童便心腎 血餘心腎 紅花心肝 辰砂 紫草心肝心胞 生地黄心肺 熊膽 丹參 沒藥 鬱金心胞心 桃仁心胞心肝 茜草心胞心肝 蘇木心胃 益母草心胞心肝 藕心脾肝 〔瀉心胞血熱〕紫草心胞肝心 鬱金心胞心 茜草心胞心肝 益母草心胞心肝 桃仁心胞心肝 〔瀉肝血熱〕白芍 代赭石 蒲公英肝腎 青魚膽 紅花肝心 地榆大腸肝胃 槐角大腸肝胃 槐花大腸肝胃 側柏葉 卷柏 無名異 淩霄花 猪尾血 紫草肝心胞心 夜明沙 兔肉 旱蓮草肝腎 茅根 蜈蚣 山甲 琥珀 芙蓉花 赤芍 醋 熊膽 莪术 紫貝肝脾 靈脂 紫參 益母草肝心胞心 蒲黄 血竭 藕肝心脾 古文錢肝腎 皂礬肝脾 歸尾 鱉甲 貫衆 茜草肝心胞心 桃仁肝心胞心 乾漆大腸肝胃 三七肝胃 䗪蟲 䖟蟲 螃蟹 瓦楞子 水蛭 花蕊石 〔瀉腎血熱〕童便腎心 地骨皮 血餘腎心 銀柴胡 蒲公英腎肝 生牛膝 旱蓮草腎肝 赤石脂大腸腎 自然銅 古文錢腎肝 青鹽 〔瀉腎熱痰〕海石 〔瀉肺熱痰〕訶子 栝蔞 花粉 白菓 杏仁 旋覆花 〔瀉脾熱痰〕蜜陀僧 白礬 〔瀉肝膈熱痰〕礞石 〔瀉胸膈熱痰〕蓬砂 〔瀉心肝熱痰〕牛黄 射干 〔瀉心肺熱痰〕貝母 土貝母 〔瀉皮裏膜外熱痰〕竹瀝 〔瀉肝膽熱痰〕前胡 〔瀉肝脾熱痰〕皂礬

痰：痰病本於人身濁氣、濁液所致。故書多責於脾，謂其脾氣清澈，則痰不生。脾氣混濁，則痰始成。又考書言，痰之標在脾，而痰之本在腎。蓋以脾屬後天，腎屬先天。凡後天之病，未有不根先天之所致也。惟是痰症異形，變幻莫測，故書所論治法多不一端，而藥亦不一致，即以散痰藥論之，如生薑、胡椒是散寒閉之痰也，神麯、半夏、橘皮、菖蒲是散濕閉之痰也，南星、皂角、白芥、殭蠶、白附、烏尖附、天麻、白前是散風濕之痰也。凡此因有不同，而散有各別如此，且即吐痰以論。如木鱉、青木香，非吐熱毒在膈之痰乎。瓜蒂、胡桐淚，非吐熱結在膈之痰乎。蜀漆、常山，非吐積飲在於心下之意乎。烏尖附，非吐風痰在膈之意乎。生萊菔子，非吐氣痰在膈之意乎。砒石，非吐寒痰在膈之意乎。桔梗蘆、皂白二礬，非吐風痰熱痰在膈之意乎。參蘆，非吐虛痰在膈之意乎。凡此痰有不同，而吐有各別如此，更即降痰以論，如栝蔞、花粉、貝母、生白菓、旋覆花、杏仁、訶子，是降在肺之痰矣，但貝母，則兼心痰共理。白礬、密陀僧、射干是降在脾之痰矣，但射干則兼心痰共除。海石、沉香是降在腎之痰矣，但沉香則兼腎氣同治，海石則兼肺氣並驅。鶴虱、磁石、牛黄、前胡、蓬砂、礞石是降在肝之痰矣，但牛黄則兼心痰皆祛。若在竹瀝則治皮裏膜外之痰。凡此痰有不同，而降有各別如斯，惟有火衰寒勝，痰氣上沸，非用六味不能以收，水氣上逆，脾氣不運，非用八味、六君、四君不能以去，此惟深於醫者，始能以明其蘊。若使初學徧淺，則惟知用竹瀝、貝母、牛黃、礞石等劑，又烏知其醫理活變，固有若是其神者乎，此治痰之大法也。

〔表痰宜散〕生薑肺寒　胡椒胃寒　半夏脾胃膽濕　神麯脾胃濕　天南星肝脾肺風　皂角肝肺大腸風　白芥子肺風　殭蠶肝風　白附子胃風　大皂肝肺大腸濕　烏尖附腎風　石菖蒲心濕　天麻肝風　橘皮脾肺濕　白前肺風　〔膈痰宜吐〕木鱉外治熱毒　生萊菔肺脾氣　瓜蒂脾肺胃熱結　藜蘆肺胃風　常山心下積飲　膽礬肝膽肺脾　白礬脾〔胃〕濕熱　蜀漆心下積飲　食鹽心腎引水　烏尖附腎風　砒石腸胃寒　青木香肺熱毒　桔梗蘆肺風　胡桐淚胃熱結　皂礬肝脾濕熱　人參蘆肺虛　梔子心肺熱　〔實痰宜降〕栝蔞實肺　花粉肺　磁石腎　牛黃心肝　貝母肺　竹瀝經絡　白礬脾　生白菓肺　蓬砂肝　前胡肝膽　兒茶心肺　射干心脾　旋覆花大腸肺　杏仁肺　海石肺腎氣　沉香腎氣　土貝母心肺　鶴虱肝　訶子大腸肺　密陀僧脾　礞石肝　〔寒痰宜燥〕乾薑胃　附子命門

氣：　氣者，人身之寶。凡人五臟六腑，筋骨皮肉血脈，靡不本氣以為迭運，則氣關人甚重。又曰：　百病皆生於氣。又曰：　氣之源，發於腎，出於肺，統於脾，護於表，行於裏。又曰：　氣有餘便是火，氣不足便是寒。又曰：　諸氣鬱膹，皆屬於肺，則氣之見病甚多，而其治氣之藥亦復不少，姑以補氣之劑為論。如人參、黃耆是補肺氣之不足也，白术是補脾氣之不足也，杜仲、雞肉、山茱萸、續斷是補肝氣之不足者也，龍眼肉是補心氣之不足者也，附子、肉桂、沉香、鹿茸、陽起石、仙茅、胡巴、硫黃、遠志、石鍾乳、蛤蚧、益智、補骨脂、丁香是補腎氣之不足者也，但蛤蚧則兼肺氣以同理，益智則兼心脾冷痰以為逐耳，此補氣諸藥之各異也。諸氣缺陷不升，在肺則有桔梗、白黨以為用，在脾則有蒼术以為理，在胃則有乾葛、升麻、檀香、白附以為投，在肝則有柴胡、薄荷以為散，此升提諸氣諸藥之各異也。至於諸氣不通，在心與肺則有宜於薰香、安息香，在脾則有宜於甘松、木瓜、菖蒲、紅豆蔻、木香、大蒜、胡荽，但木香則合肝氣而皆通，大蒜則合胃氣以同理，胡荽則合心氣以皆治也，在肝則有宜於川芎、香附，在表與胃與肺則有宜於生薑、烟草，在諸竅則有宜於麝香、蘇合，在血脈則有宜於諸酒，在通陽辟陰則有宜於雄黃，此通氣諸藥之各異也。若使諸氣窄脹，其言脾肺與腎則有烏藥可投，脾胃則有藿香、神麯、蕎麥可治，膀胱與腎則有茘枝核可入，小腸則有橘核、小茴可採，肝經寒窒則有艾葉、吳萸可進，表裏中外有形之氣則有檳榔可理，無形之氣則有大腹皮可施，此寬諸氣諸藥之各異也。氣滯不通而泄，於肺不得不用丁香、冬花、白牽牛、白前、女菀，於脾不得不用山查、郁李、薑黃，於肝不得不用青皮、鶴虱、玄胡索，但須相症酌用。氣逆不下而降，在肺無有過於馬兜鈴、青木香、旋覆花、栝蔞、葶藶、蘇子、萊菔子、杏仁、枇杷葉、補骨脂，在腸無有過於蕎麥，在腎無有過於沉香、黑鉛，在胃無有過於續隨子，但補骨脂降肺而更降腎，萊菔子降脾而更降肺之為異耳。氣結不解而破，在肺上膈，無有若於枳殼；　在肺下膈，無有若於枳實；　在肝氣閉，無有若於三稜；　在肝胃經絡，無有若於山甲之為捷耳。他如氣散氣浮不斂，有言粟殼、烏梅於肺最宜，龍骨、棗仁、白芍於肝最宜，蛤蜊、牡蠣於腎最宜，木瓜則於脾胃肺又最宜也。氣走不固，則病皆屬於腎。凡治所用胡桃、菟絲、覆盆、補骨脂、蓮鬚、金櫻子、山茱萸、五味子、葡萄、阿芙蓉、沒石子、龍骨、牡蠣、沉香、靈砂、秦皮、石斛、桑螵蛸、芡實、訶子、石鍾乳，無不皆於腎理，惟有惡氣內入。在胃與腎，則必用以良薑、甘松、大蒜、蒼术、山柰以辟。在肺，則必用以生薑以辟。在肝，則必用以虎骨、蛇蛻、蜈蚣、胡荽、薰香及酒以辟。在諸竅，則必用以樟腦、蘇合香以辟。在胃與肝，則有雄黃以辟。在外，則有排草以辟。若使時行瘴毒，則又更有草菓、烟草、檳榔、貫眾以辟矣。仍須分其寒惡、臭惡、濕惡、毒惡、邪惡以治，大約寒不外於生薑、良薑為辟。臭不外於胡荽、薰香為辟。濕不外於蒼术為辟。邪不外於樟腦、蘇合、雄黃為辟。毒不外於蛇蛻、蜈蚣、虎骨為辟也。至於氣浮不鎮，總不越乎金石重墜之藥以為之壓，氣急不舒，總不越乎甘草等藥以為之緩。凡此皆當審實以投，他如氣寒宜散宜溫，氣熱宜表宜清，氣濕宜燥宜利，氣燥宜滋宜潤，氣挾痰至宜開，氣挾暑至宜消，亦何莫不本此理以為審治。昔人云，枳殼利肺氣，多服損胸中至高之氣，青皮瀉肝氣，多服能損真氣，木香調諸經之氣，兼瀉肺，能使上焦之氣下達，陰火上衝禁用。砂仁醒脾氣而能上升，然後滯氣得以下通。白豆蔻能瀉肺氣而使下行，然後陽氣得以上達。香附快滯氣，陳皮泄逆氣，烏藥、紫蘇俱能散氣，使濁從汗散也。厚朴升胃氣，前胡下氣推陳，檳榔瀉至高之氣，能使濁氣下墜，後重有積者宜之。藿香、薰香上行胃氣，沉香升降諸氣，腦麝散真氣，蘇子、杏仁下氣潤燥，氣滯有火者宜之。豆蔻、丁、沉、檀、麝俱辛熱，能散鬱氣，暴怒者宜用。積久成火者忌之。稟壯氣實，氣不順而刺痛，枳殼、烏藥可用。不愈，加木香。肥人氣不順而刺痛，二陳加厚朴、枳殼。氣虛脉弱，異功散加枳殼、木香。若使藥性不審，病症不識，而徒用以香燥，是殆速其斃耳！觀此可為妄用氣藥者一箴。

〔氣虛宜補〕人參肺 黃耆肺 白术脾 杜仲肝 山茱萸肝腎 雞肉肝 續斷肝腎 龍眼心脾 附子腎 肉桂肝腎 鹿茸腎 沉香腎 陽起石腎 仙茅腎 胡巴腎 硫黃腎 遠志腎 石鍾乳腎胃大腸 蛤蚧腎肺 益智心脾腎 補骨脂腎 丁香肺胃腎 〔氣陷宜升〕桔梗肺 蒼术脾 乾葛胃 升麻脾胃 柴胡肝 檀香肺胃脾 白附胃 白黨參肺 薄荷肝 荷葉膽 〔氣塞宜通〕薰香肺 安息香心肝 烟草肺胃 大蒜脾胃諸竅 雄黃胃肝 木香脾肝 附子腎 芎藭肝 甘松脾 木瓜脾肺肝 菖蒲心 胡荽心肺 麝香諸竅 生薑胃肺 紅豆蔻脾 酒肝血 蘇合香諸竅 〔氣窄宜寬〕烏藥胃腎 藿香脾胃肺 檳榔腸胃 大腹皮腸胃 神麯脾胃 橘核小腸 蕎麥腸胃 荔枝核膀胱腎 小茴肝胃 艾葉肝脾 吳萸肝 〔氣實宜泄〕丁香肺胃腎 冬花肺 白牽牛肺 白前肺 山楂脾胃 廣皮脾肺 郁李仁脾 青皮肝 女菀肺 鶴虱肝 薑黃脾 玄胡索心肝 〔氣升宜降〕馬兜鈴肺 青木香肺 旋覆花肺腸 栝蔞實肺 花粉肺 葶藶肺 續隨子胃 麥蕎腸胃 蘇子肺 黑鉛腎 杏仁肺 炒萊菔肺脾 枇杷葉肺 沉香腎 補骨脂腎 〔氣堅宜破〕枳殼肺 枳實脾胃 三稜肝 山甲肝肺胃 〔氣散宜斂〕粟殼大腸肺 木瓜脾肺肝 烏梅肺腸肝 龍骨肝腎大腸 棗仁膽肝 炒芍藥肝脾 蛤蜊粉腎 〔氣脫宜固〕胡桃肉腎 菟絲子肝腎 覆盆子腎 補骨脂腎 蓮鬚心腎 五味子肺腎 山茱萸肝腎 金櫻子脾肝腎 葡萄腎 阿芙蓉腎 沒石子腎 龍骨肝腎大腸 牡蠣腎 沉香腎 靈砂腎 秦皮肝膽腎 石斛脾腎 芡實脾腎 訶子大腸肺 桑螵蛸肝腎膀胱 石鍾乳大腸胃 〔氣惡宜辟〕良薑胃寒 生薑肺寒 蛇蛻肝毒 蜈蚣肝毒 樟腦關竅邪 甘松脾濕臭 山柰胃濕臭 排草脾臭 大蒜脾胃暑 虎骨肝毒 胡荽心脾臭 薰香肺臭 雄黃胃肝邪 酒肝血諸惡 蒼术脾濕 蘇合香諸竅邪 草菓胃瘴 烟草肺胃瘴 檳榔腸胃瘴 貫衆肝胃瘴 〔氣浮宜鎮〕磁石腎 鐵粉肝 金銀薄肝 禹餘糧大腸 密陀僧脾 代赭石肝 雲母石脾 珍珠心肝 辰砂心 龍骨肝腎大腸 龍齒肝腎大腸 〔氣急宜緩〕甘草脾 合歡皮心脾

血：血者，人身之液，有血則筋骨臟腑皆得受其灌溉而成形，無血則形色枯槁而即死矣！玩書所論補血之劑，多以古方四物為要。蓋以營中之血，非此不能以生。詎知血屬有形，凡有形之物，必賴無形之氣以為之宰，故參耆最為生血要藥。《經》曰：陽生則陰長，職是故耳，且血寒則血不歸，血熱則血不活，血凝則血不散不止，血積則血不下不破，如溫血則以桂心為最。凡乳香、澤蘭、雞蘇、百草霜、天仙藤、骨碎補等藥皆屬溫類，但須看其形症以施，而不可以概用耳。涼血則以生地、紅花、紫草為最。凡赤芍、地榆、槐角、側柏葉、銀柴胡、蒲公英、卷柏等藥皆屬涼類。仍須看其兼症兼脉以審，而不可以妄用耳。破血下血，則以桃仁、三七、水蛭、䖟蟲、䗪蟲、螃蟹等藥為最。凡鬱金、薑黃、蒲黃、紫菀、血竭、歸尾、蘇木、瓦楞子、花蕊石、斑蝥、茜草、紫參、郁李仁等藥皆屬破類，但須看其形症淺深，而不可以竟用耳。若屬血瘀不散，則有石灰、穀精草等藥可施。血出不止，則有炙卷柏、伏龍肝、黑薑、炒艾葉、炒蒲黃、梔子、石脂、白及、花蕊石、青黛、百草霜、炒側柏、王不留行、劉寄奴等藥可治，但須分其內外，別其微甚，審其經絡以為權衡，則治始無差，而不致有魚魯之混矣。獨惜今之補血，多以四物為主。須看柯琴、吳鶴皋、張璐、張景岳諸家注解四物湯說自明。涼血多以生地、犀角、梔、連、芩、柏為要。止血多以卷柏、側柏葉為尚，破血多以桃仁、紅花為施，至於溫血之理，絕不講究，及補血、止血多責於氣之義，絕不體會，是徒得乎治血之名，而未審乎治血之實也。

〔血寒宜溫〕蟲白蠟肝脾 肉桂肝腎 陽起石腎 續斷肝腎 荊芥肝 芎藭肝 香附肝膽 伏龍肝肝脾 玄胡索心肝 安息香心肝 爐甘石胃 蒼耳子肝脾 桂心心 海螵蛸肝 乳香心 酒肝脾胃肺 百草霜肝腎 沙糖肝 兔屎肝 王不留行肝胃 韭菜肝腎腸胃 天仙藤肝脾 骨碎補腎 澤蘭肝脾 墨肝腎 劉寄奴肝 大小薊肝 雞蘇腸胃 海狗腎肝腎 鹿茸腎 鹿角腎督 蒺藜肝腎 赤石脂大腸 〔血熱宜涼〕白芍肝 代赭石心肝 犀角胃 射干心脾肝 童便膀胱 地骨皮肺腎 血餘肝心 銀柴胡腎 蒲公英胃肝 青魚膽肝膽 紅花心胞肝 地榆肝腎腸胃 生牛膝肝腎 槐角大腸胃肝 槐花肝胃 辰砂心 側柏葉肺肝 卷柏肝 無名異肝 淩霄花肝 猪尾血肝 紫草心胞肝 夜明砂肝 兔肉肝 旱蓮草脾腎 茅根胃肝 蜈蚣肝 琥珀心肝 刺蝟皮腸胃 生地腎 芙蓉花肺 赤芍藥肝 鯉魚鱗脾 醋肝 熊膽心肝 〔血凝宜散〕石灰肝脾 穀精草肝 〔血積宜破〕丹參心胞 山甲肝肺胃 郁李仁脾 莪术肝 紫貝脾肝 沒藥心 鬱金心 桃仁心胞肝 五靈脂心肝 茜草心胞肝 紫菀肺 紫參肝 蘇木心胃 薑黃脾 蒲黃肝 益母草心胞肝 血竭肝 生藕心脾 自然銅骨 古文錢肝腎 皂礬脾肝 蚯蚓經絡脾 歸尾肝 鱉甲肝 貫衆肝胃 〔血死宜敗〕斑蝥下部 乾漆肝脾 三七肝 水蛭肝 䖟蟲肝 䗪蟲肝 螃蟹肝 瓦楞子肝 花蕊石肝 〔血出宜止〕卷柏肝 伏龍肝肝脾 墨肝腎 黑薑腎 炒黑艾肝腎 炒蒲黃肝腎 梔子心肺 石脂大腸 白及肺 花蕊石肝 青黛肝 百草霜肝腎 劉寄奴肝 石灰肝脾 象皮灰肌肉 王不留行肝胃 炒側

柏肝腎

積： 積者，久積不消之意。 其病本非暴起，治亦未可忽視。 但人止知積滯不消，多以食填太陰，用以消導，詎知食積止屬病標，而其所以致積之由，則有不在於食而在於寒與熱，及在於痰於氣於水於蟲於血之謂也。 玩書所言，治積總不越乎縮砂密、木香、使君子、山楂、麥芽、神麯、蕎麥、雷丸、穀蟲、苦酒、阿魏、珍珠、橘皮、大蒜、乾漆、海石、朴硝、硇砂、丁香、桂心、牽牛、紫蘇、生薑、莪朮、胡連，以為溫胃消食、殺蟲快滯之品，而不知積因寒成，則積當從寒治，如烏頭、乾薑、肉桂、吳茱萸、巴霜之屬是也。 積因熱致，則積當從熱理，如黃連、黃芩之屬是也。 積自氣生，則積當從氣化，如木香、沉香、陳皮、青皮、玄胡索、厚朴、蕎麥、枳實、蓬朮之類是也。 積由蟲致，則積當從蟲殺，如鶴虱、苦楝根、胡粉、阿魏、川椒、雷丸、使君子、檳榔、雄黃、榧實之屬是也。 積由痰聚，則積當從痰解，如茯苓、半夏、磁石、白芥子、海石之屬是也。 積自水結，則積當從水下，如大戟、芫花、甘遂、蕘花之屬是也。 積自血畜，則積當從血破，如桃仁、山甲、乾漆、蝱蟲、瓦楞子之屬是也。 積自食至，則積當從食消，如山楂、麥芽、神麯、穀蟲之屬是也。 積由虛致，則積當從虛除，如黃耆、人參、白朮之屬是也。 凡此道理靡盡，隨症活潑，但不可專以所見之積以為治耳。

〔消寒積〕烏頭 乾薑 肉桂 吳茱萸 巴霜 〔消熱積〕朴硝 黃連 大黃 〔消氣積〕木香 沉香 厚朴 玄胡索 蕎麥 枳實 陳皮 枳殼 青皮 牽牛 〔消蟲積〕鶴虱 胡粉 阿魏 苦楝根 川椒 雷丸 檳榔 使君子 雄黃 榧實 烏梅 〔消痰積〕茯苓 半夏 礞石 磁石 海石 白芥子 〔消血積〕桃仁 乾漆 蝱蟲 水蛭 瓦楞子 花蕊石 〔消水積〕大戟 芫花 商陸 甘遂 〔消食積〕山楂脾胃肉 麥芽胃穀 神麯脾胃風寒氣 穀蟲脾胃食 〔消虛積〕人參 白朮 黃耆 炙甘草 〔殺蟲藥附〕黃連心濕熱 苦參腎濕熱 扁蓄脾濕熱 白丑牛肺濕熱 白礬脾濕熱 蕪荑脾風濕熱 大黃脾胃熱 朴硝腸胃熱 青黛肝熱鬱 藍子肝熱鬱 苦楝根小腸膀胱熱鬱 苦楝子心胞小腸膀胱熱鬱 貫眾肝胃熱毒 雷丸胃熱積 蘆薈肝衝熱積 蚯蚓脾熱積 青葙子肝風熱 蒼耳子肝脾風濕 松脂肝脾風濕 密陀僧脾濕 川椒脾肺腎寒濕 椒目腎寒濕 乾薑胃寒 附子命門寒 硫黃命門寒 巴豆腎寒 雄黃脾肺肝惡氣 蘇合香諸竅惡氣 阿魏脾胃臭惡 樟腦諸竅惡氣 蛇蛻肝惡毒 犀角胃蟲毒 川槿皮肝風癬 海桐皮肝風癬 水銀外疥 輕粉筋骨疥 鉛粉腎疥 黃丹血疥 大楓子肝脾疥 石膏皮膚骨肉血熱濕 山茵陳膀胱胃口瘡 五棓子肺胃疥 百藥煎肝胃疥 紫貝肝脾瘀 桃仁肝瘀 乾漆肝胃瘀 皂礬肝胃瘀 百草霜肝瘀 厚朴腸胃濕瘴 檳榔肝濕瘴 穀蟲腸胃滯 鶴虱肝痰滯 使君子脾胃積滯 榧實肺燥 烏梅肺脾大腸酸收 百部肺清熱 甘蜜脾肺引蟲 藜蘆肺胃上湧 相思子肺胃上湧 芫花脾肺腎水積 胡桐淚胃齒蟲 莨菪齒蟲 韭子肝腎齒蟲 蟾酥肌肉齒蟲 覆盆葉陰蝕蟲 獺肝肝癆瘵 獺爪肝癆瘵 敗鼓心癆瘵 鸛骨癆瘵 虎糞骨肝癆瘵

痛： 痛者，血氣不通之意。 考之《內經》有言，是病多因寒氣內客，而熱絕少。 又考諸書所論，痛有因寒、因熱、因風、因濕、因滯、因血、因氣、因火、因蟲之分。 余嘗按書細考，大約痛屬於寒、於濕、於滯、於血，則多守而不走； 痛屬於風、於火、於熱、於氣、於蟲，則多走而不守； 痛屬於濕、於滯，則多腫脹高起； 痛屬於寒，則多毛骨聳直； 痛屬於熱，則多神氣不失； 痛屬於氣，則痛必見腫突，其腫時脹時消； 痛屬於滯，則痛得食則增； 痛屬於虛，則痛得食則減； 且痛屬寒、屬虛，則喜熱手揉按； 屬熱、屬火、屬實，則最忌手揉擦，痛之大概如斯。 是以風痛之症，多見周身骨節疼痛，故藥有不離乎羌活、防風、桂枝、獨活、山甲、白花蛇、烏蛇、白附子、石南藤、川烏、附、天雄，但須分其上下裏外以治。 寒痛之症，多見手足厥逆，飲食不思，痛喜熱手揉按，並或發熱惡寒，無汗脈緊，故藥有不離乎麻黃、細辛、附子、乾薑、良薑、蓽撥、吳茱萸、大茴、小茴、川椒、肉桂、艾葉，但須分其在表在裏寒症以治。 濕痛之症，多見腫脹痞滿，手足酸軟麻痹，其痛守而不移，故藥有不越乎蒼朮、半夏、南星、猪苓、澤瀉、木通、車前、薏苡，但須分其寒多熱多以治。 熱通之症，其痛多見口渴發熱，痛則手不可近，故藥有不越乎石膏、知母、山梔子、黃芩、大黃、朴硝，但須分其熱勢輕重上下以治。 火痛之症，其症必見面赤唇焦，口燥舌乾，脈則洪數有力，痛則拒手揉按，故藥有不外乎黃芩、黃柏、黃連、天冬、麥冬、沙參、玄參、白芍，但須分其火勢微甚以投。 氣痛之症，其痛必見上下無常，面青目赤，故多治以厚朴、枳殼、檳榔、烏藥、陳皮、青皮、香附、木香等藥，但須分其上下左右以投。 血痛之症，其痛多見一定不移，脈則芤濇不長，故治多以薑黃、乳香、沒藥、玄胡索、五靈脂、益母草、桃仁、紅花、三七、蝱蟲、水蛭、槐花、地榆等藥，但須分其痛處緩急病症以進。 滯痛之症，其痛必見不食則減，得食則增，故治多以木香、神麯、山楂、麥芽、砂仁等藥，但須分其滯勢久暫以施。 蟲痛之症，其痛多見氣上沖心，口吐白沫，時痛時止，故治多以川椒、烏梅、榧實、雷丸、苦楝根、苦參等藥，但須分其挾寒挾熱以治。凡此痛皆屬實，若使痛屬中虛，則以耆、术為要；痛屬血虛，則以芎、歸為要；痛屬精虛，則以地、茱為要；痛屬火衰，則以附、桂為要：然要皆有虛症虛脉可據。若以實症道虛，補劑妄投，其殺人也慘矣！

〔風痛〕羌活　防風　桂枝　山甲　白花蛇　烏蛇　白附子　石南藤　川烏附　天雄　獨活　〔寒痛〕麻黄　細辛　附子　乾薑　良薑　蓽撥　吴茱萸　大茴　小茴　川椒　肉桂　艾葉　〔濕痛〕蒼术　半夏　南星　猪苓　澤瀉　木通　車前　薏苡　〔熱痛〕石膏　梔子　知母　大黄　黄芩　朴硝　〔火痛〕黄芩　黄柏　黄連　天冬　麥冬　沙參　玄參　白芍　〔氣痛〕厚朴　枳殼　檳榔　烏藥　陳皮　青皮　香附　木香　〔血痛〕薑黄　乳香　沒藥　玄胡索　五靈脂　益母草　桃仁　紅花　三七　䗪蟲　水蛭　槐花　〔滯痛〕木香　神麯　山楂　麥芽　〔蟲痛〕川椒　烏梅　榧實　雷丸　苦楝根　苦參　〔虛痛〕人參氣　白术氣　黄耆氣　當歸血　地黄精　山藥精　附片火　肉桂火

消渴：消渴之症，按書有言三焦火起而渴。蓋人津液有限，火勝則水必竭，猶之釜裏火猛，穀食皆焚，水必竭澤而燥，而渴以生，是謂火渴。有言表裏熱盛而渴，蓋以氣以衛外，血以營內，表裏邪閉，津受煎熬，猶之地氣上升，天氣閉塞，人物皆煩，而渴應見，是謂熱渴。有言表裏寒盛而渴，蓋以人身陽勝則陰微，陰勝則陽弱，陽氣既微於中，陰氣復增於內，則身中外皆寒而氣不溫，猶之堅冰既至，滴點全無，而渴應有，是謂陰渴。有謂食滯中宫而渴，蓋以人身上下，本貴通活，一有物滯，則上不克下，下不克上，津液斷絕，兩不相接，猶之穀食在釜，內有物閉，氣實不空，津不克上，而渴應生，是為滯渴，有謂津藉精生，精虛則津無由而佈，猶之天雨不降，地無醴泉，而渴以成，是謂水衰而渴，有謂津賴火充，火衰而氣不化，精不附氣，猶之釜裏無薪，鍋蓋乾灼，而渴應見，是謂火衰而渴，有謂津藉氣佈，氣實則氣充而津生，氣衰則氣餒而津竭，猶之天氣既降，地氣不升，而渴應有，是謂氣衰而渴。凡此火不外於三黄、石膏、知母，熱不外於大黄、朴硝、花粉、貝母，寒不越乎麻、桂、升、葛、薑、附、丁、桂，滯不越乎香附、川朴、枳殼，至於渴屬精虛，則六味有不可離，渴屬火衰則八味必不可棄，渴屬氣薄則參、耆、白术自必見用。毋謂渴皆屬實，虛症全無，而悉可用苦寒之味也。

〔火渴〕大黄　黄柏　黄芩　黄連　石膏　知母　〔熱渴〕大黄　朴硝　花粉　石膏　知母　〔寒渴〕麻黄外寒　桂枝外風　升麻外寒　乾葛外寒　乾薑內寒　附子內寒　丁香內寒　肉桂內寒　〔滯渴〕香附　川朴　枳殼　木香　〔虛渴〕人參　白术　黄耆　當歸　山藥　熟地　附子　肉桂

清·許豫和《許氏幼科七種·橡村痘訣》　用藥　痘毒所發，心胃熱者多。故清涼之品，惟黄連、石膏、犀角、生地黄四味，為擔力之藥。他如連翹、梔子，非不清涼，但逢大敵則無用矣。

諸痛瘡痒，皆屬心火。痘之發，安得不從心治？黄連、犀角、生地黄，皆心藥也，用之得宜，在收放之間耳。【略】

大黄、朴硝之收放，人所易知。黄連、石膏之收放，人所難曉。故議下易，議清難。

三黄各有部分，黄芩治上，黄連治中，黄栢治下，通治全用。時醫只知用芩、連，而不知用黄栢，以瀉其腎命之火，使下頦、腰臀紫滯之痘不開，至八九朝變黑歸腎者有之，是不善用三黄者也。《金鏡賦》有云：紅斑赤紫，芩連犀栢同施善矣。

凡稱黄者，皆以色名。黄連貫珠而生，故名連。黄芩生於高阜處，故治肺。黄柏則其木體者也，由丹溪配知母以滋腎，故云治下，其實則木皮也，皮可行皮理也，以之加入踈表和血劑中，亦能清肌表熱，非若黄連之斷不能走表也。

時醫治痘動云我遵《金鏡録》。《金鏡録》一保元湯，而世不知用，即或用之，亦多夾雜而不純，是不知用補法也。地骨皮消擁熱於筋骨之間，且能肅清臟腑，用羌活散鬱，而不知用地骨皮，是不知用散法也。大腹皮使熱毒從毛竅中出，用十神解毒，而不知用腹皮，是不知用清法也。治痘諸方，以此三法為重，此之不講，其他尚何說哉？【略】

善補者，清即是補。犀角地黄湯養陰補水之劑也，補水可以制火，補水可以生漿。下亦是補，火毒擁閉，氣為其食，血為其煎，急下以存陰者是也。若但執參、耆而云補，陋矣。

防風為卒伍之職，能宣通諸藥，且能引毒達表。山查能理氣散結，痘之出長起灌，利在踈通。故時醫治實症順症，取此二味，多受其利，遂相習成風，首尾不離。若裏虛之症，將固之不暇，焉用此為？

發癍之痘，人盡知其惡，而畏之發泡之痘，病家多不知畏者，悞以為痘起也。治泡之法，宜補者多，宜清者少，大概參、耆為君。灰白者，溫佐之。紅紫者，清佐之。

泡紅紫者，是肝火激成，劑中加白芍數分妙。【略】

玄參惟化斑湯中可用，咽喉腫痛者可用，其性能發嘔，能滑腸。俗醫用玄參，謂其能散無根之火，痘之出，實有其毒，實有其火，並非無根浮游之火。乾枯退縮，肺熱為多，犀角地黃中加黃芩、梔子，更佐以鮮發之味。便滑，筍尖切不可用，不但滑利，且能耗膿。筍有刮腸蓖之名，虛症用之，後成痒瀉，多致不救。

鱔魚屬火，性善穿，用其血以活血，四五朝頭面不腫者宜之。鯽魚屬土，漿行未足，下部不起者宜之。鰕子切不可用，能動風助火，且能發痒。

雞汁、羊肉，皆係助膿神品，溫補湯中，無厚於此。雞冠血大毒，不可用。羊腦亦不可用。《綱目》云：諸腦皆有毒，不可食，食之損人。

雞陽禽，屬巽，風氣旺，能司晨。人參、芪、糯米作羹食之，使人陽氣暴充，弔而不割者，不泄氣也。

臍帶雖補氣血，性緩不能救急，受補之後，再加用之，以存其根可也。然必與參、附、熟地、五味同用則可，若加入清涼之劑，則為識者所笑。【略】

大桑蟲，攻毒有大力。歛地不宜桑，最難得。取得，用甘蔗剮空養之，以備緩急。

楓油蟲，不見於古書，且難辨識，不必用以惑人。白鴿、狗蠅、蜈蚣、蠍尾之屬，雖是奇兵，然必氣血不敗，乃能取效。

蒲公英，其花黃，其味甘，其中空，脾胃之藥，解肌肉之毒，痘科用之能消鬼腫，化痘疔，不獨消乳有功也。凡蓄此，二月初旬采之，若春時入藥，取鮮者更好。

黃席有先生云：犀角、羚羊角，皆能入陽明清胃熱。方書用之未詳其義。人之上齒屬足陽明，凡角獸皆無上齒，蓋陽明之血脉貫於角，而不及齒也。斑狂失血之症，皆屬陽明，故為對症之藥。此真發前人所未發者。又云：犀角之涼，不比芩、連。犀之角，如鹿之茸，本氣血所生，雖涼，不損胃氣，故宜於痘症。

葉時可先生解猪尾膏云：猪，水畜，猪尾接脊膂之盡處，能通督脉。痘症中惟腎經毒不化，方可用之。蓋以此能由至陰之地，直通夾脊，透泥丸，通腦頂，使腎經之毒化。加冰片者，以其能至下而入骨，復由骨而達於上也。若他症用之，非惟無益，多有致害者。血無害，其害在冰片。

高麗《人參贊》云：三椏五葉，背陽向陰，欲來求我，椴樹相尋。人參得天地正陽之氣，而產於陰，此即陽根於陰之義。若更產於陽，則與桂、附同性，一發無制矣，尚安望其能納氣耶？

高武《痘疹正宗》云：蛤蜊能發痘疹，多致損傷脾胃，作嘔作瀉，後無用治痘者。由吾族有蛤蜊痲之號，詢之則幼時出痘，悉之在地。一道士命以蛤蜊汁飫之，遂變臭爛而愈。里中呼為蛤蜊痲，醫家取其義，尤而效之，究未識其功用之妙。痘中鮮發助膿之味，溫熱者多，火毒未清，難受溫補，雞汁、羊肉之屬，輒多敗事。蛤蜊性寒，而又能發毒化漿，行又不助火，所以成功。蛤蜊之名，蛤之能利人者，若灰白痒瀉之痘，不圖溫補，而求此殆矣。

紫雪用黃金百兩，合諸石藥煎煉而成。金能制木，凡肝熱生風，實熱發狂者，用之多效。痘之火毒貴乎發，紫雪甚不相宜，莫若牛黃、犀角，蜜和塗舌，有解毒之功。

油胭脂，不知是何物。其質潤，其氣香，其色赤，想亦松脂、麻油、紅花、蒨草之類熬成，故能活血拔毒。《金鏡録》用貼攢簇之，痘能鬆，抬如餅，拔毒之驗也。予嘗用塗綿密之痘窠粒不分者，次日頓覺踈朗，痘喜潤香開竅，亦引毒歸窠之一助也。

清·劉奎《松峰說疫》卷二《論治》 治瘟疫慎用古方大寒劑論 夫古之黃連解毒、三黃、涼膈、瀉心等劑，非古人之好用涼藥也，以其所秉者厚，故用之無寒中之患，而獲敗火之功。今人所秉者薄，既不逮古，而又兼之以鑿喪，若用大苦大寒之劑，其何以當之。況瘟疫之火，因邪而生，邪散而火自退矣。若用大寒之劑直折其火，未有驅邪之能，而先受寒涼之禍。受寒則表裏凝滯，欲求其邪之解也難矣。總之如黃連、黃柏、龍膽草、苦參大苦大寒等藥，皆當慎用。以有生地、二冬、元參、丹皮、梔子、黃芩、銀花、犀角、茅根、竹瀝、童便、葛根、石膏、人中黃輩加減出入，足以瀉火而有餘矣。如果有真知灼見，非黃連等藥不可，少者分計，多者錢計而止，不可多用。

用大黃石膏芒硝論 或曰大苦大寒之劑既在禁例，而治瘟疫顧用三承氣、白虎何也？答曰：石膏雖大寒，但陰中有陽，其性雖涼而能散，辛能出汗解肌，最逐溫暑煩熱，生津止渴，甘能緩脾，善祛肺與三焦之火，而尤為陽明經之要藥。凡陽狂、斑黃、火逼血升、熱深、便秘等症，皆其所宜。唯當或煅或生，視病之輕重而用之耳。大黃雖大寒有毒，然能推陳致新，走而不守，瘟疫陽狂、斑黃、譫語、燥結、血鬱，非此不除。生恐峻猛，熟用為佳。至於芒硝，雖屬劫劑，但本草尚稱其有却熱疫之長，而軟堅破結非此不可，但較諸石膏、大黃，用之便當審慎矣。夫以大黃、石膏之功能，彰彰若是，較之只有寒涼凝滯之性者，其宜否不大相逕庭也哉！此治瘟疫者之所不可闕也歟。

立方用藥論　雜病用藥品過多或無大害，即如健脾者多用白术固已，再加山藥可也，再加扁豆亦可也，再加蓮肉、棗肉亦無不可也。即如補腎者多用熟地固已，再加枸杞可也，再加菟絲亦可也，再加蓯蓉、首烏、芡實、杜仲亦無不可也。補藥固不厭多，即雜症藥品過繁亦為害尚淺，覺其不善，速為減去或可挽回，而瘟疫不能也。即如葛根，治瘟疫藥中至和平之品，若邪在太陽，加之太早反足以引邪入陽明矣。又如葛根與白芷均屬陽明散劑，而白芷溫散，葛根涼散。白芷散陽明風寒之邪，葛根散陽明瘟熱之邪。若瘟邪之在陽明，用葛根而再用白芷，必然掣肘，恐不似他症用藥繁多之帖然無事矣。所以瘟疫用藥，按其脈症，真知其邪在某經，或表或裏，併病合病，單刀直入，批隙導窾，多不過五六味而止。至於分兩之重輕則在臨時，看其人之老少虛實，病之淺深進退而酌用之，所以書內記載之方大半止有炮製而無分兩，欲以變通者，俟諸人耳。

清・劉奎《松峰說疫》卷三《雜疫》　用藥大法　痧症藥宜冷服。蓋昏迷不醒，乃痧之熱毒攻心，故心不能自主而昏迷。冷藥入口，從膈間順流而下，則熱毒在胸臆者隨藥而消，故旋清醒，即尚昏迷，必有食積、血痰阻塞，再按脈症用藥，開導攻下，未有不醒者。茲特舉用藥之一隅，以俟神而明之者。用荊、防之類，從表而散；　用青、陳二皮，從中而消；　用枳實、大黃之類，從大便而下；　用木通、澤瀉之類，從小便而行；　用楂、芽、蔔子之類，所以治其食之阻；　用銀花、紅花之類，所以治其血之壅銀花治血未解；　用檳榔、蓬术之類，所以治其積之滯。

清・吳瑭《醫醫病書》　產後恣用歸芎論　產後之血，大概有三：　有瘀滯而痛者，有絡虛而痛者，有不寒不熱，不虛不實，不必用藥者。此中惟瘀血作痛，兒枕痛者，可用歸、芎。有瘀血上攻，歸、芎且不作用，必用回生丹，取其內有食血之蟲，飛走有情，加醋製大黃，急破其瘀，緩則有性命之憂。若血絡虛而痛者，不但不可攻，且要急補絡脉，如桂圓、人參之類，尚可攻哉？至於無病而用歸、芎，竄其血中之陽氣，不至於鬱冒不止也，豈非天下本無事，庸人自擾之乎！何今人一概用生化湯，成產後印板方法，是何理解？民命其何堪哉？胎前保胎，亦不可純任歸、芎。近日藥肆中，有保胎無憂散，一以歸、芎為主。血寒者不成胎，〔或〕微寒而氣滯血凝者，固屬相宜。若血熱而氣滑利者，易成易墮，以翕攝陰氣，補任脉為要，豈非見歸、芎如雠寇乎！今人不問虛實寒熱，一概施之，不識何故。即有可用歸、芎，而又畏其竄陽，不如用香附、砂仁之為妙。蓋歸、芎止能活血通滯，不能保胎。香、砂芳香，既能通下焦之滯，又能開胃健食，以養胎元，其辛竄之氣較柔於歸、芎遠矣。香附一節一膜，深藏根底。縮砂密一房一膜，深藏葉底。二者均有胎包深藏之象，故亦能保胎也。餘詳《溫病條辨・解產難》中。

清・吳瑭《溫病條辨》卷四　吳又可溫病禁黃連論　唐宋以來，治溫熱病者，初用辛溫發表，見病不為藥衰，則恣用苦寒，大隊芩、連、知、柏，愈服愈燥，河間且犯此弊。蓋苦先入心，其化以燥，燥氣化火，反見齒板黑、舌短黑、唇裂黑之象，火極而似水也。吳又可非之誠是，但又不識苦寒化燥之理，以為黃連守而不走，大黃走而不守。夫黃連不可輕用，大黃與黃連同一苦寒藥，迅利於黃連百倍，反可輕用哉？余用普濟消毒飲於溫病初起，必去芩、連，畏其入裏而犯中下焦也。於應用芩、連方內，必大隊甘寒以監之，但令清熱化陰不令化燥。如陽亢不寐，火腑不通等證，於酒客便溏頻數者，則重用之。溼溫門則不惟不忌芩、連，仍重賴之，蓋欲其化燥也。語云：　藥用當而通神。醫者之於藥，何好何惡，惟當之是求。

清・吳瑭《溫病條辨》卷五　產後不可用白芍辨　朱丹溪謂產後不可用白芍，恐伐生生之氣，則大謬不然，但視其為虛寒虛熱耳。若係虛寒，雖非產後，亦不可用；　如仲景有桂枝湯去芍藥法，小青龍去芍藥法。若係虛熱，必宜用之收陰。後世不善讀書者，古人良法不知守，此等偏謬處，偏牢記在心，誤盡大事，可發一歎。按白芍花開春末夏初，稟厥陰風木之全體，得少陰君火之氣化，炎上作苦，故氣味苦平。《本經》芍藥並無酸字，但云苦平無毒，酸字後世妄加者也。主治邪氣腹痛，除血痹，破堅積，寒熱疝瘕，止痛，利小便，益氣，豈伐生生之氣者乎？使伐生氣，仲景小建中湯，補諸虛不足而以之為君乎？張隱菴《本草崇原》中論之最詳。

產後誤用歸芎亦能致瘛論　當歸、川芎，為產後要藥，然惟血寒而滯者為宜，若血虚而熱者斷不可用。蓋當歸秋分始開花，得燥金辛烈之氣，香竄異常，甚于麻、辛，不過麻、辛無汁而味薄，當歸多汁而味厚耳。用之得當，功力最速，用之不當，為害亦不淺。如亡血液虧，孤陽上冒等證，而欲望其補血，不亦愚哉！蓋當歸止能運血，裒多益寡，急走善竄，不能靜守，誤服致瘛，瘛甚則脫。川芎有車輪紋，其性更急於當歸，蓋物性之偏長于通者，必不長于守也。世人不敢用白芍，而恣用當歸、川芎，何其顛倒哉！

清・吴瑭《溫病條辨》卷六　兒科用藥論　世人以小兒為純陽也，故重用苦寒。夫苦寒藥，兒科之大禁也。丹溪謂產婦用白芍，伐生生之氣，不知兒科用苦寒，最伐生生之氣也。小兒，春令也，東方也，木德也。其味酸甘，酸味人或知之，甘則人多不識。蓋弦脈者，木脈也，《經》謂弦無胃氣者死。胃氣者，甘味也，木離土則死，再驗之木實，則更知其所以然矣。木實惟初春之梅子，酸多甘少，其他皆甘多酸少者也。故調小兒之味，宜甘多酸少，如錢仲陽之六味丸是也。苦寒之所以不可輕用者何？炎上作苦，萬物見火而化，苦能滲溼。人，倮蟲也，體屬溼土，溼淫固為人害，人無溼則死。故溼重者肥，溼少者瘦。小兒之溼可盡滲哉？在用藥者以為瀉火，不知愈瀉愈瘦，愈化愈燥。苦先入心，其化以燥也，而且重伐胃汁，直致瘛厥而死者有之。小兒之火，惟壯火可減；若少火則所賴以生者，何可恣用苦寒以清之哉？故存陰退熱為第一妙法，存陰退熱，莫過六味之酸甘化陰也。惟溼溫門中，與辛淡合用，燥火則不可也。余前序溫熱，雖在大人，凡用苦寒，必多用甘寒監之，惟酒客不禁。

兒科風藥禁　近日行方脈者，無論四時所感為何氣，一概羌、防、柴、葛。不知仲景先師有風家禁汗、亡血家禁汗、溼家禁汗、瘡家禁汗四條，皆為其血虚致瘛也。然則小兒瘛病，多半為醫所造，皆不識六氣之故。

痘證禁表藥論　表藥者，為寒水之氣鬱於人之皮膚經絡，與人身寒水之氣相結，不能自出而設者也。痘證由君火溫氣而發，要表藥何用？以寒水應用之藥，而用之君火之證，是猶緣木而求魚也。緣木求魚，無後災；以表藥治痘瘡，後必有大災。蓋痘以筋骨為根本，以肌肉為戰場，以皮膚結痂為成功之地。用表藥虛表先壞其立功之地，故八九朝灰白塌陷，咬牙寒戰，倒靨黑陷之證蜂起矣。古方精妙不可勝數，惟用表藥之方，吾不敢信。今人且恣用羌、防、柴、葛、升麻、紫蘇矣。更有愚之愚者，用表藥以發悶證是也。痘發內由肝腎，外由血絡，悶證有紫白之分：紫悶者，梟毒把持太過，法宜清涼敗毒，古用棗變百祥丸，從肝腎之陰內透，用紫雪芳涼，從心包之陽外透；白悶則本身虛寒，氣血不支之證，峻用溫補氣血，托之外出，按理立方，以盡人力，病在裏而責之表，不亦愚哉！

痘證初起用藥論　痘證初起，用藥甚難，難者何？預護之為難也。蓋痘之放肥、灌漿、結痂，總從見點之初立根基，非深思遠慮者不能也。且其形勢未曾顯張，大約辛涼解肌，芳香透絡，化濁解毒者，十之七八；本身氣血虛寒，用溫煦保元者，十之二三。尤必審定兒之壯弱肥瘦，黑白青黃，所偏者何在？所不足者何在？審視體質明白，再看已未見點，所出何苗，參之春夏秋冬，天氣寒熱燥溼，所病何時，而後定方。務于七日前先清其所感之外邪，七日後只有胎毒，便不夾雜矣。

清・劉松巖《目科捷徑》卷一　用藥錯誤受弊論　凡目疾必分內外障而治之，何也？恐不明虛實，以內外不分而誤也。譬如內本不虛，因外受風寒而得病，其邪原在於表，既表受風寒所束，而內火不得外出，故目腫疼痛，鼻流清涕，此為外障，治宜散風去寒可也，表解而目自愈。何也？表解風邪隨汗而散，又何必用苦寒以祛火也。若誤用苦寒，而內必傷，傷則內虛，而外受之風寒亦隨入內矣，此小病而反增成大疾矣。已誤矣，當先治其藥傷，更須分別所傷何經之氣血，急用藥以挽回之。治其藥，即治症也。返其本，而復其舊，其病自愈，又何必多歧也。若服苦寒太過，諸症百出，而初得之風寒未解，五內之氣血復傷，風寒尋竅而出，攻破目睛，則無治矣。此外障致成內障之弊也。內障者，五內素虛，風自內起。夫肝臟藏風者也，此風即肝經之一氣也，此氣即龍雷之火也。受寒而起，所以目疼更甚也。惟此疼腫，必是由內而外，獨獻內症多端，或不食不臥，或發燒煩燥，或心悸不寧，一切虛症外露，是以知非外障風寒也明矣。治當分別是何經絡之氣血虛實寒熱，或陰分，或陽分，更為緊要。若一例用寒涼等藥，不但其目必壞，而性命尚且難保，豈關係小哉？此乃內障之虛症誤治之弊也。凡外障實症，雖不治亦可自愈，縱然不愈，亦不至於壞目殞命耳。若內障虛症，不但不治，即遲治尚恐不及，若誤治更不待言矣。雖然內障最重，自要認明，施治無不愈者。不像外障實熱之症，不治亦可自愈也。　近來之有病者，叩神祝仙，求巫許願，燒香磕頭者，即可以此類推矣。大凡非關係性命之病，未有不日久而自愈者，即此外障是也。適逢其會，愚民以為神力巫術之可憑，而巫者藉此以惑人，豈不知總非心腹疾也？若果能誠心默禱，立願向善，亦可挽回天心，非比此也。好信巫術者可知之。景芬謹識。

蕤仁膏：耑治翳膜。蕤仁一兩，去油，硼砂一錢，臺麝三分。共研極細，磁瓶收貯。點熱症有功。　苦石：耑治火眼。露甘石一兩，黃連六分。煎水，製甘石炮製如前，加臺麝一分，研勻，收貯。　酸石：耑治瞳人散大。露甘石一兩，五味子八錢。如前炮製，加臺麝一分，收貯。　以上均為點藥之母，隨症施治，看有何病加後藥。凡製甘石者，皆須火煅，水飛極細，候乾，再加湯藥滲入，候乾，加工研細，加麝調勻，均以磁瓶收貯，黃蠟封口為妥。

凡苦寒點藥，不宜槩用，即壯實之人，須是熱症方可，亦須暫而不可久。如點之不愈者，急當改圖，切勿以此誤人也。

清·劉松巖《目科捷徑》卷三　治目諸藥選集應用本草　服藥　黨參：性溫，味甘而補，為百症中之聖藥。不偏不倚，是以參、朮、芪、草，故名四君子湯。一切虛症目疾，色白坑陷，旋螺翳膜疼痛，其功不能盡述，無非培養元氣之功也。　黃芪：綿輭而長者佳。生用固表止汗托裏，同防風用，其力更大，一切虛症皆宜。蜜製，其功同黨參。　白朮：人乳製以滋陰，土炒以健脾，麸炒去脹。善能除濕，為脾胃之聖藥，一切虛症水濕皆宜，功同參芪。　甘草：稍去尿管疼，節消癰腫，子除中熱。生用消毒，製用補中，一切內外皆宜。同上共四味，為四君子。　蒼朮：補脾燥濕，與白朮同功。白乃補而斂汗，蒼乃燥而除濕。多用發汗，祛風解鬱。凡脾濕爛(眩)〔弦〕宜此。　地黃：性涼，行血止血，涼血養血，耑理外障暴發。以薑汁炒，不寒胃。其用有四：清心經之血熱，瀉諸經之濕熱，去鼻中之衄熱，除五心之煩熱。若脾胃虛寒，白翳坑陷紅臉緩，皆不宜用。製熟溫腎，生精血，為補腎之要藥。目乾無淚，目前如烟者須多用，氣虛者不宜。薑汁炒，砂仁末拌炒，不泥胸。　熟附子：性溫。耑補命門而回元陽，其性走而不守，惟溫補之功，除風寒濕三邪之要藥。白翳坑陷，而旋螺青盲突睛，三陰寒毒，三陽厥逆，捨此莫挽。腎厥頭疼，陰虛血熱，一切沉寒固冷，羞明大疼等症，非此不除。血虛者不宜。並治伏風偏盛，寒中三陰，中寒夾陰，身體大熱，不受清解，非附子不可以挽回。為寒所隔，中焦氣不升降，小便閉塞，惟此立通也。　當歸：頭止血，身養血，全和血，尾破血。耑入心肝脾三經血分中之要藥。目澁不光潤者，乃血短而凝也，若血熱，生地宜用。　薏苡仁：耑除胸中上焦之熱，清利肺，健脾利水，治肺癰。　懷山藥：補中益氣，強精益腎，健脾滲濕，清熱，去頭面游風。　山萸肉：溫腎肝，固精氣，強陰助陽，暖腰膝，縮小便，安五臟，通九竅，滑精，耳鳴耳聾，鼻塞目黃等症。去核製用。　枸杞：生精明目，補虛勞，助陽，腰膝疼麻，腎虛目病。　地骨皮：瀉肺中伏火，肝腎虛熱，涼血，補正氣。療在表無定之風邪，傳尸，有汗之骨蒸。同枸杞甘寒平補，耑補精氣之功。　杜仲：腎虛腰疼，目前如堆烟者，補肝潤燥。　白蒺(莉)〔藜〕：治二目紅腫，翳生不已，瀉肺散肝，虛勞腰疼，遺精漏，益精明目。性寒。　白附子：性熱，純陽。為陽明之藥，能引藥上行，故治頭面百病，受風頭疼，中風失音，氣冷心疼。補肝虛，去風痰，作脂消斑疵。　破故紙：治目疼，一切虛症，腎冷精流，虛瀉。入心包，補命門，暖丹田，壯元陽，為補命門之要藥也。　肉蓯蓉：視物不明，以此補水中之火，大補精血，命門相火，滋潤五臟，補而不峻。滑腸，故氣虛者少用，恐泄氣也。　何首烏：強精益髓，養血祛風，補肝益腎，為滋補之良藥。視不見遠者，宜用之。　菟絲子：視物無力者用之，強陰益精，祛風明目，補元陽之氣。　益智仁：性熱。視物不明用之，補心氣命門三焦之不足。濇精固氣，開發淤結，使氣宣通，胃寒唾涎，嘔吐泄瀉，滑精宜用。縮小便，進飲食，腹中寒疼。　車前子：涼血，強陰益精，明目，清肺肝之風熱，滲膀胱之濕熱。利小便而不走氣，通五淋泄痢，止吐衄，暑濕，目赤障翳疼腫皆宜。多服令人有子。內障不宜多用。　茯苓：益脾滲濕，清肺利小便，口乾，生津止渴，益心除煩燥。　木通：清上焦心肺之熱，胸中煩熱，使由小便出。目眩口乾，舌燥大渴，通利九竅，咽疼失音，水腫，導諸濕熱。亦可通大便以及周身等處。　澤瀉：聰耳明目，利便，瀉腎經邪火，止頭旋，水腫脚氣，瀉痢。專於去濕熱之功。　牛膝：為肝腎之藥，能使諸藥下行，益肝腎，腰膝骨疼，足疼筋攣，舒肋益肝，行血之功。陰痿失溺，淋疼尿血，心腹諸疼。生散血破結。　川(蕐)〔萆〕薢：甘苦，性平。祛風濕，補肝益精，明目，固下焦。治風寒濕痺腰疼久冷，關節老血，膀胱宿水，陰痿失溺，莖疼而遺濁，痔漏惡瘡等症。濁淋、目疾，以此分之。　瞿麥：苦，寒。明目去翳，降心火，利小腸，逐膀胱邪熱，為淋瀝之要藥。破血消癰，利竅通經。性利下，虛者忌用。能下胎。　燈草：甘淡而寒。降心火，清肺熱，利小腸，治五淋水腫，通氣止血。燒灰吹喉痺，擦癬最良，縛把，摩癢出蟲。　竹茹：　甘而微寒。開胃土之鬱，清肺金之燥，除上焦煩熱，涼血，胎熱崩中，動呃聲微宜用。止渴，除濕熱，治黄病。　淡竹葉：　性同竹茹，傷寒發熱，大渴。瀉陽明風邪，煩熱，同石(羔)〔膏〕並用。中風失音，小兒驚癇。　(芽)〔茅〕根汁：　點目中死血，脾胃藥也。補中益氣，除伏熱，消淤血，吐衄血症，涼血之功。諸淋，傷寒呃逆，水腫渴煩。　地膚子：　甘苦，氣寒。益精強陰，入膀胱，除虚熱，利小便，通淋瀉，治雀目，洗皮膚風熱腫痒。　豬苓：　目胞水腫，夜視不見，滲濕利竅，行水利便，瀉痢。除傷寒瘟疫之大熱，乃利便之功。開腠發汗。　梔子：　苦，涼。泄心肺三焦之邪熱，使之下行，由小便出。吐衄血淋炒用。煩燥不眠，口渴目赤，心疼。　黄柏：　目赤，耳鳴，瀉膀胱相火，補腎水不足，下虚骨蒸，腸風血痔，殺蚘蟲，治口瘡。尺脉弱者不宜用。　大黄：　目科非血貫瞳人，實熱大便乾燥不下者，不可用，即用不過一時，便下去之。熟者力緩。　連翹：　散心經客熱，眼角淤肉紅甚者可用。消腫去癢，血貫瞳人實熱之症，方可用之。　天花粉：　血貫瞳人，口乾唇焦，用之生津止渴，消腫生肌，排膿利便，胃熱時疾狂熱宜用。　知母：　清肺瀉火，潤腎燥，滋陰，消痰止嗽，止渴，安胎，傷寒煩熱骨蒸，利二便，瘧痢。　元參：　色黑入腎，水制火，散無根浮游之火，利咽喉痛痺，利二便，及傷寒陽毒發班，骨節傳尸虚煩，益精明目，瘰癧結核等症。　丹皮：　入心肝腎，還血中伏火，和血，去淤生新，吐衄要藥。除煩通經，退無汗之骨蒸，下胞胎，療癰。　石斛：　入脾，除虚熱；　入腎，益精強陰，補虚癆發熱，自汗盗汗，夢遺滑精；　平胃氣，其力甚微。　龍膽草：　大寒。酒洗。益肝膽而瀉火，肝以泄為補；　除下焦濕熱，驚癇邪氣，脚氣，骨間寒熱，熱痢時氣，赤睛努肉。　黄芩：　瀉肺火，除脾經濕熱，熱痢腹疼，寒熱往來，黄疸，五淋血閉，安胎，消渴利水。白睛淤肉紅甚者用。　黄連：　大寒。磨汁點目赤紅腫者。除熱殺蟲，胞爛目疾。不可輕服，能泄心鎮肝，涼血燥濕，開鬱除煩，益肝膽，厚腸胃，止盗汗，瀉痢便血，解一切諸毒。心疼屬熱者，目紅屬實熱者用之。養肝明目之功。不可輕用也。　犀角：　涼心瀉肝，明目，清胃熱，避邪解毒，吐血下血，定驚，傷寒時疫發班，因下早，邪乘虚入，下遲，熱留胃中，均可發班。　羚羊角：　清肝明目，去障，清肺心之熱，避邪解毒，驚癇發班發怒，祛風舒(肋)〔筋〕，惡血惡痢。　羊肝、羊膽：　皆清熱，益肝膽，明目。　羊角：　治青盲可復。

桑白皮：　瀉肺中有餘之火，治疳眼，止嗽清痰，利水，通二便，喘滿唾血，熱煩大渴，水腫。　桑葉：　霜後取，用洗暴發火眼。　桑條、桑椹：　聰耳明目。　桔梗：　目赤刺疼能止，入肺胃，開提氣血，表散寒邪，清利頭目。喉痺咽疼，開胸膈氣滯痰壅，喘促，鼻塞不通，肺癰口瘡，胸腹疼，下痢。為諸藥舟楫，使之上行也。　白芥子：　性溫。治老痰目疾，入肺通經，行經開結，溫中開胃，發汗散寒，利氣化痰，消腫止疼，咳嗽，筋骨諸症皆治。故白芥子、萊菔子、蘇子，名三子湯，治痰嗽喘滿。　杏仁：　白睛紅絲可消，瀉肺解肌，除風散寒，煩熱痰喘逆上氣，潤燥消積。　前胡：　明目，外感頭疼，解風寒，理胸腹痰熱哮吼，咳嗽嘔逆，小兒疳氣。推陳致新之功，無外感不應用。

川貝母：　清心熱，散肺鬱，虚癆煩熱，咳嗽上氣，吐血咯血，肺痿肺癰，喉痺瘿瘤，乳閉散結，除熱，外障白睛紅潤者用。　麥冬：　去白睛紅絲，外障用。清心潤肺，強陰益精，泄熱除煩，消痰止嗽，行水，生津止渴，吐濃吐血宜用。　天冬：　治肺熱目疼，外障用。清金降火，益水上源，澤肌，利二便，肺癰吐膿血，咳嗽喘，從足下熱疼，骨蒸，生津止渴。　五味子：　斂肺經耗散之氣，生腎不足之水，生津定喘，退熱，虚汗、虚嗽、虚喘皆宜用。　五棓子：　性濇。降火，生津化痰，止嗽止血，斂汗下血，泄痢脱肛，消目腫；　治(口)〔自汗〕盗汗，以嗽口水調搽臍上，須焙乾用。斂瘡口，非虚人不宜用。　遠志肉：　令人耳目聰明，利九竅，長肌肉，壯筋骨，通腎氣，上達於心，開鬱寧心，定神益智，定驚悸，治癰疽。　石菖蒲：　明耳目，補肝益心，開孔利竅，發聲音，逐風除濕，去痰消積，開胃，驚癇，止疼，噤口毒痢。　棗仁：　炒用補肝膽，寧心醒脾，除煩，止渴斂汗。生治膽虚不眠。　栢子仁：　潤透心腎而悦脾，養心氣，寧神益血，止汗，除風濕，愈驚癇，潤皮肌，辟邪，明耳目。　龍眼肉：　益脾長智，養心虚，目脹疼，思慮勞傷心脾者，故歸脾湯用之。治腸風下血，引血歸脾之功。　蓮子肉：　益脾土，交水火而媾心腎，安靖上下君相火邪，益十二經絡之氣血，脾瀉，夢遺滑精，久痢，婦人崩帶用之，有大功效。石蓮子：　清心開胃，噤口、痢疾、淋瀝等症用之。　砂仁：　辛溫香竄，和胃醒脾，調中，通行結滯，腹疼痞脹，噎膈吐嘔，赤白痢疾，霍亂轉筋，祛痰逐冷，消食醒酒，止疼安胎，散咽喉口齒之浮熱，導引諸藥入肝腎，此肝腎之(响)〔向〕導也。研末，搽口瘡最效。　白豆蔻：　辛，溫。暖脾胃，散滯氣，流行三焦，去寒燥濕，化食寬膨。脾虚久瘧，腹疼吐逆反胃，白睛翳膜可除。

肉豆蔻：辛溫。暖脾胃，調中下氣，逐冷祛痰，消食解酒。積冷腹疼，中惡吐抹，濇脹止痢，小兒吐逆。草豆蔻：一名草菓。辛溫。暖胃健脾，破氣開鬱，功同上二味，分別用之小異。訶子肉：消痰瀉氣，斂肺降火，濇腸收脫，止瀉，冷氣腹脹。香附：一名莎草。根去目中凝血，內外障皆用，通行十二經八脉氣分，一切氣皆主之。利三焦，解六鬱，止諸疼，痰食積聚，霍亂止瀉，脚氣，癰瘡，或吐血便血，崩帶，月信不調，推陳致新之功。生用行胸結，達皮膚。熟用走肝腎。炒入血分而補虛，鹽水炒入腎，酒炒行經，醋炒消積，薑炒化痰，炒黑止血。血分中要藥，婦人科不可少者。陳皮：散燥，補泄調中，快膈導滯，消痰破癥，宣通五臟，統治百病。留白則補，去白為橘紅，瀉氣消痰，散皮發表。青皮：入肝膽，疎肝瀉肺，破滯消堅，除痰開鬱，能發皮表之汗，氣虛不用。檳榔：散邪破滯，瀉胸中至高之氣，下行攻堅去脹，消食行痰，殺蟲。大腹皮：辛泄肺，溫和脾，下氣行水，通大小腸，水腫脚氣，痞脹痰結同止。三稜、莪朮：治食積血塊，小兒疳眼，目頂平如鏡，用以消積。元胡：內障用其能行氣中血滯，血中氣滯。厚朴：平胃氣，寬膈消痰，化食消積，客寒犯胃，濕氣侵脾。枳實：性暴，宿食堅積，非此不除。麩炒用力緩。不可多用，虛人不宜。枳殼：開竅性可同枳實，力稍緩，不可多用，攻消之功。黑丑、白丑：能洗眼胞紅腫。不可輕服，非食水積聚不用，攻下之力。大戟、(莞)[芫]花、甘遂、海藻：四味點目中血瘤最效，不可內服。三七：治赤眼青眼，磨汁點之。蘇木：煎水，洗目中淤血，同防風能散內外風氣。紅花：理血，去舊生新，目中死血板紅用之。紫草：血熱目疾，惟涼血之功。丹參：生新血，去舊血，眼腫而赤者用。鬱金：開胸破結用之，行淤磨汁，點目中淤血。澤蘭：撲打損目，頭疼不止，行血止血和血，行中帶補之功。續斷：治目內傷可補，刺疼可止，養血和血之功。白芍：理脾氣，瀉肺火，明目，斂汗止疼。白朮補脾之陽，白芍補脾之陰，同參、芪益氣，同川芎瀉肝。斂瞳生光，乃抑肝扶脾之力。止疼收淚，乃養肝平陰之功。赤芍：去目中死血，專於破血行血，小腸火盛可除。內障不宜。烏藥：寒氣作疼，治一切氣餘之症。不足者不用。蒺蔾：養肝血，理眦傷，內障用。阿膠：養血之功，血虛夜疼者最宜。炒珠用。五靈脂：生血行血，止血止疼，婦人目疾多用之。山楂：專消肉積積目用之，消化之藥。

桃仁：破滯血，生新血，養血潤燥，目中淤血用之。蓼花：治水眼，明目去濕之功。秦艽：除頭風，解酒毒，去風活絡，養血舒筋，目網攣急者須用。藁本：專治巔頂頭疼，除內熱之功。夏枯草：治眼珠夜疼如神。蔓荊子：能散風，止頭疼。不宜多用，胃虛血虛不宜。辛夷：止淚，頭腦風疼，不塞不通者，溫肺。細辛：止少陽頭疼，借獨活為使。諸風濕淫立消。溫陰除寒，風淚目疼宜用。血虛夜疼者不用。白芷：治陽明頭疼，風寒之要藥，目癢，迎風冷淚，眉稍骨疼，宜荊子、細辛、白芷。血虛者不宜。川芎：手少陽、足厥陰血虛各頭疼，諸游風中風入腦，偏正頭風皆治之，上行頭面，下行血海，血中氣藥。同參、芪補元陽，同歸、芍可理血虛。羌活、獨活：除新舊風濕，引藥上行，散風之功，疎肝尤妙。柴胡：瀉肝火，止寒熱，散諸經血結氣聚。陽氣下陷須用，以引清陽之氣上行，而平少陽、厥陰之邪。升麻：入脾胃二經，引藥上行，傷風頭疼，升發火淤，開提清氣。以參、芪之力而補胃中元陽。天麻：開竅，除風濕，益氣強陰。肝虛內作之風，必借血藥以佐之。防風：此風中之潤藥也，專引風藥至濕處。治目用身，治下用稍。目赤多淚，目盲無光宜用。能助參、芪之力。殺烏頭之毒，燥濕。水爛目疾多用，專入氣分，荊子入血分，故並用。荊芥：入肝經氣分，解肌表，清頭目，行淤血，去濕熱。炒黑止血。蘇葉：入氣血，散風下食，止霍亂，消脹，疎表。目疾不可多用。麻黃：治風寒頭疼，肺虛目疾，邪入重地，借氣藥可祛衛中之邪，借血藥可祛榮中之寒，借溫藥可逐凝陰寒毒，借寒藥可炎蒸之邪熱。連節用治目中旋螺突睛。表虛人不宜。乾葛：陽明藥也，能鼓舞胃中清氣上行於目。酒傷目疾，虛人不宜。半夏：治痰濕寒暖症，非此不除。瞼皮寬解之要藥也。藿香：金清和芳香之氣，治口臭。目膿外障用。木香：頂陷可起，肝氣上逆，非此不除。同砂仁為肝腎之(响)[向]導。膽南星：白睛如烟者，用此以去痰，治風逐痰之功。薄荷：消風熱，清頭目，內外皆用。青蒿：目熱用以去熱。寒不宜。牛蒡子：治濕熱目腫，面目浮腫。益母子：一名茺蔚子。治瞳人縮小，與青葙子同治。木賊草：治肝膽有餘。目翳因怒暴生者不用。冬花、紫菀：二味治肝寒，目在日光下不見瞳人者，用以溫肺。製用。女貞子：補肝益精，明目。吳茱萸：疎肝氣，降濁陰。目中大疼，能止血，不宜炒炭用。公丁香：治(呢)[呃]

逆，大寒入腎。病目熱症忌之。　蘆薈：　下部陰挺作痒，納入殺蟲，明目。　沉香：　惟陰挺作丸，服之消陰挺。　乳香：　治目中疼，解毒生肌。　沒藥：　散目中淤血，生肌止疼。　金(嬰)〔櫻〕子：　目疾，遺濁滑精，斂瞳人。　苦參：　養肝益腎，明目止淚，外障用。　威靈仙：　去寒濕，風寒濕之要藥。其性故目疾用之。虛人不宜。　土茯苓：　去濕毒楊結毒用之。　白蘆根：　酒傷目紅用之。　決明子：　治肝熱目疾，收淚止疼，(切)外障皆用，故曰決明。　金沸草：　治頭疼，目疾，明目，去頭旋。　地榆：　治痢疾疳眼。　秦皮：　去肝中久熱，白翳膜遮睛，視物不明，旋螺紅腫疼淚，煎汁點洗皆可。虛人內障不宜。　茵陳：　治濕熱黃疸，目黃。　炮薑：　溫肺止疼，生血散淤。炮治左目，生治右目，寒症宜用。　石決明：　開青盲，消(醫)〔翳〕障，點目去赤膜，退外障。　甘菊花：　去頭風，清腦熱，養目血，除(醫)〔翳〕膜，收淚明目，散風淫之濕氣，利一身之氣血。去目中死血，內外障皆宜。　金銀花：　散外障，消熱淤，療風明目。　鈎藤鈎：　善於養正，口眼歪斜，側目斜視用之。　牙皂：　治目虛不明，退翳後不明，用之以透其明，取其無堅不破，無閉不開之力。　皂刺取其銳利，引諸藥直達病所。　血竭：　治目睛核破，被物傷者，內服外點均可。　蒙花：　微寒。入肝經，治目中赤脉，即血貫瞳人，青盲膚翳，赤腫淚，小兒疳氣攻眼者皆宜。　肉桂：　治內障青盲，一切虛寒，命門火衰，非此不除，可以引火歸源。　穀精草：　治一切星翳障眼。　蕤仁：　點目上胞腫爛，大小眦紅腫，退翳赤脉胬肉，熱症生光止疼。　川椒：　治目中翳膜，安蛔蟲，去毒。子去水最良。　烏梅：　磨汁，點目中肉瘤，斂瞳人。　蛇退：　去翳膜，內服外洗均可。　兔肝：　治目暗，復明。　核桃仁：　視物不明，須用常食，大益命門。　荸薺：　消食，除熱明目，去翳膜。磨粉點目，除熱去膜。　田螺：　肝熱上擁，兩目赤疼，為末點之立效。可去(腦)〔硇〕砂毒。　木鱉子：　治拳毛倒(捷)〔睫〕最效，為末，拈塞鼻，左塞右，右塞左。　蜂蜜：　治目中塵迷，點之即消。合諸藥為丸，解諸毒。

清・黃凱鈞《橘旁雜論》卷下　狗蠅起痘，豆治翻疤　趙賓暘曰：　小兒痘瘡，固是危事，然要不可擾之。或多用老雞、鱖魚發之，非也；或以消毒飲、升麻湯解之，亦非也。大要在調氣血之外，任其自然耳。惟《本事方》捻金散最佳。又陳劍剛云：　痘瘡且不多升麻湯，只須四君子湯，加黃耆一味為穩耳。二說皆有理，然或有變證，則不得不資於藥。癸亥痘瘡甚行，括蒼陳坡，老儒也。因言向分教三山日，其孫方三歲，發熱七日，痘瘡出而倒靨色黑，脣口冰冷，危症也。遍試諸藥皆不效，因乞靈於城隍神，以卜生死。路經一士人門，怪我侵晨倉皇，因遮叩之，遂告以故。士人曰：　却有藥可起此疾。喜甚，因為經營少許，俾服之，移時即紅潤如常。後求其方，甚為祕惜。及代歸，方以見贐，其方用狗蠅七枚，狗身上跳飛者。擂細和醅酒少許調服。蠅，夏月極多易得，冬月則藏。蠅多在狗耳中，不可不知，更宜預收以備用。痘後餘毒不盡，每有翻疤，濃水淋漓，至有殞命者。予第三子患此，用藥無效，心殊憂煎。舊戚張姓者，覩予色滯，詢知其故，傳一方，妙而且易。用浸胖豆腐豆搗爛敷上，膿出再敷，三四日間，毒盡痂落，皮肉已出新肌矣。

清・嚴龍圖《痘疹衷要全書》　論藥有宜急用者　若脣裂，舌有黃白苔，發熱時一見，即下。用藥少遲，則內火熾盛，痘不出，三日死。出不齊，六日死。又如毒熾者，形伏色紫，漸將成疔，不急為清解，則不可救。又如氣血虛者，或陷或伏，瞬息歸內，不急為內托，則亦不可救。若此者，是皆宜急用藥而兼宜重劑者也。

論藥有宜緩用者　有如毒不甚，氣血稍虛，日期尚未至者，則宜勿忘勿助，徐徐調理可也。急則藥力過猛，兒小力不勝藥，促逼錯經，必致變生他證。又如倒陷而毒歸內，係實證，誤犯穢觸，難救者，必須俟其便秘腹脹，方可攻下。若早則毒餘入胃，將攻何物乎？若此者，皆宜緩治者也。

論藥有宜多服少服者　如痘毒盛，火熱甚以及虛寒皆甚者，均非一二劑所能療，則進不厭多。若毒本輕、火本微以及氣血稍虛者，則徐調即能中肯，則藥不嫌少。知此則輕劑、重劑可悟矣。多者宜重，少者宜輕，理易明也。

論藥有宜先宜後者　紅紫之痘，先宜清解，至六七日毒勢已退而不補，亦不能行漿而灌滿，補後又恐生熱，仍須稍稍解之，所謂前後清而中間補也。虛寒之證，開手即便用補，溫補太過，又或變生熱證。視其太過，又須稍清而再補，所謂前後補而中間清也。此又先後之不可不知者也。

論用藥須知君臣佐使　如毒盛而稍虛者，清為君，補為臣。虛甚而毒微者，補為君，清為臣。而又參之以氣血之分，表裏之別，兼見之證，以為佐使引經，則自無不效矣。

論清與補分用合用之法　凡用解毒涼藥，體薄食少者，須以補托之劑佐之。凡用滋補藥，毒氣未盡者，須以清解之藥佐之。萬無一失，此清補合用之法也。若大實大虛，大寒大熱之證，則又當專用，不須監佐之品，以分其專任之力。此又清補耑用之法也。然必認的真信得確，而後不至於猛浪。

清·包永泰《圖注喉科指掌》卷四 藥例 風入齒縫，脹腫作疼，宜以防風為君，猪牙皂角、荊芥、升麻、白芷、薄荷、甘草為佐，挾熱加黄芩、黄連，煎服。又用升鹽煅過，淬竹瀝中，取起炙黄，又淬又炙，每青鹽一兩，收盡竹瀝一杯為度，碾為末，擦痛處，血水出即止。或用牙皂一錢，冰片二分，麝香一分，點入齒縫，其痛立止。

胃火上升，臭鬱作痛，齒根紅紫，宜以煅過石膏為君，白芷、升麻、竹茹、黄芩、黄連、酒蒸大黄、甘草為佐；挾風加防風、荊芥、薄荷、牙皂煎服；或加竹茹一團，細茶一撮。又用朴硝提淨煅過二兩，白芷、細辛各二錢，黄栢三錢，為末，蚤上洗面時擦之。或用煅過朴硝、鍾乳石等分，少加冰片、麝香為末，指入痛處立止。

蟲牙作疼，以雄黄、蟾酥、花椒、麝香等分，為末，以棗肉搗成膏，拌藥丸如黍米大，塞一粒于痛處，其蟲皆化為水而出，齒縫中出血不止，以竹茹四兩醋浸一宿，少少合之，不過三度，其血自止。或用蒲黄燒灰，用飛鹽擦之。或用白礬煎湯，含嗽立止。

牙疼不可忍，欲取落，不必用手，惟以草烏、蓽撥各半兩，用椒、細辛各一兩，為末，每用少許，揩在患處內外，不過三四次，自落。

齒根搖動欲落，用生地黄、當歸等分，同煎濃汁嗽之，其齒自牢。又有黑鉛鎔化，以新柳芽投入，炒之皆成灰，待冷時，篩，去黑鉛，研細，日日擦之，最能固齒。

清·熊慶笏《中風論》 論藥餌 昔扁鵲但論脈書即《難經》，未傳禁方，故無方論。因未遇傳人，而遽遭李謐之害也。秦國太醫自以技不如扁鵲，使刺客害之。《神農本經》、伊尹《湯液》又無傳書，往往為後世所淆亂。張仲師有《金匱》方，亦多散佚。如葛稚川、孫思邈之徒，皆剽竊《金匱》而自為書，究不能明其旨。近世如李時珍之《綱目》，未免太雜，雖小說妄談，亦為採入，以亂其真，故其書太雜。汪訒庵之《本草》，未免太迂，淡竹葉，隰草也，乃隸木部，其他舛謬亦多。方藥之道幾於晦矣。竊以平生所試驗，質諸仲景遺書，充類至盡，固可以意求之也。茲擇其切要者列左。

病在衛氣，則當從氣分用藥。衛氣有表裏不同，表者行津為汗，溫養形體之陽氣也；裏者受命之根，水中之火，即腎間動氣也。腎間動氣，即衛氣之根，出於下焦，附以脂膏，為水中之火，其治有四法：火衰者，溫中以益之，如燈之添草也。其藥則有附子、肉桂、胡巴、故紙、乾薑、吳萸及椒、磺、茴香之屬；其方則有四逆、回陽、理中、溫中之類。火盛者，壯水以制之，如燈之添油也。其藥則有地黄、白芍、知母、黄柏、元參、龜膠及丹皮、芩、連之屬；其方則有八味知柏八味、六味、封髓、古有三才封髓丹。固精之類。火離於水，虛陽外浮者，則先用溫中引陽，下歸於根，後用壯水戀陽，使不復越，則陰平陽秘矣。火鬱於水，真陽不伸者，則於益陽之中加以透發，如麻黄、附子、細辛之意，則陰退陽盛矣。

衛行脈外，為守邪之神，溫於肌肉，運於形體，為肌表之陽，其治有六法：或表陽外閉，無汗煩悶，則發汗以疏之，如麻黄、桂枝、羌活、獨活之類。

或表陽外泄，汗出不止，則固表以斂之，如白芍、龍骨、牡蠣、附子、黄耆之類。或表陽太盛，肌熱如灼，則涼肌以解之，如石膏、知母、胡連、地皮之類。或表陽太虛，厥冷惡寒，則溫經以助之，如桂枝、乾薑、參、耆、香、蔻之類。或衛氣盛於陽經，而衰於陰經，上逆者，則苦以降之，如龍膽、梔子、黄連、蘆薈之類。或衛氣盛於陰經，而衰於陽經，下陷者，則辛以升之，如升麻、葛根、白朮、黄耆之類。

以上皆從衛分審病，用藥之大略也。若夫中風之治，則又當細辨之。

風為陽邪，衛為陽氣，兩陽相合，而不相爭，故無惡寒發熱等症。陽主開，故有自汗。衛為風所淆，則知覺運動俱為之不用，故猝倒不知人。仲景用獨活以解外，因其有汗，故只用輕表。白菊、秦艽以解風，白芍以固衛氣，歸身以附營氣，白朮以安宗氣，尤妙。入白礬以澄之，不使風與衛相渾，以遺日後之患，此侯氏黑散所以為至當至確之法也。但中風必有從寒、從熱之不同，則此方亦有加溫、加涼之各異，特孫思邈從《金匱》錄方時多遺脫耳。

中風之從寒化者，何以辨之？曰：其四肢必厥，必無汗，寒則腠理閉。餘症與前同。其治宜峻表，如麻黄湯加三生飲之類。嘗用防風通聖散而愈者五人。其方則麻黄、桂枝、防風、羌活、白朮、白芍、當歸、枳殼、大黄、芒硝也，因藥力甚猛，自能分開邪正，故不加入白礬。

中風之從熱化者，何以辨之？曰：其舌必枯，乾裂如錯。四肢必熱，必大汗，熱氣所蒸。餘症與前同。其治宜涼解，如清涼飲子及玳瑁散主之，然總不如白虎湯、竹葉石膏湯為妙。生平常用此二方治十餘人，皆有殊效。亦因藥力甚猛，自能分開邪正，故亦不必白礬澄之也。

以上二條，皆初起用藥之法，若不如此，多至拘攣痿廢矣。其後治之法，尤當細辨。

中風數日之後，人事漸醒，諸症漸減者，邪風衰也。然餘邪之與衛氣相融者，必不能靜，衛氣之為風耗者，必難驟復，故往往有偏枯、善忘諸恙。其治又當從養營、養氣之中，加入竹瀝、荊瀝為引，或加薑汁為引。初起從寒化者可加，熱化者忌。然藥力既輕，取效必不能速，又宜久服之，乃能有功也。蓋竹瀝、荊瀝，乃草木行津之處，衛氣之在表，亦如樹木之以皮行津，故用此為引。

中風日久，則衛氣必衰，欲在表之衛氣盛，必須益其腎間動氣，如樹木培其根本，則枝葉暢茂也。若專用芪、朮，以助表陽，則宗氣必僭而生熱，而風之餘邪不除。人參、黃芪、白朮，皆補宗氣之藥。若加入歸、芍、地黃以配之，則又僅生營血而已，而於衛氣無益。若用桂、附之類，雖能益腎間動氣，亦易於生熱。昔人創易老地黃飲子，用桂枝、附子，與生地、麥冬、白菊同用，服之亦有效驗。必加竹瀝、荊瀝方效。然總不如紫河車之妙，其性得血氣之餘，既非草木可比，且又不寒不熱，而為衛氣生發之源。蓋人身結胎時，其形如兩甲，即兩腎也。此衛氣受生之始，河車即從此兩甲而生，以包護於五官、四體之外，即衛氣外行軀殼，衛外為固之始，以血肉之屬，為血肉之同氣相求，乃無上妙品也。【略】

凡素有小恙，與中風本病無涉者，則不必兼治，反分藥力，縱欲除盡，亦必愈後治之。如腸風痔血等症，此血溢於陽明正絡而來，《內經》所謂陰絡傷，腸在下，故曰陰絡。則血下溢為圊血大便曰圊。是也。此屬血分，與衛氣風邪無涉，故不必兼治。且此為輕恙，風為重恙，不可治輕而棄重也。　吳曰此兩節於病情治法，殊有體會。

清・張曜孫《產孕集》卷下　用藥第八　產時用藥有二弊焉。方伎之士，多取速效，肆用峻利之藥，以炫己之術。其效者，藥甫入口，而難產即下，眾人駭服，推為神奇。而不知一時便利，子母大傷，至產後發疾，遂至不起。嬰兒或墜地不舉，或舉而輒夭，而又委之天命，歸咎後醫。日殺生命而人莫之知，深可痛惜。古方如兔腦、鼠腎、蛇蛻回生諸藥，只堪備至急之用，安可妄試？尤有甚者，挾不經之術，無稽之方，轉轉傳布，謬為仙授，乘人之急，以脇人之利，功則歸己，過則歸人。世俗憒憒，多為所愚，不可譬曉，此一弊也。而矯其弊者，遂謂產孕本無須用藥，常變順逆，悉靜而聽之於天。斯言誠善，然必自懷姙至臨產攝養無乖，然後可也。苟或不善，即可反順為逆，而仍執勿藥之說以自愚，是何異未能辟穀而謂人可勿食耶？此二弊也。且天下亦或有生而難產者，或未孕之先即有宿疾，或氣血羸弱，骨格緊密，脈絡堅緻，皆令難產，亦藉臨時藥力以扶助之。但宜斟酌盡善，擇平和之品，醇正之法，相不得不用之時而後用之，如加味芎歸湯、佛手散，味和而力厚，氣平而效速，斯為善也。【略】

富貴之家，產後必服人參，而致死者多。矯其弊者，并倡產後無補益之說，而致死者亦多。蓋不明其理，左右皆誤。夫產後諸疾，多出於虛，人參非不可用，而用之亦自有法，得其法益身而卻疾，不得其法致疾而促生，不可不辨。服參之法，在子方墜地，參已入口一刻之間，過此一刻，便不可服。蓋產時氣血下注，上中二焦盡屬虛寒，產後氣復上行，下焦惡血填湊，血道梗塞，氣道亦滯，驟加補中之藥，血道未開，氣道益阻，遂有惡露不行，淤血上逆之患。若當兒甫墮地一刻之間，氣血猶未上行，藏府空虛，脈絡困乏，人參入腹，甘溫之性，宅中土而運脾精，輔正氣而逐惡血，灑播精微，灌溉經脈，氣強則行速，脈潤則道通，惡露順下，乳汁通流。焉有他患？且新產之後，百脈皆動而下行，自下而上，淤濁者去，精華者留，有更新之象。婦人宿疾多在血分，平時所不能除者，此時可以除之，卻病益身，非妄說也。凡欲服參者，將產時即宜製就，汁宜濃厚，可以一飲而盡。或以人參一二錢研為末，另以錢餘煮汁調服，亦可。令一人司之，俟兒首既出，即與服之，參盡而兒適墮地，乃為合法。苟失其法，為害非小，而復歸咎於參之不可用，豈不謬哉？產時應變，皆倉猝之際，所有藥物，亦宜豫籌，有備無患，不可渴而掘井，鬭而鑄兵也。

清・周貽觀《周氏秘珍濟陰》卷上　藥餌：經候不調兮烏雞可投，天癸或阻兮蒼朮莎即香（付）〔附〕。宜託。地黃補腎宜施，參朮養脾莫却。三補涼血兮，專治崩中之藥。補中暖宮兮，能固帶下之脫。安胎胡黃連兮，在姙娠為最宜。瘦胎達生散兮，視形症而休錯。黑神散去惡露而可取胎衣，十全大補補虛弱而能除陰火。三補丸涼血，見彙方。

清・黃兌楣《壽身小補》卷三　傷寒雜病主方用藥大略　余頗費苦心，

倘家庭中偶爾有病者，能細心照此治，百發百中。凡用藥，主方有定法而似無定法，無定法實有定法也。無定法者，以古方之有定，而病之無一定也。有定法者，以施治之無定，而主方有一定也。夫發表用溫，攻裏用寒，溫裏用熱者是也。蓋表有邪，則為陽虛，此陽字作裏之元陽，內蓄之陽也。或陰盛，此陰字作表邪，言外感之陰也。溫之即以扶陽，陽得助而長，則陰邪所由以消，故用辛甘溫之，則發散為陽，如風以散之，此發表之藥用溫也。裏既有邪則為陰虛，此陰字作表，言外寒不甚也。或陽盛，此陽字作裏熱有餘也。寒之所以助陰而抑陽，陽受其抑則微，而真陰所由以長。故用酸苦之劑，湧泄為陰，如雨以潤之，此攻裏之藥宜寒也。陰經自受寒邪，則為臟陰受病，主元陽不足，而臟寒有餘。故用辛溫之劑，以助陽暖陰，如日以暄之，此溫經之藥宜熱也。表邪不汗，邪何以散？裏邪不下，邪何以出？臟寒不溫，寒何而除？此三者，乃傷寒用藥之定法，而亦雜病施治之大要也。要之緊者，傷寒又有汗、吐、下三法中，以及竣熱而起沉寒中，當知其用此而不能不用彼者。如表劑用麻黃，無葱白不發汗；吐劑用瓜蒂，無豉不涌痰。豉，即太和淡豆豉也。下劑用大黃，無桔實不通；竣熱劑用附片，無乾薑不熱；疏經絡之痰用竹瀝，無薑汁不能行。取竹瀝之法，以生苦竹一節，兩頭燒燃，逼出其水為瀝，接入杯內。若導大便之熱結，用蜜無皂角不能通。凡大便閉結，或因熱結而畏下者，或因久病元氣虛閉者，或年老無病而日久虛閉者，以蜜煉成膏，用皂角小片焙焦，研末，和入作成小丸，塞入穀道，少頃大便即出，所謂倒倉之法是也。若治嘔吐用半夏，非再以薑汁煮，不能止虛煩。用人參非加淡竹葉不能定。凡此者，以用藥無定，而配合自有定法也。如欲解表裏之邪，非用第十八之小柴胡不能和；實熱而小便閉，非用第六五之五苓散不能利；虛熱而小便閉，非用第佰九七之補中益氣不能通；消渴解肌，非以天花粉、乾葛不能止；生脈補元，非用第一之大補元煎不能起，若用第六六生(胍)〔脉〕散，人參、麥冬、五味，為不通生脉散，非補虛也。查閱自明如治上焦吐衄，非第六七、第六八方之犀角地黃湯不能止；治下焦瘀血，非第六九方之桃仁承氣不能攻；去濕助脾，非茯苓、白朮不能實；表虛汗，非生耆、桂枝不能止；陽黃熱證，非茵陳、黃柏不能除；陰黃虛症，非熟地、淮藥不能起。治發狂宜用第二二之大承氣湯，緣陰寒已極，逼陽於外，亦令發之。陷胸湯能開，非用第七二之(姜)〔羌〕活沖和不能治。四時之感冒，體虛者，倍用黨參，非用第四九之人參敗毒不能治。一時之春溫，體虛者必要熱也，非用第七四、第七五之四逆湯不能治。厥陰證，非用第三五之人參白虎不能化癍，非用第七六之理中烏梅不能治蚘厥，非第四六之麻黃、桂枝不能治冬月之沉寒。熱隨汗解，非用第七七之薑附湯不能止。陰寒之瀉利，非用第十九之大柴胡不能除。實熱之妄言陰陽，欬嗽上氣喘急，須用第七九之加減青龍湯，分表裏而汗下。體虛宜慎，體實不妨。凡此者，古方有定法，臨證之增減亦無定法也。若夫兩感傷寒，不如先用第八十方之沖和靈寶湯，取微汗可愈矣。如不愈，表證多而甚急者，方可用第十三之麻黃葛根湯解之。表解而裏證多而急甚者，先用第二四之調胃承氣湯下之。倘正直陰經發熱下利，身痛，(胍)〔脉〕沉細無力，不渴倦臥昏重者，即用第八一之回陽急救湯，分表裏寒熱治之。凡此者，以權變之無定法，而主見之自有一定也。是以兩感雖危證之候，猶有可救之理。若發表攻裏一誤，則枉死多矣。至於刼病之法，亦有不可忽者，如傷寒發狂奔走，人難制伏，即於病人坐處，發火一盆，用好醋一碗，傾於火上，其煙沖入鼻內即安，方可察其陽狂、陰躁二證，俾用藥有定法也。何謂陽狂？如病初起，發熱頭痛，惡寒方除以後，登高而歌，棄衣而走，大渴欲死，脉來有力者，乃因熱邪傳裏，陽盛發狂，此為陽狂。當用寒藥下之，如第二二方之類是也。若舌捲囊縮者，不治。何謂陰躁？如病初起，無頭痛，身微熱而赤，戴陽煩燥，脉來沉細無力，欲坐泥水中者，乃因陰極而發躁，即陰證似陽，此為陰躁。當用熱藥溫之，即前註所云陰寒已極，逼陽於外者，亦令發狂，宜急投第八一及第七四、第七五方之類是也。倘見厥冷下利譫語者，不治。苟不察脈審證，而寒熱反用，則造孽大矣。又或如傷寒腹中痛甚，將涼水一盞，與病人飲之，病愈甚，寒證無疑。即投熱劑，如第七四、第八一方之類，皆可用之。倘飲涼水而痛稍可者，當用第八二之涼藥清之，清之不已，或遶臍硬痛，大便結實，煩渴，屬燥，大便痛，即用第八三之涼藥下之。食積腹痛仝此治法。惟小腹硬痛，小便自利，大便黑色，身與目發黃者，屬蓄血痛，用第八四之涼劑，加行血藥，下盡黑物自愈。凡此三者，皆痛隨利減之定法也。若飲涼水後，悠悠作痛，當即用第八五溫藥和之。和之不已，或四肢厥冷，大痛，嘔吐泄瀉，即急用第八一之熱藥救之。又如傷寒直中陰經，真大陰寒症，全然無(胍)〔脉〕，將燒酒沖薑汁一大酒杯，與病人服之，脉來者可治。其脉來不拘浮沉大小，但指下出見者生，如脉不出者死。又當問其有何痛處，若問有痛處，要知痛甚者脉必伏，須隨證制宜，尤當知其平素有反關脉否。凡診反關（脈）〔脉〕在手側，或手背診之，脉必見也。若素無反關，因病診之無正脉，用覆手取之而脉出，係由陰陽錯亂也。宜和其陰陽，如經驗之第八六方陰陽交感煎，屢試屢驗。倘正取及覆取俱無脉，無論傷寒雜症，必死無疑。總之，傷寒雜病，總以脉之神力何如，方可知其陰陽虛實，吉凶緩急，雖變證百出，俾用藥有主見，施治有定法，免得措手無策，然徒袖手空談。余謂是書小補，以為然否。

清・黃兑楣《壽身小補》卷四　血症用藥宜忌　凡治血證之藥，為君為臣，或宜專用，或宜相兼。病有深淺，方有輕重，或用四五味，或用三二味，藥味少而力量愈大，見功愈速也。其中因症治用，當知其類，詳列於左。

宜用類　血虛之治有主者，宜熟地、當歸、枸杞、鹿膠、炙草之類。血虛之治有佐者，宜淮山、麥皮、杜仲、菟絲、五味之類。血有虛而微熱者，宜涼之補之，如生地、麥冬、芍藥、沙參、牛膝、阿膠、雞子（青）〔清〕之類。血有因於氣虛者，宜補其氣，如人參、黃耆、白朮之類。血有因於氣實者，宜行之降之，如青皮、陳皮、枳殼、烏藥、沉香、木香、香附、前胡、白芥子、海石之類。血有虛而滯者，宜補之活之，如熟地、當歸、牛膝、川芎之類。血有寒滯不化及火不歸源者，宜溫之，如附子、乾薑之類。用此熱藥，必要認真，如（脈）〔脉〕沉遲，而惡寒喜暖，口不渴，小便清長，方可用之。否則，殺之甚速。血有亂動不寧者，宜清之和之，如茜根、查肉、丹皮、丹參、川貝、童便、竹瀝、百合、茅根、側柏葉、藕汁、荷葉、柿蒂、柿霜、韭汁、蘿蔔汁之類。血有大熱者，宜寒之瀉之，如黃連、黃芩、黃柏、知母、元參、花粉、梔子、石膏、龍膽草、苦參、桑白皮、香薷、犀角、青黛、槐花、童便之類。血有畜而結者，宜破之逐之，如桃仁、紅花、蘇木、元胡、三稜、莪朮、五靈脂、大黃、朴硝之類。血有燥者，宜潤之，如酪血、蜂蜜、天冬、柏子仁、蓯蓉、當歸、百合、核桃肉之類。血有滑者，宜止之澁之，如棕灰、髮灰、白及、人中白、蒲黃、百草霜、訶子、五味、烏梅、地榆、文蛤、續斷、椿皮之類。血有因於風濕者，宜散之燥之，如防風、荊芥、葛根、秦艽、蒼朮、法夏之類。

忌用類　補血之劑，古人皆以四物湯為主。然亦有宜有不宜者。蓋補血行血，無如當歸，但當歸之性動而滑，凡因火動血者忌之；因火而欬，因濕而滑者，皆忌之。〇行血散血，無如芎藭，然川芎之性升而散，凡火載血上逆者忌之；氣虛多汗，火不歸源者皆忌之。〇生血涼血，無如生地。斂血流血，無如芍藥。然二味皆涼，凡陽虛者忌之；脾弱者忌之；脉弱身涼，多嘔便溏者，皆忌之。故凡用四物以治血者，不可不察其宜忌之性，俾主方用藥，而施措得宜。今之醫者，未必盡能講究。余願家庭中，萬勿為庸俗所愚弄耳。〇再失血者，忌桂，雖有寒證，不可妄用。

清・鄒澍《本經序疏要》卷一　序例：【略】凡藥稟賦絕類，則功用廣博。然推其端緒，要有歸著。譬如麻黃，其異在所產之地，冬不積雪，則其歸著在鼓發陽氣，衝散陰邪。故凡束縛難伸之風賊風攣痛，蔽錮盛熱之寒傷寒，乍揚更抑之熱溫瘧，迫隘不順之氣上氣欬氣，皆所能療，誠得謂一種可主數病矣。然不能治筋骨懈弛之風，陽氣漏泄之寒，鼓蕩不羈之熱，隨火沖逆之氣。稽其效曰出汗，亦僅能令霾中見晛，不能令旱處致霖；曰下氣，卻祗能於橫中闢道，不能於直下鑿渠，又可謂性理有偏著否耶？太陽病項背強几几，汗出惡風者，桂枝加葛根湯；反無汗惡風者，葛根湯。用麻黃不用麻黃，其別在汗。欬而脈浮者，厚朴麻黃湯；沉者，澤漆湯。用麻黃不用麻黃，其別又在脈。立方之日，不洞曉是理，易致疑混。陶氏序《肘後百一方》云：常居閑佚，乃可披檢方書。或從祿外邑，將命遐征；或宿直禁闈，晨宵隔絕；或急速戎陣，城柵嚴阻，忽遇疾厄，拱手相向。搢紳君子且然，何況貧家野居，能不向單行經用赴急抄撮以求活？此時而欲研究方書，探討經義，證其非是，豈特不能，且不暇矣。為此，編者筆墨省減，病名既得原委，藥味遂可別擇，循證求病，因病得藥，從藥檢宜，誠可謂探之囊笥，庸豎均可成醫者。嗟夫！世風遞易，遵守殊規，徒知寒可攻熱，熱得療寒，補概益虛，泄能除滿，欲適燕而北其轅，固不為非是，殊不知自吳直往，定抵海濱，從滇徑徂，輒歸西域，遂致軔發坦途，詣終茅塞。惟古人所指示，曲盡攸宜，縱使羊腸鳥道，循是遄征，必可屆四通八達，此昔日之僻徑，即今日之廣衢。而今日所謂廣衢，乃金元已來，所別闢也。甘苦之義，其旨淵微，冷熱之宜，其情直遂，注此於下，相得益彰，意簡要而用專精矣。

療風通用：【略】風之病人也，大率有三：有感而即發者；有既入人身，盤旋氣血間，久乃成病者；有人身陽氣自應風化為患者。感而即發，如傷寒、溫熱時氣等類是已。既入人身盤旋氣血間，久乃成病，如風眩、頭面風等類是已。此篇大旨為諸病提綱挈領，獨於人身陽氣自應風化為病者加詳。

何謂人身陽氣自應風化？蓋陰性凝聚，陽性發散，陰聚之陽必散之，則陰陽固互相為用矣。然不有陰氣凝聚，陽在內不得出，奮擊為雷霆者乎？不又有陰氣凝聚，陽在外不得入，周旋不舍而為風者乎？是故風者，陽氣之變眚也。其卦為巽。巽者，陰初凝而完聚，陽始退而矯強。強者，力不能散聚之紉密，聚者偏不受強之提撕，於是相搖、相曳、相摩、相盪，而周旋不舍焉，而抑揚飄驟焉。必得雨而風乃息，雨固陰陽之既翕而化焉者也。故夫人身之陽，在上則欲其與陰化而下歸，在下則欲其化陰而上出。設使在上不與陰化，在下不能化陰，斯陽亢無以升降，於是為出柙之虎，失繫之猿，而窮而無歸，咆哮狡獪，百變不已。窺篇中大意，陽之鬱者伸之，陽之勁者緩之；陰之結者破之，陰之竭者濡之。隨其所在而澤陽，因其所近而招陰，增膏以定火之炮，溉水以拯木之枯，總不出用陰和陽一語。就病以徵藥，即藥以審病，紛紜膠擾之中，未始不可隨處洞徹源委也。

風眩：【略】陽在上不與陰化，在下不能化陰，均之風也。何以在下之風，有腸風、胃風，則為飧泄也。又有風祕、風燥，則為便艱也。在上之風，有卒仆無知，痰涎湧逆也。又有頭風眩痛，涕洟唾淚也。此不特有淺深之殊，抑亦有開閉之異。蓋陰之錮者陽必鬱，則陰固錮陽，而陽亦爍陰也。陰之漏者陽必動，則陰固背陽，而陽復迫陰也。故夫閉者益閉，開者愈開。閉者之致斃，是陰竭陽亡；開者之及危，乃陰離陽決。雖然閉之弊斷有甚於開，試思風頭眩痛，非卒倒無知之輕者乎？痰涎湧逆，非涕洟唾淚之甚者乎？然參繹前篇，與此篇義旨，又有以知閉者宜醒陰導陰以濟陽，開者宜順陰和陰以平陽，為同中之異矣。順陰和陰以平陽奈何？試以燭炮則淚垂，波蕩則舟旋證之。夫燭炮淚垂者，咎在陽而不在陰；波蕩舟旋者，咎在陰而不在陽。但風息則非特燭不炮，即波亦不蕩矣。是豈不可并合而論，然不有膏不堅，而燭垂淚者乎？不有水激搏，而舟旋轉者乎？水激搏而舟旋轉，是地勢之傾欹也；膏不堅而燭垂淚，是氣候之過暖也。療風無藉乎崇土，此篇偏疊隸以薓、朮、薯蕷，療風何資於滲利，此篇乃並列以茯神、茯苓，而菊花之苦平而降，蔓荊之辛寒而升，朮之苦溫而守，性殊楚越，而收淚之功則同，其可謂順陰氣使就下，和陰氣使歸壑，平陽氣使寧謐者，非耶！考仲景治眩，多著意於水與飲，故苓桂朮甘湯、真武湯、五苓散、澤瀉湯，均不得謂為治風，則風眩之必兼治水，從可識矣。

頭面風：【略】頭面風亦在上之風也。其主治多用溫升，核以陽在上，不與陰化之義相悖否？夫豈知頭面風固在上，其所以然却在下哉？《靈樞・邪氣藏府病形篇》黃帝曰：首面與身形，屬骨連筋，同血合氣，天寒則裂地凌冰，或手足懈惰，然而其面不衣，何也？岐伯對曰：十二經脈三百六十五絡，其血氣皆上於面而走空竅，其精陽氣上走於目而為睛，其別氣走於耳而為聽，其宗氣上出於鼻而為臭，其濁氣出於胃，走脣舌而為味，其氣之津液，皆上燻於面，而皮又厚，其肉堅，故天熱甚寒不能勝之也。是豈非其末在上，其本在下歟？巢氏曰：頭面風者，諸陽經脈為風所乘也。諸陽經脈上走於頭面，運動勞役，陽氣發洩，腠理開而受風，謂之首風，是豈非招風取中之故歟？觀篇中一則曰游風，再則曰去來，詎非其病既不常在，亦不竟除，來本無期，去亦無跡。其來也，或目淚，或涕唾多，或忽忽如醉，或頭痛，或生瘡，或腫，或不光澤，或面目黃色。其去也，倏然若失，則其陽氣暫弛而病生，稍張而病罷，猶可不使陽化在下之陰，令上出而為光澤脂緻，以長肌膚潤顏色乎？是其於風眩，一則水乘風以上激，一則火委頓而不上炎，烏可同日語也？然機關既在下，何以不病於下，而病於上？夫適所謂陽不固，而非陽衰，陽衰則病於下矣。然至用天雄，不可不謂陽衰，是則有說焉。夫遠行勞力，汗出於腎，經有明文，運動勞役而至陽氣發泄，不能不謂傷自腎。始而陽之發泄有多端，其已發而未泄者，則因其上而越之矣。若已發已泄，繼踵而不止，慓悍而難禁者，能不按而收之乎？夫固難以一途論也。充陽以運陰滯，散火以靖陽氣，息風以奠陽位，和陰以達陽光，名曰治陽，實以治陰中之陽。名曰治下，實以使自下而上，推其變而會其元。古人之用意密矣哉！

中風脚弱：【略】中風脚弱之候，與頭面風適相對照，其治自應推在上之陽，回入陰中以強之已耳，乃復列入性寒通利者過半，是何故歟？夫既曰弱，則非拘急攣縮可比，卻甚有似於痿；既曰脚，則非頭項身體盡然。又不全係於風，何則？風性善行，不能但駐一處。弱者，筋弛而不束骨也。《生氣通天論》曰：濕熱不攘，大筋緛短，小筋弛長。緛短為拘，弛長為痿。又曰：有傷於筋縱，其若不容。《痿論》曰：心氣熱則下脈厥而上，上則下脈虛，虛則生脈痿，樞折挈筋，縱而不任地。果爾，則行濕以去熱，使陰得以上濟，通血以導氣，使陽得以下蟠而自上下下之化通矣，又烏得但恃引火回陰之一端耶？然則直曰痿可矣，何得命之曰中風？夫風固陰性凝聚，陽在外不得入，則與之周旋不舍而為者耳，特凝聚之中，果何氣哉？試思氣交之令，天氣迷蒙，地氣抑遏，土木生潤，階礎流漿，非陰之凝聚濕與熱耶。而旋即雷雨洊至，必首御以風，是風非濕與熱凝聚而生者耶，乃是時也。膠柔弦弛，任是堅脆之物，必轉濕潤焉。則所謂中風脚弱，非飄揚淒撓之風，亦非掀天刮地之風，直是醞釀於濕與熱中，欲出而未得出，欲息而不得息者。彼痿則雖間亦有挾濕，如所謂肉痿者，餘則均係熱灼陰消，皮毛、血脈、肌肉、筋膜、骨髓直乾枯焉耳。此風與痿之所攸分，即本書不載痿之由已。再覈篇中，凡性溫者，所主必云冷云痛，間有性平、性寒者，所主亦有疼與冷焉。是其轉移陰陽之浮滯，散發陰陽之抑鬱，暢達生氣之留連，撥正經脈之違逆，具握化機，力專效捷，自有常理於中。而非可以常情測者，尤宜具眼觀也。

久風濕痹：【略】痹之訓為冷疾荀子《解蔽篇》注，為濕病《說文》。則風者，其冷濕之所化歟。是蓋不然，若本無風，而風為冷濕所化，則《痹論》不得云有風氣勝者矣。然則此篇但云風濕而不云寒，則寒者得無風濕之所化歟，是又不然。《痹論》云風寒濕三氣雜至，合而成痹，則為病之由，固三者兼受矣。曰雜至，謂錯雜而至，不拘孰先孰後也。曰勝，謂其氣較之他氣為盛也。曰行、曰痛、曰著，則病之情狀已該其中矣。然則篇中以緩急淫淫周痹為風勝，以拘攣歷節偏痹為濕勝，以痛為寒勝。而治風以散，治寒以熱，治濕以滲可矣，何為乎寒熱雜陳，通補互用？豈痹亦有屬虛、屬熱者哉？夫風為陽，寒為陰，濕為陽中之陰，則邪既有陰陽矣，何況人身亦有體質之不齊，陰陽之偏旺，氣候之勝復，而感觸動盪於其間，豈能執一以為則，而無藏府之違從，氣血之消長耶？或曰痛者，寒氣多也。病久入深，營衛之行澀，經絡不疏則不通，皮膚不營則為不仁。陽氣少，陰氣多，與病相益，故為痹寒。陽氣多，陰氣少，病氣勝，陽遭陰，故為痹熱。其逢濕甚者，陽氣少，陰氣盛，兩氣相感，故汗出而濡也。又曰：痹在於骨則重，在於脈則血凝不流，在於筋則屈不伸，在於肉則不仁，在於皮則寒，具此五者則不痛。凡痹之類，逢寒則急，逢熱則縱。據此則又豈得按其始以定治乎？然則何以不及五臟諸痹之治？夫篇中除煩平喘，通利血脈，養營定驚，伸引筋骨，下氣止嘔之物，亦何嘗闕，顧謂不治五臟痹耶？或謂仲景云：風之為病，當半身不遂，或但臂不遂者，此為痹。其辨嚴矣！何以篇中治痹之物，盡治風之物？夫此則邪之力有大有小耳。譬諸寇盜力大者，徑情直行，無敢與忤；力小者，誘引相得，萃於一隅。然正其治化之端，通其出入之道，招徠其脅從，殲戮其巨魁，剿大剿小一也，焉用別乎。特風多猝然而至，痹每積漸乃成。故以久風濕痹標名，非謂更有驟風濕痹相對照也。

賊風攣痛：【略】《靈樞・賊風篇》黃帝曰：夫子嘗言賊風邪氣令人病，今有不離屏蔽，不出室穴，卒然病者，何也？岐伯對曰：此皆嘗有所傷於濕氣，若有所墮墜，惡血留於內而不去，卒然喜怒不節，飲食不適，寒溫不時，腠理閉而不通，其開而遇風寒，則血氣凝結，與故邪相襲而為寒痹；其有熱則汗出，汗出則受風，雖不遇賊風邪氣，必有因加而發焉。帝曰：夫子之所言，皆病人所自知也。其毋所遇邪氣，又毋怵惕之所志，卒然而病者，何也？惟因有鬼神之事乎？岐伯對曰：此亦有故，邪留而未發，因而志有所惡，及有所慕，血氣內亂，兩氣相搏，其所從來者微，視之不見，聽而不聞，故似鬼神。據此則賊風者卒然而發，正與風濕痹之積久乃成者相反矣。顧賊風未必盡為攣急，攣急未必盡由賊風，則賊風攣急者，其如飛尸，如鬼擊，不假有因，卒然而發之攣急歟。然前此種種，《諸風篇》未必竟無攣急。此篇種種諸證，又未嘗皆攣急。謂前此諸攣急，非卒然而得則可，謂今此卒然得者，雖不攣急，亦得命為賊風攣急，可乎？覈此篇，僅痱緩不收，皮肌風痹，兩者無攣急，餘則不可屈伸，機關緩急，緩急風脅痛，關節風濕痹痛，皆攣急也。矧痱緩不收上，明著賊風鬼擊耶。惟卒然得者，與不卒然得者，所主藥物大同小異，是則宜參究耳。雖然，論病則當嚴別所由，論治卻宜實據現在。使風以陰陽不合化而病者，必推前此五載十年曾患感冒以為據，是猶曆家之推曆元，縱有合而無相干涉也。但是見氣之壅滯，則調其氣；見血之泣澀，則和其血；見痰之涌逆，則利其痰；見濕之阻礙，則行其濕。風之由外入者，鼓舞元氣以驅而散之；風之由內成者，提曳陰陽以和而息之。縱是驟然而得，積久而成，能外是哉。且前此諸篇，有和血者矣，有行濕者矣，而未宣明其所以然。得此《賊風篇》一證，而後所以和血，所以行濕，乃能瞭如指掌。則所謂喜怒不節，飲食不適，寒溫不時，及志有所惡，或有所慕，檢前此諸篇，亦未嘗不有互相脗合者，總在臨時進退推移以求其合，而無失之拘執，無失之附會，斯可矣。

暴風瘙癢：【略】仲景云：太陽病得之八九日，如瘧狀發熱惡寒，熱多寒少，脈微，面反有熱色者，未欲解也。以其不得小汗出，身必癢。又云：寸口脈遲而緩。遲則為寒，緩則為虛。營緩則為亡血，衛緩則為中風。邪氣中經則身癢而癮瘮。又云：脈浮而洪。浮則為風，洪則為氣，風氣相搏，風強則為癮瘮。身體為癢，癢則為泄風，久為痂癩，氣強則為水，難以俯仰。巢氏云：游風在於皮膚，逢寒則身體疼痛，遇熱則瘙癢。又云：人身皮膚虛為風邪所折，則起癮瘮。據是則風瘙癢證，均係營衛有邪，或寒為熱折，熱為寒折，欲內不得，欲出不能故耳。夫心主營，肺主衛。熱折者病關於心營，故血脈不咸而為癩。寒折者病關於肺衛，故氣機沸逆而為水。此篇中所列，除諸治下體濕癢外，餘皆行心肺之物矣。然行氣者倍多，利血者絕少，則以諸痛癢瘡，雖屬心火，但癢究在皮膚，皮膚間氣既行，病氣已難駐趾，任是血脈間尚有邪氣涌出，亦可隨氣而行，竟使不能更聚。惟其瘙癢本涉於陰，借陽分為藏納者，則宜從陽分透達其陰滯，以為埽地無餘之計。且病原係暴起，則若是者，本無多耳。要之暴風瘙癢，與賊風攣急，均是暴病，而一病於陽，一病於陰。病於陰，故用搜逐之物多；病於陽，故用疏利之物多。已屬兩相對待，又相并而對待。夫久風濕痹為卒然而得，積久乃成之規模。治風者七篇，其脈絡條理如此，統會而觀之，則非特久暫之分可明，即上下內外之別，均瞭如指掌矣。

傷寒：【略】仲景纂《傷寒論》，用藥幾至百品，今且未得其半，果足盡傷寒之治耶？殆有說焉。《傷寒論》是曲鬯其流，而此則疏瀹其源也。詳《傷寒論》兼證，有風濕痹，有風眩，有水氣，有下利，有大便難，有小便不利，有黃疸，有咳逆，有痰飲，有宿食，有腹脹滿，有腹中鳴，有心下急結，有心煩，有喉痛，有吐血，有衄血，有耳聾，有目赤，有瘀血，有好眠，有不得眠，一一推明其傳變之由，處以確當之治，茲則已各分門類，可別尋而得矣。惟溯其得之之病，曰傷寒，曰時行，曰中風，曰瘟疫，曰寒熱，曰溫瘧，曰溫病，曰傷暑，以別其受病之故。而推其始得病時所隸之證，曰頭痛，曰心下惡，曰胸中邪逆，曰大熱口瘡，曰熱洩下利，曰驚恚怒氣，曰淋瀝邪氣，曰諸毒氣，曰筋溢，曰骨中痛，以審定其緣何而連引及是，以訂其治則而利導其陰陽，馴擾其偏駁，使不至傳變無方，與《傷寒論》實互相為用，而適相成者也。夫以寒遏陽，而陽暴張；以熱劫陰，而陰驟耗。當其正氣未動，固不難發越其寒以安陽，解散其熱以存陰也。無如其來也非一途，其宅也非一處。何況勾引之者，藏匿之者，皆人身平昔失職之氣血，乃相與合從連衡，根株蔓引，苟不分崑岡玉石，直謂將而必誅。則既患病之人，其無愆之陰陽，有幾能不決裂潰敗哉？故據其源，令轉相化誘，而使滯者開，鬱者解，外者徹，內者通，就其素相入而入，因其故相和而和，於是不相浹者浹，不相容者容，以致乎陽能納陰，陰能附陽，而復其太和焉。試覈篇中陳藥凡四十一味，其未經《傷寒論》用者得二十一味。參二十一味之性情功用，皆在溫暑、瘴疫、痰濕、毒火中，與傷寒之源迥別。其《傷寒論》常用，而篇中闕如者，除諸兼證可別尋主治外，皆係溫補填攝之物，則亦可悟源異者不可混施以求合，流同者不必引繩以致歧。六淫之外加，二氣之內戾，總在直據當時，無泥陳跡，則揚扢疏瀹，各盡其長耳。謂此篇補《傷寒論》之闕也可，謂此篇闡《傷寒論》之義也亦無不可。

大熱：【略】大熱，即《傷寒論》所謂身熱不惡寒，反惡熱者也。果爾，則應隸之傷寒，不得別為條目。且陽明病雖身熱不惡寒，反惡熱，其始得之一二日，必惡寒也。然則諸病皆有熱，惟此病之熱獨盛，他病不足與侔者，方可謂大熱歟。果爾，則應諸病為綱，而熱乃其中一證。今觀篇中所主，均係熱盛而他病生，非他病居先而熱續增也。故夫大熱者，雖有所在之不同，所本之或異，然終不惡寒無休息，縱兼他病，然推其故，總由此而累及，乃得獨標一目，自成一證耳。觀夫內有所因，而熱獨著於外；外有所因，而熱獨逼於內；上有所因，而熱獨伏於下；下有所因，而熱獨浮於上。雖同為熱，而已各殊其分矣。何況內者有在腸、在臟、在胃、在肝、在心肺、在胸中之異；外者有在肌膚、有在皮間、有身癢、有發瘡、有支滿之異。上者，有頭熱、有口乾舌焦之異。下者，有伏熱、有洩澼、有大腹黃疸、有小便不利之異。若不因其輕而揚，因其重而減，有形者導之於內，有邪者漬形為汗，而但執寒因熱用為治可乎？雖然，大熱者火盛也。火盛必濟之以水。乃篇中病因有緣濕而熱盛者，治法有利水而熱除者，豈濕與水非但不足以息火之怒，而反足以資火之燃耶？夫水火之相濟也，必其相和而後能相受。不和則兩相拒而不相下，不受則兩相賊而適相殘。故病本不盛，以相拒而增，以相賊而劇，惟導去其相拒相賊者，而病於以減焉，非反也。所謂適事為故耳。然則均之濕熱也，水自行而火自盛。如身熱洩澼者，此又何說哉？夫身熱洩澼者垢汙因熱而積於中也。垢汙因熱而積於中，則澼者非特可滌垢，亦且可洩熱，乃垢不去，熱又不減，則其故不在流行之水火，而在留著之形質，陽無所入而轉盛，陰無所交而自行，故其治必使形質能隨氣化，而後氣化得行焉。又不可與尋常濕熱竝論也。寒者熱之，熱者寒之，固經訓也。第以謂如火之熯水，水之沃火則非矣。何以言之？夫人身之陰陽，相須以為生，相違而致病。設病乎水者，以火熯之，水未竭則離火，而水仍病，水已竭則死矣。病乎火者，以水沃之，火未熄則水乾，而火仍燃，火已熄則亦死矣。故治病之道，貴乎能使陰陽相入而相濟以成和，相入之道無他，在乎能巽順耳。故《易大傳》曰：巽，入也。試覈此篇之旨，或全陰以配陽，或化陰以從陽，或浥水以滋火，或迎火以致水。陰格陽而陽怒者，抉其陰而陽自暢；陽蝕陰而陰消者，裕其陰而陽自飫。甚且引其至故所經行之道而陽通，導其至故所舒散之化而陽泰，而無一味逆折之意於其間。對待而觀之，則以熱治寒之道可知矣。推而廣之，則宜補而用填塞之方，宜泄而行罄盡之計，救涸轍之鮒而抉西江之水，療七年之病而求三年之艾，均可謂不識時宜，鹵莽滅裂者矣。奈何從事於此者，不思絲絲入篾耶？或謂陰陽必相入而後得成和，是固然矣。第相入不徒恃巽順也，如《易大傳》雖以巽為入，《春秋傳》之入猶可以順釋之歟，是何不可之與有。夫外之師而克入，必其內有釁；內之入既出而復得入，必其內有應。今試以篇中實證附之外師之入，虛證附之出者之入，焉有無釁而可攻，無應而得還者歟？釁者，民心之不順其上而固結焉者也。應者，民心之不忘於我而繫戀焉者也。因其不順而損之，因其不忘而益之，非巽順以入之之謂歟。説者謂堯舜是順民之心，湯武是逆取順守，然《易大傳》不又曰湯武革命順天而應人乎？是知成和必以相入，相入必以順也。

勞復：【略】差後勞復，元氣正傷，病體增病，自宜益劇，則堵禦之方，補救之術，應加廣矣。奈何仲景弁髦視之，寥寥數則，且并陰陽易差後，勞復、食復之治胥在焉，可不謂太簡乎？殊不知傷寒正病，外別六淫，內析六經，推極其變，固已毫無罅漏。但既係病愈復病，則必有復病著象，故更隨象設法，以示人就地剷除之義。蓋六經正文已要其終，此則更原其始耳。倘不應時獲驗，而更變幻披猖，不仍有六經正文在乎？是篇繼述仲景之志，剖析仲景之義，尤妙在不即不離間，直謂全在藕繼絲連，草蛇灰線處，遺下陰陽偏勝，隨所激動而觸發焉。故此數味之中，汗下清和，無非當時對證之治，而跬步不離病後復病之旨。觀其於由痰、由濕、由熱、由蔽，在氣、在血，總若因陳幹而發新枝者，可不謂脫胎仲景，別樹新義者耶。要之復病之流詎止於是，儻別現他證，仍隨證索治可矣。

溫瘧：【略】目標溫瘧，舉痎瘧、瘴瘧、鬼瘧、瘧寒熱而胥附焉，何也？夫痎瘧、瘴瘧、鬼瘧、瘧寒熱之混於溫瘧，猶時行溫疫、瘴熱之混於傷寒矣。古人別病極嚴，凡相似而析者不徒析也，必其同中有異；不相似而合者不徒合也，必其異中有同。是故傷寒時行、溫疫、瘴熱之合，以其皆屬陰陽相拒；溫瘧、痎瘧、瘴瘧、鬼瘧、瘧寒熱之合，以其皆屬陰陽相爭耳。夫陰陽相爭，則分理其陰陽可矣，乃劫痰行水利濕之物，且居其半，何哉？殊不知此正分理陰陽微意所在也。《素問・瘧論》大旨：邪藏骨髓之中，不與陽俱出，而隨陰偕行，出則并於陽，以與陰爭為熱復。入則并於陰，以與陽爭為寒者為溫瘧。陽加於陰，陽逐陰行者謂之汗，則溫瘧之邪，固依水為行止者也。淒愴寒水，藏於腠理，復感於風，兩氣相搏，伏衛氣經行之所，屆衛氣來，先受者先動，則風并於水而寒；後感者後動，則水并於風；而熱者為瘧寒熱，必得汗而熱始解，則瘧寒熱之邪，亦依水為行止者也。特溫瘧之汗當其始，瘧寒熱之汗當其終耳。《靈樞・五癃津液別篇》謂天暑衣厚為汗，天寒衣薄為溺與氣。則汗與小水本係一氣所化，而翕張於外，則有去有來；通輸於下，則往而不反。是治瘧者，多半以劫痰行水利濕，又何疑焉？觀篇中即非劫痰行水利濕者，其旋轉陰陽，每於闔闢翕張之處，緩其陽之怒以撓陰，而於結聚痞滿之中，洩其陰之阻以激陽，其使外達者，又每跬步設防，俾能出不能復入，以就其徹底畢達之功。其與他外感為寒熱者，界劃分明，無少混淆，是其綱舉目張，有條不紊。為何如哉？若夫瘴瘧、鬼瘧，即瘧寒熱之偶兼他癘者，痎瘧即瘧寒熱之久而不已者。皆陰陽相爭者之支流餘派，如癉瘧，雖亦起落有時，即不入焉，則以其單熱無寒，非陰陽相爭耳。故斥之。

然則明人所創治瘧方，謂使邪離於陰陽者，非極善之法歟。夫其所謂用風藥之甘辛氣清者，以升陽氣，使離於陰而寒已，用苦寒引陰氣下降，使離於陽而熱已者，是使陰陽相離，非使邪與陰陽相離也。使邪與陰陽相離，猶可言人身陰陽可使之相離乎？且《瘧論》明言，瘧由暑熱氣藏於營氣之舍，寒水氣舍於皮膚之內，而其所用甘辛氣清風藥，茈胡、升麻、葛根、羌活、防風，果可使藏於營氣之舍者離乎。其所用苦甘寒石膏、知母、甘草、粳米，果可使舍於皮膚之內者離乎。吾正恐其在外之陰邪愈加蔽痼，在內之陽邪益難升發，兩氣互阻，馴至寒不成寒，熱不成熱，決裂潰敗耳。烏得云極善之法哉？

嗟嗟！土苴古法、芻狗經方非一日矣。太陽病得之八九日，如瘧狀發熱惡寒，熱多寒少，一日二三度發，身癢者與桂枝麻黄各半湯。服桂枝湯後，形如瘧，日再發者，汗出必解，宜桂枝二麻黄一湯之文，何嘗不在《傷寒論》？何嘗不使邪氣與陰陽相離？茈胡去半夏加栝蔞根湯，治瘧病發渴，亦治勞瘧。茈胡桂枝乾薑湯治瘧多寒，微有熱，或但寒不熱之文，何嘗不在《金匱要略》，亦何嘗不使邪與陰陽相離。擴而充之，則皮膚之内邪氣盛者，大小茈胡、茈胡桂枝、小茈胡加芒消加龍骨牡蠣，亦何者不可用？予每於瘧來時先嘔者，用半夏瀉心；吐瀉交作者，用生薑瀉心；胸痞下利者，用甘草瀉心；汗多腹脹滿者，用厚朴生薑甘草半夏人蔘；腹滿痛者，用桂枝加芍藥；皆應如桴鼓。若更參此篇，以逗引其陰陽，抉擿其巢窟，當益便利如指，而必杜撰成方，以示古法經方之可唾棄耶。且夫邪之陰陽，與人身之陰陽，不能不相從，猶水之必流濕，火之必就燥，不能強之使違也。況邪能與陰陽相并，而為旋轉之樞耶。相并者能相入也。能相入，原係人身陰陽生化之機，故瘧雖久，多不致死。特能相入而不能相和，故每連月浹旬，不能驟解，以其開者自為開，闔者自為闔，而不能相顧耳。倘使闔中有開，能拒邪而不拒正；開中有闔，能入正而不入邪。斯開闔之間，陰陽日相聯絡，邪氣日益零落，愈病之機，遂可把握。故本篇之用介類，實皆取意於翕闢之中，以挫其邪。較之取意於使邪與陰陽相離者，明眼觀之，自有以知其不侔矣。

清・鄒澍《本經序疏要》卷二 中惡：【略】巢氏云：中惡者，卒然心腹刺痛，悶亂欲死也。按此與賊風均為卒發之病。第風係陰陽之偶愆，故鍾於音聲，發為飄驟，由腠理入筋脈而阻人營衛。此是陰陽之偏駁，故鍾於臭味，發為激射，由口鼻入胸腹，而隔人氣血耳。其已中人也，又或為嘔吐，或為腸澼下利，或為腹脹，或為霍亂，自當各按見證而求治。惟或著於陰而錮陽，或著於陽而逼陰，或著於血而閉氣，或著於氣而動血，種種不同，是以投其間，抵其隙，或崇陽以化陰，或由陰以起陽，或通氣以調血，或和血以行氣。大率用苦辛溫烈為主治，間之推蕩以開其蔽，佐之升發以揚其遏，率之辟惡以奪其魄，雜之調和以緩其急。因其欲上而上之，因其欲下而下之，因其欲外而外之，因其欲行而行之，盡矣。第此與心腹冷痛大同，不過彼係積漸而成，此由卒暴而得。以冷原天地之正氣，惡是天地之沴氣。正氣與正氣自能彼此相容，不久可化。乃痛而不已焉，則其人正氣之不足尤盛，故治之者多以補而溫。沴氣與正氣本不能相入，故隨即激而發病，而治之者必相度其勢而疏瀹利導之也。奈何世之診視二者，不目為急痧，即謂為肝氣。急痧則用金石開洩之劑，猶可開通閉塞，抉去穢氣；肝氣則用骩散利氣之物，不能去病，適以導病游行他所。治病貴乎先正病名，厥有旨哉！

霍亂：【略】既云嘔吐而痢名霍亂矣；復云病發熱，頭痛身疼，惡寒，吐痢者名霍亂。是霍亂之證，不特吐痢，必且兼有表證矣。又云：痢止復更發熱。又云：卻四五日至陰經上，轉入陰必痢。又云：似欲大便，而反失氣，仍不痢者，屬陽明。見霍亂之證，吐痢止後有表證不止者，且有實則入陽明，虚則入三陰者矣。《傷寒論・霍亂篇》寥寥數策，而外自三陽，内至三陰，貫通周浹，傳變分明，治法詳盡如此，何容復贅一辭。乃茲篇更以藥二十餘味，命為通治霍亂。而仲景所不用者，十居其八，是果於仲景之書有闕會否耶？蓋嘔吐暨下利，有因傷寒而致者，有不因傷寒而致者，則霍亂亦必如是矣。霍亂之有因傷寒而致，有不因傷寒而致，於何別哉？巢氏曰：霍亂者，揮霍之間便致繚亂也。由人溫涼不調，陰陽清濁相干，亂於腸胃變發，則心腹絞痛。心痛者先吐，腹痛者先痢，心腹並痛則吐痢俱發。實者身發熱，頭痛體痛；虚者但吐痢而已。其別有飲酒、食肉腥膾生冷過度者，有居處不節者，有露臥濕地者，有當風取涼風冷襲之者，皆歸於三焦傳於腸胃而作也。惟此則不特霍亂之或因傷寒，或不因傷寒，既可曉然。即此篇藥品所主，亦將思過半矣。蓋補虚有調中、和中之物，去實有利氣、疏氣之物，驅濕有散發、滲利之物，達外有開拓經絡之物，以及解酒辟腥、卻寒除水，概欲腸胃間陰陽相順而不相干，使廩於三焦，輸於膀胱，是不特竟霍亂之委，抑且徹霍亂之源矣。於仲景書又何悖焉？

轉筋：【略】霍亂有因傷寒而致，有不因傷寒而致，固然矣。轉筋有因霍亂而致，有不因霍亂而致，亦不易之理也。奈何此篇所陳藥品，檢覈《本經》《別録》多無主轉筋明文，率有主霍亂名目，則一似轉筋，並由霍亂來者可乎？蓋巢氏之言可徵矣！云大吐下後，陰陽俱虚，血氣皆極，則手足逆冷，而營衛不理，冷搏於筋，筋遂為之轉。云足太陽下血氣皆少，則喜轉筋喜踵下痛，以血氣少則易虚，虚而風冷乘之故也。是以時俗之發轉筋，止有兩端，一者由霍亂，一者老人夜臥足間不暖。而二者之來，一係吐下後，一係無病。又一則足筋轉手筋亦轉，一則及足不及手，皎然可辨也。惟篇中所列，衹及霍亂轉筋，而不及老人轉筋，此則應有說焉。夫曰冷搏之冷乘之，是冷氣能及筋，筋畏冷氣，為之絞轉，非冷能入之也。而皆云因血氣之少，營衛之虛，則護衛失於外，葸餒存乎中，其情益著矣。然其虛也，有方病、方不病之殊。方病者摘去其病源，病已而轉筋不能不已。方不病者，亦必求其所以虛之由，自當覈諸虛勞腰痛等篇。若以虛勞腰痛等篇，暖下補益之物，混於此中，則似霍亂轉筋亦有溫補之治。以霍亂者必轉筋，老人者不皆轉筋，故其治自宜界畫分明耳。霍亂篇尚兼用補益，惟此篇則消暑祛濕，溫中利氣，獨不及補益，可見霍亂固有因虛而作者。第因虛而作者，多不必轉筋，則此篇雖寥寥數味，又豈不足取證於《別録》《本經》？豈竟遂無間隙可尋，義旨可按耶？

嘔啘：【略】《說文》《玉篇》《廣韻》皆無啘字。啘字始於《難經·第十六難》，曰： 其病煩心，心痛，常中熱而啘，有是者心也。滑氏注云： 啘，乾嘔也。夫啘之義為乾嘔，而此篇之目曰嘔啘，若合為一貫，則嘔啘連稱，於義不可通。若分作兩層，剖嘔與乾嘔為二項，則嘔又與下文嘔吐條犯複矣。《諸病源候論》嘔之目有六： 曰乾嘔，曰嘔噦，曰噦，曰嘔吐，曰噫酢，曰惡心。是乾嘔不能與嘔同稱之證，其諸為嘔噦之譌歟。《廣韻》噦之讀呼會切者，其義為鳥聲，於此無涉； 讀於月切者，其義為逆氣。而凡宛傍之豌、菀字，讀於月、紆物、於歇等切，則啘噦以聲相近，而為省體稔矣。況本篇通草下《藥對》云主啘，而《別録》則謂心煩噦出音聲，非確不可移之證耶。嘔噦云何？巢氏曰： 胃受邪氣則嘔，脾受邪氣則脹而氣逆，遇冷折之，氣不通則噦。《靈樞·口問篇》曰： 穀入於胃，胃氣上注於肺。今有故寒氣與新穀氣俱還入胃，新故相亂，真邪相攻，氣并相逆，復出於胃，故為噦。是嘔者氣上逆而有物，噦者氣上逆而有聲。或先有聲而繼之以物，或既有物而復續之以聲者，命曰嘔噦，何為不可乎？ 以是知嘔噦，有因氣者，有因寒者，有因火者，有因水者，有因虛者。導氣更橫開直降、散洩通順之不同，逐寒又溫中暖下、開結通陽之各異。至於益津調中以退火，開解滲利以驅水，益氣洩濕以補虛，篇中莫不隨事而制宜，因利而乘便，要之皆直揭其原，而濬其流，斯無盛盛虛虛之弊耳。《傷寒論》云： 傷寒大吐大下之極虛復極汗出者，以其人外氣怫鬱，復與之水，以發其汗，因得噦。所以然者，胃中寒冷故也。云： 傷寒噦而腹滿，視其前後，知何部不痢，痢之則愈。《金匱要略》云： 病人胸中似喘不喘，似嘔不嘔，似噦不噦，徹心中憒憒然無奈者，生薑半夏湯主之。云乾嘔噦，若手足厥者，橘皮湯主之。噦逆者，橘皮竹茹湯主之。夫以水火相軋而病，以陰開陽入而愈，其常也。而不知縷析條分，源同派異，有如本篇者，又焉得不揣切本篇義旨，而為仲景擴充微蘊耶？

大腹水腫：【略】水腫一證，支派甚多。在《素問》有腎風、風水、湧水之別，在《靈樞》有膚脹、鼓脹、腸覃、石瘕、石水之別，在《金匱要略》有風水、皮水、正水、石水、氣水、血分、氣分之別，在《諸病源候論》有水分、毛水、疸水、燥水、濕水、水癥、水瘕、水蠱、水澼之別。今以藥三十三物概之，謂可挈其要領，而盡其變歟，是固不可。然其命意所在，亦實有甚廣大而極精微者，不可不察也。蓋水者，節制於肺，輸引於脾，敷布於腎，通調於三焦、膀胱，此其分焉者也。一處有病，則諸處以漸窒礙，乃遂成水，此其合焉者也。自其分者而言，則或始於喘呼，或始於脛腫，或廓於皮膚，或充於腸胃，或繃急於外而中空，或堅結於裏而中實。自其合者而言，則均之一身支體，面目紅腫已矣。就其合遡其分，而別其勢之靜與動、虛與實，驗其機之上與下、出與入焉，以迎而奪之。適事為故，非已得其要領，遂貫其條目也耶。或謂《湯液（酒）〔醪〕醴論》所謂開鬼門、潔淨府者，是治水之大綱。詳篇中所列藥品，大都皆屬潔淨府，而於開鬼門僅略及焉，不可謂偏而不全乎？ 夫論治論藥，自是二端，無容相混，就如《金匱要略·水氣篇》何嘗不麻黃、桂枝、細辛、生薑間用，其黃芪、附子、甘草、石膏、芍藥、杏仁、枳實，用之亦不一而足。又如《千金方》《外臺秘要》等以兼喉中鳴，而加白前、半夏； 兼欬上氣，而加五味、乾薑； 兼小便癃閉，而加石韋； 兼癥瘕及澼，而加麝香、牽牛、藜蘆、苦蔞、狼毒、烏頭、野葛、雄黃； 兼滿，而加厚朴； 兼結，而加射干； 兼熱，而加黃芩、大黃。用適其當，未嘗不奏捷也。而目之謂主水腫可乎？ 蓋治必以方，方必該一病之全； 藥須求主，主必抵一病之隙。歷繹自唐已前方書，固有治水而不用此篇之藥者矣； 未有他證，不兼有水，而用此篇之藥者也。則彼此交互之處，豈無意義寓於其間乎？ 水證必小便不利，茯苓為利小便統領，《本經》載之，仲景遵用之，《別録》且一謂其主大腹淋瀝，二謂其主水腫淋結，此獨屏不載入，豈無故哉？ 夫松當生長之際，其氣上行，則質疏而葉散，色青而不彫，及斬伐之餘，其氣下淪，則疏變為堅，散變為整，故若松脂之主疽瘡，松實之主風痹，松葉之主風濕，松節之主久風，皆病淫於軀體而不能散者。至茯苓之利水，則病結於中而不能下者。觀其上行之氣於色為青，下行之氣於色則白，青主升而白主降，其能利水審矣。第茯苓之利水，固降水之結於中而不下者，若水而過顙在山，汪洋盈溢，則非其所能降也。篇中諸味所主之證，不曰面目四肢浮腫，則曰腹滿臚脹急痛，盡向上向横之水，是豈茯苓所能利？故《别録》所列不合之曰大腹水腫，而分之曰大腹淋瀝、水腫淋結。夫淋者，小便澀也。結則閉而難通，瀝則通而不爽。大腹則氣盛於水，水腫則水盛於氣。曰大腹淋瀝，見氣不能化水；曰水腫淋結，見水不從氣化。茯苓者，專行直道，令水道氣通，使水隨氣化而下，是固的對相符之劑矣。而本篇不載，非漏也，亦非佚也。見其所主者淋，而非主大腹水腫也。若載之，豈不嫌於能主上出横出之水乎？是故大腹水腫，而淋瀝、淋結，用之可也；不淋瀝、淋結用之無益也。此其不載之故歟。

然則澤蕮、豬苓，非茯苓儔歟。且其經文絕不及大腹水腫，乃得並列篇中，何也？夫水不畏其難於決泄，而畏其旁溢上出；不患其不從陽宣，而患其不從陰化。故凡水病，仲景收列之方，後人獲效之法，用溫用補者何限，此篇概不及焉，非匿也。蓋以日暴水，以火熯水，原夫人知之無煩更諄諄耳。良以水體陽而用陰，性動而好靜。試觀天下巨川，凡歸壑處必先匯為大浸，復束而狹之，則其奔流就下自無阻滯，不畏其更淤濁而淀矣。豬苓所治之水，平流滮漫，不攪亦濁，澄亦不清者也。而欲其從陰化，是猶使匯為澤，乃加束縛焉，以助其湍疾耳。是《本經》利水道之謂也。凡水中有熱則趨下必梗，以熱欲上而水欲下也。其在人而應之以濁，並可見其非特熱不得伸，水亦不得升矣。惟澤蕮善使水中之氣出於水上，氣伸而水亦升，水中之精微升，則其體質降矣。故《本經》稱之曰消水，《别録》稱之曰主消渴，而更謂為逐膀胱、三焦停水也。夫膀胱屬太陽，三焦屬少陽。少陽為樞，太陽為開。惟陽盛而不開，緣樞折而不轉，則其所蓄，非熱其誰？水以熱停而欲逐之，自宜先轉其樞，樞轉而升降自遂矣。要而論之，澤蕮所主，是水中之氣不化，故於大腹水腫為要劑；豬苓、茯苓所主，是水不從氣化，故應次之。而茯苓是水蓄於陰不從陽化，豬苓是水漫於陽不從陰化，以兩者相較，則不從陽化者其常，不從陰化者其變，以是常者可略，變者不應略耳。

腸澼下利：【略】腸澼下利，顯不同科。釋名云洩利，言其出漏洩而利也，下重而赤白曰䐜，言厲䐜而難也，是一病於通，一病夫塞，烏得以一物兩綰之耶？殊不知塞與通，皆由於結，陰結而陽不足以破之，是以病乎通；陽結而陰不足以入之，是以病乎塞。故治利治澼，不容苟同，解結闢途，仍歸一轍。此篇中用溫劑燠寒滯，泄劑逐水停，所以既堪挽其過通，即得開其蔽塞也。而其批郤導窾，郤又别有經緯。蓋讀《傷寒論》《金匱要略》而知其部署分析各有區域焉。曰久利，曰暴利而已矣。治久利者，烏梅丸是也。暴利者，復宜分上中下三停。所謂傷寒服湯藥下利不止，心下痞硬，服瀉心湯已，復以他藥下之，利不止，醫以理中與之，利益甚。理中者，理中焦，此利在下焦，赤石脂禹餘糧湯主之。復利不止者，當利其小便是也。合四方一法，而本篇原所載藥，已十得八九矣。再覈之以熱利、氣利、清穀利、厥逆利、既吐且利、實結利，此中豈復更有餘蘊哉？惟一篇之中，别有所因，一證之内，更有罅隙，故不得不窮其流，而指以歸束。如病在血者，及開闔之不遂者，食物之不化者，徑道之枯澀者，自當各有的對之治焉。其他兼外邪者，解其表而利自甯；因勞乏者，補其虚而漏自止。則又不待言而可識矣。

水利、久水利、赤利、久赤利、血利、久血利、赤白利、久赤白利、疳利、久疳利，此《外臺秘要》方條目也。熱利、冷利、疳濕利，此《千金方》條目也。太陽病桂枝證，醫反下之，利遂不止。太陽中風，下利嘔逆。太陽與陽明合病，必自下利。太陽與少陽合病，下利。傷寒發熱，汗出不解，心中痞硬，嘔吐下利。陽明少陽合病，必下利。太陰為病，腹滿而吐，食不下，自利益甚，時腹自痛。自利不渴者，屬太陰。少陰病，脈微下利。少陰病，下利清穀，裏寒外熱。厥陰病，下之利不止。傷寒先厥後發熱而利者必自止，見厥復利。傷寒始發熱六日，厥反九日而利，後三日脈之，其熱續在者，期之旦日夜半愈。此《傷寒論》條目也。統而繹之，一言新久，一言冷熱，一言表裏。其何以合之是篇而使有所適從乎？夫是篇者所以盡其常，三書者所以極其變，無是篇諸藥不足定下利之指歸。無三書推原，不足知下利之委曲，此三書與是篇互相發明，還相成就處也。至三書旨趣，似若猶有歧者。然《千金》不云乎利方萬千，撮效七八，宏之在人。陟釐丸、烏梅丸、松皮散，暴利服之，何有不瘥？溫脾湯、建脾丸，久利得之，焉能不愈？而陟釐等法，載在熱利；溫脾等方，隸諸冷利，是已可就新久而分冷熱矣。況在《傷寒》《金匱》，玄機妙諦，如走盤珠，毫無窒礙，如植芎藭，逐節生根，而其歸著，仍有大綱挺然對峙。則曰自利，因下而利也。自利者，不乘裏不虚；因下而利者，不連表難治。何以故？曰下利脈沉弦者，下重也；脈大者，為未止；脈微弱數者，為欲自止，雖發熱，不死。曰下利有微熱而渴，脈弱者，令自愈。曰下利脈數，有微熱汗出，令自愈。設復緊為未解，此自利乘裏，可治之候也。曰下利，手足厥冷，無脈，灸之不還，反微喘者，死。曰少陰病惡寒，身踡而利，手足厥冷者，不治。此自利乘裏，不可治之候也。曰太陽病下之後，其氣上沖者，可與桂枝湯，如前法。曰太陽病下之，仍頭項強痛，翕翕發熱，無汗，心下滿，微痛，小便不利，桂枝去桂加茯苓白术湯主之。此雖下而連表之候也。曰動氣在下，不可下，下之則腹脹滿，卒起頭眩，食則下清穀，心下痞。曰咽中閉塞不可下，下之則上輕下重，水漿不下，臥則欲踡，身急痛，下利日數十行，此因下而不連表之候也。雖然利之支流，庸詎止是，如膿血利、水飲利、寒熱錯雜利、熱利、協熱利，甚者有應下之利，且不一端焉。何也？蓋病之情不一，病之變不一，病之遷延不一，病之駐足不一。若因乎熱、因乎實而止者不行，行者不止，以至水不資火，火不運水，則捨下何以使熱去而水得浥土，水既浥土，而火遂暢朗耶。夫然，故下證多矣，多不云急下，而惟下利之當下者，每稱急下，此可憬然悟也。若夫以寒已熱，以錯雜對待錯雜，其理皆甚易明，以驅飲除水，俾水去而利自止者，更不煩言矣。

更有一言可明全局者，曰《千金方》之以利屬脾藏也。夫脾不為土乎？利者，水土之不膠黏也。《素問·經脈別論》：食氣入胃，散精於肝，淫氣於筋，食氣入胃，濁氣歸心，淫精於脈，脈氣流經，經氣歸於肺，肺朝百脈，輸精於皮毛，毛脈合精，淫氣於腑，腑精神明，留於四藏，氣歸於權衡，權衡以平，氣口成寸，以決死生。流轉臟氣，偏沾所合，而不及脾腎，是可證食入於陰，氣長於陽矣。飲入於胃，游溢精氣，上輸於脾，脾氣散精，上歸於肺，通調水道，下輸膀胱，水精四布，五經並行，合於四時五臟陰陽揆度以為常。則獨重脾腎，夾輔以肺與三焦（三焦，肺通膀胱之道也）。而偏行陽道以澤陰，是可明飲入於陽，氣長於陰矣。故《小戴禮·郊特牲》曰：凡食養陰氣也，飲養陽氣也，不可互相發明耶。土之於水也，能浥而後布；水之於土也，就範而後流，猶江河必行於地。設使地不足以隄水，為害者固水也，受害者其誰耶？土卑靡則水為窪積而至盈必潰，捨培土何以使之相和？土剛磽則水不沾洩而無留必燥，捨撥土何以使之相入？大寒凝冱，凌結於上，土燥於下，捨溫煦無從就和；大暑溽潤，土既饜飫，水遂漫溢，捨涼肅決難消落。此篇中用寒用溫，厚土疏土，所以並行不悖，至若土之高下驟殊，水奔駛莫挽，宜於置閘以蓄之。水之衝激所向，土之抵禦難周，宜於加堤以護之。此篇中用澀用固之旨，更若土平水漫，待涸無期，何能不鑿渠以導水？低土燥盼澤維艱，何能不仰戽為資？此篇中用疏洩，用滋柔之方也。他如緣蟲聚而水礙流，因食滯而水被阻，血結亦能致氣濇，氣濇遂足離水土之交，氣漓亦能致血漓，血漓儘足解鍵鐍而潰，烏能不一一涉及脾腎哉？

大便不通：【略】以大便不通而用篇中諸味，皆可無藉思索，立得成驗者，豈遂徑情直行，竟投之乎？抑猶當瞻顧詳審，乃用之也。予則謂下藥，終不可浪投。觀仲景諄諄於不可下，至反覆煩碎，而所謂當下之急下之者，脫口而出，又若斷不容遲，則其故必有在矣。夫當下之證，莫多於《陽明篇》，以陽明之病為胃家實，正大便不通之謂也。然猶汗出多者不可下，小便多者不可下，不能食者不可下，脈緩弱者不可下，何況咽中閉塞者不可下，諸外實者不可下，脈浮大者不可下，病欲吐者不可下，諸四逆厥者不可下，面合赤色者不可下，心下硬滿者不可下，又疊載於《不可下篇》耶。雖然既已識其不可用，即不失其所當用。故夫大便不通，而無以上諸證旁見側出者，遂徑情直行而用之，何患焉？以是觀之，則篇中所載，已覺其謹嚴不苟甚矣。夫推寒蕩熱，兩物之雄爽峻健，既已並峙於前，餘非潤以滑之，則血肉之品，苦以洩之而已，下藥何限？豈獨此區區哉？即唐氏所續軟堅逐水導氣開結，又豈無功相似性相近者，可以羅列備採耶？太陽病寸緩關浮尺弱，其人發熱汗出，不惡寒而渴者，此轉屬陽明也。小便數者，大便必硬，不更衣，十日無所苦也，渴欲得水，少少與之，但以法救之，渴者宜五苓散。傷寒五六日，頭汗出，微惡寒，手足冷，心下滿，口不欲食，大便硬，脈細者，此為陽微結，必有表復有裏也，可與小茈胡湯。陽明病，本自汗出，醫更重發汗，病已瘥，尚微煩不了了者，此大便必硬故也，以亡津液，胃中乾燥，故令大便硬，當問其小便日幾行，若本小便日三四行，今日再行，故知大便不久出，今為小便數少，以津液當還入胃中，故知不久必大便也。仲景於大便不通不下之下，不治之治如此，後人尋思於此而擴充之，即此篇治法亦自有在矣。

小便淋：【略】說者謂《靈蘭秘典論》言：膀胱者，州都之官，津液藏焉，氣化則能出矣。故利小便者，在用溫通以化膀胱之氣。而巢氏則謂腎虛膀胱熱乃為淋，兩說正相歧也。夫巢氏固云：水入小腸，下於胞，行於陰為溲便。腎氣通於陰，陰為津液下流之道，若腑臟不和，則腎虚而膀胱熱，熱則津液、溲便遂數且澀，淋瀝不宣，故謂之為淋矣。而泰西家則言腎之情熱與濕，膀胱之情冷與燥，且言腰體之内有一穴，以膜皮圍用為吸取血絡脈絡，綁縛絡，使溺液流通，乃以腰之驅德，進於溺液之吸德，下至膀胱而瀉焉。則出雖由於膀胱而化氣則繫於腎，腎之熱濕正所以和膀胱之冷燥，且腎曰驅，膀胱曰吸，則是一臟一腑，緊相接遞相和者也。若驅德不濟，吸德遂優，於是熱與濕者移於膀胱，而道路不順，津液内溢，故小便如粟狀，小腹弦急，痛引臍中。以是篇中溫劑竟少，而性寒者類以清膀胱之熱，平者類以助腎之驅。斯亦知彼説雖異，而無不可通矣。然謂淋家不可發汗，發汗必便血，何也？請即篇中所列衣魚、亂髮論之，夫血水同源，並藉心火蒸化，其精者行於陰分為血，粗者行於陽分為溺，汗亦心之所布而徵之腎者也。故曰腎主五液，入心為汗。今心以強迫之劑，必欲作汗而徵諸腎，腎方困於膀胱之吸，而不能驅，其何能更輸將不爽，於是心暴斂於下，膀胱不勝誅求，致所聚之熱，所蓄之溺，並蒸迫化血下行矣。亂髮之用，能使水火合德而化氣，故血源濬而水自通，水道利而血自止。衣魚之用，能化水濕於木氣閉塞中，使從竅穴而達，故去疝瘕即以通水道，利水道即以消疝瘕。淋家緣發汗而溺血，惟以是耳。

自其疲罷而言謂之癃，自其艱阻而言謂之淋。癃，罷病也《説文》。淋，懔也，小便難，懔懔然也《釋名》。癃之虚者，溺多，汗多，泣多，唾多，氣出而不反。其實者溺秘汗秘，目乾舌乾，氣結而不解。此其所以然，既見於《疏證》石韋下矣。而《病源》復列五淋之目，曰熱，曰冷，曰氣，曰沙，曰勞，病則似不相兼，治則多容相濟者。蓋癃之虚近於淋之勞與熱，淋之沙與冷又近於癃之實，且兩端皆有因氣成病者。則本篇之並列五癃五淋，非疊出亦非混淆矣。況言治癃之下不言治淋，言治淋之下不言治癃耶。惟曰利小便，曰利水道，曰利小便水道，曰逐，曰下，則不得不縷析而㫄其義焉。夫小便者，水道之委。水道者，小便之源。宜利小便者必源清而委不順，宜利水道者必委道而源不繼；利小便水道，則通徹源委之謂也，又何難竟其義哉？下，降平聲也。《史記·陳涉世家》蘄下索隱。謂降之也。《史記·酈食其傳》令下足下正義。逐，從也。《楚詞》河伯乘白黿兮逐文魚注。馳，逐也。《文選·南都賦》群士放逐注。流，蕩也。《荀子·儒效篇》故風之所以不逐者注。以是論之，下者因其不順，脇之使順也。逐者因其無力，助之推送也。然則曰通，曰利，又何以別之？夫通者，對不通而言；利者，能通而不能便利如指也。是以篇中凡言下言通者，其物多有力而迅；言利言逐者，其物多宛轉而和。以此權衡藥之緩急，即以此科度病之虚實，則為癃為淋之差別自明，而三焦、膀胱之通塞順逆自見矣。

《素問·六節藏象論》《靈樞·終始篇》《禁服篇》咸謂人迎脈大四倍曰格，寸口脈大四倍曰關。關為溢陰，格為溢陽。人迎、氣口脈並大四倍曰關格。關格之脈羸不能極於天地之精則死。皆言脈而不言證。《難經·三難》曰關以前者陽之動，遂上魚為溢，為外關内格，此陰乘之脈也。關以後者陰之動，遂入尺為覆，為内關外格，此陽乘之脈也。《三十七難》曰：邪在六腑則陽脈不和，陽脈不和則氣留之，氣留之則陽脈盛矣。邪在五臟則陰脈不和，陰脈不和則血留之，血留之則陰脈盛矣。陰氣太盛，則陽氣不得相營，故曰格。陽氣太盛，則陰氣不得相營，故曰關。關格者，不能盡其命而死。此則明其理，而猶未言其證。仲景曰：寸口脈浮而大，浮為虚，大為實，在尺為關，在寸為格。關則不得小便，格則吐逆。趺陽脈伏而濇，伏則吐逆，水穀不化；濇則食不得入，名曰關格。則言其證矣。而與本篇所治，尚未盡符。巢元方曰：關格者，大小便不通也。大便不通謂之内關，小便不通謂之外格，二便俱不通為關格。由於陰陽氣不和，營衛不通，故關格則陰陽氣痞結，腹内脹滿，氣不行於大小腸，則大小便不通。又風邪在三焦，三焦約，則小腸痛、内閉、大小便不通，日不得前後。《外臺秘要》曰：《集驗》云關格之病，腸中轉痛，不得大小便。葛氏云：卒關格，大小便不通，支滿欲死，二三日則殺人。姚氏云：風寒冷氣入腸忽痛，堅急如吹狀，大小便不通，或小腸有氣結如升大脹起，名為關格。則詳於證，且與本篇之治合矣。卻又不及乎脈，紛紛諸説，遂可聯脈證為一貫耶。自其淺而言，則脈較大四倍，為何如狀？不能極天地之精為何如候？豈得以大小便不通一節概之？殊不知由大小便不通而脹滿，由脹滿而大小便益不通，上不得入，下不得出，又安能呼吸天地之精氣以為生？即葛氏亦謂二三日則殺人。又何能更盡其期以死？若是猶以為輕渺，必立斃之證，乃得為甚耶。雖然，此非篇中瞿麥、亂髮所治之關格也，欲求瞿麥、亂髮所治之關格，則仲景所論其庶乎。蓋寸口之脈浮為氣虚，大為陽實，在上則陽越而氣無以攝，在下則氣餒而陽無以洩，所謂陽實不能化氣者也。故曰在尺為關，在寸為格。關則不得小便，格則吐逆。觀乾薑、黄連、黄芩、人蔆之治格，即可以悟治關之法矣。而不曰不大便，自固與脈偏大四倍以上者異也。跗陽之脈伏為陽鬱，濇為絡虛。陽鬱而欲達不得達則吐；絡虛而陽不為之行則脘中乾而食不得入，曰此為關格。則并不重在小便之不利，而重在吐逆矣。絡虛而氣不行，陽實而氣不化，其病皆涉於火。瞿麥開火之腑氣者也，亂髮化火之臟氣者也。臟氣化，則血源濇而水自通；火腑開，則水氣清而火自散。故凡兩物之用，固在脈之偏大偏小，而實不得以四倍已上為準。其效固在通小便，又實不得以大小便並不通為準。且二物於關格之下，並繼以不通字樣，則凡篇中別物下言其病曰不通，言其效曰通者，皆可以關格類推矣。

小便利：【略】小便利，實該小便多、小便不禁、小便數、遺尿四證。而四證者，惟小便數為有熱，餘則皆屬陽衰。陽衰之中，又宜分作兩端。如孩提之善遺尿，是陽氣之未充也；老人之苦溺多，至夜尤甚，是陽之已竭也。大抵小便者，根於腎，行於膀胱。膀胱者，以氣為用，氣盛則中熱，而有紀律，經行者不敢不受其節制。氣溺則中寒，而不能自振，經行者遂不受約束，直達而過焉。是故小便數者，約束太過也。小便利者，逕情直行也。小便不禁者，醒而不能約束也。遺尿者，昏而不能約束也。昏而不能約束猶可俟醒，醒而不能約束則直陽之憊矣。然此皆常病，可於方藪覆證檢方以求愈者也。此篇所載，則更有啟發元悟，醒惕靈機者在焉。篇中大旨，小便之行固恃夫陰陽之相化，尤喫緊在土之浥滲。蓋惟其浥，是以精華必留。惟其滲，是以形質必去。惟其當浥，是以有藉夫陽。惟其當滲，是以有藉夫陰。陰者所以召陽使歸，而行所當行，止所當止。陽者所以布陰，使溉而內沾五臟，外透皮毛。且客熱恃陰以消，孤陰恃陽以化，相袌相益以底平成，此不更於《病源》《千金》《外臺》前加一曳綱振領乎，況以水中多節之物制水之無節，便而不溺之物轉溺而不便之為病。引而伸之，觸類而長之，醫中關鍵，不益明瞭哉？雖然小便利之候，不得兼渴也。若兼渴，則是消渴病，而非小便利矣。

漏蘆，夫人知其能利水，此則曰止遺溺。小便利者，其患必在竅之通。此則曰山茱萸能通九竅，止小便利，又通五淋，利小便水道者，必與遺溺相違。桑螵蛸兩者兼治是焉，知其能不適相反耶。是三者皆當詳其兼證，按其氣化而明之。夫漏蘆春夏色白，屆秋變黑，能化金為水，固治濕熱之物也。乃主皮膚熱而有惡瘡疽痔濕痹，是外之熱不能入內以逐其濕，內之濕不能及外以和其熱矣。膀胱者，腎之表，而肌膚又膀胱之表，倘其病表裏不相符，而水道不利者，是腎虛膀胱熱，用此正以除表熱而逐裏濕。遺溺者，是膀胱虛冷，不能約水，用此正以挽外熱歸裏而約水。山茱萸花於仲春，實於初夏，必屆冬乃成，味酸性平，是能挽金水以涵木，回下降以為升之物也，乃主心下邪氣寒熱，逐寒濕痹，是取其收中有發，發中有收矣。而更治頭風風氣去來，鼻塞，目黃耳聾，面皰而遺溺，是其一竅過通，而諸竅皆閉，通其諸竅，即所以治一竅之過通。桑螵蛸深秋生子，仲夏成形，是隨陰之斂謐而藏，隨陽之昌熾而出矣。《本經》以通五淋，利小便水道，列於傷中、疝瘕陰痿、血閉之下，是欲其化陰之斂謐，而從陽以出。《別録》以止失精遺溺，列於男子虛損、五臟氣微之下，是欲其化陽之昌熾，而從陰以藏。三者雖同工而異調，而中實有理焉如此。

溺血：【略】世之引經義言溺血者，莫不以《氣厥論》胞移熱於膀胱為據。特既曰癃、溺血，則屬血淋，非但溺血也。血淋必溺濇，溺血必溺自如。巢氏曰：心主血，血之行身通徧經絡，循環腑臟。勞甚則散失其常經，溢滲入胞而成血淋，是熱淋之甚者。推其源，雖溺血之所由，原不外是，別其類，實通塞之殊致矣。然則《痿論》所謂悲哀太過則胞絡絕，胞絡絕則陽氣內動，發則心下崩數溲血者，可為經義之準歟。是固脈痿之源，卻亦溺血之鵠矣。然因勞悴而生火，與因七情而動陽，其所從來縱有久暫之殊，而以陽搏陰，實無彼此。況胞脈者屬心，而絡於胞中，證既不能離胞，情又不能離熱，遂謂其竟相懸絕可乎？夫解結釋縛必摘其綱，別嫌明微須窮其目。事固有木協黍銖末殊尋丈者，此血淋、溺血證必不可不別，而治原無不可相同。況溺血已久，續以急濇，急濇先愈，旋復溺血者甚多耶。在此篇之理，固不必以此而費辭，但欲明病之所由，然則終不得不詳乎此耳。蓋血與水木同源，而有凝釋之殊。其不歸經絡，而自甘與水為伍，隨其流行坎止者，不特化源有愆常度，必擁衛之土氣，受盛之木氣，均有不循其職焉。何但陰陽薄蝕，水火迫蕩已哉。是故從水以凝之，從土以浥之，從陰以除其熱迫，從陽以填其漏巵，而土浥之中，復分從火中使之收攝、從水中使之和諧兩塗，其所以如此者，緣《靈》《素》於此既言之未詳，後世復無有推明之者。《千金》《外臺》雖列多方，然亦不述其源，惟孫氏於第一方提明房勞傷中尿血。夫房勞而致傷中，必亦祇係胞脈之不咸，彼之悲哀動中者，能使胞脈閉而月事不來。則此之胞脈開，而血常自下者，自必因恣樂之過極，不參覈至是，恐不特不能了此篇之旨，即

《千金》《外臺》諸方，亦未能取之左右逢源矣。溺血云乎哉！

清·鄒澍《本經序疏要》卷三　消渴：【略】或謂石藥、肥甘、酒、鹽四者，皆致消渴，隋唐已來，巢氏、孫氏、王氏言之極詳，然咸謂其性熱助火已耳。其能治致水所難制之火則未及也。況《釋名》云：消渴係腎氣不周於胸中。腎氣不周於胸中豈特火之所為耶？予謂《四十九難》曰：腎主五液，以布五臟，在肝為泣，在心為汗，在脾為涎，在肺為涕，自在為唾。則胸中津潤，所以溉喉舌而滋呼吸者，獨非腎之所布乎？《寶命全形論》曰：鹽之味鹹者，以其氣令器津洩。夫鹽得水可化，得火復成。此其令消渴，在乎合水則行而不留，遇火則結而不散矣。《營衛生會篇》曰：酒者，熟穀之液，其氣悍以清，故能後穀而入，先穀而液出。此其令消渴，在乎氣係於上而不去，質傾於下而不停矣。何況石藥者，入水不濡，入火則赤。肥甘者，遇水便浮，著火能燃。此其蟠踞於人身，但應火而不應水，且使臟腑不浥不沾。又何論夫周，是其涸竭之患，豈但胸中，蓋將徧有焚如之害，固非特火之所為也。諸家之論雖詳，大率巢氏之消渴、渴利、內消三者最為明爽，曰消渴者，渴而小便不多也；渴利者，隨飲即溲也；內消者，不渴而小便多也。今以是篇覈之，渴飲而小便不多，非有所洩，即有所停，寒而燥者以治洩於下，寒而達者以治洩於外，散而清者以治停於上，寬而利者以治停於下者也。隨飲即溲者，非四旁不沾，即直道無節。故凡通內痹，行脈絡，皆以使其沾厚土氣，助薰蒸，皆以使其節。至不渴而小便過利，自有小便利篇可按。然篇中往往列止小便利之物，不在小便利篇者，豈不可彼此參伍，求所以分所以合耶？若夫不渴不利，善食易消，古人謂之食㑊，與消渴無涉也。

《素問·氣厥論》：心移(熱)〔寒〕於肺，肺消；心移熱於肺，膈消。熱能為消，是固然矣。寒亦可為消乎？此可證之《金匱要略》者也。假使寒不能消，何得治之以八味腎氣丸耶？曰寸口脈浮而遲，浮即為虛，遲即為勞，虛則衛氣不足，勞則營氣竭。由是觀之，非寒則脈何以遲？夫心本不任受寒，心所謂寒，蓋在所主之血脈中，其移肺，亦由榮泛及衛耳，且非外中之寒，亦非卒受之寒，乃陽氣之不營於外，而直升直降於內者也。營衛既失其樞，資稟遂不合度。故內而陽氣熾盛，常藉水以自救，外而營衛無所汲引，則其水直溜而下，且曳一身津液並而泄焉。故曰肺消者，飲一溲二，死不治。此即前所謂不沾者，其於病源實兼渴利內消者也。曰趺陽脈浮而數，浮即為氣，數則消穀而大堅，氣盛則溲數，溲數則堅。由是觀之，數，熱徵也。夫膈以隔蔽清濁，而非匿寒藏熱之所，心肺以熱相移，清道陽氣熾盛，遂不變化取汁為赤，以分布灑陳，而一歸於三焦膀胱焉。故曰堅數相搏，即為消渴，此即前所謂不留其於病源，則所謂渴利者也。統而計之，陽宗於心，陰根於腎，心所以移寒移熱，皆由腎陰不上交於陽，而肺遂失其節宣，哀益以底於平，是則責之所攸歸耳。八味腎氣丸，攝土中水氣以濬陰之源，地黃拔土氣最力；薯蕷入土中最深，而喜攀磚附石；山茱萸季春結實，至初冬乃成，亦吸土氣以濟水者。動水火氣以振陽之本附子、桂枝，而使天一之水由下以及上澤瀉，由上以歸下茯苓，浮游之火、鬱結之血藉此遂周流而不滯焉牡丹。得非能降火升水，使兩相濟而稱物平施者耶。有是以通本篇之不逮，即由本篇以通仲景之所及。如治消渴之用五苓散、豬苓湯、白虎加人蔘湯、白頭翁湯，其中石膏、知母、黃連、豬苓、茯苓，固皆列於是矣。肺消、膈消，獨不可由彼而更求於此篇哉。

然則食㑊亦可以是篇之義通之乎？此則不可。《郊特牲》曰食養陰，飲養陽。臟陰也，腑陽也。《氣厥篇》論消渴之源在五臟，食㑊之源在六腑。五臟之不咸，則無以制通，而病反在陽。故本篇之藥，多主氣而輕清；六腑之不調，則無以制臟，而病反在陰，故《聖濟總録》食㑊諸方多主味而沉著。惟其流異，是以不可通，非特此也。凡因消渴而致之水氣，治法遂絶不同。惟其源同，是以可通。凡不與消渴類之強中，治法乃殊不異，即此可明其指矣。

黃疸：【略】小茈胡湯、小半夏湯、小建中湯、瓜蒂散、五苓散、桂枝加黃芪湯、豬膏髮煎，皆治他證為本，黃疸為標，他證愈，黃自不能不愈也。大黃消石湯、梔子大黃湯、消石礬石散、梔子蘗皮湯、麻黃連軺赤小豆湯，則黃疸為本矣，而標病猶盛，不能竟捨標從本，故宜有輔佐以擊動其標，其本乃能釋也。惟茵蔯蒿湯，乃為黃疸正劑。知茵蔯蒿湯為黃疸正劑，則身黃如橘子色，小便不利，腹微滿，為黃疸主候。發熱不惡寒，但頭汗出，餘無汗，齊頸而還，渴飲水漿，小便不利，為黃疸正因矣。發熱不惡寒，反惡熱，是為陽明病，而承氣證為陽明病之正出。茵蔯蒿證，則陽明病之對出。以一有汗，一無汗，一小便過利，一小便不利。汗出多，小便利，所以成乎燥。汗不出，小便不利，則本燥末濕，所以衹對化耳。不然，凡脈遲食難用飽，飽則微煩，頭眩，小便難，縱下之，腹滿如故，必其中先硬後溏，非特不能全成燥證，且駸駸乎全成濕證者，何以亦用茵蔯蒿湯耶？此全從傷寒外邪立論者，若更參以《金匱》雜證，則不必有外邪，但係本燥末濕者，均得成黃。故夫酒者，氣燥而質濕，受其傷則心中懊憹而熱，不能食，時欲吐，遂為酒疸、房勞。甚者，陰已泄，陽不得越，遂與已化未成之陰精糾結，怫鬱於中，欲出不得，雖微汗出，小便自利，而不免薄暮手足中熱，膀胱急，而為女勞疸。更益之黃汗，所謂五疸具矣。篇中義旨，亦明明推茵蔯蒿湯為督率，覈以《傷寒》《金匱》所隸治黃諸方，無非由此而因候加味合成成方。如因懊憹，則合入梔子、豉、小承氣而為梔子大黃湯；因小便不利，則合入五苓而為茵蔯五苓散；因表利裏實，則合入調胃承氣而為大黃消石湯是也。獨調胃承氣湯用水消，此用火消，更覈消石礬石散亦用火消，似其中必有故者。蓋火消是曳陰向陽，乃攜濕以就燥而散；水消是化陰濟陽，乃剖燥以凝濕而行，於此即可以悟陽明病之正出對出矣。

至於篇中白鮮、秦艽、栝蔞根、黃芩，仲景雖未嘗用治黃，而葛氏《肘後》，孫氏《千金》，王氏《外臺》諸方多用之，揣其意旨，亦非貿貿然徒用之而已也。蓋於此有以窺黃證之微焉。夫黃根於濕熱，客於脾胃，固不待言矣。然非必上罩下承，面面周帀密圍也，定有一端滲泄處焉。惟滲泄不敵其摶聚，是以蒸鬱而成耳。不然，則所謂陽明中風脈弦浮大，而短氣腹都滿脇下及心痛，久按之氣不通，鼻乾，不得汗，嗜臥，一身及面目悉黃，小便難，有潮熱，時時噦，耳前後腫，刺之小差，外不解之候，何以見不尿、腹滿加噦者遂為不治耶！一端滲泄者，何如栝蔞根之主小便利，是其黃必仍小便通矣。黃芩主諸熱黃疸，腸澼泄利，是其黃必大便泄矣。白鮮主頭風黃疸，是其黃必頭面多汗惡風矣。秦艽主寒濕風痹，是其黃必骨骱煩疼矣。倘不依證尋治，馴致病氣連橫，不至水氣脹滿不已，故曰疸而渴者其疸難治，疸而不渴者其疸可治。蓋疸病至渴，則濕已盡從熱化，薰熨元氣，元氣不支，求助於水，駐見水日增，而火日熾，如潑膏以救燎，愈益其不能息耳。況其病不愈則劇，自有定期，不容遷延耽緩，所謂當以十八日為期，治之十日以上瘥，反劇者為難治耶。十八日者，四季土旺用事日數也。土之所任，僅能及此，過是以往，力遂不勝，則將轉移他處。而木金水火，皆非藏受濕熱之所，無力推傳，則土困頓而崩頽矣。曷若及早驗其所向，因勢以利導之耶。是故頭面汗多，是風舉濕於上，則令其沉於下，俾其氣徹底而隨之化焉。白鮮根藏羶氣。羶氣者，木氣也。骨骱煩疼，是風拒濕於外，則令其連於內，俾其氣疏通而為之化焉。秦艽羅紋密織，盡從左旋，是化風歸水，自上下之治也。小便自利者，其病不在濕，而在熱，則滋化土中之熱，使與濕離而自已。栝蔞根澄之則散而成粉，味苦氣寒，能使土中濕熱離散。大便泄利者，其熱有所歸，緣濕滯之而不爽，則清化腸中之濕，使隨熱泄而病除。黃芩形如腐腸，治因熱生濕，故能清利腸中濕熱。經方用藥，總在定六氣以見病源，隨形色性味以為治，則非後世漫云以寒治熱，以利泄濕，籠統不切於病機病情，毫無關照者比也。

黃汗一證，自巢氏隸之黃病門，後世遂視為黃病支流。據《金匱》則證鄰於歷節，目列於水氣。蓋黃病與黃汗本異而末亦不同。黃汗與歷節，乃異派而同源也。何以言之？夫黃病之甚，動云有麴塵，然未聞有能染衣至黃者。黃汗，則汗本不黃，至沾衣乃如糵汁。以黃病屬脾家，脾為土，土之生物，不倚他助。黃汁屬心家，心為火，火之燔燎，必著他物。是其一病於肌肉，一病於血脈，為殊絕也。至其所由，然則與歷節並因汗出入水中，如水傷心，故黃汗脈自沉，歷節脈沉弱。黃汗汗黃，歷節亦汗黃。黃汗發熱，歷節亦發熱。第歷節支節疼，或疼痛如掣，黃汗則僅重而痠。歷節身體羸瘦，獨足腫大，黃汗則身體洪腫，四肢、面目皆腫，而胸中窒不能食，反聚痛口多涎，暮躁不得眠，乃歷節所絕無。是同為水傷心，而有甚，有不甚，甚即所謂小便通利，上焦有寒者也。統三者計之，皆為濕不得泄。然惟黃病為尤甚，黃病分歧於肌肉，歷節分歧於骨節，固不待言矣。乃黃汗既有汗，而小便以利，獨為最有去路，反至化濕成水，何也？夫水氣亦何嘗不從濕化，然惟火能為之宣導則無此弊。黃汗者，因雖從外及內，病實從內外出，是火之不宣已明著矣。況衹有身黃之水氣，並無黃汗而身黃，水氣而身黃者，內本能宣。由外鬱遏不得開，故越婢湯中用麻黃。黃汗本自有汗，且小便利，則外本無所阻，而內之宣導不力，故桂枝加黃芪湯、芪芍桂酒湯，並賴有桂枝矣。由是言之，隸於黃病，嫌於末似相同也，而殊不同；隸於歷節，嫌於本相同也，而末卻大異，何如就證論證，隸之水氣之為愈哉。

上氣欬嗽：【略】上氣者，不必欬嗽。欬嗽者，不盡上氣。論欬嗽者，何不但標欬嗽？則所謂暴嗽、久嗽、冷嗽、熱嗽、呷嗽、五藏欬嗽者，咸可隸於其中耶？夫諸嗽者，欬嗽之支分，上氣欬嗽者，肺痿、肺癰、肺脹、支飲、風水與欬嗽之並界也。既云欬嗽，則諸嗽原隸於中，不因兼標上氣而有礙，已標上氣則肺痿、肺癰、肺脹、支飲、風水之稍涉疑似，學者遂不得不細心體究以分析之耳。不然，《金匱要略》部分諸病最為嚴密，既有《肺痿肺癰欬嗽上氣篇》矣，乃疊出《痰飲欬嗽篇》耶，然則奈何細心體究分析之？夫風舍於肺，其人即欬，是欬嗽主腦也。欬唾膿血，脈數虛者，為肺痿；數實者，為肺癰；上氣喘而躁者，為肺脹；欬倚息不得臥者，為支飲；頸脈動，時時欬，目窠下微腫，按其手足上陷而不起者，為風水，是欬嗽之條目也。覈篇中列藥三十味，試舉治肺痿之甘草乾薑湯、炙甘草湯、《千金》桂枝去芍藥加皂莢湯，治肺癰之桔梗白散、葦莖湯，治肺脹之越婢加半夏湯、小青龍加石膏湯，治支飲之木防己湯、小半夏湯、十棗湯、小青龍湯、桂苓五味甘草湯，及諸加味治風水之越婢湯，咸藉本篇之味以成方者，卻逾篇中三分之一，即專主欬嗽上氣。縱如皂莢丸、射干麻黃湯、厚朴麻黃湯、澤漆湯，幾全賴此成方者，亦不過得篇中之半。則諸證之與欬嗽，原經界相連，犬牙相錯，曾謂可舍此綱領，而徒別其支派耶。試再覈之《千金》，如百部根湯之治嗽不得臥兩眼突出，蜀椒圓之治上氣欬嗽，杏仁飲子之治暴熱嗽橘皮，蘇子煎之治上氣欬嗽，欵冬圓又方之治三十年上氣欬嗽，唾膿，喘息不得臥鍾乳、烏頭，則欬嗽之支流竟矣。更參之《外臺》，如深師麻黃湯之治卒嗽，延年貝母煎之主暴熱欬，深師乾薑湯之療冷逆欬，深師立愈丸、欵冬花丸、《古今録驗》麻黃湯之治久欬，則欬嗽之派別明矣。更參之《聖濟》，如紫菀丸之治肺欬，丹沙半夏丸之治心欬，木乳散之治肝欬，半夏陳皮湯之治脾欬，四味散之治腎欬，鹿角膠湯之治大腸欬，人薓散之治膀胱欬，檳榔丸、皂莢丸之治三焦欬，亦莫不有篇中之物錯雜其間，則欬嗽之所從駐又瞭然矣。不應合而合之，足以見病源之不異；應合而不別，足以見病變之非歧。明乎此篇，則欬嗽之主治已彰；參乎經方，斯欬嗽之分殊有在，而後欬嗽之為欬嗽，遂無遁情也。

然則欬論之義，遂可置之勿講歟。是又烏可，夫肺痿、肺癰、支飲，即《欬論》所謂多涕唾也？肺脹、風水即《欬論》所謂面浮腫氣逆也？斯二者皆聚於胃，關於肺，而本於五臟之邪，以傳六腑，其該甚博，其變甚煩，不僅肺痿、肺癰、肺脹、支飲、風水已也。就其初傷在氣，久乃涉血，筋骸之牽引，身體之疼痛，甚者為嘔逆吐蚘，為遺矢遺溺，是其再變而為膈噎胃反，為下利洞泄，為霍亂轉筋不難矣。特他病自陽入陰，而此獨以臟傳腑，所宜體究焉。蓋論中所謂邪氣病皆經病，腑病則入內矣。所以然者，論中固言之曰皮毛者，肺之合，皮毛先受邪氣，邪氣隨從其合，此病從外受者也。其寒飲食入胃，從肺脈上至於肺則肺寒，肺寒則外內合邪，此病從內受者也。兩皆歸并於肺，故為肺欬，非特此耳。其心值夏，脾值長夏，腎值冬，肝值春，受邪而肺家適有內受之寒，如向所云者，當其邪乘脈絡以朝肺，因之外內合邪，亦能為欬，則心欬、脾欬、肝欬作矣。故病必關肺，病因不必關肺。病因必由寒，病不盡寒。不然欬之淺者，惟肺與心。宜乎病入未深，變化未定，寒氣應仍在者，而胡為乎反見唾血及咽腫喉痹，諸不盡屬寒之證耶。至臟欬不已，反移於腑者，以臟主藏而不瀉，其守堅；腑主瀉而不藏，其罅疏。病在經絡，久而不愈，勢必內入，內入之始，未有不從疏而從堅者，故久欬不已，至移於三焦，則腹滿不欲食飲，遂將移於臟矣。不然，欬久而成癆瘵者，亦豈在經在腑之病哉？此篇雖無治臟腑諸欬明文，然有可以意會而得其旨者。如降氣者，皆治上之劑也。守中者，皆治中之劑也。攝氣者，皆治下之劑也。散結者，皆治心肺之物也。聚斂者，皆治肝腎之物也。通利者，皆治小腸、膀胱之物也。醒豁者，皆治胃與大腸之物也。即是以推，能謂其經旨絕不相涉耶。

嘔吐：【略】同為水穀逆出也，吐可植躬，嘔須曲脊。《釋名》嘔，傴也。將有所吐，脊曲傴也。吐猶器滿而溢，毋庸勉強；嘔已沸騰於中，出反不易。故吐如棄物，可隨手拋擲。《一切經音義》引《倉頡篇》：吐，棄也。嘔遭迫脇，必聲揚物先。《山海經·東山經》：膏水，其中多薄魚，其音如嘔。注：如嘔，如人嘔吐聲也。則吐為陰，嘔為陽，吐有寒，嘔有熱，吐屬虛，嘔屬實矣。然吐非無實熱證，但係有因，決非自作。如服桂枝湯而吐，其後必吐膿血等證。嘔亦有虛寒證，則能自致，不關誤治矣。如嘔而脈弱、嘔而胸滿等證。故曰病人脈數不消穀引食而反吐者，胃中虛冷故也。脈數且然，何況不數。曰傷寒發熱，嘔不能食而反汗出濈濈然者，是轉屬陽明也。有汗如此，何況無汗？蓋陽之出多奮迅，其所以奮迅，則以陰格之也。陰之出多慘慄，其所以慘慄，則以陽先潰也。故凡嘔而利者，無一虛證。十棗湯證、大茈胡湯證。既吐且下者，無一實證。四逆湯證、吳茱萸湯證。餘如傷寒三陽證，則多嘔而少吐；胃反證，則言吐而不言嘔，循是以尋其緒餘。本篇所載之物，不湛然可明哉。特篇中藥物寥寥，且大段治嘔，似於兩證偏有側重。殊不知嘔吐原有並見者，如黃連湯證、小半夏加茯苓湯證、小半夏湯證、豬苓散證、大半夏湯證是也。今篇中兩證竝提者，本有四味，提吐不及嘔者亦有兩味，全篇僅臚藥一十五味，則其多寡之間，雖似有所偏重，然於本書中覈以《霍亂篇》治吐下之物，於本書外參以治胃反之物，則較於嘔翻有若稍羸者，惟篇中偏以大溫之附子主嘔逆，則其理所當究耳。夫此乃在下陰霾陵逼中陽，而中陽卼躷震蕩之候也，是其證在仲景書曰嘔而脈弱，小便復利，身有微熱，見厥者難治，四逆湯主之。曰腹中寒氣，雷鳴切痛，胸脇逆滿嘔吐者，附子粳米湯主之。此與既吐且利之候正同，第彼既下有漏泄，則中陽敗散，衹能滂沱四潰；是證下無漏泄，則中陽但上不下，猶能沖激作聲，用附子者，正以散其上逼之陰霾，回其離竄之生陽也。然四逆湯證與附子粳米湯證，又復不同，一則在下亦有聲，是陽猶能與陰為梗，故須佐以調和，為一成不敗之計；一則小便復利，是陰陽不相堵禦，故更助以溫守，而陽之回不回，陰之定不定，尚在不可知之天。曰難治者以此，而其用附子之意則一耳。由是言之，應用附子之嘔，是嘔之敗局。用附子治嘔，是治之急著。遇非常之證，自不得以常法禦之。固難與凡嘔凡治並論者也。

嘔吐噦，自《金匱要略》以下，皆連綴一處，惟茲則剖隸兩篇，曰嘔啘，曰嘔吐。不知者必以為妄分畛域，孰知均胃病也。而有脾不濟胃，胃不從脾之別焉。巢氏曰：新穀未及傳化，故穀之氣與相干犯胃氣則逆，胃逆則脾脹氣逆，遇冷折之則噦，風邪在胃則嘔。膈間有停飲，胃內久寒，則嘔而吐。是噦由氣，嘔吐由質。氣者應恃脾之磨而消，質者應恃胃之輸而化。氣不消，是脾不濟胃也。質不化，是胃不從脾也。不然，何以噦僅有聲，而嘔吐兼有物耶？試以兩篇所列之藥較之，相同者五。厚朴、橘皮、人薓、附子、竹茹。嘔啘餘十五味，而九物之用在氣。香薷、雞舌香、小蒜、高良薑、桂、麝、肉豆蔻、丁香、朮，皆用其氣。嘔吐餘十味，而七物之用在味。半夏、麥冬、生薑、鉛丹、雞子、甘竹葉、旋覆花等，皆用其味。若然，則合之者以其相類，分之者以其相差，循軌以導其行，溯流以求其本，務欲後人識顛末知嚮方則一也。

乾嘔與停飲而吐恰相反對。蓋乾嘔有火，卻係虛火；停飲有水，全非實水。故服白通湯後，厥逆無脈，乾嘔煩者，白通加豬膽汁人尿湯。通脈四逆湯證，乾嘔者，加生薑；乾嘔吐涎沫，頭痛者，吳茱萸湯；乾嘔吐逆吐涎沫，半夏乾薑散；乾嘔，噦，手足厥者，橘皮湯；中風發六七日不解而煩，有表裏證，渴欲飲水，水入則吐者，五苓散；欬而嘔渴，心煩不得眠者，豬苓湯；胃反吐而渴欲飲水者，茯苓澤瀉湯；吐後渴欲得水者，文蛤湯；卒嘔吐，心下痞，膈間有水氣，悸眩者，小半夏加茯苓湯；嘔吐穀不得下者，小半夏湯；嘔吐病在膈上，後思水者，豬苓散；胃反嘔吐者，大半夏湯。夫火不能卻陰，而反被陰迫逐；氣不能化水，而反任水停豬；是陰陽之悖亂，水火之相射矣，則不得以治嘔常法治之。故破其陰，即以助其陽；降其火，即以和其陰；化其水，即以調其氣；降其氣，即以逐其水。迴與篇中之義不相符矣。雖然，篇中亦何嘗不計及此，凡橘皮、生薑、附子者，果何為而列哉？即水氣一面，篇中亦未嘗不思行水下氣。第吐本因水，自不應濫列多品，占水飲地步，故將旋覆花、半夏二味微逗端倪，使人觸類引伸，推尋有法，庶無越畔之嫌，仍得兼濟之益耳。識得虛者為真，實者是偽，則嘔吐之為嘔吐，全局大抵屬虛，間有大黃甘草湯、十棗湯、大茈胡湯數證，自是絕無僅有。故曰傷寒嘔多雖有陽明證，不可攻，吁可畏哉。

痰飲：【略】尤潛溪曰：穀入而胃不能散其精，則凝為痰；水入而脾不能輸其氣，則蓄為飲。蓋惟其以穀化，故質稠；惟其以水化，故質稀。質稠故能藏寒匿熱，而至當用烏頭、吳茱萸、高良薑、蕘花、甘竹葉；能蘊實釀虛，而至當用大黃、芒消、朴消、巴豆、厚朴、枳實、人薓、朮、茯苓。質稀故能內沉外溢，而為裏堅表腫，能徹上徹下而為眩冒飧洩。又惟其穀入於陰而以質用，故痰每流於隱僻而注於窪下，水入於陽而以氣用，故飲能歸於四肢，偏於身體。此四飲分支，惟痰飲可獨當一面，而三飲者衹可並之而相對待矣。雖然，痰與飲相殊，稱謂自應有別，測其所當別，則似飲可稱水，痰不得稱水者。而曰水走腸間瀝瀝有聲，謂之痰飲可乎？夫穀非由水調不堪食，水非由穀出不成痰，是其根本原未始非水，以水呼之，又何不可，特既化入穀中，還從穀中化出，則其摶引稠黏，合為同類，自與未曾經化者殊。且既有素盛今瘦句冠於其端，益可知為久病，而非暴病。夫暴病何嘗不有痰飲？第觀篇中所列茈胡、前胡、細辛、生薑、威靈仙、射干等物，又豈久病而成者所可用耶？蓋惟其暴病，則水為火逼而成，久病則陰隨陽溜而成。仲景所謂當以溫藥和之者，久病之治也。篇中所羅性峻刻而注有痰字者，則暴病之治矣。然則篇目雙標，《痰飲篇》中所列，備悉搜采《本經》《別録》主治，但稱飲者止一味，痰水、痰飲竝稱者僅七味，但稱痰者至十味，不云水飲及痰者七味，則偏重於痰極矣。此又何為者耶？夫飲變見之證極多，比連之證亦極多，凡嘔吐、欬嗽上氣、大腹水腫皆是也。痰則僅在是篇，若使與諸證諸治相乘除，恐反不及飲之多矣，寧反謂為少耶。

仲景於飲與水分之極嚴，呼之甚亂。如《痰飲篇》大半稱飲為水是也。

飲固可呼之為水耶。夫飲本水也。特有受約束不受約束之分耳。受約束者縱能變化不離畛域，不受約束者橫流直衝遇隙即就。故《痰飲篇》曰水在某，《水氣篇》曰某水，明明一指為注於何臟之水，一指為何臟所發之水矣。雖然，兩篇之旨，猶當更有推明者焉。曰水在心，心下堅築，短氣，惡水不欲飲；水在肺，吐涎沫，欲飲水；水在脾，少氣身重；水在肝，脇下支滿，嚏而痛；水在腎，心下悸。曰心水者，其身重而少氣，不得臥，煩而躁，其人陰腫；肝水者，其腹大不能自轉側，脇下腹痛，時時津液微生，小便續通；肺水者，其身腫，小便難，時時鴨溏；脾水者，其腹大，四支苦重，津液不生，但苦少氣，小便難；腎水者，其腹大臍腫，腰痛不得溺，陰下濕如牛鼻上汗，其足冷，面反瘦。合而觀之，欲飲不欲飲、嚏、悸、少氣，病皆係於上。陰濕、陰腫、小便難，病皆係於下。其諸阻於上者謂之飲，阻於下者謂之水歟。夫上是水之來源，下是水之去路，來源雖阻，去路猶通，於何能不受約束，濫及他處。若來源通而去路塞，則時有所益，日有所增，水從何往，而欲其不衝溢他處，依規就範，得乎？是以治水之物，通多而化少；治飲之物，通少而化多。檢覈篇中，惟芫花、甘遂、蕘花、巴豆、朮，與《大腹水腫篇》同用，其餘則各有所當矣。水聚於上，而論其欲飲不欲飲；水聚下，而論其津液生不生，似甚難解。然不知阻於上者欲其化，阻於下者欲其通。既化既通，則清光來而滓穢去。夫固曰津液微生，小便續通矣。是故篇中所具行經絡解客感，皆引清光之物也。下留結瀋壅淤，皆去滓穢之物也。

《內經》未嘗言及痰飲。《金匱要略》則詳論之矣，然及飲多而及痰少。《千金》《外臺》則已痰飲參半。沿至後世，乃飲日少而痰日多，何哉？此又世道升降之會也。蓋維元古飲與食庖，治無不精詳，飲湯飲水，各按其時，則入陽而資氣化；茶蓼稻黍，各佐其肉，則入陰而養元精。傳曰肉雖多，不使勝食氣，肉中既有食氣勝之矣。於何能入陰而成痰？《經》曰漿人掌其六飲、水、漿、醴、涼、酏，水中既有冷熱節之矣。於何能入陽而成飲？中古制御多失其方，是以痰飲竝並。然緣烹茶之度甚精，則既能導飲不留，復能運食不滯，及夫近世，茶惟點啜，則未得其氣之全。肉務煎焞，則反增其味之厚。於是水入成飲，肉入生痰，駸駸乎無病不以是棘其治矣。況更爇澹巴菰之葉，常吸其煙，豈知此實劫飲化痰之妙劑哉？歷考經方，並無引飲令吐之法，有之自金元四家始，子和在前專工劫掠，景岳繼述稍務平和，然實為今日吸煙作俑，倘無神聖闡別痰飲界域於前，勢必將遇痰即逐。試觀今人之痰，果堪逐否耶？篇中雖未嘗不用逐，而妙在解痰之為窟容邪，去痰之連衡瘀滯，痰隨氣結，開氣即以行痰；痰與熱壅，化痰即清熱；釋寒之縛痰，脫火之膠痰。補其虛而痰自退舍聽命，攻其實而痰自隨跡消除。化痰之法盡矣。學者更能擴充於此，而權衡其輕重焉，益可不治痰而痰自無不順矣。

宿食：【略】宿食不徒停也，蓋必有所挾焉。《外臺秘要》方目所載，有傷寒宿食不消方，有留飲宿食方，有因食飲水上氣方，有食不消成癥積方，有積聚宿食寒熱方，有食癥及魚肉成癥方，有冷利食不消方，有下利清穀方，有下利食完出方。大率體氣實者，食因病而留，病據食為橐；體氣虛者，食遺病以洩，病因食遂殆。所以仲景書舍攻下溫補無別法，獨於差後勞復出一枳實梔子豉湯，而曰有宿食者加大黃，遂可見其因病治病，即於中挾入利導之治，不別立間架畛域，竟指為一病也。而今者特建標題為病綱領，何哉？推其微義，蓋亦以經方值此大抵用攻，第因病而致食留不去，病而食可行乎？故首列三品，原係經方正治，無從遺漏。此外則因邪而結者疏其邪，因氣而滯者調其氣，因肥膩而膠黏者即為消其脂膏，因痰水而勾留者即為行其瀦蓄，甚至折其生氣而使難消者消，發其生氣而使難化者化。如麴與蘖者，蓋亦神乎治矣。於此見本書特立是篇，正為別樹一義，羽翼仲景，救後人遇食即攻之失耳。

腹脹滿：【略】直溢曰滿，橫充曰脹，皆氣有所向而不遂也。脹與弛對，《左・成十年》，脹陷而卒作張。則知其欲寬緩而不能矣。滿與減對，則知其欲降泄而不能矣。夫氣之濁者不降，則清者不升，行者不舒，則駐者自急。故滿多實而脹多虛。在仲景書則脹滿而按之痛者為實，不痛者為虛。脹滿而時能減者為寒，不能減者為熱。厚朴生薑甘草半夏人薓湯、大建中湯、附子粳米湯，虛而寒者之治也。大承氣湯、大茈胡湯、厚朴七物湯、厚朴三物湯，實而熱者之治也。本篇意義大旨似異，根柢究同。觀其言痛者寥寥，而別著《心腹冷痛篇》，是其注意不全在實；氣寒氣平者與氣溫者參半，是其設法不全在寒。如其用百合、庵蕳、桑皮、黃卷、忍冬、香葇、旋覆治邪，而非偏寒偏熱之邪；用麝香、皂莢、華澄茄、射干、訶梨勒、草豆蔻行氣，而非偏實偏虛之氣。獨理中湯全方端然首列，則知其病本屬虛，而夾輔以枳實之泄滿，厚朴之除脹。於是唐人之枳實理中、厚朴理中，都可識經方與是篇恰合之故。且行水除痰，燠寒清熱備，又可見脹滿之因不一而足矣。

心腹冷痛：【略】心腹冷痛，次於宿食腹脹滿之下，以《金匱要略》原屬一篇也。第其目增一心字，則似連胸痹之痛者亦在其中。中間一冷字，則似無與於熱。然胸痹之治，如栝蔞薤白酒湯、栝蔞薤白半夏湯、桂枝生薑枳實湯，凡言痛者，皆不於此中取材。而不言痛之人蔘湯，反全數在焉。若云無與於熱，則黄芩固已列篇中，又何以為解矣？殊不知治法固有用熱無犯寒，用寒無犯熱者，亦有用熱不遠寒，用寒不遠熱者。《别録》載黄芩之治曰胃中熱，小腹絞痛，則焉知非胃中之熱不下濟，反隔礙腸中之寒，致無以泄而痛者。即如脇下偏痛，發熱，脈緊弦，明明已指為寒，謂宜溫藥下之，附子、細辛已隸方中矣。其復用大黄何耶？惟其有寒，故以熱藥為君；惟其寒為熱激而痛，則以寒藥為臣。《藥對》於黄芩大寒之下，原未嘗不注臣字，又何不可用之與有？以此觀之，凡心腹間以冷而痛者，其用藥大旨不出此篇之中；胸痹不盡屬寒，其屬寒者固宜以此篇之藥為治。寒疝則盡屬寒矣。故凡大烏頭煎、當歸生薑羊肉湯、抵當烏頭桂枝湯，大半皆藉此成方，不特是也。《傷寒》於理中湯、四逆湯、吴茱萸湯、當歸四逆湯，雖不皆言腹痛，惟其所用，蓋取給於此，則亦不能決其必無痛矣。特規規於《腹滿寒疝篇》之附子粳米湯、大建中湯，而後謂此方是腹滿痛證哉？腹脹滿與心腹冷痛，分隸兩篇，原不在屬虚屬實上起見。前篇已言之，第既曰冷，則其以屬寒屬熱而分不可泥矣。第兩篇同列之藥，偏在理中湯及厚朴，豈理中、厚朴寒熱均可用者耶？夫理中、厚朴固不可治熱，然所謂胸痹心中痞氣，氣結在胸，胸滿脇下逆搶心者，不知果屬寒否？如果屬寒，則不得云枳實薤白桂枝湯主之，人蔘湯亦主之矣。惟其如是，是以此篇載之，彼篇亦載之耳。蓋有不痛為虚，痛者為實之言，故但脹滿而不痛者，焉能無虚證？然雖不痛，而有水、有痰、有寒熱、有逆氣，其中又何能無實證？則剋削之物自多用矣。虚者比於寒，實者比於熱，故既脹滿而復痛者，焉能無實證？然雖痛而僅係寒冷所為，則不能不直以溫藥逐之，而剋削之物自少用矣。此其交互之間，正兩證之邊際，而犬牙相錯者。明乎此，而後其分其合，方有執持也。

篇中積藥二十七味，註冷者十有三，是標目雖曰冷，實與不冷者相參半，則其章旨重在痛矣。痛之分派八論：形象者二，曰脹滿痛，曰絞痛；論所在者四，曰心腹痛，曰腹痛，曰胸脇痛，曰臍間痛；更有言痛不言處，言處不言痛二項，其大略可相校也。治脹滿痛者三味，言冷者一；治絞痛者亦三味，言冷者亦一；心腹痛七味，言冷者三；腹痛七味，言冷者五；胸脇痛一味，不言冷；臍間痛一味，言冷；言痛不言處四味，言冷者二；言處不言痛一味，不言冷。足見臍間痛無不因寒，腹痛因寒者多，不因寒者少。但言痛及心腹痛，則因寒不因寒參半；脹滿痛、絞痛，猶間有因寒者。惟胸脇痛，則絕不因寒矣。所以然者，寒託氣於水，故就下則不傍撓，歸蟄則不上激。況篇中凡治寒者，勢皆向下，惟芎藭一味，兼寓升提，則血分之寒固應出就氣分而解，無從與泛治寒者並論。且凡入血之物，偏能兼主疝瘕堅積，在篇中可稽也。惟本太陽病下之因爾，腹滿時痛者，桂枝加芍藥湯主之，則芍藥應止滿痛，今乃言痛不言滿。霍亂寒多不用水者，理中丸主之。吐多者去术，今乃以嘔吐而用术，似與仲景相悖。不知吐多云者，原未嘗不利，特較之吐為少也。凡兩面奔馳之證，欲其止則俱止，作則相稱。如一面止一面加，則證益危矣。术本止利，今既利少於吐，而更止之，是使為全吐之敗證矣。是以去之，非為有礙於吐也。故下文曰下多者還用术，下多云者，見吐雖多，而下亦多，勢不偏重也。勢不偏重，則無須去术矣。況嘔吐而用术者甚多，奚啻如右。然證之以五苓散、茯苓澤瀉湯、豬苓散，則皆為有水，則今之治痛而嘔吐亦為水，非為痛也。本太陽病因下轉入太陰，部位雖易，卻未易邪，自還當以太陽之治治之矣。無如桂枝證所受之邪，陽邪也。桂枝證所據之地，軀幹也。以軀幹之邪而移入腹中，為陽邪陷於陰位，陽邪據於陽，自宜治以寒熱停勻之法，既已入陰，陰將蔽之而不使出，此腹所以滿，陽又不甘為蔽而與相支持，此所以時痛。故必以比於陰而不附陰不助陰者，使之入陰，以操同室之戈，拔陷入之陽邪，仍使從表出耳。倘陰不欲蔽陽，僅為陽入陰中而與陰角，則但痛而不滿矣。勿拘拘於滿而不痛，不滿而痛。此猶脹滿、冷痛分為兩篇之旨也。

腹鳴：【略】傷寒，汗出解之後，胃中不和，乾噫食臭，脇下有水氣，腹中雷鳴下利者，生薑瀉心湯主之。傷寒中風，醫反下之，其人下利，日數十行，穀不化，腹中雷鳴，心下痞硬而滿，乾嘔心煩不得安，此非結熱，但以胃中虚客氣上逆故也，甘草瀉心湯主之。嘔而腸鳴，心下痞者，半夏瀉心湯主之。腹中寒氣，雷鳴切痛，胸脇逆滿，嘔吐，附子粳米湯主之。可見水火不相激，不為腸鳴，陰陽能相交，腸鳴自已。然此皆因他病中有腸鳴，不得以腸鳴為病本也。惟此數味者所主之腸鳴，乃為病之本。然亦同為陰陽不交，水火激射，所異者并無他病。乃水為氣束而難行，氣為痰格而難達，淹蹇抑鬱，莫名其狀，而惟腸自鳴耳。雖然，還宜察其聲以求其故也。幽幽者微而和，上下者迴而轉，欬逆者不欬逆則不鳴，此其差等，即有陰不奉陽，陽不化陰，水不濟火，火不布水之咎。而在氣、在血、在上、在下、在中之分，誠析其理而投之效矣。

清・鄒澍《本經序疏要》卷四　心下滿急：【略】心下滿急，即胸痹之類歟。不然，何以篇中有橘枳生薑湯、茯苓杏仁甘草湯也？心下滿急，即水飲之所為歟。不然，何以篇中有枳朮湯、小半夏湯、小半夏加茯苓湯也？夫心下滿急之氣結不行，固有類於胸痹，其為病之根，固不出於水飲。第言其處則曰心下，言其狀則曰滿急。能不推求其故，混同胸痹水飲治之乎？夫曰心下，則其處狹於胸中。曰滿急，則其狀甚於脹痛。蓋貯物充盛毫無空隙謂之滿，急如弦張謂之急，《通評虚實論》王註。非特不波及於腹，且不偏於胸，以為胸痹，則胸痹有緩有急，此則但急不緩；以為支飲，則支飲在傍，此則在中。所據之地甚微，所憑之勢甚猛，自是胸中之氣為水飲所格，急切不能升降。《金匱要略》曰病人胸中似喘不喘，似嘔不嘔，似噦不噦，徹心中憒憒然無奈者，生薑半夏湯主之。彼則言其所欲不能之跡，此則言其病之根。若生薑半夏湯，則正煌煌列於篇中者也。更詳篇中之義，此證係以陰困陽，特其陽有盛有衰，其最衰者宜化陰以伸之。其次則導陰以舒之。百合、菴䕡子。其最盛者，雖困於中，仍能劫陰以助陽，卻宜通陽以救陰者石膏。其等限不可紊也。篇中僅臚藥十味，與《腹脹滿篇》同者四，與《痰飲篇》同者六，與《上氣咳嗽篇》同者四，祗石膏一味無同焉。以其病固與腹脹滿同狀，而部位異；與痰飲同體，而動靜異；與上氣咳嗽同源，而趨向異耳。

心煩：【略】煩之訓為勞，《禮記》、《樂記》註。為劇，《周官・司隸》注。為擾，《廣疋・釋詁》。為亂，《考工記・弓人》注。為多，《淮南・俶真訓》注。為眾，《大戴記・少閒》註。似與病之煩不相當者，而不知煩心病也。凡心之為用，由外入者，自此而藏於中；由中出者，自此而暴於外。設有熱蕪累於其間，則中外攪擾，於是平昔之以為，與目之所見，耳之所聞，未嘗思而忽來，欲剖決而不得。一事未已，一事復起，憧憧往來，歷碌難稽，此可為眾多擾亂劇勞否耶。雖然，是在方書，溯其源則一出於熱，揆其派則為虚熱為實熱已耳。及歷稽是篇所隸，而後知熱之所由化，熱之所挾持，熱之所停頓，不一而足，并有不必由熱者，觀之天可知。夫天之所以使人煩者，非濕熱鬱蒸，即蘊隆亢旱。然不有山川崇卑彼此之相殊乎？不有夏秋春冬節序之早晚乎？就其推移，溯其遷化，已指不勝屈。況即鬱蒸亢旱而論民之所以徙避望救者，且必審高下向背，以求即於安，此治煩之所以熾盛者折，石膏、楝實、寒水石、藍汁。衝逆者抑，杏仁、梔子、竹瀝、尿、烏梅、蒺藜。相持者解，貝母、李根皮、豉。壅遏者通，通草、滑石、茯苓、王不留行。疲罷者和，甘草、粳米。焦涸者滋，知母、雞子、酸棗仁、玉屑。頑劣者化，牛黃、敗醬。散漫者收龍齒。究致病之源，隨所在即所據而利而導之，慰而安之。治煩之法，於是乎擴充，然謂已盡則未也。

煩非重病也。故太陽病欲解者，必當先煩，乃有汗而解。陽明不吐不下心煩者，可與調胃承氣湯。病已差，尚微煩不了了者，不過大便硬。太陰中風，四支煩疼為欲愈。少陰病雖煩，下利，必自愈。惡寒而踡，時自煩，欲去衣被者，可治。厥陰病厥而嘔，胸脇煩滿者，其後僅便血，寸口脈陰陽俱緊證，至其人大煩目重瞼，內際黃，為欲解，皆以煩乃從陰出陽之候也。惟其兼躁，則為自陽入陰，乃是重病。故太陽病躁煩者，為欲傳。傷寒六七日躁煩者，為陽去入陰。而少陰病吐利躁煩四逆者死，自利煩躁不得臥者死。亦良以煩屬於心，躁屬於腎耳。考躁之訓為動，《淮南・主術》注。為疾，《廣疋・釋詁》。為狡，《淮南・原道》注。為不安靜，《論語・季氏》集解引鄭注。為暴急，《荀子・富國》注。為好變動《周書謚法》。是煩為心動，躁為體動。心動猶是陽不容陰，體動則是陰不容陽。故且煩且躁者，雖係死徵，猶有可救。若僅躁不煩，則陽亦無以自容。故陽微發汗則躁不得眠，少陰病不煩而躁者死；傷寒發熱下利厥逆躁不得臥者死；脈微而厥，膚冷躁無暫安時者為藏厥，則皆必死之證矣。雖然，煩亦不盡由心，然必病應於心乃煩，躁固不由於體，然必病應於體乃躁。故濕家有身體煩疼，關節煩疼；脾病有腹中煩重，穀疸飽則發煩頭眩，黃疸有四支苦煩；婦人雜病，有腹滿手掌煩熱，而躁之義更有如物既燥乃動而飛揚者，《釋名》。則係陽不浹陰，陰不入陽，陽燥而欲飛動，陰非特不能使之攝納，且將迸而逐之矣。雖然，欲知煩之所以然，斷須擴充斯義。若註此篇之煩，則毋庸論討及此，何者？篇目固曰心煩也，形容心煩之狀，莫妙如反覆顛倒，心中懊憹者，此篇梔子豉湯咸具焉。故曰煩非重病也。然亦非實病，如心中悸而煩，心中煩不得臥，下利咽痛，胸滿心煩，下利欬而嘔渴，心煩不得眠可知矣。而其主治，頗取裁於是篇，則此篇之不可列極寒、極溫、極補、極洩，正為此矣。似與仲景書各途，而實一貫之大指也。

積聚癥瘕：【略】《五十五難》曰：積者陰氣，聚者陽氣。故陰沉而伏，陽浮而動。氣之所積名曰積，氣之所聚名曰聚。積者，五藏所生。聚者，六府所成。積者，其始發有常處，其痛不離其部，上下有所終始，左右有所窮處。聚者，其始發無根本，上下無所留止，其痛無常處。巢元方曰：癥者，由寒溫失節，致府藏之氣虛弱，而食飲不消，聚結在內，漸染生長塊段盤牢不移動者是也。瘕者，由寒溫不適，飲食不消，與藏氣相搏，積在腹內結塊，瘕痛隨氣移動，虛假不牢者是也。觀此則積聚由氣，癥瘕由物，積定而聚移，癥牢而瘕散，截然四項，不可混矣。乃今不特篇題合而為一，所列之藥，竟有一物而四項竝主之者，大黃、巴豆、附子、白馬溺、鮀甲、續隨子、甘遂。有竝主三項者，蜀漆、貫眾、天雄，主積聚癥。鱉甲、威靈仙，主積聚瘕。有竝主二項者，朴消、芒消、石硫黃、狼毒、烏頭、茈胡、赭魁、元精石、牡蒙、理石、消石，主積聚。苦蕿、京三稜，主癥瘕。其僅主一項者，空青主積，蜈蚣主聚，粉錫主瘕。又不四證皆有，癥無主者。不竟與《難經》《病源》不相應歟。雖然，氣能阻物，物亦能阻氣，則因積聚可以生癥瘕，因癥瘕可以致積聚矣。聚者，氣有聚散；瘕者，物可動移。故積可兼癥瘕，聚不可兼癥瘕，積聚可兼癥不可兼瘕。是其篇目正合以類相從，其論治正合緣異生別，謂之為混，適當因混而得析；謂為不相應，正賴此乃得互相印證，其果混耶，其果不相應耶。是已可無措意，所宜措意者，部分也，物類也。細覈篇中部分之目有三，曰心腹，蜈蚣、石硫黃、赭魁、苦蕿、鱉甲、鮀甲。曰脇下狼毒，曰腸胃茈胡。物類之目有五，曰痰，朴消、巴豆、續隨子。曰水，狼毒、甘遂。曰飲，狼毒、消石、大黃、續隨子。曰食，狼毒、消石、大黃、甘遂。曰血朴消、芒消、鱉甲、附子、續隨子。皆以詔後人因病何在，而求藥之所抵；因物何屬，而取藥之所當，為反三之舉一焉。故就是中而言，則任六淫皆可致積聚，而茈胡、烏頭可以治風，附子、天雄、石硫黃可以治寒，苦蕿、貫眾、理石可以治暑治火，諸消、空青、大黃可以治燥，威靈仙、甘遂、狼毒可以治濕。出乎外而言，則任隨物皆能成癥瘕，而狗屎可治魚肉癥，敗篦、敗梳可治蝨癥，雞屎白可治米癥，油可治髮癥，莫不圓陀陀，活潑潑。更出其外而究之，且無不可矣。

積聚癥瘕，以互相援引而成，則互相牽制為治。其用也有體焉，益當知之，則其所以然，自可識也。夫曰氣為積聚，物為癥瘕。然不有氣而竟成癥瘕，物而僅成積聚者乎？物而僅成積聚，則《金匱要略》所謂宿食者，明係食物結而不行，惟憑吐下，不謂癥瘕是也。氣而竟成癥瘕，則《諸病源候論》所謂積聚痼結者，明係氣聚，復因邪氣重沓牢痼，久即成癥是也。若是則積聚癥瘕似混而難定，而孰知如此乃益可定耶。請以四言決之，曰形而上者為積聚，形而下者為癥瘕，積聚者以物之死氣阻人生氣，癥瘕者已自鍾生氣而用人生氣為使，盡之矣。何謂形而上者為積聚？仲景曰脈緊如轉索無常者，宿食也。又曰：脈緊，頭痛風寒，腹中有宿食不化也。見風寒之脈，風寒之證，而竝無風寒，止係宿食為患，故雖實有物而僅得為積聚，不謂爲癥瘕，以其見證形於上，形於外，所以知其因氣為害也。何謂形而下者為癥瘕？仲景曰：妊娠六月動者，前三月經水利時，胎也。下血者，後斷三月衃也，所以血不止者，其癥不去，故也。又曰：陽明病中寒不能食，小便不利，手足濈然汗出，欲作固瘕，必大便初鞕後溏，以胃中冷，水穀不別故也。證屬傷寒，寧汗出而不得小便；已結胎元，寧漏下而不以養胎，故雖實無物，而竟目為癥瘕，不謂為積聚。以其見證形於下，形於內，所以知其因物為害也。何謂以物之死氣阻人生氣？則如上宿食諸證是也。何謂其物自鍾生氣，用人生氣為使？則如《千金》《外臺》諸書所論髮癥嗜油，食癥嗜食，魚肉癥嗜魚肉，米癥嗜米，此非人所欲食，乃物使然也。

然則癖也，痃也，獨非有形，堪與積聚癥瘕匹者乎？篇中所列藥物，明載治是兩病者，且四分之一，特同類得以相該，而於目不繁贅耳。欲釋此者，猶可不別其同中之異耶。巢氏曰：三焦否膈，則腸胃不宣，因飲水漿過多，便令停滯不散，更遇寒氣，積聚成癖。癖謂僻側在兩脇之間，有時而痛，若經久不差，結聚成形段而起，按之水鳴，則為久癖。若兩脇之側轉動便痛，不耐風寒，不欲食而短氣，又為水癖。由是觀之，積聚癥瘕有在偏旁者。然終不在偏旁，癖則無在中者。積聚癥瘕有因水漿者，然不皆因水漿，癖則無不因水漿者。以此為別，庶可知其異矣。至於痃，諸書皆不言其狀，惟《外臺秘要》凡治痃方悉云，兩肋相引，弦急脹滿則是癖之屬，而兼脹滿弦急者。蓋癖惟由飲，痃則兼氣。故本篇藥物主治於癖，則曰冷、曰飲、曰痰、曰留，惟兼痃則曰瘀血續隨子，曰氣塊威靈仙，是其所以分，猶不可意會得耶。且《外臺》主治方目有酒癖，有痰癖，有飲癖，有癖飲，有療癖，有癖結，有寒癖，有久癖，有癖羸瘠，有痃癖，有痃氣，有痃癖不能食，有癥癖，有癖硬如石，腹滿，有癥癖痃氣灸法。癖不稱氣，而痃稱氣，亦可證前言之不謬也。條而邑之，按而則之，治癖治痃，思過半矣。

鬼疰尸疰：【略】世無識鬼疰尸疰者。以余揣之，其病頗有，皆緣醫不加察，漫認為勞，投以寒涼滋補，無不斃者，遂更傳其親串，病復如是，甚至闔門竝逝，殊可悲憫也。巢氏曰：疰之言住也。謂邪氣居住人身，由陰陽失守，經絡空虛，風寒暑濕、勞倦所致，言其連滯停住也。夫尸者，人之體魄；鬼者，人之精靈。人之與人，本係同類而相親，是以中尸氣者，令人寒熱淋瀝，沉沉默默，不的知所苦，而無處不惡，或腹痛脹滿，喘急不得氣息，上沖心胸，旁攻兩脇，或螺塊踊起，或攣引腰脊，或舉身沉重，精神錯雜昏謬，是病於人軀體為多。中鬼氣者，令人心腹刺痛，或悶絶倒地，得差之後，餘氣不歇，積久停住，發動有時，是病於人府藏者為多。其不傳染他人，而專貽親串，則以晝夜陪伺，調護憂傷之餘，患氣薰灼之久故耳。觀篇中用意，皆假變幻靈通之質，威厲猛烈之性，芳香走竄之氣，沉雄惡毒之味。按其為中軀體，為中藏府，循隙析理而投之，以震驚其居住之堅牢，鈐制其止發之自由，靜則誘引而搜剔之，動則乘勢以驅逐之，不涉於補，不流於瀉，其境與虛勞迥異。知其異而按其則以為治焉，非特愈一人疾厄已也。

雖然，此為疰病不傳變者言耳。逮其傳變，則不得以此律之矣。詳哉蘇游之論也，其言曰：疰病初得，半臥半起，號為殗殜。氣急欬者，名曰肺痿。骨髓中熱，稱為骨蒸。內傳五藏，名之伏連。假如男子因虛損得之，名為勞極。吳楚云淋瀝，巴蜀云極勞。死訖復易家親一人，故曰傳尸，亦名轉疰。是殗殜、肺痿、骨蒸、伏連、淋瀝，各有其治，而無與於篇中諸藥物矣。特既可名勞極，則是去勞極為近，究何以析之。夫勞之為病，《金匱要略・虛勞篇》論之詳矣。疰病仍當以蘇游之論為別，曰傳尸之候，心胸滿悶，背髆煩疼，兩目精明，四肢無力，雖知欲臥，睡常不著，脊膂急痛，膝脛痠寒，多臥少起，狀如佯病，每至旦起，即精神尚好，欲似無病，從日午以後，即四體微熱，面好顔色，喜見人過，常懷忿怒，纔不稱意，即欲嗔恚，行立脚弱，夜臥盜汗，夢與鬼交通，或見先亡，或多驚悸，有時氣急，有時欬嗽，雖思想飲食而不能多飡，死在須臾而精神尚好，或兩脇虛脹，或時微利，鼻乾口燥，常多粘唾，有時唇赤，有時欲睡，漸就沉羸，猶如水涸，不覺其死。此其與虛勞大異者也。至其分析傳變五藏之形，曰其源先從腎起，初受之氣，兩脛痠疼，腰脊拘急，行立脚弱，食飲減少，兩耳颼颼似風聲，夜臥夢洩，陰汗痿弱。腎既受已，次傳於心，心初受氣，夜臥心驚，或多忪悸，心懸乏氣，吸吸欲盡，夢見先亡，有時盜汗，食無滋味，口內生瘡，心常煩熱，惟欲眠臥，朝輕夕重，兩頰唇口悉紅赤，如傅胭脂，又時手足五心皆熱。心既受已，次傳於肺，肺初受氣，時時咳嗽，氣力微弱，有時喘氣，臥即更甚，鼻口乾燥，不聞香臭，假令得聞，惟覺朽腐物氣，有時惡心憒憒欲吐，肌膚枯燥，或時刺痛，或似蟲行，乾皮細起，狀若麩片。肺既受已，次傳於肝，肝初受氣，兩目膜膜，面無血色，常欲顰眉，視不及遠，目常乾澀，又時赤痛，或復睛黃，朝暮瞢矓，常欲合眼，及至於臥睡還不著。肝既受已，次傳於脾，脾初受氣，兩肋虛脹，食不消化，又時溏利，熟食生出，有時肚痛，腹脹雷鳴，唇口焦乾，或生瘡腫，毛髮乾聳，無有光潤，或復上氣，擡肩喘息，利赤黑汁，至此候者，將死之證也。能悉乎此，斯不與虛勞混，彼此悞治矣。

《千金》之隸是於肺病項下也。將無以其氣從鼻吸入耶。抑以其能變肺痿骨蒸耶。然皆小焉者也，其大處則以是病，乃壞人之精魄，致魂無所依，氣無所主，血無所朝而死。魄非肺之所藏耶。魄者，金水之精，譬之如鏡，能映物而不能燭物，遇寒則清，逢熱則昏，故《千金》之論曰：凡諸心腹痛，服眾方熱藥入腹，寂然不動，但益氣息急者，此尸疰病也。試觀前蘇游所列病狀，有一堪用熱藥者乎？篇中所列諸藥物，有一大溫大熱者乎？曰尸疰初覺，先與甘草汁一升，消息少時，服瞿麥湯盡一劑，得下便覺稍寬。亦可知其從鼻吸入，即布於胃而化熱，遂盤旋於血分水道。水道者，肺氣所由通調。血分者，肺家為所朝會，入其所主之竅，窒其敷布之節，而剷削其所客之神，消耗其所治之氣，始終與肺為患，謂為肺病，不亦宜哉？然篇中所列藥物，謂為治肺不可也。其理何在？夫病在何藏，即從何藏治，是金元已來所長。苟其當理，則不必更勤求古訓矣。是故宜別其所感何氣，觀其所化何似，揣其所嚮何方，決其所成何患，則篇中藥物，味味靈通，絲絲順理，不治肺而肺家所入之邪却，肺藏治節之職復，既不使邪惡之氣化熱而附水道侵精魄，詎非的當之至歟。倘但知邪氣何屬，而不知邪氣之化，邪氣所在，而不知邪氣之傳，均可謂執中無權，舉一廢百，此有明後葉之弊，貽害於今者也。

驚邪：【略】搐搦牽掣，抽縱也，古人名之曰瘛瘲，其病在筋脈。振顫震動，戰慄也，古人名之曰振，其病在肌肉。皆由於外而無與於神志，驚則病在神志而發自中，時若有所見聞，有所恐怖，其形體手足，掣而不縱，動而不慄。所以然者，心以陽舍陰，以靜攝動，驟有恐迫，陽縮入陰，動混於靜，不能自振，則肝起為禦侮，於是陽錯行而氣遂亂。《舉痛論》曰：驚則心無所倚，神無所歸，慮無所定，故氣亂。《奇病論》曰：有所大驚，氣上不下，精氣并居。《金匱真言論》曰：肝病發驚駭。《大奇論》曰：肝脈騖暴，有所驚駭。又曰：腎肝并小弦欲驚。竝與是義帖切。故篇中所列諸品，皆取乎奠安陽中之陰，扶翼動中之靜。此猶朝廷綱紀紊亂，則方面竝起，名曰勤王，實以觀釁，但得內庭整肅，則方面自然退聽。是以第交媾陰陽，調燮水火，而不顓顓於治心治肝，誠可謂以無厚入有間也矣。然不曰驚，而曰驚邪，則以驚有因邪而致者，與因驚而生邪者異也。因邪而致驚，奈何？《金匱要略》曰：病有奔豚，有吐膿，有驚怖，有火邪，此四部病皆從驚發得之。不但言驚，而繼以發，見病雖固有，然不應致此，所以致此，則因乎驚也。《傷寒論》曰：太陽傷寒，加溫針必驚。少陽不可吐下，吐下則悸而驚。是因邪致驚之由。茈胡加龍骨牡蠣湯、桂枝去芍藥加蜀漆牡蠣龍骨救逆湯、桂枝加桂湯、茯苓桂枝甘草大棗湯、奔豚湯，是因邪致驚之治。其因驚而致邪，則下篇所列癲癇是矣。癲癇既別為篇，奈何？茲篇重列治之之物，亦以癲癇雖因驚而致，然亦有因邪而驚，因驚復癲者。故篇中凡節《本經》《別録》諸物主治，涉及癲癇者，竝與《癲癇篇》複，龍齒、防葵、升麻、蚱蟬等是也。見驚邪癲癇，雖分門別戶，然驚邪不解，仍得為癲癇。癲癇之內，仍有因驚邪者，疏其派，正以各會其全，非複也，亦非混也。至篇中驚邪治法，與《傷寒論》《金匱要略》迥不相謀，則以前所論諸湯，皆治傷寒者也。夫邪亦何常之有，有正邪，有虛邪，有賊邪，有雜邪。風有八，痺有五，豈得概而言者？所論諸湯，僅一奔豚湯自係雜邪，餘者竝屬正邪變幻，不有此篇拾遺補闕，焉得治驚邪全體哉。

本篇諸藥物主治，除驚癇癲疾外，多曰驚悸，曰驚狂。蓋又有陰迫陽、陽迫陰之別焉。夫水停為悸，火盛為狂，驚悸、驚狂，究其來歷，雖絕不由水停火盛，徵其見在，則有非水停火盛不為驚悸驚狂者，其故可約略而言也。曰傷寒八九日，下之，胸滿煩驚，小便不利，譫語，一身盡重，不可轉側者，柴胡加龍骨牡蠣湯主之，非水停耶！曰傷寒脈浮，醫以火迫劫之亡陽，必驚狂起臥不安者，桂枝去芍藥加蜀漆龍骨牡蠣救逆湯主之，非火盛耶！然以火盛而曰陽亡，以水停而用大黃，緣誤治耳。設不因誤治而陽迫陰，陰迫陽，則水停者，當思濬其道；火盛者當思熄其燄，即指誤治者言。水停仍須茯苓，火盛猶賴蜀漆，其旨不可窺見哉。況本是虛邪雜邪，暨夫不因邪者，故篇中藥物下所繫主治，凡言驚悸者，無性寒之品，言驚狂者，無性熱之品，就是而推，不既思過半歟。觀其安陰於陽中，雄黃、丹沙、人蔘、紫石英、柏實、紫菀。清火於水中龍膽，攝火以歸土龍齒，導水以就窪茯神、茯苓，撥陰之遏陽升麻，舉陽使出陰蚱蟬，挽陽以入陰遠志，闢陽以通陰犀角，於陰中伸陽丹雄雞，就陽中益陰沙蔘，鑿陰之閉陽麝香，開陽之拒陰桔梗，帖陰陽之違從，施擒縱俾就理，曾謂治驚，尚有遺義哉？

癲癇：【略】巢氏曰：癇者，小兒病也。十歲已上為癲，十歲已下為癇。予以為不盡然。《奇病論》曰：人有生而病癲者，得之在母腹時，母有所大驚，氣上而不下，精氣并居，故令子發為癲疾也。小兒有癲，則大人不可有癇乎？案備列癲病形象，莫詳於《甲乙經》，其目但標癲者，不兼瘛瘲，癲狂竝舉，則每兼之。而癇則口眼相引，目睛上搖，手足掣縱之謂。是癲不必掣縱，癇必掣縱。癲而狂亦掣縱，癇而癲或不掣縱，非癲癇之確別歟。奈世人見此二證，而均不識也。凡卒仆無知，痰涎湧出者，無論掣縱與否，皆謂之癇。而以神識不慧，語言錯亂者為癲。不知《甲乙經》所載，除因外邪寒熱，此外如僵仆嘔沫，目妄見，口喎喎，悸，耳鳴頰腫，吐舌吐血，羊鳴戾頸，短氣，胸背痛瘈厥，洞泄煩滿，悲泣，轉筋，目睆睆，衄衄，皆癲之兼證。《病源》所載癇證，如搖頭弄舌，睡中驚掣，數齧齒，屈指如數，背脊強直，頸項反折等，與癲絕不相同。癇之與癲，豈果難分耶！雖然玩篇中所摘《本經》《別録》主治，則混稱固不可，過析亦不可，要須深明其故也。觀治癇者，每比於驚，可知其氣之并而鬱勃難達；治癲者，每比於狂，可知其氣之亂而伏行經隧矣。而《難經》曰二十難：重陽者狂，重陰者癲。是當析者也。《靈樞》曰《邪氣藏府病形篇》：心脈緩甚為狂笑，微濇為癲疾。其不析何也？《素問・脈解篇》太陽所謂甚則狂癲疾者，陽盡在上，而陰氣從下，下虛上實，故狂癲。蓋均是相并，陰盛於下則癲，陽盛於上則狂，陰陽互并而相搏則癲狂。此《甲乙經》多癲狂竝提之證，本篇多狂癲竝治之藥也。而驚與癇之析者有二陰急為癇厥，二陽急為驚之文，其混者有心脈滿大，癇瘛筋攣；肝脈小急，癇瘛筋攣；腎肝并小弦欲驚之文竝《素問・大奇論》。《病源》曰氣血不和，熱實在內，心神不定，所以發驚。甚者掣縮變癇。蓋心主血脈，熱氣輳於本則驚，輳於標則癇。此驚癇本相連屬，古書所以多連稱。而本篇亦多驚癇竝治之藥也。試不析癲癇，而但舉其所兼之疾，則有身熱，龍角、鉛丹、秦皮、牛黄。有溫瘧，防葵、白斂。有寒熱，鉤藤、蛇蜕、蜣螂、白馬目、蚱蟬、蛇銜、露蜂房、雀甕、狗糞中骨。有風邪，牡丹、蘆會、升麻。有惡瘡，蛇牀子、雞子。有脹滿，蜣螂、白馬目、蘆會。有拘攣，莨菪子。凡得全篇十之五，若析癲癇，無論所兼所因者，龍角、牡丹、白斂、鉤藤、白殭蠶、白馬目、鉛丹、瑇瑁、白馬懸蹄、蛇銜、秦皮、頭髮、狗糞中骨、雞子、白鮮皮、雀甕，治驚癇。僅白狗血治癲。亦得全篇十之五，餘則均可治癲狂，復可治驚癇者，準是而論，析之亦何益矣？即以兩味竝提大人小兒者，為十歲以上為癲，十歲以下為癇之證，則篇中特提小兒而癲癇皆治者且三分之一，此又何説焉？總之，比其兼證，别其寒溫，而揣其上下，以定取捨，是用此篇治癲癇之大綱，亦分癲癇之微旨矣。

驚癇、癲狂既每相連為患，本篇固為癲癇正治。驚則前有《驚狂篇》，亦既詳論治矣。至於狂則舍與癲相連者外，遂可無治法乎？夫狂有四端：有陽鬱，有七情，有火邪，有瘀血。陽鬱者，《病能論》曰：陽氣者因暴折而難決，故為怒狂，則所謂多與癲連者也。七情者，《癲狂篇》曰：狂始生，先自悲也，喜忘、苦怒、善恐者，得之憂飢。狂言，驚，善笑，好歌樂，妄行不休者，得之大恐。狂者多食，善見鬼神。善笑而不發於外者，得之大喜。狂，目妄見，耳妄聞，善呼者，少氣所生，此皆宜循其端以導之，或鍼治，或如《陰陽應象大論》所謂悲勝怒，恐勝喜，怒勝思，喜勝憂，(喜)〔思〕勝恐，消息其意而調之可也。火邪者，《傷寒論》曰：傷寒脈浮，醫以火迫劫之亡陽，必驚狂起臥不安者，桂枝去芍藥加蜀漆龍骨牡蠣救逆湯主之是也。瘀血者，《傷寒論》曰：太陽病不解，熱結膀胱，其人如狂，血自下，下者愈。其外不解者，尚未可攻，當先解外，外解已但少腹急結者，乃可攻之，宜桃核承氣湯。太陽病六七日，表證仍在，脈微而沉，反不結胸，其人發狂者，以熱在下焦，少腹當硬滿，小便自利者，下血乃愈。所以然者，以太陽隨經瘀熱在裏故也，抵當湯主之是也。曾謂不與癲連者，遂無治法乎？然則神識不慧，語言錯亂，世俗所謂癲者，又何從治？是在《金匱》可按也。曰防己地黄湯，治病如狂狀，妄行獨語不休，無寒熱，其脈浮，既無外感，復無掣縱，如狂非狂，似癲非癲，其治如此，則與之類者，可推測而知其概矣。

孫真人《千金方》，王太守《外臺秘要》，於驚癇癲狂皆加以風字，《千金方》又於《風癲論》中附載《素問・厥論》全篇，其義趣皆當深考者也。夫陰陽在人，互相維繫乃生，兩相背馳則死，可即而不可離。然有乍相激而遂相離者，有久相拒而仍相維者，無他，一則積漸使然，一則卒然乘之耳。夫癲癇與傷寒，其陰陽之偏頗無異。然而傷寒勝負不過十餘日而決裂，癲癇相持有至數年、數十年不愈亦不死者，此其故自有在矣。譬之漢楚鏖鬬五載而亡，七國媾爭二百餘年未已，且其間齊成田氏，晉室三分，他國終不能遂吞併之謀，由其素與民浹不肯相離也。是故癲由厥成，風從厥化；癇以驚作，驚為風生；風煽火熾，火爍狂發。驚癇癲狂，烏得不加風字？而其所謂風，在《厥論》固足寒則火上逆而生風為狂，足熱則風痰上湧而為癲，而厥成癲疾《脈要精微論》，精氣并居於上為癲《奇病論》，陽盡在上，陰氣從下，下虚上實為狂癲《脈解篇》，陽盛則四支實，能登高棄衣而走，且妄言罵詈，不避親疏《陽明脈解篇》，無不可一以貫之。是其以漸相并之勢，積微成著之機，或以陰乘陽而陽愈盛，如燈燭之燃脂；或引陽就陰而陽愈牢，如薪槱之蓄火。豈猶冰炭之相迫，水火之相沃，能不眨眼而澌盡哉？故曰癲疾厥狂，久逆之所生《通評虚實論》是其酷似七雄之爭，非如鴻溝之鬬也。使盡檢《千金》《外臺》，凡風狂、風驚恐、風邪、五邪風、驚悸風、驚恐、風癲、五癲、風癇、風眩、風旋諸方，合之本篇所列，所未及用者止十四味，而在附録者止八味，蓋已得十之七八矣。苟以意消息之，猶有不能用之物哉。

癲者，陽搏陰而難通。狂者，陽絕陰而無制。皆陽窮化風，與驚癇之陽為風煽者異，奈何藥物能竝主之也。夫合而言之，則驚狂掣縱，卒倒無知之際，但見風陽之擾亂，遑定本末於由來，竝治之物，急所當需，特苦僅得四味耳。就四味而言，如龍齒、角，攝水火於土，而不使相逐；牛黄除蓄熱於土，而兼清內外；蜣螂納穢濁於土，而撲火之燄；防葵出土最早，而得水能沉，均無論內傷外感，皆可施用者，又何陽化風、風煽陽之别，而有所隔礙耶？分而言之，則驚邪既有專條，狂走又多别故。如瘀血、大熱等病中，皆可尋狂之治則。是篇所重，獨在癲癇，故所列多直探病本，不假勞旁推測擊。而發表去邪者，絕跡難求。於此可悟《靈樞・癲狂篇》有骨癲、筋癲、脈癲，而無肉癲、皮癲，如有肉癲、皮癲，則外發之物在所必用矣。《通評虚實論》曰：癲疾脈搏大滑，久自已，陽中有陰也；脈小堅急，死不治，陰之拒陽也。虚則可治，陰可合陽，陽可合陰也。實則死，陰陽不可相人也。篇中生而病癲，厥成為癲，癲字《内經》皆作巔，故王注咸謂為首疾。今從《甲乙經》《千金方》引用，以皇甫士安、孫真人皆在太僕前也。

喉痹痛：【略】曹青岩曰：喉嚨主天氣，咽嗌主地氣。蓋咽主納穀，喉主出氣。天氣者，肺氣；地氣者，胃氣也。天氣為邪所阻，則心主三焦之施化不行，故濁結於上而為痹。《病源》曰喉痹，喉裏腫塞痹痛，水漿不得入，令人壯熱惡寒，七八日不治則死。邪客於喉，則人陰陽之氣不能出於肺，循喉而上下是也。地氣為邪所阻，則脾胃之轉輸不利，故濁蒸於上而為腫。《靈樞·癰疽論》：猛疽發於嗌中不治，化為膿，塞嗌中半日死，膿得瀉者，飲以豕膏三日已。是也。然痹則無膿，有朝發夕死者；腫則有膿，有數日不死者。蓋喉為氣道，氣道阻則津液留而不化，結為痰涎，阻塞敷隧。嗌為食道，食道阻則胃氣餒而化熱，蒸為膿血，阻遏氣機，故瀉膿易撤痰難也。痹腫皆邪氣所為，有上受而結者，下傳而結者，故凡內腫及外，外腫涉內，內腫外不腫，外腫內不腫，或曰喉閉，或曰喉風，是皆痹之類。更有上熱下寒，腫白而赤，汗出喘逆，為陽之內竭；喘渴吐血，閉不能飲，煩擾壯熱，為陰之內竭，是皆不治。又如嗌上下左右，或奇或偶，結腫為膿曰癰，不為膿曰蛾，為腐曰疳，是皆嗌腫之類。實則熱痛俱盛而神清，虛則熱痛俱微而神倦，竭則如痹而死矣。更婦人女子有所結於內，亦發於喉，或腫或腐，遇勞怒即發，不甚為楚。男子間亦有之。室孀發者特甚，是即少陰咽痛也。少陰主唾，熱則唾不上供，利少陰之氣，即致少陰之唾，非勞極之唾為熱涸而音喑喉蝕比也。

據此，則喉痹重在閉，嗌腫重在痛矣。然《厥論》曰：手陽明、少陽厥逆喉痹嗌腫。《欬論》曰：心欬則喉中介介如梗，甚則咽腫喉痹。則腫之甚者亦痹，痹之甚者亦腫，腫而至痹，痹而致腫，皆絕證也。故推原治法，定恃痛與閉孰甚，所以篇中標痛者二，其散發皆於陽分；標不通者四，其斡旋皆在陰中。而均係開解，其餘則盡下氣之物矣。是治咽喉大旨，不外降散兩端，更別以寒熱之殊宜，較以輕重之得所，猶有遁而之不可為哉。

噎病：【略】《說文》曰：噎，飯窒也。《詩正義》曰：噎者，咽喉蔽塞之名。此言噎之狀。《病源》曰：噎由憂恚所致。憂恚則氣結，氣結則不宣流使噎。噎者，噎塞不通也。又曰：陰陽不和，則三焦隔絕，三焦隔絕，則津液不利，故令氣塞不調理也。此言噎之由。蓋憂為肺志，腎家之水賴肺以輸，脾家之精賴肺以布。因憂氣結，不能循職，則津液結濇，氣道不澤，食入遂窒塞焉。篇中之治，或因其津液內窒而通之於外，竹茹、蘆根。或因其氣機外窒而通之於內，羚羊角，外革拘曲而內之木直遂。或因其不降而通之於下，通草。或因其不升而通之於巔，頭垢。或直達其阻塞，杵糠。或曲肖其食物，牛涎、鶻鷀頭。不泥執其由來，但歆動其生氣。古人治病，往往如此。擴而充之，則貝母之解鬱，萱草之忘憂，均可為三隅之反也。若因其氣與食窒，而用香燥開通，苦寒剋降，則不勝其夯，而病遂由此增劇矣。雖然，《千金方》述《古今録驗》云：五噎，氣噎、憂噎、勞噎、食噎、思噎也。氣噎者，心悸，上下不通，噎噦不徹，胸脇苦痛。憂噎者，天陰苦厥逆，心下悸動，手足逆冷。勞噎者，苦氣膈脇下支滿，胸中填塞，令手足逆冷，不能自溫。食噎者，食無多少，惟胸中苦塞常痛，不得喘息。思噎者，心悸動，喜忘，目視䀮䀮。凡若是者，猶可但以篇中諸藥治之歟。夫特據其始，自理歸一致，暨推其變則分遂殊異。津液結而不流，能使陽氣痹而不宣，亦能使陰氣凝而不釋。陽痹不宣則蒸而生熱，陰凝不釋則滯而為寒，寒熱相搏則激而成實，寒熱相凌則削而成虛。故仲景曰：寸口脈浮大，醫反下為大逆。浮則無血，大則為寒，寒氣相搏，則為腸鳴。醫乃不知，令飲冷水，汗遂大出，水得寒氣，冷必相搏，其人即噎。曰趺陽脈浮，浮則為虛，浮虛相搏，故令氣噎，言胃氣虛竭也。曰小青龍湯證，若噎者，小青龍湯去麻黄加附子主之。斯足以窺其際矣。更覈之以《千金》五噎丸、乾薑湯之溫，竹皮湯、羚羊角湯之寒，猶不可識其流耶。特走竄攻下，《千金》《外臺》終不及用，此則常極加意耳。

有膈證者，每緣噎所致。《靈樞》僅列其名，《素問》推言其由，《外臺》雖列其治，卻甚不可明，本篇及《千金》並不載其目。膈者，病之末傳，大證也，死證也。可不條理其緒，俾人識其端，或者十中可全二三乎？夫膈，淺言之，則《靈樞》一語盡其概，曰氣為上膈是也。分言之，則有上傳下傳焉。《素問·陰陽別論》曰：一陽發病，少氣善欬善泄，其傳為心掣，其傳為膈，此上傳也。一陽為膽與三焦，宜直達而不宜抑遏，抑遏則氣機窒塞而難通，難通則運用於中者寡，上下間出者多，於是心不舒為掣，食難入為膈，此即由噎致者也。曰三陽結謂之膈，此下傳也。三陽為小腸、膀胱，有經過而無滯留，留則逆，逆則滿於中而反上出，此由反胃致者也。自金元已降，噎膈反胃，雖皆混稱，然亦頗有見到語，曰噎在上脘，膈在中脘，反胃在下脘是也。但未檢《病源》所謂胸中氣結煩悶，津液不通，飲食不下，羸瘦不為氣力，為憂膈。心下苦實滿，噫輒酢心，食不消，心下積結牢在胃中，大小便不利，為恚膈。胸脇逆滿噎塞，胸膈不通，噫聞食臭，為氣膈。心腹脹滿，欬逆，腹上苦冷，雷鳴，繞臍痛，食不消，不能食肥，為寒膈。藏有熱氣，五心中熱，口爛生瘡，骨煩，四支重，唇口乾燥，身體、頭面、手足或熱，腰背疼痛，胸痹引背，食不消，不能多食，羸瘦，短氣及癖，為熱膈。且寒熱外因必連脹滿憂恚，內因亦須便祕，其膈乃成。可見結在上而下仍通，結在下而上不閡，皆不能為隔。惟上下交鎖，鬱滯連衡，始得就耳。故噎不便祕，僅可謂噎。反胃自嘔，不過反胃。倘反胃不嘔，又不能食，噎且便祕，胸腹不通，斯則膈矣。趺陽脈浮而濇，浮則為虛，濇則傷脾，脾傷則不磨，朝食暮吐，暮食朝吐，宿穀不化，名曰胃反。虛且傷脾，是中焦病，不得云下脘也。然胃反吐而渴欲飲水者，茯苓澤瀉湯主之，其方較五苓散多生薑、甘草，而少猪苓。不可見病雖在中，實由在下水道不宣歟。不與三陽結為膈相連屬歟，是反胃與嘔同形異治，反胃與噎膈異病同情也。然則《外臺》治膈八方，蜀椒、遠志、乾薑、桂心、細辛，無方不用，何義？夫膈既方成，胸腹閉塞，自非溫開不能通達，通達之後，自有條理可尋，乃更按證檢方，剷除病本。試思八方何無一方作湯服者，丸如彈子，僅服一丸，如梧子者服四五丸，至多以十丸為率，亦可見其意之所在矣。

清・鄒澍《本經序疏要》卷五

鯁：【略】《千金》論曰：凡療病者，皆以其類。至如治鯁之法，豈宜以鸕鷀主魚鯁，狸虎治骨鯁耶。至於竹篾、薤白，嚼筋縣蜜等事，乃可通為諸鯁治耳，明一物一制者，其用隘，非其所制，則不能為力，由其天賦止於如此；兼制諸物者，其用廣，雖非所制，亦能為力，由械智既周，物莫能遁，此為人巧可奪天工。觀《外臺秘要》列諸鯁方三十五首，誤吞物方一十七首，其大意可剖析而論焉。大率有用其滑者，如多食羊脂、肥肉，能引釘、箭、鍼、鐵之類。有用其黏者，如飴糖能出鐶釵之類。有用其縛者，如薤葉、麥葉，能裹鐶釵之類。有用其引者，如磁石能吸鐵針之類。有用其類者，如以所餘燒灰末，水服，及以髮灰還治髮吞繞喉之類。有用其拔者，如吞鹿筋、竹篾等，令至鯁處動其所鯁之類。皆人巧也。有用其劫者，如魚笱鬚、魚網治魚骨鯁之類。有用其服者，如汞能輭銀之類。有用其制者，如鸕鷀治角，狸虎治骨之類。有用其魘者，如刀鋸漬酒，治竹木鯁之類。皆天工也。夫物情跼曲，病變多方，乍視之，則參差不齊，一若終難相接者，而不知或迎其首，或隨其尾，或憑其腰領，或截其行蹤，總須使之相值，尤要在馴其暴，遂其欲，而不激其怒，故一病也，而在甲則微，在乙則甚。一物也，施之於始不效，施之於終乃效。苟能得其機，尋其緒，遂無不可批之郤、不可導之窾矣。雖然，物情能勿察乎？體氣能勿顧乎？譬如《深師》用薔薇灰療鯁及刺不出，以薔薇之刺不連根於梗也。《千金》以瞿麥療鯁及刺，以瞿麥子熟則奔迸自出也。《肘後》以布刀故鋸燒漬酒中，調婦人指甲灰，治誤吞木竹釵，以釵慣熟婦人手拔也，此之謂察物情。《備急》以豬羊及肥肉治吞鍼、箭鏃、金鐵，假使不耐肥人，豈能服之？又以生艾蒿水酒煮服，治諸肉骨鯁，假使津液竭者，豈能服之？此之謂顧體氣，非特治鯁宜然也，一切病能外是哉？

齒痛：【略】有齒痛，有齗痛。凡脣頰腫，齗爛赤，能齧能嚼者，齗痛也。不得齧且嚼，齗頰脣如常者，齒痛也。故治齒痛可溫可補，齗痛宜清宜洩。蓋以齒之體連於骨而主於腎，齗則手足陽明所縈絡也。腎病有內因，有外因。外因者，濕熱生蟲，從外而蝕，篇中凡用雄烈殺蟲者是。莽草、雞舌香、車下李根、馬懸蹄、雄雀糞、莨菪子。內因者，寒閉血液不能榮骨，篇中凡用升降水火者是。當歸、芎藭、附子、蜀椒、烏頭、白頭翁。陽明病有風有火，風則肌肉膹腫，開闔不利，篇中凡用開發行氣者是。獨活、細辛、蛇牀子、楓脂香、枳根。火則糜爛氣穢，致成膿血，則篇中所列寥寥。蓋於血證癰疽惡瘡䘌證，均可彷彿其治，故不多載。而說者謂上齒屬少陰，下齒屬陽明。非也！少陰之脈僅循喉嚨，挾舌本，不能至齒，惟手陽明之脈入下齒，足陽明之脈入上齒，亦無當齒痛大義。然惟如是，益可見痛關陽明，在經脈肌肉而無涉於骨。若《靈樞・雜病篇》所謂齒痛，不惡清飲，取足陽明；惡清飲，取手陽明則劇。所當思矣。夫陽明為燥金之經，其發齒痛，非津液壅滯，即津液焦枯。焦枯者，欲飲未必欲清，壅滯則欲清飲矣。所以然者，焦枯是虛，壅滯是實。實者，猶火之附薪；虛者，猶物之失養。即是觀之，則凡篇中之物，燥烈者止可治實，滋澤者方堪治虛。而病涉少陰，則非特不欲清，并不欲飲，皆可見矣。

口瘡：【略】題作口瘡，於《千金・七竅門》實該口舌脣三者。若《外臺秘要》之緊脣、瀋脣、瘡爛口瘡、口吻瘡、舌本縮、舌上瘡皆應隸此。乃檢其所主之方，所用之藥，較是何啻倍蓰，而以此寥寥數味者，昭列於篇，毋乃不偏不該歟？而不知彼倍蓰之方之藥，有不能不於此取裁者。蓋心主舌，脾主口。心者，外陽內陰；脾者，體靜用動。故口之與舌，其開闔轉掉，咸在津唾之常承。則其為病，非患於津唾之不足承，必患於津唾中挾有熱。是以兩書中方法雖多，然每方中必有是篇一二味者，十居七八。篇中所載十一味，分而言之，入水以清火者六，入陽以澤陰者五。觀其命意所在，猶當以火因濕而生黃連，火因濕而附黃檗，火不羈於水中龍膽，水抑遏於火上升麻。火附水以外發，則充其水而使之畢發大青，水迫火以上升，則解其火而使之開散竹葉。而或澤其上酪，或澤其中蜜，或澤其下酥。或解其糾結而津自行豉，或濡其礦頑而陰自復地黃。莫不秩然有序，界劃攸分，不特可為一病之規模，并可覘凡病之取裁矣。然其治水中之火，多注意於藏；治陰不承陽，反注意於府。一若府當補，藏當泄者，不幾與凡病之藏病多虛、府病多實者，適相戾歟。夫藏者，藏精氣而不瀉；府者，轉化物而不藏。惟其藏，故火得與津偕藏，其治非泄也，乃剔去津中火耳。惟其瀉，故津背火而自瀉，其治非補也，乃益津以配火耳。是故以津而言，則藏實而府虛。以火而言，則府實而藏虛。正與傷寒之少陰證、陽明證同一例也。獨其火或搏於津，津或違於火，所以不為他重病，而僅僅口瘡。是當深研其義，得其所以然，則變換在手，萬化生心矣。

吐唾血：【略】吐唾血者，吐而唾間有血也。若但云吐血，則牙宣者、口舌裂者、欬嗽者、嘔者，皆有血可吐，不必雜在唾間矣。惟云吐唾血，則牙宣者當質之齒痛門，口舌裂者當質之口瘡門，欬嗽者當質之欬嗽上氣門，嘔者當質之嘔吐門，而無所混。然則吐唾血之由奈何，《千金》載廩邱之說，云吐血有三種：有內衄，有肺疽，巢氏用搠肺疽。有傷胃。內衄者出血如鼻衄，但不從鼻孔出，是近從心肺間津液出，還流入胃中，或如豆羹汁，或如切衃血凝停胃中，因滿悶即便吐，或數斗至一石，得之於勞倦飲食過常也。肺疽者，或飲酒之後毒滿悶，吐之時，血從吐後出，或一合、半升、一升是也。傷胃者，因飲食大飽之後，胃中冷，不能消化，不能消化便煩悶，強嘔吐使所食之物與氣上衝蹙，因傷裂胃口，吐血色鮮正赤，腹絞痛，汗出，其脈緊而數者，為難治也。《諸病源候論》曰：吐血者，皆由大虛損及飲酒勞損所致也。肺為五藏上蓋心肝，又主於血，上焦有邪，則傷諸藏，藏傷血則下於胃，胃得血則滿悶氣逆，氣逆故吐血。以是知唾間之血，非緣火迫，不由沖激，乃上焦自有所傷，血久已流於胃，胃滿遂溢於上，故雜唾而出。其出也甚易，不假嘔逆，無須欬嗽。則治之者竟不在平氣止逆，行痰洩火，可直推其何以聚其中，而從其中以化之，導之，滲之，泄之矣。夫陽明多氣多血者，非滿盛氣血於胃中也，以其受納較他藏府為能容，其決洩較他藏府為難竭耳。即能容難竭，亦非所素有也，以其盛則必有所掣，衰則必有所曳耳。今者血瀦於中，至隨唾而吐，是其掣與曳定有所窒而不靈。從篇中所列，以窺其微，則不靈之故蓋有在矣。血以榮肌肉。肌肉者，土也。土之納潤，必以陽煦，陽不煦則水不入土矣。故須煦而納之，艾葉、伏龍肝、黃土、水蘇。若土頑礦則亦不受潤矣，故須濡而納之。地黃、飴糖。血以行經脈，瀉則不入經脈矣，故須凝而入之戎鹽、白膠。經脈通，始能受血，窒則血不能入矣，故須通而入之牛膝、蠐螬、大小薊。其餘若血阻而生熱，則清以通之羚羊角。血停而化水，則滲使下之桑根白皮。超超元箸，全從順化，令流而瀦起，見洵與欬嘔，有血者異。

吐唾血由血聚胃中，致血聚胃中，由飲食醉飽，固已如右矣。欲驗其果否血聚胃中，當徵之於經。《脈要精微論》曰：肺脈搏堅而長，當病吐血。《邪氣藏府病形篇》曰：肺脈微急，為肺寒熱，怠惰，欬唾血，謂之堅，謂之急。而定其部分於肺，則是實非虛，在上不在下可見。然吐唾血者，詎能絕無虛證，即篇中地黃、飴糖、小麥、牛膝，謂其必因飲食醉飽而用可乎？則《邪氣藏府病形篇》曰：心脈微澀，為血溢。《經脈篇》曰：足少陰是動，則病飢不欲食，欬唾有血，喝喝而喘。夫以主血之鄉而見澀，沉靜之處而見動，其為因虛無疑，則地黃等物皆為是用歟。要其為血聚於中，則一也。驗之之道，凡欬血者，必兼膿濁；嘔血者，必挾胃汁。此則稠而不散，醇而不厚，滿而無形，熱而不燥，皆可證矣。獨其與瘀血頗似相涉，但瘀血凝而此不凝，此動而瘀血不動。要其歸則篇中之物，亦可治瘀血，《瘀血篇》所載，亦可治吐唾血，以意消息之可耳。

鼻衄血：【略】詳覈是篇，治血中之水，蝦蟇藍、溺垽、礬石、蒲黃。及自裏達表，如絲如縷者，竹茹、蝟皮、亂髮。十居七八。因悟《金匱要略》所謂尺脈浮，目睛暈黃，衄未止，暈黃去，目睛慧了，知衄今止者，為有合也。夫尺部為水所居，水之精微上出為目瞳子，水中沉濁釀火，隨經而上焉。斯尺脈浮，瞳子不慧，而黑轉暈黃，知衄當未止矣。是治血中之水者，洩其本根之濁，自裏達表；如絲如縷者，除治其所由之道，不使隨地有所脇從耳。蓋衄從清道，清道者，必自陰及陽，如六陽之脈皆上於頭，然其起咸在四末是矣。故不特陰中之火上冒清空能為衄也。即如寒薄於下，激陽不靖，亦能致之。則曰病人面無色，無寒熱，脈沉弦者，衄。非《金匱》之文歟。不過尺浮在當衄之際，沉弦在既衄已後，然張後必翕，焉知尺浮不轉為沉弦，翕後更張，可見沉弦能再為尺浮。但就事論事，見景生情，則沉弦之治，端有異於尺浮。而篇中所載，性溫及開發者，雞蘇、大薊、艾葉、馬通。斷注意在是矣。不然，脈浮者何以計較其旨不止？設使不衄，不必論其止。沉弦何以言其面無色，無寒熱？假令纔衄，面豈遽無色耶？此衄自內發，其自外因成者，曰太陽病脈浮緊，發熱，身無汗，自衄者愈。傷寒脈浮緊，不發汗，因致衄者，麻黃湯主之。太陽病脈浮緊，無汗，發熱，身疼痛八九日不解，表證仍在，此當發其汗，麻黃湯主之。服藥已微除，其人發煩目瞑，劇者必衄，衄乃解。陽明病口燥，但欲漱水，不欲嚥者，此必衄。脈浮發熱，口乾鼻燥，能食者則衄。凡衄不特內因有異，即外因且隨經殊狀焉。夫陰中非乏水不生火，陽中非氣盛不成熱。乏水故火能升而不能降，氣盛故熱欲外而不欲內。假使火而能降，原如環斯旋，決不別趨歧徑，熱而得外，已遂所嚮往，豈更妄作阻撓？是故內因之衄，由乎陰經乾涸，火升而水不相濟；外因之衄，由乎陽經盛滿，血降而氣不相隨：此內外因之殊也。太陽之熱，充溢動盪；陽明之熱，蓄聚蒸騰。蓄聚則能礙降，充溢則能助升。故曰從春至夏衄者太陽，正以其助升；從秋至冬衄者陽明，正以其礙降，此獨外因之殊也。由此以推，則衄證可分六經論。何則三陰在內，三陽在外，皆有開闔及樞？觀乎陽應開而因不開為患，乃助之開；則陰應升而因礙升為患者，則當引之升矣。助開者麻黃湯，引升者自裏達表諸味。陰因闔而不化者，既導之使下，則陽之因闔不化者，亦導之使下。可見在陰治血中之水，則在陽當治血中之火。其在兩樞既有性溫開發之治陽，則《虛勞篇》目瞑悸衄之治為治陰，又不可泯矣。予嘗謂仲景之書非疏，為有經方，補苴斯不疏，而此篇者非不全，以補苴仲景書而遂全，此之謂也。

古有吐行濁道，衄行清道之說，而不言其理。今玩此兩篇，其理遂可明。第吐唾血為血聚胃中。有唐人之說為據，衄血之所由來與據，實亦所當申明者，不然空演六經，無謂也。夫《靈樞・經脈篇》曰：足太陽之脈起目內眦，上額交巔，一支從巔入絡腦，還出別下項，一支從巔至耳上角。足陽明脈起鼻，交頞中，旁納太陽之脈，下循鼻外，上入齒。足少陽之脈起目銳眦，上抵頭角，下耳後，從耳後入耳中，出走耳前，至目銳眦。足太陰之脈連舌本，散舌下。足少陰之脈循喉嚨，挾舌本。足厥陰之脈上入頏顙，連目系，上出額，與督脈會於巔，其支從目系下頰。而仲景云衄家不可發汗，汗出必額上陷，脈急緊直視不能眴，不得眠，則衄所從出，皆額上鼻旁與繫於目之脈，從清空之道而出，謂之清道，不亦可乎？然二道之治，有相同焉者，何也？蓋天名精主瘀與小便不利，大薊主腫與熱，水蘇主下氣殺穀，馬通主止血及疼痛，生地黃主血上薄。夫停即為瘀。而所以停，則或以穀氣之薰蒸，或以水熱之上迫，陽不下通，則小便不利，陰不相浹，則為腫為痛，此病於清道者可有，病於濁道者亦可有也。故不害其為同，況吐與衄，皆血上薄之所致乎？此其同中仍有界限，而非漫同；異中具有條理，而非絕異處也。

鼻鼽：【略】鼻之病多矣，曰鼽，鼻寒塞也。曰⿰鼻弟，今所謂鼻流清涕。曰淵，鼻液常流而有穢氣也。曰乾，鼻燥也。鼽特其一端耳。何以諸病咸不載，而獨載是耶？夫鼽者、⿰鼻弟者、乾者，皆乘六淫之激而成。故隨外感為消長，外感愈，則其病自瘳，無從別標治則。淵則據險附巖，能為勞傷、外感樹幟矣。然終乍作乍輟，過勞而發，勞復輒平，因感病來，感解亦去，茲固可治其勞與感，不必別分門類也。鼽乃有壅之義焉。較之與鼽則通而非塞，⿰鼻弟則濁而不清，乾則潤而不燥，淵則常而不輟，雖通而氣常不暢，有涕而長壅不流，甚則聲如從室中出，而鼻且日腫大色赤。此其根柢有風有濕，有火有寒，可以歷年不瘳，可以畢生不愈，斯其獨標一目，竝立治法也固宜。然則何以不用香藥宣通而用是？夫香藥宣通，仍是治塞，不是治鼽。蓋在竅而言塞是從外窒內，壅是從內障外。故篇中諸味，但玩蕤核之主心腹邪氣及破心下結痰痞氣，薰草之去惡氣，細辛之溫中下氣破痰利水道開胸中，即可見鼻氣之鼽，必係胸中臭惡邪氣，結痰宿水，翳障氣機之所為。而通草之逐水，桂之利肝肺氣，瓜蒂之抽吮濕熱，無不可一以貫之，為治鼽之本，非治鼽之標矣。

耳聾：【略】耳目之似天地。《大戴記・曾子天圓篇》曰：天道圓，地道方。方曰幽，圓曰明。明者吐氣，故外影；幽者含氣，故內影。外影，火與日也；內影，金與水也。此似耳目之體。吐氣者施，含氣者化，故陽施而陰化。陽之精氣曰神，陰之精氣曰靈。神靈者，品物之本，此似耳目之用。目之說見後。以耳而言，則幽者其分，含氣者其才，內影者其德。然體非用不見，用非體不立，則非化無以見含氣之無滓，非靈無以見內影之有朕。惟其有朕而靈，故能為含氣之歸。致含氣使化，納含氣於幽，而聾之內因外因，皆可於此驗矣。夫靈之為言空也，《廣雅》：靈，空也。昭也。《左傳》鄭昭宋聾。《莊子・天地》大愚者，終身不靈。《釋文》引司馬注：靈，昭也。不空能令不昭，不昭亦能令不空。不空之聾為外因，以含氣中有蕪雜也。不昭之聾為內因，以朕兆中不光澤也。夫固曰金與水為內影也，請假金水兩行，喻耳聾之內外因，按《考工記》攻金分職，鑑燧所需，偏資下劑。鄭注謂金多錫則刃白且明，亦以多金則堅剛，多錫則白耐久而明耳，而金久鍊不渝，錫乃久鍊可燬。則錫似精，而金似氣，金錫參半，精氣適勻，精藉氣以為空，氣藉精以為昭。設使精不給斯為內因，氣蕪雜斯為外因，理不可誣也。水為坎，坎之二陰外附，正取其空。一陽內藏，確似其朕。而水者濁則無影，雖清而深且窅，則亦無影。求水之能照，正猶求金之能照，質欲其清，體欲其薄，不清則不昭，不薄則不空矣。篇中內因治則滋膏以膏之，飛走之腴，偏選其蔬食，或不害生類者，不求昭中有求空乎？外因治則荄蘇以薙之，辛苦之烈，偏選其味薄，或體含滋汁者，不求空中有求昭乎？而磁石之引金合水，尤為至元至妙，以是悟用藥治病，參病論藥，昭昭然道也，進乎技矣。

鼻息肉：【略】王太僕謂息為死肉。《病能篇》癰氣之息者注。蓋惡肉、贅疣之類也。而息之詁可為生，《史記・孔子世家》：自大賢之息。索隱：息者，生也。又可為滅。《禮記・中庸》：則其政息。注：息，猶滅也。則其物能不假擁腫而生，無藉潰膿而滅，潛滋暗長，如所謂息壤者，《山海經・海內經》：鯀竊帝之息壤，以湮從水。注：息壤者，言土自長息無限。却又不礙起居，無妨飲食，隨其所因以生，屆其分遂已，有寧靜休止之義焉。《左・昭八年》：臣必致死禮以息楚。注：息，寧靜也。《禮記・樂記》：著不息者，天也。注：息，猶休止也。所因奈何？巢氏云：肺氣通於鼻，肺藏為風冷所乘，則鼻氣不和，津液壅塞而為鼻齆，冷搏於血，氣停結鼻內，故變生息肉是也。其分奈何？篇中羅列藥物，所該主治是也。蓋惟其與鼻齆同源，故篇中所列九味，僅異其五。惟其鼻齆言風，故病及津液。此不言風而言血，故病及肌肉。夫均冷也，從風搧則散，被血攝則凝。散者宜隨而逐之，凝者宜搜而剔之。以故劫痰藜蘆，劫火雄黃，卻濕礬石，散結地膽，去瘀白狗膽，無一善類，較之與鼻齆同用之物，良劣殊不相侔。蓋取其鍼孔相符於去惡肉死肌，又取其帖切於橫梗氣道之惡肉死肌，此古人治病專著意處。若今人則通肺化痰，利濕清火，開結去瘀，泛遴混使，以為隔膜之治，無怪獲效之難也。雖然，鼻息肉非要病也，非急病也，其全備此篇藥治之乎？抑逐一偏試之乎？是又非矣。蓋必盡其兼病應用之物，而引以此篇一二味，與病證偏重處逼真的對者，其庶乎如桴鼓云。

目熱赤痛：【略】據《大戴記・曾子天圓篇》之義以言目，則明者其分，吐氣者其才，外影者其德。而目熱赤痛為其外因，目膚瞖為其內因矣。惟內因故不痛，惟外因故無不痛。然就痛之中，仍有發於內襲於外者，當析焉。發於內者，六淫已著於藏府，藏府氣血不咸蘊釀而及目；襲於外者，六淫先著於眦眶，眦眶被灼潰腐而及目。就巢氏《病源》稽之，則凡傷爛腫脹，皆外襲者也。焮赤淚出，皆內發者也。然目固火也，六淫何以竝能病火？六淫之中，何以火復病火者居多？蓋目以明為本，明以燭物為功，其不明固當屬內因矣。若火自明，緣隔蔽不能及物，遂無明之用，則六淫何者不可為？且惟同氣相投之火，尤足譸張，何則？燭物之火猶燈，燈惟藉膏，膏者，木於土中浥水精所為也。尤貴其量輕重遠近與火悉稱，燈光乃清，光清矣。苟燔燎之火，薰炙之火，置於其旁，煙焰騰湧，最能隔蔽，至濕氣之瀰漫，風氣之簸搧，均無異也。而惟寒氣憑陵能縮其威，不能蒙其照，理固如是，能不謂六淫所為哉？請析篇中腫脹為濕傷，爛為濕火，淚出為風，痛為火。言痛赤者為兼涉血分，言明目者為兼及內因。而覈其物潤燥之性，散泄之宜，升降之能，補瀉之用，更彙而論之，遂昭昭然可知其目之病狀，而無漫投偏試之弊矣。夫瀉火本以救火，已甚難乎為繼，況治寒須熱，治濕須燥，治風須散，又欲其不助火之燄，致火之炮。故必令柔巽而入，先與之帖切近已，周旋排解，然後從而誘掖之，化導之，俾各自順從，解釋明者復明，而無一味剋制逆折之物於其間。觀乎其用清者避滋，用滋者避膩，用開者以消散，用逐者以通順。又妙在即中空之清汁，益中空之陰氣，而解浮蘊就中貯之寒氣，發中貯之陰氣而除煩懊，要在使其吐氣而已。世皆憎治目疾者善投寒涼。若用寒涼而措思及此，又何可憎哉？

目膚瞖：【略】目膚瞖視，目熱赤痛，為病在內矣，然猶多由外邪。其純屬內因者，又非此篇藥物所能治。凡《金匱・虛勞篇》所謂目瞑，《千金》《外臺》肝腎虛寒，所謂目䀮䀮無所見，及失明眼闇青盲，盲者是也。而目膚瞖之支流，又有暈、有淫膚、有膜、有障，有丁，其大較在《病源》曰陰陽皆上注於目，若風邪痰氣乘於腑臟，腑臟之氣虛實不調，遂沖於目而不散，睛上有物如蠅翼，名曰膚瞖。若肝藏不足，為風熱所干，睛亦生瞖，瞖久不散，漸漸侵覆瞳子。若肝藏血氣蘊積，沖發於眼，津液結聚，遂成珠管。若藏府虛風隨目系入腦，則令腦轉目系急，目眴而眩。若肝虛受風，搏於精氣，致精氣聚於白睛，繞於黑睛，精采昏濁，黑白不分，謂之暈。若肝經虛為風熱所乘，致血脈生於白睛，謂之飛血。皆其類也。篇中亦既分析，昭列每味下矣。然其旨趣確誠注意在肝，即前篇所謂木浥土中水精以為膏者，而此類病則皆膏中蕪雜，致燈不明之候也。膏中蕪雜不澄，泌其內而磨鑢其外，不澡雪其外而清肅其中，則亦良以病雖根內，內猶散而外已著。若刈草然，根魁碩者劚，葉豐茂者薙，固宜如是耳。觀其磨鑢之物，外雖鑛而內則明。真珠、貝子、丹沙、石決明、石蟹。清肅之物，性雖寒而氣則散秦皮。委曲內藏者，飛觸蠕動，以使其內出；伏翼、青羊膽、蠐螬汁。堅牢難拔者，劀剝薰燎，以使其外揭，麝香、馬目毒公。仍不忘招徠安奠之意，微逗其間菟絲子，使人知舉一反三，而精衰光散者，猶得有所遵循也。

聲喑啞：【略】聲以詔聽，聽以納聲，是故喑啞與聾，源同而派別。第聲主發，聽主受，故聲者資乎水而發乎金，聽者因乎金而受乎水。以鑑喻聽，即可以鐘喻聲，乃其質則鐘出上劑，鑑出下劑，此類異矣。金多於錫為上劑，六分其金，而錫居一，謂之鐘鼎之劑；金錫半，謂之鑑燧之劑。鑄金之狀，黑濁之氣竭，黃白次之。黃白之氣竭，青白次之。青白之氣竭，青氣次之，然後可鑄。夫錫易燬，金難銷，功候既屆純青，恐無論上劑下劑，其錫皆已竭矣。而善化氣者水，善範氣者金，則音聲者必使水盡化入金，然後從金而出，故曰資乎水而發乎金，正與聽之藉道於金而并化於水者，適相對也。然病於聲者不一，何以皆不列治，惟喑啞特著哉？蓋彼焦殺亢厲者，湮鬱不暢者，湫隘曲細者，急遽迫促者，此所謂薄厚之所震動，清濁之所由出，侈弇之所由興，已厚則石，已薄則播，侈則柞，弇則鬱，長甬則震，大而短則疾而短聞，小而長則舒而遠聞，此猶鐘，然由稟賦之不齊，非病也，非藥之所能治也。若醫經之聲嘶、聲嗢、聲亂、咽嘶、舌痿、聲不得前、聲嘎，經方之因病失音不語，皆緣他患連累及聲，非聲獨自為病，他患愈，聲亦隨之愈，故皆不得列治。而惟喑啞之不由他累者得特著焉。然喑之與啞，又應分別，喑者無聲，啞者有聲。觀篇中有竝提聲音者，有獨標聲，獨標音者，大率聲者音之概，音者聲之成，聲發於水，音成於金，是聲為本，音為標。故治水者其力全，治金者其功偏也。至如誤服毒藥而失音，叫罵竭力而聲啞，是又在似病非病間，治之自別有道，即不治亦能自復，又不可與是竝論矣。

面皯皰：【略】巢氏云：面皰者，謂面上有風，熱氣生皰，頭如米大，亦如穀大。白色者是面皯。䵟者，由風邪客於皮膚，痰飲漬於府藏，故生於面皮，或如烏麻，或如雀卵上之色者是。面皻者，由飲酒熱勢衝面，而遇風冷相搏，令面鼻生皻赤皰帀帀然者是。曰風熱氣，曰風邪客於皮膚，曰飲酒後熱氣在面遇風冷相搏，則均外感也。外感何以不發於徧身，而獨生於面部哉？夫固有故矣。蓋任禦邪者惟陽氣，頭面固諸陽所共至，亦陽氣停頓處也，何則？手三陽皆終於面，足三陽皆始於面，經脈所終始，分支必多，多則力分而行不迅，其遲留伏匿固宜，何況一身皆裹，面獨不衣，是其受感自當較易。且其邪不流於榮衛為發熱惡寒，不行於經脈為汗出惕瞤，不入於肌肉為身體煩重，不攢於筋骨為疼強牽掣，而獨滯於皮膚。面皮本最厚，《靈樞・邪氣藏府病形篇》：諸氣之津液皆上薰於面，而皮又厚。故尤能藏邪匿滯，是以不布於周身耳。然觀篇中用藥，不重搜風，不重去滯，而惟取其色白及潤者居十八九，何也？考《玉篇》：皯，面黑氣也；䵟，面黑也；黓，黑也；皻，皰也。今作齇。齇，鼻上皰。皰，面皮生氣也。因是知《病源》所謂如米如穀者，皆言其大小，非言其高突。故又云或如烏麻，或如雀卵，皆言其色，非言其形。就舉篇中所列藥味主治而言，則黑星黑點，為斑為暈，或疏或密，固已十得八九矣。色黑則治以白，氣滯則治以潤滑，謂非的對可乎？況但云皰皻者寥寥，然亦為面皮生氣，是亦不能逃滑潤之治矣。即其本雖為風為熱，為痰為滯，然既成是病，獨著是形，卻又不能捨去現在而專討論已往，且散風清熱，除痰疏滯之物，固自有在耶。

髮禿落：【略】禿有兩端，一者虛人髮不向長，或病後髮落不更生；一者因瘡髮墮。《說文》云：禿，無髮也。鬝，鬢禿也。《釋名》云：禿，無髮沐，禿也。毼，頭生瘡也。頭有瘡曰瘍，毼亦然也。是漢魏之間猶有分別。巢氏云：人血盛則榮於頭，故鬚髮美。若血氣衰弱，經脈虛竭不能榮潤，故鬚髮禿落。又云：蟯蟲發動，最能生瘡，乃成疽、癬、瘑、疥。白禿者，由此蟲在頭生瘡，結白痂甚癢，其上髮竝禿落不生，謂之白禿。若無白痂而有汁，皮赤而癢，則謂之赤禿，是隋唐間雖有分別，然謂之禿則均矣。因蟲之治，當求之《惡創篇》，此篇則因虛因病之禿，而禿與落又當兩途視之。蓋禿者，不長茂也；落者，不更生也。然玩篇中所載諸物主治，又不止兩途，曰堅則能使其不落，曰長則因其所有而長之，曰生則因其所無而生之。若地於草木然，欲其不彫須培，欲其長茂須灌，茍欲其生，則不直培之灌之而已，將必布之種焉。故篇中於生之一類，不特令人憬悟，且將解頤也。

沈存中謂髮屬心，稟火氣，故上生；鬚屬腎，稟水氣，故下生；眉屬肝，故側生。斯言似甚合理。孰知《靈樞・二十五人篇》言之尤詳，曰足陽明之上，血氣盛則髯美長，血少氣多則髯短，氣少血多則髯少，血氣皆少則無髯。足陽明之下，血氣盛則下毛美長至胸，血多氣少則下毛美短至臍，血氣皆少則無毛，有則枯悴。足少陽之上，氣血盛則通髯美長，血多氣少則通髯美短，血少氣多則少鬚，血氣皆少則無鬚。足少陽之下，血氣盛則脛毛美長，血多氣少則脛毛美短，血少氣多則胻毛少。足太陽之上，血氣盛則美眉，眉有毫毛，血多氣少則眉惡。手陽明之上，血氣盛則髭美，血少氣多則髭惡，血氣皆少則無髭。手陽明之下，血氣盛則腋下毛美。手少陽之上，血氣盛則眉美以長。手太陽之上，血氣盛則有多鬚。皆與沈說不同，蓋沈自據理，《靈樞》則指經脈所屆而言。以愚意權之，則指經脈所屆而言，乃有補於徵驗，據理而言，則眉惡而補肝，鬚少而補腎，恐終無益。但《靈樞》獨不言髮之美惡長短，則頗缺漏。倘欲例此而續之，在《素問》則《六節藏象論》曰：腎者，精之處也，其華在髮。若據經脈所屆言，則督脈也，足太陽也，足厥陰也，皆至於髮之根。再據前說，血盛者美，氣盛者長，又可推見，不生者血氣皆少，生而不長者氣少，長而不澤者血少。然此皆言其故，非言其治也。若據此而為之補血補氣，誠可謂鍼孔植鬚矣。總之，事補益，循經絡，皆不可廢，尤不可鑿，要當於此篇之中咀其味，摘其元化而裁之。如以髮為藥物，則能利小便，止血，仍自還神化，則固小便、充血脈者，均可有濟於髮矣。擴而充之，例以馬鬐膏，則凡多鬣獸之膏，均可增鬚之美；例以松葉，則凡根繁之草木，類可益鬚之長。宗此意而讀《千金方》《外臺秘要》方，發人神智不少也。

或曰人年老則髮墮，而眉反長，何也？夫惟於此，尤可見《靈樞》《素問》之說為長矣。蓋人之易盡者，陰也，血也，而氣則必不息，息則死矣。天癸之至與竭，以《上古天真論》而言，其主皆在腎，以《六節藏象論》而言，髮為腎之華。是故腎氣漸衰，則天癸日減於下，而髮遂日耗於上，其致一也。眉則主於足太陽、手少陽，是二經根本專司消息水火於下，自幼而壯，壯而老，同出一轍，不易衰也。況老人頤養如法者，既無嗜欲之火攪亂於中下，而火益順，水益清，其反長也固宜。

滅瘢：【略】《聖濟總録》謂風熱諸毒留於府藏，發於肌肉而為瘡瘍，病已瘡愈，餘毒未殄，故瘡痂落而瘢痕不滅。治法既有塗澤膏潤之劑，亦須賴榮衛平均，肌溫氣應，外宜慎風冷也。據此以覈本篇，則所列之外調榮衛，溫肌肉，尤為要著矣。若但據本篇而言，鷹屎白主撻傷瘢，密陀僧主金瘡瘢，白附子主冷瘡瘢，則白殭蠶主風瘡瘢，衣魚主濕瘡瘢矣。數瘡之外，遂無瘡乎？他瘡之愈，能無瘢乎？說者謂白殭蠶縱死不浥爛變色；衣魚隨行皆有跡，而拭之輒滅；鷹所食物，其色皆濃厚，而屎且白。均可為泯迹之用。而白附子之助藥勢，密陀僧之剷壘突，任諸瘡奇幻，均可已之是矣。然諸物皆色白，倘本白而染他色用之固宜，設黃赭蒼黧者，緣患瘡而餘白瘢，猶得以是滅之乎？且諸物者，其力皆行於面，今但曰滅瘢，則不特面瘢而已，一身之瘢皆可以是滅之乎？以是知猶係舉一反三之旨，欲人循此，自多讀書而悟會焉耳。不然，獺髓滅瘢，白玉平痕，昭然在冊，乃皆不可信耶。

金瘡：【略】《聖濟總録》云：金刃所傷，創有微甚，生死所係，要在原經絡所在，觀變動之形，察微妙之脈。葛稚川曰：天窗、眉角、腦戶、臂裏跳脈、髀內陰股、兩乳上下，心，鳩尾，小腹及五藏六府俞，皆不可傷，此所謂原經絡所在也。腦破出血，戴眼直視，不能語言。咽中傷，聲嘶急，舌出，兩手妄舉，肌肉不生，按之乾急或青黃汁出，或瘡邊寒青肉消殞敗，或先出赤血後出黑血，或血出不止白汁隨出，皆不可療，此所謂觀變動之形也。診其脈虛細小者生，微細遲者生，反此為難治，此所謂察微妙之脈也。而《病源》載其分析，有血出不止，有內衄，有筋急相引痛不得屈伸，有傷筋斷骨，有中風發痙，有驚痙，有驚悸，有煩，有欬，有渴，有蟲出，有著風，有著風腫，有癰腫，有風水甚者，有斷腸，有腸出，有金刃不得出，有下血虛竭，有久不差，不可以一二端窺也。獨奈何以不足二十物者印定人眼目，為治金瘡通用哉？且照證科分指明某物治某證，猶之可矣。乃偏列藥十有八味，而止血者居其八，生肉者居其三，止痛者居其四，混云治金創者居其五。而於前所臚兼證，僅及中風水腫，及補腰續筋數端，謂為備，則疏漏已甚，謂為不備，偏又有一支一節存於其間，是果何說也哉？殊不知驚悸者，煩者，渴者，蟲出者，癰者，水者，既有專門，皆曾列治，惟其血出不止，不可與吐衄並論。疼痛筋攣，不可仿濕痹為治。而斷折，而刃留，皆他病不能兼有者。至中風則與中於腠理者異，水入則與水停者不同，故微逗其義，略引其端，使人知循病本之絕殊，參病情之究異，俾求治法於他門，不至刻舟求劍，與泛常闕於此備於彼者為迴不侔矣。雖然，其中具寒溫與平之性，行氣行血之殊，散逐補苴之宜，去敗生新之效，詎可任拈一物，浪治一證哉？亦自有鍼孔相符處，但觀其一物，兼列數效者，可差識其緒矣。再試思《金匱要略》王不留行散為治金瘡第一經方，僅得是篇二味，其餘寒如黃芩、芍藥，熱如蜀椒、乾薑，竝與金瘡無涉，卻故用之何也？又思《肘後》《外臺》，每每單拈一味，使治金瘡，竝非是篇所有，卻又何故？譬如甘草，《本經》明明載主金瘡尰而未列，此篇欲使人舉一反三，從中會悟耳。

清·鄒澍《本經序疏要》卷六 踒折：【略】踒，《說文》《玉篇》皆云：足跌也。踒折，後人或謂之被打《千金》，或謂之腕傷《病源》，或謂之傷折《聖濟》，或謂之跌仆損傷今人，其意皆無踒折二字之周。蓋為人所侮，不過力不相及，在傷者本無病也，而有氣憤之兼，暴折之歉。若但蹉跌，則或以眩暈，或以驚觸，或以下弱，或以失足，或從車覆，或從騎蹶，或因道滑，或因巉巖，當時之情景不同，則受傷之淺深自別，而氣血之違從遂殊。曰足跌而致折，則人之相加，己之失誤，并宿疾之發動，無不由之矣，故謂之周。然其間派別，猶有頭破腦出，折骨傷筋，壓迮墮墜，內損中風，發痓發腫諸異，除此之外，則無不有瘀。而瘀又有新者、久者，皆按篇中可循條理得其緒。夫在血曰瘀，曰內漏，曰止，曰散，可想見其傷折後血之情形。在跌曰墮墜，曰僵仆蹐，可想見致傷折之景狀。在痛曰骨，曰腕，曰腫，曰折，可想見受傷折之部位。而所列之物，偏選其跌而不傷者鼠，開而能闔者龜，折而可聯者雞，外雖斷而中仍連者地黃、續斷，擊之可碎、鎔之可合者自然銅，紫爛於外青白其中者李，皆使元氣不隨傷而傷，不因折而折耳。至因是而幻成他候，則仍有本類可稽，取治則於彼焉。

瘀血：【略】玩篇中端緒甚繁，第一先剖其瘀之情狀，則濡遲有待曰留，篇中凡朴消、牡丹、射干皆治留血。壅塞不通曰閉，大黃、茅根、䗪蟲、蝱蟲、桃仁，皆治血閉。積久而朽曰老，射干主老血。挖困垢穢曰惡，羚羊角、牛膝、乾地黃、水蛭，皆治惡血。敗類害良曰賊。蝱蟲、芍藥皆主賊血。其次當究其瘀之部分，則在內曰腸中，紫參療腸中聚血。曰腹中，鹿茸主血流在腹。曰胸腹，蜚蝱除賊血在胸腹。曰心脾，射干主老血在心脾間。曰心腹，紫參散瘀血，主心腹堅脹。曰胸膈，天南星利胸膈，散血。在外曰血脈，乾地黃主通血脈，蜚蠊主利血脈，芍藥主通順血脈。曰四肢，鮑魚主血痹在四肢。其次當審其瘀之為病，則曰寒熱，大黃、茅根皆主血閉寒熱。曰淋，琥珀主消瘀，通五淋。曰注下，羚羊角主惡血注下。曰渴，飴糖主止渴，去血。曰麻痹，敗龜主血麻痹。曰癥瘕，桃仁主血閉瘕邪氣，虎杖主留血癥結，水蛭主血瘕積聚，車前根葉主血瘕下血，牡丹主癥堅瘀血留舍腸胃，天名精主血瘕欲死。曰月水不通，牛膝主月水不通、血結，水蛭主瘀血月閉。曰踒跌，鮑魚主踒跌。條分件析，皆有循緒以通，特已後經方治是，均附載他門，不別標統領，遂使內有瘀血，無以悉其外見情形，是蓋當細覈焉。夫仲景書雖云不無疏漏，要其徹源徹委處，未嘗不綱舉目張。何為源？病因是也。何為委？病處是也。病形則有內外之殊。內因者，所謂食傷、憂傷、飲傷、房室傷、飢傷、勞傷、經絡榮衛傷。外因者，瘀或比於風桃仁承氣湯證，或比於熱抵當湯丸證，或比於水大黃甘遂湯證，皆所經見於書者也。病處則有上下之別，在上者為肌膚甲錯，兩目黯黑大黃䗪蟲丸證，為其人咳，口乾，喘滿，咽燥不渴，多唾濁沫，時時振寒，熱之所過，血為凝滯，畜結癰膿，唾如米粥肺癰證；在下者為著臍下腹痛下瘀血湯證，在少腹不去溫經湯證，少腹滿如敦狀，小便微難而不渴大黃甘遂湯證，經水閉不利，藏堅癖不止，下白物，礬石丸證。亦所經見於書者也。但其所陳，不若此篇之備。然據所謂如狂喜忘，少腹滿而小便自利，脈微而沉，脈沉結屎雖硬，大便反易，其色黑，無表裏證，而發熱脈浮數，雖下之脈數不解，消穀善飢。其景其情，在內在外，固已略備其概矣。而其最有致者，曰病人胸滿脣痿，舌青口燥，但欲嗽水不欲嚥，無寒熱，脈微大來遲，腹不滿，其人言我滿，為有瘀血。曰病者如有熱狀，煩滿，口燥而渴，其脈反無熱，此為陰伏，是瘀血也。曰婦人年五十，所病下利數十日不止，暮即發熱，少腹裏急，腹滿，手掌煩熱，脣口乾燥，此曾經半產，瘀血少腹不去。統而言之，已見熱標，而無熱證，脈無熱象者，瘀也。有所阻則應有所不通，有所阻而氣化仍通者，瘀也。並無所阻，而自謂若有所阻者，瘀也。有燥象而不渴，不應渴而反渴者，瘀也。蓋氣以化而行，血以行而化，氣已行而結者猶結，則非氣病。況血應濡而不濡，實未枯而似枯，是非有瘀何由得此哉？故曰仲景書雖似疏，然得為是編之綱，是編雖密，僅能為仲景書之目者此也。

火灼：【略】《集驗》云：凡被火燒者，初慎勿用冷水冷物並井下泥。火創得冷，即熱氣更深，轉入至骨，爛壞人筋，攣縮者良由此也。《病源》《千金》亦云然，《聖濟總錄》亦深禁冷物淋搨。又云：水火之氣，當因其勢而利導之。湯火誤傷，毒方熾，通導而洩其氣可也。本非氣血所生病，故治不及於湯液，特在乎塗敷膏浴，治其外而已。乃本篇直列井底泥於中，何哉？夫《別録》固謂為湯火燒創用之矣。覈之以豆醬下之未成瘡，用汁點之之語，則固用於後，而非用於初者也。大抵齊梁及唐皆尊信是編，而是編者又祇列其物，而不下其物注脚，則恐後人宗之者，漫拈以取快一時，不計後日深害耳。其實有何不可用哉？然據此已足見已成瘡未成瘡，宜分兩途治矣。再考《千金》《外臺》，凡治此者，多以膏油調敷，幾乎無方不然。本篇所載，僅止九物。醞釀蒸暴而成者，鹽、醬及醋已得其三，即井底泥之柔冷難燥，柏皮、胡麻之多脂，又得其三，其餘則牛膝以遏其上游，梔子以醒其變色，黃芩以界其腐潰耳。而居其前者，果何為者耶？夫蒸盦不至臭敗，暴炙不為消泯，反能成淨潔之質，芳香之氣，以助人元氣者，何不可救人被蒸盦暴炙之害？且能耐蒸盦暴炙者，惟滋膏潤澤耶。是二端者，一以其受成艱苦，化患害於方殷；一以其秉賦豐腴，拒侵軼之盛熾，曾謂無故也哉。而《千金》《外臺》意即可於是徵之矣。

癰疽：【略】曹青巖曰：癰疽雖寒熱邪氣所為，實因氣血壅瘀而致。故內無壅，則邪氣侵襲，僅生疾病；內有瘀，則邪氣依附，遂發癰疽。《病源》曰：六府主表，氣行經絡而浮不和，則邪氣乘而為疽，是癰邪淺而輕，疽邪深而重。然《靈樞・癰疽篇》有名癰而深重，名疽而淺輕者，是癰疽之名，不必泥淺深之致，亟當辨也。蓋邪結輕淺，雖血肉腐壞，（寫）〔瀉〕膿可瘳。邪結深重，則經脈敗漏，傷藏以死。治外實者開之，治內虛者托之。血瘀則通，氣壅則宣，所謂因其輕而揚之，因其重而減之，責虛取實，適事為故也。

予不善治瘍。然嘗聞之治瘍猶治傷寒也。傷寒首論外解未解，瘍則先分已潰未潰。傷寒次審裏實不實，再察有無虛象，瘍則亦然。是故瘍之始治，自有條理，與傷寒迥殊。若其初作已挾虛，方膿而挾實，與夫內搏而傳陰，外開而不闔，種種與傷寒同，即以傷寒法治之可也。今觀篇中皆始條理事，而其委曲周折，當異於傷寒處，剖析綦詳。如分別部位，則曰頸、曰嗌、曰陰，是其所至之上下可見矣。研核久暫，則曰散、曰消，無非開首之治。曰排、曰止痛，無非成膿之治。皆在未成潰之前，是其所在之淺深可見矣。至諦審名目，則曰腫、曰結，腫則有浮有堅，結則有氣、有熱、有膿，此亦未潰前事，是其所受之來源可見矣。推究極盡，則曰敗、曰傷，皆已潰後事，是其所留之禍患可知矣。而又不遺傳帖之術、膏摩之方，蓋亦明明示人以除是已外，儘可同他疾一例治也。雖然，題曰癰疽，篇中列藥二十二味，乃疽字祇兩見，餘則盡屬治癰，未免偏重不均。夫是亦傷寒例耳，回檢《傷寒篇》，起首之治，即無桂枝，外解而後，凡為補為溫，纖悉不載。以傷寒實證正治，原已具於篇中，調和溫補，乃借虛證之治以治傷寒，非傷寒正法也。則於此篇，遂可識疽證純宜用補，無他別法，即其僅一見於黃芪，再見於鹿茸，可以會悟矣。若其人後之治，本與癰同，癰且不載補劑，疽更何勞獨出，不又有例可循耶？

惡瘡：【略】曹青巖曰：癧疽癬疥，皆惡瘡也。《病源》曰：肺主皮毛，脾主肌肉，氣虛腠疏，則濕邪乘入，化為熱毒，侵食肌膚，浸漬血脈。癧疽則或腫或腐，疥癬則為痛為癢，延擾日久，變化生蟲，淺則外淫，深則內薄，既宜化其濁穢，又當潔其膿腐。然毒本散漫，藥峻則傷氣血，藥緩則邪淹留。欲弭其患，必於宣逐之中，寓以抵罅補隙，則邪氣去而絡隧寧矣。按：本篇除異名同患，異文同義，如瘫即癬，《釋名》：癬，徙也。浸淫移徙日廣，故青徐謂癬為徙也。《音義》引此作瘫。瘙即疥之所苦，《釋名》：疥，齘也。癢，搔之齒類，齘也。癢即瘙之所由，《釋名》：癢，揚也。其氣在皮膚中，欲得發揚，使人搔發之，而揚出也。痂即創之所結。外曰疽、曰禿、曰䘌、曰瘑、曰癩、曰癧、曰丹。《病源》曰：體虛受風熱濕毒，與氣血相搏，則發惡瘡，癢痛焮腫而多汗，身體壯熱。癬者，風濕邪氣客於腠理，復值寒濕與血氣相搏，則血氣否澀，皮肉隱胗如錢文，漸漸增長，或圓或斜，有匡郭，裏生蟲，搔之有汁。有乾癬，有濕癬，有風癬，有白癬，有牛癬，有圓癬，有狗癬，有雀眼癬，有久癬。疥者，皮內隱起，發如痦癗，極癢，搔之汁出，旋作乾痂，皆有蟲。有馬疥，有水疥，有乾疥，有濕疥。疽者，瘑之類，多發於支節，脚脛相對，帀帀作細孔，如鍼頭，其裏有蟲，瘙痛，搔之黃汁出，隨差隨發。有甲疽，有查疽，有頑疽，有根疽，非癰疽之疽也。禿見前《髮禿落篇》。䘌見《後䘌篇》。瘑瘡者，風濕之氣折於血氣，結聚所生，多著手足間，遞相對如新生茱萸子，痛癢，抓搔黃汁出，浸淫生長拆裂，時瘥時劇，變化生蟲。有燥瘑創，濕瘑瘡，久瘑創。癩者，多從風起，初入皮膚，流通四支，潛於經脈，或在五藏，眉睫墮落，鼻柱崩壞，語聲變散，耳鳴啾啾，皮肉頑痹，不覺痛癢。有烏癩，有白癩。癧者，人運役勞動，陽氣發洩，遇風冷濕氣折之，經絡之血結澀不通，乃生核如梅李。丹者，風熱惡毒所為，令人身體忽然焮赤，如丹塗之象。諸患者其來有自，其制有物，則其間自有鍼孔相符處，可人人領會，而不必縷述者也。第其植根非深，而瑣碎淹蹇倏忽，以至遷延不退，積久內伏，仍可斃人。所當比諸內證，闡發其理者。蓋癰疽既猶傷寒，此類則猶瘧痢。瘧痢者，根連內外。此類之根，未嘗不亦連內外。傷寒乃傷榮衛，概從氣分鼓蕩，瘧痢則傷經隧，每傍血脈消長，是瘧痢為著形體，而傷寒反僅礙氣機矣。是故礙氣機者易進易退，雖奔騰踴躍張甚，而可決其生死。瘧痢則緜延反覆，遲滯而難斷其違從。譬之天降時雨，縱傾盆倒峽，每多生物之功；惟淫霖瀰漫，積日累旬者，傷害禾稼實甚也。篇中諸病，大率由濕火痰蟲風醞釀以成，受之者多在血脈，而濕乃浸淫之濕，可由逐而去；風非外中之風，可由散而息。從濕生火，火與濕搏而成痰。從濕熱生風，風與濕熱媾而生蟲。故篇中藥物，除濕者幾居其半，即治風，治火，治痰，亦必關照驅濕通血脈，此其大綱矣。

漆瘡：【略】曹青巖曰：漆之為物，濡濕則乾，風燥反潤，投以鹹鹵則消化為水，人著其氣則腫而為瘡。《病源》曰：漆瘡者，瘙癢腫起，先發赤痞，後生細粟，厲者腫膿焮痛，極而為痂癩。然有不畏者，終日播弄，了無他苦。畏者遠襲其氣輒發，輕者至七八日不治自差，重者治以相制之物，亦必七八日始已。或曰其人本有濕熱，感漆氣之竄烈則為瘡。每見易生瘡疥者，染氣即發，遇漆則固無恙也。是稟賦之畏惡，非濕熱之感召也明矣。按：治漆瘡者，惟化患害為護衛，其義最精，且盡美盡善杉材柹；其次去結聚芒消，清熱毒井中苔萍；其次充土氣秫米，澤肌膚雞子白美矣。若夫任敗漆之物蟹，石蟹，漆氣固為之解散，其質將奈之何？是又可證仍有去滓消毒之物為之佐使，以善其後也。惟漆之為物，《本經》列諸上品，謂為無毒。《別録》則增有毒於下，其理所當究焉。夫人乖常理曰姦，物戾常情曰妖。在人視之為妖，在物所具則為毒。漆之毒，以其得燥反漓，得濕反凝耳。然則《本經》何以著其主絕傷，續筋骨，填髓腦之功？夫正以其止能於血液盛滿之軀，續筋骨，填髓腦也。故《本經》不曰主絕竭絕涸，而曰絕傷，正為其人血液盛滿時，忽遭傷損，致斷絕不續耳。既知其如是不遂，可知其於血液燥涸人則能劫血液使漓，揚血液使沸耶。故患漆創者，多嬌怯白嫩之人。蟹鹹寒散血，漆能劫之，則蟹能散之；漆能揚之，則蟹能止之，所以為第一的對之劑。篇中諸物，欲盡識其用意所以，即以是推之可也。

癭瘤：【略】曹青巖曰：癭瘤皆氣結疾也。《靈樞·刺節真邪論》曰：有所結氣，歸之津液，邪氣凝結日甚，連以聚居為昔瘤，是癭瘤悉緣積累而成。癭專主氣，瘤兼主血；癭不治則能妨咽，瘤不治惟日堰大而無痛癢。故《病源》有癭可破，瘤不可破之戒，恐氣血外竭而致斃也。二候初覺，但宜解結氣，通津液，使不連聚堰大，化熱為膿則善矣。按：古人謂險阻氣多癭《淮南·墬形訓》，輕水所多禿與癭人《呂覽·盡數》，何哉？蓋生其地者襲其氣，食其畜者踐其形，氣應上達，血應潛趨，當達不達，以其地勢有以攖之也；當趨不趨，以其力微不能前進也。是二說者，一似言癭《淮南》，一似言瘤《呂覽》。以癭與瘤本係同類，特隨處結聚曰瘤，但居頸項曰癭。以義言之，嬰，繞抱也。《淮南·要略訓》以與天和相嬰薄注。留，滯守也。《莊子》山木無留居注。滯守者不能擇地，繞抱者必倚險要，故曰：癭，頸瘤也《說文》；癭，嬰也，在頸嬰喉也《釋名》。瘤，肉起疾也《廣韻》；瘤，流也，氣血流聚而生腫也《釋名》。猶不可見泛稱則為瘤，在頸則為癭耶。即癭專主氣，瘤兼主血，亦於此可識矣。血有定屆，氣無定行，則宜瘤有常處，癭無常處，乃適相反。又氣能鼓激，聚則迫急；血主流行，聚止盈科。則應癭急瘤寬，瘤垂癭突，乃復相反，何哉？夫成癭者，非有餘之氣；為癭者，乃氣阻之血。氣緣不足，故不能通達，而陷於險；血緣氣阻，故反能鳩合而結為壘。則癭如纓絡之垂，瘤似榴球之湛，非無由也。雖然，氣本因疲乏不盡欲之量，血亦因氣滯乃故違流動之趨，是其責皆應在氣。故本篇少獨治癭瘤之物，有之惟一味耳白頭翁。且見頸項字樣者，十四味中，復居其七，是可曉行氣則血自流，解鬱則血自順，開結則血自通，化痰則血自利，除火則血自寧耳。曾謂竟不治血哉？

瘻瘡：【略】曹青巖曰：瘻瘡之源凡三：《素問·生氣通天論》曰陷脈為瘻，留連肉腠，是緣瘍久不斂而成者；《靈樞·寒熱篇》曰鼠瘻之本在臟，是因情志拂鬱而發者；又曰浮於脈中，未著肌肉，外為膿血，是受蟲鳥之毒而生者。夫蟲鳥之毒，或自飲食染其精液，或自居處襲其毒氣，內則決而逐之，外則蝕而去之，所謂從本引末，以去之也。瘍久不斂，或瘍生筋骨空陷之處，外闔而內不聯，或以氣血乏，腐去而肉不長，所謂補虛易而塞漏難也。情志拂鬱，則精血內沮，他藏之損，不若肝臟之專，男子每發於莖，婦人歷生於乳。經方所謂瘄瘻、乳瘻是也。亦有發於頸掖者，所謂狼瘻是也。其成每至數年、數十年，其潰每至於死而後已。近世名之曰失榮乳巖、陰巖，治者善於補救，尚爾無稗，攻蝕則適促其生也。按：陷脈為瘻，即所謂漏也。本在於臟，上出頸腋間者，即所謂瘰癧，是其未潰者也。浮於脈中，未著肌肉，外為膿血者，即所謂鼠瘻，是瘰癧之已潰者也。漏者，當求諸癰疽治虛之法。瘰癧者，當順氣開結。鼠瘻者，當殺蟲解毒。癰疽治虛，順氣開結，自宜依指他求。若解毒殺蟲，則此篇備矣。凡曰瘰癧，及言瘻不言鼠者，皆解毒者也。鼠瘻惡創者，皆殺蟲者也。而順氣開結亦多寓焉。蓋惟專順是氣，專開是結者，皆不假取諸他篇也。雖然，鼠、蠅、蜂、蟻、蛇、蛙、蟲、蚝、蚍蜉、螬、蟯、蜣螂、蚯蚓、蝦蟇、蛭蟷、鷴、烏鶴，撅既遺精於食，既中毒於人，何以不為內患，而反流於經脈，發諸皮腠，且能不著肌肉耶？夫惟如此，方可用篇中諸物，而不嫌其毒也。蓋人藏府充實，毒本難干，設藏府不虛，第經脈懈弛，則毒不內犯而外流，故藥物亦得以毒化毒耳。假使毒內蘊而發，病寧得尚攻伐耶。就是而循其所列之物，察其氣性之異，合夫剋化之理，推其生制之宜，而更佐以抵隙補罅之資，期歸於成平帖服而後已，詎不可哉？且《靈樞·寒熱篇》岐伯答帝治鼠瘻，《千金》《外臺》皆作請從其末、引其本，今本乃作請從其本、引其末。唐人所引，詎無所本，況非止一處也，不與本篇之旨脗合耶。

五痔：【略】曹青巖曰：痔候凡五，皆下血有瘡。《生氣通天論》曰：因而飽食，經脈橫解，腸澼為痔。《病源》曰：醉飽合陰陽，致血氣勞擾，經脈流溢，滲漏腸間，衝發為痔。據此則痔因氣勞擾而下注，血即隨注而滲泄，泄而不暢，則瘀滯變熱而結腫；滲而不已，則經脈滑溜而為澼。腫久為膿則成瘻，澼久乏氣則脫肛。腫而熱者化其熱，虛而滑者固其脈，必補益其氣，使樞軸旋不阻，斯治法之善也。按：崔氏曰：五痔：肛邊生肉如鼠乳出孔外，時時(濃)〔膿〕血出者，牡痔。肛邊腫痛，生創者，酒痔。肛邊有核，痛寒熱者，腸痔。大便輒清血者，血痔。大便難，肛良久乃肯入者，氣痔。《集驗》曰：氣痔，溫、寒、濕、勞即發，蛇蜕皮主之。牡痔，生肉如鼠乳在孔中，頗見外妨於更衣，鼈甲主之。牡痔從孔中起，外腫五六日自潰，出膿血，蝟皮主之。腸痔，更衣挺出，久乃縮，豬左懸蹄甲主之。脈痔，更衣出清血，蜂房主之。兩說者參差不齊，大同小異，更覈之《病源》《千金》，又或小有不同，蓋突於外者為牡，苞於內者為牝，著於腸者為腸。血者，血之不攝；氣者，氣之不舉。則牡者為腫，牝者為痛，便艱者為腸，重墜者為氣，流血者為血。而腫者有濕、有火，痛者有熱、有瘀。便堅者有燥、有火，重墜者有濕、有熱，流血者有瘀、有虛。篇中解熱清火，燥濕滲濕，舉氣調氣，通瘀止血，滋燥清燥，非特一面周到也。皆可就其病之偏重，為之調劑，俾歸於平焉。欲使知此病之解熱清火等義，絕與治他病者不同，一若預燭，後人將必有以陰陽表裏虛實，籠統大概之說，為治病標準者，詔之俾息其喙，是書之微義也。

脫肛：【略】《删繁》云：肛者，主大便道，肺與大腸之合也。號為通事令史。若臟傷熱即脫，閉塞，大便不通，或腫，縮入生創。若府傷寒，則肛寒，大便洞瀉，肛門凸出，良久乃入。《病源》曰：脫肛者，肛門脫出也。多因久利後大腸虛冷所為。肛門為大腸之候，大腸虛而傷於寒，利用氣喔而氣下衝，則肛門脫出。既已如是，豈有用寒涼之理？乃篇中列藥六味，寒涼者三，重墜者二，此曷故哉？夫固當體藏府情性，而審其耐寒耐溫之所以然矣。試檢《千金·大腸虛冷篇》，其證則謂胸中喘，腸鳴，虛渴，脣乾，目急，善驚，其治則用灸為多，其用藥則黃連補湯，其物則黃連、茯苓、芎藭、榴皮、伏龍肝、地榆，何嘗有一味溫補？而曰治大腸虛冷，利下清白，腸中雷鳴相逐，是誠何故？乃治大腸實熱之生薑泄腸湯，反生薑、白术、桂心連用，是知《千金方》五藏六府虛冷實熱諸篇，非泛泛設，乃藏府耐藥性情精理所繫矣。故《删繁》療肛門寒，則洞瀉凸，用豬肝散方，豬肝、黃連、阿膠、芎藭、艾葉、烏梅，亦不濫用溫劑，兩相印證，無異義也。本篇大旨，寒涼三味，具伸而能縮之機；重墜二味，取墜可轉升之理。鼈、蝸之伸縮不待言，即卷柏亦得水則舒，暴乾仍卷，猶是此意。鐵則本重，而浥取精氣於水，不已化為輕乎？至東壁土，則緣水過下趨為禍，始還以防水之物為隄埂之幹耳。超超元理，益人神智如是。

䘌：【略】蚘蟲【略】寸白【略】曹青巖曰：濕熱之氣，變化生瘡，蝕爛孔竅，即《金匱》之狐惑，《病源》之疳䘌也。傷寒熱病，邪不盡達，薰蒸腹中，浸淫孔竅，令人下部或咽喉生瘡，喜睡惡食，微熱利血，甚則胃虛氣逆嘔噦，每有致死者。嗜甘之人，脾胃氣緩，蟲動侵食，亦能為之，但宜化導鬱勃之氣。蓋欲復窪聚之流，先瀹湮遏之源是也。

又曰：九蟲之害，蚘與寸白為多，皆溺熱化生者也。蚘處胃中，每有上逆吐出者。寸白處腸中，但從大便出者。蚘依於血，寒則內動而致腹痛。寸白附於液，熱則滋生而致疳蝕。其生也藉藏府之濕熱，其出也憑糟粕之黏裹。蚘則必待血滯通而後行，寸白必待凝液化而始出。蚘性畏苦，寸白性畏辛，得其性而制之，流毒可冀免矣。按：䘌、蚘、寸白，所由不同，趨嚮殊異，而均為蟲者。以脾胃失職，濕熱蘊隆則同也。狐惑屬心，心者火，火逢空斯發，故主面目乍赤乍黑乍白，著物即燃，故主蝕。蚘屬肝，肝者木，木上聳下糾，故主上下皆出，喜潤惡燥，故主煩。寸白屬脾，脾者土，土藏垢納汙，故主津液凝濁，生物繁庶，故主群。又狐惑連表而裏不靖，故狀如傷寒，默默欲眠，目不得閉，臥起不安，不欲飲食，惡聞食臭。蚘病在陰，而陽不振，故主脈微而厥，膚冷靜，復時煩，須臾復止，得食而嘔，又煩。寸白，諸書皆少言其外候，惟《千金》謂脾勞熱則有白蟲在脾中為病，令人好嘔。本篇謂腸中嗢嗢喘息，蟲自出不止，則陽不運陰，而反激陰之候也。又肝藏血，故蚘每倚血為起伏。篇中薏苡根、乾漆、楝實、艾葉，皆屬血藥，而能殺蟲者，脾生津，故寸白必凝津為窠臼。篇中貫眾、橘皮、榧子、桑皮，皆於津液中殺蟲者。蚘服苦，篇中誠有沉苦之列；寸白服辛，篇中不乏辛烈之厠。質之於䘌，則辛苦並陳，津血並利，而與寸白同用青葙，已可見其清濕熱可瘳；與蚘同用艾葉，又可見其行血液乃伏。然執此而不知權變，猶執一也。權變惟何？《傷寒論》之烏梅丸，《金匱要略》之甘草粉蜜湯、甘草瀉心湯、苦蔘洗雄黃薰是也。說者謂蟲生於風，故風字從蟲，此言良是。第此風若係外中內生，其咎應不止此，是必別有故。試思濕盛則為痹為攣，水停則為痰為飲，又安得生蟲？惟其中有熱，則陽氣不得入，而與之交化，於是陽氣與濕熱錯而相摩蕩焉。《正蒙》所謂陰氣凝聚，陽在外不得入，則周旋不舍，而為風者是也。是知生蟲之濕與水，非盛滿停瀦，乃飲食精微之餘不隨陽化者，仍係生氣之萌，故成有生之物，確似風而實非風也。或者又謂䘌與寸白，人不常有，蚘則夫人有之，故多，別無大病，稍稍怫逆，即見於吐者是已。蓋天之與地，無所不包；陰陽交化而孕育者，無物不有。則人腹之有蟲，又何疑焉？古人亦以泛辭置之，曰人不必盡有，有亦不必盡多，或偏有，或偏無，皆依腸胃之間，若府藏實，則不為害，虛則侵蝕焉。隨其蟲之動，而能變成諸患也。《病源》云。

清·鄒澍《本經序疏要》卷七　虛勞：【略】虛由於自然，勞因於有作。譬諸器物，虛者製造之薄劣，勞者使用之過當。仲景論虛勞，凡言勞者，必主脈大。云脈浮、脈浮弱而濇、脈虛弱細微、脈沉小遲，皆不謂勞。可見勞者脈必大，虛者脈必小，遂可知勞者精傷而氣鼓，虛者氣餒而精違。而其間節目，虛有陰陽之不同，勞有傷損之殊異，是其治則遂覺煩多。以篇中校之，大率曰補、曰安，皆治勞之技；曰益、曰養，咸治虛之法。以其所至之處，察其所乘之機，剖而析之，曲而帖之，可以得其當也。夫大熱消渴，鬼疰尸疰，吐唾血，上氣欬嗽，下利聲喑，瘦䘌陰痿，洩精，不得眠，腰痛，婦人崩中，月閉，皆可為虛勞兼有，雖不能不合於諸證之治，要須與是相符而不相乖，更核是篇須與彼相即而不相舛，乃能曲當，苟泥諸證常治，恐犯虛虛之戒，徒執本篇所見，又防盛盛之嫌。故篇中不憚縷析條陳。合而言之，則曰安五藏，石鍾乳、龍骨、牡丹、巴戟天、柏實、乾漆、雲母。補五藏，白石英、石斛、人蔘、當歸。補益五藏，甘草、黃雌雞。充五藏薯蕷，養五藏肉蓯蓉，五藏氣微桑螵蛸，補五內胡麻，益五藏，甘菊花、蕪菁。五藏寒熱薔薇，五藏虛氣防葵，調藏氣茯苓，利五藏，蕪菁、枳實。五勞，黃芪、茯神、澤瀉、桑白皮、紫菀，但主五勞。七傷，乾地黃、續斷、補骨脂、雲母，兼主五勞七傷。補中，沙蔘、牡蠣、五加皮、牡桂、巴戟天、杜仲、地膚子、乾漆、大棗、麻子、甘菊花、藕實、雲母。莫不具列章程。分而言之，則曰肝，空青益肝氣。心，紫石英補心氣不足，赤石脂養心氣。肺，天虋冬保定肺氣，沙蔘益肺氣，車前子養肺。腎，磁石養腎氣，元蔘、白棘補腎氣，石南養腎氣。益氣，石鍾乳、白石英、覆盆子、巴戟天、柏實、桑白皮、黃雌雞、蕪菁、枳實、續斷。益氣力，茯苓、菟絲子、胡麻、藕實。羸瘦，黃芪、薯蕷、石斛、五味子、五加皮、桑白皮、蜂子、枳實，菟絲子令肥健，胡麻、甘草長肌肉，當歸生肌肉。傷中，地黃、薯蕷、石斛、遠志、牛膝、桑白皮、胡麻、蜂子。強陰，石鍾乳、薯蕷、石斛、五味子、肉蓯蓉、車前子、蛇牀子，磁石強骨氣，石南主陰衰。益精，五味子、肉蓯蓉、五加皮、白棘、杜仲、地膚子、車前子、胡麻。莫不各分條理。校他病之用補益者，毫不相同，其灼然尤可明者，無如除熱一法，不加散發，不投清泄，其命意更屬天淵，薯蕷除煩熱，麥虋冬主客熱口乾燥渴，萎蕤平客熱頭痛，薔薇主五藏寒熱。是其因地制宜，為何如哉？奈何輓近論治虛勞，輒曰滋陰清火，養血清熱，既不按病治病，復不遵循仲景，凡桂枝龍骨牡蠣、小建中、黃芪建中、天雄散等物治之方，概視為畏途，漫不加省馴，至胃減便溏，益復寒涼滋膩，致不可救而止，無怪乎是篇更弁髦置之矣！而不知是篇宗旨，確有稗補仲景者，請試言其一二，如益精而去精中之蕪累，地膚子、車前子、五加皮。強陰而召不羈之浮陽，石鍾乳、薯蕷、石斛、五味子。因傷中而反求諸上下，桑白皮、牛膝。因羸瘦而轉事消耗。桑白皮、枳實。補中者益脾，益氣亦益脾，而寓治體治用於其間。補中諸物是益脾體，益氣諸物是益脾用。不然，則四藏皆有專補，而脾獨闕如也。安五藏、補五藏、補益五藏、充五藏、養五藏、益五藏，皆以聯絡五藏而寓動靜升降於其間，不然，諸物之功，未見若是其溥也。要而言之，篇中列藥六十五味，無非補精補氣兩端。推而極之，則其間性溫者二十，性平者二十有六，微寒者七，寒者十有二。又不過丹沙、空青、磁石、天蘬冬、澤瀉、白棘、桑白皮、地膚子、車前子、枸杞根、藕實、防葵等物，治虛勞大旨，猶不可窺見一斑乎！

陰痿：【略】虛勞已下，自陰痿至腰痛七證，連屬在虛勞，足見下虛者多在七證，七證皆虛勞支別，而陰痿尤切近，故首及焉。陰痿與虛勞切近，其義在《金匱·虛勞篇》，一則曰陰寒精自出，再則曰精氣清冷，曰陰頭寒，蓋非精無以蓄陽，非陽無以化物，生氣生血之本遂絀。動靜云為之節皆乖，虛勞之成，多由於此。是以《本經》藥物，複虛勞者恰半，而皆強陰益精和暖資有之品，以存少火而成脾胃轉運之功，非為媾精設祈似續計也。雖然，二莖、蠶蛾、雀卵實亦因是而用，夫恢復之役，積儲易而發機難。雖溫煦培植，而機括未靈，仍同堆垛，不足以轉發生氣象。譬諸釜底益薪，縱多不燃，何由得暖？必且以炬引之，是其驗矣。其他一若突中除濕五加皮，竈下噓薪陽起石，障暖氣之旁洩天雄，伸氣機之窒礙山茱萸，並可引類而推。此所以雖似虛勞附庸，實是虛勞隣境，各闢都鄙，別建城郭，而不相統攝者也。惟治痿獨取陽明，陽明虛，宗筋縱者，則與是迥殊，不得混同而論。

陰㿗：【略】痿者，疲垂不起。㿗者，木腫不靈。疲垂不起，為虛勞支別宜矣，木腫不靈亦為虛勞支別乎？不知《素問·陰陽別論》曰：三陽為病，發寒熱，下為癰腫，及為痿厥腨㿗，其傳為索澤，其傳為㿗疝。夫太陽陽之至盛也，偏稟氣於寒水，而其氣下行，賴足少陰腎之經遞接而復上出。假使腎氣不給，不克傳宣，斯寒水盛，陽鬱勃於上，而沸騰湧逆交戰肌表；抑溜於下，而浸淫漸漬潰敗血脈，由是而在外之潤澤日以蕭索，由是而在下之靈機日以虺隤。病若是者，可為虛勞支別否耶！是故㿗本疝類，而與疝源不同。說見《本經疏證》蜘蛛下。陰㿗與陰痿不同，而其源卻不甚異。此古人編書相次之微旨也。陰㿗，隱祕醜惡之疾，以不甚害起居食息，較之凡㿗反為可耐，故多忍之，不肯宣播。然觀篇中所用藥物，則其間兼證亦殊不一。如用蜘蛛，則有時腫時減者矣；用海藻，則有堅頑難馴者矣；用鐵精，則有重墜迫切者矣；用蝦蟆衣，則有小溲不利者矣；用地膚子，則有肌熱者矣；用蒺藜，則有癢者矣；用槐皮，則有痛者矣；用三種陰莖，則有㿗而并痿者矣。要之，痿則有虛無邪，㿗則虛邪錯雜。凡㿗，則邪多於虛，陰㿗則虛甚於邪。然皆緣少陰腎不能泌別清濁，化陰使從陽，舉陽使戴陰，盤旋以上濟所致。故分正羨引陰陽，自應支貫條析，而佐以強陰益腎，皆可因彼而識此也。

囊濕：【略】宣濕、清濕、劫濕、熯濕、化濕矣，而又緊切於陰囊以治囊濕，尚何容論哉？第此微末之疴，似若不足為虛勞支別者，殊不知亦虛勞支別也。所知錢君、叔和因下血致虛勞，多服補益臣劑始瘥，瘥後遂成囊濕，苟纔燥輒復下血，而虛證叢集，間亦陰為㿗腫，必仍服溫補大劑，但囊得濕病即愈矣。巢元方曰：大虛勞損，腎氣不足，故陰汗陰冷，液自泄，風邪乘之，則搔癢，豈不信然？

洩精：【略】《陰陽應象大論》曰：陽為氣，陰為味，味歸形，形歸氣，氣歸精，精歸化，精食氣，形食味，化生精，氣生形，味傷形，氣傷精，精化為氣，氣傷於味。據此則陰陽互根，彼此遞化，而精為陰之至醇，陽之歸宿矣。蓋惟其有陽歸宿，故能守而不離；惟為陰之至醇，故亦感陽而動。《金匱要略·虛勞篇》論洩精，蓋分兩種，一者陰寒精自出也，一者夢失精也。《病源》則分四種：曰失精，曰溢精，曰尿精，曰夢洩精。《外臺秘要》僅存其三，而無溢精。夫固謂溢精為見聞精出，則仍與夢洩精無異，原可不必別分條件，統而會之。尿精自別有故。夢洩精是感陽而動一例，陰寒精自出是陽不歸宿一例。桂枝龍骨牡蠣湯、小建中湯者，失精之治。天雄散者，陰寒精出之治。故《外臺》遂仿是布置焉。原夫人之生，本水火相守局也。即水所以湛然盈澄然潔者，豈徒恃隄岸鞏固哉？蓋必水無他歧之衝齧，風無別道之激蕩，然尤畏寒氣淩侵，潦消漲落，不期縮而縮，不期竭而竭。故治洩精者，首當使其水勢摶而弗散，內而弗外；韭子、五味子。其次則使土攝水龍骨，使陽歸陰牡蠣，於是開渠以去旁歧之引而相從，車前子、澤蕮。聚氣以防衝激之率而相離。桑螵蛸、石榴皮。而煦陽以伸其機，鹿茸、鍾乳。黏陰以助其固，菟絲子、石斛、麥蘬冬。則歷處可參入焉。要須覈之《金匱》兩途，《外臺》三派，更合以《千金》補腎，而融會貫通之，洩精治則寧尚有遺憾耶？

好眠：【略】不得眠【略】《靈樞·大惑論》曰：衛氣常以晝行陽，以夜行陰。行陽則寤，行陰則寐。若其人腸胃大則衛氣行留久，皮膚濕，分肉不解，則行遲，留於陰也久，其氣不精則欲瞑，故多臥矣。其人腸胃小，皮膚滑以緩，分肉解利，則衛之留於陽也久，故少瞑焉。據《衛氣行篇》言其行自平旦出於目，行足太陽、手太陽、足少陽、手少陽、足陽明、手陽明，竟而復始，凡行二十五周，遂盡陽分，乃由足少陰注於腎，而心，而肺，而肝，而脾，亦如陽之二十五周，以復出於目。則當其在陽具建瓴之勢，行乎所不得行，固無干於好眠、不得眠也。惟入陰則穿貫府藏，經由分肉，寬則遠，窄則近，滑則疾，濇則徐，殆止乎所不得不止，好眠、不得眠因此生焉。雖然，此其常也，不得為病，無從求治。然病之好眠、不得眠，倘不明此，則又無從求治。是故據兩病所列首味而言，則好眠是陰滯於陽，不得眠是陰不浹陽矣。治好眠當求其陽出陰中，今反陰滯於陽；治不得眠當求陽交於陰，今反陰不浹陽。是由出入之違常，徑道泥濘則行止濡遲，徑道清肅則行止速疾。故治好眠以浣濯茶茗，治不得眠以黏滑榆葉，是由汗潔之背度陰分有阻，陽不得入，則宜去陰中之阻細辛；陽分自曠，陰不得出，則宜促留陰之駕孔公孽，是由通塞之愆期，準此而會意焉。其他亦可不事縷述矣。獨沙蔘一味，《藥對》謂其主不得眠，《證類》又言其主好眠，何也？夫沙蔘之治好眠，以能緩滑皮膚，解利分肉也。其治不得眠，則以能濕潤皮膚、脂膏分肉也。試參之老人類少眠，以皮膚槁也。凡人茶飲多者亦少眠，以分肉利也。故沙蔘之治不得卧，是取其體氣之春容。豐腴者類多卧，以分肉濇也。勞力者亦多卧，以汗易洩也。故沙蔘之治好眠，是取其性味之滑澤。至腸胃之寬窄，似無涉於沙蔘之治矣。然寬者行遲，不可使之滑澤而迅乎？窄者行疾，不可使之充滿而遲乎？是皆得以類擴充者也。

腰痛：【略】《病源》云：腰痛有五：一曰少陰，少陰腎也，由十月萬物陽氣皆衰而痛。二曰風痹，由風寒著腰。三曰腎虛，由役用傷腎。四曰腎腎，由墜墮傷腎。五曰寢卧濕地。又云：腎主腰脚，腎經虛損，風冷乘之。故腰痛諸證，皆有因而無狀。惟云邪客於足少陰之絡，令人腰痛，引少腹，不可以仰息，此可為第一項注解。然《素問·刺腰痛篇》所謂足少陰令人腰痛，痛引脊內廉者，又與之稍有異同。此外在《病源》則腰痛不得俯仰，風濕腰痛，卒腰痛，久腰痛，腎著腰痛，各標名目。在《素問》則六經腰痛，解脈腰痛，同陰腰痛，陽維腰痛，會陰腰痛，飛陽腰痛，昌陽腰痛，散脈腰痛，肉裏腰痛。別自樹幟，皆與下四項參差不合。惟《病源》云：腎腰痛者，謂卒然傷損於腰，血搏背脊所為，久不已，令人氣息乏少，面無顏色。《素問》云衡絡之脈，令人腰痛不可以俯仰，仰則恐仆，得之舉重傷腰，衡絡惡血歸之，此卻可為第四項注解。且於篇中鼈甲之治，確有合也。大率欲求五項之狀，亦匪甚難。一項、三項自屬內傷，然一項由天，三項由人，縱同為虛軟痿疲，由天者必別無他涉，由人者自更覺困頓。二項、四項、五項同為外傷。然由風寒則必牽掣，由濕則必沉重，至傷損則更自有異，此其畫然可分者也。至於《素問》所列尤廣，其狀益確。然解脈、陽維、衡絡、會陰、飛陽，皆足太陽之別。同陰、肉裏，皆足少陽之別。散脈為足太陰之別。昌陽為足少陰之別。均得仍隸六經，約其旨趣。亦可分以陰陽兩端，並可概以在陰者虛，在陽者實。徵之陽之痛，為引項脊尻骨加重，為如以鍼刺皮中，循循然亦可俯仰，為不可顧，顧如有見者善悲。陰之痛為痛引脊內廉，為腰中如張弓弩弦。蓋內外虛實的然有辨，不容杜撰矣。尋篇中所列，補瀉自是殊途，寒溫已別所屬。或驅風，或滲濕，或煥寒，或清熱，均得因材器使；或疏氣，或行血，或耐急，或茹剛，咸令隨事設施。而大旨則覷定補虛損，化濕痹，利機械，強筋骨，以腰痛始終為虛勞支別，虛者多，實者少也。

婦人崩中：【略】《綱目·崩中》而目有崩有漏，有沃有帶，是其緩急輕重之勢，可從此參矣。崩如山冢崒崩《毛詩》，言其來甚驟，其勢重急也。漏猶漏師《公羊》，言自上下洩也。沃如沃泉懸出《爾疋》，言不假旁流，直漏而下也。帶之著衣如物繫帶《釋名》，言其柔韌連續也。體狀一殊，情由立異。斯固宜循因索治。如治崩是治崩，石膽、禹餘糧、蒲黃、白殭蠶、紫葳、生地黃、茅根、鮀甲、馬蹄、白膠、鬼箭、馬通、伏龍肝、竹茹、柏葉。治漏是治漏，龍骨、烏賊魚骨、桑耳、檗木、艾葉、鱉甲、鹿茸、乾地黃、白芷。治沃是治沃大小薊根，治帶是治帶。牡蠣、牛角鰓、地榆。奈何或並治崩漏，赤石脂、續斷。或並治崩漏沃丹雄雞，或並治沃漏帶耶代赭石？何況根本固迥異，如下赤白，下五色，而有兼治赤白者，禹餘糧、牡蠣、殭蠶、烏賊魚骨、桑耳、檗木、馬蹄、丹雄雞、大小薊、柏葉、白芷。兼治五色者，鮀甲、鱉甲、蝟皮。此又何說？且赤白二端相兼者既眾矣，而但治下血者頗不為少，石膽、生地黃、艾葉、阿膠、鬼箭、鹿茸、乾地黃、續斷、地榆。但治下白者，乃僅止一味，且仍在兼治赤白中白馬蹄，是又何耶？仲景曰：婦人之病，因虛積冷結氣，為諸經水斷絕，至有歷年血積寒結，胞門寒傷，經絡凝堅，在上嘔吐涎唾，久成肺癰，形體損分，在中盤結，繞臍寒疝，或兩脇疼痛，與藏相連，或結熱中，痛在關元，脈數無瘡，肌若魚鱗，時著男子，非止女身，在下來多，經候不勻，令陰掣痛，少腹惡寒，或引腰脊下根，氣衝氣急痛，膝脛疼煩，奄忽眩冒，狀如厥巔，或憂慘悲傷多嗔，此皆帶下，非有鬼神，久則羸瘦，脈虛多寒。三十六病，千變萬端。審脈陰陽虛實緊弦，行其鍼藥，治危得安。病雖同而脈源各異，據此則千變萬端，皆緣於積冷結氣兩者。而其為病，遂分三歧，在上則為肺癥，在中則或爲寒疝，或為熱中，在下則惟帶下而已。《素問・骨空論》曰：任脈為病，男子內結七疝，女子帶下瘕聚。蓋積冷結氣在下，久而幻化阻隔，衝脈寒則凝其通降而經閉不行，熱則激其機械而漏下不止。不通降則溜於任而為帶為沃，被激迫則沸於衝而為崩為漏。寒熱相薄，則崩漏帶沃並行。並行既有並行之由，斯並治自有並治之故矣。第因證易則，則不可不究。但觀其治崩漏外，有兼治他證，自宜著意，如煩滿禹餘糧，產乳餘疾紫葳，少腹陰中相引痛鮀甲，羸瘦鼈甲，四肢痠疼多汗白膠，安胎阿膠，腹滿汗出鬼箭，渴馬通，吐血伏龍肝、柏葉，溢筋竹茹，與所謂陰掣痛，少腹惡寒，氣衝急痛，膝脛疼煩，奄忽時冒，悲傷多嗔者，大都有合。故曰其病雖同，脈源各異。言病證同，則治法同，縱淵源有異，可勿論也。《千金》白堊丸治三十六病，十二癥倍禹餘糧、牡蠣、烏賊骨、白石脂、龍骨，九痛倍黃連、白斂、甘草、當歸，七害倍細辛、藁本、丹皮，五傷倍大黃、石韋、瞿麥，三痼倍人薓。十二癥之藥，本篇悉備，其餘則闕如。所謂痛、害、傷、痼，皆非下赤白，惟十二癥則曰如骨，如黑血，如紫汁，如赤肉，如膿痂，如荳汁，如葵羹，如凝，如清血，血似水，如米泔，如月浣，乍前乍卻，及經度不應期，皆名曰癥，而實係帶。即此又可識五色者不必逐色審定。凡屬漏下，均可隨證檢治矣。《陰陽應象大論》曰：陽化氣，陰成形。是故在陽之病，聚則成形，散則成氣。在陰之病，靜則為瘕，動則為帶。男女之分在此，上下之異亦不離此也。不然，何以病名曰癥，而病則為崩漏沃帶哉？

月閉：【略】此篇乃《金匱要略・婦人雜病篇》婦人因虛積冷結氣為諸經水斷絕證、中焦屬熱者治法也。夫感受之初，寒與氣固不相侔，其傳變亦自有異，及傳變既定，則證雖有寒熱之異，而其因遂不顯寒熱之殊。然究其歸，猶大率寒少熱多，故中病有寒有熱，而上下病則不甚見。屬寒者，蓋因寒為病，仍見寒徵，是為輕淺，可以應治速愈，不得為沉痼，至有歷年矣。下病之治，見前《崩中篇》。上病之治，見前《上氣欬逆篇》。中病屬寒之治，見前《腹脹》《心腹冷痛》等篇。此何以的知其為中病屬熱者？為篇中所列，皆氣平氣寒故耳。中病屬熱證，不可以或結熱中，痛在關元，脈數無創，肌若魚鱗數言，印證所列如許藥味也。則仍當求諸《金匱要略》，以本篇與《金匱要略》相較，則有下瘀血湯、抵當湯，全方於大黃䗪蟲丸僅少黃芩、甘草、芍藥、杏仁，於土瓜根散少桂枝、芍藥，於鱉甲煎丸亦幾得其半。大黃䗪蟲丸證，肌膚甲錯，與肌若魚鱗又正合，除諸方所用外，僅餘少半，且有各物專治，及情性可憑，則其通月閉又何難曉焉？第月閉何以不為上下病，而屬中？則《素問・陰陽別論》曰：二陽之病發心脾，有不得隱曲，女子不月。《評熱病論》曰月事不來者，胞脈閉，胞脈者，屬心而絡胞中。氣上迫肺，心氣不得下通，故月事不來，是其病在中，而不可屬諸上下矣。雖然，理難常執，事亦無端，月閉非特因上因下無不有，即因於寒者亦甚多，要在就證論治可矣。

無子：【略】子，孳也。滋生，蕃衍也。不滋生者，能使之滋生乎？夫亦如漆園之論牧，去其害馬者而已。乃篇中所載，非特去害，此又何說？《易大傳》曰：天地絪縕，萬物化醇。男女構精，萬物化生。解者謂絪縕交密之狀，醇厚而凝也，言氣化者也。化生形化者也。夫不交至則不相結，猶不交密，則不相凝。特氣以化而釋，形以化而結。欲氣之化須陽，欲形之化須火。故篇中之物，溫柔堅韌。大抵欲其靜生動，陰含陽，較之男子《陰痿篇》，大同小異，在彼則希其挺拔直遂，在此則求其卷舒得宜，如是而已。然觀天地生物，饒有實理，卒不容強，其幾微敏妙，莫可名狀。如生物之功，恃雨而所以致雨者不一，垂雨而中輟者亦不一，風急而雨，風息則止；無風而蒸雨，風生則止；風違時而雨，風轉則止。俄頃之際，倏雨倏晴。次亦恃日，物生而無日煦則柔萎，不花不實，日常朗而乏雨露，則枯槁殭瘠。雨後日烈，又螟螣叢生，是節候之或晴或雨，物生之榮瘁判焉。在物則不期然而然也，況水生者惡日，陸生者惡水固矣。然荷芡之屬，沒頂即斃；蒲柳之質，逢潦益茂。是特氣有至不至、遇不遇，且堅脆或殊，厚薄互異，壽夭成敗，寓乎其間。體天道而盡人為，惟當之者勿強希，治之者勿邀功，無子者鑒茲可矣。

安胎：【略】仲景於《妊娠篇》列桂枝茯苓丸、膠艾湯、當歸芍藥散、乾薑半夏人薓丸、當歸貝母苦參丸、葵子茯苓散、當歸散、白朮散，刺瀉勞宮關元法，於產前可謂詳悉周至矣。乃於本篇藥物，僅用三味，阿膠、生地黃、艾葉。餘則闕如，此有遺漏歟。抑仲景所見，尚有未及歟，何相左也？不知兩書立意，自是殊途。仲景篇目是治婦人妊娠病，本書篇目是安胎。妊娠之病亦係六淫外加。附子湯治寒，當歸芍藥散、葵子茯苓散治水，當歸貝母苦薓丸治濕，白朮散、當歸散治火。七情內蘊捨此而外，實者有舊病不除，以妬害新結之生氣；有新去過多，以陷溺纔凝之元氣，則桂枝茯苓丸、膠艾湯之用矣。且仲景書專治六淫，故於不得依尋常論者特剔出治法。本篇乃據情立治，故不及兼病所應用。體各有當，意自異而旨實同。若胎則固以絪緼交密凝者，還當以絪緼交密長養之。故篇中諸物之義，終不過組織元氣，俾其稠密，此之為安。惟虛不任胎而應補，則兩途所公共。此膠艾、地黄所以不能分彼此也。以是見本篇是膠黏帖著以固胎，仲景是防牖檢隙以護胎。然服湯中病即止，丸散則久服常服。乃仲景書除附子湯失傳外，惟膠艾湯是湯劑，除皆丸散，豈懷妊者補劑祇宜暫服，搜剔反當常用歟？夫胎元始結，質稚而吸引不多，月事既停，則氣有餘為火，血有餘為水，盤旋環繞，惟與胎氣為難，及其質巨引多，則彼既化水火者，不能仍復氣血以餵胎，亦惟不羈於內以為患。故仲景方中朮、茯苓、澤瀉、黄芩、牡蠣、蜀椒等，少與漸與以消摩之。倘有闕漏，則宜即速補苴，防其水行舟動，豈得更自遲緩？此補劑宜急，搜剔宜緩之謂，非暫與常之謂也。況虛甚則氣血本不能凝，既能凝，則虛必不甚，以故胎前無滲漏，原無補法。惟有餘氣，血化為水火，以譸張為幻，則僅有免者。此篇三物用補之外，亦惟推極其理以備急需，所以多用血肉之品歟。

墮胎：【略】或謂墮胎，豈醫者事？何為摘其藥品，詳列於篇？予則謂墮胎固非醫者事。然俾知其物墮胎，縱使當用而不當用，曷嘗非醫事耶？或又謂有必不能不墮之胎，墮之以全形跡，胡為非醫者事？予則謂凡若此者，自有專門名家，何必醫者？或於萬不得已之病，母子勢難兩全者，知其病必須某藥治，然性能墮胎，不得已冒禁而用之，縱使胎元傷而母獲安，庶幾其一端矣。特如篇中所列牡丹、牛膝、槐子、薏苡等尋常施用之物，人所不經意者，尤宜念之不置，斯則可謂善讀是書者矣。

難產：【略】凡藥能墮胎，類可治難產。今析為二篇，篇中同者得三之一，不既複歟？夫墮胎者，其物峻烈，足以搖動胎元。治難產者，胎本應動，緣機關窒強，反不能動，故擇氣味較醇，不甚剝害生氣者，為撥動機關之用。曰墮胎，是胎固未應下，因藥物氣味逆觸而下，名為拗折生氣。曰難產，是胎應下不下，因藥物性情順導而下，名為歆動生氣。知此則非特本篇藥物靈敏活潑，瞱然呈顯。即《墮胎篇》藥物為避忌而列，不為備用而列，尤可識矣。諺有之瓜熟者蒂落，夫瓜與蒂，其相繫相藉不一端。略言之，則瓜恃蒂吮精液，以供生長。然惟其蔓不跨田塍，乃能一意輸將，別無歧故。若蔓跨田塍，田塍燥，則蔓焦枯，而蒂反引瓜中精液以救蔓。田塍濕，則蔓浥爛，而蒂遂無以通抽吮合。於人之所以難產者，母子皆有故矣。抑觀於植物之布種，則種需自翻身，萌芽乃生。更觀於動物之抱鷇，則鷇已具，必自裂卵衣乃出。再合於人之生，所以難產者，半在子不能自轉。試以此意覈之，篇中諸物，在母亦有氣張而血不澤者，有血行而氣不順者；在子則有養薄而轉側不靈者，有轉側靈而體過豐者。其治蓋咸備焉。乃復不專滯於性情氣味，全從機勢以為斡旋，其理微矣。

清・鄒澍《本經序疏要》卷八　產後病：【略】產後何病不可有？顧以區區者概之。愚謂產後病，凡可不必問其產後與否，直得見病治病者，可毋求諸此也，則產後之病不既少歟。詳檢篇中非治關於血及痛者不載，亦可知其故矣。然血有既虛仍行應行遽止之殊，痛有瘀惡未盡去多內空之別。又確是因於產乳，並無涉於崩漏，是其條分縷析，跬步易形，仍有不可混，不可濫，而當參他病，以求其同。覈本篇以抉其異，施諸此則可，用諸彼則不可者，所宜諦審焉。善夫仲景之論，婦人有三病：病痙，病鬱冒，病大便難。以新產血虛，多汗出，喜中風，故令痙。亡血復汗，寒多，故令鬱冒。亡津液，胃燥，故令大便難。而其所用小茈胡、大承氣湯，不外治傷寒方；當歸生薑羊肉湯，不外治寒疝方；白頭翁湯，不外治下利方。於此以求其同，則痙之治，在桂枝加栝蔞根湯、葛根湯可見矣。治利用白頭翁湯，必加甘草、阿膠。中虛煩亂，嘔逆，不用梔子豉湯、橘皮竹茹湯，而用竹皮大丸。中風發熱面赤，喘而頭痛，不用麻黄湯，而用竹葉湯。腹痛煩滿不得卧，不用小承氣湯，而用枳實芍藥散，於此以求其異。則本篇不盡列仲景所用之藥又可見矣。曰產後血上薄心悶絶，曰產後餘疾腹痛出汗，曰產後金創，曰產後內塞內衄，曰產後血運口噤，幸各檢其非產後有是證否，非產後而有是證，其治相同否，倘不相同，則更求其同病異治之故，慎勿草草置之。

下乳汁：【略】凡值有病而乳汁不下者，治去其病，乳汁自下。有不下者，檢此中相當物服之自下。其有別無病患，而乳汁不下者，即檢此中相當物服之可也。何謂相當？蓋人身氣血流行無倦，全恃陰陽不相偏著，偏著即令氣機停滯，血脈壅瘀。譬於小便不行，有由陽不化者，有由陰不化者，即本篇蠐螬之主產後中寒，下乳汁；葵子之主奶腫，下乳汁，可見循此理，以推其餘，則鍾乳與栝蔞對，乳溫蔞寒，皆象形也。狗四足與豬四足對，狗平豬寒，均會意也。豬胑與土瓜根對，豬胑滑中濇，土瓜根濇中滑。漏蘆與木通對，蘆黑通白。

謂之通竅。則雖皆能通竅，而實不著意其通竅；謂之利水，而實不著意其利水。絕非行血，而有行血之旨存乎其間；略不導氣，而有導氣之效著乎其後。巢氏曰：婦人既產，則水血俱下，津液暴竭，經血不足，故無乳汁。其經血盛者，雖水血俱下，而津液自有餘，故乳汁多而溢出，皆非此篇之物所能治也。其有津液，非不足而不溢者，方與此篇之治相當。

中蠱：【略】世類以《病源》所云：蠱是變惑之氣。人有故造作之，多取蟲蛇之類，器皿盛貯，任其相噉，殺剩有一物獨在者，即謂之蠱，便能變惑，隨逐酒食，為人禍患，於他則蠱主吉利，所以不羈之徒畜事之，為中蠱所由。按庶氏讀如煮掌除蠱毒，以攻說禬之，嘉草攻之。凡庶蠱之事，皆載於《周官》，夏殷之時掌除蠹物，以攻禜攻之，以莽草熏之。凡歐蠱，則令之比之。翦氏寧已有是，周公顧設官以司之。況蠱毒之物，疊見《本經》，《本經》固出於漢，然非三代已來口授耶。不知古固有以惑亂人為蠱者，如令尹子元欲蠱文夫人《左・莊二十八年》，驪姬惑蠱君而誣國人《國語・晉語》，皆見於春秋時，或周公時已有未可知也。蓋維邃古隆平，貴賤由乎德，貧富由乎位，其等類均者，本無甚軒輊之弊，而政治公允，無畸輕畸重，致民相仇，有亦任人報之，而司之官以平曲直，必畜藏毒以害人利己殆少。惟男女相悅，蓋有不減後世者，任情造作，變惑人心，求遂己欲，子元振萬，驪姬妖媚，足以蠱人，而絕無與於畜毒蠱、聚蛇蠍。其蛇蠍之貽毒害人，則不由人為，而人偶中之，當時為病，久後致斃。聖人知其然，預設官司，專攻其事以救民。故《本經》藥物主治曰主療蠱毒、殺蠱毒，絕無被人行蠱之詞。本篇提綱曰中蠱，亦可見係人自中，非人賊害之也。《史記・秦本紀》德公二年初，伏以狗禦蠱。張守節曰：蠱者，熱毒惡氣為害傷人，故磔狗以禦之。磔，禳也。狗，陽畜也。以狗張磔於郭四門，禳卻熱毒，則又為氣而非蠱。《禪書》磔狗邑四門以禦蠱菑，司馬貞引樂彥云：《左傳》皿(蟲)〔蟲〕為蠱，梟磔之鬼亦為蠱。故《月令》云：大儺旁磔。注云：磔，攘也。厲鬼亦為蠱，將出害人，旁磔於四方之門，故此亦磔狗邑四門也。則亦為氣而非蟲，或者氣中於人，即能生蟲，亦未可知。其法雖與《周官》不同，然其間猶頗寓聖人微意。然則何者為中蠱之狀？孫真人曰：蠱毒千品，種種不同，或下鮮血，或好臥闇室，不欲光明，或心性反常，乍嗔乍喜，或四肢沉重，百節痠疼。又曰：凡中蠱毒，令人心腹絞切痛，如有物嚙，或吐下血，皆如爛肉。若不治，蝕人五藏致死。又曰：凡人患積年時，復大便黑如漆，或堅或薄，或微赤者，皆蠱也。然當其時則已有人行蠱者矣。故有服藥知蠱主姓名等語，大抵始由天造，繼則人為，萬事皆然，非特此也。雖然食蟲之精液，僅生瘻於頸腋，浮於脈而不去，其究不過潰爛；得蟲之化源，僅生蟲於咽肛，著其處而不去，充類不過聲嗄咽乾。蠱果得蟲，何物乃能生蟲，至食人府藏，移人心志耶？據庶氏賈疏攻說禬之去其神也，嘉草攻之去其身也，則不特成蟲之形軀，且具蟲之靈幻矣。夫皿蟲為蠱，穀之飛亦為蠱《左・昭元年》文。茲二語者，一譬之於禾黍生蟲。夫食苗心者止食心，食節者止食節，食葉者止食葉，食根者止食根。此之謂皿蟲為蠱，緣其物之所病，更感天地之氣相構而生，故於物食物，非其物則氣不偶，而不能害物，不為傷矣。一譬之於凡物之化蟲，夫淫溺惑志，具逢罅釁緣，奮迅摩捋，而垂其腴以誘人，搧其翼以惑人者，此其機已全，蟲之能事，而常思效蟲之鑽研，復感天地生蟲之氣，致遂生蟲，此蟲之伎倆，益靈幻怪惑，無所不為矣。此之謂穀之飛亦為蟲，言本無所謂蟲，而自願化蟲以遂其欲也。不然，《大祝》六，祈攻說居二，非其人自有所感召，胡為臨之以神，攻其人之慝，而說其人使遷善改過耶。《大祝》注攻說，祭名，以辭責之是也。惟篇中所列諸物，恐不足當嘉草之譽，此則所當析者。夫事貴適情，論須切用。故概而言之，則物無良劣，當病者嘉。分而言之，則兼傷正氣為毒，唯蝕邪氣為嘉。試思攻蠹之莽草，殺鼃之牡鞠，以無關於人，不傷夫元氣，故不品以嘉毒，而特出其名。若瘍醫輔劀殺之五毒，庶氏輔攻說之嘉草，皆指其類而不出其名，良亦以既當創肉破骨，其邪乃出，又何能不傷及元氣？則雖欲避毒，而有所不能，若病在府藏，府藏既為邪累，焉能更耐毒攻，則雖欲用毒而有所不可，此治道不得不通乎醫，而醫道之不可違乎治道亦易見矣。

《藥對》主療掌氏補。

出汗：【略】世類以驅除風寒之物，為出汗之劑而服之。顧汗不出，則以未深求夫寒所由招、風所由入故耳。今讀是篇，人於麻黃、葛根、葱白、生薑、薄荷、豆豉六物外，類不知其能出汗之故，不敢施用。而孰知寒因虛集，風為熱留，氣機不遂，雖欲出而莫由，儘去風寒，汗終不出。蓋汗雖出於肌膚，化實鍾於心液，心氣擾而不定，心陰餒而不繼，心陽痿而不振，心血虛而不給，則不足鼓化汗之源；氣機逆而不順，經脈濇而不利，肌肉痹而不宣，膚腠闔而不開，則不足通出汗之路。是豈驅風驅寒所能為力，顧可獨恃以出汗耶？徐氏集《本經》《別録》所曾言，體會曲鬯旁通所當道，摘其精粹，示以端倪，而詔人遵循，以補陶氏之未及，其亦深具苦衷已。予每見區區外感，醫甚忽之而不顧其內，徒會驅除風寒者攻之，外感不解，汗亦不出，然後更推裏證之所見，為疏析之，汗忽自出，甚有服驅除風寒劑多者，當時毫無災咎，及撥動其機，反至汗多亡陽，徐氏之續是篇也，倘亦有見於此夫。

止汗：【略】如前所言，則止汗者在寧其化源，濬其道路，不在防其肌腠矣。而十二物之間，外撲者四，麻黄根、故扇、粢粉、豆豉。三停仍居其一，何耶？夫四物者，固亦寧化源，濬道路者也。苟會其意境，觀其形似，揣其致用，則有執之而煥消故扇，窺之而中阻麻黄根，蒸盦之而性轉涼豆豉，磨礱之而麤變黏者粢粉，固得謂防其肌腠者乎？《陰陽應象大論》曰：陽之汗，以天地之雨名之；陽之氣，以天地之疾風名之。致雨以風，止雨亦以風，氣之與汗猶是矣。是故守其在中之陽，不使隨驅而外漏乾薑；堵其必經之道，不使由內以出外半夏。隨所在而消弭之，术能運肌肉中津液。據其源而分布之。柏實能致血液於肺。其尤妙者，藏津液於縣密堅固之中杜仲，清陽氣於泛溢流離之際牡蠣，益足使動者寧，亡者歸，化裁之神極矣。麤工妄為當斂，黄芪攝衛，五味收津，較之於是果何如耶？然必更覈之於仲景，始為直探其源，如四逆湯、通脈四逆湯之止汗，猶是篇之意也。桂枝加附子湯則進於是矣。白虎湯、葛根黄連黄芩湯、桂枝加葛根湯、麻黄杏仁甘草石膏湯，亦治汗出，則可謂識神駿於牝牡驪黄之外矣。

驚悸心氣：【略】本篇所載藥味與驚邪同，所不同者兩物耳。其別出此篇以證驚邪所該者廣，凡此與癲癇等，皆其支流也。雖然《驚邪篇》能該驚，不能該悸，驚與悸皆緣心氣，而悸不皆兼驚。則徐氏之補是正可剖陶氏之渾成，而使眉目昭晰矣。太陽傷寒加溫鍼則驚，少陽不可吐下，吐下則悸而驚。風溫被火劇，則如驚癇，時瘈瘲。傷寒二三日，心中悸而煩，傷寒，脈結代，心動悸；太陽病小便利者，以飲水多，必心下悸。皆驚悸也，皆不得為驚悸心氣。驚悸心氣奈何？則盡在篇中，曰精神不安，魂魄不定，曰憂恚恐悸，心下結痛，曰血積，曰腸鳴幽幽，咸是矣。心氣因何而發驚悸？則《金匱·真言論》曰：肝病發驚駭。《陰陽別論》曰：二陽一陰發病，主驚駭，背痛，善噫善欠，名曰風厥。《氣交變大論》曰：歲水大過，六丙歲也。寒氣流行，民病身熱，煩心躁悸。《五常政大論》曰：委和之紀，六丁歲不及之化。其發驚駭；敦阜之紀，六甲年太過之化。其變驚震。《六元政紀大論》曰：寅甲之紀，甲寅、甲申其變震驚飄驟。《至真要大論》曰：少陽之勝，善驚譫妄。詳此，是驚者火之偏盛；悸者，水之偏盛。水偏盛，則火被迫而搖；火偏盛，則火披猖而熾。火披猖而熾者，著物輒先卻後肆；火被逼而搖者，於內卻無時不慄。此驚所以有發有罷，悸則當跳動，此心氣偏陰偏陽之分，即心氣發見為病之驗也。心氣偏陰偏陽，勢隔天淵，決不得同物為治，且不得相提並論。今於十二味並云止驚悸者居其七，既可治偏陰，必不能復治偏陽，是果何說哉？而不知七者所主之偏，是調陰陽之精，非調其粗，調其粗者，見陰攻陽，見陽攻陰而已；調其精者，必其物本具陰陽相入之機，陰陽既能相入，則彼此自能交化，而不相勝矣。但觀其於陽中生陰人薓，於氣中化水茯苓，於水中熄火龍膽，於火中引水桔梗，已可識其大概矣。何況於陰中攝陽遠志，於水中含火紫石英者，更顯然示人以權度耶。蓋必先明乎心氣能為驚悸，而後知驚邪。既能明驚邪與心氣之驚悸有攸分，而後知為癲爲癇之驚，與屬心氣者殊絕。《癲癇篇》與《驚悸心氣篇》所列，無相同者。此徐氏推研極細之功，雖謂更精於陶氏可也。

肺痿：【略】肺痿、肺癰為病，實同而異。《金匱要略》詳闡其源，亦始出一致，初無歧，故特為病時摶於虛為痿，摶於實為癰，是以肺痿吐涎沫，肺癰吐膿血；肺痿脈數虛，肺癰脈數實。而其兼證，則均有咳，故治法大都仿咳為規模，可以愈咳，即可以已痿與癰也。獨是肺癰無不咳者，肺痿則有咳有不咳。觀於甘草乾薑湯、炙甘草湯、生薑甘草湯、桂枝去芍藥加皂莢湯，皆不言咳。此篇所列七物，與《上氣咳嗽篇》無一複者，是徐氏所以補此篇之意歟。蓋熱在上焦，因咳為肺痿，其始終虛者，熱無所附，惟迫痰涎。亦有雖淪於虛，旋附於實，遂自痿而癰者，想不能無故。本篇謂天虋冬療肺痿生癰吐膿，而人薓、薏苡仁、麥虋冬均有吐膿字樣繫於下，可見兩證者雖源同而派異，然亦可互相出入，中異而終同，其一定不移處，在與咳畫界限，不在與癰分彼此。此麥虋冬湯既有此篇藥兩味，即但主上氣而不見咳字。以肺痿、肺癰之咳者，原有《上氣咳嗽篇》藥可尋用也。肺痿、肺癰既係互相連屬，肺痿之不咳者，已有是篇之藥為準，其咳者又有《上氣欬嗽篇》之藥為規。肺癰獨可無治乎？肺癰之治咳甚者，亦規《上氣欬嗽篇》，夫固言之矣。而有停飲為膿源者，儘可逐飲。有膿盛致氣阻者，自當蝕膿。苟如膿飲已蠲，元氣難復，病患向愈，生陽不振，則又有《癰疽篇》之藥為歸著。若之何其無治則耶？

《素問・痿論》歷數五藏皆有痿。自《金匱要略》已下論證者，止及肺痿，而不及餘痿。論治者亦止及肺痿，而不及餘痿。豈脈痿、筋痿、肉痿、骨痿，咸無足論耶？抑諸痿者，皆不可治也？夫《痿論》固言之矣，曰五藏因肺熱葉焦，發為痿躄，是論痿之源皆由於肺也。曰治痿獨取陽明，是論痿之治皆可責諸胃也。蓋痿者，軟罷難振之候，其始不過吐涎沫，身形疲弱耳。既而脛縱不任地焉，筋急而攣焉，肌肉不仁焉，腰脊不舉焉，都在痿之分內，不如此不足以繪痿之傳，不如此不足以窮痿之變，不知此不足為痿之敗。故在肺之痿時原可治，至脈痿、筋痿、肉痿乃漸不可治，至骨痿遂係必敗之候，縱有治法，亦當推尋其源，仍從肺痿立則。故治痿者，得獨取陽明。論其所以然，則如《痿論》所言，其關係在經脈間，論其所當然，則胃固為肺之母矣。然則諸痿之治，概可質諸是篇歟。夫欲塞其流者，必推其源；欲溯其本者，須循其末。治宗肺痿，固其大本大源所在，第脛縱不任地，筋急而攣，肌肉不仁，腰脊不舉，豈遂可任之乎？是又當於《本經》逐味究之。

下氣：【略】上氣者，病之情形。下氣者，藥之功效。故治上氣病，必以下氣之藥。此《下氣篇》列藥十三，所以複於《上氣篇》者七也。然在《上氣篇》不有此複，則無以知上氣與咳嗽猶有分科。在《下氣篇》若盡皆複，則無以知下氣之藥不必盡治上氣。故夫因痰，厚朴、前胡。因熱，李根白皮、茅根、蒺藜。因寒石硫黃，當從下氣而愈者，均可以是而識、由是而推矣。雖然病變萬殊，治遵一轍。即全編而言，凡大腹水腫，嘔吐腹脹，肺痿，皆可因上氣而咳逆、痰飲，皆本與上氣為伍，治之者必不可置其上氣，但治他患，他患遂可除也。則下氣之藥，竟是至要之物。就是篇而言，則中熱下寒，痰凝氣滯，皆得以下氣而除。第祇可推實以就虛，使氣機得其平，決不可推虛俾就實，則非特實不濟虛，且虛已先自受戕，而無從救矣。則下氣之藥，斷難獨任而須裁成輔相之得宜。統稽篇中曰痰、曰嘔、曰心下堅、曰水，可以悟性溫者之下氣，斷須定病氣之有形。曰熱毒、曰煩躁，又可悟性寒者之下氣，斷須選擇清和之品。如是則下氣之物，不敢濫投，削人元氣矣。下氣云乎哉！

蝕膿：【略】創癰之膿，猶傷寒之汗。汗者，正氣伸而邪氣解。膿者，新血生而惡血化。邪氣本無形，故隨解而即散；惡血固有形，故雖化而未去。是以有汗者，不必再汗，一汗亦且忌其多；潰膿者仍當蝕膿，屢膿方得希其盡，此兩者之異同，實亦至理之所在也。徐氏患陶氏於創癰止言上截而遺潰復，恐後人一例認為傷寒表解後見病治病，內病雖差，膿水壅結，復有攻衝侵薄等事，卒至難期全效，久曠變生，因於膏摩薄帖外，詔示徹內徹外之法，剝蝕淨盡之計，庶幾腐退新生，血行肌滿，恢復之後，毫無闕漏為最要。篇中大半皆在皮膚肌肉、血脈上著想，其有頑礦不化，仍不廢惡劣劫爍，大黃、藜蘆、巴豆。及去火去濕。雄黃、地榆。固犁庭掃穴所不容緩者，而於血中導氣當歸，氣中導血，桔梗、白芷。成和治之功。腐中引新茼茹，新中逐腐麝香，復流動之舊。由是意推廣之，蓋可信手拈來，頭頭是道。不推此數物者，為可用也，況猶有《金匱要略》排膿散、排膿湯之調燮其內耶。

女人血閉腹痛：【略】血閉矣，月事能仍利乎？苟不利，則與月閉複矣。月閉矣，腹能無痛乎？苟腹痛，則與血閉腹痛複矣。夫亦因其甚相近，絕相似，故特補此，使後人不得於血閉腹痛未經月候者，浪用治月閉法治之耳。觀本篇藥物所主，一則曰婦人子藏風邪，再則曰瘀血、血閉瘕、邪氣，屢曰風寒在子宮，曰心腹脹痛、熱淋。可見血皆因邪而閉，因閉而痛，既痛而邪未化，與因虛積冷結氣，為諸經水斷絕，已至結熱中而在關元者，迥不侔也。夫然故《月閉篇》所用藥多寒，間有微溫，亦皆血肉之品，過而不留之性，無他，恐其助熱，益燥陰液也。此篇所用藥多溫，間有微寒，又係破陰布陽芎藥，拔邪離血紫葳，非他，以逐寒須及早，欲免其成月閉也。試更衆其彼此俱用之一味桃仁，能既治新邪，復攻舊積。則本篇為治寒邪阻血，彼篇為治邪血化熱，事有先後之殊，為異中之同矣。然彼篇多用剋削，本篇多用補益，豈暴病正反虛，久病正反實耶？夫破血之物何限，彼篇不皆采用，偏偏列血肉之物，空靈之品，其披卻導窾之意為何如？而此篇之補，偏不補血而補氣，是其命意，又在惟欲逐邪，乃暫崇正，非沾沾用補可同日語。是法有常暫之別，為同中之異也。倘無此篇，不令人視血閉皆屬熱歟。然使僅有此篇，不令人謂月閉亦屬寒歟。徐氏之補，意固在是。

女人血氣歷腰痛：【略】是篇病候，若依《藥性論》，當作血漏而腰痛解，然《崩中篇》所該之漏甚多，所列之藥亦甚多，何無一證數味相同者？若謂是瘀在腰間作痛，則與《瘀血篇》又無一味相同。女人所以異於男子，不外血分之病，乃考之於血分諸證而稽其治，竟毫不可通。若分析覈之，則得血閉腹痛之細辛，産後之澤蘭、當歸，月閉之牡丹。而當歸、甘草、牡蠣、牡丹、柏實，並連載於《虚勞篇》。其諸在下素虚，血氣素滯，以滯歷虚，不勝踐踏，故為痛歟。血氣之滯奈何？ 蓋究澤蘭而知血中有水矣，究細辛而知血中有寒矣，究當歸、甘草、牡丹、牡蠣而知血中有火矣。血之於人身，如歷鹿之不停，《方言》維車謂之轣轆，《廣疋》作歷鹿。惟在腰間尤欲存駐，以當聽命於腎，腎主五液，血固液之屬也。乃布令萎餒，不速受事，倔強多稽，於是遣者行者，互相齟齬推諉而為痛。少頃則已，片時復然，此所以與尋常腎虚、風濕痹、瘀血種種腰痛為不同也。是故歷，傳也《爾疋・釋詁》，經也，《文選・西京賦》歷其彌光，薛注。涉也，《後漢書・杜篤傳》注。行也《廣疋・釋詁》，過也，《楚詞・天問》河海何歷註。逢也，《離騷》委厥美而歷茲注。謂經過則痛，過已即止也。然是説也，於本篇則合矣。其如與《藥性論》不可合何？ 按瑙漏，古人謂之歷瑙，依義而言，當曰瀝瑙，瀝可為歷《釋名・釋疾病》，歷獨不可為瀝乎？

女人腹堅脹：【略】解是篇者，孰不謂黄芩治熱堅脹，茯苓治濕堅脹，芍藥治陰陽相拒堅脹。夫熱與濕，及陰陽相拒，何以得為堅脹？ 則曰濕聚則化熱，熱盛能生濕，濕熱不行則脹，其有素蓄熱，更被濕，或先停濕，復受熱，客主不和洽，彼此不交化，因兩不相下，抵拒而為脹。然何以能堅？ 則曰始原為脹，久且成堅。芍、芩、苓三者，足治脹已耳。何以並能治堅？ 則曰黄芩初生表裏俱實，在地久則內腐而中虚。癥瘕但因熱而堅脹，正外實中空，以其形似化其病本，堅脹胡為不已。芍藥破陰布陽，陽既入而和陰，陰被和而隨化，陰陽互交，堅脹有何不已？ 至茯苓原吸氣以蟠於下，雖在下，終受氣而不受濕，其利濕可知。正與氣之下歸，被停濕阻而不能化者相對，以此入室操戈，堅脹自然得已。又不知三種堅脹，恃何者為驗而有攸分？ 則曰熱堅脹外必有熱，濕堅脹必小便不利，陰陽相拒堅脹必腹痛。然男子亦應有之，何以獨標女人？ 蓋女人腹堅脹，鮮不以為血分病，而三種腹堅脹，止係常病，實無與於血，恐人錯會誤攻血分，故特詔人見病治病耳。若男子病此，原列於《腹痛》《大熱》《小便淋》篇，則《腹痛篇》之用芍藥，《大熱篇》之用黄芩，《小便淋篇》之用茯苓，皆可知其有腹堅脹矣。凡讀古書者，宜會心焉。

清・鄒岳《外科真詮》卷上

治瘡瘍要訣【略】 凡治毒必須按經加引經藥，方能奏效。

正氣盛者消毒為主，正氣虛者扶正為主，消毒佐之。 下身之毒，當歸、川芎常用。脚下之毒，用當歸，不用川芎。【略】 發背不宜用白术。上身之毒，總不宜用白术，恐燥腎閉氣，排膿作痛。臍以下可用，並可重用。 委中毒不可用黄耆，用則足不能伸。 傷寒時毒，不可用耆、术。開口之毒，不宜用皂刺，恐其翻口。 陽毒初起，通用加減消毒散，冬天有外感加前胡、防風、蘇葉，夏天有暑氣加香茹、扁豆。 陰毒初起，血虚者通用陽和湯，此方不必加減，惟初起畧加銀花、甘草，或貧士無力買好玉桂，換用當歸二錢亦可。 氣虛者通用加味四妙湯。 通經絡用山甲。 清熱解毒，用元參、赤芍、銀花、甘草。 消陽毒堅腫，用蒲公英，此乃陽明經主藥。陽明之毒有堅腫者，可以重用。 消陰毒堅腫，用續斷。 散寒濕，用防風、前胡。 頭腦上引經用藁本，手上用桂枝，胸前口上用桔梗，腰上用杜仲，脚上用牛(夕)〔膝〕，耳內用菖蒲，耳後用柴胡、夏枯，鼻孔用辛夷、桔梗，顴骨用公英，唇口用山(枝)〔梔〕、白果，頸背側膀胱經用羌活，乳房用公英，有兒吃乳者宜加漏蘆以通乳竅，或山甲亦可，腰眼用獨活。 濕熱毒，不宜用丹。脚上初起，忌用輕粉併升丹。 火毒不宜用丹。 對口忌用丹。 下疳初起，忌用丹。 顴口疽，忌用丹。 龜蛇初開口，不宜用丹。 魚口是空處，不宜用降。 腦項上，不宜用追毒散。 腹上不宜用降，恐其傷膜。 脚上濕熱毒，不宜用膏藥貼，用則熱氣閉塞，從內横走，四邊起吻。 久後則可用。【略】 毒氣未清，不宜用生肌散。 面上不宜用生肌散。 耳後不可上藥線。 發背陽毒易治，陰毒居多初起，連服陽和湯數貼，自可消散。即或不消，亦易潰膿而收功也。 萬不可服真人活命飲，此方多剝削脾胃。 凡患陰背發者，多由腎氣虧損，蓋先天既壞，復用連召、花粉剝削脾腎，安得不死？ 凡毒，肉滿毒盡，久不收口而色白者，多是肌肉寒冷，用炭薑、玉桂，米摻之，方能收口。【略】

凡毒不可單用水洗，必須煎藥，恐其傷濕。 凡服大黄，小便必紅而濁，須向病家説清，恐其驚惶。 麻黄、荊芥祛風散熱，大頭瘟症可用此煎水沖。人中黄，大頭瘟安藥。【略】 氣薄者，不宜重用銀花，恐其傷氣發汗。凡遇毒頭在上者，未出之時，先用降丹點於垂下處，向下順出，方不至成倒胎，膿難盡出。 服涼藥而呃逆者，脾胃敗也。 服暖藥而呃逆者，火毒攻也。 暖藥中用荊芥，必須炒黑，取其和腠理之血。 凡患毒，最忌熱食火酒，犯之則紅腫焮痛。 銀花不可洗毒，洗則變爛。 腿牙頭患毒徹骨痛者，以腎經為主；欠住痛者，以肝經為主； 漫腫者，以脾經為主。 又有咬骨疽，生魚口下些，此症疼痛徹骨。 凡欲追散毒氣，不論陰陽，服藥內必須加山甲、皂刺。　解降丹毒，用蚱行仝冰片搗爛敷，並能解諸火毒。　葱搗蜜，乃相反之藥，頭頸上不宜用。　別處寒毒可敷。　肺癰服白及，晒乾研末，俟藥水畧溫，再放下攪勻即服，不可久停，恐粘成膏。【略】　初起瘡口變黑者，或上壞升丹，或遇用黃丹，常有此弊。　瘡口如猪肝色者，多是過用黃丹所致。　出桐油水者，氣血大虛，宜參歸鹿茸湯補之。【略】　久毒瘡頭流血，乃肝氣將敗之候，宜重劑補藥，加五味子收之。　陽毒通用涼藥，則變為半陰半陽，但比純陰毒更易轉身，培補正氣，即轉為陽。　天庭中心雖屬督脉，但此處又是離宮，用藥必須帶住心經。【略】　傷寒(孤)〔狐〕惑，嘴唇腐爛，不論蟲之食臟食肛，小兒總以瀉積熱為主，如胡連、臭夷、穀蟲、蘆薈等藥，皆可酌用。　用大極黑鉛膏，須避燈火，敷之更驗。　凡手足叉龜濕熱毒，雖膿腐盡時，不宜用生肌散，恐其復腫而痛，先膏貼之可也。【略】　凡陽毒初潰堅硬，有腐者，宜用化管丸提之，以結其毒，聽其自脫，後用烏雲散，蓋膏徐即收功。　肛門患毒，服藥內須入枳殼方效。【略】　凡毒內作寒者，乃陰寒之毒，補藥內須加鹿茸、玉桂。　身上作寒，兼有頭痛者，乃外感風寒之候，宜疎表之。【略】　陽毒有臭而生蛆者，須用生猪油搗寒水石末貼之。　或用清油調杏仁末刷亦可。【略】　凡久毒成漏，宜內服大補氣血之藥，外用川烏洗淨，蒸乾，切片二分厚，用口涎潤濕，貼毒口上，用艾圓灸之，令毒口溫暖，稍稍覺痛即住。　手勿灸，徐用八寶丹蓋膏。　灸法須用五七日為止。【略】

凡毒用藥，當分初中末之異，初宜散熱解毒，通經為主，以冨消散。　中宜排托為主，以冨逐毒成膿。　末宜溫補為主，以冨易於收功，此大法也。　若純陰之毒，始終概宜溫補調理，一切清涼寒凝之藥，不可輕投，并不可外敷寒涼末藥，冰寒氣血，不能消散。

清・安懷堂主人《青囊輯便》　蟲獸毒傷蛇傷、蜈蚣、蠱毒、溪毒、蜂螫、蜘蛛、蠼螋、蚯蚓、犬咬、虎狼。

毒蛇傷螫，燒刀矛頭令赤，置白礬於上，汁出，熱滴之，立瘥《傳信》。　銅青敷之《千金》。　嚼鹽塗，灸三壯，仍嚼鹽塗徐伯玉方。　白礬、甘草等分為末，冷水服二錢，極其效驗《瑞竹堂方》。　白芷末，新汲水調灌，以麥門冬湯調尤妙，仍用末敷《普濟》。　木香不拘多少，煎水服，效不可述《袖珍》。　鳳仙花擂酒服，即解《聖惠》。　急飲好清油一二盞，解毒後再用藥《濟急》。　大豆葉搗敷，頻易取瘥《廣利》。　紫莧搗汁，飲一升，滓敷《集驗》。　吳茱萸一兩為末，分三服，冷水下《勝金》。　耳垢、蚯蚓屎和塗，黃水出盡，立愈《壽域》。　傷爛成瘡，香白芷二錢，為末，鴨嘴膽礬、麝香各少許，先用淨水洗去腐膿敗肉，摻上，俟惡水湧盡，肉即生《急救》。　久潰，以小茴香搗末，敷之《千金》。　蝮蛇傷，楮葉、麻葉合搗，取汁漬，或急令婦人尿於傷處《千金》。　蛇繞不解，熱湯淋之《千金》。　蛇入人口，用刀破蛇尾，納生椒二三粒裹定，須臾即自退出《聖惠》。　凡咬傷，即縛定，勿令毒行，以貝母末，酒服半兩至醉，良久，酒化為水，從瘡口出，水盡仍用末敷《直指》。　雞子一枚，輕敲小孔，合之立瘥《手集》。　蜈蚣傷，菜子油傾地上，擦地上油搽之即好，勿令四眼人見《積德堂方》。　蚯蚓泥敷《集效》。　嚼香附塗之《袖珍》。　獨頭蒜摩之，即止《集驗》。　灰莧菜葉擦之《談埜翁方》。　麻鞋底炙熱，揩之《外臺》。　雞冠血塗《廣記》。　中蠱吐血，或下血如肝，鹽一升，苦酒一升，煎化頓服，得吐即愈《小品》。　白鴨血或白雞血熱飲《廣記》。　挑生蠱，胸口痛，膽礬二錢，茶清泡服，即吐出《衛生》。　草蠱在西良之西及嶺南，人咽欲死，馬兜鈴苗一兩，為末，溫水調服一錢，即消出《聖惠》。　金蠶蠱，吮白礬味甘，嚼黑豆不腥者是，石榴根皮煎濃汁，服即吐出活蠱，愈《摘元》。

溪毒、射工、沙虱等傷，口噤目黑，手足強直，毒氣入腹，白礬、甘草等分為末，冷水服二錢《瑞竹堂方》。　小蒜三升，煮微熱，太熱即無力，以浴身，若發赤斑文者，毋以他病治之《肘後》。　芥子末酒和，厚敷半日許，痛即止《千金》。　馬齒莧搗汁一升，服，滓敷，日四五次《海上》。　蜂毒螫傷，嚼鹽塗之《千金》。　嚼青蒿封之，即安《肘後》。　野莧挼擦《集驗》。　油木梳炙熱，熨之《救急》。　人頭垢封擦，甚妙《集簡》。　沙蜂叮螫，清油搽之《濟急》。　蠍毒螫傷，醋磨附子汁塗《心鏡》。　獨蒜摩，即止《集簡》。　川椒嚼細塗，微麻即止《店林》。　猫尿塗，甚妙。　用蒜瓣擦猫牙，溺即下《急救》。　木梳垢，燈上燒油，滴患處《急救》。　蜘蛛咬傷，雄黃末敷《朝野僉載》。　蔓菁子末，油和敷《肘後》。　炮薑切片，貼之《千金》。　花蜘蛛咬人，與毒蛇無異，蒼耳草搗汁一盞，服，以渣敷《摘元》。　蠼螋尿瘡，大黃末塗《醫苑》。　大麥嚼敷，日三上《類要》。　梨葉搗敷，乾即易《篋中》。　鹽湯浸綿，搨瘡上《食療》。　蚯蚓咬毒，形如大風，眉鬢皆落，濃煎鹽湯，浸身數遍，即愈《經驗》。　石灰浸之良《經驗》。　風犬咬傷，糯米一合，斑蝥七枚，同炒蝥黃，去之，再入七枚，再炒黃，去之，又入七枚，待米出煙，去蝥為末，油調敷之，小便利下，佳《大成》。　膽礬末敷《濟急》。　蒼耳莖葉煮酒服藏器。　燈盞內殘油，灌瘡口良李時珍方。　斑蝥七箇，糯米炒，去頭足，杏仁七箇，去皮尖，雄黃八分，白芷八分，共末，黃酒下，毒從小便出《急救》。　惡犬咬傷，舊屋瓦上刮下青苔屑，按之即止《經驗》。白礬末納入，裹之止痛《肘後》。嚼爛杏仁，塗之寇氏。熱尿淋患處日華。犬傷重發，蔓菁根搗汁服，佳《肘後》。虎咬傷，地榆煮汁飲，並為末敷；或為末，白湯服，日三，忌酒梅師。但飲酒，常令大醉，當吐出毛梅師。內服生薑汁，外亦以汁洗，用白礬末敷上《秘覽》。虎狼傷，以草犀燒研服，臨死者亦得活李珣。虎爪傷，先喫清油一盌，仍以油淋洗瘡口《濟急》。熊虎爪傷，嚼粟米塗之葛氏。虎狼傷，乾薑末敷《肘後》。熊虎爪傷，獨顆栗子燒研，敷《醫說》。

諸毒蟲蠅、螻蚃、壁鏡、蝨、蛭蝎、煤火、箭鴆、金銀、馬猪、漆、桐油、人傷。一切諸毒，膽礬末，糯米糊丸如雞豆子大，硃砂為衣，仍以硃砂養之，冷水化服一丸，立愈《勝金》。石菖蒲、白礬等分為末，新汲水下《事林》。香油調靛花飲之，盡從大便解下《急救》。諸毒蟲傷，青黛、雄黃等分，為末，每以新汲水調服二錢《錄驗》。紫草煎油塗《聖惠》。油麻研爛，敷《經驗》。烏蒙山峽多小黃蠅，生毒蛇鱗中，初嚙不覺，漸癢成瘡，勿搔，以冷水沃之，擦鹽少許，即不為瘡《勝覽》。螻蛄咬人，醋和石灰塗之《聖惠》。辟除蚤蝨，天茄葉鋪席下，次日盡死。天茄即龍葵之別名也《千金》。木瓜切片，鋪席下《臞仙》。壁鏡毒人必死，白礬塗之《廣記》。熏衣去蝨，百部、秦艽為末，入竹籠，燒煙熏之，自落；亦可煮湯洗衣《經驗》。頭生蝨，銅青、明礬末摻《摘元》。誤吞水蛭，青靛調水飲，即瀉出《普濟》。蝸牛咬，毒行遍身者，蓼子煎水浸之，立愈。不可近陰，令弱藏器。中煤炭毒，一時運倒，不救殺人，急以清水灌之《救急》。煙熏垂死，蘿蔔嚼汁，嚥下即甦《急救》。火燒悶絕，不省人事者，新尿頓服二三升，甚良《千金》。中藥箭毒，雄黃末敷之，沸汁出，愈《外臺》。鹽貼瘡上，灸三十壯，良《集驗》。大麻仁數升，杵汁飲《肘後》。藍青搗飲並敷，如無藍葉，以青布漬汁飲《肘後》。中鴆毒，氣欲絕者，葛粉三合，水三盞，調服；口噤者，灌之《聖惠》。菉豆粉三合，水調服《急救》。解金銀毒，葱白煮汁飲《外臺》。馬咬成瘡，益母草切細，和醋炒塗真人。馬氣、馬汗、馬毛入瘡，皆致腫痛煩熱，入腹則殺人，多飲醇酒，至醉即愈《肘後》。馬汗毒氣入腹，葶藶子一兩，炒研，水一升浸湯服，取下惡血，即效《十全》。驢馬汗毒瘡痛，白礬飛過，黃丹炒紫，等分貼之《博濟》。馬汗入瘡，石灰敷之《摘元》。馬汗入瘡腫痛，生烏頭末敷，黃水出愈《靈苑》。猪咬成瘡，龜板燒研，香油調擦《摘元》。屋霤泥塗《急救》。漆毒成瘡作癢，川椒煎湯洗之。凡至漆所，嚼川椒塗鼻上，不生漆瘡葛氏。韭葉杵敷《簡便》。白菘菜搗爛，塗之《救急》。白礬湯拭《千金》。火硝放涼水中，洗即愈。或舊藍紬燒灰，搽《千金》。解桐油毒，乾柿餅食之《普濟》。人為海水鹹物所傷及風吹裂痛不可忍，用蜜半斤，水酒三十斤，防風、當歸、羌活、荊芥各二兩，為末，煎湯浴之，一夕即愈《聖惠》。人咬手指，瓶盛熱尿浸一夜，即愈《要訣》。人咬，以龜板或鼈甲燒存性，為末，香油調塗之《摘要》。

清・王德森《市隱廬醫學雜著》 論濕溫症用藥之誤 人有積濕，或因脾虛不能運化，或因喜啖濃肥，恣飲茶酒之故。蓋濕蘊則生熱，無寒熱者，謂之濕熱病。先寒後熱，有汗而熱不解者，謂之濕溫症。雖在傷寒門內，不得用傷寒方中治太陽經症之桂枝麻黃湯，此盡人皆知者也。其脈必濡大而數，其舌苔必白膩轉為黃膩，或見濕灰，口雖覺乾，不能多飲，或含水而不欲下嚥，此因濕盛於中，故不能飲，熱勝於濕，故口覺乾也。夫濕為病之本，熱乃濕所化，然則治濕溫者，必芳香以燥之，苦寒以泄之，淡滲以利之，為一定之理，毫無疑義者也。今之治濕溫者反是，其方必用豆豉、生地，名曰黑膏湯。欲以豆豉表汗，生地泄熱也。不知今之豆豉，不用桑葉製，而用麻黃製，是以熱助熱也。生地性粘膩，滯痰涎，是以濕助濕也。助之不已，則濕愈盛而熱愈熾，時覺口渴，熱熾故也。舌苔垢膩，甚至灰黑，濕盛故也。黑為水色。神志昏迷，口多囈語。皆熱熾濕盛之見象。醫者不知其為藥所誤，見其昏迷囈語，以為必發疹子，而重用豆豉、豆卷亦麻黃製。等以汗之，不恤竭力以助其熱；見其舌灰口渴，以為防其劫津，而重用沙參、石斛等以潤之，不恤竭力以助其濕。至此而昏迷愈甚，舌色愈灰，痰涎上湧，命在頃刻，萬無生理。醫乃手足無措，無以名之，名之曰肺閉，而用紫雪丹、至寶丹、牛黃丸、濂珠粉、烏犀角，一服再服，使濕熱之邪，盡引入心包，遂一厥而不復醒矣。豈知濕為陰邪，為濁邪；暑為陽邪，為清邪。清陽之邪，有氣無質，可用紫雪等丹開泄而去；陰濁之邪，有氣有質，不可用開泄，一開泄則邪陷心包，死不旋踵矣！嗚呼！濕溫一症，始誤於豆豉、生地等之助熱助濕，繼誤於豆卷、石斛等之助熱助濕。終誤於紫雪、至寶等之引邪入心，以置之必死之地，而豈知濕溫本非死症耶。

濕溫非死症，而今之患濕溫者，往往致死，豈非服藥之誤乎。今夫病名曰濕，即不當以助濕之藥以治濕病，雖甚庸愚，必知之也。病名曰溫，即不當以助溫之藥以治溫病，雖甚庸愚，必知之也。而病者乃不之知，醫者亦不之知，醫之有時名者更不之知，豈不大可怪耶！

且夫濕為陰邪，陰盛者陽必衰，未有陽衰而可以滋陰者也。陰愈滋則〔濕〕愈盛，以滋陰者治濕，是猶灌滷於地，而望其燥也。愚孰甚哉！然則如何而可治濕溫乎？曰：始未化火，則用朴、朮、陳、夏等以香燥之；繼而化火，則用連、芩、梔、翹等以苦泄之；終而濕降，則用茯苓、通草、澤瀉、車前子等以淡滲之，始終不當發汗。蓋濕家自有汗，不可再發其汗也。始終不當滋陰，滋陰是以水濟水，無益而有害也。無如邪說中人，深入骨髓，愚人無主，聽命庸醫，忠告之言，茫然不省。吾末如之何已！

嘗過一富翁之門，見其傾有藥渣，中有金斛，不以為意。既而見有霍斛矣，既而見有鮮斛矣，最後見有鐵皮風斛矣。余乃嘆曰：當此濕令，病多濕溫，投此不已，病其殆哉。未幾，翁果死。蓋人參與石斛連投，惟恐其津之劫也。然而聞之者，不以為誤，一若與其以燥濕生，無寧以滋陰死者。嗚呼！滋陰之說，中於人心，雖死不悔。吾安得運萬千廣長舌，登生公說法壇，使頑石一齊點頭哉？

陰症忌用寒涼說　內外兩症，皆分陰陽。陽症實熱，陰症虛熱。實熱易治，虛熱難療。若以治實熱者治虛熱，未有不誤者也。然而治虛熱者，往往以實熱之藥誤人而不悟。何故？蓋實熱者，表裏皆熱；虛熱者，表熱而裏不熱。人但見其表之熱，即不問其裏之如何，概以寒涼投之，以為彼既發熱，治以寒涼，人必不能議我，病家亦深以為然，而豈知虛宜補而寒宜溫哉？

若甘溫可退虛熱之說，固耳所未聞。熱則如何而知其虛熱，曰脈必浮大而數，數為熱象，而浮大則虛象也。重按不實，中無火也。面紅足冷，陽上越也。溲清便溏，神志不亂，則非實火可決矣。奈何復以寒涼投之邪，至如外科之有陰症，其辨尤易，不紅、不痛、不腫者，謂之陰症。腫而不痛、痛而不紅，不熱者，謂之陰症。初起不紅腫痛，三五日後漸紅腫痛者，亦謂之陰症。瘰癧、乳巖、流注、貼骨、鶴膝、橫痃、骨槽、惡核、失榮、馬刀、石疽之屬，皆屬陰虛，盡在陰疽之類。其要在三五日內，察其皮色之變與不變，熱與不熱，以分其陰陽。不可因其三五日後之發陽，遂誤為陽症，而以寒涼之藥逼邪內陷。治法：宜用麻黃以開其腠理，薑、桂以解其凝結，熟地以滋其陰虛。其說詳載於《外科全生集》。本無庸贅述，因世之治陰疽者，多用寒涼，故特揭之。又鼠癧、痰癧，均屬陰症，最忌鹹寒，如海藻、昆布之類。今人無不用此，名醫且然，其他則又何責，可為長歎息者也。

暑病有宜用參者論　盛夏酷熱，爍石流金，汗出過多，未有不傷氣者。《內經》云：熱傷氣。又云：壯火食氣。故治之必顧氣分。補氣之藥，孰有過於參哉？孫真人生脈散，東垣清暑益氣湯，丹溪十味香薷飲，皆人人共見之方，未有不用參者。至人參白虎湯，乃《金匱》中暍門專主之方，《金匱》乃醫聖仲景之書，是不足法，更何法也？今人見中暑之症，往往疑為時邪而不敢用，不知四時不正之氣，如春當暖反涼，夏當熱反寒，秋當涼反熱，冬當寒反溫，感而病者，謂之時邪。暑乃六氣中之一氣，本天地之正氣，應時而至，人或不慎，感之而病，是直中暑而已。不得混謂之時邪也。竟有霍然撩亂，上吐下瀉，汗出如油，陽微欲絕，非重用參、附，不能挽救者。猶記亡友劉南士云：其兄文星，精堪輿之學，七月初，為人相地，在羅店地方中暑霍亂，吐瀉交作，十指螺紋盡癟，危在頃刻，醫盡束手。適有友人周介儒在其地處館，視之，以為氣虛欲脫也。重用一味高麗參，煎湯服之，吐瀉頓止，螺紋盡綻。及南士聞信趕至，已愈矣。皆驚以為奇，而不知非奇也，人特不細思耳。蓋文星體素肥胖，外有餘者，中氣必不足；又當秋暑方張之日，履地勞苦之事，氣之傷也決矣。既經大吐、大瀉、大汗，舍參無別法矣。其效之神速，不亦宜乎？或曰：暑天豈無穢濁之氣，何可用參以補住之？余曰：此病之所以貴乎看也。果有穢濁，原不可補。不知當大吐瀉之後，即有穢濁，亦必盡去，此時不補其氣，更有何法可用？況亦有本無穢濁，而僅感暑氣，體虛不克支持者乎？奈何執暑天不可用補之說，坐令有可治之法而聽其不治也。

清・王孟英《歸硯錄》卷二　黃錦芳云：杜仲、續斷二味，舉世用以安胎，而不知續斷味苦，專入血分，活血消腫，故乳癰、癥結、腸風、痔瘻、金瘡、跌仆，一切血瘀之證，皆可用也，雖稍有澀性，行不至泄，然誤施於氣弱、氣陷之婦女，則順流而下，奔迫莫御，而有排山倒海之勢，豈區區澀味所能止其萬一者乎？杜仲色紫而潤，辛甘微溫，性專入肝，補氣強筋，筋強則骨亦健，凡腎虛、腎寒腳弱之病，用之最宜；若氣陷、氣弱之輩，斷不可服，以其性最引氣下行，而無上升堅固之意也。夫胎墜本忌血行氣陷，其服此二味亦有奏效者，以人身氣血貴乎溫通，胎墜之因不一，亦有因腎氣不溫，經血凝滯，而胞胎失蔭者，得此二味，則氣煦血濡，不滯不漏，而胎自安矣。止為下虛上實者設也。故胎墜而尺強寸弱者，動作少氣者，表虛惡風，汗時出者，心下懸飢得食則止者，一身之氣盡欲下墜者，皆在禁例。奈作俑者既不分辨明晰，流傳既久，遂以為安胎聖藥，總緣醫理不明，藥性不曉，證候不知，見方號為神驗，雖滑脫之婦，亦爾通用。豈知杜仲、續斷原或因於跌仆，或下寒挾瘀而胎動者之妙劑，苟不知審顧區別而妄用之，則不但不能安胎，反能催胎、墮胎，甚有殞其母命者，可不戒哉！愚按：此二藥余不甚用，而世人皆視為補益之品，得黃氏此論，自信管見之未昏。

清·陸以湉《冷廬醫話》卷一　名家治病，往往於眾人所用方中加一（藥味）〔味藥〕，即可獲效。如宋徽宗食冰太過患脾疾，楊吉老進大理中丸，上曰：服之屢矣。楊曰：疾因食冰，請以冰煎此藥，是治受病之源也。果愈。杜清碧病腦疽，自服防風通聖散，數四不愈，朱丹溪視之曰：何不以酒製之？清碧乃悟，服不盡劑而愈。張養正治聞教諭羸疾，吳醫皆用三白湯無效，張投熟附二三片，煎服即瘥。繆仲淳治王官壽遺精，聞婦人聲即泄，瘠甚欲死，醫者告術窮，繆之門人以遠志為君，蓮鬚、石蓮子為臣，龍齒、茯神、沙苑蒺藜、牡蠣為佐使，丸服稍止，然終不斷，繆加鰾膠一味，不終劑即愈。葉天士治難產，眾醫用催生藥不驗，是日適立秋，葉加梧桐葉一片，藥下咽即產。嘉定何弁伯患嘔吐，醫用二妙丸不效，徐靈胎為加茶子四兩，煮湯服之遂愈。因其病茶積，故用此為引經藥。略識數條，以見治病者，必察理精而運機敏，始能奏捷功也。

病有因偏嗜食物而成者，非詳問得之，奚由奏效？前人治驗，略誌數則，以資玩索。朱丹溪治叔祖泄瀉，脈濇而帶弦，詢知喜食鯉魚，以茱萸、陳皮、生薑、砂糖等藥探吐膠痰而瀉止。林學士面色頓青，形體瘦削，夜多驚悸，杜某詢知喜食海蛤，味鹹，故心血衰，令多服生津液藥而病愈。富商患腹脹，百藥無效，反加胃嘔食減尪羸，一草澤醫詢知夏多食冰浸瓜果，取涼太過，脾氣受寒，醫復用寒涼，重傷胃氣，以丁香、木香、官桂健脾和胃，肺氣下行，由是病除。趙尹好食生米而生蟲，憔悴萎黃，不思飲食，用蒼朮米泔水浸一夜，剉焙末，蒸餅丸米湯下而愈。吳孚先治長夏無故四肢厥冷，神昏不語，問之曾食猪肺，乃令以款冬花二兩煎湯灌之而痊，蓋所食乃瘟猪肺也。沈繹治肅王嗜乳酪獲疾，飲濃茶數椀，蕩滌膈中而愈。薛立齋治一老人，似痢非痢，胸膈不寬，用痰痢等藥不效，詢知素以酒乳同飲，為得酸則凝結，得苦則行散，遂以茶茗為丸，時用清茶送三五十丸，不數服而瘥。吳廷紹治馮延巳胸中痛，詢知平日多食山雞、鷓鴣，投以甘草湯而愈。楊吉老治楊立之喉痛潰爛，飲食不進，詢知平日多食鷓鴣肉，令食生薑一片，覺香味異常，漸加至半觔餘，喉痛頓消，飲食如故。梁新治富商暴亡，謂是食毒，詢知好食竹雞，令搗薑捩汁折齒灌之而甦。某醫治一婦面生黑斑數點，日久滿面俱黑，詢知日食斑鳩，用生薑一觔切碎研汁，將滓焙乾，卻用生薑汁煮糊丸食之，一月平復。蓋山雞、鷓鴣、竹雞、斑鳩皆食半夏，故以解其毒也。沈宗常治廬陵人脹而喘，三日食不下咽，視脈無他，問知近食羊脂，曰：脂冷則凝，溫熨之所及也。溫之得利而愈。

清·陸以湉《冷廬醫話》卷五　藥品　《本草綱目拾遺》有雞神水，云可明目去障，製法擇大蘿蔔一個，開大孔，須近莖一頭開，勿在根邊方可活，孔內入雞蛋一枚，種地上，使其葉長成，取雞蛋內水點眼，其目如童。《重慶堂隨筆》又載製賽空青法，冬至日取大蘿蔔一枚，開蓋挖空，入新生紫殼雞卵一個在內，蓋仍嵌好，埋淨土中，均四五尺深，到夏至日取出，用女人衣具包裹，藏瓷器中，否則恐遇雷電被龍攝去也。卵內黃白，俱成清水，用點諸目疾，雖瞽者可以復明。二法並可試用，錄之。

清·王孟英《隨息居重訂霍亂論》第四《藥方篇》　藥性　原蠶砂：諸霍亂之主藥也。　黃芩：病轉霍亂之主藥。凡吐下而熱邪痞結上焦，胸次不舒者，并可與黃連、半夏同用。　石膏：暑熱霍亂之主藥。凡吐利而苔黃大渴者，并宜用之。外挾風寒者，佐以紫蘇、桂枝、香薷、生薑之類；內挾痰滯者，佐以厚朴、半夏、菖蒲、橘紅之類；下兼寒濕者，佐以防己、細辛、海桐皮、威靈仙之類。　滑石：濕熱霍亂之主藥。熱甚者，佐石膏；濕甚者，佐茵陳。　薏苡仁：霍亂轉筋溺秘者之主藥也。　木瓜：霍亂轉筋、溺不秘者之主藥也。　香薷：夏令浴水迎風而霍亂之主藥也。　扁豆：中虛而暑濕霍亂之主藥也。　西洋人參：虛人霍亂之主藥也。　枳、桔、蘆菔子：停食霍亂之主藥也。　梔、豉、石菖蒲：穢濁霍亂之主藥也。　楝實、黃柏、桑葉、絲瓜：霍亂而肝火盛者之主藥也。　茅根、地丁、益母、蒲公英：霍亂而血分熱熾之主藥也。　竹茹、石斛、蘆根、梔子、枇杷葉：霍亂嘔噦之主藥也。　厚朴、蘆菔、大腹皮：霍亂脹滿之主藥也。

茵陳、連翹、綠豆皮、絲瓜絡：霍亂身黄之主藥也。通草、車前、海金砂：霍亂無溺之主藥也。綠豆、銀花、竹葉、黄連：霍亂誤服熱藥之主藥也。旋覆、紫菀、麥蘗、蘆菔子：霍亂誤補之主藥也。人參、龍骨、牡蠣、甘草、石脂、餘糧：霍亂大虛欲脱之主藥也。桂枝：傷寒轉霍亂之主藥也。紫蘇、藿香、生薑、厚朴、白豆蔻：霍亂因外寒之主藥也。吳茱萸、烏藥、砂仁、高良薑：霍亂因内寒之主藥也。人參、白术、炙甘草、蓮子：中虛而寒濕霍亂之主藥也。丁香、木香、川椒、神麯：瓜果、魚蟹、生冷傷中霍亂之主藥也。乾薑、附子、肉桂、硫黄：陽虛中寒而霍亂及寒霍亂誤服寒藥之主藥也。

清・徐炳章《一囊春》卷上 鼠咬：白鮮皮煑汁，服一碗，當吐鼠子，乃愈。又馬蜂窩一個，燒灰存性，為末，醋熬成膏，以氷片三分，和在膏内，攤貼，剪一孔，出膿水。又麝香封之。治鼠：春夏秋三季，用砒霜四兩，灰麪六兩，和勻，燒酒糊作長條，晒乾，裝在紙筒内，冬天二藥戥分反此燒熏之，鼠自無。又砒霜、狼毒各一錢，和香餅燒煙熏之，鼠自遠避。燒一次，管三月。又荷梗塞鼠穴，鼠自遁去。壁虎咬：桑葉燒灰，水煎沸，濾濃汁，調白礬末塗。蜈蚣咬：香附為末，蜜調塗。又大蒜磨醋搽。又烏鷄糞塗。又蝸牛研爛塗，亦治脱肛。蜘蛛咬：令人遍身生絲，腹大如孕，不治則死。頻飲羊乳，外用麝香五釐，雄黄三錢，研末，調麻油搽。又生芋頭磨水，搽。蜂蠆傷：土貝母炖酒服，外用雄黄磨醋搽。又薄荷、川椒共為末，調香油搽。又生半夏、白礬搗碎，和醋塗。又韭菜、馬齒莧同搗爛，取汁搽。又冬瓜葉、芋葉和搗，絞汁塗。又以熱酒頻頻洗之。惡蟲傷：蛇退煎水洗。臭蟲：朝腦、砒霜、菜油、枯鱔魚骨，共為末，貫在紙條内，燒煙熏床下。又蜈蚣為末，和香餅，如上燒煙熏之。跳蚤：五月五日採菖蒲，晒乾，為末，置於蓆下，蚤自絕滅。虱蚊：白礬為末，和水銀摻，能除頭虱。百部汁亦可。又川芎、木鼈子各四錢，雄黄二錢，共研末，灰麪糊作長條，晒乾，裝在紙條内，燒之，蚊虱遠避。又夜明砂、鱉甲燒煙熏之。蒼蠅：藜蘆、大黄、楝子花、官桂，共為末，燒煙熏之，加夜明砂更妙。

清・石壽棠《温病合編》卷三 觧後宜養陰忌投參朮 夫温熱病也，最易傷陰。暴觧之後，餘焰尚在，陰血未復，大忌參、芪、白朮，助其壅遏，餘邪鬱伏。不惟目下淹纏，日後必變生異證。或周身痛痺，或四肢攣急，或流火結痰，或遍身瘡瘍，或兩腿攢痛，或勞嗽湧痰，或氣毒流注，或痰核穿漏，皆驟補之為害也。凡有陰枯血燥者，宜清燥養榮諸湯。若平素多痰及其人肥盛者，又恐有膩膈之弊。莫如靜養，節飲食為第一。此《漢書》所謂勿藥為中醫也。

用參有前後利害之不同 凡人參所忌者，裏證耳。邪在表及半表半裏者，投之不妨。表有客邪者，古方如參蘇散、小柴胡湯、敗毒散是也。半表半裏者，如久瘧夾虛，用補中益氣，不但無礙，而且得效。即使暴瘧，邪氣正盛，投之不當，亦不至脹，為無裏證也。夫裏證不專指傷寒温病傳胃而言，至如雜證，氣鬱、血鬱、火鬱、濕鬱、痰鬱、食鬱之類，皆為裏證，投之即脹者，蓋以實填實。今温病下後夾虛，一投人參，精神爽慧，醫者病者皆以爲得意，而恣意投之，則漸加壅閉，邪火復起，變證愈增矣。故前利後害之不同者有如此。

妄投破氣藥論 温病心下脹滿，邪在裏也。若純用青皮、枳實、檳榔諸香燥破氣之品，冀其寬脹，殊不知正氣愈傷，津液愈耗，熱結愈固，邪氣無由而出，脹滿何由而消？治法非用小承氣弗愈。迨邪皆聚胃而為燥結之證，得大承氣一通，而諸竅皆通矣。此治病之權衡也。彼承氣湯中用朴、實者，不過佐使云耳，其逐邪拔毒之功，俱在大黄一味也。

妄投補劑論 病後餘邪不除，淹纏日久，必至尪羸，庸醫望之，輒用補劑。殊不知無邪不病，邪氣去，正氣何患不復？今投補劑，邪氣益固，正氣日鬱，轉鬱轉熱，轉熱轉瘦，轉瘦轉補，轉補轉鬱，循環不已，乃至骨立而斃，豈不悲哉！

論石膏 石膏體重氣輕，重能清熱，輕能解肌，為足陽明經藥。邪在陽明，肺受火制，故用辛寒以清肺氣，所以有白虎之名。肺主西方金也。若邪在膜原，尚未傳變，用之太早，反遏鬱其邪，不得外泄。若邪傳胃腑，法當攻下，徒用石膏無益。惟邪氣傳表，熱勢散漫，脈息浮洪，大熱、大渴、大汗，方可用之，以清在表、在經之邪熱。發癍用之者，以癍為肌肉間邪，肌肉屬陽明胃經故也。

論黄連 黄連大苦大寒，入心瀉火。非火邪深入者，不可用也。即火邪深入者，亦不宜常用獨用。蓋以苦先入心，其化以燥。多服愈化愈燥。宋人以目為火戶，設立三黄湯，久服竟至于瞎，非化燥之明徵乎？嘗見温病，恣用苦寒，津液乾涸，不救者甚多。蓋化氣比本氣更烈，舉世皆以苦能降火，寒能瀉熱。即如其説，而温病之火熱，邪也。黄連守而不走，安能導邪外出乎？況其為久服化燥之品乎？

論生地　生地乃甘涼之品，最清血熱。然其性陰柔黏膩，初起邪在表者不宜用，恐其遏鬱故也。即初起陰虧者，舌降無苔，口燥咽乾，有不得不用之勢，亦須與鮮肌透邪藥并用，始不壅遏。如大小羌活湯之類是也。同一生地而用各不同。小生地能清血絡中邪，大生地涼血而兼補陰，故邪未除者用小生地，邪已除者用大生地。攻下藥中用小，補陰藥中用大。胃熱甚者用鮮，以乾者涼而鮮者寒，且滑而不膩耳。

清・許佐廷《喉科白腐要旨》卷二　藥性辨此不宜於白腐症。　羌活：凡喉風諸症，首在切忌，於白腐尤屬不宜。但羌活乃手足太陽引經之藥，散肌表寒邪，和周身疼痛，與喉患全不相涉，何必表及無辜？今時之醫，一遇喉症，動輒用之，以致症之轉重而不能收功者有之。不知善治者，無論風寒發熱之與否，從未用之。有熱自退，且喉患易愈，亦不愆期。執而不悟者，可不審慎與？　獨活：入腎與膀胱二經。專理下焦風濕痛痺，亦非喉症所宜投也。　秦艽：本入陽明清火藥也。治風寒濕痺，利小水，解瘟疫熱毒。或牙痛發熱者可用。　荊芥：一名假蘇。乃解肌發表，退寒熱，清頭目，亦稱利咽喉，惟於白腐不宜。不可因利咽喉而遂用之。此本至賤之物，近日亦有假。或云以野蘇為之也。　麻黃：辛甘而微溫。入手太陽、足太陰二經。去營中寒邪，善達肌表，走經絡。大表散風邪，祛肺中寒鬱，而開通利九竅，為散寒邪要藥也。白腐症屬肺虛燥熱，因悞投表散及寒涼之劑，以致喘促。醫者不悟，仍復為肺熱，繼用麻黃，肺氣必絕而死矣。可不慎乎！　細辛：氣溫大辛。為手少陰引經之藥。開關通竅，治風寒喉痺。雖曰少陰之脈循絡咽喉，而肺燥咽痛及白腐者皆不可用。其辛散太過，涉虛者尤為不宜。且北細辛真者甚少，或云葦蘆菫為之。　柴胡：苦微辛，氣平微寒。入肝、膽、三焦、心胞四經。其性涼，故解寒熱往來，肌表潮熱，少陽頭痛，肝經鬱症，溫瘧熱甚。平肝熱口苦。總之邪實者可用，真虛者不宜。張會稽曰：柴胡大能泄氣。凡陰虛水虧而孤陽勞熱者不可用，恐損營氣也。王海藏曰：苟無實熱而用柴胡，不死何待！　前胡：苦降，微寒。肺肝之藥。散風祛熱，消痰下氣。二胡均風藥。柴胡主升，前胡主降。近日庸流，二胡每並用之，殊屬可笑。　川芎：辛微甘，氣溫。其性善散，乃血分藥也。能通血海，多服令人走散真氣，能致暴亡。若三陽火壅於上而頭痛者，得升反甚。今人不明升降，而但知川芎治頭痛，謬亦甚矣！如喉科之開關散，即川芎、白芷二味。若是近日之喉患，亦豈宜施之乎？　白芷：辛溫，氣厚。手陽明引經本藥也。其氣辛者，達表逐風寒邪熱及肺經風熱。治瘡瘍，排膿，止癢痛，治頭痛，通九竅，大能表汗。　黃芩：苦寒之品。入心勝熱，解瘟疫，清咽，治肺胃實熱。時珍曰：肺虛不宜苦寒，傷土，損其母也。白腐症可施之乎？　葛根：辛甘，氣平寒。陽明經藥也。輕揚發散，主頭額痛，解肌止渴。宣癍發痘，消毒解酒。雖善達諸陽經而陽明為最。以其氣輕，故善解表發汗。用此治喉患，大非所宜。　桔梗：治諸喉風相宜。一兼虛喉，最當慎用。至於腐症，大不相宜。有升無降，開提肺竅，能載諸藥上行。其肺實者固可用，若白腐屬肺腎陰虛之症，不宜升提肺竅，犯之反劇甚。有不知病之本源，妄用三錢，以致肺氣益虧而愈閉。復加菖蒲以助之，其不殆也幾希！　牛蒡子：辛溫。入肺，利咽喉，消斑疹，善走十二經而解中有散。凡咽喉紅腫有形、起白者可用。一屬虛症即忌用。　射干：苦寒，有毒。本草雖載治咽喉痺痛要藥，療實熱症則可，如實中兼虛者即不可用。若白腐一症，豈苦寒有毒之味能治者乎？　山豆根：大苦大寒。固有治咽喉之名，或於實症喉痺則可用，若論白腐，本屬肺虛燥症，豈可妄投？亦不宜與射干之苦寒同用。識者當慎之。　桑白皮：西方之藥，甘辛微苦，氣寒。乃瀉肺實之火。雖曰清肺止咳喘，亦非白腐所宜。張會稽曰既瀉肺實，又云補肺，則未必然。李士材曰古稱補氣者，非若參芪之正補，乃瀉邪所以補正也。昧者信為補劑而肺虛者亦用之，大失桑皮之面目矣。且近來市中所貨者，每以山查根充售，更不相宜。是以真偽不可不辨。　天花粉：苦寒。氣味頗清，最涼心肺，善解熱渴。亦不宜於白腐。　白前：治肺氣壅塞，胸膈逆滿。虛者忌用。　欵冬花：辛而微溫。入手太陰經。能溫肺氣，能治咳嗽。惟是辛溫，以治肺寒則可，如白腐兼咳嗽，即不相宜。　馬兜鈴：苦寒。氣薄，入手太陰肺經。苦降之品，清肺熱，止咳嗽喘促。體輕而虛，與肺同象，故專司肺實喘嗽，以清熱降氣為功。如屬肺虛喘嗽，非所宜也。　馬勃：辛平，輕虛。清肺，解熱，散血。治喉痺咽痛，鼻衄失音各症。此乃療屬實之用，故普濟消毒飲用之。則非白腐咽痛音啞所宜。外用敷痳瘡妙。　枇杷葉：苦辛，平。肺胃藥也。雖清肺降火，除痰嗽，止嘔噦，亦非白腐症之所宜用。　旋覆花：即金沸草。甘鹹，微溫。入肺與大腸二經。

通血脈，消結痰，祛痞堅。凡氣壅濕熱者宜之。若氣虛及腎陰不足，皆所忌用。　土牛膝：　味甘辛，微毒。搗汁和人乳治風熱實症喉閉，立取吐痰涎，開關。其餘喉患切勿用及，既傷元氣，並且不效。　山梔仁：　苦寒。清心肺之火陰熱鬱，通五淋三焦火鬱。因其味降，亦瀉肝腎膀胱之火，虛寒者大非所宜。　半夏：　味大辛、微苦，氣溫，有毒。其質滑洒，其性燥濕。入脾胃膽經。生嚼戟喉，製用下肺氣，開胃健脾，消痰止咳，除嘔吐反胃，散風閉喉闇。成聊攝云：　半夏辛而散，行水而潤腎燥。好古曰：　半夏泄痰之標，不能泄痰之本。泄本者，泄腎也。咳無形而痰有形，無形則潤，有形則燥。所以為流濕潤燥耳。俗以半夏為肺藥，非矣！　喻嘉言曰：　半夏能和陰陽。時珍曰：　惟陰虛勞損，非濕熱之邪而用之，是重竭其津液，醫之咎也，非藥之罪也。試思白腐之燥，宜乎不宜？　木通：　一名通草。味苦，氣寒。心胞絡、小腸、膀胱藥也。能利九竅，宣血脈，消水腫，通關節。雖有清火退熱之名，於喉患不可妄用。　茜草：　一名過山龍。色赤，入營分。味苦，性溫。行血滯，通經脈。活血與紅花相同，而性更通利。凡喉腫色紫，熱在血分者宜用。其餘各喉患切勿浪投。　紫荊皮：　苦寒，無毒。破血。癰腫可消。亦不宜於肺虛各喉患。奈今時治咽喉者，無不用之。殊可笑也！　夏枯草：　苦辛，微寒。獨入厥陰，善解肝氣。消瘰癧，散結氣，止目珠痛，開鬱療乳癰。並非治喉之藥。　苦參：　大苦燥濕，大寒勝熱，沉降入腎。乃治惡瘡癰腫之藥。肝腎虛而無熱者忌之。咽喉白症，更非所宜。　赤小豆：　甘酸而平。消熱毒，下水腫。利水之品，最滲津液，多服令人枯瘦。白腐症切忌利水。　猪苓：　甘淡而平。入足太陽。開腠理，利小便，療痎瘧，並非治咽喉之品。宗奭曰：　損腎昏目。潔古云：　淡滲燥，亡津液。無濕者勿服。李士材曰：　利小便之劑，無如此効，故不入補方也。審此，則白腐尤不宜用，更可知矣。　茵陳：　入足太陽經。乃治黃疸濕熱之藥，豈可投入白腐症乎？　地骨皮：　即枸杞根。苦而微寒，乃退陰虛血熱、有汗之骨蒸及肺腎胞中陰虛之伏火。亦滋水養木，於白腐雖無礙，不可用。　升麻：　微苦，氣甘微辛。乃脾、胃、肺與大腸四經之藥。取其升散提氣，解膚腠風熱斑疹，引石膏除齒牙臭爛腫痛。若上實氣壅，諸火炎上，腎肺不足，水火無根及白腐，皆忌用。　燈草心：　甘淡，微寒。瀉肺熱，降心火，治五淋，除水腫。惟燒燈心灰能治喉痺。勿因瀉肺熱用入白腐各症。　連翹：　苦辛，微寒。手足少陽陽明、手太陰之藥。瀉心經客熱，降脾胃濕熱。諸瘡痛痒，皆屬心火，為瘡家要藥。惟白腐不相宜。　犀角：　苦辛微甘，氣寒。專入陽明，清胃火，亦涼心瀉肝。能解大熱，風毒陽毒。切勿妄施於喉患各症及白腐發斑。仲師曰如無犀角，以升麻代之者，功皆升散。是但知犀角之解熱，而不知犀角之能升散，尤峻速於升麻也。可不慎與！　羚羊角：　鹹寒屬木。走少陽、厥陰二經，故清肝定風。於咽喉各症皆無所用。　黃連：　大苦大寒，治實火之主藥。惟於喉症不可妄用。王冰註云增味益氣，如久服黃連，以為清火神劑。殊不知黃連瀉實火，若虛火而誤投之，何異操刃耶？可知白腐之屬虛，更不可妄施矣。　石膏：　甘寒。善袪肺胃三焦之火，尤為陽明經實症之要藥。若白腐兼發丹斑疹者，切勿輕投。　大黃：　苦寒。足太陰，手足陽明，手足厥陰五經血分之藥也。有毒，性極猛烈，故有將軍之號。推陳致新，直走不守。清濕熱，行瘀血，破結聚，本血分之藥。若在氣分用之，未免誅伐太過矣。乃治傷寒及瘟疫實症之品。考之諸本草，未載治咽喉痺痛。尤於白腐大不相宜。嘗見治喉症者亦每用之，是誠何心哉？　龍膽草：　大苦大寒，肝膽經藥也。時珍曰：　相火寄在肝膽，有瀉無補。故瀉肝膽之熱，正益肝膽之氣。但大苦大寒，過服恐易傷胃中生發之氣，反助火邪。亦久服黃連、反從火化之義也。雖治咽喉風熱，亦不可投於白腐一症。　菖蒲：　辛溫。心肝藥也。行滯氣，開心竅，明耳目，通利九竅，出音聲。仙經歷稱菖蒲為水草之精英，神仙之靈藥。但白腐之音啞，乃為表散及寒涼之品傷伐肝腎，非風熱閉塞於肺也，豈可因其能出音聲而妄施之乎？　白殭蠶：　厥陰、陽明之藥。散風痰，治風熱喉痺。但味辛鹹，性溫，有小毒，亦不利於白腐症。　蟬退：　甘寒而微涼，得土木餘氣所化。餐風吸露，其氣清虛，乃治屬實之風熱，開腠理，能出聲音。取輕可去實之義。治風熱閉塞之音啞者。至於白腐之音啞，又非蟬退所能療。雖曰金空則鳴，蓋因肺陰虧而遭悞治之故。聲音出於腎之本，觀此可知所由來矣。　栗蒲刺殼：　苦澁而涼，陳者尤涼。凡於口瘡舌瘡、口(縻)〔糜〕症，皆不可用此煎洗。不知者每為所悞，以致舌瘡愈蔓，及延至咽喉上腭，皆有轉為白纏喉而夭亡者不少。予所見舌瘡，未用栗蒲殼洗者易治。倘經洗過多次，必定難療。曾屢驗之。即此一味，由於世人未知苦澁之為害最大耳。　青苔：　大苦大寒。得陰濕而生，有小毒。性治下疳，煎湯洗之，大妙。能解蜈蚣傷。近有好奇之士，煎水洗口舌生瘡，每為所悮不淺。案：癸酉秋日，某農人偶受風熱，齒痛及咽痛，不肯服藥，自飲石膏湯二大碗。復取青苔煎湯，含於口內。齒患未平而人事已昏沉矣。來求予治。診得二脈濡弱無力，勢將危殆。乃投以養陰重劑及甘溫之品，調治月餘乃愈。可知青苔一藥，不可妄投，慎之慎之！　以上諸藥，與白腐屬燥，肺腎不足以及口舌生白瘡各症，皆不相宜。奈庸庸之輩以為喉症應用之藥，隨手施之，動多夭枉，殊堪悲憫。故特表而出之。

白腐症宜用藥味　生地：甘寒，氣涼。入心腎二經，養陰清熱。為喉科要藥。但兼破血，不可多用。　熟地：甘溫微苦。功用尤為宏大。補氣血，滋培腎水，填骨髓，益真陰，專補腎中元氣。凡真陰虧虛，為發熱，為頭痛，為喉痺，為氣喘，為痰嗽，或虛火載血於口鼻，或陽浮而為狂燥，或陰虛而火升者，皆非熟地不可。與甘草同用，能開胃進食，誠為上品治喉患之神丹。《群芳譜》載治肺損牙宣(跟)〔根〕露，跌撲損傷，嗟乎！熟地之功，其不申於時用者久矣！尤畏忌於今時。諸醫既不善用，獨執此而誹謗之，殊可恨耳。天門冬：甘苦而寒。肺腎之藥，清金降火，益水之源。　麥門冬：甘而微寒。肺經藥也。其味甘多苦少，故上行心肺，補上焦之津液，清肺中之伏火，益精滋陰，澤肌潤結，瀉熱火而益元氣，滋燥金而清腎水。潤肺乾咳嗽，消痰補祛，誠為要藥。腸燥便結亦妙。蓋肺與大腸相為表裏之故。　元參：苦甘微鹹，氣寒。能滋陰清火，不獨入腎，亦走肺臟。故能退無根浮游之火，散周身痰結熱癧，逐頸項咽喉痺痛，解斑疹，理心內驚煩。主用甚多。

沙參：微甘微苦，性微寒，氣味皆輕。補陰清肺，排膿消腫，除邪熱，涼肝，補五臟之陰。南沙參味清淡而散，勿用。　丹皮：辛苦微涼，氣味皆輕。入足少陰及手厥陰，清肝腎之虛熱。雖其微涼而辛，治白症亦宜。　白芍：酸而微苦，氣頗寒。氣薄於味，斂陰多而升散少，為肺脾行經之藥。入肝脾血分瀉火，固腠(裡)〔理〕，退虛熱，消癧腫，斂瘡口。凡喉患開首緩用，恐其酸斂也。　貝母：苦寒，氣平。凡用必須川貝母。其味甘微苦，氣平不寒。除肺熱，降胸中熱結。祛肺癰肺痿，痰膿喘嗽，清咽喉，化燥痰，治肺燥。至於土貝母、浙貝母，大苦性寒，氣味雖厚，惟不宜於白腐一症。　知母：苦寒，氣味俱厚。為腎經本藥，兼能清肺止渴，去喉中腥臭，退陰火，肅清龍雷，去膀胱肝腎濕熱。但其苦寒肅殺，右尺不過虛數者少用。　葳蕤：即玉竹。甘平入脾，柔潤入腎。故能補中益氣，逐熱除蒸。治風淫濕毒，止頭痛、腰痛、目痛、眦爛。凡治一切不足之症，用代人參，大有殊功。　女貞子：苦涼而平。養陰氣，平陰火，清肝火，明目。治陰虛喉痛亦宜。時珍謂女貞、冬青為二種，實一物也。隆冬不彫。冬日採之，取其得少陰之精氣。

山藥：一名薯蕷。甘平而淡，微澁。補脾肺，益腎濇精，養心神，除煩熱。治諸虛百損。須揀淮山藥乃佳。若建山藥，味苦性烈，則不宜用。　百合：甘淡氣平，功緩。益氣潤肺，除嗽，解喉痺、乳癰。潤大小便。又有一種味苦者，忌用。　叭噠杏仁：味甘美。味厚於氣，無毒。入肺、胃、大腸，止嗽理肺，亦潤腸化痰，解喉痺。　釵斛：甘淡而力薄，性輕清而和緩，有從容分解之妙。能養陰退火，除煩清肺，逐邪熱，除脾胃之火。去(糟)〔嘈〕雜善肌。

黑芝麻：即巨勝子。甘平。補中益氣，養肺潤腸。逐風濕，填腦髓。久服延年。治白纏喉大妙。　茯苓：甘淡而平。補中開胃，利水化痰。　淡滲上行，生津液，開腠理，滋水之源而下降。用乳蒸拌曬，炒過尤佳。　黑豆：即馬料豆。甘寒，色黑屬水。似腎，腎之穀也。補心腎，除熱祛風，解毒消腫。野者尤佳。畏五參、龍膽、猪肉。得杏仁、牡蠣良。　沙苑蒺藜：甘溫。入肝、腎二經。益精補腎，止腰痛遺泄，喉患後用佐調理，甚良。　甘草：氣平，味甘。合土之德，故獨入脾胃。稼穡作甘，土之正味也。蓋土居中而能兼乎五行，可升可降，可內可外。有和有緩，有補有瀉。善於解毒，祛熱邪，堅筋骨，健脾胃，長肌肉。隨氣藥入氣，隨血藥入血，無往不可，故稱國老。凡生用則涼，炙用則溫。尤能助熟地治陰虛之危症。　桑葉：甘寒，手足陽明之藥。涼血清熱。經霜者治嗽。如音啞勿用。　火麻仁：即黃麻。甘平性滑。潤心肺，滋五臟，利大腸風熱結燥。凡當潤下者，用此最妙。　胡麻仁，如栗色，名鱉(風)〔虱〕，主治亦相同。　當歸：甘辛而溫。入心肝脾三經血分之藥。凡喉患屬血虛者，佐白芍以治之。但不宜於白腐，因其辛溫而散也。　以上二十四味，均純陰至靜之藥，乃喉患之所必需。用得其宜，不啻神丹。第今人腎陰不足者居多，是以喉患屬虛者亦多，故治法須兼養陰。若不明其理，徒從事於表散寒涼而不悮者，鮮矣！

清·李紀方《白喉全生集》　用藥法　治白喉者，時醫各有忌藥。有忌升麻者，忌細辛者，忌麻黃者，忌白术者，忌地黃者，並全忌表藥者。種種惡習，深可慨嘆。若舍證而言藥，何藥不忌？　熱證誤服寒證尚輕各方者，雖不愈，尚不死。誤服寒證漸重各方及補方者，必死。　寒證誤服熱證漸重各方者，必死。虛寒證過服表劑，或誤服下藥者，必死。寒熱二證，判若冰炭。此之不審，殺人反掌，可不慎與！表藥不過宣發內邪，使無遏抑，原不能取急效。治者不可因其無效而過服。或涼或溫，急宜轉方。蓋表藥多辛竄，過服則耗散真氣，必至氣壅也。

白喉服藥與吹藥並重。蓋寒熱伏於內，非服藥不能治其本。而毒氣壅於喉，非吹藥不能解其標也。若危險之證，必先吹藥，掃去痰涎，而後可以服藥。至輕證初起，則吹藥一二次即愈矣，並無庸服藥也。故吹藥尤鍊之宜精，備之宜豫。

清・朱耀榮《三指捷編》卷二 風痹脉症施治諸藥歌 風痹之症是何因，痹者閉也寒濕侵。寒濕閉塞經絡痛，風勝寒勝濕勝分。名有行痛著脾症，浮緊而弦脉須診。病發肝經筋骨痛，要歸風寒濕受深。中於血脉血凝濇，殃及肢體痛沉沉。伸而不屈中於骨，屈而不伸中於筋。疎風須用羌防風，散寒松節共茄根。蒼朮防己燥其濕，紫蘇青皮滯自分。加皮黃栢能堅骨，木瓜苡米筋舒伸。活血生地全當歸，補氣黃芪入四君。以上痹症之要藥，加減輕重細心斟。閉而積寒脉遲結，減去寒品重加溫。倘遇脉數無倫症，大洩淤熱莫疑心。果能寒熱辨分明，此症焉有廢疾人。

清・華壎《痧麻明辨》 藥餌所宜 凡治痧均不宜汗下，汗之則增熱而為咳血衄血、口瘡咽痛、目赤或腫、煩躁乾渴、二便不通之證，下之則裏虛而為滑泄滯下之證。壎按：二者之外，尤不可補，補之則餘熱留於肌肉經絡，而為瘡疽癰腫之證。凡痘宜內實，可用補劑。痧忌內實，只須解散。然此特言其略耳。大抵二者既出之後，痘宜補氣以生血，痧宜滋陰以制陽。蓋痧熱太甚，則陰分受其煎熬，而血多虛耗，陰金被克，故宜清火滋陰為主，而不可少動其氣，亦不可如痘後之溫補也。大抵痧之一證，始終皆宜清涼和緩。痘喜溫暖而惡涼，痧喜清涼而惡溫，此其大法也。其一切辛溫燥悍、酸斂苦寒之品，皆當忌之。

諸藥所忌：麻黃、羌活、升麻、蒼朮、丁香、木香、肉桂、桂枝、豆蔻、砂仁、藿香、艾葉、山甲、龍膽、黃芩、黃連、大黃、黃柏、木通、知母、兜鈴、射干、白芍、五味子、芒硝、烏梅、石膏、觀音柳。以上各藥，皆前賢所采用者，故悉錄之於右，以明辛溫燥烈酸斂苦寒之品，在所當忌。除此之外，類是者尚多，不及備載。如用之，須先審其性味，勿泥而復蹈其轍可也。

清・龍之章《蠢子醫》卷二 毒症非用毒藥不行 嘎病不曾親手經，不知其中底理清。我嘗濕癬滯兩腿，用些毒藥便能輕。可知一切疥癩症，皆是陰寒濕毒結滯成。不用信石與硇砂，不用斑蝥與蜈蚣。不用麝香與輕粉，不用蟾酥與陀僧。而能這毒都治了，真是挾山超海同。或用些須熬膏藥，或用些須完丸行。真是洪爐一點雪，毒症還須毒藥攻。【略】

風毒堅硬，用蜈蚣足不能治，全蠍亦可 有一項腫堅似鐵，大抵濕寒水暗結。我用蜈蚣足一錢，研為細末使餔啜。和入風藥去出汗，一夜蝕爛水外泄。過了幾日漸長住，內裏作膿似火熱。蝕開一口膿外流，我用風藥大補氣與血。過了幾日又長住，一身之病盡皆撤。又有肚疼夜無節，我研蜈蚣使餔啜。和入湯藥飲一付，從此肚疼盡皆撤。蜈蚣隨人去使用，內外表裏盡洞澈。全蠍與此正相等，一切風症盡昭雪。【略】

麻黃桂枝湯不必泥 傷寒傷風不必過分端，醫家何苦聚訟談。傷風不過寒較淺，所以不住汗外鑽。傷寒實是寒疑重，所以一身血不宣。其實風寒二字分不開，風者，百病之長也。《素問》言風不言寒，而寒已在其中矣。只因人身氣血未周全。氣不周兮寒凝重，血不周兮風摧殘。氣血壯盛，斷無風寒之病。那有寒處風不來，那有風動寒不參。只將風寒二字諜諜講，何如氣血二字細細研。氣血有虛實，便有多藥與干旋。何必泥住麻黃與桂枝，使人離此不能餐。氣虛更加辛細辛芷白芷補氣內，即此便是麻黃單。血虛便加荊荊芥防防風補血中，即此便是桂枝丸。此皆氣血之表寒，故增補氣補血之多端。若是表寒裏亦寒，乾薑吳萸緊相連。若是上寒下亦寒，肉肉桂附附子故紙緊相牽。如此氣血虛寒甚，故須熱補疊疊兼。亦有氣血滯而熱，尤須涼破多多添。豈無痞脹受風寒，枳枳實朴厚朴硝芒硝黃大黃交相關。豈無肝橫受風寒，桃桃仁紅紅花赤芍並上前。內宜清瀉，外宜熱散。一切熱補全不用，夾入清利此為先。皆兼麻黃、桂枝，以散外寒。所以石膏和二藥，便是神龍上青天。大青龍湯治內熱而外寒。由此以推吾所加，二藥變化有萬端。即不變化仍如舊，藥味何必盡如前。麻黃不過大發汗，芎川芎歸當歸二活羌活、獨活亦能兼。桂枝不過帶斂肝，荊荊芥防防風棗仁亦能參。縱有仲景再臨凡，亦必謂我善傳宣。何必聚訟口不休，動將二藥講數篇。真是中了風症了，拉拉扯扯到人間。張仲景二湯實是萬古不磨，然其好處，不過數言盡之，而汪訒庵動講數千言，閱之令人頭暈腦悶。吾平生性躁，不善讀書，故有此失。問之他人，盡以為然。故書此以見吉人辭寡之難。且其書中吸吸不已者，不一而足，吾於《武成》取二三策焉，始知讀書者，不可不奉教於孟子者也。

清・雷豐《時病論》附論 胎前產後慎藥論 胎前之病，如惡阻、胞阻、胎漏、墮胎等證是也；產後之病，如血塊、血暈等證是也。婦科書中已詳，可毋備述。而其最要述者，惟胎前產後用藥宜慎。凡治胎前之病，必須保護其胎，古人雖有有故無殞，亦無殞也，大積大聚，其可犯也，衰其大半而止之訓，奈今人膠執有故無殞之句，一遇裏積之證，恣意用攻，往往非傷其子，即傷其母，蓋緣忽略衰其大半之文耳。竊揣胎在腹中，一旦被邪盤踞，攻其邪則胎必損，安其胎必礙乎邪，靜而籌之，莫若攻下方中，兼以護胎為妥，此非違悖《內經》，實今人之氣體，不及古人萬一也。且不但重病宜慎其藥，即尋常小恙，亦要留心。如化痰之半夏，消食之神麯，寬脹之厚朴，清腸之槐花，涼血之丹皮、茅根，去寒之乾薑、桂、附，利濕之米仁、通、滑，截瘧之草果、常山，皆為犯胎之品，最易誤投，醫者可不儆懼乎！至於產後之病，嘗見醫家不分虛實，必用生化成方，感時邪者，重投古拜，體實者未嘗不可，虛者攻之而裏益虛，散之而表益虛，虛虛之禍，即旋踵矣！又有一等病人信虛，醫人信補，不分虛實，開口便說丹溪治產後之法，每每大補氣血，體虛者未嘗不可，倘外有時邪者，得補益劇，內有惡露者，得補彌留，變證疊加，不自知其用補之咎耳。要之胎前必須步步護胎，產後當分虛實而治，毫釐差謬，性命攸關。惟望同志者，凡遇胎前產後之疴，用藥勿宜孟浪，慎之！慎之！

清・徐士鑾《醫方叢話》卷五　治米麪肉食積　《洗冤録表》云：麪食積者，麪為灰，多加炒焦麥芽。飯食積者，飯食為灰，多加炒黃神麯。肉食積者，肉食為灰，多加南山查。米、麪、肉、食並積，則共為灰，多加麥芽各項，以好酒灌下，再用消導之劑，外用生大黃為末，雜芒硝，酒調，敷其前後心及臍，再用艾灸三五壯，得汗即愈。若得便解更妙。

清・寄湘漁父《喉證指南》卷二　熱證過服涼藥：熱證尚輕，過服大黃、黃連而病愈加者，急宜轉服荊防敗毒散加升麻，遲則恐邪陷不得出也。若因寒涼傷胃，則必重用附、朮，方克奏效。

寒證過服熱藥：寒證尚輕，過服薑、附而見燥證者，不必用涼劑解。擇黃土地掘下三尺深，取黃土用水攪濁，煎服數椀，再審何證，斟酌用藥。若係虛寒誤服硝、黃者，其見證與實火無異，舌苔或黃而黑，脣或乾而燥，但潤而不渴耳，非用煨生附子莫治。法以生附子一枚，用黃土調溼，裹置火內煨至土乾取出，煎服。如無生附子，用熟附片二三兩，煎服亦可。

解誤藥：熱證過服表劑者，雖不愈，尚不死。誤服補劑者，不急解，斷難生。虛寒證過服表劑，雖不死，必增劇。誤服下藥者，不急解，必立斃。解之之法，熱證誤服表散溫補者，用生菉豆三四兩，研細末，冷水調服。虛寒證誤服表散寒涼者，用蜜炙附片一二兩，噙嗽其汁，再酌用寒熱對證飲散，煎出，令患者先喫大米粥一椀，然後服藥，則誤服之劑即解除矣。【略】

用藥口訣：喉證用藥，多有秘授口訣。如湯劑宜用開水泡蒸，不宜用火熬。煎吹噙藥，宜置日中曬研，不宜用火烘焙。外敷藥宜取生質搗研，不宜另加炮製。

清・周學海《讀醫隨筆》卷五　調經安胎同藥之誤　世傳佛手散一方，即當歸、川芎二味，謂專治胎動不安，生胎能安，死胎能下，將產又能催生，妊婦常服，可免半產。余十年前，即疑其理，無如世醫莫不信用，即名醫如陳修園書中，亦盛稱之，且間有用之得效者。然余究只敢用以催生，屢施有驗，未嘗肯用以安胎也。嗣讀某名家書，極論世以調經之藥安胎之謬，為禍甚烈，乃私幸先得我心矣。近日目睹其禍，爰取而論之。夫安胎本無定藥，亦視其婦之體質而已。既孕之後，體質無非血氣之寒熱虛實兩途，故丹溪謂：白朮、黃芩為安胎之聖藥者，亦舉此以明虛寒、實熱之兩大端耳！然寒亦有實，熱亦有虛，總須辨明氣血為要。若氣寒血實，附子、桂枝可并用，以溫氣而行血也；氣寒血虛，當歸、川芎可并用，以行氣而補血也。若氣熱血實，則不免有脹滿衝激之虞矣，而可復以芎、歸助熱而增實乎？氣虛血熱，更不免騰沸躁擾，緩縱不任而下墮矣，而可復以芎、歸耗氣而溫血乎？故氣虛血熱胎動下漏者，急用甘寒、苦寒，助以補氣生津，使血定而筋堅，力能兜舉，其勢漸緩；再看有無凝血，於補氣清熱劑中，略佐行瘀，便萬全矣。蓋人之子宮，萬筋所細結也；筋熱則縱弛，寒則堅強。太寒則筋急，而兜裹不密，氣散血漏；太熱則筋弛而兜裹無力，亦氣散血漏。今人之體，虛熱居多，故孕後脈多洪滑數疾；若太滑或按之即芤者，多墮，以其氣熱而血虛也。余於婦科經產，深佩孫真人之訓，頗切講求，用藥不拘成例，總從氣血、寒熱、虛實六字上著想，而於脈象上定其真假，故病無遁情，治未或誤也。古人以桂枝湯為妊娠主方，今人以四物湯為妊娠主方，真古今人識力不相及也。至謂胎產百病，均以四物加味，極謬之談，而百口稱述，殊不可解。余見妊婦、產婦外感，致成勞損者，皆此方加味之所致也。

清・唐宗海《本草問答》卷下　問曰：六經六氣，本於《內經》，明於仲景，能知經氣，則病藥之理悉具。六氣者，風、寒、濕、燥、火、熱也。治風之藥有寒有熱，治濕之藥有寒有熱，治燥、火、熱三氣之藥又似混同而無則，何也？答曰：火者地氣也，熱者天氣也，寒者天氣也，濕者地氣也，風者陰陽相應之氣也。燥者陰陽消耗之氣也，故有不同。

問曰：六氣之論，未有如是之說者，益滋疑矣，試詳言之。請先問風氣。答曰：西洋天學家言空中之氣，有冷熱二種，故能起風。因空氣熱則漲而上升，他處冷空氣即來補之，試於室中加熱，門之上下各有孔，則上孔之氣必外出，下孔之氣必內入，成風之理與此同也。因此能成兩種風：一為自冷處吹向熱處之風，如熱帶內氣候常熱，則氣漲而升，南北兩極氣候常冷，則南北兩極生風，吹向熱帶去；一為自熱處吹向冷處之風，會於熱帶，乃復散而回轉，吹向冷處，轉回兩極，二者旋還不已，中國冬日則熱帶在南，故風從北吹往南去，夏日則熱帶轉北，故風從南吹回北方。余按吹往南者是陽極而陰生，以陰從陽，如《周易》之巽卦是矣。《周易》巽為風，正是陽極於上，陰生於下，熱帶在南而風生於北，故其卦二陽在上，而一陰在下也。吹往北者是陰極而陽生，以陽復陰，如《周易》之震卦是矣。《周易》震卦不作風解，然《內經》云：東方生風，在《周易》震卦屬東方，二陰極於上，而一陽生於下，應春風陽回陰退之象。春分熱帶漸移向北，其風均從熱帶吹至北來，春夏所以多南風也。陽回陰退，於卦象震，震東方也。故《內經》言東方生風，其義頗確。

問曰：人身之肝木司風氣，不應巽卦而應震卦，與《內經》合，而與《周易》不合，何也？答曰：《周易》巽卦是冷處吹向熱處之風，乃烈風、暴風，非人身之和風，中人則為中風抽風，於風為常象，而於人為變病，非人身和暢之風也。《內經》所指東方生風，風生木，木生酸，酸生肝，肝主人身之風氣，則是陰退陽回之象，與震卦合德，故論人身肝木司風之氣化，當從《內經》東方生風之說，蓋風者東方之氣，於卦為震，上二陰而下一陽，即陰極陽生之象，在人屬厥〔陰〕肝經，厥者盡也，逆也，陰盡而陽生，極而復返，故曰厥陰。所以《內經》言：厥陰中見相火，是陽生於陰中，有象乎震，而成為肝主風木之臟。其體陰而其用陽，陽有餘則生熱風，陰有餘則生寒風，故凡中風、傷風，或為熱風，或為寒風，或熱深厥深，為外寒內熱，或陰搏陽回，為左旋右轉，皆係風木本臟之病。或發於四肢，或上於顛頂，是又厥陰經脉之病。今且將藥逐論之，肝之經脉與膽經同路而行，但分表裏，然皆由身側上項，入腦至顛頂，故凡柴胡、蔓荊能引少陽經者，皆能引入肝經，以上於頭而散風邪。蒼耳有芒角，得風氣所生之物，乃應東方勾芒之象，其質又輕，故入肝經散頭目之風，而味苦又兼清熱。鈎藤有鈎刺，亦入肝經，然係枝蔓多主四達，故治肝筋脉之風熱。巡骨風、五加皮皆有毛，性辛溫，故能散肝經之風寒，祛周身之痺痛。川芎氣溫，溫者陰中之陽，恰是風木本氣，故入肝經其氣走竄，而根性又主上升，故能至於顛頂以散風寒，亦有性不上升而能上治頭痛者。仲景頭痛如破用吳茱萸，此物速降，性不上頭，然能降肝胃之寒，使不上充於頭，此為治臟腑，而經脉自治也。天麻有風不動，無風獨搖，其搖者木之和氣也，其不動者金之剛氣也。氣微溫木也，味微辛金也，是木受金制，金木合德之物。一莖直上，子復還筒而歸根，所以能通陽和陰，治頭目，定驚癇。夫子復還筒而歸根，正如西洋所謂風起於冷處，吹至熱帶，復還而吹向兩極也，故以天麻為治風正藥。夫人得閒氣而生者為奇人，藥得閒氣而生者為奇藥，如天麻之木得金性是閒氣也，故為治風妙藥。白頭翁亦無風獨搖，有風不動，蓋白頭翁通身有毛，一莖直上，與天麻同，知其皆得風木條達之氣，故無風能搖，其色純白，是得金性，故有風不動，但其味苦，是治熱風之妙藥。仲景治產後中風及痢疾後重者，是取其熄風火達肝陽也。羌獨活皆一莖直上，有風不動，但味太辛，氣太溫，能散寒風，力甚於天麻，而兼能燥濕，不如天麻之剛柔得中也。桑寄生味酸枝繁，具木之性，而生於桑上，桑者木中之金，寄生附之，獨得金木之閒氣，且根不粘土，純感風氣而生，為清散風木之妙藥。殭蠶得風而殭，故治風痙等症，風淫末疾，四肢麻木疼痛。用桂枝以散寒風，用槐枝、桑枝以散熱風，以枝橫行，故能四達。肝主筋，風在筋脉，用秦艽有筋紋者為引，味又辛散，故能溫散筋脉。續斷亦有筋，故皆主治筋脉，但秦艽紋左右紐轉，利於左右相交。續斷筋紋如骨節相連，故主接筋骨，去骨筋間之風寒。杜仲有膜，堅韌而不斷，象人身之筋膜，蓋人身兩腎之中一條白膜，上生而為肝中之大膜膈，由肝腸串插，生出肉外，包周身之瘦肉，其瘦肉兩頭則生筋，筋又着於骨節之間。杜仲有膜象人身之筋膜，故入肝腎強筋骨也。肝脉下走足，脾又主筋，乾濕脚氣皆筋受病。《內經》云：風勝濕，肝失風木之令不能疎土，故濕流注。所以西醫言，凡是脚氣，其尿必酸。木瓜酸收去濕，故治之。苡仁但治濕，宜兼風藥治之。虎脛骨辛溫，以金平木，治風寒脚氣，風從虎，虎應西方七宿。金制木也，乾脚氣是風熱，宜阿膠、龜板、地黄益陰氣，使陽不動以還其厥陰之本體。玉竹柔潤熄風，亦是此意。故諺云治風先治血，血行風自滅，血足則肝陽不動而風自熄，痛風症亦有寒風，有熱風，傷熱風則走痛，風鼓動而血不靜也。傷寒風則痺痛，血寒凝而氣不通也，均責其血。觀仲景以紅藍花治風氣百疾，則知治風先治血之理。蟲感風化，凡瘡癬有蟲者皆是血留滯，遇肝風薰發則化蟲，故用荊防以散風，歸地以和血，外用椒礬以殺蟲。癆蟲生於臟腑，瘀血得風而化者也。鰻魚蛇類，又曲直形長，是得木氣，居水色白，是又得金氣，據其形色論，是木遇金水而化生者也。癆蟲屬風木所化，遇鰻魚之氣味則感金水而消化矣。故治癆蟲，其骨能薰蚊化為水，此皆秉間氣而生之靈物也。獺肝亦然，其數應目，專得金水之精，故化風木。所生之癆蟲，皆治風木所化者也。若風從濕化而生之蟲，如仲景吐蚘用烏梅丸，是治風濕之蟲也。烏梅以斂陽，花椒以化陰，而風濕之蟲自化。觀烏梅丸寒熱互用，則知陽動陰應則風生，反陽入陰則風熄，故陽氣怫鬱之微風宜散，薄荷、荊芥、防風、紫蘇、柴胡之類是矣。陰遏抑之，暴風則宜溫，附子、川烏、白附子之類是矣。六經惟厥陰經，陰中有陽，故有熱深厥亦深之病。風溫重證往往有此法，當但清其熱，犀角、羚羊、牛黄以透達之。外寒內熱，此如西洋所說，熱極於室中，則引寒風入戶穴之義。故但當撤其熱，而風自不來，筋縮抽扯者，熱風也，宜羚羊角，此物角掛樹稍，身懸而睡，知其筋最直，角尤其精氣所在，故性微寒，功專舒筋，左右抽掣者。正如西洋所說，熱帶往南則北風至，熱帶往北則南風至，循環而不能息也。故以秦艽之左右交者為引，以虎睛之能定風者為治，左右偏風，理皆如此。定風如白頭翁、天麻、羚羊皆可用之。筋緩不收，又是寒必風也，宜桂附，論者不可稍混。【略】

請問治風寒之藥。答曰：寒者水氣也，水屬北方壬癸，在卦為坎，在人屬腎。《內經》云：諸寒收引，皆屬於腎，腎之腑為膀胱，代腎司化，是為寒水之府，經名太陽。《內經》言太陽之上，寒氣治之，寒者太陽膀胱之本氣也。夫坎中一陽，實人身元氣，寄於膀胱水府之中，化氣而上行外達，為人身衛外之氣，名曰太陽，陽之大者也，陽氣衛外，安得有寒，其有寒者，乃陽氣不伸而寒水獨勝，於是乎有寒病矣。冬月水結成冰，即是水中之陽不伸，是以純陰沍結而為寒，人身膀胱水中之陽氣，透膜膈，出肌肉，達皮毛，則能衛外而不受寒。寒主收塞，故受寒則閉其毛孔，汗不得出。發熱者，內之陽不通於外，而湊集皮間，遂鬱而發熱，陽為所遏，故愈惡寒。法用麻黄通陽氣，出於毛孔，汗出而寒去。麻黄莖細叢生，中空直上，氣味輕清，故能透達膀胱寒水之陽氣以出於皮毛，為傷寒要藥。後人用羌獨活代麻黄，羌獨活根深莖直，能引膀胱下焦之陽以達於經脈而發散其表，惟味辛烈，較麻黄更燥，兼能去濕，不似麻黄輕清直走皮毛。薄荷亦輕清，但薄荷升散在味，故力稍遜，麻黄升散純在於氣，故力更峻。葱管通陽，與麻黄之義同。然麻黄莖細象毛空，葱莖粗象鼻孔，故葱能治鼻塞。辛夷花亦升散鼻孔、腦額之寒，又以花在樹梢，尖皆向上，故主升散。荊芥性緩於薄荷，紫蘇亦然，二物皆色赤，能入血分，味辛香能散寒，故皆主散血分肌肉中之寒，人身外為皮膜，是氣分；內為肌肉，是血分。寒入血分，在肌肉中堵截其氣，不得外出，以衛外為固，故毛孔虛而汗漏出，法當溫散肌肉。桂枝色赤，味辛散，入血分，故主之。枝又四達，故主四肢。紫蘇性同桂枝，然較輕，不如桂枝之大溫。防風以味甘入肌肉，氣香而溫，故散肌肉中之風寒。皮與肌肉之交有膜相連，名曰腠理。柴胡莖中白瓤象膜，一莖直上，能達清陽，故治腠理之寒熱也。荊芥得木火之勢，入少陽經，亦能發腠裏之寒熱，肌肉中寒凝血滯，則為痺痛。仲景名曰血痺，是指血分而言，故五物湯用桂枝，當歸四逆湯用桂枝，以溫血分，後人用羌獨活、荊芥，不及桂枝力優。寒入於筋脈或拘急不能屈伸，或軃緩不能收引，或疼痛不可忍耐，總宜續斷、秦艽引入筋脈，寒入骨節，腰膝周身疼痛，手足厥冷，宜附子以溫腎。腎主骨，用細辛以引經入骨驅寒，寒循太陽經發為痙，用葛根引麻桂循經脈以散之。寒入腦髓，名真頭痛，用細辛以引經上達，用附子以助陽上行，皆從督脈以上入於腦也。肝脈亦入腦髓，故仲景用吳茱萸治腦髓寒痛。鼻孔通腦，故北人以鼻菸散腦中之寒。西洋有用藥吹鼻，以治腦髓之法。又西醫云：腦筋多聚於胃，故白芷、辛夷皆從胃能達腦以散寒，寒由皮毛入肺，閉肺之竅，則鼻塞，薄荷、辛夷治之。肺主行水，寒傷肺陽，水不得行則停胃而為飲，上逆氣欬，仲景用細辛以行水，用乾薑以散寒，用麻桂以驅寒外出，小青龍湯是也。但溫肺而不兼胃治者，則用甘草乾薑湯，其薑炮過則輕而上浮，故但溫肺。後人用白芥逐水，陳皮降氣，冬花溫肺，蘇子降氣，皆是仿仲景小青龍湯以辛溫去肺寒也。總之膀胱主寒水，內含坎陽，陽氣升則水化，而下無寒氣矣。陽氣不升，則水停不化，為寒飲，故用細辛以達水中之陽，用附子以助水中之陽，用乾薑以溫土中之陽，陽出則陰消，而寒飲之水自化。寒水犯中宮，上吐下瀉，為霍亂洞泄，乾薑溫中，故主之。砂仁、白蔻、良薑亦治之。凡去寒必兼利水，以寒即水之氣，去水即是去寒。大寒紐結作痛，陽氣不通，用烏頭、細辛、川椒、小茴、吳萸助腎陽，兼達肝陽，陽氣暢則寒散痛止。四肢逆冷者，由於腎陽不達，附子溫水中之陽，故治之。故紙溫腎，但能溫斂而不伸達，故但治腰痛，而不治手足逆冷。肉桂本木火之氣，大辛入下焦，火交於水則陽生而寒水自化，故腎氣丸用桂附，溫補坎陽以化氣行水，寒在腰腎精冷者，宜之。寒在膀胱水停不化，名曰蓄水，用苓澤以利之，而尤必用桂枝以宣水中之陽，五苓散是也。烏藥色紫入血分，又氣溫入肝，肝主血室，故烏藥入血室以散寒。《本經》言，治膀胱腎間冷氣，即指血室中之冷氣也。凝血作痛，用艾葉亦是秉木火之氣，能入血室也。寒水淩心，必用桂枝、遠志、公丁香以宣心陽。寒挾肝風則生蚘蟲，侮脾土，則用川椒、薑、附以溫肝。若硫黃石中之液而能燃，是水中火也，其味酸是得木味，水中之陽，發則生木，故味酸而能燃，是為水中之火，為溫下焦肝腎之猛藥。天生黃，生於雲南，下有硫黃，上有溫泉，泉氣薰岩，結成天生黃，真水中之陽氣所化，純而不燥，然人之陽氣上達則歸於肺。天生黃生在岩上，故為溫肺妙藥，不得作硫黃本性論也。夫熱藥具辛味者，雖大溫猶不至烈，以得木性而未得木味，非純於生火之性，故不烈。惟溫而味酸，則既得木性，又得木味，純於生火，故性烈，硫黃、砒石是也。

問曰：病有上熱下寒，外熱內寒，當用何藥？答曰：此以在下在內之寒為主，用薑、桂、附而兼膽汁、人尿、麥冬、牛膝等，以抑之便下。

問曰：病有內熱外寒，下熱上寒，又當用何藥？答曰：此以在下在內之熱為主，用芩、連、知、柏而兼生薑、桂枝、薄荷、荊芥、葱白以引之，使上要在用藥之妙，未可責效於一藥已也。【略】

問曰：六氣有火、熱，又有燥氣，時醫於三者，往往混同無別。今請問燥之分別，與治燥之藥。答曰：三者各別，未可並論。今子所問燥與火、熱迥殊，蓋燥與濕對，濕為水火相交而化者也。燥者水火不交之氣也。火不蒸水則雲雨不生，水不濟火則露澤不降，而燥於是乎成矣。水不潤則木氣不滋，而草木黃落；火不蒸則土氣不發，而膏脈枯竭。究水火之所以不交，則由於金性之收。收止水火，各返其宅。故神曰蓐收，令司秋月。草木枯槁，土泉涸竭，是為燥金用事之驗也。人秉燥金之氣者，為陽明經，屬胃與大腸。胃雖屬土而以燥為主，故與大腸統成燥金。金收而水火不交，是為燥。則燥者，水火消耗之氣也。腸胃所以化飲食，皆以其燥能消耗之也。燥化不足則不消水，為嘔吐泄利，用半夏、陳皮、白朮為主，吳萸亦辛燥，熟於九月，正得燥金之氣，故去水飲以燥勝濕也。蒼朮正燥胃土，砂仁辛澀，正入大腸。草果燥烈，銷瓜果之濕積，然此皆燥氣不足之爲病也。若燥之症病，則皆屬燥氣有餘，蓋有津液則不燥，無津液則燥，仲景以存津液為主，正以治燥。其有火不蒸水而津液不升，如五苓散之有口渴證，宜用桂枝。理中湯之有口渴證，宜用乾薑。腎氣丸之治下消證，宜用桂附。大便寒結者，用當歸之溫潤，用巴豆之辛潤，皆是治火不蒸水之燥。西醫用蓖麻油通大腸，亦是溫潤之法，皆治寒燥者也，此證最少，惟火燥之證最多，水不濡火則成火燥，血液不流於下則腸中乾枯，膈食不下，糞如羊屎，宜黑豆、脂麻、肉蓯蓉、當歸、麻仁、生地、山藥，生液以潤之，水津不勝於上，口乾肺萎，痰鬱欬逆，宜阿膠、貝母、麥冬、紫(苑)[菀]、瓜霜、百合、白蜜、燕窩、白木耳、蛤蚧、百藥煎、玉竹、杏仁，生津以潤之，肺燥最難治，以其體甚高。又屬氣分，陽津易達，而陰液難到也，麥冬、天冬、當歸、人參以治之。燥甚口渴，花粉、粉葛、鹽梅皆潤生津，火太甚，有燥屎急下之。用芒硝以潤滌，用大黃以攻利，此其攻下正是救津液，有津液則不燥矣。世人但知下火，而不知是存津液，正是救燥，然下之又能亡津液，故又有戒下者，他如噤口痢，津液不升，故不納穀。西醫言是腸胃發炎，久則腐爛，按此正是水不濡火之極致，宜以黃連、生地為主，以白菊、花粉、黃芩為佐，又陰吹有燥屎，猪膏髮煎亦是潤腸之義。風能勝濕，風傷血則筋燥，玉竹、當歸為主。小便燥澀，前仁、滑石、冬葵子、蓯蓉以滑利之。婦人子臟乾燥，仲景用甘麥大棗湯，此可借用地黃湯，心中乏液則煩，輕則柏子仁、棗仁以潤之，重則雞子黃、阿膠以潤之。《內經》云：腎惡燥，腎精不足，宜枸杞、菟絲、熟地、龜膠、阿膠。又小便自痢，大便反鞕者，仲景用附子、白朮，又是以火蒸水通致津液之法。總之燥是水火不交之耗氣也，故有寒燥、有熱燥，而熱燥尤多，則以其火就燥故也。

問曰：火熱二者，幾不可別。而《內經》以火屬少陽，以熱屬少陰，治火治熱，用藥當如何分別？答曰：此不可辨。有如夏月天氣亢陽，烈日當空，揮汗淋漓，此為熱，乃天之陽也。有如燔柴炙炭，勢若燎原，此為火，乃地之陽也。少陰心腎係人之坎離，雖心屬於火，亦如天之有日，積陽而成，非若麗木則明之火，故少陰不名為火而名熱氣者，從其本於天之陽名之也。此氣雖屬於心，實根於腎，乃腎命門坎水中之一陽，交於心而成此熱氣，故中心煩熱。仲景用黃連阿膠雞子黃湯。阿膠得阿井伏流之水性，能伏水中之陽。黃連之寒得水之性，故去熱。雞子黃滋補心液，三味乃填離清坎之藥，故治心內之熱，梔子苦寒，有皮膈，象心包，內之子赤，正屬心之色，其花白色，當屬肺金，結子成赤，當屬心火，是為從肺入心，正治心中煩熱之藥。《內經》言心為主君，而肺為相傅之官，以制節心君之太過。梔子花白子赤，正是以肺金而歸制心火者也，故仲景治心中懊憹，必用梔子淡豆豉湯。豆為腎之穀，蒸發為豉，能升腎中水陰，以降心中之熱，觀此則知少陰心腎均屬熱氣，不作火論也。連翹有穀有子，亦似包與心中，氣味輕清，为清熱入心之品。蓮心得坎水之氣上生於蓮子心中，有似人之心中，故入心中清熱。竹葉、寒水石、石膏均稟天水之寒氣，故治一切熱。地骨皮淩冬不凋，得水之陰，故治熱。元參色黑入(治)[腎]治熱，熱與火不同，有如大黃是治火之藥，稟地氣，入後天之血分者也。芒硝是治熱之藥，稟天水之氣，入先天氣分者也。紫雪丹不用大黃，而用石膏、芒硝、犀角、羚羊、寒水石、金箔，皆本天水之陰以清熱也。牛黃清心丸有大黃入血分，有牛黃走膈膜，是入包絡，則本地火之陰以瀉火也。蓋天之陽在空中為熱氣，附於木則燃為火，人之陽在心中亦為熱，附於血分，則歸包絡，合肝木而為火，知此則知熱與火有別，心腎陰虛則生熱。天王補心丹用二冬、二地、丹、麥、元參，皆是益水陰，其濟心中之熱，骨蒸盜汗，癆熱，是水氣外泄，陽越而熱，非火也。宜清潤收降，地骨皮、丹皮、知母、黃柏、冬桑葉、歸、膠、地黃、麥冬、元參，皆益天水之陰以清熱也。知母葉至難死，拔之猶生，即此知其得水氣多，故清氣分之熱。夫氣屬陽，血屬陰，瘀血阻氣，則陽不入陰，亦蒸熱汗出，宜破其血，使氣得入於血中，則不壅熱。桃仁、丹皮為主，仲景䗪蟲丸，溫經湯皆主破血以通氣，氣通則熱不蒸，此為治熱之變法。諸瘡兴起作膿，每每發熱，乃是氣來蒸血，氣盛則血隨氣化而成膿，如不發熱則氣不盛，難於蒸膿，宜黃芪桂附以補氣，助其發熱，而血乃化。痘證亦然，觀此則知熱屬氣分與火之屬血分者不同，故藕汁、梨汁、萊菔汁、西瓜、珍珠、水晶石、元精石、寒水石皆得水氣以清熱。

問曰：血屬火，氣屬水。今云熱屬氣分，何以心主熱氣而又能生血也哉？答曰：心在人身，如天之有日，天陽生地火，故陽隧取日而生火，則附於木，心經化液，而生血則歸於肝，所以肝與包絡、膽均引相火，而少陰心與腎獨主熱氣也。有相火助熱之證，清用芩、連，攻用硝、黃，是治熱兼治火也。有如夏既亢熱，又添爐火之狀，又有熱助相火之證，如日晒火山，風陽炬焰之狀，論證者當類推焉。夫以五臟論，則心屬火，以六氣論，則心腎均主陽熱，而火當屬之少陽，可分可合，總宜細辨。

問曰：天陽生地火，故心生包絡之相火，包絡之血，下藏於肝，故肝寄相火是木火一家之義也，乃包絡與肝名厥陰經，統稱風氣，不稱相火，而少陽膽與三焦獨言火，君火、相火後世之說，與六氣不合一氣，治之何也？答曰：包絡稱相火，乃後世之說，非《內經》本義，《內經》只言膻中者，臣使之官，喜樂出焉，謂相心布化，血脈暢則喜樂。凡人血足則不怯寒，可知血屬熱氣，不專屬火，故肝與包絡不稱相火，惟包絡與三焦通，故三焦之火能合於包絡。肝與膽相連，故曰肝能化火，究竟火氣全歸於膽，乃是從木生出之火。膽系連肝膈通膜網，即三焦也。膽火之化全在三焦連網中往來，故膽與三焦同司相火。火逆嘔苦，黃芩為正藥，苦而綠色，故入膽也。柴胡得木氣透達，使火不鬱。荷葉亦能清散膽火，象震而味苦故也。青黛色青味苦，清三焦肝膽之火，質輕清，故治喉證。《內經》云：二陰一陽，結為喉痺。二陰是少陰主熱，一陽是少陽主火，熱與火結，則為喉痺。故治喉症，總宜去火而兼清熱也。藍葉治肝膽之火，較青黛之性略沉，海金沙子結葉間，如膽附肝之象而味苦，能清火，故為治沙淋等之要藥。三焦與膽通，惟膽中相火結，三焦之水乃結，此藥以結解結，故治之。五倍子亦子在葉間，而味帶鹹，故潤降，潤去肺之痰火，實亦清膽，以其子在葉間也。又清三焦，以三焦根於腎系，五倍子鹹，又能入腎故也。桑寄生附木而生，象膽附肝，味酸苦，得木火之味能清膽火，治風熱筋結等症。膽通三焦之網膜，外連於筋，寄生如藤附木，象人之筋也。龍膽草苦而根多，故主降膽與三焦之火。胡黃連中空，與黃芩均能走膜中空竅，而味極苦，正治相火。故主癆蒸。此與黃連之苦不同。黃連得苦之正味，故入心瀉熱，膽草、胡黃連得苦兼酸之變味，故入肝膽及三焦。夏枯草正秉春少陽之氣而生，至夏則枯，味亦苦，正清肝膽及三焦之火。瘰癧者，頂上筋脈之結也，此草蔓生象人筋脈，質輕浮走上焦，故治頸上之結，又取自枯有消耗之義。青蒿色青味苦，正治肝膽之相火，其節中必生紅蟲，乃感風化而生之蟲也，故青蒿為去風清熱之藥。人之癆蟲皆肝氣相火相煽而生，假血以成質，故必骨蒸，乃生癆蟲。青蒿節以蟲殺蟲，消瘀去蒸，借蟲以攻血，借風氣以散鬱火也。防己味似龍膽而中空，能通膜網，故能清三焦相火，以利其水。栝蔞實子有油而氣烈，包有瓤而味苦，搗爛合用能解膈膜之痰火。山豆根色白味苦，入肺瀉火，蓋以金平木，則火不上而剋金矣，故治喉痛。喉是少陰心與三焦之證。豆根治木火，是治三焦也。馬齒莧葉內有水銀，得金水之性也，味酸氣寒，故能清三焦之火以利水。鯉魚膽、青魚膽以類入肝膽，味苦又生水中，正得水性，為治肝膽火之正藥，故治喉目。熊生於山，而毛獸秉風性，膽又極苦，故入肝膽清火而治喉目。地骨皮極厚，象人膜，味苦氣寒，故清三焦之火。三焦與膽同司相火，然三焦之根在腎，腎中陽氣上通，亦以三焦為路道，故腎能移熱於三焦。地骨皮入土極深，得土下泉水之氣，故能清腎水中之熱，能瀉命門中熱也。

清・高奉先《醫宗釋疑》卷一　妊娠忌服應服辨　古者所設忌服之藥，恐其誤用。應服之藥，乃其規模。後人不解其意，以忌服之品如鴆毒，應服之品為秘術，大可惑也。忌服之品，如大黃、朴硝、附子、肉桂之類是也。應服之品，如四物、白朮、黃芩、香附之類是也。而醫家陷泥於此者良多也。將謂桂、附傷胎乎？妊娠霍亂，轉而入陰，真陽將絕，其胎尚可保乎？投以桂、附，真陽復而陰邪退，陰邪退而胎自安，桂、附其傷胎乎？其安胎乎？將謂大黃、朴硝傷胎乎？妊婦傷寒，傳邪入胃，痞滿燥實，其胎尚可保乎？投以承氣，邪去而正氣自復，正氣復而胎自安，大黃、朴硝其傷胎乎？其安胎乎？將謂四物安胎乎？妊婦虛滑，傷其脾胃，中氣衰敗，其胎尚可保乎？復投以四物，敗脾兼滑腸，脾敗胎自墜，四物其安胎乎？其傷胎乎？傷胎安胎，以此類推，蓋藥因病而用，胎因病而壞，安胎先療病，病去胎自安。即或半產墜胎，病墜之也。有其病必當用其藥，用所當用，忌服可以安胎；用不當用，應服足以傷胎。《經》曰：有故無殞，亦無殞也。醫者以病證為懷，勿以藥品為限也。

清・過鑄《增訂治疔彙要》卷中　藥性　古今本草太多，學者苦其煩而不能遍閱。草木之性，一時難別。雖淹博如李時珍，尚不能無誤，況其下乎？茲將疔證需用之藥，瘍科同。詳其性味，明其所入之經，所歸之臟，以待人擇而用之。外證之藥，無取乎多，當不嫌其簡也。

甘菊花：甘、苦、辛，無毒。入肺而行肝氣，降逆氣，下生腎水，上清頭目。治疔之聖藥也。用鮮菊花梗葉根搗汁服，最解疔毒。服愈多愈好。野菊亦可。乾者力稍緩，須數兩方效。汪雙池先生云：菊花氣味甚輕，用之治病，非可責之一撮之微也。昔人謂野菊瀉人，為苦薏。真菊能延年。按菊味帶辛，辛則無不耗，安在其能延年也。

金銀花：甘，平，無毒。入胃肺二經。外證要藥，重用方效。其性滋陰解毒，為瘡家奪命之將軍。藤名忍冬，煎膏，以花拌曬，最為解毒。暑天以膏少許冲湯，當茶飲之，甚妙。但不可用之洗。外證洗則反致潰爛。

甘草：甘，寒，無毒。入脾經。與菊花、地丁同服，最解疔毒。須用三四錢，他證亦然，輕則無用。治外證宜生用，炙則性補，阻毒氣不得外達，甚至內攻。毒未盡者，斷不可用。反甘遂、大戟、海藻、芫花。除甘遂外，亦有同用者。

紫花地丁：苦、辛，寒，無毒。主治一切疔毒癰疽，瘰癧血熱。汪雙池先生云：以丁治疔最合。疔，古作丁。須用壹兩，至少五錢。重證多至三四兩。鮮者更效。如麥芒粘刺咽喉，嚼爛嚥下即安。

蒲公英：甘、苦，平。補脾和胃，瀉火，并能通腎水。疔毒外證之要藥也。俗名剪刀瓣草。獨莖黃花，又名黃花地丁。四時皆有汁白，能通乳，以形用也。汁似乳。搗汁酒冲服，治噎膈。須擇其根下大如拳，旁有人形拱抱者更效。乾者力稍緩，重用方效。林屋山人云：療乳癰結核無用。其說非是。余嘗用鮮者打汁冲酒服，取渣外敷治乳病，極效。蓋乳頭屬肝，乳房屬胃。乳證多因熱盛血滯，用此直入二經，涼血解熱。外敷以散腫核，宜極驗也。

連翹：苦，寒，無毒。入心、胃、膽、大腸、腎五經。形似心，故入心。味苦，善裂，故散，瀉心火，能排膿，活血止痛，生肌殺蟲，消腫。凡諸瘡痛癢，皆屬心火，故為十二經瘡家聖藥。

柴胡：苦、微寒，無毒。入肝膽二經。與連翹同功。連翹解血熱，柴胡則專解氣熱。能調劑陰陽，為少陽、厥陰主藥。升腎水於肝膽之部，以堅水而瀉火，故虛勞肌熱，骨蒸勞熱，嘔逆心煩，皆可治。又能散結調經，及胸脇痞痛，婦人熱入血室諸證，皆和肝之用也。僅謂其表藥則謬。陳修園云：性純，不妨多用。功緩必須重用。仲聖大柴胡湯用至八兩之多，以漢時權衡較今時，亦有壹兩八錢。發汗之說，經文無之。余依古法，重用甚效。

紫背天葵：酸、鹹，寒。瀉肝、膽、腎、命相火之邪，無毒不解。最解金石之毒。雷斅用以炮製毒藥，能制丹汞之毒。定小兒驚悸。治吐血、衄血，塗火瘡熱毒，能輭堅。生石砌陰處，弱莖如線，葉五出而尖，小如錢，聚莖端，圓布如葵，色青黑，背深紫，故有斯名。小草也，其形如足爪，故能下行於足。脫骨疔之要藥。

其根如鼠矢，杭俗名千年老鼠矢，實即雷丸。係治疔要藥，而藥肆每無此味，常以冬葵等相混，其性大為不同。江浙藥店中名天葵草，大店或有之。

澤蘭：苦、辛、甘，寒。補肝瀉脾。治癰毒，主治血分，調月經，去瘀行而帶補，婦人及瘡家之要藥。性和平，無偏勝之憂。

羌獨二活：苦、甘，平，無毒。入小腸、膀胱、肝、腎四經。主散瘡毒惡血，頸背側膀胱經毒用羌活，腰眼之毒用獨活。

牛蒡子：辛，平，無毒。入肺經。主散諸腫瘡瘍之毒。

益母草：味辛，微寒，無毒。入肝經。主去瘀生新，消疔腫乳癰。忌鐵。

白及：苦，微寒，無毒。入肺經。主癰腫，排膿要劑。反烏頭。

續斷：味苦、辛，微溫，無毒。入肝經。治癰痔腫毒，止痛生肌。外科需為上劑。

芎藭：甘、辛，溫，無毒。入肝經。產於川者良，故名川芎。主和血行氣，治癰疽瘡瘍，能續筋骨，通乳汁。

何首烏：苦、甘、濇，溫，無毒。入肝腎二經。甘能補，濇能固，溫能養陽。且白者入氣分，赤者入血分。血氣所在，則五臟何所不至？故能養血養神，補水和筋，斂精堅骨，充髓烏鬚髮。久服能延年益壽，滋生助嗣。至如斷瘧止痢，療風濕瘡瘍，癰疔瘰癧，及冷氣腸風宿疾，俱由其溫固收斂之功。血氣固則真元復而邪自散矣。李時珍曰：此物不寒不燥，功在地黃、門冬之上。地黃滋，首烏濇。或以此代彼，或並用，皆失之。但其性效遲緩，必久服乃驗。其藤夜交，故名交藤。未見其然。患瘰癧者，嚼鮮赤首烏數片，并嚼葉敷之，久則自效。忌萊菔、葱、蒜、鐵器。其味濇，初瘧用之，邪難外達。

栝蔞：甘，寒。去肺中沉寒積熱。主治哮喘痰火，亦通乳汁，療乳癰。乳癰初起，用栝蔞壹個，當歸壹兩，浙貝母壹兩，花粉叁錢，製半夏壹錢五，乳香壹錢，白及貳錢，白芷壹錢，炒穀芽壹兩，青木香壹錢，穿山甲壹錢，數劑即消。俗名瓜蔞。反烏頭。

栝蔞仁，清心潤肺，瀉火泄逆。古曰果贏，色白多脂，令人吐。壓去油方可用。蕩上焦垢膩。治熱。除胷痺，止吐衄，止渴生津，潤腸，通利二便。二腸心肺之表。虛者不宜。《本草》言其補勞，誤也。天花粉，即栝蔞根。補肺斂氣，降火寧心，消痰降火，解渴除煩，又能排膿生肌。治乳癰發背，通小腸，平肝火，解酒毒。虛寒者忌反同。

蓖麻子：辛甘而熱。性善收，亦善走。能開通諸竅經絡。治偏風口眼喎斜，搗餅左偏貼左，右偏貼右。胞胎不下，合巴豆、麝香作餅，貼足心。喉痺舌脹，壓油作紙撚，燒煙，薰口中涎流盡，愈。能拔有形之物上升。鍼刺、竹木骨刺入肉，打爛敷之即出。不可內服。孕婦忌用。

桔梗：苦、辛，溫，有小毒。入肺經。主咽喉，排膿。口鼻諸證，消瘡理咳。治上焦之熱。忌猪肉。

元參：苦、鹹，微寒，無毒。入腎經。忌銅器。蒸曬。主滋陰降火，消癰。治喉證，利小便。反藜蘆。忌銅器。

當歸：甘、辛，溫，無毒。入心、肝、脾三經。主引血歸經，排膿止痛。證在上部用鬚，中部用身，下部用尾。

黄芩：苦，性寒，無毒。入肺、大腸二經。主降火利水，解渴。黄明者良。中虛者名枯芩，主瀉肺火，清肌表之熱。內實者名條芩，主瀉大腸火，補膀胱水。酒炒上行，猪膽汁炒瀉肝膽火，并治癰疽瘡疔。

草河車：一名金線重樓。甘，寒，有毒。入肝經。去皮毛，切，焙。主治癰疔之毒。不宜多用，對病即止。古歌云：七葉一枝花，深山是我家。癰疽如遇此，一似手拈拏。醋磨，敷癰疽蛇蟲毒，效。李時珍曰：蟲之毒得此治之即休，故有蚤休、螫休名。

芍藥：酸、苦，寒。赤者平肝瀉火，散邪，涼血逐瘀，去滯熱，消腫破堅，生肌止痛。白者補斂肺氣，固腠理，抑相火，除煩退熱，瀉肝去瘀。俱宜酒炒。反藜蘆。

黄耆：甘，微溫，無毒。入肺脾二經。炙則補氣。如毒未盡，適以補，毒反攻內腑。不獨未潰以前不可用炙也。生用則托毒，發汗解熱，未成即散，已成即潰。外科之聖藥也。疔初起不宜用。畏防風，得防風其功益大。

細辛：辛，溫，無毒。入心、小腸二經。通九竅百骸，潛通喉，故治口瘡喉痺，鼻淵齒䘌，最開疔竅。疔雖忌熱藥，然重疔不能不用也。宋人《救急仙方》追疔奪命湯用此味。與黄連同用最宜。方書云：單服末至一錢，令人悶絕。然張隱庵曰：辛香之品不能閉氣。則此說未確。肺癰，以細辛一錢，研粗末，裝入猪肺管中，紮緊煮爛。去細辛，淡食之，湯須喫盡，數次愈。反藜蘆。

荊芥：辛，溫，無毒。入肝經。主清熱散瘀，消腫發汗，解毒。能引火歸經，為瘡家聖藥。治瘰癧瘡腫，宜炒黑。欲使上行則連穗用。反魚蟹、驢肉。誤服，紫蘇能解之。

鬱金：辛、苦，寒，無毒。入肺、肝、腎三經。破瘀生新，涼心解鬱。治吐衄溺血，婦人逆經，敗血攻心，痰涎入心，痘毒攻心，諸血滯痛之證。氣芬芳，能宣達陰中之陽。古人用和鬯以灌地降神，求神於陰，取其類也。

川貝母：辛、苦，寒。散肺鬱，降逆氣。色白入肺，形亦似肺。行痰濕，瀉心火。苦瀉心，形亦似心包。治虛熱及蛇蟲毒，吐血咯血，肺癰喉痺，目眩淋瀝。去心，糯米炒黃，用敷惡瘡，斂瘡口。敷乳癰極效。浙貝去心照炒，亦消癰疽毒痰，散結核，療喉痺乳癰。性味俱厚，較之川貝母清降之功，不啻數倍。俱反烏頭。

白蘞：苦，平，無毒。入肝脾二經。主清熱解毒，散結止痛。為外科應用要藥。

白芷：辛，入肺、胃、大腸三經。為陽明主藥。故治頭面諸證，療癰疽及三經濕熱之病。活血排膿，止痛生肌。有虛火者忌用。潰者宜減。　半枝蓮：　實名半邊蓮。辛，平，無毒。主消疔瘡毒，治蛇（虻）〔虺〕傷。搗汁飲，以渣塗患處，甚效。　木通：　淡，寒。清肺金而行水，去妄火以寧心。決瀆以利三焦，化液而通九竅。又能止渴除煩，開音聲，明耳目，除攣痺。且能破血排膿，通經下乳，催生。　木鼈子：　甘，溫，有毒。主追毒消腫，生肌。搜筋骨入骱之風濕，袪皮裏膜外凝結之毒痰。倘泡製不透，服之必發戰而死。　製木鼈法：　水浸半月，入鍋煮數滚，再浸熱湯中數日，刮去皮心。每日辰時，入香油鍋中煮至油沫盡，再煮百滚。透心黑脆，用鐵絲篩撈出，即拌入炒紅土磚細粉內，拌至土粉有油氣，用粗篩篩去油土，再換炒紅土粉拌，再篩再拌。連製十日，時刻不可錯亂。後以木鼈同細土下鍋再炒，入盆拌罨一夜，去土，取木鼈磨粉用。所煎之油，隨即熬膏藥，恐誤用也。

燈草：　淡寒無味，淡即其味。清肺金而滲濕，去妄火以寧心。以心入心。心，君火也，心寧則妄熱不作矣。形類腸，故又入腸利小便。燈草炭與菉豆、硃砂、甘草等分為末，能護心，不致疔毒入腹。　製炭法：　用活竹一段，留兩頭，開一孔，以燈心打濕填竹內，令緊，口塞竹塊，泥封固。燒穀殼，煨竹成炭，取竹內燈心炭用。　甘露根：　甘，大寒，無毒。治疔走毒之要藥也，擣汁服。大暑熱狂煩悶，取汁飲之。塗癰腫結熱。　金鈴子：　即川楝子。產於川者佳。苦，寒，微毒。入心包、小腸、膀胱三經。火燒存性。能託毒水。治久潰爛孔。　山巵子：　俗作梔。巵，酒器，象之故名。苦，大寒。入心肺二經。主瀉心肺之邪熱，清三焦之鬱火，以解熱厥。脣口之疔宜用之。　巴豆仁：　辛，熱，有大毒。入肺、脾、胃、大小腸五經。去膜及心，研壓數次，油盡如粉，名巴霜。主拔癰疔之毒。孕婦忌用。搗爛綿包塞鼻，男左婦右，痰自下。

桑枝：　苦，平，無毒。入肺經。手足指生疔，用向陽桑枝二兩，切片煎湯代水，或同煎俱可。如疔生指尖，則用桑枝尖。疔生指丫，則用桑枝丫作引。桑霜名木硇，枝葉上所結白色者是，最為抽疔拔毒之品。桑火能解毒。按：桑為箕星之精，箕主風，故用其枝，能袪風行水。　乳香：　辛，溫，無毒。入心經。主消癰疽疔毒，止痛，遺精，難產，託裏護心。每斤用燈心四兩同炒，炒至圓脆為度。扇去燈心，研末。　沒藥：　苦，平，無毒。入心肝二經。主破堅，敗惡血，消腫生肌，墮胎，去翳。製法與乳香同。　青松毛：　苦，溫，無毒。入肺胃二經。主解毒，能行血中之風。指疔用之作引，取其象形也。　烏梅肉：　酸，平，無毒。入肺脾二經。主消腫清熱，蝕惡肉，拔毒根。　青皮：　辛，溫，無毒。入肝膽二經。主發汗開鬱，破滯氣，解疔毒。　橄欖：　酸澀甘溫而無毒。入心胃二經。主清心火，豁痰，解魚鼈毒，生津止渴。浸入童便中，取出風乾，研末，治喉疔喉證極效。磨核服，消魚骨鯁。　白菓：　一名銀杏。甘，苦，溫，入肺經。生食主降痰，解酒消毒，殺蟲。脣疔用之，能引各藥性至脣。證與任督相近者，用之最宜。夏間採青色輭殼者，浸菜油內，麻油亦可。　陳久。患者嘗之，如覺甘美，即是肺癰，可連食三四枚。重者連食數日，效。　葱白：　辛，平。入肺胃二經。主通中發汗。與白礬並用，最解疔毒。陽證初起，俱宜用之。　鐵鏽：　辛，平，入肝經。主定驚療狂，治癰解毒。疔瘡磨敷甚效。耳痛，磨水滴入可止。

磁石：　辛，溫，無毒。入腎經。主鎮心益腎。須擇靈者研末，與雄黃、冰、麝並用，能拔疔脚，消腫核。治外證不必煅。　雄黃：　苦，平，有毒。入肝胃二經。研細水飛，主解諸瘡之毒，化腹中瘀血，并去死肌。須擇明亮者用。石黃無用。　白礬：　酸，澀，無毒。入肺脾二經。主消痰止利，滌熱袪風。收脱肛陰挺，理疥癬濕淫。與葱白打和並用，最為解毒。諸疔初起及外證俱宜用之。　蟾酥：　辛，溫，有大毒。入胃腎二經。主治五疳羸弱，發背疔疽。立止牙疼，善扶陽事。入外科方，有奪命之功。　露蜂房：　甘，溫，有毒。同蛇退、頭髮炙研，以酒送錢許，主拔疔瘡附骨之根。露天樹上有子者為佳，無子者無用。潰後禁之。　殭蠶：　鹹、辛，溫，無毒。入肺、脾、肝三經。主治中風失音，去皮膚風癢，化風痰，消瘰癧。與蟬退並用，外敷拔疔脚較易，服之能去疔毒。製則用薑。　蟬退：　甘，寒，無毒。入肺、肝、脾三經。去足翅。主快痘瘮之毒，宣皮膚之風。小兒驚癇夜啼，目疾昏花，障翳，與殭蠶並服。亦去疔毒。如用外敷，最易拔疔脚。　蚘蟲：　俗作蛔。一名人龍。味大寒。生治一切眼疾及小兒胎赤風赤眼。漂淨曬乾研末，加冰片少許，敷脣疔，能使疔毒化水，腫硬自消。　蛇退：　甘，鹹，平，無毒。入肝經，兼行皮膚。主驅風辟惡，殺蟲解毒。不在地者佳。火煅存性，研末，治疔腫極效。

真珠：　鹹，寒，無毒。入肝經。放豆腐內煮一炷香，取出，與燈心同研極細，主解疽疔毒，下死胎及胞衣，并生肌肉。　雄瓦雀糞：　名白丁香。苦，溫，微毒。入腎經。一頭尖者是雄，兩頭圓者是雌。冬月者佳。療目痛，決癰瘑，理帶下疝瘕。或用甘草湯冷浸一宿，焙乾研末，摻膏貼咬瘡頭，甚效。能拔疔脚。 雄鼠糞： 甘，微寒，無毒。兩頭尖者是。主治吹奶乳癰，疔瘡惡腫。並療爛孔。 指爪甲： 甘，鹹，無毒。煅研末，拔疔毒。治口瘡喉證之不能刺者，吹之立破。竹木刺，煅研末，以口津塗即出。耳中出膿，炙研，和冰片吹之。小兒不能吮乳，名撮口，用父母手指甲叁分，炙研細，以乳調服，效。 人中白： 即溺白垽。苦，鹹，寒，無毒。入肝、膀胱二經。主治癆熱消渴，痘瘡倒陷，牙疳口瘡，鼻衄等症。并能拔疔脚。放瓦上煅研用。 人中黃： 苦，鹹，寒。攻堅破積。解五臟實熱，消痰解毒，起痘瘡黑陷，解一切藥毒。 金汁： 鹹，寒，無毒。主解百毒，敷疔腫，止熱毒如神。治發狂，清痘瘡血熱。案： 傷寒非陽明實熱，痘瘡非紫黑乾枯，均忌。 糞下土： 解熱毒。 篩傅癰疽疔毒，甚良。糞缸下之土也。黃沙糞缸下之土最好。陰乾為末，新汲水調敷發背諸惡瘡，其痛立止。又坑底泥，蟬蛻、全蠍，等分研末，香油調敷疔四面，疔脚能出。

清・陳葆善《白喉條辨》 辨耐修藥表并藥忌第十五 白喉病辨症既明，首講用藥。耐修所列正將、猛將、次將四層藥表，并用藥禁忌，抉擇頗為簡當。然選藥不多，未免印定後人眼目。且議論多不根於經典，尤難津逮後學。茲取其意而詳辨之。

耐修之言曰： 治之之法，唯有以厚重之藥鎮其上層，以清涼之藥潤其次層。即此二語，便覺大錯。大凡醫家用藥，病在上焦，宜輕清； 病在下焦，宜重濁。故上焦分兩須輕，宜於散； 下焦分兩須重，宜於丸。上焦藥宜輕煎頻服，下焦藥宜濃煎頓服。豈有以厚重鎮上層，清涼潤下層之理？此稍涉醫學者，無不明析，不待精博群書也。唯所收上層藥中，如冬地為滋陰必用之藥，石膏為燥火專門對症之藥，膽草為足少陽泄實火之藥，川栢為手少陰瀉實火之藥，犀角為手少陰清虛火之專藥，暗與病合，亦非如伊之所謂鎮也。如以為鎮，則次將中之粉葛，極能升胃陽、行胃陰，為白喉最忌之品，何鎮之有？ 其次層藥中，如蔞、貝、丹皮、板藍、桑葉、枇杷葉、梔子、木通等味，為此症標本，疏通經隧之要藥，亦非如伊之所謂潤也。倘以為潤，則蔞皮、木通、梔子、兜鈴，皆苦能助燥，何潤之有？ 其中層、下層之枳、朴、神麯、查肉、陳皮，或因平素脾胃濕痰蘊滯，或因驟服寒涼膩藥，中氣不能健運，故亦可用，非常法也。否則炒麥芽亦能升發火勢，何可輕投？ 至硝、黃更不易用，必須腸胃間積有實熱，如古人所謂痞滿燥實堅痛諸候者，方可酌用。萬不可輕易一試也。鄙意此症於初起時，或經誤治，或已傳變，必須認明病源，或燥火獨病，或風火兼病。詳別經絡，或手太陰獨病，或少陽少陰兼病。對症用藥，自能絲絲入扣。不可模糊籠統，以寥寥數語，印定後人眼目也。

清・何景才《外科明隱集》卷四 潰後上藥方論 瘡科之道，不易習學者，多因藥品珍貴之故。忖思古人立方，每用珠、麝，其情未便屬實。余居僻鄉，初習此道，外上之藥，照方配合，因用珍貴之品，漸將餘資耗盡，後出無奈，忖其證情，減用珍貴之藥，察其患理寒熱虛實之情，以尋常之藥，兼借內服之法，應散應補，應表應解，而或兼外法，湯洗照烘，亦可皆（護）〔獲〕效愈。後致不遇大證，百中之一，不用珠、麝，俱亦收功。始知古方珍貴，不屬其實，或者斯時古人有私己之心，虛傳珍貴之方，反致有悞後學之道矣。余今表白此理，復惡後世貪婪之醫，不得隱真揚假耶。

一大凡諸等頑瘡，動之不甚疼者，方宜割刺。割之不甚過疼者，可宜蝕藥。否則割蝕之法，須當禁用。其餘內膿將成之證，宜當憑辨膿，論究其內膿有無為憑，不可與此割刺之說同論。明情君子開刺蝕法，細宜分別明確，方無損德之咎也。

一凡外上潰後等藥麵，宜當各味另研，單裝瓷瓶聽用。臨患察其虛實寒熱，按患情之理，尋其致情，何味應加多寡，現對而用，又免走洩諸香之氣。

一治綿潰，以致瘀腐頑肉不脫，外上之藥宜加性速力猛之物，乃因證險，毒邪未解，氣血凝滯之時，非借力速性剛之藥兼治，不能功（護）〔獲〕捷效也。其性猛者，如巴豆、炒胡黃色，押去油，最為陽性，能破陰毒，助陽力，化瘀腐，消結滯。 蟾酥、能提邪毒外出，不致內攻傍走。 紫番硇砂、消結化堅，解凝破瘀，蝕腐。 金頂砒。化頑腐，消結滯，脫殭堅之死腐。否則不可輕用，恐其助毒殺人也。

一潰後腐盡之上藥，必須借其有命性靈之物者，以助止疼生肌收斂之妙也。其性靈者，如龍骨、逐邪氣，益氣衇。 貝子、又名海肥，煅用。 益陰助衇。 龜板、鼈甲、助陰氣，益血衇。 指甲、煅用，除濕止癢，益筋，斂口。 蜈蚣、炙用。 逐風止癢，引諸藥性通行。 血餘、煅用。 宜陰，涼血散瘀。 麝香、通真氣，散邪氣，活血衇。 天靈蓋。火煅枯黑色，童子者佳。能助止疼之藥，（護）〔獲〕效妙如影響。 氣血諸虛等疼用此，能挽回性命於無何有之鄉。 筋骨肉衇損傷疼痛之聖品。 雖有益於生者之疾難，而與陰德大有傷礙，仁者不肯為此殘忍之事。若急於友難，出於無奈猶可。若配合丸散而行，販售者恐與天理之中有報。最宜合入丸散中服用。

一寒熱虛實，宜加用之藥者，如人參、借其純陽之性，以補諸虛，生肌長肉。肉桂、能助陰陽正氣，暖血脈，去寒滯。乾薑、回陽止癢，散解風寒。大黃、或生或炒，行瘀滯，蕩實熱。石膏、煅用，解虛熱，宜陰血，生肌肉。雄黃。涼血脈，行熱滯。

綜述

宋·唐慎微《證類本草》卷二《序例下》〔梁·陶弘景《本草經集注》〕 謹按諸藥，一種雖主數病，而性理亦有偏著。立方之日，或致疑混，復恐單行經用，赴急抄撮，不必皆得研究。今宜指抄病源所主藥名，便可於此處療，若欲的尋，亦兼易解。其甘苦之味可略，有毒無毒易知，惟冷熱須明。今依《本經》《別錄》，注於本條之下。其有不宜入湯酒，宜入湯酒者，今亦條於後矣。〔宋·馬志《開寶本草》〕今詳：《唐本》以朱點為熱，墨點為冷，無點為平，多有差互；今於逐藥之下，依《本經》《別錄》而注焉。

療風通用：防風溫　防己平，溫　秦艽平，微溫　獨活平，微溫　芎藭溫　羌活平，微溫　麻黃溫，微溫　〔宋·掌禹錫《嘉祐本草》〕按：《蜀本》：鹿藥溫　天麻平　海桐皮平　蚺蛇平　威靈仙溫　《藥對》：楓香平。治疹癢毒。臣　薏苡人微寒。主風筋攣急，屈伸不得。君　萎蕤平。治中風，暴熱，不能轉動者。君　巴戟天微溫。治風邪氣。君　側子大熱。治濕風，大風，拘急。使　鱉頭血治口僻。臣　山茱萸平。治風氣。臣　淡竹瀝及葉大寒。主風癔疾。臣　牛膝平。主風攣急。君　細辛溫。主風攣急。君　菖蒲溫。君　並桂心大熱。吹鼻中，主風瘖。君　梁上塵微寒。以小豆大吹鼻中，治中風。使　葛根平。主暴中風。臣　白鮮皮寒。治風，不得屈伸，風熱。臣　白薇大寒。治暴風身熱，四肢急滿，不知人。臣　〔宋·唐慎微《證類本草》〕　菊花平　天門冬平，大寒　附子溫，大熱　杜若微溫　麥門冬平，微寒　羚羊角溫，微寒　犀角寒，微寒　藁本溫，微寒　天雄溫，大溫　黃耆微溫　蒺藜子溫，微寒　葈私以反耳實溫葉微寒　狗脊平，微溫　莽草溫　柏子人平　蔓荊實微寒，微溫　當歸溫，大溫　烏喙微溫　萆薢平　羊躑躅溫　欒荊溫　辛夷溫　小天蓼溫　乾蠍溫　烏蛇溫　天南星溫　烏頭溫，大熱　白花蛇溫　酸棗人平　鼠黏子平　牛黃平　枳殼微寒　牡荊微寒，平

風眩：菊花平　飛廉平　羊躑躅溫　虎掌溫，微寒　杜若微溫　茯神平　茯苓平　白芷溫　鴟頭平　〔宋·掌禹錫《嘉祐本草》〕按：《蜀本》：伏牛花平　《藥對》：芎藭溫，臣　防風微溫。主頭眩顛倒，大風濕痹。臣　人參微溫。主頭眩轉。君　兔頭骨平。臣　〔宋·唐慎微《證類本草》〕　蔓荊實微寒　薯蕷溫，平　朮溫　蘼蕪溫

頭面風：芎藭溫　薯蕷溫，平　天雄溫，大溫　山茱萸平，微溫　莽草溫　辛夷溫　牡荊實溫　蔓荊實微寒，平，溫　藁本溫，微溫，微寒　蘼蕪溫　葈耳溫　〔宋·掌禹錫《嘉祐本草》〕按：《蜀本》：何首烏微溫　《藥對》：皂莢溫。主風眩。使　巴戟天微溫。主頭面風。君　白芷溫。主頭面風。臣　防風溫。治頭面來去風氣。臣　〔宋·唐慎微《證類本草》〕　蜂子微寒，微溫　杜若微溫　葈耳實溫葉微寒

中風脚弱：石斛平　石鍾乳溫　殷孽溫　孔公孽溫　石硫黃溫，大熱　附子溫，大熱　豉寒　丹參微寒　五加皮溫，微寒　竹瀝大寒　大豆平　天雄溫，大溫　側子大熱　〔宋·掌禹錫《嘉祐本草》〕按：《藥對》：木防己平。治攣急。臣　獨活微溫。主脚弱。君　松節溫。治脚膝弱。君　牛膝平。治痛痹。君　〔宋·唐慎微《證類本草》〕　胡麻平

久風濕痹：菖蒲溫，平　茵芋溫，微溫　天雄溫，大溫　附子溫，大熱　烏頭溫，大熱　蜀椒溫，大熱　牛膝平　天門冬平，大寒　朮溫　丹參微寒　石龍芮平　茵陳蒿平，微寒　細辛溫　松節溫　側子大熱　松葉溫　〔宋·掌禹錫《嘉祐本草》〕按：《藥對》：薏苡人微寒。治中風，濕痹，筋攣，君　羊躑躅溫。治風。使　柏子人平。治風濕痹。君　獨活微溫。治風，四肢無力，拘急。君　〔宋·唐慎微《證類本草》〕　天門冬平，大寒　葈耳實溫葉微寒　蔓荊實微寒，微溫

賊風攣痛：茵芋溫，微溫　附子溫，大熱　側子大熱　麻黃溫，微溫　芎藭溫　杜仲平，溫　萆薢平　狗脊平，微溫　白鮮皮寒　白及平，微寒　葈耳溫　豬椒溫　〔宋·唐慎微《證類本草》〕　石斛平　漢防己平，溫

暴風瘙癢：蛇床子平　蒴藋溫　烏喙微溫　蒺藜子溫，微寒　景天平　茺蔚子微溫，微寒　青葙子微寒　楓香脂平　藜蘆寒，微寒　〔宋·掌禹錫《嘉祐本草》〕按：《蜀本》：烏蛇平　《藥對》：葶藶子寒。主中暴風。使　枳實微寒。主大風，在皮膚中癢。君　穀莖主身癮疹，煮水洗。臣　〔宋·唐慎微《證類本草

草》〕枳殼微寒

傷寒：麻黃溫，微溫　葛根平　杏人溫　前胡微寒　柴胡平，微寒　大青大寒　龍膽寒，大寒　芍藥平，微寒　薰草平　升麻平，微寒　牡丹寒，微寒　虎掌溫，微寒　术溫　防己平，溫　石膏微寒，大寒　牡蠣平，微寒　貝母平，微寒　鱉甲平　犀角寒，微寒　羚羊角寒，微寒　葱白平　生薑微溫　豉寒　人溺寒　芒消大寒〔宋·掌禹錫《嘉祐本草》〕按：《藥對》：栝樓寒。主煩熱渴，發黃。臣　葱根寒。主頭痛，發表。臣　大黃大寒。使　雄黃平。君　白鮮皮寒。主時病，出汗。臣　射干微溫。治時氣病，鼻塞，喉痹，陰毒。使　茵陳蒿平，微寒。主發黃。臣　梔子大寒。臣　青竹茹微寒。主頭痛。臣　寒水石大寒。主五內大熱。臣　水牛角平。主溫病。使　紫草寒。主骨肉中痛。臣　葈耳微寒。臣　虎骨平。主傷寒。

〔宋·唐慎微《證類本草》〕知母寒　半夏平，生微寒，熟溫

大熱：凝水石寒，大寒　石膏微寒，大寒　滑石寒，大寒　黃芩平，大寒　知母寒　白鮮皮寒　玄參微寒　大黃寒，大寒　沙參微寒　苦參寒　茵陳蒿平，微寒　鼠李根皮微寒　竹瀝大寒　梔子寒，大寒　蛇莓大寒。壬改切。　人糞汁寒　白頸蚯蚓寒，大寒　芒消大寒〔宋·掌禹錫《嘉祐本草》〕按：《藥對》：梓白皮寒。除熱。使　地膚子寒。主去皮膚中熱氣。　小麥微寒。主胃中熱。使　木蘭皮寒。主身大熱暴熱面皰。臣　水中萍寒。主暴熱身癢。　理石寒。君　石膽寒。主肝臟中熱。臣　牛黃平。主小兒熱癇，口不開。君　羚羊角微寒。主熱在肌膚。臣　垣衣大寒。主發瘡。　白薇大寒。臣　景天平。主身熱，小兒發熱驚氣。君　升麻微寒。主熱毒。君　龍齒角平。主小兒身熱。臣　葶藶寒。主身暴熱，利小便。使　藍葉實寒。主五心煩悶。君　蜣螂寒。主狂語，頭發熱。使　楝實寒。作湯浴通身熱主溫病。使　荊瀝大寒。主胸中痰熱。臣

勞復：鼠屎微寒　豉寒　竹瀝大寒　人糞汁寒〔宋·掌禹錫《嘉祐本草》〕按：《蜀本》：大黃大寒　葱白平　犀角寒　防己平　虎掌溫　牡蠣微寒　生薑微溫　芒消大寒〔宋·唐慎微《證類本草》〕鱉甲平　柴胡平，微寒　麥門冬平，微寒

溫瘧：常山寒，微寒　蜀漆平，微溫　牡蠣平，微寒　鱉甲平　麝香溫　麻黃溫，微溫　大青大寒　防葵寒　豬苓平　防己平，溫　茵芋溫，微溫　巴豆溫，生溫熟寒　白頭翁溫　女青平　芫花溫，微溫　白薇平，大寒　松蘿平〔宋·掌禹錫《嘉祐本草》〕按：《蜀本》：天靈蓋平　蕘花寒　茵陳蒿平　《藥對》：鼈甲平。臣　小麥微寒　羊躑躅溫。使　白斂微寒。主溫瘧寒熱。使　蒴藋根溫。使　當歸溫。主瘧寒熱。君　竹葉平。合常山煮，主孩子久瘧極良。雞子黃和常山為丸，用竹葉湯下，主久瘧。〔宋·唐慎微《證類本草》〕桃人平　烏梅平　雄黃平，大溫　菖蒲溫　莽草溫

中惡：麝香溫　雄黃平，寒，大溫　丹砂微寒　升麻平，微寒　乾薑溫，大熱　巴豆溫，生溫，熟寒　當歸溫，大溫　芍藥平，微寒　吳茱萸溫，大熱　鬼箭寒　桃梟微溫　桃皮平　桃膠微溫　烏頭溫，大溫　烏雌雞血平〔宋·掌禹錫《嘉祐本草》〕按：《蜀本》：海桐皮平　肉豆蔻溫　蓬莪茂溫　《藥對》：牛黃平。君　芎藭溫。臣　苦參寒。君　梔子大寒。臣　葈耳葉微寒。臣　桔梗微溫。臣　桃花平。使

霍亂：人參微寒，微溫　术溫　附子溫，大熱　桂心大熱　乾薑溫，大熱　橘皮溫　厚朴溫，大溫　香薷微溫　䕡舌微溫　高良薑大溫　木瓜溫〔宋·掌禹錫《嘉祐本草》〕按：《蜀本》：小蒜溫　雞屎白微寒　藊豆葉　雞舌香微溫　豆蔻溫　楠材微溫　蓬莪茂溫　肉豆蔻溫　海桐皮平　《藥對》：吳茱萸大熱。臣〔宋·唐慎微《證類本草》〕丁香溫

轉筋：小蒜溫　木瓜溫　橘皮溫　雞舌香溫　楠材微溫　豆蔻溫　香薷微溫　杉木微溫　藊豆微溫　生薑微溫。〔宋·掌禹錫《嘉祐本草》〕按：《本經》朱字：乾薑溫；墨字：生薑微溫。若從朱字，則是乾薑，即不當言微溫；若從微溫，則是生薑，即當作墨字。然二薑俱不主轉筋，難以改正。

嘔啘：厚朴溫，大溫　香薷微溫　䕡舌微溫　附子溫，大熱　小蒜溫　楠材微溫　高良薑大溫　木瓜溫　桂大熱　橘皮溫　雞舌香微溫〔宋·掌禹錫《嘉祐本草》〕：謹按《蜀本》：枇杷葉平　麝香溫　肉豆蔻溫　《藥對》：青竹茹微寒。主啘嘔。臣　蘆根寒。生主死。　通草平。主啘。臣　生蘡薁藤汁寒

〔宋·唐慎微《證類本草》〕人參微寒，微溫　丁香溫　术溫

大腹水腫：大戟寒，大寒　甘遂寒，大寒　澤漆微寒　葶藶寒，大寒　芫花溫，微溫　巴豆溫，生溫熟寒　豬苓平　防己平，溫　澤蘭微溫　桑根白皮寒　商陸平　澤瀉寒　郁李人平　海藻寒　昆布寒　苦瓠寒　小豆平　瓜蒂寒　蠡魚寒　鯉魚寒　大豆平　蕘花寒，微寒　黃牛溺寒〔宋·掌禹錫《嘉祐本草》〕按：《蜀本》：海松子小溫　《藥對》：香薷微溫。主水腫。臣　穀米微寒。主逐水腫，利小便。臣　通草平。主利水腫及小便。臣　麥門冬微寒。臣　椒目

寒。主除風水滿。使　柳花寒。主腹腫。使　雄黃平。君　白术溫。逐風水結腫。君　秦艽微溫。主下大水。臣

腸澼下痢：赤石脂大溫　龍骨平，微寒　牡蠣平，微寒　乾薑溫，大熱　黃連寒，微寒　黃芩平，大寒　當歸溫，大溫　附子溫，大熱　禹餘糧寒，平　藜蘆寒，微寒　蘗木寒　雲實溫　礬石寒　阿膠平，微溫　熟艾微溫　陟釐大溫　石硫黃溫，大熱　蠟微溫　烏梅平　石榴皮平　枳實寒，微寒　〔宋·掌禹錫《嘉祐本草》〕按：《蜀本》：使君子溫　金櫻子平，溫　《藥對》：白石脂平。主水痢。臣　牛角䚡溫。治痢。臣　滑石寒。主澼下。君　地榆微寒。止血痢。　桂心大熱。主下痢。君　吳茱萸溫，大熱。主冷下泄。臣　鯽魚頭溫。主下痢。　厚朴溫，大溫。主下泄腹痛。臣　白术溫。主胃虛冷痢。君　蜜平。主赤白痢。君　龜甲平。主下泄。臣　久蜆殼寒。主下痢。使　薤白溫。主下赤白痢。臣　白頭翁溫。主毒痢止痛。使　猬皮平。主赤白痢。臣　蚺蛇膽寒。主下痢䘌蟲。使　柏葉微溫。主血痢。君　蒲黃平。主下血。臣　小豆花平。主下痢。使　麴溫。主腹脹冷積下痢。臣　豬懸蹄微寒。主下漏泄。使　雞子平。主下痢。　貝子平。主下血。　白蘘荷微溫。主赤白痢。臣　葛穀平。主十年赤白痢。臣　青羊脂溫。主下血。臣　蓯蓉微溫。主赤白下痢。臣　赤白花鼠尾草微寒。主赤白下痢。使　〔宋·唐慎微《證類本草》〕　赤地利平　桃花石溫

大便不通：大黃寒，大寒　巴豆溫，生溫熟寒　石蜜平，微溫　麻子平　牛膽大寒　豬膽微寒　〔宋·唐慎微《證類本草》〕　朴消寒，大寒　芒消大寒　大戟寒，大寒　檳榔溫　牽牛子寒　郁李人平

小便淋：滑石寒，大寒　冬葵子及根寒　白茅根寒　瞿麥寒　榆皮平　石韋平　葶藶寒，大寒　蒲黃平　麻子平　琥珀平　石蠶寒　蜥蜴寒　胡燕屎平　衣魚溫　亂髮微溫　〔宋·掌禹錫《嘉祐本草》〕按：《蜀本》：淋石暖　《藥對》：車前子寒，主淋。　茯苓平。主淋，利小便。君　黃芩大寒。主利小便。臣　澤瀉寒。主淋，利三焦停水。君　敗鼓皮平。主利小便。臣　冬瓜微寒。主淋，小便不通。君　桑螵蛸平。主五淋，利小便。臣　〔宋·唐慎微《證類本草》〕　豬苓平　石燕寒　海蛤平　木通平　貝齒平

小便利：牡蠣平，微寒　龍骨平，微寒　鹿茸溫，微溫　桑螵蛸平　漏蘆寒，大寒　土瓜根寒　雞肶胵微寒　雞腸草微寒　〔宋·掌禹錫《嘉祐本草》〕按：《藥對》：菖蒲溫，止小便利。君　蒟醬溫。主尿不節。臣　〔宋·唐慎微《證類本草》〕　山茱萸平

溺血：戎鹽寒　蒲黃平　龍骨平，微寒　鹿茸溫，微溫　乾地黃寒　〔宋·掌禹錫《嘉祐本草》〕按：《蜀本》：葱涕平　〔宋·唐慎微《證類本草》〕　牛膝平　車前子寒　柏子並葉平，溫

消渴：白石英微溫　石膏微寒，大寒　茯神平　麥門冬平，大寒　黃連寒，微寒　知母寒　栝樓根寒　茅根寒　枸杞根大寒　小麥微寒　箽竹葉大寒　土瓜根寒　葛根平　李根大寒　蘆根寒　菰根大寒　冬瓜微寒　馬乳冷　牛乳微寒　羊乳溫　桑根白皮寒　〔宋·掌禹錫《嘉祐本草》〕按：《藥對》：茯苓平。主口乾。君　理石寒。主口乾，消熱毒。君　菟絲子平。主口乾，消渴。　牛膽大寒。主渴利中膲熱。君　苧汁寒。止渴。使　古屋瓦苔寒。主消渴。　兔骨平。治熱中消渴。臣　豬苓平。主渴痢。使

黃疸：茵陳蒿平，微寒　梔子寒，大寒　紫草寒　白鮮皮寒　生鼠微溫　大黃寒，大寒　豬屎寒　瓜蒂寒　栝樓寒　秦艽平　〔宋·掌禹錫《嘉祐本草》〕按：《唐本》：黃芩大寒　〔宋·唐慎微《證類本草》〕　牡鼠微寒

上氣咳嗽：麻黃溫，微溫　杏人溫　白前微溫　橘皮溫　紫菀溫　桂心大熱　款冬花溫　五味子溫　細辛溫　蜀椒溫，大熱　半夏平，生微寒熟溫　生薑微溫　桃人平　紫蘇子溫　射干平，微溫　芫花溫，微溫　百部根微溫　乾薑溫，大熱　貝母平，微寒　皂莢溫　〔宋·掌禹錫《嘉祐本草》〕按：《蜀本》：蛤蚧平　縮沙蜜溫　《藥對》：鍾乳溫。主上氣。臣　獺肝平。主氣嗽。使　烏頭大熱。主嗽逆上氣。使　藜蘆微寒。主嗽逆。使　鯉魚平。燒末主咳嗽。臣　淡竹葉大寒。主嗽逆氣上。臣　海蛤平。主上氣。臣　石硫黃大熱。主氣嗽。臣

嘔吐：厚朴溫，大溫　橘皮溫　人參微寒，微溫　半夏平，生微寒，熟溫　麥門冬平，微寒　白芷溫　生薑微溫　鉛丹微寒　雞子微寒　薤白溫　甘竹葉大寒　〔宋·掌禹錫《嘉祐本草》〕按：《蜀本》：旋覆花溫　白豆蔻大溫　《藥對》：附子大熱。主嘔逆。使　竹茹微寒。主乾嘔。臣

痰飲：大黃寒，大寒　甘遂寒，大寒　芒消大寒　茯苓平　柴胡平，微寒　芫花溫，微溫　前胡微寒　术溫　細辛溫　旋覆花溫　厚朴溫，大溫　人參微寒，微溫　枳實寒，微寒　橘皮溫　半夏平，生微寒，熟溫　生薑微溫　甘竹葉大寒　蕘花寒，微寒　〔宋·掌禹錫《嘉祐本草》〕按：《蜀本》：威靈仙溫　《藥對》：射干微溫。主胸中結氣。使　烏頭大熱。主心中痰冷，不下食。使　吳茱萸大

熱。主痰冷，腹内諸冷。臣　朴消大寒。主痰滿停結。君　巴豆溫。主痰飲留結，利水穀，破腸中冷。〔宋・唐慎微《證類本草》〕高良薑大溫

宿食：　大黄寒，大寒　巴豆溫，生溫，熟寒　朴消寒，大寒　柴胡平，微寒　术溫　桔梗微溫　厚朴溫，大溫　皂莢溫　麴溫　蘗溫　檳榔溫

腹脹滿：　麝香溫　甘草平　人參微寒，微溫　术溫　乾薑溫，大熱　百合平　厚朴溫，大溫　菴蔄子微寒，微溫　枳實寒，微寒　桑根白皮寒　皂莢溫　大豆黄卷平　〔宋・掌禹錫《嘉祐本草》〕按：《唐本》：　卷柏溫　《蜀本》：　華澄茄溫　《藥對》：　忍冬溫。主腹滿。君　射干微溫。主脇下滿急。使　香薷微溫。主腹滿水腫。臣　旋覆花溫。主脇下寒熱，下水。臣　〔宋・唐慎微《證類本草》〕　訶藜勒　草豆蔻

心腹冷痛：　當歸溫，大溫　人參微寒，微溫　芍藥平，微寒　桔梗微溫　乾薑溫，大熱　桂心大熱　蜀椒溫，大熱　附子溫，大熱　吳茱萸溫，大熱　烏頭溫，大熱　术溫　甘草平　礜石大熱，生溫，熟熱　〔宋・掌禹錫《嘉祐本草》〕按：《蜀本》：　膃肭臍大熱　肉豆蔻溫　零陵香平　胡椒大溫　紅豆蔻溫　《藥對》：　黄芩大寒。臣　戎鹽寒。臣　厚朴溫。臣　萆薢平。臣　芎藭溫。臣　〔宋・唐慎微《證類本草》〕　高良薑大溫　蜂子平，微寒　蓬莪茂溫　蒜溫

腸鳴：　丹參微寒　桔梗微溫　海藻寒　昆布寒　〔宋・唐慎微《證類本草》〕　半夏生微寒，熟溫

心下滿急：　茯苓平　枳實寒，微寒　半夏平，生微寒，熟溫　术溫　生薑微溫　百合平　橘皮溫　〔宋・掌禹錫《嘉祐本草》〕按：《藥對》：　菴蔄子微寒。主心下堅。臣　杏人溫。主心下急滿。臣　石膏大寒。主心下急。臣

心煩：　石膏微寒，大寒　滑石寒，大寒　杏人溫　梔子寒，大寒　茯苓平　貝母平，微寒　通草平　李根大寒　竹瀝大寒　烏梅平　雞子微寒　豉寒　甘草平　知母寒　尿寒　〔宋・掌禹錫《嘉祐本草》〕按：《蜀本》：　盧會寒　天竺黄寒　胡黄連平　《藥對》：　王不留行平。主心煩。君　石龍芮平。主心煩。君　玉屑平。主胃中熱，心煩。君　雞肶胵微寒。除熱，主煩熱。臣　寒水石大寒。主煩熱。臣　藍汁寒。主煩熱。君　楝實寒。主大熱狂。使　廩米溫，止煩熱。臣　敗醬微寒。主煩熱。臣　梅核仁平。除煩熱。臣　蒺（梨）〔藜〕子微寒。主心煩。臣　龍齒角平。主小兒身熱。臣　牛黄平。主小兒癎熱，口不開，心煩。君　酸棗平。主心煩。

積聚癥瘕：　空青寒，大寒　朴消寒，大寒　芒消大寒　石硫黄溫，大熱　粉錫寒　大黄寒，大寒　狼毒平　巴豆溫，生溫熟寒　附子溫，大熱　烏頭溫，大熱　苦參寒　柴胡平，微寒　鱉甲平　蜈蚣溫　赭魁平　白馬溺微寒　鮀甲微溫　礜石大熱，生溫熟熱，一本作礬石。〔宋・掌禹錫《嘉祐本草》〕按：　礬石條，並無主療積聚癥瘕之文。一本作礬石者為非。　芫花溫，微溫。〔宋・掌禹錫《嘉祐本草》〕按：　唐、蜀本作蕘花。今據《本經》蕘花破積聚癥瘕，而芫花非的主，當作蕘花。　鯔魚微溫。〔宋・掌禹錫《嘉祐本草》〕按：《唐本》《蜀本》云：　鮀魚甲微溫，無此鯔魚一味，遍尋本草，並無鯔魚。上已有鮀甲，此鯔魚為文誤，不當重出。　〔宋・掌禹錫《嘉祐本草》〕按：《蜀本》：　續隨子溫　京三稜平　太陰玄精溫　威靈仙溫　《藥對》：　牡蒙平　蜀漆平。主癥結癖氣。使　貫眾微寒。主腸中邪氣積聚。使　甘遂寒。主散癥結積聚。使　天雄大熱。主破癥結積聚。使　理石寒。主除熱結，破積聚。　消石寒。主破積聚堅結。君　〔宋・唐慎微《證類本草》〕　豬肚微溫

鬼疰尸疰：　雄黄平，寒，大溫　丹砂微寒　金牙平　野葛溫　馬目毒公溫，微溫　女青平　徐長卿溫　虎骨平　狸骨溫　鸛骨大寒　獺肝平　芫青微溫　白殭蠶平　鬼臼溫，微溫。〔宋・掌禹錫《嘉祐本草》〕按：《神農本草》鬼臼一名馬目毒公。今此療鬼疰、尸疰藥，雙出二名，據本草說為重，當刪去一條。然詳陶隱居注：　鬼臼條下，以鬼臼與馬目毒公為二物，及古方多有兩用處，今且並存之。　白鹽寒。〔宋・掌禹錫《嘉祐本草》〕按：《本經》言鹽有食鹽、光明鹽、綠鹽、鹵鹽、大鹽、戎鹽六條，並無白鹽之名。遍檢諸鹽，皆不主鬼疰、尸疰。惟食鹽主殺鬼蠱邪疰。又陶隱居注：　戎鹽條下。述廣中鹽有九種。云白鹽、食鹽常食者，則白鹽乃食鹽之類。而食鹽主殺鬼蠱邪疰。疑此白鹽，乃食鹽耳。即當為溫，又不當為寒也。　〔宋・掌禹錫《嘉祐本草》〕按：《蜀本》：　天靈蓋平　膃肭臍大熱　《藥對》：　麝香溫。君　卷柏溫。臣　敗天公平。臣　〔宋・唐慎微《證類本草》〕　蚱蟬寒　白鮮皮寒　牛黄平　龍齒平，微寒

驚邪：　雄黄平，寒，大溫　丹砂微寒　紫石英溫　茯神平　龍齒平　龍膽寒，大寒　防葵寒　馬目毒公溫，微溫　升麻平，微寒　麝香溫　人參微寒，微溫　沙參微寒　桔梗微溫　白薇平，大寒　遠志溫　柏實平　鬼箭寒　鬼督郵平　小草溫　卷柏溫，平，微寒　紫（苑）〔菀〕溫　羚羊角寒，微寒　鮀甲微溫　丹雄雞微溫，微寒　犀角寒，微寒　羖羊角溫，微寒　茯苓平　蚱蟬寒　〔宋・掌禹錫《嘉祐本草》〕按：《蜀本》：　縮砂蜜溫　〔宋・唐慎微《證類本草》〕　鬼臼

癲癇：龍齒角平　牛黃平　防葵寒　牡丹寒，微寒　白斂平，微寒　莨菪子寒　雷丸寒，微寒　釣藤微寒　白殭蠶平　蛇床子平　蛇蛻平　蜣螂寒　白馬目平　鉛丹微寒　蚱蟬寒　白狗血溫　豚卵溫　豬牛犬等齒平　熊膽寒　〔宋·掌禹錫《嘉祐本草》〕按：《蜀本》：盧會寒　瑇瑁寒　《藥對》：白馬懸蹄平。臣　淡竹瀝大寒。臣　蛇銜微寒。主寒熱。臣　秦皮微寒，大寒　頭髮溫　雞子平。主發熱。　狗糞中骨平。臣　露蜂房平。使　白鮮皮寒。臣　雀甕平。使　甘遂寒。使　升麻微寒。君　大黃大寒。使　〔宋·唐慎微《證類本草》〕　銀屑平

喉痹痛：升麻平，微寒　射干平，微溫　杏人溫　蒺藜子溫，微寒　棘針寒。〔宋·掌禹錫《嘉祐本草》〕按：《本經》白棘一名棘針，不主喉痹痛。棘刺花條末云：又有棗針，療喉痹不通。此棘針字，當作棗針。　絡石溫，微寒　百合平　箽竹葉大寒　莽草溫　苦竹葉大寒　〔宋·掌禹錫《嘉祐本草》〕按：《唐本》：細辛溫　《藥對》：豉寒。治喉閉不通。使　當歸溫。切，醋熬，傅腫上；亦主喉閉不通。君

噎病：羚羊角寒，微寒　通草平　青竹茹微寒　頭垢微寒　蘆根寒　牛齝平　春杵頭細糠平　〔宋·掌禹錫《嘉祐本草》〕按：《藥對》：鸕鷀頭微寒。主噎不通。

鯁：狸頭骨溫　獺骨平　鸕鷀骨微寒

齒痛：當歸溫，大溫　獨活平　細辛溫　蜀椒溫，大熱　芎藭溫　附子溫，大熱　莽草溫　礜石寒　蛇床子平　生地黃大寒　莨菪子寒　雞舌香微溫　車下李根寒。〔宋·掌禹錫《嘉祐本草》〕按：《本經》車下李根，郁李根也。　馬懸蹄平　雄雀屎溫　〔宋·掌禹錫《嘉祐本草》〕按：《蜀本》：楓香脂平　《藥對》：金釵火燒針齒痛即止。　烏頭大熱。使　白頭翁溫。使　酒漬枳根微寒

口瘡：黃連寒，微寒　蘗木寒　龍膽寒，大寒　升麻平，微寒　大青大寒　苦竹葉大寒　石蜜平，微溫　酪寒　酥微寒　豉寒　〔宋·掌禹錫《嘉祐本草》〕按：《藥對》：乾地黃平

吐唾血：羚羊角寒，微寒　白膠平，溫　戎鹽寒　柏葉微溫　艾葉微溫　水蘇微溫　生地黃大寒　大小薊溫　蠐螬微溫，微寒　飴糖微溫　伏龍肝微溫　黃土平　〔宋·掌禹錫《嘉祐本草》〕按：《蜀本》：鐺墨　《藥對》：馬通微溫。使　小麥微寒。使　麥句薑寒。君。天名精也。　〔宋·唐慎微《證類本草》〕　牛膝平。治痛痹。君　桑根白皮寒

鼻衄血：礜石寒　蒲黃平　蝦蟆藍寒。〔宋·掌禹錫《嘉祐本草》〕按：《本經》天名精，一名蝦蟆藍。　雞蘇微溫。〔宋·掌禹錫《嘉祐本草》〕按：《本經》水蘇，一名雞蘇。　大薊溫　艾葉微溫　桑耳平　竹茹微寒　蝟皮平　溺垽平　藍寒　狗膽平　燒亂髮微溫　〔宋·掌禹錫《嘉祐本草》〕按：《藥對》：熱馬通微溫。傅頂止衄。使　〔宋·唐慎微《證類本草》〕　生地黃大寒

鼻齆：通草平　細辛溫　桂心大熱　蕤核溫，微寒　薰草平　瓜蒂寒

耳聾：磁石寒　菖蒲溫，平　葱涕平　雀腦平　白鵝膏微寒　鯉魚腦溫　絡石溫，微寒　白頸蚯蚓寒，大寒　〔宋·掌禹錫《嘉祐本草》〕按：《藥對》：生麻油微寒。君　烏賊魚骨微溫。臣　土瓜寒　烏雞膏寒　〔宋·唐慎微《證類本草》〕　龍腦微寒

鼻息肉：藜蘆寒，微寒　礜石寒　地膽寒　通草平　白狗膽平　〔宋·掌禹錫《嘉祐本草》〕按：《藥對》：細辛溫。君　桂心大熱　瓜蒂寒。臣　〔宋·唐慎微《證類本草》〕　雄黃平，大溫

目赤熱痛：黃連寒，微寒　蕤核溫，微寒　石膽寒　空青寒，大寒　曾青小寒　決明子平，微寒　蘗木寒　梔子寒，大寒　薺子溫　苦竹葉大寒　雞子白微寒　鯉魚膽寒　田中螺大寒　車前子寒　菥蓂子微溫　〔宋·掌禹錫《嘉祐本草》〕按：《藥對》：細辛溫。明目。君　銅青寒。主風爛淚出。　秦皮微寒。主目赤熱淚出。　石榴皮溫。主目赤痛，淚下。使　白薇大寒。主目赤熱。臣

目膚翳：秦皮微寒，大寒　細辛溫　真珠寒　貝子平　石決明平　麝香溫　馬目毒公溫，微溫　伏翼平　青羊膽平　蠐螬汁微溫，微寒　菟絲子平　〔宋·掌禹錫《嘉祐本草》〕按：《蜀本》：石蟹寒　《藥對》：丹砂微寒

聲音啞：菖蒲溫，平　石鍾乳溫　孔公孽溫　皂角溫　苦竹葉大寒　麻油微寒　〔宋·掌禹錫《嘉祐本草》〕按：《藥對》：通草平。利九竅，出聲。臣

面皯皰：菟絲子平　麝香溫　熊脂微寒，微溫　女萎平　藁本溫，微寒　木蘭寒　梔子寒，大寒　紫草寒　白瓜子平，寒　〔宋·掌禹錫《嘉祐本草》〕按：《藥對》：蜂子微寒。君　白斂平。主光澤。　白朮溫。君　山茱萸平。臣　〔宋·唐慎微《證類本草》〕　冬瓜子平，寒　白殭蠶平　蜀葵花平　白附子平

髮禿落：桑上寄生平　秦椒溫，生溫熟寒　桑根白皮寒　麻子平　桐葉寒　豬膏微寒　雁肪平　馬鬐膏平　松葉溫　棗根　雞肪〔宋·掌禹錫《嘉祐本草》〕按：《藥對》云：雞肪，寒。　荆子微寒，溫。〔宋·掌禹錫《嘉祐本草》〕按：《本經》

有蔓荆，牡荆，此只言荆子。據朱字，合是蔓荆子。及據《唐本》云：味苦，辛，故定知非牡荆子矣。

滅瘢：鷹屎白平　白殭蠶平　衣魚溫　〔宋・唐慎微《證類本草》〕　白附子平　蜜陀僧平

金瘡：石膽寒　薔薇溫，微寒　地榆微寒　艾葉微溫　王不留行平　白頭翁溫　釣樟根溫　石灰溫　狗頭骨平　〔宋・掌禹錫《嘉祐本草》〕按：《藥對》：薤白溫。主金瘡，止痛，瘡中風，水腫。臣　車前子寒。止血。　當歸溫。君　蘆竹籜寒。主金瘡，生肉。使　桑灰湯平。臣　蛇銜微寒。臣　葛根平。臣　〔宋・唐慎微《證類本草》〕　水楊花寒　突厥白寒

踒折：生鼠微溫　生龜平　生地黄大寒　烏雄雞血平　烏雞骨平　李核人平　〔宋・掌禹錫《嘉祐本草》〕按：《蜀本》：自然銅平　木鱉子溫　骨碎補溫　無名異平　《藥對》：續斷微溫。臣

瘀血：蒲黄平　琥珀平　羚羊角寒，微寒　牛膝平　大黄寒，大寒　乾地黄寒　朴消寒，大寒　紫參寒，微寒　桃人平　虎杖微溫　茅根寒　䗪蟲寒　虻蟲微寒　水蛭平，微寒　蜚蠊寒　〔宋・掌禹錫《嘉祐本草》〕按：《蜀本》：天南星　《藥對》：鮑魚溫。主踒跌。　飴糖微溫。去血病。臣　神屋平。主血。　菴蕳子微寒。主藏血，身中有毒。臣　芍藥微寒。主逐賊血。　鹿茸溫。主血流在腹。臣　車前子寒。主瘀血痛。　牡丹微寒。主除留血。使　射干微溫。主除留血、老血。使　藕汁寒。主消血。　天名精地菘是也。寒。

火灼：柏白皮微寒　生胡麻平　鹽寒。〔宋・掌禹錫《嘉祐本草》〕按：食鹽溫。光明鹽，平。綠鹽，平。大鹽，寒。戎鹽，寒。並無主火灼之文，不知此果何鹽也。　豆醬寒　井底泥寒　醋溫　黄芩平，大寒　牛膝平　梔子寒，大寒

癰疽：絡石溫，微寒　黄耆微溫　白斂平，微寒　烏喙微溫　通草平　敗醬平，微寒　白及平，微寒　大黄寒，大寒　半夏平，生微寒熟溫　薔薇微寒　鹿角溫，微溫　蝦蟆寒　土蜂子平　伏龍肝微溫　甘蕉根大寒　〔宋・掌禹錫《嘉祐本草》〕按：《藥對》：礪石火燒於苦酒中焠，杵破，醋和貼之，即消。　烏賊魚骨微溫。臣　鹿茸溫。臣　升麻微寒。貼諸毒。君　赤小豆平。主貼腫易消。臣　側子大熱。主癰腫。

惡瘡：雄黄平，寒，大溫　雌黄平，大寒　粉錫寒　石硫黄溫，大熱　礜石寒　松脂溫　蛇床子平　地榆微寒　水銀寒　蛇銜微寒　白斂平，微寒　漏蘆寒，大寒　蘗木寒　占斯溫　雚菌平，微溫　莽草溫　青葙子微寒　白及平，微寒　楝實寒　及己平　狼跋寒　桐葉寒　虎骨平　豬肚微溫　蕳茹寒，微寒　藜蘆寒，微寒　石灰溫　狸骨溫　鐵漿平　〔宋・掌禹錫《嘉祐本草》〕按：《蜀本》：野駝脂　《藥對》：苦參寒。主諸惡瘡軟癤。君　白石脂平。主疽痔惡瘡。臣　虆蔓平。主積年惡瘡。臣　藁本溫。臣　菖蒲溫。主風瘙。君　艾葉微溫。苦酒煎，主除癬及下部瘡。臣　槲皮平。臣　葵根寒。君　柳華寒。主馬疥惡瘡，煮洗立差。使　五加皮微寒。主疽瘡。使　梓葉微寒。使　苧根寒。主小兒赤丹。使　榖葉平。洗之令生肉。臣　萹竹平。主浸淫疥惡瘡。使　天麻平。臣　孔公孽溫。主男女陰蝕瘡。臣　紫草寒。主小兒面上瘡。使　馬鞭草平。主下部瘡。臣

漆瘡：蟹寒　茱萸皮溫，大熱　苦芙烏老切。微寒。　雞子白微寒　鼠查見杉材注　井中苔萍大寒　秫米微寒　杉材微溫　〔宋・掌禹錫《嘉祐本草》〕按：《蜀本》：石蟹寒　漆姑葉微寒　《藥對》：芒消大寒。傅漆瘡。君　〔宋・唐慎微《證類本草》〕　黄櫨木寒

癭瘤：小麥微寒　海藻寒　昆布寒　文蛤平　半夏平，生微寒熟溫　貝母平，微寒　通草平　松蘿平　連翹平　白頭翁溫　海蛤平　生薑微溫　〔宋・掌禹錫《嘉祐本草》〕按：《藥對》：玄參微寒。主散頸下腫核。臣　杜蘅溫。臣

瘻瘡：雄黄平，寒，大溫　礜石大熱，生溫熟熱　常山寒，微寒　狼毒平　側子大熱　連翹平　昆布寒　狸骨溫　王不留行平　斑貓寒　地膽寒　鱉甲平　〔宋・掌禹錫《嘉祐本草》〕按：《藥對》：蟾蜍寒。臣　附子大熱。使　漏蘆寒。主諸瘻。　白礬寒。主瘻惡瘡瘰癧。使　雌黄平。主瘻疽惡瘡。臣　車前子寒　蛇銜微寒。主鼠瘻。臣　〔宋・唐慎微《證類本草》〕　蝦蟆寒

五痔：白桐葉寒　萹蓄平　猬皮平　豬懸蹄平　黄耆微溫　〔宋・掌禹錫《嘉祐本草》〕按：《蜀本》：五靈脂溫　五倍子平　《藥對》：鼉甲平。主五痔。臣　赤石脂大溫。君　蘗木寒。主腸痔。　榧子平。臣　槐子寒。君　蛇蜕平　臘月鴝鵒平。作屑，主五痔。　鱉甲平。主五痔。臣　腐木檽寒。臣　竹茹微寒。臣　葈耳微寒。臣　槲脈平。燒作散，主痔。　〔宋・唐慎微《證類本草》〕　槐鵝微溫　柏葉平　艾葉微溫

脱肛：鱉頭平　卷柏溫，平，微寒　鐵精微溫　東壁土平　蝸牛寒　生鐵微寒

䘌：青葙子微寒　苦參寒　蚺音髯蛇膽寒　蝮蛇膽微寒　大蒜溫　戎鹽

寒〔宋·掌禹錫《嘉祐本草》〕按：《藥對》：艾葉煎微溫。臣〔宋·唐慎微《證類本草》〕馬鞭草平

蛔蟲：薏苡根微寒　雚菌平，微溫　乾漆溫　楝根微寒　茱萸根溫，大熱　艾葉微溫〔宋·掌禹錫《嘉祐本草》〕按：《藥對》：石榴根平。使　檳榔溫。君〔宋·唐慎微《證類本草》〕鶴虱平　龍膽寒，大寒

寸白：檳榔溫　蕪荑平　貫眾微寒　狼牙寒　雷丸寒，微寒　青葙子微寒　橘皮溫　茱萸根溫，大熱　石榴根平　榧子平〔宋·掌禹錫《嘉祐本草》〕按：《藥對》：桑根白皮寒。臣

虛勞：丹砂微寒　空青寒，大寒　石鍾乳溫　紫石英溫　白石英微溫　磁石寒　龍骨平，微寒　茯苓平　黃耆微溫　乾地黃寒　茯神平　天門冬平，大寒　薯蕷溫，平　石斛平　沙參微寒　人參微寒，微溫　玄參微寒　五味子溫　肉蓯蓉微溫　續斷微溫　澤瀉寒　牡丹寒，微寒　芍藥平，微寒　牡桂溫　遠志溫　當歸溫，大溫　牡蠣平，微寒　五加皮溫，微寒　白棘寒　覆盆子平　巴戟天微溫　牛膝平　杜仲平，溫　柏實平　桑螵蛸平　石龍芮平　石南平　桑根白皮寒　地膚子寒　車前子寒　麥門冬平，微寒　乾漆溫　菟絲子平　蛇床子平　枸杞子微寒　大棗平　枸杞根大寒　麻子平　胡麻平〔宋·掌禹錫《嘉祐本草》〕按：《唐本》：葛根平《蜀本》：補骨脂大溫《藥對》：甘草平。補益五臟，下氣，長肌肉，制諸藥。君　黃雌雞平。主續絕。臣　萎蕤平。補不足，除虛勞客熱，頭痛。君　甘菊平。補中，益五臟。君　紫(苑)〔菀〕溫。主勞氣。臣　狗脊平。補益丈夫。臣　藕實平，寒。補中養氣。君　蜂子微寒。補虛冷。君　蕪菁蘆菔溫。益五臟，輕身。君　赤石脂大溫。主養心氣。君　薔薇微寒。主五臟寒熱。君　雲母平。主氣益精。君　枳實微寒。主虛羸少氣。君　防葵寒。君

陰痿：白石英微溫　陽起石微溫　巴戟天微溫　肉蓯蓉微溫　五味子溫　蛇床子平　地膚子寒　鐵精微溫　白馬莖平　菟絲子平　原蠶蛾熱　狗陰莖平　雀卵溫〔宋·掌禹錫《嘉祐本草》〕按：《藥對》：樗雞平。使　五加皮微寒。主陰痿下濕。使　覆盆子平。能長陰。臣　牛膝平。主陰濕。君　石南平。使　白及微寒。主陰痿。使　小豆花平。主陰痿不起。使〔宋·唐慎微《證類本草》〕山茱萸平，微溫　天雄溫，大溫

陰㿉：海藻寒　鐵精微溫　狸陰莖溫　狐陰莖微寒　蜘蛛微寒　蒺藜溫，微寒　鼠陰平〔宋·掌禹錫《嘉祐本草》〕按：《藥對》：蝦蟆衣寒。主陰腫。地膚子寒　槐皮煮汁，主陰腫。

囊濕：五加皮溫，微寒　槐枝作槐皮　蘗木寒　虎掌溫，微寒　菴蕳子微寒，微溫　蛇床子平　牡礪平，微寒

泄精：韭子溫　白龍骨平，微寒　鹿茸溫，微溫　牡蠣平，微寒　桑螵蛸平　車前子葉寒　澤瀉寒　石榴皮平　麞骨微溫〔宋·掌禹錫《嘉祐本草》〕按：《藥對》：五味子溫。主泄精。臣　棘刺寒。使　菟絲子平。主精自出。君　薰草平。臣　石斛平。君　鍾乳溫。臣　麥門冬微寒。臣

好眠：通草平　孔公孽溫　馬頭骨微寒　牡鼠目平　茶茗微寒〔宋·唐慎微《證類本草》〕沙參微寒

不得眠：酸棗人平　榆葉平　細辛溫〔宋·掌禹錫《嘉祐本草》〕按：《藥對》：沙參微寒。臣〔宋·唐慎微《證類本草》〕乳香溫

腰痛：杜仲平，溫　萆薢平　狗脊平，微溫　梅實平　鱉甲平　五加皮溫，微寒　菝葜平，溫　爵床寒〔宋·掌禹錫《嘉祐本草》〕按：《蜀本》：木鱉子溫《藥對》：牡丹寒，微寒。使　石斛平。君　附子溫，大熱。使〔宋·唐慎微《證類本草》〕鹿角膠平，溫　牛膝平　鹿茸溫，微溫　烏喙微溫　續斷微溫

婦人崩中：石膽寒　禹餘糧寒，平　赤石脂大溫　牡蠣平，微寒　龍骨平，微寒　蒲黃平　白殭蠶平　牛角䚡溫　烏賊魚骨微溫　紫葳微寒　桑耳平　生地黃大寒　蘗木寒　白茅根寒　艾葉微溫　鮀甲微溫　鱉甲平　馬蹄平　白膠平，溫　丹雄雞微溫，微寒　阿膠平，微溫　鬼箭寒　鹿茸溫，微溫　大小薊根溫　馬通微溫　伏龍肝微溫　乾地黃寒　代赭寒〔宋·掌禹錫《嘉祐本草》〕按：《藥對》：柏葉微溫。酒漬。主吐血及崩中赤白。君　續斷溫。臣　淡竹茹微寒。臣　白芷溫。主漏下赤白。臣　蝟皮平。臣　飴糖微溫。臣　地榆微寒。主漏下赤血。

月閉：鼠婦微溫，微寒　䗪蟲寒　虻蟲微寒　水蛭平，微寒　蠐螬微溫，微寒　桃人平　狸陰莖溫　土瓜根寒　牡丹寒，微寒　牛膝平　占斯溫　虎杖微溫　陽起石微溫　桃毛平　白堊溫　銅鏡鼻平〔宋·掌禹錫《嘉祐本草》〕按：《藥對》：白茅根寒。主血閉。臣　大黃大寒，寒。治月候不通。使　射干微溫。使　卷柏溫。臣　生地黃大寒。君　乾漆溫。治血閉。臣　鬼箭寒。破陳血。使　菴蕳子微寒。臣　朴消寒，大寒。君

無子：紫石英溫　石鍾乳溫　陽起石微溫　紫葳微寒　桑螵蛸平　艾葉微溫　秦皮微寒，大寒　卷柏溫，平，微寒　〔宋・掌禹錫《嘉祐本草》〕按：《蜀本》：列當溫《藥對》：覆盆子平。臣　白膠溫。君　白薇大寒。臣

安胎：紫葳微寒　白膠平，溫　桑上寄生平　鯉魚寒　烏雌雞溫　葱白平　阿膠平，微溫　〔宋・掌禹錫《嘉祐本草》〕按：《唐本》：生地黃大寒《蜀本》：豬苓平《藥對》：艾葉微溫

墮胎：雄黃平，寒，大溫　雌黃平，大寒　水銀寒　粉錫寒　朴消寒，大寒　飛生蟲平　溲疏寒，微寒　大戟寒，大寒　巴豆溫，生溫熟寒　野葛溫　牛黃平　藜蘆寒，微寒　牡丹寒，微寒　牛膝平　桂心大熱　皂莢溫　茼茹寒，微寒　躑躅溫　鬼箭寒　槐子寒　薏苡微寒　瞿麥寒　附子溫，大熱　天雄溫，大溫　烏頭溫，大熱　烏喙微溫　側子大熱　蜈蚣溫　地膽寒　斑貓寒　芫青微溫　亭長微溫　水蛭平，微寒　虻蟲微寒　䗪蟲寒　螻蛄寒　蠐螬微溫，微寒　蝟皮平　蜥蜴寒　蛇蛻平　蟹爪寒　芒消大寒　〔宋・掌禹錫《嘉祐本草》〕按：《藥對》：欓根大熱。使　蔄草溫。使　牽牛子寒。使　〔宋・唐慎微《證類本草》〕半夏平，生微寒熟溫　虎掌溫，微寒　鬼臼　代赭寒　蚱蟬寒　麝香溫　桃人平　蕘花寒，微寒　狼牙寒　生鼠微溫

難產：槐子寒　桂心大熱　滑石寒，大寒　貝母平，微寒　蒺藜溫，微寒　皂莢溫　酸漿平，寒　蚱蟬寒　螻蛄寒　鼺力水、力佳二切鼠微溫　生鼠肝平　烏雄雞冠血溫　弓弩弦平　馬銜平　敗醬平，微寒　榆皮平　蛇蛻平　〔宋・掌禹錫《嘉祐本草》〕按：《藥對》：麻油微寒。治產難，胞不出。君　澤瀉寒。治胞不出。　牛膝平　陳薑大熱　豬脂酒各隨多少服，主產難，衣不出。〔宋・唐慎微《證類本草》〕飛生蟲平　兔頭平　海馬寒　伏龍肝溫　冬葵子寒

產後病：乾地黃寒　秦椒溫，生溫熟寒　敗醬平，微寒　澤蘭微溫　地榆微寒　大豆平　〔宋・掌禹錫《嘉祐本草》〕按：《藥對》：大豆紫湯溫。治產後中風，惡血不盡，痛。　羖羊角微寒。燒灰酒服，主產後煩悶。臣　羚羊角微寒。主產後血悶。臣　鹿角散溫。主墮娠，血不盡。臣　小豆散平。主產後血不盡，煩悶。臣　三歲陳棗核平。燒灰治產後腹痛。使　〔宋・唐慎微《證類本草》〕芍藥平，微寒　當歸溫，大溫　紅藍花溫　豉寒

下乳汁：石鍾乳溫　漏蘆寒，大寒　蠐螬微溫，微寒　栝樓寒　土瓜根寒　狗四足平　豬四足小寒　〔宋・掌禹錫《嘉祐本草》〕按：《藥對》：葵子寒　豬胰平。臣　〔宋・唐慎微《證類本草》〕木通平

中蠱：桔梗微溫　鬼臼溫，微溫　馬目毒公溫，微溫　犀角寒，微寒　斑貓寒　芫青微溫　葛上亭長微溫　射罔大熱　鬼督郵平　白蘘荷微溫　敗鼓皮平　藍實寒　〔宋・掌禹錫《嘉祐本草》〕按：《藥對》：赭魁平。使　徐長卿溫。使　羖羊角微寒。臣　野葛溫。使　羖羊皮平。使　獺肝平。使　露蜂房平。使　雄黃平。君　槲樹皮平

宋・王懷隱《太平聖惠方》卷二

治風通用：防風溫。　漢防己平、溫。　秦艽音膠。平。　獨活平、微寒。　芎藭溫。　羌活平、微溫。　麻黃溫、微溫。　天門冬平、大寒。　附子溫、大熱。　杜若微溫。　麥門冬平、微寒。　犀角寒、微寒。　細辛溫。　羚羊角溫、微寒。　藁本溫、微寒。　天雄溫、大溫。　黃耆微溫。　蒺藜子溫、微寒。　菖蒲溫。　葈私以反耳實溫，葉微寒。　牡荊子微寒、平。　菊花〔平〕。　狗脊平、微溫。　巴戟微溫。　莽草平。　柏子人平。　蔓荊子微寒、微溫。　天麻平。　薏苡人微溫。　當歸溫、大溫。　麻黃溫、微溫。　萆薢平。　烏喙許穢切。微溫。　側子大熱。　躑躅溫。　欒荊溫。　海桐皮平。　小天蓼溫。　辛夷溫。　乾蠍溫。　天南星溫。　烏頭溫、大熱。　白花蛇溫。　烏蛇溫。　酸棗人平。　威靈仙溫。　鼠粘子平。　牛膝平。　牛黃平。　枳殼微寒。

風眩：菊花平。　飛廉平。　躑躅溫。　虎掌溫、微寒。　杜若微溫。　茯神平。　茯苓平。　白芷〔溫〕。　鴟尺脂切頭平。　人參微寒、微溫。　芎藭溫。　蔓荊子微寒、微溫。　薯蕷溫、平。　术溫。　蘼蕪溫。

頭面風：芎藭溫。　薯蕷溫、平。　天雄溫、大溫。　山茱萸平、微溫。　莽草溫。　辛夷溫。　牡荊子溫。　蔓荊子微寒，微溫。　藁本溫，微寒。　蘼蕪溫。　葈私以切耳實溫，葉微寒。　蜂子平，微寒。　杜若微溫。

中風腳弱：石斛平。　鍾乳溫。　殷孽溫。　孔公孽溫。　硫黃大熱。　附子溫、大熱。　豉寒。　丹參微寒。　五加皮溫，微寒。　竹瀝大寒。　大豆平。　天雄溫、大溫。　側子大熱。　牛膝平。　胡麻平。

久風濕痹：菖蒲溫。　茵芋溫，微溫。　天雄溫、大溫。　附子溫、大熱。　烏頭溫、大熱。　細辛溫。　蜀椒溫、大熱。　牛膝平。　天門冬平、大熱。　术溫。　丹參微寒。　石龍芮平。　茵陳平、微寒。　松葉溫。　松節溫。　側子大熱。　躑躅溫。　柏子人平。　薏苡人微寒。　葈私以切耳實溫，葉微寒。

蔓荊子微寒、微溫。

賊風攣痛：茵芋溫、微溫。附子溫、大溫。側子大熱。麻黃溫、微溫。芎藭溫。杜仲平、溫。萆薢平。狗脊平、微溫。白鮮皮寒。白及平、微寒。葈私以切耳實溫、葉微寒。豬椒溫。漢防己平、溫。石斛平。

〔暴〕風瘙癢：蛇床子平。蒴藋溫。烏喙許穢切。微溫。蒺藜子溫、微寒。景天平。茺蔚子微溫、微寒。青葙子微寒。楓香平。藜蘆寒、微寒。枳殼微寒。

傷寒：麻黃溫、微溫。葛根平。杏人溫。前胡微寒。柴胡平、微寒。大青大寒。龍膽寒、大寒。芍藥平、微寒。薰草平。升麻平、微寒。牡丹寒、微寒。虎掌溫、微寒。朮溫。漢防己平、溫。石膏微寒、大寒。牡蠣平、微寒。貝母平、微寒。鼈甲平。犀角寒、微寒。豉寒。羚羊角溫、微寒。葱白平。生薑微溫。芒消大寒。半夏生微寒、熟溫。知母寒。

時氣：牡蠣平、微寒。龍膽寒、大寒。犀角寒、微寒。葱白平。栝蔞寒。大黃寒、大寒。石膏微寒、大寒。雄黃平、寒、大溫。麻黃溫、微溫。葛根平。杏人溫。黃芩平、大寒。白鮮皮寒。葳蕤平。貝母平、微寒。豉寒。射音夜干平、微溫。生薑微溫。茵陳平、微寒。羚羊角溫、微寒。梔子寒、大寒。牡丹寒、微寒。大青大寒。凝水石 水牛角平。升麻平、微寒。竹茹音如。微寒。芍藥平、微寒。前胡微寒。柴胡平、微寒。

熱病：犀角寒、微寒。葛根平。白鮮皮寒。小麥微寒。知母寒。玄參微寒。理石寒、大寒。長石寒。黃芩平、大寒。凝水石寒、大寒。浮萍草寒。敗醬平、微寒。大青大寒。梔子寒、大寒。石膏大寒、微寒。羚羊角溫、微寒。垣衣寒。白薇平、大寒。滑石寒、大寒。景天平。升麻平、微寒。大黃寒、大寒。龍齒平、微寒。葶藶寒、大寒。茵陳平、微寒。藍實及葉寒。白頸地龍寒、大寒。楝實寒。苦參寒。朴消寒、大寒。

大熱：凝水石寒、微寒。石膏微寒、大寒。滑石寒、大寒。黃芩平、大寒。知母寒。白鮮皮寒。玄參微寒。茵陳平、微寒。鼠李根皮微寒。竹瀝大寒。梔子寒、大寒。虵莓音母。大寒。芒消大寒。白頸地龍寒、大寒。大黃寒、大寒。苦參寒。沙參微寒。

勞熱：鼈甲平。柴胡平、微寒。茵陳平、微寒。秦艽音膠。平。訶梨勒溫。天靈蓋平。青蒿寒。地骨皮大寒。前胡微寒。龍膽寒、大寒。胡黃連平。人參微寒、微溫。梔子寒、大寒。獺肝微寒、平。沙參微寒。知母寒。貝母平、微寒。百部微溫。木通平。桑根白皮寒。桃人平。杏人溫。麥門冬平、微寒。

勞復：鼠糞微寒。豉寒。竹瀝大寒。鼈甲平。柴胡平、微寒。麥門冬平、微寒。

瘧病：恒山寒、微寒。蜀漆平、微溫。牡蠣平、微寒。鼈甲平。麝香溫。麻黃溫、微溫。大青大寒。防葵寒。豬苓平。漢防己平、溫。茵芋溫、微溫。巴豆溫，生溫熟寒。白頭翁溫。女青平。芫花溫、微溫。白薇平、大寒。松蘿平。桃人平。烏梅平。雄黃平、大溫。菖蒲溫。莽草溫。

霍亂：人參微寒、微溫。朮溫。附子溫、大熱。桂心大熱。乾薑溫、大熱。陳橘皮溫。厚朴溫、大溫。香葇音柔。溫。麕居筠切。高良薑大溫。木瓜溫。肉荳蔻溫。

轉筋：小蒜溫。木瓜溫。陳橘皮溫。鷄舌香微溫。肉荳蔻溫。生薑微溫。杉木微溫。藊音扁豆微溫。

嘔啘：厚朴溫、大溫。香葇溫。麕居筠切。舌微溫。人參微寒、微溫。附子溫、大溫。朮溫。楠材微溫。木瓜溫。高良薑大溫。丁香溫。桂心大熱。陳橘皮溫。枇杷葉平。白荳蔻溫。

大腹水腫：大戟寒、大寒。甘遂寒、大寒。澤漆微寒。葶藶寒、大寒。芫花溫、微溫。巴豆溫，生溫熟寒。豬苓平。漢防己平、溫。澤蘭微溫。桑根白皮寒。商陸平。澤瀉寒。郁李人平。海藻寒。昆布寒。苦瓠寒。赤小豆平。瓜蒂寒。鱧音禮魚寒。鯉魚寒。大豆平。蕘音饒花寒、微寒。

腸澼下痢：赤石脂大溫。龍骨平、微寒。牡蠣平、微寒。乾薑溫、大熱。黃連寒、微寒。黃芩平、微寒。當歸溫、大溫。附子溫、大熱。禹餘糧寒、平。藜蘆寒、微寒。黃蘗寒。雲實溫。礬石寒。阿膠平、微溫。艾葉微溫。陟釐音離。大溫。硫黃大熱。烏梅平。石榴皮平。枳實寒、微寒。　牛角鰓平。　地榆微寒。　厚朴溫、大溫。　白頭翁溫。　柏葉平。　白蘘荷微溫。　赤地利平。　桃花石溫。　蠟溫。

大便不通：　朴消寒、大寒。　芒消大寒。　大戟寒、大寒。　檳榔溫。　牽牛子寒。　郁李人平。　大黃寒、大寒。　巴豆溫，生溫熟寒。　蜜微溫。　大麻子平。　牛膽大寒。　豬膽微寒。

小便淋：　滑石寒、大寒。　冬葵子寒。　茅根寒。　瞿麥寒。　榆皮平。　石韋平。　葶藶寒、大寒。　蒲黃平。　麻子平。　琥珀平。　石蠶寒。　蜥音錫蜴音亦。寒。　胡鷰糞平。　衣中白魚溫。　乱髮微溫。　石鷰寒。　車前子寒。　木通平。　海蛤平。　貝齒平。　消石寒、大寒。　黃芩平、微寒。　冬葵根寒。　豬苓平。

小便利：　牡蠣平、微寒。　龍骨平、微寒。　鹿茸溫、微溫。　桑螵蛸平。　漏蘆寒、大寒。　土瓜根寒。　雞肶胵微寒。　雞腸草微寒。　山茱萸平、微溫。

溺血：　戎鹽寒。　鹿茸溫、微溫。　龍骨平、微寒。　蒲黃平。　乾地黃寒。　牛膝平。　車前子寒。　栢子并葉平、溫。

消渴：　白石英微溫。　石膏微寒、大寒。　茯神平。　麥門冬平、微寒。　小麥微寒。　黃連寒、微寒。　知母寒。　栝蔞根寒。　茅根寒。　枸杞根大寒。　篁竹葉平、大寒。　土瓜根寒。　葛根平。　李根寒。　蘆根寒。　菰根大寒。　冬瓜微寒。　馬乳冷。　牛乳微寒。　羊乳溫。　桑根白皮寒。　鉛丹微寒。

黃疸：　茵陳平、微寒。　梔子寒、大寒。　紫草寒。　白鮮皮寒。　牡鼠微溫。　大黃寒、大寒。　瓜蒂寒。　秦艽音膠。平。　栝蔞寒。

上氣欬嗽：　麻黃溫、微溫。　杏人溫。　白前微溫。　陳橘皮溫。　紫菀溫。　桂心大熱。　欵冬花溫。　五味子溫。　細辛溫。　蜀椒溫、大熱。　半夏生微寒，熟溫。　生薑微溫。　桃人平。　紫蘇子溫。　射音夜干微溫。　芫花根并花溫、微溫。　百部根微溫。　乾薑溫、大熱。　貝母平、微寒。　皂莢溫。

肺萎：　蒺藜子溫、微寒。　人參微寒、微溫。　茯苓平。　天門冬平、大寒。　麥門冬平、微寒。　豬蹄小寒。　白石英微溫。　蛤蚧平。　薏苡人微寒。

嘔吐：　厚朴溫、大溫。　陳橘皮溫。　人參微寒、微溫。　半夏生微寒，熟溫。　麥門冬平、微寒。　生薑微溫。　白芷溫。　鉛丹微寒。　雞子微寒。　薤白溫。　甘竹葉平、大寒。　附子溫、大熱。

痰飲：　大黃寒、大寒。　甘遂溫、大寒。　芒消大寒。　茯苓平。　柴胡平、微寒。　前胡微寒。　术溫。　細辛溫。　旋覆花微溫。　厚朴溫、大溫。　人參微寒、微溫。　枳實寒、微寒。　陳橘皮溫。　半夏生微寒，熟溫。　生薑微溫。　甘竹葉平、大寒。　蕘花寒、微寒。　高良薑大溫。　烏頭溫、大熱。　芫花溫、微溫。

宿食：　大黃寒、大寒。　巴豆溫，生溫熟寒。　朴消寒、大寒。　柴胡平、微寒。　术溫。　桔梗微溫。　厚朴溫、大溫。　皂莢溫。　麴熱。　蘗溫。　檳榔溫。

腹脹滿：　麝香溫。　甘草平。　人參微寒、微溫。　皂莢溫。　术溫。　乾薑溫、大熱。　百合平。　厚朴溫、大溫。　菴音淹蕳音閭子微寒、微溫。　枳實寒、微寒。　桑根白皮寒。　大豆黃卷平。　旋覆花微溫。　香葇溫。　訶黎勒溫。　草豆蔻溫。　蓽澄茄溫。

心腹冷痛：　當歸溫、大溫。　芍藥平、微寒。　桔梗微溫。　乾薑溫、大熱。　桂心大熱。　蜀椒溫、大熱。　附子溫、大熱。　吳茱萸溫、大熱。　烏頭溫、大熱。　甘草平。　礜石大熱，生溫熟熱。　术溫。　戎鹽寒。　芎藭溫。　厚朴溫、大溫。　小蒜溫。　高良薑大溫。　蜂子平、微寒。　肉豆蔻溫。　蓬莪茂床直切。平。

腸鳴：　丹參微寒。　桔梗微溫。　海藻寒。　昆布寒。　半夏生微寒，熟溫。

心下滿急：　茯苓平。　枳實寒、微寒。　半夏生微寒，熟溫。　术溫。　生薑微溫。　百合平。　青橘皮微溫。　菴蕳子微寒、微溫。　杏人溫。

虛冷氣：　蓽茇音撥。大溫。　胡椒大溫。　阿魏平。　吳茱萸溫、大熱。　厚朴溫、大溫。　桂心大熱。　木香溫。　乾薑溫、大熱。　白荳蔻大溫。　丁香溫。　术溫。　京三稜平。　蓽澄茄溫。　益智子溫。　高良薑大溫。　訶黎勒溫。　艾葉微溫。

心煩：　石膏微寒、大寒。　滑石寒、大寒。　杏人溫。　梔子寒、大寒。　茯苓平。　貝母平、微寒。　木通平。　李根微寒。　甘竹瀝大寒。　烏梅平。　雞子微寒。　豉寒。　甘草平。　知母寒。　王不留行平。　石龍芮平。

玉屑平。酸棗人平。凝水石寒、微寒。

積聚癥瘕：空青寒、大寒。朴消寒、大寒。芒消大寒。硫黃大熱。胡粉寒。礜石大熱，生溫熟熱。大黃寒、大寒。狼毒平。巴豆溫，生溫熟寒。附子溫、大熱。烏頭溫、大熱。苦參寒。芫花溫、微溫。柴胡平、微寒。鼈甲平。蜈蚣溫。豬肚微溫。白馬溺微寒。鮀音駝甲微溫。蜀漆平、微溫。甘遂寒、大寒。貫眾微寒。京三稜平。

中惡：鬼箭寒。芍藥平、微寒。牛黃平。雄黃平、大溫。朱砂微寒。麝香溫。芎藭溫。吳茱萸溫、大熱。烏頭溫、大熱。當歸溫、大溫。升麻平、微寒。桃梟微溫。葈私以切耳實溫，〔葉〕微寒。桃皮平。桃膠平。桔梗微溫。乾薑溫、大熱。

鬼疰：芫青微溫。獺肝微寒、平。龍齒平、微寒。雷丸寒、微寒。白鮮皮寒。牛黃平。鼉寒。蚱音苲，音側。蟬寒。雄黃平、大溫。敗天公平。鬼臼溫、微寒。野葛溫。虎骨平。金牙平。代赭寒。安息香平。

尸疰病：鸛骨平。虎骨平。麝香溫。狸骨溫。卷栢溫、平、微寒。野葛溫。雄黃平、大溫。

驚邪：雄黃平、大溫。朱砂微寒。紫石英溫。茯神平。龍膽寒、大寒。龍齒平、微寒。防葵寒。鬼臼溫、微溫。升麻平、微寒。麝香溫。人參微寒、微溫。沙參微寒。桔梗微溫。白薇平、大寒。遠志溫。栢子人平。鬼箭寒。鬼督郵平。小草溫。卷柏溫、辛、微寒。紫(苑)〔菀〕溫。羚羊角溫、微寒。鮀甲微溫。丹雄雞微溫、微寒。犀角寒、微寒。羖羊角溫、微寒。蚱音苲，又音側。蟬寒。茯苓平。

驚悸：朱砂微寒。人參微寒、微溫。茯神平。龍齒平、微寒。栢實平。沙參微寒。龍膽寒、大寒。粘羊角溫、微溫。桔梗微溫。遠志溫。銀屑平。紫石英溫。金屑平。

癲癇：龍齒角平、微寒。牛黃平。防葵寒。牡丹寒、微寒。白斂平、微寒。莨菪子溫。雷丸寒、微寒。鈎藤微寒。白殭蠶平。虵床平。虵蛻平。蜣蜋寒。白馬目平。鉛丹微寒。蚱蟬寒。白狗血溫。豚卵溫。豬牛犬等齒平。銀屑平。升麻平、微寒。露蜂房平。虵衒溫。熊膽寒。雀甕平。

喉痹病：升麻平、微寒。射干平、微溫。杏人溫。蒺藜子溫、微寒。棘針寒。絡石溫、微寒。百合平。簞竹葉平、大寒。莽草溫。苦竹葉大寒。

噎病：羚羊角溫、微寒。木通平。青竹茹音如。微寒。頭垢微寒。蘆根寒。牛齝刃之切。平。舂杵頭細糠平。

骨鯁：狸頭骨溫。獺骨平。鸕鷀骨平、微寒。獺足平。

齒痛：當歸溫、大溫。獨活平、微溫。細辛溫。蜀椒溫、大熱。芎藭溫。附子溫、大熱。莽草溫。礜石寒。虵床子平。生地黃大寒。莨菪子溫。雞舌香微溫。車下李根平。馬懸蹄平。雄雀糞溫。

口瘡：黃連寒、微寒。黃蘗寒。龍膽寒、大寒。升麻平、微寒。大青大寒。苦竹葉大寒。蜜平、微溫。酪寒。酥微寒。豉寒。

吐唾血：羚羊角寒、微寒。鹿角膠平、溫。戎鹽寒。栢葉平。艾葉微溫。雞蘇微溫。生地黃大寒。刺薊溫。蠐螬微寒、微溫。飴糖微溫。伏龍肝微溫。牛膝平。馬通微溫。桑根白皮寒。

鼻衄血：礬石寒。蒲黃平。天名精寒。刺薊溫。雞蘇微溫。艾葉微溫。桑耳平。竹茹微寒。蝟皮平。溺垽平。藍大寒。狗膽平。亂髮微溫。生地黃大寒。

鼻齆：木通平。細辛溫。桂心大熱。蕤核溫、微寒。薰草平。瓜蒂寒。

耳聾：磁石寒。菖蒲溫。葱涕平、溫。雀腦平。白鵝膏微寒。鯉魚膽寒。絡石溫、微寒。白頸地龍寒、大寒。烏雞膏平。土瓜根寒。龍腦微寒。

鼻瘜肉：藜蘆寒、微寒。礬石寒。地膽寒。木通平。白狗膽平。雄黃平、大溫。礜石大熱，生溫熟熱。

目赤熱痛：黃連寒、微寒。蕤人溫、微寒。石膽寒。空青寒、大寒。曾青小寒。決明平、微寒。黃蘗寒。梔子寒、大寒。薺子溫。苦竹葉大寒。雞子白微寒、平。鯉魚膽寒。田中螺大寒。車前寒。菥音錫蓂音覓子微溫。秦皮微寒、大寒。

目膚翳：秦皮微寒、大寒。細辛溫。真珠寒。貝齒平。石決明平。麝香溫。鬼臼溫、微溫。伏翼平。青羊膽溫。蠐螬汁微溫、微寒。

菟絲子平。　珊瑚平。

明目：車前子微寒。　菟絲子平。　栢子人平。　細辛溫。　菥蓂子微溫。秦椒生溫熟寒。　地膚子寒。　決明子平、微寒。　蔓荆子微寒、微溫。烏雄雞微寒。　羚羊角溫、微寒。　青羊膽溫。　螢火微溫。　鯉魚膽寒。空青寒。　蕪青子溫。　龍腦微寒。　莧實寒、大寒。　茺蔚子微溫、微寒。伏翼平。

通聲：菖蒲溫。　鍾乳溫。　孔公孽溫。　皂莢溫。　苦竹葉寒。麻油微寒。　木通平。

面皯皰：菟絲子平。　麝香溫。　熊脂微寒、微溫。　蒺藜平。　藁本微溫、微寒。　木蘭皮寒。　梔子寒、大寒。　紫草寒。　冬瓜子平、寒。　白殭蠶平。　蜀水花平。　白附子平。

髮禿落：桑上寄生平。　秦椒生溫熟寒。　蔓荆子微寒、微溫。　桑根白皮寒。　麻子人平。　桐葉寒。　豬膏微寒。　春色鴈肪平。　馬鬐膏微寒。松葉溫。　雞肪微溫、微寒。　棗根溫、平。　浮萍草寒。　蓮子草平、寒。

滅瘢：鷹糞白平。　白殭蠶平。　衣中白魚溫。　白附子平。　密陀僧平。

金瘡：石膽寒。　薔薇溫、微寒。　地榆微寒。　艾葉微溫。　王不留行平。　白頭翁　釣樟根　水楊花寒。　石灰溫。　狗頭骨平。　桑根白皮寒。　突厥白寒。

踒折：牡鼠微溫。　生龜平。　生地黃大寒。　烏雄雞血平。　烏雞骨平。　李核人平。　無名異平。　自然銅平。

瘀血：蒲黃平。　琥珀平。　羚羊角溫、微寒。　牛膝平。　大黃寒、大寒。　乾地黃寒。　朴消寒、大寒。　紫參寒、微寒。　桃人平。　虎杖微溫。茅根寒。　蟅音柘蟲寒。　虻蟲微寒。　水蛭平、微寒。　蜚蠊音廉。寒。牡丹寒、微寒。　菴蕳子微寒、微溫。　天名精寒。

火灼：栢白皮微寒。　胡麻平。　鹽寒。　豆醬冷。　井底泥寒。　醋溫。　黃芩平、大寒。　牛膝平。　梔子寒、大寒。

癰疽：絡石溫、微溫。　黃耆微溫。　白歛平、微寒。　烏喙許穢切。微溫。木通平。　敗醬平、微寒。　白及平、微寒。　大黃寒、大寒。　半夏生微寒，熟溫。　玄參微寒。　薔薇溫、微寒。　鹿角溫、微溫。　蝦蟇寒。　土蜂房平。伏龍肝微溫。　甘蕉根大寒。　升麻微寒、平。

惡瘡：雄黃平、大溫。　雌黃平、大寒。　胡粉寒。　硫黃溫、大熱。　礬石寒。　松脂溫。　蛇床子平。　地榆微寒。　水銀寒。　蛇銜溫。　白歛平、微寒。　漏蘆寒、大寒。　黃蘗寒。　占斯溫。　雚菌微溫。　莽草溫。青葙子微寒。　白及平、微寒。　楝音練實寒。　及己平。　狼跋寒。　桐葉寒。　虎骨平。　豬肚微溫。　蕳茹寒、微寒。　藜蘆寒、微寒。　石灰溫。狸骨溫。　鐵漿平。　馬鞭草平。

漆瘡：蟹寒。　茱萸皮溫、大熱。　苦芙烏老切。微寒。　雞子白微寒。鼠查微溫。　井中苔萍大寒。　秫米微寒。　芒消大寒。　黃櫨木微寒、平。杉木微溫。

癭瘤：小麥微寒。　海藻寒。　昆布寒。　文蛤平。　半夏生微寒，熟溫。　貝母平、微寒。　木通平。　松蘿平。　連翹平。　白頭翁溫。　海蛤平。　生薑微溫。

瘻瘡：雄黃平、大溫。　礜石大熱，生溫熟熱。　恒山寒、微寒。　狼毒平。側子大熱。　連翹平。　昆布寒。　狸骨溫。　王不留行平。　斑猫寒。地膽寒。　鼈甲平。　蝦蟆寒。　漏蘆寒。　蛇銜溫。　礬石寒。

五痔：桐葉寒。　萹蓄平。　蝟皮平。　豬懸蹄寒、平。　黃耆微溫。槐實寒。　槐鵝微寒。　栢葉平。　艾葉微溫。　赤石脂大溫。　龜甲平。鼈甲平。

脫肛：鼈頭平。　卷栢溫、平、微寒。　鐵精微溫。　東壁土平。　蝸牛寒。

䘌瘡：青葙子（微寒）。　苦參寒。　蚺音髯蛇膽寒。　蝮蛇膽寒。　大蒜溫。　戎鹽寒。　艾葉微溫。　馬鞭草平。

蚘蟲：薏苡根平。　雚音桓菌音郡。平、微溫。　乾漆溫。　楝根微寒。茱萸根溫、大熱。　艾葉微溫。　石榴皮平。　鶴蝨平。　檳榔溫。　龍膽寒、大寒。

寸白：檳榔溫。　蕪荑平。　貫眾微寒。　狼牙寒。　雷丸寒、微寒。青葙子微寒。　青橘皮微溫。　吳茱萸根溫、大熱。　石榴根平。　榧音匪子平。

虛勞：朱砂微寒。　空青寒、大寒。　鍾乳溫。　紫石英溫。　白石英微溫。　磁石寒。　龍骨平、微寒。　茯苓平。　黃耆微溫。　乾地黃寒。　茯神平。　天門冬平、大寒。　薯蕷溫、平。　石斛平。　沙參微寒。　人參微寒、微溫。　玄參微寒。　五味子溫。　肉蓯蓉微溫。　續斷微溫。　澤瀉寒。　牡丹寒、微寒。　芍藥平、微寒。　牡桂溫。　遠志溫。　當歸溫、大溫。　牡蠣平、微寒。　五加皮溫、微寒。　棘刺寒。　覆盆子平。　巴戟微溫。　牛膝平。　杜仲平、溫。　栢子人平。　桑螵蛸平。　石龍芮平。　石南平。　桑根白皮寒。　地膚子寒。　車前子寒。　麥門冬平、微寒。　乾漆溫。　菟絲子平。　虵床子平。　枸杞子微寒。　大棗平。　麻子平。　胡麻平。　枸杞根寒、大寒。

陰萎：　白石英微溫。　陽起石微溫。　巴戟微溫。　肉蓯蓉微溫。　五味子溫。　虵床子平。　地膚子平。　鐵精微溫。　白馬莖平。　菟絲子平。　原蠶蛾熱、溫。　狗陰莖平。　雀卵溫。　天雄溫、大溫。　覆盆子平。　石南平。　山茱萸平、微溫。

陰㿗：　海藻寒。　鐵精微溫。　狸陰莖溫。　狐陰莖微寒。　蜘蛛寒。　蒺藜溫、微寒。　鼠陰平。

囊濕：　五加皮溫、微寒。　槐皮微寒。　黃蘗寒。　虎掌溫、微寒。　庵䕡子微寒、微溫。　虵床子平。　牡蠣平、微寒。

洩精：　韮子溫。　龍骨平、微寒。　鹿茸溫、微溫。　牡蠣平、微寒。　小草溫。　桑螵蛸平。　車前子葉寒。　澤瀉寒。　石榴皮平。　麞骨微溫。　菟絲子平。　棘刺寒。　鍾乳溫。

好眠：　木通平。　孔公孽溫。　馬頭骨微寒。　牡鼠目平。　茶茗微寒。　沙參微寒。

不得眠：　酸棗人平。　榆葉平。　細辛溫。　乳香溫。

腰痛：　杜仲平、溫。　萆薢平。　狗脊平、微溫。　梅實平。　鼈甲平。　五加皮溫、微寒。　菝蒲八切葜棄八切。平、溫。　爵床寒。　牛膝平。　鹿茸溫、微溫。　附子溫、大熱。　鹿角膠平、溫。　烏喙許穢切。微溫。　續斷微溫。

諸疼痛：　當歸溫、大溫。　庵䕡子微寒、微溫。　芎藭溫。　續斷微溫。　骨碎補溫。　沒藥平。　質汗溫。　芍藥平、微寒。

血氣：　乾地黃寒。　延胡索溫。　蒲黃平。　荷葉平、寒。　艾葉微溫。　大黃寒、大寒。　麒麟竭平。　米醋溫。　桑耳平。　當歸溫、大溫。　牛角鰓平。　藕平、寒。　紅藍花溫。　白瓷末平。　蕫黃大寒。　質汗溫。　芎藭溫。　劉寄奴溫。　桂大熱。　桃人平。　芍藥平、微寒。　牡丹寒、微寒。

崩中：　石膽寒。　禹餘糧平、寒。　赤石脂大溫。　代赭寒。　牡蠣平、微寒。　龍骨平、微寒。　蒲黃平。　白殭蠶平。　牛角鰓平。　烏鰂魚骨微溫。　紫葳微寒。　桑耳平。　生地黃大寒。　黃蘗寒。　茅根寒。　艾葉微溫。　鮀甲微溫。　馬蹄甲平。　鹿角膠溫、平。　丹雄雞微溫、微寒。　阿膠平、微溫。　鬼箭寒。　鹿茸溫、微溫。　刺薊根溫。　馬通微溫。　伏龍肝微溫。　乾地黃寒。　栢葉平。　續斷微溫。　地榆微寒。

月閉：　鼠婦溫、微溫。　䗪蟲寒。　水蛭平、微寒。　蠐螬微溫、微寒。　桃人平。　狸陰莖溫。　土瓜根寒。　牡丹寒、微寒。　牛膝平。　占斯溫。　虎杖微溫。　陽起石微溫。　桃毛平。　白堊烏洛切。溫。　銅鏡鼻平。　虻蟲微寒。　菴䕡子微寒、微溫。　卷栢溫、平、微寒。　乾漆溫。　大黃寒、大寒。　茅根寒。

無子：　紫石英溫。　鍾乳溫。　陽起石微溫。　紫葳微寒。　桑螵蛸平。　艾葉微溫。　秦皮微寒、大寒。　卷栢溫、平、微寒。

安胎：　紫葳微寒。　鹿角膠平、溫。　桑上寄生平。　鯉魚寒。　烏雌雞溫。　葱白平。　阿膠平、微溫。

墮胎：　雄黃平、大溫。　雌黃平、大寒。　水銀寒。　胡粉寒。　朴消寒、大寒。　飛生蟲平。　溲疏寒、微寒。　大戟寒、大寒。　巴豆溫，生溫熟寒。　野葛溫。　牛黃平。　藜蘆寒、微寒。　牡丹寒、微寒。　牛膝平。　桂心大熱。　皂莢溫。　䕡茹寒、微寒。　羊躑躅溫。　鬼箭寒。　槐子寒。　薏苡人微寒。　瞿麥寒。　附子溫、大熱。　天雄溫、大溫。　烏頭溫、大熱。　烏喙微溫。　側子大熱。　蜈蚣溫。　地膽寒。　斑猫寒。　芫青微溫。　葛上亭長微溫。　水蛭平、微寒。　虻蟲微寒。　䗪蟲寒。　螻蛄寒。　蠐螬微溫、微寒。　蝟皮平。　蜥蜴寒。　虵蜕平。　蟹爪寒。　芒消大寒。　蕘花寒、微寒。　麝香溫。　蚱蟬寒。　代赭寒。　狼牙寒。　射罔溫、大熱。　生鼠微溫。　桃人平。　附子溫、大熱。　虎掌溫、微寒。　鬼臼溫、微溫。　狼毒平。　莽草溫。　土瓜根寒。　半夏生微寒，熟溫。　硇砂大熱。

難產：　槐子寒。　桂心大熱。　滑石寒、大寒。　貝母平、微寒。　蒺藜子溫、微寒。　皂莢溫。　酸漿平、寒。　蚱蟬寒。　螻蛄寒。　飛生蟲平。

生鼠肝平。　烏雄鷄肝血溫。　弓弩弦平。　馬銜平。　敗醬平、微寒。　楡
皮平。　虵蜕平。　冬葵子寒。　兔頭平。　海馬平。　伏龍肝溫。
產後腹痛：　羖羊肉溫、微寒。　大豆平。　秦椒生溫熟寒。　羚羊角寒、
微寒。　紅藍花溫。　乾地黃寒。　當歸溫、大溫。　豉寒。　芍藥平、微寒。
地楡微寒。　澤蘭微溫。
下乳汁：　鍾乳溫。　漏蘆寒、大寒。　蠐螬微溫、微寒。　栝音括蔞音婁。
寒。　土瓜根寒。　豬四足小寒。　冬葵子寒。　木通平。　狗四足平。
中蠱：　桔梗微溫。　鬼臼溫、微溫。　犀角寒、微寒。　斑猫寒。　芫青
微溫。　葛上亭長微溫。　射罔溫、大熱。　鬼督郵平。　白蘘荷微溫。　敗
皷皮平。　藍子寒。　羖羊角溫、微寒。
出汗：　麻黃溫、微溫。　葱白平。　乾薑溫、大熱。　葛根平。　石膏微
寒、大寒。　貝母平、微寒。　吳茱萸溫、大熱。　桂心大熱。　附子溫、大熱。
豉寒。　生薑微溫。　薄荷溫。　蜀椒溫、大熱。
止汗：　麻黃根微寒。　朮溫。　半夏生微寒，熟溫。　牡蠣平、微寒。　杜
仲平、溫。　枳實寒、微寒。　松蘿平。
吐藥：　恒山　松蘿平。　烏梅平。　鹽寒。　砒霜平。

宋·唐慎微《證類本草》卷二《序例下》〔宋·掌禹錫《嘉祐本草》〕按　序
例所載外《藥對》主療如後：
出汗：　麻黃溫。臣　杏人溫。臣　棗葉平。君　葱白平。臣　石膏大寒。
臣　貝母微寒。臣　山茱萸平。臣　葛根平。臣　〔宋·唐慎微《證類本草》〕
乾薑溫，大熱　桂心大熱　附子溫，大熱　生薑微溫　薄荷溫　蜀椒溫，大熱
豉寒
止汗：　乾薑溫，大熱。臣　柏實平。君　麻黃根并故竹扇末臣　白朮溫。
君　粢粉雜豆豉熬末　半夏平，生微寒，熟溫。使　牡蠣微寒　雜杜仲平。水服
〔宋·唐慎微《證類本草》〕　枳實寒，微寒　松蘿平
驚悸心氣：　絡石溫，微寒。主大驚入腹。君　人參微寒，微溫。君　茯苓平。
君　柏實平。君　沙參微寒。臣　龍膽大寒。主驚傷五內。君　羖羊角微寒。臣
桔梗微溫。臣　小草溫。君　遠志溫。君　銀屑平。君　紫石英溫。君
肺痿：　人參微寒，微溫。治肺痿。君　天門冬大寒。治肺氣。君　蒺藜子微
寒。治肺痿。臣　茯苓平。君　白石英微溫。君　薏苡人微寒。主肺。　麥門冬
微寒。治肺痿。臣
下氣：　麻黃溫，微溫。臣　杏人溫，冷利。臣　厚朴溫，大溫。臣　橘皮溫。
臣　半夏平，生微寒，熟溫。使　白前微溫。臣　生薑微溫。臣　前胡微寒。臣　李
樹根白皮大寒。使　蘇子溫。臣　石硫黃溫，大熱。臣　白茅根寒。臣　蒺藜子
微寒。臣
蝕膿：　䕡茹寒　雄黃平，寒，大溫　桔梗微溫　龍骨微寒　麝香溫　白芷
溫　大黃大寒　芍藥平，微寒　當歸溫，大溫　藜蘆寒　巴豆生溫，熟寒　地楡
微寒
女人血閉腹痛：　黃耆微溫　芍藥平，微寒　紫參寒　桃人平　細辛溫
紫石英溫　乾薑溫，大熱　桂心大熱　茯苓平
女人血氣歷腰痛：　澤蘭微溫　當歸溫，大溫　甘草平　細辛溫　柏實平
牡丹寒，微寒　牡蠣微寒
女人腹堅脹：　芍藥平，微寒　黃芩大寒　茯苓平

唐·孫思邈《千金翼方》卷一《藥錄纂要》　用藥處方第四　論曰：凡
人在身感病無窮，而方藥醫療有限。由此觀之，設藥方之篇，是以忮其大意，
豈能得之萬一。聊舉所全，以發後學。此篇凡有六十五章，總攝眾病，善用
心者，所以觸類長之，其救苦亦以博矣，臨事處方，可得依之取訣也。
治風第一　當歸　秦艽　乾薑　藁本　麻黃　葛根　前胡　知母　石
韋　狗脊　萆薢　杜蘅　白薇　白芷　葈耳　女萎　桔梗　大戟　烏頭
烏喙　附子　側子　天雄　躑躅　茵芋　貫眾　白及　蒴藋　䕡茹　鬼箭
磁石　石膏　天門冬　萎蕤　白朮　昌蒲　澤瀉　署預　菊花　細辛
獨活　升麻　庵䕡　薏苡　巴戟天　松葉　松節　石南　蜀椒　莽草　防
風　王不留行　芎藭　黃耆　杜若　辛夷　牡荊子　五加皮　木蘭　枸杞
竹葉　厚朴　松實　秦皮　牡丹皮　防己　秦椒　女菀　澤蘭　竹瀝
山茱萸　吳茱萸　蒺藜子　曾青　礜石　代赭
濕痹腰脊第二　白膠　阿膠　鹿茸　鹿角　鹿脂　雞頭　蔓荊　竹瀝
肉蓯蓉　防風　芎藭　景天　丹參　絡石　千歲虆汁　王不留行　山櫻
木汁　蛇床　漏蘆　茜根　飛廉　礜石　桔梗　芫花　旋覆花　附子　側
子　天雄　躑躅　茵芋　當歸　秦艽　芍藥　乾薑　葛根　石龍芮　狗脊
萆薢　菝葜　敗醬　藁耳　白鮮　蠡實　青蘘　大豆卷　石南　蜀椒

蔓荊 皂莢 天門冬 白朮 萎蕤 乾地黃 昌蒲 澤瀉 菊花 署預
石斛 牛膝 細辛 柴胡 菴藺 薏苡 車前子 柏子仁 菥蓂 蒴藋
桂心 杜仲 乾漆 五加皮 酸棗 枸杞 松子 桑上寄生 續斷 天
名精

攣急痑曳第三 秦艽 藁本 狗脊 萆薢 通草 石南 防風 芎藭
續斷 天門冬 女萎 乾地黃 石斛 牛膝 薏苡 菟絲 杜仲 乾漆
荊子 枸杞 大豆卷 天雄 附子 野葛 蒴藋

身瘙痒第四 青琅玕 石灰 丹砂 雄黃 水銀 硫黃 牙子 白及
鐵落 枳實 蒺藜子 莽草 柳花 蜀羊泉 水萍 防風 藺茹 羊蹄
藎草 敗醬 藜蘆 青葙 青蒿 羖羊角 蟬蛻 秦艽 天鼠矢

驚癇第五 鉛丹 紫石英 白石脂 秦皮 銀屑 玄石 鐵精 釣藤
款冬花 牡丹皮 白鮮皮 紫菀 女菀 柏子仁 茯苓 茯神 桔梗
蕘花 莨菪子 蛇銜 遠志 人參 細辛 防葵 龍膽 杏仁 龍骨 龍
齒 牛黃 頭髮 白芝 龍角 羊齒 羊骨 亂髮 牛齒 白馬莖 白馬
齒 赤馬齒 白馬懸蹄 鹿茸 牡狗齒 豚卵 狐五臟 石蜜 海蛤 蚱
蟬 露蜂房 白殭蠶 蛇蛻 雀甕 蛇黃 鼠婦 蜣蜋 六畜毛蹄甲

鬼魅第六 代赭 粉錫 金牙 衛矛 赤箭 銅鏡鼻 升麻 牛黃
青木香 藍實 蘼蕪 徐長卿 雲實 黃環 狸骨 獺肝 桃花 桃梟
蜈蚣 蛇膽 亭長 芫青 班猫 石長生 狼毒 鬼臼 商陸 躑躅 白
及 野葛 琥珀 六畜毛蹄甲

蠱毒第七 方解石 代赭 金牙 衛矛 赤箭 徐長卿 升麻 瓜蒂
雷丸 紫菀 黃環 青木香 巴豆 麝香 景天 蘘荷 犀角 羚羊角
犺卵 獺肝 狐莖 鸛骨 蜂房 胡鷰屎 鮫魚皮 白頸蚯蚓 蛇蛻
蜈蚣 斑蝥 芫青 芫花 藜蘆 野葛 榧子 豬苓 敗鼓皮 桑上亭長
六畜毛蹄甲

痰實第八 淡竹葉 枳實 吳茱萸 厚朴 胡椒 檳榔仁 萊菔 茯
苓 恒山 松蘿 旋覆花 大黃 芫花 蕘花 半夏 烏頭 黃芩 前胡
巴豆 柴胡 白朮 細辛 朴消 芒消

固冷、積聚、腹痛、腸堅第九 礜石 雄黃 殷孽 厚朴 特生礜石
曾青 戎鹽 硫黃 陽起石 石膏 理石 高良薑 朴消 芫花 桔梗
吳茱萸 葶藶 旋覆花 麥門冬 太一餘糧 澤瀉 茯苓 人參 柴胡
蒺藜 雚菌 防葵 牡丹 蕘花 海藻 肉蓯蓉 丹參 巴戟天 莽草
芍藥 烏頭 麻黃 貝母 乾薑 玄參 苦參 藺茹 狼毒 大黃 附子

腹痛脹滿嘔吐第十 厚朴 竹茹 枳實 吳茱萸 檳榔 葛根 桑白
皮 松蘿 橘皮 大黃 桔梗 甘遂 乾薑 大戟 藜蘆 半夏 恒山
朴消 生薑 藁本 阿膠 禹餘糧 人參 戎鹽

胸脇滿第十一 方解石 蘭草 杜若 莎草 竹葉 厚朴 枳實 乾
薑 前胡 玄參 紫菀 枸杞 桔梗 蕘花 茯苓 芫花 旋覆花 射干
烏頭 半夏 恒山 人參 菊花 細辛 柴胡

補五臟第十二 白石脂 五石脂 琥珀 紫菀 石韋 大黃 桔梗
石蜜 龍骨 牛髓 鹿肉 鵝肉 乾漆 柏子仁 女貞 銀屑 沙參 酸
棗 五味子 枳實 山茱萸 麥門冬 乾地黃 昌蒲 澤瀉 署藥 人參
石斛 細辛 菥蓂 龍膽 巴戟天 牡丹 韭 貝母 蕪菁 葱白 覆
盆 當歸 鍾乳 玄參 苦參

益氣第十三 玉泉 鍾乳 五石脂 白石英 柏子仁 柏葉 蘭草
續斷 茵蔯 黃耆 飛廉 營實 五味子 旋花 澤瀉 署藥 巴戟天
大棗 牡蒙 青蘘 烏麻 枳實 赤箭 蕪菁子 苦菜 蒲桃 覆盆子
芍藥 紫草 淫羊藿 羊肉 桑螵蛸 牛髓 蠟 牛肉 鹿茸 鹿角 麋
角 豬肚 雲母粉 兔屎 兔肉 戎鹽 石蜜

長陰陽益精氣第十四 羊腎 牛腎 肉蓯蓉 蓬虆 磁石 理石 地
膚子 決明子 杜若 白棘 蛇床子 茜根 黑石脂 五味子 天雄 附
子 栝樓 玄參 石韋 石龍芮 白薇 萆薢 紫參 麥門冬 遠志 小
草 薯蕷 石斛 牛膝 卷柏 細辛 柴胡 車前子 茺蔚子 菟絲子
巴戟天 茯苓 枸杞 杜仲 丹砂 扁青 雲母 滑石 鍾乳

補骨髓第十五 五石脂 乾漆 金屑 乾地黃 防葵 菟絲子 烏麻
天門冬 青蘘 貝母 淫羊藿 附子 天雄 羊腎 羚羊角 磁石

長肌肉第十六 藁本 天門冬 當歸 白馬莖 桑上寄生 冬葵子
白芷 蠡實 垣衣 麥門冬 麻仁 乾地黃 澤瀉 署藥 菟絲子 石斛
甘草 女貞子 五加皮 枳實 胡麻 玉泉 磁石 赤石脂 厚朴 蒲
桃 赤箭 五味子 酸棗仁

堅筋骨第十七　玉泉　雲母　杜仲　乾漆　枸杞　硫黄　蔓荆　絡石
磁石　戎鹽　續斷　烏麻　金屑　五加皮　酸棗仁

陰下濕痒第十八　木蘭　槐皮　五加皮　杜仲　蛇床子　漏蘆　飛廉
陽起石

消渴第十九　曾青　滑石　紫石英　白石英　凝水石　丹砂　石膏
理石　竹笋　桑白皮　枸杞根　松脂　茯苓　馬乳　兔骨　紫參　赤小豆
大麥　小麥　澤瀉　萊菔　人參　麥門冬　蓴菜　腐婢　粟米　青粱
甘草　牡蠣　猪肚　雞屎白　雲實　黄連　礜石　栝樓　葛根　玄參　苦
參　茅根　竹根　長石　知母　菰根　生葛汁　王瓜　冬瓜　水萍　羊酪

消食第二十　白术　桔梗　大黄　黄芩　大豆屑熬　穬麥糵　皂莢
萊菔根　麥門冬　吴茱萸　檳榔　橘皮　小蒜　厚朴　苦參

淋閉第二十一　玉泉　石膽　芒消　茯苓　琥珀　石鷰　瞿麥　胡鷰
屎　茅根　鯉魚齒　髮髲　亂髮　頭垢

利小便第二十二　消石　滑石　紫參　栝樓　百合　白石脂　海藻
榆皮　地膚子　山茱萸　蒲黄　棘人　天門冬　車前子　麻子仁　赤小豆
郁李仁　冬瓜　冬葵子　牽牛子　茅根　葎草　犍牛尿　橘皮　楝實

止小便利第二十三　赤石脂　鉛丹　粉錫　昌蒲　王瓜　栝樓　菝葜
長石　天名精　苦參　茵蔯　秦艽
牡蠣　菰根　蘆根　雞腸草　龍骨　鹿茸　鹿角　雞肶胵　山茱萸

明目第二十四　玉泉　丹砂　空青　紫貝　螢火　貝齒　馬珂　石膽
鍾乳　礜石　五石脂　鹵鹹　戎鹽　理石　特生礜石　蔓荆子　桑椹子
槐子　蕤仁　地膚子　鐵精　長石　黄連　景天花　香蒲　決明子　飛
廉　杜若　枳實　秦艽　合歡　秦椒　棘仁　人參　細辛　蓍實　菴蕳
菟絲子　茺蔚子　菥蓂　烏麻　薺子　蕪菁子　蓼子　葱子　前胡　玄參
瞿麥　石決明　石龍芮　羚羊角　羖羊角　青牛膽　兔肝　狗脊

止淚第二十五　空青　曾青　蔓荆　蕤仁　緑鹽　苦參　白芷　杜若
菊花　欒花　菥蓂　皂莢　芎藭　決明子　白术

目赤痛第二十六　空青　車前子　曾青　石膽　礬石　戎鹽　菥蓂
蕤人　薺子　欒花　鯉魚膽　蘗木　石鹽　蔞蕤　決明子

益肝膽第二十七　空青　曾青　礜石　酸棗仁　細辛　龍膽　苦參
薺菜　黄連

補養心氣第二十八　紫石英　遠志　羚羊角　人參

補養腎氣第二十九　六畜腎　絡石　澤瀉　石南　萆薢　車前子　狗
脊　栗子　沙參　白棘　玄參　黑石脂　磁石　瞿麥　粟米　石斛　鹿茸

補脾第三十　大棗　櫻桃　甘蔗　石蜜

欬逆上氣第三十一　石膽　蘼蕪　蜀椒　欵冬　桑根白皮　狼毒　竹
葉　女菀　白前　吴茱萸　百部根　當歸　麻黄　貝母　紫菀　白鮮皮
蕘花　藜蘆　烏頭　附子　鬼臼　射干　半夏　蜀漆　昌蒲　遠志　甘草
細辛　防葵　杏仁　桃仁　瓜丁　猯脂肉　牡蠣　桂心　白石脂　羊肺
紫石英　鍾乳　硫黄　蒺藜　芫花　五味子　茯苓

下氣第三十二　鉛丹　梅實　蛇床　石韋　水蘇　竹葉　蘇子　薄荷
蒺藜　秦荻梨　甘草　石斛　細辛　牡荆　枇杷葉　甘蔗　署藥　馬肉
白石英　鹿茸　杏仁　石膏　橘皮　鍾乳　雲母　礜石　胡椒

霍亂轉筋第三十三　木瓜　雞屎白　乾薑　附子　瞿麥　女萎　香薷
藊豆　薄荷　橘皮　人參　桂心　白术　厚朴

腸痔第三十四　石膽　消石　丹砂　五石脂　水銀　雄黄　殷孽　石
硫黄　孔公孽　磁石　蘗木　槐子　桐皮　飛廉　敗醬　露蜂房　鰻鱺魚
蛇蜕皮　蠡魚　蝟皮　鼈甲　猪後足懸蹄

鼠漏并痔第三十五　黄耆　續斷　連翹　夏枯草　王不留行　鼠尾草
萹蓄　通草　狼毒　敗醬　桐葉　及己　蛇銜草　側子　地榆　王瓜
昆布　牡蠣　蠡魚　露蜂房　文蛤　龜甲　蝟皮　鼈甲　蚺蛇膽　蛇蜕皮
斑猫　虎骨　地膽　猪懸蹄　五石脂　陵鯉甲

三蟲第三十六　粉錫　梓白皮　山茱萸　檳榔　衛矛　蕪荑　天門冬
天名精　桑白皮　乾漆　蔓荆　苦參　蘼蕪　雷丸　特生礜石　楝實
莧實　麝香　通草　白頸蚯蚓　桃仁　桃花　連翹　貫衆　鶴蝨　萹蓄
青桐　雚蘆　牙子　榧實　槲皮　薏苡根

下部䘌第三十七　石硫黄　雄黄　雌黄　苦參　艾葉　大蒜　鹽　馬
鞭草　蚺蛇膽

崩中下血第三十八　白磁屑　伏龍肝　敗船茹　青石脂　衛矛　桃毛
紫葳　蘗木　當歸　桑上寄生　白斂　茅根　牡狗齒　玉泉　鯉魚骨

白殭 龍骨 白膠 阿膠 牛角鰓 陽起石 地榆 生地黄 茜根 白芷 艾葉 景天花 烏賊魚骨 小麥 大小薊根

女人血閉第三十九 銅鏡鼻 銅弩牙 桃仁 茅根 烏賊魚骨 白芷 栝樓 大黄 桑螵蛸 牛角鰓 蠐螬 蝱蟲 䗪蟲 水蛭 芎藭 菴䕡子 陽起石 紫葳 黄芩 巴豆 牛膝 瞿麥 當歸

女人寒熱疝瘕漏下第四十 白堊 乾漆 蓯蓉 黄耆 蛇床子 禹餘糧 陽起石 秦椒

產難胞衣不出第四十一 代赭 石鷰 冬葵子 弓弩弦 滑石 蚱蟬 澤瀉 續斷 羖羊角 王不留行

女人陰冷腫痛第四十二 松蘿 白鮮皮 卷柏

陰蝕瘡第四十三 土陰孽 萹蓄 五加皮 黑石脂 礬石 蘗木 桐葉 礜石 石膽 蝦蟆 龜甲 狐莖

傷寒溫疫第四十四 犀角屑 羚羊角 徐長卿 麻黄 前胡 生葛汁 葛根 大青 栝蔞 柴胡 青木香 吳藍 貝母 玄參 白薇 知母 桂心 芍藥

健忘第四十五 遠志 昌蒲 人參 茯神 蓍實 蔄茹 白馬心 龍膽 龜甲 通草

通九竅第四十六 大棗 芥子 遠志 昌蒲 細辛 蔓荊

下部痢第四十七 榧實 龍骨 鼠尾草 營實 黄連 黄芩 乾薑 附子 倉米 蜀椒 五石脂 無食子 槲若 地榆 龍膽 黄蘗

虛損洩精第四十八 白棘 韭子 鹿茸 山茱萸 澤瀉 菟絲子 牡蠣 白龍骨

唾粘如膠并唾血第四十九 紫菀 紫參 旋覆花 麻黄 茯苓 桂心 槐子 芎藭 乾薑 射干 小麥

吐血第五十 戎鹽 柏葉 水蘇 敗船茹 生地黄汁 竹茹 蠐螬 艾葉 白膠 大小薊根 羚羊角 馬屎

下血第五十一 白磁屑 伏龍肝 柏葉 青羊脂 艾葉 五石脂 赤箭 天名精 蒲黄 生地黄 黄芩 茜根 敗船茹 水蘇 白膠 馬屎 槲脉

衄血第五十二 亂髮灰 水蘇 紫參 柏葉 王不留行 生地黄汁

尿血第五十三 龍骨 戎鹽 鹿茸 葱涕汁

耳聾第五十四 磁石 昌蒲 山茱萸 烏雞脂 鵝脂 通草 王瓜

止汗第五十五 牡蠣 龍骨 柏實 衛矛

出汗第五十六 山茱萸 細辛 石膏 蜀椒 乾薑 葱白鬚 桂心 葛根 麻黄

堅齒第五十七 桑上寄生 香蒲 蔓荊 秦椒 蜀椒 鼠李根 戎鹽

癰腫第五十八 營實 飛廉 蒺藜子 白棘 王不留行 木蘭皮 絡石 紫石英 五石脂 磁石 芍藥 防己 澤蘭 大蒜 連翹 黄耆 白斂 苦參 敗醬 通草 王瓜

惡瘡第五十九 白及 藋蘆 蛇銜 青葙 牙子 狼毒 營實 黄芩 當歸 苦參 萆薢 雌黄 松脂 漏蘆 及已 通草 地榆 蜀羊泉

熱極喘口舌焦乾第六十 石膏 石蜜 麥門冬 栝樓 絡石 杏仁 茯苓 松脂 紫菀 款冬 梅子 大黄 甘草

利血脉第六十一 玉泉 丹砂 空青 長石 芒消 乾地黄 人參 甘草 通草 芍藥 桂心 蜀椒 麻子

失魂魄第六十二 玉泉 丹砂 紫石英 茯神 琥珀 龍骨 人參 牛黄

悅人面第六十三 白瓜子 雄黄 丹砂 落葵子 鹿髓 菌桂 旋覆花 麝香 瓜樓

口瘡第六十四 黑石脂 乾地黄 黄連 龍膽 大青 升麻 蘗木 小蘗 苦竹葉 酪 酥 豉 石蜜

脚弱疼冷第六十五 石斛 石鍾乳 殷孽 孔公孽 石硫黄 附子 豉 丹參 五加皮 竹瀝 大豆 天雄 側子 木防己 獨活 松節 牛膝

宋·張杲《醫說》卷四 虛勞用藥 凡虛勞之疾，皆緣情慾過度，榮衛勞傷，致百脉空虛，五臟衰損，邪氣乘襲，致生百疾。聖人必假藥石以資氣血，密腠理以禦諸邪。肌肉之虛，猶如體之輕虛，如馬勃、通草、蒲梢、燈心之屬是也。非滋潤粘膩之物以養之，不能實也。故前古方中鹿角膠、阿膠、牛乳、鹿髓、羊肉、飴糖、酥、酪、杏仁煎酒、蜜、人參、當歸、地黄、門冬之類者，蓋出此意。《本草》云：補(可)〔虛〕去弱，羊肉、人參之屬是也。所謂虛勞者，因勞役過甚而致虛損，故謂之虛勞。今人纔見虛弱疾證，悉用燥熱之藥，如伏火金石、附子、薑、桂之類，致五臟焦枯，血氣乾涸，而致危困，皆因此也。如虛而兼冷者，止可於諸虛勞方中，加諸溫熱藥為助可也，如此即不失古人之意《醫餘》。

宋・張杲《醫說》卷一〇　小兒吐瀉用藥　小兒暑月多吐瀉，其證不一，宜詳審用藥，不可差謬。有伏暑吐瀉，小水必不利，宜服五苓散、香薷散。有傷食吐瀉者，其吐及糞皆有酸臭氣，宜服感應元。三方易知今不復載。瀉多日口唇白，及糞色亦白，及瀉糞頗多者，因而成冷也。宜以前方六神散，每二錢匕，加附子末一錢匕，煎作三四服，以防變癇也。

宋・陳衍《寶慶本草折衷》卷一《序例萃英中》　敘女人之科舊文計一章，新集六段。

寇宗奭序例凡一章。　治婦人雖有別科，然亦有不能盡聖人之法者。今豪足之家，居奧室之中，處帷幔之內，復以帛幪手臂。既不能行望色之神，又不能殫切脉之巧。　黃帝曰：　凡治病，察其形氣色澤。　形氣相得，謂之可治。色澤以浮，謂之易已。　形氣相失，謂之難治。　色夭不澤，謂之難已。　既不得見其形，止據脉供藥，烏一作□，音同烏。能盡其術也。　扁鵲見齊侯之色，尚不肯信，按《史記》扁鵲過齊，齊侯客之。入見曰：　君有疾在腠理，不治將深。齊侯曰無疾。五日，復見曰：　疾在血脉，不治恐深。齊侯不悅。五日，望見齊侯而退走，曰：　疾在骨髓，雖司命無奈之何！　五日，齊侯病，召扁鵲，扁鵲已逃去。齊侯遂薨。　況不得見者乎？可謂難也已！　論曰：　去簾幕，貴眷不敢見於他人，禮也。至病中求診，亦復掩容蒙臂，非惟脉之難尋，而外證尤難其見矣。今原寇氏之意，蓋欲略禮從權，必按經診其脉，觀其形，察其色，以之審證而處療，發無不中。病愈則蹈禮如初，又何害焉？　新集：　《聖惠方》云：　婦人衆陰之所集，常與濕居，月水去留，所以別立方者，以其氣血不調，胎妊產生崩傷之異故也。加以嫉妒憂恚，慈戀憎愛，深着堅牢，療之難差。若勞傷氣血，風冷干之，乃生百病，可依證而治也。〇《十便方》亦舉此。〇《本事方》云：　婦人有白帶，是第一等病，宜速治之。此扁鵲過邯鄲，聞貴婦人所以專為帶下醫也。〇陳言《三因方》云：　原婦人之病，與男子不同者，有三十六病。謂七癥八瘕九痛十二帶也。　產蓐一門，男子無之。其如外傷風暑寒濕，內積喜怒憂思，飲食房勞，虛實寒熱，悉一同也，依源治療之。〇方勺《泊宅編》云：　一婦人暴渴，惟飲五味汁。耿隅診曰：　此血凝，非疾也。已而果孕。以古方有血欲凝而渴飲五味之證也。〇張杲《醫說》云：　婦人女子月事來，不可洗頭。或因感疾，終身為痼疾。〇陳日華《經驗方》云：　室女月經久不行，切不可用青蒿等涼藥。醫家多以為室女血熱，故以涼藥解之，殊不知血得熱則行，冷則凝。

宋・陳衍《寶慶本草折衷》卷二《逢原紀略》　記奉耆艾撫嬰孩　陳直《養老奉親書》云：《上古天真論》《素問》篇名曰：　女子之數七，丈夫之數八。女子七七四十九，任脉虛，衝脉衰，天癸竭。《難經》有奇經八脉，此任、衝亦奇經也。楊註云：　任，音妊也，生養之本也；　衝者，通也，通受十二經之氣血也。年四十九，任虛衝衰矣。又虞註云：　奇者不偶之義，非係正經。陰陽無表裏，遂合別道奇行，故曰奇經也。〇《素問》論女子二七天癸至，註云：　癸謂北方水也，腎氣全，血漸盈，感時而下，天真之氣降，故云天癸也。年四十九則竭矣。〇奇，音基。丈夫八八六十四，五藏皆衰，筋骨解墮，天癸盡。《素問》論丈夫二八腎氣盛，天癸至，精氣溢。年六十四則盡矣。〇又《褚氏遺書》論男女精血云：　男子為陽，陽中必有陰，陰之中數八，故一八而陽精升，二八而陽精溢。女子為陰，陰中必有陽，陽之中數七，故一七而陰血升，二七而陰血溢也。然雌鳥牝獸無天癸而成胎，何也？　鳥獸精血往來扉開也。　高年之人，形羸氣弱，理自當然。其有年踰七十，面色紅潤，形氣康強，飲食不退，尚多秘熱，脉大緊數，時有煩渴膈熱，但隨時以常平湯藥微微消散，切不得為有小熱，頻用轉瀉通利，苦冷之藥踈解，則形氣尫羸，藏腑衰弱，多生冷疾，無由補復。若從來憊乏，全在斟量湯劑，常加溫補；　調停饘粥，以為食治。

又云：　世人治高年人疾，將同少年。亂投湯藥，妄行針灸，以攻其疾，務欲速愈。殊不知上壽之人，血氣已衰，精神減耗，百疾易攻。或秘或泄，或冷或熱，此皆常態，不須緊用針藥，務求痊瘥。若汗之則陽氣泄，吐之則胃氣逆，瀉之則元氣脫，立致不可，此大忌也。大體老人藥餌，止是扶持之法，用溫平順氣、進食補虛之藥。不可用市肆贖買、他人惠送、不知方味及狼虎藥與之。若身有宿疾，或時發動，則隨疾狀，用中和湯藥調順。惟是調停飲食，依食醫之法，最為良也。

閻孝忠作《錢乙方》序云：　醫難矣，而治小兒尤難。自六歲以下，黃帝不載其說，其難一也；　脉法雖曰八至為和平，十至為有病，然小兒脉微難見。醫為持脉，又多驚啼，不得其審，其難二也；　脉既難憑，必資外證，而骨氣未成，形聲未正；　悲啼喜笑，變態不常，其難三也；　問而知之，醫之工也。而小兒多未能言，言亦未足取信，其難四也；藏腑柔弱，易虛易實，易寒易熱，又所用多犀、珠、龍、麝，醫尚難辨，何以已疾？其難五也。種種隱奧，求其要妙，豈易得哉？

論曰：扁鵲著《八十一難平聲經》。後世沈存中又設五難，冠《良方》之首，皆論醫道未易能也。今閻氏論保幼之難，又有其五，以發前人之秘，以警後人之學。惜乎解難之說未露焉。後之人苟能研精講切，則理融於心，殆將觸機而應，豈終於難也哉！

《三因方》云：凡小兒病與大人不殊，唯回氣、臍風、夜啼、重舌、變蒸、客忤、積熱、驚癇、解顱、魃病、疳病、不行數證，大人無之。其如傷風傷寒，斑瘡下痢，用藥則一，但多少異耳。

宋・陳衍《寶慶本草折衷》卷二《逢原紀略》

記傷寒患痢冒暑　《究原方》云：傷寒，醫者多留意於大便，未嘗留心於小便。小便，傷寒之通寶也。小便利則重病輕，小便澀則輕病重。如始覺得病，多諱此，便作勞倦，用酒調麝香黃芪散，或建中湯之屬。若陽毒，則負薪救火。又云：傷寒多緣藥之過。蓋《活人書》當汗、當下，止一藥耳。醫者受五千藥金，敢只與一二服藥，不慮病者如買物嫌少，故以非服之藥，不按治法，雜以併攻，遂使證變百出，無復紀律性命之寄危於風燭。《夷堅志》舉劉從周論痢云：常人以白痢為冷證，赤痢為熱證，其實但手足和暖為熱，當煎粟米湯調五苓散服，感應元手足厥冷為寒，當服已寒元之類，初不問赤白也。《四時治要》云：治痢欲投補藥，必須有溫通之意在焉。余於罌粟殼續說論之矣。《蘇沈方》舉季潛云：蓐中痢與常痢不同。常痢可用苦澀藥止之。蓐中痢生於血不足，投澀藥則血愈不行，痢當更甚。又劉從周云：如盛夏發熱，有傷寒、冒暑二證。若熱有進退，則為冒暑。一向熱不止，則為傷寒，當以此別之。

記風氣脚氣　《唐書》張文仲云：風有一百二十四種，氣有八十種，唯脚氣、頭風、上氣，常須服藥不絕。自餘則隨其發動，臨時消息。但有風氣之人，春末夏初及秋暮，得通泄則不困劇，如麻黃、牽牛、郁李人之類是已，不必苦駃利藥也。《本事方》亦舉此。《泊宅編》云：風淫末疾，謂四支。凡人中風，悉歸手足。疾勢有輕重，故病輕者，俗名小中。小中不須深治，但服溫平湯劑正氣，逐濕痹，隨性將養。雖未為全，人尚可延歲月。若力攻之，縱有平復者，病一再來，則難支捂矣。陳抃《濟世方》云：中氣以風藥治之，十無一愈。中風以氣藥治之，氣順而風散。〇執中《資生經》有沉香半夏湯論云：中風心腎俱虛，百脉皆亂，氣散血凝。若便服金銀、朱砂、腦、麝以藥，則手足不舉，經絡遂死。便服生附子則發虛熱，轉不能語。或下鮮血，故成廢疾。善治風者，當主氣益心，去痰醒脾，然後療風，十愈八九。其方用炮附子壹隻，沉香等分，人參半兩，半夏貳錢，南星壹錢，各湯洗七次，為麁末，每服貳錢，生薑拾片，水壹盞，煎至壹盞，空心溫服之。《和劑局方》首云：老不醫風，只當調氣爾。別本(《局方》)增入此說。《究原方》云：風中臟腑，自腧式慮切，穴也。而入。夫風熱怫扶勿切□□鬱風生於熱，以熱為本，而風為標。盛極亦生風也。治療當察老幼虛實，不可一概。除荊棘者，先斷其根。欲醫風者，先理其氣。若投墜涎鐵粉、風藥之類入胃，血脉凝澀，真氣內鑠，必為廢人。許叔微《本事方》云：婦人患頭風者，十居其半，蓋因血虛，肝有風邪襲之爾。〇又云：今脚氣者，黃帝所謂緩風濕痹也。頑弱名緩風，疼痛為濕痹，大抵此疾不可以三五服便效，須久服得力。王碩《易簡方》云：脚氣之證，人多不識。若作他病治之，入腹攻心。為禍甚速。今人患脚氣者，多因氣實而死，終無服藥致虛損殂。故脚氣人不得大補，亦不可大瀉，切不得畏虛，預止湯藥。

記消渴眼疾　《本事方》：《千金》論消渴病所謹者有三：一飲酒，二房室，三鹹食及麵。消渴之人，愈與未愈，常須慮患大癰。消渴者，腎虛所致，每小便甜。以腰腎虛冷，不能蒸穀氣，則盡下為小便，故肌膚枯槁。譬如盆中有水，若無火力，水氣則不能上。火力者，腰腎強盛也。須暖補腎，故宜服腎氣八味元。張仲景有此方。《資生經》云：凡消渴經百日以上，不得灸刺，灸刺則於瘡上漏膿水不歇，遂致癰疽羸瘦而死。亦見艾葉及葫續說。《蘇沈方》云：目病不可浴，浴湯驅體中熱，併入頭目，目必甚。《泊宅編》云：眼疾不可浴，浴則病甚，至有失明者。白彥良患赤眼，人勸斷沐頭，則不復病。彥良即此不沐，今七十餘，更無眼病。亦見熱湯續說。葉少蘊《避暑錄》云：張湛授范寧目痛方：不讀書一，減思慮二，專內視三，簡外視四，旦起晚五，夜早眠六。

記積聚用藥不同　《本事方》云：大抵治積，或以所惡者攻之，以所喜者誘之。與《本草》所用稍昧而施之皆效。如硇女交切砂、水銀治肉積，神麴、麥糵治酒積，水蛭、蝱蟲治血積，木香、檳榔治氣積，牽牛、甘遂治水積，雄黃、膩粉治涎積，礞石、巴豆治食積。或食果瓜菜多而成積者，則於麝香續說論之矣。各從其類也。

記夢遺用藥不同　《本事方》云：夢遺有數種，下元虛憊、精不禁者，宜服茴香元。今載此方內，又名金鎖丹。年壯氣盛，久節淫慾，經絡壅滯者，宜服清心元。亦見蘖木續說。有情慾動中，所願不得，名曰白淫，宜良方茯苓散。見《蘇沈方》。正如瓶中煎湯，氣盛盈溢者，如瓶中沸湯而溢；慾動心邪者，如瓶之傾側而出；虛憊不禁者，如瓶有罅而漏：不可一概用藥。

元·左斗元《風科本草治風藥品》　風科諸證所用藥品　謹抄《經史證類本草》、唐蜀注《本草》、《名醫別錄》、《孫真人食治》、孟詵《食療》、陳藏器《拾遺》、《藥性論》、日華子、《藥治》、《衍義》等書，他不泛錄。其間有一藥而療數證，亦不欲毫分縷析，徒為疣贅。用藥者詳觀而熟察焉。

治一切風　金牙石，《藥性論》云：治一切風。　芎藭，日華子云：治一切風。　巴戟天，日華子云：除一切風。　白朮，日華子云：治一切風。　天雄，日華子云：治一切風。　當歸，日華子云：治一切風，一切血，補一切勞。破惡氣，養新血。　菊花上水，日華子云：益色壯陽，治一切風，無所忌。　大麻子，日華子云：逐一切風，去皮膚頑痹。　山茱萸，日華子云：除一切風。　檳榔，日華子云：味淡。除一切風。　龍腦油，《南海藥譜》云：性溫，味苦。本出佛誓國。此油從樹所取，摩一切風。

治諸風　白蒺藜子，《藥性論》云：君。味甘，有小毒。治諸風。　威靈仙，《崔氏海上集》云：去眾風，串通十二經脈。此藥朝服暮效。　松子，《海藥》云：味甘美，大溫，無毒。治諸風。　麻子，《圖經》曰：味苦。治諸風。

治風　防風，陶隱居云：俗用治風最要。　防風子，《唐本草》注云：似胡荽而大，調食用之香，而治風更優。　麻黃，日華子云：通九竅，調血脈，開毛孔皮膚。

逐風　蒺藜子，古方云：皆用有刺者，治風最良。　五味子，日華子云：治風，止渴。　葈耳，《藥性論》云：平。槐桑樹上者良。能治風，破血，益力。　膠，陳藏器云：凡膠俱能治風、止洩、補虛。驢皮膠為最。　鼹鼠肉上偃，陳藏器云：治風。　蠶蛻，《圖經》曰：治風，醫家多用初出蠶殼在紙上者，一說蠶眠時所蛻皮，用之有效。　蠶砂，《圖經》曰：能治風。　麻子，陳藏器云：去風，令人心歡。　蒜，《食療》云：除風殺蟲。

治暴風　天門冬，《本草》云：味苦，甘，平，大寒，無毒。治諸暴風濕偏痹。　玄參，《本草》云：味苦，鹹，微寒，無毒。治暴中風傷寒，身熱支滿，狂邪，忽忽不知人。　白薇，《本草》云：味苦，鹹，平，大寒，無毒。治暴中風，身熱肢滿，忽忽不知人，狂惑邪氣，寒熱酸疼。　淡竹瀝，《本草》云：大寒，治暴中風痹，胸中大熱，止煩悶。　枳殼樹莖并皮，陶隱居云：治暴風，骨節疼急。　蓬虆，力軌切，即覆盆子苗。《本草》云：味酸，鹹，平，無毒。治暴中風，身熱大驚。　蠶蛾，日華子云：平。治暴風。

治久風　礜石，《藥性論》云：使。味甘，有小毒，主(云)〔去〕積年冷風濕痹瘙〔癢〕。　蘼蕪，《本草》云：芎藭苗也，味辛，溫，無毒。主身中老風，頭中久風，風眩。定驚氣，辟邪惡，除蠱毒鬼疰。　茵芋，《本草》云：味苦，溫，有毒。主諸關節風濕痹痛。治久風濕，走四肢腳弱。　伏牛花，《本草》云：味苦，平，無毒。治久風濕痹，四肢拘攣，骨肉疼痛。　薏苡仁，孫真人云：味甘，溫，無毒。主筋拘攣，不可屈伸，久風濕痹。　蜀椒，溫，粒大者。《食療》云：主上氣咳嗽，久風濕痹。　松節，《本草》云：溫。主百節久風，風虛，腳痹疼痛。　大豆黃卷，《本草》云：味甘，平，無毒。主久風濕痹，筋攣膝痛。

治肝腎風　豨薟上喜，下杴，《圖經》曰：味苦，寒，有小毒。治肝腎風氣，四肢麻痹，骨間疼，腰膝無力。

治肝肺風熱　石決明，《海藥》云：主肝肺風熱。

治肺風　五倍子，《本草》云：味苦，酸，平，無毒。治肺藏風毒，流溢皮膚，作風濕癬瘡，瘙痒膿水。　白花蛇，《藥性論》云：君。主治肺風鼻塞。

治心風　威靈仙，《崔氏海上集》云：治心風。

治心有風熱　石龍芮，《藥性論》云：能逐諸風，除心熱躁。　牛酪，日華子云：冷。止煩渴熱悶，心膈熱痛。　貝母，《藥性論》云：臣。治虛熱，主胸脇逆氣。　酪，《本草》云：味甘，酸，寒，無毒。主熱毒，除胸中虛熱，身面上熱瘡，肌瘡。

治心胸邪熱　瑇瑁甲殼，陳士良云：治心風邪，解煩熱。　蟹，《本草》云：味鹹，寒，有毒。主胸中邪氣，熱結痛，喎僻面腫。

治胃中浮風　茭首，《食療本草》云：寒。主心胸中浮熱風。　橙子皮，《本草》云：味苦、辛，溫。去胃中浮風氣。治五臟積熱。硝石，《本草》云：味苦、辛，大寒，無毒。主五藏積熱，胃脹閉。滌去蓄結飲食，推陳致新，除邪氣，治五臟十二經脉中百二十疾。芒硝，《本草》云：味辛、苦，大寒。主五臟積聚久熱，胃閉，除邪氣。黃連，《本草》云：味苦，微寒，無毒。主熱氣及五臟冷熱，止大驚。知母，《藥性論》云：君。性平，主治心煩躁悶，骨熱往來。

治積聚壅滯　大黃，《本草》云：將軍。味苦，大寒，無毒。主破積聚、留飲、宿食，蕩滌腸胃，推陳〔致〕新，通利水穀，調中化食，安和五藏。日華子云：大黃通宣一切氣，調血脉，利關節，泄壅滯水氣，四肢冷熱不調，利大小便。桔梗，《本草》云：味辛、苦，微有小毒。利五臟，除寒熱風痹，下蠱毒。巴豆，日華子云：能通宣一切病，泄壅滯，除風，補勞及治疥癩丁腫。

雄鵲肉，《圖經》曰：味甘，寒，無毒。主風，大小腸澀，四肢煩熱，胸膈痰結。

治風痰　鉛霜，《本草》云：冷，無毒。治中風痰實。南星，《本草》云：味苦、辛，有毒。主中風，除痰，麻痹下氣。半夏，《藥性論》云：使。能消痰涎，止嘔吐，去胸中疼滿。《本草》云：味鹹、甘，溫，冷利，有小毒。主消胸中痰結，風氣濕痹。貝母，日華子云：消痰。桔梗，《藥性論》云：消積聚痰涎，除腹中冷痛，主中惡及小(鬼)〔兒〕驚癇。厚朴，《藥性論》云：臣。味苦、辛，大熱。主除痰飲，化水穀，止痛。生薑，《本草》云：味辛，微溫。去痰，下氣，止嘔吐，除風邪寒熱。久服去臭氣，通神明。

療風治氣　菖蒲，日華子云：除風下氣及治客風瘡疥。玄胡索，日華子云：除風治氣。乾薑，《唐本草》注云：治風下氣。高良薑，《藥性論》云：使。治風破氣，去風冷痹弱。橙子，陳士良云：溫，無毒。行風氣。駱駝，日華子云：溫。治風下氣，壯筋力，潤皮膚。麋角，日華子云：治風氣。野猪肉，《食療本草》云：雌者肉色赤，補五臟風氣。蠘，《圖經》曰：闊殼而多黃，生海南中。其螯最銳，斷物。食之行風氣。白扁豆，《圖經》曰：主行風氣。赤小豆，陳士良云：微寒。縮氣行氣。

麴，《本草》云：味甘，大暖。療臟腑中風氣。酒，日華子云：通血脉，厚腸胃，除風下氣。

治風氣水氣　獨活，《唐本草》注曰：用療風。羌活，《唐本草》注：宜用治風兼水。漢防己，陳藏器云：主水氣。桑白皮，《食療本草》云：入散用，下一切風氣、水氣。藿香，《本草》云：微溫。治風水毒腫，去惡氣及主霍亂、心痛。沉香，《本草》云：微溫。治風水毒腫，去惡氣。

治一切風氣　羌活，日華子云：治一切風并氣，筋骨拳攣，四肢羸劣，頭旋目眩，及虛損冷氣，骨節疼痛，通利五臟。即是獨活母類也。仙茅，日華子云：治一切風氣。白頭翁，日華子云：得酒良及暖腰膝，并治一切風氣。蒼耳，日華子云：治一切風氣及疥癬(療)〔瘙〕痒。桂心，日華子云：治一切風氣及治風痹骨節攣縮。大麻仁，日華子云：逐一切風氣，皮膚頑痹。巴戟天，日華子云：味苦。除一切風，治邪氣。

治風寒風氣　石燕，日華子云：溫，無毒。治風寒、嵐瘴、溫疫氣。糟下酒，日華子云：暖。消宿酒，治風寒。

治熱風　理石，《本草》云：味甘，大寒，無毒。除榮衛中大熱、結熱及中風痿痹。薏苡仁，《藥性論》云：能治熱風，筋脉攣急。天竺黃，《本草》云：味甘，寒，無毒。去諸風熱。漏蘆，《本草》云：味苦、鹹，大寒，無毒。主皮膚熱及濕痹。紫花(松)〔菘〕，陳士良云：平，無毒。行風氣。

香薷音柔，《食療本草》云：溫。又云：香戎，去熱風。牡蠣，《藥性論》云：君。除風熱，止痛。兔，陳藏器云：寒、平。主熱氣濕痹。

治熱中風　天門冬，《藥性論》云：君。主去熱中風。覆盆子，日華子云：治中風身熱及驚。淡竹瀝，《食療本草》云：大寒。主中風大熱，煩悶勞復。

治中風寒熱　石膏，《本草》云：味辛、甘，微寒，無毒。主中風寒熱。

治風冷　黃金，《青霞子金液還丹論》云：破冷除風。銀，《青霞子金液還丹論》云：破冷除風。山茱萸，《藥性論》云：臣。去冷風，止腰疼。

萆薢，《藥性論》云：能治冷風𤸷痹，腰脚不隨，手足驚掣。天麻，《藥性論》云：味甘，平，能治冷氣𤸷痹，癱緩不隨。證多恍惚多驚，失志。荊芥，《藥性論》云：除冷風。食茱萸，《藥性論》云：治冷痹，腰脚軟弱，遍身刺痛。蜀椒，孫真人云：味辛，大熱，有毒。主邪氣，逐(良)〔皮〕膚中寒，去濕痹痛，除五臟六腑寒，百骨節中冷疼。《藥性論》云：蜀椒，使，有小毒。能〔治〕冷風頑麻，頭風，腰脚不隨。胡椒，《本草》云：味辛，大溫，無毒。主除臟腑中風冷。牡桂，《藥性論》云：君。味甘、辛。能去冷風疼痛。　沉香，日華子云：味辛，熱，無毒。主冷風麻痹，骨節煩痛，濕風皮膚痒痛。　葫，《唐本草》注云：葫，除風破冷。

治風濕　黄精，《本草》云：味甘，平，無毒。主除風濕，安五臟。　川芎，《春秋》云：能去卑濕風氣。　茵草，《藥性論》云：臣。除濕風。　旋覆花根，《本草》云：主風濕。　漢防己，《藥性論》云：君。味苦，有小毒。能治濕風，口面喎斜，手足疼，散留飲。　大(荊)〔蒜〕，陳藏器云：大蒜，除風濕，破冷氣。

治風痹　白鮮皮，日華子云：治一切風痹，筋骨弱乏。　王不留行，《本草》云：味苦、甘，平，無毒。除風痹內寒。　澤瀉，《本草》云：味甘、鹹，寒，無毒。主風痹寒濕。　桔梗，《本草》云：味辛、苦，微溫，有小毒。主除寒熱風痹。　敗醬，《本草》云：味苦、鹹，平，微寒，無毒。主風痹。　秦皮，日華子云：治皮膚風痹，退熱。　梅根，《唐本草》注云：治風痹。　松實，《本草》云：味苦，溫，無毒。主風痹寒氣。　李皮，日華子云：味苦，涼，微毒。主風痹。　原蠶蛾尿，《本草》云：溫，無毒。主風痹。

治濕痹　太陰玄精石，《本草》云：味鹹，溫，無毒。主除風冷邪氣，濕痹。　荊芥，《本草》云：味辛，溫，無毒。除濕痹。　車前子，《本草》云：味甘、鹹，寒，無毒。主除濕痹。　柴胡，《本草》云：君。味苦，平，微寒，無毒。主寒熱邪氣及濕痹。　酸棗仁，《本草》云：味酸，平，無毒。主四肢酸疼，濕痹。　柏葉，《本草》云：味苦，微溫，無毒。主去濕痹。　木瓜，《本草》云：味酸、鹹，溫，澀，無毒。主濕痹邪氣。　雞頭實，《本草》云：味苦，平，無毒。主濕痹，腰脊膝痛。　葡萄，《本草》云：味甘，平，無毒。主筋骨濕痹。　牛肉，陳藏器云：平。除濕氣。　沙牛腎，孫真人云：主濕痹，補腎氣。　兔，陳藏器云：寒，平。主熱氣濕痹。　黿肉，陳藏器云：主濕氣，邪氣。　秦龜，《本草》云：味苦，無毒。主除濕痹氣，身重，四肢關節不能動搖。　龜甲，《本草》云：味鹹、甘，平，有毒。主濕痹，四肢重弱。　鯉魚，《本草》云：味甘，寒，無毒。主濕痹。　鱓魚，陳藏器云：主濕痹氣。

治風濕痹　白石英，《本草》云：味甘、辛，微溫，無毒。主除風濕痹。　菖蒲，《藥性論》云：君。味苦、辛，無毒。治風濕𤸷痹頭風。　乾薑，《本草》云：味苦，微寒，無毒。主風寒濕痹，洒洒寒熱。　烏雌雞，《食療本草》云：溫，味酸，無毒。主除風寒濕痹。　獨活，《藥性論》云：君。味苦、甘。能治中諸風濕冷，皮膚瘙痒，手足攣痛。

治痹　五加皮，《本草》云：味辛、苦，溫，微寒，無毒。主兩脚疼痹，風弱，五緩虛羸。　石斛，《本草》云：味甘，平，無毒。主傷中除痹及治脚膝疼痹。　蛇床子，《本草》云：味苦、辛、甘，平，無毒。除痹氣及主癲癇。　梅實，《唐本草》注云：利筋脉，去痹。　麋角，《本草》云：味甘，無毒。主痹。

治血痹　五加皮，《藥性論》云：有小毒，能破逐惡風血，四肢不隨，賊風傷人，軟脚臀公對切腰。主多年瘀血在皮肌。治痹濕內氣不足。主虛羸，小兒三歲不能行，用此便行走。　乾地黄，《本草》云：味甘、苦，寒，無毒。主逐血痹。作湯除痹。　吳茱萸，《本草》云：味辛，溫、大熱，有小毒。主除濕血痹，逐風邪。　海桐皮，日華子云：性溫。治血脉麻痹疼痛。　粟米，孫真人云：味鹹，微寒，無毒。養腎氣，去骨痹，(濕)〔熱〕中益氣。

治周痹　磁石，《本草》云：味辛、鹹，寒，熱毒。主周痹風濕，肢節中痛，洒洒酸疼。　菴蕳音淹閭子，《本草》云：味苦，微寒，無毒。主風寒濕痹，身體諸痛。去膈中寒熱，周痹。　葈私以切耳實，《本草》云：味苦，甘，溫。　葈耳葉，味苦、辛，微寒，有小毒。主風濕周痹，四肢拘攣。　萆薢，《本草》云：味苦、甘，平，無毒。主腰背強痛，骨節寒濕周痹。　狗脊，《本草》云：味苦、甘，平，微溫。主腰背強痛，周痹寒濕，膝痛及治脚弱。

治風痹麻痹　枳殼，《本草》云：味苦、酸，微寒，無毒。主風麻痹，通利關節及主大腸風，安胃止痛。　雁肪，日華子云：涼，無毒。治風麻痹。

治毒風𤸷痹　敗醬，《藥性論》云：味辛、苦。治毒風𤸷痹。　蛇床子，《藥性論》云：君。有小毒。治男子、女人虛，濕痹，〔毒〕風痛。〔大益陽事。主大風身癢，煎湯浴之瘥。〕　吳茱萸，《藥性論》云：治遍身𤸷痹。　野駝脂，日華子云：治一切風疾頑痹，皮膚緊急。

治風毒冷痹　乾薑，《藥性論》云：臣。味苦、辛。主風毒冷痹，去風，通關節，開臟腑。

治痿痹　牛膝，《本草》云：君。味苦、酸，平，無毒。主寒濕痿痹，四肢拘攣，膝痛不可屈伸及除腦中痛。　白馬肉脯，《本草》云：治寒熱痿痹。　烏雄雞血，《本草》云：主痿痹。　魁蛤，《本草》云：味甘，平，無毒。主瘻痹。

治瘻蹶　麥門冬，《本草》云：味甘，平。去嘔吐，治瘻蹶。　卷柏，《本草》云：味辛，溫，無毒。主瘻蹶。　紫葳莖葉，《本草》云：味苦，無毒。主瘻蹶。

治中風失音　白附子，日華子云：無毒。治中風失音，一切冷風氣。　薄苛，日華子云：治中風失音，除賊風及頭風等疾。　威靈仙，《崔氏海上集》云：治丈夫婦人中風不語。　苦竹，日華子云：味苦，冷，無毒。除煩熱，治中風失音。　淡竹并根，日華子云：味甘，冷，無毒。治熱狂燥悶，中風失音不語，壯熱，頭痛頭風。　天竺黃，日華子云：平。此是南海邊竹內塵沙結成者。治中風痰壅，卒暴失音不語及小兒客忤癎痰。　乳香，《廣志》云：性溫。治中風口噤不語，理風冷。　消梨，別本注云：味甘，寒，無毒。主客熱，中風不語。　烏雌雞糞，日華子云：治中風失音痰逆。　犀角，日華子云：味甘、辛。治中風失音，熱毒風，時氣發狂。　牛黃，日華子云：涼。治中風失音，口噤，婦人血噤，驚怖，虛乏健忘。　白殭蠶，日華子云：治中風失音，并一切風。《藥性論》云：白殭蠶，有小毒，治口噤。

治風痙　貝母，《本草》云：味辛、苦，平，微寒，無毒。主邪氣金瘡風痙。治腹中結實，心下滿，洒洒惡寒，目眩項強。　篁竹葉，《本草》云：味苦，平，大寒，無毒。主除煩熱風痙。　當歸，《本草》云：味甘，微溫，無毒。主溫中止痛，除客血內塞，中風痓汗不出，濕痹中惡，客氣虛冷，補五臟，生肌肉。　獨活，《本草》云：味苦、甘，平，微溫，無毒。主風寒所傷及治癎痓，療諸賊風百節痛，風無新久者。　篁竹汁，《本草》云：主風痓。

治皮膚骨節間風　地仙苗，日華子云：即枸杞也。去皮膚、骨節間風。　蜀椒，《本草》云：味辛，溫、大熱，有毒。能散風邪，主逐骨節皮膚、去肌寒濕痹痛。　蕪荑，《藥性論》云：使。味苦、辛。能除肌膚骨節中風，淫淫如蟲行。　獼猴桃，陳藏器云：味鹹，溫，無毒。主骨節風，癱瘓不隨。　海松子，《本草》云：味甘，小溫，無毒。主骨節風，頭眩。

治筋骨風拘攣　溫湯，陳藏器云：主諸風筋骨拘攣及皮膚頑痹，手足不隨，疥癬，諸癩瘡疾，眉髮脫落，在皮膚、骨節者。入浴不宜多出汗，汗多則大虛。可隨病與藥調之，飲食補養。自無他病，人則不可輕入浴之。又云：下有硫黃，即令水熱。硫黃主諸瘡疾，水亦然之。水有硫黃臭，故浴應愈諸風冷為上，當其熱處，大可燖猪羊。　天麻，《本草》云：味辛，平，無毒。主諸風濕痹，四肢拘攣，小兒風癎驚氣。　細辛，《本草》云：味辛，溫，無毒。主百節拘攣，風濕痹痛，開胸除痹及治風癎癲疾。　防風，《藥性論》云：臣。花主心腹痛，四肢拘急，行履不得，經脉虛羸。主骨節間疼痛。　苦柳華，《藥性論》云：使。治濕痹，四肢攣急，膝痛。　蔓荊實，《本草》云：味苦、辛，微寒、平、溫，無毒。主筋骨間寒熱，濕痹拘攣，及主風，頭痛腦鳴，目淚出。　五加皮，日華子云：治中風骨節拘攣，補五勞七傷。　石榴皮，《藥性論》云：使。味酸，無毒。能治筋骨風，腰脚不隨，行步攣急疼痛。　栗，陳士良云：有數種，其性一類。三顆一毬。其中者，栗楔也，理筋骨風痛。　威靈仙，《海上集》云：治連腰筋骨節風。　虎骨，《藥性論》云：臣。味辛，微熱，無毒。治筋骨毒風攣急，屈伸不得，走疰痛疼及主尸疰腹痛。《食療》云：虎脛骨尤良。　雁肪，《本草》云：味甘，平，無毒。主風攣拘急，偏枯，血氣不能通利。

治歷節風　薇銜，《本草》云：味苦，平，微寒，無毒。主風濕痹，歷節痛，驚癎吐舌，悸氣賊風，療瘻蹷。　烏喙，《本草》云：味辛，微溫，有大毒。主風濕寒熱，歷節掣引，腰痛，不能行步。　側子，《本草》云：味辛，大熱，有大毒。主風痹歷節，腰脚疼痛。　茵芋，《藥性論》云：使。味苦、辛，有小毒。主諸關節中風痹，拘急攣痛。治男子女人軟脚風。　秦艽，《本草》云：味苦、辛，平，微溫，無毒。主寒濕風痹，肢節痛，療風無問久新，通身攣急。　蔓椒，《本草》云：味苦，溫，無毒。主風寒濕痹，歷節疼，除四肢厥氣，膝痛。　柏實，《本草》云：味甘，平，無毒。能除風濕痹及翕翕歷節腰中重痛。《藥性論》云：側柏葉，味苦、辛，性澀，能治冷風歷節疼痛。

治癱瘓軟風　防風，日華子云：治三十六般風，男子一切勞劣及主癱瘓。　萆薢，日華子云：味苦、甘，平，無毒。治癱瘓軟風，堅筋骨。時人呼為白菝葜。　紫葛，日華子云：味苦，滑冷。主癱緩攣急并熱毒風。　乾漆，《本草》云：味辛，溫，有毒。主五緩六急，風寒濕痹。　麋脂，《本草》云：味辛，溫，無毒。主風寒濕痹，四肢拘緩不收，風頭腫氣。　烏雌雞肉，孫真人云：味甘，平，無毒。除風寒濕痹，五緩六急。

治四肢不隨　威靈仙，《海上集》云：治中風手足不隨。　蔓荊子，《藥性論》云：君。味甘、辛，微熱，無毒。能治四肢不隨。　鹿髓脂，《唐本草》

注云：主四肢不隨，風頭。

治四肢皮肉不仁　禹餘糧，日華子云：治邪氣及骨節疼，四肢不仁。麻黄，《藥性論》云：君。味甘，平。能治身上毒風㾦痺，皮肉不仁。薏苡仁，《名醫》云：除筋骨中邪氣不仁。梅實，孫真人云：味酸，平，濇，無毒。止肢體痛，偏枯不仁。槐皮，日華子云：平。治中風皮膚不仁。熊肉，孫真人云：味甘，微寒、微溫，無毒。主風痺不仁。白花蛇，《本草》云：味甘、鹹，溫，有毒。主中風濕痺不仁，筋脉拘急，口面喎斜，半身不隨，骨節疼痛，大風疥癩，及暴風瘙痒，脚弱不能久立。蠶砂，日華子云：治風痺頑麻不仁。

治偏風　烏梅，日華子云：暖，無毒。治偏枯，皮膚麻痺。蠶沙，陳藏器云：主偏風，筋骨癱瘓，手足不隨，及腰脚軟，皮膚頑痺。茯神，《藥性論》云：其心名黄松節。治中偏風，口面喎邪，邪風筋攣，不語，心神驚掣，虛而健忘。

治賊風　秤錘，《本草》云：主賊風。獨活，《本草》云：治諸賊風，百節痛。羌活，《藥性論》云：君。味苦、甘，無毒。能治賊風，失音不語，手足不隨，口面喎斜，偏身㾦痺，多痒血癩。羊躑躅，《本草》云：味辛，溫，有大毒。主賊風在皮膚中淫痛及主邪氣鬼疰蠱毒。天蓼子，《藥性論》云：使。味苦、辛，微熱，無毒。能治中賊風，口面喎斜。威靈仙，《海上集》云：治中風，口眼喎斜。荊芥，《藥性論》云：可單用治惡風賊風，口面喎邪。薄荷，《本草》云：味辛，溫，無毒。主賊風。白及，《本草》云：味苦、辛，平，微寒，無毒。主賊風鬼擊，痱緩不收。除白癬疥蟲。蔓荊子，《藥性論》云：臣。治賊風。薇銜，《唐本草》注云：一名麋銜。治賊風，大效。蔓椒，《食療本草》云：味苦，溫，無毒。主賊風攣急。蝸牛，《本草》云：味鹹，寒。主賊風喎僻。〔蛞蝓〕，《本草》云：味鹹，寒，無毒。主賊風喎僻及驚癇攣縮。黎，日華子云：冷，無毒。除賊風，胸中熱結。

治頭風　曾青，《本草》云：味酸，小寒，無毒。治頭風及主風痺。空青，《藥性論》云：君。能治頭風。石膏，蘇恭云：主頭風。威靈仙，《海上集》云：治頭風。澤蘭，日華子云：主頭風。旋覆花，日華子云：無毒。治頭風。貫衆，《本草》云：味苦，微寒，有毒。除頭風。秦艽，《藥性論》云：去頭風。假蘇，《圖經》曰：味辛，溫，無毒。近世醫家治頭風，虛勞，瘡疥，婦人血風。白鮮皮，《本草》云：味苦、鹹，寒，無毒。主頭風及濕痺不可屈伸。芭蕉油，日華子云：冷，無毒。治頭風。枳椇矩，《本草》云：味甘，平，無毒。主頭風。皂角，日華子云：通關節，除頭風及治中風口噤。柏子仁，《藥性論》云：君。去頭風，治百鬼邪魅。烏臼根皮，日華子云：涼。治頭風。莙蓬，《本草》云：平，微毒。去頭風。雞蘇，日華子云：治頭風目眩，及主産後中風，及血不止。

治頭眩　白菊花，陶隱居云：亦主頭眩，能令人髮不白。半夏，《本草》云：味辛，平。生微寒，熟溫，有毒。主頭眩嘔逆。生令人吐，熟令人下。茯神，《本草》云：平。主辟不祥，治風眩風虛。鴟頭，《本草》云：味鹹，平，無毒。主頭風眩，癲疾。兔頭骨，《本草》云：平，無毒。主頭眩痛，癇疾。羊肉，《食療本草》云：溫。主風眩。孫真人云：羊頭肉，平。主風眩瘦疾。烏牛腦，《唐本草》注云：主風眩。猪血，孫真人云：平、澀，無毒。主中風絶傷，頭中風眩。《唐本草》注：《別錄》云：猪血，主賁豚暴氣，中風頭眩。猪腦，《唐本草》注：《別錄》云：主風眩腦鳴。

治風頭痛　白芷，《本草》云：味辛，溫，無毒。主頭風侵目淚出。細辛，《藥性論》云：味苦、辛。治頭風，手足拘急，去皮風濕痒，能止風淚下。莽草，《本草》云：味辛，溫，有毒。主頭風及疥瘙痒。蒼耳子，孫真人云：味苦、甘，溫。葉，味苦、辛，微寒，濇，有小毒。主風，頭寒痛，風濕痺，四肢拘急攣痛。藁本，《本草》云：味辛、苦，溫、微寒，無毒。主除風頭痛。治風邪亸曳。辛夷，《本草》云：味辛，溫，無毒。主頭風腦痛。菊花，《本草》云：味苦、甘，平，無毒。主風頭，頭眩腫痛，惡風濕痺。青羊肉，孫真人云：大熱，無毒。主頭腦中大風。日華子云：羊肉治腦風并大風。狗腦，孫真人云：主頭風痺。蜂子，《本草》云：味甘，平，微寒，無毒。主風頭，除蠱毒。

治頭風腦中寒　曾青，《本草》云：味酸，小寒，無毒。治頭風，腦中寒。芎藭，《本草》云：味辛，溫，無毒。主中風入腦，頭痛。除腦中冷，及中惡，卒急腫痛，脇風痛，寒痺筋攣緩急，動面上游風去來，目淚出多。

治頭風熱毒　黄耆，日華子云：治頭風熱毒。玄參，日華子云：治頭風，熱毒游風，補虛勞損，心驚煩躁，劣乏骨蒸，傳尸邪氣，止健忘，消腫毒。

甘菊花，《藥性論》云：使。能治熱頭風，旋倒地，腦骨疼痛，身上諸風即消散。　菉豆，日華子云：冷。益氣，除熱毒風，厚腸胃，作枕明目。治頭風、頭痛。

治頭旋　澤瀉，日華子云：主頭旋，耳虛鳴，筋骨攣縮。　熊腦髓，日華子云：治頭旋，去白禿風屑。

治繞腕風　威靈仙，《海上集》云：治繞腕風。

治脇風痛　芎藭，《本草》云：味辛，溫，無毒。主脇風痛。　葛根，《本草》云：味甘，平，無毒。止脇風痛。　白芷，《本草》云：味辛，溫，無毒。治兩脇滿，風痛。　牡桂，《本草》云：味辛，溫，無毒。主脇風痛。　枳實，《本草》云：味苦、酸，微寒，無毒。主脇風痛。

治風腰痛　牛膝，《本草》云：君。味苦、酸，平，無毒。主補中續絕，填骨髓，除腦中痛及腰脊痛。　續斷，《本草》云：味苦、辛，微溫，無毒。主腰痛，關節緩急。　狗脊，《本草》云：味苦、甘，平，微溫，無毒。主腰背強，開機緩急，周痹寒濕，膝痛及治男子脚弱腰痛。　萆薢，《本草》云：味苦、甘，平，無毒。主腰背痛，強骨節，風寒濕周痹。《藥性論》云：萆薢主男子臂腰痛，久冷，是腎間有膀胱宿水。　菝葜，《本草》云：味甘，平，溫，無毒。主腰背寒痛，風痹。　附子，《本草》云：味辛、甘，溫，大熱，有大毒。主腰脊風寒。　側子，《本草》云：味辛，大熱，有大毒。主腰脚疼冷。　烏喙，《本草》云：味辛，微溫，有大毒。主腰痛不能行步。　補骨脂，《藥性論》云：味苦、辛。主男子腰疼膝冷，囊濕，逐諸冷痹。　威靈仙，《本草》云：味苦，溫，無毒。主腰膝冷疼。　牽牛子，日華子云：味苦。取腰痛，下冷膿。　白芍藥，《本草》云：味苦、酸，平，微寒，有小毒。主腰疼。　牡丹，《本草》云：味辛、苦，寒，無毒。主腰痛風噤，癲疾。《藥性論》云：牡丹能治冷氣，散諸痛及腰疼。　爵牀，《本草》云：味鹹，寒，無毒。主腰脊痛，不得著牀，俛仰艱難，除熱。　華撥根，陳藏器云：味辛，溫。治腰腎冷，除血風。　菊花，《本草》云：味苦、甘，平，無毒。治腰膝風。　菥蓂子，上音錫，下音覓。《本草》云：味辛，微溫，無毒。治心腹腰疼。　丹參，《本草》云：味苦，微寒，無毒。主腰脊強，脚痹。　蛇床子，《藥性論》云：君。有小毒。去男子腰疼。　五加皮，《本草》云：味辛、苦，溫、微寒，無毒。主腰脊痛。《藥性論》云：五加皮，有小毒。能療腎腰。　杜仲，《本草》云：味辛、甘，平，溫，無毒。主腰脊痛。日華子云：杜仲，暖。治腎勞，腰脊攣傴。　木鱉子，《本草》云：味甘，溫，無毒。止腰痛。　桂，《本草》云：味甘、辛，大熱，有小毒。主腰痛。　乾漆，《本草》云：味辛，溫，有毒。主消瘀血痞結，腰痛。　鹿茸，《本草》云：味甘、酸，微溫，無毒。主四肢酸疼，腰脊痛。《藥性論》云：鹿茸，君。味苦、辛。主補男子腰腎虛冷。　鹿角，《本草》云：味鹹，無毒。主腰脊痛。　鹿角膠一名白膠，《本草》云：味甘，平，溫，無毒。主傷中勞絕，腰痛羸瘦。　鼈甲，《本草》云：味鹹，平，無毒。療腰痛。日華子云：鼈，益氣調中，治腰疼。　樗雞，《本草》云：味苦，平，有小毒。療腰痛。　石蓮，日華子云：治腰痛。　棗針，《本草》云：治腰痛。

治瀝血腰痛　當歸，《藥性論》云：主女人瀝血腰痛。　白芷，《藥性論》云：君。治女人瀝血腰痛。

治腰脚疼痹　陽起石，《藥性論》云：味甘，平。主腰疼，膝冷，濕痹。　仙茅，《本草》云：味辛，溫，有毒。主腰脚風冷，攣痹不能行。　牛膝，日華子云：治腰膝軟怯冷弱。　石斛，《本草》云：味甘，平，無毒。主腰膝疼冷。　陶隱居云：石斛，俗方最以補虛，療腰膝。　天雄，日華子云：治風，補腰膝，通九竅，利皮膚，調血脉及主四肢不隨。　威靈仙，《本草》云：味苦，溫，無毒。主諸風及腰膝冷疼。　菴蕳子，日華子云：治腰脚重痛，及骨節煩疼，不下食。　菟絲子，《藥性論》云：君。去腰疼膝冷。　萎蕤，日華子云：主腰脚疼痛。　華撥，《本草》云：味辛，大溫，無毒。主溫中下氣，補腰脚。　海桐皮，《廣志》云：味苦，溫，無毒。主腰脚不隨，頑痹，腿膝疼痛。　鹿蹄肉，《食療本草》云：主脚膝疼痛。　麋角，日華子云：治腰膝不仁，補一切血病。《食療本草》云：麋肉，益氣補中，治腰脚。　雞頭實，《本草》云：味甘，平，無毒。主濕痹，腰脊膝痛。　栗子，孫真人云：生食之，甚治腰脚不隨。　芸薹子，孫真人云：味辛，寒，無毒。主腰脚痹。　紫蘇子，《藥性論》云：無毒。治冷氣及腰脚中濕風結氣。　淡菜，《本草》云：溫理腰脚氣。

治膝脛痠　鹿蹄，日華子云：治脚膝痠。孫真人云：鹿蹄肉，平。主脚膝骨中疼痛，不能踏地。　杜仲，《本草》云：味辛、甘，平，溫，無毒。主脚中痠疼，不欲踏地。　苦參，《唐本草》注云：治脛酸。

治脚緩弱　石硫黃，陶隱居云：大熱，有毒。俗方用之療脚弱及痼冷，甚良。硫黃，《藥性論》云：君。有大毒。能下氣，治脚弱，腰腎久冷，除久風頑痹。又云：生用治疥癬。　丹參，《藥性論》云：臣。平。能治脚弱疼痹，主中惡，治百邪鬼魅，腹痛氣作，聲音鳴吼。　石南葉，《本草》云：味辛、苦，平，有毒。主利筋骨皮毛。治脚弱去五臟邪氣。　惡實根，《唐本草》注云：主脚緩弱及主諸風。　黑大豆，《食療》云：微寒。主中風脚弱。

治脚軟　狗脊，《藥性論》云：味苦、辛，微熱。能治男子、女人毒風軟脚，邪氣濕痹。　天雄，《藥性論》云：治風痰冷痹，軟脚毒風。　石南葉，《藥性論》云：臣。無毒。治軟脚，煩悶疼痛，逐諸風。　桂心，《藥性論》云：君。味苦、辛，無毒。治軟脚痹不仁。　石斛，《藥性論》云：君。主治男子腰脚軟弱，逐皮肌風痹。　芎藭，《藥性論》云：臣。能治腰脚軟弱，半身不隨。　食茱萸，《藥性論》云：治腰脚軟弱，冷痹，通身刺痛。　白术，日華子云：治風，補腰膝及筋骨軟弱。　松節，日華子云：無毒。治脚軟，骨節風。　青魚，日華子云：平，微〔毒〕。治脚軟。

治緩風脚氣　側子，陶隱居云：昔時不用，比來醫家以治脚氣多驗。　荊芥，陳士良云：理丈夫脚氣筋骨煩疼。主血勞，風氣壅滿，背脊疼痛。　紫蘇，《本草》云：味辛，溫。主下氣，除寒中。日華子云：紫蘇，止脚氣。　青魚，《本草》云：味甘，平，無毒。主脚氣濕痹。《食療本草》云：主脚氣煩悶。　鱉甲，孫真人云：味甘，平，無毒。療脚氣。　木瓜根，日華子云：治脚氣。　苦李根皮，《藥性論》云：味鹹。治脚下氣。　小蒜，《圖經》曰：主脚氣。

治乾濕脚氣　薏苡仁，《食療本草》云：性平。去乾濕脚氣，大驗。　蘹香子，日華子云：得酒良。治乾濕脚氣。

治脚氣水腫　荊葉，《唐本草》注：《別錄》云：味苦，平，無毒。主脚氣腫滿。　牽牛，《本草》云：味苦，寒，有毒。主下氣，治脚滿水腫，除風毒。　烏牛屎，《唐本草》注云：主水腫脚氣。

明·王綸《本草集要》卷七《藥性分類》　治氣門：氣屬陽，治氣門多陽藥。

補氣清氣溫涼藥：人參調中益氣。治勞倦虛損，肺脾陽氣不足，短氣少氣。升麻引，用補上焦。茯苓為使，補下焦。　沙參補中，益肺氣。除寒，止驚煩，養肝氣。治常欲眠。又治卒得疝氣下墜。　天門冬保定肺氣，去寒熱。治肺氣咳逆，喘息促急。通腎氣。　麥門冬補心肺中元氣不足，短氣。　甘草補三焦元氣，健胃和中。　白术在氣主氣，和中，補脾胃，進飲食，斂虛汗。　黃耆補肺氣，實皮毛，斂虛勞自汗，退虛熱，補脾胃虛熱，五勞，諸虛不足，又補腎、三焦、命門元氣。　菖蒲開心孔，補五臟，通九竅，明耳目，下氣除煩，止心腹痛。　遠志主傷中，補不足，利丈夫，定心氣，止驚悸，去夢邪，心下隔氣。　山藥補中，益氣力，肺心不足，除熱強陰，開心孔，涼而補。　五味子益氣，補(下)〔不〕足，主咳逆上氣，收耗散之氣。　肉蓯蓉，補命門相火不足。　巴戟天，補中，增志益氣。　玄參管領諸氣，上下肅清而不濁，治空中氤氳之氣，無根之火。　葛根升提胃氣。　升麻元氣不足者，用此於陰中升提陽氣上行。　貝母治咳嗽上氣，散心胸鬱結之氣。　馬兜鈴主肺熱咳嗽，上氣逆連連不可。　紫菀主咳逆上氣，胸中寒熱結氣，益肺氣，補不足。　款冬花溫肺止嗽，主咳逆上氣，喘息呼吸，寒熱邪氣，治嗽之最。　白前保定肺氣，主胸脇逆氣，咳嗽上氣衝喉中，呼息不得眠，常作水雞聲。　桔梗能開提氣血，利嗌咽胸膈之氣。主胸脇痛如刀刺，及驚恐悸氣，肺熱氣奔促嗽逆。　蘭草益氣通神，消諸痹，散久積陳鬱之氣，生津止渴。　茯苓主胸脇逆氣，憂恚驚悸，心下結痛，咳逆，調胃氣，保神守中。　酸棗仁主心腹寒熱邪結氣聚，四肢酸疼濕(脾)〔痹〕，臍上下痛，補中，益肝肺。　竹葉主咳逆上氣，嘔吐。　桑白皮補虛益氣，瀉肺氣有餘，去肺中水氣。　杜仲補中，益精氣，堅筋骨，主腰脊痛。陰下濕癢，脚中酸疼。　石南主養腎氣內傷，陰衰，利筋骨皮毛，療脚弱。　五加皮主心腹疝氣痛，益氣療躄。　益智子益氣安神，補不足，調諸氣，止嘔噦，止小便利。當於補中藥內用之。　茶葉下氣，釋滯消壅，清頭目，令人少睡。　大棗安中養脾，平胃氣，補少氣少津液不足。　烏梅下氣，除煩滿，收肺氣，止渴止洩痢。　枇杷葉治卒嘔啘不止，不欲食，下氣。　胡麻主傷中虛羸，補五內，益氣力。　豆豉主傷寒頭痛寒熱，瘴氣煩燥滿悶。　白藊豆和中下氣，治霍亂。　粳米補益胃氣，平和五臟，止渴止洩。　陳廩米下氣，除煩渴，開胃止洩。　龍骨去脫，固氣澀腸，治多夢，安心神，縮小便。　犀角安心神，止煩亂，鎮肝明目。　羚羊角安心氣，不魘寐，益氣，利丈夫。　鹿茸治寒熱驚癇，虛勞洒洒如瘧，四肢酸疼，腰脊痛。　原蠶蛾主益精氣，強陰道，止洩精。　鯽魚主胃弱不下食，調胃實腸，下氣。作鱠，主腸澼，赤白痢。

溫氣快氣辛熱藥：乾薑主肺寒咳逆上氣，利肺氣，溫脾理中，發表。　生薑入肺，治咳逆上氣，開胃口，止嘔吐，去臭氣，下一切結氣，心胸擁隔冷熱氣。無病人夜不宜食，動氣。　黑附子通行諸經引用，浮中沉，無所不至。　側子治脚氣，行四肢。　蘹香子破一切(具)〔臭〕氣。開胃下食，止嘔，治腎勞㿗疝，膀胱冷氣腫痛，乾濕脚氣，疝，小腸痛。肉豆蔻溫中，開胃下氣，消食，治積冷心腹脹痛。　白豆蔻主積冷氣，止吐逆，消穀下氣，散肺中滯氣。入肺經，別有清高之氣，補上焦元氣不足。　縮砂蜜下氣消食，治脾胃氣結滯不散，心腹痛。　桂溫中，利肝肺氣，出汗。　牡桂主上氣咳逆結氣，利關節。　丁香治口氣齒䘌，腎氣賁豚。　安息香主心腹惡氣。　沉香補右尺命門，壯元陽，暖腰脊，去惡氣，散滯氣，升降真氣，治心腹痛氣痢。　紫真檀主心腹霍亂中惡。能調氣，引芳香之氣上行，為理氣之劑。　吳茱萸瀉肝氣，治疝氣痛，下氣最速。餘見寒門。　蜀椒主邪氣咳逆，壯陽，治陰汗，縮小便，開腠理，通血脈。　訶梨勒主冷氣，心腹脹滿，胸膈逆氣，下食澀腸，止久痢赤白及氣痢霍亂吐瀉。　蒜溫中下氣，健胃化肉，消穀，爛痃癖，辟瘟疫氣瘴氣。久服傷肝氣，損目，傷肺引痰。　石硫黃治心腹痃癖冷氣，咳逆上氣。脾胃虛弱，垂命欲盡。

行氣散氣降氣藥：　蒼术健脾胃，寬中進食，發汗，除惡氣。辟山嵐瘴氣，消痃癖氣塊，心腹脹痛。　芎藭血中氣藥。治一切氣，心腹痛、脇痛、疝痛。溫中散寒，開鬱行氣。

莎草根益氣。大能下氣，開鬱，快滯氣。凡血氣藥必用之。　柴胡在經主氣，治胸脇痛，去腸胃中結氣，寒熱邪氣。又引清氣行陽道，升提胃氣，主行。　前胡下氣最要。治寒熱邪氣，心腹結氣。　茵蔯行滯氣，化痰利膈。　防風瀉肺實，散頭目中滯氣，瀉上焦元氣。　白芷與辛夷、細辛用治鼻氣塞。　麻黃主中風傷寒頭痛，發汗，去邪熱氣，泄衛實，止咳逆上氣。　藁本清明前，立秋後，凡中霧露之氣，皆清邪中上焦也。與木香同用治之。

木香和胃氣，調諸氣，散肺中滯氣。行肝氣，治腹中氣不轉運，中下焦氣結滯，心腹積年冷氣，痃癖脹痛，九種心痛。又火煨，實大腸。　薏苡仁主風濕痹，下氣，除筋骨邪氣不仁。

杜若主胸脇下逆氣，溫中，除口臭氣。　射干主咳逆上氣，咳唾言語氣臭，喉痹咽腫，不得消息，散結氣，消結核。　牡荊實除骨間寒熱，通利胃氣，止咳逆下氣。　蕤核主心腹邪結氣。　仙人杖主噦氣嘔逆。　杉木洗脚氣腫滿。治心腹脹痛，去惡氣。　藿香芳香之氣上行，助脾開胃，溫中快氣。治吐逆霍亂，心痛，去惡氣，治口臭氣。　龍腦香主心腹邪氣，風濕積聚，通利關膈氣塞，風涎閉壅，大能散氣。　酒殺百邪惡毒氣，挾肝氣行藥勢。助火生痰，大傷肺氣。　烏藥治一切氣。中惡心腹痛，大行疫瘴。　大腹下氣，健脾開胃，主冷熱氣攻心腹，痰膈醋心。　楝實入心。主上下部腹痛，心暴痛。　橘核治腰痛，膀胱氣痛，腎冷。　橘皮導胸中滯氣，泄逆氣，止嘔吐，去臭氣。去白，理肺氣降痰；留白，理脾胃，消食。　杏仁主咳逆下氣，定喘止嗽，散結潤燥。　荔枝核治心氣痛及小腸氣。　山查子消食健胃，行結氣。　木瓜實主脚氣濕痹，心腹痛，腰腎脚膝無力。　萊菔根大下氣，消穀，止咳嗽。　子治喘嗽下氣，消食。　胡荽主消穀，內通小腸氣，通心竅。久服發腋(息)〔臭〕、脚氣。　蔥白主傷寒寒熱頭痛，出汗，除肝邪氣及賁豚氣，脚氣，心腹痛及心迷悶。　韭除胃中熱，充(肝)〔肺〕氣，治心脾痛，上氣鳴息，胸膈氣血結滯及中惡腹脹。

荊芥宣通五臟，破結聚氣，辟邪氣，發汗，除濕痹。　紫蘇解肌發汗，下氣，治心腹脹，止脚氣。　子主肺氣喘急咳逆，潤心肺，消痰氣，調中下氣。止霍亂嘔吐反胃，消五膈。　香薷治霍亂不可缺。下氣除煩熱，清暑利小便，又治口氣臭。　薄荷發汗，通利關節，上行引諸藥入榮衛。又主風氣壅併。　赤小豆花主痎瘧寒熱邪氣，洩痢。酒病頭痛。　蝟皮治腹痛疝積，又治胃逆，開胃氣。

破氣消積氣藥：　薑黃主心腹結積疰忤，下氣脹，治氣為最。　阿魏去臭氣，破癥積，下惡氣，治心腹痛，辟瘟治瘧。　京三稜治老癖癥瘕，心腹痛，破血中之氣。損真氣。

蓬莪茂治心膈痛，破痃癖氣，積聚諸氣最要。破氣中之血。　海藻破散結氣，癥瘕氣疾急滿，疝氣下墜疼痛，核腫。　檳榔破滯氣，泄至高之氣。治後重如神，墜諸藥於至下。祛瘴氣，又心痛脚氣衝心。　枳殼主胸膈痞塞，散結氣，破瘤結痃癖，通利關節。走大腸，泄肺氣，損胸中至高之氣。　枳實散結氣，消宿食，治逆氣，心下急痞。　厚朴溫中益氣，散結氣，消宿食，治腹脹滿。　青皮破積結膈氣，瀉肝氣，治脇痛，損真氣。　麥蘗補脾胃，下氣消食，破癥結冷氣，心腹脹痛。　神麯調中下氣，開胃消食。主霍亂心膈氣，去冷氣。牡蠣主寒熱溫瘧洒洒，驚恚怒氣，心脇結痛。　海蛤主咳逆上氣，喘息煩滿，胸痛寒熱。

治寒門：　治寒以熱，熱藥屬氣，治寒門多氣藥，故次氣門，宜與通看。

治上焦寒藥兼三焦者附：　人參治肺受寒邪喘嗽。　細辛溫陰經，去內寒，治邪氣在裏之表。　乾薑生用發散寒氣，出汗，去風寒濕痹，利肺氣，治肺寒咳嗽。炮之溫脾理中，治裏寒洩痢，脹滿及腹中冷痛。中下焦寒濕，又沉寒痼冷，腎中無陽，脈氣欲絕。　麻黃主傷寒頭痛，發表出汗，去表上寒邪及榮中寒。

藁本治寒邪結鬱及頭痛、頂巔痛，大寒犯腦，腦齒痛。　附子主風寒咳逆邪氣，腰脊風寒，陰毒傷寒中寒，四肢厥逆，心腹冷痛，除腎中寒甚。補命門火衰，陽事不舉。佐以白术，除寒濕之聖藥。生用發汗行表，熟則溫中行內。　半夏治形寒飲食傷肺而咳。　酒禦風寒冷氣。

治中焦寒藥：　威靈仙去腹中冷滯，去膈痰水，腰脊冷痛。　仙茅主心腹冷氣，不能食，腰脚風冷攣痹。　良薑主胃中冷逆衝心，霍亂腹痛。　縮砂蜜主虛勞冷瀉，腹中冷痛。　木香治心腹積年冷氣。　蓽澄茄主心腹冷痛，腎氣膀胱冷。　肉豆蔻治積冷心腹痛痹，胃虛冷吐逆洩瀉之要藥。　白豆蔻主積冷氣，胃寒吐逆。　草豆蔻治風寒客邪在胃口上，嘔吐霍亂。去心胃客寒作痛，調散冷氣甚力。　桂溫中，治心腹冷痛，下焦寒冷，秋冬下部腹痛。輕薄者為桂枝，發表散風寒。　益智子治脾胃中受寒邪，止嘔，攝涎唾。　厚朴溫中，治胃中冷逆氣。　丁香溫脾胃，止霍亂嘔逆，冷氣腹痛。壯陽，暖腰膝。　巴豆去胃中寒積。無寒積勿用。　胡椒治腹冷痛及冷痢。　蜀椒除寒濕痹痛，心腹冷痛，六腑沉寒痼冷。陰冷氣漸入陰囊腫滿，日夜疼痛。　訶棃勒主冷氣，心腹脹滿。　大麥芽治脾胃，破癥結冷氣。　神麯治同麥芽。　硼砂下氣，療宿冷。　白石英治背膈間久寒，益氣。　紫石英溫中。

治下焦寒藥：　菟絲子治男子女人虛寒腰痛膝冷。莖中寒，精自出。　補骨脂主風虛冷痹，四肢酸疼，陽衰腎冷精流，腰痛膝冷，囊濕。　葫蘆巴治元臟虛冷，腹脇脹滿。　蘹香子治寒疝，膀胱冷氣腫痛。　栢實除腰腎中冷。　沉香補命門，壯元陽，暖腰膝，止轉筋吐瀉冷氣。　吳茱萸治寒邪所膈，氣不得上下，脾胃停冷，冷氣閉胸。心腹絞痛，下焦寒濕，疝痛寒氣，諸藥不可代。　石鍾乳治脚弱疼冷。　烏藥治膀胱腎間冷氣，攻衝背膂。　陽起石治陰痿不起，莖頭寒。男子婦人下部虛冷，腎氣乏絕，子臟久寒。　石硫黃至陽之精。治下元虛冷，元氣將絕。久患寒泄，脾胃虛弱，垂命欲盡。心腹冷氣，咳逆，脚冷痛。　膃肭臍暖腰脊，助陽氣，治臍腹積冷，精衰，脾胃勞極。

各經主治藥：　肝氣，吳茱萸；　血，當歸。　心氣，桂；　血，同。　脾氣，吳茱萸；　血，同。　肺氣，麻黃；　血，乾薑。　腎氣，細辛；　血，附子。　膽氣，生薑；　血，川芎。　大腸氣，白芷；　血，秦艽。　小腸氣，茴香；　血，玄胡。　三焦氣，黑附；　血，川芎。　膀胱氣，麻黃；　血，桂枝。　心包絡氣，附子；　血，川芎。

治血門：　血屬陰，治血門多陰藥。

補血溫血屬陽藥：　人參治亡血脈虛。因氣虛而血弱者，甘能生血也。　白术在血主血，利腰膝間血。　甘草和中補血，又治肺痿吐膿血。　黃耆補中生血，治腸風，血崩帶下，月候不勻，產前後一切病。甘能生血，與人參、甘草同。　巴戟天治陰痿，夜夢鬼交泄精。　紫菀治肺痿，咳唾膿血，消痰止喘。　款冬花治肺痿肺癰，吐膿血，消痰止嗽。　乾薑炮之，與補陰藥同用，能引血藥入氣分而生血，治血虛發熱。炒黑，止唾血，利血。　莎草根逐凝血，血中之氣藥。能引血藥至氣分而生血。炒黑，止血，治崩漏。　陽起石主崩中漏下，破子臟中血癥瘕，寒熱腹痛，無子，腎衰陰痿。

補血生血屬陰藥：　天門冬治血熱侵肺，吐血妄行，咳血痰血，肺痿生癰吐膿血。　麥門冬治血熱妄行。　五味子強陰益精，止渴生津，上滋肺，下補腎。　熟地黃大補血衰，滋腎陰，主血虛勞極。女子傷中，胞漏下血，破惡血，產後血虛臍腹痛。　生地黃涼血生血，補腎水真陰不足，血虛發熱，衄血吐血。婦人崩中不止，及產後血上薄心，胎損下血，墮墜折傷。　肉蓯蓉強陰益精，治男絕陽不興及泄精尿血，女絕陰不產及血崩帶下。　瑣陽補陰血，益精，蓯蓉同。　菟絲子添精補髓，治鬼交泄精，尿血，寒血為積。　牛膝益精髓，活血生血。通月經，破血結癥瘕。能引血藥下行，腰脚之疾不可缺。　石斛強陰益精，治腳膝軟弱。　車前子養肺益精。葉及根主衄血、瘀血、尿血及熱痢。　川芎治一切血，破癥結宿血，養新血，衄血吐血溺血。上行頭目，下行血海，通肝經，血中氣藥。治血虛頭痛，婦人血閉無子。　當歸治血通用，和血補血，破惡血，大補不足，使氣血各有所歸。酒蒸治血虛頭痛，治溫瘧虛勞寒熱。　芍藥通順血脈，抑肝緩中，補脾經血，散惡血，治血虛腹痛及赤白痢。血虛寒人禁用。　紅藍花多用破血，少用入心養血和血，與當歸同功。　枸杞子強陰益精，明目，血虛用之。　酸棗仁治心虛煩振悸不得眠，斂虛汗，益肝助陰氣。　黃栢治鼻洪、吐血下血，補腎水膀胱不足，痿厥癱瘓，女子漏下赤白。　山茱萸補腎興陽，秘精收脱，止小便利，暖腰膝，止女月水不定。　桑根白皮瀉肺氣有餘，補金不足。喘嗽唾血痰血崩中脈絕。　合歡補陰捷功。　覆盆子主男子腎虛，精竭陰痿。　阿膠治肺虛極損，咳唾膿血，定喘，止血痢，內崩下血。能安胎，治勞極洒洒如瘧狀，腰腹痛，四肢酸疼，養肝益肺。　鹿茸主漏下惡血，溺血，破留血在腹，散石淋，女人崩中赤白帶下。　鹿角膠主傷中勞絕，婦人血閉無子。止痛安胎。吐血下血，崩中赤白淋露。折跌損傷。諸血生飲之，補人身血不足。　狗肉陰虛發熱人不可食。　桑螵蛸主男子虛損，腎衰陰痿，失精遺溺白濁，小便自利，女子血閉腰痛。　蛤蚧治久肺勞嗽傳尸，咳嗽出血，下淋瀝。　龜甲主漏下赤白，破癥瘕，(痞)〔痎〕瘧寒熱，大補陰血不足，去瘀血，續筋骨，治勞倦，補心血。

涼血止血行血藥：　丹參養血，破宿血，生新血。止血崩帶下，調月經。安生胎，落死胎。　玄參補腎氣，明目，強陰益精。治產乳餘疾，血閉堅癥。　紫參治腸胃大熱，吐血衄血，腸中聚血及下痢，婦人血閉。　茅根除瘀血，血閉寒熱，婦人崩中血，亦主衄血吐血。　艾葉止下痢赤白，吐血衄血瀉血，婦人漏血。安胎，止腹痛。　蒲黃治吐衄唾崩，腸風血痢，尿血，撲血血瘕等血。帶下月候不勻，產後諸血病。生用破血消腫，炒用止血補血。　續斷調血脈，治崩中漏血，尿血，踠傷惡血腰痛。　漏蘆止泄精尿血，腸風。　地榆治帶下、月水不止，血崩，產前後諸血疾，腸風血痢，赤白痢。　大薊根止吐血、衄血、下血。　小薊專主血疾。　牡丹治腸胃積血不散，衄血吐血。女子經脈不通，血瀝腰痛，產後(令)〔冷〕熱血氣。　雞冠子止腸風瀉血，赤白痢，婦人崩中帶下。　栝樓子炒用，止吐血，腸風瀉血，赤白痢。　柴胡在臟主血，婦人產前後必用之。入血藥能調經，佐破血藥能消血積。　黃連止吐血，治久下赤白膿血，腹痛，為治痢疾之最。　黃芩治下痢膿血，腹痛後重，身熱。治肺有熱，吐血衄血。酒炒上行，去上部積血。條實者補膀胱，滋化源。

葛根生汁治胃熱吐血。　白頭翁治赤毒痢，逐血止痛，金瘡鼻衄。　大黃下瘀血，血閉寒熱，破癥瘕。　萱草根治大熱衄血。　王瓜主瘀血，月閉寒熱。　子潤心肺，肺痿吐血，腸風瀉血、赤白痢。　連翹通五淋及月經，治血證為中使，地榆為下使。　槐花主腸風瀉血、赤白痢。　栢葉主吐血衄血痢血，崩中，赤白尿血。補陰要藥也。　楮葉杵汁飲，主鼻衄。　淡竹葉治咳逆上氣，吐血。　竹皮茹主吐血衄血，齒縫出血，崩中。　五加皮治男子陰痿，小便遺溺，女人陰癢。又治多年瘀血在皮肌，風痹五緩。　墨入藥能止血，及治血痢，產後血暈，崩中下血。　乳香調血氣，定諸經之痛。　椰子皮止血，止鼻衄。

桃(鳧)〔梟〕燒灰，止久吐血不愈。　椶櫚子及皮灰澀腸，止腸風赤白痢，崩中帶下。能養血，止鼻洪吐血。　樗白皮主赤白久痢，痔疾瀉血，女子血崩，月信多，帶下。能縮小便。　萊菔根治肺痿，止血消血。　韭汁細細冷飲之，下膈間瘀血效。　荊芥下瘀血，通利血脈。治產後血暈及婦人血風病。　水蘇主吐血衄血，血崩血痢。　木賊治腸風下血，痔疾血出，止休息痢，月崩月水不斷。　藕散血，消瘀血，破產後血悶。節搗汁，止吐血衄血。　荷葉及房破血。　酒通血脈活血。　醋治產後并傷損金瘡血暈，破癥塊，婦人血氣心痛。　禹餘糧治下赤白，血閉癥瘕大熱。　芒硝破留血，大小便不通，通月水。

五色石脂主洩痢，腸澼膿血，陰蝕下血赤白，吐血衄血，安心澀精。　鹽止齒縫中出血，鹹走血故也。　珊瑚主宿血鼻衄，鎮心止驚，明目。　桃花石主大腸中冷膿血痢。

代赭主女子赤沃，漏下帶下，墮胎，血痹血癩，脫精尿血。　花乳石主金瘡止血，倉卒中金(刀)〔刃〕，刮末傅之，即合。　龍骨主膿血尿血，鼻血吐血，女子漏下，止夢寐洩精。　牛角鰓下閉血，瘀血疼痛，女人血崩帶下。　犀角解熱毒，破血。　羚羊角去惡血。　蠶退主血風病，益婦人。治吐血衄血，腸風下血，帶下，赤白痢，牙宣。　牡蠣主女子帶下赤白，除老血，軟積痞，療鬼交泄精，止小便。　鯽魚釀白礬燒灰，治腸風血利。　蟹能散血。　爪主墮胎，破宿血。　亂髮補血甚捷，止鼻衄，血悶血暈，血痢，金瘡。　人溺主卒血攻心，撲損瘀血，吐血鼻血。

破血消積血藥：　補骨脂破血止血，補折傷骨碎血痛。亦入婦人血氣藥。　菴藺子主五臟瘀血，身體諸痛，婦人月水不通。　蒺藜子破惡血癥結，泄精溺血。　天名精主瘀血血癥欲死，下血亡血。　劉寄奴破血下血，產後餘疾心腹痛。　茜根治六極傷心肺，衄血吐血，下血尿血，撲損瘀血，去諸死血。　鬱金破血積，涼心止血，血淋尿血，女人宿血心氣痛。　薑黃破血，通月經，治撲損瘀血，產後敗血攻心。　延胡索破血，治月經不調，血結塊心腹痛，腰痛，崩中淋露。因損下血。產後諸病血暈，暴血止行。　京三稜治老癖癥瘕，婦人血脈不調，心腹痛。落胎，消惡血，破血中之氣。　蓬莪茂治婦人血氣痛，破痃癖，通月經，消瘀血，破氣中之血。　敗醬破多年凝血，能化膿為水。催生落胞及產後諸病。　乾漆消瘀血，破癥瘕，女子經脈不通，血氣心痛。　枳實治心下痞，去脾經積血。

巴豆通女子月閉，破癥瘕。　秦椒主女人月閉，產後惡血痢，多年痢。　騏驎竭破積血，止痛，打傷損折，內傷血聚。　沒藥破血，治打撲損折，血滯腫痛不可忍。婦人產後血氣痛。　虎杖根通月水，破留血癥瘕，撲損瘀血。　山查子消滯血，治婦人兒枕痛。　蘇方木消撲損瘀血，婦人血氣心腹痛，月候不調，血噤血暈，產後血脹悶欲死。　桃仁主癥瘕，瘀血血閉，血結血燥，大便難，通月水，止痛，破滯血，生新血。　麻子潤大腸血燥，破積血。治橫逆產及產後餘疾。　花治女人經不通及諸風惡血。　根汁主瘀血，石淋，產難，帶下崩中，撲損瘀血。　大麥蘖行上焦滯血，破宿血。　自然銅治折傷，散血止痛。　礪石破宿血，下石淋。　木虻逐瘀血血閉，癥瘕寒熱，無子，通利血脈。　蠐螬主惡血，瘀血月閉。破折血在脇下堅滿痛。　鼠婦主氣癃，婦人月閉血癥，癇痓寒熱。　蝦蟇破癥堅血，詈跌折損傷，活血散血。　水蛭主逐惡血，瘀血月閉，破血癥積聚，無子。

治熱門：　治熱以寒，寒藥屬血，治熱門多血藥，故次血門宜與通看。

治上焦熱藥兼三焦者附：　沙參治肺熱，止驚煩，心腹痛結，熱邪氣頭痛肌熱，浮風身癢。　天門冬治肺熱之功多，虛而多熱者加用之。瀉肺火，消痰止嗽，止消渴，涼血熱。　麥門冬治心肺熱，及虛勞客熱，瀉肺火。　山藥涼而能補，除煩熱。　丹參涼血熱，治風邪留熱，頭痛眼赤，熱溫狂悶。　玄參治中風傷寒，身熱支滿，狂邪忽忽不知人，溫瘧洒洒。頭風熱毒，骨蒸傳尸。(空)〔胸〕中氤氳之氣，無根之火。　紫參主心腹積聚，寒熱邪氣，腸胃大熱，唾血衄血。　前胡治傷寒寒熱。　貝母主傷寒煩熱。　黃芩瀉肺火，除上焦痰熱，解在肌風熱，天行熱病，目熱赤痛。　栝樓根主消渴，身熱煩滿，大熱，除腸胃中痼熱。　莖葉治中焦傷暑。　百部根肺熱咳逆上氣。　桔梗主肺熱咳逆。　桑根白皮瀉肺火，治虛勞客熱。　梔子去心中客熱，虛煩不得眠及燥熱。瀉肺火，除胃濕熱發黃，挾熱下痢，小便赤澀，目熱赤痛。下行降火，開(醬)〔鬱〕，治塊中之火。用皮，去肌表熱。

茯苓降肺火，伐腎邪。　淡竹葉治胸中痰熱咳逆，涼心經，除煩熱，止消渴。　竹瀝主胸中熱狂煩悶，壯熱頭痛，溫疫迷悶。除陰虛人發大熱。　藍葉汁治天行熱狂，心煩燥悶。　青黛收五臟鬱火，諸熱驚癇，天行頭痛。　大青主天行熱疾，頭痛大熱。　水萍主暴熱身癢，治時行熱病，發汗有功。　連翹瀉心火，降脾胃濕熱，通五淋，除心經客熱。　木蘭主身大熱，去面熱赤皰酒皶。　薄荷行表發汗，涼壯熱。　梨除客熱心煩，肺熱咳嗽，消渴。　枇杷葉治肺熱久嗽，并渴疾。　丹砂凉心熱，止煩渴。　理石主身熱去來，大熱，解煩止渴。　石膏治中熱發熱，惡熱燥熱，日晡潮熱，傷寒時氣，肌肉壯熱，頭痛大渴。清金制火，除三焦大熱。　瀉胃火，治胃熱不食。又治胃熱能食善消。　凝水石主身熱勞氣，皮中如火燒，五臟伏熱，胃中熱，止渴。

治中焦熱藥：　白术除胃中熱。　黄耆治氣虚發熱，為退虚熱之聖藥。　甘草生用大瀉熱火。　梢子除胸中積熱，瀉莖中熱結痛。　芍藥瀉脾火，凉血熱。　石斛治胃中虚熱，逐皮膚邪熱。　莎草根除胸中熱。　大黄瀉諸實熱不通，蕩滌腸胃間熱。　黄連瀉心火，解熱毒，除脾胃中濕熱，煩燥，鬱熱在中焦，惡心兀欲吐，眼暴赤腫，熱毒下痢。　胡黄連主疳熱痢，溫瘧，骨蒸勞熱。　秦艽主傳尸骨蒸及時氣寒熱。　女萎主時疾寒熱，虚勞客熱，中風暴熱。　草蒿治勞瘦骨蒸熱。　白薇主暴中風，身熱肢滿，狂惑，邪氣寒熱，溫瘧洒洒，發作有時。　葛根除胃熱消渴，解肌熱，出汗。　生根汁治時病壯熱煩渴，熱毒吐血及妊娠熱病心悶。　茵陳蒿治傷寒煩熱頭痛，去濕熱，發黄疸。　香薷治傷暑，利小便氣，除煩熱。　韭除胃中熱。　茅根下五淋，止消渴，解腸胃熱。　景天主大熱，火瘡身熱。　菰根主腸胃痼熱，消渴，小便利。　苧根治天行熱疾，大渴大狂，心熱煩悶。　甘蕉根主天行狂熱，煩悶消渴。　蘆根主消渴客熱，時疾煩悶，胃熱不下食。　菉豆主消渴煩熱。　陳小米主胃熱，消渴。　小麥除熱燥渴，咽乾。　浮者止盗汗，主骨蒸肌熱，婦人勞熱。　升麻主時氣熱，解肌肉間熱，天行時疾發斑。升散鬱火。　烏梅下氣，除傷寒煩熱，虚勞骨蒸。　芒硝主五臟積聚久熱，胃閉。　玄胡粉主心熱煩燥，(人)除胃熱。　滑石主身熱洩澼，解燥渴，降妄火。　臘雪主天行瘟疫，酒後暴熱黄疸。

犀角治傷寒瘟疫，頭痛煩悶，大熱發狂。　羚羊角治時氣寒熱在肌膚，溫風注毒伏在骨間。　糞清治時行天熱狂走。

治下焦熱藥：　熟地黄主血虚勞熱，老人虚中燥熱。　生地黄瀉血熱及脾中濕熱。　蘖木瀉膀胱熱，清小便，瀉腎中伏火。補腎陰，治骨蒸勞熱。又治結熱黄疸。　牡丹皮瀉陰中火，主虚勞，無汗骨蒸熱。　地骨皮解肌熱，治内傷大勞，有汗骨蒸熱。　地榆凉下焦血熱，治熱血痢。　地膚子主膀胱熱，利小便。　知母主消渴熱中，瀉腎火。治有汗骨蒸熱勞，傳尸疰病，傷寒久瘧煩熱。　柴胡瀉肝火，解肌熱，除往來寒熱，早晨潮熱，傷寒心下煩熱。　草龍膽主骨間寒熱，驚癇邪氣，除胃中伏熱，時氣溫熱，下焦濕熱洩利。　防己主溫瘧，傷寒寒熱邪氣，下焦濕熱腫盛，去膀胱留熱。　條實黄芩除大腸熱，治下利膿血，腹痛後重，身發熱。　苦參治時氣惡病大熱，腸澼熱痢，熱毒風，皮肌煩燥。　車前子治肝中風熱，衝目赤痛。　通草治五淋，導小腸熱。　酸漿主煩熱滿，利水道。　石韋主身熱邪氣，五癃閉不通。　海金砂通利小腸，治傷寒熱狂。　裩襠主陰陽易。　秦皮治肝中久熱，目赤腫痛。　鴨蹠草主寒熱瘴瘧，發熱癇，又治熱痢。　防葵主膀胱熱結，溺不下，咳逆溫瘧。　蛇含主驚癇寒熱。　烏鴉治瘦咳嗽，骨蒸勞。　龜甲主癥瘕痎瘧，骨中寒熱。　鱉甲治溫瘧，勞瘦骨蒸，心腹癥瘕，堅積寒熱。　人溺治寒熱頭痛，溫氣熱勞，咳嗽肺痿，降火最速。

各經主治藥：　肝氣，柴胡；血，黄芩。　心氣，麥門冬；　血，黄芩。　脾氣，白芍藥；　血，生地黄。　肺氣，石膏；　血，梔子。　腎氣，玄參；　血，黄栢。　膽氣，連翹；血，柴胡。　胃氣，葛根；　血，大黄。　三焦氣，連翹；血，地骨皮。　膀胱氣，滑石；　血，黄栢。　大腸氣，連翹；　血，大黄。　小腸氣，赤茯苓；　血，木通。　包絡氣，麥門冬；　血，牡丹皮。

骨肉分勞瘵發熱主治藥：　肝當歸、柴胡。　心生地黄、黄連。　脾芍藥、木瓜。　肺石膏、桑白皮。　腎知母、生地黄。　膽柴胡、瓜蔞。　胃石膏、硝。　大腸硝、大黄。　小腸赤茯苓、木通。　三焦石膏、竹葉。　膀胱滑石、澤瀉。

治痰門：　痰屬火，屬濕，治痰門多寒藥及燥藥。

治熱痰、虚痰藥：　天門冬治咳逆，消火痰，清肺。　知母潤肺，消痰止嗽。　黄芩泄肺火，治膈上熱痰，痰因火上，假治以降火也。　黄連治中焦熱痰，惡心兀欲吐。惡心欲吐者，痰也。　栝樓子潤肺降痰。胸有痰者，以肺受火逼，失降下之令，得甘緩潤下之劑，則痰自降。治嗽之要藥也。　青黛收五臟鬱火，消熱痰。　桔梗下肺氣，消痰涎。　柴胡去諸痰熱結實，積聚寒熱，推陳致新。　前胡主痰滿胸脇，中痞寒熱，推陳致新。　茵陳蒿化痰利膈，行滯氣。　白前消痰止嗽，保定肺氣。　貝母潤心肺，消痰開鬱，治腹中結實，心下滿，咳逆上氣。　款冬花潤心肺，消痰止嗽，治涕唾稠粘，肺痿肺癰。　紫(苑)［菀］治肺痿唾膿血，消痰止嗽。　馬兜鈴治肺熱咳嗽，痰熱喘促。　蘭草除胸中痰澼，散久積陳鬱之氣。　連翹消痰結。　淡竹葉主胸中痰熱咳逆。　桑白皮消痰，去肺中水氣。　竹瀝消虚痰，痰盛人氣虚少食者用之。　痰在四肢，非此不開。　荊瀝除痰唾，治頭旋目眩，心頭瀁瀁欲吐。痰盛人氣實能食者宜用之。　茗苦梌去痰熱渴。

訶梨勒泄逆氣，消火痰，止嗽。　五倍子噙口中，治頑痰有功。　蘇子潤心肺，消痰氣。　烏梅下氣去痰。　惡實治喉痹，風熱痰壅，咽膈不利。

治濕痰行痰藥：　白术治脾胃濕痰，怠惰嗜臥，除胃中熱，消虚痰。　蒼术治濕痰，痰飲成窠囊。　茯苓消膈中痰水，肺痿痰壅。　枳殼化痰涎，利胸膈。　枳實主胸膈痰澼，逐停水，瀉痰，能衝牆壁。　橘皮除膈間痰熱，導滯氣，去白理肺降痰。　木瓜下氣，降痰唾。　大腹下氣，治膈醋心。　葶藶治肺癰，咳逆喘促，痰飲。　甘遂主留飲，水結胸中。　蕘花治留癖痰飲，咳逆。　芫花主咳逆喉鳴，消胸中痰水，喜唾。　旋覆花主結氣痰飲，脇下滿，消胸上痰結，唾如膠漆。　槐實止涎唾。　續隨子除痰飲積聚，利大小腸。

治寒痰風痰藥：　生薑治痰嗽，止嘔吐。嘔吐者，痰也。　細辛破寒痰，開胸中滯。　半夏消痰涎，止嘔吐，治胸中寒痰痞塞，太陽痰（飲）厥頭痛。　南星除風痰麻痹，利胸膈。　厚朴消痰下氣。　天雄通九竅，利皮膚，消風痰。　烏頭主風寒咳逆，消胸上冷痰。附子同。　益智子治胃受寒邪，止嘔噦，攝涎唾。　威靈仙去腹內冷滯，心脹，痰水久積。　神麯開胃消食，主胸膈痰逆。　巴豆破留飲痰癖。　砒霜主諸瘧風痰在胸膈，可作吐藥。　大麥糵化食消痰。　萊菔子治喘嗽。水研服，吐風痰。　藜蘆吐上膈風痰，暗風癇病。　白芥子治胸膈冷痰，痰在脇下。痰在皮裏膜外者，非此不達。

消剋痰積藥：　大黃下留痰宿飲。　檳榔逐水，除痰癖。　山查子消食積痰。

射干治咳唾，喉痹咽痛。行太陰、厥陰之積痰，使結核自消。凡結核不痛，痰也。　礬石消痰止渴，治痰壅。　芒硝下痰實痞滿。　玄胡粉去腸胃宿垢，軟積消痰。　鹵鹹消痰，磨積塊。　蓬砂消痰止嗽，破癥結。　青礞石治食積，痰不消。　蛤粉墜痰軟堅，熱痰能降，濕痰能燥，結痰能軟，頑痰能消。　食鹽吐胸中痰癖。　瓜蒂吐驚癇喉風痰涎壅塞。　常山主瘟瘧，胸中痰結吐逆。

治濕門：　治濕多痰藥，故次痰門。　濕為水，故多行水藥。　濕熱為病甚多，故兼苦寒藥。　又風能勝濕，故兼風藥。

行濕利大小便藥：　白术主寒濕痹，除濕益燥，止下洩，利小便。　蒼术上中下濕俱治。發汗，除上焦濕功最大。又鹽水炒，佐黃栢，行下焦濕熱。　車前子利水道，除濕痹。　通草治五淋，利小便。　澤瀉除濕行水最要藥。　猪苓除濕，利水道，治腫脹滿從脚上至小腹。大燥，亡津液。　茯苓利小便，水腫淋結，除濕行水之聖藥。　琥珀利小便，通五淋。　枳殼逐水，消脹滿。　枳實逐停水，消脹滿。　厚朴溫中散結，除濕滿。　大腹下氣行濕。　郁李仁主大腹，面目、四肢浮腫，利小便。　百合主邪氣腹脹，利大小便，除浮腫。　葶藶通利水道，治皮間邪水上出，面目浮腫。虛者禁用。　紫草主心腹邪氣，五疸，利九竅，通水道，腹腫脹滿。　甘遂主腹滿，面目浮腫，水結胸中。專行水，攻決為用。　海藻下十二水腫。　昆布同上。　大戟主十二水，腹滿。　澤漆主大腹水氣，四肢面目浮腫。　蕘花下十二水。　芫花主水腫脹。　商陸主水脹滿。　牽牛治脚氣滿，水腫。　冬葵子治淋，利小便。根同。　蜀葵花治淋，療水腫。　赤小豆主下水，止洩，利小便，治脚氣大腹水腫。　瓜蒂主大水，面目四肢浮腫。　牯牛溺主水腫腹脹，脚滿，利小便。　筆頭灰主小便不通，陰腫淋瀝。　白鴨主病水浮腫。　螻蛄主十二水病腫滿，小便不利。　白頸蚯蚓主大腹黃疸，下疰脚氣。　蠡魚主濕痹，面目浮腫，下大水。

治濕熱藥：　黃連除脾胃中濕熱。大抵苦寒之藥，皆能瀉濕熱。　黃芩治胃中濕熱。　連翹降脾胃濕熱。　草龍膽治下焦濕腫。　防己治腰以下至足濕熱腫，脚氣，利大小便。　菴䕡子主腹中水氣，腫脹留熱。　地膚子主膀胱，利小便。　茵陳蒿主風濕寒熱邪氣，熱結黃疸，小便不利。　知母除肢體浮腫，下水。　地骨皮主風濕周痹。

梔子治小便赤澀不利，濕熱發黃。　黃栢治膀胱濕熱，清小便。　香薷治傷暑，利小便，散水腫，治水甚捷。　樺木皮主諸黃疸。　薤去水氣。　桑白皮去肺中水氣，浮腫腹痛，利水道。　滑石利小便，燥濕，實大府，降妄火。　文蛤燥濕。　桑螵蛸通五淋，利小便水道。　石龍子破石淋，下小便。　鼠婦主氣癃不得小便。　豆豉主濕熱發黃。

治寒濕藥：　菖蒲主風寒濕痹，四肢不得屈伸。　薏苡仁主風濕痹，筋骨邪氣不仁，利腸，消水腫。　川芎開鬱燥濕。　羌活主溫濕風。　獨活治兩足寒濕痹，不能動止。　葈耳主風濕周痹，四肢拘攣。　防風去濕。諸風藥俱可治濕，風能勝濕也。　濕在上者，宜風藥以散之。在下者，宜（痰）〔淡〕滲藥以利之。又風藥能去肌表上濕。　藁本治上焦頭目濕氣，中霧露之氣。此既治風，又治濕也。　秦艽主寒濕風痹，下水，利小便，治五種黃病。　狗脊治周痹，寒濕膝痛。　威靈仙主諸風濕冷，脚疾不能履。　白鮮主黃疸淋瀝，濕痹死肌，不可屈伸起止。　附子主寒濕踒躄，白术為佐，除寒濕之聖藥。　側子主濕痹，療脚氣。　半夏燥脾胃之濕，所以化痰。　萆薢主風寒濕周痹，腰背痛。　乾薑逐風濕痹。　蘹香子主乾濕脚氣。　蛇床子四肢頑痹，陰汗濕癢。　槐枝洗陰囊下濕癢。　松節酒浸服，主脚痹軟弱，燥血中之濕。　栢實除風濕痹，腰中重痛。　葉亦主濕痹。　五加皮主男子陰痿囊濕，腰痛脚痹。　木瓜實主脚氣水腫，濕痹。　杜仲除陰下濕癢。　蔓荊實主濕痹拘攣。　秦皮主風寒濕痹。　杉材浸洗脚氣腫滿。

吳茱萸除濕痹及下焦寒濕疝痛。　蜀椒去寒濕痹痛。　釣樟根皮治賁豚脚氣，水腫腹脹。　蓼實下水氣，面目浮腫。　荊芥除濕痹。　紫蘇治心腹脹滿，止脚氣，通大小腸。　雞頭實主濕痹，腰脊膝痛。　生大豆逐水脹，去腫除痹。　大豆黃卷主濕痹，筋攣腰痛。　白石英除風濕痹，利小便。　五色石脂主黃疸洩利。　陽起石治莖頭寒，陰下濕癢，臭汗。　龍骨主洩利。

各經主治藥：　肝白朮　心黃連　脾白朮　肺桑白皮　腎澤瀉　胃白朮　小腸車前　三焦陳皮　膀胱茵陳　大腸秦艽　心包絡茗

明·王綸《本草集要》卷八《藥性分類》

治風門：　風屬陽，善行。又風寒為病甚多，故治風多氣藥及熱藥。又風能燥濕，故多滋血潤燥藥。

行氣開表藥：　羌活主賊風失音不語，多癢血癩，手足不遂，口眼喎斜，肢節疼痛，一身盡痛。又去溫濕風。　獨活主諸賊風，百節痛風，無久新者。又風毒齒痛。　防風主大風頭眩痛，惡風，風邪目盲，風行周身，骨節疼痹，頭面去來，四肢攣急。治風通用，除上焦風邪之仙藥。又風藥中潤劑。　細辛諸風通用，頭面風痛不可缺。治百節拘攣，風濕痹痛，消死肌，風癇癲疾。　升麻手足陽明傷風的藥，及發散本經風邪。　麻黃主中風傷寒頭痛，發表出汗，止咳逆上氣。　白芷治風通用。去肺經風熱，風頭痛，中風寒熱。解利藥也。　蒼朮主大風在身面，風眩頭痛。　乾薑出汗，散寒邪，去風濕痹。　生薑散風寒痰嗽。　藁本太陽經風藥，除頭風。　杜若主風入腦戶，頭腫痛。　天麻主頭風，諸風濕痹，四肢拘攣。　蔓荊實主風頭痛，腦鳴頭昏悶，散風邪，除目睛內痛。　葈耳主風頭寒痛，風濕周痹，四肢拘攣。　秦艽主風濕風痹，肢節疼痛，通身攣急。療風無問新久。　槐白皮主中風皮膚不仁。　槐膠主一切風，化痰，急風口噤，四肢不收，頑痹。或毒風周身如蟲行，或破傷風。　桑枝條治遍體風癢，風氣拘攣。　葉主風痛出汗。　辛夷主風頭腦痛，解肌。　芥子治風腫毒及麻痹。　枳殼治遍身風疹風痛，大風在皮膚中如麻豆苦癢。腸風痔疾，通利關節，主皮毛。　沉香散氣，治麻痹，骨節不任，濕風皮膚癢。　龍腦香主大人小兒風涎閉壅，散氣，通利關膈。　瓜蒂主風癇喉風，痰涎壅塞。　蜀椒主大風汗不出。　蔥白主中風而目腫，喉痹不通。　皂莢主風痹死肌，邪氣風頭淚出。　荊芥治頭風眩暈，婦人血風等病。產後中風。　薄荷主賊風，傷寒發汗，通利關節，傷風頭腦風，風氣壅，併小兒風涎，驚風壯熱。　蟬蛻治頭風目眩。又風氣客皮膚，瘙癢不已。　殭蠶治中風失音，并一切風疾，去皮膚風動如蟲。中風急喉痹。　蠍主諸風癮疹，中風半身不遂，口眼喎斜，語澀，手足抽掣。小兒驚風不可缺。　白花蛇主中風，濕痹不仁，筋脈拘急，口面喎斜，半身不遂，骨節疼痛。大風疥癩，暴風瘙癢。此蛇治風速於諸蛇。　烏蛇主諸風癮疹疥癬，皮膚不仁，頑痹。

辛熱散寒藥：　烏頭主中風惡風，洗洗出汗，肩脾痛不可俛仰。治風痹血痹，半身不遂。行經藥也。　天雄主大風寒濕痹，歷節痛，拘攣緩急，關節重，不能行步。頭面風去來疼痛。治一切風，利皮膚，消風痰。　側子主濕痹大風，筋骨攣急，歷節腰腳疼。又治遍身風疹神妙。　天南星主中風，除風痰麻痹。　何首烏療頭面風瘡。　白附子主血痹，面上百病，中風失音，諸風冷氣，疥癬風瘡。　桂主風寒頭痛腰痛，出汗，治風痹骨攣腳軟，中風失音，四肢逆冷。　威靈仙主諸風濕冷，膝痛腳重不能履。治風在上下，通十二經脈。治大風皮膚風癢痛，去大腸風。　仙茅主腰腳風冷，攣痹不能行。　萆薢主風寒濕周痹，老人五緩。　南藤主風血，強腰腳，排風邪。　石南主腳弱，逐風痹。　厚朴主中風寒頭痛。

清熱潤燥藥：　天門冬主諸暴風濕偏痹。　沙參主肌熱，浮風身癢。　黃耆主大風癩疾，治病風不能言，口噤，有黃耆防風湯。　菊花主風頭眩腫痛，目欲脫，淚出，皮膚死肌，惡風濕痹，身上諸風，四肢遊風。　芎藭主中風入腦頭痛，寒痹筋攣緩急，散(腫)〔肝〕經風頭面風不可缺。　菴藺子主風寒濕痹，身體諸痛，腰腳重。　蒺藜子主身體風癢，治風明目。　青葙子主皮膚中熱風身癢。　玄參治暴中風，身熱支滿，忽忽不知人，頭風熱毒。　白薇主暴中風，身熱支滿，忽忽不知人，狂惑邪氣。　牡丹皮主中風氣瘈瘲，驚癇邪氣。　卷栢治頭中風眩痿躄。　薯蕷治頭風目眩。　女萎主中風暴熱，四肢拘攣，不能動搖。　薏苡仁主筋急拘攣，不可屈伸，風濕痹。　巴戟天主大風邪氣，頭面遊風，大風血癩。　前胡主風頭痛，去痰實。　黃芩解在肌風熱。　防己主風寒溫瘧諸癇，療風水氣，中風手腳攣急。　苦參治大風有功，及遍身細疹癢痛。　天竺黃去諸風熱，主小兒驚風。　白鮮治頭風，一切熱毒風，風瘡癢癬，眉髮脫脆。　羊躑躅主賊風在皮膚中，淫淫痛，諸痹。　豨薟治中風，偏風麻痹，骨間疼痛，腰膝無力。　白頭翁治一切風氣，及百節骨痛，暖腰膝。　栢實除風濕痹，歷節腰中重痛，去頭風。　葉主大風疾，眉髮脫落。　松脂治風痹死肌，歷節風，惡風癩疾。　葉治腳氣風痹，及諸歷節風。　松節主百節久風，風虛腳弱疼痛。　枸杞去皮膚骨節間風。　腎家眼痛風癢，血虛者用之。　酸棗仁主四肢酸疼，濕痹，筋骨風。　竹葉主風痓熱毒風。　根同。　竹瀝治卒中風，失音不語，風痹頭風，頭旋倒地。　五加皮治風痹，四肢攣急，痛風五緩。　乳香治中風口噤。　杏仁散肺經風寒咳嗽。　荊瀝治頭風旋目眩。　麻子主中風汗出，皮膚頑痹，骨髓風毒疼痛不可運動。　花治惡風，黑色遍身苦癢，諸風惡血。　黑大豆主風痹癱緩，口噤。　赤銅屑熬熱，投酒中服，主賊風。　曾青療頭風，爽神氣。　伏龍肝主中風不語，心煩恍惚，手足不隨。　牛黃主大人狂癲，中風失音。　犀角主中風失音，風熱驚癇。　羚羊角主溫風注毒，伏在骨間。　虎骨治筋骨臂脛毒風攣急。　雁肪主風攣拘急，偏枯。　鰻鱺魚治一切風瘙如蟲行，長食之良。

各經主治藥：　肝川芎　心細辛　脾升麻　肺防風　腎獨活　胃升麻　大腸白芷　小腸藁本　三焦黃耆　膀胱羌活　心包絡川芎

治燥門　風能燥，故次風門。燥屬火熱，屬血枯。故治燥門多甘寒藥及血藥。

解熱生津藥：　茅根止消渴。　葛根主消渴，脾虛而渴。　黄連瀉心火，止消渴。　王瓜主消渴。　栝樓根主消渴，除腸胃中痼熱，唇乾口燥，短氣。子亦治消渴之細藥。　知母主消渴熱中，人虛而口乾，加用之。　地骨皮主熱中消渴。　菰根主腸胃痼熱，消渴。　苧根治天行熱疾，大渴大狂。　漬苧汁治消渴。　甘蕉根治狂熱煩悶及消渴。　麥門冬生津止渴。　蘆根治胃中熱，消渴。　水萍主消渴。　蘭草生津止渴，消渴症非此不除。　竹葉止消渴。　萊菔根主消渴。　藕主熱毒口渴，解煩悶。　梅實生津止渴。　安石榴主咽燥渴。　梨潤肺，除煩渴。　綠豆消渴煩熱。　小麥主燥渴咽乾。　滑石解燥渴，降妄火。　石膏治口乾舌焦不能息，惡熱燥熱，大渴引飲，潤肺生津。　凝水石治同石膏。

滋血潤燥藥：　熟地黄治老人虛中燥熱。　生地黄治血熱便乾。　肉蓯蓉人虛而大便燥結者用之。　瑣陽同上。　郁李仁破血潤燥。　杏仁潤心肺，散結潤燥。　桃仁主血結血燥，通潤大便。　栢實潤腎燥。　麻子利小便，潤大腸，風熱結燥便難，止消渴。　白油麻潤肌膚，滑腸胃。　油滑骨髓，通大小腸。　大黄治大便燥結。　芒硝主久熱胃閉，利大小便，潤燥軟堅。　梔子治胃中亡血亡津液，內無潤養，生虛熱。　蜀葵花赤者治赤帶，白者治白帶。赤治血燥，白治氣燥。　石蜜養脾潤燥。　猪膽汁潤大便不通。

各經主治藥：　肝當歸　心麥門冬　脾麻仁　肺杏仁　腎栢子仁　大腸硝石　小腸茴香　三焦山藥　膀胱茴香　心包絡桃仁

治瘡門　瘡屬熱，屬毒，故治瘡多苦寒藥及解毒藥。亦因氣逆血滯，故多行氣活血藥。

瀉火解熱寒涼藥：　天門冬治肺痿生癰，吐膿血。　麥門冬治肺痿吐膿。　薏苡仁治肺痿肺癰，吐膿血。　桔梗治肺癰排膿，養血，補內漏。　升麻主風腫癰，喉痛口瘡，肺痿肺癰，咳唾膿血，瘡家聖藥。　款冬花治肺痿肺癰，吐膿血。　葶藶治肺癰，喘不得卧。　黄耆主癰疽，久敗瘡，排膿止痛。大風癩疾，五痔鼠瘻。治脾胃虛弱，瘡瘍血脈不行，內托陰症，瘡瘍必用之。　甘草主金瘡尰，解毒，消瘡疽，與黄耆同功。節主用消腫導毒。　丹參主惡瘡瘿贅腫毒，排膿止痛生肌。　玄參散頸下核，癰腫。　黄連治諸瘡腫毒必用之。　黄芩主丁瘡，乳癰發背，惡瘡疽蝕，火瘡。　防已散癰腫惡結，諸蝸疥癬蟲瘡。　栝樓根主乳癰發背，痔瘻瘡癤，消腫排膿，生肌長肉。　苦參除癰腫，殺蟲瘡疥赤癩。　大黄傅貼一切瘡癤癰腫。　盧會主痔病瘡瘻，匶齒，癬在頸項間，延耳頰。　紫草發瘡疸不出。　芒硝消腫毒，排膿軟堅。　通草散癰腫，諸結不消，及金瘡惡瘡，喉痹，鼠瘻，齆鼻息肉。　連翹主寒熱鼠瘻，瘰癧癰腫，惡瘡瘿瘤結熱。　梔子主面赤酒皰皶鼻，白癩赤癩瘡瘍。　蘖木主陰傷蝕瘡，男子莖上瘡。又蜜炙為末，治口舌瘡。又配細辛，治口瘡有神功。　苦竹葉卒得惡瘡不識，燒葉和雞子黄傅之。　茶葉主瘻瘡，諸爛瘡及燙火瘡。　景天主大熱火瘡金瘡，止血，風瘮惡癢，熱毒丹腫，小兒赤游丹毒。　藍汁主金瘡血悶，丁瘡腫毒，遊風熱毒腫。　青黛傅熱瘡惡腫，金瘡。　王瓜治諸邪氣熱結，鼠瘻，散癰腫留血。　萱草根治破傷風，酒煎服。　苧根搗傅諸癰疽發背發乳房。　甘焦根搗傅癰腫結熱發背諸毒。　白鮮治風瘡疥癬，赤爛眉髮脫脆。

行氣開滯辛溫藥：　菖蒲主癰腫發背，疥瘙，殺諸蟲，遍身熱毒瘡痛不癢。　獨活主風寒所擊，金瘡止痛，下乳結，消死肌。　細辛主喉痹齆鼻，止痛。　麻黄消赤黑斑毒。　防風主字乳金瘡，瘡在身半已上者須用之。　白芷主乳癰發背，瘰癧，腸風痔瘻，一切瘡疥，排膿止痛，生肌蝕膿。　天麻主熱毒癰腫。　苗名赤箭治同。　葈耳實主惡肉死肌，瘰癧，疥癬瘙癢。　附子為末，作餅，灸年久冷漏瘡。又醋調，塗丁腫。　烏頭汁主瘻瘡瘡根結核瘰癧，毒腫。　側子主癰腫鼠瘻，及遍身風癩。　天雄治金瘡。　半夏塗消癰腫。　南星消癰腫，散金瘡瘀血，疥癬惡瘡，破傷風。　何首烏主瘰癧，消癰腫，療頭面風瘡，五痔。　白附子主疥癬風瘡。　木香治癰腫毒。　蘹香子治惡毒腫毒。　沉香療風水腫毒。　蛇床子主婦人陰中腫痛，男子陰痿濕癢，惡瘡濕癬。　白藥主金瘡生肌，諸瘡腫毒不散。　白斂主癰腫諸瘡，散結氣，止痛，殺火毒，治燙火瘡，刀箭瘡。　白及主癰腫，惡瘡敗疽，傷陰死肌，白癬疥蟲。　杉材療漆瘡。　烏藥主癰癤疥癩。　藿香療風水腫毒。　蜀椒洗漆瘡。　紫真檀主惡毒風毒，醋和塗之。末，傅金瘡，止血止痛。　乳香療風水腫毒，治諸瘡，調血氣，定諸經之痛。煎膏，止痛長肉。　巴豆去惡肉，排膿消腫。　箭簇入骨不可拔。　皂莢煎膏，貼一切腫毒，止疼痛。　角針治瘡藥中用之，直達瘡所。又米醋煎嫩刺，作濃煎，傅瘡癬奇效。　荊芥杵末，醋和封風毒丁腫。　芥子醋研，傅游腫諸毒及麻痹。　萊菔子醋研塗消腫毒。　葱莖署金瘡水入皸腫痛。　薤主金瘡瘡敗，諸瘡中風寒水腫，生搗，熱塗之。　蓼實主癰瘍瘰癧。　與蜜同搗，塗燙火瘡。　葫主散癰腫匶瘡，切作片，貼腫頭中心，炷艾灸其上。

活血行血藥：　川芎主痔瘻，腦癰發背，瘰癧瘿贅，排膿，消瘀長肉。　當歸主諸惡瘡瘍，金瘡，煮飲之。　芍藥治癰腫發背，痔瘻。　菊葉治丁腫垂死。冬用根。　牛膝主金瘡痛，及卒得惡瘡不識。又治竹木刺入肉。　紅花苗生搗，傅遊腫。亦取汁服，治一切腫。　牡丹治癰瘡，排膿止痛。　鱧腸傅針灸瘡發紅，血不止。　鬱金治金瘡，生肌，消癰腫。　薑黃同。　莎草根醋煮，罯婦人乳腫痛。　地榆治金瘡，除惡肉蝕膿，諸瘻惡瘡熱瘡，可作金瘡膏。　茅針生挼，傅金瘡惡瘡腫潰者。煮服之，主㾦。　艾葉主五痔，下部䘌瘡。　大薊療癰腫惡瘡。　續斷主調血脈，癰(傷)〔瘍〕折跌，續筋骨，金瘡血內漏，止痛生肌。　漏蘆主惡瘡疽痔乳癰。治撲損，續筋骨。傅金瘡，止血長肉。　天名精治金瘡折傷。　蘇方木破血排膿，止痛，消癰腫。　騏驎竭主金瘡折傷，生肉。　無名異主金瘡，折傷內損。　沒藥主金瘡杖瘡，諸惡瘡痔漏。　花乳石主金瘡。　藕罯金瘡散血。　山查子催瘡痛，消滯血。　醋消癰腫，斂咽瘡，治金瘡血暈。又漬黃栢含之，治口瘡。　龍骨主腸癰內疽，陰蝕。　鹿角主惡瘡癰腫。　馬兜鈴主血痔瘻瘡。

雞冠血治白(廢)〔癜〕風，諸瘡。　虎骨治惡瘡鼠瘻。　膏主狗嚙瘡，頭禿瘡。　牡蠣主瘰癧癰腫，喉痹，鼠瘻。　文蛤主惡瘡蝕，五痔鼠瘻，疳蝕口鼻。　龜甲主五痔陰蝕，女子陰瘡。　鱉甲消瘡腫陰蝕，五痔，陰頭癰。　亂髮治破傷風。　人溺淋打撲杖瘡及蛇犬等咬。　桑白皮作線縫金瘡，更以熱雞血塗之。　銅青治金瘡止血。　桑皮中白汁塗金刃所傷，更(刺)〔剝〕白皮裹之。　自然銅療折傷，續筋骨。

解毒攻毒藥：　茺蔚子擣傅丁腫乳癰。絞汁服，消丁腫，諸惡毒腫。　瞿麥出刺，決癰腫排膿。　百合主喉痹發背，及諸瘡腫。　石韋治發背甚效，炒末，酒調服。　芫花主癰腫。　根療疥瘡。　商陸傅癰腫惡瘡，治石癰堅如石不作膿。　薺苨封疔腫。

蚤休主癰瘡陰蝕。　絡石主風熱死肌，癰傷癰腫不消，喉舌腫，水漿不下。刀斧諸瘡，封之立差。　營實主癰疽惡瘡結肉，跌筋敗瘡，熱氣陰蝕，頭瘡白禿。根治疽癩，諸瘡金瘡傷撻，生肉復肌。　敗醬主暴熱火瘡，赤氣疥瘙，疽痔癰腫結熱，治腹癰下膿，能破多年凝血，化膿為水。　惡實主風毒腫瘡疹，喉痹牙痛，頭面腫，吞一枚，可出癰頭瘡。根亦主風毒癰瘡。根葉共擣，入鹽少許，封熱毒，傅杖瘡金瘡，永不發。　金星草主癰疽發背，瘡腫結核。　䕡茹主蝕惡肉，敗瘡死肌，殺疥瘡，排膿。　紫葛主癰腫惡瘡，醋和封之。　樺木皮主時行熱毒，豌豆瘡。又乳癰初發，酒服方寸匕。　蒲公草主乳癰腫，傅疔腫，諸瘡及惡刺，化惡毒，消結核。　牙子主疥瘙惡瘍，瘡痔。　鴨跖草主丁腫癰疽，小兒丹毒。

苘實吞一枚，破癰腫。　合歡皮煎膏，消癰腫，續筋骨。　百草灰主腋臭及金瘡。　榆皮消腫毒，塗諸瘡。　實亦塗諸瘡癬，小兒頭瘡。　白棘主癰腫潰膿，止痛。　木鱉消結腫惡瘡，生肌，肛門腫痛。　冬葵子水吞三五粒，潰癰癤，便作頭膿出。　根主惡瘡。

蜀葵治惡瘡，散膿血惡汁。　葉燒為末，傅金瘡。擣碎，傅火瘡。　花治一切瘡疥。　黃蜀葵花瘡家要藥。　主諸瘡膿水久不差。　馬齒莧破癰疽，和梳垢封丁腫。又燒灰，和醋封之，即根出。又傅豌豆瘡。又塗風瘡，白禿濕癬，杖瘡，多年惡瘡。　苦苣取莖口白汁，傅疔腫出根。又滴癰上，立潰。　蘩蔞主積年惡瘡不愈神效。　胡麻生者摩瘡腫，生禿髮，療金瘡，止痛。嚼塗小兒頭瘡，及浸淫惡瘡，婦人陰瘡。　白油麻油煎沸，對和好酒溫服，取微汗，治癰疽發背腫毒。煎膏，生肌長肉，止痛消腫。　生大豆塗癰腫。　豆豉熬末，傅惡腫。　赤小豆排癰腫膿血，水和塗，消毒氣。和雞子白，調塗熱毒。　雲母傅金瘡并一切惡瘡，治風疹遍身。　丹砂治瘡瘍疥瘻。　石膽主金瘡，鼠瘻惡瘡。　五石脂主癰腫，疽痔惡瘡，頭瘍疥瘙。　白石英治肺痿肺癰吐膿。　紫石英散癰腫。　綠礬治喉痹，蚛牙口瘡，及惡瘡疥癬。　輕粉主瘰癧，殺瘡疥癬蟲，及酒齄鼻，風瘡燥癢。　水銀主疹瘻痂瘍白禿。　鐵銹和油塗惡瘡疥癬。　磁石消癰腫，鼠瘻頸核。　伏龍肝消癰腫毒氣。　蜜佗僧主五痔，金瘡口瘡。　石灰主疽瘍疥瘙，熱氣惡瘡，癩疾死肌，治金瘡。　薑石主豌豆瘡，丁腫等毒。大凡石類多治癰疽。　熊脂主頭瘍白禿，面皯皰。　膽治惡瘡久痔。　犀角治發背癰疽瘡腫，破血化膿。　兔腦髓塗凍瘡。　牡狗膽傅痂瘍惡瘡。　頭骨主金瘡，燒灰傅之。附骨疽、魚眼瘡，燒煙熏之。　馬溺洗頭瘡白禿。　雄雀屎治癰癤立潰。　白蟲蠟外科要藥。　露蜂房主腸痔毒腫，乳癰。　蜣螂治丁瘡，惡(疸)〔疽〕鼠瘻，出痔蟲，及箭簇入骨，沙塵入眼。　牡鼠療踒折，傅湯火瘡。醫針人針折在肉中，箭簇刀刃在隱處。　白殭蠶治男子陰瘍。　封丁腫根出。傅刀斧所傷，一切金瘡。　原蠶蛾治金瘡，凍瘡，湯火瘡。　蠶蛻傅丁腫瘡，牙宣牙癰口瘡。　蝦蟇主癰腫，陰瘡癬瘡，鼠瘻，蟲食下部，猘犬傷瘡。　蟾酥治癰(疸)〔疽〕丁腫，蚛牙齒縫出血。　蛞蝓和蛤粉傅發背。　蚌醋調，傅癰腫。　螻蛄出肉中刺，潰癰痒惡瘡。　水蛭吮癰腫腫毒。　人尿傅丁腫。　糞清治惡瘡。　夜明砂治瘰癧。　貝母主喉痹乳難，金瘡，項下瘻瘤疾。　敷惡瘡，人面瘡，斂瘡口。　白頭翁主癭氣，項下瘰癧及金瘡。　狼毒主惡瘡鼠瘻。　通脫木花上花粉主諸蟲瘻，惡瘡痔疾，取粉納瘡中。　蓖麻子主瘡瘍疥癩，取油塗之。擣傅腫毒疼痛。又治瘰癧。　王不留行主金瘡，止血逐痛，出刺，風毒風疹，癰疽惡瘡瘻乳。　草蒿治疥瘙，痂痒惡瘡。　生挼，傅金瘡，止痛生肉。　藜蘆主頭瘍頭禿，疥瘙惡瘡，馬刀爛瘡，及馬疥癬。　羊蹄主頭禿疥瘙，女子陰蝕浸淫疽痔。　栗生嚼，傅瘰癧腫毒，小兒疳瘡。　蛇含主金瘡，疽痔鼠瘻，惡瘡頭瘍，丹瘮。　山豆根消瘡腫，傅禿瘡，治咽喉腫痛。　射干主喉痹咽痛，散結氣，消腫毒結核，治便毒。　穀精草主喉痹，齒風痛，及諸惡疥。　夏枯草主寒熱瘰癧鼠瘻，頭瘡癭氣。　山慈菇主癰腫瘡瘻，瘰癧結核等。　又莖葉擣為膏，入蜜貼瘡。　楓香脂主癮瘮風癢，浮腫齒痛，外科要藥。　大楓子主風瘡疥癬，殺蟲。　槐實治痔瘡。又男女陰瘡濕癢。　槐枝洗瘡及陰囊濕癢。

槐白皮煎湯，洗五痔及男子陰疝卵腫。又治一切惡瘡疥癬。煎膏，止痛長肌，消癰腫。松脂主諸惡瘡，頭瘍白禿，疥瘙，牙蟲痛抽，諸瘡膿血，生肌止痛，抽風。松葉主風濕瘡。栢葉灸罯凍瘡。白皮主火灸爛瘡。茄子根主凍脚瘡。楝皮治風瘙惡瘡，疥癩禿瘡，煎湯洗。青葙子主惡瘡疥蟲，痔蝕下部䘌瘡。胡桃取肉燒令黑，未斷煙，和松脂研，傅瘰癧瘡。海藻主瘻瘤氣項下核，破散結氣，癰腫。昆布主瘻瘤聚結氣瘻瘡，又頽卵腫。大戟治頸癰腫。黄藥根主諸惡瘡瘻，喉痺。柳花主惡瘡，金瘡。絮止血，貼灸瘡。實主潰癰，逐膿血。枝葉根皮煎作膏，塗癰腫、疔瘡妬乳。蕪荑治腸風痔瘻，惡瘡疥癬。仙人杖燒末服，治痔瘡。五倍子療齒宣疳䘌風濕癬瘡，瘙癢膿水，五痔下血，小兒鼻疳瘡，口瘡。雄黄主寒熱風瘻，惡瘡疽痔，死肌，疥蟲䘌瘡，鼻中息肉。雌黄主惡瘡，頭禿痂疥，下部䘌瘡。礬石主惡瘡瘰癧，疥癬甲疽。石硫黄主婦人陰蝕，疽痔惡血，及下部䘌瘡，殺疥蟲，除頭禿。礜石主寒熱鼠瘻蝕瘡，死肌，鼻中息肉。狸頭骨治鼠瘻惡瘡，痔瘡。啄木鳥主痔瘻，牙齒疳䘌蚛牙。蝟皮主五痔陰蝕。蠐螬傅癰疽痔漏，惡瘡，又治喉痺。蛇蜕主腸痔，療諸惡瘡。鰻鱺魚主五痔瘡瘻，殺蟲。鰻鯉甲主痔漏惡瘡，疥癬蟻瘻，吹乳痛。烏賊魚骨治瘡多膿汁不燥。傅丈夫陰頭癰。斑猫主鼠瘻疥癬，瘰癧惡瘡疽蝕。蜘蛛主㿉疣，發背鼠瘻，腫核痛。烏梅去死肌，青黑痣。燒灰末，傅一切惡瘡肉出，惡肉立盡。白梅傅刀箭傷，止血。刺在肉中，嚼封之，即出。乳癰腫毒，杵爛貼之。杏仁燒令煙未盡，研如泥，物裹，納女子陰中，治蟲蛆。石蟹治漆瘡，消癰腫。蟹主漆瘡。脚中髓并殼中黄熬末，納金瘡中，能續斷筋。獺屎主魚臍瘡。

治毒門：治毒門多瘡藥，故次瘡門。邪亦毒類，故治邪藥附之。

解毒藥：甘草解百藥毒，飲饌中毒，中蠱毒。葛根解諸毒、酒毒。葛粉主丹石毒，解鴆毒。藍實解諸毒，殺蠱蚑疰鬼螫毒。葉汁殺百藥毒，毒藥、毒箭、毒刺、鱉瘕、蟲蛇傷，蜘蛛蜂螫毒。青黛解諸藥毒，蛇犬等毒。殺惡蟲物化為水。大青解金石藥毒。百部治疳蚘及傳尸骨蒸勞。殺寸白蟯蟲，去虱，洗牛犬虱，一切樹木蛀，殺蠅蠓。苧根罯毒箭，蛇蟲咬。麻汁解蠶咬人毒。白兔藿主蛇虺、蜂蠆、猘狗、菜肉、蠱毒，鬼疰風疰諸大毒，不可入口者，皆消除之。薺苨解百藥毒，殺蠱毒，蛇蟲咬。罯毒箭。蚤休主驚癇癲疾，去蛇毒，解百毒。桂殺草木毒。預知子主殺蟲，療蠱毒、諸毒，天行瘟疫，一切蛇蟲咬。乾苔下一切丹石，殺諸藥毒，殺木蠹蟲。山豆根解諸藥毒，殺小蟲，寸白蟲。蒲公草解食毒。葱殺百藥毒，罯蛇蟲傷、蚯蚓毒。千金藤主中惡天行，蛇蟲毒，藥石發癲癇。葫辟瘟疫氣、瘴氣，蠱毒，蛇蟲溪毒。生大豆殺鬼毒，烏頭毒，諸藥毒。白藊豆殺一切草木及酒毒，河豚毒。菉豆治丹毒藥石發動。醬殺百藥熱瘡及火毒，蛇蟲蜂蠆等毒。水銀殺虱，殺金銀銅鐵毒。鐵漿解諸毒入腹，蛇、犬、虎、狼、惡蟲毒。鐵銹主蜘蛛蟲等咬。粉錫主伏尸毒螫，殺三蟲，去鱉癥。石蟹解一切藥毒，并蠱毒。地漿解中諸毒煩悶，山中毒菌，楓樹上菌。臘雪解一切毒，瘟疫氣，丹石發動。白鴨屎殺石藥毒。傅蚰蜒咬瘡。鷓鴣主嶺南野葛菌毒，生金毒及溫瘴。鰻鱺殺諸蟲、諸草石藥毒。熏下部蟲，婦人產戶瘡蟲癢。斷蛀蟲及白魚諸蟲咬衣服，熏諸竹木蛀蟲。又燒之於室，煙辟咬蟲。茜根治中蠱毒。景天主諸蠱毒。紫(苑)〔菀〕去蠱毒。桔梗去中惡，下蠱毒。大戟主蠱毒。芫花主蠱毒，鬼瘧，殺蟲魚。藜蘆主蠱毒，殺諸蟲毒。連翹治蠱毒。瓜蒂殺蠱毒。蛇蜕主蠱毒，蛇癇，辟惡。決明子解蛇毒。天南星治蛇蟲咬。牙子治蛇毒。榧實去三蟲、蠱毒。蛇含主蛇蟲、蜂蠆咬。桑葉治蛇蟲、蜈蚣咬。桑中白汁同。烏桕木解蛇毒。蜀椒治蛇入口中不得出。黄藥根主蛇犬咬毒。水蓼傅蛇咬。礬石治蛇咬蠍螫。韭治中惡腹脹，狂犬咬，蛇虺蠱毒。知母治溪毒大勝，兼辟射工。鵝毛及血主射工水毒。蘆根解食魚蟹中毒。紫蘇煮汁飲，治蟹毒。松脂殺蟲牙。乾漆去蚘，殺三蟲。檳榔殺三蟲，伏尸寸白。楝實殺三蟲。根東行者同。巴豆殺腹臟蟲，除鬼毒蠱疰邪物。殺蟲、魚、斑猫、蛇虺毒。吴茱萸根殺三蟲，下寸白。蕪荑去三蟲，寸白。雷丸殺三蟲，逐毒氣，蠱毒。樗木根葉殺口鼻中疳蟲，及蚘(舌)〔蟲〕。石榴東行根治蛔蟲，寸白。長石下三蟲，殺蠱毒。杏仁治女子陰中蟲蛆。白油麻油治髮瘕，蜒蚰入耳。梳篦主虱病如癥瘕。象牙主諸鐵及雜物入肉，喉中刺。鸕鷀頭主鯁及噎。蜘蛛治蠍螫蛇嚙，蜂及蜈蚣毒。栗生嚼，罯，可出箭頭刺。浣褌汁解毒箭。

解毒兼治邪藥：升麻解百毒，殺百精殃鬼，辟瘟疫瘴氣，邪氣蠱毒，中惡腹痛。天麻主諸毒，惡氣鬼疰，蠱毒。赤箭主殺鬼精物，蠱毒，惡氣。阿魏治傳尸邪鬼蠱毒。石龍芻主蠱疰惡毒，蛇蟲。商陸殺鬼精物，瀉蠱毒。鉤吻殺鬼疰蠱毒，鳥獸。常山治鬼毒鬼蠱。蜀漆主蠱毒，鬼疰。狼毒主鬼精蠱毒，殺鳥獸。續隨子主鬼毒鬼疰。鬼臼主蠱毒鬼疰精物，辟惡氣不祥，解百毒。衛矛殺鬼毒蠱疰，中惡腹痛。烏藥主中惡腹痛，蠱毒疰忤鬼氣，猫犬百病。皂莢殺精物勞蟲，鬼魘不悟，卒死卒頭痛。酒主殺百邪惡毒氣。社酒噴四壁，去蚊。糟傅蛇蜂毒。食鹽主殺鬼蠱邪疰毒氣，洗沃中蚯蚓毒。雄黄主中惡蠱毒腹痛，殺精物惡鬼邪氣，百蟲虺毒勝五兵。佩之鬼神不能近。代赭主鬼疰蠱毒，殺精鬼惡鬼。麝香辟惡氣，殺鬼精物，溫瘧蠱毒癇痓，凶邪鬼氣。　犀角主百毒，蠱疰，邪鬼瘴氣，殺鉤吻、鴆羽、蛇毒，山瘴溪毒，除邪，不迷惑魘寐。　羚羊角主蠱毒，惡鬼不祥，治山瘴。　羖羊角主蠱毒，燒之辟惡鬼、虎狼，去蛇。　青羊肝膽主蠱毒。　敗鼓皮主蠱毒，能言蠱主名。　丹雄雞殺毒，辟不祥。冠血百蟲入耳中，滴之即出。　鸛屎主蠱毒鬼疰，逐不祥。　班猫主寒熱鬼疰蠱毒。鵲巢多年者癲狂，鬼魅及蠱毒。　蜣螂主大人癲疾狂易，出痔蟲。　露蜂房主驚癇寒熱邪氣，癲疾，鬼精蠱毒。又治蜂毒腫毒。　蜈蚣主鬼疰蠱毒，諸蛇蟲魚毒，殺鬼物老精，溫瘧，去三蟲。　白頸蚯蚓主蛇瘕，去三蟲，伏尸鬼疰蠱毒，殺長蟲。其屎封狂犬傷毒，出犬毛神效。　貝子主鬼疰蠱毒。　頭垢治中蠱毒及蕈毒，百邪鬼魅。　人屎主天行熱狂，解諸毒。

治邪藥：　菖蒲治中惡與卒死鬼擊。　卷柏鎮心，治鬼邪啼泣。　丹參治中惡，百邪鬼魅腹痛。　艾實治百惡鬼氣。　白薇治狂惑邪氣，忽忽不知人。　防葵治鬼瘧，癲癇驚邪狂走。　百合主邪氣腹脹心痛，通身疼痛，百邪鬼魅，涕泣不止，狂叫驚悸，殺蠱毒。　海藻主辟百邪鬼魅。　草蒿主鬼氣尸疰伏連。　徐長卿主鬼物百精蠱毒，疫疾，邪惡氣，瘟瘧。　爆竹辟妖邪。　蘇合香主辟惡，殺鬼精物蠱毒，去三蟲，除邪，令人無夢魘。　安息香主鬼疰邪氣，魍魎鬼胎蠱毒。燒之，去鬼來神，辟惡氣。　桃花殺疰惡鬼，下三蟲。　桃梟殺百鬼精物，五毒不祥，中惡腹痛。　桃蠹殺鬼邪惡不祥。　葉除尸蟲，出瘡中蛆。　桃符主精魅邪氣，煮汁飲之。　丹砂殺精魅邪惡鬼。　靈砂殺精魅惡鬼氣。　礪石主鬼物惡氣。　半天河主鬼疰狂邪氣，惡毒。　龍骨主心腹鬼疰，精物老魅。　龍齒主癲癇狂走，殺精物蠱毒。　牛黄主驚癇邪癲，除邪逐鬼。　鹿角治婦人夢與鬼交，服之即出鬼精。又妖魅貓鬼，人不肯言鬼者，服之即言實。　虎骨主邪惡氣，殺鬼疰毒。　爪辟惡鬼。　白馬懸蹄主驚邪，辟惡氣鬼毒，蠱疰不祥。　白狗血主癲疾及鬼擊之病。　雄狐糞燒之辟惡。　頭燒，辟邪。　心肝生服，治狐魅。　狸骨主風疰、尸疰，鬼疰。　糞主寒熱鬼瘧。　豚卵主驚癇癲疾，鬼疰蠱毒。　野猪黄主癲癇鬼疰。獺肝主鬼疰尸勞一門相染者。又治蠱毒。　膃肭臍主鬼氣尸疰，夢與鬼交，鬼魅狐魅，中惡邪氣。　蛤蚧主久肺癆嗽，傳尸，殺鬼物邪氣蠱。　蟹合敗漆燒之，致鼠。　鮫鯉甲主五邪鬼魅，驚(蹄)〔啼〕悲傷，山瘴瘧。　死人枕治尸疰，腹中石蚘，邪氣入肝，多見鬼物。

婦人門：　婦女以血為主，故多血藥，宜與前治血門通看。

補虛調經安胎藥：　川芎治血閉無子，驗婦人胎有無。　餘見血門。　當歸主漏下絶子，產前後備急不可缺。　芍藥見血門。　地黄見血門。　續斷治乳難，產前後一切病及子宫冷無子。　艾葉主漏血安胎，止腹痛，辟風寒，暖子宫，使人有子。　香附子婦人之仙藥。詳見血門。　柴胡產前後調經必用之藥。　胡黄連治胎蒸虛驚。生葛汁治姙娠熱病心悶。　黄芩堅實主姙娠，為安胎之聖藥。治胎熱，能清熱故也。蘆根治姙孕人心熱。　萱草花名宜男。懷姙佩之則生男。　大薊根主女子赤白沃，安胎。　王不留行主產難及經脈不匀。　黄蘗治漏下赤白，陰傷蝕瘡。　石南養腎氣。不可久服，(今)〔令〕思男。　卷柏治陰中寒熱痛，癥瘕血閉絶子。生破血，炙止血。　白鮮治陰中腫痛。　白斂治陰中腫痛。　淡竹瀝治懷姙人頭旋倒地，安胎，治子煩。桑耳黑者主漏下赤白汁，血病癥瘕，陰痛，陰陽寒熱，無子。　桑上寄生主崩中不足，懷姙漏血不止，產後餘疾，下乳汁。　蜀葵花赤治赤帶，白治白帶。又催生落胎。　馬齒莧止赤白下。　白藊豆花主赤白下。　青黄二石脂主女子崩中帶下百病。　紫石英補不足，主風寒在子宫十年無子。　陽起石見血門。　伏龍肝主崩中吐血，姙娠時疫熱病，令胎不墮。　阿膠治下血安胎，補虛，血虛而胎不安須此。　羚羊角去惡血，產後血衝心煩悶。　鹿茸治崩中赤白帶下。　鹿角膠主血閉無子，安胎止痛。又治夢與鬼交，取末，和酒調服，即出鬼精。　牡狗陰莖除女子帶下十二疾。　狐陰莖主絶產陰癢。露蜂房治崩中漏下赤白，無子。　蠶蜕主血風病，益婦人。　鯉魚肉安胎，治懷姙身腫。　鱉甲主漏下五色，羸瘦墮胎。　龜甲見血門。

理產和血行氣藥：　茺蔚子治產前後諸疾，行血養血，難產。　苗絞汁服，治子死腹中。　車前子治產難，爲末，酒服。　貝母治產難及胞衣不出。　紅藍花主產後血暈口噤，腹內惡血絞痛，胎死腹中。　苧根治姙娠胎動不安，胎漏下血，產前後心煩悶。　苧麻產婦枕之，止血暈。安臍上，止產後腹痛。　通草治血閉，催生墮胎，下乳。　酸漿治產難，吞其實。　槐實墮胎，催生同。　槐皮煎湯洗陰瘡濕癢，產門癢痛。　紫葳主產乳餘疾，癥瘕血閉，寒熱羸瘦，養血，治血中痛之要藥。　衛矛主崩中下血，腹滿，婦人血氣大效，能治胎。　冬葵子催生，治產難，下乳汁。　瓜蔞子下乳汁。　荊芥治產後血暈口噤，中風身強直，婦人血風等病為要藥。　黑大豆主產後中風，虛熱血病。　蘩蔞蒿主破血，宜產婦。　秤錘主產難及胞衣不下，兒枕痛，燒令赤，投酒中熱服。　古文錢治橫逆產，心腹痛，月膈，五淋，燒以醋淬用。　銅青治血氣心痛。　滑石主乳難。　石鷰產難，兩手各握一枚。　羚羊角散產後血衝心，煩悶，燒末酒服。　羖羊角治產後餘痛。兔頭骨主難產，催產，并產後胎衣及餘血不下。　肉姙娠忌食。　鼺鼠主墮胎，令易產。臨產帶之，或燒末臨時服。　雞卵白主產難，胞衣不出。　夜明砂主子死腹中。　蚱蟬治乳難，胞衣不出，墮胎。　五靈脂主女子血閉，產婦血暈，行經血，亦止血，治心痛，血氣刺痛甚效。　人溺治產難，胞衣不下，產後溫飲一盃，壓下散血，免血暈極效。　乾薑治血虛發熱，產後大發熱者用之。　黑附子墮胎。　烏頭、天雄同。　半夏墮胎。　桂墮胎，通血脈，消瘀血。　何首烏治產後及帶下諸疾。　木香治女人血氣刺痛，安胎行氣。　縮砂安胎，治妊娠因氣動胎疼痛，行氣故也。　萞麻子催生，下胞衣。　枳殼能瘦胎順氣，治胎肥難產。　麝香主產難，墮胎。　蛇床子主陰中腫痛及產後陰下脫，令人子臟熱。

攻克血積藥：　延胡索破血結塊作痛及產後諸病，因血所為者。　京三稜見血門。　蓬朮見血門。　瞿麥破胎墮子，下閉血。　大戟治瘀血，通血水，墮胎。　續隨子主血結月閉，癥瘕痃癖瘀血。　射干消月閉，通瘀血。　乾漆見血門。　山〔楂〕治兒〔枕〕痛。　大麥芽催生落胎，治產後秘結，鼓脹不通。　神麯落胎，下〔兔〕〔鬼胎〕。

小兒門：　小兒為病，大率脾與肝經，故多消積殺蟲及驅風清熱之藥。

治脾病補虛疳瀉藥：　黃耆補虛，小兒百病。　甘草初生，煮汁，綿漬點口中，以吐惡汁，令無病。　茅針益小兒。　前胡治一切疳氣。　胡黃連治驚癇寒熱，不下食，霍亂久痢成疳，溫瘧骨蒸。小兒藥多用之。　黃連治疳氣，形瘦氣急。又治食土。　葛根治小兒熱痞。　葛穀主下痢，十歲以上。　肉豆蔻傷乳吐逆泄瀉。　使君子主五疳瀉痢，殺蛔蟲。　盧會治諸熱，癲癇驚風，療五疳，殺三蟲。　楝根東行者，療蛔蟲甚效。　青黛治諸熱，驚癇疳熱痢，消瘦諸病，瀉肝，消食積，殺蟲。　藍葉汁治壯熱〔成〕疳，丹〔熱，禿〕瘡。　栢葉治蟲痢大腹，下黑血如茶脚色，或膿血似澱色。　雷丸〔治〕小兒百病，殺三蟲。除胃中熱結積。　樗白皮主疳痢，殺口鼻中疳蟲及蛔蟲。　梳篦垢主惡風霍亂，水和服之。　蜀葵葉炙煮與小兒食，治熱毒下痢。　韭汁初生灌之，即吐惡血，令無病。　山查子消食健胃，益小兒。　沙糖小兒不宜多食，損齒，發疳䘌，生蛔蟲。　丹砂初生時細研，蜜調塗口中，〔今〕〔令〕吮之。又解豆瘡毒，令少出。　神麯化水穀，消宿食，治小兒腹堅大如盤。　青礞石主食積，不再羸瘦。　蠶蛻治走馬疳。　地榆治疳熱，瀉痢極效，煮濃汁飲之。　蝦蟇治疳氣，殺疳蟲，鼠瘻，治洞洩下利。　蟾酥治疳瘦及腦疳。　龜甲治顖不合，頭瘡難燥。　鱉甲治小兒肋下結核，溫瘧勞瘦。　烏賊魚骨治小兒痢。

治肝病風熱驚癇藥：　菖蒲溫瘧積熱不解，煎湯浴之。　景天浴小兒，去煩熱虛氣風疹。　桔梗治驚癇客忤。　連翹除心經寒熱，最宜小兒。　槐白皮治驚癇壯熱。　燈心草燒灰，塗乳上，與食，治夜啼。　竹瀝治驚癇天吊，壯熱煩悶。　薄荷主小兒風涎，驚風壯熱。　牡荊瀝主心熱驚癇，除痰唾。　秦皮主小兒癇身熱。　釣藤主寒熱十二驚癇客忤，胎風，惟療小兒。　蜜蒙花主青盲，膚翳赤脈，小兒麩豆，及疳氣攻眼。　五加皮療小兒不能行。　仙人〔林〕〔杖〕主吐乳，水煮服。　驚癇及夜啼，安身伴睡。　龍腦香通利小兒，風涎閉壅，及暴驚熱，發豌豆瘡及赤瘡。　天竺黃主驚風，天吊客忤，痰壅失音，鎮心明目。　去諸風熱，滋養五臟，小兒藥最宜。　浮小麥治骨蒸肌熱。　金屑主驚，傷風癇失志。　銀屑主癲疾狂走。　磁石主驚癇。　臘雪治熱癇狂啼，溫疫。　熊膽主驚癇，五疳。　龍骨主邪氣，治小兒熱氣驚癇。　又傅〔臍瘡〕不差，燒灰塗。　齒主驚癇身熱，癲疾狂走。　牛黃主驚癇寒熱，小兒百病，諸癇口噤邪惡。〔初〕生三三日，服之去驚邪、惡氣。　牛齒主牛癇。　犀角主風熱驚癇。　羚羊角主驚癇。　羖羊角主驚癇。　齒主羊癇寒熱。　虎膽主疳痢驚癇。　馬齒主驚癇。　雞冠血治小兒卒驚，似有痛處而不知疾狀，取滴口中少許。　鵝毛主驚癇。　鸛屎與窠作〔湜〕〔湯〕浴，治驚邪。　蚱蟬主驚癇夜啼，癲疾寒熱。　蟬花主天吊驚癇，瘈瘲夜啼，心悸。　蜣螂主驚癇瘈瘲，腹脹寒熱，疳蟲。　真珠小兒驚熱藥中用之。　白殭蠶主驚癇夜啼，去三蟲。　蠍小兒驚風不可缺。　衣魚主中風項強背起，摩之效。　又淋閉，取以摩臍及小腹，溺即通。　髮髲主驚熱，又熱瘡。　亂髮主驚癇，鵝口瘡。

治瘡毒藥：　菟絲子治頭瘡熱（沸）〔疿〕，痘瘡癢塌，煎湯洗之。　紅花子吞數粒，主天行瘡子不出。　臙脂主聤耳，〔滴〕耳中。　麻黃治小兒瘡疱倒黶黑者。　升麻主瘡及痘瘡心躁不安，煮汁洗之。　紫草治豌豆瘡不出，通水道，去邪氣，治痘要藥。　胡荽主禿瘡，又治豆瘡不出，令速出。　甘焦根搗傅赤遊。　苧根主赤丹。　鴨跖草小兒丹毒發熱。　雞肶胵黃皮傅鵝口不乳。　桑皮中白汁主口瘡及鵝口，舌上生瘡，傅之神效。　榆皮及實治頭瘡白禿。　五倍子治面鼻疳瘡。　胡麻嚼塗頭上諸瘡。　白油麻同上。　栗生嚼，〔罯〕疳瘡瘰癧腫毒。　赤小豆洗治急黃爛瘡。　猪膽汁傅頭上瘡。　鯽魚生頭瘡，口瘡，重舌，目翳。

明・方廣《古菴藥鑑》　治風門：　風屬陽，善行數變，自外而入，以鬱正氣，故治風多行氣開表藥。　又風入久變熱，熱能生痰，宜用祛風化痰藥。　又熱極生風，風能燥液，宜用清熱潤燥藥。　行氣開表藥：　羌活苦、甘、辛，平，微溫。　獨活同上。　防風甘、辛，溫。　細辛大辛，溫。　升麻辛、苦，平，微寒。　麻黃苦、甘，溫。　白芷辛，溫。　藁本辛、苦，溫。　天麻辛、甘，平。　秦艽苦、辛，平，微溫。　威靈仙苦，溫。　葈耳實苦、甘，溫。　蔓荊實苦、辛，微溫。　牡荊實苦，溫。　惡實辛、苦，平。　紫蘇辛、甘，溫。　薄荷辛、苦，涼，溫。　荊芥辛、苦，溫。

祛風化痰藥：　天南星苦、辛，平。　何首烏甘、苦，微溫。　白附子甘、辛，溫。

皂莢辛，鹹，溫。　梨蘆辛、苦，寒。　瓜蒂苦，寒。　蟬蛻鹹、甘，寒。　蠍甘、辛。

白殭蠶鹹、辛，平。　白花蛇甘、鹹，溫。　牛黃苦而平，涼。　虎骨辛，微溫。

清熱潤燥藥：　菊花苦、甘，平，寒。　蜜蒙花甘，平。　蒺藜子苦、辛，微寒。　青葙子苦，微寒。　木賊甘、微苦。　白薇苦、鹹，平，寒。　瓜蔞甘，平。　巴戟天辛、甘，微溫。　天竺黃甘，寒。　五加皮辛、苦，微寒。　主治各經風藥：　肝川芎　心細辛　脾升麻　肺防風　腎獨活　胃升麻　大腸白芷　小腸藁本　三焦黃芪　膀胱羌活　已上諸藥，發散風寒，升散鬱火，兼治表濕之劑。

治熱門：　治熱以寒，寒藥屬陰，故治熱多陰藥。　有鬱火宜發散，宜用風門藥。火鬱則發之，升陽散火也。夫熱燥皆屬陽，宜與治燥門通看。　治上焦熱藥：　黃芩苦，平，寒。　梔子苦，寒。　沙參苦、甘，微寒。　玄參苦、鹹，微寒。

前胡苦，微寒。　青黛鹹、甘，寒。　山豆根甘，寒。　百部根甘、苦，微寒。　桑白皮甘、辛，溫。　丹參苦，微寒。　白前甘、辛，微寒。　桔梗苦，微寒。　治中焦熱藥：　黃連苦，寒。　胡黃連苦，平。　連翹苦，平，微寒。　葛根甘，平。　香薷辛，微寒。石斛甘，平。　滑石甘，寒。　石膏辛、甘，微寒。　玄明粉辛、甘，寒。

茵蔯蒿苦、辛，平，微寒。　大黃苦，大寒。　芒硝辛、鹹，寒。　犀角甘、辛、鹹，寒。

羚羊角鹹、苦，寒。　治下焦熱藥：　蘗木苦、微辛，寒。　柴胡苦，平，微寒。草龍膽苦，澁。　防己辛、苦，平，寒。　車前子甘、鹹，寒。　地膚子苦，寒。　石韋苦，甘，平，微寒。　通草辛、甘，平。　地榆苦、甘、鹹，微寒。　苦參苦，寒，沉。秦皮苦，寒。　文蛤鹹，平。　龜甲鹹、甘，平。　鼈甲鹹，平。　主治各經熱藥：肝氣，柴胡；　血，黃芩。　心氣，麥門冬；　血，黃連。　脾氣，白芍藥；　血，生大黃。肺氣，石膏；　血，梔子。　腎氣，玄參；　血，黃栢。　膽氣，連翹；　血，柴胡。　胃氣，葛根；　血，大黃。　三焦氣，連翹；　血，地黃。　膀胱氣，滑石；　血，柴胡。　大腸氣，連翹；　血，大黃。　小腸氣，赤苓；　血，木通。　包絡氣，門冬；　血，丹枝。　主治骨肉分勞瘵發熱藥：　肝氣，當歸；　血，柴胡。　心氣，生地黃；　血，黃連。　脾氣，芍藥；　血，木瓜。　肺氣，石膏；　血，桑白皮。　腎氣，知母；　血，生地。　膽氣，柴胡；　血，瓜蔞。　胃氣，石膏；　血，芒硝。　大腸氣，芒硝；　血，大黃。　小腸氣，白茯苓；　血，木通。　三焦氣，石膏；　血，竹葉。　膀胱氣，滑石；　血，澤瀉　已上諸藥，治上中下三焦內熱，兼治濕熱之劑。

治濕門：　濕因氣虛不能運化水穀而生，宜用補氣除濕藥；　又宜調中消導藥，行濕利大小便藥。外濕宜汗散，宜用風門藥，風能勝濕也。　夫濕、寒皆屬陰，宜與治寒門通看。　補氣除濕藥：　黃耆甘，微濕。　人參甘、微苦，溫，微寒。　甘草甘，平，生寒熟溫。　白朮(治)甘、辛，溫。　茯苓甘，淡，平。　薯蕷甘而溫平。　調中消導藥：　蒼朮苦、甘、辛，溫，性烈。　半夏辛、微苦，平，生寒熟溫。　橘皮辛、苦，溫。　青皮苦、辛，寒。　枳殼苦、鹹、辛，氣微寒。　枳實苦、酸，寒。　厚朴苦、辛，溫。　射干　旋覆花鹹、甘，溫。　大腹皮辛，微溫。　白藊豆甘，微溫。　大麥蘗鹹、甘，溫。　神麴甘，溫。　山查子消食。　京三稜苦、辛，平。

蓬莪朮苦、辛，溫。　阿魏辛，平，熱。　史君子甘，溫。　薏苡仁甘，平，微寒。

罌粟殼甘而平，性澁。　行濕利大小便藥：　猪苓甘、苦，淡，平。　澤瀉甘、鹹，寒。　瞿麥苦、辛，寒。　紫草苦，寒。　木瓜實酸，溫。　赤小豆辛、甘、酸，溫，平。

百合甘，平。　葶藶辛、苦，大寒。　牽牛子苦，寒。　大戟苦，甘，寒。　芫花辛、苦，溫。　甘遂苦、甘，大寒。　海藻苦、鹹，寒。　昆布鹹，寒。　主治各經濕藥：　肝白朮，一云川芎。　心黃連，一云赤茯苓。　脾白朮　肺桑白皮　腎澤瀉　胃白朮　小腸車前子　三焦陳皮　膀胱茵陳　大腸秦艽　心包絡茗　已上諸藥，治上中下三焦內濕，兼補氣調氣之劑也。

治燥門：　燥因血虛而然，蓋血虛生熱，熱生燥是也，宜用解熱生津藥及滋血潤燥藥。夫燥熱皆屬陽，宜與治熱門通看。　解熱生津藥：　天門冬苦、甘，平，大寒。　麥門冬甘，微苦，平，微寒。　知母苦、辛，寒。　貝母辛、苦，平，微寒。　瓜蔞根苦，寒。　枇杷葉苦，平。　五味子酸，溫。　地骨皮苦，寒。　蘭草辛、甘，平，寒。　梅實酸，平。　馬兜鈴苦，寒。　欵冬花辛、甘，溫。　紫(苑)〔菀〕苦、辛，溫。　阿膠甘、辛，平，微溫。　訶梨勒苦、酸，溫，喜降。　淡竹瀝甘、辛，寒。　遠志苦，溫。　菖蒲辛、苦，溫。　酸棗仁酸，平。　牡丹皮苦，寒。　滋血潤燥藥：　生地黃甘、苦，大寒。　熟地黃甘、苦，寒、微溫。　當歸甘、辛，溫。　芎藭辛，溫。　芍藥苦、酸，微寒。　麻子甘，平。　杏核仁甘、苦，溫。　桃核仁苦、甘，平。　紅藍花辛、甘、苦，平。　蜀葵花甘，寒。　郁李仁酸、苦，平。　蘇方木甘、鹹、酸，平。　槐實苦、酸、鹹，平。　栢實甘、辛，平。　蒲黃甘，平。　牛膝苦、酸，平。　枸杞苦，寒。　肉蓯蓉甘、酸、鹹，微寒。　瑣陽甘、鹹。　鹿茸苦、辛，溫。

主治各經燥藥：　肝當歸　心麥門冬　脾麻仁　肺杏仁　腎栢子仁　大腸硝石

小腸茴香　三焦山藥　膀胱茴香　心包絡桃仁　已上諸藥，治上中下三焦內燥，兼補血和血之劑也。

治寒門：　治寒以熱，熱藥屬陽，故治寒多陽藥。　外寒宜汗散，宜用風門藥，寒從汗解也。夫寒濕皆屬陰，宜與治濕門通看。　治上焦寒藥：　附子辛、甘，溫、大熱。　烏頭辛、甘，溫。　生薑辛、甘，微溫。　桂枝辛，溫。　治中焦寒藥：　乾薑辛，溫、大熱。　桂甘、辛，大熱。　高良薑辛、苦，大溫。　白豆蔻辛，大溫。　草豆蔻辛，溫。　肉豆蔻苦、辛，溫。　莎草根甘、辛，氣微寒。　縮砂蜜辛、苦，溫。　益智子辛，溫。　藿草甘、辛，微溫。　丁香辛，溫。　巴豆辛，溫。　蜀椒辛，大溫。　胡椒辛，大溫。　艾葉苦，微溫、寒。　韭子　白芥子辛，溫。　萊菔子　木香辛、苦，溫。　檳榔辛、苦，溫。　紫真檀鹹、辛，溫。　沉香辛，溫。　常山苦、辛，溫。　草果辛，溫。　延胡索辛、苦，溫。　鬱金辛、苦，寒。　薑黃辛、苦，寒。　五靈脂　治下焦寒藥：　菟絲子辛、甘，平，溫。　山茱萸酸，澁，平，微溫。　蘹香子辛，平。　吳茱萸辛、苦，溫、大熱。　補骨脂苦、辛，大溫。　杜仲辛、甘，平，溫。　萆薢苦、甘，平。　烏藥辛，溫。　主治各經寒藥：　肝氣，吳茱萸；血，當歸。　心氣，桂心；血，同上。　脾氣，吳茱；血，同上。　肺氣，麻黄；血，乾薑。　腎氣，細辛；血，附子。　膽氣，生薑；血，川芎。　大腸氣，白芷；血，秦艽。　小腸氣，茴香；血，玄明。　三焦氣，附子；血，川芎。　膀胱氣，麻黄；血，桂枝。　心包絡氣，附子；血，川芎。　已上諸藥，治上中下三焦內寒，兼治濕寒之劑。

治瘡門：　瘡屬熱，屬毒，故治瘡多清熱解毒藥。亦因氣逆血滯，又宜行氣活血藥。其內服藥已見於前五門下，此惟贅其外傅藥而已，又有各門載不盡者，亦附於此焉。　傅諸瘡藥：　白及苦、辛，平，微寒。　白歛苦、甘，平，微寒。　五倍子苦、酸，平。　商陸辛、甘，平，酸。　茺蔚子辛、甘，微（濕）〔溫〕。　蒲公英甘，平。　狗脊苦、甘，平，微（濕）〔溫〕。　蛇床子苦、辛、甘，平。　蕪荑辛，平。　雷丸苦、酸，寒。　松脂甘、苦，溫。　楓香脂辛、苦，平。　乳香辛、苦，溫。　沒藥苦、辛，平。　麒麟竭甘、鹹，平。　龍腦香辛、苦，溫。　麝香辛，溫。　蘆薈苦，寒。　樟腦　丹砂甘，微寒。　雄黄苦、甘、辛，平，寒。　水銀辛，寒，性滑重。　硇砂鹹、苦、辛，溫。　蓬砂苦、辛，溫。　無名異甘，平。　凝水石辛，（目）寒。　五石脂甘，平。　石硫黄酸、甘，溫。　礬石酸，澁，寒。　砒霜苦、酸。　青礞石辛，溫。　伏龍肝辛，溫。　龍骨甘，平，微寒。　牡蠣鹹，平，微寒。　班猫辛，寒。　蟾酥　鯪鯉甲微寒。　烏賊魚骨鹹，微溫。　䗪蟲苦，平，微寒。　水蛭鹹、苦，平，微寒。　已上諸藥，傅貼瘡腫及理氣血之劑。

右五品藥性，乃治風、熱、濕、燥、寒五氣切要之劑。除治風門通用外，治熱門宜與治燥門兼用，治濕門宜與治寒門兼用。熱燥屬陽，寒濕屬陰故也。蓋瘦人血虛多熱燥，肥人氣虛多寒濕，宜仔細分類治之。

明·皇甫嵩《本草發明》卷一　古菴藥鑑附各症藥

治風門　風屬陽，善行數變，自升而入，以欝正氣。故治風多用行氣開表藥。又風入久變熱，熱復生風痰，宜用敺風化痰藥。又熱極生風，風能燥液，宜清熱潤燥藥。《經》曰：風淫所勝，平以辛凉，佐以苦甘，以甘緩之，以酸收之。此則指厥陰風木一藏之風氣而言也。

行氣開表藥：　此與傷寒感寒發表症同治，以下諸品藥，治療之宜，俱見于各品條內。

羌活　獨活　防風　細辛　升麻　麻黄　藁本　白芷　天麻　荊芥　紫蘇　葛根　柴胡　前胡　川芎　當歸　薄荷　桂枝　葱白　豆豉　秦艽　威靈仙　惡實　生薑　葈耳　牡荊實　蔓荊子　麻花

敺風化痰藥：　南星　烏頭　天雄　側子　半夏　皂莢　白附子　黎蘆　瓜蒂　蟬退　全蝎　牛黄　虎骨　何首烏　豨薟　明礬　竹瀝　荊瀝　白花蛇　白殭蠶

清熱潤澡藥：　菊花　木賊　菖蒲　苦參　蜜蒙花　蒺藜子　萎蕤　竹瀝　水萍　白薇　巴戟天　青葙子　天竺黄　五加皮　槐皮膠　愚謂以上藥，未必專治風熱燥也。如熱極生風，主治有熱，又宜清熱，如芩、連、梔子、硝、黄亦可用。若木淫而風氣自勝，又宜兼用肺經藥，助燥化以平木而制風，如南星、桔梗、天麥門冬是也。肝木實而風勝，則當瀉其子，又宜黄連入心瀉火，抑母氣之勝，而風木亦平。須兼引經散風之藥佐之。若肝本實而生風，宜芍藥之酸，瀉其本氣，不必拘拘以上清熱潤燥之藥也。然此之所品藥性耳。愚所論用藥之法，而推廣之耳，不可執一論，後多倣此。

主治各經風藥引用【略】

附肌膚風燥熱痛痒證燥症亦同。

沙參治氣熱浮風身痒。　生地除皮膚燥。　薯蕷潤皮毛燥。　蒺藜子治身體風痒。　（葳）〔威〕靈治大風皮膚風痒。　羌活肌表賊風痒，血癩。　麻黄皮膚寒濕。　細辛皮膚風熱。　獨活療風濕冷，皮膚苦痒。　蒼耳治皮膚燥痒，肌頑麻。　苦參風熱細疹。　水萍主暴熱身痒。　地膚子去皮膚風熱氣。　槐膠周身風如蟲行。　槐花兼去皮膚風。　青葙子去皮膚風熱痒。　薄荷皮膚高頂風熱。　白芷除皮膚燥痒痹。　惡實皮膚如蟲行風。　羊躑躅賊風在皮膚淫淫痛。　桑枝兼療偏身風痒。　沉香治風濕皮膚痒。　桃仁治皮膚燥痒。

蛇床大風身痒。作浴湯。　白麻油潤肌膚燥。　蕪荑皮膚骨節濕毒。　紫葳熱身痒游風疹。　枳殼風疹如麻豆，（若）〔苦〕痒。　白殭蠶皮膚風如蟲行。　全蝎消諸風隱疹。　蟬退風客皮膚瘙痒。　白花蛇暴風瘙痒，大風疥癩。　烏蛇風疹，皮膚不仁。　（鰻鰾）〔鰻鱺〕魚食之消風痒如蟲行。

附治頭面風疾藥：　細辛治頭風痛。　甘菊治頭風眩。　芎藭清頭面風。　防風散頭目風邪滯氣。　桔梗清利頭目。　藁本頭面膚風濕。　荊芥清頭目頭風眩。　白芷頭面皮燥痒，作面脂。　菖蒲主頭風。　天麻主頭風。　天雄主頭面風去來。　巴戟療頭面游風，止血癩。　南星兼治頭風。　皂莢主頭風泪出。　薄荷清利頭目。　黃芩少陽大陽偏正頭風。　茗清頭目。　柏實去頭風。　蟬（脫）〔蛻〕治頭風目眩。　大黃頭風痒屑，酒末，茶調。　女萎久服去面黑䵟。　茺蔚子入面藥，光澤。　旋花去面䵟黑色。　白附子面上百病，行藥面脂。　白及面上䵟結熱。　梔子面赤，酒皰皶鼻。　白槐和藥點痣惡肉。　木蘭面熱，赤皰酒皶，風癩。　真珠傅面，悦好顏色。　白殭蠶主面部黑䵟。　續隨白汁，剝面去䵟。　蜜陀治面瘢䵟，面藥用之。

治熱門寒藥屬陰，四字入門有。　治熱以寒，故治熱多陰藥。　如欝火當散，宜用風藥。火欝則發，宜升陽散火也。　夫燥熱皆屬陽，宜與燥門通看。《經》曰：熱淫所勝，平以鹹寒，佐以苦甘，以酸收之，以苦發之。　此君相二藏火也。　若別藏之火熱，大暑相同，但各有引經藥為異耳。

治上焦熱藥其中亦有兼治下者。　黃芩　梔子　沙參　玄參　前胡　青黛　山豆根　薄荷　丹參　白前　桔梗　欝金　百部根　桑白皮　金鈴子

治中焦熱藥其中亦有兼行上下者，須從引用。　黃連　連翹　葛根　香薷　石斛　滑石　胡黃連　石膏　大黃　芒硝　犀角　紫參　茅根　玄明粉　茵陳蒿　羚羊角　瓜蔞根

治下焦熱藥：　黃柏　柴胡　防己　石韋　木通　地榆　草龍膽　苦參　秦皮　文蛤　龜甲　鱉甲　知母　車前子　地膚子

主治各經熱藥【略】

附治肌熱骨蒸及勞熱症藥　升麻主脾胃，解肌熱。　葛根消渴，身熱解肌。　栝蔞根消煩，大熱。　柴胡虛勞煩熱，潮熱解肌。　白朮兼治肌熱。　黃芪骨蒸肌熱，虛熱。　知母骨熱，虛勞傳尸。　生地五心煩熱，血虛骨蒸。　秦艽兼治傳尸骨蒸。　百部傳尸骨蒸勞熱。　黃芩肌膚上焦諸熱。　地骨有汗骨蒸，邪熱自汗。　梔子煩熱，懊惱不眠。　茯苓除虛熱，滲邪熱。　丹皮結熱，無汗骨蒸。　玄參骨蒸傳尸，身熱昏冒。　款花兼除煩，補勞熱。　石斛皮膚邪熱，痱痛。　胡黃連溫瘧，骨蒸疳熱。　青蒿勞瘦骨熱，童便浸良。　女萎主虛勞骨蒸。　竹葉除熱緩脾，益元。　竹瀝除陰虛之大熱。　石膏陽明大熱，燥熱潮熱。　鱉甲治勞瘦骨蒸。　牡蠣榮衛往來虛熱。　蘗木骨蒸勞熱，陰痿。　凝水石身熱胃熱，五藏伏熱。　梅實治虛勞骨蒸。　木蘭身大熱在皮膚。　苦苣骨蒸，煮服之。　玄明粉治骨蒸五勞，驚悸熱。　童便勞熱方多用之。　烏鴉瘦，咳嗽骨蒸勞。　浮麥骨蒸，縈熱有汗。

附治煩燥滿悶煩熱症藥　知母治肺腎煩躁。　茵陳傷寒頭熱煩熱。　貝母主傷寒煩熱。　玄參兼治懊憹，煩心顛倒。　葛粉去煩熱，利大渴。　菊花胸中煩熱壅悶。　菖蒲下氣，除煩悶。　黃連煩燥惡心，欝熱欲吐。　丹參止煩滿。　蘆根傷寒時疾煩悶。　梔子胸中煩躁懊惱。　竹葉煩熱熱狂，煩悶壯熱。　茯苓寒熱煩滿。　猪苓去胸中懊憹。　梅實下氣，除熱煩滿。　豆豉煩躁滿悶，虛喘懊憹。　乾苔心腹煩滿，水研。　黑大豆煩熱，明目鎮心。　玄明粉治心熱煩躁。　硝石傷寒腹熱，煩滿消渴。　漿水作薄粥，解煩去睡，調臟腑。

附治諸熱病狂症藥此常用藥之外者，附此以備類選用。　苧根天行熱疾，狂渴。　藍實天行熱狂，煩悶。　楝實傷寒大熱煩狂。　苦參瘟狂躁結胸，汗吐差。　人溺血悶狂熱，白仁生。　糞清天行狂熱，中毒。　甘焦根天行狂熱煩悶。　薺苨熱狂溫疾，根末或汁。　犀角傷寒溫疾，頭疼悶煩，狂熱。　白頭蚯蚓溫病大熱狂言。　釜底煤、灶突墨、梁上塵、小麥奴皆治火盛熱顛狂。

〔治〕濕門　濕主脾虛不能運化水穀而生，宜健補脾除濕，又宜調中消導行濕，利大小便藥。外濕宜汗散，在下利水，宜風藥，能勝濕也。　夫濕、寒皆屬陰，宜治寒門通看，挾熱宜參火門看。

補氣除濕藥　黃芪　人參　甘草　白朮　茯苓　薯蕷　肉桂　薏苡仁　白扁豆

調中消導藥　蒼朮　半夏　陳皮　青皮　枳殼　枳實　厚朴　神麯　山查　三稜　莪术　射干　阿魏　大麥芽　旋覆花　罌粟殼　使君子　大腹子

行濕利大小便藥兼除下焦濕。　猪苓　澤瀉　瞿麥　木通　車前　茵陳　海金沙　甘遂　芫花　大戟　葶藶　牽牛　百合　紫草　木瓜　萆薢　防己　苦參　海藻　昆布　赤小荳

主治各經濕藥【略】

附風勝濕之藥　羌活　獨活　防風　防己　升麻　草龍膽　秦艽去風濕。　天麻毆風逐濕。

附治濕熱藥　生地　白朮　黃柏　黃連　黃芩　草龍膽　山梔　連喬　苦參　茵陳　蒼朮　漢防己　枳實　牽牛

附治水氣腫脹藥　蒼朮治足脛濕熱。　白朮水腫脹滿。　澤瀉消水濕腫。　澤漆大腹水氣，肢面浮腫。　瓜蔞根導水腫氣。　石香薷治水腫。　海藻消水氣水腫。　澤蘭大腹身面腫，骨節水。　百合浮腫，臚痞滿。　商陸水脹氣滿，用白。　昆布主十二種水腫。　大戟泄水濕，水腫滿急痛。　葶藶逐水氣腹脹。　蕘花下十二種水。　牽牛逐水腫，療脚氣。　甘遂水結胸，水氣腫滿。　漢防己水腫風水。　紫草主腹腫脹滿。　茺蔚苗汁主浮腫下水。　芫花五水在膚藏及腰痛。　木通利陰竅水腫閉。　龍膽草除下焦濕腫。　桑皮除肺水氣，水腫。　水萍水腫便澁，汁飲末服。　厚朴消腹脹，除濕滿。　黃蘗除下焦濕腫。　茯苓水腫淋結。　猪苓濕腫從脚上，小腹腫。　沉香去風水毒腫。　巴豆大腸水腫。　大腹皮治水腫泛溢。　蜀椒下水腫，目行水治蠱。　梔子治熱水腫。　枳殼逐水，消脹滿。　蓼實水氣，面目浮腫。　敗荷陽水浮腫，燒灰米飲。　苦瓠面目肢水腫。　瓜蒂身面腫，治水脹。　醋散水氣。　黑大豆炒屑，水脹胃熱，去腫。　麻子逐水，利小便。　牛肉消水腫。　白獺肉治水氣脹滿。　赤小豆下水滿，鯉魚煮，脚氣腹脹。　鴨頭治水腫，血之盛。　鴨肉利水腫，補虛熱。　蠡魚下水，面目浮腫。　青雄鵲煮汁服，取汗治水腫。　文蛤走腎，能利水。　羯鷄屎炒黑，出火毒，研服，治彭脹水脹。　螻蛄治十種水氣喘滿，用乾末之，米飲調。　鯉魚肉治水腫脚滿，煮食之。又和葱白、冬瓜羹食。

治燥門　燥因血虛而致。蓋血虛生熱，熱生燥。宜解熱生津，及滋血潤燥藥。夫燥熱皆屬陽，宜與治熱門及風燥症条看方盡。《經》曰：燥淫所勝，平以苦溫，佐以酸辛，以苦下之。此指陽明一藏而言。《經》曰：燥者潤之，不惟苦泄，又當生津滋血。

解熱生津藥　天門冬　麥門冬　知母　瓜蔞仁　五味子　貝母　地骨皮　牡丹皮　紫(苑)〔菀〕　欵冬花　酸棗仁　阿膠　馬兜鈴　訶黎勒　菖蒲　淡竹葉　枇杷葉　遠志　蘭草　梅實

滋血潤燥藥　生地黃　當歸　芎藭　芍藥　杏仁　桃仁　麻仁　熟地黃　紅花　蘇木　柏仁　槐實　瑣陽　鹿茸　枸杞子　蒲黃　牛膝　郁李仁　肉蓯蓉　蜀葵花

主治各經燥藥【略】

附治燥熱閉結藥　大黃大便燥結為最。　當歸溫中，潤燥止痛。　麻仁潤肺，六府燥堅。　草烏為末，葱頭帶涎，蘸納肛門。　皂莢　巴豆滌藏府，通閉塞。　桃仁大便血結秘燥。　郁李仁破血潤燥，又治氣燥。　檳榔　滑石利六府之澁結。　杏仁秘結血結秘燥。　麻子潤太陰燥，大腸風熱。　生薑治冷秘。　硫黃暖而通治冷秘。　蜜導通大便(箭)〔煎〕燥結。　阿膠膠蜜湯，治老弱便秘。　烏桕根皮　朴硝通腸，破血痰癖。　猪膽益陰，潤燥通便。　獨蒜煨熟去皮，綿包納後。

治寒門　治寒以熱，熱藥屬陽，故多陽藥。外寒汗散，宜用風門藥，寒從汗解也。夫寒濕皆屬陰，宜與治濕門通看。《經》曰：寒淫于內，治以甘熱，佐以苦辛，以鹹瀉之，以辛潤之，以苦堅之。此指寒水一藏之氣。《經》曰：寒者熱之，宜從內外溫散之，不必拘藏氣。

治上焦寒藥　天雄　附子通下。　烏頭通下。　生薑　桂枝

治中焦寒藥其內亦有通上下焦者，須所引藥。　乾薑　肉桂　良薑　丁香　木香　藿香　檀香　沉香　草菓　縮砂　胡椒　蜀椒　細辛　白荳蔻　巴豆　常山　檳榔　薑黃　欝金　艾葉　草荳蔻　韭子　蓽撥　益智　肉豆蔻　玄胡索　白芥子　五靈脂　香附　萊菔子　白朮、蒼朮、甘草此三味入脾經，助土以制寒水之甚。

治下焦寒藥　吳茱萸　山茱萸　蘹香子　菟絲子　補骨脂　杜仲　萆薢　烏藥

主治各經寒藥【略】

附發散表寒藥　麻黃　桂枝　紫蘇　葛根　升麻　柴胡　葱白　薄荷　白芷　淡豆豉　乾生薑　藁本　石膏解肌發汗。

明・李時珍《本草綱目》卷三《序例》　百病主治藥上

諸風有中藏、中腑、中經、中氣、痰厥、痛風、破傷風、麻痹。

吹鼻：　皂莢末　細辛末　半夏末　梁上塵　葱莖插鼻、耳

熏鼻：　巴豆烟　蓖麻烟　黃芪湯

擦牙：　白梅肉　南星末　蜈蚣末　蘇合丸　白礬　鹽　龍腦南星

吐痰：　藜蘆或煎，或散。　皂莢末酒服。　食鹽煎湯。　人參蘆或煎，或散。　瓜蒂、赤小豆齏汁調服。　萊菔子擂汁。　桐油掃入。　桔梗蘆爲末，湯服二錢。　牙皂、萊

萞子爲末，煎灌。附子尖研末，茶服。牛蒡子末羌活酒服。常山末水煎。醋、蜜和服。膽礬末醋調灌。牙皂、晉礬末水服。大蝦煮熟，食蝦飲汁，探吐。苦茗茶探吐。石綠醋糊爲丸，每化一丸。砒霜研末，湯服少許。地松搗汁。豨薟搗汁。離鬲草汁。芭蕉油汁。石胡荽汁。三白草汁。蘇方木煎酒調乳香末二錢服，治男女中風口噤，立吐惡物出。橘紅一斤，熬逆流水一盌服，乃吐痰聖藥也。

貼喎：　南星末薑汁調貼。蓖麻仁搗貼。炒石灰醋調貼。烏頭末龜血調貼。鷄冠血　蝸牛搗貼。生鹿肉切貼。鮎魚尾切貼。皂莢末醋調貼。伏龍肝鼈血調貼。鱓魚血　蛞蝓搗貼。寒食麵醋貼。桂末水調貼。馬膏　桂酒　大麥麵栝樓汁調。蟹膏貼。衣魚摩之。蜘蛛向火摩之。牛角鰓炙熨。水牛鼻火炙熨之。大蒜膏貼合谷穴。巴豆貼手掌心。

各經主治：　藁本手太陽。羌活足太陽。白芷手陽明。葛根足陽明。黄芪手少陽。柴胡足少陽。防風手太陰。升麻足太陰。細辛手少陰。獨活足少陰。芎藭手足厥陰。

發散：　麻黄發散賊風、風寒、風熱、風濕、身熱麻痹不仁。熬膏服之，治風病取汗。荆芥散風熱，祛表邪，清頭目，行瘀血。主賊風、頑痹、喎斜。同薄荷熬膏服，治偏風。研末，童尿、酒服，治産後中風，神效。薄荷治賊風，散風熱、風寒，利關節，發毒汗，爲小兒風涎要藥。葛根發散肌表風寒、風熱，止渴。白芷解利陽明及肺經風寒、風熱，皮膚風痹瘙痒，利九竅，表汗不可缺之。升麻發散陽明風邪。葱白散風寒、風熱、風濕，身痛。生薑散風寒、風濕。桂枝治一切風冷、風濕，骨節攣痛，解肌開腠理，抑肝氣，扶脾土，熨陰痹。黄荆根治肢體諸風，心風，頭風，解肌發汗。鐵線草治男女諸風，産後風，發出粘汗。水苹治熱毒風濕麻痹，左癱右瘓，三十六風，蜜丸酒服取汗。治風熱瘙痒，煎水浴取汗。

風寒風濕：　草部：　羌活一切風寒風濕，不問久新，透關利節，爲太陽厥陰少陰要藥。防風三十六般風，去上焦風邪，頭目滯氣，經絡留濕，一身骨節痛。除風去濕仙藥。藁本一百六十惡風，頭面身體風濕，手足嚲曳。石菖蒲浸酒服，治三十六風，一十二痹，主骨痿。丸服，治中風濕痹，不能屈伸。豨薟治肝腎風氣，麻痹癱緩諸病，九蒸九晒，丸服。葈耳大風濕痹，毒在骨髓，爲末水服，或丸服，百日病出，如丹如疥，如駁起皮，亦可釀酒。牛蒡根風毒緩弱，浸酒服。○老人中風，口目瞤動，風濕久痹，筋攣骨痛，一二十年風疾病。茵蔯蒿風濕攣縮，釀酒服。○浴風痹。白术逐風濕，舌本強，消痰益胃。蒼术大風頑痹。筋骨軟弱，散風除濕解鬱。○汁釀酒，治一切風濕筋骨痛。車前子　水蓼　陸英　飛廉　忍冬　坐拏草　蒴藋　伏牛花　石南藤　百靈藤酒。青藤酒。鈎吻並主風邪濕痹，骨痛拘攣。防己中風濕，不語拘攣，口目喎斜，瀉血中濕熱。茵芋年久風濕痹痛，拘急軟弱。艾葉灸諸風口噤。○浴風濕麻痹。白附子諸風冷氣失音，頭面遊風，足弱無力。○風喎，同殭蠶、全蝎研末，酒服。附子　烏頭　天雄並主風濕痰氣麻痹，拘攣不遂。通經絡，開氣道，燥濕痰。草烏頭惡風冷痰癱緩，年久麻痹。芫花毒風冷痰，四肢拘攣。羊躑躅賊風走皮中淫淫痛，風濕痹痛，不遂言蹇，酒蒸爲末，牛乳酒服，亦效。蓖麻子油酒煮日服，治偏風不遂。○作膏，通關，拔風邪出外。

穀菜：　大豆炒焦投酒中飲，主風痹癱緩，口噤口喎，破傷中風，産後風痙頭風。○煮食，治濕痹膝痛。○醋蒸臥，治四肢攣縮。豆豉浸酒，治膝攣不遂，骨痛。大豆黄卷　巨勝釀酒，治風痹痛。麻仁骨髓風毒，痛不能動，炒香浸酒飲。麻勃一百二十種惡風，黑色遍身苦痹攣。麥麩醋蒸，熨風濕痹痛。薏苡久風濕痹，筋急拘攣，亦煮酒服。茄子腰脚風血積冷，筋攣痛。煎汁熬膏，入粟粉、麝香、朱砂，丸服。

果木：　秦椒治風濕痹。蜀椒大風肉枯，生蟲遊走，痹痛死肌，寒熱，腰脚不遂，散寒除濕，爲丸。吴茱萸煎酒，治頑風痹痒。○同薑、豉煎酒，冷服取汗，治賊風口喎不語。柏葉釀酒。松節酒。秦皮風寒濕痹。五加皮名追風使，治一切風濕，痿痹攣急，宜釀酒。皂莢通關節，搜肝風，瀉肝氣。蔓荆實除賊風，搜肝氣，筋骨間寒濕痹，頭旋腦鳴。欒荆子大風諸風不遂。

蟲部：　蠶沙風緩頑痹不隨，炒浸酒服，亦蒸熨。蝎半身不遂，抽掣，口目喎斜，研入麝香，酒服。竹蝨半身不遂，同麝香浸酒服，出汗。

鱗介：　守宫中風癱緩，同諸藥煎服。鯪鯉甲中風癱緩，寒熱風痹，及風濕強直，痛不可忍。烏蛇酒。白花蛇酒。蚺蛇酒。○並主賊風，頑痹痛痒，大風，瘡癬有蟲。鱓魚逐十二風邪濕氣，作臛取汗。水龜釀酒，主大風緩急拘攣。煮食，除風痹痛。

禽部：　鷄屎白炒研，豆淋酒服，主風寒濕痹，口噤不省人事。五靈脂散血活血引經有功。○癱緩，熱酒服二錢。○風冷痹痛，同乳、沒、川烏，丸服。雁肪　鵜鶘油主風痹，透經絡，引藥氣入内。

獸部：　羊脂賊風痿痹腫痛，徹毒氣，引藥入内。熊脂風痹。青羖羊角炒研酒服，治風痰恍惚，悶絶復甦。驢毛骨中一切風，炒黄浸酒服，取汗。狸骨一切遊風。羊脛骨酒。虎脛骨酒。並主諸風注痛。

金石：　雄黄除百節中大風，搜肝氣。金牙石一切腰脚不遂，火煆酒淬飲。河砂風濕頑痹，冷風癱緩，晒熱坐之，冷即易，取汗。鼠壤土蒸熨中風冷痹，偏枯死肌。

風熱濕熱：　草部：　甘草瀉火，利九竅百脉。黄芩　黄連　菊花　秦艽並治風熱濕熱。玄參　大青　苦參　白鮮皮　白頭翁　白英　青葙子　敗醬　桔梗並治風熱。大黄蕩滌濕熱，下一切風熱。柴胡治濕痹拘攣，平肝膽三焦包絡相火，少陽寒熱必用之藥。升麻去皮膚肌肉風熱。白微暴中風，身熱腹滿，忽忽不知人。龍葵治風消熱，令人少睡。麥門冬清肺火，止煩熱。天門冬風濕偏痹及熱中風。牡丹皮寒熱，中風瘈瘲，驚癇煩熱，手足少陰、厥陰四經伏火。釣藤肝風心熱，大人頭眩。小兒十二驚癇。紫葳及莖葉熱風遊風風刺。蒺藜諸風瘙痒，大便結。穀果：胡麻久食不生風熱，風病人宜食之。綠豆浮風風疹。白扁豆行風氣，除濕熱。茶茗中風昏憒多睡。梨汁除風熱不語。○葉亦作煎。木部：槐實氣熱煩悶。枝釀酒，治大風痿痹。白皮治中風，皮膚不仁。身直不得屈伸，煎酒及水服。膠一切風熱，口噤筋攣，四肢不收，頑痹周身如蟲行。側柏葉凡中風不省口噤，手足嚲曳，便取一握同葱白擣酒煎服，能退風和氣，不成廢人。花桑枝炒香煎飲，治風氣拘攣，身體風疹。久服終身不患偏風。葉煎酒，治一切風。○蒸罨風痛。出汗。白楊皮毒風緩弱，氣在皮膚中，浸酒服。皂莢子踈導五臟風熱。丸服，治腰脚風痛不能行。巵子去熱毒風。除煩悶。黃蘗皮腎經風熱。地骨皮腎家風濕痹。檉葉遠近一切風，煎汁和竹瀝服。荆瀝除風熱，開經絡，導痰涎，日飲之。竹瀝暴中風痹，大熱煩悶，失音不語，子冒風痓，破傷風噤，養血清痰，並宜同薑汁飲之。竹葉痰熱，中風不語，煩熱。天竹黃諸風熱痰涎，失音不語。蟲獸：蟬花一切風熱瘙痒。犀角大熱風毒，毷氉煩悶，中風失音。羚羊角一切熱，毒風濕注，伏在骨間，及毒風卒死，子癇痓疾。金石：石膏風熱煩躁。鐵華粉平肝，除風熱。鐵落　勞鐵　赤銅並除賊風反折，燒赤浸酒飲。

痰氣：草部：天南星中風中氣痰厥，不省人事，同木香煎服。○諸風口噤，同蘇葉、生薑煎服。半夏消痰除濕，痰厥中風，同甘草、防風煎服。前胡化痰熱，下氣散風。旋覆花風氣濕痹，胸上痰結留飲。○中風壅滯，蜜丸服。香附子心肺虛氣客熱，行肝氣，升降諸氣。○煎湯浴風疹。木香中氣不省人事，研末服之，行肝氣，調諸氣。藿香升降諸氣。蘇葉散風寒，行氣利肺。蘇子治腰脚中濕氣風結氣，治風順氣化痰，利膈寬腸。煮粥食，治風寒濕痹，四肢攣急，不能踐地。玄胡索除風治氣，活血通經絡。蘭葉浴風痛，俗名風藥。大戟　甘遂並治經絡痰飲留滯，麻痹隱痛，牽引走注。威靈仙治諸風，宣通五臟，去冷滯痰水，利腰膝。牽牛子除風毒，下一切壅滯。果木：杏仁頭面風氣，往來煩熱，散風降氣化痰。○逐日生吞，治偏風不遂，失音不語，肺中風熱。陳橘皮理氣除濕痰。枳實　枳殼大風在皮膚中如麻豆，苦痒麻木，破氣勝濕化痰。枳茹漬酒服，治中風身直及口僻目斜。檳榔除一切風、一切氣，宣利臟腑。烏藥治中風中氣，氣順則風散，氣降則痰下。龍腦香入骨治骨痛，散經絡壅滯。蘇合香　安息香通諸竅臟腑，一切不正之氣。蟲獸：麝香入肉，治風在骨髓，中風不省，香油灌二錢。白殭蠶散風痰。酒服七枚，治口噤發汗，並一切風疰、風疹。金石：鉛霜墜中風痰濕。礬石除風消痰。

血滯：草部：當歸　芎藭並主一切風，一切氣，一切虛。破惡血，養新血。○蜜丸服，治風痰，行氣解鬱。丹參除風邪留熱，骨節痛，四肢不遂。破宿血，生新血。○漬酒飲，治風毒足軟，名奔馬草。芍藥治風，除血痹，瀉肝，安脾肺。○風毒在骨髓痛，同虎骨浸酒飲。地黃逐血痹，填骨髓。茺蔚子治風解熱。○莖葉，治血風痛。地榆汁釀酒，治風痹補腦。虎杖煮酒，治風在骨節間。薑黃止暴風痛，除風熱，理血中之氣。紅藍花治六十二種風及血氣痛。○子煎服，治女子中風煩渴。穀菜：麻仁中風出汗，下氣，逐一切風，利血脉。韭汁肥白人中風失音。果木：桃仁血滯風痹，大便結。○酒浸作丸，治偏風。蘇方木男女中風口噤，同乳香服。乳香中風口噤，燒烟熏，口目喎斜，活血止痛。蟲獸：蜜蠟暴風身冷如癱，化貼并裹手足。阿膠男女一切風病，骨節痛不隨。醍醐酒服，治中風煩熱。野駝脂一切風疾，皮膚急痹，酒服并摩之。

風虛：草部：天麻主肝氣不足，風虛內作，頭運目旋，麻痹不仁，語言不遂，爲定風神藥。黃芪風虛自汗。逐五藏惡血，瀉陰火，去虛熱。無汗則發，有汗則止。人參補元氣，定魂魄，止煩燥，生津液，消痰。沙參去皮肌浮風，宣五臟風氣，養肝氣。長松煮酒，治一切風虛。黃精補中，除風濕。葳蕤治中風暴熱，不能動搖，虛風濕毒，風溫自汗灼熱，一切虛乏。牛膝寒濕痿痹，拘攣膝痛，強筋，補肝臟風虛。石龍芮　骨碎補　巴戟天　狗脊　萆薢　菝葜　土茯苓　何首烏並主風虛風濕，痹痛軟弱，補肝腎，利關節。列當煮酒，去風血，補腰腎。白及腎中邪氣，風痱不收，補肺氣。仙茅一切風氣，腰脚風冷，攣痹不能行，九蒸九晒。○浸酒服。淫羊藿一切冷風，攣急不仁，老人昏耄。浸酒服，治偏風。蛇牀子男女風虛，濕痹毒風，腰胯酸痛，浴大風身痒。補骨脂風虛冷痹，骨髓傷敗，一切風氣痛，作丸服。菟絲子補肝風虛，利腰脚。覆盆子勞損風虛，補肝明目。石斛脚膝軟弱，久冷風痹。○酥浸蒸，服至一鎰，永不骨痛。絡石　木蓮葉　扶芳藤并主風血，暖腰脚，一切冷氣，浸酒飲。菜果：薯蕷去冷風，頭面游風，強筋骨，壯脾胃。栗腎虛腰脚無力，日食十顆。○栗楔，治筋骨風痛。松子諸風，骨節風。木部：松葉風痛脚痹，浸酒服，出汗。松節風虛久痹，骨節痛，能燥血中之濕。杜仲　海桐皮　山茱萸　枸杞子並主風虛，腰脚痛。冬青子浸酒，去風虛。神木治周痹偏風，毒風不語。石南逐諸風，脚弱。南燭熬膏，治一切風，強筋益氣。不凋木浸酒，去風氣補虛。放杖木爲風痹腎弱要藥。木天蓼釀酒，治風勞虛冷有奇效。石部：慈石周痹風濕，肢節中痛，男女風虛，同白石英浸水，煮粥食。白石英風虛冷痹，諸陽不足，燒淬酒飲。孔公孽風冷膝痹，同石斛浸酒飲。石腦　石鍾乳　陽起石　代赭石　禹餘糧　石硫黃並主風冷濕痹。雲母粉中風寒熱，如在舟車。海蠶諸風冷氣虛勞。〔禽獸〕：烏鷄中風舌強，煩熱麻痹，酒煮食。練鵲浸酒飲，治風。麋角風虚冷痹，暖腰膝，壯陽。

痙風即痓病，屬太陽、督脉二經。其證發熱口噤如癇，身體強直，角弓反張，甚則搐搦。傷風有汗者，爲柔痓。○傷寒濕無汗者，爲剛痓。○金瘡折傷，癰疽産後，俱有破傷風濕發痙之證。

風寒風濕：草部：麻黄　桂枝　朮並主風寒風濕痙。羌活風寒風濕，傷金瘡癇痙。○産後中風，口噤不知人，酒水煎服。葛根金瘡中風寒，發痙欲死，煮汁服，乾者爲末。荊芥散風濕風熱。○産後中風口噤，四肢強直，角弓反張，或搐搦欲死，爲末，豆淋酒服，入童尿尤妙。防風主金瘡中風濕內痙。天南星打撲傷損，金瘡，破傷風及傷濕，牙關緊急。角弓反張，同防風末，熱酒小便調服，名玉真散，三服即甦。○南星、半夏等分爲末，薑汁、竹瀝灌服一錢。仍灸印堂。○口噤，生研同薑汁或龍腦揩牙，名開關散。薇御小兒破傷風口噤，同白附子末、薄荷，酒服一字。細辛督脉爲病，脊強而厥。防己除風濕，手足攣急。芍藥　芎藭一切風氣。當歸客血內寒，中風痓，汗不出。○産後中風不省，吐涎瘈瘲，同荆芥末、童尿，酒服，下咽即有生意。附子陰痓自汗。草烏破傷風病，同白芷、葱白煎酒，取汗。威靈仙破傷風病，同獨蒜、香油擣服，取汗。菜穀：大蒜産後中風，角弓反張不語，煎酒服，取汗。或煎水服。黑大豆破傷風濕，炒半熟，研蒸，以酒淋汁服，取汗，仍傅瘡上。○亦同朱砂末酒服。石部：雄黄破傷中風，同白芷煎酒服，取汗。鱗介：白花蛇破傷中風，項強身直，同烏蛇、蜈蚣末服。土虺蛇破傷中風，口噤目斜，同地龍、南星丸服，取汗。守宫破傷風病，同南星、膩粉丸服，取汗。龍齒主諸痙。鰾膠破傷風搐強直，炒研同麝香，蘇木酒服，仍封瘡口。○有表症，同蜈蚣末，煎羌活、防風、川芎湯服。産後搐搦，乃風入子臟，與破傷風同，炒研，蟬蛻湯服三錢。牡蠣破傷濕病，口噤強直，酒服二錢，并傅之。蟲：蜜蠟破傷風濕如瘧，以熱酒化一塊服，與玉真散對用立效。蠍破傷中風，同天麻、蟾酥爲丸，豆淋酒服，取汗，仍同麝香貼之。蟾蜍破傷風病，剝爛入花椒，同酒炒熟，再入酒熱服，取汗。蜈蚣破傷中風，同蝎稍、附子、烏頭末，熱酒服一字，仍貼瘡上，取汗。○研末摻牙，立蘇。殭蠶口噤，發汗。禽獸：鷄子癇痙。鷄屎白破傷中風，産後中風，小兒臍風，口噤反張，強直瘈瘲，以黑豆同炒黄，用酒沃之，少頃溫服，取汗。或入竹瀝。野鴿屎破傷風病傳入裏，炒研，同江鰾、白殭蠶、雄黄末，蒸餅丸服。雀屎破傷風，瘡作白痂無血者，殺人最急，研末酒服五分。鴨涎小兒痙風反張，滴之。黄明膠破傷風，燒研酒服，取汗。狐目同上，神效無比。狐肝　狼屎中骨破傷風，同蟬蛻、桑花末，米飲服。六畜毛蹄甲癇痓。人：手足爪甲破傷中風，油炒，熱酒服，取汗便愈。○手足顫掉，加南星。

風熱濕熱：石部：鐵落炒熱，淬酒飲，主賊風痙。草：黄連破傷風，煎酒入黄蠟化服。地黄産後風痙，取汁同薑汁交浸焙研，酒服。果木：杏仁金瘡及破傷中風，角弓反張，杵蒸絞汁服，并塗瘡上，仍以燭火炙之取效。槐膠　桑瀝破傷中風，和酒飲至醉。篁葉痙風。竹瀝去痰熱子冒風痙。○金瘡中風，破傷中風，産後中風，小兒中風，發痙口噤，反張欲死，飲一二升，或入薑汁。欒荆狂痓。蘇方木破傷中風，産後中風，爲末，酒服三錢，立效。蟲獸：蟬蛻破傷風病發熱，炒研，酒服一錢，仍以葱涎調塗，去惡(汗)〔水〕。○小兒臍風口禁，入全蝎、輕粉。羚羊角子癇痙疾。牛黄熱痙。烏牛尿刺傷中水，熱飲一升。人：人尿痙風及産後風痙，入酒飲。髮髲灰大人痓，小兒驚。

外傅：貝母　茅花並金瘡傷風。劉寄奴　麥麪同燒鹽。白芋　炒鹽　鷺頭灰　鼠灰　亂髮灰並傅風入瘡中腫痛。胡粉主瘡入水濕腫痛，同炭灰傅。煨葱傅金瘡傷水。同乾薑、黄蘗煎水，洗諸瘡傷風水。薤白　韭葉並主諸瘡中風寒及水濕腫痛，擣烘用之，冷即易，或加灸至水出。箭笴漆刮塗。鯉魚目灰。鮎魚目灰。並主刺瘡傷風及水。傅取汗出。豬肉乘熱貼之，連易三次，立消。人耳塞破傷中風或水，痛不可忍，封之一夕，水盡即安。

洗浸：鷄腸草手足瘡傷水。桑灰汁瘡傷風水，入腹殺人。自己尿金瘡中風，日洗數次。

熨灸：商陸瘡傷水濕，擣炙，熨之，冷即易。桑枝刺傷瘡，犯露水腫痛多殺人，炮熱烙之，冷即易。蜀椒諸瘡中風腫痛，和麪煨熨。槐白皮安瘡上，灸百壯。黍穰　青布　牛屎　白馬通　驘屎並主諸瘡，傷風及水，腫痛欲死者，罩燒熏令水出盡愈。

項強

風濕：防風凡腰痛項強，不可回頭，乃手足太陽症，必須用此。荆芥秋後作枕及鋪床下，立春去之。羌活　白芷　藁本　薄荷　菊花　貝母

癲癇有風熱、驚邪，皆兼虚與痰。

吐痰：瓜蒂　藜蘆　烏頭尖　附子尖　石膽　石緑並吐癲癇暗風痰涎。芭蕉油暗風癇疾，眩運仆倒，飲之取吐。白梅擦牙追涎，或加白礬。皂莢水浸，挼汁熬膏，入麝攤晒，每以一片化漿水，灌鼻取涎。

風熱驚痰：草木：羌活　防風　荆芥　薄荷　細辛　龍膽　防己　藁本　升麻　青黛　白鮮皮並主風熱驚癇。百合　鴨跖草並主癲邪，狂叫身熱，鈎藤卒癇，同甘草煎服。防葵癲癇狂走者，研末酒服。莨菪子癲狂風癇，浸酒煎丸服。蛇含　紫(苑)〔菀〕　半夏並主寒熱驚癇瘈瘲。天南星風癇痰迷，九蒸九晒，薑汁丸

服。鬱金失心風癲，痰血絡聚心竅，同明礬丸。甘遂心風癲癇，痰迷心竅，猪心煮食。黄連泄心肝火，去心竅惡血。苦參童尿煎汁，釀酒飲，主三十年癇。天門冬風癲發則作吐，耳鳴引脇痛，爲末酒服。紫河車驚癇癲疾，搖頭弄舌，熱在腹中。薇銜驚癇吐舌。附子暗風癇疾，同五靈脂末、猪心血丸服。蒼耳大風癇疾。艾葉癲癇諸風，灸穀道正門當中，隨年壯。茯神　琥珀　雷丸　莽草　蔓荆子　木蘭皮並主風癲驚邪狂走。苦竹筍　竹葉　竹瀝　天竹黄並主風熱痰涎，發癲狂癇疾。蘆薈小兒癲癇。蘇合香癇痓邪氣。皂莢搜肝通肺，風癇五種，燒研，同蒼耳、密陀僧丸服。蓖麻仁五種風癇，〔用〕(麻黄)〔黄連〕、石膏煮食。桑白皮驚癇客忤，瀉肺氣。桂心伐肝扶脾。筮荑小兒蟲癇，發則惡症昏搐。同漆灰水服。紫葳花根葉久近風癇，酒服三錢，後梳髮漱水四十九口愈。震燒木大驚失心，煮汁服。　金石：　丹砂猪心煮過，同茯神丸服。黄丹同白礬末服。黑鉛同水銀、南星丸服。密陀僧　金屑　銀屑　生銀　生鐵　鐵粉　鐵落　鐵精　鐵華粉　鐵漿　古鏡　珊瑚　紫石英　菩薩石　雄黄同丹砂研末，丸服。雌黄同黄丹、麝香丸服。礬石同細茶丸服。慈石　玄石　石青　消石　青蒙石　代赭石已上二十五味，並主風熱痰涎癲癇。水銀失心風，同藕節炒，丸服。蛇黄暗風癇疾，火煅醋淬末服。伏龍肝狂癲風邪不識人，爲末水服。天子藉田三推犁下土驚悸癲邪，安神定魄。　蟲部：　蜂房　雀甕　蚯蚓　全蝎　蜈蚣　蜣蜋　白殭蠶並主癲癇發搐。蠶退紙癲狂亂走，悲泣妄言及風癇病，燒灰酒服。蚱蟬癲病寒熱，小兒癇絶不能言。衣魚小兒癇，同竹瀝煎酒服。　鱗介：　龍角　龍骨　龍齒癲疾狂走，五驚十二癇。白花蛇　烏蛇定癇搐。蛇蜕蛇癇，癲疾瘈瘲，搖頭弄舌。玳瑁熱癇。　禽部：　鴨涎癲癇發搐。雁毛小兒佩之辟癇。啄木鳥久年風癇，同荆芥煅服。烏鴉暗風癇疾，煅研入朱砂服，不過十日愈。〇又煅研，同蒼耳子、胡桃服。鴟頭癲癇眩冒瘈瘲，同黄丹爲丸服。〇肉亦可食。鴞肉食之主風癇。鳳凰臺雞癇，癲癇發狂，水磨服。　獸部：　狗齒及糞中骨　白狗血並狗癇。豚卵　猪屎並猪癇。羊齒　羊頭骨羊癇。羖羊角風癇，燒灰酒服。牛齒　牛屎中豆　牛拳木並牛癇。馬齒　馬目　馬懸蹄　馬繩索　野馬肉並馬癇。驢乳心熱氣癇。驢脂酒服，主狂癲不能語，不識人。六畜毛蹄甲驚癇癲痓。牡鼠煎油，主驚癇。羚羊角　犀角　犛牛角　象牙　牛黄　鮓荅　野猪黄及膽　熊膽並主風熱癲癇。麝香　虎睛鼻　狐肝　狐肉並主癲癇，恍惚歌笑。猴頭骨癲癇口噤。　人部：　人髮癇痓。人胞煮食，治久癲失志，亦和藥作丸服。人魄磨水服，定癲狂。

風虚：　草部：　人參消胸中痰，治驚癇。〇小兒風癇，同辰砂、蛤粉末、猪心血丸服。石菖蒲開心孔，通九竅，出音聲。爲末，猪心湯日服，治癲癇風疾。遠志安心志。天麻小兒風癇，善驚失志，補肝定風。蛇牀子　芍藥　牡丹　女萎並主驚癇，寒熱瘈瘲。當歸　芎藭　地黄並養血。縮砂　桔梗　香附並驚癇邪氣。萆薢緩關節老血，頭旋風癇。　果木：　酸石榴小兒癇，釀蝎五枚，泥，煅研，乳服五分。柏實定癇養血。　蟲禽：　蜂蜜　鷄子並癇痓。白雄鷄及腦癲邪狂妄。

卒厥有尸厥、氣厥、火厥、痰厥、血厥、中惡、魘死、驚死。

外治：　半夏　菖蒲　皂角　雄黄　梁上塵并主卒死尸厥魘死，客忤中惡，爲末吹鼻。葱黄插入鼻中七八寸及納下部。薤汁　韭汁並灌鼻。醋鬼擊卒死，灌少許入鼻。酒驚怖卒死，灌之，并吹兩鼻。乳香　安息香　樟木並燒烟熏之。鷄冠血寢死，中惡卒死，塗面及心，并納口鼻。東門上鷄頭爲末酒服。犬肉搨心上。青牛蹄魘死，安頭上即甦。牛黄　麝香水服。熱湯忤惡卒死，隔衣熨腹，冷即易。井底泥卧忽不寤，勿以火照，但痛嚙足母趾甲際，多唾其面，以泥塗目，令人垂頭于井中呼之即甦。瓦甑魘死不寤，覆面打破之。鞋履卧時一仰一覆，則不魘。人尿中惡不醒，尿其面上即甦。燒人灰置枕中，辟魘寐。

內治：　女青諸卒死，擣末酒灌，立活。菖蒲汁　蠡實根汁並灌之。南星　木香　附子同木香煎服。陳粟米卒得鬼打，擂水服。白薇婦人無故汗多，卒厥不省人事，名血厥。同當歸、人參、甘草煎服。巴豆鬼擊，同杏仁汁服，取利。常山小兒驚忤，中惡卒死，同牡蠣煎服吐痰。鹽膽水吐痰厥。燒尸場上土尸厥，泡湯灌。食鹽卒鬼擊，水灌并吐之。鍋底土魘寐死，末灌二錢，並吹鼻。白鴨血　白犬血　猪心血尾血并灌之。犀角中惡鬼氣，卒死厥逆，口鼻出清血，須臾不救，似乎尸厥，但腹不鳴，心下暖，同麝香、朱砂末服二錢，即甦。羚羊角熱毒風攻注，中惡毒氣，卒不識人。狐膽人卒暴亡，即取溫水化灌，入喉即活，移時者無及。馬屎卒中惡死，絞汁灌之。白馬夜眼卒死尸厥，同尾燒丸服。褌襠　汗衫並中鬼昏厥，口鼻出血，燒灰湯服。鐵錐柄鬼打鬼排中惡，和桃奴、鬼箭丸服。刀鞘鬼打，燒灰水服。

傷寒熱病寒乃標，熱乃本。春爲溫，夏爲熱，秋爲癉，冬爲寒，四時天行爲疫癘。

發表：　草部：　麻黄　羌活太陽、少陰。葛根　升麻　白芷陽明，太陰。細辛少陰。蒼术太陰。荆芥　薄荷　紫蘇並發四時傷寒不正之汗。香薷四時傷寒不正之氣，爲末，熱酒服，取汗。香附散時氣寒疫。艾葉時氣溫疫，煎服取汗。蒼耳葉發風寒頭痛汗。浮萍夾驚傷寒，同犀角、釣藤末服取汗。天仙藤治傷寒，同麻黄發汗。牛蒡根擣汁服，發天行時疾汗。　穀菜：　豆豉治數種傷寒，同葱白，發汗通關節。〇汗後不解，同鹽吐之。胡麻煎酒，發汗。生薑　小蒜　葱白　果木：茗茶並發汗。杏仁同酢煎，發時行溫病汗。桃葉蒸臥，發傷寒汗。胡桃同葱、薑擂茶服，發汗。桂枝太陽解肌。皂莢傷寒初起，燒赤水服取汗。○研汁和薑、蜜服，取汗。　水石：百沸湯多飲取汗。丹砂傷寒時氣，始得一二日，煮服取汗。○塗身向火亦出汗。石膏陽明發熱，解肌出汗。代赭石傷寒無汗，同乾薑末熱醋調，塗掌心合定，暖臥取汗。

攻裏：草部：大黄陽明、太陰、少陰、厥陰，燥熱滿痢諸證。栝樓實利熱實結胸。甘遂寒實結胸。葶藶結胸狂躁。大戟　芫花脇下水飲。蕘花行水。蜀漆行水。千里及主天下疫氣，煮汁吐利。果木：桃仁下瘀血。巴豆寒熱結胸。　蟲石：水蛭　虻蟲下瘀血。芒消下痞滿燥結。

和解：草部：柴胡少陽寒熱諸證。○傷寒餘熱，同甘草煎服。半夏　黄芩　芍藥　牡丹　貝母　甘草並主寒熱。白朮　葳蕤　白薇　白鮮皮　防風　防己並主風溫、風濕。澤瀉　秦艽　海金沙　木通　海藻並主濕熱。黄連　大青　黄藥　白藥　薺苨　船底苔　陟釐并主天行熱毒狂煩。知母　玄參　連軺　天門冬　麥門冬　栝樓根並主熱病煩渴。前胡　惡實　射干　桔梗並主痰熱咽痛。蕙草　白頭翁熱痢。五味子欬嗽。苦參熱病狂邪，不避水火，蜜丸服。龍膽草傷寒發狂，末服二錢。青黛陽毒發斑及天行頭痛寒熱，水研服。地黄溫毒發斑，熬黑膏服。○同薄荷汁服，主熱瘴昏迷。青葙苗擣汁服，大治溫癘。蘘荷溫病初得，頭痛壯熱，擣汁服。蘆根傷寒內熱，時疾煩悶，煮汁服。葎草汗後虛熱，杵汁服。蛇莓傷寒大熱，杵汁服。番木鼈熱病，磨汁服。虎杖時疫流毒攻手足，腫痛欲斷，煮汁漬之。含水藤天行時氣煩渴。　穀部：黑大豆疫癘發腫，炒熟，同甘草煎服。豆豉傷寒頭痛，寒熱瘴氣，及汗後不解，身熱懊憹，同巵子煎服。○餘毒攻手足，煎酒服。○暴痢，同薤白煎服。赤小豆除濕熱。薏苡仁風濕痛。粳米煩熱。餳建中。麻子脾約祕結。　菜部：百合百合病。葱白少陰下利。乾薑痞濕及下利。茄子溫疾。菾菜汁解時行壯熱。生瓜菜汁解陽毒壯熱頭痛。　果部：大棗和營衛。杏仁利肺氣。桃仁行血。烏梅煩渴及蚘厥。橘皮嘔噦痰氣。檳榔傷寒痞滿結胸，末服。馬檳榔傷寒熱病，每嚼數枚水吞。梨汁熱毒煩渴。○木皮，傷寒溫病，同甘草、秫米、鍋煤服。芰實傷寒積熱。吳茱萸厥陰頭痛，多涎。蜀椒陰毒時氣及蚘厥。鹽麩子天行寒熱。　木部：巵子煩熱懊憹。黄蘗熱毒下利及吐血。厚朴滿痞頭痛。枳殼痞滿。枳實滿實。竹葉煩熱。竹茹溫氣寒熱。秦皮熱痢。梓白皮時行溫病，壯熱發黄，煎服。桐木皮傷寒發狂，煎服，取吐下。櫸木皮時行頭痛，熱結在腸胃。柳葉天行熱病。楝實溫疾傷寒，大熱煩狂。李根白皮奔豚。茯苓行濕利小便。猪苓熱渴水逆，小便不利。　水土：臘雪解傷寒時氣溫疾大熱。冬霜解傷寒內熱。夏冰陽毒熱盛，置于膻中。涼水陽毒，浸青布貼胸中。蚯蚓糞譫語狂亂，涼水服。蜣螂轉丸時氣煩熱，絞汁服。梁上塵　釜底墨並主陽毒發狂斑。　金石：黑鉛傷寒毒氣。鉛丹火劫驚邪。古文錢時氣欲死，煮汁入麝香服，取吐或下。鐵粉陽毒發狂，同龍膽草、磨刀水服。鐵鏵小兒百日傷寒壯熱，燒赤淬水服。石膏傷寒頭痛如裂，壯熱如火，解肌發汗，陽明潮熱大渴。○同黄連煎服，治傷寒發狂。滑石解利四時一切傷寒，同甘草末服。凝水石時氣熱盛。雄黄傷寒欬逆，煎酒服。○燒烟熏狐惑。食鹽傷寒寒熱。赤石脂　禹餘糧少陰下利。石蟹天時熱疾。　鱗介：龍骨火劫驚邪。○下利不止。鼈甲陰毒。玳瑁熱結狂言，磨水服。牡蠣傷寒寒熱，及自汗水結。海蛤傷寒血結，同芒消、滑石、甘草服。文蛤傷寒大汗，煩熱口渴，末服。貝子傷寒狂熱。　禽部：雞子傷寒發斑下痢。○生吞一枚，治傷寒發狂煩躁。○打破煮渾入漿啜之，治天行不解。○井中浸冷，吞七枚，治妊娠時疾，安胎。雞屎白傷寒寒熱。　獸部：猪膽少陽證熱渴，又導大便不通。猪膏傷寒時氣，溫水服一彈丸，日三。猪膚少陰咽痛。犀角傷寒熱毒，發狂發斑，吐血下血。牛黄天行熱病。羚羊角傷寒熱在肌膚。牛角時氣寒熱頭痛。馬屎　羊屎　羊尿傷寒手足疼欲脱，並洗之。阿膠熱毒下痢。　人部：人尿少陰下痢，入白通湯。人屎大熱狂走，水漬服。人中黄研水。胞衣水並主熱病發狂，飲之。

溫經：草部：人參傷寒厥逆發躁，脉沉，以半兩煎湯，調牛膽南星末服。○壞證不省人事，一兩煎服，脉復即甦。○夾陰傷寒，小腹痛，嘔吐厥逆，脈伏，同薑、附煎服，即回陽。附子治三陰經證及陰毒傷寒，陰陽易病。蓼子女勞復，卵縮入腹絞痛，煮汁服。草烏頭陰毒，插入穀道中。　穀菜：黑大豆陰毒，炒焦投酒熱服，取汗。乾薑陰毒，同附子用，補中有發。韭根陰陽易病。葱白陰毒，炒熱熨臍。芥子陰毒，貼臍，發汗。　果部：蜀椒陰毒，入湯液用。胡椒陰毒，同葱白、麝香和蠟作挺，插入莖內，出汗愈。吳茱萸陰毒，酒拌蒸熨足心。　木部：松節炒焦投酒服，治陰毒。烏藥子陰毒，炒黑，水煎服，取汗。青竹皮女勞復，外腎腫，腹中絞痛，水煎服。皂莢仁陰毒。　石禽：雄黄陰毒，入湯藥。消石　石硫黄陰毒，二味爲末，服三錢，取汗。○硫黄同巴豆丸服，治陰陽二毒。太陰玄精石陰毒，正陽丹用之。雞屎白陰毒，同黑豆、亂髮、地膚子炒焦入酒服，取汗。鴿屎陰毒，炒焦酒服，取汗。　獸人：鼠屎陰易腹痛，同韭根煮汁服，取汗。豚卵陰陽易病，小腹急痛，熱酒吞二枚。麝香陰毒。父母爪甲陰陽易病，同中衣襠燒灰酒服。婦人陰毛陰陽易病，卵縮欲死，燒灰，以洗陰水服。　服器：褌襠女勞復及陰陽易，燒灰水服。○下裳帶燒服，病免勞復。月經衣燒末，水服。

食復勞復：草部：麥門冬傷寒後小勞，復作發熱，同甘草、竹葉、粳米煎服。胡黃連勞復，同卮子丸服。蘆根勞復食復，煮汁服。穀果：飯傷寒多食，復作發熱。燒末飲服。麴食復，煮服。橘皮食復，水煎服。木石：枳殼勞復發熱，同卮子、豉、漿水煎服。卮子食復發熱，上方加大黃。○勞復發熱，同枳殼、豭鼠屎、葱白煎服。胡粉食復勞復，水服少許。凝水石解傷寒勞復。鼈甲食復勞復，燒研水服。抱出鷄子殼勞復，炒研湯服一合，取汗。馬屎勞復，燒末冷酒服。豭鼠屎　人屎勞復，燒灰酒服。頭垢勞復，含棗許水下。洗手足水食復勞復，飲一合。頭巾勞復口渴，浸汁服。繳脚布勞復，洗汁服。砧上垢食復勞復，同病人足下土、鼠屎煎服。飯籮食復，燒灰水服。

瘟疫

辟禳：草部：蒼术山嵐瘴氣，溫疾惡氣，弭災沴。○燒烟黑，去鬼邪。升麻吐溫疫時氣毒癘。蒼耳為末水眼，避惡邪，不染疫疾。虎耳擂酒服，治瘟疫。木香　辟虺雷　徐長卿　鬼督郵　藁本　女青　山柰　菝葜　葎草並辟毒疫溫鬼邪氣。白茅香　茅香　蘭草並煎湯浴，辟疫氣。艾納香　兜納香　蜘蛛香　木部：沉香　蜜香　檀香　降真香　蘇合香　安息香　詹糖香　樟腦　返魂香　兜木香　皂莢　古厠木並燒之辟疫。釣樟葉置門上。烏藥　預知子　阿魏　乳香臘月二十四日五更，取初汲水浸至元旦五更，人嚼一塊，飲水三呷，一年無疫。松葉細切酒服，日三，能辟五年瘟。柏葉時氣瘴疫，社中東南枝，爲末，日服。桃枝　桃橛　桃符並辟疫。桃仁茱萸，青鹽炒過，每嚼一二十枚，預辟瘴癘。三歲陳棗核中仁常服百邪不干。穀菜：椒柏酒　屠蘇酒元旦飲之，辟瘟癘。黑豆布袋一斗，納井中一夜取出，每服七粒，辟禳時氣。赤小豆除夕正月朔望投井中，辟瘟病。○正月七日，囊盛置井中，三日取出，男吞七粒，女吞二七，一年無病。○元旦向東吞三七粒，一年無疫。○立秋日面西吞七粒，不病痢。豉和白术浸酒常飲，除瘟疫病。麻子仁除夜同小豆投井中，辟疫。穄米爲末水服，不染溫疫。蒜時氣溫病，擣汁服。○立春元旦，作五辛盤食，辟溫疫。蔓菁立春後庚子日，飲汁，一年免時疾。馬齒莧元旦食之，解疫氣。生薑辟邪。淡竹葉解疫。服器：初病人衣蒸過，則一家不染。草繩度所住戶中壁，屈結之，則不染。水土：半天河水飲之辟疫。東壁土　塜上土石五月五日取，埋戶外，一家不患時氣。石部：丹砂蜜丸，太歲日平旦，各吞三七丸，永無疫疾。陽起石解溫疫冷氣。婆娑石瘴疫，熱悶頭痛。鱗介：蚺蛇肉　鱤魚　鯇魚　牛魚　鮑魚頭灰　賁龜　珠鼈　蜆肉並食辟疫。禽獸：雄鷄冬至作腊，立春食之，辟疫。東門上鷄頭辟疫禳惡。雄鵲冬至埋圜前，辟時疾溫氣。石燕肉炒浸酒飲，辟溫疫嵐瘴。五靈脂辟疫。獺肉煮服，主疫氣溫病及牛馬疫。狸肉溫鬼毒氣，皮中如針刺。麝香　靈猫陰　雄狐屎燒之辟疫。馬骨及蹄佩之辟疫。貘皮寢之辟癘。

瘴癘：草部：升麻吐。釵子股吐。葛根　草犀　大黃溫瘴。附子冷瘴。恒山吐。芫花下。金絲草　錦地羅　千金藤　伏鷄子根　解毒子　含水藤　千里及　肉豆蔻　蒼术　菜穀：葱　茖葱　蒜　白菘　苦茄　豉　紅麴　燒酒　果木：茶　鹽麩子　檳榔　烏梅　大腹皮　安息香　蘇合香　阿魏　相思子吐。石部：丹砂　雄黃　砒石　婆娑石　鱗部：蚺蛇肉　鮫鯉甲　海豚魚作脯。海鷂魚燒服。獸部：猪血　猪屎　羖羊角　山羊肉　羚羊角　犀角　麝香　果然肉　猴頭骨及肉　人部：天靈蓋

暑有受暑中暍，受涼中暑。

中暍：草穀：水蓼煮汁灌。胡麻炒黑，井水擂灌。寒食麪井水灌。菜果：大蒜同道中熱土擣，水澄服。瓜蔕吐之即省。水土：熱湯布蘸熨心即甦，仍徐灌之。地漿灌。道中熱土壅臍上，令人溺于中，即甦。車輦土澄水服。仰天皮新水調灌。熱瓦互熨心上。

清暑：草部：香薷解暑利小便，有徹上徹下之功。夏月解表之藥，能發越陽氣，消散畜水。黃連酒煮丸服，主伏暑在心脾，發熱吐瀉痢渴諸病。石香薷　紫蘇葉　蒼术　白术　木通　車前　澤瀉　半夏　藿香　縮砂　穀菜：白扁豆　薏苡仁　稷米　大蒜　果木：木瓜　枇杷葉　赤茯苓　厚朴　猪苓並主傷暑有濕熱諸病。桂心大解暑毒，同茯苓丸服。○同蜜作渴水飲。黃蘗去濕熱，瀉陰火，滋腎水，去痿弱。水石：雪水　夏冰　滑石　石膏　朱砂解渴。雄黃暑毒在脾，濕氣連脚，或吐或痛，或痢或瘧，鍊過丸服。消石　硫黃二味結砂，主外傷暑熱，內傷生冷，發爲頭痛寒熱，吐瀉霍亂，心腹痛諸病。○三伏吞硫黃百粒，去積滯甚妙。玄精石解暑消積。

瀉火益元：草部：黃芪傷暑自汗，喘促肌熱。人參暑傷元氣，大汗痿躄，同麥門冬、五味子煎服，大瀉陰火，補元氣，助金水。甘草生瀉火，熟補火，與參、芪同爲瀉火益氣之藥。麥門冬清肺金，降心火，止煩渴欬嗽。黃芩　知母瀉肺火，滋腎水。虎杖同甘草煎飲，壓一切暑毒煩渴，利小便。果木：苦茗同薑煎飲，或醋同飲，主傷暑瀉痢。石南葉煎服解暑。烏梅生津止渴。西瓜　甜瓜　椰子漿解暑毒。

濕有風濕、寒濕、濕熱。

風濕： 草部： 羌獨活 防風 細辛 麻黃 木賊 浮萍 藁本 芎藭 蛇牀子 黃芪 黃精 葳蕤 秦艽 菖蒲 漏蘆 菊花 馬先蒿 白蒿 菴蕳 旋覆 豨薟 蒼耳 薇御 蒴藋 石龍芮 茵預 防己 茜根 忍冬 蘇子 南星 萆薢 土茯苓 龍常 葱白 薏苡 胡麻 大豆 秦椒 蔓椒 蜀椒紅 柏實 松葉 沉香 龍腦 蔓荆 皂莢 枸杞 五加皮 桂枝 伏牛花 厚朴與蒼术、橘皮同除濕病。 石部： 慈石 白石英

蟲鱗： 蝎風淫濕痹，炒研入麝香，酒服。 鱓魚濕風惡氣，作臛食。

寒濕： 草部： 蒼术除上中下三焦濕，發汗利小便，逐水功最大。濕氣身重作痛，熬膏服。○諸方詳見本條。 草烏頭除風濕，燥脾胃，同蒼术制煮作丸服。 附子 烏頭 芫花 王孫 狗脊 牛膝 山柰 紅豆蔻 草果 蠡實 艾葉 木香 杜若 山薑 廉薑 穀菜： 葡萄酒 燒酒 豆黃 生薑 乾薑 芥子 蒜、葫 蘹香 果木： 吳茱萸 胡椒 欓子 蓮實 桂心 丁香 樟腦 烏藥 山茱萸 獸部： 貘皮 木狗皮 諸獸毛皮毡 火鍼

濕熱： 草部： 山茵蔯 黃芩 黃連 防己 連翹 白术 柴胡 苦參 龍膽草 車前 木通 澤瀉 通草 白鮮 蓄草 半夏 海金沙 地黃 甘遂 大戟 萱草 牽牛氣分。 大黃血分。 營實根 夏枯草 穀菜： 赤小豆 大豆黃卷 薏苡仁 旱芹丸服。 乾薑 生薑 木部： 椿白皮 茯苓 猪苓 酸棗 柳葉 木槿 榆皮 介石： 蜆子下濕熱氣。 滑石 石膏 礬石 緑礬

火熱有鬱火、實火、虛火，氣分熱、血分熱、五臟熱、十二經熱。

升散： 草部： 柴胡平肝膽三焦包絡相火，除肌熱潮熱，寒熱往來，小兒骨熱疳熱，婦人産前産後熱。○虛勞發熱，同人參煎服。 升麻解肌肉熱，散鬱火。 葛根解陽明煩熱，止渴散鬱火。 羌活散火鬱發熱。 白芷散風寒身熱，浴小兒熱。 薄荷汁骨蒸勞熱。 水萍暴熱身痒，能發汗。 香附散心腹客熱氣鬱。

瀉火： 草部： 黃連瀉肝膽心脾火，退客熱。 黃芩瀉肺及大腸火，肌肉骨蒸諸熱。○肺熱如火燎，煩躁欬嗽引飲，一味煎服。 胡黃連骨蒸勞熱，小兒疳熱，婦人胎蒸。 秦艽陽明濕熱，勞熱潮熱骨蒸。 沙參清肺熱。 桔梗肺熱。 龍膽肝膽火，胃中伏熱。 青黛五臟鬱火。 蛇苺 白鮮皮 大青並主時行腹中大熱。 連翹少陽陽明三焦氣分之火。 青蒿熱在骨間。 惡實食前挼吞三枚，散諸結節筋骨煩熱毒。 燈籠草骨熱肺熱。 積雪草暴熱，小兒熱。 虎杖壓一切熱毒。 茵蔯去濕熱。 景天身熱，小兒驚熱。 鈎藤平心肝火，利小便。○同甘草、滑石服，治小兒驚熱。 酸漿 防己 木通 通草 燈心 澤瀉 車前 地膚 石韋 瞿麥並利小便，洩火熱。 烏韭熱在腸胃。 屋遊熱在皮膚。 土馬騣骨熱煩敗。 大黃瀉諸實熱不通，足太陰、手足陽明厥陰五經血分藥。 菜果： 碁蓬子 李葉 桃葉 棗葉 木部： 楮葉 楝實 羊桃 秦皮 梓白皮並浴小兒身熱。 巵子心肺胃小腸火，解鬱利小便。 鼠李根皮身皮熱毒。 木蘭皮身熱面皰。 桑白皮虛勞肺火。 地骨皮瀉肺火腎火胞中火，補正氣，去骨間有汗之蒸，同防風、甘草煎服。 溲疏皮膚熱，胃中熱。 竹葉 竹茹 竹瀝並主煩熱有痰。 荆瀝熱痰。 水石： 雪水 冰水 井水並除大熱。 石膏除三焦肺胃大腸火，解肌發汗退熱，潮熱骨蒸發熱，爲丸散服。○食積痰火，爲丸服。○小兒壯熱，同青黛丸服。 長石胃中熱，四肢寒。 理石營衛中大熱煩毒。 方解石胸中留熱。 玄精石風熱。 凝水石身熱，皮中如火燒，煩滿，水飲之，涼血降火。 食鹽 鹵鹼除大熱。 消石五臟積熱。 朴消胃中結熱。○紫雪、碧雪、紅雪、金石淩，皆解熱結藥也。 玄明粉胃中實熱，腸中宿垢。 蟲介： 白頸蚯蚓解熱毒狂煩。 雪蛆 玳瑁涼心解毒。 獸部： 犀角瀉肝涼心清胃，解大熱諸毒氣。 牛黃涼心肝。 羚羊角風熱寒熱。 象牙骨蒸熱。 牛膽 猪膽 熊膽並除肝火。 白馬脛骨煅過，降火可代芩、連。 人部： 人中白降三焦膀胱肝經相火。 人溺滋降火甚速。 人屎大解五臟實熱，骨蒸勞熱。

緩火： 草部： 甘草生用，瀉三焦五臟六腑火。 黃芪瀉陰火，補元氣，去虛熱。無汗則發，有汗則止。 人參與黃芪、甘草三味，爲益氣瀉火、除肌熱躁熱之聖藥，甘溫除大熱也。 麥門冬降心火，清肺熱虛勞客熱，止渴。 五味子與人參、麥門冬三味，爲清金滋水、瀉火止渴、止汗生脉之劑。 天門冬肺勞風熱，丸服。○陰虛火動有痰熱，同五味子丸服。○婦人骨蒸，同生地黃丸服。 葳蕤五勞七傷虛熱。○煎服，治發熱口乾小便少。 白术除胃中熱、肌熱，止汗。○婦人血虛發熱，小兒脾虛骨蒸，同茯苓、甘草、芍藥煎服。 茅根 地筋客熱在腸胃。 甘焦根 菰根 蘆根 天花粉並主大熱煩渴。 栝樓根潤肺降火化痰。○飲酒發熱，同青黛、薑汁丸服。○婦人月經不調，夜熱痰嗽，同青黛、香附末服。 菜穀： 山藥除煩熱，涼而補。 小麥客熱煩渴，涼心。 粱米脾胃客熱。 麻仁虛勞客熱，水煎服。 果部： 梨消痰降火，涼心肺。 柿涼肺，壓胃熱。 李曝食，去骨間勞熱。 烏梅下氣除熱。 馬檳榔熱病，嚼食。 蕉子涼心。 甘蔗解熱。 介禽： 鼈肉同柴胡諸藥丸服，治骨蒸。 鴨肉 鴿肉並解熱。 獸人： 兔肉涼補。 豪猪肉 猪肉肥熱人宜食之。 猪乳 酥酪 醍醐 人乳

滋陰： 草部： 生地黃諸經血熱，滋陰退陽。○蜜丸服，治女人發熱成勞。○蜜

煎服，治小兒壯熱，煩渴昏沉。熟地黄血虚勞熱，産後虚熱，老人虚燥。同生地黄爲末，薑汁糊丸，治婦人勞熱。玄參煩躁骨蒸，滋陰降火，與地黄同功。治胸中氤氳之氣，無根之火，爲聖劑。同大黄、黄連丸服，治三焦積熱。當歸血虚發熱，困渴引飲，目赤面紅，日夜不退，脉洪如白虎證者，同黄芪煎服。丹參冷熱勞，風邪留熱。同鼠屎末服，主小兒中風，身熱拘急。牡丹治少陰厥陰血分伏火，退無汗之骨蒸。知母心煩，骨熱勞往來，産後蓐勞，熱勞。瀉肺命火，滋腎水。木部：黄蘗下焦濕熱，滋陰降火。

各經火藥：肝氣，柴胡；血，黄芩。心氣，麥門冬；血，黄連。脾氣，白芍藥；血，生地黄。肺氣，石膏；血，巵子。腎氣，知母；血，黄蘗。膽氣，連翹；血，柴胡。小腸氣，赤茯苓；血，木通。大腸氣，黄芩；血，大黄。膀胱氣，滑石；血，黄蘗。胃氣，葛根；血，大黄。三焦氣，連翹；血，地骨。包絡氣，麥門冬；血，牡丹皮。

各經發熱藥：肝氣，柴胡；血，當歸。心氣，黄連；血，生地黄。脾氣，芍藥；血，木瓜。肺氣，石膏；血，桑白皮。腎氣，知母；血，地黄。膽氣，柴胡；血，栝樓。小腸氣，赤茯苓；血，木通。大腸氣，芒消；血，大黄。膀胱氣，滑石；血，澤瀉。胃氣，石膏；血，芒消。三焦氣，石膏；血，竹葉。包絡氣，麥門冬；血，牡丹皮。

諸氣怒則氣逆，喜則氣散，悲則氣消，恐則氣下，驚則氣亂，勞則氣耗，思則氣結，寒則氣收，炅則氣泄。

鬱氣：草部：香附心腹膀胱連脇下氣妨，常日憂愁。總解一切氣鬱，行十二經氣分，有補有瀉，有升有降。蒼术消氣塊，解氣鬱。撫芎與香附、蒼术，總解諸鬱。木香心腹一切滯氣。和胃氣，泄肺氣，行肝氣。凡氣鬱而不舒者，宜用之。衝脉爲病，逆氣裏急。同補藥則補，同瀉藥則瀉。○中氣，竹瀝、薑汁調灌。○氣脹，同訶子丸服。○一切走注，酒磨服。藿香快氣。鷄蘇　紫蘇順氣。薄荷去憤氣。穀菜：赤小豆縮氣，散氣。萊菔子練五臟惡氣，化積滯。葱白除肝中邪氣，通上下陽氣。胡荽熱氣結滯，經年數發，煎飲。萵苣　白苣開胸膈壅氣。馬齒莧諸氣不調，煮粥食。黄瓜菜通結氣。果木：杏仁下結氣，同桂枝、橘皮、訶黎勒丸服。青橘皮疎肝散滯，同茴香、甘草末服。檳榔宣利五臟六腑壅滯，破胸中一切氣，性如鐵石。大腹皮下一切氣。巵子五藏結氣，炒黑煎服。梨木灰氣積鬱冒。橄欖　毗黎勒開胃下氣。榆莢仁消心腹惡氣，令人能食。石獸：鐵落胸膈熱氣，食不下。長石脇肋肺間邪氣。麝香　靈貓陰　人部：人尿一切氣塊，煎苦參釀酒飲。

痰氣：草部：半夏消心腹胸脇痰熱結氣。貝母散心胸鬱結之氣，消痰。桔梗　前胡　白前　蘇子並主消痰，一切逆氣。射干散胸中痰結熱氣。芫花諸般氣痛，醋炒，同玄胡索服。威靈仙宣通五臟，去心腹冷滯，推陳致新。○男婦氣痛，同韭根、烏藥、鷄子煮酒服。牽牛利一切氣壅滯。○三焦壅滯，涕唾痰涎，昏眩不爽，皂角汁丸服。○氣築奔衝，同檳榔末服。穀菜：蕎麥消氣寛腸。黑大豆調中下氣。生薑心胸冷熱氣。○暴逆氣上，嚼數片即止。萊菔子　白芥子消痰下氣。果部：山樝行結氣。橘皮痰隔氣脹，水煎服。○下焦冷氣，蜜丸服。橙皮消痰下氣，同生薑、檀香、甘草作餅服。柚皮消痰下氣及憤懣之痰，酒煮蜜拌服。枸櫞皮除痰，止心下氣痛。金橘下氣快腸。枇杷葉下氣止嘔。楊梅除憒憒惡氣。木部：枳實　枳殼　茯苓破結氣，逐痰水。桑白皮下氣消痰。皂莢一切痰氣，燒研，同蘿蔔子、薑汁、蜜丸服。介部：龜甲抑結氣不散，酒炙，同柏葉、香附丸服。牡蠣驚恚怒氣，結氣老血。擔羅同昆布作羹，消結氣。

血氣　草部：當歸氣中之血。芎藭血中之氣。蓬莪茂氣中之血。薑黄血中之氣。三稜血中之氣。鬱金血氣。玄胡索　木部：乳香　沒藥　騏驎竭　安息香並活血散氣。

冷氣：草部：艾葉心腹一切冷氣惡氣，擣汁服。附子升降諸氣，煎汁入沉香服。烏頭一切冷氣，童尿浸，作丸服。肉豆蔻　草豆蔻　紅豆蔻　高良薑　益智子　蓽茇　畢勃沒　縮砂　補骨脂　胡盧巴　蒟醬並破冷氣。五味子奔豚冷氣，心腹氣脹。菜部：蒜葫　芸薹　蔓菁　芥　乾薑　蔊菜　秦荻藜　馬芹並破冷氣。茴香腎邪冷氣，同附子制爲末服。白芥子腹中冷氣，微炒爲丸服。果木：蜀椒解鬱結。其性下行通三焦。凡人食飽氣上，生呑一二十枚即散。秦椒　胡椒　畢澄茄　吴茱萸　食茱萸　桂　沉香　丁香　丁皮　檀香　烏藥　樟腦　蘇合香　阿魏　龍腦樹子並破冷氣，下惡氣。厚朴男女氣脹，飲食不下，冷熱相攻，薑汁炙，研末飲服。訶黎勒一切氣疾，宿食不消，每夜嚼咽。金石：金屑破冷氣。黑鉛腎臟氣發，同石亭脂、木香、麝香丸服。銅器炙熨冷氣痛。車鍇冷氣走痛，燒淬水服。白石英心胃中冷氣。紫石英寒熱邪氣，補心氣，養肺氣。靈砂治冷氣，升降陰陽，既濟水火。玄精石　砒石　硇砂元臟虚冷氣痛，同桃仁丸服。○又同川烏頭丸服。硫黄一切冷氣積痛，同青鹽丸服。○同消石、青皮、陳皮丸服。魚禽：鱧魚下一切氣，同胡椒、大蒜、小豆、葱，水煮食。黄雌鷄　烏雌鷄並治冷氣著床。

痰飲痰有六：濕、熱、風、寒、食、氣也。飲有五：支、留、伏、溢、懸也。皆生于濕。

風寒濕鬱：草：半夏行濕下氣，濕去則涎燥，氣下則痰降，乃痰飲主藥。法制半夏可咀嚼。○胸膈痰壅，薑汁作餅煎服。○停痰冷飲，同橘皮煎服。○中焦痰涎，同枯礬丸服。○結痰不出，同桂心、草烏頭丸服。○支飲作嘔，同生薑、茯苓煎服。○風痰濕痰，清壺丸。○風痰，辰砂化痰丸。○氣痰，三仙丸。○驚痰，辰砂半夏丸。○老人風痰，半夏、消石丸。○小兒痰熱，同南星入牛膽陰乾丸服。天南星除痰燥濕。○壯人風痰，同木香、生薑煎服。○痰迷心竅，壽星丸。○小兒風痰，抱龍丸。蒼朮消痰水，解濕鬱，治痰夾瘀血成囊。白朮消痰水，燥脾胃。○心下有水，同澤瀉煎服。○五飲酒癖，同薑、桂丸服。旋覆花胸上痰結，唾如膠漆及膀胱留飲，焙研蜜丸服。威靈仙心膈痰水，宿膿久積。○停痰宿飲，喘欬嘔逆，同半夏皂角水丸。麻黃散肺經火鬱，止好唾痰喘。細辛破痰利水，開胸中滯結。薄荷小兒風涎要藥。蘇子治風順氣消痰。佛耳草除痰壓時氣。附子胃冷濕痰嘔吐，同半夏、生薑丸服。烏頭　天雄　白附子並主風痰濕痰。草烏頭胸上冷痰，食不下，心腹冷痰作痛。紫金牛風痰。百兩金風涎。艾葉口吐清水，煎服。防己膈間支飲喘滿，木防己湯。葶藶胸中痰飲結氣。人參胸中痰，變酸水，逆黃。肉豆蔻冷氣嘔沫，同半夏、木香丸。益智子上膈客寒，吐沫。草豆蔻　高良薑　廉薑　蓽茇　紅豆蔻　蒟醬

狼毒　菜穀：乾薑並主冷痰，燥濕溫中。生薑除濕去痰下氣。○痰厥卒風，同附子煎服。芥及子　白芥子痰在脇下及皮裏膜外，非此莫除。○同白朮丸服。○同蘇子、萊菔子丸，下痰氣。米醋　燒酒　果木：木瓜　樝子　榅桲　橙皮　柚皮並去濕痰水唾。橘皮除濕痰留飲，嘔噦反胃。○二陳湯，潤下丸，寬中丸。○痰膈胸中熱脹，水煎服。嘈雜吐清水，爲末舐之。○下焦冷痰，丸服。檳榔消穀下氣，逐水除痰癖，爲末湯服。○嘔吐痰水，同橘皮煎或末服。大腹皮　都念子　都咸子　蜀椒溫中除濕，心腹留飲。○椒目，同巴豆丸服，治留飲腹痛。吳茱萸厥陰痰涎。胡椒　畢澄茄　厚朴消痰溫中。○痰壅嘔逆，薑汁制末服。沉香冷痰虛熱，同附子煎服。杉材肺壅痰滯。皂莢胸中痰結，挼汁熬膏丸服。○一切痰氣，燒研同萊菔子丸服。○釣痰丸，同半夏、白礬丸含。○子及木皮，並治風痰。白楊皮浸酒化痰癖。槐膠一切風涎。石蟲：礬石痰涎飲澼。赤石脂飲水成澼，吐水不止，末服一斤良。白殭蠶散風痰結核。○一切風痰，研末薑汁服。桂蠹寒澼。

濕熱火鬱：草：栝樓降火清金，滌痰結。○清痰利膈，同半夏熬膏服。○胸痺痰嗽，取子同薤白煎服。○飲酒痰澼，脇脹嘔吐腹鳴，同神麴末服。貝母化痰降氣，解鬱潤肺。○痰脹，同厚朴丸服。前胡　柴胡　黃芩　桔梗　知母　白前　紫(苑)〔菀〕　麥門冬　燈籠草　鴨跖草　懸鈎子　解毒子　辟虺雷　草犀　澤瀉

舵菜　山藥　竹筍　果木：烏梅　林檎　白柹　鹽麩子　甘蔗汁　梨汁　藕汁　茗　皋蘆葉　蕤核　枳實　枳殼胸脇痰澼，停水痞脹，爲末服。桑白皮上焦痰氣。荆瀝煩熱痰唾，瀼瀼欲吐。竹瀝去煩熱，清痰養血。痰在經絡四肢及皮裏膜外，非此不達不行。竹茹　竹葉痰熱嘔逆。木槿花風痰壅逆，研末湯服。茯苓膈中痰水，淡滲濕熱。訶黎勒降火消痰。○葉亦下氣消痰。天竹黃　金石：鉛　鉛霜

鉛丹　胡粉　鐵華粉並降風熱驚痰。密陀僧痰結胸中不散，醋、水煮過，爲末，每酒水煎二錢飲。靈砂上盛下虛，痰涎壅逆。水銀小兒驚熱風涎。蓬砂　浮石　蟲鱗：五倍子並化頑痰，解熱毒。百藥煎清金化痰，同細茶、海螵蛸丸服。海螵蛸　介獸：海蛤　文蛤　蛤粉　牡蠣並化濕痰熱痰老痰。爛蜆殼心胸痰水吞酸，燒服。牛黃化熱痰。阿膠潤肺化痰，利小便。

氣滯食積：草部：香附子散氣鬱，消飲食痰飲，利胸膈。○停痰宿食，同半夏、白礬、皂角水丸服。雞蘇消穀，除酸水。蘇葉　穀菜：麴　神麴　麥糵並消食積痰飲，下氣。醋　萊菔及子消食下痰，有推墻倒壁之功。仙人杖菜去冷痰澼。蕈菜消食，豁冷痰。桑耳癖飲積聚。○留飲宿食，同巴豆蒸過丸服。蘑菇　茼蒿　果石：山樝並消食積痰。鹽楊梅消食去痰，作屑服。銀杏生食降痰。杏仁　雄黃　粉霜

輕粉　金星石　青礞石　硇砂　緑礬並消痰涎積癖。銀朱痰氣結胸，同礬石丸服，有聲自散。石膏食積痰火，煅研醋糊丸服。介禽：馬刀　牡蠣　魁蛤痰積。蚌粉痰涎結于胸膈，心腹痛日夜不止，或乾嘔，以巴豆炒赤，去豆，醋糊丸服。鬼眼睛痰飲積及濕痰心腹痛，燒研酒服。五靈脂痰血凝結，同半夏、薑汁丸服。

宣吐：人參蘆　桔梗蘆　藜蘆　三白草汁。恒山　蜀漆　鬱金同藜蘆末。杜衡　石莧　石胡荽汁。離鬲草汁。附子尖　土瓜根　及己　苦參　地松　豨薟　羊躑躅　紫河車　虎耳草　芭蕉油　蘿蔔子　苦瓠　瓜蒂　苦茗　烏梅　酸榴皮　梨汁　桐油　皂莢　巵子　相思子　松蘿　熱湯　虀水　鹽鹵水　石緑　石青　石膽　白青　砒石　密陀僧　礬石　大鹽　蝦汁

蕩滌：甘遂直達水氣所結之處。芫花胸中痰水，脇下飲澼。蕘花腸胃留澼。大戟濕熱水澼。續隨子痰飲宿膿。牽牛痰飲宿膿。大黃　射干　桃花宿水痰飲積滯，爲末水服，或作餅食，取利。接骨木下水飲。巴豆寒澼宿食，大便閉，酒煮三日夜，煎丸水下。○風痰濕病，安掌心取汗。芒消　朴消。

脾胃有勞倦內傷，有飲食內傷，有濕熱，有虛寒。

勞倦：草部：甘草補脾胃，除邪熱，益三焦元氣，養陰血。人參勞倦內傷，補中氣，瀉邪火。○煎膏合薑、蜜服。黃芪益脾胃，實皮毛，去肌熱，止自汗。黃精　葳蕤補中益氣。白朮熬膏服良。蒼朮安脾除濕，熬膏作丸散，有四制、八制、坎離、交感諸丸。柴胡

平肝，引清氣自左而上。升麻入胃，引清氣自右而上。芍藥瀉肝，安脾肺，收胃氣。石斛
厚脾胃，長肌肉。使君子健脾胃，除虛熱。連翹脾胃濕熱。木香　甘松香　藿香
縮砂蔤　白豆蔻　紫蘇　菜穀：羅勒　蒔蘿　馬芹並理元氣。蘹香同生薑炒
黄丸服，開胃進食。同蒿　薺菜　苜蓿　菾菜　仙人杖草　草豉　胡蘿蔔　芋
山藥　石耳　蘑菇　鷄㙊　五芝　胡麻　小麥　大麥　雀麥　糯　粳
秈　稷　黍　蜀秫　粱　粟　秫　䅟子　稗子　稂　東廧　彫胡　蓬子　水
粟　菵草米　蒒草米　薏苡　罌子粟　黑大豆　赤小豆　綠豆　白豆　豌
豆　蠶豆　豇豆　藊豆　刀豆　豆豉　豆腐　豆黄壯氣潤肌。以猪脂和丸，每
服百丸，即易肥健，甚驗。〇脾弱不食，同麻子熬香研，日服。陳廪米　青精飯　諸米
粥　飴糖　酒　糟　果木：大棗同薑末點服。仲思棗　木瓜　柰　白柿
橘皮　鈎栗　橡子　榛子　龍眼　橄欖　榧子　檳榔　大腹皮　桄榔麪
莎木麪　波羅蜜　無花果　摩厨子　芡實　蓮實　藕　甘蔗　沙糖　鳧茈
清明柳枝脾弱食不化似翻胃，煎湯煮小米，滾麪晒收，每用烹食。沉香　檀香　訶
黎勒　厚朴　茯苓　水石：潦水　甘爛水　立春清明水　太一餘糧　白
石脂　石麪　代赭石　蟲部：蜂蜜　蠶蛹　乳蟲　鱗介：龍齒　鱒　鯔
鯮　鰄　鮐　鯽　魴　鯉　鱸　鱖　鯧　鯊　白鮝　鱠殘魚　比目魚
鰕　鼈　淡菜　海蛇　禽獸：鷄　雉　鷸雉　英鷄　鳧　鸊鷉　鷺　鷸
雀　突厥雀　鳩　鴿　桑鳸　鷃　鶻嘲　猪脾舌　狗肉　羊肉　牛肉
牛䐢　虎肉　兔肉

虛寒：草部：附子　草豆蔻　高良薑　山薑　廉薑　益智子　蓽茇
蒟醬　肉豆蔻　菜穀：乾薑　生薑　蒜　韭　薤　芥　蕪菁　糯米
秫　燒酒　果木：胡椒　畢澄茄　秦椒　蜀椒　吳茱萸　食茱萸　丁香
桂

食滯：草部：大黄蕩滌宿食，推陳致新。地黄去胃中宿食。香附　三稜
蓬茂　木香　柴胡消穀。荆芥　薄荷　蘇荏　水蘇並消魚鱠。青黛　越王餘
筭　海藻　肉豆蔻　草果　縮砂　蒟醬　紅豆蔻　仙茅　穀菜：大麥
蕎麥　豆黄　蒸餅　女麴　黄蒸　麴　神麴同蒼术丸服。紅麯　蘗米　麥蘗
飴糖　醬　醋　酒　糟　蒜　葱　胡葱　胡荽　白菘　萊菔　蕪菁　薑
果木：杏仁停食，用巴豆炒過，末服。橘皮爲末，煎飲代茶。青皮鹽、醋、酒、湯四制
爲末，煎服。柑皮　橙皮　柚皮　木瓜　榅桲　山樝消肉。柰子　楊梅　銀
杏生食。檳榔　大腹子　榧子　無漏子　茶　鳧茈　蜀椒　胡椒　畢澄茄
茱萸　巴豆一切生冷硬物。阿魏消肉。皂莢　楸白皮　厚朴　烏藥　樟材
檀香　桂食果腹脹，飯丸吞七枚。訶黎勒　枳實　郁李仁　水土：虀水吐。
漿水消。生熟湯消。百草霜　梁上塵　金石：朴消食飲熱結。青礞石食積宿
滯，同巴豆等丸服。水中白石食鱠成瘕，燒淬水服七次，利下。食鹽酒肉過多脹悶，擦牙
漱下，如湯沃雪。硇砂消肉。蓬砂　孔公孽　介禽：鼈甲　淡菜　海月　白
鮝並消宿食。鱓頭燒服，去痞癥，食不消。鳧　鷄屎白　鷹屎白　雀屎白　鴿屎
五靈脂

酒毒：草部：葛花　葛根汁　白茅根汁　水萍　菰筍　秦艽　苦參
地榆　菊花酒醉不語，爲末酒服。懸鈎子　木鼈子醋磨。天南星同朱砂丸服，解
酒毒積毒。五味子　山薑花　高良薑　紅豆蔻　縮砂　白豆蔻　蒟醬　肉
豆蔻　蠡實　蕉子　穀菜：麥苗汁　丹黍米飲酒不醉。黑大豆　赤小豆
腐婢　綠豆　蠶豆苗煮食。扁豆　豆腐燒酒醉死，切片貼身。豉同葱白煎。麴
蘿蔔　蔓菁大醉不堪，煮粥飲汁。〇根蒸三次研末，酒後水服二錢，不作酒氣。白菘解酒
醉不醒，研子一合，井水服。水芹　苦苣　白苣　苦竹筍　酸筍　越瓜　甜瓜
果木：橘皮　柑皮　橙皮　柚皮　金橘　楊梅乾屑服之，止嘔吐酒。烏梅
榔梅　梨　樝子　榅桲　柿　椑柿　銀杏　橄欖　檳榔　波羅蜜　都桷子
枳椇子　鹽麩子　醋林子　甘蔗　沙糖　石蜜　藕　芰　西瓜　丁香
長壽仙人柳酒病，爲末酒服。河邊木端午投酒中飲之，令人不醉。桑椹汁　苦竹葉
水石：新汲水燒酒醉死，浸髮及手足，仍少灌之。食鹽擦牙漱嚥，解酒毒。先食一
匙，飲酒不醉。蓬砂服之，飲酒不醉。雄黄飲酒成癖，遇酒即吐，同巴豆、蝎稍、白麪丸服。
石灰酒毒下痢，泥煅，醋糊丸服。鉛霜　蟲魚：五倍子　鰌魚　黄顙魚　介
部：蚌　蠣黄　蛤蜊　車螯　田螺　蝸螺　海月　禽獸：鷄内金消酒積，
同豆粉丸服。五靈脂酒積黄腫，入麝丸服。猳猪項肉酒積黄脹，同甘遂服，取下酒布袋。
猪腎酒積摻葛粉炙食。牛䐢　狐膽　麝香並解酒毒。鹿茸飲酒成泄，衝任虛寒，同狗
脊、白斂丸服。驢蹄底飲酒過度，欲至穿腸，水煮濃汁冷飲。

呑酸嘈雜有痰食熱證，有陽氣下陷虛證。

痰食：草部：蒼术　香附　黄連　蓬莪茂　縮砂仁　半夏　鷄蘇生
食。薺苧生食，去腸間酸水。旋覆花　菜穀：蘿蔔食物作酸，生食即止。米醋破結
氣，心中酸水痰飲。神麴　麥蘗　果木：橘皮　木瓜　樝子　榠樝　榅桲

山樝並除心間酸水，止惡心。胡桃食物醋心，以乾薑同嚼下，立止。檳榔醋心吐水，同橘皮末服。大腹皮痰隔醋心，同疎氣藥、鹽、薑煎服。厚朴吐酸水，溫胃氣。樟材宿食不消，常吐酸臭水，煎湯服。皂莢子心嚼食，治膈痰吞酸。巵子　蟲獸：蜆殼吞酸心痛，燒服。羊屎煎酒服。頭垢噫吐酸漿，以漿水煎服一盃。

陽陷：草部：人參消胸中痰變酸水。○妊娠吐水，心酸痛，不能飲食，同乾薑丸服。柴胡除痰熱。升麻　葛根凡胃弱傷冷，鬱遏陽氣者，宜三味升發之。蓽茇胃冷口酸流清水，心連臍痛，同厚朴末、鯽魚肉丸服。廉薑胃口冷，吐清水。草豆蔻　益智子　紅豆蔻　高良薑　木鱗：吳茱萸醋心甚者，煎服。有人服之，二十年不發也。魚鱠心下酸水。

噎膈噎病在咽嗌，主于氣，有痰有積。膈病在膈膜，主于血，有挾積、挾飲澼、挾瘀血及蟲者。

利氣化痰：草部：半夏噎膈反胃，大便結者，同白麪、輕粉作丸煮食，取利。山豆根研末，橘皮湯下。昆布氣噎，咽中如有物，吞吐不出，以小麥煮過，含嚥。栝樓胸痹咽塞，同薤白、白酒煮服。蘆根五噎吐逆，煎服。天南星　前胡　桔梗　貝母　香附子　紫蘇子　木香　藿香　澤瀉　縮砂　茴香　高良薑　紅豆蔻　草果　白豆蔻　生薑咽中有物，吞吐不出，含之一月愈。○噎氣，薑入厠內浸過，漂晒研末，入甘草末服。橘皮卒氣噎，去白焙研，水煎服。○胸痹咽塞，習習如痒，唾沫，同枳實、生薑煎服。檳榔五膈五噎，同杏仁以童尿煎服。青橘皮　厚朴　茯苓　沉香膈氣，同木香、烏藥、枳殼爲末，鹽湯下。檀香　蘇合香　丁香　枳殼　枳實

開結消積：草部：三稜治氣脹，破積氣。○反胃，同丁香末服。蓬莪茂破積氣，治吐酸水。鬱金破惡血，止痛。阿魏五噎膈氣，同五靈脂丸服。威靈仙噎膈，同蜜煎服，吐痰。鳳仙子噎食不下，酒浸晒研，酒丸服。馬蹄香噎食膈氣，爲末，酒熬膏服。紫金牛治噎膈。板藍汁治噎膈，殺蟲，頻飲。紅藍花噎膈拒食，同血竭浸酒服。蕘花　甘遂梅核氣，同木香末服。大黃食已即吐，大便結，同甘草煎服。穀菜：杵頭糠膈氣噎塞，蜜丸噙嚥。卒噎，噙之嚥汁，或煎飲。蕎麥稭灰淋取鹼，入蓬砂服，治噎食。韭汁去胃脘血。入鹽，治噎膈，入薑汁、牛乳，治反胃。果木：烏芋主五噎膈氣。烏梅　杏仁　山樝　桃仁　桑霜消噎食積塊。巴豆霜　水石：糧罌中水飲之，主噎疾殺蟲。浸藍水主噎疾，溫飲一盃，殺蟲。梁上塵主噎膈食積。硇砂噎膈吐食，有積癥，用之神效。○蕎麪包煆，同檳榔、丁香末，燒酒服。○同人言、黃丹各升打過，同桑霜末，燒酒服。○同平胃散末，點服三錢，當吐黑物如石。黑鉛膈氣，同水銀、人言結砂，入阿魏丸服。○灰，同醋熬膏，蒸餅和丸服。綠礬麪包泥固煆研，棗肉丸服。○鯽魚留膽去腸，釀，煆末服。白礬治噎膈，化痰澼，蒸餅丸服。○或同硫黃炒過，入朱砂丸服。雄黃　輕粉　石鹼　蓬砂　砒石並化積垢，通噎膈。服器：寡婦木梳燒灰，鑰匙湯下。蟲鱗：蛇含　蝦蟆煆研酒服。蜣螂同地牛兒用，治噎膈。壁虎噎膈反胃，炒焦入藥用。鯽魚膈氣，釀大蒜，泥包煨焦，和平胃散，丸服。禽獸：鳩食之不噎。巧婦窠噎膈，燒研酒服，神驗。鵰雛煆研酒服。五靈脂噎膈痰涎夾血。鸕鷀頭燒研酒服。鷹糞食哽，燒灰，水服。白鵝尾毛噎食，燒灰，飲服。鷄嗉噎氣不通，燒研，入木香、沉香、丁香、紅棗丸服。狼喉結噎疾，晒研，以五分入飯食。白水牛喉噎膈，結腸不通，醋炙五次，爲末，每服一錢，飲下，立效。狗寶噎食病，每用一分，以威靈仙、食鹽浸水服，日三服，三日愈。黃狗膽和五靈脂末，丸服。狗屎中粟噎膈吐食，淘淨煮粥，入薤白、沉香末食。狸骨噎病不通飲食，炒研白湯服。羚羊角噎塞不通，研末，飲服二錢，日三。野人糞治噎膈，同阿魏末，以薑片蘸食。人溺　秋石噎病，每服一錢。人淋石治噎食，俗名澀飯病，磨汁服。人癖石消堅，治噎膈。天靈蓋噎膈，用七個同黑豆煆研，酒服一錢。人膽噎膈病，盛糯米陰乾取黑色者，每服十五粒，通草湯下。胞衣水膈氣反胃，飲一鍾，當有蟲出。頭垢主噎疾，以酸漿煎膏用之，立愈。人屎燒服。

反胃主于虛，有兼氣、兼血、兼火、兼寒、兼痰、兼積者。病在中下二焦，食不能入，是有火；食入反出，是無火。

溫中開結：草部：附子溫中破積。○反胃不下食，以石灰泡熱，薑汁淬三次，同丁香、粟米煎服，或爲末舐，或爲丸噙。或包丁香，以薑汁煮焙丸服。白豆蔻脾虛反胃，同丁香、縮砂、陳廩米，薑汁丸服。白芷血風反胃，猪血蘸食。木香同丁香煎服，治反胃關格。王瓜反胃，燒研酒服。或入平胃散末。木鼈子三十個去皮油，牛乳、蜂蜜各半斤，石器慢熬乾研，日取一匙入粥食。火杴草焙末蜜丸。蓽茇　草豆蔻　紅豆蔻　高良薑　肉豆蔻　藿香　撫芎　蘇子　前胡　香附　半夏並溫中消食止吐。三稜同丁香末服。益智子客寒犯胃，多唾沫。穀菜：乾餳糟同薑擣餅焙研，入甘草、食鹽服。韭菜煠熟，鹽醋吃十頓，治噎膈反胃。生薑汁煮粥食。○麻油煎研，軟柿蘸食。白芥子酒服二錢。紫芥子　大蒜　乾薑　蘭香作餅。蒔蘿　茴香　杵頭糠　蘿蔔蜜煎細嚼。薤白　果木：檳榔　青皮　橘皮西壁土炒，薑、棗煎服。胡椒醋浸七次，酒糊丸服，或加半夏或同煨薑煎服。蓽澄茄吐出黑汁者，米糊丸服。枇杷葉同人參、丁香煎服。栗子殼煮汁。松節煎酒。千槌花煮汁。丁香鹽梅丸嚥。○薑、蔗汁丸服。○木香同煎服。桂心　沉香　檀香　茯苓　厚朴　枳實　金石：雄黃　雌黃同甘

草丸服。鉛灰醋煮，蒸餅丸服。鉛丹墜痰消積，同白礬、石亭脂煅研，丸服。水銀同鉛結砂，入硫黄、官桂爲末，薑汁服，清鎮反胃。靈砂鎮墜反胃神丹也。赤石脂蜜丸服。砒石同巴豆、附子、黄蠟丸服。白礬　丹砂　釜煤　朴消　蓬砂　輕粉　硇砂　鱗介：　爛蛤燒服。蚌粉薑汁服。○同田螺殼灰、烏梅燒研，人參湯服。鯽魚釀緑礬煅研服。鯉魚童尿浸煨，研末入粥食。　禽獸：　抱出鷄子殼酒服。鷄膍胵皮燒研酒服。鵜鶘皮毛燒研酒服。五靈脂狗膽汁丸，熱薑酒磨服。○或加沉香、木香、阿魏。猫衣煅研，入朱砂噙。虎肚煅研，入平胃散末服。虎脂切塊，麻油浸收，每以酒一鍾，和油一盃服。不問久近皆效。猬皮煮汁服，或炙食，或燒灰酒服。白馬尿熱飲。驢尿已上並能殺蟲。驢屎　羊屎五錢，童尿煎服。牛齝草同杵頭糠、糯米粉、牛乳和丸煮食。羊胲子煅研，入棗肉、平胃散末，沸湯點服。

和胃潤燥：　草部：　人參止反胃吐食，煎飲或煮粥食，或同半夏、生薑、蜜煎服。白术　芍藥　蘆根止反胃五噎吐逆，去膈間客熱，煮汁服。茅根反胃上氣，除客熱在胃，同蘆根煎汁飲。　穀菜：　山藥　粟米作丸，醋煮吞。罌粟同人參、山藥煮食。陳倉米水煎服。或炊焙爲末，入沉香末服。馬齒莧飲汁。柳蕈煎服。蕁心　麻仁　胡麻油　果木：　杏仁　桃仁　梨插丁香十五粒煨食，止反胃。棠梨葉炒研酒服，止反胃。甘蔗汁同薑汁飲，治反胃。乾柿連蒂擣酒服，止反胃，開胃化痰。乾棗葉同丁香、藿香煎服，止反胃。石蓮入少肉豆蔻末，蜜湯服，止反胃。烏芋主五噎膈氣。梓白皮主反胃。　淡竹茹　竹瀝　醴泉　井華水並主反胃。螺螄泥每火酒服一錢，止反胃。地龍屎同木香、大黄末，水服，止反胃。白善土醋煅。西壁土　竈中土米飲服三錢。蠶繭反胃吐食，煎汁煮鷄子食之。繰絲湯煮粟米粥食，止反胃。牛羊乳反胃燥結，時時嚥之，或入湯劑。牛涎噎膈反胃，以水服二匙，或入蜜，或入麝香，或和糯米粉作丸，煮食。羊肉蒜、薤作生食。羊胃作羹食。烏雄鷄虚冷反胃，入胡荽子煮，食二隻愈。烏雌鷄炒香，投酒中一夜飲。反毛鷄同人參、當歸煮食。

嘔吐有痰熱，有虚寒，有積滯。

痰熱：　草穀：　葛根大熱嘔吐，小兒嘔吐，盪粉食。澤瀉行水止吐。香附妊娠惡阻，同藿香、甘草煎服。黄連　苦耽勞乏嘔逆。麥門冬止嘔吐燥渴。前胡化痰止吐。蘆根主嘔逆不食，除膈間客熱，水煮服。或入童尿。乾苔煮汁。赤小豆　豌豆止嘔逆。緑豆粉　蒒草子　果木：　茯苓　猪苓　卮子　楸白皮　梓白皮止嘔逆，下氣。蘇方木人常嘔吐，用水煎服。楊梅止嘔吐，除煩憒。枇杷止吐下氣。木白皮止嘔逆，煮服大佳。葉止嘔吐不止。　水石：　黄丹止吐逆。胡粉　水銀　鉛　滑石暴得吐逆，湯服二錢。石膏胃火吐逆。陰陽水飲數口即定。　蟲獸：　蟬蜕胃熱吐食，同滑石末水服。蘆蠹蟲小兒乳後吐逆，二枚煮汁服。羊屎嘔吐酸水，以十枚煎酒服。牛乳小兒吐乳，入葱、薑煎服。兔頭骨天行吐不止，燒研飲服。人乳小兒初生吐乳，同籧篨篾、鹽少許，煎汁入牛黄服。

虚寒：　草部：　細辛虚寒嘔吐，同丁香末服。蒼术暖胃消穀，止嘔吐。白术胃虚嘔逆及産後嘔吐。人參止嘔吐，胃虚有痰，煎汁入薑汁、竹瀝服。○胃寒，同丁香、藿香、橘皮煎服。○妊娠吐水，同乾薑丸服。艾葉口吐清水，煎服。半夏嘔逆厥冷，内有寒痰，同麪作彈丸，煮吞之。○妊娠嘔吐，同人參、乾薑丸服。○小兒痰吐，同麪包丁香煨熟丸服。南星除痰下氣止嘔。旋覆花止嘔逆不下食，消痰下氣。蘇子止吐。香薷傷暑嘔吐。藿香脾胃吐逆爲要藥。木香　當歸溫中，止嘔逆。茅香溫胃止吐。白豆蔻止吐逆，散冷氣，胃冷忽惡心，嚼數枚酒下。○小兒胃寒吐乳，同縮砂、甘草末飲服。生附子胃寒有痰，同半夏、生薑煎服。縮砂仁　廉薑　白芷　紅豆蔻　高良薑溫中下氣消食。○忽嘔清水，含嚥即平。肉豆蔻溫中下氣止吐及小兒乳霍。益智子胃冷。　穀菜：　糯米虚寒吐逆。燒酒　白扁豆　豇豆　乾薑　生薑煎醋食。○又同半夏煎服，去痰下氣，殺蟲止嘔吐。芥子胃寒吐食。白芥子　果木：　橘皮止吐消痰溫中。○嘈雜吐清水，去白研末，時舐之。蜀椒止吐殺蟲。胡椒去胃中寒痰，食已即吐水，甚驗。畢澄茄　吴茱萸　食茱萸並止冷吐。檳榔止吐水，同橘皮煎服。沉香　檀香　丁香治吐，同陳皮煎服，小兒丸服，或同半夏丸服。厚朴痰壅嘔逆不食，薑汁炙研，米飲服。○主胃冷，吐不止。訶黎勒止嘔吐不食，消痰下氣，炒研糊丸服。　石獸：　赤石脂飲食冷過多，成澼吐水，每酒服方寸匕，盡一斤，終身不吐痰水。硫黄諸般吐逆，同水銀研，薑汁糊丸服。鹿髓主嘔吐。熊脂飲食嘔吐。

積滯：　草穀：　香附子止嘔吐，下氣消食。縮砂蔤溫中消食止吐。大黄口中常嘔淡泔，煎服。續隨子痰飲不下食，嘔吐。牽牛　神麴　麥蘖　木禽：　巴豆　五靈脂治嘔吐湯藥不能下者，狗膽丸服。

噦啘有痰熱，有虚寒。

痰熱：　草部：　蘆根客熱嘔噦，煮汁服。茅根溫病熱噦，同葛根煎服。○溫病冷噦，同枇杷葉煎服。　蘇葉卒啘不止，濃煎呷。葛根汁乾嘔不止，呷之。前胡　胡麻嘔啘不止。合清油煎服。大麻仁止嘔逆，炒研，水絞汁服。小麥　小麥麪嘔噦不止，醋作彈丸煮熟，熱茶吞之。未定再作。赤小豆止嘔逆。生薑乾嘔厥逆，時嚼之，亦同半夏煎服，乃嘔家聖藥。　蘿蔔　蔓菁子　果木：　枇杷止吐逆。○葉，下氣消痰。啘噦不止，煮汁或嚼汁噦。楊梅止嘔噦去痰。枳椇止嘔噦，解酒毒。甘蔗止嘔噦不息，入薑汁服。茯苓　猪苓　淡竹茹　仙人杖噦氣嘔逆，煮汁服。　水石：　陰陽水　古磚煮汁。　滑石　蟲鱗：　蠮螉　黄蜂子乾嘔。　蟬蜕胃熱嘔逆。　蘆蠹蟲　海蛤　蛤粉　白蜆殼並止嘔啘。　蛇蜕止嘔。　禽獸：　鷄子天行嘔逆，水煮浸冷吞之。　鷄卵黄鍊汁服。　雁肪治結熱嘔逆。　水牛肉主啘。

虚寒　草部：　細辛虚寒嘔噦，同丁香、柿蒂湯服。　半夏傷寒乾啘，爲末，薑湯服。○胃寒噦逆，停痰留飲，同藿香、丁皮煎服。○支飲作嘔，噦逆欲死，同生薑煎服。　燕蓐草燒服，止嘔噦。　白术産後嘔噦，同生薑煎服。　草豆蔻胃弱嘔逆，同高良薑煎汁和麪煮食。　高良薑止胃寒嘔噦。　蓽茇冷痰惡心，末服。○胃冷流清水，心腹痛，同厚朴、鯽魚和丸服。白豆蔻胃冷忽惡心，嚼之酒下。　益智子　麻黄並止客寒犯胃多唾。　桔梗止寒嘔。　木香　藿香　旋覆花　紅豆蔻　肉豆蔻　附子　烏頭　蒟醬　蒼术　穀菜：　糯米　糟筍中酒止噦氣嘔逆，或加人參及牛乳。　燒酒　白扁豆　乾薑止乾嘔。　薤止乾嘔，煮服。　芥　蘭香啘嘔，取汁服。　果部：　橘皮除濕消痰止嘔。凡嘔清水者，去白研末，時舐之。　橙皮止惡心，下氣消痰。　木瓜止嘔逆，心膈痰嘔。　榠樝止惡心，去胸中酸水。　樝子同。　山樝　葡萄藤葉　蘡薁藤並主嘔啘厥逆，煮汁飲。　五子實　柿蒂煮汁飲，止欬逆噦氣。○同丁香、生薑煎服。寒加良薑、甘草，痰加半夏，虚加人參，氣加陳皮、青皮。　檳榔　蓽澄茄止寒嘔。　吳茱萸　木石：　梓白皮溫病感寒，變爲胃啘，煮汁服。　丁香胃寒咳逆噦氣，煮汁服。　訶黎勒嘔逆不食，炒研糊丸服。　厚朴痰壅嘔噦。　黄丹　代赭石　硫黄　鱗獸：　鱁魚食之已嘔。　鯽魚　石首魚　鼈肉　羊乳大人乾嘔，○小兒噦啘，時時呷之。　青羊肝病後嘔逆，作生淡食，不過三次。　牛膍　鹿角食後喜嘔，燒研，同人參末，薑湯服。○小兒噦痰，同大豆末塗乳飲之。　獺骨嘔噦不止，煮汁飲。

呃逆呃音噎，不平也。有寒有熱，有虚有實，其氣自臍下衝上，作呃呃聲，乃衝脉之病。世亦呼爲欬逆，與古之欬嗽氣急之欬逆不同。朱肱以噦爲欬逆，王履以欬嗽爲欬逆，皆非也。

虚寒：　草穀菜部：　半夏傷寒呃逆，危證也，以一兩，同生薑煎服。　紫蘇欬逆短氣，同人參煎服。　烏頭陰毒欬逆，同乾薑等分，研炒色變，煎服。　縮砂同薑皮衝酒服。　麻黄燒烟嗅之立止。　細辛卒客忤逆，口不能言，同桂安口中。　旋覆花心痞噫不息，同代赭石服。　高良薑　蒟醬　蘇子　荏子　紫(苑)〔菀〕　女菀　肉豆蔻　刀豆病後呃逆，連殼燒服。　薑汁久患欬噫，連至四五十聲，以汁和蜜煎服，三次立效。○亦擦背。　蘭香葉欬噫，以二兩同生薑四兩擣，入麪四兩，椒鹽作燒餅，煨熟食。　果木：　橘皮呃逆，二兩去白煎服。或加丁香。　荔枝呃噫，七個燒末湯下，立止。　胡椒傷寒欬逆，日夜不止，寒氣攻胃也，入麝煎酒服。　畢澄茄治上證，同高良薑末煎，入少醋服。　吳茱萸止欬逆。○腎氣上築于咽喉，逆氣連屬不能出，或至數十聲，上下不得喘息，乃寒傷胃脘，腎虚氣逆，上乘于胃，與氣相併也，同橘皮、附子丸服。　蜀椒呃噫，炒研糊丸，醋湯下。　梨木灰三十年結氣欬逆，氣從臍旁起上衝，胸滿氣促鬱冒，同麻黄諸藥丸服。　石蓮子胃虚呃逆，炒末水服。○一加丁香、茯苓。　欓子　丁香傷寒呃逆及噦逆，同柿蒂末、人參湯下。　沉香胃冷久呃，同紫蘇、白豆蔻末，湯服。　乳香陰證呃逆，同硫黄燒烟燻之，或煎酒嗅。　桂心　土石：　伏龍肝産後欬逆，同丁香、白豆蔻末、桃仁、茱萸煎湯下。　代赭石心痞噫逆。　硫黄　蟲：　黄蠟陰病打呃，燒烟熏之。

濕熱：　草果：　大黄傷寒陽證呃逆便閉者下之，或蜜兑導之。　人參蘆因氣昏瞀呃噫者，吐之。　人參吐利後胃虚膈熱而欬逆者，同甘草、陳皮、竹茹煎服。　乾柿産後欬逆心煩，水煮呷。　柿蒂煮服，止欬逆噦氣。　青橘皮傷寒呃逆，末服。　木石：　枳殼傷寒呃噫，同木香末，白湯服。　淡竹葉　竹茹　牡荆子　滑石病後呃噫，參、术煎服益元散。

霍亂有濕熱，寒濕，並七情内傷，六氣外感。

濕熱：　草部：　香薷霍亂轉筋腹痛，水煮汁服。　石香薷　术健胃安脾，除濕熱，止霍亂吐下。　蓼子霍亂煩渴，同香薷煎食。　前胡、桔梗並下氣，止霍亂轉筋。　蘇子　紫蘇水煮服，止霍亂脹滿。　薄荷　鷄蘇　扁竹霍亂吐利，入豉煮羹食。　蘆根莖葉霍亂煩悶，水煮汁服。脹痛加薑、橘。　蓬蘽煮汁服。　蘡薁　藤汁　通草　防已同白芷末服。木通　澤瀉　芍藥霍亂轉筋。　乾苔霍亂不止，煮汁服。　鹿舌　女菀　水堇　海根　穀菜：　黄倉米　粟米　丹黍米　蜀黍　黄白粱米並主霍亂大渴殺人，煮汁或水研絞汁飲。　粟米泔　粳米霍亂煩渴，水研汁，入竹瀝、薑汁飲。　白扁豆霍亂吐利不止，研末醋服。○花、葉皆可絞汁，入醋服。○同香薷、厚朴煎服。　豌豆同香薷煎服。　豇豆　大豆霍亂腹脹痛，生研水服。　緑豆葉絞汁入醋服。　緑豆粉新水調服。　水芹止小兒吐瀉。　果木：　木瓜霍亂大吐下，轉筋不止，水煎或酒煎服。○核及枝、葉、皮、根皆可用。　榠樝　樝子並同。　梨葉煮汁服。　棠梨枝葉同木瓜煎服。　梅葉煮汁服。　烏梅止吐逆霍亂，下氣消痰止渴。　鹽梅煎汁呷。　藕汁入薑汁同飲。　蓮薏止霍亂。　巵子霍亂轉筋，燒研湯服。　桑葉煎飲。　荆葉煎飲。　柏木洗轉筋。　槐葉同桑葉、甘草煎飲。　蘇方木煎飲。　楓皮　服器：　厠籌中惡霍亂轉筋，燒烟床下熏之。厠戶簾燒灰酒服，主小兒霍亂。　尿桶板煎服。　敗木梳霍亂轉筋，一枚燒灰酒服。　寡婦薦三七莖，煮汁，止小兒霍亂疾。　頭繒霍亂吐利，本人者，泡汁呷之。　故麻鞋底霍亂轉筋，燒投酒中飲。路旁草鞋洗淨煎飲。綿絮霍亂轉筋，酒煮裹之。青布浸汁和薑汁服，止霍亂。

水土：東流水　井泉水飲之，仍浸兩足。山岩泉水多飲令飽，名洗腸。醴水　熱湯轉筋，器盛熨之。生熟湯飲之即定。酸漿水煎乾薑屑呷。地漿乾霍亂欲死，飲之即愈。東壁土煮汁飲。釜臍墨泡湯，飲一二口即止。倒掛塵泡湯飲。土蜂窠小兒吐瀉，炙研服。蜣螂轉丸燒研酒服。

金石：鉛丹主霍亂。黑鉛同水銀結砂，作丸服。水銀不拘冷熱吐瀉霍亂，同硫黃研末服，亦丸服。古文錢霍亂轉筋，以七枚同木瓜、烏梅煎服。朱砂霍亂轉筋已死，心下微溫者，以二兩和蠟三兩燒烟，熏令汗出而甦。石膏小兒傷熱，吐瀉黃色，同寒水石、甘草末服。滑石伏暑吐瀉，同藿香、丁香末服。玄精石冷熱霍亂，同硫黃、半夏丸服。消石同硫黃、滑石、礬石、白麪丸服，治暑月吐瀉諸病。白礬沸湯服二錢。

蟲獸：蜜蠟霍亂吐利，酒化一彈丸服。牛涎小兒霍亂，入鹽少許服。牛齝草霍亂，同人參、生薑，漿水煎服。烏牛尿　黃牛屎絞汁服。白狗屎絞汁服。人尿小兒霍亂，抹乳上乳之。

寒濕：草部：藿香霍亂腹痛垂死，同橘皮煎服。○暑月同丁香、滑石末服。木香霍亂轉筋，爲末酒服。香附子　附子霍亂吐下，爲末四錢，鹽半錢，水煎服。○小兒吐瀉，小便白，熟附子、白石脂、龍骨丸服。南星吐瀉厥逆，不省人事，爲末，薑、棗同煎服，仍以醋調貼足心。半夏霍亂腹滿，同桂末服。人參止霍亂吐利，煎汁入鷄子白服，或加丁香，或加桂心。縮砂蔤　蓽茇　蒟醬　山薑　杜若　山柰　劉寄奴　藒車香並溫中下氣消食，止霍亂。肉豆蔻溫中消食。霍亂脹痛，爲末，薑湯服。白豆蔻散冷滯，理脾胃。草豆蔻溫中消食下氣。霍亂煩渴，同黃連、烏豆煎飲。高良薑溫中消食下氣。霍亂腹痛，炙香煮酒，或水煎冷服。蓬莪茂霍亂冷氣。艾葉霍亂轉筋，煎服。水蓼霍亂轉筋，煎飲，并捋脚。

穀菜：糯米止霍亂後吐逆不止，水研汁服。糯米泔止霍亂煩渴。燒酒和新汲水飲。醋霍亂吐利，或不得吐利，煎服。○轉筋，綿蘸搨之。葱白霍亂轉筋，同棗煎服。薤霍亂乾嘔，煮食數次。小蒜煮汁飲，并貼臍，灸七壯。胡蒜轉筋，擣貼足心。芥子擣末傅臍。白芥子　蔓菁子煮汁服。乾薑霍亂轉筋，茶服一錢。生薑煎酒服。蒔蘿　茴香

果木：橘皮除濕痰霍亂，但有一點胃氣者，服之回生，同藿香煎服，不省者灌之。檳榔　大腹皮　椰子皮煮汁飲。桃葉止霍亂腹痛，煮汁服。胡椒二七粒吞之，或同緑豆研服。畢澄茄　吳茱萸煮服，或入乾薑。○葉亦可。食茱萸　丁香末服。丁皮　桂心　沉香　白檀香磨汁。乳香　安息香　蘇合香　樟腦　樟材　楠材　釣樟磨汁。烏藥並主中惡霍亂，心腹痛。烏木屑酒服。訶黎勒風痰霍亂，爲末酒服，小兒湯服。皂莢霍亂轉筋，吹鼻。厚朴霍亂脹滿腹痛，爲末服。○或加桂心、枳實、生薑煎服。海桐皮中惡霍亂，煎服。

金石：硫黃伏暑傷冷吐瀉，同消石炒成砂，糯糊丸服。○或同水銀研黑，薑汁服。○暑月吐瀉，同滑石末，米飲服。陽起石　不灰木霍亂厥逆，同陽起石、阿魏、巴豆丸服。炒鹽霍亂腹痛，熨之。○轉筋欲死者，填臍灸之。銅器霍亂轉筋腹痛，炙熱熨之。

積滯：草穀：大黃同巴豆、鬱金丸服，治乾霍亂。陳倉米吐泄，同麥芽、黃連煎服。穬麥蘖　神麴　木部：巴豆伏暑傷冷，同黃丹、蠟丸服。樟木乾霍亂不吐不利，煎服取吐。石部：食鹽吐乾霍亂。器部：屠砧上垢乾霍亂，酒服一團，取吐。禽部：雄雀糞乾霍亂脹悶欲死，取三七枚研，酒服。人部：百齒霜小兒霍亂，水服少許。

泄瀉有濕熱、寒濕、風暑、積滯、驚痰、虛陷。

濕熱：草部：白朮除濕熱，健脾胃。○濕泄，同車前子末服。○虛泄，同肉豆蔻、白芍藥丸服。○久泄，同茯苓、糯米丸服。○小兒久泄，同半夏、丁香丸服。○老人脾泄，同蒼朮、茯苓丸服。○老小滑泄，同山藥丸服。蒼朮濕泄如注，同芍藥、黃芩、桂心煎服。○暑月暴泄，同神麴丸服。車前子暑月暴泄，炒研服。苧葉驟然水泄，陰乾研服。秦艽暴泄引飲，同甘草煎。黃連濕熱脾泄，同生薑末服。○食積脾泄，同大蒜丸服。胡黃連疳瀉。澤瀉　木通　地膚子　燈心　穀菜：粟米並除濕熱，利小便，止煩渴，燥脾胃。青粱米　丹黍米　山藥濕泄，同蒼朮丸服。薏苡仁　木石：巵子食物直出，十個微炒，煎服。黃蘗小兒熱瀉，焙研米湯服，去下焦濕熱。茯苓　猪苓　石膏水泄腹鳴如雷，煅研，飯丸服二十丸，二服，愈。雄黃暑毒泄痢，丸服。滑石　獸部：猪膽入白通湯，止少陰下利。

虛寒：草部：甘草　人參　黃芪　白芍藥平肝補脾，同白朮丸服。防風　藁本治風泄，風勝濕。火杴草風氣行于腸胃，泄瀉，醋糊丸服。蘼蕪濕泄，作飲服。升麻　葛根　柴胡並主虛泄風泄，陽氣下陷作泄。半夏濕痰泄，同棗煎服。五味子五更腎泄，同茱萸丸服。補骨脂水泄日久，同粟殼丸服。○脾胃虛泄，同豆蔻丸服。肉豆蔻溫中消食，固腸止泄。○熱泄，同滑石丸服。○冷泄，同附子丸服。○滑泄，同粟殼丸服。○久泄，同木香丸服。○老人虛泄，同乳香丸服。木香煨熱，實大腸，和胃氣。縮砂虛勞冷泄，宿食。草豆蔻暑月傷冷泄。益智子腹脹忽泄，日夜不止，諸藥不效，元氣脫也，濃煎二兩服。蓽茇暴泄，身冷自汗脈微，同乾薑、肉桂、高良薑丸服，名已寒丸。附子少陰下利厥逆，同乾薑、甘草煎服。○臟寒脾泄，同肉豆蔻丸服。○大棗煮丸服。○暴泄脫陽，久泄亡陽，同人參、木香、茯苓煎服。○老人虛泄，同赤石脂丸服。草烏頭水泄寒利，半生半炒丸

服。艾葉泄瀉，同吳茱萸煎服。○同薑煎服。莨菪子久泄，同大棗燒服。菝葜 穀菜：陳廩米澀腸胃，暖脾。糯米粉同山藥、沙糖食，止久痢泄。燒酒寒濕泄。黃米粉 乾麨 乾餻並止老人久泄。罌粟殼水泄不止，宜澀之，同烏梅、大棗煎服。神麴 白扁豆 薏苡仁 乾薑中寒水泄，炮研飲服。葫蒜 薤白 韭白 果木：栗子煨食，止冷泄如注。烏梅澀腸止渴。酸榴皮一二十年久泄，焙研米飲服，便止。石蓮除寒濕，脾泄腸滑，炒研米飲服。胡椒夏月冷泄，丸服。蜀椒老人濕泄，小兒水泄，醋煮丸服。○久泄餐泄不化穀，同蒼朮丸服。吳茱萸老人脾冷泄，水煎入鹽服。橡斗子 大棗 木瓜 榅桲 都桷 櫧子 訶黎勒止泄實腸。○久泄，煨研入粥食。○同肉豆蔻末服。○長服方，同厚朴、橘皮丸服。厚朴止泄厚腸溫胃，治腹中鳴吼。丁香冷泄虛滑，水穀不消。乳香泄澼腹痛。桂心 沒食子 毗黎勒 石蟲鱗介：白堊土水泄，同乾薑、楮葉丸服。石灰水泄，同茯苓丸服。赤石脂滑泄疳泄，煅研米飲服。○大腸寒泄遺精，同乾薑、胡椒丸服。白石脂滑泄，同乾薑丸服。○同龍骨丸服。白礬止滑泄水泄，醋糊丸服。老人加訶子。消石伏暑泄瀉，同硫黃炒，丸服。○同硫黃、白礬、滑石、飛麪，水丸服。硫黃元臟冷泄，黃蠟丸服。久泄加青鹽。○脾虛下白涕，同炒麪丸服。○氣虛暴泄，同枯礬丸服。○伏暑傷冷，同滑石末服，或同胡椒丸服。禹餘糧冷勞腸泄不止，同烏頭丸服。陽起石虛寒滑泄，厥逆精滑，同鍾乳、附子丸服。鍾乳粉大腸冷滑，同肉豆蔻丸服。霹靂砧止驚泄。五倍子久泄，丸服。○水泄，加枯礬。龍骨滑泄，同赤石脂丸服。龜甲久泄。

禽獸：烏鷄骨脾虛久泄，同肉豆蔻、草果煮食。黃雌鷄 羖羊角灰久泄，同礬丸服。鹿茸飲酒即泄，同蓯蓉丸服。猪腎冷利久泄，摻骨碎補末，煨食。猪腸臟寒久泄，同吳茱萸蒸丸服。猪肝冷勞虛泄。牛髓洩利。

積滯：神麴 麥蘖 蕎麥粉脾積泄，沙糖水服三錢。蕪荑氣泄久不止，小兒疳泄，同豆蔻、訶子丸服。楮葉止一切泄利，同巴豆皮炒研、蠟丸服。巴豆積滯泄瀉，可以通腸，可以止泄。○夏月水泄及小兒吐瀉下痢，燈上燒，蠟丸水服。黃丹 百草霜並治積泄。

外治：田螺傅臍。木鼈子同丁香、麝香貼臍上，虛泄。蛇牀子同熟艾各一兩，木鼈子四個，研勻，綿包安臍上，熨斗熨之。蓖麻仁七個，同熟艾半兩，硫黃二錢，如上法用。猪苓同地龍、針砂末，葱汁和，貼臍。椒紅小兒泄，酥和貼顖。蓖麻九個貼顖亦可。巴豆紙小兒泄，剪作花，貼眉心。大蒜貼兩足心，亦可貼臍。赤小豆酒調，貼足心。

痢有積滯、濕熱、暑毒、虛滑、冷積、蠱毒。

積滯：大黃諸痢初起，浸酒服，或同當歸煎服。巴豆治積痢，同杏仁丸服。小兒用百草霜同化蠟丸服。巴豆皮同楮葉燒丸服，治一切瀉痢。藜蘆主洩痢。紫莧 馬莧和蜜食，主產後痢。萊菔汁和蜜服，乾者嚼之，止噤口痢。萊菔子下痢後重。青木香下痢腹痛，氣滯裏急，實大腸。山查煮服，止痢。麴消穀止痢。一日百起，同馬藺子爲散服。蒸餅 捻頭湯調地榆末服，止血痢。檳榔消食下氣，治下痢後重如神。枳實 枳殼止痢順氣。蕎麥粉消積垢。鷄子白丸服，主噤口痢。百草霜消食積。同黃連末服，止熱痢。膩粉消積滯。同定粉丸服，止血痢。定粉止久積痢，鷄子白和炙研服。黃丹消積痢，同蒜服。又同黃連丸服。密陀僧煅研，醋湯服。硇砂一切積痢，同巴豆、朱砂，蠟丸服。砒霜積痢休息，同黃丹末，蠟丸服。紅礬止積痢。鷄內金焙服。主小兒痢。

濕熱：草部：黃連熱毒赤痢，水煎，露一夜，熱服。小兒入蜜，或炒焦，同當歸末、麝香，米湯服。○下痢腹痛，酒煎服。○傷寒痢，同艾水煎服。○暴痢，同黃芩煎服。○氣痢後重，同乾薑末服。○赤白日久，同鹽梅燒末服。○鷄子白丸服。○諸痢脾泄，入猪腸煮丸。○濕痢，同吳茱萸炒丸服。○香連丸加減，通治諸痢。○四治黃連丸，治五疳八痢。胡黃連熱痢，飯丸服。○血痢，同烏梅、竈下土末，茶服。白頭翁一切毒痢，水煎服。○赤痢咽腫，同黃連、木香煎服。○赤痢下重，同黃連、黃蘗、秦皮煎服。柴胡積熱痢，同黃芩，半水半酒煎服。大青熱病下痢困篤者，同甘草、膠、豉、赤石脂煎服。龍牙草熱痢，同陳茶煎服。○根爲末，米飲服。青蒿冷熱久痢，同艾葉、豆豉作餅，煎服。白蒿夏月暴水痢，爲末服。地榆冷熱痢，煮汁熬服，止久痢疳痢。青黛疳痢，末服。益母草同米煮粥，止疳痢。同鹽梅燒服，止雜痢。葈耳熬膏。荆芥燒末。蛇含水煎，並主產後痢。山蘇末服，止休息痢。黃芩下痢腹痛日久，同芍藥、甘草用。地黃止下痢腹痛。○汁，主蠱痢。蘘荷汁蠱痢。葛穀十年赤白痢。馬藺子水痢，同麪服。鷄腸草汁，和蜜服。車前汁和蜜服。蒲根同粟米煎服。鴨跖草煎。牛膝 龍膽 赤地利煎。女葳 王瓜子炒服。風延母 甘藤 陟釐 水藻十三味，並主熱痢。菰手小兒水痢。冬葵子同末茶服。劉寄奴同烏梅、白薑煎。地膚子同地榆、黃芩末服。○苗、葉用汁。千里及同小青煎。山漆米泔服。旱蓮末服。苦參炒焦，水服。榼藤子燒灰。狼牙水煎。貫衆酒煎。地錦末服。山豆根 忍冬煎。藍汁 紫參同甘草煎服。桔梗 白及 蒲黃 昨葉荷草 二十一味，並主血痢。穀菜：緑豆火麻汁煮。○皮蒸食，二三年赤痢。赤小豆合蠟煎服。黑豆 胡麻和蜜食。麻子仁炒研。豆豉炒焦酒服，入口即定。小豆花熱痢，入豉汁作羹食。○痢後氣滿不能食，煮食一頓即愈。豇豆 豌豆 薺根莖燒灰水服。白扁豆並主赤白痢。豆腐休息痢，醋煎服。葱白下痢腹痛，煮粥食，又煮鯽魚鮓食。菾菜夏月毒痢，煮粥食。黃瓜小兒熱痢，同蜜食。冬瓜葉積熱痢，拖麪食。絲瓜酒痢便血，燒灰酒服。茄根莖葉同榴皮末，沙糖水服。胡荽炒末服。木耳血痢，薑醋煮食，或燒灰水服。〇久痢，炒研酒服。〇久者加鹿角膠。芸薹汁和蜜服。苦蕒菜　果木：烏芋火酒浸收用。胡桃同枳殼、皂莢燒服。〇並治血痢。柿止小兒秋痢血痢。柿根　荷蒂　楊梅燒服。刺蜜　無花果　甜瓜　烏藥燒灰丸服。槐花炒研服。櫸皮同犀角煎服。鹽麩子及樹皮煮服。〇並止血痢。樗白皮除濕熱殺蟲。〇血痢，醋糊丸服。〇臟毒下痢，爲末服。〇水穀痢、小兒疳痢，並水和作餫飩煮食。〇休息痢，同木香爲丸，或加訶子、丁香。柏葉血痢，同芍藥炒，水煎服。〇血痢蟲痢疳痢，同黄連煎。〇小兒洞痢，煎代茶。卮子主熱痢下重。〇血痢連年，同鼠尾草、薔薇汁熬丸服。黄蘗除下焦濕熱及血痢，同黄連、醋煎服。孕痢，同大蒜丸服，神驗。天蓼末服，止氣痢。桑寄生治毒痢，同川芎、防風、甘草煎服。木槿花噤口痢，煎麪食。〇皮煮汁，止血痢渴。茯苓滲濕熱。椶灰　敗船茹並止血痢。　水土石部：新汲水　滑石俱治熱痢。黄土熱毒痢，水煮澄清服。雄黄暑毒泄痢，蒸過丸服。古文錢煮酒，止痢。白鹽血痢，燒服或入粥食。石綠　鱗介蟲禽：蝸螺熱痢。水蛇毒痢。貝子　五靈脂俱血痢。白鴨血小兒白痢如魚凍，酒泡服。白鴨通　獸人：犀角俱熱毒痢。猪膽盛黑豆吞之。〇犬膽、牛膽俱同。熊膽疳痢。野猪黄血痢，水服。童子尿休息痢，煮杏仁、豬肝食。

虚寒：　草部：甘草瀉火止痛。〇久痢，煎服。〇又漿水炙，同生薑煎服。〇同肉豆蔻煎服。芍藥補脾散血，止腹痛後重。人參冷痢厥逆，同訶子、生薑煎服。〇禁口痢，同蓮肉煎呷。〇老人虚痢，同鹿角末服。當歸止腹痛裏急後重，生血養血。〇久痢，吳茱萸炒過蜜丸服。白朮胃虚及冷痢多年。蒼朮久痢，同川椒丸服。熟艾葉止腹痛及痢後寒熱，醋煎服，或入生薑。〇久痢，同橘皮，酒糊丸服。烏頭久痢，燒研蠟丸服。附子休息痢，鷄子白丸服。草烏頭寒痢，半生半燒，醋糊丸服。肉豆蔻冷痢，醋麪包煨研服。〇氣痢，煨熟同欓子、倉米末服。蕙草傷寒下痢，同當歸、黄連煮酒服。〇五色諸痢，同木香末服。漏蘆冷勞泄痢，同艾葉丸服。獨用將軍酒服，治禁口痢。玄胡索下痢腹痛，酒服二錢。縮砂仁赤白痢、休息痢，腹中虚痛。〇同乾薑丸服，治冷痢。草豆蔻泄痢寒痛。蓽茇虚痢嘔逆。〇用牛羊乳汁煎服。破故紙久痢胃虚。黄芪泄痢腹痛。漏籃子休息惡痢。雲實　肉蓯蓉　艾納香　穀菜：秫米　丹黍米　粳米並主泄痢腸澼。火麻葉冷痢白凍，爲末，冷水服。小豆花痢後氣滿不能食，煮食一頓即愈。白扁豆花同胡椒作餛飩煮食。糯穀爆米花，以薑汁服，治禁口痢、虚寒痢。山藥半生半炒末服，治禁口痢。大蒜禁口痢及小兒痢，同冷水服，或丸黄丹服。薤白疳痢久痢，煮粥、作餅、炒黄皆宜。韭白醋炒食。生薑久痢，同乾薑作餛飩食。浮麥和麪作餅食。麥麪炒焦服。小麥粉

果木：蜀椒　欓子並止冷痢。胡椒赤白痢，同綠豆丸服。吳茱萸燥濕熱，止瀉痢，同黄連丸服。〇同黑豆搓熱吞之。石蓮禁口痢，末服。沙糖禁口痢，同烏梅煎呷。桃膠産痢疞痛後重，同沉香、蒲黄末服。桂心久痢，薑汁炙紫，同黄連等分，爲末服。肥皂莢風濕下痢，同鹽燒入粥食。皂莢刺風入大腸，久痢膿血，同枳實、槐花丸服。〇子，治久痢，焙研米糊丸服。〇裏急後重，子，同枳殼丸服。厚朴止洩痢，厚腸胃。〇水穀痢，同黄連煎服。乳香虚冷腹痛。沉香氣痢。丁香禁口痢，同蓮肉末，米飲服。　土石：白堊　赤壁土　代赭並止洩痢。蚯蚓泥久痢，一升，炒烟盡，沃水半升飲。墨赤白痢，同乾薑，醋糊丸服。　鍾乳粉冷滑不止，同肉豆蔻，棗肉丸服。石硫黄虚冷久痢，蛤粉丸服。　蟲鱗介部：　蜂蜜赤白痢，和薑汁服。黄蠟厚腸胃，同阿膠、當歸、黄連、黄蘗、廪米煮服。蝮蛇骨燒服。鱓頭燒。鰻鱺頭燒服，並止疳痢。鯉魚暴痢，燒灰，飲服。鯽魚久痢，釀五倍子燒服。〇血痢，釀白礬燒服。〇頭灰，止痢。白鮝　金魚　鱉臛　黿臛　黿甲　禽獸：烏骨鷄並止虚痢。黄雌鷄煮汁，止噤口痢。鷄卵久痢産痢，醋煮食。〇小兒痢，和蠟煎食。〇疳痢，同定粉炒食。鷄卵黄白痢，同胡粉煅，酒服。〇胎痢，同黄丹燒服。雉虚痢産痢，作餛飩食。阿膠赤白虚痢，同黄連、茯苓丸服。乳腐赤白痢，漿水煮食。牛乳冷氣痢，同蓽茇煎服。牛肝　牛膍虚冷痢，並醋煮食。羊脂痢痛，同阿膠煮粥食。孕痢，煮酒服。羊腎勞痢，作羹食。羊肝冷滑久痢，縮砂末逐片摻上，焙研，入乾薑末等分，飯丸服。〇下痢垂死，摻白礬炙食。羊脊骨通督脉，止痢。羊骨灰洞泄下痢，水服。牛骨灰水穀痢。狗骨灰休息痢，飲服。狗頭骨灰久痢勞痢，同乾薑、莨菪灰丸服。羖羊角熱毒痢，末服。小兒痢，燒服。鹿角小兒痢，燒同髮灰服。鹿茸　狗肝煮粥。猪腎作餛飩食。山羊肉作脯，並主虚冷久痢。猯肉丹石毒痢。猪肉禁口痢，作脯炙食。猪腸熱毒酒痢，同黄連蒸丸服。猪肝休息痢，同杏仁、童尿煮食。猬皮灰五色痢，酒服。虎骨休息痢，炙研服。〇小兒洞注下痢，燒服。諸朽骨水痢，同麪服。

止澀：　草部：赤白花鼠尾草赤白諸痢，濃煮作丸，或末，或煎服。狼把草久痢、血痢、疳痢，或煎或末服。赤白鷄冠花酒煎。木賊煎水。菝葜同蠟茶，白梅丸服。營實根疳痢，煎服。五味子　穀果：罌粟同殼炙，蜜丸服。粟殼醋炙，蜜丸服。〇同陳皮末服。〇同檳榔末服。〇同厚朴末服。阿芙蓉　苦茶熱毒痢，末服，或同醋，或同薑煎服。〇同白梅丸服。烏梅止渴，除冷熱痢，水煎服。〇血痢，同茶、醋服。〇同黄連丸服。〇休息痢，同建茶、乾薑丸服。梅葉煮汁，止休息痢。林檎止痢，煮食。〇小兒痢，同楮實杵汁服。荔枝殼同橡斗、榴皮、甘草煎服。酸榴擣汁或燒服。酸榴皮及根或煎，或散，或丸，或燒服。大棗疳痢，和光粉燒食。蛀棗止小兒痢。橡實同楮葉，末服。槲白

皮煮汁熬膏服。橡斗 阿月渾子 木瓜 海紅 棠梨煨食。鹿梨煨食。榠樝煨食。胡頹子 毗梨勒 韶子 棎子生食。醋林子 李根白皮煮。荷葉灰 木部： 楮葉炒研，和麪作餅食，斷痢。○小兒痢，浸水煮木瓜服。沒食子虛滑久痢、血痢，飯丸服。○產後痢，燒研酒服。枸橘葉同萆薢炒研服。白楊皮孕痢，煎服。赤松皮三十年痢，研麪一斗和粥食。松楊木皮冷熱水穀痢，煮服。水楊枝葉久痢，煮服。金櫻子久痢，同粟殼丸服，花、葉、子、根並可用。海桐皮疳痢久痢。訶子止久痢，實大腸。楓皮煎飲。山礬葉 城東腐木 石服蟲部： 桃花石 禹餘糧 五石脂並止洩痢。赤石脂末服。○冷痢，加乾薑作丸。○傷寒下痢，同乾薑、粳米煎服。白石脂小腸澼便血，米飲服。○久痢，加乾薑丸服。礬石醋糊丸服。○冷勞痢，加羊肝。石灰十年血痢，熬黃澄水，日三服。○酒積下痢，水和泥裹煅研，醋糊丸服。雲母粉米飲服。故衣帛主胎前痢、小兒痢。五倍子久痢，半生半燒丸服，或加枯礬。赤痢，加烏梅。百藥煎酒痢，同五倍子、槐花丸服。露蜂房 蝦蟆灰並止小兒痢。柳蠹糞 桑蠹糞並主產後痢。蟬蛻燒服。蜣螂燒。蠶連 鱗介： 龍骨濇虛痢。○傷寒痢、休息痢，煮汁服，或丸服。鯪鯉甲久痢裏急，同蛤粉炒研服。蚺蛇膽止疳痢、血痢，蜜蟲爲使。鱟殼產後痢。蚌粉 海蛤 魁蛤 爛蜆殼 牡蠣 甲香 禽獸： 猪蹄甲 馬糞灰水服一丸。獺屎灰並止久痢。鵜鶘嘴 牛屎汁 羊屎汁 兔頭灰 狸頭灰 豺皮灰並主疳痢。牛角鰓冷痢、小兒痢，飲服。

外治： 木鼈子六個研，以熱麪餅挖孔，安一半，熱貼臍上，少頃再換即止。芥子同生薑擣膏封臍。黃丹同蒜擣封臍，仍貼足心。水鼃入麝擣，貼臍。田螺入麝擣，貼臍。蓖麻同硫黃擣，貼(臍)。鍼砂同官桂、枯礬，水調貼臍。

瘧有風、寒、暑、熱、濕、食、瘴、邪八種，五臟瘧，六腑瘧，勞瘧，瘧母。

暑熱： 草部： 柴胡少陽本經藥，通治諸瘧爲君，隨寒熱虛實，入引經佐使。黃芩去寒熱往來，入手少陰陽明、手足少陽太陰六經。甘草五臟六腑寒熱。黃芪太陰瘧寒熱，自汗虛勞。牛膝久瘧勞瘧，水煎日服。○莖葉浸酒服。蒼耳子久瘧不止，酒糊丸服。○葉擣汁。馬鞭草久瘧，擣汁酒服。馬蘭諸瘧寒熱，擣汁，發日早服。香薷同青蒿末，酒服。○暑瘧，加桂枝、麥芽。青蒿虛瘧寒熱，擣汁服，或同桂心煎酒服。○溫瘧但熱不寒，同黃丹末服。○截瘧，同常山、人參末酒服。人參虛瘧食少，必同白朮用。○孕瘧、產後瘧、瘴瘧，未分陰陽，一兩煎冷服。白朮同蒼朮、柴胡，爲瘧家必用之藥。升麻邪入陰分者，同紅花，入柴胡四物提之。葛根無汗者加之。○久瘧，同柴胡、二朮用，一補一發。芎藭 知母 葳蕤 牛蒡根並主勞瘧。當歸水煎，日服。地黃 菖蒲 玄參 紫參 白及 胡黃連 女青 防己 青木香 穀菜： 麥苗汁。胡麻並主溫瘧。粳米熱瘧、肺瘧，白虎湯用。秫米肺瘧有痰，同恒山、甘草煎服。豆豉心瘧、腎瘧。寒食麪熱瘧，青蒿汁丸服二錢。翻白草煎酒。冬瓜葉斷瘧，同青蒿、馬鞭草、官桂，糊丸服。翹搖

果木： 蜀椒並溫瘧。甘蔗勞瘧。竹葉溫瘧、心瘧。地骨皮虛瘧、熱瘧。豬苓 茯苓 水石蟲部： 冬霜熱瘧，酒服一錢。石膏熱甚口渴頭痛者加之。鼠負七枚，粘糖包吞即斷。○同豆豉丸服。蚯蚓熱瘧狂亂，同薄荷、薑、蜜服。○泥，同白麪丸服。蟬花

鱗介： 烏賊骨並溫瘧。龜殼斷瘧，燒研酒服。鼈甲久瘧，病在血分。○勞瘧、老瘧，醋炙末服。牡蠣虛瘧寒熱自汗。○牡瘧，同麻黃、蜀漆、甘草煎服。

寒濕： 草部： 附子五臟氣虛，痰飲結聚發瘧，同紅棗、葱、薑，水煎冷服。○眩仆厥逆，加陳皮、甘草、訶子。○瘴瘧，同生薑煎服。○斷瘧，同人參、丹砂丸服，取吐。草烏頭秋深久瘧，病氣入腹，腹高食少，同蒼朮、杏仁煎服。草豆蔻虛瘧自汗，煨入平胃散。○瘴瘧，同熟附子煎服。○山嵐發瘧，同常山浸酒飲。○一切瘧，同恒山炒焦糊丸，冷酒服，名瞻仰丸。蒼朮 麻黃 羌活 高良薑 穀菜： 火麻葉炒研服。生薑汁露一夜服，孕瘧尤效。乾薑炒黑，發時酒服。○脾虛，同乾薑炮研，猪膽丸服。獨蒜燒研酒服。薤白 韭白 果木石部： 烏梅勞瘧，同薑、豉、甘草、柳枝、童便服。橘皮痎瘧，以薑汁浸煮，焙研，同棗煎服。青橘皮治瘧踈肝，當汗而不透者，須再汗之，以此佐紫蘇。○止瘧，燒研，發日早，酒服一錢，臨發再服。桂心寒多者加之。○同青蒿，看寒熱多少，三七分爲末，薑酒服。丁香久瘧，同常山、檳榔、烏梅，浸酒服。硫黃朱砂等分，糊丸服。○同茶末，冷水服。雲母石牝瘧，但寒不熱，同龍骨、蜀漆爲散服。代赭石 鱗禽獸部： 龍骨老瘧，煮服取汗。鷄子白久瘧。鷓鴣煮酒飲。猪脾虛寒瘧，同胡椒、高良薑、吳茱萸末，作餛飩食。牛肝醋煮食。羊肉 黃狗肉並作臛食，取汗。山羊肉久瘧，作脯食。果然肉食，去瘴瘧。○皮，亦辟瘧。驢脂多年瘧，和烏梅丸服。鹿角小兒瘧，生研服。

痰食： 草部： 常山瘧多痰水飲食，非此不能破癖利水。○醋煮乾，水煎服，不吐不瀉。○鷄子清丸，煮熟服。○同茯苓、甘草浸酒服。○同草果、知母、貝母煎酒服。○同大黃、甘草煎水服。○同小麥、竹葉煎水服。○同黃丹丸服。○瘴瘧，同知母、青蒿、桃仁煎服。○孕瘧，同烏梅、甘草、石膏，酒、水浸服。芫花久瘧結癖在脇，同朱砂丸服。醉魚花鯽魚釀煨服，治久瘧成癖，并擣花貼之。大黃瘧多敗血痰水，當下不盡者，須再下之，必此佐常山。阿魏痎癖寒熱，同雄黃、朱砂丸服。半夏痰藥必用，痰多者倍加。○同白豆蔻、生薑、大棗、甘草各二十五塊，如皂子大，同葱根煎一椀，露一夜，分三服，熱瘧重者極效。三稜 莪蒁 穀果： 神麴 麥蘖並治食瘧，消瘧母。檳榔消食辟瘴。○同酒蒸常山丸服，

名勝金丸，或加穿山甲。桃仁同。黄丹丸服，或加蒜。桃花末服，取利。杏仁　木石：巴豆　砒霜爲劫痰截瘧神劑。○同硫黄、緑豆丸。○同雄黄、朱砂、白麪丸。○同緑豆、黑豆、朱砂丸。○同恒山、丹砂作餅，麻油煠熟研末，並冷水服。黄丹墜痰消積。○諸瘧，蜜水調服一錢。○同青蒿丸。○同百草霜丸。○同獨蒜丸。○同桃仁丸。○同建茶丸。○同恒山丸。並止瘧。礬紅食瘧，同蒜丸服。緑礬陰瘧，同乾薑、半夏，醋湯服。礬石醋糊丸服。古石灰同五靈脂、頭垢丸服。蜜陀僧　蟲禽：白殭蠶痰瘧，丸服。鯪鯉甲痎瘧、牡瘧、寒熱瘧，同乾棗燒研服。○同酒蒸當歸、柴胡、知母，丸服。夜明砂五瘧不止及胎前瘧，冷茶服二錢，或加朱砂、麝香，丸服。鷄膍胵黄皮小兒瘧，燒服。雄鷄屎

邪氣：穀果服器：端午粽尖丸瘧藥。桃梟水丸服。○五種瘧，同巴豆、黑豆、朱砂丸服。鍾馗燒服。曆日燒灰丸服。故鞋底灰。甑帶　蟲介禽獸：蜈蚣　勒魚骨入斷瘧藥。瘧龜瘖瘧，燒服，或浴，或佩。鴟鴞煠食。犬毛燒服。白狗屎燒服。白驢蹄同砒霜丸服，治鬼瘧。猴頭骨燒水服。黑牛尾燒酒服。烏猫屎小兒瘧，桃仁湯下。狸屎灰鬼病，發無期度。靈猫陰　人部：頭垢　天靈盖　小兒臍帶燒灰，飲服。人膽裝糯米，入麝香熏乾，青者治久瘧連年，陳皮湯下十五粒。

吐痰：常山　蜀漆　藜蘆煎。地菘汁。豨薟汁。葎草汁。石胡荽汁。離鬲草汁。三白草汁。澤漆　蕘花　豉湯　瓜蒂　相思子擂水。逆流水　人尿和蜜，取吐。

外治：旱蓮　毛茛草　石龍芮　馬齒莧　小蒜同胡椒、百草霜杵。○同阿魏、臙脂。○同桃仁罨。蜘蛛　蝦蟆　燒人場上黑土並繫臂。吳葵華挼手。魚腥草擦身，取汗。烏頭末發時，酒調塗背上。鬼箭羽同鯪鯉甲末，發時嗃鼻。燕屎泡酒，熏鼻。野狐糞同夜明砂，醋糊丸，把嗅。野狐肝糊丸，緋帛裹繫中指。虎睛　虎骨　虎爪　麝香　狸肝　野猪頭骨　驢皮骨　牛骨　天牛　馬陸　兩頭蛇佩。蛇蜕塞耳。人牙　人膽

心下痞滿痛者爲結胸胸痹，不痛者爲痞滿。有因下而結者，從虚及陽氣下陷；有不因下而痞結者，從土虚及痰飲食鬱濕熱治之。

濕熱氣鬱：草部：桔梗胸脇痛刺，同枳殼煎。黄連濕熱痞滿。黄芩利胸中氣，脾經濕熱。柴胡傷寒心下諸痰熱結實，胸中邪氣，心下痞，胸脇痛。前胡痰滿胸脇中痞，心腹結氣。貝母主胸脇逆氣，散心胸鬱結之氣，薑汁炒丸。芎藭治一切氣、一切血，燥濕開鬱，搜肝氣。木香能升降諸氣，專泄胸腹滯塞。○陽衰氣脹懶食，同訶子，糖和丸服。甘松理元氣，去鬱病。香附子利三焦，解六鬱，消飲食痰飲。○一切氣疾，同砂仁、甘草末服。○同烏藥末點服。同茯神丸服。○一味浸酒服之。澤瀉主痞滿，滲濕熱，同白术、生薑煎服。芍藥脾虚中滿，心下痞。白豆蔻散肺中滯氣。射干胸膈熱滿，腹脹。大黄泄濕熱，心下痞滿。○傷寒下早，心下滿而不痛，同黄連煎服。草豆蔻　吳茱萸濕熱痞滿，同黄連煎服。枳實除胸膈痰澼，逐停水，破結實，消脹滿，心下急，痞痛逆氣，解傷寒結胸，胃中濕熱。○卒胸痹痛，爲末，日服。○胸痹結胸，同厚朴、栝樓、薤白煎服。○同白术丸服。枳殼　厚朴並泄脾消痰，除胸痞脇脹。皂莢破痰囊，腹脹滿欲令瘦者，煨丸取利。巵子解火鬱，行結氣。蕤核破心下結痰痞氣。茯苓胸脇氣逆脹滿，同人參煎服。

痰食：草部：半夏消痰熱滿結。○小結胸，痛止在心下，同黄連、栝樓煎服。旋覆花汗下後，心下痞滿，噫氣不止。縮砂痰氣膈脹，以蘿蔔汁浸，焙研湯服。澤漆心下伏瘕如盃，同大黄、葶藶丸服。栝樓胸痹痰結，痛徹心背，痞滿喘欬，取子丸服，或同薤白煎酒服。三稜胸滿，破積。牽牛胸膈食積，以末一兩，同巴豆霜，水丸服。穀菜：神麴同蒼术丸服，除痞滿食氣。麥蘖同神麴、白术、橘皮丸服，利膈消食。生薑心下堅痞，同半夏煮服。薑皮消痞。白芥子冷痰痞滿，同白术丸服。果木：橘皮痰熱痞滿，同白术丸服，或煎服。青橘皮胸膈氣滯，同茴香、甘草、白鹽制末，點服。四制爲末，煎服，名快膈湯。瓜蒂吐痰痞。檳榔消水穀，下痰氣。○傷寒痞滿不痛者，同枳實研末，黄連湯下。○結胸痛者，酒煎二兩服。大腹皮痞滿醋心。訶黎勒胸膈結氣。巴豆陰證寒實結胸，大便不通，貼臍灸之。金石：蜜陀僧胸中痰結，醋水煎乾爲末，酒水煎服，取吐。銀朱痰氣結胸，同明礬丸服。芒消

脾虚：草部：人參主胸脇逆滿，消胸中痰，消食變酸水，瀉心肺脾胃火邪。○心下結硬，按之無，常覺痞滿，多食則吐，氣引前後，噫呃不除，由思慮鬱結，同橘皮去白丸服。术除熱消食，消痰水。○胸膈煩悶，白术末，湯服。○消痞強胃，同枳實爲丸服。心下堅大如盤，水飲所作，腹滿脇鳴，實則失氣，虚則遺尿，名氣分，同枳實水煎服。蒼术除心下急滿，解鬱燥濕。遠志去心下膈氣。升麻　柴胡升清氣，降濁氣。附子　獸部：羊肉老人膈痞不下食，同橘皮、薑、麪作臛食。

脹滿有濕熱，寒濕，氣積，食積，血積。

濕熱：术除濕熱，益氣和中。○脾胃不和，冷氣客之爲脹滿，同陳皮丸服。黄連去心火及中焦濕熱。黄芩脾經諸濕，利胸中熱。柴胡宣暢氣血，引清氣上行。桔梗腹滿腸鳴，傷寒腹脹，同半夏、橘皮煎服。射干主胸脇滿，腹脹氣喘。薄荷　防風　車前　澤瀉　木通　白芍藥去臟腑壅氣，利小便，於土中瀉木而補脾。大黄主腸結熱，心腹脹滿。半夏消心腹痰熱滿結，除腹脹。○小兒腹脹，以酒和丸，薑湯下，仍薑汁調，貼臍中。

牽牛除氣分濕熱，三焦壅結。○濕氣中滿，足脛微腫，小便不利，氣急欬嗽，同厚朴末服。○水蠱脹滿，白黑牽牛末各二錢，大麥麪四兩，作餅食。○小兒腹脹，水氣流腫，小便赤少，生研一錢，青皮湯下。 忍冬治腹脹滿。 澤瀉滲濕熱。 赤小豆治熱，利小便，下腹脹滿，散氣。 豌豆利小便，腹脹滿。 薺菜子，治腹脹。○根，主脹滿腹大，四肢枯瘦，尿澀，以根同甜葶藶丸服。 木瓜治腹脹、善噫。 厚朴消痰下氣，除脹滿，破宿血，化水穀，治積年冷氣雷鳴。○腹脹脉數，同枳實、大黄煎服。○腹痛脹滿，加甘草、桂、薑、棗。○男女氣脹，冷熱相攻，久不愈，薑汁炙研，米飲日服。 皂莢主腹脹滿。○胸腹脹滿，煨研丸服，取利甚妙。 枳實消食破積，去胃中濕熱。 枳殼逐水消脹滿，下氣破結。○老幼氣脹，氣血凝滯，四制丸服。 茯苓主心腹脹滿，滲濕熱。 豬苓 鸕鷀大腹鼓脹，體寒，燒研，米飲服。 鷄屎白下氣，利大小便，治心腹鼓脹，消積。○鷄屎醴：治鼓脹，旦食不能暮食，以袋盛半升漬酒，日飲三次，或爲末酒服。○欲下，則煮酒頓服。 野鷄心腹脹滿，同茴香、馬芹諸料，入蒸餅作餛飩食。 豪猪肚及屎主熱風鼓脹，燒研酒服。 猪血中滿腹脹，旦食不能暮食，晒研酒服，取利。 牛溺主腹脹，利小便氣脹，空心溫服一升。○癥癖鼓脹，煎如飴，服棗許，取利。 蝦蟆鼓氣，煅研酒服。○青蛙，入豬肚內煮食。

寒濕： 草豆蔻除寒燥濕，開鬱破氣。 縮砂蔤治脾胃結滯不散，補肺醒脾。 益智子主客寒犯胃。○腹脹忽瀉，日夜不止，二兩煎湯服，即止。 胡盧巴治腎冷，腹脇脹滿，面色青黑。 胡椒虛脹腹大，同全蝎丸服。 附子胃寒氣滿，不能傳化，飢不能食，同人參、生薑末，煎服。 丁香小兒腹脹，同鷄屎白，丸服。 訶黎勒主冷氣，心腹脹滿，下氣。 禹餘糧結氣。

氣虛： 甘草除腹脹滿，下氣。 人參治心腹鼓痛，瀉心肺脾中火邪。 萎蕤主心腹結氣。 青木香主心腹一切氣，散滯氣，調諸氣。 香附子治諸氣脹滿，同縮砂、甘草爲末服。 紫蘇治一切冷氣，心腹脹滿。 萊菔子氣脹氣蠱，取汁浸縮砂炒七次，爲末服。 生薑下氣，消痰喘脹滿，亦納下部導之。 薑皮消脹痞，性涼。 馬芹子主心腹脹滿，開胃下氣。 山藥心腹虛脹，手足厥逆，或過服苦寒者，半生半炒爲末，米飲服。 百合除浮腫，臚脹痞滿。 敗瓢酒炙三五百次，燒〔研〕服，治中滿鼓脹。 檳榔治腹脹，生擣末服。 沉香升降諸氣。 全蝎病轉下後，腹脹如鼓，燒灰，入麝，米飲服。

積滯： 蓬莪蒁治積聚諸氣脹。 京三稜治氣脹，破積。 劉寄奴穗血氣脹滿，爲末，酒服三錢，乃破血下脹仙藥也。 馬鞭草行血活血。○鼓脹煩渴，身乾黑瘦，剉曝，水煮服。 神麴補虛消食。○三焦滯氣，同萊菔子煎服。○少腹堅大如盤，胸滿食不消化，湯服方寸匕。 糵米消食下氣，去心腹脹滿。○産後腹脹，不得轉氣，坐臥不得，酒服一合，氣轉即愈。 葫蒜下氣，消穀化肉。 山查化積消食，行結氣。 橘皮下氣破癖，除痰水滯氣。 胡椒腹中虛脹，同蝎尾、萊菔子丸服。 車脂少小腹脹，和輪下土服。 胡粉化積消脹。○小兒腹脹，鹽炒摩腹。 古文錢心腹煩滿及胸脇痛欲死，水煮汁服。 鋼鐵主胸膈氣塞，不化食。 水銀治積滯鼓脹。 黑鹽腹脹氣滿，酒服六銖。○酒肉過多，脹滿不快，用鹽擦牙，溫水漱下，二三次即消。 芒消治腹脹，大小便不通。 緑礬消積滯，燥脾濕，除脹滿，平肝，同蒼术丸服，名伐木丸。 猪項肉酒積，面黄腹脹，同甘遂擣丸服。 取下酒布袋也。

諸腫有風腫，熱腫，水腫，濕腫，氣腫，虛腫，積腫，血腫。

開鬼門： 草部： 麻黄主風腫、水腫，一身面目浮腫，脉浮，小便不利，同甘草煮湯服，取汗。○水腫脉沉，浮者爲風，虛腫者爲氣，皆非水也，麻黄、甘草、附子煮湯服。 羌活療風用獨活，療水用羌活。○風水浮腫及妊娠浮腫，以蘿蔔子炒過研末，酒服二錢，日二。 防風治風行周身及經絡中留濕，治風去濕之仙藥也。 柴胡主大腸停積水脹。 浮萍去風濕，下水氣，治腫，利小便，爲末，酒服方寸匕。 鼠粘子除膚風，利小便。○風水身腫欲裂，炒末，每服二錢，日三。○風熱浮腫，半炒研末酒服。○水蠱腹大，麪糊丸服。○根、莖亦主風腫，逐水效。 天仙藤妊娠浮腫，謂之子氣，乃素有風氣，勿作水治，同香附、陳皮、甘草、烏藥、紫蘇煎服。 忍冬去寒熱身腫，風濕氣。 蒺藜洗浮腫。 陸英洗水氣虛腫。 狗脊 穀菜： 黍穰 葱白根 果木： 杏葉並洗足腫。 楠材腫自足起，同桐木煎洗，并少飲之。 桐葉手足浮腫，同小豆煮汁漬洗，并少飲之。 柳枝及根皮洗風腫。

潔淨府： 澤瀉逐三焦停水，去舊水，養新水，消腫脹，滲濕熱。○水濕腫脹，同白术末服。 鴨跖草和小豆煮食，下水。 蒼耳子大腹水腫，燒灰，同葶藶末服。 蘇子消渴變水，同萊菔子服，水從小便出。 木通利大小便，水腫，除諸經濕熱。 通脫木利小便，除水腫。 香薷散水腫，利小便。 大葉者濃煎汁熬，丸服，治水甚捷，肺金清而熱自降也。○暴水、風水、氣水，加白术末丸，至小便利爲效。 燈心草除水腫癃閉。 冬葵子利小便，消水氣。○妊娠水腫，同茯苓末服，小便利則愈。 蜀葵子利小便，消水腫。 葶藶利水道，下膀胱水，皮間邪水上出，面目浮腫，大降氣，與辛酸同用，以導腫氣。○通身腫滿，爲末，棗肉丸服，神驗。○或用雄鷄頭擣丸。 陽水暴腫，喘渴尿澀，同防己末，以緑頭鴨血，和丸服之效。 馬鞭草大腹水腫，同鼠尾草煮汁熬稠丸服，神效。 馬蘭水腫尿澀，同黑豆、小麥、酒、水煎服。 益母草服汁，主浮腫，下水。 旋覆花除水腫大腹，下氣。 萱草根、葉通身水腫，晒研，二錢，入席下塵，米飲服。 蓼子下水氣，面浮腫。 海金沙脾胃腫滿，腹脹如鼓，喘不得臥，同白术、甘草、牽牛爲末服。 漢防己利大小便，主水腫，通行十二經，去下焦濕腫，泄膀胱火，必用之藥。○皮水，胕腫在皮膚中，不惡風，按之不沒指，同黄芪、桂枝、茯苓、甘草煎服。 水蘋主暴熱，下氣，利小便。 海藻下十二水腫，利小便。 海帶 昆布利水道，去面腫。 越王餘筭去水腫浮氣。天蓼主水氣。茅根虛病後，飲水多，小便不利作腫，同赤小豆煮食，水隨小便下。蒲公英煮服，消水腫。薇利大小便，下浮腫。

穀部：薏苡仁水腫喘急，以郁李仁絞汁煮粥食。黑大豆逐水去腫。○桑柴灰煮食，下水鼓。○《范汪方》：煮汁入酒，再煮服，水從小便出。○《肘後方》：煮乾爲末服。赤小豆下水腫，利小便。○桑灰汁煮食代飯，冬灰亦可。○同蕈、蒜煮食。○水蠱，腹大有聲，皮黑者，同白茅根煮食。○足腫，煮汁漬洗。腐婢下水氣。緑豆煮食，消腫下氣。○十種水氣，同附子逐日煮食。

菜部：葫蒜同蛤粉丸服，消水腫。○同田螺、車前，貼臍，通小便。胡葱浮腫，同小豆、消石煮食。羅勒消水氣。百合除浮腫臚脹。冬瓜小腹水脹，利小便。○釀赤小豆煨熟，丸服。○瓜瓤淡煮汁飲，止水腫煩渴。胡瓜水病肚脹肢浮，以醋煮食，須臾水下。

果部：李核仁下水氣，除浮腫。杏核仁浮腫喘急，小便少，炒研入粥食。○頭面風腫，同鷄子黄塗帛上貼之，七八次愈。烏梅水氣滿急，同大棗煮汁，入蜜嚥之。桃白皮水腫，同秫米釀酒飲。椒目治十二種水氣脹滿，行水滲濕。○炒研，酒服方寸匕。敗荷葉陽水浮腫，燒研水服。足腫，同藁本煎洗。

木部：木蘭皮主水腫。柳葉下水氣。櫸皮通身水腫，煮汁日飲。榆皮、葉消水腫，利小便。○皮末，同米煮粥食之。柯樹皮大腹水病，煮汁熬丸服，病從小便出也。桑白皮去肺中水氣，水腫腹滿臚脹，利水道也。桑椹利水氣，消腫。○水腫脹滿，以桑白皮煎水煮椹，同糯米釀酒飲。桑葉煎飲代茶，除水腫，利大小腸。桑枝同上。桑柴灰淋汁煮小豆食，下水脹。楮實水氣蠱脹，用潔淨(府)〔釜〕熬膏，和茯苓、白丁香丸服，效。楮葉通身水腫，煎汁如飴，日服。○積年水氣，面腫如水，煎汁煮粥食。楮白皮逐水腫氣滿，利小便。○煮汁釀酒，治水腫入腹，短氣欬嗽及婦人新産，風入臟內，腫脹短氣。○風水腫浮，同木通、猪苓、桑白皮、陳皮煎服。○膀胱石水，肢削，小腹脹，取根皮同桑白皮、白朮，同黑豆煎汁，入酒服之效。楮汁天行病後，臍下如水腫，日服一盃，小便利即消。巵子熱水腫疾，炒研飲服。○婦人胎腫，屬濕，丸服有驗。茯苓及皮主水腫，利水道。○皮同椒目煎水，日飲。猪苓利水發汗，主腫脹滿急，消胎腫。皂莢身面卒腫，炙漬酒飲，或加黑錫。五加皮風濕腫。枳茹水脹暴風。

石部：滑石利水，燥濕，除熱。白石英石水，腹堅脹滿，煮酒服。凝水石除胃中熱，水腫，小腹痹，瀉腎。礬石却水。○水腫，同青礬、白麪丸服。青礬水腫黄病，作丸服。

蟲部：螻蛄利大小便，治腫甚效。○十種水病，腹滿喘促，五枚焙研，湯服。○《肘後方》：每日炙食十枚。○《普濟方》：左右用，同大戟、芫花、甘遂服。○同輕粉嗃鼻，消水病。青蛙消水腫，同胡黄連末，入猪肚內煮食。○水蠱，腹大有聲，皮黑，酥炙，同螻蛄、苦瓠末服。

介鱗：海蛤治十二種水氣浮腫，利大小腸。○水癊腫病，同杏仁、防己、葶藶、棗肉丸服。○水腫發熱，同木通、猪苓、澤瀉、滑石、葵子、桑皮煎服。○石水肢瘦腹獨大者，同防己、葶藶、茯苓、桑皮、橘皮、郁李丸服。氣腫，同昆布、鳧茈、海螵蛸、荔枝殻煎飲服。蛤粉清熱利濕，消浮腫，利小便。○氣虛浮腫，同大蒜丸服。貝子下水氣浮腫。田螺利大小便，消手足浮腫，下水氣。○同大蒜、車前貼臍，水從小便出。鯉魚煮食，下水氣，利小便。○用醋煮食。○赤小豆煮食。○釀白礬，泥包煨研，食粥，隨上下用。白魚開胃下氣，去水氣。鯽魚合小豆、商陸煮食，消水腫。鱸魚治水氣。鱧魚合小豆煮食，下大水面目浮脹及妊娠水氣。入冬瓜、葱白，主十種水垂死。鮧魚療水腫，利小便。黄顙魚合大蒜、商陸煮食，消水，利小便。○緑豆同煮亦可。

禽獸：青頭鴨大腹水腫垂死，煮汁服取汗，亦作粥食。雄鴨頭治水腫，利小便。○擣，和漢防己末，丸服。鳧肉治熱毒水腫。鸕鷀利水道。鷄子身面腫滿，塗之頻易。猪脂主水腫。猪腎包甘遂煨食，下水。羊肺水腫，尿短喘嗽，同葶藶子、醋、蜜丸服。豪猪肚及屎水病，熱風鼓脹，燒研酒服。牛溺水腫腹脹，利小便，空腹飲之。○喘促者，入訶子皮末熬，丸服，當下水。水牛角鰓　人中白水氣腫滿，煎令可丸，每服一豆。秋石拌食代鹽。

逐陳莝：

草：三白草水腫，服汁取吐。蒴藋根渾身水腫，酒和汁服，取吐利。蓖麻子仁水癊腫滿，研水服，取吐利。商陸主水腫脹滿，疏五臟水氣，瀉十種水病，利大小腸。○切根，同赤小豆、粳米煮飯，日食甚效。或同粟米煮粥食。○或取汁和酒飲，利水爲妙。○或同羊肉煮食。大戟主十二水，腹滿痛，發汗，利大小便。○水腫喘急及水蠱，同乾薑末服。○或同當歸、橘皮煎服。○或同木香末，酒服。○或同木香、牽牛末，猪腎煨食。○或煮棗食。並取利水爲神效。澤漆去大腹水氣，四肢面目浮腫。十腫水氣，取汁熬膏，酒服。甘遂主面目浮腫，下五水，泄十二水疾，瀉腎經及隧道水濕痰飲，直達水氣所結之處及泄水之聖藥。○水腫腹滿，同牽牛煎呷。膜外水氣，同蕎麥麪作餅食，取利。○身面浮腫，以末二錢入猪腎煨食，取利。○正水脹急，大小便不利欲死，半生半炒爲末，和麪作棋子煮食，取利。○小兒疳水，同青橘皮末服。○水蠱喘脹，同大戟煎呷，不過十服。○妊娠腫滿，白蜜丸服。續隨子治肺中水氣，日服十粒，下水最速，不可多服。○一兩去油，分作七服，治七人，用酒下。○陽水腫脹，同大黄丸服。芫花主五水在五臟皮膚及飲澼。○水蠱脹滿，同枳殻醋煮丸服。蕘花主十二水，腸中留澼。莨菪子　狼毒破水澼。防葵腫滿洪大，爲末酒服。牽牛利大小便，除虛腫水病，氣分濕熱。○陰水陽水，俱同大黄末，鍋焦飯丸服。○諸水飲病，同茴香末服。○水腫氣促，坐臥不得，用二兩炒，取末，烏牛尿浸一夜，入葱白一握，平旦煎，分二服，水從小便出。○小兒腫病，二便不利，白黑牽牛等分，水丸服。○水蠱脹滿，同大麥麪作餅燒食，降氣。馬兜鈴去肺中濕氣，水腫腹大喘急，煎湯服。羊桃根去五臟五水，大腹，利小便，可作浴湯。○水氣鼓，大小便濇，同桑白皮、木通、大戟煎汁熬稠服，取利。紫藤煎汁熬服，下水癊病。大豆黄卷除胃中熱，消水病脹滿，同大黄醋炒爲末服。

蕎麥水腫喘急，同大戟末作餅食，取利。米醋散水氣。葱白水癊病，煮汁服，當下水。○病已困者，爛搗坐之，取氣，水自下。老絲瓜巴豆炒過，入陳倉米同炒，取米去豆，丸服。巴豆十種水病。○水蠱大腹有聲，同杏仁丸服。○煮汁，拭身腫。郁李仁大腹水腫，面目皆浮，酒服七七粒，能瀉結氣，利小便。○腫滿氣急，和麪作餅食，大便通即愈。烏桕木暴水癥結，利大小便。○水氣虚腫，小便少，同木通、檳榔末服。鼠李下水腫腹脹。接骨木根下水腫。楤木煮服，下水。鍼砂消積平肝。○水腫尿短，同猪苓、地龍、葱涎貼臍。輕粉霜消積，下水。銀朱正水病，大便利者，同硫黄丸服。

調脾胃：草部：白术逐皮間風水結腫，脾胃濕熱。○四肢腫滿，每用半兩，同棗煎服。蒼术除濕發汗，消痰飲，治水腫脹滿。黄連濕熱水病，蜜丸，每服四五丸，日三服。黄芪風腫自汗。香附子利三焦，解六鬱，消胕腫。酒腫虚腫，醋煮丸服。○氣虚浮腫，童尿浸焙丸服。藿香風水毒腫。砂仁遍身腫滿，陰腫，同土狗一個等分研，和老酒服。葳蕤小兒癎後，氣血尚虚，熱在皮膚，身面俱腫，同葵子、龍膽、茯苓、前胡煎服。使君子小兒虚腫，上下皆浮，蜜炙末服。附子脾虚濕腫，同小豆煮焙丸服。○男女腫因積得，積去腫再作，喘滿，小便不利，醫者到此多束手，蓋中下二焦氣不升降，用生附子一個，入生薑十片，用水入沉香汁冷服，須數十枚乃效。烏頭陰水腫滿，同桑白皮煮汁熬膏服。菜果：薑皮消浮腫腹脹。蘿蔔酒腫及脾虚足腫，同皂莢煮熟，去皂莢，入蒸餅，搗丸服。柑皮産後虚浮，四肢腫，爲末酒服。檳榔逐水消脹。椰子漿消水。沙棠果食之却水病。吴茱萸燥脾行水。蘇合香下水腫，同水銀、白粉服。禽獸：白雄鷄 黄雌鷄並同小豆煮食，消腫。猪肝肝虚浮腫，同葱、豉、蒜、醋炙食。脊肉亦可。狗肉氣水鼓脹，尿少，蒸食。羊肉身面浮腫，同當〔商〕陸煮臛食。水牛肉消水除濕，頭尾皆宜。牛膍熱氣水氣。貒肉水脹垂死，作羹下水大效。獺肉水脹熱毒，煮汁服。鼠肉水鼓石鼓，身腫腹脹，煮粥食。

血腫：草部：紅藍花擣汁服，不過三服。劉寄奴下氣，治水脹。澤蘭産後血虚浮腫，同防己末，醋湯服。紫草脹滿，通水道。

黄疸有五，皆屬熱濕。有瘀熱，脾虚，食積，瘀血，陰黄。

濕熱：草部：茵蔯治通身黄疸，小便不利。○陽黄，同大黄用；陰黄，同附子用。○濕熱黄疸，五苓散加之。酒疸，同巵子、田螺擂爛，酒服。○癎黄如金，同白鮮皮煎服。○同生薑，擦諸黄病。白鮮皮主黄疸、熱黄、急黄、穀黄、勞黄、酒黄。秦艽牛乳煎服，利大小便，療酒黄黄疸，解酒毒，治胃熱。○以一兩酒浸飲汁，治五疸。大黄治濕熱黄疸。○傷寒瘀熱發黄者，浸水煎服，取利。栝樓根除腸胃痼熱，八疸，身面黄。○黑疸危疾，擣汁服，小兒加蜜。○酒疸、黄疸，青栝樓焙研煎服，取利。○時疾發黄，黄栝樓絞汁，入芒消服。胡黄連小兒黄疸，同黄連末入黄瓜内，麪裹煨熟，擣丸服。黄連諸熱黄疸。柴胡濕熱黄疸，同甘草、茅根水煎服。苦參主黄疸，除濕熱。貝母主時行黄疸。山慈姑同蒼耳擂酒服，治黄疸。茅根利小便，解酒毒，治黄疸。○五種疸疾，用汁合猪肉作羹食。葛根酒疸，煎湯服。紫草火黄，身有赤點，午前即熱，同吴藍、黄連、木香煎服。惡實治急黄，身熱發狂，同黄芩煎服。蒼耳葉挼安舌下，出涎，去目黄。麥門冬身重目黄。龍膽除胃中伏熱，時疾熱黄，去目中黄，退肝經邪熱。穀疸因食得，勞疸因勞得，用一兩，同苦參末二兩，牛膽汁丸服亦效。馬蘭解酒疸。荆芥除濕疸。麗春草療時患變成癊黄疸，采花末服，根杵汁服，取利。大青主熱病發黄。麻黄傷寒發黄表熱，煎酒服取汗。燈心根四兩，酒水各半，煎服。漆草主黄疸，杵汁和酒服。鬼臼黑疸不妨食者，擣汁服。翹根治傷寒瘀熱發黄。萹蓄治黄疸，利小便，擣汁頓服一斤。多年者，日再服。紫花地丁黄疸内熱，酒服末三錢。大戟泄天行黄病。藜蘆黄疸腫疾，爲末水服，取吐。芫花酒疸尿黄，同椒目燒末，水服。木鼈子酒疸脾黄，磨醋服一二盞，取利。土瓜根利大小便，治酒黄病。○黄疸變黑及小兒發黄，取汁服，病從小便出。百條根同糯米飯搗，罨臍上，黄腫自小便出。鷄子根主諸熱急黄，天行黄疸。山豆根治五般急黄，水服末二錢。茜根主黄疸。木通主脾疸，常欲眠，心煩，利小便。白英主寒熱八疸，煮汁飲。澤瀉利小便。菰筍除目黄，利大小便，解酒毒。蕁治熱疸。地錦主脾勞黄疸，同皂礬諸藥丸服。烏韭 垣衣主疸。穀部：胡麻殺五黄、下三焦熱毒氣。○傷寒發黄，烏麻油和水，攪鷄子白服之。麥苗消酒毒，酒疸目黄，擣汁日飲。穀穎主黄病，爲末酒服。薏苡根主黄疸如金，擣汁和酒服。麗春花治黄病，麻油服三錢。蔓菁子利小便，煮汁服。○黄疸如金，生研水服。○急黄便結，生搗，水絞汁服，當鼻中出水及下諸物則愈。萵苣子腎黄如金，水煎服。翹搖杵汁服，主五種黄疾。芹菜煮飲。苦瓠㗜鼻，去黄水。果部：桃根黄疸如金，煎水日服。瓜蒂㗜鼻，取黄水，或揩牙追涎。烏芋消疸。鹽麩子解酒毒黄疸，根白皮搗，米泔浸一夜，溫服一二升，治酒疸。

木部：巵子解五種黄病。黄蘗胃中結熱黄疸。黄櫨解酒疸目黄，水煮服。柳華黄疸面黑。柳根皮黄疸初起，水煎服。樺皮諸疸煮服。柞木皮黄疸，燒末水服。木蘭皮酒疸，利小便，同黄芪末服。石部：滑石化食毒，除熱黄疸。方解石熱結黄疸。朴消積熱黄疸。介部：蟹濕熱黄疸，燒研丸服。田螺利大小便，去目黄。○生擂酒服，治酒疸。獸部：猪脂五疸，日服取利。牛脂走精黄，面目俱黄，舌紫面裂，同豉煎熱，綿裹烙舌上。牛乳老人黄疸，煮粥食。牛膽穀疸食黄，和苦參、龍膽丸服。牛屎黄疸，絞汁服。○或爲末丸服。豪猪屎燒服，治疸。人部：髮髲傷寒發黄，燒研水服。○女勞黃疸，發熱惡寒，小腹滿，用一團，猪膏煎化服，病從小便出。 女人月經衣女勞黃疸，燒灰酒服。

脾胃： 草部： 黃芪酒疸，心下懊痛，脛腫發斑，由大醉當風入水所致，同木蘭皮末，酒服。 白术主疸，除濕熱，消食，利小便。○瀉血萎黃積年者，土炒，和熟地黃丸服。 蒼术亦可。 遠志面目黃。 當歸白黃，色枯舌縮，同白术煎服。 菜果： 老茄婦人血黃，竹刀切，陰乾爲末，每服二錢，酒下。 椒紅治疸。 服石： 婦人內衣房勞黃病，塊起若瘕，十死一生，燒灰酒服。 白石英 五色石脂 禽部： 黃雌鷄時行黃疾，煮食飲汁。 鷄子三十六黃，用一個連殼燒研，醋一合溫服，鼻中蟲出爲效，甚者不過三次神效。○時行發黃，以酒、醋浸鷄子一夜，吞白數枚。

食積： 穀部： 神麴 麥蘖 黃蒸食黃黃汗，每夜水浸，平旦絞汁溫服。 米醋黃疸、黃汗。 菜木： 絲瓜食黃，連子燒研，隨所傷物煎湯，服二錢。 皂莢食氣黃腫，醋炙，同巴豆丸服。 金石： 鍼砂消積，平肝，治黃。○脾勞黃病，醋炒七次，同乾漆、香附、平胃散，丸服。○濕熱黃疸，同百草霜、粳米丸服。 礬石黃疸水腫，同青礬、白麪丸服。○女勞黃疸，變成黑疸，腹脹如水，同消石丸服。○婦人黃疸，因經水時房勞所致，同橘皮化蠟丸服。 綠礬消積燥濕，化痰除脹。○脾病黃腫，同百草霜、當歸丸服。○同百草霜、五倍子、木香丸服。○同平胃散，丸服。○酒黃，同平胃散、順氣散，丸服。○食勞黃，棗肉丸服。○血證黃腫，同百草霜、炒麪丸服，或同小麥、棗肉丸服。 百草霜消積滯，治黃疸。 禽部： 白丁香急黃欲死，湯服立甦。 五靈脂酒積黃腫，入麝香，丸服。

脚氣有風濕，寒濕，濕熱，食積。

風寒濕氣： 草部： 牛蒡脚氣風毒，浸酒飲。 忍冬脚氣筋骨引痛，熱酒服末。 木鼈子麩炒去油，同桂末，熱酒服，取汗。 高良薑脚氣人晚食不消，欲作吐者，煎服即消。 蘇子風濕脚氣，同高良薑、橘皮丸服。 丹參風痹足軟，漬酒飲。 胡盧巴寒濕脚氣，酒浸，同破故紙末，入木瓜蒸熟，丸服。 麻黃 羌活 細辛 蒼术 白术 天麻 牡蒙 夏枯草 附子 側子 艾葉 秦艽 白蒿 菴蕳 薇銜 馬先蒿 水蘇 紫蘇 漏蘆 飛廉 青葙 蒼耳 茵蕷 馬蘭子 茜根 菊花 旋覆 菖蒲 水萍 萆薢 青藤酒。 石南藤酒。 菝葜酒浸服。 土茯苓 穀菜： 芸薹並主風寒濕痹脚氣。 豉患脚人常漬酒飲，以滓傅之。 薏苡仁乾濕脚氣，煮粥食，大驗。 茴香乾濕脚氣，爲末酒服。 葱白 果木： 杏仁 秦椒 蜀椒 蔓椒 大腹皮並主風寒濕脚氣。 檳榔風濕脚氣衝心，不識人，爲末，童尿服。○沙牛尿亦可。○老人弱人脚氣脹滿，以豉汁服。 吳茱萸寒濕脚氣，利大腸壅氣。○衝心，同生薑擂汁服。 烏藥脚氣掣痛，浸酒服。 五加皮風濕脚痛五緩，煮酒飲，或酒制作丸服。 扶移 白楊皮毒風脚氣緩弱，浸酒飲。 松節風虛脚痹痛，釀酒飲。 松葉十二風痹脚氣，釀酒盡一劑，便能行遠。 棉芽作蔬，去風毒脚氣。 乳香同血竭、木瓜丸服，主久新脚氣。 蘇合香 厚朴 皂莢子 官桂 欒荆 乾漆 石南葉 海桐皮 金石： 石亭脂同川烏、無名異、葱汁丸服。 礜石浸酒。 硫黃牛乳煎。 慈石 玄精石 白石英 蟲鱗： 晚蠶沙浸酒。 青魚 鱧魚 鰻鱺 秦龜甲 禽獸： 烏雄鷄 牛酥 羊脂 麋脂 熊肉並主風濕脚氣。 猪肚燒研酒服。 羊乳 牛乳調硫黃末服，取汗。 牛皮膠炒研酒服，寒濕脚氣痛立止。

濕熱流注： 草部： 木通 防己 澤瀉 香薷 荆芥 豨薟 龍常草 車前子 海金沙 海藻 大黃 商陸合小豆、綠豆煮飯食。 甘遂瀉腎臟風濕下注，脚氣腫痛生瘡，同木鼈子入猪腎煨食，取利。 牽牛風毒脚氣腸祕，蜜丸日服，亦生吞之。 威靈仙脚氣入腹，脹悶喘急，爲末，酒服二錢，或爲丸服，痛減藥亦減。 蕕草濕痹脚氣尿少，同小豆煮食。 三白草脚氣風毒，擂酒服。 巴戟天飲酒人脚氣，炒過同大黃炒研，蜜丸服。 香附子 穀菜： 胡麻腰脚痛痹，炒末，日服至一年，永瘥。 大麻仁脚氣腹痹，浸酒服。○腫渴，研汁煮小豆食。 赤小豆同鯉魚煮食，除濕熱脚氣。 黑大豆煮汁飲，主風毒脚氣衝心，煩悶不識人。 馬齒莧脚氣浮腫，尿澀，煮食。 百合 竹筍風熱脚氣。 紫菜 果木： 木瓜濕痹，脚氣衝心，煎服。 枝、葉皆良。 橘皮脚氣衝心，同杏仁丸服。 桃仁脚氣腰痛，爲末酒服，一夜即消。 枇杷葉脚氣惡心。 楊梅核仁濕熱脚氣。 枳殼同甘草末服，疏導脚氣。 桑葉及枝脚氣水氣，濃煎汁服，利大小腸。 郁李仁脚氣腫喘，大小便不利，同薏苡煮粥食。 紫荆皮煎酒服。 茯神木脚氣痹痛，爲末酒服。 赤茯苓 猪苓 石部： 滑石 介部： 淡菜 蜆肉 獸部： 猪肝、腎、肚作生食，治老人脚氣。 烏特牛尿熱飲，利小便，主風毒脚氣腫滿，甚妙。

洗渫： 水蓼 水葒 毛蓼 甘松 水英 陸英 曼陀羅花 螺黶草 大戟 猫兒眼睛草 苦參 落雁木 黍穰同椒目。 生葱 萊菔根 荷心同藁本。 蘇木同忍冬。 杉材 楠材 樟材 釣樟 扶移並煎水熏洗。 白礬湯 鼈肉同蒼术、蒼耳、尋風藤煮汁洗。

敷貼： 附子薑汁調。 天雄 草烏頭薑汁調，或加大黃、木鼈子末。 白芥子同白芷末。 皂莢同小豆末。 蓖麻仁同蘇合香丸貼足心，痛即止。 烏桕皮脚氣生瘡有蟲，末傅追涎。 人中白脚氣成漏孔，煅水滴之。 羊角燒研酒調傅之，取汗，永不發。 田螺脚氣攻注，同鹽杵，傅股上即定。 木瓜袋盛踏之。 蜀椒袋盛踏之。 樟腦 柳華 治烏巢蘿蔔花並藉鞋靴。木狗皮　豺皮　麂皮並裹足。

熨熏：　麥麩醋蒸熱熨。蠶沙蒸熱熨。蒴藋根酒、醋蒸熱熨。蓖麻葉蒸裹頻易。荆葉蒸熱卧之，取汗。〇燒烟熏湧泉穴。鍼砂同川烏末炒，包熨。食鹽蒸熱踏之，或擦腿膝後洗之，並良。火鍼

痿有濕熱，濕痰，瘀血。血虛屬肝腎，氣虛屬脾肺。

濕熱：　草部：　黄芩去脾肺濕熱，養陰退陽。秦艽陽明濕熱，養血榮筋。知母瀉陰火，滋腎水。生地黄　黄連　連翹　澤瀉　威靈仙　防己　木通並除濕熱。薇銜治痿躄，去風濕。卷柏治痿躄，強陰。陸英足膝寒痛，陰痿短氣。升麻　柴胡引經。　木部：　黄蘗除濕熱，滋腎水。益氣藥中加之，使膝中氣力湧出，痿軟即去，爲痿病要藥。茯苓　猪苓並洩濕熱。五加皮主痿躄，賊風傷人，軟脚。

痰濕：　草部：　蒼术除濕，消痰，健脾，治筋骨軟弱，爲治痿要藥。白术　神麯　香附子　半夏並除濕消痰。天南星筋痿拘緩。白附子諸風冷氣，足弱無力。附子　天雄風痰冷痹，軟脚毒風，爲引經藥。豨薟　類鼻並風濕痿痹。　果木：　橘皮利氣，除濕痰。松節釀酒，主脚弱，能燥血中之濕。桂引經。〇酒調，塗足躄筋急。

虛燥：　草部：　黄芪益元氣，瀉陰火，逐惡血，止自汗，壯筋骨，利陰氣，補脾肺。人參益元氣，瀉陰火，益肺胃，生津液，除痿痹，消痰生血。麥門冬降心火，定肺氣，主痿躄。強陰益精。知母瀉陰火，滋腎水，潤心肺。甘草瀉火調元。山藥補虛羸，強筋骨，助肺胃。石斛脚膝冷疼痹弱，逐皮肌風，壯筋骨，益氣力。牛膝痿痹，腰膝軟怯冷弱，不可屈申。或釀酒服。菟絲子益精髓，堅筋骨，腰疼膝冷，同牛膝丸服。何首烏骨軟行步不得，腰膝痛，遍身瘙痒，同牛膝丸服。萆薢腰脚痹軟，同杜仲丸服。菝葜風毒脚弱，煮汁釀酒服。土茯苓除風濕，利關節，治拘攣，令人健行。狗脊男婦脚弱腰痛，補腎。骨碎補治痢後遠行，或房勞，或外感，致足痿軟，或痛或痹，汁和酒服。菖蒲釀酒飲，主骨痿。芎藭　芍藥　當歸　地黄　天門冬　紫菀　紫葳並主痿躄，養血潤燥。肉蓯蓉　鎖陽　列當　五味子　覆盆子　巴戟天　淫羊藿　木部：　山茱萸　枸杞子　杜仲　獸部：　白膠　鹿茸　鹿角　麋角　膃肭臍並強陰氣，益精血，補肝腎，潤燥養筋，治痿弱。

轉筋有風寒外束，血熱，濕熱吐瀉。

內治：　草部：　木香木瓜汁入酒調服。桔梗　前胡　艾葉　紫蘇　香薷　半夏　附子　五味子　昌蒲　縮砂　高良薑　菜部：　葱白　薤白　生薑　乾薑　果木：　木瓜利筋脉，主轉筋、筋攣諸病。〇枝、葉、皮、根並同。棠梨枝、葉　榼子　榠樝　吴茱萸炒煎酒服，得利安。〇葉，同艾、醋罨之。松節轉筋攣急，同乳香炒焦研末，木瓜酒服。桂霍亂轉筋。〇足躄筋急，同酒塗之。沉香止轉筋。厚朴　巵子　器水土禽：　厠籌並霍亂轉筋。故麻鞋底燒赤，投酒中飲。梳篦燒灰，酒服。敗蒲席燒服。屠几垢酒服取吐。山岩泉水多服令飽，名洗腸。釜底墨酒服。古文錢同木瓜、烏梅煎服。鷄矢白轉筋入腹，爲末水服。羊毛醋煮裹脚。

外治：　蓼洗。蒜鹽擣敷臍，灸七壯。〇擦足心，并食一瓣。柏葉擣裹，并煎汁淋。〇枝、葉亦可。楠木洗。竹葉熨。皂莢末嗃鼻。熱湯熨之。車轂中脂塗足心。青布綿絮並酢煮搨之。銅器炙，熨腎堂。朱砂霍亂轉筋，身冷心下溫者，蠟丸燒籠中熏之，取汗。蜜蠟脚上轉筋，銷化貼之。

喘逆古名欬逆上氣。有風寒，火鬱，痰氣，水濕，氣虛，陰虛，脚氣，䶎齁。

風寒：　草部：　麻黄風寒，欬逆上氣。羌活諸風濕冷，奔喘逆(氣)。蘇葉散風寒，行氣，消痰，利肺。〇感寒上氣，同橘皮煎服。款冬花欬逆上氣，喘息呼吸，除煩消痰。南藤上氣欬嗽，煮汁服。細辛　藎草　破故紙　果木：　蜀椒並主虛寒喘嗽。松子仁小兒寒嗽壅喘，同麻黄、百部、杏仁丸服。桂欬逆上氣，同乾薑、皂莢丸服。皂莢欬逆上氣不得卧，炙研蜜丸，服一丸。〇風痰，同半夏煎服。〇痰喘欬嗽，以三挺分夾巴豆、杏仁、半夏，以薑汁、香油、蜜分炙爲末，舐之。巴豆寒痰氣喘，青皮一片夾一粒燒研，薑汁、酒服，到口便止。

鱗部：　鯉魚燒末，發汗定喘。欬嗽，入粥中食。

痰氣：　草部：　半夏痰喘，同皂莢煎服。〇失血喘急，薑汁和麪煨研，丸服。桔梗痰喘，爲末，童尿煎服。白前下胸脇逆氣，呼吸欲絕。〇久欬上氣不得卧，同紫菀、半夏、大戟漬水飲。〇呷呷作聲不得眠，焙末酒服。蓬莪茂上氣喘急，五錢煎酒服。〇氣短不接，同金鈴子末，入蓬砂，酒服。蘇子消痰利氣定喘，與橘皮相宜。上氣欬逆，研汁煮粥食。縮砂仁上氣欬逆，同生薑擂酒服。莨菪子積年上氣欬嗽，羊肺蘸末服。葶藶肺壅上氣喘促，肺濕痰喘，棗肉丸服，亦可浸酒。甘遂水氣喘促，同大戟末，服十棗丸。〇控涎丹。澤漆肺欬上氣，煮汁，煎半夏諸藥服。大戟水喘，同蕎麪作餅食，取利。栝樓痰喘氣急，同白礬末，蘿蔔蘸食。〇小兒痰喘膈熱，去子，以寒食麪和餅炙研，水服。貝母　茌子　射干　芫花　蕘花　黄環　前胡　蒟醬　蕎麥粉欬逆上氣，同茶末、生蜜水服，下氣不止，即愈。芥子並消痰下氣，定喘欬。白芥子欬嗽支滿，上氣多唾，每酒吞七粒。〇老人痰喘，同萊菔子、蘇子煎服。萊菔子老人氣喘，蜜丸服。〇痰氣喘，同皂莢炭，蜜丸服。〇久嗽痰喘，同杏仁丸服。生薑暴逆上氣，嚼之屢效。懷香腎氣上衝脇痛，喘息不得卧，擂汁和酒服。　果木：　橘皮　杏仁欬逆上氣喘促，炒研蜜和，含之。〇上氣喘急，同桃仁丸服，

取利。○久患喘急，童尿浸換半月，焙研，每以棗許，同薄荷、蜜煎服，甚效。○浮腫喘急，煮粥食。桃仁上氣咳嗽喘滿，研汁煮粥食。檳榔痰喘，爲末服。○四磨湯。椒目諸喘不止，炒研，湯服二錢劫之，乃用他藥。崖椒肺氣喘欬，同乾薑末，酒服一錢。茗茶風痰喘嗽不能臥，同白殭蠶末，湯服。○子，同百合丸服。銀杏降痰，定喘，溫肺，煨食。瓜蒂吐痰。柿蒂　都咸子　馬兜鈴肺氣喘急，酥炒，同甘草末煎服。楸葉上氣欬嗽，腹滿瘦弱，煎水熬膏，納入下部。訶黎勒　桑白皮　厚朴　枳實　茯苓　牡荆　金石：青礞石並瀉肺氣，消痰定喘。雌黃停痰在胃，喘息欲絶，同雄黃作大丸，半夜投糯粥中食。硫黃冷澼在脇，欬逆上氣。輕粉小兒涎喘，鷄子蒸食，取吐利。金屑　玉屑　白石英　紫石英　石鹼　介蟲：海蛤　文蛤　蛤粉　白殭蠶　禽獸：蝙蝠久欬上氣，燒末飲服。猪蹄甲久欬痰喘，入半夏、白礬煅研，入麝香服。或同南星煅，丸服。阿膠肺風喘促，涎潮目竄，同紫蘇、烏梅煎服。驢尿卒喘，和酒服。

火鬱：草部：知母久嗽氣急，同杏仁煎服，次以杏仁、蘿蔔子丸服。茅根肺熱喘急，煎水服，名如神湯。藍葉上氣欬嗽，呀呷有聲，擣汁服，後食杏仁粥。大黃人忽喘急悶絶，涎出吐逆，齒動，名傷寒併熱〔霍亂〕，同人參煎服。天門冬　麥門冬　黃芩　沙參　前胡　蓋草　蔛草　穀菜果服：丹黍根煮服，並主肺熱喘息。生山藥痰喘氣急，擣爛，入蔗汁熱服。沙糖上氣喘嗽，同薑汁煎噙。桃皮肺熱喘急欲死，客熱往來，同芫花煎湯薄胸口，數即止。故錦上氣喘急，燒灰茶服，神效。石鱗：石膏痰熱喘急，同寒水石末，人參湯下。或同甘草末服。龍骨恚怒氣伏在心下，不得喘息，欬逆上氣。人部：人溺久嗽，上氣失聲。

虛促：草部：人參陽虛喘急，自汗，頭運欲絶，爲末湯服。甚者，加熟附子同煎。○産後發喘，血入肺竅，危證也，蘇木湯調服五錢。五味子欬逆上氣，以阿膠爲佐，收耗散之氣。痰嗽氣喘，同白礬末，猪肺蘸食。馬兜鈴肺熱喘促，連連不止，清肺補肺。○酥炒，同甘草末煎服。黃芪　紫菀　女菀　款冬花　菜果木部：韭汁喘息欲絶，飲一升。大棗上氣欬嗽，酥煎含嚥。胡桃虛寒喘嗽，潤燥化痰，同生薑嚼嚥。老人喘嗽，同杏仁、生薑，蜜丸服。○産後氣喘，同人參煎服。沉香上熱下寒喘急，四磨湯。蒲頹葉肺虛喘欬甚者，焙研，米飲服，三十年者亦愈。烏藥　金石：石鍾乳肺虛喘急，蠟丸服。太乙餘糧　鱗禽：蛤蚧虛喘面浮，同人參蠟丸，入糯粥呷之。魚鱠風人，脚氣人，上氣喘欬。鸐雉五臟氣喘不得息，作臛食。鷄卵白　獸部：阿膠虛勞喘急，久嗽經年，同人參末，日服。猪肉上氣欬嗽煩滿，切作餡子，猪脂煎食。猪肪煮熟切食。猪胰肺乾脹喘急，浸酒服。羊肺　青羊角吐血喘急，同桂末服。貓骨炙研酒服，日三。獺肝虛勞上氣。

鰕齁：草部：石胡荽寒齁，擂酒服。醉魚草花寒齁，同米粉作果炙食。半邊蓮寒齁，同雄黃煅，丸服。石莧同甘草煎服，取吐。苧根痰齁，煅研，豆腐蘸食。蓖麻仁炒，取甜者食。○葉，同白礬，猪肉裹煨食。○年久者，同桑葉、御米殼丸服。馬蹄香末。藜蘆並吐。木鼈子小兒鹹齁，磨水飲，即吐出痰，重者三服即效。穀菜：脂麻秸灰小兒鹽齁，淡豆腐蘸食。淡豉齁喘痰積，同砒霜、枯礬丸，水服即止。萊菔子遇厚味即發者，蒸研，蒸餅丸服。果木：銀杏同麻黃、甘草煎服。○定喘湯：加半夏、蘇子、杏仁、黃芩、桑白皮、款冬花。茶子磨米泔汁，滴鼻取涎。○喘急欬嗽，同百合蜜丸服。苦丁香　皂莢酥炙，蜜丸服，取利。榆白皮陰乾爲末煎，日二服。柏樹皮汁小兒鹽齁，和麪作餅烙食，取吐下。白瓷器爲末蘸食。鱗介禽獸：鯽魚人尿浸死，煨食，主小兒齁。海螵蛸小兒痰齁，〔米〕飲服一錢。爛螺殼小兒齁，爲末，日落時服。鷄子尿內浸三日，煮食，主年深齁。蝙蝠一二十年上氣，燒研服。貓屎灰痰齁，沙糖水服。

欬嗽有風寒，痰濕，火熱，燥鬱。

風寒：草菜：麻黃發散風寒，解肺經火鬱。細辛去風濕，泄肺破痰。白前風寒上氣，能保定肺氣，多以溫藥佐使。○久欬唾血，同桔梗、桑白皮、甘草煎服。百部止暴嗽，浸酒服。○三十年嗽，煎膏服。小兒寒嗽，同麻黃、杏仁丸服。款冬花爲溫肺治嗽要藥。牛蒡根風寒傷肺壅欬。飛廉風邪欬嗽。佛耳草除寒嗽，同款冬花、地黃燒烟吸，治久近欬嗽。縮砂　紫蘇　芥子並主寒嗽。生薑寒濕嗽，燒含之。○久嗽，以白餳或蜜煮食。○小兒寒嗽，煎湯浴之。乾薑　果木：蜀椒　桂心並主寒嗽。土石：釜月下土卒欬嗽，同豉丸服。車釭妊娠欬嗽，燒投酒中，冷飲。石灰老小暴嗽，同蛤粉丸服。鍾乳石肺虛寒嗽。蟲魚：蜂房小兒欬嗽，燒灰服。鯽魚燒服，止欬嗽。禽獸：白鷄卒嗽，煮苦酒服。鷄子白皮久欬，同麻黃末服。羊胰遠年欬嗽，同大棗浸酒服。

痰濕：草部：半夏濕痰欬嗽，同南星、白朮丸服。○氣痰欬嗽，同南星、官桂丸服。○熱痰欬嗽，同南星、黃芩丸服。○肺熱痰嗽，同栝樓仁丸服。天南星氣痰欬嗽，同半夏、橘皮丸服。○風痰欬嗽，炮研煎服。莨菪子久嗽不止，煮炒研末，同酥煮棗食。○三十年呷嗽，同木香熏黃燒烟吸。葶藶肺壅痰嗽，同知母、貝母、棗肉丸服。芫花卒得痰嗽，煎水煮棗食。○有痰，入白糖，少少服。玄胡索老小痰嗽，同枯礬和餳食。旋覆花　白藥子　千金藤　黃環　蕘花　大戟　甘遂　草犀　蘇子　荏子　菜穀：白芥子　蔓菁子並主痰氣欬嗽。萊菔子痰氣欬嗽，炒研和糖含。○上氣痰嗽，唾膿血，煎湯服。萊菔癆瘦欬嗽，煮食之。絲瓜化痰止嗽，燒研，棗肉丸服。燒酒寒痰欬嗽，同猪脂、茶末，香油、蜜浸服。果木：白果　榧子　海棗　楺子　都念子　鹽麩子並主痰嗽。香櫞煮酒，止痰嗽。橘皮痰嗽，同甘草丸服。〇經年氣嗽，同神麯、生薑、蒸餅丸服。枳殼欬嗽痰滯。皂莢欬嗽囊結。〇卒寒嗽，燒研，豉湯服。〇欬嗽上氣，蜜炙丸服。〇又同桂心、乾薑丸服。淮木久嗽上氣。楮白皮水氣欬嗽。桑白皮去肺中水氣。〇欬血，同糯米末服。厚朴　金石：　礬石化痰止嗽，醋糊丸服。或加人參或加建茶，或同炒巵子丸服。浮石清金化老痰，欬嗽不止，末服或丸。雌黄久嗽，煅過丸服。雄黄冷痰勞嗽。蜜陀僧　礞石　硇砂　介蟲：　馬刀　蛤蜊粉並主痰嗽。鱟魚殼積年欬嗽，同貝母、桔梗、牙皂丸服。蚌粉痰嗽面浮，炒紅，齏水入油服。鬼眼睛　白蜆殼卒嗽不止，爲末酒服。海蛤　白殭蠶酒後痰嗽，焙研茶服。

痰火：　草部：　黄芩　桔梗　薺苨　前胡　百合　天門冬　山豆根　白鮮皮　馬兜鈴並清肺熱，除痰欬。甘草除火傷肺欬。〇小兒熱嗽，猪膽汁浸炙，蜜丸服。沙參益肺氣，清肺火，水煎服。麥門冬心肺虚熱，火嗽，嚼食甚妙，寒多人禁服。百部熱欬上氣，火炙，酒浸服。〇暴欬嗽，同薑汁煎服。〇三十年嗽，汁和蜜煉服。〇小兒寒嗽，同麻黄、杏仁丸服。天花粉虚熱欬嗽，同人參末服。栝樓潤肺，降火，滌痰，爲欬嗽要藥。〇乾欬，汁和蜜煉含。〇痰嗽，和明礬丸服。〇痰欬不止，同五倍子丸噙。〇熱欬不止，同薑，蜜蒸含。〇肺熱痰嗽，同半夏丸服。〇酒痰欬嗽，同青黛丸服。〇婦人夜欬，同香附、青黛末服。燈籠草肺熱欬嗽喉痛，爲末湯服，仍傅喉外。貝母清肺消痰止欬，沙糖丸食。又治孕嗽。〇小兒卒嗽，同甘草丸服。知母消痰潤肺，滋陰降火。久近痰嗽，同貝母末，薑片蘸食。石韋氣熱嗽，同檳榔，薑湯服。射干老血在心脾間，欬唾氣臭，散胸中熱氣。馬勃肺熱久嗽，蜜丸服。桑花　穀菜：　丹黍米並止熱欬。百合肺熱欬嗽，蜜蒸含之。土芋　果木：　枇杷葉並止熱欬。杏仁除肺中風熱欬嗽，童尿浸，研汁熬，酒丸服。巴旦杏　梨汁消痰降火，食之良。〇卒欬，以一椀入椒四十粒，煎沸入黑餳一塊，細服。〇又以一枚刺孔，納椒煨食。又切片酥煎冷食。〇又汁和酥、蜜、地黄汁熬稠含。乾柿潤心肺，止熱欬。〇嗽血，蒸熟，摻青黛食。柿霜　餘甘子丹石傷肺欬嗽。甘蔗汁虚熱欬嗽涕唾，入青粱米煮粥食。大棗　石蜜　刺蜜　桑葉並主熱欬。　金石：　金屑風熱欬嗽。石膏熱盛喘欬，同甘草末服。〇熱嗽痰湧如泉，煅過，醋糊丸服。浮石熱欬，丸服。石灰木肺熱，同玄精石諸藥末服。玄精石　硼砂消痰止欬。五倍子斂肺降火，止嗽。百藥煎清肺化痰。斂肺劫嗽，同訶子、荆芥丸含。〇化痰，同黄芩、橘皮、甘草丸含。

虚勞：　草：　黄芪補肺瀉火，止痰嗽、自汗及欬膿血。人參補肺氣。〇肺虚久嗽，同鹿角膠末煎服。〇化痰止嗽，同明礬丸服。〇喘嗽有血，鷄子清五更調服。〇小兒喘嗽，發熱自汗，有血，同天花粉服。五味子收肺氣，止欬嗽，乃火熱必用之藥。〇久欬肺脹，同粟殼丸服。〇久嗽不止，同甘草、五倍子、風化硝末噙。〇又同甘草、細茶末噙。紫菀止欬膿血，消痰益肺。〇肺傷欬嗽，水煎服。〇吐血欬嗽，同五味子丸服。〇久嗽，同款冬花、百部末服。〇小兒欬嗽，同杏仁丸服。款冬花肺熱勞欬，連連不絶，涕唾稠粘，爲溫肺治嗽之最。〇痰嗽帶血，同百合丸服。〇以三兩燒烟，筒吸之。仙靈脾勞氣，三焦欬嗽，腹滿不食，同五味子、覆盆子丸服。地黄欬嗽吐血，爲末酒服。柴胡除勞熱胸脇痛，消痰止嗽。牛蒡子欬嗽傷肺。鬼臼欬勞。　穀果：　罌粟殼久欬多汗，醋炒，同烏梅末服。阿芙蓉久勞欬，同牛黄、烏梅諸藥丸服。〇同粟殼末服。寒具消痰潤肺止欬。桃仁急勞欬嗽，同猪肝、童尿煮，丸服。胡桃潤燥化痰。久欬不止，同人參、杏仁丸服。金果補虚，除痰嗽。仲思棗　烏梅　木石：　乾漆並主勞嗽。訶梨勒斂肺降火，下氣消痰。〇久欬，含之嚥汁。鍾乳粉虚勞欬嗽。赤石脂欬則遺屎，同禹餘糧煎服。　諸蟲鱗介：　蜜蠟虚欬，發熱聲嘶，漿水煮，丸服。蛇含蛙久勞欬嗽，吐臭痰，連蛇煅末，酒服。鯽魚頭燒研服。鼉骨蒸欬嗽，同柴胡諸藥煮食。生龜一二十欬嗽，煮汁釀酒服。龜甲　蛤蚧　禽獸：　鸛鴿　鸜鵒並主勞欬。慈烏骨蒸勞欬，酒煮食。烏鴉骨蒸勞欬嗽，煅末酒服。〇心，炙食。五靈脂欬嗽肺脹，同胡桃仁丸服，名斂肺丸。猪腎同椒煮食。〇卒嗽，同乾薑煮食，取汗。猪胰二十年嗽，浸酒飲。〇同膩粉煅研服。猪肺肺虚欬嗽，麻油炒食。猪膽瘦病欬嗽，同人尿、薑汁、橘皮、訶子煮汁服。羊胰久嗽，溫肺潤燥，同大棗浸酒服。羊肺　羊肉　貒骨　獺肝　阿膠並主勞欬。黄明膠久嗽，同人參末，豉湯日服。人尿虚勞欬嗽。

外治：　木鼈子肺虚久嗽，同款冬花燒烟，筒吸之。榆皮久嗽欲死，以尺許出入喉中，吐膿血愈。熏黄三十年呷嗽，同木通、莨菪子燒烟，筒熏之。鍾乳粉一切勞嗽，同雄黄、款冬花、佛耳草燒烟吸之。故茅屋上塵老嗽不止，同石黄諸藥燒烟吸。

肺痿肺癰有火鬱，分氣虚、血虚。

排逐：　草穀：　鷄蘇肺痿吐血欬嗽，研末米飲服。防己肺痿咯血，同葶藶末，糯米湯服。〇肺痿喘欬，漿水煎呷。桔梗肺癰，排膿養血，補内漏。〇仲景治胸滿振寒，咽乾吐濁唾，久久吐膿血，同甘草煎服，吐盡膿血愈。葦莖肺癰，欬嗽煩滿，心胸甲錯，同桃仁、瓜瓣、薏苡煎服，吐膿血愈。蘆根骨蒸肺痿，不能食，同麥門冬、地骨皮、茯苓、橘皮、生薑煎服。甘草去肺痿之膿血。〇久欬肺痿，寒熱煩悶，多唾，每以童尿調服一錢。〇肺痿吐涎沫，頭眩，小便數而不欬，肺中冷也，同乾薑煎服。王瓜子肺痿吐血，炒研服。升麻　紫菀　貝母　敗醬並主肺癰，排膿破血。知母　黄芩並主肺痿，咳嗽喉腥。薏苡仁肺癰，咳膿血，水煎入酒服。〇煮醋服，當吐血出。　果木：　橘葉肺癰，擣汁一盞服，吐出膿血愈。柘黄肺癰不問已成未成，以一兩，同百草霜二錢，糊丸，米飲服三十丸，甚捷。夜合皮肺癰唾濁水，煎服。竹瀝老小肺痿，欬臭膿，日服三五次。淡竹茹　茯苓　人部：人尿肺痿寒熱，氣急面赤，調甘草服。人中白　天靈盖熱勞肺痿。

補益：草部：人參消痰，治肺痿，鷄子清調服。天門冬肺痿，欬涎不渴，擣汁入飴、酒、紫菀末丸含。栝樓肺痿欬血，同烏梅、杏仁末，猪肺蘸食。款冬花勞欬肺痿，同百合末服。麥門冬肺痿肺癰，咳唾膿血。蒺藜子肺痿唾膿。五味子　女菀　沙參　果石：白柿並潤肺止欬。白石英肺痿唾膿。鱗獸：鯽魚肺痿欬血，同羊肉、萊菔煮服。蛤蚧久欬肺痿，肺癰咯血。羊肺久欬肺痿，同杏仁、柿霜、豆粉、真酥、白蜜炙食。羊脂髓肺痿骨蒸，同生苄汁、薑汁、白蜜煉服。猪肺肺痿嗽血，蘸薏苡食。猪胰和棗浸酒服。鹿血酒服。阿膠　醍醐　鹿角膠　黄明膠肺痿唾血，同花桑葉末服。

虛損有氣虛，血虛，精虛，五臟虛，虛熱，虛寒。

氣虛：草部：甘草五勞七傷，一切虛損，補益五臟。○大人羸瘦，童尿煮服。○小兒羸瘦，炙焦蜜丸服。人參五勞七傷，虛而多夢者加之，補中養營。○虛勞發熱，同柴胡煎服。○房勞吐血，獨參湯煎服。黄芪五勞羸瘦，寒熱自汗，補氣實表。黄精五勞七傷，益脾胃，潤心肺，九蒸九晒食。青蒿勞熱在骨節間作寒熱，童尿熬膏，或爲末服。或入人參、麥門冬丸服。石斛五臟虛勞羸瘦，長肌肉，壯筋骨，鎖涎。濇丈夫元氣，酒浸酥蒸服滿鎰，永不骨痛。骨碎補五勞六極，手足不收，上熱下寒，腎虛。五味子壯水鎖陽，收耗散之氣。忍冬藤久服輕身長年益壽，煮汁釀酒飲。補骨脂五勞七傷，通命門，暖丹田，脂麻炒過丸服。○同茯苓、沒藥丸服，補腎養心養血。附子補下焦陽虛。天雄補上焦陽虛。蛇牀子暖男子陽氣、女子陰氣。仙茅丸服。淫羊藿　狗脊並主冷風虛勞。柴胡　秦艽　薄荷並解五勞七傷虛熱。羌活五勞七傷酸痛。蘇子補虛勞，肥健人。青木香氣劣不足。同補藥則補，同瀉藥則瀉。天門冬　沙參　葳蕤　白茅根　白英　地膚子　黄連　朮　薰草　石蕊　玉柏　千歲虆　菜穀：五芝　石耳　韭白　薤白　山藥　甘藷並補中益氣。大麻子虛勞內熱，大小便不利，水煎服。胡麻　果木：柿霜　藕並補中益元氣，厚腸。蓮實補虛損，交心腎，固精氣，利耳目，厚腸胃，酒浸入猪肚煮丸服，或蒸熟蜜丸服，仙方也。柏子仁恍惚虛損吸吸。枸杞葉五勞七傷，煮粥食。地骨皮去下焦肝腎虛熱。○虛勞客熱，末服。○熱勞如燎，同柴胡煎服。○虛勞寒熱苦渴，同麥門冬煎服。五加皮五勞七傷，采莖葉末服。冬青風熱，浸酒服。女貞實虛損百病，同旱蓮、桑椹丸服。柘白皮釀酒，補虛損。厚朴虛而尿白者加之。沉香補脾胃命門。桂補命門營衛。松根白皮　茯苓　白棘　桑白皮　石蟲：雲母粉並主五勞七傷虛損。五色石脂補五臟。白石英　紫石英補心氣下焦。枸杞蟲起陽益精，同地黄丸服。蠶蛹炒食，治勞瘦，殺蟲。海蠶虛勞冷氣，久服延年。鱗介禽獸：鯽魚　鮹魚　嘉魚　石首魚　鱖魚　鼈肉　淡菜　海蛇　鷄肉　白鷺炙食。桑鳸　鳩　雀並補虛羸。犬肉　牛肉　牛肚　狐肉作(生)〔主〕。狢肉　猯肉並主虛勞。狗腎産後腎勞，如瘧體冷。猪肚同人參、粳米、薑、椒煮食，補虛。猴肉風勞，釀酒。山獺　紫河車一切男女虛勞。

血虛：草木：地黄男子五勞七傷，女子傷中失血。○同人參、茯苓熬，璚玉膏。○釀酒、煮粥皆良。○麪炒研末酒服，治男女諸虛積冷，同菟絲子丸服。麥門冬五勞七傷客熱。○男女血虛，同地黄熬膏服。澤蘭婦人頻産勞瘦，丈夫面黄，丸服。黄蘗下焦陰虛，同知母丸服，或同糯米丸服。當歸　芎藭　白芍藥　丹參　玄參　續斷　牛膝　杜仲　牡丹皮　介獸：龜版　緑毛龜　鼈甲　阿膠　醍醐　酥酪　駝脂　牛骨髓　牛乳　羊乳並補一切虛、一切血。羊肉益産婦。羊脂産後虛羸，地黄汁、薑汁、白蜜煎服。羊肝同枸杞根汁作羹食。羊胃久病虛羸，同白朮煮飲。

精虛：草木：肉蓯蓉五勞七傷，莖中寒熱痛，強陰益精髓。○同羊肉煮食。列當　鎖陽同上。菟絲子五勞七傷，益精補陽，同杜仲丸服。覆盆子益精強陰，補肝明目。○每旦水服三錢，益男子精，女人有子。何首烏益精血氣，久服有子，服食有方。蘿摩子益精氣，同枸杞、五味、地黄諸藥末服，極益房室。巴戟天　車前子　遠志　蓬虆　百脉根　決明子　蒺藜子　五味子　旋花根　萆薢　菝葜　土茯苓　杜仲皮　石蟲：石鍾乳　陽起石　石腦　石髓並補益精氣，五勞七傷。慈石養胃益精，補五臟，同白石英浸水煮粥，日食。石硫黄　桑螵蛸　青蚨　九香蟲　牡蠣　羊脊髓　猪脊髓並補虛勞，益精氣。羊腎虛勞精竭，作羹食。○五勞七傷，同肉蓯蓉煮羹食。○虛損勞傷，同白朮煮粥飲。鹿茸虛勞洒洒如瘧，四肢酸痛，腰脊痛，小便數，同當歸丸服。○同牛膝丸服。白膠同茯苓丸服。麋茸研末，同酒熬膏服。麋角　鹿髓　鹿血、腎　麞肉、骨釀酒。膃肭臍並補精血。

瘵疰有蟲積，尸氣。

除邪：草部：青蒿骨蒸鬼氣，熬膏，入猪膽，甘草末丸服。○子，功同。王瓜子傳尸勞瘵，焙研，酒服一錢。玄參傳尸邪氣，作香燒。甘松同玄參，熏勞瘵。茅香冷勞久病，同艾葉燒，丸服。苦耽傳尸伏連鬼氣。鬼臼屍疰殗殜，傳尸勞瘵。天麻　鳶尾　海根並主飛〔尸〕鬼氣殗殜，傳尸勞瘵。知母　秦艽　胡黄連　蘆根　酸漿子　百部　紫菀　甘草　桔梗　人參　黄芪　穀菜：浮麥並主傳尸，骨蒸勞熱，自汗。阿芙蓉　鹿角菜小兒骨蒸熱勞。茄子傳尸勞氣。果木：李去骨節間勞熱。杏核仁男女五勞七傷，童尿煮七次，蜜蒸食。　烏梅虛勞骨蒸。　冬桃解勞熱。　桃核仁主骨蒸作熱，一百二十顆杵爲丸，平旦井水下，飲酒令醉，任意喫水，隔日一作。○急勞欬嗽，同猪肝、童尿煮丸服。○冷勞減食，茱萸炒收，日食二十粒，酒下，重者服五百粒愈。○傳尸鬼氣，欬嗽痃癖，煮汁作粥食。○五尸鬼疰，九十九種，傳及傍人，急以桃仁五十枚研泥，水四升煮服，取吐，不盡再吐。　蜀椒丸服。　檳榔　安息香　蘇合香並殺傳尸勞瘵蟲。　樟木節風勞有蟲，同天靈蓋諸藥服。　乾漆傳尸勞瘵，五勞七傷，同柏子仁、酸棗、山茱萸丸服。　皂莢卒熱勞疾，酥炙丸服。○急勞煩熱，同刺及木皮燒灰淋煎，嗽，入麝香，以童尿浸，蒸餅丸服。　桑柴灰尸疰鬼疰，三十六種，變動九十九種，死復傳人，淋汁煮赤小豆，同羊肉作羹食。　欅白皮鬼疰傳尸，童尿、豆豉煎服。　地骨皮骨蒸煩熱，同防風、甘草煎服。　酸棗仁骨蒸勞熱，擂汁煮粥食。　阿魏傳尸冷氣。　無患子皮飛尸。　柳葉　阿勒勃　黃蘗　金石：　金薄並主骨蒸勞熱。　石膏骨蒸勞熱，研粉服。　雄黃五尸勞病，同大蒜丸服。○骨蒸發熱，小便研，燒石熏之。　鵝管石熏勞嗽。　白礬冷勞洩痢，同羊肝丸服。　禹餘糧冷勞腸洩，同烏頭丸服。　陽起石　慈石並主五勞七傷虛乏。　霹靂碪　諸蟲鱗介：　蟲白蠟並殺餘蟲。　石決明骨蒸勞極。　納鱉傳尸勞。　鱉甲冷痛勞瘦，除骨節間勞熱結實，補陰補氣。　鱉肉益氣補不足，去血熱。○骨蒸潮熱欬嗽，同前胡、貝母等藥煮食，丸服。　蛤蚧治肺勞傳尸，欬嗽咯血。　蛇吞鼃勞嗽吐臭痰，煅研酒服。　鰻鱺魚傳尸疰氣勞損。　骨蒸勞瘦，酒煮服。　禽獸：　啄木鳥取蟲，煅研酒服。　慈烏補勞治瘦，止欬嗽骨蒸，五味淹食。　烏鴉瘦病欬嗽，骨蒸勞痰，煅研酒服。○五勞七傷，吐血欬嗽，釀栝樓根，日煮食。　鷹矢白殺勞蟲。　猪脊髓骨蒸勞傷，同猪膽、童尿、柴胡等煎服。　猪肝急勞瘦悴寒熱，同甘草丸服。　猪腎傳尸勞瘵，童尿、酒煮食。　猪肚骨蒸熱勞，四時宜食。　猪膽骨蒸勞極。　羊肉骨蒸久冷，同山藥作粥食。　骨蒸傳尸，同皂莢、酒煮食，當吐蟲出。　白羊頭蹄五勞七傷，同胡椒、蓽茇、乾薑煮食。　諸朽骨骨蒸勞熱，煮汁淋之，取汗。　猫肝殺勞瘵蟲，生晒研，每朔望五更酒服。　獺肝傳尸伏連殗殜，勞瘵虛汗，欬嗽發熱，殺蟲，陰乾爲末，水服，日三。　鹿茸　膃肭臍虛勞。　熊脂酒服，殺勞蟲，補虛損。　象牙骨蒸。　獺肉　狸骨　虎牙　鼠肉並殺勞蟲。

人部：　人屎骨蒸勞極，名伏連傳尸，同小便各一升，入新粟米飯五升，麴半餅，密封二七日，每旦服一合，午再服，並去惡氣。○人屎浸水早服之，晚服童尿。　人尿滋陰降火。○男女勞證，日服二次。○骨蒸發熱，以五升煎一升，入蜜三匙，每服一碗，日二服。　人中白傳尸熱勞，肺痿消瘦，降火，消瘀血。　秋石虛勞冷疾，有服法。　人乳補五藏，治瘦悴。○虛損勞瘵，同麝香、木香服，或同胞衣末服。　人牙燒用，治勞。　天靈蓋傳尸尸疰，鬼疰伏(連)。○肺痿，骨蒸盜汗，退邪氣，追勞蟲，炙黃，水煎服。○同麝香丸服。　小兒骨蒸，加黃連，末服。○追蟲，有天靈蓋散。　人胞男女一切虛損勞極，洗煮，入茯神丸服。○河車大造丸。　人膽尸疰伏(連)。　人肉瘵疾。

邪祟邪氣乘虛，有痰、血、火、鬱。

除辟：　草部：　升麻殺百精老物，殃鬼邪氣。中惡腹痛，鬼附啼泣。　徐長卿鬼疰精物邪惡氣，百精老魅注易，亡走啼哭恍惚。　鬼督郵　馬目毒公　鬼臼殺鬼疰精物，避惡氣不祥，尸疰傳尸。　忍冬飛尸、遁尸、風尸、沉尸、尸疰，鬼(擊)，並煮汁服，或煎膏化酒服。　丹參中惡，百邪鬼魅，腹痛氣作，聲音鳴吼，定精。　防葵狂邪，鬼魅精怪。　白鮮皮大熱飲水，狂走大呼。　白蒺藜卒中五尸，丸服。　女青　赤箭　天麻　野葛　海根　雷丸　藍實　敗芒箔　卷柏　桔梗　知母　小草　遠志　甘松　藁本　迷迭香　白微　人參　苦參　沙參　紫菀　狼毒　草犀　白茅香　茅香　白及　商陸　木香　縮砂　藿香　瓶香　藒車香　蘭草　山柰　山薑　蒟醬　蕙草　薑黃　莪蒁　鬱金香　鷄蘇　菖蒲　艾葉　苦耽　雲實　蓖麻　蜀漆　艾納香　射罔　射干　鳶尾　芫花　蕘花　水堇　鈎吻　羊躑躅　海藻　蘼蕪　青蒿　石長生　獨行根　白兔藿　續隨子　蜘蛛香　屋四角茅　赤車使者　穀菜：　豌豆煮汁。　白豆　大豆並主鬼毒邪氣疰忤。　酒　醋　陳粟米並主鬼擊。　粳米五種屍病，日煮汁服。　芥子邪惡鬼疰氣，浸酒服。　白芥子禦惡氣、飛尸遁(尸)、邪魅。　大蒜殺鬼去痛，同香墨、醬汁服。○鬼毒風氣，同杏仁、雄黃服。　百合百邪鬼魅，啼泣不止。　胡荽　羅勒　旱芹　果木器服：　桃梟　桃花　桃白皮　桃膠　桃毛並主邪惡鬼疰精氣。　桃仁鬼疰寒熱疼痛，研服。　陳棗核中仁疰忤惡氣。常服，百邪不干。　榧子　蜀椒　畢澄茄　吳茱萸　柏實　鬼箭　沉香　蜜香　丁香　檀香　烏藥　必栗香　竹葉　鬼齒並主中惡邪鬼疰氣。　降真香帶之辟邪惡氣、宅舍怪異。　安息香心腹惡氣，鬼疰，魍魎，鬼胎，中惡魘寐。常燒之，去鬼來神。○婦人夜夢鬼交，燒熏永斷。　蘇合香辟惡，殺鬼精物。　詹糖香　樟腦　乳香　阿魏　樺皮脂　欅白皮　乾漆　皂莢　桑柴灰　無患子　巴豆　琥珀並殺鬼精尸疰。　巵子五尸注病，燒研水服。　烏臼根皮尸疰中惡，煎入朱砂服。　古厠木鬼魅傳尸，魍魎神祟，燒之。　古櫬板鬼氣疰忤，中惡心腹痛，夢悸，常爲鬼神祟撓，和桃枝煎酒服，取吐下。　死人枕　桃橛　甑帶煮汁。　銃楔　敗芒箔　水土金石：　糧罌水並主尸疰鬼氣。　半天河水鬼疰，狂邪氣，恍惚妄言。　鑄鍾黃土　鼢鼠壤土　伏龍肝　釜臍墨　京墨　黑鉛　鉛丹並主疰忤邪氣。　古鏡　銅鏡鼻　鐵落　朱砂　水銀　硫黃　石膏　生銀　雄黃　代赭　金牙石　金剛石　礪石　蛇黃　食鹽　霹

霹礰　諸蟲鱗介：　露蜂房　芫菁　龍骨　龍齒　鼉甲並主疰病鬼邪。　鮫鯉五邪驚啼悲傷，婦人鬼魅哭泣。　蛤蚧　鰻鱺　鮫魚皮　海蝦　蟹爪　貝子　牡蠣　禽獸：　丹雄鷄　黑雌鷄　烏骨鷄　鷄冠血　東門鷄頭並主邪氣鬼物疰忤。　鷄卵白五遁尸氣衝心，或牽腰脊，頓吞七枚。　胡燕卵黄　烏鴉　鵲巢燒服。　白鴨血並主鬼魅邪氣。　鷹肉食之，去野狐邪魅。○觜、爪燒灰，水服。○屎白燒灰，酒服。　牛黄　野猪黄　羊脂　猪脂　白犬血　猪心血　尾血　猪乳　豚卵　羖羊角燒。　羚羊角及鼻　犀角　鹿角及茸　鹿頭　麂頭骨　猴頭骨　狐頭、尾及屎燒灰，辟邪惡。○五臟，主狐魅及人見鬼，作羹食。　兔頭及皮　猫頭骨　猫肉　狸肉及骨　豹肉及鼻　虎肉及骨取二十六種魅。○爪、牙、皮、屎同。　象牙　狼牙　熊膽　麝香　靈猫陰　獺肝鬼疰邪魅，燒末服。　膃肭臍鬼氣尸疰狐魅。　六畜毛蹄甲　馬懸蹄　馬屎　獅屎　底野迦　鼠屎　彭侯　人部：　亂髮尸疰，燒灰服。　頭垢　人尿鬼氣疰病，日日服之。　天靈蓋尸疰鬼氣。　人膽。

寒熱有外感，内傷，火鬱，虚勞，瘧，瘡，瘰癧。

和解：　草部：　甘草五臟六腑寒熱邪氣，凡虚而多熱者加之。　知母胃勞，憎寒煩熱。　丹參虚勞寒熱。　白頭翁狂惕寒熱。　胡黄連小兒寒熱。　黄芩寒熱往來及骨蒸熱毒。　柴胡寒熱邪氣，推陳至新，去早辰潮熱，寒熱往來，婦人熱入血室。　前胡傷寒寒熱，推陳致新。　白鮮皮主壯熱惡寒。　茅根　大黄並主血閉寒熱。　旋覆花五臟間寒熱。　茵蔯寒熱如瘧。　屋遊浮熱在皮膚，往來寒熱。　烏韭　龍膽骨間寒熱。　白薇寒熱酸疼。　秦艽

當歸　芎藭　芍藥並主虚勞寒熱。　荆芥　積雪草　紫草　夏枯草　蠡實　蘆根　雲實　木通　蒲黄　吴藍　連翹　蛇含　鴨跖草　凌霄花　土瓜根　菜果：　冬瓜泡汁飲。　茄子　馬齒莧　莧實　薤白　杏花女子傷中寒熱痹。　桃毛血瘕寒熱。　木石：　厚朴解利風寒寒熱。　牡荆　蔓荆並除骨間寒熱。　冷水服丹石，病發惡寒，冬月淋至百斛，取汗乃愈。　松蘿　枳實　竹茹　雄黄肝病寒熱。　石膏中風寒熱。　滑石胃熱寒熱。　曾青養肝膽，除寒熱。　石青　石膽　食鹽　朴硝　礬石　蟲介獸人：　雀甕　龜甲骨中寒熱，或肌體寒熱欲死，作湯良。　海蛤胸痛寒熱。　蛤蜊老癖爲寒熱。　貝子溫疰寒熱，解肌，散結熱。　龍齒大人骨間寒熱。　鼉甲伏堅寒熱。　猪懸蹄甲小兒寒熱，燒末乳服。　牛黄　人尿

補中清肺：　草穀：　黄芪虚疾寒熱。　沙參　黄精　葳蕤　术並除寒熱，益氣和中。　桔梗除寒熱，利肺。　燈籠草　麥門冬　紫菀　旋花根　黄環　天門冬　白英　忍冬　豌豆　緑豆　赤小豆　秫　百合　山藥　果木：　吴茱萸　椒紅　桂利肝肺氣，心腹寒熱。　辛夷五臟身體寒熱。　沉香諸虚寒熱冷痰，同附子煎服。　烏藥解冷熱。　桑葉除寒熱，出汗。　茯苓　酸棗　山茱萸　石部：　殷孽瘀血寒熱。　陽起石　禹餘糧　禽獸：　鶩肪風虚寒熱。　猳猪頭肉寒熱。　熊脂　鹿角

麋脂

吐血衄血有陽乘陰者，血熱妄行；陰乘陽者，血不歸經。○血行清道出于鼻，血行濁道出于口。嘔血出于肝，吐血出于胃，衄血出于肺。耳血曰衈，眼血曰衈，膚血曰血汗，口鼻併出曰腦衄，九竅俱出曰大衄。

逐瘀散滯：　草部：　大黄下瘀血血閉。心氣不足，吐血衄血，胸脇刺脹，同芩、連煎服。亦單爲散，水煎服。　甘遂　芫花　大戟吐血痰涎，血不止者，服此下行即止。　杜衡吐血有瘀，用此吐之。　紅藍花　鬱金破血。爲末，井水服，止吐血。　茜根活血行血。爲末，水煎服，止吐衄諸血。或加黑豆、甘草丸服。○同艾葉、烏梅丸服。　剪草一切失血，爲末和蜜，九蒸九晒服。　三七吐衄諸血，米泔服三錢。　蓖麻葉塗油炙，熨顖上，止衄。　三稜末，醋調塗五椎上，止衄。　穀菜：　麻油衄血，注鼻，能散血。　醋衄血，和胡粉服，仍和土敷陰囊上。　韭汁止吐血。和童尿服，消胃脘瘀血。　葱汁散血。塞鼻，止衄。　蔓菁汁止吐血。　萊菔汁止吐血大衄，仍注鼻中。　桑耳塞鼻，止衄。　果木：　栗楔破血。燒服，止吐衄。殼亦可。　荷葉破惡血，留好血。口鼻諸血，生者擂汁服，乾者末服，或燒服，或加蒲黄。　藕汁散瘀血，止口鼻諸血。亦注鼻止衄。　桃仁破瘀血血閉。　桃梟破血。止吐血，諸藥不效，燒服。　榴花散血。爲末服，止吐衄。○同黄葵花煎服，或爲末服，亦塞鼻止衄。　乾柿脾之果，消宿血，治吐血咯血。　椶灰消瘀血。止吐衄諸血，水服。　血竭吹鼻，止衄。　山茶吐衄，爲末，酒入童尿服。　胡頽子根吐血，煎水服。　蕤核衄血。　楓香吐衄，爲末水服，或加蛤粉，或加綿灰。　椰子皮止衄。　蘇木　服器：　紅綿灰水服。　黄絲絹灰水服。　白紙灰水服，止吐衄，效不可言。　麻紙灰　藤紙灰入麝香，酒服，止衄血。　屏風故紙灰酒服，止衄。　敗缸茹止吐血。　土石：　白堊土衄血，水服二錢，除根。　伏龍肝水淘汁，入蜜服，止吐血。　金墨吐衄，磨汁服。　鐺墨炒過，水服二錢，止吐衄諸血。　百草霜水服，并吹鼻止衄。　白瓷器末吐血，皂角仁湯服二錢。○衄血，吹鼻。　地龍糞吐血，水服二錢。　花乳石能化血爲水，主諸血。凡噴血出升斗者，煅研，童尿入酒服三五錢。　金星石主肺損吐血嗽血。　石灰散瘀血。凡卒吐血者，刀頭上燒研，水服三錢。　白礬吹鼻，止衄。　硇砂衄血不止，水服二錢。　食鹽散血。　戎鹽主吐血。　芒消下瘀血。　珊瑚吹鼻，止衄。

蟲鱗：　蠶退紙灰吐血不止，蜜丸含嚥。　蠐螬主吐血在胸腹不出。　蜘蛛網卒吐血者，米飲吞一團。　露蜂房主吐衄血。　蝸牛焙研，同烏賊骨吹鼻，止衄。　虻蟲　水蛭

五倍子末水服，并吹鼻，止衄。壁錢窠塞鼻，止衄。龍骨服，止吐血；吹鼻，止衄；吹耳，止衈。鯉魚鱗灰散血。衄不止，水服二錢。烏賊骨末服，治卒吐血；吹鼻，止衄。鰾膠散瘀血，止嘔血。鱓血滴鼻，止衄。膽滴耳，止衈。禽獸：五靈脂吐血，同蘆薈丸服。○同黄芪末，水服。鷄屎白　老鴟骨　駝屎灰　騾屎灰　馬懸蹄灰　牛骨灰　猬皮灰並吹鼻止衄。白馬通服汁，塞鼻，並止吐衄。牛耳垢塞鼻，止衄。黄明膠貼山根，止衄。○炙研，同新綿灰飲服，止吐血。人部：髮灰散瘀血。止上下諸血，並水服方寸匕，日三。吹鼻，止衄。人尿止吐衄，薑汁和服，降火散瘀血，服此者十無一死。吐出血炒黑研末，麥門冬湯服三分，以導血歸源。衄血接取點目角，并燒灰水服一錢。人爪甲刮末吹鼻，止衄妙。

滋陰抑陽：草部：生地黄涼血生血。治心肺損，吐血衄血，取汁和童尿煎，入白膠服。○心熱吐衄，取汁和大黄末丸服。同地黄、薄荷末，服之。紫參唾血衄衄。○同人參、阿膠末服，止吐血。丹參破宿血，生新血。地榆止吐衄，米醋煎服。牡丹皮和血，生血，涼血。當歸頭止血，身和血，尾破血。○衄血不止，末服一錢。芎藭破宿血，養新血，治吐衄諸血。芍藥散惡血，逐賊血，平肝助脾。○太陽衄衄不止，赤芍藥爲末，服二錢。咯血，入犀角汁。黄芩諸失血，積熱吐衄，爲末水煎服。黄連吐衄不止，水煎服。胡黄連吐衄，同生地黄、猪膽汁丸服。黄藥子涼血降火。○吐血，水煎服。○衄血，磨汁服，或末服。白藥子燒服。蒲黄　青黛水服。藍汁　車前汁。大小薊汁。馬蘭　澤蘭　水蘇煎或末。紫蘇熬膏。薄荷　青蒿汁。青葙汁。馬藺子　陰地厥　鱧腸汁。蘘荷根汁。生葛汁。浮萍末。桑花末。船底苔煎。土馬騣並止吐血衄血。荆芥吐血，末服。○口鼻出血，燒服。○九竅出血，酒服。茅根汁或末。茅針　茅花　金絲草　白鷄冠花並主吐血衄血。屋上敗茅浸酒。地菘末。龍葵同人參末。螺靨草擂酒，並止吐血。蒼耳汁。貫衆末。黄葵子末。王不留行煎。萱根汁。決明末。龍鱗薜荔末。垣衣汁。屋遊末服，並止衄血。地膚九竅出血，同卮子、甘草、生薑、大棗、燈草，水煎服。麥門冬吐衄不止，杵汁和蜜服，或同地黄煎服，即止。馬勃積熱吐血，沙餹丸服。妊娠吐血，米飲和服。穀菜：小麥止唾血。淅泔飲，止吐衄。麥麪水服，止吐衄。粟米粉絞汁，止衄。翻白草吐血，煎服。果木：蓮花酒服末，止損血。柏葉煎、丸、散、汁，止吐衄諸血。卮子清胃脘血，止衄。桑葉末。地骨皮煎服，並主吐血。柳絮末服，止吐咯血。槐花末服，主吐唾咯血。同烏賊骨，吹衄血。楮葉汁。黄檗末。槲若末。竹葉　竹茹並主吐血衄血。荆葉九竅出血，杵汁入酒服。同蛤粉酒服，主諸般吐血。滑石水服。鉛霜水服。胡粉炒醋。黄丹水服。金石：朱砂　玄明粉水服。水銀並主熱衄。介獸：螺螄服汁，主黄疸吐血。蛤粉同槐花末，水服。犬膽並止衄血。犀角汁，止積熱吐衄。人部：人中白入麝，酒服，止衄。人中黄末服，主嘔血。燒灰，吹鼻衄。

理氣導血：草木：香附童尿調末服，或同烏藥、甘草煎服。桔梗末。箬葉灰。烏藥　沉香並止吐血衄血。防風上部見血須用。白芷破宿血，補新血。塗山根，止衄。半夏散瘀血。天南星散血，末服。貝母末。蘆荻皮灰。栝樓灰。榧子末服，並主吐血。石菖蒲肺損吐血，同麪，水服。芎藭同香附末服，主頭風即衄。燈心草末。香薷末。穀精草末。枇杷葉末。玄胡索塞耳。並止衄。折弓弦口鼻大衄，燒灰同白礬吹之。

調中補虛：草穀：人參補氣生血，吐血後煎服一兩。○内傷，血出如湧泉，同荆芥灰、蒸柏葉、白麪水服。黄芪逐五臟惡血。同紫萍末服，止吐血。甘草養血補血，主唾膿血。白及羊肺蘸食，主肺損吐血。水服，止衄。百合汁，和蜜蒸食，主肺病吐血。稻米末服，止吐衄。萆薢葉香油炒食。飴餹　白扁豆　白术　石蟲：鍾乳粉　五色石脂　代赭石並主虛勞吐血。靈砂暴驚九竅出血，人參湯服卅粒。鼈甲　蛤蚧　淡菜　阿膠　白狗血熱飲。鹿角膠並主虛損吐血。水牛腦勞傷吐血，同杏仁、胡桃、白蜜、麻油熬乾，末服。羊血熱飲，主衄血經月。酥酪　醍醐灌鼻，止涕血。

從治：附子陽虛吐血，同地黄、山藥丸服。益智子熱傷心系吐血，同丹砂、青皮、麝香末服。桂心水服。乾薑童尿服。並主陰乘陽吐血衄血。艾葉服汁，止吐衄。薑汁服汁，仍滴鼻。芥子塗顖。葫蒜貼足心。並主衄血。又服蒜汁，止吐血。

外迎　冷水耳目鼻血不止，以水浸足、貼顖、貼頂、噀面、薄胸皆宜。

齒衄有陽明風熱，濕熱，腎虛。

除熱：防風　羌活　生苄　黄連

清補：人參齒縫出血成條，同茯苓、麥門冬煎服，奇效。○上盛下虛，服涼藥益甚者，六味地黄丸、黑錫丹。

外治：香附薑汁炒研，或同青鹽、百草霜。蒲黄炒焦。苦參同枯礬。骨碎補炒焦。絲瓜藤灰。寒水石同朱砂、甘草、片腦。五倍子燒。地龍同礬、麝。紫鉚鉚枯礬　百草霜並揩摻。麥門冬　屋遊　地骨皮　苦竹葉　鹽並煎水漱。童尿熱漱。蜀椒　苦竹茹並煎醋漱。蟾酥按。鐵釘燒烙。

血汗即肌衄，又名脉溢，血自毛孔出。心主血，又主汗，極虛有火也。

內治：人參氣散血虛，紅汗污衣，同歸、芪諸藥煎服。又建中湯、辰砂、妙香散皆宜。

○抓傷血絡，血出不止，以一兩煎服。葎草產婦大喜，汗出赤色污衣，喜則氣出也。擣汁一升，入醋一合，時服一盃。黄芩灸瘡血出不止，酒炒末下。生薑汁毛竅節次血出，不出則皮脹如鼓，須臾口目皆脹合，名脉溢，以水和汁各半服。郁李仁鵝梨汁調〔末〕服，止血汗。朱砂血汗，入麝，水服。人中白血從膚腠出，入麝，酒服二錢。水銀毛孔出血，同朱砂、麝香服。黄犢臍中屎九竅四肢指歧間血出，乃暴怒所致，燒末水服方寸匕，日五次。

外治：旱蓮傅灸瘡血出不止。蜣螂灰同上。糞桶箍燒傅搔痒血出不止。五靈脂摻抓痣血出不止。男子胎髮罨毛孔血出。煮酒瓶上帋同上。

欬嗽血欬血出于肺，嗽血出于脾，咯血出于心，唾血出於腎。有火鬱，有虚勞。

火鬱：麥門冬　片黄芩　桔梗　生地黄　金絲草　茅根　貝母　薑黄　牡丹皮　芎藭　白芍藥　大青　香附子　茜根　丹參　知母　荷葉末。藕汁　桃仁　柿霜　乾柿入脾肺，消宿血、咯血、痰涎血。杏仁肺熱欬血，同青黛、黄蠟作餅，乾柹夾煨，日食。水蘇研末飲服。紫(苑)〔菀〕同五味子蜜丸服，並治吐血後欬。白前久欬唾血，同桔梗、甘草、桑白皮煎服。荆芥穗喉脘痰血，同甘、桔煎服。蒲黄　桑白皮　茯神　柳絮末。韭汁，和童尿。生薑蘸百草霜。黄檗　槐花末服。槲若水煎。髮灰　童尿並主欬咯唾血。巵子炒焦，清胃脘血。訶子火鬱嗽血。烏鴉勞嗽吐血。

虚勞：人參　地黄　百合　紫(苑)〔菀〕　白及　黄芪　五味子　阿膠　白膠　酥酪　黄明膠肺損嗽血，炙研湯服。猪脏一切肺病，欬唾膿血。豬肺肺虚欬血，蘸薏苡仁末食。豬心心虚咯血，包沉香、半夏末，煨食。烏賊骨女子血枯，傷肝唾血。

諸汗有氣虚，血虚，風熱，濕熱。

氣虚：黄芪泄邪火，益元氣，實皮毛。人參一切虚汗，同當歸、猪腎煮食，止怔忡自汗。白术末服，或同小麥煎服，止自汗。同黄芪、石斛、牡蠣末服，主脾虚自汗。麻黄根止諸汗必用，或末，或煎，或外撲。葳蕤　知母　地榆並止自汗。附子亡陽自汗。艾葉盜汗，同茯神、烏梅煎服。何首烏貼臍。鬱金塗乳。粳米粉外撲。麻勃中風汗出。糯米同麥麸炒，末服。韭根四十九根煎服，止盜汗。果木：酸棗仁睡中汗出，同參、苓末服。茯神虚汗盜汗，烏梅湯服。○血虚心頭出汗，艾湯調服。柏實養心止汗。桂主表虚自汗。杜仲產後虚汗，同牡蠣服。吳茱萸產後盜汗惡寒。雷丸同胡粉撲。蟲獸：五倍子同蕎麥粉作餅，煨食，仍以唾和填臍中。牡蠣粉氣虚盜汗，同杜仲酒服。○虚勞盜汗，同黄芪、麻黄根煎服。○產後盜汗，麸炒研，猪肉汁服。○陰汗，同蛇牀子、乾薑、麻黄根撲之。龍骨止夜卧驚汗。黄雌鷄傷寒後虚汗，同麻黄根煮汁，入肉蓯蓉、牡蠣粉煎服。猪肝脾虚，食即汗出，爲丸服。羊胃作羹食。牛羊脂酒服，止卒汗。

血虚：草獸：當歸　地黄　白芍藥　猪膏產後虚汗，同薑汁、蜜、酒煎服。猪心心虚自汗，同參、歸煮食。腎產後汗蓐勞，煮粥臛食。

風熱：草部：防風止盜汗，同人參、芎藭末服。○自汗，爲末，麥湯服。白芷盜汗，同朱砂服。荆芥冷風出汗，煮汁服。龍膽男女小兒及傷寒一切盜汗，爲末酒服，或加防風。黄連降心火，止汗。胡黄連小兒自汗。麥門冬　榖菜：小麥　浮麥　麥麫盜汗，作丸煮食。豉盜汗，熬末酒服。蒸餅每夜食一枚，止自汗盜汗。黄蒸、米醋並止黄汗。胡瓜小兒出汗，同黄連、胡黄連、黄蘗、大黄諸藥，丸服。果木：桃梟止盜汗，同霜梅、葱白、燈心等煎服。椒目盜汗，炒研，猪脣湯服。鹽麩子收汗。經霜桑葉除寒熱盜汗，末服。竹瀝產後虚汗，熱服。服器：敗蒲扇灰水服并撲。甑蔽灰水服。死人席灰煮浴。五色帛拭盜汗，乃棄之。

怔忡血虚，有火，有痰。

養血清神：草木：人參同當歸末，猪腎煮食。當歸　地黄　黄芪　遠志　黄芩　黄連瀉心火，去心竅惡血。巴戟天益氣，去心痰。香附憂愁心忪，少氣疲瘦。牡丹皮主神不足，瀉包絡火。麥門冬　茯神　茯苓　酸棗　柏實安魂定魄，益智寧神。

健忘心虚，兼痰，兼火。

補虚：草木：甘草安魂魄，瀉火養血，主健忘。人參開心益智，令人不忘，同猪肪煉過，酒服。遠志定心腎氣，益智慧不忘，爲末，酒服。石菖蒲開心孔，通九竅，久服不忘不惑，爲末，酒下。仙茅久服通神，強記聰明。淫羊藿益氣強志，老人昏耄，中年健忘。丹參　當歸　地黄並養血安神定志。預知子心氣不足，恍惚錯忘，忪悸煩鬱，同人參、菖蒲、山藥、黄精等，爲丸服。榖菜果木：麻勃主健忘。七夕日收一升，同人參二兩爲末，蒸熟，每卧服一刀圭，能盡知四方事。山藥鎮心神，安魂魄，主健忘，開達心孔，多記事。龍眼安志強魂，主思慮傷脾，健忘怔忡，自汗驚悸，歸脾湯用之。蓮實清心寧神，末服。乳香心神不足，水火不濟，健忘驚悸，同沉香、茯神丸服。茯神　茯苓　柏實　酸棗

鱗獸：白龍骨健忘，同遠志末，湯服。虎骨同龍骨、遠志，末服。六畜心心昏多忘，研末酒服。

痰熱：草果：黄連降心火，令人不忘。玄參補腎止忘。麥門冬　牡丹皮　柴胡　木通通利諸經脉壅寒熱之氣，令人不忘。商陸花人心昏塞，多忘喜誤，爲末，夜

服。夢中亦醒悟也。桃枝作枕及刻人佩之，主健忘。金石獸：舊鐵鏵心虛恍惚健忘，火燒淬酒浸水，日飲。鐵華粉　金薄　銀薄　銀膏　朱砂　空青　白石英心臟風熱，驚悸善忘，化痰安神，同朱砂爲末服。牛黄除痰熱健忘。

驚悸有火，有痰，兼虛。

清鎮：草穀：黄連瀉心肝火，去心竅惡血，止驚悸。麥門冬　遠志　丹參　牡丹皮　玄參　知母並定心，安魂魄，止驚悸。甘草驚悸煩悶，安魂魄。○傷寒心悸脉代，煎服。半夏心下悸忪，同麻黄丸服。天南星心膽被驚，神不守舍，恍惚健忘，妄言妄見。同朱砂、琥珀丸服。柴胡除煩止驚，平肝膽包絡相火。龍膽退肝膽邪熱，止驚悸。芍藥瀉肝，除煩熱驚狂。人參　黄芪　白及　胡麻　山藥　淡竹瀝　黄蘗　柏實　茯神　茯苓　乳香　沒藥　血竭　酸棗仁　厚朴　震燒木火驚失志，煮汁服。金石：霹靂碪大驚失心恍惚，安神定志。天子籍田犁下土驚悸顛邪，水服。金屑　銀屑　生銀　朱砂銀　朱砂銀膏　自然銅　鉛霜　黄丹　鐵精　鐵粉　紫石英煮汁。雄黄　玻瓈　白石英　五色石脂　鱗介禽獸：龍骨　龍齒　夜明沙　鼉甲　牛黄　羚羊角　虎睛、骨、膽　羖羊角　象牙　麝臍香　犀角　醍醐並鎮心平肝，除驚悸。猪心除驚補血，産後驚悸，煮食。猪心血同青黛、朱砂丸服，治心病邪熱。猪腎心腎虛損，同參、歸煮食。六畜心心虛作痛，驚悸恐惑。震肉因驚失心，作脯食。人魄磨水服，定驚悸狂走。

狂惑有火，有痰及畜血。

清鎮：草部：黄連　藍汁　麥門冬　薺苨　茵蔯　海金沙並主傷寒發狂。葳蕤　紫參　白頭翁並主狂瘧。白微暴中風熱，忽忽不知人，狂惑邪氣。白鮮皮腹中大熱飲水，欲走發狂。龍膽傷寒發狂，爲末，入鷄子清、生蜜，涼水服。撒法郎即番紅花，水浸服，主傷寒發狂。葛根　栝樓根　大黄熱病譫狂，爲散服。攀倒甑汁主風熱狂躁，服。苦參熱病狂邪，不避水火，蜜丸服。麥門冬　芍藥　景天　鴨跖草並主熱狂。葶藶卒發狂，白犬血丸服。鬱金失血顛狂，同明礬丸服。莨菪子　防葵並主顛狂，多服令人狂走。穀菜：麥苗汁，主時疾狂熱。麥奴陽毒熱狂大渴。葱白天行熱狂。百合顛邪狂叫涕泣。淡竹笋熱狂有痰。果木：瓜蒂熱水服，取吐。甘蔗天行熱狂，臘月瓶封糞坑中，絞汁服。苦棗　桃花　楝實　淡竹葉並主熱狂。竹瀝痰在胸膈，使人顛狂。○小兒狂語，夜後便發，每服二合。巵子蓄熱狂躁，同豉煎服，取吐。桐木皮吐下。雷丸顛癇狂走。欒花諸風狂痓。經死繩灰卒發狂，水服。水土金石：半天河鬼狂。臘雪熱狂。伏龍肝狂顛風邪，水服。釜墨　百草霜並陽毒發狂。車脂中風發狂，醋服一團。朱砂顛癇狂亂，猪心煮過，同茯神丸服。○産後敗血入心，狂顛見祟，爲末，地龍滾過，酒服。寒水石傷寒發狂，踰垣上屋，同黄連末服。玄明粉傷寒發狂，同朱砂服。粉霜傷寒積熱及風熱生驚如狂，同鉛霜、輕粉、白麪，作丸服。玄精石　菩薩石　雄黄並熱狂。鐵落平肝去怯，善怒發狂，爲飲服，下痰氣。鐵甲憂結善怒，狂易。鐵漿發熱狂走。銀屑　銀膏　金屑　鱗介：龍齒並鎮神，定狂熱。文鰩食之已狂。貝子　玳瑁並主傷寒熱狂。蟲禽：蠶退紙灰顛狂邪祟，狂走悲泣自高，酒服一匕。白雄鷄顛邪狂妄，自賢自聖，作羹粥食。○驚憤邪僻，志氣錯越，入真珠、薤白煮食。鷄子天行熱疾狂走，生吞一枚。鷗燥渴狂邪，五味醃食。鵲巢灰服，主顛狂。鳳凰臺磨水服，主熱狂。獸人：羚羊角驚夢狂越僻謬，平肝安魂。犀角時疾熱毒入心，狂言妄語，鎮肝退熱，消痰解毒。牛黄　犛牛黄並驚。驢脂狂顛，和烏梅丸服。驢肉風狂憂愁不樂，安心止煩，煮食，或作粥食之。六畜毛蹄甲顛狂妄走。猳猪肉狂病久不愈。白犬血熱病發狂，見鬼垂死，熱貼胸上。狗肝心風發狂，擦消石、黄丹，煮嚼。靈猫陰狂邪鬼神，鎮心安神。人中黄熱病發狂如見鬼，久不得汗及不知人，煅研水服。人屎時行大熱狂走，水服。人尿血悶熱狂。人魄磨水服，定驚悸顛狂。胞衣水諸熱毒狂言。紫河車煮食，主失心風。耳塞顛狂鬼神。

煩躁肺主煩，腎主燥。有痰，有火，有蟲厥。

清鎮：草部：黄連　黄芩　麥門冬　知母　貝母　車前子　丹參　玄參　甘草　柴胡　甘蕉根　白前　葳蕤　龍膽草　防風　蠡實　芍藥　地黄　五味子　酸漿　青黛　栝樓子　葛根　菖蒲　菰筍　萱根　土瓜根　王不留行並主熱煩。海苔研飲，止煩悶。胡黄連主心煩熱，米飲末服。牛蒡根服汁，止熱攻心煩。欵冬花潤心肺，除煩。白朮煩悶，煎服。苧麻　蒲黄並主産後心煩。穀菜：小麥　糯米泔　淅二泔　赤小豆　豉　麩　蘖米　醬汁　米醋　芋　菫　水芹菜　白菘菜　淡竹筍　壺盧　冬瓜　越瓜　果木：西瓜　甜瓜　烏梅及核仁　李根白皮　杏仁　大棗　榅桲　椑柿　荔枝　巴旦杏　橄欖　波羅蜜　梨汁　枳椇　葡萄　甘蔗　刺蜜　都咸子　都桷子　藕　荷葉　芡莖　猴桃　竹瀝　竹葉　淡竹葉　楝實　厚朴　黄櫨　盧會　巵子　荆瀝　猪苓　酸棗仁　胡桐淚　茯神　茯苓　槐子大熱心煩，燒研酒服。黄蘗　金石：鉛霜　不灰木　真玉　禹餘糧　滑石煎汁煮粥。五色石脂　朱砂　理石　凝水石　石膏　玄明粉　石鹼　甜消　鱗介：龍骨　文蛤　真珠合知母服。蟶肉　禽獸：抱出鷄子殼小兒煩滿欲死，燒末酒服。

鷄子白　諸畜血　驢肉　羚羊角並主熱煩。　犀角磨汁服，鎮心，解大熱，風毒攻心，毷氉熱悶。　水羊角灰氣逆煩滿，水服。　白犬骨灰産後煩懣，水服。

不眠有心虛，膽虛，兼火。

清熱：　草部：　燈心草夜不合眼，煎湯代茶。　半夏陽盛陰虛，目不得瞑，同秫米，煎以千里流水，炊以葦火，飲之即得臥。　地黄助心膽氣。　麥門冬除心肺熱，安魂魄。　穀菜：　秫米　大豆日夜不眠，以新布火炙熨目，并蒸豆枕之。　乾薑虛勞不眠，研末二錢，湯服取汗。　苦竹笋　睡菜　蕨菜　馬蘄子　果木：　烏梅　榔榆並令人得睡。　榆莢仁作糜羹食，令人多睡。　蕤核熟用。　酸棗膽虛煩心不得眠，炒熟爲末，竹葉湯下。○或加人參、茯苓、白朮、甘草，煎服。○或加人參、辰砂、乳香，丸服。　大棗煩悶不眠，同葱白煎服。　木槿葉炒煎飲服，令人得眠。　郁李仁因悸不得眠，爲末酒服。　松蘿去痰熱，令人得睡。　乳香治不眠，入心活血。　茯神　知母　牡丹皮　金石：　生銀　紫石英　朱砂　蟲獸：　蜂蜜　白鴨煮汁。　馬頭骨灰膽虛不眠，同乳香、酸棗，末服。

多眠脾虛，兼濕熱，風熱。

脾濕：　草木：　木通脾病，常欲眠。　朮　葳蕤　黄芪　人參　沙參　土茯苓　茯苓　荆瀝　南燭並主好睡。　蕤核生用治足睡。　花構葉人耽睡，晒研湯服，日二。　鱗禽：　龍骨主多寐洩精。　鳲鳩安神定志，令人少睡。

風熱：　草部：　苦參　營實並除有熱好眠。　甘藍及子久食益心力，治人多睡。　龍葵　酸漿並令人少睡。　當歸　地黄並主脾氣痿躄嗜臥。　蒼耳　白微風溫灼熱多眠。　白苣　苦苣　果木：　茶治風熱昏憒，多睡不醒。　皋盧除煩消痰，令人不睡。　酸棗膽熱好眠，生研湯服。　棗葉生煎飲。　獸部：　馬頭骨灰膽熱多眠，燒灰水服，日三夜一。　亦作枕。○又同朱砂、鐵粉、龍膽，丸服。

消渴上消少食，中消多食，下消小便如膏油。

生津潤燥：　草部：　栝樓根爲消渴要藥，煎湯、作粉、熬膏皆良。　黄栝樓酒洗熬膏，白礬丸服。　王瓜子食後嚼二三兩。　王瓜根　生葛根煮服。　白芍藥同甘草煎服，日三，渴十年者亦愈。　蘭葉生津止渴，除陳氣。　芭蕉根汁日飲。　牛蒡子　葵根消渴，小便不利，煎服；　消中尿多，亦煎服。　甘藤汁　大瓠藤汁　穀菜：　菰米煮汁。　青粱米　粟米　麻子仁煮汁。　漚麻汁　菠稜根同鷄内金末，米飲日服，治日飲水一石者。　出了子蘿蔔杵汁飲，或爲末，日服，止渴潤燥。　蔓菁根　竹筍　生薑鯽魚膽和丸服。　果木：　烏梅止渴生津，微研水煎，入豉再煎服。　椑柹止煩渴。　君遷子　李根白皮　山礬　石蟲：　礬石　五倍子生津止渴，爲末，水服，日三。　百藥煎　海蛤　魁蛤　蛤蜊　真珠　牡蠣煆研，鯽魚湯服，二三服即止。　禽獸：　燖鷄湯澄清飲，不過三隻。　燖猪湯澄清日飲。　酥酪　牛羊乳　驢馬乳

降火清金：　草部：　麥門冬心肺有熱，同黄連丸服。　天門冬　黄連三消，或酒煮，或猪肚蒸，或冬瓜汁浸，爲丸服。小便如油者，同栝樓根丸服。　浮萍搗汁服，同栝樓根丸服。　葎草虛熱渴，杵汁服。　紫葛産後煩渴，煎水服。　淩霄花水煎。　澤瀉　白藥　貝母　白英　沙參　薺苨　茅根煎水。　茅針　蘆根　菰根　鳧葵　水蘋　水蓴　水藻　陟釐　蕕草　燈心草　苧根　苦杖　紫菀　紅草　白芷風邪久渴。　欵冬花消渴喘息。　蘇子消渴變水，同蘿蔔子末，桑白皮湯，日三服，水從小便出。　燕蓐草燒灰，同牡蠣、羊肺爲末服。　穀菜：　小麥作粥飯食。　麥麩止煩渴。　薏苡仁煮汁。　烏豆置牛膽百日，吞之。　大豆苗酥炙末服。　赤小豆煮汁。　腐婢　緑豆煮汁。　豌豆淡煮。　冬瓜利小便，止消渴，杵汁飲。○乾瓤煎汁。○苗、葉、子俱良。　果木：　梨汁　菴羅果煎飲。　林檎　芰實　西瓜　甘蔗　烏芋　黄蘗止消渴，尿多能食，煮汁服。　桑白皮煮汁。　地骨皮　荆瀝　竹瀝日飲。　竹葉　茯苓上盛下虛，火炎水涸，消渴，同黄連等分，天花粉糊丸服。　猪苓　衣服：　故麻鞋底煮汁服。　井索頭灰水服。　黄絹煮汁。　水石：　新汲水　臘雪水　夏冰　甘露　醴泉　烏古瓦煮汁。　黑鉛同水銀結如泥，含豆許嚥汁。　鉛白霜同枯礬丸噙。　黄丹新水服一錢。　蜜陀僧同黄連丸服。　錫悋脂主三焦消渴。　滑石　石膏　長石　無名異同黄連丸服。　朱砂主煩渴。　凝水石　鹵鹼　湯瓶鹼粟米和丸，人參湯，每服二十丸。○同葛根、水萍煎服。○同菝葜、烏梅末煎服。　浮石煮汁服。○同青黛、麝香服。○同蛤粉、蟬蜕末，鯽魚膽調服。　蟲獸：　石燕煮汁服，治久患消渴。　蠶繭煮汁飲。　蠶蛹煎酒服。　晚蠶沙焙研，冷水服二錢，不過數服。　繰絲湯　雪蠶　蝸牛浸水飲，亦生研汁。　田螺浸水飲。　蝸螺　蜆浸水飲。　海月　猪脬燒研，酒服。　雄猪膽同定粉丸服。　牛膽除心腹熱渴。

補虛滋陰：　草部：　地黄　知母　葳蕤止煩渴，煎汁飲。　人參生津液，止消渴，爲末，鷄子清調服。○同栝樓根，丸服。○同粉草、猪膽汁，丸服。○同葛粉、蜜，熬膏服。　黄芪諸虛發渴，生癰或癰後作渴，同粉草半生半炙末服。　香附消渴累年，同茯苓末，日服。　牛膝下虛消渴，地黄汁浸曝，爲丸服。　五味子生津補腎。　菟絲子煎飲。　薔薇根水煎。　菝葜同烏梅煎服。　覆盆子　懸鈎子　穀菜果木：　糯米粉作糜一斗食，或絞汁和蜜服。　糯穀炒取花，同桑白皮煎飲，治三消。　稻穰心灰浸汁服。　白扁豆栝樓根汁和丸服。　韭菜淡煮，喫至十斤效。　藕汁　椰子漿　栗殼煮汁服。　枸杞　桑椹單食。　松

脂　石鱗禽獸：　礬石　石鍾乳　蛤蚧　鯉魚　嘉魚　鯽魚釀茶煨食，不過數枚。鵝煮汁。白雄鷄　黃雌鷄煮汁。野鷄煮汁。白鴿切片，同土蘇煎汁，嚥之。雄鵲肉　白鷗肉主躁渴狂邪。雄猪肚煮汁飲。○仲景方：黃連、知母、麥門冬、栝樓根、粱米同蒸，丸服。猪脊骨同甘草、木香、石蓮、大棗，煎服。猪腎　羊腎下虛消渴。羊肚胃虛消渴。羊肺　羊肉同瓠子、薑汁、白麪，煮食。同牛胃　牛髓　牛脂同栝樓汁，熬膏服。牛腦　水牛肉　牛鼻同石燕，煮汁服。兔及頭骨煮汁服。鹿頭煮汁服。

殺蟲：　木石：　苦楝根皮消渴有蟲，煎水入麝香服，人所不知。○研末，同茴香末服。烟膠同生薑浸水，日飲。水銀主消渴煩熱，同鉛結砂，入酥炙皂角、麝香，末服。雌黃腎消尿數，同鹽炒乾薑，丸服。　鱗禽：　鱓頭　鰌魚燒研，同薄荷葉，新水服二錢。鯽魚膽　鷄腸　鷄內金膍消飲水，同栝樓根炒爲末，糊丸服。五靈脂同黑豆末，每服三錢，冬瓜皮湯下。　獸人：　犬膽止渴殺蟲。牛糞絞汁服。麝香飲酒食果物成渴者，研末酒丸，以枳椇子湯下。牛鼻拳煮汁飲，或燒灰酒服。衆人溺坑水服之。

遺精夢洩有心虛，腎虛，濕熱，脫精。

心虛：　草木果石：　遠志　小草　益智　石菖蒲　柏子仁　人參　菟絲子思慮傷心，遺瀝夢遺，同茯苓、石蓮丸服。又主莖寒精自出，溺有餘瀝。茯苓陽虛有餘瀝，夢遺，黃蠟丸服。心腎不交，同赤茯苓熬膏，丸服。蓮鬚清心，通腎，固精。蓮子心止遺精，入辰砂末服。石蓮肉同龍骨、益智等分末服。酒浸，猪肚丸，名水芝丹。厚朴心脾不調，遺瀝，同茯苓，酒、水煎服。朱砂心虛遺精，入猪心煮食。紫石英

腎虛：　草菜：　巴戟天夜夢鬼交精洩。肉蓯蓉莖中寒熱痛，洩精遺瀝。山藥益腎氣，止洩精，爲末酒服。補骨脂主骨髓傷敗，腎冷精流，同青鹽末服。五味子腎虛遺精，熬膏日服。石龍芮補陰氣不足，失精莖冷。葳蕤　蒺藜　狗脊固精強骨，益男子，同遠志、茯神、當歸丸服。益智仁夢洩，同烏藥、山藥丸服。木蓮驚悸遺精，同白牽牛末服。　覆盆子　韭子宜腎壯陽，止洩精。爲末酒服，止虛勞夢洩，亦醋煮丸服。茖葱子　葱實　果木：　胡桃房勞傷腎，口渴精溢自出，大便燥，小便或赤或利，同附子、茯苓丸服。芡實益腎固精，同茯苓、石蓮、秋石丸服。　櫻桃　金櫻子固精，熬膏服，或加芡實丸，或加縮砂丸服。柘白皮勞損夢交洩精，同桑白皮煮酒服。乳香臥時含棗許嚼嚥，止夢遺。棘刺陰痿精自出，補腎益精。沉香男子精冷遺失，補命門。安息香男子夜夢鬼交遺失。杜仲　枸杞子　山茱萸　金石：　石硫黃　五石脂　赤石脂小便精出，大便寒滑，乾薑、胡椒丸服。石鍾乳止精壯陽，浸酒日飲。陽起石精滑不禁，大便溏泄，同鍾乳、附子丸服。　蟲鱗：　桑螵蛸男子虛損，晝寐洩精，同龍骨末服。晚蠶蛾止遺精白濁，焙研丸服。九肋鼈甲陰虛夢泄，燒末酒服。龍骨多寐洩精，小便洩精，同遠志丸服，亦同韭子末服。紫稍花　禽獸：　鷄膍胵　黃雌鷄　烏骨鷄遺精白濁，同白果、蓮肉、胡椒煮食。鹿茸男子腰腎虛冷，夜夢鬼交，精溢自出，空心酒服方寸匕，亦煮酒飲。鹿角水磨服，止脫精夢遺。酒服，主婦人夢與鬼交，鬼精自出。白膠虛遺，酒服。阿膠腎虛失精，酒服。猪腎腎虛遺精，入附子末，煨食。狗頭骨灰夢遺，酒服。獐肉　秋石

濕熱：　草木：　半夏腎氣閉，精無管攝妄遺，與下虛不同，用猪苓炒過，同牡蠣丸服。薰草夢遺，同參、朮等藥煮服。車前草服汁。續斷　漏蘆　澤瀉　蘇子夢中失精，炒研服。黃蘗積熱心忪夢遺，入片腦丸服。龍腦　五加皮　金介：　鐵鏽內熱遺精，冷水服一錢。牡蠣粉夢遺便溏，醋糊丸服。蛤蜊粉　爛蜆殼　田螺殼　真珠並止遺精。

赤白濁赤屬血，白屬氣。有濕熱，有虛損。

濕熱：　草穀菜：　猪苓行濕熱，同半夏末酒煮，羊卵丸服。半夏猪苓炒過，同牡蠣丸服。黃連思想無窮，發爲白淫，同茯苓丸服。知母赤白濁及夢遺，同黃柏、蛤粉、山藥、牡蠣丸服。茶茗葉尿白如注，小腹氣痛，燒入麝香服。生地黃心虛熱赤濁，同木通、甘草煎服。大黃赤白濁，以末入鷄子內蒸食。蒼朮脾濕下流，濁瀝。蕎麥粉炒焦，鷄子白丸服。稻草煎濃汁，露一夜服。神麴　蘿蔔釀茱萸蒸過，丸服。冬瓜仁末，米飲服。松蕈　果木：　銀杏十枚，擂水日服，止白濁。榧子　椿白皮同滑石等分，飯丸服。一加黃蘗、乾薑、白芍、蛤粉。楡白皮水煎。楮葉蒸餅丸服。柳葉清明日采，煎飲代茶。牡荆子酒飲二錢。厚朴心脾不調，腎氣渾，薑汁炒，同茯苓服。

虛損：　草果木獸：　黃芪氣虛白濁，鹽炒，同茯苓丸服。五味子腎虛白濁脊痛，醋糊丸服。肉蓯蓉同鹿茸、山藥、茯苓丸服。菟絲子思慮傷心腎，白濁遺精，同茯苓、石蓮丸服。又同麥門冬丸服。絡石養胃氣，土邪干水，小便白濁，同人參、茯苓、龍骨，末服。木香小便渾如精狀，同當歸、沒藥丸服。萆薢下焦虛寒，白濁莖痛，同菖蒲、益智、烏藥煎服。附子白濁便數，下寒，炮末，水煎服。益智白濁，同厚朴煎服；赤濁，同茯神、遠志、甘草丸服。遠志心虛赤濁，同益智、茯神丸服。石蓮心虛赤濁，研末六錢，甘草一錢，煎服；白濁，同茯苓煎服。芡實白濁，同茯苓、黃蠟丸服。土瓜根腎虛，小便如淋。石菖蒲心虛白濁。茱萸　巴戟天　山藥　茯苓心腎氣虛，夢遺白濁，赤白各半，地黃汁及酒熬膏丸服。陽虛甚，黃蠟丸服。羊骨虛勞白濁，爲末酒服。小便膏淋，橘皮湯服。羊脛骨脾虛白濁，同厚朴、茯苓丸服。鹿茸

癃淋有熱在上焦者，口渴；熱在下焦者，不渴；濕在中焦，不能生肺者。前後關格

者，下焦氣閉也。轉胞者，系了戾也。五淋者，熱淋、氣淋、虛淋、膏淋、沙石淋也。

通滯利竅：草部：瞿麥五淋小便不通，下沙石。龍葵根同木通、胡荽，煎服，利小便。蜀葵花大小便關格，脹悶欲死，不治則殺人。以一兩擣入麝香五分，煎服，根亦可。子末服，通小便。赤藤五淋，同茯苓、苧根末，每服一錢。車前汁和蜜服。子煎服，或末。杜衡吐痰，利水道。澤瀉　燈心草　木通　扁竹煎服。石韋末服。通草　防己　羊桃汁。蒲黃　敗蒲席煮汁。蘆根　石龍芻　葵根煎。葵子　地膚　旋花　黃藤煮汁。黃環根汁。酸漿　烏斂莓　黃葵子末服。王不留行　含水藤　菜穀：苦瓠小便不通脹急者，同螻蛄末，冷水服，亦煮汁漬陰。蘩縷　水芹　莧　馬齒莧　萵苣　菠薐　蕨萁　麥苗　蜀黍根煮汁。黍莖汁。粟奴　粟米　粱米　倉米　米泔　米粥　果木：葡萄根　猪苓　茯苓　榆葉煮汁。榆皮煮汁。木槿　桑枝　桑葉　桑白皮　楮皮　水石：井水　漿水　東流水　長石　滑石燥濕，分水道，降心火，下石淋爲要藥，湯服之。

清上洩火：草部：桔梗小便不通，焙研，熱酒頻服。葎草膏淋，取汁和醋服，尿下如豆汁。黃芩煮汁。卷柏　船底苔煎服。麥門冬　天門冬　苦杖並清肺利小水。鷄腸草氣淋脹痛，同石韋煎服。土馬騣　水荇菜　水蘋　海藻　石蓴　菜穀：菰筍　越瓜　壺盧　冬瓜　小麥五淋，同通草煎服。大麥卒淋，煎汁和薑汁飲。烏麻熱淋，同蔓菁子浸水服。赤小豆　黑豆　緑豆　麻仁　捻頭　果木：甘蔗　沙糖　乾柿熱淋，同燈心煎服。苦茗　皋盧　枳椇　淡竹葉煎飲。琥珀清肺利小腸，主五淋，同麝香服。轉脬，用葱白湯下。巵子利五淋，通小便，降火從小便出。枸杞葉　溲疏　柳葉　石土：戎鹽通小便，同茯苓、白朮煎服。白鹽和醋服，仍燒吹入孔中。蚯蚓泥小便不通，同朴消服。蟲禽介獸：蚯蚓擂水服，通小便。田螺煮食，利大小便，同鹽傅臍。甲香下淋。鴨肉老人加茴香。小兒入蜜，傅莖卵上。

豚卵　猳猪頭寒熱五癃。猪脂水煎服，通小便。猪膽酒服。猪乳小兒五淋。

解結：草木：大黃　大戟　郁李仁　烏桕根　桃花並利大小腸宿垢。古文錢氣淋，煮汁服。黑鉛通小便，同生薑、燈心煎服。寒水石男女轉脬，同葵子、滑石煮服。芒消小便不通，茴香酒服二錢。亦破石淋。消石小便不通，及熱、氣、勞、血、石五淋，生研服，隨證換引。石燕傷寒尿澀，葱湯服之。白石英煮汁。雲母粉水服。白瓷器淋痛，煅研，同地黃服。石槽灰下土井水服，通小便。諸蟲禽獸：白魚小便淋閟，同滑石、髮灰服，仍納莖中。小兒以摩臍腹。蜣蜋利大小便及轉脬，燒一枚水服。鼠負氣癃不便，爲末酒服。亦治産婦尿閉。蠶蛻燒灰，主熱淋如血。蛇蛻通小便，燒末酒服。伏翼利水，通五淋。鷄屎白利大小便。孔雀屎　胡燕屎　敗筆頭　牛屎　象牙煎服，通小便；燒服，止小便。人爪甲灰水服，利小便及轉脬。頭垢通淋閟。

濕熱：草穀：葳蕤卒淋，以一兩同芭蕉四兩煎，調滑石末服。苧根煮汁服，利小便。又同蛤粉水服，外傅臍。蕕草合小豆煮食。海金沙小便不通，同蠟茶末，日服。○熱淋急痛，甘草湯調服。○膏淋如油，甘草、滑石同服。三白草　葶藶　馬先蒿　章柳　茵蔯蒿　白朮　秦艽　水萍　葛根　薏苡子、根、葉並主熱淋。黃麻皮熱淋，同甘草煎服。燒酒　果木：椒目　樗根白皮並除濕熱，利小便。土部：梁上塵水服。松墨水服。

沙石：草部：人參沙淋石淋，同黃芪等分爲末，以蜜炙蘿蔔片蘸，食鹽湯下。馬藺花同敗筆灰、粟米末酒服，下沙石。菝葜飲服二錢，後以地榆湯浴腰腹，即通。地錢同酸棗汁、地龍同飲。瞿麥末服。車前子煮服。黃葵花末服。莬葵汁。葵根煎。萱根煎。牛膝煎。虎杖煎。石帆煎。瓦松煎水熏洗。穀菜：薏苡根煎。黑豆同粉草、滑石服。玉蜀黍　苜蓿根煎。黃麻根汁　壺盧　蘿蔔蜜炙嚼食。果部：胡桃煮粥。桃膠　桃花　烏芋煮食。胡椒同朴消服，日二。獼猴桃　器石：故甑蔽燒服。越砥燒淬酒服。滑石下石淋要藥。河沙炒熱，沃酒服。霹靂碪磨汁。石膽　浮石煮酢服。消石　硇砂　蟲鱗介部：螻蛄焙末酒服。葛上亭長腹中子水吞。地膽　斑蝥　鯉魚齒古方多用燒服。石首魚頭中石研水服。鼈甲末酒服。蜥蜴　蛤蚧　馬刀　禽獸：鷄屎白炒末服。雄鷄膽同屎白，酒服。伏翼　雄鵲肉　胡燕屎冷水服。牛角燒服。牛耳毛、陰毛燒服。淋石磨水服。

調氣：草部：甘草稍莖中痛，加酒煮玄胡索、苦楝子尤妙。玄胡索小兒小便不通，同苦楝子末服。木香　黃芪小便不通，二錢煎服。芍藥利膀胱大小腸。同檳榔末煎服，治五淋。馬藺花同茴香、葶藶末，酒服，通小便。白芷氣淋，醋浸焙末服。附子轉脬虛閉，兩脉沉伏，鹽水浸炮，同澤瀉煎服。箬葉燒同滑石服。亦治轉脬。徐長卿小便關格，同冬葵根諸藥煎服。酸草汁合酒服，或同車前汁服。桔梗　半夏　菜器：胡荽通心氣。小便不通，同葵根煎水，入滑石服。葱白初生小兒尿閉，用煎乳汁服。大人炒熱熨臍，或加艾灸，或加蜜擣合陰囊。大蒜煨熟，露一夜，嚼以新水下，治淋瀝。○小兒氣淋，同豆豉蒸餅丸服。蘿蔔末服，治五淋。多年木梳燒灰，水服。甑帶洗汁，煮葵根服。連枷關轉脬，燒灰水服。好綿燒入麝酒服，治氣結淋病。果木：陳橘皮利小便五淋。○産後尿閉，去白二錢，酒服即通。杏仁卒不小便，二七個炒研服。檳榔利大小便氣閉，蜜湯服，或童尿煎服。亦治淋病。茱萸寒濕患淋。槲若冷淋莖痛，同葱白煎服。孩子淋疾，三片煮飲即下。苦楝子利水道，通小腸，主膏淋，同茴香末服。椶毛燒末，水、酒服二錢，即通。沉香強忍房事，小便不通，同木香末服。紫檀　皂莢刺燒研，同破故紙末酒服，通淋。大腹皮　枳殼　禽獸：　鷄子殼小便不通，同海蛤、滑石末服。

滋陰：　草部：　知母熱在下焦血分，小便不通而不渴，乃無陰則陽無以化，同黃蘗酒洗各一兩，入桂一錢，丸服。牛膝破惡血，小便不利，莖中痛欲死，以根及葉煮酒服。或云：熱淋、沙石淋，以一兩水煎日飲。牛蒡葉汁同地黃汁蜜煎，調滑石末服，治小便不通急痛。薊根熱淋，服汁。續斷服汁。菟絲子煎服。惡實炒研煎服。紫菀婦人小便卒不得出，井水服末三撮即通。有血，服五撮。益母草　生地黃　果木：　生藕汁同地黃、蒲桃汁，主熱淋。紫荆皮破宿血，下五淋，水煮服。○產後諸淋上，水、酒煎服。　石蟲：　白石英煮汁。雲母粉水服。桑螵蛸小便不通及婦人轉脬，同黃芩煎服。　鱗介：　牡蠣小便淋閉，服血藥不效，同黃蘗等分，末服。貝子五癃。利小便不通，燒研酒服。石决明水服，通五淋。蜆　石蜐　鯉魚　鮧魚　黃顙魚　禽獸：　白雄鷄並利小便。鷄子黃小便不通，生吞數枚。阿膠小便及轉脬，水煮服。牛耳毛、尾毛、陰毛並主諸淋，燒服。髮灰五癃，關格不通，利水道，下石淋。

外治：　蓖麻仁研入紙撚，插孔中。瓦松熏洗沙石淋。苦瓠汁漬陰。萵苣貼臍。茴香同白蚯蚓貼臍。大蒜同鹽貼臍。○蒜、鹽、卮子貼臍。○同甘遂貼臍，以艾灸二七壯。百藥無效，用此極效。葱管插入三寸，吹之即通。葱白同鹽炒貼臍。○葱、鹽、薑、豉貼臍。○葱、鹽、巴豆、黃連貼臍上，灸七壯取利。高良薑同蘇葉、葱白煎湯，洗後服藥。苧根貼臍。炒鹽吹入孔內。滑石車前汁和，塗臍闊四寸，熱即易。白礬同麝香貼臍。螻蛄焙末吹入孔中。白魚納數枚入孔中。田螺同麝貼臍。猪膽連汁籠陰頭，少頃汁入即消，極效。猪脬吹氣法。

溲數遺尿有虛熱，虛寒。○肺盛則小便數而欠，虛則欠欬小便遺。○心虛則少氣遺尿。○肝實則癃閉，虛則遺尿。○脬遺熱于膀胱則遺尿。膀胱不約則遺，不藏則水泉不禁。○脬損則小便滴瀝不禁。

虛熱：　草菜：　香附小便數，爲末酒服。白微婦人遺尿，同白芍末酒服。敗船茹婦人遺尿，爲末酒服。菰根汁　麥門冬　土瓜根並止小便不禁。牡丹皮除厥陰熱，止小便。生地黃除濕熱。續斷　漏蘆並縮小便。桑耳遺尿，水煮，或爲末酒服。松蕈食之，治溲濁不禁。木石：　茯苓小便數，同礬煮山藥爲散服。○不禁，同地黃汁熬膏，丸服。○小兒尿床，同茯神、益智，末服。黃蘗小便頻數，遺精白濁，諸虛不足，用糯米、童尿，九浸九晒，酒糊丸服。溲疏止遺尿。椿白皮　石膏小便卒數，非淋，人瘦，煮汁服。雌黃腎消尿數不禁，同鹽炒乾薑，丸服。烏古瓦煮汁服，止小便。胡粉　黃丹　象牙　象肉水煮服，通小便；燒服，止小便多。

虛寒：　草部：　仙茅丈夫虛勞，老人失尿，丸服。補骨脂腎氣虛寒，小便無度，同茴香丸服。○小兒遺尿，爲末，夜服。益智子夜多小便，取二十四枚入鹽煎服。○心虛者，同茯苓、白术末服，或同烏梅丸服。覆盆子益腎臟，縮小便，酒焙末服。草烏頭老人遺尿，童尿浸七日，炒鹽，酒糊丸，服二十丸。萆薢尿數遺尿，爲末，鹽湯服，或爲丸服。菝葜小便滑數，爲末酒服。狗脊主失尿不節，利老人，益男子。葳蕤莖中寒，小便數。人參　黃芪氣虛遺精。牛膝陰消，老人失尿。薔薇根止小便失禁及尿床，搗汁爲散，煎服，並良。甘草頭夜煎服，止小兒遺尿。鷄腸草止小便數遺，煮羹食。菟絲子　五味子　肉蓯蓉　蒺藜　菖蒲並暖水臟，止小便多。附子暖丹田，縮小便。　菜穀：　山藥礬水煮過，同茯苓末服。茴香止便數，同鹽蘸糯糕食。韭子入命門，治小便頻數遺尿，同糯米煮粥食。山韭宜腎，主大小便數。乾薑止夜多小便。小豆葉煮食，止小便數。杵汁，止遺尿。豇豆止小便。糯米暖肺，縮小便。粢糕　果木：　芡實小便不禁，同茯苓、蓮肉、秋石丸服。蓮實小便數，入猪肚煮過，醋糊丸服。銀杏小便數，七生七煨食之，溫肺益氣。胡桃小便夜多，臥時煨食，酒下。蜀椒通腎，縮小便。桂小兒遺尿，同龍骨、雄鷄肝丸服。烏藥縮小便。葉，煎代茶飲。山茱萸　石蟲：　硇砂冷病，夜多小便。桑螵蛸益精止遺尿，炮熟爲末，酒服。紫稍花　青蚨　露蜂房　海月　禽獸：　雀肉、卵並縮小便。鷄子作酒，暖水臟，縮小便。黃雌鷄　雄鷄肝、腸、嗉、膍胵、翎羽並止小便遺失不禁。鷄屎白產後遺尿，燒灰酒服。鹿茸小便數，爲末服。鹿角炙末酒服。鹿角霜上熱下寒，小便不禁，爲丸服，頻數加茯苓。麝香止小便利水，服一錢。羊肺　羊肚作羹食，止小便。羊脬下虛遺尿，炙熟食。猪脬夢中遺尿，炙食。同猪肚盛糯米，煮食。猪腸　秋石並主夢中遺尿數。

止塞：　果木：　酸石榴小便不禁，燒研，以榴白皮煎湯服二錢，枝亦可，日二。荷葉　金櫻子　訶黎勒　服器：　麻鞋帶鼻水煮服，治尿床。又尖頭燒，水服。本人薦草燒水服。白紙安牀下，待遺上，晒乾燒末，酒服。　禽介：　鵲巢中草小便不禁，燒研，薔薇根湯服。燕蓐草遺尿，燒研水服。鷄窠草燒研酒服。牡蠣不渴而小便大利欲死，童尿煎二兩服。　鱗石：　龍骨同桑螵蛸爲末服。白礬男女遺尿，同牡蠣服。赤石脂同牡蠣、鹽末，丸服。

小便血不痛者爲尿血，主虛；痛者爲血淋，主熱。

尿血：　草部：　生地黃汁，和薑汁、蜜服。蒲黃地黃汁調服，或加髮灰。益母草汁。車前草汁。旱蓮同車前取汁服。芭蕉根旱蓮等分，煎服。白芷同當歸末服。鏡面草汁。五葉藤汁。茅根煎飲。勞加乾薑。玄胡索同朴消煎服。升麻小兒尿血，煎服。劉寄奴末服。龍膽草煎服。荆芥同縮砂末服。甘草小兒尿血，煎服。人參陰虛者，同黃芩，蜜炙蘿蔔蘸食。鬱金破惡血，血淋尿血，葱白煎。當歸煎酒。香附煎酒，服後服地榆湯。狼牙草同蚌粉、槐花、百藥煎，末服。葵莖燒酒服。敗醬化膿血。苧根煎服。牛膝煎服。地榆　菟絲子　肉蓯蓉　蒺藜　續斷　漏蘆　澤瀉　菜穀：苦蕒酒、水各半，煎服。水芹汁日服。韭汁和童尿服。韭子　葱汁　葱白水煎。萵苣貼臍。淡豉小便血條，煎飲。黍根灰酒服。胡麻水浸絞汁。火麻水煎。麥麩炒香，猪脂蘸食。胡燕窠中草灰婦人尿血，酒服。果木：荷葉水煎。烏梅燒末，醋糊丸服。棕櫚半燒半炒，水服。地骨皮新者，濃煎入酒服。柏葉同黃連末，酒服。竹茹煎水。琥珀燈心湯調服。槐花同鬱金末，淡豉湯服。卮子水煎。棘刺水煎。荆葉汁，和酒服。乳香末，飲服。器用：墨大小便血，阿膠湯化服二錢。敗船茹婦人尿血，水煎。蟲鱗禽獸：衣魚婦人尿血，納入二十枚。五倍子鹽梅丸服。蠶繭大小便血，同蠶連、蠶沙、殭蠶爲末，入麝香服。龍骨酒服。鷄膍胵　鹿角末服。白膠水煮服。鹿茸　丈夫爪甲燒灰酒服。髮灰酒服。

血淋：草部：牛膝煎。車前子末服。海金沙沙糖水服一錢。生地黃同車前汁溫服，又同生薑汁服。地錦服汁。小薊　葵根同車前子煎服。茅根同乾薑煎服。黑牽牛半生半炒，薑湯服。香附同陳皮、赤茯苓煎服。酢漿草汁，入五苓散服。山箬葉燒，入麝香服。山慈姑花同地蘗花煎服。白薇同芍藥酒服。地榆　鷄蘇　葵子　菜穀：水芹根汁。茄葉末，鹽、酒服二錢。赤小豆炒末，葱湯服。大豆葉煎服。青粱米同車前子煮粥，治老人血淋。大麻根水煎。果木：桃膠同木通、石膏，水煎服。蓮房燒，入麝香，水服。檳榔磨，麥門冬湯服。乾柿三枚，燒服。槲白皮同桑黃煎服。琥珀末服。山卮子同滑石末，葱湯服。藕節汁。竹茹水煎。石蟲：浮石甘草湯服。石燕同赤小豆、商陸、紅花，末服。百藥煎同黃連、車前、滑石、木香，末服。晚蠶蛾末，熱酒服二錢。蜣蜋研水服。海螵蛸生地黃汁調服。又同地黃、赤茯苓，末服。鱘魚煮汁。鯉魚齒　禽獸：鷄屎白小兒血淋，糊丸服。阿膠　黃明膠　髮灰米湯入醋服，大小便血。血淋，入麝香。

陰痿有濕熱者，屬肝脾；有虛者，屬肺腎。

濕熱：草菜：天門冬　麥門冬　知母　石斛並強陰益精。車前子男子傷中。養肺強陰，益精生子。葛根起陰。牡丹皮　地膚子　升麻　柴胡　澤瀉　龍膽　菴䕡並益精補氣，治陰痿。絲瓜汁陰莖挺長，肝經濕熱也，調五倍子末傅之，內服小柴胡加黃連。果木：枳實陰痿有氣者加之。茯苓　五加皮　黃蘗　水石：菊花上水益色壯陽。丹砂同茯苓，丸服。

虛弱：草部：人參益肺腎元氣，熬膏。黃芪益氣利陰。甘草益腎氣內傷，令人陰不痿。熟地黃滋腎水，益真陰。肉蓯蓉莖中寒熱疼痒，強陰，益精氣，多子。男子絕陽不生，女子絕陰不產，壯陽，日御過倍，同羊肉煮粥食之。鎖陽益精血，大補陰氣，潤燥治痿，功同蓯蓉。列當興陽，浸酒服。何首烏長筋骨，益精髓，堅陽道，令人有子。牛膝治陰痿補腎，強筋填髓。遠志益精強志，堅陽道，利丈夫。巴戟天同上。百脉根除勞，補不足，浸酒服。狗脊堅腰脊，利俛仰，宜老人。仙茅丈夫虛勞，老人無子，益陽道，房事不倦。附子　天麻益氣長陰，助陽強筋。牡蒙　淫羊藿陰痿莖中痛，丈夫絕陽無子，女人絕陰無子，老人昏耄，煮酒飲。蓬虆益精長陰，令人堅強有子。覆盆子強陰健陽，男子精虛陰痿，酒浸爲末，日服三錢，能令堅長。菟絲子強陰，堅筋骨，莖寒精出。蛇牀子主陰痿，久服令人有子，益女人陰氣，同五味、菟絲，丸服。五味子強陰，益男子精，壯水鎖陽，爲末酒服，盡一斤，可御十女。補骨脂主骨髓傷敗腎冷，通命門，暖丹田，興陽事，同胡桃諸藥丸服。艾子壯陽，助水臟，暖子宮。蘿摩子益精氣，強陰道。葉同。木蓮壯陽。木香　菜果：山藥益氣強陰。韭　薤歸腎壯陽。葫溫補。胡桃陽痿，同補骨脂、蜜丸服。阿月渾子腎虛痿弱，得山茱萸良。吳茱萸女子陰冷，嚼細納入，良久如火。木石：山茱萸補腎氣，添精髓，興陽道，堅陰莖。枸杞補腎強陰。石南腎氣內傷，陰衰脚弱，利筋骨皮毛。白棘丈夫虛損，陰痿精出。女貞實強陰。沒食子燒灰，治陰毒痿。石鍾乳下焦傷竭，強陰益陽，煮牛乳或酒服。陽起石男子陰痿，莖頭寒，腰酸膝冷，命門不足，爲末酒服。又同地膚子服。慈石浸酒服。硇砂除冷病，暖水臟，大益陽事。止小便。白石英陰痿，肺痿。石硫黃陽虛寒，壯陰道。蟲魚：雄蠶蛾益精氣，強陰道，交接不倦，炒蜜丸服。枸杞蟲和地黃丸服，大起陰，益精。蜂窠陰痿，燒研酒服，并傅之。紫稍花益陽祕精，治陰痿，同龍骨、麝香丸服。鯉魚膽同雄鷄肝丸服。鰕米補腎興陰，以蛤蚧、茴香、鹽治之良。九香蟲補脾胃，壯元陽。蜻蛉　青蚨　樗鷄　桑螵蛸　海馬　泥鰍食之。海蛤　魁蛤　禽獸：雀卵陰痿不起，強之令熱，多精有子，和天雄、菟絲丸服。雀肉冬月食之，起陽道，秘精髓。雀肝　英鷄　蒿雀　石燕　雄鷄肝起陰，同菟絲子、雀卵丸服。鹿茸　鹿角　鹿髓及精　鹿腎　白膠　麋角　麝香　獖猪腎同枸杞葉、豆豉汁，煮羹食。牡狗陰莖傷中陰痿，令強熱生子。狗肉　羊肉　羊腎　靈猫陰　膃肭臍　白馬陰莖和蓯蓉丸服，百日見效。山獺陰莖陰虛陰痿，精寒而清，

酒磨服。敗筆頭男子交婚之夕莖痿，燒灰，酒服二錢。人部：秋石 紫河車

強中有肝火盛強，有金石性發。其證莖盛不衰，精出不止，多發消渴癰疽。

伏火解毒：知母 地黃 麥門冬 黃芩 玄參 薺苨 黃連 栝樓根 大豆 黃蘗 地骨皮 冷石 石膏 猪腎 白鴨通

補虛：補骨脂玉莖長硬不痿，精出捏之則脆痒如刺針，名腎漏。韭子各一兩，爲末，每服三錢，水煎服，日三。山藥 肉蓯蓉 人參 茯神 慈石 鹿茸

囊痒陰汗、陰臊、陰疼，皆屬濕熱，亦有肝腎風虛。厥陰實則挺長，虛則暴痒。

內服：白芷 羌活 防風 柴胡 白朮 麻黃根 車前子 白蒺藜 白附子 黃芩 木通 遠志 藁本香 黑牽牛 石菖蒲 生地黃 當歸 細辛 山藥 荆芥穗 補骨脂男子陰囊濕痒。黃芪陰汗，酒炒爲末，猪心蘸食。畢勃沒止陰汗。蒼朮 龍膽草 川大黃 天雄 大蒜陰汗作痒，同淡豉丸服。巵子仁 茯苓 黃蘗 五加皮男女陰痒。杜仲 滑石 白殭蠶男子陰痒痛。猪脬腎氣陰痒，多食，鹽酒下。

熏洗：蛇牀子 甘草 水蘇 車前子 狼牙草 莨菪子 墻頭爛草婦人陰痒，同荆芥、牙皂煎洗。荷葉陰腫痛及陰痿囊痒。同浮萍、蛇牀煎洗。 阿月渾子木皮 茱萸 槐花 松毛 牡荆葉 木蘭皮 白礬 紫稍花

傅撲：五味子陰冷。 蒲黃 蛇牀子 生大黃嚼傅。麻黃根同牡蠣、乾薑撲。○又同硫黃末撲之。沒食子 菖蒲同蛇牀子傅。乾薑陰冷。胡麻嚼塗。大豆黃嚼塗。吳茱萸 蜀椒同杏仁傅，又主女人陰冷。杏仁炒，塞婦人陰痒。銀杏陰上生虱作痒，嚼塗。桃仁粉塗。茶末 松香同花椒浸香油，燒灰滴搽。皂角糯禾燒烟日熏。肥皂燒搽。麩炭同紫蘇葉，香油調塗。鑄鏵鋤孔中黃土 爐甘石同蚌粉撲。 蜜陀僧 滑石同石膏入少礬傅。陽起石塗濕痒臭汗。雄黃陰痒有蟲，同枯礬、羊蹄汁搽。五倍子同茶末塗。龍骨 牡蠣 烏賊骨 鷄肝 羊肝 猪肝並塞婦人陰痒。牛屎燒傅。

大便燥結有熱，有風，有氣，有血，有濕，有虛，有陰，有脾約，三焦約，前後關格。

通利：草部：大黃 牽牛利大小便，除三焦壅結，氣秘氣滯，半生半炒服，或同大黃末服，或同皂莢丸服。芫花 澤瀉 蕘花並利大小便。射干汁服，利大小便。獨行根利大腸。甘遂下水飲，治二便關格，蜜水服之，亦傅臍。續隨子利大小腸，下惡滯物。

果木：桃花水服，通大便。桃葉汁服，通大小便。郁李仁利大小腸，破結氣血燥，或末或丸，作麵食。烏桕皮煎服，利大小便。末服，治三焦約，前後大小便關格不通。巴豆 樗根白皮 雄楝根皮 石蟲：膩粉通大腸壅結，同黃丹服。白礬利大小腸，二便關格，圍臍中，滴冷水。蜣蜋二便不通，焙末水服。螻蛄二便不通欲死，同蜣蜋末服。

養血潤燥：草部：當歸同白芷末服。地黃 冬葵子 吳葵華 羊蹄根 紫草利大腸。○癰疽痘疹閉結，煎服。土瓜根汁灌腸。穀菜：胡麻 胡麻油 麻子仁老人虛人產後閉結，煮粥食之。粟米 秫 蕎麥 大小麥 麥醬汁 馬齒莧 莧菜 芋 百合 葫 苦耽 菠薐菜 苦蕒菜 白苣 菘 苜蓿 薇 落葵 筍 果木：甘蔗 桃仁血燥，同陳皮服。○產後閉，同藕節煎服。杏仁氣閉，同陳皮服。苦棗 梨 菱 柿子 柏子仁老人虛閟，同松子仁、麻仁，丸服。 石蟲：食鹽潤燥，通大小便，傅臍及灌肛內，并飲之。鍊鹽黑丸通治諸病。蜂蜜 蜂子 螺螄 海蛤並利大小便。田螺傅臍。 禽獸：鷄屎白 牛乳 驢乳 乳腐 酥酪 猪脂 諸血 羊膽下導。猪膽下導。猪肉冷利。兔 水獺 阿膠利大小腸，調大腸聖藥也。老人虛閉，葱白湯服。○產後虛閉，同枳殼、滑石，丸服。黃明膠 人部：髮灰二便不通，水服。人溺利大腸。

導氣：草部：白芷風閉，末服。蒺藜風閉，同皂莢末服。爛茅節大便不通，服藥不利者，同滄鹽，吹入肛內一寸。生葛 威靈仙 旋覆花 地蜈蚣汁並冷利。草烏頭二便不通，葱蘸插入肛內，名霹靂箭。羌活利大腸。 菜穀：石蓴風閉，煮飲。蘿蔔子利大小腸風閉氣閉，炒，擂水服。○和皂莢末服。蔓菁子油二便閉，服一合。葱白大腸虛閉，同鹽擣貼臍。○二便閉，和酢傅小腹，仍灸七壯。○小兒虛閉，煎湯調阿膠末服。仍蘸蜜，插肛內。生薑蘸鹽，插肛內。茴香大小便閉，同麻仁、葱白煎湯，調五苓散服。大麥蘗產後閉塞，爲末服。 果木：枳殼利大小腸。同甘草煎服，治小兒閉塞。枳實下氣破結。同皂莢丸服，治風氣閉。陳橘皮大便氣閉，連白酒煮，焙研，酒服二錢。老人加杏仁，丸服。檳榔大小便氣閉，爲末，童尿、葱白煎服。烏梅大小便不通，氣奔欲死，十枚納入肛內。瓜蒂末，塞肛內。厚朴大腸乾結，猪臟煮汁丸服。茶末產後閉結，葱涎和丸，茶服百丸。皂莢風人虛人脚氣人，大腸或閉或利。酥炒，蜜丸服。○便閉，同蒜擣，傅臍內。白膠香同鼠屎，納下部。 器獸：甑帶大小便閉，煮汁和蒲黃服。雄鼠屎二便不通，水調傅臍。

虛寒：草部：黃芪老人虛閉，同陳皮末，以麻仁煮，蜜煎匀和服。人參產後閉，同枳殼、麻仁，丸服。甘草小兒初生，大便不通，同枳殼一錢，煎服。肉蓯蓉老人虛閉，同沉香、麻仁，丸服。鎖陽虛閉，煮食。半夏辛能潤燥，主冷閉，同硫黃丸服。附子冷閉，爲末蜜水服。 果石：胡椒大小便關格，脹悶殺人，二十一粒煎，調芒硝半兩服。吳茱

莨枝二便卒關格，含一寸自通。硫黄性熱而利，老人冷閉。

脱肛有瀉痢，痔漏，大腸氣虚也。附肛門腫痛。

内服：草部：防風同鷄冠花丸服。茜根榴皮煎酒服。蛇牀子同甘草末服。黄栝樓服汁，或入礬煅爲丸。防已實焙煎代茶。榼藤子燒服。卷柏末服。鷄冠花同椶灰、羌活末服。益奶草浸酒服。紫堇花同慈石毛服，并傅。阿芙蓉　果木：荷錢酒服并傅。蜀椒每旦嚼一錢，涼水下，數日效。槐角同槐花炒末，猪腎蘸食。花構葉末服，并塗。訶黎勒　桑黄並治下痢肛門急疼。甑帶煮汁。石蟲：慈石火煅醋淬末服，仍塗顖上。百藥煎同烏梅、木瓜煎服。介獸：鼈頭燒服，并塗。虎脛骨蜜炙丸服。猬皮灰同慈石、桂心服。

外治：草部：木賊　紫萍　莨菪子　蒲黄　蕙草根中涕並塗。苧根煎洗。苦參同五倍子、陳壁土煎洗，木賊末傅之。香附子同荆芥煎洗。女萎燒熏。曼陀羅子同橡斗、朴消煎洗。酢漿草煎洗。菜穀：生蘿蔔擣貼臍中，束之。胡荽子痔漏脱肛，同粟糠、乳香燒煙熏。蕺菜擣塗。粟糠燒熏。榴皮洗。枳實蜜炙熨。橡斗可洗可傅。巴豆殼同芭蕉汁洗後，以麻油、龍骨、白礬傅。皂莢燒熏，亦炙熨。黄皮桑樹葉洗。龍腦傅。槿皮洗。故麻鞋底同鼈頭燒灰傅之。土金石部：東壁土傅。孩兒茶同熊膽、片腦傅。梁上塵同鼠屎燒熏。石灰炒熱坐。食鹽炒坐。赤石脂　鐵精　鐵鏵粉並傅。生鐵汁熱洗。朴消同地龍塗。白礬　蟲介鱗獸：蛞蝓　緣桑螺燒灰。蝸牛燒灰。蜣蜋燒灰。蜘蛛燒灰，並塗。蛺蝶研末，塗手心。蝦蟆皮燒熏。五倍子可傅可洗。田螺擣坐，化水洗。爛螺殼　鼉血　鱉血　鯽魚頭灰　白龍骨　狗涎　羊脂　敗筆頭灰並塗。熊膽貼肛邊腫痛極效。

痔漏初起爲痔，久則成漏。痔屬酒色鬱氣血熱或有蟲，漏屬虚與濕熱。

内治：草部：黄連酒煮丸服。大便結者，加枳殼。黄芩　秦艽　白芷　牡丹　當歸　木香　苦參　益母草飲汁。茜根　海苔　木賊下血，同枳殼、乾薑、大黄，炒焦服之。蘘荷根下血，擣汁服。蒼耳莖、葉下血，爲末服。萹蓄汁服。苦杖焙研，蜜丸服。酢漿草煮服。連翹　旱蓮擣酒服。蒲黄酒服。羊蹄煮炙。忍冬酒煮丸服。萆薢同貫衆末，酒服。何首烏　榼藤子燒研飲服。牽牛痔漏有蟲，爲末，猪肉蘸食。穀菜：神麴主食痔。赤小豆腸痔有血，苦酒煮晒爲末服。腐婢積熱痔漏下血。粟糠　粟漿五痔飲之。糯米以駱駝作餅食。胡麻同茯苓入蜜作炒日食。胡荽子炒研酒服。芸薹子主血痔。莙蓬子治漏，同諸藥、鯽魚燒研服。萵苣子痔瘻下血。桑耳作羹食。鷄樅　槐耳燒服。果木：胡桃主五痔。橡子痔血，同糯米粉炒黄和蒸，頻食。杏仁汁煮粥，治五痔下血。蓮花蕊同牽牛、當歸末，治遠年痔漏。黄蘗腸痔臟毒，下血不止，四制作丸服。櫧芽腸痔下血，作蔬及煎汁服。梧桐白皮主腸痔。苦楝子主蟲痔。槐實五痔瘡瘻，同苦參丸服，或煎膏納竅中。槐花外痔長寸許，日服，並洗之。紫槐葉腸風痔疾，蒸晒，代茗飲。枳實蜜丸服，治五痔。冬青子主痔，九蒸九晒吞之。紫荆皮煎服，主痔腫。伏牛花五痔下血。赤白茯苓同没藥、破故紙酒浸蒸餅研丸服，治痔漏效。槲若血痔，同槐花末服。椒目痔漏腫痛，水服。都桷子　枳椇木皮　醋林子痔漏下血。蔓椒根主痔，燒末服，并煮汁浸之。檳榔蟲痔，研末服。服石：針線袋燒灰水服。新綿灰酒服二錢。石灰蟲痔，同川烏頭丸服。赤石脂　白石脂　白礬痔漏，同生鹽末，白湯服五錢。石燕治腸風痔瘻年久者。禹餘糧主痔漏。蟲鱗：蠶紙灰酒服止血。蟾蜍燒研，煮猪臟蘸食。蝛蜼食之。蚌食之，主痔。鱟魚殺蟲痔。鮹魚主五痔下血，瘀血在腹。鮧魚五痔下血肛痛，同葱煮食。鯽魚釀白礬燒研服，主血痔。鼉皮骨燒服，殺痔蟲。鯪鯉甲燒服，殺痔蟲。禽獸：鷹嘴爪燒服，主五痔蟲。鷹頭痔瘻，燒灰入麝香，酒服。鸜鵒五痔止血，炙或爲末服。竹鷄炙食，殺蟲痔。鴛鴦炙食，主血痔。猬皮痔漏多年，炙研飲服，并燒灰塗之。鼹鼠食之，主痔瘻。獺肝燒研水服，殺蟲痔。土撥鼠痔瘻，煮食。狐四足痔瘻下血，同諸藥服。野狸腸風痔瘻，作羹臛食。野猪肉久痔下血，炙食。猳猪頭煮食，主五痔。犬肉煮食，引痔蟲。牛脾痔瘻，臘月淡煮，日食一度。牛角鰓燒灰酒服。虎脛骨痔瘻脱肛，蜜炙丸服。

洗漬：苦參　飛廉　苦芙　白鷄冠　白芷　連翹　酢漿草　木鼈子洗并塗。稻藁灰汁　胡麻　丁香　槐枝　柳枝洗痔如瓜，後以艾灸。蕪荑　棘根　木槿根煎洗。花，末傅之。仙人杖　桃根　獼猴桃　無花果　冬瓜　苦瓠　苦蕒菜　魚腥草煎洗，並入枯礬、片腦傅。馬齒莧洗，并食之。葱白　韭菜　五倍子　童尿

塗點：胡黄連鵝膽調。草烏頭反内痔。白頭翁擣爛。白及　白斂　黄連汁。旱蓮汁。山豆根汁。土瓜根　通草花粉　繁縷傅積年痔。蕎麥秸灰點痔。蘆會　耳環草　龍腦葱汁化搽。木瓜鱓涎調，貼反花痔。桃葉杵坐。血竭血痔。没藥　楮葉杵。孩兒茶同麝香，唾調貼。無名異火煅醋淬研，塞漏孔。密陀僧同銅青塗。黄丹同滑石塗。石灰點。硇砂點。石膽煅點。孔公孽　殷孽　硫黄　黄礬　緑礬　水銀棗研塞漏孔。鐵華粉　白蜜同葱擣塗。○肛門生瘡，同猪膽熬膏導之。烏爛死蠶　露蜂房　蛞蝓研，入龍腦傅之。蜈蚣痔漏作痛，焙研，入片腦傅之。○或香油煎過，入五倍子末收搽之。蜣螂焙末搽之。○爲末，入冰片，紙撚蘸入孔内，漸漸

生肉退出。 蠐螬研末傅。 田螺入片腦取水搽，白礬亦可。 甲香五痔。 魚鮓 魚鱠 海豚魚 鱓魚 鱧魚炙貼，引蟲。 鯉魚腸 鯉魚鱗綿裹坐，引蟲。 蝮蛇屎殺痔瘻蟲。 蚺蛇膽 蛇蛻 啄木痔瘻，燒研納之。 胡燕屎殺痔蟲。 鷄膽搽。 鴨膽 鵝膽 牛膽 鼠膏 猬膽 熊膽入片腦搽。 麝香同鹽塗。 猯肉及皮 男子爪甲灰塗之。

熏灸： 馬兜鈴 粟糠烟 酒痔蜃，掘土坑燒赤沃之，撒茱萸入內，坐之。 艾葉灸腫核上。 枳殼灸熨痔痛，煎水熏洗。 乾橙烟 茱萸蒸腸痔，殺蟲。 燈火焠痔腫甚妙。 毡襪烘熨之。 鰻鱺燒熏痔瘻，殺蟲。 羊糞燒熏痔瘻。 猪懸蹄燒烟。

下血血清者，爲腸風，虛熱生風，或兼濕氣。○血濁者，爲臟毒，積熱食毒，兼有濕熱。○血大下者爲結陰，屬虛寒。便前爲近血，便後爲遠血。又有蠱毒蟲痔。

風濕： 草菜： 羌活 白芷腸風下血，爲末，米飲服。 秦艽腸風瀉血。 赤箭止血。 升麻 天名精止血破瘀。 木賊腸風下血，水煎服。○腸痔下血，同枳殼、乾薑、大黃，炒研末服。 胡荽子腸風下血，和生菜食，或爲末服。 皂角蕈瀉血，酒服一錢。 葱鬚治便血腸澼。 木部： 皂角羊肉和丸服。○同槐實爲散服。○裏急後重，同枳殼丸服。 皂角刺灰同槐花、胡桃、破故紙爲末服。 肥皂莢燒研丸服。 槐實去大腸風熱。 槐花炒研酒服，或加柏葉，或加巵子，或加荆芥，或加枳殼，或煮猪臟爲丸服。 蟲獸： 乾蝎腸風下血，同白礬末，飲服半錢。 野猪肉炙食，不過十頓。 外腎燒研，飲服。

濕熱： 草部： 白朮瀉血萎黃，同地黃丸服。 蒼朮脾濕下血，同地榆煎服。○腸風下血，以皂莢汁煮焙，丸服。 貫衆腸風酒痢痔漏諸下血，焙研米飲服，或醋糊丸服。 地榆下部見血必用之。○結陰下血，同甘草煎服。下血二十年者，同鼠尾草煎服。 虛寒人勿用。 黃連中部見血須用之。○積熱下血，四制丸服。○臟毒下血，同蒜丸服。○酒痔下血，酒煮丸服。○腸風下血，茱萸炒過，丸服。 黃芩水煎服。 苦參腸風瀉血。 木香同黃連入猪腸煮，搗丸服。 鬱金腸毒入胃，下血頻痛，同牛黃，漿水服。 香附子諸般下血，童尿浸，米醋炒，服二錢，或醋糊丸服。○或入百草霜、麝香，尤效。 水蘇煎服。 青蒿酒痔下血，爲末服。 益母草痔疾下血，搗汁飲。 劉寄奴大小便下血，爲末茶服。 鷄冠止腸風瀉血，白花并子炒煎服。○結陰下血，同椿根白皮丸服。 大小薊卒瀉鮮血屬火熱，搗汁服之。 馬藺子同何首烏、雌雄黃丸服。 蒼耳葉五痔下血，爲末服。 箬葉燒灰湯服。 蘆花諸失血病，同紅花、槐花、鷄冠花煎服。 桔梗中蠱下血。 蘘荷根痔血，搗汁服。 萱根大小便血，和生薑、香油炒熱，沃酒服。 地黃涼血，破惡血，取汁，化牛皮膠服。○腸風下血，生熟地黃、五味子丸服。○小兒初生便血，以汁和酒蜜，與服數匙。 紫菀產後下血，水服。 地膚葉瀉血，作湯煮粥食。 王不留行糞後血，末服。 金盞草腸痔下血。 虎杖腸痔下血，焙研，蜜丸服。 車前草搗汁服。 馬鞭草酒積下血，同白芷燒灰，蒸餅丸服。 旱蓮焙末飲服。 淩霄花糞後血，浸酒服。 薔薇根止下血。 栝樓實燒灰，同赤小豆末服。 王瓜子燒研，同地黃、黃連丸服。 生葛汁熱毒下血，和藕汁服。 白斂止下血。 威靈仙腸風下血，同鷄冠花，米醋煮研服。 茜根活血，行血，止血。 木蓮風入臟，或食毒積熱，下鮮血，或酒痢，燒研，同棕灰、烏梅、甘草等分，末服。大便濇者，同枳殼末服。 羊蹄根腸風下血，同老薑炒赤，沃酒飲。 蒲黃止瀉血，水服。 金星草熱毒下血，同乾薑末，水服之。 石韋便前下血，爲末，茄枝湯下。 金瘡小草腸痔下血，同甘草浸酒飲。 菜部： 絲瓜燒灰酒服，或酒煎服。 經霜老茄燒灰酒服。○蒂及根、莖、葉，俱治腸風下血。 蕨花腸風熱毒，焙末飲服。 敗瓢燒灰，同黃連末服。 翻白草止下血。 蘿蔔下血，蜜炙任意食之。 酒毒，水煮入少醋食，或以皮同薄荷葉燒灰，入生蒲黃末服。 芸薹同甘草末服，治腸風臟毒。 獨蒜腸毒下血，和黃連丸服。○暴下血，同豆豉丸服。 果木： 銀杏生和百藥煎丸服，亦煨食。 烏芋汁，和酒服。 藕節汁止下血，亦末服。 茗葉熱毒下血，同百藥煎末服。 黃蘗主腸風下血，裏急後重，熱腫痛。小兒下血，同赤芍藥丸服。 椿根白皮腸風瀉血，醋糊丸服，或酒糊丸。 或加蒼朮，或加寒食麪。 經年者，加人參，酒煎服。 椿莢半生半燒，米飲服。 木槿腸風瀉血，作飲。 山茶爲末，童尿、酒服。 巵子下鮮血，燒灰水服。 枳殼燒黑，同羊脛炭末服。○根皮亦末服。 枳實同黃芪末服。 橘核腸風下血，同樗根皮末服。 楮白皮爲散服。 柏葉燒服，或九蒸九晒，同槐花丸服。 柏子酒煎服。 松木皮焙末服。 土石： 黃土水煮汁服。 車轄小兒下血，燒赤淬水服。 血師腸風下血，火煅醋淬七次，爲末，每服一錢，白湯下。 蟲獸： 白殭蠶腸風瀉血，同烏梅丸服。 蠶繭大小便血，同蠶蛻紙、晚蠶沙、白殭蠶，炒研服。 桑蠹屎燒研，酒服。 柳蠹屎止腸風下血。 海螵蛸一切下血，炙研，木賊湯下。 田螺酒毒下血，燒焦末服，殼亦止下血。 鱟魚尾止瀉血。 烏龜肉炙食，止瀉血。 猪血卒下血不止，酒炒食。 猪臟煮黃連丸服，煮槐花丸服，煮胡荽食之。 白馬通 犀角磨汁服。○同地榆、生地黃丸服。

虛寒： 草菜： 人參因酒色甚下血，同柏葉、荆芥、飛麪末，水服。 黃芪瀉血，同黃連丸服。 艾葉止下血及產後瀉血，同老薑煎服。 附子下血日久虛寒，同枯礬丸服，或同生黑豆煎服。 草烏頭結陰下血，同茴香、鹽煎露服。 天南星下血不止，用石灰炒黃，糊丸服。 莨菪子腸風下血，薑汁酒同熬，丸服。 雲實主腸澼。 骨碎補燒末酒服。 乾薑主腸澼下血。 木石： 桂心結陰下血，水服方寸匕。 天竺桂 烏藥焙研，飯丸服。 雄黃結陰便血，入棗內同鉛汁煮一日，以棗肉丸服。 鱗獸： 鯽魚釀五倍子煅研，酒服。 鱖

魚止瀉血。鹿角膠

積滯：果木：山楂下血，用寒熱脾胃藥俱不效者，爲末，艾湯服即止。巴豆煨鷄子食。蕪荑猪膽汁丸服，治結陰下血。苦楝實蜜丸服。蟲獸：水蛭漏血不止，炒末酒服。鷄膍胵黄皮止瀉血。猬皮炙末，飲服。猬脂止瀉血。獺肝腸痔下血，煮食之。

止澀：草部：金絲草　三七白酒服二錢，或入四物湯。卷柏大腸下血，同側柏、棕櫚燒灰酒服。生用破血，炙用止血。〇遠年下血，同地榆煎服。昨葉何草燒灰，水服一錢。血見愁薑汁和搗，米飲服。果木：荷葉　蓮房灰　橡斗殼同白梅煎服。酸榴皮末服，亦煎服。烏梅燒研，醋糊丸服。橄欖燒研，米飲服。乾柿入脾消宿血。久下血者，燒服，亦丸服。黄柹小兒下血，和米粉蒸食。柿木皮末服。棕櫚皮同栝樓燒灰，米飲服。訶黎勒止瀉血。鼠李止下血。金櫻東行根炒用，止瀉血。服器：黄絲絹灰水服。敗皮巾灰　皮鞋底灰　甑帶灰塗乳上，止小兒下血。百草霜米湯調，露一夜服。石蟲：緑礬釀鯽魚燒灰服，止腸風瀉血。〇煅過，入青鹽、硫黄再煅，入熟附子末，粟糊丸服，治積年下血，一服見效。石燕年入腸風，磨水日服。蛇黄醋煅七次，末服。五倍子半生半燒丸服，腸風加白礬。百藥煎半生半炒飯丸服，腸風加荆芥灰，臟毒加白芷、烏梅燒過，酒毒加槐花。獸人：牛骨灰水服。牛角䚡煅末，豉汁服。人爪甲積年瀉血，百藥不效，同麝香、乾薑、白礬、敗皮巾灰，等分飲服，極效。髮灰飲服方寸匕。

瘀血有鬱怒，有勞力，有損傷。

破血散血：草部：生甘草行厥陰、陽阴二經污濁之血。黄芪逐五臟間惡血。射干消瘀血、老血在心脾間。黄芩熱入血室。黄連赤目瘀血，上部見血。敗醬破多年凝血。白术利腰臍間血。萆薢關節老血。桔梗打擊瘀血，久在腸内時發動者，爲末，米飲服。大黄煎酒服，去婦人血癖，男女傷損瘀血。醋丸，治乾血氣，産後血塊。蓬莪蒁消撲損内傷瘀血，通肝經聚血，妇人月經血氣。三稜通肝經積血，婦人月水，産後惡血。牡丹皮瘀血留舍腸胃，女人一切血氣。芍藥逐賊血，女人血閉，胎前産後一切血病。紅藍花多用破血，少用養血。酒煮，下産後血。常春藤腹内諸冷血風血，煮酒服。當歸　丹參　芎藭　白芷　澤蘭　馬蘭　大小薊　芒箔　芒莖並破宿血，養新血。玄參治血瘕，下寒血。貫衆　紫參　玄胡索　茅根　杜衡　紫金牛　土當歸　芭蕉根　天名精　牛蒡根　苧麻葉　飛廉　續斷　鏨菜　茺蔚　藘蒿　紫蘇　荆芥　爵牀　野菊　番紅花　劉寄奴　菴藺　薰草　苦杖　馬鞭草　車前　牛膝　蒺藜　獨用將軍　地黄　紫金藤　葎草　茜草　剪草　通草　赤雹兒並破瘀血血閉。半夏　天南星　天雄　續隨子　山漆　穀菜：赤小豆　米醋　黄麻根　麻子仁並消散瘀血。黑大豆　大豆黄卷　紅麴　飴餳　芸薹子並破瘀血。韭汁清胃脘惡血。葱汁　萊菔　生薑　乾薑　堇菜　繁縷　木耳　楊櫨耳　苦竹肉　果木：桃仁　桃膠　桃毛　李仁　杏枝並破瘀血老血。紅柿　桄榔子　櫧子　山查　荷葉　藕　蜀椒　秦椒　柳葉　桑葉　琥珀並消瘀血。巵子清胃脘血。茯苓利腰臍血。乳香　沒藥　騏麟竭　質汗並活血散血止血。松楊破惡血，養新血。扶移踠跌瘀血。白楊皮去折傷宿血在骨肉間疼。乾漆削年深積滯老血。蘇方木　櫚木　紫荆皮　衛矛　奴柘　石蟲：朴消並破瘀惡血。雄黄　花乳石　金星石　硇砂　菩薩石並化腹内瘀血。自然銅　生鐵　石灰　殷孽　越砥　礪石　水蛭　虻蟲　鱗介：鱖魚　鮹魚　鰾膠　龜甲　鼈甲　禽獸：白雄鷄翮並破腹内瘀血。黑雌鷄破心中宿血，補心血。五靈脂生行血，熟止血。鴉翅　牛角䚡　白馬蹄　犛牛酥　獅屎　犀角　羚羊角　鹿角　人部：人尿　人中白並破瘀血。

積聚癥瘕左爲血，右爲食，中爲痰氣。積係于臟，聚係于腑，癥係于氣與食，瘕係于血與蟲，痃係于氣鬱，癖係于痰飲。心爲伏梁，肺爲息賁，脾爲痞氣，肝爲肥氣，腎爲奔豚。

血氣：草部：三稜老癖癥瘕積聚結塊，破血中之氣。〇小兒氣癖，煮汁作羹與乳母食。蓬莪蒁破痃癖冷氣，血氣積塊，破氣中之血，酒磨服。鬱金破血積，專入血分。薑黄癥瘕血塊，入脾，兼治血中之氣。香附子醋炒，消積聚癥瘕。蒴藋根鼈瘕堅硬腫起，搗汁服。〇卒暴癥塊如石欲死，煎酒服。大黄破癥瘕積聚留飲，老血留結。〇醋丸，或熬膏服，産後血塊尤宜。〇同石灰、桂心熬醋，貼積塊。〇男子敗積，女子敗血，以蕎麪同酒服，不動真氣。牡丹　芍藥　當歸　芎藭　丹參　玄參　紫參　白頭翁　玄胡索　澤蘭　赤車使者　劉寄奴　續斷　鳳仙子　蔄茹　大戟　蒺藜　虎杖　水葒　馬鞭草　土瓜根　麻黄　薇銜　穀菜：米醋並除積癥瘕，惡血癖塊。〇醋煎生大黄，治痃癖。胡麻油吐髮瘕。白米吐米瘕。秫米吐鴨癥。丹黍米泔治鼈瘕。寒食餳吐蛟龍癥。芸薹子破癥瘕結血。山蒜積塊，婦人血瘕，磨醋貼。陳醬茄燒研，同麝貼鼈瘕。生芋浸酒服，破癖氣。桑耳　果木：桃仁並破血閉癥瘕。桃梟破伏梁結氣，爲末酒服。甜瓜子仁腹内結聚，爲腸胃内壅要藥。橄欖　觀音柳腹中痞積，煎湯露一夜服，數次即消。蕪荑嗜酒成酒鼈，多怒成氣鼈，炒煎日服。橉木灰淋汁釀酒服，消癥瘕痃癖。琥珀　豎　木麻　沒藥　土石：土墼鼈瘕。白堊　自然銅　銅鏡鼻並主婦女癥瘕積聚。石灰同大黄、桂心熬膏，貼腹脇積塊。石炭積聚，同自然銅、大黄、當歸，丸服。陽起石破子臟中血結氣，冷癥寒瘕。凝水石腹中積聚邪氣，皮中如火燒。食鹽五臟癥結積聚。禹餘糧　太一餘糧　空青　曾青　石膽　蟲部：水蛭

葛上亭長　鱗介：龍骨　鼉甲並主血積癥瘕。守宮血塊，麪煨食數枚，即下。鼈肉婦人血瘕，男子痃癖積塊，桑灰，蠶沙淋汁煮爛搗，丸服。鼈甲癥塊痃癖，堅積寒熱，冷瘕勞瘦，醋炙牛乳服。〇血瘕，同琥珀、大黄末，酒服即下。魁蛤冷癥血塊，燒過，醋淬丸服。龜甲　秦龜甲　玳瑁　牡蠣　蛤蜊　車螯殻　鯑魚並主積瘕。海馬遠年積聚癥塊，同大黄諸藥丸服。鰕鼈瘕作痛，久食自消。夜明砂　獸部：熊脂並主積聚寒熱。猫頭灰鼈瘕，酒服。鼠灰婦人狐瘕，同桂末服。麝香　人部：人尿癥積滿腹，服一升，下血片，二十日即出。癖石消堅積。

食氣：　草部：青木香積年冷氣痃癖，癥塊脹疼。白蒿去伏瘕，女人癥瘕。著葉同獨蒜、穿山甲、鹽、醋調，貼痞塊，化爲膿血。海苔消茶積。木鼈子疳積痞塊。番木鼈　預知子　蘇子　穀菜：米粃並破癥結，下氣消食。麥麪米食成積，同酒麹丸服。蕎麥麪鍊五臟滓穢，磨積滯。神麴　麥蘗　蘗米　蔓菁並消食下氣，化癥瘕積聚。蘿蔔化麪積痰癖，消食下氣。水蕨腹中痞積，淡食一月，即下惡物。薑葉食鱠成癥，搗汁服。皂角蕈積垢作疼，泡湯飲作泄。馬齒莧　果木：山楂化飲食，消肉積癥瘕。〇子亦磨積。檳榔　桑灰霜破積塊。阿魏破癥積肉積。枳殻五積六聚，巴豆煮過，丸服。枳實　土石：百草霜　梁上塵並消食積。砂鍋消食塊，丸服。鍛竈灰　胡粉　黄丹　密陀僧　鐵華粉　蓬砂　玄精石並主癥瘕食積。鹹砂食積黄腫。朱砂心腹癥癖，以飼鷄取屎炒，末服。雄黄脇下痃癖及傷食，酒、水同巴豆、白麪丸服。〇竹筒蒸七次，丸服，治癥瘕積聚。〇同白礬，貼痞塊。青礞石積年食癥攻刺，同巴豆、大黄、三稜作丸服。〇一切積病，消石煅過，同赤石脂丸服。緑礬消食積，化痰燥濕。硇砂冷氣痃癖癥瘕，桑柴灰淋過，火煅，爲丸服。〇積年氣塊，醋煮木瓜釀過，入附子丸服。石鹼消痰磨積，去食滯宿垢，同山查、阿魏、半夏丸服。石髓　鱗禽：魚鱠去冷氣痃瘕，横關伏梁。魚脂熨癥塊。五靈脂化食消氣，和巴豆、木香丸服。〇酒積黄腫，同麝丸服。鷄屎白食米成癥，合米炒研水服，取吐。〇鼈瘕及宿癥，炒研酒服。鷹屎白小兒奶癖，膈下硬，同密陀僧、硫黄、丁香末服。雀糞消癥瘕久痼，蜜丸服。〇和薑、桂、艾葉丸服，爛痃癖伏梁諸塊。鴿糞痞塊。猪項肉合甘遂丸服，下酒布袋積。猪脾朴消煮過，用水紅花子末服，消痞塊。猪腎同葛粉炙食，治酒積面黄。猪肪食髮成瘕，嗜食與油，以酒煮沸，日三服。猪肚消積聚癥瘕。牛肉同恒山煮食，治癖疾。〇同石灰蒸食，治痞積。牛腦脾積痞氣，同朴消蒸餅丸服。〇又同木香、鷄肫等末服。鼠肉煮汁作粥，治小兒癥瘕。狗膽痞塊，同五靈脂、阿魏丸服。狗屎浸酒服，治魚肉成癥。驢屎癥癖諸疼。驢尿殺積蟲。白馬尿肉癥思肉，飲之當有蟲出。〇男子伏梁，女子瘕疾，旦日服之。〇食髮成瘕，飲之。〇痞塊心疼，和殭蠶末傅之。膃肭臍男子宿癥氣塊，積冷勞瘦。

痰飲：　草部：威靈仙去冷滯痰水，久積癥瘕，痃癖氣塊，宿膿惡水。〇停痰宿飲，大腸冷積，爲末，皂角熬膏丸服。或加半夏。牽牛去痃癖氣塊。〇男婦五積，爲末蜜丸服。〇食積，加巴豆霜。芎藭酒癖脇脹嘔吐，腹有水聲，同三稜爲末，每葱湯服二錢。續隨子一切痃癖。〇同膩粉、青黛丸服，下涎積。狼毒積聚飲食，痰飲癥瘕，胸下積癖。紫菀肺積息賁。商陸腹中暴癥，如石刺痛。黄連　天南星並主伏梁。柴胡　桔梗　苦參並寒熱積聚。白术　蒼术　黄芪　人參　高良薑　防葵　旋覆花　葶藶

鳶尾　獨行根　三白草　常山　蜀漆　甘遂　赭魁　昆布　海藻並主痃癖痰水。莨菪子積冷痃癖，煮棗食之。附子　天雄　草烏頭　穀菜：燒酒並主冷毒氣塊痃癖。蒜爛痃癖，日吞三顆。〇又吐蛇瘕。韭菜煮食，除心腹痼冷痃癖。生芋浸酒飲，破痃癖。白芥子貼小兒乳癖。仙人杖　果木：大棗並去痰癖。栗子日食七枚，破冷癖氣。橘皮胸中瘕熱，濕痰痃癖。青皮破積結堅癖。林檎研末，傅小兒閃癖。桃花末服，下痰飲積滯。榧子食茶成癖，日食之。苦茗嗜茶成癖。蜀椒破癥癖。〇食茶面黄，作丸服。胡椒虚寒積癖在兩脇，喘急，久則爲疽，同蠍尾、木香丸服。吴茱萸酒煮，熨癥塊。巴豆破癥瘕結聚，留飲痰澼。〇一切積滯，同黄檗、蛤粉丸服。桂心　沉香　丁香　草豆蔻　蒟醬並破冷癥痃癖。郁李仁破癖氣，利冷膿。烏桕根皮水癥結聚。奴柘痃癖，煎飲。白楊皮痰癖，浸酒飲。枳實　枳殻　婆羅得　木天蓼　金石：浮石並化痰癖。赤白玉痃癖氣塊往來痛，糊丸服。理石破積聚。酒漬服，治癖。石硫黄冷癖在脇，積聚。消石破積散堅。砒石　礜石　特生礜石並痼冷堅癖積氣。玄明粉宿滯癥結。朴消留澼癥結。〇同大蒜、大黄，貼痞塊。黑錫灰　水銀粉　粉霜　銀朱　介禽：海蛤　蛤蜊粉並主積聚痰涎。蚌粉痰涎積聚，心腹痛，或噦食，巴豆炒過，丸服。蝤蛑小兒痞氣，煮飲食。淡菜冷氣痃癖，燒食。鸛脛骨及觜　雀脛骨及觜並主小兒〔乳癖〕，煮汁，燒灰服。獸部：牛乳冷氣痃癖。駝脂勞風冷積，燒酒服之。

諸蟲有蚘、白、蟯、伏、肉、肺、胃、弱、赤九種。又有尸蟲、勞蟲、疳蟲、瘕蟲。

殺蟲：　草部：术嗜生米有蟲，蒸餅丸服。藍葉殺蟲蚑。〇應聲蟲及鼈瘕，并服汁。馬蓼去腸中蛭蟲。鶴虱殺蚘、蟯及五臟蟲，肉汁服末。〇心痛，醋服。狼毒　狼牙　藜蘆併殺腹臟一切蟲。葎草殺九蟲。龍膽去腸中小蟲及蚘痛，煎服。白芷浴身。黄

精並去三尸。杜衡　貫衆　蘼蕪　紫河車　雲實　白菖　百部　天門冬　赭魁　石長生並殺蚘、蟯、寸白諸蟲。連翹　山豆根下白蟲。黄連　苦參　蒼耳　飛廉　天名精　蜀羊泉　蒺藜　乾苔　酸草　骨碎補　羊蹄根　赤藤　牽牛　蛇含　營實根並殺小蟲、疳蟲。艾葉蚘痛，擣汁服，或煎水服，當吐下蟲。蟲食肛，燒熏之。萹蓄小兒蚘痛，煮汁，煎醋，熬膏，皆有效。使君子殺小兒蚘，生食煎飲，或爲丸散，皆效。石龍芻　漏蘆　肉豆蔻　蒟醬　馬鞭草熬膏。瞿麥　燈籠草　地黄　白及　穀菜：小麥炒，末服。並殺蚘蟲。薏苡根下三蟲，止蚘痛，一升煎服，蟲盡死。大麻子同茱萸根浸水服，蟲盡下。○亦擣汁服。白米米癥嗜米，同鷄屎白炒服，取吐。秫米食鴨成癥瘕，研水服，吐出鴨雛。丹黍米泔服，治鼈瘕。寒食餳吐蛟龍癥。生薑殺長蟲。槐耳燒末水服，蚘立出。萑菌去三蟲，爲末，入臛食。天花蕈　藜　灰藋　馬齒莧　苦瓠　敗瓢　果部：柹並殺蟲。橘皮去寸白。榧華去赤蟲。桃仁　桃葉殺尸蟲。檳榔殺三蟲、伏屍，爲末，大腹皮湯下。榧子去三蟲，食七日，蟲化爲水。阿勃勒　酸榴東行根　櫻桃東行根　林檎東行根並殺三蟲，煎水服。吴茱萸東行根殺三蟲，酒、水煎服。肝勞生蟲，同粳米、鷄子白丸服。○肝勞發熱有蟲，令人好嘔，同橘皮、大麻子，浸酒服。醋林子寸白、蚘痛，小兒疳蚘，皆爲末，酒服。藕同蜜食，令人腹臟肥，不生諸蟲。杏仁殺小蟲。蜀椒蚘痛，炒淋，酒服。烏梅煎服，安蚘。鹽麩樹皮　木部：烏藥並殺蚘。柏葉殺五臟蟲，益人，不生諸蟲。相思子殺腹臟皮膚一切蟲。桑白皮　金櫻根　郁李根　蔓荆並殺寸白蟲。阿魏　盧會　黄蘗　樗白皮　合歡皮　皂莢及刺、木皮　大風子　苦竹葉　石南並殺小蟲、疳蟲。乾漆殺三蟲，小兒蟲痛，燒同蕪荑末服。葉亦末服。楝白皮殺蚘蟲，煎水服，或爲末，或入麝香，或煮鷄子食。○實，殺三蟲。醋浸塞穀道中，殺長蟲。○花，殺蚤虱。蕪荑去三蟲、惡蟲，爲末飲服。○或同檳榔丸服。○炒煎，日服，治氣鼈、酒鼈。大空去三蟲。塗髮，殺蟣虱。莢蒾煮粥食，殺三蟲。雷丸　厚朴　梓白皮　楸白皮　桐木皮　山茱萸　丁香　檀香　蘇合香　安息香　龍腦香　樟腦香並殺三蟲。水石：神水和獺肝丸，殺蟲積。浸藍水殺蟲，下水蛭。黑錫灰沙糖服，下寸白。黄丹　蜜陀僧　曾青並下寸白。胡粉葱汁丸服，治女人蟲心疼，下寸白。硫黄殺腹臟蟲、諸瘡蟲。○氣鼈、酒鼈，以酒常服。雌黄　雄黄蟲疼吐水，煎醋服。又殺諸瘡蟲。食鹽殺一切蟲。霹靂碪殺勞蟲。石灰殺蟯蟲。砒石　理石　長石　白青並殺三蟲。梳篦去虱癥。死人枕席殺尸疰、石蚘。蟲鱗：蜂子小兒五蟲，從口吐出。蜂窠灰酒服，寸白、蚘蟲皆死出。蠶繭及蛹除蚘。白蠟　白殭蠶　蚺蛇膽及肉　蝮蛇並殺三蟲。鼉甲　鱖魚　鱘魚並殺小蟲。鰻鱺魚淡煮食，殺諸蟲、勞蟲。鰕鼈瘕，宜食。海鰕鮓殺蟲。河豚　海豚　海螵蛸　禽獸：鶻頭　竹鷄　百舌　烏鴉並殺蟲。梟殺三蟲及腹臟一切蟲。五靈脂心脾蟲痛，同檳榔末服。小兒蟲痛，同靈礬丸服，取吐。鷄子白蚘痛，打破，合醋服。○入好漆在内吞之，蟲即出。鷄屎白鼈瘕、米癥。鴿屎殺蚘，燒服。蜀水花殺蚘。啄木鳥　鷹屎白　熊脂　獺肝　猫肝　虎牙並殺勞蟲。猪肚殺勞蟲。釀黄米蒸丸服。治疳蚘瘦病。猪血嘈雜有蟲，油炒食之。猪肪髮瘕，煮食。猫頭灰酒服，治鼈瘕。獾肉　鼠肉　兔屎並殺疳、勞、蚘蟲。羊脂　牛膽　熊膽　麝香　猬皮及脂並殺小蟲。鼬鼠心肝蟲痛，同乳、沒丸服。六畜心包朱砂、雄黄煮食，殺蟲。白馬溺　驢溺　人部：人尿並殺癥瘕有蟲。胞衣水　天靈蓋殺勞蟲。

腸鳴有虚氣，水飲，蟲積。

草部：丹參　桔梗　海藻並主心腹邪氣上下，雷鳴幽幽如走水。昆布　女菀　女萎並主腸鳴遊氣，上下無常處。半夏　石香薷　蓽茇　紅豆蔻　越王餘筭並主虚冷腸鳴。大戟痰飲，腹内雷鳴。黄芩主水火擊搏有聲。穬麥蘗　飴糖　果木：橘皮　杏仁並主腸鳴。厚朴積年冷氣，腹内雷鳴。巵子熱鳴。石部：硇砂血氣不調，腸鳴宿食。石髓　蟲介：原蠶沙腸鳴熱中。鱓魚冷氣腸鳴。淡菜　獸部：羚羊屎並久痢腸鳴。

心腹痛有寒氣，熱氣，火鬱，食積，死血，痰澼，蟲物，虚勞，中惡，陰毒。

溫中散鬱：草部：木香心腹一切冷痛、氣痛，九種心痛，婦人血氣刺痛，並磨酒服。心氣刺痛，同皂角末丸服。○内釣腹痛，同乳、沒丸服。香附子一切氣、心腹痛，利三焦，解六鬱，同縮砂仁、甘草末點服。○心脾氣痛，同高良薑末服。○血氣痛，同荔枝燒研酒服。艾葉心腹一切冷氣鬼氣，擣汁飲，或末服。○同香附，醋煮丸服，治心腹小腹諸痛。芎藭開鬱行氣。諸冷痛中惡，爲末，燒酒服。藁本大實心痛，已用利藥，同蒼术煎服，徹其毒。蒼术心腹脹痛，解鬱寬中。甘草去腹中冷痛。高良薑腹内暴冷久冷痛，煮飲。○心脾痛，同乾薑丸服。○又四制丸服。蘇子一切冷氣痛，同高良薑、橘皮等分，丸服。薑黄冷氣痛，同桂末，醋服。○小兒胎寒，腹痛，吐乳，同乳香、沒藥、木香丸服。附子心腹冷痛，胃寒蚘動，同炒巵子酒糊丸服。○寒厥心疼，同鬱金、橘紅，醋糊丸服。香薷暑月腹痛。石菖蒲

紫蘇　藿香　甘松香　山柰　廉薑　山薑　白豆蔻　草豆蔻　縮砂　蒟醬　白茅香　蕙草　益智子　蓽茇　穀部：胡椒粥　茱萸粥　葱豉酒　薑酒　茴香並主一切冷氣，心痛、腹痛、心腹痛。燒酒冷痛，入鹽服。○陰毒腹痛，尤宜。黑大豆腸痛如打，炒焦，投酒飲。神麴食積心腹痛，燒紅淬酒服。菜部：葱白主心

腹冷氣痛，蟲痛，疝痛，大人陰毒，小兒盤腸内釣痛。○卒心痛，牙關緊急欲死，搗膏，麻油送下，蟲物皆化黄水出。○陰毒痛，炒熨臍下，并擂酒灌之。○盤腸痛，炒貼臍上，并浴腹，良久尿出愈。葱花心脾如刀刺，同茱萸一升，煎服。小蒜十年五年心痛，醋煮飽食即愈。葫冷痛，同乳香丸服。○醋浸煮食之。○鬼注心腹痛，同墨及醬汁服。吐血心痛，服汁。韭腹中冷痛，煮食。○胸痹痛如錐刺，服汁，吐去惡血。薤白胸痹刺痛徹心背，喘息欬唾，同栝樓實，白酒煮服。生薑心下急痛，同半夏煎服，或同杏仁煎。乾薑卒心痛，研末服。心脾冷痛，同高良薑丸服。芥子酒服，止心腹冷痛。○陰毒，貼臍。馬芹子卒心痛，炒末酒服。

蘹香　蔊菜　菥蓂子　秦荻藜　蔓菁　芥

果部：杏仁並主心腹冷痛。烏梅脹痛欲死，煮服。大棗急心疼，同杏仁、烏梅丸服。陳棗核仁，止腹痛。胡桃急心痛，同棗煨嚼，薑湯下。荔枝核心痛、脾痛，燒研酒服。椰子皮卒心痛，燒研水服。橘皮途路心痛，煎服甚良。木瓜　枸橼並心氣痛。胡椒心腹冷痛，酒吞三七粒。茱萸心腹冷痛及中惡心腹痛，擂酒服。○葉亦可。欓子同上。

木部：桂秋冬冷氣腹痛，非此不除。○九種心痛及寒疝心痛，爲末酒服。○心腹脹痛，水煎服。○産後心痛，狗膽丸服。烏藥冷痛，磨水入橘皮、蘇葉煎服。松節陰毒腹痛，炒焦入酒服。乳香冷心痛，同胡椒、薑，酒服。○同茶末、鹿血丸服。丁香暴心痛，酒服。安息香心痛頻發，沸湯泡服。天竺桂　沉香

檀香　蘇合香　必栗香　龍腦香　樟腦香　樟材　杉材　楠材　阿魏

皂莢　白棘　枸杞子　厚朴

金石：鐵華粉並主冷氣心腹痛。銅器炙熨冷痛。靈砂心腹冷痛，同五靈脂，醋糊丸服。硫黄一切冷氣痛，黄蠟丸服。○同消石、青皮、陳皮丸服。消石同雄黄末點目眦，止諸心腹痛。砒石積氣冷痛，黄蠟丸服。硇砂冷氣，血氣，積氣，心腹痛，諸疼。

神鍼火

鱗獸：鮑魚灰妊娠感寒腹痛，酒服。猪心急心痛經年，入胡椒十粒煮食。心血，蜀椒丸服。

活血流氣：

草部：當歸和血，行氣，止疼。○心下刺疼，酒服方寸匕。○女人血氣，同乾漆丸服。○産後痛，同白蜜煎服。芍藥止痛散血，治上中腹痛。腹中虚痛，以二錢同甘草一錢煎服。惡寒加桂，惡熱加黄芩。玄胡索活血利氣。○心腹少腹諸痛，酒服二錢，有神。○熱厥心痛，同川楝末二錢服。○血氣諸痛，同當歸、橘紅丸服。蓬莪茂破氣，心腹痛，婦人血氣，丈夫奔豚。一切冷氣及小腸氣，發即欲死，酒、醋和水煎服。一加木香末，醋湯服。○女人血氣，同乾漆末服。小兒盤腸，同阿魏研末服。鬱金血氣冷氣痛欲死，燒研醋服，即甦。薑黄産後血痛，同桂末酒服，血下即愈。劉寄奴血氣，爲末酒服。紅藍花血氣，擂酒服。大黄乾血氣，醋熬膏服。○冷熱不調，高良薑丸服。蒲黄血氣心腹諸疼，同五靈脂煎醋或酒服。紫背(天)〔金〕盤女人血氣，酒服。丹參　牡丹　三稜　敗醬

穀菜：米醋並主血氣冷氣心腹諸痛。青粱米心氣冷痛，桃仁汁煮粥食。紅麴女人血氣，同香附、乳香末，酒服。絲瓜女人乾血氣，炒研酒服。桑耳女人心腹痛，燒研酒服。杉菌

果木：桃仁卒心痛，疰心痛，研末水服。○桃枝，煎酒。桃梟血氣中惡痛，酒磨服。沒藥血氣心痛，酒、水煎服。乳香　騏驎竭　降真香　紫荆皮

金石：銅青赤銅屑並主血氣心痛。自然銅血氣痛。火煅醋淬，末服。諸鐵器女人心痛，火燒淬酒飲。石炭同上。白石英　紫石英並主女人心腹痛。

鱗部：烏賊魚血血刺心痛，磨醋服。青魚鮀血氣心腹痛。磨水服。

禽獸：五靈脂心腹脇肋少腹諸痛。疝痛，血氣，同蒲黄煎醋服。或丸，或一味炒焦酒服。蟲痛加檳榔。狗膽血氣撮痛，丸服。

痰飲：

半夏濕痰心痛，油炒丸服。狼毒九種心痛，同吴茱萸、巴豆、人參、附子、乾薑丸服。心腹冷痰脹痛，同附子、旋覆花丸服。草烏頭冷痰成包，心腹㾶痛。百合　椒目留飲腹痛，同巴豆丸服。牡荆子炒研服。枳實胸痹痰水痛，末服。枳殼心腹結氣痰水。礬石諸心痛，以醋煎一皂子服。○同半夏丸服。○同朱砂、金薄丸服。五倍子心腹痛，炒焦，酒服立止。牡蠣粉煩滿心脾痛，煅研酒服。蛤粉心氣痛，炒研，同香附末服。白螺殼濕痰心痛及膈氣痛，燒研酒服。

火鬱：

草部：黄連卒熱心腹煩痛，水煎服。苦參大熱腹中痛及小腹熱痛，面色青赤，煎醋服。黄芩小腹絞痛，小兒腹痛。得厚朴、黄連，止腹痛。山豆根卒腹痛，水研服，入口即定。青黛心口熱痛，薑汁服一錢。馬兜鈴燒研酒服。馬蘭汁絞腸沙痛。沙參　玄參

穀果：生麻油卒熱心痛，飲一合。麻子仁妊娠心痛，研水煎服。蕎麥粉絞腸沙痛，炒熱，水烹服。黍米十年心痛，淘汁溫服。粳米　高粱米並煮汁服，止心痛。绿豆心痛，以三七粒，同胡椒二七粒，研服。茶十年五年心痛，和醋服。

木部：川楝子入心及小腸，主上下腹痛，熱厥心痛，非此不除。○同玄胡索末，酒服。槐枝九種心痛，水煎服。槐花　烏桕根　石瓜並主熱心痛。巵子熱厥心痛，炒焦煎服。○冷熱腹痛，同附子丸服。郁李仁卒心痛，嚼七粒，溫水下，即止。茯苓　琥珀

石獸：戎鹽　食鹽吐，心腹脹痛。玄明粉熱厥心腹痛，童尿服三錢。丹砂男女心腹痛，同白礬末服。蜂蜜卒心痛。黄蠟急心痛，燒化丸，凉水下。晚蠶沙男女心痛，泡湯服。驢乳卒心痛連腰臍，熱飲二升。羚羊角腹痛熱滿，燒末水服。犀角熱毒痛。阿膠丈夫少腹痛。兔血卒心痛，和茶末、乳香丸服。敗筆頭心痛不止，燒灰，無根水下。狗屎心痛欲死，研末酒服。山羊屎心痛，同油髮燒灰，酒服斷根。狐屎肝氣心痛，蒼蒼如死灰，喘息，燒和薑黄服。驢屎汁　馬屎汁

人部：人屎和蜜、水。人溺並主絞腸沙痛欲死，服之。蟲痛見諸蟲下。

中惡：草部：艾葉鬼擊中惡，卒然著人如刀刺狀，心腹切痛，或即吐血下血，水煎服。〇實，亦可用。桔梗　升麻　木香磨汁。藿香　鬱金香　茅香　蘭草　蕙香　山柰　山薑　縮砂　蘼蕪　蜘蛛香　蒟醬　丹參　苦參煎酒。薑黃

鬱金　莪蒁　肉豆蔻　昌蒲　鷄蘇　甘松　忍冬水煎。卷柏　女青末服。芒箔煮服。鬼督郵　草犀　狼毒　海根　藁本　射干　鳶尾　鬼臼　續隨子　穀菜：醇酒　豌豆　白豆　大豆　胡荽　羅勒　芥子浸酒。白芥子

大蒜　果木：榧子　桃梟末服。桃膠　桃符　桃花末服。桃仁研服。桃白皮　三歲棗中仁常服。蜀椒　茱萸　蜜香　沉香　檀香　安息香化酒。乳香　丁香　阿魏　樟材　鬼箭　鬼齒水煎。琥珀　蘇合香化酒。城東腐木煎酒。古櫬板煎酒。　服器：桃橛煮汁。車脂化酒。刀鞘灰水服。砧垢吐。鐵椎柄灰丸服。履屧鼻繩灰酒服。氈襪跟灰酒服。網巾灰酒服。　水土：糧罌中水　黃土畫地作王字，取中土，水服。陳壁土同礬丸服。鑄鍾土酒服。柱下土水服。伏龍肝水服。仰天皮人垢和丸服。釜墨湯服。墨　石介：古錢和薏苡根煎服。鉛丹蜜服。食鹽燒服取吐。雄黃　靈砂　硫黃　金牙　蛇黃　田螺殼燒服。鼉頭灰　禽獸：烏骨鷄搨心上。白雄鷄煮汁，入醋、麝、真珠服。〇肝同。鷄子白生吞七枚。鸛骨　犀角　鹿茸及角　麋角　麝香　靈猫陰　猫肉及頭骨　狸肉及骨　膃肭臍　熊膽並主中惡心腹絞痛。

脇痛有肝膽火，肺氣，鬱，死血，痰澼，食積，氣虛。

木實：草部：黃連猪膽炒，大泄肝膽之火，肝火脇痛，薑汁炒丸。〇左金丸：同茱萸炒，丸服。柴胡脇痛主藥。黃芩　龍膽　青黛　盧會並瀉肝膽之火。芍藥

撫芎並搜肝氣。生甘草緩火。木香散肝經滯氣，升降諸氣。香附子總解諸鬱，治膀胱連脇下氣妨。地膚子脇下痛，爲末酒服。　果木：青橘皮瀉肝膽積氣必用之藥。巵子　盧會　桂枝

痰氣：草部：芫花心下痞滿，痛引兩脇，乾嘔汗出，同甘遂、大戟爲散，棗湯服。大戟　甘遂痰飲脇痛。〇控涎丸。狼毒兩脇氣結痞滿，心下停痰鳴轉，同附子、旋覆花丸服。香薷心煩脇痛連胸欲死，搗汁飲。防風瀉肺實煩滿脇痛。半夏　天南星　桔梗

蘇梗　細辛　杜若　白前　貝母　穀菜：生薑並主胸脇逆氣。白芥子痰在胸脇支滿，每酒吞七粒。〇又同白术丸服。薏苡根胸脇卒痛，煮服即定。　果木：橘皮　檳榔　枳殼心腹結氣痰水，兩脇脹痛。〇因驚傷肝，脇骨痛，同桂末服。枳實胸脇痰澼氣痛。茯苓　蟲介：白殭蠶　牡蠣粉　文蛤並主胸脇逆氣滿痛。　獸石：羚羊角胸脇痛滿，燒末水服。麝香　古錢心腹煩滿，胸脇痛欲死，煮汁服。

血積：草部：大黃腹脇老血痛。鳳仙花腰脇引痛不可忍，晒研，酒服三錢，活血消積。當歸　芎藭　薑黃　玄胡索　牡丹皮　紅藍花　穀菜：神麴　紅麴並主死血食積作痛。韭菜瘀血，兩脇刺痛。　果木：吳茱萸食積。桃仁　蘇木

白棘刺腹脇刺痛，同檳榔煎酒服。巴豆積滯。五靈脂脇痛，同蒲黃煎醋服。

虛陷：草穀菜部：黃芪　人參　蒼术　柴胡　升麻並主氣虛下陷，兩脇支痛。黑大豆腰脇卒痛，炒焦煎酒服。茴香脇下刺痛，同枳殼末，鹽、酒服。馬芹子腹冷脇痛。

外治：食鹽　生薑　葱白　韭菜　艾葉並炒熨。冬灰醋炒熨。芥子　茱萸並醋研傅。大黃同石灰、桂心熬醋貼。〇同大蒜、朴消搗貼。

腰痛有腎虛，濕熱，痰氣，瘀血，閃肭，風寒。

虛損：草部：補骨脂骨髓傷敗，腰膝冷。〇腎虛腰痛，爲末酒服，或同杜仲、胡桃丸服。〇妊娠腰痛，爲末，胡桃、酒下。菊花腰痛去來陶陶。艾葉帶脉爲病，腰溶溶如坐水中。附子補下焦之陽虛。蒺藜補腎，治腰痛及奔豚腎氣，蜜丸服。萆薢腰脊痛強，男子腎腰痛，久冷痹軟，同杜仲末，酒服。狗脊　菝葜　牛膝　肉蓯蓉　天麻　蛇牀子

石斛　穀菜：山藥並主男子腰膝強痛，補腎益精。韭子同安息香丸服。茴香腎虛腰痛，猪腎煨食。〇腰痛如刺，角茴末，鹽酒服，或加杜仲、木香，外以糯米炒熨。乾薑　菥蓂子　胡麻　果木：胡桃腎虛腰痛，同補骨脂丸服。栗子腎虛腰脚不遂，風乾日食。山查老人腰痛，同鹿茸丸服。阿月渾子　蓮實　芡實　沉香　乳香並補腰膝命門。杜仲腎虛冷腎痛，煎汁煮羊腎作羹食。〇浸酒服。〇爲末酒服。〇青娥丸。枸杞根同杜仲、萆薢，浸酒服。五加皮賊風傷人，軟脚腎腰，去多年瘀血。柏實腰中重痛，腎中寒，膀胱冷膿宿水。山茱萸　桂　介獸：龜甲並主腰腎冷痛。鼈甲卒腰痛，不可俛仰，炙研酒服。猪腎腰虛痛，包杜仲末煨食。羊腎爲末酒服。〇老人腎硬，同杜仲炙食。羊頭、蹄、脊骨和蒜、薤煮食。〇同肉蓯蓉、草果煮食。鹿茸同菟絲子、茴香丸服。〇同山藥煮酒飲。鹿角炒研酒服，或浸酒。麋角及茸酒服。虎脛骨酥炙，浸酒飲。

濕熱：草部：知母腰痛，瀉腎火。葳蕤濕毒腰痛。威靈仙宿膿惡水，腰膝冷疼，酒服一錢取利，或丸服。青木香氣滯腰痛，同乳香酒服。地膚子積年腰痛時發，爲末酒服，日五六次。蝦蟆草濕氣腰痛，同葱、棗煮酒常服。牽牛子除濕熱氣滯，腰痛下冷膿，半生半炒，同硫黃末，白麪作丸，煮食。木鼈子　蕙草　果木：桃花濕氣腰痛，酒服一錢，一宿即消。或釀酒服。檳榔腰重作痛，爲末酒服。甜瓜子腰腿痛，酒浸末服。皂

莢子腰脚風痛，酥炒丸服。郁李仁宣腰胯冷膿。茯苓利腰臍間血。海桐皮風毒腰膝痛。桑寄生　介獸：淡菜腰痛脇急。海蛤　牛黄妊娠腰痛，燒末酒服。

風寒：羌活　麻黄太陽病腰脊痛。藁本十種惡風鬼注，流入腰痛。

血滯：草穀：玄胡索止暴腰痛，活血利氣，同當歸、桂心末，酒服。蘘荷根婦人腰痛，搗汁服。甘草　細辛　當歸　白芷　芍藥　牡丹　澤蘭　鹿藿並主女人血瀝腰痛。术利腰臍間血，補腰膝。菴蕳子閃挫痛，擂酒服。甘遂閃挫痛，入猪腎煨食。續斷折跌，惡血腰痛。神麴閃挫，煆紅淬酒服。蒔蘿閃挫，酒服二錢。萵苣子閃挫，同粟米、烏梅、乳、沒丸服。絲瓜根閃挫，燒研，酒服。○子亦良，渣傅之。冬瓜皮折傷，燒研酒服。果木：西瓜皮閃挫，乾研酒服。橙核閃挫，炒末酒服。橘核腎疰。青橘皮氣滯。桃梟　乾漆　蟲介：紅娘子並行血。鼈肉婦人血瘕腰痛。鼉甲腰中重痛。

外治：桂反腰血痛，醋調塗。白檀香腎氣腰痛，磨水塗。芥子痰注及撲損痛，同酒塗。貓屎燒末，和唾塗。天麻半夏、細辛同煮，熨之。大豆　糯米並炒熨寒濕痛。蒴藋寒濕痛，炒熱眠之。黄狗皮裹腰痛。爵牀　葡萄根並浴腰脊痛。

疝癩腹病曰疝，丸病曰癩。○有寒氣，濕熱，痰積，血滯，虛冷。男子奔豚，女子育腸，小兒木腎。

寒氣：草部：附子　烏頭寒疝厥逆，脉弦緊，煎水入蜜服，或蜜煮爲丸。○寒疝滑泄，同玄胡索、木香煎服。草烏頭寒氣心疝二十年者，同茱萸丸服。胡盧巴同附子、硫黄丸服，治腎虛冷痛。得茴香、桃仁，治膀胱氣。○炒末，茴香酒下，治小腸氣。○同茴香、麪丸服，治冷氣疝瘕。○同沉香、木香、茴香丸服，治陰癩腫痛。馬藺子小腹疝痛冷積，爲末酒服，或拌麪煮食。木香小腸疝氣，煮酒日飲。○小兒陰腫，同枳殼、甘草煎服。玄胡索散氣和血，通經絡，止小腹痛。○同全蝎等分，鹽、酒服。艾葉一切冷氣少腹痛，同香附醋煮丸服，有奇效。牡蒿陰腫，擂酒服。紫金藤丈夫腎氣。菜果：蘹香疝氣，膀胱育腸氣，煎酒，煮粥皆良。○同杏仁、葱白爲末，酒服。○又同蠶沙丸服。○同荔枝末服。○同川椒末服。○炒熨臍下。薤白汁　木瓜並主奔豚。橘核膀胱小腸氣，陰癩腎冷，炒研酒服，或丸服。荔枝核小腸疝氣，燒酒服，或加茴香、青皮。○陰癩，同硫黄丸服。胡桃心腹疝痛，燒研酒服。檳榔奔豚膀胱諸氣，半生半熟，酒服。吳茱萸寒疝往來，煎酒服。○四制丸服，治遠近疝氣，偏墜諸氣。胡椒疝痛，散氣開鬱，同玄胡索末等分，茴香酒下。蜀椒　橄欖核陰癩。同荔核、山查核燒服。栗根偏氣，煎酒服。芡根偏墜氣塊，切煮食。桃仁男子陰腫，小兒卵癩，炒研酒服，仍傅之。山查核　木石：楝實癩疝腫痛，五制丸服。○葉，主疝入囊痛，煎酒飲。蘇方木偏墜腫痛，煮酒服。楮葉疝氣入囊，爲末酒服。○木腎，同雄黄丸服。阿魏癩疝痛，敗精惡血，結在陰囊，同硇砂諸藥丸服。牡荆子小腸疝氣，炒擂酒服。杉子疝痛，一歲一粒，燒研酒服。鼠李子疝瘕積冷，九蒸酒漬服。鐵秤錘疝腫，燒淬酒服。古鏡小兒疝硬，煮汁服。硇砂疝氣卵腫，同乳香、黄蠟丸服。蟲鱗：蘹香蟲疝氣。蜘蛛大人小兒癀。狐疝偏有大小，炒焦同桂末服。蜥蜴小兒陰癀，燒灰酒服。杜父魚小兒差頹，核有小大，以魚咬之七下即消。淡菜腰痛疝瘕。禽獸：烏鷄寒疝絞痛，同生地黄蒸取汁服，當下出寒癖。鷄子黄小腸疝氣，溫水攪服。雄鷄翅陰腫如斗，隨左右燒灰飲服。雀腎冷偏墜疝氣，同茴香、縮砂、椒、桂煨食，酒下。小腸疝，同金絲礬研酒服。雀卵　雀屎並疝瘕。烏鴉偏墜疝氣，煆研，同胡桃、蒼耳子末，酒服。狐陰莖　狸陰莖男子卵癀，燒灰水服。

濕熱：草部：黄芩小腹絞痛，小便如淋，同木通、甘草煎服。柴胡平肝膽三焦火，疝氣寒熱。龍膽厥陰病，臍下至足腫痛。丹參通心包絡。沙參　玄參並主卒得疝氣，小腹陰中相引痛欲死，各酒服二錢。地膚子膀胱疝瘕。○疝危急者，炒研酒服。○狐疝陰卵癀疾，同白术、桂心末服。馬鞭草婦人疝氣，酒煎熱服，仍浴身取汗。羌活男子奔豚，女人疝瘕。海藻疝氣下墜，卵腫。藁本　蛇牀子　白鮮皮並主婦人疝瘕。澤瀉　屋遊　穀菜：赤小豆並小腸膀胱奔豚氣。萵苣子陰癀腫痛，爲末煎服。絲瓜小腸氣痛連心，燒研酒服。果木：梨葉小兒疝痛，煎服。巵子濕熱因寒氣鬱抑，劫藥，以巵子降濕熱，烏頭去寒鬱，引入下焦，不留胃中，有效。杏仁　甘李根皮　桐木皮　訶黎勒　水石：甘爛水並主奔豚氣。代赭石小腸疝氣，火煆醋淬末服。禹餘糧育腸氣痛，爲末飲服。甘鍋偏墜疝，熱酒服。

痰積：草木：牽牛腎氣作痛，同川椒、茴香入猪腎煨食，取下惡物。射干利積痰瘀血疝毒。○陰疝痛刺，搗汁服，取利，亦丸服。大黄小腹痛，老血留結。甘遂疝瘕。○陰癀偏氣，同茴香末酒服。狼毒陰疝欲死，同防風、附子丸服。荆芥破結聚氣，下瘀血。○陰癀腫痛，焙末酒服。蒲黄同五靈脂，治諸疝痛。三稜破積。蓬莪茂破痃癖，婦人血氣，丈夫奔豚。○一切氣痛疝痛，煨研葱、酒服。香附子治食積痰氣疝痛，同海石末，薑汁服。商陸　天南星　貝母　芫花　防葵　巴豆　乾漆　五加皮　鼠李　山查核同。枳實末服。青橘皮並主疝瘕積氣。胡盧巴小腸疝，同茴香、蕎麪丸服，取下白膿，去根。

蟲獸：斑蝥小腸氣，棗包煨食。芫青　地膽　桑螵蛸　雀糞　五靈脂並主疝瘕。猬皮疝積，燒灰酒服。

挾虛：甘草緩火止痛。蒼术疝多濕熱，有挾虛者，先踈滌，而後用參、术，佐以踈導。○虛損偏墜，四制蒼术丸。赤箭　當歸　芎藭　芍藥並主疝瘕，搜肝止痛。山茱萸　巴戟　遠志　牡丹皮並主奔豚冷氣。熟地黃臍下急痛。猪脬疝氣墜痛，入諸藥煮食。

陰㿉　外治：地膚子　野蘇　槐白皮並煎湯洗。馬鞭草　大黃和醋。白堊土並塗傅。蒺藜粉摩。莧根塗陰下冷痛，入腹殺人。熱灰上症，醋調塗。釜月下土同上。白頭翁擣塗，一夜成瘡，二十日愈。木芙蓉同黃檗末，以木鱉子磨醋和塗。雄鷄翅灰同蛇牀子末傅。石灰同巵子、五倍子末，醋和傅。牡蠣粉水㿉，同乾薑末傅。鐵精粉　蓬砂水研。地龍糞　馬齒莧並塗小兒陰腫。茱萸冷氣，内外腎釣痛，同鹽研罨。蜀椒陰冷漸入囊，欲死，作袋包。

明·李時珍《本草綱目》卷四《序例》百病主治藥下

痛風屬風、寒、濕、熱、挾痰及血虛、污血。

風寒風濕：草木：麻黃風寒、風濕、風熱痹痛，發汗。羌活風濕相搏，一身盡痛，非此不除。○同松節煮酒，日飲。防風主周身骨節盡痛，乃治風去濕仙藥。蒼术散風，除濕，燥痰，解鬱，發汗，通治上中下濕氣。○濕氣身痛，熬汁作膏，點服。桔梗寒熱風痹，滯氣作痛，在上者宜加之。茜根治骨節痛，燥濕行血。紫葳除風熱血滯作痛。蒼耳子風濕周痹，四肢拘痛，爲末煎服。牽牛子除氣分濕熱，氣壅腰脚痛。羊躑躅風濕痹痛走注，同糯米、黑豆，酒、水煎服，取吐利。○風痰注痛，同生南星擣餅，蒸四五次收之，臨時焙丸，溫酒下三丸，靜臥避風。芫花風濕痰注作痛。草烏頭風濕痰涎，歷節走痛不止，入豆腐中煮過，晒研，每服五分，仍外傅痛處。烏頭　附子並燥濕痰，爲引經藥。百靈藤酒。石南藤酒。青藤酒。並主風濕骨痛頑痹。薏苡仁久風濕痹，筋急不可屈伸。風濕身痛，日晡甚者，同麻黃、杏仁、甘草煎服。豆豉　松節去筋骨痛，能燥血中之濕。○歷節風痛，四肢如脱，浸酒日服。桂枝引諸藥橫行手臂。同椒、薑浸酒，絮熨陰痹。海桐皮腰膝注痛，血脉頑痹，同諸藥浸酒服。五加皮風濕骨節攣痛，浸酒服。枸杞根及苗去皮膚骨節間風。○子，補腎。

蟲獸：蠶沙浸酒。蠍梢肝風。蚯蚓脚風宜用。穿山甲風痹疼痛，引經通竅。守宫通經絡，入血分。○歷節風痛，同地龍、草烏頭諸藥丸服。白花蛇骨節風痛。烏蛇同上。水龜風濕拘攣，筋骨疼痛，同天花粉、枸杞子、雄黃、麝香、槐花煎服。○版，亦入陰虛骨痛方。五靈脂散血活血，止諸痛，引經有效。虎骨筋骨毒風，走注疼痛，脛骨尤良。○白虎風痛膝腫，同通草煮服，取汗。○同没藥末服。○風濕痛，同附子末服。○頭骨，浸酒飲。

風痰濕熱：草部：半夏　天南星並治風痰、濕痰、熱痰凝滯，歷節走注。○右臂濕痰作痛，南星、蒼术煎服。大戟　甘遂並治濕氣化爲痰飲，流注胸膈經絡，發爲上下走注，疼痛麻痹。能泄臟腑經隧之濕。大黃泄脾胃血分之濕熱。○酥炒煎服，治腰脚風痛，取下冷膿惡物即止。威靈仙治風濕痰飲，爲痛風要藥，上下皆宜。○腰膝積年冷病諸痛，爲末酒下，或丸服，以微利爲效。黃芩三焦濕熱風熱，歷節腫痛。秦艽除陽明風濕、濕熱，養血榮筋。龍膽草　木通煎服。防己　木鱉子並主濕熱腫痛，在下加之。薑黃治風痹臂痛，能入手臂，破血中之滯氣。紅藍花活血滯，止痛，瘦人宜之。菜果：白芥子暴風毒腫，痰飲流入四肢經絡作痛。桃仁血滯風痹攣痛。橘皮下滯氣，化濕痰。○風痰麻木，或手木，或十指麻木，皆是濕痰死血，以一斤去白，逆流水五盌，煮爛去滓至一盌，頓服取吐，乃吐痰之聖藥也。檳榔一切風氣，能下行。木石：枳殼風痹淋痹，散痰疏滯。黃檗除下焦濕熱痛腫，下身甚者加之。茯苓滲濕熱。竹瀝化熱痰。蘇方木活血止痛。滑石滲濕熱。獸禽：羚羊角入肝平風，舒筋，止熱毒風歷節掣痛效。羊脛骨除濕熱，止腰脚筋骨痛，浸酒服。

補虛：草部：當歸　芎藭　芍藥　地黃　丹參並養新血，破宿血，止痛。牛膝補肝腎，逐惡血，治風寒濕痹，膝痛不可屈伸，能引諸藥下行，痛在下者加之。石斛脚膝冷痛痹弱，酒浸酥蒸，服滿一鎰，永不骨痛。天麻諸風濕痹不仁，補肝虛，利腰膝。○腰脚痛，同半夏、細辛袋盛，蒸熱互熨，汗出則愈。萆薢　狗脊寒濕膝痛腰背強，補肝腎。土茯苓治瘡毒筋骨痛，去風濕，利關節。鎖陽潤燥養筋。穀木：罌粟殼收斂固氣，能入腎，治骨痛尤宜。松脂歷節風酸痛，錬淨，和酥煎服。乳香補腎活血，定諸經之痛。没藥逐經絡滯血，定痛。○歷節諸風痛不止，同虎脛骨末，酒服。

外治白花菜傅風濕痛。芥子走注風毒痛，同醋塗。蓖麻油入膏，拔風邪出外。鵜鶘油入膏，引藥氣入内。羊脂入膏，引藥氣入内，拔邪出外。野駝脂摩風痛。牛皮膠同薑汁化，貼骨節痛。驢骨浴歷節風。蠶沙蒸熨。

頭痛有外感，氣虛，血虛，風熱，濕熱，寒濕，痰厥，腎厥，真痛，偏痛。右屬風虛，左屬痰熱。

引經：太陽麻黃、藁本、羌活、蔓荆。陽明白芷、葛根、升麻、石膏。少陽柴胡、芎藭。太陰蒼术、半夏。少陰細辛。厥陰吴茱萸、芎藭。

濕熱痰濕：草部：黃芩一味酒浸晒研，茶服，治風濕、濕熱、相火、偏、正諸般頭痛。荆芥散風熱，清頭目。○作枕，去頭項風。○同石膏末服，去風熱頭痛。薄荷除風熱，清頭目，蜜丸服。菊花頭目風熱腫痛，同石膏、芎藭，末服。蔓荆實頭痛，腦鳴，目淚。○太陽頭痛，爲末浸酒服。水蘇風熱痛，同皂莢、芫花丸服。半夏痰厥頭痛，非此不除，同蒼术用。栝樓熱病頭痛，洗瓤溫服。香附子氣鬱頭痛，同川芎末常服。〇偏頭風，同烏頭、甘草丸服。大黃熱厥頭痛，酒炒三次，爲末，茶服。釣藤平肝風心熱。茺蔚子血逆，大熱頭痛。木通　青黛　大青　白鮮皮　茵陳　白蒿　澤蘭　沙參　丹參　知母

吳藍　景天並主天行頭痛。前胡　旋覆花　菜果：竹筍並主痰熱頭痛。東風菜　鹿藿　苦茗並治風熱頭痛。〇清上止痛，同葱白煎服。巴豆烟熏過服，止氣虛頭痛。楊梅頭痛，爲末茶服。橘皮　木石：枳殼並主痰氣頭痛。櫸皮時行頭痛，熱結在腸。枸杞寒熱頭痛。竹茹飲酒人頭痛，煎服。竹葉　竹瀝　荆瀝並痰熱頭痛。黄蘗　巵子　茯苓　白堊土並濕熱頭痛。〇合王瓜爲末服，止疼。石膏陽明頭痛如裂，壯熱如火。〇風熱，同竹葉煎。〇風寒，同葱、茶煎。風痰，同川芎、甘草煎。鐵粉頭痛鼻塞，同龍腦水服。光明鹽　獸人：犀角傷寒頭痛寒熱，諸毒氣痛。童尿寒熱頭痛至極者，一盞，入葱、豉煎服，陶隱居盛稱之。

風寒濕厥：草穀菜果：芎藭風入腦戶頭痛，行氣開鬱，必用之藥。〇風熱及氣虛，爲末茶服。〇偏頭風，浸酒服。〇卒厥，同烏藥末服。防風頭面風去來。〇偏正頭風，同白芷，蜜丸服。天南星風痰頭痛，同荆芥丸服。〇痰氣，同茴香丸服。〇婦人頭風，爲末酒服。烏頭　附子浸酒服，煮豆食，治頭風。〇同白芷末服，治風毒痛。〇同川芎或同高良薑服，治風寒痛。〇同葱汁丸，或同鍾乳、全蠍丸，治氣虛痛。〇同全蠍、韭根丸，腎厥痛。〇同釜墨，止痰厥痛。天雄頭面風去來痛。草烏頭偏正頭風，同蒼朮、葱汁丸服。白附子偏正頭風，同牙皂末服。〇痰厥痛，同半夏、南星丸服。地膚子雷頭風腫，同生薑擂酒服，取汗。杜衡風寒頭痛初起，末服，發汗。蒴藋煎酒取汗。蓖麻子同川芎燒服，取汗。萆薢同虎骨、旋覆花末服，取汗。南藤釀酒服，並治頭風。通草燒研酒服，治洗頭風。菖蒲頭風淚下。杜若風入腦戶，痛腫涕淚。胡盧巴氣攻痛，同三稜、乾薑末，酒服。牛膝腦中痛。當歸煮酒。地黄　芍藥並血虛痛。葳蕤　天麻　人參　黄芪並氣虛痛。

蒼耳　大豆黄卷並頭風痹。胡麻頭面遊風。百合頭風目眩。胡荽　葱白　生薑並風寒頭痛。杏仁時行頭痛，解肌。〇風虛痛欲破，研汁入粥食，得大汗即解。茱萸厥陰頭痛嘔涎，同薑、棗、人參煎服。蜀椒　枳椇　木石蟲獸：柏實並主頭風。桂枝傷風頭痛自汗。烏藥氣厥頭痛及産後頭痛，同川芎末，茶服。皂莢時氣頭痛，燒研，同薑、蜜，水服，取汗。山茱萸腦骨痛。辛夷　伏牛花　空青　曾青並風眩頭痛。石硫黄腎厥頭痛、頭風，同消石丸服。〇同胡粉丸服。〇同食鹽丸服。〇同烏藥丸服。蜂子　全蠍

白殭蠶葱湯服，或入高良薑，或以蒜製爲末服，治痰厥、腎厥痛。白花蛇腦風頭痛及偏頭風，同南星、荆芥諸藥末服。魚鰾八般頭風，同芎芷末，衝酒熱飲，醉醒則愈。羊肉頭腦大風，汗出虛勞。羊屎雷頭風，焙研酒服。

吐痰見風及痰飲。

外治：穀精草爲末嗃鼻，調糊貼腦，燒烟熏鼻。玄胡索同牙皂、青黛爲丸。瓜蒂

藜蘆　細辛　蒼耳子　大黄　遠志　華茇　高良薑　牽牛同砂仁、楊梅末。芸薹子　皂莢　白棘鍼同丁香、麝香。雄黄同細辛。玄精石　消石　人中白同地龍末，羊膽爲丸。旱蓮汁　蘿蔔汁　大蒜汁　苦瓠汁並嗃鼻。艾葉揉丸嗅之，取出黄水。蓖麻仁同棗肉紙卷，插入鼻內。半夏烟　木槿子烟　龍腦烟並熏鼻。燈火焠之。蕎麥麪作大餅，更互合頭，出汗。〇或作小餅，貼四眼角，灸之。黄蠟和鹽作兜鍪，合之即止。麝香同皂莢末，安頂上，炒鹽熨之。茱萸葉蒸熱枕之，治大寒犯腦痛，亦浴頭。桐木皮　冬青葉　石南葉　牡荆根　槵子皮　莽草　葶藶　豉汁　驢頭汁並治頭風。全蠍同地龍、土狗、五倍子末。柚葉同葱白。山豆根　南星同川烏。烏頭　草烏頭同巵子、葱汁。乳香同蓖麻仁。決明子並貼太陽穴。露水八月朔旦取，磨墨點太陽，止頭疼。桂木陰雨即發痛，酒調，塗頂額。井底泥同硝、黄傅。朴消熱痛，塗頂上。訶子同芒硝、醋摩之。牛蒡根同酒煎膏摩之。緑豆作枕去頭風。〇決明、菊花皆良。麥麪頭皮虛腫，薄如裹水，水嚼傅之良。巵子蜜和傅舌上，追涎去風甚妙。

眩運眩是目黑，運是頭旋，皆是氣虛挾痰，挾火，挾風，或挾血虛，或兼外感四氣。

風虛：草菜：〔天麻〕目黑頭旋，風虛內作，非此不能除，爲治風神藥，名爲定風草。〇首風旋運，消痰定風，同川芎，蜜丸服。朮頭忽眩運，瘦削食土，同麪丸服。荆芥頭旋目眩。〇産後血運欲死，童尿調服。白芷頭風血風眩運，蜜丸服。蒼耳子諸風頭運，蜜丸服。〇女人血風頭旋，悶絶不省，爲末酒服，能通頂門。菊苗男女頭風眩運，髮落有痰，發則昏倒，四月收，陰乾爲末，每酒服二錢。秋月收花浸酒，或釀酒服。蒴藋根頭風旋運，同獨活、石膏煎酒服。〇産後血運，煎服。貝母洗惡風寒，目眩項直。杜若風入腦戶，眩倒，目䀮䀮。釣藤平肝風心火，頭旋目眩。排風子目赤頭旋，同甘草、菊花末。當歸失血眩運，芎藭煎服。芎藭首風旋運。紅藥子産後血運。附子　烏頭　薄荷　細辛　木香

紫蘇　水蘇　白蒿　飛廉　卷柏　蘼蕪　羌活　藁本　地黄　人參　黄芪　升麻　柴胡　山藥並治風虛眩運。生薑　木蟲鱗獸：松花頭旋腦腫，浸酒飲。槐實風眩欲倒，吐涎如醉，瀁瀁如舟車上。辛夷眩冒，身兀兀如在車船上。蔓荆實腦鳴昏悶。伏牛花　丁香　茯神　茯苓　山茱萸　地骨皮　全蠍　白花蛇

烏蛇並頭風眩運。鹿茸眩運，或見一爲二，半兩煎酒，入麝服。驢頭中風頭眩，身顫，心肺浮熱，同豉煮食。兔頭骨及肝　羚羊角　羊頭蹄及頭骨　羊肉　牛胃　豬腦

豬血　熊腦並主風眩瘦弱。

痰熱　草菜：　天南星風痰眩運吐逆，同半夏、天麻、白麪煮丸。　半夏痰厥昏運，同甘草、防風煎服。○風痰眩運，研末水沉粉，入朱砂丸服。○金花丸：　同南星、寒水石、天麻、雄黃、白麪，煮丸服。　白附子風痰，同石膏、朱砂、龍腦丸服。　大黃濕熱眩運，炒末茶服。旋覆花　天花粉　前胡　桔梗　黃芩　黃連　澤瀉　白芥子熱痰煩運，同黑芥子、大戟、甘遂、芒消、朱砂丸服。　果木：　橘皮　荆瀝　竹瀝頭風旋運目眩，心頭漾漾欲吐。　枳殼　黃蘗　巵子　金石：　石膽女人頭運，天地轉動，名曰心眩，非血風也。以胡餅劑和，切小塊焙乾，每服一塊，竹茹湯下。　雲母中風寒熱，如在舟船上。○同恆山服，吐痰飲。　石膏風熱。　鉛、汞結砂。　硫黃　消石並除上盛下虛，痰涎眩運。　朱砂　雄黃　蟲禽：　白殭蠶並風痰。　鶻嘲頭風目眩，炙食一枚。　鷹頭頭目虛運，同川芎末服。　鴟頭頭風旋運。○同蕳茹、白朮丸服。

外治　甘蔗油吐痰。　瓜蒂吐痰。○痰門吐法可用。　茶子頭中鳴響，爲末嗃鼻。

眼目有赤目傳變，內障昏盲，外障瞖膜，物傷眯目。

赤腫：　草部：　黃連消目赤腫，瀉肝膽心火，不可久服。○赤目痛痒，出淚羞明，浸鷄子白點。○蒸人乳點。○同冬青煎點。○同乾薑、杏仁煎點。○水調貼足心。○爛弦風赤同人乳、槐花、輕粉蒸熨。　風熱盲瞖，羊肝丸服。　胡黃連浸人乳，點赤目。○小兒塗足心。　黃芩消腫赤瘀血。　芍藥目赤澀痛，補肝明目。　桔梗赤目腫痛。○肝風盛，黑睛痛，同牽牛丸服。　白牽牛風熱赤目，同葱白煮丸。　龍膽赤腫瘀肉高起，痛不可忍，除肝膽邪熱，去目中黃，佐柴胡，爲眼疾必用之藥。○暑月目澀，同黃連汁點。○漏膿，同當歸末服。　葳蕤目痛眦爛淚出，赤目澀痛，同芍藥、當歸、黃連煎洗。○白芷赤目弩肉，頭風侵目痒淚，一切目疾，同雄黃丸服。　薄荷去風熱。○爛弦，以薑汁浸研，泡湯洗。　荆芥頭目一切風熱疾，爲末酒服。　藍葉赤目熱痛，同車前、淡竹葉煎洗。　山茵蔯赤腫，同車前子末服。　王瓜子赤目痛澀，同槐花、芍藥丸服。　香附子肝虛睛痛羞明，同夏枯草末，沙糖水服。○頭風睛痛，同川芎末，茶服。　防己目睛暴痛，酒洗三次，末服。　夏枯草補養厥陰血脉，故治目痛如神。菖蒲諸般赤目，擣汁熬膏點之。○同鹽傅，挑鍼。　地黃血熱，睡起目赤，煮粥食。○暴赤痛，小兒蓐內目赤，並貼之。　地膚子風熱赤目，同地黃作餠，晒研服。　苦參　細辛並明目，益肝膽，止風眼下淚。　黃芪　連翹又洗爛弦。　大黃並主熱毒赤目。　赤芍藥　白及防風　羌活　白鮮皮　柴胡　澤蘭　麻黃並主風熱赤目腫痛。　野狐漿草汁積雪草汁　瞿麥汁　車前草汁並點赤目。○葉赤貼之。　千里及汁點爛弦風眼。五味子同蔓荆子煎。　覆盆草汁滴風爛眼，去蟲。　五味子同蔓荆子煎，洗爛弦。　艾葉同黃連煎水，洗赤目。　附子暴赤腫痛，納粟許入目。　高良薑吹鼻退赤。　狗尾草戛赤目，去惡血。　石斛同川芎嗃鼻，起倒睫。　木鼈子塞鼻，起倒睫。　穀菜：　粟泔澱同地黃，貼熨赤目。　豆腐熱貼。　黑豆袋盛泡熱，互熨數十次。　燒酒洗火眼。　生薑目暴赤腫，取汁點之。　乾薑目睛久赤及冷泪作痒，泡湯洗之。取粉點之，尤妙。○末，貼足心。　東風菜肝熱目赤，作羹食。　薺菜　枸杞菜　果部：　西瓜日乾，末服。　石蓮子眼赤痛，同粳米作粥食。　梨汁點弩肉。○赤目，入膩粉、黃連末。　甘蔗汁合黃連煎，點暴赤腫。　杏仁同古錢埋之，化水點目中赤脉。　同膩粉，點小兒血眼。○油燒烟，點胎赤眼。　酸榴皮點目泪。鹽麩子　木部：　海桐皮　山礬葉同薑浸熱水。　黃櫨並洗風赤眼。　桐油烙風眼。秦皮洗赤目腫。○暴腫，同黃連、苦竹葉煎服。　黃蘗目熱赤痛，瀉陰火。○時行赤目，浸水蒸洗。○嬰兒赤目，浸人乳點。　巵子目赤熱痛，明目。　枸杞根皮洗天行赤目。　楮枝灰泡湯，洗赤目。　櫸皮洗飛血赤目。　欒華目痛眦爛腫赤，合黃連作煎點。　槐花退目赤。○胎赤，以枝磨銅器汁塗之。　冬青葉同黃連熬膏，點諸赤眼。　子汁，亦可同朴消點之。　木芙蓉葉水和，貼太陽，止赤目痛。　丁香百病在目，同黃連煎乳點之。　蕤核仁和胡粉、龍腦，點爛赤眼。　郁李仁和龍腦，點赤目。　淡竹瀝點赤目。　荆瀝點赤目。　訶黎勒磨蜜，點風眼。　桑葉赤目澀疼，爲末，紙卷燒烟熏鼻中。　白棘鈎點倒睫。　青布目痛磣澀及病後目赤有瞖，炙熱，臥時熨之。　水土：　熱湯沃赤目。　白堊赤爛眼倒睫，同銅青泡湯洗。　古磚浸厠中取出，生霜，點赤目。　金石：　金環　銅匙並烙風赤、風熱眼。　瑪瑙熨赤爛。　水精　玻瓈熨熱腫。　琉璃水浸，熨目赤。　鹽藥點風赤爛眼。　爐甘石火煅，童尿淬研，點風濕爛眼。○同朴消泡，洗風眼。　芒消洗風赤眼。　白礬同銅青洗風赤眼。○甘草水調，貼目胞，去赤腫。　青礬洗赤爛眼，及倒睫，及暴赤眼。　石膽洗風赤眼，止疼。　綠鹽同蜜，點胎赤眼。　光明鹽　牙消　消石點赤目疼。　鹵鹼同青梅、古錢浸湯，點風熱赤目。○紙包風處，日取點一切目疾。○同石灰、醋傅倒睫。　古錢磨薑汁，點赤目腫痛。　磨蜜，艾烟熏過，點赤目生瘡。　銅青和水塗盌中，艾烟熏乾，貼爛眼泪出。　無名異點燈，熏倒睫毛。石燕磨水，點倒睫。　鉛丹同烏賊骨末，蜜調，點赤目。○貼太陽，止腫痛。　土朱同石灰，貼赤目腫閉。　玄精石目生赤脉，同甘草末服。　目赤澀痛，同黃蘗點之。　井泉石風毒赤目，同穀精草、井中苔、豆豉末服。○眼瞼赤腫，同大黃、巵子服。　石膏　蟲部：　五倍子主風赤爛眼，研傅之。　或燒過，入黃丹。○同白善土、銅青泡洗。○蔓荆子同煎洗。○其中蟲，同爐甘石點之。　泥中蛆洗晒研，貼赤目。　蠅倒睫，嗃鼻。　人虱倒睫拔毛，取血點之。　介鱗：　穿山甲倒睫，羊腎脂炙嗃鼻。○火眼，燒烟熏之。　守宮糞塗赤爛眼。　田螺入鹽化汁，點肝熱目赤。○入黃連、真珠，止目痛。○入銅綠，點爛眼。　海螺同。　蚌赤目、目暗，入黃連，取汁點。海螵蛸同銅綠泡湯，洗婦人血風眼。鯉魚膽　青魚〔膽〕　禽獸：烏雞膽　鴨膽　雞子白並點赤目。雞卵白皮風眼腫痛，同枸杞白皮嗃鼻。雞冠血點目泪不止。驢乳浸黃連，點風熱赤目。驢尿同鹽，點弩肉。猪膽　犬膽　羊膽蜜蒸九次。熊膽並點赤目。猬膽　人部：小兒臍帶血並點痘風眼。人乳汁點赤目多泪。○和雀糞，點弩肉。人尿洗赤目。耳塞點一切目疾。頭垢點赤目。

昏盲：　草部：　人參益氣明目。○酒毒目盲，蘇木湯調末服。○小兒驚後，瞳人不正，同阿膠煎服。黃精補肝明目，同蔓荆子九蒸九晒爲末，日服之。蒼朮補肝明目，同熟地黃丸服。○同茯苓丸服。○青盲雀目，同豬肝或羊肝，粟米湯煮食。○目昏澀，同木賊末服。○小兒目澀不開，同猪膽煮丸服。玄參補腎明目。○赤脉貫瞳，豬肝蘸末服。當歸內虛目暗，同附子丸服。青蒿子目澀，爲末日服，久則目明。葈耳子爲末，入粥食，明目。地黃補陰，主目䀮䀮無所見。○補腎明目，同椒紅丸服。麥門冬明目輕身，同地黃、車前丸服。決明子除肝膽風熱，淫膚赤白膜，青盲。○益腎明目，每旦吞一匙，百日後夜見物光。○補肝明目，同蔓菁酒煮爲末，日服。○積年失明，青盲雀目，爲末，米飲服。或加地膚子丸服。地膚子補虛明目，同地黃末服。○葉，洗雀目，去熱暗澀疼。○汁，點物傷睛陷。車前子明目，去肝中風熱毒衝眼，赤痛障瞖，腦痛泪出。○風熱目暗，同黃連末服。○目昏障瞖，補肝腎，同地黃、菟絲子丸服。名駐景丸。蒺藜三十年失明，爲末日服。菟絲子補肝明目，浸酒丸服。營實目熱暗，同枸杞子、地膚子丸服。千里及退熱明目，同甘草煮服。地衣草治雀目，末服。葳蕤眼見黑花，昏暗痛赤，每日煎服。淫羊藿病後青盲，同淡豉煎服。○小兒雀目，同蠶蛾、甘草、射干末，入羊肝內煮食。天麻　芎藭　萆薢並補肝明目。白朮目泪出。菊花風熱，目疼欲脫，泪出，養目去盲，作枕明目。○葉同。五味子補腎明目，收瞳子散。覆盆子補肝明目。茺蔚子益精明目。瞳子散大者勿用。木鼈子疳後目盲，同胡黃連丸服。龍腦薄荷暑月目昏，取汁點之。箬葉灰淋汁，洗一切目疾。柴胡目暗，同決明子末，人乳和傅目上，久久目視五色。薺苨　地榆　蓍實　艾實　牛蒡子　蓼子　款冬花　瞿麥　通草　柴胡　細辛　鱧腸　酸漿子　萱草　槌胡根

葒草實　穀菜：　赤小豆　腐婢　白扁豆並明目。大豆肝虛目暗，牛膽盛之，夜吞三七粒。苦蕎皮同黑豆、綠豆皮、決明子、菊花作枕，至老目明。葱白歸目益精，除肝中邪氣。葱實煮粥食，明目。蔓菁子明目益氣，使人洞視，水煮三遍，去苦味，日乾爲末，水服。○一用醋煮，或醋蒸三遍，末服，治青盲，十得九愈。○或加決明子，酒煮。或加黃精，九蒸九晒。○花，爲末服，治虛勞目暗。芥子雀目，炒末，羊肝煮食。○挼入目中，去瞖。白芥子塗足心，引熱歸下，痘疹不入目。薺菜　菥蓂　莧實　苦苣　萵苣　翹搖

冬瓜仁　木耳　果部：　梅核仁　胡桃並明目。石蜜明目，去目中熱膜，同巨勝子丸服。棗皮灰同桑皮灰煎湯洗，明目。椒目眼生黑花年久者，同蒼朮丸服。蜀椒　秦椒　木部：　桂　辛夷　枳實　山茱萸並明目。沉香腎虛目黑，同蜀椒丸服。桐花眼見禽蟲飛走，同酸棗、羌活、玄明粉煎服。槐子久服除熱明目除淚，煮飲，或入牛膽中風乾吞之。或同黃連末丸服。五加皮明目。○浸酒，治目僻目䀮。牡荆莖青盲，同烏雞丸服。黃蘗目暗，每旦含洗，終身無目疾。松脂肝虛目淚，釀酒飲。椿莢灰逐月洗頭，明目。槵子皮洗頭，明目。桑葉及柴灰　柘木灰並逐月按日，煎水洗目，明目，治青盲。蔓荆子明目除昏，止睛痛。蕤核同龍腦，點一切風熱昏暗黑花。梓白皮主目中疾。石南小兒受驚，瞳人不正，視東則見西，名通睛，同瓜子、藜蘆吹鼻。秦皮　逐折　欒荆　木槿皮　桑寄生洗。苦竹葉及瀝　天竹黃　盧會　蜜蒙花　金石：　銀屑　銀膏　赤銅屑　玉屑　鐵精　鉛灰揩牙洗目。爐甘石目暗昏花，同黃丹鍊蜜丸。鍾乳石　赤石脂　青石脂　長石　理石並明目。石膏去風熱，雀目夜昏，同猪肝煮食。○風寒入腦系，敗血凝滯作眼寒，同川芎、甘草末服。丹砂目昏內障，神水散大，同慈石、神麴丸服。芒消逐月按日洗眼，明目。黃土目卒無所見，浸水洗之。食鹽洗目，明目止泪。戎鹽　慈石　石青　白青　石硫青　水部：　臘雪　明水　甘露

菖蒲及柏葉上露　蟲介鱗部：　螢火並明目。蜂蜜目膚赤脹。○肝虛雀目，同蛤粉、猪肝煮食。蚌粉雀目夜盲，同猪肝、米泔煮食，與夜明砂同功。蛤粉雀目，炒研，油、蠟和丸，同猪肝煮食。玳瑁迎風目泪，肝腎虛熱也。同羚羊角、石燕子末服。真珠合鯉魚膽、白蜜，點肝虛雀目。鯽魚熱病目雀，作臛食。弩肉，貼之。鯉魚腦和膽，點青盲。青魚睛汁　禽獸：　烏目汁並注目，能夜見物。鸜鵒睛汁　鷹睛汁並注目，能見碧霄之物。鶴腦和天雄、葱實服，能夜書字。雀頭血點雀目。伏翼主目痒疼，夜視有精光。○血及膽滴目中，夜見物。雄雞膽目爲物傷，同羊膽、鯽魚膽點。烏雞肝風熱目暗，作羹食。鳩補腎，益氣，明目。猪肝補腎明目。○雀目，同海螵蛸、黃蠟煮食。○同石決明、蒼朮末煮食。青羊肝補肝風虛熱，目暗赤痛及熱病後失明，作生食，并水浸貼之。○青盲，同黃連、地黃丸服。○小兒雀目，同白牽牛末煮食。又同穀精草煮食。○赤目失明，同決明子、蓼子末服。○風熱昏暗生瞖，生擣末，黃連丸服。○不能遠視，同葱子末，煮粥食。○〔赤目失明，〕目病䀮䀮，煮熱熏之。牛肝補肝明目。兔肝風熱上攻，目暗不見物，煮粥食。犬膽肝虛目暗，同螢火末點。○目中膿水，上伏日酒服。牛膽明目，釀槐子吞。○釀黑豆吞。○和柏葉、夜明砂丸服。鼠膽點青盲雀目。○目，和魚膏點，明目。屎，明目。白犬乳點十年青盲。醍醐傅腦，明目。牛涎點損目、破目。鹿茸補虛明目。羖羊角並明目。羚羊角並明目。

〔人部〕：天靈盖治青盲。

翳膜：　草部：　白菊花病後生瞖，同蟬花末服。○癍豆生瞖，同緑豆皮、穀精草末，煮乾柿食。淫羊藿目昏生瞖，同王瓜末服。莔實目瞖瘀肉，倒睫拳毛，同豬肝丸服。穀精草去瞖，同防風末服。○痘後瞖，同猪肝丸服。天花粉痘後目障，同蛇蜕、羊肝煮食。羊肝　覆盆子根粉，點痘後瞖。白藥子疳眼生瞖，同甘草、猪肝煮食。黄芩肝熱生瞖，同淡豉末，猪肝煮食。水萍癍瘡入目，以羊肝煮汁調末服，十服見效。番木鼈癍瘡入目，同腦、麝吹耳。馬勃癍瘡入目，同蛇皮、魚子煅研服。貝母研末點瞖。同胡椒末止泪。同真丹點努肉，或同丁香。麻黄根内外障瞖，同當歸、麝香嗃鼻。鱧腸同藍葉浸油摩頂，生髮去瞖。牛膝葉汁，點目生珠管。青葙子肝熱赤障，瞖腫青盲。敗醬赤目瞖障努肉。白豆蔻白睛瞖膜，利肺氣。木賊退瞖。莕根同諸藥點瞖。鵝不食草嗃鼻塞耳貼目，爲去瞖神藥。景天花汁　仙人草汁　菜穀：　苦瓠汁並點瞖。○小壺盧吸瞖。薺根明目去瞖，臥時納入眦内，久久自落。○薺實，主目痛青盲去瞖，久服視物鮮明。菥蓂子目痛泪出，益精光，去努肉，爲末，臥時點之。莧實青盲目瞖黑花，肝家客熱。馬齒莧目中息肉淫膚，青盲白瞖，取子爲末，蒸熨。蘭香子安目中磨瞖，亦煎服。黑豆皮痘後瞖。緑豆皮痘後瞖，同穀精、白菊花末，柿餅、粟米泔煮食，極效。　果木：　杏仁去油，入銅緑，點瞖。○入膩粉，點努肉。李膠治瞖，消腫定痛。蘡薁藤汁點熱瞖，去白障。龍腦香明目，去膚瞖，内外障，日點數次，或加蓬砂，併嗃鼻。蜜蒙花青盲膚瞖，赤腫眵多，目中赤脉及疳氣攻眼，潤肝燥。○同黄蘗丸服，去障瞖。楮實肝熱生瞖，研末日服。○同荆芥丸服，治目昏。○葉末及白皮灰，入麝，點一切瞖。楸葉煨取汁熬，點小兒瞖。枸杞汁點風障赤膜昏疼。榨油點燈，明目。蕤核心腹邪熱，目赤腫疼，泪出眦爛。○同黄連，點風眼瞖膜。○同蓬砂，或同青鹽、猪胰，點膜瞖。沒藥目翳暈疼膚赤，肝血不足。乳香　琥珀磨翳。瑿

水土：　井華水洗膚翳。○浸目睛突出。白瓷器煅研。東壁土　金石：　錫悋脂　珊瑚　瑪瑙　寶石　玻瓈　菩薩石並點翳。古文錢磨汁，點盲去翳及目卒不見。丹砂擦瞖，點息肉。○同貝母，點珠管。輕粉點翳。○同黄丹吹鼻，去痘後瞖。粉霜痘疹入目生瞖，同朱砂水調，傾耳中。爐甘石明目去瞖，退赤收濕，煅赤，童尿淬七次，入龍腦，點一切目疾。或黄連水煮過，亦良。○同蓬砂、海螵蛸、朱砂，點目翳昏暗爛赤。空青漿，點青盲内障翳膜。瞳人破者，得再見物。○一切目疾，同黄連、槐芽、片腦吹鼻。○膚翳，同蕤仁點。○黑翳，同礬石、貝子點。曾青一切風熱目病，同白薑、蔓荆子、防風末，嗃鼻。○癍瘡入目，同丹砂、蠐螬點。蜜陀僧浮翳多淚。花乳石多年翳障，同川芎、防風諸藥點之。井泉石小兒熱疳，雀目青盲生翳，同石決明服。玄精石赤目失明障翳，同石決明、蕤仁、黄連、羊肝丸服。越砥磨汁點翳，去盲止痛。鉛丹一切目疾，同蜜熬點。○同烏賊骨，點赤目生翳。○同白礬，點翳。○同鯉魚膽，點目生珠管。○同輕粉吹耳，去痘疹生翳。石燕磨，點障翳拳毛倒睫。石蟹磨，點青盲淫膚丁翳。礬石點翳膜努肉。硇砂去膜翳努肉，或入杏仁。蓬砂點目翳努肉瘀突，同片腦用。緑鹽點翳，去赤止痛。芒消點障翳赤腫澀痛。○或入黄丹、腦、麝。消石同黄丹、片腦點翳。浮石　蟲鱗介部：　蠶蜕並去障翳。蟬蜕目昏障翳，煎水服。○産後翳，爲末，羊肝湯服。芫青去頑翳，同樗鷄、斑蝥、蓬砂、蕤仁點。樗鷄　蠐螬汁滴青翳白膜。蛇蜕卒生翳膜，和麪炙研湯服。○痘後翳，同天花粉、羊肝煮食。蚺蛇膽點翳。烏蛇膽風毒氣眼生翳。鯉魚膽　青魚膽並點翳障。○或加黄連、海螵蛸。或加鯉魚牛羊熊膽、麝香，合決明丸服。海螵蛸點一切浮翳及熱淚。傷寒熱毒攻目生翳，入片腦。○赤翳攀睛貫瞳人，加辰砂，黄蠟丸，納之。○小兒疳眼流膿，加牡蠣、猪肝煮食。鰻鱺血　鱓血並點痘疹入目生翳。鮫魚皮去翳，功同木賊。魚子入翳障努肉藥。石決明明目磨翳。○同甘草、菊花煎服，治羞明。海蚌、木賊水煎服，治肝虚生翳。同穀精草末，猪肝蘸食，治痘後翳。真珠點目去翳。○合左纏根，治麩豆入目。地榆煮過，醋浸研末，點頑翳。紫貝生研，同猪肝煮食，治痘疹生翳。白貝燒研，點目花翳痛。珂點翳，或入片腦、枯礬。螺螄常食，去痘後翳。牡蠣　禽獸：　抱出鷄卵殻點翳障及癍疹入目。雀内外障翳丸藥。雀屎點努肉赤脉貫瞳子者即消，又去目痛赤白膜。五靈脂治血貫瞳人。○同海螵蛸末，猪肝蘸食，治浮翳。夜明砂目盲障翳，入猪肝煮食。胡燕屎　猪脂並點翳。猪膽皮灰點翳，不過三五度。猪血點痘入目。猪胰同蕤仁點翳。猪鼻灰目中風翳，水服。猪懸蹄炒，同蟬蜕、羚羊角末服，治斑豆生翳。○燒灰，浸湯洗。羊膽點青盲赤障白翳風疾，病後失明。羊睛點翳膜目赤。○白珠磨汁點。白羊髓點赤翳。熊膽明目除翳，清心平肝。○水化點。象膽功同熊膽。○睛，和人乳滴之。獺膽目翳黑花，飛蠅上下，視物不明，入點藥。兔屎去浮翳、痘後翳，日乾，茶服一錢，或加檳榔末。羚羊角　犀角清肝明目。麝香　虎骨　人部：　人唾津並退翳。爪甲刮末點翳及痘後生翳，或加朱砂。○目生珠管，燒灰，同貝子灰、龍齒末調。胞衣燒，點赤目生翳。

諸物眯目：　地膚汁　猪脂　牛酥　鮑魚頭煮汁。鷄肝血並點諸物入目。蠶沙諸物入目，水吞十枚。甑帶沙石入目，水服一錢。真珠　珊瑚　寶石　貂皮並拭塵沙入目。烏鷄膽點塵沙眯目。食鹽塵物入目，洗之。羊筋　鹿筋　新桑白皮塵物入目，嚼納粘之。蘭香子塵物入目，納入粘之。墨汁點飛絲、塵物、芒屑入目。蘘荷根汁　粟米嚼汁。豉浸水。大麥煮汁。並洗麥稻芒屑入目。白菘汁　蔓菁汁　馬齒莧灰　藕汁　柘漿　鷄巢草灰淋汁。人爪甲並點飛絲入目。菖蒲塞鼻，去飛絲入

目。瞿麥眯目生翳，其物不出，同乾薑末日服。

耳耳鳴、耳聾。有腎虛，有氣虛，有鬱火，有風熱。○耳痛是風熱，聤耳是濕熱。

補虛：草穀：熟地黃　當歸　肉蓯蓉　菟絲子　枸杞子腎虛耳聾，諸補陽藥皆可通用。黃芪　白朮　人參氣虛聾鳴，諸補中藥皆可通用。骨碎補耳鳴，爲末，猪腎煨食。百合爲末，日服。社日酒　果木：乾柹同粳米、豆豉煮粥，日食，治聾。柘白皮釀酒，主風虛耳聾。牡荆子浸酒，治聾。茯苓卒聾，黃蠟和嚼。山茱萸　黃蘗　石禽獸：慈石養腎氣，治聾。○老人取汁作猪腎羹食。鷄子作酒，止耳鳴。○和蠟炒食，治聾。猪腎煮粥，治聾。羊腎補腎治聾。○脊骨，同慈石、白朮諸藥煎服。鹿腎　鹿茸角並補虛治聾。

解鬱：草部：柴胡去少陽鬱火，耳鳴、耳聾。連翹耳鳴煇煇焞焞，除少陽三焦火。香附卒聾，炒研，萊菔子湯下。牽牛疳氣耳聾，入猪腎煨食。栝樓根煮汁釀酒服，治聾。黃芩　黃連　龍膽　盧會　撫芎　芍藥　木通　半夏　石菖蒲　薄荷　防風風熱鬱火耳鳴，諸流氣解鬱消風降火藥，皆可用也。金石：生鐵甚熱耳鳴，燒赤淬酒飲，仍以慈石塞耳。空青　白青　蟲禽：蠮螉並治聾。全蠍耳聾，酒服一錢，以聞水聲爲效。烏鷄屎卒聾，同烏豆炒，投酒取汗爲愈。

外治：草木：木香浸麻油煎，滴聾，日四五次。預知子卒聾，入石榴，釀酒滴。凌霄葉汁滴。地黃　骨碎補並煨，塞聾。菖蒲同巴豆塞。附子卒聾，醋浸插耳。○燒灰，同石菖蒲塞耳，止鳴。草烏頭塞鳴痒聾。甘遂插耳，口含甘草。蓖麻子同大棗作挺插。土瓜根塞耳，灸聾。經霜青箬葉入椒燒吹。栝樓根猪脂煎，塞耳鳴。鷄蘇生挼。巴豆蠟和。細辛　狼毒　龍腦　槐膠　松脂同巴豆。○並塞耳聾。椒目腎虛耳鳴，如風水、鐘磬者，同巴豆、菖蒲、松脂塞之，一日一易，神效。胡桃煨研熱塞，食頃即通。芥子人乳和，塞聾鳴。葱莖插耳鳴。○同蜜水，滴聾鳴。杏仁蒸油滴。石榴入醋煨熟，入黑李子、仙棗子，滴卒聾。生麻油日滴，取耵聹。燒酒耳中有核，痛不可動，滴入半時，即可箝。石蟲：慈石入少麝香，淘，鵝油和塞。○同穿山甲塞耳，口含生鐵。消石　芫青同巴豆、蓖麻。斑蝥同巴豆。真珠並塞。地龍水　鱗介：龜尿　蟹膏　弔脂　荷印膏並滴聾。蚺蛇膏　花蛇膏　蝮蛇膏並塞聾。海螵蛸同麝香吹。穿山甲同蝎尾、麝香和蠟，塞鳴聾。鯉魚膽、腦　鯽魚膽、腦　烏賊魚血　禽獸：白鵝膏、脺　雁肪　烏鷄肪　鵜鶘油　鸊鷉膏　鼠膽　猬脂　驢脂　猫尿　人尿並滴聾。雀腦　兔腦　熊腦　鼠腦並塞聾。蚯蚓同青鹽、鼠脂塞。蠶蛻紙卷麝香，熏聾。

耳痛：草木：連翹　柴胡　黃芩　龍膽　鼠粘子　商陸塞。楝實　牛蒡根熬汁。蓖麻子並塗。木鼈子耳卒熱腫，同小豆、大黃，油調塗。木香以葱黃染鵝脂，蘸末內入。菖蒲作末炒罨，甚效。鬱金浸水滴。茱萸同大黃、烏頭末，貼足心，引熱下行，止耳鳴耳痛。水石：礬石化水。芒消水。磨刀水並滴。蚯蚓屎塗。炒鹽枕。蟲獸：蛇蛻耳忽大痛，如蟲在內走，或流血水，或乾痛，燒灰吹入，痛立止。桑螵蛸灰摻。鱓血滴。穿山甲同土狗吹。鳩屎末吹。麝香通竅。

聤耳：草木：白附子同羌活、猪羊腎煨食。附子　紅藍花同礬末。青黛同香附、黃蘗末。敗醬　狼牙　蒲黃　桃仁炒。杏仁炒。橘皮灰入麝。青皮灰　楠材灰　檳榔　故綿灰。麻秸灰。苦瓠灰。車脂並吹耳。胡桃同狗膽研塞。柳根擣封。薄荷汁。青蒿汁。茺蔚汁。燕脂汁。虎耳草汁。麻子汁。韭汁。柑葉汁並滴耳。土石：伏龍肝　蚯蚓泥　黃礬　白礬同黃丹。雄黃同雌黃、硫黃。爐甘石同礬、麝香。浮石同沒藥、麝香。密陀僧　輕粉並吹耳。硫黃和蠟作挺塞。蟲獸：五倍子　桑螵蛸　蟬蛻灰　蜘蛛　全蠍　龍骨　穿山甲　海螵蛸　鳩屎並同麝香吹耳。羊屎同燕脂末吹。鯉魚腸、腦　鰻鱺魚骨　魚鮓　鼠肝並塞聤耳引蟲。石首魚枕　夜明砂並摻入耳。犬膽同礬塞。髮灰同杏仁塞。人牙灰吹五般聤耳。

蟲物入耳：半夏同麻油。百部浸油。蒼耳汁　葱汁　韭汁　桃葉汁　薑汁　醬汁　蜀椒　石膽　水銀　古錢煎猪脂。人乳汁　人尿　猫尿　鷄冠血並滴耳。鱓頭灰塞。石斛插耳燒熏。鐵刀聲並主百蟲入耳。胡麻油煎餅枕之。車脂塗。綠礬　硇砂同石膽。龍腦並吹耳。羊乳　牛乳　牛酪　驢乳　貓尿並滴蚰蜒入耳。鷄肝枕。猪肪枕之。並主蜈蚣、蟲、螘入耳。穿山甲灰吹。杏仁油滴，並主螘入耳。燈心浸油，釣小蟲、螘入耳。鱓血同皂角子蟲，滴蠅入耳。菖蒲塞蚤、虱入耳。稻稈灰煎汁，滴虱入耳。皂礬蛆入耳，吹之。田泥馬蟥入耳，枕之。生金水銀入耳，枕之引出。薄荷汁水入耳中，滴之。

面面腫是風熱，紫赤是血熱。皰是風熱，即穀嘴。皶是血熱，即酒皶。䵟黯是風邪客于皮膚，痰飲漬于腑臟，即雀卵斑，女人名粉滓斑。

風熱：白芷香　白附子　薄荷葉　荆芥穗　零陵香　黃芩　藁本香　升麻　羌活　葛根　麻黃　海藻　防風　遠志　白朮　蒼朮並主陽明風熱。菟絲子浸酒服。葱根主發散。牛蒡根汗出中風面腫，或連頭項，或連手足，研爛，酒煎成膏貼之，并服三匙。黑豆風濕面腫，麻黃湯中加入，取小汗。大黃頭面腫大疼痛，以二兩，同殭蠶一兩爲末，薑汁和丸彈子大，服。辛夷　黄蘗　楮葉煮粥食。石膏並去風熱。蟹膏塗面腫。炊帛甑氣熏面浮腫，燒灰傅之即消。

皶皰䵟䵳

内治：　葳蕤久服，去面上黑䵟，好顔色。升麻　白芷　防風　葛根　黄芪　人參　蒼术　藁本並達陽明陽氣，去面黑。女菀治面黑，同鉛丹末酒服，男女二十日，黑從大便出。冬葵子同柏仁、茯苓末服。桑耳末服。蒼耳葉末服，並去面上黑斑。天門冬同蜜擣丸，日用洗面，去黑。甘松香同香附、牽牛末，日服。益母草煅研日洗。夏枯草燒灰，入紅豆洗。續隨子莖汁洗䵟䵳，剝人皮。蒺藜　苦參　白及　零陵香　茅香並洗面黑，去䵟䵳。蓖麻仁同硫黄、蜜陀僧、羊髓和塗，去雀斑。〇同白棗、大棗、瓦松、肥皂丸洗。山柰同鷹屎、蜜陀僧、蓖麻仁，夜塗旦洗，去雀斑。白附子去面上諸風百病。〇疵皯，酒和貼之，自落。白牽牛酒浸爲末，塗面，去風刺粉滓。栝樓實去手面皺，悦澤人面。〇同杏仁、猪胰研塗，令人面白。羊蹄根面上紫泡，同薑汁、椒末、穿山甲灰，泡擦之。土瓜根面黑面瘡，爲末夜塗，百日光采射人。白斂同杏仁研塗，去粉滓酒皶。半夏面上黑氣，焙研醋調塗。术漬酒，拭䵟皰。艾灰淋鹼，點皯黶。山藥　山慈姑　白及　蜀葵花及子　馬蘭花杵，塗皶皰。菟絲子汁塗。旋花　水萍　卷柏　紫參　紫草　凌霄花　細辛　藿香　烏頭　白頭翁　白微　商陸　穀菜：　胡麻油並塗面䵟䵳、皶皰、粉刺，遊風入面。胡豆　畢豆　緑豆　大豆並作澡豆，去䵟䵳。馬齒莧洗面皰及瘢痕。君蓬子醋浸揩面，去粉滓，光澤。菰筍酒皶面赤。藋灰點面䵟。胡荽洗黑子。冬瓜仁、葉、瓤並去䵟䵳，悦澤白皙。〇仁，爲丸服，面白如玉。服汁，去面熱。蔓菁子　落葵子　果木：　李花　梨花　木瓜花　杏花　櫻桃花並入面脂，去黑䵟皺皮，好顔色。桃花去雀斑，同冬瓜仁研，蜜塗。〇粉刺如米，同丹砂末服，令面紅潤。〇同鷄血塗身面，光華鮮潔。白柿多食，去面䵟。杏仁頭面諸風皶皰，同鷄子白塗。〇兩頰赤痒，頻揩之。李仁同鷄子白夜塗，去䵟好色。銀杏同酒糟嚼塗，去皯䵳皶皰。烏梅爲末，唾調塗。櫻桃枝同紫萍、牙皂、白梅，洗雀斑。栗荴塗面去皺。橙核夜塗，去粉刺面皯。柑核　蜀椒　海紅豆　無患子並入面藥，去皯。白楊皮同桃花、白冬瓜子服，去面黑令白。木蘭皮面熱赤皰䵟䵳，酒浸百日，爲末服。亦入澡藥。菌桂養精神，久服面生光華，常如童子。枸杞子酒服，去皯皰。山茱萸面皰。巵子面赤皶皰，亦入塗藥。柳華面熱黑。桂枝和鹽蜜塗。龍腦香酥和，塗酒皶赤鼻。白檀香磨汁塗。篤耨香同附子、冬瓜子、白及、石榴皮，浸酒塗。沒食子磨汁。槲若洗皶皰。桐油和黄丹、雄黄，塗酒皶赤鼻。白茯苓和蜜塗。皂莢子同杏仁塗。皂莢　肥皂莢　蔓荆子　楸木皮　辛夷　樟腦並入面脂。榆葉　水石：　漿水洗。冬霜服，解酒後面赤。蜜陀僧去瘢䵟，乳煎塗面，即生光。〇同白附子、白鷄屎末，人乳塗。鉛粉抓傷面皮，油調塗。輕粉入面脂，抓傷面皮，薑汁調塗。雲母粉同杏仁、牛乳蒸塗。朱砂水服二匕，色白如瑩。〇入鷄子，抱雛出，取塗面，去䵟䵳，面白如玉。白石脂同白斂、鷄子白塗。石硫黄酒皶，同杏仁、輕粉搽。〇同檳榔、片腦擦。〇同黄丹、枯礬擦。禹餘糧同半夏、鷄子塗。水銀同胡粉、猪脂，塗少年面皰。杓上砂面上風粟，隱暗澀痛，挑去即愈。白鹽擦赤鼻。珊瑚同馬珂、鷹屎白、附子，漿水塗。石膏　蟲介：　白殭蠶蜜和擦面，滅黑䵳，好顔色，或加白牽牛。石蜜常服，面如花紅。蜂子炒食，并浸酒塗面，去雀斑面皰，悦白。蜂房酒服，治皶瘤出膿血。牡蠣丸服，令面白。真珠和乳傅面，去䵟，潤澤。蛟髓　禽獸：　白鵝膏並塗面悦白。鷄子白酒或醋浸，傅疵䵟面皰。啄木血服之，面色如朱。鸕鷀骨燒，同白芷末，塗雀斑。蜀水花和猪脂，塗鼻面酒皶䵟䵳，入面脂。鷹屎白同胡粉塗之。白丁香蜜塗。蝙蝠腦　夜明砂　麝香並去䵟䵳。猪胰面粗醜䵟䵳，同杏仁、土瓜根、蔓菁子浸酒，夜塗旦洗。猪蹄煎膠，塗老人面。羊膽同牛膽、酒，塗皯皰。羊脛骨皯䵳粗陋，身皮粗厚，同鷄子白塗。羖羊膽煮沸，塗雀斑。鹿角尖磨汁，塗皯皰，神效。鹿骨磨汁塗面，光澤如玉。〇骨，釀酒飲，肥白。麋脂塗少年面皰。羊胰及乳同甘草末塗。豬鬐膏　馬鬐膏　驢鬐膏　犬胰并脂　羊脂、腦　牛脂、腦及髓　熊脂　鹿脂、腦　麋髓、腦並入面脂，去䵟䵳，滅痕，悦色。鼠頭灰鼻面皶。人部：　人精和鷹屎塗面，去黑子及瘢。人胞婦人勞損，面䵟皮黑，漸瘦，和五味食之。人口津不語時，塗瘡皰。

瘢痕：　蒺藜洗。葵子塗。馬齒莧洗。大麥麨和酥傅。秋冬用小麥麨。寒食飯塗。冬青子及木皮灰入面脂。真玉摩面。馬蘭根洗。禹餘糧身面瘢痕，同半夏、鷄子黄塗，一月愈。白瓷器水摩。凍淩頻摩。熱瓦頻摩。白殭蠶同白魚、鷹屎塗。鷹屎白滅痕，和人精摩。〇同殭蠶、蜜摩。〇同白附子摩。同白魚、蜜摩。蜀水花入面脂摩。鷄子黄炒黑拭之。鷄屎白炒。羊髓　獺髓　牛髓　牛酥並滅瘢痕。鼠煎豬脂摩。豬脂三斤，飼烏鷄取屎白，入白芷、當歸煎，去滓，入鷹屎白傅之。輕粉抓傷面，薑汁調塗。鉛粉抓傷面，油調塗。

面瘡：　草部：　薺苨酒服。紫草　艾葉煎醋搽之。〇婦人面瘡，燒烟熏，定粉搽。蓖麻子肺風面瘡，同大棗、瓦松、白果、肥皂爲丸，日洗。土瓜根面上痦瘰，夜塗日洗。凌霄花兩頰浸淫，連及兩耳，煎湯日洗。何首烏洗。牽牛塗。甘松面上風瘡，同香附、牽牛末，日洗。蛇牀子同輕粉。曼陀羅花　穀菜果木：　胡麻嚼。白米並塗小兒面上甜瘡。黄粱米小兒面瘡如火，燒研，和蜜塗。絲瓜同牙皂燒，擦面瘡。枇杷葉茶服，治面上風瘡。桃花面上黄水瘡，末服。杏仁鷄子白和塗。銀杏和糟嚼塗。柳絮面上膿瘡，同膩粉塗。柳葉洗面上惡瘡。木槿子燒。　土石：胡燕窠土入麝。○并搽黄水肥瘡。蜜陀僧塗面瘡。黄礬婦人頰瘡頻發，同胡粉、水銀、猪脂塗。緑礬小兒甜瘡，棗包燒塗。鹽湯搨面上惡瘡。　蟲鱗：斑蝥塗面上痦𤻮。蚯蚓燒。烏蛇燒。並塗面瘡。鯽魚頭燒，和醬汁，塗面上黄水瘡。　禽獸：鷄内金肥瘡，初生如米豆，久則穿蝕，同鬱金傅。羖羊鬚香瓣瘡，生面頤耳下，浸淫出水，同荆芥、乾薑燒，入輕粉搽。熊脂　鹿角

鼻鼻淵，流濁涕，是腦受風熱。○鼻鼽，流清涕，是腦受風寒，包熱在内。○腦崩臭穢，是下虚。○鼻窒，是陽明濕熱，生瘜肉。○鼻皶，是陽明風熱及血熱，或臟中有蟲。○鼻痛，是陽明風熱。

淵鼽　内治　草菜：蒼耳子末，日服二錢，能通頂門。○同白芷、辛夷、薄荷爲末，葱、茶服。防風同黄芩、川芎、麥門冬、人參、甘草，末服。川芎同石膏、香附、龍腦，末服。草烏頭腦洩臭穢，同蒼术、川芎，丸服。羌活　藁本　白芷　鷄蘇　荆芥　甘草　甘松　黄芩　半夏　南星　菊花　菖蒲　苦參　蒺藜　細辛　升麻　芍藥並去風熱痰濕。絲瓜根腦崩腥臭，有蟲也，燒研服。　果木：藕節鼻淵，同芎藭末服。蜀椒　辛夷辛走氣，能助清陽上行通于天，治鼻病而利九竅。○頭風清涕，同枇杷花末，酒服。巵子　龍腦香　百草霜鼻出臭涕，水服三錢。　石蟲：石膏　全蠍　貝子鼻淵膿血，燒研酒服。爛螺殻

外治：蓽茇吹。白芷流涕臭水，同硫黄、黄丹吹。烏疊泥吹。石緑吹鼻鼽。皂莢汁，熬膏㗜之。大蒜同蓽茇擣，安顖上，以熨斗熨之。艾葉同細辛、蒼术、川芎末，隔帕安頂門，熨之。破瓢灰同白螺殻灰、白鷄冠灰、血竭、麝香末，酒醋艾上作餅，安頂門熨之。車軸脂水調，安頂門熨之。附子葱涎和貼足心。○大蒜亦可。

窒瘜　内治：　草菜：白微肺實鼻塞，不知香臭，同貝母、款冬、百部爲末服。天南星風邪入腦，鼻塞結硬，流濁涕，每以二錢，同甘草、薑、棗煎服。小薊煎服。麻黄　白芷　羌活　防風　升麻　葛根　辛夷　川芎　菊花　地黄　白术　薄荷　荆芥　前胡　黄芩　甘草　桔梗　木通　水芹　乾薑　果木：乾柿同粳米煮粥食。蓽澄茄同薄荷、荆芥丸服。槐葉同葱、豉煎服。山茱萸　釜墨水服。石膏　鱗獸：蛇肉肺風鼻塞。羊肺鼻息，同白术、肉蓯蓉、乾薑、芎藭爲末，日服。人中白

外治：細辛鼻齆，不聞香臭，時時吹之。瓜蒂吹之。或加白礬，或同細辛、麝香，或同狗頭灰。皂莢　麻鞋灰　礬石　麝香並吹。蒺藜同黄連煎汁，灌入鼻中，嚏出息肉如蛹。苦瓠汁　馬屎汁　地膽汁　狗膽並滴。狗頭骨灰入硇，日㗜之，肉化爲水。青蒿灰　龍腦香　硇砂並滴。桂心　丁香　蕤核　藜蘆　石胡荽　薰草並塞。菖蒲同皂莢末塞。蓖麻子同棗塞，一月聞香臭。白礬猪脂同塞。○同硇砂點之。尤妙。○同蓖麻、鹽梅、麝香塞。雄黄一塊塞，不過十日，自落。鐵鏽和猪脂塞，經日肉出。蠮螉　狗腦　雄鷄腎並塞鼻引蟲。猬皮炙研塞。醍醐小兒鼻塞，同木香、零陵香煎膏，塗頂門，并塞之。

鼻乾：　黄米粉小兒鼻乾無涕，腦熱也。同礬末，貼顖門。

鼻痛：　石硫黄搽。石硫赤冷水調搽，一月愈。酥　羊脂並塗之。

鼻傷：　猫頭上毛搽破鼻，剪碎和唾傅。髮灰搽落耳、鼻，乘熱急蘸灰，綴定，縛住勿動。

鼻毛：　硇砂鼻中生毛，晝夜長一二尺，漸圓如繩，痛不可忍，同乳香丸服十粒，自落。

赤皶　内治：　淩霄花鼻上酒皶，同巵子末日服，同硫黄、胡桃、膩粉揩搽。使君子酒皶面瘡，以香油浸潤，臥時嚼三五個，久久自落。蒼耳葉酒蒸焙研服。巵子鼻皶面皰，炒研，黄蠟丸服。○同枇杷葉爲末，酒服。橘核鼻赤酒皶，炒研三錢，同胡桃一個，擂酒服。木蘭皮酒皶赤皰，醋浸晒研，日服。百草霜日服二錢。蜂房炙末酒服。大黄　紫參　桔梗　生地黄　薄荷　防風　苦參　地骨皮　樺皮　石膏　蟬蜕　烏蛇

外治：　黄連鼻皶，同天仙藤灰，油調搽。馬藺子杵傅。蜀葵花夜塗旦洗。蓖麻仁同瓦松、大棗、白果、肥皂丸洗。牽牛鷄子白調，夜塗旦洗。銀杏同酒糟嚼傅。槲若瘡瘤膿血，燒灰納瘡中，先以泔煮楡葉汁洗。硫黄同枯礬末，茄汁調塗。或加黄丹，或加輕粉。輕粉同硫黄、杏仁塗。檳榔同硫黄、龍腦塗，仍研蓖麻、酥油搽。大楓子同硫黄、輕粉、木鼈子塗。雄黄同硫黄、水粉，乳汁調傅，不過三五次。○或同黄丹。鸕鷀屎鼻赤，同猪脂塗。雄雀屎同蜜塗。没食子水調。蜜陀僧乳調。鹿角磨汁。石膽並塗擦。

鼻瘡：　黄連同大黄、麝香搽鼻中。○末，傅鼻下赤䘌。玄參　大黄同杏仁。杏仁和乳汁。桃葉研。盆邊零飯燒。辛夷同麝。黄蘗同檳榔。盧會　紫荆花貼。蜜陀僧同白芷。犬骨灰　牛骨灰並主鼻中瘡。海螵蛸同輕粉。馬絆繩灰　牛拳灰並傅小兒鼻下赤瘡。

唇脾熱則唇赤或腫，寒則唇青或噤，燥則唇乾或裂，風則唇動或喎，虚則唇白無色，濕熱

則脣瀋濕爛，風熱則脣生核。狐則上脣有瘡，惑則下脣有瘡。

脣瀋：草菜：葵根緊脣濕爛，乍瘥乍發，經年累月，又名脣瀋，燒灰和脂塗。赤莧　馬齒莧　藍汁並洗。馬芥子傅。縮砂燒塗。果木：甜瓜噙。西瓜皮燒噙。桃仁　青橘皮燒。橄欖燒。黃蘗薔薇根汁調。松脂化。土石：東壁土並塗。杓上砂挑去則瘡愈。胡粉　蟲鱗：螃蟹燒。鼈甲燒。烏蛇皮燒。鯽魚燒。五倍子同訶子。禽人：鷄屎白　白鵝脂　人屎灰　頭垢　膝垢並和脂塗。

脣裂：草穀：昨葉何草脣裂生瘡，同薑、鹽搗擦。黃連瀉火。生地黃涼血。麥門冬清熱。人參生津。當歸生血。芍藥潤燥。麻油　果服：桃仁　橄欖仁　青布灰　屠几垢　蟲禽：蜂蜜　猪脂　猪胰　酥

脣腫：草木：大黃　黃連　連翹　防風　薄荷　荆芥　蓖麻仁　桑汁　水石：石膏　芒消並塗。井華水下脣腫痛，或生瘡，名驢觜風，以水常潤之，乃可擦藥。上脣腫痛生瘡，名魚口風。獸人：猪脂脣腫黑，痛痒不可忍，以瓷刀去血，以古錢磨脂塗之。

脣核：猪屎汁溫服。

脣動：薏苡仁風濕入脾，口脣瞤動褰揭，同防己、赤小豆、甘草煎服。

脣青：青葙子　決明並主脣口青。

脣噤：草穀：天南星擦牙，煎服。葛蔓灰，點小兒口噤。艾葉傅舌。荆芥　防風　秦艽　羌活　芥子醋煎，傅舌。大豆炒投酒擦牙。木土：蘇方木　青布灰，酒服，仍燒刀上取汁搽。白棘鈎水煎。竹瀝　荆瀝　皂莢　乳香　伏龍肝澄水服。蟲獸：白殭蠶發汗。雀屎水丸服。鷄屎白酒服。白牛屎　牛涎　牛黃　豬乳　驢乳並小兒口噤。

吻瘡：草菜：藍汁洗。葵根燒。瓦松燒。縮砂殼燒。越瓜燒。果木：檳榔燒。青皮　竹瀝和黃連、黃丹、黃蘗塗。白楊枝燒。鷄舌香　梓白皮　服器：青布燒塗。木履尾煨，拄兩吻，二七次。筯頭燒。几屑燒塗。東壁土和胡粉。胡燕窠土　新瓦末　胡粉同黃連搽。蜂蜜　龜甲燒。甲煎　甲香並塗。髮灰小兒燕口瘡，飲服，並塗。

口舌舌苦是膽熱，甘是脾熱，酸是濕熱，澀是風熱，辛是燥熱，鹹是脾濕，淡是胃虛，麻是血虛，生胎是脾熱閉，出血是心火鬱，腫脹是心脾火毒，瘡裂是上焦熱，木強是風痰濕熱，短縮是風熱。舌出數寸有傷寒、産後、中毒、大驚數種。口糜是膀胱移熱于小腸，口臭是胃火食鬱。喉腥是肺火痰滯。

舌脹：草穀：甘草木強腫脹塞口，不治殺人，濃煎噙漱。芍藥同甘草煎。半夏　羊蹄　絡石並漱。蓖麻油燃熏。附子尖同巴豆。黃葵花同黃丹。蒲黃同乾薑。青黛同朴消，片腦。赤小豆同醋。醋和釜墨。粟米　木器：桑根汁並塗之。龍腦香傷寒舌出數寸，摻之隨消。冬青葉舌脹出口，濃煎浸之。巴豆傷寒後舌出不收，紙卷一枚納鼻中，自收。黃蘗浸竹瀝。木蘭皮汁。皂莢刺灰煎汁，並漱重舌。桂帶灰　箕舌灰　土石：伏龍肝和醋，或加牛蒡汁。釜墨　黃丹並塗重舌。鐵鎖鏽　鐵落並爲末噙服。鐵秤錘舌脹，咽生息肉，燒赤淬醋服。蓬砂薑片蘸，擦木舌。玄精石同牛黃、朱砂等摻。白礬同朴消摻。○同桂安舌下。消石同竹瀝含。芒消同蒲黃摻。○中仙茅毒，舌脹出口，以消，黃下之。○小兒舌脹塞口，紫雪、竹瀝多服之。朱砂婦人産子，舌出不收，傅之，仍驚之，則入。石膽　皂礬　蟲鱗禽獸：五倍子並摻之。白殭蠶或加黃連。蜂房炙。鼠婦杵。海螵蛸同鷄子黃。鯽魚頭燒。蛇蛻灰重舌重齶。並醋和摻。鷄冠血中蜈蚣毒，舌脹出口，浸之嚥下。五靈脂重舌，煎醋漱。三家屠肉小兒重舌，切片磨之，即啼。鹿角炙熨，亦磨塗。羊乳　牛乳飲。髮灰傅。草木：玄參　連翹　黃連　薄荷　升麻　防風　桔梗　赤芍藥　大青　生地黃　黃芩　牛蒡子　牡丹皮　黃蘗　木通　半夏　茯苓　石：芒消　石膏

舌胎：薄荷舌胎語澀，取汁，同薑、蜜擦。生薑諸病舌上生胎，以青布蘸井水抹後，時時以薑擦之。白礬小兒初生，白膜裹舌，刮出血，以少許傅之，否則發驚。

舌衄：草穀：生地黃同阿膠末，米飲服。○汁和童尿酒服。黃藥子同青黛水服。蒲黃同青黛水服，并傅之。○同烏賊骨傅。香薷煎汁，日服三升。大小薊汁，和酒服。蓖麻油點燈熏鼻自止。茜根　黃芩　大黃　升麻　玄參　麥門冬　艾葉　飛羅麪水服。豆豉水煎服。赤小豆絞汁服。木石：黃蘗蜜炙，米飲服。槐花炒服並摻。龍腦引經。巵子　百草霜同蚌粉服。○醋調塗。石膏　蟲人：五倍子同牡蠣、白膠香摻。紫金沙蜂房頂也。同貝母、盧會，蜜丸水服。髮灰水服一錢。或加巴豆，同燒灰。

強痹：雄黃中風舌強，同荆芥末，豆淋酒服。醋小兒舌強腫，和飴含之。烏藥因氣舌麻。皂莢　礬石並擦痰壅舌麻。人參去氣虛舌短。黃連　石膏主心熱舌短。

舌苦：柴胡　黃芩　苦參　黃連　龍膽瀉膽。麥門冬清心。枳椇解酒毒。

舌甘：生地黃　芍藥　黃連

舌酸：黃連　龍膽瀉肝。神麴　蘿蔔消食鬱。

舌辛：黃芩　卮子瀉肺。芍藥瀉脾。麥門冬清心。

舌淡：白术燥脾。半夏　生薑行水。茯苓滲濕。

舌鹹：知母瀉腎。烏賊骨淡胃。

舌濇：黃芩瀉火。葛根生津。防風　薄荷去風熱。半夏　茯苓去痰熱。

口糜：內治：草部：桔梗同甘草煎服。麥門冬　玄參　赤芍藥　連翹　秦艽　薄荷　升麻　黃連　黃芩　生地黃　知母　牡丹　木通　甘草

石斛　射干　附子口瘡，久服涼藥不愈，理中加附子反治之，含以官桂。　果木：栗子小兒口瘡，日煮食之。蜀椒口瘡久患者，水洗麪拌煮熟，空腹吞之，以飯壓下，不過再服。龍腦經絡火邪，夢遺口瘡，同黃蘗，蜜丸服。地骨皮口舌糜爛，同柴胡煎服。黃蘗

茯苓　豬苓　金石：朴硝　蓬砂　石膏　滑石　青錢口內熱瘡，燒淬酒飲。

豬膏口瘡塞咽，同黃連煎服。　噙漱：細辛口舌生瘡糜爛，同黃連或黃蘗末摻之，名赴筵散。外以醋調貼臍。黃連煎酒呷含。○同乾薑末摻之，名水火散。升麻同黃連末噙。甘草同白礬。天門冬口瘡連年，同麥門冬、玄參丸噙。薔薇根日久延及胸中，三年已上者，濃煎含漱。夏用枝葉。大青葉浸蜜。蘘荷根汁。蛇莓汁。牛膝　忍冬並漱口瘡。

蒲黃　黃葵花燒。赤葵莖　縮砂殼灰　角蒿灰並塗口瘡。貝母小兒口生白瘡，如鵝口瘡，爲末，入蜜抹之，日五六上。白及乳調。燕脂乳調。黍米嚼。赤小豆醋調。○並塗小兒鵝口。豉口舌瘡，炒焦，含一夜愈。米醋浸黃蘗。蘿蔔汁　薑汁並漱滿口爛瘡。瓠燒，塗口鼻中肉爛痛。茄科燒，同鹽傅口中生蕈。茄蔕灰　桃枝煎漱。杏仁少入膩粉，臥時細嚼吐涎。檳榔燒，入輕粉摻。甘瓜含。西瓜含。細茶同甘草。皂莢灰

梧桐子灰　沒食子同甘草，並摻口瘡。黃蘗口舌瘡，蜜浸含之。○同青黛摻。○同銅緑摻。○同滑石、五倍子摻。同蓽茇煎醋漱。乳香白口瘡，同沒藥、雄黃、輕粉塗。○赤口瘡，同沒藥、銅緑、枯礬塗。楝根口中漏瘡，煎服。冬青葉汁　黃竹瀝　小蘗汁並含漱。桂同薑汁，塗下虛口瘡及鵝口。桑汁　柘漿　甑帶灰並塗鵝口。甑垢口舌生瘡，刮塗即愈。烏疊泥或加蓬砂。釜墨　胡粉豬髓和。黃丹蜜蒸。蜜陀僧煅研。鐵銷水調。黑石脂並塗口瘡。銅緑同白芷摻，以醋漱之。水銀口瘡，同黃連煮熱含之。寒水石口瘡膈熱，煅，和朱砂、片腦摻之。朴消口舌生瘡，含之，亦擦小兒鵝口，或加青黛。○或入寒水石，少入朱砂。白礬漱鵝口。○同朱砂傅小兒鵝口。○同黃丹摻。蓬砂同消石含。膽礬煅。蜂蜜　竹蜂蜜並塗口瘡。五倍子摻之，立可飲食。○同黃蘗、滑石。○或加蜜陀僧。○或同青黛、銅緑，治大人、小兒白口瘡，似木耳狀，急者吹入咽喉。蠶繭包蓬砂焙研，摻。白殭蠶炒研蜜和。晚蠶蛾　蠶紙灰　鯽魚頭燒，並摻。蛇皮拭。雞內金燒傅一切口瘡。白鵝屎傅鵝口。羊脛髓同胡粉塗。牛羊乳含。酥含。鹿角磨汁，塗鵝口。人中白同枯礬，塗口瘡、鵝口。

上治：天南星同蜜陀僧末，醋調貼眉心，二時洗去。巴豆油紙貼眉心。○或貼顖門，起泡，以菖蒲水洗去。

下治：細辛醋調貼臍。生南星或加草烏，或加黃蘗。生半夏　生附子　吳茱萸或加地龍。蜜陀僧　湯瓶鹼並醋調貼足心。生硫黃　生礬　消石俱水入少麪調，貼足心。黃連同黃芩、黃蘗，水調，貼足心。白礬化湯濯足。

口臭：草菜：大黃燒研揩牙。細辛同白豆蔻含。香薷　雞蘇　藿香　益智　縮砂　草果　山薑　高良薑　山柰　甘松　杜若　香附摻牙。黃連　白芷　薄荷　荆芥　芎藭　蒲蒻　茴香　蒔蘿　胡荽　邪蒿　萵苣　生薑　梅脯　橄欖　橘皮　橙皮　盧橘　蜀椒　茗　沙糖　甜瓜子　木樨花　乳香　龍腦及子　無患子仁　丁香　檀香　水石：井華水正旦含，吐廁中。蜜陀僧醋調漱。明礬入麝香，擦牙。蓬砂　食鹽　石膏　象膽

喉腥：知母　黃芩並瀉肺熱，喉中腥氣。桔梗　桑白皮　地骨皮　五味子　麥門冬

咽喉咽痛是君火，有寒包熱。喉痹是相火，有嗌疸，俗名走馬喉痹，殺人最急，惟火及鍼焠效速，次則拔髮咬指，吐痰嗃鼻。

降火：草部：甘草緩火，去咽痛，蜜炙煎服。○肺熱，同桔梗煎。桔梗去肺熱。利咽嗌，喉痹毒氣，煎服。知母　黃芩並瀉肺火。薄荷　荆芥　防風並散風熱。玄參去無根之火。○急喉痹，同鼠粘子末服。○發斑咽痛，同升麻、甘草煎服。蠡實同升麻煎服。○根、葉同。惡實除風熱，利咽膈。○喉腫，同馬藺子末服。○懸癰腫痛，同甘草煎嚥，名開關散。牛蒡根擣汁服，亦煎。射干喉痹咽痛，不得消息，利肺熱，擣汁服，取利。燈籠草熱欬咽痛，末服，仍醋調外塗。白頭翁下痢咽痛，同黃連、木香煎服。麥門冬虛熱上攻咽痛，同黃連丸服。縮砂熱欬咽痛，爲末水服。懸鈎子莖喉塞，燒研水服。薔薇根尸咽，乃尸蟲上蝕，痛痒，語聲不出，同甘草、射干煎服。栝樓皮咽喉腫痛，語聲不出，同殭蠶、甘草末服。烏斂莓同車前、馬藺杵汁嚥。絡石喉痹欲死，煎水呷之。馬勃蜜水揉呷。○馬喉痹，火硝吹之。龍膽　大青　紅花　鴨跖草　紫葳並擣汁服。榼藤子燒。鵝抱　忍冬並煎酒服。通草含嚥，散諸結喉痹。燈心草燒灰，同鹽吹喉痹甚捷。○同蓬

砂，同箬葉灰皆可。〇同紅花灰，酒服一錢，即消。葛蔓卒喉痹，燒服。木通咽痛喉痹，煎水呷。商陸熨，炙及煎酒塗頂。白芷同雄黃水和，塗頂。都管草　百兩金　釵子股

辟虺雷　蒺藜　穀精草　蛇含　番木鼈　九仙子　山豆根　朱砂根　黃藥子　白藥子　苦藥子並可噙及煎服，末服，塗喉外。　穀菜：　豆豉咽生息肉，刺破出血，同鹽塗之，神效。白麪醋和塗喉外。水苦蕒磨服。糟醬茄　絲瓜汁　果木：　西瓜汁　橄欖　無花果　苦茗並噙嚥。吳茱萸醋調塗足心。李根皮磨水塗頂，先以皂末吹鼻。黃蘗酒煮含。〇喉腫，醋傅之。龍腦香同黃蘗、燈心、白礬燒吹。梧桐淚磨汁掃。槐花　槐白皮　訶黎勒　鹽麩子　皋蘆　朴消並含嚥，煎服，末服。不灰木同玄精石、真珠丸服。石蟹磨汁及塗喉外。黑石脂口瘡咽痛。食鹽點喉風、喉痹、咽痛甚效。戎鹽　鹽蟹汁　獸人：　牛涎並含嚥。牛齝喉痹。豬膚咽痛。沙牛角喉痹欲死，燒研酒服。牛鼻拳燒灰，纏喉風。豬膽臘月盛黃連、朴消，風乾吹之。臘豬尾燒灰，水服。敗筆頭飲服二錢。鼫鼠肚　人尿並含嚥，或入鹽。

風痰：　草部：　羌活喉閉口噤，同牛蒡子煎灌。升麻風熱咽痛，煎服，或取吐。半夏咽痛，煎醋呷。〇喉痹不通，吹鼻。〇同巴豆、醋，同熬膏化服，取吐。天南星同白殭蠶末服。菖蒲汁燒鐵錘淬酒服。貝母　細辛　遠志並吹之。蛇牀子冬月喉痹，燒烟熏之，其痰自出。蓖麻油燒燃熏焠，其毒自破。〇仁，同朴消研水服，取吐。麻黃尸咽痛痒，燒熏。蒼耳根纏喉風，同老薑研酒服。木賊燒服一錢，即血出。高良薑同皂莢吹鼻。馬藺根　艾葉　地松　馬蹄香　箭頭草　益母草　蝦蟆衣同霜梅。萱草根

瑞香花根　紫菀根　牛膝並杵汁入酢灌之，取吐，甚則灌鼻。藜蘆　恒山　鈎吻　莽草　蕘花並末，吐痰。白附子同礬塗舌。草烏頭同石膽吹。天雄　附子蜜炙含。蔄茹　雲實根汁　穀菜：　飴糖　大豆汁並含嚥。粳穀奴走馬喉痹，研服立效。稻穰燒煤和醋灌鼻，追痰。麻子尸咽，燒服。青蘘飛絲入咽，嚼嚥。韭根　薤根　芥子並傅喉外。葱白　獨蒜並塞鼻。百合　桑耳並浸蜜含。生薑汁和蜜服，治食諸禽中毒，咽腫痹。蘿蔔子　果木：　秦椒　瓜蒂並吐風痰。桃皮　荔枝根並煮含。榧子尸咽，殺蟲。杏仁炒，和桂末服。白梅同生礬含。山柑皮　桂皮　荆瀝並含嚥。乾漆喉痹欲死，燒烟吸之。巴豆燒烟熏焠，紙卷塞鼻。皂莢急喉痹，生研點之，即破，外以醋調塗之。捼水灌。烏藥煎醋。桐油　無患子研灌，並吐風痰。楮實水服一個。棗鍼燒服。枸橘葉咽喉成漏，煎服。胡頹根喉痹煎酒。紫荆皮　篁竹葉

百草霜並煎服。　土器：　梁上塵同枯礬、鹽、皂，吹。土蜂窠擦舌根。漆筋燒烟熏焠。故甑蔽燒服。履鼻繩尸咽，燒服。牛鼻拳灰　金石：　綠礬並吹喉。白礬生含，治急喉閉。〇同鹽，點一切喉病。〇巴豆同枯過，治喉痹甚捷。〇豬膽盛過，吹。〇新磚浸取霜，吹。蓬砂含嚥，或同白梅丸。〇或同牙消含。硇砂懸癰卒腫，綿裹含之。〇喉痹口噤，同馬牙消點之。代赭石　馬銜並煎汁服。車轄燒，焠酒飲。鐵秤錘燒焠，菖蒲汁飲。鉛白霜同甘草含，或同青黛丸噙。銀朱同海螵蛸吹。雄黃磨水服，同巴豆研服，取吐下。或入瓶燒烟熏鼻，追涎。石膽吹喉痹神方。或入牙皂末。馬牙消同殭蠶末、蓬砂，吹。消石　蟲部：　天漿子並含嚥。白殭蠶喉痹欲死，薑汁調灌。〇或加南星，加石膽，加白礬，加甘草，加蜂房。同乳香燒烟熏。蠶退紙灰蜜丸含。桑螵蛸燒，同馬勃丸服。壁錢同白礬燒吹。蜘蛛焙研吹。五倍子同殭蠶、甘草、白梅丸含，自破。土蜂子嗌痛。蜂房灰　鱗介：　海螵蛸並吹。黃顙魚頰骨燒灰，茶服三錢。鯉魚膽同竈底土，塗喉外。鱧魚膽水化灌之。青魚膽含嚥。〇或灌鼻，取吐。〇或盛石膽，陰乾，吹。鮫魚膽和白礬掃喉，取吐。黿膽薄荷汁灌，取吐。蛇蛻燒烟吸之。〇裹白梅含。〇同當歸末酒服，取吐。牡蠣　禽獸：　鷄內金燒吹。鷄屎白含嚥。雄雀〔屎〕水服。〇沙糖丸含。豬腦喉痹已破，蒸熟，入薑食之。

音聲喑有肺熱，有肺痿，有風毒入肺，有蟲食肺。瘂有寒包熱，有狐惑。不語有失音，有舌強或痰迷，有腎虛瘖痱。

邪熱：　草部：　桔梗　沙參　知母　麥門冬並除肺熱。木通　菖蒲並出音聲。〇小兒卒瘖，麻油泡湯服。黃芩熱病聲瘖，同麥門冬丸服。人參肺熱聲瘂，同訶子末噙。〇產後不語，同菖蒲服。牛蒡子熱時聲瘂，同桔梗、甘草煎服。青黛同薄荷，蜜丸含。馬勃失聲不出，同馬牙消，沙糖丸服。燕覆子續五藏斷絶氣，使語聲氣足。燈籠草

栝樓　甘草　貝母　穀部：　赤小豆小兒不語，酒和傅舌。蘿蔔咳嗽失音，同皂莢煎服。〇汁，和薑汁服。胡麻油　果木：　梨汁客熱中風不語，卒喑風不語。同竹瀝、荆瀝、生地汁熬膏服。柿潤聲喉。槐花炒嚼，去風熱失音。巵子去煩悶瘖瘂。訶黎勒小便煎汁含嚥。〇感寒失音，同桔梗、甘草、童尿，并水煎服。〇久欬嗽失音，加木通。杉木灰淋水飲，治肺癰失音。乳香中風口噤不語。荆瀝　竹瀝　竹葉煎汁。天竹黃並治痰熱失音，中風不語。地骨皮　桑白皮　蟲獸：　蟬蛻瘂病，爲末水服。蝦蟆膽小兒失音不語，點舌尖上，立效。鷄子開喉聲。犀角風熱失音。猪脂肺傷失音，同生薑煮，蘸白及末食。豬油肺熱暴瘖，一斤煉，入白蜜，時服一匙。酥　人乳失音，和竹瀝服。〇卒不得語，和酒服。〇中風不語，舌強，和醬汁服。人尿久欬失聲。

風痰：　草穀：　羌活賊風失音。〇中風口噤不語，煎酒飲，或炒大豆投之。〇小兒，同殭蠶，入麝香、薑汁服。蘘荷根風冷失音，汁和酒服。天南星諸風口噤不語，同蘇

葉、生薑煎服。○小兒癎後失音，煨研，豬膽汁服。　荆芥諸風口噤不語，爲末，童尿酒服。　黄芪風痦不語，同防風煎湯熏之。　紅花男女中風，口噤不語，同乳香服。　遠志婦人血噤失音。　白术風濕舌木強。　防已毒風不語。　附子口卒噤痦，吹之。　白附子中風失音。　黑大豆卒然失音，同青竹算子煮服。○卒風不語，煮汁或酒含之。　豉汁卒不得語，入美酒服。酒咽傷聲破，同酥調乾薑末服。　乾薑卒風不語，安舌下。　生薑汁　果木：　橘皮卒失音，煎呷。　杏仁潤聲氣。○卒瘂，同桂含之。○蜜、酥煮丸噙。○生含，主偏風失音不語。　榧子尸咽痛痒，語音不出，有蟲食咽，同蕪荑、杏仁、桂丸噙。　桂風僻失音，安舌下嚥汁，同菖蒲煎服。　楮枝、葉卒風不語，煮酒服。　東家鷄棲木失音不語，燒灰水服，盡一升，效。　石器：　蜜陀僧驚氣入心，瘖不能言，茶服一匙，平肝去怯也。　雄黄中風舌強，同荆芥末，豆淋酒服。　礬石中風失音，産後不語，湯服一錢。痰盛多服。吐之。　孔公孽令喉聲圓。　履鼻繩尸咽，語聲不出，有蟲，燒灰水服。　梭頭失音不語，刺手心，痛即語。　蟲介：　白殭蠶中風失音，酒服。　五倍子　百藥煎　龜尿中風舌瘖不語，小兒驚風不語，點舌下。　真珠卒忤不語，鷄冠血丸，納口中。　禽人：　鷄屎白中風失音，痰迷，水煮服。　亂髮灰中風失音，百藥不效，同桂末酒服。

牙齒牙痛，有風熱，濕熱，胃火，腎虚，蟲䘌。

風熱、濕熱：　草部：　秦艽陽明濕熱。　黄芩中焦濕熱。　白芷陽明風熱。○同細辛摻。○入朱砂摻。　黄連胃火濕熱。○牙痛惡熱，揩之立止。　升麻陽明本經藥，主牙根浮爛疳䘌。○胃火，煎漱。　羌活風熱，煮酒漱。○同地黄末煎服。　當歸　牡丹　白頭翁　薄荷風熱。　荆芥風熱，同葱根、烏桕根煎服。　細辛和石灰摻。　縮砂仁嚼。　蓽茇並去口齒浮熱。　木鼈子搐鼻，如神。　附子尖同天雄尖、蝎稍末，點之即止。　大黄胃火牙痛。○燒研揩牙。　同地黄貼之。　生地黄牙痛牙長，並含咋之。○食蟹齦腫，皂角蘸汁炙研，摻之。　蒼术鹽水浸燒，揩牙，去風熱、濕熱。　香附同青鹽、生薑，日擦固齒。○同艾葉煎漱。　牛蒡根熱毒風腫，取汁入鹽熬膏，塗齦上。　積雪草塞耳。　紅豆蔻　酸草　鵝不食草並搐鼻。　山柰入麝，擦牙吹鼻。　芎藭　山豆根　大戟並咬含。　木鼈子磨醋。　高良薑同蠍。　青木香並擦牙。　藁草同升麻、細辛。　屋遊同鹽。　栝樓皮同蜂房。　鶴虱　地菘　紅燈籠枝　芭蕉汁　蒼耳子　惡實　青蒿　猫兒眼睛草　瓦松同礬。　薔薇根　穀菜：　薏苡根　胡麻　黑豆並煎漱。　蘿蔔子　蒔蘿並搐鼻。　水芹利口齒。　赤小豆　老薑同礬。　乾薑同椒。　鷄腸草同旱蓮、細辛。　莧根燒。　灰藋燒。　茄科燒。　絲瓜燒。並同鹽擦。　大蒜煨擦。　芸薹子同白芥子、角茴搐鼻。　馬齒莧汁。　木耳同荆芥。　壺盧子　果木：　桃白皮同柳槐皮。　李根白皮並煎漱。　胡椒去齒根浮熱。○風、蟲、寒三痛，同緑豆咬之。○同蓽茇塞孔。　荔枝風牙痛，連殼入鹽燒揩。　瓜蒂風熱痛，同麝香咬。　蜀椒堅齒。○風、蟲、寒三痛，同牙皂煎醋漱。　吴茱萸煎酒。　荷蒂同醋。　秦椒　杉葉風蟲，同芎藭、細辛煎酒漱。　松葉　松節並煎水，入鹽或酒漱。　松脂揩。　桂花風蟲牙痛。　辛夷面腫引痛。　乳香風蟲嚼嚥。　地骨皮虚熱上攻，同柴胡、薄荷，水煎漱。　槐枝　柳白皮　白楊皮　枳殼　臭橘皮　郁李根　竹瀝　竹葉同當歸尾煎。　荆莖同荆芥、蓽茇煎。　郁李根並煎漱。　沒食子　皂莢同鹽、礬燒。　肥皂莢同鹽燒。　無患子同大黄、香附、鹽煆。　丁香遠近牙疼，同胡椒、蓽茇、全蝎末點之，立止。　楓香年久齒痛。　龍腦同朱砂。　土石：　蚯蚓泥燒。並揩牙。　壁上塵土同鹽燒，搐鼻。　金釵燒烙。　白銀風牙，燒赤，焠火酒，漱之即止。　石膏瀉胃火。○同荆芥、防風、細辛、白芷末，日揩。　白礬煎漱，止血及齒碎。　黄礬漱風熱牙疼。　食鹽揩牙洗目，堅牙明目，止宣露。○臥時封齦，止牙痛出血。○槐枝煎過，去風熱。○皂角同燒，去風熱。　青鹽同上。○川椒煎乾，揩牙，永無齒疾。　朴消皂莢煎過，擦風熱及食蟹齦腫。　雄黄同乾薑搐鼻。　鉛灰　蟲禽獸部：　白殭蠶同薑炒。　蠶退紙灰並揩擦。　露蜂房同鹽燒擦。○同全蠍擦。○同細辛漱，煎酒漱。　百藥煎風熱，泡湯含。○同玄胡索末、雄黄末擦。　白馬頭蛆取牙。　全蠍　五靈脂惡血齒痛，醋煎漱。　雄鷄屎燒咬。　羊脛骨灰濕熱，同當歸、白芷擦。　諸朽骨風熱，煨咬。

腎虚：　草菜：　旱蓮草同青鹽炒焦，揩牙，烏鬚固齒。　補骨脂同青鹽日揩。○風蟲，同乳香。　蒺藜打動牙痛，擦漱。　骨碎補同乳香塞。　獨蒜熨。　甘松同硫黄煎漱。　牛膝含漱。　地黄　石獸：　石燕子揩牙，堅固，止痛及齒疎。　硫黄腎虚，入猪臟煮丸服。　羊脛骨灰補骨。

蟲䘌：　草部：　桔梗同薏苡根，水煎服。　大黄同地黄貼。　鏡面草　蜀羊泉　紫藍並點。　雀麥同苦瓠葉煎醋炮，納口中，引蟲。　覆盆子點目取蟲。　蓽茇同木鼈子搐。○同胡椒塞孔。　細辛　莽草　苦參　惡實並煎漱。　附子塞孔。又塞耳。　羊躑躅蠟丸。　藤黄　烏頭　草烏頭　天南星　芫花並塞孔。　山柰　莨菪子　艾葉　菜穀：　韭子並燒烟熏。　韭根同泥貼，引蟲。　茄根汁塗。○燒灰貼。　燒酒浸花椒漱。　果木：　銀杏食後生嚼一二枚。　地椒同川芎揩。　楊梅根皮　酸榴根皮　吴茱萸根並煎漱。　杏仁煎漱或燒烙。　桃橛燒汁滴。　桃仁　柏枝並燒烙。　皂莢子醋煮烙之。　胡桐淚爲口齒要藥。○熱濕牙痛，及風疳䘌齒骨槽風，爲末，入麝，夜夜貼之。○宣露臭氣，同枸杞根漱。○蠹黑，同丹砂、麝香摻。　巴豆風蟲，綿裹咬。○燒烟熏。　同蒜塞耳。　阿魏同臭黄塞耳。　丁香齒疳䘌露黑臭，煮汁食。○同射干、麝香揩。　海桐皮煮汁並漱。

槐白皮　枸橘刺　鼠李皮　地骨皮醋。　楓柳皮　白楊皮　白棘刺並煎漱。　樟腦同朱砂揩。○同黃丹、肥皂塞孔。　楤白皮塞孔，牙自爛。　乳香同椒，或巴豆，或礬，塞孔。　松脂　盧會　蕪荑　天蓼根　金石：　花鹼　石鹹並塞孔。　鐵鏵頭積年齒䘌，燒赤，入硫黃、豬脂熬沸，柳枝揾藥烙之。　砒霜同黃丹，蠟丸塞耳。　石灰風蟲，和蜜煅擦。○沙糖和塞孔。　雄黃和棗塞。　硇砂塞孔。　輕粉同黃連摻。　土朱同荆芥摻。　緑礬

蟲鱗：　五倍子並摻。　蟾酥同胡椒丸咬。　蜘蛛焙研，入麝摻。　地龍化水和麪塞孔，上傅皂莢末。○同玄胡索、蓽茇末，塞耳。　錢窠包乳香燒，納孔中。○包胡椒塞耳。　石蜜　竹蜂　蚺蛇膽同枯礬、杏仁摻。　鱗蛇膽　海鰕鮓　禽獸：　雀屎　燕屎並塞孔。　夜明砂同蟾酥丸咬。　啄木鳥燒納孔中。○舌，同巴豆咬之。　猪肚咬之引蟲。　熊膽同豬膽、片腦搽。　麝香咬之，二次斷根。　犲皮灰傅。

齒疎：　瀝青入細辛摻。　寒水石煅，同生爐甘石摻。

齒長：　白朮牙齒日長，漸至難食，名髓溢，煎水漱之。　生地黃咋之。

齒缺：　銀膏補之。

生齒：　雄鼠脊骨研揩即生。　雄鼠屎日拭一枚，三七日止。　黑豆牛屎內燒存性，入麝摻之，勿見風，治大人小兒牙齒不生，牛屎中豆尤妙。　路旁稻粒點牙落處，一七下自生。　烏鷄屎雌雄各半，入舊麻鞋灰、麝香少許，擦之。

齒齼：　胡桃食酸齒齼，嚼之即解。

妬齒：　地骨皮妬齒已去，不能食物，煎水漱之。

鬚髮

內服：　草部：　菊花和巨勝、茯苓，蜜丸服，去風眩，變白不老。　旱蓮內煎膏服，外燒揩牙，烏髭髮，益腎陰。○汁塗，眉髮生速。○作膏點鼻中，添腦。　常春藤　扶芳藤　絡石　木通　石松並主風血，好顏色，變（白）不老，浸酒飲。　白蒿　青蒿　香附並長毛髮。　茜草汁，同地黃熬膏服。　地黃九蒸九晒，日噙。　牛膝　麥門冬　肉蓯蓉　何首烏　龍珠　旱藕　瞿麥　穀菜：　青精飯　黑大豆　白扁豆　大麥　胡麻九蒸九晒。　馬齒莧　繁縷　韭　薑　蔓菁子　果木：　胡桃　蜀椒並久服，變白生毛髮。　乾柿同枸杞子丸服，治女人蒜髮。　榴花和鐵丹服，變白如墨。　松子　槐實　秦皮　桑寄生　放杖木　女貞實　不凋木　鷄桑葉　南燭並久服變白，烏鬚髮。　桑椹蜜丸服，變白。　介石：　鼈肉長鬚髮。　自己髮灰同椒煅酒服，髮不白，名還精丹。　石灰髮落不止，炒赤浸酒服。

髮落：　草部：　半夏眉髮墮落，塗之即生。　骨碎補病後髮落，同野薔薇枝煎刷。　香薷小兒髮遲，同豬脂塗。　茉莉花蒸油。　蓬虆子榨汁。　芭蕉油　蓖麻子　金星子　蘭草　蕙草　昨葉何草並浸油梳頭，長髮令黑。　土馬騣灰。　烏韭灰。　水萍　水蘇　蜀羊泉　含水藤　穀菜：　胡麻油及葉　大麻子及葉並沐日梳，長髮。　蒲公英　旱蓮並揩牙烏鬚。　生薑擦。　萵苣子　白菘子油　芸薹子油　果木：　甜瓜葉汁並塗髮，令長黑。　榧子同胡桃、側柏葉浸水，梳髮不落。　棗根蒸汁。　榠樝　木瓜並浸油。　蜀椒浸酒。　柏子油　辛夷　松葉並浸油、水塗頭，生毛髮。　側柏葉浸油，生髮。○燒汁，黑髮。○和猪脂，沐髮長黑。○根皮，生髮。　皂莢地黃、薑汁炙研，揩牙烏鬚。　楞葉同椿根、楸葉汁，塗禿生髮。　楸葉汁　蔓荆子同豬脂。　桑椹浸水。○並塗頭，生毛髮。　桐葉同麻子煮米泔，沐髮則長。○連子蒸取汁，沐髮則黑。　桑白皮同柏葉，沐髮不落。　山茶子摻髮解膩。　合歡木皮灰　槐枝灰　石荆　禽獸：　雁骨灰並沐頭長髮。　鷄子白　猪膽沐頭解膩。　雁肪　鴇脂　鷄肪　豬鬐膏　熊脂及腦並沐頭生髮。　豹脂朝塗暮生。　犬乳塗赤髮。　羖羊角灰，同牛角灰、豬脂，塗禿髮。　羊屎灰淋汁沐頭，生髮。○和猪脂，變髮黃赤。　豬屎灰，塗髮落。　髮灰油煎枯，塗髮黑長。

髮白：　草菜穀部：　栝樓同青鹽、杏仁煅末，拔白易黑，亦揩牙。　百合　薑皮並拔白易黑。　狼把草　黑豆煎醋染髮。　大麥同鐵砂、沒食子。　蕎麥同鐵砂。　果木：　酸石榴並染鬚髮。　胡桃和胡粉，拔白生黑。○燒，同貝母，揩牙烏鬚。○青皮皮肉及樹皮根，皆染鬚髮。　餘甘子合鐵粉，塗頭生鬚髮。　橡斗　毗黎勒漿　椰子漿　鹽麩子　菱殼　芰花　蓮鬚　紅白蓮花並塗鬚髮。　鷄舌香同薑汁，拔白生黑。　詹糖香同胡桃皮塗，髮黑如漆。　梧桐子汁點孔生黑。○木皮，和乳汁塗鬚。　櫧皮包側柏，燒熏香油烟，抹鬚髮即黑。　烏柏子油　烏柏皮　訶黎勒　沒食子　婆羅得　金石：　黑鉛梳白髮。○燒灰染髮。　胡粉同石灰染鬚。　鉛霜梳鬚髮。　鉛丹染。　銅錢鏽磨油，塗赤髮禿落。　鐵爇染。　生鐵浸水。　鐵砂和沒食子染。　石灰染。　緑礬同薄荷、烏頭，鐵漿水染。　赤銅屑　蟲獸：　五倍子炒，同赤銅屑諸藥，爲染鬚神方。　百藥煎　水蛭同龜尿撚鬚，自黑。　蝸牛同金墨埋馬屎中，化水染鬚妙。　蜜　蠟　鼈脂　猪膽　狗膽　犬乳並點白生黑。

生眉：　草穀：　白鮮皮眉髮脆脫。　香附長鬚眉。　苦參　仙茅大風，眉髮脫落。　昨葉何草生眉髮膏爲要藥。　半夏眉髮墮落，塗之即生。○莖涎同。　鱧腸汁塗眉髮，生速。　烏麻花浸油。　菜木：　芥子同半夏、薑汁。　蔓菁子醋和，並塗。　生薑擦。　柳葉同薑汁，擦眉落。　白礬眉髮脫落，蒸餅丸服。　雄黃和醋塗。　雁肪塗。　狗腦眉髮火瘢不生，和蒲黃，日三傅之。　蒜汁眉毛動搖，目不能眨，喚之不應，和酒服，即愈。

胡臭有體臭，腋臭，漏臭。

內治：　花蜘蛛二枚，擣爛酒服，治胡臭。　鱓魚作臛，空腸飽食，覆取汗，汗出如白膠，從腰脚中出，後以五木湯浴之，慎風一日，每五日一作。　水烏鷄生水中，形似家鷄，香油入薑汁四兩，炒熟，用酒醅三四盌同食，嚼生葱下，被蓋出汗，數次斷根，不忌口。

外治：　草穀：　蘇子擣塗。　青木香切片，醋浸一宿夾之，數次愈。　鬱金鴉、鶻等一切臭。　木饅頭煎洗後，以爐底末傅。　甘遂二兩爲末，摻新殺牙猪肉上，乘熱夾之。內服熱甘草湯，必大泄氣，不可近。　百草灰水和熏洗，酥和餅夾之，乾即易，瘡出愈。　馬齒莧杵團入袋盛，泥裹火燒過，入蜜熱夾。　生薑頻擦。　炊飯熱拭腋下，與犬食之，七日一次，愈乃止。　三年醋和石灰，傅腋下。　果木：　小龍眼核六個，胡椒十四粒，研汁擦之，三次愈。　辛夷同木香、細辛、芎藭粉塗之。　槲若洗後，苦瓠烟熏之。　桔枸樹汁同木香、東桃西柳枝、七姓婦人乳，煎熱，五月五日洗之，將水放在十字街，去勿顧。　鷄舌香　　金石：　伏龍肝摻。　銅屑熱醋和摻。　或炒熱，袋盛熨之。　鏡鏽同蜜陀僧，醋調摻。　銅綠同蜜陀僧、白及灰，醋調摻之。　古文錢燒赤，焠醋研，入麝，水調塗。　銅礦石磨汁塗。　蜜陀僧油和塗。　蒸餅切片，摻末塗之。　黄丹入少輕粉，唾和塗。　○同東壁土、銅綠末，以古錢磨濃燈油調摻。　胡粉水銀、面脂研塗。　○牛脂煎塗，不過三次。　水銀同胡粉摻上。　粉霜同水銀、面脂研塗。　石綠同輕粉，醋調塗。　石灰有汗乾摻，無汗醋和。　膽礬入少輕粉，薑汁調搽，熱痛乃止。　白礬常用粉之。　○同蜜陀僧、輕粉擦。　○同黄丹、輕粉擦，同蛤粉、樟腦擦。　蟲介：　蜣蜋揞塗一夜。　田螺入巴豆一粒在內，待化水，擦腋下，絶根。　○入麝香，埋露地七七日，點患孔，神妙。　○入巴豆、麝香、膽礬，待成水，五更不住自擦腋下，待大便行，是其證，不盡再作，後以枯礬、蛤粉、樟腦粉之，斷根。　蜘蛛一個，黄泥入赤石脂包，煅研，入輕粉少許，臥時醋調一字傅腋下，次日瀉下黑汁，埋之。　蝙蝠煅研，田螺水調塗腋下，隨服下藥。

禽人：　鷄子煮熟去殼，熱夾之，棄路口勿顧。　夜明砂豉汁和塗。　自己小便熱洗，日數次。　自己口唾頻擦。

丹毒火盛生風，亦有兼脾胃氣鬱者。

內解：　草部：　連翹　防風　薄荷　荆芥　大青　黄連　升麻　甘草　知母　防己　牛蒡子　赤芍藥　金銀花　生地黄　牡丹皮　麻黄　射干　大黄　漏蘆　紅內消　萹蓄汁服。　積雪草擣汁服。　水甘草同甘草煎服。　攀倒甑同甘草煎服。　旋花根汁服。　丹參　菜木：　馬齒莧汁服。　芸薹汁服，並傅。　青布汁　卮子　黄蘗　青木香　鷄舌香　桂心　枳殼　茯苓　竹瀝　金石：　生鐵燒，焠水服。　生銀磨水服。　土朱蜜調服。　○同青黛、滑石、荆芥末，並傅之。　介：　牡蠣肉　禽獸：　鶩肉　白雄鷄並食。　犀角　羚羊角　豬屎汁　黄龍湯五色丹毒，飲二合，并塗。

外塗：　草部：　黄芩　苦芙　馬蘭　白芷葱汁調，亦煎浴。　水苔　水蘋　浮萍并服。　景天　蒴藋　蛇銜　生苄　水藻　牛膝同甘草、伏龍肝。　蓖麻子　大黄磨水。　藍葉　澱汁　芭蕉根汁。　蓼葉灰　栝樓醋調。　老鴉眼睛草醋同擣。　仙人草　五葉藤　赤薜荔　排風藤　木鼈仁磨醋。　蘿摩草　虎刺根葉汁。　青黛同土朱。　五味子　荏子　紅花苗并塗傅。　苧根　赤地利　白及　白斂　穀菜：　赤小豆洗浴及傅之。　綠豆同大黄。　豆葉　大麻子　大豆煮汁。　麻油　蕎麪醋和。　黄米粉鷄子和。　豉炒焦。　糯米粉鹽和。　菘菜　芸薹　大蒜　胡荽　乾薑蜜和。　鷄腸草　葱白汁。　馬齒莧　果木：　李根研油，田中流水調。　桃仁　慈姑葉塗。　檳榔醋調。　棗根洗。　栗樹皮及梂浴。　荷葉塗。　卮子末水和。　榆白皮鷄子白和塗，煎沐。　棘根洗。　五加皮洗。　和鐵槽水塗。　柳木洗傅。　柳葉洗。　乳香羊脂調。　桐樹皮　楸木皮　服器：　草鞋灰和人乳、髮灰調。　蒲席灰　甑帶灰　水土：　磨刀水　白堊土同寒水石塗。　燕窠土　蜂窠土　蚯蚓泥　豬槽下泥　檐溜下泥　釜下土和屋漏水。　伏龍肝　白瓷末豬脂和。　屋塵豬脂和。　瓷甌中白灰醋磨。　金石：　鍛鐵精豬脂和塗。　鐵鏽磨水。　胡粉唾和。　銀朱鷄子白和。　無名異葱汁調。　石灰醋調。　陽起石煅研，水調。　土朱同青黛、滑石。　寒水石同白土傅。　芒消水和。　白礬油和。　蟲鱗：　蜜和乾薑末。　螻蛄同生薑擣塗。　露蜂房煎汁，調芒消。　白殭蠶和慎火草傅。　爛死蠶傅。　蠐螬末傅。　水蛭咂。　黄蜂子　鯽魚合小豆擣塗。　鯉魚血　海蛇　鱓魚　螺螄　鰕　禽獸：　鷄血　雉尾灰　豬肉貼。　青羊脂頻摩即消。　綿羊腦同朴消塗。　酪入鹽。　羚羊角灰鷄子白調。　鹿角末豬脂調。　牛屎塗，乾即易。　豬屎燒塗。　髮灰和伏龍肝、豬膏和之。

風瘙疹痱

內治同丹毒：　蒼耳花、葉、子各等分，爲末，以炒焦黑豆浸酒服二錢，治風熱癮疹，搔痒不止。　苦參肺風皮膚瘙痒，或生癮疹疥癬，爲末，以皂角汁熬膏丸服。　枸橘核爲末，酒服，治風瘙痒。　赤土風瘙痒甚，酒服一錢。　雲母粉水服二錢。　蜜酒服。　黄蜂子　蜂房同蟬蛻末服。　白殭蠶酒服。　全蠍

外治：　白芷　浮萍　槐枝　鹽湯　吳茱萸煎酒。　楮枝葉　蠶沙並洗浴。　景天汁　石南汁　枳實汁　芒消湯　礬湯並拭摩。　枳殼炙熨風疹，肌中如麻豆。　燕窠土塗。　鐵鏽磨水摩。　石灰醋和塗，隨手即消。　爛死蠶塗赤白遊疹。　吊脂塗。　鰕

擣塗。海鰕鮓貼。鱓血塗赤遊風。鯉魚皮貼。

痱疹：升麻洗。菟絲汁抹。綠豆粉同滑石撲。棗葉和葛粉撲。慈姑葉汁調蚌粉摻。楝花末撲。冬霜加蚌粉摻。臘雪抹。屋上舊赤白堊摻。壁土　不灰木　滑石　井泉石同寒水石。石灰同蛤粉、甘草塗。蚌粉

癧瘍癜風癧瘍是汗斑，癜風是白斑片，赤者名赤疵。

內治：草穀：蒺藜白癜風，每酒服二三錢。女萎　何首烏白癜，同蒼朮、荊芥等分，皂角汁煎膏，丸服。胡麻油和酒服。木鱗：桑枝同益母草熬膏服。枳殼紫癜風。牙皂白癜風，燒灰酒服。白花蛇白癜癧瘍斑點，酒浸，同蠍稍、防風末服。烏蛇同天麻諸藥，浸酒服。禽獸：白鴿炒熟，酒服。猪胰酒浸蒸食，不過十具。猪肚白煮食。

外治：草穀：附子紫白癜風，同硫黃，以薑汁調，茄蒂蘸擦。白附子同上。貝母紫白癜斑，同南星、薑汁擦。○同百部、薑汁擦。○同乾薑，浴後擦之，取汗。知母醋磨塗。茵蔯洗癧瘍。防己同浮萍煎，浴擦。羊蹄根同獨科掃帚頭、枯礬、輕粉、生薑擦取汗。蒼耳草　酸草同水萍。紫背萍並洗擦。菰筍　木蓮藤汁並擦。蓖麻汁　續隨子汁　灰藋灰並剝白癜風、癧瘍。蒺藜　小麥燒油塗。醬　醋　果木：胡桃青皮並同硫黃擦。○或入硇砂、醬汁少許。杏仁每夜擦。薰陸香同白斂揩。桑柴灰蒸汁熱洗。猫兒刺葉燒淋熬膏，塗白癜。服器：故帛灰　麻鞋底灰　甑帶　蒸籠片　弊帚　炊帚　水石：半天河水　樹孔中蚛汁　韭上露　車轍　牛蹄涔中水　水銀並拭癧瘍癜風。輕粉同水銀、薑汁擦。雄黃身面白駁。蜜陀僧同雄黃，擦汗斑。○或加雌黃、白礬、硫黃。膽礬同牡蠣、醋，擦赤白癜。人言入茄中煨擦，或塗薑上擦。硫黃同附子、醋，擦癧瘍風。○同蜜陀僧。○同輕粉、杏仁。○同鷄子白。自然灰淋汁塗。石灰　砒石　銀身面赤疵，日揩令熱，久久自消。蟲鱗：蜣蜋擣塗白駁，一宿即瘥。鱓魚同蒜汁、墨汁，頻塗赤疵。○小兒赤疵，刺父足心血貼之，即落。蛇皮熱摩數百遍，棄之。鰻鱺魚骨塗白駁風，即時轉色，五七度乃愈。臭魚鮓拭白駁，熱擦令汗出。烏賊魚骨磨醋塗。○同硫黃、薑汁擦。禽獸：丹鷄冠血、翅下血塗。驢尿和薑汁洗。諸朽骨磨醋塗之。馬尿洗赤疵，日四五度。白馬汗雕青，調水蛭末塗之。

癭瘤疣痣

內治：草部：杜衡破留血痰飲，消項下癭瘤。貝母同連翹服，主項下癭瘤。黃藥子消癭氣，煮酒服。《傳信方》甚神之。海藻消癭瘤結氣，散項下硬核痛。○初起，浸酒日飲，滓塗之。海帶　昆布蜜丸。海苔　白頭翁浸酒。牛蒡根蜜丸。連翹　丹參　桔梗　夏枯草　木通　玄參　當歸　常山吐。籬鬲草吐。天門冬　瞿麥　三稜　射干　土瓜根　香附　漏盧　菜穀：紫菜　龍鬚菜　舵菜並主癭瘤結氣。小麥消癭。醋浸，同海藻末，酒服。山藥同蓖麻，生塗項核。敗壺盧燒搽腋瘤。赤小豆　果木：橙　荔枝並消癭。瓜蒂　松蘿並吐。柳根煮汁釀酒，消癭氣。白楊皮同上。問荊結氣瘤痛。土石：螲蟷蝕瘤，熬燒末，猪脂和傅。蜣蜋丸燒酒服，治癭。土黃枯瘤贅痔乳。鍼沙　自然銅並浸水日飲，消癭。鉛　浮石　介鱗：牡蠣　馬刀　海蛤　蛤蜊　淡菜　海螵蛸　獸人：鹿靨並消癭氣結核。羊靨　牛靨並酒浸炙香，含嚥。猪靨焙末酒服，或酒浸炙食。旄牛靨燒服，消癭。獐肉炙熱搨瘤，頻易，出膿血愈。猪屎血瘤出血，塗之。人精粉瘤，入竹筒內燒瀝，頻塗。

疣痣：草穀：地膚子同礬洗疣目。艾葉同桑灰淋汁，點疣痣瘤靨。○灸痣，三壯即去。狗尾草穿疣。升麻煎水，入蜜拭。芫花同大戟、甘遂末，焦瘤癭自去。○根煮線，繫瘤痣。蒴藋子塗。續隨子塗。天南星醋塗。剪刀草塗。博落迴塗。藜蘆灰　青蒿灰　麻秸灰　麥稈灰　蕎麥秸灰　豆秸灰　茄梗灰　藜灰　灰藋灰　冬瓜藤灰並淋汁，點疣痔，腐癰瘤，去黠印。大豆　米醋並厭禳去疣。白粱米炒熱研，入唾和塗。馬齒莧灰塗瘤。苦苣汁　果木：白梅並點疣痣。杏仁　李仁並同鷄子白研，塗疣。柏脂同松脂塗疣。死人枕席拭疣自爛。禿帚每月望子時掃之。櫟木灰　桑柴灰　水石：冬灰　石灰並蝕黑子疣贅瘤痣。屋漏水塗疣。硫黃紙卷焠疣。砒石同巴豆、糯米點疣。鹽塗疣，頻舐。白礬　銅綠　硇砂並塗痣靨疣贅。蟲鱗：斑蝥點疣痣，同人言、糯米炒黃，去米，同大蒜擣塗。螳螂食疣。蜘蛛網纏瘤疣。鱅魚食之已疣。禽人：鷄內金擦疣。鷄子白醋浸軟，塗疣。猪脂　牛涎　人瘡膿　人唾並塗疣。髮纏疣。

瘰癧附結核。

內治：菜草：夏枯草煎服，或熬膏服，并貼，入厥陰血分，乃瘰癧聖藥也。連翹入少陽，乃瘰癧必用之藥。○同脂麻末，時食。○馬刀挾癭，同瞿麥、大黃、甘草煎服。海藻消瘰癧，浸酒日飲，滓爲末服。○蛇盤癧，同殭蠶丸服。昆布爲末浸酒，時時含嚥，或同海藻。玄參散瘰癧結核，久者生擣傅之。何首烏日日生服，并嚼葉塗之。土茯苓久潰者，水煎服。白斂酒調多服，并生擣塗之。苦參牛膝汁丸服。野菊根擂酒服，渣塗甚效。薄荷取汁，同皂莢汁熬膏，丸藥服。木鼈子鷄子白蒸食。白鮮皮煮食。水葒子末服。大

黃乳中瘰癧起，同黃連煎服，取利。蚤休吐瀉瘰癧。蓖麻子每夜吞二三枚。○同白膠香熬膏服。○同松脂研貼。芫花根初起，擂水服，吐利之。月季花同芫花，釀鯽魚煮食。荆芥洗。牛蒡子　防風　蒼耳子　續斷　積雪草　白芷　芎藭　當歸　白頭翁　黃芪　淫羊藿　柴胡　桔梗　黃芩　海藴　海帶　胡麻　水苦蕒項上風癧，酒磨服。橙發瘰癧。槲皮吐瘰癧，并洗之。皂莢子醋、硇煮過，照瘡數吞之。○連翹、玄參煮過嚼之。胡桐淚瘰癧，非此不除。桑椹汁熬膏內服。巴豆小兒瘰癧，入鯽魚內，草包煆研，粥丸服，取利。黃蘗　器蟲：氊屜灰酒服，吐瘰癧。黃蠟同白礬丸服。全蠍　白殭蠶水服五分，日服，一月愈。蜘蛛五枚，(晒)末，酥調塗。斑蝥粟米炒研，鷄子清丸服。○入鷄子內蒸熟，去蝥食，入藥甚多。紅娘子　芫青　葛上亭長　地膽　鱗介：白花蛇同犀角、牽牛、青皮、膩粉服。壁虎初起，焙研，每日酒服。黿甲酒浸炙研服。牡蠣粉同玄參丸服。○同甘草末服。蝸牛殼小兒瘰癧，牛乳炒研，入大黃末服，取利。鼉甲　禽獸：左蟠龍飯丸服。夜明砂炒服。狸頭炙研服。猫狸鼠癧，如常作羹食。

外治：草菜：山慈姑磨酒塗。莽草鷄子白調塗。地菘生塗。半夏同南星、鷄子白塗。草烏頭同木鼈子塗。猫兒眼草熬膏塗。商陸切片，艾灸。車前草同烏鷄屎塗。紫花地丁同蒺藜塗。青黛同馬齒莧塗。毛蓼納入，引膿血。葶藶已潰，作餅灸。白及同貝母、輕粉傳。白斂　土瓜根　半夏　水堇　藜蘆　通草花上粉　穀菜：大麻同艾灸。蒜同茱萸，塗惡核腫結。芥子和醋塗。乾薑作挺納入，蝕膿。山藥少陽經分疙瘩，不問淺深，同蓖麻子擣貼。堇菜寒熱瘰癧，結核鼠漏，爲末煎膏，日摩之。桑菰同百草霜塗。馬齒莧　鹿藿　果木：胡桃和松脂塗。桃白皮貼。杏仁炒，榨油塗。鼠李寒熱瘰癧，擣傳。楓香同蓖麻子貼。楸葉煎膏。柏葉　櫟木皮　器土：油鞋　鞋底灰　多年茅厠中土同輕粉，傳年久者。金石：黑鉛灰和醋，塗瘰癧結核，能內消爲水。鐵蘸塗。砒霜蝕瘰癧敗肉，作丸用。磨刀浞塗瘰癧結核。食鹽和麫燒。消石　芒消並下。雄黃同水銀、黃蠟、韶腦，作膏貼。輕粉　鹽藥　蟲：蜈蚣炙，同茶末塗。螻蛄同丁香燒貼。礬石　硇砂　紅娘子瘰癧結核。蚯蚓同乳、沒諸藥塗。蝸牛燒，同輕粉塗。蝦蟆燒塗。蜂房燒，和猪脂塗瘰癧漏。蜘蛛晒研，酥調塗。鱗介：黃顙魚潰爛，同蓖麻子煆塗。穿山甲潰爛，燒傳。○一加斑蝥、艾。田螺燒塗。鬼眼睛已破，研塗。馬刀主肌中竄鼷。禽獸：伏翼年久者，同猫頭、黑豆燒塗之。鴨脂同半夏傳。鷄膍胵燒傳。雄鷄屎燒傳。羊屎同杏仁燒傳。狼屎燒塗。猫頭骨及皮毛燒傳。舌，生研塗。○涎，塗之。○屎，燒傳。狸頭骨　狐頭骨同狸頭燒傳。羊膍胵　猬心、肝並燒傳。豬膏淹生地黃煎沸，塗瘰癧瘻。虎腎　羚羊角　女人精汁頻塗。亂髮灰鼠瘻，同鼠骨入臘豬脂煎消，半酒服，半塗，鼠從瘡中出。

結核：草菜：天南星治痰瘤結核，大者如拳，小者如栗，生研塗之。甘遂同大戟、白芥子爲丸，治痰核。金星草末服。桔梗　玄參　大黃酒蒸。白頭翁　連翹　射干　三稜　莪蒁　黃芩　海藻　昆布　海帶　蒲公英並散頸下結核。蒜同茱萸擣，塗惡核腫結。堇菜結核聚氣，爲末，油煎日摩。百合同蓖麻研塗。詹糖香　土石：土墼痰核紅腫，菜子油和塗，即消。浮石枕後生腦痹痰核，燒研，入輕粉，油調塗。石灰結核紅腫，狀如瘰癧，煆研，同白果擣貼。慈石鼠瘻項核喉痛。白殭蠶　蜘蛛項下結核，酒浸研爛，去滓服。鯽魚生擣塗惡核。牡蠣以茶引之，消項下結核。以柴胡引之，去脇下堅。

九漏雖有九名，皆取象耳，但分部位可也。

雙治：草部：苦參浸酒服。忍冬浸。牽牛煨猪腎。黃芪　何首烏　土茯苓　萆薢　栝樓根　白及　牛蒡葉　地榆　虎薊根　積雪草　白斂　土瓜根　通草　黃藥子　剪草　茜根灰　漏籃子　側子　馬兜鈴　半夏　荆芥穗　薺薴　香白芷　蛇含草　麋銜　蓖麻子　狼毒　芫花根　附子　天南星　諸蒿灰　藜灰　穀草：麥麪和鹽炒塗。苦瓠　蕎麥灰　果木：桃花　大腹皮　楸葉熬膏，神方。柳枝燒熏。柳根鬚煎洗。乳香　楡白皮　盧會　石南葉　柞木枝　火土：燭燼　土蜂窠　金石：胡粉　鐵華粉　朱砂　爐甘石　孔公孽　殷孽　古塚灰　石灰　赤石脂　水銀　水銀粉　特生礜　礜石　北亭砂　砒石　代赭石　石膽　禹餘糧　慈石毛　黃礬　白礬石　消石　蜜陀僧　食鹽　石硫黃　石硫赤　戎鹽　雄雌黃　蟲：斑蝥芫青、地膽、葛上亭長同。蜘蛛　胡蜣蜋　蟾蜍頭　蜈蚣　露蜂房　樗鷄　鮻鯉甲　蜥蜴　白花蛇　自死蛇并骨。蛇蛻　蝮蛇膽并屎。烏蛇　蛇吞蛙　鼉甲　蚺蛇膽　鯉腸、鱗　鮆鮓　鱧肝、腸　鱗魚并血。鰻鱺魚　鰾膠　海豚魚　海鰻鱺　黿甲　秦龜甲　文蛤　牡蠣粉　甲香　大田螺　禽獸：啄木鳥　鴛鴦　烏鴉頭　青鷁　子規肉　鸛腦　鷹頭燒塗痔漏。鵬烏鼠漏，炙食。猪膏　豭猪屎　羊屎　牡狗莖　狗肉引蟲。狗骨并頭骨。馬通汁　牛膽并脾。烏牛耳垢脇漏出水。野豬皮　牛屎　猫頭骨并腦及眼睛、肉、舌、皮、毛。鹿皮並齒。狸頭骨并肉。狐屎并足。兔皮、毛　鼴鼠　牡鼠屎　土撥鼠　猬心、肝癰疽深爲疽，淺爲癰。大爲癰，小爲癤。

腫瘍：　草部：　甘草行污濁之血，消五發之疽，消腫導毒。○一切發背癰疽，用末和大麥粉，湯和熱傅，未成者内消，已成者即潰。仍以水炙一兩，水浸一夜，服之。○或以黑鉛汁淬酒服。○或取汁熬膏。○陰囊癰，水炙煎服，二十日即消。忍冬癰疽，不問發背、發頤、發眉、發腦、發乳諸處，擣葉入少酒塗四圍，内以五兩，同甘草節一兩，水煎，入酒再煎，分三服。重者二二服，大腸通利即效，功勝紅内消，其滓亦可丸服。○或擣汁同酒煎服。遠志一切癰疽、發背、癤毒惡候，死血陰毒在中不痛者，即痛，或憂怒等氣在中作痛不可忍者，即止。熱者即涼，潰者即斂，爲末，每服三錢，溫酒浸，取清服，其滓塗之。紅内消癰疽毒瘡，水熬入酒時飲，滓爲丸服。連翹消腫止痛，十二經瘡藥，不可無此。○癰腫初起，煮服取汗。木蓮一切癰疽初起，四十九個，研細絞汁服，功同忍冬。○背癰，取末服，下利即愈。常春藤一切腫痛，研汁入酒服，利惡物，去其根本。絡石同上。秦艽發背初起，同牛乳煎服，取利。山慈姑同蒼耳擂酒服，取汗。豨薟同乳香、枯礬研，酒服，取汗。敖膏，貼一切癰疽，發背惡瘡，丁腫喉痹。地菘擣汁，日服。蒼耳擂酒取汗。紫花地丁同蒼耳擂酒取汗，渣同麪塗。烏斂莓擂酒熱服，取汗，渣塗。迎春花酒服末，取汗。馬蘭花葉同松毛、牛膝煎服。曲節草同甘草煎服。香附子已潰未潰，以薑汁炒研，日服。草烏頭陰疽不起，同南星、桂心、薑汁熱服，未破内消，久潰能去黑爛。牽牛諸毒初起，氣壯者，煎醋服，利膿血妙。決明同甘草煮服，并塗。石韋發背，冷酒服。石胡荽同穿山甲、當歸尾擂酒服，并塗之。地錦草同乳、沒等擂酒服，并塗。積雪草　野菊　栝樓　天門冬並擂酒服，滓塗。升麻除風腫，行瘀血，爲瘡家聖藥。○腫毒卒起，磨醋塗之。羌活散癰腫敗血，入太陽經。地榆諸瘡痛加之。黄芩痒者加之。黄連諸瘡痛痒，皆屬心火。龍膽癰腫口乾。紫草活血利腸。當歸　芍藥　芎藭和血止痛。三稜消堅硬。黄葵花腫痛及惡瘡膿水，爲瘡家聖藥。鹽收經年用，尤妙。胡黄連同穿山甲貼。芭蕉同生薑貼。生地黄杵塗，木香蓋之。龍葵擣塗，或入麝，或同蝦蟆。大黄醋調貼。○同五倍、黄蘗貼。烏頭同黄蘗貼。商陸擦石癰。○鹽擣，傅一切毒。莨菪子貼石癰堅硬。天麻　都管草醋貼。箬葉　紅藍花　苧根　益母草　金絲草　大戟　水仙根　飛廉　馬鞭草　漏蘆　蘘荷根　鴨跖草　續斷　大薊根　薇銜　火炭母　澤蘭　地楊梅　地蜈蚣　薑黄　蒲公英　蓼實　紫河車　半夏　天南星　王不留洗。白芍　栝樓根醋調。三七　蒺藜苗熬膏。苦參　土瓜根　獨用將〔軍〕　石蒜　牡丹皮　大青　草烏頭　小青　鬼臼根　蘿摩葉　射干醋調。羊蹄根醋磨。蒟蒻　石菖蒲　芫花膠和。金星草　半夏鷄子白調。莽草　螺靨草　水堇　水莕草　毛莨　水蕁葉　海芋根　蒲黄　海藻葉　海根　水蕕草　防己

穀菜：　黑大豆生研。豌豆並主一應癰腫初起。緑豆粉一應癰疽初起，惡心，同乳香、甘草服，以護心。胡麻油大毒發背，以一斤煎沸，入醋二盌，分五次服，毒不内攻。○入葱煎黑，熱塗，自消。翻白草擂酒服。茄子消石收成膏，酒服，治發背惡瘡。○磨醋，塗腫毒。○生合熱毒。豆豉作餅灸。大蒜灸一切腫毒陰毒。苦瓠切片，灸囊癰。葱白米粉炒黑，醋調塗。赤小豆同鷄子白，塗一切癰疽。粢米粉炒黑，鷄子白塗。麥粉一切癰疽發背熱痛，炒黑，醋調貼，痛即止，久則腫消。蕎麥粉癰疽發背，同硫黄末傅，疽頭凹黑，煮食即起。山藥生塗，或同蓖麻、糯米。蔓菁同鹽塗，或同芸薹。紫芥子同柏葉塗，無不愈者。麥麪　米醋　冬瓜合之。苦茄醋磨。蕺菜　百合生。乾薑醋調。生薑豬膽調。白芥子醋調。萊菔子醋〔研〕。馬齒莧　秦狄藜醋杵。旱堇　皂角蕈醋磨。桑黄

果木：　野葡桃根晒研，水調。茱萸醋和。並塗一切癰腫。橡子醋磨，塗石癰。胡桃背癰骨疽未成者，同槐花末，熱酒服之。○油者，塗諸腫。烏藥行氣止痛。○孕中有癰，同牛皮膠煎服。槐花癰疽發背初起，炒衝酒服，取汗即愈。黄蘗諸瘡痛不可忍者，加之。和鷄子白塗。○同川烏頭末傅之。柞木葉同荷蒂、甘草節、萱草、地榆煎服，癰疽即消，膿血自乾。紫荆皮活血行氣，消腫解毒，同獨活、白芷、芍藥、木蠟爲末，葱湯調塗。○發背癰疽初起，酒調塗之，内同白芷酒服。皂子六月六日，吞七枚，可免瘡癤。木芙蓉花、葉散熱解毒。○一切癰疽發背惡瘡，蜜調塗之。已成即潰，已潰排膿。○或同蒼耳葉燒用。○或同菊花葉煎洗。扶桑花、葉同芙蓉、牛蒡葉、蜜擣塗。巴豆樹根一切癰疽發背大患，末塗之，妙不可言。松脂一切癰疽，同銅青、蓖麻擣貼。○入膏藥用。楓木皮癰疽已成，擂酒服，并傅。櫰香頭癤腫毒，麻脂調塗，七日腐肉。黄楊擣塗癤子。楮實　桑白皮並塗石癰。桑葉塗穿掌毒，即愈。紫檀磨醋。皂莢煎膏。榆白皮醋調，塗癰腫。水楊柳湯　熱湯並沃洗，腫毒即消。新汲水射腫毒令散。桑柴火灸腫瘍不破，潰瘍不腐不斂，拔毒止痛生肌。

器土：　紙錢燒筒中，吸腫毒。火鍼　墨磨醋。倒掛塵同葱。伏龍肝同蒜。釜下土同椒。鼠壤土同醋。土蜂窠同醋。蚯蚓泥同鹽。糞坑土　井底泥　檐溜下泥　無名異醋磨。並塗癰腫。

金石：　黑鉛消癰腫發背諸瘡，甘草煮酒，溶鉛投入九次，飲之取醉。鐵漿發背初起，飲二升，取利。菩薩石主金石毒作癰疽。胡粉　黄丹　蜜陀僧并入膏用。消石發背初起，泡湯搨數次即散。水中白石背腫如盤，燒赤淬水洗，數次即消。紫石英煅研，醋調。慈石　石青　石蟹磨醋。虵黄　鹽藥

蟲部：　土蜂子醋調。赤翅蜂　獨脚蜂並塗癰腫。露蜂房惡疽、附骨疽，根在臟腑。○燒灰，同巴豆煎油，塗軟癤。五倍子炒紫，同蜜塗。○或加黄蘗、大黄。水蛭咂血。蜜

蠟　介鱗：　玳瑁　牡蠣鷄子白調。　蛤粉並消癰腫。　車螯殼消腫，燒赤醋淬，同甘草、酒服，并塗。○不問大小淺深，利去病根，則免傳變。煅研，入輕粉少許，用栝樓、甘草節酒煎，入蜜調服。　龜板初起，燒研酒服。　穿山甲炮研酒服。　蛇蜕燒，醋和塗。○石癰，貼之一夜愈。　蛇頭灰醋調。　蛇角　蚌粉　鯽魚　禽獸：　白鵝膏　雁肪　天鵝油　鶚肪並塗。　鵜鶘油能透入病所。　鷄冠血頻滴不已，即散。　鷄內金髮背初起，潤濕貼之，不過三五個即消。　毈鷄子癰疽發背，百藥不效，同狗屎熬貼。　白鴨通　牛膽　猪膽　猪腦並塗。　猪腎同飛麪擣貼。　臘羊脂一切腫毒初起，抹擦即消，神驗。　猪膏　牛脂並冷水浸貼，頻易。　黄明膠一切癰疽，活血止痛。水浸貼之，化酒飲之，不内攻，不傳惡證。○同穿山甲燒研，酒服，極妙。○已破者，化調黄丹。　犬屎絞汁服，并塗。　狗寶癰疽諸毒，同蟾酥諸藥爲丸。　狗齒燒研，醋塗發背及馬鞍瘡。　鹿角癰腫留血在陰中。○發背初起，燒灰醋塗，日五六上。　鹿脂　麋脂　鹿膽　羚羊角磨水。　獖膏　阿膠　人部：　人唾並塗腫。　人屎一切癰腫未潰，研末，入麝，調貼頭上。○背發欲死，燒和醋塗。人乳癰膿不出，和麪傳之，即日即出。　人牙陰疽頭凹沉黯，不痛不熱，服内補藥不發，必用人牙煅，穿山甲炙，各二錢半，分作二服，當歸、麻黄煎湯服，外以薑汁和麪塗之。○又方：人牙煅，川烏頭、硫黄末等分，酒服。　人髭鬚燒傳。　月經衣洗水調藥。

代鍼：　茅鍼酒煮服，一鍼一孔。　冬葵子水吞百粒。　蜀葵子　惡實　瞿麥并傳之。　茵實　薏苡仁并吞一枚。　苦蕒汁滴之。　百合同鹽擣塗。　皂角刺燒灰，酒服三錢。○發背不潰，同甘草、黄芪末服。　白棘刺燒灰一錢，水服之。　巴豆點頭。　箔經繩燒傳。　白瓷器末傳。　石膽同雀屎點。　硇砂點。　雀屎點。　白鷄翅下第一毛燒灰，水服。人齒汚點。

潰瘍：　草部：　黄芪癰疽久敗，排膿止痛，生肌内補，爲瘡家聖藥。　人參熬膏。术　蒼术　遠志　當歸　黄芩　藁本　芎藭並排膿止痛生肌。　白芷蝕膿。　牛膝插瘡口，去惡血。　地黄熬膏，貼癰瘻惡血。　地榆　蘆葉灰　蒴藋灰　蒿灰　蔄茹並蝕惡血死肌。　木香癰疽不斂臭敗，同黄連、檳榔傳。　芭蕉油抹瘡口不合。　附子癰疽弩肉，濃醋煎洗。○瘡口久冷不〔合〕，作餅灸之，數日即生肉。隔蒜灸亦可。　薔薇根　白斂　白及　丹參　紫參　木通　毛蓼　赤地利　石斛　何首烏　穀菜：胡麻炒黑。　青大麥炒。　絲瓜汁抹。並斂瘡口。　爛茄酒服。　果木：　烏梅蝕惡瘡弩肉，燒點甚良。　荷蒂洗。　槲白皮洗敗瘡。○燒服，治附骨疽。　櫟木灰淋汁熬膏，蝕癰腫。　巴豆炒焦，塗腫瘍，解毒；塗瘀肉，自化；作撚，導膿。　松脂　楓香　蘇方木排膿止痛生肌。　沒藥　血竭　乳香並消腫止痛生肌。○癰疽頭顫，熟水研服。　番降真同楓、乳香，熏癰疽惡氣。　丁香傳惡肉。　地骨皮洗爛癰。　合歡皮煎膏。　柳枝煎膏。○實，逐膿血。　槐白皮煎膏，止痛長肉。　楸葉蝕膿血。○白皮，煎膏貼。　桐葉醋蒸，貼疽，退熱止痛秘方。　梧桐葉炙研，貼發背。　桐子油傳。○然燈，熏腫毒初起。　白楊皮傳骨疽。山白竹灰蝕肉。　故甑蔽燒，傳骨疽。　黄蘗　桑柴　蒲席灰並斂瘡口。　松木皮燒傳。　木蘭皮　金石：　礬石蝕惡肉，生好肉。○凡癰疽發背人，以黄蠟丸服，能防毒護膜，托裏化膿，止痛生肌。　麥飯石一切癰疽發背，火煅醋淬，同燒過鹿角末、生〔白〕斂末、醋熬膏，圍貼，未成即消，已成即潰，排膿生肌。　硫黄諸瘡弩肉出數寸，塗之即消。○不合，粉之即合。　慈石同忍冬、黄丹熬膏，貼潰瘍。　銀朱疽瘡發背，同礬湯洗，以桑柴火灸之。　食鹽潰瘍作痒，摩其四圍。　蜜陀僧熬膏用。○骨疽出骨，同桐油調貼。　砒石蝕敗肉。　石灰同蕎麥秸灰煎霜，點腐肉及潰腫瘍。　寒水石同黄丹，斂瘡口。　五色石脂　蟲：　蜜蠟　蟲白蠟　紫鉚並生肌止痛斂口。　桑螵蛸燒，塗軟癤。　全蠍諸腫，同巵子煎油，入蠟貼之。　原蠶蛾玉枕生癰，破後如筋頭，同石韋末貼。　斑猫癰疽不破，或破而無膿，同蒜擣豆許貼之，少頃膿出，去藥。　地膽蝕惡肉。　蛭蟷燒，傳惡肉。　壁錢窠貼。　五倍子　鱗介：　龍骨並斂瘡口。　守宮癰腫大痛，焙研，油調塗。　水蛇灰傳骨疽。　鯉魚一切腫毒，已潰未潰，燒塗。○積年骨疽，切片搨之，引蟲。　鯽魚諸毒，包柏葉燒，入輕粉，油搽。○骨疽膿出，包鹽炙焦搽。　鼈甲蝕惡肉，斂口，燒摻。　白螺殼灰同倒掛塵，傳軟癤。　蟹膏　石蟹並塗久疽。　禽獸：　黑雌鷄排膿，生新血。　鷄屎同艾，熏骨疽。　夜明砂排膿，同乳香、桂心塗。　猪蹄煮汁，洗癰疽，潰熱毒，去惡肉。○癰疽發乳，同通草煮羹食。　狗頭骨癰疽瘻毒，同芸薹子末傳。　兔頭發背發腦，擣貼，熱痛即如水也。　鹿角膠　鹿茸　麝香蝕一切癰疽膿水。　獖猪屎蝕惡肉，同雄黄、檳榔傳。　黄鼠解毒止痛，煎油，入黄丹、黄蠟熬膏。　鼠潰癰不合，燒塗。○皮，生封附骨疽，即追膿出。○燒，傳瘡口。　猫頭收瘡口，煅，和鷄子白塗。○頸毛、鼠屎，燒，傳鬢癤。　象皮斂瘡口。　鼹鼠　猪懸蹄　馬牙灰　猪屎灰　髮灰並斂瘡口。○又同蜂房、蛇蜕灰酒服。

乳癰：　草部：　天花粉輕則妬乳，重則乳癰，酒服末二錢。　白芷同貝母末，酒服。半夏煨研，酒服及吹鼻。　紫蘇　栝樓　忍冬並煎酒服。　玉簪根　萱根　馬鞭同薑。　木蓮並擂酒服，渣塗之。　何首烏煮酒。　香蒲擣汁。　鼠粘子　冬葵子　糭箬灰　莨菪子　葛蔓灰並研末，酒服。　貝母　丹參同白芷、芍藥、豬脂、醋，熬膏塗。　大黄同甘草熬膏貼，亦末傳。　射干同萱根塗。　龍舌草同忍冬塗。　燕脂乳頭裂，同蛤粉塗。　水荅同苧根塗。　蕁　水萍　黄芩　山慈姑　益母草　大薊　莾草和醋。　木鼈子磨醋。　蒲黄　穀菜：　百合并塗吹乳妬。　麥麪水煮糊，投酒熱飲，仍炒黄，醋煮糊塗之，即散。赤小豆酒服并塗。米醋燒石投之，溫漬。蔓菁同鹽塗。老茄燒，傅乳裂。蒲公英　果：　橘葉酒服，未成即消，已成即潰。銀杏乳癰潰爛，研服并塗。白梅　水柳根並擣貼。桂心同甘草、烏頭末，酒塗，膿化爲水。楓香貼小兒(劍)〔奶〕疽。丁香奶頭花裂，傅之。○妬乳乳痛，水服。牙皂莢蜜炙研，酒服。或燒研，同蛤粉服。皂莢刺燒，和蚌粉酒服。柳根皮擣炙熨之，一夜即消。樺皮燒研酒下，一服即消，腐爛者亦可服。蔓荆子炒末，酒服，并塗。榆白皮醋擣。木芙蓉　器石：　車脂熱酒服。燈盞油調炒脂麻塗。研硃石鎚煮熱熨。石膏煆研，酒服三錢，取汗。杓上砂吹乳，酒服七枚。薑石　蚯蚓泥　蟲介：　露蜂房燒灰服，并塗。百藥煎煎酒。蜘蛛　龜版並燒研，酒服。穿山甲乳癰、乳嵒，炮研酒服。○吹乳，炙，同木通、自然銅末，酒服。自死蛇燒塗。蛇皮灰　鱓頭灰　禽獸：　鷄屎白灰並酒服。白丁香吹乳，酒服一錢。母猪蹄同通草煮羹食。○已破，煎洗。水膠臘酒煮塗。鹿角磨塗。鼠屎吹奶，同紅棗燒，入麝，酒服。○乳癰初起，酒服七枚，取汗。○已成，同黃連、大黃末、黍米粥，塗上四邊，即消。貓皮毛乳癰潰爛，煆，入輕粉，油塗。豬脂冷水浸貼。白狗骨灰　牛屎　馬屎　人屎灰　人牙灰並塗。

便毒：　草部：　貝母初起，同白芷煎酒服。渣傅。栝樓同黃連煎服。鼠粘子炒末，同朴消酒服。忍冬酒煎。木蓮擂酒。芫花根擂水服，渣傅。黃葵子同皂莢、石灰，醋塗。山慈姑塗。芭蕉葉燒，和輕粉塗。石龍芮挼揉。草烏頭磨水塗。菖蒲生塗。山藥同炒糖塗。冬葵子　貫衆　果木：　胡桃燒，並酒服。皂莢煨研，酒服。○醋和塗。子研，水服。肥皂擣塗。楓香入麝。紡車絃燒。千步峰磨醋、薑，並塗。銅錢同胡桃嚼食。鐵秤錘初起，壓一夜。枯礬同寒食麪糊塗。蜘蛛初起，研酒熱服，取利。斑蝥同滑石服，毒從小便出，即消。紅娘子入鷄子內煨食，小便去膿血。五倍子炒黃，醋塗，一日夜即消。穿山甲同豬苓、醋炙，研酒服，外同輕粉、麻油塗之。鯽魚同山藥擣貼。鰾膠煮軟研貼，亦燒末酒服。水膠化塗即消。

解毒：　草部：　敗醬除癰腫，破多年凝血，化膿爲水。○腹癰有膿，薏苡仁、附子爲末，水服，小便當下出愈。大薊葉腸癰瘀血。人參酒毒，胸生疽瘡，同酒炒大黃末，薑湯服，得汗即愈。黃芪除腸胃間惡血。薏苡仁　冬瓜仁　甜瓜仁腸癰已成，小腹腫痛，小便似淋，或大便下膿，同當歸、蛇蛻，水煎服，利下惡物。大棗腸癰，連核燒，同百藥煎末服。烏藥孕中有癰，同牛皮膠煎服。皂角刺腹內生瘡，在腸臟，不可藥治，酒煎服，膿悉從小便出，極效。棇擔尖腸癰已成，燒灰，酒服少許，當作孔出膿。　土鱗：　死人塚上土外〔塗〕。龍骨腸癰內疽。鯽魚猪脂煎服。雄鷄頂毛并屎，燒，空心酒服。犬膽去腸中膿血。馬牙腸癰未成，燒灰，和鷄子白塗。懸蹄腸癰下瘀血。豬懸蹄甲伏熱在腹，腸癰內蝕。

諸瘡上疔瘡、惡瘡、楊梅瘡、風癘、疥癬、熱瘡、瘑瘡、手瘡、足瘡、胻瘡。

疔瘡：　草部：　蒼耳根汁，和童尿服，或葱酒服，取汗。○灰，同醋塗，拔根。山慈姑同蒼耳擂酒服，取汗。石蒜煎服取汗。豨薟酒服取汗，極效。大薊同乳香、枯礬末，酒服，取汗。白芷同薑擂酒服，取汗。王不留行同蟾酥服，取汗。草烏頭同葱白丸服，取汗。○同巴豆貼，拔根。○同川烏頭、杏仁、白麪塗。菊花葉丁腫垂死，擣汁服，入口即活，神驗方也。冬用根。蕁擂酒服。常春藤和蜜服。薺苨汁服。金沸草　益母草擣汁服，渣塗。燒灰紉入，拔根。荆芥煮服及醋擣塗。紫花地丁擂水服，同葱、蜜塗。艾灰汁和石灰點之，三遍拔根。地菘和糟。附子和醋。蒺藜和醋。馬兜鈴同蛛網擣。龍葵　地黃　旱蓮　水楊梅　木鼈子　穀菜：　麥麪和豬脂。胡麻灰和針砂。小豆花　寒食餳並塗丁。白米粉熬黑，蜜塗。米醋以麪圍，熱淋之。翻白草煎酒服，取汗。蒲公英擂酒服，取汗。絲瓜葉同葱白、韭菜，研汁和酒服，渣傅。獨蒜蘸門臼灰擦之，即散。○又同小薊、豨薟、五葉草，擂酒服。馬齒莧和梳垢封。○燒，和醋封之。○和石灰封。白苣汁滴孔中。土菌同豨薟塗。蕪菁同鐵衣塗。葴菜　灰藋灰　山丹　百合　生薑　果木：　野葡萄根先刺丁上，塗以蟾酥，乃擂汁，入酒，調緑豆粉，飲醉而愈。銀杏油浸研，畬水疔。荔枝同白梅。胡桃嚼畬。榴皮灸丁。槐花四兩，煎酒服。○葉、皮、莖同。柳葉煮汁服。枸杞治十三種丁，四時采根莖，同諸藥服。棘鈎同陳橘皮，煎服。○同丁香燒傅。烏桕葉食六畜牛馬肉，生丁欲死，擣汁一二盌，取下利。○根亦可。又主暗丁昏狂。皂莢炙研，同麝塗。○子，傅。巴豆點。木芙蓉塗。緋帛同蜂房諸藥燒服，并入膏貼。舊油帋繖灰同古石灰服，取汗。箭笴茹作炷灸丁。涼水挑破去血，噙水頻咂。燭燼同胡麻、針砂塗。土蜂窠同蛇皮煆，酒服一錢。鐵漿日飲一升。鏽釘調蠶水冷服。○煆，同人乳傅。浮石同沒藥，醋糊丸服。銀朱水和丸服。礬石煨葱擣丸，酒服二錢，同寒食麪塗。鼠壤土童尿調塗。糞下土同全蠍、蟬蛻塗。鐵粉同蔓菁根擣塗。鐵精同輕粉、麝香點傅。雄黃同蟾酥、葱、蜜插之。石灰同半夏傅。硇砂同雄黃貼。薑石鷄子白和塗。慈石醋和。銅礦石　蟲部：　斑蝥並塗。蟾酥同雄黃、乳香丸，服三丸。外以白麪、雄黃和，納一粒，立效。露蜂房洗。人虱十枚，着瘡中，箔繩灸之。蟬蛻丁瘡不破，毒入腸胃，和蜜水服，并塗。○同殭蠶，醋塗四圍，拔根。蜜和葱。獨脚蜂燒。赤翅蜂燒。獨脚蟻　蜘蛛和醋。草蜘蛛　螲蟷　鱗介：　蝮蛇皮灰並傅之。蛇蛻丁腫魚臍，水煎服。○燒，和鷄子塗。鮑魚頭同髮灰燒。穿山甲燒研，同貝母末，傅馬丁。海馬同雄黃諸藥塗。田螺入片腦，取水點。蜆汁洗。海螵蛸　獸人：臘豬頭灰並摻之。狗寶同蟾酥諸藥服，治赤丁。牝豬屎丁毒入腹，絞汁服。牡狗屎絞汁服，並塗。青羊屎煮服。馬屎　驢屎並炒熨丁瘡中風。獺屎水和封，即膿出痛止。鼠屎頭髮灰燒，納之。豬膽和葱塗。白犬血　馬齒燒。黑牛耳垢　人耳塞同鹽、蒲公英貼。髮灰

惡瘡：　草部：牛膝卒得惡瘡，不識，擣塗。貝母燒灰，油調，傅人畜惡瘡，斂口。藿香冷瘡敗爛，同茶燒傅。黃芩惡瘡蝕疽。秦艽摻諸瘡口不合。蒼耳惡瘡，擣汁服，并傅。芎藭同輕粉塗。菖蒲濕瘡遍身，爲末臥之。忍冬同雄黃，熏惡瘡。無心草傅多年惡瘡。草烏頭　地榆　沙參　黃芩花並塗惡瘡膿水。何首烏　燕蓐草　瞿麥

扁竹並傳浸淫惡瘡。藜蘆　鼠尾草並傅反花惡瘡。青蒿灰　馬先蒿　藺茹角蒿　骨碎補並蝕惡瘡爛肉。莽草　萑菌　青葙子　苦參　鶴虱　鈎吻並殺惡瘡蟲。蛇牀子　藎草　漏籃子　杜衡　牛蒡根　狼牙洗。大薊根　野菊根　蛇銜　積雪草　商陸　狼跋子　及已　香附子　馬鞭草　狼毒　艾納香　漏蘆　藁本香　黃連　虎杖根　地膚子洗。〔白〕斂　石長生　紫草芫花根　紫參　赤芍藥　山慈姑　白及　石蒜　牡丹皮　蜀羊泉　天麻紫花地丁　紫金藤　天蓼　薔薇根　當歸　赤薜荔　丹參　兔葵葉　紫葛藤　羊桃洗。冬葵根　馬勃　蘄艾葉　剪草　昨葉何草　通草及花上粉羊蹄草　昆布　胡麻油　扁豆　大麻仁炒。陳倉米和酢。豆豉　寒食飯並傅一切惡瘡。芸薹菜煨擣，熨異疽。○油塗風瘡。繁縷汁塗惡瘡，有神效之功。雞腸草灰，和鹽，主一切惡瘡、反花瘡。馬齒莧封積年瘡。○燒傅反花瘡。蒲公英　冬瓜葉並傅多年惡瘡。苦苣對口惡瘡，同薑擂服，并傅。絲瓜根諸瘡久潰，熬水掃之，大涼。蕺菜竹筒煨擣，封惡瘡。醬瓣同人尿，塗浸淫瘡癬。苦瓠汁　灰藋　邪蒿　果木：慈姑葉並塗惡瘡。桃白皮紉惡瘡。杏仁入輕粉，塗諸瘡腫痛。馬檳榔惡瘡腫痛，內食一枚，外嚼塗之。柏瀝塗惡瘡有蟲。巴豆煎油調硫黃、輕粉，搽一切惡瘡。苦竹葉燒，和雞子白，塗一切惡瘡。柳華及枝葉煎膏，塗反花惡瘡。桑葉肺風毒瘡如癩，蒸一夜，晒研，水服二錢。楓香　松脂　騏驎竭　乳香　沒藥　詹糖香並入惡瘡膏。槐皮　楊櫨葉　胡頹子根並洗。冬青葉醋煮。楸葉　桐葉及木皮　櫸葉同鹽。皂莢刺燒。楮葉　占斯　大風子　木綿子油　桐子油　青布灰並傅多年惡瘡。敗蒲席灰筋溢惡瘡。三家洗盌水入鹽。半天河水並洗惡瘡。東壁土諸般惡瘡，同大黃末傅。蚯蚓泥傅燕窩瘡及時行腮腫。白鱓泥傅火帶瘡。鬼屎傅人馬惡瘡。鹽車脂角土　胡燕窠土　屋內壖下蟲塵土　白蟻泥同黃丹。糞坑泥　金石：雲母粉並塗一切浸淫惡瘡。胡粉反花惡瘡，同臙脂塗。○蜂窠惡瘡，同朱砂、蜜塗。水銀一切惡瘡，同黃連、胡粉傅。○惡肉毒瘡，狀如豆，半在裏，包擦之。或同大風子。鐵漿蛇皮惡瘡，頻塗。雄黃蛇纏及一切惡瘡，醋調塗。浮石諸般惡瘡，同沒藥丸服。蓬砂一切惡瘡，同甘草浸麻油，每飲一小合。石硫黃一切惡瘡，同蕎麪作餅貼。銀朱頑瘡日久，同古石灰、松香、油熬貼之。石灰多年惡瘡，同雞子白塗。硇砂　石膽並去惡瘡敗肉。雌黃　熏黃

孔公孽　黃礬　綠礬　白礬　銅青　錫　鉛　鐵落　鐵銹　鐵爇　蟲部：烏爛死蠶塗一切惡瘡。地膽傅惡瘡。○嵓瘡如舌，令人昏迷，速用此同桑白皮、滑石、木通諸藥服，以宣其毒。青腰蟲蝕惡瘡息肉，剝人肌皮。蜘蛛晒研，傅一切惡瘡。○膜貼積年諸瘡及反花瘡。蜂房洗傅。斑蝥　介鱗：文蛤並傅惡瘡漏爛。鼉脂摩。鼉甲惡瘡，酒浸炙，研服。鼊甲同。鼊脂摩。穿山甲　蛇蛻　自死蛇　蝮蛇皮並燒傅。蚺蛇　鱗蛇　白花蛇　烏蛇並釀酒作丸，治惡瘡。蛇婆炙食。鯽魚燒灰，同醬汁，塗諸瘡十年不愈者。○浸淫毒瘡，生切，和鹽擣塗。海螵蛸止瘡多膿水不燥。黃顙魚燒。鰻鱺膏　海豚魚肪　魚脂　禽獸：孔雀屎並傅惡瘡。雀屎傅浸淫惡瘡。雞冠血浸淫瘡，不治殺人，日塗四五次。雞肉猫睛瘡，有光無膿血，痛痒不常，飲食減少，名曰寒瘡，但食雞、魚、葱、韭，自愈。白鴿肉解惡瘡毒。鴿屎反花瘡初生，惡肉如米粒，破之血出，惡肉反出于外，炒研傅。青鵪〔屎〕　鸕鷀屎　豬脂　豬髓並主惡瘡。羊屎反花惡瘡，鯽魚釀燒傅。豬頰骨炙油，塗惡瘡。○懸蹄燒，傅十年惡瘡。驢懸蹄天柱毒瘡，生大椎上，出水，同胡粉、麝香傅。馬屎塗多年惡瘡疼痒，不過數次。犬膽傅痂瘍惡瘡。燖豬湯洗。驢脂　野駝脂　麋脂　狼膏　猬脂及心、肝。隱鼠膏　黃鼠煎膏。象膽　熊脂　鹿角　羚羊角及肉。狗頭骨灰。虎骨及屎。猫頭骨灰。鼠頭灰

象皮灰　鼬鼠灰及骨。馬騌灰　野豬皮灰　牛屎　雙頭鹿胎中屎　人部：人中白燒。人唾並主一切惡瘡。人牙惡瘡，同雞內金等燒傅。髮灰瘭嵓惡瘡，米湯服二錢，外同白及、皂莢刺灰傅。小兒胎屎蝕惡瘡瘜肉。

楊梅瘡：草部：土茯苓治楊梅瘡及楊梅風，并服輕粉成筋骨疼癱瘓癰疽，爲必用之藥。每用四兩，入皂莢子七粒，煎水代茶。○或加牽牛，或加苦參、五加皮，或加防風、薏苡仁、木通、木瓜、白鮮皮、金銀花、皂莢子，煎服。○筋骨疼，虛人，同人參丸服。天花粉同川芎、槐花丸服。栝樓皮末，酒服，先服敗毒散。薔薇根年久筋骨痛，煮酒飲。或加木瓜、五加皮、茯苓、當歸。大黃初起者，同皂莢刺、鬱金、白牽牛末，酒服。○又方：同白殭蠶、全蠍末，蜜湯服，並取下惡物。○同皂角刺、輕粉末服，取下惡物，并齒出毒血愈。線香燒烟

熏。浮萍洗。野菊同棗根煎洗。金銀花　苦參　龍膽　木通　澤瀉　柴胡　荊芥　防風　薄荷　威靈仙　蓖麻子　黃芩　黃連　白鮮皮　連翹　胡麻

果木：胡桃同槐花、紅棗、輕粉丸服。椰子殼筋骨痛，研末，熱酒服，取汗。烏梅炒焦，油調搽。葡萄汁調藥。杏仁　細茶　木瓜　槐花四兩，炒，煎酒熱服。黃蘗去濕熱。○同乳香末、槐花，水和塗。大風子和輕粉塗。五加皮　槐角　皂莢子　巵子　血竭　乳香　沒藥　盧會　金石：銅青醋煮，酒調塗，極痛，出水愈。○或入輕粉、冰片少許。緑礬煅研，香油搽。汞粉或服或熏，劫瘡，效最速，但用失法者，有筋骨癰疽之害。○摻豬腎，油煎食。○入鷄子，蒸熟食。○同丹砂、雄黃末，酒服。或加黃丹、孩兒茶，或加槐花、龜板，或加槐花、天花粉、孩兒茶，爲丸服。○一方：同甘草、百草霜丸服。○楊梅癬，同大風子末塗。○同杏仁塗。水銀同鉛結砂，入乳、沒、黃丹，作神燈照之。熏之。黑鉛同錫結砂，入蜈蚣末，作撚照之。○煮酒服，解輕粉毒。銀朱年久頑瘡，同朱砂、枯礬、全蠍丸服。○同宮香作撚，被中熏鼻。或加孩兒茶、皂莢子。○或同雄黃、枯礬作丸，熏之。○同鉛、汞、白花蛇作撚，照。○同輕粉，入黃蠟、麻油，作膏貼。○筋骨痛，同枯礬作撚，熏臍取汗。粉霜塗。雄黃豬髓調搽。○同杏仁、輕粉、豬膽搽。○同輕粉、黃丹、孩兒茶、朱砂丸服。白砒同雄黃、牛黃化蠟丸服。○同石黃點之。○同輕粉、銀朱搽。丹砂同雄黃、百草霜丸作撚，被中熏之。石膏煅搽。○酒服，發汗，解輕粉毒。鐵漿　鹽水並漱輕粉毒。孩兒茶　百草霜　蓬砂　胡粉　枯礬　黃丹　蟲鱗：蟬蛻　全蠍　白殭蠶　露蜂房　蜈蚣同全蠍、香油、水粉、柏油熬膏貼。白花蛇同穿山甲諸藥丸服。○亦入熏照藥。穿山甲頑瘡成風，陳菜子油，作膏貼。龜甲　鬼眼睛同辰砂、片腦塗。猬皮楊梅疳瀉，同鼈甲、象牙丸服。麝香

風癩：草部：苦參熱毒風、大風、肺風、腎風生瘡，遍身痹痒，皂莢膏丸服。○同荊芥丸，浸酒飲。煮豬肚食，取蟲數萬下。何首烏大風，同胡麻九蒸九晒服。長松同甘草煎服，旬日即愈。黃精蒸食。草烏頭油、鹽炒，爲丸服。馬矢蒿末服。馬鞭草末服。浮萍煎服，末服，並洗。凌霄花同地龍、蠶、蠍，末服。栝樓浸酒。白蒿釀酒。艾汁釀酒。狼毒同秦艽服。大黃同皂莢刺服。牛膝骨疽癩病，酒服。白鮮皮一切熱毒風瘡赤爛，眉髮脫脆皮急。羌活　防風　巴戟天　黃芪　牡丹　天雄並主癩風。蓖麻子黃連水浸吞。莨菪子惡瘡似癩，燒傅。地黃葉惡瘡似癩十年者，擣傅。百靈藤浴汗，并熬膏酒服。青藤酒。葎草　陸英　蒴藋　苦瓠藤並浴癩。○十年不瘥者，汁塗之。

穀果：胡麻油浸之。大麻仁浸酒。亞麻　荷葉同石灰汁漬。木器：大腹子傅。松脂鍊服。松葉浸酒。天蓼釀酒。預知子同雄黃熬膏服。皂莢煎膏丸服。刺，燒灰服，最驗。○根皮，主肺風惡瘡。樺皮肺風毒瘡如癩，同枳殼、荊芥諸藥服。桑葉肺風如癩，蒸一夜，晒研水服。乳香同牛乳、甘草蒸服。楊花同花蛇等丸服。大風子油同苦參丸服。○調輕粉搽。桑柴灰洗。巵子赤癩、白癩。皮巾子　皮腰袋燒灰，入癩藥。水石：碧海水　古塚中水　石灰並洗。禹餘糧癩風髮落，同白礬、青鹽煅，丸服。金星石大風蟲瘡，同諸石末丸服。石硫黃癘風有蟲，酒服少許，兼和大風子油塗。玄精石　雄黃　雌黃　握雪礜石　石油　蟲鱗：葛上亭長並入塗藥。蜂蜜同薑汁鍊服。蜜蜂子同諸蛇丸服。五倍子　蛇蛻惡瘡似癩，十年不瘥，燒灰酒服，和豬脂塗。白花蛇　烏蛇　蚺蛇　蝮蛇並釀酒服。烏蛇膽入冬瓜化水服。蚺蛇膽及膏塗。自死蛇惡瘡似癩，漬汁塗。鱧魚頑癬疥癩，釀蒼耳煮食。鯽魚惡瘡似癩，十年不瘥，燒灰和醬塗。鱟魚膽同諸礬末服，殺蟲。蠍虎同蠶沙、小麥麪末服。鯪鯉甲　蚖　禽獸：五靈脂油調塗。驢蹄灰　頭髮同大豆，入竹筒內，燒汁塗。

疥、癬：草部：苦參　菖蒲　剪草　百部並浸酒服。艾葉燒烟熏，煎醋塗，燒灰搽。淫羊藿　青蒿　山茵蔯　烏頭　馬鞭草並洗。杜衡　白鮮皮　蒼耳子　黃連　大薊汁　白及　青葙葉　紫參　積雪草　蛇牀子　丹參　天南星　紫草　木藜蘆　地榆　莨菪根　狼牙草　沙參　穀精草　薄荷　三白草　線香　狼把草　狗舌草　薑黃　冬葵子　芍藥　酢漿草　芎藭　石長生　白菖蒲　鈎吻　羊蹄根　酸模　木蓮藤　莽草　山豆根　何首烏

藜蘆　天門冬　蕳茹　狼跋子酒磨。狼毒　薔薇根　白蒺藜　藎草　地錦草　敗醬　防己　葎草　猫兒眼睛草　穀菜：大豆瀝　黃豆油　秫米炒黑。小麥燒。胡麻油　芸薹子油已上或塗、或洗、或服。胡麻生嚼，塗坐板瘡。絲瓜皮焙研，燒酒塗坐板瘡。粟米泔　灰藋　藜葉　冬瓜藤並洗疥癬。韭根炒黑。薤葉煮。蒜　馬齒莧　絲瓜葉擦。土菌灰　杏仁　桃葉　桃仁　鹿梨根　榅桲木皮　銀杏嚼。并塗疥癬。胡桃同雄黃、熟艾擣，裹陰囊。山查　楊梅樹皮　樟材　釣樟　柳華及葉並洗疥癬。楓香同黃蘗、輕粉塗。松脂同輕粉擦。乳香　沒藥　血竭　皂莢煮豬肚食。樟腦　盧會　黃蘗　樗根白皮及葉。楸樹皮、葉　海桐皮　楝實及根　蕪荑　大風子並殺疥癬蟲。榆白擣涎，塗疥癬蟲瘡。柏油塗小兒衣，引瘡蟲。○亦同水銀擦。槿皮醋調搽癬，或浸汁磨雄黃。巴豆擦癬。○同膩粉點疥。楮葉擦癬。烏藥　椶木　槐葉　檀皮　桑瀝　荊瀝　松滴　柏油

胡頹根　欒荊　鼠李子　木綿子油並塗疥癬。水土：秋露調藥。半天河水　梅雨水　溫泉　碧海水　鹽膽水並洗疥癬頑瘡。燕窠土　烟膠搽牛皮

風癬。金石：輕粉牛皮癬，酒服半錢。○小兒癬，同豬脂塗。雌黃同輕粉、豬脂，塗牛皮頑癬。明礬榴皮蘸，摻牛皮癬。胡粉摻疥癬。○黄膿瘡，同松香、黄丹、飛礬膏貼。水銀同胡粉，塗瘑疥蟲癬。○同蕪荑塗。○同大風子塗。銀朱同牛髓、桐油，殺疥癬蟲。艌船灰同牛屎，熏下身癬。礬紅同螺螄、槿皮，塗癬。硫黄鷄子油，搽疥癬。○煅過，摻頑瘡。鐵落　鐵鏽　青琅玕　朱砂　雄黄　熏黄　石油　黄礬　緑礬　砒霜　鹽藥　戎鹽並入塗摻藥。石灰　鹵鹹汁並洗疥癬，殺蟲。斑蝥同蜜，或浸醋塗。五倍子一切癬瘡，同枯礬塗。青腰蟲殺蟲。紫礦　介鱗：蚌粉並塗疥癬濕瘡。鱧魚釀蒼耳，淡煮食。鱣魚肝炙食。河豚子肝同蜈蚣燒，摻疥癬。鼉甲疥癬死肌，炙浸酒服。魚鮓塗蟲瘡。海蝦　鱓魚　鰻鱺並塗。白花蛇入丸、散。烏蛇入丸、散。蚺蛇食。自死蛇燒。蝮蛇燒。鯪鯉甲　黿甲　蟹膏　田螺　螺螄　禽獸：鷄冠血　抱出鷄子殼灰並塗疥癬。鴛鴦炙貼。鴿　豬肚皂莢同煮食。狐肉及五臟作臛食。鼹鼠煮食。豬脂煎芫花，殺疥蟲。牛蹄甲同驢屎燒，傅牛皮風癬。驢屎燒，傅濕癬。驢脂　羊脂　牛脂　野豬脂　猬脂　狨脂並塗。羚羊角　虎骨　兔骨　諸朽骨並洗、塗。鼬鼠煎膏。狒肉炙貼。並主疥癬。舊靴鞋底灰同輕粉、皂礬，搽癬。

熱瘡：草部：敗醬暴熱火瘡赤氣。葛根傅小兒熱瘡。葵花小兒毒瘡。剪春羅傅火帶瘡。積雪草惡瘡赤熛。仙人草　産死婦人塚上草並治小兒酢瘡，頭小面硬者。青黛　藍葉　酸漿子　龍葵　野菊根　天花粉同滑石。黄藥子　菜穀：絲瓜汁調辰砂。生百合並塗天泡熱瘡。○花同。麥麩塗熱瘡。芋苗灰擦黄水瘡。赤小豆洗。羅勒灰　果木：桃仁並傅黄爛瘡。茱萸煎酒，拭火爛瘡。蓮房灰和井泥。荷花並貼天泡瘡。枸杞葉塗火赫毒瘡。梓白皮小兒熱瘡。○葉，傅手足火爛瘡。荆莖灼瘡發熱，焱瘡有效。黄蘗入礬。蕪荑　金石：滑石並塗熱瘡。鐵漿時氣生瘡内熱者，飲之。生鐵小兒熛瘡，燒，淬水浴。蚯蚓泥炒。無名異並塗天泡濕瘡。銀朱和鹽梅塗。鱗介：青魚膽　田螺並塗熱瘡黄水。禽獸：蜆肉諸小熱瘡，年久不愈，多食之。鴨糞同鷄子白，塗熱瘡。羚羊角灰身面卒得赤斑或熛子，不治殺人，鷄子白和塗。羊膽時行熱熛瘡，和酢服。酪塗身面熱瘡肌瘡。牛屎燒，傅小兒爛瘡。亂髮孩兒熱瘡，以鷄子黄同熬乾，待有液出，取塗瘡，粉以苦參。

癘瘡：桃花癘瘡生手足間，相對生，如茱萸子，疼痒浸淫，久則生蟲，有乾濕二種，狀如蝸牛，同鹽擣傅。桃葉同醋。臘錫　鯽魚生擣。蠶蛹　海豚魚　白犬血　豬髓　牛屎　荆瀝　雄黄　硫黄　水銀同胡粉。燕窠土並塗癘瘡及癬。

手瘡：熱湯代指生指甲旁，結膿脱爪，初時刺湯中浸之，或刺熱湯七度，冷湯七度，或刺熱飯中二七度，皆良。甘草　地榆　蜀椒　葱　鹽　芒消並煎湯，漬代指。硇砂唾、麪和成。蜜蠟　梅核仁和醋。人尿和醋。魚鮓和烏梅杵。豬膏和白堊土。羊膽並塗代指。藍汁服之，主瘭疽喜著十指，狀如代指，根深至肌，腫痛應心，能爛筋骨，毒散入臟，能殺人，宜灸百壯，或烙令焦，俗名天蛇毒，南人多病之。葵根汁。升麻汁。芸薹汁。竹瀝　犀角汁。青黛並溫服，主瘭疽。鹽湯　醋湯　臘錫並浸瘭疽。大麻仁炒。麻油滓　黑大豆生。蔓菁子　酸模　無心草　車脂同梁上塵。竈突土同梁上塵。土蜂窠同乳香、醋。燕窠土同胎兒屎。白狗屎灰。虎屎灰。馬骨灰。豬膽　牛耳垢　蜈蚣焙研，豬膽調。皂莢灰。田螺　鯽魚同亂髮、豬脂熬膏。○並傅瘭疽。水蛇皮裹天蛇毒，數日當有蟲出，如蛇狀。海苔　麥醋糟炒末，並傅手背腫痛。生薤苦酒煮，塗手指赤色，隨月生死。羊脂塗脾横爪赤。豬䏲　青琅玕　真珠並塗手足逆臚。艾葉　牛屎並熏鵝掌風。椒根　燒酒　灰湯並洗鵝掌風。油胡桃擦鵝掌瘡。鼈甲燒，傅人咬指爛。

足瘡：緑礬甲疽，因甲長侵肉，或割甲傷湯水，腫潰出水，甚則浸淫趾趺，經年不愈，鹽湯洗淨，煅研，厚傅之，即日汁止，十日痂落。○女人甲疽肉突，煎湯洗之，并同雄黄、硫黄、乳香、沒藥摻之。石膽煅。硇砂同礬。乳香同石膽。血竭　熏黄同蛇皮灰。牡蠣生研服，并傅。虎骨橘皮湯洗後，油和傅。蛇皮燒，同雄黄傅。黄芪同藺茹、豬脂、苦酒，熬膏塗。知母　麋銜　烏頭　鬼針　胡桃樹皮灰。馬齒莧並傅甲疽。黑木耳貼肉刺，自腐。莨菪子根汁。血見愁　紅花同地骨皮。沒食子同皂莢灰，醋和。皂礬煅。白礬同黄丹、朴消。羊腦同新酒糟。人虱黑白各一枚。並塗肉刺。㷄鷄湯洗鷄眼。茶末　荆芥葉擣，或燒灰。蚌粉　滑石同石膏、礬。花乳石同黄丹、水粉。白礬同黄丹。鵝掌皮灰並傅足趾丫濕爛瘡。糞桶箍灰傅脚縫瘡血出不止。生麪　半夏並塗遠行足趼，一夜平。草烏頭遠行足腫，同細辛、防風摻鞋内。茄根洗夏月趾腫不能行。草鞋遠行足腫，尿浸濕，置燒熱磚上踏之，即消。黄牛屎足跟腫痛，入鹽炒罨。牛皮膠足底木硬，同薑汁、南星末調塗，烘之。朴消女人紮足，同杏仁、桑白皮、乳香煎湯浸之，即耎。黄蘗豬膽浸晒，研末。白附子末。煙膠油調。輕粉並傅。銀朱同黄蠟作隔帋膏。蚯蚓糞同芒消傅。皂莢　烏桕根末傅。○並主足上風瘡濕痒。男子頭垢女人足上裙風瘡，和桐油作隔帋膏貼。木鼈子濕瘡足腫，同甘遂入豬腎煮食，下之。食鹽手足心毒，同椒末，醋塗。

胻瘡：即臁瘡。艾葉燒烟熏出惡水，或同雄黄、布燒。○或同荆葉、鷄屎，坑中燒熏，引蟲出。翻白草煎洗。荍麥葉椒、鹽水煮貼。野園荽同輕粉、桐油貼。金星草刮星。覆盆葉漿水洗傅。馬勃葱湯洗傅。烏頭同黄蘗末傅。懸鈎子葉同地蘼葉、食鹽作貼。桑耳同楮耳、牛屎菰、髮灰傅。櫧葉一日三貼。冬青葉醋煮貼。黄蘗同輕粉、豬膽貼。柿霜同柿蒂灰傅。桐油日塗。○或入輕粉，或入髮熬化。○脚肚風瘡如癩，同人乳掃之。地骨皮同甘草節、白蠟、黄丹、香油，熬膏貼。左脚草鞋燒灰，同輕粉傅。陳棗核燒。老杉節燒。白棘葉末。白膠　血竭　白堊土煅。蚯蚓泥同輕粉。伏龍肝同黄蘗、黄丹、輕粉、赤石脂貼。胡粉炒，同桐油。黄丹同黄蠟、香油熬膏。密陀僧同香油。銀朱同黄蠟攤膏。○同古石灰、松香、麻油，化膏貼。古石灰鷄子油和煅過，桐油調，作夾帋膏貼。無名異同黄丹。鹽中黑泥煅。銅緑黄蠟化，拖隔帋。艙船灰煅，同輕粉末。蜜蠟五枝湯洗後，攤貼千層。生龜殼燒灰，入輕粉、麝香塗。鷄子黄同黄蠟煎。鷄内金貼，十日愈。羊屎燒，同輕粉末。牛包衣燒。虎骨末傅，虀汁先洗。馬頰骨燒。鹿角燒。人骨燒。人頂骨同龍骨、硫黄。頭垢作餅貼，或入輕粉。○又同枯礬、豬膽塗。亂髮桐油炙乾，同水龍骨煅，桐油和。牛蹄甲灰冷臁口深，同髮灰、輕粉、黄蠟、京墨，作膏貼。百草霜熱臁口厚，同輕粉、麻油，作隔帋膏貼。猳豬屎胻疽深敗，百方不效，蝕去惡肉，燒末填之，取效。白蔄茹同雄、硫、礬末，傅蝕惡肉盡，乃用上方。酸榴皮煎洗。百藥煎脚肚細瘡，久則包脚出水，唾塗四圍。馬齒莧臁瘡生蟲，蜜調傅，一夜蟲出。○同葱白、石灰擣團，陰乾研傅。泥礬同牛羊肚傅。生鯉魚　鱧魚腸　鯽魚同皂莢、穿山甲末。鱓魚鰕同糯飯。蝦蟆同亂髮、豬脂煎化，入鹽塗。○並引蟲出。烏鷄骨同三家棓木，三家甑單，燒，導瘡中碎骨自出。牛膝久成漏瘡，酒服。

諸瘡下頭瘡、軟癤、秃瘡、鍊眉、月蝕、疳瘡、䘌瘡、陰疳、陰瘡。

頭瘡：菖蒲生塗。艾灰　蓼子同鷄子白、蜜。鏡面草同輕粉、麻油。鷄腸草燒灰，同鹽。蒺藜　苦參　木耳蜜和。小麥燒傅。紅麴嚼塗。胡麻嚼塗。糯飯入輕粉。豆油　豆豉薄汁，和泥包燒，研塗。烏梅燒。杏仁燒。桃梟燒，入輕粉。檳榔磨粉。黄蘗　枳實燒研，同醋。肥皂燒，同輕粉、麻油。木芙蓉油和。烏桕根同雄黄。鬼齒燒，同輕粉。百草霜同輕粉。竈下土同十字道上土，等分。燕窠土同麝香。輕粉葱汁調。白礬半生半枯，酒調。雄黄　皮鞋底煮爛塗。或燒灰，入輕粉。草鞋鼻灰　尿桶上垢炒。蜂房灰脂和。蠶退紙灰入輕粉。蛇退灰同上。象肉灰。牛屎灰。五倍子同白芷。桑蛀屑同輕粉、麻油。地龍同輕粉。蜜蜂研塗。鯽魚釀附子炙，和蒜研。或釀髮灰。鹹魚油煎取滓。海螵蛸同輕粉、白膠香。鼈甲燒。甲香　甲煎　豬腎摻輕粉、五倍子，燒研。豬胴髓入輕粉。熊脂並塗肥瘡、爛瘡。古松薄皮小兒胎風頭瘡，入豉少許，燒，同輕粉，油塗。榆白皮晒研，醋和綿上，貼頭面瘡，引蟲。菟絲苗

何首烏　馬齒並煎湯洗。桃花頭上肥瘡，爲末水服。

軟癤：蒼耳葉同生薑杵。胡麻燒焦，熱嚼。芸薹子同狗頭骨灰，醋和。白梅燒，同輕粉。松香同蓖麻、銅青。白膠香同蓖麻，入少油，煎膏。石灰鷄子白傅。茄半個，合之。五倍子熬香油。蜂房燒，同巴豆熬香油。桑螵蛸炙研，油和。鷄子殼燒，入輕粉。豬髮同猫頸毛燒，入鼠屎一粒，研。線香　益母草末。葛蔓灰。大芋研。鼠粘葉貼。天仙蓮葉杵。赤小豆末。糯飯燒。桃奴燒。肥皂研。山黄楊子研。枯礬油和。木芙蓉末。白瓷末。水龍骨燒。蚯蚓泥油和。蝦蟆灰。鱖魚尾貼。雀屎水和。男子屎臘豬脂和。

秃瘡：皂莢　藍　苦瓠藤　鹽並煎湯洗。火炭淬水。酸泔　馬肉煎汁。馬屎絞汁。馬尿並洗頭。羊屎煎水洗，仍末塗。羊蹄根擦。蒜擦。桃皮汁日服，并塗。桑椹汁日服，治赤秃，先以桑灰汁洗。香薷汁，和胡粉。貫衆燒研，或入白芷。黄葵花同黄芩、大黄末。鷄窠草同白頭翁花、豬脂和。麥麪同豆豉、醋。豆豉同屋塵煅，入輕粉。桃花末，或同椹。桃奴同黑豆末。杏仁七個，青錢一個，擣爛，燈油調塗。甘蔗燒，同柏油。茱萸炒焦，同輕粉。楸葉擣，或入椿、桃葉。樟腦同花椒、脂麻塗，先以退豬湯洗。松脂同黄蠟、麻油、石緑，熬膏貼。燕窠土同蠮螉窠。百草霜入輕粉。煙膠同礬。膽礬同朱砂、豬脂，入硇砂少許。輕粉同黄蠟、鵝油塗。○同煙膠，油調。○同葱汁。緑礬同苦楝子燒傅。○同輕粉、淡豉傅。慈竹蟲同水泉研塗。鯽魚灰醬汁和，或入雄黄末。雄鷄屎和醬汁、醋。羊髓入輕粉。人髑髏同大豆炒研。人屎灰。赤馬皮灰。馬蹄灰。馬骨灰。牛角灰。牛屎灰。豬屎灰。豬懸蹄灰。鼠屎灰。虎骨末。葶藶末。藜蘆末。莽草　芫花末。葦灰　大豆炒焦。大麻子炒焦。蕪菁葉灰。皂莢灰　慈竹籜灰。苦竹葉灰。苦參末。蛇銜末。藎草末。蜀羊泉　銀朱　雄黄　雌黄　鵝掌皮灰。鴿屎並用豬脂或香油調塗。胡荽子　土細辛　梁上塵並用香油調塗。山豆根水調。馬齒莧灰，或熬膏。瓜蒂熬膏。葱入蜜。紫草煎汁。陳油滓　鷄子黄熬油。榆白皮醋和，引蟲。蕺菜竹筒煨擣。木綿子燒油。豬膽筒盛香油煨沸，下膽塗。豬肚　豬脬　羊脬　羊脯　熊腦　猬脂　牛脂　羊脂　白馬脂　小兒胎屎並搨秃，引蟲。猫屎燒灰，傅鬼舐頭。絲瓜葉汁，塗頭瘡生蛆。

鍊眉：即鍊銀癬。黄連研末，油調塗。盌内艾烟熏過，入皂礬一粒，輕粉少許塗之。菟絲子炒研。小麥燒黑。巵子炒研。百藥煎同生礬末。穿山甲炙焦研，入輕粉。豬骱髓入輕粉、白膠香。黑驢屎灰。坩鍋末同輕粉。○並油調塗。麥麩炒黑，酒調。

月蝕：　生于耳、鼻、面及下部竅側，隨月盛衰，久則成疳。小兒多在兩耳。　黃連末，或加輕粉、蛇牀子。青黛末，或加黃蘗。薔薇根同地榆、輕粉。土馬騣同井苔。馬齒莧同黃蘗。肥皂莢灰，同枯礬。苦竹葉灰，同豬脂。緑豆粉同枯礬、黃丹。東壁土同胡粉。輕粉棗包，煅。白礬同黃丹。曾青同雄黃、黃芩。硫黃同斑蝥、䕡茹。蝦蟆灰，同豬膏。○同硫黃、枯礬。兔屎入蝦蟆腹中，煅研。虎骨生研，同豬脂。蛇蛻灰。鰾膠灰。龜甲灰。甲煎　鷄屎白炒。馬骨灰。敗鼓皮灰。角蒿灰。救月杖灰。救月鼓椎灰。月桂子　寡婦牀頭土　蚯蚓泥　胡粉　屠几垢　寒食泔淀。生白米嚼。薤醋煮。鷄子黃炒油。天鵝油調草烏、龍腦。醍醐　羊脂　熊膽　豬膽　鷄膽並塗耳面月蝕疳瘡。醋同油煎沸，傅之，二日一易。羚羊鬚小兒耳面香瓣瘡，同白礬、荆芥、小棗，入輕粉傅之。茱萸根同薔薇根、地榆煎水洗。地骨皮洗并摻。蠟燭照之，使熱氣相及。

疳瘡：　黃連同盧會、蟾灰。○同款冬花。桔梗同茴香燒灰。黃礬同白礬、青黛燒。馬懸蹄灰，入麝香。藍澱並塗口鼻急疳。甘松同輕粉、盧會摻豬腎，貼急疳。雄黃同銅緑。○同葶藶。○同天南星。○同棗燒。○並塗走馬急疳。銅青同人中白，傅走馬疳。○同枯礬。○同蜘蛛、麝香。並傅牙疳。砒霜同石緑。緑礬煅，入麝香。五倍子燒研。○同枯礬、青黛。百藥煎同五倍、青黛煅，入銅青。人中白煅，入麝。○同銅青、枯礬。○同壁錢燒。○並塗走馬疳。鯽魚釀砒燒，傅急疳。○釀當歸燒，摻牙疳。膽，滴小兒鼻，治腦疳。鷄内金燒。魁蛤灰。貝子　海螵蛸　豬骨髓　海桐皮　熊膽　牛骨灰。牛耳垢　輕粉　白礬　石鹼並主口鼻疳瘡。人屎疳蝕口鼻，綿裹末貼，引蟲。羅勒同輕粉、銅青，塗鼻䘌赤爛。○同輕粉、密陀僧，主牙疳。黃蘗同銅青。○同大棗煅研。柳華燒，入麝。橄欖燒，入麝。橡斗入鹽燒。大麻仁嚼。蒲公英　鷄腸草　蘩蔞　薔薇根　胡桐淚　樗根皮　青黛　杏仁油並塗口鼻疳䘌。飛廉燒，傅口疳，下疳。角蒿灰，塗口齒疳絕勝。鼠李根皮同薔薇根熬膏，日含，治口疳，萬不失一。○疳蝕口鼻及脊骨，煮汁灌之。烏疊泥同雄黃、貝母。○同蓬砂。鉛白霜同銅青，入少礬。蓬砂　蠶繭同白礬。○同礬、鷄内金、鍋蓋垢。蚺蛇膽入麝。鼉甲灰，並塗口齒疳。蠶退紙灰，同麝香，傅牙疳。○同乳香、輕粉，傅一切疳瘡。紫荆皮塗鼻疳。鹽同麪煅。盧會並吹鼻疳。丁香吹鼻，殺腦疳。含汁，治齒疳。馬屎汁。驢屎汁。馬尿　驢尿並漱口鼻疳蝕。銀屑　生地黃並煎水，入鹽，洗口鼻疳蝕。胡粉　葵根灰。蒸糯米氣水並塗身面疳瘡。白殭蠶炒研，和蜜。晚蠶蛾入麝。並傅風疳。地骨皮作撚，紝年久疳瘻，自然生肉。羊羔骨灰，同雄黃、麝香，填疳瘡成漏。羖羊脂同莨菪子燒煙，熏疳孔。馬夜眼末，納孔中永斷。亦燒研塞。羊膽小兒疳瘡，和醬汁灌入肛内。沒食子末，吹肛内，主口鼻疳。豬肝牙疳危急，煮蘸赤芍藥任意食之，後服平胃藥。羯羊肝同赤石脂煮食。貓頭灰酒服。升麻煎汁。艾葉煎汁。浮石火煅醋淬，同金銀花末服。鰻鱺煮食。並主疳䘌。

䘌瘡：　蕙草狐惑食肛，默臥汗出，同黃連、酸漿煎服。赤小豆生芽，爲末。萹蓄煮汁。蛇莓汁。烏梅炒丸。桃仁鹽、醋煎服。升麻　雲實末。馬鞭草汁。蒜並主下部䘌瘡。牡丹下部生瘡已洞決者，研末，湯服。生漆一合，入鷄子連白吞之，吐下蟲出。豬膽醋熬，飲三口，蟲死便愈。亦灌肛内，利出蟲物。○同蜜熬調，作挺納入。茱萸下部痔䘌，掘坑燒赤，以酒沃之，内萸于中，坐熏，不過三次。桃葉同梅葉蒸熏。艾葉燒煙熏。食鹽炒熨。槲皮同櫸皮熬膏。桃白皮煎膏。木鼈子磨水。大棗和水銀研。荇葉杵。楝皮　苦參　豨薟　青葙葉　樗白皮　牡荆子　皂莢灰。飛廉灰。角蒿灰。青蛙同鷄骨燒灰。蝮蛇灰。馬懸蹄灰。豬脂　犬脂　犬心並導納下部。蜣蜋同牛屎、羊肉杵納，引蟲。鷄内金　鯽魚骨　雄黃　雌黃　硫黃並傅。

陰疳：　甘草同槐枝、赤皮葱、大豆煎汁，日洗三次。槐皮煎汁。漿水　肥豬腸　溝中惡水並洗後傅藥。黃連同黃蘗，傅陰瘡欲斷。黃蘗豬膽汁炙研，入輕粉。苦參同蠟茶、蛤粉、密陀僧、豬脂塗。蒲黃同水銀。燈草灰，同輕粉、麝香。胡黃連同孩兒茶。緑豆粉同蟾灰、胭脂。棗核同髮燒。橄欖燒。銀杏嚼。胡麻嚼。杏仁油。訶子同麝。故網巾灰，同孩兒茶。黃薔薇葉，焙。飛廉末。地骨皮末。桐油繖帋灰。蚯蚓泥同豉，作餅。○同繁蔞灰，作餅貼。烏疊泥同輕粉、片腦。○或加真珠。輕粉末。爐甘石煅，同孩兒茶。○同黃丹、輕粉。礬石同麻仁末。黃丹同枯礬。密陀僧同青黛、海粉、黃連。五倍子同枯礬。○同花椒、茶。同鏡鏽。田螺燒，同輕粉、腦、麝。鷄内金燒。○或同蠶繭、白礬、鍋蓋垢燒。抱出鷄子殼燒，或入輕粉。○外腎癰瘡，同黃連、輕粉。蝦蟆灰，同兔屎。駝絨灰，同黃丹。人中白同枯礬、銅青，煅研，入蜜炙黃蘗、冰片。天靈蓋煅。或入紅棗、紅褐同燒。頭垢蠶繭内燒。鬼眼睛燒。爛蜆殼燒。貝子燒。海螵蛸　龍骨　百藥煎　鯽魚膽　象皮灰。貓骨灰。虎牙生。猬皮灰。鼬鼠灰。髮灰　硫黃　赤石脂　銅青並塗下疳陰瘡。鼠李根皮同薔薇根煮汁。熬膏塗。母豬屎燒，傅男女下疳。室女血衲燒，傅男子陰瘡潰爛。

陰瘡：　甘草煎蜜，塗陰頭粟瘡，神妙。青黛地骨湯洗，同款冬、麝末塗。胡粉杏仁或白果炒過，研塗。○陰瘡浸淫，同枯礬。白礬同麻仁、豬脂。黃礬同麝。沒食子燒。荷葉灰，同茶。田螺灰，同輕粉。鼈甲灰。油髮灰塗。亦可米湯服。爛蜆殼燒。蚌粉燒。鯉魚骨燒。鰾膠燒。海螵蛸　鯉膽　鯽膽並塗陰頭妬精瘡。蚯蚓泥同豉。○外腎生瘡，同緑豆粉塗。蜂蜜先以黃檗水洗，乃塗。猪脬煅，入黃丹。牛蹄甲灰。馬骨灰。並傅玉莖瘡。木香同黃連、密陀僧。鷄腸草燒，同蚯蚓泥，並塗陰瘡壞爛。黃檗同黃連煎水洗，仍研末，同猪膽搽。松香同椒燒油。五倍子同蠟茶、輕粉。紫梢花　孔公孽　蒲黃並塗陰囊瘡濕痒。黃連同胡粉。大豆皮　狗骨灰。狗屎灰。人屎灰。○並傅小兒陰瘡。青帋貼。皂莢燒熏。麥麪小兒歧股生瘡，連囊濕痒。蛇牀子同浮萍、荷葉煎汁洗。狼牙草　越瓜　蜀椒　茱萸　五加皮　槐枝並煎水洗。

外傷諸瘡漆瘡、凍瘡、皴瘡、灸瘡、湯火瘡。

漆瘡：蜀椒洗。○塗鼻孔，近漆亦不生瘡。芥　莧　薄荷　山查　茱萸　荷葉　杉材　黃櫨　柳葉　鐵漿　新汲水並洗。韭汁。白菘汁。鷄腸草汁。蜀羊泉汁。井中苔、萍、藍汁。貫衆末。苦芙末。秫米末。無名異末。白礬化湯。石蟹磨汁。芒消化。蟹黃化。猪脂　羊乳並塗。猪肉內食肉，外嚼穄米塗。

凍瘡：甘草煎水洗，塗以三黃末。麥苗煮汁。茄根、莖、葉煮汁。馬屎煮汁。酒糟浸水。米醋　熱湯並浸洗。薑汁熬膏。桐油熬髮。鼠熬猪脂。附子麪調。大黃水調。黃檗乳調，或加白斂。藕蒸杵。柏葉炙研。松葉炙研。橄欖燒。老絲瓜灰。蟹殼灰。鵝掌黃皮灰。原蠶蛾　蜜蠟化。鴨腦　鷄腦　雀腦　蒿雀腦　豚腦並塗抹。

皴裂：臘酒糟同猪脂、薑汁、鹽，炒熱摻之。五倍子同牛髓，或同牛鼻繩灰填之。銀杏嚼。白及嚼。鐵蓺　獺足灰。白鵝膏　猪膏　牛腦　馬鬐膏　狼膏　鸊鷉膏並塗。牛皮膠塗屍脚裂。鷄屎煮汁，浸尸脚裂。蜀椒煮洗。含水藤汁洗。酒化猪腦或膏洗。

灸瘡：黃芩灸瘡血出不止，酒服二錢即止。白魚灸瘡不發，作膾食。青布灰。鱧腸並貼灸瘡。薤白煎猪脂塗。恭菜　茅花　瓦松　木芙蓉　楸根皮、葉　車脂　海螵蛸　牛屎灰。兔皮及毛並塗灸瘡不瘥。鷹屎白灸瘡腫痛，和人精傅。竈中黃土煮汁淋洗。

湯火傷瘡：柳葉湯火毒入腹熱悶，煎服。皮，燒傅。人尿火燒，不識人，發熱，頓飲一二升。生蘿蔔烟熏欲死，嚼汁咽。又嚼，塗火瘡。當歸煎麻油、黃蠟。丹參同羊脂。地黃同油、蠟熬膏。甘草蜜煎。大黃蜜調。蓖麻仁同蛤粉。苦參油調。白及油調。黃葵花浸油。赤地利滅痕。蛇莓止痛。大麥炒黑。小麥炒黑。麥麪同巵子研。蕎麥炒研。胡麻生研。緑豆粉　黍米炒。粟米炒。蒸餅燒。白餳燒。胡桃燒。楊梅樹皮燒，和油。烏桕木皮灰。榆白皮嚼。黃櫨木燒。杉皮燒。松皮燒。柏根白皮煎猪脂。柏葉止痛，滅痕。巵子鷄子白調。木芙蓉油調。山茶花油調。經霜桑葉燒。木炭磨汁。坩鍋入輕粉。餅鑪灰油調。鐵鏽竹油調。銀朱菜油調。赤石脂同寒水石、大黃，水調。雲母石同羊髓。金剛石磨水。赤土磨水。蚯蚓泥菜油調。井底泥　烏古瓦　胡粉　青琅玕　寒水石燒。石膏　古石灰炒。甘蕉油　劉寄奴　蜀葵花　葵菜　白斂　浮萍　景天　龍舌草　佛甲草　垣衣灰。石苔灰。井中苔、藍　菰根　稻草灰。生薑　敗瓢灰。黃瓜化水。茄花　絲瓜葉汁。欅葉　槐實　荆莖灰。桐油　鷄子黃熬油。鰣魚蒸油埋土中，七日收。蜂蜜同薤白杵。猪膽調黃蘗。牡鼠煎油。虎骨炙研。○屎中骨同。猪毛尾同燒灰，和膠。鹿角膠化。黃明膠　牛屎濕塗。烏氈灰。蜀水花　蠶蛾　海螵蛸　鯉魚爛螺殼燒。蛤粉　人精和鷹屎白，或女人精塗。人中白並塗。食鹽但湯火傷，先以鹽摻護肉，乃用塗藥。海蛇貼。梨貼之，免爛。皂礬化水洗，疼即止。醬汁　米醋並洗，以滓傅。蒲荷汁。黃蘗末。並塗冬月向火，兩股生瘡濕痒。

金、鏃、竹、木傷

內治：大黃金瘡煩痛，同黃芩丸服。甘草　三七　當歸　芎藭　藁本　白芍藥　羌活　紅藍花　牛膝　鬱金並酒服，活血止痛。木通煮汁釀酒。烏韭　垣衣並漬酒服。紫葛　每始王木　桑寄生　故綿　黑大豆並煎水服。赤小豆醋漬沙研。炒鹽酒服，主血出多。童尿熱服，止血。所出血和水服。沒藥末透膜者，同乳香、童尿，酒煎服。牡丹皮末服，立尿出血。葱汁同麻子煮服，吐敗血。薤白生肌。蕉子生食，合口。五子實宜食。檳榔金瘡惡心，同橘皮末服。薔薇根爲末日服，生肌止痛。金瘡小草擣服，破血生肌。楊白皮水服，并塗，止痛。棘刺花金瘡內漏。雄黃金瘡內漏，同童尿服五錢，血化爲水也。花蕊石童尿、酒服，并摻之，血化爲水，不作膿。杏仁金瘡中風，蒸絞汁服，并塗之。大蒜金瘡中風，煮酒服，取汗。米醋金瘡昏運。琥珀金瘡悶絶，尿服一錢。蝙蝠燒末水服，當下血水。女人中衣帶金瘡犯內，血出不止，五寸燒灰，水服。人勢下蠶室人，瘡口不合，取本勢燒存性，研末，水服。玳瑁甲，煎汁。或刺血熱飲。龜筒煎汁。貝子燒研，水服。白鴨通汁。人屎汁。月經衣燒灰，酒服。褌襠汁並解藥箭毒。牡鼠肉箭鏃入肉，燒研酒服，瘡痒即出。生地黃毒箭入肉，丸服，百日自出。豬腰子毒箭傷，磨酒服，并塗。半夏金刃箭鏃入骨肉，同白斂末服。王不留行　瞿麥並主竹木入肉，研末，水服並傳。酸棗仁刺入肉中，燒末，水服，立出。

外治：石灰傳金瘡吐血，定痛神品。○或同大黃末，或同槐花末，或同苧麻葉擣收，或同麻葉、青蒿擣收，或同韭汁收，或同晚蠶蛾擣收，或同牡鼠擣收。松煙墨　釜底墨　百草霜　石炭　門臼灰　寒水石同瀝青。雲母粉　香爐灰　無名異　石蠶

蜜栗子　烏疊泥　黄丹或入白礬。銅屑或入松脂。銅青　石青　石膽　慈石　硇砂　白礬　皂礬　蜜蠟　壁錢窠貼。五倍子　紫鉚　白殭蠶　牡蠣粉。蜘蛛網。鷄血破生鷄搨之。牛血傷重者，破牛腹納入，食久即甦也。象皮灰，合創口。犬膽　狗頭骨　白馬通　馬屎中粟　天鵝絨灰。人精　人屎灰傅金瘡腸出。三七内服外傅。白及同石膏。苧葉　金星草消腫。紫參　白頭翁　地榆　白芷　白微　劉寄奴　馬蘭子　馬蘭　貫衆　夏枯草　澤蘭　大小薊　苦芙　狼牙草　艾葉　續斷　天南星　地菘　馬鞭草　漏蘆　車前草　青黛

天雄　鹿蹄草　鈎吻　野葛葉　蛇銜　蜀葵花　白斂　石韋　白藥子　地錦　蘿摩子　冬葵　王不留行　金瘡小草　葱白炒封。或同蜜擣封，或煎汁洗之。糯米浸七七日，炒研。稗根　生麪　胡麻　乾梅燒。檳榔同黄連末。獨栗嚼。烏柹　荷葉　藕節　乳香　沒藥　血竭　元慈勒　降真香或入五倍子。樫乳　質汗　琥珀　紫檀香　地骨皮並止血神妙。刺桐花　桑白皮灰，和馬屎塗。亦煮汁服。〇縫金瘡腸出。桑葉同苧葉、金櫻葉。軍中名一捻金。桑皮汁　桑柴灰。杉皮灰。椶皮灰。柳花　楮實　釣樟　緋帛灰。綿帋灰。撥火杖灰。敗船茹灰。甑帶灰。燈花并止血定痛。楓香傅金瘡筋斷。旋花根金瘡筋斷，杵汁滴入，并貼。日三易，半月愈。蘇方木刀斧傷指，或斷者，末傅。繭裹，數日如故。鷄子白皮誤割舌斷，先以套之。牛蒡根、葉傅之，永不畏風。鐵爇塗金瘡，風水不入。朱鼈佩之，刀劍不能傷。女人褌襠炙熨，止血。熱湯故帛染搨。冷水浸之，並止血。人氣吹之，斷血。栝樓根箭鏃針刺入肉，擣塗，日三易之。莨菪根箭頭不出，爲丸貼臍。惡刺傷人，煮汁滴之。巴豆箭鏃入肉，同蜣蜋塗之，拔出。雄黄　鹽藥　山獺屎並傅藥箭毒。薔薇根　蓖麻子　雙杏仁　獨栗子　黑豆並嚼塗鏃刃針刺入肉不出。桑灰汁　鱗蛇膽　羊屎同猪脂。車脂　石油並塗針箭竹刺入肉。松脂針入肉中，傅裹，五日根出，不痛不痒。鼠腦針刺竹木入肉，擣塗即出。箭鏑針刀在咽喉胸膈諸處，同肝擣塗之。象牙諸鐵及雜骨魚刺入肉，刮末厚傅，其刺自軟，箭物自出也。人爪針折及竹木刺入肉，並刮末，同酸棗仁塗之，次日出也。齒垢塗竹木入肉，令不爛。或加黑虱一枚。牛膝　白茅根　白梅並嚼。鐵華粉　晚蠶蛾　蠮螉　馬肉蛆　魚鰾並擣。鴉炙研，醋調。鷄毛灰。烏雄鷄肉擣。陳熏肉切片。鹿角　鹿腦　狐唇　狐屎並塗竹木刺入肉。人尿刺入肉，溫漬之。

跌仆折傷腸出、杖瘡。

内治活血：　大黄同當歸煎服。或同桃仁。玄胡索豆淋酒服。劉寄奴同玄胡索、骨碎補，水煎服。土當歸煎酒服。或同葱白、荆芥，水煎服。三七磨酒。虎杖煎酒。蒲黄酒服。黄葵子酒服。五爪龍汁，和童尿、酒服。婆婆針袋兒擂水服，并傅。即蘿摩。何首烏同黑豆、皂角等丸服，治損寬筋。黑大豆煮汁頻飲。豆豉水煎。寒食蒸餅酒服。紅麴酒服。生薑汁，同香油，入酒。補骨脂同茴香、辣桂末，酒服。乾藕同茴香末，日服。荷葉燒研，童尿服，利血甚效。白莴苣子同乳香、烏梅、白朮服，止痛。胡桃擂酒。杏枝　松節　白楊皮并煎酒服。甜瓜葉　琥珀　沒藥　桂並調酒服。扶移木皮浸酒。夜合樹皮擂酒服，并封之，和血消腫。松楊破惡血，養好血。當歸　蓬莪茂　三稜　赤芍藥　牡丹皮　蘇方木　馬蘭　澤蘭　敗蒲灰。童尿酒服，不拘有無瘀血，推陳致新，勝于他藥。白馬蹄燒研，酒服，化血爲水。羊角沙餹水炒焦，酒服，止痛。鹿角惡血骨痛，酒服，日三。黄明膠同冬瓜皮炒焦，酒服，取汗。亦治多年損痛。雄鷄血和酒熱飲至醉，痛立止也。鴉右翅瘀血攻心，面青氣短。七枚，燒研酒服，當吐血愈。鮑魚煎服，主損傷，瘀血在四肢不收者。水蛭酒服，行血。或加大黄、牽牛取利。麻油入酒服，燒熱地臥之，覺即疼腫俱消。黄茄種消青腫，焙末酒服二錢，一夜平。〇重陽收，化爲水服，散惡血。豬肉傷損血在胸膈不食者，生剁，溫水送下一錢，即思食。

内治接骨：　骨碎補研汁和酒服，以滓傅之。或研入黄米粥裹之。地黄折臂斷筋損骨，研汁和酒服，一月即連續，仍炒熱貼。白及酒服二錢，不減自然銅也。黄麻灰同髮灰、乳香，酒服。接骨木煎服。賣子木去血中留飲，續絶補髓。自然銅散血止痛，乃接骨要藥。銅屑酒服。古文錢同真珠、甜瓜子末，酒服。銅鈷鉧水飛，酒服二錢，不過再服。生鐵煎酒，散血。鐵漿粉閃肭脱臼，同黍米、葱白炒焦，酒服，仍水、醋調傅。無名異酒服，散血。入乳、沒接骨。烏古瓦煆研酒服，接骨神方。胡粉同當歸、莪茂末，蘇木湯服。䗪蟲接骨神藥，擂酒服。或焙存性，酒服三錢。或入自然銅末。〇一用乳、沒、龍骨、自然銅等分，麝香少許，每服三分，入乾䗪末一個，酒服。又可代杖。秘方。〇又土鼈炒乾，巴豆霜、半夏等分，研末，每黄酒服一二分，接骨如神。龜血酒服，擣肉封之。蟹擂酒，連飲數盌，以滓封之，半日骨内有聲，即接。乾者，燒研酒服。鶚骨燒研，同煆過古錢等分，每酒服一錢，接骨極效。雕骨燒末，酒服二錢，隨病上下。鷹骨同上。人骨同乳香、紅絹灰，酒服。少婦髮一團，包乳香一塊，燒過，酒服一字，妙。

外治散瘀接骨：　大黄薑汁調塗，一夜變色。鳳仙花葉擣塗頻上，一夜即平。半夏水調塗，一夜即消。附子煎猪脂、醋塗。糯米寒食浸，至小滿晒研，如用，水調塗之。

白楊皮血瀝在骨肉間，痛不可忍，雜五木煎湯浸之。黃土瘀血凝痛欲死，蒸熱布裹，更互熨之，死者亦活也。白礬泡湯熨之，止痛。○閃出骨竅，同緑豆、蠶沙炒傅。烏鷄一切折傷，獸觸胸腹者，連毛擣爛醋和，隔布搨之，待振寒欲吐，徐取下，再上。牛馬血折傷垂死，破牛或馬腹納入，浸熱血中，即甦。苧葉和石灰擣收。地黃炒熱杵泥。燈心嚼。牛膝　旋花根　紫蘇　三七　莨菪子　蛇牀　栝樓根　白斂　土瓜根　茜根　地錦　骨碎補　水萍　威靈仙　何首烏　稻穰　黍米燒。麥麩醋炒。麥麪水和，並服。稗草　緑豆粉炒紫。豆黃　豆腐貼，頻易。酒糟　葱白煨。蘿蔔　生薑同葱白、麪炒。○汁，同酒調麪。桃仁　李核仁　肥皂醋調。鹽楊梅和核研。桑白皮煎膏。降真香　麒麟竭　水桐皮　乳香　沒藥　落雁木　質汗　桑葉　巵子同麪擣。蜜栗子　石青　故緋　炊單布　蛤蚧　弔脂　海螵蛸　鰾膠水煮。鼈肉生擣。黿肉　攝黿並生擣。熊肉貼。羊脂　野駝脂　犛牛酥　牛髓　豬髓並摩。黃牛屎炒罯。白馬屎炒罯。諸朽骨唾磨塗。豬肉炙貼。牛肉炙貼。烏氈鹽、醋煮熱裹。並消瘀血青腫。紫荆皮傷眼青腫，童尿浸研，和薑、苄汁，塗之。釜底墨塗手搔瘡腫。母豬蹄煮，洗傷撻諸敗瘡。栗子筋骨斷碎，瘀血腫痛，生嚼塗之，有效。蟹肉筋骨折傷斷絶，連黃擣泥，微納罯，筋即連也。五靈脂骨折腫痛，同白及、乳、沒，油調塗。○接骨，同茴香，先傅乳香，次塗小米粥，乃上藥，帛裹木夾，三五日〔效〕。狗頭骨接骨，燒研，熱醋調塗。牛蹄甲接骨，同乳、沒燒研，黃米糊和傅。芸薹子同黃米、龍骨，接骨。鞋底灰同麪和。

腸出：熱鷄血金瘡腸出，乾人屎末抹之，桑白皮縫合，以血塗之。慈石金瘡腸出，納入，同滑石末，米飲日服二錢。人參脇腹腸出，急抹油內入，人參、枸杞汁淋之，喫羊腎粥，十日愈。小麥金瘡腸出，煮汁噀面。大麥煮汁，洗腸推入，但飲米糜。冷水墜損腸出，噴其身面則入。

杖瘡：內治　童尿杖畢，即和酒服，免血攻心。三七酒服三錢，血不沖心，仍嚼塗之。紅麴擂酒服。大黃煎酒服，下去瘀血，外以薑汁或童尿調塗，一夜黑者紫，二夜紫者白。無名異臨時服之，杖不甚傷。䗪蟲方見折傷。白蠟酒服一兩。人骨燒末酒服。並杖不痛。

外治：半夏未破者，水調塗，一夜血散。鳳仙花葉已破者，頻塗，一夜血散。冬用乾。葱白炒罯。酒糟隔帋罯之。豆腐熱貼，色淡爲度。蘿蔔擣貼。羊肉熱貼。豬肉熱貼。芙蓉同皂角、鷄子白。緑豆粉同鷄子白。黃土同鷄子、童尿，不住上。石灰油調。或和豬血，燒三次，研。滑石同大黃、赤石脂。水粉同水銀、赤石脂。雄黃同密陀僧，或同無名異。乳香煎油。或入沒藥、米粉。牛蒡根、葉塗之，永不畏風。大豆黃末。黍米炒焦。馬齒莧杵。赤龍皮燒。五倍子醋炒。血竭　密陀僧香油熬膏。松香　黃蠟並熬膏。鷄子黃熬油。豬膽汁掃。未毛鼠同桑椹浸油掃之。黃瓜六月六日絣收，浸水掃之。豬蹄湯洗。羊皮臥之，消青腫。

五絶縊死、溺死、壓死、凍死、驚死。

縊死：半夏五絶死，但心頭溫者，以末吹鼻，皆可活。皂莢末五絶死者，吹其耳鼻。梁上塵五絶死，吹耳鼻。葱心五絶死，刺其耳鼻出血，即愈。藍汁縊死，灌之。鷄冠血縊死者，徐徐抱住，解繩，不得割斷，安脚臥之，緊挽其髮，一人摩其胸脇，一人屈其臂及足脛，待其氣回，刺血滴入口中，即活。或桂湯亦可。鷄屎白縊死，心下猶溫者，酒服棗許。

溺死：皂莢吹其耳鼻及綿包納入下部，出水即活。○梁塵亦可。食鹽溺死，放大凳上，高其後脚，鹽擦臍中，待水流出，但心頭溫者皆活。石灰裹納下部，出水。竈灰埋之，露其七孔。白沙亦可。老薑溺死人橫安牛背上，扶定，牽牛徐行，出水後，以薑擦牙。

壓死：麻油墻壁物卒壓死，心頭溫者，將身盤坐，緊提其髮，用半夏吹鼻取嚏，以油和薑汁灌之，餘同折傷。豆豉跌死，煎服。童尿熱灌。

凍死：竈灰冬月凍死，略有氣者，炒灰包熨心上，冷即換，待氣回，少與酒、粥。不可近火，即死。

驚死：醇酒驚怖死，俗名嚇死，灌之。

諸蟲傷蛇虺、蜈蚣、蜂蠆、蜘蛛、蠼螋、蠶蛓、蚯蚓、蝸牛、射工、沙虱、蛭、螻蟻、蠅、蚰蜒、辟〔除〕諸蟲。

蛇虺傷：內治：貝母酒服至醉，毒水自出。絲瓜根擂生酒飲醉，立愈。白芷水服半兩，扎定兩頭，水出即消。或同雄黃、麝香、細辛，酒服。甘草毒蛇傷人，目黑口噤，毒氣入腹，同白礬末，冷水服二錢。蒜一升，乳二升，煮食，仍煮童尿熱漬之。麻油　米醋並急飲二盌，毒即散。兔葵　薺苨　長松　惡實　辟虺雷　草犀　白兔藿　黃藥子　蘘荷　地榆　鬼臼　決明葉　蛇莓　冬葵根、葉　海根　莧菜並主蛇、蟲、虺、蝮傷，擣汁或爲末服。五葉藤　茴香　半邊蓮　櫻桃葉　小青　大青　水蘋並擣汁服，滓傅。絡石服汁并洗。紫荆皮煎服并洗。木香　青黛同雄黃。鬼針　茱萸並水服，外塗之。水蘇　小薊　苧根、葉　金鳳花、葉　蒼耳並酒服，外塗之。重臺酒服，外同續隨子塗。磨刀水　鐵漿　雄黃　犀角並服之，令毒不攻內。五靈脂同雄黃、酒灌鼻，外塗之。

外治：艾葉隔蒜灸之。蜀椒塗之。○蛇入人口，破尾，納椒末入內，自出。母豬尾血蛇入人七孔，割血滴之。蛇含草　蛇罔草　馬蘭草　天名精　續隨子　蜈蚣草　鹿蹄草　益母草　菩薩草　天南星　預知子　魚腥草　扁豆葉　慈姑葉　山慈姑　山豆根　獨行根　赤薜荔　千里及　灰藋葉　烏桕皮　楤木皮　旱堇汁　水芹　馬蘭　狼牙　蕁麻　山漆　薄荷　紫蘇　葛根　通草　葎草　蚤休　地菘　豨薟　海芋　荏葉　水苕極效。酸漿　醋草　芋葉　藜葉　甜藤　蕨根　白苣　萵苣　菰根　乾薑　薑汁　韭根汁。獨蒜　薤白　酒糟　巴豆　榧子　桑汁　楮汁　楮葉同麻葉。桂心同栝樓末。白礬或入雄黃。丹砂　胡粉　食鹽　鹽藥　鐵精粉　蚯蚓泥　檐溜下泥　蜜　蜘蛛　甲煎　牛酥入鹽。生蠶蛾擣。蝦蟆擣。五靈脂　豬齒灰　豬耳垢　牛耳垢　人耳塞同頭垢、井泥、蚯蚓泥。人齒垢　梳垢　鼠屎　鼬鼠屎　食蛇鼠屎　雙頭鹿腹中屎並塗一切蛇傷。秦皮洗，并傅。人尿洗之，抹以口津。○蛇纏人足，尿之，或沃以溫湯。男子陰毛蛇傷，以口含之，咽汁。鷄子合蛇傷處。鴆喙刮末傅之。○佩之，辟蛇虺。麝香傅。蜈蚣燒傅。雄黃同乾薑傅。並佩之，辟蛇虺。

蜈蚣傷：蝸牛　蛞蝓　烏鷄屎　五靈脂　獨蒜　芸薹子油。蛇含香附嚼。莧菜　馬齒莧　菩薩草　人參　蚯蚓泥　胡椒　茱萸　楝葉汁。生薑汁調蚌粉。桑根汁　雄黃　井底泥　食鹽　生鐵磨醋。耳塞　頭垢同苦參。地上土　尿坑泥　城東腐木漬汁。○並塗之。鷄冠血塗。○中蜈蚣毒，舌脹出口者，含滿咽汁。鷄子合之。蜘蛛咂咬處。麻鞋底炙熨。亂髮燒熏。燈火照熏。牛血　豬血並主誤吞蜈蚣，飲之至飽，當吐出也。

蜂、蠆傷：內治：貝母酒服。

外治：雄黃磨醋。菩薩石　梳垢　麝香　牛酥　牛角灰。牛屎灰。蟹殼燒。甲煎　楮汁　莧汁　茱萸　蛇含　葵花　灰藋　人參嚼。白兔藿　五葉藤　尿坑泥　檐溜下泥并塗蜂傷。小薊　惡實　葵葉　鬼針并塗蠍傷，仍取汁服。芋葉　苦苣　冬瓜葉　馬齒莧　胡麻油　韭汁　乾薑　薄荷　青蒿　大麻葉　苦李仁　楝葉汁　藍汁　酒糟　藜葉　蜀椒　食茱萸　木槿葉　齒中殘飯　半夏　附子磨醋。黄丹　硇砂　土檳榔　地上土　白礬同南星。丹砂　食鹽　蝸牛　蛞蝓　五靈脂　海螵蛸　驢耳垢　守宫塗蝎傷。蜘蛛咂蝎傷。熱酒洗。赤龍浴水　冷水　溫湯并浸洗。葱白隔灸。槐枝炮熨。皂莢炙熨。油梳炙熨。鷄子　木盌并合之。撥火杖蝎傷，取横井上，自安。

蜘蛛傷：內治：醇酒山中草蜘蛛毒人，一身生絲，飲醉并洗之。貝母酒服。蒼耳葉煎酒。小薊煎糖飲，并傅之。秦皮煎服。鬼針汁。藍青汁。羊乳　牛乳並飲及傅。

外治：芋葉　葱　胡麻油　山豆根　通草　豨薟　藜葉　灰藋　合歡皮　舊簟灰　蔓菁汁　桑汁　雄黃　鼠負　蚯蚓　土蜂窠　赤翅蜂　驢尿泥　鷄冠血　麝香　猴屎　頭垢並塗之。驢屎汁。人尿汁。並浸洗。白礬傅壁鏡毒。

蠼螋傷：內治：醇酒蠼螋，狀如小蜈蚣、蚰蜒，八足，觜有二鬚，能夾人成瘡，又能尿人影，成瘡纍纍螫人，惡寒且熱，但飲酒至醉，良。

外治：米醋　豆豉　茶葉　梨葉　鷄腸草　魚腥草　馬鞭草　大黄　豨薟　蒺藜　巴豆　敗醬草　故蓑衣灰。舊簟灰　鹿角汁。犀角汁。羊鬚灰。麝香　烏鷄翅灰。燕窠土　地上土　食鹽　胡粉　雄黄　丹砂並塗。槐白皮浸醋洗。鷄子合之。

蠶螫傷：苦苣　萵苣　赤薜荔　苧根　預知子　椰桐皮　百部　灰藋　田父　麝香並塗蠶咬。紫荆皮洗蠶咬。蠶繭草諸蟲如蠶咬，毒入腹，煮飲。草犀服汁，解惡蟚毒。豉　茖葱　馬齒莧　食茱萸　松脂　青黛　韭汁　燕窠土　雄黃　牛耳垢　狐屎並傅惡蟚蟲傷。丁香傅桑蝎傷。麻油燈熏蝎蟲傷。蛇退洗惡蟲傷。蒜同麴。胡瓜根　灰藋葉　馬鞭草　乾薑　葱汁　韭汁　茶葉　杏仁　巴豆　桑灰　雄黃　丹砂　蟻蛭　蜜蠟　頭垢並傅狐尿蟚瘡。烏鷄搨狐尿瘡。髮煙烟狐尿瘡。人尿　驢尿　白馬尿並浸狐尿刺瘡。

蚯蚓、蝸牛傷　石灰　鹽湯並主中蚯蚓咬毒，形如大風，泡湯浸之，良。葱　蜀羊泉同黄丹。百舌窠中土同醋。鴨通並傅蚯蚓咬。吹火筒蚓呵小兒陰腫，吹之即消。蓼子浸蝸牛吹。

射工、沙虱毒：內治：山慈姑吐之。蒼耳葉煎酒。雄黃磨酒。牛膝煎水。草犀汁。莧汁。馬齒莧汁。梅葉汁。蘘荷汁。狼毒汁。鬼臼汁。懸鈎子汁。浮萍末。知母末。射干末。白礬末，同甘草。丹砂末。斑蝥燒。溪狗蟲燒。鸂鶒炙食。鵝血　鴨血並主射工、沙虱、溪毒中人，寒熱生瘡。

外治：萵苣　蒜　白芥子　芥子　葱　茖葱　茱萸同蒜、葱煮汁。鷄腸草　梨葉　皂莢末，和醋。白鷄屎和餳。鸐鳿毛、屎　芫青　鼠負　熊膽　麝香　白礬並塗射工、沙虱、溪毒瘡。豉母蟲含之，除射工毒。溪鬼蟲喙　鵝毛並佩之，辟射工毒。

蛭、螻、蟻、蠅傷：黃泥水　浸藍水　牛血　羊血同猪脂。鷄血　狗涎蒸餅染食。〇並主誤吞水蛭，服之即下出。朱砂傅水蛭傷人瘡。灰藋　槲葉　藜葉鹽藥　石灰並塗螻蛄咬。土檳榔　穿山甲　山豆根　檐溜下泥　地上土並塗蟻咬。百部殺蠅蠓咬毒。鹽擦黃蠅毒。

蚰蜒傷：白礬　胡麻並塗蚰蜒咬。

辟除諸蟲：辟蚊蚋：社酒洒壁。蝙蝠血塗帳。臘水浸燈心。薺枝作燈杖。天仙藤同木屑。木鼈同川芎、雄黃。浮萍燒熏，或加羌活。茅香同木鼈、雄黃。菖蒲同楝花、柏子。夜明沙單燒，或同浮萍、苦楝花。鼈甲同夜明沙。〇並燒熏。

辟壁虱、蚤、蟲：樟腦　菖蒲　白菖　木瓜　蒴藋　龍葵　茯苓末。辣蓼　蕎麥秸並鋪席下。白膠香　百部　牛角　騾蹄　白馬蹄　蟹殼並燒烟熏。蟹黃同安息香、松鼠燒。

辟蟣、虱：虱建草　大空　藜蘆　百部　白礬　水銀　銀朱　輕粉銅青

辟蠅、蛾：緑礬水　臘雪水

辟蚰蜒：春牛泥　辟蠹蟲：萵苣端午日收。芸香　角蒿葉並安箱中。莽草燒熏。

諸獸傷虎、狼、熊、羆、猪、猫、犬、猘、驢、馬、鼠咬、人咬。

虎、狼傷：內治：醇酒飲醉。芒莖擣汁，或同葛根煎汁。葛根汁，或研末。兔葵汁。地榆汁。草犀汁。胡麻油　生薑汁。沙糖　鐵漿並內飲外塗，則毒不入腹。婦人月經衣燒服，主虎狼傷。

外治：山漆　豨薟　粟米　乾薑　薤白　獨栗　白礬　蠐螬　猬脂菩薩石並塗虎咬爪傷。青布燒熏虎狼咬傷瘡。

熊、羆、豬、貓傷：內治：蒴藋汁服。蒜菜汁服，並主熊羆傷，仍外塗。

外治：獨栗燒。粟米嚼。並塗熊獸傷。松脂作餅。龜版灰。鼠屎灰。薄荷檐溜泥並塗貓咬。射罔殺禽獸毒。

犬、猘傷：內治：雄黃同麝香，酒服。〇同青黛，水服。蒼耳葉煎酒。桃白皮煎水。紫荆皮汁。地黃汁。白兔藿汁。蔓菁根汁。生薑汁。韭根汁。並內飲、外塗百度。故梳同韭根煎。百家筯煎汁。頭垢同猬皮灰，水服。猬頭燒，同髮灰，水服。驢尿　狼牙草灰水服。芫青米炒，酒服。〇並主猘犬、惡犬傷。莨菪子狂犬傷，日吞七粒及擣根塗。鐵漿狂犬傷，飲之，毒不入內。斑蝥風狗傷，以三個研細，酒煎服，即下肉狗四十個乃止，未盡再服。〇用七個，糯米一撮，炒黃，去米，入百草霜一錢，米飲服之，取下肉狗。糯米一勺，斑蝥三七個，分作三次炒，去蝥研末，分作三服，冷水滴油下，取惡物。蝦蟆膾　蚺蛇脯並主狂犬傷，食之不發。

外治：艾葉猘犬傷，灸七壯，或隔牀下土灸之。瓦松同雄黃，貼風狗咬，永不發。巵子燒，入硫黃末。欒荆皮同沙餹。雄黃入麝香。山慈姑　蘇葉嚼。蓼葉　莽草

蓖麻子　韭汁　薤白　葱白　膽礬　蚯蚓泥　紅娘子　死蛇灰　犬屎虎骨牙、脂同。人血並塗狂犬、惡犬傷。人參狗咬破傷風，桑柴燒存性，摻之。屋遊地榆　鹿蹄草　黃藥子　秫米　乾薑　烏桕　赤薜荔　杏仁　馬藺根同杏仁。白果　白礬　菩薩石　竹籃耳灰。冬灰　黃蠟　猪耳垢　鼠屎灰。牛屎　人屎并塗犬傷。人尿　冷水　屋漏水并洗犬傷。

驢、馬傷：內治：馬齒莧馬咬毒入心，煎服之。人屎馬汗、馬血入瘡，欲死，服汁。馬屎中粟剝驢馬中毒，絞汁服，并塗之，仍以尿洗。檉柳剝驢馬毒血入內，浸汁服，并取木片炙之。葶藶馬汗毒氣入腹，浸湯飲，取下惡血。醇酒馬毒氣入腹，殺人，多飲令醉。

外治：益母草和醋。鼠屎並塗馬咬。獨栗燒。白馬通　鷄冠血並塗馬咬及馬汗入瘡，剝驢馬骨刺傷人欲死。月經水塗馬血入瘡，剝馬骨傷人，神效。馬頭灰。馬鞭灰。鷄毛灰。烏梅和醋。雄黃　白礬　石灰並傅馬汗或毛入瘡腫痛，入腹殺人。水堇汁。冷水　熱湯並洗馬汗、馬毛入瘡。

鼠咬：狸肉食。狸肝　猫頭及毛灰。猫屎　麝香並塗。

人咬：龜版灰。攝龜甲灰。並塗之。人尿浸。

諸毒金石、草木、果菜、蟲魚、禽獸。

金石毒：甘草安和七十二種石，一千二百種草，解百藥毒。〇凡藥毒，用麻油浸甘草節嚼之，咽汁良。大青　麥門冬　人參湯　薺苨汁　蓴心　冬葵子　瞿麥藍汁。金星草　葳蕤汁　苧根汁　萱根　蕉根汁　緑豆　胡豆　白扁豆

黑大豆　餘甘子　冬瓜練　烏芋　水芹汁　寒水石　黑鉛溶化淬酒。魁蛤肉　牡蠣肉　蚌肉　蜆子肉　鱧腸　石蟹汁　鰻鱺魚　田螺　雁肪肉鴨肉　白鴨通　烏肉　犀角汁　豬膏　豬肉　豬骨　豬血　羊血　兔血諸血　牛膍　兔肉並解一切丹石毒。砒石毒：米醋吐。烏桕根下。白芷鬱金並井水服。胡粉地漿服。白扁豆水服。蚤休磨汁。黑鉛　鯗魚魫並磨汁。藍汁　薺苨汁　醬汁　緑豆汁　豆粉　大豆汁　楊梅樹皮汁　冬瓜藤汁　早稻稈灰汁　地漿　井泉水　白鴨通汁　猳豬屎汁　人屎汁　鴨血　羊血

雄鷄血　胡麻油　礜石毒：黑大豆　白鵝膏　硇砂毒：緑豆汁　浮萍硇砂損陰，同豬蹄煎汁漬洗。硫黃毒：金星草　胡麻油　米醋　飛廉　細辛　餘甘子煎水。烏梅煎。黑鉛煎。鐵漿　朴消　豬血　羊血　冷豬肉　鴨肉　豬脂　雄黃毒：防己汁。丹砂毒：藍青汁　鹹水　水銀毒：黑鉛炭末煎汁。金器破口，煮汁服。〇入耳，熨之、枕之引出。輕粉毒：黃連　貫衆　醬汁　黑鉛壺浸酒。斑蝥　豬肉　石英毒：麻鞋煮汁。石燕煮汁。醇酒服紫石英乍寒乍熱者，飲之良。鷄子　豬肉　鍾乳毒：鷄子清　豬肉　石炭毒：冷水中石炭毒，昏瞀，飲之即解。生金毒：白藥子　餘甘子　翡翠石　鷓鴣肉　鴨血　白鴨通汁。鷄屎淋汁。金蛇煮汁。生銀毒：葱汁　鷄子汁。鴨血　鴨通汁。銀蛇煮汁。水銀服之即出。錫毒：杏仁　銅毒：慈姑　胡桃　鴨通汁　鐵毒：慈石　皂莢　豬、犬脂　乳香　貘屎　土坑毒氣：豬肉

草木毒：防風諸藥毒已死，只心頭溫者，擂水冷灌之。葛根諸藥毒吐下欲死，煮汁服。甘草　薺苨　藍汁。藍實　承露仙　榼藤子　淡竹葉同甘草、黑豆同煎服。粟米絞汁。土芋取吐。緑豆汁。黑豆汁。白扁豆汁。生薑　葱汁。芽茶同白礬。地漿　黃土煮汁。蠶故紙灰水服。黿甲　玳瑁　車渠　龜筒　白鵬白鴿血　鷓鴣　孔雀脯　牛膍　犀角汁。豬屎汁。人屎汁並解百藥毒。鉤吻毒：薺苨汁　蕹菜汁　葛根汁　葱汁　桂汁　白鴨血　白鵝血　羊血並熱飲。鷄子清　鷄㲉雛同麻油研爛灌之，取吐。犀角汁　豬膏　人屎汁　射罔毒：藍汁　葛根　大麻子汁　大小豆汁　飴糖　藕汁　芰汁　竹瀝　冷水　蚯蚓糞　貝齒　六畜血　人屎汁　烏頭、附子、天雄毒：防風汁　遠志汁　甘草汁　人參汁　黃芪　烏韭　緑豆　黑豆　寒食餳　大棗肉　井華水　陳壁土泡湯服。蒙汗毒：冷水　鼠莽毒：蚤休磨水。鏡面草　豇豆汁　黑豆汁　烏桕根　明礬入少茶，水服。鷄血　鴨血　羊血並熱飲。羊躑躅毒：巵子汁　狼毒毒：藍汁　鹽汁　白斂　杏仁　木占斯　防葵毒：葵根汁　莨菪毒：薺苨　甘草　升麻汁。蟹汁。犀角汁。山芋毒：地漿　人屎汁。苦瓠毒：稷米汁。黍穰汁。大戟毒：菖蒲汁。甘遂毒：黑豆汁　芫花毒：防風汁。防己　甘草　桂汁　仙茅毒：大黃　藜蘆毒：葱汁　雄黃　溫湯　瓜蒂毒：麝香　半夏、南星毒：生薑汁　乾薑煮汁。防風　桔梗毒：白粥　巴豆毒：黃連汁　菖蒲汁　甘草汁　葛根汁　白藥子　黑豆汁　生藿汁　盧會　冷水　寒水石　桂毒：葱汁　漆毒：貫衆　紫蘇　蟹　桐油毒：熱酒　甘草　乾柿

果菜毒：麝香　豬骨灰水服。米醋　頭垢　童尿並解諸果菜毒。山鵲肉解諸果毒。甘草　醬汁　酒糟　葛汁　白兔藿　白花藤　鷄屎灰並解諸菜毒。同貝齒、胡粉爲末，酒服。杏根煎汁。蜀椒毒：葵子汁　豉汁　桂汁　蒜汁　大棗　冷水　地漿　黃土　雄鷄毛灰水服。童尿　燒酒毒：冷水　緑豆粉　蠶豆苗　麪毒：蘿蔔　枸杞苗　貝子燒。胡桐淚　豆粉毒：杏仁　豆腐　蘿蔔　萵苣毒：薑汁　水芹毒：硬糖　杏仁同乳餅、粳米煮粥食。水莨菪毒：甘草汁　野芋毒：地漿　人屎汁　野菌毒：甘草煎麻油服。防風汁。忍冬汁。蠡實　醬汁　生薑　胡椒　緑豆汁。梨葉汁。荷葉煎。阿魏　地漿　黃土煮。鷓鴣　石首魚枕　童尿　人屎汁

蟲魚毒：紫蘇　荏葉　水蘇　蘆根　蘆花　菩薩草酒服。大黃汁　馬鞭草汁。苦參煎醋。縮砂仁　草豆蔻　醬汁　米醋　胡麻油　黑豆汁　冬瓜汁　橘皮煎。烏梅　橄欖　蜀椒　胡椒　蒔蘿　茴香　胡葱　大蒜　朴消　蓬砂同甘草，浸香油。魚皮燒。魚鱗燒。鮫魚皮燒。獺皮煮汁。並解一切魚肉、蝦、蟹毒。河豚毒：荻芽　蘆花　蔞蒿　胡麻油　白扁豆　大豆汁　橄欖　五倍子同白礬，水服。槐花水服。橘皮煮。黑豆汁　紫蘇汁　青黛汁　藍汁　蜈蚣解蟲魚毒。羊蹄葉擣汁或煎，解胡夷魚、檀胡魚、鮭魚毒。黃鱨魚毒：地漿黃鱨及無鱗諸魚，反荆芥，服此解之。鱓魚毒：蟹食之即解。蟹毒：蘇汁　藕汁　冬瓜汁　乾蒜汁　蘆根汁蟹、柿相反，令人吐血，服此解。橙皮　丁香　鼈毒：橄欖　胡椒　馬刀毒：新汲水　鰕毒：鵁鶄炙食。斑蝥、芫青、地膽、樗鷄毒：藍汁　玉簪根　桂汁　黑豆汁　糯米　豬肉　豬脏　蠱蟲毒：巵子　藍蛇頭毒：藍蛇尾食之即解。水蟲毒：禿鶖毛　禽獸毒：白兔藿諸肉菜大毒不可入口者，飲汁即解。白花藤　黃藤　黑豆汁　醬汁　米醋　山查　阿魏　草豆蔻　犀角汁並解一切肉食魚菜果蕈諸毒。諸鳥肉毒：生薑　白扁豆　狸頭骨灰水服。雉毒：薑汁　犀角汁　鷄子毒：米醋　鳩毒：葛粉水服。緑豆粉　六畜肉毒：烏桕葉汁食牛馬六畜肉生疔欲死，頓服三盌取利。白扁豆　小豆汁　豉汁　葱子煮汁。豬屎灰水服。并解六畜肉毒。甘草汁　蘭草汁　阿魏　緑豆汁　黃蘗汁　麻鞋底煮汁。黃土煮汁。東壁土水服。地漿　頭垢并解六畜牛馬諸肉毒。牛肉毒：狼牙燒。

聖蠹　獨肝牛毒：牛肚噉蛇牛獨肝，毛髮向後，有毒，煮汁飲。人乳汁和豉汁服。

馬肝毒：豬骨灰水服。鼠屎末服。頭垢　豬肉毒：豬屎灰水服。狗毒：杏仁　蘆根　諸肝毒：豬脂頓服五升。垢頭巾泡湯服。肉脯毒：韭汁　黄土煮服。地漿　貝子燒，水服。豬骨灰水服。犬屎灰酒服。人屎灰酒服。頭垢含咽。

蠱毒

解毒：草部：薺苨解蠱毒、百藥毒，飲其汁。蘘荷服汁，蠱立出。臥其葉，即自呼蠱主姓名。山慈姑同大戟、五倍子爲紫金丹，服。徐長卿　天麻　釵子股　甘草吐。辟虺雷　升麻吐。錦地羅　吉利草　蘼蕪　紫金牛　木香　龍膽草　草犀　格注草吐。獨行根　紫菀　馬兜鈴　鬱金下。鬱金香　鈎吻　金絲草　合子草　芫花下。預知子　蕘花下。牽牛子下。鳶尾下。土瓜根吐、下。山豆根　桔梗下。解毒子　鬼臼　白兔藿　千里及吐、下。羊蹄根　澤漆吐。慎火草　常山吐。藜蘆　蕁　赤車使者　茜根汁　胡麻油吐。糯穀穎煎汁。麥苗汁。小麥麪水服。豆豉　胡荽根擂酒。馬齒莧汁。大蒜　苦瓠汁吐。鹿藿　百合根　檳榔　大腹皮　桃白皮下。榧子　棗木心吐。龍眼　食茱萸

蜀椒　鹽麩子　甜瓜蒂吐。地椒　榴根皮　鳧茈　槲樹皮　巴豆　樗根皮　蘇合香　生漆　相思子　雷丸　桃寄生　豬苓　石南實　桑木心　鬼箭羽　琥珀　半天河　車脂　豬槽水　故錦汁　釜墨　伏龍肝　古鏡　朱砂銀　鐵精　菩薩石　金牙石　雄黄　方解石　長石　代赭石　石膽　黄礬石　白礬石　石蟹　諸鹽水　石鹼　霹靂碪　斑蝥　蠶蛻紙　五倍子　芫青　露蜂房　蜂子　鯪鯉甲　龍齒　蚺蛇膽及肉。自死蛇　蝮蛇　蛇蛻皮　蛇婆　鯇魚膽　魚枕　青魚枕　鯗魚枕　龜筒　鮫魚皮　玳瑁　貝齒子　鸛骨　鶴肫中砂子磨水服。鶡鷄　白鷄血　鳩血　鰕鷄子　鷄頭　鷄屎白　白鴿血　鷓鴣　白鴨血　鳧血　孔雀血　白鵰　胡燕屎　鵲腦髓　豬肝　豬屎汁　豚卵　羊肝、肺　羊膽　羖羊角　羖羊皮　犀角　鹿角　靈猫陰　麝香　猫頭骨及屎。狐五臟　獺肝　敗鼓皮　猬皮　貒膏腦　六畜毛蹄甲　人牙　頭垢　人屎

諸物哽咽

諸骨哽：縮砂蔤諸骨哽，濃煎嚥。艾葉煎酒。地菘同白礬、馬鞭草、白梅，丸噙。鳳仙子研，水嚥。根、葉煎醋。半夏同白芷水服，取吐。雲實根研汁嚥。瞿麥水服。薔薇根水服。白斂同白芷，水服。白藥煎醋。威靈仙醋浸，丸噙。同砂仁，煎服。鷄蘇同朴消，丸噙。絲瓜根燒服。栗荴燒吹。乳香水研。桑椹嚼嚥。金櫻根煎醋。漿水脚同慈石、橘紅，丸嚥。蚯蚓泥擦喉外。蓬砂含嚥。桑螵蛸煎醋。蜂蜜噙。鯇魚膽酒化，取吐。鱖魚膽取吐。鯽魚膽點咽。鮎魚肝同栗子皮、乳香丸，線綿包吞，釣出。烏賊骨同橘紅、寒食麪，丸吞。鴨肫衣炙研，水服。雕糞諸鳥獸骨哽，燒灰，酒服。豬膏含嚥。羊脛骨灰飲服。狗涎頻滴。虎骨諸獸骨哽，末，水服。虎屎燒，酒服。狼屎獸骨哽，燒服。鹿角末，嚥。筋，吞釣出。

鷄骨哽：貫衆同縮砂、甘草末，包含。白芷同半夏末服，嘔出。縮砂　苧根擣丸，鷄湯化下。鳳仙根煎酒。水仙根　玉簪花根汁。蓖麻子同百藥煎，研服。鹽麩子根煎醋，吐。乳香水研。金櫻根煎醋。茯苓同楮實末，乳香湯下。五倍子末，摻之，即下。鷄内金燒吹。鷄足距燒水服，翮翎同。

魚骨哽：貫衆同前。縮砂濃煎。苧根擂泥，魚湯下。蓖麻子同百藥煎，研嚥。水仙根　玉簪根並擂汁服。醉魚草吐。白芍藥嚼。馬勃蜜丸噙。飴糖含嚥。百合塗項外。橘皮噙。橄欖嚼嚥。茱萸魚骨入腹，煎水服，軟出。白膠香　木蘭皮　皂莢吹鼻。椿子擂酒服，吐之。楮葉汁啜之。嫩皮擣丸，水下二三十丸。桑椹嚼。金櫻根煎醋。琥珀珠推之。仙人杖煮汁。鬼齒煮汁，或丸含。青魚膽吐。鯇魚膽吐。烏賊骨　諸魚鱗灰水服。魚笱鬚燒服。魚網燒服，或煮汁。鸕鷀頭及骨、嗉、喙、翅、屎並燒服。魚狗燒服，亦煮服。禿鶖喙燒服。獺肝及骨、爪燒服。獺爪項下爬之。海獺皮煮汁。

金、銀、銅、鐵哽：縮砂蔤濃煎服。或加甘草。鳳仙子及根擂汁，下銅鐵物哽。王不留行誤吞鐵石，同黄檗，丸服。艾葉煎酒。百部浸酒。木賊爲末。並主誤吞銅錢。葵汁　薤白並主誤吞錢物釵鐶，頻食取利。飴糖　慈姑汁　鳧茈　胡桃並主誤吞銅錢，多食之。南燭根水服。白炭燒紅研末，水服。石灰同硫黄少許，酒服。胡粉同豬脂服一兩。並主誤吞金銀銅錢在腹。水銀誤吞金銀，服半兩即出。銅弩牙誤吞珠錢，燒淬水飲。慈石誤吞鐵物，線穿拽之。古文錢誤吞鐵物，用白梅淹爛，擣服一丸，即吐出。蜂蜜吞銅錢，服之即出。鵝羽誤吞金銀，燒服。豬、羊脂誤吞銅鐵諸物，多食之，利出。鴕鳥屎　貘屎誤吞銅鐵砂石入腹，水化服之，即消。

竹、木哽：半夏服取吐。蓖麻子同凝水石噙，自不見也。秤錘　鐵鋸並燒，淬酒飲。鯇魚膽酒服，取吐。鱖魚膽一切骨哽竹木入咽，日久不出，痛刺黄瘦，以一皂子煎酒服，取吐。鯽魚膽點。象牙爲末，水服。

芒刺、穀賊：春杵頭細糠含嚥。胡麻誤吞穀麥芒刺，名穀賊，炒研，白湯服。飴糖含咽。鵝涎下穀賊。象牙諸物刺咽，磨水服，即吐。甑帶灰水服，主草哽。

桃李哽：狗骨煮汁，摩頭上。麝香酒服。

髮哽：木梳燒灰酒

服。自己髮灰水服一錢。　食哽：　鷹屎燒，水服。

婦人經水經閉，有血滯，血枯。〇不調，有血虛者過期，血熱者先期，血氣滯者作痛。

活血流氣：　香附血中之氣藥。生用上行，熟用下行，炒黑則止血。童尿製，入血分補虛；鹽水製，入血分潤燥。酒炒行經絡，醋炒消積聚，薑炒化痰飲。得參、朮，補氣；得歸、芐，補血；得蒼朮、芎藭，解鬱；〔得〕巵子、黄連，降火；得厚朴、半夏，消脹；得神麴、枳實，化食；得紫蘇、葱白，解表邪；得三稜、莪茂，消積磨塊；得茴香、破故帋，引氣歸元；得艾葉，治血氣，暖子宮。乃氣病之總司，爲女科之仙藥。　當歸一切氣，一切勞。破惡血，養新血，補諸不足。頭止血，身養血，尾破血。〇婦女百病，同地黄丸服。〇月經逆行，同紅花煎服。血氣脹痛，同乾漆丸服。〇室女經閉，同沒藥末，紅花酒調服。　丹參破宿血，生新血，安生胎，落死胎，止血崩帶下，調經脈，或前或後，或多或少，兼治冷熱勞，腰脊痛，骨節煩疼，晒研，每服二錢，溫酒調下。　芎藭一切氣，一切血，破宿血，養新血，搜肝氣，補肝血，潤肝燥，女人血閉無子，血中氣藥也。　芍藥女子寒血閉脹，小腹痛，諸老血留結，月候不調。　生地黄涼血生血，補真陰，通月水。　蘭草生血和氣，養營調經。　澤蘭養營氣，破宿血，主婦人勞瘦，女科要藥也。　茺蔚子調經，令人有子，活血行氣，有補陰之功。　菴蕳子同桃仁浸酒，通月經。　玄胡索月經不調，結塊淋露，利氣止痛，破血，同當歸、橘紅丸服。　柴胡婦人熱入血室，寒熱，經水不調。　黄芩下女子血閉淋漏。　茅根月水不勻，淋瀝，除惡血。　莙蓬根通經脉，宜婦人。　醍醐菜擂酒，通經。　茶湯入沙餹少許，露一夜，服即通，不可輕視。　鉛霜室女經閉，〔煩〕熱，生地黄汁服。　木香　乳香　烏藥　白芷　桑耳並主血氣。　荔枝核血氣痛，同香附末服。　蓽茇血氣痛，經不調，同蒲黄丸服。　附子通經，同當歸煎服。　芥子酒服末，通月水。　韭汁治經脉逆行，入童尿飲。　絲瓜爲末，酒服，通月經。　土瓜根經水不利，同芍藥、桂枝、䗪蟲爲末，酒服。　薏苡根煎服，通經。　牛膝血結，經病不調，同乾漆、地黄汁丸服。　牛蒡根月水不通，積塊欲死，蒸三次，浸酒日飲。　馬鞭草通月經瘕塊，熬膏服。　虎杖通經，同沒藥、凌霄花，末服。　蒺藜通經，同當歸末，酒服。　木麻月閉癥瘕，久服令人有子。　硇砂月水不通，積聚刺痛，破結血，暖子宮，同皂莢、陳橘皮，丸服。　白堊土女子寒熱癥瘕，月閉無子，子宮冷。　銅鏡鼻血閉癥瘕，伏腸絕孕。　烏金石通月水，煎湯，服巴豆三丸。　蠶沙月經久閉，炒，煮酒飲一盞即通。　葛上亭長血閉癥塊，米炒研服。　烏鴉經閉，炙研，同水蛭等藥服。　獺膽通經，同硇砂等藥，丸服。〇爪同。　白狗屎月水乍多乍少，燒末酒服。　鼠屎通經，酒服一錢。　童男童女髮通經，同斑蝥、麝香，末服。　人乳日飲三合，通經。　水蛭　地膽　樗鷄　五靈脂　鼈甲　納鼈　穿山甲　龍胎　蛤粉　菩薩石　銅弩牙　朴消　紫荆皮　木占斯　桂心　乾漆　厚朴煎酒。　栝樓根　質汗　甜瓜蔓　蓬莪茂　三稜　棗木　紫葳　菴羅果　桃仁　牡丹皮　劉寄奴　紫參　薑黄　鬱金　紅藍花　瞿麥　番紅花　續隨子　蛇莓　瓦松　石帆　赤孫施　蒲黄並破血通經。　大棗婦人臟燥，悲哭如祟，同小麥、甘草，水煎服。　葶藶納陰中，通月水。

益氣養血：　人參血虛者益氣，陽生則陰長也。　朮利腰臍間血，開胃消食。　熟地黄傷中胞胎，經候不調，衝任伏熱，久而無子，同當歸、黄連，丸服。　石菖蒲女人血海冷敗。　補骨脂　澤瀉　陽起石　玄石　白玉　青玉　紫石英並主子宮虛冷，月水不調，絕孕。　阿膠女人血枯，經水不調，無子，炒研酒服。　雀卵　烏賊魚骨　鮑魚汁並主女子血枯病，傷肝，唾血下血，通經閉。　驢包衣天癸不通，煆研，入麝，新汲水下，不過三服。

帶下：　是濕熱夾痰，有虛有實。

蒼朮燥濕强脾，四制丸服。　艾葉白帶，煮鷄子食。　石菖蒲赤白帶下，同破故紙末服。　白芷漏下赤白，能蝕膿。　白帶冷痛腥穢，同蜀葵根、白芍、枯礬，丸服。〇石灰淹過，研末酒服。　草果同乳香末服。　糯米女人白淫，同花椒燒研，醋糊丸服。　蓮米赤白帶，同江米、胡粉，入烏骨鷄煮食。　白扁豆炒研，米飲日服。〇花同。　蕎麥炒焦，鷄子白服。　韭子白帶白淫，醋煮丸服。　芍藥同香附末，煎服。〇同乾薑末服。　沙參七情內作，或虛冷者，爲末，米飲日服。　狗脊室女白帶，衝任虛損，關節重，同鹿茸丸服。　亦治婦人。　枸杞根帶下脉數，同地黄，煮酒飲。　椿根白皮同滑石丸服。〇同乾薑、芍藥、黄蘗，丸服。　木槿皮煎酒，止帶下，隨赤白用。　榆莢仁和牛肉作羹食，止帶下。　茯苓丸服。　松香酒煮，丸服。　槐花同牡蠣末，酒服。　冬瓜仁炒研，湯服。　牡荆子炒焦，飲服。　益母草爲末，湯服。　夏枯草爲末，飲服。　鷄冠花浸酒飲，或末服。　馬齒莧絞汁，和鷄子白服。　大薊根浸酒飲。　酢漿草陰乾，酒服。　椒目炒研，水服。　欓子同石菖蒲，末服。　韭汁同童尿，露一夜，溫服。　葵葉　葵花治帶下，目中溜火，和血潤燥，爲末酒服，隨赤白用。　蜀葵根散膿血惡汁，治帶下，同白芷、芍藥、枯礬，化蠟丸服。　敗醬治帶下，破多年凝血，化膿爲水。　漏蘆產後帶下，同艾葉丸服。　甑帶五色帶下，煮汁服。　澤蘭子女人三十六疾。　馬矢蒿　蠡實　紫葳　茜根　白斂　土瓜根　赤地利　鬼箭羽　水芹　蒲黄　景天　豬苓　李根白皮　金櫻根　酸榴皮　桃毛　白果　石蓮　芡實　城東腐木　橡斗　秦皮　人參　黄芪　肉蓯蓉　何首烏　葳蕤　當歸　芎藭　升麻升提。　柴胡升提。　陽起石　白石脂　五色石脂　玉泉　石膽　代赭石　石硫黄　石硫赤　硇砂並主赤白帶下，無子。　石灰白帶白淫，同茯苓丸服。　雲母粉水服方寸匕，立見效。　禹餘糧赤白帶，同乾薑丸服。　石燕月水湛濁，赤帶多年，煎飲或末，日服。　白礬白沃漏下，經水不利，子腸堅僻，中有乾血，燒研，同杏仁丸，納陰戶內。白瓷器主白崩帶。伏龍肝炒烟盡，同椶灰、梁上塵服。秋石棗肉丸服。牛角䚡燒灰，酒服。狗頭骨同上。兔皮灰同上。豬腎宜多食。豬肝同金墨、百草霜，煨食。羊胵鮓洗蒸食，數次愈。羊肉產後帶下赤白，絕孕，豉、蒜煮熟，入酥食。山羊肉主赤白帶。狗陰莖女人帶下十二疾。鹿角白濁，炒研酒服。鹿茸赤白帶下，炙末酒服。室女白帶，衝任虛寒，同狗脊、白斂，丸服。白馬左蹄五色帶下，燒灰，酒服。駝毛　烏驢皮　牛骨及蹄甲、陰莖　麋角

鹿血　阿膠　丹雄鷄　烏骨鷄　鷄內金　雀肉　雀卵　雀屎　伏翼　五靈脂　鰻鱺魚　鯉魚鱗　龍骨　鼉甲　龜甲　鼈肉　鱟魚骨　海螵蛸　牡蠣粉　馬刀　海蛤　蛤粉　蚌粉　蜜蜂子　土蜂子　蠶蛻紙灰。故綿灰。淡菜　海蛇　全蠍　丹參　三七　地榆並主赤白帶。貫衆醋炙，末服，止赤白帶。蛇牀子同枯礬，納陰戶。古磚燒赤，安蒸餅坐之。

崩中漏下月水不止，五十行經。

調營清熱：　當歸漏下絕孕，崩中諸不足。丹參功同當歸。芎藭煎酒。生地黃崩中及經不止，擂汁酒服。芍藥崩中痛甚，同柏葉煎服。經水不止，同艾葉煎服。肉蓯蓉血崩，絕陰不產。人參血脫益陽，陽生則陰長。升麻升陽明清氣。柴胡升少陽清氣。防風炙研，麪糊煮酒服一錢，經效。白芷主崩漏，入陽明經。香附子炒焦酒服，治血如崩山，或五色漏帶，宜常服之。黃芩主淋漏下血，養陰退陽，去脾經濕熱。○陽乘陰，崩中下血，研末，霹靂酒服一錢。四十九歲，月水不止，條芩醋浸七次，炒研爲丸，日服。青蘘汁服半升，立愈。鷄冠花及子爲末，酒服。大小薊汁煎服。或浸酒飲。菖蒲產後崩中，煎酒服。蒲黃止崩中，消瘀血，同五靈脂末炒，煎酒服。淩霄花爲末，酒服。茜根止血內崩及月經不止。五十後行經，作敗血論，同阿膠、柏葉、黃芩、地黃、髮灰，煎服。三七酒服二錢。石韋研末，酒服。水蘇煎服。柏葉月水不止，同芍藥煎服。同木賊炒，末服。槐花漏血，燒研酒服。○血崩不止，同黃芩，燒秤錘酒服。淡竹茹崩中，月水不止，微炒，水煎服。黃麻根水煎。甜瓜子月經太過，研末，水服。黑大豆月水不止，炒焦，沖酒。白扁豆花血崩，焙研，飲服。蒸餅燒研，飲服。玄胡索因損血崩，煮酒服。縮砂焙研，湯服。益智子同上。椒目焙研，酒服。胡椒同諸藥，丸服。艾葉漏血，崩中不止，同乾薑、阿膠，煎服。木莓根皮煎酒，止崩。續斷　石蓮子　蠡實　茅根　桃毛　小檗　冬瓜仁　松香

椿根白皮　鹿角　鹿茸　鹿血　豬腎　烏骨鷄　丹雄鷄　鷄內金　雀肉

鱟尾　蚌殼　文蛤　海蛤　鮑魚並主漏下崩中。毛蟹殼崩中腹痛，燒研，飲服。牡蠣崩中及月水不止，煅研，艾煎醋膏，丸服。鼈甲漏下五色，醋炙研，酒服。○同乾薑、訶黎勒，丸服。紫鉚經水不止，末服。鰾膠崩中赤白，焙研，鷄子煎餅食，酒下。阿膠月水不止，炒焦，酒服，和血滋陰。羊肉崩中垂死，煮歸、芐、乾薑服。

止澀：　椶灰酒服。蓮房經不止，燒研，酒服。○血崩，同荊芥燒服。○產後崩，同香附燒服。敗瓢同蓮房燒服。絲瓜同椶燒服。木耳炒黑，同髮灰服，取汗。桑耳燒黑，水服。槐耳燒服。烏梅燒服。梅葉同椶灰服。荷葉燒服。桃核燒服。胡桃十五個，燒研，酒服。殼亦可。甜杏仁黃皮燒服。凫茈一歲一個，燒研，酒服。漆器灰同椶灰服。故綿同髮燒服。敗蒲席灰酒服。木芙蓉花經血不止，同蓮房灰，飲服。槐枝灰赤白崩，酒服。幞頭灰水服。白紙灰酒服。蠶蛻紙灰同槐子末服。百草霜狗膽汁服。松烟墨漏下五色，水服。烏龍尾月水不止，炒，同荊芥末服。綿花子血崩如泉，燒存性，酒服三錢。貫衆煎酒。丁香煎酒。地榆月經不止，血崩，漏下赤白，煎醋服。三七酒服。地錦酒服。木賊崩中赤白，月水不斷，同當歸、芎藭服。○漏血不止，五錢，煎水服。○血崩氣痛，同香附、朴消，末服。石花同細茶、漆器末，酒服。桑花煎水。翻白草擂酒。醍醐菜杵汁，煎酒。夏枯草研末，飲服。桂心煅研，飲服二錢。何首烏同甘草，煎酒服。扶楊皮同牡丹、牡蠣煎酒，止白崩。橡斗殼　金櫻根　榴皮根同。鬼箭羽　城東腐木　石膽　代赭石　白堊土　玄精石　硇砂　五色石脂　太乙餘糧並主赤沃崩中，漏下不止。赤石脂月水過多，同補骨脂末，米飲服二錢。禹餘糧崩中漏下五色，同赤石脂、牡蠣、烏賊骨、伏龍肝、桂心，末服。伏龍肝漏下，同阿膠、蠶沙末，酒服。五靈脂血崩不止及經水過多，半生半炒，酒服，能行血止血。○爲末熬膏，入神麴，丸服。○燒存性，鐵錘燒，淬酒服。鵲巢積年漏下，燒研，酒服。牛角䚡燒研，酒服。羊脛骨月水不止，煅，入椶灰，酒服。狗頭骨血崩，燒研，糊丸，酒服。烏驢屎血崩及月水不止，燒研，糊丸，酒服。烏驢皮　羖羊角燒。馬懸蹄煅。馬鬐毛及尾燒。牛骨及蹄甲煅。孔雀屎燒。龍骨煅。鼉甲煅。海螵蛸　鯉魚鱗並主崩中下血，漏下五色。

胎前子煩，胎啼。

安胎：　黃芩同白朮，爲安胎清熱聖藥。白朮同枳殼丸服，束胎易生。續斷三月孕，防胎墮，同杜仲丸服。益母草子同。胎前宜熬膏服。丹參安生胎，落死胎。青竹茹八九月傷動作痛，煎酒服。竹瀝因交接動胎，飲一升。白藥子胎熱不安，同白芷末服。黃連因驚胎動出血，酒飲。知母月未足，腹痛如欲產狀，丸服。枳殼腹痛，同黃芩煎服。○同甘草、白朮丸服，令胎瘦易生也。大棗腹痛，燒研，小便服。縮砂仁行氣止痛。胎氣傷動，痛不可忍，炒研，酒服。○子癇昏瞀，炒黑，酒下。香附子安胎順氣，爲末，紫蘇湯服，名鐵罩散。惡阻，同藿香、甘草末，入鹽湯服。檳榔胎動下血，葱湯服末。益智子漏胎下血，

同縮砂末，湯服。大腹皮　櫸皮　陳橘皮　藿香　木香　紫蘇並行氣安胎。芎藭損動胎氣，酒服二錢。亦可驗胎有無。當歸妊娠傷動，或子死腹中，服此，未損即安，已損即下，同芎藭末，水煎服。○墮胎下血，同葱白煎服。朱砂上症，用末一錢，鷄子白三枚，和服，未死安，已死出。葱白下血搶心困篤，濃煎服，未死安，已死出。薤白同當歸煎服。艾葉妊娠下血，半産下血，仲景膠艾湯主之。○胎動心痛腰脹，或下血，或子死腹中，煮酒服。○胎迫心，煮醋服。阿膠胎動下血，葱豉湯化服。○葱、艾煎服。○尿血，飲服。○血痢，大便血，煎服。黄明膠酒服。秦艽同甘草、白膠、糯米，煎服。○同阿膠、艾葉，煎服。木賊同川芎末，煎服。生地黄擣汁，或末，或漬酒，或煮鷄子。桑寄生同阿膠、艾葉煎。醬豆炒研，酒服。赤小豆芽酒服，日三。亦治漏胎。桃梟燒服。蓮房燒服。百草霜同椶灰、伏龍肝、童尿，酒服。鷄子二枚，生，和白粉食。鹿角同當歸煎服。○腰痛，燒投酒中七次，飲。生銀煎水，或同苧根煎酒服。代赭石　鹿茸　麋角　黑雌鷄　豉汁　大薊　蒲黄　蒲蒻　賣子木並止血安胎。菖蒲半産下血不止，擣汁服。荷鼻胎動見黄水，一個，燒研，糯米湯服。糯米胎動下黄水，同黄芪、芎藭，煎服。秫米同上。粳米同上。蜜蠟下血欲死，一兩，化投酒半升服，立止。熟地黄漏胎不止，血盡則胎死，同生地黄末，白术湯服。○腹痛脉虚，同當歸丸服。苧根同銀煎服。葵根燒灰，酒服。五倍子酒服。鷄卵黄酒煮，日食。鷄肝切，和酒食。龍骨　鐵秤錘並主漏胎，下血不止。人參　黄芪胎前諸虚。

外治：　弩絃胎動上膈，繫腰立下。蛇蜕胎動欲産，袋盛繫腰下。伏龍肝研水服。井底泥　犬尿泥並主妊娠傷寒，塗腹護胎。嫩卷荷葉孕婦傷寒，同蚌粉塗腹，并服之。

子煩：　竹瀝胎氣上沖，煩躁，日頻飲之。葡萄煎服。擂汁亦佳。黄連酒服一錢。知母棗肉丸服。生銀同葱白、阿膠煎服。蟹爪煎服。

胎啼：　黄連腹中兒哭，煎汁常呷。

産難

催生：　香附子九月十月服此，永無驚恐。同縮砂、甘草末服，名福胎飲。人參橫生倒産，同乳香、丹砂、鷄子白、薑汁調服，子母俱安。白芷煎服。或同百草霜，童尿、醋湯服。益母草難産及子死，擣汁服。蒺藜子同貝母末服，催生墮胎，下胞衣。貝母末服。麻子仁倒産，吞二枚。黄麻根煮服，催生破血，下胞衣。鹽豉燒研，酒服。皂莢子吞一枚。柞木皮同甘草煎服。乳香丸服，末服。○同丁香、兔膽，丸服。龍腦新水服少許，立下。鳳仙子水吞。山查核吞。桃仁吞。牛屎中大豆吞。槐實内熱難産，吞之。春杵糠燒服。柑橘穰燒服。蓮花　胡麻　赤石脂　代赭石　禹餘糧　石蟹　蛇黄煮。鰾膠燒。蛟髓　白鷄距燒，和酒服。白雄鷄毛同上。鷄子白生吞一枚。烏鷄冠血　兔血同乳香末服。兔腦同乳香丸服。頭同。兔皮毛血上攻心，燒末酒服。敗筆頭灰藕汁服。鼠灰酒服。騾蹄灰入麝，酒服。麝香水服一錢，即下。羚羊角尖刮末，酒服。狗毛灰酒服。白狗血血上攻心，酒服。豬心血和乳香、丹砂，丸服。真珠酒服一兩，即下。鼈甲燒末，酒服。龜甲燒末，酒服。○矮小女子，交骨不開，同髮灰、當歸，酒服。生龜臨月佩之，臨時燒服。海馬　文鰩魚並同。本婦爪甲燒末，酒服。人尿煎服。蠶蜕紙灰同蛇蜕灰，酒服。土蜂窠泡湯服。彈丸酒服一錢。松煙墨水服。芒消童尿、酒服。雲母粉酒服半兩，入口即産。諸鐵器燒赤淬酒。布針二七個，燒淬酒。鐵鑊鏽同白芷、童尿，入醋服。馬銜煮汁服，并持之。銅弩牙。古文錢並淬酒。銃楔灰酒服。箭幹同弓弦燒，酒服。弓弩弦煮汁，或燒灰服。鑿柄木灰酒服。破草鞋灰酒服。簸箕淋水服。車脂吞二豆許。夫裩帶燒五寸，酒服。鍾馗左脚燒末，水服。○並主産難及胞衣不下。蛇蜕橫生逆産，胎衣不下，炒焦酒服，泡湯浴産門。○同蟬蜕、頭髮，燒研，酒服。鹿糞經日不産，乾濕各三錢，爲末，薑湯下。豬膏化酒，多飲。五靈脂半生半炒，酒服。牛膝酒煎。地黄汁，和酢服。洗兒湯飲。井底泥水服。竈突後黑土酒服。○並下胎衣。金箔七片，磨湯服。

滑胎：　榆白皮末。牽牛子末服，並臨月服之，滑胎易産。冬葵子末服。○同牛膝煎服。○根同。葵花橫生倒産，酒服。黄葵子湯服。車前子酒服。或同菟絲子。蜀黍根酒服。赤小豆吞之，或煮服。○生研水服，治産後月閉。馬檳榔細嚼數枚，井水下。當歸同芎末，大豆、童尿、流水服。慈姑汁，服一升。瞿麥煮汁。酸漿子吞。木通　通草　澤瀉　預知子　水松　馬齒莧　黄楊葉　海帶　麥蘖　滑石　漿水並主産難，橫生逆生，胎衣不下。蜂蜜橫生難産，同麻油各半盌服，立下。蒲黄日月未足欲産及胞衣不下，並水服二錢。○同地龍、橘皮末服，甚妙。

外治：　蓖麻仁擣，貼足心。本婦鞋炙，熨腹下。蟻蛭土炒，搨心下。牛屎熱塗腹上。○並主産難，下生胎、死胎、胞衣。食鹽塗兒足，并母腹。釜下墨畫兒足。○並主逆生。磨刀水盤腸産，摩腸上，内服慈石湯。赤馬皮臨産坐之。馬銜　郎君子　飛生　石燕並臨時把之。厠籌燒煙，催生。女中衣覆井上，下胎衣。乳髮胎衣不下，撩母口中。市門土八月帶之，臨産酒服一錢，易産。海馬　文鰩魚　獺皮　生龜並臨月佩之。

胎死：　當歸同芎末、童尿、流水煎服。丹參末。黄葵子末。瞿麥煎。益母草汁。貝母末，酒服。鬼臼煎酒。紅花煎酒。大麥蘖煎水。麥麴煎水磨胎。紫金藤苦瓠灰。雀麥煎水。大豆煎醋。胡麻油和蜜。肉桂童尿、酒服末。榆白皮末。皂莢刺灰酒服。木莓根皮破血。炊蔽灰水服。松煙墨水服。蓖麻子四枚，同巴豆三枚，入麝香，貼臍。伏龍肝酒服，仍貼臍下。水銀吞二兩，即下。胡粉水服。硇砂同當歸酒服。丹砂水煮過，研末酒服。斑蝥一個，燒末，水服。蟹爪同甘草、阿膠，煎服。夜明砂灰酒服。烏鷄煮汁服，仍摩臍下。鷄卵黄和薑汁服。雌鷄屎三七枚，煎水煮米粥食。鹿角屑葱湯服。羊血熱飲。人尿煎服。○並下死胎及胎衣。

墮生胎：附子墮胎，爲百藥長。天雄　烏喙　側子　半夏　天南星　玄胡索　補骨脂　莽草　商陸　瞿麥　牛膝　羊躑躅　土瓜根　薏苡根　茜根　蒺藜　紅花　茅根　鬼箭羽　牡丹皮　大麥蘖　麥麴　蔄茹　大戟　薇銜　黑牽牛　三稜　野葛　藜蘆　乾薑　桂心　皂莢　乾漆　槐實　巴豆　欓根　衣魚　螻蛄　虻蟲　水蛭　䗪蟲　蠐螬　蚱蟬　斑蝥　芫青　地膽　蜈蚣　蛇蛻　石蠶　馬刀　飛生　亭長　蜥蜴　蟹爪同桂心、瞿麥、牛膝爲末，煎酒服。鷄卵白三家卵，三家鹽，三家水，和服。麝香同桂心。石蟹　硇砂　水銀　胡粉　琉璃缾研末，黄酒服。雄黄　雌黄　朴消　代赭　牛黄　茶湯入沙餹少許，露一夜，胎至三月亦下也。安息香下鬼胎。芫花根下鬼胎癥塊，研末一錢，桃仁湯下。內産戶，下胎。土牛膝根染麝香，內産戶，下胎。苦實把豆兒同上。

産後

補虛活血：人參血運，同紫蘇、童尿，煎酒服。○不語，同石菖蒲，煎服。○發喘，蘇木湯服末二錢。○秘塞，同麻仁、枳殼，丸服。○諸虛，同當歸、豬腎煮食。當歸血痛，同乾薑末服。○自汗，同黄芪、白芍藥，煎服。蒲黄血運、血癥、血煩、血痛、胞衣不下，並水服二錢。或煎服。蘇木血運、血脹、血噤及氣喘欲死，並煎服。黄芪産後一切病。杜仲諸病，棗肉丸服。澤蘭産後百病。○根，作菜食。益母草熬膏，主胎前産後諸病。茺蔚子同上。地黄釀酒，治産後百病。酒服，下惡血。桃仁煮酒。薤白　何首烏並主産後諸疾。麻子仁浸酒，去瘀血，産後餘疾。玄參　蜀椒　蚺蛇膏　鯉　淡菜　阿膠並主産乳餘疾。童尿和酒，通治産後惡血諸疾。羊肉利産婦字乳餘疾。○腹痛虛弱，腹痛厥逆，同歸、芍、甘草，水煎服。羊脂上症，同地黄、薑汁，煎食。黄雌鷄産後宜食。或同百合、粳米，煮食。黑雌鷄同上。狗頭産後血奔入四肢，煮食。繁縷破血，産婦宜食之，或酒炒，或絞汁，或醋糊丸服。馬齒莧破血，止産後虛汗及血痢。芸薹子行滯血，治産後一切心腹痛。

血運：紅花煮酒服，下惡血、胎衣。茜根煎水。紅麴擂酒。神麴炒研，湯服。虎杖煎水。夏枯草汁。松煙墨磨醋。白紙灰酒服。鰾膠燒末，童尿、酒服。鷄子生吞一枚。産婦血一棗大，和醋服之。接骨木血運煩熱，心下硬，煎服。紅藥子血運腹脹厥逆，同紅花煎服。百合血運狂言。香附子血運狂言，生研，薑、棗煎服。漆器燒煙熏。米醋煅炭淬熏。○韭菜沃熏。

血氣痛：丹參破宿血，生新血。敗芒箔止好血，去惡血，煮酒服。三七酒服。芎藭　三稜　莪茂　甘蕉根　玄胡索酒服。鷄冠花煎酒。大黄醋丸。虎杖水煎。鏨菜　蒴藋水煎。紅藍花酒煎。赤小豆　羊蹄實　敗醬　牛膝　紅麴擂酒。槐耳酒服。薑黄同桂，酒服。鬱金燒研，醋服。蓮薏生研，飲服。生薑水煎。三歲陳棗核燒。山查水煎。秦椒　桂心酒服。天竺桂　梫木水煎。質汗　芫花同當歸末服。櫚木水煎。菴蔄苗或子，童尿、酒煎。劉寄奴煎或末。天仙藤炒研，童尿、酒服。沒藥同血竭、童尿、酒。慈姑汁，服一升，主血悶攻心欲死。荷葉炒香，童尿服。枳實同酒炒芍藥，煎服。石刺木煎汁。紫荆皮醋糊丸服。鬼箭羽同當歸、紅花煎。○或同四物湯。琥珀入丸、散。茱萸根白皮　升麻煎酒。麻黄煎酒。布包鹽煅服。釜下墨酒服。伏龍肝酒服立下。戶限下土酒服。自然銅煅，淬醋飲之。鐵斧燒，淬酒飲。鐵秤錘同上。石琅玕磨水。烏金石燒赤淬酒，同煅過寒水石，末服。薑石同代赭石丸服。蟹爪酒、醋煎服。○血不下，煮蟹食之。鷄子白醋吞一枚。羊血血悶欲絶，熱飲一升。鹿角燒末，豉汁服。羚羊角燒末，酒服。海馬　白殭蠶　五靈脂　伏翼　龍胎　兔頭炙熱，摩腹痛。乾漆産後青腫疼痛及血氣水疾，同麥芽煅研，酒服。

下血過多：貫衆心腹痛，醋炙，研末服。艾葉血不止，同老薑煎服，立止。○感寒腹痛，焙熨臍上。紫菀水服。石菖蒲煎酒。槲木皮煎水。椿白皮　桑白皮炙，煎水。百草霜同白芷末服。烏氈皮酒服，並止血。鱓魚宜食。淩霄花並主産後惡漏淋瀝。旋覆花同葱煎服。紫背金盤酒服。小薊同益母草煎服。代赭石地黄汁和服。松煙墨煅研酒服。○並主墮胎下血不止。

風痙：荆芥産後中風，痙直口噤，寒熱不識人，水煎入童尿、酒服。或加當歸。白朮同澤瀉煮服。羌活研末，水煎。黑大豆炒焦沖酒。穭豆同上。鷄屎炒焦沖酒。白鮮皮餘痛，中風，水煎服。竹瀝　地榆並主産乳痙疾。鷄蘇産後中風，惡血不止，煎服。井泉石産後搦搐。鹿肉産後風虛邪僻。

寒熱：柴胡　白馬通灰水服。羖羊角灰酒服。○並主産後寒熱悶脹。苦參主産後煩熱。甘竹根煩熱，煮汁。松花壯熱，同芎、歸、蒲黄、紅花、石膏，煎服。知母　豬腎煮食。狗腎煮食。○並主産後蓐勞寒熱。

血渴：　黃芩產後血渴，同麥門冬煎服。　紫葛煩渴，煎呷。　芋根產婦宜食之，破血。飲汁，止渴。

欬逆：　石蓮子產後欬逆，嘔吐心忡，同黃芩末，水煎服。　壁錢窠產後欬逆，三五日欲死，煎汁呷之。

下乳汁：　母豬蹄同通草煮食，飲汁。　牛鼻作羹食，不過三日，乳大下。　羊肉作臛食。　鹿肉作臛食。　鼠肉作羹臛食。　死鼠燒末，酒服。　鯉魚燒服二錢。　鱗灰亦可。　鮑魚汁同麻仁、葱豉，煮羹食。　蝦汁煮汁或羹。　胡麻炒研，入鹽食。　麻子仁煮汁。　赤小豆煮汁。　豌豆煮汁。　絲瓜燒存性，研，酒服取汗。　萵苣煎汁服。○子，研，酒服。　白苣同上。　木饅頭同豬蹄煮食。　通草同上。　貝母同知母、牡蠣粉，以豬蹄湯日服。　土瓜根研末，酒服，日二。　栝樓根燒研酒服，或酒、水煎服。　栝樓子炒研，酒服二錢。　胡荽煮汁或酒。　繁縷　澤瀉　細辛　殷孽並下乳汁。　石鍾乳粉漏蘆湯調服一錢，乳下止。　石膏煮汁服。　王不留行通血脉，下乳汁之神品也。　穿山甲炮研，酒服二錢，名湧泉散。　蜜蜂子炒治食。　漏蘆　飛廉　京三稜並煎水洗乳。

回乳：　神麴產後無子飲乳，欲回轉者，炒研，酒服二錢，此李瀕湖自製神方也。　大麥蘖炒研，白湯服二錢。　繳脚布勒乳一夜，即回。

斷產：　零陵香酒服二錢，盡一兩，絕孕。　薇銜食之令人絕孕。　鳳仙子產後吞之，即不受胎。　玉簪花根產後同鳳仙子、紫葳、丹砂作丸服，不復孕。　馬檳榔經水後常嚼二枚，井水下，久則子宮冷不孕也。　白麪每經行後，以一升浸酒，三日服盡。　印紙灰產後以水服二錢，令人斷產。　水銀　黑鉛並冷子宮。　牛膝　麝香　淩霄花

陰病

陰寒：　吳茱萸同椒。　丁香　蛇牀子並塞。　硫黃煎洗。

陰吹：　亂髮婦人胃氣下泄，陰吹甚喧，宜豬膏煎亂髮化服，病從小便出。

陰腫痛：　白斂　白堊土並主女陰腫痛。　肉蓯蓉　牛膝煮酒服。　蛇牀子洗。　卷柏洗。　枸杞根洗。　訶黎勒和蠟燒熏。　枳實炒熨。　炒鹽熨。○並主女人陰痛。　黃芪主婦人子臟風邪氣。　防風得當歸、芍藥、陽起石，主婦人子臟風。　黃連　菊苗　羌活　白芷　藁本　葦茇　白鮮皮　地錦　乾漆　槐實　陽起石並主女人疝瘕痛。　蜀羊泉女人陰中內傷，皮間積實。　澤蘭洗。　大豆和飯杵，納。　桃仁燒傅。○並主產後陰腫。　青布灰同髮灰服。　五倍子末傅。○並主交接後血出不止。

陰痒、陰蝕：　蛇牀子　小薊　狼牙　瞿麥　荆芥同牙皂、墻頭腐草，煎洗。　五加皮　槐白皮　槐耳　桑耳　蕪荑　胡麻　枸杞根　椿白皮同落雁木煎湯。　城東腐木　豬膽並煎湯熏洗。　鯉魚骨　桃仁並燒烟熏。　桃葉杵。　杏仁燒研。　羊蹄根末，和鯉魚腦。　鰻鱺　雄鷄肝　豬肝　羊肝　狗陰莖　狐陰莖並擣內陰中，主陰痒、陰蝕有蟲。　石膽　黑石脂　孔公孽　土殷孽　白礬　硫黃　龜甲燒。　鯽膽骨灰同。　鯉骨灰。　鷄子同光粉炒。　烏鰂骨並主女人陰痒、陰蝕、陰瘡。　箭笴　針線袋並主產後腸痒，密安席下。

陰脫：　土瓜根婦人陰癩，同桂枝、芍藥、䗪蟲爲末，酒服。　慈石子宮不收，名瘣疾，煅，酒淬丸服。　穿山甲婦人陰癩，硬如卵狀，炙研酒服。　升麻　柴胡並升提。　羌活煎酒服。　枯礬陰脫作痒，酒服，日三。　車脂煮酒。　景天酒服。　鼈頭灰水服。　人屎炒赤，酒服，日三。　狐陰莖並主產後子腸脫下。　蓖麻子貼頂心及臍。　蠍吹鼻。　半夏生產，子腸先下，產後不收，以末嗇鼻則上。　白及同烏頭末，納之。　鐵爐中紫塵同羊脂熨納之。　茄根灰納之。　鐵胤粉同龍腦少許，研水刷之。　羊脂頻塗。　鯽魚頭燒傅。　兔頭燒傅。　五倍子礬湯洗後傅之。　石灰炒，淬水洗。　皂莢根皮、子同楝皮、石蓮子，煎湯熏洗。　蛇牀子　老鴉蒜　老鴉眼睛草　箽竹根並煎水熏洗。　胡麻油煎熱熏洗，皂角末吹鼻。　枳殼煎，浴產後腸出。　鐵精和羊脂炙熨。　五靈脂　白鷄翎　鼠屎並燒烟熏。

產門不合：　石灰炒熱，淬水洗。

產門生合：　鉛作鋌日紝。　石灰銅錢劃開，傅之止血。

脬損：　黃絹女人交接及生產損脬，小便淋瀝不斷，以炭灰淋汁煮爛，入蜜蠟、茅根、馬勃，煎湯日服。○一同白牡丹皮、白及末，水煎日服。

小兒初生諸病沐浴、解毒、便閉、無皮、不啼、不乳、吐乳、目閉、血眼、腎縮、解顱、顖陷、顖腫、項軟、龜背、語遲、行遲、流涎、夜啼、臍腫、臍風。

沐浴：　豬膽　黃連　梅葉同桃李葉。　益母草　虎骨並煎湯浴兒，不生瘡疥諸病。　輕粉浴訖，以少許摩身，不畏風，又解諸毒。

解毒：　甘草汁。　韭汁並灌少許，吐出惡水、惡血，永無諸疾。　豆豉濃煎，餵三五口，胎毒自散。　胡麻生嚼，絹包與咂，其毒自下。　粟米粥日嚼少許，助穀神。　朱砂蜜和豆許。　牛黃蜜和豆許。　黃連灌一匙。○並解胎毒及痘毒。　臍帶初生十三日，以本帶燒灰乳服，可免痘患。

便閉：　胡麻油初生大小便不通，入芒消少許，煎沸，徐灌即通。　甘草同枳殼煎水灌。　葱白尿不通，煎乳灌之。　輕粉先咂胸背手足心并臍七處，以蜜化三分，與服即通。

無皮：　白米粉　車輦土　密陀僧初生無皮，並撲之，三日即生。

不啼：　冷水灌少許，外以葱鞭之。

不乳：水銀吞米粒大，下咽即乳，咽中有物如麻子也。淩霄花百日兒忽不乳，同藍汁、消、黄，丸服。

吐乳：蓬莪茂同緑豆煎乳，調牛黄服。籧篨同牛黄、食鹽少許，煎人乳服。

目閉：甘草月内目閉不開，或腫澀，或出血，名慢肝風，猪膽汁炙，研末灌之。蒼术上症，用二錢，入猪膽汁中，煮熱熏之，嚼汁哺之。芎藭小兒好閉目，或赤腫，腦熱也，同朴消、薄荷末，吹鼻中。熊膽蒸水頻點之，内服四物加天花粉、甘草。

血眼：杏仁嚼乳汁點之。

腎縮：吳茱萸同大蒜、硫黄塗其腹，仍用蛇牀子燒烟熏之。

解顱：防風同白及、柏子仁末，乳和。天南星醋和。漆花　棚榆皮　蟹螯灰同白及末。鼠腦　豬頰車髓　黄狗頭炙研，鷄子白和。驢頭骨及懸蹄灰油和。並日塗。丹雄鷄冠血滴上，以赤芍末粉之。

顖陷：烏鷄骨同地黄末服。烏頭同附子、雄黄末貼。半夏塗足心。

顖腫：黄蘗水和，貼足心。

項軟：附子同南星貼。蓖麻子病後天柱骨倒，同木鼈子仁貼之。

龜背：紅内消龜尿調塗，久久自愈。

語遲：百舌鳥炙食。伯勞踏枝鞭之。

行遲：五加皮同木瓜末服。木占斯

流涎：半夏同皂莢子仁，薑汁丸服。牛噍草服。鹿角末，米飲服。白羊屎頻納口中。東行牛涎塗。桑白皮汁塗。天南星水調貼足。

夜啼：内治　當歸胎寒好啼，日夜不止，焙研，乳和灌。前胡蜜丸服。劉寄奴同地龍爲末服。伏龍肝丹砂、麝香丸服。燈花抹乳頭吮。胡粉水服三豆。硫黄同黄丹煅，埋過，丸服。白花蛇睛研，竹瀝灌。虎睛研，竹瀝灌。牛黄乳汁化豆許灌。狼屎中骨燒灰，水服。或加犲皮灰。縛猪繩灰水服。巴豆時珍曰：小兒夜啼，多是停乳腹痛，余每以蠟匱巴豆藥一二丸服之，屢效。

外治：牽牛子　五倍子　牛蹄甲　馬蹄　馬骨並貼臍。狗毛絳袋盛，繫兒臂。鷄屎浴兒，並服少許。豬窠草　鷄窠草　井口邊草　白雄鷄翎　牛屎並密安席下。土撥鼠頭骨　燒尸場土並安枕旁。仙人杖安身畔。樹孔中草著戶中。古櫬板點燈照之。

臍腫：荆芥煎湯洗後，煨葱貼之，即消。桂心炙熨。東壁土　伏龍肝　白石脂　枯礬　車脂　龍骨　海螵蛸　豬頰車髓同杏仁擣。臍帶灰同當歸、麝。油髮灰　當歸　甑帶灰　緋帛灰　錦灰　綿灰並傅臍濕或腫。

臍風：獨蒜安臍上，灸至口出蒜氣，仍以汁嗃鼻。鹽豉貼臍灸之。東貓同諸藥貼灸。鯽魚先以艾灸人中、承漿，燒研酒服。全蠍酒炙研，入麝服。白殭蠶二枚，炒研，蜜服。守宫以丹砂養赤，爲末，薄荷湯服。猴屎燒研蜜服。牛黄竹瀝化服。白牛屎塗口中。鷄屎白口噤，面赤屬心，白屬肺，酒研，或水煮汁服。豬脂百日内噤風，口中有物如蝸牛、白蟲也，擦之令消。驢毛入麝炒焦，乳汁和服。烏驢乳　豬乳　牛涎　牛齝草汁　大豆黄卷汁並灌之。釣藤同甘草煎服。夜合花枝煮汁，拭小兒撮口。葛蔓燒灰點咽。天漿子同殭蠶、輕粉灌之。〇同蜈蚣燒服。甘草濃煎。蛇莓汁並灌之，吐痰涎。

驚癇有陰陽二證。

陽證：黄連平肝膽心風熱。羌活　龍膽草　青黛　金銀薄　鐵粉　剪刀股　馬銜　鐵精　銅鏡鼻　雄黄　代赭石　鼈甲　鮫鯉甲　全蠍　守宫　龍骨齒、腦、角同。真珠　牡蠣粉　蛇蜕　白花蛇　烏蛇　伏翼　五靈脂　牛膽　牛黄竹瀝化服。駝黄　野豬黄　熊膽　鮓答　羚羊角　狐肝、膽　蛇黄並平肝風，定驚癇。甘草泄心火，補元氣。煎汁吐撮口風痰。釣藤同甘草煎服，主小兒寒熱，十二驚癇，胎風。丹砂色赤入心，安神除熱。月内驚風欲死，塗五心。〇驚熱多啼，同牛黄服。〇客忤卒死，同蜜服。〇驚忤不語，血入心竅，猪心血丸服。〇急驚搐搦，同天南星、全蠍末服。盧會　龍腦引經。石菖蒲　柏子仁　茯神　茯苓　牡丹皮　琥珀　荆瀝　淡竹瀝　淡竹葉　竹茹　木通　天竹黄　鉛霜　黄丹　紫石英　菩薩石　玳瑁　象牙　犀角磨汁服。天漿子研汁服。〇同全蠍、丹砂丸。田螺並主心經痰熱驚癇。臘雪止兒熱啼。油髮灰乳服，止兒驚啼。髮髲合鷄子黄煎，消爲水服。主小兒驚熱百病。月經驚癇發熱，和青黛水服二錢，入口即定。黄芩肺虚驚啼，同人參末服。桔梗　薄荷　荆芥　防風　藁本　紫(苑)〔菀〕　款冬花並主驚癇，上焦風熱。桑根白皮汁。細辛　驢乳　驢毛　牛鼻津　白狗屎　馬屎中粟並主客忤驚熱。慈石煉汁。地黄　玄石並主養腎定驚。乳香同沒藥服。阿魏同炮蒜丸服，並主盤腸痛驚。半夏　天南星　枳殼　杏仁　神麴　殭蠶　青礞石　金牙石　白礬　石緑　石油　水銀　粉霜　輕粉　銀朱　雷墨並主驚癇，風痰熱痰。薇銜　女萎　女菀　莽草　蕪荑　白鮮皮　蜀羊泉　鯉魚脂　蜂房　鸛屎　鴨血　鷄子　雄鷄血　鷄冠血　鷄屎白　豬心　豬卵　猬皮灰。虎睛魄、鼻、爪並同。猴頭骨　狗屎屎中骨同。六畜毛蹄甲　牛拳木煎服。車脂納口中。胡燕窠土並主驚癇。蜥蜴同蜈蚣、螳螂嗃鼻，定搐。藍葉同凝水石傅頭上。厠籌燒貼顖，治驚癇。白玉同寒水石塗足心。止驚啼。老鴉蒜同車前（子末，水調貼）手足心，主急驚。牡鼠煎油，摩驚癇。黄土熨驚風遍身烏色。燈火焠。李葉　榆葉　馬絆繩並煎水浴。安息香燒之，辟驚。鵝毛　雁毛並主小兒辟驚癇。

陰證：　黄芪　人參同黄芪、甘草，治小兒胃虚而成慢驚，乃泄火補金、益土平木之神品。天麻定風神藥。天南星慢驚，同天麻、麝香服，或丸服，墜痰。〇暑毒入心，昏迷搐搦，同白附子、半夏生研，猪膽丸服。附子慢驚，同全蝎煎服。〇尖，吐風痰。吹鼻，治臍風。烏頭同上。蜀椒同牡蠣煎醋服。胡椒慢脾風，同丁香、羊屎末服。蚤休驚癇，搖頭弄舌，熱在腹中，慢驚帶陽症，同栝樓根末服。烏藥磨湯服。開元錢慢脾驚風，利痰奇妙，以一個燒出珠子，研末，木香湯下。騏驎竭同乳香丸服。麻黄吐泄後慢驚脾風，同白朮、全蝎、薄荷末服。桂心平肝。焰消　硫黄金液丹。升麻　遠志　蛇牀子　縮砂　曼陀羅花並主慢驚陰癇。羊肉頭、蹄、頭骨並同。羊乳　鹿茸　馬陰莖及鬐毛並主陰癇。獨頭蒜灸臍及汁嗇鼻。芸薹子同川烏末，塗頂。

諸疳虚熱有蟲。

黄連猪肚蒸丸，治疳殺蟲。〇小兒食土，以汁拌土晒，與之。胡黄連主骨蒸疳痢。〇潮熱，同柴胡服。〇疳熱肚脹，同五靈脂丸服。〇肥熱疳，同黄連、朱砂安猪膽内煮熟，入盧會、麝香丸服。青黛水服，主疳熱疳痢，殺蟲。使君子主五疳虚熱，殺蟲健脾胃，治小兒百病。盧會上症，同使君子丸服。大黄熬膏丸服，主無辜閃癖瘰癧。黑牽牛疳氣浮腫，同白牽牛半生半炒、陳皮、青皮等分，丸服。橘皮疳瘦，同黄連、麝香、猪膽丸服。楝實五疳，同川芎、猪膽丸服。輕粉喫泥肚大，沙糖丸服。緑礬疳氣，火煆醋淬，棗肉丸服。蠶蛹煮食，治疳氣，退熱殺蟲。白殭蠶久疳，天柱骨倒，炒研，薄荷湯每服半錢。糞蛆主一切疳，研末，麝香湯服。或入甘草末，或燒灰拌食物。蝦蟆生蛆尤妙。蜘蛛燒啖，主大腹疳。夜明砂一切疳病，研末，猪肉汁服，取下胎毒。〇無辜疳，末拌飯食之。〇魃病，絳袋佩之。五靈脂五疳潮熱有蟲，同胡黄連、猪膽丸服。野猪黄水研日服。膽同。牡鼠炙食，主寒熱諸疳。作羹，甚瘦人。哺露大腹，炙食之。鼠屎疳病大腹，同葱、豉煎服。柴胡　前胡　甜瓜葉　阿勃勒並主疳熱。萹蓄魃病。漏蘆煮猪肝食。苦耽　離鬲草　白礬並主無辜疳疾。益母草煮粥。樗根皮丸服。胡粉同鷄子蒸，或炒。鷄子入輕粉、巴豆蒸食。大棗　狼把草　鼈血　鰻鱺　狸頭骨貓骨同。豺皮　兔屎　獾肉　鶉並主疳痢。葛勒蔓疳痢，吹肛。鵜鶘觜久痢成疳，燒末水服。薔薇根　蕪荑　羊蹄根　虎膽　熊膽　猪膽並殺疳蟲。蚺蛇膽灌鼻，治腦疳。灌肛，治疳痢。鯽魚膽灌鼻，治腦疳。白棘針研末，同瓜丁，嗇鼻，主諸疳。菖蒲　冬瓜　柳枝及白皮　郁李根　楮葉並煎湯浴兒。伯勞　白馬眼並小兒魃病佩之。

痘瘡

預解：　黄連　臍帶並見初生下。葵根煮食。黑大豆同緑豆、赤小豆，甘草煮食飲汁。胡麻油煎濃食，外同葱涎摻周身。朱砂蜜調服。白水牛蝨焙研，作麪餅食。生玳瑁同生犀磨汁，日服。兔肉臘月作醬食。兔血同朱砂或雄黄作丸服。白鴿除夕食之，以毛煎水浴兒。〇卵，入厠中半日，取白和丹砂丸服，毒從二便出。鷄卵入蚯蚓蒸熟，立春日食。〇童尿或厠坑中浸七日，洗淨煮食。鶴卵煮食。鸛卵煮食。絲瓜蔓　壺盧鬚　兔頭　鱧魚並除夕煎湯浴兒，令出痘多者少，少者無。

内托：　升麻解毒，散痘疹前熱。柴胡退痘後熱。牛蒡子痘出不快，便閉，咽不利，同荆芥、甘草煎服。貫衆同升麻、芍藥煎。老絲瓜燒研，沙糖水服。山查水煎。〇乾陷，酒煎。荔枝浸酒。〇殼，煎湯。葡萄擂酒服。橄欖研。胡桃燒研，胡荽酒服。胡荽浸酒服。泰和老鷄五味煮食。竹筍湯。鰕湯　魚湯　生蜆水並主痘出不快。黄芪主氣虚色白不起。人參同上。甘草初出乾淡不長，色白不行漿，不光澤，既痂而胃弱不食，痘後生癰腫，或潰後不收，皆元氣不足也，並宜參、芪、甘草三味主之，以固營衛，生氣血。或加糯米助肺，芎藭行氣，芍藥止痛，肉桂引血化膿。芎藭　芍藥　肉桂　糯米　肉荳蔻止瀉。丁香灰白不起，脾胃虚弱。麻黄風寒倒陷，蜜炒酒服。豬心血痘瘡倒黶，同片腦酒服。引入心經，同乳香丸服。豬齒　貓頭　貓牙同人、豬、犬牙燒灰，水服。貓屎同人、狗、豬屎燒灰，水服。狗屎中粟末服一錢。人牙燒，入麝香酒服。人中白燒研，湯服。天靈盖燒研，酒服三分。或加雄黄。白丁香研末，入麝，酒服。鴞頭燒研，水服。老鴉左翅燒灰，豬血丸服。〇並主陷下。大戟變黑歸腎，研末水服。威靈仙上症，同片腦服。紫草血熱紫赤便閉者宜之。〇同紅花、蟬蛻煎服。紅花和血。燕脂乾紅，同胡桃服。〇點痘疔。〇點目，令瘡不入目。犀角磨汁。玳瑁磨汁。樺皮煮汁。〇並主紫赤乾紅。抱過鷄子殼倒陷便血昏睡，焙研，湯服五分，仍塗胸、背、風池。豬臟便閉，煮食。燈心草煩喘，小便不利，同鼈甲煎服。牛黄紫黑，譫語發狂，同丹砂，蜜服。丹砂人心狂亂，同益元散、片腦，水服。山豆根咽痛不利。白柹痘入目，日食之。真珠痘疔，研末，水服。桃膠痘後發搐，酒化服。象牙痘不收，磨水服。黄明膠瘢痕，水化服。

外治：　沉香同乳香、檀香燒煙，辟惡氣，托痘。稻草　豬爪殼並燒煙，辟惡氣。胡荽煎酒噴兒，并洒牀帳席下。楊柳根風寒出不快，煎湯浴。茱萸口噤，嚼一二粒抹之。茶葉燒熏痘痒。馬齒莧灰。敗茅　黄絹灰。海螵蛸末。黄牛屎灰。蕎麥　大豆　赤小豆　豌豆　緑豆並研傅爛痘及癰。枇杷葉洗爛痘。青羊脂摩痘瘡如疥。薑

石　芒消並塗豆毒。雄黃痘疔，同紫草末，燕脂水塗。蠶繭同白礬煅，傅痘疳。蜂蜜　酥油並潤痘痂欲落不落，且無瘢痕。白殭蠶用雄鷄尾浸酒，和塗豆瘢。蜜陀僧人乳調塗豆瘢。豬肉汁　馬肉汁並洗痘瘢。柳葉暑月生蛆，鋪臥引之。畢澄茄嗜鼻，治痘入目。

小兒驚癇有陰陽二證。

陽證：甘草補元氣，瀉心火。小兒撮口發噤，煎汁灌之，吐去痰涎。黃連平肝膽心火。胡黃連　黃芩小兒驚啼，同人參末服。防風治上焦風邪，四肢攣急。羌活諸風癇痓，去腎間風，搜肝風。白鮮皮小兒驚癇。老鴉蒜主急驚，(同)車前(子末，水調)貼手足。龍膽骨間寒熱，驚癇入心。細辛小兒客忤，(同)桂心納口中。薇銜驚癇吐舌。薄荷去風熱。荆芥一百二十驚，同白礬丸服。牡丹驚癇瘈瘲。藁本癇疾脊厥而強。莽草摩風癇，日數十發。半夏吹鼻。青黛水服。藍葉同凝水石傅頭上。女萎　女菀　紫菀　款冬花驚癇寒熱。蜀羊泉小兒驚。蛇莓孩子口噤，以汁灌之。凌霄花百日兒無故口(青)不乳，同藍葉、消、黃丸服。葛蔓小兒口噤，病在咽中，燒灰點之。釣藤小兒寒熱，十二驚癇瘈瘲，客忤胎風，同甘(草)煎服。石菖蒲客忤驚癇。麴食癇。淡竹筍消痰熱，小兒驚癇天弔。李葉浴驚癇。杏仁　柏子仁小兒軀啼驚癇，溫水服之。乳香同甘遂服。沒藥盤腸氣痛，同乳香服。阿魏盤腸痛，同蒜炮，丸服。安息香燒之，辟驚。盧會鎮心除熱。夜合花枝小兒撮口，煮汁拭洗。榆花浴小兒癇熱。蕪荑驚後失音，同麴蘖、黃連，丸服。龍腦入心經，爲諸藥使。桑根白皮汁治天弔驚癇客忤。枳殼驚風搐搦痰涎，同豆豉末，薄荷汁服。荆瀝心熱驚癇。茯苓　茯神驚癇。琥珀胎驚，同防風、朱砂末服。○胎癇，同朱砂、全蝎末服。淡竹葉　青竹茹　竹瀝驚癇天弔，口噤煩熱。天竹黃驚癇天弔，去諸風熱。車脂止驚啼，納口中。馬絆繩煎洗兒癇。木牛拳煎服，止兒癇。厠籌貼顖，治驚竄。燈火焠驚風。臘雪小兒熱啼。黃土熨驚風，遍身烏色。胡燕窠土小兒驚癇。金箔　銀箔風熱驚癇，鎮心安魂。錫悋脂小兒天弔搐搦，同水銀、牛黃丸服。鉛霜去積熱痰涎，鎮驚，同牛黃、鐵粉服。○驚風喉閉口緊，同蟾酥少許，烏梅蘸擦牙關。黃丹驚癇，鎮心安神。銅鏡鼻客忤驚痛面青，燒焠酒飲。鐵粉驚癇發熱多涎，鎮心抑肝，水服少許，或加丹砂。鐵精風癇。鐵華粉虛癇。剪刀股驚風。馬銜風癇。白玉小兒驚啼，同寒水石塗足心。紫石英補心定驚。○風熱瘈瘲，同寒水石諸藥煎服。菩薩石熱狂驚癇。朱砂色赤入心，心熱非此不除。○月內驚風欲死，磨水塗五心。○驚熱多啼，同牛黃末服。○客忤卒死，蜜服方寸匕。○驚忤不語，血入心竅，豬心血丸服。○急驚搐搦，同天南星、全蝎末服。水銀驚風熱涎潮，同南星、麝香服。粉霜　輕粉並下痰涎驚熱。銀朱內釣驚啼，同乳香、大蒜丸服。雄黃驚癇，同朱砂末服。石油小兒驚風，化和丸散服。慈石養腎止驚，鍊水飲。玄石　代赭小兒驚氣入腹。○急驚搐搦不定，火煅醋淬，金箔湯服一錢。石綠同輕粉，吐急驚。礞石驚風痰涎，煅研服，亦丸服。金牙石　蛇黃　雷墨　鹽豉小兒撮口，貼臍灸之。露蜂房驚癇瘈瘲寒熱，煎汁服。螳螂定驚搐，同蜈蚣、蜥蜴嗜鼻。天漿子急慢驚風，研汁服。○同全蝎、朱砂丸服。○噤風，同蜈蚣燒，丸服。○臍風，同殭蠶、膩粉灌之。白殭蠶驚癇客忤，去風痰。○撮口噤風，爲末蜜服。○燒地，以大蒜泥制服。棗猫臍風。全蝎小兒驚癇風搐，薄荷包炙研服。胎驚天吊，入朱砂、麝香。或丸服。風癇及慢驚，用石榴煅過末服。○慢驚，同白朮、麻黃末服。○臍風，同麝服。玳瑁清熱，止急驚客忤。鼈甲小兒驚癇，炙研乳服。真珠小兒驚熱。田螺殼驚風有痰。牡蠣安神去煩，小兒驚癇。龍骨小兒熱氣驚癇，安神定魂魄。龍齒小兒五驚十二癇，身熱不可近。龍角驚癇瘛瘲，身熱如火。鯪鯉甲肝驚。守宮風痓驚癇。○心虛驚癇。蛇蛻小兒百二十種驚癇瘈瘲，弄舌搖頭。白花蛇小兒風熱，急慢驚風搐搦。烏蛇　鯉魚脂小兒驚忤諸癇。鸛屎天吊驚風發不止，炒研，入麝香、牛黃、蝎，末服。鵝毛小兒衣之，辟驚癇。雁毛同上。鴨肉小兒熱驚。鷄冠血小兒卒驚客忤搐吊。白雄鷄血驚風不醒，抹唇、口、腦。亦治驚癇。鷄子止驚。伏翼小兒驚，釀朱砂燒研服。○慢驚，炙焦，同人中白、蝎、麝，丸服。五靈脂小兒驚風五癇。鷄屎白小兒驚忤驚喑，燒灰，水服。豬心血心熱驚癇，調朱砂末服，引入心。豬心、肝、腎並主驚癇。豚卵　豬乳、齒、屎並主驚癇。白狗屎小兒驚癇客忤，燒服。狗屎中骨寒熱驚癇。牛膽治驚風有奇功。鼻津客忤，灌之。馬屎燒末煮酒，浴兒卒忤。尾燒烟熏客忤。屎中粟燒，治小兒客忤。馬絆繩煎浴小兒癇。驢乳小兒癇疾，客忤天吊，風痰咳，服之。驢毛煎飲，治客忤。牛黃驚癇寒熱，竹瀝調服，或蜜調，或入朱砂。駝黃風熱驚疾。六畜毛、蹄甲客熱驚癇。鮓答　虎睛　虎魄　虎鼻、爪　象牙　犀角濃磨汁服。牛黃及角　野豬黃及脂　熊膽驚癇瘈瘲，竹瀝化服。羚羊角平肝定風。麝香驚癇客忤驚啼，通諸竅，開經絡，透肌骨，辟邪氣。狐肝、膽驚癇寒熱搐搦。牡鼠煎油，摩驚癇。猬皮驚啼，燒服。猴頭骨及手驚癇寒熱口噤。髮髲合鷄子黃煎，消爲水服，主小兒驚熱百病。油髮灰乳服，止小兒驚啼。月經血小兒驚癇發熱，和青黛水服二錢，入口即瘥。

陰證：黃芪補脉瀉心。人參同黃芪、甘草，治小兒胃虛而成慢驚，爲瀉火補金、益土平木之神劑。桔梗主小兒驚癇。

明・葉雲龍《士林餘業醫學全書》卷一《本草分類》　風門要藥【略】　獨活：性微溫，味辛、甘、苦。升也，陰中陽。腎經藥。主一切新久風邪，足痺尤驗。治風宜用獨活。 羌活：性微溫，味苦、甘。升也，陰中陽。膀胱、腎、肝、小腸表裏引經之藥。散時疫、新舊風濕兼水，宜用羌活。 防風：性溫，味甘、辛。升也，陰中陽。脾、胃、膀胱、小腸經藥。主在表風邪之仙藥，通關脉。 荊芥：性凉，味辛。升也，陽也。清頭目，婦人血風血暈要藥。 薄荷：性凉，味辛。升也，陽也。入肺、胞絡。主在上及皮膚風熱，小兒風涎，骨蒸用。 升麻：性微寒，味甘、苦。升也，陽也。胃、大腸引經藥。清風熱腫毒，善鮮肌肉百熱。 白芷：性溫，味辛。升也，陽也。大腸本藥，又入胃、肺。鮮利風寒劑也。 細辛：性溫，味辛。升也，陽中陰。是能溫腎，散水寒內冷，又為心經引用。最能溫中下氣，破痰，利水道。獨活為使。 麻黃：性溫，味甘、苦。升也，陽也。入心、肺，又入膀胱、大腸經。瀉衛實，去榮中之寒藥。 藁本：性微溫，味辛。升也，太陽經藥。治大寒犯腦，巔痛引齒，能引諸藥上至頂門，通婦經脉。 紫蘇：性溫，味辛。發散風寒在表之藥。子能定喘息。 秦艽：性微溫，味苦、辛。陰中陽，大腸藥。主風寒濕痺疼痛，又能養血舒筋。 天麻：性溫，味辛，平。降也，陽也。大〔人〕小兒諸風麻痺要藥，最利關竅，四肢拘經。諸虛眩暈要藥。 蔓荊子：性凉，味辛。降也，陽也。治頭面咽喉風熱腫痛。 以上行氣開表之藥，宜與寒門通用。蓋治寒多陽藥，寒從汗散也。 天南星：性寒，味苦、辛，有毒。可升降，陰中陽。最利風痰。欲下行，黃栢引之。 白附子：性平，味甘、辛。面風遊走，冷氣心痛，血痺不仁，善行藥勢。 皂莢：性溫，味辛，小毒。入厥陰經。〔主〕諸中〔風〕，通關格不利，極利風痰。 （姜）〔殭〕蠶：性微溫，味辛、鹹。升也，陽也。主散風痰，兒驚夜啼，撮噤。 蟬退：性甘、鹹。主風邪頭目眩及皮膚痒。 全蝎：生辛，味甘、辛，有毒。去風涎卒中喎僻及小兒驚風。 牛膝：性平，味苦、酸。沉也，陰也。主寒濕痿痺，引下，活血生血之劑，潤燥之藥，又入燥門用。 巴戟：性溫，味辛、甘。陽虚最宜，兼治水腫。 甘菊：性微寒，味苦、甘。可升降，陰中陽。主頭眩目淚，降風火之藥。 五加皮：性溫，味辛。主風痺，四肢攣急，腰脊疼痛，能堅筋骨。 桑寄生：性平，味甘、苦。益血安胎，止腰疼。 天竺黃：凉心，去熱下痰，小兒最宜，和緩故也。 以上袪風化痰，清熱潤燥之藥。

熱門要藥【略】 黃芩：性寒，味苦。可升降，陰也。入肺。枯者瀉肺火，肺苦氣上逆。消膈上痰熱及胃中濕熱、黃疸，除時行在表寒熱，一切上膈實熱、痰熱，假此降散。實芩瀉大腸火，逐水消穀，除膿痢腹痛後重，養陰退陽，又去膀胱熱，能安胎，由其能降上中下三焦火，下行故也。得厚朴止腹痛，得川芎調平心血不妄行。 （枝）〔梔〕子：性大寒，味苦。沉也，陰也。入肺。瀉肺火，又除胃濕熱發黃，療心上懊憹不眠，治臍下血滯難便。 屈曲下行，降火開鬱。又曰：凉心腎，乃上中下美劑。上行酒炒，下行童便炒。 凡津血耗散，內生虚熱，非此不去。 前胡：性寒，味苦。主傷寒時行內外熱半表裏，下氣消痰。半夏為之使。 玄參：性寒，味苦、鹹。樞機之劑，管領諸氣，瀉三焦火，腎傷必用。 桔梗：性平，味苦、辛。升也，陰中陽。入肺。凡氣血藥宜用，載諸藥上行，又不致下沉，最能開散氣血，而痰亦踈通。凡上部，必用以利膈。 桑皮：性寒，味甘。入肺。瀉肺客熱，痰中見紅。又去肺中邪水，消浮滿。 以上上焦熱藥。 青黛：性寒，味甘、鹹。能收五臟鬱火，又瀉肝火，消食積，鮮諸藥毒。小兒疳痢不可少。 黃連：性寒，味苦。沉也，陰也。入心。瀉心實，瀉脾胃鬱熱，中焦痞滿，惡心，嘈雜吞酸，驚悸健忘，痛心熱嘔，熱瀉熱痢，一切濕熱，形瘦氣急及時行熱毒，暑毒瘡毒，俱薑汁略炒。上行頭目口舌，用酒炒。陰虚下血及傷寒下早，切忌。薑汁炒者辛散沖熱有功，火分病黃連為主，雖有君相邪火龍火之論，其實一氣。 胡連：性平，味苦。主內傷骨蒸，五心煩熱及小兒久痢成疳，驚癇寒熱。外黃內黑，折塵出者真。大小便如血宜用。 連翹：性寒，味苦，平。升也，陽也。手足陽明、少陰經藥，又入少陰心。散心經火鬱客熱，降脾胃濕熱，專能排膿消腫，諸瘡要藥。與防風為上使，黃連為中使，地榆為下使。最能散火鮮毒，為其腫毒皆心火凝滯而成故也。 葛根：性寒，味甘，平。可升降，陽中陰。胃經藥。善鮮肌發汗，凡頭疼，目痛，鼻乾，身前熱煩悶，皆用。兼鮮酒毒，溫瘧，消渴等症。 石斛：性平，味甘。內虚，脚膝冷痺軟痛，宜用。補脾清肺之劑。 石（羔）〔膏〕：性大寒，味辛、甘。沉也，陰也。瀉胃火，痰火食積，或不食，或善食，口乾舌焦，齒咽腫。又能清肺潤肺，制火，除三焦火熱，陽明症日晡潮渴，頭疼等症。 香薷：性微溫，味辛。最清肺氣，除煩鮮熱，使火不爍金，又下利小便，消水腫，寬腸下氣，霍亂轉筋腹痛要藥。水脹不除，用此則除，有徹上徹下之功。 茵陳：性寒，味苦、辛。陰中微陽。入膀胱。主濕熱發黃，便澁，此為君藥。化痰利膈，行滯消結。

滑石：性寒，味甘。沉重而降，陰也。入胃。燥脾濕，降胃火，泄上氣令下行，消煩渴，通癃閉。大黃：性大寒，味苦。陰中陰，降也。入陽明。主除痰實，下瘀血，破癥瘕積聚，宿食厚味，一切積熱。上走酒製。芒硝：性大寒，味辛、鹹。潤燥軟堅，除積聚，久熱，停痰宿瘀，推陳致新之劑。風化硝即牙硝，主一切痰火。玄明粉：性寒，味甘、辛。沉也，陰也。去胃中實熱，蕩腸中宿垢。代芒硝用。犀角：性涼，味苦、酸、鹹。主火熱發狂，吐衄及上焦蓄血，發黃，清心鎮肝之劑。此以上中焦熱藥。黃栢：性寒，味苦。沉也，陰也。入腎與胞絡，又為膀胱引經藥。鮮五臟熱疸，痢痔崩瘡，蚘瘻等症。東垣云：瀉下焦隱伏之龍火，安上出虛噦之蚘虫。單製而能補腎不足，生用而能補陰痿厥。凡下體有濕，癱瘓，腫痛及膀胱有火，小腹虛痛者，必用之。蓋腎苦燥，停濕，栢味微辛而能潤燥，性利下而能除濕，故為腎經主藥。《本經》又謂主五臟熱者，蓋相火狂越上沖，腸胃乾涸，五臟皆火。以上諸症，皆火之所為。濕亦火欝而成。用以瀉火，則腎水自固，而無狂越漏泄之患，故曰補腎不足。但兩尺俱旺者宜用。蜜水浸，炙乾。苦參：性寒，味苦。入足少陰。時行大熱，心腹堅結，為末，醋調，探吐。胃弱禁。少入湯藥。屬木而有火氣，降而不升，治大風熱有功。防己：性平，味苦、辛。沉也，陽中陰。入足大腸，又通行十二經。善治風寒濕熱，腰脚腫疼攣急，極通腠理，利九竅。膀胱有熱，二便不利最宜。柴胡：性寒，味苦。升也，陰中陽。入手足少陽經。東垣云：在肌主氣行經，在臟主血調經。凡外感內傷，濕瘧寒熱，胸脇滿疼，諸痰熱咳，腸胃結氣，五臟遊氣，皆在經而未入於臟，宜此行經。和中鮮肌，佐以人參甚宜。陰火多汗禁用。草龍膽：性寒，味苦，澁。沉而降，純陰。入肝、膽。目赤睛疼，時行溫熱，黃疸，下焦濕腫，熱瀉下痢，下血，蟲攻心痛，小兒客忤疳氣。木通：性微寒，味甘，平。降也，陽中陰。瀉小腸火積不散，利小便熱閉不通。惟其瀉火，故治心煩燥閉，止肺熱渴，又散癰破血，通乳。甘平緩陰血故也。車前：性寒，味甘、鹹。通淋利水，止瀉除濕，不走真氣。又去肝中風熱上沖，明目，強陰益精。海石：主欬逆，胸痺腰痛，脇急，墜痰軟堅，止渴燥濕。

地榆：性微寒，味苦。沉也，陽也。主下部積熱之血痢，止下焦不禁之月經。虛寒冷痢禁用。熱痢初起，亦恐早澁。淡竹葉：性寒，味辛、甘。可升降，陽中陰。主除虛煩，清心經，利痰熱，止咳逆，住消渴。川(練)〔楝〕子：性寒，味苦。入心。主濕熱狂燥，腹痛心痛，膀胱連小腸氣痛，川(練)〔楝〕佳。根殺諸蟲。以上下焦熱藥。

濕門要藥【略】人參：性溫，味甘。升也，陽也。補五臟。隨本臟藥為使，升麻引瀉肺脾中火邪，以補上升之氣。茯苓引瀉腎中火邪，以補下焦元氣。與芪同用補表，與朮同用補中，與熟地同茯苓補下元。一切勞傷，肺脾陽氣不足，喘促短氣少氣，肺寒，最宜。蓋脉澁濡行遲，得參通經活血，元氣生矣。表藥痘瘡多用，通經走表故也。乃氣中之血藥，肺熱氣血激行者，禁用。參主胃中(令)〔冷〕痛，又主冷氣逆上，又主冷氣搶心，乃溫氣之藥，陽分藥也。若色傷耗去精血，水不能制火；酒傷扇動陽火，火不為水制者，以致水竭陰燥，始焉火載血而妄行，終焉火爍金而咳嗽，遂成勞嗽咳血之症，此皆壯火為邪火所乘，氣猶未耗，不可用參，反助其陽分之火。入手太陰而能補陰火。參、朮雖補氣，參亦能降氣，朮亦能動氣。參、朮雖氣藥，參又能生血，朮又能利腰間血，逆滿吐血咳嗽等症，皆不可不用人參。惟陰虛血少火熱者禁用。黃芪：性溫，味(計)〔甘〕。升也，陽也。入三焦、脾、肺。溫肉分而實腠理，益元氣而補三焦。內托陰症之瘡瘍，外固表虛之盜汗。上焦虛喘短氣，中焦脾胃虛弱，下焦久瀉腸風、崩帶胎產諸虛，小兒百病，皆宜。乃瀉陰火，退虛熱之聖藥。蒼黑氣盛，乃表邪旺與陰虛，升氣愈虛，慎用。甘草：甘，平。入足三陰。生寒炙溫。生則分身稍而瀉火，炙則健脾胃而和中。鮮百毒，和諸藥。但脾胃氣有餘，如心下痞及腫脹嘔吐，初痢，與行下藥，禁用。白苓：性溫，味甘，淡。降也，陽中陰。入肺、膀、膽經。利竅除濕，消痰潤肺，伐腎邪水，益養心神，調養脾胃。要知虛而上有痰火下有濕熱者，最宜。若勞役陽虛，小便多，汗多，禁用。丹溪云：藥氣重者主氣，味重者主血。茯苓味甘且重，不走真氣，佐以參下行補腎，又能止小便之多。

赤茯苓：淡，平。入心、脾、三焦經。主破結血結氣，瀉小腸火，利小便，分水穀。陰虛切忌。茯神：性平，味甘。陽也。治風眩風虛，心虛驚悸健忘，開心益智，主勞，口乾便澁，心下堅滿急痛，又可以辟不祥。山藥：性溫，味甘。入肺。涼而能補榮衛。凡脾胃中氣不足，久泄夢遺，虛羸，皆效。又止頭風，眼眩睛痛，腰濕，補肝故也。白朮：性溫，味甘。可升降，陽也。入手太陽少陰、足陽明太陰經。健脾胃，除寒濕，驅濕熱及痰痞嘔泄腫脹。上而皮毛，中而心胃，下而腰臍，在氣主氣，在血主血，故補虛藥多用之。兼安胎產。與二陳同用，健胃消食，化痰除濕。與歸、芍、枳、地同用，補脾，清脾家濕熱。再加乾薑，去脾家寒濕。惟傷寒動氣不宜。奔豚，因土尅水。去朮者，恐土旺尅水，腎氣虛不安而愈動，此藥燥腎閉氣斂虛汗，收斂之藥也。故惟內邪盡亾，實是浮陽於外，方可用此以斂之。不然，白朮又能閉氣，且能和胃，胃和氣自歸元，要與故紙同用。　此以上補氣除濕藥。　蒼朮：　性溫，味辛烈，苦。升也，陽也。入脾、胃。主風寒濕痺，死肌痙疸，逐皮間風水結腫，心下滿悶，腹中脹痛窄狹，痰飲痃癖氣塊，瘟疫瘴氣，霍亂吐瀉，頭目昏眩。以黃栢，牛膝引治下焦濕疾；入平胃散去中焦濕，而平胃中有餘之氣；入怱白散肉分至皮表之邪。惟血虛及七情氣悶禁用。　上中下濕疾，皆用。　半夏：　性平，味辛。生寒熟溫，降也，陽也。入脾、胃、膽。性燥勝水，善去脾經濕痰，痰去而脾胃主氣自旺，飲食自進。寒痰風痰亦用。凡傷寒寒熱溫瘧，嘔吐，咳逆上氣，及形寒飲冷傷肺而咳，咽腫，心下堅脹，腸鳴，胸中寒氣痞塞，并痰厥頭疼目眩，皆治。但諸血症及自汗者禁用，燥血耗精故也。若氣症因動火上盛，又用此調其氣，動火伏，渴自止。脾惡濕，濕生痰，而寒又生濕，故半夏之辛燥濕也。　陳皮：　性溫，味辛。可升降，陽中之陰。主胸中痰熱，逆氣客氣，膀胱留熱停水。又和胃健脾，止嘔瀉，導積滯，發表寒。丹溪云：　與朮、半同用，滲濕健脾胃；與甘草同用少用補脾胃，如獨用則瀉脾胃。合蒼、朴去中脘胸膈之邪。入薑、葱、麻黃散表邪。橘核，治腎注腰疼，散腎冷。炒，去殼，為末，酒下。　青皮：　性寒，味苦。沉也，陰也。入肝、膽。又利脾胃，破滯氣，愈低愈效。削堅積，愈下愈良。引諸藥至厥陰之分，下飲食入太陰之倉。脇痛疝氣不可少。氣弱氣短禁。　枳殼：　性微寒，味苦、酸。沉也，陰也。消心下痞塞之痰，泄腹中滯寒之氣。推胃平隔宿之食，削腹內連年之積，主皮毛之病，兼通關節，利大小腸，瘦胎催生。虛禁。　枳實：　性微寒，味苦、酸。沉也，陰也。逐停水，消痰飲，寬胸膈，安胃氣，止喘逆，破積聚，利五臟，功同枳殼，但更酷烈。丹溪云：　脾用枳實，治下，主血在心腹之分。胃用枳殼，治高，主氣在胸膈之分。皆疏通，決瀉，滑竅，破結實之劑。實症可用。　厚朴：　性溫，味苦、辛。可升降，陰中陽。苦能下氣，去實滿而消痰洩脹。溫能益氣，除濕滿而散結調中。與枳實、大黃同用泄實滿，鮮熱脹，不使痰氣之滯凝。與蒼朮、陳皮同用，除濕滿，平胃氣，不使胃土之大過。　大腹皮：　性溫，味辛。消腫寬脹，定喘，止霍亂，通大小腸。凡冷熱氣攻心腹痰隔醋心，並以薑、鹽同煎，下一切氣。大抵疏通脾胃有餘之滯。　三稜：　苦、辛。消積散癥，快氣寬胸，氣脹鼓滿，通經逐瘀。與莪朮功用略同，但莪朮尤能逐水，三稜白色屬氣，破血中之氣。莪朮黑色屬血，破氣中之血，婦女多用。　扁豆：　性平，味甘。能助脾胃，和中下氣，止霍亂吐瀉，清暑氣，行風氣。患冷氣人禁用。　苡仁：　性寒，味甘。主風濕筋攣骨痛，消水腫，利腸胃，除肺痿咳嗽，涕唾上氣，心胸甲錯。久服益氣。　神麯：　性溫，味甘。破癥瘕，寬膈氣，消痰逆，除胸滿，腸胃中寒，飲食不下，宜此開胃健脾，消化水穀。　麥芽：　性溫，味甘。破冷積，止霍亂，寬胸膈，利痰瘀。大要消痰下氣，寬腸開胃，補脾濕中之快藥。穀芽性更溫，除煩，消食開胃。　山查：　消食積，化宿滯，行結氣積塊，痰塊、血塊皆治，健脾開膈之美藥也。又治痢，腰疼，產後兒枕，入糖。　使君子：　性溫，味甘。小兒五疳，殺虫，止瀉痢，清小便。　猪苓：　性平，味苦，淡。升而微降，陽中陰。入膀、腎。除濕，利水道，脾經濕熱，流入腎經，用以滲泄，中病即止。無濕禁，腎虛禁。　澤瀉：　性寒，味甘、鹹。陽中陰，入膀、腎。逐三焦、膀胱停水留垢，伐腎邪水分，利小水之捷藥也。多服眼病，為滲利太過則水涸火上盛，故眼病。凡淋渴水腫，腎虛所致者禁。八味用以引桂、附歸腎耳。　瞿麥：　性寒，味辛、苦。逐膀胱邪逆，利小便，為君。又下閉血，通月經，破血塊，逐死胎。小腸虛禁用。　紫草：　性寒，味苦。利九竅，通水道，利腹脹，傷寒時疫，小兒痘疹，面皶並用。　木瓜：　性溫，味酸。入脾、肺。水腫，霍亂吐瀉轉筋，奔豚脚氣，兼下氣消食。東垣云：　氣脫則能收，氣滯則能和。《衍義》云：　入肝，益筋與血。凡病腰腎脚膝無力，不(一吷)〔可缺〕。過服損齒骨。　燈心：　甘，寒。清心，利水道。　此以上調中消導及行濕，利二便藥。

燥門要藥【略】　天門冬：　性寒，味苦。升也，陰也。入肺、腎。瀉火，消痰定喘，潤肺美劑，肺潤而五臟自潤。但專泄不收，中寒腸滑禁。地黃、貝母為使。　麥門冬：　性微寒，味甘。降也，陽中陰。入肺。瀉肺火，清心熱，伏火去則金清，而自然生水，而陰精日長日固。清心熱，則血有所統而客熱自散。又脉失，又痿躄必用者，心肺潤而血脉自通也。大抵古人治脾胃多，後人治心肺多。行經酒浸。地黃、車前為使。此虛勞燥渴之要藥。　知母：　性寒，味苦。沉降，陰中陽。入肺、腎。潤心肺，滋化源，止驚悸，下氣消痰，瀉腎火胃火之聖藥。內傷虛勞，陽盛自汗，骨蒸勞熱往來，消渴口乾，咳嗽，時行發班，皆治。但多服令人泄，肺寒腎脫，無火，尺微，禁用。虛人口乾不可少。　貝母：性平，味苦。辛能散結，苦能降火，兼消痰，止嗽潤肺，清心，和中氣，安五臟，怯症要藥。　花粉：性寒，味苦。沉也，陰也。生津液，止消渴，除腸胃痼熱，時疾煩燥熱狂，唇口乾裂，諸瘡排膿消腫，解毒逐瘀。　瓜蔞仁：性寒，味苦，甘。甘能補肺，潤能降氣。胸有痰者，以肺受火逼失降下之令，今得甘潤緩下之助，則痰自降。宜為止嗽要劑。　地皮：性大寒，味苦。升也，陰也。入三焦、腎，屬陰。主裏，惟屬陰也，故瀉血中之火，陰分日晡潮熱。惟主裏也，故治傳屍，有汗骨蒸。同知母用妙。又治表風肌痺。　牡丹皮：性寒，味辛，苦。陰中微陽，入胞絡、腎。瀉陰中之火，養真血，破瘀血，又治冷氣，散諸痛結，專主無汗之骨蒸。又主神志之不足，故八味用之，以補心腎。　五味子：性溫，味酸，甘。可升降，陰也。收肺氣，入肺、腎，滋腎水，暖腎臟，除煩，止渴生津，斂肺，通脉，定喘。大抵在下補腎，在上補肺，在中和脾。但多食收補太驟，反致虛熱。又酸甚，吊痰引嗽。　烏梅：性平，味酸。可升降，陰也。斂肺止渴，除煩，下痰，調胃和中，斷瘧。多食津液泄，則傷齒腎。　馬（苦）〔兜〕鈴：寒，苦。主肺熱咳嗽。　欵冬花：辛，溫。肺痿肺癰，吐膿血，欬逆上氣，喘急不絕。　紫（苑）〔菀〕：苦，溫。調肺，消痰定喘，補虛勞不足，兼治喉痺，痿躄，尸注勞氣百邪。　阿膠：甘，溫。降也，陽也。入肺、腎、肝。虛損咳唾膿血，又安胎養肝，久嗽久痢，虛勞失血宜用。　訶子：苦多酸少，能瀉肺斂肺，而不能補，故但通利津液，瀉氣上逆，消痰除煩，有收澁降火之功也。性急喜降，善瀉肺氣之實者，肺受火傷，欝遏脹滿，故用此泄之。　竹瀝：甘，寒。性緩能除陰虛大熱大寒，一切痰火氣血而食少者宜用。又痰在四肢，非此不除。寒而能補，風瘫失聲效。　遠志：性溫，味苦。沉降，陽也。主益精血，壯陽，補中虛，定心氣驚悸，健忘夢遺，去心下膈氣，除咳逆，利九竅，明耳目。　酸棗仁：性平，味酸。除骨蒸煩熱及心虛驚悸不眠。丹溪云：血不歸脾而睡臥不寧者，宜用。大補心脾，則血歸脾而五臟安和，睡自寧。久服助陰氣，安五臟，令人肥健。　生地：性寒，味甘、苦。沉降，陰也。入心、腎。涼心，清肺胃。凡勞瘦骨蒸，日晡寒熱，唾血耳鳴，五心潮熱，驚悸，皆用。又瀉脾胃濕熱，宣通不滯，勞倦傷脾者，實脾藥中用少許，以固脾氣，使脾不受邪，蓋濕熱去而脾胃自固也。婦人崩漏胎產，最能涼血，虛而多熱者必用。過多傷脾，中虛寒者禁。　熟地：性溫，味甘、苦。沉降，陰也。入心、腎。補精填髓，滋水益陰。丹溪云：下元血衰須用之。尺脉微者，佐以桂、附，則填精補髓。尺脉旺者，佐以知、栢，則滋陰降火。獨用則泥膈，故中滿痰盛及中寒有痞易泄者慎用。婦產血虛臍痛要藥。　當歸：性溫，味甘、辛。可升降，陽也。入心、肝、脾。頭止血，上行。身養血，中守。尾破血，下行。全活血，不走。去舊生新之劑。隨所引藥為用，引以芎、辛，治血虛頭痛。血虛，佐以人參。血熱，佐以生地、條芩。血積，佐以大黃。合牛膝、薏苡，下行治血不榮筋，腰疼足痿。入人參、川烏、烏藥、薏苡，則能榮表，治一身筋寒濕痛。佐參、芪則補氣血虛勞而止汗，長肌。佐芍、朮、地黃，則養血滋陰而補腎。合芍藥、木香，而能和肝而止痛治痢。合鱉甲、柴胡，則定寒熱而溫中散冷。合硝、黃則寒而通腸潤燥，合稜、莪則破血消癥。蓋味辛而氣踈暢故也。合桂、附則溫中散冷，又補女子諸血分不足。惟吐血禁用。　川芎：性溫，味辛。浮而升，陽也。入厥陰、少陽。能升散，不下守。血貴寧靜而惡燥，四物用以行血藥之滯。凡血虛中風，入腦冷痛，面上遊風去來，上行頭角，助清陽之氣而止痛。婦人經漏胎產及衄吐、溺血，皆治。又諸瘡腫痛，藥中用以入心，散火邪，尤開欝行氣，止脇痛，心腹堅痛，諸寒冷氣，散氣，治一切血氣，風勞損血，血中氣藥。單用過多，走泄真氣。血虛忌辛散。　白芍：性寒，味酸。可升降，陰中陽。入太陰。通肺燥，滋腎陰，補津液，能收斂肝之陰氣，使不犯脾，不泄肝之正氣。質重味厚，能破堅積疝癥，水泄下利，刺痛後重，用以收斂濕熱邪毒，而脾之正氣自舒。婦人產前諸疾，赤白帶下，能入血海，血虛頭疼，非此不除，乃收降之妙劑。隨佐用為寒熱，佐以柴、枝，牡丹，則瀉火除熱燥。佐以薑、桂，溫經，散寒濕。惡寒腹痛，加桂。惡熱腹痛，加芩。同參、朮補中氣。同歸、地補陰血。惟血虛冷中寒禁。　赤芍：白補而斂澁，赤瀉而微散。仲景方中多用，以定寒熱，利小便，宣通臟腑，利膀胱、大小腸，故經閉亦用瀉肝火赤眼，諸瘍，不可缺。生用偏降，酒浸稍能升發。　槐角：主濕熱痔痢，疏通五內邪氣，風熱熱淚腦眩。　槐花：潤肺臟，涼大腸，腸風血痢，兼治皮膚風熱。　枸子：性微寒，味甘、苦。主肝，滋益精氣，強盛陰道，明目潤腸，兼益腰脚。　蓯蓉：性微溫，味甘、鹹。補右命門相火不足，男絕陽不興，女崩帶，絕陰不產，峻補精血。驟用滑便。根名鎖陽，閉精補陰。　鹿茸：性溫，味甘、鹹。補虛羸，生精血，益氣強志，女崩漏，赤白帶，男泄精，溺血，腰脊冷痛，脚軟無力。峻補陰藥。　栢子仁：性平，味甘、辛。主養心神，潤心血，止汗定驚，又滋腎水，興陽道，利膀胱，除風濕。　桃仁：性平，味甘、苦。沉降，陰也。入厥陰。苦以瀉滯血，甘以生新血。血結實者可用，血燥慎之。　杏仁：性溫，味苦、甘。沉降，陰也。入肺。利胸中氣逆而喘促，潤大腸，氣閉而難便。又解肌發表，散肺風寒。東垣云：杏仁治氣，桃仁治血，俱治年高大便閉燥者，當以氣血分用，佐以陳皮。　蘇木：性平，味甘、鹹。東垣云：除產後敗血，有此立驗。破瘡瘍死血，無此無功。　紅花：性溫，味辛。《衍義》云：辛溫則血調和，故少用則能入心養血，過於辛溫則走血散，故多用則能破血，胎死產暈並用。　益母：性溫，味辛甘。行瘀養新，逐水去風，善救胎前死腹，產後血脹血暈。　此以上滋血潤燥之藥。

寒門要藥【略】　附子：性熱，味辛，有大毒。浮也，陽中陽。其性浮而不沉，其用走而不守，三焦命門藥。能治六腑沉寒，五臟痼冷，主中寒及傷寒陰症陰毒，四肢厥冷，心腹疼痛，迷悶不省。得白朮治腎寒濕，得乾薑補中和陽，通行諸經，引用最效。八味丸用爲少陰向導，其補元是地黃，以人參、甘草配用。制其毒下行，童便煮。　川烏：行經逐寒同附子，一切風痺血痺，半身不遂，皆驗。製同附子。　天雄同種異用，散寒去濕，助清陽之藥，虛陽最宜。　乾薑：辛，熱，無毒。可升降，陽中陰。守中，溫脾胃裏寒，水泄下痢，腸癖霍亂，心腹疼痛脹滿。又治下焦寒濕，沉寒痼冷，腎中無陽，脉氣欲絕，佐附子立效。與補陰藥同用，能引血藥入氣分生血，故治血虛發熱及產後大熱。多用耗元氣，壯火食氣故也。須甘草緩之，童便炒黑。　生薑：性溫。浮升，陽也。主發散風寒，頭疼鼻塞，寒熱咳逆，喘嗽上氣，入肺。開胃益脾，止嘔，破血行氣，極通心肺，心氣通則一身氣正，邪自退。但多服反少智，損心氣。薑屑比之于薑不熱，比之生薑不潤，故用乾生薑代乾薑者，為其不僣也。　肉桂：性熱，味辛，純陽，小毒。入心、腎。主一切風氣勞傷，養精髓，暖腰膝，止虛煩虛汗，利肝肺氣遏，心疼，溫中破癖，一切風寒痼冷中下腹冷痛。此藥通血脉，利關節，宣導百藥。春夏慎用。孕婦炒用。得人參、麥冬、甘草，調中益氣。得柴、地調榮，止咳逆。　桂枝：氣味輕，入膀胱，故能上行頭目，發散表邪。凡屬風寒有汗，用以微解表邪，邪去汗止，非固表止汗之謂也。　白蔻：性大溫，味辛。升也，陽也。入小腸、肺。補上焦元氣不足，散胸中冷氣，破肺中滯氣。東垣云：溫中，止霍亂而助脾，主消冷積，止心腹冷痛，寬胸進食。若冷吐番胃，單用酒下效。　肉蔻：性溫，味辛。入大腸。溫中補脾，下氣消痰，開胃，止霍亂，心腹膨痛，實大腸，止虛瀉冷瀉之要藥。日華云：肉果下氣，以脾得補而善運化，氣自下也。非若陳皮、香附之快泄。肉白者佳。麵裹，煨去油。多服則泄氣，得中則和平其氣。　草蔻：辛，溫。浮也，陽也。入脾、胃。主風寒邪犯胃口之上，心腹胃脘作痛作脹，下氣溫中，兼除霍亂，消酒毒。虛弱不能食者，宜此。一切冷氣不可少。　砂仁：性溫，味辛。入脾、胃。暖胃溫脾，消食和中，嘔吐水泄。澁大小腸，又能保胎，行肺氣。同豆蔻入肺，同人參、益智入脾，同黃栢、茯苓入腎，同赤石脂入大小腸。　益智：性溫，味辛。溫胃和中，止嘔。諸辛香劑，多耗神氣，惟此益氣安神，安三焦，補不足，與諸香同入肺，與補氣同用入脾，與滋補藥同用入腎，蓋脾肺腎三經，子母互相關也。　補脾胃藥中用，心經藥，火生土，故用益智。　香附：性平，味辛。沉也，陰也。味輕辛散，能克皮毛，發寒氣，兼消食下氣，一切霍亂，心腹疼痛，膀腎冷氣，皆驗。古云婦人仙藥，婦人性偏多鬱，此藥逐瘀散鬱，凡氣血藥必用，能引血藥至氣分而生血，血中氣藥能和氣而生血止血也。氣痛略炒，血病酒煮，痰病薑汁，下虛鹽水，血虛童便煮，冷積醋浸炒，他藥亦然。　烏藥為使。　藿香葉：性溫，味辛。可升降，陽也。入脾、肺。能發汗，散寒濕，溫中，止霍亂，心腹疼痛吐逆，最要藥也。本芳香開胃助脾之劑，但入表散藥則快氣，入補脾藥則益氣，入順氣藥則理肺滯。　丁香：性熱，味辛。入肺、胃。主溫脾胃，泄滯積，消痃癖，止翻胃，心腹冷痛。入腎壯陽，暖腰膝。同五味、莪朮，治奔豚，婦陰冷痛效。　木香：性溫，味辛、苦。可升降，陰中陽。健脾胃，消食，一切冷氣痃癖，癥塊脹痛，心疼，婦人血氣刺痛及翻胃嘔逆，霍亂吐瀉。得草果、蒼朮治瘧，檳榔為使。佐黃連治痢，佐生薑、豆蔻治冷氣。丹溪謂木香行肝氣，苦入心，辛入肺，心肺氣調，而肝家鬱火自伏，更無攻冲拂逆之患。制以黃連，不過疏通；制以黃栢，不過上升。此藥專泄胸腹間滯寒冷氣。　沉香：性溫，味辛。沉降，陽也。暖胃調中，補右腎命門，壯元陽，暖腰膝，散滯氣，保和衛氣。用為使，上而至天，下而至地，無所不至，極破癥癖。　檳榔：性溫，味辛。降也，陰也。下氣墜藥，殺蟲消穀，逐水，兼除痰癖，祛瘴瘧，緩裹急。　常山：　性寒，味辛、苦，有毒。丹溪云：　性暴悍，善驅逐，故截瘧用吐痰水。過服傷氣，老弱虛人及久病禁用。　草果：　性溫，味辛。溫脾胃，止嘔吐，消痰寬脹，化瘧母，消宿食，解酒毒、果積要藥。　玄胡：　性溫，味辛、苦。可升降，陰中陽。入脾、肺、肝。善理氣痛及膜外氣塊，止心氣痛，小腸腎氣，腰暴痛，皆止活精血，調婦月經，崩中淋露為要藥。　五靈脂：　性溫，味甘。主行諸氣心腹刺痛。炒熟止崩漏，生用利氣脉，通經閉，行瘀血。兒疳產暈皆用。　鬱金：　性寒，苦。純陽。主下氣寬中，心腹氣冷結腸脹痛。溫醋磨服，凉心止血破瘀，女人小兒多用。　巴豆：　熱毒之藥，主蕩胃中積結，氣血痰食癖皆消，斬關奪門之劑。傷寒熱閉忌用。

此以上治上焦寒藥。　菟絲：　性平，味甘、辛。偏補衛氣，助人筋脉，強陰益精，補髓堅骨，潤心肺，止乾渴。單服氣壅。　故紙：　性燥，味辛。主房勞過度，陽衰精冷，便溺頻數。又治風虛冷痺肢痛及婦人墮胎，一切勞傷。火衰者用之，但性燥慎用。　小茴：　性平，味辛。入手足少陰、太陽，以開上下三經之通道，而回陽散冷。一切腎冷脾寒，心腹氣痛，肢節疲疼，蓋陽氣回而邪自散也。　葫巴：　性溫，味苦。純陽。得硫、附治腎虛冷，得茴香、桃仁治膀胱冷疝，得故紙、豆蔻治元臟虛寒易泄。凡陽衰陰痿，冷痰上壅，必用以溫下元。　吳萸：　性熱，味辛，有毒。可升降，陽也。入足三陰。治心腹冷痛，下焦寒濕疝痛。東垣云：　咽嗌寒氣，噎塞不通，胸中冷氣，閉塞不利，一切欬逆寒熱，或冷厥並驗。蓋此藥好上沖胸膈，下則開胃厚腸，凡陽衰虛冷者最宜。但多服散元氣，腸虛尤禁。　石棗：　性微溫，味酸，澁。補腎氣，興陽道，堅陰莖，添精髓，止遺精，止小便多。又去頭風，骨痛風氣去來。大抵補養肝腎，以益真元之藥，則五臟安和。　杜仲：　性溫，味辛、甘。沉降，陽也。治腎虛冷生風，腰膝背痛，渾身強直，陰下濕痒，脚弱便遺，堅筋骨，益精氣，兼治婦人胎產諸疾。　續斷：　性溫，味辛、苦。主勞傷不足，益氣力，興陽道，止泄精，縮小便。凡腰疼脚軟，關節緩急皆治。又能宣通經脉，調經安胎，產後暈絕不省。單服效。蓋因能止痛生肌，續筋骨，故名續斷。　萆薢：　性平，味苦、甘。主腎虛冷，停蓄宿冷，腰疼背強，陰痿失溺，小便混濁，癱瘓軟風皆用。　烏藥：　性溫，味辛。入胃、腎。凡腎冷沖心，背膂心腹疼痛，婦人血氣刺痛，小兒腹中諸蟲，皆治。乃疏通散寒之劑。同沉香治胸膈冷氣，得香附治諸般氣症，入風藥疏一切風，入瘡藥治諸癰癤疥癩。但此藥氣勝味薄，無滋益，取其辛散凝滯而已。香附治內，內和外自釋。烏藥辛散宣通，甚於香附，不可多服。　此以上治下焦寒藥。

明・楊崇魁《本草真詮》卷上三集

治風門　風屬陽，善行數變，自外而入，以鬱正氣。故治風多行氣開表藥。又風入久變熱，熱能生痰，宜用祛風化痰藥。又熱極生風，風能燥液，宜用清熱潤燥藥也。

行氣開表藥：　羌活主賊風，失音不語，多痒，血癩，手足不遂，口眼喎邪，肢節疼痛，一身盡痛。又去溫濕風。○獨活主諸賊風，百節痛風無久新者，又治風毒齒痛。○防風主大風，頭眩痛，惡風，風邪目盲，風行周身骨節疼痺，頭面去來，四肢攣急。治風通用，除上焦風邪之仙藥，又風藥中潤劑。○細辛諸風通用，頭面風痛不可缺。治百節拘攣，風濕痺痛，消死肌，風癎癲疾。○升麻手足陽明傷風的藥，及發散本經風藥。○麻黃主中風傷寒頭痛，風毒痿痺不仁，發表出汗，消斑毒風疹，止欬逆上氣。○白芷治風通用。去肺經風熱，風頭痛，中風寒熱，解利藥也。○藁本主太陽頭痛腦痛，大寒犯腦，顛頂痛，一切頭面皮膚風疾。太陽經風濕藥。○天麻主頭風，諸風濕痺，四肢拘攣。○蔓荊子主風頭痛腦鳴，頭昏悶，散風邪，除目睛肉疼痛。○秦艽主寒濕風痺，肢節痛，通身攣急，及療風疾，無問久新者。○葈耳主風頭寒痛，風濕周痺，四肢拘攣。○威靈仙主風濕痺，中風，口眼喎斜，歷節痛風，上下腰膝脚冷痛，不能履地。通十二經脉，大風皮膚風痒，白癜風，及去大腸風。○紫蘇主發散在表風寒。莖治風寒濕痺。○薄荷主賊風傷寒，發汗，通傷關節，傷風頭腦風，風氣壅，並小兒風涎，驚風壯熱。○荊芥諸頭風眩暈，婦人血風等病，產後中風。○牡荊實療頭風甚驗。○牛蒡子療諸風，遍身腫毒，頭面赤腫，牙齒疼痛，腰膝筋骨拘攣。通十二經。根莖蒸熟療傷寒寒熱汗出，中風面腫。○蒼朮主大風在身面，風眩頭痛。○乾薑出汗，散寒邪，去風濕痺。○生薑散風寒痰嗽。○葱白主中風面目腫，喉痺不通。○桂枝主風寒頭腰痛，出汗，風痺骨攣脚軟，中風失音，四肢逆冷。

祛風化痰藥：　天南星主中風，除風痰麻痺。○白附子治中風失音，面上遊風，血痺皮膚不仁，諸風癬。○瓜蒂吐風痰暴塞胸膈，頭眩，喉風，風癎風疹。○藜蘆吐膈上風痰，中風不語，暗風癎病，喉痺，治疥癬。○皂莢主中風痰厥邪氣，風頭淚出，風痺死肌，癬。○殭蠶治中風失音，並一切風痰，去皮膚風動如蟲，中風，急喉痺。○蟬蛻治頭風目眩，又風氣客皮膚，搔痒不已。○蝎治諸風癮疹，中風半身不遂，口眼喎斜，手足抽掣，小兒驚風不可缺。○白花蛇主中風濕痺不仁，筋脉拘急，口面喎斜，半身不遂，骨節疼及大風疥癩，暴風瘙痒，肺風鼻塞。若治風速於他蛇也。○烏蛇主諸風癮疹疥癬，皮膚不仁，頑痺。○虎骨主白虎痛風，筋骨髀脛腰膝毒風攣急痛。○虎睛主驚癎，羊血中浸一宿，炒乾，末。

○牛黃主中風失音，及癎痓顛狂，小兒驚癎夜啼，痰熱百病。○竹瀝治中風，失音不語，風痺頭風，頭旋倒地。○荊瀝治頭風旋目眩。

清熱潤燥藥：菊花主風頭眩腫痛，目欲脫，淚出，皮膚死肌，惡風濕痺，身上諸風，四肢遊風。○沙參主肌熱，浮風身痺。○芎藭主中風，入腦頭痛，寒痺筋攣緩急，散肺經風，面頭風甚，不可缺也。○蒺藜子主諸風痒，遍身瘙痒，癜風，治頭痛，目失明。○蜜蒙花去一切風氣，膚翳多淚。○青葙子主皮膚中熱，風身痒，一切肝風，熱毒冲眼。○巴戟天主大風邪氣，頭面遊風，大風血癩。○草決明主肝風熱毒冲眼，塗太陽穴止頭痛。○天竺黃去諸風熱，鎮心，小兒驚風痰壅。○木賊治風目翳膜流淚，亦療腸風。○白薇主暴中風，身熱支滿，忽忽不知人事，狂惑邪言。○女萎主中風暴熱，四肢拘攣，不能動搖。○五加皮治風痺，四肢攣急痛風，五緩。○玄參主暴中風，身熱支滿，忽忽不知人，頭風熱毒。○牡丹皮主中風氣瘈瘲，驚癎邪氣。○苦參治大風有功，及遍身細疹。○枸杞去皮膚骨節間風，腎家眼痛風痒，血虚者用之。○竹葉主風痓熱毒風。○麻子主中風汗出，皮膚頑痺，骨髓風毒疼痛，不可運動。○犀角主中風失音，風熱驚癎。○羚羊角主溫風注毒，伏在骨間。○酸棗仁主四肢酸疼，濕痺，筋骨風。○牛膝主風疹腦痛，四肢拘攣疼痛，不可屈伸。○何首烏主頭面風瘡，遍身瘙痒，五痔腸風，骨軟風。○桑寄生祛風痺，頑麻癈疾，背腰腿脚遍身骨節疼痛。

主治各經風藥：肝川芎、心細辛、脾升麻、肺防風、腎獨活、胃升麻、大腸白芷、小腸藁本、三焦黃芪、膀胱羌活。

治熱門治熱以寒，寒藥屬陰，故治熱多陰藥。有鬱火宜發散，用風門藥。火鬱則發之，升陽散火也。夫熱燥皆屬陽，宜與治燥門通看。

治上焦熱藥：黃芩瀉肺火，除上焦痰熱，解在肌風熱，天行熱病，目熱赤痛。○(枝)〔梔〕子去心中客熱，虛煩不得眠，及燥熱，瀉肺火，除胃濕熱發黃，扶熱下利，小便赤澁，目熱赤痛。下行降火開鬱，治塊中之火。用皮去肌表熱。○沙參治肺熱，主驚煩，心腹痛，結熱邪氣，頭痛肌熱，浮風身痒。○玄參治中風傷寒身熱，支滿狂邪，忽忽不知人，溫瘧洒洒，頭風熱毒，骨蒸傳尸，空中氤氳之氣，并無根之火。○桑白皮瀉肺火，治虛勞客熱。○前胡治傷寒寒熱。○青黛收五臟鬱火諸熱，驚癎，天行頭痛。○山豆根治五般急黃，發熱咳嗽。○百部根主肺熱咳嗽上氣。○丹參涼血熱，治風邪留熱，頭痛眼赤，熱溫狂悶。○白前保肺清肺。○桔梗主肺熱咳逆。○麥(文)〔門〕冬治心肺熱及虛勞客熱，瀉肺火。○淡竹葉治胸中痰熱欬逆，涼心經，除煩熱，止消渴。○梨除客熱心煩，肺熱嗽，消渴。○枇杷葉肺熱久嗽，消痰。

治中焦熱藥：黃連瀉心火，解熱毒，除脾胃中濕熱煩燥，鬱熱在中焦，惡心，兀兀欲吐，眼暴赤腫，熱毒下利。○胡黃連主疳熱，利溫瘧，骨蒸勞熱。○滑石主身熱，洩澼，解燥渴，降妄火。○連翹瀉心火，降脾胃濕熱，通五淋，除心經客熱。○葛根除胃熱消渴，解肌熱出汗。○香薷治傷暑，利小便，清肺氣，除煩熱。○石膏治中熱發熱，惡熱燥熱，日晡潮熱，傷寒時氣，肌肉壯熱，頭痛大渴。清金制火，除三焦大熱。瀉胃火，治胃熱不食，又治胃熱能食善飢。○石斛治胃中虛熱，逐皮膚邪熱。○玄明粉主心熱煩燥，大除胃熱。○茵陳蒿治傷寒煩熱頭痛，去濕熱發黃疸。○大黃瀉諸實熱不通，蕩滌腸胃間熱。○芒硝主五臟積聚久熱，胃閉。○犀角治傷寒瘟疫，頭痛煩悶，大熱發狂。○羚羊角治時氣寒熱，在肌膚溫風，疰毒伏在骨間。○芍藥瀉脾火，涼血熱。○甘草生用大瀉熱火。○茅根止消渴，解腸胃中熱。○菰根主腸胃痼熱，消渴，利小便。○蘆根主消渴客熱，時疾煩悶，胃熱不下食。○升麻主時氣熱，解肌肉間熱，天行時疾發班，升散鬱火。

治下焦熱藥：黃栢瀉膀胱熱，清小便，瀉腎中伏火，補腎陰，治骨蒸痨熱。又治結熱黃疸。○柴胡瀉肝火，解肌熱，除往來寒熱，早晨潮熱，傷寒心下煩熱。○草龍膽主骨間寒熱，驚癎邪氣，除胃中伏熱，時氣溫熱，下焦濕熱洩痢。○防己主溫瘧傷寒，寒熱邪氣，下焦濕熱腫盛，去膀胱留熱。○車前子治肝中風熱，冲目赤痛。○地膚子主膀胱熱，利小便。○石韋主脬囊結熱，五淋癃閉，利水除煩。○通草治五淋，導小腸熱。○地榆涼下焦血熱，治熱血痢。○苦參治時氣惡病大熱，腸澼熱痢，熱毒風，皮肌煩熱。○秦皮治肝中久熱，目赤腫痛。○文蛤止大孔出血，崩中漏下，惡瘡鼠瘻，五痔。○龜甲主癥瘕，痎瘧，骨中寒熱。○鱉甲治溫瘧，勞瘦骨熱，心腹癥瘕堅積寒熱。○海金砂通利小腸，治傷寒熱狂。○知母瀉腎火，治有汗骨蒸。○條芩治大腸熱，下痢膿血，腹痛後重，身熱。○生地黃涼血生血，補腎水真陰不足。○川楝子主傷寒熱狂，利水道。治腎臟氣傷膀胱，連小腸氣痛，下血。

主治各經熱藥：肝氣，柴胡；血，黃芩。心氣，麥門冬；血，黃連。脾氣，白芍藥；血，生地黃。肺氣，石(羔)〔膏〕；血，(枝)〔梔〕子。腎氣，玄參；血，黃栢。膽氣，連翹；血，柴胡。胃氣，葛根；血，大黃。三焦氣，連翹；血，地骨皮。膀胱氣，滑石；血，黃栢。大腸氣，連翹；血，大黃。小腸氣，赤茯苓；血，木通。包絡氣，麥門冬；血，牡丹皮。

骨肉分痨瘵發熱主治藥：肝氣，當歸；血，柴胡。心氣，生地黃；血，黃連。脾氣，白芍藥；血，木瓜。肺氣，石(羔)〔膏〕；血，生地黃。腎氣，知母；血，生地。膽氣，柴胡；血，瓜蔞仁。胃氣，石(羔)〔膏〕；血，芒硝。大腸氣，芒硝；血，大黃。小腸氣，赤茯；　血，木通。三焦氣，石(羔)〔膏〕；　血，竹葉。膀胱氣，滑石；　血，澤瀉。

治濕門濕因氣虛，不能運化水穀而生，宜用補氣除濕藥。又宜調中消導藥，行濕利大小便藥。外濕宜汗散，宜用風門藥，風能勝濕也。夫濕、寒皆屬陰，宜與治寒門通看。

補氣除濕藥：　人參補元氣，有叅贊之功。調中，安脾助胃，去腸胃中冷，心痛脇滿，霍亂反胃，消濕痰稍積。○黃芪益元氣，補三焦。中焦脾胃虛弱，下焦久瀉痢腸風，崩帶，月事不勻。○甘草補三焦元氣，治赤白痢疾，健胃和中。○白朮主風寒濕痺，除濕益燥，補脾胃，進飲食，(上)〔止〕下洩，利小便。○茯苓益氣，開胃厚脾，利小便，水腫淋結，除濕，行水之聖藥。○山藥治傷中，補虛羸，補中，益氣力，治腰濕兼消腫硬。

調中消導藥：　蒼朮上中下濕俱治，發汗，除上焦濕功最大。又鹽水炒，佐黃栢行下焦濕熱。○橘皮主和胃健脾，水穀不化，冲胸嘔吐，下洩氣痢，皆能消導。除膀胱停水，五淋，利小便。○半夏善去脾胃濕痰，使氣健飲食自進，去心中堅脹，腸鳴，痰痞塞。○青皮破滯氣，利脾胃，消飲食，削堅積。○枳殼逐水，消脹滿。○枳實逐停水，消痰飲，寬胸脇，安胃氣，破積聚，利五臟。○厚朴消痰下氣，除胃濕，逐結水，瀉膀胱濕，泄五臟一切氣，心腹脹滿，散結之神藥也。○旋覆花治心脇痰水，及膀胱留飲，寒熱水腫，消胸上痰結，開胃止嘔逆不食，及結氣脇下滿，心痞。○大腹皮下一切氣，消腫寬脹，調中開胃，健脾。○射干開胃下食，除飲食熱，散結氣，消濕氣，及胸腹脹滿，癥結痃癖，並治厥陰積痰。○白藊豆補脾胃五臟，和中下氣，止霍亂吐瀉，並解酒毒。○大麥芽治宿食停滯，胸膈脹滿，止霍亂，消痰下氣，補脾開〔胃〕。○神麯消心膈氣痰逆胸滿，開胃健脾，消化水穀，止霍亂泄瀉，痢下赤白。○三稜快氣寬胸，氣脹鼓滿最宜。○山查子消食積，化宿滯，行結氣，消積塊痰塊，治痢疾，腰痛，健脾開膈。○蓬莪茂主開胃化食，霍亂吐酸，飲食不消，消水行氣，破積。○使君子止瀉痢及小便白濁。○阿魏消肉積，化宿食，破癥癖，下惡氣，止霍亂，祛瘧疾。○薏苡仁主風濕痺，筋骨邪氣不仁，利腸，消水腫。○罌粟殼治脾瀉久痢。

行濕利大小便藥：　猪苓除濕，利水道，治腫脹滿從脚上至小腹。大燥，亡津液。○澤瀉除濕行水最要藥。○瞿麥逐膀胱邪逆，利小便，五淋癃閉。○紫草通水道，療脹滿，五疸，卒淋澀痛。○木瓜實消水腫，濕痺，霍亂吐瀉，奔豚脚氣，療冷熱痢疾。○百合消浮腫，臚脹痞滿，大小便不利。○赤小豆主下水，大腹水腫，皮肌脹滿，及脚氣腫滿入腹。○葶藶通利水道，治皮間邪水，上出面目浮腫，膀胱留熱。○牽牛子利小便，及大腸風秘，熱壅結澀，消鼓脹，水腫脚滿脛腫，一切濕熱壅。○大戟利大小腸，消十二水腫，胸腹脹滿急。○芫花利五水在五臟，皮膚脹滿，消胸中痰水。○甘遂主腹滿，面目浮腫，水結胸中。○海藻利小便閉結，下十二水腫，化五膈痰，月閉石淋。○昆布利水道，主十二水腫。○澤漆主大腹水氣，四肢面目浮腫。○蕘花下十二水。○瓜蒂主面目四肢腫。○冬葵子治淋，利小便。○琥珀利小便，通五淋。○通草治五淋，利小便。○車前利水道，除濕痺。○郁李仁主大腹面目四肢浮腫，利小便。○螻蛄主十二水病腫滿，小便不利。

散濕風門藥：　防風風能勝濕也。○川芎開欝燥濕。○獨活治寒濕痺，不能動，止。○葈耳主風濕周痺，四肢拘攣用。○藁本治霧露中於上焦。○菖蒲主風寒濕痺，四肢不能屈伸。○秦艽主風濕，下水，利小便，五種黃病。○白(蘚)〔鮮〕皮主黃疸，淋瀝，濕痺死肌，不可屈伸起止。○乾薑逐風濕痺。○(蓽)〔萆〕薢主風寒濕周痺，腰背痛。○五加皮主男子陰痿，囊濕，腰痛脚痺。○松節酒浸服，主脚痺軟弱，燥血中之濕。○杜仲除陰下濕痒。

主治各經濕藥：　肝白朮、心黃連、脾白朮、肺桑白皮、腎澤瀉、胃白朮、小腸車前、三焦陳皮、膀胱茵陳、大腸秦艽、心包絡苦茗。

治燥門燥因血虛而然。蓋血虛生熱，熱生燥是也。宜用解熱生津藥，及滋血潤燥藥。夫燥熱皆屬陽，宜與治熱門參看。

解熱生津藥：　天門冬瀉肺熱肺火，消渴煩熱。又治肺經津燥結，癥積。○麥門冬瀉火清肺，生津止渴。又治身重目黃，口乾。○知母潤心肺，滋化源，止消渴熱中，人虛而口乾者加用之。○貝母潤肺清心，療煩熱作渴，無汗。又降火散結。○栝樓根主消渴，除腸胃中痼熱，脣乾口燥。○枇杷葉治肺熱消渴，及久嗽身熱將成癆者。○五味子除煩熱，生津止渴。○地骨皮解陰分潮熱，益精止渴。○牡丹皮主瘀血熱留腸胃不散，瀉陰中之火。○阿膠療火盛金虛久嗽。○酸棗仁驅煩止渴。○菖蒲下氣除煩。○淡竹瀝治陰虛火熱，治消渴久渴。○蘭草善止消渴，散久積陳欝。○梅實生津止渴，除煩熱煩滿。○馬兜鈴去肺熱，清肺氣。○遠志益精，補陰氣。○欵冬花消煩渴，潤心肺。○紫(苑)〔菀〕止渴，潤肌添髓。○訶梨勒通利津液，除煩。○茅根止消渴。○葛根止消渴，脾虛而渴。○苧根主天行熱疾，大渴大狂。○萊菔根消渴可治。○蓮藕主熱毒，口渴，解煩悶。○安石榴主咽燥煩渴。○梨潤肺，除煩渴。○石膏治口乾舌焦不能息，惡熱燥熱，大渴引飲，潤肺生津。○凝水石治同石膏。

滋血潤燥藥：　生地黃老人津枯便燥者，宜用之。○熟地黃活血氣，補真陰，下元血衰用之。○當歸和硝黃，能通腸潤燥。○肉蓯蓉人虛而大便燥結者用之。○瑣陽同上。○麻子仁利小便，潤大腸，風熱結燥便難，止消渴。○杏核仁潤心肺，散結潤燥。○桃仁主血結血燥，通潤大便。○紅藍花治血熱煩渴。○蜀葵花赤治赤帶，白治白帶。

赤治血燥，白治氣燥。○郁李仁破血潤燥。○蘇方木去瘀血，和新血。○槐實治濕熱腸風下血，熱燥。○柏實潤腎燥。○枸杞滋益精氣，治五內熱中，消渴。○牛膝活血，補精，治陰消多渴，傷熱火爛。○麻油潤肌膚，滑腸胃。○大黃治大便燥結。○芒硝主久熱胃閉，利大小便，潤燥軟堅。○(枝)〔梔〕子治胃中亡血、津液，內無潤養生虛熱。○鹿茸生精血，散骨中熱痒。

主治各經燥藥： 肝當歸、心麥門冬、脾麻仁、肺杏仁、腎栢子仁、胃瓜蔞仁、大腸硝石、小腸茴香、三焦山藥、膀胱茴香、心包絡桃仁。

治寒門治寒以熱。熱藥屬陽，故治寒多陽藥。外寒宜汗散，宜用風門藥，寒從汗解也。夫寒濕皆屬陰，宜與治濕門通看。

治上焦寒藥： 附子主風寒欬逆邪氣，腰脊風寒陰毒，傷寒中寒，四肢厥逆，心腹冷痛，除腎中寒甚，補命門火衰，陽事不舉。佐以白朮，除寒濕之聖藥。生用發汗行表，熟則溫中行內。○烏頭行經逐寒，破心腹臍冷痛，肩胛痛不可俛仰，與附子同。○生薑發散傷寒，頭痛鼻塞，寒熱欬逆，喘嗽上氣，嘔吐番胃。○桂枝上行頭目，發散表邪，傷寒有汗者必用。○細辛溫陰經，去內寒，治邪在裏之表。○半夏治形寒飲冷，傷肺而欬。○藁本治大寒犯腦及巔痛，齒痛。○麻黃主傷寒頭痛，發表出汗，去表上寒邪及榮中寒。○酒禦風寒冷氣。

治中焦寒藥： 乾薑生用同生薑，炮則溫脾理中，治裏寒洩痢脹滿，及腹中痛，中下焦寒濕。又沉寒痼冷，腎中無陽，脉氣欲絕可治。○高良薑主胃中冷逆沖心，霍亂吐瀉。○紅豆蔻主冷氣腹痛，吐瀉痢疾，霍亂吐酸。○白豆蔻主積冷氣，胃寒吐逆。○草豆蔻主寒邪客在胃口之上，嘔吐霍亂，去心胃客寒作痛作脹，調散冷氣。○肉豆蔻治積冷，心腹痛，脾胃虛冷吐逆，洩瀉之要藥也。○丁香溫脾胃，止霍亂嘔逆，氣冷腹痛，壯陽，暖腰膝甚妙。○莎草根發去寒氣，止霍亂吐逆，泄瀉。○益智子治脾胃中受寒邪，止嘔噦，攝涎唾。○縮砂蜜暖胃溫脾，治心腹中虛冷痛，霍亂轉筋，水瀉。○藿香散寒濕濕中，止霍亂心腹痛吐逆最要藥。○巴豆去胃中寒積。○沉香主暖胃調中，止轉筋吐瀉，心腹痛，氣痢，冷風麻痺。○川椒除寒濕痺痛，心腹冷痛，六腑沉寒痼冷，陰冷，冷氣漸入陰囊腫滿，日夜疼痛。○胡椒治心腹冷痛冷痢，去胃中寒，吐水，食已即吐，止霍亂心痛，大腸寒滑，壯腎氣。○蓽澄茄助脾胃，溫腎與膀胱冷氣，心腹卒痛。○蓽撥除胃冷水瀉虛痢，霍亂，冷氣心腹滿痛。又治腎冷寒疝。○艾葉溫胃，止霍亂轉筋，心腹痛，冷氣作痛。○萊菔子治膨脹癥瘕，並積聚黃疸。○白芥子散腹中冷氣作痛，止番胃吐食。○木香主久年冷氣，九種心痛，止番胃，霍亂吐瀉。○檳榔調中健脾，消穀逐水。○韭菜溫中，除心腹痼冷作痛，消胸膈間瘀血凝滯，痃癖冷痛。○紫檀主腹痛霍亂，腎經邪氣上攻，心腹痛及腰痛。○常山主傷寒溫瘧寒熱，破胸腹水脹，胸中痰結吐逆。○延胡索暖腰膝，調心腹卒痛及小腹脹痛。○草菓溫脾胃，止嘔吐，消一切冷氣膨脹。○鬱金主心腹冷氣結聚脹痛。○薑黃主冷氣宿食，心腹結積脹痛。○五靈脂主心腹刺痛，及風冷血氣閉，遍身痛冷麻。

治下焦寒藥： 菟絲子主腎虛，陰莖中寒精自出，強陰益精補髓，療腰膝痠痛，頑麻。○補骨脂主風虛冷痺，四肢痠痛，腎經有傷腰痛，陰囊濕痒，陽衰精冷自流，腹中冷，易泄。○茴香子溫腎與膀胱，小腸冷氣或腫痛，止嘔吐霍亂，補命門。○葫蘆巴治腎臟虛冷，面色青黑，腹筋脹滿。○吳茱萸治寒邪所隔，氣不上下，脾胃停冷，冷氣閉胸，心腹絞痛，下焦寒濕疝痛，寒氣血冷，痿痺腰弱。○山茱萸治疝瘕，逐寒濕痺，並下部虛寒。○杜仲治腎虛冷生風，腰疼背疼，身強，腰膝痠痛。○(華)〔萆〕薢主腎虛冷，停留宿水，腰痛背強，寒濕周痺。○烏藥疏氣散寒，治天行寒疫，及陰毒傷寒，能發汗，回陽立瘥。治膀胱腎間冷氣，攻冲背腹疼。○仙茅主腎虛，益陽道，脚腰冷風攣痺，不能行步甚妙。○膃肭臍暖腰膝，助陽氣，治臍腹積冷，精衰，脾胃勞極。○原蠶蛾強陰道，暖水道，益精壯陽最捷。○陽起石治陰萎不起，莖頭寒，男子婦人下部虛冷，腎氣乏絕，子臟久寒。○石硫磺至陽之精，治下元虛冷，元氣將絕，久患寒泄，脾胃虛弱，垂命欲盡，心腹冷氣欬逆，脚冷痛。

主治各經寒藥： 肝氣，吳茱萸；血，當歸。心氣，桂心；血，同上。脾氣，吳茱萸；血，同上。肺氣，麻黃；血，乾薑。腎氣，細辛；血，附子。膽氣，生薑；血，川芎。大腸氣，白芷；血，秦艽。小腸氣，茴香；血，玄胡。三焦氣，烏附；血，川芎。膀胱氣，麻黃；血，桂枝。心包絡氣，附子；血，川芎。

治氣門氣屬陽，治氣門多陽藥。

補氣清氣溫涼藥： 人參調中益氣，治勞倦虛損，脾肺陽氣不足，短氣及少氣。升麻引用補上焦元氣，茯苓引補下焦元氣。○甘草補三焦元氣，健胃和中。○白朮在氣主氣，和中，補脾胃，進飲食，斂虛汗。○黃耆補肺氣，實皮毛，斂虛勞自汗，退虛熱，補脾胃虛弱。□勞諸虛不足。又補腎命門三焦元氣。○菖蒲調心孔，補五臟，通九竅，明耳目，下氣除煩，止心腹痛。○遠志主傷中，補不足，利丈夫，定心氣，止驚悸，去夢邪，心下隔氣。○山藥補中益氣力，心肺不足，除熱強陰，開心孔，涼而能補。○五味子益氣，補不足。主欬逆上氣，收耗散之氣。○肉蓯蓉補命門相火不足。○巴戟天補中，增志益氣。○欵冬花溫肺止嗽，主欬逆上氣，喘息呼吸，寒熱邪氣，治嗽之最。○紫(苑)〔菀〕主欬逆上氣，胸中寒熱結氣，益肺氣，補不足。○白前保定肺氣，主胸脇逆氣，咳嗽上氣沖喉中呼吸不得眠，常作水雞聲。○桔梗能開提氣血，利嗌咽胸膈之氣，主胸脇痛如刀利，及驚恐悸氣，肺熱氣奔促嗽逆。○蘭草益氣通神，消諸痺，散久積陳鬱之氣，生津止渴。○茯苓主胸脇逆氣，憂恚驚悸，心下結痛，欬逆，調胃氣。○杜仲補中，益精氣，堅筋骨。主腰脊痛，陰下濕痒，脚中痠疼。○益智子益氣安神，補不足，調諸氣，止嘔噦，止小便利。當於補中藥内用之。○大棗安中養脾，平胃氣，補少氣，少津液不足。○胡麻主傷中虛羸，補五内，益氣力。○白藊豆和中下氣，治霍亂。○粳米補益胃氣，平和五臟，止渴止洩。○鹿茸治寒熱驚癇，虛勞洒洒如瘧，四肢酸疼，腰脊痛。○原蠶蛾主益精氣，強陰道，止洩精妙。○沙參補中，益肺氣，除寒熱，止驚煩，養肝氣，治常欲眠。又治卒得疝氣下墜。○天門冬保定肺氣，去寒熱，治肺氣欬逆，喘息促急，通腎氣。○麥門冬補心肺中元氣不足，短氣。○葛根升提胃氣。○升麻元氣不足者，用此於陰中升提陽氣上行。○貝母治欬嗽上氣，散心胸鬱結之氣。○馬兜鈴主肺熱咳嗽，止氣逆連連不可。○酸棗仁主心腹寒熱邪結氣聚，四肢酸疼濕痺，臍上下痛，補中，益肝肺。○竹葉主欬逆上氣，嘔吐。○桑白皮補虛益氣，瀉肺氣有餘，去肺中水氣。○五加皮主心腹疝氣痛，益氣療躄。○石楠主養腎氣，内傷陰衰，利筋骨皮毛，療脚弱。○茶葉下氣，釋滯消壅，清頭目，令人少睡。○烏梅下氣，除煩滿，收肺氣，止洩痢，止渴。○枇杷葉治卒嘔啘不止，不欲食，下氣。○豆豉主傷寒頭痛寒熱，瘴氣煩燥滿悶。○陳廩米下氣，除煩渴，開胃止洩。○龍骨去脫固氣，澁腸，治多夢，安心神，縮小便。○犀角安心神，止煩亂，鎮肝明目。○羚羊角安心氣，不魘寐，益氣，利丈夫。○鯽魚主胃弱不下食，調胃實腸，下氣，作鱠主腸澼赤白痢。

溫氣快氣辛熱藥：　乾薑主肺寒咳逆上氣，利肺氣，溫脾理中，發表。○生薑入肺治咳逆上氣，開胃口，止嘔吐，去臭氣。下一切結氣，心胸壅膈，冷熱氣。無病人夜不宜食，動氣。○黑附子通行諸經，引用浮中沉，無所不至。○側子治脚氣，行四肢。○茴香子破一切臭氣，開胃下食，止嘔。治腎勞(癩)〔㿗〕疝，膀胱冷氣腫痛，乾濕脚氣，疝小腸疼痛。○肉豆蔻溫中下氣，開胃消食。○白荳蔻治積冷氣，止吐逆，消穀下氣，散肺中滯氣。入肺經，別有清高之氣，補上焦元氣不足。○縮砂蜜下氣消食，治脾胃氣結滯不散，心腹痛。○桂溫中，利肝肺氣，出汗。○桂枝主上氣咳逆結氣，利關節。○丁香治口氣齒疳，腎氣奔豚。○安息香主心腹惡氣。○沉香補右尺命門，壯元陽，暖腰脊，去惡氣，散滯氣，升降真氣，治心腹痛氣痢。○紫真檀主心腹霍亂，中惡，能調氣，引芳香之氣上行，為理氣之劑。○吳茱萸瀉肝氣，治疝痛，下氣最速。○蜀椒主邪氣欬逆，壯陽，治陰汗，縮小便，開腠理，通血脈。○訶梨勒主冷氣心腹脹滿，胸膈逆氣，下食，澁腸，止久痢赤白，及氣痢霍亂吐瀉。○蒜溫中下氣，健胃，化肉消穀，爛弦癖，辟瘟疫瘴氣，久服傷肝氣，損目，傷肺引痰。○石硫磺治心腹痃癖冷氣，咳逆上氣，脾胃虛弱，垂命欲盡。

行氣散氣降氣藥：　蒼朮健脾胃，寬中進食發汗。除惡氣，辟山嵐瘴氣，消痃癖氣塊，心腹脹痛。○芎藭血中氣藥，治一切氣。心腹痛，脇痛，□痛，溫中散寒，開鬱行氣。○莎草根益氣，大能下氣，開鬱快滯氣，凡血氣藥必用之。○柴胡在經主氣，治胸脇痛，去腸胃中結氣寒熱。又引清氣行陽道，升提胃氣上行。○前柴胡下氣最要，治寒熱邪氣，心腹結氣。○茵陳行滯氣，化痰利膈。○防風瀉肺實，瀉頭目中滯氣，瀉上焦元氣。○白芷與辛夷、細辛用治鼻氣塞。○麻黃主中風傷寒頭痛，發汗，去邪熱氣，泄衛實，止咳逆上氣。○藁本清明前立秋後與木香同用，治上焦中霧露之氣。○木香和胃氣，調諸氣，散肺中滯氣，行肝氣，治腹中氣不轉運，中下焦氣結滯，心腹積年冷氣，痃癖脹痛，九種心痛。又火煨實大腸。○薏苡仁主風濕痺，下氣，除筋骨邪氣不仁。○杜若主胸脇下逆氣，溫中，除口臭氣。○射干主欬逆上氣，欬唾，言語氣臭，咽痺咽腫不得消息，散結氣，消結核。○牡荊實除骨間寒熱，通利胃氣，主欬逆下氣。○蕤核主心腹邪結氣。○仙人杖主噦氣嘔逆。○杉木洗脚氣腫滿，治心腹脹痛，去惡氣。○藿香芳香之氣，助脾開胃，溫中快氣，治吐逆霍亂心痛，去惡氣，治口臭氣。○龍腦香主心腹邪氣，風濕積聚，通利關膈氣塞，風涎閉塞，能散氣。○酒殺百邪惡毒氣，扶肝氣，行藥勢，助火生痰，大傷肺氣。○烏藥治一切氣，中惡心腹痛，天行疫瘴。○大腹下氣，健脾開胃，主冷熱氣攻心腹，痰膈醋心。○楝實入心，主上下部腹痛，心暴痛。○橘核治腰痛，膀胱氣痛，腎冷。○橘皮導胸中滯氣，泄逆氣，止嘔吐，去臭氣。去白理肺氣降痰，留白理脾消食。○杏仁主欬逆下氣，定喘止嗽，散結潤燥。○荔枝核治心氣痛及小腸氣。○山查子消食健胃，行結氣。○木瓜實主肺氣，濕痺，心腹痛，腰腎脚膝無力。○萊菔根大能下氣消穀，止咳嗽。○蘿蔔子治喘嗽下氣，消食。○胡荽主消穀肉，通小腸氣，通心竅。久服發腋氣、脚氣。○葱白主傷寒寒熱頭痛，出汗，除肝邪氣及奔豚氣、脚氣，心腹痛及心迷悶。○韭除胃中熱，充肝氣，治心脾痛，上氣喘息，胸膈氣血結及中惡腹痛。○荊芥宣通五臟，破結聚氣，辟邪氣，發汗，除濕痺。○紫蘇子主肺氣喘急欬逆，潤心肺，消痰氣，調中下氣，止霍亂嘔吐反胃，消五膈。○紫蘇葉解肌發汗，下氣，治心腹脹，止脚氣。○香薷治霍亂不可缺，下氣除煩熱，清暑，利小便。又治口臭氣。○薄荷發汗，通利關節，上行引諸藥入榮衛。又主風氣壅併。○赤小豆花主欬逆，寒熱邪氣，洩痢，酒病頭痛。○蝟皮治腹痛疝積，又治胃逆，開胃氣。

破氣消積氣藥：　薑黃主心腹結積疰忤氣脹，治氣為最。○阿魏去臭氣，破癥積，下惡氣，治心腹痛，辟瘟治瘧。○京三稜治老癖癥瘕，心腰痛，破血中之氣，損真氣。○蓬莪茂治心膈痛，破痃癖氣積聚。諸氣最要，破氣中之血。○海藻破散結氣，癥瘕氣疾急滿，疝氣下墜疼痛，核腫。○檳榔破滯氣，泄至高之氣。治後重如神，墜諸藥於至下，祛瘴氣。又心痛，脚氣冲心。○枳殼主胸膈痞寒，散結氣，破癥結痃癖，通利關節，走大腸，泄肺氣，損胸中至高之氣。○枳實散結氣，消宿食，治逆氣，心下急痞。○厚朴溫中益氣，散結氣，消宿食，治腹脹滿。○青皮破積結隔氣，瀉肝氣，治脇痛，損真氣。○麥芽下氣消食，破癥結冷氣，心腹脹痛。○神麯調中下氣，開胃消食，主霍亂心膈氣，去冷氣。○牡蠣主寒熱溫瘧洒洒，驚恚怒氣，心脇結痛。○海蛤主欬逆上氣，喘息煩滿，胸痛寒熱。

治血門 血屬陰，治血多用陰藥。

補血溫血屬陽藥： 人參治亡血脉虛，因氣虛而血弱者，甘能生血也。○白术在血主血，利腰脊間血。○甘草和中補血，又治肺痿吐膿血。○黄芪補中生血，治腸風，血崩帶下，月候不匀，產前產後一切病。甘能生血，與人參、甘草同用。○巴戟天治陰痿，夢夜鬼交泄精。○紫菀治肺痿欬唾膿血，消痰止喘。○欵冬花治肺痿肺癰吐膿血，消痰止嗽。○乾薑炮之與補陰藥同用，能引血藥入氣分而生血。治血虛發熱，炒黑止唾血，利血。○莎草根逐凝血，血中之氣藥。能引血藥以至氣分而生血。炒黑止血，治崩漏。○陽起石主崩中漏下，破子臟中血癥瘕，寒熱腹痛，無子腎衰陰痿。

補血生血屬陰藥： 天門冬治血熱侵肺，吐衄妄行，咳血痰血，肺痿生癰，吐膿血。○麥門冬治血熱妄行。○五味子強陰益精，止渴生津，上滋肺，下補腎。○熟地黄大補血衰，滋腎陰，主血虛勞極，女子傷中，胞漏下血。破惡血，產後血虛臍腹痛。○生地黄涼血生血，補腎水真陰不足，血虛發熱，衄血吐血，婦人崩中不止，及產後血上薄心，胎損下血，折傷。○肉蓯蓉強陰益精，治男絕陽不興及泄精尿血，女絕陰不產及血崩帶下。○瑣陽補陰血，益精。○菟絲子添精補髓，治鬼交泄精，尿血，寒血為積。○牛膝益精髓，活血生血，通月經，破血瘕癥。能引血藥下行，腰腿之疾不可缺。○石斛強陰益精，治脚膝軟弱。○車前子養肺益精。葉及根主衄血瘀血，尿血熱痢。○川芎治一切血，破癥結宿血，養新血，衄血、吐血、溺血。上行頭目，下行血海，通肝經，血中氣藥。治血虛頭痛，婦人血閉無子。○當歸治血通用，和血補血，破惡血，大補不足，使氣血各有所歸。酒蒸治血虛頭痛，治溫瘧、虛勞寒熱。○芍藥通順血脉，抑肝緩中，補脾經血，散惡血，治血虛腹痛及赤白痢。血虛寒人禁用。○紅藍花多用破血，少用入心養血和血。與當歸同功。○枸杞子強陰益精，明目，血虛用之。○酸棗仁治心虛煩振悸不得眠，斂虛汗，益肝，助陰氣。○黄栢治鼻洪吐血下血，補腎水膀胱不足，痿厥癱瘓，女子漏下赤白。○山茱萸補腎，興陽秘精，收脫，止小便，利腰膝，止女人月水不定。○桑根白皮瀉肺氣有餘，補肺金不足，喘嗽唾血痰血，崩中脉絕。○合歡補陰最捷。○覆盆子主男子腎虛，精竭陰痿。○阿膠治肺虛極損，欬唾膿血，定喘，止血痢，內崩下血，能安胎，治勞極洒洒如瘧狀，腰腹痛，四肢酸疼，養肝益肺。○鹿茸主漏下惡血溺血，破留血在腹，散石淋，女人崩中赤帶下。○鹿角膠主傷中勞絕，婦人血閉無子，止痛安胎。吐血下血崩中，赤白淋露，折跌損傷。○諸血生飲之補人身血不足。○桑螵蛸主男子虛損，腎衰陰痿，失精遺溺白濁，小便自利，女子血閉腰痛。○蛤蚧治久肺勞嗽，傳尸，欬嗽出血，淋瀝。○龜甲主漏下赤白，破癥瘕痻瘧寒熱，大補陰血，去瘀血，續筋骨，治勞倦，補心血。

涼血止血行血藥： 丹參養血，破宿血，生新血。止血崩帶下，調月經，安生胎，落死胎。○玄參補腎氣，明目，强陰益精，治產乳餘疾，血閉堅瘕。○紫參治腸胃大熱，吐血衄血，腸中聚血及下痢，婦人血閉。○茅根除瘀血，血閉寒熱，婦人崩中帶下。茅花亦主衄血吐血。○艾葉止下痢赤白，吐血衄血瀉血，婦人漏血，安胎，止腹痛。○蒲黄治吐衄唾崩，腸風血痢，尿血，撲血血瘕等血，帶下，月候不匀，產後諸血病。生用破血消腫，炒用止血補血。○續斷調血脉，治崩中漏血，尿血，跌傷惡血，腰痛。○漏蘆止泄精，尿血，腸風。○地榆治帶下，月水不止，血崩，產前後諸血疾，腸風血痢，赤白痢。○大薊止吐血衄血下血。○小薊專主血疾，治尿血血淋極效。○牡丹皮治腸胃積血不散，衄血吐血，女子經脉不通，血瀝腰痛，產後冷熱血氣。○雞冠子止腸風瀉血，赤白痢，婦人崩中帶下。○栝樓子炒用止吐血，腸風瀉血，赤白痢。○柴胡在臟主血，婦人產前後必用之。入血藥能調經，佐破血藥，能消血積。○黄連止吐血，治久下赤白膿血腹痛，為治痢疾之最。○黄芩治下痢膿血，腹痛後重，身熱。治肺有熱，吐血衄血。酒炒上行，去上部積血。條實者安胎，補膀胱，滋化源。○葛根生汁治胃熱吐血。○白頭翁治赤毒痢，逐血止痛，金瘡鼻衄。○大黄下瘀血，血閉寒熱，破癥瘕。○萱草根治大熱衄血。○王瓜主瘀血，月閉寒熱。○王瓜子潤心肺，肺痿吐血，腸風瀉血，赤白痢。○連翹通五淋及月經，治血證為中使，地榆為下使。○槐花主腸風瀉血，赤白痢。○栢葉主吐血衄血痢血，崩中赤白，尿血，補陰要藥也。○楮葉杵汁飲，主鼻衄。○淡竹葉治欬逆上氣，吐血。○竹茹主吐血衄血，齒縫出血，崩中。○五加皮治男子陰痿，小便遺溺，女人陰痒。又治多年瘀血在皮肌風痺。○墨入藥能止血及治血痢，產後血暈，崩中下血。○乳香調血氣，定諸經之痛。○椰子皮止血，止鼻衄。○桃梟燒灰，止久吐血不愈。○棕櫚子及皮灰澁腸，止腸風赤白痢，崩中帶下。能養血，止鼻洪吐血。○樗白皮主赤白久痢，痔疾瀉血，女子血崩，月信多，帶下，能縮小便。○萊菔根治肺痿，止血消血。○韭汁細細冷飲之，下膈間瘀血効。○荊芥下瘀血，通利血脉。治產後血暈及婦人血風病。○水蘇主吐血衄血，血崩血痢。○木賊治腸風下血，痔疾血出，止休息痢，月崩及月水不斷。○藕散血，消瘀血，破產後血悶。節搗汁，止吐血衄血。○荷葉及房破血。○酒通血脈，活血。○醋治產後並傷損金瘡血暈，破癥塊，婦人血氣心痛。〇禹餘糧治下赤白，血閉癥瘕大熱。〇芒硝破留血，大小便不通，通月水。〇五色石脂主洩痢，腸澼膿血，陰蝕下血赤白，吐血衄血，安心澀精。〇鹽止齒縫中出血，鹹走血也。〇珊瑚主宿血，鼻衄，鎮心止驚，明目。〇桃花石主大腸中冷膿血痢。〇代赭主女子赤沃漏下帶下，墮胎，血痺血癲，脫精尿血。〇花乳石主金瘡止血，瘡卒中金刃，刮末傅之即合。〇龍骨主膿血尿血，鼻血吐血，女子漏下，止夢寐洩精。〇牛角䚡下閉血瘀血疼痛，女人血崩帶下。〇犀角解熱毒，破血。〇羚羊角去惡血。〇蠶蛻主血風病，益婦人。治吐血衄血，腸風下血，帶下赤白痢，牙宣。〇牡蠣主女子帶下赤白，除老血，軟積痞，療鬼交泄精，止小便。〇鯽魚釀白礬燒灰，治腸風赤痢。〇蠏能散血。〇爪主墮胎，破宿血。〇亂髮補陰甚捷，止鼻衄，血悶血暈血痢，金瘡。〇人溺主卒血攻心，撲損血，吐血瘀血鼻血。

破血消積血藥： 補骨脂破血止血，補折傷骨碎血痛，亦入婦人血氣藥。〇菴䕡子主五臟瘀血，身體諸痛，婦人月水不通。〇蒺藜子破惡血癥結，泄精溺血。〇天名精主瘀血血癥欲死，下血止血。〇劉寄奴破血下血，產後餘疾，心腹痛。〇茜根治六極傷心肺，衄血、吐血、下血、尿血，撲損瘀血，去諸死血。〇鬱金破血積，涼心止血，血淋尿血，女人宿血心氣痛。〇薑黃破血，通月經，治撲損瘀血，產後敗血攻心。〇延胡索破血，治月經不調，血結塊，心腹痛，腰痛，崩中淋露，因損下血，產後諸血病暈，暴血上行。〇京三稜治老癖癥瘕，婦人血脉不調，心腰痛，落胎，消惡血，破血中之氣。〇蓬莪茂治婦人血氣痛，破痃癖，通月經，消瘀血，破氣中之血。〇敗醬破多年凝血，能化膿為水，催生落胎及產後諸病。〇乾漆消瘀血，破癥瘕，女子經脉不通，血氣心痛。〇枳實治心下痞，去脾經積血。〇巴豆通女子月閉，破癥瘕。〇秦椒主女人月閉，產後惡血痢，并多年痢。〇麒麟竭破積血，止痛，打傷損折，內傷血聚。〇沒藥破血，治打撲損折，血滯腫痛不可忍，婦人產後血氣痛。〇虎杖根通月水，破留血癥瘕，撲損瘀血。〇山查子消滯血，治婦人兒枕痛。〇蘇方木消撲損瘀血，婦人血氣心腹痛，月候不調及血噤血暈，產後血脹閉欲死。〇桃仁主癥瘕，瘀血，血閉結，血燥大便難，通月水，止痛。破滯血，生新血。〇麻子潤大腸血燥，破積血，治橫產及產後餘疾。〇花治婦人月經不通，及諸風惡血。〇根汁主瘀血，石淋，產難，帶下崩中，撲損瘀血。〇大麥芽行上焦滯血，并破宿血。〇自然銅治折傷，散血止痛。〇礪石破宿血，下石淋。〇木虻逐瘀血血閉，癥瘕寒熱無子，通利血脉。〇蠐螬主惡血瘀血，月閉，破折血在脇下堅滿痛。〇鼠婦主氣癃，婦人月閉，血癥癇痓寒熱。〇水蛭主逐惡血瘀血，月閉，破血癥積聚無子。

治痰門 痰屬火、屬濕，故治痰多寒藥、燥藥。

治熱痰虛痰藥： 天門冬治欬逆，消火痰，清肺。〇知母潤肺，消痰止嗽。〇黃芩泄肺火，消膈上熱痰，因火動，假治以降火也。〇黃連治中焦熱痰，惡心兀兀欲吐。惡心欲吐者，痰也。〇（括）〔栝〕蔞子潤肺降痰，胸有痰者，以肺受火逼，失降下之令，得甘緩潤下之劑，則痰自降。治嗽之要藥也。〇青黛收五臟鬱火，消熱痰。〇桔梗下肺氣，消痰涎。〇柴胡去諸痰熱結實，積聚寒熱，推陳致新。〇前胡主痰滿胸脇，中痞寒熱，推陳致新。〇茵陳蒿化痰利膈，行滯氣。〇白前消痰止嗽，保定肺氣。〇貝母潤心肺，消痰開鬱，治腹中結實，心下滿，欬逆上氣。〇欵冬花潤心肺，消痰止嗽，治涕唾稠粘，肺痿肺癰。〇紫菀治肺痿唾膿血，消痰止嗽。〇馬兜鈴治肺熱咳嗽，痰結喘促。〇蘭草除胸中痰癖，散久積陳鬱之氣。〇連翹消痰結。〇淡竹葉主胸中痰熱欬逆。〇桑白皮消痰，去肺中水氣。〇竹瀝消虛痰。痰盛之人，氣虛少食者用之。痰在四肢，非此不開。〇荊瀝除痰唾，治頭旋目眩，心頭瀁瀁欲吐。痰盛人，氣實能食者宜用之。〇苦茗去痰熱渴。〇訶梨勒泄逆氣，消火痰，止嗽。〇五倍子噙口中，治頑痰有功。〇蘇子潤心肺，消痰氣。〇烏梅下氣，去痰。〇惡實治喉痺風熱，痰壅咽膈不利。

治濕痰行痰藥： 白朮治脾胃濕痰，怠惰嗜卧，除胃中熱消虛痰。〇蒼朮治濕痰，痰飲成窠囊。〇茯苓消膈中痰水，肺痿痰壅。〇枳殼化痰涎，利胸膈。〇枳實主胸膈痰癖，逐停水，瀉痰，能冲牆倒壁。〇橘皮除膈間痰熱，導滯氣，去白理肺降痰。〇木瓜下氣降痰，止唾。〇大腹皮下氣，治痰膈醋心。〇葶藶治肺（邕）〔壅〕咳逆喘促，痰飲。〇甘遂主留飲水結胸中。〇蕘花治留癖痰飲，咳逆。〇芫花主欬逆喉鳴，消胸中痰水，喜唾。〇旋覆花主結氣痰飲，脇下滿，消胸上痰結，唾如膠漆。〇槐實止涎唾。〇續隨子除痰飲積聚，利大小腸。

治寒痰風痰藥： 生薑治痰嗽，止嘔吐。嘔吐者，痰也。〇細辛破寒痰，開胸中滯。〇半夏消痰涎，止嘔吐。治胸中寒痰痞塞，太陽痰厥頭痛。〇南星除風痰麻痺，利胸膈。〇厚朴消痰下氣。〇天雄通九竅，利皮膚，消風痰。〇烏頭主風寒欬逆，消胸上冷痰。〇益智子治胸受寒邪，止嘔噦，攝涎唾。〇威靈仙去腹內冷滯，心膈痰水久積。〇神麯開胃消食，主胸膈痰逆。〇巴豆破留飲，痰癖。〇砒霜主諸瘧風痰在胸膈，可作吐藥。〇大麥芽化食消痰。〇萊菔子治喘嗽，水研服吐風痰。〇藜蘆吐膈上風痰，暗風癇病。〇白芥子治胸膈冷痰，痰在脇下，痰在皮裏膜外者，非此不達。

消尅痰積藥： 大黃下留痰宿飲。〇檳榔逐水，除痰癖。〇山查子消食積痰。〇射干治欬唾，喉痺咽痛，行太陰厥陰之積痰，使結核自消。凡結核不痛，皆痰也。〇礬石消痰止渴，治痰壅。〇芒硝下痰實痞滿。〇玄明粉去腸胃宿垢，軟積消痰。〇鹵鹹消痰，磨積塊。○蓬砂消痰止嗽，破癥結。○青礞石治食積痰不消。○蛤粉墜痰軟堅，熱痰能降，濕痰能燥，結痰能軟，頑痰能消。○食鹽吐胸中痰癖。○瓜蒂吐驚癇喉風，痰涎壅塞。○常山主溫瘧，胸中痰結吐逆。

治瘡門瘡屬熱屬毒，故宜苦寒藥及解毒藥，亦因氣逆血滯，宜用行氣活血藥。

瀉火解熱藥∶　天門冬治肺痿生癰，吐膿血。○麥門冬治肺痿吐膿。○薏苡仁治肺痿肺癰，吐膿血。○桔梗治肺癰排膿，養血，補內漏。○升麻主風腫癰，喉痛，口瘡，肺痿肺癰咳嗽膿血。瘡家聖藥。○欵冬花治肺痿肺癰，吐膿血。○葶藶治肺癰，喘不得臥。○黄耆主癰疽久敗瘡，排膿止痛，大風癩疾，五痔鼠瘻。治脾胃虚弱，瘡瘍血脉不行，内托陰症瘡瘍必用之。○甘草主金瘡腫，解毒，消瘡疽，與黄耆同功。○節生用消腫導毒。○丹參主惡瘡瘻贅腫毒，排膿止痛，生肌。○玄參散頸下核癰腫。○黄連治諸瘡腫毒必用之。○黄芩主丁瘡乳癰，發背惡瘡疽蝕，火瘡。○防己散癰腫惡結，諸蝸疥癬蟲瘡。○(括)〔栝〕蔞根主乳癰發背，痔瘻瘡瘍，消腫排膿，生肌長肉。○苦參除癰腫，殺蟲瘡疥赤癩。○大黄傅貼一切瘡癤癰腫。○蘆薈主痔病瘡瘻，䘌齒，癬在頸項間延耳頰。○紫草發瘡疽不出。○芒硝消腫毒，排膿軟堅。○通草散癰腫諸結不消及金瘡惡瘡，喉痺鼠瘻，齆鼻息肉。○連翹主寒熱鼠瘻瘰癧，癰腫惡瘡，癭瘤結熱。○梔子主面赤，酒皰皶鼻，白癩赤癩瘡瘍。○蘗木主陰陽蝕瘡，男子莖上瘡。又蜜炙為末，治口舌瘡。又配細辛，治口瘡神効。○苦竹葉卒得惡瘡不識，燒葉和雞子黄塗之。○茶葉主瘻瘡，諸爛瘡及湯火瘡。○景天主大熱火瘡金瘡，止血，風瘡惡痒，熱毒丹腫，小兒赤遊丹毒。○藍汁主金瘡血悶，丁瘡腫毒，遊風熱腫。○青黛傅熱瘡惡腫，金瘡。○王瓜治諸邪氣熱結，鼠瘻，散癰腫留血。○萱草根治破傷風，酒煎服。○苧根搗傅諸癰疽發背，發乳房。○甘蕉根搗傅癰腫結熱，發背諸毒。○白鮮皮治風瘡疥癬赤爛，眉髮脱脆。

行氣開滯辛溫藥可以外傅塗洗∶　菖蒲主癰腫發背疥瘙，殺諸蟲，遍身熱毒瘡痛不痒。○獨活主風寒所擊，金瘡止痛，下乳結，消死肌。○細辛主喉痺齆鼻，止痛。○麻黄消赤黑班毒。○防風主敷乳金瘡，在身半已上者須用之。○白芷主乳癰發背瘰癧，腸風痔瘻，一切瘡疥，排膿止痛生肌。○天麻主熱毒癰腫。○苗名赤箭治同。○葈耳實主惡肉死肌，瘰癧疥癬瘙痒。○附子為末作餅，灸年久冷漏瘡。又醋調塗丁腫。○烏頭汁主瘻瘡瘡根結核，瘰癧毒腫。○側子主癰腫鼠瘻及遍身風癩。○天雄治金瘡。○半夏塗消癰腫。○南星消癰腫，散金瘡，瘀血，疥癬惡瘡，破傷風。○何首烏主瘰癧，消癰腫，療頭面風瘡，五痔。○白附子主疥癬風瘡。○木香治癰腫毒。○蘹香子治惡毒腫毒。○沉香療風水腫毒。○蛇床子主婦人陰中腫痛，男子陰痿濕痒，惡瘡濕癬。○白藥主金瘡，生肌，諸瘡腫毒不散。○白斂主癰腫諸瘡，散結氣，止痛，殺火毒，治湯火瘡，刀箭瘡。○白及主癰腫惡瘡，敗疽傷死肌，白癬疥蟲。○杉材療漆瘡。○烏藥主癰癤疥癩。○藿香療風水腫毒。○蜀椒洗漆瘡。○紫真檀主惡毒風毒，醋和塗之。末傅金瘡，止血止痛。○乳香療風水腫毒，治諸瘡，調血氣，定諸經之痛。煎膏止痛長肉。○巴豆去惡肉，排膿消腫，箭鏃入骨不可拔。○皂莢煎膏，貼一切腫毒，止疼痛。○角針治瘡藥中用之，直達瘡所。又米醋煎嫩刺作膿煎，傅瘡癬奇效。○萊菔子醋研，抹塗消腫毒。○荆芥杵末醋和，封風毒丁腫。○芥子醋研，傅遊腫諸毒及痳痺。○蓼實主癰瘍瘰癧。○葱莖罯金瘡水入皸腫痛。○薤主金瘡，瘡敗諸瘡，中風寒水腫，生搗，熱塗之。與蜜同搗，塗湯火瘡。○葫主散癰腫，䘌瘡，切作片，貼腫頭中心，炷艾灸其上。

活血行血藥∶　川芎主痔瘻，腦癰發背，瘰癧癭瘤，排膿消瘀，長肉。○當歸主惡瘡瘍金瘡，煮飲之。○芍藥消癰腫發背，痔瘻。○菊葉治丁腫垂死，冬用根。○牛膝主金瘡痛及卒得惡瘡不識。又治竹木刺入肉。○紅花苗生搗，傅遊腫。亦取汁服，治一切腫。○牡丹治癰瘡排膿止痛。○鱧腸傅針灸瘡，發紅血不止。○欝金治金瘡，生肌，消癰腫。○薑黄同上。○莎草根醋煮，罯婦人乳腫痛。○地榆治金瘡，除惡肉蝕腫，諸瘻惡瘡熱瘡，可作金瘡膏。○茅針生搗，傅金瘡惡瘡腫，未潰者煮服之，主潰。○艾葉主五痔，下部䘌瘡。○大薊療癰腫惡瘡。○續斷主調血脉，癰傷折跌，續筋骨，金瘡血内漏，止痛生肌。○漏蘆主惡瘡疽痔，乳癰，治撲損，續筋骨，傅金瘡，止血長肉。○天名精治金瘡折傷。○蘇方木破血排膿，止痛，消癰腫。○麒麟竭主金瘡折傷，生肉。○無名異主金瘡，折傷内損。○沒藥主金瘡杖瘡，諸惡瘡痔漏。○花乳石主金瘡。○藕罯金瘡，散血。○山查子催瘡痛，消滯血。○醋消癰腫，斂咽瘡，治金瘡血暈。又浸黄栢含之，治口瘡。○龍骨主腸癰，内疽陰蝕。○鹿角主惡瘡，(乳)癰腫。○馬兜鈴主血痔瘻瘡。○雞冠子治白癜風，諸瘡。○虎骨治惡瘡，鼠瘻。○膏主狗嚙瘡，頭秃瘡。○牡蠣主瘰癧癰腫，喉痺，鼠瘻。○文蛤主惡瘡蝕，五痔，鼠瘻，疳蝕口鼻。○鼉甲主五痔，陰蝕，女子陰瘡。○鱉甲消瘡腫，陰蝕，五痔，陰頭癰。○亂髮治破傷風。○人溺淋打撲杖瘡及蛇犬等咬。○桑白皮作線縫金瘡，更以熱雞血塗之。○銅青合金瘡止血。○桑皮中白汁塗金刃所傷，更剝白皮裹之。○自然銅療折傷，續筋骨。

解毒攻毒藥∶　茺蔚子搗傅丁腫乳癰。絞汁服，消丁腫，諸惡毒腫。○瞿麥出刺，決癰腫，排膿。○百合主喉痺發背及諸瘡腫。○石韋治發背甚效，炒末，酒調服。○芫花主癰腫。○根療疥瘡。○商陸傅癰腫惡瘡，治石癰堅如石作膿。○薺苨封疔腫。○蚤休主陰瘡陰蝕。○絡石主風熱死肌，癰傷癰(種)〔腫〕不消，喉舌腫，水漿不下，刀斧諸瘡，封之立瘥。○營實主癰疽惡瘡結肉，跌筋敗瘡熱氣，陰蝕頭瘡白禿。○根治疽癩諸瘡，金瘡傷撻，生肉復肌。○敗醬主暴熱火瘡，赤氣疥瘙，疽痔癰腫結熱，治腹癰下膿，能破多年凝血，化膿為水。○惡實主風毒腫瘡瘮，喉痺牙痛，頭面腫，吞一粒，可出癰頭瘡。○根亦主風毒癰瘡。○根葉共搗入鹽少許，封熱毒，傅杖瘡金瘡永不發。○金星草主癰疽發背，瘡腫結核。○䕡茹主蝕惡肉，敗瘡死肌，殺疥蟲，排膿。○紫葛主癰疽惡瘡，醋和封之。○蒲公草主乳癰腫，傅疔腫諸瘡，及惡刺化熱毒，消結核。○牙子主疥瘙，惡瘍瘡痔。○鴨跖草主疔腫癰疽，小兒丹毒。○茼實吞一枚，破癰腫。○合歡皮煎膏，消癰腫，續筋骨。○百草灰主腋鼻及金瘡。○榆皮消腫毒，塗諸瘡。○實亦塗諸瘡癬，小兒頭瘡。○白棘主癰腫，潰膿止痛。○木鱉消結腫惡瘡，生肌，肛門腫痛。○冬葵子水吞三五粒，潰癰腫，便作頭膿。○根主惡瘡。○蜀葵治惡瘡，散膿血惡汁。○葉燒為末，傅金瘡，搗碎傅火瘡。○花治一切瘡疥。○黃蜀葵花瘡家要藥。主諸瘡膿水久不瘥。○馬齒莧破癰瘡，和梳垢封疔腫。又燒灰，和醋封之，即根出。又傅豌豆瘡。又塗風瘡，白禿濕癬，杖瘡，多年惡瘡。○苦苣取莖中白汁，傅疔腫出根。又滴癰上立潰。○蘩蔞主積年惡瘡不愈神效。○胡麻生者摩塗瘡腫，生禿髮。療金瘡，止痛。咀嚼，塗小兒頭瘡，及浸淫惡瘡，婦人陰瘡。○白麻油煎沸，對和酒溫服，取微汗，治癰疽發背腫毒。煎膏，生肌長肉，消腫痛。○生大豆塗癰腫。○豆豉搗末，傅惡瘡。○赤小豆排癰腫膿血水，和塗消毒氣。和雞子白調塗熱毒。○雲母傅金瘡并一切惡瘡，又治風瘮遍身。○丹砂治瘡瘍疥瘻。○石膽主金瘡，鼠瘻惡瘡。○五石脂主癰腫疽痔，惡瘡，頭瘍疥。○白石英治肺痿肺癰吐膿。○紫石英散癰腫。○綠礬治喉痺蟲牙，口瘡及惡瘡疥癬。○輕粉主瘰癧，殺瘡疥癬蟲，及酒齄鼻，風瘡燥痒。○水銀主疹瘻痂瘍，白禿。○鐵鏽和油塗惡瘡疥癬。○磁石消癰腫，鼠瘻項核。○伏龍肝消癰腫毒氣。○密陀僧主五痔，金瘡，口瘡。○石灰主疽瘍疥瘙熱氣，惡瘡癩疾死肌，治金瘡。○薑石主豌豆瘡，丁腫等毒。大凡石類，多治癰疽。○熊脂主頭瘍白禿，面皯皰。○膽治惡瘡，久痔。○犀角治發背，癰疽瘡腫，破血化痰。○兔腦髓塗凍瘡。○牡狗膽傅痂瘍惡瘡。○頭骨主金瘡，燒灰傅之。附骨疽、魚眼瘡，燒煙燻之。○馬溺洗頭瘡白禿。○雄雀屎決癰癤立潰。○白蟲蠟外科要藥。○露蜂房主腸瘍毒腫，乳癰。○蜣蜋治丁瘡惡疽，鼠瘻，出痔蟲，及箭簇入骨，沙塵入眼。○牡鼠療踒折，傅湯火瘡，豎針人針折在肉中，箭簇刀刃在隱處。○白殭蠶治男子陰瘍，封丁腫根出。傅刀斧所傷，一切金瘡。○原蠶蛾治金瘡，凍瘡，湯火瘡。○蠶蛻傅丁腫瘡，牙宣牙癰，口瘡。○蝦蟇主癰腫陰瘡癬，鼠瘻，蟲食下部，制犬傷。○蟾酥治癰疽疔腫及牙齒縫出血。又火煆昇，能發瘡毒從汗孔中出。○蛞蝓和蛤粉傅發背。○蚌醋調傅癰腫。○螻蛄出肉中刺，潰癰腫惡瘡。○水蛭吮癰腫腫毒。○人尿傅疔腫。○糞清治惡瘡。○夜明沙治瘰癧。○貝母主喉痺，乳癰，金瘡，項下瘿瘤疾，敷惡瘡、人面瘡，斂瘡口。○白頭翁主瘤氣，項下瘿癧及金瘡。○狼毒主惡瘡，鼠瘻。○通脫木花上粉諸瘡瘻惡瘡，痔疾，取粉納瘡中。○蓖麻子主瘡瘍疥癩，取油塗之，搗傅腫毒疼痛，又治瘰癧。○王不留行主金瘡，止血逐痛，出刺，風毒風疹，癰疽惡瘡瘻，乳毒瘡。○草蒿治疥瘙痂痒惡瘡，生挼傅金瘡，止痛生肉。○藜蘆主頭瘍頭禿，疥瘙惡瘡，及馬刀爛瘡，馬疥癬。○羊蹄根主頭禿疥瘙，女子陰蝕浸淫，疽痔。○栗生嚼，傅瘰癧腫毒，小兒疳瘡。○蛇含主金瘡疽痔，鼠瘻惡瘡，頭瘍丹疹。○山豆根消瘡腫，傅禿瘡，治咽喉腫痛。○射干主喉痺咽痛，散結氣，消腫毒結核，治便毒。○穀精草（生）〔主〕喉痺齒風痛及諸惡疥。○夏枯草主寒熱瘰癧，鼠瘻，頭瘡瘿氣。○山慈菇根主癰腫瘡瘻，瘰癧結核等。又莖葉搗為膏，入蜜貼瘡。○楓香主癮瘮風痒，浮腫齒痛，外科之要藥。○大楓子主風瘡疥癬，殺蟲。○槐實治痔瘡，又男女陰瘡濕痒。○槐枝洗瘡及陰囊濕痒。○槐白皮煎湯洗五痔及男子陰疝卵腫。又治一切惡瘡疥癬，煎膏止痛長肌，消癰腫。○松脂主疽惡瘡，頭瘍白禿疥瘙，牙蟲痛抽，諸瘡膿血，生肌止痛，抽風。○松葉主風濕瘡。○白皮主火炙爛瘡。○栢葉炙署凍瘡。○茄子根主凍脚瘡。○楝皮治風瘮惡瘡，疥癩禿瘡，煎湯洗。○青葙子主惡瘡疥蟲，痔蝕下部䘌瘡。○胡桃取肉燒令黑末斷煙，和松脂研傅瘰癧瘡。○海藻主瘿瘤氣，頸下核，破散結氣癰腫。○昆布主瘿瘤聚結氣瘻瘡，又癩卵腫。○大戟治頸癰腫。○黃藥根主諸惡瘡瘻，喉痺。○柳花主惡瘡金瘡。○絮止血，貼灸瘡。○實主潰癰，逐膿血。○枝葉根皮煎作膏，塗癰腫疔瘡，妬乳。○蕪荑治腸風痔瘻，惡瘡疥癬。○仙人杖燒末服，治痔瘡。○五倍子療齒宣疳䘌，風濕癬瘡瘙痒膿水，五痔下血，小兒鼻疳瘡，口瘡。○雄黃主寒熱鼠瘻，惡瘡疽痔，死肌，疥蟲䘌瘡，鼻中息肉。○雌黃主惡瘡，頭禿痂疥，下部䘌瘡。○礬石主惡瘡瘰癧，疥癬甲疽。○石硫磺主婦人陰蝕，疽痔惡血，及下部䘌瘡，殺疥蟲，除頭禿。○礜石主寒熱鼠瘻，蝕瘡死肌，鼻中息肉。○狸頭骨治鼠瘻惡瘡，痔瘡。○啄木鳥主痔瘻，牙齒疳䘌蚛牙。○蝟皮主五痔陰蝕。○蠐螬傅癰疽痔漏惡瘡，又治喉痺。○蛇蛻主腸痔，療諸惡瘡。○鰻鱺魚主五痔瘡瘻，殺蟲。○鰻鯉甲主痔漏惡瘡，疥癬蟻瘻，吹乳痛。○烏賊魚骨治瘡多膿汁不燥，傅丈夫陰頭癰。○班猫主鼠瘻疥癬，瘰癧惡瘡疽蝕。○蜘蛛主癀疣發背，鼠瘻腫核痛。○烏梅去死肌、青黑誌。燒灰末，傅一切惡瘡肉，出惡肉立盡。○白梅傅刀箭傷，止血。刺在肉中，嚼封之即出。乳癰腫毒，杵爛貼之。○杏仁燒令煙未盡，研如泥，物裹納女子陰中，治蟲蛆。○石蠏治漆瘡，消癰腫。○蠏主漆瘡。○脚中髓并殼中黃熬末，納金瘡中，能續斷筋。○獺主魚臍瘡。

治毒門

解毒藥：甘草解百藥毒，飲饌中毒，中蠱毒。○葛根解諸毒，酒毒。○葛粉主丹石毒，解鴆毒。○藍實解諸毒，殺蟲蛇疰鬼螫毒。○葉汁殺百藥毒，毒藥、毒箭、毒刺，鱉瘕、蟲蛇傷、蜘蛛、蜂螫毒。○青黛解諸藥毒，蛇犬等毒，殺惡蟲，物化為水。○大青解金石藥毒。○百部治疳蚘及傳尸骨蒸勞，殺寸白蟯蟲，去蝨，洗牛犬蝨。一切樹木蛀，殺蠅蠓。○苧根罯毒箭，蛇蟲咬。○麻汁解蠶咬毒。○白兔藿主蛇虺蜂蠆，制狗菜肉蠱毒，鬼疰風疰諸大毒，不可入口者，皆消除之。○薺苨解百藥毒，殺蠱毒，蛇蟲咬，罯毒箭。○蚤休主驚癇顛疾，去蛇毒，解百毒。○桂殺草木毒。○乾苔下一切丹石，殺諸藥毒，殺木蠹蟲。○山豆根解諸藥毒，殺蟲，寸白蟲。○蒲公草解食毒。○葱殺百藥毒，罯蟲傷、蚯蚓毒。○千金藤主中惡天行蛇蟲毒藥，不發癲狂。○葫辟瘟疫氣，腫氣蠱毒，蛇蟲溪毒。○生大豆殺鬼毒，烏頭毒，諸藥毒。○白藊豆殺一切草木及酒毒，河豚毒。○綠豆治丹毒藥石發動。○醬殺百藥熱瘡及火毒蛇蟲蜂蠆等毒。○水銀殺虱，殺金銀銅鐵毒。○鐵漿解諸毒入腹，蛇犬虎狼惡蟲毒。○鐵繡主蜘蛛蟲等咬。○粉錫主伏尸毒螫，殺三蟲，去鱉癥。○石蟹解一切藥毒並蠱毒。○地漿解蟲諸毒煩悶，山中毒菌，楓樹上菌。○臘雪解一切毒瘟疫氣，丹石發動。○白鴨屎殺石藥毒，傅蚰蜒咬瘡。○鷓鴣主嶺南野葛菌毒，生金毒及瘟瘴。○鰻鱺殺諸蟲、諸草石藥毒，熏下部蟲，婦人產戶瘡蟲痒，斷蛀蟲，及白魚諸蟲咬衣服，熏諸竹木蛀蟲。又燒之於室中，能辟蚊蟲。○茜根治中蠱毒。○景天主諸蠱毒。○紫菀去蠱毒。○桔梗去中惡，下蠱毒。○大戟主蠱毒。○芫花主蠱毒鬼瘧，殺蟲魚。○藜蘆主蠱毒，殺諸蟲毒。○連翹治蠱毒。○瓜蒂殺蠱毒。○蛇蛻主蠱毒，蛇癇辟惡。○決明子解蛇毒。○天南星治蛇蟲咬。○牙子治蛇毒。○榧實去三蟲，蠱毒。○蛇含主蛇蟲蜂蠆咬。○桑葉治蛇蟲蜈蚣咬。○桑白汁同上。○烏桕木解蛇毒。○蜀椒治蛇入口中不得出。○黃藥根主蛇犬咬毒。○水蓼傅蛇咬。○礬石治蛇咬蝎螫。○韭治中惡腹脹，狂犬咬，蛇虺蟲毒。○知母治溪毒大勝，兼辟射工。○鵝毛及血主射工水毒。○蘆根解食魚蟹中之毒。○紫蘇煮汁飲，治蟹毒。○松脂殺牙蟲。○乾漆去蚘，殺三蟲。○檳榔殺三蟲伏尸，寸白蟲。○楝實殺三蟲。○巴豆殺腹臟蟲，除鬼毒蠱疰邪物，殺蟲魚、班猫、蛇虺毒。○吳茱萸根殺三蟲，下寸白蟲。○蕪荑去三蟲、寸白蟲。○雷丸殺三蟲，逐毒氣蠱毒。○欅木根葉殺口鼻中疳蟲，蛔蟲。○石榴東行根治蚘蟲、寸白蟲。○長石下三蟲，殺蠱毒。○杏仁治女子陰中蛆蟲。○白麻油治髮瘕，蚰蜒入耳。○梳篦主蝨病如癥瘕。○象牙主諸鐵及雜物入肉，喉中刺。○鸕鷀頭主鯁及噎。○蜘蛛主蝎螫、蛇嚙、蜂及蜈蚣毒。○栗生嚼罯，可出箭頭刺。○浣褌汁多解毒箭。

解毒兼治邪毒：邪亦毒類，故附之。升麻解百毒，殺百精殃兒，辟瘟疫瘴氣，邪氣蠱毒，中惡腹痛。○天麻主諸毒惡氣，鬼疰蠱毒。○赤箭主殺鬼精蠱毒惡氣。○阿魏治傳尸，邪鬼蠱毒。○石龍芮主鬼疰惡毒，蛇蟲。○商陸殺鬼精物，瀉蠱毒。○鉤吻殺鬼疰蠱毒，鳥獸。○常山治鬼毒鬼蠱。○蜀漆主蠱毒鬼疰。○狼毒主鬼精蠱毒，殺禽獸。○續隨子主蠱毒鬼疰。○鬼臼主蠱毒鬼疰精物，辟惡氣不祥，解百毒。○衛矛殺鬼毒蠱疰，中惡腹痛。○烏藥主中惡腹痛，蠱毒疰忤鬼氣，猫犬百病。○皂莢殺精物勞蟲，鬼魘不悟，卒死卒頭痛。○酒主殺百邪惡毒氣。○社酒噴四壁去蚊。○糟傅蛇蜂毒。○食鹽主殺鬼蠱邪疰毒氣，洗沃中蚯蚓毒。○雄黃主中惡蠱毒腹痛，殺精物惡鬼邪氣，及百蟲蛇虺毒，勝五兵。佩之，鬼神不能近。○代赭主鬼疰蠱毒，殺精鬼惡鬼。○麝香辟惡氣，殺鬼精物，溫瘧蠱毒癇痓，凶邪鬼氣。○犀角主百毒蠱疰邪鬼瘴，殺鉤吻、鴆羽、蛇毒，山瘴溪毒，除邪不迷惑魘寐。○羚羊角主蠱毒，惡鬼不祥，治山瘴。○羖羊角主蠱毒，燒之辟惡鬼，虎狼蟲蛇。○青羊肝膽主蠱毒。○敗鼓皮主蠱毒，能言蠱主名。○丹雄雞殺毒，辟不祥。○冠血百蟲入耳中，滴之即出。○鷰屎主蠱毒鬼疰，逐不祥。○班猫主寒熱鬼疰蠱毒。○鵲巢多年者，主顛狂鬼魅及蠱毒。○蜣螂主大人顛疾狂易，出痔蟲。○露蜂房主驚癇，寒熱邪氣，癲疾，鬼精蠱毒，又治蜂毒腫毒。○蜈蚣主鬼疰蠱毒，諸蛇蟲魚毒，殺鬼物老精，治瘧，去三蟲。○白頸蚯蚓主蛇瘕，去三蟲，伏尸鬼疰蠱毒，殺長蟲。○其屎封狂犬傷毒，出犬毛神效。○貝子主鬼疰蠱毒。○頭垢治中蠱毒及蕈毒，百邪鬼魅。○人屎主天行熱狂，解諸毒。

治邪藥：菖蒲治中惡與卒死鬼擊。○卷柏鎮心，治鬼邪啼泣。○丹參治中惡，百邪鬼魅腹痛。○艾實治百惡鬼氣。○白薇治狂惑邪氣，忽忽不知人。○防葵治鬼瘧顛癇，驚邪狂走。○百合主邪氣腹脹心痛，通身疼痛，百邪鬼魅，涕泣不止，狂叫驚悸，殺蠱毒。○海藻主辟百邪鬼魅。○草蒿主鬼氣尸疰伏連。○徐長卿主鬼物百精，蠱毒疫疾，邪惡氣瘟瘧。○蘇合香主辟惡，殺鬼精物蠱毒，去三蟲，除邪，令人無夢魘。○安息香主鬼疰邪氣，魍魎鬼胎蠱毒，燒之去鬼來神，辟惡氣。○桃花殺疰惡鬼，下三蟲。○桃梟殺百鬼精物，五毒不祥，中惡腹痛。○桃蠹殺鬼邪惡不祥。○葉除尸蟲，出瘡中疽。○桃符主精魅邪氣，煮汁飲之。○丹砂殺精魅邪惡鬼。○靈砂同上。○礪石主鬼物惡氣。○半天河水主鬼疰，狂邪氣惡毒。○龍骨主心腹鬼疰，精物老魅。○龍齒主顛疾狂走，殺精物蠱毒。○牛黃主驚癇邪顛，除邪逐鬼。○鹿角治婦人夢與鬼交，服之即出鬼精。又妖魅猫鬼人不肯言鬼者，服之即言實。○虎骨主邪惡氣，殺鬼疰毒。○爪辟惡鬼。○白馬懸蹄主驚邪，辟惡氣鬼毒，蠱疰不祥。○白狗血主癲疾及鬼擊之病。○雄狐糞燒之辟惡。○頭燒之辟邪。○心肝生服治狐魅。○狸骨主風疰尸疰鬼疰。○糞主寒熱鬼瘧。○豚卵主驚癇顛疾，鬼疰蠱毒。○野猪黄主癲癇鬼疰。○獺肝主鬼疰尸勞，一門相染者。又治蠱毒。○膃肭臍主鬼氣疰，夢與鬼交，鬼魅狐魅，中惡邪氣。○蛤蚧主久肺勞嗽傳尸，殺鬼物邪氣。○蟹令敗漆，燒之致鼠。○鮫鯉甲主五邪鬼魅，驚啼悲傷，山瘴瘧。○死人枕治尸疰腹中，石蚘邪氣入肝，多見鬼物。

婦人門

補虛調經安胎藥：川芎治血閉無子，驗婦人胎有〔無〕。餘見血門。○當歸主漏下絶子，產前後備急不可缺。○芍藥見血門。○地黄見血門。○續斷治乳難，產前後一切病及子宮久冷無子。○艾葉治漏血，安胎，止腹痛，辟風寒，暖子宮，使人有子。○香附子婦人要藥。○柴胡產前後調經必用之藥。○胡黄連治胎蒸虛驚。○生葛汁治妊娠熱病心悶。○黄芩條實主妊娠，安胎之聖藥。治胎熱，能清血故也。○蘆根治妊娠人心熱。○萱花根懷妊佩之，反女為男。○大薊根主女子赤白沃，安胎。○黄蘗治漏下赤白，陰傷蝕瘡。○石南養腎氣。不可久服，令思男。○卷栢治陰中寒熱痛，癥瘕血閉絶子。生破血，炙止血。○白鮮治陰中腫痛。○白斂同上。○淡竹瀝治懷妊人頭旋倒地，安胎，治子煩。○桑耳黑者主漏下赤白汁，血病癥瘕，陰痛，陰陽寒熱無子。○桑上寄生主崩中不足，懷妊漏血不止，產後餘疾，下乳汁。○蜀葵花赤治赤帶，白治〔白〕帶。又能催生落胎。○馬齒莧止赤白帶。○白藊豆花主赤白帶。○青黄二石脂主女子崩中帶下百病。○紫石英補不足，主風寒在子宮，十年無子。○陽起石見血門。○伏龍肝主崩中吐血，妊娠時疫熱病，令胎不墜。○阿膠治下血，安胎補虛，血虛而胎不安者，須此。○羚羊角去惡血，產後血冲心煩悶。○鹿茸治崩中，赤白帶下。○鹿角膠主血閉無子，安胎止痛。又治夢與鬼交，取末和酒調服，即出鬼精。○牡狗陰莖除女帶下十二疾。○狐陰莖主絶產陰痒。○露蜂房治崩中漏下赤白，無子。○蠶蜕主血風病，益婦人。○鯉魚肉安胎，治懷妊身腫。○鱉甲主漏下五色，羸瘦，墮胎。○龜甲見血門。

理產和血行氣藥：茺蔚子治產前後諸疾，行血養血，難產。○苗絞汁服，治子死腹中。○車前子治產難，為末，酒調服。○貝母治產難及胞衣不出。○紅藍花主產後血暈口噤，腹內惡血絞痛，胎死腹中。○苧根治妊娠胎動不安，漏下血，產前後心煩悶。○苧麻產婦枕之止血暈。安臍上，止產後腹痛。○通草治血閉，催生墮胎，下乳。○酸漿草產難，吞其實。○槐實墮胎催生同。○槐皮煎湯，洗陰瘡濕痒，產門痒痛。○紫葳主產乳餘疾，癥瘕血閉，寒熱羸瘦，養胎，治血中痛之要藥。○衛矛主崩中下血，腹滿，婦人血氣大效，能落胎。○冬葵子催生，治產難，下乳汁。○瓜蔞子下乳汁。○荊芥治產後血暈，口噤中風，身強直，婦人血風等病，為要藥。○黑大豆主產後中風，虛熱血病。○蘩蔞蒿主破血，宜產婦。○秤錘主產難及胞衣不下，兒枕痛，燒令赤，投酒中熱服。○古文錢治橫產，心腹痛，目隔五淋，燒醋淬用。○銅青主血氣心痛。○滑石主乳難。○石鷰難產，兩手各握一枚。○羚羊角散產後血冲心煩悶，燒末，酒服。○羖羊角治產後餘痛。○兔頭骨主難產催生，并產後胎衣及餘血不下。○肉妊娠忌食。○鼺鼠主墮胎，令易產，臨產帶之，或燒末臨時服。○雞卵白主產難，胞衣不出。○夜明砂主子死腹中。○蚱蟬治乳難，胞衣不出，墮胎。○五靈脂主女子月閉，產婦血暈，行經血，亦止血。治心痛，血氣刺痛甚效。○人溺治產難，胞衣不下，產後溫飲一杯，壓下敗血，免血暈極效。○乾薑治血虛發熱，產後大發熱者用之。○黑附子墮胎。○烏頭天雄同上。○半夏墮胎。○桂墮胎，通血脉，消瘀血。○何首烏治產後及帶下諸疾。○木香治女人血氣刺痛，安胎行氣。○縮砂安胎，治妊娠因氣動胎痛疼，行氣故也。○蓖麻子催生，下胞衣。○枳殼能瘦胎順氣，治胎胞難產。○麝香主產難，墮胎。○蛇床子主陰中腫痛及產後陰下脱，令人子臟熱。

攻尅血積藥：延胡索破血結塊作痛及產後諸病因血所為者。○京三稜見血門。○蓬术見血門。○瞿麥破胎墮子，下閉血。○大戟治瘀血，通月水，墮胎。○續隨子主血結月閉，癥瘕痃癖，瘀血。○射干消月閉，通瘀血。○乾漆見血門。○山查治兒枕痛。○大麥芽催生落胎，治產後秘結，鼓脹不通。○神麴落胎，下鬼胎。○水銀墮胎。○硇砂破結血爛胎，止痛。○䗪蟲主心腹寒熱洗洗，血積癥瘕，破堅下血閉，無子。○水蛭破血瘕積聚。○烏賊魚骨主漏赤白，血閉，陰蝕腫痛，寒熱癥瘕。

小兒門 小兒為病，大率多肝脾二經，故多消積殺蟲及驅風清熱之藥也。

治脾病補虛疳瀉藥：黄芪補虛，小兒百病。○甘草初生，煮汁綿漬點口中，以吐惡汁，令無病。○茅針益小兒。○前胡治一切疳氣。○胡黄連治驚癇寒熱，不下食，霍亂久痢成疳，溫瘧骨蒸，小兒藥多用之。○黄連治疳氣形瘦氣急，又治食土。○葛根治小兒熱痞。○葛穀主下痢十歲以上。○肉豆蔻傷乳吐逆泄瀉。○使君子主五疳瀉痢，殺蛔蟲。○蘆薈治諸熱癲癇驚風，療五痔，殺三蟲。○楝根東行者療蚘蟲甚效。○青黛治諸熱驚癇，疳熱痢消瘦諸病，瀉肝，消食積，及殺諸蟲。○藍葉汁治壯熱，熱疳，丹熱禿瘡。○栢葉治蟲痢，大腹下黑血如茶脚色，或膿血似淀色。○雷丸治小兒百病，殺三蟲，除胃中熱結積。○樗白皮主疳痢，殺口鼻中疳蟲及蛔蟲。○梳篦垢主惡氣霍亂，水和服之。○蜀葵葉炙煮，與小兒食，治熱毒下痢。○韭汁初生灌之，即吐惡血，令無病。○山查子消食健胃，益小兒。○沙糖小兒不宜多食，損齒，發疳䘌，生蟯蟲。○丹砂初生時細研，蜜調，塗口中，令吮之，又解豆瘡毒，令少出。○神麴化水穀，消宿食，治小兒腹堅大如盤。○青礞石主食積不消，羸瘦。○蠶蛻治走馬疳。○地榆治疳熱瀉痢極效，煮濃汁飲之。○蝦蟇治疳氣，殺疳蟲鼠瘻，治洞洩下利。○蟾酥治疳瘦及腦疳。○龜甲治顖不合，頭瘡難燥。○鱉甲治小兒肋下結核，溫瘧勞瘦。○烏賊魚骨治小兒痢。

治肝病風熱驚癇藥：　菖蒲溫瘧，積熱不解，煎湯浴之。○景天草浴小兒去煩熱，虛氣風疹。○桔梗治驚癇客忤。○連翹除心經寒熱，最宜小兒。○槐白皮治驚癇壯熱。○燈心草燒灰，塗乳上與食，治夜啼。○竹瀝治驚癇天吊，壯熱煩悶。○薄荷主小兒風涎，驚風壯熱。○牡荊瀝主心熱驚癇，除痰唾。○秦皮治小兒癇身熱。○鈎藤主寒熱，十二驚癇客忤，胎風，惟療小兒。○蜜蒙花主青盲膚翳赤脉，小兒麸豆，及疳氣攻眼。○五加皮療小兒不能行。○仙人杖主吐乳水，煮服。驚癇及夜啼，安身伴睡。○龍腦香通利小兒風涎閉壅，及暴驚熱發，豌豆及生赤瘡。○天竺黄主驚風天吊客忤，痰壅失音，鎮心明目，去諸風熱，滋養五臟，小兒藥最宜之。○浮小麥治骨蒸肌熱。○金屑主驚傷，風癇失志。○銀屑主癲疾狂走。○磁石主驚癇。○臘雪治熱癇狂啼，瘟疫。○熊膽主驚癇，五疳。○龍骨主邪氣，治小兒熱氣驚癇。又傅臍瘡不瘥，燒灰塗之。○齒主驚癇身熱，癲疾狂走。○牛黄主驚癇寒熱，小兒百病，諸癇口噤，邪惡氣。初生二三日服之，去驚邪惡氣。○牛齒主牛癇。○犀角主風熱驚癇。○羚羊角主驚癇。○羖羊角主驚癇。○齒主羊癇寒熱。○虎膽主疳痢驚癇。○馬齒主驚癇。○雞冠血治小兒卒驚，似有痛處而不知疾狀，取滴口中少許。○鵝毛主驚癇。○燕屎與巢作湯浴，治驚邪。○蚱蟬主驚癇夜啼，癲疾寒熱。○蟬花主天吊驚癇，瘈瘲夜啼心悸。○蜣螂主驚癇瘈瘲，腹脹寒熱，疳蟲。○真珠小兒驚熱，藥中用之。○白殭蠶主驚癇夜啼，去三蟲。○蝎小兒驚風不可缺。○衣魚主中風項強背起摩之效。又淋閉，取以摩臍及小腹，溺即通。○髮髲主驚熱及熱瘡。○亂髮主驚癇，鵞口瘡。

治瘡毒藥：　菟絲子治頭瘡，熱痱瘙瘡痒瘍，煎湯洗之。○紅花子吞數粒，主天行瘡子不出。○臙脂主(停)[聤]耳，滴耳中。○麻黄治小兒瘡疱倒靨黑者。○升麻斑瘡及豆瘡，心燥不安，煮汁洗之。○紫草治豌豆瘡不出，通水道，去邪氣，治痘要藥。○胡荽主禿瘡，又治痘瘡不出，令速出。○甘蕉根搗傅赤遊。○苧根主赤遊。○鴨跖草小兒丹毒發熱。○雞肶胵黄皮傅鵝口不乳。○桑皮中白汁主口瘡、□□□、舌上生瘡，傅之神効。○榆皮及實治頭瘡白禿。○五倍子治面鼻疳瘡。○胡麻嚼塗頭上諸瘡。○白麻油同上。○栗生嚼，傅疳瘡瘰癧腫毒。○赤小豆洗，治急黄爛瘡。○猪膽汁傅頭上瘡。○鯽魚主頭瘡、口瘡、重舌、目翳。

明・繆希雍《本草經疏》卷二　諸病應忌藥總例

補氣：　人參　黄耆　二术　人胞　紅鉛

溫補：　人胞　紅鉛　白膠　鹿茸　巴戟天　人參　黄耆　二术　淫羊藿　肉蓯蓉　補骨脂　當歸　狗陰莖　菟絲子　蛇床子

大熱：　附子　肉桂　仙茅　陽起石　烏頭　硫黄　海狗腎　羊肉　雀肉　天雄　葫蘆巴

破氣：　青皮　枳實　枳殼　檳榔　厚朴　牽牛

閉氣：　銀杏　米麪食　猪脂油　二术　黄耆

降氣：　降真香　蘇子　鬱金　枇杷葉　橘紅　沉香　烏藥

破血：　桃仁　紅花　蘇方木　延胡索　乾漆　五靈脂　花蕊石　乳香　没藥　薑黄　三稜　蓬茂　水蛭　䖟蟲　䗪蟲　肉桂　桃梟　穿山甲　麒麟竭

升提發散：　升麻　柴胡　川芎　紫蘇　麻黄　乾葛　羌活　獨活　防風　白芷　生薑　細辛　荊芥　前胡　藁本　葱白　薄荷

辛溫辛熱發散：　吳茱萸　乾薑　桂枝　麻黄　細辛　羌活　獨活　防風　藁本　川芎　白芷　葱白

吐：　瓜蒂　梔子　豆豉　皂莢　藜蘆　常山　人參蘆　鰕汁　鹽湯

下：　大黄　芒硝　巴豆　牽牛　玄明粉　枳實　厚朴

降泄：　山梔　知母　天門冬　玄參

利水：　猪苓　澤瀉　木通　瞿麥　車前子　葶藶　滑石　海金沙　商陸　茯苓　扁蓄　烏桕根皮　琥珀　芫花　甘遂　大戟　續隨子　漢防己　郁李仁

損津液：　郁李仁　白礬　紅礬　半夏

斂攝：　白芍藥　五味子　醋　烏梅　白梅　酸棗仁

固澀：　龍骨　牡蠣　粟殼　訶黎勒　益智子　山茱萸　桑螵蛸　蛇床子　肉果　蓮鬚　阿芙蓉　金櫻子　原蠶蛾

消導：　山查　麥芽　草果　檳榔　三稜　蓬茂　神麴　枳殼　枳實　綠礬　萊菔子　紅麴　橘紅　砂仁

開竅：龍腦香　麝香　蘇合香　檀香　安息香
香燥：沉香　麝香　龍腦香　縮砂蜜　豆蔻　藿香　香附　丁香
烏藥　木香
辛燥：火酒　蒜　半夏　南星　二朮
辛熱：乾薑　吳茱萸　胡椒　蒜　蘹香　生薑　巴豆　龍腦香
濕潤：地黃　當歸　肉蓯蓉　天門冬　知母　猪脂油　麻仁　栝樓仁
滯膩：猪羊犬肉　鵝　地黃　南麫　油膩　炙煿
滑利：冬葵子　榆皮　牛乳　椿根白皮　柿　瓜　李　桃　梨　蜜
青菜　蓴菜　酥　茄子
發濕：鱖魚　南麫
苦寒傷胃：山梔　黃蘗　黃芩　黃連　大黃　苦參　玄參　知母
蘆薈
補命門相火：鹿茸　巴戟天　附子　人胞　紅鉛　白膠　肉桂　仙茅　陽起石　膃肭臍　淫羊藿　補骨脂　狗陰莖　菟絲子　原蠶蛾
補腎水苦寒：黃蘗　天門冬　玄參　知母
酸寒：白芍藥　牛膝　烏梅
鹹寒：童便　芒硝　玄參　秋石
生冷：菱　梨　菜　李
甘：甘草　飴糖　大棗　蜜
鹹：食鹽　商陸　鹼水　鹿茸　蛤蜊　蠣黃　蟶

陰陽表裏虛實門

陽虛：即真氣虛。其證惡寒，或發熱自汗，汗多亡陽。陽虛不發熱，單惡寒者居多。
忌破氣、降泄、利水、苦寒、酸斂，又忌辛溫發散。　青皮　枳殼　厚朴　牽牛　檳榔已上破氣　大黃　石膏　山梔　知母　天門冬　生地黃　栝樓已上降泄　澤瀉　木通　瞿麥　木柏根皮　漢防己　葶藶　猪苓　滑石　海金沙　商陸已上利水　黃芩　黃連　黃蘗　玄參　槐花已上苦寒　芍藥　烏梅　醋已上酸斂　吳茱萸　麻黃　羌活　獨活　前胡　防風　荊芥已上辛熱發散
宜補〔斂〕、甘〔酸〕、溫、熱。　人參　黃耆　二朮　炙甘草　當歸　白膠　淫羊藿　人胞　紅鉛　補骨脂　巴戟天　桂　附子　仙茅　鹿茸　大蘹香　陽起石　羊肉　雀肉

陰虛：即精血虛。其證為欬嗽多痰，吐血，咯血，嗽血，鼻衄，齒衄，盜汗，自汗，發熱，寒熱，潮熱，骨乏無力，不眠，氣急，腰背痛。
忌補氣，復忌破氣、燥熱辛溫，又忌大寒大苦傷胃，並升提發散、利水。　人參　黃耆　二朮　人胞已上補氣　南星　半夏　附子　官桂　桂枝　仙茅　鹿茸　乾薑　硫黃　陽起石　海狗腎　丁香　胡椒　烏頭　火酒　吳茱萸　烏藥　生薑已上燥熱辛溫　山梔　黃芩　黃連　大黃　芒硝　玄明粉已上大寒大苦傷胃　麻黃　升麻　柴胡　羌活　獨活　藁本　川芎　防風已上升提發散　破氣利水藥見前
宜生〔精〕〔津〕補血，兼清虛熱、斂攝、酸寒、甘寒、甘平、鹹寒，略兼苦寒。　地黃　栢子仁　人乳　沙苑蒺藜　枸杞子　牛膝　麋角膠　阿膠　沙參　酸棗仁　白芍藥　五味子　山茱萸　石斛　麥門冬　薯蕷　牡丹皮　續斷　地骨皮　車前子　溺白垽　鼈甲　黃蘗　知母　青蒿

表虛禁汗：其證自汗惡風，洒淅寒熱，喜就溫暖，脈浮無力。
忌破氣、升發、辛熱。　麻黃　升麻　防風　柴胡　羌活　獨活　前胡　乾葛　紫蘇　薄荷　白芷　生薑　荊芥已上升發　吳茱萸　桂枝表虛而中寒者不忌　乾薑已上辛熱　破氣藥見前
宜補斂、益氣實表、甘、酸。　人參　黃耆　白芍藥　甘草　桂枝有熱者勿用　五味子

裏虛禁下：其證洞泄，或完穀不化，心腹痛，按之即止。或腹脹，或傷寒下後痞滿。
忌破氣、下、苦寒。　大黃　芒硝　巴豆　玄明粉　牽牛已上下　黃芩　黃連　山梔　知母　黃蘗　天門冬　茗已上苦寒　破氣藥見前
宜溫補，甘，佐以辛熱。　人參　炙甘草　朮　大棗　糯米　肉桂　附子有熱者勿用　乾薑

陽實：即表邪熱盛，其證頭痛發熱，遍身骨痛，無汗。
忌補斂、下、大熱。　黃耆　人參　二朮　桂枝　芍藥　五味子　米麫食　猪羊犬肉　醋已上補斂　附子　胡椒　乾薑　肉桂　蒜　吳茱萸已上大

熱　下藥見前

宜辛寒、發散，天寒略加辛熱、辛溫佐之。　石膏　知母　葛根　麥門冬　前胡　柴胡　黄芩　紫蘇　薄荷　升麻　防風　葱白　荊芥　羌活　麻黄冬月可用，春夏忌之。

陰實：　即裏實。外感證屬邪熱内結者，其證胸腹鞕痛，手不可近，大便七八日不行，或挾熱下痢。

忌辛溫、發散、補斂。　諸藥俱見前。

宜下、苦寒、鹹寒、甘、辛。　大黄　厚朴　枳實　滑石　山梔　黄芩　黄連　藍　茵蔯　芒硝　桃仁

〔内傷證屬陽氣下陷於陰分者，其證發熱，倦怠嗜卧，不任勞煩及不喜食，食亦不甘味，或不消。

忌破氣、發散、下。諸藥如左：　青皮　枳實　枳殻　厚朴　牽牛　檳榔以上破氣　麻黄　防風　羌獨活　前胡　紫蘇　薄荷　生薑　荊芥　吳茱萸以上發散　大黄　芒硝　巴豆　玄明粉以上下

宜升補、甘溫。　諸藥如左：　升麻　柴胡　人參　黄耆　白术　炙甘草〕

陽厥：　即熱厥。其證四肢厥逆，身熱面赤，唇燥，大渴，口乾舌苦，目閉或不閉，小便赤澀短少，大便燥結，不省人事。

忌升發、補斂、燥熱、辛溫。　諸藥俱見前。

宜下、清熱、甘寒、苦寒、鹹寒。　大黄　芒硝　石膏　黄芩　黄連　山梔　知母　童便　如挾虚有痰者，宜麥門冬、竹瀝、蘆根汁、梨汁、牛黄、童便。　如婦人熱入血室，因而厥者，藥中以童便為君，加赤芍藥、生地黄、牛膝、牡丹皮、桃仁。　甚者大便結燥，加芒硝、大黄下之。通即止，勿盡劑。

陰厥：　即寒厥。其證四肢厥逆，身冷面青，蜷卧，手指爪青黯，腹痛，大便溏，或完穀不化，小便自利，不渴，不省人事。

忌下、破氣、苦寒、鹹寒、酸寒。　食鹽　太陰玄精石　童便已上鹹寒　芍藥　醋已上酸寒　下、破氣、苦寒諸藥俱見前。

宜補氣、溫中、甘溫、辛熱。　人參　乾薑　附子　桂　吳茱萸

上盛下虚：　屬陽盛陰虚。

忌升散、下、助陽、補氣，復忌破氣、燥熱、辛〔溫〕。　諸藥俱見陰虚條下。

宜降、益陰、甘寒、酸寒，佐以鹹寒、苦寒。　蘇子　枇杷葉　麥門冬　枸杞子　生地　沙參　白芍藥　山茱萸　五味子　牛膝　童便　玄參　黄檗　天門冬

清·程雲鵬《慈幼新書》卷一二　痘家應用藥性雜症附　發明于各卷方論者，一語不載；君主于各症專方者，一味不收。讀全書自易通曉。

升麻味苦，甘，氣平，微寒，味薄氣厚，浮而升陽也。　陽明經藥。陽明主肌肉，欲痘之出，必使肌肉疏通，送毒出盡，方免于患。故一發宜用，每用五分至一二錢，直至熱退毒盡方止，不可拘泥俗説。惟汗多者減之，恐表虚也。七日後，瀉不止者，亦炒黑用之。　解百毒，殺精鬼，辟疫瘴，止喉疼，兼治頭痛、齒痛，鼻衄，口瘡。

葛根味甘，氣平，性輕而浮陽也。　陽明經藥。能解肌熱，止煩渴，開提胃氣，與升麻同功。惟忌虚症初出，有汗不可再用，二朝無汗，亦可少用。　止嘔吐、頭痛，散血痢、鬱火。

前胡味苦，氣微寒。　解内外蓄熱，去痰涎。凡七日内有熱者，加用不〔可缺〕。〔主心腹結氣，治時氣發熱，風寒咳嗽喘滿。〕

柴胡味苦，氣平，微寒。氣味俱輕，陽也。　引清氣，行陽道。　主傷寒瘧疾，寒熱往來，嘔吐脇痛，口苦耳聾，目赤頭痛，痰實結胸，五疳羸熱。

紫蘇味辛，甘，氣溫。　解肌發表，人虚少毒者宜之。　古方以參蘇飲，治虚痘發熱是也，痘出即止。　治心腹脹滿，開胃下食。

麻黄味苦，甘，氣溫。氣味俱薄，陽也。　發散風寒，泄衛實，去榮中寒，善走皮毛，通孔竅。凡毒盛喘滿，身熱燎人，欲出不出者，宜暫用一二錢。有壞症，七八日無漿，可用四五錢，加附子一二片，黄柏四五分，酒煎與服，令出臭汗。變爛痘得生，欲行此法，必其人能食神清，天庭上有生意方可，否則不宜。取陳久者去根節，酒蜜各半浸透，晒乾微炒。

羌活味苦，氣溫。氣味俱薄，陽也。　獨活味苦，辛，甘，氣溫。氣味俱輕，陽也。　主周身骨節，散寒邪，驅熱毒，腰痛頭痛，壯熱憎寒，宜用不可缺，見點後去之。　羌活氣雄，其用廣。獨活氣細，故專為足少陰引經。

防風味甘，辛，氣溫。陽也。　瀉肺實，散頭目滯氣，除上焦風邪，解痘後餘症，每用三四分，多則損人元氣，出不勻者加之。　灌膿時，亦可佐黄芪同用；手足瘡不起，與白芍、桂枝同用；　瘡太濕亦用之，為風能勝濕也。

荊芥味辛、苦，氣溫。　辟邪氣，利咽喉，清上焦火邪，止血熱作痒，痘出不透快者用之，灌膿時不宜，每三五分，多亦傷氣。　散初發腫毒，破瘡瘍結聚。

白芷味辛，氣溫。氣味俱輕，陽也。　治身熱頭痛，善行漿，予治痘常用行漿藥，又能止痒，漿足去之，痘後癰毒亦宜。　排膿止痛，內托生肌，諸瘡聖藥，又目痒目淚，面瘢鼻塞，眉痛齒痛，一切皆良。

桔梗味苦、辛，氣微溫。味厚氣輕，陽中之陰。　開提氣道，善理咽喉，始終宜用，惟嘔吐氣逆者缺之。　清肺熱，治癰痿，通腸結，祛鼻塞。

甘草味甘，氣平。生寒熟溫，陽也。　生能解毒，炙可補氣，自始至終皆宜，惟腹脹者減去，為甘能緩中也。　稍止莖中作痛，節醫腫毒諸瘡。

連翹味苦，氣平，微寒。氣味俱薄，陽也。　解毒聖藥，前後皆宜，惟氣虛無毒者不可用，每七分或一二錢。　除心經客熱，降脾胃濕熱，主諸癰毒惡瘡。

大力子味辛、苦，氣平。　善解毒，理咽喉，故毒盛煩密，與痘後餘毒，皆宜用。　主喉閉風痰，頭面浮腫。

蟬蛻味酸、甘，氣寒。　能發痘毒，但不宜多，多則虛擡空殼，不能灌漿，慎之。用在見點二三日上，一二分止。　留翅足，治痘出不快，或倒陷；　去翅足研碎，治目中翳，并小兒驚癎、夜啼。

殭蠶味辛、鹹，氣寒。　治痘作痒，亦解毒，許暫用。　主驚風痰壅，昏悶失音，四肢抽掣，消瘰癧，拔疔毒，滅疤痕。

穿山甲味苦，氣微寒。　善追毒排膿，引諸藥入臟腑，透肌骨。凡痘頂陷不起，用數分于補劑中，餘毒亦可。

紫草味苦，氣寒。　涼血活血，去血分之毒。凡痘色乾紅，或焦紫發癍，皆宜用，但色轉即止，不可過。用此必加糯米，亦能發痘。　沈旬仲曰：用此者涼心開竅，使痘發越而易起也，不可過者，恐大便利而真氣洩也。　紅花、茜草，功與此同。紅花尤能行滯，有去瘀生新之妙。

生地味苦，氣寒。陰中之陽。　涼血聖藥。凡痘色紅甚焦紫，或發癍，吐血衄血，皆可用，無則去之。　涼心火之血熱，瀉脾土之濕熱，止鼻中之衄熱，除五心之煩熱。

犀角味苦、酸、鹹，氣寒。　與生地同功，須用酒磨，每五六分止，多則能損血耗陰，小兒血虛者禁用。

羚羊角味鹹，氣寒。　獨入肝經，理熱毒而散瘀結，實症可用。然其性寒峻，能伐肝木生生之氣，先天虛弱者，切宜缺之，勿為俗醫所惑。

丹皮味辛、苦，氣寒。陰中微陽。　瀉血分中熱，止吐衄，痘色紅艷者宜加，紅而不艷者止服。　瀉陰火，主無汗骨蒸。

地骨皮味苦，氣寒。陰也。　瀉氣分中熱，凡見點後，身熱不退，加一二錢于解毒藥中，熱清即止。　解肌熱，主有汗骨蒸。

木通味辛、甘，氣平。味薄，陽也。　滑石味甘，氣寒。性沉重。　車前子味甘、鹹，氣寒。　地膚子味苦，氣寒。　皆能利小便，去膀胱中熱。凡痘熱甚紅紫，舌有黃胎者，并用木通每四五分，車、地每六七分，滑石每二三錢。總六日前用。　木通利九竅血脉關節，出音聲，療耳聾，通鼻塞，散癰腫，結滯不消，殺三蟲，除淋閉。　滑石燥濕行滯，化食毒，逐凝血。　車前子利小便而不走氣，療肝中風熱，沖目赤痛。　地膚子主用多在皮膚，作浴湯甚妙。

大腹皮味辛，氣微溫。　利小便，解熱毒，下一切氣。凡腹脹浮腫，非此不除，惟虛人忌用。

石膏性寒，味甘、辛。　胃經本藥，凡火邪盛而唇腫者，宜用一二錢。若腫至黃硬宜多用之，即一二兩不妨，腫消即止，過則傷胃作瀉。

枳殼味苦、酸、辛，氣微寒。味薄氣厚，浮而升，微降，陰中陽也。　破胸中痞塞，散腹中結氣。凡見點四五日，不大便者，用三四分，加當歸以潤之。　瀉肺氣，走大腸，與枳實同，但枳實性速，治血分，枳殼性緩，治氣分。

青皮味苦、辛，氣微寒。氣味俱厚，沉而降，陰也。　散積氣，消宿食，凡發熱腹痛者用之。

陳皮味苦、辛，氣溫。味厚氣薄，可升可降，陽中之陰也。　理滯氣，健脾胃，自起脹至結痂，皆可用。

元參味苦、鹹，氣微寒。　山豆根味苦、甘，氣寒。　專治喉痛。　元參治空中氤氳無根之火，獨入少陰，管領諸氣，使上下肅清，散頸下痰核癰腫，逐腸內血結癥瘕。

砂仁味辛、苦，氣溫。　藿香味甘、辛，氣微溫。味薄氣厚，浮而升，陽也。　善理脾胃虛寒，止嘔吐氣逆，胸中煩悶，不思飲食者，尤宜之。

麥冬味甘、微苦，氣平，微寒。陽中微陰。　五味子味酸，氣溫。味厚氣輕，陰中微陽。　治氣虛煩渴而咳嗽，或血隨火泛而妄行，二者並能相濟。　五味子澁精除熱，收肺氣，斂汗固腸。

黄芩味苦，氣平，寒。味薄氣厚，可升可降，陽中陰也。　黄連味苦，氣寒。味厚氣薄，陰中陽也。　梔子味苦，氣寒。味厚氣薄，氣浮而味降，陽中陰也。　黄柏味苦，微辛，氣寒。氣味俱厚，沉而降，陰也。　主治固有不同，其瀉火解毒，則一而已。舌胎黄者芩、連，白者梔、柏。在六七日前，用皆一錢上下。又表熱甚者，片芩可用，芩屬太陰，走表故也。　芩瀉肺與大腸，能消痰、退熱、除痢。　連，瀉心與脾，能解鬱、定驚、除滿。　柏，瀉腎火，能滋陰水，而除燥濕。　梔，屈曲下行，能除五内煩實，眠卧不寧。　胡黄連能殺疳蟲，治骨蒸。

朴硝味苦、辛、鹹，氣薄味厚，沉而降，陰也。　治天行疫熱，消腫軟堅。　元明粉朴硝煅煉所成，氣味稍輕。　下藥也。　熱甚胎黄者，用此通之，餘不可。

大黄味苦，氣大寒。氣味俱厚，沉而降，陰也。　蕩滌腸胃實熱，號稱將軍。　若不善用，必致殺人。凡見熱症而用芩、連等劑，火不退，須以此大下之。用此必以舌胎為主，胎果老黄，自一錢至三五錢皆可用。若一劑而少退，即止。蓋痘喜溫而惡寒，過則必傷元氣，元氣一傷，變不旋踵，可不慎耶？

木香味辛、苦，氣溫。味厚，陰中陽也。　山查味甘、酸，氣溫，平。陰中陽也。　理腹中痛，并滯氣。又能破參、芪之滯，多則參、芪之功反損。　木香開鬱醒脾，治慢驚，悮服涼藥者甚效，有鬼邪蠱毒，尤宜服之。　山查消肉食之積，行乳食之停。

猪苓味甘苦而淡，氣平，寒。氣味俱薄，升而微降。　澤瀉味甘、鹹，氣寒。氣味俱厚，沉而降，陰也。　能降六腑濕熱，消浮腫，止嘔瀉，利小便。凡實症吐瀉者用之。九日後濕甚不斷，亦用數分。　猪苓解傷寒瘟疫大熱，治渴消。　澤瀉逐膀胱三焦停水，治淋秘。

當歸味辛、甘，氣溫。氣味俱輕，可升可降，陽也。　補血行血，始終皆宜，惟虚寒瀉者缺之，為滑腸故也。

何首烏味甘、苦，澁，氣微溫。　調和氣血，九日後宜用之，亦能止血熱作痒。　消諸種癰瘡，療陰陽久瘧。

川芎味辛，氣溫。味薄氣厚，浮而升，陽也。　血中之氣藥，有起發之功，不可不用，又不可多用，多則走人真氣，七日後去之。

白芍味苦、酸，氣微寒。味厚氣薄，陰中之陽，降也。　斂血藥也。凡痘兒血氣虚，脾胃弱，血散不收，瘡暈不斂，并宜用之。　安脾而主中滿腹痛，瀉痢不和，制肝而主血熱目疾，脇下作疼。

赤芍　熟地味苦，甘，氣寒。味厚氣薄，沉而降，陰也。　皆血分之藥。　熟地補血，赤芍瀉血。五六日前，血熱症非赤芍不可。若熟地惟補劑用之。　熟地能補腎中元氣，治痘中無膿而血虚。

人參味甘，氣溫。氣味俱薄，浮而升，陽也。　補元氣，生津液，定虚喘而領毒，退虚熱而止渴。若皮膚焮赤煩躁，舌胎，便不可用。　色白漿清，塌陷不起，多用無妨。痘密色紅，四五日不得用排膿湯者，加五分于十神湯内，名曰喚漿。開胃化食，安神定驚，療心腹寒痛，除胸脇逆滿。

沙參味苦，氣微寒。　滋五臟真陰，去内外邪熱，易老以此代人參，非無故而作也。　排膿消腫，止疝氣絞痛，去驚煩，除燥痒。

黄芪味甘，氣溫，平。味厚氣薄，可升可降，陰中陽也。　肺經主藥，專補氣，固表托裏排膿。凡皮薄漿清，塌陷不起，宜急用之，每八分至三五錢止。六日前生用，六日後炙用，四肢不起不灌者，桂枝煎酒浸透用。　解渴定喘，止瀉生肌，兼治風癩。

紫河車味甘、鹹，氣溫。　鹿茸味酸、甘、苦、辛，氣溫。　大補元陽，虚甚無漿及脾寒陷伏不起者，宜用以助之。　河車補心，除驚悸，滋腎理虚癆。　鹿茸健骨而生齒，强志而益氣，去肢體酸疼，除腰脊軟痛。

肉桂味辛、甘，氣大熱。氣味俱薄，體輕而上行，浮而升，陽也。　行經妙藥，參、芪非是不能成功。故凡用補劑，必加此為引導。若四肢不起脹者，補藥中加桂枝二三分引之。　虚寒腹痛，非肉桂不除，腠理堅凝，非桂枝莫達。　程格思曰：桂能定驚癎，通血脉，服金藥牛黄、冰伏臟氣，令昏沉如死者，服此立甦。

丁香味辛，氣溫。純陽。　乾薑味辛，氣大熱。氣味俱厚，半浮半沉，可升可降，陽中陰也。　虚症腹疼，嘔吐泄瀉，痘色灰白，非此不痊。　丁香治胃寒呃逆如神，齒牙疳䘌甚效。　乾薑破血消痰，溫中下氣。

肉豆蔻味苦、辛，氣溫。　訶子味苦、酸，氣溫。性急，善降。　症屬虚寒，非吐即瀉，瀉者訶子，吐者肉蔻，吐瀉兼見，彼此參之。　肉蔻亦治瀉痢，以其入胃與大腸也。訶子亦治嘔咳，以其入肺而斂氣也。

大附子味辛，甘，氣大熱。其性走而不守，可升可降，陽之陽也。　補陽氣不足，溫暖脾胃，治四肢厥逆，寒戰咬牙，痘色灰白，痒塌。然非唇舌淡瑩，切不宜投，但見唇舌轉紅，即當叱去。凡薑、桂、丁、附，過用則損目發癰，最宜詳慎。

茯苓味甘，淡，氣平。氣味俱薄，能升能降，陽也。 山藥味甘，平，氣溫。 苡仁味甘，氣微寒。 白术味甘，氣溫。味厚氣薄，可升可降，陰中陽也。 皆能健脾理氣。凡屬虛症，悉宜用之。若實症必漿足方可。此蓋燥濕利水之品，痘症之發，必要濕氣上蒸，始能灌膿，故燥藥皆不可用。以此收靨，正得其宜。山藥一味，自起脹至靨後，用之無礙。白茯補中氣，赤茯利小便，茯神安心神。山藥益氣強陰，濇精安神，退熱止瀉。苡仁除風濕，理脚氣，消肺癰止嗽，理腹脹止痢。白术溫中進食，止泄止嘔，痘發水疱，非此不除。

貝母味辛、苦，氣平，微寒。 止嗽化痰，解渴開鬱。

南星味辛、苦，氣平。 除風痰，利胸膈。

石菖蒲味辛、苦，氣溫。 治痘內驚癇，神昏譫妄，渾身熱毒腫痛，或痂不結而潰爛成瘡疥。一寸九節者，通九竅，出音聲，令耳目聰明，心開智長。風寒濕痺宜求，咳逆上氣莫缺，止小便利，理膿窠瘡。

厚朴味苦、辛，氣溫。氣味俱厚，體重濁而降，陰中陽也。 散結透毒，有疏通之能。

烏梅味酸，氣平。陽也。 收肺氣，止下痢，化痰除渴。

杏仁味苦、甘，氣溫。 主咳逆上氣急滿，散肺中風寒，潤腸中燥結。

大棗味甘，氣平，微溫。味薄氣厚，陽也。 安中養脾。

麝香味辛，氣溫。 拔毒氣，起黑陷。

牛膝味苦、酸，氣平。 活血生血，引諸藥下行。

桃仁味苦、甘，氣平。陰中陽也。 潤燥去瘀血。與杏仁同潤大腸，但杏主氣秘，桃主血秘。

蘇木味甘、酸、鹹，氣平。陽中之陰。 破血排膿，消癰去腫。

石斛味甘，氣平。 治胃中虛熱，長肌肉，除脚軟，逐皮膚邪熱痱痛，安神定驚，厚腸止瀉。

白蒺藜味苦、辛，氣微寒。 治瘡痒潰爛，去瘀長肌。

花粉味苦，氣寒。 排膿消腫，利膈除熱，化痰生肌。

苦參味苦，氣寒。 主時氣惡熱，細疹痒痛。 濕氣薰蒸致齒痛及腸澼者宜服之。

知母味苦、辛，氣寒。氣味俱厚，沉而降，陰也。 瀉腎火，除胃中熱，化痰消腫。

瞿麥味苦、辛，氣寒。陽中微陰。 疏壅排膿，明目去翳，通諸種關格，破血利水出刺。

射干味苦，氣平，微溫。 主喉閉咽痛，消結核逆氣。

薄荷味辛、苦，氣涼。氣味俱薄，浮而升，陽也。 引諸藥入榮衛發汗，通利關節。治壯熱風涎，驚搐霍亂食滯。調蜜擦傷寒舌胎，和醋搽蛇傷猫咬。

蔓荊子味苦、辛、甘，氣溫，微寒。陽中之陰。 治太陽頭痛腦鳴，厥陰目淚睛痛。

淫羊藿味辛，氣溫。 治痘瘡絕不起。利小便，除莖中痛。

扁豆味甘，氣微溫。 和中下氣。

琥珀味甘，氣平。屬陽。 治痘驚痰熱，鬼魅侵臨。

牛黄味苦，氣寒。 解心家火毒，驚熱狂亂發癡。然必痘色紫赤者可用，灰白者不宜。

白附子味甘、辛，氣溫。 治痘中風熱不退，頭目不清，亦治中風失音。

胡麻味甘，氣平。 治痘瘡潰爛。病人蒸晒久服，令步履端正，語言不蹇。

烏藥味辛，氣溫。 治膀胱冷氣相冲，天行疫瘴為祟，亦能殺蟲化積。

馬齒莧味酸，氣寒。性滑。 起痘中盤陷，袪痘後牙疳。

山慈菇味甘、辛，氣平。 解毒。癰疽疔腫，酒煎服，瘰癧瘡瘍醋拌塗。

治毒蛇狂犬之傷，敷粉滓瘢靨之面。

白及味苦，氣微寒。 排膿。主肺傷吐血。

草龍膽味苦，澁，氣大寒。氣味俱厚，沉而降，陰也。 涼血明目，消赤腫疼痛。治驚悸，殺腸中小蟲，清下焦濕火。

茅根味甘，氣寒。 止消渴，去瘀血，利小便。掘取新者，搗爛絞汁用。茅針能潰癰，服一針潰一孔，兩針潰兩孔。

兔糞味甘，氣平。 為丸去翳。

甘菊花味苦，甘，氣平，寒。 草決明味鹹、苦，氣平，微寒。 蜜蒙花味甘，氣平，微寒。 夜明砂味苦、酸，氣平，微寒。 痘後眼中赤濇，眵淚羞明者，備用之。菊花主胸中熱，去頭面風。夜明砂燒灰酒服，能下腹中死胎，研末拌飯中，能治小兒無辜疳積。

燈心味苦，氣微寒。 淡竹葉味辛、甘，氣涼。 熱症引導之功。 燈心燒灰吹喉痹，塗乳治夜啼。 竹葉通小便，解心煩。

陳倉米味甘、鹹、酸，氣溫。 治眼珠弔白，除煩渴，開胃氣，止瀉痢。

糯米味甘，氣平，微寒。 助胃調元。

黃豆味甘，氣平。 行漿。

神麯味甘，氣溫。 麥芽味甘、鹹，氣溫。 消食健脾。

生豆腐味甘，氣平，微寒。 敷餘毒發腫。

生薑味辛，氣微溫。氣味俱輕，陽也。 和中發表，開胃止嘔。 薑汁最能豁痰，中症與霍亂并用。

明硃砂味甘，氣微寒。 消手足癰瘍，定神魂驚悸。

金銀花味甘，氣溫。 消痘癰腫痛，止血痢寬膨。

雞冠血味甘、辛，氣微溫。 人乳味甘，氣平。 行漿妙品。 雞屬巽風，故冠血能發痘瘡，通乳汁，塗口喎。

酒味苦、甘、辛，氣大熱。 發痘破結。

蜜味甘，氣平。 止痛，解毒，潤燥。

伏龍肝味甘，氣微溫。 消痘癰，止吐瀉。

童便味鹹，氣寒。 治天行疫毒，吐血狂亂。

金汁味苦，氣寒。 痘瘡血熱，紫黑焦枯，發狂、發癍、發疔均治。

紫雪味苦、鹹，氣厚，大寒。善降。 紫雪以硝為質，以金為氣，痘有天行疫毒者宜之，餘用不及金汁，醫者往往殺人。更有持此以治慢驚，其罪尤不可深究矣。

清・楊陳允《眼科指掌》 用藥直指 退赤： （枝）〔梔〕子一兩，大黃三錢，煨。當歸，酒洗，五錢。 炙甘二錢，為末，每服三分。 除昏： 菊花二錢，黃連五錢，草決，水淘淨，炒，五錢。 明砂二錢，或散，或丸。 去熱： 黃芩、（枝）〔梔〕子、生甘、膽草各五錢。 為末，清茶調下。 定痛： 防已、當歸、黃芩。 止淚痛： 木賊，二兩，去節。 蒼朮，二兩，米泔水浸一宿，去皮。 為末，清茶下。 磨脂： 黃連五錢，生地、熟地、七鼈各一兩。 去赤脈： 赤芍、生地、當歸、（枝）〔梔〕子、川芎各一兩，為末，麥冬湯下。 活血： 當歸、蘇木各三錢，為末，每服三錢，食後茶下。 瀉腎： 大黃、黑牽牛各五錢，為末，每服二錢，更初時，飯後白湯下。 瀉肺： 桑皮、黃芩各一兩，為末，每服二錢，燈心湯下。 瀉肝： 大黃五錢，荊芥一兩，生甘二錢，為末，每服二錢，地黃湯下。 瀉心： 澤瀉三錢，黃連三錢，炙甘二錢，為末，每服二錢，燈心湯下。 補腎： 夜明砂、香附、蒼朮各三錢，青鹽五錢，為末，蜜丸桐子大，鹽湯下。 補肝： 黃連、蒼朮、熟地各三兩，蜜丸，食後鹽湯下。 順氣： 白朮、白茯、藿香、人參、炙甘各二錢，為末，每服三錢，白湯下。 去風： 荊芥一錢，大黃三錢，（京）〔荊〕子三錢，地龍去淨土，生甘一錢，為末，調水下。 散血： 生地一兩，（枝）〔梔〕子一兩，炙甘一錢，水煎服。 止痛： 防風、川芎、生甘、當歸各五錢，為末，每服二錢，米泔。 頭風痛： 川烏一兩半，熱水泡洗，去皮，切碎，晒乾，去汁，炒熟用。 （枝）〔梔〕子一兩，全蝎二錢，酒為丸，食後葱茶調下。 通血： 大黃、川芎各三錢，當歸、紅花各五錢，為末，水煎，入酒半盅，空心服。 宣肺、肝： 桑皮、麥冬、炙甘各等分，為末，每服三錢，食後服。 發光明： 七鼈、防風各五錢，全蝎三錢，甘草五錢，共為末，每服二錢，溫水調服。 痘目： 黃連、赤芍各一兩，當歸五錢，生甘二錢，為末，白湯送下。

清・徐炳章《一囊春》卷上 分類見病用藥歌括 傷寒： 發汗麻黃蘇粉葛，浮萍荊芥薑葱豁。 升麻白芷與川芎，蒼朮薄荷同獨活。 以下凡藥味不明者，俱為解出。 紫蘇。

風濕： 去風二活與防風，荊芥天麻蒼耳芎。 全蝎殭蠶蟬蛻菊，薄荷烏藥蒺藜同。 吳萸附片乾薑桂，加入去寒病自通。 熟地當歸陰損妙，陽虛參朮樂無窮。 羌活、獨活、川芎、白菊、肉桂、洋參、白朮。 去濕秦艽及茯苓，白蒼二朮（蓽）〔萆〕茵陳。 木瓜防已天麻好，又用菖蒲薏苡仁。 （蓽）〔萆〕薢。 身體風疼羌獨活，防風須用靈仙着。 秦艽桑寄海桐皮，又有楠藤海上藥。

瘟疫： 辟瘟草果有大黃，蒼朮普茶檳藿香。 厚朴雄黃香附子，紫蘇辛散酒芩強。 檳榔。

瘧疾： 瘧疾藥醫蒼朮椰，常山草果棗生薑。 柴胡甘葛靈仙母，再用青皮破積良。 檳榔、知母。

暑症： 夏天傷暑參芪賒，白朮苡仁與木瓜。 扁豆陳皮香茹草，甘寒滑石蜜升麻。 沙參、黃芪。

火症： 退諸火熱用黃芩，心熱黃連急去尋。 肝熱柴胡並白芍，若言栢母腎家臨。 黃栢、知母。 肺熱玄參桑白皮，脾家明粉熟軍宜。 羚羊犀角命門好，五臟火炎仔細醫。玄明粉。　小腸有熱通前仁，竹茹膽經膽草頻。　滑石膀胱同扁蓄，硝黃治結效如神。木通、芒硝、大黃。　槐角大腸通大海，石膏涼胃天花在。三焦有熱連翹尊，六腑用之有主宰。天花粉。　止渴烏梅生石膏，麥冬五味天花牢。葛甘散火滑(蚊)〔文〕蛤，竹葉又加犀角梢。滑石。

鬱症：解鬱川芎與蒼朮，檳榔香附六神麯。腹皮酒洗兼台烏，白赤芍苓得所欲。白芍、赤芍、赤茯苓。

虛損：損虛補益用人參，熟地光條酸棗仁。續斷當歸芪白朮，鹿茸酥炙胡麻蒸。　條參補氣黨洋參，白朮黃芪山藥尋。芡實更加蓮米肉，黃精玉竹蜜來浸。黨參。　補腎棗皮熟地黃，淮山枸杞胡麻強。鹿茸杜仲蓯蓉肉，牛膝又和芡鎖陽。芡實。　補陰熟地又生地，龜板天冬烏賊備。鱉甲鮑魚菟首烏，女貞豇豆子同治。烏賊魚、菟絲子。　壯陽虎骨蛇床子，附片骨脂桂枸杞。雀卵淫羊鹿腎佳，須添韭子石陽起。淫羊藿、陽起石。　補血當歸熟地黃，首烏生地血餘良。龜膠白芍酒浸製，若用河車損德方。紫河車。　定魄安魂用茯神，人參山藥麥冬尋。硃砂龍骨志酸棗，益智又添栢子仁。志肉、酸棗仁。　虛熱天冬與麥冬，玄參甘草骨皮從。粉丹又用女貞子，補氣參芪雲茯逢。雲南茯苓。　骨蒸勞熱用青蒿，生地骨皮知母高。龜板銀柴酥鱉甲，胡黃連與丹皮熬。銀柴胡。　黃芪收汗麻黃根，白芍家桑酸棗仁。小麥用浮龍骨蠣，好收(蚊)〔文〕蛤扇蒲存。家桑葉、牡蠣、蒲扇灰。

腫脹：腫脹腹皮與丑牛，檳榔枳實丁皮求。茯苓皮和冬皮用，厚朴敗瓢蘿蔔頭。冬瓜皮、敗葫蘆瓢。　檳榔下氣丁沉香，枳殼瓜蔞鐵鏽漿。蘇子杏仁萊菔子，化痰白芥最為良。丁香。　破氣青皮與枳殼，檳榔枳實開胸藥。赤苓莪朮荊三稜，紫(苑)〔菀〕又須白及索。　浮腫不消用木瓜，猪苓澤瀉與芫花。木通大戟牽牛子，薏苡商陸却用他。

血症：鼻流鮮血地蒲黃，荊芥炒焦百草霜。側栢茅根大小薊，石榴花瓣草酸漿。生地。　阿膠止血合茅根，荊芥燒灰茜草吞。大薊蒲黃兼藕節，灶心土把血餘燔。　丹參涼血粉丹皮，生地蒲黃與地榆。荊芥青蒿鱉甲炒，骨皮除熱共扶持。　莪朮破瘀歸尾加，桃仁蘇木與紅花。澤蘭酒炒薑黃炙，劉寄奴同乾漆渣。

頭痛：頭痛川芎羌活芷，細辛藁本蔓荊喜。天麻茶葉辛夷花，酒製川烏蒼耳子。白芷。　眩痛頭風旋覆花，細辛獨活與天麻。辛夷(蓽)〔萆〕薢黃荊瀝，白芍薄荷更不差。

眼目：目疼羌活與防風，白菊柴胡白芷芎。去翳蟬衣木賊好，祛風荊芥薄荷同。桃仁退赤加歸尾，枸杞蒙花能發曚。皮腫熟軍明粉用，青皮菜子蕤仁攻。更加荊芥夏枯草，生熟地黃把血充。枸杞添精或五子，諸般目疾辨雌雄。覆盆子、菟絲子、沙苑蒺藜子、楮實子、北味子。

耳症：耳聾全蝎石菖蒲，骨碎木通可用扶。更有乳香通血氣，腎虛滋水見工夫。

齒牙：齒痛升麻及細辛，秦艽藁本梔黃芩。蒺藜(蓽)〔萆〕薢和生地，加入殭蠶與穀精。梔子。

咽喉：喉痛先宜甘桔湯，連翹梔子或三黃。麥冬滑石射玄等，口嚼豆根亦最良。甘草、桔梗、黃芩、黃栢、黃連、射干、玄參。

咳嗽：諸般咳嗽天麥冬，陳皮半夏蘇防風。茯苓甘草沙參杏，金沸川芎大有功。杏仁。　實咳肺炎玄桔梗，兜鈴貝母天花粉。杏仁枳殼蜜桑皮，酒炒黃芩寬濟猛。　虛咳肺經紫(苑)〔菀〕嘉，阿膠麥味欵冬花。人參山藥茯苓草，薏苡天冬一手撾。麥冬、五味。　消痰半夏及南星，川貝瓜蔞橘茯苓。竹瀝薄荷金沸草，天麻祛濕與黃芩。橘、柑皮。　肺經吼喘兜鈴拔，蘇子杏仁性潤滑。補氣參芪急用酒，腎虛金匱或陽八。金匱腎氣湯、陽八味。

脾胃：桔梗寬中與枳殼，陳皮厚朴腹皮嚼。木香香附氣能行，胸膈豁然病不作。　消食山查蘿蔔子，麥芽神麯青皮枳。酒煎香附膈停消，厚朴又用草蔻使。枳殼。　嘔吐不休丁藿香，炮薑白蔻與良薑。西砂又與廣香合，鎮味紫蘇不可忘。　調脾開胃用炮薑，白蔻砂仁藿木香。參朮茯苓加炙草，陳皮半夏六君湯。　健脾白朮淮山藥，蓮米苡仁扁豆嚼。芡實光條白茯苓，陳皮炙草須參酌。　乾薑溫胃與砂仁，丁藿二香厚朴陳。紫蔻煨薑白草蔻，須教一服效如神。陳皮。

心腹痛：陳皮順氣合青皮，烏藥香橙香附宜。木藿二香同柿蒂，砂仁豆蔻莫輕離。　冷氣疼痛官肉桂，丁香須與胡椒製。延胡又及五靈脂，加上茴萸諸氣逝。官桂、小茴、吳萸。　良薑心痛五靈脂，活血延胡桃橘皮。檀廣二香加肉桂，甘松入藥最為奇。桃仁。　吳萸腹痛木沉香，白芍延胡蒼朮幫。肉桂溫中加草蔻，小茴正好助良薑。木香。　殺蟲貫眾與檳榔，蒼朮烏梅鶴虱強。榧子雷丸苦楝子，蕪荑下炒川椒香。

腰痛：腰疼杜仲菟絲子，熟地當歸破故紙。獨活蒺藜桑寄生，桂兼續斷功無比。

前陰：夢遺巴戟菟絲子，遠志蓮鬚破故紙。芡實鹿茸益智仁，塞精龍骨金櫻耳。熱淋可用海金沙，澤瀉猪苓通草加。瞿麥木通滑石草，大黃石韋用無差。甘草。欲通小便赤猪苓，澤瀉木通滑苡仁。石韋車前葶藶子，檳榔行氣連翹聽。氣虛下陷如何用？益氣補中湯最靈。寒閉不通何法效？酒沖火藥自安寧。

後陰：骨脂止瀉又砂仁，白蔻光條白茯苓。肉蔻車前芍豆蔻，並加粟殼效如神。白芍。木香醫痢同黃連，白芍當歸枳殼全。槐角地榆榔建麯，青皮散積桃仁研。檳榔。腸風下血鷄冠花，荊芥地榆刺猬拏。木賊地黃陳枳殼，臭椿山甲烏梅加。陳皮。大便不通用大黃，朴硝巴豆杏仁霜。老人郁李添松子，歸熟麻仁可滑腸。當歸、熟地。

脚膝筋骨：膝痛苡仁與杜仲，骨脂牛膝木瓜用。升麻石斛兩相加，虎脛袪風一並送。骨筋碎補胡桃肉，杜仲菟絲枸杞續。熟地胡麻補骨脂，再加虎脛煎湯服。

婦科：調經肉桂延胡索，香附澤蘭益母約。若見血虛四物湯，氣虛參朮芪俱着。牛膝通經又赤芍，紅花蘇木桃仁確。蒲黃莪朮荊三稜，止痛靈脂必用藥。巴戟醫崩鹿角霜，首烏生地阿蒲黃。石脂續斷靈脂好，側栢微寒清血良。阿膠。帶症四君合四物，生薑大棗陳艾橘。火燒龍骨蠣砂仁，巴戟微溫用豈不。安胎白朮與黄芩，杜仲菟絲桑寄生。歸芍阿膠艾續斷，參芪熟地縮砂仁。產後血昏用黑薑，當歸益母川芎匡。紅花行血桃荊芥，加入靈脂助地黃。乳癰一痛要銀花，貝母公英甘草加。白芷朮通山甲炒，芎蔞二者不離他。瓜蔞。

外科：排膿消腫芷川芎，羌活陳皮與木通。歸尾穿山甲貝母，銀花花粉西防風。黃芪赤芍連翹草，牛蒡公英解毒同。紅腫地榆黃蘖藥，更邀及斂在其中。白及、白斂。一般瘰癧夏枯草，昆布銀花與海藻。貝母天葵甘草星，黃芪黃栢兩俱好。蒙花偏喜地瓜根，沉木二香功不小。南星。跌打損傷要乳香，紅花蘇木桃仁良。歸芎碎補澤蘭沒，土鼈頻添生地黃。沒藥。流血痔瘡用地榆，苦參槐角臭椿皮。敗棕柿餅無花果，刺猬血餘定不移。黃水久流脾早健，洋參參朮炙黃芪。

鴉菸：蟲草能醫鴉片菸，地胡椒與西砂連。青鹽補腎仙茅壯，花用金銀解毒含。粟殼能收開遠志，殺蟲鶴虱與雷丸。陽虛參朮芪俱用，陰弱地黃桂附填。

清・熊煜奎《儒門醫宗》卷三 風證主治 六淫之中，風淫為首。故《經》曰：風者，百病之長也。至其變化，乃為他病，無常方，然皆致自風氣也。又曰：風者，善行而數變，腠理開則洒然，寒閉則熱而悶。其寒也，則衰飲食。其熱也，則消肌肉。《傷寒論》中所云中風者，猶是傷寒一類。至雜證中所云中風病，其由八風而中者，治法可兼叅風藥。若由七情內傷而病者，必以培補真元為主。而風藥或燥或散，勿悞也。其餘風之為病，或在肌膚，或在經絡，或在筋骨，或在關竅，或在腑，或在臟，或在氣分，或在血分，又或兼寒，或兼濕，或兼火，或兼燥，證各不同，合下數節，俱宜臨證詳辨，分標本虛實用藥。

風在表，宜表而散之。風入裏，輕者疏而達之，重者驅而逐之，深伏者搜而除之。至虛風病，氣血兩傷，則又須叅陰陽標本，以緩法消之養之。

散風溫劑 桂枝 羌活 荊芥 藁本 辛夷 白芷 白附子 天麻

散風平劑 薄荷 荷葉 鈎藤鈎 木賊 穀精草 蒺藜 蟬蛻 白殭蠶

疏風潤劑 防風 秦艽 芎藭

驅風緩劑 五加皮 石楠葉 (蓽)〔萆〕薢 桑枝 桑根 原蠶砂

搜風猛劑 南星 烏頭 全蝎 虎骨 蛇蛻

搜風輕劑 蔓荊子 獨活

搜風峻劑 威靈仙 皂角 穿山甲 麝香 蜈蚣

消風涼劑 青蒿 益母子 二花 白菊花 密蒙花 決明子 青葙子 蕤仁 桑枝 桑葉 天竺黃

消風調養之劑 玉竹 枸杞 柏子仁 胡麻 阿膠

清風培補之劑 菟絲子 蛇床子 五加皮 巴戟天 金毛狗脊 何首烏

寒證主治 《傷寒論》獨有專書，可知寒之證治多端矣。彼感之輕者，以輕劑散之，可一藥而愈。如感之重者，或由三陽傳變，或直入三陰，可按《傷寒論》中諸法施治。此外有忽然發寒厥者，是為中寒，宜以熱劑，分經絡臟腑治之。更有寒自內生，而戰慄不已者，是為火衰，宜大劑扶陽，切忌發表。抑有內病真熱，陽氣內遏，不能舒布，致外見假寒者，却非溫藥可治，須酌用涼劑。至寒熱錯雜之證，則以正治從治之法，定藥之君臣佐使。他如寒而兼風，兼濕，兼燥，各有分辨，並宜彼此互參。

寒在表，宜分輕重，表而散之。寒在裏，宜分輕重，溫之散之。再重者，助陽以驅之。

疏表散寒之劑　紫蘇　薄荷　生薑　葱

發表散寒之劑　麻黄　桂枝　葛根　羌活　細辛

桂枝能條達榮衛，非獨表藥。凡陰陽寒證，散劑補劑皆可用也。柴胡非獨主半表半裏，凡氣血菀陷者，均能開提之，升舉之，又為上下開闔之樞軸所由運，故柴胡不能與桂枝渾入表散門也。

溫裏散寒之劑　煨薑　乾薑　附子　桂皮　桂枝

前條溫中暖氣之劑皆可通用。

助陽驅寒之劑　肉桂　附子　乾薑

前條補火之劑皆可酌用。

濕證主治　《經》曰：地之濕氣，感則害及皮肉筋脉。又曰：諸濕腫滿，皆屬於脾。第濕有自外感得者，如坐卧卑濕，或身受霧露雨水及汗液之漬濡皆是。有自內傷得者，如生冷飲食，縱恣無度，又或脾虛，腎虛，不能防制，抑或他臟移病而為此證，皆未可知也。有傷風濕者，有傷寒濕者，有傷熱濕者，有傷暑濕者，俱宜条以兼治之劑。至脾虛者須培土，腎虛者或補火或溫水，不得徒以利瀉，而重傷其真元也。若由他臟而致者，則必細審其病因，而有隔二隔三之治，諸病皆宜如此条審，不特治濕為然也。外有中濕而狀類中風者，不得同中風治法。

治濕之法，有從肌表散出者，有從經絡關節疏除者，有已入臟腑而從下奪者，各視其淺深以運法可也。

散濕溫劑　羌活　獨活　白芷　細辛　藁本

散濕平劑　防風　秦艽　蔓荊子

燥濕溫劑　蒼朮　白朮　半夏　艾葉　松節　良薑　草豆蔻　外燥濕熱劑，如吳茱萸、烏附、白附等品，皆可酌用。

除濕寒劑　白鮮皮　茵陳　側柏葉　蚌粉

辛溫導濕之劑　五加皮　石菖蒲　威靈仙　厚朴　原蠶砂

甘平滲濕之劑　茯苓　茯神　（華）〔萆〕薢　薏苡米　扁豆

利水平劑　赤茯苓　土茯苓　猪苓　木通　通草

利水寒劑　車前草子　地膚子　澤瀉　瞿麥　川楝子　海金砂　滑石

行水之劑　茯苓皮　桑白皮　薑皮　大腹皮　冬葵子　椒目　海藻　海帶　昆布

有溫性、涼性、平性三等，宜分別用之。

下水峻劑　大戟　甘遂　商陸　芫花　葶藶子　牽牛子　郁李仁　防己

前四味每服只以分數計，不可重劑。

總風寒濕通治之劑　羌活　獨活　荊芥　蔓荊子　白芷　蒼朮　細辛　防風　秦艽　木賊　桔梗　五加皮　吳茱萸　烏附　白附子　（華）〔萆〕薢　皂角　威靈仙　蒼耳子

總風寒濕門兼補之劑　淫羊藿　蛇床子　附子　巴戟天　金毛狗脊　何首烏　菟絲子　桑寄生　木瓜

火證主治　此專指邪火而言，與前補劑中真火不同。邪火者，或為六淫之火，或為五志之火，雖分君火、相火，又或稱火為熱，究之既屬火邪，皆可以火熱名之。但屬實者十之八九，屬虛者十之二三。火在表宜散，失治而為菀火，仍宜發。若火為風火，宜兼疏風。火為濕火，宜兼除濕。火為燥火，宜兼潤燥。火而挾寒，或先去寒而後治火，或用從治之法，可因證變通。至五志之火，須各求其病因以治之。此外或有食滯，致氣不宣通，久而生火者。故火熱之治，必分積熱、伏熱、熱邪、熱毒及臟腑陰陽之各異也。又曰：熱之不熱是無火，寒之不寒是無水。則補火可以治寒者，而滋水亦可以治火，蓋治其本，非僅治其標也。諸劑活法，可由此類推。

又升陽散火之法，與滋陰降火之法，二者相反，不可混用。蓋陽不宣而火菀，則宜升陽以散之。陰不足而火炎，則宜滋陰以降之也。

散火之劑　升麻　葛根　柴胡　木賊　桔梗　細辛　薄荷　香薷　淡豆豉　蟬蜕　冰片

清火平劑　竹茹　竹葉　桑葉　二花　密蒙花　甘菊花　燈芯　茶葉

清火涼劑　沙參　麥冬　天花粉　白茅根　地骨皮　石斛　硃砂　熟

石膏　石決明　牡蠣

清火寒劑　生地黄　天門冬　元參　女貞子　生石膏　龜板　鼈甲　青鹽

輕瀉火熱之劑　青蒿　夏枯草　蒲公英　槐花　紫草　桑白皮　連翹　牛蒡子　山梔子　知母　枯黄芩　馬兜鈴　山豆根

重瀉火熱之劑　條黄芩　黄檗　槐角　苦參　青黛　熟大黄　元明粉　蓬砂

瀉火峻劑　黄連　龍膽草　生大黄　芒硝

外緩火如甘草等味，斂火如白芍等味，可以會通酌用。

附暑證主治　暑證之詳於方書者，大旨有二：有陽暑，因暑受熱之謂；有陰暑，因暑受寒之謂。治法固難悉數，亦可就古方粗陳其略。蓋暑必挾濕，如用蒼朮，所以發脾中濕菀；用厚朴，所以消胸腹濕滿；用扁豆，所以舒土而兼除濕淫。暑多挾熱，如用香薷，所以散濕熱熏蒸，用滑石所以利濕熱壅滯。若暑而夾寒者，如用紫蘇所以疏暑中寒邪，用大蒜所以開暑寒閉竅。此外有用參、耆、白朮者，以暑傷氣，宜補氣也。有用五味子者，以暑月六陽盡出，氣多耗散，宜酸收也。有用地黄、白芍者，以暑傷陰，宜補陰血也。有用麥冬及烏梅、甘草者，以暑熱傷津，宜調中口。諸治燥之劑，未能備舉，可於本條及以前各條參而用之。

潤燥平劑　玉竹　欵冬花　火麻仁　柏子仁　巴旦杏仁　枳椇子　胡蔴　蔴油　蜜　乳汁

潤燥溫劑　杏仁　蘇子　百部　紫(苑)〔菀〕　胡桃　當歸　瑣陽　肉蓯蓉

潤燥涼劑　百合　麥冬　天花粉　貝母　桑葉

潤燥寒劑　天門冬　栝蔞　知母　冬葵子　柿

熱燥通劑　大黄　芒硝　元明粉　猪膽汁

寒燥通劑　大蒜　葱白　薑汁　半夏　巴豆　硫磺

水中真氣，被寒結阻，燥因於寒也。辛味屬金，而能達水氣，且右數種辛熱而質潤，故可以治寒燥。《本草》註細辛能通心腎，行水氣，以潤腎燥，即同此義。

寒熱燥並治通劑　榆白皮　皂角子　郁李仁　桃仁

痰證主治　痰者，濁氣濁液之所成。痰之本在腎，而標在脾。其為病也，或壅在肺，或菀在肝，或陵及心，或流於腸胃，或阻於關竅，或溢於經絡，或注於脇腋四肢並胸膈，或上干清陽之位，而為痰厥頭痛。痰之見證甚多，可按條中諸劑辨證酌用，再加引導之藥。大法：治風痰宜兼疏風，治寒痰宜兼去寒。或散或溫。治濕痰宜兼除濕。燥濕如二朮、半夏等味，滲濕如茯苓等味。治熱痰宜兼清熱，治燥痰宜兼滋燥。若痰在膈宜吐，亦必按以上諸證參審用藥。外有勞損腎虛水泛為痰者，審其為陰虛陽虛，宜出入八味、八珍等劑以引之。地黄少用，苓、朮重用。有脾氣虛冷，致水乘土位，而痰不能攝者，宜四君、六君加炮薑、益智以收之。更有食積為痰者，宜參食積門施治。此治痰總略也。

外痰之類有別，而為水飲者，以痰與濕門參用之。

風痰之劑　杏仁　前胡　南星　天麻　荊瀝　天竺黄

寒痰之劑　橘皮　半夏　白芥子　旋覆花　乾薑　良薑　生薑

濕痰之劑　蒼朮　半夏　橘皮　茯苓

以上二條，可參用者多在人臨證斟酌。又凡治寒濕痰，花椒、胡椒、砂仁、益智、諸蔻等味，皆可通用。

風寒濕痰通治之劑　遠志　石菖蒲　皂角　南星　烏附　白附　吳茱萸　礞石　麝香

熱痰涼劑　栝蔞　白前　前胡　竹茹　竹瀝　天竺黄　海藻　海帶　昆布　海浮石　蓬砂　牡蠣　牛黄

燥痰潤劑　貝母　天花粉　欵冬花　百合　巴旦杏仁　蘇子　百部

膈痰吐劑　烏附尖　柿蒂　常山　白礬　生萊菔子　淡豆豉　燒鹽

食積主治　世漫以查、麯、穀麥芽化食，此治平常食滯則可耳。不知證有寒熱虛實之分，新久輕重之別，或兼六淫外感，或兼七情內傷，或兼氣兼血，兼痰兼蟲，俱宜分別施治。又暴傷食而停於上膈者，可用對證藥探而吐之。食已入腸胃，而見實證者，可導而下之。但熱實宜用硝、黄等劑，寒實宜用巴豆霜、牽牛子等劑。並須審的酌用，不可浪投。其或補瀉兼施，緩急有序，則又神而明之，存乎其人也。

化食之劑　神麯　紅麯　麥芽　穀芽　山查　大蒜　雞內金

磨積平劑　蒼朮　厚朴　青皮　草菓　萊菔子

磨積峻劑　檳榔　薑黃　蓬莪蒁　荊三稜

凡傷食而屬寒者，香砂、諸蔻、諸椒，皆可通用。若積久成痞者，可兼穀蟲、鼈甲、訶、連等味叅進。

蟲積主治　蟲之生，多由於正氣虧損，或誤食生蟲之物，或濕熱蘊菀而成。治之者有虛實寒熱之不等，緩急輕重之各殊，而藥不可混用。大要蟲得辛則伏，得酸則止，得苦則下，得甘則動。故治蟲劑中加蜜為使，所以引之也。此只撮其可通用者數品味。若究而論之，蟲證不一，而治蟲之方亦難枚舉，是又當推類，以盡其餘也。

殺蟲主劑　百部　貫眾　使君子　榧子　穀蟲　鶴虱　雷丸　苦楝根皮

百部，諸蟲皆治，尤善治一切勞瘵蟲。

治蟲佐劑　檳榔　厚朴　川椒　烏梅　黃連

如蟲欲上出，可用葱頭擂汁，入香油調服一酒杯，殺而吐之。若胃寒吐蚘者，宜溫。與此大不同。

雜證主治　雜證者，別於內傷外感之因，而更為異常之證。如中邪、中惡、中毒之類。中邪者，凡鬼氣尸注，及山林川澤，諸妖諸怪為祟皆是。中惡者，凡瘴厲氣、古井坑窖陰毒氣、廁廄中污濁氣、瘟疫病氣尸氣、諸敗朽氣皆是。中毒者，凡飲食毒、藥毒，或誤觸諸物毒，或為惡毒蟲獸所傷毒皆是。凡人正氣旺，邪不能入。正氣衰，邪氣乃得而乘之。元氣強者，可以勝惡氣，而毒亦可耐。元氣弱者，不能也。故雜氣為病，有內外淺深之辨，新久輕重之別，因證施治，亦必視其人而為之變通。但此以治標為主，其顧正氣，扶元氣，自有緩急不等耳。

外蠱毒證，多患於廣粵等處，中土罕有。方書所載甚詳，可推類合叅。

辟邪之劑　蒼朮　升麻　青蒿　附子　川椒　柏子仁　白檀香　硃砂　雄黃　石硫黃　氷片　麝香　龍骨　鹿角　犀角　羚羊角　虎骨　虎爪　酒

中邪、中惡證多屬陰氣，故藥獨取辛溫香竄之品。其治法：大約伏者發之，閉者開之，陷者舉之，駐者逐之，穢者除之。或助陽以勝之，或鎮心以安之。若宜於通利急攻者，或以紫金錠溫酒磨服七八分，或叅硃砂丸，或入毒赤丸，或《外臺》走馬湯，皆可審證酌用，以利為度，次用別藥調理。後三方詳《景岳全書》古方攻陣百三百四百十三。

辟惡之劑　蒼朮　良薑　甘松　山柰　胡椒　貫眾　山慈菇　千金子　大戟　大蒜　生薑　酒

解毒之劑　南沙參即薺苨也。　生甘草能解一切藥毒。　淡豆豉凡誤食鱔魚、鼃、鱉、蝦蟆，自死禽獸等毒，用此一合，新汲水濃煎，頓溫服之即解。　黑豆如中酒毒經日不醒者，煑汁溫服一盞，不過三盞即愈。　扁豆白者亦解酒毒。　(荳)〔菉〕豆磨漿用。　餳糖、米糖、洋糖服鹽滷中毒者，用此四兩，湯調灌之。　蔴油凡犯一切飲食毒者，即服此一二杯，得吐便解。　醋食菜腹脹者是毒，以此解之。　忍冬葉解蕈毒，生啖之，或煎濃汁飲之。　生薑、大蒜、胡椒以上三味，能解寒毒。　地漿、黃連同甘草節水煎，能解熱毒。　白礬同甘草各一兩，為末，凡遇蠱毒，及一切蛇蟲惡獸所傷，毒氣入腹，則眼黑口噤，手足強直，用此每服二錢，不拘時，隨宜溫涼，水調下。亦可敷患處。又通解諸毒，《簡便方》薺苨、甘草、黑豆等分，粗末，每用一兩，水二盞，煎一盞，頓溫服，未效再服。

此與內傷外感諸證中所云解毒者有別，彼多指熱言，係積菀之客氣，非遽能傷人。此則有熱有寒，乃暴受之戾氣，不急治即變生不測，特是毒之類不可勝窮，而解之亦無定方，生剋制化，物理深微。而究其指歸，大約熱毒宜寒解，寒毒宜熱解，寒熱未定以平劑解之為穩。總之，毒性猛急，或和之緩之，以柔克之，或攻之逐之，以剛克之，或宣散之，或消除之，或涌越之，或通利之。製方者，因證用藥，各有取義。茲第就其至常至便者，略登十餘種，以備應急，其餘解毒雜方，詳於古今方書，難以悉數，明者自知叅考選用。又火能革物之性，故毒藥毒物，必經火煉，生與熟逈別，是制毒莫妙於火也。熱毒服湯劑宜冷，調諸散宜涼水，恐毒得熱而勢益盛也。至於陰寒之毒，又當變通。此皆言內服之劑，若為毒物所傷，而宜兼外治者，須叅外科敷貼等法。

清・龍之章《蠢子醫》卷一　治病皆有主藥　治病一定有主藥，不用主藥便是錯。火結必要用大黃，枳殼枳實緊跟着。寒結必要用巴豆，三稜莪朮緊跟着。實結必要用山甲，蠍子蜈蚣緊跟着。調氣必要用木香，檳榔元胡緊跟着。透堅必要用牙皂，細辛辛夷緊跟着。破血必要用桃仁，紅花赤芍緊跟着。脾脹必要用乾漆，火麻郁仁緊跟着。暖胃必要用硫黃，丹參玉竹緊跟着。腰疼必要用杜仲，續斷艾葉緊跟着。陷下必要用洋參，三生生附子、生半夏、生南星。狗脊緊跟着。去蟲必要用榧子，蕪荑使君緊跟着。順氣必要用香附，烏藥腹毛緊跟着。通淋必要用斑蝥，川漆萆薢緊跟着。清心必要用黃連，連翹梔子緊跟着。老痰必要用砒霜，雄黃菉豆緊跟着。助脾必要用馬前，虎骨猴骨緊跟着。定痛必要用良薑，縮砂益智緊跟着。治疥必要用斑斑蝥麻麻黃，大楓蓖麻緊跟着。治瘡必要用神燈，艾絨乳乳香沒沒藥緊跟着。治疔必要用蒜灸，烏金烏金膏，巴豆炒黑，研細用，水調塗患處，以膏藥貼之。菊花內服甘菊湯，方見卷四疔瘡門。緊跟着。治邪必要用銅自然銅砂避陽砂，良薑葛根緊跟着。補氣必要用黨參，炙芪白朮緊跟着。補血必要用川川芎歸當歸，生地酒芍緊跟着。補陰必要用熟地，山藥萸肉緊跟着。補火必要用肉桂，乾薑附子緊跟着。滋陰必要用黃柏，知母丹皮緊跟着。以上一藥為君。麻黃杏仁療寒嗽，芥子半夏緊跟着。款冬紫菀療虛嗽，百合五味緊跟着。川烏草烏療風痹，桂枝靈仙緊跟着。黑薑吳萸療翻胃，丁香胡椒緊跟着。蒼朮麻黃療風寒，羌活獨活緊跟着。川貝蔞霜療火痰，蘇子蔔子萊菔子緊跟着。烏梅五倍療虛脫，龍骨牡蠣緊跟着。烏賊訶子療帶下，阿膠肉果肉豆蔻緊跟着。條參雲苓療陰虛，骨皮枸杞緊跟着。藿香杷葉療逆氣，赤石滑石緊跟着。芫花大戟療水腫，牽牛防己緊跟着。瓜蔞天冬療結胸，川貝川朴緊跟着。苦參赤苓赤茯苓療溼癢，蛇牀白芷緊跟着。槐花地榆療崩漏，荊芥秦艽緊跟着。前胡元參療頭風，薄荷柴胡緊跟着。白附天麻療風痰，殭蠶鬱金緊跟着。桔梗豆根療喉風，牛子射干緊跟着。三七蓮子療諸血，黃芩童便緊跟着。黃芪用生防風療自汗，棗仁麥皮緊跟着。蘆薈胡連療陰熱，澤瀉車前緊跟着。小茴川椒療腎氣，縮砂故紙緊跟着。菖蒲柏仁療心疾，茯神遠志緊跟着。葶藶桑皮療肺喘，礞石朱砂緊跟着。石膏知母療熱渴，香薷糯米緊跟着。川楝茴香療疝氣，蘆巴巴戟緊跟着。升麻柴胡療氣陷，乾葛潞黨緊跟着。扁豆薏苡療洩泄，豬苓木通緊跟着。土鹼紅糖療菸毒洋煙，大黃芒硝緊跟着。以上兩藥為君。此皆治病之大略，小小蒙醫有捉摸。按：自古用藥，皆有君臣佐使，此篇於每症先點明主藥，或以一藥為君，或以二藥為君，佐使隨之。熟讀此篇於診脈審症之後，胸中早有成竹，即不讀本草，而某藥治某病，溫涼補瀉之性，早已知之。有益初學不少，何得謂其淺顯而忽之乎？姪孫濬川謹誌。

雜錄

宋·寇宗奭《本草衍義》卷三《序例下》 又婦人病溫已十二日，診之，其脈六七至而澀，寸稍大，尺稍小，發寒熱，頰赤，口乾不了了，耳聾。問之，病後數日，經水乃行，此屬少陽熱入血室也。若治不對病，則必死。乃按其證，與小柴胡湯服之。二日，又與小柴胡湯加桂枝乾薑湯，一日，寒熱遂已。又云我臍下急痛，又與抵當丸，微利，臍下痛痊。身漸涼和，脈漸勻，尚不了了，乃復與小柴胡湯。次日云：我但胸中熱燥，口鼻乾。又少與調胃承氣湯，不得利。次日又云：心下痛。又與大陷胸丸半服，利三行。而次日虛煩不寧，時妄有所見，時復狂言。雖知其尚有燥屎，以其極虛，不敢攻之。遂與竹葉湯，去其煩熱。其夜大便自通，至曉兩次，中有燥屎數枚，而狂言虛煩盡解。但咳嗽唾沫，此肺虛也。若不治，恐乘虛而成肺痿，遂與小柴胡去人參、大棗、生薑，加乾薑、五味子湯。一日咳減，二日而病悉愈。已上皆用張仲景方。

有婦人病吐逆，大小便不通，煩亂，四肢冷，漸無脈息，〔凡〕一日半，與大承氣湯兩劑，至夜半漸得大便通，脈漸生，翌日乃安。此關格之病，極難治，醫者當謹審也。《經》曰：關則吐逆，格則不得小便。如此亦有不得大便者。

有小兒病虛滑，食略化，大便日十餘次，四肢柴瘦，腹大，食訖又飢。此疾正是大腸移熱於胃，善食而瘦。又謂之食㑊者。時五六月間，脈洪大，按之則絕。今六脈既單洪，則夏之氣獨然，按之絕，則無胃氣也。《經》曰：夏脈洪，洪多胃氣少曰病，但洪無胃氣曰死。夏以胃氣為本，治療失於過時，後不逾旬，果卒。

有人病久嗽，肺虛生寒熱，以款冬花焚三兩芽，俟煙出，以筆管吸其煙，滿口則咽之，至倦則已。凡數日之間五七作，差。

有人病瘧月餘日，又以藥吐下之，氣遂弱，疾未愈。觀其病與脈，乃夏傷暑，秋又傷風，乃與柴胡湯一劑。安後，又飲食不節，寒熱復作。此蓋前以傷暑，今以飲食不慎，遂致吐逆不食，脇下牽急而痛，寒熱無時，病名痰瘧。以十棗湯一服，下痰水數升，明日又與理中湯二錢，遂愈。

有人苦風痰、頭痛、顫掉、吐逆、飲食減，醫以為傷冷物，遂以藥溫之，不愈。又以丸藥下之，遂厥。復與金液丹後，譫言，吐逆，顫掉，不省人，〔狂〕若見鬼，循衣摸床，手足冷，脈伏。此胃中有結熱，故昏瞀不省人。以陽氣不能布于外，陰氣不持於內，即顫掉而厥。遂與大承氣湯，至一劑，乃愈。方見仲景。後服金箔丸，方見《刪繁》。

有男子，年六十一，脚腫生瘡，忽食猪肉不安。醫以藥利之，稍愈時出外中風，汗出後，頭面暴腫起，紫黑色，多睡，耳輪上有浮泡小瘡，黃汁出。乃與小續命湯中加羌活一倍，服之遂愈。

有人年五十四，素羸，多中寒，近服菟絲有效。小年常服生硫黃數斤，脈左上二部、右下二部弦緊有力。五七年來，病右手足筋急拘攣，言語稍遲，遂與仲景小續命湯，加薏苡仁一兩，以治筋急，減黃芩、人參、芍藥各半，以避中寒，杏仁只用一百五枚。後云尚覺大冷，因令盡去人參、芍藥、黃芩三物，却加當歸一兩半，遂安。今人用小續命湯者，比比皆是，既不能逐證加減，遂至危殆，人亦不知。今小續命湯，世所須也。故舉以為例，可不謹哉！

宋·張杲《醫說》卷三　神精丹　許叔微家一婦人夢二蒼頭，一在前，一在後，手中持一物。前者云：到也未。後者應云：到也。擊一下爆然有聲，遂魘，覺後心一點痛不可忍，昏悶移時。叔微所合神精丹有此證。即取三粒，令餌之，過數刻痛止神醒。其方出《千金》中，殆晉景公夢二豎之比也同上。【略】

一服飲　福唐梁緄心脾疼痛，數年之間不能得愈，服藥無效，或教供事穢跡神，且持誦呪語，久之夢中告曰：與汝良藥，名為一服飲，可取高良薑、香附子等分，如本條修製細末，二錢匕，溫陳米飲下，空心服為佳，不煩再服。已而果驗。後嘗以濟人皆效。《類編》《百一選方》云：二味須各炒，然後合和；同炒即不效。

宋·張杲《醫說》卷八　遍體盡疼　周離亨嘗言，作館職時，一同舍得疾遍體疼，每作殆不可忍。都下醫或云中風，或云中濕，或云脚氣，用藥悉不效。疑血氣凝滯所致，為製一散飲之，甚驗。予未及問所用藥，沉思久之，因曰：據此證非延胡索不可。周君大駭，曰：何以知之？予曰：以意料之，恐當然爾。延胡索、當歸、桂等分，依常法治之，為末，疾作時溫酒調三四錢，隨人酒量，頻進之，以知為度。蓋延胡索活血化氣，第一品也。其後趙待制霆導引失節，肢體拘攣，數服而愈。

元·張從正《儒門事親》卷二　偶有所遇厥疾獲瘳記十一　余昔過夏邑西，有婦人病腹脹如鼓，飲食乍進乍退，寒熱更作而時吐嘔，且三年矣。師覡符呪，無所不至，惟俟一死。會十月農隙，田夫聚獵，一犬役死，磔于大樹根盤，遺腥在其上。病婦偶至樹根，頓覺昏憒，眩瞀不知人，枕于根側，口中蟲出，其狀如蛇，口眼皆具，以舌舐其遺腥。其人驚見長蟲，兩袖裹其手，按蟲頭極力而出之，且二尺許，重幾斤。剖而視之，以示諸人，其婦遂愈。蟲亦無名。此正與華元化治法同。蓋偶得吐法耳！

又有一書生，瘧間日一作。將秋試，及試之日，乃瘧之期。書生憂甚，誤以葱蜜合食，大吐涎數升，瘀血宿食皆盡，同室驚畏，至來日入院，瘧亦不發，亦偶得吐法耳！

正隆間有聖旨，取汴梁諸匠氏。有木匠趙作頭、鐵匠杜作頭給行次失路，迷至大宅乞宿。主人不納，曰：家中有人重病，不敢納君。杜作頭曰：此趙公乃汴梁太醫之家，今蒙上司見召，迷路至此。蓋病者當愈，而遇此公也。主人默而入，良久復出，將邀二人入室。與之食已，主人起，請曰：煩太醫看病，何如？趙見而笑曰：一藥可愈。二人竊議曰：來時所携熟藥寄他車上，此中實無奈何。杜曰：此甚易耳！潛出門，得牛糞一塊，作三十粒，下以溫水。少頃，病患覺胸中如蟲行，一涌而出，狀若小蜣蜋一二升，以手探之，又約一升，頓覺病去。明日，主人出謝曰：百歲老人，未嘗見此神效之藥也！禮餞二人，遂歸。嗚呼！此二子，小人也，欲苟一時之寢，遂以穢物治人，亦偶得吐法耳！

又有一婦，病風癇，從六七歲因驚風得之。自後三二年，間一二作；至五七年，五七作；逮三十餘歲至四十歲，日作或一日十餘作，以至昏癡健忘，求死而已。會興定歲大饑，遂採百草而食，於水瀕採一種草，狀若葱屬，泡蒸而食之。食訖，向五更覺心中不安，吐涎如膠，連日不止，約一二斗，汗出如洗，初昏困，後三日，輕健非曩之比，病去食進，百脉皆和。省其所食，不知何物。訪問諸人，乃憨葱苗也。憨葱苗者，《本草》所謂藜蘆苗是也。《圖經》云：藜蘆苗吐風病。此亦偶得吐法耳！

又有一婦，年三十餘，病滑泄經年。皆云虛中有積，以無憂散，五七日一服，至二十服不效。又服纏積丹、軟金丸諸藥，皆不效。其人服藥愈速，病勢愈甚，食飲日減。人或謂曰：此休息痢也。宜灸中脘及左右穴，臍下氣海及膀胱穴，以三里引之，每年當冬至日、夏至日灸之。前後僅萬餘壯。忽門外或者曰：此病我屢識，蓋大傷飲之故。即日桃花正開，俟其落時，以長棘針刺之，得數十萼，勿犯人手，以白麵和作餅子，文武火燒令熟，嚼爛，以米飲湯下之。病人如其言服之。不一二時，瀉如傾，前後瀉六七日，僅數百行，昏困無所知覺，惟索冷水，徐徐而飲。至六七日，少省。爾後食日進，神日昌，氣血日和。不數年，生二子。此人本不知桃花萼有取積之神效，亦偶得瀉法耳！

余昔過株林，見一童子誤吞銅鐵之物，成疾而羸，足不勝身。會六七月，淫雨不止，無薪作食，過飢數日。一旦，鄰牛死，聞作葵羹粳飯，病人乘飢頓食之。良久，泄注如傾，覺腸中痛，遂下所吞之物。余因悟《內經》中肝苦急，食甘以緩之。牛肉、大棗、葵菜皆甘物也，故能寬緩腸胃。且腸中久空，又遇甘滑之物，此銅鐵所以下也。亦偶得瀉法耳！

頓有老人，年八十歲，臟腑澀滯，數日不便，每臨後時，目前星飛，頭目昏眩，鼻塞腰痛，積漸食減，縱得食，便結燥如彈。一日，友人命食血藏葵羹油渫菠薐菜，遂頓食之。日日不乏，前後皆利，食進神清，年九十歲，無疾而終。《圖經》云：菠菜寒，利腸胃。芝蔴油炒而食之，利大便。葵，寬腸利小溲。年老之人，大小便不利，最為急切。此亦偶得瀉法耳！

昔一士人趙仲溫，赴試暴病，兩目赤腫，睛翳不能識路，大痛不任，欲自尋死。一日，與同儕釋悶，坐於茗肆中。忽鈎牕脫鈎，其下正中仲溫額上，髮際裂長三四寸，紫血流數升，血止自快，能通路而歸，來日能辨屋脊，次見瓦溝，不數日復故，此不藥不針，誤出血而愈矣！夫出血者，乃發汗之一端也。亦偶得出血法耳！

嗚呼！世人欲論治大病，舍汗、下、吐三法，其餘何足言哉？此一說，讀之者當大笑耳，今之醫者，宜熟察之可也。人能謹察其真中之誤，精究其誤中之真，反覆求之，無病不愈。余之所以書此者，庶後之君子，知余之用心非一日也。又有病目不覩者，思食苦苣，頓頓不闕。醫者以為有蟲。曾不周歲，兩目微痛如蟲行，大眦漸明，俄然大見。又如北方貴人，愛食乳酪、牛酥、羊、生魚膾、鹿脯、猪腊、海味甘肥之物，皆蟲之萌也。然而不生蟲者，蓋筵會中多胡荽、蕪荑、醬鹵汁，皆能殺九蟲。此二者，亦偶得服食法耳！智者讀此，當觸類而長之。

明·周恭《醫說續編》卷三《藥戒》　妄服熱劑求子　朱右云：馬萬戶妻體肥而氣盛，自以無子。嘗多服暖宮藥，積久火甚，迫血上行為衄，衄必數升餘，面赤脈躁，精神恍惚如癡。醫者，猶以治上盛下虛丹劑鎮墜之。迎滑伯仁診視，伯仁曰：《經》云上者下之，今血氣俱盛，溢而上行，法當下導，奈何實實邪？即與桃仁承氣湯，三四下，積瘀既去，繼服既濟湯，二十劑而愈《白雲集》。

明·薛己《外科心法》卷三　服薑、桂、附子補益藥　留都鄭中翰仲夏患發背已半月，瘡頭十餘枚皆如粟許，漫腫堅硬，根如大盤，背重如負石。即隔蒜灸五十餘壯，其背頓輕。彼因輕愈，不守禁忌，三日後大作，瘡不起發，喜得作痛，用活命飲四劑，勢少退，用香砂六君子湯四劑，飲食少進。彼恃知醫，自用敗毒藥二劑，飲食益少，口流涎沫，若不自知，此脾虛之甚也。每用托裏藥，內參、芪各三錢，彼密自揀去大半，後雖用大補藥，加薑、桂亦不應，遂令其子以參、芪各一斤，歸、朮各半斤，乾薑、桂、附各一兩，煎膏一罐，三日飲盡，涎頓止，腐頓潰，食頓進，再用托裏健脾藥，腐肉自脫而愈。

崑山張舉人元忠，孟秋患腰疽，瘡頭如大豆粒，根大三寸許，微腫略赤，虛證悉具。用桑枝灸患處，服活命飲一劑，腫起色赤，飲食仍少，用香砂六君子湯四劑，食漸進，後用大補藥，膿雖成而不潰，於補藥內每劑加附子一片，二劑後膿自湧出，旬日而愈。

張侍御患背瘡三枚皆如粟，彼以為小毒，服清熱化痰藥，外用涼藥敷貼，數日尚不起色黯不焮，胸中氣不得出入，其勢甚可畏，連用活命飲二劑，氣雖利，膿清稀，瘡不起，欲用補劑。彼泥於素有痰火，不受參、朮之補，因其固執，陽以敗毒之劑與視之，而陰以參、芪、歸、朮各五錢，薑、桂各二錢，服二劑，背覺熱腫起，腐肉得潰，方信余言，始明用大補藥，乃愈。

南都聘士葉公玉表兄聶姓者患發背，時六月，腐肉已去，瘡口尺許，色亦不焮，發熱不食，欲嘔不嘔，服十宣散等藥，自為不起。葉請余決之其脉，輕診則浮而數，重診則弱而濇，此潰後之正脉，然瘡口開張，血氣虛也；欲嘔不嘔，脾胃虛也；色赤焮腫，虛火之象也。尚可治，遂與十全大補湯，加酒炒黃栢、知母、五味、麥門及飲童便。飲食頓進，肌肉頓生，服至八劑，瘡口收如粟許。又惑於人言，又服消毒藥二劑，以為消餘毒，反發熱昏憒。急進前藥，又二十餘劑乃愈。後兩月因作善事，一晝夜不睡，致勞發熱，似睡不睡，與前藥二劑，愈加發熱，飲食不進，惟飲熱湯，後以前藥加附子一錢，二劑復愈。

高秋官貞甫孟秋發背，色黯而硬，不痛不起，脉沉而細，四肢逆冷。急用大艾隔蒜灸三十餘壯，不痛，遂用艾如粟大者七壯，著肉灸，始知痛。與六君子湯二劑，每劑入附子二錢，不應，後劑又加肉桂二錢，始應。

石武選廉伯患發背，内服防風通聖散，外敷涼藥，汗出不止，飲食不進，且不寐，瘡盈尺，色黯而堅硬，按之不痛，氣息奄奄。此陽氣已脱，脉息如無，急隔蒜灸。時許，背頓輕，四圍高，不知痛，中央肉六寸許一塊已死。服香砂六君子湯一劑，翌日復灸一次，痛處死血得解，令砭去。余歸後，又為他醫所惑，未砭其血，復凝，又敷辛溫活血藥，翌日依余言砭之，出黑血二盞許，彼云背強頓去。以前藥加薑、桂服一鍾，即鼾睡，覺來肢體少健，但飲食仍不思，吞酸，仍有瘡，仍不痛。彼以為陰毒，乃如此赤，曰此氣血虛極，寒邪淫於内，無陽營於患處，故肌肉死也，非陰毒。若陽氣一回，胃氣即省，死肉即潰，可保無虞矣。以前藥二劑，各加薑、桂、附子二錢服之，略進米飲，精神復舊，患處覺熱，脉略有力，此陽氣略回矣。是日他醫謂瘡瘍屬火證，況今暑令，乃敷芙蓉根等涼藥，即進粥二碗，服消毒藥，死肉即潰。余意芙蓉乃寒涼之藥，與脾胃何益？飲食即時而進，消毒乃辛散之劑，與陽氣何補？死肉即時而潰，此蓋前桂、附之功，至而脾胃之氣省，故飲食進，陽氣旺，死肉腐也。苟虛寒之人，若内無辛熱回陽之藥，輒用寒涼攻毒之劑，豈可得而生耶？若以為火令屬陽之證，内有熱，而施辛溫補益之劑，豈不致死而反生耶？殊不知此乃捨時從證之治法也。

一聘士，流注久潰，肌肉消瘦，發熱作渴，惡寒，飲食，予以六君子加歸、芪、附子，服數劑，患處遂紅活，又服十全大補三十餘劑，膿漸稠而愈。後惑於人言，謂盛暑不宜用附子，彼又因場屋不遂意，復患前證，專服敗毒流氣之劑，元氣消爍，肌肉日瘦，醫以為不治，自分不起。其師滕洗馬云：向者病危，得附子藥而起，今藥不應，以致危篤，何不仍服附子藥。遂復求治，其脉微細，證屬虛寒，並無邪毒，仍用附子藥乃愈。

庚辰年少司馬楊夫人傷寒，誤服附子藥一鍾，即時咽喉赤腫，急邀余治。余謂仲景先生云傷寒證桂枝下咽，陽盛則斃，何況附子乎？辭不治，是日果死。

甲申年一男子時疫發厥，誤以為陰證，服薑、桂藥一鍾，發狂溺水而死。

壬午仲冬，金臺一男子腹痛，服乾薑、理中丸，即時口鼻出血，煩躁發狂，入井而死。

辛卯年，一吏傷寒，誤用附子藥一鍾，下咽發躁，奔走跌死。夫盛暑之際，附子、薑、桂三藥併用，連進三四劑無事；嚴冬時令三藥單用一味，止進一劑者却死。可見羅謙甫先生捨時從證、權宜用藥之妙。余崇此法，冬間瘡證，如脉沉實或洪數，大便秘，瘡焮痛，煩躁，或飲冷不絕者，即用硝、黄、芩、連之劑攻之；雖夏令脉虛弱或浮大，瘡不潰，膿清稀，惡飲寒者，即用薑、桂、參、芪之劑補之；如脉沉細，瘡不痛不潰，作吃逆，手足冷，大便不實或瀉利，或腹痛，更加附子，皆獲大效。昧此理者，反以為非，惑亂患人，恪守常法，冬用溫和，夏用清涼，以致誤人深，可哀也！

明·涂坤《百代醫宗》卷七 治十腫水氣病根主藥 先從面腫者，曰熱水。其根在肺，以桑白皮為主。先從四肢腫者，曰黄水。其根在脾，以大戟為主。先從背腫者，曰鬼水。其根在膽，以雄黄為主。先從胸腫者，曰食水。其根在皮膚，以茯苓為主。先從脇腫者，曰飲水。其根在肚，以芫花為主。先從腰腫者，曰肝水。其根在胃，以甘遂為主。先從腹腫者，曰冷水。其根在肺，以商陸為主。先從陰腫者，曰勞水。其根在腎，以澤瀉為主。先從手腫者，曰心水。其根在腹，以巴戟為主。先從腳腫者，曰清水。其根在心，以葶藶為主。右十味，各為末，各包收貯，以待施用為主引之藥。【略】

點眼藥訣 凡點眼之藥，多用冰、(射)[麝]之類，通入關竅毛孔，易至引惹風邪。又點之之時，宜向密室，正坐，然後用銅筯點少許入眼内，點畢以兩手對按魚尾二穴，次合眼良久，候血脈稍定，漸漸放開。若夜臥之時用藥，則又不拘此法也。或向當風去處，或是點罷即開，則風邪乘入，血脈瘀滯難散，使疾勢愈增矣。

明·武之望《濟陰綱目》卷六 論求子禁用熱劑 丹溪《秦桂丸論》曰：無子之因，多起於婦人。醫者不求其因起於何處，遍閲古方，惟秦桂丸，其辭確，其意專，用溫熱藥，近乎人情，欣然受之，銳然服之，甘受燔灼之禍，猶懵然不悔，何者？陽精之施，陰血能攝之，精成其子，血成其胞，胎孕乃成。今婦人之無子者，率由血少，不足以攝精也。血之少也，固非一端。然欲得子者，必須調補陰血，使無虧欠，乃可推其有餘，以成胎孕，何乃輕用熱劑，煎熬臟腑，血氣沸騰，禍不旋踵矣。或曰：春氣溫和，則萬物發生。〔妙在溫和二字。蓋大寒大熱，皆不能生物故也。〕冬氣寒凜，則萬物消隕。非秦桂丸之溫熱，何以得子臟溫暖而成胎耶？予曰：《詩》曰婦人和平，則樂有子。和則血氣均，平則陰陽不爭。今得此藥，經血必轉紫黑，漸成衰少，或先或後，始則飲食驟進，久則口苦而乾，陰陽不平，血氣不和，疾病蜂起，焉能成胎？縱然成胎，生子亦多病而不壽，〔此註最當。〕以秦桂丸耗損天真之陰也。戒之！慎之！按：秦桂丸施於肥人，而受其丸數，兼服調理補藥，亦無妨。但忌施於瘦人火多者也。

明·黃承昊《折肱漫録》卷一　予父予母予兄，皆以卒中不起，父母病時予醫理未透，予兄病時予在燕京，皆隨俗先進牛黃清心丸，延到時師，皆用祛風化痰之劑，絕無一效。及閱立齋《醫案》，治王車駕卒中昏憒，口眼喎斜，痰氣上湧，咽喉有聲，六脉沉伏，此真氣虛而風邪所乘，以三生飲一兩，加人參一兩，煎服即甦。即五不治症，用前藥亦有得生者。夫前飲乃行經絡治寒痰之藥，有斬關奪旗之功，每服必用人參兩許，駕驅其邪，而補助真氣，否則不惟無益，適足以取敗矣。觀先哲用芪附、參附等湯，其義可見，即立齋先生之言。要知牛黃丸乃香散通經之藥，亦宜用人參兩許，煎湯調服方可，若單服則真氣愈散矣。竟以不知醫而悞用，可勝痛恨。為人子者，不可不知醫，信夫。雖然前條治法，以施於中風、中寒諸症妙矣。又有虛火衝逆，熱痰壅塞，以致昏憒顛仆者，狀類中風，恐附子非所宜服。立齋治王進士勞役失於調養，忽然昏憒，謂是元氣虛，火妄發，挾痰而作，急灌童便，神思漸爽，更用參、芪各五錢，芎、歸各三錢，元參、柴胡、山梔、炙草各一錢，服之稍定；察其形倦甚，又以十全大補湯加門冬、五味，治之而安。予從弟履中年方強，仕以勞心憂鬱而得斯症，痰升遺溺，眼斜視，逾時不醒，竟類中風，亦灌以童便而甦。此等症候，皆火挾痰而作，又非三生飲所可治者，并薑湯亦不相宜也。同一卒然昏憒，而所因不同，須細審而治之。

乙巳之夏，予患中脘痛，既而泄瀉。偶遇姑蘇一名醫，令診之。驚曰：脾胃久傷不治，將滯下。予體素弱，憚服攻尅之劑，因此醫有盛名，一時惑之，遂服枳實、黃連、厚朴、山查、木通等藥數劑，又服枳朮丸一月，以致脾胃大傷，是秋溏洩不止，漸覺飲食難化，痞悶倒飽，深自悔恨。服參、朮等藥，及八味丸十餘年始得愈。然而中氣終不如故，苦不耐飢，稍飢則中氣大虛，其憊不可狀。凡山查等消導之物，入口即虛，脾胃之不可妄攻。如此方書，極言枳朮丸之妙，孰知白朮雖多，不能勝枳實之迅利。予友胡孝轅刺史，亦悞服枳朮丸而大病。可見此丸斷非健脾之藥，或飲食停滯，偶一二服可見耳。

參朮膏補脾之功最大，人不能多飲食者，多服此膏，能令飲食大進。予長子寅錫服此甚驗。

予生平飲食喜熱而畏冷，係中氣虛寒，常服六君子湯加炮薑，氣滯更加木香甚效。

凡人脾病服補土藥不效，即宜服八味丸以補其母，予服此甚效。許學士云有人全不進食，服補脾藥不效，予授以二神丸，服之頓能進食。蓋治法虛則補其母，不能食者，戊己虛也。火乃土之母，故以破故紙補腎為癸水，以肉豆蔻厚腸胃為戊土，戊癸化火，同為補土母之藥，再加木香以順其氣，使之斡施空虛，倉廩自能受物。凡人腎氣怯弱，真陽衰虛，坎水不溫，不能上蒸脾土，是以飲食不進，或食而作脹，大腑溏泄。譬諸鼎釜之中置諸水穀，下無火力，終日米不熟。黃魯直記服菟絲子，淘淨酒浸，曝乾，日挑數匙，以酒下之，十日外飲啖如湯沃雪，服二神丸、菟絲子，與服八味丸同一理，是千古不易之妙法。嚴用和云：古人謂補腎不如補脾。予謂補脾不如補腎，腎氣若壯，丹田火盛，上蒸脾土，脾土溫和，中焦自治，膈開能食矣。

明·黃承昊《折肱漫録》卷七　予生平雖多病，而腫毒則未之患也。歲在戊子，行年七十有三矣。其冬暮，頭之右偏忽患一毒，嗣是右肩右背連患二毒，受累凡四閱月。予久閱薛立齋先生《外科樞要》《精要》二書，知毒之初起，最要是隔蒜灸，予遵之惟謹，畢竟得力，不至瘡大難收。方書云：惟頭項不宜灸。而立齋則云亦宜灸之為妙，但艾壯宜小而數宜少，多不得過三七壯也。予亦遵之，竟有益而無害，益信立齋之言不誣。蒜以獨囊者為佳。方書言切三分厚者，有言三文錢厚者。以予試之，三分太厚，灸火全不覺，恐是三錢厚者有力。凡患毒者，多服十三方、仙方活命飲以敗毒，但老弱之人不能堪此。立齋以托裏敗毒散易之，俟潰後去連翹、白芷、金銀花，而竟服托裏八味散。予遵之，幸不受藥物之害。此議論識見，實超時醫之上者也。今患毒者，時醫輒以圍藥、膏藥等治之，夷考古人之書，頗論圍藥、敷藥、膏藥之害，豈古今氣運有不同耶？是在智者審之腫毒。

清・張志聰《侶山堂類辯》卷下　戊癸合化論　順治辛卯歲，予年四十有二，八月中生一胃脘癰在鳩尾斜下右寸許，微腫不紅，按之不痛，隱隱然如一雞卵在內。姚繼元先生視之曰：此胃脘癰也，一名捧心癰，速宜解散，不則有性命之憂。與一大膏藥上加末藥二三錢，午間烘貼，至暮手足蘇軟，漸至身不能轉側仰臥，于書齋心煩意亂，屏其家人，至初更時，癰上起一毒氣，從左乳下至肋下脇，入于左腎，入時如燒錐刺入，眼中一陣火光，大如車輪，神氣昏暈，痛楚難言，火光漸搖漾而散，神昏始甦，過半時許，其氣復起，其行如舊，痛楚如前，如此三四次。予思之，此戊與癸合也，然腑邪入藏，自分必死，妄想此毒氣不從脇下入腎，得從中而入于腸胃則生矣。如此靜而行之，初次不從，二次即隨想而仍從左乳下入于腸中，腹中大鳴，無從前之痛楚矣。隨起隨想，因悟修養之道，氣隨想而運用者也。運氣法大能鼓膈之證，勞怯欬嗽亦妙。至天明大泄數次，胸膈寬疎。繼元先生復視之曰：毒已解散，無妨事矣。予因問曰：膏藥乃毒藥耶？曰：非也。上撒之末藥名曰端午藥，純用砒霜、巴豆，于端午日配製，無此毒藥焉能透入皮肉之內？予曰：何不早言，昨晚以為必死于毒，今早始悟膏藥中必有毒藥，而得生于毒矣。毒藥攻疾，有如此之妙也。至次年中秋復發，仍用膏藥末藥，毫無前番之狀，而腫亦不消。予因想運氣之妙，經行坐臥，以手按摩，意想此毒氣仍歸腸胃而出，如此十餘日而散。至次年中秋又發，予對繼元先生曰：去歲膏藥不應，今須另法治之。姚曰：部院劉公之夫人生此毒，曾另置末藥，比前藥更毒，貼之要起大泡，此藥用去，無有不應。貼上數日，並不起泡，腫亦不消。予想此證已頑，不受毒藥之制，膏藥尚且不應，而況平和湯之治久病乎。即揭去膏藥，用大艾圓迎頭灸九壯，其毒隨火氣四散，嗣後永不發矣。予想陽明之毒，准在中秋金旺之時而發，初從毒攻而解，次隨氣運而散，後因勝制而消。因悟氣運制化之道，有如此之妙用，五行合化之理，人與天地相參，即以此理，推治百病，奇妙異常。王紹陸先生曰：業醫人，須病病經過，始得之矣。

清・王學權《重慶堂隨筆》卷下　《洗冤錄》云：有人暱一婢而脫者，斂時啟所蓋被，異香四發，或以為登仙，實因服房藥，多麝臍通透之品故耳。又云：人於身死之後，其面或青或紫，手足指甲或為青黯，或為紫黑，口鼻或為血出，或為遍身青紫，更或有肉為膚裂、為脫落者，豈盡服乎砒、鴆而致之。蓋世間無一非生人之具，則無一非殺人之符。偶一相犯，即凝為毒，非特砒、鴆為然，而參、附為尤甚。人第沉溺於補之一字，盡為迷惑，莫之或悟，反云服以參、附，亦不奏功，竟以委之天數，抑何愚之至，而天數之冤，何日而得洗哉！每見人日服參、附而恣行殘賊，不可以對屋漏，以致孽業糾纏，口鼻流血，膚為寸裂而死者，殊不少也。愚謂趙養葵、張景岳輩，惜其未讀此書耳。

〔王國祥〕注：世之信邪說而餌房藥，喜濫補而服參、附，搢紳先生多犯之。醫書垂戒，輒借口扶陽抑陰之說，以詆其非。若《洗冤錄》乃部頒驗用之書，醫家或有未讀，官場不能不讀，既讀其書，尚不知悟，往往蹈此覆轍，殆所謂孽業糾纏，不能自主者乎？

〔王昇〕校：《洗冤錄》又云：夏月汗透衣，切不可於烈日中曬。若將乾而暴雨欲來，急為收納，則烈日之毒即錮於內。如遇酷暑汗出時偶一衣之，則暑以引暑，其毒立中，證候全類傷寒，若誤作傷寒治，必至發狂譫語，再誤投參、芪、附、桂，陽以益陽，未有不至口鼻流血不已者。此亦醫家所當知也，故附錄之。

紀曉嵐先生云：神仙服餌見於雜書者不一，或亦偶遇其人，然不得其法則反能為害。戴遂堂言：嘗見一人服松脂十餘年，肌膚充悅，精神強固，自以為得力。久而覺腹中小不適，又久而病燥結，潤以麻仁之類不應，攻以硝、黃之類，所遺者細僅一線，乃悟松脂粘附於腸中，積漸凝結，愈厚則其竅愈窄，故束而至是也。無藥可醫，竟困頓至死。又見一服硫黃者，膚裂如磔，置冰上痛稍減。古詩云：服藥求神仙，多為藥所誤。豈不信哉！

〔王孟英〕刊：隱居巖谷者，深山無日，霧露時侵，溪澗水寒，人煙闃寂，其服松脂、蒼朮之類，不過借以祛寒濕之邪耳。若富貴人尤而效之，是不揣其本而齊其末矣。

四時臟腑經絡用藥部

題解

宋·趙佶《聖濟經》卷一〇《審劑篇》 故春夏温熱，秋冬涼寒，氣之常也。法四時之氣以為治，則治寒以熱，治熱以寒，逆之以治其微。寒因熱用，熱因寒用，從之以導其甚。上焉以遠六氣之犯，中焉以察歲運之化，下焉以審南北之宜，合氣之機不可失也。〔宋·吴禔注〕：陽始於春而盛於夏，陰始於秋而盛於冬，故春夏温熱，秋冬涼寒，氣之常也。氣既不同，疾亦隨異。斯有法四時之氣以為治焉。治寒以熱，濟其寒也。治熱以寒，濟其熱也，此之謂逆之以治其微。方寒之微，而熱治之，治之不已，則寒格熱而益加，故因熱而用寒。方熱之微，而寒治之，治之不已，則熱格寒而益加，故因寒而用熱。此之謂從之以導其甚。《至真要大論》曰：微者逆之，甚者從之。此之謂也。天有六氣，陰陽異也。中有歲運，五紀異也。地有南北，方域異也。遠其犯，察其運，審其宜，則寒熱之治尤不可苟。通天下一氣，則天也，運也，地也，無適而非氣，氣之機日運不已，其不可失者如此。

明·李時珍《本草綱目·序例》卷一 四時用藥例

李時珍曰：《經》云：必先歲氣，毋伐天和。又曰：升降浮沉則順之，寒熱溫涼則逆之。故春月宜加辛溫之藥，薄荷、荆芥之類，以順春升之氣；夏月宜加辛熱之藥，香薷、生薑之類，以順夏浮之氣；長夏宜加甘苦辛溫之藥，人參、白术、蒼术、黄蘗之類，以順化成之氣；秋月宜加酸溫之藥，芍藥、烏梅之類，以順秋降之氣；冬月宜加苦寒之藥，黄芩、知母之類，以順冬沉之氣，所謂順時氣而養天和也。《經》又云：春省酸增甘以養脾氣，夏省苦增辛以養肺氣，長夏省甘增鹹以養腎氣，秋省辛增酸以養肝氣，冬省鹹增苦以養心氣。此則既不伐天和，而又防其太過，所以體天地之大德也。昧者舍本從標，春用辛涼以伐木，夏用鹹寒以抑火，秋用苦溫以泄金，冬用辛熱以涸水，謂之時藥，殊背《素問》逆順之理。以夏月伏陰，冬月伏陽，推之可知矣。雖然月有四時，日有四時，或春得秋病，夏得冬病，神而明之，機而行之，變通權宜，又不可泥一也。王好古曰：四時總以芍藥爲脾劑，蒼术爲胃劑，柴胡爲時劑，十一臟皆取決於少陽，爲發生之始故也。凡用純寒純熱之藥，及寒熱相雜，並宜用甘草以調和之，惟中滿者禁用甘爾。

論説一

元·李杲《内外傷辯惑論》卷中 四時用藥加減法 《内經》曰：胃為水穀之海。又云：腸胃為市，無物不包，無物不入，寒熱溫涼皆有之。其病也不一，故隨時證於補中益氣湯中，權立四時加減法于後：以手捫之而肌表熱者，表證也，只服補中益氣湯一二服，得微汗則已，非正發汗，乃陰陽氣和，自然汗出也。若更煩亂，如腹中或周身有刺痛，皆血澀不足，加當歸身五分或一錢。如精神短少，加人參五分、五味子二十箇。頭痛加蔓荆子三分，痛甚加川芎五分。頂痛、腦痛加藁本五分、細辛三分，諸頭痛并用此四味足矣。如頭痛有痰，沉重懶倦者，乃太陰痰厥頭痛，加半夏五分、生薑三分。耳鳴目黄，頰頷腫，頸肩臑肘臂外後廉痛，面赤脉洪大者，以羌活一錢、防風、藁本已上各七分，甘草五分，通其經血；加黄芩、黄連已上各三分，消其腫；人參五分、黄耆七分，益元氣而瀉火邪。另作一服與之。嗌痛頷腫，脉洪大面赤者，加黄芩、甘草已上各三分，桔梗七分。口乾嗌乾者，加葛根五分，升引胃氣上行以潤之。如夏月咳嗽者，加五味子二十五箇、麥門冬去心五分。如冬月咳嗽，加不去根節麻黄五分。如秋涼亦加。如春月天溫，只加佛耳草、欵冬花已上各五分。若久病痰嗽，肺中伏火，去人參，以防痰嗽增益耳。食不下，乃胸中胃上有寒，或氣澀滯，加青皮、木香已上各三分，陳皮五分，此三味為定法。如冬月加益智仁、草豆蔻仁已上各五分。如夏月，少加黄芩、黄連已上各五分。如秋月，加檳榔、草豆蔻、白豆蔻、縮砂已上各五分。如春初猶寒，少加辛熱之劑，以補春氣之不足，為風藥之佐，益智、草豆蔻可也。心下痞夯悶者，加芍藥、黄連已上各一錢。如痞腹脹，加枳實、木香、縮砂仁已上各三分，厚朴七分。如天寒，少加乾薑或中桂桂心也。心下痞，覺中寒，加附子、黃連已上各一錢； 不能食而心下痞，加生薑、陳皮已上各一錢； 能食而心下痞，加黃連五分、枳實三分； 脉緩，有痰而痞，加半夏、黃連已上各一錢； 脉弦，四肢滿，便難而心下痞，加黃連五分、柴胡七分、甘草三分。 腹中痛者，加白芍藥五分、甘草三分； 如惡寒，覺冷痛，加中桂五分。 如夏月腹中痛，不惡寒，不惡熱者，加黃芩、甘草已上各五分、芍藥一錢，以治時熱也。 腹痛在寒涼時，加半夏、益智、草豆蔻之類。 如腹中痛，惡寒而脉弦者，是木來尅土也，小建中湯主之，蓋芍藥味酸，於土中瀉木，為君。 如脉沉細，腹中痛，是水來侮土，以理中湯主之，乾薑辛熱，於土中瀉水，以為主也。如脉緩體重，節痛，腹脹自利，米穀不化，是濕勝，以平胃散主之，蒼朮苦辛溫，瀉濕為主也。 脇下痛，或脇下縮急，俱加柴胡，三分，甚則五分。 甘草三分。 臍下痛者，加真熟地黃五分； 如不已者，乃大寒也，加肉桂五分。 偏閱《內經》中悉言小腹痛皆寒，非傷寒厥陰之證也，乃下焦血結膀胱，仲景以抵當湯并抵當丸主之。 小便遺失，肺金虛也，宜安臥養氣，以黃耆、人參之類補之； 不愈，則是有熱也，黃蘗、生地黃已上各五分，切禁勞役； 如臥而多驚，小便淋溲者，邪在少陽、厥陰，宜太陽經所加之藥，更添柴胡五分； 如淋，加澤瀉五分，此下焦風寒合病也。《經》云腎肝之病同一治，為俱在下焦，非風藥行經則不可，乃受客邪之濕熱也，宜升舉發散以除之。 大便秘澀，加當歸一錢、大黃。酒洗煨，五分或一錢。 如有不大便者，煎成正藥，先用清者一口，調玄明粉五分或一錢，如大便行則止，此病不宜大下之，必變凶證也。 脚膝痿輭，行步乏力或痛，乃腎肝伏熱，少加黃蘗五分，空心服； 不已，更加防己五分； 脉緩，顯沉困怠惰無力者，加蒼朮、人參、澤瀉、白朮、茯苓、五味子已上各五分。 如風濕相搏，一身盡痛，以除風濕羌活湯主之。 除風濕羌活湯：

羌活七分、防風、升麻、柴胡已上各五分、藁本、蒼朮已上各一錢，右件剉如麻豆大，都作一服，水二盞，煎至一盞，去柤，大溫服之，空心食前。 所以然者，為風藥已能勝濕，故另作一服與之。 肩背痛，汗出，小便數而少，風熱乘肺，肺氣鬱甚也，當瀉風熱則愈，通氣防風湯主之。

元・李杲《內外傷辯惑論》卷下 隨時用藥 治傷冷飲者，以五苓散，每服三錢或四錢匕，加生薑煎服之。 治傷食兼傷冷飲者，煎五苓散，送下半夏枳朮丸服之。 治傷冷飲，不惡寒者，腹中亦不覺寒，惟覺夯悶身重，飲食不化者，或小便不利，煎去桂五苓散，依前斟酌服之。 假令所傷前後不同，以三分為率，熱物二分，傷生冷硬物一分，用寒藥三黃丸二停，用熱藥木香見晛丸一停，合而服之。 又如傷生冷物二分，傷熱物一分，用熱藥木香見晛丸二停，用寒藥三黃丸一停，合而服之。 假令夏月大熱之時，傷生冷硬物，當用熱藥木香見晛丸治之，須少加三黃丸，謂天時不可伐，故加寒藥以順時令。 若傷熱物，只用三黃丸。 何謂？ 此三黃時藥丸也。 假令冬天大寒之時，傷羊肉，濕麪等熱物，當用三黃丸治之，須加熱藥少許，草豆蔻之類是也，為引用又為時藥。《經》云： 必先歲氣，無伐天和。 此之謂也。 餘皆倣此。

元・李杲《脾胃論》卷中 隨時加減用藥法 濁氣在陽，亂於胸中，則䐜滿閉塞，大便不通。 夏月宜少加酒洗黃蘗大苦寒之味，冬月宜加吳茱萸大辛苦熱之藥以從權，乃隨時用藥，以泄濁氣之下降也。 借用大寒之氣於甘味中，故曰甘寒瀉熱火也，亦須用發散寒氣辛溫之劑多，黃蘗少也。 清氣在陰者，乃人之脾胃氣衰，不能升發陽氣，故用升麻、柴胡助辛甘之味，以引元氣之升，不令(餐)〔飧〕泄也。

堵塞咽喉，陽氣不得出者曰塞，陰氣不得下降者曰噎。 夫噎塞迎逆於咽喉胸膈之間，令諸經不行，則口開目瞪，氣欲絕，當先用辛甘氣味俱陽之藥，引胃氣以治其本，加堵塞之藥以瀉其標也。 寒月陰氣大助陰邪於外，正藥內加吳茱萸大熱大辛苦之味，以瀉陰寒之氣。 暑月陽盛，則於正藥中加青皮、陳皮、益智、黃蘗，散寒氣，泄陰火之上逆； 或以消痞丸合滋腎丸。 滋腎丸者，黃蘗、知母微加肉桂三味是也。 或更以黃連，別作丸。 二藥七八十丸，空心，約宿食消盡服之，待少時以美食壓之，不令胃中停留也。 如食少不飢，加炒麴。 如食已心下痞，別服橘皮枳朮丸。 如脉弦，四肢滿閉便難，而心下痞，加甘草、黃連、柴胡。 如腹中氣上逆者，是衝脉逆也。 加黃蘗三分，黃連一分半以泄之。 如大便秘燥，心下痞，加黃連、桃仁，少加大黃、當歸身。 如心下痞，夯悶者，加白芍藥、黃連。 如心下痞，腹脹，加五味子、白芍藥、縮砂仁。 如天寒，少加乾薑或中桂。 如心下痞，中寒者，加附子、黃連。 如心下痞，嘔逆者，加黃連、生薑、橘皮。 如冬月，不加黃連，少入丁香、藿香葉。 如口乾嗌乾，加五味子、乾葛。 如脇下急，或痛甚，俱加柴胡、甘草。 如胸中滿悶，鬱鬱然，加橘紅、青皮、木香少許。 如頭痛有痰，沉重懶倦者，乃太陰痰厥頭痛，加半夏五分、生薑二分或三分。 如腹中或周身間有刺痛，皆血澁不足，加當歸身。　如噦，加五味子多，益智少。　如食不下，乃胸中胃上有寒，或氣澁滯，加青皮、陳皮、木香，此三味為定法。　如冬天，加益智仁、草豆蔻仁。　如夏月，少用，更加黃連。　如秋月，氣澁滯，食不下，更加檳榔、草豆蔻仁、縮砂仁，或少加白豆蔻仁。　如三春之月，食不下，亦用青皮少、陳皮多，更加風藥以退其寒，覆其上。　如初春猶寒，更少加辛熱，以補春氣之不足，以為風藥之佐，益智、草豆蔻皆可也。　如脉弦者，見風動之證，以風藥通之。　如脉澁，覺氣澁滯者，加當歸身、天門冬、木香、青皮、陳皮；　有寒者加桂枝、黃耆。　如胸中窒塞，或氣閉悶亂者，肺氣澁滯而不行，宜破滯氣，青皮、陳皮，少加木香、檳榔。　如冬月，加吳茱萸、人參，或胸中窒塞，閉悶不通者，為外寒所遏，使呼出之氣不得伸故也，必寸口脉弦或微緊，乃胸中大寒也。　若加之以舌上有白胎滑者，乃丹田有熱，胸中有寒明矣。　丹田有熱者，必尻臀冷，前陰間冷汗，兩丸冷，是邪氣乘其本，而正氣走於經脉中也。　遇寒則必作陰陰而痛。以此辨丹田中伏火也。　加黃蘗、生地黃，勿誤作寒證治之。　如秋冬天氣寒涼而腹痛者，加半夏或益智，或草豆蔻之類。　如發熱，或捫之而肌表熱者，此表證也。　只服補中益氣湯一二服，亦能得微汗則涼矣。　如脚膝痿輭，行步乏力或疼痛，乃腎肝中伏濕熱，少加黃蘗，空心服之。　不愈更增黃蘗，加漢防己五分，則脚膝中氣力如故也。　如多唾或唾白沫者，胃口上停寒也，加益智仁。　如少氣，不足以息者，服正藥二三服，氣猶短促者，為膈上及表間有寒所遏，當引陽氣上伸，加羌活、獨活、藁本最少，升麻多，柴胡次之，耆加倍。

元・羅天益《衛生寶鑑》卷一　春服宣藥辨　戊申春，先師東垣老人論春月奉生之道。《月令》云：是月也，不可以稱兵，稱兵必天殃。毋殺孩蟲胎夭飛鳥，毋伐山林。　又云：　祭先脾，孟春行冬令，則首種不入，行秋令則民大疫，故國有春分停刑之禁，十二經有取決於膽之戒。　仲景云：　大法春宜吐，故少陽證禁下，宜小柴胡湯和解之。　少陽用事，萬物方生，折之則絕生化之源，此皆奉生之道也。　有假者反之，且春初服宣藥者，迺伐天和而損脾胃，非徒無益而又害之。　予因演先師之論，著為此論。

世傳宣藥，以牽牛、大黃之類，或丸或散。　自立春後，無病之人服之，輒下數行。　云：　凡人於冬三月，厚衣暖食，又近於火，致積熱於內，春初若不宣泄，必生熱疾。　又云解三焦積熱，去五臟餘毒，殆無此理。　方冬嚴氣凝寒，厚衣暖食近火，所以敵天氣之寒也。　冬裘夏葛，冬飲湯而夏飲水，皆自然之道，何積熱於內而生疾乎？　且陰陽偏勝則疾，果三焦積熱，是陽亢陰絕，豈有得生之理哉？　故《難經》云：　腑病易治，臟病難愈。　邪氣中臟，病之極矣。今言五臟俱有邪毒，則神將何依。《內經》亦曰：　春三月，此謂發陳，天地俱生，萬物以榮，夜臥早起，廣步於庭，被髮緩形，以使志生，生而勿殺，予而勿奪，賞而勿罰，此春氣之應，養生之道也。　逆之則傷肝，夏為寒變，奉長者少。　又曰：　必先歲氣，無伐天和，故智者之養生也，必順四時，適寒溫，和喜怒而安居處，節陰陽而調剛柔，如是則邪僻不至。　又曰：　蒼天之氣清淨，則志意治。　順之則陽氣固，雖有賊邪，弗能害也。　失之則內閉九竅，外壅肌肉，衛氣散解，此謂自傷，氣之削也。　當少陽用事，萬物向榮生發之時，惟當先養脾胃之氣，助陽退陰，應乎天道以使之平。　今反以北方寒水所化，氣味俱厚苦寒之劑投之，是行肅殺之令於奉生之月，當升反降，伐脾胃而走津液，使營運之氣減削，其不能輸精皮毛經絡必矣。　奉長之氣，從何而生，臟腑何所以稟受？　脾胃一衰，何病不起？　此誅罰無過，是謂大惑。　無病生之，有病甚之，所謂春服宣藥者，自軒岐而下，歷代明醫，俱無是說。　嗚呼！　此理明白，非難知也。　世多雷同，莫革其弊，深可痛哉！　凡有志保生者，但以聖賢之言為準，則可免疑悞之悔，夭折之禍矣。

革春服宣藥歌　天與聖人同一體，長養萬物不言利。《黃帝內經》福萬世，惟恐生民觸邪氣。　調神四氣謹依行，身體康強無病滯。　去聖逾遠醫道衰，誰解非非而是是。　初春宣藥服寒涼，無故令人遭疫癘。　腸鳴腹痛下數行，脾土既衰復損胃。　周身百脉失經常，安樂身中強生事。　少陽用事物向榮，一夜風霜反凋弊。　春不生榮秋不收，奉養之氣從何至。　四時失序化難成，血氣一衰神不熾。　主明下安養生昌，心不明時災患繼。　哀哉此理久不明，故以言理革其弊。　保生君子勿他求，當向《內經》求聖意。

元・王好古《湯液本草》卷二　天地生物有厚薄堪用不堪用

	厥陰	少陰	太陰	少陽	陽明	太陽
司天	風化	熱化	濕化	火化	燥化	寒化
在泉	酸化木	苦化火	甘化土	苦化火	辛化金	鹹化水
司地氣故物化從	酸	苦	甘	苦	辛	鹹

故治病者，必明六化分治，五味五色所生，五臟所宜，廼可以言盈虛病生之緒也。謹候氣宜，無失病機。其主病何如，言採藥之歲也。司歲備物，則無遺主矣。先歲物何也，天地之專精也，專精之氣，藥物肥濃，又於使用，當其正氣味也。五運主歲，不足則物薄，有餘則物精，非專精則散氣，散氣則物不純。是以質同而異等，形質雖同，力用則異也。氣味有厚薄，性用有躁靜，治化有多少，力化有淺深，此之謂也。

火位之主—甘瀉—鹹補

少陽	治	佐以
之客	鹹補—甘瀉—鹹軟	
之勝	治以辛寒	甘鹹—甘瀉
之復	治以鹹冷	苦辛—鹹軟—酸收—辛苦發
在泉（火淫於內）	治以鹹冷	苦辛—酸收—苦發
司天（火淫所勝）	平以—鹹冷	甘苦—酸收—苦發—酸復之

水位之主—酸瀉—辛補

厥陰	治	佐以
之客	辛補—酸瀉—甘緩	
之勝	治以甘清	苦辛—酸瀉
之復	治以酸寒	甘辛—酸瀉—甘緩
在泉（風淫於內）	治以辛涼	苦甘—甘緩—辛散
司天（風淫所勝）	平以—辛涼	甘苦—甘緩—酸瀉

火位之主—甘瀉—鹹補

少陰	治	佐以
之客	鹹補—甘瀉—鹹收	
之勝	治以辛寒	苦鹹—甘瀉
之復	治以鹹寒	苦辛—甘瀉—酸收—苦發—鹹軟
在泉（熱淫於內）	治以鹹寒	甘苦—酸收—苦發
司天（熱淫所勝）	平以—鹹寒	苦甘—酸收

水位之主—鹹瀉—苦補

太陽	治	佐以
之客	苦補—鹹瀉—苦堅—辛潤	
之勝	治以甘熱	辛酸—鹹瀉
之復	治以鹹熱	甘辛—苦堅
在泉（寒淫於內）	治以甘熱	苦辛—鹹瀉—辛潤—苦堅
司天（寒淫所勝）	平以—辛熱	苦甘—鹹瀉

金位之主—辛泄—酸補

陽明	治	佐以
之客	酸補—辛瀉—苦泄	
之勝	治以酸溫	辛甘—苦泄
之復	治以辛溫	苦甘—苦泄—苦下—酸補
在泉（燥淫於內）	治以苦溫	甘辛—苦下
司天（燥淫所勝）	平以—苦溫	酸辛—苦下

土位之主—苦瀉—甘補

太陰	治	佐以
之客	甘補—苦瀉—甘緩	
之勝	治以鹹熱	辛甘—苦瀉
之復	治以苦熱	酸辛—苦瀉—燥之—泄之
在泉（濕淫於內〔四〕）	治以苦熱	酸淡—苦燥—淡泄
司天（濕淫所勝）	平以—苦熱	酸辛—苦燥—淡泄
上甚而熱	治以—苦溫	甘辛—以汗爲故而止

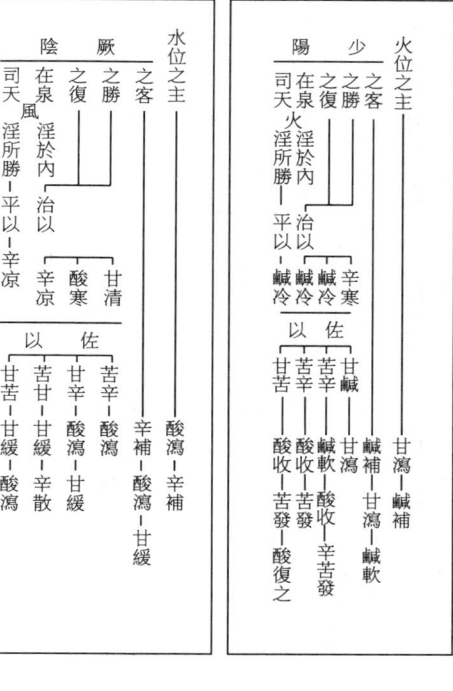

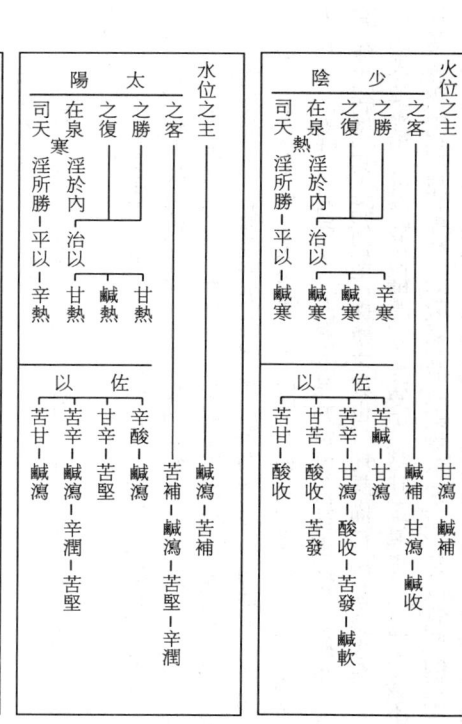

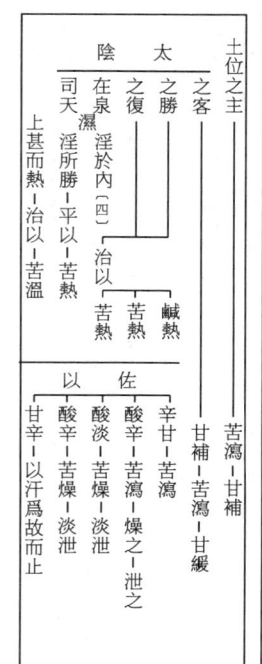

火熱　司地
火熱　化天
寒反勝之
治以
甘熱　甘熱　甘溫　甘熱
佐以
苦辛　鹹平之　苦辛　鹹平之　苦酸辛　苦辛

寒燥濕　司地
寒燥濕　化天
熱反勝之
治以
苦冷　平寒　鹹冷
佐以
鹹甘　苦平之　苦甘　酸平之　以和爲利　甘辛　苦平之
治以
苦寒　辛寒　鹹冷
佐以
苦酸　苦甘　苦辛

元·徐彥純《本草發揮》卷四　五行製方生尅法附湯例。　風制(發)〔法〕肝，春木酸生之道也。失常則病矣，風浮於內，治以辛涼，佐以甘辛，以甘緩之，以辛散之。　暑制法心，夏火苦長之道也。失常則病矣，熱淫於內，治以鹹寒，佐以甘苦，以酸收之，以苦發之。　濕制法脾，土甘中方化成之道也。失常則病矣，濕淫於內，治以苦熱，佐以鹹熱，以苦燥之，以淡泄之。　燥制法肺，秋金辛收之道也。失常則病矣，燥淫於內，治以苦溫，佐以甘辛，以辛潤之，以苦下之。　寒制法腎，冬水鹹藏之道也。　失常則病矣，寒淫於內，治以甘熱，佐以苦辛，以辛散之，以苦堅之。　註云：　酸、苦、甘、辛、鹹，即肝木、心火、脾土、肺金、腎水之本也。　四時之變，五行化生，各順其道，違則病生。　聖人設法，以制其變，謂如風淫于內，即是肝木失常，火隨而熾，治以辛涼，是以辛金尅其木，涼水沃其火。其下治法例皆如此。　下項二方，非為治病而設，此乃教人比證立方之道，容易通曉也。

當歸拈痛湯：　治濕熱為病，肢節煩痛，肩背沉重，胸膈不利，遍身痛，下注於脛腫痛不可忍。《經》云：　濕淫于內，治以苦溫。　羌活苦辛，透關節勝濕。　防風甘辛溫，散經絡中留濕，故以為主。　水性潤下，升麻、葛根苦辛平，味之薄者，陰中之陽，引而上行，以苦發之也。　白术苦甘溫和，除濕。　蒼术體質輕浮，氣力雄壯，能去皮膚腠理之濕，故以為臣。　血壅而不流則痛，當歸身辛溫以散之，使氣血各有所歸。　人參、甘草甘溫，補脾養正氣，使苦藥不能傷胃。　仲景云：　濕熱相合，肢節煩痛。　苦參、黄芩、知母、茵陳，苦參者，乃苦以泄之也。　凡酒製藥，以為因用。　治濕不利小便，非其治也。　猪苓甘溫平，澤瀉鹹平，淡以滲之，又能導其留飲，故以為佐。　氣味相合，上下分消，其濕得以宣通也。

羌活半兩　防風三錢二味為君　升麻二錢　葛根二錢　白朮錢半　蒼朮三錢四味為臣　當歸身三錢　人參二錢　甘草五錢　苦參酒浸二錢　黄芩二錢炒　知母酒洗三錢　茵陳酒炒五錢　猪苓三錢　澤瀉三錢

右件剉如麻豆大，每服一兩，重水二盞半，先以水拌濕，候少時，煎至一盞，去滓溫服，待少時，美膳壓之。

天麻半夏湯：　治風痰內作，胸膈不利，頭旋目黑，兀兀欲吐，上熱下寒，不得安臥，遂處此方。云眼黑頭旋，虛風內外作，非天麻不能除，故以為君。偏頭痛，乃少陽也，非柴胡不能治。　黄芩苦寒，酒制炒剉。　柴胡治上熱，又為引用，故以為臣。　橘皮苦辛溫，炙甘草甘溫，補中益氣為佐。　生薑、半夏辛溫，以治風痰。　白茯苓甘平，利小便，導濕熱，引而下行，故以為使。　不數服而愈。

天麻一錢為君　黄芩酒製五分為臣　橘皮去白七分　柴胡七分　甘草五分炙為佐　白茯苓五分為使　半夏一錢

右剉如麻豆大，都作一服，水二斛，生薑三片，煎至一斛，去滓溫服。

【略】

六化　厥陰司天為風，化在泉為酸，化木司地氣，故物化從酸。　少陰司天為熱，化在泉為苦，化火司地氣，故物化從苦。　太陰司天為濕，化在泉為甘，化土司地氣，故物化從甘。　少陽司天為火，化在泉為苦，化火司地氣，故物化從苦。　陽明司天為燥，化在泉為辛，化金司地氣，故物化從辛。　太陽司天為寒，化在泉為鹹，化水司地氣，故物化從鹹。　故治病者，必明六化，分治五味，五色所主，五臟所宜，乃可以言盈虛病生之緒也。　謹候氣宜，無失病機，其主病何如言採藥之歲也。　司歲備物，則無遺主矣。　先歲氣何曰天地專精之氣。　藥物精濃，又於使用，當其正氣也。　五運主歲不足，則物薄有餘，則物精非專精，即散氣，散氣則物不純也。　是以質同而異等，形質雖同，力用則異也。　氣味有厚薄，性用有躁靜，治保有多少，力化有淺深，此

之謂也。【略】

論用藥必本四時　凡用藥若不本四時，以順為逆。四時者，是春升、夏浮、秋降、冬沉，乃天地之升降浮沉。造化者，脾土中造化也。是為四時之宜。但言補之以辛甘溫熱之劑，及味之薄者諸風藥是也，此助春夏之升浮者也。此便是瀉秋收冬藏之藥也。在人之身乃肝心也。但言之以酸苦寒涼之劑并淡味滲泄之藥，此助秋冬之降沉者也。在人之身乃肺腎也。用藥者，因此法度則生，逆之則死。縱令不死，危困必矣。

明・周禮《醫學碎金》卷三　六氣用藥補瀉歌　太陽寒水宜甘熱，陽明燥金用苦溫。少陰少陽鹹寒宜，太陰濕土苦熱親。厥陰風木辛涼治，六氣之中用較真。不生暴過并苛疾，折鬱滋源心要陳。

明・王綸《本草集要》卷一　隨時用藥例　《內經》曰：必先歲氣，無伐天和。又曰：升降浮沉則順之，寒熱溫涼則逆之。凡用藥須看時令，如常用調理藥，春加川芎，夏加黄芩，秋加茯苓，冬加乾薑。　如解肌發汗，春溫月用辛涼藥，川芎、防風、柴胡、荊芥、紫蘇、薄荷之類；　夏暑月用甘辛寒藥，乾葛、石膏、甘草、薄荷、升麻、柴胡之類；　秋涼月用辛溫藥，羌活、防風、蒼术、荊芥之類；　冬寒月用辛熱藥，麻黄、桂枝、乾薑、附子之類。若病與時違，不拘此例。　如治(溫)〔濕〕，暑月溫病、熱病、疫癘病，不可用辛溫熱藥，宜清涼辛甘苦寒之藥，升麻、柴胡、乾葛、薄荷、石膏、黄芩、黄連、甘草、芍藥之類。　如治咳嗽，春多上升之氣，用川芎、芍藥、半夏、黄芩之類；　夏多火炎逼肺，用黄芩、山梔、桑白皮、石膏、知母之類；　秋多濕熱傷肺，用蒼术、桑白皮、黄芩、防風之類；　冬多風寒外來，用麻黄、桂枝、半夏、乾薑、防風、羌活之類。若病與時違，不拘此例。　如治泄瀉，冬寒月用辛苦溫藥，乾薑、縮砂、陳皮、厚朴之類；　夏暑月暴注水泄，用苦寒酸寒藥，黄連、山梔、茵陳、芍藥之類。若病與時違，不拘此例。　如傷冷食腹痛，或霍亂吐瀉，雖夏暑月，可用辛熱溫中藥，乾薑、附子、縮砂、厚朴之類。　如感風寒，肌表寒慄，或發熱面赤，雖夏暑月，可用辛溫解表藥，生乾薑、麻黄、桂枝、羌活、防風之類。　如酒客病，或素有熱症人，雖在寒冷月，可用清涼寒苦藥，黄芩、黄連、乾葛之類。　已上論隨證、隨經、隨時用藥等法。出《本草》及東垣等書，及附愚見。

明・劉全備《注解藥性賦》　論四時六氣用藥權正活法　客曰：春夏秋冬，人氣順應者，天道之自然。寒風暑濕，臟腑傷中者，人事之偶然。知其自然，順正調之。知其偶然，以權制之。若能知權與正，則寒熱溫涼之時，表裏虛實之病，汗吐下和之法，辛苦甘酸之劑，隨時處用，則左右逢原矣。然為醫不知權正，如子莫不知中也。苟知正而無權，不能泛應諸病，妄行權而失正，未免有傷真敗亂之失，故正也，權也，行而適中病情而已。然正者，即《經》所謂用寒遠寒，用熱遠熱，用涼遠涼，用溫遠溫是也。權者，即《經》所謂有假者反常，與其發表不遠熱，攻裏不遠寒是也。然此《經》之義何如？客曰：知《經》義者，則治病其庶幾乎。所謂用者，乃時候旺相之氣，即春溫夏熱，秋涼冬寒，不違時者，天之用也。遠者，乃人事作為之法，即藥飲衣食，冬裘飲湯，夏葛飲水；　春食涼，秋食溫；　隨時而處者，人之道也。故時不可犯也。不可犯，何如？謂春氣溫，藥食宜用涼，當遠去其溫。夏氣熱，藥食宜用寒，不宜用熱。秋氣涼，則藥食宜用溫，不宜用涼。冬氣寒，則藥食宜用熱，不宜用寒。是謂從天氣則和者(邪)〔耶〕。若夏用熱藥，冬用寒藥，以水濟水，以火濟火，此謂逆天氣者，有病病增，無病病必生矣。可不敬畏而遠之？此謂正也。然是則是矣，常見夏用熱藥，冬用寒藥，往往治病捷愈，或者時亦可犯乎？客哂之曰：子不思矣。岐伯有言曰：天氣反時，及客勝其主，則可犯。或如九夏寒甚為病，則可用熱犯熱。寒氣不甚，則不可犯。且飲冷太過，中脘停寒，不用溫藥，何由克治？中病即止，過則與犯同。三冬熱甚為病，則可用寒藥犯寒。熱氣不甚，則不可犯。若積熱於中，則用寒藥除之，中病即止，是謂權也。又如春夏感暴風寒，邪在於表，則發表不遠熱。如宋人所製十神湯，香蘇散之類，以行乎春；　二香散、蘇苓飲之類，以行乎夏。若冬傷乎寒，而致裏證者，則攻裏不遠寒。如漢張長沙用諸承氣之類也。況氣動有勝復，不可不禦也。六步之氣於六位中，應寒反熱，應熱反寒，應溫反涼，應涼反溫，是謂步之邪勝也。差冬反溫，差夏反冷，差秋反熱，差春反涼，是謂四時之邪勝，勝則反其氣以平之。反其氣者，謂如差冬反溫，則涼藥可用。差夏反冷，則溫藥可行。差秋反熱，則寒藥可施。差春反涼，則溫劑宜用。故《經》曰：無失天信，無逆氣宜，無翼其勝，無贊其復，是謂至治。余悅。唯唯拜謝！

明・吴球《諸症辨疑》卷四　春宣作下法悞人說　今人春宣作下法，予考之，非也！春乃諸陽之所升，人病在頭，故宜吐之，所以升因升用，此為主治。但胸中滿悶停食，宿痰上壅，積熱中脘，鬱鬱而痛，皆宜吐之。其有胎婦人氣虛，氣短，切宜慎之。余每見宣法悞作下劑，訛也。

明·葉文齡《醫學統旨》卷八　用藥必本四時　凡用藥若不本四時，以順為逆。四時者，是春升夏浮，秋降冬沉，乃天地之升降浮沉。化化者，脾土中造化也。是為四時之宜。但言補之以辛甘溫熱之劑，乃味之薄者，諸風藥是也，此助春夏之升浮者也，此便是瀉秋收冬藏之藥也，在人之身乃肝心也。但言之以酸苦寒涼之劑，并淡味滲洩之藥，此助秋冬之降沉者也，在人之身乃肺腎也。用藥者，因此法度則生，逆之則死，縱令不死，危困必矣。

明·彭用光《體仁彙編》卷之四　隨時用藥例說　《內經》曰：必先歲氣，無伐天和。又曰：升降浮沉則順之，寒熱溫涼則逆之。潛谿曰：用藥合時令，如常用調理藥，春加川芎，夏加黃芩，秋加茯苓，冬加乾薑。〇如解肌發汗，春溫月用辛涼藥，川芎、防風、柴胡、荊芥、紫蘇、薄荷之類。夏暑月用甘辛寒藥，乾葛、石膏、甘草、薄荷、升麻、柴胡之類。秋涼月用辛溫藥，羌活、防風、蒼朮、荊芥之類。冬寒月用辛熱藥，麻黃、桂枝、乾薑、附子之類。若病與時違，不拘此例。〇如法，濕暑月溫病、熱病、疫癘病，不可用辛溫熱藥，宜清涼辛甘苦寒之藥，升麻、柴胡、乾葛、薄荷石膏、黃芩、黃連、甘草、芍藥之類。〇如治咳嗽，春多上升之氣，用川芎、芍藥、半夏、黃芩之類。夏多火炎逼肺，用黃芩、山梔、桑白皮、石膏、知母之類。秋多濕熱傷肺，用蒼朮、桑白皮、黃芩、防風之類。冬多風寒外來，用麻黃、桂枝、半夏、乾薑、防風、羌活之類。若病與時違，不拘此例。〇如治泄瀉，冬寒月用辛苦溫藥，乾薑、縮砂、陳皮、厚朴之類。夏暑月暴註水泄，用苦寒酸寒藥，黃連、山梔、茵陳、芍藥之類。若病與時違，不拘此例。〇如傷冷食，腹痛，或霍亂吐瀉，雖夏暑月，可用辛熱溫中藥，乾薑、附子、縮砂、厚朴之類。〇如感風寒，肌表寒慄，或發熱面赤，雖夏暑月，可用辛溫解表藥，生乾薑、麻黃、桂枝、羌活、防風之類。〇如酒客病，或素有熱症人，雖在寒冷月，可用清涼寒苦藥，黃芩、黃連、乾葛之類。

明·皇甫嵩《本草發明》卷一　隨時用藥例　【略】如感風寒，肌表寒慄，或發熱面赤，雖夏暑月，可用辛溫解表藥。【略】　如酒客病，或素有熱症人，雖寒冷月，可用清涼苦寒之藥。黃芩、黃連、乾葛之類，在所可用。愚謂冬月傷冷雖素有熱症者，亦當用辛溫之藥，豈宜寒藥在所可用哉？此亦權宜之說，不必拘執。

明·李時珍《本草綱目》卷一《序例》　五運六淫用藥式

厥陰司天巳亥年，風淫所勝，平以辛涼，佐以苦甘，以甘緩之，以酸瀉之。王注云：厥陰氣未爲盛熱，故以涼藥平之。清反勝之，治以酸溫，佐以甘苦。

少陰司天子午年，熱淫所勝，平以鹹寒，佐以苦甘，以酸收之。寒反勝之，治以甘溫，佐以苦酸辛。

太陰司天丑未年，濕淫所勝，平以苦熱，佐以酸辛，以苦燥之，以淡泄之。濕上甚而熱，治以苦溫，佐以甘辛，以汗爲故。身半以上，濕氣有餘，火氣復鬱，則宜解表流汗而袪之也。熱反勝之，治以苦寒，佐以苦酸。

少陽司天寅申年，火淫所勝，平以酸冷，佐以苦甘，以酸收之，以苦發之，以酸復之。熱氣已退，時發動者，是爲心虛氣散不斂，以酸收之，仍兼寒助，乃能除根。熱見太甚，則以苦發之。汗已便涼，是邪氣盡。汗已猶熱，是邪未盡，則以酸收之。已汗又熱，又汗復熱，是臟虛也，則補其心可也。寒反勝之，治以甘熱，佐以苦辛。

陽明司天卯酉年，燥淫所勝，平以苦溫，佐以酸辛，以苦下之。制燥之法以苦溫。宜下必以苦，宜補必以酸，宜瀉必以辛。熱反勝之，治以辛寒，佐以苦甘。

太陽司天辰戌年，寒淫所勝，平以辛熱，佐以苦甘，以鹹瀉之。熱反勝之，治以鹹冷，佐以苦辛。

厥陰在泉寅申年，風淫於內，治以辛涼，佐以苦，以甘緩之，以辛散之。風喜溫而惡清，故以辛涼勝之。佐以苦，隨所利也。木苦急，以甘緩之。木苦抑，以辛散之。清反勝之，治以酸溫，佐以苦甘，以辛平之。

少陰在泉卯酉年，熱淫於內，治以鹹寒，佐以甘苦，以酸收之，以苦發之。熱性惡寒，故以鹹寒。熱甚於表，以苦發之；不盡，復寒制之；寒制不盡，復苦發之，以酸收之。甚者再方，微者一方，可使必已。時發時止，亦以酸收之。寒反勝之，治以甘熱，佐以苦辛，以鹹平之。

太陰在泉辰戌年，濕淫於內，治以苦熱，佐以酸淡，以苦燥之，以淡泄之。濕與燥反，故以苦熱，佐以酸淡，利竅也。熱反勝之，治以苦冷，佐以鹹甘，以苦平之。

少陽在泉巳亥年，火淫於內，治以鹹冷，佐以苦辛，以酸收之，以苦發之。火氣大行於心腹，鹹性柔軟以制之，以酸收其散氣。大法須汗者，以辛佐之。寒反勝之，治以甘熱，佐以苦辛，以鹹平之。

陽明在泉子午年，燥淫於內，治以苦溫，佐以甘辛，以苦下之。溫利涼性，故以苦下之。熱反勝之，治以辛寒，佐以苦甘，以酸平之，以和爲利。

太陽在泉丑未年，寒淫於內，治以甘熱，佐以苦辛，以鹹瀉之，以辛潤之，以苦堅之。以熱治寒，是爲摧勝，折其氣也。熱反勝之，治以鹹冷，佐以甘辛，以苦平之。

李時珍曰：司天主上半年，天氣司之，故六淫謂之所勝，上淫於下也，故曰平之。在泉主下半年，地氣司之，故六淫謂之於內，外淫於內也，故曰治之。當其時而反得勝己之氣者，謂之反勝。六氣之勝，何以徵之？燥甚則地乾，暑勝則地熱，風勝則地動，濕勝則地泥，寒勝則地裂，火勝則地涸是也。其六氣勝復主客、證治、病機甚詳，見《素問·至真要大論》，文多不載。

明·孟繼孔《幼幼集》卷上 四時用藥法 不問所病或溫或涼，或熱或寒，如春時有疾，於所用藥內加清涼風藥；夏月有疾，加寒涼之藥；秋月有疾，加溫氣藥；冬月有疾，加辛熱之藥；是不絕生化之源也。錢仲陽治小兒，深得此理。《內經》曰：必先藏氣無伐天和，是為至治。又曰：無違時，無伐化。又曰：無伐生生之氣。此皆常道用藥之法。若反其常道而變生異症，則當從權施治。

明·葉雲龍《士林餘業醫學全書》卷三《用藥法則》 從時變通 春溫宜用涼藥，夏熱宜寒，秋涼宜溫，冬寒宜熱。晝則從升，夜則從降，晴則從熱，陰則從寒。然病與時逆，夏反用熱，冬反用寒。如發表不遠熱，攻裏不遠寒，以其不住於中也。又如傷冷，雖夏月可用辛熱。傷酒及素有熱，雖冬月可用苦寒。然皆暫用也。

明·楊崇魁《本草真詮》卷上一集 六氣

厥陰風木 厥陰司天，風氣下臨，脾氣上從。而土且隆，黃起水迺眚，土用革，躰重肌肉痿，食減口爽。風行大虛，雲物搖動，目轉耳鳴，火縱其暴，地迺暑，大熱消爍，赤沃下，蟄蟲數見，流水不冰，其發機速。 司天風淫所勝，則大虛埃昏，雲物以擾，寒生春氣，流水不冰。民病胃脘當心而痛，上支兩脇，咽鬲不通，飲食不下，舌本強，食則嘔，冷泄，腹脹溏泄，瘕，水閉，蟄蟲不出，病本于脾。 在泉風淫所勝，則地氣不明，平野昧，草迺早秀。民病洒洒振寒，善呻數欠，心痛支滿，兩脇裏急，飲食不下，鬲咽不通，食則嘔，腹脹善噫，得後與氣則快然如衰，身躰皆重。 厥陰之勝，耳鳴頭眩，憒憒欲吐，胃鬲如寒，大風數舉，倮蟲不滋，胠脇氣並，化而為熱，小便黃赤，胃脘當心而痛，上肢兩脇，腸鳴飧泄，小腹痛，注下赤白，甚則嘔吐，鬲咽不通。 厥陰之復，小腹堅滿，裏急暴痛，偃木飛沙，倮蟲不榮，厥心痛，汗發嘔吐，飲食不入，入而復出。筋骨掉眩清厥，甚則入脾，食痺而吐，衝陽絕，死不治。 厥陰司天主勝，胸脇痛，舌難以言。客勝則耳鳴掉眩，甚則欬。 厥陰在泉主勝，則筋骨繇併，腰腹時痛。客勝則大關節不利，內為痙強拘瘛，外為不便。 厥陰司天風淫所勝，平以辛涼，佐以苦甘，以甘緩之，以酸瀉之。 厥陰在泉風淫于內，治以辛涼，佐以苦，以甘緩之，以辛散之。 之勝：治以甘清，佐以苦辛，以酸瀉之。 之復：治以酸寒，佐以甘辛，以酸瀉之，以甘緩之。 之主：其瀉以酸，其補以辛。 之客：以辛補之，以酸瀉之，以甘緩之。 化於天清反勝之：治以酸溫，佐以苦甘。 司於地清反勝之：治以酸溫，佐以苦甘，以辛平之。

少陰君火 少陰司天，熱氣下臨，肺氣上從。白起金用，草木眚。喘嘔寒熱，嚏鼽衄，鼻塞。大暑流行，甚則瘡瘍燔灼，金爍石流。地迺燥，淒滄數至，脇痛，善太息，肅殺行，草木變。 司天熱淫所勝，怫熱至，火行其政。民病胸中煩熱，嗌乾，右胠滿，皮膚痛，寒熱欬喘，大雨且至，唾血血泄，鼽衄嚏嘔，溺色變，甚則瘡瘍胕腫，肩背臂臑及缺盆中痛，心痛肺䐜，腹大滿，膨膨而喘欬，病本于肺。 在泉熱淫所勝，則焰浮川澤，陰處反明。民病腹中常鳴，氣上冲胸，喘不能久立，寒熱皮膚痛，目瞑，齒痛䪼腫，惡寒發熱如瘧，小腹中痛，腹大。蟄蟲不藏。 少陰之勝，心下熱，善飢，臍下反痛。氣遊三焦，炎暑至，木迺津，草迺萎，嘔逆燥煩，腹滿痛，溏泄，傳為赤沃。 少陰之復，燠熱內作，煩燥鼽嚏，小腹絞痛。火見燔，病嗌燥，分注時止，氣動於左，上行於右，欬，皮膚痛，暴瘖，心痛鬱冒，不知人，迺洒淅惡寒振慄，譫妄，寒已而熱，渴而欲飲，少氣，骨痿，鬲腸不便，外為浮腫，噦噫，赤氣後化，流水不冰，熱氣大行，介蟲不福，病疿胗瘡瘍、癰疽、痤痔，甚則入肺欬而鼻淵，天府絕，死不治。 少陰司天主勝，則心熱煩燥，甚則脇痛支滿。客勝則鼽嚏，頸項強，肩背瞀熱，頭痛少氣，發熱，耳聾目瞑。甚則胕腫、血溢、瘡〔瘍〕、〔咳〕喘。 少陰在泉主勝，則厥氣上〔行〕，〔頭〕痛發熱，鬲中眾痺皆作，發於胠脇，魄汗不藏，四逆而起。客勝則腰痛，尻股膝髀腨䯒足。病瞀熱，以酸胕腫，不能久立，溲便變。 少陰司天，熱淫所勝，平以鹹寒，佐以苦甘，以酸收之。 少陰在泉，熱淫于內，治以鹹寒，佐以甘苦，以酸收之，以苦發之。 之勝：治以辛寒，佐以甘鹹，以甘瀉之。 之復：治以鹹寒，佐以苦辛，以甘瀉，以酸收，以苦發，以鹹耎之。　之主：其瀉以甘，其補以鹹。　之客：以鹹補之，以甘瀉之，以鹹收之。　化於天寒反勝之：治以甘溫，佐以苦酸辛。　司於地寒反勝之：治以甘熱，佐以苦辛，以鹹平之。

少陽相火　少陽司天，火氣下臨，肺氣上從。白起，金用革，木眚，火見燔焫，革金且耗。大暑以行，欬嚏鼽衄鼻窒，曰瘍，寒熱胕腫。風行于地，塵沙飛揚。心痛，胃脘痛，厥逆，鬲不通。其主暴速。　少陽司天，火淫所勝，則溫氣流行，金政不平。民病頭痛，發熱惡寒而瘧，熱上皮膚痛，色變黃赤，傳而為水，身面胕腫，腹滿仰息，泄注赤白，瘡瘍，欬唾血，煩心，胸中熱，甚則鼽衄。病本于肺，天府絕，死不治。　少陽在泉，火淫所勝，則焰明郊野，寒熱更至。民病注泄赤白，小腹痛，溺赤，甚則血便。少陰同候。　少陽之勝，熱客於胃，煩心，心痛，目赤欲嘔，嘔酸善飢，耳痛，溺赤，善驚譫妄，暴熱消爍。草萎水涸，介蟲迺屈。小腹痛，下沃赤白。　少陽之復，大熱將至，枯燥燔熱，介蟲迺耗。驚瘛欬衄，心熱煩燥，便數憎風，厥氣上行，面如浮埃，目迺瞤瘛。火氣內發，上為口糜，嘔逆血溢血泄，發而為瘧，惡寒鼓慄，寒極反熱，嗌絡焦槁，渴引水漿，色變黃赤，少氣脈萎，化而為水，傳為胕腫，甚則入肺，欬而血泄，尺澤絕，死不治。　少陽司天主勝，則胸滿欬仰息，甚而有血，手熱。　客勝則丹(胗)〔疹〕外發，及為丹熛瘡瘍，嘔逆，喉痺頭痛嗌腫，耳聾，血溢內為瘈瘲。　少陽在泉主勝，則熱反上行，而客於心，心痛發熱，格中而嘔。　客勝則腰腹痛，而反惡寒，甚則下白，溺白也。　少陽司天，火淫所勝，平以鹹冷，佐以苦甘，以酸收之，以苦發之，以酸復之。　熱淫同。　少陽在泉，火淫于內，治以鹹冷，佐以苦辛，以酸收之，以苦發之。　之勝：治以辛寒，佐以甘鹹，以甘瀉之。　之復：治以鹹冷，佐以苦辛，以鹹耎，以酸收，辛苦發之，發不遠熱，無犯溫涼。少陰同法。　之主：其瀉以甘，其補以鹹。　之客：以鹹補之，以甘瀉之，以鹹耎之。　化於天寒反勝之：治以甘熱，佐以苦辛。　司於地寒反勝之：治以甘熱，佐以苦辛，以鹹平之。

太陰濕土　太陰司天，濕氣下臨，腎氣上從。黑起水變，埃冒雲雨。胸中不利，陰痿，氣大衰而不起不用，當其時反腰脽痛，動轉不便也，厥逆。地迺藏陰，大寒且至，蟄蟲早附。心下痞痛，地裂冰堅，小腹痛，時害於食。乘金則止水增，味迺鹹，行水減也。　太陰司天，濕淫所勝，則沉陰且布，雨變枯槁，胕腫骨痛陰痺。陰痺者，按之不得，腰脊頭項痛。時痃，大便難，陰氣不用，飢不欲食，欬唾則有血，心懸。病本于腎，大谿絕，死不治。　太陰在泉，濕淫所勝，則埃昏巖谷，黃反見黑，至陰之交。民病飲積，心痛，耳聾，渾渾焞焞，嗌腫喉痺，陰病血見，小腹痛腫，不得小便。病沖頭痛，目似脫，項似拔，腰似折，髀不可以回，膕如結，腨如別。　太陰之勝，火氣內鬱，瘡瘍於中，流散於外，病在胠脇。甚則心痛，熱格，頭痛喉痺項強。　獨勝則濕氣內鬱，寒迫下焦，痛留頂，互引眉間，胃滿。雨數至，燥化迺見。小腹滿，腰脽重強，內不便，善注泄，足下溫，頭重，足脛胕腫，飲發於中，胕腫於上。　太陰之復，濕變迺舉，躰重中滿，食飲不化，陰氣上厥，胸中不便，飲發於中，欬喘有聲。大雨時行，鱗見於陸。頭頂痛重，而掉瘛甚甚，嘔而密默，唾吐清液，甚則入腎，竅瀉無度，大谿絕，死不治。　太陰司天主勝，則胸腹滿，食已而瞀。　客勝則首面胕腫，呼吸氣喘。　太陰在泉主勝，則寒氣逆滿，食飲不下，甚則為疝。　客勝則足痿下重，便溺不時，濕客下焦，發而濡瀉，及為腫隱曲之疾。　太陰司天，濕淫所勝，平以苦熱，佐以酸辛，以苦燥，以淡泄。上甚而熱，治以苦溫，佐以甘辛，以汗為故。　太陰在泉，濕淫于內，治以苦熱，佐以酸淡，以苦燥之，以淡泄之。　之勝：治以鹹熱，佐以辛甘，以苦瀉之。　之復：治以苦熱，佐以酸辛，以苦瀉之、燥之、泄之。　之主：其瀉以苦，其補以甘。　之客：以甘補之，以苦瀉之，以甘緩之。　化於天熱反勝之：治以苦寒，佐以苦酸。　司於地熱反勝之：治以苦冷，佐以鹹甘，以苦平之。

陽明燥金　陽明司天，燥氣下臨，肝氣上從。蒼起，木用而立，土迺眚，淒滄數至，木代草萎。脇痛目赤，掉振鼓慄，筋痿不能久立。暴熱至，土迺暑，陽氣鬱發，小便變，寒熱如瘧，甚則心痛。火行木槁，流水不冰，蟄蟲迺見。　陽明司天，燥淫所勝，則木迺脫榮，草迺脫生。筋骨內變，民病左胠脇痛，寒清于中，感而瘧，大涼革候，欬，腹中鳴，注泄鶩溏，名木斂，生菀于下，草焦上首，心脇暴痛，不可反側，嗌乾面塵，腰痛，丈夫㿗疝，婦人小腹痛，目昧眥，瘍瘡痤癰。蟄蟲來見。病本于肝，大衝絕，不治。　陽明在泉，燥淫所勝，則霿霧清暝。民病喜嘔，嘔有苦，善太息，心脇痛，不能反側，甚則嗌乾面塵，身無膏澤，足外反熱。　陽明之勝，清發於中，左胠脇痛，溏泄，內為嗌塞，外發㿗疝。大涼肅殺，華英改容，毛蟲迺殃。胸中不便，嗌塞而咳。　陽明之復，清氣大舉，森木蒼乾，毛蟲迺厲。病生胠脇，氣歸於左，善太息，甚則心痛否滿，腹脹而泄，嘔苦欬噦煩心，病在鬲中，頭痛，甚則入肝，驚駭筋攣。大衝絶，死不治。　陽明司天，清復内餘，則欬衄嗌塞，心鬲中熱欬而不止而白血出者死。　陽明在泉主勝，則腰重腹痛，小腹生寒，下為鶩溏，則寒厥於腸，上衝胸中，甚則喘不能久立。　客勝則清氣動下，小腹堅滿，而數便瀉。　陽明司天，燥淫所勝，平以苦溫，佐以酸辛，以苦下之。　陽明在泉，燥淫于内，治以苦溫，佐以甘辛，以苦下之。　之勝：　治以酸溫，佐以辛甘，以苦泄之。　之復：　治以辛溫，佐以苦甘，以苦泄之，下之，以酸補之。　之主：　其瀉以辛，其補以酸。　之客：　以酸補之，以辛瀉之，以苦泄之。　化於天熱反勝之：　治以辛寒，佐以苦甘。　司於地熱反勝之：　治以平寒，佐以苦甘，以酸平之，以和為利。

太陽寒水　太陽司天，寒氣下臨，心氣上從，而火且明，丹起，金迺眚寒清時舉，勝則水冰。火氣高明，心熱煩，嗌乾善渴，鼽嚏，喜悲數欠，熱氣妄行，寒迺復，霜不時降。善忘，甚則心痛。土迺潤，水豐衍，寒客至，〔沉〕陰化，濕氣變物，水飲内〔稸〕，中滿不食，皮𤸷肉苛，筋脈不利，甚則胕腫，身後癰。　太陽司天，寒淫所勝，則寒氣反至，水且冰，血變于中，發為癰瘍。民病厥心痛，嘔血，血泄鼽衄，善悲，時眩仆。運火炎烈，雨暴迺雹。胸腹滿，手熱肘攣掖腫，心澹澹大動，胸脇胃脘不安，面赤目黄，善噫嗌乾，甚則色炲，渴而欲飲。病本于心。　太陽在泉，寒淫所勝，則凝肅慘慄。民病小腹控睾，引腰脊上衝心痛，血見，嗌痛頷腫。　太陽之勝，凝凓且至，非時水冰，羽迺後化。痔瘧發，寒厥入胃則内生心痛，陰中迺瘍，隱曲不利，互引陰股筋肉拘苛，血脉凝泣，絡滿色變，或為血泄，皮膚否腫，腹滿食減，熱反上行，頭項囟頂腦戶中痛，目如脱，寒入下焦，傳為濡瀉。　太陽之復，厥陰上行，水凝雨冰，羽蟲迺死。心胃生寒，胸中不利，心痛痞滿，頭痛善悲，時眩仆，食減，腰脽反痛，屈伸不便。地裂冰堅，陽光不治。小腹控睾，引腰脊上冲心，唾出清水，及為噦噫，甚則入心，善忘善悲。神門絶，死不治。　太陽司天主勝，則喉嗌中鳴。客勝則胸中不利，出清涕，感寒則欬。　太陽在泉，寒復内餘，則腰尻痛，屈伸不利，股脛足膝中痛。　太陽司天，寒淫所勝，平以辛熱，佐以苦甘，以鹹瀉之。　太陽在泉，寒淫于内，治以甘熱，佐以苦辛，以鹹瀉，以辛潤，以苦堅。　之勝：　治以甘熱，佐以辛酸，以鹹瀉之。　之復：　治以鹹熱，佐以甘辛，以苦堅之。　之主：　其瀉以鹹，其補以苦。　之客：　以苦補之，以鹹瀉之，以苦堅之，以辛潤之。　化於天熱反勝之：　治以鹹冷，佐以苦辛。　司於地熱反勝之：　治以鹹冷，佐以甘辛，以苦平之。

明·許兆楨《醫四書·藥準》卷下　【略】如酒客病，或素有熱證，雖在寒涼月，可用清涼藥，芩、連、乾葛之類。葢病有因時制宜，亦有捨時從政，變而通之，在乎其人，不可執也。

明·繆希雍《本草經疏》卷一　臟氣法時竝四氣所傷藥隨所感論　夫四時之氣，行乎天地之間。人處氣交之中，亦必因之而感者，其常也。春氣生而升，夏氣長而散，長夏之氣化而輭，秋氣收而斂，冬氣藏而沉。人身之氣，自然相通。是故生者順之，長者敷之，化者堅之，收者肅之，藏者固之。此藥之順乎天者也。春溫夏熱，元氣外洩，陰精不足，藥宜養陰；秋涼冬寒，陽氣潛藏，勿輕開通，藥宜養陽。此藥之因時制用，補不足以和其氣者也。

然而一氣之中，初中末異；一日之内，寒燠或殊。假令大熱之候，人多感暑，忽發冰雹，亦復感寒。由先而感則為暑病，由後而感則為寒病。病暑者投以暑藥，病寒者投以寒藥。此藥之因時制宜，以合乎權，乃變中之常也。此時令不齊之所宜審也。假令陰虚之人，雖當隆冬，陰精虧竭，水既不足，不能制火，則陽無所依，外洩為熱，或反汗出，藥宜益陰，地黄、五味、鼈甲、枸杞之屬是已。設從時令，誤用辛溫，勢必立斃。假令陽虚之人，雖當盛夏，陽氣不足，不能外衛其表，表虚不任風寒，洒淅戰慄，思得熱食，及御重裘，是雖天令之熱，亦不足以敵其真陽之虚。病屬虚寒，藥宜溫補，參、耆、桂、附之屬是已。設從時令，誤用苦寒，亦必立斃。此藥之舍時從證者也。假令素病血虚之人，不利苦寒，恐其損胃傷血。一旦中暑，暴注霍亂，須用黄連、滑石以洩之；本不利升，須用葛根以散之。此藥之舍證從時者也。從違之際，權其輕重耳。至於四氣所傷，因而致病，則各從所由。是故《經》曰：春傷於風，夏生飧泄。藥宜升之、燥之，升麻、柴胡、羌活、防風之屬是已。夏傷於暑，秋必痎瘧。藥宜清暑益氣，以除寒熱，石膏、知母、乾葛、麥門冬、橘皮、參、苓、术之屬是已。邪若内陷，必便膿血，藥宜祛暑消滯，專保胃氣，黄連、滑石、芍藥、升麻、蓮實、人參、藊豆、甘草之屬是已。秋傷於濕，冬生咳嗽。藥宜燥濕清熱，和表降氣保肺，桑白皮、石膏、薄荷、杏仁、甘草、桔梗、蘇子、枇杷葉之屬是已。冬傷於寒，春必病溫。邪初在表，藥宜辛寒、苦溫、甘寒、苦寒，以解表邪，兼除内熱，羌活、石膏、葛根、前胡、知母、竹葉、柴胡、麥門冬、荊芥、甘草之屬是已。至夏變為熱病，六經傳變，藥亦同前。散之貴早，治若後時，邪結於裏，上則陷胸，中下承氣，中病乃已，慎毋盡劑。勿僭勿忒，能事(必)[畢]矣。

以上皆四時六氣所傷致病，並證重舍時，時重舍證，用藥主治之大法，萬世遵守之常經，聖哲復起，不可改矣。所云六氣者，即風寒暑濕燥火是也。過則為淫，故曰六淫。淫則為邪，以其為天之氣，從外而入，故曰外邪。邪之所中，各有其地：在表治表，在裏治裏，表裏之間則從和解。病有是證，證有是藥，各有司存，不相越也。此古人之定法，今人之軌則也。【略】

論五運六氣之謬　原夫五運六氣之說，其起於漢魏之後乎？何者？張仲景，漢末人也，其書不載也。華元化，三國人也，其書亦不載也。前之越人無其文，後之則叔和鮮其說。予是以知其為後世所撰，無益於治療，而有誤乎來學，學者宜深辨之。予見今之醫師，學無原本，不明所自，侈口而談，莫不動云五運六氣。將以施之治病，譬之指算法之精微，謂事物之實有，豈不誤哉！殊不知五運六氣者，虛位也。歲有是氣至則算，無是氣至則不算。既無其氣，焉得有其藥乎？一言可竟已。其云必先歲氣者，譬夫此年忽多淫雨，民病多濕，藥宜類用二术苦溫以燥之，佐以風藥，如防風、羌活、升麻、葛根之屬，風能勝濕故也。此必先歲氣之謂也。其云毋伐天和者，即春夏禁用麻黃、桂枝，秋冬禁用石膏、知母、芩、連、芍藥之謂。即春夏養陰、秋冬養陽之義耳！乃所以遵養天和之道也。昔人謂不明五運六氣，檢偏方書何濟者，正指後人愚蒙，不明五運六氣之所以，而誤於方冊所載，依而用之，動輒成過，則雖檢偏方書，亦何益哉！

予少檢《素問》中載有是說。既長游於四方，見天下醫師與學士大夫，在在談說其義，於時心竊疑之。又見性理所載，元儒草廬吳氏，於天之氣運之中，亦備載之。予益自信其為天運氣數之法，而非醫家治病之書也。後從敝邑見趙少宰家藏宋板仲景《傷寒論》，皆北宋善板，始終詳檢，並未嘗載有是說。六經治法之中，亦並無一字及之。予乃諦信予見之不謬，而斷為非治傷寒外感之說。予嘗遵仲景法治一切外邪為病，靡不響應，乃信非仲景之言，不可為萬世法程。雜學混濫，貽誤後人，故特表而出之。俾來學知所決擇云。

明・倪朱謨《本草彙言》卷二〇　五運六淫用藥主治

會稽張景岳介賓甫註。

《素問・至真要大論》：岐伯曰：厥陰司天，其化以風。厥陰屬木，其化以風。凡和氣升陽，發生萬物，皆風之化。少陰司天，其化以熱。少陰屬君火，其化以熱。凡炎蒸鬱燠，庶類蕃茂，皆火之化。太陰司天，其化以濕。太陰屬土，其化以濕。凡雲雨滋澤，津液充實，皆土之化。少陽司天，其化以火。少陽屬相火，凡炎暑赫烈，陽氣盛極，皆相火之化。陽明司天，其化以燥。陽明屬金，其化以燥。凡清明乾肅，萬物堅剛，皆金之化。太陽司天，其化以寒。太陽屬水，其化以寒。凡陰凝慄冽，萬物閉藏，皆水之化。又曰：厥陰司天爲風化，木氣在天則爲風化而飄怒搖動，雲物飛揚。如巳亥歲，厥陰司天是也。在泉爲酸化。木氣在地則味爲酸化。如寅申歲，厥陰在泉是也。少陰司天爲熱化，君火在天爲熱化，而爲陽光明耀，溫養萬物。如子午歲，少陰司天是也。在泉爲苦化。火氣在地則味爲苦化。如卯酉歲，少陰在泉是也。太陰司天爲濕化，土氣在天爲濕化，而爲埃鬱曚昧，雲雨潤濕。如丑未歲，太陰司天是也。在泉爲甘化。土氣在地，則味爲甘化。如辰戌歲，太陰在泉是也。少陽司天爲火化，相火在天爲火化，而爲炎光赫烈，燔灼焦然。如寅申歲，少陽司天是也。在泉爲苦化。火氣在地，則味爲苦化。如巳亥歲，少陽在泉是也。陽明司天爲燥化，金氣在天爲燥化，而爲清涼勁肅，霧露蕭飋。如卯酉歲，陽明司天是也。在泉爲辛化。金氣在地，則味爲辛化。如子午歲，陽明在泉是也。太陽司天爲寒化，水氣在天爲寒化，而爲嚴冷凜冽，陰慘堅凝。如辰戌歲，太陽司天是也。在泉爲鹹化。水氣在地，則味爲鹹化。如丑未歲，太陽在泉是也。〇厥陰司天，風淫所勝，則太虛埃昏，雲物以擾，寒生春氣，流水不冰，蟄蟲不出。巳亥歲也。風淫于上，故太虛埃昏，雲物擾亂。風木主溫，故寒生春氣，而流水不冰。然風勝則金令承之，清肅氣行，故蟄蟲不出也。民病胃脘當心而痛，上支兩脇，鬲咽不通，飲食不下，舌本强，食則嘔，冷泄，腹脹，溏泄，瘕，水閉，病本于脾。胃脘當心而痛等證，病皆在脾。此以木邪乘土，故諸病皆本于脾也。衝陽絕，死不治。衝陽，足陽明胃脉也。在足附上，動脉應手，土不勝木，則脾胃氣竭而衝陽絕，故死不治。風淫所勝，平以辛涼，佐以甘苦，以甘緩之，以酸瀉之。風淫于上，平以辛涼，佐以苦甘，以甘緩之，俱與下文在泉治同。以酸瀉之者，木之正味，其瀉以酸也。〇少陰司天，熱淫所勝，怫熱至，火行其政，大雨且至。子午歲也。熱淫于上，故火行其政。君火之下，陰精承之，故大雨且至。民病胸中煩熱，嗌乾，右胠滿，皮膚痛，寒熱，欬喘，唾血，血泄，鼽衄，嚏嘔，溺色變，甚則瘡瘍胕腫，肩背臂臑，及缺盆中痛，心痛，肺䐜，腹大滿，膨膨而喘欬，病本于肺。胸中煩熱，嗌乾等證，皆君火上炎，肺金受傷也。金氣主右，故右胠滿，皮膚痛，以致腹大滿，膨膨而喘欬，爲手太陰肺病。金被火傷，故諸病皆本于肺也。尺澤絕，死不治。尺澤，手太陰肺脉也。在肘内廉大文中，動脉應手。金不勝火，則肺氣竭而尺澤絶，故死不治。熱淫所勝，平以鹹寒，佐以苦甘，以酸收之。此與下文在泉同治。〇太陰司天，濕淫所勝，則沉陰且布，雨變枯槁。丑未歲也。濕淫于上，故沉陰且布。沉，深也。沉陰雨變，則浸漬爲傷，故物多枯槁。民病胕腫，骨痛陰痹，按之不得，腰脊頭項痛，時眩，大便難，陰氣不用，飢不欲食，咳唾則有血，心如懸，病本于腎。胕腫骨痛，至心如懸，皆足少陰腎經病也。水爲土克，故諸病皆本于腎也。太谿絶，死不治。太谿，足少陰腎脉也。在足内踝後跟骨上，動脉應手。水不勝土，則腎氣竭而太谿絶，故死不治。濕淫所勝，平以苦熱，佐以酸辛，以苦燥之，以淡泄之。與下文在泉治同，惟佐以酸辛，與彼酸淡少異。蓋辛勝酸，所以防酸之過也。故當用以爲佐。濕上甚而熱，治以苦溫，佐以甘辛，以汗爲故而止。濕上甚而熱者，濕鬱于上而成熱也。治以苦溫，欲其燥也。佐以甘辛，欲其散也。以燥、以散，則濕熱之在上者，以汗之故而止矣。〇少陰司天，火淫所勝，則溫氣流行，金政不平。寅申歲也。相火淫勝于上，則金受其制，故溫氣流行，金政不平。民病頭痛發熱，惡寒而瘧，熱上皮膚痛，色變黄赤，傳而爲水。身面胕腫，腹滿仰息，泄注赤白，瘡瘍，欬唾血，煩心，胸中熱甚則鼽衄，病本于肺。相火用事，金氣受邪，客熱内燔，水不能制，故爲此諸病。皆本于肺也。天府絶，死不治。天府，手太陰肺脉也。在臂臑内廉，腋下三寸，動脉應手。金不勝火，則肺氣竭而天府絶，故死不治。火淫所勝，平以鹹冷，佐以甘苦，以酸收之，以苦發之，以酸復之。此與在泉熱淫治同。蓋水能勝火，故平以鹹冷。苦能瀉火之實，甘能緩火之急，故佐以苦甘。火盛而散越者，以酸收之；火鬱而伏留者，以苦發之。然以發去火，未免傷氣，故又當以酸復之，而火熱二氣同治也。〇陽明司天，燥淫所勝，則木廼晚榮，草廼晚生。筋骨内變，大凉革候，名木斂，生菀于下，草焦上首，蟄蟲來見。卯酉歲也。燥金淫勝于上，則木受其克，故草木生榮俱晚。其在于人，則肝血受傷，不能榮養筋骨，故生内變。且金氣大凉，能革發生之候，故草木之應如此。然陽明金氣在上，則少陰火氣在下，故蟄蟲來見也。民病左胠脇痛，寒清于中，感而瘧欬，腹中鳴，注泄，鶩溏，心脇暴痛，不可反側，嗌乾，面塵，腰痛，丈夫㿗疝，婦人少腹痛，目昧眦，瘍瘡痤癰，病本于肝。左胠脇痛等證，皆肝經病。肝木主左也，心脇痛不能轉側，爲足少陽膽病。腰痛不可俛仰，丈夫㿗疝，嗌乾，面塵，飧泄，爲足厥陰肝病。此以肝與膽爲表裏。木被金傷，故諸病皆本于肝也。〇寒清于中，感而瘧欬，腹中鳴，注泄鶩溏，又屬肝與脾之爲病也。太衝絶，死不治。太衝，足厥陰肝脉也。在足大指本節後二寸，動脉應手。木不勝金，則肝氣竭而太衝絶，故死不治。燥淫所勝，平以苦溫，佐以酸辛，以苦下之。此與燥淫于内治同。但彼云佐以甘辛，此云酸辛爲異也。〇太陽司天，寒淫所勝，則寒氣反至，水且冰，運火炎烈，雨暴廼雹。辰戌歲也。寒淫于上，故寒反至。若乘火運，而火氣炎烈，則水火相激，故雨暴廼雹。民病血變于中，發爲癰瘍，厥心痛，嘔血血泄，鼽衄，善悲，時眩仆。胸腹滿，手熱，肘攣，腋腫，心澹澹大動，胸脇胃脘不安，面赤目黄，善噫，嗌乾，甚則色炲，渴而欲飲，病本于心。寒水勝，則邪乘心，故爲血變于中，發爲癰瘍等證。按《經脉篇》以手心熱，臂肘攣急，腋腫，胸脇支滿，心中澹澹大動，面赤目黄，爲手厥陰心包絡病。蓋火受寒傷，故諸病皆本于心也。神門絶，死不治。神門，手少陰心脉也。在手掌後、鋭骨之端，動脉應手。火不勝水，則心氣竭而神門絶，故死不治。寒淫所勝，平以辛熱，佐以苦甘，以鹹瀉之。以辛熱足以散寒，苦甘可以勝水。以鹹瀉之，水之正味，其瀉以鹹也。〇厥陰在泉，風淫所勝，則地氣不明，平野昧，草廼蚤秀。厥陰在泉，寅申歲也。風淫于地，則木勝土。風勝濕，塵埃飛揚，故地氣不明，平野昏昧。木氣有餘，故草廼蚤秀。民病洒洒振寒，善呻數欠，心痛，支滿，兩脇裏急，飲食不下，鬲咽不通，食則嘔，腹脹善噫，得後與氣，則快然如衰，身體皆重。按《經脉篇》自洒洒振寒，至數欠，爲陽明胃病。自食則嘔，至身體皆重，爲太陰脾病。且厥陰肝脉，貫膈布脇肋，故又爲心痛支滿等證。皆木邪淫勝，脾胃受傷之爲病。風淫于内，治以辛凉，佐以苦甘，以甘緩之，以辛散之。風爲木氣，金能勝之，故治以辛凉。過于辛，恐反傷其氣，故佐以苦甘。苦勝辛，甘益氣也。木性急，故以甘緩之。風邪勝，故以辛散之。《藏氣法時論》曰：肝苦急，急食甘以緩之。肝欲散，急食辛以散之。此之謂也。〇少陰在泉，熱淫所勝，則焰浮川澤，陰處反明，蟄蟲不藏。少陰在泉，卯酉歲也。君火淫勝于下，故焰浮川澤，陰處反明，蟄蟲不藏。民病腹中常鳴，氣上衝胸，喘不能久立，寒熱，皮膚痛，目瞑，齒痛，䪼腫，惡寒發熱如瘧，少腹中痛，腹大。腹中常鳴者，火氣奔動也。氣上衝胸者，火性炎上也。喘不能久立，寒熱皮膚痛者，火邪乘肺也。目瞑者，熱甚陰虚，畏陽光也。齒痛䪼腫，熱乘陽明經也。惡寒發熱如瘧，金水受傷，陰陽爭勝也。熱在下焦，故少腹中痛。熱在中焦，故腹大。熱淫于内，治以鹹寒，佐以甘苦，以酸收之，以苦發之。熱爲火氣，水能勝之，故治宜鹹寒，佐以甘苦。甘勝鹹，所以防鹹之過也。苦能泄，所以去熱之實也。熱盛于經而不斂者，以酸收之；熱鬱于内而不解者，以苦發之。〇太陰在泉，草乃蚤榮。濕淫所勝，則埃昏巖谷，黄反見黑，至陰之交。太陰在泉，辰戌歲也。土爲草木之所資生，故草乃蚤榮。巖谷者，土厚之處。埃昏巖谷。黄，土色。黑，水色。土勝濕淫，故黄反見黑。《五常政大論》曰：太陰司天，濕氣下臨，腎氣上從。黑起水變，即土臨水應之義。至陰之交，當三氣、四氣之間，土之令也。民病積飲，心痛，耳聾，渾渾焞焞，嗌腫喉痹，陰病血見，少腹痛腫，不得小便，病衝頭痛，目似脫，項似拔，腰似折，髀不可以曲，膕如結，腨如別。飲積心痛，寒濕乘心也。自耳聾至喉痹，按《經脉篇》爲三焦經病。自陰病至不得小便，以邪濕下流爲陰虚腎病。自衝頭痛至腨如別，按《經脉篇》爲膀胱經病。此以土邪淫勝克水，而腎合三焦、膀胱俱爲水藏，故病及焉。濕淫于內，治以苦熱，佐以酸淡，以苦燥之，以淡泄之。濕爲土氣，燥能除之，故治以苦熱。酸從木化，制土者也，故佐以酸淡。以苦燥者，苦從火花也。以淡泄之者，淡能利竅也。《藏氣法時論》曰脾苦濕，急食苦以燥之，即此之謂也。〇少陽在泉，火淫所勝，則焰明郊野，寒熱更至。少陽在泉，巳亥歲也。相火淫勝于下，故焰明郊野。熱極生寒，故寒熱更至。民病注泄赤白，少腹痛，溺赤，甚則血便。少陰同候。熱傷血分則注赤，熱傷氣分則注白。熱在下焦，故少腹痛、溺赤、血便。其餘諸病，皆與前少陰在前同候。火淫于內，治以鹹冷，佐以苦辛，以酸收之，以苦發之。相火，畏火也。故治宜鹹冷。苦能泄火，辛能散火，故用以爲佐。以酸收之，以苦發之，義與上文熱淫同治。〇陽明在泉，燥淫所勝，則霧霧清瞑。陽明在泉，子午歲也。金氣淫勝于下，故霧暗如霧，清冷晦瞑也。民病喜嘔，嘔有苦，善太息，心脇痛，不能反側，甚則嗌乾，面塵，身無膏澤，足外反熱。按《經脉篇》以口苦，善太息，心脇痛，不能轉側，甚則面微有塵，體無膏澤，足外反熱，爲足少陽膽經病。嗌乾，面塵，爲厥陰肝經病。此以金邪淫勝，故肝膽受傷，而爲病如此。燥淫于內，治以苦溫，佐以甘辛，以苦下之。燥爲金氣，火能勝之。治以苦溫，苦從火化也。佐以甘辛，木受金傷，以甘緩之；金之正味，以辛瀉之也。燥結不通，則邪實于內，故當以苦下之。按下文燥淫所勝，佐以酸辛，與此甘辛稍異。〇太陽在泉，寒淫所勝，則凝肅慘慄。太陽在泉，丑未歲也。水氣淫勝于下，故凝肅慘慄。民病少腹控睾，引腰脊，上衝心痛，血見嗌痛，頷腫。寒淫于下，自傷其類，則膀胱與腎受之。膀胱居腹，故少腹痛。腎主陰丸，故控睾。太陽之脉，挾脊抵腰中，故引腰脊，腎脉絡心，故上衝心痛。心主血屬而寒逼之，故血見。按《經脉篇》以嗌痛、頷腫爲小腸經病，亦水邪侮火而然也。寒淫于內，治以甘熱，佐以苦辛，以鹹瀉之，以辛潤之，以苦堅之。寒爲水氣，土能勝水，熱能勝寒，故治以甘熱。甘從土化，熱從火化也。佐以苦辛等義，如《藏氣法時論》曰：腎苦燥，急食辛以潤之。腎欲堅，急食苦以堅之。用苦補之，鹹瀉之也。

按司天主上半年，天氣司之，故謂之所勝，上淫于下也。在泉主下半年，地氣司之，故謂之于內，外淫于內也。當其時而反得勝己之氣者，謂之反勝。六氣之勝，何以徵之？燥勝則地乾，暑勝則地熱，風勝則地動，濕勝則地泥，寒勝則地裂，火勝則地涸是也。

明·李中梓《醫宗必讀》卷一　藥性合四時論：嘗論學者，不極天人之奧，不窺性命之元，輒開口言醫，何怪乎其以人為試乎？寒熱溫涼，一匕之謬，覆水難收。始猶療病，繼則療藥，療藥之不能，而病尚可問哉？請以四時之氣為喻。四時者，春溫、夏熱、秋涼、冬寒而已。故藥性之溫者，於時為春，所以生萬物者也；藥性之熱者，於時為夏，所以長萬物者也；藥性之涼者，於時為秋，所以肅萬物者也；藥性之寒者，於時為冬，所以殺萬物者也。夫元氣不足者，須以甘溫之劑補之，如陽春一至，生機勃勃也。元氣不足而至於過極者，所謂大虛必挾寒，須以辛熱之劑補之，如時際炎蒸，生氣暢遂也。熱氣有餘者，須以甘涼之劑清之，如涼秋一至，溽燔如失也。邪氣盛滿而至於過極者，所謂高者抑之，須以苦寒之劑瀉之，如時值隆冬，陽氣潛藏也。故凡溫熱之劑，均為補虛；涼寒之劑，均為瀉實。大抵元氣既虛，但有秋冬肅殺之氣，獨少春夏生長之機，然虛則不免於熱，醫者但見有熱，便以涼寒之劑投之，是病方肅殺，而醫復肅殺之矣！其能久乎？此無他，未察於虛實之故耳。獨不聞丹溪有云：實火可瀉，芩連之屬；虛火可補，參芪之屬。但知有火而不分虛實，投治一差，何異於入井之人，而又下之石乎？丹溪主於補陰者也，而猶以參、芪補虛人之火，人亦可以斷然無疑矣。

今天下喜用寒涼，畏投溫熱，其故有二：一者守丹溪陽常有餘之說，河間有熱無寒之論耳。致《求正錄》云：劉、朱之言不息，則軒、岐之澤不彰，誠斯道之大魔，亦生民之厄運也。其言未免過激，然補偏救弊，為後學頂門下針，良有深心也。一者以寒涼之劑，即有差悞，人多未覺，如陰柔小人在朝廷之上，國祚已移，猶善彌縫。溫熱之劑，稍有不當，其非易見，如陽明君子，苟有過則人皆見之。致近代有激之言曰：吾為俗醫計，與其用寒涼而悞，彼此不知，殺人必多；不如用溫熱而悞，彼此具見，尚可改圖。斯言雖近于謾罵，實則照妖之明鑑也。

余考之《內經》曰：陰陽之要，陽密乃固。此言陽密則陰亦固，而所重在陽也。又曰：陽氣者，若天與日，失其所則折壽而不彰，故天運當以日光明。此言天之運、人之命，俱以陽為本也。仙經云：陰氣一分不盡則不仙，陽氣一分不盡則不死。豈非陽主生，陰主死歟？伏羲作《易》，首制一畫，此元陽之祖也。文王衍《易》六十四卦，皆以陽喻君子，陰喻小人，此言陽之德也。乾之彖曰：大哉，乾元，萬物資始。此言陽為發育之首也。坤之初六曰：履霜堅冰至。此言陰長宜憂也。自古聖人，莫不喜陽而惡陰，今天下用藥者反是，是欲使秋冬作生長之令，春夏為肅殺之時乎？則亦不思夫天人之故也已！

明・裴一中《裴子言醫》卷二　《素問》有所謂用寒遠寒，用熱遠熱之說者，論無病之嘗也。所謂不遠寒、不遠熱之說者，論無病之變也。今之人但知其嘗，不知其變。時當夏令，不論有病無病，概不敢用桂、附、乾薑，以犯司氣之熱；時當冬令，亦不論有病無病，概不敢用石膏、芩、連，以犯司氣之寒。竟不思天令雖熱，而受病在寒，即桂、附、乾薑，亦所勿忌，烏得因其天令之熱而遠之？天令雖寒而受病在熱，即石膏、芩、連，亦所勿忌，烏得因其天令之寒而遠之？須知寒熱之藥，乃治寒熱之病在人身者耳，非治天之寒熱也。

明・李中梓《本草通玄》卷下　春宜辛溫，薄荷、荊芥之類，以順春升之氣；夏宜辛熱，生薑、香薷之類，以順夏浮之氣；長夏宜甘苦辛溫，人參、白术、蒼术、黄蘗之類，以順化成之氣；秋宜酸涼，芍藥、烏梅之類，以順秋降之氣；冬宜苦寒，黄芩、知母之類，以順冬沉之氣。所謂順時氣而養天和也。

春省酸增甘以養脾氣，夏省苦增辛以養肺氣，長夏省甘增鹹以養腎氣，此防其太過也。

王好古曰：四時總以芍藥為脾劑，蒼术為胃劑，柴胡為肝劑，十一經皆取決于少陽，為發生之始故也。

補氣用參、耆，氣主煦之也；補血須歸、地，血主濡之也。然久病積虛，雖陰血衰涸，但以參、耆為主者，《經》所謂無陽則陰無以生也。是以氣藥有生血之功，血藥無益氣之理。夫氣藥甘溫，法天地春生之令，而發育萬物，況陽氣充則脾土受培轉輸健運，由是食入於胃，變化精微，不特灑陳於六腑而氣至，抑且和調于五臟而血生，故曰氣藥有生血之功也。血藥涼潤，法天地秋肅之令，而凋落萬物，且粘滯滋潤之性，在上則泥膈而減食，在下則滑腸而易泄，故曰血藥無益氣之理也。每見俗醫，療虛熱之症，往往以四物湯，或同知、蘗、芩、連而投之，脾土受傷，上嘔下泄，至死不悟，幽潛沉冤，嗟何及矣。

清・顧元交《本草彙箋・總略》　四季時令用藥法出周之幹、釋住想焉文云：人身之陰陽，常隨天地四時之氣爲升降，逆其氣則病矣。然天地之氣，亦有時而乖舛，虛者受之則亦病。是故有四時正令之藥，有四時非令之藥。非令者，生尅勝復之變也。蓋氣有餘則反凌，不及則反受下侮，上下倒置，病機錯出矣。是故春氣宜升，古人禁服白虎。秋氣宜降，禁服柴胡。此特言其正令。若非令者，則固不然。脈法春宜帶沉，夏宜帶弦，秋宜帶數，冬宜帶濇。以陽動始于溫，盛於暑。陰動始于清，盛於寒。春夏秋冬，各差其分。子母相仍，天道之常也。變亦自此生焉。醫者不通天紀，不達時變，臨症狐疑，舉手便錯。予壯時從遊于衲師慎柔，因私淑慎齋先生之教，今採其隨時所論方藥，彙而成篇，爲醫學之坦途，治病之捷徑。正如善奕家，平正坦直，井井有條，卒無能勝之者。庸手則杜撰欹曲，所向輒敗耳。

四時之令，春宜香藿。蓋初春微陽，不宜過爲發汗。以冬時陽氣潛於九淵，人之陽則藏於腎，飲食七情之氣，鬱於胸中，故用藿、陳、附、草，開其滯氣，使行陽氣，以主生發之令。至春三月，冬令大洩，所謂火鬱則達之，此時外實中虛，陽氣薦上，多中咽喉之毒，又宜參藿飲，以人參保元，半夏化痰，甘草和中，桔梗、前胡去膈上之痰，陳皮開鬱，枳殼、紫藿散寒下氣，木香理氣，先袪其邪。猶恐陰虛不能奉上，內有四物，使陰氣自升，滋生元氣周慎齋。

四時之令，皆有寒、熱、溫、涼，及時者爲正令。若春宜溫而反寒，爲不及。春宜溫而先熱，爲太過。宜溫而寒，香藿散其正治也。如當春得正令，夏初及復嶛峭，其春初之令未除也，猶宜香藿散解之。倘春遇極溫，即爲太過，則口渴舌燥之症見矣。苐發熱不惡寒，謂之溫病，此溫令之過，宜炤溫病條治。四時各有時令之病，各有太過不及，以此類推胡慎柔。

若夏時四五六月，正當夏令，而寒氣凜凜如春初之意，香藿猶不免耳。若當時小便赤、口渴等症見，此時令病也，宜五苓、清暑益氣、十味香薷之類治之。若當時不熱，至秋七八月，天氣暑熱，人患前症，仍以前湯治之，是治其不及之症，而調其不及之候也胡慎柔。

如春天正令溫和，或風寒大作，即有感冒傷風寒之症。若五六月正令大熱，或遇大雨逼熱入家，即爲受暑之症，宜清暑益氣湯解之胡慎柔。

五苓散爲四五六月時令之藥，蓋濕熱盛，則三焦氣不清，上咳下瀉，中滿等症作矣。猪苓清上焦，茯苓清中焦，澤瀉清下焦，恐濕盛而脾不化，故用白术以健脾；然陽氣不到，則濕不除，如日所不炤處，濕不易乾，用官桂之辛升至表，引表之陽氣入裏，裏得陽氣，而濕即行矣周慎齋。

渴極不宜五苓，恐津液愈竭也。然濕熱在上焦，大渴引飲者，宜滲瀉之，五苓散爲陽中之陰，表之裏藥也。肺形虛飄，故用猪苓入肺而分利，茯苓、澤瀉上下承接，驅逐濕邪，加肉桂少許，亦取其甘溫走表，交通內外之意。傷寒症之用五苓，又取其直達膀胱，解太陽經之裏邪，裏之表藥也周慎齋。

脾當夏月，濕熱爲患，自受之則作瀉痢，入於肝則寒熱似瘧，入於肺則爲痰嗽。若腹中大痛，少用五苓，重加乾薑，可代理中湯。微痛，重用五苓，少加乾薑。痰嗽，五苓加半夏、五味，可代溫肺湯。發瘧，五苓加柴、芩。頭痛，加芎、蔓。有宿食，加乾薑、半夏，乾薑溫中化食，半夏醒脾也。汗多，五苓加小建中，汗多甚合黃芪建中。身熱，加柴、葛；熱甚加石膏。欲用五苓發表，則熱飲走表，桂枝得令也。欲利小便，則冷飲達下，澤瀉得令也。欲吐則溫服，復飲熱水數碗，探之便吐，猪苓得令也。一方之中，無窮變化如此周慎齋。

四五月間，濕熱雖盛，猶正脾病，故宜五苓。若六七月濕熱太甚，主氣衰而客氣旺，宜清暑益氣。蓋壬膀胱之水已絕於巳，癸腎水已絕於午，用甘草、參、芪、麥、味，大滋化源，令金旺生水，以救將絕之腎，黃柏清水之流，蒼白术、澤瀉上下分消其濕，升麻、乾葛解表熱，青、陳、神麯消濕熱之痞滿，而袪陳腐之氣周慎齋。

五月火月，六月濕月，火旺則生濕，二者相併，肺金受尅，則熱傷氣而痿倦之疾作矣。故設清暑益氣湯，黃芪助肺，人參補元，甘草瀉心火，則元氣復而肺氣清，濕熱盛則胃氣不清，故加蒼术。濕熱在中，而飲食不化，故加陳皮、青皮以開胸膈，加神麯以助消飲食，小便赤澀加澤瀉以去下焦之濕，口渴加乾葛以解肌熱，又能接胃家津液，上潤胃家。濕熱盛則腎水受尅，加黃柏以救腎。濕熱盛則陽氣遏而發熱，加升麻以升陽，又走表以益陽，而門冬清心，五味子斂肺，皆所以救肺耳胡慎柔。

時至秋初，陽氣下歸，因夏間濕熱之氣尚留胸臆，而有痞滿不寬之症，金不換正氣散所宜急用也。濕去金清，則降下之令復。譬如主人久出，穢積戶庭，須掃除潔清，以俟主人之回也胡慎柔。

痢疾不發于夏，發于秋者，夏時陽氣盡發于表，太陰主裏，濕土用事，純陰無陽，或過食生冷，積而不化，積久成熱痢之所繇起也。不發于夏者，無陽則陰不運。發于秋者，陽氣入裏，邪無所容也周慎齋。

凡作瀉或便膿血後重，用溫肺湯去五味子、細辛，加木香、當歸、黃連，蓋肺與大腸相表裏，肺氣閉塞，不能降下，故溫之開之，使下達也。此邪在下，因其勢而導之耳周慎齋。

凡溫肺湯，無痰嗽則去五味子。先痰嗽而後痢者，肺虛陽陷下也。先咳嗽而後瘧，金衰不能平木也。兼瘧，溫肺湯加柴胡，引入肝經周慎齋。

秋金未旺，宜溫肺。溫肺所以溫胃，傷風咳嗽，宜溫肺。金雖畏火，金無火不明，或聲啞，皆宜溫肺周慎齋。

溫肺湯，金浮水升也。細辛、五味、肉桂，腎藥也。乾薑，脾藥也。皆所以溫下，腎水溫暖，則氣熏蒸上行。氣即水中之金，是金浮也。上行之氣熏蒸於肺，化爲津液，是水升也，所謂雲從地起，水從天降周慎齋。

溫肺湯，木沉火降也。蓋溫肺則金旺，金旺則能平木，木有所畏，收斂下行，是謂木沉，木既沉，火自降矣。又木浮則火在上，而腎水寒。木沉則火在下，而腎水溫。金愈浮，水愈升矣周慎齋。

冬月陽氣下潛，裏實表虛，寒邪易入，陽氣難升，十神湯其要劑也。乾葛、升麻、白芷升陽明之陽，紫蘇、麻黃升太陽之陽，川芎升少陽之陽，陽升而寒自散矣。總之，治傷寒法，以扶陽爲主，不外乎一升一降之道。如春時陽氣尚微，飲食七情之氣鬱于胸膈，陽氣不得上升，故用香蘇散、香附、陳皮開豁胸膈，使陽氣得以直上。夏間陽氣在表，表實裏虛，且長夏濕土用事，濕熱相干，火土混雜，故用猪苓、茯苓、澤瀉，上下宣通，佐以肉桂辛熱之氣，散動濕鬱，接引陽氣入裏，令三物得以下達而成功。秋時陽氣漸藏，肺金用事，以濕熱內鬱，陽難降下，故正氣散藿香醒脾，厚朴溫胃，紫蘇、陳皮開豁胸膈，令陽氣得以下潛也。今人殊昧此理，反用泄陽之劑，豈不謬哉周慎齋。

清・張志聰《侶山堂類辯》卷下 四氣逆從論 《經》云：升降浮沉則順之，寒熱溫涼則逆之。謂春宜用升，以助生氣；夏宜用浮，以助長氣；秋時宜降，以順收令；冬時宜沉，以順封藏。此藥性之宜順四時者也。春氣溫，宜用涼；夏氣熱，宜用寒；秋氣涼，宜用溫；冬氣寒，宜用熱。此用氣之宜逆四時者也。而病亦如之，然時氣病氣，又皆有常有變，知其常變，反其逆從，可以把握陰陽裁成造化矣。【略】

太陰陽明論 三陰三陽者，天之六氣也。五藏六府者，有形之五行也。胃屬土，而陽明主秋令之燥。陽明者，胃之悍氣，別走陽明，猶膀胱乃津液之府。而太陽之氣為巨陽，五行六氣之有別也。夫兩陽合明，故曰陽明陽盛之氣也。故胃土之氣柔和，土主柔順。而陽明之氣燥熱，是以陽明得中，見少陰之濕化，則陰陽相和矣。胃土得戊癸之合，則火土之氣盛矣。故陽明之氣，宜于和柔；胃土之氣，宜于強盛。如火土之氣弱，而又秉太陰之濕，則水穀不消，而為虛泄矣。此宜人參、橘皮、甘草、半夏之類以助胃，白术、蒼术、厚朴、茯苓、薑、棗之類以益脾，甚者加附子以助癸中之火。若陽明悍熱之氣盛，而不得太陰之化，則陽與陰絕，漸能食而瘦矣。此又宜黃連、枳實之類以抑胃，芪、术、薑、棗之類以扶脾。易老、東垣以枳术丸為半補半消之法，皆不得五行六氣之理、先聖立方之意。

清·汪昂《本草備要》卷首

風淫於內，治以辛涼，佐以苦甘，以甘緩之，以辛散之。風屬木，辛屬金，金能勝木，故治以辛涼。過辛恐傷真氣，故佐以苦甘，苦勝辛，甘益氣也。木性急，故以甘緩之。木喜條達，故以辛散之。熱淫於內，治以鹹寒，佐以苦甘，以酸收之，以苦發之。水勝火，故治以鹹寒。甘勝鹹，佐之所以防其過，必甘苦者，防鹹之過，而又以瀉熱氣作實也。熱淫，故以酸收之；熱結，故以苦發之。濕淫於內，治以苦熱，佐以酸淡，以苦燥之，以淡泄之。濕爲土氣，苦熱皆能燥濕，淡能利竅滲濕。用酸者，木能制土也。火淫於內，治以鹹冷，佐以苦辛，以酸收之，以苦發之。相火，畏火也，故治以鹹冷。辛能滋潤，酸能收斂，苦能泄熱，或從其性而升發之也。燥淫於內，治以苦溫，佐以甘辛，以苦下之。燥屬金，苦屬火，火能勝金，故治以苦溫。甘能緩，辛能潤，苦能下，故以爲佐也。寒淫於內，治以甘熱，佐以苦辛，以鹹瀉之，以辛潤之，以苦堅之。土能制水，熱能勝寒，故治以甘熱。苦而辛，亦熱品也。傷寒內熱者，以鹹瀉之；內燥者，以辛潤之。苦能瀉熱而堅腎，瀉中有補也。此六淫主治各有所宜，故藥性宜明而施用貴審也。

清·景日昣《嵩厓尊生全書》卷四　四季時令用藥譜

正月、二月初春斂陽不宜過汗，宜香蘇散。冬時陽氣潛九淵，人之陽深藏于腎，飲食七情之氣無陽以發之，鬱于胸中，故用蘇、陳、附、草開其滯氣，使陽氣上達，主生發之令。

三月外實中虛，陽氣薦上。宜四物參蘇飲。此時冬令大洩，陽氣上鼓，多中咽喉之毒，人參保元，半夏化痰，甘草和中，桔、前去膈上痰，枳、蘇散寒下氣，木香理氣，四物使陰升奉陽。春宜溫。反寒為不及，反熱為太過。香蘇散正治。有口乾舌燥之症，但發熱不惡寒，謂之溫病。照溫病條治。四月火熱正令。病多便赤，口渴，此時令正病。宜五苓清暑益氣，十味香茹之類。宜熱，反寒是春初令未除。仍宜香蘇散、參蘇飲解之。五月正令大熱。遇大雨逼熱，人家即為受暑。宜清暑益氣湯。六月正令濕熱。病多上咳，下瀉中滿。宜五苓散。

四月熱月，五月火月，六月濕月，熱火旺則生濕，濕盛亦生火熱。三者相合，肺金受尅，熱傷元氣，痿倦疾作。故用清暑益氣湯。黃芪助肺，人參補元，甘草瀉火，清肺復元。濕熱盛傷胃，故加蒼术；濕熱胸不舒，故加青、陳；濕熱食不化，故加神麯；便赤加澤瀉；口渴加乾葛解肌。濕熱尅腎水，故加黃栢；濕熱發熱，加升麻升陽，麥冬清心，五味斂肺，皆以救肺也。夏三個月，濕熱極勝，三焦氣不清，上咳下瀉，中滿，故用五苓散。豬苓清上焦，茯苓清中焦，澤瀉清下焦，恐濕盛而脾不化，故加白术以健脾。然陽氣不到，則濕不除，如日所不照處，濕不易乾，用官桂之辛升至表，引表之陽氣入裏，裏得陽氣而濕即行。夏多渴，不宜五苓。恐津液愈竭。然大渴引飲，是濕熱在上焦，宜滲瀉之，仍宜五苓散。長夏濕熱中本臟脾土則為瀉痢，宜五苓散加乾薑。入于肝，則寒熱似瘧，五苓加柴、芩；頭痛加芎、蔓。入于肺，則為痰嗽，五苓加半夏、五味。有宿食加乾薑、半夏。乾薑溫中化食，半夏醒脾。汗多，五苓加小建中；汗多甚，合黃芪建中。身熱，加柴、葛。熱甚，加石膏。發表，五苓熱飲。利便，五苓冷飲。

七月秋初陽氣下歸。因夏濕熱之氣尚留胸臆，而有痞滿不寬之症，宜金不換正氣散。濕去金清，則降下之令復。譬如主人久出，穢積門庭，掃除俟主人之回。藿香、厚朴、紫蘇、陳皮。秋初若濕熱猶勝，便不宜五苓，宜清暑益氣湯。蓋夏之濕熱盛，脾自作病也。若此時濕熱太甚，主氣衰，客氣旺，壬膀胱水已絕于午，用甘、參、芪、麥、味，大滋化源，令金旺生水，以救將絕之腎，黃栢清水之流，蒼白术、澤上下分消其濕，升、葛解表熱，青、陳、麯消濕熱之痞滿，而祛陳腐之氣；苓只能滲，不能滋矣。秋多痢。夏時陽氣在表，太陰在裏，純陰無陽，生冷積而不化，積久成熱，故作痢；不發于夏者，無陽則發不運，至秋則陽氣入裏，邪無所容也。宜溫之開之，因勢而導之。八月、九月金旺或傷風咳嗽，寒熱，是金未旺，不能平木。宜溫肺湯。細辛、五味、肉桂、乾薑，脾腎藥也。皆以溫下，腎水溫，氣薰蒸上行，化為津液，是于水中補金。所謂雲從地起，水從天降，金旺則能平木矣。十月、十一月、十二月陽氣下潛，裏實表虛，邪易入陽，氣難升。宜十神湯，升、葛、芷，升陽明之陽。蘇、麻，升太陽之陽。川芎，升少陽之陽。陽升而寒自散。四時治感冒法，以扶陽為主，不外乎一升一降之理。春用香蘇，開豁胸中冬時鬱窒之氣，使陽氣上升也。夏用五苓，為陽氣在表，火土混雜，四苓上下通宣，肉桂辛散濕鬱，接引陽氣入裏也。秋時陽宜降下，以濕熱內鬱不得降，正氣散開豁胸膈，醒脾溫胃，令陽氣得以下潛也。昧者反欲泄陽，謬矣！

清·吴儀洛《本草從新·藥性總義》　風淫於內，治以辛涼，佐以苦甘，以甘緩之，以辛散之。風為木氣，金能勝之，故治以辛涼。過於辛，恐反傷其氣，故佐以苦甘，苦勝辛，甘益氣也。木性急，故以甘緩之。風邪勝，故以辛散之。熱淫於內，治以鹹寒，佐以甘苦，以酸收之，以苦發之。熱為火氣，水能勝之，故治以鹹寒，佐以甘苦。甘勝鹹，所以防鹹之過也。苦能泄，所以去熱之實也。熱盛於經而不斂者，以酸收之。熱鬱於內而不解者，以苦發之。濕淫於內，治以苦熱，佐以酸淡，以苦燥之，以淡泄之。濕為土氣，燥能除之，故治以苦熱。酸從木化，制土者也，故佐以酸淡。以苦燥之者，苦從火化也。以淡泄之者，淡能利竅也。火淫於內，治以鹹冷，佐以苦辛，以酸收之，以苦發之。相火，畏火也，故宜治以鹹冷。苦能泄火，辛能散火，故用以為佐。酸收苦發，義與上文熱淫同治。燥淫於內，治以苦溫，佐以甘辛，以苦下之。燥為金氣，火能勝之，治以苦溫，苦從火化也。佐以甘辛，木受金傷，以甘緩之，金之正味，以辛瀉之也。燥結不通則邪實於內，故當以苦下之。寒淫於內，治以甘熱，佐以苦辛，以鹹瀉之，以辛潤之，以苦堅之。寒為水氣，土能制水，熱能勝寒，故治以甘熱，甘從土化，熱從火化也。佐以苦辛等義，如《藏氣法時論》曰：腎苦燥，急食辛以潤之。腎欲堅，急食苦以堅之，用苦補之，鹹瀉之也。此六淫主治，各有所宜也。

清·賀大文《方脈指迷》卷一　指明和劑不合四時之迷　學者苟不窮天人之故，窺性命之元，輒開口言醫，何怪其以人為試乎？蓋藥有寒熱溫涼，原合天地四時之氣。溫者于時為春，所以生萬物者也。熱者于時為夏，所以長萬物者也。涼者于時為秋，所以肅萬物者也。寒者于時為冬，所以殺萬物者也。然春氣生而升，夏氣長而散，秋氣收而斂，冬氣藏而沉。人身之氣，自然相通，生者順之，長者敷之，收者肅之，藏者固之，此藥之順乎天者也。春溫夏熱，元氣外洩，陰精不足，藥宜養陰。秋涼冬寒，陽氣潛藏，勿輕開通，藥宜養陽，此藥之因時制用，補不足以和其氣者也。況有乖戾變常之時，大暑之候而得寒證，大寒之候而得熱症，證重于時，則舍時從症，時重于症，則舍症從時。六極太過為六淫，六淫致病為客病，以天時之氣從外而入也。七情動中為主，病以人之氣從內而起也。再有禀性偏陰偏陽者，又當從法外之治。假如性偏陰虛，雖當三冬陰精虧損，水既不足，不能制火，陽無所依，外洩為熱，或反汗出，藥宜滋陰。設從時合，妄用辛溫，勢必立斃。如性偏陽虛，雖當盛夏，陽氣不足，不能外衛其表，表虛不耐風寒，洒淅戰惕，思得熱食，反衣重裘，雖天令之熱，不敵真陽之虛，藥宜溫補。設從時令，誤用苦寒，亦必立斃。且人禀天地陰陽之氣，強弱亦隨乎氣運。上古之人壽踰百歲，今則七十稱古稀矣。故用藥消息，亦必因之而變，不可泥古，輒用峻厲。今時人心不古，元氣轉薄，虛多實少，臨症施藥，耑防尅伐，多從溫補，痛戒寒涼，抵當、承氣日就減少，補中、歸脾日就增多，此今日治法之急務，用藥之權衡變通合宜，則又存乎其人矣。

清·劉仕廉《醫學集成》卷一　值年用藥　甲己之年丙作首，丙火生土，土喜乾燥而惡水濕，藥宜辛燥之品。乙庚之歲戊為頭，戊土生金，金喜清肅而惡火燥，藥宜滋潤之品。丙辛之年從庚起，庚金生水，水喜溫暖而惡寒凝，藥宜溫暖之品。丁壬壬上癸順流，癸水生木，木喜條達而惡抑鬱，藥宜條達之品。戊癸翻從甲寅求，甲木生火，火喜升發而惡濕鬱，藥宜清涼之品。

清·王燕昌《王氏醫存》卷四　夏月用藥法　夏月熱傷元氣，凡感冒無汗之病宜發散者，不可過汗，防亡陽也，尤宜養陰以配陽。故發散方中不可無保津液之藥，麥冬、白芍、石斛、烏梅之類是也。若大熱證，須用雪水、梨汁、二冬、生地等藥，因寒藥亦忌燥也。

清·龍之章《蠢子醫》卷二　夏秋之間用藥不得不雜　病到夏秋甚是雜，雖老名醫亦無法。一症常具溫涼補瀉理，汗吐下法不得不齊加。我嘗遇此症，便用九里山前擺陣法。頭痛如劈是少陰，細辛白芷得多加。心中嘈雜欲嘔出，黃連滑石得多加。渾身大熱汗不流，防風二活羌活、獨活。得多加。五內乾燥不能忍，芩黃芩連黃連梔梔子柏黃柏得多加。不然先用六一牛黃六一散，又加牛黃散。去導吐，再用煎藥更覺嘉。此症原由風木搖動無止息，所以寒火濕熱亂翻花。只要立志去平賊，金丹和入紫金丹和入渴藥之中。掃根芽。不是我心雜亂無主意，九里山旗樊噲拿。或用葱水煎，或用醋麸拓。內有清涼去解散，外用過熱亦不差。縱有霸王作病神，不過烏江去看他。

論說二

宋·王懷隱《太平聖惠方》卷二　肝臟用藥：蕤人溫、微寒。空青小寒、大寒。石膽寒。決明子平、微寒。青葙子微寒。曾青小寒。升麻平、微寒。龍腦平、微寒。玄參微寒。梔子寒、大寒。枸杞子微寒。龍膽寒、大寒。　苦參寒。　車前子寒。　菊花平。　礜石大熱，生溫，熟熱。　烏鰂魚骨微溫。　兔肝寒、平。　酸棗人平。　秦椒生溫，熟（寒）（熱）。　黃連寒、微寒。　蔓荊子溫。　竹瀝大寒。　熊膽寒。　青羊膽溫。　阿膠平、微溫。　細辛溫。　青石脂平。

心臟用藥：　麥門冬平、微寒。　遠志溫。　丹參微寒。　紫石英溫。　犀角寒、微寒。　玉屑平。　鐵粉平。　銀屑平。　朱砂微寒。　牛黃平。　茯神平。　真珠寒。　凝水石寒、大寒。　菖蒲溫。　鐵精微溫。　龍齒平、微寒。　黃連寒、微寒。　羚羊角溫、微寒。　茯苓平。　生地黃大寒。　竹瀝大寒。　天竹黃寒。　赤石脂大溫。

脾臟用藥：　黃耆微溫。　柴胡平、微寒。　附子溫、大熱。　枳實寒、微寒。　陳橘皮溫。　人參微寒、微溫。　木通平。　厚朴溫、大溫。　乾薑溫、大熱。　麴大熱。　大麥蘗溫、平。　大棗平。　黃石脂平。　朮溫。　訶黎勒溫。　桂大熱。　吳茱萸溫、大熱。　木香溫。　檳榔溫。　胡椒大溫。　肉豆蔻溫。　丁香溫。　高良薑大溫。　蓽茇音撥。大熱。　石蜜平、微溫。

肺臟用藥：　欵冬花溫。　桔梗微溫。　百合平。　杏人溫。　紫菀溫。　射音夜干平、微溫。　紫蘇子溫。　木通平。　旋覆花溫、微溫。　桑根白皮寒。　皂莢溫。　沙參微寒。　天門冬平、大寒。　白前微溫。　百部微溫。　貝母平、微寒。　芫花溫、微溫。　乾薑溫、大熱。　車前子寒。　麻黃溫、微溫。　蛤蚧平。　馬兜鈴寒。　半夏生微寒，熟溫。　五味子溫。　葶藶寒、大寒。　白石脂平。

腎臟用藥：　肉蓯蓉微溫。　巴戟天微溫。　山茱萸平、微溫。　牛膝平。　菟絲子平。　石斛平。　鹿茸溫、微溫。　虵床子平。　杜仲平、溫。　磁石寒。　萆薢平。　乾漆溫。　桑螵蛸平。　澤瀉寒。　補骨脂大溫。　鍾乳溫。　黑石脂平。　石南平。　烏喙許穢切。微溫。　天雄溫、大溫。　石龍芮平。

金・張元素《醫學啟源・主治心法》（任應秋輯本）卷上　〔五臟補瀉法〕　肝虛以陳皮、生薑之類補之。《經》曰：　虛則補其母。水能生木，腎乃肝之母。腎，水也，若補其腎，熟地黃、黃柏是也。如無他證，錢氏地黃丸主之。實則白芍藥瀉之，如無他證，錢氏瀉青丸主之。實則瀉其子，心乃肝之子，以甘草瀉心。　心虛則炒鹽補之，虛則補其母。木能生火，肝乃心之母。肝，木也；　心，火也。以生薑瀉肝。如無他證，錢氏安神丸是也。實則甘草瀉之，如無他證，以錢氏方中重則瀉心湯，輕則導赤散。　脾虛則甘草、大棗之類補之，實則以枳殼瀉之。如無他證，虛則以錢氏益黃散，實則瀉黃散。心乃脾之母，以炒鹽補之；　肺乃脾之子，以桑白皮瀉肺。　肺虛則五味子補之，實則桑白皮瀉之。如無他證，實則用錢氏瀉白散，虛則用阿膠散。虛則以甘草補土，補其母也；　實則瀉子，澤瀉瀉其腎水。　腎虛則熟地黃、黃柏補之，瀉以澤瀉之鹹。腎本無實，本不可瀉，錢氏止有補腎地黃丸，無瀉腎之藥。肺乃腎之母，金生水，補之故也。補則以五味子。　已上五臟，《內經・藏氣法時論》中備言之，欲究其詳，精看本論。

金・張元素《醫學啟源》（任應秋輯本）卷下　〔臟氣法時補瀉法〕　肝苦急，急食甘以緩之，甘草。　心苦緩，急食酸以收之，五味子。　脾苦濕，急食苦以燥之，白朮。　肺苦氣上逆，急食苦以泄之，黃芩。　腎苦燥，急食辛以潤之，黃蘗、知母。　注云：　開腠理，致津液，通氣血也。

肝欲散，急食辛以散之，川芎。以辛補之，細辛。以酸瀉之，白芍藥。心欲軟，急食鹹以軟之，芒硝。以（鹹）補之，澤瀉。以甘（瀉）之，黃耆、甘草、人參。脾欲緩，急食甘以緩之，甘草。以甘補之，人參。以苦瀉之，黃連。肺欲收，急食酸以收之，白芍藥。以酸補之，五味子。以辛瀉之，桑白皮。腎欲堅，急食苦以堅之，知母。以苦補之，黃蘗。以（鹹）瀉之，澤瀉。　注云：此五者，有酸、辛、甘、苦、鹹，各有所利，或散、或收、或緩、或軟、或堅，四時五臟病，隨五味〔所〕宜也。【略】

去〔臟腑〕之火　黃連瀉心火，黃芩瀉肺火，白芍藥瀉肝火，知母瀉腎火，木通瀉小腸火，黃芩瀉大腸火，石膏瀉胃火。柴胡瀉三焦火，〔須用〕黃芩佐之；　柴胡瀉肝火，須用黃連佐之，膽經亦然。黃蘗瀉膀胱火，又曰龍火，膀胱〔乃〕水之府，〔故曰龍火〕也。　已上諸藥，各瀉各經之火，不惟止能如此，更有治病，合為君臣，處詳其宜而用之，不可執而言也。

宋・張杲《醫說》卷六　治臟腑　肉豆蔻剜作甕子，入通明乳香少許，復以末，塞之，不盡，即用麵和少許，裹豆蔻煨焦黃為度，三物皆碾末，仍以茶末對烹之《大全集》。

元・李杲《內外傷辯惑論》卷下　辨內傷飲食用藥所宜所禁　內傷飲食，付藥者、受藥者皆以為瑣末細事，是以所當重者為輕，利害非細。殊不思胃氣者，榮氣也，衛氣也，穀氣也，清氣也，資少陽生發之氣也。人之真氣衰旺，皆在飲食。飲食入胃，胃和則穀氣上升。穀氣者，升騰之氣也，乃足少陽膽、手少陽元氣始發生長萬化之別名也。飲食一傷，若消導藥的對其所傷之物，則胃氣愈旺，五穀之精華上騰，乃清氣為天者也，精氣神氣皆強盛，七神衛護，生氣不乏，增益大旺，氣血周流，則百病不能侵，雖有大風苛毒，弗能害也。此一藥之用，其利溥哉！易水張先生嘗戒不可用峻利食藥，食藥下咽，未至藥丸施化，其標皮之力始開，便言空快也，所傷之物已去；若更待一兩時辰許，藥盡化開，其峻利藥必有情性，病去之後，脾胃安得不損乎？脾胃既損，是真氣元氣敗壞，促人之壽。當時說下一藥，枳實一兩麩炒黃色為度，白朮二兩，只此二味，荷葉裹燒飯為丸。以白朮苦甘溫，其甘溫補脾胃之元氣，其苦味除胃中之濕熱，利腰臍間血，故先補脾胃之弱，過於枳實尅化之藥一倍；枳實味苦寒，泄心下痞悶，消化胃中所傷，此一藥下胃，其所傷不能即去，須待一兩時辰許，食則消化，是先補其虛，而後化其所傷，則不峻利矣。當是之時，未悟用荷葉燒飯為丸之理，老年味之始得，可謂神奇矣。荷葉之一物，中央空虛，象震卦之體。震者，動也，人感之生足少陽甲膽也。甲膽者，風也，生化萬物之根蒂也。《左傳》云：履端於始，序則不愆。人之飲食入胃，營氣上行，即少陽甲膽之氣也；其手少陽三焦經，人之元氣也；手足經同法，便是少陽元氣生發也。胃氣、穀氣、元氣、甲膽上升之氣，一也。異名雖多，止是胃氣上升者也。荷葉之體，生於水土之下，出於穢汙之中，而不為穢汙所染，挺然獨立，其色青，形乃空，清而象風木者也。食藥感此氣之化，胃氣何由不上升乎？其主意用此一味為引用，可謂遠識深慮，合於道者也。更以燒飯和藥，與白朮協力，滋養穀氣，而補令胃厚，再不至內傷，其利廣矣，大矣。若內傷脾胃，以辛熱之物，酒肉之類，自覺不快，覓藥於醫者，此風習以為常。醫者亦不問所傷，即付之以集香丸、巴豆大熱藥之類下之，大便下則物去，遺留食之熱性、藥之熱性，重傷元氣，七神不熾。《經》云熱傷氣，正謂此也。其人必無氣以動而熱困，四肢不舉，傳變諸疾，不可勝數，使人真氣自此衰矣。若傷生冷硬物，世醫或用大黃、牽牛二味大寒藥投之，物隨藥下，所傷去矣，遺留食之寒性、藥之寒性，重瀉其陽，陽去則皮膚、筋骨、肉、血脉無所依倚，便為虛損之證。論言及此，令人寒心！夫辛辣氣薄之藥，無故不可亂服，非止牽牛而已。《至真要大論》云：五味入胃，各先逐其所喜攻。攻者，尅伐瀉也。辛味下咽，先攻瀉肺之五氣。氣者，真氣、元氣也。其牽牛之辛辣猛烈，奪人尤甚。飲食所傷，腸胃受邪，當以苦味泄其腸胃可也。肺與元氣，何罪之有？夫牽牛不可用者有五，此其一也。況胃主血，為物所傷，物者，有形之物也，皆是血病，血病瀉氣，此其二也。且飲食傷於中焦，止合尅化消導其食，重瀉上焦肺中已虛之氣，此其三也。食傷腸胃，當塞因塞用，又寒因寒用，枳實、大黃苦寒之物，以泄有形是也，反以辛辣牽牛散瀉真氣，犯大禁，四也。殊不知《鍼經》第一卷第一篇有云：外來客邪，風寒傷人五臟，若誤瀉胃氣，必死，誤補亦死。其死也，無氣以動，故靜。若內傷腸胃，而反瀉五臟，必死，誤補亦死。其死也，陰氣有餘，故躁。今內傷腸胃，是謂六腑不足之病，反瀉上焦虛無肺氣。肺氣者，五臟之一數也，為牽牛之類朝損暮損，其元氣消耗，此乃暗裏折人壽數，犯大禁，五也。良可哀歎，故特著此論并方，庶令四海聞而行之，不至夭横耳，此老夫之用心也。胃氣豈可不養，復明養胃之理。故《經》曰安穀則昌，絕穀則亡。水去則榮散，穀消則衛亡。榮散衛亡，神無所依。仲景云：水入於經，其血乃成，穀入於胃，脉道乃行。故血不可不養，胃不可不溫。血溫胃和，榮衛將行，常有天命。穀者，身之大柄也。《書》與《周禮》皆云：金、木、水、火、土、穀，惟脩以奉養五臟者也。內傷飲食，固非細事，苟妄服食藥，而輕生損命，其可乎哉？《黃帝鍼經》有說：胃惡熱而喜清，大腸惡清冷而喜熱，兩者不和，何以調之？岐伯曰：調此者，飲食衣服亦欲適寒溫，寒無淒愴，暑無出汗。飲食者，熱無灼灼，寒無滄滄，寒溫中適，故氣將持，乃不致邪僻也。詳說見於《本經》條下。是必有因用，豈可用俱寒俱熱之食藥致損者與？《內經》云：內傷者，其氣口脉反大於人迎，一倍二倍三倍，分經用藥。又曰：上部有脉，下部無脉，其人當吐，不吐者死。如但食不納，惡心欲吐者，不問一倍二倍，不當正與瓜蒂散吐之，但以指或以物探去之。若所傷之物去不盡者，更診其脉，問其所傷，以食藥去之，以應塞因塞用，又謂之寒因寒用，泄而下降，乃應太陰之用。其中更加升發之藥，令其元氣上升，塞因塞用，因曲而為之直。何為曲？乃傷胃氣是也。何為直？而升發胃氣是也。因治其飲食之內傷，而使生氣增益，胃氣完復，此乃因曲而為之直也。若依分經用藥，其所傷之物，寒熱溫涼，生硬柔軟，所傷不一，難立定法，只隨所傷之物不同，各立法治，臨時加減用之。其用藥又當問病人從來禀氣盛衰，所傷寒物熱物，是喜食而食之耶，不可服破氣藥；若乘飢困而食之耶，當益胃氣；或為人所勉勸強食之，宜損血而益氣也。診其脉候，傷在何臟，方可與對病之藥，豈可妄泄天真生氣，以輕喪身寶乎？且如先食熱物而不傷，繼之以寒物，因後食致前食亦不消化而傷者，當問熱食寒食孰多孰少，斟酌與藥，無不當矣。喻如傷熱物二分，寒物一分，則當用寒藥二分，熱藥一分，相合而與之，則榮衛之氣必得周流。更有或先飲酒而後傷寒冷之食，及傷熱食、冷水與冰，如此不等，皆當驗其節次所傷之物，約量寒熱之劑分數，各各對證而與之，無不取驗。自忖所定方藥，未敢便為能盡藥性之理，姑用指迷辨惑耳，隨證立方，備陳於後。

宋・陳衍《寶慶本草折衷》卷二《逢原紀略》 記脾腎用藥不同：《本事方》云：脾惡濕，腎惡燥。如硫黃、附子、鍾乳、煉丹之類，皆剛劑，用以助陽。補接真氣則可，若云補腎，則正腎所惡者。古人製方益腎，皆滋潤之藥，故仲景八味元，本謂之腎氣元。又如腎瀝湯之類，皆正補腎經也。又云：有人全不進食，服補脾藥皆不驗，此病不可全作脾虛。蓋因腎氣怯弱，真元衰劣，自是不能消化飲食。余於補骨脂續說論之矣。《李氏集驗方》此是醫(麻)痘方云：五更初，腎氣必開。若一語言、咳嗽、口唾，即腎氣復合。遇腎開時，進平補藥，其功效勝尋常峻補之藥矣。

記養脾胃并吐逆：楊邦光《集驗奇方》云：凡吐逆大作，不可強進湯藥，須候氣定，徐徐與之。若以湯藥逼之，反吐舊食，愈增其苦，脾胃惡濕故也。常令以舌舐乾藥末少許，令含之。藥既到胃，病勢漸衰，逆氣漸定。良久，又令喫乾食，如此累驗。余綱《選奇方》舉孫兆云：補腎不若補脾，脾胃既壯，則能飲食，生榮衛，滋骨髓，益精血。《和劑局方》首云少不醫勞，非不醫勞也，只當調脾爾。別本《局方》增入此說。

元・李杲《脾胃論》卷中 脾胃虛不可妄用吐藥論 《六元政紀論》云木鬱則達之者，蓋木性當動蕩軒舉，是其本體。今乃鬱於地中無所施，為即是風失其性。人身有木鬱之證者，當開通之，乃可用吐法，以助風木，是木鬱則達之之義也。又說木鬱達之者，蓋謂木初失其性，鬱於地中，今既開發，行於天上，是發而不鬱也，是木復其性也，有餘也，有餘則兼其所勝，脾土受邪。見之於木鬱達之條下，不止此一驗也。又厥陰司天，亦風木旺也。厥陰之勝，亦風木旺也。俱是脾胃受邪，見於上條。其說一同，或者不悟木鬱達之四字之義，反作木鬱治之，重實其實，脾胃又受木制，又復其木，正謂補有餘而損不足也。既脾胃之氣先已不足，豈不因此重絕乎？再明胸中窒塞當吐，氣口三倍大於人迎，是食傷太陰。上部有脉，下部無脉，其人當吐，不吐則死，以其下部無脉，知其木鬱在下也。塞道不行，而肝氣下絕矣。兼肺金主塞而不降，為物所隔，金能尅木，肝木受邪，食塞胸咽，故曰在下者，因而越之。仲景云：實煩以瓜蒂散吐之。如經汗下，謂之虛煩，又名懊憹，煩躁不得眠，知其木鬱也，以梔子豉湯吐之。昧者將膈咽不通，上支兩脇腹脹，胃虛不足，乃濁氣在上則生䐜脹之病，吐之。況胃虛必怒，風木已來乘陵胃中，《內經》以鐵(酪)〔落〕鎮墜之。豈可反吐助其風木之邪，不主吐而吐其差舛，如天地之懸隔？大抵胸中窒塞煩悶不止者，宜吐之耳。【略】

脾胃將理法 白粥、粳米、菉豆、小豆、鹽豉之類，皆淡滲利小便，且小便數，不可更利。況大瀉陽氣，反行陰道，切禁濕麵。如食之覺快勿禁。

藥中不可服澤瀉、豬苓、茯苓、燈心、琥珀、通草、木通、滑石之類，皆行陰道而瀉道也。如渴，如小便不利，或閉塞不通則服，得利，勿再服。

忌大鹹，助火邪而瀉腎水真陰；及大辛味蒜韭、五辣、醋、大料物、官桂、乾薑之類，皆傷元氣。

若服升沉之藥，先一日將理，次日腹空服，服畢，更宜將理十日，先三日尤甚。不然，則反害也。

夫諸病，四時用藥之法，不問所病或溫或涼，或熱或寒。如春時有疾，於所用藥內加清涼風藥；夏月有疾，加大寒之藥；秋月有疾，加溫氣藥；冬月有疾，加大熱藥。是不絕生化之源也。錢仲陽醫小兒，深得此理。《內經》必先歲氣，毋伐天和，是為至治。又曰：無違時，無伐化。又曰：無伐生生之氣。皆此常道也。用藥之法，若反其常道，而變生異證，則當從權施治。假令病人飲酒，或過食寒，或過食熱，皆可以增病。如此則以權衡應變之，藥豈可常用之？

元・王好古《湯液本草》卷一 五臟苦欲補瀉藥味 肝苦急，急食甘以緩之，甘草。欲散，急食辛以散之，川芎。以辛補之，細辛。以酸瀉之，芍藥。虛，以生薑、陳皮之類補之。《經》曰：虛則補其母。水能生木，腎乃肝之母。腎，水也，苦以補腎，熟地黃、黃蘗是也。如無他證，錢氏地黃丸主之。實，則白芍藥瀉之。如無他證，錢氏瀉青丸主之。實則瀉其子，心乃肝之子，以甘草瀉心。

心苦緩，急食酸以收之，五味子。欲軟，急食鹹以軟之，芒硝。以鹹補之，澤瀉。以甘瀉之，人參、黄芪、甘草。虚，以炒鹽補之。虚則補其母，木能生火，肝乃心之母。肝，木也，以生薑補肝。如無他證，錢氏安神丸主之。實，則甘草瀉之。如無他證，錢氏方中重則瀉心湯，輕則導赤散。

脾苦濕，急食苦以燥之，白朮。欲緩，急食甘以緩之，甘草。以甘補之，人參。以苦瀉之，黄連。虚，則以甘草、大棗之類補之。如無他證，錢氏益黄散主之。心乃脾之母，以炒鹽補心。實，則以枳實瀉之。如無他證，以瀉黄散瀉之。肺乃脾之子，以桑白皮瀉肺。

肺苦氣上逆，急食苦以瀉之，訶子皮，一作黄芩。欲收，急食酸以收之，白芍藥。以辛瀉之，桑白皮。以酸補之，五味子。虚，則五味子補之。如無他證，錢氏阿膠散補之。脾乃肺之母，以甘草補脾。實，則桑白皮瀉之。如無他證，以瀉白散瀉之。腎乃肺之子，以澤瀉瀉腎。

腎苦燥，急食辛以潤之，知母、黄蘗。欲堅，急食苦以堅之，知母。以苦補之，黄蘗。以鹹瀉之，澤瀉。虚，則熟地黄、黄蘗補之。腎本無實，不可瀉，錢氏止有補腎地黄丸，無瀉腎之藥。肺乃腎之母，以五味子補肺。

以上五臟補瀉，《内經·臟氣法時論》中備言之，欲究其精，詳看本論。

臟腑瀉火藥：　黄連瀉心火　木通瀉小腸火　黄芩瀉肺火梔子佐之。　黄芩瀉大腸火　柴胡瀉肝火黄連佐之。　柴胡瀉膽火亦以黄連佐之。　白芍藥瀉脾火　石膏瀉胃火　知母瀉腎火　黄蘗瀉膀胱火　柴胡瀉三焦火黄芩佐之。以上諸藥各瀉其火，不惟止能如此，更有治病合為君、合為臣處，詳其所宜而用，勿執一也。

元·王好古《湯液本草》卷二　五宜　肝色青，宜食甘，粳米、牛肉、棗、葵皆甘。心色赤，宜食酸，犬肉、麻、李、韭皆酸。肺色白，宜食苦，小麥、羊肉、杏、薤皆苦。脾色黄，宜食鹹，大豆、豕肉、栗、藿皆鹹。腎色黑，宜食辛，黄黍、雞肉、桃、葱皆辛。

毒藥攻邪，五穀為養，五果為助，五畜為益，五菜為充。氣味合而服之，以補精益氣。此五者，有辛酸甘苦鹹，各有所利，或散、或收、或緩、或急、或堅、或軟，四時五臟，病隨五味所宜也。

大毒治病，十去其六；常毒治病，十去其七；小毒治病，十去其八；無毒治病，十去其九。穀肉果菜，食養盡之，無使過之，傷其正也。蓋陰之所生，本在五味，陰之五宫，傷在五味。是故味過於酸，肝氣以津，脾氣乃絶。味過於鹹，大骨氣勞，短肌，心氣抑。味過於甘，心氣喘滿，色黑，腎氣不衡。味過於苦，脾氣不濡，胃氣乃厚。味過於辛，筋脈沮弛，精神迺央。是故謹和五味，骨正筋柔，氣血以流，腠理以密，如是則氣骨以精，謹道如法，長有天命。

元·朱震亨《局方發揮》　或曰：脾胃一門，子以《局方》用藥太熱，未合《經》意，若平胃散之温和，可以補養胃氣，吾子以為何如？

予曰：蒼朮性燥氣烈，行濕解表，甚為有力。厚朴性温散，氣非脹滿實急者，不用承氣用之可見矣。雖有陳皮、甘草之甘緩，甘辛亦是决裂耗散之劑，實無補土之和，《經》謂土氣大過，曰敦阜，亦能為病，况胃為水穀之海，多氣多血，故因其病也。用之以瀉有餘之氣，使之平爾。又雖察其挾寒，得寒物者投之，胃氣和平，便須卻藥。謂之平者，非補之之謂，其可常服乎？

元·佚名氏《珍珠囊》〔見《醫要集覽》〕　諸臟五欲　肝欲散，急食辛以散之，以辛補之，以酸瀉之。心欲耎，急食鹹以耎之，以鹹補之，以甘瀉之。

脾欲緩，急食甘以緩之，以甘補之，以苦瀉之。肺欲收，急食酸以收之，以酸補之，以辛瀉之。腎欲堅，急食苦以堅之，以苦補之，以鹹瀉之。

諸臟五苦　肝苦急，急食甘以緩之。脾苦濕，急食苦以燥之。心苦緩，急食酸以收之。腎苦燥，急食辛以潤之。肺苦氣上，急食苦以泄之。

五臭湊五臟例　燥氣入肝。腥氣入肺。香氣入脾。焦氣入心。腐氣入腎。

諸藥瀉諸經之火邪　黄連瀉心火。梔子、黄芩瀉肺火。白芍瀉〔脾〕〔肝〕火。柴胡、黄連瀉肝膽火。知母瀉腎火。木通瀉小腸火。黄芩瀉大腸火。柴胡、黄芩瀉三焦火。黄蘗瀉膀胱火。

元·徐彦純《本草發揮》卷四　藏氣法時補瀉法　肝苦急，急食甘以緩之，甘草。心苦緩，急食酸以收之，五味子。脾苦濕，急食苦以燥之，白朮。肺苦氣上逆，急食苦以瀉之，黄芩。腎苦燥，急食辛以潤之，知母、黄蘗。註云：開腠理，致津液通氣也。肝欲散，急食辛以散之，川芎。以辛補之，細辛。以酸瀉之，白芍藥。心欲軟，急食鹹以軟之，芒硝。以鹹補之，澤瀉。以甘瀉之，黄芪、甘草、人參。　脾欲緩，急食甘以緩之，甘草。以甘補之，人參。以苦瀉之，黄連。　肺欲收，急食酸以收之，白芍藥。以酸補之，五味子。以辛瀉之，桑白皮。　腎欲堅，急食苦以堅之，知母。以苦補之，黄蘗。以鹹瀉之，澤瀉。　註云：此五者有酸辛甘苦鹹，各有所利，或散，或收，或緩，或軟，或堅，四時五藏，病隨五味所宜也。【略】

去藏府之火　黄連瀉心火，梔子、黄芩瀉肺火，白芍藥瀉肝火，知母瀉腎經火，木通瀉小腸火，黄芩瀉大腸火，石膏瀉胃經火。柴胡瀉三焦火，黄芩佐之；柴胡瀉肝經火，黄連佐之。膽經亦同。黄蘗瀉膀胱火，又曰龍火。膀胱乃水府之火，故曰龍火也。　已上諸藥，瀉各經之火，不惟止能如此，更有治病，合為君臣處，詳其宜而用之，不可執而言也。【略】

五臟補瀉法　肝虚以陳皮、生薑之類補之。《經》曰：虚則補其母，水能生木，腎乃肝之母。腎水也，若補其腎，熟地黄、黄蘗是也。如無他證，惟不足，錢氏地黄丸主之。實則白芍藥瀉之，如無他證，錢氏瀉青丸主之，實則瀉其子。心乃肝之子，以甘草瀉心。

心虚則炒鹽補之，虚則補其母，木能生火，肝乃心之母。肝木也，心火也，以生薑補肝。如無他證，錢氏安神丸是也。實則甘草瀉之。如無他證，以錢氏方中，重則瀉心湯，輕則導赤散。

脾虚則甘草、大棗之類補之。實則以枳實瀉之。如無他證，虚則以錢氏益黄散，實則瀉黄散。心乃脾之母，以鹽炒補心。肺乃脾之子，以桑白皮瀉肺。

肺虚則五味子補之，實則桑白皮瀉之。如無他證，實則用錢氏瀉白散，虚則用阿膠散。虚則以甘草補脾土，補其母也。實則以澤瀉瀉腎水，瀉其子也。

腎虚則熟地黄、黄蘗補之。瀉以澤瀉之鹹。腎本無實，本不可瀉。錢氏有補腎地黄丸，無瀉腎之藥。肺乃腎之母，金生水故也。以五味子補肺而已。

已上五臟，《内經・藏氣法時論》中備言之，欲究其詳，請看本論。

明・程玠《松厓醫徑》卷上　心部證治之圖

心經	
手太陽	手少陰
引經藥	
藁本	獨活
臟腑脈平	
手小陽脈洪大而緊	手心經脈浮大而散

虚補藥：當歸、熟地黄、紫石英。　實瀉藥：山梔子、赤茯苓。　冷溫藥：桂心、細辛。　熱涼藥：黄連、生地黄。

肝部證治之圖

肝經	
足少陽	足厥陰
引經藥	
柴胡	柴胡
臟腑脈平	
膽脈弦大而浮	肝脈弦而長

虚補藥：當歸、阿膠、酸棗仁、苦參。　實瀉藥：桃仁、柴胡、青皮。　冷溫藥：吴茱萸、山茱萸。　熱涼藥：龍膽草。

腎部證治之圖

腎經	
足太陽	足少陰
引經藥	
藁本　羌活	獨活　肉桂
臟腑脈平	
膀胱脈洪滑而長	腎脈沉而軟滑

虚補藥：熟地黄、葫蘆芭、五味子、山茱萸。　實瀉藥：猪苓、澤瀉。　冷溫藥：附子、吴茱萸、肉桂、益智。　熱涼藥：知母、黄柏、地骨皮。

肺部證治之圖

肺經	
手陽明	手太陰
引經藥	
葛根　白芷	升麻　葱白
臟腑脈平	
大腸脈浮短而滑	肺脈浮澀而短

虚補藥：阿膠、天門冬、麥門冬、人參、五味子。　實瀉藥：桑白皮、杏仁。　冷溫藥：白豆蔻、藿香。　熱涼藥：黄芩、石膏。

脾部證治之圖

脾經	
足陽明	足太陰
引經藥	
葛根　升麻	升麻　芍藥
臟腑脈平	
胃脈浮長而滑	脾脈緩而大

虚補藥：人參、黄芪、白朮。　實瀉藥：大黄、芒硝、赤芍藥。　冷溫藥：乾薑、吴茱萸、益智仁。　熱涼藥：石膏、芒硝。

命門部證治之圖

命門經	引經藥	臟腑平脉
手少陽	柴胡	三焦脉洪散而急
手厥陰	柴胡	包絡脉□□□□

虚補藥：熟地、黄芪、白朮、沉香、肉蓯蓉。　實瀉藥：地骨皮、青皮。　冷溫藥：附子、肉桂。　熱涼藥：地骨皮、牡丹皮。

明・李時珍《本草綱目》卷一《序例》　六腑六臟用藥氣味補瀉

肝膽溫補涼瀉。辛補酸瀉。　心小腸熱補寒瀉。鹹補甘瀉。　肺大腸涼補溫瀉。酸補辛瀉。　腎膀胱寒補熱瀉。苦補鹹瀉。　脾胃溫熱補，寒涼瀉，各從其宜。甘補苦瀉。　三焦命門同心。

張元素曰：五臟更相平也。一臟不平，所勝平之。故云：安穀則昌，絶穀則亡。水去則營散，穀消則衛亡，神無所居。故血不可不養，衛不可不溫。血溫氣和，營衛乃行，常有天命。

五臟五味補瀉

肝苦急，急食甘以緩之甘草，以酸瀉之赤芍藥，實則瀉子甘草。　肝欲散，急食辛以散之川芎，以辛補之細辛，虚則補母地黄、黄蘗。

心苦緩，急食酸以收之五味子，以甘瀉之甘草、參、芪，實則瀉子甘草。　心欲軟，急食鹹以軟之芒消，以鹹補之澤瀉，虚則補母生薑。

脾苦濕，急食苦以燥之白朮，以苦瀉之黄連，實則瀉子桑白皮。　脾欲緩，急食甘以緩之炙甘草，以甘補之人參，虚則補母炒鹽。

肺苦氣逆，急食苦以泄之訶子，以辛瀉之桑白皮，實則瀉子澤瀉。　肺欲收，急食酸以收之白芍藥，以酸補之五味子，虚則補母五味子。

腎苦燥，急食辛以潤之黄蘗、知母，以鹹瀉之澤瀉，實則瀉子芍藥。　腎欲堅，急食苦以堅之知母，以苦補之黄蘗，虚則補母五味子。

張元素曰：凡藥之五味，隨五臟所入而爲補瀉，亦不過因其性而調之。

酸入肝，苦入心，甘入脾，辛入肺，鹹入腎。　辛主散，酸主收，甘主緩，苦主堅，鹹主軟。　辛能散結潤燥，致津液，通氣；　酸能收緩斂散；　甘能緩急調中；　苦能燥濕堅軟；　鹹能軟堅；　淡能利竅。　李時珍曰：甘緩、酸收、苦燥、辛散、鹹軟、淡滲，五味之本性，一定而不變者也。其或補或瀉，則因五臟四時而迭相施用者也。溫、涼、寒、熱，四氣之本性也，其於五臟補瀉，亦迭相施用也。此特潔古張氏因《素問》飲食補瀉之義，舉數藥以爲例耳，學者宜因意而充之。

臟腑虚實標本用藥式

肝藏血，屬木，膽火寄於中，主血，主目，主筋，主呼，主怒。　本病：諸風眩運，殭仆強直驚癇，兩脇腫痛，胸肋滿痛，嘔血，小腹疝痛痃瘕，女人經病。　標病：寒熱瘧，頭痛吐涎，目赤面青多怒，耳閉頰腫，筋攣卵縮，丈夫癩疝，女人少腹腫痛陰病。　有餘瀉之：瀉子甘草　行氣香附　芎藭　瞿麥　牽牛　青橘皮　行血紅花　鱉甲　桃仁　莪蒁　京三稜　穿山甲　大黄　水蛭　虻蟲　蘇木　牡丹皮　鎮驚雄黄　金薄　鐵落　真珠　代赭石　夜明砂　胡粉　銀薄　鉛丹　龍骨　石決明　搜風羌活　荆芥　薄荷　槐子　蔓荆子　白花蛇　獨活　防風　皂莢　烏頭　白附子　殭蠶　蟬蜕　不足補之：補母枸杞　杜仲　狗脊　熟地黄　苦參　萆薢　阿膠　菟絲子　補血當歸　牛膝　續斷　白芍藥　血竭　沒藥　芎藭　補氣天麻　柏子仁　白朮　菊花　細辛　密蒙花　決明　穀精草　生薑　本熱寒之：瀉木芍藥　烏梅　澤瀉　瀉火黄連　龍膽草　黄芩　苦茶　猪膽　攻裏大黄　標熱發之：和解柴胡　半夏　解肌桂枝　麻黄

心藏神，爲君火，包絡爲相火，代君行令，主血，主言，主汗，主笑。　本病：諸熱瞀瘛，驚惑譫妄煩亂，啼笑駡詈，怔忡健忘，自汗，諸痛痒瘡瘍。　標病：肌熱畏寒戰慄，舌不能言，面赤目黄，手心煩熱，胸脇滿痛，引腰背肩胛肘臂。　火實瀉之：瀉子黄連　大黄　氣甘草　人參　赤茯苓　木通　黄蘗　血丹參　牡丹　生地黄　玄參　鎮驚朱砂　牛黄　紫石英　神虚補之：補母細辛　烏梅　酸棗仁　生薑　陳皮　氣桂心　澤瀉　白茯苓　伏神　遠志　石菖蒲　血當歸　乳香　熟地黄　沒藥　本熱寒之：瀉火黄芩　竹葉　麥門冬　芒消　炒鹽　涼血地黄　巵子　天竺黄　標熱發之：散火甘草　獨活　麻黄　柴胡　龍腦

脾藏意，屬土，爲萬物之母，主營衛，主味，主肌肉，主四肢。　本病：諸濕腫脹，痞滿噫氣，大小便閉，黄疸痰飲，吐瀉霍亂，心腹痛，飲食不化。　標病：身體胕腫，重困嗜臥，四肢不舉，舌本強痛，足大趾不用，九竅不通，諸痙項強。　土實瀉之：瀉子訶子　防風　桑白皮　葶藶　吐豆豉　巵子　蘿蔔

子　常山　瓜蒂　鬱金　韲汁　藜蘆　苦參　赤小豆　鹽湯　苦茶　下大黄　芒消　青礞石　大戟　甘遂　續隨子　芫花　土虚補之：補母桂心　茯苓　氣人參　黄芪　升麻　葛根　甘草　陳橘皮　藿香　葳蕤　縮砂仁　木香　扁豆　血白术　蒼术　白芍藥　膠飴　大棗　乾薑　木瓜　烏梅　蜂蜜　本濕除之：燥中宫白术　蒼术　橘皮　半夏　吴茱萸　南星　草豆蔻　白芥子　潔淨府木通　赤茯苓　猪苓　藿香　標濕滲之：開鬼門葛根　蒼术　麻黄　獨活

肺藏魄，屬金，總攝一身元氣，主聞，主哭，主皮毛。　本病：諸氣憤鬱，諸痿喘嘔，氣短，咳嗽上逆，咳唾膿血，不得卧，小便數而欠，遺失不禁。　標病：灑淅寒熱，傷風自汗，肩背痛冷，臑臂前廉痛。　氣實瀉之：瀉子澤瀉　葶藶　桑白皮　地骨皮　除濕半夏　白礬　白茯苓　薏苡仁　木瓜　橘皮　瀉火粳米　石膏　寒水石　知母　訶子　通滯枳殼　薄荷　乾生薑　木香　厚朴　杏仁　皂莢　桔梗　紫蘇梗　氣虚補之：補母甘草　人參　升麻　黄芪　山藥　潤燥蛤蚧　阿膠　麥門冬　貝母　百合　天花粉　天門冬　斂肺烏梅　粟殼　五味子　芍藥　五倍子　本熱清之：清金黄芩　知母　麥門冬　卮子　沙參　紫(苑)〔菀〕　天門冬　本寒溫之：溫肺丁香　藿香　款冬花　檀香　白豆蔻　益智　縮砂　糯米　百部　標寒散之：解表麻黄　葱白　紫蘇

腎藏志，屬水，爲天一之源，主聽，主骨，主二陰。　本病：諸寒厥逆，骨痿腰痛，腰冷如冰，足胻腫寒，少腹滿急疝瘕，大便閉泄，吐利腥穢，水液澄澈清冷不禁，消渴引飲。　標病：發熱不惡熱，頭眩頭痛，咽痛舌燥，脊股後廉痛。　水强瀉之：瀉子大戟　牽牛　瀉腑澤瀉　猪苓　車前子　防己　茯苓　水弱補之：補母人參　山藥　氣知母　玄參　補骨脂　砂仁　苦參　血黄蘗　枸杞　熟地黄　鎖陽　肉蓯蓉　山茱萸　阿膠　五味子　本熱攻之：下傷寒少陰證，口燥咽乾，大承氣湯。　本寒溫之：溫裏附子　乾薑　官桂　蜀椒　白术　標寒解之：解表麻黄　細辛　獨活　桂枝　標熱涼之：清熱玄參　連翹　甘草　猪膚

命門爲相火之原，天地之始，藏精生血，降則爲漏，升則爲鉛，主三焦元氣。　本病：前後癃閉，氣逆裏急，疝痛奔豚，消渴膏淋，精漏精寒，赤白濁，溺血，崩中帶漏。　火强瀉之：瀉相火黄蘗　知母　牡丹皮　地骨皮　生地黄　茯苓　玄參　寒水石　火弱補之：益陽附子　肉桂　益智子　破故紙　沉香　川烏頭　硫黄　天雄　烏藥　陽起石　舶茴香　胡桃　巴戟天　丹砂　當歸　蛤蚧　覆盆　精脱固之：澀滑牡蠣　芡實　金櫻子　五味子　遠志　山茱萸　蛤粉　五味

三焦爲相火之用，分佈命門元氣，主升降出入，遊行天地之間，總領五臟六腑營衛經絡内外上下左右之氣，號中清之府。上主納，中主化，下主出。　本病：諸熱瞀瘛，暴病暴死暴瘖，躁擾狂越，譫妄驚駭，諸血溢血泄，諸氣逆衝上，諸瘡瘍痘疹瘤核。上熱則喘滿，諸嘔吐酸，胸痞脇痛，食飲不消，頭上出汗。中熱則善飢而瘦，解㑊中滿，諸脹腹大，諸病有聲，鼓之如鼓，上下關格不通，霍亂吐利。下熱則暴注下迫，水液渾濁，下部腫滿，小便淋瀝或不通，大便閉結下痢。上寒則吐飲食痰水，胸痹，前後引痛，食已還出。中寒則飲食不化，寒脹，反胃吐水，濕瀉不渴。下寒則二便不禁，臍腹冷，疝痛。　標病：惡寒戰慄，如喪神守，耳鳴耳聾，嗌腫喉痹，諸病胕腫，疼酸驚駭，手小指、次指不用。　實火瀉之：汗麻黄　柴胡　葛根　荆芥　升麻　薄荷　羌活　石膏　吐瓜蒂　滄鹽　韲汁　下大黄　芒消　虚火補之：上人參　天雄　桂心　中人參　黄芪　丁香　木香　草果　下附子　桂心　硫黄　人參　沉香　烏藥　破故紙　本熱寒之：上黄芩　連翹　卮子　知母　玄參　石膏　生地黄　中黄連　連翹　生苄　石膏　下黄蘗　知母　生苄　石膏　牡丹　地骨皮　標熱散之：解表柴胡　細辛　荆芥　羌活　葛根　石膏

膽屬木，爲少陽、相火，發生萬物，爲決斷之官，十一臟之主。主同肝。　本病：口苦，嘔苦汁，善太息，澹澹如人將捕狀，目昏不眠。　標病：寒熱往來，痁瘧，胸脇痛，頭頷痛，耳痛鳴聾，瘰癧結核馬刀，足小指、次指不用。　實火瀉之：瀉膽龍膽　牛膽　猪膽　生蕤仁　生酸棗仁　黄連　苦茶　虚火補之：溫膽人參　細辛　半夏　炒蕤仁　炒酸棗仁　當歸　地黄　本熱平之：降火黄芩　黄連　芍藥　連翹　甘草　鎮驚黑鉛　水銀　標熱和之：和解柴胡　芍藥　黄芩　半夏　甘草

胃屬土，主容受，爲水穀之海。主同脾。　本病：噎膈反胃，中滿腫脹，嘔吐瀉痢，霍亂腹痛，消中善飢，不消食，傷飲食，胃管當心痛，支兩脇。　標病：發熱蒸蒸，身前熱，身前寒，發狂譫語，咽痹，上齒痛，口眼喎斜，鼻痛鼽衄赤齄。　胃實瀉之：濕熱大黄　芒硝　飲食巴豆　神麴　山查　阿魏　硇砂　鬱金　三稜　輕粉　胃虚補之：濕熱蒼术　白术　半夏　茯苓　橘皮　生薑　寒濕乾薑　附子　草果　官桂　丁香　肉豆蔻　人參　黄芪　本熱寒之：降火石膏　地黄　犀角　黄連　標熱解之：解肌升麻　葛根　豆豉

大腸屬金，主變化，爲傳送之官。　本病：大便閉結，泄痢下血，裏急

後重，疽痔脫肛，腸鳴而痛。　標病：　齒痛喉痹，頸腫口乾，咽中如核，衄目黃，手大指、次指痛，宿食發熱寒慄。　腸實瀉之：　熱大黃　芒消　桃花　牽牛　巴豆　郁李仁　石膏　氣枳殼　木香　橘皮　檳榔　腸虛補之：　氣皂莢　燥桃仁　麻仁　杏仁　地黃　乳香　松子　當歸　肉蓯蓉　濕白朮　蒼朮　半夏　硫黃　陷升麻　葛根　脫龍骨　白堊　訶子　粟殼　烏梅　白礬　赤石脂　禹餘糧　石榴皮　本熱寒之：　清熱秦艽　槐角　地黃　黃芩　本寒溫之：　溫裏乾薑　附子　肉豆蔻　標熱散之：　解肌石膏　白芷　升麻　葛根

小腸主分泌水穀，爲受盛之官。　本病：　大便水穀利，小便短，小便閉，小便血，小便自利，大便後血，小腸氣痛，宿食夜熱旦止。　標病：　身熱惡寒，嗌痛頷腫，口糜耳聾。　實熱瀉之：　氣木通　猪苓　滑石　瞿麥　澤瀉　燈草　血地黃　蒲黃　赤茯苓　卮子　牡丹皮　虛寒補之：　氣白朮　楝實　茴香　砂仁　神麴　扁豆　血桂心　玄胡索　本熱寒之：　降火黃蘗　黃芩　黃連　連翹　卮子　標熱散之：　解肌藁本　羌活　防風　蔓荊

膀胱主津液，爲胞之府，氣化乃能出，號州都之官，諸病皆干之。　本病：　小便淋瀝，或短數，或黃赤，或白，或遺失，或氣痛。　標病：　發熱惡寒，頭痛，腰脊強，鼻窒，足小指不用。　實熱瀉之：　泄火滑石　猪苓　澤瀉　茯苓　下虛補之：　熱黃蘗　知母　寒桔梗　升麻　益智　烏藥　山茱萸　本熱利之：　降火地黃　卮子　茵陳　黃蘗　牡丹皮　地骨皮　標寒發之：　發表麻黃　桂枝　羌活　蒼朮　防己　黃芪　木賊

明·龔廷賢《萬病回春》卷一　肺臟補瀉溫涼藥　補：　人參、黃芪、天門冬、阿膠、紫菀、山藥、五味子、麥門冬、瓜蔞、百部、白膠、沙參、馬兜鈴、白茯苓。　瀉：　葶藶、防風、通草、枳殼、檳榔、桑白皮、澤瀉、琥珀、赤茯苓、紫蘇葉、枳實、麻黃、杏仁、蘿蔔子。　溫：　乾薑、生薑、肉桂、木香、白豆蔻、蘇子、半夏、橘紅、胡椒、川椒。　涼：　片芩、山梔、桔梗、石膏、枇杷葉、玄參、貝母、青黛、羚羊角、竹瀝。　本臟報使引經藥：　白芷、升麻、葱白。　肺病飲食宜忌物：　《甲乙經》曰：　肺病者宜食黍、雞肉、桃、葱。　宜辛物，忌苦物。【略】

大腸補瀉溫涼藥　補：　粟殼、牡蠣、木香、蓮子、肉豆蔻、訶子、倍子、龍骨、榛子、砂糖、糯米、石蜜、椶櫚子。　瀉：　大黃、芒硝、牽牛、巴豆、枳殼、枳實、桃仁、檳榔、葱白、麻子仁、續隨子、榧實。　溫：　人參、乾薑、肉桂、吳茱萸、半夏、生薑、胡椒、丁香、糯米、桃花石。　涼：　條芩、槐花、黃連、大黃、胡黃連、梔子、連翹、芒硝、苦參、石膏。　本腑報使引經藥：　葛根、升麻、白芷行上、石膏行下。【略】

胃腑補瀉溫涼藥　補：　白朮、人參、黃芪、蓮肉、炙甘草、芡實、山藥、陳皮、半夏、糯米、蜂蜜、砂糖、白糖、荔枝、林檎、棗子、山查、麥芽、神麯。　瀉：　大黃、硝石、牽牛、巴豆、枳實、厚朴、枳殼、三稜、莪朮。　溫：　附子、肉桂、乾薑、生薑、丁香、木香、藿香、砂仁、益智、香附、川芎、胡椒、辛夷、肉豆蔻、白豆蔻、草豆蔻、吳茱萸、香薷、糯米、諸糖。　涼：　石膏、山梔、大黃、玄明粉、寒水石、黃連、生地黃、知母、黃芩、石斛、玉屑、連翹、滑石、葛根、蘆根。　本腑報使引經藥：　葛根、升麻、白芷行上、石膏行下。　胃病飲食宜忌物：　飛來子云：　虛寒宜辛甘，忌苦；　實熱宜苦淡，忌甘。【略】

脾臟補瀉溫涼藥　補：　人參、白朮、黃芪、炙甘草、山藥、芡實、陳皮、酒芍、升麻少用、柴胡少用、南棗、枸杞、白茯苓、蜂蜜、砂糖、甘蔗、牛肉。　瀉：　枳殼、枳實、巴豆、葶藶、青皮、大黃、山查、神麯、麥芽、防風。　溫：　丁香、木香、乾薑、生薑、附子、官桂、砂仁、豆蔻、川芎、益智、茱萸、胡椒、花椒、藿香、良薑、紅豆、糯米、晚米、甜酒。　涼：　黃連、連翹、大黃、黃芩、寒水石、石膏、山梔、芒硝、西瓜、菉豆、苦茶、玄明粉。　本臟報使引經藥：　升麻、酒浸白芍藥。　脾病飲食宜忌物：　《甲乙經》曰：　脾病者宜食粳米、牛肉，宜甘，忌酸。【略】

心臟補瀉溫涼藥　補：　人參、天竺黃、金屑、銀屑、麥門冬、遠志、山藥、川芎、當歸、羚羊角、紅花、炒鹽。　瀉：　枳實、葶藶、苦參、貝母、玄胡索、杏仁、鬱金、黃連、前胡、半夏。　溫：　藿香、蘇子、木香、沉香、乳香、石菖蒲。　涼：　黃連、牛黃、竹葉、知母、山梔、連翹、珍珠、蘆根、玄明粉、貝母、犀角。　本臟報使引經藥：　獨活、細辛。　心病飲食宜忌物：　《甲乙經》曰：　心病者宜食麥、羊肉、杏、韭，宜苦物，忌鹹物。【略】

小腸腑補瀉溫涼藥　補：　牡蠣、石斛、甘草稍。　瀉：　海金沙、大黃、續隨子、葱白、荔枝、紫蘇。　溫：　巴戟、茴香、大茴香、烏藥、益智仁。　涼：　木通、黃芩、滑石、黃栢、通草、山梔、車前子、茅根、猪苓、澤瀉、芒硝。　小腸報使引經藥：　藁本、羌活行上、黃栢行下。【略】

膀胱腑補瀉溫涼藥　補：　橘核、龍骨、續斷、菖蒲、益智仁、黃芩。　瀉：

芒硝、猪苓、澤瀉、滑石、車前子、瞿麥、木通、萱草根。溫：茴香、肉桂、烏藥、沉香、蓽澄茄、山茱萸。涼：黃栢、知母、防己、滑石、地膚子、石膏、甘草稍、生地黃。膀胱報使引經藥：藁本、羌活行上、黃栢行下。【略】

腎臟補瀉溫涼藥　補：知母、黃栢、生地黃、熟地黃、龜板、虎骨、覆盆子、牛膝少用、杜仲少用、鎖陽、山藥、鹿茸、枸杞、當歸、肉蓯蓉、山茱萸。瀉：猪苓、澤瀉、琥珀、苦茗、白茯苓、木通。溫：附子、乾薑、肉桂、沉香、破故紙、栢實、烏藥、硫黃、鍾乳、胡蘆巴、白馬莖、狗肉、陽起石、諸酒、鰻魚、五味子、巴戟天。涼：黃栢、知母、生地黃、地骨皮、牡丹皮、玄參。腎臟報使引經藥：獨活、肉桂、鹽、酒。腎病飲食宜忌物：《甲乙經》曰：腎病者宜食大豆、豕肉、栗、藿。宜鹹物，忌甘物。【略】

心包絡補瀉溫涼藥　補：黃芪、人參、肉桂、蓯蓉、胡蘆巴、鹿血、菟絲子、沉香、故紙、狗肉、諸酒。瀉：大黃、芒硝、枳殼、黃栢、山梔子、烏藥。溫：附子、乾薑、肉桂、沉香、膃肭臍、川芎、益智、豆蔻、補骨脂、狗肉、茴香、硫黃、烏藥、鍾乳、栢子仁、燒酒。涼：黃栢、知母、黃連、黃芩、山梔、柴胡、石膏、滑石、臘雪、玄明粉、寒水石。心包絡報使引經藥：柴胡、川芎行上、青皮行下。【略】

三焦補瀉溫涼藥　補：人參、黃芪、藿香、益智、炙甘草、白朮、桂枝。瀉：枳殼、枳實、青皮、蘿蔔子、烏藥、神麴、澤瀉。溫：附子、丁香、益智、仙茅、蓽澄茄、厚朴、乾薑、茴香、菟絲子、沉香、茱萸、胡椒、補骨脂。涼：石膏、黃芩、黃栢、山梔、滑石、木通、車前子、龍膽草、地骨皮、知母。三焦報使引經藥：柴胡、川芎行上、青皮行下。【略】

膽腑補瀉溫涼藥　補：辣菜、雞肉、烏梅、當歸、山茱萸、酸棗仁、五味子、諸酒、胡椒。瀉：柴胡、青皮、黃連、白芍、川芎、木通。溫：乾薑、生薑、肉桂、陳皮、半夏。涼：黃連、黃芩、柴胡、竹茹、龍膽草。膽腑報使引經藥：柴胡、川芎行上、青皮行下。【略】

肝臟補瀉溫涼藥　補：木瓜、阿膠、沙參、橘核、酸棗仁、青梅、薏苡仁、山茱萸、猪肉、羊肉、雞肉、諸酒、諸醋。瀉：柴胡、黃連、白芍、川芎、黃芩、青皮、青黛、龍膽草。溫：木香、肉桂、吳茱萸、楊梅、桃子、杏子、李子。涼：黃連、黃芩、龍膽草、車前子、胡黃連、柴胡、草決明、羚羊角。肝臟報使引經藥：柴胡、川芎行上、青皮行下。肝病飲食宜忌物：《甲乙經》曰：肝病者宜食豚犬肉、李、韭。宜酸物，忌辛物。

明·葉雲龍《士林餘業醫學全書》卷三《用藥法則》　五臟升降浮沉之訣

肝主春，於時自子至卯，為陰中之陽。陰中之陽薄味爾，風藥應之，如羌、防、升、葛之類。味辛補酸瀉，氣溫補涼瀉。

心主夏，於時自卯至午，為陽中之陽。陽中之陽厚之至，熱藥應之，如烏、附、薑、桂之類。味鹹補甘瀉，氣熱補寒瀉。

肺主秋，於時自午至酉，為陽中之陰。陽中之陰薄氣使，燥藥應之，如苓、澤、木通之類。味酸補辛瀉，氣涼補溫瀉。

腎主冬，於時自酉至子，為陰中之陰。陰中之陰乃厚味，寒藥應之，如大黃、芩、連之類。味苦補鹹泄，氣寒補熱瀉。

脾主長夏濕化。味甘補苦瀉，氣寒熱溫涼，各從其宜。

明·袁學淵《秘傳眼科七十二症全書》　治五臟冷熱虛實分經訣　心虛則冷：主氣不順，宜順，溫心。用吳茱萸、肉桂、炒鹽之類。肝虛則冷：主冷淚羞明，宜和肝氣血。用夏枯、楮實、石斛、草決明之類。脾虛則冷：主睛疼，宜健脾補心。大棗、甘草、炒鹽、白茯、知母、欵冬花之類。肺虛則冷：主風寒氣滯，宜順氣，潤肺，滋陰。用五味、人參、貝母、玄參、黃栢之類。腎虛則冷：主生黑花，宜滋腎補虛，用枸杞、熟地、玄參、覆盆、菟絲等類。心實則熱：主赤脉不散，宜涼脾，瀉心火，洩脾氣。用黃連、梔子、黃芩。肝實則熱：主努肉侵睛，宜瀉心涼肝。用白芍、柴胡、龍膽草等類。脾實則熱：主睛疼，宜涼胃瀉脾。用石〔羔〕〔膏〕、枳殼、厚朴、草決明、黃連、〔黃〕栢等味。肺實則熱：主兩〔臉〕〔瞼〕生瘡，宜涼腎。用桑白、桔梗、梔子、黃芩等。腎實則熱：主睛疼紛花，宜涼肝。用白芍、柴胡、龍膽草、黃芩、草決明等類。【略】

溫五臟六腑之寒：溫心用肉桂，溫肝脾吳茱萸，溫胃用生薑，溫肺用麻黃，溫腎白附子，溫膽用川芎，溫膀胱用桂枝，溫大腸用白芷，溫小腸用茴香，溫心包絡用黑附、川芎。

補五臟之虛：補心用炒鹽，補肝陳皮、生薑，補脾甘草、大棗，補肺用五味子，補腎黃栢、熟地黃。

瀉五臟之實：生甘草瀉心之實，白芍瀉肝之實，黃連、枳殼瀉脾之實，桑白皮瀉肺之實。腎無瀉法，腎者肺之子，以澤瀉瀉之。

明·繆希雍《本草經疏》卷一　五臟苦欲補瀉論　五臟苦欲補瀉，乃用藥第一義。好古爲東垣高弟，東垣得之潔古，潔古實宗仲景。仲景遠師伊尹，伊尹原本炎黃。聖哲授受，百世一源，靡或少異。不明乎此，不足以言醫矣。何則？五臟之内，各有其神。神各有性，性復各殊。故《素問》命十二官之名，厥有旨焉。蓋形而上者，神也，有知而無質；形而下者，塊然者也，五臟之體也，有質而無知。各各分斷者也。肝藏魂，肺藏魄，心藏神，脾藏意與智，腎藏精與志，皆指有知之性而言，即神也。神也者，陰陽不測之謂也。是形而上者，臟之性也。惟其無形，故能主乎有形。故知苦欲者，猶言好惡也。違其性故苦，遂其性故欲。欲者，是本臟之神之所好也，即補也。苦者，是本臟之神之所惡也，即瀉也。補瀉係乎苦欲，苦欲因乎臟性。不屬五行，未落陰陽，其神用之謂與！自虛則補其母已下，乃言臟體之虛實，始有補母瀉子之法，斯則五行之性也。明乎此，斯可以言藥道矣。

附録：五臟苦欲補瀉并續解五條。

肝苦急，急食甘以緩之，甘草。欲散，急食辛以散之，川芎。以辛補之，細辛。以酸瀉之，芍藥。虛以生薑、陳皮之類補之。《經》曰：虛則補其母，水能生木，腎乃肝之母。腎，水也。苦以補腎，熟地黃、黃檗是矣。如無他證，錢氏地黃丸主之。實則白芍藥瀉之，如無他證，錢氏瀉青丸主之。實則瀉其子，心乃肝之子，以甘草瀉心。肝爲將軍之官，言不受制者也，急則有摧折之意焉，故苦而惡之，緩之是使遂其性也。甘可以緩，甘草之屬是矣。扶蘇條達，木之象也；升發開展，魂之用也。故其性欲散，辛以散之，解其束縛也，是散即補也。辛可以散，川芎之屬是矣。急者，斂也，肝性之所苦也。違其性而苦之，肝斯虛矣。補之以辛，是明以散爲補也，細辛、生薑、陳皮之屬是矣。

心苦緩，急食酸以收之，五味子。欲軟，急食鹹以軟之，芒硝。以鹹補之，澤瀉。以甘瀉之，人參、黃耆、甘草。虛以炒鹽補之，虛則補其母。木能生火，肝乃心之母。肝，木也，以生薑補肝。如無他證，錢氏安神丸主之。實則甘草瀉之。如無他證，錢氏方中重則瀉心湯，輕則導赤散。心爲形君，神明所出，其性惡散緩而喜收斂。散緩則違其性，斂則甯靜清明，故宜酸以收其緩也。軟者，和調之義也。心君本自和調，邪熱乘之則躁急，故復須芒硝之鹹寒，除其邪熱，以軟其躁急堅勁之氣，使復其平也。以鹹補之，澤瀉導心氣以入腎也。煩勞則虛而生熱，故須人參、黃耆、甘草之甘溫，以益元氣而虛熱自退，故謂之瀉也。心以下交於腎爲補，炒鹽之鹹以潤下，即得心與腎交也。火空則發，鹽爲水味，得之俾心氣下降，是既濟之道也，有補之義焉，故軟即補也。

脾苦濕，急食苦以燥之，白术。欲緩，急食甘以緩之，甘草。以甘補之，人參。以苦瀉之，黃連。虛以甘草、大棗之類補之，如無他證，錢氏益黃散主之。心乃脾之母，以炒鹽補心。實則以枳實瀉之，如無他證，以瀉黃散瀉之。肺乃脾之子，以桑白皮瀉肺。脾爲倉廩之官，主運動磨物之臟。燥，其性也，宜健而不宜滯。濕，斯滯矣。違其性，故苦而惡之。急食苦以燥之，使復其性之所喜，脾斯健矣。白术之苦溫是矣。過燥則復欲緩之以甘，甘草之屬是矣。稼穡之化，故甘先入脾。性欲健運，氣旺則行。補之以甘，人參是矣。長夏之令，濕熱主之。脾氣斯困，故當急食苦以瀉之，黃連之苦寒是矣。虛則宜補，炙甘草之甘以益血，大棗之甘溫以益氣，乃所以補其不足也。

肺苦氣上逆，急食苦以泄之，訶子皮，一作黃芩。欲收，急食酸以收之，白芍藥。以辛瀉之，桑白皮。以酸補之，五味子。虛則五味子補之，如無他證，錢氏阿膠散補之。脾乃肺之母，以甘草補脾。實則桑白皮瀉之，如無他證，以瀉白散瀉之。腎乃肺之子，以澤瀉瀉腎。肺爲華蓋之臟，相傅之官，藏魄而主氣者也。氣常則順，氣變則逆，逆則違其性矣，故宜急食苦以泄之，黃芩之屬是矣。肺主上焦，其政斂肅，故其性喜收，宜急食酸以收之，白芍藥之屬是矣。賊肺者，熱也，肺受熱邪，急食辛以瀉之，桑白皮之屬是矣，不斂則氣無所管束，是肺失其職也，故宜補之以酸，使遂其收斂之性，以清肅乎上焦，是即補也，五味子之屬是矣。

腎苦燥，急食辛以潤之，知母。欲堅，急食苦以堅之，黃檗。以苦補之，地黃。以鹹瀉之，澤瀉。虛則熟地黃、黃檗補之。腎本無實，不可瀉，錢氏止有補腎地黃丸，無瀉腎之藥。肺乃腎之母，以五味子補肺。腎爲作強之官，藏精與志，主五液，屬真陰，水臟也。其性本潤，故惡涸燥，宜急食辛以潤之，知母之屬是矣。欲堅，急食苦以堅之。蓋腎非堅，則無以稱作強之職。四氣以遇濕熱即軟，遇寒冷即堅。五味以得鹹即軟，得苦即堅，故宜急食苦以堅之。黃檗味苦氣寒，可以堅腎，故宜急食，以遂其欲堅之性也。以苦補之，是堅即補也，地黃、黃檗〔之屬〕是矣。鹹能軟堅，軟即瀉也，澤瀉〔之屬〕

是矣。虚者，精氣奪也。藏精之臟，苦固能堅，然非益精，無以為補，故宜熟地黄、黄檗〔之屬〕以補之。

明・繆希雍《本草經疏》卷二　五臟六腑虚實門

心虚八證：忌升發、破氣，苦寒、辛燥、大熱。諸藥俱見前。宜補血、甘溫、酸斂，佐以鹹寒、鎮墜。生地黄　龍眼肉　人參　炙甘草　石斛　酸棗仁　五味子　栢子仁　丹參　茯神　遠志　鹿茸　炒鹽　丹砂

驚邪：屬心氣虚。忌升、破氣。諸藥俱見前。宜降、清熱、豁痰，平。《經》曰：驚者平之。犀角　丹砂　琥珀　真珠　龍齒　金箔　牛黄　代赭石　羚羊角　麥門冬　石斛　桔梗　膽星　麝香　竹瀝　天竺黄　遠志　鬼臼

癲癇：屬心氣虚有熱。忌補、斂、升。諸藥俱見前。宜降、清熱、豁痰。諸藥見驚邪條，加貝母、丹參、釣藤鉤、鬱金、鉛丹、神水、白礬。

不得眠：屬心血虚有熱。忌升、辛燥、熱。諸藥俱見前。宜斂、養陰血、清熱。酸棗仁　五味子　龍眼肉　丹參　芍藥　人參　石斛　竹葉　生地黄　茯神　遠志　黄連　玄參　麥門冬　辰砂　六一散　竹茹　木通　生甘草〔細辛散邪　榆仁　石膏　滑石

好眠附：宜通草、茶茗、沙參、蓮實。〕

心煩：屬心家有熱。忌升、破氣、燥熱。諸藥俱見前。宜清熱、生津液、甘寒、甘平、辛酸。參用不得眠中諸藥：竹葉　麥門冬　生甘草　石斛　丹參　龍眼肉　生地黄　玄參　沙參　茯神　遠志　知母　酸棗仁

怔忡：屬心血不足。忌、宜俱同心虚。

心澹澹動：忌、宜俱同心虚。

盗汗：屬心血虚。汗者，心之液也。忌破氣、辛散、燥熱。諸藥俱見前。宜補斂、清虚熱、甘酸、甘平、甘寒、苦寒、鹹寒。生地黄　當歸　茯神　龍眼肉　黄耆　五味子　白芍藥　酸棗仁　黄芩　黄檗　黄連　牡蠣

伏梁：屬心經氣血虚，以致邪留不去。忌破血、汗、下。三稜　蓬茂　蘆黄　䗪蟲　䗉蟲　紅藍花　水蛭　桃仁已上破血。汗、下諸藥俱見前。宜活血、涼血、散熱、通結、辛鹹。鬱金　五靈脂　乳香　沒藥　當歸　延胡索　赤芍藥　遠志　菖蒲　茯神　牡蠣　參用東垣伏梁丸治之。

肝虚十證：忌收斂、破氣、升散、苦寒、下。諸藥俱見前。宜辛散、甘緩。當歸　陳皮　生薑　地黄　甘菊　甘草　胡麻　穀精草　決明子　刺蒺藜　羊牛兔肝　因鬱而虚者，加細辛、木香、縮砂蜜、沉水香、川芎、香附。

胸脅痛：屬肝血虚，肝氣實，因而上逆。忌斂、補氣、破血。諸藥俱見前。宜降氣、養血、和肝、辛甘、平緩。蘇子　鬱金　番降香　川通草　當歸　生地黄　橘皮　甘草　白芍藥　續斷　鹿角膠

轉筋：屬血虚。忌下，復忌升、燥熱、閉氣、苦寒、破氣。二术　黄耆　銀杏　猪脂　羊肉　麪已上閉氣。餘忌藥俱見前。宜酸、辛、甘、平。木瓜　牛膝　當歸身　白芍藥　石斛　續斷　炙甘草　陳皮　縮砂蜜

目光短：屬肝血虚，及腎水真陰不足。忌破氣、升、燥熱。諸藥俱見前。宜補肝兼滋腎，甘溫益血，甘寒除熱。甘枸杞　生地黄　甘菊花　沙苑蒺藜　穀精草　五味子　決明子　天門冬　麥門冬

目昏：屬肝血虚有熱，兼腎水真陰不足。忌同前目光短。宜同目光短，加黄檗、羚羊角。

目翳：屬肝熱，兼腎水不足。忌破氣、升燥熱、苦寒。諸藥俱見前。宜補〔肝氣、養〕肝血、除〔肝〕熱，退翳。甘菊花　生地黄　決明子　石決明　沙苑蒺藜　女貞實　青羊膽　羚羊角　犀角　空青　黄連　天龍　伏翼糞　木賊　穀精草　蜜蒙花　人爪　蟬蜕　瑪瑙　石蠏　珊瑚　真珠　琥珀　馬目毒公　貝子

亡血過多，角弓反張：屬肝血虚有熱。忌風燥、升、破氣、下。諸藥俱見前。宜補血清熱、甘寒、甘溫、酸寒、鹹寒、辛潤。當歸　生地黄　白芍藥　炙甘草　牛膝　麥門冬　牡丹皮　甘菊花　童便　有汗，加人參、黄耆、五味子、酸棗仁。

少腹連陰作痛，按之則止：屬足厥陰經血虚。忌同角弓反張。宜同角弓反張，加白膠。

偏頭痛：屬血虚，肝家有熱，不急治，久之必損目。忌升、燥、熱、苦寒。諸藥俱見前。宜養血、清虚熱、甘寒、酸寒、辛寒。生地黄　天門冬　甘菊花　白芍藥　當歸　川芎　烏梅　炙甘草　土茯苓　金銀藤　黑豆　有實火者可加：黄芩酒炒、大黄酒蒸、芎藭、雨前茶、石膏。

目黑暗、眩暈：屬血虛，兼腎水真陰不足。忌破氣、燥熱、辛溫。諸藥俱見前。宜養血補肝、清熱、甘寒、甘平、酸寒、苦寒。生地黄　枸杞子　甘菊花　當歸　薯蕷　五味子　白蒺藜　甘草　山茱萸　白芍藥　天門冬　黄蘗

肥氣：屬氣血兩虛，肝氣不和，逆氣與瘀血相併而成。忌破氣、下、苦寒。諸藥俱見前。宜和肝散結氣，兼行氣血凝滯，甘溫、甘平。川芎　當歸　沉香　乾薑　肉桂　橘皮　紅花　鬱金　延胡索　香附　山查　赤芍藥　紅麴　砂仁　參用東垣肥氣丸治之。

脾虛十二證：忌下、降泄、破氣、苦寒。諸藥俱見前。宜甘溫，佐以辛香、酸平。人參　大棗　黄耆　薯蕷　炙甘草　蓮肉　白茯苓　白藊豆　縮砂蜜　橘紅　白豆蔻　藿香　木瓜　白芍藥　酸棗仁

飲食勞倦，傷脾發熱：忌破氣、發散、下、苦寒。諸藥俱見前。宜補中益氣，甘溫、升、酸。人參　黄耆　术　炙甘草　大棗　柴胡　升麻　石斛　麥門冬　橘紅　白芍藥　酸棗仁

飲食不消化：屬脾氣虛。忌破氣、消導尅伐、苦寒，復忌燥。草果　枳實　檳榔　三稜　蓬茂　綠礬已上消導。餘忌藥見前。宜益真氣、香、甘溫、甘辛。同脾虛，加穀蘖、麥蘖、肉豆蔻。

傷食：必惡食。忌潤濕、苦寒。當歸　肉蓯蓉　鎖陽　天門冬　地黄　知母　玄參　豬脂　茄子　酒　糟　麪食已上濕潤。苦寒諸藥見前。宜健脾，消導，甘溫，辛香。橘皮　薯蕷　蓮肉　白藊豆　白芍藥　白茯苓　草果　山查　麥芽　草豆蔻　縮砂蜜　穀蘖　如腹痛大便不通，宜下之枳實、檳榔、厚朴、大黄。元氣虛人不可下，宜加參、术。

傷肉食，輕者宜蒜、山查，兼黄連；重者宜礬紅，棗肉為丸，服二錢，不可過，終身忌蕎麥。傷麪食，宜炒萊菔子。

停飲：為恣飲湯水，或冷茶、冷酒所致。忌下、酸斂、濕潤、滯膩。諸藥俱見前，加忌栝樓根及仁、桃仁、郁李仁。宜健脾，利水，淡滲，兼辛散。人參　白术　半夏　茯苓　橘皮　澤瀉　豬苓　木通　桑白皮　旋覆花　紫蘇　白豆蔻

水腫：屬脾氣虛。忌破氣、下泄、濕潤、鹹、苦寒。食鹽　商陸已上鹹。餘忌藥俱見前。宜補脾，益氣，燥濕，利水，辛香，甘溫，佐以淡滲。人參　二术　橘皮　薯蕷　木瓜　薏苡仁　桑白皮　茯苓　赤小豆　香薷　烏蠡魚　車前子　豬苓　澤瀉　薑皮　烏芋　縮砂蜜　通草

脾虛中滿：屬脾氣虛，兼脾陰虛。忌破氣、下、消導、利水、甘。飴糖　大棗　蜜　甘草已上甘。餘忌藥俱見前。晝劇夜靜，屬脾氣虛。宜補氣健脾，甘溫，淡滲，佐以辛香。人參　二术　白芍藥　桑白皮　茯苓　車前子　橘紅　薑皮　藿香　縮砂蜜　無熱證者佐以桂。〔為陽氣不足，兼忌芩、連、黄蘗、山梔、知母。〕夜劇晝靜，屬脾陰虛。宜補脾陰，兼制肝清熱，甘平，酸寒，淡滲。酸棗仁　白芍藥　石斛　白藊豆　蓮肉　橘皮　山藥　蘇子　五味子　木瓜　桑白皮　車前子　茯苓

噎膈：屬氣血兩虛，由於血液衰少，而非痰氣壅逆所成。忌破氣、升，復忌下、消導、燥、苦寒、辛熱。諸藥俱見前。宜降、清熱潤燥，甘溫、甘平以益血，略佐辛香以順氣。蘇子　橘紅　枇杷葉　人參　白芍藥　酸棗仁　龍眼肉　人乳　牛乳　蔗漿　梨汁　韭汁　蘆根汁　薑汁　白豆蔻仁

脾泄：屬氣虛。忌破氣、下、消導、苦寒。諸藥俱見前。宜溫中補氣，升清，甘溫，甘平，佐以辛香。人參　术　炙甘草　薯蕷　蓮肉　白藊豆　茯苓　車前子　白芍藥　升麻　柴胡　肉豆蔻　縮砂蜜　橘皮　木香　丁香　藿香　白萊菔　兼有濕及痰，經年不愈，糞色白者，須服九製松脂。

健忘：屬氣血兩虛。忌升、燥熱，復忌苦寒、辛散。諸藥俱見前。宜益脾陰，兼補氣，酸斂，甘溫，甘寒，辛平以通竅。酸棗仁　白芍藥　五味子　人參　炙甘草　黄耆　龍眼肉　栢子仁　麥門冬　丹參　茯苓　茯神　石菖蒲　遠志

倦怠嗜臥：屬脾氣不足。忌破氣、消導、苦寒。諸藥俱見前。宜補氣，兼健脾，甘溫、辛香。人參　白术　黄耆　茯苓　薯蕷　炙甘草　穀蘖　白藊豆　縮砂蜜　橘皮　藿香　白豆蔻

脾虛腹痛，按之則止：屬血虛。忌破氣、破血、香燥、苦寒。諸藥俱見前。宜益氣補血，甘溫，酸平。人參　炙甘草　龍眼肉　大棗　酸棗仁　石斛　麥門冬　白芍藥

痞氣：屬脾氣虛及氣鬱所致。忌破氣、下、濕潤、苦寒。諸藥俱見前。宜健脾，兼散結滯，甘溫，辛香。人參　白芍藥　橘紅　縮砂蜜

藿香　吳茱萸　穀蘗　麥蘗　紅麴　香附　木香　參用東垣痞氣丸治之。

肺虛七證：忌補氣、升散、辛燥、溫熱。諸藥俱見前。　宜清熱、降氣、酸斂、潤燥。　天門冬　麥門冬　蘇子　枇杷葉　貝母　沙參　百部　百合　桑白皮　五味子　杏仁　五倍子　蜜　梨　柿　無熱者加人參。

齁喘：屬肺虛有熱，因而痰壅。　忌破氣、升、發散、收澀。　訶子　亞芙蓉　粟殼已上收澀。　餘忌藥俱見前。　宜降氣、消痰、辛涼、甘寒、苦平，〔佐以酸斂〕。　蘇子　枇杷葉　貝母　桑根白皮　栝樓根　竹瀝　天門冬　麥門冬　百部　百合　薄荷　馬兜鈴　款冬花　沙參　前胡　白前　射干

咳嗽吐血痰：屬肺熱甚。　忌升、破氣，復忌補氣、破血、辛燥、溫熱、收澀。諸藥俱見前。　宜降氣清熱、潤肺生津液、涼血益血、甘寒、甘平、鹹寒，佐以苦寒。　鬱金　生地黃　蒲黃　側柏葉　茅根　剪草　白及　阿膠　童便　知母　餘藥肺虛條內參用。

聲啞：屬肺熱甚。　忌、宜俱同欬嗽。

咽喉燥痛：屬水涸火炎，肺熱之極。此證法所難治。　忌、宜俱同咳嗽。

肺痿：屬肺氣虛有熱。　忌、宜俱同肺虛。

龜胸：屬肺熱有痰。　忌、宜俱同齁喘欬嗽。

息賁：屬肺氣虛，痰熱壅結所致。　忌破氣、辛熱、補斂。諸藥俱見前。　宜降氣、清熱開痰，佐以散結。　橘皮　白豆蔻　白芥子　射干　桔梗　旋覆花　桑白皮　參用東垣息賁丸治之。

腎虛：即腎水真陰不足十八證。　忌升、破氣、利水、溫熱、辛燥、補命門相火。　仙茅　巴戟天　葫蘆巴　人參　補骨脂　鹿茸　人胞已上補命門相火。　餘忌藥俱見前。　宜滋陰、潤、生精補血、除熱、甘寒、酸寒、苦寒、鹹寒。　地黃　枸杞子　牛膝　人乳　肉蓯蓉　柏子仁　胡麻　沙苑蒺藜　杜仲　續斷　天門冬　麥門冬　五味子　山茱萸　薯蕷　牡丹皮　菟絲子　車前子　地骨皮　知母　黃檗　鼈甲　青蒿　童便

腎虛腰痛：屬精氣虛。　忌破氣、燥熱。諸藥俱見前。　宜同腎虛。

骨乏無力：屬陰精不足，腎主骨故也。　忌、宜俱同腎虛。

骨蒸潮熱：屬精血虛極，以致陽無所附，火空上炎。　忌、宜俱同腎虛。

傳尸勞：忌同腎虛。　宜除熱益陰、殺勞蟲，兼清鎮。　諸藥同腎虛，加鬼臼、乾漆、漆葉、蘆薈、象膽、獺肝、胡黃連、安息香、丹砂、磁石、神水。

五心煩熱：屬真陰不足。　忌、宜俱同腎虛。

夢遺泄精：屬腎虛有火。　忌同腎虛。　宜滋陰、生津補血、除熱、酸斂，佐以澀精。　蓮花蕊　生甘草　石斛　縮砂蜜　龍骨　覆盆子　魚膠　蓮肉　牡蠣　遠志　韭子　桑螵蛸　餘藥同腎虛條。

小便短澀，熱赤頻數：屬陰虛有火。　忌、宜俱同腎虛。

溺有餘瀝：屬〔腎〕氣虛。　忌同腎虛。　宜同腎虛，以五味子、黃檗、人參為君，加菟絲子、覆盆子為臣，益智為佐。　如覺平日肺家有熱，或欬嗽有火者，忌人參，用沙參。

溺血、血淋：屬腎虛有火，熱傷血分。　忌同腎虛，〔又忌肉蓯蓉、芒硝、大黃、葶藶、當歸、芎藭。〕　宜同腎虛，加側柏葉、阿膠、茅根、韭白、乾地黃、戎鹽、蒲黃。

傷精白濁：屬房勞過度，以致精傷流出，似白濁證。　忌利小便、燥、辛熱。諸藥俱見前。　宜同腎虛。

五淋：屬腎虛兼有濕熱。　忌同腎虛。　宜同腎虛，加清濕熱。　茯苓　黃檗　車前子　石斛　萆薢　薏苡仁

精塞水竅不通：屬房慾不竟，或思慾不遂，或懼泄忍精，或老人氣不足以送精出竅。　忌破氣、下、利小便、燥熱。諸藥俱見前。　宜行敗精，壯實人宜兼泄火。老人宜兼補氣血。外〔治〕用吮法。　牛膝　生地黃　當歸　桃仁　紅花　車前子　鹿角霜

齒浮，真牙搖動，及下齦輭或齒衄：屬腎虛有熱。　忌同腎虛，又忌當歸、芎藭。　宜益陰、涼血、固腎。　諸藥略同腎虛，應以地黃、黃檗、五味子為君，桑椹、牛膝、沙苑蒺藜、鹿茸、天門冬為臣，龍骨、牡蠣為使。

下消：屬腎陰虛，火伏下焦。　忌同腎虛。　宜清熱及峻補真氣、潤、酸斂。　諸藥同腎虛，宜以黃檗、五味子、生地黃、天門冬、麥門冬、人參為君，石斛、牛膝、知母、人乳、童便為臣，地骨皮、青蒿、側柏葉為佐。

善恐：屬腎氣虛。腎藏志故也。　忌破氣、苦寒。諸藥俱見前。　宜補氣強志、辛平、甘溫，佐以辛香。　人參　遠志　茯苓　鹿茸　酸棗仁

柏子仁　石斛　沉水香

陰竅漏氣：屬腎氣虛不固。腎主納氣，虛則不能納，故見是證。　忌破氣、降、香燥、辛熱。　蘇子　鬱金　降香　沉水香　橘皮　通草已上降。　白豆蔻　木香　香附已上香燥。　餘忌藥俱見前。　宜補真氣、酸斂、固澀。　人參　五味子　山茱萸　沙苑蒺藜　覆盆子　甘枸杞子　益智子　遠志　龍骨　牡蠣　金櫻子　蓮鬚　參用腎虛條內諸藥。

疝：屬腎虛，寒濕邪乘虛客之所致。丹溪謂與腎經絕無相干者，誤也。又有先因濕邪為病，後成濕熱者，藥宜分寒熱，先後二途。　忌升、破氣、苦寒、濕潤。　諸藥俱見前。　宜補氣、通腎氣、除濕。　又有陰虛有熱之人病此，兼宜除熱。　人參　黃耆　橘核　合歡子　荔枝核　川楝子　牛膝　木瓜　杜仲　萆薢　巴戟天　仙茅　虛寒而痛，加桂、懷香、補骨脂。　虛熱而痛，加黃蘗、車前子。　濕盛者，加术。

奔豚：屬腎虛，脾家濕邪下傳客腎所致。　忌同疝，兼忌燥。　諸藥俱見前。　宜補氣、健脾、辛溫、散結。　人參　薯蕷　桂　山茱萸　牛膝　懷香　蛇床子　參用東垣奔豚丸治之。〔腎無實，故無瀉法。〕

命門虛：即元陽真火不足四證。　忌下泄、破氣、發散、辛寒、苦寒、淡滲燥、補腎水苦寒藥。　黃蘗　知母　生地黃　天門冬已上補腎水苦寒藥。　餘藥俱見前。　宜益真陽之氣、甘溫、鹹溫、甘熱、酸斂。　人參　紅鉛　人胞　鹿茸　白膠　肉蓯蓉　菟絲子　枸杞子　覆盆子　五味子　巴戟天　山茱萸　附子　補骨脂　仙茅　陽起石

陰痿：屬命門火衰，下焦虛寒。　忌同命門虛。　宜同命門虛，加海狗腎、天雄、蛇床子、原蠶蛾、狗陰莖、雀卵、牛膝、白馬陰莖。

精寒、精薄：屬命門火衰，陽氣不足。　忌、宜俱同陰痿。

腎泄：即五更及黎明泄瀉者是也。　亦名大瘕泄。　屬命門真火不足。　忌同命門虛。　宜益氣、甘溫、酸斂。　人參　薯蕷　蓮肉　肉豆蔻　砂仁　補骨脂　木香　吳茱萸　五味子

畏寒足冷：忌、宜俱同命門虛。

小腸虛一證：忌破氣、辛散、燥熱。　諸藥俱見前。　宜補氣、甘溫、酸澀。　人參　黃耆　麥門冬　五味子　山茱萸

遺尿：屬小腸虛，兼腎氣虛。　忌同小腸虛。　宜同小腸虛，兼固澀。

牡蠣　益智子　龍骨　金櫻子

膽虛二證：忌汗、吐、下、苦寒、破氣、〔過〕燥。　山梔　瓜蒂　藜蘆　鹽湯　常山已上吐。　餘忌藥俱見前。　宜甘溫、甘平、酸斂，佐以微辛。　人參　當歸　穀精草　決明子　木賊草　甘草　竹葉　竹茹　白芍藥　酸棗仁

易驚：屬膽氣虛。　忌破氣、升發、燥熱。　諸藥俱見前。　宜補膽氣、甘溫、辛溫、酸平。　人參　酸棗仁　甘草　竹葉　當歸　白芍藥　竹茹　橘皮

病後不得眠：屬膽虛。　忌、宜俱同膽虛。

胃虛七證：忌下、破氣、〔泄降〕、苦寒、燥熱。　諸藥俱見前。　宜益氣、甘平、甘淡、酸。　人參　白术　白藊豆　蓮肉　石斛　橘皮　白茯苓　木瓜　白芍藥　兼寒，加生薑、白豆蔻、縮砂蜜。　兼熱，加竹茹、枇杷葉、麥門冬、蘆根汁、蔗漿。

胃弱不納食及不思飲食：忌同胃虛。　宜同胃虛，仍分寒熱治。

胃虛嘔吐：宜分寒熱。　忌、宜俱同胃虛。

〔由於熱者：橘皮、麥門冬、鉛丹、竹葉、竹茹、枇杷葉、木瓜。　由於虛寒：厚朴、人參、半夏、生薑、薤白、白豆蔻、白术。〕

霍亂轉筋：屬胃虛，猝中邪惡氣及毒氣，兼有停滯所致。轉筋與肝經血虛不同。　忌閉氣、滯膩、收斂、溫補、大熱。　諸藥俱見前。　〔宜調氣和中、辛散、消導。　由於暑，必口渴，或口乾、齒燥、口苦、小便短赤：　白梅、白藊豆並葉、絲瓜葉、滑石、石膏、甘草、橘皮、香薷、木瓜、石斛、童溺、食鹽、泥漿、縮砂蜜、厚朴。由於寒，則小水清白，不渴不熱：　縮砂蜜、丁香、橘皮、藿香。甚者，加吳茱萸、肉桂。　外治用杉木、楠材，煎湯浸洗。

絞腸痧：屬胃氣虛，猝中天地邪惡穢污之氣，鬱於胸腹間，上不得吐，下不得瀉，以致腸胃絞痛異常，胸腹驟脹，遍體紫黑，頭頂心必有紅髮，急尋出拔去之，急以三稜鍼針刺委中，擠出熱血，可立甦。　次用新汲涼水，投入鹽兩許，恣飲，得吐瀉即止。　委中穴在兩膝下灣橫紋中間，兩筋之中，刺入一分。〔一云：　並服龍腦香、蘇合香、藿香、檀香、乳香、丹砂、牛黃、芒硝、童便。〕　忌溫補、斂。　諸藥俱見前，切忌火酒、生薑、蒜及穀氣、米飲、熱湯，入口即死。　宜通竅辟惡、辛散、鹹寒。　龍腦香　蘇合香　藿香　檀香　乳

香　芒硝　童便　煎藥亦宜冷服。

中惡腹中疞痛：屬胃氣虛，惡氣客之所致。　忌補、酸斂。諸藥俱見前。　宜辟惡氣、通暢胃氣、辛散。　龍腦香　檀香　麝香孕婦忌用。　牛黃　乳香　蘇合香　丹砂　雄黃　鬼臼　藿香　橘皮　木香　沉水香　白豆蔻　遠志　石菖蒲　乾薑　桂

反胃：屬胃氣虛。　忌破氣、升、苦寒、甘、燥熱。諸藥俱見前。　宜補氣、降氣、和胃、清熱、酸斂以制肝。　人參　蘇子　橘皮　枇杷葉　木瓜　竹茹　麥門冬　蘆根汁　石斛　白茯苓　白芍藥　梅醬　蔗漿　若因虛寒而得者，加生薑、朮、白豆蔻。

中酒：屬胃弱。　忌閉氣、升、甘溫、燥熱、收澀。諸藥俱見前。　宜養胃，酸、辛散、淡滲。　人參　麥門冬　白藊豆　葛花　五味子　梅醬　橘皮　白豆蔻　黃連　縮砂蜜　白茯苓　澤瀉

大腸虛四證：　忌破氣、下、燥熱。諸藥俱見前。　宜補氣、潤燥，甘溫。　人參　黃耆　麥門冬　五味子　白芍藥　炙甘草

虛熱便閉不通：屬血虛，津液不足。〔老人血液枯槁者同。〕　忌破氣、下、暫通復閉，閉必彌甚。燥熱、苦溫、損津液。　郁李仁損津液。　餘忌藥俱見前。　宜生津液、潤燥、涼血、益血。　五味子　麥門冬　芝麻　麻仁　生蜜　天門冬　肉蓯蓉　生地黃　當歸　蘆薈　炙甘草

虛寒滑泄不禁：屬氣虛　忌破氣、下、濕潤、苦寒。諸藥俱見前。　宜補氣、升、甘溫、酸斂。　人參　黃耆　白朮　蓮肉　升麻　炙甘草　吳茱萸　肉豆蔻　補骨脂　五味子　木瓜　赤石脂

腸鳴：屬氣虛。　忌破氣、下、苦寒。諸藥俱見前。　宜同大腸虛，加升麻、柴胡以佐之。

脫肛：屬氣虛，兼有濕熱。　忌同大腸虛。　宜補氣、升提、除濕熱。　人參　黃耆　炙甘草　白朮　蓮肉　白藊豆　升麻　乾葛　柴胡　黃蘗　防風　黃連　黃芩　樗根白皮　白芍藥　外用五倍子傅之。

膀胱虛三證：　忌破氣、燥、利小便。諸藥俱見前。　宜補氣、酸斂。　人參　五味子　山茱萸　益智子　金櫻子

小便不禁：屬氣血虛。　忌降氣、(濕)〔滑〕潤、燥熱。諸藥俱見前。　宜同膀胱虛，加牡蠣、龍骨、鹿茸、桑螵蛸、雞肶胵、〔山茱萸、益智仁〕。頻數不能少忍，加麥門冬、五味子、黃蘗、山茱萸、天門冬、鼈甲、牛膝、柏子仁、甘枸杞子。

遺尿：屬本經氣虛，見小腸虛條內。因膀胱虛亦能致遺尿，故復列此。　忌、宜俱見小腸虛。

膀胱氣：忌、宜俱同疝。

三焦虛二證：　忌破氣、降，復忌升發、苦寒。諸藥俱見前。　宜補中益氣，佐以辛溫。　人參　黃耆　白朮　益智子　沉香　五味子

腹寒：屬中氣虛。　忌、宜俱同三焦虛。

短氣、少氣：屬氣虛。　忌同三焦虛。　宜補氣益精，甘溫、甘寒、酸溫。　人參　黃耆　麥門冬　五味子

心實：即實火實熱五證。　忌補斂、升、熱、溫燥。諸藥俱見前。　宜降火清熱，苦寒以折之，辛寒以散之，甘寒以緩之，鹹寒以潤之。　黃連　犀角　石膏　丹砂　牡丹皮　滑石　生甘草　麥門冬　竹葉　童便　大便結燥，加芒硝、大黃。發狂亦如之。

譫語：屬心家邪熱。　忌、宜俱同心實。

舌破：屬心火。　忌、宜俱同心實。

煩躁：屬心家邪熱及心火內炎。煩屬心，躁屬腎。　忌、宜俱同心實。

自笑：屬心家有熱邪。　忌、宜俱同心實。

發狂：屬心家有邪熱甚。　忌、宜俱同心實。

肝實五證：　忌補氣、升、酸斂、辛熱、辛溫、燥。諸藥俱見前。　宜清熱降氣，苦寒、辛寒、甘寒、酸寒。　橘皮　青皮　蘇子　黃連　黃芩　龍膽草　柴胡　生甘草　赤芍藥　竹葉　青黛

善怒：怒則氣上逆，甚則嘔血及飧泄。　忌補、升、熱燥、閉氣。諸藥俱見前。　宜降氣、清熱、甘寒、酸寒、鹹寒，佐以辛散。　蘇子　鬱金　番降香　生甘草　青黛　麥冬　生地黃　赤芍藥　橘皮　蒲黃　當歸　延胡索　砂仁　香附　童便

善太息，忽忽不樂：忌、宜俱同善怒。

脇痛嘔血：屬肝氣逆，肝火盛，肝血虛。　忌、宜俱同善怒。

發搐：屬肝家邪熱，熱則生風，風主掉眩故也。　忌同善怒。　宜清熱、降氣、利小便、緩中。　生地黃　白芍藥　黃連　丹砂　羚羊角　童便

蘇子　麥門冬　生甘草　竹葉　甘菊花　白茯苓　木通

目赤腫痛：屬血熱。忌同肝實善怒。宜涼血清熱、甘寒、苦寒、酸寒。生地黄　赤芍藥　甘草　甘菊　穀精草　蜜蒙花　荊芥　黄檗　大黄　黄連　連翹　玄參　山梔　竹葉　龍膽草　空青　曾青　木通　童便

外治：銅青、芒硝、石膽、蕤核。急者宜以三稜針刺破眼眶腫處，捋出熱血，立解。遲則血貫瞳人，目損矣。

脾實：即濕熱邪勝六證。忌濕潤、收澀、滯膩、熱、鹹、甘。諸藥俱見前。宜除濕清熱、利小便、辛散、風燥、苦寒。术　山梔　猪苓　澤瀉　滑石　車前子　茯苓　白豆蔻　防風　乾葛　黄連　枳實

蠱脹：由於脾家濕熱積滯，或内傷瘀血停積而成。忌補氣、甘溫、燥熱。諸藥俱見前。宜除濕、清熱、利小便、消積。木通　防己　車前子　猪苓　澤瀉　茯苓　葶藶　烏蠡魚　桑白皮　山查　紅麴　三稜　蓬茂

易飢：屬脾家邪火。忌升、辛溫、大熱、香燥。沉香　麝香　龍腦　縮砂蜜　豆蔻　藿香已上香燥。餘忌藥俱同前。宜清火除熱、生津液、益脾陰、甘寒、苦寒、酸寒。黄連　青黛　連翹　山梔　石膏　竹葉　麥門冬　生地黄　甘草　白芍藥　烏梅　黄連　黄檗　玄參　連翹　栝樓根　乾葛　石膏　龍膽草　大青　竹葉

口脣生瘡：忌溫燥、熱。諸藥俱見前。宜甘寒、酸寒、苦寒、辛寒。麥門冬　石斛　白芍藥　酸棗仁

口糜：忌、宜俱同口脣生瘡。

中消：屬脾家實火。忌破氣、下、溫燥、熱。諸藥俱見前。宜服諸藥同口脣生瘡，加人參。

濕熱腹痛，按之愈甚：忌悶氣、酸斂、溫熱、燥。諸藥俱見前。宜利小便，兼升提，苦寒。滑石　車前子　木通　黄連　黄芩　升麻　柴胡　葛根　防風　不愈加熟大黄，即土鬱則奪之之義也。

肺實八證：忌斂澀、補氣、升、燥熱、酸、鹹。諸藥俱見前。宜降氣、潤、甘寒、苦寒，佐以辛散。蘇子　枇杷葉　桑白皮　天門冬　貝母　栝樓根　杏仁　白前　前胡　知母　車前子　桑黄　石膏　黄芩

喘急：屬肺有實熱及肺氣上逆。忌同肺實。宜同肺實，加桔梗、甘草、栝樓仁、玄參、青黛。

氣壅：屬肺熱氣逆。忌、宜俱同肺實。

聲重痰稠：屬肺熱。忌同肺實。宜同肺實，加薄荷、竹瀝。

肺癰：屬肺熱極。忌同肺實。宜清熱、消痰、降火、解毒散結、甘寒、苦寒、辛寒。桑白皮　桑黄　黄芩　貝母　栝樓根　薏苡仁　蕺菜　虎耳草　鼠黏子　連翹　甘草　敗醬草　百年醃芥菜汁

肺脹悶：屬肺熱。忌同肺實。宜同肺實，並參用肺癰諸藥。

吐膿血、血痰、欬嗽血：屬肺家火實熱甚。此正邪氣勝則實之謂。忌同肺實。宜清熱降氣、涼血、豁痰。童便　蘇子　枇杷葉　桑白皮　麥門冬　剪草　蒲黄　生地黄　天門冬　百部　桑黄　百合　薏苡仁　甘草　貝母　白芍藥　白及　桔梗　款冬花　紫菀

喉癬：屬肺熱。忌同肺實。宜同肺實，加鼠黏子、玄參、射干。

上消：屬肺家實火及上焦熱。忌同肺實。宜降氣、清熱、補肺、生津、甘寒、苦寒、酸寒、辛寒。蘇子　麥門冬　枇杷葉　桑白皮　桔梗　百部　百合　黄芩　天門冬　沙參　黄連　栝樓根　葛根　知母　玄參　石膏　甘草　五味子　白芍藥　簟竹葉　蘆根　冬瓜　人乳　天酒

腎無實，故無瀉法。

命門實二證：忌補氣、溫、熱。諸藥俱見前。宜苦寒、甘寒、鹹寒。黄檗　知母　玄參　天門冬　麥門冬　牡丹皮　車前子　木通　澤瀉

強陽不倒：屬命門火實，孤陽無陰所致。此證多不治。忌同命門實。宜同命門實，加五味子、童便、生地黄。

水竅澀痛：屬命門實火。忌同命門實。宜清熱、利竅、甘寒、苦寒、鹹寒，佐以淡滲。黄檗　知母　車前子　生地黄　天門冬　生甘草　黄芩　牛膝　麥門冬　童便　茯苓　木通

小腸實一證：忌斂澀、補氣。諸藥俱見前。宜通利、淡滲、苦寒、甘寒、鹹寒。車前子　白茯苓　木通　生甘草　黄檗　知母　黄芩　黄連　牛膝　麥門冬　生地黄　童溺

小水不利及赤，或澀痛尿血：忌、宜俱同小腸實。

膽實二證：忌汗、吐、下。諸藥俱見前。宜和解、辛寒、甘寒、苦寒、辛溫。柴胡　黄芩　半夏　生薑　甘草　橘皮　龍膽草

口苦耳聾脇痛，往來寒熱：　忌同膽實。　宜用仲景小柴胡湯，隨所見兼證加減。

鼻淵：　屬膽移熱於腦。　忌辛溫、燥熱。　諸藥俱見前。　宜清熱、補腦、甘寒、甘平，佐以辛寒。　天門冬　甘菊花　生地黃　沙苑蒺藜　山茱萸　沙參　薄荷　柴胡　辛夷　黃芩　玄參　知母

胃實六證：　忌升、補斂、辛溫、燥熱、濕潤。　諸藥俱見前。　宜下。　如邪未結，宜清熱發散、苦寒、辛寒、甘寒。　大黃　枳實　知母　石膏　葛根　竹葉　大青　小青　青黛　麥冬　甘草

譫語發狂、發斑，棄衣而走，登高而歌：　屬胃家邪熱實。　忌同胃實。　宜同胃實。　如大便結者，加芒硝，亟下之；　發斑者，加鼠黏子、玄參、栝樓根，多用石膏為君。便結亦加大黃下之。

口臭，數欲飲食：　屬胃火。　忌同胃實。　宜清熱降火、苦寒、甘寒、辛寒。　黃連　青黛　連翹　麥門冬　石斛　蘆根汁　竹葉　石膏

嘈雜：　屬胃火。　忌同口臭。　宜同口臭，略兼消導。　山查　麥芽　橘紅　神麴

口淡：　屬胃熱。　忌、宜俱同口臭。

嘔吐：　屬胃火者，必面赤，小便短赤或澀，大便多燥，口苦或乾渴。　忌同胃實。　宜同胃實，加枇杷葉、竹茹、木瓜、蘆根、橘皮、通草、白茯苓。

吞酸：　屬胃火。　忌同胃實。　宜同嘈雜。〔口臭，加麥蘖、橘皮、神麴、山查。〕

大腸實四證：　忌補斂、燥、熱。　諸藥俱見前。　宜潤下、苦寒、辛寒。　生地黃　麻仁　桃仁　黃連　黃芩　槐花　大黃　石膏　知母　枳殼

便鞕閉：　忌同大腸實。　宜同大腸實，加芒硝、猪膽、檳榔、郁李仁、石蜜。

腸風下血：　屬大腸濕熱。　忌下、燥熱。　諸藥俱見前。　宜清熱、涼血、兼升、甘寒、苦寒。　生地黃　槐花　地榆　黃連　黃芩　荊芥　防風　甘草　紅麴　白芍藥　側柏葉　白頭翁　蒲黃　雞子　葛穀

臟毒：　屬血熱。　忌同腸風下血。　宜同腸風下血，加忍冬、麥門冬，倍加地榆、蒲黃。

腸癰：　屬大腸實火。　忌同腸風下血。　宜下、苦寒、解毒。　大黃　白藥子　白芷　白及　白斂　連翹　忍冬藤　天名精　甘草　黃耆　生地黃　明礬　黃蠟　生蜜已上三味作丸。

膀胱實一證：　忌燥熱、收澀。　諸藥俱見前。　宜潤、淡滲。　知母　黃檗　車前子　木通　瞿麥　滑石　茯苓　猪苓　澤瀉

癃閉〔有伏熱〕：　屬膀胱實熱。　忌破氣、發散、燥熱。　如屬水液不足，兼忌利小便。　諸藥俱見前。　宜同膀胱實，佐以升提。〔如〕升麻、柴胡〔之類。　如屬水液不足者，宜滋水、潤、補氣、生津液、甘寒、辛寒。　諸藥如左：　麥門冬、五味子、人參、枸杞子、生地黃、梨、天門冬、車前子、蘇子、牛膝、知母。〕

三焦實三證：　忌補斂、升、燥熱。　諸藥俱見前。　宜降、清熱、調氣、甘寒、苦寒、鹹寒。　蘇子　麥門冬　知母　黃檗　玄參　山梔　黃芩　黃連　童便

喉痹：　即纏喉風。屬少陽相火、少陰君火竝熾。《經》曰：　一陰一陽結為喉痹。一陰者，少陰君火也。一陽者，少陽相火也。　忌同三焦實。　宜辛散，佐以苦寒、鹹寒。急則有鍼法、吹法、吐法。　鼠黏子　山豆根　射干　黃連　黃檗　知母　玄參　童便　蘇子　麥門冬　貝母　甘草　生犀角　山慈菇　苦桔梗　續隨子　急治用膽礬、朴硝、牛黃為末，和勻吹入喉中，〔或並點於患處。〕又〔秘〕法：　用明礬三錢、巴豆七粒去殼，同礬煅，礬枯，去巴豆，即取礬為細末，吹入喉中，流出熱涎即寬。

頭面赤熱：　屬上焦火升。　忌同三焦實。　宜降、清熱、甘緩，佐以酸斂。　蘇子　枇杷葉　天門冬　麥門冬　玄參　薄荷　栝樓根　梨　柿　蔗　童便　白芍藥　五味子

赤白遊風：　屬血熱，熱則生風，故善遊走，俗名火丹。小兒多患此，大人亦時有之。　忌同三焦實。　宜清熱、涼血，兼行血、辛寒、甘寒、苦寒、鹹寒。　生地黃　黃連　黃檗　生甘草　牡丹皮　蒲黃　紅藍花　連翹　玄參　鼠黏子　牛膝　藍汁　苎根　童便　赤芍藥　宜兼外治，砭出熱血，及用漆姑草、慎火草擣爛敷之，即易愈。

明·倪朱謨《本草彙言》卷二〇　氣味補瀉　李瀕湖曰：　凡藥補者，則于藏府皆補；　瀉者，則于藏府皆瀉。分之則或補氣，或補血；　或瀉氣，或瀉血。若晝夜之不同晷，水陸之不同塗也。細而分之，則氣味之于藏府，各

有補、各有瀉。肝膽二經，溫補涼瀉，辛補酸瀉。心、小腸、命門、三焦四經，熱補寒瀉，鹹補甘瀉。肺、大腸二經，涼補溫瀉，酸補辛瀉。腎、膀胱二經，寒補熱瀉，苦補鹹瀉。脾、胃二經，溫熱補，寒涼瀉，甘補苦瀉。凡人之病，一經寒則一經熱，一經實則一經虛。醫者區別不精，混而施之，則有實實虛虛之患，而欲愈疾，難矣！

明·李中梓《醫宗必讀》卷一 苦欲補瀉論：夫五臟之苦欲補瀉，乃用藥第一義也，不明乎此，不足以言醫。如肝苦急，急食甘以緩之；肝為將軍之官，其性猛銳，急則有摧折之意，用甘草以緩之，即寬解慰安之義也。肝欲散，急食辛以散之。扶蘇條達，木之象也，用川芎之辛以散之，解其束縛也。以辛補之。辛雖主散，遂其所欲，即名為補。以酸瀉之。如太過則制之，毋使踰分，酸可以收，芍藥之屬。虛則補之。陳皮、生薑之屬。

心苦緩，急食酸以收之。緩者和調之義。心君本和，熱邪干之則躁急，故須芒硝之鹹寒，除其邪熱，緩其躁急也。以鹹補之。澤瀉導心氣以入腎。以甘瀉之。煩勞則虛而心熱，參、耆之甘溫益元氣，而虛熱自退，故名為瀉。虛則補之。心以下交於腎為補，炒鹽之鹹以潤下，使下交於腎，既濟之道也。

脾苦濕，急食苦以燥之。脾為倉廩之官，屬土喜燥，濕則不能健運，白术之燥，遂其性之所喜也。脾欲緩，急食甘以緩之。稼穡作甘，甘生緩，是其本性也。以甘補之。脾喜健運，氣旺則行，人參是也。以苦瀉之。濕土主長夏之令，濕熱太過，脾斯困矣，急以黃連之苦瀉之。虛則補之。甘草益氣，大棗益血，俱甘入脾。

肺苦氣上逆，急食苦以泄之。肺為華蓋之藏，相傳之官，藏魄而主氣者也。氣常則順，氣變則逆，逆則違其性矣。宜黃芩苦以泄之。肺欲收，急食酸以收之，肺主上焦，其政斂肅，故喜收，宜白芍藥之酸以收之。以辛瀉之。金受火制，急食辛以瀉之，桑白皮是也。以酸補之。不斂則氣無管束，肺失其職矣，宜五味子補之，酸味遂其收斂，以清肅乎上焦。虛則補之。義見上句。

腎苦燥，急食辛以潤之。腎為作強之官，藏精，為水臟，主五液，其性本潤，是故惡燥，宜知母之辛以潤之。腎欲堅，急食苦以堅之，腎非堅無以稱作強之職，四氣遇濕熱即軟，遇寒冷則堅，五味得鹹即軟，得苦即堅，故宜黃檗。以苦補之。堅即補也，宜地黃之微苦。虛則補之。藏精之藏，苦固能堅，然非益精，無以為補，宜地黃、山茱萸。

夫五臟者，違其性則苦，遂其性則欲。本臟所惡，即名為瀉；本臟所喜，即名為補。苦欲即明，而五味更當詳審。水曰潤下，潤下作鹹。火曰炎上，炎上作苦。水曰曲直，曲直作酸。金曰從革，從革作辛。土爰稼穡，稼穡作甘。苦者直行而泄，辛者橫行而散，酸者束而收斂，鹹者止而軟堅。甘之一味，可上可下，土位居中而兼五行也；淡之一味，五臟無歸，專入太陽而利小便也。善用藥者，不廢準繩，亦不囿於準繩。如熱應寒療，投寒而火熱反生；寒應熱治，進熱而沉寒轉甚。此喜攻增氣之害也。治寒有法，當益心陽；治熱有權，宜滋腎水。此求本化源之妙也。益心之陽，寒亦通行；強腎之陰，熱之猶可。此變化通神之法也。知此數者，其於苦欲補瀉，無膠固之失矣。

明·佚名氏《異授眼科》 五經虛 心虛：當歸、生地。肝虛：柴胡、紅花。脾虛：棗仁、白术、陳皮。肺虛：五味、麥冬。腎虛：蓯蓉、熟地、杜仲、山萸、枸杞。肺熱血盛：桑皮、丹皮。

瀉五經火 心火甘稍生地翹，獨引黃連犀角超。肺火桑芩麥冬梔，芷引玄參杏石膏。脾火(只)(枳)連生地芩，麻引黃甘用要勤。肝火尾荊赤栢明，柴引薄荷補薑陳。腎火熟地知澤栢，獨活引經增大黃。胃火梔子膏乾葛，補胃白术與生薑。補心遠志茯苓鹽，提肺升麻白芷桔。補肺車天五味參，補肝薑枸芍芎熟。補腎斛栢知芍煎，杜枸牛絲戟破蓉。寬腸芒硝殼大黃，寬小木通及羌活。瀉膀胱芎羌活栢，瀉三焦兮柴胡芩。止吐藿香及生薑，止淚芥芩香附菊。更有決榔附子辛，陳皮朴硝麻黃并。去翳蒙葙欵菊明，龍膽蛻賊及穀精。退膜榔賊及穀精，白蒺為君用要勤。去風蒺藜白(羌)(殭)蟲，防風蟬蛻亦相倣。退熱芩梔黃栢連，連翹大黃正相兼。破瘀芒硝丹大黃，槐紅桃實最相當。內障兩明蔓歸尾，朴硝葙子及大黃。外障菊花牛蒡蛻，石菖元細蒺藜芎。蔓羌草決防黃栢，黃連葙子生地羚。犀角欵冬白芷栢，赤芍車前覆盆楮。木賊穀精及菟絲，龍膽諸醫須要知。

明·李中梓《本草通玄》卷下 《內經》曰：陰味出下竅，陽氣出上竅。清陽發腠理，濁陰走五臟；清陽實四肢，濁陰歸六腑。味厚為陰，薄者為陰中之陽；氣厚為陽，薄者為陽中之陰。味厚則泄，薄則通。氣薄則發泄，厚則發熱。辛甘發散為陽，酸苦涌泄為陰。鹹味涌泄為陰，淡味滲泄為陽。元素曰：附子氣厚，為陽中之陽；大黃味厚，為陰中之陰。茯苓氣薄，為陽中之陰，所以利小便，入太陽，不離陽之體也；麻黃味薄，為陰中之陽，所以發汗，入手太陰，不離陰之體也。

肝苦急，急食甘以緩之甘草，以酸瀉之芍藥，實則瀉子甘草。肝欲散，急食辛以散之川芎，以辛補之細辛，虛則補母地黄。心苦緩，急食酸以收之五味，以甘瀉之參芪，實則瀉子甘草。心欲軟，急食鹹以耎之芒硝，以鹹補之澤瀉，虛則補母生薑。脾苦濕，急食苦以燥之白术，以苦瀉之黄連，實則瀉子桑皮。脾欲緩，急入甘以緩之甘草，以甘補之人參，虛則補母炒鹽。肺苦氣，急入苦以瀉之訶子，以辛瀉之桑皮，實則瀉子澤瀉。肺欲收，急食酸以收之芍藥，以酸補之五味，虛則補母五味。腎苦燥，急食辛以潤之知栢，以鹹瀉之澤瀉，實則瀉子芍藥。腎欲堅，急食苦以堅之知母，以苦補之黄栢，虛則補母五味。夫甘緩、酸收、苦燥、辛散、鹹耎、淡滲，五味之本性，一定而不變者也。或補或瀉，則因五臟四時而迭相施用者也。溫、涼、寒、熱，四氣之本性也。其餘五臟補瀉，亦迭相施用也。此特潔古因《素問》飲食補瀉之義，舉數藥以為例耳。學者宜因其意，而充廣變通之。　元素曰：五臟更相平也。一臟不平，所勝平之。

清·顧元交《本草彙箋·總略》　論臟腑虛實用藥大法出賈所學、錢森。焉文云：　前既推言草木之性以合臟腑，此又申明臟腑之性以合藥性。蓋草木之性，一定者也。臟腑之性，無定者。雨暘旱澇，能令草木枯槁萎頓，而不能違其性。七情外感，能令臟腑生尅制變，而其性亦潛移。於是以一定之草木，治無定之臟腑，轉移變化之妙，豈淺識冒昧者之所能測乎？九如著書之旨本《內經·藏氣法時論》，即以臟腑苦欲之義，宣明藥理，令人心目一開，亦一代之宗工也。脾本甘，故以甘補，欲緩，以甘緩之，緩即爲補，此人所易知也。心本苦，宜以苦補，因其欲耎，故又以鹹補之。腎本鹹，宜以鹹補，因其欲堅，故又以苦補之。此爲南北交。肺本辛，宜以辛補，因其欲收，故又以酸補之。肝本酸，宜以酸補，因其欲散，故又以辛補之。此爲東西交。心肝二臟，以勝我者爲補。肺腎二臟，以我勝者爲補。蓋心肝常有餘，必使上有所制；肺腎常不足，必使下有所滋，而藥理在其中矣。今人知用參、朮、芪、草，而不知苦寒鹹軟之皆爲補，豈不陋哉？

蓋天垂五氣，主風、熱、濕、燥、寒，在人五腑應之。地布五運，主木、火、土、金、水，在人五臟相應。古之至人，窮天地陰陽之道，以推臟腑體性，主所苦所欲、所宜所惡之論，所以洞徹病原，爲用藥製方、調治補瀉第一要義。夫臟腑體本塊然，神識虛靈，中含情性，是以一體各具一神，一神各具一性，性復各殊，違逆其性則苦而惡，從順其性則欲而宜。調治之法，隨性之順逆，以爲補瀉。投其所欲，便謂之補；投其所苦，便謂之瀉。補瀉繇於苦欲，苦欲因於臟性，故臟性爲病因之本，醫理之源，用藥之根，據皆以是爲准焉。

肝臟：　肝氣喜疏散，鬱遏則躁勁，躁勁易摧折，違其性矣。《經》曰：肝苦急，以甘緩之，宜用熟地、天麻，甘和者緩其勁，解其束縛，使遂其性。若勁急甚，當以山梔味苦者清其氣。如婦人隱憂不發，多生肝火，以至勁急者，當用左金丸治之，使之平。　觀木之象，扶蘓條達，以知肝之用，升發開展。故《經》曰：　肝欲散，以辛散之，宜用川芎、丹皮苦辛者，散之清之，從順其性，是即爲補。所謂用辛，補肝也。　若過於疏散，又當制之，宜用白芍微酸者收之，以平其性，是即爲瀉。　凡澁味同乎酸，甚則以龍膽草之苦。澁者，調肝氣之實，此皆謂用酸瀉肝也。　《尚書》云曲直作酸，肝木之味本酸，肝虛則臟性自見，常思酸以助之，用山茱萸體滋潤味甘酸者，以酸走肝，而養肝血，如六味丸中用之是也。　凡氣以類感，在天爲風，在人爲肝類也。所以風獨傷肝。故《經》云：　肝惡風，風傷于陽，宜用柴胡等以疏表邪。至陽盛則筋熱，手足筋急拘攣者，宜用黄芩等以涼內熱。　肝喜暢遂而和緩，如氣滯不利，則拂鬱爲痞悶，爲腹痛，爲腰疼，宜用香附等開解之，如越鞠丸中用之是也。　肝木溫和，其化向榮，如木折則枝萎，萎枯則失榮，戴人所謂肝本溫，虛則涼，宜熟地、天麻、當歸、川芎、棗仁、柏子仁甘溫之品，溫養肝臟。總之，肝常宜清之，鬱宜疏之，虛宜溫之。

心臟：　心爲君火，清寧則統周身之氣，散亂則氣消矣。故《經》曰：心苦緩，以酸收之。此緩字，當作散字義。宜用五味子、側柏葉收其渙散，使神自清，而氣旺矣。　心本和平，人生役役，百炎焦心，心火燔灼，則爲躁急，急則堅勁，故《經》曰：　心欲軟，以鹹軟之。如病狂等症，邪火熾盛，宜芒硝、玄明粉鹹寒之品，降火清心，軟其堅勁，是即爲補，所謂用鹹補心也。　若非火熾，而但邪熱者，宜黄連、石蓮子味苦之藥，清其勁，潤其燥，平其性，又所謂以苦補心也。　心爲陽中之太陽，陽亢則害，外如暑蒸，形役熱物，皆陽類也。故《經》曰：　心惡熱，熱則脈濁，宜用香薷、竹葉、石斛微苦者，以清心而益心氣。　凡心靜則神恬，用心太過，時覺惴惴焉不自安者，是血不足以養神也。宜用丹參、生地、麥冬以補心血。　火政明曜，火衰則伏明，明滅則化冷，戴人所謂心本熱，虛則寒。如心虛怯弱，宜茯神體重甘溫者，鎮伏心神，兼用棗仁炒香微溫者，使香透心氣，溫補心神。若至虛甚，驚悸怔忡，少佐辰砂、肉桂分許，以熱挽之。總之，心常宜斂之，熱宜清之，虛宜暖之。苦志勞神之士，未有不耗心血。心血既虧，火易上炎，一經用心，即見面熱咽痛，頭暈心煩之症，大宜養血斂神，居常焚香，及松子、瓜仁辛辣之味，皆須禁用。甚則血少生痰，痰礙心竅，夜多夢魘驚跳，兼用遠志、菖蒲，以去客痰。

脾臟：脾象坤土，土本苦濕，而更苦燥，燥則萬物稿，久燥成頑土。潤則萬物生，太潤又泥濘。故《經》曰：脾苦濕，以苦燥之，宜白朮微苦略辛者，以燥其濕。又即以苦潤脾，須佐之以當歸，取其體濕滋脾，辛香潤燥，補中益氣湯兼用之是也，燥之潤之，脾斯旺矣。胃司納受，脾司運化，助胃化食。若運動太過，則脾勞，須寬緩以少息，其體迺遂其性。故《經》曰：脾欲緩，以甘緩之，宜用人參、黃芪、甘草、茯苓甘溫之品，緩其運動，以息脾氣，是即爲補，所謂用甘補脾也。若脾氣散漫，不能收攝，而致瀉者，宜用炒白芍微酸者，收復脾氣之散。濕獨傷脾，以氣類相感也。故《經》曰：脾惡濕，若內傷生冷，或外感陰濕，致傷脾作瀉者，宜用蒼朮辛溫者，燥其濕則脾土自復。脾主四肢，若脾氣不醒，四肢困倦，怠惰嗜臥，宜用神麯、山查以醒脾化食，兼用生地、麥冬，合健脾之劑，潤肌肉而生精脈。脾原濕土之性，若濕去則土乾，土乾則燥坼，戴人所謂脾本濕，虛則燥。蓋燥有二義，如天之秋氣清肅，收斂而不涼，迺陰之稚，燥之漸也，非假火以蒸潤之不能解，是以脾氣虛，重則用熟附子，輕則用肉菓、破故紙補火以助土，土回燥而成潤，即所謂虛則補其母也。若脾土濕鬱火生，火甚成燥，此如火熯之燥，又當以水潤之，是以燥熱重者，宜用黃連苦寒者導其熱，所謂用苦瀉脾也。燥熱輕者，宜用石膏清涼者清其脾，瀉黃散中用之是也。前後土燥之理，大相迥別，用寒用熱，豈可混乎？總之，脾常宜燥之，鬱宜導之，虛宜溫之。

肺臟：肺主氣，司呼吸，氣常則順，變則逆上，違其性矣。故《經》曰：肺苦氣上逆，以苦泄之，輕則用陳皮、枳殼利之，重則氣熱，用地骨皮、桑白皮清之。利之清之，使氣順下，皆泄之之意也。凡形寒飲冷則傷肺，故《經》曰：肺惡寒，若外感天氣之寒，傷在皮毛，內受生冷之物，傷在肺臟。皆因寒則氣滯，宜用辛熱之藥，發散疏解，是即爲瀉，所謂用辛瀉肺也。金性剛而不屈，惟火鎔之，而受其制，故曰：肺畏熱，若虛煩不睡，燥熱拂鬱，宜山梔、黃芩苦寒者，以泄實火。若火甚則金枯，如咳嗽久者，兼用天門冬、麥門冬甘苦者潤之，紫(苑)〔菀〕甘涼者滋之，則咳嗽自止。金體空虛則鳴，故肺葉多孔竅，鬱遏則聲嘶，壅閉則聲啞，故曰：肺喜清，宜用款冬花、馬兜鈴，取其香以通竅，苦以利氣潤燥，聲斯復矣。肺生氣，氣清則肺斂，斂則氣順而沖和，《經》曰：肺欲收，以酸收之。若肺受邪而嗽久者，肺葉斯張，先宜清利，後用白芍藥收之，五味子斂之，使氣有所管束，以遂其性，是即爲補，所謂用酸補肺也。肺本清肅之府，金虛不能制木，木反生火以侮金，戴人所謂肺本清，虛則溫，宜用沙參、石斛、甘菊輕清之劑，以去侮金之火，而肺金得全矣。然非土不能生金，更用茯苓、山藥、百合、扁豆甘平之味，助脾土以養肺金，即子虛補母之義。肺出氣也，腎納氣也。故肺金之氣，夜臥則歸藏於腎水之中，丹家謂之母藏子宮，子隱母胎。此臟名爲嬌臟，畏熱畏寒，腎中有火，則金畏火刑，而不敢歸，腎中無火，則水冷金寒，而不得歸，或爲喘脹，或爲咳噦，或爲不寐，或爲不食，凡氣從臍下逆奔而上者，此腎虛不能納氣歸元也。勿從事於肺，或壯水之主，或益火之源，肺金向腎水中生矣。肺者，臟之蓋也，位高而清虛，所以行榮衛，治陰陽，手足之曲折運動皆係焉，故足痿之症，有脈痿、筋痿、肉痿、骨痿，五臟之分，其因總繇於肺。《經》曰肺熱葉焦，發爲痿躄是也。總之，肺常宜利之，熱宜清之，虛宜斂之。

腎臟：腎者，至陰也。至陰者，盛水也。水性潤而忌燥，潤則百脈流鬯，燥則水不歸元。故《經》曰：腎惡燥，以辛潤之。若寒凝成燥，宜用熟附子辛熱者蒸潤之；火熱成燥，宜用牡丹皮辛涼者清潤之。兩義迥別，皆所謂以辛潤腎也。腎司閉藏，受五臟之精氣而藏之。收藏堅固，腎精充滿。故《經》曰：腎欲堅，以苦堅之。宜黃柏之苦以從其性，是即爲補，所謂用苦補腎也。《經》曰：腎惡燥。有陽燥、陰燥之分。腎爲水臟，內傷辛熱之物，則水畏火尅，用知母、石膏之甘寒，以治陽燥。外中陰寒之氣，則物極必反，用乾薑、生附子辛熱之品，以治陰燥。此腎有客感之謂也。陰在下，陽之守也。陽在上，陰之使也。蓋謂陰水伏於下，則陽火不焰上。若腎水衰微，虛火無依而上炎，爲咽乾口燥、面熱之症，宜用六味丸料，壯水之主，以鎮陽光，使腎元足而火自伏。腎政流衍，流衍成寒，水消涸即變熱。戴人所謂腎本寒，虛則熱，如縱慾耗精，真陰虧損，致發熱咳嗽，宜用天冬、麥冬、生地黃、熟地黃、龜甲、枸杞子，沉陰重濁，粘膩濡潤之劑，潤腎滋陰，虛熱自止。總之，腎常宜堅之，燥宜潤之，虛宜滋之。足少陰爲腎之經絡，起於足下，從內股上行，以貫腰脊。故感寒氣，或受濕蒸，以致腰腿軟弱，或久瀉久痢，宜用補骨脂、肉蓯蓉、鎖陽、巴戟性溫者以暖之；甚則用虎脛骨、吳茱萸、肉荳蔻性熱者以折之；此溫熱之藥，用治腎經，又與腎臟了無干涉。要之，腎臟虛多熱，腎經虛多寒，判然水火，不可誤用。

膽府：膽壯盛則智生，膽虛怯則痰聚。膽氣不舒，則善太息。膽受怖，則面青脫色。膽氣傷，則時多驚悸。膽氣熱，則口苦舌乾，嗜臥困倦，諸嘔吐酸，暴注下迫，耳腫目痛。治法：鬱宜開，驚宜平，熱宜清，隨症調治。膽屬風，風和則清涼，狂則氣冷。故曰：膽本涼，虛則寒。若志苦膽怯，虛煩不寐，法當溫養，宜用炒香棗仁、煨軟天麻性味甘溫者，以溫膽體。如膽經血少，必藉胃氣和暢，穀氣升騰，則膽之精氣始發。總之，膽常宜清之，驚宜平之，虛宜溫之。

小腸腑：心與小腸爲表裏，若心經熱，則移熱於小腸，而小便短赤，宜瀉小腸火，用苦寒者清之，導赤散是也。大小腸爲傳送，若氣虛或飲食失宜，則分水失職，而小便併入大腸，宜利小腸水，用甘淡者滲之，五苓散是也。水火迥別，須當分治。小腸稟氣心腎，能屈曲運行，傳送溲溺。如心氣虧，腎元薄，則傳送失度。有氣在小腸，則小便脹；血在小腸，則小便澀；熱在小腸，則小便痛；須滋陰折陽，用紫(苑)〔菀〕、牛膝、枸杞、生地濡潤之品，自能通利。小腸少氣，氣耗則虛寒。故曰：小腸本熱，虛則冷。法當溫養。若老年及乳母，但覺小水短數，即有病生，宜用人參、白术、茯苓、炙甘草、陳皮、白芍、牛膝、異功散加味，連進數劑，使小便如舊，則無病矣。防患於未形，此丹溪之良法也。總之，小腸常宜清之，熱宜導之，虛宜溫之。凡人臟病少，而腑病多。臟病緩，而腑病急。若腑不和，則壅滯而作痛，爲病最急暴。故曰：臟病繇腑結，腑通則臟安。所以諸病當治胃與大小腸、膀胱爲要。大小腸迴疊曲折，氣血調和，則無腹鳴之患。如老年及病後、產後而脾弱，則血虛不能統氣，氣無所歸依，運行成聲，大宜補養，其鳴自已。

胃腑：胃爲中央土，稟命於脾，爲一身之主宰。若思慮憂煎，及醇酒肥甘，或飢飽失時，多致耗血，血耗則氣盛，氣盛則成火，先自傷脾，客熱相傳，上刑二臟，熏灼心肺，下傷四腑，移熱於大小腸，滲熱于三焦、膀胱，致病多端。如吐血、噎膈、嘈囃、吞酸、黃疸、胃痛、關格諸症，原其因則本胃火爲始。若飲食不節，損其胃氣，不能尅化，食後則昏沉欲睡，睡則食在傍，氣暫得舒，是胃鮮升發之氣而爲鬱熱。故曰：胃本溫，虛則熱，如胃熱重者，宜用黃連、山梔清之；胃熱輕者，石膏、葛根疏之；兼以神麯、山查醒脾助胃，則胃升而食易化矣。飲食入胃，食以養陽，飲以養陰，陽主升而陰主降。若飲後遽覺臍下脹滿，即欲小便，是胃之真氣不輸，致膀胱失約束之令，宜用人參、黃芪、白术、山藥、茯苓，補中益氣，佐炒黃柏以堅膀胱。胃本虛生熱，又過食生冷，抑遏陽氣，於脾土致病，四肢發熱，或肌膚捫之烙手，宜用升陽散火湯，所謂火鬱則發之也。胃屬陽明經，多氣多血，氣涼則行，熱則滯，血溫則行，寒則滯。若胃熱火熾，則氣爲滯，氣滯則血亦凝，遂成癰毒。須清胃火爲君，散血行氣爲佐。胃中伏火於氣分，雖喜食而肌肉日削，是火積爲患也。宜清火除積。胃中伏熱於血分，多致嘈囃腹痛。常嘔清水，是蟲積爲患也，宜追蟲去積。人勞頓飢飽，傷胃氣弱，精神短少，每虛火上行，獨燎其面。《針經》曰：面熱者，陽明胃病也。胃既病，則脾無所稟受，亦從而病。宜用酒製芩、連，上引至面，下瀉胃火，併以白芍、川芎、葛根、薄荷、荊芥、甘草清之散之，則炎上之火自息。總之，胃常宜平之，熱宜清之，虛宜導之。

大腸腑：大腸本屬燥，爲七情所傷，或六氣所感，怫鬱不能宣散，遂變成熱。熱燥相併，必爲壅塞，塞則便堅，便堅更生火熾。大腸與肺爲表裏，若大腸之火熏灼肺金，不生腎水，則肺、腎、腸、胃四部俱病，諸症蜂起。故腸燥之患，須當急治。尤宜分虛實，若大腸火熾，致大便實結，非鹹不能軟堅。《經》曰：熱浮於內，治以鹹寒，佐以苦辛，宜用芒硝爲君，大黃爲佐。若大腸枯燥，致大便虛結，法宜滋陰潤燥，宜用沙參、天門冬、麥門冬、杏仁、紫(苑)〔菀〕爲君，麻仁、秦艽爲佐，自能宣通血氣，而不推蕩。大腸受寒濕則瀉，瀉久則氣虛，氣虛則化冷。故曰：大腸本燥，虛則寒，必爲虛瀉腸鳴，宜白术、茯苓、山藥、芡實、薏仁、扁豆甘溫之劑，補實大腸，實腸散是也。凡下部陳物不去，上部新物不納。若大腸閉久燥結，宿垢堅阻不通，必致脹悶嘔吐，吞酸嘈囃，噯氣，漸致噎膈上部之病，咎在大腸。《經》曰氣反者病在上，取之下，此之謂也。總之，大腸常宜滋之，燥宜潤之，虛宜溫之。

膀胱腑：膀胱最苦肺氣虛，虛則氣上逆，逆則溺短澀。若口渴而小便不通，病在上焦氣分，須清肺臟，宜用茯苓、澤瀉、車前淡滲之，以理水之上源。若痰塞肺竅，亦令便閉，當治上部之痰，而下便自利。膀胱屬寒水，如水少漸至涸，涸竭則化熱。故曰：膀胱本寒，虛則燥，爲病在下焦血分，口不渴而小便不利。當瀉膀胱，宜用知母、黄柏，少佐肉桂，以利水之下竅，通關散是也。膀胱與腎爲表裏，如縱慾傷精，思色火降，則膀胱癃閉，而尿管澀，或白濁而莖中痛，宜用天門冬、麥門冬、生地、熟地、枸杞、牛膝，滋陰補腎，膀胱自利。若實熱而小水不利者，因大腸有宿垢燥結，則膀胱氣閉不通，法宜下之，大便動而小便自行。總之，膀胱常宜利之，澁宜滲之，熱宜清之。傅玉梁云：治病當先問二陰竅，蓋前後二竅，是氣血往來之道路，水火流通之門戶，喫緊關頭，疾病之徵驗處也。

清·郭章宜《本草匯》卷首　《本草匯》圖藏府絡穴引：諺謂肺腑而能語，醫師色如土。又謂不明十四經絡，開口動手便錯。甚矣其重也。于是懵焉，無怪乎倀以從事耳。古聖垂之于經，而後賢復肖之成象，其為功於證治，豈待飲上池而始見垣一方人哉？獨是傳寫既久，考訂失真，未免毫釐千里。昔人刑賊于市，命醫師畫工，分寸挑剔而繪之，尚有死生異相之譏，況謁以沿謁乎？所恃者《素》《靈》，秦越《甲乙》《中藏》之篇具在，而近賢景岳復有《圖翼》一書，訂覈不淺。斯刻既行，更與陳子白筆參究諸圖，細研《內經》之奧，于藏府則條疏之，務精以簡，無取獺祭也。于絡穴則韻次之，務罔以達，無取點簿也。標內景之賦，詳奇經之歌，由舊增新，無非助資乎《本草》焉。敢曰依樣葫蘆，而不踰之榘，其在是矣。【略】

大腸之圖：大腸者，傳導之官，變化出焉。當臍左迴十六曲，受穀一斗，水七升半。以其迴疊，是名迴腸。廣腸附脊以受迴腸，乃出滓穢之路，受穀九升三合八分之一，即迴腸之更大者。直腸又廣腸之末節，下連肛門，是為穀道後陰，一名魄門。總大腸也，是經多氣多血，卯時氣血注此。補：牡蠣　肉蔻　訶黎勒　五倍子　龍骨　蓮子　罌粟花　榛子　瀉：枳殼　桃仁　蔴仁　芒硝　大黄　檳榔　石斛　葱白　溫：乾薑　肉桂　吳茱萸　人參　半夏　丁香　胡椒　涼：槐花　條芩　梔子　連翹　東垣引經報使：葛根　白芷　升麻　石膏

胃府之圖：胃者，倉廩之官，五味出焉。橫屈受水穀三斗五升，其中之穀常留二斗，水一斗五升而滿。胃者，彙也。號為都市，五味彙聚，何所不容，萬物歸土之義也。其上口名賁門，飲食之精氣從此上輸于脾肺，宣播于諸脈。其下口即小腸上口，名幽門。是經多氣多血，辰時氣血注此。補：白朮　蓮子　芡實　陳皮　扁豆　黄耆　荔枝　山藥　炙甘草　半夏　百合　蒼朮　棗子　瀉：枳實　硝石　大黄　厚朴　枳殼　溫：藿香　厚朴　益智　丁香　草蔻　吳茱萸　白蔻　良薑、乾薑　生薑　木香　香附　胡椒　涼：滑石　石膏　石斛　黄連　黄芩　玄明粉　山梔　升麻　連翹　乾葛　竹茹　天花粉　知母　東垣報使引經：葛根　白芷　升麻　石膏　飲食：虛寒宜辛、甘，忌苦。實熱宜苦、淡，忌甘。

脾藏之圖：脾為諫議之官，知周出焉。主消磨水穀，而養于四傍。重二斤三兩，廣扁三寸，有散膏半斤。主裹血，溫五藏，主藏意與智。形如刀鐮，與胃同膜，而附其上之左俞，當十一椎下。聞聲則動，動則磨胃而主運化。其合肉，其榮唇，開竅于口。旺于長夏及四季之末，絕于春。其惡濕，其味甘，不足則少氣，有餘則脹滿。肉病無多食甘，甘走肉也。是經少血多氣，巳時氣血注此。補：人參　白朮　黄芪　蓮子　芡實　陳皮　山藥　枸杞　炙甘草　茯苓　扁豆　蒼朮　南棗　瀉：枳實　青皮　石膏　山查　神麯　麥芽　大黄　葶藶　溫：丁香　藿香　胡椒　良薑　附子　官桂　木香　乾薑　砂仁　豆蔻　益智　涼：玄明粉　滑石　黄芩　苦茶　石膏　菉豆　西瓜　東垣報使引經：白芍　升麻　飲食：宜粳米、牛肉、甘，忌酸。

心臟之圖：心為君主之官，神明出焉。中有七孔三毛，盛精汁三合。主藏神，居肺管之下，膈膜之上，附着脊之第五椎。其象尖圓，形如未敷蓮蕋，其中有竅，多寡不同，以導引天真之氣，下無透竅，共有四系，以通四藏。其合脉，其榮色，開竅于耳，又上通乎舌。與小腸為表裏。旺于夏，絕(與)〔于〕冬。其惡熱，其味苦，苦走血，血病毋多食苦。不足則憂，有餘則笑不休。深居高拱，相火代之行事。是經少血多氣，午時氣血注此。補：棗仁　門冬　遠志　山藥　當歸　天竺黄　瀉：貝母　黄連　木香　玄胡索　枳實　溫：藿香　木香　石菖蒲　涼：竹葉　牛黄　連翹　蘆根　山(枝)〔梔〕　犀角　東垣報使引經：獨活　細辛　飲食：宜麥、羊、杏、韭、苦，忌鹹。

小腸府之圖：小腸者，受盛之官，化物出焉。後附脊，前附臍上，左迴疊積十六曲，受穀二斗四升，水六升三合之大半。上口即胃之下口，在臍上二寸，近脊，水穀由此而入，復下一寸，外附于臍，為水分穴，當小腸下口，即大腸上口，名曰闌門。至是而泌別清濁，水液滲入膀胱，滓穢流入大腸。是

經多血少氣，未時氣血注此。補：牡蠣　石斛　瀉：荔枝　葱白　紫蘇　木通　溫：茴香　大茴　烏藥　益智　涼：花粉　黄芩　車前　茅根　猪苓　澤瀉　東垣報使引經：藁本　羌活　黄蘗

膀胱府之圖：膀胱為州都之官，津液藏焉，氣化則能出矣。盛溺九升九合，下聯前陰，為溺之所出。當十九椎，居腎之下，大腸之前，有下口，無上口，當臍上一寸，水分穴處，為小腸下口，乃膀胱上際，水液由此別廻腸。通身虛鬆，隨氣泌滲而入。其出其入，皆由氣化。入氣不化，則水歸大腸，而為泄瀉。出氣不化，則閉塞下竅，而為癃閉。是經多血少氣，申時氣血注此。補：橘核　菖蒲　續斷　益智　龍骨　瀉：芒硝　滑石　車前　木通　澤瀉　溫：茴香　烏藥　沉香　山茱萸　涼：生地　黄蘗　知母　甘草梢　東垣報使引經：藁本　羌活　黄蘗

腎藏之圖：腎者，作強之官，伎巧出焉。為精神之舍，性命之根，藏精與志。形如豇豆，附着脊之十四椎，當胃下兩傍，相去各一寸五分，與臍平直，外有黄脂包裹，各有帶二條，上條繫于心，下條趨脊下大骨。在脊骨之端，如半手許，中有兩穴，是腎經帶過處，上行脊髓，至腦中，連于髓海，父母搆精，未有形象，先結河車，中間透起一莖如蓮蕋初生，乃臍帶也。蕋中一點，實生身立命之原，即命門也。此兩腎者，乃生命之蔕，至陰之位也。雖為水藏，而相火寓焉。象水中龍火，因動而發。蓋太極之理，靜為動本，陰為陽基。故冬至子之半，一陽生于至陰之下也。左右開闔，正如門中棖闑之像，靜而闔，涵養乎一陰之真水；動而開，鼓舞乎龍雷之相火。水為常，而火為變，乃所以成乎坎也。其合骨，其榮髮，開竅于二陰。旺于冬，絕于長夏及四季之末。其味鹹，其充骨，鹹走骨，骨病毋多食鹹。其不足則厥，有餘則腸泄。是經多血少氣，酉時氣血注此。　補：芡實　地黄　龍骨　虎骨　牡蠣　桑螵蛸　龜板　山藥　五味　鎖陽　枸杞　山茱萸　牛膝　杜仲二味少用　瀉：澤瀉　猪苓　木通　白茯苓　溫：附子　肉桂　破故紙　鹿茸　沉香　巴戟　膃肭臍　涼：黄蘗　知母　生地　牡丹皮　玄參　地骨皮　東垣引經報使：獨活　肉桂　鹽　酒　飲食：宜大豆、豕肉、粟、藿，鹹，忌甘。

心包之圖：心包絡者，包絡其心也。有膈膜，與脊脇周廻相着，遮蔽濁氣，使不得上薰心肺，即所謂膻中也。為心之所從來，《難經》言其無形，滑伯仁名為手心主。以藏象校之，在心下横膜之上，豎膜之下，其與横膜相粘而黄脂裹者，心也。脂膜之外，有細筋膜如絲，與心肺相連者，心包也。此經本有名有形，其經起于腋下之天池，而止于中指之中衝。其藏堅固，邪弗能容，容之則心傷，心傷則神去而死。故諸藏之在心，皆在于心之包絡。凡言無形者非，又按《靈臺秘典》有十二官，獨少心包一官，而多膻中者，臣使之官，喜樂出焉一節。今心包藏居膈上，經始胸中，正值膻中之所，位居相火，代君行事，實臣使之官也。是經多血少氣，戌時氣血注此。　補：黄芪　人參　鹿血　破故紙　地黄　菟絲子　瀉：枳殼　烏藥　大黄　山梔　溫：附子　肉桂　乾薑　益智　豆蔻　栢子仁　補骨脂　涼：黄蘗　黄連　東垣報使引經：柴胡　川芎　青皮

三焦之圖：三焦者，決瀆之官，水道出焉。上焦出于胃口，主納而不出。中焦當胃之中脘，主腐熟水穀，蒸津液，化精微，上注于肺，化而為血，以奉生身。下焦起闌門之下，主出而不納。《中藏經》曰：三焦者，人之三元之氣也，總領五藏六府，營衛經絡，内外左右上下之氣。三焦通，則内外左右上下皆通。其于周身灌體，和内調外，榮左養右，導上宣下，莫大于此。形色最赤，總護諸陽，非無狀而空有名者也。是經多血少氣，亥時氣血注此。補：黄耆　甘草　益智　瀉：澤瀉　枳殼　青皮　溫：附子　乾薑　茴香　涼：石膏　地骨　木通　車前子　知母　東垣報使引經：柴胡　川芎　青皮下焦

胆府之圖：胆者，中正之官，決斷出焉。凡十一藏皆取決於胆。又曰：中精之府，號為將軍。在肝之短葉間，主藏而不瀉。形如懸瓠，盛精汁三合，水色金精，無出入竅，不同六府傳化，而為清淨之府。受水之氣，與坎同位。今人悲則淚出者，水得火而煎，陰必從陽也。老人胆汁慳，哭則無淚，笑則有淚，火盛水虧也。故胆熱亦流淚，胆氣虛亦溢為淚。熱則多眠，虛則不眠。是經多血少氣，子時氣血注此。　補：當歸　棗仁　五味　烏梅　鷄肉　瀉：柴胡　青皮　黄連　白芍　川芎　木通　溫：乾薑　生薑　半夏　陳皮　涼：黄連　竹茹　龍胆草　東垣報使引經：柴胡　川芎　青皮

肝藏之圖：肝者，將軍之官，謀慮出焉。凡七葉，左三右四，居于膈下，並胃着脊之第九椎。《刺禁論》曰：肝生于左。滑氏曰：肝之為藏，其治

在左，其藏在左脇右腎之間。其合筋，其榮爪，主藏魂，開竅于目。其系上絡心肺，下亦無竅。旺于春，絕于秋。其惡風，其味酸，酸走筋，筋病毋多食酸。其不足則悲，其有餘則怒。是經多血少氣，丑時氣血注此。補：木瓜 阿膠 薏仁 棗仁 山萸 瀉：柴胡 青黛 青皮 芍藥 胆草 溫：木香 肉桂 吳茱萸 楊梅 桃子 涼：胡黃連 胆草 車前 甘菊 草決明 羚羊角 東垣報使引經：柴胡 川芎 青皮 飲食：宜麻、犬肉、李、韮、酸。

清·汪昂《本草備要》卷首 肝苦急，血燥故急。急食甘以緩之。肝欲散，木喜條達。急食辛以散之。以辛補之，以酸瀉之。以散爲補，以斂爲瀉。心苦緩，緩則散逸。急食酸以收之。心欲耎，急食鹹以耎之。以鹹補之，按：水能剋火，然心以下交于腎爲補，取既濟之義也。以甘瀉之。脾苦濕，急食苦以燥之。脾欲緩舒和，急食甘以緩之。以甘補之，以苦瀉之。肺苦氣上逆，火旺剋金。急食苦以瀉之。肺欲收，急食酸以收之。以酸補之，以辛泄之。腎苦燥，急食辛以潤之。腎欲堅，堅固則無狂蕩之患。急食苦以堅之。以苦補之，以鹹瀉之。此五藏補瀉之義也。【略】

人之五藏應五行，金木水火土，子母相生。《經》曰：虛則補其母，實則瀉其子。又曰：子能令母實。如腎爲肝母，心爲肝子，故入肝者，併入腎與心；肝爲心母，脾爲心子，故入心者，併入肝與脾；心爲脾母，肺爲脾子，故入脾者，併入心與肺；脾爲肺母，腎爲肺子，故入肺者，併入脾與腎；肺爲腎母，肝爲腎子，故入腎者，併入肺與肝。此五行相生，子母相應之義也。

清·景日昣《嵩厓尊生全書》卷四《論治部》 臟腑虛實用藥法則圖

心肝常有餘，以勝我補，必使上有所制。肺腎常不足，以我勝補，必使下有所滋。

五臟苦欲宜惡譜

肝苦急，太燥則催。以甘緩之。熟地、天麻皆緩解也。勁急甚。山梔味苦，清其氣。左金丸。欲散，條達升發。以辛散之，川芎、丹皮苦辛，順性即為補。過散當制，以酸收之。白芍平其性，即瀉；胆草澀，亦酸類。虛則臟性自見思酸，以酸補之。山萸體潤甘酸，入肝養血，地黃丸用之是。惡風，以類相傷。辛平散之。柴胡等疏表邪。風傷陽甚，筋熱拘攣涼之。黃芩等清內熱。喜暢，不暢則鬱。辛香散之。香附等開解，越鞠丸是。本溫，虛則涼。甘溫溫之。熟地、天麻、當歸、川芎、栢

臟腑虛實用藥法則圖

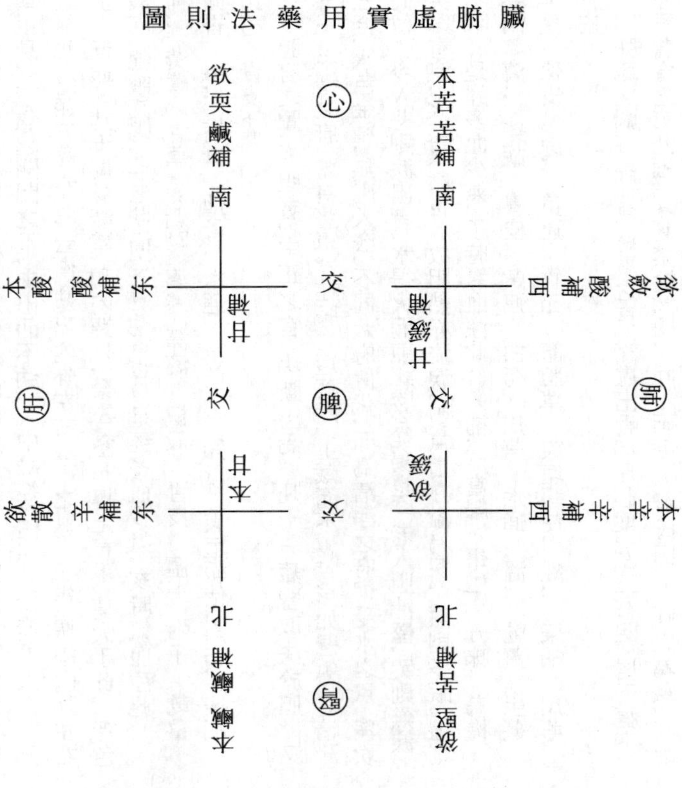

仁、棗仁。肝蓄相火，常宜清之，鬱則疏之，虛則補之。胆亦多火，常宜清之，鬱則平之，虛則溫之。其腑胆屬風，風和則清涼，狂則氣冷。故曰胆本涼，虛則寒。胆怯虛煩不寐。甘溫養之。棗仁、天麻等。血少，必胃和暢，穀氣升，胆之精氣始發。

心火臟苦散，散亂、失血等氣消。以酸收之。五味、芍藥等收其潰散。欲軟，不軟則躁急，由火熾甚，如病狂等症。以鹹軟之。芒硝、玄粉等降火，軟其□□則為補。惡熱，陽亢則害，以類相傷。以苦補之。香茹、竹葉、石斛微苦清益，黃連、石蓮大苦平性。喜靜，不靜則心役，血不足以養神。甘涼補之，丹參、生地、麥冬等補血。本熱，虛則寒。如火滅則冷，心虛怯弱。香甘溫補之。茯神、棗仁、硃砂、肉桂。多竅，血少生痰，礙竅中多夢魘驚跳。辛溫開之。遠志、菖蒲去客痰。心，火臟，散則不制。常

宜斂之。熱則清之，虛則暖之。小腸陽火常宜清之，熱則導之，虛則溫之。

其腑小腸火勝，心熱不受邪，移熱于腑便赤。苦寒清之。導赤散是清火。職主傳水，失職則小腸水入大腸。甘淡滲之。五苓散是導水。外主小便，其腑屬火。本熱，若熱甚，小便痛時□。甘涼苦補之。紫草、牛膝、枸杞、生地濡潤通利。本熱，虛則冷，少氣虛寒，小便頻數，老年乳母犯此即病。甘溫補之。人參、白朮、茯苓、炙草、陳皮、白芍、牛膝連進。

脾土苦濕，土濕泥濘。又苦燥。土燥頑稿。苦辛補之。白朮燥之，佐以當歸潤之，補中益氣兼用之者是。欲緩，運動太速則脾勞。以甘緩之。人參、黃芪、甘草、茯苓。苦散瀉類，以酸收之白芍。惡濕，以類相傷。有外濕內濕，皆傷脾。辛溫燥之。蒼朮、白朮。主四肢，肢倦脾虛。苦溫補之。神麯、麥芽、山查。本濕，虛則燥，寒而燥者，秋冬則土乾，物下生熱而燥者，火熯則土乾，物皆枯。溫熱補之，輕用肉果、故紙，補火生土，重用炮附。苦寒潤之。輕用石膏，重用黃連。其腑胃稟母火本溫，主消穀。虛則熱，飲食所致，鬱熱噯酸昏睡。苦補之。重者黃連、山梔，輕者石膏、乾葛，□神麯、山查，醒脾，補其臟。屬土，制膀胱水，若飲食後臍脹，即小便是，胃氣不輸，膀胱失約。甘溫補胃，人參、黃芪、白朮、山藥、茯苓，補中益氣。苦堅膀胱。炒黃栢。虛熱，傷冷則腹熱肌熱。辛苦發之升陽散火湯。屬陽明，多氣血。氣以涼行，血以溫行。胃虛生熱，氣血滿為癰毒。辛苦清之、散之，清胃散佐散血行氣。伏火熱于內。喜食肌肉削是火積，嘈雜嘔水是熱積。清火除積，清熱除積。氣弱，火上行，神短，火燎面。苦辛。酒(治)〔製〕芩連、白芍、川芎、乾葛、荊芥、薄荷、甘草。

肺金苦逆，主氣呼吸，變則氣逆。以苦泄之。陳皮、枳殼、地骨、桑白。惡寒，感風寒傷皮毛，受生冷傷本臟。辛熱發之。麻黃、金沸、紫蘇、葛根、桂枝之類。畏熱，火尅金。虛煩不睡，燥熱火甚，金枯久咳。苦寒清之，山梔、黃芩等。苦甘補之，天冬、麥冬、紫(苑)〔菀〕等。體空主鳴，鬱遏聲嘶，壅閉聲啞。苦香通之、潤之。冬花、兜鈴等。喜清斂，若邪嗽久，熱甚，葉不張。以酸收之白芍，以酸斂之五味。本清，虛則溫，虛不能制木，木生火來侮。甘苦清之，沙參、石斛、甘菊輕清諸品，合茯苓、山藥、百合、扁豆。虛補母。嬌怯，依腎為宮，肺主出氣，腎主納氣，肺氣夜臥歸藏腎水中，是謂母藏子宮，子隱母胎。畏熱，腎中有火，金畏火刑，不□歸；畏寒，腎無火，寒水冷金，寒不得歸。喘脹咳嘁，氣從臍下逆奔而上，由腎虛不能納氣歸元。腎熱則壯水之至，腎寒則益火之源。故肺金生于腎水中。華蓋覆四臟，總會一身陰陽，手足曲折，運動皆資。熱則葉焦，發為痿躄。苦以堅腎，苦辛補肺。其腑大腸本燥，虛則寒，濕瀉久冷氣虛。甘平補之。白朮、茯苓、山藥、芡實、苡仁、扁豆。燥甚則熱，便閉生火，臟亦受傷。有實熱，有虛熱。治以鹹寒，芒硝為君，佐以苦辛，大黃等為佐，涼膈散。苦以潤之。沙參、天冬、麥冬、杏仁、紫(苑)〔菀〕為君，麻黃、秦艽為佐。氣反病在上，大腸久閉，則上不納，脹滿嘔吐，嘈雜酸噯，久致膈噎。下取之，用土□。腸鳴。老年病後、產後餌者，血虛不能就氣，大補鳴自已。

腎水惡燥，有寒凝水乾，如冬水則水涸；有火熱成燥，火熬則水乾。辛以潤之，炮附等。辛以涼之。丹皮等。欲堅，腎藏五臟之精，熱則精泄不充滿，是不堅。以苦堅之。黃栢等，從其性。一陰制群陽，腎水實則火不敢起，若水衰，則火炎。甘溫補之。壯水之土，以制陽光，六味丸是。水寒，水體原寒。虛則熱，水瀉則□火。陰虛發熱咳嗽。沉甘寒補之天冬、麥冬、生地、熟地、龜板、枸杞，重鹹膩濡潤之劑，潤滋熱自止。

其經絡行腰腿，虛則多寒，腰腿膝軟。以溫暖之。故紙、肉蓯蓉、鎖陽、巴戟等。

其門戶司二便，虛則多寒，大便久泄痢，小便癃遏。以溫暖之，肉果、故紙、菟絲等。以溫暖之金匱丸。其腑膀胱屬寒水，本寒，虛則燥，小便不利、口不渴是，在下焦血分，耑責膀胱。以苦利之。知母、黃栢少佐，肉桂利水下竅。以肺為上源，肺虛氣逆而不下，則小便澀、口渴是，在上焦氣分責在肺。以淡滲之。茯苓、澤瀉、車前理水上源。痰壅肺，亦致小便不利，但治痰。與腎表裏，縱慾情，傷思色，火降多致澀白濁。補腎不補膀胱，天冬、麥冬、生地、乾地、枸杞、牛膝滋腎陰，便自利。與大腸盈虛。大腸虛結則小便氣閉不通。以苦下之。大便□而小便自行。論曰：凡人臟病少，腑病多。臟病緩，腑病急。凡諸痛皆屬腑，故曰臟病由腑病，腑通臟自安。

清・吳儀洛《本草從新・藥性總義》

肝苦急，急食甘以緩之。肝為將軍之官，其志堅，其氣急，急則自傷，反為所苦，故宜食甘以緩之，則急者可平，柔能制剛也。肝欲散，急食辛以散之，以辛補之，以酸瀉之。木不宜鬱，故欲以辛散之。順其性者為補，逆其性者為瀉，肝喜散而惡收，故辛為補而酸為瀉。心苦緩，急食酸以收之。心藏神，其志喜，喜則氣緩，而心虛神散，故宜食酸以收之。心欲軟，急食鹹以軟之，用鹹補之，以甘瀉之。心火太過則為躁越，故急宜食鹹以軟之。蓋鹹從水化，能相濟也。心欲軟，故以鹹軟為補。心苦緩，故以甘緩為瀉。脾苦濕，急食苦以燥之。脾以運化水穀，制水爲事，濕勝則反傷脾土，故宜食苦以燥之。脾欲緩，急食甘以緩之，用苦瀉之，以甘補之。脾貴充和溫厚，其性欲緩，故宜食甘以緩之。脾喜甘而惡苦，故苦為瀉而甘為補也。肺苦氣上逆，急食苦以泄之。肺主氣，行治節之令，氣病則上逆於肺，故急宜食苦以降泄之。肺欲收，急食酸以收之，用酸補之，以辛瀉之。肺應秋氣，主收斂，故宜食酸以收之。肺氣宜聚不宜散，故酸收為補，辛散為瀉。腎苦燥，急食辛以潤之。開腠理，致津液，通氣也。腎為水臟，藏精者也，陰病者苦燥，故宜食辛以潤之。蓋辛從金化，水之母也，其能開腠理致津液者，以辛能通氣也。水中有真氣，惟辛能達之，氣至水亦至，故可以潤腎之燥。腎欲堅，急食苦以堅之，用苦補之，以鹹瀉之。腎主閉藏，氣貴周密，故腎欲堅，宜食苦以堅之也。苦能堅，故為補。鹹能軟堅，故為瀉。此五臟補瀉之義也。

清・黃宮繡《本草求真》卷一〇　臟腑病症主藥　繡按人生疾苦，非屬外感有餘，即屬內傷不足，然究其要，總不越乎臟氣偏勝以為致害。蓋人臟氣不明，藥性不知，無論病症當前，宜涼宜熱，根蒂全然不曉，即其藥之或功或過，亦不知其奚自而起矣！考之瀕湖《綱目》所論臟腑虛實標本藥式，其間分門別類，補母瀉子，與夫補氣補血，非不既詳且盡。但惜尚有未清之處，如白朮不言能補脾氣，反云能補肝氣脾血。砂仁不言能溫胃氣，反云能補腎氣。當歸不言能補心血，反云能補命門相火。澤瀉不言能除膀胱濕熱，反云能補心氣。沒藥、血竭不言能破肝血，反云能補肝血之類是也。且其所論三焦實火宜瀉，則梔、連、芩、蘖似可指引，而書偏指麻黃、瓜蒂以為瀉火之要。三焦實熱宜解，則麻、桂、硝、黃似可列入，而書止舉梔、連、芩、蘖為解熱之劑，顛倒錯亂，實不可解。以致後學漫無指歸，是篇採集用藥主治，皆從藥中正理考核，不以反借反說敷衍，間有正論既抒，旁意應明，亦必疏暢殆盡，斷不牽引混指，以致有誤後學云。

肝足厥陰乙木。肝屬木，木為生物之始，故言肝者，無不比類於木。凡藥色青味酸氣臊性屬木者，皆入足厥陰肝、足少陽膽，肝與膽相為表裏，膽為甲木，肝為乙木。謂其肝氣勃勃，猶於百木之挺植；肝血之灌注，猶於百木之敷榮。昔人云肝無補，非無補也。實以肝氣過強，則肝血不足。補之反為五臟害，故以無補為貴。詎知肝氣不充，是猶木之體嫩不振而折甚易。非不用以山茱萸、杜仲、續斷、雞肉壯氣等藥以為之補，烏能以制夭折之勢乎？肝血既竭，是猶木之鮮液而槁在即。非不用以地黃、山藥、枸杞以滋其水，肝以腎為子。《經》曰：虛則補母。當歸、首烏、阿膠、菟絲、人乳以生其血，血燥則急。《經》曰：肝苦急，急食甘以緩之。其何以制乾燥之害乎？肝氣冷而不溫，是猶木之遇寒而凍。非不用以肉桂、鹿茸以暖其血，川芎、香附、艾葉、吳茱萸以溫其氣，其何以制嚴寒之威，而抒發生之象乎？肝氣鬱而不舒，是猶木受濕熱之蒸，歷久必黃必萎。非不用以茯苓、赤苓、天仙藤以滲其濕，木香、香附、柴胡、川芎以疏其氣，靈脂、蒲黃、歸尾、鱉甲、桃仁、母草以破其血，其何以舒其鬱而去其熱乎？若使肝氣既浮，而症已見目赤發熱口渴，則宜用以龍骨、棗仁、白芍、烏梅、木瓜之類以為之收，是猶木氣過洩，日久必有強直之害，不治不足以折其勢也。木以斂為瀉，《經》曰：以酸瀉之。肝挾風熱內侮，而症見有諸風眩暈，僵仆驚癇，則宜用以桂枝、羌活、烏附、荊芥、鉤藤、薄荷、川芎以除其風，木喜條達，《經》曰：肝欲散，急食辛以散之，散即是補。故《經》又曰：以辛補之。黃芩、膽草、青黛、青蒿、前胡以瀉其火，以除其熱，紅花、地榆、槐角、紫草、茅根、赤芍、生地以涼其血，甘草以緩其勢，肝以心為子，《經》曰：實則瀉其子。是猶木之值於風感厥厥動搖，日久必有摧折之勢，不治不足以制其暴也。肝氣過盛而脾肺皆虧，症見咳嗽喘滿，驚悸氣逆，則宜用以金銀薄、青皮、鐵粉、密陀僧、側柏葉以平其肝，三稜、枳實以破其氣，是猶木之叢林茂蔚，值此斧不可加，土不可載，日久必有深藏不測之虞，不如是不足以制其害也。凡此肝氣之盛衰，實與木氣之強弱如一。肝血之榮枯，實與木液之膏竭相等，使不比類以觀，而但謂其肝盛宜制。嗚呼，制則制矣！盍亦思其肝有虛怯，果能受此摧殘剝落否耶？《經》曰：肝苦急，血燥則急。急食甘以緩之。如人乳、甘草之類。肝欲散，木喜條達。急食辛以散之。如桂枝、羌活、川芎、薄荷之類。以辛補之，肝以辛為補，故川芎、薄荷能以補肝。以酸瀉之。肝以斂為瀉，故白芍、赤芍、烏梅皆曰瀉肝。〔補肝氣〕杜仲　山茱萸　雞肉　續斷　〔補肝血〕荔枝　阿膠　桑寄生　何首烏　狗脊　麋茸　獺肝　紫河車　菟絲　人乳　〔疏肝氣〕木香　香附　柴胡　芎藭　〔平肝氣〕金銀薄　青皮　鐵粉　密陀僧　雲母石　珍珠　龍骨　龍齒　〔破肝氣〕三稜　枳實　〔斂肝氣〕龍骨　酸棗仁　炒白芍　龍齒　烏梅　木瓜　〔散肝風〕荊芥　鉤藤　蛇蛻　蒺藜　蟬蛻　浮萍　王不留行　全蝎　桂枝　白花蛇　石南藤　蜈蚣　川烏附　樟腦　〔散肝風濕〕桑寄生　羌活　側附子　狗脊　松脂　蒼耳子　豨薟草　威靈仙　茵蕷　海桐皮　秦艽　五加皮　〔散肝風熱〕木賊　蕤仁　冰片　決明子　爐甘石　青葙子　〔散肝風氣〕芎藭　麝香　薄荷　蘇合香　〔散肝風痰〕南星　皂角　烏尖附　白芥子　天麻　〔散肝風寒痰〕蔓荊子　殭蠶　山甲　〔散肝血〕穀精草　石灰　〔祛肝寒〕肉桂　桂心　吳茱萸　艾葉　大茴香　小茴香　〔滲肝濕〕茯苓　土茯苓　天仙藤　〔瀉肝濕〕龍膽草　連翹　珍珠　皂礬　白斂　〔瀉肝痰滯〕前胡　鶴虱　磁石　〔溫肝血〕蟲白蠟　肉桂　續斷　芎藭　香附

荊芥 伏龍肝 延胡索 爐甘石 蒼耳子 海螵蛸 酒 百草霜 砂糖 兔屎 王不留行 澤蘭 韭菜 墨 劉寄奴 大小薊 天仙藤 海狗腎 蒺藜 鹿茸 鹿角 艾葉 〔涼肝血〕生地黃 代赭石 蒲公英 青魚膽 紅花 地榆 白芍 槐角 槐花 側柏葉 卷柏 無名異 淩霄花 猪尾血 紫草 夜明沙 兔肉 旱蓮草 茅根 蜈蚣 山甲 琥珀 芙蓉花 赤芍 醋 熊膽 〔破肝血〕莪朮 紫貝 五靈脂 紫參 益母草 蒲黃 血竭 蓮藕 古文錢 皂礬 歸尾 鱉甲 貫衆 茜草 桃仁 〔敗肝血〕乾漆 三七 䗪蟲 蝱蟲 螃蟹 瓦楞子 水蛭 花蕊石 〔止肝血〕炙卷柏 伏龍肝 墨 炒艾葉 炒蒲黃 花蕊石 青黛 百草霜 炒側柏 石灰 劉寄奴 王不留行 〔散肝熱〕決明子 野菊花 夏枯草 木賊 〔瀉肝熱〕代赭石 石南葉 琥珀 車前子 牛黃 前胡 秦皮 空青 銅青 蒙花 石決明 珍珠 淩霄花 生棗仁 蘆薈 〔瀉肝熱痰〕磁石 前胡 牛黃 〔吐肝熱痰〕膽礬 〔瀉肝火〕鉤藤 熊膽 女貞子 羚羊角 青黛 龍膽草 人中白 黃芩 大青 青蒿草 〔散肝毒〕蜈蚣 蛇蛻 野菊花 王不留行 〔解肝毒〕土茯苓 蒲公英 芙蓉花 皂礬 連翹 醋 藍子 〔拔肝毒〕青黛 輕粉

心手少陰丁火。 心有拱照之明，凡命門之火與三焦分佈之火，無不悉統於心而受其裁，故曰君火。凡藥色赤味苦氣焦性屬火者，皆入手少陰心、手太陽小腸經。心與小腸為表裏，小腸為丙火，心為丁火。 第心無氣不行，無血不用，有氣以運心則心得以堅其力，有血以運心則心得以神其用，是以補心之氣無有過於龍眼肉，補心之血無有過於當歸、柏子仁、龜板、食鹽。《經》曰：心欲軟，急食鹹以軟之。 心而挾有沉寒痼冷，則有宜於桂心之燥，及或加以延胡索、乳香、骨碎補、安息香之類，以為之却； 心或散而不收，則有宜於五味子之酸以為之斂。《經》曰：心苦緩，急食酸以收之。又按五味子雖屬肺腎專藥，然亦具有苦性，可以通用。 心而挾有痰濕，則有宜於半夏、茯神、燈心、萱草以為之滲； 心而挾有內濕內熱，則有宜於代赭石、木通、瞿麥、牛黃、天竺黃、連翹、山梔、西瓜、黃連、辰砂、百合、鬱金、蓮鬚、貝母、鉤藤、珍珠、土貝母、川楝子之屬以為之瀉。心而挾有血瘀不解，則有宜於丹參、沒藥、鬱金、桃仁、茜草、蘇木、益母草、蓮藕、童便、血餘之屬以為之破，以為之軟。《經》曰：心欲耎，急食鹹以軟之。又曰：以鹹補之。 至心挾有熱邪內起，則有燈草、竹葉、熊膽、羚羊角、山荳根、童便、麥冬、萱草、生地、梔子、犀角、木通、黃連等藥可選。心挾熱痰內起，則有牛黃、貝母等藥可用； 心氣不通，則有菖蒲、遠志、桑螵蛸、薰香、雄黃、胡荽等藥可進。 蓋心以通為主，心通則思無所窒，而運用靈，猶火必空而後發也。 心又以氣為要，氣足則事歷久而不墮，猶火必薪而始永也！ 心又以血為需，血足則心常存而不離，猶燈必膏繼而後光也。合此三者以治，則心拱照自若，庶續咸熙，又何有病之克生乎？《經》曰：心苦緩，緩則散逸。急食酸以收之。如五味子之類，按五味子雖屬肝腎專藥，然亦具有苦性，可以通用。 心欲耎，急食鹹以軟之，如童便、血餘之類。 以鹹補之，心以鹹為主。 以甘瀉之。 〔補心氣〕龍眼肉 〔補心血〕當歸 柏子仁 食鹽 龜板 〔通心氣〕菖蒲 遠志 桑螵蛸 薰香 安息香 雄黃 胡荽 〔却心寒〕桂心 〔散心濕熱〕香薷 〔散心痰濕〕半夏 菖蒲 〔滲心濕〕茯神 燈心 萱草 〔瀉心熱〕代赭石 木通 瞿麥 牛黃 天竺黃 連翹 西瓜 黃連 山梔子 辰砂 百合 鬱金 蓮鬚 貝母 鉤藤 珍珠 土貝母 川楝子 〔瀉心濕熱〕木通 黃連 連翹 梔子 珍珠 苦楝子 瞿麥 〔溫心血〕延胡索 安息香 骨碎補 桂心 乳香 〔涼心血〕犀角 射干 童便 血餘 紅花 辰砂 紫草 熊膽 生地黃 〔破心血〕丹參 沒藥 鬱金 桃仁 茜草 蘇木 益母草 蓮藕 〔解心毒〕射干 貝母 連翹 山荳根 黃連 〔瀉心火〕燈草 竹葉 熊膽 羚羊角 山荳根 童便 麥冬 萱草 生地 梔子 犀角 木通 黃連 〔鎮心怯〕禹餘糧 鐵粉 代赭石 珍珠 辰砂 〔瀉心熱痰〕牛黃 貝母

脾足太陰己土。 土有長養萬物之能，脾有安和臟腑之德，取脾味甘配土，理適相合。凡藥色黃味甘氣香性屬土者，皆入足太陰脾、足陽明胃經。脾與胃相表裏，胃為戊土，脾為己土。 是以古之治脾，每借土為比喻。 蓋謂脾氣安和，則百病不生，脾土缺陷，則諸病叢起。張元素曰：五臟更相平也！一臟不平，所勝平之，故云安穀則昌，絕穀則亡，水去則營散，穀消則衛亡，神無所居，故血不可不養，衛不可不溫，血溫氣和，營衛乃行，長有天命。《經》曰： 土不及則卑監，當補之培之，治當用以白朮之苦以補其缺。《經》曰：脾苦濕，急食苦以燥之。 然有寒痰與食凝結胸口，滯而不消，則朮又當暫停。 如寒則有宜於乾薑、生薑。 痰則宜於半夏。 滯則宜於砂仁、白蔻、木香之類。 使猶用以白朮，不更以增其滯乎？亦有補散兼施，但須看其邪氣微甚，以酌因應權變之宜。 火氣內結而土燥涸不潤，則土當以水制，如地黃、山藥、枸杞、甘草之類。《經》曰：以甘補之。 使猶用以白朮，不更以增其燥乎？ 脾濕滑而不固，而症見有泄瀉，則土當以澁制，如蓮子、芡實、肉豆蔻之類。 使徒用以白朮，不更使脫難免乎？白朮當兼澁藥同投。 土受偶

爾寒濕不伸，而症見有嘔吐惡心心痛，則土當以疏泄，如木香、甘松、藿香、菖蒲、大蒜、紅荳蔻、胡荽之類。使猶用以白术，不更以增其窒乎？亦有白术與諸散藥同用，須看邪微甚，以分先後治法。土因濕熱內蒸，而症見有溺閉、便秘、脚痛、惡毒等症，則土當以清解，如白鮮皮、薏苡仁、木瓜、蚯蚓、紫貝、皂白二礬、商陸、郁李之類。使猶用以白术，不更以增其熱乎？若使水勝於熱，而症見有腫脹溺澁，日久必有浸淫傾覆之害，則治當以滲投，如茯苓、芡實、澤蘭、扁豆、山藥、浮萍、鴨肉、鯽魚之類。使或用以白术，其何以止傾蕩之勢乎？土因寒氣慄烈而凍，而症見有四肢厥逆不解，則藥當以熱投，如附子、肉桂、乾薑之類。使僅用以白术，其何以除寒厥之症乎？如四逆湯、薑附湯之類。至於土敦而厚，土高而阜，是為熱實內結，宜用苦寒以下，如枳實、大黃、朴硝之類。《經》曰：以苦瀉之。使猶用以白术，不更使敦而至腹滿莫救，使阜而致喘逆殆甚乎？脾土既虧，生氣將絕，是猶土崩而解，治當用以升固，如參、耆、白术、甘草、升麻之類。《經》曰：脾欲緩，急食甘以緩之。使僅用以白术，而不合以參、耆以為升補，其何以固崩解之勢乎？如補中益氣湯之類。凡此雖非以補為要，而補脾之理，無不克寓，要使土氣安和，不寒不熱，不燥不濕，不升不降，不厚不薄，則於臟氣適均，又奚必拘拘於所補為是而以不補為非哉？是可只其用補之妙法耳。《經》曰：脾苦濕，急食苦以燥之。如白术之類。脾欲緩，舒和意。急食甘以緩之。如甘草之類。以甘補之，甘緩脾，故以甘為補。以苦瀉之。苦燥濕，故以苦為瀉。〔補脾氣〕白术　〔緩脾氣〕炙甘草　合歡皮　〔健脾〕白术　白蔻　砂仁　肉荳蔻　蓮子　〔溫脾〕龍眼　大棗　荔枝　犬肉　牛肉　飴糖　熟蜜　〔潤脾〕山藥　黃精　羊肉　人乳　猪肉　〔醒脾氣〕木香　甘松　藿香　菖蒲　大蒜　紅荳蔻　胡荽　〔寬脾氣〕烏藥　藿香　神麯　〔升脾氣〕蒼术　〔消脾氣〕山查　橘皮　郁李　神麯　薑黃　〔破脾氣〕枳實　郁李　〔斂脾氣〕木瓜　〔散脾濕〕蒼术　松脂　蒼耳子　防風　厚朴　排草　〔散脾濕痰〕半夏　橘皮　神麯　石菖蒲　〔吐脾濕熱痰〕白礬　皂礬　〔燥脾濕〕白术　蛇床子　密陀僧　松脂　石灰　橘皮　蕪荑　伏龍肝　蒼术　紅荳蔻　川椒　鯉魚　〔燥脾濕痰〕烏尖附　附子　乾薑　〔滲脾濕〕茯苓　芡實　澤蘭　扁豆　山藥　浮萍　鴨肉　鯽魚　〔清脾濕痰〕白鮮皮　薏苡仁　木瓜　蚯蚓　紫貝　皂礬　白礬　商陸　郁李　〔清脾熱〕石斛　白芍　竹葉　〔瀉脾火〕石斛　白芍　〔降脾痰〕白礬　皂礬　射干　密陀僧　〔消脾積〕砂仁　木香　使君子　山查　神麯　阿魏　橘皮　〔殺脾蟲〕松脂　使君子　蕪荑　雄黃　扁蓄　紫貝　蚯蚓　皂礬　白礬　阿魏　烏梅　百草霜　蒼耳子　密陀僧　石灰　〔溫脾血〕蟲白蠟　伏龍肝　百草霜　天仙藤　〔涼脾血〕射干　〔破脾血〕郁李仁　紫貝　薑黃　蓮藕　皂礬　蚯蚓　〔止脾血〕百草霜　石灰　〔解脾毒〕蚯蚓　射干　白礬

肺手太陰辛金。肺為清肅之臟，處於至高，不容一物，故《經》以此配金。謂其稟氣肅烈，臟適與之相均也。凡藥味辛色白氣腥性屬金者，皆入手太陰肺、手陽明大腸經。肺與大腸為表裏，大腸為庚金，肺為辛金。惟是肺主於秋，秋主收而惡燥，故肺常以清涼為貴，猶之金氣燥烈，忽得涼氣以解，則金堅強不軟，然使寒之過極，則鐵精華盡失，必致受鏽而敗。肺雖以涼為貴，而亦恐其過寒，以致氣不克伸，仍當治以溫和，如燕窩、飴糖、甘菊、胡桃肉之類是也。若使胃氣素虛，肺金失養，咳聲漸少，步武喘鳴，與夫足痿莫行，是猶金之燥烈而痿，治當亟補肺陰，兼滋腎水，如補肺則當用以葳蕤、人乳、阿膠、胡麻、熟蜜、榧實之類，滋水則當用以枸杞、熟地、菟絲、山藥之類是也。心火挾其相火上尅於肺，則肺受爍之極，是猶金之被爍而鎔，治當審其火勢稍微，則當用以生地、梔子、天冬、麥冬、桑白皮、薏苡仁、百部、百合之類。火勢與熱稍甚，則當用以栝蔞、花粉、馬兜鈴、青木香、竹茹、黃芩之類是也。至於肺氣久泄，逆而不收，是猶金之鋒利太過，則當急為收藏，如粟殼、木瓜、烏梅、訶子、五味子、蜊粉之屬是也。《經》曰：肺欲收，急食酸以收之，以酸補之。肺有寒痰與氣內塞，而聲不能以發，是為金實不鳴，治當相其所實以治，大約實在於寒，則有桔梗、麻黃、紫蘇、葱管、黨參、白蔻、生薑、薰香、馬兜鈴、紫白二英、紅荳蔻、川椒、冬花、百部、丁香、杏仁等藥可散。實在風濕痰熱，則有甘菊、葳蕤、五棓子、百藥煎、辛夷、牛子、白前、蕪荑、皂角可解。實在於氣不得降下，則有馬兜鈴、青木香、旋覆花、栝蔞、花粉、葶藶、蘇子、枇杷葉、杏仁、萊菔子、補骨脂可降。《經》曰：肺苦氣上逆，急食苦以瀉之。實在肺氣不宜宣通，則有薰香、安息香可去；實在肺氣不得疏泄，則有丁香、冬花、牽牛、白前、橘皮、女菀可除。《經》曰：以辛泄之。實在中有濕熱不得滲泄，則有黑牽牛、黃芩、石韋、車前子、通草、薏苡仁、葶藶可滲。若使肺氣空虛，而肺自嗽不已，是為金空而鳴，肺氣衰弱，而氣不得上升以勝，是為金衰而鈍，皆當用以人參、黃耆、桔梗以為振拔，或兼白术補土以生金。惟有肺氣內傷，聲啞不開，是為金破不鳴，治當滋水清肺，如熟地、山藥、枸杞、阿膠、天冬、麥冬、人參之類，餘則看症酌

施。然要肺屬嬌臟，寒熱皆畏，故治當酌所宜，而不可有過寒過熱之弊耳！

《經》曰：肺苦氣上逆，火旺克金。急食苦以瀉之。如青木香、葶藶子之類。肺欲收，急食酸以收之。如五味子、烏梅之類。以酸補之，酸能收，氣不散，故以酸為補。以辛泄之。如牽牛之類。

〔補肺氣〕人參 黄耆 〔溫肺〕燕窩 飴糖 甘菊 胡桃肉 〔潤肺〕葳蕤 人乳 阿膠 胡麻 熟蜜 榧實 〔升肺氣〕桔梗 〔通肺氣〕薰香 安息香 〔泄肺氣〕丁香 冬花 牽牛 白前 橘皮 女菀 〔降肺氣〕馬兜鈴 青木香 旋覆花 栝蔞 花粉 葶藶 蘇子 枇杷葉 杏仁 萊菔子 補骨脂 〔破肺氣〕枳殼 〔斂肺氣〕粟殼 木瓜 烏梅 訶子 五味 蛤蜊粉 〔散肺寒〕桔梗 麻黄 紫蘇 青葱 杏仁 白荳蔻 生薑 薰香 馬兜鈴 白石英 紫石英 紅荳蔻 川椒 欵冬花 百部 丁香 〔宣肺風〕甘菊 皂角 〔宣肺風濕〕葳蕤 五棓子 百藥煎 白前 〔宣肺風熱〕辛夷 牛子 〔燥肺濕〕川椒 〔滲肺濕〕茯苓 桑白皮 薑皮 〔瀉肺濕熱〕牽牛 黄芩 石韋 車前子 通草 薏苡仁 葶藶 〔散肺暑濕〕紫蘇 〔瀉肺熱〕馬兜鈴 青木香 五棓子 百藥煎 通草 車前子 貝母 牽牛 石韋 牛子 金銀花 山梔子 白薇 知母 沙參 薏苡仁 百部 百合 黄芩 芙蓉花 柿霜 柿乾 土貝母 竹茹 梨 蛤蜊粉 〔瀉肺火〕黄芩 栝蔞 花粉 竹茹 桑白皮 羚羊角 地骨皮 枇杷葉 沙參 麥冬 生地 天冬 梔子 〔涼肺血〕生地 紫菀 〔澀肺血〕白及 〔散肺毒〕野菊花 〔解肺毒〕金銀花 芙蓉花 牛子 貝母 黄芩 〔降肺痰〕栝蔞 花粉 貝母 生白菓 旋覆花 杏仁 土貝母 訶子

腎足少陰癸水。 書曰：腎藏志，屬水，為天一之源。凡色黑味鹹氣腐性屬水者，皆入足少陰腎、足太陽膀胱經，腎與膀胱相表裏，膀胱為壬水，腎為癸水。主聽、主骨、主二陰。又曰：諸寒厥逆，皆屬於腎。又曰：腎中之水則能行脊至腦而為髓海，泌其津液，注之於脉，以榮四末，內注臟府，以應刻數，上達皮毛為汗為涕為唾，下濡膀胱為便為液，周流一身為血。則是腎中之水，實為養命之原，生人之本。惟是腎無水養，則腎燥而不寧。水無火生，則水窒而不化。纔常即腎以思，其水之涸竭而不盈者，固不得不賴熟地、枸杞、山茱萸、菟絲以為之補。若使水寒而凍，火不生水，水反凝結如土如石，則補不在於水而在於火，是有宜於附、桂、硫黄、細辛之味矣！《經》曰：腎苦燥，急食辛以潤之。水因食積寒滯而聚，則補不在於水，而先在於疏泄滲利，是有宜於茯苓、香砂、乾薑之味矣。水因火衰而水上逆是謂之泛，水因水衰而水上逆是謂之沸。治當審其火衰則有宜於附桂加於地黄之內，火盛則有宜於知柏之苦。《經》曰：腎欲堅，急食苦以堅之。加於地黄之中，是皆補水之味矣。《經》曰：以苦補之。若使水鬱而熱不化而致症變多端，其在輕劑則有茯苓、桑螵蛸、土茯苓、烏賊骨以為之滲，重劑則有防己、木瓜、苦參、海蛤、文蛤、琥珀以為之瀉，再重則有海藻、海帶、昆布以為之伐。《經》曰：以鹹瀉之。此又以滲以瀉為補者也。若使水藏於下而性反逆於上，是為腎氣不藏，肝氣佐使，審其氣自寒成，當以枝核、烏藥、沉香、補骨脂、硫黄、青皮、吴茱萸以為之治；氣因熱至，當以枳實、黑鉛等藥，以為之治。此又以降以破為補者也。若使腎氣不充而水順流而下，絕無關閉，症見遺尿、精滑、泄瀉，則又當用補骨脂、覆盆、蓮鬚、金櫻子、山茱萸、龍骨、牡蠣、沉香、靈砂、秦皮、石斛、桑螵蛸、芡實、訶子、石鍾乳、五味子、菟絲等藥分別以治，《經》曰：腎欲堅，急食苦以堅之。使之以救其水而固其泄。《經》曰：以苦補之。此又以固為補者也。總之，治水之道，法不一端。然大要則在使水與火相稱，而不致有或偏之為害耳！

《經》曰：腎苦燥，指寒燥言。急食辛以潤之。如細辛、附桂之類。腎欲堅，堅固則無搖蕩之患。急食苦以堅之。如黄柏之類。以苦補之，火去而水自安，故以苦為補。以鹹瀉之。如海藻之類。

〔滋腎〕冬青子 燕窩 桑寄生 枸杞 龜板 龜膠 胡麻 冬葵子 榆白皮 黑鉛 桑螵蛸 楮實 磁石 食鹽 阿膠 火麻 生地黄 〔溫腎〕蓯蓉 鎖陽 巴戟天 續斷 菟絲 熟地黄 覆盆子 狗脊 鹿膠 紫河車 犬肉 獺肝 靈砂 海狗腎 山茱萸 葡萄 白蒺藜 海螵蛸 川膝 胡桃肉 麋茸 〔燥腎〕附子 肉桂 鹿茸 沉香 陽起石 仙茅 胡巴 淫羊藿 蛇床子 硫黄 遠志 石鍾乳 蛤蚧 鰕 雄蠶蛾 阿芙蓉 川椒 胡椒 益智 補骨脂 丁香 〔固腎〕胡桃肉 菟絲子 覆盆子 補骨脂 蓮鬚 金櫻子 山茱萸 五味子 葡萄 阿芙蓉 沒石子 龍骨 牡蠣 沉香 靈砂 秦皮 石斛 桑螵蛸 芡實 訶子 石鍾乳 〔散腎寒〕細辛 附子 〔燥腎寒〕肉桂 陽起石 仙茅 胡巴 補骨脂 川椒 艾葉 胡椒 〔降腎氣〕沉香 補骨脂 黑鉛 硫黄 靈砂 〔寬腎氣〕荔枝核 烏藥 〔引腎氣〕川牛膝 五味子 〔祛腎風濕熱〕白花蛇 石南藤 川烏附 獨活 桑寄生 蛇床子 巴戟天 冰片 淫羊藿 五加皮 天雄 蔓荊子 細辛 〔滲腎濕〕茯苓 桑螵蛸 土茯苓 海螵蛸 鯉魚 〔瀉腎濕〕防己 木瓜 苦參 海蛤 文蛤 琥珀 寒水石 〔伐腎〕海藻 海帶 昆布 茯苓 〔軟腎堅〕海狗腎 牡蠣 海藻 海帶 昆布 食鹽 青鹽 蛤蜊粉 海石 白梅 〔瀉腎熱〕琥珀 防己 青鹽 秋石 寒水

石　龍膽草　食鹽　童便　地骨皮　〔瀉腎火〕玄參　黃蘗　茶茗　丹皮　胡黃連　青蒿草　〔暖腎血〕陽起石　續斷　韭菜　骨碎補　海狗腎　墨　鹿茸　〔涼腎血〕童便　地骨皮　血餘　銀柴胡　蒲公英　生牛膝　旱蓮草　赤石脂　〔破腎血〕自然銅　古文錢　〔止腎血〕墨　黑薑　炒黑艾　炙卷柏　炒梔子　象皮灰　〔消腎痰〕海石

命門　火居兩腎之中，為人生命生物之源。但人僅知腎之所藏在水，而不知其兩腎之中，七節之間，更有火寓。吳鶴皋曰：此火行于三焦，出入肝膽，聽命於天君，所以溫百骸，養臟腑，充九竅，皆此火也，為萬物之父。故曰：天非此火不能生物，人非此火不能有生。此火一息，猶萬物無父，故其肉衰而瘦，血衰而枯，骨衰而齒落，筋衰而肢倦，氣衰而言微矣！此火衰之說也。是以補火之味，則有宜於附子、肉桂、鹿茸、硫黃、陽起石、仙茅、胡巴、淫羊藿、蛇床子、遠志、蛤蚧、雄蠶蛾、川椒、益智、補骨脂、丁香之類。但須相其形症以施，不可一概妄投。若使火炎而燥，審其火自下起，則當以清為要，如丹皮、黃柏、知母、玄參、茶茗、胡連、青蒿草之屬是也。火挾上見，則當兼心與肺同瀉，如麥冬、黃連、梔子、知母、黃芩之類是也。火因水涸，則當滋水制火，如熟地黃、山茱萸、山藥、枸杞之類是也。書曰：壯水之主，以鎮陽光。至於火浮而散，此非腎火內熾，乃是陰盛於下，逼火上浮，宜用沉香、補骨脂、黑鉛、硫黃、靈砂等藥以為之降，牛膝、五味子以為之引。《經》曰：以酸收之。火空而發，則火不在於補，不在於清，惟在塞中以緩其勢，則火自熄，如甘草、麥門冬、人參、五味子、合歡皮之類是也。火伏不發，則火已有告盡之勢，其症必見惡寒厥逆，舌捲囊縮，唇甲皆青。在火因於寒鬱不出，則當用以麻、細、升、葛解表之劑以為之發；因於熱鬱不出，則當用以三黃、石膏、知母清裏之劑以為之發。《經》曰：以苦發之。若使泥以厥逆，而猶用以附桂峻補，是與操刀殺人無異，其為敗也必矣。治之者可不審其所因，以定其治乎！〔補腎火〕附子　肉桂　鹿茸　沉香　陽起石　仙茅　胡巴　淫羊藿　蛇床子　硫黃　遠志　石鍾乳　蛤蚧　鰕　雄蠶蛾　阿芙蓉　川椒　胡椒　益智　補骨脂　丁香　〔補脾火〕白朮　白蔻　縮砂密　肉豆蔻　使君子　蓮子　〔補胃火〕大棗　韭菜　肉荳蔻　草荳蔻　草菓　白荳蔻　縮砂密　丁香　檀香　益智　山柰　良薑　炮薑　使君子　神麯　川椒　胡椒　大蒜　蓽撥　〔補肺火〕人參　黃耆　飴糖　〔補大腸火〕韭菜　〔補心火〕龍眼肉　桂心　菖蒲　遠志　薰香　安息香　胡荽　雄黃　〔補小腸火〕小茴　橘核　〔補肝火〕杜仲　山茱萸　雞肉　續斷　〔瀉腎火〕玄參　黃栢　茶茗　丹皮　胡黃連　青蒿草　〔瀉脾火〕大黃　白芍　〔瀉胃火〕茶茗　茅根　石膏　〔瀉肺火〕黃芩　栝蔞　花粉　竹茹　天冬　桑白皮　羚羊角　地骨皮　枇杷葉　沙參　麥冬　生地　梔子　〔瀉心火〕燈草　竹葉　熊膽　羚羊角　山荳根　童便　麥冬　萱草　生地　梔子　犀角　木通　黃連　〔瀉肝火〕鉤藤　熊膽　女貞子　羚羊角　青黛　龍膽草　人中白　黃芩　大青　青蒿草　〔瀉膽火〕龍膽草　青黛　大青　〔瀉膀胱火〕人中白　童便　〔瀉三焦火〕青蒿草　梔子　〔散火〕柴胡　升麻　葛根　薄荷　香附　羌活　白芷　水萍　〔緩火〕甘草　麥冬　葳蕤　合歡皮　〔滋火〕地黃　山茱萸　枸杞　〔引火〕肉桂　附子　五味子　〔斂火〕白芍　烏梅

三焦手少陽經。　書曰：上焦如霧，中焦如漚，下焦如瀆。又曰：三焦為相火之用，分布命門，主氣升降出入，游行上下，總領五臟六腑營衛經絡內外上下左右之氣，號中清之府。上主納，中主化，下主出，觀此氣雖分三，而實連為一氣，通領上下，不可令有厚薄偏倚輕重之分矣！玩書所論三焦瀉熱，大約汗則宜於麻黃、柴胡、葛根、荊芥、升麻、薄荷、羌活、防風；吐則宜於瓜蒂、萊菔子、藜蘆、食鹽、梔、豉；下則宜於大黃、芒硝，此瀉熱之味也。所論瀉火，大約上則宜於連翹、梔子、黃芩、黃連、生地、知母；中則宜於龍膽、青黛、白芍、石斛、石膏；下則宜於黃柏、知母、丹皮、青蒿草，此瀉火之味也。至於所論補虛，大約上則宜於參、耆、桂心、當歸、龍眼，中則宜於白朮、炙草、淮山、首烏、山茱萸，下則宜於附、桂、硫黃、沉香、補骨脂、地黃、枸杞、菟絲子，此補虛之味也。蓋此統領一身，名為決導之官，其氣不可偏勝，偏則其病立見。三焦之藥，不可混用，用則其害立生，明其三焦之義，以平三焦之氣，則氣上下適均，無輕無重，隨遇而安，因地自得，又安有偏倚不平之憾者乎？汪昂曰：十二經中，惟手厥陰心包、手少陽三焦經無所主，其經通於足厥陰、少陽。厥陰主血，諸藥入肝經血分者，併入心包；少陽主氣，諸藥入膽經氣分者，併入三焦命門。相火散行於膽三焦心包絡，故入命門者併入三焦。〔用汗解熱〕麻黃　柴胡　葛根　荊芥　升麻　薄荷　羌活　防風　〔用吐解熱〕瓜蒂　萊菔子　藜蘆　食鹽　梔子　豆豉　〔用下解熱〕大黃　芒硝　〔瀉上火〕連翹　梔子　黃芩　黃連　生地　知母　〔瀉中火〕龍膽草　青黛　白芍　石斛　石膏　〔瀉下火〕黃柏　知母　丹皮　青蒿草　〔補上虛〕人參　黃耆　桂心　當歸　龍眼肉　〔補中虛〕白朮　炙草　淮山　首烏　山茱萸　阿膠　〔補下虛〕附子　肉桂　硫黃　沉香　補骨脂　地黃　枸杞　菟

絲子

膽足少陽甲木。　膽為中正之官，居於表裏之界。凡邪由於太陽、陽明入於是經，自非麻、桂、升、葛并硝、朴、大黃之所可施，惟取柴胡辛苦微寒以引邪氣左轉上行，黃芩氣味苦寒以清裏邪未深，所以寒熱往來，口苦耳聾，頭痛，脇痛等症，靡不用以柴胡為主。且肝開竅於目，肝與膽為表裏，其色青，凡風熱邪傳於膽，未有不累於目，而致目赤障翳，其藥必雜木賊同入，以其能散肝經風熱也；又用空青、綠青、銅青、熊膽、青魚膽、膽礬同入，以其能瀉膽經熱邪也。若使有熱，而更見有痰氣，症見身熱咳嗽，則又當用前胡，而不可以柴胡治矣。蓋柴胡性主上升，前胡性主下降，凡水虧血涸火起柴胡切忌。至於膽經有火，其瀉亦不越乎膽草、大青、青黛，以其氣味形色，皆與膽類，故即以此治膽可耳。若其膽氣過寒，症見不眠，則又當用棗仁、半夏以溫；膽氣過怯，則又當用龍骨等藥以鎮。凡此皆當審視明確，則用自不致有所誤。〔散膽熱〕柴胡　〔散膽風熱〕木賊　〔瀉膽熱〕空青　綠青　銅青　熊膽　青魚膽　膽礬　前胡　〔瀉膽熱痰〕前胡　〔瀉膽火〕龍膽草　青黛　大青　〔溫膽〕棗仁　半夏　〔鎮膽〕龍骨

胃足陽明戊土。　胃為水穀之海。凡水穀入胃，必賴脾為健運，蓋脾得升則健，健則水穀入胃而下降矣！胃以得降為和，和則脾益上升而健運矣。但世僅知脾胃同為屬土，皆宜升提補益，詎知太陰濕土得陽則運，陽明陽土得陰始安，故脾主於剛燥能運，而胃主於柔潤能和也，是以胃氣不協，治多宜於陳倉米、人乳、大棗以為之溫，使之胃氣冲和。嘗以氣不過勝為貴，若使胃氣過潤，則胃多寒不溫，而血亦寒而滯，治當用以韭菜、爐甘石等藥以為之理。爐甘石必兼目疾方用。　胃濕不爽，當以白荳蔻、草蔻、草果、肉蔻、砂仁、丁香、檀香、益智、山柰、良薑、炮薑、使君、神麯、川椒、胡椒、大蒜、蓽撥等藥，以為之疏。胃有風濕不除，當以防風、秦艽、白芷以為之袪。胃有風痰內結，當以白附等藥以為之散。胃有暑濕不清，當以香薷以為之解。胃有寒痰濕滯不消，當以半夏、肉蔻、草蔻、白蔻、砂仁、丁香、草菓、檀香、益智、山柰、良薑、炮薑、使君、神麯、川椒、胡椒、大蒜、蓽撥、紅荳蔻以為之燥，以為之溫。胃有濕熱不化，輕則備有冬葵子、榆白皮、神麯、茅根、陳倉米、鴨肉、鯉魚、萆薢等藥可採，重則備有扁荳、白鮮皮、木瓜、苦參、茵陳、刺蝟皮、白薇、寒水石、續隨子、蕘花等藥可選。至於胃有積熱及火，則有雪水、柿蒂、大黃、竹茹、竹葉、玄明粉、梨汁、西瓜、珍珠、白薇、蘆根、犀角、粳米、石膏、柿乾、柿霜、雷丸、朴硝、刺蝟皮、茶茗，可以相症通治。胃有血熱、血積，則有地榆、槐角、槐花、蘇木、三七、乾漆等藥可涼可通。胃有毒氣不消，則有土茯苓、漏蘆、白頭翁、金汁、綠豆、蝸牛、蒲公英、人中黃可選。他如胃熱在經，止宜用以升葛以為之散，而不可妄清。胃有(蠱)〔蟲〕積，則當用以使君、乾漆、五棓子、百藥煎、阿魏、雷丸、穀蟲、厚朴以為之殺。胃氣內結不消，則有枳實、枳殼、蕎麥等藥以為之破。胃積不化，則有山楂、使君、砂仁、神麯、麥芽等藥以為之消。胃氣不開，則有烟草、通草、大蒜、雄黃以為之通。胃氣窄狹，則有藿香、神麯等藥以為之寬。胃散不收，則有木瓜以為之斂。胃虛不固，則有蓮子、訶子、赤石脂、禹餘糧、肉豆蔻、粟殼、烏梅、龍骨、粳米以為之澀。然此止就胃之補瀉大概立說，至於臨症施治，又當細為參考。喻嘉言曰：脾之土體陰而用陽，胃之土體陽而用陰，兩者和同，不剛不柔，穀氣營運行，水道通調，灌注百脉，相得益大，其用斯美。觀此是真得乎論胃之要，而不失乎治胃之方也矣！〔養胃〕陳倉米　大棗　人乳　〔溫胃〕韭菜　爐甘石　〔固胃氣〕蓮子　訶子　赤石脂　禹餘糧　肉荳蔻　粟殼　龍骨　粳米　〔斂胃氣〕木瓜　〔升胃氣〕乾葛　升麻　檀香　白附　〔通胃氣〕烟草　通草　大蒜　雄黃　〔寬胃氣〕藿香　神麯　蕎麥　〔破胃氣〕枳實　山甲　蕎麥　續隨子　〔消胃積〕砂仁　使君子　山楂　神麯　麥芽　蕎麥　雷丸　穀蟲　阿魏　朴硝　硇砂　丁香　沙糖　〔殺胃蟲〕使君子　乾漆　五棓子　百藥煎　阿魏　雷丸　穀蟲　厚朴　〔袪胃風濕〕白芷　秦艽　防風　〔散胃風痰〕白附　〔散胃濕熱痰〕香薷濕熱　半夏濕痰　〔燥胃寒痰濕〕肉荳蔻　草荳蔻　白荳蔻　砂仁　草菓　丁香　檀香　益智　山柰　良薑　炮薑　使君子　神麯　川椒　胡椒　大蒜　蓽撥　紅荳蔻　〔滲胃濕〕石鍾乳　冬葵子　榆白皮　神麯　土茯苓　茅根　陳倉米　鴨肉　鯉魚　萆薢　〔瀉胃濕熱〕扁蓄　白鮮〔皮〕　木瓜　苦參　茵陳　刺蝟皮　白薇　寒水石　續隨子　蕘花　〔散胃熱〕乾葛　升麻　〔瀉胃熱〕雪水　柿蒂　大黃　竹茹　竹葉　玄明粉　漏蘆　白頭翁　人中黃　金汁梨　西瓜　珍珠　白薇　蘆根　犀角　蒲公英　粳米　石膏　柿乾　柿霜　雷丸　朴硝　菉豆　刺蝟皮　貫眾　〔涼胃血〕地榆　槐角　槐花　〔破胃血〕蘇木　三七　乾漆　〔吐胃痰毒〕胡桐淚　〔解胃毒〕土茯苓　漏蘆　白頭翁　金汁　綠豆　蝸牛　蒲公英　人中黃　茶茗　茅根　石膏

大腸手陽明庚金。　腸以通利為尚，與胃宜於降下之意相同，故凡腸閉不

解，用藥通調，亦當細為審量，不可一概混施。如腸枯而結，潤之為便，凡胡麻、冬葵子、榆白皮、枸杞、花生、蓯蓉肉、鎖陽、油當歸、蜂蜜等藥，是即潤之之劑也。腸冷而結，溫之疏之為便，凡硫黃、巴豆、大蒜、葱白、川椒、半夏等藥，是即溫之疏之之味也。腸熱而結，開之瀉之為便，凡大黃、黃蘗、朴硝、食鹽、猪膽汁，是即瀉之開之之劑也。腸積不化，消之為便，凡蕎麥、穀蟲、硇砂、厚朴，是即消之之味也。腸毒不清，清解為便，凡綠豆、白頭翁、蝸牛，是即解之之劑也。至於血積不除，則有乾漆以破之。血熱內結，則有石脂、地榆、槐角、槐花、刺蝟皮以涼之。腸氣不消，則有枳實、枳殼、蕎麥、豆朴、陳皮以破之。腸蟲內蝕，則有雷丸、穀蟲、硇砂、厚朴、烏梅等藥以殺之。外此腸風內熾，症見鮮血四射，則有皂角等藥以祛之。濕熱內積，症見蝕肛內痔，則有防己、白鮮皮、蓮子、訶子、赤石脂、禹餘糧、肉豆蔻、粟殼、烏梅以為之清，以為之收。氣陷不舉，則有升麻、乾葛以為之升。但須辨其寒熱及病與藥相投以服，不可謂其宜用而即概為之治也。〔收澀〕蓮子 訶子 赤石脂 禹餘糧 肉豆蔻 粟殼 烏梅 龍骨 粳米 〔溫補〕韭菜 〔潤燥〕胡麻 冬葵子 榆白皮 枸杞 花生 蓯蓉 油當歸 鎖陽 蜂蜜 〔祛腸風〕皂角 〔開腸寒結〕硫黃 巴霜 大蒜 葱白 川椒 半夏 〔開腸熱結〕大黃 朴硝 食鹽 猪膽汁 〔瀉腸熱〕白頭翁 人中黃 生地 朴硝 大黃 黃芩 綠豆 蝸牛 玄明粉 〔除腸濕〕石鍾乳 〔除腸濕熱〕防己 白鮮皮 苦參 刺蝟皮 黃連 玄明粉 〔升陽氣〕升麻 乾葛 〔寬腸氣〕蕎麥 〔消腸積〕蕎麥氣 雷丸熱 穀蟲食 硇砂食 厚朴濕 〔殺腸蟲〕雷丸 穀蟲 硇砂 厚朴 烏梅 〔涼腸血〕石脂 地榆 槐角 槐花 刺蝟皮 〔破腸血〕乾漆 〔解大腸毒〕白頭翁 蝸牛 綠豆

小腸手太陽丙火。 小腸接於胃口之下，連於膀胱大腸之上，凡胃挾有寒熱未清，靡不轉入小腸以為之病，是以治此之藥，亦不越乎治胃之法以推。且小腸與心相為表裏，凡心或有寒熱未清，皆得移入小腸。玩書有用小茴、橘核、荔枝，以治小腸之氣者，是即寒氣內入之意也。有用海金沙、赤小豆、木通、生地、赤苓、黃芩、川楝子、防己，以治淋閉不解者，是即熱氣內入之意也。有用冬葵子、榆白皮以治小便不通者，是即濕氣內入之意也。凡此所因不同，治各有別，惟在深於醫者之能知其所因而為之治耳！〔寬小腸氣〕小茴 橘核 荔枝核 〔滲小腸濕〕冬葵子 榆白皮 〔瀉小腸濕熱〕海金沙 赤小豆 木通 生地 赤苓 黃芩 川楝子 防己

膀胱足太陽壬水。 《經》曰：膀胱者州都之官，津液藏焉，氣化則能出矣！《內景圖說》曰：胃之下口，曰幽門。傳於小腸，至小腸下口，曰闌門。泌別其汁，精者滲出小腸而滲入膀胱，滓穢之物則轉入大腸。膀胱赤白瑩淨，上無入竅，止有下口，出入全假三焦之氣化施行，氣不能化，則關格不通而為病。入氣不化，則水歸大腸而泄瀉；出氣不化，則閉塞下竅而為癃腫矣。觀此，膀胱州都出入，全在真氣充足，故能化其津液，而不致有泄瀉癃腫之患，是以小便不通，審其真氣虧損。熱症全無，須用肉桂以為之開，以肉桂味辛性熱色紫，故能直入血分，補其真氣而化液也。若使真氣既微，寒氣內結，而見疝痛等症，則於荔枝核最宜。如其是經非府，寒犯太陽膀胱，而見頭痛發熱惡寒無汗，則當用以麻黃，有汗則當用以桂枝；風犯太陽膀胱，而見頭痛發熱身痛，則又當用藁本、羌活、防風以治。以太陽本屬寒水之經，不溫不足以散之也。然過溫則恐於熱於火有助，故凡熱盛而見閉溺等症，則有猪苓、澤瀉、地膚子、茵陳、黃柏、黃芩、龍膽草、川楝子、田螺、滑石等藥可採；火盛而見溺閉等症，則有人中白、童便可入。其餘症非膀胱寒熱，而見溺閉不解，則又當審別因，而不可僅於膀胱拘也。〔補膀胱氣〕肉桂 〔散膀胱氣〕荔枝核 〔瀉膀胱熱〕猪苓 澤瀉 地膚子 茵陳 黃柏 黃芩 龍膽草 川楝子 〔瀉膀胱濕熱〕猪苓 澤瀉 地膚子 黃柏 田螺 川楝子 滑石 〔祛膀胱風〕藁本 羌活 防風 〔表膀胱寒〕麻黃 〔瀉膀胱火〕人中白 童便【略】

藥有五味 張元素曰：凡藥酸入肝，苦入心，甘入脾，辛入肺，鹹入腎。此明五味之義。辛主散，酸主收，甘主緩，苦主堅，鹹主軟。統論五味之用。辛能散結潤燥致津液通氣，酸能收緩斂散，甘能緩急調中，苦能燥濕堅軟，鹹能軟堅，淡能利竅。復明五味之用。《陰陽應象論》曰：陰味出下竅，陽氣出上竅，清陽發腠理。清之清者。濁陰走五臟，濁之清者。清陽實四肢，清之濁者。濁陰歸六腑，濁之濁者。味厚者為陰，薄者為陰中之陽；氣厚者為陽，薄者為陽中之陰。味厚則泄，降瀉。薄則疏通；滲利。氣薄則發泄，發散。厚則發熱。溫燥。辛甘發散為陽，酸苦涌泄為陰，鹹味通泄為陰，淡味滲泄為陽，六者或收或散，或緩或急，或潤或燥，或軟或堅，以所利而行之。調其氣，使之平也。此明陰陽之義。宗奭曰：生物者氣也，成之者味也。寒氣堅，故其味可用以軟；熱氣軟，故其味可用以堅；風氣散，故其味可用以收；燥氣收，故其味可用以散。上者冲氣之所生，冲氣則無所不和，故其味可用

以緩。氣堅則壯，故苦可以養氣；脉軟則和，故鹹可以養脉；骨收則強，故收可以養骨；筋散則不攣，故辛可以養筋；肉緩則不壅，故甘可以養肉。堅之而後可以軟，收之而後可以散，故緩則用甘，不欲則弗用，用之太過亦病矣！古之養生治疾者，必先通乎此，否則能愈人之疾者，鮮矣！

清・黃宮繡《錦芳太史醫案求真初編》卷一　陰陽二臟用藥圖說九　臟有偏陰偏陽，則病亦有偏陰偏陽。其偏於陽者，人多喜用涼藥，其藥本與病對而無可議，但用之至極，既於腎陰有損，復於腎陽有傷。凡知母、黃柏、防己、商陸、葶藶、牽牛、大戟、芫花、蘆薈、甘遂、地膚子、輕粉險健等藥，在初元氣未離尚可施用，若至屢清屢下，元氣已微，而妄用之，縱云臟陽，亦不宜投。且人所恃者，全在腎中一點真元之氣，以為生養一身之地。其次又在胃腑，飲食通調，得穀運動，則能生氣生血。若穀食不進，雖日用參、耆而氣不壯，日服芎、歸而血不生，徒滋壅滯。且腎過服尅伐，則是生氣已微，茲又用參提而上之，則下虛者益虛；腎水既虛，腎火亦衰，而脾或寒，或痰或濕或食無納，其氣與血永無再生之日。（空）於是其臟之陽，因其藥壞，而又轉為陰矣。不坐踞中州，膈而不運，茲又兼用歸、地實而滯之，則滯者愈滯，而食拒而不間有無知之輩，不急專一補火，溫胃疏脾，而猶混雜歸、地以投，豈知其火不補則陽不生，胃氣不疏則食不進，食不進則生氣生血之基已絕。故凡臟陽而用涼藥，須審其病自內至，當先用滋用甘以治其源，如淮山、熟地、首烏、阿膠、龜板、麥冬、當歸、枸杞之屬。俾水盛而火自配，血補而氣自平。病自外成，其體素屬火燥，凡一切升、葛、麻、桂、細辛至辛至熱之藥，切勿輕進。止宜進用辛平、辛涼氣味淡薄之藥，以為疏發。以辛性能刼陰，辛能散氣是也。若果氣厚，因其驟寒而受，則麻、桂辛熱止可暫投，病中而藥即止，免其拔動內火。而又忌其涼藥早用，以致引其外邪內入，流連不解，此偏於陽者，用藥之當慎重如斯也。若在臟陰之病，其治猶宜慎焉。蓋臟陰則火已微，火微則水必勝，水勝則脾必濕，其濕之微者，尚可用朮以投，若濕之至極，痰飲內聚，火衰而下，陰氣上乘於中，盡屬寒見，而水穀入胃，滯而不消，以致上壅為汗，此症醫家悮作氣虛自汗，不通極矣。而小便自爾閉塞不通，久留而赤，不知者又謂汗出而散，急宜進用人參福圓溫補，而致中益壅滯，水不下行，小便赤濇，謂此是屬火結，急用涼藥以清，以致中益壅極，噯飽嘔吐，牽類而至，及至五心發熱，更謂此屬火，發汗益不止，并稱此屬熱逼，一錯百錯。一派清涼，而食日見減少，穀絕而死。治此即宜洞見，火衰脾濕，急用附、桂以補火，俾寒不致上冲於脾，再用苓、半、香、砂以調中，不可早用甘草、白朮以閉氣。而藥尤宜簡淨，如一不得，又雜歸、芎以投，并宜多服久服為上。此治臟陰內症如斯。至其感受重寒，而用表藥，原與陽臟者用表藥不同，緣此火氣既微，脾又濕見，其肺寒極，則尋常發表似非蘇、薄可以即透，而麻、桂、升、葛、薑、附自可隨其所見以為選用，此何又慮肺虛而悉去而不用也？若果外寒去矣，審其內寒又除，脾濕漸稀，則朮又可漸進，朮既進矣，而氣又覺未充，則參與耆又可漸投。蓋病原屬腎火衰微，故治先由下，而漸及上，由陽及陰，由氣及血。倘審症不真，一錯百錯，而病焉有見治之日乎？但今門外癡漢，多是遇病猜估，揆厥其由，總是識症不明，察脉不真，藥性不曉，同流合污，隨聲附和，雖死無悔，而不自知其術甚踈有如是者矣。至於臟平病平之藥，亦當顧其胃腑，不宜穀食有阻，以絕生機。其陰陽二臟之藥，止屬如是，因備其圖於左。

清・黃凱鈞《上池涓滴》　人之五臟，通順和調，則身康氣適；稍有不善，則疾病生矣。或虛或實，實謂受邪。或寒或熱，症見多歧，難以概舉。凡攝生之士，雖非醫者，於家人上下，補偏救弊，亦有所主持。姑將五藏致病之由，所見之症，應用何藥，按藏分開。俾覽之者，隨其因而采用之。

心宜恬淡，少思慮。遇逆境，即善自排解，固腎水以上交於心。若此者，病從何來？反之則為累矣。積累成虛，其病為怔忡，心氣怯。吐血，心不主血。陽痿，心不交於腎。健忘，食物無味，語言顛倒，皆因氣虛血少。宜用補藥，枸杞、色赤入心補血。歸身、補肝即虛補其母。棗仁、味酸斂心陽。茯神、味淡安心氣。柏子仁、寧心益智。龍眼、補心血益智。蓮肉、象心益心。人參，補肺氣心氣，通肺，故亦補心。如天王補心丹、養營湯、孔聖枕中丹、歸脾丸，皆可用。開鬱則陳皮、香附、石菖蒲、鬱金、遠志，必須之品。心乃虛靈之府，六淫不相干，其受邪者，乃心之經也，故諸瀉心湯，治傷寒下早，痞滿在心胸間也。其有面色青黑者，心氣寒也，宜乾薑、附子溫之。心屬火，熱從火出，人遇拂逆之事，若心焦燥，則一切熱病生矣。多汗，心主汗。夜臥不寧，心煩則少寐。手足心皆熱，手足心應心。咽痛口乾，嗌不利，心脈繫於咽，故見諸患。舌強，心開竅於舌。咳嗽，心火上炎。諸癰瘡發背，心有鬱火所致。寸脈溢出魚際，火乘肺也。宜用涼藥，黃連、苦瀉心火。連翹、象心清心。燈心、竹卷心、以心清心。牛黃、入心清痰熱。犀角、涼心。硃砂、鎮而兼涼。甘草，以甘瀉之。至寶丹，治熱邪入心包絡，神昏譫語，非此不為功。以上藥味，雖分補瀉溫涼，然補中亦宜兼溫涼之品，涼中須兼開利之藥，又在圓機妙用耳。

肝宜條達，戒鬱怒，當拂逆而善自開釋，以長養生氣。若能如此，病安從來？反則為逆，逆之則傷肝。虛則病錯忘不精，恐怖，魂神傷。目䀮䀮然，肝開竅於目，傷則不能受血而視。睡臥不寧，血不歸肝，魂不守舍。陰縮，肝脈過陰器。筋攣，肝主筋，傷則筋無所榮。諸症宜補藥，用歸身、生地、白芍、養肝。炒牛膝、強筋。柏子仁、平肝悅神。杜仲、強筋補虛。阿膠、涼血益肝陰。黃精、枸杞子、養肝明目。狗脊、強筋骨。何首烏。益肝陰強筋。肝病而挾風火，則病眩暈癲厥，耳聾，肝陽上冒。咯血咳嗽，木火炎上，肝不藏血。痙痓強直，肝受風邪。咽痛喉燥，肝脈循喉嚨。目赤，肝火上升。諸症宜清火熄風，藥用羚羊角、平肝清熱。丹皮、清肝經血熱。桑葉、清肝經氣熱。鉤藤、平肝，除風熱。薄荷、荊芥、驅風清熱。甘菊、息風除熱。穭豆皮、和肝陽。刺蒺藜、散肝風。秦皮，平肝除熱。如實熱，黃連、龍膽草亦可配用。鬱滯則病胃脘痛，吞酸嘔吐，木淩胃。脇痛，肝脈布脇肋。左脇下結塊如覆杯，肝鬱所積。結核瘰癧，肝經火鬱所致。疝氣，肝脈繞陰器。婦人月閉等症，宜開鬱散結，藥用青皮、香附、陳皮、行氣破滯。延胡索、鬱金、止痛解鬱。柴胡、解鬱調經。夏枯草、解肝經鬱熱，治結核瘰癧要藥。川楝子，治疝要藥。他如川連、吳茱萸、三稜、蓬术等藥須視其虛實寒熱以用之。肝者，將軍之官，其性剛烈，喜投柔劑。若香燥只可暫用，宜參以柔劑佐之，方無燥暴之患。如逍遙散、七味飲、左金丸、滋腎生肝飲等方，皆可選用。

脾居中州，宜健運。五味入胃，由脾布散。人能謹飲食，戒生冷，遠潮濕，少思慮愁憂，若是患自可免，反之則生病矣。傷勞倦憂思，則病四肢怠惰，脾主四肢。肌肉痿黃，脾主肌肉。大便溏泄，飲食不化，脾不運動。或不時身熱，宜用補藥，黨參、補中和脾。黃耆、補中益氣。白术、健脾燥濕。炙草、甘能益脾。茯苓、淡滲調脾。扁豆、調脾和胃。懷山藥、補脾調中。大棗，甘溫健脾。如六君子、補中益氣、參苓白术散等方均可選用。傷飲食則病腹痛脹滿，痞悶不安，脾氣滯礙。大便或閉或泄，裏急後重，濕熱鬱結。噫氣，脾土壅滯。痞氣，脾之積。身熱。營氣不通。小兒疳積蟲積，宜用消導運氣之藥，廣皮、理氣導滯。砂仁、快氣醒脾。查肉、消食磨積。神麯、調中消食。枳實、枳殼、消脹利氣。麥芽、穀芽、消食健運。厚朴、瀉滿除濕。檳榔、破滯、攻堅、殺蟲。大黃，蕩滌腸胃。如枳實導滯丸、木香檳榔丸、平胃散、保和丸等方，皆可選用。蟲積，遇仙丹、追蟲丸皆可效。傷暑濕，則病腹痛，泄瀉下痢，脾傷飲食，暑濕為患。霍亂嘔吐，暑濕擾中，陰陽錯亂。宜用芳香逐穢清熱之藥，藿香、通上中二焦邪滯，快脾胃去惡氣。厚朴、廣皮、芳香逐穢。滑石、利濕去暑。川連、瀉火去濕。黃芩、除脾家濕熱。建麯、除脾家敦阜之氣。苡仁、利濕健脾。澤瀉、去濕熱。砂仁殼，醒脾。如小半夏湯、益元散、黃連香薷散、二香散、香連丸等方，可選用。傷寒濕生冷，則病身重體痛如束，寒濕留着肌肉。下利純清徹冷，生冷傷脾陽。畏寒，胃陽遏滯。腹痛不止，脾陽不運。足跗腫，寒濕着太陽經。嘔吐清冷汁，生冷所傷，胃陽不舒。手足常覺不暖，脾陽不能四達。宜用溫中驅濕之品，香薷、辛散能解結利濕。草蔻仁、暖胃健脾燥濕除寒。乾薑、逐寒濕。白豆蔻、行氣暖胃。良薑、去寒濕止痛。附子、逐寒通陽。肉桂、驅沉寒之物，溫脾陽。蒼术、燥胃強脾，逐寒濕。木瓜、利濕舒筋。羌活、散表勝濕。蘇葉，散表驅寒。大順散、五苓散、冷香飲子、漿水散等方，皆可選用。

肺為百脈所宗，氣之源也。其體最嬌，故又惡寒，又惡熱，苦氣上逆，人能慎風寒，遠暑熱，未寒先衣，漸暖漸脫，寡言養氣，少食辛酸之物，若是者，病從何來？逆之則病生矣。虛則病不任風寒，肺應皮毛。喘促語言不續，肺氣虧損。咳唾頻頻，水津不能四布。虛而有熱，則病肺痿，肺液枯涸。百合病，手太陰虛熱所致。失音，肺金傷損。乾咳，咳血，皮毛憔悴。虛火爍肺。但虛宜補，人參、黃耆、大補肺氣。蛤蚧、補肺定喘。白肺頭、以肺補肺。五味子能收耗散之金。等類。虛而挾熱，宜用滋養清金，北沙參、清補。麥冬、燕窩、大補肺陰。百合、象肺益肺。秫米、平補肺金。川貝、清肺消痰。欵冬、潤肺清痰。桑皮、瀉肺清痰。地骨皮、治肺熱出汗。馬兜鈴、清肺止嗽。花粉、桑葉，潤燥清肺。如清燥救肺湯、四陰煎、人參固本丸、補肺阿膠散、瀉白散等方，皆可選用。受邪則病哮喘，風寒之邪閉塞肺竅。畏風身熱，鼻流清涕，皆受邪，肺氣不宣。或咳嗽，為痧，為疹，為溫熱，為肺癰，其末也則為痒瘰疥瘡，皆寒鬱皮毛，肺氣不宣以成諸症。有宜溫散，有宜辛涼，視症以用之。溫散如麻黃、肺有實邪最重者可用。桂枝、溫經通營衛。蘇葉、散寒。荊芥、白芷、羌活，溫散。辛涼如薄荷、辛涼。石膏、色白，入肺能清氣熱。前胡、白前、治喉中水雞聲最妙。連翹、輕宣瀉火。黃芩、苦清肺火。黑梔、瀉火屈曲下行。竹葉，輕揚清肺。他如杏仁、辛散苦降。橘紅、利氣達表。旋覆花、降肺能消老痰。防風、宣肺去風。葶藶子、肺中水氣膹急者，非此不能除。紫菀、潤肺消痰。射干、瀉火清痰。栝樓仁、清上焦熱痰。通草、利水退熱，色白入肺。馬勃、消腫退熱。桔梗。開提肺氣。是皆治肺病之不可缺者。

腎為人身之根本，宜閉藏，五藏受精，皆歸藏於腎。人能戒淫慾，而不使有傷，病安從來？傷之則虛，虛久成損，其病腰脊痛，督脈貫脊屬腎。遺精白濁，腎關不固。消渴，精液內亡。瞳子散大無光，瞳子屬腎。骨蒸勞熱，陰虧。骨痿痿厥，腎主骨。面如漆柴，黑色屬水，腎藏傷則精枯故也。耳聾，腎竅通於耳。恐懼如人將捕之，腎在志為恐，腎氣怯故也。呼吸不續，元海氣虛故也。坐臥不寧，水虧不能養心所致。陰痿，腎陽虛。或口熱舌乾，齒痛咽痛。陰火上炎。諸症有宜補陰，有宜補陽。補陽則用破故紙、溫補命門。附子、肉桂、回陽補腎。大茴香、暖丹田，補命門。巴戟天、強陰益精。菟絲子、溫補三陰。覆盆子、益腎藏而固精。沙苑蒺藜、補腎益陰，治腰痛。胡蘆巴、暖丹田去寒濕。瑣陽、強筋益陽。杜仲、強筋充骨。韭子、補肝腎，助命門。陽起石、治精乏陰痿。雀卵、補陽益精。鹿茸，添精補髓，暖腎助陽。方如八味丸、右歸飲、七寶美髯丹、黑地黃丸、鞏堤丸等方可用。補陰藥，宜用肉蓯蓉、益髓強筋。續斷、補腎理筋。生熟地黃、補腎養血。黃柏、瀉相火。牡蠣、清熱補陰。阿膠、滋腎補陰。元參、補水，瀉無根之火。枸杞、滋肝益腎。狗脊、平補肝腎。玉竹、平補氣血，去風濕。天冬、補水潤燥。何首烏、益精堅腎，收斂精氣。金櫻子、濇精。女貞子、滋陰降火。胡麻、潤五藏填精髓。黑大豆、固腎明目。磁石、重鎮肝腎。海參、補腎益精。龜板、純陰益腎。淡菜、鹹補精血。秋石，滋陰降火。方如六味丸、左歸丸、大補元煎、虎潛丸、天真丸、大補陰丸、龜鹿二仙膠等方可用。以上所論皆就本藏虧損所致，至於外因傳感而病，不在此例。

清・江涵暾《筆花醫鏡》卷二

心部藥隊　補心猛將：　北五味　補心次將：　棗仁　柏子仁　遠志　丹參　龍眼　麥冬　當歸　白芍　茯神

瀉心猛將：　石菖蒲　黃連　木通　硃砂　犀角　瀉心次將：　山梔仁　連翹心　通草　車前子　竹捲心　燈心　蓮子心【略】

肝部藥隊　補肝猛將：　枸杞　北五味　烏梅　補肝次將：　山茱萸　菟絲子　首烏　當歸　沙苑蒺藜　白芍　鼈甲　龍骨　牡蠣　木瓜　瀉肝猛將：　鬱金　桃仁　表皮　莪朮　沉香　瀉肝次將：　香附　木香　延胡索　柴胡　山梔　川芎　川楝子　赤芍藥　瓜蔞殼　白蒺藜　陳佛手　勾藤　涼肝猛將：　龍膽　胡黃連　涼肝次將：　羚羊角　夏枯草　石決明　青蒿　菊花　溫肝猛將：　肉桂　桂枝　吳茱萸　細辛　胡椒　骨碎補　溫肝次將：　菟絲子　艾葉　山茱萸　茴香【略】

脾部藥隊　補脾猛將：　白朮　黃精　補脾次將：　山藥　扁豆　苡仁　大棗　炙甘草　瀉脾猛將：　枳實　萊菔子　瀉脾次將：　神麯　麥芽　山查　枳殼　厚朴　大腹皮　使君子　白芷　雞內金　陳皮　檳榔　涼脾猛將：　大黃　黃芩　瓜蔞霜　涼脾次將：　黃柏　山梔　知母　銀花　武夷茶　溫脾猛將：　附子　乾薑　巴豆　肉荳蔻　草果　蒼朮　胡椒　溫脾次將：　木香　煨薑　烏藥　藿香　益智仁　砂仁　白蔻仁　蕪荑　焦穀芽　川椒【略】

肺部藥隊　補肺猛將：　黃耆　人參　補肺次將：　黨參　百合　沙參　燕窩　阿膠　懷山藥　訶子　麥冬　冰糖　瀉肺猛將：　葶藶　麻黃　白芥子　桔梗　升麻　膽星　瀉肺次將：　蘇子　牛蒡　杏仁　前胡　紫(苑)〔菀〕　桑白皮　殭蠶　竹茹　貝母　涼肺猛將：　石膏　黃芩　竹瀝　馬兜鈴　山慈菇　涼肺次將　洋參　元參　山梔　花粉　天冬　地骨皮　知母　麥冬　薄荷　海石　溫肺猛將：　麻黃　天南星　北五味　溫肺次將：　蘇梗　款冬花　製半夏　生薑　烟【略】

腎部藥隊　補腎猛將：　熟地　枸杞　淫羊藿　北五味　補腎次將：　生地　巴戟天　首烏　杜仲　龜板　女貞　穭豆皮　海參　瀉腎猛將：　猪苓　瀉腎次將：　澤瀉　知母　赤苓　苡仁　涼腎猛將：　朴硝　元明粉　苦參　涼腎次將：　生地　丹皮　知母　滑石　溫腎猛將：　破故紙　鹿茸　鹿角膠　溫腎次將：　山茱萸　菟絲子　大茴香　艾葉【略】

胃部藥隊　補胃猛將：　白朮　黃耆　大棗　補胃次將：　扁豆　山藥　炙甘草　龍圓　紅棗　瀉胃猛將：　石菖蒲　枳實　雷丸　白芥子　萊菔子　瀉胃次將：　蘇梗　枳殼　蔓荊子　麥芽　涼胃猛將：　石膏　犀角　涼胃次將：　花粉　葛根　香薷　石斛　萆薢　知母　蘆根　竹葉　溫胃猛將：　乾薑　高良薑　益智仁　肉荳蔻　草果　丁香　木香　胡椒　辛夷　溫胃次將：　藿香　砂仁　白蔻仁　半夏　烏藥　煨薑　厚朴　川椒【略】

膀胱部藥隊　補膀胱藥即補腎之藥，腎氣化則小便自行。　瀉膀胱猛將：　羌活　麻黃　防己　木通　葶藶　猪苓　瀉膀胱次將：　獨活　防風　蒲黃　川楝子　前胡　藁本　澤瀉　葱　涼膀胱猛將：　甘遂　龍膽草　涼膀胱次將：　車前子　茵陳　海金沙　川黃柏　溫膀胱猛將：　吳茱萸　溫膀胱次將：　烏藥　茴香【略】

膽部藥隊　補膽猛將：烏梅　補膽次將：棗仁　瀉膽猛將：桔梗　青皮　瀉膽次將：柴胡　香附　秦艽　川芎　涼膽猛將：龍膽草　涼膽次將：青蒿　槐實　溫膽猛將：肉桂　細辛　溫膽次將：山茱萸【略】

大腸部藥隊　補大腸猛將：淫羊藿　粟殼　補大腸次將：訶子肉　百合　瀉大腸猛將：大黄　桃仁　雷丸　麻仁　升麻　紫草　瀉大腸次將：秦艽　旋覆花　郁李仁　杏仁　大腹皮　白芷　梨汁　涼大腸猛將：黄芩　黄柏　涼大腸次將：地榆　槐實　知母　連翹　溫大腸猛將：胡椒　破故紙　枸杞　溫大腸次將：當歸【略】

小腸部藥隊　補小腸將：生地　瀉小腸猛將：木通　瀉小腸次將：瞿麥　海金沙　川楝子　苡仁　赤芍　赤茯苓　燈草【略】

三焦部藥隊　補三焦猛將：淫羊藿　黄芪　瀉三焦猛將：青皮　木香　瀉三焦次將：柴胡　香附　溫三焦次將：烏藥　白荳蔻　胡桃　涼三焦次將：山梔　麥冬　黄柏　地骨　青蒿　連翹

清・趙術堂《醫學指歸》卷上　本草臟腑虚實標本用藥式

肺藏魄，屬金，總攝一身元氣，主聞，主哭，主皮毛。

本病臟腑之病　諸氣膹鬱，肺主氣。諸痿，肺為五臟華蓋，故五臟之痿皆屬於肺。氣短，咳嗽，上逆，同經。咳唾膿血，肺癰也。不得臥，肺藏魄也。小便數而欠，遺失不禁。同經。　標病經絡之病　洒淅寒熱，肺主皮毛。傷風自汗，肩背痛冷，臑臂前廉痛。同經。

治法解　《本經》所言補瀉寒熱，治病之法已該。但經以針言，後世針法失傳，以用藥代之。本草所論補瀉寒熱用藥之式，正與經意相合，詳注於後，以代治法解。

氣實瀉之　肺主氣。實者，邪氣之實也，故用瀉，下分四法。　瀉子：水為金之子，瀉膀胱之水，則水氣下降，肺氣乃得通調。　澤瀉入膀胱利小便。葶藶大能下氣，行膀胱水。　桑皮下氣行水。　地骨皮降肺中伏火，從小便出。　除濕：肺氣起於中焦，胃中濕痰凝聚，其氣上注於肺，去胃中濕痰，正以清肺。　半夏除濕化痰，和胃健脾。　白礬爆濕追涎，化痰墜濁。　白茯苓利竅除濕，瀉熱行水。　薏苡仁甘益胃，土勝水，淡滲濕。　木瓜斂肺和胃，去濕熱。　橘皮理氣燥濕，導滯消痰。　瀉火：　肺屬金畏火。火有君相之別，君火宜清，相火有從逆兩治，氣實只宜逆治。　粳米色白入肺，除煩清熱。　石膏色白入肺，清熱降火。　寒水石瀉肺火、胃火，治痰熱喘嗽。　知母清肺瀉火，潤腎滋陰。　訶子斂肺降火，泄氣消痰。　通滯：　邪氣有餘，壅滯不通，去其滯氣，則正氣自行。　枳殼破氣行痰。　薄荷辛能散，冷能清，搜肝氣，抑肺盛。　生薑辛溫發表，宣通肺氣。　木香升降諸氣，泄肺疏肝。　厚朴辛溫苦降，下氣消痰。　杏仁瀉肺解肌，降氣行痰。　皂莢通竅吐痰，入肺、大腸。　桔梗入肺瀉熱，開提氣血，表散寒邪。　蘇梗下氣消痰，祛風定喘。

氣虚補之　正氣虚，故用補，下分三法。　補母：　土為金母，補脾胃，正以益肺氣。　甘草補脾胃不足。　人參益土生金，大補元氣。　升麻參芪上行。須此引之。　黄芪壯脾胃，補肺氣。　山藥入肺歸脾，補其不足。　潤燥：　補母是益肺中之氣，潤燥是補肺中之陰。金為火刑則燥，潤燥不外瀉火。瀉實火則用苦寒，瀉虚火則用甘寒。　蛤蚧補肺益精，定喘止嗽。　阿膠清肺滋腎，補陰潤燥。　麥冬清心潤肺，強陰益精。　貝母瀉火散結，潤肺清痰。　百合潤肺安心，清熱止嗽。　天花粉降火潤燥，生精滑痰。　天冬清金降火，滋腎潤燥。　斂肺：　久嗽傷肺，其氣散漫。或收而補之，或斂而降之，宜於内傷，外感禁用。　烏梅斂肺澀腸，清熱止瀉。粟殼斂肺澀腸，固腎止嗽。　五味子收斂肺氣，消嗽定喘。　白芍安脾肺，固腠理，收陰氣，斂逆氣。　五倍子斂肺降火，生津化痰。

本熱清之　清熱不外瀉火潤燥，前分虚實，此分標本寒熱，意各有注，故藥味亦多重出。　清金：　清金不外滋陰降火，甘寒、苦寒，隨虚實而用。黄芩苦入心，寒勝熱。瀉上焦、中焦實火。　知母苦寒瀉火。　麥冬甘寒潤肺。　梔子苦寒瀉心肺邪熱。　沙參甘寒補肺，滋五臟之陰。　紫(苑)〔菀〕潤肺瀉火，下氣調中。　天冬甘苦大寒，清金降火。

本寒溫之　金固畏火而性本寒冷，過用清潤，肺氣反傷。故曰形寒飲冷則傷肺。　溫肺：　土為金母，金惡燥而土惡濕。　清肺太過，脾氣先傷，則土不能生金。故溫肺必先溫脾胃，亦補母之義也。　丁香辛溫純陰，泄肺溫胃。藿香快氣和中，開胃止嘔，入手足太陰。　款冬花辛溫純陽，溫肺理氣。　檀香調脾肺，利胸膈，引胃氣上升。　白豆蔻溫暖脾胃，為肺家本藥。　益智仁燥脾胃，補心腎。　砂仁和胃醒脾，補肺益腎。　糯米甘溫，補脾肺虚寒。　百部甘苦微溫，潤肺殺蟲。

標寒散之　不言標熱者，肺主皮毛，邪氣初入，則寒猶未變為熱也。解表：　表指皮毛，屬太陽。入肌膚則屬陽明，入筋骨則屬少陽。此解表、解肌、和解，有淺深之不同也。　麻黄辛溫發汗，肺家要藥。　葱白外實中空，肺之藥

也。發汗解肌，通上下陽氣。　紫蘇發表散寒，祛風定喘。【略】

大腸屬金，主變化，為傳送之官。

本病臟腑之病　大便閉結，泄痢下血，裏急後重，疽痔，脫肛，腸鳴而痛。以上諸證，或虛或實，或寒或熱，皆本腑病，補經所未備。　標病經絡之病　齒痛，喉痹，頸腫，口乾，俱同經。　咽中如梗，咽非本經，脈入缺盆循胃脈外，近於咽。　鼽衄，目黃，手大指次指痛，俱同經。　宿食發熱，宿食在內，發熱在外，故為標病。　寒慄。同經。

治法解　腸實瀉之　大腸主出糟粕。邪氣有餘，壅滯不通，則為實，故用瀉，下分兩法。　熱：　熱結於腸，大便不通，寒以下之。　大黃蕩滌腸胃，下燥結，去瘀熱。　芒硝潤燥軟堅，蕩滌實熱。　芫花蕩滌留癖飲食，寒熱邪氣。　牽牛瀉氣分濕熱，通大腸氣秘。　巴豆開竅宣滯，斬關奪門。　郁李仁下氣行水，破血潤燥。　石膏清熱降火。　氣：　氣實則壅，行氣破氣，則滯自下。　枳殼破氣行痰，消痞脹，寬腸胃。　木香泄肺氣，實大腸，治瀉痢後重。　橘皮理氣燥濕，下氣消痰。　檳榔瀉氣行痰，攻堅去脹，治大便氣秘。

腸虛補之　大腸多氣多血，氣血不足則虛，故用補，下分五法。　氣：　補氣不外下文升陽降濕二法。此所謂氣，疑指風言。蓋風為陽氣，善行空竅，風氣入腸，則為腸鳴、瀉泄諸證。故藥只舉皂莢一味，正以其入腸而搜風也。　皂莢辛溫性燥，入肺、大腸，搜風除濕。　燥：　燥屬血分，金被火傷，則血液枯燥，養血所以潤燥也。　桃仁行血潤燥，通大腸氣秘。　麻仁潤燥滑腸。　杏仁潤燥消積，通大腸氣秘。　地黃瀉丙火，清燥金，補陰涼血。　乳香消氣活血，通十二經。　松子治大便虛秘。　當歸補血潤燥，滑大腸。　肉蓯蓉補精血，滑大腸。　濕：　土為金母，脾虛濕勝，則水穀不分，下滲於大腸而為瀉泄。燥脾中之濕，所以補母也。　白朮補脾燥濕。　蒼朮燥胃強脾，除濕散鬱。　半夏和胃健脾，除濕化痰。　硫黃大熱純陽而疏利大腸，治老人虛秘。　陷：　清氣在下，則生飧泄。胃中清陽之氣陷入下焦，升而舉之，如補中益氣、升陽除濕之法是也。　升麻升陽氣於至陰，引甘溫藥上行。　葛根輕揚升發，能鼓胃氣上行。　脫：　下陷不已，至於滑脫，澀以止之，所以收斂正氣也。　龍骨澀腸固精。　白堊澀腸止利。　訶子收脫止瀉，澀腸斂肺。　粟殼斂肺澀腸。　烏梅斂肺澀腸。　白礬性澀而收，燥濕止血。　赤石脂收濕止血，同大小腸。　禹餘糧重澀固下。　石榴皮澀腸止利泄。

本熱寒之　大腸屬金，惡火。肺火下移大腸，每多無形之熱，故宜寒之。清熱：　實熱則瀉，虛熱則清。前言其實，此言其虛，省文也。　秦艽燥濕散風，去腸胃熱。　槐角苦寒純陰，涼大腸。　地黃瀉火清金，涼血止血。　黃芩寒勝熱，瀉肺火。

本寒溫之　金寒水冷，每多下利清穀，故用溫。　溫裏：　溫裏亦所以補虛，前補虛條中未之及，亦省文也。　乾薑去臟腑沉寒痼冷。　附子大熱純陽，通十二經絡，治一切沉寒。　肉果澀大腸，止冷痢虛瀉。

標熱散之　不言標寒者，邪入陽明，已變為熱，且手陽明經脈在上，非寒邪所干。　解肌：　陽明主肌肉，已非在表，不可發汗，第用解肌之法。　石膏體重瀉火，氣輕解肌。　白芷散風除濕，通竅表汗，為陽明主藥。　升麻表散風邪，亦入手陽明。　葛根開腠發汗，解肌退熱。【略】

胃屬土，主容受，為水穀之海。

本病臟腑之病　噎膈反胃，有火則噎膈，無火則反胃。　中滿腫脹，同經。　嘔吐，聲物俱出，胃寒熱皆然。　瀉痢，濕熱下行於腸。　霍亂腹痛，脾胃俱病。　消中善飢，同經。　不消食，脾不為胃用。　傷飲食，胃病累脾。　胃管當心，痛支兩脇。木克土，兼少陽病也。　標病經絡之病　發熱蒸蒸，身前熱，身後寒，同經。　發狂譫語，必兼登高棄衣諸證，身熱四肢實，故屬標病。　咽痹，咽，胃系也。　上齒痛，脈入齒。　口眼喎斜，脈挾口，且過睛明穴也。　鼻痛鼽衄，同經。　赤皶。脈起交頞。

治法解　胃實瀉之　胃主容受，然太實則中焦阻塞，上下不通，故用瀉，下分二法。　濕熱：　熱盛則濕者化而為燥，故用下法。　大黃蕩滌腸胃，下燥結，去瘀熱。　芒硝潤燥軟堅，蕩滌腸胃。　飲食：　重者用下，輕者用消。　巴豆去臟腑沉寒，下冷積。　神麯化水穀，消積滯。　山查消食磨積，化油膩滯。　阿魏入脾胃，消肉積。　硇砂消食破瘀，治肉積。　鬱金下氣破血。　三稜破血消積。　輕粉刼痰涎，消積滯。

胃虛補之　土喜沖和，或熱或寒，皆傷正氣、耗津液，故用補，下分二法。

濕熱：　氣虛濕勝，濕勝熱生，去濕即所以去熱，熱去而正氣自生。　蒼朮燥胃除濕。　白朮燥濕和中。　半夏除濕化痰。　茯苓滲濕行水。　橘皮導滯消痰。　生薑調中暢胃，開痰下食。　寒濕：　脾中之陽氣不足，則胃中之津液不行，補陽乃以健脾，亦以燥胃，故寒去而濕出，乃能上輸津液，灌溉周身。　乾薑逐寒邪，燥脾濕，除胃冷。　附子補真陽，逐寒濕。　草果健脾暖胃，燥濕祛寒。　官桂補命門火，抑肝扶脾。　丁香溫胃補腎。　肉果理脾暖胃，逐冷祛痰。　人參補陽氣，扶脾土。　黃芪補中益氣，壯脾強胃。

本熱寒之　不言本寒者，治寒濕之法，已見上條也。　降火：　土生於火，火太過則土焦，降心火乃以清胃熱。　石膏足陽明經大寒之藥。　地黄苦寒入心，瀉丙火。　犀角瀉心火，清胃熱。　黄連瀉心火，厚腸胃。

標熱解之　邪入陽明則病在肌肉，寒變為熱，故不言標寒。　解肌：　陽明主肌肉，邪及肌肉，已在不表，故用解不用發。　升麻表散風寒，足陽明引經藥。　葛根入陽明經，開腠發汗。　豆豉發汗解肌，調中下氣。【略】

脾藏志，屬土，為萬物之母，主營衛，主味，主肌肉，主四肢。

本病臟腑之病　諸濕腫脹，痞滿，即經中腹脹，得後與氣則快，不能臥，食不下諸證。　噫氣，同經。　大小便閉，即水閉。　黄疸，同經。　痰飲，脾不為胃行津液。　吐瀉霍亂，脾胃同病。　心腹痛，同經。　飲食不化。脾不健運。

標病經絡之病　身體胕腫，重困嗜臥，同經。　四肢不舉，脾主四肢。　舌本強痛，足大趾不用，同經。　九竅不通，脾為萬物母，主營衛，脾病則諸臟俱病，九竅在外，故為標病。　諸痓項強。　脈行人迎，挾喉。

治法解　土實瀉之　脾胃俱為倉廩之官，而脾主運化，脾氣太實，則中央杼軸不靈，故用瀉，下分三法。　瀉子：　金為土之子，土滿則肺氣壅遏，瀉肺氣所以消滿。　訶子瀉氣消痰，開胃調中。　防風瀉肺，散頭目滯氣。　桑皮瀉肺行水，下氣消痰。　葶藶下氣行水，大能瀉肺。　吐：　《經》云：　在上者因而越之。痰血食積壅塞上焦，涌而去之，其勢最便，故用吐法。　胃實不言吐者，胃主容受，脾主消化，積雖在胃，而病生於脾也。　豆豉能升能散，得鹽則吐。　梔子苦寒瀉火，吐虚煩客熱。　蘿蔔子長於利氣，能吐風痰。　常山引吐行水，祛老痰積飲。　瓜蒂吐風熱痰涎，上膈宿食。　鬱金行氣破血，輕揚上行，同升麻服能吐。　齏汁吐諸痰飲宿食。　藜蘆吐上膈風涎。　苦參瀉火燥濕，祛風逐水。　赤小豆行水散血，清熱解毒。　鹽湯能湧吐。　苦茶瀉熱清痰，下氣消食，濃茶能引吐。　下：　下法不止去結除熱，凡驅逐痰水皆是也。　蓋脾惡濕，脾病則濕勝，土不足以制水，每生積飲之證，故與腸胃、三焦下熱結之法稍異。　大黄瀉血分實熱，下有形積滯。　芒硝蕩滌實熱，推陳致新。　青礞石體重沉墜，下氣利痰。　大戟瀉臟腑水濕。　續隨子下積飲，治水氣。　芫花去水氣，消痰癖。　甘遂瀉隧道水濕。

土虚補之　土為萬物之母，而寄旺於四時。　土虚則諸臟無所稟承，故用補，下分三法。　補母：　土生於火，益心火所以生脾土也。　桂心苦入心經，益陽消陰。　茯苓安心益氣，助陽補脾。　氣：　氣屬陽，陽氣旺，則濕不停而脾能健運。　人參大補元氣，益土生金。　黄芪補中氣，壯脾胃。　升麻升陽氣，補衛氣，脾胃引經藥。　葛根升胃氣，兼入脾經。　甘草補脾胃不足。　陳皮調中快膈，脾胃氣分之藥。　藿香入脾經去惡氣。　葳蕤補中益氣，治風濕。　砂仁和胃醒脾，快氣調中。　木香疏肝和脾，三焦氣分藥。　扁豆調脾暖胃，消暑除濕。　血：　脾統血，喜溫而惡寒。　寒濕傷脾，則氣病而血亦病。　甘溫益脾，則陽能生陰，所以和血而補血也，與他臟養血之法不同。　白术甘溫和中，同血藥用則補血。　蒼术甘溫辛烈，燥胃強脾。　白芍瀉肝安脾，為太陰行經藥。　膠飴溫補脾，甘緩中。　大棗甘溫補中，入脾經血分。　乾薑辛溫燥濕，能引血藥入氣分而生血。　木瓜伐肝理脾，調營衛，利筋骨。　烏梅酸澀而溫，脾肺血分之藥。　蜂蜜甘溫補中，調和營衛。

本濕除之　不言寒熱者，實兼寒熱也，下分二法。　燥中宫：　脾惡濕，燥濕所以健脾。　脾喜溫，故只言寒濕，不言濕熱，且濕去而熱自除也。　白术苦燥濕。　蒼术除寒濕。　橘皮理氣燥濕。　半夏除濕化痰。　吳茱萸燥脾除濕。　南星燥濕除痰。　白芥子溫中開胃，利氣豁痰。　潔淨府：　水乃濕之原，行水乃以除濕，故治濕必利小便。　木通通膀胱，導濕熱。　赤茯苓利濕熱，赤勝於白。　猪苓利濕行水。　藿香去惡氣則正氣通暢，氣化則小便利。

標濕滲之　脾之經絡受傷者，不止於濕。　外感之濕中人，不止脾之一經。　脾專言濕，舉一以概其餘也。　以濕屬脾，從其類也。　開鬼門：　濕從汗解，風能燥濕。　葛根解肌開腠。　蒼术發汗除濕。　麻黄辛溫發汗。　獨活搜風去濕。　以上所舉四藥，或入陽明、或入太陽、或入少陰，非專入脾經也。　蓋濕與熱合，傷在肌肉，則用陽明藥。　濕與風合，傷在皮膚，則用太陽藥。　濕與寒合，傷在筋骨，則用少陰藥。　濕土於五行寄旺，故兼諸經藥也。　推之他經，濕在太陽，則用麻黄；　濕在陽明，則用葛根、蒼朮；　濕在少陰，則用獨活。　觸類引伸，方得作者本旨，不可泥看，餘仿此。【略】

小腸主分泌水穀，為受盛之官。

本病臟腑之病　大便水穀利，小便短，小便閉，小便血，小便自利，大便後血，大腸主大便，膀胱主小便，而小腸兼主大小便，以分泌水穀也。　小腸氣痛，本腑病。　宿食夜熱旦止。　以小腸為受盛之官。

標病經絡之病　身熱惡寒，手足太陽病同。　嗌痛頷腫，同經。　口糜，合胃經病，以脈循胃系也。　耳聾。　同經。

治法解　實熱瀉之　小腸承胃之下脘，而下輸膀胱，大腸實熱則不能泌別清濁，故用瀉，下分二法。　氣：　氣分有熱，則水穀不分，行水即以導熱。　木通通大小腸，導諸濕熱。　猪苓利濕行水。　滑石利竅滲濕，瀉熱行水。　瞿麥降心火，利小腸，行水破血。澤瀉利濕行水。燈草降心火，利小腸。血：熱入血分，則血妄行，清熱所以涼血止血。地黃瀉丙火，涼血生血。蒲黃生行血，熟止血。赤茯苓入心、小腸，利濕熱。梔子瀉心肺邪熱，下從小便出。丹皮瀉血中伏火，涼血而生血。

虛寒補之　小腸屬火，化物出焉，虛寒則失其職，故用補，下分二法。氣：胃為小腸上流，胃氣虛則濕流小腸而水穀不分，調補胃氣，即以補小腸之氣也。白朮燥濕和中，益陽補氣。楝實導小腸熱，引心包相火下行。茴香開胃調中，療小腸冷氣。砂仁快氣調中，通行結滯，入大小腸。神麯調中開胃，化水穀，消積滯。扁豆調脾暖胃，消暑除濕。血：血分寒虛，則多凝滯，補陽行氣，所以活血而補血也。桂心辛走血，能補陽活血。胡索行血中氣滯、氣中血滯。

本熱寒之　不言本寒者，虛寒已見上條，省文也。降火：小腸與心為表裏，心火太旺，往往下傳於小腸，降心火所以清小腸之上流也。黃柏瀉相火，補腎水。黃芩苦入心，寒勝熱。黃連大苦大寒，入心瀉火。連翹形似心，入心經氣分而瀉火。梔子瀉心、肺、三焦之火。

標熱散之　陽邪中上，陰邪中下。手太陽經脈在上，非寒邪所能干，故止言標熱。解肌：陽邪每多自汗之證，故不用發表，且小腸經專主上部，與足陽明解肌不同。藁本辛溫雄壯，為太陽風藥。羌活搜風發表。防風解表去風，主上焦風邪。蔓荊輕浮升散，主上部風邪。

清・趙術堂《醫學指歸》卷下　膀胱主津液，為胞之府，氣化乃能出，號州都之官，諸病皆干之。

本病臟腑之病　小便淋瀝，或短數，或黃赤，或白，或遺失，膀胱主小便，諸病皆本腑病。或氣痛。本腑病。　標病經絡之病　發熱惡寒，太陽主表。頭痛腰脊強，同經。鼻塞，內眦近鼻。足小趾不用。同經。

治法解　實熱瀉之　膀胱主津液，實熱則津液耗散，瀉之所以救液也，下一法。泄火：水不利則火無由泄，行水所以泄火。滑石淡滲濕，寒瀉熱，下走膀胱而行水。豬苓除濕瀉熱，下通膀胱。

下虛補之　膀胱氣化乃出，或熱或寒皆能傷氣，氣虛則下焦不固，故用補，下分二法。熱：熱在下焦，乃真水不足，無陰則陽無以化，宜滋腎與膀胱之陰。知母潤腎燥而滋陰，為氣分藥。黃柏瀉膀胱火，補腎水不足，為血分藥。寒：虛寒則氣結於下，或升或散，皆所以通其氣；虛寒則元氣不固，或溫或澀，皆所以固其氣。桔梗開提氣血，載藥上浮。升麻能升陽氣於至陰之下。益智仁澀精固氣縮小便。烏藥辛溫順氣，治膀胱冷氣。萸肉固精秘氣，縮小便。

本熱利之　不言本寒者，已見補虛條中，省文也。降火：水在高源，上焦有火則化源絕。清金瀉火，亦補母之義。前虛熱條中所載，乃正治法。此乃隔一治法，互文也。至行水泄火，惟實者宜之，已見前瀉實條中，與此條有別。地黃苦寒瀉火，入手足少陰。梔子瀉心肺邪熱，從小便出。茵陳寒勝熱，苦燥濕，入足太陰經。黃柏瀉相火，補腎水。丹皮入手足少陰，瀉血中伏火。地骨皮降肺中伏火。

標寒發之　不言標熱者，寒邪中下，初入太陽，猶未變為熱也。發表：太陽主表，寒邪入表，急宜驅之使出，故發汗之法，較解表尤重。麻黃辛溫發汗，去營中寒邪。桂枝發汗解肌，調和營衛。羌活搜風勝濕，入足太陽經。防己通腠理，療風水，太陽經藥。黃芪無汗能發，有汗能止。木賊草發汗解肌，升散火鬱風濕。蒼朮發汗除濕。【略】

腎藏智，屬水，為天一之源，主听，主骨，主二陰。

本病臟腑之病　諸寒厥逆，骨痿，同經。腰痛，腰冷如水，臟病及腑。足跗腫寒，水氣下注。少腹滿急，疝瘕，腎主下焦，少腹腎所治也。大便閉泄，吐利腥穢，水液澄澈，清冷不禁，腎主二陰。消渴引飲。火旺傷水。　標病經絡之病　發熱不惡熱，真寒假熱。頭眩頭痛，太陽經病，腎絡所通。咽痛舌燥，脊股後廉痛。同經。

命門右腎為命門。為相火之原，天地之始，藏精，精化於氣。生血，陽能生陰。降則為漏，升則為鉛，鉛乃北方正氣，一點初生之真陽。一念之非，降而為漏；一念之誠，守而為鉛。主三焦元氣。

本病不言標病者，兩腎經絡皆同也。前後癃閉，腎主二陰，左腎病便閉，右腎病癃閉，有寒熱之分。氣逆裏急，疝痛奔豚，病同左腎，滿急疝瘕而有寒熱之別。消渴，亦同左腎，而水虛、火虛不同。膏淋，淋病屬小便，而膏淋則傷精。精漏精寒，命門主藏精。赤白濁，亦精道病。溺血崩中帶漏。命門主生血。

治法解　水強瀉之　真水無所謂強也，膀胱之邪氣旺則為水強，瀉膀胱乃以瀉水也，下分二法。瀉子：木為水之子，水濕壅滯，得風火以助之，結為痰涎。控去痰涎，正所以疏肝而泄水也。牽牛逐水消痰，瀉氣分之濕熱。大戟去臟腑水濕，瀉肝經風火之毒。瀉腑：膀胱為腎之腑，瀉腑則臟自不實。澤瀉利濕行水。豬苓利濕利水。車前子滲膀胱濕熱，利小便而不走氣。防己瀉下焦血分濕熱，為療風水之要藥。茯苓除濕瀉熱，下通膀胱。

水弱補之　腎為水臟，而真陽居於其中，水虧則真陽失其窟宅，無所依附，故固陽必先補水。　補母：　肺為腎之母，補肺金所以生腎水也。　人參大補肺中元氣。　山藥色白入肺，益腎強陰。　氣：　火強則氣熱，火弱則氣寒，寒熱皆能傷氣。　補氣之法亦不外瀉火、補火二端。《內經》腎臟不分左右，本草雖分，究竟命門治法已該左腎中。　知母瀉火補水潤燥，為腎經氣分藥。　元參色黑入腎，能壯水以制火。　破故紙補相火以通君火，暖丹田，壯元陽。　砂仁辛溫益腎，通行結滯。　苦參瀉火燥濕，補陰益精。　血：　血屬陰，陰與陽相配，陽強則陰虧，無陽亦無以生陰，故滋陰溫腎，皆所以益精而補血也，亦兼命門治法在內。　黃柏瀉火補水，腎經血分藥。　枸杞生精助陽，清肝滋腎。　熟地黃滋腎水，補真陰，填骨髓，生精血。　鎖陽益精興陽，補陰潤燥。　肉蓯蓉入腎經血分，補命門相火。　萸肉補腎溫肝，強陰助陽。　阿膠養肝滋腎，和血補陰。　五味子斂肺滋腎，強陰澀精。

本熱攻之　邪熱入裏，直攻腎臟，非如前補氣條中用清熱之法可以緩圖者也，惟有急攻一法。　下：　熱入腎臟，真水已虧，豈可攻下？　而傷寒少陰條中，有用大承氣湯下之者，以有口燥咽乾之證，故屬之少陰，其實乃少陰陽明也。　熱結於足陽明，則土燥耗水；　熱結於手陽明，則金燥不能生水。　況腎主二陰，瀉腑所以通小便，攻下所以通大便。此亦瀉實之法，補前條所未備。

本寒溫之　北方水臟，加以寒邪，恐真陽易至消亡，故有急溫一法。　溫裏：　溫裏亦不外下條益陽之法，但本非真陽不足，以寒邪犯本，急用溫法。故所用皆猛烈之藥，與下補火法大同小異。　附子大熱純陽，逐風寒濕。　乾薑生逐寒邪而發表，炮除胃冷而守中。　官桂益陽補氣。治沉寒痼冷之病。　白朮苦燥濕，溫和中。　蜀椒發汗散寒，入命門補火。

標寒解之　寒邪直入陰分，然尚在經絡，未入臟腑，故曰標寒。　解表：　寒邪入於少陰經絡，雖在表未入於裏，已與太陽之表不同。　第可引之從太陽而出，不可過汗以泄腎經，故不言發表而言解表也。　麻黃發表解肌，去營中寒邪、衛中風邪。　細辛辛溫，散風邪，乃足少陰本藥。　獨活搜風去濕，入足少陰氣分。　桂枝發汗解肌，溫經通脈。

標熱涼之　寒邪入於骨髓，久之變而為熱。　以邪猶在表，故為標熱。　清熱：　熱自內出，發熱而不惡寒，不可發汗，故用清熱之法。　元參入腎補水，散無根浮游之火。　連翹入心瀉火，除三焦濕熱。　甘草生用瀉火，炙用補中。入汗劑則解肌，入涼劑則瀉邪火。　豬膚治少陰下利咽痛。

火強瀉之　火強非火實也，水弱故火強，火強則水愈弱，故瀉法仍是補法。　瀉相火：　腎火與水并處，水不足，火乃有餘。　滋陰即以瀉火，所謂壯水之主以制陽光是也。　黃柏瀉相火，補腎水不足。　知母潤腎燥而滋陰。　丹皮入足少陰瀉伏火，涼血而生血。　地骨皮瀉肝腎虛熱，涼血而補正氣。　生地黃滋陰退陽，入足少陰。　茯苓行水瀉熱。　元參色黑入腎，壯水以制火。　寒水石除三焦火熱。

火弱補之　火居水內，即坎中一畫之陽，先天之本是也。　弱則腎虛而真陽衰敗，故宜補。　益陽：　腎中元陽不足，無以藏精而生血。故補火而不失之燥，則陽能配陰而火不耗水。　即用燥藥，亦必以滋腎之藥佐之。　益陽與溫裏所以不同，所謂益火之原以消陰翳是也。　附子引補氣藥以復散失之元陽，引補血藥以滋不足之真陽。　肉桂入肝腎血分，補命門相火不足。　益智仁補命門火不足，澀精固氣。　破故紙暖丹田，壯元陽。　沉香入右腎命門，能暖精壯陽。　川烏功同附子而稍緩，寒宜附子，風宜烏頭。　硫黃補命門真火不足，性雖熱而能通。　天雄補下焦命門陽虛。　胡桃屬水入腎，佐烏藥治厥逆之氣。　陽起石補右腎命門。　茴香暖丹田，補命門不足。　破故紙大補下焦。　巴戟入腎經血分，强陰益精。　丹砂同地黃、枸杞之類養腎。　當歸和血養血，治一切血證陰虛而陽無所附者。　蛤蚧補肺潤腎，益精助陽。　覆盆益腎臟而固腎，起陽痿，縮小便。

精脫固之　血生於陰而精化於陽，陽不能固則精不能藏，故固精屬之右腎。　澀滑：　澀以止脫，澀之所以固之也。　牡蠣澀以收脫，治遺精。　芡實固腎澀精。　金櫻子固精氣，入腎經。　五味子收耗散之氣，強陰澀精。　遠志能通腎氣上達於心，治夢泄。　萸肉固精秘氣。　蛤蚧與牡蠣同功。　【略】

心藏神，為君火。包絡為相火，代君行令，主血，主言，主汗，主笑。

本病心包之病　諸熱瞀瘛，心主火，火勝則目眩筋急。　驚惑譫妄，煩亂，心藏神，心病則神亂。　啼笑罵詈，與《經》言喜笑不休略同。　怔忡，即心火病。　健忘，心藏神。　自汗，心主汗。　諸痛癢瘡瘍。心主血，熱傷血也。

標病經絡之病　肌熱，熱在血分。　畏寒戰慄，熱極似寒。　舌不能言，心主言。　面赤目黃，心煩熱，胸脇滿，痛引腰背肩胛肘臂。同經。

治法解　火實瀉之　心屬火，邪氣有餘則為火實，故用瀉，下分四法。

瀉子：　土為火之子，瀉脾胃之熱，而心火自清。　黃連苦寒瀉心火。王海藏曰：瀉心實瀉脾也。大黄大瀉血分實熱，入足太陰、足陽明。氣：火入上焦，則肺氣受傷，甘溫以益元氣，而熱自退，雖以補氣，亦謂之瀉火。火入下焦，則小腸與膀胱氣化不行，通水道、瀉腎火，正以導赤也。甘草生用瀉火，入涼劑則瀉邪熱。人參大補元氣，生亦瀉火。赤茯苓瀉熱行水，入小腸氣分。木通通小腸、膀胱，導濕熱從小便出。黄柏沉陰下降，瀉膀胱相火。血：火入血分則血熱，涼血所以瀉火。丹參色赤入心，破宿血，生新血。丹皮瀉血中伏火，涼血而生血。生地黄瀉心火，涼血而生血。元參壯水以制火。鎮驚：心藏神，邪入心包則神不安。化痰清熱，兼以重墜，亦鎮驚之義也。朱砂瀉心經邪熱，鎮心定驚。牛黄清心解熱，利痰涼驚。紫石英重以去怯，入心肝血分。

神虛補之　心藏神，正氣不足則為神虛，故用補，下分三法。補母：木為火之母，肝虛則無以生火，故補心必先補肝。細辛辛溫肝膽。烏梅味酸入肝。棗仁甘酸而潤，專補肝膽。生薑肝欲散，辛散所以補肝。陳皮辛能散，入厥陰行肝氣。氣：膻中為氣海，膻中清陽之氣不足，當溫以補之，即降濁升清，亦所以為補也。桂心苦入心，補陽活血。澤瀉利濕熱，濕熱既降，則清氣上行。白茯苓安心益氣，定魄安魂。茯神開心益腎，安魂養神。遠志苦瀉熱，溫壯氣，能通腎氣，上達於心。石菖蒲辛苦而溫，通竅補心。血：心主血，補心必先補血。生新去滯，皆所以爲補也。當歸苦溫助心，爲血中氣藥。熟地黄入手少陰、厥陰，生精血。乳香香竄入心，調氣和血。没藥通滞血，補心虛。

本熱寒之　不言本寒者，心虛則寒，上補虛條中已載，省文也。瀉火：虛用甘寒，實用苦寒。瀉火之法，不外二端。黄芩苦入心，寒勝熱，瀉實火。竹葉甘寒，瀉上焦煩熱。麥冬清心火，潤肺燥。芒硝苦寒除熱。炒鹽瀉熱，潤燥，補心。涼血：涼血亦不外瀉火，但瀉血中之火，則為涼血。生地黄入心瀉火，平諸血逆。梔子色赤入心，瀉心經邪熱。天竺黄入心經，瀉熱豁痰。

標熱發之　不言標寒者，心經在上，非寒邪所能干。且心主血脈，邪入於脈，已非在表，有熱無寒可知。散火：火鬱則發之。升散之藥，所以順其性而發之，與解表、發表之義不同。甘草入汗劑則解肌。獨活搜風去濕。麻黄發汗解肌，兼走手少陰。柴胡發表升陽，平少陰、厥陰邪。龍腦辛溫，散熱。【略】

三焦為相火之用，分布命門元氣，主升降出入，遊行天地之間，總領五藏六腑、營衛經絡、內外上下左右之氣，號中清之府。上主納，中主化，下主出。

本病臟腑之病　諸熱瞀瘛，腑臟同病。暴病暴卒暴瘖，火性急烈也。躁擾狂越，譫妄驚駭，腑臟同病。諸血溢血泄，火盛則血熱妄行。諸氣逆沖上，火性炎上。諸瘡瘍，同臟病。痘疹瘤核。亦瘡瘍之類。三焦本病，上已詳敘。以下六條，皆他臟他腑之病，諸經已載，此復詳敘三焦條下者，以三焦總領五臟六腑、營衛經絡，無所不貫故也。上上謂心肺胸膈上脘諸經。熱則喘滿，諸嘔吐酸，胸痞脇痛，食飲不消，頭上汗出。中中謂脾胃兩經。熱則善飢而瘦，解仿，尺脈緩濇謂之解仿。中滿，諸脹腹大，諸病有聲，鼓之如鼓，上下關格不通，霍亂吐利。下下謂肝腎大小腸膀胱諸經。熱則暴注下迫，水液渾濁，下部腫滿，小便淋瀝或不通，大便閉結，下痢。上寒三焦屬火，火實則熱，火虛則寒。則吐飲食痰水，胸痹，前後引痛，食已還出。中寒則飲食不化，寒脹，僅胃吐水，濕瀉不渴。下寒則二便不禁，臍腹冷，疝痛。標病經絡之病　惡寒戰慄，如喪神守，同本臟病。耳鳴耳聾，嗌乾喉痹，同經。諸病胕腫疼酸，本經在手，但三焦為決瀆之官，水道不行，下注而為胕腫。驚駭，驚必兼搐，證見手足，故屬標病。手小指次指不用。同經。

治法解　實火瀉之　三焦屬火，邪氣有餘則實，故用瀉，下分三法。汗：實在表則發汗，亦兼諸經解表之法。麻黄足太陽，手少陰、陽明汗藥。柴胡少陽汗藥。葛根手足陽明汗藥。荊芥足厥陰經汗藥。升麻陽明、太陰汗藥。薄荷足厥陰經汗藥。羌活足太陽，足少陰、厥陰汗藥。石膏足陽明、手太陰、三焦汗藥。吐：實在上焦，則用吐法。瓜蒂吐風熱痰涎，上膈宿食。食鹽辛溫能涌吐。齏汁酸鹹吐痰飲宿食。下：實在中焦、下焦，則用下法。大黄大瀉血分實熱，下有形積滞。芒硝蕩滌三焦腸胃實熱。

虛火補之　虛火謂火不足之證，即寒也，故溫之所以為補。上焦：人參甘溫補肺。天雄補下焦以益上焦。桂心苦入心。中焦：人參益土生金。黄芪補中益氣。丁香溫胃。木香和脾氣。草果健脾暖胃。下焦：附子補命門相火。肉桂入肝腎血分，補命門相火。硫黄補命門真火不足。人參得下焦引藥補三焦。沉香入命門，暖精壯陽。烏藥治膀胱冷氣。破故紙入命門，補相火。

本熱寒之　不言本寒者，虛火即寒，省文也。實火亦熱，但前言瀉法，此不用瀉而用寒，則本熱不必皆實火，瀉熱亦不止汗、吐、下三法也，參看具有精義。上焦：黄芩酒炒，上行瀉肺火。連翹瀉心火與心包火。梔子瀉心肺熱。知母上清肺金而瀉火。元參散浮游之火。石膏色白入肺。生地黄瀉心火。中焦：黄連為中部之使。連翹兼除手足少陽、手陽明濕熱。生苄隨他藥能治諸經血熱。

石膏足陽明大寒之藥。下焦：黄柏瀉膀胱相火。知母瀉腎火。生芐入手太陽、陽明，治溺血、便血。石膏兼入三焦。丹皮瀉肝腎火。骨皮瀉肝腎虚熱。

標熱散之　三焦經脈在上，且少陽居表裏之間，無所謂寒也，故不言標寒。

解表：解表亦是汗法。但前通言諸經汗法，此則專指本經言。故前條首言麻黄而此條首言柴胡，不用麻黄也。柴胡少陽表藥。細辛少陰本藥，辛益肝膽，可通少陽。荊芥肝經表藥，可通少陽。羌活肝經表藥，可通少陽。葛根陽明表藥，能升陽散火。石膏三焦表藥。【略】

膽屬木，為少陽相火，發生萬物，為決斷之官，十一臟之主。主同肝。

本病臟腑之病　口苦，嘔苦汁，善太息，同經。憺憺如人將捕狀，膽氣虚。目昏，肝主目。不眠，魂藏於肝，少陽與肝為表裏。

標病經絡之病　寒熱往來，痁瘧，胸脇痛，頭頷痛，耳痛鳴聾，瘰癧，結核，馬刀，足小趾、次趾不用。俱同經。

治法解　實火瀉之　木旺生火，火有餘則為實，故用瀉。瀉膽：相火有餘則膽實，瀉火所以瀉膽也。龍膽草益肝膽而瀉火。牛膝瀉膽，除腦中熱。猪膽瀉肝膽之火。生蕤仁消火散熱，治目赤腫痛。生酸棗仁生用酸平，療膽熱。黄連瀉火益肝膽，猪膽汁炒。苦茶瀉熱消痰。

虚火補之　肝腎虧弱，相火易虚，故用補。溫膽：膽虚則寒，故宜溫補，補氣補血，所以溫之也。人參甘溫補氣，正氣旺則心肝靜。細辛辛益肝膽。半夏補肝潤腎，除濕化痰。當歸和血養血。炒蕤仁補肝明目。炒棗仁專補肝膽，炒熟療膽虚不眠。地黄補陰生血。

本熱平之　不言本寒者，已具溫膽條中，省文也。除火：瀉膽條中亦多降火之藥，但火兼虚實，前言其實，此兼言其虚。黄芩瀉實火，仲景柴胡湯用為少陽裏藥。黄連解見前條。芍藥瀉肝火，能於土中瀉木。連翹除少陽氣分實熱。甘草入涼劑則瀉邪火。鎮驚：肝藏魂，有熱則魂不安而膽怯，重以止怯，所以鎮之也。黑鉛鎮心安神。水銀主天行熱疾，安神鎮心。

標熱和之　不言標寒者，少陽半表，所主在筋，邪入於筋，較肌肉更深，則寒變為熱。和解：和法較解肌更輕。柴胡足少陽表藥。芍藥瀉肝火，入肝經血分。黄芩足少陽裏藥。半夏發表開鬱。甘草入汗劑則解肌。【略】

肝藏血，屬木，膽火寄於中，主血，主目，主筋，主呼，主怒。

本病臟腑之病　諸風肝主風木。眩運，風火之象。僵臥強直，驚癇，諸風火上炎，筋脈受傷之證。兩脇腫痛，胸肋滿痛，肝脈貫膈布脇肋，腫痛、滿痛似屬標病，但肝為雷火，諸逆沖上，皆屬於火，則胸脇作痛皆火逆為之也，況經脈伏行之地，在內不在外，故屬之本病之類。疝痛，標病中有癩疝、小腹腫痛，而此列之本病，以腹中作痛，皆得名之為疝，非必下連睾丸也。癥瘕，血積為癥，氣聚為瘕。女人經病。血室屬於肝經。

標病經絡之病　寒熱瘧，同經。頭痛吐涎，脈上額，會於巔。目赤，脈上連目系。面青，脈行頰裏。多怒，怒必外見辭色，故為標病。耳閉，少陽脈入耳中，肝之表也。頰腫，脈行頰裏。筋攣，肝主筋。卵縮，丈夫癩疝，脈繞陰器。女人少腹腫痛，陰病。脈抵小腹。

治法解　有餘瀉之　肝實則為有餘，故用瀉，下分五法。瀉子：心為肝之子，瀉心火所以瀉子也。甘草瀉丙火。行氣：肝主血，而氣者所以行乎血，氣滯則血凝，行血中之氣，正以行血也。香附血中氣藥，調氣開鬱。川芎行氣散瘀，血中氣藥。瞿麥破血利竅。牽牛瀉氣分濕熱，通下焦鬱遏。青皮入肝膽氣分，破氣散血。行血：血凝滯不行則為實，舊血不去則新血不流，破血乃所以行血也。紅花入肝經，破瘀活血。鱉甲色青入肝，治血瘕經阻。桃仁厥陰血分藥，泄血滯，生新血。莪术入肝經血分，破血消積。三稜入肝經血分，破血消積。穿山甲專能行散，入厥陰通經。大黄大瀉血分實熱，下積通經。水蛭逐惡血、瘀血，破血癥、積聚。虻蟲破血積堅痞癥瘕。蘇木入三陰血分，破瘀血。丹皮破積血，通經脈。鎮驚：邪入肝經，則魂不安而善驚。逐風熱、墜痰涎，皆所以鎮之也。雄黄得正陽之氣，入肝經氣分，瀉肝風。金箔金制木，重鎮怯，治肝膽風熱之病。鐵落平肝去怯，治善怒發狂。珍珠瀉熱定驚，鎮心安神。代赭石鎮虚逆，治血熱。夜明砂瀉熱散結。胡粉墜痰消脹。銀箔鎮心明目，去風熱顛癇。鉛丹墜痰去怯。龍骨收斂浮越之正氣，安神鎮驚。石決明除肝經風熱。搜風：肝主風木，故諸風屬肝。搜風之法於肝經獨詳。羌活搜肝風。荊芥入肝經，散風熱。薄荷搜肝風，散風熱。槐子入肝經氣分，疏導風熱。蔓荊子散上部風邪。白花蛇透骨搜風。獨活搜肝去風。皂莢搜風泄熱。烏頭大燥，去風。防風搜肝去風。白附子去頭面遊風。殭蠶治風化痰。蟬蛻除風熱，治皮膚。

不足補之　肝虚則為不足，故用補，下分三法。補母：腎為肝之母，故云肝無補法，補腎即所以補肝也。枸杞清肝滋腎，益氣生精。杜仲甘溫，補腎。狗脊平補肝腎。熟地黄滋腎水，補真陰。菟絲子強陰益精，平補三陰。苦參燥濕勝熱，補陰益精。萆薢固下焦，補肝虚。阿膠養肝滋腎，和血補陰。補血：血宜流通而惡壅滯。補血之中，兼以活血，乃善用補者也。當歸和血補血，為血中氣藥。牛膝益肝腎，生用破惡血。續斷補肝腎，宣通血脈。白芍藥補血瀉肝。血竭散瘀生新，和血聖藥。沒藥通滯血，補肝膽。川芎補血潤燥，散瘀通經。補氣：木性條達，鬱遏之則其氣不揚。辛以補之，所以達其氣。天麻辛溫，入肝經氣分，益氣強陰。柏子仁滋肝明目，肝經氣分藥。蒼朮升氣散瘀。菊花去風熱明目。細辛辛散風熱，補益肝膽。密蒙花潤肝明目。決明入肝經，除風熱。穀精草辛溫，去風熱，入厥陰肝經。生薑辛溫散寒，宣氣解鬱。

本熱寒之　不言本寒者，不足即為虛寒。溫補之法已見上條，省文也。瀉木：木中有火，瀉木亦不外瀉火。但酸以瀉木，鹹以瀉火。瀉中有補，與下瀉火攻裏有虛實之分，與上補母補氣血又有寒溫之辨。芍藥酸瀉肝，大補肝血。烏梅酸斂肺，補金以制木。澤瀉鹹瀉腎火，起陰氣。瀉火：苦寒瀉火，亦是瀉其有餘。但不用攻伐，止用寒涼，亦是和解之法。黃連瀉肝膽火，猪膽汁炒。龍膽草益肝膽而瀉火，除下焦濕熱。黃芩瀉少陽相火。苦茶瀉熱下氣。猪膽瀉肝膽火。攻裏：行血亦用大黃，是行血亦攻裏。但攻裏不必行血，故另立攻裏一條。皆所以瀉實火也。大黃入肝經血分，下燥結而去瘀熱。

標熱發之　肝主筋，在肌肉之內。邪入肝經，寒變為熱，故不言標病。和解：肝之表，少陽也，故用少陽和解之法。柴胡少陽表藥。半夏辛散發表開鬱。解肌：邪入筋而用解肌法，解肌而用太陽發表藥。蓋邪已深入，引之從肌肉而達皮毛也。桂枝發汗解肌。麻黃發汗解肌。

清·文晟《新編六書》卷六《藥性摘錄》常用藥物

心部手少陰

補心將：龍眼肉補氣血，兼入脾胃。補心次將：棗仁炒熟，研。收膽虛熱，治不眠。遠志去骨。兼入腎，補火通心。當歸補血。栢子仁去油。養血安神。茯神導心痰濕。蓮肉補脾澀氣，兼入腎。龜板炙研。滋腎通心。蒸藕補心，兼實腸。瀉心猛將：黃連大瀉心火實熱，兼入胃脾。木通瀉心、小腸濕熱。犀角清胃大熱，兼涼心血。山豆根清心降火，利咽。桃仁破血通瘀，兼入肝。瞿麥大瀉心熱，利水。鬱金入心肝，散瘀通滯。瀉心次將：連(喬)〔翹〕清心火，瀉濕熱。辰砂水飛。清心熱，鎮驚安神。梔仁瀉心肺熱邪，屈曲下行。蓮心清心火。生蓮藕入心，脾血分。消瘀清熱。益母草入心包、肝。逐瘀生新。車前子見涼肝。燈心瀉心火以消水。紅花入肝。涼血通瘀。羚羊角瀉肝火，兼清心肺。丹參兼入肝。破血瘀，安神志。川貝母清肺心熱痰。鈎藤清心熱，除肝風。天竺黃瀉心熱。淡豆豉兼入肺。升散膈上熱邪。紫草入心包、肝。涼血解毒。涼心將：鮮生地兼肝，胃。清熱涼血，消瘀。麥冬去心用。清心肺火。淡竹葉清胃涼心，止渴除煩。溫心將：桂心溫血分寒，除冷止痛。石菖蒲宣氣通竅，逐痰，醒脾胃。延胡索行心肝血中氣滯，氣中血滯。

肝部足厥陰

補肝猛將：枸杞滋腎水，滑腸胃。五味子斂氣歸腎，澀精固氣。烏梅斂肝膽氣，澀腸伏蟲。雞肉溫中補虛，亦動肝氣。補肝次將：山茱萸澀精固氣，兼入腎。菟絲子見下溫胃。製首烏兼滋腎，益肝血。當歸補心血。白芍入血斂氣分。鱉甲醋炙，研。瀉血分積熱，治癆嗽。阿膠補血，潤心腎。木瓜舒筋斂肺，兼入脾。冬青子強筋健骨，兼補腎。沙苑蒺藜見補腎。牛膝生活血，酒蒸補肝腎。瀉肝猛將：鬱金見瀉心。桃仁兼心。破血通瘀。莪朮瀉氣分之血。青黛大瀉實火，散火鬱。青皮下氣發汗，散痰消痞。瀉肝次將：荊芥散氣分風邪，兼血分疎泄。香附膽兼肺。開鬱散滯，活血通經。赤芍瀉血熱，通瘀。木香疎肝(腥)〔醒〕脾，利胃快滯。柴胡見瀉膽。延胡索見溫心。佛手順氣利痰。丹參見瀉心。益母草見瀉心。密蒙花瀉肝熱，治青盲。鈎藤清心熱，治肝風。白蒺藜入肝、肺，腎。散風邪，治目。前胡降肝膽外感風邪，痰火實結。川芎散肝氣。蟬蛻散肝風熱，兼治皮膚瘡疥。木賊表散肝膽風，治目翳，兼下部諸血熱。(華)〔萆〕薢除肝風，袪胃濕。涼肝猛將：龍膽草見下瀉膽。胡黃蓮大瀉臟腑、骨髓淫火熱邪。涼肝次將：薄荷兼入肺。疎風熱。蒲黃生用宣瘀通滯，炒黑止血。青葙子散風熱，明目。石決明除熱消翳。甘菊除風養肺，滋腎明目。夏枯草散陰中結熱，治瘰癧及目珠夜痛。赤芍瀉血熱。青蒿清肝腎三焦陰火，伏留骨節。羚羊角瀉肝火，兼清心肺。車前子清肝肺風熱，導膀胱。生地掘起即清熱，涼血消瘀。蒲公英見涼胃。溫肝猛將：肉桂去粗。除血分寒滯，補命門火。吳茱萸逐肝經寒氣上逆，兼脾、肺、腎、膀胱。胡椒見下溫胃。骨碎補破瘀逐血，入腎補骨。桂枝衛表，除風邪解肌。細辛入腎散風寒。勿多用。溫肝次將：菟絲子兼補脾腎氣。陳艾葉除沉寒痼冷，回陽氣，兼入脾、腎。杜仲溫補肝氣，達於下部筋骨氣血，兼補腎。續斷溫腎補肝，散筋骨血滯。山茱萸溫補肝腎，澀精固氣。大茴香除沉寒痼冷，兼入腎、膀胱、小腸。小茴功力稍遜。荔枝核散寒滯，兼入腎、小腸。黑薑止血妄行，袪血鬱。製南星散筋絡風痰，兼入脾胃。穀精草散結通血，明目。海螵蛸入肝活血，入腎除寒逐濕。五加皮見下溫腎。伏龍肝兼入脾。調中止血，逐濕。紅砂糖導血通瘀。　韭活血通瘀。

脾部足太陰

補脾　猛將：　白朮土炒。補脾氣，燥濕。　羊肉補脾陰，豐肌澤膚。　補脾次將：　山藥補脾陰，兼肺腎。　扁豆折碎，炒。補脾除濕，兼肺胃。　苡仁清肺熱，除脾濕。　大棗補脾胃氣血。　蓮子補脾濇氣，兼心腎。　炙甘草補中氣，和藥性。　黃精九製。補脾陰。　茯苓滲脾肺濕伏，肝胃水邪。　瀉脾　猛將：　萊菔子生吐氣痰，熟下氣定喘。兼入肺。　枳實麩煨，見下瀉。　扁蓄除濕熱，殺蟲。　瀉脾　次將：　神麯散氣調中，溫胃化痰，逐水消滯。　麥芽兼入胃，消穀食，除脹滿實症。　山查消食磨肉，伐胃戕脾。　枳殼見下瀉胃。　郁李仁下氣行水，破瘀。兼入膀胱、大腸。　厚朴散濕滿。兼入胃。　大腹皮散無形胸膈膨脹。　陳皮宣肺氣，燥脾濕。兼入大腸。　檳榔治胸膈瘴癘膨脹。　白芷散風熱。見瀉胃。　葛根見涼胃。

涼脾　猛將：　大黃入胃、大腸。下氣攻滯。　黃芩入心、脾、肺，兼入大腸、膀胱。清上、中、下三焦火熱與濕。　瓜蔞見下瀉肺。　涼脾　次將：　黃柏見下涼腎。梔子仁見瀉心。　知母見下涼肺。　金銀花見下涼肺。　武夷茶涼胃腎火。　石斛見涼腎涼胃。　生蓮藕見瀉心。　溫脾　猛將：　熟附子補命門火，逐冷厥。乾薑溫中散寒，兼入胃。　肉豆蔻去油。燥脾溫胃，濇腸。　草菓麩煨。止胃脘寒痛，治瘴癘寒瘧。　製蒼朮升陽散濕，發汗除鬱。　溫脾　次將：　木香疏肝醒脾，快滯利胃。　煨薑暖脾胃。　烏藥治氣逆胸腹不快。　木瓜醒脾胃經絡之滯，收脾肺耗散之氣。　藿香兼脾胃，止惡宣胸，止嘔。　益智仁去殼。補火降氣，歸腎。　砂仁溫脾胃，快滯，兼入肺、腎、大小腸。　艾葉見溫肝。　川椒去合口。補火溫藏，除寒殺蟲。白蔻仁溫脾胃，散肺分寒滯。　蕪荑兼肝，燥脾，殺蟲，散皮膚濕熱。　製半夏散濕痰。入胃、膽兼心。　焦麥芽炒。溫胃消食。　蓮子肉補脾濇氣。兼入心、腎。　使君子見下溫胃。

肺部手太陰

補肺　猛將：　黃耆兼入脾。熟用補氣，生用托表。　人參去蘆。補元氣，兼入脾。　補肺　次將：　百合清心肺餘熱。　燕窩補胃潤肺，滋腎。　阿膠補肝血，潤心肺腎。　山藥補脾陰。兼入肺腎。　黨參宣肺寒，清肺。　沙參制肺火薰蒸。麥冬去心。清心肺火。　五竹參補肺陰，止嗽，入肝、腎，除風濕。　苡仁清肺熱，除脾濕。　瀉肺　猛將：　葶藶瀉肺停水。兼膀胱。　麻黃發寒，治膀胱無汗。　白芥子除脇下皮裏膜外風痰。　栝蔞仁除熱痰，清火。　桔梗載藥上行，疏肺風寒。兼心胃。　升麻升陽散濕。兼脾胃大腸。　膽星散筋絡風痰。兼肝脾。　蘇子宣寒下氣。

瀉肺　次將：　紫蘇疏寒下氣。兼心脾。　淡豆豉升散膈上熱邪。兼心。　牛蒡清肺風熱。　柿蒂治鬱熱呃逆。　山梔仁見瀉心。　杏仁研用。散氣分風寒，下氣除喘。　前胡見瀉肝。　紫(苑)〔菀〕瀉血熱癆嗽。　殭蠶兼肝胃。除散風寒痰濕。枳殼見瀉胃。　竹茹見下涼肺。　貝母去心。清肺心痰熱。　桑白皮瀉肺火，利水通氣。　白前搜肺中風水。　茯苓滲濕。　青木香散毒泄熱，可降可吐。　車前子見涼肝。　通草通乳，利水清肺。　涼肺　猛將：　石膏兼脾胃。清胃熱，解肌發汗。　竹瀝治皮裏膜外燥痰。　黃芩見涼脾。　馬兜鈴清熱降氣，除痰。　涼肺次將：　天冬清肺火，以清腎燥。　知母治肺伏熱邪及膀胱腎濕熱。　麥冬去心。見涼心。　地骨皮入肺降火，入腎涼血，治有汗骨蒸。　榧子潤肺，消積殺蟲。　薄荷疏風熱。兼入肝。　花粉除痰清火，止渴。　金銀花清肺熱，解癰毒。　海石散上焦積熱，軟下焦積痰。　甘菊去風明目，養肺滋腎。　竹茹清肺涼胃，解煩除嘔。　枇杷葉去毛。瀉肺降氣。　石韋去肺熱，利水。　栝蔞仁除痰，清火降氣。兼入脾胃。　溫肺　猛將：　麻黃發寒，治膀胱無汗。　南星除筋絡風痰。　五味子斂肺歸腎，濇精固氣。　溫肺　次將：　蘇梗除肺寒，下氣稍緩。　欵冬疏肺宣寒，除熱痰咳嗽喘渴，肺癰。　藿香見溫脾。　製半夏散濕痰，溫脾溫膽。　川椒去合口。見溫脾溫腎。

辛夷散風熱，治久寒鼻淵。　生薑發表除寒，止嘔開鬱。　飴糖溫潤。兼入脾。蔥宣寒發汗，解肌。兼肝。　香附見瀉肝。

腎部足少陰

補腎　猛將：　熟地滋真水，兼補五臟真陰。　枸杞滋水補肝，滑腸。　五味子斂肺歸腎，濇精固氣。　補腎　次將：　乾地兼心脾。涼血滋陰。　巴戟天補腎陰，去風濕。　製首烏益肝血，兼滋腎。　杜仲補肝腎氣，健筋骨。　炙龜板滋腎通心。　女貞子補水滑腸。　桑螵蛸滋腎利水，交心。　芡實利脾濕，固腎氣。　磁石補水鎮怯。火煅，醋淬，水飛。　沙苑蒺藜炒。益精強腎。　瀉腎　猛將：　豬苓除膀胱血分濕熱。　獨活散腎伏風頭痛，並兩足濕痹。　瀉腎　次將：　澤瀉見瀉膀胱。　知母治肺熱邪，袪膀胱、腎濕熱。　赤茯苓瀉濕熱。　元參制腎經浮游之火攻於咽喉。　青蒿清肝腎三焦陰火伏留骨節。　土茯苓見下瀉胃。　涼腎　猛將：朴硝入腸胃。消臟腑熱邪實結。　苦參兼脾胃。清熱除濕，殺蟲。　胡黃連大瀉臟腑骨髓淫火熱邪。　元明粉瀉腸胃實熱。　涼腎　次將：　鮮生地清熱，涼血消瘀。丹皮兼心肝。消腎經血分實熱，治無汗骨蒸。　銀柴胡入腎涼血，除胃熱，治肝癆骨蒸。　黃柏大瀉腎火及除膀胱濕邪。　地骨皮甘草水洗。見涼血。　海石兼肺。散上焦積熱，軟下焦積痰。　石斛入脾。除虛熱，入腎濇元氣。　溫腎　猛將：　故紙溫腎逐冷，濇氣止脫。　鹿茸入命門。補精暖血，兼入肝強筋骨。　熟附子補命門火，逐冷厥。　肉桂補命門火。見溫肝。　淫羊藿兼入肝。補命門火，逐冷散風。　遠志補火通心氣。去骨，甘草水浸。　溫腎　次將：　山茱萸溫補肝腎，濇精固氣。　菟絲子兼脾。溫腎補肝，止遺固脫。　骨碎補破瘀逐血，補骨。　海螵蛸見溫肝。　陳艾葉兼肝脾。見溫腎。　胡桃肉補命門，濇精固脫。　大茴香見溫肝。　杜仲見補肝補腎。　續斷見溫肝。　沉香兼脾。補火降氣，歸腎。　益智仁見溫脾。　韭菜兼入肝、腸。活血通滯。　五加皮除風寒濕脚氣。　川椒去合口。見溫脾。　鹿角膠益陰強精，活血。　肉蓯蓉酒浸，去內膜。滋腎，潤大腸燥。　瑣陽功同蓯蓉。　細辛散腎風寒。兼入肝膽，勿過用一錢。　烏藥胃腎兼脾、肺、膀胱。治氣逆胸腹不快。　荔枝核見溫小腸。

胃部陽明

補胃　猛將：　黃芪入肺。熟補氣，生托表。　白朮見補脾。　大棗補脾胃氣血。　補胃　次將：　扁豆去殼，炒，打碎。　山藥炒。見補脾。　龍眼肉見補心。　紅棗力遜大棗。　炙甘草補氣。　陳倉米養胃除煩。　蜂白蜜熟用和胃潤肺，生用通腸結。　瀉胃　猛將：　朴硝見涼腎。　枳實麩煨。開胸，寬腸下氣。　白芥子見瀉肺。　厚朴散濕滿。兼入脾。　大黃下氣攻滯。兼脾、大腸。　萊菔子見瀉肺。　瓜蔞見瀉肺。　神麯散氣消滯。餘見瀉肺。　雷丸除濕消積，殺蟲。兼入大腸。　元明粉瀉胃腸實熱。　瀉胃　次將：　蘇梗疎寒下氣。兼入肺。　通草清肺利水，通乳。　枳殼肺兼大腸。除胸膈以上滯氣。　麥芽消穀食，除脹滿實症。　白芷兼肺、大腸。散胃風熱，治眉棱骨痛及右角痛。　升麻升陽散熱。兼脾、肺、腸。　檳榔見瀉脾。　大腹皮見瀉脾。　殭蠶散風寒痰濕。兼肺脾。　土茯苓消火除濕。

涼胃　猛將：　犀角清胃大熱，兼涼心血。　石膏清胃熱，解肌發汗。兼入脾肺。

涼胃　次將：　天花粉除痰清火，止渴。兼入肺。　葛根升陽發汗，解肌。兼脾。　香薷散三伏濕熱。脾心。　菉豆清腸胃熱毒。　石斛入脾除虛熱，入腎濇元氣。　(蓽)〔萆〕薢祛肝風，除胃熱。　知母見涼肺。　淡竹葉清脾胃，涼心，止渴除煩。　竹茹清胃涼心熱，解煩除嘔。　柿蒂治鬱熱呃逆。　柿霜清肺胃熱，利咽。　蘆根入肺兼心。瀉胃中熱嘔。　茵陳治濕熱發黃，兼瀉膀胱。　梨汁瀉腸胃熱結。　五穀蟲漂。治腸胃滯氣，食積。　蒲公英消胃熱，涼肝血，治乳癰乳岩。　茶茗清脾胃熱，瀉腎。　銀柴胡見涼腎。　溫胃　猛將：　乾薑溫中，散寒泄。　丁香泄肺溫胃，暖腎，止寒呃。　木香疎肺醒脾，快滯利胃。　肉豆蔻去油。燥脾溫胃，濇腸。　益智仁去殼，研。見溫脾。　草菓見溫脾。　胡椒溫胃降寒，逐水。　大蒜兼脾。宣鬱逐寒，辟惡。　良薑溫胃散寒，除寒泄。　溫胃　次將：　藿香見溫脾。　砂仁見溫脾。　白蔻仁見溫脾。　製半夏見溫脾。　煨薑暖胃脾。　烏藥見溫腎。　川椒去合口。見溫脾。　川厚朴散脾胃濕滿。　使君子溫脾燥胃，殺蟲除積。　韭菜活血通滯。

膀胱補膀胱即補腎之藥。腎氣化，則小便自行。太陽。

瀉膀胱　猛將：　羌活兼肝腎。散遊風頭痛，兼散骨節風濕。　麻黃兼肺。發寒，治膀胱無汗。　防己除濕利水，瀉下焦血分濕熱。　木通見瀉心。　葶藶大瀉肺熱，利水。　豬苓除血分濕熱，兼瀉腎。　瀉膀胱　次將：　獨活見瀉腎伏風。　防風兼腸胃。為風藥通用。　蒲黃見涼肝。　前胡見瀉肝。　藁本治風犯巔頂頭痛。　澤瀉瀉氣分濕熱。　川楝子兼心包、小腸。泄熱邪，治熱症。　蔓荊子兼胃肝。治巔頂痛，腦鳴及骨節間寒濕。虛症禁用。　葱兼入肺肝。宣寒發汗，解肌。　赤苓瀉濕熱。兼小腸。　涼膀胱　猛將：　龍膽草見瀉膽。　甘遂入脾、胃、肺、腎、膀胱。大瀉經隧水濕。虛症禁用。　涼膀胱　次將：　車前子清肝肺風熱，以導膀胱水邪。　黃柏見涼腎。　茵陳兼胃。治濕熱發黃火症。　地膚子佐瀉血分濕熱，利小便淋閉。　滑石降上中下濕熱。　溫膀胱　猛將：　吳茱萸見溫肝。　肉桂去粗。見溫肝溫腎。　溫膀胱　次將：　烏藥見溫胃溫腎。　小茴鹽水炒。見溫肝大茴(青)〔香〕下。

膽部少陽

補膽　猛將：　烏梅入肝。斂氣濇腸，伏蟲。　補膽　次將：　熟棗仁兼入肝心。治不眠。　瀉膽　猛將：　桔梗見瀉肺。　青皮見瀉肝。　荷葉升陽散瘀。

瀉膽　次將：　柴胡升陽解肌和表，治寒熱往來，見有脇痛，耳聾，口苦咽乾等症。

秦艽除腸胃濕熱，兼除肝膽風邪，止痹除痛。　香附兼肝肺。見瀉肝。　川芎見瀉肝。

木賊入肝。表散風熱，治目翳，兼下部諸血熱。　前胡見瀉肝。　涼膽　猛將：

龍膽草大瀉肝膽實火熱邪，兼除膀胱濕熱。　涼膽　次將：　青蒿見瀉腎。　槐實除血熱，散結清火。兼入胃、大腸、肝、膽。　溫膽　猛將：　肉桂去粗。補命火，除血分寒滯。　細辛散腎風寒。兼入肝膽。勿過用。　溫膽　次將：　山茱萸見溫肝溫腎。

製半夏散濕痰，療不眠。餘見溫肺。

大腸部

補大腸　猛將：淫羊藿見溫腎。粟殼斂肺，濇腸固腎。補大腸　次將：肉豆蔻溫脾胃，濇腸。訶子肉兼入胃。收脫止泄，仍降痰火，除滑。百合見補肺。蓮子肉見補脾。韭菜活血通滯。瀉大腸　猛將：大黃入脾胃。下熱攻滯。桃仁見瀉心。雷丸見瀉胃。朴硝見涼腎。火麻仁兼脾胃。去殼研。潤燥結。升麻脾胃，兼大腸。升陽散熱。紫草見瀉心。皂角煅存性。潤大腸燥結。瀉大腸　次將：秦艽兼肝膽。見瀉膽。旋覆花入心包、肝。涼血解毒，利便。郁李仁入脾兼膀胱。下氣，行水破血。杏仁兼肺胃。見瀉胃。白芷散風熱。餘見瀉胃。大腹皮入胃。散無形胸膈膨脹。梨汁、檳榔見涼胃。五穀蟲漂。入腸胃。消食積。涼大腸　猛將：黃芩見涼脾。黃柏見瀉腎。元明粉瀉腸胃實熱。涼大腸　次將：地榆兼肝胃。清下焦血熱。知母見瀉肺瀉腎。槐花除血熱，散結清火。蓮(喬)〔翹〕見瀉心。生紅蜜通腸結。

小腸部

補小腸　猛將：鮮生地清熱瀉火，涼血消瘀。兼心肝腎。瀉小腸　猛將：木通瀉心、小腸濕熱。通草見瀉肺。瞿麥大瀉心熱，利水。瀉小腸　次將：海金沙利小腸血分濕熱。川楝子兼心包、膀胱。泄熱邪，治熱症。苡仁見補脾。赤芍見涼肺。燈草瀉心火以消水。赤茯苓瀉血分濕熱。赤小豆利濕熱，溫小腸。橘核治小腸疝氣。小茴香鹽水炒。見溫肝大茴注。荔枝核兼入肝腎。散滯辟寒。去殼研。

三焦部

補三焦　猛將：淫羊藿兼肝腎。補命門火，逐治散寒。熟黃芪補肺氣，實腠理。補三焦　次將：胡桃肉溫補命門，濇精固氣。瀉三焦　猛將：青皮見瀉肝。木香見瀉肝溫胃。瀉三焦　次將：柴胡見瀉膽。香附見瀉肝。涼三焦　次將：梔子仁見瀉心。麥冬去心。見涼心。黃柏見涼腎。青蒿見瀉腎。連(喬)〔翹〕見瀉心。地骨皮甘草水洗。見涼肺涼腎。

心包絡與心相附，包絡之病皆心病也。言心不必更言包絡矣。

清・王泰林《西溪書屋夜話》　肝氣、肝風、肝火，三者同出異名。其中侮脾乘胃，衝心犯肺，挾寒挾痰，本虛標實，種種不同，故肝病最雜而治法最廣。姑錄大略於左：　一法曰疏肝理氣：　如肝氣自鬱於本經，兩脇氣脹，或痛者，宜疏肝。香附、鬱金、蘇梗、青皮、橘葉之屬。兼寒加吳萸，兼熱加丹皮、山梔，兼痰加半夏、茯苓。　一法曰疏肝通絡：　如疏肝不應，營氣痺窒，絡脈瘀阻，兼通血絡。如旋覆、新絳、歸鬚、桃仁、澤蘭葉等。　一法曰柔肝：　如肝氣脹甚，疏之更甚者，當柔肝。當歸、杞子、柏子仁、牛膝。兼熱加天冬、生地，兼寒加蓯蓉、肉桂。　一法曰緩肝：　如肝氣甚而中氣虛者，當緩肝。炙草、白芍、大棗、橘餅、淮小麥。　一法曰培土泄木：　肝氣乘脾，脘腹脹痛。六君子湯加吳萸、白芍、木香，即培土泄木之法也。溫中疏木，黃玉楸慣用此法。　一法曰泄肝和胃：　肝氣乘胃，即肝木乘土。脘痛嘔酸，二陳加佐金丸，或白蔻、金鈴子，即泄肝和胃之法也。　一法曰泄肝：　如肝氣上衝於心，熱厥心痛，宜泄肝。金鈴、延胡、吳萸、川連。兼寒加椒、桂。寒熱俱有者，仍入川連，或再加白芍。蓋苦辛酸三者為洩肝之主法也。　一法曰抑肝：　肝氣上衝於肺，猝得脇痛，暴上氣而喘，宜抑肝。如吳萸汁炒桑皮、蘇梗、杏仁、橘紅之屬。　肝風一症，雖多上冒巔頂，亦能旁走四肢。上冒者陽亢居多，旁走者血虛為多。然內風多從火出，氣有餘便是火。余故曰肝氣、肝風、肝火，三者同出異名，但為病不同，治法亦異耳。　一法曰熄風和陽：　如肝風初起，頭目昏眩，用熄風和陽法。羚羊、丹皮、甘菊、(鉤)〔鈎〕鉤、決明、白蒺藜，即涼肝是也。　一法曰熄風潛陽：　如熄風和陽不效，當以熄風潛陽，如牡蠣、生地、女貞子、元參、白芍、菊花、阿膠，即滋肝是也。　一法曰培土寧風：　肝風上逆，中虛納少，宜滋陽明，泄厥陰。如人參、甘草、麥冬、白芍、甘菊、玉竹，即培土寧風法，亦即緩肝法也。　一法曰養肝：　如肝風走於四肢經絡牽製或麻者，宜養血熄風。生地、歸身、杞子、牛膝、天麻、製首烏、三角胡麻，即養肝也。　一法曰暖土以禦寒風，如《金匱》《近效》白朮附子湯，治風虛頭重眩苦極，不知食味，是暖土以禦寒風之法，此非治肝，實補中也。　肝火燔灼，游行於三焦，一身上下內外皆能為病，難以枚舉。如目紅顴赤，痙厥狂躁，淋閉瘡瘍，善飢煩渴，嘔吐不寐，上下血溢皆是。　一法曰清肝：　如羚羊、丹皮、黑梔、黃芩、竹葉、連翹、夏枯草。　一法曰瀉肝：　如龍膽瀉肝湯、瀉青丸、當歸龍薈丸之類。　一法曰清金制木：　肝火上炎，清之不已，當制肝，乃清金以制木火之亢逆也。如沙參、麥冬、石斛、枇杷葉、天冬、玉竹、石決明。　一法曰瀉子：　如肝火實者，兼瀉心。如甘草、黃連，乃實則瀉其子也。　一法曰補母：　如水虧而肝火盛，清之不應，當益腎水，乃虛則補母之法。如六味丸、大補陰丸之類，亦乙癸同源之義也。　一法曰化肝：　景岳治鬱怒傷肝，氣逆動火，煩熱脇痛，脹滿動血等症，用青皮、陳皮、丹皮、山梔、芍藥、澤瀉、貝母，方名化肝煎，是清化肝經之鬱火也。　一法曰溫肝：　如肝有寒，嘔酸上氣，宜溫肝。　肉桂、吴萸、蜀椒。　如兼中虛胃寒，加人參、乾薑，即大建中湯法也。　一法曰補肝：　如製首烏、菟絲子、杞子、棗仁、萸肉、脂麻、沙苑蒺藜。　一法曰鎮肝：　如石決明、牡蠣、龍骨、龍齒、金箔、青鉛、代赭石、磁石之類。　一法曰斂肝：　如烏梅、白芍、木瓜。　此三法，無論肝氣、肝風、肝火，相其機宜，皆可用之。　一法曰平肝：　金鈴、蒺藜、鉤藤、橘葉。　一法曰散肝：　木鬱則達之，逍遙散是也。　肝欲散，急食辛以散之，即散肝是也。　一法曰搜肝：　外此有搜風一法。　凡人必先有內風，而後外風，亦有外風引動內風者。故肝風門是每多夾雜，則搜風之藥亦當引用也。　如天麻、羌活、獨活、薄荷、蔓荊子、防風、荊芥、殭蠶、蠶蜕、白附子。　一法曰補肝陰：　地黄、白芍、烏梅。　一法曰補肝陽：　肉桂、川椒、蓯蓉。　一法曰補肝血：　當歸、川斷、牛膝、川芎。　一法曰補肝氣：　天麻、白朮、菊花、生薑、細辛、杜仲、羊肝。

清・凌奂《本草害利》　心部藥隊

補心猛將

北五味：　害：　酸鹹為多，能斂肺氣。氣為衛，若邪風在表，痧疹初發，一切停飲，肺家有實熱者，皆當所禁服之。恐閉其邪氣，多致勞嗽虛熱，蓋收補之驟也。利：　性溫。五味俱備，酸鹹為多。收肺而療咳，定喘補腎而壯水濇精。　酸收而心守其液，故為補心猛將。　肝腎同源，又為補肝猛將。【略】

補心次將

酸棗仁：　害：　凡肝膽心脾有實熱邪者，勿用。　以其收斂故也。　利：　性平。　能補益肝膽。　酸收而心守其液，乃固表虛斂陰，汗旺肝旺，而血歸其經，用瘳徹夜無眠。【略】

柏子仁：　害：　仁體多油辛潤，且滑腸。　泄瀉者勿服。　膈間多痰及陽道數舉，腎家有熱，暑濕作瀉，法在咸禁。　利：　甘辛香平。　入心養（肝）神，入腎定志。　安神定悸，壯水強陽。　潤血而容美色，補虛而耳目聰明。【略】

遠志肉：　害：　此無補性，虛而挾滯者，同養血補氣藥用，交通心腎，資其宣導，臻於太和。　不可多用獨用，純虛無滯者，誤服之令人空洞懸心痛。凡心經有實火，應用黄連、生地者，禁與參、术等補陽氣藥同用也。　利：　性溫，苦泄辛散。　定心氣，止驚。　益智，補腎氣。　強志益精。　善療癰毒，敷服皆奇。【略】

附：　小草：　益精，補陰氣，止虛損夢遺洩。　交通心腎，調平水火之功。

丹參：　害：　雖能補血，長於行血，設經早期，或無血經阻，及血少不能養胎而胎不安，與產後血已暢行者，皆不可犯，犯之則成崩漏之患。凡溫熱病邪在氣分，而誤用之，則反引邪入營，不可不慎之。　久服多眼赤，故應性熱。《本經》云微寒，恐謬也。　孕婦無故及陰虛之人忌用。　利：　苦，微寒。入心主血，去瘀生新，安神養陰。　安生胎，落死胎。　胎前產後，帶下崩中需之。【略】

龍眼肉：　害：　性潤動脾，便滑者忌。　利：　甘，平。　補心虛而長智，悦胃氣以培脾。　除倦忘與怔忡，能安神而熟寐。　道家服龍眼肉，細嚼千餘，待滿口津生，和津汩汩之而嚥。　此即服玉泉之法也。【略】

麥門冬：　害：　性寒而潤，寒多人禁服。　凡虛寒泄瀉，及痘瘡虛寒作泄，產後虛寒泄瀉者，咸忌之。　徐洄溪批葉按虛勞咳嗽部云：　麥冬能閉肺竅，遂致失音。　愚謂咳嗽因於濕者，濕為重濁之邪，以麥冬能膩膈，勢必濕熱壅滯，肺（餘）失清肅，肺為聲音門戶，金實則無聲也。　利：　甘，微寒。　清心瀉熱，滋燥金而清水源，又為涼三焦次將。　地黄、車前為使。　脉氣欲絶者，加五味子、人參，三味合名生脉散，補中元氣不足。　蓋心主脉，肺朝百脉，補肺清心，則氣充脉復。　修治：　浙產甚良。　四月初採根栽，夏至前一日取根，晒乾收之。抽心用，不爾令人煩。　近時多連心用，恐滑腸。　用米炒黄，寧心。　用辰砂少許拌入丸散，須瓦焙熟，即於風中吹冷，如此三四次，即易燥而不損藥力。　麥冬之功在潤燥，非在滋陰。蓋肺熱而喜潤，故曰清金保肺，肺與大腸相表裏，故曰滑腸，泄瀉者忌用。

當歸：　害：　氣味辛溫，雖能補血活血，終是行血走血之性，故能滑腸。其氣與胃氣不相宜，故腸胃薄弱洩瀉溏薄（切）〔者〕及一切脾胃病，惡食不思食，及食不消者，並禁用。　即在胎前產後，亦忌。　辛溫發散甚於麻黄、細辛，氣虛血弱有熱者，犯之發瘂。【略】利：　甘、辛，溫。　去瘀生新，舒筋養營，溫中潤腸。　心主血，肝藏血，脾統血，歸為血藥，故入三經。　頭止血，尾破血，全和血，能引諸血歸經，故名之。　歸尾，一稱歸鬚。【略】

白芍藥：　害：　酸寒收斂，凡胃弱中寒作洩，腹中冷痛及胃中覺冷等症，當禁。傷寒病在上焦之陽結，忌用。血虛有熱者宜之。產後酒炒用。又曰：產後忌用。丹溪曰：以其酸寒，伐生發之氣也。必不得已，酒炒用之可耳。○時珍曰：產後肝血已虛，不可更瀉也。【略】利：苦、酸，微寒。斂肺而涼血，制肝以安脾。心主血，涼血故補心，酸收而守其液也。及一切血病。同白朮補脾，同參、芪補氣，同歸、地補血，同川芎瀉肝，同甘草名芍藥甘草湯止腹痛。蓋腹痛因營氣不從逆於肉裏故也。修治：【略】今多生用，單瓣花者入藥用。酒炒制寒，醋炒行血，下痢後重不炒用。多服則損人目。汗多人服之，亦損元氣夭人，為其淡而滲也。中寒者勿服。

茯苓神：害：功專行水伐腎，病人腎虛，小便自利或不禁，虛寒精滑及陰虧而小便不利者，皆勿妄投。茯苓赤筋，若誤服之，令人瞳子并黑睛點小兼盲目。【略】利：味甘淡平。治與茯苓同功。入心之用居多。交心腎而安神。定志開心，益智，療心虛驚悸，多恚善忘。修治：搗細，於水盆中攪濁，浮者濾去之，曝乾切用。須於二八月採取，陰乾。凡用去心，寧心用辰砂拌。按：《神農本經》止言茯苓，《別錄》始分茯神。茯神中守，而茯苓下利。白者入肺、膀胱氣分，赤者入心、小腸。

茯苓木：又名黃松節，即茯神中心。松節散、乳香木瓜湯，治一切筋攣疼痛，乳香能伸筋，木瓜舒筋也。茯神心木，寧心神，療諸筋攣縮，偏風喎斜，心掣健忘。

瀉心猛將

石菖蒲：害：辛香偏燥而散，陰血不足者禁之，精滑汗多者忌用。若多用獨用，亦耗氣血而為殃。【略】利：芳香利竅，辛溫達氣，宣五臟，開心孔，利九竅，明耳目，發聲音。去濕除風，逐痰消結，開胃寬中，療噤口毒痢。口噤雖是脾虛，亦有熱閉胸膈所致，用山藥、木香皆失，唯參苓白朮散加菖蒲，胸次一開，自然思食。芳香利竅，心開智長，為心脾胃之良藥。能佐地黃、天冬之屬，資其宣導。鮮菖蒲汁稍良，涼而功勝於乾者。【略】

黃連：害：虛寒為病大忌。凡病人血少氣虛，脾胃薄弱，血不足，以致驚悸不眠，兼煩熱躁渴，及產後不臥，血虛發熱，泄瀉腹痛，小兒痘瘡，陽虛作泄，行漿後泄瀉，老人脾胃虛寒作瀉，虛人天明飧泄，病名腎泄，真陰不足內熱煩躁諸症，法咸忌之。犯之使人危殆。久服黃連、苦參，反熱從火化也。蓋炎上作苦味，苦必燥，燥則熱矣。且苦寒沉陰，肅殺伐傷生和之氣也。【略】利：大苦大寒，瀉心肝火而燥濕。與官桂同行，能使心腎交於頃刻。海藏曰：瀉心實瀉脾也，實則瀉其子。或用甘草以調其苦，或加人參以節制之。修治：【略】二八月採根，曝乾。川中種連，色黃軟，毛無硬刺（硬），味微苦而薄，服之無效。六七月根緊，始堪採。雅州連細長彎曲，微黃，無毛有硬刺。馬湖連色黑，細毛，繡花針頭硬刺，形如雞爪。此二種最佳。按：黃連苦燥，血虛有熱不可用，用者入心，恐助心火也。

木通：古名通草。害：苦降，淡滲利竅，凡精滑不固，夢自遺，及陽虛氣弱內無濕熱者，均忌。妊娠尤忌。利：辛甘淡平。入心、肺、小腸、膀胱。瀉氣濕熱，降心火，清肺熱，化津液。下通大小腸，導諸濕熱由小便出。通血脉，下乳行經，催生墜胎。防己苦寒，瀉血分濕熱。木通甘淡，瀉氣分濕熱。君火為邪宜用木通，相火為邪宜用澤瀉。利水雖同，所用各別。治胸中煩熱，大渴引飲，淋瀝不通，脾熱好眠。修治：正二月採枝，陰乾，洗切片用。又與琥珀同功，但能泄熱，不能通瘀。

辰砂：害：鎮養心神，但宜生使，若經伏火及一切烹煉，則毒等砒硇，服之必斃。戒之！獨用多用，令人呆悶。【略】利：甘涼。體陽性陰，瀉心經熱邪，鎮心定驚辟邪，清肝明目，祛風解毒。胎毒痘毒宜之。色赤屬火，性反涼者，離中虛，有陰也。味甘者，火中有土也。【略】

犀角：害：大寒之性，非大熱者不可濫用。凡痘瘡氣虛無火熱者不宜用。傷寒斑疹，陰症發躁，因陰寒在內逼其浮陽外越，失守之火聚於胸中，上衝咽嗌，故面赤手溫，煩嘔，喜飲涼物，下食良久後出，惟脉沉細，足冷，雖渴而飲水不多，且後吐出為異於陽症耳，不宜誤用。犀角涼劑，孕婦服之，能消胎氣。忌鹽。升麻為使。利：苦、酸、鹹，涼。寒心瀉肝，清胃中大熱，祛風利痰涼血，辟邪解毒，明目定驚，治吐血下血，畜血發狂，發斑痘瘡黑陷，消癰化膿。又云：犀食百草之毒及棘，故能解毒。【略】

瀉心次將

山梔仁：害：稟苦寒之性，慮傷胃氣而傷血。凡脾胃虛弱及血虛發熱者，忌之。能瀉有餘之火，心肺無邪熱者忌之。心腹痛不因火者尤忌。小便不通，由於膀胱虛，無氣以化，而非熱結小腸者，亦不可用。瘡瘍因氣血虛，不能收斂，則為久冷敗瘡，非溫暖補益之劑則不愈，所謂既潰之後，一毫寒藥不可用是也。世人每以治血，不知血得寒則凝，反為敗症。利：苦寒。

清心、肺、脾、胃，胸中懊憹而安眠臥，疏臍下血滯而利小便，瀉三焦之火，使屈(出)〔曲〕下行。梔皮苦寒性減，而清膚熱之用長。【略】

連翹：害：清而無補之品，癰疽潰後勿服，火熱由於虛者勿服。苦寒礙胃，多餌即減食。脾胃薄弱，易作泄者勿服。利：苦寒。入心包、膽、三焦、大腸，手少陰主藥也。除心經客熱，陽明濕，散諸經血凝氣聚，利水通經。諸痛瘍瘡皆屬心火，故為瘡家聖藥。心更苦寒，瀉心火尤勝。濕熱入心營，非此不能治。修治：八月採取，陰乾，手搓用之。按：連翹除血熱，山梔治火鬱，雖同入血分，治法兩途。

通草：害：其氣寒降，中寒者勿服。虛脫人及孕婦均忌。利：色白氣寒。體輕味淡，故入肺經，引熱下行。味淡而升，故入胃經。通氣上達，而下乳汁。凡利小便，必先上清心火，而後能下行也。陰竅濇而不利，水腫閉而不行，用之立通，故名之。【略】

車前子：害：其性冷利，專走下竅，雖有開水竅以固精竅之功，若遇內傷勞倦，陽氣下陷之病，腎虛脫者，皆在禁例。利：甘寒。清心，利膀胱小水，以解濕熱。催生止瀉，明目益精。男女陰中有二竅，一竅通精，乃命門真陽之火。一竅通水，膀胱濕熱之水。二竅不並開，水竅開則濕熱外洩，相火常寧。精竅常閉，久久精足則目明。服固精藥，久服此行房即有子。車前葉，涼血，去熱通淋。【略】

竹捲心：害：竹性寒涼，胃寒嘔吐及感寒挾食作吐者，忌用。竹能損胃氣，故虛人食笋，甚不相宜。利：辛淡甘寒，入心、肺、腎。清心滌煩熱，止嗽化痰涎。捲心者佳。竹葉力減。然藥力薄弱，不可持以為君，不過借此佐使耳。修治：淡竹為上，甘竹次之。須用生長甫及一年者，為嫩而力。仲景治傷寒解後，氣逆欲吐，用以竹葉石(石)〔膏〕湯，去其三陽之餘熱，假其辛寒以散風熱也。

燈心：害：性專通利，虛脫人不宜用。中寒小便不禁，勿服。利：淡平。清心，瀉小腸而利水。燒灰，吹喉痺。塗乳，止夜啼。修治：入藥宜用生，乾剝，取生草。寧心，辰砂拌用。入丸散，以粳粉漿染過，晒乾研末，入水澄之，浮者是燈心。

蓮子心：一名蓮薏。害：蓮子性濇，大便燥者勿服。生食過多，微動氣脹。利：蓮子中青心，苦寒，清心去熱。蓮子，甘平而濇，〔入〕心脾腎，能交水火而媾心腎，而靖君相之火邪。厚腸胃而收瀉痢之滑脫。頻用能濇精氣，多服令人喜。古方治心腎不交，勞傷白濁，有蓮子清心飲。補心腎有瑞蓮丸。【略】

石蓮子：害：沉陰之物，無濕熱而虛寒者勿服。利：苦寒。清心除煩，開胃進食，去濕熱。耑治噤口痢，淋濁症需之。【略】

附遺：猪心血：補心。害：宰猪驚氣入心，絕氣歸肝，俱不可多食。利：用作補心藥之向導，蓋取以心歸心、以血導血之意。修治：用竹刀將猪心剖開，取出拌炒補心藥丹參之類。

安息香：瀉心。害：病非關邪惡氣侵犯者，勿用。利：辛香苦平，入心經。研服，行血下氣，安神出祟，鬼胎能下，蠱毒可消。心經主藏神，神昏則鬼邪侵之。心主血，血滯則氣不宣快，安神行血故治之。【略】

乳香：一名薰陸香。瀉心。害：辛香善竄，瘡疽已潰勿服。及諸瘡膿多，勿敷。〔利〕：辛，溫。入心。通行十二經，活血舒筋，和氣治痢，托裏生肌，定諸經，止痛，解諸瘡之毒，護心，外宣毒氣，是有奇功也。產難斷傷，亦治癲狂，能祛風散瘀。【略】

琥珀：害：淡滲傷陰，凡陰虛內熱，火炎水虧者，勿服。若血少而小便不利者，服之反致燥急之苦。利：甘，平。入心、肝、肺、膀胱四經。安神而鬼魅不浸，色赤入血分，故能消瘀血，破癥瘕，生肌。能〔使〕肺清而小便利，甘淡上行，能使肺氣下降而通膀胱，故能治五淋。又能散瘀血而生新血，去翳障而明目。《經》曰：脾氣散精，上歸於肺，通調水道，下輸膀胱。凡淡滲藥，皆上行而後下降。琥珀，脂入土而成寶，故能通塞以寧心，定魂以燥脾土之功。【略】

淮小麥：補心。害：小麥寒氣全在皮，故麪去皮則熱，熱則壅滯動氣，發渴助濕，令人體浮，皆其害也。凡大人脾胃有濕熱及小兒食積肝脹，皆不宜服。然北人以之代飯，常御而不為患者，此其地勢高燥，無濕熱薰蒸之毒，故麪性溫平，其功不減於稻粟耳。東南卑濕，春多雨水，其濕熱之氣鬱於內，故食之過多，每能發病也。夏月瘧痢人，尤不宜食。利：甘，微寒。養心除煩，利溲止血，止渴收汗。浮小麥，濇斂，鹹涼心，止虛汗盜汗，治骨蒸勞熱。麩皮與浮麥同性，止汗之功稍遜。醋拌蒸，熨腰脚折傷，風濕痺痛，胃腹滯氣，能散血止痛。麪筋，甘涼，解熱和中。麪，甘溫，補虛養氣，助五臟，厚腸胃。北方者良。《素問》云：麥屬火，心之穀也。修治：秋種冬長，春秀夏實，具四時中和之氣。四月採，新麥性熱，陳麥平和。浮麥，即水淘浮起者，焙用。

金銀箔：瀉心。害：生金解毒惡而有毒，不鍊服之殺人，且難解。畏水銀，錫。利：辛平。入心肝。安鎮靈臺，神魂魄免於飄蕩，能辟除惡祟，搜其伏邪。金制木，故能治驚癇。風熱肝膽之病，皆需之。又催生亦用之。銀用足紋，功亦相倣。丸散用箔為衣。誤吞金銀，食炒熟連長韭菜，裹住金銀，從大便而出。元絲銀有銷毒，害人。修治：凡使金、銀、銅、鐵，只可渾安在藥中，借氣以生藥力而已，勿入藥服，能消人脂。入藥金、銀用箔，或用簪環首飾。凡使銀箔，須辨銅箔。

山豆根：害：大苦大寒，脾胃所惡，食少而瀉者，切勿沾唇。虛人亦忌。利：苦，寒。瀉心火，以保肺金，去大腸風熱，解咽喉痛，蟲毒，消諸腫瘡瘍，喘滿熱咳，瀉熱解毒，血熱極所致之病。【略】

天竺黃：瀉心。害：性寒涼，久用亦能寒中。利：甘，寒。入心經。祛風痰，解風熱，鎮心肝，安五臟，利竅。治大人中風不語，小兒客忤驚癇。其氣味同功與竹瀝，而性稍和緩，無寒滑之患。瀉熱豁痰，涼驚癇。修治：生南海鏞竹中，此是竹內所生，如黃土，着竹成片，片如竹節者真。此竹極大，又名天竹。津氣結成，其內有黃，《本草》作天竺者非，採無時。

黃丹：一名鉛丹。瀉心。害：性味沉陰，能損陽。鉛粉主治略同。內服雖能消疳逐積，殺蟲，然其性冷善走，如脾胃虛弱者不宜用，妊婦亦忌。利：鹹，寒。鎮心安魂，墜痰消積殺蟲，治驚疳瘧痢。外用解熱，拔毒止痛，生肌長肉。凡使，燥濕墜痰解熱，但宜外用。【略】

象牙：瀉心。害：苦寒之極，不利脾胃。凡疳症脾弱，目病血虛者，不宜多服。利：甘，苦，涼。清心腎之火，療風癇驚悸，骨蒸痰熱，瘡毒。剉屑煎服。氣和味平，於藏府無逆。象肉壅腫，以刀刺之，半日即合，治金瘡不合者，用其皮灰亦可。熬膏入散，為合金瘡之要藥，長肌肉之神丹。諸鐵及雜物入肉，刮牙屑，和水敷之立出。諸物刺咽，磨水服，(止)亦出。修治：出西番。象每脫牙，自埋藏之。崑崙諸國人，以木牙潛易取焉。

真珠：瀉心。害：珠體最堅，研不細能損人臟府。病不由火熱者，勿用。利：甘，鹹，寒。水精所蘊，水能制。入心、肝二經。鎮心安魂，墜痰明目，治聾，驚熱，痘疔，下死胎胞衣，拔毒收口生肌。修治：河蚌感月而胎，取新潔未鑽綴者，人乳浸三日，研粉極細，如飛麪用。心肝藏神魂，大抵寶氣多能鎮心安魂，如金箔、琥珀、真珠、龍齒之類，亦借其神氣也，瀉火定驚。

赤小豆：害：最滲津液，久服令人枯燥，肌瘦自重。凡水腫脹滿，總屬脾虛，當襍補脾胃藥中用之。病已即去，勿過劑也。利：甘、酸，平。入心、小腸。性下行而通行水，散血去蟲，止渴，行津液，清氣，滌煩熱蒸。通乳汁，胞胎產最要。除痢疾，止嘔吐，脾胃最宜。治有形之病，消脹腫散。凡瘡疽潰爛幾絕者，為末敷，無不立效。鷄子(青)〔清〕調塗，性粘，乾則難揭。入苧根末則不粘。未潰者箍之則四斂中起，已潰者敷之就瘥。相思子，苦，平。研服，去心腹邪氣，風痰瘴瘧及蟲毒。修治：【略】今肆中半粒黑者，是相思子，一名紅豆，有毒。

鬱金：害：今醫用此開鬱罕效。如真陰虛火亢，吐血不關火炎搏血妄行溢出上焦，不關肺肝氣逆以傷肝吐血者，不宜用也。近日鬱症多屬血虛，用破血之藥開鬱，鬱不能開，而陰已先敗，致不救者多矣。今市中所用者多是薑黃，并有以蓬朮偽之者，俱峻削性烈，病挾虛者大忌。利：苦，辛，微甘，氣寒。入心及包絡、肺、肝四經。開血積壅，生肌定痛。本入血分之氣藥，其治吐血衄血，婦人經脉逆行者，血屬火炎，此能降氣，氣降即火降，而性入血，故能導血歸經。解肝鬱，瀉火涼血，破瘀。【略】

合歡皮：補心。一名夜合。害：氣味平和，與病無忤。利：甘，平。安五臟，和心志，令人歡樂。(有)和血止痛，明目消腫，續筋骨，長肌肉，殺蟲。和調心脾。得酒良。修治：採無時不拘，去粗皮，炒用。入煎為末，熬膏外治，並妙。

龍角：補心。害：同龍骨，見肝部。利：辟邪，治心病。修治：亦同。

白茅根：瀉心。害：吐血因於虛寒者，非其所宜。因寒發噦，中寒嘔吐，濕痰停飲發熱，並不宜服。利：甘，寒。入心、脾、胃、小腸四經。涼金定喘，平血逆，清血瘀，利水濕，療淋瀝崩中。茅花，止血。茅針，潰癰，一針潰一孔。能瀉火，消瘀涼血，止噦。修治：三月採，四月採(根)花，六月掘根，去毛用。

瀉心補遺

人中黃：害：苦寒之極，不利於脾胃虛寒，傷寒溫疫，非陽明實熱者，不宜用。痘瘡非火熱鬱滯，因而紫黑乾陷倒靨者，不宜用。利：苦，寒。入心。一作胃。清痰火，消食積，大解五臟實熱，治陽毒狂發，清痘瘡血熱，解百毒，敷疔腫。金汁：主治同人中黃，而功勝。瀉實熱。【略】

牛黃：害：小兒傷乳作瀉，脾胃虛寒者忌之。東垣云：牛黃入肝，治筋，中風入臟者，用以入骨追風。若中府中經者誤用之，反引風入骨，如油入麪，莫之能出，為害非輕。有平素積虛，而一時驟脫者，景岳以非風名之，尤忌用之。瀉熱，利痰，涼驚。利：苦，甘，涼。瀉心主之熱，攝肝臟之魂，利痰涼驚，通竅辟邪。治中風入臟，驚癇口噤。能入筋骨以搜風。得丹皮、菖蒲良。人參為使。【略】

肝部藥隊　補肝猛將

枸杞子：害：雖為益陰除熱之要藥，若脾胃虛弱，時泄瀉者，勿入。須先理脾胃，俟瀉止用之。須同山藥、蓮肉、車前、茯苓相兼，則無潤腸之患。故云脾滑者勿用。利：甘，微溫。滋肝益腎，填精堅骨，助陽養營。補虛勞，強筋明目，除煩止渴，利大小腸，故又為溫大腸猛將。【略】

烏梅：害：病有當發表者大忌酸收，誤食必為害非淺。食梅則津液泄者，水生木也。津液泄則傷腎，腎屬水，外為齒，故多食損齒傷筋，蝕脾胃，令人發膈上痰熱。利：酸澀而溫，補肝膽，入肺脾血分。定久嗽，定渴，斂肺之動。止血痢，澀腸之力。清音，去痰涎，安蚘，理痰熱。消酒毒，(食)[蝕]惡肉。疽愈後有肉突起，烏梅燒敷，一日減半，二日而平，真奇方也。肝以酸為瀉，而又以本味為補肝膽猛將。【略】

白梅：害：按《素問》云：過於酸，肝氣以津。又云：酸走筋，筋病無多食酸。雖能生津泄肝，然酸味斂束，違其所喜也，不宜多食。齒痛及病當發散者咸忌之。利：烏梅，白梅，所主諸病皆取其酸收之義，功用略同。牙閉擦齦，涎出便開。刀傷出血，研敷即止。修治：【略】安吉者，肉厚多脂，最佳。五月採實，火乾。過食而齒齼，嚼胡桃肉解之。熟者笮汁，晒乾，收為梅醬，夏月渴調水飲之。

補肝次將

山茱萸肉：害：凡命門火熾，強陽不痿者忌之。膀胱熱結，小便不利者，法當清利，此藥味酸主斂，不宜用。陰虛濕熱不宜用，即用，當與黃柏同加。惡桔梗、防風、防己。利：酸澀，微溫。固精秘氣，補肝膽腎，強陰助陽事，暖腰膝，縮小便，閉遺洩。還耳聰而已其響，調月事而節過多。蓼實為使。【略】

菟絲子：害：其性溫燥偏補，凝正陽之氣，能助人筋脉。腎家多火，強陽不痿，大便燥結者，忌之。利：甘、辛，溫。入肝、腎、脾。續絕傷，益氣力，強陰莖，堅筋骨勞損，溺有餘(淋)瀝，寒精自出，口苦渴，煎湯任意飲之。寒血為積，為調元上品。得酒良，山藥、松枝為使。【略】

何首烏：害：此為益血之物，相惡與萊菔同食，令人鬚髮早白。忌與附子、仙茅、薑、桂等諸燥熱藥同用。若犯鐵器，損人。利：苦甘澀，微溫，入肝腎。收精氣，補真陰，強筋益髓，壯陽事，為滋補良藥。養血祛風，虛勞瘦痿弱，瘰癧。補肝瘧家要藥。補益肝腎，調和氣血，澀氣化虛痰。白雲苓為使。【略】

沙苑蒺藜：害：性能固精，若陽道數舉，媾精難出者，勿服，反成淋濁。利：甘，溫。補腎益肝，強陰益精，虛勞腰痛，遺精帶下。修治：以酒拌蒸，或鹽水炒用。今肆中所賣者，俱是花草子，真者絕無。出潼關，狀如腎，子帶綠色。

鱉甲：害：其性陰寒，肝虛無熱者忌用。鱉肉涼血補陰，陰冷而難消，脾虛者，大忌。【略】利：鹹寒平，屬陰，色青入肝。補陰退熱而散結，治厥陰血分之病。勞瘦骨蒸，寒熱溫瘧母，及經阻難產，腸癰瘡腫，驚癇斑痘，元氣虛羸，邪陷中焦，鱉甲能益陰熱。鱉色青，治皆肝症。龜色黑，主治皆腎症。同歸補陰，實有分別。龜版以自敗大者為佳。鱉肉涼血補陰，亦治瘧痢，加生薑，砂糖煮作羹食，名鱉糖湯。鱉血如用，柴胡加入數匙，而不過表。【略】

龍骨：害：其性澀而收斂，凡洩痢腸澼，及女子漏下崩中，溺血等症，皆血熱積滯而為患，法當通利疏泄，不可便用止澀之劑，恐積滯瘀血在內，反能為害。惟久病虛脫者，不在所忌。畏石膏、川椒、魚腥及鐵器。利：甘澀平，入心、腎、肝、大腸經。能收斂浮越之正氣，澀腸益腎固精，安魂鎮驚，辟邪解毒。治多夢紛紜，斂汗收脫，縮小便，生肌肉。得人參、牛黃良。修治：近世方法，入龍齒後，但煅赤為粉。亦有生用者，或酒浸一宿，焙乾研粉，水飛三次用。如急用，以酒煮焙乾或用。凡入藥，須水飛晒乾，每斤用黑豆一斗，蒸一伏時，晒乾用，否則着人腸胃，晚年作熱也。

龍齒：尤能定驚鎮心安魂。龍為東方之神，故其潛藏於水，氣入腎藏中。骨主腎病，故又益腎也。肝藏魂，能變化，魂飛不定者，治之以龍齒。

左顧牡蠣：害：凡病虛而多熱宜之，虛而有寒者忌之。虛腎無火，精寒自出者非宜。惡吳萸、細辛、麻黃。利：鹹以軟堅化痰，濇以收脱，微寒以清熱。補水利濕，止渴。海水化成，潛伏不動，故體用皆陰，為肝腎血分之藥。用左者，以平肝也。貝母為使。得蛇床、遠志、牛膝、甘草良。【略】

海蛤蜊殼：害：蛤粉善消痰積血塊，然脾胃虛寒者宜少用，或加益脾胃藥同用為宜。肉氣味雖冷，與服丹弱人相反，食之令腹結痛。凡使海蛤，勿(由)〔用〕游波，蟲骨相似，只是面上無光，誤餌令人狂走，欲投水，如鬼祟，惟醋能解之。利：與牡蠣同功。肉，鹹冷。止渴解酒。大抵海屬鹹寒，功用略同。江湖蛤蚌，但能清熱利濕，不能軟堅。蜀漆為使。畏狗膽、甘遂、芫花。【略】

木瓜：害：下部腰膝無力，由於精血真陰不足者，不宜用。其味酸(患)濇傷食，脾胃未虛，積滯多者不宜用。患謂性溫必燥，腎惡燥，故久服損齒及骨。《鍼經》云：多食之令人癃。閉溺者為癃。忌鐵器。利：酸濇而溫。和脾理胃，斂肺伐肝，氣脱生收，氣滯能和，故筋急能舒，筋緩能利。攻濕痺，治脚氣。但酸收能閉小便，須與車前子同用。【略】

桃仁：害：性善破血，散而不收，瀉而無補，過用之及用之不得其當，能使血下不止，損傷真陰。凡經閉不通由於血虛而不由於瘀滯，產後腹痛由於血虛空痛而不由於留血結塊，大便不通由於津液不足而不由於血燥閉結，誤用之大傷陰氣。雙仁有毒，不可用。桃梟，其功專於辟邪去瘀，病值虛者忌。與桃仁用同。桃花，攻決為用，但可施於氣實有餘之症，若無故而因除百病，美顏色諸謬説而服之，為害不少，耗人陰血，損元氣。勿用千葉花，令人鼻衄不止，目黃。藏器乃言食之患淋。桃葉，苦平。殺蟲發汗，採嫩者名桃心，入藥尤勝。桃子，辛、酸，甘，熱，微毒。多食令人有熱癰癤。利：桃仁，苦甘平，入肝、大腸兩經。破諸經血瘀，潤大腸血燥。肌有血凝而燥痒堪除，熱入血結而狂言可止。香附為使。修治：【略】黃帝書云：食桃飽入水浴，令人成淋及寒熱病。桃實多食，令人膨脹及生癰癤，有損無益。與鱉肉同食，患心痛。服术人忌食之。

青橘皮：害：性最酷烈，善破脇下、小腹之滯氣。然誤服之，立損真氣，為害不淺。凡欲施用，必與補脾藥同用，庶免遺患。必不可單用也。肝脾氣虛者，概勿施用。辛能發汗，氣虛及有汗者禁用。利：苦辛溫，色青氣烈，入肝、膽氣分。疏肝瀉肺，引諸藥至厥陰之分。下飲食，入太陰之倉。最能發汗。柴胡疏氣，青皮平下焦肝氣。皮能達皮，辛能發汗，故又為瀉三焦猛將。破滯氣，愈低愈效。削堅積，愈下愈良。修治：八月採青橘皮，乃橘之未黃而青色者，薄而光，其氣芳烈。今人多以小柑、小柚、小橙偽之，不可不慎辨之。入藥以湯浸去瓤，切片，醋炒少用。

蓬莪茂：害：凡經事先期及一切血熱為病，忌之。若崩中淋露，皆應補氣血，涼血清熱則愈，一切辛走之藥，法當所禁。虛人服之，積未走而真氣已竭，兼以參、术，或庶幾耳。利：辛苦而(辛)〔溫〕，入肝經。治氣中之血，破血行氣，消瘀止痛。若須用，與健脾補元之藥同用，無損耳。得酒醋良。【略】

沉香：害：凡冷氣、逆氣、氣鬱、氣結，殊為要藥。然而中氣虛，氣不歸，元氣虛下陷，忌之。心經有實邪者，忌之。非命門真火衰者，不宜。入下焦藥用，陰虧火旺者，切勿沾唇。利：性沉溫燥，辛溫。平肝降氣，調(胃)中氣而胃開，補下焦而腎暖，理家痰涎，故入腎命門，暖精助陽行氣，去肌膚水腫，通大腸虛閉，治小便氣淋。修治：待燥碾碎。若入劑，惟磨汁，臨時沖入。須要色黑不枯硬重沉於水油熟者為上，半沉者次之。不可見火。嚼之香甜者性平，辛辣者性熱。入丸散，以紙裹置懷中。

瀉肝次將

香附：害：性燥苦溫之品，而能耗血散氣，氣虛血弱服之，恐損氣而耗血，愈致其疾。凡月事先期因於血熱，法當涼血，勿用此藥，誤犯則愈先期矣。利：氣香，味辛能散，微苦能降，微甘能和，乃血中氣藥，通行十二經八脈氣分。又為入金木之宮，肝與膽同源，為瀉之品。開鬱化氣，發表消痰藥也。統領諸血藥，隨用得宜，乃氣病之總司，女科之主帥，故胎產神良。得童便、醋、芎藭、蒼术良。【略】

木香：害：香燥而偏於陽，肺虛有熱者，血枯而燥者，忌之。元氣虛脱，血枯而燥，及陰虛內熱，諸病有痛屬火，皆禁用。丹溪曰：味辛氣升，若陰火衝上者，反取火邪。利：辛苦溫，三焦氣分之藥。泄肺氣，疏肝氣，和脾氣，開諸鬱。溫中而治心疼。生用理氣，煨熟止瀉。以其降氣開鬱，故又為瀉三焦猛將。畏火。【略】

延胡索：害：辛，溫。走而不守，經事先期，虛而崩漏，產後虛運，均忌之。利： 辛苦而溫，入心包、肺、脾、肝。能行血中氣滯，氣中血滯，調經脉，利產後暴血上衝，折傷積血。療疝舒筋，理通身諸痛，止腸痛心疼，為活血利氣之藥也。修治： 立夏掘取。今多出浙江筧橋，根如半夏，黄色而堅。產東陽者，粒頭細。生用破血，炒用調血，酒炒行血，醋炒止血。

柴胡： 害： 柴胡為陰，必陰氣不舒致陽，陽氣不達者，乃為恰對。若陰已虚者，陽方無倚而欲越，更用升陽發散，是速其(弊)〔斃〕矣。故凡元氣下脱，病屬虚而氣升者，忌之。嘔吐及陰虚發熱，火熾炎上，不因血凝氣阻為寒熱者，近此正為砒鴆之毒也。瘧非少陽經者，勿用。治瘧必用柴胡，其說誤解。惡皂角，畏女菀、藜蘆。利： 苦微寒，入肝、膽、三焦、心包四經。為少陽表藥，故治瘧發表，和裏退熱，主清陽上行，解鬱調經，宣暢氣血。主陽氣下陷，治上焦肝氣，前胡、半夏為使。行三焦、膽經，黄芩為佐。行心包、肝經，黄連為佐。修治： 二月、八月採得，去鬚及頭，用銅刀削去赤薄皮少許，以粗布拭淨，切用。勿令犯火，立便無效也。酒炒則升，蜜炒則和。按： 柴胡有二種，色白黄而大者為銀胡，以勞瘧骨蒸，虚勞疳熱； 色微黑者，以解表發散。《本經》無分別，但用銀州者為最，則知其優於升散，而非除虚熱之藥明矣。《衍義》所載甚詳，故表而分之。

芎藭： 害： 其辛性散，走泄真氣，上行頭目，下行血海。凡病氣升痰喘，虚火上炎，嘔吐咳逆，自汗，若升陽易汗盜汗，咽乾口燥，骨蒸發熱，作渴煩躁及氣弱人，不宜用。【略】利： 辛溫升浮，(為)〔入〕心胞、肝、膽、三焦。潤肝燥，補肝虚，乃血中氣藥。升清陽而開諸鬱，為搜風散瘀止痛調經。小者名撫芎，止痢開鬱，為上升辛散之力也。白芷為使，伏雌黄。修治： 八月根下始結，乃可掘取，暴乾。凡用，以川中大塊，裏色白，不油，嚼之微辛甘者佳。酒炒。其苗作菜頗香，俗呼香芹菜。余西北道上曾食之。

金鈴子： 一名苦楝子。害： 苦寒。止宜殺蟲。若脾胃虚寒者，大忌。利： 苦寒。能導小腸、膀胱之熱，因引心包相火下行，通利小便，為疝氣要藥。亦治傷寒熱厥腹痛，療瘡疥殺三蟲。茴香為使。根皮，微寒，殺諸蟲，通大腸。採無時。修治： 苦楝子，以川中者為良。十二月採得，熬乾，酒拌蒸軟，去皮核，取肉用。凡使肉不使核，使核不使肉。如使核，搥碎用。近惟酒炒。亦有去肉取皮用，則苦寒性減。子如小鈴，熟則黄色，故名金鈴子。

赤芍藥： 害： 赤芍破血。凡一切血虚病，及泄瀉，產後惡露已行，少腹痛已止，癰疽已潰，並不宜服。惡芒硝、石斛、鱉甲，畏龜甲、小薊。反藜蘆。利： 苦酸微寒。瀉肝火，專行惡血，兼利小腸，治腹痛脇痛，堅積血痺，疝瘕經閉，腸風癰腫，目赤。能於土中瀉木，赤散邪，能行血中之滯。雷丸為使。修治： 分栽時，根氣味全厚，八九月掘取，切片酒炒。單瓣紅芍藥〔入藥〕。

栝樓： 一名瓜蔞。害： 寒胃滑腸，胃虚少食，脾虚泄瀉勿投。畏牛膝、乾漆，惡乾薑，反烏頭。利： 苦、甘。潤肺疏肝，滑腸涼脾，為治肺熱咳嗽要藥。清上焦之火，使痰氣下降。止一切血熱，又能蕩滌胸中鬱熱垢膩，生津止渴，清咽良劑。亦能治結胸熱痺之主藥。修治： 九月採取。栝圓黄皮厚蒂小，樓則形長赤皮蒂粗。陰人服樓，陽人服栝。並去殼、皮、革膜及油。土瓜蔞功用相倣，惟實熱壅滯者宜之，稍挾虚切勿妄投。去油搗霜，潤肺之性減，而涼脾之功勝，利水瀉熱，行血墮胎。

白蒺藜： 害： 細審其質性，不過瀉氣破血之品，故能墮胎，古方俱用以為補腎者，乃誤傳也。愚按： 補腎者，係潼關蒺藜，今肆中所用，蓋不分也。利： 苦辛而溫。瀉肺疏肝，散風勝濕，破血催生，通乳閉，消癥瘕。【略】

佛手柑： 害： 單用多用，亦損正氣。利： 辛苦溫。性中和，理上焦肺氣而平嘔，健中州脾運而進食。疏氣平肝，除痰止嗽。修治： 去白，或炒。鮮者尤佳。產閩、廣。古方枸櫞音矩員，或蒸露用。

鈎藤： 害： 但性稍寒，無火者勿服。除驚癇眩暈，平息肝風相火之外，他無所長。凡病風溫，邪未入營，尚在上中二焦衛分者，誤服之，恐致昏譫，以其輕揚入肝，未免激動肝陽上升，升則濁邪上蒙清竅故也。利： 甘寒。舒筋，除眩運，心熱煩躁，下氣寬中。治小兒驚癇，客忤胎風，祛肝風而不燥，庶幾和中。今去梗，純用鈎，功加倍。修治： 三月採，有刺類釣鈎，古方多用皮，久煎則無力，俟他藥煎就，方入鈎藤，三沸即起，頗得力也。時珍曰： 苦寒過服，恐傷胃中生發之氣，反取火邪。亦久服黄連，反從火化之義也。

涼肝猛將

龍膽草： 害： 苦寒，大損胃氣，無實火者忌之。雖能除實熱，泄肝膽，然胃虚血少者，不可輕試。凡病脾胃兩虚，虚而有熱者，皆忌服。亦勿空腹服，令人溺不禁，以其洩太甚故也。利： 大苦大寒，沉陰下行，入肝、膽而瀉火，兼入膀胱、腎經。除下焦濕熱，能明目。柴胡為主，龍膽為使，目疾要藥。若目疾初起，宜發散，忌用寒涼。治小兒客忤驚疳。忌地黃、赤小豆，貫眾為使。【略】

胡黃連：害：性味苦寒之極，設使陰血不足，真精耗竭，而脾陰胃氣俱弱，切勿妄投。須與健脾胃等藥同用，乃可無弊。慎之！【略】利：苦寒，入胃、肝、膽三經。主虛家骨蒸，初起可用。久痢，胃氣實可用。醫小兒疳積驚癇。其性味功用似黃連。【略】

涼肝次將

羚羊角：害：性寒，能伐生生之氣，凡肝、心二經有熱者宜之。無火熱勿用。利：苦鹹。瀉心肝肺邪熱，下氣降火，解毒散血，祛風舒筋，故能明目去障，治驚癇搐搦。亦治狂越僻謬夢魘，傷寒伏熱，氣逆食噎不通。羚之性靈，而精在角，故又辟邪，散瘀血而療痘瘡解諸毒也。修治：出西地。似羊而大，角有節，最堅勁，能碎金石與貘骨，明亮而不黑者良。多兩角，一角者更勝。鎊片，綿包，或磨汁用。入丸散須要不拆元對，繩縛，鐵銼剉細搗篩，更研萬(區)[匝]入藥，免刮人腸。

夏枯草：害：久服亦傷胃家。利：辛苦微寒。緩肝火，解內熱，散結氣。治瘰癧，鼠瘻癭瘤，乳癰乳巖，目珠夜痛。能散厥陰之鬱火故也。土瓜為使，伏汞砂。【略】

石決明：害：多服令人寒中。永不得食山龜，令人喪目。利：鹹涼。(隊)[遂]肺肝風熱而明目，內服療青盲內障，外點散赤膜外障。除目疾及肝火外，他用甚稀。亦治骨蒸勞熱，通淋。【略】

青蒿：害：苦寒之藥，多與胃家不利。凡產後氣虛，內寒作瀉，及飲食停滯泄瀉，勿用。產後脾胃薄弱，忌與歸地同用。雷公曰：使子勿使葉，使根勿使莖，子葉根莖四件若同使，翻然成痼疾。利：苦寒，入肝、膽、腎。治三焦清暑，治骨蒸勞瘦，骨間伏熱，殺鬼疰傳屍。苦寒之藥，多與胃家不和，惟青蒿芬芳襲脾，宜於血虛有熱之人，取其不犯中和之氣耳。【略】

菊花：害：苦寒之品，非胃家所宜。《牧豎閒談》云：真菊延齡，野菊泄人。故丹溪曰野菊服之大傷胃氣，是也。利：甘苦微寒。補益金水，善制風木，去胸中之熱，祛頭目之風。白朮、枸杞、地骨皮、桑白皮為使。修治：滁州菊單瓣色白味甘者，為上。杭州黃白茶菊微苦者，次之。其餘苦菊，單不入藥。或炒黑，或煨炭，或生用。九月采摘，暴乾。野菊苦辛慘烈，有小毒。調中破血，治癰腫疔毒，連莖葉搗，敷服皆效。

溫肝猛將

肉桂：害：其氣大熱，獨熱偏勝，陽氣表裏俱達。和營氣，散表邪出汗，實腠理，則桂枝為長。故仲景以治冬月傷風寒，病邪在表者。肉桂、桂心，實一物也，衹去皮耳。此則走裏行血，除寒破血，平肝，入右腎命門，補相火不足。然大忌於血崩、血淋、尿血，陰虛吐血咯血，鼻衄齒衄，汗血，小便因熱不利，大便因熱燥結，肺熱咳嗽，肺熱氣不下行，每上見熱症，下見足冷。產後去血過多，產後血虛發熱，小產後血虛寒熱，陰虛五心煩熱，似中風口眼歪斜，失音不語，語言蹇澀，手足偏枯，中暑昏暈，中熱腹痛，婦人陰虛少腹痛。一切溫病，熱頭疼口渴，陽症發斑發狂，小兒痧疹，腹疼作瀉，痘瘡血熱乾枯黑陷。婦人血熱經行先期，婦人陰虛內熱經閉，婦人陰虛寒熱往來，口苦舌乾，婦人血熱經行作痛。男婦陰虛內熱外寒，中暑瀉痢暴注如火。一切滯下純血，由於心經伏熱，腸風下血，臟[毒]便血，陽厥似陰，夢遺精滑，虛陽數舉，脫陰目盲等三十餘症，法並忌之，誤投則禍[不]旋踵。謹察病因，用舍在斷，行其所明，無行其所疑，其慎毋嘗試也。忌生葱、石脂。利：甘辛，大熱大溫，氣厚純陽，入肝、腎血分。補命門相火之不足，益陽消陰，治痼冷沉寒。平肝降氣，引火歸元，益火，救元陽，溫中扶脾胃，通血脈。下焦腹痛，能除奔豚疝瘕立效。宣通百藥，善墮胞胎。得人參、甘草、麥冬良。修治：去粗皮用，或研末沖入藥煎，勿令泄氣。或用米糝搗和為丸，先吞。或用棗肉糊丸，如前法吞，隨症施用。去肉外皮為桂心。枝小氣薄者為桂枝。又有一種觀賓桂，今書官桂，但能溫裏和營。

桂枝：害：同前。利：甘辛而溫，氣薄升浮，入肺、膀胱。溫經通脈，發汗解肌，無汗能發，有汗能止。亦治手足痛風脇風，為手臂之引經，故列於溫肝。用桂枝發汗，乃調其營則衛自和，風邪無客，遂自汗而解，故用治風寒咳嗽有奇功，非桂能發汗也。汗多用桂枝者，調和營衛，則邪從汗解，而汗自止，非若麻黃之開腠理發汗也。肉桂在下，主治下焦。桂心在中，主治中焦。桂枝在上，主治上焦。修治：桂之氣味最薄者為桂枝，亦稱桂木。或蜜炙用。

吳茱萸：害：陽厥似陰，手足雖逆冷，而口多渴喜飲水，大小便閉結，小便或通亦赤澀短少，此火極似水。《內經》謂諸禁鼓慄，如喪神守，皆屬於火是也。此與桂、附、乾薑之類同禁忌。嘔吐咳逆上氣，非風寒外邪及冷痰宿水所致者，不宜用。腹痛屬血虛有火者，不宜用。小腸疝氣，非驟感寒邪及初發一二次，不宜用。霍亂轉筋，由於脾胃虛弱，冒暑所致，非寒濕生冷干犯腸胃者，不宜用。一切陰虛之症及五臟六府有熱無寒之人，法所咸忌，損氣動火，昏目發瘡。非寒滯有濕者勿用，即有寒濕者，亦宜酌量少用。利：辛苦，大熱。疏肝燥脾，溫中下氣，除濕解鬱，去痰，殺蟲，逐寒。主厥陰頭疼，嘔逆吞酸，痞滿噎膈，食積瀉痢，血痺陰疝，奔豚癥瘕。治陰寒攻心痛，脚氣水腫，所謂衝脉為病，逆氣裏急。又為溫膀胱之猛將也。惡丹參、硝石，畏紫石英，蓼實為使。修治：九月九日採實，開口、陳久者良。陰乾。須深滾湯泡去苦烈汁七次，始可焙用。治疝，鹽水炒。治血，醋炒。止嘔，薑汁炒。疏肝胃，黃連、木香汁炒。

細辛：害：其性升燥發散，凡病內熱及火升炎上，上盛下虛，氣虛有汗，血虛頭痛，陰虛咳嗽，法皆禁用。即入風藥，亦不可過五分，服過一錢，使人悶絕，因其氣厚而性烈耳。【略】利：辛溫香燥。善開竅，散風寒，入心、肺、腎三經。能行心下水停，以腎潤燥，宣通遊風浮熱，口瘡喉痺，利九竅。【略】

胡椒：害：辛熱之物，如血分有熱者，與(夫)陰虛發熱，咳嗽吐血，咽乾口渴，熱氣暴衝，目昏口臭，齒浮鼻衄，腸風臟毒，痔漏洩澼等症，切勿輕餌，誤服能令諸症即時劇作。慎之！世人因其快膈，嗜之者眾。然損肺走氣，動火動血，損齒昏目，發瘡痔臟毒，必陰氣至足者方可用。利：辛熱，入脾、胃、肝、大腸四經。溫中下氣，快膈消痰，治寒痰食積，蓋此藥猶如附、桂，使與陰虛火衰，必與歸地同用，則無偏勝之弊也。蓽澄茄，即胡椒之大者，偕上。【略】

骨碎補：一名猴薑，又名申薑。害：勿與風藥同用。以其苦堅腎，腎藏惡燥，再加風藥溫燥，反傷血液，是為太過。利：苦溫，入肝、腎二經。主骨碎折傷，去瘀生新，治腎虛洩瀉，耳響牙疼。【略】

溫肝次將

菟絲子：見前補肝部。艾葉：害：純陽，香燥。凡血燥生熱者禁用。與灸火，亦大損陰，血虛者宜慎。胎動不安由於熱而不由於寒，妊娠下利膿血由於暑濕，腸胃熱甚而非單濕為病，崩中由於血虛內熱，經事先期由於血熱，吐衄血由於血虛，火旺由於鬼擊中惡，霍亂轉筋不由於寒邪而由於脾胃虛弱停滯，或於暑濕所致，不孕由於血虛而不由於血虛而必由風冷襲入子宮，法並忌用。利：生溫熟熱，辛可利竅，苦能疏通，入肺、脾、肝、腎四經。氣血交理，安胎氣，暖子宮，故婦科帶下調經多需之。理血痢腸風，治崩吐衄。外用灸除百病。陳者良。醋、香附為使。【略】

山茱萸：見本藏補部。懷香：一名茴香。害：其性溫燥，能昏目發瘡。若胃腎多火，陽道數舉，得熱則吐者，均戒。大茴香性熱，功用略同。利：辛溫香，入胃、肝、腎、膀胱四經。主腹痛疝氣，平霍亂血逆。得酒良。修治：八九月採實，陰乾。小如粟米者，謂之小茴香，力薄。酒炒黃用。自番舶來者，實大如柏，裂成八瓣，一核大如豆，黃褐色，有仁，味更甜，俗呼舶茴香，又曰八角茴香，又名大茴香。入下焦藥，鹽水炒用。

肝部補遺補瀉涼溫　補肝

金毛狗脊：害：其性溫燥，腎虛有熱，小水不利，或短澀赤黃，口苦舌乾，皆忌之。【略】利：苦平，入肝、腎二經。強筋壯骨，治男子腰脚軟疼，女人關節不利。萆薢為使。毛名金毛獅子，止金(疼)瘡血出良。【略】

川續斷：害：禁與苦寒藥同用。以治血病，及與大辛熱藥用於胎前。另有一種草茅根，形如續斷，誤服令人筋軟。惡雷丸。利：味苦、辛，微溫。補肝腎，通血脉，理筋骨，主勞傷，暖子宮，縮小便，止遺洩，破瘀血，腰痛胎漏崩帶，腸風血痢，癰腫痔毒。又主金瘡折跌，止痛生肌，(收)胎產莫缺。地黃為使。【略】

冬瓜子：瓜，一名白瓜。害：瓜性冷利，凡臟府有熱者宜之。冷者食之，瘦人。若虛寒腎冷，久病滑洩者勿食，令人反胃。須起霜食之乃佳。利：甘，平。補肝明目，清肺潤痰。瓜，其性寒瀉熱，甘益脾，利二便，止消渴，消水腫，散熱毒癰腫。皮，甘寒，益脾，以皮行皮，故通二便，能消水腫，瀉熱毒，止消渴。葉，治消渴，瘧疾寒熱。【略】

鷄：害：性熱動風，凡熱病初愈，癰疽未潰，素有風痰人，咸忌之。年久老鷄，腦有大毒，食之能發疔。中其毒發疔者，以玉樞丹解之。冠血性溫，痘瘡虛寒者得之，固可資其起發，倘因血熱而乾枯焦黑者，誤用能更轉劇。世人屢用冠血、桑蠹蟲發痘，而不分寒熱者，誤也。鷄有五色，黑鷄白首者，六指者，四距者，鷄死足不伸者，闔鷄能啼者，並不宜食之，害人。利：甘溫。屬巽屬木。補虛溫中，動風。煮汁性滑而濡。烏骨鷄，甘平屬水，能益肝腎，退熱補虛，治肝腎血分之病。鷄冠，居清高之分，其血乃精華所聚。雄而丹者屬陽，故治中惡驚忤，熱血瀝口，塗吹鼻。本乎天者親上，故塗口眼喎斜。鷄子，甘平。鎮心，安五臟，益氣補血，散熱定驚，止嗽止痢。多食令人滯悶。哺鷄蛋殼，主傷寒勞復。研敷下疳，麻油調搽痘毒神效。鳳凰衣，主久咳結氣，失音。鷄(尿)〔屎〕白，微寒。下氣消積，通利大小便。《内經》用治蠱脹，合米炒治癥。醋和，塗蚯蚓、蜈蚣咬毒。鷄肫皮，一名鷄内金，一名膍胵音皮鴟，甘平性濇。鷄之脾也。消水殺蟲，除熱止煩，通小腸、膀胱，治瀉痢，便數遺溺，溺血崩帶，腸風膈消，反胃，小兒食瘧。男用雌，女用雄。鷄腸，治遺溺，小便數不禁。鷄肝，治肝虛目暗，治氣噎，食不消。四月勿食抱鷄肉，令人作癰成漏，男女虛乏。小兒五歲以下，食鷄生蛔。鷄肉不可合胡蒜、芥、李、犬肝、犬腎及兔食之洩痢。同魚汁食，成心瘕。同鯉魚食，成癰癤。同獺肉食，成遁口。同生葱食，成蟲痔。同糯米食，生蛔。修治：鷄雖屬木，分而配之，則丹雄鷄得離火陽明之象，白雄鷄得庚金太白之象，故辟邪惡者宜之。烏雄鷄屬木，烏雌鷄屬水，故胎產宜之。黃雌鷄屬土，故脾胃宜之。而烏骨者又得水木之精氣，故虛熱者宜之。反毛鷄治反胃，各從其類也。

牛筋：害：老病及自死牛，食之損人。利：甘溫。補肝強筋，益氣力，續絕傷。鹿筋同功。修治：臘月收採，風乾用。鮮者力勝。

羊肝：害：羊食毒草，凡瘡家及痼疾者，食之即發，宜忌之。反半夏、菖蒲。利：色青。補肝而明目。膽苦寒，點風淚眼，赤障白翳。羊，甘熱，屬火。補虛勞，益氣力。壯陽道，開胃健力，強陰通氣，發瘡。肺，通肺氣，止咳嗽，利小便。腎，益精助陽。胲，除翻胃。角，明目，殺蟲。血，主產後血運悶絕，生飲一杯即活。中金、銀、丹石、砒、硫一切諸毒，生飲即解也。【略】

吐鐵：害：海味鹹寒，中寒者忌。利：甘酸鹹，寒。補肝腎，益精髓，明耳目。修治：產寧波鄞縣南田者，大而多脂，為第一。閩中者肉磈碨無脂膏，不中食，只可充(食)〔飢〕，為海錯上品。一名麥螺，一名梅螺。用鹽滷醃，或用甜酒釀，可帶出遠，不入煎劑。

血餘膠：害：髮灰走血分而帶散，其主諸血證者，是血見灰則止，乃治標之義。若(伏)〔仗〕其補益，未必能也。經熬煅成末後，氣味不佳，胃弱者勿服。利：苦，溫，平。入肝、腎。兼補陰，消瘀，能去心竅之血，治諸血病，吐衄，血痢、血淋、崩帶。父髮與蛋黃〔同〕煎為膏，治小兒驚熱。己髮與川椒共煅，令本體烏頭。胎髮尤良，更衰涸。入芎歸湯，宜用婦人頭髮，產婦本髮尤妙。【略】

五加皮：害：下部無風寒濕邪而有火，及肝腎虛而有火者，勿服。惡元參、蛇皮。利：辛順氣而化痰，苦堅腎而益精，溫祛風而勝濕。〔療〕筋骨之拘攣，逐皮膚之瘀血，治陰痿囊濕，女子陰痒，明目，縮便，愈瘡療疝。釀尤良。遠志為使。【略】

海螵蛸：一名烏賊骨。害：氣味鹹溫。血病多熱者，勿用。惡附子、白及、白斂。利：鹹走血，溫和血。入肝、腎血分。通血脉，祛寒濕，治血枯，止腸風崩漏，澀久虛瀉痢，腹痛環臍，陰蝕腫痛。肉，酸平，益氣強志，通月經。能淡鹽。【略】

桑上寄生：害：雜樹上者氣性不同，恐反有害。寇宗奭云：向有求此於吳中諸邑，採不得，以他木寄生服之，逾月而斃。可不慎哉！利：苦堅腎，助筋骨而固齒長髮。甘益血，止崩漏而下乳安胎。舒筋絡而利關節，和血脉而除痺痛。【略】

紫石英：害：石藥終燥，祇可暫用。婦人絕孕，由陰虛火旺，不能攝受精氣者，忌用。利：甘辛溫潤以去枯，重以鎮寧心神，養肝血不足血海虛不孕者，宜之。暖子宮之要藥。白石英，甘辛微溫。潤以去燥，利小便，實大腸，治肺痿吐膿，咳逆上氣。《十劑》曰：潤可去燥枯，二英之屬是也。潤藥頗多，而徐之才取二紫白石英為潤劑，存其意可也。石英五色，各入五臟。俱畏附子，惡黃連。【略】

瀉肝補遺

合歡皮：見心部。血竭：一名麒麟竭。害：善收瘡口，却能引膿，性急，不可多用。無瘀積者，忌之。利：甘鹹平，性急，色赤，入心、肝血分。散瘀生新，除血痛，治金瘡折跌，瘡口不合，止痛生肌。【略】

玫瑰花：害：必竟伐氣之品，婦人血枯氣上逆者，不可多用。利：甘苦，平。香而不散，色紫入肝。能引血中之氣，肝病用之多效。

木蝴蝶：害：氣味淡薄，與病無害。利：治肝氣，諸書不載。近多用之，蓋取木喜疏、蝴蝶善動之意爾。修治：形如皂莢，裹多白瓤，剖開取出，如蝴蝶狀，每張有子一粒。又名千張紙。錢塘趙學敏已採入《本草綱目拾遺》。

鐵落：害：辛平有毒。《素問》治陽氣太盛，病狂妄善怒者，用生鐵落，正取伐木之義。【略】利：辛平。鎮心平肝，定驚療狂，消癰解毒。鐵屑、鐵精、鐵鏽、鐵華，大抵借金氣以平木，墜下解毒，無他義也。鐵砂，消水腫、黃疸，散癭瘤。重以鎮墜，能傷氣。肝腎氣虛者忌用。【略】

銅綠：一名銅青。害：服之損血。【略】利：酸平，色青，入肝。內科吐風痰之聚，外科止金瘡之血，女科理血氣之痛，眼科主風熱之疼。善殺蟲，療疳。【略】

綠礬：一名皂礬。害：綠礬、礬紅，雖能消食肉堅積，然能令人作瀉，胃弱人不宜多用。服此者終身忌食蕎麥，犯之立斃。利：酸涌涼散，澀收燥濕，化痰解毒，殺蟲利便，消食積，散喉痺。主治同白礬。煅赤名絳礬，能入血分，伐肝木，燥脾濕。同蒼朮、酒麴、醋和為丸，酒下，治木來剋土，心腹中滿，或黃腫如土色者，名伐木丸。乃上清金蓬頭祖師傳方。【略】

澤蘭：害：性雖和緩，終是破血之品，無瘀者勿輕用。利：苦泄熱，甘和血，辛散鬱，香舒脾。微溫行血，入肝、脾。通九竅，利關節宿血，通月經，消癥瘕，散水腫，消蟲，行而和平。入血海，攻擊稽留。其消水腫者，乃血化之水，非脾虛停濕之水也。防己為使。【略】

明天麻：害：凡病人覺津液衰少，口乾舌燥，咽乾作痛，大便閉澀，火炎頭暈，血虛頭痛及風者，忌用。利：辛溫，入肝經氣分。通血脉，疏痰氣，治諸風掉眩，頭旋眼黑，語言不遂，風濕痹痺，小兒驚癇。子名還筒子，定風補虛，功同天麻。【略】

花蕊石：一名花乳石。害：大損陰血。凡虛勞吐血，多由火炎迫血上行，當用滋降陰火者，不宜服。無瘀血停積，胸膈不板痛者，亦忌之。利：酸澀氣平，專入肝經血分。能化瘀血為水，止金瘡出血，下死胎胞衣。惡血化則胞胎無阻。【略】

青礞石：害：其功消積滯，墜痰涎，誠為要藥。然攻擊太過，性復沉墜，凡積滯癥結，脾胃壯實者可用，如虛弱者忌用。小兒驚痰，食積實熱初發者，可用。虛寒久病者，忌之。王隱君製滾痰丸，法謂百病皆生於痰，不謂虛實寒熱概用，殊為未妥。不知痰有二因，因於脾胃不能運化積滯生痰，或多食酒麵濕熱之物以致膠固稠粘咯吐難出者，用之豁痰利竅，除熱泄結，應如桴鼓。因於陰虛火炎煎熬津液凝結為痰，或發熱聲啞痰血雜出者，如誤服之，則陰愈虛，陽火反熾，痰熱未退，而脾胃先為敗矣。前人立方，不能無弊，在後人善於簡擇耳。利：甘鹹平，入肺、胃、大腸。能平肝下氣，化頑痰癖結，行食積停留。【略】

蜈蚣：害：惟有毒，善走竄，凡小兒慢驚風口噤不語，大人溫瘧非烟瘴氣所發，心腹積聚非蟲結蛇瘕，便毒成膿將潰，咸忌用之。【略】利：辛溫，入肝經。善走能散，治臍風撮口驚癇，瘰癧，去風殺蟲，墮胎，瘡疥，蛇癥，瘴瘧。【略】

蠍：害：有毒。此乃風藥，凡似中風，及小兒慢脾風病，屬於虛者，法咸禁之。利：甘辛。色青屬木，故治諸風眩掉，驚癇搐掣，口眼喎斜，瘧疾，風瘡，耳聾，帶疝，厥陰風木之病。【略】

水蛭：一名馬蟥。害：有毒。破瘀血之藥儘多，奚必用此難制之物，戒之可耳。用時須煅烟出，若稍存性，入腹尚能變水蛭，嚙人腸臟，非細故也。【略】利：鹹苦平。治惡血積聚，能通經墮胎。赤白丹腫，瘰癧結核腫毒初起，入竹筒中，合咂病處有功。【略】

䖟蟲：害：有毒。專噉牛馬之血，逐瘀甚疾。傷寒發黃，脉沉細，少腹鞭，如小便不利者，為無血也，症非蓄血，不宜用。若瘀未結者，尤不宜用也。女子月水不通，由於脾胃薄弱，肝血枯竭，而非血結閉塞者，不宜用。孕婦腹中有癥聚，不宜用。凡病氣血虛甚者，形質瘦損，非氣足之人實有蓄血者，勿可妄投。【略】利：苦寒。攻血通行經絡，墮胎只在須臾。色青入肝，瀉血破瘀。【略】

猪肝：害：《延壽書》云：猪臨宰，絕氣歸肝，不可多食，必傷人。餌藥人不可食。合魚鱠食，生癰疽。合鯉魚腸子食，傷人神。利：苦，入肝。諸藥中用為向導，瀉肝明目。治小兒驚癇，打擊青腫，炙貼。作膳常食，有損無益。【略】

穿山甲：一名鯪魚。害：性猛善竄，用宜斟酌。癰疽已潰，痘瘡挾虛，元氣不足不能起者，不宜用。利：鹹寒有毒。專能行散，通經絡，達病所，入肝、胃二經。治風濕冷痺，通經下乳，消腫潰癰，為外科要藥。【略】

王不留行：害：其性行而不住，失血後，崩漏家及孕婦並忌之。利：

甘苦平，入陽明衝任之經。走血分，通血脉，利便通經，催生下乳汁，止金瘡癰瘍疔毒。【略】

涼肝補遺

青黛：害：性涼，中寒者勿使。即陰虚有熱者，亦不宜用。解毒治火，固其所長，古方多有用於諸血症者，使非血分實熱，而病由於陰虚內熱，陽無所附，火空上炎，發為吐衄咯血唾血等證，用之非宜，愈增其病，宜詳辨之。利：鹹寒。清肝火，解鬱結，治中下焦蓄蘊風熱，吐血，理幼稚驚疳，傅熱毒惡腫。染靛功同。【略】

蘆薈：害：苦寒之性，脾胃虚者，犯之洞泄不止。故凡小兒脾胃虚弱，不思食及泄瀉者，禁用。利：大苦大寒。功專清熱，殺蟲，涼肝明目，鎮心除煩，治驚癇，敷䘌齒濕癬。【略】

密蒙花：利：甘，微寒。潤肝燥，治目中赤脉，青盲膚瞖音翳，眼疾也。赤腫眵眼，小兒疳氣攻眼。善療眼疾，外無他用也。【略】

脾部藥隊　補脾猛將

白术：害：五臟皆陰，世人但知補脾，此指脾為濕土之藏，术能燥濕，濕去則脾健，故曰補也。不知脾無濕邪者，用之反燥脾家津液，是損脾陰也，何補之有？此最易誤，故特表而出之。凡血少精不足，內熱骨蒸，口乾唇燥，咳嗽吐痰，吐血齒衄鼻衄，咽塞便秘滯下者，咸宜忌之。肝腎有築築動氣者，勿服术，性燥而閉氣。劉涓子《癰疽論》云：潰瘍忌白术。以其燥腎閉氣，而反生膿作痛也。利：苦甘，溫。健脾進食，消穀補中，化胃中痰水，理心下急滿，利腰臍血結，祛週身濕痺。君枳實以消痞，佐黄芩以安胎。茯苓為使。【略】

黄精：害：生用則刺人咽喉。利：甘平，入脾。補中益氣，安五臟，潤心肺，填精髓，助筋骨，除風濕，殺下三尸蟲。似玉竹而稍大，故俗呼玉竹黄精。又一種似白及，俗呼白及黄精。又名山生薑，則恐非真者。溪水洗淨，九蒸九晒用。

補脾次將

山藥：一名薯蕷。害：忌同麪食。利：甘平。補脾、肺、腸、胃四經。益氣強陰，治虚損，勞傷心脾，長肌安神。清其虚熱，除瀉痢，止遺精。修治：洗淨，切片晒乾。或炒黄用。入脾胃土炒，入腎鹽水炒。

白扁豆：害：多食壅氣，患寒熱者不可食。蓋指瘧邪未盡，及傷寒外邪方熾，不可服此補益之物耳。如脾胃虚，及傷食勞倦，發寒熱者，不忌。利：甘溫。補脾胃，降濁升清，消暑除濕，止渴止瀉，專治中宫之病。衣，清皮膚之濕熱。葉，利暑濕。【略】

薏苡仁：一名米仁。害：此除濕燥脾之藥。凡病人大便燥結，小水短少，因寒轉筋急，脾虚無濕者，忌。妊婦禁用。利：甘淡，微寒，入胃。土勝水，淡滲濕瀉水，故能健脾。脚氣疝氣，泄痢熱淋，益土所以生金，故補肺清熱，治肺癰肺痿，咳吐膿血等症。【略】

大棗：害：雖能補中而益氣，然味過於甘，甘令人滿，脾必病也，故中滿勿服。凡風痰痰熱及齒痛，俱非所宜。小兒疳病亦禁。生者尤為不利，多食致寒熱，熱渴膨脹，動臟府，損脾元，助濕熱，凡形羸瘦者，不可食。【略】利：甘平。調中益氣，滋脾土，潤心肺，和營衛，緩陰血，生津液，悦顔色，和百藥。紅棗功用相倣，差不及爾。【略】

甘草：害：甘令人中滿。然有濕之人，若誤用之，令成腫脹。故凡諸濕腫滿脹病及嘔家、酒家忌，咸不宜服。利：甘平，入心、肺、脾、胃。生用氣平，補脾胃不足，而瀉心火。炙用氣溫，補三焦元氣。若入和劑則補益，入汗劑則解肌，入涼劑則瀉邪熱，入峻劑則緩正氣。薑、附加之，恐其僭上；硝、黄加之，恐其峻下，皆緩之之意。稍，止莖中作痛。節，醫毒腫諸瘡。修治：【略】余疑遠志與甘草相惡，必誤載，但遠志用甘草水浸用可知。

枳實：害：惟專消導，破氣損真。丹溪云瀉痰有衝牆倒壁之力，其為勇悍之氣可知。凡中氣虚弱，勞倦傷脾發為痞滿者，法當調中益氣，則食自化，痞自消，若再用此破氣，是速其斃也。脹滿，非實邪結於中下焦，手不可按，七八日不更衣者，必不可用。挾熱下痢，亦非燥糞留結者，必不可用。傷食停積，多因脾胃虚不能運化所致，慎勿妄投。如元氣壯實，有積滯者，不得已用一二劑，病已即去之。若不識病之虚實，一概施用，損人真氣，為厲不淺。誤投，雖多服參、芪補劑，亦難挽其尅削之害也，故特表以為戒。孕婦尤忌。利：苦酸，微寒，入肺、脾、胃、肝、大腸五經。破積，有雷厲風行之勢。瀉痰，有推牆倒壁之功。威解傷寒結胸，除心下急痞。按：枳實、枳殼，性效不同。【略】

萊菔子：害：萊菔惟專下氣，復能耗血，久食濇營衛。白人鬚髮，服地黃、首烏者不可食。子，消痰下氣更速，凡虛弱者服之，氣息難布（息）。利：辛溫，入肺、脾、胃。長於利氣。生用能吐風痰，散風寒。炒熟下氣定喘，消食除膨。生研堪吐風痰，醋調能消腫毒。治痰有衝牆倒壁之功。誤服參、芪，此能消之。萊菔，辛甘平，生食宣氣，熟食降氣，寬中消食，化痰散瘀。葉，辛苦溫。功用略同，亦甚消伐。檐上過冬經霜者，治喉痺、黃疸有神功。烟薰，垂死嚼汁嚥下。【略】

瀉脾次將

六神麴：害：辛溫燥烈之品。凡脾陰虛，胃火盛者，不宜用。能落胎，孕婦不宜用。近今藥肆中多酒藥麴，其性酷烈，傷人臟府，斷不可服。利：甘辛，溫，入脾、胃二經。健脾消穀，食停腹痛無虞；下氣行痰，洩痢胃反有藉。亦能損胎。修治：【略】福建泉州范志吳一飛所造百草麴，每塊重不過兩，麴中大麥囫圇不碎，擘取咬之，口中覺清香者真。炒研，末服。如其麥粒淡無氣味者，偽品也。近今各地用酒麴入諸藥草，及毒藥造成，其性酷烈，斷不可用。

麥芽：害：有積消積，無積消人元氣。墮胎。利：甘鹹，溫，入脾、胃二經。熟腐五穀，消導而無停，運行快脾，寬腸和中，下氣散結，祛痰，尤善通乳，亦催生而墜胎。修治：今以大麥發芽，炒焦（炒）用。古方麥芽，實穬麥為芽耳。

山查：害：性能尅伐，化飲食。若胃家無食積，及脾虛不能運化，不思食者，食之反致尅伐脾胃生發之氣，令人嘈煩易飢。如脾胃虛，兼有積滯者，當以補氣藥同施，亦不宜過用也。《物類相感志》云：煮老鷄硬肉，入山查數顆，即易爛。其消食尅伐之力，則愈彰矣。凡服人參不相宜者，服山查即解。一補氣，一破氣也。又能損齒，齒齲人尤不宜也。利：酸甘，微溫，入脾、胃二經。健脾行氣，消食磨積，化痰散瘀。善去肉食腥羶油膩之積，與麥芽之消穀積者不同。佐以茴香治疝氣，砂糖調服治兒枕痛。發小兒痘疹，行乳食停留。炒成炭，則健脾消食之功良，而酸收之性減。【略】

枳殼：害：洩肺，走大腸，而能損至高之氣，肺氣虛弱者忌之。脾胃虛，中氣不運，而痰壅喘急者忌之。咳嗽不因於風寒入肺氣壅者，服之反能作劇。咳嗽由陰虛火炎者，服之立致危殆。利：苦，微寒，入肺、脾、胃、肝、大腸五經。破至高之氣，除咳逆停痰，助傳導之官，消水留脹滿，兼能大清膀胱。枳實性急，枳殼性緩，俱可磨汁用，而力更遜。【略】

大腹皮：害：性與檳榔相似。病人稍涉虛者，概不可用。利：辛，微溫。泄脾下氣，寬胸行水，通大小腸，治水腫脚氣，痞脹痰膈，瘴瘧。【略】

厚朴：害：辛溫大熱。性專消導，散而不收，脫人元氣，略無補益之功。故凡嘔吐不因寒痰冷積，而由於胃虛火氣炎上；腹痛因於血虛，脾陰不足，而非停滯所致；洩瀉因於火熱暴注，而非積寒傷冷；腹滿因於中氣不足，氣不歸元，而非氣實壅；中風由於陰虛火炎猝致僵仆，而非西北真中風；寒邪傷寒，發熱頭痛，而無痞塞脹滿之候；小兒吐瀉乳食，將成慢驚；大人氣虛血槁，延為膈症；老人脾虛不能運化，偶有停積；娠婦惡阻水穀不入，娠婦胎升眩暈，娠婦傷食停冷，娠婦腹痛瀉痢，娠婦傷寒傷風；產後血虛腹痛，產後中滿作喘，產後洩瀉反胃。以上諸症，法所咸忌。若誤投之，輕病變重，重病必危。不究其源，一概濫用，雖一時未見其害，而清純沖和之氣默為之耗。娠婦服之，大損胎元，可不慎哉。利：苦降能瀉實滿，辛溫能散濕滿。入脾、胃二經。平胃氣，調中，消痰化食，行結水，破宿血，散風寒，調胸腹而止痛，殺臟蟲，治反胃嘔逆，喘咳，瀉痢冷痛共主，乃結者散之之藥也。乾薑為使。【略】

使君子：害：無蟲積者勿食。凡小兒洩瀉，有赤積者，是暑氣所傷，禁與肉果、訶子等澀熱藥同用。服使君子後，亦忌食熱物熱茶，犯之即作泄瀉。利：甘溫，入脾、胃二經。殺蟲消積，治五疳便濁，瀉痢瘡，為小兒科要藥。【略】

白芷：害：燥能耗血，散能損氣。有虛火者忌。凡嘔吐因於火者，禁用。漏下赤白，由陰虛火熾，血熱所致者，勿用。癰疽已潰，宜漸減。利：辛溫，入肺、脾、大腸三經。通竅發汗，除濕散風，皮膚燥痒，風熱為病，及血崩血閉，腸風痔瘻，濕熱為病。尤治頭風、齒痛、目淚、眉疼宜之。【略】

鷄內金：害：同麥芽。利：甘平性濇，入脾。去煩熱，消水穀，通大小腸，治遺溺便數。【略】

橘皮：害：氣味辛溫。能耗真氣。凡中氣虛，氣不歸元，忌與耗氣藥同用。胃虛有火嘔吐，不宜與溫熱香燥藥同用。陰虛咳嗽生痰，不宜與半夏、南星等同用。化州陳皮，消伐太峻，不宜濫用。利：苦辛，溫，入肺、脾、胃三經。止嗽，定嘔清痰，理氣和中妙品。留白，補胃偏宜。去白，疏通專掌。化州陳皮，苦能洩氣，又能燥濕，辛能散氣，溫能和氣，同補氣藥則補，同瀉藥則瀉，同升藥則升，同降藥則降。橘絡，辛溫，宣通氣絡，治絡用為引經。酒炒用。橘紅，以皮行皮，兼能治表寒。橘皮性溫，柑、柚皮性冷。修治：廣東新會皮為勝，陳久者良，故名陳皮。福建產者，名建皮，力薄。浙江衢州出者，名衢皮，更惡劣矣。去白名橘紅，痰嗽童便浸晒，痰積薑汁，入下焦鹽水炒，濟和蜜炙。去紅曰橘白，疏通滯氣，鹽水炒用。化州陳皮，消痰甚靈，真者絕少，無非柚皮而已。橘皮下氣行痰，橘肉生痰聚氣，一物也而相反如此。橘皮紋細色紅而薄，內多筋絡，其味苦辛。柑皮紋粗色黃而厚，內多白膜，其味辛甘。柚皮最厚而虛，紋更粗，色黃，內多膜無筋，其味甘多辛少，但以此別之則不差矣。柑皮猶可用，柚皮則懸絕矣。

檳榔：害：能墜諸氣至於下極，氣虛下陷者，所當遠避。如脾胃虛，雖有積滯者，不宜用。下利非後重者，不宜用。心腹痛，無留結及非蟲攻咬者，〔不〕用。瘧非山瘴氣者，不宜用。凡病屬陰陽兩虛，中氣不足，而非腸胃壅滯，宿食脹滿者，悉在所忌。多食亦發熱。嶺南多瘴，以檳榔代茶。損泄真氣，所以居人多病少壽。利：苦辛，溫，入脾、胃、大腸三經。降至高之氣，疏後重之急，攻痰癖，去腫脹，消食積而治瘧，療脚氣而殺蟲。辛能破氣，苦能殺蟲。【略】

涼脾猛將

大黄：害：《經》曰：實則瀉之。此大苦大寒，峻利之性，猛烈之氣，長驅直搗一往，苟非血分熱結，六脉沉實者，切勿輕與推蕩。大黃乃血分之藥，病在氣分，及胃寒血虛，並胎產而用之者，是為誅伐無過矣。凡病血閉，由於血枯，而不由於熱積；寒熱由於陰虛，而不由於血〔積〕；癥瘕由於脾胃虛弱，而不由於積滯停留；便閟由於血瘀血燥腸燥，而不由於飲食停滯；女子少腹痛由於厥陰血虛，而不由於經阻；老血瘀結滯下，初起即屬胃虛，當以補養胃氣，清消濕熱為本，而不可妄加推蕩，當謹慎分別。若輕發誤投，損傷胃氣，多致危殆。戒之戒之！利：大苦大寒，入脾、胃、心、肝、大腸五經。瀉有形積滯，水食痰結者宜之。有撥亂反正之功，得峻快將軍之名。清血分實熱，血瘀血逆者宜之。仲聖瀉心湯，心氣不足而吐衄，乃心氣不足而包絡、肝、膽與胃邪火有餘，雖曰瀉心，實四經血中伏火也。又心下痞滿，按之濡者，用大黃黃連瀉心湯，亦瀉脾胃濕熱，非瀉心也。病發於陰，下之則痞滿，乃寒傷營血，邪氣乘虛結於上焦，胃之上脘當心，故曰瀉心，實瀉胃也。病發於陽，下之則結胸，乃熱邪陷入血分，亦在上脘，大陷〔胸〕湯丸皆用大黃，亦瀉脾胃血分之邪。若結胸在氣分，只用小陷胸湯。痞滿在氣分，只用半夏瀉心湯。【略】

黃芩：害：凡苦寒性燥，功能除熱，而非補益之品。但無濕者，如脾肺虛熱，及中寒作泄，中寒腹痛，肝腎虛水腫，血枯經閉，肺受寒邪喘嗽，及血虛胎不安，陰虛淋露〔皆忌〕。胎前，若非實熱而服之，因損胎元矣。利：苦寒。中虛而大者曰枯芩，瀉肺火，清肌表之熱，并理目赤疔癰。堅實而細者曰條芩，即子芩，瀉大腸火，治澼痢腹痛，兼可安胎。亦治上焦風熱濕熱，利水。二芩俱兼入脾經，苦能燥濕洩熱下氣也。輕飄者上行，堅重者下降，不可不別也。柴胡退熱不及黃芩，柴胡苦以發之，散火〔之〕標；黃芩寒以勝熱，折火之本。若飲食受寒，腹中痛，及飲水心下悸，小便不利，而脉不數者，是裏無熱也。【略】

瓜蔞霜：見肺部瀉將。

涼脾次將

川黃蘗：害：固能除熱益陰，然陰陽兩虛之人，病兼脾胃薄弱，飲食少進及食不消，或兼泄瀉，或嘔惡冷物，及好熱食，腎虛天明作瀉，上熱下寒，小便不禁，少腹冷痛，子宮寒冷，血虛不孕，陽虛發熱，瘀血停滯，產後血虛發熱，金瘡發熱，癰疽潰後發熱，傷食發熱，陰虛小水不利，痘後脾虛小水不利，血虛不得眠，血虛煩躁，脾陽不足作泄等症，法並忌服。必尺脉洪大，按之有力，方用之。若虛火悞服，有寒中之變。利：苦寒，入脾、腎、膀胱、大腸四經。統涼三焦，瀉龍火而〔救〕水，利膀胱之濕熱。佐以蒼朮，理足膝之痺痛。漬以蜜水，漱口舌之生瘡。【略】

山梔子：見心部瀉將。

知母：害：傷胃滑腸，令人作瀉。凡陽痿及易舉易痿，洩瀉脾弱，飲食不消化，胃虛不思食，腎虛溏洩等症，法並禁用。士材云：苦寒肅殺，非長養〔飲〕萬物者也。世以其滋陰，用治虛損，則如水益深矣。利：辛苦寒滑，清肺熱，瀉腎火之有餘。入二經氣分，潤腎燥，滋陰，消痰定嗽，止渴除煩，兼能安胎，利二便，消腫。為涼脾、胃、大腸之品。知母鬚，其根也，力薄而苦寒性減。【略】

淨銀花：害：其氣寒涼。凡虛寒體及脾胃薄弱者，勿服，恐有寒中腹痛便溏泄瀉之患。癰疽潰後，宜少用。《經》謂寒則血濇，不易收斂也。利：甘平，入脾、肺。解熱化毒，療風養血，除利寬膨。淨銀花性加涼，而解熱化毒之力更勝。忍冬藤，甘寒無毒，祛風解毒，而舒筋結。【略】

武夷茶：害：寒胃消脂，酒後飲茶，引入膀胱、腎經，能令人腰脚膀胱冷痛，患瘕疝水腫攣，空心尤忌。多食發黃消瘦，使人不睡，多成飲症。利：苦甘微寒，入心、肺、脾三經。下氣消食，去痰熱，除煩渴，清頭目，利小便。解炙煿油膩之毒，消痔漏等瘡。武夷茶，消食偏長，飲之宜熱，冷則聚痰。與榧肉同食，令人身重。【略】

溫脾猛將

製附子：害：大熱，純陽，其性浮多沉少。若內真熱，而外假寒，陰虛內熱，血液衰少，傷寒溫疫，熱霍亂，陽厥等症，投之靡不立斃。謹列其害於後，醫師令命，宜深鑒之，亦人之大幸也。凡病人一見內熱，口燥咽乾，口渴，渴欲引飲，咳嗽痰多，煩躁，五心煩熱，惡寒，陰虛內熱，外寒，虛火上攻，齒痛，脾陰不足，以致飲食無味，小便黃赤短濇及不利，大便不通或燥結，腹內覺熱悶，喜飲冷漿及鮮菓，畏火及日光，兼畏人聲及木聲，及虛陽易興，夢洩不止，產後發熱，產後血行不止，及惡瘡臭穢，小產憎寒壯熱，中暑厥暈，陰虛頭暈，中暑暴泄，利下如(火)〔水〕，赤白帶下，小兒中暑，傷食作泄，小便短赤，口渴思飲，血虛腹痛按之即止，火炎欲嘔，外類反胃而惡熱焦煩得寒暫止，中熱，腹中絞痛，中暑，霍亂吐瀉，或乾霍亂，或久瘧寒熱並盛，或赤白濁，赤白淋，尿血便血血崩，吐衄齒衄，舌上出血，目昏神短，耳鳴盜汗，汗血多汗，惡熱，老人精絕陽痿，少年縱慾傷精以致陰精失守精滑(腦)婦人血枯無子，血枯經閉，腎虛小便餘瀝，血虛大便燥結，陰虛口苦舌乾，心經有熱夢寐紛紜，下部濕熱，行履重滯，濕熱痿痺，濕熱作瀉，濕熱脚氣，小兒急驚內熱，痘瘡乾焦黑陷，痘瘡火閉不出，痘瘡皮薄嬌紅，痘瘡因熱咬牙，痘瘡挾熱下利，痘瘡餘毒生癰，中風殭仆不語，口眼歪斜，語言蹇澀，半身不遂，中風痰多，神昏，一切癰疽未潰，金瘡失血發痙，血虛頭痛，偏頭風痛。以上男女、內外、小兒約數十症，病屬陰虛，及諸火熱，無關陽弱，亦非陰寒，法所均忌。倘悞犯之，輕變為重，重者必死。臨症施治，宜謹審之。世徒見其投之陽虛之候，服之功效甚捷，而不知其用之陰虛如上諸病，亦復下咽莫救，枉害人命，可不慎諸。好古云：用附子以補火，必防涸水。若陰虛之人，久服補陽之藥，則虛陽易熾，真陰愈耗，精血日枯，而氣無所附麗，遂成不救者多。利：甘辛熱，入脾腎，通行諸經。補元陽，益氣力，堅筋骨。治心腹冷痛，寒濕痿躄，足膝癱瘓，堅瘕癥，能墜胎。熱而善走，益火之源，以消〔陰〕翳。有關之能，引補氣藥以追散失之元陽，引補血藥以養不足之真陰，引發散藥以驅在表之風寒，引溫藥以逐在裏之冷濕。退陰益陽，祛寒濕之要藥也。生附子，毒緊功烈。附子尖，宣吐風痰，其性銳達。製川烏，性稍緩於附子。生川烏，毒緊功烈。製天雄，辛熱，入肺、腎二經。除寒濕痿躄，強陽壯筋骨。生用則發散，熟用則峻補。生用須如陰製之法，去皮臍入藥。修治：十一月播種，春苗生，九月採根者乃佳。初種之，小者為烏頭，附烏頭旁而生為附子，又左右附而偶生者為鬲子，附而長者為天雄，(陽)〔附〕而尖者為天錐，(附)附而上出者為側子，附而散生者為漏藍子，皆脉絡連貫，如子附母，而附子以貴，故專附名也。川產為勝，土人以鹽醃之，則減其性。陝西出者，名西附，體堅而外皮光潔。四川出者名川附，體鬆而外皮多細塊。以皮黑體圓，底平八角，頂大者良。煎甘草湯浸令透，然後切片，慢火炒黃，而乾放泥地上出火毒。有用水浸，麪裹煨令發(折)〔坼〕，則雖熟而毒仍未去，非法之善者。有用黑豆煮者，有用甘草、鹽水、薑汁、童便煮者，恐煮之氣味煎出，其力尤薄。且製之，不過欲去其毒性耳。若用童便，是反抑其陽剛之性矣，尤非法之善者。惟用甘草湯泡浸，則毒解而力不減，尤為盡善矣。市醫淡漂用之，是徒用附子之名爾。

乾薑：害：性大辛。辛能潛上，亦能散氣動血，損陰傷目。凡陰虛內熱，咳嗽吐血，表虛有熱，汗出自汗盜汗，臟毒痛，漏下血，因熱嘔惡火熱腹痛，法並忌用。孕婦尤忌。孕婦服之，令兒盈指。癰疽人多食，則生惡肉突出。八九月多食薑，至春多患眼損壽，減筋力。又云：秋不食薑，令人瀉氣。利：辛熱。宣肺氣，燥脾濕，溫經逐寒，開胃扶脾，消食去滯。理翻胃腹痛消痰破血之功，除積脹瘕癥下氣溫中之效。炮薑，乾薑本辛，(泡)〔炮〕之則苦，大熱大燥，守而不移，非若附子行而不守也。除胃冷，祛寒濕，能去臟腑沉寒痼冷。能止血，所謂止血者，血虛則熱，熱則妄行，炒黑則能引補血藥入陰分，血得補則陰生熱退，此陽生陰長之義。且黑為水色，故血不妄行也。能去惡血，生新血。血寒者多用，血熱者宜少用，不過三四分為嚮導而

已。引附子則入腎，能通脉回陽。多用則耗散元氣。生則逐寒邪而發表，炮則除胃冷而守中。【略】

巴豆霜：害：元素曰：巴豆乃斬關奪門之將，不可濫用。鬱滯雖開，真陰隨損。從正曰：傷寒風濕，痘瘡產後用之，下膈死，亦危。觀二公之言，則巴豆之為害可畏也。此稟火烈之氣，觸人肌肉，無有不灼爛。試以少許輕擦完好之膚，須臾即發出一泡，况腸胃柔脆之質，下咽徐徐而走，無論下後耗真陰，即臟腑被其薰灼，能免潰爛之患耶？凡一切湯劑丸散，切勿妄投。即不得已急症，欲借其開通導路之力，亦須炒熟，壓令油極淨，入少許，中病即止。利：辛熱，入肺、脾、胃、大小腸五經。蕩五臟，滌六腑，幾於煎腸刮胃；攻堅積，破痰癖，真可斬關奪門。氣血與食，一攻而殆盡；痰蟲及水，傾倒而無遺。立墜胎兒，善拔疔毒。【略】

肉豆蔻：害：香燥偏陽。大腸素有火熱，及中暑熱泄暴注，腸風下血，胃火齒痛，及溫熱積滯方盛，瀉利初起，皆不宜服，多服則泄氣。利：辛溫，入肺、脾、胃、大腸四經。功專溫中，亦能下氣，脾得補而善運，氣自下也。又能濇大腸，止虚瀉冷痢。【略】

草果：害：辛熱破氣。若瘧不由於嵐瘴，氣不實，邪不盛者，並忌。市醫不審病源，用以截痰瘧，則成氣虚膨脹者，比比矣。利：辛溫，入脾、胃二經。破瘴癘之瘧，消痰食之愆。氣猛而濁，用宜慎之。【略】

草豆蔻：害：辛燥犯血(忌)陰不足者，遠之。凡瘧不由瘴氣，心胃痛由於火而不由於寒，泄瀉暴注口渴而由於暑氣濕熱，法咸忌之。利：辛溫，入肺、脾、胃三經。散寒止心腹(之)痛，下氣驅逆滿之痾。開胃而理霍亂吐瀉，攻堅而破噎膈癥瘕。辛能破滯，香能達脾，溫能散寒。【略】

蒼朮：害：辛溫燥烈。大便燥結，多汗者忌用。餘(與)白朮禁例同。利：苦辛，溫，入脾、胃二經。燥濕消痰，解鬱發汗，除山嵐瘴氣，弭灾沴惡疾。【略】胡椒：見肝部。

溫脾次將

木香：見肝部。煨薑：害：見前乾薑條。利：辛溫燥散未甚，止嘔和中，溫脾胃最為平安。並棗用，宜煨薑。【略】

烏藥：害：辛溫散氣之品。病屬氣血虚而內熱者，忌之。時醫多以香附同用，治女子一切氣病。然有虛實寒熱，冷氣暴氣，用之固宜；虚氣熱氣，用之貽害。故婦人月事先期，小便短赤，及咳嗽內熱，口渴口乾舌苦，不得眠，一切陰虛內熱之病，皆不宜服。〔利〕：入肺、脾、胃、膀胱。通溫三焦，辛溫芳馥，下氣溫中。治膀胱冷氣攻衝胸腹，積停為痛。天行疫瘴，鬼犯蟲傷。【略】

藿香：害：芳烈升陽。雖能止嘔，治吐逆，若胃熱作嘔，法並禁用。中焦火盛，及陰虛火旺，溫病熱病，陽明胃家邪實，作嘔作脹，並禁。利：辛，微溫。溫中開胃，行氣止嘔。稟清和芳烈之氣，為脾肺達氣，治心腹絞痛，霍亂吐瀉要藥。梗，達氣為長，而芳烈遜之。【略】

益智仁：害：其氣芳香，惟性本燥熱，病屬血燥有熱，而崩帶遺濁者，皆當忌之。凡嘔吐由於熱，而不因於寒；氣逆由於怒，而不由於虛；小便餘瀝由於水涸精虧內熱，而不由於腎氣虚寒；泄瀉由於濕火暴注，而不由於氣虚腸滑，法並忌用。利：補腎扶脾胃，溫中進飲食。攝涎唾，縮小便，安心神，止遺濁。辛能開散使鬱結宣通，行陽退陰之藥也。【略】

砂仁：害：辛竄性燥。血虚火炎者，勿用。胎婦多服耗氣，必致難產。凡腹痛屬火，泄瀉得之暑熱，胎動由於血熱，滯下由於濕熱，上氣咳逆由於火衝迫肺而不由於寒氣所滯，皆須詳察簡別，誤則有損無益，宜慎之。利：溫香歸脾，辛潤腎，下氣，開脾胃，安胎，治鬼(產)〔疰〕，和中氣正品。若腎氣不歸元，非此嚮導不濟。鬼畏芳香，胎善疏利，故主之。

陽春砂仁，即縮砂仁，其性同而長於開胃。砂仁殼力緩。【略】

白蔻仁：害：辛熱燥烈，流行三焦。凡嘔吐不因於寒及陽虚者，皆不得入。如火升作嘔，因熱腹痛，氣虚諸症，法咸忌用。利：辛溫，入脾胃。通溫三焦，寬中氣滯，溫中，除吐逆，開胃消飲食，治瘧症，除目翳。蔻殼力稍遜。【略】

米穀：甘平。得天地中和之氣，平和五臟，補益氣血，除煩清熱，利便止渴，是無害於病症。惟患霍亂之後，忌粥及米飯。有早、中、晚者，得金氣多，性涼，尤能清熱。北粳涼，南粳溫。赤粳熱，白粳涼。新粳熱，陳粳涼。籼糯溫，陳廩平。除霍亂症外，餘皆有益於人，而無損也。

焦穀芽：利：甘溫。消食與麥芽同功，而性不損元。溫中偏長，為消食健脾，開胃和中之要藥。生穀芽，長於開胃。

蜀椒：害：純陽之氣，雖除寒濕散風邪，然肺胃素有火熱，或咳嗽生痰，或大腸積熱下血，咸不宜用。凡泄瀉由於火熱暴注，而非積寒虛冷者，忌之。陰痿脚弱由於精血耗竭，而非命門火衰虛冷所致者，不宜入下焦藥用。一切陰虛陽盛，火熱衝上，頭目腫痛，齒浮口瘡，衄血耳聾，咽痛舌赤，消渴，肺痿咳嗽，咯血吐血等症，法所咸忌。陰虛火旺之人，在所大忌。詵曰：五月食椒，損氣傷心，令人多忘。《別錄》曰：大熱。多食令人乏氣，喘促。閉口椒有毒，能殺人。利：辛熱，入脾、肺、右腎命門。溫脾胃而擊三焦之冷滯，補元陽而蕩六府之沉寒。燥濕發汗，消食除脹。治腎氣上逆，能導火歸元。止嘔吐瀉利，消痰飲水腫。通血脉而消痿痹，行肢節而健機關。破癥瘕，安蚘蟲，蟲聞椒即伏。椒稟純陽之性，乃除寒濕，散風邪，溫脾胃，暖命門之要藥。椒目，苦辛少毒，善消水脹腫滿，定喘，可塞耳聾。塞耳聾者，通關補腎之功也。【略】

秦椒：俗名花椒，比川椒味短紋低，禁忌、修治俱同川椒。

肺部藥隊　補肺猛將

黃耆：害：按：黃耆極滯胃口，胸胃不寬，腸胃有積滯者，勿用。實表，有表邪及表旺者勿用。助氣，氣實者勿用。病人多怒則肝氣不和，勿服。能補陽，陽盛陰虛者，上焦熱甚下焦虛寒者，均忌，恐升氣於表，而裏愈虛耳。瘡瘍血分熱者，禁用。利：甘，微溫。補脾胃三焦而實肺。生用固表斂汗，熟用益氣補中。【略】

人參：害：助氣閉氣。屬陽，陽旺則陰愈消。凡酒色過度，損傷肺腎真陰，陰虛火動，肺有火熱，咳嗽吐痰，吐血衄血齒衄，內熱骨蒸勞瘵，均在禁例。實表，表有邪者，傷寒始作形症未定而邪熱方熾，痧痘斑毒初發欲出但悶熱而不見點者，若誤投之，以截阻其路，皆實實之害，非藥可解。《經》云實實虛虛，損不足，補有餘，如是者，醫殺之耳，可不慎哉？利：甘溫，微苦。大補肺中元氣。其性主氣，凡臟腑之氣虛者，皆能補之。生津除煩，聰明耳目，安精定神魂魄，止驚悸，通血脉。氣壯而胃自開，氣和而食自化。參條，一名小參。條參，味性同而力薄，補氣生津，橫行手臂，指臂無力者，服之有效。參鬚力更薄於參條。參蘆，性宣涌吐，亦有補性。太子參即孩兒參，功媲大參。高麗參，功倣大參，性稍寒。東洋參，功同大參，其性溫，以種硫黃故也。苦參，苦寒損氣敗血，性與參反，服之有害，今人用以代茶葉，暗受其損。修治：得火薰則軟，或飯鍋內蒸軟，乘熱軟時用銅刀切片，連湯燉透，沖入諸煎劑湯和服。獨參湯加入陳皮數分，或佛手柑、玫瑰花之類亦可用，燉湯服，則不滯氣也。【略】

補肺次將

潞黨參：害：同人參。利：甘平。補中氣，和脾胃，補肺益氣，生津。微虛者宜之。【略】

西洋參：從此之後涼肺也。害：其性苦寒，臟寒者服之，反作腹痛。鬱火服之，火不透發，反生寒熱。

北沙參：害：臟府無實熱，寒客肺中作嗽者，服之犯之成怯。利：苦，微寒。人參甘溫體重，專益肺氣，補陽而生陰。沙參，甘寒體輕，專清肺熱，補陰而制陽。南沙參功同北沙參，而力稍遜。修治：八九月採根，白實長大者良。南參色稍黃，形稍瘦小而短。近因有一種味帶辣者，不可用。產亳州。

百合：害：善通二便。中寒下陷者，勿服。利：甘，微寒。保肺止咳，清心安神。又補大腸，肺與大腸相表裏也。【略】

燕窩：害：海味多寒，寒哮冷嗽不宜用，食之恐增病。利：甘淡平潤。大養肺陰，化痰止嗽，補而能清。治肺氣不能清肅下行之症。又能開胃氣，已勞痢。可入煎，或單煎汁服。若以煮粥，或鷄汁煮，則亂其清氣補〔陰〕之本性矣。用冰糖煎則甘溫矣，能助肺氣清肅下行也。燕窩脚，又名燕窩根，色紅紫，名血燕。功用相倣，性重能達下，微鹹能潤下，治噎膈甚效。修治：閩漳海邊近生番處，燕啣小魚粘之於石久而成窩。又云：燕啣麒麟菜嫩芽成窩。有烏、白、紅三色，烏色最下，紅色最難得。能益小兒痘疹，白色能愈痰疾。色如糙米者最佳。入煎藥須用陳久者良。先用清水浸透(胖)〔拌〕開，用小鉗拑去毛潔淨，更換清水，養好，仍將原燕浸水，澄清去脚，煎服。如用毛燕窩，須入石灰壇內收燥，研細，在風口篩簸，則毛吹淨，再用鉗揀去毛管，如粉，則煎服。如用毛燕、燕根、燕屑入煎，須用綿包，或絹包好入煎，則無毛，恐毛不淨，碍肺為患。假燕窩，無邊無毛，色白，或微有邊毛，甚有白如銀絲者，皆偽為之。

阿膠：害：膠性粘膩，胃弱作嘔吐者，勿服。脾虛食不消者，亦忌之。利：甘鹹平。清肺養肝，滋腎補陰，止血去瘀，除風化痰。驢皮，主風，善理風淫。取其烏色屬水，以制熱則生風之義。潤燥定喘，利大小腸，調經安胎。

又兼治利，傷暑伏熱成痢者，必用。妊娠血痢尤宜。大抵補血與液，為肺、大腸要藥。烏驢皮膠功用略同。黃明膠，即牛皮膠，甘平，補陰潤燥，活血功同阿膠，可以權代。補虛用牛皮膠，去風用驢皮膠。同葱白煮服，可通大腸。癰疽初起，酒燉服四兩，則毒不內攻。【略】

懷山藥：見脾部。

訶子：害：苦濇性溫，卻又泄氣，病人氣虛，咳痢初起者，勿服。凡咳嗽因於肺經實熱，泄瀉因於濕熱所致，氣喘因於火逆衝上，帶下因於虛熱而不因於虛寒，及腸澼初發濕熱正盛，小便不禁因於腎家虛火，法並忌之。至於滯下本於濕熱，喘嗽實由肺火，用之立致殺人，宜當深戒其（斃）〔弊〕。利：酸澀苦溫。斂肺金而止咳喘，固大腸而已洩痢，利咽喉而通津液，下食積而除滿膨。【略】

麥冬：見心部。冰糖：害：甘能滿中，中滿者勿服。多食助熱，損齒，生長蟲，發疳䘌。如出斑疹惧食，膩膈壅氣，毒不能出，遂致氣逆悶迷。沙糖與鯽魚同食，則成疳蟲。與葵子同食，生流澼。與笋同食，不消成癥，身重不能行。今醫家用作湯，下小兒丸散，殊為未當。赤糖，其性較白糖更溫，生胃火，助濕，損齒生蟲，多食令人心痛。利：白沙糖，甘溫。蔗寒，糖經煎煉則變溫，補脾緩肝，潤肺和中，消痰治嗽。凝結作餅塊如石者，為石蜜。輕白如霜者，為糖霜。堅白如冰者，為冰糖。赤砂糖功用相倣，和〔中〕獨長。甘蔗汁，甘寒，和中而下逆氣，助脾而利大腸，亦能除熱消渴，治噎膈，酒毒。稍，通小便。

瀉肺猛將

葶藶：害：雖為瀉肺，利小便，治腫滿之要藥，然味苦大寒，性峻走而不守，泄肺而易傷胃，不宜於脾胃虛弱及真陰不足者。凡腫滿由於脾虛不能制水，水氣泛濫；小便不通，由於膀胱虛無氣化者，法所咸忌，犯之輕病重，重病危，須慎之！傅頭瘡，藥氣入腦，殺人。有甜、苦二種，苦者力峻，甜者稍緩，更宜大棗輔之。氣虛人誤服之，禍不旋踵。利：苦辛，寒。入肺、心、脾、膀胱四經。疏肺下氣，消痰平喘而理脹，通經利水。【略】

麻黃：害：其性輕揚善散，發表最速。若表虛自汗，飲食勞倦；雜病自汗，肺虛有熱，多痰咳嗽，以致鼻塞；痘瘡倒靨，不因寒邪所鬱，而因熱甚；虛人傷風，氣虛發喘；陰虛火炎，以致眩暈頭痛；南方類中風癱瘓及平日陽虛，腠理不密之人：皆禁用。汗多亡陽，能損人壽。戒之戒之！春深夏日以至秋初，法同禁。惟冬月在表真有寒邪傷營見證者，宜之。若非冬月，或無寒邪，或寒邪在裏，或風傷衛等症，雖發熱惡寒，不頭疼身痛而拘急，六脈不浮緊者，皆不可用。雖可汗之症，亦不宜過劑。汗為心液，過汗則心血為之動，或亡陽，或血溢，而成大患。中牟產麻黃地，冬不積雪，其性熱可知。利：苦辛，溫，入心、肺、膀胱、大腸四經。專司冬令寒邪，頭疼身熱脊強，去營中寒邪，洩衛中風熱。輕可去實，為發散第一藥。麻黃乃太陽經藥，兼入肺經，肺主皮毛。葛根乃陽明經藥，兼入脾經，脾主肌肉。二藥皆輕揚升發，而所入不同。瘡家用生麻黃與甘草等分，或配犀角地黃湯，或配竹葉石膏湯，或配大生地，能令人不出汗，使濃水走多，其愈乃速。誤用者，熟地解之，一兩解一錢。麻黃根節，能止汗，其性走表，能引諸藥至衛而固腠理。【略】

白芥子：害：辛熱。泄氣昏目，動火傷精。《經》云：辛走氣，氣病無多食辛，多則筋急爪枯。即此類也。凡肺經有熱，與陰虛火炎，咳嗽生痰，氣虛久咳者，法在所忌，切勿誤投。莖葉動風動氣，有瘡瘍痔疾便血者，忌。芥葉久食，則積溫成熱，辛散太甚，耗人真元，昏目發瘡。同兔肉食，成惡邪病。同鯽魚食，發水腫。陸佃云：望梅生津，食芥墜淚，為肝木受病也。大葉者良，細葉有毛者害人。利：辛溫，入肺、胃二經。通行經絡，發汗散寒，利氣疏痰，溫中消冷滯，辟邪伏祟魔。酒服，治反胃。醋塗，散癰疽。痰在皮裏膜外者，非白芥子不能達。【略】

苦桔梗：害：畢竟升藥，凡病氣逆，上升不得下降；若下焦陰虛而浮，及邪在下焦者，攻補下焦藥中勿入，誤用之，定致喘逆變端。病屬上焦實症，而下焦無病者，須與甘草同用。甜桔梗：一名薺苨，又名空沙參。寒而利肺，甘而解毒。利：苦辛平，色白屬金，入肺氣分瀉熱，兼入手少陰心、足陽明胃二經。開提氣血，瀉火散寒邪，清利頭目、喉咽，開胸膈滯氣，肺火鬱於大腸，宜此開之。舟楫之劑，引諸〔藥〕上至高之分以成功。風症鬱熱肺經，皆不可缺。凡痰壅喘促，鼻塞目赤，喉痺咽痛，齒痛口瘡，乾咳胸痛，腸鳴，皆宜苦梗開之。【略】

升麻：害：性主升發，凡下元肝腎不足，若用此升之，則下元愈虛。若陰虛火動，咳嗽多痰，氣逆嘔吐，驚悸怔忡癲狂等症及小兒斑疹痘瘡見標之後，法咸忌之，誤用多致殆。吐血鼻衄者誤服，血隨氣升，湧出不止。利：甘辛微苦，入脾、胃、大腸、肺四經。表散風邪，升散火鬱，能升陽氣於至陰之下，引清氣上行。凡氣虛下陷者，須其升提陽氣。性陽氣升，故能殺精鬼，辟瘴，而解百藥毒。治寒熱下痢脫肛，崩中帶下，痘疹。陰虛火升者忌用。【略】

陳膽星：害：按南星辛而不守，燥而有毒，與半夏之性同，而〔烈〕則過矣。非西北人真中風者，勿服。陰虛燥痰，大忌。半夏治濕痰，南星治風痰，是其異矣。利：辛溫，入肝、脾、肺三經之藥。風痰麻痺堪醫，破血行胎可慮。生南星毒緊而更功烈，古人用生南星、生附、生烏，皆四錢、五錢，非識力精到者，不可輕試。得防風則不麻，得牛膽則燥性減，故名膽星，即製法緩其性。得火炮則緩，治風痰有生。【略】

瀉肺次將

紫蘇：害：其味辛溫，純陽之草。凡病氣虛表虛者，及由陰虛寒熱，火炎頭痛，火升作嘔，慎勿投之。俗喜其芳香，旦暮資食，不知泄真元之氣。若脾胃寒人多致滑泄，往往不覺，古稱芳草致（蒙）〔豪〕貴之疾，此類是也。利：辛溫，入肺、脾、胃三經。溫中發表，解散風寒，寬中利氣。又解魚蟹毒。梗，能下氣安胎。子，能消痰定喘。【略】

牛蒡子：害：其性冷而滑利，痘家惟宜血熱便閉之症。若氣虛色白，大便自利，或泄瀉者，切勿妄投。痧疹不忌，泄瀉用之不妨。癰疽已潰，非便閉亦不宜服。利：辛苦而寒。瀉熱散結，除風宣肺氣，清咽喉，理痰嗽，通行諸經。開毛竅，除熱毒，散諸腫瘡瘍，為痘疹要藥。【略】

杏仁：害：性溫有毒，而沉墜降，止能散肺經風寒滯氣殊效。第有濕痰者，勿服。以其性潤，陰虛咳嗽便閉，肺家有虛熱、熱痰者，忌。風寒外邪，非壅逆肺分咳嗽氣急者，不得用。雙仁者有毒，殺人。利：苦甘辛溫。瀉肺氣之逆，而平喘咳。潤大腸之燥，而通氣秘。餘功消積消狗肉，制錫毒。散肺經風寒滯氣，故能解肌，滌煩熱而降氣行痰。巴旦杏仁，即甜杏仁。甘平，溫。止咳下氣，消心腹逆悶。修治：南苦杏，北甜杏，皆五月採之。凡用湯浸去皮尖，炒黃，或用麩炒過，研。治風寒肺病藥中，亦有連皮尖用者，取其發散也。《千金》云：杏仁作湯，如白沫不解者，食之令氣壅身熱。湯浸宿者，動冷氣。

前胡：害：此散有餘邪熱實痰之藥，不可施之少血氣虛之病。凡陰虛火熾，煎熬真陰，凝結為痰，而發咳嗽，真虛而氣不歸元，以致胸脇逆滿；頭痛不因於痰而由陰血虛；內熱心煩，外現寒熱而非實熱與外感者，均忌。利：苦甘辛寒，入肺、脾、肝、膀胱四經。宣散風寒而解表，下氣降火以消痰。前胡主降，柴胡上升，性有不同。前胡治風痰，與半夏治濕痰、貝母治燥者各別。【略】

紫（苑）〔菀〕：害：辛散性滑，暫用之品。陰虛肺熱者，不宜專用及多用。即用，亦須天冬、百部、麥冬、桑皮等藥參用則無害。利：苦能下氣，辛溫潤肺益金，故保肺治吐血，為下氣化痰潤肺治血痰勞嗽、血勞聖藥。能開喉痺，取惡涎。雖入至高，善於下趨，使氣化及於州之府，小便自利。然性溫，陰虛肺熱者不宜多用。如獨用，須地黃、麥冬共濟。根作節，紫色，潤軟者良。白者名女苑，白入氣分。【略】

桑白皮：害：甘寒瀉肺，肺中有水氣及肺火有餘者宜之。性不純良，不宜多用。肺虛無火而小便自利者，及因風寒而發咳嗽，勿服。桑根見地上者，名馬額，有毒，殺人。利：甘辛而寒。瀉肺金有餘之火，止咳定喘，疏小腸之閉滯，逐水寬膨，消腫，治膚脹，散瘀血，主降氣。能止渴，下氣清痰。【略】

殭蠶：害：其功長於祛風化痰，散有餘之邪。凡中風口噤，小兒驚悸夜啼，由於心虛神魂不寧、血虛經絡勁急所致，而無外邪為病者，忌之。女子崩中，產後餘痛，非風寒客入者，亦忌之。今世治小兒驚風，不問虛實，一概混施，誤甚。利：鹹辛平宣，入肺、脾、肝。氣味俱薄，輕浮而升，得清化之氣，故能去風化痰，散結行經。治中風失音，頭風齒痛，喉痺咽腫，丹毒瘙癢，皆風熱為病。消瘰癧，拔疔毒，下乳汁，滅瘢痕。治男子陰癢，女子崩淋。血病因風熱乘肝者宜之，血虛勿用也。即蠶之病風者，用以治風，殆取其氣相感歟。蠶蛹炒食，治風及勞瘦。為末飲服，治小兒疳瘦，長肌肉，退熱，除蚘蟲。敷惡瘡。蠶繭，甘溫，能瀉膀胱相火，引清氣上潮於口，止消渴。一名蠶蛾。燒灰酒服，治癰腫無頭，次日即破。又療諸瘡及下血崩淋。煮取汁飲，止渴，反胃，除蚘蟲。

蠶蛻：一名馬明退。甘平，無毒。治諸血症，療喉痺風癲，解諸藥蟲毒。婦人難產，斷產，皆需之。原蠶蛾，氣熱性淫，固精強陽。原蠶沙，甘辛温。蠶屬火，其性燥，燥能勝風去濕，主療風濕之病。淘淨晒乾，炒黄，浸酒，治支節不遂，皮膚頑痺，腰脚冷痛，冷血瘀血諸病。

繅絲湯：能抑心火而治消渴。繭中蛹汁，於繭甏下收之。繭鹵汁，治百蟲入内，䘌蝕瘙疥。

白肚蠶及烏爛死蠶，傳赤白遊瘮，蝕瘡有根。【略】

竹二青：即竹茹。害：竹性寒涼，胃寒嘔吐，及感寒挾食作吐者，忌用。利：甘辛淡寒，入心、肺、胃。疏氣逆而平嘔呃噎膈，清血熱而療吐衄崩中。淡竹茹為上，甘竹皮次之。凡用竹茹、葉、瀝，須生長甫及一年者，為嫩而有力。刮去青皮，用第二層，為鮮竹茹。入平嘔逆藥，薑汁炒用。

川貝母：害：凡風寒濕滯諸痰，並禁用。貝母故云能入肺治燥，非脾家所喜也。及食積，痰火作嗽，濕痰在胃，惡心欲吐，痰飲作寒熱，脾胃濕痰作眩暈，及痰厥頭痛，中惡嘔吐，胃寒作泄，法以辛溫燥熱之藥，如南星、半夏、天麻、二术、茯苓之類治之者。利：苦辛微寒。消痰潤肺，滌熱清心，故能解鬱結，咳嗽上氣，吐血咯血，肺癰肺痿，喉痺。浙貝，一名象貝，體堅味苦，去時感風痰。川貝，化虚痰。土貝，形大味苦，治外科，化痰毒。應用有別，俱去心。【略】

涼肺猛將

石膏：害：本解實熱，袪暑氣，散邪熱，止渴除煩之要藥，極能(寒)胃。溫熱(二)病多兼陽明，若頭痛，遍身骨痛而不渴不引飲者，邪在太陽，未傳陽明，不當用。七八日來邪已結裏，内有燥屎，往來寒熱，宜下之，勿用。暑氣兼濕作泄，脾胃弱者，勿用。瘧邪不在陽明則不渴，亦不宜用。產後寒熱由於血虚，或由惡露未盡；骨蒸勞熱由於脾胃虚寒，陰精不足，而不由於外感者，並勿誤用。金瘡、下乳，更非其職。傷寒陰盛格陽，内寒外熱，便青舌黑屬寒者，誤投之不可救也。宜詳察之。黄色者令人淋。利：寒能清熱降火，辛能發汗解肌，甘能緩脾生津。止渴極清肺胃之熱，故又為斑疹之要品。斑疹由胃熱所致，有陰陽二症，宜石膏。陰症以胃氣極虚，虚通其無根之火，外當補益氣血。煨石膏，經火則寒性減，而不甚傷胃。【略】

黄芩：見脾部。竹瀝：害：寒。滑腸。有寒痰濕痰及飲食生痰者，勿用。利：甘辛淡寒。若熱痰在皮裏膜外者，宜達以宣通。痰在經絡四肢者，屈曲而搜剔。開失音不語，舒肢體攣踡風痱等證。【略】

馬兜鈴：害：肺虚挾寒者，畏之如螫。凡咳嗽，由於肺家虚寒，或寒痰作喘者，勿服。湯劑中用之，多作吐，故能吐蠱毒。利：苦寒。清肺滌痰，平喘定咳。土青木香，辛苦，冷。治鬼疰積聚。塗諸毒，熱毒腫。不可多服，吐利不止。【略】

山慈菇：利：甘辛寒，入肺、胃二經。瀉熱。解癰疽疔毒酒煎服，瘰癧瘡痍醋炒塗。治毒蛇狂犬之傷，傅粉滓斑點之面。【略】

涼肺次將

西洋參：見前補陣，應注在此。元參：害：苦寒性滑。血少目昏，停飲寒熱支滿，血虚腹痛，脾虚泄瀉者，並不宜服。利：苦鹹寒。壯腎水以(已)制心火，因清肺金，善瀉無根浮游之火，兼能明目滋陰。色黑味鹹，腎家要藥。【略】

山梔：見心部。天花粉：害：純(陽)陰之品，脾胃虚寒者忌之。利：苦寒，入心、肺、脾、胃四經。清痰解熱，能使血不為瘀。【略】

天門冬：害：大寒而苦，不利脾胃。脾胃虚而泄瀉惡食者，大非所宜。陰虚精竭之病，全賴脾胃氣強能納能消，以滋精氣，若脾胃先困，後天源絕，丸餌雖佳總統於食，湯液雖妙終屬於飲，又以苦寒損其胃氣，致泄瀉惡食則危殆矣。若脾胃虚寒人單餌既久，必病腸滑，反成痼疾。此物性寒而潤，能利大腸故也。利：甘寒。養陰，潤肺燥，補腎肺，腎虚熱之要藥也。【略】

地骨皮：害：中寒者勿用。利：甘淡而寒。涼血，清三焦，降肺中伏火，除肝腎虚熱，治在表無定之風邪，傳屍，有汗之骨蒸。去風邪者，肝有熱，則風自内生，熱退則風息，與外感之風不同。能退内潮，人所知也。能退外潮，人實不知。病感風寒，散而未盡，作潮往來，非柴、葛所能治，惟用地骨皮走表又走裏之藥，消其浮游之邪，服之未有不愈者。故以青蒿佐之，骨皮退熱，屢有奇功。盡扶精氣充足，而邪火自退，何得以芩、連、知、柏之苦寒，而傷元氣哉？鮮地骨皮汁，治吐血尿血。天精草，苦甘涼。清上焦心肺客邪，代茶止消渴。【略】

知母：見脾部。麥冬：見心部。薄荷：害：辛香伐氣，多服損肺傷心，虚者遠之。凡病新瘥勿服，以表氣虚也。令人虚汗不止，咳嗽由肺虚寒客而無熱症者，勿服。陰虚人發熱勿服，恐出汗則易竭其津液也。及血虚頭痛，小兒身熱，由於傷食疳積者，禁用。每見小兒多食薄荷糕者汗多體弱，瘦弱人久食之動消渴病。利：辛溫。一作涼。入肺、肝。芳香開氣，發汗解表，能下氣，故消食。治猫咬與蛇傷。傷寒舌苔，和蜜擦之。【略】

海石：害：大寒潤下。咳逆由於虛氣上沖者，勿用。痰飲由於脾胃元虛者，忌之。多服損人血氣。利：鹹寒，入肺。清金降火，能潤下，止濁淋，化積塊，止痰，消癭瘤結核。【略】

溫肺猛將

麻黄：見前。　天南星：見前。　五味子：見心部。

溫肺次將

蘇梗：見前。　款冬花：害：古今方用為治嗽要藥，以其辛溫，散而能降，於肺無忤，無分寒熱虛實，皆可酌而施用。利：辛溫。化痰而咳喘何憂，清肺則癰痿有賴。【略】

製半夏：害：其性燥而辛溫，有毒。雖能祛濕，分水實脾，及開寒濕氣鬱結痰，而其所忌者，惟陰虛血少津液不足諸病，故古人有立禁者，謂血家、渴家、汗家是也。故凡一切吐血、衄血、齒衄、舌上出、金瘡、産後失血過多，尿血便血，腎水真陰不足，發渴，陽虛自汗，陰虛盜汗，内熱煩燥，出汗諸症，皆當禁者也。凡三禁之外，應忌者尚多，兹更詳列於後：凡咳嗽由於陰虛，而不由於濕痰；寒飲嘔吐由於火動胃熱，而不由於寒濕痰壅；飲食不化由於脾陰不足，不由於脾濕少運；嘔噦眩悸由於胃弱，不由於寒濕痰飲；霍亂腹脹由於邪熱客中焦，不由於寒濕食滯；咽痛由於陰虛火炎，不由於傷寒少陰病邪熱不解；氣喘由於氣虛，不由於風寒所鬱；頭痛由於血虛，不由於痰厥；不寐由於心經血少，不由於病後膽虛。如上諸症，法所同禁。其誤最易而難明者，醫以其能去痰也。故凡見咳嗽，莫不先投，殊不知咳嗽吐痰，寒熱骨蒸，皆陰虛肺熱津液不足之候，誤服則損其津液，而肺家愈燥，陰氣愈虛，濃痰愈結，必致聲嗄而死。若合參、朮，禍不旋踵。蓋以其本為脾胃藥，而非肺腎藥也。寒濕痰飲作咳，屬胃者固宜，然亦百之一二。其陰虛火熾，煎熬真陰，津液化為結痰，以致喉痒發咳者，往往由之。故凡痰中帶血，口渴咽乾，陰虛咳嗽者，大忌服之。又有似中風痰壅失音，偏枯拘攣，及二便閉澀，血虛腹痛，於法並忌，犯之過多，則非藥可救。吉凶貿理，悔不可追，責在司命。謹諸孕婦服之能損胎，若與參、朮並行，但有開胃之功，亦不損胎。利：辛溫，化痰，入肺、脾、胃。消痰燥濕，開胃健脾，宣通陰陽，和胃安臥，能墜胎。宋製半夏，性和而力亦遜。戈製半夏，内有參、附，治真中風寒濕痰飲，立見奇功。近有仙露半夏，得七七仙露之氣，用之甚可通和陰陽。若陰虛火熾，切勿妄投。生薑半夏麯，治淺近諸痰。【略】

生薑：害：見脾部溫陣乾薑條下。利：辛溫，入肺、胃。發表發汗，開胃止嘔，破血滯痰凝，平氣脹腹痛。中風、中氣、中暑、中毒、中惡、霍亂，一切卒暴之症，用薑汁和童便服。【略】薑皮，辛涼和脾，行水腫家必用。【略】

煙：害：火氣薰灼，最爍肺陰，耗血損年，衛生者宜遠之。今人患喉風咽痛，嗽血失音之症甚多，未必不由嗜煙所致。利：辛溫，入肺。行氣辟邪，治風寒濕痺，滯氣停痰，山嵐瘴霧，為宣散之品。煙管中水，能解毒。煙油，殺蟲最捷，諸咬傷，塗之病失。【略】

腎部藥隊　補腎猛將

大熟地：害：按：熟地乃陰滯不行之藥，(火)〔大〕為脾胃之病所不宜。凡胸膈多痰，氣道不利，升降窒塞，藥宜通而不宜滯，湯液中禁屬地黄，用宜斟酌。胃虛氣弱之人，過服歸、地，必致痞悶食減，病安能愈？利：甘，微溫。補脾肝腎，養血滋陰，為壯水之主藥。【略】

枸杞子：見肝部補陣。

淫羊藿：害：虛陽易舉，夢遺不止，溺赤口乾者，並忌。若誤服之，則病強中淋濁之患。利：辛溫，入腎。補大腸、三焦，強筋骨，起陽事(哀)〔衰〕，利小便，除莖中痛。【略】　北五味：見心部補陣。

補腎次將

乾地黄：害：性寒而潤，陰虛咳嗽，内熱骨蒸，或吐血等候，一見脾虛泄瀉，胃虛食少，或天明腎泄，産後泄瀉，産後不實，俱禁用。凡産後惡食作瀉，惡露作痛，雖見發熱，不可用，誤用則瀉不止。凡見此症，宜多加炮薑、桂心、人參，必自愈。【略】利：甘寒，入心、肝、腎、小腸。去瘀生新，補陰涼血，養陰退陽。【略】

巴戟天：害：與淫羊藿同。凡病相火熾盛，思慾不得，溺赤口苦，目昏目痛，煩躁口渴，大便燥閉，法咸忌之。利：甘溫，入腎。安五臟以益精，強筋骨而起陰。【略】　何首烏：見肝部補陣。

杜仲：害：腎雖虛，而火熾者，不用。利：甘辛，溫，入肝、腎。強筋骨，益胃，添精。治腰膝疼痛，利偏體機關，亦治陰下濕痒，小便淋瀝。【略】

元武版：害：新刮之甲有毒，不宜頻使。妊婦不宜用。病人虛而無熱者，不宜用。凡入丸散，須研極細，不爾留滯腸胃，能變癥瘕。利：鹹寒，至陰，屬金與水。補心，資益腎陰，治陰虛血弱，勞熱骨(筋)(蒸)等症。又能益大腸，止瀉痢。龜膠補陰之力更勝。龜鹿皆長年，龜首藏向腹，能通任脈，取下甲以補腎補血，皆陰也。鹿鼻反向尾，能通督脈，取上角以補火補氣，皆陽也。【略】

女貞子：害：純陰至靜之品。若虛寒人服之，則腹痛作瀉。利：苦甘，涼。益肝腎，補中，黑鬚明目，養精神。【略】

黑大豆：害：小兒以豆、猪肉同食，必壅氣致死，十有八九。如十歲以上，則無害也。服蓖麻子者，終身忌炒豆，犯之脹滿致死。服厚朴者亦忌之，最能動氣故也。利：甘平。補心腎而明目，活血散風，除熱解毒，能消水腫，可稀痘瘡。黑豆之小者，曰馬料豆，鹽水煮食，尤能補腎。料豆之皮，曰穭豆衣，補腎涼血，止汗，亦稱黑豆衣。【略】

胖海參：害：海味寒濕，血病多熱者勿用。修治：遼海產者良。膠州所出，生北海鹹水中，色又黑，以滋腎水，從其類也。有刺者名刺參，無刺者名光參。以水淪胖，剖開去肚雜、泥沙用。

瀉腎猛將

猪苓：害：淡滲太燥，引水之功多，能亡津液，久服必損腎氣，昏人眼目。無濕症者勿服。利：甘淡平，入腎、膀胱二經。分消水腫，淡滲濕痰，利水，諸藥無如此駃。【略】

瀉腎次將

澤瀉：害：扁鵲云：多服病人眼昏。凡病人無濕無飲而陰虛，及腎氣乏絕，陽衰精自流，腎氣不固精滑，目痛，虛寒作泄等症，法咸禁用，以其淡滲利水，久服則降令太過，清氣不升，真陰潛耗，安得不病目耶？利：甘鹹微寒。通腎、膀胱水道，善去胞胎，能止洩精。【略】知母：見脾部。

赤茯苓：害：見心部補陣茯神條下。利：甘淡平。瀉腎、小腸、膀胱濕熱，功同茯苓而稍遜，利水偏長。【略】生米仁：見脾部。

朴硝、芒硝：害：生於鹵地，刮(去)取煎煉，在底者為朴硝，在上為芒硝，有牙者為馬牙硝。置風日中消盡水氣，清白如粉，為風化硝。若經甘草水煆過，即元明粉。究其功用，無堅不磨，無結不散，無熱不蕩，無積不推，可謂直往無前，無留礙之性也。非邪結下焦，堅實不可按者不用，恐誤伐下焦真陰故也。病不由於邪熱深固，閉結難通，斷勿輕投。至於血涸津液枯竭以致大腸燥結，陰虛精乏以致大熱骨蒸，火炎於上以致頭痛目昏，口渴耳聾咽痛，吐血衄血，虛極類實等症，切戒勿施，庶免虛虛之咎，而無悔不可之大錯也。利：鹹辛，微寒。瀉腎火，治陽強，能蕩三焦、腸胃實熱，大瀉下洩，與大黃功同。破血攻痰，軟堅消食，又能通經墮胎。【略】

苦參：害：雖能洩(腎)中之熱，除濕熱生蟲為厲，氣味苦寒，能損腎氣。肝腎虛而無熱者，勿服。火衰精冷，真元不足及年高之人，皆不宜服。沈括《夢溪筆談》云：久用苦參擦牙，遂病腰痛，由其氣傷腎故也。利：苦寒，入腎。除熱祛濕，治癰腫瘡瘍，澼下，腸澼下血，兼能利水，固齒明目，祛風殺蟲。苦參子，一名鴉膽子，治腸風下血，能清肝明目，功同槐實。【略】

涼腎次將

鮮生地：害：大寒涼潤，必燥結有實火者方可用，否則恐寒中。餘同乾地黃。利：苦寒，微甘。大瀉心腎實火，平血逆，除大熱。【略】

牡丹皮：害：氣香而濁，極易作嘔，胃弱服之即吐。涼血通瘀，故胃氣虛寒，婦人血崩經行過期不淨，並妊娠者，並忌之。若無瘀而血熱妄行及血虛而無外感者，皆不可用。利：苦辛，微寒，入手足少陰、厥陰血分。涼血，去瘀生新，瀉血中伏火，退無汗骨蒸。治相火之功勝於黃柏。紅花者利，白花者補，宜分別之。【略】知母：見脾部。

滑石：害：性沉重降，能洩上氣令下行，本利竅清暑之藥。若病人脾虛下陷，及陰精不足內熱，以致小水短少赤澀，或不利；煩渴身熱，由於陰虛火熾，水涸者，皆禁用。脾腎俱虛者，雖作泄，勿服。傷寒病當發表者，尤忌。表有邪，得此滲泄重降之品，必愈陷入裏，而成敗症矣。利：甘淡寒。入肺、脾、腎、膀胱四經。利小便，行積滯，宣九竅之閉，通六腑之結。滑石利竅，非獨小便也，上能利毛竅，下能利精竅，為蕩熱燥濕之劑，故清暑需之。【略】

溫腎猛將

破故紙：一名補骨脂。害：此性燥助火，凡病陰虛火動，陽道妄舉，夢遺尿血，小便短澀，及目赤口苦舌乾，大便燥結，內熱作渴，火升嘈雜，易濕熱成痿以致骨乏無力者，皆忌服。能墮胎，孕婦忌。利：辛溫，入腎、大腸。

興陽事，止腎洩，固精氣，止腰痛疼，暖則水臟固，壯火益水之要藥也。【略】

鹿茸：害：升陽性熱，陰虛而陽浮越者，目擊誤用而血脫於上以隕者多人矣。而不可嗅之，有蟲，恐入鼻顙傷腦。腎虛有火者，不宜用，以其偏於補陽也。上焦有痰熱，胃家有火者，亦勿用。凡吐血下血，俱陰虛火熾者，概不可服。利：甘鹹，溫，入腎。健骨生齒，強志益氣，治肢體痠疼，腰脊軟痛，虛勞仙劑，崩漏如神丹。【略】

鹿角：害：同鹿茸。利：鹹溫。補腎，生精髓，強筋骨，壯腰膝，止崩中與衄血，除腹痛而安胎。生角散熱，行血消腫毒，逐惡血。熬膏煉霜，則專於滋補。肉，甘溫，補中，強五臟，通脉益氣力。鹿腎氣有餘，足於精者也。茸較佳於角，肉有益於脾。【略】

麋茸、麋角：功用與鹿相倣，而溫性差減。鹿補右腎，精氣不足者宜之。麋補左腎，血液不足者宜之。【略】

溫腎次將

山茱萸：見肝部。　菟絲子：同上。　大茴香：同上。　艾葉：同上。

胃部藥隊　補胃猛將

白术：見脾部。　綿芪：見肺部。　大棗：見脾部。

補胃次將

白扁豆：見脾部。　懷山藥：同上。　炙甘草：同上。　龍眼肉：同上。　紅棗：見脾部。

瀉胃猛將

石菖蒲：見心部。　枳實：見脾部。

雷丸：害：赤色者能殺人，細揀去用。殺蟲之外，無他長。能令人陰痿。利：苦寒，入胃、大腸二經。殺臟府諸蟲，除嬰兒百病，有蟲者宜之。【略】　白芥子：見肺部。　萊菔子：見脾部。　六神麯：同上。

瀉胃次將

蘇梗：見肺部。　枳殼：見脾部。　蔓荊子：害：頭痛目痛，不因風邪，而於血虛有火者，忌之。胃虛人不可服，恐生痰疾。利：苦辛，平，入胃、肝、膽、膀胱四經。搜頭風，除濕痺。【略】　麥芽：見脾部。

涼胃猛將

石膏：見肺部。　犀角：見心部。

涼胃次將

天花粉：見肺部。　葛根：害：傷寒頭痛，兼項強，腰脊痛，及遍身骨疼者，足太陽病也，邪未入陽明，故無渴症，不宜服，誤服則邪氣反引入陽明，為引盜入門也。斑疹已見紅點，不宜用，恐表虛反增斑爛也。五勞七傷，上盛下虛之人，暑月雖有脾胃病，亦不宜服，當用亦宜少用，多則反傷胃氣，以其升散太過也。夏月表虛汗多，尤忌。葛根，風藥也，風藥皆燥。《本經》言其生津止渴，生乃升字筆誤，非葛根獨能止渴，以其升胃氣入肺，能生津爾。設非清陽下陷，而火炎津耗之渴，誤服此藥，則火藉風威，燎原莫遏。即非陰虛火炎之症，凡胃津不足而渴者，亦當忌之。張司農《治暑全書序》云：柴胡劫汗陰，葛根竭胃汁。二語可謂開千古之群蒙也。故凡汗多勿用，前人已論及之。無汗亦勿用，愚謂陽明胃經多血之所，火病燥熱，無汗煩渴，胃液已傷，汗乃血液所化，奪汗則無血之戒，用者審之。利：甘辛，平，入胃、大腸二經。輕宣解肌，發汗升陽。生用能墮胎。蒸熟，散鬱火，化酒毒，止血痢。能舞胃氣上行，治虛瀉之聖藥。鮮葛根汁，大寒，治溫病火熱，吐衄諸血。葛花，解酒毒尤良。酒毒，濕甚而為毒也。葛穀，即子也，甘平，［治］下痢十歲以上，解酒毒。葉，止金瘡血出。蔓，消癰腫喉痺。【略】

香薷：害：辛散。乃夏月解表之藥。表無所感，而中熱為病，何假於此？誤則損人表氣，故無表邪者戒之。其性溫熱，暑寒宜用。若暑熱宜清涼，誤服之反成大害。有處高堂大廈，納涼大過，飲冷太過，陽氣為陰邪所遏，反中入內，遂病頭痛惡寒，煩躁口渴，吐瀉霍亂，宜用之，以發越陽氣，散邪和脾則愈。若飲食不節，勞役斵喪之人，傷暑汗出如雨，煩躁喘促，或瀉或吐者，乃內傷之症，宜從東垣清暑益氣湯。不吐瀉者，宜人參白虎、桂苓甘露飲之類，以瀉火益元。若用者香薷是重虛其表，而益之熱矣。利：辛，微溫，入肺、胃二經。理暑氣，霍亂腹痛。乘涼飲冷，陽氣為陰邪所遏云云，則愈。若勞役受暑，用之則大誤矣。【略】

石斛：害：長於清胃除熱，惟胃腎有虛熱者宜之。虛而無火者，不得混用。長虛，味大苦者，名木斛，服之損胃。利：甘淡，微寒。清胃，除虛熱，補腎，濇元氣，療脚膝。川石斛少遜。鮮石斛性加寒，尤退虛熱。虛症宜乾，實症宜鮮。【略】

川萆薢：害：若下部無濕，陰虛火熾，以致溺有餘瀝，莖中痛，乃真陰不足之候也。無濕，腎虛腰痛，並不宜服，以腎惡燥故也。利：甘平，入胃、肝、膀胱三經。主風寒濕痹，暨可除膀胱宿水，又能止失溺便頻。祛風濕，補下元。小便頻、莖內痛，必火府熱閉，只就小腸火府，愈加燥竭。因強惡房事，有瘀腐壅於小腸，故痛。此與淋症不同，宜鹽水炒萆薢一兩，煎服，以葱湯頻洗穀道，即腎受土邪則水衰，肝挾相火來復母仇，得萆薢滲濕，則土安其位，水不受傷矣。拔葜、土茯苓，形雖不同，而主治之功不相遠矣。除濕祛風，分清去濁，惡瘡化毒，又能補下焦。忌茗、醋。【略】知母：見脾部。

蘆根：害：性味寒涼，因寒霍亂作脹，因寒反胃嘔吐，勿服。利：甘寒。清煩熱，嗆喉嚨，利小腸，治煩渴，嘔逆噎膈反胃。筍，更佳，解河豚毒。【略】竹葉：見心部。

溫胃猛將

高良薑：害：如胃火作嘔，傷暑霍亂，火熱注瀉，心虛作痛，咸忌之，以其辛熱性燥。故虛寒人須與參、术同行，若單用多用，犯沖和之氣也。利：辛熱溫，入脾、胃、肺三經。溫胃去噎膈，療心腹之疼痛，下氣除邪，攻嵐瘴之氣，瘧疾。治心脾疼多用良薑，寒者用之二錢，熱者用四五分於清火劑中，取其辛溫下氣止痛有神耳。【略】紅豆蔻：溫肺散寒，醒脾燥濕，消食解酒。禁忌製用同上。

乾薑：見脾部。　益智仁：同上。　肉豆蔻：同上。　草菓：同上。　丁香：害：辛熱而燥，一切有火熱症者，忌之。非屬虛寒，概勿施用。利：辛溫，入肺、胃、腎三經。溫脾胃而止嘔呃，理壅滯而消脹滿。䘌齒，除疳，發灰白痘。【略】木香：見肝部。　胡椒：見肝部。

辛夷：害：辛香走竄之性，氣虛人偶感風寒而鼻塞者，禁之。頭腦痛屬血虛火熾，及齒痛屬胃火者，服之轉甚。毛射入肺中，令人咳。利：入肺、胃二經。宣散上焦風熱，辛溫開竅，鼻塞與昏冒咸宜。清陽，解肌壯熱與憎寒並選。味薄而散，能助胃中清氣上達高巔，頭面九竅當歸治平也。【略】

溫胃次將

藿香：見脾部。　砂仁：同上。　白蔻仁：同上。　製半夏：見肺，同上。　烏藥：見脾部。　開口川椒：見脾部。　煨薑：見脾部。

厚朴：見脾部。

膀胱部藥隊

補膀胱猛次(將)藥性(將)與補腎之藥性同。蓋腎氣化則小便自行。

瀉膀胱猛將

羌活、獨活：害：此陽草中之風藥也。為祛風散寒，除濕之要品。若血虛頭痛，遍身疼痛骨痛，因而作寒熱者，俱屬內症。二活皆是風藥，能燥血，均忌，誤用必反劇。利：皆苦辛平。治風寒濕痹，筋骨攣痛，頭旋眩掉，頸項難伸。本入手足太陽表裏引經，又入足厥陰氣分，小無不入，大無不通，故俱散肌表八風之邪，兼理周身百節之痛。中國者為獨活，色黃氣緩，可理伏風。西羌者為羌活，色紫氣雄，可理遊風。羌性猛，獨性緩。獨活不搖風而治風，浮萍不沉水而利水，因其所勝而為制也。【略】

麻黃：見肺部。

漢防己：害：下焦血分濕熱之要藥。然其性悍氣猛，走竄決防，苦傷胃。凡胃虛陰虛，自汗盜汗，口苦舌乾，腎虛小水不利及胎前產後血虛，雖有下焦濕熱，慎勿用之。東垣云：防己大苦大寒，瀉血中濕熱，亦瞑眩之藥也，服之使人心煩亂，飲食減少。若虛人用防己，其害有三：夫飲食勞倦陰虛生內熱，元氣穀食已虧，以防己泄大便，則重亡其血，此不可用，其害一也；如人大渴引飲，是熱在上焦肺經氣分，宜滲濕，而防己乃下焦血分藥，此不可用之者，其害二也；外傷風寒，邪傳肺經氣分濕熱，而小便黃赤乃至不通，此上焦氣病，禁用血藥，此不可用者，其害三也。大抵上焦濕熱者，皆不可用也。利：苦辛，寒，入膀胱。亦通行十二經，祛下焦血分之濕熱，通二便。木防己用治風。【略】木通：見心部。　葶藶：見肺部。　猪苓：見腎部。

瀉膀胱次將

獨活：見前。　防風：害：升浮之性，易動肝木。若似中風，產後血痙急諸病，頭痛因於血虛不因於風寒，泄瀉不因寒濕，及二便閉澀，小兒脾虛，發搐，慢驚，脾風，氣升作嘔，火升作嗽，陰虛盜汗，陽虛自汗等病，法所同忌。能瀉肺實，誤服瀉人上焦元氣。又頭者，令人發狂。又尾者，發人痼疾。利：甘辛，溫，入肺、膀胱二經。治大風惡風風邪，周痹，頭面浮風，眼赤多淚。能防禦外風，故名卑賤之職，隨所引而至，乃風藥中之潤劑也。【略】

蒲黃：害：性滑動血，一切勞傷發熱，陰虛內熱，無瘀血者，禁用。瘀因寒滯者，忌投。多食令人自利，極能虛人。利：甘平。生用行血，炒黑止血。入東方血海，兼入州都，故又能利小便。【略】川楝子：見肝部。

前胡：見肺部。

藁本：害：氣雄上升，能耗血液。凡溫病頭痛，發熱口渴，或骨疼，及傷寒發於春夏，陽證疼，產後血虛火炎，皆不宜服。利：辛溫。理大腸、小腸、膀胱寒濕，治風家巔頂作痛，女人陰腫疝疼。【略】澤瀉：見腎部。

葱白：害：發散之品，病人表虛易汗者，勿食。病已得汗，勿再進。多食葱，令人神昏，損髮鬚，虛氣上沖。同蜜食，作下利壅氣，殺人，名甜砒霜。同棗食，令人病。正月食生葱，令人面上起遊風。利：辛散輕平，入肺、胃、肝、膀胱。發汗解肌，通上下陽氣。氣通則血活，故治諸血。通氣則解毒，故殺諸毒。宣風濕，利耳鳴，通二便。宣解用白連鬚，通竅用青管、葱管。【略】

甘遂：害：其性陰毒，雖善下水除濕，然能耗損真陰，虧竭津液。元氣虛人，除傷寒水結胸不得不用外，其餘水腫鼓脹頻多，脾陰不足，土虛不能制水，以致水氣泛濫。河間云：諸濕腫滿，皆屬脾土。法應補脾實土，兼利小便，而反用甘遂下之，是重虛其本也。水既暫去，復腫必死矣。必察病屬濕熱，有飲有水，而元氣尚壯，乃可一(死)〔試〕。不然，多致不起，戒之須慎。利：苦甘，寒。瀉腎、膀胱及隧道水濕，逐留飲水脹，攻痞結疝瘕。仲景治心下留飲，與甘草同行，取其相反以立功。凡水脹，以甘遂塗腹繞臍，內服甘草湯，其腫便消。二物相反，而感應如神。【略】龍膽草：見肝部。

涼膀胱次將

車前子：見心部。綿茵陳：害：按：茵陳雖為黃疸主藥，須分陰黃陽黃。陽黃宜茵陳；陰黃宜溫補，若用茵陳，多致不救。蓄血發黃，不可誤用。利：苦寒，入膀胱。除濕熱，利小腸。鈴子茵陳、山陰茵陳，力俱峻。【略】

海金沙：害：淡滲無補。小便不利及諸淋，由於腎水真陰不足者，勿服。利：苦寒，入小腸、膀胱。除濕熱，消腫滿，清血分，利水道。惟熱在太陽經血分者宜之。【略】黃柏：〔見脾部。〕

溫膀胱猛將

淡吳萸：見肝部。

溫膀胱次將

烏藥：見脾部。茴香：見肝部。

膽部藥隊　補膽猛將

烏梅：見肝部。

補膽次將

棗仁：見心部。

瀉膽猛將

桔梗：見肺部。青皮：見肝部。香附：見肝部。秦艽：害：泄散疏利之品。凡下部虛寒，小便不禁，大便滑者，勿服。利：苦寒，平，入胃、肝、膽、大小腸五經。祛風養血，活絡舒筋，退熱利濕。【略】川芎：見肝部。

涼膽猛將

龍膽草：見肝部。

涼膽次將

青蒿：見肝部。槐實：害：槐性純陰。脾胃虛寒作洩，及陰虛血熱，而非實熱者，外證似同，內因實異，即不宜服。利：用同槐花，兼行血而降氣，亦催生而墮胎。槐花，酸苦鹹，入肝、膽、大腸三經。止便紅血痢，咸藉清腸之力。療五痔，明眼目，皆制熱之功。枝，主陰囊濕痒。葉，醫疥癬疔疸。【略】

溫膽猛將

肉桂：見肝部。細辛：又。

溫膽次將

萸肉：見肝部。

大腸部藥隊　補大腸猛將

淫羊藿：見腎部。罌粟殼：害：酸收太緊，令人嘔逆妨食，且兆積滯，反成痼疾。瀉痢初起及風寒作嗽，忌用。米性寒，多食利二便，動膀胱氣。利：酸澀。斂肺澀腸而固腎，止瀉痢而收脫肛，固精氣而澀遺洩。愈虛勞之嗽，攝小便之多。若醋製，而與參、朮同行，可無妨食之害。鴉片，酸澀微毒，止瀉痢，收脫肛，澀精氣，塗癰腫，愈頭風。御米，甘寒潤燥。煮粥食，治反胃，加參尤佳。修治：凡使殼，洗去蒂及筋膜，薄皮，醋炒或蜜炒。

鴉片，乃罌粟花之津液也。四月罌粟結青苞時，午後以大鍼刺其外面青皮三五處，勿損裏面硬皮，次津出，以竹刀刮收入甆器，陰乾，故今市者猶生鴉片，有毒，殺人。救治之法：用竹筷將中毒人口撬開，切忌銅鐵器物撬口，急宰取熱鴨血，和生菉豆粉灌之，即吐出。如吐未盡，再用生菉豆粉同潔白糖攪服，即解。又方：用膽礬一兩，白芥子一瓢羹，沖湯頻頻灌之，即吐盡而解。又方：用蓮鬚一兩，煎湯灌之，即解。

補大腸次將

訶子肉：見肺部。　百合：見肺部。

瀉大腸猛將

大黃：見脾部。　桃仁：見肝部。　雷丸：見胃部。　火麻仁：害：多食損血脉，滑精氣，痿陽事。婦人多食，即發帶疾。以其滑利下行，走而不守也。腸滑者，尤忌。利：甘平，入脾、胃。潤五臟，通大腸。滑利下行，走而不守，宣風利關節，催生療難產。修治：【略】麻仁一物，詢之藥肆所備，每每誤用，須分別書之。潤燥通腸閉，催生，則用火麻仁，即大麻仁。如滋陰養肝，則用黑芝麻。又一種四方稜而小者，名巨勝子，味苦，平肝明目。又一種大胡麻，名胡麻仁，一名壁虱胡麻，一名亞麻，能祛風濕、瘡癬疥癩。又小胡麻，一名三角胡麻，即茺蔚子，一名益母子，通經活血，平肝祛風。用者宜審。　升麻：見肺部。

紫草茸：害：苦寒性滑，通利九竅。痘瘡家氣虛，脾胃弱洩瀉，不思食，小便清白者，俱禁用。痘疹若出而紅活及白陷大腸利者，切宜忌之。利：苦寒，入心胞、肝、大小腸四經。涼血和血，通大小腸，宣發痘疹，清解瘡瘍。修治：一月採根，陰乾。其根頭有白毛如茸。未花時採，則根色鮮明。雲頭並兩畔髭，以石壓扁，曝乾，細剉用。【略】

補大腸次將

秦艽：見膽部。　旋覆花：害：走散之藥，病人涉虛者，不宜多服，冷利大腸。虛寒人禁用。利：味鹹，微溫兼苦，入肺、肝、大腸三經。鹹能軟堅，能祛老痰結積。溫能解散，鹹可潤下，故治風氣濕痺，大腸燥結，又能通脉。草名金沸，功用相倣。【略】

郁李仁：害：性專下降，善導大腸燥結，利周身水氣。然下後令人津液虧損，燥結愈甚，乃治標急救之藥，津液不足者，慎勿輕投。利：味苦甘辛平，入脾、大腸二經。潤燥行水，下氣破血。得酒入膽，治不寐。【略】　杏仁：見肺部。　大腹皮：見脾部。　白芷：見脾部。

梨子：害：寒冷涼中，肺寒咳嗽，脾家泄瀉，腹痛冷積，寒痰痰飲，婦人產後，小兒痘後，胃冷嘔吐，西北真中風證及金瘡，法咸忌之。《經》云形寒飲冷傷肺，此之謂也。又云：寒則血泣，多食成冷痢。利：味酸甘寒，入心、肺、脾、肝、大腸五經。外宣風氣，內滌狂煩，消痰醒酒。人知清火消痰，不知其散風之妙。生食可清六腑之熱，熟可滋五臟之陰。虛火宜熟，實火宜生。梨汁潤腸，清痰止嗽。治痰嗽宜加入薑汁、蜜水。【略】

涼大腸猛將

黃芩：見脾部。　黃柏：同上。

涼大腸次將

地榆炭：害：性寒下利，凡脾胃虛寒作洩，法並禁用，及白痢久而胃弱，胎產虛寒，洩瀉血崩，脾虛作洩等症。利：味苦寒，入肝、大腸二經。止血痢腸風，除帶下五漏，善主下焦血症，兼去濕熱。稍反行血。【略】

槐角：見膽部。　知母：〔見脾部。〕　連翹：見心部。

溫大腸猛將

胡椒：見肝部。　破故紙：見腎部。　枸杞子：見肝部。

溫大腸次將

當歸：見心部。

小腸部藥隊　補小腸猛將

生地：見腎部。

瀉小腸猛將

木通：見心部。

瀉小腸次將

瞿麥：害：性猛利，善下逐，能墜胎，孕婦忌。胎前產後，一切虛人患小水不利者，禁用。水腫蠱脹，脾虛者，並忌之。小腸無火熱者，忌服。利：味苦寒，入小腸、膀胱二經。利水破血，出刺墜胎。八正散用為利小便之主藥。若心經雖熱，而小腸虛者，忌用，恐心熱未除，而小腸復病矣。當求其屬以衰之。【略】　海金沙：見膀胱部。　川楝子：見肝部。　薏苡仁：見脾部。　赤芍：見肝部。　茯苓：見腎部。　燈心：見心部。

三焦部藥隊　補三焦猛將

淫羊藿：見腎部。　嫩黄芪：見肺部。

瀉三焦猛將

青皮：見肝部。　木香：見肝部。

瀉三焦次將

柴胡：見肝部。　香附：見肝部。

涼三焦次將

梔子：見心部。　麥冬：見心部。　川黄柏：見脾部。　地骨皮：見肺部。　青蒿子：見肝部。　連翹：見心部。

溫三焦次將

台烏藥：見脾部。　白蔻仁：見脾部。　紫衣胡桃：害：動風痰，助腎火，肺家有痰熱，命門火熾，陰虚吐衄等症，皆不宜施。多食動風生痰，傷肺，脱人眉，令人惡心吐水吐食物。同酒食，多令人咯血。利：味甘熱而潤，入肺、肝、腎三經。溫肺補腎而通命門，峻補下焦，潤腸胃，悦肌膚。兼胡粉而白髮變黑，佐補骨而治痿強陰。又云：能解一〔切〕幼兒痰喘，服人參胡桃湯，喘即定。連皮服，蓋皮有斂汗之功也。但用一味，空腹時連皮食之，最能固精。

清·熊煜奎《儒門醫宗》後集卷一　五臟補瀉　受金傷，以甘緩之。金之正味，以辛泄之也。結燥不通，則邪實於内，故當以苦下之。寒淫於内，治以甘熱，佐以苦辛，以鹹瀉之，以辛潤之，以苦堅之。此六淫所治，各有所宜也。　寒為水氣，土能制水，熱能勝寒，故治以甘熱。甘從土化，熱從火化也。佐以苦辛等義，如《藏氣法時論》曰：腎苦燥，急食辛以潤之。腎欲堅，急食苦以堅之。用苦補之，以鹹瀉之也。

清·劉仕廉《醫學集成》卷一　五臟補瀉涼散　補心：龍眼、當歸、柏子仁。瀉心：燈草、車前、竹葉心。涼心：黄連、犀角、川貝母。散心：半夏、香薷、菖蒲、椒。補肝：荔枝、雞肉、酸棗皮。瀉肝：連翹、白斂、龍膽奇。涼肝：生地、側柏、赤芍藥。散肝：蒼耳、木賊並蒺藜。補脾：炙草、西砂、蔻、白朮。瀉脾：山查、郁李及神麯。涼脾：紫貝、鮮皮、薏苡仁。散脾：松脂、排草、橘紅、朴。補肺：官燕、飴糖與參耆。瀉肺：石韋、苦杏、生桑皮。涼肺：生地、紫菀、野菊花。散肺：麻黄、葱白、紫蘇宜。補腎：鹿茸、枸杞、巴戟天。瀉腎：防、杞、秋石並食鹽。涼腎：丹皮、骨皮與黄柏。散腎：附子、細辛極妙焉。

清·唐宗海《本草問答》卷下　問曰：六淫外感之藥，既得聞矣，而七情之病生於臟腑内者，藥當如何？答曰：上所論之，臟腑氣化，蓋已略備，病雖發於七情，又豈離乎六經，會而通之可也。

問曰：外感内傷，古既分門，至今豈可缺論？七情内生之疾，用藥自當有別，尚求一一剖示之。答曰：理止一貫，而病或百出，豈能縷陳？今子既請問無已，不得不舉其大略也。可遵丹溪之法，分血、氣、痰、鬱四字，以賅舉之。然血氣二者，予於卷首已詳論矣，故吾不欲再議焉。

問曰：血氣二者雖前文以論，然前係通外感内傷而言，今單論内傷，則不得不再詳血氣，請再為弟子申論之。答曰：血者腎中之津液，上於胃，與五穀所化之汁並騰於肺，以上入心化為赤色，即成血矣。心象離卦，汁液入心，象離内之陰爻；化為赤血，象離外之陽爻，故血者陽中之陰，水交於火即化為血也。西醫謂血有鐵氣，用鐵酒補血。余按鐵本水金之性，當屬腎經，血有鐵氣即是腎水交於火而為血也。然或水氣交於心，而心火不能化之則亦不能生血，故仲景復脈湯既用膠、地以滋水，而又用桂枝以助心火，洵得生血之法。西藥用鐵水必造作酒服，亦以酒屬陽能助心火也。西醫知其當然，但未明所以然，今為指出血所生化之理，乃知當歸正是補血藥。其味辛溫，火也，其汁油潤，水也，一物而具二者，是水交於火所化之物也，恰與血之生化相同，故主補血。川芎辛溫，得火之氣味，而無汁液，故但能助火以行血，而不能生血也。地黄有汁液，不辛溫，故但能益水液，滋血之源，而不能變化，以成赤色。桂枝色赤，入心助火，正是助其化赤之令。丹皮色赤，味苦瀉火，即能瀉血。白芍味苦，能瀉血，其色白，故又能行氣分之水。紅花色能生血而味苦，又能瀉血。桃花紅屬血分，仁在核中，又象人心，味苦有生氣，是正入心中能行血，能生血，心中血液中含靈光，即神也。神為血亂，則顛狂亂語，以行氣者入心導之，則遠志、菖蒲、麝香皆能開心竅，而丹皮、桃仁、乾漆皆能去心血。又有痰迷心神者，不在此例。血竭乃樹脂注結而成，氣香散，故能散結血。乳香、沒藥亦樹脂，象人血又香散，故行血。蒲黄生於水中，其花黄色而香，是屬氣分，不屬血分也。其能止血者，蓋以氣行則血行，火交於水而化氣，氣著於物還為水，氣行於血中，而包乎血外，故行血賴於行氣，而行氣即是行水。白茅根利水行氣，故能行血也。凡吐血必欬痰，痰為氣分，蓋必氣逆水升，然後引出其血也。故用川貝、杏仁降氣行痰，氣降則血降矣。氣滯血瘀，寒熱身疼，女子經閉不通，亦當行血中之氣。香附、靈脂、元胡、鬱金、川芎、乳香、降香為主，胎血下漏，必先漏水，以其水氣先行而後血行，氣即水也，宜升麻、參、芪以升補之，苧麻根以滋之。苧根汁本白而能轉紅色，故生血，是水交於火化血之義也。藕節亦然，藕生於水，而上發花，花秉火色，是水上交於火之象，藕汁能轉紅色，又是火化為血之象，藕汁之氣化與人血之氣化相同，所以清火而化瘀血。蓋清火之藥是水交於火也，故能止血，芩連是矣。補火之藥是火能化水也，故能行血，薑、艾是也。

問曰：髮名血餘，今拔其髮，根下微有白水而無血，何也？答曰：此理最微，知髮之生化，即知血之原委矣。人身之血由後天飲食之汁入心化赤，循衝任下入胞宮與先天腎水相交，於是化而為精，由腎系入背脊，循行而上入腦，遂化為髓以生骨。故人死皮肉化而骨不腐，蓋皮肉或單秉氣而生，則遇陰則化；或單秉血而生，則遇陽即化。惟骨由精髓而生，兼秉氣血之全，故不腐化。所以補骨必補髓，而補髓又在補精。鹿茸為氣血之最強，通腎脈故補精髓以強骨，地黃、黃芪氣血雙補，皆能化精以補髓也。牛骨髓、猪脊髓皆是以髓補髓。夫補髓先補精，精為氣血所化，腎氣丸、菟絲子等藥，皆氣血雙補能化精者也。精化為髓，而腦髓中有寒，則用附子、細辛，從督脈上腦以治之，由氣分而入腦也。腦髓中有風有熱，則用羚羊、犀角、吳萸、薄荷、荊芥、天麻、黃柏、青蒿、蒼耳子以治之。從厥陰肝脈由血分而上腦，此則腦髓之治法。吾子雖以治之，未問及，然髓是氣血合化者，今與子論，血合氣之理，故並論之。髓中藏精，主記事，心神上合於髓精，乃能知識用事。故髓氣不清，則神亦亂，顛狂其多病。此髓不足，則知識不強，治法可以上引經之藥，以類求之矣。夫骨秉氣血二者，故不腐化，毛髮亦入土不腐化，蓋血生於後天，屬任脈下交胞宮，合氣化精則生髓，若夫氣則生於先天腎中者也。氣生於先天，屬腎脈下交胞宮，合血變精，達於衝任二脈，化而上行循經脈，則繞脣而生鬚，充皮毛則生周身之毛，隨太陽經上頭則生頭髮，應肝之部位則生腋下前後陰之毛。人之面部，額上屬肺，目屬肝，眉居目上，正當肝肺交界處，肝生血，肺主氣，血氣相交是以生眉毛。總見毛髮者，血隨氣化之物也，故髮名血餘，以其秉血而生也。拔其髮，根下止有白水，水者氣也，是氣化其血之驗也。然則毛髮亦秉氣血之全，故不腐化，製髮為藥，可以補血以其為血之餘也，又能利下水以其為氣所化也。《本經》言仍自還神化，此四字無人能解，不知神者心所司，謂髮之性能還於心為神，復能化血，以下交於水，相爲循環也。草木亦然，陽木遇陰則化，陰木遇陽則化，惟椶象人之毛髮，亦入土不腐化。蓋草木亦有氣血，秉天者為氣，秉地者為血，椶象毛髮，而秉草木氣血之全，陰陽合化之所生，故不腐化。且椶之性與髮略同，功能利水，又能止血。此可知血氣相合之理矣。其他治血化氣之藥，皆可從此類推。

論說三

明·周禮《醫學碎金》卷三 手足三陰三陽用藥補瀉歌 太陽膀胱少陰腎，苦補鹹瀉要均認。氣寒補兮熱瀉之，此是先師一言定。陽明大腸太陰肺，酸補辛瀉皆須記。氣寒補兮濕瀉之，用藥之時宜仔細。足陽明胃太陰脾，甘補辛瀉誰能知。寒熱溫涼宜補瀉，便須用藥從其宜。太陽小腸少陰心，鹹補甘瀉須當尋。氣熱補兮寒用瀉，二般調治值千金。少陽膽兮厥陰肝，補用辛兮瀉用鹹。氣宜溫補別無法，請均仔細莫易看。此是先賢訓經旨，後來學者潛心觀。

十二經瀉火用藥歌 十二經中皆有火，問均何藥瀉何經。黃連瀉心并肝膽，更有柴胡肝膽并。黃蘗膀胱知母腎，三焦大腸肺用芩。芍藥蠲脾石膏胃，木通能泄小腸清。三焦正治柴胡的，手足陰陽仔細評。

諸經疼痛用藥歌 人患風濕對醫陳，便將羌活治其因。川芎醫腦藁巔頂，芍藥同消腹內疼。臍下青皮黃蘗好，腰間杜仲是其真。茱萸治心胃草蔻，脇用柴胡更絕倫。甘草稍蠲莖裏痛，枳殼應消氣刺身。血刺疼兮何可療，惟有當歸一味能。

諸經氣血用藥歌 消元元來枳术宜，痞寒用去白陳皮。腹中窄狹施蒼术，補氣人參可用之。破死血兮桃仁好，活血當歸用最奇。更有川芎生補血，玄胡調血甚堪施。木香調氣為頭藥，破滯青皮枳殼宜。

明·鄭寧《藥性要略大全》卷一 瀉諸經火邪用藥例 黃連麥冬瀉心火，梔子黃芩瀉肺火，白芍生地瀉脾火，柴胡黃連瀉肝膽火，知母黃栢瀉腎火，木通赤茯苓瀉小腸火，黃芩連翹瀉大腸火，柴胡黃芩瀉三焦火，黃栢瀉膀胱火。

散諸經寒邪用藥例　桂心、當歸散心寒，麻黃、乾薑瀉肺寒，吳茱萸、乾薑散脾胃之寒，吳茱萸、當歸散肝寒，生薑、川芎散膽寒，細辛、黑附子散腎寒，茴香、玄胡散小腸寒，白芷、秦艽散大腸寒，黑附子、川芎散三焦寒，麻黃桂枝散膀胱寒，黑附子、川芎散心包絡之寒。

治諸經頭痛要藥　少陽頭痛用柴胡，往來寒熱是也。太陽頭痛用羌活，惡風寒是也。陽明頭痛用白芷，自汗發熱是也。太陰頭痛用半夏、蒼朮，痰實、體重、腹痛是也。少陰頭痛用細辛，陰陽不行，手足寒厥是也。厥陰頭痛用川芎、吳茱萸。人虛頭痛用黃芪、當歸。巔頂痛用藁本，眉稜痛用白芷、羌活。

明・彭用光《體仁彙編》卷之四《十二經絡臟腑病情藥性》　心臟藥性

且夫心乃手少陰之經，居左手寸部。其經起自少衝穴，在手小指內廉之端，終極泉穴，在腋下筋間，動脉入腦。多氣少血。丁火之臟，君主之官，神明出焉。任治於物，故云君主之官。清靜栖靈，故曰神明出焉。其旺於夏，心火旺於夏。為生之本也。君主者，萬物繫之以興王，故為生之本也。內合脉而外榮乎色。遍行榮衛而養血也。味喜苦而志在乎笑。《洪範》曰：炎上曰苦。心屬火，故喜則大有火之象也。髮乃血苗，汗為心液，開竅於舌。熱則汗出，司辨五味。舌和則知五味矣。脉在左寸，沉取候心，浮取候小腸。是心也。實則熱而虛則寒，守真云：心本熱，虛則寒。靜則安而動則燥。養心惟靜。老子曰：延年不老，心靜而已。虛寒者，怯怕多驚，健忘恍惚，清便自可，胗必濡細遲虛；實熱者，顛狂譫語，腮赤舌乾，二腑澁黃，脉須數洪沉實。心盛則熱見乎標，左心臟實熱則口舌生瘡，乾（烈）〔裂〕腫痛。心虛則熱收於內。心虛煩熱也。虛則補其母，肝乃心之母，心虛當補肝。實則瀉其子。脾乃心之子，心實當瀉脾土。餘臟皆然。虛實既知，補瀉必當。味甘瀉而補之以鹹，凡味甘者能瀉心，凡味鹹者能補心。氣熱補而瀉之以冷。凡氣熱者能補心，氣寒冷者能瀉心。心陽不足，桂心、代赭、紫石英，補須參附。參附湯，薑煎服。離火有餘，竹葉、大黃、山梔子，瀉用芩（蓮）〔連〕。涼心者硃砂，壯心者琥珀。舌長過寸，研冰片敷之即收。舌出血也。血衄如泉，炒槐花摻之即止。除瘡落菌膏，犀角與辰砂；琥珀犀角膏方，治咽喉口舌生瘡菌。用真琥珀研一錢，生犀角屑一錢，辰砂研一錢，茯神二錢，真腦子研一字，人參去蘆二錢，酸棗仁去殼研二錢，以人參、茯神、犀角為細末，入乳鉢內別研，藥味和勻，用煉蜜搜為膏子，以瓦瓶收貯。俟其疾作，每服一彈子大，以麥門冬去心，濃煎湯化服，一日進五服，取効。定志寧神丸，硃砂共（蓮）〔連〕草。《拔萃方》硃砂安神丸：治心煩懊憹，心亂怔忡，胸中氣亂，心下痞悶，食入反吐出。硃砂四錢研，黃連五錢，甘草生二錢半，為末，蒸餅丸如黃米大，每服十丸，唾津送下。蔓荊子涼諸經之血，草（蓮）〔連〕（喬）〔翹〕瀉六經之火。驚悸不安，須龍齒、沙參、小草；健忘失記，必茯神、遠志、當歸。多睡兮飲盧仝之苦茶，不眠兮服雷公之酸棗。涼血補陰生地黃，行津止渴天花粉。文蛤末（付）〔敷〕愈口瘡，鏽鐵粉噙消舌腫。中風不語，燒竹瀝涼之更良；感熱多言，末硃砂鎮之又善。胸間痞痛，開之枳實、瓜蔞；心內懊憹，治之梔子、豆豉。心熱痛，炒菖蒲，川楝、梔子宜焦；冷心痛，須木香、肉桂、玄胡可炒。心驚盜汗，末白芷與辰砂；有一男子，因驚恐自汗無度，以致倦怠困弱，服麻黃根、黃耆、牡蠣輩無効。潛谿曰：汗為心液，以白芷一兩，硃砂半兩，為細末，每二錢，酒調下。因不用酒，用茯神、麥門冬煎湯調服良，愈。鼻衄流紅，煮黃芩草芍藥。驚熱獨妙真珠，顛狂惟佳鐵粉。鐵拍作片，置醋糟中，積久衣生，刮取為胤鐵粉。安鎮靈臺，琥珀、丹砂和玉屑；開清神府，茯神、遠志共菖蒲。病在心詳，藥須心悟。

本經補瀉溫涼藥　補：酸棗仁　天竺黃　金屑　銀屑　麥門冬　遠志　山藥　紅花　川芎　羚羊角　川歸　瀉：枳實　葶藶　苦參　貝母　半夏　杏仁　欝金　玄胡　前胡　黃連　木香　溫：石菖蒲　藿香　蘇子　涼：竹葉　丹砂　礬石　玄胡粉　牛黃　真珠　麥門冬　欝金　黃連　知母　貝母　連翹　蘆根　柴胡　東垣報使引本經藥：獨活　細辛

小腸藥性　小腸乃手太陽之經，多血少氣。其經起自少澤穴，經手小指之端，終於秉風穴，在肩上，舉臂有空。丙火之臟，受盛之官，化物出焉。承奉胃司，受糟粕，受已復化，傳入大腸。故云：受盛之官，化物出焉。《千金》號監倉吏。合心臟而長三丈二尺，曲十六，而廣二寸有四。泌清別濁，各歸前後。胃之下口，乃小腸上口也。臍上一寸水分穴，則小腸下口也。至是而泌別清濁，水液入膀胱，滓穢入大腸也。候在人中，《千金》云：唇厚人中長，以候小腸。脉詳左寸，與心脉同位，若輕診而陽實者，小腸實也。是腸也。病則小腸痛連腰脊，控睪而疼，實則脉實，左寸浮診而實。煩滿而口舌生瘡。虛則脉虛，左寸浮診而虛。懊憹而唇青下白。氣涼補而瀉溫，藥性氣涼者補小腸，溫者瀉小腸。味辛瀉而酸補。藥味辛瀉酸補。小便頻而美縮泉，縮泉丸治浮氣不足，小便頻數。○天台烏藥、益智仁各等分，為細末，酒煑，山藥末糊丸如梧子大，每服七十丸，臨臥鹽、酒吞下，甚効。　精不固而佳威喜。　威喜丸治精氣不固，夢泄白濁。○用白茯苓去皮，切作塊，以猪苓一分，同放於磁器內，用水煑至二十餘沸，取出焙乾，研為細末，四兩，將黃蠟四兩熔化，搜和茯苓末為丸如彈子大，空心細嚼，滿口生津，徐徐嚥津服。如小便清為度，仍忌食醋。　智神遠志能清濁。　遠志丸治小便赤濁如神。○用遠志半斤，以甘草水煑，去心，茯神去木，益智仁各二兩，為細末，酒煮麪糊為丸如梧子大，每服五十丸，臨臥用棗湯送下。　龍益石蓮果澁精。　《思濟》曰：治小便白濁，夢遺泄精等疾。○用石蓮肉、益智仁、龍骨五色者，各等分，為細末，每服二錢，空心清米飲調下服。　小腸疝氣，茴香薑浸入青鹽。　去鈴丸治疝消鈴。○用（犓）〔八角〕茴香一斤，以老生薑二斤，取自然汁，浸茴香一夜，約薑汁盡，入茴香，內上好清鹽二兩，同炒赤，取出焙燥，碾羅為末，無灰酒煮糊丸如梧桐子大，每日空心食前服三十丸，溫酒米飲下。此藥專實脾胃，以其有鹽引入下部，遂大治小腸疝氣，服之累有効。尋常治疝氣藥，多是踈導，久而未有不為害者，此藥用薑汁，專一發散，而無踈導之害，所以為妙也。　川楝炒成加木破。　川楝子丸治疝氣。一切下部之疾，悉皆治之。腫痛縮小，雖多年，服此藥去根。川楝子一斤，淨肉四兩，用麸一合，班猫四十九箇，同炒，麸黃色，去麸、猫不用。○四兩用麸一合，巴豆四十九粒，同炒黃色，去麸、巴豆不用。○四兩用麸一合，巴戟一兩，同炒麸黃色，去麸、巴戟不用。○四兩用鹽一兩，茴香一合，同炒黃色為度，要去鹽、茴香不用。同木香一兩不見火，破故紙一兩炒黃為度，為末，酒糊丸如梧桐子大，每服五十丸，鹽湯下，甚者日進三兩服，空心食前服。　滑石寒而能治諸淋，透隔散治諸淋。○用滑石一兩，細研，勞碌勞倦虛損則發，用葵花末煎湯，調二錢服効。　沉香溫而行諸氣。　沉香散治氣淋，多因五內鬱結，氣不舒行，陰滯於陽，而致壅滯，小腹脹滿，尿不通，大便多泄，小便不利。○用沉香、石韋去毛、滑石、王不留行、當歸各五錢，葵子、白芍各三錢，甘草、橘皮各一錢，為細末，每服二錢，煎大麥湯下。　尿血煑苦蕒菜根，出《(自)〔資〕生經》，用酒與水煎服。　血淋煎車前子葉。　用車前根葉子，用水煎，多飲佳。　清泉旋汲飲髮灰，用自己頭髮燒灰，或他人者亦可，細研，清水調服，或用溫酒調服二錢，立有效驗。　薄荷時煎調琥珀。　小便尿血，用琥珀研為細末，每服二錢燈心、薄荷煎湯，調服神効。　熱入小腸為赤帶，茴香、苦楝、當歸；《拔粹方》苦楝丸：治婦人帶病，熱入小腸為赤，熱入大腸為白，皆任脉經虛也。○宜苦楝碎，酒炒茴香，炒當歸各五錢，為細末，酒糊丸，每服五十丸，空心溫酒送下，立効。　邪歸大腑變膏淋，滑石、金砂、甘草。　海金砂散治膏淋。○用海金砂、滑石末各一兩。甘草(朮)〔末〕一分，研勻，每一匙用麥門冬湯下，燈心湯亦可。《發明》曰：長安王善夫病小便不通，漸成中滿，腹大堅硬如石，壅塞之極，腿脚堅脹，裂裂出黃水，雙睛凸出，晝夜不得眠，飲食不下，痛苦不可名狀。伊戚趙謙甫求治。視歸從夜至旦，耿耿不寐，究記《素問》有云：無陰則陽無以生，無陽則陰無以化。又云：膀胱者，州都之官，津液臟焉，氣化則能出矣。此病小便癃閉，閉是無陰，而陽氣不化。凡利小便之藥，皆淡味滲泄為陽，止是氣藥陽中之陰，非北方寒水陰中之陰所化者也。此乃奉養大過，膏粱積熱損北方之陰，腎火不足，膀胱、腎之室久而乾涸，小便火反逆上而為嘔噦，非隔上所生也，獨為關非格病也。潔古云：熱在下焦，(嗔)〔填〕塞不便，須關格之法。今病者，內關外格之病悉具，死在旦夕。但治下焦可愈。隨處以稟北方寒水所化，大苦寒之味者黃栢、知母，桂為引用，丸如梧桐子大，沸湯下二百丸。少時來人云：服藥須臾如刀刺，前陰火熱之痛，溺如瀑泉湧出，臥具皆濕，床下成流，顧盼之間，腫脹消散。余驚喜曰：大哉！聖人之言，豈可不偏覽而執一者也！其證小便閉塞而不渴，時見燥者是也，凡諸病居下焦皆不渴也。二者之病，一居上焦，在氣分而必渴；居下焦，在血分而不渴，血中有濕，故不渴也。二者之殊，至易分別耳。　考古驗今得論詳，幸濟將危之秘。　適有一富人，因事繫獄，得大便秘。醫以大黃藥通之，不行反兼小便閉澁，肚腹急脹，食寐俱廢。診其脉虛弱，不渴。此因體虛，傷於七情，致三焦氣澁，運掉不行，乃氣秘耳。遂與三和散一貼，大小腑頓利而勿藥。見古人處方之良也。又一童男，年十二，夏得疾證，熱似瘧，食飲少食，餘無所苦。余以藿茹飲、六和湯，病減，熱未甚除。彼請小方脉治之，用諸苦寒之劑，熱愈甚。數日往，白余曰：求其退熱，而反甚，然目從之；若見脚浮，可止藥。數日脚果浮，小便赤濁，少時凝如糊，皆曰熱甚，有欲進至寶丹者。余曰：非熱甚也，廼苦多瀉脾傷氣耳。脾得瀉而虛，虛則熱甚，而至浮氣傷，則小便赤濁如糊。《經》曰：若傷氣，氣傷則化不化，故赤濁而熱也。思擇處方。○用白朮五錢，赤茯苓五錢，澤瀉五錢，(諸)〔猪〕苓五錢，大腹皮五錢，蓬朮五錢，神麯四錢，木香一錢，陳皮三錢半，青皮三錢半，縮砂三錢半，三稜三錢半，滑石二錢半，甘草一錢半，麥門冬去心二錢半，㕮咀，每服四錢，水一大鍾，燈心二十根，煎至七分，食前服。未盡劑則食進熱除，便清腫退，治得其本矣。　升坎水以沃心陽，降離火而溫腎水。

本經補瀉溫涼藥　補：牡蠣　石斛　瀉：海金沙　續隨子　荔枝核　葱白　紫蘇　溫：巴戟　小茴香　八角茴香　烏藥　涼：通草　茅根　黃芩　天花粉　東垣報使引本經藥：藁本　羌活行上　黃栢行下

肝臟藥性　肝廼足厥陰之經，在左手關部。其經起自大敦穴，在足大指端，終於陰包穴，在膝四寸上。多血少氣。乙木之臟，將軍之官，謀慮出焉。勇而能斷，故曰將軍。潛發未萌，故謀慮出焉。氣旺於春，肝木春旺。廼罷極之本也。人之運動者，皆筋力之所為。肝養筋，故為罷極之本也。其味酸而其色青，其聲呼而其志怒。《洪範》曰：曲直作酸。肝主色青，呼由肝出，怒由肝生。　內藏魂而藏血，肝藏魂，更藏血。

外榮爪而榮筋。爪與筋皆肝所管。淚出於肝，淚為肝液，肝熱則淚出矣。候在於脇，開竅於目。目所以司形色，目和視物分明。脉在左關，沉診候肝，浮診候膽。是肝也。實則脉實，兩脇痛，怒而目自腫疼。；脇為肝候，目為肝竅，肝實故痛。虛則脉虛，七葉薄而汪汪昏淚。人年老而目昏者，由肝葉薄，肝汁減。資心火以補肝虛，子能令母實，當補也。抑陽光而瀉本實。實則瀉其子。故味辛補而瀉酸，味辛者補肝，酸者瀉肝。氣涼瀉而溫補。凡氣涼者，能瀉肝，氣溫者能補肝。薑、橘、細辛補之宜，芎、芍、大黃瀉之可。目勝離婁，君神麯而佐磁砂。《得効方》加味磁砂圓云：丹砂之畏磁石，猶火之畏水，今合用之，砂法火入心，磁法水入腎，心腎各得其養，則目自然明。蓋目疾多因肝胃有痰飲漬浸於肝，久則昏眩，神麯倍於二味，用以健脾胃，消痰飲，極有其効。用神麯四兩，辰砂一兩，砂石二兩，醋煅淬七次，右為末，煉蜜丸如梧桐子大，每服五十丸，食前米飲，日進三服，常服益眼力。一方加夜明砂。手開瞽叟，搗羊肝以丸連末。羊肝丸：治肝經有熱，目赤睛痛，視物昏澁。治目方用黃連多矣，而羊肝丸尤奇異。用黃連末一兩，白羊子肝一具，去膜，同於砂盆內研令極細，眾手為丸如梧桐子大，每服以溫水下三十丸，連作五劑。但是諸服目疾及障翳睛盲皆治。忌猪肉、冷水。唐崔承元者，因官治一死因，出活之，因後數年，以病自致死。一旦崔為內障所苦，喪明逾年，後半夜嘆息獨坐，忽聞堦除悉卒之聲。崔問為誰。徐曰：是昔蒙活者因，今故報恩至此。遂以此方告，言訖而沒。崔依此合服，不數月眼復明。又方：白羯羊肝，只用子肝一片，薄切，新瓦上煿乾，熟地黃一兩半，菟絲子、車前子、麥門冬、蕤仁、決明子、澤瀉、地膚子去殼、防風、黃芩、白茯苓、五味子、枸杞子、茺蔚子、杏仁大者炒、細辛、葶藶、桂心、青葙子，以上各一兩，為細末，煉蜜丸如梧桐子大，每服三四十丸，溫水下，日三服，不拘時候。〇張臺卿嘗苦目暗。京師醫者，令灸肝腧，遂轉不物見。因得此方，服之遂明。有一男子內障，醫治無効，因以餘劑遺之。一夕燈下語其家曰：適偶有所見，如隔門縫見火者。及旦視之，眼中翳膜且裂如綿。張云此藥靈，勿妄與人，忽之則無驗。予隘之，且欲廣其傳也。氣疼兩脇，君枳實，芍藥，參、芎；用枳實一兩，白芍藥炒黃，川芎、人參各五錢，為細末，薑、棗湯調下二錢，酒亦得。痰攻雙臂，施术、草、橘、半、香、苓。治臂痛，半夏一錢，蒼术、南星、陳皮、茯苓各半錢，甘草、白术、香附子各半錢，㕮咀，薑煎服。右脇脹痛，桂心、枳殼、草、薑黃；病右脇疼痛，脹滿不食，用枳殼炒，桂心去皮不見火，片子薑黃，各半兩，炙甘草三錢，為末，每服二錢，薑、棗湯調服，酒亦可，不拘候作㕮咀，每服五錢，薑、棗煎服。左肋刺痛，粉草、川芎和枳實。病在左肋，刺痛不可忍者，枳實炒，川芎各半兩，炙甘草二錢半，為末，每服二錢，薑、棗湯調服，酒亦可，不拘時候作㕮咀，薑、棗煎服，亦所宜也。悲怒傷肝雙脇痛，芎、辛、枳、梗、防風、乾葛、草、薑煎，病因悲哀，煩惱傷肝，氣至兩腋骨疼，筋脉拘急，腰脚重滯，兩腹筋急，兩脇牽痛，四肢不能舉，漸至背膂攣急，大治膝痛，防風去蘆，川芎、細辛、枳殼、桔梗炒各四兩，甘草二兩，乾薑一兩半，剉散，每服四錢，水一鍾半，生薑三片，煎至一鍾，去渣，空心溫服，渣再煎服。風寒撼木一囊疼，茴香、烏藥、青橘、良薑調酒飲。肝屬木，風寒傷之，至囊莖抽痛，俗名小腸氣痛，不可忍者，用烏藥搗碎，酒浸一宿，良薑、小茴香、青皮去白各一兩，為末，每服二錢，發時熱酒調送下。疝本肝經，何藥可療，附子、山梔力最高。寒疝入腹，心腹卒痛，及小腸、脾氣疞刺，脾腎氣攻攣急，極痛不可忍，屈伸不能，腹中冷重如石，自汗出。用山梔四兩半炒過，附子一枚炮去皮臍，剉散，每服二錢，水一鍾，酒半盞，煎七分，入鹽一撮，溫服即愈。全蝎、玄胡功不小。小腸疝氣用玄胡索五錢，入鹽少許，又入全蝎一錢，為末，每服一錢，溫酒調服，立效。上燥下寒，梅膏搗，圓歸鹿；《思濟》曰：黑丸治精血枯竭，面色黧黑，耳聾目暗，口乾多渴，腰痛脚弱，小便白濁，上燥下寒，不受峻補。〇用鹿茸酒蒸，當歸去蘆，酒浸，各等分，為細末，煮烏梅膏丸如梧桐子大，每服五十丸，空心米飲送下。頭疼氣厥，烏藥末、細川芎。芎烏散：治男子氣厥頭疼，婦人氣盛頭疼，及產後頭疼皆治之。川芎、天台烏藥各等分，為細末，每服二錢，蠟茶清調，食前服效。寒濕脚踏椒囊，治寒濕脚氣，用川椒三斤，實於踈布囊中，寘火踏上，跣足踏椒囊。蓋椒性熱，加以火氣，寒濕自然避去。或碎梹(檳)榔，熱艾各三之一，奇妙。風熱膝疼煎栢术。蒼术散：治一切風寒濕熱，令足膝痛，或膝腫，骨間作熱痛，及腰膝臀髀大骨疼痛，令人(痰)(痿)躄，一切脚氣，百用百效。〇用蒼术，用米泔浸一日夜，鹽炒，黃蘗去粗皮，酒浸一日夜，炙焦剉碎，每服一兩，水二鍾，煎至一鍾，食前服，日進二三服。推行動石盤珠，無使刻舟求劍。

本經補瀉溫涼藥　補：木瓜　阿膠　沙參　薏苡仁　胡黃連　草龍膽　茨實　酸棗仁　瀉：橘葉　青皮　川芎　芍藥　柴胡　前胡　青黛　欵冬花　犀角　吳茱萸　溫：木香　肉桂　涼：菊花　草決明　柴胡　車前子　陳皮　東垣報使引本經藥：柴胡　川芎行上　青皮行下

膽腑藥性　膽為足少陽之藥，少血多氣。其經起自竅陰穴，循足小指次指端，出爪甲歧縫間，終於童子髎穴，在目外眦五分。甲木之腑，中正之官，剛正果決，故官為中正。決斷出焉。直而不疑，故決斷出焉。附肝葉在短葉間。而藏汁三合，喉咽門而著象多青。開竅隨肝，在關脉候，脉與肝同位浮。是脉也。病則眉傾，口苦而嘔宿汁，善(大)(太)息，恐如人捕。實則脉實，而精神不守，半夏湯瀉之最良。《思濟方》：半夏湯治膽腑實熱，精神不守。瀉熱方：用半夏、宿薑各三兩，黃芩一兩、生地黃五兩，遠志、茯苓各二兩，秫米一升，酸棗仁五兩，八味㕮咀，每服一兩，以千里長流水一鍾，煑秫米令蟹目沸，量三千餘遍，澄清，取一鍾，食前服。《集驗方》：須虛煩悶不得眠，無地黃、遠志，有麥門冬三兩，甘草二兩，人參一兩。虛則脉虛，而煩擾不眠，溫膽湯補之却善。溫膽湯：治大病後虛煩不得眠，此膽寒也。〇用半夏、竹茹、枳實各三兩，橘皮三兩，生薑三兩，甘草一兩，六味㕮咀，每服一兩，水二鍾，食前服，滓再煎。或加人參、茯神、遠志尤良。服陰養火全心氣，茯神四倍沉香。朱雀丸：治心神不定，恍惚不樂，火不下降，時復振跳，常服滋陰養火全心氣。用茯神二兩去皮，沉香五錢，為細末，煉蜜丸如小豆大，每服三十丸，食後人參湯下。安鎮驚癇壯膽神，鉛汞結同硃乳。抱膽丸：治男子婦人一切顛風狂，或因驚恐怖畏所致，及婦人產後血虛，驚氣入心，并室女經脉通行，驚邪蘊結，頓服此驗經效。用水銀一兩，硃砂一兩，細研，黑鉛一兩五錢，乳香一兩，細研，將鉛入銚子內，水銀結成砂子，次下硃砂，滴乳，乘熱用柳木鎚研勻，丸如雞頭實大，每服一丸，空心井花水吞下，病者得睡，切莫驚動，覺來即安，再一丸可除根。膈壅咽喉腫痛，每收破毒之功；《御藥院方》龍腦破毒散：治不測急慢喉痺，咽喉腫塞不通。用盆硝研細四兩，白殭蠶微炒、去嘴，為末八錢，甘草生末秤八錢，青黛八錢，馬勃末三錢，蒲黃半兩，腦子一錢，麝香一錢，右同研令勻細，用甆(合)〔盒〕子收。若有病症，每用藥一錢，用新汲水小半盞調勻，細呷嚥，如是喉痺即破，出血便愈。如不是喉痺，自然消散也。若是諸般舌脹，用藥半錢，以指蘸藥，擦在舌上，下嚥津。如是小兒，一錢作四五服，亦如前法用，並不記時候。膽虛睡臥憂驚，累仗人參之力。《思濟方》人參散：治膽虛常多畏恐，不能獨臥，如人捕狀，頭目不利。人參、枳殼、五味子、桂心各三分，栢子仁、熟地黃各一兩，山茱萸、甘菊花、茯神、枸杞子各三分，為細末，每服二錢，溫酒調服。清熱寬咽，薄荷、(宿)〔縮〕、甘、芎、腦子。《得效方》薄荷煎：治口舌生(蒼)〔瘡〕，痰涎壅塞，咽喉腫痛。用薄荷一斤，取頭末二兩半，川芎三錢，取末二錢，甘草五錢，取末二錢半，炒沙仁五錢，取末二錢半，俱另秤和勻，煉蜜成劑，任意不拘時嚼嚥。一方：去腦子，加桔梗。本方有腦五分。驚心怖膽，人參、酸棗、乳、辰砂。用人參一兩，酸棗仁一兩，辰砂半兩，乳香二錢，為細末，煉蜜和杵丸如彈子大，每服一粒，薄荷湯化下。許學士族弟婦緣兵恐決心，製此方與之，服二十粒愈。新舊多傳法，服之皆驗。驚神昏亂，記學士之良方；驚氣丸：治驚憂積氣，受風邪，發則牙關緊急，涎潮昏塞，醒則精神若癡。附子、南木香、白殭蠶、花蛇、橘紅、天麻、麻黃各半兩，乾蝎一分，紫蘇子一兩，天南星洗浸，薄切片，薑汁浸一夕，半兩硃砂一分留少許作衣，為末研，腦、麝少許同研極勻，煉蜜杵丸如龍眼大，每服一粒，金銀、薄荷湯化下，溫酒亦可。此方迺許學士家秘方也。戊申年軍中(人)〔一〕人犯法褫首，將受刀得釋，神失如癡。與一粒服之而寐，及覺病已失矣。二東提轄張載楊，其妻因避寇，失心已數年。予授此方，不終劑而愈。又黃山沃巡校彥，其妻狂厥者踰年，更十餘醫而不驗。予授此方，去附子，加鐵粉，亦不終劑而愈。鐵粉非但化涎鎮心，至如摧抑肝邪特異，若多恚怒，肝邪太盛，鐵粉能製服之。《素問》云：陽厥狂怒，治以鐵落飲。金制木之意也，此亦前人未嘗論及。風引癇生，修真人之秘散。《千金方》紫石散：治大人風引，小兒驚癇瘈瘲，日數十發，醫所不療。紫石英、滑石、白石脂、凝水石、赤石脂、石膏各六兩，甘草、桂心、牡蠣各五兩，大黃、龍骨、乾薑各四兩，十二味治下，篩為粗散，盛以韋囊，懸於高涼處，欲用取一二指撮，以新井水三升，煑取一升二合，大人頓服，未百日兒服一合，未能者綿沾着口。口熱多者，進四五服，以意消息，累用效。膽虛寒而不眠，炒酸棗調煎竹葉；《聖惠方》：膽虛寒不眠，寒也。酸棗仁炒香，用竹葉煎湯調服。膽實熱而多睡，生棗仁末和薑茶。《思濟》曰：膽實多睡，熱也。酸棗仁生用末，茶、薑汁調服。藥生熟治尚不同，且如酸棗仁炒熟，便補虛寒不眠；生用便瀉實熱，多睡。奇以哉。劑多寡安容不異。如心肝在上，宜小其劑，緩煎而呷。腎肝在下，宜大其劑，急煎而頓服。脾胃中而已。輕重必操乎權衡，取方圓難捨乎規矩。

本經補瀉溫涼藥　補：胡黃(蓮)〔連〕　草龍膽　木通　瀉：青皮　柴胡　黃連　溫：川芎　半夏　陳皮　生薑　涼：黃(連)〔蓮〕　柴胡　竹茹　東垣報使引本經藥：柴胡　川芎行上　青皮行下

脾臟藥性　脾迺足太陰之經，其經起自隱白穴，在足大指端內側，終於大包穴，在淵液下三寸九肋間。少血多氣。己土之臟，倉廩之官，包容五穀，是為倉廩之官。五味出焉。營養四傍，故云五味出焉。其華在唇四白，四白，謂唇四際白色肉也。其氣通土四季，土旺於四時也。其味甘而其色黃。《洪範》曰：稼穡作甘。黃者，中央土色也。其聲歌，而其志思。歌，嘆聲也。人聞樂則脾磨，思所以知遠也。思甚則脾自傷。內藏意而主四肢。脾藏意，四肢乃脾之外候也。外合肉而統五臟。脾主肉而惡濕，土為萬物之母，脾土為五藏主。涎為脾液，脾熱則涎出。噦為脾病。噦，謂噦噫，胃虛寒所生。開竅於口，口所以司納水穀。脉在右關，沉取候脾，浮取候胃。是脾也。實則飲食消，而肌肉滑澤；虛則身體瘦，而四肢不舉。臍凸肢浮生之難，口青唇黑死之易。脾病極矣。去病安生，理宜調理，戒滿意之食，省爽口之味。《脾論》曰：陰氣者，靜則神藏，燥則消亡。飲食自倍，腸胃迺傷。謂食物無務於多，貴在能節，所以保冲和，而遂順養也。若食多務飽，飫塞難消，徒積暗傷，以召疾患。蓋食物飽甚，耗氣非一，或食不下，而上湧嘔吐，以耗靈源，或飲不消，如作痰咯唾，以耗神水，大便頻數，而洩耗穀氣之化生，溲便滑利而濁，耗原泉之浸潤。至於精清冷而下漏，汗淋漉而外泄，莫不由食物之過傷，滋味之大厚。如能節漏意之食，省爽口之味，常不至於飽甚者，即頓頓必無傷，物物皆為益，糟粕變化，早晚溲便按時，精華和凝上下，津液含畜，神藏內守，榮衛外固，邪毒不能犯，疾疢無由作。故聖人立言垂教，為養生之大經也。因飲食勞倦之災，定溫多辛少之劑。東垣云：大抵治飲食勞倦所得之病，乃虛勞七傷證也。當用溫平、甘多辛少之藥治之，是其本法也。〇如時上見寒熱病，四時也，又或將理不如法，或酒食過多，或辛熱之食作病，或寒冷之食作病，或居大寒大熱之處，蓋其病當臨時制宜，暫用大寒大熱治法而取效，此從權也，不可以得效之。故而久用之，必致難治矣。飲食審寒熱之傷，湯藥兼補瀉之置。凡人飲食所傷，多因脾胃虛弱，必當細問物之冷熱，看時之寒暑，而必以白术、人參、黃芪為君，枳實、青皮、陳皮、神麴、麥蘖、縮砂、草豆蔻、香附子、甘草、蓬术、木香、半夏、茯神、厚朴、柴胡、黃芩、升麻、黃連、大黃、丁香、澤瀉，隨宜品用，求其適中病情而已。　氣別寒熱溫涼，用適其宜；　味必甘補苦瀉，行當熟記。脾胃雖以甘補苦瀉，而難定之法，務必求氣之寒熱溫涼，逆從互換而補瀉之。　如白术健脾消食，必青皮、枳實、人參；　緩土和氣，湏半夏、橘紅、柴胡；　除不足之熱，佐之甘草、升麻、黃芪；　去有汗之火，輔之芍藥、川芎。　氣虛嘔而人參、茱萸，脾寒吐而丁香、半夏。物頓出謂吐，物旋出而嘔。　泄瀉手足冷而不渴兮，附子、乾薑；　霍亂吐瀉而不藥兮，胡椒、菉豆。吐瀉不能服藥，用胡椒、菉豆各四十九粒，研碎，水煎服。如渴甚，新汲水調服。　脾冷而食不磨兮，參、苓、草、术等陳皮，再加砂、豆；縮砂、豆蔻。　胃寒而飲不消兮，蒼、朴、橘，甘加豆蔻，更入參、苓。人參、茯苓。　香附微寒，與縮砂消食化氣，更妙安胎；　沉香少溫，共藿香助土調中，奇消水腫。　破血消癥兮，三稜、蓬术；　去瘀除疼兮，蒲黃、五靈、茴香。　治霍亂轉筋，共濟木瓜、烏藥、辣桂；　主中焦氣滯，相扶枳殼、生薑。生薑七錢，枳殼二錢，辣桂五錢。　心腹疞痛兮，玄胡散入胡椒，二味等分為末，每二錢，酒調服。　良薑炒同香附。每一兩各炒過，每二錢入鹽少許，二味同炒則不効，米飲調服。　肚實脹兮，大黃、滑石、朴、牽牛、木香、苓、瀉。秘方治實脹。○用木香、茯苓、厚朴各一兩，大黃、澤瀉各一兩半，滑石、黑牽牛頭末各六兩，為細末，水丸如梧桐子大，每服五十丸，薑湯下。　腹虛膨兮，參、苓、朴、术、橘、沉、砂、麴、蘖附豆。　若虛膨，用已上十一味加減用之效。　大抵物滯氣傷，補益兼行乎消導。凡物滯氣傷者，法當消導補益兼行，如消導必青皮、枳實、神麴、麥蘖、三稜、蓬术、砂仁、豆蔻，又以人參、白术、蒼术、茯苓之屬以滋之。如橘皮枳术丸是。　食多胃壅，推陳并貴乎和中。且所傷滯之物，非枳术丸之力所能去者。○安可泥於消導而不變乎？故雖備急丸、煑黃丸、感應丸、瓜蒂散，推逐之物積一去，急與和中，少進飲食，靜養待其來復。大黃誠蕩滌之才，巴豆果推逐之劑。　用宜消息，行當仔細。　此二藥其性猛烈，古人號為將軍，用之者量其輕重，病去即止。

抑又聞天食人以五氣　王冰曰：　天以五氣食人者，燥氣湊肝，焦氣湊心，香氣湊脾，腥氣湊肺，腐氣湊腎也。

地食人以五味　地以五味食人者，酸味入肝，苦味入心，甘味入脾，辛味入肺，鹹味入腎也。　五氣入鼻，藏於心肺。　心榮面，色藏於心；　肺上使五色，備潔分明，音聲彰著。　五味入口，藏於腸胃。　五味藏於腸胃，及清者為榮，濁者為衛，榮衛周行於表裏，於病何有？　五氣得之而和，五神因之而著，氣壯神生。　氣為水母，故味藏於腸胃。　氣養五氣，五氣和化，津液方生，津液與氣相副化成，神氣迺能生而宣化也。　形全德備，倘食飲以傷和，務按法而調理。

本經補瀉溫涼藥　補：　人參　白术　黃(著)〔耆〕　蓮子　芡實　山查　陳皮　白藊豆　大麥芽　滑石　甘草　山藥　白芍藥　乾葛　蒼术　半夏　大腹皮　白茯苓　升麻　柴胡　枳實　瀉：　赤芍藥　枳殼　巴豆　葶藶　桑白皮　青皮　溫：　乾薑　生薑　木香　肉豆蔻　砂仁　川芎　益智子　吳茱萸　丁香　藿香　胡椒　川附子　良薑　紅豆　官桂　涼：　黃連　滑石　甘草　升麻　連翹　山梔子　白芍藥　東垣報使引本經藥：　升麻　白芍藥湏酒浸之

胃腑藥性　胃迺足陽明之經，多血多氣。其經起自厲兌穴，在足大指次指之端，去甲如韮葉，終於頭維穴，在額角，入髮際，本神旁一寸五分。　戊土之腑，與脾臟合。長一尺六，大一尺五，容受水穀，吏號倉庫。其官與脾同，胃重二觔十四兩，長一尺六寸，大一尺五寸，徑五寸，受水穀三斗五升。《千金》號倉庫吏。　候在口唇，脉右關部。與脾同位。　胃氣平調，五臟安堵。孫真人曰：　五臟不足，宜調於胃，胃調則五臟安定，血脉和調，精神迺居。　是胃也。　實則脉實，右關脉浮診陽實也。　唇口乾而腋下腫疼，宜瀉胃土。《千金》瀉胃熱湯：　治右關脉陽實病，若頭疼汗不出，如溫瘧，唇口乾，善噦，乳癰，缺盆腋下腫痛，此胃實熱也。　宜用梔子仁、射干、升麻、茯苓各三錢，芍藥四錢，白术五錢，生地黃汁、赤蜜各一合，以前七味，㕮咀，分作二貼，水二鍾，煎至一鍾，去滓，入地黃汁煑一兩沸，次下蜜煑三五沸，食前服。　(風)〔虛〕則脉虛，右關脉浮診虛。　腹痛鳴而面目虛浮，藥行溫補。補胃湯：　治關上陽脉虛，病脛寒不得臥，腹痛虛鳴，時寒時熱，唇乾，面目浮腫，少氣口苦，身體無澤，宜用。○栢子仁、防風、細辛、桂心、橘皮各四錢，芎藭、吳茱萸、人參各六錢，甘草炙二錢，上九味，㕮咀，分作四貼，每貼水二鍾，煎一鍾，食前服。　驗實熱兮，必口內壅乾，瀉黃散而得效；　瀉黃散：　治脾胃壅實，口內生瘡，煩悶多渴，頰痛心煩，唇口乾燥，壅滯不食。　藿香七錢，石膏煆、縮砂仁、山梔子仁、甘草炙，各半兩，防風去蘆四兩，剉碎，同蜜、酒炒香，焙為細末，每服三錢，水一大盞，煎至七分，服不拘時候。　審虛寒兮，湏骨節皆痛，人參散而真奇。人參散：　補胃虛寒，關上陽脉必虛，病脛寒面浮，身枯絕，諸骨節皆痛。○用人參、甘草、細辛各一兩半，麥門冬、桂心、當歸各一兩七錢半，乾薑二兩，遠志一兩，吳茱萸半兩，蜀胡椒七錢半，已上十味，為細末，每服食後溫酒調服。　橘皮、竹茹〔兮〕，胃熱渴而頻頻嘔噦。《濟生方》橘皮竹茹湯：治胃熱多渴，嘔噦不食。○用赤茯苓去皮，橘皮去白，枇杷葉拭去毛，麥門冬去心，青竹茹半夏湯泡七次，各一兩，人參、炙甘草各半兩，已上㕮咀，每服五錢，水一盞半，生薑五片，煎至八分，去滓，溫服不拘時候。烏藥、沉香兮，胃寒痛而日日攢眉。《和劑》烏沉湯：治一切氣，除一切冷，調中補五臟，益精壯陽道，暖腰膝，去邪氣，治嘔瀉，療癥癖疼痛，風水毒腫，冷風麻痺。又主中惡心腹痛，蠱毒疰忤鬼氣，宿食不消，天行瘴疫，膀胱腎間冷氣攻衝，背膂俛仰不利，及婦人血氣攻擊，心腹撮痛，並宜服之。○天台烏藥一兩，沉香半兩，人參三分，甘草四分，為細末，每五分生薑三片，鹽少許，食前煎服。或加香附、烏藥、〔宿〕〔縮〕砂、陳皮、半夏，㕮咀，薑煎，或加枳殼、神麴、麥櫱、蓬朮、青皮、木香，隨宜加入，即古復方之法也。人參治翻胃之良，其方用人參二兩，拍破，每服一兩，水一鍾半，煎至四分，熱服。兼以人參汁煑粥吃愈。有人患翻胃，諸方不瘥，只服人參而愈。若卒吐嘔逆，粥飲入口即吐，困弱，為丸尤良。豆蔻消積氣之冷。豆蔻辛溫，治胃冷，吃食欲吐，以白豆蔻五錢，搗細末，用好酒一盞，溫調服三二盞佳。大抵胃冷所宜。粥藥不停，藿葉、人參、橘、夏；四味生薑煎服。心脾刺痛，砂仁、香附、烏、沉。四味生薑煎服。胃冷生痰，半夏、薑煎生附子，奇方：用附子去皮臍，半夏各五錢，每服用五錢，水一鍾半，生薑十片，煎至七分，去滓，空心服，加木香少許尤佳。中寒停水，麴丸、蒼朮久陳皮。治中脘有宿食留飲，酸蜇心痛，口吐清水，噯宿腐氣。神麴三兩炒，蒼朮米泔水浸三宿日曝乾炒、陳皮各一兩，為細末，用生薑汁別煑，神麴末為糊和丸，如梧桐子大，每服三五十丸，不拘時薑湯送下。芫花消癥癖，丸共硃砂；治瘧母，停水結癖，腹脇腎痛。○芫花炒，硃砂研細，等分為末，煉蜜丸小豆大，每十丸，濃棗湯下，去癖須用。黃耆治消渴，煎同甘草。治諸虛不足，胸中煩悸，時常消渴，或先渴而欲發瘡，或病癰疽而後渴者，宜服之。○黃耆去蘆蜜炙九錢，甘草炙一錢半，作一貼，水二鍾，棗二枚，煎至一鍾，不拘時食前溫服。硫汞結成砂子，吐逆立痊；嚴氏青金丹：治一切吐逆。○用水銀八錢，生硫黃一錢，別研，上二件入無油銚內，慢火化開，以柳木棍子撥炒，或有烟焰，以醋洒之，結成砂子，再研為細末，用棕尖杵和為丸如菉豆大，每服三十丸，用生薑、橘皮煎湯送下，不拘時服。○《青囊》治反胃久藥不效，及小兒吐不止者，好硫黃五錢，細研，入水銀二錢半，同研無星，每服二錢，先取生薑汁、酒一盞，煎熟，調藥空心服，調時逐漸著酒，緩調令勻，服了用被蓋，汗出安。參茱煎用棗薑，酸咽即可。用吳茱萸八錢，生薑二錢，人參二錢，大棗二枚，㕮咀，分作二貼，水一鍾半，煎七分，食前服，日進三貼。霍亂轉筋，肢逆冷，木瓜鹽炒吳茱萸。《青囊》出。○治霍亂吐瀉，或因飲冷，或胃寒，或失飢，或大怒，或乘車船傷動胃氣，令人上吐下瀉不止，頭旋眼花，手足轉筋，四肢逆冷。方用：吳茱萸五錢，木瓜一錢，食鹽五錢，同炒焦，先用瓦瓶水三升，煑百沸，却入前三味同煎，二升以下服之。潛溪曰：用枯白礬為末，每服一大錢，百沸湯點服。食癥酒癖脇胸疼，蓬朮、芫、稜同醋煑。治食癥酒癖，血瘕氣塊，時發刺痛，全不思食，及積滯不消，心腹堅脹，痰逆吐噦噫酸，脇肋刺痛，胸膈痞悶，并脾氣橫泄。○京三稜、蓬莪朮各四兩，芫花一兩，去梗葉，同入磁器中，用米醋五升浸，泥封器口，以灰火煨令乾，取出京、朮，將芫花以餘醋炒令微焦，焙乾為末，醋糊丸如菉豆大，每服十五丸，生薑湯下。婦人血分，男子脾氣橫泄，腫滿如水，桑白皮湯下。胃虛咳逆，人參、甘草倍陳皮，用陳皮二兩，人參一兩，甘草二錢半，每服七錢，水煎服效。藿葉、丁皮增半夏。治胃虛中寒，停痰留飲，嘔吐噦逆，藿香二錢，半夏湯泡七次，炒黃色三錢半，丁香皮一錢半，作一服，水二鍾，生薑七片，煎至一鍾，食前服。加人參一錢半，尤良。補虛降火，竹茹、甘草、橘陳皮，或加朮枳。治吐利後胃虛隔熱而咳逆者，橘皮三錢，竹茹二錢，人參二錢，甘草炙黃者一錢，作一服，水二〔中〕〔鍾〕，生薑五片，紅棗三枚，煎一鍾，不拘時服。或加白朮炒、枳殼，尤良。扶弱驅寒，柿、橘、良薑，丁、半夏、參、草、薑、苓。治吐利及病後胃中虛寒，咳逆至七八聲相連，收氣不回者，難治。丁香、柿蒂、人參、茯苓、橘皮、良薑、半夏，已上各一兩，生薑一兩半，甘草三分，為末，每三錢，水一盞煎，乘熱頓服。或用此藥調蘇合香丸服，亦妙。當知胃為水穀之海，脾為消化之器，安穀則昌，絕穀則亡。水去榮散，穀消衛亡，榮散衛亡，神無所居。水入於經，其血迺成。穀入於胃，脉道乃行。故血不可不養，衛不可不溫，血溫衛和，榮衛通行，天命常存。表嘉言景仰乎先哲，作法度敬報乎後人。

本經補瀉溫涼藥　補：白朮　蓮子　芡實　山查　陳皮　白藊豆　大麥芽　神麴　滑石　黃耆　山藥　半夏　百合　蒼朮　瀉：枳實　巴豆　消石　芒硝　大黃　溫：良薑　香附　生薑　木香　肉荳蔻　白荳蔻　草荳蔻　川芎　藿香　厚朴　益智子　丁香　吳茱萸　辛夷　胡椒　香薷　涼：玉屑　玄明粉　滑石　石膏　寒水石　白朮　石斛　茅根　黃連　黃芩　乾葛　天花粉　升麻　連翹　紫參　山梔仁　松脂　竹茹　韭汁　東垣報使引本經藥：葛根　白芷　升麻行上　石膏行下

肺臟藥性　肺迺手太陰之經，少血多氣。此右手寸口脉，名大淵者。其經起自少商穴，在手大拇指端內側，終於中府穴，在乳上三肋正間，動脉應手處是也。辛金之臟，相傳之官，位高非君，故官為相傳。治節出焉。主行榮衛，故治節由之。其旺於秋，肺金旺於秋。為氣之本也。肺諸氣之本。其味辛而其色白，《洪範》曰：從革作新。白者，西方金色也。其聲哭而其志憂，哭，哀聲也。憂，深慮也。內藏魄而外養皮毛，肺內藏魄，肺之精氣，生養皮毛。上榮眉而中生液涕。眉毛，肺之所管。涕，乃肺之液。哭則涕出可見。又云：肺熱涕出。開竅於鼻，鼻所以司呼吸，鼻和則知香臭。脉在右寸，沉診候肺，浮診候大腸。是肺也。實則脉實，右手氣口沉，診見實者，肺必實。上熱氣粗，兼鼻壅，瀉必辛凉。凡瀉用味辛氣凉之藥，如黄芩、山梔子、桑白皮、杏仁、麻黄、薄荷、石膏、地骨皮、桔梗、枳殼之類。虚則脉虚，沉診虚細無力。少氣不足，息低微，補須酸熱。凡補肺用味酸氣溫之藥，如膠膏、五味子、茯苓、(宿)〔縮〕砂、芍藥、天門冬、麥門冬、陳皮、甘草、肉桂、鍾乳、黄耆之屬。陳皮、甘草下痰氣之神方，用橘皮陳者，去白四兩，甘草炙一兩，為細末，湯點服，治痰極有效驗。世醫但知用半夏、南星、枳實、茯苓之類，何足語此。王内史曰：外舅莫強中服之腹痛，利下物數塊如鐵彈子，臭不可聞，胸中滿，其疾豁然頓愈矣。神麯、橘、薑去氣嗽之聖藥。治久患病嗽，用陳皮、生薑同搗，焙乾，各二兩，神麯二兩，另研，打糊為丸如梧桐子大，食後臨臥米飲下三十丸。七情欝結因而喘，沉香、烏藥、參、(梹)〔檳〕：治七情欝結，上氣喘急。〇用沉香、(梹)〔檳〕榔、烏藥、人參，各濃磨水，取一盞，煎三五沸，不拘時服。胸痞喘急徹而痛，半夏、瓜蔞、枳、梗。治胸中痞，胸中痛徹背，喘急妨悶。〇用瓜蔞實別研，枳殼去穰，麯炒，半夏湯泡七次，桔梗去蘆麯炒，各一兩，為細末，薑汁打糊為丸，如梧桐子大，每服五十丸，食後用淡薑湯送下。鼻塞不通，丸荊芥、澄茄、薄荷，治小兒鼻塞不通，大人亦可。澄茄五錢，薄荷三錢，荊芥穗一錢半，為細末，煉蜜丸如芡實大，每一丸，噙化津嚥下。如小〔兒〕噙不得，用薄荷湯磨化，服不時。大人三四丸。鼻淵不止，末龍腦、蒼、芷、辛夷。治鼻流濁涕不止，名曰鼻淵。〇用辛夷仁半兩，蒼耳子炒三錢半，香白芷一兩，薄荷、龍腦葉半錢，並日乾，為末，每服二錢，用葱茶清食後調服效。百花却去紅痰，百花膏治喘咳不已，或痰有血。〇欵冬花、百合蒸焙，二味等分，為細末，煉蜜丸如龍眼大，每服一丸，食後臨臥細嚼，薑湯嚥下，噙化尤佳。若虚弱人最宜服之。二母偏除熱嗽。治熱嗽，辰時吃，酉時可安。兼治痰喘。知母新瓦上焙，貝母一兩，巴豆七粒，同貝母炒略熟，取去巴豆不用，各一兩。黄連、赤茯、阿膠抑心火而清肺臟，黄連阿膠丸：治肺熱咯血，亦治熱瀉血痢。用黄連淨三兩，赤茯苓二兩，阿膠炒一兩，將黄連、茯苓為末，水調阿膠和丸，如梧桐子大，每服三十丸，食後米飲下。黄連、茯苓能抑心火，肺得其清而嗽止。訶子、杏仁、通草利久嗽，以出喉音。訶子散：治久嗽語聲不出，訶子去核一兩，杏仁泡去皮尖一兩，通草二錢，為㕮咀，每服四錢，水一盞半，煨生薑切五片，煎至八分，去滓，食後溫服。注流疼痛因痰飲，半夏倍於朴硝。《易簡方》治痰飲流注疼痛。〇用大半夏二兩，湯浸洗過，為末，風化朴硝一兩，以生薑自然汁打糊丸，如梧桐子大，每服五丸，薑湯下。痛在上臨臥時服，痛在下空心服。痒疼癮疹為風熱，苦參少於皂莢。《奇效良方》治肺風皮膚瘙痒，或生癮癬。有人病遍身風熱細疹，痛不可(任)〔忍〕者，連胸頸臍腹，及近陰處皆然，涎痰亦多，夜不得睡。用苦參一觔，皂莢去皮，并子二觔，以水一斗，浸揉，取濃汁，濾去滓，熬成膏，將苦參搗為細末，用皂莢膏和丸，如梧桐子大，每服三十丸，荊芥、薄荷，酒下。一方：無荊芥、薄荷，唯酒調下。治遍身風熱細疹，痒痛亦可。哮嗽齁齁，兜鈴、蟬蛻、杏除尖，砒霜少入。《濟生方》治男子婦人久患咳嗽，肺氣喘而促，倚息不得睡臥，齁齁嗽亦宜服之。〇杏仁去皮尖炒，別研，將四件為末，蒸棗肉為丸如葵子大，每服六七丸，臨睡用葱、茶清放冷送下。忌熱物。熱壅咽喉，鷄蘇、荊芥、桔、防風、參、牛、甘草。潛溪曰：利膈湯治虚煩上盛，脾肺有熱，咽喉生瘡。用鷄蘇葉、荊芥穗、防風、桔梗、人參、牛蒡子隔紙炒、甘草，各一兩，為細末，每服一錢，沸湯點服。如痛口瘡甚者，加(薑)〔殭〕蠶，用一兩。國醫都君子方。消酒查，輕粉、硫黄；去鼻痔，白礬、甘遂。治酒查鼻及婦人鼻上黑粉刺者，用生硫黄十文，輕粉十文，杏仁五文，為細藥末，用餅藥調，臨臥時塗，早則洗去。消鼻痔方：用瓜蒂四錢炒，甘遂四錢，白礬半錢，枯螺殼半錢炒，草烏尖半錢炒，為細末，用真麻油搜令硬得些子，不可爛，旋丸如鼻孔大，用藥入鼻內，令達痔肉上，其痔化為水，肉皆爛下。每日一次用，妙不可言。白砒石性情實重，入豆豉偏治喘齁。紫金丹：治齁喘，及痰喘不得安臥。信石一錢半，研，淡豉一兩，水潤去皮，研成膏，共研和丸如菉豆大，每服七丸，或十丸，臨睡用冷茶清送下。只一服，二服後不可喫一應物湯水之類。今以信八分，豉一兩，每服二十丸。一法：二件成膏，搽碗內，艾薰，入生珠末丸。昔一婦人患十年，遍求醫者皆不效。忽有一道人貨此藥，謾贖一服，是夜減半，數服頓愈，遂多金丐得此方。予屢用以救人，特為神異。百草霜氣味雖輕，和海鹽却消舌腫。治舌上腫硬方：百草霜、鹽等分，研細末，以井水調敷。甜葶藶良治肺癰，然肺癰雖宜多，桔梗湯尤妙。甜葶藶隔紙炒，研細末，每服一二錢，食後水煎服。苦熊膽寒塗腸痔。用熊膽磨以水，鵞翎刷痔。似華蓋而本清，肺本清，虚則(清)〔溫〕。象乾金而生水。肺金生腎水，肺主氣。潛谿云：氣為水母，呵氣水生可知矣。

本經補瀉溫凉藥　補：人參　黄耆　山藥　五味子　紫(苑)〔菀〕
酸棗仁　阿膠　麥門冬　車前子　百部根　白膠　瓜蔞仁　白茯苓　瀉：
葶藶　防風　檳榔　桑白皮　枳殼　蛤蚧　通草　澤瀉　赤茯苓　琥珀
冬葵子　溫：欵冬花　乾薑　生薑　白豆蔻　肉桂　木香　杏仁　蘇子
半夏　橘紅　涼：沙參　天門冬　玄參　貝母　桔梗　馬兜鈴　香薷
瓜蔞仁　枯黄芩　王瓜子　萊菔子　犀角　百部根　山梔子　枇杷葉
知母　人溺　石膏　青黛　東垣報使引本經藥：白芷　升麻　葱白

大腸藥性　大腸廼手陽明之經，多血多氣。其經起自商陽穴，在手指頭内側端，終於迎香穴，在鼻孔傍五分斜縫中。庚金之腑，大腸乃肺之腑。傳道之官，變化出焉。謂傳不潔之道，變化物之形。合臟而長二丈之一，曲十六，而廣四寸。大腸乃肺之腑，《難經》云：長二丈一尺，廣四寸，疊十六曲。《千金》云：藏一斗二升，廣六寸，右回疊十二曲。主水穀一斗二升，重二斤十四兩。候在鼻頭，脉詳右寸，浮取而陽實者，大腸實也。陽絶者，無大腸脉也。此腸也。實則脉實，傷熱而腸滿不通，辛溫可瀉。《千金》生薑泄腸湯：治大腸實熱，腹脹不通，口為生瘡。方生薑、橘皮、青竹茹、黄芩、梔子仁、白术各三錢，桂心一錢，茯苓、芒硝各二錢，生地黄一兩，大棗二枚，十一味，㕮咀，每服一兩，水二鍾，煎至一鍾，去滓，下芒硝，食前服。虚則脉虚，傷寒而腸鳴泄痛，補必酸涼。黄連補腸湯：治大腸虚冷，痢下青白，腸中雷鳴相遂。方黄連四錢，茯苓、川芎各三錢，酸石榴皮五片，地榆五錢，伏龍肝指頭大塊，六味㕮咀，每服八錢，水二鍾，煎至一鍾，食前服，相再煎。蒸黄連而解酒毒，酒蒸黄連丸：厚腸胃，解酒毒。〇用黄連一斤，淨剉，用好酒四升，浸瓦器中，置甑上累蒸至爛，取出晒乾細末，滴水為丸，如梧桐子大，每服五十丸，食前用溫水送下。炒厚朴而止便紅。厚朴煎：本方治脾胃本無血，緣氣虚腸薄，自榮衛滲入，故有。厚朴五兩，用生薑五兩，搗爛，二味相伴燥炒黄。〇白术、神麯、麥蘗、五味，各一兩，同炒黄，為細末，水糊丸如梧桐子大。疾作，空心米飲下百丸；平時只服五十丸。厚朴厚腸胃，麥蘗消酒食，白术導水，血自不作也。五痔諸下血，論不及此，是亦以脾胃為主也，故賦以廣其見效。腸風妙川烏、荊芥，《局方》烏金丸：治腸風臟毒下血不止，久服令人顔色悅，力強輕健，鬚髮不白。用川烏炮去皮臍一兩，荊芥穗二兩，為末，醋麵糊丸如梧桐子大，每服二十粒，酒或熱水下。有疾，食空時日三四次；無疾，早只一服。〇有郭監丞，風攣搐頭，眩掉不收，手戰能食。服此六七服，退瘥，遂長服之，已五十餘年，年七十餘，強健，鬚無白者。此藥療腸風下血尤妙，累有人得效，見下血人，服而瘥者，一歲之内已數人矣。臟毒奇卷栢、黄芪。《奇效方》卷栢散：治腸毒神效。〇卷栢取葉焙乾、黄芪各一兩，為細末，每服二錢，空心米飲調服。痢中六神丸，宜調則調；《良方》六神丸：治赤白痢疾。〇用神麯別為末，留作糊，麥芽、茯苓、陳枳殼、麥麩炒黄，木香煨白痢倍之，黄連赤痢倍之，上六味，等分為細末，用神麯末打糊為丸如梧桐子大，每服五十丸，赤痢甘草湯下，白痢乾薑湯下，赤白痢乾薑、甘草湯下。詳此方，有黄連可以解暑毒，清臟腑，厚腸胃；有木香，能溫脾胃，逐邪氣上下痛；有枳殼，能寬腸胃；有茯苓，能利水；有神麯、麥芽，可以消滯。真痢中之要藥也。滯下百中散，可止則止。百中散：治一切痢，不問赤白，或一日之間一二(日)百行，只一服便踈，再二三服即愈。用罌粟殼三斤，去粗皮，用薑自然汁淹一宿，炙令薑汁盡為度，淨秤為細末，每服二三錢，空心用米飲調下。忌生冷、油膩、魚鮓毒物三日。潤腸通秘，麻仁丸果有神效；精要神功麻仁丸：去殼，研(另)〔令〕極細，并川大黄各三兩，紙裹煨，人參七錢半煨，當歸一兩，除麻仁外，為細末，合和麻仁令匀，煉蜜為丸如梧桐子大，每服三十丸，熱水任下，食後令臨臥時服。行滯推堅，六磨湯豈無奇效。《奇效良方》六磨湯：治氣滯腹急，大便秘澁。〇用沉香、木香、(梹)〔檳〕榔、烏藥、枳殼、大黄，各等分，將六味熱湯磨服，以通為度。痔瘡熱痛，腦麝研入蝸牛，痔瘡痛腫，用蝸牛一錢，片腦、麝香少許，同研爛，用磁(合)〔盒〕盛，次早取汁，傅痔上，痛止腫消。膽水磨敷井水。熊膽膏：治痔極效。用熊膽、片腦，各研細，用井花水調，以鷄羽掃痔上，良驗。痢疾腹疼薑茶煎，治出坡仙。薑能助陽，茶能助陰，二者皆能消散。又且調平陰陽，況於暑毒酒食毒皆能解之也。不問赤白冷熱，通用之。老生薑切如豆許，與茶葉等分，用新水煎服。東坡醫文潞公作效。梅蜜飲方書登父。潛谿云：熱痢陳年，白梅、好茶、蜜水各半煎服；冷痢生梅汁、蜜水各半煎服；仍將木香、生肉荳蔻為佐，蜜最治痢。腸内生癰，返魂湯而加減隨宜，《青囊雜纂》榮衛返魂湯：治肚腸内癰，宜服十宣散，與此方相間用之，並加忍冬藤。此藥最治内癰，但當審其虚實，或通或補，補則用附子，通則用大黄。如不明虚實，則此方亦自能通順，十宣自能内補，可無他變。十宣散去增適可。榮衛返魂湯方《西江月》：血氣逆於肉理，故令壅結癰疽。調和榮衛孰堪宜？赤芍木通白芷。何首烏同枳殼，茴香烏藥當歸，更加國老等無疑，水酒同藥濟世。上九味，各等分，水酒湯使，隨證用之。水酒相伴，亦可惟流注，加獨活，每服四錢。病在上，食後服；病在下，食前服。〇其十宣散，若天令炎熱，可去桂，加瓜蔞子、赤茯苓。驗寒熱而用溫涼，定虚實而施補瀉。〇十宣散：人參、當歸、黄芪各一錢，甘草炙、白芷、川芎、桔梗炒，各一錢，厚朴薑製五分，防風、肉桂各三分，水二鍾，煎八分，服。

本經補瀉溫涼藥　補：罌粟殼　牡蠣　木香　肉荳蔻　椶櫚子　五倍子　蓮子　(蓁)〔榛〕子　訶梨勒　龍骨　瀉：桃核仁　枳殼　麻子仁　芒硝　續隨子　石斛　大黄　檳榔　旋覆花　榧實　巴豆　葱白　牽牛子　溫：吴茱萸　人參　乾薑　半夏　桃花石　木香　肉桂　石蜜　涼：條實黄芩　槐花　茅根　天花粉　黄連　玄參　沙糖　東垣報使引本經藥：葛根　白芷　升麻行上　石膏行下

腎臟藥性　腎乃足少陰之經，少血多氣。其經起自湧泉穴，在足心陷中，其終於腧府穴，胸前巨骨下，璇璣傍各二寸，其經左右，共五十四穴。癸水之臟，作強之官，伎巧出焉。強於作用，故男曰作強；造化形容，故女曰伎巧出焉。其旺於冬，腎水冬旺。封藏之本也。腎藏精，故為封藏之本也。其味鹹而其色黑。《洪範》曰：潤下作鹹。黑者，北方水色也。其聲呻呻吟也。而其志恐。恐所以懼惡也。内藏精而藏志，腎藏精與志，志榮則骨髓滿貫。外榮骨其充在骨。而榮鬚。精盛則髭鬚不白，容貌不衰。其候在腰，腎敗則腰痛，轉搖不便。其液為唾，唾出(呼)〔乎〕腎。開竅於耳。耳所以聽五音。都脉在左尺，浮診候膀胱，沉診候腎。是腎也。對命門一而為二，左名腎，男子以藏精。右命門，女子以繫胞原。氣之根，精神之舍。天錫言：人之初生，受胎之始於任之兆，惟命門先具，有命門然後生心，心生血；有心然後生肺，肺生皮毛；有脾然後有腎，腎生骨髓；有腎則與命門合，二數備，是以腎有兩枚也。左者為腎，右者為命門。腎與命門所生，雖有先後之異，其氣亦相通矣。夫命門所生，自無為有，作諸神精之所舍，原氣而乃繫之。故男子為藏精之處，女子繫於胞囊。蓋精者，乃五臟六腑之精，若有餘則悉歸於腎，腎受精氣，故神生焉。傳曰聚精會神者，此也。受病同歸於膀胱，診候兩分於水火。潛谿曰：夫命門與腎脉同者，謂其所受病同歸於膀胱一腑也。其各受病也，當用心辨水火之異。何以別之？如外證小便清利及脉沉而遲，是冷氣，屬腎水。如小便赤澁，脉沉數，是其氣熱，屬命門火。故所受者同，所主者異。夫所受者同，乃命門與腎同歸膀胱一腑也。所主者異，謂有寒熱之別，一歸於寒水，一歸於相火也。實則脉實，左尺沉診候腎，右尺沉診候命門。小腹脹滿，而腰背急強，便黃舌燥者，瀉腎湯可以廣推。

《千金》瀉腎湯：治腎實熱，小腹脹滿，四肢青黑，耳聾夢（遺），腰脊離解，伏水氣急。用芒硝、茯苓、黃芩各三錢，生地黃汁、石菖蒲各五錢，大黃切一合用水（蜜）〔密〕器中宿（漬）〔漬〕磁石，碎如雀頭，各八錢，玄參、細辛各四錢，甘草二錢，十味㕮咀，每服一兩，以水二鍾，去滓，下大黃內藥汁中，更煮減一分，去大黃，內地黃汁微煎一二沸，下芒硝，食前溫服。虛則脉虛，氣寒陰痿，而言音混濁，脛弱脉代者，蓯蓉散宜加尋討。治腎氣虛寒，陰痿腰脊痛，身重緩弱，言音混濁，陽氣頓絕。用蓯蓉、白术、巴戟天、麥門冬、茯苓、甘草、牛膝、五味子、杜仲各八錢，車前子、乾薑各五錢，生乾地黃半斤，十二味為細末，食前酒服方寸匕，日三。

腎氣不和腰脇痛，散號異香；有人患腰痛傴僂，將半年，余與灸腎腧，是日不能動，遂合異香散，二服即行如故。何效速哉。陽經欝滯背肩疼，湯名通氣。通氣防風湯：治肩背痛不可回顧者，此手太陽寒欝而不行，以風藥散之，脊痛項強，腰似折，項似拔者，足太陽經不通。○用羌活、獨活各一錢半，藁本、防風、甘草炙各一錢，蔓荊子、川芎各二錢，作一服，水二鍾，煎至一鍾，食遠服。如身重，腰沉沉然，經中有寒濕也。更加酒浸漢防已一錢，輕者加附子一錢，重者加川烏一錢。腰痛散八角茴香，治腰重痛。○用八角茴香炒，為末，每服二錢，食前用溫酒調服。精洩末一升韮子。治夢洩失精。○用韮子一升炒，治下節，酒服方寸匕，日立效。氣滯腰疼堪順氣，人參順氣散：治氣滿腰疼。○用人參、川芎、桔梗、白术、白芷、陳皮、枳殼、麻黃節、烏藥、白薑炮、甘草炙各一錢，作一服，水二鍾，煎一鍾，食前服；或為細末，食前甘草湯調服。一方：加五加皮一錢。血凝臂痛可舒經。舒經湯：治臂痛不能舉。有人常苦左臂痛，或以為飲，為風，為濕，諸藥悉投，繼以鍼灸，俱不得效。用此方而愈。蓋是氣血凝滯，經絡不貫所致，非風非濕。腰以下食前服，腰以上食後服。○用片薑黃一錢，如無，則以嫩莪术代之，赤芍、當歸、海桐皮去粗皮、白术，已上各一錢半，羌活、甘草炙各一錢，作一服，水二鍾，生薑三片，煎至一鍾，去滓，磨沉香汁少許，食前服。五味能交心腎，湏茯神、遠志、川歸、山藥、蓯蓉、枸杞；龍骨安養精神，與益智、茴香、故紙、鹿茸、牛膝、黃芪。地黃補腎益陰，加當歸而補髓。二宜丸。附子驅寒去濕，倍人參而壯陽。參附湯。虎骨治骨虛酸痛，治骨髓中疼。○虎骨四錢，芍藥一兩六錢，生地黃八兩，三味㕮咀，以清酒一升，浸曝乾，復入酒中，如此取酒盡為度，擣，酒服方寸匕，日三服。猪腎濟腎弱腰虧。用童子便二盞，無灰酒一盞，以新磁瓶貯之，取全猪腰子一對，在內密封，封泥，日晚時以慢火養熟，至中夜止，待五更初，以火溫之，發瓶飲酒，食腰子，病篤者只一月效；平日瘦怯者，亦可服。此蓋以血養血，絕勝金石草木之藥也。乾坤立而易道行，坎離交而人身泰。異香散：石蓮肉去皮半錢，蓬术煨、益智仁炒、荊三稜炮、甘草炙各三錢，青皮、陳皮各去白五分，厚朴薑製一錢，作一服，水、薑、棗、鹽一捻煎，空心服。

本經補瀉溫涼藥　補：知母　蓮子　芡實　覆盆子　石鍾乳　龍骨　鹿茸　虎骨　桑螵蛸　牡蠣　敗龜板　熟地黃　五味子　小草　山藥　瑣陽　枸杞子　牛膝　當歸　玄參　山茱萸　石南　合歡　杜仲　五加皮　楮實子　瀉：琥珀　苦茗　猪苓　澤瀉　茯苓但利水之藥，皆是瀉水之劑，故不錄。備宜五臟俱有補有瀉，惟腎臟有補無瀉耳，臨宜酌處。溫：菟絲子　破故紙　乾薑　附子　葫蘆巴　補骨脂　栢實　烏藥　肉桂　南藤　沉香　涼：黃栢　知母　竹瀝　玄參　牡丹皮　地骨皮　東垣報使引本經藥：獨活　肉桂

膀胱腑藥性　膀胱乃足太陽之經，多血少氣。其經起自至陰穴，在足少指外（倒）〔側〕，去甲如韭葉，終於（晴）〔睛〕明穴，在目內眦。名玉海而津液藏，號都官而氣化出。《脉經》云：氣者，升而為雨露，降而作淵源。膀胱者，州都之官，氣化則出。《千金》號水曹，緣名玉海，而藏津液，得氣海之氣施化，則溲便注瀉，氣海之氣不及，則秘隱不通。《內經》名都官，言位當孤府，故名都官，居下內空，故藏津液。重九兩二銖，而廣九寸，量九升九合，而其器堪容。候在耳中，脉居左尺，與腎同位。是膀胱也。實則脉實，左手尺中神門，從陽脉實者。病胞轉不得小便，苦煩滿難於俛仰，藥用寒凉利竅，石膏、梔子、蜜同煎。治膀胱實熱。○石膏八錢，梔子、人參、茯苓、知母各三錢，蜜一合，生地黃、淡竹葉各切一合，七味㕮咀，每服一兩，水二鍾，煎一鍾，去滓，下蜜煑二沸，食前服；湏利，加芒硝三錢。虛則脉虛，左手尺中脉虛者，足太陽經也。腸痛引腰背，難利屈伸，脚中筋緊急，耳鳴重聽，腎虛證候。補磁石、五味、黃芪，配苓、术、石英、杜仲。治膀胱虛冷，飢不欲飲食，面黑如炭，腰脇疼痛。○用磁石六錢，黃耆、茯苓各三錢，五味子、杜仲、白术、白石英各五錢，七味㕮咀，每服一兩，水二鍾，煎至一鍾，去滓，食前服，滓再煎服。大腑熱蒸，腸內澁，木通、生地、黃芩；大腑丹：治心經熱，小便澁及治五淋，許學士治渴疾良驗。生地黃二兩，木通一兩，黃芩一兩，為細末，煉蜜丸如梧桐子

大，每服三五十丸，木通湯下。小便不利，莖中疼，葶藶、茯苓、通草。潛谿曰：治小便不利，莖中疼痛，小便急痛。○通草、茯苓三兩，葶藶二兩，三味為細末，水調服方寸匕，日三服。腎大如斗，青皮、荔核、小茴香；《危氏方》荔核散：治腎大如斗，不過三劑除根。○舶上茴香、青皮全者、荔枝核，等分剉散，炒黃，出火毒，為細末，酒調二錢，日進三服。胞轉如塞，葵滑三般寒水石。治丈夫、婦人胞轉，不得小便八九日者，冬葵子一升，滑石、寒水石一升，三味㕮咀，以水一斗，煑取五升，分三服。冷熱熨可利便難，《千金方》冷熱熨法：若大小便秘塞不通，或淋瀝溺血，陰中疼痛，此是熱氣所致。用此法即愈。其法：前以冷物熨小腹幾次，以熱物(慰)〔熨〕之，又以冷物(慰)〔熨〕之，自通，將理自愈。屈伸導能和腰痛。腰腎痛導引法：正東坐，收手抱心，一人於前據躡其兩膝，一人後捧其頭，徐牽令偃臥頭倒，三起三臥，久久便差。風熱相乘囊腫，服三白而立消。三白散：治膀胱蘊熱，風濕相乘，陰囊腫脹，大小便不利。○白牽牛二兩，桑白皮、白术、木通去節、陳皮去白各半兩，為細末，每服二錢，薑湯調，空心服。蟲蟻吹着陰脬，散蟬退而即散。蟬退散：治陰囊忽腫，多生地為風，或蟲蟻吹着。用蟬退半兩，水一碗，煎湯洗腫處，其痛立止，腫亦消。再溫再洗，洗後仍與五苓散加燈心煎服。又方：用葱園內蚯蚓糞、甘草汁調塗。治病執方，須達要旨，苦寒平升，甘辛平降。《寶鑑》云：藥性要旨，苦藥平升，微寒平亦升，甘辛藥平降，甘寒瀉火，苦寒瀉濕熱，苦甘寒瀉血熱。高者宜抑，下者可舉。潛谿云：假令高者抑之，非高者固當抑之，以其本下，而失太高，故抑之而使下。若本高，何抑之有？假令下者舉之，亦本高非下，固當舉也。以其本高而失之太下，故舉之而使高。若本下，何舉之有？求巧必事乎公輸，求聰當宗乎師曠。

本經補瀉溫涼藥　補：益智子　橘核　龍骨　菖蒲　續斷　黃芩　瀉：車前子　芒硝　滑石　澤瀉　萱草根　瞿麥　溫：蓽澄茄　茴香　烏藥　涼：生地黃　甘草稍　地膚子　黃栢　防風　防己　防葵　東垣報使引本經藥：藁本　羌活行上　黃栢行下

命門臟藥性即心包絡。司暑　命門廼手厥陰之經，多血少氣。是病則手心熱也。其經起於天池穴，(經)〔終〕於中衝穴。傳手少陽三焦經也。故曰手厥陰心包絡，經流注從(復)〔胸〕走手，長二尺五寸，共七尺，是命門也。對腎一而為二，左名腎，男子以藏精；右為命門，女子以繫包；原氣之根，精神之舍。○天錫言：人之初生，受胎之始於任之兆，惟命門先具，有命門然後生心，心生血，有心然後生肺，肺生皮毛，有脾然後生腎，腎生骨髓，有腎則與命門合二數備，是以腎有兩歧也。左者為腎，右者為命門，腎與命門所生，惟有先後之異，其氣亦相通矣。夫命門所生，自無為有，作諸神精之所舍，原氣而乃繫之，故男子為藏精之處，女子繫於胞囊。蓋精者，乃五臟六腑之精，若有餘則悉歸於腎，腎受精氣，故神出焉。傳曰聚精會神者，此也。受病同歸於膀胱，胗候兩分於水火。潛谿曰：夫命門與腎脉同者，謂其所受病同歸於膀胱一腑也，其各受病也，當用心辨水火之異。何以別之？如外證小便清利，及脉沉而遲，是以氣寒，屬腎水。如小便赤澁，脈沉數，是其氣熱，屬命門火，故所受者同，所主者異。夫所受者同，廼命門與腎同歸膀胱一腑也。所主者異，謂有寒熱之別，一歸於寒水，一歸於相火也。實則脉實，左尺沉診候腎，右尺沉診候命門，是經者。配成之臟也。稱號心包，屬命門，乃主相火，司暑。《經》云：左為腎，右為命門者，男子以藏精，女子以繫胞，其氣與腎通，既云氣通，其脉同也。較此推之，五部分脉，亦當同腎部斷焉，庶不失經意耳。雖曰如是，學宜員變體認，豈在執沉而已。

本經補瀉溫涼藥　補：沉香　黃芪　肉蓯蓉　葫蘆巴　肉桂　瀉：烏藥　枳殼　溫：膃肭臍　附子　川芎　補骨脂　肉桂　沉香　涼：黃連　山梔仁　黃栢　柴胡　東垣報使引本經藥：柴胡行上　川芎　青皮行下

三焦腑藥性　三焦乃手少陽之經，少血多氣。其經起自關衝穴，在小指次指之端，去爪甲角如韮葉，終於耳前穴，在耳前起肉當耳觸者。丙火之腑，《千金》名中清之腑，決瀆之官，水道出焉。引道陰陽，開通閉塞，故官司決瀆，水道出焉。具無形而有用，行氣血而不停。潛谿曰：三焦者，上焦如霧，中焦如漚，下焦如瀆。有名無形，寄生胸中，以應呼吸，而行血氣。夫氣者，上至頭而不能下；而血者，下至足而能上。皆三焦之用，擁逼鞭碎，使氣血由是而貫通焉，故謂無形而有用。《老子》曰：有之以為利，無之以為用。竅寄於耳，脉在右尺，是三焦也。與命門脉同位。虛實驗其寒熱，補瀉分其臟腑。實則上結於心，虛則引氣於肺。上實熱而瀉心陽，涼膈散、鷄蘇丸，湯名澤瀉。上虛寒而補肺氣，厚朴理中湯，丸號黃連。瀉脾土，去中焦之熱；補胃氣，濟中焦之寒。下熱瀉肝，下寒補腎。引數者為正驗，在君子而擴充。涼膈散：連翹、山梔、大黃、甘草、朴硝、黃芩、竹葉、石膏、薄荷，蜜水煎服。○理中湯：乾薑、甘草、人參、白术，生薑水煎服。○黃連丸：黃連、黃栢、厚朴、當歸、乾薑、木香、地榆、阿膠，右為細末，煉蜜為丸，每服二十丸。厚朴湯：厚朴、枳殼、高良薑、檳榔、朴硝、大黃，水煎服。○鷄蘇丸：鷄蘇葉、黃芪、防風、荊芥、菊花、片腦、川芎、生地黃、桔梗、甘草，煉蜜為丸，每服一丸，細嚼，麥門冬去心煎湯下，不拘時服。○澤瀉散：澤瀉、赤茯苓、枳殼、猪苓、木通、(梹)〔檳〕榔、牽牛，右為細末，每服二錢，用生薑、葱白煎湯調下，不拘時候溫服。

本經補瀉溫涼藥　補：黃芪　甘草　益智子　瀉：澤瀉　溫：川附子　涼：石膏　地骨皮　東垣報使引本經藥：柴胡　川芎行上　青皮行下

手太陰肺經：　十一穴。手太陰肺中焦生，下絡大腸出賁門，上膈屬肺從肺系。橫出腋下臑中行，肘臂寸口上魚際，大指內側爪甲根。支絡還從腕後出，上接次指陽明經。此經多氣而少血。是動則病喘與咳，肺脹膨膨缺盆痛，兩手交瞀為臂厥。所生病者為氣咳，喘喝煩心胸滿結，臑臂之外前廉痛，小便頻數掌中熱，氣虛肩背痛而寒，氣盛亦痛風汗出，欠伸少氣不足息，遺失無度溺變別。

手太陰肺經補、瀉、溫、涼、報使引經藥性。　補：　人參、黃芪、山藥、五味子、紫(苑)〔菀〕、酸棗仁、阿膠、麥門冬、車前子、白膠、百部根、瓜蔞仁、白茯苓。　瀉：　葶藶、防風、檳榔、桑白皮、枳殼、蛤蚧、通草、澤瀉、赤茯苓、琥珀、冬葵子。　溫：　欵冬花、乾薑、生薑、白荳蔻、肉桂、木香、杏仁、蘇子、半夏、橘紅。　涼：　沙參、天門冬、玄參、貝母、桔梗、馬兜鈴、香薷、瓜蔞仁、枯芩、犀角、王瓜子、萊菔子、百部根、山梔子、知母、枇杷葉、人溺、石膏、青黛。　報使引經：　白芷、升麻、葱白。

陽明之脉手大腸，次指內側起商陽，循指上廉出合谷，上循兩筋臂上廉，入肘外廉上臑外，肩端前廉柱骨傍，從肩下入缺盆內，絡肺下膈屬大腸。支從缺盆上入頸，斜貫頰前下齒當，環出人中交左右，上俠鼻孔注迎香。此經血盛氣亦盛。是動頸腫並齒痛。所生病者為鼻衄，目黃口乾喉痺生，大指次指難為用。肩臑外側痛相仍，有餘所過熱而腫，虛則寒慄從此成。

手陽明大腸經補、瀉、溫、涼、報使引經藥性。　補：　罌粟殼、牡蠣、木香、肉荳蔻、蓮子、棳櫚子、訶梨勒、五倍子、(蓁)〔榛〕子、龍骨。　瀉：　枳殼、桃核仁、麻子仁、芒硝、石斛、大黃、續隨子、檳榔、榧實、巴豆、旋覆花、牽牛子、葱白。　溫：　人參、乾薑、半夏、木香、肉桂、吳茱萸、桃花石、石蜜。　涼：　槐花、茅根、條芩、天花粉、黃連、玄參、沙糖。　報使引經：　葛根、白芷、升麻行上、石膏行下。

足陽明胃經：　四十五穴。

胃足陽明交鼻起，下循鼻外下入齒，還出俠口繞承漿，頤後大迎頰車裏，耳前髮際至額顱。支下人迎缺盆底，下隔入胃絡脾宮，直入缺盆下入乳，廉下俠臍入氣街；　一支從胃循腹裏，下行直入氣冲逢，遂由髀關抵膝臏，脛跗中指內間同；　一支下膝注三里，別出中指外間通；　一支別走足跗上，大指之端，經盡矣。此經多氣復多血。是動欠伸顏面黑，淒淒惡寒畏見人，忽聞木聲心震慴，登高而歌去衣走，甚則腹脹乃賁響。凡諸此疾皆骭厥。所生病者為狂瘧，溫濕汗出鼻流血，口喎脣裂又喉痺，膝臏疼痛腹脹結，氣膺伏兔胻外廉，足跗中指俱痛徹。有餘消穀溺色黃，不足身前寒振慄，胃房脹滿食不消，氣盛身前皆有熱。

足陽明胃經補、瀉、溫、涼、報使引經藥性。　補：　白米、蓮子、芡實、山查、陳皮、白扁豆、大麥芽、神麴、(活)〔滑〕石、黃芪、山藥、半夏、百合、蒼朮。　瀉：　枳實、巴豆、消石、芒硝、大黃。　溫：　良薑、香附、生薑、木香、川芎、肉荳蔻、白荳蔻、草荳蔻、藿香、厚朴、益智子、丁香、吳茱萸、辛夷、胡椒、香薷。　涼：　玉屑、玄明粉、(活)〔滑〕石、石膏、白朮、寒水石、石斛、茅根、黃連、黃芩、乾葛、天花粉、升麻、連翹、山梔子、松脂、竹茹、韭汁、紫參。　報使引經：　葛根、白芷、升麻俱行上、石(羔)〔膏〕行下。

足太陰脾經：　二十一穴。　太陰脾起足大指，上循內側白肉際，核骨之後內踝前，上腨循胻脛膝裏，股內前廉入腹中，屬脾絡胃與膈通，俠喉連舌散舌下。支絡從胃注心宮。此經氣盛而血衰。是動其病氣所為，食入即吐胃脘痛，更兼身躰痛難移，腹痛善噫舌本強，得後與氣快然衰。所生病者舌亦痛，躰重不食亦如之，煩心心下仍痛急，泄水溏瘕寒瘧隨，不臥強立股膝腫，疸發身黃大指痿。

足太陰脾經補、瀉、溫、涼、報使引經藥性。　補：　人參、白朮、黃芪、蓮子、芡實、山查、陳皮、白扁豆、大麥芽、(活)〔滑〕石、甘草、山藥、白芍藥、乾葛、蒼朮、半夏、大腹皮、白茯苓、升麻、柴胡、枳實。　瀉：　赤芍藥、枳殼、巴豆、葶藶、桑白皮、青皮。　溫：　乾薑、生薑、木香、肉荳蔻、砂仁、川芎、益智子、吳茱萸、丁香、藿(豆)〔香〕、胡椒、附子、良薑、紅豆、官桂。　涼：　黃連、(活)〔滑〕石、甘草、升麻、連翹、山(枝)〔梔〕子、白芍藥。　報使引經：　升麻、芍藥酒浸。

手少陰心經：　九穴。　手少陰脉心中起，下膈直與小腸通。支者還從心系走，上俠咽喉繫目瞳；　直者上肺出腋下，臑後肘內少海從，臂內後廉抵掌中，兌骨之端注少冲。多氣少血屬此經。是動心脾痛難忍，渴欲飲水咽燥乾，所生脇痛目如金，肘臂之內後廉痛，掌中有熱向經尋。

手少陰心經補、瀉、溫、涼、報使引經藥性。　補：　酸棗仁、天竺黃、金屑、銀屑、遠志、山藥、麥門冬、紅花、羚羊角、川芎、川當歸。　瀉：　枳實、葶麼、苦參、貝母、半夏、杏仁、欝金、玄胡、前胡、黄連、木香。溫：石菖蒲、藿香、蘇子。涼：竹葉、丹砂、礬石、玄明粉、牛黄、真珠、麥門冬、欝金、黄連、知母、貝母、連翹、蘆根、柴胡。報使引經：獨活、細辛。

手太陽小腸經：十九穴。手太陽經小腸脉，小指之端起少澤，循手外廉出踝中，循臂骨出肘內側，上循臑外出後廉，直過肩解繞肩甲，交肩下入缺盆內，向腋絡心循咽嗌，下隔抵胃屬小腸。一支缺盆貫頸頰，至目鋭眦却入耳，復從耳前仍上頰，抵鼻升至目內眦，斜絡於顴別絡接。此經少氣還多血。是動則病痛咽嗌，頷下腫兮不可顧，肩如拔兮(臑)〔腰〕似折，所生病兮主肩臑，耳聾目黄腫腮頰，肘臂之外後廉痛，部分猶當細分別。

手太陽小腸經補、瀉、溫、涼，報使引經藥性。補：牡蠣、石斛。瀉：海金沙、續隨子、荔枝核、葱白、紫蘇。溫：巴戟、小茴香、八角茴、烏藥。涼：通草、茅根、黄芩、天花粉。報使引經：藁本、羌活俱行上、黄柏行下。

足太陽膀胱經：六十七穴。足經太陽膀胱脉，目內眦上顴額尖，支者巔上至耳角，直者從巔腦後懸，絡腦還出別下項，仍隨肩膊俠脊邊，抵腰臀腎膀胱內；一支下與後陰連，貫臀斜與委中穴；一支膊內左右別，貫胛俠脊過髀樞，臂內後廉膕中合，下貫腨內外踝後，京骨之下指外側。是經血多氣少也。是動頭疼不可當，項如拔兮腰似折，髀強痛徹脊中央，咽如結兮腨如裂，足為踝厥筋乃傷，所生瘧痔小指癈，頭顖項痛目色黄，腰尻膕脚疼連背，淚流鼻衄及顛狂。

足太陽膀胱經補、瀉、溫、涼，報使引經藥性。補：橘核、龍骨、菖蒲、續斷、黄芩、益智子。瀉：芒硝、(活)〔滑〕石、車前子、澤瀉、瞿麥、萱草根、猪苓、木通。溫：茴香、蓽澄茄、烏藥、肉桂、沉香、山茱萸。涼：生地黄、甘草稍、地膚子、黄栢、防風、防己、防葵、石膏。報使引經藥：藁本、羌活俱行上、黄栢行下。

足少陰腎經：二十七穴。足經腎脉屬少陰，小指斜透湧泉心，然骨之下內踝後，別入跟中腨內侵，出膕內廉上股內，貫脊屬腎膀胱臨；直者屬腎貫肝膈，入肺循喉舌本尋；支者從肺絡心內，仍注胸中部分深。此經多氣而少血。是動病飢不欲食，咳嗽唾血喉中鳴，坐如欲起面如漆，目視𥆨𥆨氣不足，心懸如(肌)〔飢〕常惕惕。所生病者為舌乾，口熱咽痛氣賁逷，股內後廉並脊疼，心腸煩痛疸如澼，痿厥嗜味躰怠墮，足下熱痛皆腎厥。

足少陰腎經補、瀉、溫、涼，報使引經藥性。補：知母、蓮子、芡實、覆盆子、龍骨、石鍾乳、虎骨、桑螵蛸、敗龜板、牡蠣、熟地黄、小草、山藥、五味子、瑣陽、牛膝、當歸、玄參、枸杞子、石楠、山茱萸、合歡、楮實子、五加皮、杜仲。瀉：琥珀、苦茗、猪苓、澤瀉、茯苓。溫：菟絲子、(破故紙)乾薑、附子、栢實、葫蘆巴、補骨脂、烏藥、肉桂、南藤、沉香。涼：黄栢、知母、竹瀝、玄參、丹皮、地骨皮。報使引經：獨活、肉桂。

手厥陰心包絡：九穴。手厥陰心主起胸，屬包下膈三焦宮；支者循胸出脇下，脇下連腋三寸同，仍上抵腋循臑內，太陰少陰兩經間，循入肘中下臂行，兩筋入掌透中衝；一支別從掌中出，小指次指絡相通。是經少氣原多血。是動則病手心熱，肘臂攣急腋下腫，甚則胸脇支滿結，心中憺憺或大動，善笑目黄面赤色。所生病者為心煩，心痛掌熱病之則。

手厥陰命門經補、瀉、溫、涼，報使引經藥性。補：黄芪、人參、肉桂、蓯蓉、鹿血、葫蘆巴、菟絲子、沉香、故紙、狗肉、諸酒。瀉：大黄、芒硝、枳殼、黄栢、山(枝)〔梔〕子、烏藥。溫：附子、乾薑、肉桂、沉香、膃肭臍、川芎、益智子、肉豆蔻、補骨脂、狗肉、硫磺、烏藥、鍾乳、栢子仁、茴香、燒酒。涼：黄柏、知母、黄連、黄芩、山(枝)〔梔〕、柴胡、石膏、滑石、臘雪、玄明粉、寒水石。報使引經：柴胡行上、川芎行上、青皮行下。

手少陽三焦經：二十三穴。手經少陽三焦脉，起自小指次指端，兩指歧骨手腕表，上出臂外兩骨間，肘後臑外循肩上，反出足經之少陽，下入缺盆布膻中，散絡心膈屬三焦；支從膻中缺盆上，上項耳後耳角旋，屈下至頤仍注頰；一支耳中出耳前，却從上關交曲頰，至目鋭眦乃盡焉。斯經少血還多氣。是動耳聾喉腫痺，所生病者汗自出，耳後痛兼頰鋭眦，肩臑肘臂外眦疼，小指次指亦如癈。

手少陽三焦經補、瀉、溫、涼，報使引經藥性。補：人參、黄芪、藿香、益智子、白朮、炙甘草、桂枝。瀉：枳殼、枳實、青皮、蘿蔔子、烏藥、神麯、澤瀉。溫：附子、丁香、益智子、仙茅、厚朴、畢澄茄、乾薑、茴香、菟絲子、沉香、茱萸、胡椒、補骨脂、川芎。涼：石膏、黄芩、黄栢、山梔、滑石、木通、車前子、龍膽草、地骨皮、知母。報使引經：柴胡、川芎行上、青皮行下。

足少陽膽經：四十三六。足脉少陽膽之經，始從兩目銳眦生，抵頭循角下耳後，腦空風池次第行，手少陽前至肩上，交手少陽入缺盆；支者耳後貫耳中，出走耳前銳眦循；一支銳眦大迎下，合手少陽抵項根，下加頰車缺盆合，入胸貫膈絡肝經，屬膽仍從脇裏過，下入氣衝毛際縈，橫入髀厭環跳內；直者缺盆下腋膺，過季脇下髀厭內，出膝外廉是陽陵，外輔絕骨踝前過，足跗小指次指分，一支別從大指去，三毛之際接肝經。此經多氣而少血。是動口苦善太息，心脇疼痛難轉移，面塵足熱躰無澤，所生頭疼連銳眦，缺盆腫痛並兩腋，馬刀挾癭生兩旁，汗出振寒痎瘧疾，胸脇髀膝至胻骨，絕骨踝痛及諸節。

足少陽膽經補、瀉、溫、涼，報使引經藥性。補：當歸、山茱萸、酸棗仁、五味子、諸酒、胡椒、辣菜、雞肉、益智子、黃芪、甘草。瀉：柴胡、青皮、黃連、白芍、川芎、木通、澤瀉。溫：乾薑、生薑、肉桂、陳皮、半夏。涼：黃連、黃芩、柴胡、竹茹、龍膽草。報使引經：柴胡，川芎行上，青皮行下。

足厥陰肝經：十五六。

厥陰足脉肝所終，大指之端毛際叢，足跗上廉太冲分，踝前一寸入中封，上踝交出太陰後，循膕內廉股陰毛，環繞陰器抵小腹，挾胃屬肝絡膽連，上貫膈裏布脇肋，俠喉項顙目系同，出額上巔會督脉；支者還生目系中，下絡頰裏環脣內，支者別貫膈肺通。是經血多氣少焉。是動腰疼俛仰難，男疝女人小腹腫，面塵脫色及咽乾。所生病者為胸滿，嘔吐洞泄小便難，或時遺溺並狐疝，臨症還須子細看。

足厥陰肝經補、瀉、溫、涼，報使引經藥性。補：木瓜、阿膠、沙參、薏苡仁、芡實、胡黃連、龍膽草、酸棗仁、五加皮、青梅、猪肉、羊肉、雞肉、諸酒、諸醋。瀉：橘葉、青皮、川芎、白芍、柴胡、前胡、青黛、欵冬花、犀角、蔞蕤、吳茱萸、秦皮、黃連、黃芩。溫：木香、肉桂、半夏、肉豆蔻、陳皮、檳榔、蓽撥、吳茱萸、楊梅、桃子、杏子、李子。涼：鱉甲、甘菊花、草決明、車前子、三稜、蕪荑、黃連、黃芩、龍膽草、柴胡、羚羊角、胡黃連。報使引經：柴胡，川芎行上，青皮行下。

明・楊崇魁《本草真詮》卷下三集 十二經水火分治歌 肝膽由來從火治，三焦包絡都無異。脾胃常將濕處求，肺與大腸同濕類。腎與膀胱心小腸，寒熱臨時旋商議。惡寒表熱小膀濕，發熱表寒心腎熾。十二經最端的，四經屬火四經濕。四經有熱有寒時，攻裏解表細消息。裏熱裏寒宜越竭，表熱表寒宜汗釋。濕同寒火同熱，寒熱到頭無兩說。六分分來火熱寒，寒熱中停真浪舌。熱寒格拒病機深，亢則害兮承迺制。緊寒數熱脉正邪，標本治之真妙訣。休治風休治燥，治得火時風燥了。當解表時莫攻裏，當攻裏時莫解表。表裏如或兩可攻，後先內外分多少。治濕無過似決川，此個筌蹄最分曉。感軒岐萬世恩，爭奈醯鷄笑天小。

明・龔居中《萬壽丹書》卷五《臟腑篇》 心虛 忌升散、苦寒、辛燥、破氣：升麻 柴胡 細辛 川芎 防風以上升散 山梔 黃連 黃芩 香茗以上苦寒 乾薑 吳萸 生薑 薑黃 半夏 南星以上辛燥 青皮 枳寔 枳殼 厚朴 檳榔 牽牛以上破氣 宜補血，酸斂，佐以鹹寒：生地黃 龍眼肉 五味子 上人參 白茯苓 金石斛 酸棗仁 石菖蒲 栢子仁 丹參 白茯神 遠志肉 大甘草 丹砂 炒鹽

心寔即寔火寔熱，譫語，舌破，煩燥，自哭，發狂。 忌補斂、升、熱、溫燥：人參 黃芪 人胞 鹿茸 肉桂 五味以上補斂 升麻 柴胡以上升 天雄 附子 蘆巴 桂枝 麻黃 仙茅 硫黃 胡椒 乾薑 吳萸 川椒 燒酒 大蒜以上熱 半夏 南星 白朮 蒼朮 防風 藁本 細辛 蓽撥 草豆蔻 肉豆蔻 白豆蔻以上溫燥 宜降火清熱，苦寒以折之，辛寒以散之，甘寒以緩之，鹹寒以潤之：川黃連 真犀角 白石(恙)〔膏〕 真丹砂 牡丹皮 澄滑石 生甘草 麥門冬 淡竹葉 童便 便結燥，加：芒硝、大黃。發狂亦如之。【略】

肺虛 忌補氣、升散、辛燥、溫熱：人參 黃耆以上補氣 麻黃 紫蘇 前胡 柴胡 升麻以上升散 半夏 南星 白朮 蒼朮以上辛燥 官桂 附子 天雄 胡椒 蒜 薑以上溫熱 宜清熱、降氣、酸斂、潤燥：天門冬 麥門冬 川貝母 新百合 川百部 桑白皮 家蘇子 枇杷葉 五味子 肥杏仁 五倍子 蜜 梨 柿 肺虛無熱有寒者宜服：乾薑 五味子 胡桃肉 好人參 陳麻黃 肥杏仁 白前胡 廣陳皮 大半夏 紫菀 肉桂心 鍾乳粉 生薑

肺實 忌斂濇、補氣、升、燥、熱、酸、鹹：五味 烏梅 訶子 粟殼 白果以上斂濇 人參 白朮 蒼朮 黃耆以上補氣 升麻 柴胡以上升 半夏

南星　烏藥　香附　防風　猪苓　澤瀉以上燥　官桂　附子　天雄　乾薑　吳茰以上熱　醋鹽三味酸鹹　宜降氣、潤、甘寒、苦寒佐以辛散：　紫蘇子　枇杷葉　桑白皮　栝蔞根　肥杏仁　香前胡　白前胡　鮮知母　車前子　白石(羔)〔膏〕　枯黄芩　川貝母　天門冬　桑黄【略】

肝虚　忌收斂、破氣、升散、苦寒、下：　烏梅　五味　芍藥　醋　黄耆　白朮　蒼朮以上收斂　青皮　枳寔　枳殼　厚朴　檳榔　牽牛　蓬茂以上破氣　升麻　柴胡以上升散　黄芩　黄連　黄栢　山(枝)〔梔〕　膽草以上苦寒　大黄　芒硝以上下　宜辛散、甘緩：　大當歸　淮地黄　甘菊花　大甘草　胡麻仁　穀精草　決明子　白蒺藜　羊牛兔肝　因鬱而虚者宜：　北細辛　南木香　決明子　縮砂蜜　沉水香　大川芎　廣陳皮　香附子　生薑　牛羊兔肝

肝實　忌補氣、升、酸斂、辛熱、辛溫、燥：　黄耆　鹿茸　人胞　人参　白朮　蒼朮以上補氣　升麻　防風以上升　五味　烏梅　醋以上酸斂　麻黄　硫黄　藁本　官桂　附子　天雄　燒酒　蒜　胡椒以上辛熱　乾薑　生薑　當歸　細辛　桂枝以上辛溫　半夏　南星　天麻以上辛燥　宜清熱、降風、苦寒、辛寒、甘寒、酸寒：　廣橘皮　花青皮　川黄連　龍(貼)〔膽〕草　北柴胡　白芍藥　枯黄芩　紫蘇子　生甘草　真青黛　甘菊花　胡黄連　車前草　生地黄　羚羊角【略】

脾虚　忌下、降泄，大忌破氣、苦寒，復忌燥：　大黄　山梔　知母　巴豆　牽牛　薑黄　芒硝　礞石　商陸　烏桕根皮以上下　天冬　花粉　石(羔)〔膏〕　滑石　葶藶　瞿麥　生地以上降泄　青皮　枳寔　枳殼　厚朴　檳榔　三稜　蓬茂以上破氣　黄芩　黄連　黄蘗　槐花以上苦寒　半夏　南星　猪苓　澤瀉　木通以上燥　宜甘溫、甘辛：　好人參　大棗肉　酸棗仁　白芍藥　山薯蕷　炙甘草　蓮子肉　白茯苓　白扁豆　芡寔肉　佐以縮砂仁、橘紅、白豆蔻。

脾寔即濕熱邪。　忌濕潤、收濇、滯膩、熱、鹹、甘：　當歸　蓯蓉　天冬　麵　糟　酒以上濕潤　烏梅　五味　白果　肉蔻　粟殼　亞芙蓉　訶子以上收濇　猪脂　羊肉以上滯膩　天雄　附子　乾薑　肉桂　吳茰　蓽撥　胡巴以上熱　鹿茸　食鹽以上鹹　人参　黄耆　甘草　飴糖　蜂蜜　大棗以上甘　宜除濕清熱、利便、辛散、風燥、苦寒：　川黄連　製蒼朮　山梔仁　結猪苓　新澤瀉　白滑石　車前子　赤茯苓　舊枳寔　白荳蔻　防風肉　乾葛粉　玄明粉　豆豉【略】

腎虚即腎水真陰不足。　忌升、破氣、辛燥利水、溫熱、補命門火：　升麻　柴胡以上升　青皮　枳殼　枳寔　厚朴　檳榔　牽牛以上破氣　半夏　南星　二朮　猪苓　澤瀉　瞿麥　滑石以上辛燥利水　生薑　乾薑　吳茰　附子　天雄　硫黄　官桂以上溫熱　仙茅　巴戟　葫芭　人參　故(芷)〔紙〕　鹿茸　人胞以上補命門相火　宜滋陰、潤，生精補血、除熱，甘寒、酸寒、苦寒、鹹寒：　熟地黄　胡桃肉　炒黄栢　牡丹皮　枸杞子　五味子　人乳汁　肉蓯蓉　清河参有肺熱者忌之。　地骨皮　炒知母　金石斛　牛膝肉　嫩鹿茸　山茱萸　栢子仁　車前子　青蒿子　麥門冬　淮山藥　白膠香　虎頭骨　菟絲子　真丹参　五加皮　川續斷　厚杜仲　川萆薢　補骨脂　沉水香　沙苑蒺藜　芡寔肉　牡蠣粉　桑螵蛸　敗龜板　海狗腎　狗脊　真瑣陽

腎無寔，故無瀉法。

命門虚即元陽真火不足。　忌泄下、辛寒苦寒、淡滲、發散、燥、破氣、補腎水苦寒：　大黄　巴豆　芒硝以上泄下　石(羔)〔膏〕　山梔以上辛寒苦寒　猪苓　澤瀉　瞿麥　木通以上淡滲　麻黄　紫蘇　柴胡　前胡　防風　荊芥以上發散　二朮　南星　半夏以上燥　青皮　枳殼　枳實　厚朴　檳榔　牽牛以上破氣　黄蘗　知母　生地　天冬以上補腎水苦寒藥　宜益真陽之氣，甘溫、鹹溫，佐以甘熱酸斂：　嫩鹿茸　白膠香　山茱萸　女紅鉛　肉蓯蓉　菟絲子　枸杞子　覆盆子　清河参　五味子　巴戟天　大附子　真仙茅　陽起石　海狗腎　蛇床子【略】

大腸虚　忌破氣、下、燥、熱：　青皮　枳殼　枳實　檳榔　厚朴　薑黄以上破氣　大黄　烏臼樹根皮　玄明粉　芒硝　礞石　巴豆　牽牛以上下　半夏　南星　二朮　防風　猪苓　澤瀉　羌活　獨活　防已以上燥　附子　乾薑　肉桂　吳茰以下熱　宜補氣、潤燥、甘溫、澁斂：　清河参　軟黄耆　麥門冬　五味子　白芍藥　炙甘草　蓮子肉　肉豆蔻　訶梨勒　五倍子　罌粟殼

大腸實　忌補斂、燥、熱：　白朮　蒼朮　人参　黄耆　烏梅　五味以上補斂　半夏　南星以上燥　桂枝　麻黄　附子　天雄　胡椒　火酒　大蒜以上熱　宜潤下、苦寒、辛寒：　生地黄　二麻仁　板桃仁　川黄連　條黄芩

淨槐花　川大黄　白石膏　鮮知母　舊枳殻　郁李仁【略】

三焦虚　忌破氣、降，復忌升發、苦寒：青皮　枳殻　枳寔　厚朴　檳榔以上破氣　石膏　知母　蘇子　鬱金　降香以上降　升麻　柴胡　前胡　紫蘇　麻黄以上升發　山梔　黄芩　黄連　黄蘗以上苦寒　宜補中益氣，佐以辛溫：好人參　軟黄耆　雲白术　益智子　黑沉香　五味子　炙甘草

三焦寔　忌補斂、升、燥熱：人參　黄耆　白朮　蒼术　五味　烏梅　益智　訶子以上補斂　升麻　柴胡　防風以上升　半夏　南星　麻黄　桂枝　附子以上燥熱【略】

小腸虚　忌破氣、辛散、燥、熱：青皮　枳殻　枳寔　厚朴　檳榔以上破氣　麻黄　紫蘇　柴胡　前胡　防風　荊芥以上辛散　半夏　南星　白术　蒼术以上燥　官桂　吳萸　附子　乾薑　天雄以上熱　宜補氣、甘溫、酸溫：好人參　軟黄耆　五味子　山茱萸　麥門冬　金石斛　若氣虚遺尿加：牡蠣粉　益智子　金櫻子　白龍骨

小腸寔　忌斂澁、補氣：五味　烏梅　龍骨　牡蠣　訶子　益智以上斂澁　人參　白术　蒼术　黄耆以上補氣　宜通劑淡滲、苦寒、甘寒、鹹寒：車前子　白茯苓　川木通　生甘草　川黄蘗　鮮知母　條黄芩　牛膝肉　麥門冬　生地黄　川黄連　童溺【略】

膀胱虚　忌破氣、燥，又忌利小便藥：青皮　枳殻　枳寔　檳榔　牽牛以上破氣　半夏　南星　猪苓　澤瀉　二术　防風　羌獨活以上燥　宜補氣、酸斂：清河參　五味子　山茱萸　益智仁　金櫻子　川續斷

膀胱寔　忌燥、熱、收濇：半夏　南星　二术以上燥　桂枝　麻黄　附子　吳萸　椒　蒜　火酒以上熱　龍骨　益智　金櫻子以上收濇　宜潤、淡滲：鮮知母　川黄栢　車前子　川木通　澄滑石　瞿麥　赤茯苓　新澤瀉【略】

胃寔　忌升、補斂、辛溫、燥、熱、濕熱：升麻　柴胡　防風以上升　人參　黄耆　白术　蒼术　五味　肉蔻　烏梅　醋以上補斂　芎藭　白芷　生薑以上辛溫　半夏　南星以上燥　桂枝　麻黄　附子　天雄　硫黄以上熱　蓯蓉　南麪　糟　酒　犬羊猪鵝等肉以上濕熱　宜下，如邪未結宜清熱發散，苦寒、辛寒、甘寒：川大黄　舊枳寔　鮮知母　白石膏　麥門冬　生甘草　淡竹葉　乾葛根　大青　小青　青黛　苧根　鹽　連翹

胃虚　忌下、破氣、泄降苦寒、燥、熱：大黄　芒硝　巴豆　牽牛　玄明粉以上下　青皮　枳殻　枳寔　檳榔　厚朴　薑黄以上破氣　山梔　黄芩　黄連　黄蘗　知母　天冬　花粉　百部　栝蔞仁　槐花　茗以上泄降苦寒　羌活　獨活　防己　半夏　南星　防風　猪苓　澤瀉以上燥　天雄　附子　肉桂　麻黄以上燥　宜益氣、甘淡、甘平、酸：好人參　白茯苓　金石斛　宣木瓜　麥門冬　廣橘皮　雲白术　白扁豆　兼寒加：老生薑　白豆蔻　縮砂蜜　兼熱，加：白竹茹　枇杷葉　薏苡仁【略】

膽虚　忌汗、吐、下、苦寒、破氣、過燥：麻黄　桂枝　生薑　前胡　紫蘇以上汗　山梔　瓜蒂　參蘆　鹽湯以上吐　大黄　芒硝　巴豆　牽牛以上下　知母　黄芩　黄連　黄栢以上苦寒　青皮　枳殻　枳寔　厚朴　檳榔以上破氣　南星　二术以上過燥　宜甘溫、甘平、酸斂，佐以微辛：酸棗仁　白芍藥　穀精草　決明子　木賊草　大甘草　淡竹葉　白竹茹　好人參　當歸身　廣陳皮

膽寔　忌汗、吐、下：麻黄　桂枝　羌活　獨活　生薑以上汗　梔子　參蘆　蝦汁　瓜蒂以上吐　大黄　芒硝　枳寔以上下　宜和解，辛寒、甘寒、苦寒、辛溫：北柴胡　條黄芩　大半夏　老生薑　生甘草　廣橘皮　龍膽草

清・祁坤《外科大成》卷一　十二經補瀉藥品

手少陰心經　補：當歸、生地黄、茯神、遠志、酸棗仁、麥門冬、栢子仁、山藥、蓮肉、圓眼肉、人參、紅藍花。瀉：黄連、枳實、木香、貝母、天竺黄、鬱金、赤茯苓、玄胡索。溫：石菖蒲、藿香、沉香、木香、桂枝、麻黄。涼：連翹、丹參、石蓮子、(枝)〔梔〕子、犀角、牛黄、硃砂、石膏。引經：獨活、細辛、燈心、圓眼。

手厥陰心包經　補：人參、黄耆、肉桂、沉香、菟絲子、破故紙。瀉：大黄、朴硝、(枝)〔梔〕子、烏藥。溫：大附子、肉桂、乾薑、沉香、川芎、白荳蔻、栢子仁、烏藥。涼：黄連、(枝)〔梔〕子、丹皮、柴胡、薄荷、滑石。引經：柴胡桂佐之、川芎、青皮。

手太陽小腸經　補：石斛、牡蠣、甘草稍。瀉：木通、赤茯苓、車前子、紫蘇、羌活、藁本、檳榔、大黄、瞿麥。溫：巴戟天、茴香、烏藥、砂仁、益智仁。涼：滑石、木通、(枝)〔梔〕子、茅根、車前子、猪苓、澤瀉、芒硝。引

經： 羌活、藁本、黃栢。

足厥陰肝經 補： 當歸、熟地黃、酸棗仁、阿膠、木瓜、沙參、薏苡仁、枸杞子、菟絲子、山茱萸、白朮、蓮肉、甘草、蒺藜。瀉：白芍藥、赤芍藥、柴胡、青皮、枳實、青黛、羌活、木賊、甘菊、蒲黃、桃仁、蔓荊子、常山、五靈脂、益母草、前胡。溫： 木香、肉桂、香附子。涼： 黃連、黃栢、胡黃連、龍膽草、草決明、牛黃、羚羊角、車前子、甘菊花、地榆。引經： 川芎行上、青皮行下、柴胡、烏梅。

足少陽膽經 補： 當歸、酸棗仁、山茱萸、五味子。瀉： 柴胡、青皮、黃連、白芍藥、川芎、貝母、瓜蔞、鈎藤、天竺黃。溫： 乾薑、肉桂、陳皮、半夏。涼： 黃連、黃芩、柴胡、竹茹、甘草。引經： 川芎行上、青皮行下、柴胡。

足太陰脾經 補： 人參、白朮、茯苓、甘草、白芍藥、山藥、蓮肉、白扁豆、木瓜、蒺藜、當歸、黃耆、薏苡仁、芡實、陳皮、大棗、圓眼肉。瀉： 枳實、大腹皮、山查、麥芽、神麯、半夏、南星、檳榔、三稜、萊菔子、升麻、防風、石膏、猪苓、玄胡索、桑寄生。溫： 砂仁、白荳蔻、藿香、破故紙、黑乾薑、官桂、大附子、蘇葉、肉果、木瓜、蒼朮、吳茱萸、丁香。涼： 黃連、玄明粉、竹瀝、連翹、大黃。引經： 白芍、麻黃、大棗、蓮肉。

足陽明胃經 補： 人參、白朮、黃耆、石斛、山藥、蓮子、芡實、薏苡仁、糯米、白糖。瀉： 枳實、厚朴、大腹皮、前胡、三稜、莪朮、檳榔、大黃、石膏、礞石。溫： 肉桂、肉果、大附子、砂仁、藿香、半夏、蒼朮、白荳蔻、川芎、香附、乾薑。涼： 葛根、知母、石蓮子、(枝)〔梔〕子、滑石、竹茹、胡黃連。引經： 葛根、升麻、白芷。

手太陰肺經 補： 人參、沙參、黃耆、麥冬、阿膠、五味子、紫(苑)〔菀〕、百部、知母、欵冬花、木瓜、山藥、茯苓、蒺藜。瀉： 防風、蘇梗、羌活、前胡、生薑、桑白皮、蘇子、橘紅、石膏、杏仁、貝母、瓜蔞、南星、枳殼、薄荷、白芥子、白芍、玄胡索、葶藶、鼠粘子、萊菔子、香薷、荊芥。溫： 乾薑、生薑、半夏、白荳蔻、縮砂、木香、藿香、桂枝、香附、麻黃。涼： 枯芩、竹葉、竹瀝、童便、羚羊角、馬兜鈴、山梔、天門冬、玄參、桔梗、藕節、枇杷葉、玄明粉、地骨皮。引經： 白芷、升麻、葱白、生薑。

手陽明大腸經 補： 蓮肉、糯米、白砂糖、薏苡仁、粟殼、木香、肉荳蔻、龍骨、牡蠣。瀉： 大黃、芒硝、枳實、桃仁、檳榔、葱白、麻仁。溫： 人參、乾薑、半夏、肉桂、吳茱萸。涼： 黃芩、槐花、大黃、地榆、胡黃連、連翹、石膏、秦艽。引經： 葛根、升麻、白芷。

足少陰腎經 補： 杜仲、菟絲子、蒺藜、破故紙、山茱萸、山藥、石斛、巴戟天、人參、白朮、當歸、熟地、枸杞、五味、牛膝、龜板、淫羊藿、何首烏、鱉甲、鹿茸、鹿角、龍骨、牡蠣、續斷、肉蓯蓉、韭子、覆盆子。瀉： 澤瀉、猪苓、知母、玄胡索、甘草、茯苓、木通。溫： 大附子、桂心、破故紙、黑乾薑、縮砂、仙茅、沉香。涼： 黃栢、知母、丹皮、天門冬、地骨皮、山梔、玄參、竹瀝。引經： 獨活、肉桂、牛膝、鹽、酒。

足太陽膀胱經 補： 龍骨、續斷、益智仁、橘核。瀉： 猪苓、澤瀉、滑石、車前子、木通、瞿麥、茯苓。溫： 茴香、烏藥、沉香、山茱萸、桂枝、麻黃、縮砂。涼： 膽草、石蓮子、防風、羌活、蔓荊子、茵陳、葶藶、大黃、黃栢、石膏。引經： 藁本、羌活、黃栢。

手少陽三焦經 補： 人參、黃耆、白朮、藿香。瀉： 柴胡、枳殼、枳實、青皮、山茨菰。溫： 大附子、厚朴、乾薑、沉香。涼： 連翹、滑石、膽草、地骨皮。引經： 柴胡、川芎、青皮。

散品 凡藥之性輕虛者，諸臟腑皆能發散，是以不屬經絡也。羌活、獨活、升麻、防風、荊芥、細辛、藁本、麻黃、秦艽、防己、牛蒡子、香薷、夏枯草、山荳根、五靈脂、射干、青蒿、葱白頭、漏蘆、蟬退。

走品 凡藥之體重濁者，諸臟腑皆能走瀉，是以不屬經絡也。川烏、草烏、三稜、莪朮、威靈仙、川山甲、葶藶、海藻、昆布、五加皮、撫芎、常山、青黛、巴荳、益母草、桑寄生。

清・李熙和《醫經允中》卷一七 各經用藥說 《賈子》有言： 古之聖人，不居朝廷，必居醫卜之間。醫可賤簡為哉？《本草》一書，固醫家之耰鋤弓矢也，名不覈則悞取，性不明則悞施，經不辨則悞入。悞者在幾微之間，而人之生死壽夭係焉，可不慎歟！ 王宇明云： 藥之為用大矣，神而明之可以起死回生，昧而投之反為求生而速死。或病在藏而悞攻其府，則隔靴搔癢，猶之可也；或病在府而悞攻其藏，則引賊入門，為害不淺矣。 愚各經用藥說，亦補偏救弊之微言，併録以就正。

肝經用藥說 《經》云肝主筋，又云肝藏血。若肝血一枯，則周身之筋脉將何恃以為之舒展耶？奈何司命者徒知伐肝平肝，而不知有補肝之說也。心血用藥說：《經》云心藏神，又云心生經。則知養心者，當以養血為主；而養血又當以補氣為先。血主濡之，故血藥多用濡潤，一切瀉火等劑，雖用以瀉內火，實以易泄心氣。又如發汗太過，則心液為之動搖，症中有必欲瀉火，必欲汗者，務須斟酌用之，不可過也。脾經用藥說：許學士云補腎不若補脾，誠有見乎！脾為後天之主，脾健運則四藏皆華，而百病不生。《經》云：安穀者昌。又脾喜甘溫，補中益氣是也。若夫枳殼、厚朴等劑，不過暫用以平其有餘之土耳。苦寒攻伐之藥，顧可肆行無忌乎哉？肺經用藥說：《經》云肺主氣，又云肺苦氣上逆。又云肺主皮毛，肺氣敗，則皮毛先稿。則知順氣正所以保肺，而溫肺正所以固氣也。氣主煦之，故藥當用溫煦，一切涼肺、瀉肺、破氣等劑，或不得已而暫用之，非所以治本也。腎經用藥說：孫真人云補脾不若補腎，誠見于腎水為天一所生，乃生人立命之本也。《經》云腎藏精，故藥宜用溫平，六味丸之類是也。至如桂、附、胡蘆巴等助火壯陽，專為虛寒者設耳，非謂服此可以縱欲也。而一切濇精藥亦非所宜。寒涼藥說：世之醫者，往往喜用寒涼，殊不知寒涼之品，最能傷胃。雖一時未形其害，而潛耗默損，已成厲階。《經》云：用寒遠寒。又云：陽精所降，其人夭。古人諄諄訓誡者何為耶？而顧欲旦暮用之而不悔耶？辛熱藥說：大凡辛甘大熱之藥，用之而當，固能回陽，用之不當，最能損陰。《經》云：用熱遠熱。又云：壯火食氣，少火生氣。可見溫平可用，而大熱藥之當慎也。表藥說：凡發表之藥，多用辛散。《經》云：汗不宜奇。又云：辛走氣，不但麻黄走表之暴而烈也，即如蘇葉、葛根、羌活、防風之類皆能漏泄真氣動血損精，豈可視為平常而泛用也？消導剋伐說：凡消導之藥大半皆屬苦溫，而剋伐之藥總是苦寒，苦寒傷胃，苦溫亦能消脾氣。《經》云：下不宜偶。又云：大積大聚，其可犯也，衰其半而止，過者死。蓋為喜行剋伐者下一箴也。吐藥說：《經》云：高者因而越之。蓋以邪停上脘，越之斯愈，誠治法也。而湧吐之藥，皆用酸苦，昔仲景有可吐不可吐之別，有如實見其可吐而吐之，誰曰不宜，但恐不可吐而悮吐之，勢必大耗真元，清陽擾亂，其在中氣不足者，尤宜慎焉。利水藥說：《經》云：脾惡濕。古云：健脾治濕，不利小便，非其治也。蓋以濕必生熱，濕必生蟲，種種作害，皆從濕起，利而去之，有何不可？然《本草》云：車前能利小便而不走真氣，與茯苓同功。外此一切利水藥皆有損無補可知矣。總之，五穀以養生，諸藥以治病。有病而服對症之劑，誠善也。若病已愈，而仍服之，則矯枉過正，亦病矣，而況乎悮用耶？故董思白先生謂神膏敷瘡靈丸，療疾非常之事，聖人不貴一毒妄攻，五兵莫慘，傷生之事，聖人慎之。故必精于其理，而後可以保生，可以濟世。不然，則貽禍耳，造孽耳，豈得為仁術哉？

清·陳士鐸《洞天奥旨》卷四　瘡瘍不必隨經絡用藥論　瘡瘍之生，宜分經絡，既有經絡，烏可不分哉？吾以為不必分者，以瘡瘍貴在去其火毒，不必逐經逐絡而用藥也。以瘡瘍之生有經絡之分，而用藥之妙，單以消火毒為主，以火毒去而瘡瘍自失，經絡不必分而自分也。試思解火毒之藥，不外金銀花與蒲公英之類，若必隨經隨絡而分之，亦鑿之甚矣，用藥胡可雜哉？

鐸又曰：瘡瘍之生，不在一處，若不分經絡，則五臟七腑何以清？頭面手足何以辨？不識不知，何所據以治痛癢哉？雖金銀花、蒲公英之類，皆可散消火毒，然無佐使之藥引之以達于患處，亦不能隨經而入之。是經絡之藥不可不用，亦不可竟用之耳。

清·李言恭《醫學秘笈》卷下　十二經病脉合考用藥彙劑第七　藥性所入之經，乃寒熱溫涼，升降補瀉，均在其中。

心病手少陰經　心氣不足，左寸浮滯細代。或健忘怔忡，心神恍惚，迷惑畏懼，常多驚。用甘草、人參、桂心、遠志、茯神、生薑補之。心血不足，左寸沉部虛弱。或狂言不寐，心煩不安，口舌生瘡，舌蹇難言，盜汗不止，多笑自喜。用生地、丹參、當歸、棗仁、柏仁、元肉補之，紅花少用，亦能生血。心火盛，左寸浮洪，甚則數促實大，中沉亦然。或狂亂昏迷，瘡瘍痛癢，坐臥不安，舌乾赤裂，失血吐衄。用黄連、生地、牛黄、天竺黄、皮硝、梔子、連翹、蓮子心瀉之。心神散亂，左寸浮散。言語錯亂，夢魂飄蕩，無事言有見神見鬼，乍靜乍動。用五味子收之，龍骨、硃砂、珍珠、琥珀鎮而安之。心氣鬱而不舒，左寸浮小而短。抑鬱憂愁，若有所亡而不可得。用石菖蒲、木香、麝香散之。痰入心，左寸滑而實。狂言妄語，昏不知人。用牛黄、橘皮、貝母、半夏降之。敗血入心，左寸牢實而濇。神昏不語，或為狂亂，心中刺痛。用血竭、琥珀、生地、鬱金、丹參、丹皮、赤芍、桃仁、三七、乳香、沒藥、紅花破之。風入心，左寸浮動。或舌戰難言，或舌癢，或自覺心跳動。用細辛、荊芥、全蠍驅之。水上凌心，左寸弦遲，或緩或緊，或伏不出。心動不安，如水在心。用茯苓、桂心逐之。寒氣入心，左寸緊遲而結。內自寒燥，戰兢不甯。用乾薑、桂心溫之。如有他病，他脉相兼，則兼用他藥，後皆倣此。

肝病足厥陰經　肝氣不足，左關浮滯濡細代，無力舉動。多自驚而不寐，或脇肋痛欲人按，多怒不已，失血不止，頭目眩暈而痛，動則更甚。用甘草、人參、天麻、枸杞補之。　肝血不足，左關沉部弱虛。失血不止，夜則發熱，盜汗，目眩不明，口渴筋急，肋痛，腰足痛，婦人經少。用當歸、白芍、熟地、枸杞、何首烏、五味、熟牛膝、栢仁、棗仁、棗皮、菟絲補之。　肝火盛，左關浮洪，甚則數促實大。目痛筋疼，口渴，痢疾，發熱盜汗，小兒急驚，吐衄下血，婦人血崩。用生地、黄連、龍膽草、羚羊角、丹皮、熊膽、苦茶、地骨皮清之。　肝氣散亂，左關浮散。多驚畏，寐多夢。用代赭石鎮之。　肝氣鬱而不升，左關沉伏，遲短而小。發熱惡寒，無汗，常不樂，頭眩，目不明。用柴胡、川芎、羌活、木香升之。　肝氣滯而不行，左關短而濇。四肢不舒，筋急而結，腹痛氣結，少腹胸肋脹滿，痢疾疝痛，飲食減少。用木香、青皮、香附行之。　肝受風，左關浮弦而實。發熱自汗惡風，抽搐，頭頂痛。用：　防風、荊芥、茶葉、薄荷、細辛、羌活、鉤藤、牙皂、全蠍、殭蠶、蘇葉、夏枯草、天麻驅之。　肝因受風，而木旺侮脾土，則右關亦弦，下利青色，吐青綠水。用沉香、肉桂、防風、羌活、柴胡醋淬、鐵水、杭芍、炙草以平之。　痰入肝，左關滑實。脇下痞硬而痛。用半夏、青皮、膽南星、枳實、牛黄、礞石降之。　敗血在肝不行，左關沉牢濇實。腹中有積塊硬痛，吐下血塊，痛仍不消，寒熱如瘧。用赤芍、桃仁、三稜、莪莁、桃奴、皮硝、大黄、䗪蟲、水蛭、生地、䖟蟲、當歸尾、川芎、丹皮、肉桂、乾薑、血竭、五靈脂、阿魏、紅花、蘇木破而行之。　輕則龜板、鼈甲、乳香、沒香消之。　水淩肝，左關沉弦而緩，或伏。身困，吐青水，筋急腹痛。用大戟、芫花逐之。　肝受寒，左關緊遲，或伏或結。腹痛堅硬，腰曲難伸。用吳萸、肉桂、乾薑溫之。因而侮土，右關亦弦遲緊結。下利青水，吐青綠水，治法同此溫之。

脾病足太陰經　脾氣不足，右關浮濡代細。飲食不消，口澹無味，身倦欲臥，有時發熱，有時腹滿喜按，微惡寒，下利清穀。用人參、白朮、炙草、炙耆、藊豆、山藥、黄精、飴糖補之。　脾受濕，右關緩或弦。下利清溏，水穀相兼，有時發熱，頭重而眩，有時惡寒，口流清水，或吐水。用蒼朮、白朮、茯苓導之。甚則四肢腫，以甘遂逐之。因時生痰兼飲者，用半夏、橘皮逐之。　脾火盛，右關浮洪，甚則數促實大。口乾而渴，身腹大熱，大便難。用土炒川連、生地、大黄、皮硝瀉之。因熱生痰，用黄連、半夏逐之。　脾寒，右關沉伏緊遲，或結。腹硬而痛，或下利清穀，手足冷，口中氣冷。用乾薑、肉桂溫之。　脾氣滯而不行，右關短濇沉伏。頭暈腹脹，微痛，下利失氣，飲食不思。用木香、厚朴、枳實、陳皮、香附行之。　抑而不升，以升麻、柴胡升之。　敗血壅脾，右關牢濇沉實。腹中有積塊痛，寒熱如瘧，口乾身困，婦人經不至，或下紫血。用赤芍、桃仁、歸尾、川芎、乳香、沒藥、鬱金破之。甚則用酒燒、大黄、皮硝下之。　風入脾，右關浮弦。手足肌肉有時自動，甚則抽搐，下利青色。用桂枝、柴胡、防風驅之。

肺病手太陰經　肺氣不足，右寸浮滯代細。喘咳氣促，淅瀝惡風，多自悲泣。用人參、黄芪、甘草、山藥、百合、白朮、蛤蚧補之。　肺津不足，右寸沉弱而虛。喘咳氣粗，心煩不安，鼻乾音啞，皮毛枯滯，面色不潤。用阿膠、五味、麥冬、天冬、沙參、花粉補之。　肺火盛，右寸浮洪，或數促實大。喘咳口渴，痰稠帶血，甚則吐衄血。用黄芩、天冬、麥冬、桑皮、連翹、梔子、貝母、花粉清之。　因而生痰，用貝母、橘皮、旋覆花破之。　肺受寒，右寸遲緊而沉結。毛豎皮縐，喘咳不已，惡寒戰慄，胸中刺痛，嘔吐水沫。用白蔻、乾薑、紫(苑)〔菀〕、款冬花、百部、藿香溫之。　肺氣上逆，右寸浮大而滑。喘咳胸滿，咽下氣阻，上冲不下。用：　前胡、蘇子、磁石、訶子、沉香、靈砂降之。　肺氣壅滯而不行，右寸沉伏而實，或濇。胸中脹滿微痛，呼吸難通。用：　陳皮、枳殼、桔梗、木香利之。　因而水停不化則生飲喘滿流涎，輕用茯苓、杏仁、半夏導之；重則喘而胸腫用：　葶藶、白牽牛下之。　敗血入肺，右寸沉濇牢實。呼吸難，喘咳引胸痛，或咳出紫血。用鬱金、川芎破之。既破，用兜鈴、阿膠止之。　肺受風，右寸浮大而弦實。喘咳音粗重，皮毛惡風。用蘇葉、麻黄絨、葛根、薄荷驅之。

腎病足少陰經　腎中命門真火不足，尺虛小微代，或弱或短或滯。小便自遺不禁，大便子時後作瀉，精寒陽痿，手足冷，心中寒戰，與腹臍冷痛。用人參、鹽炒黄耆、補骨脂、胡蘆巴、巴戟天、肉桂、大茴香、附子、枸杞、鹿茸、蛤蚧、韮子、胡桃仁、丁香、沉香、硫黄、杜仲、蘄艾溫而補之。　腎中真水不足，左尺浮散而沉弱虛代細微。遺精消渴，口燥咽乾，身熱骨痛，身躁不甯，婦人血崩，或經閉不孕。用熟地、黃柏、知母、鹿茸、龜板、肉蓯蓉、枸杞、菟絲、阿膠補之。　腎中客水不行，左尺沉弦伏結。白濁，小腹脹，或腫兩足。用車前、澤瀉行之，甚則黑牽牛逐之。　腎中精血滯而不行，兩尺沉牢而濇。或為白帶，或為血崩，少腹内有積塊疼痛，小便淋痛。用：牛膝、琥珀、沉香、龜板破之。　腎受風寒，兩尺浮弦。少腹急痛，婦人下清血水。用川烏、細辛散而溫之。

包絡病手厥陰經，亦名膻中。　包絡為心之府，内傷之病，初起心不受而先傷包絡。法宜治之，以培其主，主旺而奴自安矣。外感之邪，先入包絡，久乃入心，宜早治之，使不入心。大法與心病同治。　心絡脉在左手，心脉之浮部輕手取之，而皮上即應手者，為包絡有病。否則無病。然較諸榮部稍沉，以榮脉在左寸皮面，包絡脉在皮中肉外也。肉中則為心之浮矣。　包絡氣虛血虛，一切病俱以心病治法治之，已詳於心病中。古人已言之，茲故不贅。

膽病足少陽經　膽為肝之府，内傷之病，肝不受，先傷膽，宜先治肝，肝旺而膽自安矣。外感之病，先入膽，久乃入肝。宜早治膽，使不入肝。茲乃專以外感論之，以内傷之法已詳於肝病中也。　膽受風寒，初在經絡，漸乃入肝之本府。其脉在左關浮部，皮下肉外浮弦，或緊或遲。在經則寒熱往來，諸瘧症皆然。用生薑、柴胡溫而散之。入膽之府，則風寒變而生痰轉熱矣。今詳其脉症如左。　膽火盛，則浮洪或數，生痰則滑而實。喜嘔，口苦，痰火相兼也。宜黃連、半夏。耳聾目眩，火盛也，宜黃芩。咳則火上冲肺也，宜五味斂之。口渴，火溢於胃也，宜花粉清之，甚則目多熱，結核，耳痛，火旺之極也，宜猪膽汁、炒黃連、酒芩瀉之，竹茹、竹瀝清之。痰盛同此。或用黃連、半夏合用之。

胃病足陽明經　胃為脾之府，内傷之病，脾初不受，先傷於胃。宜先治脾，脾旺則胃自安矣。外感之病先入胃，飲食不止傷胃，久乃傷脾。宜早治胃，使不傷脾。内傷之法已詳於脾病中。外感之邪與飲食之傷，茲特詳之。

胃受風寒，初受經絡，漸乃入胃之本府。其脉在右關，皮下肉上浮弦，或遲或緊。在經則發熱自汗，額眉頭痛，背惡寒。用升麻、葛根、生薑散之。入胃之府，則嘔吐青黃痰沫，下利涎痰，寒則水穀相兼，用防風、升麻、葛根平之，炮薑、藿香、丁香溫之。　胃火盛，右關浮洪，或數促而大。口渴喜冷，發熱自汗，不惡寒，心煩不甯，大便硬，或不通，或下利清水而小便難，色黃，口大渴，或譫狂昏不知人。輕用知母、石膏、竹葉、生地清之，重用黃連、皮硝、大黃下之。　胃傷食不化，右關浮實而滑，或沉而牢實濇大。腹滿硬痛，肌熱，自汗，頭痛。用枳實、厚朴、草菓、檳榔、麥芽、山查、神麯、廣皮化之。因而口渴，用大黃、皮硝下之。如傷生冷之食，用巴豆、乾薑下之。以其不渴，故知也。食化下後，乃用補之以養胃之藥，有熱口渴，用人參、白朮、山藥、扁豆、薏仁、芡實、蓮子、黃連，補而生津以止渴。有寒腹痛，用人參、白朮、炙草、肉桂、乾薑、丁香、白蔻補而溫之。　胃有蓄血，右關沉濇而牢。狂譫頭汗身熱，大便反易而黑，用桃仁、䗪蟲、大黃、皮硝下之。　胃氣不行，因而水停不化，右關浮緩，或沉緩而伏。口吐清水，下利清水，或有水聲在腹内自鳴，輕用蒼朮、茯苓導之，重用甘遂逐之。若濕熱久而生蟲，時痛時止，亦吐清水，用雄黃、烏梅、吳萸、花椒制之。　胃氣下陷，右關沉伏。不思飲食，或下利，小便多，用升麻、薄荷升之。

小腸病手太陽經　小腸與心相表裏，然小腸之上口，即胃之下口，仍本乎胃之氣血者也。胃屬土，而心屬火，則小腸乃土中有火之物，其運穀食，以入大腸者，火之力也；其分利水以入膀胱者，土之功也。火不足則不能運穀食，土不足則不能分利。然火太盛則土燥而血虛，不能分利水矣。土太過則氣滯而食凝，亦不能運穀食矣。此太過不及之病，為小腸之正病，今特詳之。

小腸脉在左尺，皮内肉外，與膀胱脉不異，以二府之氣相通，故可不分也。此病則彼亦病，第所從來有心胃腎之分耳。如心移熱於小腸，而火太盛，其脉浮洪或數促，則小便赤而難，或病或溺血，宜先清心火，乃用木通、澤瀉、滑石、車前、梔子、赤苓、生地以瀉之。如心移熱於小腸，而火不足，其脉浮緊，或濡或遲或結，則穀食内滯，為下利完穀不化，以氣滯而無火也，用肉桂、丁香、沉香、附子、乾薑溫之。如土不足，因胃弱所致，其脉浮弦，或虛或細數，則水不外泄，而走入大腸，下利寒水，清白色，腹痛，宜先補胃，乃用肉桂、沉香、木香、茴香，溫而開竅，以分其水。如土太燥，以胃熱所致，其脉浮洪或數促，則穀食不化，留滯生熱，而為熱痢赤色，大便後血，用大黃、黃連、金銀花、槐角、皮硝瀉之，亦先攻其胃熱也。兼有風燥者，則下血清淡，宜加荊芥、防風。兼濕變熱者，則血與水穀雜下，如蒼朮、黃栢，皆胃受風濕因而生熱，以傳本者也。一因心病，一因胃病，二者其病之本也。

大腸病手陽明經　大腸為肺之府，氣禀乎金。然亦自胃而來，亦不離乎土之氣，且與腎相近，則又因乎腎以為病，此大腸之病，言此三因也。因乎肺者，肺氣滯則上竅不通，而下竅亦閉，肺津乾燥，則大腸不潤，而傳化大便必不順利。因乎胃者，胃熱則金為土中之火所制，而大便燥結。胃寒則水穀不化，而下利寒滑，無土亦不能生金，自然瀉出胃所傳本之原物也。因乎腎者，腎開竅於二陰，腎火太旺，則無陰津以潤大腸，而大便澀滯，腎火虛則關門不固，而滑脱不禁，子時後作瀉。此三因者，治其本，而大腸自安。其法已見於肺、胃、腎病中。其大腸自病，則專治之。大腸燥熱，其脉在右尺，皮內肉外必浮洪，或數促實大。為大便燥結，或下血痢，熱病膿血相兼，小腹痛，用大黄、皮硝下之。因風燥而生熱者，用牙皂、白芷、荊芥、防風加而用之。因濕生熱，加蒼朮、炒黄柏、防己利之。熱久血結，加桃仁、牛膝、生地、鬱金破之。大腸虛寒，脉浮緊或遲，下利清冷，白痢寒病，失遺不禁，用肉蔻、訶子、補骨脂、肉桂、乾薑溫之。大腸氣滯不行，脉浮短而濇，或反沉滑。下痢，裏急後重，用枳殼、厚朴、木香、桔梗、檳榔利之。大腸氣虛下陷，脉沉細而短為脱肛，為遺失不覺之病，用升麻、葛根、柴胡升之。因熱者加地榆、五加歛之，因寒者以訶子、粟殼收之。

膀胱病足太陽經　膀胱為腎水之府，氣禀乎水。然自小腸傳化水來，則又因小腸以為病者有之。但水不化，入膀胱而下走大腸，乃小腸之病，非膀胱之病。惟水在膀胱，自脹滿而不出，或遺尿不禁、淋閉者，為膀胱之病也。其本在腎，腎水足則膀胱自傳送無病。腎水不足，則氣閉而熱。腎火不足，則水泛不固，而尿不禁也。治法以養腎為本，使腎中水火既濟，則自無膀胱之病也。其本府之病，則可專制之。膀胱氣滯熱鬱，如小便脹滿不行，其脉在左尺浮部，與小腸位同，必浮數，或滑或反沉伏。用猪苓、滑石、車子、木通利之。如小便數而少，欲去而艱難，為淋閉，亦以此法利之。如小便常遺失不禁不自知者，以肉桂、附子補腎中之火，人參固氣，加升麻、桂枝升之。如濕熱流注，而為白濁者，以牛膝、防己、茵陳利之。熱而尿黄者，以梔子、茵陳利之。以上府病。膀胱經病，則為傷寒中風，榮衛病。蓋膀胱之經絡，為周身之外藩，其大經上入頭頂，故傷寒中風，俱頭項強痛，惡寒惡風發熱也。中風則鼻鳴自汗，傷寒則喘而無汗。若其經為榮衛之交，風傷衛，其脉在右寸，皮面必浮緩。寒傷榮，其脉在左寸，皮面上必浮緊。以其經病，尚不入府，則病在榮衛也。中風用桂枝汗之，傷寒用麻黄為主汗之，自愈。若二邪相合，則合用之。而加石膏以清熱，其相助之法，詳於《傷寒論》中。若水停膀胱，則為入府，利其小便可也。若血結膀胱，小便利而少腹痛，用桃仁、大黄、皮硝破之可也。

三焦手少陽經　三焦不在五藏六府之內，而在十二經之中，乃腎中真火命門之府，與膀胱相對配者也。然非上中下三焦，乃上中下三焦之根本，其形在內腎之下，係是一團白膜，上承腎藏，下開精竅，在婦人則為子宮所係，在男子則為精宮所藏，下出精門，與膀胱之竅相依，而在大腸之前，此男子精門之原也。下生子宮，而出為產門，則婦人之所以受胎處也。診其脉在右尺命門浮部，與大腸脉位相同。婦人受胎，則其脉必有力，但男左女右有別，雖不獨診此，而此脉先見，則為有胎，久而分男女，則以左右尺之更為有力者分男女也。其為病，在男子則遺精疼痛，或強中，或陽痿，其本在腎，以治腎為主。在婦人則血崩，或赤白帶，或經閉，或損胎，或不能受胎，其病亦同在腎。而所由來者，又多惟五藏。別無他病，乃責在三焦。而專治之，蓋上焦、中焦、下焦乃此。三焦之枝苗，或升腎中之精氣以養五藏六府，或攝引五藏六府之氣血而入腎，以化為精血，以益其真氣，故此三焦為上中下三焦之根蒂，而為腎之府也。古名決瀆之官是也。今以本病言之，男子精滑不固，而陽先痿者，先補命門真火，用龍骨、蓮鬚、五味、牡蠣濇之。如不夢而失精，多屬火盛。非臨房而滑陽事先痿之比，不可補火，宜制其腎火，而乃用此濇之。若強中不痿，乃腎水大虛，宜補腎水。若莖中痛，乃陰虛火熾，亦宜制其火。如痛而似有所阻滯，乃敗精內結，宜牛膝、琥珀、沉香、麝香、皮硝破之。婦人胞中血滯，因而為崩為帶，或經閉不通，不能受胎者，其少腹必有硬痛之處，用牛膝、桃仁、麝香、皮硝、血竭、沉香、琥珀下之。若無硬痛，則非血結，乃腎虛也，宜補其本，其咎不在三焦也。附：上中下三焦其脉上焦在兩寸，中焦在兩關，下焦在兩尺。上焦病責在心肺，中焦病責在肝脾，下焦病責在兩腎。上中下三焦，俱氣滯血滯，則責在手少陽之三焦，而仍以治腎為本，兼治他藏。按：外科之病，皆在上中下三焦，而所因乃在藏府，故不言外科之病。

右所論列對症下藥之法，大旨不外於此。其有篇中所未備之異症，則當以脉參之，以症之相近者通之，亦不出此論所載之理也。察其致病之由，不外乎此，則按其藥而用之。蓋百變之病，雖難逆覩，而內傷七情，外感六淫，與此傷之飲食，抑折傷損，已備於論中矣。至於藥物之不常用者，雖不盡載，而比類以通之，則亦可加而用之，以助本藥之力。但須審其藥之為補為瀉，為寒為熱，能入某經，主氣主血，主升主降，乃與論中所及之藥相近，方可用也。但此論治病之法，止言本藏府之病，所謂見病醫病，直入本藏府者也。若兼有他經藏府之病，則宜兼用之。如心氣不足，用人參、甘草、桂心、遠志、茯神、生薑之類，是但心氣之不足也。倘或兼有肝血不足之病，則又宜兼當歸、白芍、熟地、枸杞等類，按其症而用之可也。如此則可以類推。又如一藏府中而兼二三病，則亦宜兼用之，如心血不足，而又有敗血入心，則補血破血之藥兼用之。按其兩條之病，而審其孰輕孰重，如血不甚虛，而敗血多，則補者少用，破者多用。如血本太虛，而敗血少，則補者多用，破者少用。如本藏府之病只有一條，而無他病，則不必兼他病之藥，恐夾雜而不效也。如病在一藏，而他藏無病，亦不必用他藏之藥，恐引入他藏，亦不效也。惟正虛之甚者，或補其母以生本藏，或補其子，以免再洩本藏。或制其尅本藏者，此補法之宜相兼也。然亦須以補本藏者為君，而其他為佐。邪實之甚者，或瀉其母，以清其源；或瀉其子，以導其流；或安其本藏之氣血，而後瀉其邪；此得法之宜兼者也。然亦須以洩其本藏之邪為君，而其他為臣，是則神而明之，變而通之者矣。能與人規矩，此對症下藥之。規矩也，不能使人巧，則又恐人之固執而不化也。然所謂巧者，亦不出乎規矩之內，善用規矩則巧矣。至於論中連載所用之藥，多寡不一，非一定全用也。病之輕者，用其一二。病之重者，多用數味。且其分兩輕重之間，亦必有君臣佐使焉，亦在臨機變化矣。

清・張叡《醫學階梯》卷二　肺經氣藥補瀉氣味之圖　《經》云：肺苦氣上逆。又云：肺欬之狀，欬而喘息有音，甚則唾血。凡療肺病，喘欬俱多，非保肺抑肺，溫肺清肺，即固氣理氣，平氣順氣。凡涼肺破氣之品，慎勿輕用。

肺經氣藥補瀉氣味之圖　《經》云：肺應皮。又云：肺主皮毛。故肺氣一敗，皮毛先絶。凡治肺家，須固氣為主。縱然疎降清潤，不過暫用。前圖未盡，故再列於此。

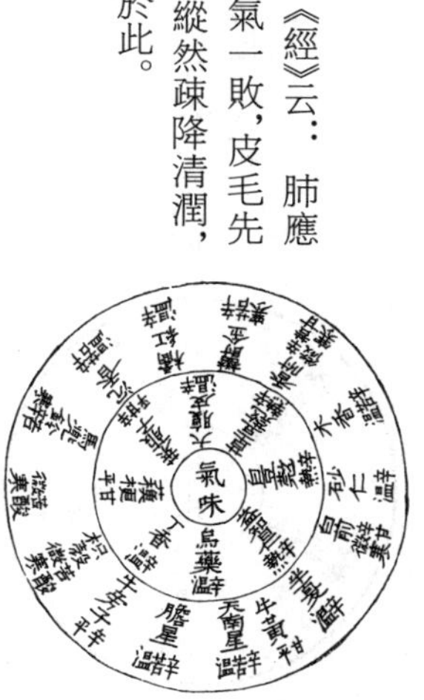

心經血藥補瀉氣味之圖　《經》云：味厚者為陰之陽。又云：形不足者，溫之以氣。則知血藥乃有形有味之物。古以芎、歸、芍、地，取名四物湯者，則有形象可知也。但血藥亦有味濃氣薄者，亦有味薄氣濃者，亦有血中氣藥者，亦有氣中血藥者，種種氣味，比類而推。

腎經補益氣味之圖　《經》云：精不足者，補之以味。腎藏精，即坎宮之水，所謂天一生水。故孫真人又有補脾不若補腎之說。但補腎之藥，須取其溫厚和平，慎不可用燥烈壯熱之物，所謂壯火之氣衰，少火之氣壯，良有是理。

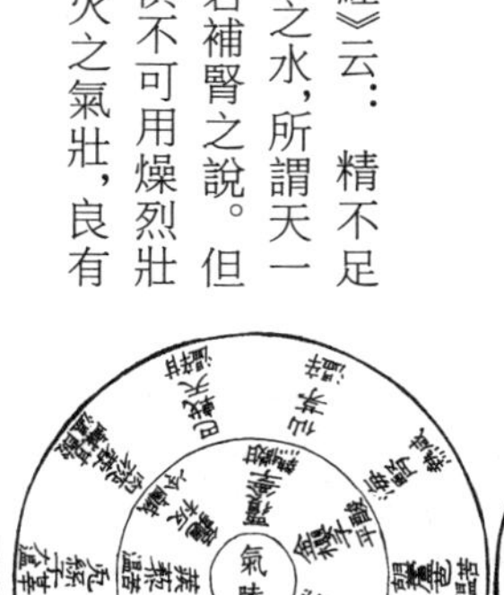

脾經補益氣味之圖　《經》云：土為萬物母，母得其養，則四臟皆華，而百病不生。許學士云：補腎不若補脾。謂先天難以滋補，而後天容易培植也。補脾之藥，並無壯烈亢勝之品，惟甘淡之味，溫平之氣而已。

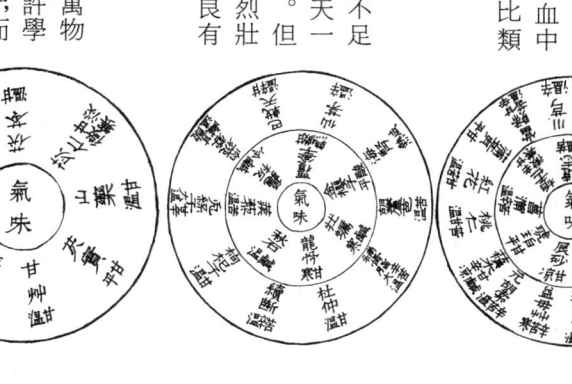

肝經補瀉氣味之圖　《經》云：烏鰂骨、鰒魚汁，一藘茹，利腸中及傷肝也。東垣云：肝虛者，陳皮、生薑之類補之。則知肝無補法之言謬矣。蓋肝實宜瀉，肝虛宜補，則有一概平肝伐肝之理乎？

利水藥氣味之圖　《經》云：膀胱不利為癃。王宇泰云：治濕，不利小便，非其治也。凡利濕熱，與清火利小便，皆所謂不瀉丁火，而瀉丙火之義也。大抵利藥多用甘寒淡滲之品，取淡能利竅。然未免走洩真氣，古人固有車前子雖利小便而不走氣與茯苓同功之論，則知諸利藥俱無補益也。至澤瀉利水，而六味湯丸用之者，不過行地黃之滯，而引諸藥歸就水臟，亦非補陰不足之謂也。

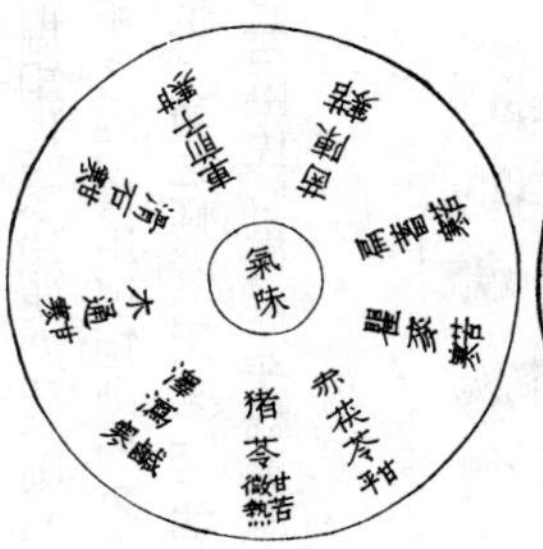

澁藥氣味之圖　凡諸澁藥，辛甘苦溫者亦多，不但酸寒之藥為澀藥也。此又功驗性驗，不可槩以五味四氣論者。

清涼藥氣味之圖　《經》云：用寒遠寒。又云：火不可以水滅，藥不可以寒攻。凡寒涼之藥，皆稟秋冬肅殺之氣所生，縱有產於春夏者，亦是清涼之品，用當辨其大苦大寒、微苦微寒，以及辛甘酸鹹，諸寒庶不致有陰埋之患。

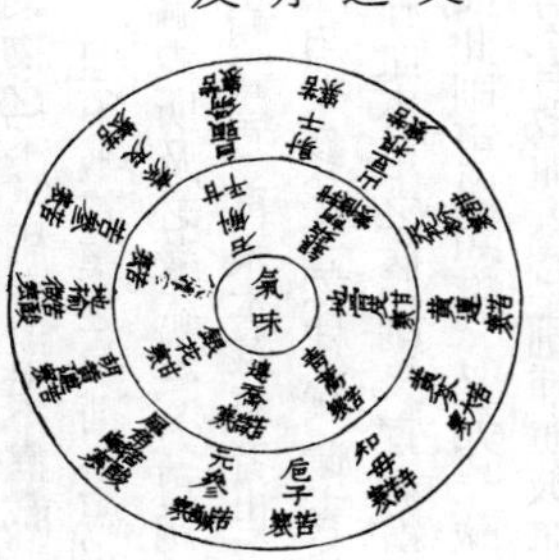

溫熱藥氣味之圖　《經》云：用熱遠熱。又云：壯火食氣，少火生氣。甚言熱藥燥烈也。故王好古云：服附子補火，必防涸水。凡用溫熱之藥，當對症而施，中病而止，庶不致有亢則害之患。

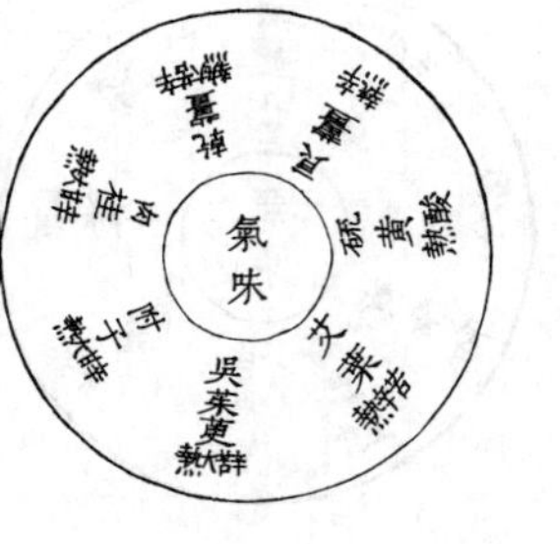

消藥氣味之圖　《經》云：下不宜偶。甚言瀉藥之霸道也。凡消尅之藥，大半苦溫。行瀉之藥，一派苦寒。非特性之霸烈，功之峻厲。苦寒亦忌傷脾，苦溫亦防損氣，烏可不慎也。

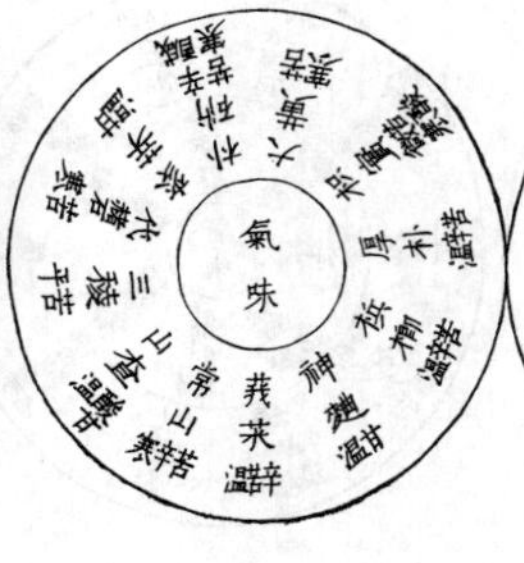

表藥氣味之圖　《經》云：汗不宜奇。又云：辛甘發散為陽。甚言辛能散人真氣，不但麻黃之辛熱，桂枝之辛溫，凡疎風實表，皆辛散之品，用者慎之。

脫藥氣味之圖　凡諸脫藥，亦不在氣味，如木賊草之擦銅，蟬蛻之褪殼類，皆性使然也。

堅固氣味藥之圖　凡堅固之藥，因類取用。如虎骨壯骨，河車補形，各有物理之感。首烏黑髮，女貞補元，亦屬物性之奇，又非徒以氣味言也。

清·佚名氏《眼科總經藥論》卷下　心經要藥　黃連酒炒：瀉心肝火、肝膽火，厚腸胃，去腸之濕熱，止目痛，明目。　(枝)〔梔〕子炒黑：味苦，涼。佐黃連瀉心火、肺火、小腸火、胃火，涼心腎，去鬱熱，明目。　黃芩：酒炒，涼。瀉心火，清陽明經火，去肝(肝)火，亦瀉肺火，活血去諸熱，治頭目熱壅，白睛腫痛。枯芩瀉肺退熱痰，實則涼大腸；條芩清三焦火。　連(召)〔翹〕：去心梗。味苦，溫。清心火，瀉無根火，治上充頭目，退腫痛。　甘菊：去蒂，涼。清心退腫，止淚，疎風散熱，明目。　薄荷：味溫。退心血，消腫，清六陽風火，解毒，散風邪熱，明目，破血。　麥冬去心：味甘，寒。清心，除肺(肺)熱，解煩渴，明目，生津，補勞虛，熱不侵。　柴胡：除身心熱，瀉肝膽火，發散風寒，為厥陰頭痛。在肌主氣，在臟調經。　犀角：性寒。解心火，去風除昏，去翳膜，化血(目)〔止〕痛。　羚羊角寒：鎮肝心，去風熱，清頭目肝肺。　知母酒炒：性寒。潤心肺，滋陰降火，瀉腎火。腎無實，不可瀉。　牛蒡子炒：涼心，去風去翳。

肝經要藥　白芍：性寒。瀉肝火，補腎消腫，生新血，退熱止痛，明目，清肺伐肝，血虛腹痛。　龍膽草：性寒。瀉肝火，去白翳，治昏盲，去紅赤，止熱淚，睛痛。　青葙子：性涼。除肝火，去風退翳，明目，去皮膚熱。柴胡：瀉肝火。　草決：性涼。瀉肝氣，除熱，去翳明目，退肝熱。　黃芩　蔓荊：性涼。除邪止淚，清頭目，疎風止痛。　大黃：酒蒸，曬乾。性寒。下行，沉也。涼肝清肺，退血熱，破諸經之積熱，治頭目壅熱，痛如針刺。有解圍破陣之功，一服諸火下降，而除痛消腫。　細辛：味辛。溫散太陽風寒頭痛，止肝風目淚。　石斛：補腎肝虛，平胃氣，治盲目。　楮實子：性寒。補肝益氣，補腎，明目退腫。　夏枯草：性涼。補肝，散鬱火熱結，去風退翳，止淚明目，散血。　欵冬花：洗肝明目。

脾胃經要藥　石(羔)〔膏〕：性寒。瀉胃火，除陽明頭目熱壅脹痛，涼胃清肺。　元參寒：去胃火，散無根浮遊之火。補腎，去風消腫，補虛明目。　朴硝：性寒。瀉胃中實熱，消腫去翳，散血行血，止淚，通大腸。地膚子：性涼。去胞熱，去風，利膀胱熱，明目。　黃栢　草決明　前胡寒：開胃，明目，治風寒，寧嗽，消痰，清肺除熱。　厚朴：寬脾胃，清痰清脾。　甘草：和胃化痰，補氣。炙則溫補，生則瀉火解毒。　白茯苓溫：摻溫痰，開胃，去腎邪，補虛益氣，生津。

肺經要藥　(亭苙)〔葶藶〕子涼：通肺經，消腫痛，明目消痰。　桑白寒：消肺火，退腫，補虛。　石(羔)〔膏〕　前胡　(枝)〔梔〕子　羚羊角桔(更)〔梗〕：性溫。消肺活血，消痰利膈寬胸，載諸藥不致下行。　檳榔：性溫。瀉肺火，消風降氣。　枳殼：性溫。清肺寬氣，去風利痰，瀉肝火，消腫寬腸。　天門冬：性寒。治肺熱，潤肝心。引熟地至新補處。五味子：性溫。潤肺，健脾胃，滋〔陰〕除熱。上榮於目，消煩渴，補虛明目，生津。　人參：性溫。潤心肺，明目，去虛熱，止渴，助脾胃氣虛。內障陷翳不起，或脹破過多，兩目愈昏。　貝母：性寒。潤肺清痰，治盲目。

腎經要藥　枸(己)〔杞〕：性溫。滋腎水，益陰明目，去風。　地骨皮：治虛勞寒熱。　川牛膝：性寒。補腎填精，散血行血。　元參　白芷　白茯苓　熟地：性溫。滋腎補虛，補血虛，治虛補，治血虛目昏、盲目。當歸：性溫。全用養血，身活血，尾破血，治血之君藥，佐芩、連則涼，佐薑、桂則熱。　菟絲子：性平。補腎，益精氣，榮肌膚，明目。　磁石□□□七次：性寒。滋陰，生腎水，降火明目。　人參　黃芪蜜炙：性溫。斂偷汗，補氣虛，佐人參全功。　肉蓯蓉酒洗去鱗、甲膜，焙乾：性溫。滋腎不足，補陰壯水，除昏，補精血，明目。　覆盆子炒研：性溫。補腎益精，滋榮於目。　茯神：性平。鎮心安(腎)〔神〕，明目。　黃栢　知母　栢子仁：去油，炒。性溫。同血藥用，益心腎，安神明目。　川椒熱炒去汁，研：滋陰氣，年高氣弱，腎虛目昏可用。東垣云：用之於上，退兩目之翳膜；用之於下，除六腑之寒邪。　椒目，溫。除濕熱，治盜汗，利滲有功。所以溫熱不行，目自明也。　桃仁苦甘，寒。紅花佐之則行血破血，藕節佐之則止血。

散血要藥　歸尾：性溫。破血散血。　赤芍：性寒。散血補氣，解煩熱，寬中，明目退腫。　紅花：辛，溫。除惡血敗血，行血。　蘇木：散血行。　烏梅止渴散(血)：性寒。止渴散血。　苦參：性寒。散血除濕。大黄　朴硝　牛(夕)〔膝〕　夏枯草　玄胡索　丹皮　肉桂　香附寒：散血行血，止淚，理胸不開，調氣血凝滯，退腫。　青皮：性寒。散血行血，洩肝。　紫草：性寒。散血行血，利水消膨。　茺蔚子：性寒。散血行血，退熱除昏。　生地：性寒。散血行血，生血，涼心腎。　白蒺：炒，去刺。性溫。散血行血，除癥結風癰，退翳膜，明目，去風，止淚止癢。　川芎：性溫。行血生血，開鬱結，止陽明頭目痛。　白芷：性溫。去舊生新，治腫去風，明目，退頭目痛，皮膚風癢。

涼血要藥　胡連：涼血明目。　(益)〔鬱〕金：性寒。涼血退腫。丹皮：性寒。涼血。　地骨皮：性寒。涼血。　黄芩：涼血。

散風要藥　防風：性平。去風明目，去皮膚風，止腦痛，止汗。　荊芥：性溫。去風退腫，止太陽頭痛，明目，治血中熱。　羌活：性溫，發散三陽之邪，利頭目，止太陽頭痛，去四肢風濕，明目。　獨活：性熱。去諸風不論新舊，明目，治黑花翳。　升麻：性寒。去風熱，退腫毒，亦引上焦發表升陽。　薄荷　蟬退：性寒。去風退腫，去翳去盲。　五加皮：去風退腫。　防己：性溫。去風消腫，去濕。　天麻：性平。通血，羞明去。　蜂房：去風消腫。　蔓荊：去風收目，清目，除頭痛黑睛痛。　細辛：性溫。去風，除頭目痛，治痰刺諸風，發少陰汗，通竅。　藁本：性寒。散過高之風寒，治客熱，通血，止頭目痛、顛頂疼。　紫蘇：性溫。去風，開胃消痰，發表之功。　元參　甘菊　白芷　夏枯草

止淚要藥　木賊：性寒。止淚去風，洗肝去翳。　蒼朮：性溫。止淚，發汗寬中，目盲，燥脾去濕。　秦皮：止爛(眩)〔弦〕風淚，退腫，去瞳仁翳，明目。　(柯)〔訶〕子：止淚斂(喇)〔嗽〕，化(啖)〔痰〕消食。　五倍子：性溫。止淚，爛(眩)〔弦〕風。泡湯洗，去風。　枯(凡)〔礬〕：止淚去風，開翳膜，明目，除爛(眩)〔弦〕風淚。　夏枯草　龍膽草　蔓荊子　甘菊

香附　皮硝　白附子：迎風冷淚。　青鹽：擇明亮，洗淨。去風止淚，住癢。　食鹽：火煅，細研。散血住癢，止淚去風，明目。或用點翳，或用洗目。

退腫要藥　大黄　枳殼　朴硝　白芍　赤芍　元參　香附　蟬退　欝金　桑白　楮實　連(召)〔翹〕　荊芥　甘菊　秦皮　夏枯草　車前子：性寒。退腫，明紅眼，止瀉，利小便。

去翳要藥　夜明砂：去翳，治盲目。　蒙花：性寒。去翳，治青盲，治赤澁多眵，消目中赤脉，瘄眼痘毒。　穀精草：去翳膜，除風熱，治陽明熱齒痛，益精。　瞿麥：性寒。去翳明目。　石決明：性溫。去翳，和脾胃，明目治盲。　牛(傍)〔蒡〕子：去翳。　青(相)〔葙〕　木賊　白蒺　蟬退　犀角　朴硝　人參

治盲目要藥　夜明砂　蟬退　石決明　石斛　蜜蒙花　龍膽草　熟地

止痛要藥　乳香：明者佳，炙去油，研末。和氣，散風熱，止痛功速。　沒藥：□□□乳香。止痛功速。　白芍　黄芩　連(召)〔翹〕　蔓荊　大黄　石(羔)〔膏〕　川芎　葶(苙)〔藶〕子　荊芥　細辛　防風　白芷　藁本

退熱要藥　黄連　黄栢　黄芩　(枝)〔梔〕子　連(召)〔翹〕　赤芍　柴胡　甘草

明目要藥　青(相)〔葙〕　枸(己)〔杞〕　菟絲　石決　夜明砂　茺蔚　羚羊〔角〕　甘菊　槐子　玄胡　右味苦，性寒。明太陽虛精，入猪膽汁內，浸七日用。

洗眼要藥　五棓子：性溫。洗眼去風止淚，治(眩)〔弦〕風。炒研末，泡湯洗。　枯(凡)〔礬〕：治風止淚，開翳膜，治(眩)〔弦〕風，明目。皮硝泡湯洗。　秦皮：去風毒，除翳膜，收(眩)〔弦〕風冷淚。煎水洗。　桑白皮：去風熱，止淚，除昏止痛，明目。煎水洗。　槐枝：去風淚，明目。煎水洗。　艾葉：性溫。去風收(眩)〔弦〕風，止冷淚。　銅青葉：去風熱，收(眩)〔弦〕風，止冷淚。

諸料細藥　爐甘石火煅：入三黄湯內五七次，以爛為度，後用防風通聖散，懸胎砂礶煮乾，露一宿，曬乾，研極細末。凡點眼以此為君。　石燕生用：去翳膜，除昏止淚。　石蟹生用：去翳膜，除昏止淚。　珍珠生用：去翳明目。　(虎)〔琥〕珀生用：去翳明目。　瑪瑙：去翳明目。　硃砂：寒。研細，水飛，又研。鎮瞳人，退火，消翳瘴。　硇砂：去多年老膜，弩肉扳睛。切勿多用，有爛肉之功。一法製：用銅(鍩)〔銚〕盛三黄湯，煮乾，曬乾聽用。　硼砂：明亮佳，研細極。清熱退火，明目。　蕤仁：去殼去油，研極細。去翳。　翠白磁石：即上等細料磁器碗，碎如豆大，以瓦盛之，□□□，文武火煅如滋(羔)〔膏〕，候冷，取清翠者研為細極，再研入藥，今言細青是也。去翳膜。　龍骨：煅，研細

無聲。去老膜，止風淚。　巴豆：擂碎，紙包去油淨，研細。去膜，除翳瘴。有爛肉之功，切勿多用。　金精石：火煅，研細，水飛，再研。去翳（瘴）〔障〕，除青盲，去老膜。　蜜陀僧：金色者佳。研細，水飛（再）研。去久翳（瘴）〔障〕。　枯（凡）〔礬〕：收爛（眩）〔弦〕風，止淚。　青魚膽：取汁，作膏，點眼，有用製過爐甘石，或入製過黃連末，其膽候乾作末。點眼去熱，明目。　羊膽：取汁熬（羔）〔膏〕。除翳明目。　猪膽：取汁熬（羔）〔膏〕。調藥末，除昏翳明目。　鷄膽取汁：和爐甘石末曬乾，研細末。點眼，除風瘴。　雄黃：鮮明者研末，搐鼻。解風熱，散翳開（瘴）〔障〕，暴病用之。

清·韋協夢《醫論三十篇》　用補不識其經不得其法　虛者補之，此理之顯而易見者。然補有效有不效，何也？一在補之不識其經，一在補之不得其法。何謂不識其經？病在於此，而藥補於彼，甚至金虛而誤補其火，火鑠金而金益破。水虛而誤補其土，土塞水而水益涸。痿躄，肺熱症也。肺經受熱，其葉焦垂，不能統攝一身之氣，故四肢輭弱而成痿，法宜滋陰清熱，實其子而瀉其仇，則肺振而氣復。譬如大旱之時，苗槁頭垂，時雨驟沛，勃然而興。乃誤認為陽虧之症，恣用桂、附熱藥，火益熾而金破矣。噎膈，胃槁症也。血液衰耗，胃脘乾槁，槁在上者，水飲可行，食物難入，名曰噎塞。槁在下者，食雖可入，良久復出，名曰反胃。法宜養榮散淤，則胃液生而槁可通。譬如河淺泥淤，舟滯難行，引渠導源，以濟往來。乃誤認為脾虛之症，恣用朮、耆燥藥，土益旺而水涸矣。何謂不得其法？病重而藥輕，杯水難救車薪之火。病輕而藥重，真氣不能運行，而藥盡化痰，諺云膠多不粘，是也。更有以溫為補，以清為補，而補中兼散，補中兼消，必須斟酌病情，不失銖累，方為上工。至若虛不受補，則元陽已敗，命如累卵，雖有扁鵲，亦未如之何也已矣。

清·齊秉慧《齊氏家傳醫秘》卷上　分經用藥引經歌　小腸膀胱屬太陽，麻桂羌活藁本商。大腸和胃陽明是，葛根白芷升麻當。三焦膽歸少陽腑，表用柴胡裏用芩。太陰肺聯脾臟位，薑朮苓草扁豆陳。心腎俱尊少陰主，附桂故紙用必靈。包絡配肝厥陰終，柴芎吳萸川椒能。慧擬六經用藥法，課徒熟讀自通神。

清·佚名氏《壽世醫竅》卷上　足太陽膀胱經藥二十六味　桂枝：辛，溫。壯營氣，行血中之氣，和太陽脈絡，而及十二經之脈絡，透邪出表。傷寒太陽表症用佐麻黃，蓋寒氣傷營，血必凝泣，不能化汗，故用以透其營氣，和其血脈，助麻黃辛揚以開衛氣之表，而後汗出。此真傷寒之治法也。長沙於太陽症中又出風傷衛一條，蓋風為陽邪，不能傷血，秖入衛氣之表，互相激博，則毛孔易開。已有汗出，所以邪之不去者，以營氣不外行，衛氣之力孤，不能送邪外出耳。得桂枝以鼓舞營氣，則營衛合力，邪即潰散。故曰有汗能止也。餘詳營氣下。【略】　羌活：辛，溫。發表，行太陽脈絡，兼行十二經脈絡。凡風寒感冒，現太陽表證者，加薑、棗以和營衛，用之即散，稍重者佐桂枝可也。　防風：辛甘，微溫。兼行脾胃二經。為去風勝濕要藥。治太陽表症而主在上部。凡項痛背疼較重者，用佐羌活最良。餘詳肺經下。　麻黃：大能表散風邪，乃實傷寒之要藥也。如傷寒在裏不可用，若誤用汗之則死。輕揚發汗，太陽為主，而兼及肺腎，表症中惟真傷寒用之。亦須先煮一二沸，去其浮沫，而後無害。麻黃湯中必用杏仁者，正恐發揚太過，肺葉上翻也。　木通：小便不利，而熱在氣分者，同澤瀉用。　車前子：小便不利，而熱在血分者宜之。　以上二味，皆小腸專藥，而及於膀胱者也。　槐米：即槐花之未開者。肝腎有熱毒傳入經絡，移入膀胱之經絡，血結火閉，因而腑中亦熱，小便不利者，服之則小便利，而血中之火亦出矣。此楊梅未現，疳瘡未發時藥。詳載《景岳全書》。　蘆薈：大寒，大苦。亦肝經血分解毒藥，功用與槐花同，但其力甚大，用之不過二三劑則止。即下疳症中之蘆薈丸也。　澤瀉：引藥下行，《經》曰：除濕止渴。本腑利水之主藥，滲淡下泄，送腎氣以入膀胱，則膀胱之氣動而水利矣。久服傷腎。　元參：反藜蘆。清腎火以滋陰，腎足則膀胱之陰足。小便不利而兼燥者宜之。　瞿麥：精管有熱，因而溺管不利而成淋症，用以通精管，則溺管亦開，主在血分。　扁蓄：與瞿麥功效暑同，主在氣分。　海金沙：善利水，傷寒熱狂，小腸膀胱血分藥也。精管血瘀，婦人子宮之下口血瘀，移熱於溺管而為膏淋血淋者，宜之。　淫羊藿：壯腎經陽氣，直從精管透入膀胱，使下焦司出之氣盛，而小便利，無損於腎氣。故本草曰化小便也。虛寒而閉者宜之。　巴戟天：去其心，則中空似管，故既通精管，復通溺管。壯陽氣以泄陰凝之水，所謂氣化則能出者也。　硝石：濁精敗血積於膀胱之腑，用硝石、礬石化而通之，此長沙之妙理。後人有曰硝石滑石散，是不明毒藥攻病之理，點金成鐵矣。詳《醫門法律》。　豬苓：功專利水。其滲泄下行之性，甚於澤瀉，故五苓散用之。但小便不利而虛者，當求之氣化，不僅以一利為事也。　葡萄：膀胱有下口，無上口，小腸之水至此不下者，用葡萄墜之則下。　椒目：膀胱雖無上口，而有竅孔，竅孔閉塞者，椒目辛烈可以通焉。虛寒而閉塞者宜之。　陳皮：欲其速，去白。欲其緩，留白。寬膀胱腑中氣滯氣實而小便者不利，可助五苓之力。　破故紙：辛而降，氣虛短少用，或不必用。溫補肝腎而能固氣，肝腎之氣固，則膀胱之氣固矣。　鹿茸：督脈陽虛，則腎氣泄而小便過多。鹿茸補督脈之陽，故亦縮小便。　桑螵蛸：固腎與膀胱兩經之氣。其味濃厚，兼可秘膀胱之竅孔，故大止小便。《胎產秘書》：治產後脬破，小便不止者，同猪脬用之。則其兼補膀胱之形可知矣。　杜仲：壯腎添精，斂下焦散漫之氣，故治腰痛速效。固肝氣，收斂下焦散漫之氣，故亦微止小便，非專藥也。註之，以恐小便閉滯之虛證而久悞用之。　韮菜子：其味穢濁，與久積之溺相似，故入膀胱而止小便。夫穢濁之氣，即膀胱之火也，火即陽氣也。至於虛寒之極，則全無陽氣，其溺清長無氣矣。韮子助其穢氣，即助其陽氣也。氣固而溫，止小便之功在桑螵蛸上，故鞏堤丸用之為君。　天花粉：即瓜蔞根。古人只書瓜蔞根，今則多書其別名，仍從俗書。膀胱者，主藏津液者也。或因氣虛，或因火迫，或因寒凝，或因濕鬱，則津液不化，不能外布於脈絡。況其脈絡在表，與本腑甚遠，每致津液不到，筋燥而成痙症。痙者，強也，項強而直，不能轉盻也。長沙以桂枝瓜蔞湯主之。蓋天花粉潤膀胱以生津液，又能流動，得桂枝運行於經絡，強者柔，燥者濡，痙症愈矣。詳載《醫門法律·痙症篇》《臨症指南》《景岳全書》，皆可參酌。他書中書痙為痓，病名且不識，安知病機，無怪其邪說紛紛也。

足陽明胃經藥五十二味　葛根：凡散藥多辛熱，獨葛根甘涼。解溫熱疫疾，或溫瘧，或疹，表有熱者，所當用此。其用之要有二：一主陽明在經之表邪，目痛，眉稜骨痛，用以發散；一主痢疾下陷之邪，用以鼓舞上行。傷寒陽明表症，葛根湯法詳《尚論篇》。瘟疫則於達原引中加之，痢症詳《醫學心悟》。　白芷：與葛根同為陽明經表藥。但葛根性涼，白芷性溫。凡感冒寒邪，見陽明表症，而覺滿面緊痛，鼻流清涕如水者，可用為葛根之佐，取效最速。　人參：反藜蘆。陰虛火盛者暫忌。胃為水穀之海，後天托命之源，生精華，化糟(泊)〔粕〕，全賴氣機以運之。但人參健運之藥，不久留於胃，必佐以米，藉稼穡之味以維繫之。胃氣虛而兼寒者，佐乾薑。氣虛而兼陰虛者，佐玉竹、飴糖。兼熱者佐黃芩。　川烏：反白及、白斂、半夏、瓜蔞、貝母。補胃陽，較附子稍覺和平。亦須照製附子之法製之。凡胃陽虛而作吐作瀉者，皆宜。詳載《臨症指南》吐瀉兩篇。　玉竹：胃陰虛必生內熱，孤陽燔爍，血液益耗，以致肌肉消瘦，大便乾燥。再進白朮，多致不救。當用以養陰，佐以飴糖、生甘草、麥冬等類。若肝火乘虛入胃者，更佐以菊花、女貞等類。　大棗：緩中益腎，補胸中氤氳之氣。久病不食，用以佐人參，則胃氣復而食進。大病受勞，胃氣急亂，用以佐甘草，則氣定神復。餘詳營氣下。　飴糖：滋陰補液，治幽門乾燥。凡胃中陰陽兩虛者，用佐人參、白朮最妙。餘詳營氣下。

石斛：清虛火，除濕熱，升清降濁，有從容分解之妙。凡大便粘膩，小便黃短，而作鬱熱者，皆胃之清濁不分也，用之最宜。　黃芩：虛而滑泄者忌用。清胃中氣分之熱。凡熱痢熱淋，胃實吐血，皆須用之。同葛根用則散，同麥芽、木通用則泄，合三消散即小承氣湯也。　桑白皮：胃中上脘火盛，必致肺氣壅實，審有口臭便結，即病在胃也。當同石斛、黃芩、枳殼、麥芽用之，胃氣降，肺氣亦通矣。　枳殼：破氣止嘔，反胃霍亂，虛者酌用。其力橫行，能寬胃氣。蓋胃氣壅閉，流行之機阻，而食減痰生，一得寬展，則氣機調暢，食消痰化矣。　黃連：性極寒苦，惟寒病後，積食復感大熱發狂，用生二錢，佐大黃三錢，枳實二錢，名三品將軍湯。清實熱，涼氣涼血，解毒。同枳殼清中脘，同人中黃清下脘。凡夏月熱痢，穢濁薰蒸，腸胃頃刻腐爛，散之不及，下之毒氣不去，必須用之。黃連治痢之義如此，非不論虛實，見痢即用黃連也。　胃為水穀之海，多氣多血，飲食之熱生於胃，外來之熱聚於胃，胃主中焦之氣，胃氣熱則中焦之氣熱，膈上無不熱矣。變症迭生，當審病源，由內生者佐苦寒泄之，由外來者佐辛寒散之。　人中黃：瘀熱陷入胃之下脘，與穢濁之物合即發牙疳。或傷寒瘟疫日久失下，其邪與穢合，必用人中黃引涼藥，乃能解散，以穢引穢也。牙疳佐黃連，攻下佐大黃。　大黃：傷寒瘟疫傳裏之邪，應下之症，詳載各書雜症中之應下者。如火積血鬱當佐山查、紫草，火盛痰壅佐膽星、礞石。火盛氣壅，治在氣分，不得已而用作嚮道，引火下泄，不專以大黃為主也。其功甚大，其禍甚烈，不可恣意妄用以殺人，亦不可執而不用以悞人也。　芒硝：孕婦忌服，墮胎甚速。鹹寒走血，滌盪熱邪，下行甚速。大承氣湯用之，以佐大黃之不及也。　枳實：其力下行，破胃氣堅實，引胃氣入腸甚速，故承氣湯用以為佐。然其力剛猛，推墻倒壁，虛症而悞用，為禍勝於硝、黃矣。

萊菔子：辛，溫。氣食停滯成鼓脹者，非用此不及破也。虛而誤用，傷人反掌。消積聚，下實痰，和胃下氣，大傷肺胃之氣，用須斟酌。

白芥子：溫中利氣，豁寒痰，分清水穀，導積滯下行。其性溫和，雖破氣而無大傷，不同萊菔子之猛烈。治寒痰可佐半夏，治胃寒滿悶可佐參、朮。

紫草：用此者總不出於涼血滑血之性。如脾氣虛者，誤用作瀉。胃主肌肉，凡傷寒瘟疫日久失下，火留胃中，染及血分，流於經絡，浸於肌肉，即《瘟疫論》之所謂主客交也，汗之下之，皆不能及病處，惟有重用紫草，同蟬(腿)〔蛻〕、穿山甲等，直透入胃之細絡，使血送毒出，發斑而愈。其所以主小兒痘瘡者，亦此義也。氣寒而動血，同大黃用，領血分之熱自大腸出。

桃仁：用此者用其破血，逐淤血。若血枯經閉，不可妄用，不可以過期而為淤也。胃為腸之上源，凡實熱便結便黑，皆胃血之先瘀也。胃為衝脈之本，凡血熱經來過期，亦胃血之先瘀也。統用桃仁以佐當歸，其性下行，開通幽門。凡胃血不和之病，皆宜用之。

良薑：浮，辛熱。胃中逆冷，嘔吐清水，惡心，氣寒腸痛，用之甚效。專治胃脘寒痛，俗所謂心痛者，即胃脘痛也。與香附同服。方見《本草備要》良薑下。

香附：其味辛而動。陰虛燥熱者，酌而用之。胃脘痛而用肝經氣分之藥者，蓋胃連宗筋，宗筋發於肝，肝氣不和，則宗筋不運，胃脘之氣鬱而作疼矣。與木瓜所主畧同，但木瓜所主者暫病，香附所主者久病也。

山查：消肉食，化瘀血，善降濁氣。

神麯：助胃氣以腐熟水穀，和中快氣化痰，能布散胃氣，入絡【缺】衝脈，散於胸中，藉胃中水穀之餘氣，各經之餘血，按月而下，是為月經，受孕則入胞養胎，產子則上而為乳，故回乳者用神麯、麥芽，一泄胃氣，則其血仍歸衝脈而下矣。

麥芽：孕婦少用，亦善落胎。消穀食，其性直下，能利大便，其布散胃氣之功，與神麯同也。

陳皮：反胃嘈雜脹滿，嘔吐惡心，皆當用為佐使。寬胃之上脘滯氣，燥濕化寒痰，佐半夏用。同杏仁則開賁門，同麻仁則開幽門，以蜜浸之，善治食管之粘膩。

半夏：大辛，微苦，溫。墮胎，孕婦胃不和而嘔吐不止，加薑炒，但用無防。陰虛血症最忌。化寒痰，和胃氣，治中滿不飢，不寐。《金匱要畧》治不寐，用半夏秫米湯，蓋陽維氣滿，胃氣不和，陽不能交於陰，故不寐。秫米入陽維脈，引半夏以降之，陽維脈降，則陰維來交，二脈皆終於胃之氣絡，二脈之陰陽適平，斯胃氣和矣。胃氣和，斯中焦之氣和，於是包絡之氣亦和，心君不擾，乃得安眠。

生薑：助胃陽，佐半夏以化寒痰，正治也。佐膽星、竹瀝以化熱痰，從治也。痰既熱，必粘而堅，涼藥豈能驟入，故佐以生薑之辛溫，而後成劈堅導(欸)〔凝〕之功。

附子：辛甘，大熱。反瓜蔞、貝母、白及、白斂、半夏。孕婦忌服，下胎甚速。理中湯之義，已詳脾經矣。胃腑而需附子者，惟寒痰壅閉，欲吐不出，用以助陽氣，化之使出。其餘虛寒之症，寒結下原，逼火於上，胃中多熱，不宜以甘草等藥留之於胃也。

川貝母：反烏頭。本肺經化熱痰藥。然痰生於胃，即曰治痰，未有不入胃者。氣清而降，凡胃之下脘濁氣犯上脘清氣者，用之有分清降濁之功。

蔞仁：反烏頭。治痰與貝母同義，能引肺氣入於胃，由胃而下泄。

竹瀝：生津清熱，化熱痰。蓋熱痰結於胃，胃陰必涸，故澁而難吐，得竹瀝之清潤，則腑潤痰滑，易於吐出矣。

膽星：丹溪曰：凡風痰虛痰在胸膈，使人癲狂及痰經絡四肢、皮裏膜外者，非此不達不行。治胃中實熱實痰，痰之由肝火生者，宜之。

牛黃：忌常山。孕婦少用。熱氣久鬱，津液盡變為痰，胃中空虛，孤陽擾亂，內風將生者，非牛黃之大苦，何以化堅痰？非牛黃之極寒，何以清亢熱？

旋覆花：由肺入胃，由胃入肝，化痰消水，止嘔吐，利小便，泄肝絡濁氣上衝。

(赬)〔赭〕石：本肝經藥，專治肝氣犯胃，痰涎上湧，取其鎮墜也。《臨症指南》用之以治反胃，其法甚良。所主皆胃家病，故列於此。

吳茱萸：肝之陰邪犯胃作嘔者，同木瓜、半夏用之，亦抑木扶土之義。治法詳《臨症指南》。

火麻仁：潤燥生津，開幽門，治大便燥結。餘詳大腸下。

肉蓯蓉：陰中有陽，助命門相火以生脾土，潤燥和血，治大便乾燥不下。其味溫而多液，功力遠勝麻仁。但氣虛之人，大便偶乾，恐一潤而不復實矣。

白石英：關格一症，《醫門法律》《醫學心悟》兩書言之最精。大旨由五志厥陽之火內燔真陰，其火由各臟生，胃悉受之，以致血液皆耗，其胃口出入之路為火所焚，先膧後枯，病在賁門者食不能入，病在幽門者食入復吐，在上口曰關，在下口曰格。治以燥烈破氣諸藥，其死尤速。當以潤枯生津為主。《十劑》曰：潤可去枯，白石英、紫石英之屬是也。當用為君，初起佐以五臟之清潤藥，如麥冬、天冬、女貞、元參、黃芩等藥。且關格症無不大便結者，麻仁尤所急需，久而各臟火息，則只用清胃生津之藥，如玉竹、飴糖、竹瀝、蜂蜜等類，加以歸、地，佐以另飲牛乳，多所保全。而又必以有形引之，在上用猪肚上口，在下用猪肚下口，或煮湯煎藥，或焙焦，用些微與藥同煎，量病之新久可也。

土茯苓：梅毒有用輕粉刼治，而不知其性烈，入陽明，瘡雖乾愈，然毒氣竄入經絡，成痼疾。土茯苓能解之。見本草。胃主肌肉，楊梅瘡乃肉裏之毒，非僅皮膚間事也。實胃家病，主以土茯苓者，因其味極淡，始能解極穢之毒。治法惟《金鑑》為最詳。　赤石脂：味澁，氣斂。堵幽門之氣下泄，固下焦氣分，澁腸胃，實漏巵，治久瀉久痢。長沙有桃花湯，治便血不愈。葉氏有堵截陽明法。

禹餘粮：其味尤澁，以佐赤石脂之不逮。侯氏黑散治風，亦取用二味，本《內經》善塞其空之義。蓋空竅塞，則風無可穿之隙而自息矣。詳《醫門法律·中風篇》。　糯米：桃花湯之取用糯米者，蓋久虛之腸胃空無一物，借赤石脂之澁，留米於中，漸留漸多，則胃漸實，而瀉漸止矣。　肉豆蔻：苦辛，溫。其能固大腸，腸固則元不失，脾氣健。故曰調脾胃虛冷，實非補虛藥也。　氣溫而固，味厚而澁，暖胃化食，澁腸止瀉。產後虛痢，無論後重之輕重，飲食之多寡，皆宜早用之。六七日內，惡露未淨時，合茯苓同用。八九日惡露將淨，漸加白朮、熟地。惡露大淨，加參、芪。　升麻：升舉胃氣，合陷者舉之之義。治久瀉久痢、脫肛等症，東垣補中益氣湯所主者，只此數症。其他下原虛損者，概非所宜。　石膏：此實陽明經要藥，欲其速生用，欲其緩煅用。若非實火，而誤用之，敗陽，害人非淺。辛涼發散，去胃之實熱由經而出，傷寒陽明症，本經傳本腑，裏邪未實，大渴大汗，脈長洪而數，白虎湯其效如神也。　防己：泄胃中水積，治脚氣水腫。熱佐川萆薢，寒佐肉桂。　鯉魚鱗：引胃中積飲下行甚速，(任)〔妊〕婦足腫腿腫，小便赤短不利者宜之。　木瓜：胃連宗筋，宗筋發於肝，肝氣上逆，則宗筋硬，胃中流行之機阻，多作嘔吐。用木瓜降之，肝氣平，斯胃氣和矣。扶土而土不鬱，瀉木而木無傷，真良藥也。　虎肚：治反胃如神。蓋真反胃，必瘀痰敗血壅於下脘，脂膏瘀厚，塞幽門不通。用虎肚者，所以傷其脂膏，化其瘀血也。下脘空則幽門開，上反止矣。

婦人髮：用鷄子大一團，猪脂二兩，煎化，治婦人陰吹如神。詳見沈天樛註《金匱要畧》。

足少陽膽經藥六味　柴胡：傷寒少陽症口苦耳聾，發寒熱作嘔，脈弦而數，小柴胡湯主之。外散之藥，秖柴胡一味，其餘皆和解之藥。蓋邪至少陽，已屬深入其腑，無出入之路，其經行身之側，陽氣難周，非如陽明、太陽之脈絡近表，而又多氣多血，易於送邪外出也。故必加半夏之和，人參之助，而後柴胡之力始能領邪出外。小柴胡湯之大意如此。本經之病未盡而已傳入胃者，則用大柴胡湯。至瘟疫之邪入少陽者，由膜原而來，於達原飲中加之。兼裏症者，時用大柴胡湯，非小柴胡湯所主也。久痢乃陽氣下陷，主以小柴胡湯，以伸少陽生發之氣，則痢自止。《醫門法律》主柴胡，《醫學心悟》主葛根，各有妙義，而不能無異詞。蓋新痢宜葛根，胃陽初陷，一得鼓舞上行則止。久痢宜柴胡，為日既久，邪氣深入至陰，非柴胡之由下達上者，不能舉之。兩書之成法，彰彰可考，業醫者幸勿再為丹溪所誤也。瘧症乃陰陽不和而相爭，主以柴胡，寒多者佐溫，熱多者佐涼。《醫門法律》暢發其理，雖病變百端，總不出《臨症指南》也。臌脹由太陰之氣閉，亦由少陽之氣不升。蓋少陽處太陰之下，少陽氣閉，則太陰機阻，故舒發少陽為治脹之要機。凡傷寒感冒，未入少陽，而先用柴胡，引邪入內，是為大禁。柴胡治虛勞之說，景岳先生辨之詳矣，無須再譬。獨怪市井之業醫者，見婦人癥瘕及陰虛陽虛小腹疼痛等症，開口便曰肝氣，舉手即用逍遙散，殊不知癥由陰結血聚，瘕由陽虛不運，《內經》明指為任脈連肝之病。即肝陰虛之小腹掣疼，不外甘溫柔養；陽虛之小腹脹滿，不外辛溫宣補，豈一逍遙散所能包舉乎？　青皮、香附之耗血破氣，姑不具論，即以柴胡言之，膽氣一升，肝氣隨之犯胃，是助其嘔吐酸苦，以防飲食也；挾濁陰之氣而上巔，是助其頭痛也；泄散營氣，是助其虛汗也；連服數劑，膽虛心驚，是助其驚悸不眠也。以無甚大痛之人，而置之死地，猶不驚悟，必至殺數十人，其名始敗，而後無敢延之者。天道好還，彼必身罹慘報。所可憫者，死者不能復生矣。《易》曰：勿藥有喜。其義可深思矣。　青蒿：苦、微辛，寒。能除陰分之伏熱。得少陽之氣最早，其氣微涼，專入少陽而達表。遇溫熱症，可佐柴胡之不逮。　春梅花：得少陽之氣，較青蒿更早，其氣清香，香則入脾，舒木之氣，開土之鬱，為治臌脹之要藥。嘗遇臌症，百藥不效，用以代茶，十日而痊，後隨用之，以活數人。謹記於此，以俟高明之裁奪。是南方之紅梅，正月開者，慎勿以臘梅混之也。　翹搖：即豌豆嫩苗。發少陽之氣，過於柴胡、青蒿。通行經絡，其氣寒，其味潤，專主瘴瘧。瘴瘧者，有熱無寒也。法見《本草綱目》。　棗仁：肝膽有熱者勿用。溫膽氣，收散漫之氣。膽虛而驚怯不眠者宜之。餘詳心經下。　白蒺藜：散肝風而瀉肺氣。本肝經藥而入膽，溫補膽氣。

足太陰脾經藥十九味　香薷：夫暑者，熱與濕合者也。熱者，夏月司令之陽火；濕者，中央土氣，合以時行之大雨，所謂土潤溽暑者也。熱而兼濕，故其氣重濁，其中人也，必先入脾，蓋脾為陰土，從其類也。香薷涼能清熱，辛能外散，苦能下泄，其氣輕揚，能舉重濁而出于外，為治暑之要藥。後人紛紛聚訟，或曰治暑，或曰不治暑，徒亂人意耳。　厚朴：孕婦忌服，墮胎。脾居中央，為人身之樞機。脾為暑閉，則上下之機阻血凝氣壅，成霍亂攪腸等症。霍亂者，胃之氣血閉塞。攪腸者，腸之氣血閉塞也。輕者上吐下瀉，尚有出路。重者不吐不瀉，瘀血將攻心矣。厚朴入脾，辛散苦泄，其氣厚而長，故能奏功。非如他藥之入腹未久，藥力頓減也。當佐以陳香圓、香薷、桃仁、紅花等藥。法載《醫學心悟》。雜症中，凡脾氣困者，皆宜稍用之，佐補佐散佐攻，各隨引藥，無所不宜。　陳香圓：雖理上焦之氣，性味中和，單用多用，能損正氣。香氣烈于厚朴，苦味峻于厚朴，故治脾為暑閉霍亂攪腸痧等症，取效尤速。《醫學心悟》用之深得氣味之理。　藿香梗：脾苦困，藿香梗之氣香體空，能運動之，調達之。佐白朮則補而不瀉，佐蒼朮則燥而不枯，佐熟地則滋而不膩，同香薷散暑甚速，同茯苓利水最捷，不寒不熱，脾家良藥。　砂仁：辛溫香竄，性燥，血虛火炎者不可用。醒脾快氣，助脾陽入胃，以消食化痰。久服傷陰破氣，膏粱者宜之，藜藿者忌之。　蘇梗：虛而氣滯者，合補藥用之。醒脾快氣，經絡中有滯氣者宜之。熱氣鬱滯，佐黃芩；寒氣鬱滯，佐砂仁。助茯苓大能利水，降逆氣。脾虛者不宜。　蒼朮：苦辛，溫。脾喜燥惡濕，蒼朮為去濕之主藥。海濱潮濕之區，瘧痢吐瀉等症，多寒濕者，用之最宜。佐黃芩退濕熱甚速。西北風高土厚，燥症較多，即有微濕，不過停飲所致，利水則濕自除，不同外來濕淫之邪非蒼朮不愈也。大能傷陰，用須斟酌。　藿香葉：脾與胃連，開竅于口。凡一切暑濕山嵐瘴氣，及久陰晦氣中人，從口入胃，必移于脾，脾氣受困，慨慨不運，其人食減神昏，重則吐瀉。藿香之辛香，最能遂之。乃脾家禦侮之藥。得薑更良。藿香正氣散之義如此。　茯苓：益脾助陽，利水除濕，同參、朮、熟地用則補，同車前、澤瀉用則利。滲泄過甚，亦能傷陰。　白朮：脾苦濕，急食苦以燥之。脾屬土，甘以補之。白朮，苦能去濕，甘能補土。得人參大助脾陽，得熟地大養脾陰，故為健脾之主藥。脾健則運，而後胃之飲食能消也。　菟絲子：辛溫而不燥，強陰益精。大便燥結者忌之。本草言入肝、脾、腎三經，然味甘色黃，入脾居多。甘能養陰，微辛能調氣，氣和陰足，則燥火自息，故治消渴如神也。其莖蔓生而中多津液，故其子善通各經。凡脾與肝、腎、心、肺不交者，佐以各經藥用之。　山藥：補脾助陽，功用畧同白朮，其力十不及一。遇脾虛而陰虧，胃氣鬱者，不受白朮，可以山藥代之。同人參用，則參力歸脾，其功亦大也。　熟地：脾雖喜燥惡濕，然孤陽無陰，燥火內燔，其禍尤烈。《景岳全書》論之最詳。土濕如泥不生，土燥如飛塵亦不生，其義精矣。熟地味甘，為補脾陰之要藥。　當歸：能行血，補中有動，動中有補，乃補血之要藥。補血當用其身。脾喜健運，賴血之流通。熟地補血而不能運動，則當歸在所必需。大便滑泄者忌之。　附子：孕婦忌服，下胎甚速。反貝母、瓜蔞、白及、白斂、半夏。傷寒有太陰寒症，中寒有直中太陰者，非附子無以回陽，理中湯是也。　枳殼：脾經氣鬱，則胃氣亦鬱，失其化機，飲食不消，而食漸少矣。用以開解，所謂土鬱奪之也。虛而兼悶者，佐白朮用。　黃芩：清脾熱，隨茯苓、藿香清氣分。隨山藥、歸、地，清血分。脾熱作痢，脾熱閉結，脾熱便血溺血，脾熱胎動不安，皆宜用之。　大黃：大寒。推陳，走而不守，如真虛假實誤用，傷生反掌。脾熱必移于胃，胃熱亦多連脾，土鬱奪之，原兼脾胃而言。凡鬱結之熱，積聚之熱，連脾者多；傷寒瘟疫傳胃之熱，連脾者少。用藥之法，于承氣中多用厚朴，即瀉脾之熱矣。燥熱佐黃芩，濕熱佐蒼朮。　茵蔯：清熱除濕利水，為治黃疸之主藥。初起濕熱鬱蒸，便閉心煩，溺赤者，同大黃、梔子用。熱稍減，同梔子、黃芩、蒼朮用。體漸虛，同白朮、茯苓用。日久變為陰黃，脾陽將絕，則不可用，只以補火實土為主。妙義見《金匱要畧》，治法詳《景岳全書》。

足少陰腎經藥十六味　附命門藥十味命門在兩腎之中，有形無脈絡，故附于腎。

熟地：凡真陰虧損，或發熱焦渴，或為痰，為喘，為嘔吐，或虛火載血，或陽浮而狂，或陰脫而神散，皆陰之症。腎屬水，真精血之所化。真陰之精，亦賴陽氣以生也。熟地味重補陰，味甘補血，氣溫能借陽以化陰，故為補腎滋陰之主藥。　沙苑子：形似腎，故入腎。味重補陰，氣偏涼，歸左腎陰水。氣固而重，能固腎氣，以免上衝。　枸杞子：合熟地用最妙。味厚而甘，入腎補血以生精。色紅，歸右腎陽水。　骨碎補：腎主骨，骨痿骨軟，皆腎氣虛也。骨碎補大補腎氣，故治骨病。凡腎氣虛，或下泄，或上衝，皆須用之，與熟地分主氣血也。　澤瀉：利水，故過用久服，亦能耗陰。利膀胱，清濕熱，腎與膀胱為表裏，膀胱氣開，則腎氣亦開，濕熱可去。八味丸用之，領桂、附之餘熱下行，所以不上犯也。　淫羊藿：壯腎氣，通精管，治陽痿。餘功詳膀胱經下。　巴戟天：滋陰補陽，通精管，能使腎氣外通於肝，內通於膀胱，前通任脈，後通督脈，虛寒閉塞者所急須也。餘詳膀胱經下。　猪腰：真精內竭，臟象枯瘦，非草根樹皮驟能潤養，以形補形，為引藥，取效甚速。偏熱者宜之。　羊腰：與猪腰同義。偏寒者宜之。　桑螵蛸：　固腎氣，秘精，治遺精、精滑等症。餘詳膀胱經下。　磁石：　其氣味甚重，先入肺，後入腎，能使肺氣納於腎。凡腎氣衝肺作喘作嗽，吐血衄血，皆宜用之。虛熱上衝佐龜版，虛寒上衝佐肉桂，總不離熟地也。　龜版：　陽氣飛騰，或退勞熱，合熟地用之最妙。其性寒，善消陽氣，陽虛誤用，受害非小。孤陰無陽之物，治孤陽無陰之病。凡腎陰竭絕，陽氣飛騰者，用之使陰潛於下，有以維乎陽，則陽氣亦藏，無飛騰浮動之患矣。　五味子核：　核似腎，性溫氣固，大能收斂腎氣。治遺精白濁及婦人陰吹等症。　細辛：　反藜蘆。過服散真氣。少陰傷寒症藥，隨麻黃領邪出外。寒盛陽虛者，必佐附子，陽氣回乃能送邪出外也。傷寒本寒邪入少陰寒水之經，故必辛熱猛峻之藥，始克有濟。　麻黃：　本傷寒太陽表藥，邪入少陰，必須佐細辛領邪出表。詳見《傷寒論》少陰症，當詳究《尚論篇》及《條辨》，必少陰陰症悉具，而後可用細辛湯。設陽症而悮投，殺人甚速。　元參：　反藜蘆。滋陰壯水，凡虛熱腎陰枯涸者，佐熟地用之最良。其氣寒而辛，能散在經浮游之火。

命門　核桃：　命門在兩腎之中，包藏真火，所謂七節之間中有小心是也。其形曲屈，藥驟難入。核桃仁其形與之同，性亦溫補，故青娥丸用之引藥最速。詳見《本草綱目》。　黑鉛：　凡命門真火虛極，孤陽必盡騰於上，肺胃極熱不溫，則殆溫之藥未及下，肺胃先焚矣。故用黑鉛合桂、附為丸，性極重墜，形復堅硬，下行如奔，過肺胃時，其藥未化，不至燎原。及入命門，藥力尚未甚減，乃能引火歸原。詳見《醫門法律》。　肉桂：　墮胎須知，動血者忌用。肉桂陽中有陰，用補命門之火，不至大爍腎水。火虛未甚者，佐熟地用之。凡虛寒腎氣閉，肝氣結，小便不利者，當遵八味丸。虛寒腎氣泄，肝氣散，小便過多者，當遵右歸丸。　附子：　下胎甚速。反白歛、白及、半夏、瓜蔞、貝母。陽氣將絕，非附子無以挽回。然陽不離陰，非同熟地用，陽無以復。輕者八味丸，重者黑鉛丸。命門用附子，其法如此。　破故紙：　命門火衰未甚者，用代附子甚良。然其氣辛濁，能使人發暈。其下行最速，大傷中氣。詳載《景岳全書》。以水煮二沸，再炒用之，則無此害矣。　鹿茸：　命門為火之源，陽中有至陰。其中一點真血，乃人生托命之本，非同他臟之血易生易補也。草木之味驟難見功，故道家云：惟有斑龍頂上珠，能補玉堂闕下血。同熟地用，其功甚捷。　丹皮：　性涼而降，安伏上下君相火邪，八味丸用之，所以伏桂、附於下，不使上燄，以成引火歸源之功。凡命門相火妄動，心煩、溺赤、遺精等症，皆宜之。　知母：　苦寒。瀉下焦有餘之火，命門相火，即陰火也。如火不甚，用丹皮代之更妙。久服傷胃，令人作瀉。性寒味重氣降，先入肺，後由肺入腎。命門相火上燄者，得之即降，有以水潑火之象，不得已用之可也。

黃栢：　知母治燄上之火，如火燔心肺，用以降於命門之界則止。黃栢治下溢旁流之火，如火燔肝腎及脾，能使之入膀胱，由小便泄出則安。兼可清下焦氣分之熱。　龜版：　命門相火大熾，知母所不能降，黃栢所不能清者，得龜版則陰長陽消，火氣自伏。祇可驟用，長服有滅火之患。

足厥陰肝經藥二十八味　何首烏：　大補肝氣，亦微滋肝陰，氣澁而固，能歛肝、固肝、伏肝，凡肝氣虛泄太過，皆宜之。風火內生，上燄心脾者，同女貞子、阿膠等歛而滋之。陰寒上犯，同吳茱萸歛而溫之，溫之即伏之也。怒氣過盛，火氣上騰者，同白芍、鐵落歛而瀉之鎮之。佐寒佐熱，無所不宜。惟肝主疎泄，若鬱結而肝氣不舒，則當遵木鬱達之之旨，不可用也。近人好用青皮，伐人肝氣，多致散漫將絕，以何首烏救之最良。　阿膠：　肝為剛臟，一失所養，則其氣上犯，陰虛者作風作火；犯及心肺而作眩暈，陽虛者變寒變脹；犯及脾胃而作吐瀉。統宜阿膠以柔之。蓋味本濡潤，又得金以制木之義也。　鷄子黃：　純陰之味，而無寒涼之患，最養下原之陰。功先入肝，凡肝虛風火上升者，同女貞子、阿膠用之，息風降火如神。　黑芝蔴：　木生於水，肝陰賴腎陰以生。黑芝蔴潤而多液，治肝燥血枯最良。　女貞子：　肝腎兩臟滋陰之藥，生腎水以養肝木，其功在肝。凡肝經血虛陰虛作熱者，悉主之。欲內歛者，同何首烏用。欲外達者，同鈎藤用。　菊花：　欲其清火，用白菊為良。欲其在臟養血者，用大黃菊，非小朵野菊花也。清肝氣，和肝血，其性清潤，而行動在臟能透俞，在經能散火，為治肝風眩暈之要藥。欲其入經散火者生用，欲其在臟養血者蒸用。佐鈎藤、當歸，治血虛火爍，筋失所養，兩手搐搦之病，甚良。　白芍：　反藜蘆。入肝經血分，酸寒下泄，為瀉肝之主藥。治火旺血瘀之症，非滋養藥也。肝寒而虛者悮投之，則生氣伐盡，多致不可復救。產後用之歛瘀歸臟，虛者即死，壯者血結小腹，為終身累。世方以為補血之藥，恣意用之，市井中人，無足深責，讀書明理之士，毋可不戒哉？　木瓜：　味酸液厚，其氣下行，瀉肝而能和肝，佐當歸和血，佐香附順氣，此下行之藥。凡肝氣鬱而不升，宜鈎藤、天麻症者，則非所宜。　餘詳胃經下。　烏梅：表邪未解者，大忌。味酸入肝，能平肝之逆氣。與木瓜所主署同，但木瓜送肝氣至足，烏梅則伏其氣至肝而止為不同耳，亦能入胃生津止渴。　羚羊角：功專舒筋。其氣涼而動，故能散火。其味厚而甘，故能養血，筋舒血和火散，則風無不息，故曰息風之要藥。　鉤藤：清肝氣，和肝血，入俞中以散火，通瘀而解鬱，能送火由經而散，又能引血以養筋，筋舒火散，而風息矣。治肝風眩暈、兩手搐搦極效。　川芎：反藜蘆。微辛甘，溫。火壅於上當避，多服久服，散真氣。肝得辛則補，補者，暢茂條達之也。凡鬱結之甚，氣伏不升者，佐天麻用之。又能引血上行，炒黑，同川續斷、艾葉用之，止崩止漏。蓋崩漏皆肝之藏血泄動而不歸經，不僅責衝脈也。　天麻：一名定風草。補肝氣，和筋中之血而舒筋，為治肝風之要藥。但其性溫，虛熱而血不養筋者，須同鉤藤用之。　杜仲：入肝腎命門，氣溫而固補腎火，以生肝經陽氣，肝寒而虛、散漫不收者宜之。溫暖之味，能鎔化熟地，成陰陽既濟之功。餘詳衝脈下。　當歸：辛溫。補中有動，血中之要藥。肝血雖主藏，然不可無活潑之象，不和則或結而為癥，或為衝脈下行之血激動，一湧而出，或內熱生風，兩手搐搦，當歸皆不少也。　熟地：用此當蒸製極透為妙。血虛而寒者，同肉桂、杜仲用。血虛而熱者，同女貞子用。血虛而散漫決裂者，同何首烏用。血虛而不流動者，同鉤藤、當歸用。寒熱風火，攸往咸宜。　汪訒菴有熟地不同何首烏用之論，何不明氣味之理也？氣血不能相離，血虛而氣散者，用熟地不用首烏，則氣何以收？用首烏而不用熟地，則血何以生？血不生則氣無所附麗，一去而不復返矣。即前兩藥，大有關於肝虛之症，不敢為前賢諱也。　吳茱萸：溫而降，降而泄，專入肝經氣分。凡沉寒痼冷之痛，用之以領肉桂最良。婦人產後受寒，腹痛繞臍者，不敢用肉桂，恐其動血，以吳茱萸、小茴香同用可也。同天麻散在經之寒氣，同熟地溫臟裏之凝血，同巴戟天助下焦司出之氣，功難悉數也。　肉桂：墮胎須知。同杜仲、吳茱萸則溫肝，治沉寒痼冷之病。然亦必同熟地用，不然則辛烈爍陰，脈絡乾枯，寒氣不散，寒熱相擊，變症疊出，不可不慎也。　龍膽草：大苦大寒。瀉肝經實熱之邪，主氣分。　胡黃連：大苦大寒。瀉肝經實熱之邪，主血分。　香附：陰虛燥熱而多汗者，不可用。辛以開鬱氣，苦以泄逆氣。入血中之氣，在經透經，在臟透俞。主氣鬱血結等症，亦兼入衝脈，引血下行。餘詳衝脈下。　夏枯草：理肝氣，養肝血，開鬱氣，舒脈絡，引血以養筋，為瘰癧之專藥。　桃仁：以鱉甲引入肝中，則破在肝之瘀血。　鱉甲：忌莧菜、雞子。破血滋陰，直入肝之腠裏。凡血聚於內，邪留於內，非此不能達也。

五靈脂：氣血不足，無淤血者，服之大損真氣。破血之功，猛於鱉甲。凡血癥血痺，皆肝血凝聚所致。新血不和，日裏日大，鬱為陰火，發燒發渴，肌膚漸枯者，非此不能破也。　青皮：大破肝氣。凡肝木過盛，尅脾犯肺，作嗽作嘔，小腹青筋暴起，木瓜、烏梅之力所不及者，可偶用之。　葱管：大能透肝中之俞，俞中氣不流通，則聚而成瘕，得葱管領香附以行之，則氣解而瘕散矣。因寒者多，或可稍佐吳茱萸。　猪肝經俞：俞者，肝裏之筋管，其中空虛，在臟則為俞，出外則為經，即所謂脈也。肝肺其形大，故有俞。引藥入俞，莫妙於猪肝之俞，以形引形也。

清・佚名氏《壽世醫竅》卷下

手太陰肺經藥三十六味　百合：清金潤肺，從容下降，治虛勞咳嗽。佐人參則補氣，佐熟地、沙參則補血。佐發散治嗽藥，則不傷津液，能化肺之津液，灑陳於六腑。功用甚大，莫以其性緩而忽之。肺有百絡，所以灑陳津液於各臟各腑也。百合病者，無處不病，言邪氣之泛濫也。主以百合者，蓋百合有百瓣，能行肺之百絡，以布散藥味於周身也。　人參：反藜蘆。虛火盛者勿用。肺主氣，氣生於肺。人參無所不補，而先入肺也。　黃耆：氣虛不能外達，用此托表而汗之。又治血崩血淋，腸紅帶濁，《經》云氣固而下陷自除也。炙用補胸中大氣，亦先補肺氣，而後蔭及大氣也。秖能中守，不及人參之健運，虛而滯滿者慎用。其性微升，虛而喘者禁用。餘詳衛氣下。　北沙參：反藜蘆。色白體輕，本草言補五臟之陰，其實入肺居多，純肺陰虛者，當多服久服，佐涼佐補，無所不宜。　熟地：肺為多氣少血之臟，真陰虛者，亦當補血。熟地本肝腎脾藥，引以沙參、百合，可以留其味於上以滋肺也。　阿膠：養陰潤燥，治俞中空虛，腹滿氣悶，養血和血，治血亂上行而作吐衄者。益周身之津液，滋腎水之化源。餘功詳他經下。

天冬：脾腎虛寒泄者，勿用。肺為陰臟而處陽位，最畏火尅。凡肺陰乾涸而作大熱者，宜天冬之寒潤。肺虛而熱者，用佐人參最良。　麥冬：清金潤肺降火，肺熱連心而煩燥者，同竹葉、蓮子心、梔子仁用。肺熱而大腸燥結者，同黃芩、槐花用。性較天冬和平，火不甚旺者宜之。　本肺經藥而兼入心，留其心，則入心居多矣。　桑白皮：瀉肺火，降肺氣，止實熱咳嗽。凡風溫暑熱等症，肺氣壅實者，皆當早用，恐火升氣湧，肺葉上翻也。又能降肺氣，以利小便。蓋水出高源，天水降而後溝瀆通。其理詳《醫門法律》。前胡：散風火，清肺氣，降而能散，為風溫咳嗽之要藥。風火化痰，肺壅氣閉者，同蔞貝用之。溫邪固閉者，同桑葉用之。川貝母：反烏頭。開肺氣，寬膻中之氣。清肺火，化熱痰。餘詳胃經下。蔞仁：反烏頭。清潤滑利，開肺火，利熱痰，潤咽燥，生津養血。其餘力能及大腸，治大便秘結。餘詳胃經下。橘紅：利氣化痰，能透經絡，發散藥中佐之，驅邪較速。膽星：孕婦不宜。清實火，降熱痰，寬中快氣。詳載胃經下。牛黃：孕婦少用。其為物，氣血襍合而成，故能滌膜原膻中風痰盤踞之邪也。清實熱，化熱痰。詳載胃經下。半夏：孕婦忌服。若胃不和，少用無妨。若消渴煩熱陰虛者，當避。化寒痰，開肺氣。餘詳他經下。陳皮：佐半夏以化寒痰，寬膻中之氣，使之下行。佐人參、黃芪等藥，則補而不滯。然其性燥，肺陰虛者不宜。生薑：陰虛內熱者勿用。佐發散藥，則邪易出。佐化痰藥，則痰易利。在肺之功如此。蘇葉：反藜蘆。辛香發散，專主肺經風寒，亦入太陽。蓋太陽行身之表，而肺主皮毛，故發散之藥，皆入兩經。荊芥：反魚、蟹、驢肉。辛，溫散，調血。本肝經藥。其氣上行，直通於肺，故外邪入肺之深者，非荊芥不能發之也。必佐防風、蘇葉乃能外至肌表。防風：辛溫，本散。凡太陽上部風寒之邪，多移於肺，背疼項疼，而兼咳嗽者是也。防風本太陽藥，而兼入肺，同蘇葉、荊芥用良。麻黃：苦辛，溫。過發則亡陽。泄肺發表，有肺為寒氣固閉而作喘者，危在旦夕，非麻黃、杏仁不能開泄。白蔻仁：開肺氣，升清降濁。佐半夏化寒痰甚良。欵冬花：氣輕體鬆，故入肺。隆冬不凋，衝寒而茂，故散寒邪。凡肺經受寒咳嗽，鼻（寒）〔塞〕聲重，胸背疼痛者，此為主藥。若溫邪而悮用，則以熱助熱，肺傷而嗽不止。《本草備要》以為通治諸嗽，誤矣。紫（苑）〔菀〕：入肺經血分，活血透俞，降氣止嗽。同欵冬花則治外來之寒邪，同麥冬、枯芩則治內生之積熱。因其涼血散火，故治肺癰。因其和血，故亦治肺痿。肺癰者，火盛血瘀也。肺痿者，肺熱葉焦也。皆屬大症。其理詳《醫門法律》，其法見《臨症指南》，學者當遵此兩書。百部：肺中俞絡最多，邪不易入，藥亦不易入。若寒邪深入，咳嗽不止者，佐欵冬、紫（苑）〔菀〕用之，以形相引也。其性有毒，用須去心，洗淨，蒸三次，乃無害。桑葉：涼散清肅，得金水之精華，滋陰退火，治風溫咳嗽。詳載《臨症指南》。丹參：反藜蘆。入肺中血俞而破血。凡風寒風溫咳嗽，而涎中帶血者，皆邪入血俞，逼血而出。於止嗽散邪藥中，加丹參、赤芍，則能領散邪之藥入血俞，驅邪外出，血反俞中而不吐矣。白及：反烏頭。固肺氣，養肺血，補肺形。治多年虛嗽，肺損吐血。新病咳嗽有外邪者，忌之。凡人吐血，血帶粉紅色者，肺爛也。宜白及粳米，研末，常服。葶藶：大黃泄血中之閉，葶藶能泄氣閉。降肺氣，泄實火，去熱痰，驅水，所主皆實熱之症。有不得不用者，故《十劑》與大黃並列。若虛人而悮投，則死於轉瞬間矣。白石英：生津潤枯，治肺痿第一要藥。凡津液不足之症，皆所急需。山川精華之氣結成，潤而不寒，故《十劑》取為潤枯之正藥也。後人不明此理，反曰潤藥甚多，何必取此二種？豈知古人用藥，洞悉天地陰陽之理，取天地之陰精，潤人身之枯槁，有逈非草根樹皮所能及者。不加領會，而反疑之，何也？檳榔：瀉胸中至高之氣，除瘴氣，解酒肉葷腥之毒，惟膏粱宜之。馬兜鈴：多用則吐。清火降氣，為定喘之要藥。若初感外邪咳喘，非徒降氣所能治，當佐以散藥。不喘者不必用也。磁石：入肺，使肺氣納於腎，治虛勞咳嗽之要藥。已詳腎經下。五味子肉：斂肺氣，生津液，肺虛散漫者宜之。虛人服之，肺氣堅固，邪不易入。若已受邪，而再服之，留邪於內，禍不旋踵。桔梗：專用降劑，不宜同用。本腎經藥，能使腎氣通於肺，而開氣管，故治傷寒少陰症咽痛。肺與大腸為表裏，肺氣開，則大腸之氣順，故通大便。水出高源，肺氣開，則膀胱之氣化，故利小便。載藥上行，故曰諸藥之舟楫。凡外來溫風暑氣，咽喉痛滿者，隨各經之清散藥用之。

手陽明大腸經藥十七味

肉豆蔻：苦辛，溫，澁。能固大腸，腸固則元氣不走，實非補虛藥也。溫厚澁固之性，已詳敘胃經矣。其力至大腸尚存，又能助大腸之陽氣，蒸溏鶩為堅實，故為止虛瀉之主藥。赤石脂：由胃入腸之性，與肉豆蔻同。而澁固過之，虛泄無度者得之，在胃一留，至腸再留，則時刻緩矣。以漸而緩，將復見生機也。餘詳胃經下。附子：走而不守，無所不至。加肉豆蔻引之，其力亦至大腸，治虛寒滑瀉將脫之元陽也。山藥：虛寒久瀉，腸空無物，洞然而開者，以赤石脂和山藥、蓮子等為末服，則隨粘隨多，腸漸實而瀉漸止。藥有用其質者，此類是也。秦艽：辛散而升，鼓舞大腸之氣上行，久瀉、久痢、便血，皆宜之。猶胃之用葛根也。黃連：夏月火毒熱痢，同槐花用之，以防腐爛。又須佐以大黃，其毒始去。餘詳各經下。升麻：升胃氣，以及大腸之氣，治脫肛之要藥。虛而兼濕熱者，佐以分清利水諸藥。虛而下陷者，主以補中益氣湯加秦艽。其他瀉痢、便血、痔漏等症，概不可輕用。大黃：承氣湯之義，原兼腸胃。若大腸之火獨勝者，佐以實黃芩、槐花。蜣螂：傷寒瘟疫，日久失下，腸中津液為邪火燔爍，便結如石，堅燥硬乾，攻以消黃，從旁化臭水而出，便仍不下。於承氣湯中加焙焦蜣螂一個，頃刻即下，物理之自然也。歸身：虛而大便不通，不可攻者，同升麻、蓯蓉，可通結燥。蒸用能潤大腸，治大便燥結。阿膠：有肺熱移於大腸而燥者，最宜阿膠。又主腸枯作鳴，宛轉泄氣之症。熟地：腸燥而痔漏腫痛，清之不效者，同槐花用之最良。蓋大腸屬金，最畏火爍，故痔漏皆陰虛之證也。治法當遵《景岳全書》。肉蓯蓉：滑潤之性，由胃入腸，便之燥結于腸者，猶能潤之出也。已詳胃經下。火麻仁：潤腸之功，更多於在胃，故古人火麻仁而主腸燥之症也。槐花：墮胎。清大腸氣分之熱，痔瘡、便血、血痢等症，凡有火者，皆可用也。地榆：炒黑，止大腸下注之血，血痢便血之要藥。佐涼佐溫，無所不宜。熟艾葉：同阿膠、秦艽，治虛寒久痢，其氣溫而升，溫則回陽，升則止脫。又助衝脈之氣上升，衝脈升胃氣亦升矣。

手少陰心經藥二十四味　梔子仁：滋陰養血寧神，治血虛血熱，不寐心煩，手心作熱。止血熱作汗，潤小腸，治血熱二便閉澁，止紛紜多夢，治心移熱於肺，吐血衄血。凡病之虛而兼寒者，忌之。蓮子心：清熱除煩，治心火上啖而不能下泄。凡霍亂暑症，及一切六淫之邪入心者，皆宜。能導熱入小腸，治在氣分。苦參：反藜蘆。清熱散火，使火氣由經而散。以上三藥，梔子仁主血熱，蓮子心主氣熱，治在臟。苦參散熱外出，治在經。各有所主，勿亂施也。黃連：瀉實火，解毒。凡一切瘟症、暑症、傷寒、陽邪入心及包絡者，皆宜之。佐犀角則外散，佐木通、梔子則下泄。炒用，清膈上氣熱。詳註胃經下。龍眼肉：補心及包絡中血，凡血虛無熱者宜之。其味厚，補血甚速。其氣壯，亦能助氣。其形如包，故能安神。茯神：人乳拌蒸，補陰甚妙。抱木而生，得靜守之義，故入心安神。然其性滲利，血虛者不宜也。櫻桃：性熱。其形如心，大補心火。味甘，亦能補血。所謂益火之源以消陰翳者，兼心火而言，不專指命門也。詳見《東垣十書》。益智仁：助陽氣，散心及包絡寒邪。凡沉寒痼冷之病，寒氣侵心者，當佐以補藥用之。硃砂：定心安神，心火擾亂，多夢紛紜者宜之。連翹：性涼，氣輕揚。凡一切六淫之邪熱氣移入心與包絡者，皆能解散，尤為痘科所宜。燈心：導火下行，能引心熱入小腸，由小便出。佐以竹葉，退暑最速。百合：肺中陰虛火盛，移熱于心者，當養肺陰，則心自安。百部：心火盛，上啖于肺，而肺絡閉塞，心火不能上達者，于涼散藥中稍加之。遠志：痰火上實者當避。心氣不降于腎，腎氣不潮于心，心中孤陽擾亂，因而不寐，宜稍用之。其性毒，用須斟酌。肉桂：引火歸元之要藥。孕婦忌服，善墮胎。命門相火不能上通于心者，宜稍用之。以龍眼肉引入心經。龜版：腎之真陰虛，不能上潮于心，心腎不交者，宜合梔子仁用之。吳茱萸：肝之陽氣不能上通于心，以致陰盛陽虛，神昏多睡，精神不振，神魂不安者，宜合人參、龍眼肉稍用之。女貞子：肝之陰氣不能上潮于心，以致陽盛陰虛，煩燥不眠，夜半發渴者，宜合梔子仁用之。酸棗仁：斂氣安神，治虛煩不眠。熱者佐梔子仁，寒者佐龍眼肉，氣虛佐人參，血虛佐熟地。其功助膽，蓋膽壯則心安，故專主不寐。菟絲子：脾陽賴相火薰蒸，亦借心火健運，心脾不交則心火獨盛而作鬱熱，用之以聯心脾。白朮：益氣補血，以人乳拌蒸最妙。脾虛子食其母，則心亦虛，心虛而用白朮者，所謂去其所耗則自足也。大黃：傷寒瘟疫邪火入心者，散之不及，清之無濟，必佐大黃下之，犀角地黃湯是也。石菖蒲：行滯氣、開心竅之要藥。瘀痰敗血閉塞心竅者，須用之。病在內，引之出外可也。病在外，引之入內不可也。丹皮：孕婦不宜。涼血斂血，退虛火，清營氣熱。凡心及包絡火盛上啖，吐血衄血，及火氣薰肺作嗽，並心移熱于小腸溺血者，皆宜用之。

手太陽小腸經藥七味　木通：催生下胎。清小腸氣分之熱，領心火下泄，體虛而透，利小腸之氣，氣機和暢，斯化物之出，不失其節。欲其利水引入膀胱，欲其利便引入大腸。車前子：功專利水，領胃中之水入小腸，由小腸送入膀胱，以猪苓、澤瀉接之則大利矣。然所主者，濕熱之症耳。若陽氣不運而閉者，則當求之本源，豈冷利之藥所能奏功乎？川萆薢：其滲利之性，較澤瀉稍緩。功主分清，能至小腸下口大腸膀胱之界，使水歸膀胱，便歸大腸，通利二便。又治水瀉，蓋水瀉皆由不能分清，盡歸大腸也。分之則小便利，而大便實矣。梔子：炒黑用，引肺火、心火、膻中之火從小腸出，與木通所主畧同。木通主氣分，梔子主血分也。小茴香：暖小腸，止虛冷作瀉，臍腹疼痛。止小便過多，壯下焦陽氣。下焦氣起闌門下，即小腸之下口也。小腸之氣溫，下焦之陽壯矣。　羌活：　通脈絡，散在經之滯氣。蓋小腸與膀胱連，故仍用太陽表藥也。　砂仁：　血虛火痰者勿用。寬氣散滯。同小茴香用，最散小腸之寒氣。同車前、木通用，則分利尤速。　餘詳胃經下。

手厥陰心包絡用藥法　包絡代心受病，即代心受藥。凡入心者，皆先入包絡，如鬱金、連翹。去心則只入包絡。不去心，則入心與（心與）包絡也。餘可類推。用藥之要，已詳敘圖中矣。

衝脈藥十味　艾葉：　溫和煦育之性，能引衝脈之氣上行，以止其下奔之勢，故主治崩漏。凡經不及期而至者，皆可少用。必製之極熟，不然散氣泄汗，血反不寧。取端陽插門之野艾，其葉似菊者，陳者愈佳。用其淨葉，每四兩，用水三茶杯，醋一茶杯，煮三炷香，俟水乾，微炒用。　蘄葉，是艾之別種，外科灸最良。若服之，則大能動汗而傷陰。　阿膠：　味厚而粘，厚則靜血，粘則固血。與艾葉同用，大止崩漏。蓋艾葉以升其氣，阿膠以膩其血，則下奔之勢自然暫緩，非強閉之謂也。　蒲黃：　炒黑，大能止血崩症之急者，用之以救一時之危，俟血既止，命既延，仍當求之本源，不僅以一止為事也。有舌脹滿口，用生蒲黃末糝之則收，亦救急之法。故附録之。　川續斷：　入衝脈血分。其味微澁，能止下奔之勢，故治崩治漏。　味雖澁，而不至閉血，誠良藥也。　鼠糞：　酒炒用。透衝脈之氣，引衝脈之血下行，瘀者能和，閉者能通，為經閉之要藥。經期後至者，亦可少用。《綱目》下所附之古方，不欺人也。　海螵蛸：　大通衝任之血，破瘀潤枯，為血枯經閉之要藥。此正治也。長沙用主血崩之症，蓋衝脈閉而不通，則離經之血外溢於肝，與肝之藏血互相衝擊，因而決裂橫流。開其正路，則血歸經，而崩自止。　後人疑之，遂使良藥見棄，《綱目》註之而不信，猶可說也，葉氏用之而不信，是誠何心哉？　紫石英：　衝為血海，十二經之精華聚於胃，由胃布於衝脈之絡，貫於衝脈而下。　若衝脈乾枯，則血至此而結，月信不下矣。　久則成痺，即俗所謂乾血勞也。　以大劑紫石英，同歸、地用之，以潤以生，則血充而自下，何必取蘇木、紅花之攻破乎？　夫蘇木入肝，紅花入心，與衝脈無干也。　不學無術之輩，習聞為破血之藥，故每遇經期不至之症，即坦然用之。亦有肝血一動經隨之下者，亦有所下即肝血者，隨深信不疑，戕人無已。　更有僅讀《景岳全書》之輩，謬指為寒，而用肉桂、附子，以致乾者愈乾，枯者愈枯，數月而死，猶不返躬自省，何忍心之甚耶？　木香：　泄衝脈之氣下行，入大腸，治痢症之裏急後重。詳載《本草綱目》木香下。　凡衝脈犯胃之病，皆宜之。　澤蘭：　氣涼而降血熱，而經期後至者宜之。　兼能利濕，去衝脈水氣，導濕自小便出。　冬葵子：　滑胎。（任）〔妊〕娠水腫，由腿而漸及腹，用五苓不效者，水在子宮也。　冬葵子、茯苓利之，詳載《金匱要畧》。　此治水之重者也。若輕者，則《胎產秘書》有鯉魚湯一方，可以酌用。

任脈藥四味　龜板：　任脈主陰，雖不可無陽以運之，更不可稍有火氣，傷至陰之體。　若火入其中，逆而上行，則衄血不止，以任脈連鼻故也。　目之大眦紅腫，亦當求之任脈，以其脈結於睛明穴故也。　此皆指實火，統宜龜板。若小腹寒甚，督脈之陽不能下入任脈，反而上犯，逼為衄血者，則當用橘核、龜甲心，引肉桂、小茴香通其脈中之陽，則陽氣下而衄止矣。　楊梅結毒，主以護鼻，紫金丹以龜板為君，其主鼻衄明矣。　詳見《金鑑》。　龜甲心：　取龜甲正中之一線，以通任脈最速。　治熱症為正治，治寒症以引肉桂、小茴香，是反佐之法也。　石決明：　肝經藥而入任脈，通氣和血。　橘核：　《經》曰：　任脈為病，男子內結七疝，女子帶下瘕聚。本草橘核所主，皆疝瘕等症，其入任脈可知。引小茴香、吳茱萸等藥，以治陰寒疝瘕等症，是為要藥。

督脈藥三味　鹿角霜：　鹿茸、鹿角膠附。通其氣用鹿角霜，通其血用鹿角膠，氣血兩通而兼補用鹿茸。　督脈主周身之陽氣，一切疝瘕寒痰，伏飲沉寒（涸）〔痼〕冷之病，治臟治腑，其病似愈非愈者，皆奇經之陽氣未開，腎胃之陽不復，當求之督脈，而衝脈、任脈連類及之。　奇脈一開，則會陰穴至陰之地陽氣流行，而後丹田不空不寒，諸病悉愈。《臨症指南》於癥瘕寒疝門中用為要藥，可領會也。　桂枝：　督脈附太陽而行，太陽之氣動，則督脈之氣亦動。　然非寒凝過甚者，鹿角霜已能動之，不必外藉桂枝，恐其動液，轉耗陰也。　枸杞子：　補右腎陽水，同鹿角膠滋督脈之陰，養筋中血。

營氣藥九味　桂枝木：　味甘而辛，氣輕而柔，甘則能補，辛則能行。　專補營氣，蓋營氣起於中焦，桂枝中焦之藥，營氣濡潤，桂枝和緩，甘能補，辛能微助，古人取為補營氣之主藥。　小建中湯主症甚多，虛勞為最。　疑而不敢用者，是不讀《醫門法律》，不能明長沙之旨也。　甘草：　反大戟、芫花、海藻、甘遂。　桂枝雖主中焦，然其氣動，得甘草之緩以守中，而後留桂枝於心脾胃之間，以成補營氣之功。　大棗：　甘溫和緩，養胃氣以滋胃中之血，營氣得之則生，更制伏桂枝之散性。　飴糖：　入胃養血生液，益血中之氣。　蓋營氣喜潤惡燥，喜柔惡剛，得飴糖之溫以助血則益生矣。合之為建中湯，建中者，藉稼穡甘之味，補胃扶中，生營氣以布周身之經絡，而亂者靜，虛者復，猶王者之建中立極，居其所而眾星拱之也。　當歸：　取歸身炒之，大補營氣，加入建中湯內，名當歸建中湯，以治營氣之弱極者。然毋輕用，恐其偏勝也。　人參：　反藜蘆。　營氣弱，不能隨衛氣以周流，於建中湯加人參，名人參建中湯，則氣機盛而流布速，一二日間可配乎衛氣矣，不必伐衛也。　牡蠣：　入血分。其性澁而緩，主營氣太急、夜眠盜汗等症。夫自汗者，衛氣之虛。盜汗者，營氣之勝。隨其重者，一斂一助，勿使偏勝，勿致過伐，斯得其當，豈一補中益氣湯所能盡變乎？　龍骨：　入氣分而不熱，其氣澁而固，主營氣太急、自汗盜汗等症。　白芍：　反藜蘆。　酸斂而入血分，以治營氣之太急。麻黃湯中用之，正恐其過汗以傷營也。

衛氣藥四味　黃芪：　生用溫分肉，實腠裏，即衛氣之功用也。凡衛虛而作汗身寒，皆宜主之。加入小建中湯內，為黃芪建中湯，雙補營衛。世人用炙黃芪，誤矣。蓋炙黃芪只主中氣也。　附子：　衛氣弱極，則失其慓悍之性，須附子之陽剛以助之，必用八味丸，意引附子入下焦，以生衛氣，非理中湯加黃芪也。　生薑：　辛剛透絡，助衛氣外布，故發散藥中用之，隨三陽表藥以開毛孔而發汗。蓋皮膚為外廓，絡脈所主，衛氣司之，衛氣開，而後營氣乃化汗以出也。　地骨皮：　衛氣勝，則身熱。地骨皮入腎與膀胱氣分，涼氣退熱而靜腎氣，腎氣靜則膀胱之氣靜，下焦之氣亦靜，而後慓者柔，悍者緩，衛氣不能過勝，則身熱退矣。推而廣之，凡治下焦氣分之熱者，如丹皮等類，皆可以退衛氣也。

清・姚瀾《本草分經》　通行經絡　補：　人參：　甘，溫，微苦，大補肺中元氣，其性主氣，凡臟腑之有氣者皆能補之。生陰血，亦瀉虛火，凡服參不投者服山查可解，一補氣一破氣也。按：　老山真參近時絕少，惟行條參，其性味與人參雖同，而力極薄。出關東。不論大小，但須全糙白皮為上，半糙者次之。若皮色微黃雖糙難辨，紅熟者多偽，不可用。〇修條力甚薄，而其性橫行手臂，指臂無力者服之有效。〇參鬚與修條相同，其力尤薄。〇參蘆能涌吐痰涎，虛者用之以代瓜蒂，然亦能補氣，未見其盡吐也。　高麗參：　氣味略似人參，而性較溫。初服似有力，數日後便不覺矣。野者不可得，種者愈大愈佳。　東洋參：　野者皮白，狀類西洋參，而色香味無異人參，性則微涼。近皆種者，形似人參而性溫，聞種時皆用硫黃故也。若以之代黨參，較為輕清，非可代人參也。　黃精：　甘，平，補氣血而潤，安五臟，益脾胃，潤心肺，填精髓，助筋骨，除風濕。　大棗：　甘，溫，補中益氣，滋脾土，潤心肺，調營衛，通九竅，助十二經，和百藥，脾病人宜食之。加入補劑與姜並行，能發脾胃升騰之氣。風疾痰疾，俱非所宜。〇紅棗功用相倣，而力稍遜。〇南棗不入藥。〇生棗甘、辛，多食生寒熱。　麪：　甘，溫，補虛養氣，助五臟，厚腸胃。北產陳麥良，新麥熱。南產壅氣，助濕熱。　鹿肉：　甘，溫，補中，強五臟，通脉，益氣力。　羊肉：　甘，熱，屬火，補虛勞，益氣力，開胃，壯陽道，能發痼疾及瘡。〇羊胲，結成羊腹中者，治反胃。〇羊角明目殺蟲。〇生羊血治血暈，解一切毒。　鱔魚：　甘，大溫，補五臟，去風濕，能走經絡。　淡菜：　甘、鹹，溫，補五臟，益陽事，治虛勞，消癭氣。　人乳：　甘、鹹，純陰，無定性，潤五臟，補血液，清煩熱，理噎膈，利腸。有孕之乳為忌乳，最有毒。　人氣：　治下元虛冷，日令童男女以時隔衣進氣臍中，甚良。或身體骨節痹痛，令人更互呵熨，久久經絡通透。　紫河車：　甘、鹹，溫，大補氣血，而補陰之功尤為極重，治一切虛勞損極，大有奇效，且根氣所鍾，必達元海。病由膀胱虛者，用之尤宜。清水洗至淨白，用鉛壺隔湯煮極爛，連汁入藥。或煮略熟，文火焙乾用。有胎毒者傷人，須以銀器試之。

和：　甘草：　味甘，通行十二經，解百藥毒。生用氣平，補脾胃，瀉心火而生肺金；炙用氣溫，補三焦元氣而散表寒。入和劑則補益，入汗劑則解肌，入涼劑則瀉熱，入峻劑則緩急，入潤劑則養血，能協和諸藥，使之不爭。〇頭涌吐，消上部腫毒。〇梢達莖中。　香附：　辛香，微苦、微甘，通行十二經八脉氣分，調一切氣，能引血藥至氣分而生血，解六鬱，利三焦，消積調經，乃治標之品，損氣耗血。　連翹：　見心和。　合歡皮：　甘平，和血補陰，安五臟，和心志。蓋心脾調和，則五臟自安矣。　蕪荑：　辛、苦，溫，散滿燥濕，化食殺蟲，祛五臟、皮膚、肢節風濕，能療鱉瘕蟲痛。　海桐皮：　苦，平，入血分，祛風去濕，殺蟲，能行經絡達病所，治牙蟲癬疥。　乳香：　苦，溫，辛香善竄，入心，通行十二經，調氣活血，去風舒筋，托裏護心，香徹瘡孔，能使毒氣外出，消腫止痛生肌。　沒藥：　苦，平，入十二經，散結氣，通瘀血，消腫定痛生肌。　竹瀝：　甘、苦，寒，滑，清痰降火。行經絡四肢、皮裏膜外之痰，凡痰因風熱燥火者宜之，姜汁為使。虛者與參同用，使人參固其經，竹瀝通其絡，則甘寒氣味，相得益彰。　荊瀝：甘平，開經絡，除風熱，化痰，行氣血，為去風化痰之妙藥。用牡荊，俗名黃荊，燒取瀝。　廣皮：見肺和。　枳椇子：甘，平，止渴，潤五臟，解酒毒。按：葛根、葛花解酒毒，而發散不如枳椇。　菠菜：甘澀而滑，利五臟，通血脉，開胸膈，下氣調中，止渴潤燥，根尤良。　薺菜：甘，溫，利五臟，益肝和中。○根益胃，明目。同葉燒灰，治痢。　白豆：甘，平，補五臟，暖腸胃，調中，助十二經脉，腎病宜食之。○豆葉，利五臟，下氣。○豆腐，甘，鹹，寒，清熱散血，和脾胃，消脹滿，下大腸濁氣。　酒：大熱有毒，用為向導，可以通行一身之表，引藥至極高之分。和血行氣，逐穢，暖水臟，最能亂血動火，致濕熱諸病。醇而無灰、陳者良。按：石灰能解酒酸，造酒家多用之。而有灰之酒傷人。○燒酒，散寒破結，損人尤甚。　靈砂：甘，溫，養神志，安魂魄，通血脉，調和五臟。治上盛下虛痰涎壅盛，吐逆冷痛，殺精鬼，小兒驚吐，服之最效，為鎮墜神丹也。硫黃合水銀煉成。　百沸湯：助陽氣，行經絡。半沸者飲之傷元氣作脹。　鵜鶘油：鹹溫滑，透經絡，治聾痹、癰腫諸病，不入湯丸。　蜂蜜：甘滑，生性涼清熱，熟性溫，補中潤燥，解毒，調營衛，通三焦，安五臟，通便秘，止諸痛，和百藥，與甘草同功。滑腸。同葱食害人。食蜜飽後食鮓，令人暴亡。○黃蠟，甘淡微溫，性澁，止痛生肌，續絕傷，止瀉痢。

攻：　大戟：苦、辛，寒，專瀉臟腑水濕，逐血發汗，消癰通二便閉，瀉火逐痰，其汁青綠亦能瀉肝。陰寒善走，大損真氣。紫色者上，白者傷人，須去骨用，中其毒者惟菖蒲能解之。　甘遂：苦，寒，瀉腎經及隧道水濕，直達水氣所結之處，以攻決為用，治大腹腫滿痞積，痰迷，去水極神，損真極速，麪煨用。　商陸：苦，寒，沉陰下行，與大戟、甘遂同功，療水腫脹滿，蠱毒惡瘡。　芫花：苦溫，療五臟水飲痰癖，治瘴瘧，毒性至緊。虚者忌之。醋煮用。○根療疥。　防己：大辛、苦，寒，入膀胱。去火邪，能行十二經，通腠理，利九竅，瀉下焦血分濕熱，療風行水，降氣下痰。性險而健，惟濕熱壅遏及脚氣病，凡下焦濕熱致二陰不通者，用此治之。有二種，漢防己治水用，木防己治風用。　鶴虱：苦，平，殺五臟蟲，治蚘痛。　巴豆：辛，大熱大毒，峻下開竅宣滯，去臟腑沉寒積滯，治喉痹急症。生用急治，炒黑緩治，去油名巴豆霜。大黃、黃連、涼水、黑豆、綠豆汁能解其毒。　蘇木：甘、鹹、辛，平，入三陰血分。行血去瘀，因宣表裏之風。　枳實：苦，酸，微寒，破氣行痰，消痞止喘，利胸膈，寬腸胃。　枳殼：性味功用與枳實同，惟實則力猛而治下，其瀉痰有衝墻倒壁之功，殼則力緩而治上，能損胸中至高之氣為異耳。　角刺：辛，溫，搜風殺蟲，通竅潰癰，其鋒銳直達病所。　檳榔：苦、辛，溫，能墜諸藥下行，攻堅破脹消食，行痰下水散邪，殺蟲醒酒，瀉胸中至高之氣至於下極，凡氣虛下陷者宜慎用。　輕粉：辛冷燥毒，刧痰涎，消積殺蟲，善入經絡，不可輕服，今人用治楊梅毒瘡，能刧邪從牙齦出。然毒入經絡筋骨，血液耗亡，多成痼疾，惟土茯苓能解其留毒。○粉霜略同。　蝱蟲：苦，寒，有毒，攻血，遍行經絡，色青入肝，極能墮胎。　穿山甲：鹹，寒，性猛善竄，入肝胃，功專行散，能出入陰陽，貫穿經絡，入營分以破結邪，直達病所。通經下乳，消腫潰癰，止痛排膿，和傷發痘，為風瘧瘡科要藥。　蘄蛇：甘，鹹溫，性竄。內走臟腑，外徹皮膚，透骨搜風，截驚定搐，治風濕，癱瘓，疥癩。皮骨尤毒，宜去淨。　烏梢蛇：功用與蘄蛇同。無毒而力淺，大者力更減。

散：　威靈仙：辛、鹹，溫，屬木。宣疏五臟，通行十二經，行氣祛風破積，治風濕痰飲諸病，性極快利，積疴不痊者服之有效。然大走真氣耗血，用宜詳慎。　防風：見膀胱散。　蒼耳子：甘，苦，溫，發汗散風濕，上通腦頂，下行足膝，外達皮膚，治頭面諸疾，遍身瘙癢。去刺用。○採根煎熬名萬應膏，功用略同。　冰片：辛香善走，體溫用涼，先入肺傳於心脾，而透骨通竅，散鬱火，辟邪，消風化濕，風病在骨髓者宜之。若在血脉肌肉，輒用冰、麝，反引風入骨，莫之能出。　葱白：辛散平。發汗解肌，通上下陽氣而活血解毒。白冷青熱，取白用。同蜜食殺人。青葉治水病足腫。　白芥子：見肺散。　麝香：辛溫香竄，開經絡，通諸竅，內透骨髓，外徹皮毛，搜風，治諸風、諸氣、諸血、菓積、酒積，辟邪解毒殺蟲。風在肌肉者誤用之，反引風入骨。用當門子尤勝。　桑蠶：甘，溫，有毒，祛風而走竄經絡，其性與穿山甲相近，用以發痘大傷元氣。○桑蟲矢功用略同。

寒：　牛蒡子：辛、苦，寒，滑。瀉熱散結，宣肺氣，清喉理嗽，利二便，行十二經，散諸腫瘡毒，腰膝滯氣。○根苦寒，治中風，貼反花瘡。　青黛：鹹，寒，瀉肝，散五臟鬱火，解中下焦蓄蘊風熱，敷癰瘡。　菾菜：甘，苦，涼，滑。利五臟，通心膈。搗汁治時行壯熱，止熱毒痢。　茭白：甘冷而滑，利五臟，去煩熱。○根名菰根，冷利甚於蘆根。　白苣：苦，寒，利五臟，通經脉，開胸膈滯氣，解熱毒利腸。　萵苣：　苦，冷，功同白苣，又能通乳汁，殺蟲蛇毒。〇子下乳汁，通小便。　絲瓜：　甘，冷，涼血解毒，除風化痰，通經絡行血脉，消浮腫發痘瘡。滑腸下乳，用筋。　木耳：　甘，平，利五臟，宣腸胃，治五痔、血症。〇地耳甘寒，明目。〇石耳甘平，明目益精。大麥：　甘，鹹，微寒，補虛除熱，益氣調中，實五臟，化穀食。〇大麥麪平胃下氣，消積涼血。　小粉：　甘，涼，和五臟，調經絡，醋熬消癰疽，湯火傷。

綠豆：　甘，寒，行十二經，清熱解毒，利水和脾。功在綠皮，去皮即壅氣。煮湯加蜜或鹽，冷飲。〇粉撲痘瘡潰爛。　元精石：　鹹寒而降，治上盛下虛，救陰助陽，有扶危拯逆之功。　人中黃：　見胃寒。　金汁：　見胃寒。

熱：　蘄艾：　苦，辛，生溫熟熱，純陽香燥，能回垂絕之元陽，通十二經，走三陰，而尤為肝脾腎之藥，理氣血，逐寒濕，暖子宮，止血溫中，開鬱調經，殺蚘，以之灸火，能透諸經而除百病。　附子：　辛，甘，大熱純陽，其性浮多沉少，其用走而不守，通行十二經，無所不至，能引補氣藥以復失散之元陽，引補血藥以滋不足之真陰，引發散藥開腠理，以逐在表之風寒，引溫暖藥達下焦，以祛在裏之寒濕。治督脉為病，及一切沉寒痼冷之症。生用發散，熟用峻補。誤服禍不旋踵。中其毒者，黃連、犀角、甘草煎湯解之，或用澄清黃土水亦可。〇烏附尖吐風痰，治癲癇，其鋭氣直達病所。〇側子大燥，發散四肢，充達皮毛，治手足風濕。　花椒：　辛，苦，溫，散寒燥濕，溫中下氣，利五臟，去老血，殺蟲。　乾姜：　辛，熱，燥脾濕，開五臟六腑，通四肢關節，宣諸絡脉，逐寒發表，溫經定嘔，消痰去滯，炒黃用。如與五味子同服，亦能利肺氣而治寒嗽。　炮姜：　辛，苦，大熱，除胃冷而守中，兼補心氣，祛臟腑沉寒(錮)〔痼〕冷，去惡生新，能回脉絕無陽，又引血藥入肝而生血退熱，引以黑附則入腎祛寒濕。　大蒜：　辛熱，通五臟，達諸竅，消食辟穢，去寒滯，解暑氣，殺蛇蟲毒。氣味重濁，多食則昏目損神。搗敷治鼻衄不止，關格不通，亦能消水利便。如切片灼艾灸癰疽良，須用獨頭者佳。至百補俗說，不足信也。

手太陰肺

補：　人參：　見通行補。　高麗參：　見通行補。　珠參：　苦，寒，微甘，補氣降肺火，肺熱有火者宜之。　土參：　甘，微寒，性善下降，補肺氣，而能使清肅下行，凡有升無降之症宜之。　洋參：　苦，寒，微甘，補肺降火，虛而有火者宜之。　北沙參：　甘、苦，微寒，專補肺陰，清肺火，金受火刑者宜之。〇南沙參功同，而力稍遜。　黃精：　見通行補。　玉竹：　甘，平，補氣血而潤，去風濕，潤心肺，用代參地，不寒不燥，大有殊功。　黃芪：　甘溫升浮，補肺氣，溫三焦，壯脾胃，實腠理，瀉陰火，解肌熱，氣虛難汗者可發，表疎多汗者可止。生用瀉火，炙用補中，為內托瘡癰要藥，但滯胃爾。　白及：　苦，辛平，性濇入肺，止吐血，去瘀生新，肺損者能復生之，治跌打湯火傷及瘡癰。　白芍：　見肝補。　冬蟲夏草：　甘，平，補肺腎，止血化痰，治勞嗽。　五味子：　性溫，五味俱備，酸鹹為多，斂肺補腎，益氣生津，濇精明目，強陰退熱，斂汗止嘔，寧嗽定喘，除渴止瀉。夏月宜常服之，以瀉火而益金，北產者良。　大棗：　見通行補。　胡桃：　甘，熱，通命門，利三焦，潤腸胃，溫肺補腎，潤燥養血，佐破故紙大補下焦。然能動風痰，助腎火。皮性濇，若連皮用，則斂肺固腎濇精。油者有毒，能殺蟲。〇殼外青皮壓油，烏鬚髮。　落花生：　辛，甘，香，潤肺補脾，和平可貴。　白糖：　見脾補。　山藥：　見脾補。　米仁：　見胃補。　粳米：　甘，平，得天地中和之氣，平和五臟，補益氣血，入肺清熱利便，晚收者性涼，尤能清熱。北粳涼，南粳溫，新粳熱，陳粳涼，赤粳熱，白粳涼，新米動氣。〇米泔清熱涼血利小便，用第二次者。　糯米：　見脾補。　飴糖：　見脾補。　磁石：　見腎補。　燕窩：　甘淡平，大養肺陰，開胃氣，化痰止嗽，補而能清，一切病之由於肺虛不能清肅下行者，此皆治之。〇燕肉不可食，損人神氣。　鴨：　甘，平，微鹹，入肺腎血分，補陰除蒸，利水化虛痰，毛白嘴烏老者良。〇熱血解諸毒。〇蛋甘寒鹹，除心膈熱。　白鶴血：　鹹，平，益肺去風，補虛乏，益氣力。　阿膠：　甘，平，清肺養肝，補陰滋腎，止血去瘀，除風化痰，潤燥定喘，利大小腸，治一切血病風病。大抵補血與液，為肺、大腸要藥，傷暑伏熱成痢者必用之。胃弱脾虛者酌用。化痰蛤粉炒，止血蒲黃炒。　猪肺：　補肺治虛嗽。羊肺：　通肺氣止咳嗽，亦利小便。　羊乳：　見大腸補。　蛤蚧：　鹹，平，補肺潤腎，益精助陽，通淋定喘止嗽，氣虛血竭者宜之，其力在尾，毒在眼，去頭足，酥炙用。

和：　甘草：　見通行和。　鬱金：　辛、苦、微甘，輕揚上行，入心包、心、肺，涼心熱，散肝鬱，破血下氣，治經水逆行，氣血諸痛，耗真陰。　廣木香：　見三焦和。　白豆蔻：　辛，熱。肺經本藥。流行三焦，溫暖脾胃，散滯氣，消酒積，除寒燥濕，化食寬膨。　藿香：　見脾和。　甘菊花：　見肝和。　延胡索：　見肝和。　旋覆花：　辛、苦、鹹，微溫，入肺、大腸。下氣行水，軟堅消痰痞，通血脉，除噫氣，絹包煎。〇根治風濕。葉治瘡毒，止血。

砂仁：　見脾和。　紫菀：　辛、苦，溫，性滑，潤肺下氣，化痰止渴，專治血痰，及肺經虛熱，又能通利小腸。〇白者名女菀，紫入血分，白入氣分。　欵冬花：　辛，溫，潤肺消痰理嗽，能使肺邪從腎順流而出，治逆氣咳血，主用皆辛溫，開豁却不助火。　白蒺藜：　見肝和。　佛耳草：　微酸，大溫肺氣，止寒嗽，消痰，治寒熱泄瀉。　百部：　甘、苦，微溫，能利肺氣而潤肺，溫肺治寒嗽，殺蟲虱，傷胃滑腸。　白米飯草：　甘，平，潤燥補肺，和中益胃，治吐血咳嗽，熬膏用。　罌粟殼：　酸，濇，平，斂肺濇腸固腎，宜治骨病，酸收太緊，易兜積滯。〇御米甘寒，潤燥治反胃。〇鴉片酸濇溫，止瀉痢，濇精氣。　松花：　甘，溫，潤心肺，益氣止血，除風，善滲諸痘瘡、傷損、濕爛不痂。　松子：　甘溫而香，潤肺燥，開胃，散水氣，除諸風，治大便虛秘。　白檀香：　辛，溫，利氣，調脾肺，利胸膈，兼引胃氣上升。　烏藥：　辛溫香竄，上入脾肺，下通膀胱腎，能疏胸腹邪逆之氣，凡病之屬氣者皆可治，順氣則風散，理氣則血調，故又治風癩瘡，及猫犬百病。　訶子：　苦溫，酸濇，洩氣消痰，斂肺濇腸。　生用清金行氣，熟用溫胃固腸。　茯苓：　見脾和。　琥珀：　見肝和。　杏仁：　辛、苦、甘，溫，瀉肺降氣，行痰解肌，除風散寒，潤燥，並解肺鬱，利胸膈氣逆，通大腸氣秘，治上焦風燥，又能殺蟲，消狗肉麪粉積，去皮尖研用。如發散連皮尖研。雙仁者殺人。〇叭噠杏仁甘平性潤，止咳下氣，消心腹逆悶。〇甜杏仁不入藥。〇杏子酸熱，有小毒損人。　烏梅：　酸澁而溫，入脾肺血分，澀腸斂肺，止血生津，止渴，安蚘，涌痰解毒。〇白梅：　酸澁、鹹平，功用略同。兼治痰厥，喉痺，牙關緊閉，敷癰毒刀箭傷，多食則齒齼，嚼胡桃肉即解。　木瓜：　見肝和。　廣皮：　辛、苦，溫，入脾肺氣分，能散能和，能燥能瀉，利氣調中，消痰快膈，宣通五臟，統治百病。入和中藥留白，入疏通藥去白，亦名橘紅，兼能除寒發表。廣產為勝，名廣皮。陳者良，名陳皮。〇化州陳皮消伐太峻，不宜輕用。〇橘肉生痰聚飲。　佛手柑：　辛、苦、酸，溫，入肺脾，理氣止嘔，健脾，治心頭痰水氣痛。根葉同功。　榧子：　甘，濇，平，殺蟲消積，多食引火入肺，使大腸受傷。白菓：　甘、苦，濇，生食降濁痰，殺蟲，熟食斂肺益氣，定哮喘，縮小便，止帶濁。壅氣發疳，小兒多食白菓，吐涎沫不知人，急用白鯗頭煎湯，灌之可解。

橄欖：　甘濇，酸平，清肺開胃，下氣利咽喉，生津醒酒解毒，治魚骨骾。〇核主治與橄欖同。〇仁甘平潤燥。　百合：　甘，平，潤肺寧心，清熱止嗽，能斂肺氣，利二便，止涕淚。　雲母：　甘，平，入肺下氣，治瘧痢癰疽。　白石英：　甘、辛，微溫，潤肺去燥，利小便，實大腸，治肺痿欬逆。　食鹽：　見腎和。　露水：　甘，平，潤肺，解暑止消渴。　殭蠶：　鹹、辛，平，氣味輕浮，入肺肝胃，去風化痰，散結行經，能散相火逆結之痰及風熱為病。〇蠶蛹治風退熱，除蚘，療小兒疳疾。猘犬咬者終身忌食。　五倍子：　酸濇，鹹寒。斂肺降火，生津化痰，止血斂汗，治泄痢下血，散熱毒，斂濇之功敏於龍骨、牡蠣。〇造釀作餅名百藥煎，功用相同，治上焦心肺，痰嗽熱溫諸病尤為相宜。

攻：　牽牛子：　辛熱屬火，而善走入肺，瀉氣分濕熱，達右腎命門，走精隧，通下焦鬱遏，及大腸風秘氣秘，利大小便，逐水消痰，殺蟲，治腫滿。　有黑白二種，黑者力速，名黑丑。　葶藶：　辛、苦，大寒，性急力峻，下氣破結，行膀胱水，除肺中水氣膹急，通經利便。有甜苦二種，甜者力稍緩。　南星：　見肝攻。　皂角：　辛、鹹，溫，入肺肝大腸，性極尖利，通竅搜風，泄熱涌痰，除濕去垢，破堅宣滯，散腫消毒，煎服取中段湯泡。　青皮：　見肝攻。　大腹皮：　見脾攻。

散：　桔梗：　苦、辛，平，入肺經氣分，兼入心胃。開提氣血，表散寒邪，清利頭目咽喉，開胸膈滯氣。能載諸藥上浮，引苦泄峻下之劑，至於至高之分成功。　防風：　見膀胱散。　前胡：　見肝散。　升麻：　見脾散。白芷：　辛溫氣厚，入肺胃大腸，通竅發表，除濕熱，散風熱，治頭面諸疾。香茹：　辛溫主肺，解表清暑利濕，散皮膚蒸熱，解心腹凝結。陰暑用之以發越陽氣。陽暑忌用，熱服作瀉。　薄荷：　辛散升浮，體溫用涼，發汗，能搜肝氣而抑肺盛，宣滯解鬱，散風熱，通關竅。　蘇葉：　辛溫而香，入氣分兼入血分，利肺下氣，發表祛風，寬中利腸，散寒和血。〇蘇子降氣消痰，開鬱溫中，潤心肺，止喘嗽，力倍蘇葉。〇蘇梗順氣安胎，功力和緩。　雞蘇：辛烈微溫。清肺下氣，理血散熱。　麻黃：　辛、苦，溫，肺家專藥，入膀胱兼走大腸心經。發汗解表，去營中寒邪，疏通氣血，惟冬月在表真有寒邪者宜之，否則不可用。去根節製用。〇根節止汗。　水萍：　辛，寒，入肺，發汗祛風，行水消腫，其發汗勝於麻黃，不可輕用。　桂枝：　辛，甘，溫，入肺膀胱，溫經通脉，發汗解肌，調和營衛，使邪從汗出而汗自止，性能橫行手臂，平肝而動血。〇桂花辛溫，治牙痛，潤髮。〇桂葉洗髮去垢。　冰片：　見通行散。　辛夷：　辛，溫，入肺胃氣分，能助胃中清陽上行通於頭腦，溫中解肌通竅，治九竅風熱之病，去外皮毛用。　生姜：　見胃散。　白芥子：　辛溫入肺，通行經絡，發汗散寒，溫中利氣豁痰，痰在脇下及皮裏膜外者，非此不行。煎太熟則力減。〇芥菜子：　主治略同。〇芥菜辛熱而散，通肺開胃，利氣豁痰，久食發瘡昏目。　淡豆豉：　苦，寒，發汗解肌，泄肺除熱，下氣調中，炒熟又能止汗。

寒：　薺苨：　甘，淡，微寒，利肺氣，解藥毒，亦治瘡毒。　川貝母：　辛，甘，微寒，瀉心火散肺鬱，入肺經氣分，潤心肺，化燥痰。〇象貝母味苦，去風痰。〇土貝母大苦，外科治痰毒。　黄芩：　見心寒。　知母：　見腎寒。　白前：　辛，甘，微寒，降氣下痰止嗽，治肺氣壅實。　麥冬：　見胃寒。　燈心：　見心寒。　漏蘆：　見胃寒。　射干：　苦，寒，瀉實火，因而散血消腫，能化心脾老血、肝肺積痰，解毒，治喉痹咽痛，虚者忌用。　天冬：　甘，苦，大寒，入肺經氣分，益水之上源，而下通腎，清金降火，潤燥滋陰，消痰止血，殺蟲，去腎家濕熱，治喘嗽骨蒸，一切陰虚有火諸症。　瓜蔞：　見三焦寒。　山豆根：　見心寒。　馬兜鈴：　苦，辛，寒，清肺熱，降肺氣，兼清大腸經熱，亦能行水，湯劑用之多吐。〇根塗腫毒。　牛蒡子：　見通行寒。　車前子：　見膀胱寒。　通草：　氣寒味淡，入肺胃，引熱下行，而又能通氣上達，通竅利肺。　馬勃：　辛平而散，清肺解熱，治喉痹咽痛。外用敷瘡最為穩妥。　石韋：　見膀胱寒。　桑皮：　甘，辛，寒，瀉肺火，散瘀血，下氣行水，止嗽清痰。　梔子：　見心寒。　地骨皮：　甘淡而寒，降肺中伏火，除肝腎虚火，治肝風頭痛，利腸，退骨蒸，走裏而又走表，善除內熱，亦退外潮，凡風寒散而未盡者，用之最宜。　木芙蓉：　辛平性滑，清肺涼血散熱，止痛消腫排膿，治一切癰疽。　竹茹：　見胃寒。　枇杷葉：　苦，平，清肺和胃，下氣而消痰降火，治肺蜜炙，治胃姜汁炙，刷去毛。〇蒸取汁名枇杷露，功用相同。　柿：　生柿甘冷，潤肺清胃止嗽。乾柿甘寒而濇，潤肺寧嗽，濇腸消宿血。〇柿霜生津化痰，清上焦心肺之熱為尤宜。〇柿蒂苦溫，降氣止呃逆。　梨：　甘，寒，微酸，涼心潤肺，利大小腸，降火消痰，清喉潤燥，兼有消風之妙，熟食滋陰。　石羔：　見胃寒。　滑石：　見膀胱寒。　浮石：　鹹，寒，軟堅潤下，入肺止嗽，通淋，化上焦老痰，能消結核。　羚羊角：　見肝寒。　石決明：　見肝寒。　童便：　鹹，寒，能引肺火下行從膀胱出，降火降血甚速，潤肺清瘀，雖穢臭敗胃，然較之過用寒涼之藥，猶不若服此之為勝也。熱服，或入姜汁，或入韭汁。

熱：　紅豆蔻：　見胃熱注。　丁香：　見胃熱。　川椒：　辛大熱，入肺脾命門，發汗散寒，暖胃燥濕，消食除脹，通血脉行肢節，補命門火，能下行導火歸元，安蚘，最殺勞蟲。閉口者殺人，黄土能解其毒。微炒出汗，去黄殼取紅用，亦名椒紅。中其毒者，用涼水、麻仁漿解之。又解閉口椒毒，用肉桂煎汁飲之，或多飲冷水，或食蒜，或飲地漿水，俱可。〇椒目苦辛，專行水道，消水蠱。

足太陰脾

補：　黨參：　甘，平，補中益氣，和脾胃，性味重濁，滯而不靈，止可調理常病，若遇重症，斷難恃以為治，種類甚多，以真潞黨皮寬者為佳。　黄芪：　見肺補。　黄精：　見通行補。　天生朮：　甘，苦，溫，補脾和中燥濕，善補氣，亦能生血，化胃經痰水，有火者宜生用。按：　野朮可代真參，而真野者極難得。〇種白朮健脾燥濕，止可調理脾胃常病。　當歸：　見肝補。　白芍：　見肝補。　菟絲子：　見腎補。　益智仁：　辛，熱，本脾藥，兼入心腎，溫燥脾胃，濇精固氣，補心氣命門之不足，又能開發鬱結，使氣宣通，溫中進食，攝唾涎，縮小便。　熟地：　見腎補。　棗仁：　見心補。　大棗：　見通行補。　龍眼肉：　甘平而潤，補心脾安神，治一切思慮過度勞傷，心脾及血不歸脾諸症。　落花生：　見肺補。　芡實：　甘平而濇，補脾固腎，助氣濇精，又能解暑熱。　白糖：　甘，溫，補脾緩肝，潤肺和中，消痰治嗽，多食助熱，損齒生蟲。〇冰糖同。〇沙糖功用與白者相仿，和血則沙糖為優。　甘藷：　甘，平，益氣，強腎陰，健脾胃。　山藥：　味甘，性濇，補脾肺，清虚熱，化痰涎，固腸胃，濇精氣，兼能益腎強陰，而助心氣。〇零餘子甘溫，功用強於山藥。　韭菜：　見腎補。　糯米：　甘溫，補脾肺虚寒，收汗濇二便，性甚粘滯而難化。　秈米：　甘，溫，和脾養胃，益氣溫中除濕。　米仁：　見胃補。　扁豆：　見胃補。　飴糖：　甘，溫，益氣補中，緩脾潤肺，化痰止嗽。　鷺鷥：　鹹，平，益脾補氣治虚瘦。　牛肉：　甘，溫，屬土補脾，益氣安中止渴，老病自死者食之損人。〇白水牛喉治反胃腸結。　猪肚：入胃健脾。　狗肉：黄狗益脾，黑狗補腎。酸，鹹，溫，暖脾益胃而補腰腎，療虚寒助陽事，兩腎陰莖尤勝，孕婦食之令子啞。〇狗寶結成狗腹中者，攻反胃，理疔疽。〇屎中粟米起痘治噎。〇屎中骨治小兒驚癎。

和：　甘草：見通行和。　蒼朮：苦溫，辛烈，燥胃強脾，發汗除濕，能升發胃中陽氣，止吐瀉逐痰水，辟惡氣解六鬱，散風寒濕治痿。　澤蘭：苦、甘、辛，香，微溫而性和緩，入肝脾血分而行血，獨入血海，攻擊稽留，通經破瘀，散鬱舒脾。〇省頭草氣香味辛性涼，入氣分，調氣生血養營，利水除痰治消渴，《經》所謂蘭除陳氣者，此也。〇馬蘭辛涼，功同澤蘭，入陽明血分。

廣木香：見三焦和。　砂仁：辛溫香燥，和胃醒脾，快氣調中，通行結滯，消食醒酒。治痞脹，散浮熱。得檀香、豆蔻入肺，得人參、益智入脾，得黄柏、茯苓入腎，得白石脂、赤石脂入大小腸。能潤腎燥，引諸藥歸宿丹田，腎虚氣不歸元，用為向導，最為穩妥。　白豆蔻：見肺和。　藿香：辛，甘，微溫，清和芳烈，入脾肺，快氣和中，開胃止嘔，去惡氣，及上中二焦邪滯。草豆蔻：辛溫香散，暖胃健脾，祛寒燥濕，辛燥犯血忌。　延胡索：見肝和。　甘松：甘溫芳香，理諸氣開脾鬱，而善醒脾治惡氣。　半夏：見胃和。　柏子仁：見心和。　白檀香：見肺和。　厚朴：見胃和。　烏藥：見肺和。　阿魏：辛平，入脾胃，消肉積，去臭氣殺蟲，臭烈傷胃。西番木脂熬成，今以胡蒜白偽之。　茯苓：甘淡平，白者入氣分，益脾寧心滲濕，功專行水，能通心氣於腎，入肺瀉熱而下通膀胱。〇赤茯苓入心小腸，專利濕熱，餘與白茯苓同。〇茯苓皮專行水。　烏梅：見肺和。　廣皮：見肺和。　佛手柑：見肺和。　山查：酸，甘，微溫，健脾行氣，散瘀化痰，消肉積乳積，多食伐氣，小者入藥。〇核化食磨積，治疝催生。　木瓜：見肝和。　荷葉：苦，平，裨助脾胃而升發陽氣，能散瘀血留好血。　煨姜：辛，溫，和中止嘔，不散不燥，與大棗並用以行脾胃之津液而和營衛，最為平妥。　麻仁：甘平滑利，緩脾潤燥滑腸，治胃熱便難，去殼用。　穀芽：見胃和。　蒸餅：見胃和。　建麯：見胃和。　甘瀾水：甘，溫，水性本鹹而重，若揚之至千萬遍，則輕而柔，故能益脾胃而不助腎氣。　九香蟲：鹹，溫，治膈脘滯氣，脾腎虧損，壯元陽。

攻：　姜黄：苦、辛，溫，性烈，入脾肝，理血中之氣，專於破血散結通經，片子者能入手臂，治痹痛。　草果：辛，熱，破氣除痰，消食化積，制太陰獨勝之寒，佐常山截瘧，煨熟用仁。　南星：見肝攻。　大黄：見胃攻。　青皮：見肝攻。　大腹皮：辛，溫，泄肺和脾，下氣行水，寬胸通腸，酒洗淨，黑豆湯再洗，煨用。〇子辛溫澁，與檳榔同功，而力稍緩。　麥芽：甘，溫，能助胃氣上行，健脾寬腸下氣，消食化積散結，祛痰善通乳，亦消腎氣，炒用。　紅麯：甘，溫，治脾胃營血，破血活血，燥胃消食，陳者良。

散：　升麻：甘、辛、微苦，性升，脾胃引經藥，亦入陽明肺、大腸經，而表散風邪，升散火鬱，能升陽氣於至陰之下，引甘溫之藥上行，以補衛氣之散，而實其表，兼緩帶脉之縮急，解藥毒，殺精鬼。〇綠升麻治下痢。　前胡：見肝散。　防風：見膀胱散。　葛根：見胃散。　冰片：見通行散。

寒：　黄連：見心寒。　胡連：見心寒。　黄芩：見心寒。　白茅根：甘，寒，入心脾胃，涼血消瘀，除熱行水，引火下降。〇針能潰膿，酒蒸服，一針潰一孔。〇花止血。　白鮮皮：苦，寒，性燥入脾胃，兼入膀胱、小腸。除濕熱，行水道，治風痹，瘡癬。　茵陳：見膀胱寒。　射干：見肺寒。　木通：見小腸寒。　竹葉：見心寒。　甘蔗：見胃寒。　冬瓜：甘，寒，瀉熱益脾，利二便，消水腫，散熱毒。〇子補肝明目。凡藥中所用瓜子皆冬瓜子也。　蚺蛇膽：苦、甘，寒，涼血明目，療疳殺蟲，主肝脾之病，又能護心止痛。〇蚺蛇肉極腴美，主治略同。

熱：　肉果：辛，溫，氣香，暖胃理脾，澁大腸止虚瀉，麪裹煨，去油用。紅豆蔻：見胃熱注。　蘄艾：見通行熱。　烏頭：即附子之母，功用與附子相同，而力稍緩，其性輕疏，能溫脾，逐風治風疾者，以此為宜。　桂心：辛，甘，大熱，大燥，補陽，入心脾血分，活血，能引血化汗化膿，為內托瘡疽之用。　吳茱萸：見肝熱。　川椒：見肺熱。　乾姜：見通行熱。

手陽明大腸

補：　栗：見腎補。　牛乳：甘，微寒，潤腸胃，補虚勞，解熱毒。〇乳酥力稍遜，宜于血熱枯燥之人。　羊乳：補肺腎，潤胃脘大腸之燥。猪腸：入大腸，治腸風血痔。〇油利腸潤燥，散風解毒，殺蟲滑產。　阿膠：見肺補。

和：　砂仁：見脾和。　連翹：見心和。　土茯苓：甘，淡，平，去陽明濕熱，以利筋骨、利小便、止泄瀉，治楊梅瘡毒。誤服輕粉成疾者，服此能去輕粉之毒。　旋覆花：見肺和。　榆白皮：甘平滑利，入大小腸膀胱，利諸竅，滲濕熱，滑胎，下有形滯物，治嗽喘不眠。　訶子：見肺和。杏仁：見肺和。　薤白：辛苦溫滑，泄下焦大腸氣滯，散血生肌，調中下氣，取白用。　罌粟殼：見肺和。　赤石脂：甘，溫，酸澀體重，固大小腸，直入下焦陰分，而固下收濕止血，催生下胞衣，為久痢泄澼要藥。　禹餘糧：甘平而澀胃大腸，血分重劑，固下治欬逆，下痢催生。　龍骨：見心和。

攻：　大黃：見胃攻。　皂角：見肺攻。　雷丸：苦，寒，入胃大腸，功專消積殺蟲而能令人陰痿。　桃仁：見肝攻。　元明粉：辛、甘、鹹，冷，去胃中實熱，蕩腸中宿垢，潤燥破結，用代芒硝，性稍和緩。　芒硝：辛、鹹、苦，大寒，峻下之品，潤燥軟堅，下泄除熱，能蕩滌三焦腸胃實熱，推陳致新，治陽強之病，無堅不破，無熱不除，又能消化金石，誤用伐下焦真陰。

朴硝：性味功用與芒硝同，而尤為酷澁性急，芒硝經煉故稍緩。

散：　升麻：見脾散。　秦艽：見肝散。　白芷：見肺散。　麻黃：見肺散。

寒：　黃芩：見心寒。　白頭翁：苦，寒，入胃大腸血分，堅腎涼血瀉熱。　漏蘆：見胃寒。　鮮生地：見腎寒。　木通：見小腸寒。　山豆根：見心寒。　馬兜鈴：見肺寒。　薔薇根：苦澀而冷，入胃大腸，除風熱、濕熱，殺蟲。〇子名營實，酸，溫，主治略同。　槐實：即槐角，苦寒純陰，清肝膽，涼大腸，瀉風熱。〇槐花苦涼，瀉熱涼血，功同槐實，陳者良。　川楝根：見肝寒注。　柹：見肺寒。　梨：見肺寒。

熱：　肉果：見脾熱。　蓽撥：見胃熱。　吴茱萸：見肝熱。　石硫黃：酸毒大熱，補命門真火不足，而又能疏利大腸，暖精壯陽，殺蟲療瘡，救危之藥，服之多發背疽。〇土硫黃辛熱腥臭，止入瘡藥，不堪服食。

足陽明胃

補：　黨參：見脾補。　黃精：見通行補。　黃芪：見肺補。　天生朮：見脾補。　益智仁：見脾補。　甘藷：見脾補。　韭菜：見腎補。　米仁：甘淡微寒，而力和緩，益胃健脾，滲濕行水，清肺熱，殺蚘。扁豆：甘平中和，輕清緩補，調脾和胃，通利三焦，降濁升清除濕，能消脾胃之暑，專治中宮之病，炒則微溫，多食壅氣。〇葉治霍亂吐瀉。　秈米：見脾補。　燕窩：見肺補。　野鴨：甘，涼，補中益氣，平胃消食，大益病人，治熱毒療瘡癤，能殺臟腹蟲。　牛乳：見大腸補。　羊乳：見大腸補。　猪肚：見脾補。

和：　甘草：見通行和。　蒼朮：見脾和。　三七：甘、苦，微溫，散瘀定痛，能損新血，治吐衄癰腫金瘡杖瘡，大抵陽明厥陰血分之藥。　馬蘭：見脾和注。　砂仁：見脾和。　白豆蔻：見肺和。　草豆蔻：見脾和。　半夏：辛，溫，體滑性燥，和胃健脾，兼行膽經，發表開鬱，下氣止嘔，除濕痰，利二便，能行水氣以潤腎，燥和胃氣而通陰陽，治一切脾濕之症。血家、渴家、汗家慎用，肺燥者不可誤服，須製用，亦有造麯者。　土茯苓：見大腸和。　萆薢：甘、苦，平，入肝胃，祛風去濕，以固下焦，堅筋骨，凡陽明濕熱流入下焦者，此能去濁分清，有黃白二種，白者良，名粉萆薢。　菝葜：主治與萆薢、土茯苓略同，似係一類數種也。　石斛：甘淡微鹹微寒，清胃中虛熱，逐皮膚邪熱，虛而有火者宜之。味苦者名木斛，服之損人。

白米飯草：見肺和。　松子：見肺和。　厚朴：苦、辛，溫，入脾胃，瀉實滿，散濕滿，平胃調中，消痰化食，破宿血，散風寒，殺臟蟲，治一切客寒犯胃，濕氣侵脾之症。　白檀香：見肺和。　阿魏：見脾和。　木瓜：見肝和。　荷葉：見脾和。　煨姜：見脾和。　小茴香：辛，平，理氣開胃，得鹽則入腎，亦治寒疝。〇八角茴香，又名舶茴香。辛、甘，平，功用略同。　麻仁：見脾和。　陳米：甘淡平，養胃去濕熱，除煩渴利小便。米露：用粳米舂極白，如蒸花露法蒸取汁，輕清善補，凡胃氣極弱，不能進粥飲者，用之最宜。　穀芽：甘溫而性不損元，健脾開胃，消食和中，下氣化積，為健脾溫中之聖藥，炒用。　蒸餅：甘，平，和中養脾胃，消積滯，活血止汗，利三焦通水道，陳者良。　建麯：甘，平，健脾暖胃，消食下氣，化滯調中，逐痰積破癥瘕，除濕熱止瀉痢。　麫神麯：辛、甘，溫，開胃行氣，調中化水穀，消積滯，治痰逆目痛。　禹餘糧：見大腸和。　爐甘石：甘，溫，胃經藥，燥濕止血，消腫祛痰，金銀之苗也，金能勝木，故為木疾之要藥，製用。　甘瀾水：見脾和。　刺蝟皮：苦，平，開胃氣治胃逆，涼血。〇肉甘平，理胃氣治反胃。〇脂滴耳聾。〇膽點痘後風眼。　殭蠶：見肺和。

攻：　大黃：　大苦，大寒，入脾胃肝心包大腸血分，其性沉而不浮，其用走而不守，用以蕩滌腸胃，下燥結而除瘀熱，能推陳致新，治一切實熱血中伏火，峻利猛烈，非六脉沉實者勿用，病在氣分而用之，為誅伐無過。　製熟稍緩，酒浸亦能上行除邪熱。　王不留行：　見奇經攻。　雷丸：　見大腸攻。　甜瓜蒂：　苦，寒，胃經吐藥，能吐風熱痰涎，上膈宿食，亦治濕熱諸病。○甜瓜性冷，解暑而損陽，凡瓜皆冷利，早青尤甚。　麥芽：　見脾攻。　紅麯：　見脾攻。　元明粉：　見大腸攻。　芒硝：　見大腸攻。　朴硝：　見大腸攻。　穿山甲：　見通行攻。

散：　桔梗：　見肺散。　升麻：　見脾散。　秦艽：　見肝散。　防風：　見膀胱散。　白芷：　見肺散。　葛根：　辛，甘，平，入胃兼入脾，能升胃氣上行，入肺而生津止渴，發汗解肌，散火鬱，解酒毒藥毒，治清氣下陷泄瀉，傷寒瘧痢，太陽初病勿用，恐引邪入陽明也。升散太過，上盛下虚者慎之。○葛花解酒毒尤良。○生葛汁大寒，解溫病大熱，治吐衄。　辛夷：　見肺散。　生姜：　辛，溫，行陽分，宣肺氣，暢胃口，散寒發表，解鬱調中，開痰下食，能散逆氣，為嘔家聖藥，又能消水氣，行血痹，辟瘴氣。○姜汁辛溫而潤，開痰尤良。○姜皮辛涼，和脾行水。

寒：　知母：　見腎寒。　白茅根：　見脾寒。　白頭翁：　見大腸寒。　白鮮皮：　見脾寒。　白微：　見奇經寒。　麥冬：　甘，微苦，微寒，潤肺清心，胃經正藥，瀉熱生津，化痰止嘔，治嗽行水。　漏蘆：　苦，鹹，寒，入胃大腸，通肺小腸，瀉熱解毒，通經下乳，殺蟲療瘡。　茵陳：　見膀胱寒。　大青：　苦，鹹，大寒，專解心胃熱毒，治傷寒時疾陽毒，取莖葉用。　鮮生地：　見腎寒。　蘆根：　甘，寒，和胃降火止嘔，清上焦熱，用逆水者。○蘆筍解魚蟹河豚毒。　花粉：　酸，甘，微苦，微寒。降火潤燥滑痰，生津解渴行水，治胃熱膀胱熱，療瘡毒，虚熱者宜之。　通草：見肺寒。　薔薇根：　見大腸寒。　梔子：　見心寒。　竹茹：　甘，微寒，開胃鬱，清肺燥，涼血，除上焦煩熱，兼清肝火，涼胎氣。　笋：　甘，微寒，利膈下氣，化熱爽胃，消痰而能損元。　枇杷葉：　見肺寒。　石蓮子：　見心寒。　甘蔗：　甘微寒，和中助脾，除熱潤燥消痰，能令胃氣下行，利二便。　柿：　見肺寒。　蒲公英：　苦，甘，寒，入腎陽明經，瀉熱化毒，專治乳癰疔毒，亦為通淋妙品。　大豆黃卷：　甘，平，除胃中積熱，消水病脹滿，破惡血，療濕痹。　石羔：　甘辛淡降，體重氣輕，胃經大寒之藥，兼入肺三焦氣分，清熱降火，發汗解肌，緩脾止渴，發斑疹，亦止中暑自汗，先煎。　犀角：　苦，酸，鹹，寒，清胃中大熱，涼心瀉肝，祛風利痰，解毒療血，治驚狂斑疹諸症，能消胎氣，角尖尤勝，磨汁用。　蟾蜍：　辛涼微毒，入胃，退虚熱，行濕氣，治蟲蠹癰疽，療疳。○蟾酥，辛，溫，有毒。治疔毒諸疳，能爛人肌肉。　人中黃：　甘，寒，入胃。大解五臟實熱，清痰火，消食積，甘草經糞浸者，或用皂莢。　金汁：　與人中黃同而更勝。

熱：　肉果：　見脾熱。　蓽撥：　辛，熱。除胃冷，祛痰，散陽明浮熱。亦入大腸經，治瀉痢，散氣動火。　良姜：　辛，熱，暖胃散寒，下氣止痛。○子，溫肺醒脾，能散寒燥濕。　白附子：　辛，甘，大熱純陽，陽明經藥，能引藥勢上行，治面上百病，祛風痰痹濕，此藥無復真者。　丁香：　辛，溫。純陽而燥，泄肺溫胃，大能療腎，壯陽事，治胃冷嘔逆症。非虚寒勿用。○炮姜：　見通行熱。　大茴香：　見命門熱。　鍾乳：　甘，溫，胃經氣分藥，補陽利竅，其氣慓悍，能令陽氣暴充，惟命門火衰者，可暫用之。

手少陽三焦

補：　炙甘草：　見通行和注。　黃芪：　見肺補。　蛇牀子：　辛，苦，溫，強陽補腎，散寒祛風，燥濕殺蟲，治男婦前陰諸疾，及子臟虚寒，瘡癬風濕之病，為腎命三焦氣分之藥。　胡桃：　見肺補。　扁豆：　見胃補。　秋石：　見腎補。

和：　廣木香：　辛，苦，溫，三焦氣分之藥，能升降諸氣，泄肺氣，疏肝氣，和脾氣，治衝脉為病，及一切氣病心疼。香燥，恐動火邪。　香附：　見通行和。　白豆蔻：　見肺和。　藿香：　見脾和。　連翹：　見心和。　萆薢：　見胃和。　杏仁：　見肺和。　枇杷：　甘，酸，平，止渴利肺氣，治上焦熱，多食發痰熱傷脾。　藕：　生用甘寒，涼血散瘀，治上焦痰熱。　煮熟，甘平補益。○藕節澀平，止血消瘀，解熱毒。　薤白：　見大腸和。　蒸餅：　見胃和。　百藥煎：　見肺和注。

攻：　牽牛子：　見肺攻。　防己：　見通行攻。　蜀漆：　即常山莖葉，常山辛苦寒，性猛烈，引吐行水，祛痰飲截瘧。　蜀漆功用與常山同，而性輕揚，能散上焦之邪結。　青皮：　見肝攻。　芒硝：　見大腸攻。　朴硝：　見大腸攻。　蓬砂：　甘，鹹，涼，除上焦胸膈痰熱，柔五金，去垢膩，治喉痹，口齒諸病。

散：防風：見膀胱散。

寒：地榆：苦，酸，微寒，性濇。入下焦，除血熱而止血，炒黑用。○知梢行血。黃連：見心寒。胡連：見心寒。黃芩：見心寒。知母：見腎寒。龍膽草：見肝寒。青黛：見通行寒。蘆根：見胃寒。瓜蔞：甘，苦，寒，潤肺，清上焦之火，使熱痰下降，又能蕩滌胸中鬱熱垢膩，理嗽治痢，止渴止血滑腸。○近多用仁，名蔞仁，雖取油潤，嫌濁膩爾。木通：見小腸寒。梔子：見心寒。竹茹：見胃寒。竹葉：見心寒。天精草：苦，甘，涼，清上焦心肺之客熱。石花菜：甘鹹大寒而滑，去上焦浮熱，發下部虛寒。石羔：見胃寒。滑石：見膀胱寒。浮石：見肺寒。

足少陽膽

補：棗仁：甘潤，生用酸平，專補肝膽。炒熟酸溫而香，亦能醒脾，斂汗寧心，療膽虛不眠。肝膽有邪熱者勿用。

和：川芎：辛溫升浮，入心包肝，為膽之引經，乃血中氣藥。升陽開鬱，潤肝燥補肝虛，上行頭目，下行血海，和血行氣，搜風，散瘀調經，療瘡，治一切風木為病。青蒿：見肝和。連翹：見心和。半夏：見胃和。郁李仁：辛，苦，甘，平，性降。下氣行水，補血潤燥，得酒則入膽，去皮尖，治標之品，津液不足者慎用。膽礬：酸濇辛寒，入膽經，性斂而能上行，吐風熱痰涎，斂欬逆而散風木相火，殺蟲。

攻：青皮：見肝攻。

散：秦艽：見肝散。前胡：見肝散。柴胡：苦，微寒，膽經表藥，能升陽氣下陷，引清氣上行，而平少陽厥陰之邪熱，宣暢氣血，解鬱調經，能發表，最能和裏，亦治熱入血室，散十二經瘡疽。病在太陽者服之，則引賊入門，病入陰經者服之，則重虛其表，用宜詳慎。○銀柴胡專治骨蒸勞熱、小兒五疳。

寒：苦參：見腎寒。黃芩：見心寒。龍膽草：見肝寒。槐實：見大腸寒。桑葉：苦甘而涼，滋燥涼血，止血去風，清泄少陽之氣熱。猪膽汁：見心寒。

手厥陰心包

補：丹參：見心補。生地：見腎補。

和：川芎：見膽和。鬱金：見肺和。延胡：見肝和。連翹：見心和。益母草：辛，微苦，微寒，入心包肝。消水行血，去瘀生新，解毒利二便，辛散滑利，並不補益。○茺蔚子，活血調經明目，行中有補，血滯血熱者宜之。蒲黃：甘，平，入心包肝經血分，生用性滑，行血消瘀，祛心腹膀胱之熱，療瘡腫，炒黑性濇，止血。

攻：大黃：見胃攻。茜草：酸，鹹，溫，入心包肝，行血通滯，無瘀者慎用。紫葳花：甘，酸，寒，入心包肝，破血去瘀，能去血中伏火，治血熱生風之症。

寒：紫草：見肝寒。丹皮：見肝寒。木通：見小腸寒。川楝子：見肝寒。敗醬：即苦菜，苦，鹹，微寒，入心包腎，主暴熱火瘡疥痔，除癰腫結熱風痹，為治腸癰之上藥。代赭石：見肝寒。

熱：破故紙：見命門熱。

足厥陰肝

補：當歸：辛，甘，苦，溫，入心肝脾，治衝脈帶脈為病，為血中氣藥，血滯能通，血虛能補，血枯能潤，血亂能撫，使氣血各有所歸，散內寒，補不足，去瘀生新，潤燥滑腸。治上用頭，治中用身，治下用尾，統治全用。辛氣太甚，如熬膏則去其辛散之氣，專取潤補之力。虛弱畏辛氣者用之大妙。○歸鬚力薄，其氣不升，且能宣絡，不似歸身之辛溫上升也。白芍：苦，酸，微寒，入肝脾血分，為肺之行經藥，瀉肝火，和血脈，收陰氣，斂逆氣，緩中退熱。其收降之性，又能入血海，治一切血病，脾熱易飢。○赤芍瀉肝火，散惡血，利小腸。白補而斂，赤散而瀉。白益脾，能於土中瀉木。赤散邪，能行血中之滯。金毛狗脊：苦，甘，溫。堅腎滋肝，益血養氣，能除風寒濕。淫羊藿：見命門補。熟地：見腎補。生地：見腎補。枸杞子：甘，微溫，滋補肝腎而潤，生精助陽，去風明目，利大小腸。續斷：苦，辛，微溫。補肝腎，通血脈，理筋骨，暖子宮，縮小便，止遺洩，破瘀血，治金瘡折跌，補而不滯，行而不洩。何首烏：苦，甘，溫，補益肝腎，濇精氣，養血化虛痰，烏鬚髮，消癰腫，療瘧痢。補陰而不滯不寒，強陽而不燥不熱，為調和氣血之聖藥，久服延年。製用。菟絲子：見腎補。覆盆子：甘酸溫而性固濇，補益肝腎，固精明目，起陽痿，縮小便。強腎無燥熱之偏，固精無凝滯之害。○葉絞汁，治目弦蟲，除膚赤。　棗仁：見膽補。　杜仲：甘，溫，微辛，入肝經氣分，潤肝燥補肝虚，又兼補腎，能使筋骨相着，補腰膝。　萸肉：見腎補。　白糖：見脾補。　韭子：見腎補。　冬瓜子：見脾寒注。　胡麻：甘平，補肝腎，填精髓，潤五臟，涼血益血，療風解毒，滑腸。按：胡麻有四稜、六稜、七八稜之別，因地土肥瘠而然。八稜者名巨勝子，舊説胡麻即脂麻，脂俗作芝，而近時名家方論，胡麻與黑芝麻往往並用，則明是二物矣。○芝麻功用略同，皮肉俱黑，徽州產者良。○麻油涼血生肌，滑胎療瘡。○亞麻，即壁虱胡麻，甘，微溫，氣惡不堪食，治大風瘡癬。　雞：甘溫屬木，補虚溫中。動風，煮汁性滑而濡。○烏骨雞甘平，屬水，能益肝腎，退熱補虚，治肝腎血分之病。○雄雞冠血，治中惡驚忤，塗口眼歪斜。用老者。○雞蛋，甘，平，補益氣血，散熱止嗽，痢。○哺雞蛋殼，敷瘡毒。○蛋内白皮治久咳結氣。○雞屎白微寒，下氣消積，通利大小便，治蠱脹米癥。　牛筋：補肝強筋，益氣力續絕傷。　羊肝：青色者補肝明目。○膽苦寒，點目良。　阿膠：見肺補。　桑螵蛸：見腎補。　鱉甲：鹹，寒，屬陰。入肝補陰除熱，散結軟堅，治肝經血分之病，為瘧家要藥。○鱉肉涼血補陰，治瘧痢，忌莧菜，勿同食。　吐鐵：甘，酸，鹹，寒，補肝腎益精髓。

和：　三七：見胃和。　川芎：見膽和。　澤蘭：見脾和。　鬱金：見肺和。　廣木香：見三焦和。　延胡索：辛，苦，溫，入肺脾心包肝，能行血中氣滯，氣中血滯，活血利氣，治諸痛，生用破血，酒炒調血。　青蒿：苦寒芬芳，入肝膽血分，除骨髓蒸熱，陰分伏熱，清暑解穢，明目。治鬼疰用子。　玫瑰花：氣味甘平，香而不散，肝病用之多效，蒸露尤佳。　牛膝：見腎和。　甘菊花：甘，苦，微寒，能益肺腎，以制心火，而平肝木，祛風除熱，明目，散濕痹。花小味苦者名苦薏，非真菊也。　益母草：見心包和。　萆薢：見胃和。　菝葜：見胃和。　鈎藤：甘，微苦，微寒。除心熱，主肝風相火之病，風靜火息，則驚癇、眩暈、斑疹諸症自平。祛風而不燥，中和之品，久煎則無力。　蒲黄：見心包和。　白蒺藜：辛，苦，溫，散肝風而瀉肺氣，勝濕涼血破血，炒熟去刺，亦能補陰。　夏枯草：辛，苦，微寒。散肝經之鬱火，解内熱，散結氣消癭，治目珠夜痛，久服傷胃。　木蝴蝶：治肝氣，諸書不載，近多用之，蓋取木喜疎散，蝴蝶善動之意爾。　柏子仁：見心和。　沉香：見命門和。　五加皮：辛，苦，溫，順氣化痰，堅腎益精養肝，祛風勝濕，逐皮膚瘀血，療筋骨拘攣，有火者勿服。　血竭：見心和。　琥珀：甘平，入心肝血分，又能上行，使肺氣下降而通膀胱。從鎮墜藥則安心神，從辛溫藥則破血生肌，從淡滲藥則利竅行水。亦治目疾。　橘葉：行肝氣，治癰散毒，絞汁飲。　木瓜：酸澀而溫，和脾理胃，斂肺伐肝，化食止渴，調營衛，利筋骨，去濕熱，消水脹。氣脱能收，氣滯能和，酸收太甚，多食病癃閉。　薺菜：見通行和。　金：見心和。　銀：見心和。　鐵：辛，平，鎮心平肝，定驚療狂解毒。○鐵屑、鐵精、鐵鏽、鐵華，大抵皆借金氣以平木墜下，無他義也。○針砂消水腫，散癭瘤。　銅綠：酸，平，吐風痰，去風熱，止金瘡血，殺蟲療疳，損血，色青入肝，專主東方之病。　紫石英：見奇經和。　青鹽：見腎和。　絳礬：入血分，能伐肝木而燥脾濕。　五靈脂：甘，溫，純陰，氣味臊惡，入肝經血分，通利血脉。生用散血，炒用止血，除風殺蟲，化痰消積，治氣血諸痛一切血病。北地有鳥名號寒蟲，此其屎也。酒飛去砂石用。　猪肝：入肝，諸血藥中用之以為向導則可，若作膳常食，有損無益。　殭蠶：見肺和。　烏賊骨：鹹，溫，入肝腎血分，通血脉，祛寒濕，治血枯，濇瀉痢。○墨魚肉酸平，益氣通經。　龍骨：見心和。　龍齒：濇平，屬木主肝，鎮心安魂，治驚癇癲疾。　髮：苦，平，入肝腎。兼能去心竅之血，補陰，涼血消瘀，治諸血病及驚癇。皂角水洗胎髮尤良，能補衰涸。

攻：　莪朮：辛，苦，溫，主一切氣，能通肝經聚血，破血行氣，攻積通經。　三稜：苦，平，力峻，入肝經血分，破血中之氣，散一切血瘀氣結，消堅積。　姜黄：見脾攻。　紅花：辛，甘，苦，溫，入肝經，破瘀活血，潤燥消腫，過用能使血行不止。○臙脂，活血解痘毒。○絳緯略得紅花之力，可以養血，而又借蠶絲以行經絡，虚而血滯者用之最宜。　南星：辛，苦，溫燥，入肝脾肺，治風散血，勝濕除風痰，性緊毒而不守，能攻積拔腫墮胎，得防風則不麻。製用。○膽星，用黄牛膽汁和南星末，入膽中風乾，功用同。　大戟：見通行攻。　大黄：見胃攻。　茜草：見心包攻。　紫葳花：見心包攻。　皂角：見肺攻。　桃仁：苦，平，微甘，緩肝氣，泄血滯，通大腸血秘，治血燥經閉。熱入血室，無瘀慎用。　泡去皮尖，炒研。○桃花苦平，專於攻決，下水除痰，消積聚，利二便，療瘋狂。千葉者勿用。○桃葉苦平，殺蟲發汗。○桃子，辛、酸、甘，熱，微毒，多食有熱，生癰癤，有損無益。○桃梟，苦，微溫，辟邪。　青皮：　辛、苦，溫，沉降氣烈，入肝膽氣分，疏肝瀉肺，破積消痰，最能發汗，引諸藥至厥陰之分，兼入脾下飲食。　雄黃：　辛，溫，獨入厥陰氣分，搜肝氣散肝風，能化血為水，燥濕殺蟲解百毒。○雌黃功用略同。○薰黃最劣，不堪用。　礞石：　甘鹹重墜，入肝能平肝下氣，為治頑痰結癖之神藥，製用。　花蕊石：　酸，濇，平，專入肝經血分，能化瘀血為水，下死胎，止金瘡出血。　夜明砂：　辛，寒，肝經血分藥，活血攻血，消積明目。　䗪蟲：　見通行攻。　蜈蚣：　辛溫有毒，入肝，善走能散，去風殺蟲，治臍風驚癇蛇癥。　蠍：　甘、辛，有毒，屬木去風，治諸風眩掉，一切厥陰風木之病，去足焙用。○蠍梢，蠍之尾也，功用相同，其力尤緊。　穿山甲：　見通行攻。

散：　天麻：　辛，溫，入肝經氣分，通血脉疏痰氣，治諸風掉眩，煨用。　秦艽：　苦、辛，燥濕散風活血，去腸胃濕熱，疏肝膽滯氣，治一切濕勝風淫之症。　前胡：　辛、甘、苦，寒，暢肺理脾，解膀胱肝經熱邪，性陰而降，功專下氣，氣下則火降而痰消，能除實熱，專治肝膽經風痰。　柴胡：　見膽散。　羌活：　見膀胱散。　防風：　見膀胱散。　荊芥：　辛、苦，溫，芳香升浮，入肝經氣分，兼行血分，發汗散風濕，通利血脉，助脾消食，能散血中之風，清熱散瘀，破結解毒，為風病血病瘡家要藥，風在皮裏膜外者宜之。○穗善升發，炒黑治血。　薄荷：　見肺散。

寒：　苦參：　見腎寒。　黃連：　見心寒。　胡連：　見心寒。　龍膽草：　大苦，大寒，沉陰下行，入肝膽而瀉火，兼入膀胱腎經，除下焦濕熱，酒浸亦能外行上行。　紫草：　甘、鹹，寒，性滑，入肝心包血分，涼血活血，通二便，或用茸，取其初得陽氣，以發痘瘡。　丹皮：　辛、苦，微寒，入心腎心包肝，善瀉相火，功勝黃柏，和血涼血而生血去瘀，除熱，退無汗之骨蒸。　青黛：　見通行寒。　射干：　見肺寒。　車前子：　見膀胱寒。　槐實：　見大腸寒。　女貞子：　甘、苦，涼，益肝腎，除火，純陰至靜，必陰虛有火者方可用。按：　女貞、冬青，古作二種，實一物也。　蘆薈：　大苦，大寒，涼肝鎮心，功專清熱殺蟲，治驚癇濕癬。波斯國木脂也。　密蒙花：　甘而微寒，潤肝燥，專治目疾。　秦皮：　苦，寒，性濇，除肝熱，治風濕諸痹，止痢，解天蛇毒。　蕤仁：　甘，微寒，消風清熱，和肝明目，破結痰，除痞氣。　川楝子：　苦，寒，瀉肝火，導小腸膀胱之濕熱，因引心包相火下行，利小便，治疝，殺蟲。去核用，川產良。○根大苦，逐蚘，利大腸，治瘡毒。　地骨皮：　見肺寒。　老鼠刺：　甘、微苦，涼，益肝腎，止渴祛風。　竹茹：　見胃寒。　天竹黃：　見心寒。　硃砂：　見心寒。　代赭石：　苦，寒，入肝與心包血分，除血熱，養血，鎮虛逆，製用。　空青：　甘、酸，寒，益肝明目，利水，真者絕少。　犀角：　見胃寒。　牛黃：　甘，涼，清心入肝，解熱利痰，涼驚通竅，治痰熱驚癇，胎毒諸病。中風入臟者，用以入骨追風，若中腑中經者，用之反引風入骨，莫之能出。○犀牛之黃稱犀黃，真者能透指甲，如非犀牛，功力遠遜。　羚羊角：　苦、鹹，寒，屬木，入肝肺心。清肝祛風，瀉邪熱，散血下氣，解毒。　猪膽汁：　見心寒。　熊膽：　見心寒。　兔肝：　瀉肝熱明目。　蚺蛇膽：　見脾寒。　牡蠣：　鹹，微寒，濇，體用皆陰，入肝腎血分，軟堅化痰，收脫斂汗，清熱補水，固腸利濕，止渴。　蛤粉：　與牡蠣同功。○蛤蜊肉鹹冷解酒。○文蛤兼能除煩利小便。　石決明：　鹹，涼，除肺肝風熱，治骨蒸癆瘍疸，明目通淋。　真珠：　見心寒。

熱：　蘄艾：　見通行熱。　肉桂：　辛、甘，純陽大熱，入肝腎血分，補命門相火之不足，能抑肝風而扶脾土，引無根之火降而歸元。治痼冷沉寒，疏通血脉。發汗，去營衛風寒。　吳茱萸：　辛、苦，大熱，疏肝燥脾，溫中下氣除濕，去痰解鬱，殺蟲，開腠理，逐風寒，治衝脉為病，氣逆裏急，性雖熱而能引熱下行，利大腸壅氣，下產後餘血，湯泡去苦汁用。　炮姜：　見通行熱。

手太陽小腸

補：　生地：　見腎補。　猪脬：　治疝氣遺溺。

和：　砂仁：　見脾和。　紫(苑)〔菀〕：　見肺和。　榆白皮：　見大腸和。　赤茯苓：　見脾和注。　赤小豆：　見心和。　赤石脂：　見大腸和。　雞肫皮：　甘，平，性濇，能除熱，消水穀，通小腸膀胱，治瀉痢崩帶，食瘧諸病，男用雌女用雄。

寒：　白鮮皮：　見脾寒。　漏蘆：　見胃寒。　瞿麥：　苦寒而性善下，降心火，利小腸，逐膀胱邪熱，破血利竅，決癰明目，通經治淋。　燈心：　見心寒。　鮮生地：　見腎寒。　木通：　辛、甘、淡，平，上通心包，下通大小腸、膀胱，降心火而因清肺熱，導諸濕熱由小便出，兼通大便，利九竅血脉關節，治上中下三焦火症，及脾熱好眠。　海金沙：甘寒淡滲，專除小腸膀胱血分濕熱，治腫滿通淋。　車前草：見膀胱寒注。　川楝子：見肝寒。　梨：見肺寒。

足太陽膀胱

補：紫河車：見通行補。

和：烏藥：見肺和。　榆白皮：見大腸和。　猪苓：苦、甘、淡，平，入膀胱腎，升而能降，利濕行水，與茯苓同而泄更甚，利竅發汗解濕熱。　茯苓：見脾和。　琥珀：見肝和。　雞肫皮：見小腸和。　蠶繭：甘，溫，能瀉膀胱相火，引清氣上朝於口，止消渴，去蠶蛹用。

攻：葶藶：見肺攻。　防己：見通行攻。

散：前胡：見肝散。　羌活：辛、苦，性溫，氣雄，入膀胱，散遊風，兼入肝腎氣分，搜風勝濕，治督脉為病，周身百節痛。　防風：辛、甘，微溫，搜肝瀉肺，散頭目滯氣，經絡留濕，主上焦風邪膀胱經症，又為脾胃引經，去風勝濕之藥，同葱白用能行周身。　藁本：辛溫雄壯，為膀胱經風藥。寒鬱本經頭痛連腦者必用之。治督脉為病，脊強而厥，又能下行去寒濕。　麻黄：見肺散。　桂枝：見肺散。

寒：知母：見腎寒。　龍膽草：見肝寒。　白鮮皮：見脾寒。　瞿麥：見小腸寒。　茵陳：苦，寒，燥濕勝熱，入膀胱經，發汗利水，以泄脾胃之濕熱，治黄疸陽黄之君藥。　花粉：見胃寒。　木通：見小腸寒。　澤瀉：甘，鹹，微寒，瀉膀胱及腎經火邪，利小便，功專利濕行水，治一切濕熱之病，濕熱除則清氣上行，故又止頭旋，能損目。　海金沙：見小腸寒。　車前子：甘，寒，清肺肝風熱，滲膀胱濕熱，利水而固精竅。〇車前草甘寒，涼血去熱，通淋明目，能解肝與小腸之濕熱，須取葉用。　地膚子：甘、苦，寒，入膀胱除虚熱，利水通淋，治瘄疥。〇葉作湯浴，去皮膚風熱丹腫，洗目除雀盲。　石韋：苦、甘，微寒，清肺熱以滋化源，通膀胱而利水濕，善能通淋。〇瓦韋治淋亦佳。　黄柏：苦，寒，微辛，沉陰下降，瀉膀胱相火，為足太陽引經藥，除濕清熱，退火而固腎。治癱瘓骨蒸，瀉痢諸瘡。尺脉有力者方可用。生用降實火，炒黑止崩帶。酒製治上，蜜製治中，鹽製治下。　川楝子：見肝寒。　滑石：淡寒滑，膀胱經本藥，亦入肺清其化源，而下走膀胱以利水，通六腑九竅精液，除上中下三焦濕熱，消暑降火，蕩熱滲濕。

手少陰心

補：黄精：見通行補。　玉竹：見肺補。　丹參：味苦氣降，入心與包絡，去瘀生新，調經補血，治血虚血瘀之症。　當歸：見肝補。　益智仁：見脾補。　生地：見腎補。　棗仁：見膽補。　大棗：見通行補。　龍眼肉：見脾補。　蓮子：甘平而濇，能交心腎，安君相火邪，濇精氣，厚腸胃。兼治女人一切血病。〇蓮心苦寒，清心去熱。　黑豆：見腎補。　猪心血：以心歸心，以血導血，用作補心藥之向導，義蓋取此。　龜板：見腎補。

和：甘草：見通行和。　遠志：苦、辛，溫，入心能通腎氣，上達於心，而交心腎，洩熱行氣散鬱，利竅豁痰，兼治癰疽，去心用。　鬱金：見肺和。　連翹：苦，微寒，性升。入心、心包而瀉火，兼除三焦、大腸、膽經濕熱，能散諸經血凝氣聚，利水殺蟲，為十二經瘡家要藥。多服減食。　甘菊花：見肝和。　鉤藤：見肝和。　石菖蒲：辛、苦，溫，香而散，開心孔，利九竅，去濕除風，消痰積，治驚癇，療熱閉胸膈，解毒殺蟲。多用獨用，耗散氣血。或用米泔浸，飯鍋內蒸，則臻於中和矣。犯鐵器令人吐逆。　松花：見肺和。　柏子仁：辛、甘，平，氣香性潤，透心脾，滋肝腎，養血止汗，除風濕。助脾藥中惟此不燥。　合歡皮：見通行和。　乳香：見通行和。　血竭：甘、鹹，平，性急，入心肝血分，散瘀生新，和血斂瘡。　安息香：辛香苦平，入心經，安神去祟，行血下氣。安息，國名也。　茯苓：見脾和。　赤茯苓：見脾和注。　茯神：主治與茯苓同，而入心之用居多，安魂養神，療心虚驚悸。〇黄松節，即茯神心木，療筋攣偏風，心掣健忘。　琥珀：見肝和。　蓮鬚：見腎和。　百合：見肺和。　小麥：甘，微寒，養心止血，除煩利溲。〇浮小麥鹹涼，止汗涼心退熱。〇麩皮甘寒，與浮麥同性，醋拌蒸，熨滯氣痹痛。〇麪筋甘涼，解熱和中。　赤小豆：甘、酸，平，色赤入心，性下行而通小腸，行水散血，清熱解毒，敷瘡，通乳汁，下胞胎。最滲精液，不宜久服。〇相思子苦平，研服，能吐邪氣及蟲毒。　金：辛平有毒，鎮心肝安魂魄，治驚癇風熱之病。　銀：功用與金相同。　食鹽：見腎和。　龍骨：甘，平，濇，入心肝腎大腸，能斂浮越之正氣，濇腸益腎，安魂鎮驚，固精止汗，定喘解毒，皆濇以止脱之義。　龍齒：見肝和。　髮：

見肝和。

散：桔梗：見肺散。　細辛：見腎散。　麻黃：見肺散。　冰片：見通行散。

寒：黃連：大苦，大寒，入心瀉火，鎮肝涼血，燥濕開鬱，能消心竅惡血，亦瀉脾火，酒炒治上焦火，姜汁炒治中焦火，鹽水炒治下焦火。　胡連：性味功用並似黃連，治小兒潮熱五疳，解吃烟毒。　川貝母：見肺寒。　黃芩：苦寒入心，勝熱折火之本，瀉中焦實火，除脾家濕熱，為中上二焦之藥，亦治邪在少陽往來寒熱。中空者名枯芩，佐梔子瀉肺火，中實者名條芩，瀉大腸火。　白茅根：見脾寒。　丹皮：見肝寒。　麥冬：見胃寒。　瞿麥：見小腸寒。　燈心：甘淡微寒，降心火，利小腸，清肺熱，通氣止血利水。　大青：見胃寒。　鮮生地：見腎寒。　射干：見肺寒。　山豆根：大苦，大寒，瀉心火以保肺金，去肺大腸之風熱，消腫止痛，治喉齒瘡痔諸疾，解藥毒，療人馬急黃。　梔子：苦寒入心，瀉心肺之邪熱，使之下行由小便出，解三焦鬱火，最清胃脘之血，內熱用仁，表熱用皮。　蘆薈：見肝寒。　竹葉：辛淡甘寒，專涼心經，亦清脾氣，清痰止渴，除上焦煩熱。　天竹黃：甘，微寒。涼心去風熱，利竅豁痰鎮肝，功同竹瀝而性和緩，治中風驚癇。南海大竹內黃粉也。　石蓮子：苦，寒，清心開胃，去濕熱。　梨：見肺寒。　黃丹：鹹寒沉陰。內用鎮心安魂，墜痰，消積殺蟲。外用解熱拔毒，去瘀長肉。○鉛粉主治略同。　硃砂：甘，涼，體陽性陰，心經血分藥，鎮心而瀉邪熱，定驚清肝，祛風解毒，治癲狂，下死胎。多服令人呆悶。細研水飛，如火煉則有毒，服餌常殺人。或用原塊辰砂，綿裹，入藥同煎最妙。　犀角：見胃寒。　牛黃：見肝寒。　羚羊角：見肝寒。　猪膽汁：苦寒入心，勝熱潤燥，瀉肝膽之火，兼能明目療疳。醋和灌穀道，治大便不通。　象牙：甘，涼，清心腎之火，療驚悸骨蒸，痰熱瘡毒。剉屑煎服。　熊膽：苦，寒，涼心平肝，明目殺蟲，治驚癇塗痔。　繰絲湯：抑心火，治消渴。　真珠：甘、鹹，寒，入心肝二經，鎮心安魂，瀉熱墜痰，拔毒生肌。

熱：桂心：見脾熱。　炮姜：見通行熱。

足少陰腎

補：巴戟天：甘、辛，微溫，入腎經血分。強陰益精，散風濕，去心用。　金毛狗脊：見肝補。　肉蓯蓉：甘、酸、鹹，溫，入腎經血分，補命門相火，潤五臟，益精血，滑腸，功用與瑣陽相仿。草蓯蓉力稍劣。　冬蟲夏草：見肺補。　熟地：甘，微溫，入足三陰經。滋腎補肝，封填骨髓。亦補脾陰，利血脈，益真陰，除痰退熱止瀉，治一切肝腎陰虧虛損百病，為壯水之主藥。兼散劑亦能發汗，兼溫劑又能回陽。按：製熟地宜九蒸九晒，蓋多蒸則不滯，多晒則氣溫，水裏陽生之義也。若一蒸便用，絕不見日，則與煎劑用生地何異？　生地：苦、甘，寒，沉陰下降，入心、腎、肝、心包、小腸。養陰退陽，涼血生血，治血虛內熱，能交心腎而益肝膽，兼能行水，佐歸身解火鬱。　續斷：見肝補。　枸杞子：見肝補。　沙苑蒺藜：苦，溫，補腎強陰，固精明目。　何首烏：見肝補。　菟絲子：甘、辛，溫，入肝脾腎，強陰益精，溫而不燥，補衛氣助筋脈，祛風進食，治精寒餘瀝。腎經多火者勿用。　五味子：見肺補。　覆盆子：見肝補。　桑葚：甘、酸，溫，入腎補水，生津利水，烏鬚。　萸肉：酸，澀，微溫，固精秘氣，補腎溫肝，強陰助陽而通九竅，兼能發汗，去核用。　杜仲：見肝補。　芡實：見脾補。　蓮子：見心補。　栗：鹹，溫，厚腸胃，補腎氣，能解羊羶。　甘藷：見脾補。　韭菜：辛，溫，微酸，溫脾益胃助腎，補陽固精氣，暖腰膝，散瘀血，停痰，入血分而行氣解毒。○韭汁，胃脘上口有積血妨礙飲食者，此能除之，每用少許，頻服久服甚效。　韭子：辛、甘，溫，補肝腎，助命門，暖腰膝。　胡麻：見肝補。　黑豆：甘寒，補腎鎮心，明目，利水除熱，去風活血，解毒利大便。○馬料豆尤補腎，料豆皮能止盜汗。　豇豆：甘、鹹，平，補腎益氣，理中健胃，和五臟，調營衛，生精髓，解鼠莽毒。豆為腎穀，宜此當之。　刀豆：甘，溫，下氣，益腎歸元，溫中，利腸胃，止呃逆。　磁石：辛鹹沖和，能引肺氣入腎補腎，除熱去怯，通耳明目，製用漬酒良。　烏骨雞：見肝補注。　鴨：見肺補。　雀：甘，溫，壯陽，益精髓，縮小便。○雀卵酸溫，益精血，治男子陰痿，女人血枯。　禽石燕：甘，溫，壯陽益氣，補精髓，縮小便，浸酒服佳。　鹿角：鹹，溫，熬膠煉霜，功專滋補，益腎強骨，生精血，能通督脈。生用散熱，行血辟邪，能逐陰中邪氣惡血，治夢與鬼交。○麋角功用相仿，而溫性差減。○鹿筋治勞損續絕。○鹿峻，鹿精也，大補虛勞。　牛髓：補中，填骨髓，煉用。　羊乳：見大腸補。　羊腰子：益精助陽。○脛骨，入腎而補骨，燒灰擦牙良。　猪肉：鹹，寒，療腎氣虛竭，潤腸胃，生精液。陽事弱者不宜食，能生濕痰，招風熱。皮有毒，頭肉尤甚。○腦治頭風，損陽道。○蹄通乳汁。○懸蹄甲治痰喘瘡痔。○尾血治痘瘡倒靨。○腰子鹹冷而通腎，治腰痛耳聾。　狗肉：見脾補。　海狗腎：鹹，熱，固精壯陽，治陰痿精寒。　桑螵蛸：甘、鹹，平，入肝腎命門。益精氣，固腎，治虛損遺濁，陰痿，通淋，縮小便。用桑樹上者，若生非桑樹，以桑皮佐之。　魚鰾：暖精種子。　海馬：甘，溫，暖水臟，壯陽道，治氣血痛，消瘕塊。　海參：甘，溫，補腎益精，壯陽療痿。　龜板：鹹寒至陰，通心入腎，補陰清熱，治一切陰虛血弱之症。能通任脉。自死敗龜良，熬膠更勝。○龜尿走竅透骨，染鬚髮，治啞聾。　蛤蚧：見肺補。　吐鐵：見肝補。秋石：鹹，平，滋腎水，潤三焦，退骨蒸，軟堅，為滋陰降火之藥。煎煉失宜，反生燥渴之患。

和：遠志：見心和。　砂仁：見脾和。　牛膝：苦，酸，平，入肝腎，能引諸藥下行，散惡血，療心腹痛，治淋墮胎，出竹木刺。酒浸蒸則甘酸而溫，益肝腎，強筋骨。　甘菊花：見肝和。　猴姜：苦溫。堅腎行血，治折傷骨痿，擦牙良。　柏子仁：見心和。　金櫻子：酸濇平，固精秘氣，治精滑，固腸，性濇而不利於氣，熬膏則甘，全失濇味矣。　烏藥：見肺和。　五加皮：見肝和。　石楠葉：辛、苦，平，散風堅腎，利筋骨皮毛，為祛風通利之藥。　猪苓：見膀胱和。　橘核：治疝痛，腰腎冷痛。蓮鬚：甘平而濇，清心通腎，益血固精。　小茴香：見胃和。　罌粟殼：見肺和。　鉛：甘寒屬腎，墜痰解毒，安神明目，殺蟲而傷心胃。　青鹽：甘，鹹，寒，入肝腎，助水臟，平血熱，散肝經風熱。功同食鹽而更勝。　食鹽：甘，鹹，辛，寒。補心入腎，泄肺潤下，走血勝熱，潤燥軟堅，通大小便，堅筋骨，涌吐醒酒，解毒殺蟲。多食傷肺，損津血，動腎氣，闔精閼。　九香蟲：見脾和。　桑寄生：苦，甘，堅腎和血，舒筋絡，散風濕。　烏賊骨：見肝和。　龍骨：見心和。　髮：見肝和。

攻：甘遂：見通行攻。

散：獨活：辛、苦，微溫，氣緩，入腎經氣分。善搜伏風，兼能去濕，治頭痛目眩，齒痛痙痹，疝瘕諸症。　羌活：見膀胱散。　細辛：辛溫性烈，腎經本藥，心經引經藥，散風寒浮熱，溫經發汗，能行水氣，以潤腎燥，專治少陰經頭痛，北產者良。

寒：元參：苦、鹹，微寒，純陰，入腎。瀉無根浮游之火，凡相火上炎之症，用此壯水以制之。　苦參：大苦，大寒，沉陰主腎，燥濕勝熱，養肝膽，利九竅，祛風逐水，解毒殺蟲。　龍膽草：見肝寒。　知母：辛、苦，寒滑，入肺腎二經氣分。瀉膀胱邪熱，下焦有餘之火，使相火不炎，肺金清肅，兼瀉胃熱，潤燥滋陰，利二便，滑腸傷胃。　丹皮：見肝寒。　萹蓄：苦，平，利小便，去濕熱，通淋殺蟲。　鮮生地：苦，微甘，大寒，入心腎，瀉小腸丙火，亦清胃大腸火，平諸血逆，治熱毒痢疾，腸胃如焚，瘟疫痘症，諸大熱。　天冬：見肺寒。　旱蓮草：甘，酸，寒，補腎固齒，涼血止血。　澤瀉：見膀胱寒。　黃柏：見膀胱寒。　女貞子：見肝寒。　地骨皮：見肺寒。　老鼠刺：見肝寒。　蒲公英：見胃寒。　敗醬：見心包寒。猪膚：古注性寒味甘，治咽痛。猪，水畜也，其氣先入腎，解少陰客熱，膚者肌膚之義，宜用燖猪皮上黑膚也。按《儀禮》注云：膚，豕肉也，惟燖者有膚。燖字本作燂，訓為火爇，又云火熟物也。據此則明是取猪肉火炙，而用其皮上燒焦之膚皮矣。乃有用生猪皮者，大謬。　象牙：見心寒。　牡蠣：見肝寒。　蛤粉：見肝寒。

熱：蘄艾：見通行熱。　丁香：見胃熱。　沒石子：苦，溫，入腎，濇精固氣，強陰助陽，烏鬚髮。　原蠶蛾：氣熱，固精強陽，用雄者。

命門

補：淫羊藿：辛香甘溫，入肝腎，補命門，益精氣，堅筋骨，治絕陽不興，絕陰不產。　瑣陽：甘，溫。補陰益精，興陽，潤燥滑腸。　肉蓯蓉：見腎補。　益智仁：見脾補。　蛇牀子：見三焦補。　仙茅：辛熱，助命火，益陽道，明耳目，補虛勞，暖筋骨，治失溺，心腹冷氣，精寒者宜之，製用。　胡桃：見肺補。　韭子：見腎補。　陽起石：鹹溫。補命門，治陰痿精乏，子宮虛冷。真者難得。　鹿茸：甘，鹹，溫，補右腎精氣，暖腎助陽，添精補髓健骨，治一切虛損，酥炙用。○麋茸功用相仿，溫性差減。　桑螵蛸：見腎補。

和：沉香：辛、苦，溫，入右腎命門，暖精助陽溫中，平肝下氣而墜痰涎，降而能升，故又理氣調中，陰虛者勿用，磨汁服。

攻：牽牛子：見肺攻。

熱：破故紙：辛、苦，大溫，入心包命門，補相火以通君火，暖丹田壯元陽，能納氣歸腎。　附子：　見通行熱。　天雄：　附子細長者為天雄，大燥回陽，補下焦腎命陽虛，逐風寒濕，為風家主藥，發汗，又止陰汗。　胡盧巴：　苦，溫，純陽，入命門。暖丹田，壯元陽。治腎臟虛冷，除寒濕。　肉桂：　見肝熱。　川椒：　見肺熱。　大茴香：　辛，溫，暖丹田補命門，開胃下食，調中止嘔，治寒疝。　石硫黃：　見大腸熱。

奇經八脉

補：　當歸：　見肝補。　白芍：　見肝補。　鹿角：　見腎補。　牛髓：　見腎補。　猪脊髓：　補虛勞益骨髓，治脊痛除蒸。　龜板：　見腎補。

和：　川芎：　見膽和。　澤蘭：　見脾和。　廣木香：　見三焦和。　香附：　見通行和。　紫石英：　甘、辛，溫，重鎮怯潤去枯，治心神不安，肝血不足。走衝任二經，暖子宮，療女子血海虛寒不孕，火煅醋淬，研末水飛。

攻：　王不留行：　甘、苦，平，陽明衝任血分之藥。其性行而不住，通血脉，除風利便，治金瘡癰疽，出竹木刺。　桃仁：　見肝攻。

散：　升麻：　見脾散。　柴胡：　見膽散。　羌活：　見膀胱散。　藁本：　見膀胱散。

寒：　白微：　苦、鹹，寒，陽明衝任之藥，利陰氣，清血熱，調經。

熱：　附子：　見通行熱。　吴茱萸：　見肝熱。

清・張學醇《醫學辨正》卷二　肺經、大腸經

辛溫　桂枝：　氣味辛，溫。主上氣欬逆，結氣，喉痹吐吸，利關節，補中益氣。　細辛：　氣味辛，溫。主欬逆上氣，頭痛腦動，百節拘攣，風濕痺痛，死肌，明目，利九竅。　白芷：　氣味辛，溫。主女人漏下赤白，血閉陰腫，寒熱頭風，目淚，肌膚潤澤，金瘡傷損。　乾薑：　氣味辛，溫。主胸滿，欬逆上氣，溫中，止血，出汗逐風濕痺，腸澼下利。生者尤良。　川芎：　氣味辛，溫。主中風入腦，頭痛寒痺，筋攣緩急，金瘡，婦人血閉無子。　荊芥：　氣味辛，溫。主寒熱鼠瘻瘰癧，生瘡，破積聚氣，下瘀血，除濕疸。　半夏：　氣味辛，溫，有毒。主傷寒寒熱，心下堅，胸脹，欬逆頭眩，咽喉腫痛，腸鳴下氣，止汗。　荳蔻：　氣味辛，溫。主溫中消食，止洩，治精冷，心腹脹痛，霍亂，中惡鬼氣冷疰，嘔沫冷氣。　砂仁：　氣味辛，溫。主虛勞冷瀉，宿食不消，赤白洩痢，腹中虛痛，下氣。　香薷：　氣味辛，溫。主霍亂腹痛吐下，散水腫。　白芥子：　氣味辛，溫。主發汗，胸膈冷痰。　紫蘇子、葉、梗：　氣味辛，溫。散寒，開胃益脾，寬中消痰。　烏藥：　氣味辛，溫。治中風，膀胱冷氣，反胃吐食，宿食不消，瀉痢。　五靈脂：　氣味辛，溫。主心腹冷痛，通利血脉，下女子月閉，治血氣刺痛。　胡椒：　氣味辛，溫。暖胃快膈，下氣，消寒痰食積，腸滑冷痢，陰毒腹痛，殺一切魚、肉、鱉、蕈毒。　巴豆：　氣味辛，熱，有大毒。去藏府沉寒，破痰癖，血瘕氣痞，食積、生冷硬物，水腫，瀉痢，驚癇，口喎，耳聾，牙痛，喉痛喉痺，可升可降，為陰寒之要藥。　麝香：　氣味辛，溫。主辟惡氣，殺鬼精物，去三蟲蠱毒，寒瘧，驚癇。　蛇床子：　氣味辛，溫。能去風溫腎，治男子陽痿腰痛，療陰濕惡瘡疥癬。　草菓：　氣味辛，溫。除寒氣，消食，療心腹疼痛，治瘴癘寒瘧，嘔吐瀉痢脹滿。　皂角：　氣味辛，溫，有小毒。善逐風痰，利九竅，通關節，治頭風，殺諸蟲，治咽喉痺塞腫痛，行肺滯，通大腸秘結，墮胎，破堅癥，消腫毒及風癬疥癩。燒煙薰脱肛腫痛。可為丸散，不入湯藥。　五加皮：　氣味辛，溫。除風濕，行血脉，壯筋骨，明目，下氣，治骨節四肢拘攣，兩脚痺痛，陰痿，囊濕，疝氣腹痛，女人陰癢。用以浸酒，可除寒濕諸病。　木香：　氣味辛，溫。主邪氣，辟毒疫溫鬼，強志，順氣和胃，止吐瀉霍亂，散冷氣，止心腹脇氣痛。　石菖蒲：　氣味辛，溫。散風寒濕痺，除煩悶，欬上氣，止心腹痛，霍亂轉筋，通九竅，益心智。　蓽撥：　氣味辛，溫。善溫中下氣，除胃冷，辟陰寒，療霍亂。為末搐鼻，可解頭風。　薄荷：　氣味辛，溫，兼涼。主散寒熱。　羌活：　氣味辛，溫。主風寒所擊，金瘡止痛，奔豚，癇痓，女子疝瘕。　葱白：　氣味辛，溫。治風寒發汗。　丁香：　氣味辛，溫。主溫脾胃，止霍亂。　吴茱萸：　氣味辛，溫，有小毒。溫中下氣，除濕血痺，逐風邪欬逆。　蟾酥：　味辛，麻，性熱，有毒。主治發背，癰疽，疔腫，一切惡瘡。

辛涼　石膏：　氣味辛，涼。主中風熱，心下逆氣，驚喘，口乾舌焦，不能息，腹中堅痛，除邪鬼，產乳，金瘡。　葛根：　氣味辛，涼。主消渴，身大熱，嘔吐，諸痺。　鉤藤：　氣味辛、甘，微苦，微寒。主小兒風熱，十二經驚癇。　檳榔：　氣味辛澀而涼。主消穀，逐水，除痰癖，殺三蟲伏尸，療寸白。各書皆言其性溫，又言其破氣極速，氣虛者非所宜。溫能補氣，既云破氣，其涼可知。閩廣人食鮮檳榔，以葉包石灰同吃，果係溫性，何必又用石灰？余不敢以臆斷。每見氣虛之人食之不受，故改為辛涼。　山藥：　氣平，味甘兼

辛。主傷中，補虛羸，除寒熱邪氣，補中益氣力，長肌肉，強陰。　冰片：氣味辛，涼。散目熱，去目中赤膚翳障，逐三蟲，消五痔，療一切惡瘡聚毒，下疳痔漏疼痛。惟性雄力鋭，宜於調敷，不宜於煎劑。假者係樟腦，性熱。　浮萍：氣味辛，涼。主暴熱身癢，下水氣，勝酒，長鬚髮，主消渴。　葶藶子：氣味辛，涼。主癥瘕積聚結氣，飲食寒熱，破堅逐邪，通利水道。　丹皮：氣味辛，涼，微苦。主寒熱中風，瘈瘲驚癇邪氣，除癥堅瘀血留舍腸胃，安五藏，療癰瘡。　芍藥：氣味辛，涼，微苦。主邪氣腹痛，除血痹，破堅積，寒熱疝瘕，止痛，利小便。　常山：氣味辛，涼。仿佛似檳榔。張景岳註為大苦寒有毒，豈古今藥味不同耶？治温瘧，熱痰氣結，狂癇癲厥。　生鐵：氣味辛，涼。治癲狂，下氣最速。　前胡：氣味辛，涼。清熱消痰，喘咳嘔逆，痞膈霍亂，明目安胎。　磁石：氣味辛，涼，鹹。俗名吸鐵石。耳聾，通關節，消癰腫，鼠瘻，頸核喉痛。　輕粉：氣味辛，涼，有毒。善治瘡癬熱毒。　黄丹：氣味辛，涼。鎮心安神，除熱毒。煎膏必用之藥。　升麻：味辛，微寒。主解百毒，辟瘟疫，喉痺口瘡。

脾經、胃經

甘温　黄芪：味甘，氣温。主癰疽久敗瘡，排膿止痛，大風癩疾，五痔鼠瘻，補虛，小兒百病。　术：氣味苦甘辛，温。主風寒濕痺，死肌，痙疸，止汗，消食。　防風：氣味甘，温。主大風，頭眩痛，惡風，風邪，目盲無所見，風行周身，骨節疼痛。　巴戟天：氣味甘，微温。主大風邪氣，陰痿不起，強筋骨，安五藏，補中，增志益氣。　阿膠：氣味甘，温。主心腹内崩，勞極洒洒如瘧狀，腰腹痛，四肢酸痛，女子下血安胎。　使君子：氣味甘，温，有小毒。性善殺蟲，治小兒疳積，小便白濁。凡大人小兒有蟲病者，但於每月上旬，侵晨空腹食數枚，或即以殼煎湯嚥下，次日蟲皆死而出也。　杜仲：氣味甘，温。治腰膝酸痛，小便餘瀝，胎漏胎墮。　龍骨：氣味甘，平。主心腹鬼疰，精物老魅，欬逆，洩痢膿血，女子漏下，癥瘕堅結，小兒熱氣驚癇。　赤石脂：氣味甘，平。主黄疸，洩痢腸澼膿血，陰蝕下血赤白，邪氣，癰腫疽痔，惡瘡頭瘍疥瘙。　核桃肉：氣味甘，温。治虛寒咳嗽，腰脚痛。　鹿茸：氣味甘，温。主漏下惡血，寒熱驚癇，益氣強志，生齒。　龍眼肉：氣味甘，温。主五藏邪氣，安志厭食，除蠱毒，去三蟲。　飴糖：味甘，氣大温。主補虛乏。　大棗：氣味甘，温。健脾，主心腹邪氣，安中養胃，通九竅，助十二經氣，和百藥。

甘寒　黨參：氣味甘，微寒。主補五藏，安精神，定魂魄，止驚悸，除邪氣，明目，開心益智。　甘草：氣味甘，平。主五藏六府寒熱邪氣，堅筋骨，長肌肉，倍氣力，金瘡尰解毒。　地黄：氣味甘，寒。主折跌絶筋，傷中，逐血痺，填骨髓，長肌肉。作湯除寒熱積聚，除痺。生者尤良。　麥門冬：氣味甘平。主心腹結氣，傷中傷飽，胃脉絶，羸瘦短氣。　牛膝：氣味甘，平。主痿痺，四肢拘攣，膝痛不可屈伸，逐血氣，傷熱火爛，墮胎。　石斛：氣味甘，平。主傷中，除痺，下氣，補五藏虛勞，強陰益精。　澤瀉：氣味甘，寒。主風痺，乳難，養五藏，益氣力肥健，消水。　薏苡仁：氣味甘，微寒。主筋急拘攣不可屈伸，風痺，下氣。　車前子：氣味甘，寒。主氣癃，止痛，利水道，通小便，除痺。　茯苓：氣味甘，平。主胸脇逆氣，憂恚驚邪恐悸，心下結痛，寒熱煩滿欬逆，口焦舌乾，利小便。　猪苓：氣味甘，平。主痎瘧，解毒蠱，利水道。　枸杞：氣味甘，寒。主五内邪氣，熱中消渴，周痺。　桑白皮：氣味甘，寒。主傷中，五勞六極羸瘦，崩中，絶脉。　滑石：氣味甘，寒。主身熱洩澼，女子乳難，癃閉，利小便，蕩胃中積聚。　淫羊藿：氣味淡，寒。主陰痿絶傷，莖中痛，利小便。　天花粉：氣味甘，寒，微苦。解熱渴，消乳癰腫毒，痔瘻瘡癧，排膿，生肌長肉。　蒲黄：氣味甘，寒。活血消瘀，通婦人經脉，止崩中帶下，治兒枕氣痛。　金銀花：氣味甘，寒。善於化毒，故治癰疽腫毒瘡癬，為瘡毒之要藥。　土茯苓：氣味甘，淡。治拘攣骨痛，惡瘡癰腫。　人乳：氣味甘鹹。主補五藏，令人肥健。　牛乳：氣味甘，寒。主補虛羸，止煩渴，潤皮膚，養心肺，解熱毒。　竹茹：氣味甘，寒。主嘔啘吐血，崩中，解寒熱。　竹瀝：氣味甘，寒。療暴中風，風痺，胸中大熱，止煩悶消渴，勞復。　綠豆：氣味甘，寒。主丹毒，煩熱風疹，藥石發動，熱氣奔豚，消腫下氣。　梨：氣味甘，寒。除客熱，止心煩，消風熱，除胸中熱結，治熱欬，止渴生津。　蜜：氣味甘，平。主心腹邪氣，諸驚癇痙，安五藏諸不足，解熱毒，和百藥。

心經、小腸經

苦温　遠志：氣温，味苦。主欬逆傷中，補不足，除邪氣，利九竅，益智慧，耳目聰明不忘，强志倍力。　橘皮：氣味苦辛，温。化寒痰，消食開胃。　當歸：氣味苦，温。主欬逆上氣，婦人漏中絶子，諸惡瘡瘍，金瘡，排膿，止痛。　麻黃：氣溫，味苦。主中風傷寒頭痛，寒瘧，發表出汗，止欬逆上氣，除寒熱，破癥堅積聚。　杏仁：氣溫，味苦，有小毒。主欬逆上氣，雷鳴，喉痺，下氣，產乳，金瘡，寒心奔豚。　桃仁：氣溫，味苦。主瘀血血閉，癥瘕，殺小蟲。　厚朴：氣溫，味苦。主中風，傷寒頭痛，驚悸，血痺死肌，去三蟲，寬脹下氣。　續斷：氣溫，味苦。主傷寒，補不足，金瘡癰瘍折跌，續筋骨，婦人乳難。　何首烏：氣溫，味苦。主瘰癧，消癰腫，療頭目風瘡，治五痔，止心痛，益氣，黑髭髮，亦治婦人產後及帶下諸疾。　益母草：氣溫，味苦。主明目，益氣，除水氣。　高麗參：氣溫，味苦。補中益氣。　紫(苑)〔菀〕：氣溫，味苦。主欬逆上氣，胸中寒熱結氣，去蟲毒，痿躄，安五藏。　乳香：氣溫，味苦。治霍亂，通血脉，消癰疽諸毒，托裏護心，活血定痛，舒筋脉，療折傷。煎膏，止痛長肉。　沒藥：氣溫，味苦。破血散血消腫，療金瘡杖瘡，諸惡瘡，痔漏，癰腫癥瘕及墮胎、產後血氣作痛，研爛，熱酒調服。　天南星：氣溫，味苦，有毒。主中風，治寒痰，利胸膈，下氣，攻堅積，治驚癇，散血墮胎，療金瘡。

苦寒　大黃：氣味苦，寒。主下瘀血，血閉風熱，破癥瘕積聚，留飲宿食，蕩滌腸胃，推陳致新，通利水穀，調中化食，安和五藏。　黃連：氣味苦，寒。主風熱目痛，眦傷淚出，明目，腸澼腹痛下痢，婦人陰中腫痛。　黃芩：氣味苦，寒。主諸熱黃疸，腸澼洩痢，逐水，下血閉，惡瘡疽蝕，火瘍。

黃柏：氣味苦，寒。主五藏腸胃中結熱，黃疸腸痔，止洩利，女子漏下赤白，陰傷蝕瘡。　龍膽草：氣味苦，寒。主骨間熱，驚癇邪氣，續絕傷，定五藏，殺蠱解毒。　丹參：氣味苦，寒。主心腹邪氣，腸鳴幽幽如走水，積聚，破癥除瘕，止煩滿。　知母：氣味苦，寒。主消渴熱中，除邪氣，肢體浮腫，下水，補不足。　貝母：氣味苦，寒。主煩熱淋瀝，邪氣疝瘕，喉痺乳難，金瘡風痙。　苦參：氣味苦，寒。主心腹結氣，癥瘕積聚，黃疸，溺有餘瀝，除癰，明目止淚。　梔子：氣味苦，寒。主五內邪氣，胃中熱氣，面赤，酒皰皶鼻，白癩赤癩，瘡瘍。　枳實：氣味苦，寒。主大風在皮膚中，如麻豆苦痒，除熱結，止痢長肌肉，利五藏。　連翹：氣味苦，寒。主熱結，鼠瘻瘰癧，癰腫惡瘡癭瘤，蟲毒，排膿止痛，為瘡家之要藥。　地骨皮：氣味苦，寒。主骨蒸熱，吐血，消渴。　白頭翁：氣味苦，寒。治熱毒血痢，溫瘧，鼻衄，禿瘡，瘻癧疝瘕，血痔偏墜，明目，消疣。　牛黃：氣味苦，寒。主驚癇熱盛，狂痓，除邪逐鬼。　柴胡：氣味苦，寒。治心腹腸胃中結氣，飲食積聚，寒熱邪氣，推陳致新。　秦艽：氣味苦，寒。治風痺攣急，虛勞骨蒸。　西洋參：氣〔味〕苦，寒。治一切熱症。　元參：氣味苦，寒。主腹中熱積聚，女人產乳餘疾，補腎水，令人明目。　沙參：氣味苦，寒。主血結驚氣，除寒熱，補中清肺。　茵陳蒿：氣味苦，寒。主風熱結氣，黃疸。　甘菊花：氣味苦，寒。主諸風頭眩，腫痛，目欲脫，淚出。　槐實：氣味苦，寒。主五內邪氣熱，止涎唾，補絕傷，五痔，火瘡，婦人乳瘕，五藏急痛。　栝蔞實：氣味苦，寒。主消渴身熱，煩滿大熱，補虛安中，續絕傷。　木通：氣味苦，寒。主除脾胃熱，通利九竅，血脉關節。　甘遂：氣味苦，寒，有毒。消癥堅積聚，逐痰，治癲狂噎膈痞塞。然性烈傷氣，不宜妄用。　大戟：氣味苦，寒，有毒。性峻利，善逐痰，瀉濕熱脹滿，破癥結，下惡血，攻積聚，通二便，療溫瘧黃病及頸腋癰腫。氣虛者不宜。

肝經、膽經

酸溫　五味子：氣味酸，溫。主益氣，欬逆上氣，勞傷羸瘦，補不足。

烏梅：氣味酸，溫。治虛勞，止肢體痛，偏枯不仁，死肌，去青黑痣，蝕瘜肉。　木瓜：氣味酸，溫。療腰膝無力，脚氣，霍亂轉筋，去濕消脹。　酸棗仁：氣味酸，溫。安神補氣。　荔枝：氣味酸甘，溫。辟寒邪，治胃脘痛。　金櫻子：性溫，味酸澁。療脾泄下利，止小便，澁精氣，止遺精。　醋：氣味酸，溫。主消癰腫，破血暈，除癥塊堅積，治產後血暈，心痛咽痛。

酸涼　山查：氣味酸，涼。散瘀化痰，消食磨積。　青菓：氣味酸，涼而澁。清熱生津，除煩醒酒，解河豚魚毒。　梨核：氣味酸，涼。消痰降火。　銅綠：氣味酸，涼。治一切熱毒惡瘡。入膏散，不入湯劑。

腎經、膀胱經

鹹溫　附子：氣味鹹，溫，有大毒。主風寒欬逆邪氣，溫中，金瘡，破癥堅積聚，血瘕，寒濕痿躄拘攣，膝痛不能行步。　肉蓯蓉：氣味鹹，溫。主五勞七傷，補中益氣，除莖中痛。　破故紙：氣味鹹，溫。主五勞七傷，傷風虛冷，骨髓傷敗，腎冷精流及婦人血氣墮胎之病。　陽起石：氣味鹹，溫。治陽痿，子宮虛冷，腰膝冷痺，水腫癥瘕。　鹿角霜、膠：味甘、鹹，氣溫。補虛羸，益氣力，填精髓，壯筋骨，長肌肉，悅顏色，療吐血下血，尿精尿血，腰痛，一切陽虛之症，及婦人崩淋，赤白帶濁，止痛安胎。　海螵蛸：氣味鹹，溫。療婦人經枯血閉，血崩血淋，赤白帶，及丈夫陰中腫痛，固精，令人有子。　旋覆花：　氣味鹹，溫，有小毒。主結氣，脇下滿，驚悸，除水，去五藏間寒熱，補中益氣。

鹹寒　犀角：　氣味辛鹹，寒。主百毒蠱疰，邪鬼瘴氣，解鉤吻、鴆羽蛇毒，除邪不迷惑魘寐，解大熱，小兒驚風。　羚羊角：　氣味鹹，寒。主明目益精，去惡血注下，辟蠱毒，起陰，惡鬼不祥，常不魘寐，療邪熱中風卒死，小兒驚悸。　秋石：　氣味鹹，寒。清五藏六府之熱。　白礬：　氣味鹹，寒而澁。解毒，療癰腫疔瘡，喉痺，瘰癧，惡瘡疥癬，去腐生新肉，為外科之要藥。　牡蠣：　氣味鹹，寒。主溫瘧洒洒，驚恚怒氣，除拘緩，鼠瘻，女子帶赤白，強骨節，殺邪鬼。　桑螵蛸：　氣味鹹，平。主傷中，疝瘕，陰痿，益精生子，女子血閉，腰痛，通五淋，利小便水道。　蚯蚓：　味鹹，性寒，有毒。能解熱毒黃疸，消渴，利大小便，癲狂，喉痺，瘟疫，小兒急驚，一切熱症。　蟬退：　味甘，微鹹，微涼。療風熱，治小兒驚癇夜啼。　白殭蠶：　氣味鹹辛，平。主治小兒驚癇夜啼，去三蟲，滅黑䵟，令人面色好，男子陰瘍病。　龜板：　氣味微鹹，寒。治虛勞，陰火上炎，吐血衄血，肺熱欬喘，消渴煩擾，熱汗驚悸，譫語狂躁等症。　鱉甲：　氣味鹹，平。能消癥瘕堅積，療溫瘧，除骨節間血虛勞熱，婦人惡血漏下，小兒驚癇，班痘煩喘。　石決明：　氣味鹹，寒。治肝熱目疾。

食養服餌部

題解

《黃帝內經素問・藏氣法時論篇第二十二》　肝色青，宜食甘，粳米、牛肉、棗、葵皆甘。心色赤，宜食酸，小豆、犬肉、李、韭皆酸。肺色白，宜食苦，麥、羊肉、杏、薤皆苦。脾色黃，宜食鹹，大豆、豕肉、栗、藿皆鹹。腎色黑，宜食辛，黃黍、雞肉、桃、葱皆辛。辛散，酸收，甘緩，苦堅，鹹耎。毒藥攻邪，五穀為養，五果為助，五畜為益，五菜為充，氣味合而服之，以補精益氣。此五者，有辛酸甘苦鹹，各有所利，或散或收，或緩或急，或堅或耎，四時五藏，病隨五味所宜也。

《靈樞經・五味第五十六》　脾病者，宜食秔米飯、牛肉、棗、葵。心病者，宜食麥、羊肉、杏、薤。腎病者，宜食大豆黃卷、猪肉、栗、藿。肝病者，宜食麻、犬肉、李、韭。肺病者，宜食黃黍、雞肉、桃、葱。

唐・孫思邈《千金要方》卷二六《食治》　序論　仲景曰：人體平和，惟須好將養，勿妄服藥。藥勢偏有所助，令人藏氣不平，易受外患。夫含氣之類，未有不資食以存生，而不知食之有成敗。百姓日用而不知，水火至近而難識。余慨其如此，聊因筆墨之暇，撰五味損益食治篇，以啟童稚，庶勤而行之，有如影響耳。

河東衛汎記曰：扁鵲云：人之所依者，形也；亂於和氣者，病也；理於煩毒者，藥也；濟命扶危者，醫也。安身之本，必資於食；救疾之速，必憑於藥。不知食宜者，不足以存生也；不明藥忌者，不能以除病也。斯之二事，有靈之所要也，若忽而不學，誠可悲夫！是故食能排邪而安藏腑，悅神爽志以資血氣。若能用食平痾，釋情遣疾者，可謂良工。長年餌老之奇法，極養生之術也。

夫為醫者當須先洞曉病源，知其所犯，以食治之，食療不愈，然後命藥。藥性剛烈，猶若御兵，兵之猛暴，豈容妄發。發用乖宜，損傷處衆。藥之投疾，殃濫亦然。高平王熙稱食不欲雜，雜則或有所犯。有所犯者，或有所傷，或當時雖無災苦，積久為人作患。又食噉鮭肴務令簡少，魚肉果實取益人者而食之。凡常飲食，每令節儉，若貪味多餐，臨盤大飽，食訖覺腹中彭亨短氣，或致暴疾，仍為霍亂。又夏至以後，迄至秋分，必須慎肥膩、餅臛、酥油之屬，此物與酒漿、瓜果理極相妨。夫在身所以多疾者，皆由春夏取冷太過，飲食不節故也。又魚鱠諸腥冷之物，多損於人，斷之益善。乳、酪、酥等常食之，令人有筋力、膽乾，肌體潤澤。卒多食之，亦令臚脹、泄利，漸漸自已。

黃帝曰：五味入於口也，各有所走，各有所病。酸走筋，多食酸，令人癃，不知何以然？少俞曰：酸入胃也，其氣濇以收也。上走兩膲，兩膲之氣濇，不能出入，不出即流於胃中。胃中和溫，即下注膀胱。膀胱走胞，胞薄以耎，得酸則縮卷，約而不通，水道不利，故癃也。陰者，積一作精。筋之所終聚也，故酸入胃，走於筋也。

鹹走血，多食鹹令人渴，何也？答曰：鹹入胃也，其氣走中膲，注於諸脈。脈者，血之所走也，與鹹相得即血凝，凝則胃中汁泣，汁泣則胃中乾渴。《甲乙》云：凝則胃中汁注之，注之則胃中竭。渴則咽路焦，焦故舌乾喜渴。血脈者，中膲之道也，故鹹入胃，走於血。皇甫士安云：腎合三膲血，脈雖屬肝心，而爲中膲之道，故鹹入而走血也。

辛走氣，多食辛令人慍心，何也？答曰：辛入胃也，其氣走於上膲。上膲者，受使諸氣而營諸陽者也。薑韭之氣，熏至榮衛，榮衛不時受之，却溜於心下，故慍慍痛也。辛者與氣俱行，故辛入胃而走氣，與氣俱出，故氣盛也。

苦走骨，多食苦，令人變嘔，何也？答曰：苦入胃也，其氣燥而涌泄，五穀之氣皆不勝苦。苦入下管，下管者，三膲之道，皆閉則不通，不通故氣變嘔也。齒者，骨之所終也。故苦入胃而走骨，入而復出，齒必黧踈。皇甫士安云：水火相濟，故骨氣通於心。

甘走肉，多食甘，令人恶心，何也？答曰：甘入胃也，其氣弱劣，不能上進於上膲，而與穀俱留於胃中。甘入則柔緩，柔緩則蚘動，蚘動則令人恶心。其氣外通於肉，故甘走肉，則肉多粟起而胝。

黄帝問曰：穀之五味所主可得聞乎？伯高對曰：夫食風者則有靈而輕舉；食氣者則和靜而延壽；食穀者則有智而勞神；食草者則愚癡而多力；食肉者則勇猛而多嗔。是以肝木青色宜酸；心火赤色宜苦；脾土黄色宜甘；肺金白色宜辛；腎水黑色宜鹹。内為五藏，外主五行，色配五方。

五藏所合法：肝合筋，其榮爪；心合脉，其榮色；脾合肉，其榮脣；肺合皮，其榮毛；腎合骨，其榮髮。

五藏不可食忌法：多食酸則皮槁而毛夭；多食苦則筋急而爪枯；多食甘則骨痛而髮落；多食辛則肉胝而脣褰；多食鹹則脉凝泣而色變。

五藏所宜食法：肝病宜食麻、犬肉、李、韭；心病宜食麥、羊肉、杏、薤；脾病宜食稗米、牛肉、棗、葵；肺病宜食黄黍、雞肉、桃、葱；腎病宜食大豆黄卷、豕肉、栗、藿。《素問》云：【略】

五味動病法：酸走筋，筋病勿食酸；苦走骨，骨病勿食苦；甘走肉，肉病勿食甘；辛走氣，氣病勿食辛；鹹走血，血病勿食鹹。

五味所配法：米飯甘，《素問》云：粳米甘。麻酸，《素問》云：小豆酸。大豆鹹，麥苦，黄黍辛；棗甘，李酸，栗鹹，杏苦，桃辛；牛甘，犬酸，豕鹹，羊苦，雞辛；葵甘，韭酸，藿鹹，薤苦，葱辛。

五藏病五味對治法：肝苦急，急食甘以緩之。肝欲散，急食辛以散之。用酸瀉之，禁當風。心苦緩，急食酸以收之。心欲耎，急食鹹以耎之。用甘瀉之，禁溫食厚衣。脾苦濕，急食苦以燥之。脾欲緩，急食甘以緩之。用苦瀉之，禁溫食飽食，濕地濡衣。肺苦氣上逆息者，急食苦以泄之。肺欲收，急食酸以收之。用辛瀉之，禁無寒飲食、寒衣。腎苦燥，急食辛以潤之，開腠理，潤致津液通氣也。腎欲堅，急食苦以結之。用鹹瀉之，無犯焠㶼，無熱衣溫食。

是以毒藥攻邪，五穀為養，五肉為益，五果為助，五菜為充。精以食氣，氣養精以榮色；形以食味，味養形以生力。此之謂也。神藏有五，五五二十五種；形藏有四方、四時、四季、四肢，共為五九四十五，以此輔神，可長生久視也。精順五氣以為靈也，若食氣相惡則傷精也。形受味以成也，若食味不調，則損形也。是以聖人先用食禁以存性，後製藥以防命也。故形不足者，溫之以氣；精不足者，補之以味。氣味溫補，以存形精。

岐伯云：陽為氣，陰為味。味歸形，形歸氣，氣歸精，精歸化。精食氣，形食味。化生精，氣生形。味傷形，氣傷精。精化為氣，氣傷於味。陰味出下竅，陽氣出上竅。味厚者為陰，味薄者為陰之陽；氣厚者為陽，氣薄者為陽之陰。味厚則泄，薄則通流；氣薄則發泄，厚則祕塞。《素問》作發熱。壯火之氣衰，少火之氣壯。壯火食氣，氣食少火。壯火散氣，少火生氣。味辛甘發散為陽，酸苦涌泄為陰。陰勝則陽病，陽勝則陰病。陰陽調和，人則平安。

春七十二日，省酸增甘，以養脾氣；夏七十二日，省苦增辛，以養肺氣；秋七十二日，省辛增酸，以養肝氣；冬七十二日，省鹹增苦，以養心氣；季月各十八日，省甘增鹹，以養腎氣。

宋・王懷隱《太平聖惠方》卷二　論服餌　夫藥有君臣，人有虛實。服餌之法，輕重不同。少長殊途，強羸各異。或宜補宜瀉，或可湯可圓。加減不失其宜，藥病相投必愈。若病在胸膈已上者，先食後服藥。病在心腹已下者，先服藥而後食。病在四肢血脈者，宜空腹而在旦。病在骨髓者，宜飽滿而在夜。凡藥勢與食氣不欲相逢，食氣消即進藥，藥氣散即進食。如此消息，即得五臟安和。非但藥性之多方，其節適早晚，復須調理。今所云先食後食，蓋此義也。凡服湯，欲得稍熱服之則易消下，若冷則嘔吐不下；若太熱，則傷人咽喉，務在用意。湯必須澄清，若濁，令人心悶不解。中間相去如步行十里久再服，若太促者，前湯未消，後湯來衝，必當吐逆。仍問病者腹中藥消散否，乃更進服。

凡服圓藥，補者皆如梧桐子大，以二十圓為始，從一服漸加至四十圓為限，過多亦損人。云一日再服者，欲得引日多時，不闕藥力，漸積熏蒸五臟，彌久為佳。不須頓服為善，徒餌名藥，獲益甚少也。

凡服浸酒藥，欲得使酒氣相接，無得斷絕，斷絕則不得藥力。多少皆隨性飲之，以知為度，不可令大醉至吐，大損人也。

凡服藥治病，先起黍粟，病去即止，不去倍之，不去十之，取去為度。今藥中單行一兩種有毒之藥，只如巴豆、甘遂之輩，不可令至盡劑爾。如《經》所說：一味一毒，服一圓如細麻。二味一毒，服二圓如大麻。三味一毒，服三圓如胡豆。四味一毒，服四圓如小豆。五味一毒，服五圓如大豆。六味一毒，服六圓如梧桐子。以數為圓。而毒中又有輕重，只如狼毒、鉤吻，豈同附子、芫花之輩耶？凡此之類，皆須量用也。

凡餌湯藥，其粥食肉菜，皆須大熟。大熟則易消，與藥相宜。若生則難消，復損藥力。仍須少食菜，於藥為佳，亦少進鹽、醋乃善。亦不得苦心用力，及於喜怒。是以療病，用藥力為首。若在食治將息得力，大半於藥（有益）。所以病者務在將息，節慎之至可以長生，豈止愈病而已。

宋·趙佶《聖濟總錄》卷一八八　食治統論：論曰：天產動物，地產植物。陰陽稟賦，氣味渾全。飲和食德，節適而無過，則入于口，達於脾胃，入于鼻，藏於心肺，氣味相成，神乃自生。平居暇日，賴以安平者，兼足於此。一有疾疢，資以治療者，十去其九，全生永年，豈不有餘裕哉。是以別五肉、五果、五菜，必先之五穀，以夫生生不窮，莫如五穀為種之美也。辨為益、為助、為充，必先之為養，以夫五物所養，皆欲其充實之美也。非特如此，精順五氣以為靈，若食氣相惡，則為傷精。形受五味以成體，若食味不調，則為損形。陰勝陽病，陽勝陰病，陰陽和調，人乃平康。故曰：安身之本，必資於食。不知食宜，不足以存生。又曰：食有成敗，百姓日用而不知。苟明此道，則安府藏，資血氣，悅顏爽志，平疴去疾，夫豈淺淺耶！孫思邈謂醫者先曉病源，知其所犯，以食治之。食療不愈，然後命藥。又以藥性剛烈，猶兵之猛暴。信斯言也。今對病藥劑，悉已條具，茲復別敘食治，蓋先食後藥，食為民天之謂也。

宋·陳衍《寶慶本草折衷》卷二《逢原紀略》　記服餌致益　《聖惠方》云：設齒髮云髦，體力漸衰，如能固性命之基，餌補益之藥，即何異江河欲竭，引別派以再流；燈燭將殘，假他油而更朗？固有益矣，誠宜勉歟！《十便方》亦舉此。

元·朱震亨《格致餘論》　茹淡論　或問：《內經》謂精不足者，補之以味。又曰：地食人以五味。古者年五十食肉，子今年邁七十矣。盡却鹽醯，豈中道乎？何子之神茂而色澤也？曰：味有出於天賦者，有成於人為者。天之所賦者，若穀菽菜果，自然沖和之味，有食人補陰之功，此《內經》所謂味也。人之所為者，皆烹飪調和偏厚之味，有致疾伐命之毒，此吾子所疑之味也。今鹽醯之却，非真茹淡者。夫麥與粟之鹹，粳米、山藥之甘，蔥、薤之辛之類，皆味也。子以為淡乎？安於沖和之味者，心之收、火之降也。以偏厚之味為安者，欲之縱、火之勝也，何疑之有？《內經》又曰：陰之所生，本在五味。非天賦之味乎？陰之五宮，傷在五味。非人為之味乎？聖人防民之具，於是為備。凡人飢則必食，彼粳米甘而淡者，土之德也，物之屬陰而最補者也。惟可與菜同進，《經》以菜為充者，恐於飢時頓食，或可慮過多，因致胃損，故以菜助其充，足取疏通而易化，此天地生物之仁也。《論語》曰：肉雖多，不使勝食氣。《傳》曰：賓主終日百拜而酒三行，以避酒禍。此聖人施教之意也。蓋穀與肥鮮同進，厚味得穀為助其積之也。久寧不助陰火而致毒乎？故服食家在却穀者則可，不却穀而服食，未有不被其毒者。《內經》謂久而增氣，物化之常，氣增而久，夭之由也。彼安於厚味者，未之思爾。或又問精不足者，補之以味，何不言氣補？曰：味，陰也；氣，陽也。補精以陰，求其本也，故補之以味。若甘草、白朮、地黃、澤瀉、五味子、天門冬之類，皆味之厚者也。《經》曰虛者補之，正此意也。上文謂形不足者，溫之以氣。夫為勞倦所傷，氣之虛，故不足。溫者，養也，溫存以養，使氣自充，氣完則形完矣，故言溫不言補。《經》曰勞者溫之，正此意也。彼為《局方》者，不知出此，凡諸虛損證，悉以溫熱佐輔補藥，名之曰溫補，不能求經旨者也。

明・岳甫嘉《醫學正印種子編・男科》 服藥要領　列方雖非一種，取效不在兼收，或良工察脉而虛心審證，或病者自知寒燠而對證選方，得其一條製度服，自獲神效。在昔忠武用兵，貴精不貴多，得此道也。然猶望求嗣攝生，君子三思，無後為大。又在保養元精，借資藥力，若徒恃藥力，而浪費元精，煉石補天，其有濟乎？婆心子更不勝惓祝！

明・裴一中《裴子言醫》卷二 無病服藥之流弊久矣，而今為甚。此皆執前人服藥於未病，與上工治未病之說而謬焉者也。不知服藥於未病者，即致治於未亂，保邦於未危也。善致治者，尊賢使能，振綱肅紀，則政修民和，苞桑萬世在茲矣。若無故興師，則內生反側，外兆邊塵，不反自貽伊戚哉？然則保國保身無二理，用藥用兵無二術。善衛生者，能於平時節飲食、慎起居、少嗜欲、寡縈慮，使五官安職，百體清和，將遊華胥而躋喬松矣。苟思患預防，審醫可也，問藥性可也，讀岐黃書可也。若以草木偏攻，則寒者戕賊脾元，熱者煎熬血脉，是猶小人陰柔巽順，似乎有德，而國家元氣鮮不為之潛移者。古人謂壁中用柱，壁中添鼠，不可不深長思也。至若不治已病治未病，則又是有說，如肝邪旺，恐傳變於脾，當先瀉肝以平之；心邪旺，恐傳變於肺，當先瀉心以平之之類是也。是則治未病者，治病之未傳也，非治人之未病也。服藥於未病者，調攝於未病也，非未病而先服藥也。二說各有所指，皆非無病服藥之謂也。夫何貪生者假為棲真玄牝之丹，縱慾者泥為嬰兒姹女之術。岐黃誥戒，視若弁髦；伐性斧斤，恬如衽席。是以痾端呈現，種種乖訾，蒂固根深，卒難期效，而猶咎刀圭無補，毋乃愚乎？

清・黃宮繡《本草求真》卷九 食物　食物雖為養人之具，然亦於人臟腑有宜不宜。蓋物有寒有熱，猶人臟腑有陰有陽，臟陽而不得乎性寒之物以為之協，則臟其益陽矣；臟陰而不得乎性熱之物以為之濟，則臟其益陰矣。臟有陰陽兼見之症，而不得乎不寒不熱之物以為調劑，則臟其益互雜而不平矣。昔孔子觀頤之象，而曰君子以慎言語節飲食，則知食即於身有裨，而亦有乎當節之理以為之寓。矧於食物之中，尚有宜此宜彼之別，而可不為之考究於其中者乎？奈人惟知以口是甘，以腹是果，而不計乎食之入口，等於藥之治病同為一理，合則於人臟腑有益而可却病衛生，不合則於人臟腑有損而即增病促死，此食物所以見論於方書而與藥物而並傳也。惟是食物之種不下數百，姑節日用常食之物以為辨別，如穀食之有麵麯、蠶豆、豆油、酒醋，是穀之至溫者也。若至蘆稷、稻米、粳米、陳倉米、黑豆、黃豆、白豆、豌豆、豇豆、胡麻，則稍平矣。又至粟米、黍稷、蕎麥、菉豆、豆腐、豆豉、豆醬，則性最寒而不溫矣。此穀食之有分其寒熱也。又如瓜菜之有薑、蒜、葱、韭、芹菜、胡荽、同蒿、白芥、胡蘿蔔，是性之溫而不寒者也。若至山藥、蕹菜、匏瓠、南瓜，豈得謂之不平乎？又至菘菜、莧菜、油菜、菠薐、苦菜、恭菜、白苣、萵苣、胡瓜、苦瓜、越瓜、甜瓜、絲瓜、冬瓜、西瓜、醬瓜、諸筍、芋子、茄子，豈得謂之不寒乎？此瓜菜又有分其寒熱也。至於菓品，則如龍眼、荔枝、大棗、飴糖、沙糖、白糖、蓮肉、葡萄、蜂蜜、胡桃肉、楊梅、木瓜、橄欖、青桃、李子、栗子，是為至溫之性矣。榧實、黃精、枇杷、青梅、花生，是為至平之性矣。梨子、菱角、蓮藕、橘瓤、烏芋、百合、甘蔗、白菓、柿乾、柿霜，是為至寒之性矣。但生李性溫，則多生痰而助濕；生桃性燥，則多助熱而助毒，此菓品之有分其寒熱也。若有木類、石類，則性之溫而熱者，無若川椒、胡椒；性之平者，無若香蕈；性之寒者，無若木耳、蘑菇、食鹽、茶葉。是木類、石類之有分其寒熱也。以物禽獸論之，如雞肉、鴨肉、山雉、鷓鴣、犬肉、羊肉、牛肉、鹿肉、鹿筋、貓肉，是至溫矣。鴿肉、燕窩、斑鳩、鴈肉、鵝肉、鳧肉、竹雞、豬肉，是至平矣。兔肉、麋肉、麋筋，是至寒矣。但山雉、雞肉、鷓鴣，性雖溫而不免有發風發毒之害；豬肉性即平，而不免有多食動痰之虞。此禽獸之有分其寒熱也。他如魚、鱉、黿、介、蟲類，其在鯽魚、鰱魚、鰣魚、鯇魚、鱅魚、鰷魚、海蝦、鱔魚，是皆溫之屬也。鯉魚、鱖魚、白魚、青魚、鯊魚、鮫魚、鮑魚、鯖魚、銀魚、烏賊魚、蟶肉，是皆平之屬也。鱧魚、鰻鱺、石斑魚、海蛇、田蛙、螃蟹、鱉肉、黿肉、田螺、蛤蜊肉，是皆寒之屬也。但蝦鱔性燥，則不免有動風助火之變；石斑、鱉蟹，性寒有毒，則不免有動氣破血之慮，此魚、鱉、黿、介、蟲之有分其寒熱也。再於諸味之中，又細分其氣辛而葷則性助火散氣，味重而甘則性助濕生痰，體柔而滑則性通腸利便，質硬而堅則物食之不化，烹煉而熟則物服之氣壅。要使等於用藥，知其藥之溫涼寒熱，合於人之病症虛實是否相符，則於養生之道始得，且勝於藥多多矣。苟不此為審顧，而但知服藥味，食物日與藥反，以至於死而不覺，且或歸咎於醫，是果誰之咎也乎？噫，謬矣！

清・章穆《調疾飲食辯》卷首　《內經》飲食宜忌　《靈樞・五味篇》：黃帝曰：願聞穀氣有五味，其入五藏，分別奈何？伯高曰：胃者，五藏六府之海也，水穀皆入於胃，五藏六府皆稟氣於胃。五味各走其所喜，穀味酸，先走肝；穀味苦，先走心；穀味甘，先走脾；穀味辛，先走肺；穀味鹹，先走腎。穀氣津液已行，營衛大通，乃化糟粕，以次傳下。帝曰：營衛之行奈何？伯高曰：穀始入於胃，其精微者先出於胃之兩焦，以溉五藏，之字當虛字看。先出於胃之兩焦者，上下分行也。註家乃云：之，至也。則是看作實字，如之一邦、之三子告之類，本文亦當先出於胃作一句，之兩焦作一句理解，殊覺牽強。別出兩行，營衛之道。必內溉五藏，然後能外濡軀殼，故曰別出也。兩行者，營主血，衛主氣，穀入於胃，則氣血一時同受其蔭，無先後之分，故曰兩行。王太僕註云：清者入營，濁者入衛是也。其大氣之持而不行者，積於氣海，出於肺，循喉咽，故呼則出，吸則入。天地之精氣，其大數恒出三入一，人肖天地以生，故呼吸之氣亦出三入一。故穀不入，半日則氣衰，一日則氣少矣。可知人無穀氣則無胃氣，無胃氣則無呼吸。俗醫遇病必戒食粥，是恐其益胃氣？用炒米湯，是欲其無穀氣？然則人必呼吸寂然，始為無病乎？無理，不通。帝曰：穀之五味，可得聞乎？伯高曰：五穀：秔米甘，麻酸，大豆鹹，麥苦，黃黍辛。五果：棗甘，李酸，栗鹹，杏苦，桃辛。五畜：牛甘，犬酸，豬鹹，羊苦，雞辛。五菜：葵甘，韭酸，藿鹹，薤苦，葱辛。脾病者，宜食秔米飯、牛肉、棗、葵。心病者，宜食麥、羊肉、杏、薤。腎病者，宜食大豆黃卷、豬肉、栗、藿。肝病者，宜食麻、犬肉、李、韭。肺病者，宜食黃黍、雞肉、桃、葱。肝病禁辛，心病禁鹹，脾病禁酸，腎病禁甘，肺病禁苦。此言五藏之虛，故以本行所屬之味補之，而復禁其相尅，以免賊害。只甘、苦、酸、辛、鹹五味，為一定之理，其諸物則萬不可泥。肝宜食甘，如肝木乘脾，非參、耆、甘草不能緩肝急是也。秔米飯、牛肉、棗、葵皆甘；心宜食酸，如心熱不眠及汗出，非酸棗仁、竹茹不能安，不能斂是也。犬肉、麻、李、韭皆酸；脾宜食鹹，如脾約便難，非蓯蓉、芒硝不能潤是也。大豆、家肉、栗、藿皆鹹；肺宜食苦，如肺實而壅，非黃芩、葶藶不能泄是也。麥、羊肉、杏、薤皆苦；腎宜食辛，如腎寒邪閉，非細辛、肉桂不能發是也。黃黍、雞、桃、葱皆辛。此言五藏之實，各引一二病以示大概，而不能盡也。蓋義理深微，病症又極其繁賾，從前註家亦未能盡合。此不過為病人飲食起見，期於顯淺共喻，岐黃精理，總未深談，故不贅陳以滋轇轕。黃帝問於少俞曰：五味入於口也，各有所走，各有所病。酸走筋，多食之令人癃閉也；鹹走血，多食之令人渴；辛走氣，多食之令人洞心；心中空，如無物。苦走骨，多食之令人變嘔；甘走肉，多食之令人悗心。猶言厭厭欲吐不吐。註家以為悶，非是。余知其然也，不知其由，願聞其故。少俞答曰：酸入於胃，其氣濇以收，上之兩焦，弗能出入也。不出即留於胃中，胃氣和溫，則下注膀胱。膀胱之胞薄以濡，得酸則縮綣，約而不通，水道不行，故癃。陰者，積筋之所終也，故酸入而走筋矣。鹹入於胃，其氣上走中焦，注於脈，則血氣走之，謂走聚鹹所。血與鹹相得則凝，凝則胃中汁注之，注之則胃中竭，竭則咽路焦，故舌本乾而渴。血脈者，中焦之道也，故鹹入而走血矣。辛入於胃，其氣走於上焦。上焦者，受氣而榮諸陽者也，薑韭之氣熏之，營衛之氣不時受，久留心下，故洞心。辛與氣俱行，故辛入而與汗俱出。苦入於胃，五穀之氣皆不能勝。苦入下脘，三焦之道皆閉而不通，故變嘔。齒者，骨之所終也，故苦入而走骨。入而復出，知其走骨也。此義未曉。甘入於胃，其氣弱小，不能上至於上焦，而與穀留於胃中者，令人柔潤者也。胃柔則緩，猶言鬆軟。緩則蟲動，蟲動則令人悗心。其氣外通於肉，故甘走肉。

《素問・宣明五氣論》曰：五味所入：酸入肝，肝屬木，《洪範》曰：木曰曲直，曲直作酸。辛入肺，肺屬金，金曰從革，從革作辛。苦入心，心屬火，火曰炎上，炎上作苦。鹹入腎，腎屬水，水曰潤下，潤下作鹹。甘入脾。脾屬土，土爰稼穡，稼穡作甘。五味所禁：辛走氣，氣病無多食辛；辛能令氣散。鹹走血，血病無多食鹹；鹹能令血凝。苦走骨，骨病無多食苦；苦能令骨重。甘走肉，肉病無多食甘；甘壅氣，能令腠理不通。酸走筋，筋病無多食酸。酸能令筋攣。

《靈樞・九鍼篇》曰：酸走筋，病在筋，無食酸；辛走氣，病在氣，無食辛；鹹走骨，病在骨，無食鹹；前云鹹走血，謂其能凝血也。苦走血，病在血，無食苦；此云苦走血，心屬火，主血脈，苦者火之化也。甘走肉，病在肉，無食甘。口嗜而欲食之，不可多也，必使自裁。前《五味篇》謂脾病宜食甘，心病宜食苦，腎病宜食鹹，肝病宜食酸，肺病宜食辛，此則五藏皆曰不宜者，前主五藏之虛言，故宜以同氣者補之。此主五藏之邪言，故不宜以同氣者助之也。

《素問・至真要大論》曰：五味入胃，各歸所喜，故酸先入肝，苦先入心，甘先入脾，辛先入肺，鹹先入腎，久而增氣，物化之常也。氣增而久，夭之由也。

《素問・生氣通天論》曰：陰之所生，本在五味，陰之五宮，傷在五味。《六節藏象論》曰：天食人以五氣，地食人以五味。天，陽也；地，陰也。故曰陰之所生。是故味過於酸，肝氣以津，張註曰：津，溢也。酸助肝，助之太過，則肝氣滿而溢也。脾氣乃絕；木過盛必傷土。味過於鹹，大骨氣勞，註家皆云過鹹則傷腎，故骨氣困頓。夫鹹本補腎，過鹹固必有傷，然所傷必不在腎。下文曰短肌、心氣抑，正其所傷也。觀本句大字、勞字似亦指腎氣過盛而言。蓋腎乃作強之官，過盛則或力作無度，房事不節，皆得云勞，皆病情之所有，非鹹反傷腎也。短肌，註曰：鹹凝血，血傷，故肌肉消縮。此則極是。試觀體肥之人，多喜食淡。而嗜食鹹者，任精神充足，肌肉必不能肥也。心氣抑；火受水尅。味過於甘，心氣喘滿，甘能作脹，故上焦滯而心下滿，非傷心也。心字只作胸字看。此與《傷寒論》治胸膈間痞，而名其方曰瀉心者，同一理也。色黑，腎氣不衡；腎屬水，黑者水之色。水受土尅，故形見於外而色黑。衡，平也。腎氣傷，故不得其平也。味過於苦，脾氣不濡，不潤澤也。胃氣乃厚；不能運化，則留滯而生脹滿，故曰厚。按：前三藏俱是傷其所尅，此味過於苦，火之化也，宜傷肺金，何以傷及脾胃？蓋味苦者性必寒，苦寒肅殺，脾胃之所最惡也，故《五味篇》云：苦入於胃，五穀之氣皆不能勝。穀氣不能勝，非脾胃受邪而何？治熱病不顧中氣，肆用寒涼者，其撙節之。學河間、丹溪者，尤宜痛改之。味過於辛，筋脈沮弛，辛為金化，味辛者必傷肝木。肝主筋，筋得熱而長，故弛。味辛者性必熱，熱則劫陰傷血，血被熱劫而枯，故沮。精神乃央。辛散氣，肺主氣，氣得熱而耗，精神自然困頓。央，猶殃也。前酸、鹹、甘、苦皆只各傷一藏，此則傷及諸藏。治寒病不顧營陰，不保津液，肆用熱毒者，其酌裁之。讀《薛氏醫案》《景岳全書》者，尤宜猛省之。是故謹和五味，骨正筋柔，氣血以流，腠理以密。前三篇皆論五味之宜忌，此三篇則不論宜忌，即宜食者亦不可久而太過。妄用霸藥之醫人，與偏嗜厚味之病人，皆當銘諸座右。

《素問・異法方宜論》曰：東方之域，天地之所始生也，魚鹽之地，海濱傍水。其民食魚而嗜鹹，皆安其處，美其食。魚者使人熱中，鹹者勝血，故其民皆黑色疏理，其病皆癰瘍。皆字只作多字看。西方者，金玉之域，砂石之處，天地之所收引也。其民陵居而多風，水土剛強，其民不衣而褐薦，其民華食而脂肥，故邪不能傷其形體，其病生於內。北方者，天地所閉藏之域也。其地高陵居，風寒冰冽。其民樂野處而乳食，藏寒生滿病。南方者，天地所長養，陽氣之所盛處也。其地下，水土弱，霧露之所聚也。其民嗜酸而食胕，故其民皆緻理而赤色，其病攣痹。中央者，其地平以濕，天地所以生萬物也眾。其民食雜而不勞，其病多痿厥寒熱。故聖人雜合以治，各得其所，宜知治之大體也。五方風土，飲食居處嗜好既各不同，則其生病亦必不同，《左傳》所以有河魚腹疾之問也。然不可泥就一方而論，亦有山居澤居、膏粱藜藿之異，故篇末曰知治之大體。醫者知此，可以窺測病情；病者知此，可以移換氣血。凡六淫外入之症，與深邪痼疾久而不愈者，皆宜奉為圭臬也。

清・陸以湉《冷廬雜識》卷五 常食之物：醫家謂棗百益一損，梨百損一益，韭與茶亦然。余謂人所常食之物，凡和平之品，如參、苓、蓮子、龍眼等，皆百益一損也；凡峻削之品，如檳榔、豆蔻仁、煙草、酒等，皆百損一益也。有益無損者惟五穀。至於鴉片煙之有損無益，人皆知之，而嗜之者日眾，亦可憫矣！

論說

宋・趙佶《聖濟經》卷六《食頤篇》〔宋・吳禔注〕：山下有雷，於卦為頤。上止下動，交相養也。頤中有物，養之道也。人皆知穀畜之類可以為養，殊不知物性有相戾，物宜有畏惡，智者於此，使順陰陽之義，取稼穡之和，審氣味之宜，則致養之道得矣。

因時調節第一　食飲致用以六穀、六牲、六清者，舉地數之中也。疾病致養以五味、五穀、五藥者，舉天數之中也。夫物芸芸，俱受天地之中，胃囿天五，沖氣屬焉。資動植於形精之養，豈能外天地之中數。故食羹醬飲，有四時溫熱涼寒之眂。鼎俎籩豆，有陰陽奇偶之象。凡以四時陰陽不可偏廢故也。〔宋・吳禔注〕：稌黍稷粱麥菽者，六穀也。馬牛羊豕雞犬者，六牲也。水醬醴涼醫酏者，六清也。食用六穀，膳用六牲，飲用六清，所以為飲食之用。其數以六者，六為地數之中也。鹹苦酸辛甘者，五味也。麻黍稷麥豆者，五穀也。草木蟲石穀者，五藥也。五味養精，五穀養形，五藥療病，所以為疾病之養。其數以五者，五為天數之中也。食飲致用，未始有變，故舉地數之中。疾病致養，未始有常，故舉天數之中。夫物芸芸，受中以立，所謂命也。沖和之氣，胃實囿焉。或動或植，天地之產，雖則不同，資為形精之養，以入於胃者，豈能外天地之中數哉。是故飯宜溫食，齊眂春時。羹宜熱羹，齊眂夏時。醬宜涼醬，齊眂秋時。飲宜寒飲，齊眂冬時。鼎俎以實天產，其數奇，陽之義也。籩豆以實地產，其數偶，陽之義也。或取於四時，或取於陰陽而不偏廢，所以食之而底於安平也。

是以春氣溫，食麥以涼之。夏氣熱，食菽以寒之。秋氣燥，食麻以潤之。冬氣寒，食黍以熱之。春夏為陽，食木火之畜以益之。秋冬為陰，食金水之畜以益之。長夏土也，食稷與牛，則以胃氣為本，無時而不謹養也。春祭先脾，養土也。夏祭先肺，養金也。秋祭先肝，養木也。水靜而辨，莫能勝也，故冬祭先腎。土居中央，故長夏之祭先心。〔宋·吳禔注〕：麥之為穀，其性涼。菽之為穀，其性寒。春溫夏熱，春不可一於溫也，故食麥以涼之。夏不可一於熱也，故食菽以寒之。麻之為穀，其性潤。黍之為穀，其性熱。秋燥冬寒，秋不可一於燥也，故食麻以潤之。冬不可一於寒也，故食黍以熱之。雞，木畜也，司晨而有東方之仁。羊，火畜也，跪乳而有南方之禮。春夏食木火之畜以益之，春夏養陽故也。犬，金畜也，守禦而有西方之義。豕，水畜也，發隱而有北方之智。秋冬食金水之畜以益之，秋冬養陰故也。稷之色黃而味甘，故為土穀。牛之性順於牽，傍以示信，故為土畜。長夏土也，胃亦土也。胃者，水穀之府，流播於諸脈，故長夏食稷與牛，以謹養胃氣焉。方春木旺為勝土也，故祭先脾以養之。方夏火旺為勝金也，故祭先肺以養之。方秋金旺為勝木也，故祭先肝以養之。凡五行動而與物交，則勝彼矣。至於靜而與物辨，莫能勝焉。冬祭先腎為是故也。土居中央，分王四時，長夏之祭先心，心居中故也。

肝苦急，緩以粳米牛肉棗葵之甘。心苦緩，收以小豆犬肉李韭之酸。肺苦氣上逆，泄以麥羊肉杏薤之苦。腎苦燥，潤以黃黍雞肉桃葱之辛。脾為中州，性雖苦濕，藏真所稟，其氣欲濡，則佐以所利，大豆豕肉栗藿之鹹是已。此皆陰陽、五行、氣味見於穀畜果菜，雖皆五藏之養，未嘗不以胃氣為本。〔宋·吳禔注〕：春酸、夏苦、秋辛、冬鹹，調以滑甘，五味之宜，各因時也。辛散、酸收、甘緩、苦堅、鹹軟，五味之性，各有用也。急者濟之以緩，緩者濟之以收。逆則泄以濟之，燥則潤以濟之。相濟以相成也。粳米、牛肉、棗、葵味皆甘也，肝苦急，急食甘以緩之，所謂急者濟之以緩也。小豆、犬肉、李、韭味皆酸也，心苦緩，急食酸以收之，所謂緩者濟之以收也。麥、羊肉、杏、薤味皆苦也，肺苦氣上逆，急食苦以泄之，所謂逆則泄以濟之也。黃黍、雞肉、桃、葱味皆辛也，腎苦燥，急食辛以潤之，所謂燥則潤以濟之也。至於脾為中州，性雖苦濕，然藏真所稟，其氣欲濡，則以鹹潤焉，所以佐之也，故其食宜以大豆、豕肉、栗、藿之鹹。五穀為養，五畜為益，五果為助，五菜為充，皆陰陽五行之至理也，君子之食當倣焉。《五藏別論》曰：胃者，水穀之海，六府之大源也。五味入口，藏於胃，以養五藏，則五藏之養，又皆以胃氣為本也。是以穀畜果菜雖養五藏，然皆由胃而播焉。

蓋天地之尊精為陰陽，陰陽襲精為四時，四時散精為萬物。惟人，萬物之靈，備萬物之養，飲和食德，以化津液，以淫筋脉，以行營衛，全生之術，此其要者。《內經》論食飲有節，為知道之人。凡以窮理盡性，非特從事於肥甘而已。況五方之民，嗜欲不同，味陰陽之一偏，故有一偏之病。養生者所以欲消息應變，不欲久服，雖五穀致養，猶有過食生患，如豆令人重者，矧非稼穡者乎。〔宋·吳禔注〕：真精之府，本無二致。天地專之，妙生成於陰陽。陰陽襲之，運合闢於四時。四時代散，散之為萬物。萬物離張得之為性命，均物也。惟人為物之靈，故能備萬物之養，以飲天和，以食地德，化津液而潤五藏，淫筋脉而溉經絡，行榮衛而通血氣，達全生之術而得其要。飲食有節，不以嗜欲蕩其情性，有道者能之。蓋窮理而不迷，盡性而不惑，夫豈徒弊弊然從事於肥甘之美而已哉。彼五方之民，嗜欲不同。或食魚而嗜鹹，其病癰瘍。或食胕而嗜酸，其病攣痹。以其味陰陽之一偏，故有一偏之病也。養生者誠能和陰陽之消息，隨時服食，無偏其所嗜，則葆精全真，於是乎在。蓋五穀為養，豆其一也，苟多食焉，且令人重。矧非稼穡其為傷也多矣。故莊子曰：飲食之間，不知為之戒者過也。

故食鵲者巧，食鳩者蠢，食鶚者強，食狐者惑。菌以蒸成，食菌則傷，不若芝之益壽，氣之和乖異也。焦以濕化，食鯉則損，不若鯽之益胃，物之形化殊也。凡物性味久，能易志而引年，其可屬性於五味，失至理之求哉。〔宋·吳禔注〕：鵲知太歲，故食鵲者巧。鳩拙於營巢，故食鳩者蠢。鶚善擊搏，故食鶚者強。狐性多疑，故食狐者惑。不知晦朔者，菌也，食之則傷，不若芝備五行之秀，可以益壽，氣之和乖異也如此。不能循變者鯉也，食之則損，不若鯽備稼穡之和，可以益胃，物之形化殊也如此。以至一物具一妙理，一藏形一妙義。故凡物性味久，斯能易志而引年，是又養生者不可不察也。

夫醴泉却老，臘雪弭毒，菊水愈痹。水本無二，天地草木之和氣異傳也。春取榆柳，夏取棗杏，秋取柞楢，冬取槐檀，變四時之火以救時疾。火本無二，四時之木氣異傳也。水火之用，見於朝夕烹飪，聖人每致其變，況夫氣味生剋，消息盈虛係焉。以時為宜，庸可忽諸。〔宋·吳禔注〕：在天者莫明於日月，在地者莫大於水火，在人者莫重於精神。為月為水者，坎也，人得之為精。為日為火者，離也，人得之為神。水火之體，充滿太虛，無不在焉。以五行推之，木出於土，水滋焉，灌之而升；火宿焉，鑽之而出。金生於土，水藏焉，蒸之而潤；火伏焉，擊之而光。水剋於土，亦可以滋土。故土不得水則不生，水不得土則不停。土出於火，亦可以養火。故土不得火則不生，火不得土則不存。是則水，陰也。火，陽也。一陰一陽，其道無乎不在者也。水之性無乎不在，故天地草木之和氣異傳，水亦與之俱焉。或為醴泉而却老，或為臘雪而弭毒，或為菊水而愈痹，以無不在之性，而託於天地之氣物者然也。火之性無乎不在，故四時之木氣異傳，火亦與之俱焉。或榆柳取於春，或棗杏取於夏，秋取柞楢，冬取槐檀，以無不在之性，而見於四時之木氣者然也。昔易牙於水，飲之而能辨淄澠之合。師曠於飲，食之而能知勞薪之爨。水火之異也如此。見於朝夕烹飪，聖人每致其變，凡以至理所寓，不可苟也。況夫氣味生剋，消息盈虚之理係焉。飲食之間，烏得不慎而以時為宜耶。

固本全衡章第二

穀者，養真之物，沖和寓焉。藥者，攻邪之物，慓悍出焉。中古服湯液醪醴以去八風五痹，毒藥之攻不施者，邪却精勝，不必以齊主治也。有生之大，形精為本。地產養形，形不足者溫之以氣。天產養精，精不足者補之以味。形精交養，華實不虧，雖有苛疾，勿能為害。〔宋・吳禔注〕：太和滋育，有象涵融。稼穡作甘，沖氣完足。故穀者養真之物，沖和寓焉。有君、有臣、有佐、有使，或治以大毒，或治以小毒，故藥者，攻邪之物，慓悍出焉。上古之治，移精變氣，湯液醪醴，為而弗用。中古之世，病至而治。色淺者，則治以湯液。色深者，則治以醪醴，於以去八風五痹之病。八風者，四維四方之風也。五痹者，皮肉筋骨脈之痹也。《靈樞經》曰：風從東方來，名曰嬰兒風。其傷人也，外在於筋，內舍於脾。風從東南來，名曰弱風。其傷人也，外在於肉，內舍於胃。若此之類，是謂八風。以春甲乙遇此者為筋痹，以夏丙丁遇此者為脉痹，若此之類，是謂五痹。八風五痹，毒藥之功不施者，凡以邪却於外，精勝於內，不必以齊主治也。地產養形，形食味，若形不足者，則以天產之氣溫之。天產養精，精食氣，若氣不足者，則以地產之味補之。以養精者溫形，以養形者補精，則華實不虧而氣體充，雖有苛疾，曾何得以為害乎。

況穀入於口，聚於胃，胃為水穀之海，喜穀而惡藥，藥之所入，不若穀氣之先達。治病之法，必以穀氣為先。正其卒伍，然後可以語兵革。備其土木，然後可以語隄防。調其榮衛，然後可以語湯劑。榮衛衰微，則何以禦悍毒之藥。是以或養或益，或助或充，稟貸有多寡，治養有先後，舉皆百物委和，以合天地之太和。聖人所謂無毒治病，十去其九者，奚專於藥石為事耶。〔宋・吳禔注〕：《素問》曰：胃者，水穀之海，六府之大源也。蓋穀入於口，聚於胃，倉廩之官，五藏之本也，是以喜穀而惡藥。藥之所入，不若穀氣之先達。蓋穀，土也。胃，亦土也。沖氣相合，烏乎而不達。此治病之法，必以穀氣為先也。穀氣為先，則湯液劑為後。所以為先者，先調其榮衛也。榮衛之於湯劑，猶卒伍之於兵革，土木之於隄防。卒伍既正，則兵革藉而強。土木既備，則隄防藉而固。榮衛既調，則湯液藉而行。若乃血榮氣衛衰微而不盛大，則何以禦悍毒之藥。是以五穀之養，五畜之益，五果之助，五菜之充，因其稟貸之多寡，以致治養之先後。舉皆百物委和，以合天地之太和，不可忽也。蓋百物之和，得乎太和，以其委和，以合太和，則和氣保全，尚何待於悍毒乎。蓋大毒治病，十去其六；常毒治病，十去其七；小毒治病，十去其八；曾未若無毒治病，十去其九也。唯有取於無毒，則奚專於藥石為事耶。

況物具一性，性具一理。其常也，資是以為食。其病也，審此以為治。在人在物，初無彼此，隨證致用，皆有成理。故氣相同則相求，若麻，木穀而治風；豆，水穀而治水也。氣相剋則相制，若牛，土畜，乳可以止渴疾；豕，水畜，心可以鎮恍惚也。氣有餘則補不足，若熊肉振羸，兔肝明視也。氣相感則以意使，若鯉之治水，鶩之利水也。乃若疏關節，達氣液，葱之能怱；閉邪禦臭，薑之能彊；發汗散氣，芥之能介。莧能除翳，有取於見。芡能益氣，有取於欠。以至柚已憤厥，葵滑養竅，薤愈胸痹，藕破蘊血，又皆稟自然之氣，為治疾之最。惟智足以周知。因鼎俎之欲，措諸治療之間，輔以草蘇草荄之枝，乃本末為助，標本兩得之道也。昔人論真邪之氣者，謂汗生於穀，不歸功於藥石。辨死生之候者，謂安穀則過期，不推數於五藏。凡以明胃氣為本，不以人勝天也。〔宋・吳禔注〕：性託於形，故物具一性。理出於性，故性具一理。其常也，資是以為食，見於日用者是也。其疾也，審此以為治，見於調節者是也。在人在物，初無彼此，隨證致用，皆有成理者。蓋萬化同原，出乎一氣，假彼治此，各有理焉。麻，木穀也，而能治諸風，蓋風木屬也。豆，水穀也，而能治水脹，蓋脹因水也。所謂氣相同則相求者如此。土剋水，而土畜之牛，其乳可以止渴疾，蓋渴疾原於腎也。水剋火，而水畜之家，其心可以鎮恍惚，蓋恍惚原於心也。所謂氣相剋則相制者如此。熊強毅而有所堪能，而肉能振羸；兔感明望月而生，而肝能明視，則氣有餘而補不足也。鯉生於水也，而於水腫能有所治；鶩習於水也，而於水道能有所利，則其氣相感而意使也。乃若關節或壅，葱能疏之；氣液或滯，葱能達之，所謂怱也。毒邪之害，薑能除之；臭氣之穢，薑能禦之，所謂強也。汗能發之，氣能散之，芥之介也。以去青盲，以治白翳，莧取於見者如此。以益精氣，以強志意，芡取於欠者如此。憒厥之疾而柚能已之，九竅之變而葵能滑之，薤味辛溫用以愈胸痹，藕味甘平用以破蘊血。凡此皆稟氣之自然，治疾以是為最也。唯智周乎萬物者為能。因鼎俎之欲，措諸治療之間，而疾靡有不瘳者矣。抑又輔以草蘇草荄之枝者，字說謂樵蘇者，芟末以為蘇，其荄存焉，能復蘇也。謂之草蘇草荄之枝，則根皆舉矣。此本末為助，標本兩得之道也。雖然，未若穀氣之為真也。觀夫六氣分治，運居其中。司天在泉為歲穀，左右司步為間穀。歲穀所以全真安氣，間穀所以保精去邪。凡生氣資始，未有不本於此。惟生氣資始，必本於此。是以昔人論真邪之氣者，所以不歸功於藥石。辨生死之候者，所以不推數於五藏也。蓋胃圍天五，水穀之府也。土爰稼穡，沖氣所生也。四時之脈，以胃為宗，是穀之與胃，皆得天地之中氣也。論真邪者，謂汗生於穀；辨死生者，謂安穀則過期，是以穀氣為本也。以穀氣為本，則不以人勝天矣。

明庶慎微章第三

物化生精而成於味，人味得形而復於化。機緘出入，皆天地之神奇。其或氣味色臭，有失陰陽之平，則衡氣不守。陰之五宮，傷在五味，此食禁者所以為仁愛之道也。夫物不時成，非生氣之全。烹飪失節，非水火之既濟。色惡者非氣之正，臭惡者非氣之和。聖人於此四者，特有不食之戒，其所防也微矣。〔宋·吴褆注〕：天食人以五氣，氣養精也。地食人以五味，味養形也。物化生精而成於味，《素問》所謂化生精，氣生形是也。人味歸形而復於化，《素問》所謂味歸形，精得化是也。氣味滋榮，無器不有，麗於機緘出入之運，而天地之神奇寓焉。其氣其味，其色其臭，或失陰陽之平，則衡氣失守矣。《生氣通天論》曰：味過於甘，腎氣不衡，則衡氣者，腎氣也。腎藏天一，氣之元也。一失其平，則陰之五宮俱受其害。此陰之五宮，傷在五味也。五藏皆陰也。五神所宿之宮，命曰陰之五宮，五宮資五味以養。或氣味色臭，有失陰陽之平，則衡氣不守，適所以致五味之傷焉。則人之所食，烏得不知所禁耶，即此食禁者所以為仁爱之道也。夫物不時成，非生氣之全，惟稟賦得其和者，為可食也。烹飪失節，非水火之既濟，惟形饌得其宜者，為可食也。色恶者非氣之正，若犬赤股、烏皫白之類。臭恶者非氣之和，若魚餒肉敗之類。不時不食，失飪不食，色惡不食，臭惡不食，聖人於此四者，其所防者微矣。是以五宮之傷，無自而至。

故山林川澤有異宜，收散堅輭有異欲。苟處天地之和，無厭其所生，無偏其所嗜，無致其所不欲，無忽其所不知，雖根荄之微，無非氣體之所資也。是以養生者，既明理之在物，又察理之在我。氣味所禁，尤為治病之要。若病在藏，其於飲食有寒熱溫飽之禁，特避其所惡，食氣猶然，況成於味者乎。〔宋·吴褆注〕：山林之間，其動物宜毛物，其植物宜草物。川澤之間，其動物宜鱗物，其植物宜膏物。山林川澤有異宜者，方物之異宜也。寒之氣堅，其味可用以輭。熱之氣輭，其味可用以堅。風氣散而味以收，燥氣收而味以散。收散堅輭有異欲者，五味之異欲也。異宜異欲，其養人則一也。受天地之委和，處乎兩間者，無厭其所生，因其所生而有養。無偏其所嗜，因其所嗜而有節。其所不欲，不可致也。其所不知，不可忽也。苟如是，則根荄之微，無非氣體之所資也，而況大於根荄之微者乎。養生者既明理之在物，又察理之在我，物我兼明，故食飲之間，調節適其宜矣。氣味所禁，尤為治病之要者。五氣於藏，各有所湊。五味於藏，各有所入。相生相治，虛實補瀉之理在焉故也。若病在藏，其於食飲有寒熱溫飽之禁，特避其所惡，凡此皆食氣也。食氣猶然，味可知矣。

酸澀以收，多食則膀胱不利而為癃。苦燥以堅，多食則三焦閉塞而變嘔。辛味薰蒸，多食則上走於肺，榮衛不時受而心涌。鹹味涌泄，多食則外注於脉，胃竭咽燥而病渴。甘味弱劣，多食則胃柔緩而蟲動，故中滿而心悶。此五味各有所病者也。若乃同氣相求，筋屬於肝，故酸走筋，筋病則忌酸。肉屬於脾，故甘走肉，肉病則忌甘。氣屬於肺，故辛走氣，氣病則忌辛。二氣相與，火必從水，故苦走骨，骨病則忌苦。水必求火，故鹹走血，血病則忌鹹。此五味各有所走者也。〔宋·吴褆注〕：五味各有所病，以偏其所嗜故也。五味各有所走，以犯其所忌故也。酸澀以收，所入者肝，多食則膀胱不利而為癃，味收太過而不滑也。苦燥以堅，所入者心，多食則三焦閉塞而變嘔，味堅太過而不柔也。辛味薰蒸，多食則上走於肺，榮衛不時受而心涌者，薰蒸之甚，而不能以下降也。鹹味涌泄，多食則外注於脉，胃竭咽燥而病渴者，涌泄之甚，而不能以潤澤也。甘味弱劣，多食則胃柔緩而蟲動，故中滿而心悶者，弱劣之甚而不能以剛制也。若是者，豈非偏其所嗜而有所病耶？酸生肝，肝生筋，故酸走筋，筋病則忌酸。甘生脾，脾生肉，故甘走肉，肉病則忌甘。辛生肺，肺生氣，故辛走氣，氣病則忌辛。此之謂同氣相求。地二生火，陰未有偶，則火必從水，婦之道也。故火之苦走骨，骨病則忌苦。天一生水，陽未有偶，則水必求火，夫之道也。故水之鹹走血，血病則忌鹹，此之謂二氣相與。若是者，豈非犯其所忌而有所走耶。

夫內合五藏，外干形體，氣味之禁，皆五行至理。凡病皆生於氣者，推此可以類舉矣。有為膳夫之職，而以品嘗為言者，知飲食不可忽也。欲以不茹葷而為齋戒者，知昏濁之汩性也。有論食不欲雜者，知物雜則或相犯也。有論食欲常淡者，知五味之爽口也。雖皆慎戒之術，然非天下之達道。蓋百昌之生，果蓏有理。利害周知，以為食否之辨，雖極水土之品，為口腹之養，皆消息術數寓焉，奚必非俞兒之能通哉。〔宋・吳禔注〕：內合五藏，外干形體者，言五味各有所入。味合於五藏，而所病所走見於形體，此內外之符也。知所病所走，則氣味之禁，皆五行之至理存焉。凡病皆生於氣者，推此內外之符，可以類舉矣。膳夫之職，掌食飲膳饈，知食飲之不可忽，故以品嘗為言。品嘗之者，致謹於其所供也。祭祀之齊，以精明為事。知昏濁之汩性，故在於不茹葷。不茹葷者，致潔於其所事也。有論食不欲雜者，知物雜則相犯，將以避其所犯焉。有論食嘗欲淡者，知五味之爽口，將以薄其滋味焉。知飲食之不可忽，知昏濁之汩性，或不欲雜，或嘗欲淡，慎戒之術非不至也。然自道觀之，皆蔽於一曲，非天下之達道也。百昌之生，果蓏有理者，言有生斯有性，有性斯有理，物所同也。

宋・張杲《醫說》卷七　食藥　凡人服食藥，一例須用巴豆，是大不然。《養生必用方》主張青木香元，亦未是也。巴豆去積，牽牛利水，不可一概用。且如傷食米麵之類，當用神麯、麥蘖；　傷肉當用阿魏；　氣不快當用丁木香、青陳皮；　磨積塊用三稜、蓬朮；　取熱積用大黃；　冷積用巴豆；　痰積用牽牛；　血積用乾漆。此其大略也，更以意推之。同上。

宋・張杲《醫說》卷八　服餌　凡服藥，藥氣與食氣不欲相逢，食氣消則服藥，藥氣散則進食。其藥有食前食後者，皆宜審此《瑣碎録》。

元・忽思慧《飲膳正要》卷首　天之所生，地之所養，天地合氣，人以稟天地氣生，並而為三才。三才者，天、地、人。人而有生，所重乎者心也。心為一身之主宰，萬事之根本，故身安則心能應萬變，主宰萬事，非保養何以能安其身。保養之法，莫若守中，守中則無過與不及之病。調順四時，節慎飲食，起居不妄，使以五味，調和五藏。五藏和平則血氣資榮，精神健爽，心志安定，諸邪自不能入，寒暑不能襲，人乃怡安。夫上古聖人治未病，不治已病，故重食輕貨，蓋有所取也。故云：食不厭精，鱠不厭細。魚餒肉敗者、色惡者、臭惡者、失飪不時者，皆不可食。然雖食飲，非聖人口腹之欲哉！蓋以養氣養體，不以有傷也。若食氣相惡則傷精，若食味不調則損形，形受五味以成體。是以聖人先用食禁以存性，後製藥以防命，蓋以藥性有大毒。有大毒者治病，十去其六；　常毒治病，十去其七；　小毒治病，十去其八；無毒治病，十去其九。然後穀肉菓菜，十養一儘之，無使過之，以傷其正。雖飲食百味，要其精粹，審其有補益助養之宜，新陳之異，溫涼寒熱之性，五味偏走之病。若滋味偏嗜，新陳不擇，製造失度，俱皆致疾。可者行之，不可者忌之。如姙婦不慎行，乳母不忌口，則子受患。若貪爽口而忘避忌，則疾病潛生而中不悟。百年之身，而忘於一時之味，其可惜哉！孫思邈曰：謂其醫者，先曉病源，知其所犯。先以食療，不瘥，然後命藥，十去其九。故善養生者，謹先行之攝生之法，豈不為有裕矣。

元・吳瑞《日用本草》　察臟腑氣候宜忌服食訣

四時調神所宜

夫上古之人，知其飲食五味，各有所宜法則爾，自然神氣宣暢，肢體通宜，三焦無關膈之虞，五臟有調和之候。肌膚悅澤，神志康寧。三尸永殄於三田，六賊長潛於六戶。故養生者必敬順於天時也。春：三月，此謂發陳。庶物陳其姿容，故曰發陳。每於春三月，七十二日，減省於酸味飲食，增添甘味，以養脾氣。此春氣之應，養生之道也。夏：三月，此謂蕃秀。蕃謂萬物茂盛也；秀謂華美也。故曰蕃秀。夏三月，七十二日，減省苦味，增添辛味之物，以養肺氣。此夏氣之應，養長之道也。秋：三月，此謂容平。華實已成容狀，至秋平而建也，故曰容平。秋三月，七十二日，飲食減省於辛味，增添於酸味之物，以養肝氣。此秋氣之應，養收之道也。冬：三月，此謂閉藏。草木閉、蟄蟲去也，户閉塞，陽氣伏藏，故曰閉藏。冬三月，七十二日，飲食減省於酸味，增添於苦味，以養於心之氣。此冬氣之應，養藏之道也。四季末一十八日，皆主脾旺。每於四季末一十八日，合減省於甘甜之味，當增添於鹹味，以養腎氣，故以衰其所旺者也。謹依四時之食飲，則安有過猶不及之理歟？又其所以春宜食涼，夏宜食寒，以養於陽；秋宜食溫，冬宜食熱，以養於陰。故知聖人春夏養陽，秋冬養陰，以從其根。二氣當存，蓋由根固。百刻、旦暮食亦宜然。

五味所走所疾

黄帝曰：五味入於口也，各有所走，各有所病者。少俞曰：酸走筋，多食則令人癃閉。蓋酸入於胃，其氣濇以收也。上之兩焦，氣弗能出入也。不出即留於胃中，胃中和溫，則下注膀胱，膀胱之胞薄以濡，得酸即縮綣，約而氣不通，水道不行，故癃。陰者，積筋之所終也，故酸入而走筋矣。苦走骨，多食令人變嘔，何也？答曰：苦入於胃，五穀之氣，皆不勝苦。苦入下脘，三焦之道皆閉而不通。不通則故變嘔也。齒者，骨之所終也。故苦入而走骨，入而復出，知其走骨也。齒必離踈爾。甘走肉，多食令人悗心，何也？答曰：甘入於胃，其氣弱小，不能上至於上焦，而與穀俱留於胃中者，令人柔潤者也。胃柔則緩，緩則蟲動，蟲動則令人悗心，其氣外通於肉，故甘走肉，使肉多粟起而眩也。辛走氣，多食令人洞心，何也？答曰：辛入於胃，其氣走於上焦。上焦者，受氣而營諸陽者也。薑、韭之氣熏之，榮衛之氣，不時受之，久留心下，故洞心。辛與氣俱行，故辛入而與汗俱出矣，故氣盛也。鹹走血，多食令人渴，何也？答曰：鹹入於胃，其氣上走中焦，注於脉，則血氣走之。血與鹹相得，則血凝，凝則胃汁注之，注之則胃中竭，竭則咽路焦，故舌本乾而善渴。血脉者，中焦之道也，故鹹入而走於血也。

黄帝問伯高穀之所主

黄帝曰：穀之所主，可得聞乎？伯高曰：夫食水者善游而能寒；食木者多力而不理；食草者善走而愚；食葉者有緒而蛾；食肉者勇敢而悍；食氣者神明而壽；不食者不死而神；食穀者智慧而巧。

五味五色相宜所合

青色屬肝，合筋，其榮爪，故肝宜酸。赤色屬心，合脉，其榮色，故心宜苦。黄色屬脾，合肉，其榮唇，故脾宜甘。白色屬肺，合皮，其榮毛，故肺宜辛。黑色屬腎，合骨，其榮髮，故腎宜鹹。

五臟食忌

多食酸則肉胝膓而唇揭，多食苦則皮槁而毛拔，多食甘則骨痛而髮落，多食辛則筋急而爪枯，多食鹹則脉凝泣而色變。

五臟所宜

肝病宜食小豆、犬肉、李、韭；心病宜食麥、羊肉、杏、薤；脾病宜食粳米、牛肉、棗、葵；肺病宜食黄黍米、雞肉、桃、葱；腎病宜食大豆、豕肉、粟、藿。所謂五味所宜，取酸、苦、甘、辛、鹹味以祛邪疾。《經》曰：五穀為養，五肉為益，五果為助，五菜為充，以安其正也。

飲食所宜所忌

夫人之所慎，切忌飽食便臥，終日久坐。食欲頻而少，不欲頓而多。只宜飽中飢，不宜飢中飽。且魚膾生肉，甚宜忌之。

五行相生相尅

木生火主肝，火生土主心，土生金主脾，金生水主肺，水生木主腎。木尅土，土尅水，水尅火，火尅金，金尅木。然五行之相生、相尅，故不可以無勝復之道也。既有五行，則生於五氣。五氣化而以成五味。五味各有所走，故內合人之五臟。是以生尅之由，皆在於五味。若夫善養生者，既明理之在物，又察理之在我。達氣味所宜、所禁，尤為治病之要爾。

五臟六腑表裏應候

夫聖人占候，視其五色，以立天地上下也。五色生五方：東、南、中、西、北。五方生五氣：風、熱、濕、燥、寒。五行生五味：酸、苦、甘、辛、鹹。五味生五臟：肝、心、脾、肺、腎。五臟生五養：筋腰、血脈、肌肉、皮毛、骨髓。五養生五子：心、脾、肺、腎、肝。五子生五神：魂、神、智、魄、志。五神生五志：怒、喜、思、憂、恐。凡此之道，乃五行造化之理，養生之道也。平則安寧，互相濟養。過則失常，而禍患由生。若論養生之道，則當誠心避忌一切能為害者矣。

元·朱震亨《局方發揮》 或曰：《局方》諸湯，可以清痰，可以消積，可以快氣，可以化食，口鼻既宜，胸膈亦紓，平居無事，思患預防，非方之良者乎？予曰：清香美味，誠足快意，揆之造化，恐未必然。《經》曰：陰平陽秘，精神乃治。氣為陽宜降，血為陰宜升，一升一降，無有偏勝，是謂平人。

今觀諸湯,非豆蔻、縮砂、乾薑、良薑之辛宜於口,非丁香、沉、檀、蘇、桂之香宜於鼻,和以酸、鹹、甘、淡,其將何以悅人? 奉養之家,閑佚之際,主者以此為禮,賓朋以此取快,不思香辛升氣,漸至於散,積溫成熱,漸至鬱火,甘味戀膈,漸成中滿,脾主中州,本經自病,傳化失職,清濁不分,陽亢於上,陰微於下,謂之陰平可乎? 謂之陽秘可乎? 將求無病,適足生病;將求取樂,反成受苦。《經》曰久而增氣,物化之常,氣增而久,天之由也,其病可勝言哉。

明・陳嘉謨《本草蒙筌・總論》 服餌先後　凡病在胸膈以上者,先食後服藥;病在心腹以下者,先服藥而後食。病在四肢、血脉者,宜空腹而在旦;病在骨髓者,宜飽滿而在夜。在上者,不厭頻而少;在下者,不厭頓而多。少服則滋榮于上,多服則峻補于下。

明・楊崇魁《本草真詮》卷下二集　食治門

米穀部　粳米無毒甘平味,能和五臟補脾胃。長肌堅骨止泄煩,強志益精又益氣。(孽)〔蘖〕米溫中宿食消,杵糠下噎取其義。入手太陰、少陰經。《液》云:白虎湯用之入肺,以陽明為胃之經,色為西方之白也。少陰症桃花湯用此,甘以補正氣。竹葉湯用此,甘以益不足。○(孽)〔蘖〕米,即穀芽也。去殼,止取(孽)〔蘖〕中之米,故曰(孽)〔蘖〕米。味苦,溫,無毒。主寒中,下氣開胃,消食,除煩熱。性溫於麥芽。○杵糠,即舂杵頭細糠也。性平。主卒噎不下及反胃不止。刮取含之即去,亦取其舂擣之義耳。又燒末服之,令易產。以糠作枕,損人眼目。　陳倉米鹹酸澁溫,調胃能止洩如奔。寬中下氣除煩渴,更消蠱腫封瘡痕。凡熱食即熱,冷食即冷,假以火氣,躰自溫平。　糯米甘溫主溫中,止吐瀉亂安胎宮。炒黑敷瘡黃止衄,多食熱壅氣不通。稈又退黃并蠱毒,煮汁飲之立見功。多食生熱,壅諸經絡氣,令人神昏,噯酸脹悶,久則動風發瘡,緩筋身軟不能行。○稻稈,治黃病通身及蠱毒,煮汁飲之效。　黍米益氣味甘溫,肺病相宜多則煩。赤者微苦止咳嗽,霍亂洩痢作粥飡。秫米能潤大腸燥,釀酒踡急自然伸。不可久食,多熱,令人煩悶,昏五臟,好睡,發宿疾,緩筋骨,絕血脉。合葵菜食成痼疾,合牛肉、白酒食生寸白蟲。○赤黍米,味苦,微寒,無毒。主咳嗽咳逆,霍亂吐洩痢,除熱止渴下氣。《衍義》云:但可為糜,不堪為飯。粘着難脫,然亦動風。○秫米,味甘,微寒,無毒。止寒熱,利大腸。能壅五臟氣,動風,不可常食。　稷米本是五穀長,甘芳可愛供祭饗。利脾胃解毒苦瓠,多食令人發痼冷。性冷,無毒。主益氣,安中,補不足,利脾宜胃,治熱,解苦瓠、丹石毒。多食發三十六種冷病,不可與附子同食。

穬麥除熱味甘寒,令人輕健氣力完。大麥鹹溫止消渴,調中益氣可常飡。無毒。主輕身,除熱,久食令人多力健行,不動疾。惟先患冷氣人不宜。○大麥,無毒。主消渴,除熱,調中益氣,補虛劣,壯血脉,實五臟,肥肌膚,益顏色,化穀食,療脹止泄,頭不白。不動風氣,暴食之稍似脚弱,為下氣及腎腰故也。久甚宜人,熟即益人,帶生即冷損人。作麪無熱躁,勝於小麥。蜜為之使。　小麥甘涼養心肝,除煩止渴利便難。潤咽更止漏唾血,浮者盜汗即時乾。麥苗退熱消酒疸,麥奴治疫解金丹。麥奴,即苗上黑黴。　麪性甘溫能補虛,強氣厚腸實肌膚。麩涼調中仍去熱,麪筋益氣腹寬舒。　蕎麥甘平去滓穢,食久風動脫眉鬚。甚有濕熱,能發諸病壅熱,小動風氣,不可常食。凡麪食,熟則益人,生則有損。蕎麥性寒,無毒,實腸胃,益氣力,久食動風,令人頭眩。和猪羊肉食之,心熱風癩,脫人眉鬚。　大豆甘平除胃熱,逐水通淋散積結。破瘀治風及癰瘡,消穀寬膨炒作屑。豆腐寬中脾胃和,大腸濁氣能清別。煮汁甚涼,可以壓丹石毒,解烏頭諸藥毒,殺牛馬瘟毒,兼能調中下氣,止痛,通關脉。殺鬼毒,治喉痺。有黑白二種,黑者入藥,白者不用。其緊小者為雄豆,入藥尤佳。惡五參、龍膽。得前胡、烏喙、杏仁、牡蠣良。○白豆,即今之飯豆,味鹹,平。腎之穀,腎病宜食,補五臟,暖腸胃,調和十二經脉。其嫩葉謂之藿,可作菜食,利五臟,下氣。○豆腐,味甘平。寬中益氣,和脾胃,下大腸濁氣,消脹滿。中寒多泄、多屁者忌食。　大豆黃卷味甘平,濕痺筋攣膝痛疼。更除氣聚并積結,蓐婦瘀血即時行。綠豆作者堪為茹,解熱醒酒心自清。即豆芽也。以生豆為之,芽出便晒乾,名為黃卷,無毒。去黑誌面䵟,潤皮毛,益氣解毒,入藥微炒。　綠豆甘寒解諸毒,熱風消渴研汁服。更治霍亂消腫浮,作枕清頭明眼目。粉糁痘瘡不結痂,脾胃虛人難尅伏。皮寒肉平,無毒。解一切藥、草、蟲、魚、牛、馬、金石等毒。入藥須帶皮用之,去皮即小有壅氣。豆粉,甘,平,無毒。熟者膠粘,難得尅化,脾胃虛弱人病者忌之。　淡豆豉苦寒無毒,表汗吐煩及勞復。定喘止痢更安胎,脚痛癰腫敷且服。即常用豆豉,不入鹽者佳。和葱白服之,發汗最速。

粟米鹹寒養腎氣,胃虛嘔吐作為丸。若除胃熱須陳者,更治消中利小便。即今之小米。山東最多。粟粉炒黑,鷄子白調,貼癰腫。　粱米三種粟之類,青黃白味性相似。霍亂洩痢總能除,和中益氣養脾胃。黃去風痺青澁精,白治胃熱多嘔噦。青者襄陽出,黃者西洛出,白者東吳出。作飯味甘而淡,性皆微寒,無毒。惟黃粱得土中氣,故味甘而平。俱養五臟,補脾胃,和中益氣,止霍亂吐利煩渴,利小便,實大腸。

罌粟甘平除風熱,散胸痰滯胃中翻。竹瀝作糜令下食,過服動臟又下元。

酒味苦甘辛大熱,大扶肝胃活氣血。破癥行藥辟惡邪,痰火病人宜樽節。　糟性溫中宿食消,一切菜蔬毒可殺。味辛者能散,為導引可以通行一身之表,至極高之分。苦者能下,甘者居中而緩,淡者利小便而速下也。行藥勢,引入諸經不止。與附子同殺□□惡毒氣,禦風寒霧露。丹溪云:《本草》止言其大熱有毒,不言其濕中發熱,近於相火,醉後惡寒戰慄，可見矣。其性善升，大□肺氣助火生痰，變為諸病。病之淺者或嘔吐，或自汗，或疼痒，或鼻齇，或衄血，或泄痢，或心脾胃痛，尚可散而出也；病之深者，為消渴，為內疽，為肺痿，為內痔，為鼓脹，為失明，為哮喘，為勞嗽，為顛癇，為痰膈，為吐血，尤有為難名之病。陶隱居云：多飲傷神損壽，可不樽節以衛生乎？諸米酒有毒，酒漿照人無影者不可飲。合乳汁令人氣結，合牛肉食令腹內生蟲。酒後不得臥。凡酒忌諸甜物。酒毒，葛花、紅豆解之。酒類甚多，惟糯米麪麯造者，可入藥用。○甜糟，味鹹，溫，無毒。去一切菜蔬毒，藏物不敗，糅物能軟，浸洗凍瘡，搗傅蛇、蜂叮毒。○紅麴酒，大熱，有毒。發脚氣，腸風，痰喘諸疾。惟□□辟山嵐寒氣，療打撲傷則尤妙也。

醋斂咽瘡消癰腫，治疸散水破食癥。產後血暈堪熏鼻，燒酒肉毒吐如傾。多食損顏色，傷肌臟，損齒及筋骨，不益男子。

醬味鹹酸雖冷利，將和五臟有名義。除煩止熱解藥傷，火燒蜂蠆痛掣指。孕婦合雀食，令兒面黑。

飴糖甘溫補肺虛，止渴消痰咳自除。溫胃進食更消瘀，脹嘔濕熱休含諸。入足太陰經。惟中滿及嘔吐忌之。丹溪云：屬土而成於火，大發濕中之熱。《衍義》謂動脾風，是言末也。

(柑)〔甘〕蔗甘平能潤肺，消痰下氣和脾胃。利大小腸解熱煩，沙乳諸糖性相似。與筍同食，成癥不能行。

蜂蜜甘平喜入脾，補中止痛痢癇奇。消煩除渴潤便燥，目赤口齒諸瘡宜。惟中寒有濕者禁用。孫真人云：七月勿食生蜜，令暴下發霍亂，多食亦生諸風。

菜部

葱白辛平發傷寒，陽明額痛痢腸寬。除風腫治腹心痛，通腎和肝胎自安。實性辛溫補中氣，汁止衄溺血相干。入手太陰、足陽明經。殺百藥毒及一切魚肉毒。大抵發散為功，多食昏人神，拔氣上衝。虛人正月食之，發面上遊風。若燒葱和蜜食，殺人，慎之。

大蒜有毒攻癰毒，辟惡散暑止痛腹。化魚肉吐痃癖痰，過服傷臟損人目。久食傷肝損目，傷肺引痰，傷腎竭精，傷心清血，傷脾損氣。四、八月食之傷神，損膽腎氣。又合青魚鮓食，令腹內生蟲，或腫或生疝疾。有目疾者尤宜忌之。損性(代)〔伐〕命，莫此為甚。

小蒜有毒歸脾腎，下氣溫中霍亂定。更消穀食除痺風，多服損心目亦病。

薤味辛苦止吐痢，定喘散水消結聚。外傅金創湯火傷，瘡中風寒水腫治。入手陽明經，無毒。白冷而青熱。

菘菜味甘溫無毒，通利腸胃解酒宿。更止熱嗽除胸煩，中虛冷人不可服。

蒿苣根寒治骨蒸，更醫二痢面黃凝。疔腫用汁莖中取，欲治蛇傷葉止疼。

苦蕒無毒性亦涼，壯力能治面目黃。尿血單煎酒水服，拔疔爛蠶傅蛇傷。

葫蘆味甘平微毒，利水消浮止渴煩。瓠雖稍苦性無異，虛脹冷人切莫吞。脚氣及虛脹冷氣人不可食，惟服丹石人相宜。

茄味甘寒能緩火，大治風熱腰脚跛。化痰逐瘀消乳癰，發痼發瘡非相左。腸風口糜蒂燒灰，根洗凍瘡煎數朵。久冷人不可多食，損人動氣，發瘡發痼疾。

白冬瓜甘寒無毒，除熱止渴性最速。更利水脹治諸淋，久病瘦人最忌服。子醒脾胃悅人顏，更消膿血聚腸腹。丹溪云：性急而走，久病與陰虛者忌之。

胡荽辛溫微有毒，善止頭疼熱四肢，消穀更通心腹氣，噴痘酒煎不用醫。久食損人精神，多忌。發胡臭脚氣痼疾。

水芹味甘平無毒，能益氣血養精神。更消煩渴除黃疸，帶下崩中治婦人。

芸薹最不宜多食，發病生蟲極損陽。主破癥瘕通結血，更除丹腫乳癰瘡。

竹筍化痰更利水，爽胃利膈消渴止。冷癥脚氣人休飡，乾者難化滯脾土。

地筍即是澤蘭根，吐衄血病堪作主。

菌味甘芳性本溫，開胃止瀉悅神魂。木耳涼血故止血，石耳清心養胃元。

芋園圃蒔者佳，味辛，平，有毒。主寬腸胃，充肌膚，滑口，令人肥白。產後煮食，破宿血，去死肌。汁，止血渴，和魚煮，甚下氣，調中補虛，治煩止渴。多食動宿冷，滯氣困脾，虛勞無力。煮汁浴身上浮風，及洗膩衣白如玉。

蕨脾土盛者服之，則脾氣愈盛，五臟有補。解暴熱，利水道。胃弱者服之，氣壅經絡筋骨間，冷中腹脹，令人脚弱不能行，消陽事，眼闇鼻塞，髮落多睡。

甜瓜甘，寒，有毒。多食令人陰下濕痒生瘡，動宿冷病，發虛熱，破腹，脚手無力。少食除煩，止渴，利小便，通三焦間壅塞氣，兼主口鼻瘡。

胡瓜亦呼為黃瓜。味甘，寒，有毒。冷中不益。治熱水腫，傅蛇傷。多食動寒熱、疰瘧、脚氣百病，發瘡疥，損陰血，天行後尤不可食。小兒食之滑中，生疳蟲。不與醋同食，宜薑蒜佐之。

西瓜甘，寒，無毒。消暑熱，解煩渴，寬中下氣，利小水，治血痢。病熱口瘡者，食之立愈。

絲瓜治男婦一切惡瘡，小兒痘疹餘毒，并乳疽疔瘡等病。祇用老苦絲瓜，連皮筋子全者，燒存性，為末，纔生此等疾起，便用末三錢，白蜜調服，日二夜一，則腫消毒散，不致內攻毒人。

胡蘿蔔味甘、辛，無毒。寬中下氣，散胃中宿食邪滯。

蓴菜味甘，寒，無毒。主消渴，熱痺熱疸，厚腸胃，安下焦，補大小腸虛氣，逐水，解百藥毒蠱毒。合鮒魚為羹食之，主胃氣弱，不下食者至効。久食損齒髮。昔張翰思鱸魚蓴羹以下氣也。

菠薐性冷，微毒。利五臟，通腸胃熱，解酒毒服用。北人食之佳。多食冷大小腸，久食令人脚弱不能行，發腰痛。

莙薘平，微毒。補中下氣，理脾氣，去頭風，利五臟冷氣。多食動氣。先患腹冷，食必破腹。莖燒灰淋汁，洗衣白如玉。

蕹菜味甘，平，無毒。主解野葛毒，煮食之。

鹿角菜出海州海中。性大寒，無毒。下熱風氣，療小兒骨蒸勞熱。丈夫不可久食，發痼疾，損經絡血氣，令人脚冷痺，損腰腎，少顏色。服丹石人食之，下石力也。又能解麪熱。

石花菜大寒，無毒。去上焦浮熱，發下部虛寒。

果部

大棗甘溫和胃脾，腸澼癖氣故能醫。潤心肺令神液足，助十二經百藥宜。生棗甘辛動濕熱，令人脹泄瘦人肌。惟心下痞，中滿嘔吐，有齒病者忌之。又不宜合生葱食。多食動風，脾則恐反受病，屬土而有火故也。入藥用紅棗，蒸去皮核。

胡桃甘溫滋肺腎，潤肌黑髮解腰病。通經活血治撲傷，多食動風痰火盛。多食動風，利小便，能脫人眉，生痰傷肺，助右腎相火。丹溪云：屬土而有火，性熱也。

荔枝肉散無形滯，治背勞悶消瘤贅。止心煩燥更清頭，健力生津通神智。核可燒灰調酒飡，專主心疼并疝氣。

龍眼味甘平無毒，歸脾寧心益神智。五臟虛邪從此安，除蠱殺蟲核止涕。

栗味鹹溫厚腸胃，耐飢益氣火煨良。生乾補腎堅脚腰，嚼罯祛除箭刺瘡。栗楔專醫筋骨痛，鈎栗令人躰健康。

橄欖甘溫微澁酸，消酒食療毒魚肝。開胃止瀉又止渴，核仁研爛傅唇乾。多食能致上壅。

葡萄味甘平滲，下利便通水氣化。更治筋骨濕痺疼，釀酒調中味不亞。根止嘔噦達小腸，能安胎氣衝心罅。

菱角性冷味甘美，重則損陽令陰痿。輕者傷臟脹腹中，薑酒熱投方可止。無毒。體實者服之解熱，清心，安五臟，又壓丹石毒。體薄者服之，多則損氣，令人陰痿，輕則腹中脹滿，臟冷作泄。可暖酒和薑，飲一兩盞即消。煮熟食之，雖不冷，亦不益脾。

〔梨果食〕多脾氣傷，金瘡乳婦不宜嘗。寬胸止咳消煩渴，若吐風〔痰宜作〕漿。多食動脾，令人中寒下利。產婦、金瘡，并血虛者戒之。

石榴實殼能收痢，又治筋攣脚痛風。花主止血及傷損，根皮可去腹中蟲。性滯，戀膈成痰，病人須戒之。多食傷肺損齒。

紅柿無毒味甘寒，解酒止渴除胃熱。與蟹同食腸中疼，蒸治小兒秋痢泄。蔕止欬逆聲連連，皮甘益脾和米屑。柿乾性平潤肺心，化痰止咳又止血。耳聾鼻塞氣可通，健胃厚腸止痢洩。火乾稍緩性亦同，服藥欲吐者堪嚙。

橙皮味辛甘且芳，能消惡氣滿胃腸。醒酒化食祛風氣，穰主惡心去汁良。

橘肉甘者能潤肺，酸者聚痰不足貴。諸柑醒酒渴最佳，臟虛寒人莫貪味。多食戀膈生痰，滯肺傷脾，冷中作泄病者忌之。

櫻桃甘溫百果先，益脾悅志顏色鮮。止痢澁精扶陽氣，多食發熱吐風痰。屬火而有土，性大熱而發濕。多食發虛熱，吐痰，舊有熱病嗽喘及闇風人忌之。

楊梅(乾)〔甘〕酸溫微毒，善止酒嘔消宿食。化痰和臟滌胃腸，刀斧傷時無痕跡。

李子苦甘治肝病，骨間勞熱須臾淨。核仁消瘀通小腸，根皮止痢奔豚定。

榛子味甘無毒平，益人氣力健人行。若令多食難飢餓，厚胃寬腸四躰輕。

榧實甘平進飲食，能通榮衛助筋力。五痔三蟲是主方，啖多引火傷肺極。

銀杏俗名白菓。味甘，寒，有毒。清肺胃濁氣，化痰定喘止咳。多食昏神，殺人。

林檎氣溫，無毒。主消渴，下氣消痰，止痢泄精，霍亂肚痛。多食發熱澁氣，好睡，發冷痰，生瘡癤，脉閉不行。

獸部

猪肉寒中味甘鹹，昏神閉血引風痰。四蹄五臟并腸膽，補虛治病還相兼，卵主五癃乳主癎，膏脂潤肺補漏岩。猪，水畜也。其味甘美而鹹，其氣微寒。先入腎，其性暴悍，故食之多者，昏神氣，閉血脉，弱筋，引風痰動火，令人暴肥。小子臟疾、心氣瘧病、金瘡人忌之。養生家不與牛肉、蕎麥同食。○四足，甘，寒。補中氣，滑肌膚，去寒熱，下乳汁。煮汁，洗一切瘡疽傷撻。○懸蹄，即後小爪。性平。主五痔，伏熱在腸，腸癰內蝕。○心，熱。主驚邪憂恚，血虛。多食反耗心氣。忌與吳萸同食。○肝，溫。主冷泄赤白，臟虛脚氣水腫，肝熱目赤。女子陰中痒痛，炙熱內之，當有蟲出。以五味和食，則補肝氣。○脾，主脾胃虛熱。和陳皮、人參、薑、葱、陳米煮羹，去陳皮等食之。○肺，微寒。補肺。與白花菜同食，令發霍亂。○腎，即腰子。性冷。和腎氣，利膀胱，補虛勞，消積滯。單食久食，令人少子。冬月食之，損真氣。○肚，微溫。補虛羸，骨蒸癆熱，血滯氣弱，大補中氣，止渴止痢，并小兒疳瘡，殺癆蟲。孕婦九箇月宜食之。○腸臟，補下焦虛竭，去大小腸風熱，止小便數，口渴。○膽，苦寒。主傷寒熱渴，潤燥通便，入心通脉，內傷骨蒸勞極，小兒疳蛔熱瘡。其膽中黃，主金瘡血痢。○卵，甘，溫，無毒。主五癃邪氣，攣縮奔豚，驚癎顛狂，鬼疰。陰乾，勿令敗。○乳汁，主小兒驚癎天吊，大人猪鷄癎病。乳頭治同。○肪膏，潤肺，利血脉，治皮膚風熱，殺蟲，及諸癰疽惡瘡。治五疸，下胞衣。蒸食或酒浸服之，漏瘡鼠瘻及頭髮不生，并外傅，或煎膏藥貼之。吹奶，惡寒壯熱，冷水浸貼，熱則又易。蜈蚣、蟻子入耳，炙令香，安耳孔自出。臘月亥日收之不壞。忌烏梅，解斑猫、芫菁毒。○脃膏，主肺痿咳嗽膿血，和棗肉浸酒服之。亦主冷痢痃癖。多服損陽。○舌，健脾，令人能食。○齒，主小兒驚癎，燒灰服。兼治蛇咬。○腦髓，主風眩腦鳴。塗凍瘡，手足皸裂。○血，主奔豚氣，風頭眩，淋瀝及海外瘴氣。又蛇入口并七孔中，割母猪尾血，滴口中即出。○骨，燒灰為末，水下方寸匕，解諸菓毒。○耳中垢，主蛇傷。○猪膚，即皮上垢膩。甘，寒，無毒。治傷寒客熱，下痢咽痛，胸滿心煩。○屎，主天行熱病寒熱，黃疸濕痺，蠱毒。取東行牝猪者，水浸一宿，去查服之。又燒灰，傅諸瘡，并小兒白禿。已上俱用牯猪者佳。

野猪肉勝似家猪，久痔腸風人可咀。黃止諸血疳與癎，脂飲產婦乳有餘。

牛肉甘平益胃脾，消腫止渴洩尤宜。更健筋骨輕腰脚，髓溫骨髓補中衰。肚葉和中肝明目，膽治驚風痰熱兒。肉，無毒。安中益氣，養脾胃，消水腫，除濕氣，止消渴并吐洩，補虛弱，強筋骨，壯腰脚。○髓，甘，無毒。填骨髓，補中益氣，續絕傷，止泄瀉，消渴。以酒服之，止吐衂崩帶，腸風瀉血水瀉。燒灰用，又和地黃汁、白蜜等分，作煎服，治勞瘦。○肚，甘，平。和中，益脾胃。百葉肚，主熱氣水氣，丹毒，解酒勞並痢。○肝，甘，涼。明目，平肝氣。北人牛瘦，多蛇從鼻灌之，則為獨肝，有大毒，食之痢血至死。○膽，苦，大寒。可和丸藥。除心腹邪熱煩渴，口舌焦燥，益目睛，利大小腸，治小兒驚風痰熱疳濕。○心，主虛忘。○腎，補腎精。大抵五臟，主人五臟也。○懸蹄，主婦人崩中漏下赤白，無子。陰莖功同。○腦髓，主消渴風眩。○齒，主小兒牛癎。○口中涎，主反胃，終身不噎。○耳中垢，封癰腫、鼻疳瘡。○屎，寒。主霍亂，消渴，黃疸，水腫鼓脹，癥瘕，脚氣，小便不通。微火煎如糖服之。湯火灼，頭瘡白禿，五色丹毒，及鼠瘻惡瘡已有膿血者，以熱屎傅之。或燒灰，鷄子白調傅。又塗門戶，辟惡氣。置席下，止小兒夜啼。○尿，主水腫，腹脹脚滿，利小便漸漸以銅器取新者，服二三升愈。○牛黃、牛角䚡，另見前卷。○正胃散，用牛喉末，陳米飲調服，治膈食。

羊肉味甘性大熱，補臟虛寒形羸劣。安心止汗又止驚，益腎壯陽堅骨節。骨治寒中頭退熱，血止諸血及暈血。羖羊肉，無毒。治五勞七傷，臟氣虛寒，形躰羸劣，補中益氣，安心止汗止驚，益腎氣，壯陽道，堅筋骨，健腰膝。婦人產後虛羸，脾胃冷氣，字乳餘疾及頭腦風眩，小兒驚癇。惟素有痰火者，食之骨蒸，殺人。時疾、瘧疾、瘡痍初起，皆忌。孕婦亦不可多食，皆以其熱也。若虛人癰疽潰後則宜。古人以之比黃芪，養生者忌與酒同食。六月食之傷神。○心，主憂恚膈氣。有孔者殺人。○肝，冷。主肝風虛熱目赤及天行後嘔逆不食。若合猪肝、梅子、小豆同食，傷人心。○肺，主咳嗽，止渴。三月至五月，其中有蟲如馬尾，不可食。○腎，主補精壯陽，陰痿，治耳聾，盜汗，脚膝無力。○肚，補胃，治虛羸盜汗，溺數，及水氣在脇，不食煩熱。和白朮作湯食之。○膽，平。主眦盲赤障，白膜風淚。○骨，熱。主虛勞，寒中羸瘦，嫩脊骨治腎冷腰痛，轉動不得。搗碎煮爛，和蒜、虀或酒空心食之。○脛骨，熱。治牙齒踈豁疼痛，火煅為末，水飛，一錢，和勻，每早擦牙齒上，以水漱去。○齒，主小兒羊癇寒熱。○頭，涼。治骨蒸腦熱，頭眩明目，止小兒驚癇。○血，主女人產後中風，血悶血暈欲絕，或下血不止，飲一升即愈。卒驚悸，九竅出血，取新血，熱飲即止。治硫黃毒發，氣悶，飲一合効。○脂，治遊風并黑䵟，又能柔銀軟銅。○髓，甘，溫，無毒。主男婦陰氣不足，利血脉，益精氣，以酒服之。○皮，補虛勞，去一切風，治脚中虛風，去毛作臛食之。○屎，燔之，主小兒洩痢腸鳴，驚癇，兼理聤耳。生髮毛及箭鏃木刺入肉，猪脂和塗自出。煮湯服，治大小便不通。燒煙熏鼻，主中惡，心腹刺痛。○屎，療諸瘡痔瘻等。

馬肉有毒味苦冷，除熱壯筋馬癇惺。脛骨降火代芩連，莖益精氣陰強猛。驢肉甘涼療風狂，尿治反胃吐不省。脛骨，甘，寒。可代黃芩、黃連，以治痰火之疾。中氣不足者用之，火煅過，細研用。○陰莖，味鹹、甘，平，無毒。主男子陰痿不起，益精氣，有子。凡使須當春游牝時，力勢正強者，生取得，陰乾百日，剉用。○心，主喜忘。患痢人忌食。○肝，有毒，食之殺人。○脚，主寒熱，莖痿。○懸蹄，白者主白崩，赤者主赤崩。○尿，微寒。主消渴，破癥瘕積聚，男子伏梁積疝，婦人瘕疾。銅器承飲之，頭瘡白禿，惡刺瘡，乳腫，取尿熱漬洗之。○驢肉，無毒。黑者最良。主療風狂，解心煩，治憂愁不樂，安心氣。多食動風，脂肥尤甚。

牛乳甘寒補血虛，清熱止渴潤肌膚。羊乳性溫補腎氣，更潤心肺咬蜘蛛。酥酪醍醐俱乳作，馬驢乳同治熱軀。狗肉鹹溫最補陽，陰虛孕婦豈宜嘗。莖治男痿并女帶，血醫橫產及顛狂。乳點青盲經十載，頭骨壯陽傅諸瘡。虎肉酸平袪邪瘧，壯氣又能止嘔惡。豹肉大同健骨筋，脂善生髮塗腦用。熊掌食之風寒當，膏肉治痺急筋強。膽苦明目塗瘡痔，小兒驚風積癇良。殺蟲消疸止久痢，古人夜讀作丸嘗。鹿肉補虛又療風，血止諸血治肺癰。陰痿腰疼俱可服，髓堅筋骨治傷中。麋肉補氣脂逐痺，虛勞血病羡角茸。腎，平。補腎壯陽，及腎氣虛損，耳聾，作酒及煮粥食之。麞肉益人治心麄，骨止洩精釀酒哺。臍下有香仍補損，麂肉甘平痔可除。兔肉甘平不益人，腦髓皮毛救產屯。頭止頭眩肝明目，屎治痔疾血來頻。狸肉甘溫味最佳，骨醫痔瘻効堪誇。諸疰刺皮攻心腹，頭骨治噎及風邪。家狸甘酸主癆瘵，能消鼠瘻滿頸遮。狐肉補虛治健忘，更消冷積及惡瘡。心肝生服治妖魅，莖主絕產陰中痒。獺肉甘寒療時疫，逐水通腸宜少食。肝治咳嗽傳尸癆，屎主魚臍瘡侵蝕。

禽部

丹雄鷄甘溫無毒，女子崩中赤白沃。止血補虛更溫中，冠血滴口自縊復。烏雄鷄甘溫補中，空心食之氣血充。止心腹痛除麻痺，安胎續骨排瘡膿。肝能強陰膽明目，腸脛澁尿與腸風。抑論諸鷄補虛羸之最要，故食治方中多用之。有風人及患骨熱人不宜用。小兒未斷乳，食之生蛔蟲。又不可合犬肝、腎、芥菜同食，合兔肉食成泄痢，合水鷄食作遁尸。六指玄鷄、白頭及自死足爪不伸者不可食。抱鷄肉及蜈蚣傷者，食之殺人，發疽。凡用鷄膽、心、肝、腸、肪、肶胵、糞等，以烏雄鷄為良。卵以黃雌，頭以丹雄，翮以烏雄鷄為良。大抵丹者入心，白者入肺，黑者入腎，黃者入脾，總皆歸於肝也。丹溪云：屬土而有金與木火，性補，故助濕中之火，病邪得之則極，然非但鷄而已，魚肉之類，皆助病者也。

烏雌鷄要骨亦烏，下乳治痺攻癰疽。安心定志益胃氣，破瘀生新補最虛。白雄鷄(甘)酸微溫，調中下氣療狂言。止渴利便消丹毒，雌者味同補下元。止渴澁腸止漏血，男勞女產入饔飧。黃雌鷄甘酸助陽，止洩止精暖小腸。更消水癖并水腫，肋骨又治兒瘦黃。鷄子甘平除煩熱，淡煮却痰益氣血。蠟煎治痢酒治風，白療目赤火燒裂。殼能出汗磨翳睛，衣止久嗽敷瘡癧。白鵝肉冷全無毒，解熱止渴煮湯服。膏潤肌膚灌耳聾，毛燒灰治噎氣促。蒼鵝有毒發瘡膿，水毒射工効更速。蒼鵝肉冷，發瘡膿。毛，主水毒射工。又飲其血及塗身。屎，可傅蛇蟲咬毒。白鴨肉寒補虛勞，和臟利水熱風袪。屎消蓄熱并瘀痢，卵冷能令背悶拘。野鴨補中消食毒，專治小瘡遍躰軀。鴈肪無毒味甘平，拘急風攣氣不盈。血滯偏枯須久服，肉性相同食不輕。六、七月食之傷神。雉肉微寒却補中，止洩止渴最有功。更除痰壅氣上喘，疥瘡五痔食之凶。雖野味之貴，食之損多益少。秋冬食之有補，餘月有小毒，食之發諸瘡疥，五痔瘺疾。又不可與胡桃、木耳、蕈菌、蕎麥、麪、葱、豉同食，發頭風心痛，久食令人瘦。鷓鴣甘溫微有毒，能補五臟更明心。專救瘟瘴欲死者，酒煮服之自酌斟。食之忌笋。自死者不可食之，慎之。

斑鳩明目助陰陽，久虛瘦人食最良。青者仍能補五臟，排膿消瘀治諸瘡。

白鴿味鹹氣亦平，益氣調精解藥毒。瘡疥食之立消除，白癜風痒酒炒服。

雀肉大溫益元陽，卵起陰痿大且強。腦主耳聾血眼暗，決癰治翳白丁香。肉不可合李子、醬同食。孕婦尤忌。

烏鴉無毒味鹹平，專祛癆嗽骨熱蒸。臘月礶中煆末服，更醫兒癇治目睛。

喜鵲甘寒主石淋，燒灰取汁熱能清。多年巢療顛狂魅，蠱毒燒之呼祟名。婦人不可食。

鴝鴿肉甘平無毒，老嗽吃噫取蒸服。痔瘻下血尤其靈，乳汁和睛可點目。

鴛鴦肉，鹹，平，小毒。主諸瘻疥癬，酒浸炙食。或炙熱傅瘡上，冷則易。食之令患大風，又夫婦不和，作羹私與食之。

鷺鷥肉，鹹，平，無毒。主虛羸，益脾補氣，炙食之。

鵪鶉味甘，平。補五臟，益中續氣，實筋骨，耐寒溫，消結熱。小豆和生薑煮食之，止洩痢。酥煎，令人下焦肥。和猪肉食，生黑子。和菌子食，發痔。小兒患疳及下痢五色，日日食之有効。春月不可食。

蟲魚部

鯉魚止渴消浮腫，腹有癥瘕食不宜。骨主女人崩赤白，青盲白翳膽尤奇。久服天門冬人不可食。凡溪澗砂石中者有毒，多在腦內，不得食頭。凡修理可去脊上兩筋黑血，有毒，及目傍有骨如乙字，食之令人鯁。肉忌葵菜，卵忌猪肝，鮓忌豆葉，同食害人。

蠡魚無毒味甘寒，下水消浮濕痺安。五痔炙腸安穀道，膽攻喉痺効如丹。

鯽魚調胃味甘溫，下血腸風釀白礬。久痢赤白堪為鱠，惡瘡燒末醬塗痕。

青魚肉平甘無毒，主脚濕痺益心力。膽內石灰塗惡瘡，吹喉又用點眼目。

白魚甘平助胃脾，調氣助血令人肥。補肝明目去水氣，有瘡食之即出皮。疑此即鰱魚也。無毒。惟患瘡癤人食之，甚發膿。又炙瘡不發，作鱠食之即發。

鰻鱺魚甘平小毒，癆熱骨蒸病可復。更醫腰背脚痺風，痔瘻帶下諸不足。

鱓魚甘溫益氣血，頭骨燒灰止痢渴。去冷除痞宿食消，產後淋瀝即能遏。多食動風氣，令人霍亂。時行病起，食之再發。

善鳴長股水中鼃，補損祛癆殺疰邪。一種風蛤為美饌，正宜產婦益虛家。

田螺無毒性寒過，專治雙眸赤熱多。肉傅熱瘡反胃殼，汁能醒酒渴同科。多食發寒濕氣痼疾。碎其肉傅熱瘡。

蠏主胸中邪熱結，爪能墮胎破瘀血。殼黃化漆更續筋，消食塗瘡同脚節。須是八月一日蠏喫稻芒後，方可食，霜後更佳。已前食之有毒。十二月食之傷神，躰有風疾人并孕婦不可食。獨螯、獨目、四足、六足、兩目相向者，皆有大毒，不可食。誤中者，惟藕、蒜汁、冬瓜汁、紫蘇、黑豆、豉汁可解之。

石首魚甘下石淋，乾之炙食鯗為名。消瓜成水寬膨脹，益氣開胃蓴作羹。

淡菜甘溫能補陽，虛勞吐血亦堪嘗。消食除癥止久痢，婦人崩帶產餘良。

蛤蜊性冷元無毒，主癖解醒開胃腸。消渴婦人生血塊，殼燒研傅火湯傷。

蚌蛤冷，無毒。明目，除濕，止消渴，除煩解熱，壓丹石藥，補婦人虛勞下血，并痔瘻血崩帶下。以黃連末內之，取汁，點赤眼昏闇良。又能治疳止痢并嘔逆。癰腫，醋調傅。

蚶生海中。殼如瓦屋，故又名瓦壟子。性溫，無毒。補中益陽，治心腹冷氣，腰脊冷風，利五臟，益血色，消食健胃，令人能食，每食了以乾飯壓之，不爾令人口乾。

蜆小於蛤，黑色，生水泥中，候風雨能以殼為翅飛者。肉冷，無毒。去暴熱，明目，利小便，下熱氣脚氣濕毒，開胃，解酒毒目黃。多食發嗽并冷氣，消腎。又煮汁飲，治時氣，壓丹石藥，下乳汁。生浸取汁服，止消渴，洗疔瘡。

蝦平，小毒。食之不益人。主五痔，引風動瘻，發疥瘡。小兒食之，令脚屈不能行。有風病、嗽病者忌食。

河魨味甘，溫，大毒。主補虛，去濕氣，理脚氣，去痔疾，殺蟲。其味極美，肝尤毒。然修治不如法，食之殺人。橄欖、蘆根、糞汁解之。厚生者不食亦好。

鱖魚甘，平，無毒。補虛勞，益脾胃，治腸風下血，去腹內惡血、小蟲，益氣力，令人肥健。

鱸魚平。補五臟，益肝腎，和腸胃，益筋骨，治水氣，補中安胎。多食宜人，不甚發病。

鮎魚味甘，無毒。主水腫，利小便。為臛美而且飽，稍益胃氣。合牛肝食，令患風發癎疾。又不可與野鷄、野猪同食。赤目、赤鬚、無腮者殺人。

銀條魚甘，平，無毒。寬中健胃。合生薑作羹食。

魴魚俗名扁魚。味甘，無毒。調胃氣，利五臟。和芥子醬食之，助肺氣，去胃家風。消穀食。作鱠食助脾氣，令人能食。患疳痢者不得食。作羹臛食宜人，其功同鯽魚。

鯉甘，溫，無毒。補虛及產後虛損。主冷痢邪熱煩悶。疫後忌食。

魚鱠乃諸魚所作之膾。味甘，溫補。去冷氣濕痺，除喉中氣結，心下酸水，腹中伏梁，冷痃結癖，疝氣，補腰脚，起陽道。以菰菜為羹，謂之金羹玉鱠，開胃口，利大小腸。以蔓菁煮，去腥。凡物腦能消毒，所以食鱠必魚頭美也。近夜食不消，馬鞭草汁能消之。飲水令成蟲。病起食之令胃弱。同乳酪食令霍亂。又云：不可同蒜食，昔一婦患吞酸，食魚鱠遂愈。蓋以辛辣有劫病之功也。凡鱠，若魚本佳者，鱠亦佳。

魚鮓乃諸魚所作之鮓。不益脾胃，皆發瘡疥。鯉魚鮓忌青豆、赤豆。青魚鮓忌胡荽、羊肉。鮓中有蝦者，不可食。

明·穆世錫《食物輯要》卷五《禽品類》 諸雀之卵，竝能補腎氣，助陽道。

明·穆世錫《食物輯要》卷八《飲食須知》 扁鵲曰：安身之本，必資於飲食。飲以養陰，食以養陽。五穀為養，五菓為助，五菜為充，五畜為益。惟消息適宜，得以養生。一失其宜，反以害生。蓋飲食無論四時，常欲溫暖。夏月伏陰在內，暖食尤宜，如空心茶、卯時酒、申後飯，俱少用。食後勿終日穩坐，恐凝滯氣血，久則損壽。食後常以手摩腹數百遍，仰面呵出食毒之氣數十；漱口數遍，齒不齲，口不臭；趦趄緩行百步，謂之消食。食後勿便臥，恐令人患肺氣、頭風、中痞之疾；食飽勿速步、走馬、登高涉險，恐氣滯而激，致傷臟腑。不宜夜食。脾好音聲，聞聲即動而磨食；日入之後，萬響都絕，脾乃不磨，食不易消，不消即損胃。食欲少而數，不欲頓而多，常令飽中飢，飢中飽為善。飲食不欲雜，雜食恐有所犯，當時雖不覺，積久定作疾。食熱物後不宜再食冷物，食冷物後不宜再食熱物，冷熱相激，必患牙齒疼痛。有瓜菓不時、禽獸自死及生鮓油膩、粉粥冷淘之物，皆能生痰、生瘡瘍、生癥癖，並不宜食。食美味須熟嚼，最忌麁與速。防食人汗入肉之物，以免發疔。古人以象牙為筯，遇毒則黑；以魚枕為器，遇毒則裂。偶中諸般食毒，以香油灌下，令吐可解。然五味入口，不可偏多，多則隨其臟腑而損。《經》云：陰之所生，本在五味。陰之五官，傷在五味。如酸多傷脾，肉膶而唇揭，故春令七十二日，宜省酸增甘，以養脾氣；苦多傷肺，皮槁而毛落，故夏令七十二日，宜省苦增辛，以養肺氣；辛多傷肝，筋急而爪枯，故秋令七十二日，宜省辛增酸，以養肝氣；鹹多傷心，血凝而色變，故冬令七十二日，宜省鹹增苦，以養心氣；甘多傷腎，骨病而齒落，故四季土旺十八日，宜省甘增鹹，以養腎氣。故上士澹泊，其次中和。凡飲酒，少則益人，能引滯氣，導藥力，通榮衛，辟穢惡；過多則損人，能令肝浮膽橫，諸脉衝激。飲覺過多，吐之為妙。飲酒後，勿飲冷水、冷茶，被酒引入腎經，停為冷毒。諸疾不宜極飢而食，食勿過飽；不宜極渴而飲，飲毋過多。食過多則結積聚，飲過多則成痰癖。善養生者，養內；不善養生者，養外。養內者，安恬臟腑，調順血脉，使一身之氣流行沖和，百病不作；養外者，恣口腹之欲，極滋味之美，窮飲食之樂，雖肌體充腴，容色悅澤，而酷烈之氣內蝕臟腑，形神虛矣，安能保合太和，以臻遐齡！莊子曰：人之可畏者，衽席飲食之間而不知為之戒欲。尊生者，於日用之際所當須知也。

明・沈應暘《明醫選要濟世奇方》卷五《靈秘丹藥》　沈子曰：食藥者可以長年，仙經論之矣。故羲皇嚐藥制毉，治人百疾。自華、扁諸家遺方書以利天下，後世好生之德，何無量哉？今人天真散失，幻體空虛，不思補髓添精，斡旋造化，長年將無日矣。悲歟！余幼年病羸苦，嗜湯丸調攝有年，玄機透徹。復棄儒就毉，窮究《素問》《靈樞》諸書，條分疾病，次備方藥，列之于前，不必言也。外有靈秘丹藥，乃上方異人所授，傾囊稽首懇求所得，用治羸疾頓壯，矇疾頓明，起死回生，應手奏效。余寶有年，不敢私秘，并刻以躋遐齡，可同地仙之域矣。寶金玉鄙恪而甘心于泉壤者，安足以喻此哉。

丹藥　秘傳龍虎石煉小還丹余生平酷嗜方藥，屢獲奇效，故信愈篤，而好愈專。茲丹方始焉，得之終南山王老師也。燕都復遇至人，參同秘訣，今不自私，錄以濟世，見者幸勿視以肉眼。【略】

取龍虎水法　龍屬水，虎屬金，即童男童女之小便也。謹擇童男童女，不拘十數個，務要眉清目秀，滿月之相，三停相等，唇紅齒白，髮黑聲清，肌膚細潤，其體毫無瘡痍疾病。若胡騷腋氣，不齊不潔者，不用。年方十二三歲至十五六歲，未破身者，用黍稷上白粳米粥飦，紅荳、紅棗、豚猪、鯽魚等味與彼食之，忌葱蒜韭薤五葷、三厭，穢污之水，戒諠譁戲謔，手舞足蹈，恐耗散精華。臨取水之時，先調養四十九日，自十月積起，三月止，置磁缸或磁罈于淨處，收貯前精潔童男童女小便，以蓋蓋之，積至二三石，聽候煉用。

陰煉龍虎石法　將前積取男女童便，置磁缸三四口，于淨通渠處，每缸止放前便五分，加井水五分，下明(凡)〔礬〕、白朮、松柏葉各二兩，取楊柳棍三四莖一扎，順攪千餘下，蓋之勿動，勤看，待水澄清，去蓋，慢慢撇去清水，又加井水滿缸，以絹羅濾去渣滓，又攪二三百轉，蓋之澄清，又盡撇去清水，仍加井水，又濾又攪又撇，如此十餘次，直待水香為止。撇水盡，用米篩二三個，內鋪薄綿紙，將渾龍虎石取入篩紙上，待水乾，移在日色處，以竹刀畫成骨牌路，晒乾如粉之白，即是陰煉龍虎石也。用磁盒收貯，合藥用此石，能延補天年，神仙之至寶也。

陽煉法　擇露空地，砌灶二眼，坐東朝西，安三尺二、二尺四鍋二口，鍋近處安缸四口，先積下龍虎水二三缸，可洗淨鍋鏞，先于大鍋內入五瓢，灶內慢火粗熬至起沫，以笊籬撇去油沫，直待熬至不起沫，方起過小鍋內細熬；大鍋內仍添二三瓢，又熬去沫，又起過小鍋來。如此少少漸添漸起，直待前水熬盡，大鍋住火，只在小鍋內慢慢火熬，鍋內用鏟刀不住手鏟，待水乾成膏，上用一小缸合住鍋口，週圍用鹽坭封固嚴密，止留一孔出水氣，氣盡，孔內飛出金星清氣，急以坭封孔眼，缸底用濕布一塊，不可水大，但常以水潤之，小火燒至鍋底紫色，退火冷定過夜，次日先去口坭乾淨，揭開，昇缸上已永靈藥紅黑白各色者，另收聽用。另打黃芽，將鍋內黑膏子鏟起，另入一口小鍋內，用磚架起，大火燒待黑烟盡，連鍋通紅，退火烺冷，酌量下井水，或露泉等水尤妙，燒滾，先置淨缸一口于室內，上安竹篩，篩內鋪露滴，清水入缸，篩內黑渣不用，將濾下清水，看其色碧清，就于磁盤煎出淨石來，如略有些黃色，還用前小鍋煎乾，再煅一火，烺冷，仍下水煎滾，照前淋入缸內，直待淋下的水如井水一般清碧，方以磁盤用磚支住，徐徐添炭火，煎淋的水滾，以竹鏟不住手鏟，直待前煎鏟焙乾，略帶潮，取出，傾在紙上，晒乾似雪之白。此陽煉之法也。

以上陰陽二煉法，如無童女之便，童男便單煉秋石，亦依此法甚妙。

乳煉秋石奇方　童便二桶，用皂角十二兩，水九碗，煎至三碗，傾入便內，用桃柳枝攪打便水二千餘下，澄清，傾去清水，止留濁脚，次將杏仁十兩，打碎，煎汁三碗，傾在便內，又如前攪打二千餘下，澄定，去清留濁，又將猪脂油一十二兩，熬成汁，去渣，傾入便內，又攪千餘下，浮膜傾去，又澄清，將人乳二三碗，或五六碗，多多亦善，用滾湯泡成塊，傾入便內，如前再攪，又澄一日，傾去清水，下底濁粉漿水用木杓乘起，傾在桑皮紙上，先將毛灰一缸，作一沉窩，將桑皮紙放灰上，以滲便水，紙上膩粉，即成秋石矣。不可搖動，晒一二日，磁瓶收起。每石一兩，入柿霜三錢，同和，每用白滾湯調和，一二分起至七八分止，空心時服。此粉益壽延年，返元還本，髮白再黑，百病不生。不必配藥，謂之乳煉法，仙丹也。

明·應麐《食治廣要》卷首　食治引用序略　人體平和，惟須好將養，勿妄服藥。藥勢偏有所助，令人臟氣不平，易受外邪。夫含氣之類，未有不資食以存生，而不知食之有成敗。百姓日用而不知水火至近而難識。予慨而撰五味損益食治篇，勸而行之，有如影響耳。

安身之本，必資于食；救疾之速，必憑于藥。不知食宜者，不足以存生也。不明藥忌者，不能以除病也。此之二事，有靈之所要也。若忽而不學，誠可悲矣。是故食能排邪而安臟腑，悅神爽志以資血氣。若能用食平痾，釋情遣疾者，可謂良工也。而醫者當須先曉病原，知其所犯，以食治之。食療不愈，然後命藥。蓋以藥性剛烈，猶若御兵。兵之猛暴，豈容妄發。發用乖宜，必有損傷。

食不欲雜，恐有傷犯。當時雖無灾苦，積久為人作患。食噉鮭肴，務令簡少。魚肉果食，當取有益。每令節儉，若貪味多餐，臨盤大飽，食訖覺腹中膨脹短氣，或致暴疾，仍為霍亂。飲食無論四時，常欲溫暖。食熱物後，不宜再食冷物；食冷物後，不宜再食熱物。冷熱相激，必為疾病。食欲少而數，不欲頓而多。常令飽中飢，飢中飽。食後勿便臥，令人患肺氣、頭風、痞疾。食飽勿速步、走馬、登高涉險，氣滯而激，致傷臟腑。空心茶、卯時酒、申後飯，俱宜少用。食後勿穩坐，凝滯氣血。初則病脾，久則損壽。極飢而食，食勿過飽；極渴而飲，飲勿過多。飲酒少則益人，能引滯氣，導藥力，通榮衛，辟穢惡。多則損人，能令諸脉衝激。飲覺過多，吐之為妙。酒後勿飲冷水、冷茶，停為諸疾。酸多傷脾，肉皺而唇揭。春七十二日，宜省酸增甘以養脾氣。苦多傷肺，皮槁而毛落。夏七十二日，宜省苦增辛以養肺氣。辛多傷肝，筋急而爪枯。秋七十二日，宜省辛增以養肝氣。鹹多傷心，血凝而色變。冬七十二日，宜省鹹增苦以養心氣。甘多傷腎，骨痛而齒落。季月各十八日，宜省甘增鹹以養腎氣。五穀為養，五肉為益，五果為助，五菜為充。精以食氣，氣養精以榮色。形以食味，味養形以生力。此之謂也。

明·孫志宏《簡明醫彀》卷一《要言》　毋恣茶酒　按：《本草》有茶、茗二名。茶味甘、苦，微寒，無毒。早採細者，氣清上升，主瘻瘡，清頭目，去痰熱渴，令人少睡。茗味同，晚採粗者，重濁下降，主下氣，消宿食，利小便，通大腸，宜熱飲，如多飲少睡，令人瘦，去人脂。《茶茗賦》云：釋滯消壅，一日之利暫佳；損氣侵精，終身之累斯大。蓋十二經補瀉溫涼之藥，茶為腎經瀉品，《難經》曰：瀉南方，補北方。東垣云：腎無實，不可瀉。生民以來，七火常有餘，一水常不足。七藏神云腎藏精與志，尤為元氣所藏，瀉腎則精氣日損。古無茶，茶始於唐，盛於宋。然亦惟飽後乃飲，空心但飲百沸白湯耳。酒大熱有毒，主殺百邪惡毒氣，通血脉，厚腸胃，禦風寒霧瘴，養脾行藥力。味辛者能散，通導周身，至極高之分；味苦者能下，甘者和中，淡者利小便。然大寒凝海，惟酒不冰，能熾心火，傷肺金，腐腸胃，成癖積，甚至成勞。傷寒飲酒者死，其在火酒，及過於辛勁者，為害尤甚，況又為肝經補品，豪飲則肝橫膽浮。肝者，將軍之官，勇敢出焉，故怒發無懼。膽者，中正之官，故直訐無隱，取禍招尤，職酒之故。噫！能養人，亦能害人，善葆生者，慎之哉！

明·黄承昊《折肱漫録》卷一　脾胃為五臟之本，餌术不宜獨，後於人參，以术一兩，佐參五錢煎膏，最能補中氣。近有以术二斤，佐陳皮半斤煎膏，服之亦尠。予餌术常不輟計，一歲所服可得五六斤，參則僅一斤許耳。

明·黄承昊《折肱漫録》卷五《養形篇》　飲食但取益人，毋求爽口。《本草》須常考訂，毋食病體相妨之物。予脾胃素弱，平生不多食生冷瓜果，雖佳品在列，未嘗朵頤；油膩炙煿，亦不敢食；一切難消之物，俱兢兢慎之，故能保此殘喘。縱口腹之欲，而不自惜其身，不可謂智。

凡炙煿煎炒，病家最忌，助火銷陰，損人不淺。即平人亦不宜食，腫毒牙疼諸症，半因於是。

北方人以麵為命，食麵方飽而有力，食米即弱，則麵乃大補益人之穀。但《本草》言其擁熱，少動風氣，則亦不宜多食者。至若南方麵更為助濕，所宜禁食者也。

北方薏酒原非薏釀，皆以黍米為之。黍氣薄味清，初飲似清冽，然味薄易醒，不至如南酒之動火生痰也。

酒能少飲，益人甚多。一遇飲至醉，則傷人不淺，多少之間，損益霄壤。

河豚魚最發病，攝養家尤不宜食。

酒與茶雜飲能致酒積。予見人多雜飲，獨予守戒甚嚴。北人禀厚，與南人大不同。常見北人於暑月以冰為命，飲之自謂有益，冰果茶酒相兼雜下，而脾胃不傷，南人寓北者，罕見有此。

牛乳同酒飲，此常事耳。薛立齋云酒不可與乳同飲，豈指人乳言耶？然兩者同飲，亦往往見之，想不知應忌耳。

予每遇冬月，常以熱酒飲乳酪。己酉在南都，有方士令予以牛乳下丸藥，原不言與酒同飲。予不耐羶氣，急呼酒飲之，乳下喉未全到胃，遇酒即凝膈上，遂苦痞悶，有妨飲食，消導俱無效，大是可憂。予精思之，此乃乳滓質凝於胸前而不化。酥者，乳之精華，取酥與消導藥同飲，當得去此礙膺之物，遂如法治之，果一服即消，物理相制之妙如此。

人皆指西瓜能辟暑，生冷中不甚忌之。殊不知暑中奔走後，覺胸中熱氣填塞，浸冷食之，信可辟暑。若晏坐高堂，日以為常供，則有損脾胃，秋來瘧痢當防。

生薑秋不宜食，洩氣，損壽元。蓋秋味辛，辛乃秋之本味，故忌之。

枸杞葉作茶啜，治消渴，強陰，解麵毒，何不以代茶？

桑椹晒乾，蜜丸服，開關利竅，通血脉，安神魄，聰耳明目。又絞汁熬稀膏，蜜調服，能去火毒，解金石燥熱，止消渴。《本草》著其功效如此，人何不多取而服之耶？採桑條作寸斷，炒黄色，煎湯，可以代茶，最益人。

五加皮，《本草》原言取皮用，今人多摘其芽，此未可解？

胡椒大熱，《本草》言多服損肺走氣，又能發癰疽，大損陰氣，所當痛戒。

飲茶宜熱，冷則聚痰，多飲則少睡，久服則消脂。茶味最清香，今人嗜飲。然虚弱人止宜候渴而飲，適可而止。若亦飲慕清客之名，勉強飲啜，所損脾胃不小。序云：釋滯消壅，一日之利暫佳；損氣侵精，終身之累斯大。此可謂嗜茶者之戒。

橙皮多食傷肝氣，不宜與猪肉同食，發頭旋惡心。

蓮子生食微動氣，乾食作悶。鮮蓮亦不宜多食，終是生冷，惟煮食養神。予時食此不輟，和米煮粥，禁精泄，清心，治腰痛，止痢。磨作飯，令肢體強健。生食須去心，否則恐成霍亂。

藕煮食最益人，同蜜食令人腹臟肥，不生諸蟲；秋間予以此作蔬下酒。

菱性冷，不可多食。煮食則不冷，然作悶，不益人。《本草》言冷臟，損陽氣，痿陰。飲熱酒可解，熟食作悶亦用酒消。

栗能益腎。然生食發氣，熟食滯氣，惟風乾者佳。

枇杷能潤五臟。然多食發熱生痰。

甘蔗共酒食發痰，亦傷脾。

沙糖與鯽魚同食成疳蟲，與葵菜同食生流澼，與笋同食不消，成血瘕。

龍眼肉，《本草》言其補益心脾，功與人參並。聞華亭陸平泉宗伯年幾及百，平日常食龍眼不輟口。予少年多食此果，老來食之齒輒痛，以是不能食，但常服龍眼膏。

柿不可與蟹同食，此人所知也。《本草》言紅柿忌與醇酒飲，易醉人，且患心痛至死。席間常設紅柿，易於同酒飲，此不可不知。

乾柿氣平不寒，食之無害。

石榴味酸性滯，能戀膈成痰，不宜食。

胡桃甘溫能補，然動風痰，助腎火。

白菓多食動氣作痰，小兒食之發驚。《本草》言如食一千令人少亡，此菓儘可不食。

楊梅性雖熱，亦有消食下酒之功。

榛子大有益，宜食。

梨性流利下行，雖能消痰止嗽，多啖令人寒中，血虚與脾虚者忌食。

丹溪云：飴糖大發濕中之熱，以其甘能滋濕，濕以助熱也。

《本草》云：麻油煎煉餅食，與火無異。齒痛及脾疾人切不可食。

世人皆言糯米補人，考之《本草》云：主溫中，令人多熱，久食令人身軟，發心悸。又云多食令人多睡，發風動氣，則不如粳米多矣。

大豆性平，炒食則熱，作豉則冷，作腐則寒而動氣，煮汁則涼而解熱毒。

黑小豆即俗名馬料豆，最益人。

赤豆利水逐精，久服虚人。

菉豆肉平而皮寒，脾弱人亦不相宜。花能解酒。

蠶豆雖發氣而能調榮衛。

醋切忌與蛤同食。

白萊菔大能下氣，耗血消食，較之藥物更迅厲，中氣虚者切不可食。予常受其害。煮食又多停膈間成溢飲之症，總非佳品。其子更甚，有推墻倒壁之功。

葱白通陽發散，更勝於他藥，氣虚人勿服。予常受其害，能令頭汗津津不止，且動火，不可輕用。

韭大益人，五月勿食，與牛肉同煮食生寸白蟲，同蜜糖食殺人，此易犯者，謹識之。

胡蒜生啖傷肝氣，損目，久食傷脾肺，引痰，養生者節慎之。

茄子性冷，多食損人。白茄蒂與何首烏陰乾，白茄蒂七枚，何首烏各等分，煎藥服，治對口瘡。

芹菜養精益氣，保血脉，令人肥健，嗜食常用最佳。

蓴菜性冷而滑，不可多食，不可與醋同啖，令人骨痿，瘟疫病後食之多死。

經霜冬瓜皮同皮硝煎湯，洗痔極效。如無冬瓜，白萊菔代之，此予所親試而效者。

井華水，平旦時未曾打動第一汲者，與諸水異，其功廣補陰虚，清頭目。蓋天一真氣浮結水面而未開，以造酒醋亦不壞。

秋露水清金降火，予曾取以釀酒，其鮮甘之味難以名狀。

脾弱人宜飲河水，得土氣乃佳，不宜久飲山泉，氣寒傷脾。

人乳雖養血妙品，然滑腸，脾弱人亦不宜多服。

牛乳以熱酒點服味甚佳，有言其補益者，有言其助痰者，想少飲則益，多則助痰，理或然也。

羊肉補益之功至于黄芪同，然性易凝結，脾弱人真火衰微，薰蒸力少，難於消化，不食為穩著。

犬肉助火興陽，陰虚火動者不宜食。其肉較豕頗覺難化，不宜炙食，令人渴，同蒜食損人。

猪肉性熱，助火生痰，不宜多食，小兒尤宜戒之。

猪腰子性冷，久食令人少子；冬月不可食，損真氣，兼發虚壅。

兔肉不可多食，傷元氣，絶血脉，損房事。不可同薑、橘食；不可同白鷄肉食。兔死合眼者勿食。二月食之傷神。

麂肉多食能動人痼疾。

《食戒》云：鷄具五色者，食之致狂；六指元鷄、白頭家鷄及鷄死爪不伸者，凡鷄無故暴死者，食之並傷人。合水鷄食作遁尸，和魚汁食成心瘕，又不可合胡蒜及李子食，不可合犬肝、腎食，不可合芥菜蒸食。有風疾者不可食雄鷄。

雞子和葱食短氣，同鱉食損人。

雉久食令人瘦，發痼疾。不可合胡桃、蕎麥、香蕈、木耳等食。自死爪不伸者食之殺人。春夏不宜食。丙午日勿食。此禽益少損多，食者慎之。

綠頭鴨白眼者食之殺人。忌與鱉肉同食。

鴨卵滯氣，灰食即無妨。

野鴨不可與木耳、胡桃、豆豉同食。

鵝能動濕，瘡病與水腫忌食。俗云能動風。鵝子雖補中益氣，勿多食。

麻雀不可和李子食，亦忌與醬食。

鴿肉能減藥力，服藥人不可食。

七月不宜食生蜜，恐暴霍亂。

多食蜆發嗽冷氣，消腎。

鱉肉合烏雞食成瘕，合雞子食殺人，合莧食生瘕，合芥子食發惡疾。三足者，赤足者，腹下有十字、王字、五字形者，頭足不縮者，目凹陷者，腹下紅，有蛇紋者，及生旱地者，俱有毒，不可食。中其毒者，藍汁可解。

蟹性冷，傷脾胃，多食發風疾。未經霜者有毒。足班目赤，獨螯獨目，或兩目相向，腹下有毛，腹中有骨，六足、四足者，並有毒，不可食。中其毒者，豉、蒜、冬瓜、黑豆、紫蘇煎飲，並可解。

蟛蜎傷脾，不宜食。蜎音越。

淡菜雖益人，然多食亦令人目闇頭悶。

鯽魚雖益人，然多食亦能動火。忌與猪肉同食。又忌犯天門冬。同芥菜食成水腫； 同沙糖食成疳蟲。忌同猪肝、雞肉食。二三月忌食頭。

天行病後忌食鯉，又忌食鯉，再犯即死。有宿瘕者勿食鯉，亦忌天門冬。治鯉須去黑血及脊上兩筋，有毒，誤中者，浮萍可解。鯉魚子不可同猪脾食，鯉魚鮓不可同豆藿食。

有瘡者忌食黑魚，令人白瘢。

患痔痢者不可食鯲魚。

鱓性大溫，多食令人霍亂，亦動風氣。

青魚忌與葵、藿、胡荽同食，亦忌蒼术。

鱸魚不可與乳酪同食。

鰻鱺水行昂頭者有毒。

蝦不宜多食，發瘡動風。又一種無鬚蝦及煮色白，腹下通黑者並有毒，作鮓能毒人。

食餛飩過飽，飲餛飩原汁即消。食一切肉過飽，飲熟食店中所儲原汁亦可消。蓋店中所儲之汁，以之煮肉一滚即爛，故店家珍重此汁而藏之，以此消肉有至理焉。凡食某物過多停滯者，即燒此物成灰存性，服之即消。有人食乾柿過多欲死，食以柿霜即愈。市上索粉中多雜以小粉，食此過傷者，飲以黄漿立消。予向以酥消牛乳之停，總此一理耳。

中元渚司馬云吴中何公良俊之父，年百歲餘，問以服食調養之法。何云： 別無他法，惟每晨食糯米團子而已。世俗多言糯米補益人，考《本草》又言其性熱，不可多食久食，是未可解。

曾鑒高氏《尊生八牋》註萱草花苗，皆可作蔬食，千葉者食之殺人。予向戒不食，後見北路所種多千葉者，心疑之。予家園中有千葉花，人多采食之，絕無恙。予因諦審之，此花地瘦即單葉，地肥即變千葉，原非兩種。高氏之言，蓋承訛，非親試也。【略】

續養形篇下

蠣黄肉，《本草》載甘溫，煮食治虚損，調中，治丹毒，酒後煩熱止渴； 炙食甚美，令人細肌膚，美顔色。海錯大約多損脾，獨此補益，且其味亦冠海錯。予於閩中備嘗海產，無如此味之佳。但煮食腥氣不堪，必以厚味先煎後煮乃佳耳。炙者罕見，惟於泉州有一友見餉乾者，其味果佳，大勝淡菜。粤東亦有此，頗大，而味不佳。

水蘄，即芹菜，《本草》載甘平，養精保血脉，益氣，令人肥健嗜食，《本草》中佳品也。但生於水田中者，多有螞蟥匿其中，難於選擇，不可輕食。《本草》又云： 水芹生黑滑地，食之不如高田者宜人，名曰芹。餘田者皆有蟲子在葉間，視之不見，食之令人為患。

石耳生於石上，故名。《本草》載甘平，久食益色，至老不改，令人不飢。又云： 明目益精，作茹勝木耳，蓋佳品也。此品入素蔬平平耳，以之煮肉，則味絕佳。予於九江時食之，蓋產自廬山者。

絲瓜之性，世俗相傳以為至寒，食之敗陽。及考《本草綱目》則云甘平；又載《生生編》指為暖胃助陽，抑何相反之甚也？ 竊觀《本草》載此瓜，除熱利腸，去風化痰，涼血解毒，治痔漏下血等症。又載其通經絡，行血脉。則知此瓜應是甘涼之氣味，若曰助陽，則何以涼血解毒？ 若曰性冷，冷則凝，又何以通經行脉？ 確然甘涼，啖之無損。

冬瓜俗傳為暖肚之物，考之《本草》甘微寒，大能散熱毒，利小便，則非暖腹可知。

黑小豆，《本草》所不載，止載大豆，及《綱目》註何首烏，有用黑小豆蒸曝之語。世傳黑小豆方藥功用甚盛，不知《本草》何以獨遺？ 惟《食物本草》載一種黑小豆最佳。陶節菴以此豆入鹽煮熟，時常食之，謂能補腎，要知此豆功用更勝大豆也。又皇甫《本草發明》載黑小豆即藿豆，《本經》只言黑豆小者入藥，並無馬料豆、藿豆之名，蓋即此豆是也。此豆北方最多，以之喂馬，故名馬料豆。販此至者，只至常州而止，並無料豆，到三吴覓之，苦不可得，是不可解。往時吴中少馬，故此豆不來，今大亂之後，北馬在三吴武林者甚多，而此豆終不至，更不可解。

食粳米以晚白米為上，以其性涼益人。李時珍曰： 六七月收者為早粳，止可充食，八九月收者為遲粳，十月收者為晚粳。北方氣寒，粳性多涼，八九月收者即可入藥；　南方氣熱，粳性多溫，惟十月晚稻氣涼，乃可入藥。遲粳、晚粳得金氣多，故色白，能入肺而解熱也。早粳得土氣多，但益脾胃。

丈人責子路五穀不分，吾輩自思之，吾亦不能分晰確然也。稱黍、稷、麥、菽為五穀，見於朱註矣。其所稱粱與粟，又是何物？考諸本草，各家之說紛然，總非確論，惟《綱目》李時珍所訂，庶幾近是。然以稻獨指為糯米，竊以為未然。稻是大米之總稱，為粳、為糯、為秈，總皆稻之類也。而粳有早、中、晚、水、旱之殊，糯與秈有赤白、水旱之別，或有芒，或無芒。據鄉人分別，不下一二十種，總以稻冠之可也。黍與稷是小米之總稱。時珍曰稷與黍一類而二種，粘者為黍，不粘者為稷；　稷可作飯，黍可釀酒，猶稻之有粳與糯也。竊見北人總呼為小米為黃米。然稷之生也，形似蘆粟，其子叢生，直立於苗端，而米粒細。黍之生也，形似稻，其子踈散，分垂于苗端，與大米相似，而米粒較稷稍粗；　其種迥異，一為黍，一為稷，斷斷無疑。麥有大麥、小麥、蕎麥，人皆能辨之。菽為諸豆之總名，亦人所易曉。惟《詩經》又有黍、稷、稻、粱之稱，《周禮》又有九穀、六穀之名，有粱無粟，意粟即是粱。又有云大而毛長者為粱，細而毛短者為粟，則是一種而稍異者耳，今之蘆粟是也。《本草》又註粟米即小米，則更可疑。竊見北地頗多種蘆粟者，呼為膏粱，亦是粱即粟之一證。然日用嘗食盡是稷米，呼為小米，膏粱間取以佐食，不以為正糧也。釀酒之黍米亦呼為小米，未聞呼蘆粟為小米。今《本草》指為即小米，毋廼淆混而無別耶？　至于南人種蘆粟甚罕，普天下多食粳秈二種，今言粱即是粟，則食粟者寡矣，何以粱之名目古今稱之比比耶？　愚見竊謂五穀之名，見於經傳，穀當以五為準，粱與粟乃古者大米、小米之通稱。《論語》冉子請粟，齊景公曰雖有粟，孟子米粟非不多，農有餘粟等類，豈非粟乃米穀之通稱乎？　若必指粟為即粱，即蘆粟，即小米，寧不小視粟，而大費唇舌耶。且《本草》已標蜀黍為蘆粟，則粟又是黍類矣，何以又曰即粱耶？　至于秫也者，是糯米之別名。陶淵明好酒，田皆種秫。陶是九江彭澤人，地宜大米，則秫非粱粟可知。李時珍所云稷之粘者為黍，粳之粘者為糯是矣。又云粟之粘者為秫，豈其然乎？　予宦九江二載，從未見有小米酒，則陶之秫斷是大米無疑也。《食物本草》所載諸穀訛亂尤甚，亦可謂五穀不分者矣！

明・施永圖《本草醫旨・食物類》卷一　五味所宜　肝色青，宜食甘，粳米、棗、葵、牛肉皆甘。〇心色赤，宜食酸，小豆、李、韭、犬肉皆酸。〇脾色黃，宜食鹹，大豆、栗、藿、豕肉皆鹹。〇肺色白，宜食苦，小麥、杏、薤，羊肉皆苦。〇腎色黑，宜食辛，黃黍、桃、葱、雞肉皆辛。

五穀以養五臟：　麥養肝，黍養心，稷養脾，稻養肺，荳養腎。　五果以助五臟：　李助肝，杏助心，棗助脾，桃助肺，栗助腎。　五畜以益五臟：　雞補肝，羊補心，牛補脾，犬補肺，彘補腎。　五菜以充五臟：　葵利肝，藿利心，薤利脾，葱利肺，韭利腎。

明・裴一中《裴子言醫》卷二　滋陰養血之藥，予固未嘗廢也。世俗則謂我廢而不用，不既冤乎！　唯是世之季也，虧敗脾元者十人而九，故不敢謾用濕潤之藥，以戕既敗之脾元耳。豈概廢而不用哉？　試舉一二最明白最顯現者以例之，則世之謂我廢而不用者，自迎刃而解矣。如產後諸病，夫人而知其為陰血虛也。倘其人兼有胸腹不利，飲食少餐，或惡心，或嘔吐，或作瀉作脹，而為產後之脾胃病者，豈可據以血藥投之乎？　虛癆諸證，亦夫人而知其為陰血虛也。倘其人兼有胸腹不利，飲食少餐，或惡心，或嘔吐，或作瀉作脹，而為虛癆之脾胃病者，豈可據以血藥投之乎？　腸風下血，血藥亦所必需也。而或兼有脾胃諸證者，豈可便以血藥止之，而不思更有所以治之乎？　崩漏下血，血藥亦所必需也。而或兼有脾胃諸證者，豈可便以血藥止之，而不思更有所以治之乎？　世間類是者甚眾，故予不敢妄用血藥以誤人，非真廢而不用也。

明・裴一中《裴子言醫》卷三　人當病愈後，胃氣必虛，固不可恣情口吻，尤不可小心太過絕口不沾肉味。或曰本草謂猪肉助火生痰，發風動氣，于人有損無益，子何出此言也？　予曰：　人以血氣成軀，虛則當以血氣之味為補助，此固自然之至理，岐伯所以有肉為胃藥之稱，孟氏所以有非肉不飽之論也。朝與夕親，習以成性，雖有助火生痰、發風動氣之害，亦與之俱化矣。予有一譬焉，譬之藥中之大黃，非所稱有損無益者乎？　而或蟲生其間，則必不能離大黃以為命，設取而飼之人參、白朮之中，其蟲反不得所而死矣。此各隨其質之所由生，性之所由習，豈概論物味之損與益哉？　又如污泥糞壤，孰不以為穢惡之物，唾而遠也，其間或生蟲焉，則亦必藉污泥糞壤以為命矣。倘憐而愛之者，將畜之于清谿洌澗之中，其為蟲也，得更有踰時之命乎？　由此推之，則猪肉之于人，未嘗有損而無益也。

清・何其言《養生食鑒》卷下　右味所以調和飲食者也，辛香之氣能起脾胃，濃厚之味自然適口，常思古人所謂茹淡受益者，則不失於中和矣。

清·李世藻《元素集錦·戒律》長生藥：《本草》所載不少，而人服之無長生者，豈藥之不應？與夫長生之藥，必寡嗜慾，淡飲食，而後有效。今乃縱慾恣食，而欲求其效，不亦難乎？非藥之不能長生人，人之不能服長生藥也。至于借長生之說以濟嗜慾，動取金石辛燥之藥而服之，非惟不能長生，且促其夭年矣。則候正自不少，當細辨之。

清·王凱《痧症全書》卷上　食宜：【略】燈心湯：口渴者飲之，作藥引可用蘆粟湯、山查湯、蘿蔔子湯、蘆柴根湯、荸薺、百合、藕、西瓜。待痛止後知餓，方可喫飯湯。清水米粥、米糊湯，亦宜少用，且須冷喫，不然則復發。陳大麥粯粥為妙。

清·李文來《李氏醫鑒》卷九　病後調理服食　凡一切病後將愈，表裏氣血耗于外，藏府精神損于內，氣血虛弱，倦怠無力，是其常也。最宜安心靜養，調和脾胃為要。毋妄想，毋起居，慎風寒，戒惱怒，節飲食，慎房勞，是爲節要。若再犯之，即良藥亦難十全矣。勿以身命若蜉蝣，如燈蛾之撲熖，自損其身哉，戒諸！謹諸！凡病後有火者，宜服清火之藥數劑，飲食須多凔少食，不可驟服補藥，惟調理脾胃為主。土為萬物之母，脾土健運，則生生無窮，體自健旺矣。　初愈宜衣被適寒溫。太熱則生虛熱，心煩躁渴；太寒即風邪乘空易襲。　傷寒時疫，身涼脈緩，宜進青菜清湯，疎通餘邪，如覺腹中寬爽，再進陳倉米清飲，以開胃中穀氣。一二日(許)[後，可]進糜粥鍾許，日三四次，或五六次為度，慎毋太過。或用陳豆豉，或清爽之物過口，或清水煑淡白鯗，醋點極妙，再漸進活鯽魚，調理百日，方無食復勞復等症。　食後復發熱，宜斷穀即愈。服調脾胃之劑，忌用驟補大熱等藥，從緩醫治，能收全功。　一切病症，忌食猪油、濕麵、雞、羊、膩滯、煎、炒、燒、煿等物，犯之復發難治。　病後切忌房勞，犯之舌出數寸死。　中風後忌服辛散香燥等藥，及猪、羊、鵝、魚、腥、蕎麥、麵、蛋、芋滯氣發病等物。　勞嗽發熱，水腫喘急，宜淡食，忌鹹物。　瘧痢後忌飽食諸血、香甜等物，及滑利之物，梨瓜生冷，切禁勿用。　癰疽發背，忌同傷寒。　虛損喘咳骨蒸，忌用大熱溫補等藥，宜服補陰養益真元，庶幾可也。　產後切禁寒涼藥物，雖在酷暑之日，亦不宜施。世多悞用，以致傷生。尤忌利小水藥物，冬瓜亦不宜用。　痘疹後不善調攝，多致危殆，因其忽畧保護故也。　凡病後，如水浸泥牆，已乾之後，最怕重復冲擊，再犯不救。　凡翻胃新愈，切不可便與粥飯，宜用陳米炒焦三錢，見土氣，或炒後隨用冷水淘去火氣，煎湯細細啜之，可以小試陳米飲，若倉稟未固，不宜驟貯米穀，往往食早者多不可救矣。據此理此法，不但施之翻胃新愈之後，凡病新愈後，皆宜如此調理，漸次飲食，至于葷腥等物愈宜緩遲，若用之早，不惟無益，而且反覆難健。

清·范在文《衛生要訣》卷一　五味論：五味原以養人，過食必傷。酸以養肝，食酸多則筋拘，膚粗，髮燥。苦以養心，食苦多則舌堅，腹痛，小便數。甘以養脾，食甘多則齒黑，胃逆，大便艱。辛以養肺，食辛多則氣喘，皮鬆，腠理開。鹹以養腎，食鹹多則骨瘻，心虛，精寒。中庸之道，自古為難，太過不及，皆非正理，此其大略也。至其中之乘，所勝尅所不勝，《內經》言之詳矣。由是而推之，未嘗非行遠自邇、登高自卑之一助云爾。

五穀論：太古民無粒食，后稷教民稼穡，樹藝五穀，而民始得養其生。《周官》有五穀、六穀、九穀之名，詩人有八穀、百穀之咏，而要皆以五穀為主。五者何？蔴、麥、稷、黍、豆也。何以五名？所以配肝、心、脾、肺、腎而名之也。雖五者各配一臟，而實無不滋養胃氣，以營和各臟，舒暢經絡也。萬物皆生乎土，人生皆主乎胃。《經》云：有胃氣者生，無胃氣者死。五穀之與人，不綦重乎？人但知五穀能養人，若不知五穀之性，重嗜一味，亦能傷人。知五穀之性，救偏補弊，且能療人之病，是五穀亦藥石也。故擇其能為藥餌者，註於各病之下，以便村野牧豎，去城市遼遠，夜半倉猝莫措者用。

五菓論：木之結實應時而成者，謂之菓。備五味，兼五色，入五臟。歉凶可以濟飢，疾病可以為藥。雖菓品百有餘種，而最著者為五菓。五者何？梨、栗、杏、棗、桃也。他書多以梨為李者，非也。五者之外，舉凡可以療痛苦而拯疾病者，各註於本病之下，以便採擇。

五菜論：穀不熟曰饑，菜不熟曰饉。菜之為義重矣。菜有數百餘種，而五菜為首。五者何？蘿蔔、芥、葱、薑、韭也。菜以蔬名，取其佐穀味以疏通壅滯者也。故五菜之外，有可備藥物而療諸疾者，悉註於本病之下，以便摘用。

菓、穀、菜蔬總結：以上五穀、瓜果、蔬菜各種，而可備藥物者，詳悉註之。較之採藥，取攜甚便，及其成功則一，間有不及延醫，與夫力不能辨者，而食飲器具之物，何在不有，何物不具一性，虛者補之，實者瀉之，寒者溫之，熱者解之，過升者降之，過降者升之而已。醫者，易也。氣血，人之所素有者，外因於天，内因於人，感而傷之，是為不足。補其不足，所謂無者使之有造是也。風寒暑濕，人之所本無者，觸而加之，是為有餘。損其有餘，所謂有者使之無化是也。神農嘗百草，辨五穀，以療民疾，舒民困。歷代名醫著作不下數百種，而目前之品多不齒及，豈庸行不足為孝弟乎？藥無定品，因其治病而貴。約計民病百端，日用可備藥物者，十百餘種，各註於本病之下，庶病者易於披閲耳。

清・黃凱鈞《橘旁雜論》卷下　病愈肉食辨　斐一中曰：人當病愈，胃氣必虛，固不可恣情口吻，尤不可小心太過絕口不沾肉味。此言只說得一面，未能圓光。予謂病後胃氣既虛，必欠於運化，肉食肥濃，發風動氣，助火生痰，皆未能免。須淡味與穀食調養，胃氣漸能健運，然後與風肉猪脂煮極爛充膳，方為無弊。若病愈便啖豕肉，斷不可也。如瘧疾斑疹之後，尤當切戒。

清・徐士鑾《醫方叢話》卷一　戒服丹藥論　金石伏火丹藥，有嗜慾者，率多服之，冀其補助。蓋方書述其功效，必曰益壽延年，輕身不老。執泥此說，服之無疑，不知其為害也。彼方書所述，誠非妄語，惟修養之士嗜慾既寡，腎水盈溢，水能尅火，恐陰陽偏勝，乃服丹以助心火。心為君，腎為臣，君臣相得，故能延年。況心不外役，火雖盛而不炎，以火留水，以水制火，水火交煉，其形乃堅。雖非向上修行，亦養形之道也。彼嗜慾者，水竭於下，火炎於上，復助以丹，火烈水枯，陰陽偏勝，精耗而不得聚，血竭而不得行，況復喜怒交攻，抱薪救火，發為消渴，凝為癰疽，或熱或狂，百證俱見，此丹藥之害也。人既不能絕慾性，當助以溫平之劑，使榮衛交養。有寒證則間以丹藥投之，病去則已。或者不知此理，每恃丹藥，以為補助，實戕賊其根本耳。豈善攝生之道哉？《袪疑說纂》。　案：此論簡明透澈，洞中流俗癥結，洵為濟世藥言，特冠之篇首。

煎藥服藥部

題解

宋・唐慎微《證類本草》卷一《序例上》〔《本經》〕　病在胸膈以上者，先食後服藥；病在心腹以下者，先服藥而後食；病在四肢、血脈者，宜空腹而在旦；病在骨髓者，宜飽滿而在夜。

梁陶弘景《本草經集注》　右本說如此。按其非但藥性之多方，其節適早晚，復須條理。今方家所云先食、後食，蓋此義也。又有須酒服者、飲服者、冷服者、暖服者。服湯則有疎、有數，煮湯則有生、有熟，各有法用，並宜審詳爾。

附：日・丹波康賴《醫心方》卷一　服藥節度第三　《千金方》云：扁鵲曰：人之所依者，形也；亂於和氣者，病也；理於煩毒者，藥也；濟命扶厄者，醫也。安身之本，必資於食。救疾之要，必憑於藥。不知食宜者，不足以存生也。不明藥忌者，不能以除病也。斯之二事，有靈所要也。若忽而不學，誠可悲哉！　又云：夫為醫者，當須洞視病源，知其所犯，以食治之。食療不愈，然後命藥。藥性堽烈，猶為御兵。兵之猛暴，豈容妄發？發用乖儀，損傷更眾。藥之投病，叐濫亦然。　又云：仲景曰：欲治諸病，當先以湯，洗除五藏六府間，開通諸脉，理道陰陽，蕩中破邪，潤澤枯朽，悅人皮膚，益人氣力。水能淨萬物，故用湯也。若四支病人，風冷發動，次當用散。散能逐邪，風氣濕痺，表裏移走，居無常處，散當平之。次用丸，丸藥能逐風冷，破積聚，消諸堅癥，進飲食，調榮衛。能參合而行之者，可謂上工。醫者，意也。榮衛，《千金方》曰：榮者，絡脉之氣通。衛者，經脉之氣通。榮出中焦，衛出上焦。

《養生要集》云：張仲景曰：人躰平和，唯好自將養。勿妄服藥，藥勢偏有所助，則令人藏氣不平，易受外患。唯斷穀者，可恒將藥耳。　又云：郄悟論服藥曰：夫欲服食，當尋性理所宜，審冷暖之適。不可見彼得力，我便服之。初御藥，先草，次木，次石，將藥之大較，所謂精麁相代，階麁以至精者也。

《本草經》云：【略】

《抱朴子》云：案《中黄子服食節度》曰：服治病之藥，以食前服之。服養生之藥，以食後服之。吾以諮鄭君，何以如此也？鄭君言：易知耳。欲以藥攻病，既宜及未食內虛，令毒勢易行。若以食後服之，則藥攻穀，而力盡矣。若欲養生，而以食前服藥，力未行，而穀駈之以下不得除，止作益也。

蔣孝琬云：或病先患冷，而卒得熱者，治熱不愈，不愈尋加進平溫之藥而調之，不然冷方轉增。或冷患熱時治之，不可一用熱藥攻之，反得熱蒸。又云：病力弱者，形害多消。欲治之法，先以平和湯一兩劑少服，通調血氣，令病人力漸漸強生，然可服當病大藥耳。又云：其病或年遠而人仍強，或得病日近病人已致瘦弱。此二種病，乃是府藏受納病別故爾。凡藏病，皆年遠始成。府病日近尋劇。五藏為陰，六府為陽。陰病難治，陽病易治。陰陽二病，用藥性不同。陰須君藥多，陽須臣藥多，卒邪暴病使藥多。又云：須知春秋服散，夏服湯，冬服丸，便是依時之藥方。言夏服湯者，夏人氣行皮膚榮衛之中。若人夏受得邪，初病者淺不深，故服湯去初邪耳。冬服丸者，冬寒人氣深入，行於五藏六府骨髓之內。若初受邪者，還病深入與人氣併行，若服湯，湯氣散，未至疾所，氣已盡矣。故作丸服之散遲，日服之不廢用者，不費而病愈，故冬服丸。春秋服散者，春秋二時，晝夜均寒暑調，人氣行於皮肉之間，不深不淺，故用散和酒服之，酒能將藥氣行入人肉中，以去其邪，故春秋服散。又云：春夏不可合喫熱藥，秋冬不可合喫冷藥。但看病人冷（病人冷）熱也。又云：病有新舊，療法不同。邪在毫毛，宜服膏及以摩之。不療，廿日入於孫脉，宜服藥酒，酒是熟液，先走皮膚，故藥氣逐其酒勢入於孫脉，邪氣散矣。不療，卅日入於絡脉，宜服湯。不療，六十日傳入經脉，宜服散。不療，八十日入於藏府，宜服丸。百日已上，謂之沉疴，宜服煎也。又云：凡服補湯者相去遠，久服瀉湯相去近。

《小品方》云：凡病劇者，人必弱，人弱則不勝藥，處方宜用分兩單省者也。病輕者，人則強，勝於藥，處方宜用分兩重複者也。凡久病者，日月已積，必損於食力，食既弱，亦不勝藥，處方亦宜用分兩單省者也。新病者，日月既淺，雖損於食，其穀氣未虛，猶勝於藥，處方亦宜用分兩重複者也。少壯者，病雖重，其人壯，氣血盛，勝於藥，處方宜用分兩重複者也。雖是優樂人，其人驟病，數服藥，則難為藥勢，處方亦宜如此也。衰老者病雖輕，其氣血衰，不勝於藥，處方亦宜用分兩單者也。雖是辛苦人，其人希病，不經服藥者，則易為藥勢，處方亦宜如此也。夫人壯病輕，而有少分兩方者，人盛則勝藥勢，處方分兩單省者，則不能制病，雖積服之，其勢隨消，終不制病，是以宜服分兩重複者也。夫衰老虛人久病，病重而用多分兩方者，人虛衰氣力弱，則不堪藥，藥未能遣病，而人氣力先疲，人疲則病勝，便不敢復，服則不得力也，是以宜服分兩單省者也。又云：自有小盛之人，不避風涼，觸犯禁忌，暴竭精液，雖得微疾，皆不可輕以利藥下之，一利便竭其精液，臼滯着床席，動經年歲也。初始皆宜與平藥治也。宜利者，乃轉就下之耳。唯小兒不在此例。大法宜知如此也。夫長宿人病，宜服利湯藥者，未必頓盡一劑也。皆視其利多少，且消息之於一日之寬也。病源未除者，明後更合一劑，不必服盡。但以前後利勢相成耳。氣力堪劑者，則不制也。病源宜服利藥，治取除者，服湯之後，宜將丸散也。時時服湯，助丸散耳。夫病是服利湯得差者，從此以後，慎不中服補湯也。得補，病勢則還復成也。重就利之，其人則重弊也。若初差，氣力未展平復者，當消息之。宜服藥者，當以平和藥，逐和之也。若垂平復，欲將補益丸散者，自可以意斟量耳。夫有常患之人，不妨行走，氣力未衰，欲將補益，冷熱隨宜。丸散者，乃可先服利湯下，便除胸腹中瘀積淡實，然後可將補藥。復有虛人積服補藥或中實，食為害者，可止服利藥除之。復有平實之人，暴虛空竭者，亦宜以微補藥止以和之，而不可頓補也。暴虛，微補則易平也。過補喜否，結為害也。

夫極虛極勞病，應服補湯者，風病應服治風湯者，此皆非五三劑可知也。自有滯風洞虛，積服數十劑及至百餘劑，乃可差者也。然應隨宜增損之，以逐其體寒溫澁利耳。

《千金方》云：凡人年卌以下，有病可服瀉藥，不甚須服補藥，必有所損，不在此限。卌以上，則不可服瀉藥，須服補藥。五十以上，四時勿闕補藥，如此乃可延年，得養生之術耳。又云：必有藏府積聚，無問少長，須瀉。必有虛損，無問少長，須補。以意商量而用之。又云：每春秋皆須與服轉瀉藥之一度，則不中天行時氣也。又云：凡用藥，皆隨土地所宜。江南嶺表，其地暑熱，肌膚薄脆，腠理開疎，用藥輕省。關中河北，土地壃燥，其人皮膚堅硬，腠理閉實，用藥重複。　又云：　凡服痢湯，欲得侵早。凡服湯，欲得如法，湯熱服之，則易消下不吐。若冷則吐嘔不下，若大熱則破人咽喉。務在用意。湯必須澄清，若濁則令人悶不解。中間相去如步行十里，若太促數，前湯未消，後湯來衝，必當吐逆。仍問病兒，腹中藥消散可不，乃可進服。　又云：　凡服湯，皆分三升為三服。然承病兒穀氣強，前一服最須多，次一服如少，次後一服最須少，如此則其安穩。　又云：　凡服補湯，欲得服三升半，晝三夜一，中間鬲食則湯氣溉灌百脉，易得藥力，若如此則大大須緩，不得速急也。又須左右仰覆臥，各一食頃，即湯勢遍行腹中。又於室中行，皆可百步許，一日勿出外，則大大益也。　又云：　凡服湯三日慎酒，湯忌酒故也。　又云：　凡服治風湯等，一服厚覆取汗。若得汗，即須薄覆，勿令大汗，中間亦須間食。不爾，令人無力，更益虛羸。　又云：　凡餌湯藥，其粥食肉菜皆須大大熟，熟則易消，與藥相宜。若生，則難消。又復損藥，仍須少食菜，於藥為佳。亦少進鹽醋乃善。亦不得苦用心力及房室、喜怒。　又云：　凡服瀉湯，及諸丸散酒等，至食時須食者，皆先與一口冷醋飯，須臾乃進食佳也。　又云：　凡丸藥皆如梧子，補者十丸為始，從十漸加，不過卌丸為限。過此，虛人亦一日三度服，欲得引日，多時不闕，藥氣漸積，薰蒸五藏，積久為佳。不必頓服，早盡為善，徒棄名藥，獲益甚少。　又云：　凡服瀉丸，不過以痢為度，慎勿過多，令人下痢無度，大損人。　又云：　凡人忽遇風，發身心頓惡，或不能言。如此者，當服大小續命，及西州續命、排風、越婢等湯。於無風密室之中，日夜四(正)五服，勿計劑數多少，亦勿慮虛，常使頭面、手足、腹背汗出不絕為佳。服湯之消，即食粥，粥消即服湯，亦得少與羊肉臛將補。若風大重者，相續五日五夜，服湯不絕，即經二日停湯，以美羹臛自補，消息四體。若小差，當即停藥，漸漸將息。如其不差，當更服湯攻之，以差為限。　又云：　凡患風服湯，非得大汗。其風不去，所以諸風方中，皆有麻黃。至如西州續命用八兩，越婢六兩，大小續命或一兩三兩四兩，故知非汗不差。所以治風，非密室不得。輒漫服湯藥，徒自悞耳。唯更加增，未見損減焉。

《葛氏方》云：　凡服藥不言先食後食者，皆(有)〔在〕食前。其應食後者，自各說之。凡服湯云分三服再服者，要視病源候或疎或數，足令勢力相及。毒利之藥，皆須空腹。補湯間中自可進粥。丸散日三者，當以旦中暮。四五服者，一日之中優量均分之。凡服丸散，不云酒水飲者，本方如此。而別說用酒水，則此可通得以水飲服之。《刪繁論》云：　凡禁之法，若湯有觸服，竟五日忌之。若丸散酒中有相違觸，必須服藥竟之後十日方可飲噉。若藥有乳石，復須一月日外。若不如爾，非唯不得力，反致禍也。

宋·趙佶《聖濟總錄》卷三《敘例》　服餌　病在胸膈以上者，先食後服藥；病在心腹以下者，先服藥後食；病在四肢血脈者，服藥宜空腹而在旦；病在骨髓者，服藥宜飽滿而在夜，此用藥之常法者也。卒病受邪，則攻治宜速，豈可拘以常法？

凡服利湯，貴在侵早，仍欲稍熱，若冷則令人吐嘔。又須澄清，若濁則令人心悶。大約分為三服，初與一服宜在最多，乘病人穀氣尚強故也，次與漸少，又次最少。若其疎數之節，當問病人前藥稍散，乃可再服。

凡服補益丸散者，自非衰損之人，皆可先服利湯，瀉去胸腹中壅積痰實，然後可服補藥。應服治風湯散，皆須三五劑。自有久滯風病，即須倍此，乃至百餘日可差，又當斟酌所宜。傷寒時氣，不拘旦夕，當即亟治，其服藥亦不可拘以常法，庶使病易得愈，不至傳變。是以小兒、女子得病益以滋甚者，良由隱忍冀差不即治之也。

元·王好古《湯液本草》卷二《東垣先生〈用藥心法〉》　古人服藥活法：在上不厭頻而少，在下不厭頓而多，少服則滋榮於上，多服則峻補於下。

古人服藥有法：　病在心上者，先食而後藥。病在心下者，先藥而後食。病在四肢者，宜飢食而在旦。病在骨髓者，宜飽食而在夜。

明·李時珍《本草綱目》卷一《序例》　杲曰：　古人服藥活法：　病在上者，不厭頻而少；病在下者，不厭頓而多。少服則滋榮於上，多服則峻補於下。凡云分再服、三服者，要令勢力相及，並視人之強弱，病之輕重，以爲進退增減，不必泥法。

清·尤乘《壽世青編》卷下　服藥須知　夫病之所由來，因放逸其心，逆於生樂，以精神狥智巧，以憂慮狥得失，以勞苦狥禮節，以身世狥財利。四狥不置，心為之病也。極力勞形，躁暴氣逆，當風飲酒，食嗜辛鹹，肝為之病矣。飲食失節，溫涼失度，久坐久臥，大飽大飢，脾為之病矣。呼叫過常，辯爭陪答，冒犯寒暄，恣食酸鹹，肺為之病矣。久坐濕地，強力涉遠，縱欲勞形，丹田漏溢，腎為之病矣。五病既作，故未老而羸，未羸而病，病至則重，重則必斃。

嗚呼！是皆弗思而自取之也。今既病矣，而後藥之，得非臨渴掘井乎！然必以慎起居，戒暴怒，簡言語，清心勞營，輕得失，收視聽，節飲食，忌肥濃炙煿生冷。凡食勿頓而多，任可少而頻。食不欲急，急則傷脾，法宜細嚼緩嚥。勿太熱，勿太冷，又不得雜，雜則物性或有相反，則脾與胃不大可慮哉！苟能慎之，服藥自效。設仍率性任情，不守戒忌，豈特藥力無功，而其疾更劇矣，是不可不慎。

清・吴澄《不居集》卷一九　服藥須知　凡病之初生，未必死於必死之病，多死於必死之人耳。何也？若人有病，無論新久，視為必死之症，亟訪明醫，究問病症的確，然後自家靜養調攝，志誠服藥，不為庸醫所誤，可獲全生。但今之病者，不惟輕忽不肯調攝，妄投醫藥，以病試藥，即輕病之變重，重者必死，臨危求生晚矣。醫治之法，先宜潛心靜養，謝絶世情，順其性而調和飲食，以後方從容調理，如是百日，未有不生者也。

清・羅紹芳《醫學考辨》卷三　服藥法　《錦囊》曰：服瘧藥有避忌，將發可服，以阻其來。將退可服，以追其去。若瘧正盛時，服藥與之混戰，徒自苦耳。

論説

晉・葛洪《抱朴子内篇》卷一一　或問：服食藥物，有前後之宜乎？抱朴子答曰：按《中黄子服食節度》云：服治病之藥，以食前服之，養性之藥，以食後服之。吾以咨鄭君，何以如此。鄭君言，此易知耳，欲以藥攻病，既宜及未食内虚，令藥力勢易行，若以食後服之，則藥但攻穀而力盡矣；若欲養性，而以食前服藥，則力未行，而被穀驅之下去不得止，無益也。

唐・孫思邈《千金要方》卷一　服餌第八　若用毒藥治病，先起如黍粟，病去即止。不去倍之，不去拾之，取去為度。

病在胸膈已上者，先食而後服藥。病在心腹已下者，先服藥而後食。病在四肢血脉者，宜空腹而在旦。病在骨髓者，宜飽滿而在夜。

凡服丸散，不云酒水飲者，本方如此，是可通用也。

凡服利湯欲得侵早。凡服湯欲得稍熱服之，即易消下不吐。若冷則吐嘔不下，若太熱即破人咽喉，務在用意。湯必須澄清，若濁令人心悶不解。中間相去如步行十里久再服。若太促數，前湯未消，後湯來衝，必當吐逆。仍問病者，腹中藥消散，乃可進服。

凡服湯法，大約皆分為三服。取三升，然後乘病人穀氣彊，進一服，最須多，次一服漸少，後一服最須少，如此即甚安穩。所以病人於後，氣力漸微，故湯須漸少。凡服補湯，欲得服三升半，晝三夜一，中間間食，則湯氣溉灌百脉，易得藥力。凡服湯不得太緩太急也。又須左右仰覆卧，各一食頃，即湯勢遍行腹中。又於室中行，皆可一百步許。一日勿出外，即大益。凡服湯三日，常忌酒，緣湯忌酒故也。凡服治風湯，第一服厚覆取汗。若得汗即須薄覆，勿令大汗，中間亦須間食。不爾令人無力，更益虚羸。

凡丸藥皆如梧桐子大。補者十丸為始，從一服漸加，不過四十丸，過亦損人。云一日三度服，欲得引日多時不闕。藥氣漸漬，熏蒸五藏，積久為佳，不必頓服。早盡為善。徒棄名藥，獲益甚少。

凡人四十已下，有病可服瀉藥，不甚須服補藥。必若有所損，不在此限。四十已上，則不可服瀉藥，須服補藥。五十已上，四時勿闕補藥。如此乃可延年，得養生之術耳。其方備在第二十七卷中。《素問》曰：實即瀉之，虚即補之。不虚不實，以經調之。此其大略也。

凡有藏腑積聚，無問少長，須瀉則瀉。凡有虚損，無問少長，須補即補。以意量度而用之。

凡服痔漏疳蠶等藥，皆慎猪雞魚油等，至差。

凡服瀉藥，不過以利為度，慎勿過多，令人下利無度，大損人也。

凡諸惡瘡，差後皆百日慎口，不爾即瘡發也。

凡服酒藥，欲得使酒氣相接，無得斷絶，絶則不得藥力。多少皆以知為度，不可令至醉及吐，則大損人也。

凡服藥，皆斷生冷酢滑，猪犬雞魚，油麪蒜及果實等。其大補丸散，切忌陳臭宿滯之物。有空青，忌食生血物。天門冬忌鯉魚。白术忌桃李及雀肉、葫荽、大蒜、青魚鮓等物。地黄忌蕪荑。甘草忌菘菜、海藻。細辛忌生菜。菟絲子忌兔肉。牛膝忌牛肉。黄連、桔梗忌猪肉。牡丹忌葫荽。藜蘆忌狸肉。半夏、昌蒲忌飴糖及羊肉。恒山、桂心忌生葱、生菜。商陸忌犬肉。茯苓忌醋物。柏子人忌濕麪。巴豆忌蘆笋羹及猪肉。鼈甲忌莧菜。

凡服藥，忌見死尸及產婦穢汚觸之，兼及忿怒憂勞。

凡餌湯藥，其粥食肉菜皆須大熟。熟即易消，與藥相宜。若生則難消，復損藥力。仍須少食菜及硬物，於藥為佳。亦少進鹽、醋乃善。亦不得苦心用力及房室喜怒。是以治病用藥力，唯在食治，將息得力，大半於藥有益。所以病者務在將息節慎。節慎之至，可以長生，豈惟病愈而已。

凡服瀉湯及諸丸散酒等，至食時須食者，皆先與一口冷醋飯，須臾乃進食為佳。

凡人忽遇風發，身心頓惡，或不能言。有如此者，當服大小續命湯及西州續命、排風、越婢等湯，於無風處密室之中，日夜四五服，勿計劑數多少，亦勿慮虛。常使頭面、手足、腹背汗出不絕為佳。服湯之時，湯消即食粥，粥消即服湯，亦少與羊肉臛將補。若風大重者，相續五日五夜，服湯不絕。即經二日，停湯以羹臛自補，將息四體。若小差，即當停藥，漸漸將息。如其不差，當更服湯攻之，以差為度。

凡患風服湯，非得大汗，其風不去。所以諸風方中皆有麻黃。至如西州續命即用八兩，越婢六兩，大小續命或用一兩、三兩、四兩，故知非汗不差。所以治風非密室不得輒服湯藥，徒自悮耳。惟更加增，未見損減矣。

凡人五十已上大虛者，服三石更生，慎勿用五石也。四時常以平旦服一二升，暖飲，終生勿絕。及一時勿食蒜、油、猪、雞、魚、鵝、鴨、牛、馬等肉，即無病矣。

宋·趙佶《聖濟經》卷一〇《審劑篇》 夫內外之法固如此，然必先明乎物，然後可以明乎人。明乎人，然後可以明乎天。病在上焦者，先食後藥，使氣上而不下。病在下焦者，先藥後食，使氣下而不上。在四肢血脈者，空腹在旦，其氣可以旁達。在骨髓者，飽滿在夜，其氣可以深入。此明乎人者也。春宜吐，夏宜汗，秋宜下，冬宜溫劑，此明乎天者也。天人兼明，是謂知道。

〔宋·吳褆注〕：上文所言，內外之法也。然物之制用因乎人，人之受命因乎天。故先明乎物，然後可以明乎人。明乎人，然後可以明乎天也。病在上焦者，先食後藥，食下而藥上，故使氣上而不下。病在下焦者，先藥後食，食上而藥下，故使氣下而不上。四肢血脈者，空腹在旦，旦趣乎動，而又空腹，此氣之所以旁達。其骨髓者，飽滿在夜，夜伏乎静，而又飽滿，此氣之所以深入。上下動静者人也，故謂之明乎人。春為發陳，故宜吐。夏為蕃秀，故宜汗。秋之宜下，與木皆落也。冬之宜溫，懼傷嚴凝也。春夏秋冬者天也，故謂之明乎天。人則有為，天則無為。天人兼明，則無季真接子之蔽，其於道也庶幾焉。故曰知道。

宋·許洪《指南總論》卷上 論服餌法 夫藥有君臣佐使，人有強弱虛實。服餌之法，輕重不同，少長殊途，強羸各異，或宜補宜瀉，或可湯可圓，加減不失其宜，藥病相投必愈。若病在胸膈已上者，先食而後服藥。病在心腹已下者，先服藥而後食。病在四肢、血脈者，宜空腹而在旦。病在骨髓者，宜飽滿而在夜。凡藥勢與食氣不欲相逢，食氣消即進藥，藥氣散而進食。如此消息，即得五臟安和，非但藥性之多方，其節適早晚，復須調理。今所云先食後食，蓋此義也。

凡服湯，欲得稍熱服之，則易消下。若冷，則嘔吐不下。若太熱，則傷人咽喉，務在用意。湯必須澄清，若獨，則令人心悶不解。中間相去如步行十里久，即再服。若太促者，前湯未消，後湯來衝，必當吐逆。仍問病者腹中藥消散否，乃更進服。

凡服圓藥補者，皆如梧桐子大，以二十圓為始，從一服漸加至四十圓為限，過多亦損人。云一日再服者，欲得引日多時不闕，藥力漸積，熏蒸五臟，彌久為佳，不須頓服為善，徒餌名藥，獲益甚少也。

凡服浸酒藥，欲得使酒氣相接，無得斷絕，斷絕則不得藥力。多少皆隨性飲之，以知為度，不可令大醉至吐，大損人也。

凡服毒藥治病，先起如黍粟，病去而止，不去倍之，不去十之，取去為度。今藥中單行一兩種有毒之藥，只如巴豆、甘遂之輩，不可令至盡劑爾。如《經》所說，一味一毒服一圓如細麻，二味一毒服二圓如大麻，三味一毒服三圓如胡豆，四味一毒服四圓如小豆，五味一毒服五圓如大豆，六味一毒服六圓如梧桐子。以數為圓，而毒中又有輕重，只如狼毒、鉤吻，豈同附子、芫花之輩耶？凡此之類，皆須量用也。

凡餌湯藥後，其粥食、肉菜皆須大熟，大熟則易消，與藥相宜。若生則難消，復損藥力。仍須少食菜，於藥為佳。亦少進鹽、醋乃善。亦不得苦心用力，及於喜怒。是以療病，用藥力為首。若在食治，將息得力，太半于藥，所以病者務在將息，攝養之至可以長生，豈止愈病而已哉。

元·王好古《湯液本草》卷二《東垣先生〈用藥心法〉》 湯液煎造 病人

服藥，必擇人煎藥。能識煎熬制度，須令親信恭誠至意者煎藥，銚器除油垢腥穢。必用新淨甜水為上，量水大小，斟酌以慢火煎熬分數。用紗濾去柤，取清汁服之，無不效也。

明・陶華《殺車槌法》 煎藥法　用發汗藥，先煎麻黄一二沸，後入餘藥同煎。　用止汗藥，先煎桂枝一二沸，後入餘藥同煎。　用和解藥，先煎柴胡一二沸，後入餘藥同煎。　用下藥，先煎滾水，入枳實一二沸，後入餘藥同煎。　用溫藥，先煎乾薑一二沸，後入餘藥同煎。　用行血藥，先煎桃仁一二沸，後入餘藥同煎。　用利水藥，先煎猪苓一二沸，後入餘藥同煎。　用止瀉藥，先煎炒白朮一二沸，後入餘藥同煎。　用消渴藥，先煎天花粉一二沸，後入餘藥同煎。　用止痛藥，先煎白芍藥一二沸，後入餘藥同煎。　用發黄藥，先煎茵陳一二沸，後入餘藥同煎。　用發斑藥，先煎青黛一二沸，後入餘藥同煎。　用發狂藥，先煎石膏一二沸，後入餘藥同煎。　嘔吐藥，先煎半夏一二沸，後入餘藥同煎。　用勞力感寒藥，先煎黄芪一二沸，後入餘藥同煎。　用感冒傷寒藥，先煎羌活一二沸，後入餘藥同煎。　用暑證藥，先煎香薷一二沸，後入餘藥同煎。　用風病藥，先煎防風一二沸，後入餘藥同煎。　用腹如雷鳴藥，先煎煨生薑一二沸，後入餘藥同煎。　同濕證藥，先煎蒼朮一二沸，後入餘藥同煎。

明・寇平《全幼心鑒》卷一　服藥法　病在胸膈已上者，先食而後服藥。病在心腹以下者，先服藥而後食。　病在四肢、血脉者，宜空腹而在旦。病在骨髓者，宜飽滿而在夜。　病在表者，不以時候。

灌藥服藥法　小兒煎藥以銀盞，約水半盞，藥多又加多焉。　其或不能灌藥則以匙送下，服藥未盡，旋旋與之。　藥性溫熱，乳食前服。　藥性寒涼，乳食後服，頓服。和平之劑，隨意無拘。

明・葉文齡《醫學統旨》卷八　湯液煎造　凡煎藥，用銀器或砂銚，洗令潔淨，取新汲井中甜水。　如藥一劑重五錢用水一茶甌，重一兩者以二甌，一兩餘者又增半甌，酌量得宜可也。　如劑多而水少，則藥味不齊出，水多而劑少，又煎耗太過，而藥無力也。　煎以濕紙封固藥銚，須令親恭誠者看守。　煎藥分數，用絹濾去柤，取清汁服之，無不効也。　若發汗之藥，必用緊火煎取熱服；　攻下藥亦緊火煎，將數下硝、黄，再二三沸，即取溫服；　陰寒病急者，亦宜緊火煎服，如陰發煩躁者，水中沉冷與之；　補虚溫中清順之藥，俱宜慢火煎服。　夫湯者，蕩也。　煎取清汁，易行經絡而去病也。　若濃濁，則藥力不行，反滯為害也。

服藥活法　凡服藥，病在上者食後徐徐服；　病在中者，食遠服；　病在下者，宜空腹頓服之，以達下也；　病在四肢者，宜飢食而在晝；　病在骨髓者，宜飽食而在夜；　若嘔吐難納藥者，必徐徐一匙而進，不可太急也。

明・彭用光《體仁彙編》卷之四　煎藥大法　病人擇醫，治病擇藥。　煎熬製度，令親信恭誠至意。　煎藥銚器，除油垢腥穢，必用新淨甜水為上，量其水大小斟酌，以慢火煎熬分數，用紗絹濾去滓，取清汁服之，無不効也。　潛谿曰：　煎藥多不如法，舉世通患。　為人子者，宜當慎之。

明・孫一奎《赤水玄珠》卷一八　煎藥法　發汗藥先煎麻黄一二沸，後入餘藥同煎。　止汗藥先煎桂枝。　和解藥先煎柴胡。　下藥先煎滾水，入枳實。　溫藥先煎乾薑。　行血藥先煎桃仁。　利水藥先煎猪苓。　止瀉藥先煎炒白朮。　消渴藥先煎天花粉。　止痛藥先煎白芍藥。　發黄藥先煎茵陳。　發斑藥先煎青黛。　發狂藥先煎石(羔)〔膏〕。　止嘔藥先煎半夏。　勞力感寒先煎黄芪。　濕症藥先煎蒼朮。　感冒傷寒先煎羌活。　暑症藥先煎香薷。　痓病藥先煎防風。　腹如雷鳴藥先煎煨生薑。　已上俱以主病者先煎，餘藥俱後入同煎。

明・杜大章《醫學鈎玄》卷三　服藥次序辨　古人云：　病在胸膈以上者，先食後服藥；　病在心腹以下者，先服藥而後食；　是於理宜矣。　其曰病在四肢、血脉者，宜空服而早；　病在骨髓者，宜飽服而夜。　夫骨髓主腎，骨髓之病，未有不本於腎，腎在心腹以下，先服藥而後食，理也；　而必待於飽者，恐非理也。　夫四肢、血脉、筋肉，未免無病，病在四肢、血脉，宜空腹而旦矣。　若病在筋肉，空滿乎？　旦晚乎？　何其謬於立說也。　要之，空心與食之遠近得之矣。　其或旦，或晚，又當隨機應變也。　嘗聞有病五更瀉者，服止瀉藥不止，醫之明者曰：　瀉在五更，而服藥午後，去五更甚遠，藥力到此盡矣，莫若移藥服於昏乎。　如其法，瀉即止。

明・葆光道人《秘傳眼科龍木論》卷一　煎藥訣　大凡煎藥退熱，藥須要清利，不可用火太猛。　火勢蒸炎，水數易乾，須是火勢得中。　扇之恐灰土泥飛入藥中，服之反為害也。　要當家人監視，不可專付婢僕也。

服藥須知　凡眼藥率多涼劑，必於食後服之。　或者徒泥其說，往往食未下咽，藥即入口，是致食氣與藥氣沖摶，釀積於脾胃之上，不爲藥無其效，且使脾家受冷，旋至虛弱。須當食歇片時，候胸隔稍寬，然後隨意服之。尤貴冷熱得所，大熱則非肝肺所宜，大冷則脾腎停積不化，宜自斟酌耳。

明・皇甫嵩《本草發明》卷一　服藥活法　病在上者，服藥不厭頻而少。病在下，服藥不厭頓而多。少服則滋榮于上，多服則峻補其下。

服藥有法　病在心上者，先食而後藥。病在心下者，先藥而後食。病在四肢者，宜飢食而在旦。病在骨髓者，宜飽食而在夜。

明・涂坤《百代醫宗》卷七　服藥合藥煎藥訣　凡醫眼之藥，率多涼劑，須於食後服之，倘未下咽，藥即入口，是致人氣與藥氣沖摶，釀積於脾胃之上，豈但不能受效，且使脾家受冷，旋至虛弱。須當食歇片時，俟胸膈稍寬，然後隨意服之。尤不宜過於熱，熱則非肝肺所宜。亦不宜太涼，涼則脾腎停積不化。

凡合眼劑，最要精通。蓋眼科之病，多因五臟壅熱上冲使然。故湯飲之劑，不可見火，恐藥性得火則熱，投之臟腑，致有損害。須淨洗曬乾，如遇陰雨之時，亦當懸於當風處吹乾。若食前補實等藥，則或炮或炙，一依方製，切不可任意苟且。　凡煎藥之法，不可用猛火，恐火熱炎蒸，則水易乾，必須火勢得中。又不可口吹扇扇，恐灰土飛入藥中，服之反致害也。

明・羅周彥《醫宗粹言》卷四　煎藥則例　凡煎湯劑，必先以主治之為君藥先煮數沸，然後餘藥文火緩緩熬之得所，勿揭蓋連礶取起坐涼水中，候溫熱服之，庶氣味不泄。若據乘熱揭封傾出，則氣泄而性不全矣。煎時不宜烈火，其湯騰沸耗蝕而速涸，藥性未盡出，而氣味不純。人家多有此病，而反責藥不効，咎將誰歸？

發汗藥先煎麻黃二三沸，後入餘藥同煎。　止汗藥先煎桂枝二三沸，後下眾藥同煎。　和解藥先煎柴胡，後下眾藥。至于溫藥，先煎乾薑。行血藥先煎桃仁。利水藥先煎猪苓。止瀉藥先煎白术、茯苓。止渴藥先煎天花粉、乾葛。去濕藥先煎蒼术、防己。去黃藥先煎茵陳。嘔吐藥先煎半夏、生薑。風藥先煎防風、羌活。暑藥先煎香薷。熱藥先煎黃連。凡諸治劑必有主治，為君之藥俱宜先煎，則効自奏也。

凡湯用麻黃，去節令通理，碎剉如豆大，先另煮二三沸，掠去上沫，更益水如本數，乃內餘劑。不爾令人煩。　凡用大黃，不須細剉，先以酒浸令淹浹，密覆一宿，明旦煮湯，臨熟乃內湯中煮二三沸便起，則勢力猛，易得快利。丸藥中微蒸之，恐寒傷胃也。　凡湯中用阿膠、飴糖、芒硝，皆須待湯熟起，去查，只內淨汁中煮二三沸，(鎔)〔溶〕化盡，仍傾盞內服。　凡用乾棗、蓮子、烏梅仁、決明子，皆劈破研碎入藥煎。　凡用砂仁、豆蔻、丁香之類，皆須打碎，遲後入藥煎數沸則起，不爾，久久煎之，其香氣消散也，是以効少。凡湯中用犀角、羚羊角，一概末如粉，臨服內湯中。然入藥法，生磨汁煮亦通。　凡諸藥子仁，皆用湯泡去皮尖及雙仁者，亦有炒令黃色者。生用者並搗碎，入劑煎方得汁出。　凡用沉香、木香、乳、沒，一切香末藥味，須研極細，待湯熱，先傾汁小盞，調香末服訖，然後盡飲湯藥。　凡煎湯藥，初欲微火令小沸，其水數依方多少，大略藥二十兩用水一斗，煮四升，以此爲準。然利湯欲生，少水而多取汁；　補湯欲熟，多水而少取汁。服湯宜小沸，熱則易下，冷則(漚)〔嘔〕涌。

明・許兆禎《醫四書・藥準》卷下　煎熬服法　病人服藥，必托親信恭誠致意之人，令其照法煎熬。其器銀者為上，磁者次之。除去油膩腥穢淨盡，用新汲甜水，量其大小斟酌，如大人每劑約一兩之數，用水二鍾，慢火煎至八九分，小者減半，生絹濾去粗渣，取清汁服。病在心上者，先食而後藥。病在心下者，先藥而後食。病在四肢者，宜飢食而在旦。病在骨髓者，宜飽食而在夜。在上不厭頻而少，在下不厭頓而多。少服則滋榮於上，多服則峻補於下。病者服藥，又須守禁忌，毋傷胃氣。夫胃氣者，清純冲和之氣，人之所賴以為生者也。若謀慮神勞，動作神苦，嗜慾無節，思想不遂，飲食失宜，藥餌違法，皆能致傷。既傷之後，須用調補，若恬不知怪，而乃忽意犯禁，舊染之證，尚未消退，方生之證，與日俱積。吾見醫藥將日不暇給，而傷殘之胃氣，無復完全之望矣。可不慎哉！

明・張鶴騰《傷暑全書》卷下　服藥總法　傷寒傷暑，溫涼諸證，皆邪氣欺正氣也。用藥如對敵，藥入則邪漸退，藥力盡而邪復熾。必一服周時，即詳勢診脈。藥對則連進，日夜三五服，以邪退病安為止。此法惟漢張仲景《傷寒》、(隋)〔唐〕孫思邈《千金方》中載此。孫云夏月晝五夜三，冬月晝三夜五，必期病退而後止，如禦敵者，愈驅逐愈加精銳，期於蕩平而後班師，此萬全之勝算也。自宋以後不傳，故取效寡而活人之功疎。愚以此法屢治人，極有神效。

明・孫志宏《簡明醫彀》卷一《要言》 煎丸服法　煎藥大法：每劑水二鍾，煎八分。渣用水鍾半，煎七分。如劑大，再水一鍾，煎半鍾，劑輕水減。小兒藥水量用之。補湯須是熟，利藥不嫌生。熟者多水煎；生者少水浸透，數沸即濾服。用桑柴火不緩烈。取幾分者，必准其數。汁有餘則藥力未得盡出，汁過少則藥味耗涸焦枯，及傾番滾出皆無效。必宜至親監督，切勿專委僕婢。若外有煎成磨調化入之藥，併煎藥引，極宜點檢。

服藥大法：如細丸湯送。大丸及末藥先以湯少許調勻，添湯嚥下。服煎丸時候，如頭目咽舌止嗽安神心肺上焦藥，末藥、大丸噙化，及水疊細丸，俱宜食後臨睡服。煎藥少哈細嚥。喉項藥，去枕臥床徐服，令藥氣在上也。如散鬱寬胸快氣進食脾胃中膈藥，水疊桐子大，及黃米粉、神麯糊丸，宜半飢飽、午飯前服，藥居中也。如腹病瀉痢膝股腿足腎肝下部藥，宜蜜蠟酒醋糊丸，空心食前頓服，更以乾物壓或頓足使藥行於下也。寒藥熱服，熱藥溫服，附子藥冷服。如嘔證藥不能下者，另搗生薑及陳皮數錢，炒糯米百粒泡湯，哈藥一口，飲湯送之，令人摩胸，藥可嚥下。如醫留藥多劑，倘病有變遷，天時寒暄更改，藥宜止服。

明・陳長卿《傷寒五法》卷下 服藥說　夫外感風寒之證，以驅邪為主，邪盡則氣血和矣。若內傷，則用培補，不用驅逐，所謂傷寒無補法者是也。今之庸醫，表裏混亂，不以證合藥，反以藥合證，間有認得邪在表在裏，亦無一定之法，用藥模糊。病之輕者，則有微效，病之重者，毫無應驗。病者催促，則手足無措，另改方法。邪在表反攻裏，在裏反攻表，以致輕者變重，重者變危。吾特設五法，使表裏昭然。表裏既捉得定，用藥何妨二三劑。假如表證用表藥，設使不效，病證如初，乃藥微小，不妨再進。夫藥與病相反，而煩躁不安，即停後服，詳審證候，方改湯藥。今又將仲景用藥，引而證之。仲景云：凡發汗，宜溫服湯藥，其方當日進三服；若病劇不解，即促其間，可半日中進三服。仲景桂枝湯證云：凡藥已，須臾啜熱稀粥一升餘，以助藥力，溫覆，令一時許，遍身漐漐微似有汗者益佳，不可令汗如水流漓，必成亡陽。若一服汗出病差，即停後服，不必盡劑。若不汗，更服。依前法，若病重汗不出者，乃服至二三劑，至於二三劑汗不出者，名曰諸陽脉極，死證不治。甚矣！仲景藥之難用也！今世醫者，用仲景麻黃湯及桂枝湯，言時世更易，分兩重大，只可用于古，不可用于今，此謬說也！然麻桂雖烈，表裏在乎？不妨常用，分兩雖重，即仲景未嘗作一服，言分作數服，一服病差，即止後服，不愈再進。今用常藥，以二三劑發表，亦如仲景之一劑，又何得妄議仲景乎？

題宋・高德因原撰，明・高夢麟編《醫學秘奧》 煎藥法　凡煎藥必須親信恭誠，令老實人致意洗淨藥罐，務用新汲甜水為上，量藥及水大小斟酌，以慢火煎熬分數，用紗絹濾去查，取清汁服之，無不効也。不可近於燈油之下，又不可以他病藥、罐同放一處，恐誤服之。況煎藥之人不可坐，務立之。酸物按藥則藥味甘，甜物按藥則藥味苦。又不宜服冷藥，脾喜熱，冷則不能運行。

明・佚名氏《異授眼科》 服藥法　眼疾眼藥，每每不得速應，故服藥者鮮矣。古云：鍋中點水，不如竈底抽薪，點藥服藥，此為內應外合之意也。服于食前固不可，服于食後，皆是運動之際，藥行四散，亦不得取效。惟于臨臥之時，臥而服之，兩目皆合，精神潛伏，藥性上升，必走空竅，故于兩目皆應。

明・王象晋《三補簡便驗方》卷首 煎藥　病人服藥，必擇能識煎熬製度親信恭誠之人煎之。藥器忌油垢腥穢，必用新淨器，煎熟用紗濾去柤，取清汁服之，無不效。凡煎藥欲令小沸，其水數依方多少，大略二十兩藥用水一斗，煎取四升，以此為準。然利藥欲生，少水而多取汁；補藥欲熟，多水而少取汁。服藥宜少溫易下，冷則嘔湧。煎補藥宜文火，煎開化發散宜武火。火宜木柴，熟火柴及生炭，不宜煤，尤忌。水宜甜水、河水。薑用生薑，連皮者涼。棗用大棗，去蒂，棗之毒在蒂。

服藥類　病在上，不厭頻而少；在下，不厭頓而多。少服則滋榮於上，多服則峻補於下。發散及寒涼藥忌常服。病在胸膈以上，先食後服藥。病在心腹以下，先服藥後食。病在四肢血脉，宜空腹而在旦。在骨髓，宜飽食而在夜。補中氣藥宜巳刻，養心藥宜晚間，忌飯。開化藥同。補下元藥，宜五更服，後盤膝坐，心目想下丹田，至發鼓後方靜睡。化痰藥臨臥服，旋服旋臥，取其胸中攻治不下行。凡服藥須忌酸、鹹、辛、辣、生冷。

明・裴一中《裴子言醫》卷二 煎製藥餌，務必得人、得法，不則雖與證對，無效矣！嘗見治藥之家，法曰酒漬者水代之，法曰炮炙者生用之。或烈火速乾而真液未出，或真液沸溢而別入茶湯。又如藥材爛惡，銚器腥污，水類不潔，與他物及土塵之雜者，尤為不少。如是而欲勉強圖功，不亦難乎？雖然，此僅害之細故耳。甚有仇奸之子、嫉妒之徒，潛布挑生之術，而為禍大不可言者，可不慎乎？可不謹乎？

明・裴一中《裴子言醫》卷三　煮藥用水，天泉為上，山水次之，河水又次之。至于井水，則陽和微而陰濁勝，非病所堪。唯傷暑傷寒之熱極，宜新汲而飲之。彼城市中人，日用井水而不深害者，習之熟也。若有病，則又是不用井水為良。

張子和曰：余昔訪靈臺間太史，見銅壺之漏水焉。太史召司水者曰：此水已三環週，水滑則漏迅，漏迅則語醫。識虛實者，而後可以語醫。

明・李中梓《本草通玄》卷下　病在上焦者，先食而後藥；病在下焦者，先藥而後食。病在上者，不厭頻而少；病在下者，不嫌頓而多。少服則滋榮於上，多服則峻補於下。

煎藥用水，各有其宜。中虛者，當用春雨水，取其發生；火旺者，宜用冰雪水，取其陰寒；氣凝血滯，痰阻便閉者，宜急流水，取其行而不滯；失血遺精，溺多腸泄者，宜井華水，取其止而不流；吐逆喘嗽，脹滿，宜東流水，取其順下；陰不升，陽不降者，宜甘瀾水，取其調和。

煎藥忌銅銕器，宜用銀瓦器，令小心者看守。器須潔淨，水須新汲。補藥須封固，慢火久煎。利藥須露頂，急火速就。熱藥宜冷服，冷藥宜熱服。上焦藥，徐徐服；下焦藥，急急服。

凡服膏子藥，噙在口中，細細嚥下，所謂病在上者服藥不厭頻而少之意也。若湯調頓服，即非古人設膏子之意矣，何不隨煎隨服，乃用陳久之膏耶。

凡煉蜜，每觔加水四兩，待熟掠去沫盡，煉至滴水不散為度，則經久不壞。

藥滓再煎，殊非古法，味有厚薄，氣有重輕。若取二煎，其厚且重者，尚有功力，其輕且薄者，已無餘味，安在其君臣佐使之宜哉。

清・喻昌《喻選古方試驗》卷一　服藥須知　凡草木藥皆忌鐵器，補腎藥尤忌。服地黃、首烏等補藥，忌食羊血。服黃連忌猪肉，犯之漏精。元參勿犯銅器，餌之，噎人喉，喪人目。凡服荊芥藥，不可食河豚，大相反，犯之不救。凡喉證，服甘桔湯後，切勿以玉樞丹繼服，中有大戟相反，多服殺人。辰、砂見火則有毒，能殺人。雄黃須油煎九日九夜乃可入藥，不爾有毒，慎勿生用。辰砂得火則毒，雄黃得火則良，各從其性。凡丸藥，滴水丸易化，蜜丸取其遲化而氣循經絡，蠟丸取其難化而旋旋取效，或毒藥不傷脾胃。製藥貴在適中，不及則功效難求，太過則氣味反失。酒製升提，薑製發散，入鹽走腎而軟堅，用醋注肝而住痛。童便製，除劣性而降下。米泔製，去燥性而和中。乳製潤枯生血，蜜製甘緩益元。陳壁土製，竊真氣，驟補中焦。麥麩皮製，抑酷性，勿傷上膈。烏豆湯、甘草湯漬曝，並解毒，致令平和。羊酥油、猪脂油塗燒，咸滲骨容易脆斷。去穰者免脹，抽心者除煩。病在胸膈已上，先食後服藥；病在心腹已下，先服藥後食；病在四肢血脉，宜空腹而在旦；病在骨髓，宜飽滿而在夜。病下陷者升之，東垣補中益氣湯。黃芪蜜炙、人參、炙草、白术土炒、陳皮、歸身、升麻、柴胡，加薑、棗。表虛者，升麻蜜水炒。病上僭者降之，丹溪補陰丸。黃柏、知母、熟地、龜板、猪脊髓和蜜丸。發汗藥，必用緊火熱服；攻下藥，亦用緊火煎熟，下消、黃再煎溫服；補中藥，宜慢火溫服；陰寒急病，亦宜緊火急煎服；陰寒煩躁及暑月伏陰在內者，宜水中沉冷服。黃芩治肺，必妨脾胃，以酒炒同甘草用，即無害。蓯蓉治腎，必妨心，以牛膝、磁石等馭之，即不入心。乾薑治中，必僭上，乾薑炮而同蒼术用，即不僭上。附子補火，必涸水，以地黃、枸杞、元參輩滋之，即不涸水。故立方之運用在一心，而服藥者不可妄為增減。人參湯，須用流水煎，止水不甚驗。凡藥鹽水炒者，以鹽摻水中，攪勻拌炒，俗以井水為鹽水者非。凡方中赤小豆，乃五穀中赤豆，俗以半紅半黑之相思子為赤豆，誤服殺人。凡湯中用酒，須臨熟下之。凡服蛇酒藥，切忌見風。

清・郭章宜《本草匯》卷一　煎製法　凡煎製湯液丸散之屬，必托親信之人，而隱微不可不慎也。藥餌既以合正，煎製亦須得人，不得其人，則修製不精，雖藥難効。每有煎藥，托以婢僕不諳事者，或用烈火速乾而藥汁不出，或有沸溢真汁而別加茶湯。每製丸藥，有不潔淨，雜以土灰。該用酒漬而以水，該用炮炙而用生。如此之流，咸無取効，此特害之細故爾。甚有仇奸嫉妬，暗藏詭計，投以砒毒，患家未知加察，屢被傷生者，不可勝言也。故煎製必親信之人，其煎藥器皿，必除油垢腥穢，以新淨甜水，慢火煎熬分數，用紗濾去查，清汁服之，無不効也。

服餌法　病在胸膈已上者，先食後服藥。病在心腹已下者，先服藥而後食。病在四肢血脉者，宜空腹而在旦。病在骨髓者，宜飽滿而在夜。病在上者，不厭頻而少。病在下者，不厭頓而多。少服則滋榮于上，多服則峻補于下。凡服湯，大約皆分為三服，一服須多，次服漸少，後服再少，如此則病人安穩。又必須澄清，若濁，令人心悶不解。中間相去，如步行十里久再服，若太促急，前湯未消，後湯來衝，必當吐逆。仍問病者腹中藥消散，乃可進服。又須左右仰覆臥，各一食頃，則湯氣溉灌百脉，藥力偏行矣。其用，有須酒服者，飲服者，冷服者，熱服者，有疎有數，有生有熟，併該用薑、棗、酒、醋、葱、鹽，各隨方注用。凡服酒藥，欲得使酒氣相接，無得斷絶，絶則不得藥力，多少皆以知為度，不可令至醉及吐，則大損人也。凡餌湯藥，其粥食肉菜皆須大熟，熟則易消，與藥相宜。若生則難消，復損藥力。仍須少食菜及硬物，于藥為佳。亦少進鹽醋乃善。亦不得苦心用力，及房室喜怒。是以治病用藥，惟在食治將息，得力大半，于藥有益。苟能節慎之，至可以長生，豈惟愈病而已？

清·尤乘《壽世青編》卷下　煎藥有法　一慎用水，按方書所載。長流水即千里水。但當取其流長而來遠耳。不可泥於千里之外者，以取其來遠通達，用以煎治手足四肢病及通利二便之藥也。急流水湍上峻急之流水也。以其急速而達下，取以煎利二便及足脛之風濕藥也。順流水其性順而下流，故亦收取治下焦腰膝之病及二便之藥也。逆流水慢流洄瀾之水也。以其逆而倒流，取之調和發吐痰飲之藥也。半天河水即長桑君受扁鵲飲以上池之水，乃竹籬藩頭管內所盛之水也。取其自天而降，未受下流重濁之氣，故可以鍊還丹、調仙藥之用。春雨水立春日，空中以器盛接之水。其性始得春升生發之氣，可以煎補中氣及清氣不升之劑。古方謂婦人無子者，於立春日清晨，以器盛空中之雨水，或是日百草曉露之水，夫妻各飲一杯，還房當即有孕，取其資始資生發育萬物之意耳。秋露水其性稟收斂肅殺之氣，取煎祛祟之藥，及調敷蟲疥、癬瘡、風癩之用。井華水清晨井中第一汲者。其天一真元之氣浮結水面，取煎滋陰之劑及修煉丹藥之用。新汲水井中新汲未入缸甕者，取其無所混濁，用以煎藥為潔。甘瀾水以器盛水，又以器揚濯之，使其珠沫盈於水面，約以百次為度，取其性變溫柔，能理傷寒陰症。潦水即無根水。山谷中無人處新坎中水也。取其性止而不流，且有土氣，清者可煎調脾胃補中氣之劑。冬霜水陰盛則露結為霜，霜能殺物，性以時異也。解酒毒，治熱病者。收霜法，雞羽刷，貯瓶密封候出用。一方治寒熱瘧，秋霜一錢，熱酒送下，奇效如神。臘雪水冬至後第三戊為臘。其水解時疫丹石毒。煎茶煮粥，止消渴，洗目赤如神及調和殺蟲藥用。陰陽水即生熟水，新汲水合百沸湯，和勻是也。入燒鹽飲之，消醉飽過度。霍亂肚脹者，飲一二升，吐出痰食即痊。凡霍亂嘔吐，不能食細食，其勢危者，先飲數口即定。菊英水蜀中有長壽源，其源多菊花，而流水皆菊花香，居人飲其水者，壽皆二三百歲。故淵明好植菊花。日采其花英浸水烹茶，期延年也。夫《本草》雖有諸水之名，而未及其用，今特表而出之。按：《千金方》云：煎人參須用流水，用止水即不驗。今甚有宿水煎藥，不惟無功，恐有蟲毒，陰氣所侵，益蒙其害。即滾湯停宿者，浴面無顏色，洗身成癬。已上諸水，各有所宜，臨用之際，宜細擇焉。

一慎火候，按方書所載。桑柴火桑木能利關節，養津液，得火則良。《抱朴子》云：一切仙藥，不得桑煎不服。桑乃箕星之精，能助藥力，除風寒痹痛。久服終身不患風疾故也。櫟炭火宜煅煉一切金石之藥，以其堅也。金粟火即粟米殼也，煉丹藥用。烰炭火宜烹、煎、焙、炙百藥丸散。白炭誤吞金銀銅鐵在腹，燒紅，急為末，煎湯呷之，甚者刮末三錢，井水調服，未效再服。又解水銀、輕粉毒。石炭今西北所燒之煤即是，不入藥用。蘆荻火、竹火宜煎一切滋補藥。按：火有文武。從容和緩，不疾不徐，文火也。如煎探吐恐熾焰沸騰，則藥汁易涸，氣味不全耳，并用紙蘸水封器口煎之。痰飲之劑，當用武火，取其急速而發吐之也。

一慎煎器。必用砂瓶、瓦罐。如富貴家，淨銀之器，煎之更妙。切忌油穢腥氣，銅、錫、鐵鍋。或煎過他藥者，必滌潔淨。器口用紙蘸水封之。

一慎煎藥之人。有等魯莽者，不按水火，率意煎熬，或藥汁太多而背地傾藏，或過煎太少而私攙茶水，供應病人，惟圖了事。必擇謹慎、能識火候者，或親信骨肉，按法煎造。其去渣必用新絹濾淨，取清汁服。

一慎服藥。凡病在胸膈以上者，先食而後藥；病在心腹以下者，先藥而後食。病在四肢血脈者，宜飢食而在旦；病在骨髓者，宜飽食而在夜。在上不厭頻而少，在下不厭頓而多。少服則滋潤於上，多服則峻補於下。其藥氣與食氣不欲相逢，食氣下則服藥，藥氣退則進食，有食前食後服，宜審此意。

清·馮兆張《馮氏錦囊秘錄·雜症痘疹藥性主治合參》卷一　謹慎煎製　凡煎製湯液丸散，必托誠慎親信之人，而隱微不可不謹也。煎藥器皿洗滌潔淨，清新甜水，慢火煎熬，按分濾淨，投服自效。每有煎藥托之婢僕，或用烈火速乾，而藥汁未出；或有沸溢真汁而添入茶湯。製丸作散，灰土雜亂；炮炙失宜，水酒妄漬。則方藥雖當，而功效難求矣。

清·景日昣《嵩厓尊生全書》卷四　服藥法則譜　急服：有通口直飲，

重劑，治下部宜之。有趁熱連飲。輕劑、偶劑，發汗宜之。　緩服：　有趁熱徐徐小飲，治肺病宜。有不用氣隨津自下。治咽喉病宜。　冷服：　有寒劑熱服，治大熱病宜。有熱劑冷服。治假熱病宜。　熱服：　有熱劑熱服，治大寒病宜。有寒劑熱服。治假寒病宜。　溫服：　有補藥溫服，取溫補意。有平藥溫服。病不犯大寒熱者宜。　空心服：　有五更空心服，病在腎肝宜，取其再睡一番腎藥入肝。有蚤起空心服，補下治下宜。有空心服後，即壓以食。治腎恐妨心，治命門恐妨肺者宜。　食後服：　有食後即服，病在胸膈者宜。有食遠方服。病在中脘者宜；或病在胸脇，用峻下藥，恐飲食方在胃口，下早致胸結者亦宜。　臨臥服：　有服後正臥，病在胸膈者，素有積者宜。有服後左右側臥，病在左右肋，使藥直至病所。有服後去枕臥。病在肺及在膈以上者宜。　一二滾服：　發散，治上病者宜。　百十滾服：　溫補，治中脘病者宜。　濃煎服：　治下部病者宜。　去頭煎服：　虛怯病，恐不勝藥力者宜。　巳未午初服：　于陰中引提陽氣宜。補中益氣湯，提癧湯皆是。

清·亟齋居士《亟齋急應奇方》　煎藥之法，須看是發散藥、溫補藥、消導藥、通大便藥。若發散藥宜大火煎一滾即服，不可久煎；　消導藥及通利藥，宜小火煎三五滾；　惟溫補藥宜微火多煎，雖百沸不妨。　寒素之家，器用不備，富貴之家，假手僕婢多不能合法。

服藥之法，如發汗之藥，須要熱服，服畢即睡，厚蓋衣被，脚後更宜暖，不可說話，不可轉動、側身、拳足，候汗出至脚底，始將添被取去，再過少刻，候汗收乾，慢慢起身，再睡時宜脫去衣裳，若連衣睡，不能得汗。但此是大冷之時，若春夏時不必如此。又大黃等行藥，亦要熱服，但服法不同，如煎得一碗，先熱飲半杯，餘藥連碗坐在開水內，過一頓飯時又吃半杯，數次吃完，使上下之火一齊趕出，大便即通而愈。若一口吃完，反為不美。再藥內有芩、連、石膏、犀角等涼藥者，亦宜如此乘熱作二三次服。溫補之藥宜溫和飲，一氣服之，服後靜坐一時。如桂附等熱藥，放冰冷飢時一氣服之。大抵涼藥熱服，熱藥涼服，平和之藥則溫服之。

清·吳澄《不居集》卷一九　病後進食　大人小兒諸病瘥後，飲食且須旋進，常若不足，毋使食氣傷胃，其病復來。大熱方退，尤不可飽食。小兒傷乳，熱復則同。

清·何夢瑤《醫碥》卷七　服藥法則　急服：　有通口直飲。重劑，治下部者宜之。有趁熱連飲。輕劑、偶劑，發汗宜之。　緩服：　有趁熱徐徐小飲。治肺病宜。有不用氣隨津自下。治咽喉病宜之。　冷服：　有寒劑冷服。治大熱病宜之。有熱劑冷服。治假熱病宜之。　熱服：　有熱劑熱服。治大寒病宜之。有寒劑熱服。治假寒病宜之。　溫服：　有補藥溫服。取溫補氣。有平藥溫服。病不犯大寒熱者宜。　空心服：　有五更空心服。病在肝、腎宜，使其再睡一番藥入肝、腎。有早起空心服。補下、治下者宜。有空心服後即壓以食。治腎恐妨心，治命門恐妨肺者宜。　食後服：　有食後即服。病在胸膈者宜。有食遠方服。病在中脘者宜之，病在胸膈用峻下藥，恐飲食方在胃口，下早致胸結者亦宜。　臨臥服：　有服後正臥。病在胸膈，素有積者宜。有服後左右側臥。病在左右肋，使藥直致病所。有服後去枕臥。病在肺及在膈以上者宜。　一二滾服。發汗，治上病者宜。百十滾服。溫補，治中脘病者宜。濃煎服。治下部病者宜。巳午未初服。於陰中提引陽氣，宜補中益氣湯、提癧湯皆是。

煎藥用水歌　急流性速堪通便，宣吐迴瀾水即逆流水。最宜。百沸氣騰能取汗，甘瀾勞水意同之。流水高揚萬遍，名甘瀾水，又名勞水。黃齏水吐痰和食，霍亂陰陽水可醫。新汲無根皆取井，將旦首汲曰井華水，無時首汲曰新汲水，出甃未放曰無根水。除煩去熱補陰施。地漿解毒兼清暑，掘牆陰黃土，以水入坎中，攪取漿，澄清用。臘雪寒冰治疫奇。更有一般蒸汗水，如蒸酒法蒸水，以管接取，倒汗用之。奇功千古少人知。功堪汗吐何須說，滋水清金理更微。肺熱而腎涸，清金則津液下降，此氣化為水，天氣下為雨也。腎涸而肺熱，滋陰則津液上升，此水化為氣，地氣上為雲也。蒸水使水化為氣，氣復化爲水，有循環相生之妙，用最精。

清·徐大椿《醫學源流論》卷上　煎藥法論　煎藥之法，最宜深講，藥之效不效，全在乎此。夫烹飪禽魚羊豕，失其調度，尚能損人，況藥專以之治病，而可不講乎？其法載于古方之末者，種種各殊。如麻黃湯，先煮麻黃去沫，然後加餘藥同煎，此主藥當先煎之法也。而桂枝湯，又不必先煎桂枝，服藥後，須啜熱粥以助藥力，又一法也。如茯苓桂枝甘草大棗湯，則以甘瀾水先煎茯苓。如五苓散，則以白飲和服，服後又當多飲暖水。小建中湯，則先煎五味，去渣而後納飴糖。大柴胡湯，則煎減半，去渣再煎。柴胡加龍骨牡蠣湯，則煎藥成而後納大黃。其煎之多寡，或煎水減半，或十分煎去二三分，或止煎一二十沸，煎藥之法，不可勝者，皆各有意義。大都發散之藥，及芳香之藥，不宜多煎，取其生而疏盪；　補益滋膩之藥，宜多煎，取其熟而停蓄。此其總訣也。故方藥雖中病，而煎法失度，其藥必無效。蓋病家之常服藥者，或尚能依法為之；其粗魯貧苦之家，安能如法制度，所以病難愈也。若今之醫者，亦不能知之矣，況病家乎？

服藥法論　病之愈不愈，不但方必中病，方雖中病，而服之不得其法，則非特無功，而反有害，此不可不知也。如發散之劑，欲驅風寒出之于外，必熱服，而暖覆其體，令藥氣行于榮衛，熱氣周偏，挾風寒而從汗解。若半溫而飲之，仍當風坐立，或僅寂然安臥，則藥留腸胃，不能得汗，風寒無暗消之理，而榮氣反為風藥所傷矣。通利之藥，欲其化積滯而達之于下也，必空腹頓服，使藥性鼓動，推其垢濁從大便解。若與飲食雜投，則新舊混雜，而藥氣與食物相亂，則氣性不專，而食積愈頑矣。故《傷寒論》等書，服藥之法，宜熱宜溫，宜涼宜冷，宜緩宜急，宜多宜少，宜早宜晚，宜飽宜飢，更有宜湯不宜散，宜散不宜丸，宜膏不宜圓。其輕重大小，上下表裏，治法各有當。此皆一定之至理，深思其義，必其得于心也。

清·顧世澄《瘍醫大全》卷六　論煎藥必得其法　凡煎藥必須擇親信誠謹老實之人，洗淨新藥罐，用新汲甜水為上，慢火煎熬，紗絹濾渣，取清汁服之。不可近燈火之下吃藥。過口之物，酸味過口則藥味甘甜，甜物過口則藥味轉苦。又不宜服冷藥，脾喜熱，冷則不能運行。患在上，不厭頻而少，少服則滋榮於上；患在下，不厭頓而多，多服則峻補於下。病在頭面、頸項、臂膊者，先食而後藥；病在胸膈、心下、肚腹、膀膝者，先藥而後食；病在四肢者，陽中之陽，須服藥於旦；病在骨髓，陰中之陰，須服藥於夜。

清·董維嶽《痘疹專門秘授》卷下　服藥宜實　立方服藥，原為險症而設也。但父母愛子，每於服藥之時，見藥味甚苦，小兒啼哭，勸之不充，即以不必服了事，甚至私下不與小兒服，對醫者則曰某方某藥吾兒已早服矣。乃醫者見痘不起發，方自疑其分量之過輕，或配合之未當，勢必加減幾味，另定一方。逐日相欺，非方與藥之不驗也，乃小兒服藥之未實故耳。醫者於標內小胱曰，遇一險症，須囑伊父母不必近前，親自用藥筒灌下，約灌二三次，後來不灌，而自服矣。蓋小胱之藥，寒涼居多，其味必苦，小兒素性驕慣，見此苦藥，誰肯愛服。此際若不欲其實受藥味，後至大胱面貌腫胖，皮肉易破，欲強為之灌，勢必不能。至麻有重症，亦宜如是。此灌藥之訣，固為小兒早用功力，且見藥劑之靈驗，免致自生疑竇，或有主人不願者，則惟有推辭而已。

煎藥法　險症之藥，必待服時始煎，未免遲悞。將藥先行煎濃，候痘者一有煩燥之處，即用藥灌入。官藥價值每劑不過在二分之內，只宜服頭藥，不必服渣藥，濃則得力速而深，其渣可另行重煎，濾出，復以頭藥套入。始終服藥，俱用細布濾過，不使藥內少有渣末，致滯咽喉。治麻同。

清·徐大椿《慎疾芻言》　煎藥服藥法　煎藥之法各殊：有先煎主藥一味，後入餘藥者；有先煎眾味，後煎一味者；有用一味煎湯以煎藥者；有先分煎，後併煎者。有宜多煎者，補藥皆然。有宜少煎者。散藥皆然。有宜水少者，有不煎而泡漬者，有煎而露一宿者。有宜用猛火者，有宜用緩火者。各有妙義，不可移易。今則不論何藥，惟知猛火多煎，將芳香之氣散盡，僅存濃厚之質。如煎燒酒者，將糟久煮，則酒氣全無矣，豈能和營達衛乎？須將古人所定煎法，細細推究，而各當其宜，則取效尤捷。其服藥亦有法。古方一劑，必分三服，一日服三次；并有日服三次，夜服三次者。蓋藥味入口，即行於經絡，驅邪養正，性過即已，豈容間斷？今人則每日服一次，病久藥暫，此一暴十寒之道也。又有寒熱不得其宜，早暮不得其時，或與飲食相雜，或服藥時即勞動冒風，不惟無益，反能有害。至於傷寒及外症痘症，病勢一日屢變，今早用一劑，明晚更用一劑，中間間隔兩晝一夜，經絡已傳，病勢益增矣。又發散之劑，必暖覆令汗出，使邪從汗散；若不使出汗，則外邪豈能內消？此皆淺易之理，醫家病家皆所宜知也。又惡毒之藥，不宜輕用。昔神農遍嘗諸藥而成《本草》，故能深知其性。今之醫者，於不常用之藥，亦宜細辨其氣味，方不至於誤用。若耳聞有此藥，並未一嘗，又不細審古人用法，而輒以大劑灌之，病者服之，苦楚萬狀，并有因而死者，而己亦茫然不知其何故。若能每味親嘗，斷不敢冒昧試人矣。此亦不可不知也。

清·許豫和《許氏幼科七種·橡村痘訣》　煎藥宜瓦器，不宜銅錫器。古人用桑火，皆有妙理。煎藥河水為上，能使藥勢洋溢充滿，無所不到。溪水次之。井水沉重，難行藥力。

清·許豫和《許氏幼科七種·怡堂散記》卷下　辰砂、琥珀：琥珀木體，冲服則浮。辰砂石質，冲服則沉。雖鎮心安魂之藥，若加一二分於煎劑，不能入胃，用之何益？凡用此者，必先為末，置器中，以熟蜜一二匙調勻，然後以湯冲服。止血方中有用棕灰、髮灰者，亦宜先用蜜調，不爾則泛。

清·韋協夢《醫論三十篇》　煎烹有次第　藥有丸、有散、有飲，丸劑性緩，散劑次之，飲劑取效甚速，而煎烹有緩急次第，不可不知。即如熟地、茯苓之類，味厚而力難出，須先煎一炷香時，然後以群藥繼之；元參、陳皮之類，則較遜一籌；麻黃、羌活之類，則味薄而力易竭，不過數十沸即止。若熟地與羌活同煎，則味厚者不能盡其功，味薄者已升散殆盡，藥性既減，其於治療必有偏而不起之處。醫家病家俱習焉不察，故略舉梗概，以諗來者。

清・黃凱鈞《橘旁雜論》卷下　煮藥有法　煮藥之法，取味者火宜緩，取氣者火宜速。若人參雖取氣，亦須武火緩煎。

清・錢一桂《醫略》卷一　服藥先後　古法病在胸鬲以上者，先食後服藥。在心腹以下者，先服藥而後食。在四肢血脉者，宜空腹而在旦。在骨髓者，宜飽滿而在夜。李杲云：古人活法，病在上者，不厭頻而少；病在下者，不厭頓而多。少服則滋榮于上，多服則峻補于下。愚按：飲食入胃，由脾散精于肺，肺主治節，分布于臟腑。古法先服後服，可勿拘也。

清・張九思《審病定經》卷上　藥滓再煎，殊非古法。味有厚薄，氣有輕重。若取二煎，其氣味厚且重者，尚有餘力。其氣味輕且薄者，已無餘味，安在其君臣佐使之為哉？愚謂藥將二煎合第一煎和服，庶氣味不大輕重，否則非法也。　凡煉蜜，每觔入水四兩，待滾，掠去沫淨，煎至滴水不散為度，庶經久不壞。

清・黃元吉《醫理發明》卷一　論服藥不受吐出再服　夫治病者，藥也。是故藥之進者病自退，藥不進者病難愈。無如庸才之醫，不識病由，往往見初服藥不受，竟以為藥不對症，即易別方又服。此是認症不真之故。若能認病的者，實在要用此藥，倘服藥不受而吐出，不是服藥太急，必是寒熱有差。俟其吐後，稍緩片刻，再將原藥酌量，寒熱得宜，徐徐服下，自可見效。果係藥與病相反而不受藥者，即易方再服可也。然病之虛實，藥之寒熱，差之毫釐，失之千里。慎之慎之！

清・趙其光《本草求原》卷二一水部　古人煎藥，必擇水，誠以各有其性也。如一井之水，有地脈山泉者，清洌；近江湖者，次之；近海潮、近溝渠則咸汙矣。

清・徐炳章《一囊春》卷上　服藥　今之醫家，每以病在上，令其食後服藥；病在下，令其服藥之後再進飲食。殊不知藥賴脾胃轉運，若飲食填滿，雖服藥而藥食混雜，有何功乎？予意不論病上病下，凡服藥俱不可飲食並行。如纔服藥，不可隨進飲食；如纔進食，不可隨即服藥，只以帶飢服藥，服藥之後，俟飢進食，甚得法也。凡服汗下之藥，宜多而頓服，少則藥不勝病而無功。調理之劑，宜少而緩，服多則胃不勝藥而減食。又如瘧疾藥，須於未發之先，或候發過之後。《經》云：及其衰也，事必大昌。若正當瘧作之時服藥，則寒熱混雜難清矣。

煎藥　予會會西洋人談論，言彼國治病之藥，不煎不熬，俱用錫瓶蒸取露汁，即如中國香舖內蒸花露法，以此治病，最有功效。予謂此法雖妙，但甚繁難，今只要老誠人細心看守，不可炭多火急而沸出，亦不可過煎而藥枯，火候得宜，則藥之氣味不損，自得速效矣。

清・鄭壽全《醫理真傳》卷三　服藥須知　大凡陽虛陰盛之人，滿身純陰，雖現一切證形，如氣喘氣短，痰多咳嗽，不食嗜臥，面白唇青，午後夜間發熱，咽痛腹痛泄瀉，無故目赤牙疼，腰痛膝冷，足軟手弱，聲低息微，脈時大時勁，或浮或空，或沉或細，種種不一，皆宜扶陽，驅逐陰邪，陽旺陰消，邪盡正復，方可了扶陽之品。但初服辛溫，有胸中煩燥者，有昏死一二時者，有鼻血出者，有滿口起泡者，有喉乾喉痛目赤者，此是陽藥運行，陰邪化去，從上竅而出也，以不思冷水吃為準，即吃一二口冷水，皆無妨。服辛溫四五劑，或七八劑，忽咳嗽痰多，日夜不輟，此是肺胃之陰邪從上出也，切不可清潤。服辛溫十餘劑後，忽然周身面目浮腫，或發現斑點，痛癢異常，或汗出，此是陽藥運行，陰邪化去，從七竅而出也，以飲食漸加為準。服辛溫十餘劑，或二十餘劑，或腹痛泄瀉，此是陽藥運行，陰邪化去，從下竅而出也。但人必困倦數日，飲食懶餐，三五日自已。其中尚有辛溫回陽，而周身反見大痛大熱者，陰陷於內，得陽運而外解也，半日即愈。凡服此等熱藥，總要服至周身、腹中發熱難安時，然後與以一劑滋陰，此乃全身陰邪化去，真陽已復，即與以一劑滋陰之品，以斂其所復之陽，陽得陰斂，而陽有所依，自然互根相濟，而體健身輕矣。雖然邪之情形，萬變莫測，以上所論，不過略陳大意耳，學者須知。

清・養晦齋主人《醫家必閱》　服藥　今之醫家，每以病在上，令其食後服藥；病在下，令其服藥之後再進飲食。殊不知藥賴脾胃轉運，若飲食填滿，雖服藥而藥食混雜，有何功乎？予意不論病上病下，凡服藥俱不可與飲食並行。如纔服藥，不可隨即進食；如纔進食，不可隨即服藥。只以帶飢服藥，服藥之後，俟飢進食，甚得法也。凡服汗下之藥，宜多而頓服，少則藥不勝病而無功。調理之劑，宜少而緩服，多則胃不勝藥而減食。又如瘧疾，藥須於未發之先，或俟發過之後。《經》云：及其衰也，事必大昌。若正常瘧作之時，服藥則寒熱混雜難清矣。凡服藥，不可食蒜、韭、胡荽、生菜，亦不可食肥猪犬羊肉、油膩肥羹、魚膾腥臊等物，以其能解藥味也。

煎藥　托人煎藥，有等蠢頑粗莽者，不知火候，率意煎熬。或藥太多，即背地傾藏；或過煎太少，即私攙茶水，供應病人，惟圖了事，藥何能效？須托謹慎識火候之親信骨肉，小心看煎。其去渣必用新紗濾淨，取清汁服。煎時不可炭多火急而沸出，亦不可過煎而藥枯。火候得宜，則藥之氣味不損，自得速效矣。

藥渣不必再煎　今之醫家每多教人先服頭煎，再服二煎，殊為可笑。要知人求病愈，豈惜此一劑藥渣，何必再煎乎？但藥中有厚味者，有芳香者，頭煎氣味已去，渣何力之有？今之藥劑，約有二兩內外者，用水二大鍾，煎至一鍾，此適中之數。藥太多太少者，不在此例。

藥後忌食甜物　或有服藥之人，畏其口苦，乃以圓眼、大棗、金豆、橘餅甜味等物適口。若補藥則可無防，倘發散汗下藥，則因甜阻滯不效矣。病人或不自知，醫人宜預告之。

用酒煎藥　昔人有酒煎藥者，倘遇量小素不能飲，以致嘔吐頭痛，反為酒困，須當減除。又以酒煎藥，其酒味已去，酒有何力？予意於服藥之後，飲酒幾杯，豈不甚妙？

清・徐延祚《醫粹精言》卷二　表散之藥，煎宜小熟。調和之藥，煎宜中熟。補益之藥，煎宜透熟。乃取其汁味與病相當耳。病家每不知此，是在醫者囑令如法也。

清・黃傳祁《醫學折衷勸讀篇》卷下　煎藥論　煎藥之法，《傷寒》《金匱》最為精詳。有先煎一味而後下諸藥者，如麻黃湯先煎麻黃，去上沫；苓桂甘棗湯先煎茯苓之類。有先煎諸藥而後下一味者，如小建中湯煎五味去渣，内飴糖；柴胡加龍骨牡蠣湯煎成內大黃之類。有先煎去渣再煎者，如大小柴胡湯，皆煎減半，去渣再煎之類。有先煎水再下藥者，如枳實梔子豉湯，以清漿水空煮，減少半，內枳、梔；煎減半，下豉更煮之類。有不煎而用沸湯漬絞取汁者，如大黃黃連瀉心湯、附子瀉心之類。有為丸而煎之者，如抵當丸、理中丸之類。有用甘瀾水、無根水、酸漿水、流水、止水、逆流水，或加酒及苦酒者，有煎而露一宿者，有宜猛火或宜緩火者。其煎之多寡，或煎水減半，或十分煎去二三分，或止煎一二十沸。煎藥之法，不可勝數，皆有精義存於其間。元明以來，醫書載煎法者絶少。近世醫者不復知此，病者更罔聞矣。夫飲食失飪，尚能損人。用藥治病，全不講求煎法，致使輕芳之品，久煎而氣盡散；厚重之品，急煮而味不出。藥性之多寡輕重，與方全不相符，如此而欲其奏效，其能乎？竊謂今人製方，雖不能盡如古法，而發散芳烈者宜少煎，取其氣之疎盪；補益及濃厚者宜久煎，取其味之滋膩，乃其最要而必不可違者。並此不知，則真不足與言醫矣。不察乎此，而轉疑古方之無實效，不已傎乎？若深於此事者，自能折衷今古，推類變通。活法在人，固非縷析所能盡也。

服藥論　煎藥失宜，固無效矣。服藥無法，其弊亦同。約而言之，蓋有四失。古人服藥皆如法煎成，分二三服，一日服盡，並有日三夜一之法。蓋湯藥入口，即由胃而達於經絡，行於臟腑，性過即止，豈容間斷？故必使藥氣相續不絶，乃能盡驅邪出，無或少留。如一服已瘥，便停後服。今人日服一次，藥暫而病常，一暴十寒，安能速效？其失一也。古人認證極真，處方極當。一服得效，便棄其餘。一劑未瘥，依法更作。今之人一服不效，便謂藥誤，一服已效，更進後服，全與古人相反。不知應藥而病不解，如發汗得汗、攻下得利之類。或反增劇，其誤無疑。若汗不出，便不利，是藥力未至，安可遽更他方乎？其失二也。宜熱宜冷，宜涼宜溫，宜緩宜急，宜多宜少，宜早宜晚，宜飽宜飢，宜啜熱粥，宜飲暖水，宜暖覆，宜微覆，及一切禁忌，各有至當不易之理。稍或顛倒違越，雖中病亦無成功。今之醫人，全不知此，病家更無論矣。其失三也。今人一劑之藥，必重煎其渣而服之。不知諸藥同煎，有一煎而氣味盡出者，有止出十之五六或七八者。加水再煎，與原方必不相合。平和之方，尚無大損，峻厲之劑，配合輕重，皆有精心，若其性或有或無，為害甚大。其失四也。凡此四失，不過略舉大端。病者不知，恃醫告語。醫者不知，將何以為人療病乎？嗟乎！醫術日陋，而阻礙又復多端，宜乎久病大證之無人能知治也。

清・黃凱鈞《橘旁雜論》卷下　服藥有六弊　世俗服藥之弊有六，不可不知。有食已而即藥者，有藥已而即恣飲茶湯者，有藥食雜進而恬不知忌者；有纔服此醫之藥而旋以彼醫之藥繼之者，有明受此醫之藥而陰則服彼醫之藥，不肯明言以欺人者；更有苦於服藥，所投湯丸，潛傾暗廢，中外侍人，又互為之隱，無可稽窮者。病或偶減，因無論已。設或病增，咎將安責？

要藥簡錄部

綜述一

明・佚名氏《銀海精微》卷下　藥性論　當歸：　味甘，性溫，入心、肝二經。尾能破血，頭養血，全用活血，熱者不可用。製用酒洗。　川芎：　味辛，性溫，入肝經。上行頭角，助陽氣，止痛，下行血海，能養血。如氣旺者不可用。　赤芍藥：　味苦、辛，性寒，入肝經。能破血行血，去赤膚，止痛。白芍藥：　味苦、酸，性寒，入肝經。能補脾，損肝氣，能養肝血，瀉肝火。如肝虛火衰者不可用。　熟地黄：　味甘，性溫，入心經、肝經。補血，如熱者不可用。用酒蒸，杵爛為餅，曬乾，研為末作丸，如不作丸勿蒸。　黄柏：　味苦，寒，入腎經。補腎，降相火，如火衰不可用。　龍膽草：　味苦，性涼，入肝經。益肝膽氣，治目赤腫，除胃家伏熱。　半夏：　除濕化痰和胃氣，利胸膈，治太陰頭痛，製用薑汁炒。　羌活：　入膀胱經。治頭痛，去風邪，降肝氣，肝虛不用。　防風：　味甘、辛，性熱，入膀胱經。以體用通療諸風，以氣味能瀉肺經。　黄連：　味苦，寒，入心經。能瀉心火，涼血，去中焦熱，厚腸胃。　大黄：　味苦，寒，入胃經。有推墻倒壁之功，能消腫，去其皮膚之熱。實者生用，虛者酒蒸，久患虛腫者勿用。　生地黄：　入心經。治血熱，生新血，散瘀血，涼心血，血寒者勿用。　麻黄：　入肺經。去風寒，退邪熱，開九竅，發表。　白芷：　味辛，性熱，入腸經。去風止痛，治足陽明頭痛，去肺肝二經發熱。　細辛：　味辛，性熱，入心經。能去風止淚，頭痛，益肝膽，通竅，去葉用。　山梔子：　味苦，入肺經。瀉肺火，除五臟熱。目熱赤腫宜用，要炒。　木賊：　味甘，入肺經。去目翳，益肝膽，明目去風，通竅止淚。　蒼术：　味辛，性溫，入胃經。平胃氣，去風邪，去濕止淚，發散。　用米泔水浸，一日一換，水浸炒乾用。　瞿麥：　味苦，入小腸經。去膀胱熱，養腎氣，明目，利小便。　黄芪：　味甘，性溫，入脾經。行氣固表虛，血滯不行，宜用蜜浸火炙，研為末作丸，如不作丸，勿如此。　滑石：　入小腸經。能降上炎之火，通九竅，利小便。　車前子：　味甘、鹹，性寒，入小腸經。清利小便，去肝經風熱。　石決明：　入肝經。去目障明目，有沉墜之功。肝虛者不用，火煅極紅為度。　青葙子：　性微寒，入肝經。瀉熱上沖，去赤障。肝虛不用，製用酒洗。　草決明：　入肝經。治肝熱，熱痛淚出，明目。肝虛不用。　白蒺藜：　不入湯藥，宜丸。入肝經，明目、去風、止癢。炒，杵去刺用。　牡丹皮：　味苦，寒，入腎經。瀉陰火陽火，能涼心血，能行滯血，止痛。　地骨皮：　味苦，寒，入腎經。退熱除蒸，瀉肺熱宜用。　桑白皮：　味甘，入肺經，除肺熱，瀉肺氣。肺寒不用。　麥門冬：　味甘，寒，入肺經。治肺熱，去肺腑火，又清心竅。　密蒙花：　味甘，入肝經。去目中赤脈眵淚，能明目。　烏藥：　入肝經。能順氣，行氣，去風。　胡黄連：　味苦，寒，入肝經。退骨熱潮熱，補肝膽明目，能治小兒疳傷不下食，霍亂，熱痢疾，小兒藥多用之。　蔓荊子：　味苦，寒，入三焦。治頭疼，眼睛痛，能明目，開鬱降火。　枸杞子：　味甘，入腎經。補腎明目，去目中赤膜遮睛，酒洗用。　何首烏：　味苦，入心經。祛風寒，治陽明頭疼。　蟬退：　入肝經。去風解毒，脱目翳，止淚，散寒邪。　白术：　味苦，溫，入脾、胃經。能健脾胃，生津液，去胞瞼濕熱。氣喘者勿用，又能助氣。　香附米：　味苦、辛。能行氣，助胃氣，止淚去濕。用之炒去毛，杵淨。　夏枯草：　稟純陽之氣，得陰氣則枯，能止淚去風，以陽補陰之理。　千里光：　入心經。去風，解毒熱，明目，亦能行氣。即夜明沙，水淘去屎留沙。　一種草藥名千里光，采其嫩葉，淨洗搗汁，熬成膏，單用點眼，退翳明目，恐即此也，前注恐非。　遠志：　味苦，氣溫，入心經。定心益志，利竅，安魂魄。　犀角：　入心經。涼血，解心熱，清頭目。鐵銼剉碎用，或水磨服。　羚羊角：　入肝經。清肺肝火，清心明目。肝虛不用。　石膏：　入胃經。瀉胃火伏熱，有鎮之功。胃虛不用。　乾葛：　味甘，平，入胃經。解肌發表，退熱，升提胃氣。　藁本：　味辛，入膀胱經。去顛頭痛，引藥上行。　使君子：　味甘，入胃經。殺疳蟲，利小便。　薄荷：　味辛，寒，入肝經。去賊風，發表，利關節，止痛。　菊花：　味苦、甘，微寒，入肝經。明目，清頭風，去目翳，發表。　茺蔚子：　味辛、甘，入眼經。除血熱，明目去風。　甘草：　味甘，生寒熟溫，入脾經。生用能瀉火解毒，炙者能助胃和平。　桑螵蛸：　補腎去風，通五淋，利小便，明目散翳。　槐花：　味苦，寒，入心經。去心赤瀉血，瀉大腸熱。　鬱金：

味苦，寒，入心經。治血鬱於目，能涼，能破心下氣，開鬱。 黑參： 味苦、鹹，入腎經。補腎氣，明目，得黃芩瀉肝火，除肝熱。 知母： 味苦，寒，入腎經。補腎水，瀉腎火、三焦火。 桔梗： 味苦，溫，入肺經。治肺熱，為諸藥之舟楫，乃肺部之引經。 芒硝： 治積聚熱疾，利大便不通。 漢防己： 味辛、苦，寒，通行諸經。去風寒，有走達之功。 蒲黃： 味甘，性平，入心經。能消瘀血，破血消腫，炒用。 連翹： 瀉心火，解脾胃濕熱，除心經客熱。 五味子： 味酸，性溫，入腎經、肺經。補腎，滋肺，益肝。 獨活： 味苦，溫，走諸經。去外受賊風，無分新舊。 楮實子： 味苦，寒，入肺經。升陽上行，能去風，治頭痛。 肉蓯蓉： 味酸、鹹，性溫，入腎經。補腎生精。用酒洗，相火旺不用。 川椒： 味辛，熱。用之於上，退六腑之沉寒；用之於下，去目中障盲。去目炒去汗用。 人參： 味甘，性溫。無毒，入肺經。補氣不足，安魂魄，生精，開心竅，通血。肺寒可用，肺熱傷肺。 白茯苓： 味甘，溫，入肺經。安魂定魄，補心虛，養神，利小便。 旋覆花： 味甘，入肺經。清痰明目，治頭風。 菟絲子： 味辛、甘，入腎經。補腎明目，能去目黑花。酒洗蒸餅，曬乾為丸，不做丸勿製。 澤瀉： 味甘，寒，入膀胱。利水通淋，補陰不足，明目。 黑附子： 味辛，大熱，入三焦。主陽，散風，去寒邪。火旺者不用。即大附子去粗皮。 木香： 味苦，性溫，入心經。主治心痛，泄胞腹中滯寒冷氣。不必過火，磨入藥中服。 牛膝： 能引諸藥下行。凡用土牛膝，春夏用葉，冬用根。惟葉之效尤速，能益精。又治竹木刺入肉，敷之即出。 石斛： 味甘，性溫，入腎經。去胃熱，補陰血，益精，壯筋骨。 紅花： 味甘、苦，入心經。能破血，行滯血，少用又養血。 天門冬： 味苦，氣寒，入肺經。瀉肺火，定肺氣，利小便，涼血。去心，杵為餅，曬乾為丸，如不做，分研。 石菖蒲： 味辛，性熱，入腎經。補腎，能開心竅，明目。 柴胡： 味苦，寒，入肝經。能除往來結熱積於胸中，除肝熱。又得黃芩能瀉肝火。 黃芩： 味苦，寒，入肺經。枯者瀉肝火，實者退膀胱熱。 巴戟： 能補腎益精，療陰痿，引氣上行。 陳皮： 去白者消痰利氣，留白者補胃和中。 葶藶： 味苦，寒，入肺經。瀉肺喘，利水，下肺氣。炒用。 芎藭： 入腦。治頭痛，血虛者去頭風，養血。 白附子： 一名兩頭尖。去風痰，止頭痛，去粗皮用。 天麻： 主頭風，去風疾，利四肢濕痹。 枳殼： 寬腸下氣，祛風化痰，治風邪作痛。 瓜蔞根： 即天花粉，入肺經。去痰火，解熱毒，又能除酒毒。肺寒者不用，冷痰者不可過用，有熱藥此宜亦可用之。 萹蓄： 利小腸經熱閉。 小茴香： 味辛，氣平。開胃行氣，止嘔吐，膀胱冷氣腫痛，入藥炒。 南星： 去風痰，消腫毒。用薑汁煮過。 草烏： 走筋骨，敗血，去風止痛。薑汁煮用。 川烏： 去風寒作痛，助陽。 荊芥： 去皮風邪發。 雄黃： 解熱毒，散血止痛。 乳香： 調血氣，利諸經之痛。製用厚箬三片，夾藥在中，熨斗火熨去油，研末用。 沒藥： 破血止痛，去目翳暈。同前製法。 血竭： 破積血止痛，去赤膚。 木通： 利小腸經結熱，降心火。 牛蒡子： 去風，明目，行血。 蛤粉： 能消痰火，涼血，解肌表極熱。 蛇退： 即蛇皮。去風毒，止淚癢痛。 全蠍： 消風毒，破風痰。尾更佳，去四足。 藿香： 開胃氣，結痰利之。 蠶退： 去風消痰，明目去翳膜。即晚蠶沙。 龍腦： 即薄荷。性熱，能通利寒熱，去風，消目赤。 甘松： 味甘，性溫。去風下氣，治心腹痛，辟惡氣。 朱砂： 鎮心，安魂魄，涼血。 肉桂： 引太陽經，止頭痛，去寒邪，利肝膽氣。 白斂： 散結氣，除目赤熱。 藜蘆： 吐氣風痰，快膈。去蘆用根，有大毒，用宜斟酌。 白及： 去賊風，解中風熱閉。 猪牙皂角： 去風痰，解表利氣。炙去皮弦。 香白芷： 去皮膚風熱瘡癢。 杏仁： 潤肺氣，去痰行血。 紫蘇： 消痰，解表，利氣。 夜明砂： 明目去風。 山茱萸： 入腎經。除頭暈，補虛生精。去核。 天麻子： 去風，補腎，明目。研碎入煎藥。 熊膽： 退熱降火，去目赤熱。試真假用水一碗，撒灰在內，將熊膽放水中，分灰水各開兩邊為真者，其色潤黑。 山藥： 補腎不足，生精。 牛黃： 去熱痰，能安魂魄，涼血清心。 石燕： 通血，利小便，治淋。 蕤仁： 去目中赤痛風癢，去翳。 製法： 去殼用仁，以竹筒盛在內，於紅火煨藥，紙乾取出，打去油聽用。 珍珠： 清心明目去目翳。製法： 用豆腐一塊，入珠於腐內，蒸過取出，用洗淨無漿白綿布兩三重包珠，石上杵爛，用細末。 玄精石： 安魂魄，有氣之功。 沙魚皮： 解風毒，止淚。 威靈仙： 去風邪。 青皮： 能下氣快膈，消痰濁氣，升於至高者而能下氣。虛者不用。 青鹽： 補腎，引至下部。 水磨，花銅鍋熬成鹽，聽用。 川楝子： 明目，退熱，補腎。去核用。 沉香： 補右尺命門，壯元陽，散滯血。

明・汪機《痘治理辨》附錄 加減藥味品性製法序 凡視證用藥，必先量兒厚薄，病勢淺深，預將主方簇起，然後加則加，減則減。加則不可過於本方，減則不可失於本方。不然，脱去本真，則不合製方伐病之旨矣。予因以己意，加減合宜慣熟之劑，并前後禁止、常用、暫用相便之法，俱列於後，以告行道者謹之。且牛刀之技在熟，輪梓之巧在工，亦人之機變何如。雖吾子不能盡術，不足與議，其如憫生之心切切，自有不能已者也。

正品　人參：味甘，氣溫。升也，陽也。能益元氣而和中，生津液而止渴。治痘之聖藥，非此莫能保固元氣之大本也。宜金井玉闌者佳。每用五錢至三錢，旋剉片用。　黄耆：味甘，氣溫。升也，陽也。能補元氣而益腎，溫肉分而實肌。治痘用此，賴其裏托外負，宣行王道，非此勿言治。宜箭簳綿軟不油者佳。每用七錢至五錢，旋剉。十日後痘發足未收，蜜炙用之。

甘草：味甘，平，氣微溫。陽也。能解諸毒而瀉火，健脾胃而和平。治痘賴以分理陰陽，佐正君臣之道也。宜堅實者佳。每用一錢至七分，寒則炙，熱則生。常用。

加品　官桂：味辛，熱。浮也，陽中之陽。能祛風邪而實腠理，和榮衛以固肌表。治痘以其氣輕浮鼓舞上行，能開榮血，黄耆藉其力以達于表也。宜不厚不薄者佳。每服七分至五分，夏月三分至二分。去粗皮，剉片。七日後止。　川芎：味辛，氣溫。和也，陽也。能助清氣而升頭頂，引參、耆以補元陽。治痘暫為引導上行之使。宜雀腦者佳。每用七分至五分，蒸潤剉片。七日後漿行足止。　當歸：味甘、辛，氣溫。可升可降，陽也。治各有條，能生血、止血、活血、養血。治痘賴以助血歸附氣位，必加芍藥以佐之，恐其活血流動，毒無定位。宜身大者佳。每用三錢至一錢，酒洗剉片，焙乾。暫用。　茯苓：味甘淡，性溫。降也，陽中之陰也。能利竅而去濕，止渴而生津。治痘不可過用，惟瀉渴毒不斂而發水泡者不禁。宜堅白大者佳。每用二錢至一錢，薄剉片。暫用。　白朮：味甘，氣溫。可升可降，陽也。能利水道而除濕，益脾胃而退熱。治痘不宜過多，非瀉痢發水泡者不加；漿毒溢盛不結〔痂〕者，多加不禁。宜於潛細白而堅者佳。每用二錢至一錢，洗去土，剉片，焙乾。暫用。於潛縣名。　芍藥：味酸，平，性寒。可升可降，陰也。能健脾氣而補表，止腹痛而收陰。治痘血散不歸，賴以收之而附氣也。痘解不斂，賴以收之而成功也。宜白大者佳。每用一錢至七分，剉片。七日前少用，七日後不禁。　紫草：味苦，氣寒。能補中氣而制諸邪，行痘毒而利九竅。不可過於用也。宜紫茸染手者佳。每用一錢至七分，去土，以手斷為米粒大。五日後不用。　陳皮：味苦、辛，氣溫。可升可降，陽也。能和中而益脾，消痰而行氣。治痘專以痰涎壅盛者，氣〔盛〕發泡者加之，不可過多。宜廣東鮮黄大者佳。每用一錢至七分，浸洗去粗白皮，剉碎，焙乾。暫用。　五味子：味辛、苦、鹹，氣溫。陰中之陽也。能降煩熱，止渴生津，補肺氣，滋陰益腎。治痘專止渴不可去。宜北粗大滋潤者佳。每用十四粒至七粒，酒洗，焙乾。暫用。　麥門冬：味苦、甘，平，氣微寒。陽中之微陰也。能消肺火而止渴，補心氣而生脈。治痘專止渴清肺不可去。宜粗大白净者佳。每用十二粒至七粒，酒浸，去心，焙乾。暫用。　木香：味苦、辛，氣微溫。降也，陰中之陽也。能調氣而破堅，和胃而辟毒。治痘平氣止瀉渴，不可過於多用。宜如枯骨黏牙者佳。每用五分至三分，旋切片。暫用。

肉荳蔻：味辛，氣溫。能止霍亂而溫中，治積冷而止泄。宜圓大堅實者佳。治痘泄痢并水瀉方加此，一時救急之味也。每用五分至三分，麵裹煨熟，去麵，旋剉。暫用。　鼠黏子：味辛，氣溫，平。能潤肺而散氣，利咽而退腫。治痘專解餘毒不可缺。宜飽滿而新者佳。每用二錢至一錢五分，微炒。十四日後暫用。　荊芥穗：味辛，平，氣溫。陰中之陽也。能除風熱而消毒，清肌表而利咽。治痘專退壅腫而解餘熱，不可去。宜穗不宜莖，香鮮者佳。每用二錢至一錢五分，洗淨，剉。十四日後暫用。　黄連：味苦，氣寒。升也，陰中之陽也。能瀉心火而散痞，燥胃濕而厚腸。治痘專退餘熱，毒解之後，臉赤潮熱不可缺。宜川蜀堅實如金者佳。每用七分至三分，剉碎酒炒。十四日後暫用。　山查子：味甘、酸，氣溫，平。陰中之陽也。能寬氣消食，益脾去垢。治痘專平氣，解利參、耆之滯，間用不可去。宜赤大不蛀者佳。每用二錢至一錢，浸去核，剉碎，微炒焙乾。十日後用。　糯米：味甘，氣溫。升也，陽也。治痘專溫脾胃之中氣，不使毒内攻。制紫草之餘寒，不使味傷胃。宜粗大、晒過白者佳。每用不過五十粒。暫用。　陳黄米：味甘，氣溫。升也，陽也。治痘專扶穀氣以助衛氣，益真氣而和胃氣。宜多年倉庚中香黄者佳。每用不過百粒至五十粒。暫用。　生薑：味辛，氣溫。升也，陽也。能止嘔和中，助陽發表。治痘不可缺，以其功能助參、耆之力也。宜老而生者佳。每用三片至一片，以意加減常用，乾者不用。

已上加品一十九味，各分常用、暫用、七日前、七日後宜用之劑，告諸治者臨時對證加入主方，不可過多滿意以亂陰陽之王政。若去十九味而加之，實害氣血之烏喙也。予立治痘之法，但固元氣為本，氣固本立，則毒不能外剝內攻，何必深求異舉以害其正。然則固氣之要，非王道中之品味，孰敢當之？

明・萬全《痘疹格致要論》卷一〇　藥性主治及修製法　痘疹之法，其要在分氣血虛寔，及發表、和中、解毒三治而已。《經》曰：辛甘發散為陽，酸苦湧泄為陰。又曰：清陽發腠理，濁陰走五臟；清陽入四肢，濁陰歸六腑。又曰：形不足者溫之以氣，精不足者補之以味。味歸精，氣歸神。可見藥有寒熱溫凉之性，酸苦辛甘鹹之味，浮沉升降補瀉之用，各有所宜，不可不知也。今將痘疹合用之藥，分氣、血、解毒三類，各具性味、主治、修製於下，以便觀覽，檢閱之暇，未必無小助也。

氣類凡四十五品。

人參：味甘，氣溫。氣味俱薄，浮而升，陽也。入手太陰肺經、足太陰脾經。補上焦元氣，升麻為之使。補下焦元氣，瀉腎中之火邪，茯苓為之使。主補五臟，生津液，止渴。治脾肺陽氣不足，胃中冷吐利。擇堅實白淨者佳。去蘆用。肺熱咳甚者少用。以苦茶湯浸過無妨。

黄耆：味甘，氣溫平。氣薄味厚，可升可降，陰中陽也。入手少陽三焦、手太陰肺經，足太陰脾經。性畏防風，黄耆得防風其功愈大，蓋相畏而相使也。補胃氣，寔皮毛，蓋治脾胃虛弱，瘡瘍血脈不行，內托必用之藥也。止虛汗，出肌熱，止消渴，止腹痛瀉利。擇柔韌，皮微黄，肉中白者佳。痘家宜生用，補虛宜炙用，痘子不發宜酒炙透用。手足瘡不起，以桂枝煎酒，浸過炙（用）。

白术：味甘，氣溫。味厚氣薄，可升可降，陰中陽也。入手太陽小腸、手少陰心，主足陽明胃、足太陰脾，足少陰腎、足厥陰肝經。主溫中，強脾胃，進食，止下洩，利小便，和中益氣，生津止渴。擇內白而堅者，去蘆，刮去外黄皮用。有油者、中腐者勿用。瘡乾者禁用，燥濕故也。止洩用向東陳壁土炒過用。〔痂皮不落，宜桂枝湯浸過用。〕

蒼术：味苦、甘、辛，氣溫。味厚氣薄，可升可降，陰中陽也。入足陽明胃，足太陰脾經。主除惡氣，辟疫癘氣，健胃安脾，寬中進食，發汗。故蒼术發汗，白术止汗。擇堅寔中白淨者，刮去外粗皮令白，切片，以糯米濃泔浸透，漉出晒乾，取向東陳壁土炒黄色用。瘡濕痒者及不結痂宜用之。痘家常宜燒之，以辟不正之氣，勿製。

陳皮：味辛、苦，氣溫。味厚氣薄，浮而升，陽也。導滯氣，止嘔咳吐逆。去白理肺氣，降痰；留白理脾胃，消食。擇紅黄色，陳久者佳。用溫水洗淨，去白者去白，留白者略去筋膜，切曬乾用。止吐者，以向東陳壁土炒過用。

青皮：味苦、辛，氣寒。氣味俱厚，沉而降，陰也。入手少陽三焦，足厥陰肝經。散滯氣，瀉肝氣，消食破積。擇小而皮薄，陳久者佳。用溫水洗浸，切開，去中穰與白令淨，剉碎晒乾。此痘瘡必用之藥，能瀉肝，令不成水泡而作痒也。又起發遲者、痒塌者並不可缺。

石菖蒲：味辛、苦，氣溫。通九竅，出聲音，主癰腫疥瘙，遍身熱毒痛痒。於山澗中取之，不聞人聲及不露生者，擇節密者佳。刮去外粗皮。瘡疹驚癇，神昏譫妄者必用之。瘡後不著痂，潰爛成瘡疥者，宜入丸用。

五味子：味酸，氣溫。味厚氣輕，陰中微陽，降也。入手太陰肺、足少陰腎經。主欬逆上氣，生津止渴。擇肥大潤澤者佳。去梗，酒洗淨，晒乾。痘家咳甚者宜用之。

貝母：味辛、苦，氣平、微寒。主咳嗽上氣，消痰。又斂惡瘡，能斂瘡口。擇白而肥大，生者佳。去心，溫水洗過，切晒乾用。

細辛：味大辛，氣溫。氣厚于味，陽也。少陰經藥。散水寒，治內寒，消死肌。又主喉痺。擇細莖氣烈者佳。去蘆并葉，以溫水洗過，晒乾。宜少用。痘子初發表及痒塌者用之良。

乾薑：味辛，氣大熱。氣味俱厚，半沉半浮，可升可降，陽中陽也。能溫脾理中，止吐瀉，去臟腑沉寒。生用發諸經之寒，其餘炮用。擇新者溫水洗浸，火炙令胖鬆用。惟內虛泄利不可缺，內寔者戒用。

生薑：味辛，氣微溫。氣味俱輕，陽也。益脾胃，散風寒，治痰嗽，止嘔吐。能殺半夏之毒。擇老者，水洗去泥，勿去皮用。痘瘡不起，發灰白色者宜用之。如起發光壯紅綻者不可用。若止嘔吐，須去皮，紙包，慢火中煨過用。

麻黄：味苦、甘，氣溫。氣味俱薄，陽也，輕清而浮，升也。手太陰肺之藥。入足太陽膀胱，手少陰心、陽明大腸經。榮衛藥也。發散風寒，泄衛寔，去滎中寒。又消赤黑斑毒。《衍義》云：病瘡疤倒靨黑者，麻黄去節半兩，以蜜一匙同炒良久，以水半升，煎去上沫，再煎去三分之一，乘熱盡服之，避風，俟其瘡復出。一法用無灰酒煎，但小兒不能飲酒者難服，然其效更速。擇陳久者佳。摘去根節，先用沸湯泡過三次，晒乾細切，又以蜜酒各半，浸良久，再晒乾，用瓦器炒令焦黑色。凡痘疹出遲及痘子黑陷者，倒靨者並宜用之。

白芷：味辛，氣溫。氣味俱輕，陽也。通行手足陽明經。主一切瘡疥，排膿止痛，內托生肌。擇白而堅寔者，去蛀者、內青黑者不用。凡瘡發表及潰爛者，手足發癰毒者，并宜先用之。

附子：味辛，甘，氣大熱。其性走而不守，可升可降，陽也。補助陽氣不足，溫熱脾胃，治四肢厥逆。擇頂平而圓，重一兩者佳。先以童便浸過，紙包，慢火中炮令極熟，去皮臍，切片，再用防風、甘草煎湯，乘熱浸過，晒乾用之。惟痘疹泄瀉，內虛，手足冷，寒戰咬牙，灰白色或痒塌者可用之，其餘不可妄用。

半夏：味辛，苦，氣平。沉而降，陽中陰也。入足陽明胃、太陰脾、少陽膽經。化痰，止嘔吐，益脾胃之氣。擇白淨臍正而圓者佳。用沸湯泡洗令滑盡，切片晒乾。若止咳化痰，再用生薑自然汁浸過。凡渴者禁用，燥津液故也。

木香：味辛、苦，氣溫。味厚於氣，陰中之陽也，沉而降。主邪氣，辟疫毒，能調氣和胃，散肺中滯氣，止瀉渴。《傷寒類要》云：天行熱病，若發赤黑斑，木香二兩，水二升，煮取一升，頓服。擇形如枯骨(枯)〔粘〕牙者佳。不宜見火，諸湯中宜磨服之。此與青皮乃痘疹切要之藥，以其能行氣也。惟泄利藥〔宜煎〕服。

肉豆蔻：味辛、苦，氣溫。入手陽明大腸經。主調中下氣，止瀉利，開胃消食，皮外絡下氣，解酒毒，治霍亂。〔擇油色肥實者佳。用麵包裹，慢火中煨熱，乘熱以〕重紙包，搥去油，入丸藥內用。乃內虛泄瀉之要藥，非此勿用。

砂仁：味辛、苦，氣溫。入手足太陰經、〔陽明經、太陽經〕。主虛冷泄利。治脾胃氣血結滯不散。擇無殼米堅寔者佳，研細入藥。凡痘瘡內虛瀉利者宜用，傷食者不可缺。若婦人姙娠出痘疹者，又宜用帶〔殼〕者，炒過，研碎入藥，乃安胎之聖藥也。

桂：味辛，甘，氣熱。氣味俱薄，體輕而上行，浮而升，陽也。入手少陰經。桂枝入足太陽經。通榮衛，開腠理，和氣血，散風寒。痘瘡不起發，不光壯，非此不可，乃發表要藥也。擇薄而味厚者佳。刮去粗皮用。手足痘子發不透者，宜此引經。若瘡痒塌，寒戰咬牙者宜加用之。若內虛腹脹，用厚而味辛者，刮取內肉，名桂心。惟姙娠出瘡不可用，〔以桂〕能墮胎〔故也〕。

茯苓：味甘、淡，氣平。氣味俱薄，能升能降，陽也。白者入手太陰、足太陽少陽；赤者入足太陰、手少陽少陰〔經〕。抱根生者名茯神。調胃氣，伐腎邪，降肺火，益氣力，止瀉利小便，生津液。凡補中氣不足用白，欲利小便用赤。蓋白者能補，赤者能利也。皆削去皮用。如心熱神昏者用茯神，去皮與中木用。

丁香：味辛，氣溫。純陽。入手太陰肺、足陽明胃、少陰腎〔經〕。主溫脾胃，止嘔逆，去胃中寒。凡痘瘡泄瀉，脾胃虛弱不足者必用之。若痒塌，寒戰咬牙，足冷者，此與桂並宜加用之，蓋丁香救裹，官桂發表也。非此症不可用。

藿香：味辛，氣微溫。氣厚味薄，浮而升，陽也。入手足太陰經。助脾開胃，溫中快氣。治吐逆為最要之藥。擇取真者，帶芳香之氣者佳。去枝莖，以水洗去〔土〕，晒乾用。入烏藥順氣散則理肺，入黄耆四君子湯則理脾。

檳榔：味辛、苦，氣溫。氣薄味厚，沉而降，陰中陽也。消穀逐水，除痰癖，破滯氣，泄胸中至高之氣。擇形若雞心，正穩尖長，心不虛，中有錦紋者佳。痘疹家惟利藥內用之，研細末，入藥能墜諸藥至於極下也。

枳殼：味苦、酸、辛，氣微寒。氣厚味薄，浮而升，微降，陰中陽也。主胸膈痞塞，散結氣，逐水，消脹滿，安胃，化痰涎，消食；又治遍身風疥，去風在皮膚中如麻痘苦痒，通利關節，主皮毛、胸膈之病。擇陳久堅厚，不爛不蛀者佳。以溫水洗浸，刮去穰白，麩炒令熟用。此痘瘡必用之藥，故四聖散有枳殼，以能治遍身風疹苦痒，又能開胃消食，利五臟，通關節也。

枳寔：味苦、酸，氣寒。大抵與枳殼同。枳殼大性平而緩，治高，高者主氣，治在胸膈。枳寔小性酷而速，治下，下者主血，治在心腹。故有高下緩急之分。消食，散敗血，化心胸痰，主風痒麻痺，通利關節，逐停水，消脹滿。擇陳久肉厚，不蛀不爛者佳。以溫水洗浸，去穰白，麩炒令熟用。

厚朴：味苦、辛，氣溫。氣厚味厚，體重濁而漸降，陰中陽也。　溫中益氣，厚腸胃，走冷氣，消宿食；治腹痛脹滿，散結之神藥。　擇肉厚紫色者佳。削去粗皮，以生薑自然汁塗之，慢火上炙令透，剉用。凡痘瘡（腹）脹，非此不除。

烏藥：味辛，氣溫。　主中惡心腹痛，蠱毒疰忤鬼氣，宿食不消，天行疫瘴，治一切氣。　擇肉白者佳。刮去外粗皮，去蘆用。乃發表中藥。

巴豆：味辛，氣溫。此斬關奪門之將，不可輕用。　蕩滌五臟六腑，開通閉塞，利水穀道。　去殼，擇取肉白者，去皮膜與心，以銀石器慢火炒令黃色，搗爛如膏，又以重紙搥去油，自散如霜，入丸藥中。惟傷食腹脹作痛可用。

大腹皮：味辛，氣微溫。　下一切氣，健脾開胃。　鴆鳥多棲此樹上。細分開，先以酒挼洗去濁，仍以大豆汁洗之，晒乾用。

吳茱萸：味辛、苦，氣溫，大熱。氣味俱厚，陽中陰也。入足太陰、少陰、厥陰經。　主溫中下氣，治脾胃傷冷，嘔逆胸滿。　擇粒小者，去枝梗，先以沸湯浸去苦汁，凡六七遍，晒乾，於瓦器內慢火炒過。惟痘瘡飲冷傷胃，嘔逆不止者用之。

紫蘇：味辛、甘，氣溫。　解肌發表，治心腹脹滿，開胃下食。　用葉惟發表湯藥用之，手挼令碎。

大棗：味甘，氣平、溫。氣厚，陽也。　安中養脾，助十二經，平胃氣，補少氣少津液，身中不足。　擇肉厚味甘者佳。　水洗過，劈去核。　凡補藥不可缺。　若用作丸，去皮核，搗爛如膏用之。

牽牛子：味苦，氣寒。（屬火），善走。　主下氣，利大小便。　以氣藥引之則入氣，以血藥引之則入血。　大瀉元氣，用者慎之；不脹滿，不大便秘者勿用。　取黑者炒過，（砂）〔研〕，取頭末，入丸藥內用。　痘疹黑陷，大小便不通，煩燥者宜用之，非此症不可妄用也。

烏梅：味酸，氣平。　陽也。　收肺氣，止下利，澁腸止洩，去痰止渴。擇肉多者，以溫水洗，去核令淨用。

杏仁：味甘、苦，氣溫。　入手太陰經。　主咳逆上氣，下氣定喘，潤心肺，散肺經風咳嗽，消心下急滿痛結，潤燥。　擇去雙仁者，以湯浸去皮尖，炒令黃色，研如泥用。

粳米：味甘，氣平，微寒。入手太陰、少陰經。　益正氣，止煩燥，止瀉，平和五臟，補益胃氣，其功莫及。杵令精鑿，為糜粥，常用之良。　用泔水煮溫，止渴尤佳。

陳倉米：味甘、鹹、酸，氣溫。　除煩渴，開胃氣，止瀉。　取多年倉庾中香黃者佳。凡痘瘡瀉渴甚者，可用此炒熟，煮湯飲之。

酒：味苦、甘、辛，氣大熱。　主行藥勢，並行諸經。　凡痘疹解毒藥，須酒浸洗炒用，可以通行一身之表。

赤石脂：味甘、酸，氣溫。陰中之陽。　止泄利，澁可去脫。赤石脂為收斂之劑也。　擇赤色細膩者佳。　研極細，入丸藥內用。　痘瘡洩利者，非此不可。

枯白礬：味酸、澁，氣寒。　止泄利，與赤石脂同功。又治疳蝕瘡。擇白淨光明者，以瓦罐盛之，固（臍）〔濟〕，火煅過用。入丸藥中，單能止泄。

漿水：味甘、酸，氣涼，微溫。　主調中引氣，開胃止渴，解煩，去胃中熱。　以熟粟米入水洗，新鮮白花者佳。陳久者不可用。痘疹大渴宜飲之。

龍骨：味甘，氣（平），微寒。陽也。　主脫，固氣澁腸。　擇白者，研極細入丸。　痘疹惟滑泄者用之。

麝香：味辛，氣溫。　取當門子，痘瘡惟黑陷者用此，引發表解毒之劑，直入骨髓，透臟腑，拔除毒氣，使之發散也。非黑陷與伏，切忌妄用。

穿山甲：氣微寒。　取嘴爪上甲，以向東壁土拌炒令焦黃色，研極細。此與麝香同功，痘瘡陷伏者，借此引導諸藥。　非黑陷者斷不可用，恐耗氣血也。

血類凡一十七品。

當歸：味辛、甘，氣溫。氣味俱輕，可升可降，陽也。　入手少陰心、足太陰脾、厥陰肝經。　歸頭止血，身和血，尾破血，全用無效。　治血通用，能使氣血各有所歸，故名當歸。和血，補血，破血，大補不足。　擇肥軟者，去蘆，以酒洗淨，晒乾。　如痘子血熱者用尾，血虛者用頭身。

川芎：味辛，氣溫。氣厚味薄，浮而升，陽也。少陽引經，入手足厥陰經。　上行頭目，下行血海，通肝經，血中之氣藥也。　散肝經風、頭面風，不可缺；溫中散寒，開鬱行氣，燥濕。擇形塊重寔如雀腦，色白者佳。凡頭面瘡不起發，或作痒者，非此不可。白芷為之使。

芍藥：味苦、酸，氣微寒。氣薄味厚，陰也，降也，陰中之陽。入手足太陰經。益肝緩中，扶陽收陰，補血，散惡血，脾經之藥。白者補，赤者瀉。赤者利小便、下氣；白者止痛散血。冬月減芍藥以避中寒。凡痘瘡初發表，或血熱，或小便不利，並用赤；如氣血虛，脾胃弱及和中，並用白。俱酒浸透，切片晒乾，炒過用之。如瘡痒塌，或手足不起發者，此脾虛也，只用白者，以桂煎酒浸炒用。

地黃：味甘、苦，氣寒。氣薄味厚，沉而降，陰也。生者大寒，入手太陽經、少陰經。涼血生血，補腎水真陰不足，瀉脾中濕熱及血熱。熟者微溫，入手足少陰、厥陰經。大補血衰。擇肥嫩大者，水浸，驗沉者乃佳。陰乾，生者名乾地黃。凡痘瘡血熱者，瘡乾枯者，身大熱者，宜用之。酒蒸黑爛者名熟地黃，凡血虛者宜用之。並須酒洗浸，晒乾用。

天門冬：味苦、甘，氣寒。氣薄味厚，陰也。入手太陰肺、足少陰腎經。瀉肺火，瘵熱侵肺，吐衄妄行，定肺氣欬逆，喘息促急，潤燥止消渴。擇肥大者，湯浸，去皮去心，晒乾用。肺火甚者，非此不除。

麥門冬：味甘、微苦，氣平、微寒。陽中微陰。入手太陰肺經。治心肺熱，瀉肺中伏火，及治血妄行，主口乾燥渴，病後虛熱，能潤經補肺，益血除煩。擇肥大者，去枝梗，湯浸去心用，不則令人煩。痘疹燥渴，最宜多用。

紅花：味辛、甘、苦，氣溫。陰中之陽。多用則破血，少用則入心養血和血，與當歸同功。子呑數粒，主天行瘡子不出；汁及胭脂，能點黑斑。凡痘瘡色紅紫者，血熱也。用花以酒洗，晒乾入藥。瘡子黑陷，用子以酒浸，晒乾，慢火微炒，研爛入藥。

牡丹皮：味辛、苦，氣寒。陰中微陽。入手厥陰、足少陰經。主驚癇邪氣，瀉陰中火，除衄血吐血。擇肉厚者，去心。痘瘡血熱者宜之。

牛膝：味苦、酸，氣平。主四肢拘攣不可屈伸，活血生血，能引諸藥下行，腰腿之疾不可缺。擇長大而柔潤者佳。去蘆，酒洗，陰乾用。

蒲黃：味甘，氣平。主利小便，止血，消瘀血，治一切吐衄，腸風血痢，尿血。若破血消腫即生用，補血止血則炒用。

續斷：味苦、辛，氣微溫。主傷〔寒〕，補不足，調血脈，止痛生肌。擇節斷皮黃皺者佳。酒浸，晒乾用。

茅根：味甘，氣寒。補中益氣，利小便，除瘀血，止消渴，解胃熱。掘取新鮮，擇肥大白淨者，搗碎，絞取自然汁入藥。

大小薊根：味甘、苦，氣溫。主養精保血，止吐血、衄血、下血。婦人痘疹，經血妄行，非此不可。

香附子：味甘，氣微寒。陽中之陰。能下血開鬱，又逐去凝血。炒黑能止血。凡血氣藥必用之，能引血藥至氣分而生血，婦人之仙藥也。石臼中杵淨，勿犯鐵，以童便浸，晒乾炒黑，杵末用。

地骨皮：味苦，氣寒。陰也。入足少陰、手少陽。主五內邪氣，熱中消渴，及去肌熱，涼血涼骨。擇肉厚者，溫水洗淨，去骨晒乾用。此與牡丹皮同為解肌熱之劑，但牡丹皮解無汗骨蒸，地骨皮解有汗骨蒸。

蘇木：味甘、酸、鹹，氣平。陽中之陰。主破血排膿，止消癰腫。剉細，酒浸，煮取濃汁入藥。

桃仁：味苦、甘，氣平。陰中陽也。入手足厥陰經。主瘀血血閉、血結、血燥，通大腸。擇去雙仁者，以湯浸去皮尖，研如泥用。此與杏仁同潤大腸，但杏仁治氣秘，桃仁治血秘。

明・萬全《痘疹格致要論》卷一 解毒類凡六十八品。

甘草：味甘，氣平，生寒熟溫。陽也。無毒。入足厥陰、太陰、少陰經。主五臟六腑寒熱邪氣，解毒，溫中，止渴，解百藥毒。〔藥性〕緩，能解諸急，熱藥用之緩其熱，寒藥用之緩其寒。生用大瀉熱火，消瘡疽。熟用能補三焦元氣，健脾和中，養血補血。稍子生用除胸中積熱，去莖中痛。節生用消腫導毒。刮去皮。凡痘疹常用，取小者生用。惟大補取大者，炙熟用。若欲解疫癘毒氣，於冬至日將甘草刮去皮，以竹筒一頭留節盛〔之〕，一頭以物塞之，置廁缸中四十九日取出用，名人中黃，解痘疹惡毒最佳。

黃芩：味苦，氣平、寒。味薄氣厚，陽中陰也，可升可降。入手太陰肺經。主諸熱，解在肌風熱，泄肺中火邪，及胃中濕熱；主天行熱疾，利小腸。枯飄者名宿芩，入肺經，酒炒上行；圓寔者名子芩，入大腸除熱。刮去外粗皮，切細，以酒浸，晒乾，再浸再晒，酒盡為度，瓦器慢火炒焦用。如孕婦出痘疹者，擇條寔黃芩，以水浸試沉者佳，生用，勿以酒炒，清熱降火，為安胎聖藥也。

黃連： 味苦，氣寒。味厚氣薄，陰中陽也，可升可降。入手少陰心經。 解熱毒，瀉心火，止驚悸，止消渴，調胃厚腸，除脾胃中濕熱； 主熱氣目痛，及諸瘡腫毒必用之。《梅師方》云： 傷寒病發，豌豆瘡未成膿，黃連四兩，水三升，煎一升，去滓分服。 擇肥大堅寔者，刮去鬚毛，切細，以酒浸，晒乾，再浸再晒，酒盡為度，瓦器慢火炒焦用； 暑月出疹，生用。

黃蘗： 味苦、微辛，氣寒。氣味俱厚，沉而降，陰也。足少陰經藥，太陽引經藥。 主五臟腸胃中結熱，瀉膀胱〔熱〕，清小便，降相火。 擇緊厚鮮黃者，刮去粗皮，切細，酒製如上芩、連法。

梔子： 味辛，氣寒。氣薄味厚，輕清上行，氣浮而味降，陽中陰也。入手太陰經。 主五內邪氣，胃中熱氣，善除心中客氣，虛煩不得眠； 又大病後亡血亡津液，臟腑無潤養，內生虛熱，非此不除； 又能屈曲下行降火。擇七稜及肉鮮紅者〔佳〕。 去內熱用仁，以酒製如上芩、連法。 去肌表熱和皮用，如上製法。

連翹： 味辛，氣平、微寒。 氣味俱薄，陽也，可升可降。手足少陽經、陽明經藥，入手少陰心經。 瀉心〔降〕〔火〕，降脾胃濕熱，除心經客熱； 主諸癰毒、惡瘡有神功。 去核去穰，以酒浸過，晒乾，研細用。

山豆根： 味苦、甘，氣寒。 解諸毒，消瘡腫； 治咽喉腫痛，尤解痘毒。《經驗方》： 患麩豆瘡，水研山豆根少許服。 凡用，研水入藥內。

牛蒡子： 一名惡寔，一名鼠粘子，一名大力子。 味辛、苦，氣平。 主療風毒腫，瘡疹喉痺，風熱痰壅，咽膈不利，頭面浮腫。《王氏博濟》治痘泡將出，以牛蒡子炒令熟，杵為末，每服一錢，入荊芥穗，水一盞，同煎至七分，放溫服； 如瘡疹已出，更服亦妙。 以酒淘去砂土，又掠去浮面者不用，取沉重者晒乾，瓦器上炒令聲盡，研細用。 此痘疹必用之藥。

羌獨活： 味苦、甘、辛，氣平、微溫。 氣味俱輕，浮而升，陽也。 紫色而節密者為羌活，手足太陽引經藥也，又足厥陰、少陰經藥。 黃色而作塊者為獨活，足少陰行經之藥。 俱透關利節，乃撥亂反正之主。 擇去腐爛者，痘瘡發表必用之，二活皆不可缺。

升麻： 味甘、苦，氣平、微寒。 味薄氣厚，浮而升，陽也。 陽明經引經藥，亦走〔手陽明〕、太陰經。 主解百毒，辟瘟疫邪氣、時氣，瘡家之聖藥。解脾胃肌肉間熱，及發散本經風邪。 若元氣不足，陽氣下陷者，用此升提陽氣上行。《聖惠方》治小兒斑瘡，及豌豆瘡，心燥，眠臥不安，用川升麻一味，不拘多少，細剉，水一杯，煎，去滓取汁，以綿沾汁洗拭瘡上。《外臺秘要》： 比歲有病天行時病，發斑瘡，頭面及身須臾周匝，狀如火燒，瘡皆帶白漿，隨決隨生，不治數日必死，差後瘢點彌歲方滅，此惡毒之氣所為，以水煮升麻，綿沾汁洗之。 擇形輕而黑堅寔者第一，細小皮青綠色者佳，謂之雞骨升麻。 去黑皮及腐爛者。 如瘡出遲起發遲，以酒洗過用。

葛根： 味甘，氣平。 性輕浮，陽也。 足陽明胃行經藥。 主消渴，(升)〔身〕大熱，解諸毒，解肌，發表出汗； 治脾虛而渴，能升提胃氣，除胃熱； 治天行時病，壯熱煩渴熱毒。 擇白淨多粉者佳。 削去皮。 凡發表解肌熱，切細用； 若止渴，搗碎，以糯米泔濾取粉用。

防風： 味甘、辛，氣溫。 純陽，脾胃二經行經藥，太陽經本經藥，乃平伍卑賤之役，隨所引而至者也。 瀉肺寔，散頭目中滯氣，除上焦風邪之仙藥。 擇寔而脂潤，頭節堅者佳。 去蘆併叉頭叉尾者不用，發表不可缺。 如瘡痒密者，與黃耆同用。 如手足瘡不起發者，與白芍、桂枝同用，須以酒洗之。 瘡濕者用之，風勝濕也。 瘡乾者亦用之，又藥中濟劑。

荊芥穗： 味辛、苦，氣溫。 辟邪氣，通利血脈，傳送五臟，能發汗動渴； 又主瘡瘍，破結聚氣。 取花寔成穗者，去灰土用。 凡痘子出發不快不透者，皆不可缺。

桔梗： 味辛、苦，氣微溫。 味厚氣清，陽中之陰。 治鼻塞，咽喉痛及喉痺，利嗌咽胸膈之氣； 治肺熱嗽逆，消痰涎，肺癰； 又能開提氣血； 能載諸藥不下沉，故名舟楫。 擇白淨堅寔者，截去頭及兩畔附枝，切片，以米泔浸一宿，陰乾用。

柴胡： 味辛，氣平、微寒。 氣味俱輕，陽也，升也。 少陰經、厥陰經行經之藥。 主寒熱邪氣，推陳致新； 又能引清氣行陽道，升提胃氣，上行春令。 擇獨根柔軟者，去蘆叉尾者，發表退熱用之。

前胡： 味苦，氣微寒。 主心腹結氣，治時氣發熱，推陳致新，去痰寔下氣最要。 擇肥寔柔軟、獨根者佳。 去蘆叉尾用。

石斛： 味甘，氣平。 治胃中虛熱有功，平胃氣，長肌肉，逐皮膚邪氣痺痛及脚膝軟弱。 擇取新者，去枝節，酒洗，蒸過用。

車前子： 味甘、鹹，氣寒。 主利水道，小便淋瀝，雖利小便而不走氣；療肝中風熱，衝目赤痛。　擇去沙土，研細入藥。凡痘疹小便不通，最宜用之。

白蒺藜：　味苦、辛，氣溫、微寒。　治身體風痒，去惡血，長肌肉，明目輕身。　擇白者炒，先搗去刺，後研細入藥。痘疹瘙痒潰爛者宜此。

元參：　味苦、鹹，氣微寒。足少陰經君藥。　此乃樞機之(氣)〔劑〕，管領諸氣上下，肅清而不濁，治空中氤氲之氣、無根之火，此乃聖藥也。　擇肥大者，去蘆，稍，勿犯鐵。

鬱金：　味辛、苦，氣寒。純陽。　主血積，下氣涼心，止血，破惡血。此芳草也。因輕(陽)〔揚〕之性，古人以治鬱遏。　擇圓而長如蟬肚，色赤如薑黄者。痘疹陷伏，須此發之。

龍膽草：　味苦，澁，氣大寒。氣味俱厚，沉而降，陰也。　除胃中伏熱，時氣溫熱，止驚惕；　治兩目赤腫，睛脹疼痛不可忍。　去蘆，酒洗淨，再浸，晒乾用。瘡疹目赤痛，非此不除。

防己：　味辛、苦，氣平、寒。陰也。通行十二經。　主肺氣喘嗽，殺癰腫惡結，諸蝸疥癬蟲瘡，除邪，利大小便。漢主水氣，木主風氣。　擇文如車輻堅鮮者佳。如治欬，生研末，入丸用；　如治痘疹陷伏，須酒洗浸，晒乾用。

瓜蔞根：　味苦，氣寒。味厚，陰也。　主消渴，身熱煩滿，大熱，唇乾口燥，排膿，消腫毒，生長肌肉。　新取入地深大而有粉白淨者佳。凡痘疹潰爛，削去皮用。如大渴者，削去皮，置石鉢中擂爛，以糯米泔水攪開，濾取粉，名天花粉，陰乾用。

苦參：　味苦，氣寒。沉，純陰。　治時氣惡病，大熱及遍身熱，細疹痒痛。治大風有殊功。　削去皮，切細，蒸，酒浸，又蒸，再浸再蒸，酒盡為度，陰乾。凡痘疹痒瘙，潰爛如癩，以此作丸效；　如咽喉痛，生研細末用。

茵陳：　味苦、辛，氣平、微寒。陰中微陽。入足太陽經。　解傷寒煩熱，行滯氣，化痰利膈。　擇陳久者佳。凡夏月痘疹熱甚，小便不利者宜用；　如痘子瘙痒，可為薫藥，以能去濕熱也。

知母：　味苦、辛，氣寒。氣味俱厚，沉而降，陰也。足少陰經本藥。　主消渴熱中，補腎水，瀉腎中火，消痰止嗽，潤心肺，患人虚而口乾者多用。　擇取肥寔肉白者，去皮毛，勿犯鐵。惟疹子多用之。

馬兜鈴：　味苦，氣寒。　主肺熱咳嗽，氣上逆，痰結喘促。　只取向裏面子，去殼炒用。

大黄：　味苦，氣大寒。氣味俱厚，沉而降，陰也。入手足陽明經。　蕩滌腸胃，推陳致新，通利水穀，性走而不守，瀉諸寔熱不通，心腹脹滿，下大便結燥，號稱將軍，取其蕩滌峻快也。　擇堅寔錦紋者佳。切細，以酒浸蒸，晒乾，九浸九蒸用。痘疹惟大便不通，腹脹煩燥者宜之，不可妄用。《聖惠方》治時氣，發豌豆瘡，用川大黄半兩，微烘，以水一大杯，煎服。

葶藶：　味辛、苦，氣大寒。　治胸壅上氣，欬嗽喘促，痰飲，通利水道，走瀉為功。大降氣，病人虚者宜遠〔之〕。　擇味甜者，以水淘淨，晒乾，紙上微炒，研入丸用。惟疹子咳不止宜之。

猪苓：　味苦甘而淡，氣平。氣味俱薄，升而微降。入足太陽、少陰經。　解傷瘟疫大熱，除濕，利水止渴。　擇堅寔肉白者佳。去黑皮。瘡疹惟小便澁者用之。

澤瀉：　味甘，鹹，氣寒。氣味俱厚，沉而降，陰也。入足太陽、少陰經。　治淋閉，逐膀胱三焦停水，瀉腎邪，除濕行水，為最要之藥。　擇白净者，刮去皮毛，治與猪苓同。

木通：　味辛、甘，氣平。氣味俱薄，陽也。　除脾胃寒熱，通利九竅、血脈、關節；　治五淋，利小便，導小腸熱，出音聲，療耳聾，治鼻塞，散癰腫諸結不消。　擇小者，去皮用。凡痘疹小便不利者最宜之。如痘後發癰毒者，用木通節酒洗浸，晒乾。

瞿麥：　味辛、苦，氣寒。陽中微陰。　主關格，諸癃結，小便不通，決癰腫，排膿，明目去翳。　摘去枝梗，取寔用。凡痘疹小便不利，與木通同功。

紫草：　味苦，氣寒。　治傷寒時疾，發瘡不出者，利九竅，通水道。《經驗後方》治嬰兒童子痘疹疾，用紫草二兩，細剉，以百沸湯一大杯泡，便以物合定，勿令氣漏，放如人體溫，量兒大小，服半合至一合；　服此藥者雖出亦當輕減。　擇肥嫩者，去蘆用之。如痘瘡大便滑利者勿用。

大戟：　味苦、甘，氣大寒。陰中微陽。　主行十二水，伐腎邪。　去蘆，泔水浸洗，晒乾。惟痘疹黑陷歸腎，大小便不通，腹脹煩燥者宜以瀉膀胱之邪，非此勿用。

大青：　味苦，氣大寒。　主療時氣天行熱疾，解一切斑疹熱毒。　凡出疹子用之，痘子勿用。

射干：味苦，氣平、微溫。止喉疼，咽痛不得消息，散結氣，消腫毒。行太陰、厥陰之積痰，使結核自消甚捷。勿久服，令人虛。　掘取新者，去根，切片，以甘草水浸，晒〔乾〕。疹瘡咽痛者用之。

菊花：味苦、甘，氣平、寒。明目，養目血，去翳膜。　擇花黄味甘應候開者佳。去枝葉用。主痘後目病。

木賊：味甘、微苦。主目疾，退翳膜，明目，益肝膽。　去節，以酒潤濕，火上烘用。治痘後目疾。

穀精草：味辛，氣溫。主明目，去膚翳。

淡竹葉：味甘，氣寒。涼心經，除煩熱，止渴。　擇節間有白粉者是，不以山谷中生者為之。

桑白皮：味甘、辛，氣溫。入手太陰經。　瀉肺氣有餘，喘嗽唾血，消痰止渴，去肺中水氣。　新掘取入土深，東行者佳。出土上者殺人。刮去青黄薄皮，勿令皮上涎落，細剉，以蜜水浸透，晒乾，再浸，如此三次，炒黄色用。

蔓荊子：味苦、辛、甘，氣微寒、溫。陽中之陰，太陽經藥。　主風頭痛腦鳴，目淚出，散風邪，除目睛内痛。　擇淨，以酒浸，晒乾。痘瘡頭面大腫者宜用。

蜜蒙花：味甘，氣平、微寒。　主青盲膚翳，赤澁多眵淚，消目中赤脈；小兒麩豆及疳氣攻眼。　擇淨花，以酒浸一宿，候乾，又以蜜調合蒸之，晒乾。痘後目病用之。

訶梨勒：味苦、酸，氣溫。性急善降。　開胃澁腸，止瀉痢。　又治肺氣因火極鬱遏脹滿，喘急咳嗽。味酸苦，故能收斂降火。　擇六稜黑色肉厚者佳。去核。痘瘡内虛泄瀉必用之藥。

馬齒莧：味酸，氣寒。性滑。《肘後方》療豌豆瘡，馬齒莧燒灰敷瘡根上，須臾逐藥出，若不出，更敷良。　用葉小者，節葉（根）〔間〕有水銀，入藥去莖節，燒灰不去。

胡荽：味辛，氣溫。療沙疹、豌豆瘡不出，作酒噴之立出。《經驗方》小兒痘疹不出，欲令速出，用胡荽二三兩，切細，以酒二大杯，煎令沸，沃胡荽，隨以物合定，不令泄氣，候冷去滓，微從項以下噴一身令徧，除面不噴。

香薷：味辛，氣微溫。　治傷暑，除煩熱，調中溫胃，利小便，肺得之則清化行而熱自下。　用莖穗葉，去根以上半。夏月出痘疹不可缺，清暑故也。

薄荷：味辛、苦，氣涼。氣味俱薄，浮而升，陽也。入手太陰經、厥陰經。　去賊風傷寒，發汗，通利關節，又小兒風（浮）〔涎〕，驚風壯熱。乃上行之藥，能引諸藥入榮衛。　擇葉小如金錢者佳。去莖用葉。痘疹發表藥用之。

山查：一名糖毬。味甘、酸，氣溫、平。陰中陽也。　消食，行結氣，健胃；又摧瘡瘍，消滯血。　擇色紅肉厚無蟲者蒸，去核用。

胡麻：一名巨勝子。味甘，氣平。　補五内，益氣力，長肌肉，堅筋骨；療疥癬浸淫惡瘡。　擇如油麻紫黑色者佳。酒淘浸，晒乾炒用。痘後成爛瘡者最宜服此。

黑大豆：味甘，氣平。解諸毒，除胃中熱，散五臟結積。　治小兒斑疹、痘瘡，熟煮大豆，取汁服之。　擇黑而小者，其殼去目中麩翳。

淡豆豉：味苦，氣寒。治傷寒時疾，發汗，主寒熱，瘴氣惡毒，煩燥滿悶，痘疹發表解表宜用之。擇新者，無鹽者佳。

赤小豆：味辛、甘、酸，氣溫、平。陰中之陽藥也。　主下水，排癰腫膿血，熱中消渴，止瀉，利小便，解諸熱毒。〔凡小兒未出瘡疹者，宜常食之。瘡疹中渴，宜以此〕煎湯飲之佳。

綠豆：味甘，氣寒，皮寒肉平。治消渴，惡毒煩熱，風疹，解諸毒。　未出瘡疹者宜煮食。勿去皮，皮能去目翳。

丹砂：味甘，氣微寒。痘將出，蜜調服解毒，令出少。大塊光明者佳，細研，水飛用。此物鎮養心神，宜生用。

朴硝：味苦、辛、鹹，氣寒。氣薄味厚，沉而降，陰也。　主諸寒熱邪氣，逐六腑積聚，破留血，停痰痞滿，大小便不通，推陳致新；治天行熱疾，消腫毒，排膿軟堅。《梅師方》：傷寒發豌豆瘡未成膿，研芒硝，用猪膽相和，塗瘡上立效。非大小便秘結煩悶欲死者不可用。

滑石：味甘，氣寒。性沉重，入足陽明經。主燥濕，寔六腑，化食毒，〔行〕積滯，逐凝血，解燥渴，補脾胃，降妄火之要藥。　擇白如凝脂，軟滑者佳。青黑色粗者不可用。研細，水飛過用。痘瘡潰爛，以此敷之良，疹毒發渴尤宜服此。

石膏：味辛、甘，氣微寒。氣味俱薄，體重而沉降，陰也。　入手太陰、少陽，足陽明經。　主時氣肌肉壯熱，大渴引飲，清金制火，潤肺，除三焦大熱，瀉胃火，解肌，化斑毒。　擇細理白澤者佳。研極細用。惟疹毒最宜，痘家少用。

臘雪：　味甘，氣寒。解一切毒，治天行時氣，瘟疫。　臘月取，以瓶罌收貯封固，埋土中候用。

蜜陀僧：　味鹹、辛、甘，氣平。主金瘡、口瘡，面上瘢黶。　譚氏《小兒方》療痘瘡瘢面黶，以蜜陀僧細研，水調，夜塗之，明早洗去，平復矣。

龍腦：　味辛、苦，氣溫。屬陽。　《經驗後方》治時疾發豌豆瘡及赤痘心煩狂燥，氣喘妄語，或見鬼神。取一杯，細研，旋滴猪心血和丸，如雞頭肉大，每服一丸，紫草湯下，少時心神便定得睡，瘡復發透，依舊將息取安。

犀角：　味苦、酸、鹹，又云甘、辛，氣寒。　主百毒，療傷寒瘟疫，煩悶大熱。　丹溪云：　屬陽，性走散。　瘡痘後用此散餘毒。　若無餘毒，血虛者不宜用。

蜜：　味甘，氣平、微溫。　色白如膏者佳。　《外臺秘要》：　此歲有病天行疹，發瘡頭面及身，須臾周匝，狀如火瘡，皆帶白漿，隨決隨生，不即治之，數日必死。此惡毒之氣，世人云建武中南陽擊虜，染惹流入中國，呼為虜瘡，諸醫參詳治之方，取好蜜遍摩瘡上，以蜜煎升麻，數數拭之。

蟬蛻：　治目昏翳。又風氣客熱皮膚瘙痒不止。又水煎汁，治小兒出痘疹不快良。凡痘疹出不快，或倒陷、黑陷者，擇完全者，以溫酒洗去土，勿去爪翅，研細，入湯調服。　若去目翳，去爪翅，研細入湯調服。

人屎：　氣寒。　主治時行大熱狂走，解諸毒。治瘡疹黑陷，燒過服之甚佳。　于臘月東行，取絕乾者，以火燒令烟淨，研細用。

人牙齒：　氣平。　除癆〔瘧〕，治痘蟲毒氣，入藥燒用。

忍冬藤：　一名金銀花，一名左纏藤，一名鷺鷥藤，一名老翁鬚，一名水楊梅。　味甘，氣溫，無毒。　主熱毒。

蒲公英：　味甘，氣平，無毒。　入陽明經、太陰經。　主化熱毒消息，惡腫結核，大有奇功。

蟾酥　五月五日取者佳。

明・葆光道人《秘傳眼科龍木總論》卷九　諸方辯論藥性

玉石部凡二十五種。

雄黃：　味苦、甘，平、寒、大溫，有毒。治目痛。

礬石：　味鹹，寒，無毒。　主目痛。《外臺秘要》治目翳及努肉，取礬石最白者，內一黍米大於翳上及努肉上，令淚出，綿拭之，令惡汁出盡，其疾自減，翳自消薄，便瘥。　礬石須真白好者，方可用。《肘後方》治目中風腫赤眼方，白礬二錢，熬和棗丸如彈丸大，以摩上下，食頃止，日三度。《姚合眾方》治小兒目睛上白翳，白礬一分，以水四合，熟銅器中煎取半合，下少白蜜調之，以綿濾過，每日三度，點一芥子大。

芒硝：　味苦、辛，大寒。孫真人《食忌》治眼有翳，取芒硝一大兩，置銅器中，急火上煉之，放冷後，以生絹細〔羅〕，置點眼角中，每夜欲臥時，一度點妙。

馬牙硝：　味甘，大寒，無毒。　點眼藥中多用，甚去赤腫、障翳、澁淚痛。《經驗方》退翳明目白龍散：　取馬牙硝洗淨者，用厚紙裹令按實，安在懷內着肉處，養一百二十日，取出研如粉，入少龍腦同研細，不計年數深遠，眼內生翳膜，漸漸昏暗，遠視不明，但瞳人不破，並醫得。　每用藥末兩米許，點目中。

滑石：　味甘，寒、大寒，無毒。

石膽：　味酸、辛，寒，有毒。　主明目，目痛。

空青：　味甘、酸，寒、大寒，無毒。　主青盲明目，益肝氣，療目赤腫，去膚翳止淚。《唐本》：　空青為眼藥之要。　日華子：　空青大者如雞子，小者如相思子，具青厚如荔枝殼，內有漿，酸甜，能點多年青盲內障翳膜。　其殼又可摩翳也。《千金方》：　治眼䀮䀮不明，以空青少許，漬露一宿，以水點之。

曾青：　味酸，小寒，無毒。　主目痛止淚，療頭風腦中寒。

摩娑石：　主頭痛。

丹砂：　味甘，微寒，無毒。　主益氣明目。

鹽花：　味鹹，溫，無毒。　陳藏器：　明目，去皮膚風毒。　日華子：　明目，止風淚邪氣。《范汪方》：　主目中淚出不得開，即刺痛，以鹽如大豆許，內目中，習習去鹽，以冷水數洗目，瘥。《藥性論》：　空心漱齒少許時，吐水中，洗眼，可夜見小字。《食忌》：　主眯眼者，以少鹽并豉，置水中視之，立出。

水銀：　味辛，寒，有毒。

硃砂：陳藏器云：水銀出於硃砂，則知二物其味同也。姙婦不可服。

石膏：味辛、甘，微寒、大寒，無毒。主中風。日華子云：治頭風。

銀屑：味辛，平，有毒。明目。

膩粉：即輕粉也。又名水銀粉。味辛，冷，無毒。

磁石：味辛、鹹，寒，無毒。日華子：治眼昏。

珊瑚：味甘，平，無毒。去目中翳。《錢相公篋中方》：治七八歲小兒眼有麩翳未堅，不可妄傳藥，宜點珊瑚散。細研如粉，每日少點之，三日愈。

瑪瑙：味辛，寒，無毒。主目赤爛。

硇砂：味鹹、苦、辛，有毒。姙婦不可服。

石蟹：主青盲，目淫膚翳。細研，水飛過，入諸(翳)〔藥〕相佐，用之點目良。

代赭石：味苦、甘，寒，無毒。主賊風。姙婦不可服。

古文錢：治翳障，明目，療風赤眼。鹽酒浸用。

戎鹽：治眼赤眦爛風赤。細研，和水點目中。

井泉石：得大黃、梔子，治眼瞼腫。得石決明、菊花，療小兒眼疳，生翳膜。

草部凡五十六種。

菖蒲：味辛，溫，無毒。明耳目。《藥性論》：治頭風淚下。一寸九節者良。《千金方》：甲子日取菖蒲一寸九節者，陰乾百日，為末，服方寸匕，日三服，耳目聰明不忘。

菊花：味苦、甘，平，無毒。主頭風眩腫痛，目欲脱淚出。日華子云：菊有兩種，花大氣香，莖紫者，為甘菊。花小氣烈，莖青小者，名野菊。味苦甘者入藥，苦者不任。治四肢遊風頭痛，作枕用之，可明目。葉亦可明目也。《食療》：甘菊，平。其葉，正月採，可作羹。莖，五月五日採。花，九月九日採。並主頭風，目眩淚出。《食醫心鏡》：甘菊主頭風，目眩淚出。可切作羹煮粥，生食亦得。

人參：味甘，溫、微寒，無毒。主除邪氣，明目，通血脉。

天門冬：味苦、甘，平、大寒，無毒。主諸暴風濕，保定肺氣。

甘草：味甘，平，無毒。通經脉，利血氣，解百藥毒。

术：味苦、甘，溫，無毒。主風眩頭痛，目淚出。《聖惠方》治雀目不計時月，用蒼术二兩，搗為細末，每服一錢，不計時候，以好羊子肝一箇，用竹刀子批開，攤藥在內，麻繩纏定，以粟米泔一大盞，煮熟為度。患人先薰眼，藥氣絶，即喫之。《簡要濟眾》亦治小兒雀目。《經驗方》：蒼术不拘多少，用米泔水浸三兩日，逐日換水，候滿日取出，刮去黑皮，切作片，曝乾，用慢火炒令黃色，細搗末，每一斤末，用蒸過茯苓半斤，煉蜜為丸如桐子大，空心臥時，溫熟水下十五丸。別用术末六兩，甘草末六兩，拌合勻，作湯點之，可壯顔色，明耳目。忌桃、李、蛤、雀三日。又治內外障眼，蒼术四兩，米泔浸七日，逐日換水，後刮去黑皮，細切，入青鹽一兩，同炒黃色為度，去鹽不用，木賊二兩，以童子小便浸一宿，水淘焙乾，同搗為末，每日不計時候，但飲食蔬菜內，調下一錢七分，甚妙。

菟絲子：味辛、甘，無毒。久服目明。

茺蔚子：味辛、甘，微溫、微寒，無毒。主明目，療頭痛。

柴胡：味苦，平、微寒，無毒。去腸胃中結氣，久服輕身明目。

麥門冬：味甘，微寒，無毒。主目黃。陳藏器：和車前子、乾地黃為丸，服之明目，夜中見光。

羌活：味苦、甘，平、微溫，無毒。療諸賊風，百節痛風。又日華子：治一切風旋，眼目赤痛。獨活，即羌活母類也。

車前子：味甘、鹹，寒，無毒。主養肺，明目，療赤痛。《藥性論》能去肝中風熱，毒風沖眼，目赤腫障翳，腦痛淚出。《聖惠方》治久患內障眼，車前子、乾地黃、麥門冬，等分為末，蜜丸如桐子大，服之屢有效。

木香：味辛，溫，無毒。

薯蕷：味甘，溫、平，無毒。主頭面遊風，頭風，眼眩，久服耳目聰明。

澤瀉：味甘、鹹，寒，無毒。主風。扁鵲云：多服病人眼。

遠志：味苦，溫，無毒。主耳目聰明，去心下膈氣，皮膚中熱，面目黃。

草龍膽：味苦，寒、大寒，無毒。益肝膽氣。日華子云：明目。

細辛：味辛，溫，無毒。主頭痛腦動，益肝膽，通精氣，久服明目。陶隱居云：最能除痰，明目也。

巴戟天：味辛、甘，微溫，無毒。增志益氣，療頭面遊風。

芎藭：味辛，溫，無毒。主中風入腦頭痛，除腦中冷，目淚出，多涕。《御藥院方》：真宗賜高祖相國去痰清目生犀丸，川芎十兩，緊小者，粟米泔浸三日，薄切片子，日乾為末，作兩料入。料入腦麝各一分，生犀半兩，重湯煮，蜜杵為丸小彈子大，茶酒任嚼下一丸。頭目昏眩，加細辛一分。口眼喎斜，炮天南星一分。

黃連：味苦，寒，微寒，無毒。主熱氣，目痛眦傷淚出，明目益膽。又治目方，用黃連多矣，而羊肝丸尤奇異。取黃連末一大兩，白羊子肝一具，去膜，同於砂盆內研令極細，眾手撚為丸如桐子大，每食以暖漿水吞二七枚，連作五劑瘥。但是諸眼目疾及障翳青盲，皆主之。禁食猪肉及冷水。劉禹錫云：有崔承元者，因官活一死罪囚，出活之，囚後數年亦病死。一旦崔為因內障所苦，喪明逾年，後因半夜嘆息獨坐時，聞堦除間窸窣之聲。崔問為誰，曰是昔所蒙活者囚，今故報恩至此。遂以此方見告，訖而沒。崔依此合服，不數月眼復明。因傳此方於世。又今醫家洗眼湯，以當歸、芍藥、黃連等分，剉細，以雪水或甜水煮濃汁，乘熱洗，冷即再溫洗，甚益眼目。是風毒，赤目，花翳，皆可用之。其說曰：凡眼目之病，皆血脈凝滯使然，故以行血藥，合黃連治之，血得熱即行，故乘熱洗之，用者無不神效。《外臺秘要》治目卒痒痛，末黃連以乳汁浸，點目中。《抱朴子》：乳汁煎黃連，治目中百病。《肘後方》治眼淚出不止，濃煎黃連汁，浸綿拭之。

蒺藜子：味苦、辛，微溫、寒，無毒。主風痒，頭疼，欬逆傷肺，肺痿。其葉主風痒，可煮以浴。久服明目。古蒺藜子皆用刺者，治風最良。《外臺秘要》補肝散，治三十年失明。蒺藜子七月七日收，陰乾，擣散食，白水服方寸匕。

黃耆：味甘，微溫，無毒。主安痛補虛。日華子：治頭風、熱毒、赤目等，藥中有益。呼為羊肉。

肉蓯蓉：味甘、酸、鹹，微溫，有毒。主補中。

防風：味甘、辛，無毒。主頭眩痛，惡風風邪，目盲無所見。日華子：治風赤眼止淚。

決明子：味鹹、苦、甘，平，微寒，無毒。主青盲，目淫膚，赤白膜，眼赤痛淚出。《唐本》：主明目，故以決明名之。俗方惟以療眼也。日華子：治肝氣，（劦）〔熁〕太陽穴治頭痛。作枕勝黑豆，治頭風明目。《食療》：葉，主明目，利五臟，食之甚良。子，主肝家熱毒氣，風眼赤淚，每日服一匙，挼去塵，空心水吞之，百日後夜見光物也。《外臺秘要》治積年失明不識人，決明子二升，杵散，食後以粥飲方寸匕。《千金方》治肝毒熱，取決明子作菜食之。

五味子：味酸，溫，無毒。日華子：治風明目。

地膚子：味苦，寒，無毒。去皮膚中熱氣，久服耳目聰明。《外臺秘要》治目痛及眯目，忽中傷因有熱瞑者，取地膚子白汁，注目中。

乾薑：味辛，溫，大熱，無毒。逐風邪。《唐本》：久服令眼暗。《肘後方》治身體重，小腹急熱，必沖胸膈，頭重不能舉，眼中生翳，乾薑四兩，末溫和溫服，覆取汗得解。《集驗方》治頭旋眼眩，乾薑為末，熱酒調半錢，立效。

當歸：味甘、辛，溫、寒，無毒。日華子：治一切風。

芍藥：味苦、酸，平，微寒，有小毒。通順血脉。《藥性論》：能治肺邪氣。日華子：治頭風痛，明目，赤努肉。赤色者，別本注赤者利小便，下氣。白者，止痛散血。

瞿麥：味苦、辛，寒，無毒。明目去翳。孕婦不可食。日華子云：治眼目赤腫痛。

玄參：味苦，鹹，微寒，無毒。補腎氣，令人目明。

秦艽：味苦、辛平，微溫，無毒。療風，無問久近。

知母：味苦，寒，無毒。療膈中惡及風汗。多服令人瀉。日華子：潤心肺，補不足虛勞。

貝母：味辛、苦，平，微寒，無毒。主目眩項直。《藥性論》：末之點眼，去膚翳。

白芷：味辛，溫，無毒。主頭風侵目淚出，頭眩，目痒。《藥性論》：除風邪，明目止淚。日華子：治目赤努肉。《百一選方》都梁丸，王定國因被風吹，項背拘急，頭目昏眩，太陽並腦俱痛，自山陽挐舟至泗州求醫。楊吉老既診脉，即與藥一彈丸便服。王因款話，經一時再作，並進兩服，病若失。王甚喜，問為何藥。答曰：公如道得其中一味，即傳此方。王思索良久，自川芎、防風之類凡舉數種皆非。但一味白芷耳。王益神之。此藥初無名。王曰是藥處自都梁，人可名都梁丸也。大治諸風眩暈，婦人產前後乍傷風邪頭目昏重，及血風頭痛，服之令人目明。凡沐浴後，服一二粒甚佳。方用香白芷大塊，擇白色新潔者，先以棕刷刷去塵土，用沸湯泡洗四五遍，為細末，煉蜜丸如彈子大，每服一丸，多用荊芥點茶臘，細嚼下，食後常服，諸無所忌，只乾嚼咽亦可。

黃芩：味苦，平，大寒，無毒。療痰熱，胃中熱。

前胡：味苦，微寒，無毒。主風氣頭痛，推陳致新，明目。

藁本：味苦、辛，溫，微寒，無毒。主除風頭痛。

天麻：味辛，平，微溫，無毒。療風無問久近。

牡丹皮：味辛、苦，溫，微寒，無毒。療頭痛頭風。蕭炳云：白補赤利。

蘆薈：味苦，寒，無毒。主熱風，腦間熱氣，明目。

胡黃連：味苦、辛，平，無毒。療風。《唐本》：補肝膽，明目。

附子：味辛、甘，溫，大熱，有大毒。主風寒。張文仲方：療眼暴赤腫，磣痛不得開，又淚出不止。削附子黑皮，末如蠶糞屎，着眦中，以定為度。孕婦不可服。

烏頭：味辛、甘，溫，大熱，有大毒。主中風，目中痛，不可久觀。孕婦不可服之。

半夏：味辛，平，微寒，有毒。主頭眩，悅澤面目，消胸膈痰熱，墮胎。

大黃：味苦，寒，大寒，無毒。主推陳致新，和五臟，除痰實，腸間結熱。

葶藶：味辛、苦，寒，大寒，無毒。治面目浮腫，中風。

桔梗：味辛、苦，微溫，有小毒。補血氣，除寒熱風痹。日華子云：補虛養血。

旋覆花：味鹹、甘，溫，微冷利，有小毒。主目中眵睫。

牛膝：《聖惠方》治眼卒生珠管，牛膝並葉，搗絞取汁，日三四度點之。

白蒿：《深師方》：取白艾蒿十束，如升大，煮取汁，以麯及米，一如釀酒法，候熟，稍稍飲之。但是面目有瘡，皆可飲之。《斗門方》治火眼，用艾燒令烟起，以碗蓋之，候烟上碗成煤，取下，用溫水調化，洗火眼即瘥。更入黃連甚妙。

菥蓂子：崔元亮：療眼熱痛淚不止，以菥蓂子一物，搗篩為末，欲臥時，以銅筋點眼中，當有熱淚及有惡物出，並去努肉。可三四十夜點之，甚妙。

仙靈脾：《經驗方》治瘡毒入眼，以靈脾、威靈仙，等分為末，食後米湯下二錢匕，小兒半錢。

夏枯草：《簡要濟眾方》：治脾虛，目睛疼，冷淚出不止，筋脉痛，及眼羞明怕日。補肝散：夏枯草半兩，香附子一兩，共為末，每服一錢，臘茶調下，無時候服。

明·葆光道人《秘傳眼科龍木總論》卷一〇　諸方辨論藥性

木部凡二十九種。

桂：味甘、辛，大熱，有小毒。主利肝肺氣，頭痛。日華子：治一切風，明目。

松脂：味苦、甘，溫，無毒。除胃中伏熱。

枸杞：味苦，寒。根名地骨皮，大寒。子，微寒，無毒。春夏採葉，秋採莖實，冬採根。《藥性論》：葉和羊肉作羹，益人甚，除風明目。若渴，可煮作飲，代茶飲之。主患眼風障，赤膜，昏痛，取葉搗汁，注眼中妙。《千金方》治肝虛或當風眼淚，枸杞最肥者二升，搗破，納絹袋中，置罐中，以酒一斗浸乾，密封勿泄氣，三七日，每旦飲之，任性勿醉。《肘後方》：療目熱，生膚赤白眼，搗枸杞汁，點眼立效。《外臺秘要》療眼暴赤天行腫痒痛，地骨皮三斤，水三斗，煮取三升，絞去渣，更內鹽一兩，炒取二升，傅目。或加乾薑二兩。

柏實：味甘，平，無毒。主益氣除風，久服耳目聰明。

茯苓：味甘，平，無毒。主開胸腑，調臟氣。雷公云：凡採得搗令細，於水盆中絞令濁，浮者去之，是茯苓。而若誤服之，令人眼中瞳子并黑睛點小，兼目盲。記之！

琥珀：味甘，平，無毒。日華子：明目，磨翳。

黃蘗：味苦，寒，無毒。療目熱赤腫。日華子：洗肝，明目止淚。

楮實：味甘，寒，無毒。主明目。葉亦入方用。《外臺秘要》點眼翳，取楮白皮暴乾合作一繩子如釵股，火燒作灰，待冷，細研如麵，每點於翳上，日三五度，漸消。

蔓荊：味苦、辛，微寒，平，溫，無毒。主明目，頭風痛，目淚出。日華子：治赤眼。

蕤核：味甘，溫，微寒，無毒。主明目，赤腫痛淚出，目腫眦爛。《圖經》、劉禹錫《傳信方》所注法最奇，云眼風淚痒，或生翳，或赤眦，一切皆主之。宣州黃連搗篩末，蕤仁去皮研為膏，緣此性稍濕，末不得，故耳。與黃連等分，合和，取無蟲乾棗二枚，割頭少許留之，去却核，以二物滿填於中，却取所割下棗頭，依前合定，以小綿裹之，惟薄綿為佳，以大茶碗量水半碗，於銀器中文武火煎，取一雞子以來以綿濾，待冷點眼，萬萬不失。前後試驗數十人皆應。今醫家亦多用得效，故附之。

藿香：微溫。療風。

乳香：微溫。日華子：味辛，熱，微毒。去惡風。

桑葉：主除寒熱。日華子：暖，無毒。除風痛。春葉未開時，可作煎服。治一切風。《經驗方》：治青盲。此一法當依而用之，視物如(膺)〔鷹〕鶻者有此效。正月八、二月八、三月六、四月四、五月五、六月六、七月七、八月二十、九月十二、十七、十月二十二、月晦，每遇上件神日，用桑柴灰合以煎湯，沃之於瓷器中，澄令極清，以藥稍熱洗之。如覺冷，即重湯煮令得所，不住手洗。遇上件日不得不洗，緣此神日本法也。

梔子：味苦，寒，大寒，無毒。療目熱赤痛，胃中熱氣。

麒麟竭：味甘，鹹，平，有毒。小破積血。日華子：此藥性急，亦不可多使。

龍腦：味辛、苦，微寒。一云：溫，平，無毒。主明目，去目赤膚。《海藥》謹按：陶弘景云主內外障眼。又有蒼龍腦，用點眼則有傷，切宜擇用。

枳殼：味苦、酸，微寒，無毒。止風痛。日華子：除風明目，(及)〔泄〕肺氣。《食醫心鏡》：用枳殼一兩，杵末，如茶法煎用，明目。

秦皮：味苦，微寒、大寒，無毒。去風除熱，目中青翳白膜，可作湯洗目。《藥性》：主明目，去肝中久熱，兩目赤腫疼痛，風不止淚。秦皮一升，水煎澄清，冷洗赤眼極效。《外臺秘要》治赤眼及睛上瘡，秦皮一兩，清水一升，於白碗內浸，春夏一食時以上，看碧色出，即以筯頭纏綿，仰臥，點所患眼，仍洗從大眦中滿眼着，微痛不畏，良久三五飯間，即側臥，瀝却熱汁，每日十度以上，着不過兩日瘥。又治眼因赤瘥後翳暈，秦皮一兩，切，水一升五合，煮取七合，澄清漬目中。

沒藥：味苦，平，無毒。主目中翳暈痛，膚赤。

五倍子：味苦，酸，平，無毒。療肺臟風。《博濟方》：治風毒上攻眼目，腫癢澀痛不可忍者，或上下瞼眦赤爛，浮翳瘀肉侵睛。神效驅風散：五倍子一兩，蔓荊子一兩半，同杵末，每服二錢，水二盞，銅石器內煎及一盞，澄滓熱淋洗，留滓，二服又依前淋洗，大能明目去澀癢。

蜜蒙花：味甘，平，微寒，無毒。主青盲，膚翳赤澀，眵多淚，消目中赤脉，及疳氣攻眼。

訶梨勒：味苦，溫，無毒。《圖經》：取其核，入白蜜，研注目中，治風赤澀痛神效。

石南：味辛、苦，平，有毒。能逐諸風。

鉤藤：微寒，無毒。

突厥白：味苦。

槐木：《千金方》療肝赤眼，取槐木枝如馬鞭大，長二尺作一段，齊頭，麻油一匙，置銅鉢中，且使童子一人以其木研之，至暝，令仰臥，以塗眼眦，日三度瘥。又方明目黑髮，取槐子於牛膽中漬，陰乾百日，食後吞槐子一枚，十日身輕，三十日白髮黑，百日內通神。《食醫心鏡》明目方：嫩槐葉一斤，蒸如造炙(肝)〔法〕，取葉研末，如茶法煎，呷之。

牡荊木：《肘後方》：療目卒痛，燒荊木出黃汁，傅之。

雞舌香：《抱朴子》：用此香入黃連、乳汁煎，治目中病。

苦竹：孫真人《食忌》：治目中赤眦痛如刺，不得開，肝實熱所致，或生障翳。苦竹瀝五合，黃連二分，綿裹，入竹瀝內浸一宿，以點目中數度，令熱淚出。凡竹葉皆可煎湯飲之，蓋竹葉能生膽上膏。

人部凡二種。

乳汁：味甘，平，無毒。(唐)《別錄》：首生男乳，療目赤腫痛多淚，又取和雀屎，去赤努肉。《肘後方》：療目熱生膚赤白膜，取屎細直者，以人乳和傅，自消爛盡。陳藏器：雊鵒眼睛，和乳汁研，滴目瞳子，能見雲外物。又主目病，以象睛和乳汁滴目中。

懷孕婦人爪甲：取研細末，置目中，去障翳。

獸部凡十四種。

麝香：味辛，溫，無毒。療風毒，去目中膚翳。雷公：凡使麝香，並用子日開之，不用苦細研篩用。孕婦不可服。

牛黃：味苦，平，有小毒。孕婦不可服。

熊脂：味甘，微寒、溫，無毒。日華子：治風，療頭旋。

酥：酸，微寒。日華子：益心肺。陳藏器：堪用諸膏，摩風腫。

牛膽：味苦，大寒。益目睛。《藥性論》：臘月牝牛膽，盛黑豆一百粒，後百日開取，食後夜間吞三七粒，鎮肝明目。黑荳盛(汁)〔浸〕，不計多少。

牛肝：主明目。

青羊膽：主明目。《藥性論》：青羊肝服之明目。膽點眼，主赤障白膜，風淚。《食療》：治肝風虛熱，目赤暗痛。熱病後失明者，以青羊膽或子肝薄切，水浸，傅之極效。生子肝吞之尤妙，主目失明，取羖肝一斤，去脂膜，薄切，以未着水新瓦盆一口，揩令淨，鋪肝於盆中，置於炭火上煿，令脂汁盡，候極乾，取決明子半升，蓼子一合，炒令香，為末，和肝搗之，為末，以白蜜漿下方寸匕，食後服之，日三，加至三匕止，不過三劑，目極明。一年服之妙，夜見文字並諸物。其羖羊，即骨歷羊是也。當患眼痛澀，不能視物，及看日光並燈火光不得者，取熟羊頭眼睛中白珠子二枚，於細石上和棗汁研之，取如小麻子大，安眼睛上仰臥，日二夜二，不過三四度瘥。《千金方》治目赤及翳，羊眼睛暴乾為末，傅兩目。又傅目䀮䀮，青羊肝內銅器內煮，以麵餅覆面上，上鑽兩孔如人眼，止以目向上薰之。《肘後方》：治目暗，熱病後失明，以羊膽傅之，旦暮時各一傅之。《梅師方》：眼暗，黃昏不見物者，以青羊肝切，淡醋食之。煮亦佳。羖羊角：主青盲，明目，(痒)〔結〕氣風頭痛。

羚羊角：味鹹、苦，寒、微寒，無毒。主明目。

犀角：味苦、酸、鹹，寒，無毒。療頭痛。日華子：鎮肝明目。

虎睛：日華子：鎮心。

兔肝：主目暗。孟詵：肝，主明目，和決明子作丸，服之。又主服丹石人上沖眼暗不見物，可生食之，一如服羊子肝法。日華子：肝明目，治頭旋眼痛。

猪肝：方家多用之。《外臺秘要》療目盲，猪膽一枚，微火上煎之，可丸如黍米大，內眼中，食頃良。又翳如重者，取猪膽白皮曝乾，合作小繩子，如粗釵股大，火燒作灰，待冷，便以灰點翳上，不過三五度。

犬膽：《聖惠方》治眼痒急赤澀，用犬膽汁注目中。《食療》：上伏日採犬膽，以酒調服，明目，去眼中膿水。

馬齒：劉涓子：主目有白翳息肉，取齒一大握，洗，和朴硝少許，杵，以絹裹安眼上，數易之。

禽部凡二種。

白鵝膏，斑鳩：味甘，平，無毒。主明目。

蟲魚部凡十七種。

石蜜：味甘，平，微溫，無毒。明目。《葛氏方》：目生珠管，以蜜塗目中。仰臥半日，乃可洗去。生蜜佳。

蜜蠟：味甘，微溫，無毒。《集驗方》：治雀目如神，黃蠟不以多少，器內溶化成汁，取出，入蛤粉內相合得所，成毬，每用以刀子切下二錢，以猪肝二兩，批開摻藥在內，麻繩札定，水一碗，同入銚子內煮熟，取出乘熱薰眼，至溫冷并肝食之，日二，以平安為度。

牡蠣：味鹹，平，微寒，無毒。陶隱君：左顧者雄，故名牡蠣。

珍珠：味寒，無毒。粉點目中，主膚翳障膜。

石決明：味鹹，平，無毒。主目障翳痛，青盲。日華子：涼。明目。殼，磨翳障。亦名九孔螺也。《圖經》：殼大者如手，小者如三兩指。海人亦噉其肉，亦取其殼漬水洗眼。七孔者良，十孔者不佳。

鯉魚膽：味苦，寒，無毒。主目熱赤痛，青盲，明目。《藥性論》：目赤痛翳痛。《食療》：膽，主除目中赤及熱痛，點之良。

蟬蛻：味甘，寒，無毒。《御藥院》治頭風目眩，為末，飲湯下。

白殭蠶：味鹹、辛，平，無毒。日華子：治一切風病。

青魚膽：味甘，平，微寒，無毒。主目暗，滴汁目中。

貝子：味鹹，平，有毒。主明目。一名貝齒。《千金方》：點小兒黑花，眼翳澀痛，用貝齒一兩，作燒灰研如粉，入少龍腦點之妙。又去目翳，貝子十枚，燒灰，細篩，取一(大)胡豆〔大〕，着翳上，臥，如炊一石米久，乃滅。息肉者，加珍珠與貝齒等分。

蛇蛻：味鹹、甘，平，無毒。主明目。

蝎：味甘、辛，有毒。療諸風，口眼喎斜。

烏賊魚：《經驗方》治疳眼，取烏魚骨、牡蠣，等分為末，糊丸如皂角子大，每服用猪肝一具，藥一丸，清米泔內煮肝熟為度，和肝食，用煮肝泔水下三兩服。

蠐螬：《千金方》治稻麥芒入眼，取蠐螬，以新布覆目上，持蠐螬從布上摩之，其着著布上。

蜘蛛：《外臺秘要》治疣目，以蜘蛛網絲纏繞，自落。

田中螺：《藥性論》治肝熱，目赤腫痛，取田中螺大者七枚，淨洗，新汲水養去穢泥，重換水一升浸洗，仍旋取於乾淨器中，着鹽花於口上，取自然汁，用點目。逐箇如此，用了却放却之。《百一方》治目痛累年，或三四十年，方取生海螺一枚，螺口開，以黄連末內螺口中，令螺飲黄連汁，綿筯取汁，著眦中。

白魚：即衣魚是也。《外臺秘要》治目翳，白魚末，着少許於翳上。

菓部凡一種。

杏仁：《廣利方》治眼築損努肉出，杏仁七枚，去皮，細嚼，吐於掌中，及熱以綿裹箸頭，將點努肉上，不過四五度瘥。《左慈秘訣》：杏不用多食，令人目盲。《千金方》治頭面風眼瞤，鼻塞眼暗，冷淚，杏仁三升，為末，水煮四五沸，洗頭〔令汁〕〔冷汗〕盡，三度瘥。

米穀部凡二種。

小麻油：大寒，無毒。主風氣，去頭浮風。《千金方》治物落眼中，以清水研好墨，點。

青蘘：味甘，寒，無毒。主益氣，補腦，久服耳目聰明。

菜部凡七種。

蕪菁：味苦，溫，無毒。子，主明目。《唐本》：北人又名蔓菁子。主目暗。《千金方》：常服明目，洞視肝腸。蕪菁子三升，以苦酒三升，煮令熟，日乾，篩末，以井花水服方寸匕，加至二三，日三服。

瓜蒂：味苦，寒，有毒。日華子：治腦寒，熱齇眼昏。

馬齒莧：主目盲白翳。子，明目。仙經用之。《食醫心鏡》：主青盲白翳，除邪氣，利大小腸，去寒熱。馬齒莧實(一)大升，搗為末，每一匙煮葱豉粥和攪食之。煮粥，及着米摻五味作羹亦得。

假蘇：味辛，溫，無毒。主寒熱。《唐本》注：即菜中荆芥是也。陳者良。主血勞，風氣頭痛，頭旋眼眩。《經驗方》：產後中風，眼反折，四肢搐搦，下藥可立待應效。以如聖散：荆芥穗為末，酒服二錢匕。《〔肘〕後方》治一切風，口眼偏斜，青荆芥一斤，青薄荷一斤，一處砂盆內研，生絹絞汁於瓷器內，看厚薄煎成膏，餘滓三分去一分，漉滓不用，將二分滓日乾，為末。以膏和為丸如梧桐子大，每服二十丸，早至暮可三服。忌動風物。

葱實：味辛，溫，無毒。主明目。《食醫心鏡》：理眼暗，補不足。葱實大半升，為末，每度取一匙頭，水二升，煮取一升半，濾取滓，葺米煮粥食良。久食之。又搗葱實丸蜜如梧桐子大，食後飲汁服一二十丸，日二三服，亦甚明目。

白蘘荷：《唐本》注：治稻麥芒入眼中不出，以汁注眼中，即出。

苦瓠瓤：《千金方》治眼暗，取七月七日苦瓠瓤白，絞取汁一合，以酢一升，古文錢七文，和漬，微火煎之減半，以沫內目眦中。又去翳法：以石胡荽內鼻中，翳自落。亦名鵝不食草。

明・方有執《傷寒論條辨・本草鈔》 桂枝、桂：味甘，辛，大熱，有小毒。主溫中，利肝肺氣，霍亂轉筋，頭痛出汗，止煩，堅骨節，通血脉，理疏不足，宣導百藥無所畏。《神農本經》有牡桂、菌桂，辛，溫，無毒。無桂枝、桂。《別錄》以下有桂。上文鈔者是皆無桂枝。《別說》云：仲景《傷寒論》發汗用桂枝。桂枝者，枝條，非身幹也，取其輕薄而能發散。愚按：諸家本草，桂雖云辛甘大熱，《本經》則言辛溫，皆無發散之說，《經》於發汗曰宜麻黄湯，曰宜桂枝湯云云者，以例言也。出汗不出汗，有權在《經》，深思宜之一字，則有所宜者，必有所不宜者在，宜於此者，必有不宜於彼者在，此《經》之言外意，讀者要當潛心察識，然後可以用《經》之權，而能神《經》之妙矣。苟徒泥於發(汗)〔散〕發汗云云，此成無己所以鑿發散之謬注也。後此，人人遂皆自然其說而以為說，殊不思人之用桂，大率皆皮，而無用枝者。《經》於桂枝，凡用皆云去皮。去皮者，非謂去其枝上之皮也。以桂之用皆皮，惟《經》用枝，故有去皮云耳。《經》既去皮而用枝，則是去人之所用於不用，而用人之所不用以為用，用不與人同，而意正與人相反可知矣，豈取發散云乎哉？不在此也。然則所取何曰？用不與人同，而意正與人相反，則是枝必桂中奇才，妙用人雖皆未及知，而《經》則獨知之深者，以其從陽而敏於走衛也，得之者，惟主理疏不足，宣導百藥無所畏是也。

麻黄：味苦，溫，無毒。主傷寒頭痛，溫瘧，發表出汗，去邪熱氣，止欬逆上氣，除寒熱，通腠理疏解肌，洩邪惡氣，消赤黑斑毒。不可多服，令人虛。陶隱居云：用之折除節，節止汗故也。先煮一兩沸，去上沫，沫令人煩。《藥性論》根節能止汗。日華子：通九竅，開毛孔皮膚。

葛根：味甘，平，無毒。主消渴身大熱，解諸毒。療傷寒中風頭痛，解肌，發表出汗，開腠理。陶隱居云：生者搗取汁飲之，解溫病發熱。《藥性論》云：能治天行上氣嘔逆。近世方書，謂野葛有毒，傷胎，遂將妊娠婦人方中葛根改為家葛，殊不思《本草》作於神農氏，當此之時，人尚無家，葛焉家哉？有野葛者，自是一種，大毒殺人，不啻傷胎而已。魏武啖至一寸者是也，非葛也。若因此物，道聽塗說，豈不迂哉？

柴胡：味苦，平，無毒。主寒熱邪氣，推陳致新，除傷寒心下煩熱，諸痰熱結實，胸中邪逆，五藏間遊氣。《藥性論》云：主時疾内外熱不解。蕭炳云：主痰滿，胸脇中痞。柴，《本經》作茈。《廣韻》如此。

芍藥：味苦、酸，微寒，有小毒。主邪氣腹痛，寒熱癥瘕，通順血脉，緩中，散惡血，去水氣，利膀胱大小腸。時行寒熱，中惡腹痛。《本經》一耳，《別錄》分赤、白為二用，赤者利小便下氣，白者止痛散血。古人采自山野，山野多赤，後世好奇尚白，取辦於種莳，雖得白多而肥大，乃出自人為，而物已失其天性矣，故難責效。風寒所用，義是赤者。《經》無明文，古意本來如此。若芍藥甘草湯方，明書白者，此用白也。《藥性論》云：能蝕膿。《衍義》云：血虚寒人，禁此一物。

甘草國老：味甘，平，無毒。主五藏六府邪氣，長肌肉，溫中，解百藥毒。反大戟、芫花、甘遂、海藻。陶隱居云：國老即帝師之稱，雖非君為君所宗，故能安和草石而解諸毒也。《藥性論》云：忌猪肉。

栝樓根：味苦，寒，無毒。主消渴身熱，煩滿大熱，除腸胃中痼熱，八疸身面黄，脣乾口燥。反烏頭。日華子云：治熱狂時疾。實名黄瓜，主胸痹。《圖經》云：療時疾發黄，心狂煩熱，悶不識人。近時方書及稱呼皆無栝樓根，惟有天花粉，謂天花粉即栝樓根。殊不知栝樓根者，載在《本經》。而天花粉者，自《本經》《別錄》，以至唐蜀諸家本草，皆所未有，乃《政和》以後所收七十五種之一耳，功用雖相若，而物則殊別，正爾謂彼即此，亦失論矣。

黄芩：味苦，平、大寒，無毒。主諸熱黄疸，腸澼洩利，療痰熱、胃中熱。《藥性論》云：能治熱毒骨蒸，寒熱往來，腸胃不利。日華子云：主天行熱病。

黄連：味苦，寒，無毒。主明目，腸澼，腹痛，下利，五藏冷熱，調胃厚腸。日華子云：止驚悸煩燥，天行熱疾。《藥性論》云：忌猪肉，惡冷水。

半夏：味辛，平，生微寒，熟溫，有毒。主傷寒寒熱，心下堅，下氣，喉咽腫痛，頭眩，胸脹欬逆，消心腹胸膈痰熱滿結，欬嗽上氣，時氣嘔逆。邇來下俚因《經》有渴者去半夏之文，釋者以燥津液為說，遂訛燥為操，謂半夏操藥，凡用以貝母代之，誇奇矜貴，以自高衒，道邪誖邪，誠可笑也。《藥性論》云：開胃健脾。忌羊血、飴餹。反烏頭。

生地黄：味甘，寒，無毒。除寒熱。《本經》止於乾地黄下云生者尤良，無生名。

麥門冬：味甘，平、微寒，無毒。主心腹結氣，心下支滿，虚勞客熱，口乾燥渴。定肺氣，安五藏。日華子：治時疾熱狂。

人參：味甘，微溫，無毒。主補五藏，安精神，定魂魄，止驚悸。療胸脇逆滿，霍亂吐逆，調中止消渴。反藜蘆。

术：味苦、甘，溫，無毒。主風寒濕痹，止汗，除熱，消食。風眩頭痛，消痰水，除心下急滿，及霍亂吐下不止。陶隱居云：术乃有兩種，白术葉大，有毛而作椏，根甜而少膏，可作丸散用。赤术葉細無椏，根小苦而多膏，可作煎用。《藥性論》云：忌桃、李、雀肉、菘菜、青魚。日華子云：治山嵐瘴氣。《衍義》云：古方及《本經》止言术，未見分蒼、白二種也。只緣陶隱居言术有兩種，自此人多貴白者。今人但貴其難得，惟用白耳，往往將蒼术置而不用。如古方平胃散之類，蒼术為最要藥，功效尤速。殊不詳《本草》元無白术之名，近世多用，亦宜兩審。謹按《嘉祐本草》序，謂《本草》雖世傳作於神農氏，蓋仲景、華佗諸賢之所編述也。然則《經》文术上其曰白者，無乃後之好事者之所加歟。惟白之加，則今之术皆出種莳，務白以求售。醫之為道，本來面目，尚存幾何哉？

大戟：味苦，寒，有小毒。主十二水，腹滿急痛，積聚，利大小腸。反甘草。日華子云：泄天行黄病瘴瘧。澤漆根也。

澤瀉：味甘、鹹，寒，無毒。除五藏痞滿，逐膀胱三焦停水。扁鵲云：多服病人眼。《藥性論》云：宣通水道。

知母：味苦，寒，無毒。主消渴，療傷寒久瘧煩熱。陶隱居云：甚療熱結。

旋覆花：味鹹，溫，冷利，有小毒。主結氣脇下滿，去五藏間寒熱，消胸上痰結，唾如膠漆，心脇痰水，膀胱留飲，

葶藶：味辛、苦，寒，無毒。主癥瘕積聚，通利水道，下膀胱水，伏留熱氣，皮間邪水上出，面目浮腫。《藥性論》云：有小毒。能利小便，抽肺氣，上喘息急，止嗽。《衍義》云：用子，味有甜、苦兩等，其形則一也。《經》既言味辛苦，即甜者不復更入藥也。大概治體皆以行水走泄為用，故曰久服令人虚。

甘遂：味苦，寒，有毒。主大腹癥瘕，腹滿，面目浮腫，留飲，利水穀道，下五水，散膀胱留熱。反甘草。

五味子：味酸，溫，無毒。主益氣，欬逆上氣。蘇恭云：皮肉甘酸，核中辛苦，都有鹹味，此則五味具也。

茵陳蒿：味苦，平、微寒，無毒。主風濕寒熱邪氣，熱結黄疸，通身發黄，小便不利。日華子云：治天行時疾熱狂。

蕘花：味苦、辛，寒，有毒。主傷寒溫瘧，下十二水，破積聚大堅癥瘕，蕩滌腸胃中留癖，飲食寒熱邪氣，利水道，療痰飲。《衍義》云：仲景《傷寒論》以蕘花治利者，以其行水也，水去則利止，其意如此。然今人用時當以意斟酌，不可使過與不及也，仍須有是證者，方可用之。

細辛：味辛，溫，無毒。主欬逆，頭痛腦動，百節拘攣，風濕痹痛，破痰，

利水道。反藜蘆。陶隱居云：最能除痰明目。《藥性論》云：忌生菜。日華子云：忌狸肉。《衍義》云：今惟華州者佳，柔韌極細，真深紫色，味極辛，嚼之習習如椒。治頭面風不可闕也。葉如葵葉，赤黑，非此，即杜蘅。杜蘅葉形如馬蹄，俗云馬蹄香是也，近時用者皆此物，人亦莫知其非。《別說》云：單用不可過半錢匕，多即氣悶塞不通者死，雖死無傷。近年關中或用此毒人者，聞平涼獄中嘗治此，故不可不記。非本有毒，但以不識多寡之用，因以有此。

連翹：味苦，平，無毒。主寒熱。《衍義》云：治心經客熱最勝。翹，《經》作軺，注云連翹根也。今之用者，皆於《本草》無明文，用者宜審。

桔梗：味辛、苦，微溫，有小毒。主胸脇痛如刀刺，除寒熱風痹，療喉咽痛。《藥性論》：主氣促嗽逆。《衍義》云：治肺熱氣奔促，嗽逆，肺癰排膿。

當歸：味甘、辛，溫，無毒。主欬逆上氣，溫瘧，寒熱洗洗在皮膚中。婦人漏下絕子，諸惡瘡瘍。日華子云：治一切風，一切血。《藥性論》云：補女子諸不足。《別說》云：氣血昏亂者，服之立定。此蓋能使氣血各有所歸，恐聖人立當歸之名，必因此出矣。

通草：味辛、甘，平，無毒。除脾胃寒熱，通利九竅，出音聲。陳士良云：莖名木通，主理風熱淋疾，小便數急疼，小腹虛滿。

升麻：味甘、苦，平，無毒。主解百毒，辟癘疫瘴氣，中惡腹痛，時氣毒癘頭痛，寒熱風腫諸毒，喉痛口瘡。《圖經》云：解傷寒頭痛。〇《本經》無，《別錄》有。

大黃將軍：味苦，寒，無毒。主下瘀血，血閉寒熱，破癥瘕積聚，留飲宿食，蕩滌腸胃，推陳致新，通利水穀，調中化食，安和五藏，平胃下氣，除痰實，腸間結熱，心腹脹滿，女子寒血閉脹，小腹痛，諸老血留結。日華子云：通宣一切氣，調血脉，利關節，泄壅滯水氣，四肢冷熱不調，溫瘴熱疾，利大小便，并傅一切瘡癤癰毒。《別說》云：謹按大黃收採時，皆以火燒石煿乾，欲速貨賣，更無生者，用之不須更多炮炙，少蒸煮之類也。〇將軍者，言戡定禍亂，建立太平，止戈為武之謂也。

萎蕤：味甘，平，無毒。主中風暴熱，不能動搖。陶隱居云：按《本經》有女萎，無萎蕤。《別錄》無女萎，有萎蕤。日華子云：除煩悶，止渴，潤心肺，治天行熱狂。《圖經》云：主賊風，手足枯痹，四肢拘攣。〇按：陶云，則女萎、萎蕤之為物雖不殊，而文字之差誤則明甚。

天門冬：味苦、甘，大寒，無毒。主諸暴風濕偏痹，保定肺氣，去寒熱。《博物志》云：禁食鯉魚。《藥性論》云：誤食鯉魚中毒，浮萍解之。《衍義》云：治肺氣之功為多，其味苦，但專泄而不專收，寒多人禁服。

貝母：味辛、苦，微寒，無毒。主傷寒煩熱，療腹中結實，心下滿，洗洗惡風寒。反烏頭。《藥性論》云：主胸脇逆氣，療時疾黃疸，與連翹同。日華子云：消痰潤心肺。《別說》云：能散心胸鬱結之氣，殊有功。

蜀漆：味辛，微溫，有毒。主瘧，及欬逆寒熱，腹中癥堅痞結積聚，療胸中邪結氣，吐出之。常山苗也。《藥性論》云：能主療鬼瘧多時不差，去寒熱瘧，治溫瘧寒熱。不可多進，令人吐逆，下肥氣積聚。

商陸根：味辛、酸，平，有毒。主水脹疝瘕，除癰腫，殺鬼精物。療胸中邪氣，水腫瘻痹，腹滿洪直，疏五藏，散水氣。如人形者有神。《圖經》云：俗名章柳根。花赤者根赤，花白者根白。蘇恭云：白者入藥用，赤者見鬼神，甚有毒，但貼腫外用，若服之傷人，乃至利血不已而死也。日華子云：得大蒜良。通大小腸，瀉蠱毒，墮胎，㿉腫毒，傅惡瘡。〇《本經》無根字。

海藻：味苦、鹹，寒，無毒。主癭瘤氣，項下核，破散結氣癰腫，癥瘕堅氣，腹中上下鳴，下十二水腫，療皮間積聚，暴㿉，留氣熱結，利小便。

厚朴：味苦，溫，無毒。主中風傷寒頭痛，寒熱驚悸，氣血痹，溫中益氣，消痰下氣，療霍亂及腹痛脹滿，胃中冷逆，胸中嘔不止，洩利淋露，除驚，去留熱心煩滿，厚腸胃。《藥性論》云：忌豆，食之者動氣。味苦、辛，大熱。能主療積年冷氣，腹內雷鳴虛吼，宿食不消，除痰飲，去結水，破宿血，消化水穀，止痛，大溫胃氣，嘔吐酸水，主心腹滿，病人虛而尿白。日華子云：健脾，主反胃，霍亂轉筋，冷熱氣，瀉膀胱，泄五藏一切氣。《衍義》云：不以薑製，則棘人喉舌。平胃散中用，最調中，至今此藥盛行，既能溫脾胃氣，又能走冷氣，為世所須也。

枳實：味苦、酸，寒，無毒。主大風在皮膚中如麻豆苦痒，除寒熱結，止利，長肌肉，利五藏，除胸脇痰癖，逐停水，破結實，消脹滿，心下急，痞痛逆氣，脇風痛，安胃氣，止溏洩。《藥性論》云：解傷寒結胸，入陷胸湯用。主上氣喘欬，腎內傷冷，陰瘻而有氣，加而用之。《衍義》云：枳實、枳殼，一物也。小則其性酷而速，大則其性祥而緩，故張仲景治傷寒倉卒之病承氣湯中用枳實，此其意也。皆取其疏通決泄，破結實之義。他方但導散風壅之氣可常服者，故用枳殼，其意如此。

竹葉：篁竹葉，味苦，平、大寒，無毒。主欬逆上氣，除煩熱風痙，喉痹嘔吐。〇淡竹葉，味辛，平、大寒。主胸中痰熱，欬逆上氣。〇苦竹葉及瀝，療口瘡，目痛，明目，利九竅。陶隱居云：竹類甚多，此前一條云是篁竹，次用淡苦爾。《藥性論》云：淡竹燒瀝，治卒中風失音不語。日華子云：苦竹作瀝，治中風失音，功用與淡竹同。《食療》云：淡竹瀝大寒，主勞復。茹，主噎膈鼻衄。

大棗：味甘，平，無毒。主心腹邪氣，安中養脾，助十二經，平胃氣，通九竅。補少氣少津液，身中不足，和百藥，補中益氣。除煩悶，療心下懸，腸澼。生者味甘、辛，多食令人多寒熱，羸瘦不可食。陶隱居云：南棗大惡。孟詵云：第一青州，次蒲州者好，諸處不堪入藥。生者，食之過多，令人腹脹。日華子云：牙齒有病人，切忌食之。《食療》云：多食動風，發冷風，并欬嗽。《衍義》云：先青州，次晉州，此二等可煞暴入藥，益脾胃為佳，餘止可充食用。

杏核仁：味甘、苦，溫，冷利，有毒。主欬逆上氣，雷鳴喉痹，下氣，時行頭痛，解肌，消心下急。解錫毒。陳藏器云：利喉咽，潤五藏，去痰嗽。生熟俱得，半生半熟殺人。日華子云：實多食，傷神損筋骨。有數種，皆熱，小兒尤不可食，多致瘡癰及上膈熱。

桃核仁：味苦、甘，平，無毒。主瘀血，血閉，癥瘕邪氣，殺小蟲，止欬逆上氣，消心下堅。除卒暴擊血，破癥瘕，通月水，止痛。《衍義》云：桃有數種，惟以山中自生者為正。

梔子：味苦，寒，無毒。主五內邪氣，胃中熱氣，胸心大小腸大熱，心中煩悶，酒炮皶鼻。《藥性論》云：殺蟨蟲毒，去熱毒風，利五淋，解五種黃病，治時疾，除熱。《衍義》云：仲景治發汗吐下後虛煩不得眠，若劇者，必反覆顛倒，心中懊憹，梔子豉湯治之。虛故不用大黃，有寒毒故也。梔子雖寒，無毒，治胃中熱氣，既亡血亡津液，府藏無潤養，內生虛熱，非此物不可去。

吳茱萸：味辛，溫，有小毒。主溫中，下氣，止痛，欬逆，寒熱，除濕，血痹，逐風邪，開腠理，去痰冷，腹內絞痛，諸冷實不消，中惡心腹痛。《藥性論》云：治霍亂轉筋，胃中冷氣，吐瀉腹痛，不可勝忍者，可愈。孟詵云：主心痛，下氣，除嘔逆藏冷。開目者，不堪食。《衍義》云：須深湯中浸去苦烈汁，凡六七過始可用。此物下氣最速，腸虛人服之愈甚。

梓白皮：味苦，寒，無毒。主熱，去三蟲。《別錄》云：主吐逆胃反。

黃柏《本經》蘗木：味苦，寒，無毒。主五藏腸胃中結熱，黃疸，腸痔，止洩利，療驚氣在皮間，肌膚熱赤起，目熱赤痛，口瘡。《衍義》云：今用皮。

蜀椒：味辛，溫，有毒。主邪氣，欬逆，溫中，逐骨節皮膚死肌，寒濕痹痛，除六府寒冷，傷寒溫瘧，大風汗不出，心腹留飲，宿食腸澼，下利洩精，開腠理，通血脉，堅齒髮，調關節，耐寒暑。多食令人乏氣。口閉者殺人。《衍義》云：須微炒使出汗，又須去附紅黃殼。去殼法，先微炒，乘熱入竹筒中，以梗舂之，播取紅用。

秦皮：味苦，寒，無毒。主風寒濕痹，洗洗寒氣，除熱，目中青瞖白膜。《藥性論》云：主明目，去肝中久熱。《圖經》云：浸水便碧色，書紙看之，青色者真。

梅實：味酸，平，無毒。主下氣，除熱煩滿，止下利，好唾口乾。陶隱居云：此亦是今烏梅也。用當去核微熬，治傷寒煩熱。陳藏器云：去痰，主瘴瘧，止渴，調中，除冷熱利，止吐逆。日華子云：多啖傷骨，蝕脾胃，令人發熱。又云：除勞，治骨蒸，去煩悶，澀腸止利。《衍義》云：食梅則津液泄，水生木也。津液泄，故傷齒，腎屬水，外為齒故也。

芫花：味辛、苦，溫，有小毒。主欬逆上氣，喉鳴喘，咽腫，消胸中痰水，喜唾，水腫。久服令人虛。《藥性論》云：有大毒。能治心腹脹滿，去水氣，利五藏，寒痰，涕唾如膠者，及一切毒風，四肢攣急，不能行步，能瀉水腫脹滿。

附子：味辛、甘，大熱，有大毒。主風寒欬逆邪氣，溫中，金瘡，破癥堅積聚血瘕，寒濕踒躄拘攣，膝痛脚疼冷弱，不能行步，腰脊風寒，心腹冷痛，霍亂轉筋，下利赤白。堅肌骨，強陰墮胎，為百藥長。陶隱居云：凡用三建，皆熱灰微炮，令坼，勿過焦，惟薑附湯生用。俗方每用附子，皆須甘草、人參、生薑相配者，正制其毒故也。《衍義》云：烏頭、烏喙、天雄、附子、側子凡五等，皆一物也，止依大小長短似像而名之。後世補虛寒則須用附子，仍取其端平而圓大及半兩以上者，其力全不僭。風家即多用天雄，亦取其大者，以其尖角多熱性，不肯就下，故取辛散也。此用烏頭、附子之大略，餘三等則量其材而用之。

白頭翁：味苦，溫，無毒。主溫瘧狂易寒熱，癥瘕積聚癭氣，逐血止痛。蘇恭云：甚療毒利。

茯苓：味甘，平，無毒。主胸脇逆氣，憂恚驚邪恐悸，心下結痛，口焦舌乾，利小便，止消渴，大腹淋瀝，膈中痰水，水腫淋結，開胸腑，調藏氣，伐腎邪。《藥性論》云：忌米醋。

豬苓：味甘、苦，平，無毒。主痎瘧，解毒蠱疰不祥，利水道。《藥性論》云：解傷寒溫疫，大熱發汗，主腫脹，腹滿急痛。司馬彪云：治渴。《衍義》云：行水之功多，久服必損腎氣，昏人目。

巴豆：味辛，生溫，熟寒，有大毒。主傷寒溫瘧寒熱，破癥瘕結聚堅積，留飲痰澼，大腹水脹，蕩練五藏六腑，開通閉塞，利水穀道，去惡肉爛胎。不利丈夫陰。殺斑猫毒。《藥性論》云：忌蘆笋、醬豉、冷水。中巴豆毒，黃連汁、大豆汁解之。陶隱居云：最能瀉人。陳藏器云：主癥癖痃氣痞滿，腹內積聚，冷氣血塊，宿食不消，痰飲吐水。

赤小豆：味甘、酸，平，無毒。主下水，排癰腫膿血，寒熱，熱中消渴，止洩，利小便，吐逆，卒澼下，脹滿。陶隱居云：性逐津液，久服令人枯燥。陳士良云：微寒，療水氣，解小麥熱毒。《圖經》云：甚療脚氣。

麻子：味甘，平，無毒。主補中益氣，中風汗出，逐水利小便，破積血，復血脉。《藥性論》云：治大腸風熱結澀，及熱淋。日華子云：逐一切風氣，長肌肉，益毛髮，去皮膚頑痹，下水氣，及下乳，止消渴，催生，治横逆產。陳士良云：主肺氣，潤五藏，利大小便，疏風氣。不宜多食，損血脉，滑精氣，痿陽氣。婦人多食發帶疾。

豉：味苦，寒，無毒。主傷寒頭痛寒熱，瘴氣惡毒，煩躁滿悶，虚勞喘吸，及兩脚疼冷。《藥性論》云：治時疾熱病發汗。

粳米：味甘、苦，平，無毒。主益氣，止煩止洩。陶隱居云：此即人常所食米，但有白、赤、小、大，異族四五種，同一類也。孟詵云：常食乾飯，令人熱中，脣口乾。不可和蒼耳食之，令人卒心痛，即急燒倉米灰，和蜜漿服之，不爾，即死。不可與馬肉同食之，發痼疾。《衍義》云：白晚米為第一，早熟米不及也。平和五藏，補益胃氣，其功莫逮。然稍生復不益脾，過熟則佳。

酒：味苦、甘、辛，大熱，有毒。主行藥勢，殺百邪惡毒氣。陶隱居云：大寒凝海，惟酒不冰，量其性熱，獨冠群物。藥家多有以行其勢。人飲之，使體弊神惛，是其有毒故也。蘇恭云：酒有數種，惟米酒入藥。陳藏器：通血脉，潤皮膚，散結氣，消憂發怒，宣言暢意。又云：酒後不得臥黍穰，食豬肉，令人患大風。凡酒忌諸甜物，酒漿照人無影不可飲。酒不可合乳飲之，令人氣結。白酒食牛肉，令人腹内生蟲。孟詵云：久飲傷神損壽。

苦酒：味酸，溫，無毒。主消癰腫，散水氣，殺邪毒。醋也。陶隱居云：亦謂之醯。以有苦味，俗呼苦酒。不可多食，損人肌藏。陳藏器云：破血運，除癥塊堅積，消食，破結氣。日華子云：殺一切魚肉菜毒。多食不益男子，損人顏色。《論語》云或乞醯焉，是也。

膠飴：味甘，微溫。主補虚乏，止渴，去血。《本草》：飴餹。《圖經》：輭餹。粳米、粟米、大麻子、白术、黄精、枳椇子等，并堪作，惟以糯米作者入藥。孟詵云：健脾胃氣。日華子云：消痰止嗽，并潤五藏。《衍義》云：多食動脾風。〇已上五種，《本經》皆無。或疑五種者，皆人食用之常，不煩采取。開物之初，不以流品論，尚未收錄與。未知然否？

乾薑：味辛，溫。主胸滿，欬逆上氣，溫中止血，出汗，逐風濕痹，腸澼下利，寒冷腹痛，中惡，霍亂脹滿，皮膚間結氣，止唾血。生者尤良，主傷寒頭痛鼻塞，止嘔吐。久服去臭氣，通神明。乾者大熱，生者微溫，皆無毒。《唐本》：乾者久服令人目暗。《藥性論》：乾薑主霍亂不止，治嗽，溫中。秦艽為使。陳藏器云：生薑須熱即去皮，要冷即留皮。

葱白：平。可作湯，主傷寒寒熱，出汗，中風，面目腫，傷寒骨肉痛，喉痹不通，安胎，歸目，除肝邪氣，安中，利五藏，殺百藥毒。日華子云：治天行時疾，頭痛熱狂，通大小腸，霍亂轉筋，及賁豚氣，脚氣，心腹痛。《食療》云：少食則得，可作湯。不得多食，虚人、患氣者多食發氣，上衝人五藏，悶絕，為通利關節，出汗故也。切不得與蜜相合食之，促人氣，殺人。

薤：味辛、苦，溫，無毒。除寒熱，去水氣，溫中散結，利病人。陶隱居云：凡用葱、薤，皆去青留白，白冷而青熱也。孟詵云：不可與牛肉同食，令人成瘕。《食療》云：骨鯁在咽不去者，煮食之即下。《衍義》云：葉如金燈葉，差狹而更光，故古人言薤露者，以其光滑難竚之義。《千金》用治肺氣喘急，亦取其滑泄也。大抵此物葉如韭，根如葱。江南閩浙之間絕少，淮西河南北多有之。

瓜蒂：味苦，寒，有毒。主大水，身面四肢浮腫，下水殺蠱毒，欬逆上氣，及食諸果病胸腹中，皆吐出之。去鼻中息肉，療黄疸。陶隱居云：甜瓜蒂也。用早青者。日華子云：無毒，治腦塞熱齆，眼昏，吐痰。《食療》云：瓜有兩鼻者殺人，沉水者殺人。食多腹脹，可食鹽化成水。病癥癖人不可食之。

石膏：味辛、甘，寒，無毒。主中風寒熱，心下逆氣，驚喘，口乾舌焦，不能息，除時氣頭痛身熱，三焦大熱，解肌發汗，止消渴煩逆，腹脹，暴氣喘息，咽熱。《藥性論》云：能治傷寒頭痛如裂，壯熱皮如火燥，出毒汗，主通胃中結，煩悶，心下急，煩燥。和葱煎茶，去頭痛。日華子云：治天行熱狂。《圖經》云：止頭目昏眩痛。

赤石脂：味甘、酸、辛，大溫，無毒。主養心氣，明目益精，療腹痛洩澼，下利赤白。大抵此物能治大腸寒滑。〇《本經》無，《别錄》有。

禹餘糧：味甘，寒、平，無毒。主欬逆，寒熱煩滿，下利赤白，血閉癥瘕，大熱，療小腹痛結煩疼。《藥性論》云：主治崩中。

芒硝：味辛、苦，大寒。主五藏積聚，久熱胃閉，除邪氣，破留血，腹中痰實結搏，通經脈，利大小便及月水，破五淋，推陳致新。生於朴硝。《衍義》云：以暖水淋朴硝取汁，再經熬煉減半，傾入水盆中，經宿遂結芒，有廉稜者，故其性和緩。今按《本經》止言硝石、朴硝，而無芒硝，芒硝有自《别錄》以後，《經》中何得用芒硝，芒疑朴誤。

滑石：味甘，寒，無毒。主身熱洩澼，女子乳難，癃閉，利小便，蕩胃積聚寒熱，通九竅六腑津液，去留結，止渴，令人利中。《衍義》云：治暴得吐逆，不下食。

代赭：味苦、甘，寒，無毒。主鬼疰，賊風蠱毒，殺精物惡鬼，腹中毒邪氣，除五藏血脈中熱，血痹血瘀，大人小兒驚風入腹。

鉛丹：味辛，微寒。主吐逆胃反，驚癇瘨疾，除熱。生於鉛。陶隱居云：即今熬鉛所作黃丹也。《藥性論》云：主治驚悸狂走，嘔逆，消渴。日華子云：涼，無毒。鎮心安神，療反胃，止吐血。

人溺：療寒熱頭疼，溫氣。童男者尤良。日華子云：療血悶熱狂，撲損瘀血運絕及困乏。《衍義》云：氣血虛無熱者，不宜多服，性寒故也。

婦人裩襠：主陰易病，當陰上割取，燒末，服方寸匕。童女裩益佳。若女患陽易，即男子裩也。陰易病者，人患時行病起後，合陰陽便相著，甚於本病，其候小便赤澀，寒熱甚者是，服此便通利。按此與《經》文有同有異，臨證者，宜兩審。〇已上三種，《本經》皆無，《別錄》有。

白蜜：味甘，平，無毒。主心腹邪氣，諸驚癇痓，安五藏，諸不足，益氣補中，止痛，解毒，除眾病，和百藥，養脾氣，除心煩，食飲不下，止腸澼，肌中疼痛，口瘡，明耳目。色白如膏者良。《本經》石蜜。《衍義》云：石乃白字。

龍骨：味甘，平，無毒。主心腹鬼疰，精物老魅，欬逆，洩利膿血，夜臥自驚恚怒，伏氣在心下，不得喘息，止汗，縮小便溺血，養精神，定魂魄，安五藏。《藥性論》云：忌魚。止夢泄精，夜夢鬼交。《圖經》云：大抵此物世所稀有。孫光憲《北夢瑣言》云：石晉時，鎮州接邢臺界，嘗鬬殺一龍。鄉豪曹寬見之，取其雙角，角前有一物，如藍色，文如亂錦，人莫之識。曹寬未經年為寇所殺，鎮帥俄亦被誅。《衍義》云：諸家之說，紛然不一，既不能指定，終是臆度。西京潁陽縣民家，忽崖壤得龍骨一副，皮體頭角悉具，不知其蛻也，其斃也，若謂其蛻斃，則是有形之物，而又生不可得見，死方可見，謂其化也，則其形獨不能化焉。嘉靖癸丑，余客邳之宿遷縣，時淮泗大水，河無岸際，霜後水落，河中新吐一洲，上有龍骨一副，頭角身尾全具。居民驚異，競渡取之。人有以角半隻相貽者，其色白，形即枯骨，舐之黏舌，入藥用甚效。竟莫知其所由，姑錄之以俟博識。

阿膠：味甘，平、微溫，無毒。主心腹內崩，勞極，洒洒如瘧狀，腰腹痛，四肢酸疼，女子下血，安胎，丈夫小腹痛，虛勞羸瘦，陰氣不足，腳酸不能久立，養肝氣。出東阿。陶隱居云：出東阿，故曰阿膠。入湯微炙，丸散須極燥。陳藏器云：阿井水煎成。人間用者，多非真也。凡膠俱能療風，止洩補虛。驢皮膠主風為最。《圖經》云：今鄆州皆能作之，以阿縣城北井水作煮為真。造以阿井水煎烏驢皮，如常煎膠法。其井官禁，真膠極難得，都下貨者甚多，恐非真。尋方書所說，所以勝諸膠者，大抵以驢皮得阿井水乃佳耳。今屬東昌府有小土城，無縣治，井如故，仍官禁以古蹟，因名其城曰阿城，膠則造時，官取水至府煮作，皮出自庫，真膠民間難得。如昔，蔡氏書傳曰：吳興沈氏言古說濟水伏流地中，今歷下凡發地皆是流水，世謂濟水經過其下，東阿亦濟所經，取其井水煮膠，謂之阿膠。用攪濁水則清，人服之，下膈疏痰，蓋其水性趨下，清而重故也。

豬膽：味苦，大寒。主傷寒熱渴。劉禹錫云：通大便。

膚諸家本草，無載此者。

文蛤：味鹹，平，無毒。主欬逆胸痹，腰痛脅急。

雞子：主除熱，火瘡癇痓。〇卵白：微寒。療目熱赤痛，除心下伏熱，止煩滿，欬逆，小兒下洩。醯漬之一宿，療黃疸，破大煩熱。陳藏器云：雞子益氣，多食令人有聲。《藥性論》云：液能治目赤痛，黃治久瘧。日華子云：雞子鎮心安五藏，止驚，安胎，治懷妊天行熱疾狂走，及開聲喉。〇忌蒜。

虻蟲：味苦，微寒，有毒。主逐瘀血，破下血積堅痞，癥瘕寒熱，通利血脈及九竅，女子月水積聚，除賊血在胸腹五藏者，及喉痹結塞。《圖經》云：木虻最大而綠色幾若蜩蟬，蜚虻狀如蜜蜂黃色，醫方所用虻蟲即此也。又有一種小虻，名鹿虻，大如蠅，咂牛馬亦猛。三種大抵同體，俱能治血，而方家相承，只用蜚虻，他不復用。《淮南子》：虻，散積血。〇《本經》：木虻，蜚虻。

水蛭：味鹹、苦，平、微寒，有毒。主逐惡血瘀血，月閉，破血瘕積聚，無子，利水道，又墮胎。陳藏器云：收乾蛭，當展其身令長，腹中有子者去之。此物難死，雖加火炙，亦如魚子，烟熏經年，得水猶活，以為楚王之病也。《蜀本》云：採得用篁竹筒盛，待乾，又米泔浸一宿後，暴乾，以冬豬脂煎令焦黃，然後用之，勿誤。日華子云：畏石灰。《衍義》云：畏鹽。

牡蠣：味鹹，平、微寒，無毒。主傷寒寒熱，溫瘧洒洒，驚恚怒氣，除留熱在關節榮衛去來不定，煩滿，止汗止渴，除老血，澀大小腸，止大小便，療洩精，喉痹，欬嗽，心脅下痞熱。《藥性論》云：止盜汗，治溫瘧。

土瓜根《本經》：王瓜，味苦，寒。主消渴，內痹，瘀血月閉寒熱。《別錄》：一名土瓜，療諸邪氣熱結。《衍義》云：其根即土瓜根也。日華子云：土瓜根通血脈，治天行熱疾，酒黃病，壯熱心煩悶。

漿水：味甘、酸，微溫，無毒。主調中引氣，宣和強力，通關開胃，止渴，霍亂洩利，消宿食，解煩去睡，調理府藏。粟米新熟，白花者佳。煎令醋，止嘔噦。《本經》無，《別錄》鈔。

甘瀾水、潦水二種《本草》皆無。

斗、升、合《律呂》之管十二，皆徑三分有奇，空圍九分，而黃鍾長九寸，以之審量而量多少，則其容子穀秬黍千二百為龠，十龠為合，十合為升，十升為斗，十斗為斛。

銖、分、兩以黃鍾之龠平衡，而權輕重，則其所容千二百黍，其重十二銖，分其半六銖為分，兩龠二十四銖計四分為兩，十六兩為斤，三十斤為鈞，四鈞為石。銖則今之四分一釐六毫有奇，分則今之二錢半也。

方、寸、匕匕，匙也。古用竹木，今用銅，其制正方一寸，取抄散不落可重一分，以為一服。寸則以一黍為一分，黃鍾長九十分分之十也，以之審度而度長短，則亦以黃鍾之寸生丈尺，此黃鍾所以為萬事根本。

明・楊盛明《本草藥性》〔見明・孟繼孔《幼幼集》後附〕　升麻【略】　羌活【略】　白芷：【略】起痘瘡頂陷，退風疹，疏熱癢之要藥也。　防風：【略】治痘發驚者，與天麻同用。　葛根：【略】發傷寒之表邪，升痘疹之熱毒，理胃虛，解煩渴，乃痘瘡已見形、未見形之要藥也。須白色如粉者佳。　人參：【略】治痘之聖藥，非此莫能固裏。量人大小多寡用之。若裏實毒盛者，不宜用也。須擇明潤者佳，乾枯碎小者無力。　黃芪：【略】治痘賴此裏托外負。量人大小多寡用之。若表實者不宜用。須箭蘚綿軟不油者佳。十日之後痘發已足，不肯收斂，蜜炙隨意用。　甘草：【略】治痘賴以分理陰陽，佐正君臣之道也。寒則炙用，熱則生用。須擇堅實者佳。　官桂【略】　川芎：能助清氣而升頭面，引參芪以補元陽。小如雀腦者佳。　當歸：【略】治痘賴以助血歸附氣位，必加芍藥以佐之，恐其活血流動，毒無定位。宜身大白淨者佳。酒洗剉片，焙乾用。大便不實不宜多用。　茯苓：【略】治痘不可過用，惟瀉渴及毒不斂，而發水泡者不禁。惟堅白大者佳。　白朮：【略】治痘不宜過多，非瀉痢發水疱者不加，漿毒溢盛不結痂者多用。宜於潛細白而堅者佳。　白芍藥：【略】治痘血散不歸，賴以收之而附氣也。痘解不斂，賴以收之而成功也。宜白大者佳。須酒浸透，切片，微火炒過用。七日前少用，七日後大用。　紫草：【略】行痘毒而利九竅。瘡色白者不宜用。須紫茸染手者佳。若色紫赤毒盛者，五日前後皆不禁也。　陳皮【略】　麥門冬【略】　木香：【略】若痘，行氣助參芪之力，止瀉痢而理後重。不可過於多也。宜如枯骨黏牙者佳，磨水用，或剉片同煎亦可。　肉豆蔻：【略】非水瀉久痢不加，乃一時救急之要藥也。宜大而堅實者佳。麵裹煨熟，去麵用。　鼠粘子：一名牛蒡子。【略】治痘專解毒，起頂不可缺少者。微炒，研細用。　荊芥穗：【略】治痘專退壅腫而解餘熱。宜穗不宜莖。香鮮者佳。　黃連：【略】治痘專退餘熱，毒解之後臉赤潮熱，不可缺。宜川蜀堅實者□□□□□□。　山查子：【略】治痘專平氣，解利參芪之滯。宜赤色肥大者佳。　糯米：【略】治痘專溫脾胃之中氣，不使毒內攻。制紫草之餘寒，不使味傷胃。宜粗大白色者佳。　黃陳米：【略】治痘專扶穀氣，以助胃氣，益真氣而和胃氣。宜多年倉庾中香黃者佳。　生薑：【略】治痘不可缺，以其力能助參芪之功也。宜老而生者佳。　天麻：【略】專治痘疹首尾驚悸，祛諸風麻痺不仁。須明淨者佳。　大棗【略】　紅花【略】　木通：【略】瘡之熱盛□重者，非此莫去。宜用淡黃色者。　連翹：【略】排膿托裏不可缺者。　厚朴【略】　生地黃【略】　枳殼：【略】湏年深日久者佳，剉碎，麸炒過用。　桔梗【略】　大黃：【略】若痘疹熱毒熾盛，煩躁引飲，二便不通，非此莫救。急救者〔不可〕缺。酒浸透，蒸熟，焙乾用之。　黃芩：【略】酒浸透，剉片，微炒焦用。退肌表熱，以柴胡為使。　草決明【略】　半夏【略】　木賊草【略】　穀精草【略】　射干：【略】消腫，專治咽閉。　貝母：【略】清痰下氣，止咳嗽，治肺虛。

明・萬邦孚《萬氏家抄濟世良方》卷六　藥性草部　人參：君，味甘，氣溫、微寒，無毒。反藜蘆。安神定魄，止驚悸，生津，通血脈。治五勞七傷，虛損，肺脾陽氣不足，虛喘乏力，肺寒宜用之。肺受火邪喘嗽者禁用。　沙參：臣，味苦、甘，氣微寒，無毒。反藜蘆。補中益肺氣，止驚煩。治常欲眠，養肝氣，療頭痛氣熱、肺熱宜用之。肺寒禁用。　天門冬：君，味苦、甘，氣平、大寒，無毒。凡用去皮心。治肺氣欬逆喘急，消痰通腎氣，止渴。療肺痿生癰吐膿血，熱侵肺吐衄妄行，瀉肺火，利小便，冷而能補。　麥門冬：君，味甘、微苦，氣平、微寒，無毒。凡用去心。治口乾渴，心肺熱，虛勞客熱，通脉保神，補心氣。治血妄行，瀉肺中伏火，療肺痿吐膿。　地黃君，味甘、苦，氣寒，無毒。忌鐵器、萊菔。　熟地：微溫。大補血衰，滋腎陰，益氣力，主血虛勞熱，產後臍腹痛。　生地：大寒。涼血生血，補腎水真陰不足，主婦人崩中不止，及產後血上薄心，胎動下血，瘀血、衄血、吐血。胃寒者斟酌用，痰膈不利者薑汁炒用。　白术：君，味苦、甘、辛，氣溫，無毒。白朮，除濕益燥，生津補脾，進食，除胃熱，消虛痰，止下洩，利小便，消腫滿及霍亂嘔逆。在氣主氣，在血主血；　有汗則發，無汗則止。蒼术，氣味辛烈，主大風在身面，風眩頭痛，除惡氣，辟山瘴，消癖塊，療心腹脹痛，健胃寬中，發汗，除上焦濕功最大。鹽水炒佐黃栢，力健行下焦腰足濕熱。　黄芪：味甘，氣微溫，無毒。補虛蜜炙用，治瘡生用。主癰疽，久敗瘡，內托排膿，止痛，風癩，痔瘻，脾胃虛弱，羸瘦，補中生血，補肺氣，實皮毛，瀉陰火。療虛勞自汗，無汗則發，有汗則止。又治消渴，泄痢腸風，婦人血崩，帶下經症，產前後一切病，補腎三焦命門元氣，治傷寒尺脉不至。性畏防風，然防風制黄芪，黄芪得防風其功愈大，蓋相畏而相使者。　甘草：君，味甘，氣平，生寒熟溫，無毒。反大戟、芫花、甘遂、海藻。長肌肉，解百藥毒及諸毒，治欬嗽，止渴，通經脉，利血氣，健胃和中，養血補血，善和諸藥。生用瀉火。節消瘡疽腫毒，又治肺痿吐膿血。惟中滿禁用，下焦藥少用。稍除胸中積熱，去莖中痛。　菊花：君，味甘，氣平、寒，無毒。家種味甘，色黄白者佳。味苦野菊，傷胃不用。　主風頭眩腫痛，惡風濕痹，身上四肢諸風，胸中煩熱，明目養血，去目中膜瞖，根治疔腫。　菖蒲：君，味辛、苦，氣溫，無毒。生石澗，一寸九節者良。　主四肢濕痹不得屈伸，開心通竅，正氣除煩，明耳目，出音聲。療頭風鬼氣，瘡疥，殺蟲，止小便。　遠志：君，味苦，氣溫，無毒。殺天雄、附子毒。凡用去心。　補不足，利九竅，定心志，止驚悸夢邪，益精壯陽。　黄精：君，味甘，氣平，無毒。　益脾胃，潤心肺，除風濕，補勞傷。　山藥：臣，味甘，氣溫、平，無毒。長肌肉，止腰痛，強陰，補心肺不足，療煩熱，泄精，健忘。　五味子：君，味酸，氣溫，無毒。　主欬逆上氣，補不足，強陰益精，止渴生津。在上滋肺，在下補腎。　氣耗散者用此收之。　肉蓯蓉：臣，味甘、酸、鹹，氣微溫，無毒。凡用必酒浸去浮甲，并中心白膜。　強陰益精，暖腰膝，續筋髓，補命門相火。治男子絕陽不興，泄精，尿血遺瀝；　女子絕陰不產，血崩，帶下陰痛。　鎖陽：味甘，鹹。凡使酥油塗炙。　補陰氣，益精，治大便燥結。　菟絲子：君，味辛、甘，氣平、溫，無毒。　療男婦虛寒腰痛膝冷，補精髓，強陰堅筋骨，治莖中寒，精自出，泄精尿血。　牛膝：君，味苦、酸，氣平，無毒。去蘆，酒洗用。　主寒濕痿痹，四肢拘攣，逐血氣，墮胎。療男子陰消，老人失溺，壯陽益精填髓，除腰脊痛，通月水，療血結血暈，產後心腹痛，活血生血。　引諸藥下行腰膝。　萎蕤：君，味甘，氣平，無毒。　主中風暴熱，四肢拘攣，頭疼目痛，眦爛淚出，濕注脚膝，腰痛，去面黑䵟。　薏苡仁：味甘，氣微寒，無毒。根治蛔攻心腹痛。　主筋急拘攣，風濕痹，利腸，消水腫，下氣，除筋骨邪氣不仁。　石斛：君，味甘，氣平，無毒。酒洗蒸用。壯筋骨，療脚膝軟弱，強陰益精，長肌肉，治胃中虛熱，皮膚邪熱。　巴戟天：使，味辛、甘，氣微溫，無毒。　強陰，堅筋骨，療頭面遊風，大風血癩及陰中引痛，夜夢鬼交泄精。　破故帋：味苦、辛，氣大溫，無毒。酒炒用。　主四肢疼痛，骨髓傷敗，陽衰腎冷精流，腰膝痛，囊濕，小便利及婦人血氣。　芎藭：臣，味辛，氣溫，無毒。　主寒痹，筋攣緩急，婦人血閉，治少陽頭痛，血虛頭痛之聖藥。　散肝經風、頭面風，治一切血，去宿生新及痔瘻，腦癰，發背，瘰癧，排膿，消瘀長肉。　上行頭目，下行血海，通肝經，血中之氣藥，療一切心腹氣痛，胸脇痛，疝痛，開鬱，行氣燥濕。　當歸：臣，味甘、辛，氣溫，無毒。　主瘟瘧，虛勞寒熱，婦人漏下絕子，諸惡瘡瘍金瘡，齒痛頭痛，補不足，氣血昏亂，服之即定。　能令各有所歸，故名當歸。　頭止血，身和血，尾破血，全用和血。　芍藥：臣，味苦、酸，氣微寒，有小毒。反藜蘆。　除血痹，破堅積寒熱疝瘕，益氣順血脉，抑肝暖中，扶陽收陰，補血，散惡血，利大小腸，通月水，消癰腫。　生用下痢疾，炒用止腹痛。　脾經之藥。　白者補，赤者瀉，產後不可用，以其酸寒，伐生發之性也。　益母草：味辛、甘，氣微溫，無毒。　主胎前產後諸疾，行血養血及難產，胎死腹中，專治婦女一切血症。　車前子：君，味甘、鹹，氣寒，無毒。主小便淋瀝，除濕痹，利水道，療肝中風熱，衝目赤痛，治婦人產難。　葉根主鼻衄，熱痢。　蒲黄：君，味甘，氣平，無毒。生用破血消腫，炒黑用止血。　止血，消瘀血，治一切吐衄崩唾，腸風血痢，尿血，撲血，血癥帶下，月候不均，心腹痛，產後血症，瘡癤風腫。　續斷：君，味苦、辛，氣微溫，無毒。酒浸用。　調血脉，療金瘡癰腫，止痛，生肌，續筋骨。治婦人乳難，產前後一切症及崩中漏血，尿血，豌瘡惡血，腰痛，縮小便，止泄精，溫子宮。　骨碎補：使，味苦，氣溫，無毒。去毛用。　破血止血，補傷折骨碎，堅齒，療骨中毒氣，風血疼痛。　蒺藜子：君，味苦、辛，氣溫，微寒，無毒。　治風明目，破惡血，療喉痹，乳難，身體風痒，肺痿，小兒頭瘡。　沙(菀)[苑]蒺藜，止遺瀝，泄精溺血。　地膚子：君，味苦，氣寒，無毒。又名落帚。　主膀胱熱，利小便，洗目去熱暗雀盲，止痛。　決明子：臣，味鹹、苦、甘，氣平，微寒，無毒。草決明治療同。　主青盲，目淫膚赤，白膜眼赤痛淚出，除肝家熱，又解蛇毒。　丹參：臣，味苦，氣微寒，無毒。反藜蘆。　破宿血，生新血，安生胎，落死胎，止血崩帶下，調經，治骨節疼痛，頭痛眼赤，惡瘡瘻贅腫毒，排膿止痛，生肌及邪氣腸鳴，腹痛。　玄參：使，味苦、鹹，微寒，無毒。反藜蘆。　明目，治結熱積聚，暴中風狂邪，溫瘧頭風，骨蒸傳尸，散項核癰腫，清咽膈。又治空中氤氳之氣，無根之火。　茜根：君，味苦，氣寒。炒用，勿犯鐵。　主寒濕風痹，衄血吐血，內崩下血，尿血，產後血暈，乳結，撲損瘀血死血，治蠱毒。　茅根：臣，味甘，氣寒，無毒。主瘀血，血閉吐血，利小便，下五淋，解腸胃熱，療婦人崩中，止消渴。　艾：使，味苦，氣微溫，無毒。主灸百病，止下痢赤白，吐血衄血，瀉血，婦人漏血，安胎，止腹痛，辟風寒，暖子宮，殺蚘蟲。　醋煎治癬。　地榆：味苦、甘、酸，氣微寒，無毒。主婦人乳痓痛，帶下，月水不止，血崩，產前後諸血疾，腸風血痢赤白痢，小兒疳熱瀉痢，療金瘡止痛，除惡肉蝕膿，諸瘻熱瘡。虛寒人，水瀉冷痢勿用。　大小薊根：味甘、苦，氣溫，又云涼。大薊主女子赤白沃，安胎，止吐血、衄血、下血，療癰腫惡瘡。小薊專主血疾。　紅花：味辛、甘、苦，氣溫，無毒。主一切血症，多用破血，少用入心養血。療產後血暈口禁，腹內惡血不盡絞痛，胎死腹中。　牡丹皮：味辛、苦，氣寒，無毒。凡用去骨。主虛勞無汗骨蒸，瀉陰火，除癥堅瘀血留腸胃不散，衄血吐血，女子經脉不通，血瀝腰痛，產後一切冷熱血氣，療癰瘡，排膿止痛。　鬱金：味辛、苦，氣寒，無毒。下氣涼心，止血，破惡血，血淋尿血，女人血氣心痛，療金瘡，生肌。　薑黃：味辛、苦，氣寒，又云溫，無毒。主心腹結積，下氣脹，破血，通月經，治撲損瘀血，產後敗血攻心，消癰腫。　延胡索：味辛、苦，氣溫，無毒。破血，理月經不調，產後血暈，暴血沖上。又治心氣痛，小腹痛，暴腰痛。　香附：味甘，氣微寒，無毒。除胸中熱，下氣開鬱，逐凝血。炒黑止血，治崩漏，血中之氣藥。能引血藥至氣分而生血，婦人之仙藥也。又婦人乳腫痛，搗末醋煮，厚傅之。　旱蓮草：味甘、酸，氣平，無毒。主金刀撲損，血不止，烏鬚髮及齒血出疼痛。　劉寄奴：味苦，氣溫，無毒。主破血，產後餘疾，下血，止痛極効。又治心腹痛，水脹。　柴胡：君，味苦，氣平、微寒，無毒。去腸胃結氣，明目，除往來寒熱，傷寒寒熱，本經頭痛。在經主氣，在臟主血。瘧症必用之。又能引清氣行陽道，升提胃氣。　前胡：使，味苦，微寒，無毒。主心腹結氣，頭痛，去痰實，下氣，療傷寒寒熱，明目，治小兒一切疳氣。　黃連：臣，味苦，氣寒，無毒。酒炒上行，薑汁炒辛散。主目痛赤腫，眦傷淚出，腸澼腹痛，下痢赤白，婦人陰腫痛，鎮肝益膽，解熱毒，瀉心火，止驚消渴，調胃厚腸，除脾胃濕熱，煩燥，惡心，鬱熱在中焦，兀兀欲吐，心下痞滿及諸瘡腫毒，又主小兒疳氣。　胡黃連：味苦，氣平，無毒。主久痢成疳，溫瘧，骨蒸勞熱，補肝膽，明目，理小兒驚癇，治婦人胎蒸虛驚。　黃芩：臣，味苦，氣平、寒，無毒。枯飄者名宿芩，主諸熱，黃疸，火瘍，目赤腫疼，解肌熱，泄肺火，消膈上熱痰，療天行熱疾，疔瘡乳癰，發背。酒炒上行，主上部積血。條實者名子芩，入大腸除熱，補膀胱不足，治下痢膿血，腹痛後重，身熱，又安胎。　草龍膽：君，味苦、澁，氣大寒，無毒。主骨間寒熱，胃中伏熱，時氣溫熱，黃疸，下焦濕熱，益肝膽，止驚惕。酒浸上行，治兩目赤腫睛脹，瘀肉高起，又療小兒驚癇，客忤疳氣。　防己：君，味辛、苦，氣平、寒，無毒。漢防己主水氣，木防己主風氣。主風寒溫瘧熱氣，諸癇，利大小便，療腰已下濕熱，脚氣，去膀胱熱及傷寒寒熱，肺氣喘嗽，膈間脂滿，殺癰腫惡結，諸疥癬蟲瘡。　葛根：臣，味甘，氣平，無毒。葉主金瘡止血，花解酒。主消渴，大熱嘔吐，療傷寒中風頭痛，解肌，發表出汗。治脾虛而渴，除胃熱，解酒。　瓜蔞根：味苦，氣寒，無毒。反烏頭。主消渴身熱煩滿，除腸胃中痼熱，黃疸，唇乾口燥，排膿消腫，生肌長肉，消乳癰發背，痔瘻瘡癧，撲損瘀血。〇仁味苦甘，性潤。治痰嗽，利胸膈。甘能補肺，潤能降氣，治痰之要藥。又消乳癰腫。　苦參：味苦，氣寒，沉，無毒。反藜蘆。主心腹結氣，黃疸，溺瀝，除癰腫，療腸澼熱痢，皮肌煩熱，洗蟲疥，治大瘋眉脫及遍身熱瘮，陰處瘡痒。　青黛：君，味鹹、甘，氣寒。解諸藥毒，收五臟鬱火，小兒驚癇疳熱，瀉肝，殺蟲。又傅熱瘡惡腫、金瘡、蛇犬等毒。　茵陳蒿：使，味苦、辛，氣平、微寒，無毒。主風濕寒熱，邪氣熱結，黃疸通身發黃，小便不利，解傷寒煩熱腦痛，化痰利膈，行滯氣。　知母：君，味苦、辛，氣寒，無毒。主口乾消渴，浮腫，下水，補不足，瀉腎火。治有汗骨蒸，傷寒久瘧煩熱，消痰止嗽，潤心肺，又治溪毒大勝。　貝母：臣，味辛、苦，氣平、微寒，無毒。反烏頭。主喉痺乳難，欬嗽上氣，消痰潤肺，散心胸鬱結，項下瘤癭，敷惡瘡，斂瘡口。治人面瘡，胞衣不出，酒調七枚服。　地骨皮：味苦，氣寒。主熱中消渴，風濕周痺，解有汗骨蒸，去肌熱，涼血，堅筋骨，利大小腸。　紫菀：臣，味苦、辛，氣溫，無毒。凡用蜜水浸一宿，去蘆。主欬逆上氣，益肺，療肺痿欬唾膿血，消痰止喘及小兒驚癇。　百部：使，味甘、苦，氣微溫，無毒。主肺虛欬嗽，潤肺，治疳蚘，傳尸骨蒸，殺寸白。　欵冬花：君，味辛、甘，氣溫，無毒。主欬逆上氣，喘息涕唾，寒熱邪氣，潤心肺，消痰止嗽，治喉痺，肺痿肺癰吐膿血。　馬兜鈴：味苦，寒，無毒。主肺熱欬嗽，氣上逆，痰結喘促，又薰血痔瘻瘡。　桔梗：臣，味辛、苦，氣微溫，有小毒。主胸脇痛，腹滿腸鳴，驚悸，鼻塞咽痛，利胸膈，治肺熱嗽逆消痰，療小兒驚癇客忤。載諸藥不沉，又能開提氣血。　苧根：使，味甘，氣寒。主小兒赤丹，癰疽發背，疔瘡乳房毒箭蛇咬，妊娠胎動，產前後心煩，天行熱病，狂渴，解金石藥毒。　蘆根：使，味甘，氣寒。主消渴客熱，嘔噦，止小便。治時疾煩悶，妊孕心熱，胃中煩熱。

獨活：一名羌活。君，味苦、甘，氣平、微溫。　羌活，主賊風，失音不語，多痒血癩，手足不遂，口面喎斜，遍身肢節疼痛，去風濕。得川芎治足太陽、少陰頭痛。○獨活，治痛風，足少陰伏風，兩足寒濕不能動止。又主風毒齒痛，加細辛治少陰經頭痛。

升麻：味甘、苦，氣平、微寒，無毒。　解百毒，疫瘴邪氣，蠱毒中惡，腹痛，時氣頭痛，風腫，肺痿肺癰欬唾膿血，瘡家之聖藥及發散本經風邪。若元氣不足，陽氣下陷，用此升提。又治小兒風癇，時熱痘疹。

細辛：臣，味大辛，氣溫，無毒。反藜蘆。　治少陰頭痛，百節拘攣，風濕痺痛，消死肌，溫中下氣，開胸中滯，除齒痛口臭，喉痺齆鼻，風眼淚下，療血閉，下乳結，利九竅。

防風：臣，味甘、辛，氣溫，無毒。　主大風，頭痛惡風，風邪目盲，風行周身骨節疼痛，四肢攣急，瀉肺實，散頭目中滯，除上焦風邪之仙藥。

乾薑：臣，味辛，氣溫、大熱，無毒。　生用味辛，散寒邪，去風濕痺，治肺寒咳嗽；　炮製溫脾理中，治裏寒泄痢，霍亂脹滿，腹中冷痛，中下焦寒濕，腎中無陽，脉氣欲絶，與補陰藥同用，能引血藥入氣分生血；　炒黑治產後血虚發熱，止唾血、痢血。

生薑：使，味辛、甘，氣微溫，無毒。　主傷寒頭痛鼻塞，欬逆上氣，入肺，開胃口，散風寒。治痰嗽，止嘔吐，去穢氣，通神明。

麻黃：君，味苦、甘，氣溫，無毒。　主中風傷寒頭痛，溫瘧，發表除寒熱，發太陽、少陰經寒邪，泄衛實，消赤黑班，治身上毒風不仁，小兒瘡泡倒靨，蜜炒煎服。根節能止汗。

白芷：君，味辛，氣溫，無毒。　主頭風目淚，長肌膚，去面瘢，手陽明頭痛，中風寒熱，解利藥也。又治心腹血刺痛，女人血閉，陰腫乳癰，發背瘰癧，腸風痔瘻，一切瘡疥。排膿止痛，內托生肌。

藁本：臣，味辛、苦，氣溫，無毒。　主風頭痛，太陽經風藥。治寒邪結鬱及本經頭痛，頂巔痛，大寒犯腦，齒痛，能引諸藥上至巔頂，又治婦人疝瘕，陰中寒腫。

天麻：味辛、甘，氣平，無毒。　主頭風，諸風濕痺，癰腫，四肢拘攣，小兒風癇驚氣，利腰膝，強筋骨，通血脉。

蒼耳實：味苦、甘，氣溫。入藥炒用。葉，味苦、辛，微寒，治療同。　主風頭寒痛，風濕周痺，四肢拘攣，惡肉死肌，瘰癧疥癬。

秦艽：味苦、辛，氣平、微溫。　主寒濕風痺，肢節痛，利小便，療風無問久新，通身攣急及五種疸病。

狗脊：味苦、甘，氣平、微溫，無毒。　主腰背強緩急，周痺寒濕，男子腰膝痛，續筋骨堅，利俛仰。

白鮮：臣，味苦、酸，氣寒，無毒。　主頭風，黃疸，淋瀝，女子陰中腫痛，濕痺死肌，不可屈伸，治一切瘡熱疥癬。

水萍：味辛、酸，氣寒，無毒。　主暴熱身痒，下水氣。歌云：不在山兮不在岸，採我之時七月半。論甚癱風與緩風，些少微風都不筭，豆淋酒內下三錢，鐵幞頭上也出汗。

木賊：味甘、微苦，無毒。　主目疾，退翳膜，益肝膽，明目，療婦人月水不斷。

豨薟：味苦，寒，有小毒。夏月採葉暴乾，蜜酒拌，九蒸九晒。　治肝腎風氣，四肢麻痺，骨間疼，腰膝無力，行大腸氣，補虛，生毛髮，兼療風濕瘡，婦人子宮久冷。

附子：使，味辛、甘，氣溫、大熱，有大毒。　主風寒欬逆邪氣，金瘡，破癥積血瘕，寒濕拘攣，膝痛，不能行步，腰脊風寒陰毒，傷寒迷悶不省，四肢厥逆，心腹冷痛，霍亂轉筋，下痢，除腎中寒甚。白术為佐，除寒濕之聖藥。又墮胎，為百藥長。入手少陽三焦、命門，性走而不守，浮中沉，無所不至。童便煮，以殺其毒，可助下行，入鹽尤捷。

烏頭：使，味辛、甘，氣溫、大熱，有大毒。反半夏、貝母、白斂、白及。　主中風惡風，洗洗出汗，除寒濕痺，欬逆上氣，破積聚，消胸上冷痰，肩甲臍痛，不可俛仰。又墮胎，治風痺血痺，半身不遂，行經藥也。

天雄：君，味辛、甘，氣大溫，有大毒。　主風寒濕痺拘攣，關節重痛，不能行步，頭面風痛，破積聚，療金瘡，強筋骨，調血脉，消風痰，墮胎。

華撥：味辛，大溫，無毒。　主溫中下氣，補腰脚，消食，除胃冷，陰疝腎冷，治冷氣心痛，婦人陰冷。

半夏：使，味辛、微苦，氣平。生微寒，熟溫，有毒。反烏頭。　主傷寒寒熱，心下堅，喉痛頭眩，胸脹欬逆，腸鳴，止汗，消痰，止嘔吐，療痰瘧，健脾胃，去胸中寒痰，太陰痰厥，頭痛，墮胎，塗癰腫。妊婦薑炒用。渴症禁用。

天南星：味苦、辛，氣平，有毒。入藥泡用。　除風痰麻痺，破堅積，消癰腫，利胸膈，散金瘡撲損瘀血，療疥癬惡瘡，墮胎。為末，臘月入黑牛膽中，陰乾，治小兒驚痰尤良。

何首烏：味甘、苦，澁，氣微溫，無毒。忌鐵器。雄者赤，雌者白，須雌雄並用。　主瘰癧，消癰腫，療頭面風及腰膝病。拌黑荳蒸熟，益血氣，黑髭鬚，長筋骨，補精髓，令人有子。

威靈仙：味苦，氣溫，無毒。　治大風，皮膚風痒痛，大腸風，宣通五臟，去腹內冷滯，心膈痰水，癥瘕氣塊，膀胱宿膿惡水，腰膝冷痛，脚疾不能行履及治折傷。

仙茅：味辛，氣溫，有毒。米泔浸去赤汁用。忌鐵器及牛乳、黑牛肉。　主腰脚風冷，攣痺不能行，丈夫虛勞，老人失溺，益陽道，助筋骨。

白附子：味甘、辛，氣溫，無毒。一云有小毒。　主心痛血痺，行藥勢，治中風失音，諸風冷氣，疥癬風瘡，頭面痕，陰囊下濕。

高良薑：使，味辛、苦，氣大溫，無毒。　主胃中冷逆衝心，霍亂腹痛及噦嘔食轉，健脾消食。

萆薢：味苦、甘，氣平，無毒。　主腰背痛，風寒濕痺，惡瘡熱氣，傷中恚怒，陰痿失溺，強骨節，療老人五緩。　葫蘆巴：味苦，氣溫。主五臟虛冷氣，腎虛冷，腹脇脹滿，面色青黑，膀胱疝氣。　白頭翁：味甘、苦，氣溫；一云寒，無毒；一云有毒。主溫瘧狂易，寒熱癥積，腹痛癭氣，項下瘤癧，赤毒血痢，逐血止痛，療金瘡鼻衄，一切風氣及百節骨痛。　阿魏：味辛，氣平、熱，無毒。殺諸蟲，去臭氣，破癥積，下惡氣，治心腹痛，辟瘟瘧，傳尸蠱毒。　木香：君，味辛、苦，氣溫，無毒。調諸氣，散肺滯，行肝氣，治中下焦氣結，積年冷氣痛，痃癖脹痛，九種心痛，女人血氣刺痛，止霍亂吐瀉，嘔逆反胃，安胎健脾。火煨實大腸，和黃連治痢。又療癰腫，禦霧氣。　茴香：味辛，氣平，無毒。入藥炒用。主乾濕脚氣，膀胱冷疝，腎勞或連陰髀間痛，攣引入小腹不可忍。　肉荳蔻：君，味苦、辛，氣溫，無毒。麵包煨入藥。溫中開胃，下氣消食，治積冷心腹脹痛，脾胃虛冷，虛洩赤白痢，小兒傷乳，吐逆泄瀉之要藥。　白荳蔻：味辛，氣大溫，無毒。主積冷氣，止吐逆反胃，消穀下氣，胃冷宜服。又散肺中滯氣。　草荳蔻：味辛，氣溫，無毒。溫中，療心腹痛，嘔吐霍亂，治風寒客邪在胃作痛，散冷氣，消酒毒。　砂仁：君，味辛、苦，氣溫，無毒。主冷瀉，宿食不消，赤白痢，休息痢，溫脾下氣，散脾胃滯氣，腹中冷痛，妊娠胎痛，安胎之要藥。　蓽澄茄：味辛，氣溫，無毒。主下氣消食，腹間氣脹，心腹冷痛，霍亂吐瀉，膀胱腎冷。　使君子：味甘，氣溫，無毒。凡用去皮殼，炒，如單用不可多。主小兒五疳，小便白濁，殺蛔蟲，療疳瀉。　蘆薈：味苦，氣寒，無毒。主胸膈熱氣，明目鎮心，療小兒疳熱，五疳，殺三蟲，解巴荳毒。　京三稜：味苦、辛，氣平，無毒。治癥瘕結塊，婦人血脉不調，心腹痛，落胎，消惡血，破血中之氣。損真元，虛者勿用。　蓬莪茂：味苦、辛，氣溫，無毒。主心腹痛，霍亂冷氣，飲食不消，療婦人血氣痛，通月經，消瘀血，治積聚諸氣為要藥，破氣中之血。　大黃：使，味苦，氣大寒，無毒。主下瘀血，破癥積，蕩滌腸胃，瀉諸實熱不通，心腹脹滿，下大便燥結，又散一切瘡毒癰腫。　葶藶：味辛、苦，氣大寒，無毒。人虛禁用。破堅逐邪，利水降氣，治皮間邪水，上出面目浮腫及肺壅欬嗽，喘促痰飲。　澤瀉：君，味甘、鹹，氣寒，無毒。除濕行水要藥。入膀胱腎經，治淋閉，逐膀胱三焦停水，瀉腎邪，去陰間汗，療乳難。　旋覆花：使，味鹹、甘，氣溫；一云冷利，有(無)〔小〕毒。主胸上痰結膈滿，除水，利大腸，去五臟寒熱，治頭風，明目，療傷寒汗下後痞堅噎氣，傅金瘡止血。　木通：臣，味辛、甘，氣平，無毒。又一種體輕色白者名通草，利陰竅，行小水。除脾胃寒熱，五淋，利小便，導小腸熱，治脾疸，出音聲，療耳聾，鼻塞，散癰腫結熱，齆鼻息肉，女人血閉，催生墮胎，下乳。　瞿麥：臣，味苦、辛，氣寒，無毒。主關格癃結，小便不通，出刺，決癰腫排膿，明目去翳，破胎，下閉血，逐膀胱邪逆。　百合：使，味甘，氣平，無毒。斂肺痿勞嗽，除浮腫，利大小便，殺蠱毒，療乳難，喉背諸瘡腫，治傷寒後百合病。　紫草：味苦，氣寒，無毒。通水道，療小兒血熱瘡痘。　燈心草：清心安神，利水。燒灰存性，塗乳上，與小兒吮之，止夜啼。　石韋：使，味苦、甘，氣平、微寒，無毒。凡用去毛，微炒。主癃閉不通，止煩下氣，補五勞，益精氣，療發背。　海藻：臣，味苦、鹹，氣寒，無毒。反甘草。主癭瘤氣，頸下核，散結氣，下十二水腫，療疝氣下墜疼痛、核腫。　澤蘭：使，味苦、甘、辛，氣微溫，無毒。主乳婦內衄，四肢浮腫，金瘡癰腫，養血氣，治產前後百病。　昆布：臣，味鹹，氣寒，無毒。主十二水腫，癭瘤結氣，瘻瘡卵腫。　甘遂：味苦，氣大寒，有毒。反甘草。主大腹疝瘕腹滿，面目浮腫，破癥積，利水穀，導胸中水結。　大戟：使，味苦、甘，氣寒，有毒。反甘草。主蠱毒，十二水，腹滿急痛，積聚癥結，中風，皮膚疼痛，吐逆，去瘀血，通月水，墮胎，療癰腫。　澤漆：使，味苦、辛，氣微寒，無毒；一云微毒。主皮膚熱，大腹水氣，四肢面目浮腫，丈夫陰氣不足。　芫花：使，味辛、苦，氣溫，有毒。反甘草。主欬逆上氣，喉鳴喘急，咽腫短氣，疝瘕癰腫，消胸中痰，五水在五臟、皮膚及腰痛。　商陸：使，味辛、甘、酸，氣平，有毒。如人形者有神。主水腫疝瘕熱毒，殺鬼物蠱毒，療惡瘡癰腫，又墮胎。　牽牛子：味苦，氣寒，有毒。黑白二種，氣藥引之入氣，血藥引之入血。大瀉元氣，慎用之。主下氣，療脚滿水腫，除風毒，利大小便，落胎。　蓖麻子：味甘辛，氣平，有毒。葉治脚風腫。主身體瘡痒，疥癩，一切腫毒，瘰癧瘋風，手指牽曲，鼻塌，及水脹浮腫，尸疰惡氣，又催生，治胞衣不下。　海金砂：通利小腸，得梔子、牙硝，療傷寒狂熱。　白葛：味苦，氣平，無毒。解蛇、蜂、狂犬、菜、肉、蠱毒，鬼疰風疰，諸大毒入腹，煮飲即消。　常山：味苦、辛，氣寒，有毒。忌葱、菘菜、鷄肉。主寒熱溫瘧，胸中痰結，能吐瘧；療鬼蠱水脹。　淫羊藿：味辛，寒，無毒。治冷風勞氣，補腰膝，療男絕陽不興，女絕陰無子，筋骨攣急，四肢不仁，老人昏耄健忘，利小便。　續隨子：味辛，氣溫，有毒。主婦人血結月閉，癥癖瘀血，蠱毒鬼疰，心腹痛，冷氣脹滿，利大小腸，除痰飲積聚，下惡滯物。　鶴虱：味苦，氣平，有小毒。主蚘蟯蟲咬，心腹痛，殺蟲最要。　紫河車：一名重樓金線。味苦，氣微寒，有毒。主驚癇搖頭弄舌，熱氣在腹，癲疾，癰蝕，殺三蟲、蛇毒，解百毒。　馬鞭草：味甘、苦，寒，有小毒。治濕䘌陰瘡，通月水，破癥瘕，下惡血，喉腫連頰，吐氣數者名馬喉痺，搗汁服之。　蛇床子：君，味苦、辛、甘，氣平，無毒。暖婦人子臟，令男子陰強，治腰胯疼，四肢頑痺。陰汗濕痒，大風身痒，煎湯浴之。又產後陰下脫，絹袋盛蒸熨之。　王不留行：味苦、甘，氣平，無毒。主金瘡止血，逐痛出刺，除痺，療風毒風疹，癰疽惡瘡，乳瘻，婦人難產及經脉不勻。　牛蒡子：味辛、苦，氣平。根葉搗封熱毒杖瘡、金瘡、風毒癰腫。明目，療風毒瘡疹，喉痺風熱，痰壅咽膈不利，齒痛，頭面浮腫。　草蒿：味苦，氣寒，無毒。塞鼻衄，傅金瘡，主婦人血氣，腹內滿及冷熱久痢，止瀉開胃。童便浸製，治勞瘦留熱在骨節間良。　藜蘆：使，味辛、苦，氣寒，有毒。反細辛、芍藥、五參。主頭禿疥瘙、惡瘡，殺蟲，去死肌，療喉痺不通，治馬刀爛瘡，吐上膈風痰、蠱毒。　射干：使，味苦，氣平、微溫，有毒。散結氣腫毒，行太陰、厥陰積痰，消結核，除腹中邪逆，胸滿腹脹，通月閉，化瘀血。　山荳根：味甘，氣寒，無毒。解諸藥毒，止痛，消瘡腫，殺寸白，含口中解咽喉腫痛。　白斂：使，味苦、甘，氣平、微寒，無毒。散結氣，除熱，治目中赤，女子陰腫痛，湯火、刀箭傷，疔瘡發背，癰腫諸毒。　白及：使，味苦、辛，氣平、微寒，無毒。主癰腫惡瘡，敗疽死肌，賊風鬼擊，除白癬疥蟲。　羊蹄根：味苦，氣寒，無毒。主頭禿疥瘙，女子陰蝕，男婦坐板瘡，醋磨塗癬。　產後兒枕痛，取羊蹄子微炒，水煎服神効。　連翹：使，味苦，氣平、微寒，無毒。主寒熱鼠瘻，瘰癧癰腫，惡瘡瘿瘤，結熱蠱毒，瀉心火，脾胃濕熱，通五淋及月經，除小兒心經客熱。　百草灰：五月五日採百草陰乾，燒灰，水團重燒令白，醋和為餅。腋臭，腋下挾之乾即易，當抽一身痛悶，瘡出即止，以水及小便洗之，不過三兩度。又治金瘡，止血生肌。　金星草：味苦，氣寒，無毒。冬月不凋，葉背有黃點兩行相對。解硫黃、丹石毒，療癰疽發背，瘡腫結核。根浸油敷頭長髮。　蒲公英：味甘，氣平，無毒。主乳癰疔腫，諸瘡及惡刺，化熱毒，消結核。　穀精草：味辛，氣溫，無毒。主眼疾，喉痺，齒痛及諸瘡疥。　夏枯草：味苦、辛，氣寒，無毒。主寒熱瘰癧，鼠瘻頭瘡，破癥散瘿結氣，脚腫濕痺。　山慈菇：有小毒，葉似韮，花似燈籠，色白，慈菇上有毛衣包裹，四月開花，五月苗枯，記其處，秋冬取之。主癰腫瘡瘻，瘰癧結核，又解毒。勿誤用老鴉蒜，無効。　千里光：味苦、甘，寒，無毒。退熱明目，煎膏點楊梅瘡，療鵝掌風，煎湯洗諸瘡癬疥。　金銀花：味甘，溫，無毒。解諸熱毒，治癰疽發背，并五種飛尸，小兒痘疹熱毒。　貫眾：味苦，微寒，有毒。治金瘡，破癥結，殺諸蟲，療腹中邪熱，解毒，除頭風。

藥性木部

桂：味辛，氣溫，無毒。有三種，所出各異，為治亦別。　桂枝治頭目，表散風邪，能使邪退汗止。○肉桂補腎氣及下焦寒冷，秋冬下部腹痛，非此不除，又通婦女月經。○桂心、柳桂味俱淡，尤宜治上焦藥及橫行手臂。　槐實：臣，味苦、酸、鹹，氣寒，無毒。主五內邪熱，五痔火瘡，婦人乳瘕，子臟急痛，產門痒痛，墮胎催生及男婦陰瘡濕痒。○枝，洗瘡及陰囊濕痒，煅灰揩齒去蟲。○花，味苦涼，治大腸熱，五痔及諸瘡毒，心痛眼赤，皮膚風并腸風，瀉血赤白痢。　栢實：君，味甘、辛，氣平，無毒。用扁葉者名側栢。主驚悸，益氣血，治恍惚，虛損腰重痛，潤腎燥，去頭風，興陽道。○葉味苦澁，氣微溫，主吐血衄血，痢血崩中赤白，尿血，去濕痺，熬油敷頭瘡生髮。　松脂：使，味苦、甘，氣溫，無毒。主癰疽惡瘡，頭瘍白禿，疥瘙風氣，殺牙蟲，貼諸瘡，生肌止痛，煉之令白如玉，除胃熱咽乾，消渴及風痺死肌，歷節風，惡風癩疾。○節，氣溫，主百節久風，脚痺軟疼痛，燥血中之濕。○花，久服輕身療病。　茯苓：臣，味甘淡，氣平，無毒。主胸脇逆氣，憂恚心下結痛，寒熱煩滿欬逆，利小便淋結，膈中痰水，肺痿痰壅，調胃氣，伐腎邪，降肺火，除濕行水之聖藥。　白者補，赤者利。又赤者破結氣，如小便多及汗多，陰虛者不宜服。　茯神：君。主風眩，五勞口乾，安神定驚，療善忘，治心下急痛堅滿，人虛，小腸不利加用之。　琥珀：君，味甘，氣平，無毒。定魂魄，殺精鬼蠱毒，利小便，通五淋，明目摩翳，止心痛，破結癥瘀血，產後血暈，止血生肌，合金瘡。　柳：氣寒。枝葉及皮根煎膏，塗癰腫疔瘡，乳妬。枝煎汁治齒痛。　枸杞：味苦，氣微寒，無毒。主熱中消渴，堅筋骨，強陰益精血，明目，療皮膚骨節間風及風眼赤痛。　酸棗：味酸，氣平，無毒。主心虛煩，振怖不得眠，斂虛汗，補中益肝氣。膽實多睡，熱也，生用；膽虛不睡，寒也，炒用。　梔子：味苦，氣寒，無毒。子去心胸熱，皮去肌表熱。主胃中熱氣，面赤，酒皶鼻，瘡瘍，目熱赤痛，血痢，小便赤澁，濕熱發黃，嘔噦及心腹久痛。加薑汁炒去心中客熱，虛煩懊憹不眠。大病汗下後虛熱，非此不除。又能屈曲下行，降下焦伏火，善開鬱，治〔痞〕塊中之火。　黃蘗：使，味微辛，氣寒，無毒。主五臟腸胃結熱，黃疸，腸痔，止洩痢，女子漏下赤白，男子口舌莖上瘡，補腎水膀胱不足，脚膝無力，瀉膀胱熱，清小便，降相火，治骨蒸勞，陰痿，洗肝明目，療鼻洪、吐血下血，小腸虛痛。　竹葉：味苦、甘，氣平、寒，無毒。涼心除煩熱，風痓喉痺，嘔吐止渴。

○淡竹葉，味辛甘，氣寒。主胸中痰熱，欬逆上氣，吐血，熱毒，壓丹石毒，止消渴。○竹瀝，味甘，性緩。治卒中風失音，胸中熱狂煩悶，壯熱頭風，孕婦頭旋，消虚痰。又痰在四肢，非此不除。止驚悸，溫疫迷悶，小兒驚癇天吊。○竹茹，味苦，氣微寒。主嘔啘噎膈，溫氣寒熱吐血衄血，崩中溢筋。○苦竹葉及瀝，療口瘡，目赤痛，解酒毒，下熱壅。醋浸治齒間血出。

楮實：味甘，氣寒，無毒。主陰痿水腫，益氣補虚勞，助腰膝，充肌膚，明目。

山茱萸：使，味酸澁，氣平、微溫，無毒。凡用去核，能滑精。補腎氣，興陽道，堅長陰莖，添精髓，止小便，暖腰膝，療耳鳴，止女人月水不定，老人尿不節。

五加皮：味辛、苦，氣溫、微寒，無毒。主疝氣腹痛，益精，堅筋骨，療小兒不能行，女子陰痒，男子陰痿囊濕，小便遺瀝，腰脊脚痛，四肢攣急。

杜仲：味辛、甘，氣平、溫，無毒。凡用去粗皮，薑汁炒去絲。治腰脊痛，脚酸，補中益精，堅骨，除陰下濕，止小便遺瀝。

女貞實：味苦、甘，氣平，無毒。補中養精神，蜜酒拌，九蒸九晒，服之黑鬚髮。

桑根白皮：使，味甘、辛，氣溫，無毒。出土上者殺人。瀉肺氣，定喘嗽，治唾血，虚勞客熱，消痰止渴，去肺中水氣，浮腫腹滿，利水道。作線可縫金瘡，更以熱鷄血塗之。○葉，除風痛痒，秋月收陰乾，可洗風熱眼。○枝條，療風痒，脚氣拘攣。○樹皮中白汁，主小兒口舌瘡、鵝口，又塗金刀傷燥痛，傅蛇咬、蜈蚣毒。○樹皮，裹刀傷止血。○椹，止消渴，黑鬚髮。

桑寄生：臣，味苦、甘，氣平，無毒。主腰痛，小兒背強，安胎，堅齒，療金瘡，女子崩中不足，懷姙漏血不止，產後餘疾，下乳汁。

益智子：味辛，氣溫，無毒。主君相二火。主遺精虚漏，小便遺瀝及夜多小便，益氣，補不足，調諸氣，去脾胃中寒邪。

乾漆：臣，味辛、鹹，氣溫，有毒。入藥炒用。生漆去長蟲。消瘀血痞結，腰疼，女子疝瘕，經脉不通，治心痛，殺蟲。

蔓荊實：味苦、辛，氣微寒，無毒。主筋骨寒熱，濕痺拘攣，明目堅齒，療睛痛淚出，治太陽頭痛，頭風昏悶。

牡荊實：味苦，氣溫，無毒。主除骨間寒熱，通利胃氣，止欬逆下氣。○荊瀝，去心門煩熱，頭旋目眩，瀁瀁欲吐，卒失音，小兒心熱驚癇，氣實痰盛人宜之。

辛夷：臣，味辛，氣溫，無毒。凡用去心及外毛。主風頭腦痛，溫中解肌，通鼻塞涕出，治面腫，牽引齒痛。

蕤核：使，味甘，氣溫。主心腹結氣，目赤腫痛，風痒淚出。

釣藤：臣，味甘，氣微寒，無毒。主小兒寒熱，十二驚癇，客忤胎風。

秦皮：味苦，氣寒，無毒。主風寒濕痺，洗洗寒氣，肝中久熱，兩目赤腫痛風，淚不止，青瞖白膜，療小兒癇。

蜜蒙花：味甘，氣平、微寒，無毒。主青盲膚瞖，赤澁多眵淚，消目中赤脉，小兒疳氣攻眼。

丁香：臣，味辛，氣溫，無毒。溫脾胃，止霍亂嘔逆，冷氣腹痛，治口氣齒疳䘌，腎氣賁豚，壯陽暖腰膝。○母丁香為末，納陰户中，治陰冷病。

蘇合香：味甘，氣溫，無毒。主辟惡邪，殺鬼精物，溫瘧蠱毒癇痓，去三蟲。

沉香：味辛，氣溫，無毒。療水腫，去惡氣，補命門，壯元陽，暖腰膝，散滯氣，保和衛氣，止轉筋吐瀉，冷氣麻痺，骨節不仁，濕風膚痒，心腹痛，氣痢。

藿香：味甘，氣微溫。主霍亂心痛，助脾開胃，溫中快氣，治吐逆，療風水腫毒。

龍腦香：味辛、苦，氣溫，無毒。主風濕積聚，耳聾明目，通關膈，治大人小兒風涎閉塞及暴驚熱。

安息香：味辛、苦，氣平，無毒。主心腹惡氣，鬼疰邪氣蠱毒，燒之辟眾惡。

乳香：味辛、苦，氣溫。主風水腫毒，去惡氣，療諸瘡，調血氣，定諸經之痛。治心腹痛，催生，又煎膏止痛長肉。

沒藥：味苦、辛，氣平，無毒。破血止痛，療金瘡杖瘡，諸惡瘡痔，目中瞖痛，膚赤，婦人產後血氣痛，打撲損傷。

檳榔：君，味辛、苦，氣溫，無毒。主消穀，逐水除後重，痰癖心痛，殺蟲，破滯氣，泄胸中至高之氣，又治脚氣衝心。

枳殼：使，味苦、酸、辛，氣微寒，無毒。主胸膈痞塞，散結逐水，消脹滿，安胃，化痰消食，除寒熱結痢，走大腸泄肺氣，損胸中至高之氣，又治遍身風□。

枳實：臣，味苦、酸，氣寒，無毒。主胸膈痰癖，逐停水，破積，消脹滿痞痛，去脾經積血，傷寒結胸，又治逆氣脇痛，消食安胃。

厚朴：臣，味苦、辛，氣溫，無毒。入藥薑汁炒。主傷寒頭痛寒熱，驚悸，去三蟲，溫中，消痰化食，厚腸胃，走冷氣。療霍亂，胃中逆冷，嘔吐酸水，洩利淋露，破宿血，消死肌，治腹痛脹滿。

茗茶：味甘、苦，氣微寒，無毒。清頭目，利小便，去痰熱，止渴，下氣消食。

烏藥：味辛，氣溫，無毒。主中恶心腹痛，蠱毒，宿食，天行疫瘴，膀胱腎氣攻沖及婦人血氣，小兒腹中諸蟲。又治貓犬百病。

巴豆：使，味辛，氣溫，有大毒。急則生用，緩則炒紫黑用。破癥結痰癖，蕩滌臟腑，通月經，殺蟲，去惡肉，排膿消腫，除鬼疰蠱毒及箭鏃入骨不可拔。

皂莢：使，味辛、鹹，氣溫，有小毒。主風痺死肌，邪氣，通關竅，殺蟲，療腹脹，破堅癥，墮胎。治卒中風昏迷，鬼魘卒死，卒頭痛，為末，吹鼻中。煎膏貼一切腫毒，止痛。○皂角刺治瘡，用之直達瘡所。

大腹：味辛，氣微溫，無毒。主冷熱氣攻心腹，大腸壅毒，痰膈醋心，下一切氣，健脾開胃。

猪苓：臣，味甘苦而淡，氣平，無毒。除濕，利水道，治渴，解傷寒瘟疫，大熱發汗，療腫脹從脚至小腹者。

郁李仁：臣，味酸、苦，氣平，無毒。主大腹水腫，面目四肢浮腫，腸中結氣，通關利水，破血潤燥。　吳茱萸：味辛、苦，氣溫、大熱，有毒。主欬逆寒熱，除濕血痺，逐風邪，開腠理。治寒邪膈氣不得上下，脾胃傷冷，心腹絞痛，霍亂轉筋，嘔逆胸滿及下焦寒濕疝痛，脚氣衝心。　蜀椒：使，味辛，氣溫、大熱，有毒。凡用微炒出汗，去閉口者。椒目行水道，治水蠱。主邪氣欬逆，溫中，逐骨節皮膚死肌，寒濕痺痛，下氣，除六腑寒冷，大風汗不出，心腹冷氣痛，齒痛，陰汗，壯陽，縮小便，開腠理，通血脉。　胡椒：味辛，氣大溫，無毒。不可多食，大傷脾、胃、肺氣。主下氣，溫中，去寒痰，止霍亂心腹冷痛及冷痢，殺一切魚肉鼈蕈毒。　楝實：味苦，氣寒，有小毒。主大熱煩狂，殺三蟲疥瘍，利水道，治上下部腹痛，心暴痛。〇根，東行者療蚘蟲。　訶梨勒：味苦、酸，氣溫，性急善降，無毒。去核用。澁腸，止久痢赤白，霍亂吐瀉，肺氣久傷脹滿，喘急痰嗽，咽喉不利。又主冷氣心腹脹滿，胸膈結氣，消痰，下食開胃。　麒麟竭：味甘、鹹，氣平，有小毒。不可多用，能引膿。止痛，破積血，療金瘡，生肉，傅一切惡瘡久不合者，療打傷損折血聚。　紫葳：臣，味酸，氣微寒，無毒。即凌霄花。主婦人產乳餘疾，崩中漏下，癥瘕血閉，血痛，寒熱羸瘦，養胎。　松烟墨：味辛，無毒。止血生肌，合金瘡，主產後血暈，崩中下血，止血痢，又治天絲眼及小兒客忤。　天竺黃：味甘，氣寒，無毒。鎮心明目，去諸風熱，療金瘡止血，治小兒驚風，天吊客忤，痰壅失音。　蘇方木：味甘、鹹、酸，氣平，無毒。破血排膿，止痛，消癰腫，撲損瘀血，治婦人血氣心腹痛，血閉血暈。　椶櫚：味苦澁，氣平，入藥燒灰。治鼻洪，吐血，崩中帶下，腸風。　楓香脂：味辛、苦，氣平，無毒。一名白膠香。主癮疹風痒，浮腫，齒痛，外科要藥。〇大楓子，主風瘡疥癬，殺蟲。　蕪荑：使，味辛，氣平，無毒。殺蟲，化食，治腸風痔瘻疥癬，散皮膚骨節中濕毒。　雷丸：君，味苦、鹹，氣寒，有小毒。殺蟲，逐毒氣及胃中熱，除小兒百病，皮中熱積蠱毒。　五倍子：味苦、酸，氣平，無毒。療齒宣疳䘌，腸虛泄瀉，肺臟風毒流皮膚作瘡癬膿水，五痔下血，消頑痰，治小兒面鼻疳瘡、口瘡，洗眼去熱腫痒痛，解諸熱毒。　樗白皮：使，味苦澁，氣寒，有毒。主赤白久痢及小兒疳痢，殺口鼻疳蟲、蛔蟲，腸滑痔疾瀉血不住，女子血崩，月信來多，赤白帶下，又縮小便。　沒石子：味苦，溫，無毒。出波斯國，有竅者良。主腸虛冷痢，益精血，烏鬚髮，治陰瘡陰汗，生肌，療小兒疳䘌。　木鼈子：味甘，氣溫，無毒。主折傷，消結腫惡瘡，生肌，止腰痛，肛門腫痛，婦人乳痛。　金櫻子：味酸澁，平、溫，無毒。養精益腎，止夢遺滑泄，小便遺瀝。

藥性菜部

冬葵子：味甘，氣寒，性滑利，無毒。黃蜀葵子亦能催生。利小便，療婦人產難乳難，下乳汁，破癥瘕未潰者。　萊菔根：味辛、甘，氣溫、平，無毒。俗名蘿蔔。下氣消穀，去痰止嗽，解麪毒。生搗汁服主消渴，治肺痿止血消血。〇子，治喘嗽下氣，消食。水研服吐風痰，醋研塗消腫毒。　白芥子：味辛，氣溫，無毒。主胸膈痰冷，面黃，痰在皮裏膜外，非此不能達。　馬齒莧：味酸，氣寒，性滑，無毒。入藥去莖節。主目翳，利大小便，止赤白（痢）下，殺蟲，止渴，破癥結癰瘡，和梳垢封疔腫。煎膏塗三十六種風結瘡，又塗白禿、濕癬、杖瘡、多年惡瘡。　瓜蔕：使，味苦，氣寒，有毒。甜瓜也。主大水，身面四肢浮腫，殺蠱毒，治喉風痰塞，黃疸及食諸菜病在胸腹中，皆吐下之，去鼻中息肉。　茄根：茄性寒，能發瘡，長痼疾，不可多食，蔕燒灰治腸風。主凍脚瘡，腎臟風及遍身風痒，煎湯漬之。和風藥浸酒飲，去風濕拘攣。　胡荽：味辛，氣溫，微毒。消穀，利大小腸，通小腹氣、心竅。久食損精神，發腋臭、脚氣。小兒痘疹不出，酒煎噴之，自然紅潤。　蓼：除大小腸氣，霍亂轉筋。又搗傅小兒頭瘡。〇水蓼，解蛇毒，煮汁挼脚，消脚氣腫痛。　葱白：味辛，氣溫，無毒。忌與蜜同食。主傷寒寒熱，中風面目腫，咳痺不通，安胎，除肝邪，利五臟，通大小腸，霍亂轉筋及賁豚氣，脚氣心腹痛迷悶。連根用治傷寒頭痛。　韭：味辛、微酸，氣溫，性急，無毒。忌與蜜同食。子入藥炒用。韭黃滯氣，花動風，俱不宜食。除胃熱，充肝氣，下膈間痰。又中風失音，心脾痛，胸膈氣滯，中惡腹脹，並汁飲之。小兒初生取汁灌之，即吐惡血，令無病。冬用根。〇子，主夢泄精滑，溺白。　蒜：味辛，氣溫，有毒。醋浸經年者最良。主散癰腫，除風邪，健胃化肉食，破冷氣痃癖，辟溫瘴蠱毒，蛇蟲溪毒，中暑，霍亂轉筋，腹痛，煮為羹，下氣溫中，消穀。生食久食傷肝損目，又傷肺脾引痰。　荊芥：味辛、苦，氣溫。主寒熱，鼠瘻瘰癧，諸瘡，破結聚，下瘀血，除濕痺，通血脉，發汗。治頭風眩運，婦人血風，產後中風血暈，又醋調封風毒疔腫。　紫蘇：味辛、甘，氣溫。下氣除寒，解肌發表，治心腹脹滿，開胃下食，止脚氣，通大小腸，解蟹毒。〇子，主肺氣喘急欬逆，潤心肺，消痰，調中下氣，止霍亂嘔吐反胃，利大小便，破癥結，消五膈。　香薷：味辛，氣微溫，無毒。治傷暑，霍亂腹痛，利小便，散水腫，調中溫胃。　絲瓜：一名天羅。有用蔕者，有用了藤苦絲瓜者，燒存性。解諸毒，和硃砂、蜜同服，下小兒胎毒，稀痘，又治疔瘡。　薄荷：使，味辛、苦，氣涼、溫，無毒。主賊風發汗，利關節，療頭腦風及小兒風涎，驚風壯熱，下氣消食，治心腹脹滿，霍亂，骨蒸勞熱。

藥性菓部　蓮肉：味甘，氣平，無毒。石蓮肉同。主補中，養神益氣，消渴止痢，治腰痛泄精。○藕節，主吐血衄血，滑精不止。○葉蒂，味苦，去惡血留好血，血痢煮服之。○蓮房，破血，胎衣不下，酒煮服。○藕，甘寒，解渴解酒，消瘀血，煮食開胃。　芡實：味甘，氣平，無毒。主濕痺，腰脊膝痛，補中益精氣，強志。　覆盆子：臣，味甘，氣平，微熱，無毒。主男子腎虛，精竭陰痿，又能令髮不白，女子食之有子。　山查：消食，散結氣，健胃，益小兒，行積痰滯血，濃煎入沙糖，治婦人兒枕痛。　陳皮：臣，味辛、苦，氣溫，無毒。利水穀，除膈間痰熱，導滯氣，止嘔吐，霍亂洩瀉。去白理肺氣，降痰；留白理脾胃，消食。○核，治腰痛，膀胱氣痛，腎冷。○青皮，味苦辛，氣寒。主氣滯，消食，破積結膈氣。治小腹痛，瀉肝氣，醋炒治脇痛。　大棗：味甘，氣平，溫，無毒。安中養脾，平胃氣，生津液，和百藥。　柿：味甘，氣寒，無毒。不可與蟹同食。用烏者焙乾入藥。乾柿，厚腸胃，澁中健胃，潤喉止痢。生柿，解酒渴。蒂，止噦。　梅：味酸，氣平，無毒。烏梅下氣，除熱煩，收肺氣，去死肌青黑誌，澁腸，消酒毒，去痰，治瘧瘴及霍亂燥渴，虛勞骨蒸，休息痢，燒灰傅一切惡瘡，出惡肉。○白梅，研傅刀箭傷，止血，貼乳癰腫毒，又出肉中刺。　桃仁：使，味苦、甘，氣平，無毒。主瘀血，血閉血燥，癥瘕，殺蟲，潤大便，通月水。○花，除水腫，石淋，利大小便。○葉，除尸蟲，瘡中蟲。　杏仁：味甘、苦，氣溫，有小毒。兩仁者殺人。下氣定喘，潤心肺，散肺經風寒咳嗽，消心下急滿痛，散結潤燥，又治產乳及女子陰中䘌蛆。　荔枝核：味甘，平，無毒。治心痛及小腸疝氣。肉能發痘。　龍眼：味甘，平，無毒。安心志，益智慧，強魂，通神明。　木瓜：味酸，氣溫，無毒。主脚氣，水腫濕痺，霍亂吐瀉轉筋及冷熱痢，心腹痛，止渴降痰，腰腎脚膝無力不可缺，又入肝益筋血。　安石榴：味甘、酸，無毒。澁腸舒筋，止痢，治筋攣脚痛，漏精。煎汁調烏鬚藥。花百葉者，和石灰搗傅金瘡止血。　梨：味甘，微酸，氣寒。除客熱，心煩，肺熱咳嗽，消渴，解酒。病煩渴，多食令人寒中，金瘡、乳婦尤不可食。　胡桃：味甘，氣溫，無毒。不可多食，動風生痰，助腎火。食之令人肥健，黑潤鬚髮，補下元，取肉燒令黑，和松脂研傅瘰癧。　枇杷葉：使，味苦，氣平，無毒。治肺熱久嗽，并渴疾。又療卒嘔啘不止，不欲食。　沙糖：味甘，氣寒，無毒。忌鯽魚、葵菜、笋。主心肺大腸熱，和中助脾，小兒多食損齒，發疳生蟲。　草菓：味辛，溫，無毒。溫脾胃，消宿食，解酒毒，攻冷氣，治瘧痰，止嘔吐。

藥性穀部　胡麻：味甘，氣平，無毒。益氣力，長肌肉，填髓腦，堅筋骨。生者療瘡腫，生禿髮，金瘡止痛，嚼傅小兒頭瘡及浸淫惡瘡，婦人陰瘡。　白油麻：味甘，氣平，無毒。即芝蔴。脾疾人不可食，生寒。煉熟與火無異，戒之！　滑腸潤肌，行風氣，通血脉。生嚼傅小兒頭瘡。苗，搗傅芝蔴疔。油，性冷滑骨髓腸胃，治蛔心痛，傅瘡癬，殺蟲，治熱毒癰疽發背、髮癥。熬膏生肌長肉，止痛消腫。　麻子：使，味甘，平，無毒。潤大腸，風熱結燥，逐水破積血，催生，治橫逆產及下乳，長髮，療骨髓風毒。　生大荳：使，味甘。《內經》云：純黑者入藥，小者尤佳。殺烏頭諸藥毒，除胃中熱痺，傷中淋露，逐水脹，下瘀血。○大豆黃卷，以生豆為芽。味甘氣平。主濕痺筋攣，膝痛，五臟胃氣結積。○豆豉，味苦氣寒，無毒。無鹽者佳。主傷寒頭痛寒熱，瘴氣惡毒，煩燥滿悶，喘吸，兩脚疼冷，暴痢腹痛，血痢，又安胎。　赤小荳：使，味辛、甘、酸，氣溫，平，無毒。主下水，排癰腫膿血，熱中消渴，止洩利小便，療吐逆。　白藊荳：味甘，氣微溫。和中下氣，治霍亂吐痢，殺一切草木及酒毒、河豚毒。　菉荳：味甘，氣寒，無毒。解諸毒，治消渴煩熱，風疹，藥石發動，熱氣奔豚。作枕明目，去頭風。　粟殼：止洩痢，澁腸止嗽，刼病之功雖急，殺人如劍，戒之！　粟米：味鹹，氣微寒，無毒。養腎氣，去胃熱，益氣。陳者味苦，主胃熱消渴，利小便，止痢。　陳廩米：味鹹，酸，氣溫，無毒。下氣，除煩渴，開胃止洩。　糯米：味苦，甘，氣溫，無毒。主溫中，令人多熱，大便堅。稻稈治黃病通身，煮汁服。　大麥：味鹹，甘，氣溫，無毒。主消渴，除熱，益氣調中。○麥芽，補脾開胃，消食破結，止霍亂心腹脹滿，下氣消痰，催生落胎，亦行上焦滯血，治產後秘結。鼓脹不可多食，能消腎。　小麥：臣，味甘、鹹，氣微寒，無毒。麵熱麩涼。除熱止燥渴，利小便，養肝氣，治暴淋。○浮麥，止盜汗，治骨蒸肌熱，婦人勞熱。　神麯：味甘，氣溫。此須自製，藥肆中無真者。甲寅、戊寅、庚寅三奇日修合，名三奇神麯，最佳。調中開胃，化水穀消食，主霍亂，膈氣痰逆，破癥結，治赤白痢，小兒腹堅，下鬼胎。○製神麯法：青蒿汁三升，蒼耳草汁三升，蓼汁四升，赤小荳三升煮搗爛，杏仁四升去皮尖搗爛用，白麵十斤和勻，如做麯法製成，風乾炒用。　酒：味苦、甘、辛，氣大熱，有毒。殺邪惡毒氣，通血脉，辟風寒霧氣，養脾扶肝，能導引藥勢至諸經，行一身之表極高之分。味辛者能散，苦者能下，甘者居中而緩，淡者利小水。○糟，罯撲損瘀血，浸洗凍瘡。○丹溪云：酒濕中發熱，近於相火，性喜升，大傷肺氣，助火生痰，變為諸病。戒之！　醋：味酸，氣溫，無毒。多食損齒，損筋骨。消癰腫，斂咽瘡，散水氣，殺邪毒，治產後并傷損金瘡血暈，下氣除煩，破癥塊堅積，療婦人血氣心痛。　飴糖：味甘，氣微溫，無毒。止渴，消痰潤肺，和脾胃。魚骨鯁喉及悞吞錢鐶，服之。中滿者不宜用，嘔吐家忌之。丹溪云：大發濕中之熱。

藥性石部　丹砂：君，味甘，氣微寒，無毒。養精神，安魂魄，明目，通血脉，止煩燥，涼心熱，殺鬼魅邪惡，治瘡瘍疥瘻。小兒初生，細研，蜜調塗口中，能解胎毒，令痘稀。　雲母：君，味甘，氣平，無毒。主身皮死肌，遍身風瘮，明目，傅金瘡、惡瘡。　陽起石：臣，味鹹，氣微溫，無毒。主陰痿，莖頭寒，陰下濕痒臭汗，男子、婦人下部虛冷，腎氣乏，絕子，臟中血癥久寒。　膽礬：君，味酸、苦、辛，氣寒，有毒。主明目，目痛，金瘡，鼠瘻惡瘡，癇痓，女子陰蝕痛，石淋。　空青：君，味甘、酸，氣寒，無毒。主耳聾明目，療赤痛，去膚瞖，止淚出，通血脉，益肝氣。腹中漿點眼為最要藥，殼亦可摩瞖。　禹餘糧：君，味甘，氣寒，無毒。主欬逆寒熱煩，漏下赤白，血閉癥瘕大熱。　赤石脂：味甘、酸、辛，氣溫。養心氣，明目益精，療腹痛，洩澼下痢赤白，利小便，女子崩中漏下。　礬石：使，味酸澁，氣寒，無毒。主寒熱洩痢，白沃陰蝕，惡瘡瘰癧疥癬，目痛。療齒痛，去鼻息，除風，消痰止渴及心肺煩熱。生含治急喉痺。　綠礬：味涼，無毒。治喉痺，蟲牙，口瘡及惡瘡疥癬，療腸風瀉血。火煅醋淬入藥，治小兒疳氣。　芒硝：辛能潤燥，鹹能軟堅。主五臟積聚，久熱胃閉，破留血，除痰實，利大小便，通月水，破五淋。　朴硝：君，味苦、辛、鹹，氣寒，有毒。主寒熱邪氣，逐六腑積聚，破留血停痰痞滿，大小便不通，治天行熱疾，消腫毒，排膿軟堅。　玄明粉：味辛、甘，氣寒。治心熱煩燥，并五臟癥結，腸胃宿垢，開痰明目，退膈上虛熱，大除胃熱。　食鹽：臣，味鹹，氣寒，無毒。吐胸中痰澼，止心腹卒痛，齒縫出血，引藥入腎。多食傷肺，喜欬，走血損筋。〇戎鹽，明目，主目痛，齒舌血出，去煩熱痰滿。　無名異：味甘，氣平，無毒。主金瘡折傷肉損，止痛生肌。　滑石：臣，味甘，氣寒，無毒。主身熱洩澼，女子乳難，癃閉，利小便，蕩胃中積聚寒熱，燥濕，實大腑，逐凝血，解燥渴，降妄火。　石膏：臣，味辛、甘，氣微寒，無毒。胃虛寒人不可服。主心下逆氣，驚喘，口乾舌焦，腹中堅痛，產乳，金瘡，散諸熱及傷寒時氣，頭疼壯熱，日晡潮熱，解肌出汗，制火潤肺，瀉胃火不食。又治胃熱能食，緩脾益氣，止渴生津，又指齒益齒。　寒水石：味辛、甘，氣寒，無毒。主身熱時氣，腹中積聚邪氣，皮如火燒，五臟伏熱，止渴，解丹石、巴豆毒。　雄黃：君，味苦、甘、辛，氣平、寒，有毒。主寒熱鼠瘻惡瘡，疽痔死肌，疥蟲䘌瘡，中惡蠱毒，腹痛，殺精物鬼邪，百蟲諸毒。姙娠佩之，轉女為男。〇雌黃主諸瘡蟲痒，邪氣諸毒，下部䘌瘡。　石硫黃：君，一云臣，味酸、甘，氣溫、大熱，有毒。主婦人陰蝕，疽痔惡血及下部䘌瘡，止血殺疥蟲，除頭禿。療心腹痃癖冷氣，脚冷疼弱，壯陽道，治下元虛冷。　水銀：君，味辛，氣寒，性滑重，有毒。主䘌瘻痂瘍，白禿，殺蟲，墮胎，除熱。〇輕粉，味辛，主瘰癧，殺瘡疥癬蟲及風瘡燥痒，鼻上酒齇。　蜜陀僧：味鹹、辛，甘，氣平，有小毒。主久痢，五痔，金瘡口瘡，面上瘢䵟。又為末傅腋臭。　金銀：味辛，氣平，有毒。鎮精神，安魂魄，止驚悸，治小兒驚風癇疾，失志癲狂。　珊瑚：味甘，氣平，無毒。鎮心止驚，明目去瞖。　硇砂：使，味鹹、苦、辛，氣溫，有毒。不可多用，腐人腸胃，可作金銀銲藥。破積聚結血，爛胎止痛，去惡肉生肌，合他藥治目中瞖。　鵬砂：味苦、辛，氣溫，無毒。可銲金銀。消痰止嗽，破癥結，療喉痺。　磁石：味辛、鹹，寒，無毒。主周痺風濕，肢節痛，除熱煩耳聾，養腎臟，強骨氣，消癰腫，鼠瘻頸核，療小兒驚癇。　砒霜：味酸、苦，有毒。主諸瘧風痰在胸膈，可作吐藥。毒能殺人，不可輕用。　鐵：氣微寒。鐵鏽塗惡瘡疥癬，蜘蛛蟲等咬。〇秤錘，止產後血癥腹痛及喉痺，並燒令紅，投酒中熱飲之。又主婦人產難橫逆及胎衣不下。〇鐵花粉，主安心神，堅骨髓。　鐺墨：主蠱毒，中惡，血暈吐血，酒研服。亦塗金瘡，生肌止血。　赤銅屑：味苦，氣平，微毒。治腋臭，醋和炒如麥飯袋盛，先刺腋下脉，去血封之。又能銲人骨。　銅青：氣平，微毒。治婦人血氣心痛，合金瘡止血，明目，去膚赤息肉。　自然銅：味辛，氣平，無毒。療撲損折傷，散血止痛，續筋骨，破積聚。　古文錢：治眼暴赤痛，消瞖瘴，療折傷及婦人橫逆產心腹痛，月隔，五淋。　鉛丹：君，一云臣，味辛，氣微寒。主吐逆胃反，驚癇癲瘧，除熱下氣，煎膏止痛生肌。　粉錫：使，味辛、甘，氣寒，無毒。殺蟲，去鼈癥，療惡瘡，墮胎。炒黑治小兒疳氣，久痢。　伏龍肝：味辛，氣溫。主婦人崩中吐血，止欬逆，消癰腫毒氣，姙娠時疫熱病。用水和塗臍胎不墮。又療中風不語，心煩手足不隨，或腹中痛滿。　石灰：味辛，氣溫，有毒。石燒者佳。勿用殼灰。主瘍疽疥瘙熱氣，惡瘡癩疾，死肌，殺痔蟲，去黑子息肉。炒黃洗產後脫肛，玉門不閉。五月五日採百草葉，合石灰搗為團風乾，治金瘡，生肌止血，臘月納牛膽中更勝。　石蟹：味鹹，氣寒，無毒。主青盲，目淫膚瞖，漆瘡，解一切藥毒、蠱毒、癰腫。　代赭：臣，一云使，味苦、甘，氣寒，無毒。主女子赤沃漏，帶下，產難，墮胎，血痹血瘀，小兒驚癇，疳疾，止瀉痢，脫肛，尿血遺溺，金瘡長肉。　青礞石：主臟腑癥塊，化痰積及小兒風痰壅滯。　花乳石：傅金瘡止血，不作膿，又療產婦血暈惡血。　臘雪：味甘，氣寒，無毒。解一切毒，治天行時氣溫疫，酒後暴熱黄疸。　秋露：味甘，氣平，無毒。止渴潤肌，栢葉上者明目。

藥性獸部　龍骨：君，味甘，氣平、微寒，無毒。治夢寐洩精，小便滑洩，止盜汗，固氣澁腸。又主痢膿血、尿血、鼻血，女子漏下，小兒熱氣驚癇及臍瘡不瘥，燒灰敷之。　象牙：氣平，無毒。用舊牙梳佳。諸鐵雜物入肉，刮牙屑和傅之，喉中刺水調飲。　牛黄：君，味苦，氣平、涼，有小毒，一云無毒。主驚癇寒熱，癲狂，中風失音，安魂魄，療小兒諸癇熱，口禁。　牛角䚡：味苦，氣溫，性澁，無毒。下瘀血疼痛，女人帶下，血崩不止。○髓，味甘，補中填骨髓。○膽，味苦，氣大寒，除心腹熱渴，口焦燥，益目睛。○肉，味甘，主消渴，止啘洩，安中益氣，養脾胃，消水腫。○乳，微寒，補諸虛，止渴。　阿膠：君，味甘、辛，氣平、微溫，無毒。山東東河縣阿井水煎黑驢皮為之。主心腹內崩勞極，洒洒如瘧，腰腹痛，四肢酸疼，止痢，養肝益肺，定喘，肺虛欬唾膿血，非此不補。又治女子下血，并血虛，安胎。　鹿茸：君，味甘、酸，又云苦、辛，氣溫，無毒。活血散淋，治癰腫骨疽，療虛勞羸瘦，四肢腰脊酸疼，脚膝無力，小便利，男子洩精，女人崩中赤白帶下。○角，味鹹，氣溫。主惡瘡癰腫，留血在陰中，小腹急痛，腰脊痛，折傷，惡血，尿血。婦人夢與鬼交，取末和酒服，即出鬼精。○鹿角膠，味甘，氣平溫，無毒。主傷中勞絕，腰痛，羸瘦，補中益氣，婦人血閉無子，療吐血下血，崩中漏下赤白。○髓，味甘，氣溫。和地黄汁煎作膏，填骨髓；蜜煮壯陽，令有子。○肉，氣溫，補中益氣。○腎，補中壯陽。　熊膽：臣，味苦，氣寒。去目瞖，主時熱變黄疸及惡瘡久痔，小兒驚癇，五痔。　麝香：味辛，氣溫，無毒。辟惡氣，殺鬼精物，溫瘧，蠱毒癇痓，婦人難產墮胎，又療蛇毒。　犀角：君，味苦、酸、鹹，氣寒，無毒。凡用以帋裹置懷中良久，搗則易碎。療傷寒溫疫，頭痛煩悶，大熱發狂，中風失音，小兒風熱驚癇，痘疹血熱。又治發背癰疽瘡腫，破血化膿，解心熱，止煩亂，鎮肝明目。　羚羊角：臣，味鹹、苦，氣寒，無毒。明目益氣，起陰，安心神，療小兒驚癇，產後惡血煩悶，治食噎。　青羊肝膽：主青盲，明目。膽點眼中，主赤障白膜，風淚，解蠱毒。○羊肉，味苦甘，氣熱。主暖中及大風汗出，虛勞寒冷，補中益氣。時疾初愈人不可食，能發病。　虎骨：臣，味辛，氣微溫，無毒。脛骨尤佳，酥炙用。主邪惡氣，殺鬼疰，惡瘡鼠瘻，去風。治筋骨、臂脛攣急，屈伸不得，走疰疼痛，補腰膝。○睛，主癲疾，辟惡及小兒驚癇。　牡狗陰莖：味鹹，氣平，無毒。主傷中，陰痿不起，令強熱大生子，除女子帶下十二疾。○頭骨，燒存性，主金瘡止血及疽毒潰爛。○白狗血，主癲疾，鬼擊。○肉，味鹹酸，性溫，補絕傷，壯陽道。黄色者上，白黑次之。陰虛發熱人不宜食，不可炙食，不可與蒜同食。　兔頭骨：味甘，氣平，無毒。主產難，并產後胎衣、餘血不下。○肉，補中益氣。姙娠忌食。○血腦入稀痘藥，腦髓塗凍瘡，肝明目。　豚卵：味甘，氣溫，無毒。主驚癇癲疾，除寒熱賁豚，五癃邪氣攣縮。○懸蹄，主五痔伏熱在腸，腸癰內蝕。○四足，主傷撻諸敗瘡，下乳汁。膽，味苦鹹，主傷寒熱渴，大便不通，滴穀道中，又傅小兒頭瘡。○肉，味甘鹹，多食令人暴肥引風。○心，主驚邪憂恚。○腎，理腎氣，通利膀胱。○肚，補中益氣，止渴。　膃肭臍：君，味鹹，氣大熱，無毒。酒浸一日，微火炙令香入藥。臘月置盂內水浸之，不凍者真。暖腰膝，助陽道，治臍眼積冷，精衰，脾胃勞極。

藥性禽部　丹雄鷄：味甘，氣微溫，無毒，一云有小毒。主女子崩中漏下赤白沃，補虛溫中，止血。○冠血，主乳難，療白癜風，諸瘡，發小兒痘。又自縊死心下溫者，刺血滴口中，男雌女雄。百蟲入耳滴之即出。○腸，主遺溺，小便數不禁。○肶胵裏黄皮，微寒。主洩痢遺溺，除熱止煩，并尿血，崩中帶下。○黑雌鷄，主安胎補虛及產後虛羸，治癰疽排膿，補新血。○黄雌鷄，味甘酸。主傷中消渴，小便不禁，腸澼洩痢，續絕傷，補精助陽。○鷄子，主陰熱火瘡，癇痓。○卵白，微寒，療目熱赤痛，除心下伏熱，小兒下洩。○諸鷄肉，俱補虛。但有風人不宜食，又患骨熱者不可食，能助濕中之火。　白鴨：補虛除熱，和臟腑，利水道，主病水浮腫。　雀卵：味酸，氣溫，無毒。主男子陰痿不起，強之令熱，多精有子。○肉，大溫，壯陽暖腰膝，冬月者良。姙娠忌食。○雄雀糞名白丁香，目熱痛，生弩肉赤白膜，和頭胎男乳汁點之。塗癰癤立潰。　夜明砂：主明目。治小兒無辜症，微炒為末，任意拌飯與食。

藥性蟲魚部　石蜜：君，味甘，氣平、微溫，無毒。主心腹邪氣，諸驚癇痓，解毒，和百藥，養脾胃，止腸澼，除口瘡。　蜜蠟：使，味甘，氣微溫，無毒。主下痢膿血，補中續絕傷，金瘡。　露蜂房：味苦、鹹，氣平，有毒。主驚癇瘈瘲，癲疾，蠱毒，腸痔乳癰，又療蜂毒。　白蠟：冬青樹上細蟲食液而生者。生肌止血，定痛，續筋骨，補虛，全稟收斂堅凝之氣，外科要藥。　桑螵蛸：臣，味鹹、甘，氣平，無毒。桑上螳螂子也。主女子血閉腰痛，利小便，療男子腎衰，陰痿，夢遺白濁。〇桑蟲大能發痘，隨出隨沒者用之。　蟬蛻：治目昏瞖，頭風目眩，風氣客皮瘙痒不已。又療小兒痘疹不快，天吊驚癇瘈瘲，夜啼心悸。　木虻：味苦，氣平、微寒，有毒。去翅足炒用。又蜚虻能飛，大如蜜蜂。主逐瘀血血閉，破癥瘕痞積。　斑猫：使，味辛，氣寒，有毒。去翼足炒用，生則吐瀉人。主鬼疰蠱毒，鼠瘻疥癬，瘰癧惡瘡，疽蝕死肌，破石癃，通水道，積血，傷人肌，墮胎。　蜻蛉：氣微寒，無毒。強陰止精，暖水臟。用青色大眼者，去翅足炒。　蜣螂：使，味鹹，氣寒，有毒。去足火炙用。主小兒驚癇瘈瘲，疳蟲，大人癲疾。又研貼丁瘡惡瘡，鼠瘻、箭鏃入骨，微熬巴荳，並研塗傷處。塵沙入眼，取一枚，手持其背於眼上影，塵沙即出。　蜘蛛：氣微寒，有毒。取身小尻大，深色，腹內有蒼黃膿者，去頭足研用。蛇、蜂、蜈蚣咬，生置痛處，令吸之。又塗蠍螫。取網絲纏贅疣，自落。發背瘡，杵以醋和，先挑四畔令血出根露，傅之，乾即易。　蝟皮：臣，味苦、甘，氣平，無毒。主五痔陰蝕，下血赤白五色血汁不止，陰腫痛，疝積，又開胃氣。　牡鼠：味甘，氣微溫，無毒。擣傅踒折，續筋骨，油煎令消，入蠟傅湯火瘡。醫針人折針在肉，箭鏃在隱處不出，擣肝及腦塗之。〇糞名兩頭尖，主小兒癇疾大腹，時行勞復。　五靈脂：味甘，氣溫，無毒。療心腹冷氣，小兒五疳，辟疫。治腸風，利氣脉，通女子血閉，產後血痛，亦能止血，婦人心痛，血氣刺痛甚效。　白殭蠶：味鹹、辛，氣平，無毒。主小兒驚癇夜啼，去三蟲，滅黑䵟，男子陰瘍，女子崩中赤白。治中風失音，去皮膚風動如蟲，并一切風疾喉痺，散痰結，封癤腫，傅金瘡。〇原蠶蛾，味鹹，氣溫，有小毒。主益精強陰，交接不倦，又止泄精尿血。〇蠶沙，氣溫。主風痺癮疹，癱緩。〇蠶退，主血風病，吐血鼻洪，腸風下血，小兒走馬疳。　蠍：味甘、辛，有毒。洗，炙用。主諸風癮瘮，中風半身不遂，口眼喎邪，手足抽掣，耳聾，小兒驚風。　蜈蚣：味辛，氣溫，有毒。去頭足，炙用。主鬼疰蠱毒，蛇蟲魚毒，去三蟲；療小腹寒熱積聚，墮胎，去惡血。　蛤蚧：味鹹，氣平，有小毒。主傳尸，殺鬼物邪氣，療欬嗽出血，下淋瀝，通水道。　蝦蟇：臣，味辛、甘，氣寒，有毒。五月五日取者佳。煮食發濕，不宜。破癥堅，療癰腫陰瘡，治小兒疳氣，殺疳蟲，鼠瘻惡瘡，蟲食下部，治狂犬咬，狂發欲死。〇蟾酥，療癰疽疔腫，齒縫血出，小兒疳瘦，斂風痰。治腦疳，乳調滴鼻中。〇鼃，味甘，寒，無毒。治小兒熱瘡，補虛損，尤宜產婦。　蝸牛：味鹹，氣寒，無毒。主賊風(蝸)〔喎〕僻，軼筋及脫肛，驚癇攣縮，又傅痔瘡。　白頸蚯蚓：味鹹，氣寒，有小毒。主蛇瘕，去三蟲伏尸，療傷寒伏熱狂謬，大腹黃疸，利小便。〇糞，封狂犬傷及丹瘤諸熱毒。　田中螺：氣大寒。主目熱赤痛，止消渴，醒酒。肉傅熱瘡，殼煅治反胃。　牡蠣：君，味鹹，氣平、微寒，無毒。療瘰癧癰腫，喉痺，鼠瘻，女子帶下赤白，心脇氣結痛，軟積痞，澁大小腸，療鬼交洩精，止盜汗。　石決明：味鹹，氣平、寒，無毒。主目障瞖痛，青盲，瀉肝，又除肺經風熱。　海蛤：臣，味苦、鹹，寒、平，無毒。主欬逆，定喘除煩，治浮腫，消水氣，去癭瘤。〇蚶殼，燒，醋淬，埋令壞，治一切血氣，冷氣癥癖。　珍珠：君，氣寒，無毒。鎮心，去目中膚瞖障膜，除小兒驚熱，綿包塞耳治聾。　龜甲：味鹹、甘，氣平，無毒。酥或酒炙用。主漏下赤白，破癥瘕，痎瘧，五痔，陰蝕濕痒，癱緩，四肢重弱，小兒顖不合，頭瘡，女子陰瘡，腰背酸疼，骨中寒熱，傷寒勞復，去瘀血，續筋骨，治勞倦，補陰血不足。　鼈甲：使，味鹹，氣平，無毒。九(脇)〔肋〕者佳。醋浸炙用。主心腹癥堅寒熱，去痞積、陰蝕，并痔惡肉，消瘡腫，療溫瘧，勞瘦骨熱，小兒脇下堅，婦人漏下五色，羸瘦，墮胎。〇肉，甘，溫。主傷中，益氣，補不足。忌與莧同食。　蟹：味鹹，氣寒，有毒。即螃蟹。療漆瘡，其黃能化漆為水。殼中黃、脚中髓熬為末，納金瘡中，能續斷筋。爪，墮胎，破宿血及產後血閉。　水蛭：使，味鹹、苦，氣平、微寒，有毒。即馬蝗。凡用去腹中子，炒熟。主逐惡血瘀血，月閉，破血瘕，利水道，墮胎，治折傷，癰腫，取生者置腫處令吸毒血，皮皺自瘥。　蚺蛇膽：味甘、苦，氣寒，有小毒。主心腹䘌痛，下部䘌瘡，目腫，小兒五疳。　蛇：蛇蛻，味甘、鹹，氣平，無毒。主小兒一百二十種驚癇瘈瘲，癲疾寒熱，腸痔，蠱毒蛇癇，辟惡，明目去瞖膜，療諸惡瘡。〇白花蛇，味甘、鹹，氣溫，有毒。主中風，濕痺不仁，筋脉拘急，口面歪斜，半身不遂，骨節疼痛，大風疥癩，暴風瘙痒。去頭尾酒炙用。〇烏蛇，味甘，氣平，無毒。主風瘙癮瘮，疥癬，皮膚不仁，頑痺諸風。去頭尾酒炙用。　鯪鯉甲：使，氣微寒，有毒。一名穿山甲。治痔漏，惡瘡疥癬，蟻瘻，瘴瘧，吹乳。　魚：鯽魚，味甘，氣溫。主胃弱不下食，補虛，療腸澼及赤白久痢。入白礬燒灰，治腸風血痢；鹽入其腹燒之，治齒痛。丹溪云：

諸魚皆屬火，惟鯽魚屬土，故有調胃實腸之功。〇鯉魚，療水腫脚滿，又安胎，治懷姙身腫。天行病後不可食。〇膽，主目熱赤痛，青盲，明目，塗小兒熱腫。〇青魚膽，主目暗，汁滴目中，并塗惡瘡。〇石首魚，味甘，無毒。開胃益氣，乾之名為鮝，炙食之消瓜積成水，又治腹脹食不消。　烏鯽魚骨：使，味鹹，氣微溫，無毒。主女子漏下赤白，陰蝕腫痛，又止瘡多膿汁不燥，殺蟲，治心痛，消目中浮瞖，丈夫陰頭癰。

藥性人部　亂髮：氣微溫。胎髮用補陰最佳，童子髮次之，壯健男婦髮亦可。主欬逆，五淋，通大小便，補陰，療小兒驚癎，鵞口瘡，豌豆瘡，鼻衄，血悶血暈，金瘡，破傷風，血痢，並燒灰存性。用煎膏，長肉，消瘀血。　人乳汁：味甘，氣寒，無毒。補五臟，令人肥白悅澤。點眼療赤痛，止淚，明目。　人糞：氣寒。療時行大熱狂走，解諸毒，破疔腫，開以新者封之一日根爛，或燒灰醋和傅。又燒存性，蜜水調服，治痘黑陷。〇糞清，臘月截竹筒浸廁中令透，取汁，治天行熱狂，解諸毒，并惡瘡毒。　人溺：氣寒。童男者尤良。療虛勞頭痛，熱勞咳嗽，肺瘻，除火最速。主卒血攻心，撲損瘀血，吐血鼻洪，難產及胞衣不下，產後飲之能下敗血惡物。氣血虛寒不可用。打撲杖瘡及蛇犬等咬，熱淋患處。　裩襠：裩之當陰處割取方圓六七寸許，名裩襠，燒存性用。治陰陽易，此症乃男患時病新瘥，婦人與之交，則男病陰易；女患時病新瘥，男子與之交，則女病陽易。小腹絞痛，手足攣，頭重目中生花者是。男用女裩，女用男裩。〇月水汁，解毒箭入肉中欲死者。　人中白：尿桶中積垢，火上燒灰用。止唾衄，理肺瘻，治緊唇及勞熱傳尸。　天靈蓋：味鹹，平，無毒。主傳尸，久病虛勞熱蒸在骨。又犬咬毒入心，啼如犬聲，燒灰水服。又發危痘。　人胞：一名紫河車。頭生男子者佳。主血氣羸瘦勞損，面皯皮黑。腹內諸病漸瘦悴者，五味和煮食之。　人牙：痘灰白黑陷者，火煅一二釐，加麝香服。乳癰燒灰，酥調傅。

明・袁學淵《秘傳眼科七十二症全書》　眼科最要藥性

心經要(經)〔藥〕　黃連：味苦，性寒。瀉心火、肝膽火。酒炒厚腸胃。亦去腸胃之濕熱。止目痛，明目。　梔子：味苦，性涼。佐黃連瀉心火，亦瀉肺火及小腸，清心胃。治火眼，涼心腎，去鬱熱，明目。炒黑涼肺胃。　黃芩：味苦，性涼。酒炒瀉心火，清陽明經火，去肝膽火，亦瀉肺火。活血，去諸血毒熱。治頭目熱壅，白睛經痛。　連翹：味苦，性溫。清心退腫，瀉無根之邪火上壅頭目，或腫痛者。　菊花：味苦甘，性涼。去根。清心，治腫淚，疎風散熱，明目。反鷄肉。　薄荷：味辛，性溫。清心，退血消腫，清六陽風火，解毒散邪，明目，清陽于首面。　麥門冬：味甘，性寒。清心，除肺熱，解煩渴，明目，生津。引生地黃至所補之處，補虛勞熱不能侵。　柴胡：味苦，平，性寒。除身心熱，瀉肝膽火，發散風熱，為厥陰頭目痛。在肌主氣，在臟調經。　犀角：味苦酸，性寒。解心火，去風，除昏翳膜，化血清心。　羚羊角：味鹹苦，性溫。鎮心肝風熱，清頭目，清肺肝。反麪。　欵冬花：味辛甘，性溫。潤心肺，明目。　知母：味苦，性寒。潤心肺。　牛蒡子：味辛，性涼。涼心去風。

肝經要藥　白芍藥：味酸，平，性寒。瀉肝火，補腎，消腫，生新血，退熱止痛，明目。　龍膽草：味苦，性寒。瀉肝火，止睛痛，去白翳，治昏盲，去目紅赤，止淚，明目，涼肝。即紫鬚草根。　青葙子：味苦，性涼。除肝火，去風退翳，明目，去皮膚熱。　柴胡：味苦，平，性寒。大瀉肝火。　黃芩：味苦，性涼。瀉肝膽火，亦瀉三焦火，清胃、大腸、肺火。治頭目壅熱，白睛紅痛。　黃栢：味苦，性涼。涼肝，祛脾胃熱。　草決明：味苦，性涼。瀉肝氣，除熱，去翳明目，去肝熱，清盲眼。　蔓荊子：味苦辛，性涼。除肝邪，止淚，清頭目踈風，止痛。　細辛：味辛，性溫。散太陽風寒客邪，止肝風目淚。　大黃：味苦，性寒。下行，沉而不浮。上行，用酒蒸，日乾。清肺退血，破諸經之積熱，治頭腫壅熱，痛楚如針刺。此藥有解圍破陣之功，一服諸火下降，而痛立止腫即消。　石斛草：味辛，平，性寒。補腎虛，平胃氣。　楮實子：味甘，性寒。補肝益氣，補腎，榮肌膚，明目。　夏枯草：味苦辛，性涼。補肝，散鬱火，清六陽熱結。去風退翳，止淚明目，行血。　欵冬花：味辛甘，性溫。洗肝明目。

脾胃經要藥　石(羔)〔膏〕：味辛，性寒。瀉胃，除陽明頭目熱壅脹痛，涼胃清肺。　玄參：味苦鹹，性寒。去胃火。　朴硝：味苦辛，性寒。去胸中實熱，消腫去翳。　黃栢：味苦，性寒。疎胃中結熱，滑血。鹽酒炒，治陰虛。　地膚子：味苦，性涼。去胸中熱，洗皮膚之風。涼血，利膀胱熱，則目自清。久服聰耳明目。　草決明：味苦，性涼。瀉胃，去翳明目。　前胡：味苦，性寒。開胃，明目，治風寒，寧嗽消痰。　厚朴：味苦，性溫。寬脾胃，消痰清肺。　甘草：味甘，性溫。和胃化痰，健脾。炙用，瀉火。　白茯苓：味甘，淡，性溫。開胃，去腎邪，補虚。

肺經要藥　桑白皮：味甘，性寒。清肺退腫，補虚。　石(羔)〔膏〕：味辛，性寒。清肺涼胃，瀉胃火，止煩渴。　前胡：味苦，性寒。清肺去熱，明目。　梔子：味苦，性涼。清肺降火，治火眼。　桔梗：味苦辛，性寒。清肺，滑血，消痰，利膈寬胸。　羚羊角：味鹹苦，性寒。清肺，去風，明目。　檳榔：味辛，性溫。瀉肺，消風，降火氣。　枳殼：味苦酸，性溫。滑肺寬氣，去風利痰，瀉脾火。　天門冬：味苦，性寒。治肺去熱，引熟地至所補之處，潤肝心。　五味子：味酸甘，性溫。潤肺健脾，滋陰除熱，上榮於目，消煩止渴，補虚生津，明目。　人參：味甘，性寒。潤心肺，明目，瀉虚熱，開脾助胃。　貝母：味辛，性寒。潤肺消痰，治盲眼。　葶藶子：味辛，性寒。瀉肺經，消痰，退腫痛，明目。　百部：味苦，性平，去肺火。

腎經要藥　枸杞子：味甘，性溫。滋腎水，益陰明目，祛風，退虚勞寒熱。須用其根，名地骨皮。　玄參：味苦鹹，性寒。滋陰腎，去風消腫，清五臟，補虚明目。　牛膝：味苦酸，性寒。補腎填精。　白芍藥：味酸，平，性寒。補腎消腫，消肺伐肝，治血虚腹痛。　白茯苓：味甘，淡，性溫。去腎邪，益氣生津，補虚勞。　熟地黄：味甘苦，性溫。滋腎補虚，更補血及治虚寒。　當歸：味苦辛，性溫。全用養血。　菟絲子：味辛，性平。補腎，益精氣，榮肌膚，明目。　磁石：味辛鹹，性寒。火煅(酸)〔醋〕淬，為末入藥。滋陰，益腎水，降火明目。　人參：味甘，性寒。補諸虚不足，氣虚内障，陷翳不起，或服破血過多兩目愈昏，宜多服久服則復明。　黄芪：味甘，性溫。蜜炙，佐人參同功。斂盜汗，補氣虚。　肉蓯蓉：味酸鹹，性溫。酒洗去甲，焙用。滋腎不足，補陰壯水，除昏，又補精血，明目。　覆盆子：味苦，性溫。炒，研用。補腎益精，滋榮於目。　黄栢：味苦，性寒。滋陰降火，滑血除熱。　知母：味苦，性寒。滋陰降火，瀉腎火。腎無寔，不可瀉。　栢子仁：味苦，性溫。去油。同滋血藥磨，能益心腎，安神明目。　川椒：味辛，性熱。炒去汗，研用。滋陰氣，年高氣弱，腎虚不上榮，目昏者可用。東垣用之於上退兩目之翳膜，用之於下除六腑之寒邪。　椒目：味辛，性溫。除濕熱，治盜汗，利滲有功。所以濕熱下行，目自明。　當歸：味甘辛，性溫。養血生血，為血之君藥。芩、連佐之則涼血，薑、桂佐之則熱血，桃仁、紅花佐之則行血破血，藕節、茅花佐之則止血。當歸其用有四，頭生血而上行，身活血而中守，鬚破血而下流，全養血而不走。

散血要藥　歸鬚：味甘辛，性溫。散血，破血，行血。　赤芍藥：味苦酸，性寒。散血補氣，解煩熱，行血寬中，明目。　紅花：味辛，性溫。除惡血，散血行血。　蘇木：味甘鹹，性寒。散血行血。　桃仁：味苦甘，性寒。散血行血，去滯，生新血，亦破血活血。　烏梅：味酸，性溫。散血。　苦參：味苦，性寒。散血，除濕，補陰。　牛膝：味苦酸，性寒。散血行血。　玄胡：味苦辛，性溫。散血行血。　香附：味甘，性寒。散血行血。　青皮：味苦，性寒。散血行血，洩腫。　紫草：味苦，性寒。散血行血，利水消膨。　茺蔚子：味甘，性寒。散血行血，退熱除昏。　牡丹皮：味辛苦，性寒。散血行血，涼血，治骨蒸無汗。　生地：味甘苦，性寒。散血涼血，活血生血及涼心腎，治眼。　蒺藜：味苦辛，性溫。散血行血。炒研，去刺，破瘀血癥結，風癉，退翳明目。　川芎：味辛，性溫。行血，生新血，開鬱，止太陽頭目痛。　白芷：味辛，性溫。去舊血，生新血治腫。　熟地：味甘苦，性溫。生血養血，治虚目昏。　大黄：味苦，性寒。散血行血。　朴硝：味苦辛，性寒。散血行血。　羊膽：味苦，性寒。取汁熬膏，除昏翳，明目。　鷄膽：味苦，性寒。取甘石末，和汁，日乾，研細末，點眼，除風障。　鼠膽：無製法。取汁點目眦，治雀眼。　蚺蛇膽：味甘鹹，有小毒。用井水研，點目眦，止目痛。塗目皮外，消腫。　硇砂：葛師製法，用銅銚盛住，以三黄湯煮乾。

明・翟良《治痘十全》卷三　痘藥正品　人參治痘聖藥。和中止渴，補元，排膿托裏，氣虚賴焉。既補中以杜内陷，復固表而免外殘。　黄芪益肺，托裏排膿，實腠理而止汗，治脾胃之虚空。與人參而補氣助火，治痘色之白陷功同。　甘草生用瀉火，解熱毒而消瘍。熟補三焦元氣，和胃養血非常。解疫毒與痘毒，宜製作人中黄。節能消腫導毒，惟生用則見長。　白术健脾止瀉，中氣虚者宜加。或虚渴而水泡，或痘胖而不痂。　瘡色乾枯地黄宜生，涼心火之血熱，瀉脾土之濕蒸，去鼻中之衄燥，除煩熱于五心。　熟地大滋腎水，補血而益真陰。服之能安魂魄，痘血虚者膿生。　痘症沉寒不起，泄瀉宜用附子，灰白瘙痒厥逆，寒戰咬牙立止。　童便濕紙裹煨，甘草黑豆同煮。　當歸養血行血，枯乾色滯相宜，痘若血熱血虚，酒炒生地同施。　水泡脾虚泄瀉，米仁益氣除風，脚氣痘濕難靨，助胃保肺利膿。　灌膿以及痘後，補虛山藥當庸；　開胃健脾，益氣補中，滋陰除濕，止瀉多功。　肺氣虛熱宜用麥冬，上喘作渴及痘無膿，五六朝方可用，痘後尤見其功。清心潤肺，煩熱皆空。　熱毒上侵氣分，瀉肺必用天冬，吐衄咳逆喘促，潤燥而止消中。　痘瘡頭疼身熱，二活發表宣通。　若欲升陽平肝，全仗柴胡之功。　初發熱毒大盛，解肌托痘能充。　邪蓄肝膽，和解專工。　升發痘毒出表，提陽要用升麻。解肌肉熱，入脾胃家，痘後元氣下陷，用之解毒偏佳。　開竅通脉功在天麻，初熱風熱頭眩及驚癇與痺麻。　惟金銀花解諸熱毒，去紅紫與癰腫，消餘毒與痢疾。　貝母消痰止嗽，散心胸鬱結，斂惡瘡而解痘癰，利心肺而除風熱。　頭面瘡伏作痒，惟川芎兮能起；　解諸鬱直達三焦，通陰陽氣血之使，引參芪而補元陽。　同當歸而行血滯，排膿消瘀，筋攣寒痺，燥濕皆不可缺，善搜肝而行氣。　桔梗載藥上行，利咽發痘，提氣寬胸，托裏排膿，痰火鬱大腸肺。　白芍養陰退陽，和血而止腹痛；　瘡濕血散不斂，酒炒此品為重。　手足之痘痒瘍，桂枝酒浸炒用。　赤芍有瀉無補，攻血痺而止痛，解血熱與血滯，通竅利便消腫。　黄芩酒炒為宜，上焦熱盛堪平；　安胎尤不可缺，靨後餘毒能清。　中枯而飄者瀉肌表肺金之火而消腫；　細實而堅者，瀉大腸膀胱之熱而滋陰。　酷暑血熱，黄連瀉心。　防風風熱發表，瘡乾瘡濕皆宜。　勝濕行潤，與黄芪共止搔痒。　手足痘伏，與桂枝、白芍同施。　荊芥若同發散藥，去風熱而發痘瘡，通脉散瘀破結，痘後退腫維良。　紫蘇裏之表藥，痘前乾熱偶嘗；　葉維發散，氣以莖行，頭疼身熱之症，安胎定喘之方。　手中癰毒宜服白芷。　痘瘡初熱頭疼，寒痒無膿不起；　靨結不成，爛癩可止。　乾葛解肌托痘，升麻二味同工。　輕浮善鼓胃氣，生津立建殊功。　麻黄能泄衛實，去榮寒而調脉，通九竅而開毛孔，發肌汗而消斑黑。冬月冒寒難出，發熱惡寒宜服。　痘硬無漿名鐵甲，服此作爛方可活。　痘初發表痒瘍，間或用夫細辛，只有通關散內，散寒通竅如神。　和胃健脾治痘痢，散諸滯氣木香靈。　起頂陷而出快，能順氣而毒行。　初發熱毒注瀉，利水全憑木通。　瀉心經之邪，與燈心同功。　膿漿難靨，利濕下通。　其節酒洗晒乾，治痘後之發癰；　乳母服藥，引經見功。　元參能清咽喉，去頸中之痰熱。　治初起之熱盛，與痘後之餘毒。　連翹散鬱除濕，退五心之煩熱。　風熱陽毒癰腫，痘中心經熱毒。　澤瀉補陰滋血，痘瘡小便赤澀，逐膀胱水，三焦停積。　牛膝活血下行，四肢拘攣不便。　車前明目治熱淋，養肺益精通小便。　南星須用膽製，除風痰而利膈，入肝鎮驚消腫破結。　丹皮涼血化斑，去腸胃之積血，能瀉陰中之火，其功多在清熱。　何首烏治榮血不足，過期不斂，久痢久瘧。　遠志寧神定驚，能安痘後心邪。　神昏譫語菖蒲可咀，痘爛成疥用入丸劑。　知母痘後養陰退陽，口渴好飲冷水，瀉氣分火上行。　熱毒入眼，菊花去翳，若同歸地並用，補目血之涼劑。　菟絲健腰暖膝，虛寒瘍痒可祛。　五味去熱除嗽，痘後毒盡方宜。　地膚去皮膚熱，解痘毒入膀胱。　續斷走脾肝腎，滋陰補血為長。　治痘胃寒，肉豆蔻佳；　泄瀉吐逆，寒戰咬牙。　香附婦人要藥，血氣隊中慎加。　砂仁帶殼炒研，安胎健胃頗佳；　腹中虛寒作痛，瀉利嘔吐休嗟。　藿香去惡氣，止嘔安胃家。　龍膽去蘆酒洗，治痘目赤腫痛，肝膽胃中實熱可用。　茵陳去濕除熱，散結利水化痰；　夏月瘡疹熱甚，小便不利無患；　痘子瘙痒薰之則安。　茜草治痘乾陷，和酒常常服之。　大小薊治婦人經血妄行者宜。　人大壯實，方用大黄；　初起熱毒壅盛，兩便秘結堪嘗。　痘後結核用射干，喉痺咽痛難消息。　消腫更有山豆根，利喉止痛解痘毒。　瘙痒潰爛如癩，壯人方用苦參；　酒蒸研末，喉痛則停。　惡毒嘔吐，茴香可行。　痘後兩手腫痛，引藥當用威靈。　凡痘心經有熱，血氣凝滯紫紅，紫草發越熱毒，能治閉塞不通，糯米合用，乃可成功。　污血化成斑點，紅花行滯生新；　多用行血破血，少用活血歸經；　黑陷用子，酒炒研吞。　胭脂塗眼四圍，護目痘不相侵，既能活血，又解痘疔。　花粉排膿長肉，痘瘡潰爛用之；　痘後熱毒癰腫，發渴痰嗽相宜。　蕤仁潤肺下氣，痘後嗽喘方施。　薄荷清頭面腫，治痘壯熱癇驚；　引藥發汗，關節通行。　半夏化痰和胃，治痘虛寒嘔噦。牛蒡發痘涼血，潤肺助藥行漿，解陽明之熱毒，紅紫熱盛相當；　利咽散腫，喉痛宜嘗。　凡痘初熱，尚在模糊，風寒痰嗽，利用前胡。　痘瘡風熱不退，四肢頭面不起，散風利濕解毒，此宜用白附子。　水泡太盛不靨，萆薢能收濕氣。　蘆根主治痘密遶口，與夫初起胃熱口臭。　燈草根苗主治五淋，燒存性止兒啼，最能解熱清心。　香薷陳久者良，夏月暫用清暑。　木賊去節酒潤，痘後目疾去翳。　決明除肝家熱，目赤膜腫淚出。　或用白蒺藜，兼治痘痒濕。　牆頭爛稻草，治爛痘更捷。　痘白泄瀉寒戰，惟肉桂為相宜，鼓舞藥性上行，達表能引參耆，調和氣血，制肝補脾；　托痘而成膿漿，實腠而却風邪。　桂枝氣薄發表，又能横行手臂；　初起重感風寒，并在秋冬之際，手足伏陷，服之能起。　泄瀉水泡收靨，方中可用茯苓。　皮膚如麻豆而痒，遍身風痧枳殼靈。　厚朴散結消食，溫中健胃如神。　消痰止渴桑白皮，瀉肺定喘吐血宜。　桑蟲發痘灌漿，氣虛瘍痒之劑，隨出隨沒，可暫嘗之。　痘眼風痒痛障，枸杞能行熱邪。　地骨所治，風熱內生。　腎水不足而火旺，肝木不寧而風淫。　壯熱吐血兼衄血，暫用山梔酒炒黑。　痘後血少，心神不寧，夜睡不穩，炒研棗仁，歸脾湯用以醒脾，補心丸用以斂心。　腹皮走表消腫，去脹導水疏氣。　角刺引藥達瘡，平瘍用之托裏；　解毒灌漿，痘癰亦利。　密蒙佐以血藥，治痘赤澀目翳。　見鬼痰壅昏迷，痘陷發熱如狂，猪尾血紫草湯，調一二釐龍腦之香，安定得睡，痘起如常。　脾胃受寒而吐瀉，厥冷痘白宜丁香；　官桂溫能發表，丁香救裏為長。　沉寒表裏，並用維良。　鈎藤中和定驚，驅肝風而不燥。　竹葉平喘去痰，涼心除熱解躁。　松花摻痘瘡損爛，黃柏解毒用宜少。　頭面大腫蔓荊宜，腦鳴目淚睛痛好。　痘爛小便澀，消水猪苓妙。　烏藥順氣，兼能發表。　跌撲血瘀作痛，暫用蘇木活血。　搽痘癰爛瘡，香油調茶末。　痘後餘毒潰癰，沒藥、乳香止痛。　浴氣滯與血凝，有水楊之可用。　熱極胃爛而發斑，止渴生津石膏重。　雄黃開痰治驚，殺蟲生肌解毒；　能轉黑陷，可入摻藥。　痘斑星障入目，珍珠、輕粉、黃丹研末吹耳，左右互安。右患吹左，左患吹右。　痘中赤利，用百草霜。　黃米治痘瀉渴，陳者炒熟煮湯。　糯米溫脾胃中氣，制紫草寒而催漿；　虛弱作瀉，煮粥甚良。　麥芽強胃而消食，治腹滿及痘不起。　黑豆解毒利小便，虛實寒熱皆用取。　豆腐治痘瘡不起，攻膿解毒食須煮。　痘中如有風癬，黃豆殼煎湯洗；　發痘毒兮用黃豆，殼燒灰末摻爛痘。　赤小豆治消渴，散毒排膿，利水止洩。　綠豆解熱，兼除痘疔；　夏天熱盛，煮食頻頻。　中焦停滿，神麯須陳。　紅麯調中活血，托痘散中可行。　解毒行表行血，潤下等劑須製；　酒漿通脉行經，浸炒之功甚巨。　痘三四日伏陷，滴花燒酒飲之，立能起死回生，頃刻紅活可治。　治痘初起而感冒，風寒重者用生薑，煎劑皆宜作引子。　大棗同調營衛良。　煨薑佐參芪之力，止嘔發表而助陽；　灰白不起，功並炮薑。　中氣不足，胃冷脾虛，臟腑沉寒，炮薑則宜。　痘初發熱，葱白解肌。　馬齒莧煆存性，痘後牙疳可除。　痧疹痘瘡難出，用胡荽酒噴之。　食傷肚脹未下，可略用夫青皮。　陳皮化痰消食，散滯必同參芪。　桃仁治血秘，杏仁治氣秘；　桃仁合當歸、麻仁以治燥結；　杏仁散風寒痰結而能下氣。　梅花發痘解毒，桃花焦紫能去。　棗同生薑並用，專行脾胃津液，灌漿甚宜，久食傷齒。　荔枝治痘虛，瀉伏而不起。　龍眼亦能助漿，可入大補托劑。　蓮肉補心脾腎，灌漿之後煮食，清心止煩，開胃止洩。　甘蔗搗汁飲之，能去天行時熱。　山查味酸入肝，化血毒為膿水，故能發痘，除氣血滯。　象牙極利小便，痘不收靨用之；　眼中有痘，磨水搽之。　羊頭腦俱清涼發痘，嫩羊肉亦助力行漿。　血熱肝熱，略用羚羊。　黑陷痒伏，稍加麝香，服之起發，嗅之回漿。　冬月狗蠅在耳，倒靨色黑宜嘗。　起發伏陷症，偶仗川山甲。　雄雞頭腦，大能起發；　灌漿宜服，雞肉與汁；　或用酒漿，調雞冠血。　解毒達漿，用蒼鵝肉。　拭潤乾靨，石蜜、麻油；　不分顆粒，露蜂房求。　蟬蛻善發痘疹，退熱而兼明目；　風客皮膚瘙痒，紅紫熱甚當服；　倒陷黑陷，酒洗研末；　參芪同用，虛癢可息。　直白殭蠶，酒淨火炒，發痘和血灌漿，定痒拔疔極效。　各症痘瘡隱伏，蛇退配藥可起。　珍珠用入摻藥，痘中疔毒能已。　目翳服石決明，胃弱鯽魚可飼。　人乳止淚明目，服之能助痘漿。　若還鼻衄，髮灰甚良。

明·翟良《痘科類編釋意》卷四　氣藥類

人參一：　反藜蘆。甘而溫補上焦元氣，升麻為之使。　補下焦元氣，茯苓為之使。　生津止渴，安神健脾，托裏排膿，治痘之聖藥。　生津血，復元神，補五臟。凡痘瘡表散起脹，灌漿收靨，始終皆賴之。　參、芪補氣助陽，痘色白陷者宜。　若紅紫壯實者用之，則血愈熱而毒愈熾，紅紫者轉為枯黑。　三日之前亦慎用。

黃芪二：　甘而溫平。　補肺氣，實皮毛，善治脾胃虛弱，瘡症血脈不行，內托必用之藥。　止虛汗，去肌熱，治痘瘡前幾日生用，後幾日炙用。　痘四肢不起不灌，桂枝煎酒浸透用。　固腠理，補元氣，內托陷下皆用之。

白术三：　甘而溫。　主溫中強脾胃，進飲食，止下泄，治嘔吐，利小便。　痘瘡發泡浸淫者宜多用。　堅實無油黑者，東陳壁土炒。　健脾利水，燥濕溫中。　能補氣，故能發痘；　能固脾，故能止瀉。　能燥濕，專補氣分，亦能閉氣。　多用則滯氣不行，痘難成漿。　助陽生火，亦難收斂，起脹灌漿時慎用，恐利小便而耗漿也。

蒼术四：　苦、甘、辛，溫。　除惡氣，辟疫癘，健胃安脾，寬中進食，發汗。

茅山者其質堅小白淨，味甘醇，米泔浸透，去皮晒乾，炒黃。痘瘡發癢及不結痂者宜。常燒以辟不正之氣。內熱陰虛表疎者忌。

陳皮五：甘辛而溫。溫水洗淨。去白化痰涎，留白去筋膜，和中補脾胃止嘔。治痘能導滯行氣。和脾胃，達陰陽，和胃消脹。

青皮六：甘、辛，微寒。散滯氣，消食破積。溫水洗浸，切開去中穰，剉碎晒乾。治痘瀉肝邪，令不成水泡而作癢。虛羸者戒之。

石菖蒲七：辛苦而溫。通九竅，出音聲。瘡腫偏身，熱毒痛癢。一寸九節者佳。浸去粗皮。痘瘡驚癎，神昏譫妄者必用。痘不結痂，潰爛成疥瘡者亦宜。

五味子八：酸而溫。主咳逆上氣，生津止瀉，除煩解渴。肥大肉厚者，去梗，酒洗淨，晒乾。痘家渴甚宜用。北產者佳。

貝母九：甘而微寒。功力頗緩，用須加倍。主咳嗽上氣，消痰。肥白輕鬆者佳。去心用。

細辛十：反藜蘆。忌生菜。大辛而溫。散外寒，治內寒。細莖氣烈者佳。去蘆并葉，溫水洗過晒乾。痘初發表及癢塌用之。此味辛甚，故能逐陰分之邪，陰分且然，陽分可知。舊云少陰、厥陰之藥，然豈有辛甚而不入陽分者。但陽證忌熱，用當審之。

乾薑十一：辛而大熱。溫脾理中，止吐瀉，去臟腑沉寒。生用發諸經之寒，炮用溫中。炮令胖鬆為度。性大熱，凡煩熱紫黑，便結毒盛者，不可輕用。

生薑十二：辛而微溫。益脾胃，散風寒，治痰嗽，止嘔吐，能殺半夏之毒。痘瘡不起，發色灰白者，用起發。光壯紅綻者不用。

麻黃十三：苦辛而溫。發散風寒，泄衛實，去營中寒。陳久者佳。去根節，酒蜜各半浸良久，微炒。凡痘瘡出遲及黑陷倒靨者俱宜。陰寒沉滯之邪，非此不能散。痘家之要藥，而人多畏之，由不能察也。開竅，大泄肌表，妄用恐表虛氣脫。

白芷十四：辛而溫。主一切瘡症，排膿止痛，內托生肌。擇白而堅實者，蟲蛀、內黑俱不可用。凡痘瘡發表，及潰爛，手足發癰者，並宜。散風邪，逐寒濕，止頭痛，除搔癢，化癰毒。善走陽明，故能起頭面之痘，亦托肌肉之膿。

附子十五：辛、甘，大熱。補助陽氣不足，暖脾胃，治四肢厥逆。頂平而員臍，正重一兩者佳。先以童便浸過，慢火中炮極熟，去皮臍，切片，再用防風，甘草煎湯，乘熱浸，晒乾用之。惟痘瘡泄瀉，內虛，手足冷，寒戰咬牙，瘡色灰白或癢塌者用之，其餘不可妄用。脾腎虛寒，元陽大虧，凡泄瀉嘔吐不能止，寒戰厥逆不能除者，非此不可以益火之源。煩熱紫黑，便結毒盛者不可輕用。

半夏十六：辛苦而溫。化痰止嘔吐，益脾胃。白淨，臍正而圓者佳。溫水浸七日，水逐日換，切片晒乾，薑汁炒。煩渴者忌。痘灌漿時慎用。

木香十七：辛苦而溫。調諸氣，散肺中滯氣，止痢後重。凡痘出不快者用之，順氣行毒，而痘出自快，頂陷可起。但不可多用，恐瀉氣。熱證宜忌之。形如枯骨者佳，生用。氣虛煩熱者不宜輕用。

肉豆蔻十八：苦辛澀而溫。治脾胃大腸虛冷，滑泄不止。麵包裹，慢火中煨熟，乘熱以重紙包，搥去油。痘證寒戰咬牙，胃寒吐逆，瀉泄之要藥也。療小兒胃寒，傷乳吐瀉，以其能固大腸，元氣不走，脾氣自健，中寒滑泄者最宜之。

砂仁十九：辛而溫。和脾行氣，消食逐寒，除霍亂，止惡心，消脹滿。治痘虛寒，腹中煩悶，不思飲食，吐瀉嘔噦，溫中進食。研碎用。散氣動氣，氣虛者不宜。

桂枝二十。附官桂：辛、甘，大熱。通營衛，開腠理，和氣散風寒，發表之要藥。治痘賴其鼓舞上行，以開營衛，又引黃芪以達肌表。痘于手足發不透者，用桂枝引經。痘瘡寒戰咬牙者宜加用。內虛腹痛，用肉桂。皆去皮。邪熱症及痘後作癢者不可用。官桂甘辛，能養營解表，溫熱能暖血行經。凡痘瘡營衛不充，而見寒滯者，必用此以導達血氣，且善行參、芪、熟地之功。與歸、芎同用，治痘疹虛寒作癢不起。煩熱紫黑，便結毒盛者不可輕用。

茯苓二一：甘淡而平，降而滲。補中氣用白，利小便用赤。抱根生者名茯神，心熱神昏者用。利竅去濕，開心益智，導濁生津，逐水燥脾，補中健胃。以人乳拌晒，多補陰。滲泄燥濕，能令水氣下行。多服則津液耗散。凡陰虛于下，而精血不足者當避之。

丁香二二：大辛而溫。凡痘色白，嘔逆泄瀉，腹脹不食，胃虛寒者用。若痘寒戰咬牙，足冷者，與桂同用。蓋丁香救裏，官桂發表也。暖胃逐寒，順氣止嘔，除腹痛寒滯。

藿香二三：甘辛而溫。助脾開胃，溫中快氣，治吐逆。入烏藥順氣散則理肺，入黃芪四君子湯則理脾。

檳榔二四：辛濇苦甘而溫。破滯氣，消宿食。形若雞心，尖長中不空虛，切開錦紋者佳。溫而辛，故能醒脾利氣。味甘兼澁，故能固脾壯氣，是行中有留之劑。

枳殼二五。附枳實：苦、酸、辛，寒。主胸膈痞塞，散結氣，走大腸，瀉肺氣。治偏身風癢，通利關節，健脾開胃，消痰消食。陳久堅厚，不爛不蛀者佳。以溫水洗浸，刮去穰白，麩殼炒用。與枳實同，但枳實性速，治血分；枳殼性緩，治氣分。下氣寬腸，多用則損中氣。

厚朴二六：苦、辛，大溫。溫中益氣，厚腸胃，去冷氣，消宿食。治腹痛脹滿，散結之聖藥也。肉厚紫黑者佳。削去粗皮，以生薑自然汁塗，慢火炙透用。本元虛弱，誤服脫人真氣。

大腹皮二七：辛而溫。主冷熱邪氣，下一切滯逆氣攻衝心腹大腸，消痰。加薑鹽同煎，先以酒洗，再以黑豆汁洗之，晒乾炒過用。恐有鴆鳥毒也。

紫蘇二八：辛而溫，香竄者佳。解肌發表，治心腹脹滿，祛風寒甚捷，開胃下食。葉發表，梗性緩，體虛者可用。子性潤而降，能潤大便，消痰喘，除五膈，定霍亂，順氣滯。

大棗二九：甘平而溫。安中養脾，助十二經，平胃氣，補少氣少津液，身中不足。多食損齒。

牽牛三十：苦辛而熱。氣雄烈，性急疾，下氣逐水，通大小便，善走氣分，消氣實、氣滯、水腫。以氣藥引之，則入氣；以血藥引之，則入血。大泄元氣，非脹滿、大便秘者，不可輕用。炒過研取頭末用。

南星三一。附膽星：苦辛而溫，性烈有毒，薑汁製。除風痰，利胸膈，善行脾肺，下氣攻堅，消腫。溫水泡七日，水逐日換，切片晒乾，以白礬、生薑水煮，取出晒乾，再加薑汁炒，裝入牛膽內，待陳，日久謂之膽星。膽星七製九製者佳。降痰，小兒急驚必用。總之，實痰實火壅閉上焦，而氣喘煩躁，焦渴脹滿者，所當必用，較之南星味苦性涼，故善解風痰熱滯。

烏梅三二：酸、澁，溫、平。下氣除煩熱，止瀉痢，澁腸，去痰解渴。溫水洗，去核用。性酸斂，宜散宜行者不宜。

杏仁三三：苦辛而甘。潤肺散風寒，止頭痛，退寒熱，咳嗽上氣喘急，發表解邪，降性最疾，故能定氣逆上衝。治胸腹急滿脹痛，消痰下氣，除驚癎煩熱，散結潤燥。溫水泡去皮尖，炒。雙仁者不宜。元氣虛陷者勿用，以沉降太泄。

粳米三四：甘，平，微寒。益氣解煩渴，止瀉，平和五臟，益胃氣。

陳倉米三五：甘鹹酸而溫。除煩渴，開胃止瀉。凡痘瘡瀉渴甚者，可炒熟煮湯飲之。

酒三六：苦、甘、辛，大熱。行諸經，引藥達經絡。凡痘瘡解毒藥須酒浸洗炒，可以通行一身之表。

赤石脂三七：甘酸而溫。止瀉利，係收斂之劑。研細用。

枯白礬三八：酸澁而寒。止瀉利，又治疳蝕瘡。火飛過用。能阻塞肌竅，欲通利者宜避之。

漿水三九：甘，酸，微溫。調中引氣，開胃止瀉，解煩去睡。痘瘡大渴者用之。

龍骨四十：甘，平，微寒，性收澁。安神志，定魂魄，收虛汗，止瀉痢。治風熱驚癎，斂膿固氣，澁腸。色白者佳。製須酒煮，焙乾，或研末用，水飛過，同黑豆蒸熟，晒乾。痘瘡滑洩之要藥。能阻塞肌竅，欲通利者宜避之。

穿山甲四一：鹹平而微寒。療小兒五邪驚啼，善發痘瘡，陷伏者借此引導諸藥。取嘴爪上甲，以東向陳壁土拌炒焦，研末。性竄而利，直達病所。痘有毒盛而鬱遏不得出者，宜此達之。然必藉血氣諸藥為之主，而以此為佐引則可，銳性有餘，補性不足。非陷伏不可用，恐耗氣血也。

麝香四二：苦辛而溫。開諸竅，通經絡。痘瘡黑陷者，用此發表解毒，直入骨髓，透臟腑，拔毒氣，使之發散。非黑陷與伏，不可妄用。欲辨真假，但置些須于火炭上，有油滾出而成焦黑炭者，肉類也，此即香之本體；若燃火而化白灰者，木類也，是即假攙。

血類藥

當歸四三：甘辛而溫。痘瘡血熱用尾，血虛用頭身。俱酒洗過用。生血養血，活血止血。痘瘡賴以調血。凡虛者能補，滯者能行。升散佐以川芎，斂附佐以芍藥。痘症驚癎，凡屬營虛者，必不可少。

川芎四四：反藜蘆，畏硝石、滑石、黃連。辛甘而溫。性溫能走而發散，上行頭目，下行血海，走肝經。同參芪能引之以補元陽，同當歸治血虛滯。形塊重實如雀腦，色白者佳。能升能散，引清氣上行頭角，以起頭面之痘；佐參芪以行陽分，而解肌表之邪。可為引導通行之使，但性多辛散。凡火在上，而氣虛者當避之。性升氣散，凡氣虛者不宜多用。火浮於上，而頭痛浮腫者忌之。

芍藥四五：反藜蘆。苦酸而寒。抑肝緩中，扶陽收陰，補血斂血，脾經之藥。白者補，赤者瀉。生者更涼，酒炒微平。其性凡痘瘡初發表，或血熱，或小便不利宜用。赤者若血氣虛脾胃弱，或痘中血散不收，瘡潤不斂宜用白者。俱酒浸透，切片晒乾炒。治痘瘡血散不歸，賴以收之，使附氣分，能瀉肝脾之火，故止腹之熱痛，亦能止汗。

熟地四六：甘苦而寒。補腎中之元氣，補血滋腎。治痘中無膿而血虛者，酒洗用。痘瘡起發、灌漿、收斂，以參芪配之，其功乃倍。得升柴則能發散，得桂附則能回陽。得參芪則入氣分，得歸芍則入血分。

生地四七：苦甘而涼，鮮者更涼，乾者微涼。能行血解熱，其用有四：涼心火之血熱，瀉脾土之血熱，止鼻中之衄血，除五心之煩熱。酒洗用。涼血，行血，養血。治痘瘡血熱血燥。凡吐血衄血，痘瘡紅紫及解毒藥中皆宜用之。

天冬四八：苦，甘，大寒。瀉熱火，定熱喘，解渴除煩，消痰止嗽，降火保肺，大潤血熱燥結。肥大者湯浸去皮去心，晒乾用。虛寒假熱，脾腎溏泄最忌，使宜貝母、地黃。

麥冬四九：甘，苦，微寒。治心肺熱，瀉肝中伏火，治血妄行，主口乾燥渴，益血生脉。痘無膿者可用，去心。生津止渴，清肺滋陰，除煩熱，解燥毒。痘證陰虛而多火者宜之，便滑中寒者勿用。

紅花五十：辛，甘，苦，微涼。多用則破血，少用則入心養血和血，與當歸同功。治痘熱血凝不行，污血化成瘢點，用此行滯，去舊生新。酒洗晒乾用。子呑數粒，主天行瘡子不出。炒，打碎用。達痘瘡血熱難出，散斑疹血滯不消，潤燥活血。

丹皮五一：辛，苦，微涼。瀉陰中火，除衄血、吐血。去心用。治驚搐風癇，療瘰癧腫住痛。

牛膝五二：苦甘而微涼。主四肢拘攣不可屈伸，活血生血，引諸藥下行腰腿之疾。長大而柔潤者佳。去蘆，酒洗過陰乾。臟寒便滑下元不固者當忌。

蒲黃五三：微甘，微寒。解煩熱，利小便，止血涼血，活血消瘀。治吐血衄血，痢血尿血，破血消腫。生用補血，止血炒用。凡欲利者生用，欲固者炒熟用。

茅根五四：即白茅。甘涼氣寒。補中益氣，利小便，止血消瘀，止渴，解腸胃熱。掘取新者，肥大白淨者，搗爛絞取自然汁。

大、小薊根五五：甘苦而溫。養精保血，止衄血、吐血、下血。婦人出痘疹，經血妄行，非此不除。

香附五六：苦，辛，甘，溫。下氣開鬱，逐凝血，引血藥至氣分生血，婦人之要藥。石臼中杵淨，勿犯鐵，以童便浸，晒乾炒黑。

地骨皮五七：即枸杞根。苦辛而寒。止血消渴，去肌熱，涼血涼骨。去心木，微炒。與丹皮同為解肌熱之劑，但丹皮解無汗之骨蒸，此解有汗之骨蒸。南者苦味輕，微甘辛；北者大苦辛劣，退陰虛血熱，骨蒸有汗。

蘇木五八：甘，辛，溫，平。少用則和血活血，多用則行血破血。排膿止痛，消癰腫。剉碎，酒煮取汁入藥。

桃仁五九：苦，辛，甘，平。治血瘀閉結燥，潤大便。湯浸去皮尖，與杏仁同潤大腸，但杏仁治氣閉，桃仁治血閉。

解毒藥類

黃芩六十：苦而寒。枯飄者瀉肺金之火，消痰，兼退熱于肌表。細實而堅者，瀉大腸之火，兼退熱于膀胱。退肌表之熱，柴胡為使。酒浸微炒。欲其上者，酒炒；欲其下者，生用。枯者治斑疹。大腸無火，滑泄者慎用。

黃連六一：大苦，大寒。解熱毒，瀉心火，止驚悸，消渴，除脾胃中濕熱。肥大堅實者，刮去鬚毛，切碎，酒炒。痘後目腫不可缺。專治諸火，火在上炒以酒；火在下，炒以童便；火而嘔者，炒以薑汁；火而伏者，炒以鹽湯。同吳茱萸炒，止火痛；同陳壁土炒，止實瀉；同枳實用，消火脹；同花粉用，解煩渴；同木香丸，和火滯下痢腹痛；同吳茱萸丸，治胃熱吐吞酸水。總之，性大寒，善瀉心脾實火，虛熱者勿妄用，大苦大寒，原非厚腸之物，泄瀉無火者大忌之。

黃蘗六二：苦辛而寒。主五臟腸胃中結熱，瀉膀胱熱，清小便，降相火。緊厚鮮黃者，刮去粗皮，切碎，酒炒；　若入腎則鹽水拌炒。性大寒，非有實火熱毒者，不得妄行濫用。

梔子六三：　苦而寒。治心煩不眠。瘡瘍目赤熱痛，躁熱。凡痘壯熱吐衄，或七竅中出血用之。七棱及肉鮮紅者佳。仁酒炒，去內熱；　連皮酒製，去肌表熱。利小水，降脾、肺、膀胱之火，使從小便中出。非有實火熱毒者，不得妄用。

羌活六四：　苦、辛，微溫。利肢節疼痛。痘症發熱，身痛頭疼，及痘後瘡腫，目疾皆用。散肌表風邪，利筋骨，走經絡，故能止周身痛。氣雄大，能散逐正氣，虛者忌之。

獨活六五：　苦香，微涼。善行滯氣。羌活氣雄，獨活氣細。

升麻六六：　苦而平。升散提氣，脾、胃、肺、大腸之藥。善散陽明經風寒，肌表邪熱，提元氣之下陷，舉大腸之脫泄，解百毒，除陽明瘟疫表邪，疏膚腠風熱，斑疹瘡家之至藥。若元氣不足陽氣下陷者，用此升提陽氣上行，升陽氣達肌表，散風寒。下虛上實，氣壅煩躁者忌之。

葛根六七：　甘平而寒。主消渴身大熱，解諸毒，治脾虛而渴，能升提胃氣，除胃熱，治天行時病，壯熱煩渴，熱毒。凡發表解肌熱，切片；　若止渴搗碎，以糯泔擄去粉用。善解表發汗，凡解散之藥多辛熱，此獨涼而甘，故解溫熱時行疫疾。凡熱而兼渴者，此為最良，當以為君，而佐以柴、防、甘、桔，尤散鬱火。治瘡症未透，其性涼，易于動嘔，胃寒者當慎。

防風六八：　甘辛而溫。瀉腫實，散頭目滯氣，除上焦風邪之仙藥。去蘆，叉頭叉尾。如瘡癢，蜜煮與黃芪同用；　手足瘡不起，與白芍、桂枝同用。瘡大濕用之，風勝濕也。散風熱，解表邪，舉陷氣，佐黃芪能托裏祛毒，此風藥中之潤劑，亦能走散上焦元氣，誤服能傷人。

荊芥六九：　辛苦而溫。辟邪氣，通血脉，傳送五臟，能發汗，又能破瘡瘍結聚之氣。痘出發不快不透者必用之。解風熱，消瘡毒，利肌表，退腫清咽，散頭目之風邪。

桔梗七十：　一名薺苨。苦、辛，微涼。治鼻塞，咽喉痛，利胸膈之氣，療肺熱嗽逆，消痰涎，肺癰，又能開提氣血，載諸藥不下沉，故名舟楫。去蘆，米泔浸，切片，陰乾，性味輕浮，能載藥上升，清火解毒，治喉痺驚癇。

柴胡七一：　苦、辛，平，微寒。主寒熱邪氣，推陳致新，又能引清氣行陽道，升提胃氣上行。去蘆用。邪實者可用，真虛者當酌其宜。雖引清氣上升，然升中有散，中虛者不可散，虛熱者不可寒。性滑，善通大便，凡溏泄脾薄者當慎。熱結不通者，佐當歸、黃芩正所宜也。發散熱邪，瀉肝膽之火，解肌開表，退往來寒熱，清散而潤利，汗多者不宜，脾泄者少用。

前胡七二：　苦而寒。主心腹結氣，治時氣發熱，推陳致新，治風寒咳嗽，痰涎。去蘆用，叉尾者不宜。去火痰實熱，除氣喘嘔逆，解嬰兒疳熱。性大寒，非實火熱毒，不得妄用。

石斛七三：　甘而平。治胃中虛熱，平胃氣，長肌肉，療脚膝軟。去碎根，酒洗蒸過用。扁大而鬆如金釵者頗有苦味。除脾胃之火，去嘈雜善飢，退火養陰，除煩，清肺下氣，消渴。

車前子七四：　即芣苡。甘鹹而寒。通尿管，治熱淋，雖利小便，而不走氣。療肝中風熱目赤痛。炒研用。治濕熱瀉痢，去心胸煩熱。根葉生搗汁飲，治一切尿血、衄血、熱痢，尤逐氣癃，利水。

白蒺藜七五：　苦、辛、甘，微涼。治身體風癢，去惡血，長肌肉，明目輕身。先搗去刺後研碎，痘瘡潰爛者宜。補宜炒熟去刺，涼宜連刺生搗。去風解毒白者良。

鬱金七六：　苦而辛。血積下氣，涼心止血，破惡血。治鬱遏，擇圓而長如蟬肚，色赤如薑黃者。

龍膽草七七：　大苦，大寒。除胃中伏熱，時氣溫熱，治驚惕，兩目赤腫，睛脹疼痛不可忍。去蘆用。大能瀉火，退骨蒸疳熱，除心火驚癇狂躁，胃火煩熱，咽喉腫痛，瀉痢瘡毒疼痛，小兒熱疳。

防己七八：　苦辛而寒。止肺氣喘嗽，殺癰腫疥癬蟲瘡，除邪熱，利大小便。漢防己主水氣，木防己主風氣。水洗切片用。治痘瘡陷伏，酒洗晒乾。

花粉七九：　即瓜蔞根。苦而寒。主消渴煩滿，大熱唇乾口燥，排膿消腫毒，生肌肉，利胸膈，治熱痰止嗽。非有實火熱毒者不可用。

苦參八十：　反藜蘆。苦而寒。治時氣惡病大熱，及偏身熱瘡，細疹癢痛。酒蒸用。凡痘瘡瘙癢潰爛如癩，以此作丸用。咽喉痛，生研末用。平胃氣，能嗜食，療惡斑疹疥癩，殺疳蟲，治腸風下血，熱痢。

茵陳八一：　甘、辛，微寒。解傷寒煩熱，行滯氣，化痰利膈。痘癢可為薰藥，以能去濕熱也。濕熱為痢，尤其所宜。

知母八二：　苦而寒。補腎水，瀉腎火，消痰止嗽，潤心肺。取肥實肉白者，去毛皮，忌鐵。上能清肺止渴，解虛煩喘嗽，去喉中腥臭；中能退胃火；下能利小水，潤大便。

馬兜鈴八三。附青木香：　苦辛而寒。降肺火，清肺氣，除熱痰，欬嗽喘急不得臥。多用則作吐。去膜用。根即青木香，亦名土木香。搗末，水調塗疔腫熱毒、蛇毒，日三四次即瘥。亦可傅瘙癢禿瘡。

大黄八四：　苦而大寒。蕩滌腸胃，推陳致新，通利水穀。性走而不守，瀉諸實熱不通，心腹脹滿，下大便結燥。號稱大將軍，以蕩滌峻快也。氣虛同人參名黄龍湯，血虛同當歸名玉燭散。佐甘草、桔梗，可緩其行；佐芒硝，厚朴，益助其鋭。欲速者生用，湯泡便吞；欲緩者熟用，和藥煎服。通壅滯，逐瘀血，退熱攻堅，非有大實證不可輕用。耗削力雄，血氣中虛者誤用，與鴆相類。

葶藶八五：　苦而大寒。治腫壅上氣，咳嗽喘促，痰飲，通利水道，走瀉為功。大降氣，病人虛者慎用，壯者微炒用。善逐水氣，不減大黄，但大黄能泄血閉，葶藶能泄氣閉，氣行而水自行也。若肺中水氣膹滿脹急者，非此不能除。然性急利甚，氣虛者不可用。大戟去水，葶藶愈脹，用之不慎，乃反成袂。

猪苓八六：　苦甘而淡。解傷寒大熱，除濕利水道，治渴。溫水浸去黑皮，切片。苦能泄滯，淡能利竅，滲泄燥濕，能令水氣下行。多服則津液耗散，陰虛于下而精血不足者當避之。

澤瀉八七：　甘、淡，微鹹，寒。治淋閉，逐膀胱三焦停滯，瀉腎除濕。擇白淨者，去皮毛，切片晒乾。滲水去濕，能行痰飲，止嘔吐瀉痢。大利小便，瀉伏火，去濕熱以消腫，導諸藥以降火。避忌與猪苓同。

木通八八：　亦名通草。苦而寒。除脾胃寒熱，通利九竅，血脉關節，治五淋，利小便，導小腸熱，出音聲，療耳聾目痛，治鼻塞目眩，散癰腫壅滯熱毒，排膿止痛。去皮用。大利小水，善瀉心與小腸之火，能使痘瘡濕熱之毒從小便而出。凡内熱毒盛者宜之，若熱退中虛者不可概用。

瞿麥八九：　甘辛而寒。性滑利，主關格諸閉，小便不通，決壅腫，排膿，明目去翳。

大戟九十：　反甘草。苦而大寒。性峻利，伐腎邪。去蘆，米泔洗，晒乾。惟痘瘡黑陷，大小便不通，腹脹煩躁者宜此以瀉膀胱之用，非此不可用。若中其毒，菖蒲解之。

射干九一：　苦而寒。主喉腫咽痛不得息，散結消腫毒，行太陰、厥陰之積痰，使結核自消甚捷。去根切片，以甘草水浸，晒乾。降實火，利大腸，消瘀血。

菊花九二：　甘者養血散風，明目去翳膜。開者去蒂，治痘後目病。

木賊九三：　苦甘而溫。主目疾，退翳膜，明目，益肝膽。去節，以酒潤濕，火烘乾。去風濕，散火邪，止下痢，治大腸脱肛。

穀精草九四：　辛而溫。主明目去翳。

桑白皮九五：　甘、辛、苦，寒。瀉肺火，利水，止喘嗽唾血，解渴消痰，去濕。入土深，東行者佳；出土上者殺人。刮去黄皮，切片。蜜水浸透，晒乾，炒黄色。

薄荷九六：　辛苦而涼。發汗，通利關節，治痘壯熱，風涎驚搐。發毒汗，清頭目咽喉，除心腹脹滿，下氣消食，消痰，治壅腫、癮疹，散風熱，解熱毒。

胡荽九七：　味辛，氣溫。痘不出，酒煎噴之。

香薷九八：　苦辛而寒。治傷暑，除煩熱，調中溫胃，利小便。肺得之則清化行，而熱自下。用莖穗葉，去根。夏月出痘不可缺，清暑故也。又能行水止瀉。水腫可消，中寒陰臟者避之。

訶子九九：　苦酸澀而溫。開胃澀腸，止瀉痢，治肺氣，有收斂降火之功。去核用。消宿食膨脹，止嘔吐霍亂，定喘止嗽，破結止血，降痰下氣，通達津液。上焦元氣虛陷者當避其苦降之性，阻塞肌竅，欲通利者避之。

蔓荊子一百：　苦、辛，清，溫。主散風邪，利七竅，去諸風頭痛腦鳴，除目睛内痛淚出，明目。微炒，去蒂。

燈心一百一：　淡而微寒。主五淋，清心解熱。能通利水道，除水腫，止血散腫，止渴。用敗蓆煮服更良。

淫羊藿一百二：　即仙靈脾，羊食多淫，故名淫羊藿。甘辛而溫。治痘瘡陽絶不起。去刺，羊油炒。不可多用，恐發癢也。

何首烏一百三：　甘、濇，微苦，性溫。治痘血不足，過期不起發、不收斂。

天竺黄一百四：　甘辛而涼。主痰壅，失音明目，去諸風熱，驚悸鎮心，滋養五臟。竹內所生如黃土者可用。療小兒風痰急驚客忤，其性和緩，最所宜用。

薏苡仁一百五：甘、淡，微涼。益氣助胃，除風濕，理脚氣。去濕利水，消水腫疼痛，利小便，殺蚘蟲，治咳嗽唾膿，利膈開胃，清熱止渴。

山藥一百六：甘、淡，微溫。補中益氣，強陰。痘泄瀉者炒用。健脾補虛，性味柔弱，但可為佐，補脾肺必主參朮，補腎水必君茱地。凡固本丸藥宜搗末為糊。

白扁豆一百七：甘溫和中。下氣，止吐瀉痢。炒香，去皮臍。補脾胃氣虛，清暑消渴，養胃止嘔。

麥芽一百八：甘鹹而溫。治胃虛食難消化，腹中脹滿而痘不起發者。健脾暖胃，消食下氣，逐痰，除脹滿嘔吐，濕熱瀉痢。

神麯一百九：甘而平。調中下氣，化水穀，消宿食。炒黃助中焦土臟，破冷氣，清一切米麪，諸果食積，除煩熱，消痰飲。元氣中虛者毋多用。

荔枝一百十：殼煎湯發痘疹，痘虛作瀉，陷伏不起，用之養脾，但多食發熱發癢。

枸杞百十一：甘辛而溫。主五內邪熱，強陰益精，治痘風眼赤痛，風癢(瘴)〔障〕膜。滋陰助陽，明耳目，尤止消渴，真陰虛而臍腹痛者神效。

白附子百十二：甘、辛，大溫。治痘四肢風熱不退，及頭目不清可用。散風利熱，解毒。薑汁浸透製熟用。療小兒驚風痰搐。

決明百十三：苦、甘，平、涼。主青盲，目淫膚赤，白膜腫痛淚出，除肝熱。

地膚皮百十四：苦而寒。主膀胱熱，利小便，去皮膚中熱，解痘毒。

龍腦百十五：即冰片。大辛而溫。治時疫，發(菀)〔豌〕豆瘡，豆熱狂言，昏迷不省。敷用其涼如冰，療小兒風痰，邪熱急驚，痘疔黑陷。通耳竅，散目熱，去目中赤膚翳障。以熱酒服之殺人；用多，散真氣損人。

犀角百十六：苦辛而寒。清胃火，安心神，止煩亂，鎮肝明目，涼血。性散，痘後用此散餘毒。血虛小兒忌用。痘瘡稠密，內熱黑陷，或不結痂，擇黑者，取尖磨汁治之，解心肝脾之火。痘中血熱吐衄焦黑，驚搐煩躁不寧等症，皆可用之以解熱毒。若血虛，真陰不足，暨畏汗畏寒散者，皆所當忌，或必不得已，宜兼補劑用之。

牛黃百十七：忌常山。苦、辛，涼、平。解心中火毒。凡痘瘡驚熱，狂躁發癎，痘色紫赤，痰盛可用。氣血充足日至不斂者亦宜用。

硃砂百十八：甘，寒，有大毒。痘瘡將出，蜜調服之，解痘毒，令快出。研極細，飛過。用此砂鎮心安神，逐痰降火，治驚癎，同參、芪、歸、朮治小兒取效，必虛中挾實乃宜，否則不可概用。

朴硝百十九。附芒硝：苦鹹辛而寒，有毒。朴硝酷濇性急，芒硝經煉稍緩。主諸寒熱邪氣，逐六腑積聚，破留血，停痰痞滿，大小便不通，推陳致新。治天行熱疫，消腫毒，排膿軟堅。非大小便閉結煩躁者不可輕用。虛損誤吞，傷生反掌。

滑石百二十：甘寒沉滑。清三焦表裏之火，利六府之澀結，分水道，逐凝血，解燥渴，補脾胃，降邪火。如凝脂軟滑者佳。研細，水飛過用。痘瘡潰爛，以此敷之。

石膏百二一：甘、辛，大寒。寒則除熱，甘則調胃，辛能解肌，又有發散之義，以其行清肅之令，而除煩熱，得西方金神之象，故曰白虎。煅研末。胃虛弱，陰虛熱者誤用，則敗陽作瀉，必反害人。

人牙百二二：氣平。牙者，骨之餘，腎主乎骨，用此以伐腎邪。痘黑陷，咬牙，宜火煅存性，研用。性烈，表發太過，妄用則內動中氣，外增潰爛。

兔頭骨百二三：甘，平。解五臟之毒，發痘疹。臘月者佳。糞能退目翳。

象牙百二四：甘而涼。清心腎之火，療驚悸，利小便，痘不收靨用之，以其有利水之功。痘出目睛有星，磨點之。

殭蠶百二五：辛鹹而溫。治驚風，痰壅熱甚，四肢搐搦。亦能發痘，攻痘毒。散風消痰，解毒，尤利咽喉，小兒疳蝕，牙齦潰爛，重舌、木舌，皮膚風疹瘙癢。

人中白百二六：即尿桶中白垢。鹹而涼。火煅，治痘牙疳。降火清痰，消瘀止血。治諸濕潰爛，下疳惡瘡，口齒疳蝕，湯火諸瘡，善解熱毒。或生用，為末亦可。

人髮百二七：即血餘。苦而溫。補陰甚捷。能止血，痘中衄血，燒灰研細，吹入鼻中立止。治咳嗽，止五淋，赤白痢疾；療大小便不通，小兒驚癎，治哽噎，癰疽疔腫，托癰痘。補藥中自人參、熟地之外，當以此為亞。

雞冠血百二八：甘，溫。以無灰酒調服，能發痘。治小兒卒驚客忤，塗諸瘡癬、蜈蚣等毒。若百蟲入耳，宜用熱血滴之。治縊死欲絕，和酒服。

琥珀百二九：甘淡而平。治痘驚風，小便不利，而痰熱甚者可用。安五臟，清心肺，鎮驚癇，定魂魄，消瘀血痰涎，明目磨翳，止血生肌。

血竭百三十：甘鹹而濇。主五臟邪氣，止痛生肌。治痘用之活血，為末酒服。治一切惡瘡癬疥久不合口。然性能引膿，不宜多用。

沒藥百三一：苦而平。破血理氣，消腫止痛，療癰除毒。

伏龍肝百三二：即竈中對釜臍下黄土。甘而溫。消痘癰腫，止吐瀉。

鹿茸百三三：甘鹹而溫。破開，酥炙黄脆入藥。凡痘氣血虛寒，陷伏不起，而色白者用之。益元氣，填真陰，治耳聾目暗，補腰腎虛冷，療小便頻數虛痢。嫩而肥大如紫茄者，較之鹿角膠功力為倍。

以上諸藥，有發表者，有攻裏者。發表寓解散之義，攻裏有開竅活動之功。故皆著於解毒類中。以下則解毒之藥也。

甘草百三四：反甘遂、海藻、大戟、芫花。甘，平，生涼炙溫。善解毒，主五臟六腑寒熱邪氣，溫中止渴，解百藥毒；　性緩能解諸急，熱藥用之緩其熱，寒藥用之緩其寒。生用大瀉熱火，熟用補三焦元氣。健胃和中，養血補血。稍生用除胸中積熱，去莖中痛；　節生用消腫毒。解剛暴之毒，瀉枯涸之火。得中和之性，有調補之功。毒藥得之解其毒，剛藥得之和其性，表藥得之助其升，下藥得之緩其速。助參芪成氣虛之功，助熟地療陰虛之證。隨氣藥入氣，隨血藥入血，無往不可。惟中滿者勿加，恐其作脹；　速下者勿入，恐其緩功。

連翹百三五：苦、辛，微寒。瀉心火，降脾胃濕熱，除心經客熱，主諸癰毒惡瘡有神功。去梗穰。清三焦浮遊之火，解痘疹癰瘍之毒。大寒之物，非有實火熱毒者，不得妄用。

山豆根百三六：大苦，大寒。解諸毒，消瘡腫，治咽喉腫痛，解痘毒，磨水入藥內服。

牛蒡子百三七：一名鼠粘子，一名大力子。苦、辛。療風毒腫痛，瘡疹喉痺，風熱痰壅，咽膈不利，頭面浮腫；　治痘解毒起頂，不可缺少。性味清涼，能潤肺散氣，利咽退腫，解痘疹熱毒，通肌滑竅。多服恐內損中氣，外致表虛。

玄參百三八：反藜蘆。苦甘鹹而寒。治空中氤氳無根之火。去蘆稍，忌鐵器。入腎經，走肺臟，散周身痰結熱癰，逐頸項咽喉痺毒。

紫草百三九：味苦，性寒。治傷寒時疾，發痘疹不出者，利九竅，通水道。治痘心經有熱，閉塞不通，氣血凝滯而色紫，用此涼心開竅，使痘發越易起也。不可過用，恐利大便。去蘆，酒洗用。涼血活血，通利二便。痘疹宜用，無論已出未出，但血熱毒盛，或紫或黑，而大便秘結者宜用之。若已出紅活，不紫不黑，而大便如常通利者，即不可用。小兒脾氣實者猶可，脾氣虛者，反能作瀉。古方惟用其茸，取氣輕味薄而有清涼發散之功。凡下紫草，必用糯米五十粒，以制其冷性，庶不損胃氣，而致泄瀉；　惟大熱便秘者，不必糯米。

淡竹葉百四十：甘淡而微涼，入心經。除煩熱，止渴。消痰涎，解熱狂，涼心血，清脾氣，生津液，利小水，并風熱驚癇。

山查百四一：甘酸而平。性善消滯化結氣，健胃。又發痘消滯血。蒸熟去核晒乾。消食快胃，解利宿滯，開導六腑，無辛香之耗，故可為參术之導引，散熱解結。多則傷血陷氣。

胡麻百四二：一名巨勝子。甘而平。補五內，益氣力，長肌肉，堅筋骨。療疥癬及浸淫瘡，痘後潰爛之瘡最宜用，微炒研。

黑豆百四三：解毒和諸藥，而兼利小便，不論寒熱虛實皆可用。

赤小豆百四四：甘辛酸而溫平。陰中之陽。主下水排壅腫膿血，熱中消渴，止瀉，利小便，解諸熱毒。小兒未出痘者，宜煮服之。勿去皮，其皮浸水能治目翳膜。

(菀)〔豌〕豆百四五：甘而平。能解毒。痘中用之，以拔疔毒。

淡豆豉百四六：苦而寒。治傷寒時疾發汗，主寒熱瘴氣惡毒，煩躁滿悶。痘瘡發表，宜用無鹽者佳。

薤白百四七：韮類，形似韮而無實。辛苦而溫，無毒。療諸瘡，主久痢不瘥，腹中常痛者，宜多煮食之；　赤痢取薤葉煮服之。若無薤，以韮白代之。

蟬蛻百四八：甘、鹹，微涼，無毒。能發痘解毒，而退風熱。若熱甚紅紫可用，寒症忌之。又云不論寒熱虛實可並用。凡痘出不快，或倒陷黑陷，勿去翅足，研碎入湯服。去目中翳，去翅足研用。能開肌竅。多服恐泄元氣，以致表虚。

蜂蜜百四九：甘而平，微溫，無毒。主心腹邪氣，安五臟，益氣補中，止痛解毒。治痂不落，用湯調，時以羽翎刷之，易落無痕。

綠豆百五十：甘，涼，無毒。除熱氣，解痘疔毒，治痘煩熱消渴。安精神，補五臟，止諸血，濕熱瀉痢，腫脹，利小水。療風疹大便秘結，消癰腫，痘毒湯火傷痛，解諸毒。

金銀花百五一：一名忍冬。甘，平，微寒。消痘癰腫痛，解諸毒。性緩，用須多。

人糞百五二：氣寒，主時行大熱狂走，解諸毒，治痘瘡黑陷，燒過服之。於臘東行，取絕乾者火燒令烟盡，研細用。

臘雪百五三：甘，寒。解一切毒，治天行時疫。臘月取以瓶收貯，封固埋土中候用。

密蒙花百五四：甘，平，微寒。主青盲目翳，赤澁多眵淚，消目中赤脉，小兒麩痘及疳氣攻眼。擇淨花以酒浸過，候乾，又以蜜合調蒸之，晒乾。入肝經，潤肝燥。小兒瘡痘疳氣攻目，風熱糜爛，雲翳遮睛。

馬齒莧百五五：酸，寒，性滑，無毒。主癰瘡毒，利大小便，治痘後牙疳。不宜多服，恐損胃氣。

明・翟良《痘科類編釋意》卷四　補遺（明裴經附補）

天麻百五六：一名赤箭，一名定風草。辛，平。治頭痛諸風，通血脉，安神志，止驚恐，小兒風癇驚。氣性懦，力緩，用須加倍。

山慈菇百五七：一名金燈籠。甘，辛，有小毒。治癰瘍疔腫，瘡瘻瘰癧結核，破皮攻毒俱宜。醋磨傅之。風痰癇疾，以茶清研服，取吐可愈。

白鮮皮百五八：苦寒燥而降。理瘡瘍，解諸黃，通九竅，利血脉、小水，小兒風熱驚癇，為諸黃風痺要藥。

地榆百五九：苦澁寒而降。止吐血，衄血，清火明目。治血痢，歛盜汗，止瘡毒疼痛。凡血熱者當用，虚寒者不宜。

胡黃連百六十：大苦，大寒。涼肝明目，療虚驚熱痢，疳熱驚癇。

紫（苑）〔菀〕百六一：苦而辛。辛能入肺，苦能降氣，故治咳嗽上氣，痰喘。惟肺實氣壅，或火邪刑金，而致欬吐膿血者可用。若以勞傷，肺腎水虧，金燥而欬喘失血者，則非所宜。

漏蘆百六二：鹹而寒。主熱毒惡瘡，排膿長肉，消赤眼，利小便，止尿血淋瀝遺溺，及小兒壯熱，跌撲損傷，可續筋骨。

藍靛百六三：葉苦而寒。解百蟲百藥毒，治熱毒發狂，風熱斑疹，除煩渴，止血殺疳。凡以熱兼毒者，擣汁用。靛青乃藍與石灰所成，殺蟲止血，敷諸熱毒、熱瘡之功勝于藍葉。青黛味微鹹而寒，解諸熱毒、蟲毒、熱瘡，或乾摻，或水調敷。若治諸熱瘡毒，與馬齒莧同擣敷之。小兒諸熱驚癇，水研服。

白豆蔻百六四：辛而溫。散胸中冷滯，溫胃止疼，除嘔逆，消宿食痰氣，嚼嚥甚良。

蓽茇百六五：辛而大熱。溫中下氣，療霍亂心腹疼痛，及虚寒瀉痢，腸鳴。其味大辛，須同參朮歸地諸甘溫補劑用之尤效。為末，搐鼻，解偏風頭痛，揩齒治牙痛牙蟲。

三稜百六六：苦而平。破積逐瘀，消食，治瘡腫堅硬。醋浸炒熟用。

蓬朮百六七：一名蓬莪茂。苦辛而溫。破氣中之血，消瘀血，療跌撲損傷，血滯作痛。或酒或醋炒，或入灰火中煨熟，擣切。性剛氣峻，非若三稜稍緩，有堅頑之積者方可用。

瓜蔞仁百六八：甘而寒。降實熱痰涎，開鬱結氣閉，消渴，潤肺定脹喘。虚火，中氣不足而喘促脹滿，大便不實者，皆大忌之。

使君子百六九：甘而溫。善殺蟲，治小兒疳積。凡有蟲病者，每月上旬侵晨空腹食數枚，即以殼煎湯嚥下，次日蟲皆死而出。

鈎藤鈎百七十：甘、苦，微寒。治驚癇眩運，斑疹煩熱等症，用之風靜火息，諸症自除。

白歛百七一：苦寒而歛。取根擣敷癰毒，及刀傷湯火毒，諸瘡不歛，生肌止痛俱宜，為末敷之。若為丸散，治眼赤痛，小兒驚癇。

白檀香百七二：辛而溫。散風熱消腫毒，定霍亂，和胃氣，止嘔吐，進飲食，止心腹疼痛。

沉香百七三：辛而溫。條達諸氣，除轉筋霍亂，和噤口瀉痢，調嘔逆喘急，止心腹脹疼，療寒痰，和脾胃。

川椒百七四：辛而熱，有小毒。溫中下氣，開通腠理，散肌表寒邪，去留飲停痰、宿食，止欬逆、嘔吐、泄瀉、下痢，殺蚘蟲。

蕪荑百七五：辛平而溫，入肺經。除疳積，殺三蟲，去寸白及諸惡蟲毒。

久服多服傷胃。

蘆薈百七六：大苦，大寒。治小兒風熱急驚，癲癇，五疳熱毒，殺三蟲，單用殺疳蚘。

蘇合油百七七：甘辛而溫。辟邪殺惡蟲毒，療癲癇，止氣逆疼痛。

孩兒茶百七八：苦澀而涼。降火生津，清痰涎，欬嗽；治口瘡喉痺，煩熱消渴，止血及濕熱痢血，止小兒疳熱，口疳熱瘡濕爛，諸瘡斂肌長肉，亦殺諸蟲。

芡實百七九：甘而平。入脾腎兩臟。健脾養陰，止渴。性緩，難收奇效。

蓮子百八十：甘而平。厚腸胃，止瀉痢。泡去皮心，炒。

木瓜百八一：酸而溫。善和胃，除嘔逆，霍亂轉筋，降痰去濕，行水斂肺，禁痢，消渴，止煩滿。

吳茱萸百八二：辛而苦，有毒。健脾，治停寒脹滿，消食化滯，除嘔逆霍亂，止痛瀉血痢，厚腸胃。若氣陷而元氣虛者，以甘補藥製用。

金箔百八三：辛平而寒。治小兒驚風，癲癇痰滯。凡邪盛于上宜降宜清者當用。若陽虛氣喘，滑洩清寒者俱避。

銅青百八四：即銅綠。醋製用，硇製者毒。酸澀收斂。治風眼爛弦，流淚，惡瘡，口鼻疳瘡。若治走馬牙疳，宜同滑石、杏仁等分為末，擦之立愈。

硫黃百八五：苦酸而熱，有毒。治霍亂，欬逆，虛寒久痢滑洩，小兒慢驚；尤善殺蟲，除疥癬。

雄黃百八六：苦甘辛而溫，有毒。消痰涎，治癲癇，瘧疾寒熱，伏暑瀉痢。

蓬砂百八七：鹹而甘。消痰涎，止咳嗽，解喉痺，生津液，退眼目腫痛，翳障，口齒諸病。或為散丸，或噙化嚥津俱可。

密陀僧百八八：鹹，平，有小毒。能鎮心神，消痰涎，治驚癇，咳嗽嘔逆，瘧疾，下痢止血，殺蟲，消積聚，治諸瘡腫毒。

羚羊角百八九：鹹而寒。清肝定風，行氣血，安魂魄，定驚狂。療傷寒邪熱，一切邪毒。小兒驚悸煩悶，痰火不清，為末蜜水調服。

阿膠百九十：甘辛而溫。扶勞傷，益中氣，化痰清肺，治欬唾膿血，止嗽定喘。製用蛤粉炒珠。

牡蠣百九一：鹹澀而平。固斂耎堅，消瘀血，化老痰，去煩熱，止驚癇，解喉痺欬嗽，止小兒風痰，虛汗。同熟地禁遺尿，同麻黃根斂陰汗，同杜仲止盜汗。

鱉甲百九二：鹹而平。治小兒驚癇，斑痘煩喘。取活鱉大者去肉，用醋煮乾，炙燥用。

全蝎百九三：甘而辛，有毒。治小兒風痰驚癇。治風要藥。

蚯蚓百九四：鹹而寒，有毒。解熱毒，利水道，療癲狂喉痺，風熱赤眼，(停)〔聤〕耳。小兒風熱癲狂急驚，飲汁最良，為末服去蚘蟲。

紫花地丁百九五：辛苦而寒。瀉熱解毒，治癰疽發背，疔瘰腫癧，無名腫毒。

鶴虱百九六：苦、辛，有小毒。殺五臟蟲，治蚘嚙腹痛。面白唇紅，時止時痛者，為腹痛，肥肉汁調末服。炒熟則香。

大青百九七：微苦、鹹，大寒。解心胃熱毒。治傷寒時疾熱狂，陽毒發斑，黃疸熱痢，丹毒喉痺。處處有之，高二三尺，莖圓葉長，葉對節生，八月開小紅花成簇，實大如椒，色赤。用莖葉。

糯米百九八：滋脾胃，益中氣，助血生漿，能制痘毒不能內攻。

苦楝子百九九：一名金鈴子。苦，寒，有小毒。能入肝舒筋，導小腸、膀胱之熱，引心包相火下行，通利小便。治傷寒熱狂熱厥，心腹痛，殺三蟲，療瘍疥。脾胃虛寒者忌之。

桑蟲二百：景岳、張氏曰是蟲，性質陰寒濕毒，雖發痘，亦最能敗脾，每見多服桑蟲者，毒發則唇膚俱裂，敗脾則泄瀉不止。但見痘之死，總未知敗在蟲毒也。

皂角刺二百一：辛鹹而溫，有小毒。性尖利，直達瘡所。

安息香二百二：辛苦而平。服之行血下氣，燒之去鬼來神。

乳香二百三：苦辛而溫，微熱。辟邪惡諸氣，治霍亂，通血脉，止大腸血痢疼痛，消癰疽諸毒，托裏護心，活血定痛，長肉。

薰陸二百四：微溫，無毒。治風水毒腫，去惡氣伏尸，癮疹癢毒。與乳香同功。

阿魏二百五：辛，平。入脾胃消肉積，殺蟲去臭，解蕈菜、自死牛馬肉毒，治心腹冷痛，瘧痢。取少許安銅器一宿，沾處白如銀汞者真。

寒水石二百六：辛、鹹，寒，無毒。治身熱，腹中積聚，除時氣盛熱，五臟伏熱，胃中熱，止渴，水腫，涼血降火，堅牙，止牙疼，明目。用生薑自然汁煮乾研粉，每十兩用薑一鎰。

胡粉二百七：即鉛粉。辛，寒，無毒。殺三蟲，去鱉瘕，療惡瘡，止小便，治積聚不消。炒焦止小兒疳泄久積痢。

萹蓄二百八：苦，濇。利小便，去下部濕熱；療小兒蚘蟲上攻心腹作痛大效。《海上歌》曰：心頭急痛不能當，我有仙人海上方，萹蓄醋煎通口嚥，管教時刻即安康。

水葒花蓼二百九：即葒草，莖粗如拇指，有毛，葉大如商陸葉，色淺紅，成穗，秋深子成，扁如棗仁而小，色黑赤而肉白，不甚辛鹹而微寒。治消渴，去熱，明目，益氣，療癖痞腹脹瘰癧。

明・呂獻策《痘疹幼幼全書》卷一 藥性主治及修製法 【略】人乳：氣寒。治眼熱，補五臟，明目；痘不灌漿，用此助之。　人中白：即溺桶中沉白厚者，煅用。治痘牙疳，除虛煩。　人髮：味苦，氣溫。補陰之功甚捷。凡痘鼻衄者，吹之立止。　象牙：氣平，無毒。利小便。痘不收靨用之者，以其有利水之功也。一云能起痘，眼中有痘，磨水搽上好。　梅花：味甘、微酸，氣平。陽也。發痘解毒，以其先得萬物生發之氣。陰乾。　桃花：味苦。解痘毒，療毒氣斑瘡。陰乾。　梨花：主治同上。　白扁豆：味甘，微溫。主和中，止吐瀉，健脾，炒去殼用。　薏苡仁：味甘，氣微寒。益氣助胃，除風濕，理脚氣。米泔潤濕，同糯米炒用。　仙靈脾：即淫羊藿。味辛，寒。治痘絕陽不起，酒洗。　枸杞：味甘，氣微寒。主五內邪氣熱，強陰益精；治痘風眼赤痒。　竹瀝：味辛，大寒。養陰退陽，開熱痰甚妙，用須少加薑汁。　鈎藤：味甘、苦，氣寒。治寒熱驚搐。　茶葉：味甘、苦，氣寒。入手足厥陰經。清頭目，利小便，去痰熱瘡爛瘡，為末，香油調敷妙。　絲瓜：味甘，性寒。解熱毒，利小便。近蒂三寸燒存性，為末，入硃砂，大解痘毒。經霜者佳。　牛黃：味苦，氣平。涼解心熱火毒。凡痘驚熱狂亂，發斑紫赤可用。　石決明：味鹹，氣平寒。治痘後目中翳障，火煅童便淬。　蟾酥：味辛，寒。治痘解毒發毒，點疔拔毒上攻之聖藥也。　荔枝肉：治痘虛作瀉，陷伏不起，用此養脾發毒。殼煎湯亦好。多食發痒，戒之。　鹿茸：味甘、酸、辛，氣溫。凡痘虛脾寒，陷伏不起，色白者用此立效。炙去毛。　臙脂：即紅花汁成之。治痘未發標時，以此塗眼，其痘不入目；又能活血，解疔毒。　金銀花：味甘，氣溫。消痘癰腫，諸瘡毒。酒洗用。　雞冠血：味甘、辛，微溫。和酒能發痘。蓋雞屬巽風，故易起發，況頂血至清至高，用之最佳。　纏豆藤：性平，升也，陰中有陽。解毒最捷。八九月採，陰乾。在豆梗上纏繞細紅絲者便是。　琥珀：味甘，氣平。屬陽。治痘驚風，利小便，痰熱甚者可用，堅如石者真。　血竭：味甘、鹹，氣平。一切惡瘡，止痛生肌。痘瘡用之活血。　浮萍：味辛，寒，無毒。性輕浮，入肺經。達皮膚，治時行熱病，發汗勝于麻黃。背後紫赤，謂之紫萍，七月採之，晒乾用。

明・徐謙《仁端録痘疹》 諸藥性味宜忌此補賦中之所不及。　夫藥有寒熱溫平之性，酸苦辛鹹甘淡之味，氣味陰陽不同，浮沉升降各異。辛甘發散氣為陽，酸苦湧泄味為陰。濁之濁者走于五藏，清之清者發其腠理；清之濁者四肢可實，濁之清者六府堪至。淡則滲而酸則收，辛散可識；鹹則軟而苦則泄，甘緩須知。橫行直達，治法不同，稍降根升，制法宜異。故藥性為立方之大旨，治病之樞機也。

補助陽氣藥類　人參：甘，溫。隨各藏藥為使，通經走表，託裏排膿，益元氣之藥也。益真元，生津液，定虛喘，退虛熱，痘後元氣虛弱必用。肺熱氣血激行者忌之。若用之不當，為害匪輕。必舌無黃胎，痘非焦紫者可用，舌色如常者止用三五七分，淡白者二三錢，淡白之極方用五錢至一兩止；膿漿既足，舌色漸紅，即宜漸減至七分、五分、三分，各隨唇舌之色轉變，此千金不易之秘也。若痘色紅應膿，而不宜排膿湯者，當于十神解毒湯內加四五分為換漿法；毒盛元虛者，以童便浸一宿，瓦上焙乾用之。　黃芪：甘，溫。入三焦、脾、肺。專於補氣，固表實腠理，託裏排膿。凡痘氣虛，表虛皮薄，漿清塌陷不起者，宜用八分至一錢止。若氣虛凹陷不起，當同山甲末用至四、五、六、七劾。恐動三焦之火，故氣實表實，紅紫斑症忌之。灌漿後生用，致痘爛不痂。　白术：甘，溫。入脾、胃。止吐瀉，補中氣。凡氣虛痘發泡漿溢多者多加；若熱毒煩躁及起脹時無氣虛症者禁用。灌膿時忌用，致痘爛恐其性不痂，燥也。　白茯苓：甘，淡，平。入肺、膽、膀胱。利水益氣，和中除濕。治痘熱渴，小便赤澁。乃痘後止瀉收斂之藥。赤茯苓雖能導引心熱，然易燥皮膚，不宜多用。亦灌膿時忌用，宜以山藥、蓮肉代之。　山藥：甘，溫。入脾、肺。補脾除濕，益氣調中。痘中泄瀉者用之。　薏苡仁：甘，微寒。助胃除風濕，理脚氣。痘後利水收斂用之。按：白术、茯苓、山藥、薏仁，皆能健脾理氣，凡屬虛症宜用，熱盛煩渴者不用，故實症必漿足之後用以收斂，蓋取其燥濕利水故也。若灌漿之時，正欲濕氣上蒸，始能作漿，故燥藥不用也。用時皆可二三錢。獨山藥一味，自起脹以至收靨，加用無妨；若元氣虛寒泄瀉者，常用勿拘。　蓮肉：甘，澁，平，寒。生動氣，熟養神。　蓮子甘、苦。　荷鼻芡實：甘，平。補中氣，益精。　白扁豆：甘，微溫。和中，補脾胃，清暑，止霍亂吐瀉。　大棗：甘，溫，平。助十二經，通九竅，安中養脾，生津平胃。

陳倉米：甘，溫。益真氣，和胃氣，止瀉解渴。痘中行漿，作渴乾噦者，同人參煎服；又主目睛吊白。　糯米：甘，溫。溫中氣，助胃行漿。多食戀膈助火。《本草》云：解毒，能釀漿發痘。　酒漿：苦、甘、辛，大熱。通血脉，厚腸胃。多服助火發痒。冬月痘不起發，黄綺雲以酒漿潑熾炭中，冲氣熏兒，痘立起。　人乳：甘，寒。陰血所化，生於脾胃，攝于榮衛，益氣補藏，接天元，潤皮膚，補精血，安神魂，滑利關膈腸胃。　乾薑辛，熱。脾胃虛寒嘔逆，痘白身涼者可，其性守而不走。　生薑：辛，溫。止嘔和中，助陽發表，又助參芪之力。　丁香：辛，熱。脾胃虛寒，痘白塌陷，吐瀉者可用。按：丁香、乾薑皆虛寒必用之藥，虛症腹痛、嘔吐，非此不除，每用乾薑四五分，丁香四五粒而已。實熱症禁用。　肉果：辛、苦，溫。入大腸。治痘家脾胃虛寒，停食，嘔吐泄瀉不止，寒戰咬牙者，乃要藥也。　訶子：酸、苦，溫。性急喜降，腸胃虛寒，泄瀉不止，咽喉不利者用之。按：訶、蔻並治虛寒之症，凡虛寒痘，非吐則瀉，吐用丁香，瀉用訶子、肉豆蔻，吐瀉並見，彼此皆用，每用三五七分。若熱瀉及傷熱乳而瀉黄積，宜酌而少用。　附子：大辛熱，有大毒。性走而不守，治一切虛寒症暫用。凡厥逆痘不起，泄瀉不止，非唇舌淡白，切不宜用。每用二分至二錢止，但見唇舌一紅即去之。　川烏：即小附子。善行諸經，散寒陰痛，理風却痰。按：丁、桂、薑、附，皆不可悮用，悮則殺人反掌。亦不可過用，過則悮損目發癰，用者慎之。　益智：辛，溫。入脾、肺、腎三經，子母相關之藥。諸香藥多耗神氣，惟此藥益氣安神，同諸香藥入脾，同補氣藥入肺，同滋補藥入腎，主君相二火，溫脾胃而攝涎唾，暖膀胱而溫溺數，調疝痛，補腎泄。　甘草：甘，平。始終宜用。腹脹者少用。和諸藥稱為國老。生則瀉火解毒，炙用補氣健脾。　桂：辛、甘，大熱。桂枝入膀胱，血在內者引而出之。桂心入腎，血在外者引而入之。俱通榮衛，散風寒。痘毒賴以鼓舞上行，故表虛痘白不起者可用，乃行經妙藥，參芪非此不能成功。故凡補劑加此為引導，每用二三分至一錢，止漿足即已。實熱禁用，惟四肢不起膿漿，補藥中可加桂枝二三分引之。《本草》云：溫托化膿，治痘灰陷。　紫河車：甘、鹹，平。療一切虛損，氣虛加氣藥，血虛加血藥，能補痘漿不足。　臍帶：又名命蒂坎氣。預解胎毒，敷臍瘡，止瘧。痘風赤眼，用臍帶血乘熱點之。　孩兒骨：即胎骨，煆。極能助氣血，補精髓，虛痘無漿，用一二分，參歸湯調下立灌。　胎糞：解熱毒，化宿穢。按：河車者，先天之橐也，包含渾沌，孕育元精，其性熱而其氣閉，服之能令人悶悶，而骨熱髓燥。臍帶者，先天之籥也，通以呼吸，翕受陰陽，其性平而其氣開，服之能引補藥從下而補起元于貞復之下，理氣血于臍腎之間。邵子所謂一陰一陽之間，天地人之至妙者歟。胎骨灰經煆煉，純陽無陰，性極熱，與人牙、天靈蓋同。　鹿茸：甘、鹹、苦、辛，氣熱。大補氣血兩虛，痘色灰白不起，虛甚無漿，同參歸用之，漿一足即去之。　鹿血：補陰虛痿痺，止腰痛，鼻衂吐血，崩帶欲死者飲之立愈。大補虛損，益精血。痘家血熱者忌用。　暈鵝蛋：甘，溫。補中益氣，發痘。多食能發痼疾。此亦用紫河車意也。曾見外科多用之，以發毒甚妙。　霞片：一名鴉片。酸，澁，溫。能澁斂精氣，止瀉利，收脫肛。　原蠶蛾：出繭便交，故大能助陽暖腎。

滋陰補血藥類　生地黄：苦、甘，寒。涼心經血熱，瀉脾中濕熱，除五心煩熱。凡痘紅盛，焦紫斑疔，吐衂血皆可用。虛寒誤用，能令痘沉。黄綺雲用生地三兩，煎濃汁頓服，血熱痘立轉紅色。　熟地黄：苦、甘，溫。入心、肝、腎、命門。溫補腎中元氣，治痘血虛無膿。然恐滯血，以其性膩故也。　川芎：辛，溫。入肝與三焦。能走而發散，升提氣血上行頭目，故能利頭痛，補血虛，乃血中之氣藥也。血滯者可用，且有起發之功。七日前暫用引導，不可不用，不可多用，多用則走散真氣。七日後去之。凡表虛而血逆上行者忌之。　白芍藥：苦、酸，微寒。斂血藥也。健脾氣，破堅積，除腹痛，補血伐肝。其性酸寒收斂，初痘宜酌用，七日前宜少用。凡根血散而不附者，非此不斂，故自五日至結痂時皆可用，但分量有輕重耳。至七日血猶不附，須酒浸炒三錢，餘時只七分可也，發表時亦宜用。痘痒𤺋及四肢不起者，宜桂枝酒炒用之。　當歸：辛，溫。入心、肝、脾。頭止血而不走，身和血而中守，尾破血而下流，全用效平，憑他藥所使，令氣血各有所歸也。便溏脚塌者忌用。　枸杞子：苦，寒。治五內邪熱，及痘眼風痒赤痛，添精髓，強筋骨。　酸棗仁：酸，平。多眠膽實有熱生用，不眠膽虚有寒炒用。寧心益肝，袪煩止渴，補虚斂汗，大補心脾。　五味子：酸，溫。入肺、腎。助陰生津，收斂止嗽，止渴消痰。每用七粒，多十粒。　龍眼肉：甘，溫。因甘歸脾，用以益智生津，寧心袪邪，功並人參。　破故紙：即補骨脂。苦、辛，大溫。主氣血勞傷，固精滑，興陽道。　遠志：苦，溫。壯陽以益精，利竅以安神。　杜仲：苦、甘，平，溫。補中益腎，腰痛足疼立効。鹽炒去絲用，降也。　牛膝：苦、酸，平。少用暫用活血，多用久用行血，助群藥生血，引諸藥下行。陳子云：活便行，行便生矣。　山茱萸：酸，澁，微溫。補腎溫肝，固精益髓，興陽道，暖腰膝，婦女勻經候，老人節小便。　阿膠：甘、辛，微溫。入脾、肺、腎。主虚咳唾膿血，止吐衄崩帶。　石斛：甘，平。長肌肉，厚腸胃，補五藏虚勞，除痺下氣，逐皮外邪熱，除胃中虚火。

發表開肌藥類水揚湯浴，能發痘行漿。　薄荷：辛，溫。入肺與包絡，引諸藥入榮衛，發（肝）〔汗〕，消風熱，清面腫，治痘壯熱，風涎驚搐。　芫荽：辛，溫。善通氣于少腹，拔毒熱于四肢，止頭疼，消穀食。煎酒噀面頭、帷室，能散疹退痘，亦可引藥開表。多食發氣健忘。《本草》云：子發痘疹出不快。　天麻：辛，平。治風熱頭眩，瘰麻痺驚癎，通血脉開竅。　葛根：甘，平，寒。可升可降，足陽明胃經藥也。解內外蓄熱，去傷風咳嗽痰涎；七日內有熱宜用。凡痘家有汗發驚，眼稍紅者忌之；或云既見點忌之。亦不必拘。陳子云：上文言寒而平，便不寒矣，果不必拘。《本草》云：發痘疹之未出者。　荊芥：苦、辛，溫。疏風清熱，利咽寬膈，最清上焦火邪，善止血熱作痒；治發狂譫語，散初發腫毒，治痘出不快。灌膿時不宜多用，多則傷氣。童便炒黑，極能止血，引血歸經，善發產後風寒，以代麻桂。　麻黃：苦、甘，溫，大辛。入肺、心、大腸、膀胱。榮衛之藥，善走皮毛。痘中壯熱惡寒者，用以散邪氣；若發斑赤黑，毒盛喘滿，身熱如燎，毛燋皮燥，肌膚細密，欲出不出者，及黑陷者宜暫用；痘出平順，及氣虚者禁用。有等壞症至七八日無漿，可用四五錢，加附子三片，黃栢六七分，酒煎與服，令出臭汗，變爛痘淂生，必其人能食，神清，天庭上有生意，方許用此法，否則不宜。　白芷：辛，溫。入肺、胃、大腸。去頭痛，皮膚之風，善行漿止痒，多用反發痒；治痘虚寒不起，無膿痒塌，痘後癰毒用之。　紫蘇：辛，溫。輕散之劑，痘前乾熱無汗暫用，人虚毒少者宜用參蘇飲治虚痘發熱是也。痘出即止，只可用四五分。蘇子袪痰嘔。蘇梗下諸氣。　羌活：苦、辛，溫。入肺、肝、腎、膀胱。太陽表裏熱俱用，至周身感冒風寒，骨節疼痛，驅散熱毒，故腰痛頭痛，壯熱憎寒宜用，見點去之；痘後瘡疹、眼疾用。　獨活：甘、辛。足少陰腎經表裏引經藥，專治少陰經伏風，而不治太陽經也。故百節痛風，風毒齒痛，頭眩目牽，奔豚癎痓，疝瘕，既治風，又兼燥濕。　防風：甘、辛，溫。入脾、胃、膀胱、小腸。主在表風邪之仙藥。能通關脉，踈散風熱。痘濕不收者用之，同桂枝、白芍引至手足。起痘又解痘後餘毒。不可多用，損人元氣。出不勻者加之，灌膿時佐黃芪用。　僵蠶：鹹、辛，微溫。治驚風痰熱壅盛，驚搐，痘中用以和血解毒，灌漿定痒。　細辛：辛，溫。心經藥也。開竅止嗽，療齒痛，散頭面諸風，主欬逆頭痛，百節拘攣。　升麻：苦、辛，微寒。陽明經藥也。善解熱毒，散瘡疹。陽明主肌肉，必使肌肉疏通，送毒出盡，方免後患，故一發熱，即宜用之，使熱退毒盡方止；痘遲不易起發用之；頂陷泄瀉同參芪用之；不可拘于見點勿用之說，但過用則致倒靨，故汗多者減去之，恐表虚，又致行漿不寔也。發驚唇白，眼稍紅者忌之。七日後瀉不止者，宜炒黑用之。惟寒慎用。《本草》云：解初發斑疹、痘毒。　柴胡：苦、甘，微寒。入肝、膽、三焦。解表熱毒，用以託痘。痘後寒症忌之。　皂角刺：辛，微溫。解熱毒，能引諸藥直達瘡所。　藁本：辛，溫。入太陽經，治腦寒巔痛引齒，通婦女經脉。

清熱解毒藥類　牛蒡子：辛，寒。一名鼠粘子，一名大力子，一名惡實子。去風熱，解腫毒，理咽喉，潤肺金。痘熱毒壅紅紫稠密，痘後餘毒，皆宜用之。熱毒稍緩即止，久服則滑腸作痒。《本草》云：消斑疹毒。　紫草：苦，寒。涼血活血，散血利水，善解血分之毒。凡痘血熱毒盛，乾焦紫，發斑疔，皆宜用之。亦能鬆肌發痘，但色轉即止。每用必糯米炒過。不可過用，以致滑腸。《本草》云：紫草茸為痘疹血熱要藥，使發出而輕。　臙脂胚：一名紫鉚。甘，寒。破積血，生新血，生肌止痛，益陰精，破陽滯，止牙疼。《本草》云：胡胭脂解痘毒，起倒靨。　犀角：苦、鹹、酸，寒。屬陽性走。涼血散毒，去心火，解熱毒血熱。痘用燈心磨湯服，自能起發，退斑化疔。痘後餘毒口疳捷効。血虚者忌之。《本草》云：治痘稠密黑陷不痂。　連翹：苦、辛，平。入膽、胃、三焦、大腸。退五心煩熱，周身紅腫，解毒聖藥，前後皆宜。治痘紅紫發斑，狂言，心經有風熱者。惟氣虛無毒者忌之。　黄芩：苦，寒。枯者瀉肺中火，解上焦熱。寔者解大腸火，解中焦熱。　萵苣：苦，冷，微毒。利五臟，閉胸膈，通經脉，堅筋骨，解熱毒，通乳汁，利小便。　大黄：苦，大寒。性猛能推陳致新，專瀉內熱，通大腸燥結。止可暫用，若不善用，必致殺人。凡遇毒壅詀狂熱症，而用芩連輩清火之藥熱不退者，須以大黄下之，必視舌胎為主，果係乾黄方用一二錢，服後黄胎少退即止，過用必傷元氣，變不旋踵。　芒硝：苦、辛，寒。化諸石藥毒，祛六腑積聚，推燥糞，消壅腫，却天行疫癘，破留血閉藏，治臍腹停疫作痞脹滿，瀉諸實熱之症。　元明粉：即制過芒硝。消結降痰下藥。熱盛胎黄者可用，老弱虛熱妙劑，頑痰久嗽仙丹。　蟬蛻：鹹、甘，寒。退風熱，痘紅紫熱盛者用之，虛者忌用。雖能發痘，多用則虛擡空殼，不能灌漿，初見點三日中用，頭面不起用其頭，身體不起用其身，退熱止汗之聖藥也。脾毒盛，腹痛不起者，酒調蟬蛻服效。《本草》云：快痘疹之毒。　黄連：苦，寒。入心涼血，血熱痘必用，痘後目腫及痢用之，多用反致燥血。　山梔：苦，寒。治衄血，散客熱，療虛煩不眠，清肺氣，使小便清白。　黄栢：苦，寒。補腎經不足之水，伏膀胱龍雷之火。入腎，定目燥痛，口瘡結熱，膚熱，解諸熱毒氣。按：芩、連、梔、栢所治不同，其瀉火解毒則一也。凡見舌胎者宜之，舌白胎者梔栢，舌黄胎者芩連。六日前後餘毒皆用，惟黄芩又宜表熱耳。　香茹：辛，微溫。降脾家鬱火，行肺家清化。驅暑逐水，霍亂絞痛可愈；散水治腫，口臭煩熱能除。　茵陳：苦，平，微寒。入膀胱，主風熱濕結，治痘後通身發黄溺澁，行滯化痰。　穀精草：辛，溫。治目諸翳極速。　龍膽草：苦，澁，(不)〔大〕寒。除胃中伏熱，利小便，散熱毒，定驚癇，消癰腫。　胡黄連：苦，寒。療盜汗潮熱，瘟瘧多熱，久痢成疳，婦人胎蒸虛驚。　蚯蚓　鹹，寒，小毒。白頭者治熱病譫狂，又引諸藥直達脾陰濕所。　燈心：甘，寒。專利小便，寧心定驚。　牡丹：辛、苦，寒。瀉血分之熱，治有汗之骨蒸，止吐衄血，去腸胃積血。痘色紅紫者即宜加用，俟紅色不艷方止。　地骨皮：苦、辛，寒。瀉氣分之熱，治無汗之骨蒸，點後身熱不退可解，于解毒藥中熱清即止。　麥門冬：苦、甘，平。入肺，止口乾煩渴，退肺中伏火及心熱，治痘無膿，生脉益血，每用一二錢。　天花粉：苦，寒。排膿消腫，治痘熱毒。　瓜蔞仁：潤肺下氣，寬胸膈，止嗽定喘。向

滑泄者酌而用之。須去油盡。　淡竹葉：主痰熱逆氣，吐血，止渴，消熱毒驚，利水。　石膏辛、甘、鹹，寒。入肺、胃、三焦，乃胃經本藥。發陽明汗，大瀉火邪，消痰止渴，解胃熱發狂。痘能自起，一見唇腫宜用一二錢；若唇腫黄硬，宜多用，即一二兩不妨，病退即止。過用傷胃作瀉。　元參：苦，寒。腎經君藥，管領諸氣，使上下肅清，理空中絪緼之氣，退腎經無根之火，消癰毒，并頸中痰熱，除結熱及清利咽喉，痘後餘毒俱治。　知母：苦、辛。入腎。治痘中陰火上潮，諸熱口渴飲冷，能清氣分之火。　車前子：甘，寒。養肺明目，利小便而不走腎氣。　滑石：淡，寒。清胃熱，解心火，通竅逐痰熱。痘用之分水道以寔大腸。　木通：苦，平。行氣利水，瀉心經之熱，從小便而去。大泄腎水，雖能通暢血脉，但小便赤澁宜以通草代之為捷。　辰砂：甘，寒。涼心安魄魂，通血脉，解毒稀痘。熱盛狂言用少許，過服恐心血太涼，痘毒冰伏。　珍珠：平，寒。解驚熱，鎮心明目。痘疔痘疳痘毒用以透骨而徹解其熱毒，點目翳，療耳聾。　天門冬：苦、甘，寒。通腎氣，潤肺津之要藥也。保肺氣，定喘促，補五勞七傷，精枯血冷，除風濕，偏痺熱毒遊風。　赤芍藥：苦、鹹，微寒。能散能瀉，止腹痛，解熱毒，瀉血熱。五日前有血熱症者不可缺。　地膚子：苦，寒。利小便，散諸毒氣，解搔痒熱疹。按：木通、滑石、車前子、地膚子，皆能利小便之熱閉，去膀胱之遺熱，必痘紅紫熱盛，舌胎黄白者，于六日前宜用之。　馬兜鈴：苦，寒。去肺熱，止欬，清肺氣，補虛。　屋遊：鹹，寒。利膀胱氣及熱在皮膚間。　蘆根：甘，寒。解魚蟹毒及天行熱毒，清胃中客熱，止吐下、乾嘔，煩悶口渴。　燒人糞：鹹，寒。解一切毒，百凡瘡腫。糞清解天行熱疫毒。　人中黄：甘草末封大竹筒中，臈月浸廁中一月，晒乾。解時行大熱，心躁骨蒸，勞熱溫病；尤療勞復食復，能定狂亂顛癇。一方加入初生臍帶為末同製更佳。　人中白：法製童便垢。鹹，寒。瀉肝火，降陰火，治血衄，羸瘦勞熱，心膈熱渴，肺痿傳尸，敷口疳牙疳，湯火灼瘡。　望月砂：即兔糞。治痘中眼內諸疾，解肝毒。　密蒙花：治痘毒侵目眦外障。　蜂蜜：甘，平，溫。益氣補中，潤燥解毒。中寒有濕者忌之。　象牙：平，鹹。能起痘，補瘡蝕，長肉。目中有痘磨水點之。

去滯匀氣藥類

大腹皮：辛，微溫。能燥皮膚，疏利小便，解散熱毒，腹脹浮腫，非此不除。虛者忌之。　桔梗：苦、辛，溫。始終宜用，惟嘔吐者忌之。能開提氣道，利咽喉，理欬嗽，為諸藥之舟楫，肺部之引經。腸鳴鼻塞皆

用。痘初熱毒沖喉作痛，用以清利；灌漿時用以托裏排膿。　神麯：甘，
溫。化水穀，開胃進食，中焦停滿，可用以消食痰，清熱滯。　麥芽：鹹、甘，
溫。消食健脾，治胃虛食難消化，腹中脹滿而痘不起者用之。陳子曰：鬆
胃氣以發痘，與山查同用，此取萌芽起發之義。不必炒焦用，若炒焦，則主消
食也。　白豆蔻：辛，大溫。入肺。溫脾開胃，止嘔却疼，去目翳，消積痰。
熱瀉忌用，辛溫故也。　半夏：辛、苦，溫。入脾、胃、膽。化痰涎，和脾胃，治
痘虛寒吐瀉。性燥，多用則致渴。陳子曰：半夏滑潤，性非燥也，乃滑以致
燥耳。　縮砂仁：辛、苦，溫。消食健脾，理氣止腹痛。治痘虛寒吐瀉，不思
飲食，亦能發痒，孕婦出痘必用。　藿香：甘，溫。止嘔，開胃進食，溫中。
按：藿香、砂仁果係虛弱者可用，否則不宜。　草果仁：辛，溫。辟瘴氣，
健脾。發痘過用則內虛。痘家始終可用之藥，有制參、芪之力，鬆肌膚。
止霍亂，溫中焦，截疫瘧。大耗元氣。　山查：甘、酸，溫。消滯血，行結氣，
木香：辛、苦，溫。和胃健脾，治痘痢，散諸滯氣如神。痘出不快用以匀氣行
毒，而痘出自快矣。頂陷可起，用以澁大腸，虛寒泄瀉者可止。多用則反滯
氣，熱症忌之。按：山查、木香並能破參芪之滯，相制以成功。然不可多
用，使參芪無力。　青皮：苦、辛，溫。入肝，退熱消食，散積氣，破下焦滯
氣。惟痘初熱時腹痛者可用，餘並忌之。《心鑑》曰：凡痘中有痰者，緣初
時不服青皮耳。　陳皮：苦、辛，溫。理滯氣，健脾胃，溫中化痰，退熱，自起
脹以至結痂皆可用。不炒制氣辛烈，治氣壅痰塞。　橘紅：去白者。治胃
氣虛弱者，比陳皮略有分別。　枳殼：苦、酸，微寒。性純而緩，治高主氣，治
在胸膈，治偏身瘡痒瘾疹及胸中結氣，兩脇虛脹，通關節，逐水飲，破痰癖，推
宿食，破滯氣，寬大腸。凡見點，大腸氣盛秘結，四五日大便不行者，同當歸
以潤之。忌多用，損胸中至高之氣。　枳實：苦、酸、鹹，寒。性酷而速，治下
諸血，治在心腹，寬胸下氣，消食消積，化稠痰，有衝牆倒壁之功。小腸熱盛
者可用之。　香附：甘、苦，寒。治胸中熱，飲食不多及皮膚搔痒瘾疹，開欝
行氣，消食助胃。　檳榔：辛、苦，溫。殺三蟲，止心疼，破滯氣，除後重。大
便秘者暫用。　厚朴：苦、辛，溫。消腹脹，健胃寬中，泄瀉亦用，寬脹散結
之神藥也。　(山)(三)稜：苦、辛，平。屬于氣分。　蓬术：苦、辛，溫。屬
于血分。已上三味並消氣滯血凝，五藏六府積聚，癥瘕痞癖。　射干：苦，
平，微溫。散結消腫，治咽喉及痘後結核，理熱氣于胸膈，破老血在心脾。

蒼术：辛、甘，溫。消食寬中，燥健去濕。　竹瀝：辛，平，寒。治中風，胸
熱風痓，口瘡目痛，利九竅，養血清痰，治風痰虛痰在膈，使人顛狂；痰在四
肢經絡皮裏膜外，非此不除，須與生薑汁同用有功。　貝母：辛、苦，微寒。
入心肺。行經除風熱，潤肺清心。辛能散結，苦能降火，調暢氣血，收斂瘡
口，消膈上稠痰以止嗽，散心中逆氣以開欝。　白附子：甘、辛，溫。四肢風
熱不退，頭面痘瘡不起用之。　膽製南星：苦、辛，平。除風痰，利胸膈，破
堅消腫。

攻發陷伏藥類　天靈蓋：鹹，平。用三指闊一片，檀香湯洗，酥炙，男骨色不赤，
女骨色赤，陰陽互用。治痘心經有寒氣，血不足，灰白不起，乃以人補人也。用
三分雄黃佐之。　人牙：淡，鹹。牙為腎之標，骨之餘。痘從腎出，方發之
時，外為風寒穢氣所遏，內服寒涼藥餌，腠理閉密，血滯不行，痘回不出，或變
青黑紫色倒靨也。用人牙煅燥，而以酒麝達之，竄入腎經，發出毒氣，使熱令
復行，瘡自紅活，蓋刦劑也。若毒猶在心，昏冒不醒，乃氣虛，色白痒塌，不能
化膿，熱沸紫泡之症，正宜解毒補虛，誤用人牙燥烈之劑，則欝悶聲啞，反致
不救。若出不快，灰白黑陷者，用一二釐，豶猪血調服；若寒涼血澁倒靨
者，麝香佐之酒下。　虎牙：殺勞蟲，治猘犬傷發狂，丈夫陰痛疽瘻。亦發
痘用之。　蟾酥：辛，寒，有毒。驅藏府毒從毛竅中作汗而出，主惡瘡及牙縫
出血。　川山甲：辛，寒，有毒。善於解熱，發痘追毒，排膿。凡頂陷不起，不
拘寒熱，攻補藥中可加用之，四五六日不起，餘毒亦可用；防燥咽喉，亦恐
其太發耳。　雞冠血：雞屬巽風，冠血位高，可以發陽潤燥，冷和酒漿，略
溫服之，易發易漿。太湖雞更妙。　戌腹糧：性熱。即狗屎中不化糯米。發痘
成漿。　梅花：甘，酸，平。先春之物，淂生氣，故能發痘解毒。　桃花：
苦，辛，平。除百病，悅顏色，利大小便，治水腫、石淋。　桃仁：逐瘀血，止
痛，生新血，通經絡，治喘嗽，心痛疝痛，腰疼。　蛇蛻：甘，平。發痘不拘虛
實寒熱，起發藥可加以助之。　白花蛇：鹹，甘，溫，辛。去風毒。蛇殼痘宜
用。　烏稍蛇：治諸風與蕲蛇同。　蜂房：甘，鹹，平。去風熱，兩頤痘不
起用之。　威靈仙：行十二經脉，祛風痒風痛，引藥横行。　淫羊藿：
辛，甘。羊食則淫，故每斤用羊脂四兩，炒脂盡用之。　桑蛀蟲：取腹中漿
和酒漿、芫荽汁頓服，須俟服正藥後一時許服，大能起痘，發漿極捷。隨出隨
沒者亦用之。　大戟：辛，大寒。利水腫腹滿，除皮膚風痛，祛蠱毒，散頸

癧，通經，墮胎。治痘歸腎變黑，便秘不通者用之，百祥丸是也。　麝香：辛，溫。痘聞之則厭，服之則發。痘凡隱伏作痒者用之。不可多用，恐催發太促，發疱痒塌而死。通關竅，達肌膚，蝕膿逐血之功也。

又拾遺藥類補各類之所不足。　牛黄：苦、辛，涼。解心火熱毒，痘家驚狂詀妄者可用；痘家疔癰疳毒，日久不斂亦用，功耑解毒清痰，故小兒百病可治。　羚羊角：苦，寒。清肺肝，解熱毒。痘紅紫熱盛目赤溺澁者用之，除產後血逆，疝氣腫疼，性寒透骨，中病即止。　乳香：辛、苦，溫。調血中之氣，定諸經之痛。痘後餘毒用之，止痛生肌。　沒藥：苦、辛，平。散宿血，消腫毒，止歷節風痛，去目翳，敷瘡止痛生肌。　金銀花：甘，平。和血解毒，痘紅紫熱盛者用之，痘癰必用之藥。　馬齒莧：辛，熱。敷散疔腫，痘後餘毒。　甘菊花：甘，平。清頭目，涼血，治痘瘡入目，絲障翳膜。　何首烏：苦，溫。能補血虛，痘漿，袪風止痒，酒製用。　石菖蒲：苦、辛，溫。消腫毒，去目翳，通心竅。　紫花地丁：痘家疔癰，口疳皆用，涼血解毒之藥也。　冰片：辛，熱。痘紫黑發斑疔，狂躁熱甚者，用一二釐，猪尾血調，紫草湯下。其發痘瘡，消結聚，上則透耳達巔，下則入腎至骨，善竄而散，通利九竅之捷藥也。又點目熱赤疼，吹喉痺腫塞，收舌脹出口，敷疳生管中。

蘇子：辛，溫。寬胸下氣，止嗽定喘，消痰。　黄豆：甘，溫。寬中下氣，利大腸，消水脹腫毒。　豆豉：發汗發吐，解毒，治傷寒頭痛，時行瘴毒，吐胸中懊憹，止暴痢腹痛，去瘀定喘。　豆腐：下大腸濁氣，敷痘毒，去臭腐。

穀精草：辛，溫。治目翳膜，理咽喉齒痛，口舌諸瘡。　夜明砂：辛，寒。治目盲翳障，五瘧咳嗽，一切疳毒牙痛，潰腫排膿。　沙參：甘，寒。人參補五藏之陽，沙參補五藏之陰。去內外邪熱咳嗽。火盛難用人參者，以沙參代之，止用七分至一錢。　山豆根：苦，寒。止咽喉腫痛，除喘悶，去痔痢，敷蛇蟲傷。　紅花：辛，溫。治痘中血熱，多用則行血，少用則引血歸經。　子治黑陷大渴。《本草》云：治痘難出。　茜草根：涼血活血，疔斑皆用。

杏仁：甘、苦，溫。散肺中風熱，止嗽逐痰，潤大腸，發麻疹，殺痒瘡蟲。

蘇木：甘、鹹，平。專行積血，通胎產敗瘀，散腫癰，跌撲死血。　天竺黄：甘，寒。去諸風熱，鎮心明目，治驚風天吊，中風痰滯失音不語，忤癎痓金瘡，滋五藏，制藥毒發熱。　栢子仁：甘、辛，平。養心神，潤心血，滋腎水，興陽道，止汗定驚，治歷節重痛，腎腰間冷膿宿水。　沉香：辛，溫。治風水毒腫惡氣，主心腹痛，霍亂，中惡鬼疰，益精壯陽，止轉筋吐瀉，暖腰膝風濕，皮膚搔痒氣痢，補脾胃，止痰涎。血出于脾，益氣和神。治上熱下寒，氣逆喘急，大腸虛閉，氣淋精冷。　丹參：苦、酸，寒。主心腹邪氣，腸鳴如走水，寒熱積聚，破癥瘕，養血益氣，療風痺足冷，軟腰脊強，養神定志，通利關脉，破宿血，生新血，安生胎，落死胎，止血崩，調經脉，善理骨疼。　銀柴胡：苦，平。治勞熱骨蒸，忌汗多氣弱。　萆薢：苦，平。治腰脊強痛，骨節風寒濕痺，惡瘡陰痿，失溺，關節老血，癱瘓不遂，手足驚掣，堅筋骨，補水藏，補肝虛，白濁，痔疾諸瘡。　礞石：力能墜痰，功兼消食。　琥珀：甘，平。通五淋，止尿血，定魂魄，清肺氣，燥脾土，破癥瘕瘀血凝結，治血暈兒枕塊痛，止血，生肌，明目磨翳，治胃脘痛。但血少而小便不利者用之，反致燥急。　玳瑁：甘，寒。解百藥毒，破癥結癰疽，止驚癎，療心風，解煩熱，行氣血，利大小腸，解痘毒，鎮心神，急驚客忤，傷寒熱狂。　山茨菰：甘、辛。主疔腫，攻毒破皮，解諸毒、蠱毒，結核癰腫，瘰癧，蛇犬蟲傷。　水銀：陰，寒。主疹瘻瘑疥，白禿惡瘡，療小兒驚癎，潮熱發搐。　釣鈎藤：甘、苦，寒。寒熱驚癎急覓，胎風客忤須求。《本草》云：同紫草茸服，發痘疹出不快。　通草：甘、辛，平。散疼腫惡瘡，除五淋水閉，明目退熱，催生下胎，瀉肺利小便，通竅行乳汁。　幽蘭葉：甘，寒。散久積鬱氣，消胸中痰癖，消渴，利水道，消諸痺，益氣潤肌，可通神明。　槐花：苦，平。潤肺藏，皮膚風熱，涼大腸痔痢瀉血，療心疼眼赤，殺腹藏蟲疼。　旋覆花：鹹、甘，溫。走散之藥也。治頭面風痛及目中眵䁾，療寒熱水腫及膀胱留飲，消胸中結痰，去心滿噫氣，通血脉，治風氣濕痺，死肌，去五藏寒熱結氣。虛者不宜多服。　枇杷葉：苦，平。偏理肺藏下氣，除嘔噦不止，解渴，治熱嗽無休。　番白草：甘，寒。利大小便，逐脚膝氣，除痞滿，去瘧破堅癖，破堅，袪痰，疔腫，仍消積聚尤却。

牛李子：苦，涼。治寒熱，瘰癧水腫，腹脹下血，除疝瘕積冷，痘瘡黑陷及癬疥疳蝕肌骨服之。《本草》云：治痘黑陷出不快。　荔枝：主散無形質之滯氣，治癭贅，赤腫瘤核，心腹疝氣，疔瘡。　麻仁：甘，平。入脾、大腸。主大腸風熱結燥，破積血，活血脉，堅筋骨，填腦髓，治火灼積痺，風癩浸淫，惡瘡疔腫。凡汗多胃熱便難者用此潤之。　扁蓄：苦，平。主浸淫痒疥疽痔，丹石發衝眼疼，去蚘蟲，療陰蝕，利水。　烏梅：辛、溫，平。治中下氣，除胃熱，安心，止肢體偏枯不仁，死肌，去青黑痣，蝕惡肉，利筋脉，去痺，止冷熱利，吐瀉霍亂，好唾口乾，止渴調中，去痰，治瘧，治虛勞骨蒸，歛肺止嗽，反胃蚘厥，消腫湧痰。　檉柳：甘、鹹。解風毒，利小便，發沙疹神效。　小薊：甘，溫。養精保血，破宿血，生新血，退熱補虛，治熱毒風。　鬱金：辛、苦，寒。治鬱遏不散之氣，破惡血，生肌肉，涼心止血，諸失血皆用，下氣寬中，心腹冷痛並效。　紫荊花：苦，平。活血行氣，消腫解毒，破宿血，通小腸，解諸物毒，治血氣，經水凝滯疼痛。　黃荊子：苦、辛，溫。除骨間寒熱，通利胃氣，止欬逆下氣，療風治心痛，白帶，小腸疝氣，耳聾，濕痰白濁。　茅根：甘，寒。補中氣虛羸，除腸胃客熱，止渴利小便，堅筋，通血脉，療吐衂瘀血，血閉寒熱及崩中漏下，月經不勻。　瞿麥：苦、辛，寒。逐膀胱邪逆，利小便，決癰腫，去目翳，下閉血。小腸虛者禁用。　貫眾：苦，寒。祛諸毒，理金瘡惡毒，殺蟲，除頭風，破癥瘕。　絲瓜藤：甘，寒。治痘疹餘毒，乳癰疔腫不致內攻。子亦解毒。　蓼子：鹹、辛，溫。消渴去熱，明目益氣，腹脹，消痰癖瘰癧。　甘松：甘，溫。治惡氣卒心腹痛滿，下氣，風疳齒蝕，脚氣，煎湯淋洗。　三柰：辛，溫。暖中，辟惡氣，治心腹冷氣痛，寒濕，霍亂，風蟲牙痛。　小茴香：辛，平。入心、腎、膀胱、三焦。止諸腹痛，暖腎冷脾寒，回陽散冷，除疝開痰。　紅麯：辛，溫。活血健脾。　烏藥：辛，溫。治中惡心腹痛，蠱毒鬼氣，小便數，白濁，宿食不消，疫癘，膀胱腎間冷氣攻沖脊膂，婦人血氣，小兒諸蟲，一切冷霍亂，反胃吐食，瀉痢，理元氣，中氣脚氣疝氣腫脹喘急。　猪尾血：甘，寒。取其動而不息，得龍腦直入心經，以亥水而制午火也。　猪心血：取其心血歸心，導血解毒，制陽火也。同朱砂治驚癇顛疾，中惡卒死及痘瘡黑陷。　羊心血：鹹，平。治血虛血悶，卒然出血。胞中羔羊大補。　龜板：甘，平。補陰血不足，去瘀血，止久血痢，三瘧骨中肌體寒熱。　馬乳：甘，冷。治熱止渴。　膃肭臍：鹹，大熱。益元陽，除積冷，破宿血，療虛勞，腰膝寒酸聖藥。　蝦：甘，溫。托痘，下乳汁，壯陽，吐風痰。　兔血：涼血活血，解胎中熱毒，心氣痛，催生易產。　鴿：鹹，平。調精益氣，預解痘毒。卵，白鴿卵一對，入竹筒，封浸廁中半月取出，以卵白加辰砂三分為丸，三豆湯下，能解痘毒。　牛蝨：預解痘毒，利下惡垢。　鱖魚：甘，平。補虛勞，益脾胃，其魚腸中血，去人腹內小蟲。　蜈蚣：去惡血，走風毒，治癥癖，驚癇，臍風撮口。　全蝎：甘、辛，平，有毒。治諸風癮疹及中風口眼歪斜，搐搦，痎瘧，耳聾，疝氣，女人帶下諸風。　猴糞：治臍風撮口，急驚。塗蜘蛛咬。　雀：甕甘，平。治寒熱結氣，驚癇撮口臍風，喉痺喉蛾。　番木鱉：苦，寒。治傷寒熱病喉痺，消痞及痘瘡入目。用半個，銀硃、輕粉各五分，冰片、麝香、枯礬各一分許，吹耳，左吹右，右吹左。　寒水石：辛、甘，寒。却胃熱，止煩渴，解毒。　青黛：苦、甘、鹹，寒。收五藏鬱火，消膈上稠痰，止暴注下血，敷血瘡，消食積，瀉肝火，祛時疫頭疼，療傷寒赤斑，殺蟲，尤療驚癇，發熱鼻乾腹脹，百般疳症。　肉蓯蓉：鹹，溫。治男子絕陽，女子絕陰，助命門火，補益勞傷。雖能峻補精血，驟用反動大便滑也。　秦艽：苦、辛，溫。養血榮筋，利便下水，攻黃疸而濕痺諸節痛除，清疳熱而骨蒸傳尸勞愈，一切風濕毒瘡，腸風下血，頭風牙痛口瘡。　僵蠶：鹹、辛，平。逐風濕，口噤失音，散風痰癮疹，瘰癧，膚痒作瘡，滅瘢痕，能助肺金清化之氣，以治相火結滯之痰。　郁李仁：辛、苦，平。滑大腸，消宿食，利水道而去水腫，宣結氣而通關格，活血潤燥。　橄欖：酸、甘，溫。清胃消酒食，止渴。多食反致熱氣上壅。　吳茱萸：辛、苦，溫。入肝、脾、腎三經。主咽嗌寒氣，噎塞不通，散胸膈冷氣窒塞不和，驅脾部停寒，臍腹絞痛，逐膀胱受濕，陰疝囊疼，止嘔逆，除霍亂，順折肝木之性，治厥陰頭痛。大腸虛泄者忌之。　血竭：辛、鹹，平。專破積血，引膿竟驅邪氣，止痛。　海金砂：解熱痘變黑。　瑣瑣葡萄：能發痘瘡。　纏豆藤　柳芽　櫻桃仁

野韭菜　水孛花　陰陽草　龍牙草　長青草

清·汪琥《痘疹廣金鏡錄》卷下

推廣金鏡藥性一百一十五味　夫藥有寒熱溫涼平之氣，酸苦辛鹹甘淡之味，升降浮沉之相互，陰陽清濁之不同。清氣出上竅，濁味出下竅；清陽發腠理，濁陰走五臟；清陽實四肢，濁陰歸六腑。清中清者榮養於神，濁中濁者堅強骨髓。氣有陰陽，溫氣升生為陽，涼氣□降為陰，寒氣沉藏為陰，熱氣浮長為陽。味有陰陽，辛甘發散為陽，辛能散能潤，能橫行；甘能發能緩，能上行。酸苦湧泄為陰，酸能收能湧，能止之；苦能燥能堅，能泄能湧，能急行。鹹味湧泄為陰，鹹能耎能湧能泄，能下行。淡味滲洩為陽，淡能滲能洩，能通之。氣薄則發泄，厚則發熱。味薄則疏通，厚則滋泄。根升稍降，新陳取用不同；相使單行，良毒措施各異。醫能識四時，知運氣，斯立方之大旨，治病之玄機得矣。所有用藥開列於後。

升麻：無毒，苦、辛，微寒。入手足陽明、太陰四經。散在表肌皮間風邪，升五內腸胃中毒氣，痘疹初熱時，頭痛壯熱，疫毒之氣壅遏不通者宜加用

之。已出後氣弱或泄瀉者，亦可少用。其同葛根作湯，則見點後不可輕服，為其過於解散也。又痘疹初熱時，惡寒無汗，頭疼項強，腰脊痛者，此為太陽證獨見也。若用升麻、葛根以預發陽明之汗，其瘡必增斑爛之患。《金鏡》止云初熱時用，殊欠分析。

葛根： 無毒，甘、辛，微寒。入陽明，為行經的藥。解肌發表，升胃氣，生津液。痘疹大熱煩渴，無汗，未見點時可用； 若已見點，而熱渴未除，毒氣壅遏未盡，陽明證仍在者可再用，不必拘拘於丹溪之說，謂纔見紅點便不可服也。惟見點後壅熱之證已除，肌肉和潤，毒已透出者，慎勿與服，恐發得表虛，難以行漿。全在醫者活法去取，勿悞！ 勿悞！

羌活： 無毒，苦、甘、辛，溫。入手足太陽而散風熱，除頭疼項強，利遍身百節痛。痘發時身熱惡寒無汗，《金鏡》有羌活散鬱湯用之為君，乃火鬱發之之義。又獨活氣細，入足少陰，痘發時腰脊裏痛者宜加用。二活如無風邪外來，俱禁服。

柴胡： 無毒，辛、苦、平，微寒。善解肌表熱毒。痘疹少陽見證往來寒熱者，葛根湯中宜加入之。又見點時胸脇及身兩旁出不快，或出太密者亦用。《金鏡》云： 其托痘非真能托也，用之以解散表邪，而痘自出耳。痘後餘熱，漸成疳勞骨蒸者，又宜用之。少陽證未見者不可悞服。

前胡： 無毒，甘、辛、微苦，寒。解肺胃間風邪痰熱，下氣降火。痘疹見喘嗽，痞膈嘔逆等候者，宜加用之。氣虛無熱者不宜用。

防風： 無毒，甘、辛，微溫。治風通用。痘疹肺脾胃三經風熱，邪在膈上及皮表者，此能散之。又凡風藥皆燥肌，防風治風而性潤，故能助耆术歸芍等劑以行漿。又痘已出而四肢淫濕者宜加用，是能潤更能燥也。人若元氣虛，在表無風邪者當減用。

荊芥： 無毒，辛、苦，溫。入足厥陰經。能散風熱，清頭目，利咽喉，消瘡腫，療吐衄，血痢痔漏。凡風病、血病、瘡病為要藥。痘疹初發熱及見點時用之者，謂能疏風散熱，涼血解毒也。《金鏡》云其治發狂譫語，《本草》並未言及，余曾試之亦無驗。

薄苛： 無毒，辛，溫。入手太陰，輕浮而升。去高巔及皮膚風熱，故能清頭目，利咽喉、口齒諸病。痘疹風熱盛而焮腫疼煩者宜加用。

藿香： 無毒，甘、微辛，溫。其性馨香，為脾胃所喜，故能入足陽明、太陰，而止嘔，溫中進食，更能清暑氣，利水氣。痘疹於暑月，內停冷飲，外受邪惡穢氣，霍亂吐瀉，色或變白不起者，宜莖葉同劑用之妙。若外邪甚而身熱無汗者，改用香薷，為不可缺之藥，以香薷之味辛，大能發表，氣溫更能和中也。《金鏡》不録，今并及。

白芷： 無毒，色白，味辛。入手陽明、太陰庚辛臟腑； 氣香而溫，入足陽明戊土。上達頭面散風熱，外走皮膚勻滯氣。痘瘡淫濕作癢或痛者，宜少用之，倘多用，則肌皮裏燥，反難貫漿。《藥性》云其蝕敗膿，其燥性可知矣。

細辛： 無毒，辛，溫。能入肺而泄氣，散風寒咳嗽喘逆。又少陰頭痛，裏寒不散者宜用此以表之。痘疹家如內無鬱熱，未見點時肺受寒濕喘嗽者，可少加用，多則氣壅，徒致燥熱，為害不淺。

麻黃： 無毒，辛、甘，大溫。入足太陽經。能發散在表之寒邪，蓋寒邪在表，熱鬱皮毛，肺實主之，是雖為太陽發汗之劑，實乃肺經發散火鬱之專藥。痘疹惟惡寒發熱，無汗，咳嚏喘脹面赤若怒，毛直皮焦者，宜用之； 否則過於表散，反增斑爛，不能灌漿。所以天行溫令即當禁用，投以蘇葉、羌活甚穩； 如遇夏月，以香薷代之。

紫蘇： 無毒，辛，溫。入手太陰。葉走皮表，發營中之汗。痘疹外受風寒，乾紅燥熱者宜用之。又梗能疏胸膈之氣。子兼止嗽消痰，潤大腸。氣虛滑泄者當禁服。

茅根： 無毒。色白，入手太陰清肺； 甘寒，入足陽明降火。痧疹肺胃受熱，咳嗽噴嚏，嘔噦衄血等證必用之。又解肌發表，與葛根同功。其蓋墻屋上茅腐敗者，治痘瘡潰爛，難靨不乾，揀淨焙為末，摻之良。

牛蒡子： 無毒，辛、微苦，平。入手太陰、足陽明經。能散風腫，解熱毒，清頭目，利咽喉。痘疹出時不快，壯熱狂躁及出太密，紅紫熱盛，咽膈壅塞，大便秘結者，宜用。若氣虛痘，大便利者，勿服。

連翹： 無毒，苦，微寒。入手足少陽、手陽明少陰四經。治血分諸熱，兼散十二經血結氣聚。入瘡科能排膿止痛，消腫。痘疹熱毒壅遏者用之，為涼散之妙藥。同鼠粘子用而清熱解毒之功更神。

紫草： 無毒，苦寒降火，微鹹走血。能通腠理，利九竅，故血熱痘欲出未出及已出而紫黑便閉者，酒製用之，其活血而涼散熱毒之功神矣。若已出紅活及白陷，大便利者，切宜忌之。愚按： 紫草，其根於未花時采得，色嫩紫者，即為茸，故方家名紫草茸。譚起岩《痘疹心書》云：紫草茸非家園紫草，另一種出西域，着大樹枝，形如白蠟，而色澹紅，價珍罕得，用之功勝紫草。今市家多有，其質堅脆似松脂而不香，面作楊梅紫點，內有豎紋包粒如紅麵，色更紫，味微苦，未知何物偽造，用者不可不辨。

黄連：無毒，苦，寒。瀉心家之火，色黄清脾土濕熱、血熱。痘已出毒未盡，熱不止者可用。《經》云：諸痛癢瘡瘍，皆屬心火。黄連之用，解火毒也。痘方見形時不宜驟用，恐成冰伏之患，必不得已，於風藥中酒炒用之。

胡黄連：無毒，色黑，苦平。走腎肝二經。血分專泄潮熱，療骨蒸。疹後腎肝熱而胃強、脾氣弱者，補脾藥中宜加用之。《金鏡》不録，今收入。

黄芩：無毒，苦，寒。枯者入手太陰，瀉肺火，清欬嗽喉腥。堅者入手陽明，瀉大腸，除腹痛泄利。痘疹肌表發熱者，合風藥用。胸膈壅熱者，合枳桔等藥用之。虚熱泄瀉者禁服。

知母：無毒，甘寒降火，辛能潤燥。解肺胃之熱渴，滋腎臟之真陰氣虚。痘不渴，少食，脾洩者忌服。入藥酒潤焙用。

川貝母：無毒，辛甘能散心肺間逆氣，苦寒能下胸膈中痰熱。痘發時氣塞痰壅咳嗽者宜用之。又一種土貝母，味純苦，治熱結瘡毒如神，消痰之效更速。

玄參：無毒，苦，寒。入腎而降陰火，鹹走血分而散結核。痘疹熱毒太甚，咽喉腫痛者，潔古云宜於風藥中多用之，乃火鬱則發之也。若單使，恐不宜。

苦參：無毒，味苦燥濕，氣寒除熱。濕熱勝則生蟲。痘疹熱毒不散，肌肉成癩者，有苦參丸為主藥。第小兒痘後氣血多虚，宜合補氣血藥用之為妥。

山豆根：無毒，不載經絡。《本草》解諸藥毒，止痛消瘡腫，發熱咳嗽，治人及馬急黄，殺小蟲，含之嚥汁解咽喉腫毒極妙。《經驗方》用以治麩痘諸瘡煩熱甚者，水研汁服少許。又萬氏治痘有利表、和中、解毒三法，其解毒一法，只瀉火涼血清氣，使毒邪有制，不為正害，用之與大力子、紫草、連翹、芩、連、梔子等同劑。又痘密毒盛，消毒飲、奪命丹並用之。大抵其性苦寒，與黄連同。凡小兒用不過五六分，須以酒浸一宿後，切片用。《金鏡》不録，今補入。

龍膽草：無毒，苦，寒。大瀉肝膽之火。痘疹邪熱盛而發驚搐者，錢氏瀉青丸內用之。然其性沉寒，大傷胃中生發之氣，小兒稍涉虚者禁用。

栝樓根：無毒，色白入金，味苦降火。能解煩渴，行津液。痘疹熱毒盛而唇乾舌燥者宜之。其仁味甘，能潤肺，降氣定喘嗽，滌胸膈中垢膩之痰，兼消癰腫瘡毒。入藥須去油用。

麥門冬：無毒，甘，寒。退肺中伏火，兼除心氣虚熱。疹家津液少而煩渴者宜用之。若風邪鬱熱而作渴者，宜另用葛根等劑，倘一概投之，恐無效。

桔梗：無毒，苦、辛，甘，溫。先升後降，佐甘草利咽喉之熱痛，合枳殼寬胸膈之痞逆。痘疹初出時用，和川芎有開提氣血之功。色白入手太陰肺經氣分，故喘嗽痰多者，不論虚實，皆可用之。

川芎：無毒，辛，溫。入足厥陰，乃肝家藥；又為少陽引經。能開提臟腑經絡血分中凝滯之氣，散頭目巔頂之風。《金鏡》云其補血，悮矣！夫痘疹果係血虚，宜投以甘溫之品，蓋溫能益氣，甘能生血，陽旺則陰自充耳。若用此大辛之劑，反能散血耗氣，豈血虚痘疹所宜？惟血瘀氣滯者用之妙。

甘草：無毒。生用微涼，瀉火解熱毒，緩痛，能行足厥陰、陽明二經污濁之血；炙用性溫，益氣和中，實肌肉，能補足太陰、陽明臟腑虚寒之氣。痘疹煩渴，用和栝樓根水煎服，同桔梗止咽痛，佐黄連解胎毒。脹滿嘔吐者禁服。

人參：無毒，甘，溫。內補肺中之氣，外充皮表之營。痘漿不能貫足者，用二三分入劑，其效如神。疹家虚而作渴及脾弱泄瀉者宜服。熱毒實證悮用，立見殺人。

黄耆：無毒，生用氣平，走表托毒，實腠理，起頂貫漿，必不可缺。炙用大溫，益元氣，壯脾胃，療諸虚不足，止自汗盗汗，護衛滋營，為補藥之先，故保元湯中仗之為君主藥。見點未齊者不宜輕服。

白术：無毒，甘，溫。補中健脾氣，辛燥除濕，止滑洩。痘疹虚而作渴及痘已出而漿未足者，宜乳潤土炒用之。又蒼术辛烈，服之恐肌燥，不能行漿。《金鏡》同選，今刪去。

當歸：無毒，甘、辛、苦，溫。入手少陰心、足厥陰肝經。分根、稍、身用，有破血、活血、補血之能。痘疹家用之，宜去根即蘆頭，恐血破而漿難貫也。血熱毒壅之證宜用稍即尾。潔古云：血壅而不流則痛，十神解毒湯內用之，使血活而痛癢諸侯自除。又土炒入足太陰脾，脾主肌肉。凡痘瘡八九朝，毒已透而漿未足者，用和參耆等藥服之，能灌漿於頃刻。作瀉者禁用。然有一種脾胃虛而作瀉，於參苓藥中加之亦無妨。

芍藥： 有小毒，苦、酸，微寒。白歛而補，入手太陰；赤散而瀉，入手少陰。並入足太陰、厥陰血分。痘初發時，如升麻葛根湯，又十神解毒湯內宜用。赤為其能行血滯，而解散熱毒也。灌漿時，如參耆飲中、保嬰百補湯內宜用。白謂其能補血虛而收歛膿漿也。又血滯腹痛宜赤，血虛腹痛宜白。俱酒炒用。

地黃： 無毒，甘、苦，寒。生用涼心降火，血熱痘宜用之。東垣云其兼瀉脾土濕熱，愚以脾土燥熱者與之相宜，有濕者恐不宜用。熟用補腎填陰，血虛痘宜用之。《金鏡》云：恐其滯血，入藥須以薑酒制之虛寒用，或佐附桂以行其滯。中滿痰多及泄瀉者禁服。

牛膝： 無毒，甘、苦、酸，平。能引諸藥下行，而走肝腎，滋陰活血，此為專功。血熱痘身半以下不起者用之為引。同木通用能匀腰脚氣血。同薏苡用能灌腿膝之漿。脾虛及泄者禁用。

牡丹皮： 無毒，辛、苦，寒。上入心包，下走命門。瀉血分中伏火而滋陰，能和血生血涼血，去瘀血留舍於腸胃。痘疹血滯熱壅作紅紫色者，此為對證之藥，以其能去壞血、生好血也。入藥宜酒拌蒸用。

紅花： 無毒，辛、苦，溫。入手足厥陰。能活血潤燥，止痛散腫。然行血滯之功最神，十神解毒湯中用之，與生地、當歸、丹皮等同為涼血行滯之劑。凡痘點煩紅者宜用之。《金鏡》云其引血歸經，恐不如當歸。又用治血熱痘，恐不如生地。故疹家每並用之。

燕脂： 無毒，甘，微鹹，平。入手足厥陰血分。大能活血助血。凡痘瘡色黯淡不起者，有臙脂塗法，能使頃刻紅活，此其入血分解毒之驗也。并可入劑，功同紅花。愚按： 燕脂產於燕地，昔人以紅藍花汁染綿而成，今人以紫鉚染綿為之，俗呼紫梗是也，其樹紫赤色，生南海山谷，其木之脂即麒麟竭。愚以紫鉚之粗，即是火漆，皆可入血分藥。

金銀花： 無毒，甘，溫。入手足太陰經。主癰疽，諸惡瘡。有散熱解毒之功，故痘出時發為疔腫及痘後或發癰疽等毒，不論紅白，並用之為君藥，後以土貝、地丁等劑佐之。新採者用之更神。

甘菊花： 無毒，甘，寒。入足厥陰經。主頭風眩暈，目痛欲脱，去紅絲翳膜，清熱養血，此為最勝。《金鏡》止言治痘入目，不知痘瘡入目乃肝熱也。此唯痘後可同決明、穀精、菉豆皮等為涼肝之劑。若始出時，宜另用柴葛升荊等藥發散。倘一概施治，悞甚！悞甚！

鈎藤： 無毒，甘、苦，平。入手足厥陰經。主小兒寒熱驚癇，瘈瘲客忤，胎風內鈎，腹痛發斑疹，為幼科常用之藥。《金鏡》不録，今補入。

木通： 無毒，甘，微辛，平。瀉小腸火鬱不散，利膀胱水閉不行。痘疹惟熱毒壅遏，煩渴引飲，小便短澀者用之。又導赤散用，和生地黃、甘草稍共劑，使心火有所引導，雖不服涼藥，而驚熱自止。四聖散用和枳殼、紫草茸等共劑，亦使大小便流利，凡諸熱證自平。二方若虛寒者禁用。

澤瀉： 無毒，甘，微鹹，寒。入足太陽、少陰。能利水通淋，起陰氣。痘疹熱毒泄瀉，或兼嘔吐者，此水邪為患也，每同豬苓等藥用之。虛寒者禁用。《金鏡》云其補陰當是起陰之悞。又云滋血更為悞極。

燈心： 無毒，甘，寒。色白能清肺間氣分之火，味又帶淡，淡能滲竅而利水。痘瘡煩喘，小便不利者，此心肺熱也，宜大劑用之為引經。《金鏡》不録，茲選入。

何首烏： 無毒，苦，濇，溫。入足少陰、厥陰。白走氣，而赤走血，有補益氣血之功，兼消癰腫瘡毒。痘疹於回漿時，氣血虛寒，不能收靨者，用此與耆朮歸芍等溫歛而收濇之。其有熱毒壅甚，外邪未盡者禁用。《金鏡》但云治痘血熱癢塌，殊欠發明。

五味子： 無毒，氣溫，五味俱備，而酸為重。上歛肺氣，而下滋腎水，能止嗽，生津止渴。痘疹虛而煩渴者，宜同麥門冬用之。若外受風寒，熱鬱作渴者禁用。一云消痰，須以痰藥佐之。

天麻： 無毒，甘，辛，溫。入足厥陰。治虛風內作，肌表麻痺之疾，小兒風癇驚氣，痰熱壅塞，非此不除。患痘時如兼此證者，酒浸煨用之。

膽星： 有毒，苦、辛，溫。療肺脾之痰壅，清肝膽之風熱。痘疹風痰熱壅，胸膈不利，發為瘈瘲驚癇者，宜同天麻、鈎藤等藥用之。《金鏡》云：破堅消腫，此唯痘後餘毒未潰者用之，宜生入敷藥中。

半夏： 有毒，辛，溫。入足太陰、陽明。能消胸膈痰熱，下氣逆嘔吐，和脾健胃之藥也。但其性辛烈，痘家用之恐肌燥難以灌漿，必不得已用薑礬湯造作麴用。

木香：　無毒，辛溫能升，苦能降。善調諸氣，和脾胃。痘疹虛寒證外灰白而癢塌，內泄瀉而腹脹痛，陳氏有木香散、異功散兩用之，以其溫能除內寒，辛能發表虛也。又參苓白术散、豆蔻丸亦用之，即和暖脾胃之意。又勻氣散中用之者，以肌皮氣鬱則為痛，木香之辛走肺，香宜脾，故能勻肌皮間氣。虛寒者宜用，鬱熱者可同酒炒芩連相制服之。

砂仁：　無毒，辛，溫。能醒脾調胃，消食止嘔吐，除心腹冷氣作痛。其性下達，能引諸藥歸宿丹田，溫暖腎肝，專通下焦，鬱結氣聚不散最宜。婦人安胎飲中用之，治孕胎痘出不長，為其能導氣血之滯故也。餘證非虛寒不必用。

肉豆蔻：　無毒，辛，溫。入手足陽明。能溫胃濇腸，逐冷氣，止虛寒吐利。痘疹泄瀉少食為內虛，須防癢塌，不能貫漿。陳氏有豆蔻丸，取其溫濇也。倘腸胃熱毒作瀉，少食者，服之大害。

附子：　有毒，辛、甘，大熱。其性悍烈，能通行十二經，而退陰回陽，補手少陽三焦命門之火。痘瘡苟非身涼，四肢厥冷，腹痛脈沉細欲絕，唇青囊縮者，莫輕用。《金鏡》但云：　厥逆泄瀉不止，痘寒不起用之，殊不知瘡瘍乃火證，仲景論熱深者厥亦深，又泄瀉多是腸胃中濕熱，若悮以為寒而用之，禍不旋踵。

大黄：　無毒，味苦。下泄氣，寒勝熱，能蕩滌腸胃中實熱燥結，通諸飲食、痰血等積。痘疹惟見點後內熱煩渴，喘脹譫妄，便溺阻塞久不得利者，方可酒製用之。倘內虛悮用，必至塌陷而死，可慎之！

大戟：　有小毒，苦，寒。能瀉實熱，下陽水為最厲之藥。錢仲陽治痘瘡變黑，歸腎有百祥膏，專用此一味。潔古老人以棗變之為丸。蓋古人以瘡瘍為實熱證，故用大苦寒藥以下之。然亦必奉養太過，膏粱結積，發為痰飲咳逆欲吐者，方可暫用，苟非其人其證而亦用之，不無虛虛之禍。《金鏡》採其方未詳其藥之性，愚特表而出之。

神麯：　無毒，甘，溫。入足陽明經。主消食下氣，化積滯，除脹滿。痘疹挾食積者，火炒用之妙。

麥芽：　無毒，甘、微鹹，溫。入足陽明、太陰。能開胃健脾，消食破冷氣，止霍亂。痘疹飲食積滯，難於運化者，宜炒研用。

薏苡仁：　無毒，甘，微寒。手足陽明經藥。兼能健脾補肺，清熱除濕。痘瘡淫濕不收，腰以下熱毒腫脹者，宜加用之。又灌漿後，脾胃受濕熱所傷，亦宜用之。《金鏡》但云除風濕理脚氣，殊欠用藥之義。

糯米：　無毒，甘，溫。入足陽明、太陰。能溫中益氣，止洩利。痘瘡家用之，取其暖脾胃之氣而行漿。楊氏云其解毒，謂能釀而發之也。《金鏡》云：　制紫草之餘寒。愚以紫草苦寒，血熱毒盛者宜用，似不必入糯米以共劑，此惟虛寒痘不能貫漿者宜加用之。水浸作芽能發痘。麯釀成酒，即白酒漿。能貫漿。熱毒方熾者，不宜驟用。

綠豆：　無毒，甘，寒。入手足陽明經。清涼利水，解腸胃熱毒，療小兒丹腫煩熱。風癬、痘瘡濕爛不結痂疕者，生研為粉，乾撲之。并治痘後癰毒，痘瘡入目用之，或服或傅妙。扁鵲三豆飲中用之，同赤小豆、黑大豆、甘草節共劑，蓋以豆性煮食皆寒，痘瘡火證，故用三豆同甘草煮食，乃甘寒降火，涼解熱毒之意。又痘後癰毒初起紅腫，亦用三豆為散，醋浸研漿，時時以鵝翎刷上，隨手可消。《金鏡》不録，今選入。

荽荽：　微毒，辛，溫。入心脾二經氣分。能止頭痛，拔四肢熱，療痧癬、豌豆瘡不出，辟一切不正之氣。楊氏《直指方》治痘疹不快，用其酒以噴之，兼掛床帳左右，以禦一應穢惡氣所不可無。若兒虛弱及天時陰寒，用此最妙。如兒壯實及時令暄暖，加以酒麴助虐，以火益火，胃中熱熾，毒血凝蓄，反成黑陷矣。不可不慎！　其子亦發痘疹，宜炒研用。

絲瓜：　無毒，甘，寒。不載經絡。能除熱，涼血解毒，利腸。丹溪氏治痘瘡不快，用其瓜近蒂三寸，燒研，蜜湯點服。蓋取其甘能發毒，寒能清熱也。血熱痘大宜用之。《本草》云其去風化痰，恐未盡驗。

葧薺：　無毒，甘，寒。善消腸胃中堅積，下胸中實熱氣，兼能解毒。相傳小兒患痘時，煎其湯食之，殊不知此物最能銷金，肺屬金，諸瘡非金不收，小兒肺虛者，食之大害，不可不戒！

山藥：　無毒，甘，溫。入手足太陰氣分。能清虛熱，補不足。痘瘡漿足之後，別無他證，用保嬰百補湯調理氣血，湯中有山藥者，以其潤而能補也。又《本草》云其長肌肉，澤皮毛，痘瘡始愈，則肌皮之分不無少虧，故每加之於四物、四君子諸湯之內。《金鏡》云除腰濕，此豈潤劑所能？

筍尖：　無毒，甘、苦，微寒。入足陽明經。能清豁胃氣，利胸膈，消痰，透風熱，解毒。痘疹初熱時，葛根湯內加之，正取其透發熱毒之義。要此惟小兒壯實者宜服，兒虛弱者不宜輕用。愚見俗醫治痘，不論虛實，往往勸飲冬筍湯，不可不戒。

薑：　無毒，入手足太陰，又足陽明經。生者辛溫，能散寒邪鬱熱於表。痘疹初熱時有用其芽者，取其能發也。又胸膈嘔惡之證亦用之。乾者辛熱，專除痼冷，溫中止腹痛。痘疹身涼白陷，嘔逆洩瀉，氣血虛寒者用之，且能助參耆之力。上證苟非虛寒，內有伏熱者宜禁用。

杏仁：　有小毒，甘，苦，溫。入手太陰、陽明氣分。能潤肺止嗽，下喘，利大腸。痘疹風熱壅盛，肺氣咳逆，大腸燥結者，宜加用。上證乃氣秘也。若痘疹內有畜血證，瘡必黑陷，發熱如狂，小腹滿痛，小便自利者，為血秘，宜用桃仁。東垣云：二仁並以陳皮佐之。愚以今醫倘遇畜血痘證，欲用硝黃，須先以桃仁、陳皮代之為穩。

大棗：　無毒，甘，溫。入足太陰血分。能安中養脾，平胃氣，滋五臟，助十二經，少氣少津液，補身中諸不足，和百藥，調營衛，故痘後諸補湯丸皆用之。小兒疳病及脾胃有濕熱者禁用。

陳皮：　無毒，苦，辛，溫。入肺脾胃三經氣分之藥，故能健脾胃，理肺氣，消痰止嗽，治嘔逆洩瀉，水穀不化。去白用之，則泄氣快膈；留白用之，則調氣溫中。配合百藥，總理諸疾，升降補瀉，無所不宜。痘疹家始終湯劑常用之。

青皮：　無毒，苦，辛，溫。入肝膽二經氣分，故能主氣滯，破堅積，利胸膈以下少腹及兩脇苦痛。海藏云：陳皮治高氣，青皮治低氣。蓋身半以下屬陰，主血，故丹溪又云：炒黑則入血分也。大抵小兒多積滯，故幼科亦常用之。

山楂：　無毒，酸，甘，微溫。入足陽明、太陰、厥陰血分。善化飲食，消肉積，行血滯。痘疹家治見點不快及乾黑等候用之者，謂其能行氣血之滯也。要其性酸斂，發瘡之言未可深信，如用須以他藥佐之。《金鏡》云其有制參、耆之功，愚以方用參、耆雖加楂子，補力仍在，第其中有補氣活血之妙，學者宜以意會之。

檳榔：　無毒，苦，濇，辛，溫。能墜氣下行，通腸胃中積滯甚速，佐以升麻治後重。痘疹大便氣秘者可暫用。

大腹皮：　微毒，辛，溫。善泄腸胃中一切熱毒脹氣，兼消肌膚中水氣浮腫。故痘疹熱毒壅遏者，有十神散、鬱二湯中皆用之。入藥宜豆淋酒洗過方效。

厚朴：　無毒，苦，辛，溫。入足陽明經。專瀉胃中實，除心腹脹滿為第一品要藥。兼療嘔逆，泄瀉不止。痘瘡挾食積者宜加用之。又異功散內亦用，大抵合補藥服之則取其溫而能補，合瀉藥服之又取其苦而能瀉，在配方之得其宜耳。

枳殼、實：　無毒，苦，辛，酸，溫。殼入肺而主氣，治胸膈停滯及大腸氣秘之疾。實入胃而走血，故治心下痞痛及腹內堅滿之疾。痘疹受飲食所傷，腸胃秘結者宜用之。大抵殼性緩而主上，故專走氣分。實性速而主下，故兼入血分。《金鏡》言二物皆散氣寬胸，獨實治小腸熱者，殊出不解。

梔子：　無毒，苦，寒。能瀉金中之火，導心經客熱，療胸煩懊憹，止吐衄血等。痘疹肺胃煩熱，發斑尿血者每用之。又方家以之治煩躁，蓋煩出於肺，躁出於腎，須鹽酒炒用之妙。

黃蘗：　無毒，苦，寒。專瀉腎、膀〔胱〕之火。云補陰者，以火瀉而水得其養也。痘發時頻下及項、脊、腰、股，皆綿密者，為腎、〔膀〕胱火熾，宜酒炒大劑用之。又下部淫濕不收者亦用，以其苦燥故也。又苦能安蚘，小兒蚘厥方必用之。

桑皮：　無毒，甘，辛，寒。色白性燥，能去肺中水氣伏火，定喘嗽，解熱渴，消胸腹脹滿，利大小腸。大抵上焦有濕熱者宜用。錢仲陽治肺氣喘滿，咳嗽面腫，身熱盛者，瀉白散內用之為君。又夾痧疹痘用上方為對證藥。肺氣虛燥者忌之。

地骨皮：　無毒，甘，微苦，寒。入手少陽、足少陰經。降三焦命門氣分之火，療骨蒸肌熱，自汗。痘疹散鬱湯內用之，謂能消擁熱於筋骨之間；如欲涼血分熱，須用生地、丹皮之類用之。

茯苓：　無毒，甘，淡，平。白者清脾而利脾濕，赤者通心而導小腸。痘疹擁熱，嘔吐泄瀉者，可與豬苓同用。但豬苓之味微苦，性專泄而不收，此則味甘而能益氣和中，故保嬰湯內用之，取其同歸、芍、參、朮等有平補氣血之功。其抱木者為神，能解勞熱口乾，驚悸善忘等，凡小兒心熱驚癎之疾宜用之。

角刺：　無毒，辛，溫。其性上行，又外行而直透肌肉，能治痘疔痘毒，癰腫瘡癩等，活命飲中用之，正取其消解熱毒之義。

訶子：　無毒，苦，酸，溫。入手陽明、太陰經。其用急於泄氣，而收斂之性隨之，故主冷氣促結，心腹脹滿，此苦能泄氣也。又主洩瀉滑脫不禁，此酸以收斂也。陳氏木香散內用之，以止裏虛瀉渴，腹脹氣促，苟非其證而亦用，將熱毒之氣為其止澀，殺人甚速，可不慎之？

肉桂：　有毒，甘，辛，大熱。入足太陰、少陰血分。能主四肢厥逆，心腹冷痛，下焦沉寒等證用之，以通血脈，生肌肉，疏理不足。痘瘡為表裏俱寒，灰白癢塌，泄瀉，四肢冰伏者，陳氏異功、木香散兩用之，苟非虛寒內有伏熱者服之，禍不旋踵。

丁香：　無毒，辛，溫。入足陽明經。能主胃寒，虛噦霍亂，泄瀉嘔逆，理上焦元氣。痘瘡色白不起，或吐或瀉者用之。要之灰白色每係火證，如悮用之殺人。

乳香：　無毒，苦，辛，溫。入手少陰經。能通心活血，兼調氣而止痛。蓋血活則氣調，而痛自止也。痘後餘毒未盡，發為癰疽者，解毒藥內每同沒藥並用。但沒藥散血，痘前所忌，此能活血，兼可起痘，故聞人規治斑痘不快，用同豬心血丸服，第其性燥熱，痘科用之亦不宜多。

冰片：　無毒，辛，微苦，溫。入手少陰經。性純陽而飛竄，能散熱毒，通利結氣。痘疹心熱狂躁，變黑倒靨者用豬心血和丸，紫草湯化下，即心神安定，瘡毒透出。此以熱攻熱，乃從治之法也，學者宜審用之。

朱砂：　無毒，甘，微寒。入手少陰經。色赤象火，能鎮心養神，除驚熱。世方用之以治胎毒、痘毒者，蓋以生用之，則其性甘寒，能解有餘瘡毒之火。陳子季以小兒服朱砂下涎損神，想過用之咎耳。《金鏡》云：治熱盛狂言，可用少許安神，是能少服之亦無妨，若經火煉，大毒殺人。

石膏：　無毒，甘，辛，淡，寒。乃足陽明解肌清熱之藥，小兒痘疹不起，壯熱煩渴，自汗，腹中堅脹，喘不能息者，審其外無風寒所鬱，用升麻、葛根不應，宜以此藥下氣分之實熱，而痘自起。血虛發熱，胃弱不食者，如悮用之，為害不淺。《金鏡》云其消痰，消字宜作墜字看。

滑石：　無毒，甘，淡，大寒。不載經絡。性沉滑而色白，能利水道，蕩氣分之濕熱，故海藏稱其為至燥藥。《金鏡》云：解心火之熱毒，以小腸導而心熱自清也。愚以痘科小便不利，雖係熱證，不得輕加滑石，恐過洩津液，致有難於灌漿之患。又痘於暑月熱甚而潰爛者，宜以其末外撲之。

玄明粉：　無毒，鹹，微甘，寒。入手足陽明。能軟堅潤燥，瀉實除熱。痘疹內熱甚而不大便，雖係痞滿燥實堅俱全，藥中終不敢用者，恐亡其陰血津液，難於灌漿收靨也。設使毒擁熱鬱，三焦痞塞，二便齊閉，煩躁喘脹，腹內苦疼，外痘或出或不快，或乾黑紫陷者，宜用此藥與大黃共劑，不可拘拘於癍證不可下也。小兒平日胃弱脾洩者，宜臨時詳審，萬勿悮用。

蜂蜜：　無毒，甘，平。潤而能補，除眾病，和百藥，緩痛，滋燥清熱毒。痘疹諸丹丸膏中用之，或生取其涼而解毒，或熟取其溫而補中，用調諸藥，各從其宜。

僵蠶：　有小毒，鹹，辛，微溫。入手太陰、足厥陰經。療皮膚風熱之證。痘瘡家用之，謂能和血，貫漿定癢。大抵其性鹹毒，故能走血分而解毒，斯癢自定，而漿自貫。若無風濕熱毒之痘，而亦用之，徒足以散氣破血，謂其漿之能貫也，不亦悮夫？

桑蠹蟲：　無毒，甘，溫。入手足太陰經。能行滯氣，調營血，乃發痘貫漿之神藥。今醫用治痘瘡，見點五六七朝時不起發，不成膿，不光壯，而灰白倒靨者用之。愚以其入肺脾而善走皮毛肌肉之分，肌皮裏虛，痘故不能灌漿，治之以桑蟲汁白酒釀者，是以漿行漿也。痘惟發於寒月，或虛冷之證宜用，苟非虛寒更遇炎令服之，多悮。又柳蠹蟲有小毒，甘，辛，平。主治瘀血，腰脊瀝血痛，心腹血痛，風瘮風毒，目中膚翳，功同桑蠹。其蟲生柳木中甚多，內外潔白，今市家多以甘蔗鏤空飼之，以作桑蟲。痘如血熱毒盛，紫黑色者用之無害，如痘色嬌紅而漿不貫者亦用此辛毒之物，立見危殆，可不慎之？

蚯蚓：　有小毒，不載經絡。《本草》療傷寒溫病大熱狂煩。又主天行諸熱及大人小兒風熱，目赤喉痺，癲癇，腎臟風注，卵腫入腹，小便不通，從無治痘之說。劉禪師治痘裏發斑，但見形就是斑，不見痘樣，此係熱毒峻烈，克全者十止二三，兩日而斑見者，速清逐為上，患此者必煩躁譫語，渴飲不寧。用蚯蚓白頸老者五條，去土鹽之，日暴，須臾成水，和犀角尖磨水投飲，得生者多。此與用桑蠍相似，桑蠍汁調以酒漿，其性甘溫，用地龍水磨以犀角，其味鹹而性大寒，直制腎家相火，又解陽明胃家飲食之毒，此乃獨行相使之方。今庸工見有用地龍愈者，竟以之配入煎劑，殊出不解？《金鏡》不録者，以痘科不當用也。愚特補出，以痘非夾溫毒之氣而發斑發狂者，不宜用之。

全蠍： 有毒，甘、辛，平。入足厥陰。為治風之要藥。蓋風生熱，熱生驚，故治小兒驚癇，風熱癮疹。古方月裏患痘，有全蠍散，正取其治風定熱，兼攻胎毒之義。

蟬蛻： 無毒，甘、微鹹，涼。入足厥陰經。主小兒壯熱驚癇。痘疹風熱毒壅出不快，海藏云蟬性脫而退翳，故能治痘後目翳及結痂不落，皆取其脫之義。又主皮膚風癢者，以其能遠表也。《金鏡》云： 氣味甘溫，及其所主，又痘紅紫熱盛，則其性非甘溫，而兼鹹寒可知矣。虛寒痘毒輕者宜禁用。入藥去足翅。

鯪鯉甲： 有毒，鹹，寒。火炒則性燥而善走竄，能入血分，穿經絡，排膿透頂，內托癰腫，蟻螻惡瘡諸毒。古方鮮用之，以治痘惟楊仁齋始，云變黑不起者，製為散服之，能發紅色如神。不知此惟血滯不行，毒氣擁遏之證宜之，乃以毒攻毒之劫劑。《金鏡》認以為解毒起痘之藥，凡遇黑陷，不論虛實，一概輕服。多服漿見陰血燥涸，毒氣彌熾，不成漿，不收靨而死者多矣，豈僅防咽喉之乾燥乎？痘疹家宜少服暫服之妙。

真珠： 無毒，鹹、甘，寒。入手足厥陰經。能鎮心墜痰，安魂定魄，除小兒驚熱，煩渴，麩豆瘡入眼，又塗疔。四聖散內用之，取其鹹寒去火，甘寒能解毒也。張子和云其發癡痘者，此必是火熱痘宜之耳。否則勿輕用之。

鱖魪 魪，俗訛為師。 有毒。《本草》從無治痘之說，今世俗煮與兒食，謂能起發痘瘡。愚以無鱗之魚皆毒，痘瘡不起，每由於毒盛熱壅，或氣血虛不能載毒而出，或係風寒鬱表一時不能透發，宜各尋其因而治之，則毒自解，而痘自出。曾見小兒多食毒物，致使其痘大發，斑爛不救。錢氏所云： 一倍變為十倍，十瘡合為一瘡者，皆毒物使然也。用者合行戒之。

鷄冠血： 無毒，鹹，平。《本草》主治經絡間風熱及小兒卒驚客忤等，未聞有治痘之說。惟《痘疹正宗》始云： 鷄冠血和酒服發痘最佳。彼以鷄屬巽屬風，頂血至清至高故也。大抵痘瘡色淡而頂不起者大宜服之。愚以痘淡不起，乃營血內虛，不能透毒於表，是在表之陽氣亦不能伸越也。鷄冠本陰血所成，而上溢乎首，其為陽氣正充，故能入營透衛升頂，能使瘡色頃刻紅活，為痘家之仙藥，比之甲末桑蟲輩功勝百倍。今醫多以白酒漿和服之。

豬心血： 無毒，鹹，平。入手少陰。療驚癇癲疾，卒中惡死。沈存中治痘瘡黑陷，臘月收獖豬 牡去勢為獖，音墳。 心血，瓶乾之，每用一錢，入龍腦少許，研勻，酒服，須臾紅活，神效。或用豬尾血者，取其動而不息也。如無乾血，或生血調服。

兔血： 無毒，鹹，寒。不載經絡。能涼血活血，解胎中毒。古方如蟾宮丸，治小兒胎毒，遇風寒即發痘疹，臘月八日取兔血，以細麪炒熟和丸如椒子大，每服三十丸，綠豆湯下効。《經驗方》加硃砂，《保壽堂方》加雄黃，取其入營而解毒也。《金鏡》不録，今補入。

狗屎米： 無毒，甘，溫。入足太陰、陽明經。主噎膈風病，痘瘡倒陷。《大全方》用白狗或黑狗一隻，餵以生糯米，候下屎，取未化米為末，入麝少許，新汲水服一二錢，取其解毒化漿之義。

牛黃： 有小毒，苦，微甘，平。入手少陰、足厥陰經。主小兒百病，諸癇熱口不開，又能利驚痰風疾。蓋熱甚則風生，而驚痰之證隨起，此能清心涼肝，斯小兒百病自除矣。瀕湖云： 痘瘡紫色發狂譫語者可用，正取其苦能勝火，寒能平熱故耳。《金鏡》云其解心火之毒，以心臟為瘡瘍所屬，此亦苦寒解散火毒之義。痘科外敷藥亦用之。

象牙： 無毒，甘，寒。不載經絡。王氏方治痘疹不收，取其屑炒黃赤，為末，白水下錢許，正取其甘能解毒、寒能勝熱之義。又保元湯內加白术、茯苓、何首烏、糯米、大棗，水煎調下象牙末一錢，即名象牙散，用以收漿結痂大效。《金鏡》云其起痘及眼中有痘者，磨水點之，愚曾取試亦無驗。

犀角： 無毒，苦、辛、甘，寒，其性涼散。入足陽明，而清解胃府熱毒。痘瘡夾斑稠密黑陷，或不結痂者，此陽明胃府飲食之熱毒盛也。犀角之苦寒能清熱，辛甘能散毒，故錢氏方水磨濃汁飲，謂能治瘡疹稠密也。《金鏡》云其去心火，凡瘡痘紫黑，血分熱者用之。大抵胃之熱毒散，斯心火亦隨之而去矣。入藥宜鎊屑，或生磨汁服。

羚羊角： 無毒，苦，鹹，寒。入足厥陰經。能平肝除熱，解毒。又能清肺者，以其色白也。《本草》止療小兒驚癇，從無治痘之說，惟《金鏡》云痘紅盛者可用，此必是肝臟有實熱者宜之。否則，反受剋削之害。慎之！慎之！

鹿茸： 無毒，甘、鹹、酸，溫。入足少陰命門。其性膩熱，乃填陰補陽之仙藥。《本草》雖無治痘一條，而《金鏡》甚稱之，謂痘色灰白不起用之能行氣助血貫漿。蓋痘瘡之得以起發成膿收靨者，始終一氣血耳。瘡色灰白，此氣虛血少也。此能填補陰陽，而氣血自充，又何色不紅活，漿不充貫哉？但痘瘡火證，有熱毒過極反成灰白者，故灰亦從火化也，苟非虛寒痘家，如輕用之，為害不淺。

麝臍香：　無毒，辛，溫。入十二經。其性竄烈，能通關竅之閉塞，開經絡之壅滯。《本草》療小兒驚癇客忤，若痘瘡倒靨，未聞治及。今痘疹方如獨神散、人牙散等，皆以之為佐，何也？愚謂倒靨一候，有被穢氣所觸者，世方用麝，此不過暫假之以辟一時穢惡不正之氣，倘過服之，則散氣耗血，反致不痂之患，醫者可不慎之？

人牙齒：　有毒，甘，鹹，熱。入足少陰經。世俗用之以治痘瘡倒靨，稱為神品。瀕湖云：　夫齒者，腎之標，骨之餘也。痘瘡則毒自腎出，方長之際，外為風寒穢氣所冒，腠理閉塞，血澀不行，毒不能出，或變黑倒靨，宜用此物，以酒麝達之，竄入腎經，發出毒氣，使熱令復行，而瘡自紅活，蓋劫劑也。若伏毒在心，昏冒不省人事及氣虛色白癢塌，不能作漿，熱痱紫泡之證，止宜解毒補虛；　苟悞用此，則鬱悶聲啞，反成不收，可不慎哉？　無價散用同貓牙、豬牙、犬牙等分，火煅為末，每服蜜水調一字，皆取入腎發毒之義。

乳汁：　無毒，甘，鹹，平，不載經絡。《本草》補五臟，令人肥白悅澤。又治瘦悴，澤皮膚，潤毛髮。白飛霞云：　服人乳大能益心氣，補腦髓，止消渴，治風火證。《秘要》用治痘瘡頂陷無膿為逆，急用保元加川芎、歸、芍、木香、肉桂、糯米煎熟，加人乳，好酒溫服。又色白如水晶，內無膿者，宜保元加糯米、人乳，好酒服之。蓋人乳本血液所化而色白，故兼走氣分。痘漿乃營血所成而外溢乎氣分，故小兒患痘，惟乳足則漿易灌。吳中之醫，有以羊婆奶為能發漿，何如人乳之氣血兼補，其力為尤勝乎？

人屎：　無毒，苦，鹹，寒。不載經絡。《本草》治天行大熱狂走，解諸毒。張子和治痘瘡倒靨及灰白下陷，用童糞煅過，入龍腦少許，蜜水調服。是痘科用燒人屎自子和始。又萬氏治痘瘡稠密不起，發不紅活不光壯，或焮腫紫赤，或平塌灰白，或青乾枯萎，或黑陷癢塌，或癰腫疔毒，古方如匀氣散、活血散、消毒飲、奪命丹、四物、四君子、十全大補湯中，皆用燒人屎加入主之。愚以人屎鹹寒解毒，既從火化，則性稍溫，凡補瀉溫涼藥中，悉可加入，而解毒之用不殊。又四靈無價散，同豬狗貓糞共劑，實一理耳。今醫以其臭穢而罕用之。

清・葉大椿《痘學真傳》卷八　草部　人參：　味甘，微溫。職專補氣，而肺為主氣之臟，故獨入肺經。肺家氣旺，則心脾肝腎之氣皆旺，所以補益獨魁群草，托裏排膿，安神健脉，止渴生津。治痘氣虛表，虛無膿者，元氣虛弱，胃冷吐利者，始終必用。少則壅滯，多則宣通。若肺熱嗽甚，以苦茶浸用。凡痘在三日前不可用。若兼紅紫斑者，火毒尚留臟位者，俱忌用。　甘草：　獨甘氣平，生寒熟溫。專入脾胃，味居中宮，而能統乎五行，是以可上可下，可內可外，有補有瀉。生能瀉痘家之火，解熱毒疫癘；　稍能除胃中積熱，莖中痛；　節能消腫導毒；　炙能補三焦元氣，健胃和中，養血補血。誠為九土之精，故能化百毒，和諸藥。熱藥用之緩其熱，寒藥用之緩其寒；　理中湯用之恐其僭上，承氣湯用之恐其速下。凡下焦藥中及嘔吐中滿勿用。

黃耆：　味甘，微溫。入肺而固表虛之汗，充膚實腠；　入脾而托已潰之瘡，生肌收口，逐五臟惡血，去皮膚虛熱。痘家脾胃虛弱，消渴腹痛泄利，血脉不行，漿澹回遲，為內托必用之藥。同人參、甘草能除大熱。性畏防風，所謂得防風其功愈大，乃相畏而相使也。宜酒炙。如氣寔胸滿，腸胃積滯，血熱毒未解，痘毒初潰者禁用。　白朮：　味甘，氣溫。得中宮沖和之氣，補脾胃者無出其右，土旺則能健運，故不能食者，食停滯者，有痞積者用之。土旺則能勝濕，故患痰飲者、腫滿者、濕痺者用之。土旺則清氣善升而精微上奉，濁氣善降而糟粕下輸，故吐瀉者用之。濕去則氣得周流，生津止渴；　濕去則痰自不生，和中除熱。痘自四日以後多用，如熱盛瘡乾者忌之。米泔浸，飯上蒸，借穀氣以和脾也。壁土炒，竊土氣以助脾也。太燥用蜜水炒。太滯用薑汁炒。痂皮不落，宜桂湯浸用。凡血少精弱，內熱口乾，唇燥咳嗽，失血便秘，瘡色肌膚乾燥，痘毒將潰者，禁忌。　蒼朮：　苦甘辛，氣溫。入脾胃二經。發汗而去風寒濕，下氣而消痰食水。開鬱有神功，腫脹為要藥。化一切積塊，除諸病吐瀉。善逐鬼邪，能弭災沴。痘家濕癢不結痂用之，房中常燒，可辟穢氣。糯米泔水浸二日，炒黃色。用忌同白朮，併忌二朮同用。

桔梗：　辛苦，微溫。入肺經。載諸藥于至高之分，為舟楫之劑。肺金稱職，則清肅下行，故能利膈下氣，散痞滿，治胸脇痛，破血結，消痰涎，理喘咳，療肺癰，排膿血，清上焦熱。專主痘家頭目、咽喉、口鼻、胸膈諸症。若氣上逆及在下焦者勿用。　知母：　苦辛，性寒。為腎經本藥。兼清肺涼心，止驚消痰，治嗽解渴。痘家實熱者宜用，胃弱洩瀉者禁之。去皮，鹽酒炒。　遠志：味苦，性溫。腎經氣分藥也。長肌肉，助筋骨，理一切癰疽，破腎積奔豚。痘家中附子毒，煎汁解之。除皮膚中熱，去面目間黃。甘草湯浸一宿，焙用。　玄參：苦鹹，微寒。腎經藥也。清腎家之火，解瘢疹之毒，利咽喉，通小便，明眼目，散癰腫。出痘煩躁不眠，真陰失守，法當壯水制火，以玄參、地黃同功，且為樞機之劑，管領諸氣上下清肅而不濁。若胸中氤氳之氣，無根之火，非此不除。腹痛洩瀉者忌用。　地榆：苦甘酸，微寒。肝家藥也。善入下焦理血，止冷熱痢、疳痢，吐血、鼻衄、久瀉等症。除惡肉，療金瘡，止膿血，解渴明目，乃痘家失血下痢、下部濕熱之藥。小兒胃熱作泄禁服。忌火氣。　丹參：味苦，微寒。心與胞絡血分藥也。止煩滿，去心腹痛，除眼赤，治骨節疼，止痛排膿，生肌長肉。痘家用以養血清熱而不膩膈，與四物同功，血虛身熱者最宜。酒潤微焙。　白及：苦辛，性平。能澁善收，頗合秋金之德，故入肺則理傷洩熱，外敷則止痛生肌。痘後面上皯皰宜敷，令人肌滑。如痘毒潰禁用。　黃連：味苦，性寒。耑入心經，為治火之主藥。瀉心火而治痞滿，療痢疾而止腹痛，清肝胆而明眼目，祛濕熱而理瘡瘍，利水道而厚腸胃。痘家煩熱消渴，實火毒盛之聖藥。治熱宜生用，治嘔吐薑汁炒，治瀉痢壁土炒。研末可吹齦舌，煎膏可護兩眼。若痘瘡陽虛作瀉、行漿後洩瀉者酌用，蓋虛火與實火不同治也。　胡黃連：味苦，性寒。本入心經，旁通肝胆。治五心煩熱，久痢成疳，霍亂驚癇，骨蒸溫瘧等症。痘家濕熱邪熱、陰分伏熱者用之。能消菓子積，理腰腎，去陰汗。惟陰血虛、胃氣弱忌用。　黃芩：味苦，性寒。煮熟切片炒。輕飄者入肺，堅實者入大腸。治風熱、濕熱、痰熱，骨蒸，寒熱往來，喉間腥氣，小腸絞痛，消穀，利小腸。痘家實熱可用。孕婦出痘最宜。虛熱禁用。　秦艽：苦辛，微溫。入胃與大腸，兼通肝胆。苦能洩，辛能散，微溫能通利，故能養血榮筋，除蒸退熱，理肢節痛及攣急不遂，肝胆伏風。痘後肢節筋脉痛者宜之。虛寒及小便不禁者勿服。　柴胡：苦辛，微寒。入胆經。治寒熱往來，目赤脇痛，口苦耳聾，五疳羸熱。痘家用之升提肝氣，左旋上達解熱。托痘可作湯浴。嘔吐氣升者禁用。　前胡：味苦，微寒。入肺肝二經。柴胡主升，前胡主降，驅痰下氣，搜風除熱。痘家風痰咳嗽可用，解熱，孕婦出痘亦用安胎。　防風：甘辛，微溫。入膀胱、肺經。職居卑賤，隨引即至，痘被風寒閉塞不起者必用。疎風利熱，解毒止癢，發表解肌為最要。四肢痘不起發者，酒洗，內與白芍、桂枝同服，外用荊芥、柴胡煎湯浴熨。痘濕者用之，風能勝濕也。乾者用之，風藥中之潤劑也。惟脾虛甚者禁用。　羌獨活：辛苦，微溫。入肝腎二經，又為小腸、膀胱引經之藥。羌活治上，獨活治下。小無不入，大無不通，能散肌表八風之邪，利週身骨節之痛。痘症發熱頭疼，瘡腫眼疾俱用之。氣血兩虛者禁服。　升麻：甘辛微苦，微寒。入脾胃二經，兼入大腸。升提氣血，發散風邪。痘症初中末皆可用。初則發洩熱毒，中則升提發表，痘後補脾藥中能使下陷之氣從右而上升。惟順症見點後不必用。　苦參：苦寒，純陰，入腎之藥也。研末大可敷瘡，煎湯痘後可浴。　白鮮皮：苦鹹，微寒。入肺脾二經，兼入小腸、胃腑。內服通關利竅，邪熱驚癇可除；外洗驅風去濕，疹癩瘡瘍自愈。痘後發毒不可屈伸者宜用。多服損氣。

紫草：味苦，性寒。入心胞絡及肝經血分。活血涼血，通大小腸。痘家血熱毒盛者，非此不涼；大便閉鞕者，非此不解；乾枯而毒不得發越者，非此不宣。痘疔痘毒賴以消除，夾疹夾班藉以清退。惟小便利，氣虛胃弱泄瀉不食者，不宜多服。　肉蓯蓉：甘鹹，微溫。補腎而不峻，故有從容之號。痘症大便燥結而虛極不可下者，用此即潤。丹溪云：雖能補精血，驟用反大便。惟洩瀉者，忌之。　沙參：味苦，微寒。入肺經。痘家排膿消腫，清火止嗽，治驚煩，補虛損，長肌肉，益精氣。性用寬緩，不堪任重。　萎蕤：味甘，氣平。入脾腎經。補中益氣，潤肺除煩。痘家目痛眦爛淚出者多用。痘後面黑䵟者可敷。治莖中寒，小便頻數。　貝母：辛苦，微寒。入心肺二臟。消痰止嗽，解熱除煩，為痘家潤燥治滿要藥。痘毒收口可敷。俗代半夏，甚悞。滲濕劑中不可仝用。　茅根：味甘，微寒。入心脾胃經。潤大腸，利小便，搗汁能消渴除煩熱。俗以為升發，悞矣！惟因寒發嘔噦者忌。

細辛：味辛，氣溫。入肝腎二經，又為心臟引經之藥。溫能散寒，辛能開竅，更能燥濕，為痘家發表癢瘍必用之品。辛烈可作湯浴，芳香堪為藥摻。凡入升發藥中，不過五分，以其氣味厚而性烈耳。　當歸：甘辛，微溫。入心肝脾經。補血虛，托痘毒，排膿止痛，潤燥生肌。血熱用尾，血虛用頭身。洩瀉禁用。　川芎：味辛，微溫。入肝經。善治頭面之風，能通血中之氣。痘家頭面不起及作癢血虛者，用之以助生發，散寒邪，利頭目，引參耆以補元陽，率歸地以滋陰涸，排膿長肉，升提散滯。七日前必用，但忌獨用久服。

蛇床子：苦辛甘，性平。入腎經。祛風燥濕，消腫除癢。同荊芥、防風煎湯可洗，和白及、冰片研末堪敷。

白芷：味辛，氣溫。入大腸、胃經，兼行脾臟。發表解肌，驅風燥濕。凡痘家頭痛發熱痘伏不起者，虚寒漿緩潰爛作癢者，痘後手足發癰毒者，俱用之回脫，而面多鼾疱者用蜜調敷。

白芍藥：苦酸，微寒。入肝脾二經。止血虚腹痛，佐芎歸則補血潤涸緩中，佐升葛則發表驅邪散毒。芍藥得甲木之氣，甘草稟己土之精，兩味相合，甲己化土，為痘家滋陰健脾聖劑。然芍藥性屬收斂，用于中末尤佳。至痘手足不起發，及癢瘍者，脾虚也，宜酒炒多用。

赤芍藥氣味經絡俱同，然白者補，赤者瀉。赤者利小便，下氣破血，痘初發，攻毒解熱劑中用之。

牡丹皮：苦辛，微寒。入心、肝、腎、胞絡。涼血清熱，排膿止痛，血熱毒盛之症宜用。

木香：辛苦，氣溫。入三焦氣分。調氣和胃，散滯止瀉。與青皮皆為痘家要藥，以其能通行三焦上下，而健脾胃，消食積，能變糞黄色，止心腹痛，辟疫毒氣，順氣則痘出自快，頂陷可起，積滯自去，天行熱病若發赤黑瘢宜多服。內熱禁用。

草豆蔻：味辛，微溫。入脾胃二經。炒末溫中下氣，燥濕祛寒。痘家用治心腹疼痛，嘔吐瀉痢，去口臭，消食除瘴。內熱忌之。

白豆蔻：味辛，微溫。入肺胃二經。散滯祛積，止吐下氣。痘症用消食積停留，退目中雲翳，別有清高之氣，能除肺中滯氣冷氣。脾虚瘧疾，研細投服。忌火力，內熱者量用。

砂仁：味辛，微溫。薑汁炒，入脾、肺、胃、腎。和中行氣，消食止痛。治痘瘡泄利，傷食及孕婦出痘。禁用肺熱咳嗽。

益智子：味辛，氣溫。入脾腎二經。痘家益氣安神，開胃進食，攝涎唾，治小便多及餘瀝。

肉果：味辛，性溫。入脾、胃、大腸。暖胃消食，寬中止瀉。痘家咬牙寒戰，泄瀉吐逆者宜用。將麵團包煨熟，紙搥去油聽用。

補骨脂：味辛，大溫。入心胞絡、脾經。治骨髓傷敗，腰膝痠疼，及痘家痞滿少食，勞傷虚冷，胡桃肉佐之尤良。

薑黄：苦辛，大溫。入肝脾二經。下氣破血，消腫除熱。痘家手臂痛，毒壅血滯者用之，功力烈于鬱金。內服除結積，外敷消癰瘇。

鬱金：辛苦，氣溫。入心肝胃經。涼心止血，下氣除疼。痘疹陷伏，須此發之，痘毒入心最為要劑。又主尿血不定，毒壅鬱遏之症，磨汁入藥調服。

蓬朮：苦辛，微溫。入肝經。破積除痛，解毒磨堅。痘家用理氣中之血。凡積滯凝痛者宜之。虚者禁用。

香附：甘辛，氣溫。入肝肺氣分。消痰食，散風寒，行氣血，止諸痛。痘家皮膚搔癢，胸中壅閉，飲食停滯者用之；婦人出痘尤為要劑。童便浸一宿，取起水洗過，醋浸炒黑備用。

藿香：辛甘，微溫。入脾肺胃三經。開胃進食，快氣溫中，為痘症嘔吐噦逆之劑。

澤蘭：苦甘，微溫。肝脾藥也。破血通滯，快氣行水，產婦出痘宜之。

香薷：味辛，氣溫。入脾胃心經。發散暑邪，通利小便，定霍亂，止腹痛。夏月出痘宜用。尤去口臭。忌見火。

荊芥穗：味辛，氣溫。入肝肺二經。散風熱，清頭目，利咽喉，消瘡毒。治痘症出不快，發不透，皮膚作癢，譫語發狂。疎風而退上焦鬱滯之火，煎湯以洗焦黑冰伏之痘。通利血脉，傳送五臟。疎風生用，清火炒黑。表虚汗多者禁用。

薄苛：辛苦，氣涼。入肺肝二經。除風熱，清頭目，利咽喉，止痰嗽，去舌胎，止霍亂。痘家上行之藥，能引諸藥入榮衛，通利關節，發汗，消壯熱，清頭面之風，風涎驚悸，皆不可缺。若氣虚身熱及痘後疳積身熱者皆忌。

紫蘇：辛甘，氣溫。入心肺胃經。解肌發表，開胃下食，除心腹脹滿，治寒中冷氣，發散痘前乾熱無汗。梗能行氣安胎。子可消痰定喘。葉性芬芳，大虚者酌用。

甘菊花：味甘，氣平。入肺腎兩經。清頭目風熱，去翳膜遮睛。益肺金，則肝木有制，而風自息。補腎水，則心火有制，而熱自除。搗花葉可敷痘疔，煎濃湯可洗赤眼，凡痘後目疾可用。

艾葉：辛苦，氣溫。通行十二經，有徹上徹下之功。痘室燒烟辟穢。嚴寒出痘冰伏，亦可煎湯溫之。

茵陳蒿：苦平，微寒。入膀胱經。治發黄，祛濕熱，利小便，通關節。夏月痘症熱甚，小便不利者宜用。如痘子瘙癢，可作薰藥，以其去濕熱也。

茺蔚子：辛甘，微溫。入肝心二經血分。明目益精，下水消腫。莖名益母草，功用略同。子則行中帶補。莖則耑主行血，孕產出痘宜用。痘後如瞳人散大禁服。

夏枯草：苦辛，微寒。入肝胆二經。疏通結氣，止目珠疼。痘前服可宣發，痘後煎湯可浴。

旋覆花：鹹甘，微溫。入肺與大腸。消結痰，散風濕，開胃氣，止嘔逆，為痘家通血下氣行水之品。

紅花：味辛，微溫。入心與肝血分藥也。去瘀散腫，活血止痛。多用破血，少用養血。孕婦出痘艱產宜多服之。其苗搗敷可治癰腫。其子吞服可發痘疹。胭脂滴耳，耳瘡自愈。敷兩目，目自無傷。遇痘毒痘疔，銀簪剔破，吮出惡血，同冰片、珍珠抹入即愈。

續斷：苦辛，微溫。入肝心二經。續筋骨，助血氣，消腫毒，止遺泄。痘家取其宣中帶補，止痛生肌，養血理氣，乃關節緩急、腰痛折傷之要劑也。禁與苦寒藥仝用。

牛蒡子：味辛，微溫。入肺胃二經。痘家利咽喉，退風熱，明目消毒，色紅紫毒盛者必用。潤肺金而退風熱，祛痰癰而除臃腫，消班疹毒，出癰疽頭。泄瀉禁用。　蘆根：味甘，氣寒。益胃和中，除熱降火。痘症胃熱毒重者可用。　麻黄：辛苦微甘，性溫。入肺、胃、心、大腸。解肌發表殊功，出汗祛邪最烈。凡痘疹出遲及黑陷倒靨者急用。去營中沉寒，消赤黑斑毒，泄衛中風熱，通利九竅，宣達皮毛，止欬逆，散腫脹。惟腠理不密者忌之。　木賊：甘苦，微溫。入肝胆二經。退翳明目，止休息久痢。痘後目疾可用。　燈草心：味甘，氣平。入心、小腸經。清心解熱，利水祛毒。痘家用利小便。浸油可釣耳蟲，燒灰堪吹喉痺。灰塗乳上，兒吮可治夜啼。　生地：甘苦，性寒。入心腎肝脾。滋腎水，益真陰，填骨髓，長肌肉，利耳目，解煩熱。痘家用治血熱毒盛，涼心火，止鼻衄，瀉大腸燥結，清掌中熱痛，潤皮膚，理折傷。胃寒禁用。　熟地：味甘，微溫。入肝腎二經。補血虚，滋腎水。痘症血虚不灌漿，色澹乾枯，真陰燥涸宜用。婦人出痘必需少佐香燥之品，以疏其滯，功用尤捷。　牛膝：苦酸，性平。入肝腎二經。強陰壯筋，除傷止痛，治久瘧，出竹木刺。痘家活血生血，引諸藥下行，四肢拘攣，腰膝痛楚者必用。莖中滯痛，便急不利者殊功。孕婦出痘，臨產甚速。凡便滑者酌用。　紫菀：苦辛，微溫。入肺腎二經。益肺調中，消痰定喘。痘家咳嗽宜用，以其辛而不燥，潤而不寒，補而不滯。如獨用多用，其效尤速，小便不通及溺血者立愈。　麥門冬：甘平，微寒。入心肺胃經。瀉肺中伏火，定心臟驚煩。痘家消痰止嗽，定喘祛熱，止血熱妄行。若痘無漿而煩渴躁熱者宜多用。虚寒洩瀉者禁之。　欵冬花：辛甘，微溫。痘症久嗽痰喘宜用，以其性具辛溫，却不燥熱，其體輕揚上達至高之府而奏功也。凡肺家虚實寒熱皆可施用。　决明子：鹹苦甘平，微寒。耑走肝家，兼行胆腎。清風熱，去翳膜。痘家眼疾必用。宜炒研末。　瞿麥：苦辛，微寒。入膀胱經。痘家清熱利便，去翳明目。　葶藶子：辛苦，氣寒。酒炒入肺與大腸、膀胱。行水下氣，止嗽定喘。痘症水氣滿急者宜之。忌多用。　車前子：甘鹹，微寒。入胃與膀胱。清暑氣，除濕痺。痘家目痛，小便淋閉者最良。　連翹：味苦，微寒。入三焦、心、胆、大腸。瀉心火，除心經客熱，消癉毒，除諸癰惡瘡。痘症五内邪熱，紫色毒甚者最效。治發斑狂言，百節癰腫，小便不利，氣聚血凝。如泄瀉忌服。　青黛：鹹甘，性寒。入肝經。解諸熱，殺疳蟲，療小兒諸熱驚癎。痘後疳積宜服，熱毒惡腫可敷。　沙苑蒺藜：苦辛，微寒。入肝與腎。補腎止疼，除煩下氣。痘後宜服。　白蒺藜：味甘平，氣薄。痘家用為明目補腎，治風消痰，頭瘡癰腫。痘後磨粉敷之，炒搥去刺，研末。　穀精草：味辛，氣平。入肝與胃。通氣散結，祛風明目。痘後退目翳，功勝他藥。但氣味俱薄，多用有效。　大黄：味苦，性寒。直入大腸，胃腑，兼行胞絡、肝經。通利水穀，蕩滌腸胃，寬心腹脹滿，下大便燥結。痘症鬱熱毒盛，煩燥便閉者速下之，不可拘始終不宜下之説，致病不救。和蒼朮、大棗，痘房可燒。作末堪敷熱腫。　甘遂：苦甘，大寒。攻堅破結，疏通水道。痘症浮腫未消，以末遶臍外塗滿腹。并可塗痘毒。内服甘草湯，腫自退，毒自消。赤皮者佳，白皮者劣。麵裹煨熟，以去其毒。蓖麻子：甘辛，性熱，有毒。去腐追膿，拔有形之毒，退紅療痛，消無名之腫。僅可外敷，不堪内服。　常山：苦辛，性寒，有毒。消痰截瘧如神。若生用多用，同甘草用，則吐。酒浸六時，炒透，用錢許，可除痘後久瘧。　附子：辛甘，大熱，有毒。通行十二經，無所不入。祛除厥冷，補助真元。痘症洩瀉内虚，手足厥冷，寒戰咬牙，色灰白而癢塌冰伏者急用，其餘不可妄投。中者為附子，小者為烏頭，大者為天雄。有風止用烏頭，有寒必需附子。若天雄則氣太足，功稍遜于附子。痘後餘毒，久潰不收，皆可為末斂之。天南星：苦辛，微溫，有毒。入肺脾肝經。治風散血，攻堅拔毒。臈月入黄牛胆中製久，為小兒消痰鎮驚要劑。痘家風痰驚癎重者酌用。　半夏：苦辛，生寒熟熱。入脾胃心胆。燥濕和中，消痰止嗽，健脾胃，定嘔噦，製麯性緩。痘家濕痰壅盛可用。陳氏木香異攻散中用以治煩渴者，蓋以辛溫體滑，能走氣化液以潤澤也。奈舉世守三禁之説，遂執而不通，觀陳氏方，可以悟矣。　芫花：味辛，性溫。入小腸與膀胱。解肌下氣，逐水消腫。痘症可用。　菟絲子：辛甘，氣平。腎家藥也。益氣力，堅筋骨，治腰膝痠軟，止溺有餘瀝。痘家明目，補劑最宜多用。其苗可研塗面瘢，煎湯浴痘。　五味子：皮肉酸甘，核仁苦辛，俱帶微鹹，故名五味，氣溫。入肺腎二經。滋腎中不足之水，收肺家耗散之金，定喘除嗽，斂汗明目。痘家夾疹者禁用。覆盆子：味甘，氣平。入腎經。強腎而無燥熱之偏，攝溺而無凝澁之害。痘家小便不禁者可用。　使君子：味甘，微溫。入脾經。殺疳退熱，健脾止瀉。痘家用為扶助脾胃，收斂虚熱。　馬兜鈴：味苦，性寒。痘家除熱止嗽，定喘消痰，肺經常用之品。根名青木香，亦能塗毒消腫。　牽牛子：

味辛，氣平。入大小腸、肺經。利小便，通大腸，除濕熱，疏壅結。痘疹黑陷，大小便不通，煩躁甚者用之。乃氣分要藥，血分不可用。白者略緩。　天花粉：甘苦，微寒。入肺經。痘家消痰止嗽，解渴除煩，排膿去毒，長肉生肌，煩滿毒盛者宜之。　瓜蔞仁：療痰喘尤速。莖葉可清暑熱。　葛根：辛甘，氣平。入胃經。解肌發表，去熱除煩。痘家惟表虛，順症見點便不必用，此外皆可多服。去大熱，除大毒，升提胃氣，宣發壅鬱，能使內無不出之毒，外無不足之痘。升麻葛根湯誠仙方也。七朝後忌用。　天門冬：苦甘，性寒。入肺腎二經。痘家止嗽消痰，解渴定喘，可治毒氣上攻，血熱妄行。如胃虛戒用。　百部：苦甘，微溫。入肺經。治寒嗽，定喘逆，薰蠓虱，殺諸蟲。痘家咳嗽甚者間用。　何首烏：苦澁，微溫。用黑豆九製，入肝腎二經。補血氣，強筋骨，斂虛汗，消癰腫。痘家需用亦同，痘後尤宜多服。　萆薢：苦甘，氣平。入肝腎胃經。痘後搜風去濕，補腎強筋，除莖中痛，止小便數。　威靈仙：辛鹹苦，微溫。入膀胱經。搜逐諸風，宣通五臟，消痰破積。痘家散風祛濕，間亦服之。氣弱者禁用。　敗草：即稻草覆於土墻多年者，研末敷痘瘡潰爛，補脾生肌，能解火毒。因稟稼穡之性，久承天地之氣，故可入藥。　防己：苦辛，微溫。入膀胱與小腸。去下焦風濕腫痛，除膀胱畜熱便閉。痘家間治水腫。　木通：辛甘，微寒。入心、腎、小腸、膀胱。利小便，消浮腫，除煩渴，清伏熱。痘家用木通以瀉內邪，使熱毒從小便而出。痘後發癰，用木通節有效。　鈎藤：味苦，微寒。入胞絡、肝經。治寒熱驚癇，夜啼瘛瘲，除胎風客忤，癇吊腹痛。痘家紫草散中仝此味發宣內毒，總除十二驚癇。　金銀花：味甘，微寒。入脾肝二經。除脹滿，止下痢，消癰散毒，補虛療風，誠解痘毒之至寶。痘前用之內毒漸輕，痘後用之餘毒自愈，虛實寒熱咸宜，慎勿忽之，宜獨用多用。　澤瀉：甘鹹，微寒。入腎與膀胱。除濕行水，通小便，止瀉。痘家用為利水祛濕。　石菖蒲：辛苦，微溫。入心脾二經。通九竅，明耳目，散風濕，殺諸蟲。痘症驚癇神昏譫妄者用之；痘後不着痂，潰爛成瘡疥者宜入丸劑。　石斛：苦鹹，氣平。入胃與心腎。益中氣，厚腸胃，長肌肉，逐邪熱，壯筋骨，強腰膝。痘家用治皮膚邪熱痱痛，腰膝軟弱。　紫草茸：古本不見，近刻但在紫草項下，註明紫草茸，染手者為佳。竟不知別有一種。余幼時見世叔華泓卿家有紫草茸，為發痘神丹，乃其高祖學士鴻山公使外國帶歸者。余取而藏之，每遇血熱毒壅，失血煩悶，頂陷不起，痘疔腫脹，於清解藥中研加四五分，無不神效。惜乎方書不載，不敢擅增本草。近見《神應心書》獨標紫草茸，色澹紅，出烏思藏，着大樹枝上，如白蠟，其價如金，不特發痘如神，用酒調服一二錢，能治諸腫毒惡瘡。又云：順手擂一錢，酒下，力能催生。此湫水譚應夢屢獲其效，併請正西番貢僧之語，至近時亦知茸非紫草之嫩苗，復悮認胭脂渣即是紫草茸，此說更謬。

木部

黃蘗：苦辛，性寒。入膀胱、腎經。肅清虛火，滋養真陰，疏小便，祛濕熱。痘家胃中結熱，膀胱壅塞者用之。爛痘可敷，口疳可吹。　厚朴：苦辛，微溫。入脾、胃、大腸經。濕滿能祛，可利水寬脹；實滿能洩，可下氣健脾。耑治痘瘡，腹脹氣壅，停食泄瀉。研末敷瘡濕潰爛，立愈。虛滿禁用。　杜仲：辛甘，微溫。本走肝經，兼行腎藏。痘後腰膝痠疼，脊中攣痛，下部無力者必用。　樗白皮：味苦，微寒，有小毒。入大腸、胃經。功能燥濕清熱，收斂固澁。痘症瀉痢，醋炙丸用，不宜煎劑。　訶子：酸苦濇，性溫。入大腸與肺。寬中止瀉，除嗽化痰。痘症虛寒久瀉，咽喉不利宜用。實熱毒盛禁之。　水楊：味苦，氣平。煎湯洗浴，痘若頂陷水伏，漿滯不起者，古人用此湯浴之，近時惟足冷用洗暖之。　蕪荑：味辛，性溫。入腸胃二經。除疳瀉冷痢，祛風淫諸蟲。痘後疳積蟲痛用之。　桑皮：甘辛，微寒。入肺經。痘家用以逐水除痰，止嗽定喘，及驚癇流涎，火丹重舌等症。作線可縫金瘡，燒灰亦滅黑痣。　大戟：苦甘，性寒。米泔浸，曬乾。如痘瘡黑陷，大小便不通，腹脹煩渴者，用此以瀉膀胱之熱邪。錢氏名百祥丸。虛寒者忌用。　枳殼：苦酸辛，微寒。入肺、胃、大腸。逐水消痰，化食寬脹，散痞止痛，下氣定嘔。痘症胸滿痞塞，遍身風疹，皮膚瘙癢者必用。開胃逐積，通關利竅，上焦氣分宜用。痘殼虛者忌之。　烏藥：味辛，氣平。治中惡疫瘴，霍亂吐瀉，痰食稽留，腫脹喘急。痘前後皆可用，惟行漿時忌之。　枳實：苦酸，微寒。麩炒黃，入脾胃二經。逐痰破結，有衝墻倒壁之能；祛熱除風，有勇悍酷烈之氣。治痘家心下痞滿，煩躁閉結，性酷而速，其治在下，比枳殼尤猛，功專消導而已，用者酌之。　梔子仁：味苦，性寒。入肺經，兼行心胃。瀉火除熱，利便下氣。凡痘中一切有餘火毒，熱邪心煩不眠，壯熱失血，目赤熱痛，煩躁便閉者，炒黑用之。小兒湯火燙瘡可敷，婦人出痘下痢可止。胃虛禁用。　酸棗仁：味酸，氣平。入肝胆二經。

痘中虛煩不眠，四肢酸痛，睡中汗出者，炒研末用之。　山茱萸：　味酸，氣平。入肝腎二經。暖腰膝，壯筋骨，益耳目，縮便溺。痘症腰痛，腎虛濕熱者用。入地黃丸，亦乙癸同原並治之意。　金櫻子：　酸濇，性溫。入大腸、膀胱、腎經。療脾泄，止下痢。痘家久痢不愈者可用。　郁李仁：　酸苦辛，氣平。入大小腸與脾。下氣利水，破血潤腸。痘家閉結腫滿者用之。　五加皮：　味辛，性溫。入肝腎兩經。搜風化痰，強筋壯骨，小兒行遲，陰囊下濕。痘家風濕間用。　枸杞子：　甘苦，氣平。補腎除疼，明目壯骨。平而不熱，有補水制火之妙；　潤而不滯，有下氣除濕之功。痘症目赤生翳，耳疳腰痛，煩熱口渴，皆可治之。泄瀉忌用。　地骨皮：　味苦，性寒。入肝與腎。除熱解渴，止血祛風。痘症用之利大小腸，解熱消渴。血熱者，有汗骨蒸者可用。苗葉莖株皆可入藥。　蜜蒙花：　味甘，微寒。入肝經。治青盲膚翳，赤脉障閉及小兒疳氣攻眼。為痘家明目之藥。　側柏葉：　苦辛，微溫。入肝脾血分。止血奇驗，風痛立痊。痘家衄血失血皆用，凍瘡、湯火瘡可罯；可敷冷風歷節疼。可灰可汁。根皮枝節亦治火燙蟲癩。　栢子仁：　味甘，氣平。入肝腎二經。益氣養血，清心安神，去濕潤燥，明目益耳。痘家取其甘而能補，辛而能潤，其氣清香，補心腎，理脾胃，止汗益血，尤治驚癎。腹滿洩瀉忌之。　松香：　苦甘，性溫。煎膏可貼腫毒，研末亦愈諸瘡。除熱祛風，排膿化毒，止痛生肌，殺蟲除濕。時珍云：　松脂英葉在土不朽，流膏日久，變為琥珀。　琥珀：　味甘，氣平。入肝、肺、小腸血分。安五臟，定魂魄，明目磨翳，止血生肌。痘家用以鎮驚止癎，除目翳，利二便。膏藥去大毒，敷藥療痘疔。唯血虛而小便少者禁用。　白茯苓：　甘澹，氣平。入脾、肺、胃、膀胱、小腸。補中開胃，利水消痰，安神定悸止瀉生津，除嘔逆，祛虛熱。痘初發熱作瀉，小便赤澁，痰涎驚悸，及痘後泄瀉等症，俱為收斂之劑。滋補多用之。痘色乾者禁用。赤者但瀉熱行水。帶根者為茯神，有依附之義，能鎮驚養神，神內木治筋脉拘縮。茯苓皮能利水消腫，小便多者禁用。

松節：　搜風舒筋，燥血中之濕。松花潤心肺，益氣力，除風止血，外敷痘瘡潰爛。松子益肺止嗽，潤腸止渴，補氣血，潤皮膚，肥五臟。痘家珍為常食之菓。泄瀉禁用。　猪苓：　甘苦，氣平。入膀胱與腎。開腠理，利小便，除濕去渴，療瘧祛滿。治痘家泄瀉，浮腫便澁。久服損腎昏目。　肉桂：　甘辛，氣熱，有小毒。入脾腎二經。益火消陰，溫中健脾，止瀉定嘔，堅骨強筋。秋冬出痘，治沉寒痼冷，泄瀉腹痛；　如癢塌寒戰咬牙，內虛煩渴者倍用。妊婦出痘禁服。在中者為桂心，主風寒痛痺，心腹冷疼。內托痘瘡，引血化膿。在上枝條為桂枝，能行手足四肢。痘虛寒不起者用此發之，兼除傷風頭痛，調散營邪，去皮膚風濕，手臂寒痛。若血熱毒盛者禁用。　沉香：　味辛，氣溫。入脾、腎、胃，兼行肝心兩臟。香而不燥，溫而不熱，扶脾而運行不倦，達腎而導火歸源。有降氣之功，無破氣之害。痘症上熱下寒，氣逆喘急，風濕瘙癢者宜之。黑陷者薰之可起。氣虛忌用。　丁香：　味辛，氣溫。入肺、胃、腎經。溫胃進食，止嘔定瀉。痘瘡泄瀉，胃虛癢塌，寒戰咬牙，足冷者，與桂並用。蓋丁香救裏，桂能發表也。寔熱似寒者禁用。　檀香：　味辛，氣溫。入肺、腎、胃經。進飲食，引胃氣上升，消熱腫，除心腹冷痛。痘家用之，取其芬芳之氣，開竅辟惡，散結除冷。　降真香：　味辛，氣溫。入心經。內服行血破滯，外敷定痛止血。　乳香：　味辛，氣溫。入心脾二經，兼行肝臟。內托諸毒，活血和氣，消毒護心；　外敷諸潰，排膿止痛，長肉生肌。痘瘡痛甚者內服之。毒潰者外摻之。　沒藥：　味苦，氣平。入肝經。散血消腫，定痛生肌。痘後可為明目之劑，兼能消治餘毒。　血竭：　甘鹹，氣平。入肝與心。行血止痛，去傷補虛。痘家驚癎癋瘲可服，痘後餘毒俱用收口。如多用反作膿。　安息香：　辛苦，氣平。生波斯國中，狀若桃膠。入心經。辟鬼除邪，祛毒逐穢。痘室中可燒。今肆中製者不可用。　蘇合香：　味甘，氣溫。芳香氣烈，通達諸竅，流行百骸。痘家燒之辟邪去穢，止魘截瘧。

冰片：　辛苦，微溫。通行十二經絡，無往不達。散除遍身風濕，熱邪自去。痘家用之通諸竅，散鬱火，狂躁心煩可除，氣喘譫語，黑陷冰伏自愈。眼藥內資其辛散之能，口疳中藉其香竄之益。目赤目翳速點，癰毒疔毒可敷。惟虛寒慢驚禁用，腎虛目暗忌點。　樟腦：　味辛，氣熱。功長於去濕殺蟲，力烈於宣滯利竅，僅堪外敷，不宜入餌。　阿魏：　味辛，氣溫。入脾胃二經。破癥結，殺諸蟲，消肉積，止惡臭，辟鬼截瘧，解毒止痢。痘後瘧可作丸服，痘腫塊可作膏敷。　蘆薈：　味苦，性寒。入肝經。明目鎮心，除煩祛熱，療五疳，殺三蟲。痘後驚癎疳積可服，胃寒虛熱禁用。　澹竹葉：　辛甘，微寒。入肺與心。清熱降氣，止欬逆，解狂煩。痘家胸中煩熱，吐血鼻衄，躁渴驚悸不語者宜服。　竹茹：　味甘，微寒。入脾肺二經。降火止嘔，清肌膚之熱，理吐衄諸血，耑治小兒痘熱發癎，孕婦痘時胎動。　竹瀝：　味甘，微寒。入肺經。痘家痰在經絡四肢，皮膜內外，非此不達。并治風火燥熱兼症。惟胃虛腸滑禁用。　天竺黃：　味甘，性寒。入心與肺。清心化痰，鎮心明目。痘症卒患驚風，天弔客忤，癎疾宜之。因其氣性中和，故鎮驚藥中多用。　檳榔：　辛苦，微溫。入大腸、胃經。消穀進食，殺蟲化積，下氣寬膨，截瘧治痢。痘家通利藥內用之，能墜諸藥于下極也。氣虛禁用。大腹皮：　味辛，微溫。豆汁洗淨，入大小腸。消浮腫，除腹脹，散毒氣，健脾胃，痘家可用。　川椒：　辛溫大熱。入脾、肺與胞絡。散寒除濕，消食止瀉。內服殺蟲，外敷除疥。　吳茱萸：　辛苦，大熱。入肝、脾、胃、腎。溫中下氣，逐風除濕，定吐止瀉，制肝燥脾。痘家沉寒下陷，冷飲傷胃嘔逆不止，心腹作痛者，鹽湯泡用立愈。誤用則動火沖眼，脫髮傷喉。　陳皮：　苦辛，微溫。入脾肺胃經。下氣消痰，和中清胃，消穀進食，定嘔止瀉。痘家用之能補能消，能散能降，理氣最捷，補脾亦驗。氣虛甚者勿服。　青皮：　味苦微辛，性溫。入肝臟、三焦。滌痰散邪，治瘧疾脇痛。痘起遲而癢塌者可用。性能瀉肝，服之使痘不成水泡作癢。獨用則忌。核止疝氣作痛。葉散乳癰腫毒。實堪潤肺，能消渴開胃。瓤上筋膜治酒後口渴。　枇杷葉：　苦辛，氣平。入肺胃二經。降火而除痰嗽，寬中而止嘔噦。胃病宜薑炙，肺病宜蜜炙。痘家嗽嘔可除，痘瘡潰爛可洗。

菓部　杏仁：　甘苦，性溫。入肺經。溫能橫行而散，苦能直行而降。潤肺除熱，消食止嗽。痘家欬逆上氣，風寒喘急者用之，功能散結潤燥，亦可殺蟲塗瘡。　烏梅：　味酸，氣平。入脾肺二經。開胃，定嘔止嗽，治痢，清熱截瘧，下氣除煩。痘後瘧痢收斂劑內可用。　霜梅：　酸鹹，氣平。性同烏梅。止瀉治渴，除痰去毒。梅花稀痘，功效頗奇，以其獨稟寒性，而先得萬卉生發之氣也。生梅忌食。　桃仁：　苦甘，性溫。入胞絡、肝經。潤腸殺蟲，下血止痛。痘症血燥血結必須下者用之。桃寔未熟者不用。　大棗：味甘，氣平。入脾胃二經。痘家益氣補脾，潤肺止嗽，和百藥，調臟腑，生津液，治疳痢。紅棗功力稍劣，僅堪作丸。生棗多食損脾發渴，大棗宜燒辟臭醒脾。　梨：　味甘，微寒。入心肺二經。消痰降火，止嗽除渴。生清六腑之熱，熟滋五臟之陰。痘家食之，力能解毒除煩，涼心潤肺。胃虛者忌之。梨有數種，若生于南方者，味甘而美，俗名秋白，大熱有毒，悞食害人。　木瓜：　味酸，性溫。入脾、胃、肝經。痘家除濕熱，強筋健骨，祛暑毒，止吐瀉，定轉筋，積滯多者禁用，以其性澁。　山查：　味酸，氣平。入脾胃二經。健脾消肉積，開胃行結氣。性最和緩，痘疹起發不快，乳食停留，油膩壅脹者宜多用。核椎碎同用。　胡桃：　味甘，性溫。入肺、腎、命門。養血潤腸，溫肺止嗽，內止腹痛，外散瘡毒。發痘亦靈，倒靨堪救。肉多皺理，性走下部。鹽炒獨能補陰。多食令人眉脫。　桂州龍眼：　味甘，微溫。入心脾二經。補脾統血，養心益智。痘家血虛毒輕者宜用，血熱毒盛者忌用。其肉凝滯，止可作湯，小兒多食易成疳積腹痛之症。　橄欖：　酸甘，性平。入肺胃二經。痘家生津止渴，開胃下氣，止泄瀉，治咽喉痛，解魚酒毒。其核磨服，亦治倒陷。　榧子：　甘澁，氣溫。入大腸、肺經。消穀進食，殺蟲止嗽。痘症服之，使胃口能食。多食兼消脾肺諸疾。　陳茶葉：　苦甘，微寒。入心肺二經。消瘀滌滯，解熱除煩。痘家亦能解毒，清心下氣，利便去渴。胃虛禁飲。如苦丁、武夷蒙茶，性俱大寒，能解大熱，不宜常用。　甜瓜蒂：　味苦，氣寒。發吐甚靈，虛弱切戒。　西瓜：　味甘，性寒。解暑消煩，止渴利水。痘家傷暑亦可祛毒却熱，有天生白虎湯之號。忌多食。　藕：　味甘，氣平。入心脾胃經。生者散血清熱，除煩解渴；熟者健脾開胃，補中益氣；製粉尤妙，安神理臟，解毒和中。痘家初中末俱宜常服。　蓮子：　甘澁，氣平。主五臟不足，傷中，益十二經脉血氣，去熱止渴，清火治痢。鮮者甚佳，乾者亦美。初中末俱可食之。入心脾胃經。能使心腎交而肅清火邪，瀉痢止而扶培脾土。蓋痘始終全賴脾土，故宜常用。如脹滿閉結忌之。　蓮鬚：　甘澁，微溫。清心通腎，止血固腸。痘家取其收澁之功，泄瀉藥中常用。　荷葉：　味苦，氣平。產婦出痘必需，治口渴心煩，胎衣不下。蒂名荷鼻，安胎止血，補脾，發痘尤靈。　芡實：　甘澁，氣平。入脾腎二經。補中助氣，益腎除疼。痘後宜食。　瑣瑣葡萄：　甘酸，氣平。入脾腎二經。作酒彌佳。可治筋骨濕痛，利水甚捷。除遍身浮腫。痘瘡不出，酒研和飲神效。

穀部　胡麻：　味甘，氣平。入脾、肝、腎經。補中益氣，養肺潤腸，逐風濕，明耳目。仲陽治痘變黑，用赤麻湯呑百祥丸，潤便更佳。煎湯可浴，痘後目疾便秘之聖藥。　芝麻：　味甘，微溫。蒸則性溫，補人；炒則性熱，發疾。功專潤腸，亦堪通滯。油性甘寒，利大腸，去熱毒。煎膏敷貼，排膿止痛，長肉生肌。痘前可預解毒，入水和呑；痘後可塗痘癰焮腫漸退。黑者種出胡地，即名胡麻。　米：　味甘，氣平。陳久彌佳。　糯者滯膈，小兒平素宜少食。惟痘中自汗瀉痢、脾胃寒冷偶用，不可常食。米泔煎飲，能消鴨肉。粳者，白虎、桃花、竹葉等湯用之，取其直入肺胃，以補正氣。痘症初終總宜粳米、穀芽開胃健脾，寬中消食。若作餅難化，忌多食。　酒：　甘辛，大熱，有毒。通行十二經絡。行藥力最捷，通血氣尤靈。痘家用酒漿調藥者，取其升發速達之功。同芫荽噴痘房，可辟諸穢。　醋：　味酸，氣溫。性專收斂，解諸毒，調藥能敷癰腫，單飲去雞子毒尤驗。　飴糖：　味甘，性溫。入脾肺二經。消痰止嗽，潤肺利咽。痘家咳嗽亦可少食。　麥：　味甘，微寒。入小腸、心經。全用則涼，作麵則熱。痘症獨取浮麥，斂汗除熱。大麥芽消食除滿，開胃下氣。蕎麥粉治痘瘡潰爛，可敷不可食。　神麯：　甘辛，性溫。入胃經。消食下氣，除吐止瀉。痘家脾胃虛者，與參、朮、香、砂同用。　薏苡仁：　味甘，微寒。作粥甚佳，去濕殊驗。　罌粟殼：　酸濇，微寒。久嗽久瀉者宜之，可以作痘後收斂之劑，不宜多用。　神黃豆：　種出雲南，能稀痘，生熟各一粒，甘草湯咀服。　白稨豆：　味甘，微溫。解渴消暑，暖胃止瀉，健脾去濕。夏月出痘，用清暑熱。豆藤經霜，燒灰可敷反瘢瘡爛。　菉豆：　味甘，性寒。小兒作枕，最能明目疎風。煮食治痘毒，利腫脹。痘症初中末俱可常服，功利最多。三豆飲中菉豆為最，久服力能稀痘。痘後癰毒，用三豆為末，醋敷即消。菉豆粉甘涼更美。痘瘡濕爛不結痂疕者，乾撲可愈；湯火灼、一切潰瘡並宜敷之。豆皮入通神散中，可除目翳。豆芽菜解熱毒酒毒，利三焦，甘脆可食，發痘甚奇。豆花、豆莢、豆葉，功皆解毒。　赤小豆：　味酸，氣平。利水消腫，解毒除煩，為末用鷄子白調敷痘後癰腫、丹毒，即消。花名腐婢，除疔腫惡瘡。　豌豆：　入四聖丹中用點痘疔。　蠶豆殼燒灰，可敷潰爛痘瘡。　豆豉：　味甘，微寒。淡者作藥，鹹者作饌。解肌發表，調中下氣。惟淡豆豉能解胎毒，炒熟則能止汗。鹹豆豉稍用可發痘疹。　醬：　味鹹，微寒。解食饌諸毒，除胸中煩滿。痘症少食，亦能通便除熱。　紅麯：　味甘，微溫。以白秈米蒸罨數次變為紅色是，猶人身水穀精微化為榮血之理，故治血瘀血痢，有同氣相求之理。痘家開胃健脾，活血去積。

菜部　韭：　味辛微酸濇，氣溫。入肝經。溫中下氣，活血和傷。痘時亦可少食，微有升發之意。韭汁可灌百蟲入耳，韭子可薰蟲蛀牙疼。　葱白：　味辛，氣溫。入脾肺二經。專主發散，以通上下陽氣。陰毒腹痛，厥逆不醒者，熨葱餅于臍上即甦；小兒不溺，可熨。痘家諸症亦用。　大蒜：　味辛，大溫，有小毒。消肉積，散滯氣。擣汁為吐蠱要藥。獨囊作灸毒神丹。出痘忌食，痘後尤防損目。　白芥子：　味辛，氣溫。入肺與胃。溫中散寒，豁痰利竅，止心腹痛，散癰腫毒，痰欝脇下，皮裏膜外，非此不達。研末調塗足心，引毒下行，使痘不入目。莖葉煮熟，痘後宜食。　蔓菁：　即諸葛菜。辛甘苦，氣平。根葉擣汁可塗豌豆斑瘡。子能明目利便。　萊菔：　味辛，氣平。下氣消食，和中化痰，解豆腐、麵毒，治吞酸消渴。痘家咳嗽積滯可食。子能定喘消痰，寬胸除脹，利大小便，消癰瘇毒，能發痘疹。生用性烈，熟用性緩。虛弱者禁用。　生薑：　味辛，氣溫。散風祛寒，止嘔化痰，通暢神明，辟除穢惡。入脾肺二經。痘瘡不起發，灰白色者用之。生用發散，熟用和中，去皮尤熱，留皮近溫。痘家卒暴厥逆，灌汁立效。皮性輕涼，能消水去翳。　乾薑：　辛苦，大熱。比生薑更烈，微炒驅寒發表，炮製除冷溫中。痘症沉寒(錮)〔痼〕冷，虛寒洩瀉者必用。實熱禁用。　胡荽：　味辛，氣溫。入脾與胃，利大小腸，拔四肢熱，通心竅，辟鬼邪。古人入酒週身歕之，令痘易出；燒室中取烟，能辟穢氣。止可外治，不宜作飲。子可發痘。　茴香：　有大小二種。味辛，氣溫。入心、腎、小腸、膀胱。暖下焦，逐冷氣，調中進食，止吐定瀉。痘家脾胃藥中用之。　莧菜：　味甘，氣寒。利水祛邪，明目去翳。其性陰寒，不可與鱉同食，食之恐生蟲積。　馬齒莧：　酸辛，微寒。治疳痢，散癰腫。子尤明目。　薯蕷：　即山藥。味甘，氣平。入脾肺二經。養心神，除煩熱，固腸胃，止洩瀉。痘後補藥必用。　百合：　有黃赤二種。黃者獨勝，甘苦氣平，溫肺止嗽，補中益氣，利大小便，止涕淚多。痘家可以常食。赤者僅可敷瘡，不堪服餌。　芹菜：　味甘，氣平。治煩渴，利腸胃。忌同醋食。　石花菜：　味鹹，性寒。去上焦浮熱，發下部虛寒，宜酌用。　葫蘆：　味甘，氣平。除煩去熱，利腸潤肺。三伏日或中秋日預剪葫蘆節間白根如環子脚者，陰乾，煎湯浴兒，可以解痘後毒。　黃瓜：　味甘，性寒。清熱解渴，利水去毒。小兒忌食。世俗以醬黃瓜飼痘兒，大謬！《本草》云：小兒食黃瓜，腹中生蟲；天行病後尤忌。痘非天行乎？何俗習之昧昧也？　絲瓜：　味甘，性寒。清熱利腸，涼血解毒。痘前痘後宜用。痘出不快，燒灰調服殊功。節間白鬚浴兒，預解痘毒；秋間斷根餘三寸許，取頭滴入瓶中，其水亦能稀痘。未開花小瓜收乾，煮食有效。總之，根、莖、花、子、絲羅，無不可用，力能變重為輕。素稟虛寒者忌之。　冬葵：甘滑，性寒。入脾胃二經。利氣滑腸，除熱散毒。即今之錦葵也。其子功用相同，最利痘家。唐高宗永徽四年，痘瘡自域東流于海內，但煮葵菜、蒜虀啖之則止。《聖惠方》云：小兒發痘，用生葵菜葉絞汁，少少與服，散惡毒氣。唐王燾《外臺秘要》云：天行斑瘡，須臾遍身皆戴白漿，此惡毒氣也。想亦今之疹子歟！按此則葵菜亦可入藥。洩瀉忌用，葵心害人。

蟲魚部　石蜜：味甘，性平。入脾胃。潤臟腑，通三焦，解諸毒，導便結。痘疹作癢，以鵝翎刷之，名為百花膏。面上斑點，入茯苓塗之，號滅斑散。生者清熱，熟者補中，療諸瘡毒，生肌止痛。　五倍子：味酸，性平。入肺經。化痰止嗽，降火解熱，生津液，收潰瘡。痘症口齒、咽喉、眼鼻、皮膚濕潰用之。　白僵蠶：鹹辛，氣平。入肝胃二經。療咽喉腫痛，風痰滯結。痘中驚癇客忤，疳瘧皆宜。攻毒發痘，性最猛烈，虛弱者忌用。　晚蠶沙：甘辛，性溫。痘家用以祛風濕，消熱渴，解餘毒。桑（蠶）〔蠹〕味甘，氣平。治胸下堅滿，祛障翳瘀腫。《本經》不及治痘。時俗發痘行漿，間有用者，想桑木性堅能蠹，取其破堅攻毒之義也。先取其水，次炙脆研末，和酒調吞，痘血熱不起，漿不充灌者宜之。作瀉禁用。　蟬蛻：味鹹，性寒。蟬稟水土之餘氣而成形，引風露之清氣以養神，其蛻輕浮，主痘家一切風熱驚癇，開腠理，出音聲。凡出不快，黑陷冰伏，瘙癢不止者，酒洗研細調服。兩目昏翳，皮膚風熱，非此不愈。虛寒禁用。　龍骨：甘濇，氣平。煅用入肝、心、腎、胞絡。定驚止汗，固腸除泄。外敷收斂諸瘡，生肌長肉。痘家取其收斂。　龍齒：味濇，氣平。入肝經。鎮心神，安魂魄。痘家五驚十二癇，身熱不可近者用之。許叔微以肝藏魂，能變化，故治魂遊不定之症。　穿山甲：鹹辛，微寒。入肝、胃、大腸經。治痘家癰腫，排膿血。凡鬱熱毒盛，色帶乾紅枯燥，不得起發，大便閉結者速用。元氣不足者禁用。　蘄蛇：甘鹹，性溫。治一切風症，內走臟腑，外徹皮膚，無處不到。痘瘡黑陷可用。　龜板：鹹甘，氣平。入胃經。益大腸，止洩瀉，強筋骨，益心智，除咳嗽，截久瘧。痘家內可滋補，外敷潰爛腫濕。　瑇瑁：味甘，氣寒。解毒除煩，鎮心療驚，功同犀角。磨生汁飲，未發者可內消，已發者可稀少，亦治黑陷。　鱉甲：味鹹，氣平。入肝經。截久瘧，退煩熱，止驚癇，消瘡腫。痘症煩喘，小便不利，痘後虛熱，腹中有塊者宜用。　牡蠣：味鹹，微寒。入腎經。化痰軟堅，清熱除濕。痘症驚癇煩熱，盜汗者用之。　珍珠：鹹甘，性寒。鎮心明目，除煩去熱。痘症內服可鎮心神，外用點目去翳，塗面去瘢，塞耳治聾，敷疔拔毒，能發痘疹，預護痘眼。未經鑽破者佳。　海蛤：苦鹹，氣平。清熱去濕，化痰消積，利大小腸，治水腫。痘家煩滿喘急，嘔逆腫脹，水氣急痛者，用為利藥。　蛤蜊：肉味鹹，微寒。潤五臟，消渴。或云痘毒入目者，蛤蜊汁可點。李時珍云濕中有火，不可不知，則斷非可代空青者矣。蛤粉乃腎經血分藥，能降能消，能軟能燥，降痰定喘，止嘔去浮。痘家用以逐頑痰，敷潰爛。　瓦壟子：肉甘，氣平。潤五臟，止消穀。殼名蚶粉，能化痰積，善消血塊。痘症內外可用。　青魚：味甘，氣平。除濕痺，益氣力。膽苦寒，痘家資其通達肝胆，目腫可敷，障翳可點，乳蛾喉痺可吹。臘月收取，陰乾待用。　鯿魚：味甘，氣平。調胃氣，利五臟，助脾消穀。痘症惟疳痢者勿食。　鰣魚：味甘，氣平。雖補虛勞，亦發疳疾，小兒不宜多食。　鯽魚：味甘，氣平。溫中下氣，止痢補虛。痘家可食。　鱓魚：味甘，性溫。補中益血，除冷去濕，點目去翳，入鼻治衄，入耳去痛，塗口眼止喎斜，塗赤游風及赤疵可除。痘症治用亦同。用血，取其善走經絡。

禽獸部　鴨：味甘，氣平。補虛癆，除骨蒸，利水消腫，止痢解毒。白毛黑嘴，雄而宿者為勝，取金肅水寒之象也。忌與鱉肉、胡桃同食。卵毒忌用。　烏骨雞：酸甘，微溫。補陰退熱，療傷。凡雞卵味甘平，白能清氣，治伏熱，目赤咽痛；黃能補血，治下痢驚癇；肫內金除熱止煩，治洩痢，療嘔吐，遺溺可愈，尿血堪祛。宜男雌女雄。雄雞屎白利二便，除轉筋，消腫祛水，下氣寬中，外敷可滅瘢痕，驅風痛。雞頂血取于五更將鳴時，入藥立起痘瘡紅活。　五靈脂：味甘，性溫。入肝心兩經。行血除痛。痘家用其消瘀逐水，下氣殺蟲，治疳積驚癇，亦去目翳。　白鴿：味鹹，氣平。入肺腎二經。益氣除瘡，去風解毒。卵能稀痘，毒從便出。屎名左盤龍，可敷痘瘡潰爛。　阿膠：甘鹹，氣平。入肺、腎、肝經。潤燥化痰，滋陰定喘。痘症乾枯，血熱下痢，喘急痰盛，痘後氣血不足者，俱為聖藥。婦人妊娠出痘尤要。胃弱炒用。真者絕少，不可不辨。　牛黃：味苦，氣平。入肝、胆、心經。小兒百病多屬胎熱，故入心養神，除熱解毒，消痰熱而療驚癇，安心神而辟鬼邪。如驚痘齊發量用，恐脾胃益寒，痘難起發。用敷痘疔癰毒神效。　其體輕，其氣香，置舌上先苦後甘，清涼透心者真。　虎脛骨：味辛，性溫。追風定痛，補骨續筋，止驚悸，益氣力。痘家取其勇猛辛散之力，可以疎風發痘，痘後為下部補劑。　犀角：　苦酸鹹，性寒。入心胃二經。清胃涼心，辟邪解毒。凡血熱毒盛，發狂譫語，煩渴躁亂，生磨服之。氣虛者禁用。置懷中一宿，易研成粉。　羚羊角：　苦鹹，性寒。入肺、心、肝經。痘家取其清熱解毒，明目定驚，平肝舒筋，定風安神，散血下氣，辟惡解毒。不可獨用。　鹿茸：　甘酸，性溫。入心、腎、胞絡、肝經。茸生成角，無逾兩月，物生莫速于此。強筋健骨，暖腰壯膝甚效。出痘虛寒冰伏，服之立起；　痘後虛羸少神，在所必用。鹿角膠能散熱行血，辟惡消腫。　麝香：　味辛，氣溫。性專走竄，開經絡，通諸竅。痘症風寒氣血壅滯閉塞者宜用，內則托痘升發，外則敷疔塗毒；　內透骨節臟腑，外徹皮肉肌膚。奇功莫並，虛怯少投。　兔：　味辛，氣平。補中益氣，涼血解熱。預保稀痘，用兔腦丸。屎名明月砂，痘後明目去翳。　象牙：　味甘，微寒。治風癇驚悸，除骨蒸諸熱。痘疹不收，研末服之。胆能明目去疳。皮可敷瘡長肉。

人部　髮：　味苦，性溫。療小兒驚熱，利小便，關格。《本經》云仍自還神化，故胎髮燒灰宜服。痘症客忤驚癇，間或用之；　亦敷痘疔。　牙齒：　甘鹹，性熱。日嘗五味，有毒。凡痘方出，外為風寒穢氣所襲，腠理閉塞，血澁氣滯，變黑倒靨，毒將歸腎者，火煅，入酒麝達之，毒出痘起。蓋齒乃腎之餘也。氣虛色白者禁用。　人中黃：　性寒。同名異種有三：　一金汁，性寒，解瘟疫，能發痘；　一人屎極乾者，燒去烟，微寒，能起痘瘡黑陷；　一厠中磚凝黃垽，煅過，敷痘毒有効。　童便：　性味鹹寒，滋陰降火，殺蟲解毒。製成秋石，滋腎水，潤三焦，返本還元，歸根復命之藥。痘後虛熱宜用。　人中白：　煅過治口疳，清胃熱及出痘煩熱倒靨。　人乳：　甘鹹，氣平。補真陰，潤枯燥，充毛髮，點目疾。痘症取其涼潤，以助諸藥。　紅鉛：　味鹹，性溫。補血虛，起沉疴，功可回生起死。痘家虛損之聖藥。　津吐：　甘鹹，氣平。明目退翳，消腫解毒。　人氣：　即係真火，可辟寒邪，堪甦虛冷，秋冬出痘必資乳母同寢，外氣薰蒸，痘發自速。　紫河車：　甘鹹，性溫。補氣血，療虛損。痘後聖藥。　臍帶：　燒研，乳汁調服，培補真元，初生服之，預解痘毒；　痘後服之，補復先天。

金石部　金箔：　味辛，氣平，有毒。鎮心神，堅骨髓，安魂魄，制驚癇。痘後鎮心藥中用之。　銅青：　味酸，微寒。內服利風痰，外點能明目。痘症間用，能祛疳殺蟲。　鉛：　甘，性寒。入腎經。痘後虛火上炎，用參不效者，入鉛佐之，取降重之性，鎮墜炎火也。禁久服。　黃丹：　味辛，微寒。內服能墜痰，外敷堪拔毒。　蜜陀僧：　鹹辛，氣平，有小毒。內可鎮驚止癇，外可敷面去瘢，及敷潰爛痘瘡。　鐵落：　味辛，氣平。平肝去怯，鎮驚安神。《本經》生鐵落飲可治狂怒之症，取其金能制木也。　紫石英：　甘辛，性微溫。入心肝二經。重可去怯，溫可除寒。痘家神氣不足，驚癇客忤者用之。　硃砂：　味甘，微寒。入心經。預解痘毒，培養精神，益氣明目，鎮驚治癇；　外敷障翳可消，胬肉堪去。面上皯黵亦除。初發痘時禁用。　水銀：　味辛，性寒，有毒。痘後生翳。危氏有塞耳神方，疥癬毒瘡。李樓有擦瘡妙用。僅可外敷，不堪服餌。　輕粉：　味辛，性溫，有毒。痘瘡生翳，同黃丹吹耳，可去目翳；　敷瘡神效，力能去腐生肌。不可下咽。　銀硃：　味辛，性溫，有毒。功同輕粉，但可敷瘡。　雄黃：　苦辛，微溫。治瘧止驚，瀉肝消積。痘家內服可使鎮心，外敷可除疔毒。　寒水石：　味辛，性寒。入胃經。除胃熱，夏月出痘大熱用白虎湯，除煩渴，解肌發汗，祛暑清熱。不渴者禁用。　滑石：　味甘，性寒。通上下，徹表裏，除熱利水，解渴祛煩。痘瘡狂亂，王氏有六一、冰麝、朱砂之方；　霍亂中暑，《普濟》有天水、藿香、丁香之劑。內服甚佳，外敷尤妙。脾胃俱虛者忌之。　赤石脂：　甘酸辛，大溫。入心、腎、胃經。內可厚腸胃，除水濕；　外可生肌肉，祛癰毒。痘家為收斂之劑。瀉痢驟起者量用。　爐甘石：　味甘，氣平。消腫為要劑，治目是奇丹。痘家服之主血生肌，明目去翳。　磁石：　辛鹹，性寒。除煩降火，益精充耳。性稟沖和，無悍猛之氣。痘家用以補腎。　代赭石：　苦甘，性寒。除瀉鎮驚，止吐祛疳。痘家取其重以鎮虛，甘以養陰。虛寒勿用。　青礞石：　甘鹹，氣平。破頑痰堅積，止喘急驚癇。痘家治用亦同。　朴硝：　苦辛鹹，大寒。煮煉為芒硝，升煅為玄明粉。朴硝質重力猛，外敷可消腫排膿；　芒硝質輕，勢稍緩，內服可走血，滌腸，點眼藥中亦用；　玄明粉煩躁心熱可除，五臟宿滯併去。　硫黃：　味酸，大熱，有毒。元陽隨絕者可服。痘家僅用外敷，禁下咽。　白礬：　酸濇，性寒。煨枯尤靈，功專去濕。外敷諸瘡，可除潰爛；　若入諸藥同敷，去腐生肌。　石燕：　利竅行濕，能消堅積。痘後重傷食積，腹硬不消，乃疳蝕內熱，宜醋煅用。

清・張琰《種痘新書》卷一　藥性　升麻：　味甘、苦，氣平，微寒。浮而升，陽也。止瀉蜜炒用。頭面多，并有吐者忌。陽明經藥。陽明主肌肉。欲痘之出，必使肌肉疏通，送痘盡出，方免後患，故初發宜用，每用五分至一錢，直至出齊方止。但有汗，或體弱者宜減之，恐表虛也。七日後瀉不止者，炒黑用之。或痘不起者，亦少用之，蓋能提清氣上行也。解百毒，殺精鬼，辟疫瘴，止喉痛，兼治頭痛，鼻衄口瘡。　葛根：　味甘，氣平，性輕而浮陽，色白而陳久者佳。陽明經藥。能解肌熱，止煩渴，開提胃氣，與升麻同功。惟虛症莫用。初熱無汗可用，既汗不可復用，痘出後則不敢用。止嘔吐頭痛，散血痢鬱火。　前胡：　味苦，氣微寒。嫩者佳。水洗去蘆。主心腹結氣，治風寒發熱，咳嗽喘滿，解內外蓄熱，去痰涎。七日內熱不退者宜重用之，斷不可缺，大有升水之功。　柴胡：　味苦，微寒。氣味俱輕，陽也。去蘆，用蜜水炒。瀉肝火，引清氣，行陽道。體虛不敢過表者宜用。治傷寒瘧疾，寒熱往來，嘔吐脇痛，口苦耳聾，目赤頭痛，痰實結胸，五疳羸熱。　紫蘇：　味辛、甘，氣溫。解肌發表，初熱宜用，痘出即止。治心腹脹滿，開胃下氣。　麻黃：　味辛、甘，氣溫。氣味俱薄，陽也。去根節，酒蜜仝炒。最發散，善出汗，泄衛中實，去榮中寒，走皮毛，開孔竅。多用必致表虛，惟毒盛喘滿，身熱燎人，欲出不出者宜暫用之。若有實熱險症，八九日尚無漿水者可用二三錢，加附子數片，黃栢數分，酒炒與服，令出臭汗，變為爛痘，庶可得生。欲行此法，必其人能食，神清聲亮，天庭痘有生意方可用也。否則不宜。根能止汗。　羌活：　味辛、苦，性溫。散而上升，陽也。瀉肝氣，搜肝風，散肌表八風之邪，利周身骨節之痛，理頭旋目赤。　獨活：　味辛、苦，微溫。氣味輕，陽也。理頸項難抒，兩足痹濕，散寒邪，驅熱毒，壯熱增寒，羌、獨宜用。但羌氣雄，其力廣，故上身出不透者用羌活；獨活氣微而走足，故下身出不透者用獨活。二者俱能敗毒，雖不可缺，然見點後宜去之。　防風：　味甘、辛，氣溫。陽也。去蘆，上部用身，下部用稍。畏萆薢，惡乾薑、白斂、芫花，解附子毒。搜肝風，瀉肺寔，散頭目滯氣，除上焦風邪，解痘後餘症，每用三四分，多則損人；出不勻者用之，灌膿時亦可助參、芪之力；足手瘡不起，與白芍、桂枝仝用；瘡太濕亦用之，為能驅風勝濕也。　荊芥：　味辛，氣溫。治血炒黑用。辟邪氣，利咽喉，清上焦火邪，止血熱作痒，清熱解瘀，破結散毒，為風病、血病、瘡家聖藥。痘出不快者用之，但止宜三四分，多則耗氣，灌膿時不敢用。　白芷：　味辛，氣溫。輕而陽也。惡旋覆花。散風除濕，通竅表汗，治頭痛牙痛，止眼痒目淚，療身熱，善行漿，排膿止痛，托裏生肌，是攻痘漿之聖藥。八九日間斷不可缺，必其漿足乃止，痘後疽毒亦宜。　桔梗：　味苦辛而氣平，陽中之陰也。去蘆，畏白及、猪肉、龍膽。開提氣道，善理咽喉，表散寒邪，能開胸膈，去痰壅，定喘塞。為藥舟楫，載之上浮，引諸藥於至高之分以成功。且養血排膿，始終宜用。惟嘔吐氣逆者缺之。面部不起者，當倍加之。入肺瀉熱，咳嗽宜用。取北地白者為佳。　甘草：　味甘，氣平。生能解毒，炙則溫中。故六日以前生用，七日以後炙用。稍止莖中作痛，節治腫毒諸瘡。生用氣平，解胃熱而瀉心火；炙用氣溫，補元氣而散表寒；入和劑則補益，入汗劑則解肌，入涼劑則瀉邪熱，入潤劑則養陰血，自始至終皆宜。惟腹脹者，則當減去，為甘能緩中，且不可多用，多則和，主君藥而無功。　連翹：　味苦，氣平，微寒。去心蒂。除心經客熱，降脾胃濕熱，散諸經血凝氣聚，消腫排膿，為瘡家解毒聖藥，前後皆宜。惟氣虛無毒者莫用。　牛蒡：　一名大力，一名鼠粘。味辛、苦，氣平。炒用。善解毒，理咽喉，開風痰，去浮腫，乃痘家聖藥，前後皆宜。　蟬退：　味酸、甘，氣清虛而寒。驅風除熱，催生下胎，治中風失聲，小兒夜啼。能發痘毒，但不宜多用，多則其後虛抬空殼，故每用一二分則止。然用在見點二三日上，灌漿時則宜慎之。治目翳與驚癇宜去翅足；若發痘瘡，起倒陷，則宜留翅足。　殭蠶：　味辛，微溫。色白者佳，以糯米泔浸，炒乾。惡桑螵蛸、茯神、桔梗、萆薢。主驚風痰壅，昏悶失音，四肢搐掣，消瘰癧，拔疔毒，滅疤痕，能瀉膀胱相火，引清氣上朝于口。癰疽無頭者，燒灰，調酒服。雄蠶性淫，主固精陽，交接不倦。　穿山甲：　味苦，氣微寒。炒黃色，研末調服。善追毒排膿，引藥入臟腑，透肌骨。凡痘不起者，用數分于補劑中，治餘毒者亦宜用之，但元氣虛者慎之。通經絡，入病所，走肝門，下乳通經，潰癰消腫。尾甲之力更勝。　紫草：　味苦，氣寒。涼血活血，去血分之毒。凡痘色乾紅或焦紫發瘢，皆宜用，但色轉即止，不可過用。加糯米亦能發痘，宜用者涼心開竅，使痘發越而易起。不可過者，恐大便利而真氣洩也，故有瀉者用煎過紫草茸。　紅花：　味辛、苦。入肝經而破瘀血，入心經而生新血，行滯活血。痘瘡血熱者宜用之，但少則養血，多則行血，過用則血行不止，又不可不慎也。　生地黃：　味甘、苦，氣微寒。陰中陽。酒洗則上行。忌萊菔、鐵器。止鼻中之衄血，除五心之煩熱，瀉脾胃之濕熱；涼心火之血熱，涼血生血。痘色乾紅焦紫及發癍者俱宜用，但能滑腸，瀉者缺之。

熟地黃：味甘而微溫。性沉而降，陰也。用酒浸，蒸晒九次。滋腎水，補真陰，填骨髓，生精血，扶腎中元氣，有補血養血之功。腎經發痘無膿而血虛者，宜于補劑中用之，但其性滯而沉，須佐以升陽達表之藥，乃能起痘升漿。涼血用小生地，補血兼涼血用大生地，純補用熟地。犀角：味苦酸而氣寒。入湯藥磨汁用，入丸散剉細，納懷中待熱，搗之立碎。以角尖為佳。忌鹽。涼心瀉肝，清胃中大熱，祛風利痰，辟邪解毒，治吐血衄血，狂譫驚恇，消癰化膿，起痘瘡黑陷。但其性寒涼，不敢多，多則恐損陰血。血虛者，斷不可用。

羚羊角：味酸而氣寒。以角挂樹而宿，故角有挂紋者真。入肝經，散瘀血，祛熱毒，治驚癇，寧心志，理筋風，辟邪解毒。肝經熱甚，痘紫黑者可用少許，但其性寒涼，先天虛弱者不可妄用。虎骨：味辛，微熱。以頭脛骨為佳。虎肚治反胃。追風健骨，定痛辟邪，理風痺顛癇。痘後風疾，手足拘攣者宜用之。丹皮：味辛、苦，氣寒。肉厚者佳。畏貝母、大黃，忌蒜、胡荽。入肝及心包，瀉血分中火，和血涼血而生血，破積血，止吐衄，除煩熱，療癰瘡，退無汗之骨蒸。痘色紅紫，界地不清而壯熱者宜用，但能散氣，氣虛者宜少用。地骨皮：味甘淡而氣寒。降肺中伏熱，瀉肝腎虛熱，能涼血而補正氣，除有汗骨蒸而解肌熱。凡見點後身熱不退者，宜用一二錢于解毒藥中，熱退即止。木通：味甘淡而性輕虛。降心火，清肺熱，通膀胱，導諸濕熱由小便出，治淋瀝，消水腫，能逐毒於孔竅，與川甲同功，首尾皆宜。惟起脹時，恐水利而汗不升，故不敢用。通草：色白，氣寒。入肺經，引熱下行，引氣上達，下乳汁，治五淋，通九竅，利小便。初熱宜用，以開竅逐毒，見點後缺之。滑石：味甘，氣寒。滑胎。利竅滲濕，益氣瀉熱，能降心火。上開腠理而發表，下走膀胱而利水，為蕩熱祛濕之要藥。初熱時用，收靨亦用，惟起水時莫用，爛痘和白术為末摻之。車前子：味甘，氣寒。下胎。涼血去熱，明目通淋，清肺肝風熱，滲膀胱濕熱，利水益精。痘初熱時用，痘後水腫亦用。地膚子：味甘、苦，氣寒。益精強陰，入膀胱以除熱，利小便而通淋，能除癩疝惡瘡，平口兼有瘡疥者宜用之。澤瀉：味甘、鹹，氣寒。酒浸用。忌鐵。入膀胱利小便，消浮腫，止吐瀉，能祛六腑之濕熱。凡痘六七日前，實症吐瀉者用之，收靨、痘後亦用，惟升水勿用。猪苓：味苦、淡，氣微寒。升而能降。入膀胱通小便，開腠理能發汗，治傷寒瘟疫大熱，解渴消腫。痘之首尾宜用，惟八九十日缺之。瞿麥：味苦，氣寒。降心火，利小腸，逐膀胱邪熱，為閉淋要藥。痘後毒入膀胱為淋為腫者宜用之。大腹皮：味辛，氣寒。鴆鳥多棲其樹，宜洗淨，煨用。利小便，解熱毒，下一切氣。凡腹脹浮腫，非此不除；并治痰膈、霍亂。痘後用，氣虛者忌。石膏：味淡、甘、辛，氣寒甚。火煅過用。善清胃火。凡痘舌焦唇腫，初熱口臭咬牙，夾班夾疹，實熱好飲者俱宜用。胃氣虛者忌之。痘後齒痒口爛者，亦不可缺，恐寒胃氣，則宜與噙。枳殼：味苦、辛，氣微寒。陳者佳。麩炒用。破胸中痞塞，散腹中結滯，瀉肺氣，走大腸。與枳實同，但枳實性速，治血分；枳殼性緩，治氣分；枳實利胸膈，枳殼寬腸胃。痘家初熱毒盛鬱結，大便不通，而出不快者宜暫用。其能破氣，氣虛者忌。行漿起脹以氣為主，亦不敢用。痘後結胸咳嗽亦用。青皮：味苦而氣溫。橘之青而未黃者。疏肝瀉肺，破滯消積，利痰解痞。最能發汗，初熱時腹痛可用，虛人亦忌。陳皮：味苦、辛，氣溫。去白名橘紅，兼除寒發表；核治疝氣；葉散乳癰。出廣中陳久者為佳。入脾肺，調中快膈，導滯消積，宣通五臟，下氣祛痰，且健脾胃。痘之初熱，以至結痂俱可用，但多則損人元氣。

玄參：味苦、鹹，氣寒。蒸過用。忌銅器，反藜蘆，惡黃芪、薑、棗。入腎壯水以制火，益精明目，最利咽喉，開聲音，善去無根浮游之火。凡痘之夾癍丹疹癮者，斷不可缺；咽痛者亦宜用之。山豆根：味苦，氣寒。清金瀉火，專治喉痛咽瘡，齦腫牙疼，且解諸藥毒。藿香：味辛、甘，氣微溫。出交廣。快氣和中，開胃止嘔，去惡氣，進飲食，治霍亂吐瀉，心腹絞痛。痘家胃寒嘔吐者急宜用之。砂仁：味苦、辛，氣溫。養胃進食，定痛安胎，止吐如神。脾胃虛而吐瀉者莫缺。麥冬：味甘、苦，氣平，微寒。去心。惡欵冬。畏苦參、青葙、木耳。清心潤肺，瀉熱除煩，消痰定嗽，生津止渴。痘出心經煩渴不寧者宜用，氣虛胃寒者莫用。五味子：五味俱備。北產紫黑者佳，南產者去肺中風寒。收斂肺氣，而滋腎水，除煩止渴，寧嗽定喘。痘家初中忌，痘後久嗽方宜，蓋斂汗固腸，恐閉毒也。黃芩：味苦，氣寒。枯芩瀉肺火，清肌熱；條芩瀉大腸火，補膀胱水。酒炒上行，瀉肝膽火用猪膽汁炒。畏丹皮、丹砂。清肺熱，瀉中焦實火，除脾家濕熱，止渴安胎，寧嗽解毒。痘初見點熱毒盛者必宜用之，而兩顴紅紫且秘者，尤不可缺。惟九日後不敢用。痘後餘毒亦宜。黃連：味苦，大寒。出四川，生用治心火，膽汁炒治肝火，酒炒治上焦火，薑汁炒治中焦火，鹽水炒治下焦火。惡菊花、玄參、殭蠶，白鮮、欵冬、牛膝。殺巴豆毒。入心經，瀉鬱火，益肝膽，厚腸胃，消瘀血，除煩止渴，明目定驚，善解諸毒。痘初熱而譫語狂言，煩燥不寧者，非此不能解其熱；天庭稠密，心經毒盛，大便秘結，毒壅腸胃者尤宜。痘後下痢與痘毒入眼，俱不可缺。惟虛人忌用。　胡黃連：　味苦，氣寒。心黑外黃，醋炒。去心熱，益肝厚腸，治骨蒸，去煩熱，消食積，為疳積良藥。痘後積熱生疳積，瀉潮熱，咳嗽俱宜用。　梔子：　味苦，氣寒。生用瀉火，炒黑止血，薑汁炒止煩嘔。內熱用仁，表熱用皮。瀉心肺之邪熱，解三焦之鬱火，引之屈曲下行從小便出。治吐衄血淋，痢疾。痘家初熱與痘後或用，其中不宜。　黃栢：　味苦，氣寒。瀉相火，滋腎水，除濕清熱，滋陰降火而治骨蒸。凡腎經發痘者宜用之，痘後陰囊腫與陰虛火動者亦宜用。　芒硝、玄明粉：　味辛、苦，大寒。硝之在底者為朴，在上而有芒者為芒硝。用硝入礶，火煆成粉，為玄明粉。三者俱能去胃中之實熱，蕩腸中之宿垢，乃下藥之猛者。痘家用之，乃是霸道，萬勿輕試。　大黃：　味大苦，氣大寒。出四川，錦紋者佳。酒蒸九次用。入脾、胃、大腸。其性走而不守，酒製亦能引于至高之分，用以蕩滌腸胃，下秘結而除瘀熱。凡下利瘟瘧，吐衄血閉，血中伏火，一切實熱，其力能祛。但敗腸胃，傷元氣，痘以調元為要，斷不可輕用也。如大便不通，不若未去油之豆蔻，以潤其腸斯可矣。惟痘後餘毒，合敷藥以搽癰疽，則宜用之。　牽牛：　味辛，氣熱，有毒。有黑白二種，黑者力速。瀉氣分濕熱，通大腸秘結，利大小便，殺蟲，墮胎。亦為下藥，痘家所忌。　山查：　味酸，甘，氣溫，平。健脾行滯，消食去積。發痘排膿，化痰散瘀，痘家初中至尾俱宜用。又能破參、芪之滯，亦監制參、芪之品也。　麥芽：　味鹹，氣溫。消米麵菓食之積。痘後疳積宜用。　健脾助胃，寬腸下氣，消食去積，散結祛痰。　神麯：　味辛，氣散。調中開胃，化水穀，消積滯。　扁豆：　味甘，氣溫。調脾暖胃，降濁升清，泄瀉宜用。　苡仁：　味甘淡，氣微寒。健脾利水，瀉濕祛風，止泄瀉，消水腫，理脚氣。凡痘泄瀉與收靨實漿俱宜用，痘後手足拘攣，筋節牽強亦宜用。　當歸：　味辛、甘，氣溫。治血酒洗，有瀉用土炒。　畏菖蒲。入心肝脾，補血行血，安胎寧志，定痛排膿。痘必藉血以載毒，故首尾俱宜，而行漿時尤為要藥。惟兩頰通紅，不分顆粒者，此血熱妄行，則宜缺之。然滑大腸，瀉者亦忌。　何首烏：　味甘、苦，氣微溫。白赤二種，赤入血分，白入氣分。大者佳。忌鐵器。用黑豆拌勻，入砂鍋九蒸九晒。堅腎補肝，添精益髓，調和氣血，消諸瘡癰腫，療痨傷久瘧。痘至九日後宜用之，以能排膿化毒，亦可止血熱作痒。痘後亦宜用之，以消餘毒。　川芎：　味辛，氣溫。浮而升陽。乃血中之氣藥，助清陽而上行頭目，一切腹痛頭痛，氣鬱血鬱，筋攣目淚。在痘家有升提起發之功，不可不用。然亦不可多用，多則走人真氣。痘起脹後宜去之。　白芍：　味苦、酸，氣微寒。酒炒用。惡芒硝、石斛，畏鱉甲，反藜蘆。入肝脾血分，瀉肝火，安脾肺，固腠理，和血脉，寬中止痛，散瘀血，利小便，治癰腫疝氣，歛汗安胎，而止瀉痢。凡痘血熱者，生用則能活血涼血；血散不收，痘暈不聚者炒用，則能歛血歸根；痘痛甚者，生磨酒服，其痛自止；目疾瀉清，俱宜倍用之，蓋能清肝而目自安，制肝而脾乃健也。但初熱莫用，恐固肌而遏毒也。　赤芍：　主治略同。能清肝火，散惡血。白芍兼補而收血，赤芍純散而瀉血。故六日以前宜用赤芍，八日以後宜用白芍。白益脾，能於土中瀉水；赤散邪，能行血中之滯。　鹿茸：　味甘，氣溫。純陽。紅如瑪瑙，破之如木者佳。用酒炙酥，不可嗅之，有蟲恐入鼻顙。生精益髓，補血助陽，強筋健骨，乃托漿之聖藥。痘之灰白伏陷者，非此不能起也。托裏之劑，安可缺乎？　紫河車：　味甘、鹹，性溫。即胞衣。長流水洗淨，酒蒸焙乾。本人之血氣所生，故能大補血氣。但以人補人，仁者固不忍用，況或有病之婦，其胎有毒，服之反致害人。戒之！　人牙：　味鹹，性溫。有毒。火煆用。可治痘倒陷。　人乳：　味甘、鹹。潤五臟，補血液，澤皮膚。本血所化，故痘家即用以攻漿。然必壯旺之婦，乳白而稠者為良。　人中黃：　性寒。納甘草于竹筒，塞孔浸糞缸中一二月，取出洗，懸風處陰乾，取甘草用。入胃清痰火，消食積，除五臟實熱，治天行癘疫，解諸瘡惡毒，痘疹血熱。凡痘之紫黑陷伏，非此不起也。　糞清：　濾過糞汁，入新甕，埋土中一年乃用。亦起痘黑陷。　人中白：　性寒涼。以溺器內尿脚，焙乾。降火散痰，治肺瘀，鼻衄。起痘瘡倒陷，理痘後牙疳、口瘡。　血餘：　取頭髮，用皂角洗淨，燒灰。胎髮尤佳。氣微寒。入肝腎，補陰消瘀，治諸失血。痘疹有鼻衄不止者，吹入鼻中。女子出痘，經水不止，亦調酒服。或吐血便血俱宜。　人參：　生甘、苦，微涼；熟甘而溫。畏五靈脂，惡皂角、黑豆、藜蘆。大補元氣，止渴生津，定驚除痰；回元神于無有之鄉，返魂魄于危亡之際；定虛喘而領毒，退虛熱以升漿；開胃化食，止瀉安脾。凡痘漿清灰白痒塌不起，非此不能救其危。惟紫黑焦枯實熱之症莫用。　沙參：　味甘、苦，氣微寒。產北地。惡防己，反藜蘆。專補肺氣，兼益脾腎，滋五臟真陰，去內外邪熱，排膿定痛，除煩止痒。熱而不敢用人參者，須用沙參。易老以此代人參者，為是故也。　黃芪：　味甘，氣溫。堅實嫩軟，皮黃肉白者佳。惡龜甲。生能達表，蜜水炙則可溫裏。痘四肢不起，桂枝煎，酒浸透用。肺經主藥，專補氣，最固肌。生用補而能發，無汗可發汗，有汗可止汗，瀉陰火，解肌熱，故痘家於六日以前生用，痘後餘症亦生用。炙則益元氣，溫三焦，實腠理，壯脾胃，生血生肌，排膿內托，誠起痘行漿之聖藥。凡痘之皮薄漿清，痒塌不起，斷不可缺。但六日以後，宜固肌表，乃宜炙用。　肉桂：　味辛、甘，性大熱。氣上浮而升，純陽之品。毒在皮，宜去粗皮用。忌生葱、石脂。出嶺南桂州。嫩枝為桂枝。入肝腎血分，抑肝風，扶脾胃，補益元陽，疏通血脉，能引血化膿，善於托毒。凡痘之救表虛，起伏陷，縱重用參、芪，非此不能成功，誠起脹之妙藥，補托之劑所莫缺也。其如益精明目，消瘀生肌，續筋骨，治風痺。但能動胎，孕婦忌之。　桂枝：　溫經通脉，發汗解肌，調和營衛，使邪氣從汗而出，且達四肢走手足。凡痘四肢不起者，宜于補中用少許以為引。痘後四肢腫痛及手足拘攣者，亦宜用之。　丁香：　味辛而氣溫，純陽也。泄肺溫胃，療腎壯陽，而善攻漿，痘之脾胃虛寒泄瀉嘔吐，灰白不起者，急宜用之。惟實熱則忌。　乾薑、生薑：　味辛而氣溫。炮黑為黑薑，乾晒為乾薑。生薑行陽分而祛寒發表，宣鬱氣而解肺調中，暢胃口而開痰下食；　通神明，去穢惡，救暴卒；　殺野禽之毒，除山嵐瘴氣。薑皮能消水腫。炮製黑薑善能暖胃而守中，定嘔消痰，去臟腑沉寒痼冷，能使陰長陽生，故痘家虛寒冷症，嘔吐泄瀉，寒戰咬牙，灰白不起，一切沉痾等症，非此不療。惟孕婦忌之。　煨薑亦暖胃止吐。　白荳蔻：　味辛而性熱。行三焦而暖胃，散肺經之滯氣，除寒濕，化食積，治腹痛嘔逆。痘家胃虛嘔吐者可用。　肉荳蔻：　一名肉菓。味辛，氣溫香。煨去油，去油不淨則滑腸。理脾溫胃，下氣調中，逐冷祛痰，治吐沫嘔乳，善濇大腸以止虛泄。痘家虛瀉冷痢急宜用之。但初熱慎之，恐滯毒於腸胃也。　訶子：　味苦、酸，性急。生用清金行氣，煨用溫胃固腸。泄氣消痰，斂肺降火，止瀉開胃，治腹脹嘔逆，痰喘，開聲音，最濇腸。痘當起脹或有虛泄急宜用之。若吐瀉並作，訶蔻兼用。　附子：　味辛、甘，有毒而大熱。重者為佳。生用發散，熟用峻補。純陽之品，浮而不沉，走而不守，行十二經絡，無所不至，能引補氣藥以回失散之元陽，引補血藥以滋不足之真陰，引發散藥開腠理以逐在表之風寒，引溫暖藥達下焦以祛在裏之寒濕。治中風中痰，冷瀉霍亂。痘家初出，四肢厥冷，元虛不能送毒；　或偶中風寒而面青唇白，痘忽倒陷；　或氣血虛甚，灰白痒塌，寒戰咬牙；　一切虛寒等症，非此不能救療。但症平痘起，唇舌轉紅，即當叱去。凡丁、桂、薑、附過用，則損目發癰，以貽後患，又不可不慎也。　川烏：　即附子之母。功同附子而稍緩，性能祛風，故痘後手足拘攣風痺之症宜用。附子、川烏俱墮胎，孕婦忌。　茯苓：　味甘，氣溫。松根靈氣結成，有赤白二色。俱能健脾利水，但白者補心脾，赤者利濕熱，俱能通竅除濕，調理脾胃，止泄瀉，治淋瀝。皮則專治皮膚水腫。　茯神：　即茯苓抱根生者，略與茯苓同用。但茯神多入心，主益志寧心，安神定魂，此皆滲濕利水之品。痘若升水未足，斷不敢用，惟收靨之際正宜用之，以成結痂之功。　山藥：　性溫而滯。入脾肺二經，補其不足，清其虛熱，固腸胃，化痰涎，止泄瀉。痘家七八日前勿用，八九日間漿清皮薄者宜用，收結時正宜用。生搗敷疽癤消腫硬。痘有水泡必宜用之。　白术：　味甘，氣溫。以泔水浸，陳壁土炒用。補脾溫中，在血補血，在氣補氣，無汗能發，有汗能止。利小便，止虛瀉，進飲食，排膿實漿，治痘中水泡之聖藥。但七八日前水若未足，恐其燥乾津液，斷不敢用，八九日後若漿清皮薄者，急宜多用，收結亦宜用之。　貝母：　味苦，氣微寒。川產開瓣者佳。獨顆無瓣者不堪用。瀉心火，散肺鬱，止嗽化痰，解渴除熱，治肺癰，斂瘡口。凡痘有咳嗽痰涎不用，懼其性之寒涼也。惟痘後疽癤，于敷藥內用；　痘後咳嗽亦用。　南星：　味辛、苦，氣平。用薑渣黃泥和包煨，又納黃牛膽中風乾，則為膽星，連製七膽，可比牛黃。畏附子、防風、乾薑。治風散血，拔毒除痰，為肝、脾、肺三經之藥。治驚癇，散鬱結，止咳嗽，破結下氣，利水墮胎。性更烈于半夏，是以痘中罕用，惟痘後嗽者亦用膽星。然生者善散瘡癰疥癬；　痘後毒腫，為末敷之，可以立愈。　半夏：　味辛而氣溫，有毒。薑製。反川烏，能動胎。體滑性燥，能走能散，和胃健脾，除濕化痰，下氣逆，開痰滯，發聲音，救暴卒，利水燥痰。痘家忌用，惟痘後乃宜。亦可敷痘後疽癤，以退腫毒。　馬兜鈴：　味辛、苦，性寒。清肺熱，降肺氣，治痰咳。痘中莫用，痘後肺熱而嗽者可用。　花粉：　味苦，氣寒。排膿消腫，利膈除熱，化痰生肌。脾胃虛者莫用，以其能傷胃也。　厚朴：　味苦、辛，氣溫。薑汁炒。入脾胃，消結散濕，平胃調中，祛痰化食，散結透毒，有疏通之力。治霍亂冷痛。然多服損人元氣，泄瀉則戒勿用；孕婦亦宜莫投。　烏梅：　味酸，氣平。斂肺濇腸，消痰止渴，解毒消腫。　杏仁：　苦甘而溫。散肺中風寒，潤腸中燥結。治氣止咳。肺虛莫用。痘家有咳嗽宜用。去皮尖。惡黃芪、黄芩、乾葛。　桃仁：　苦甘而平。雙仁者不可用。桃花下宿水，療風狂。通大腸，入血室，行滯血，破瘀血，生新血；治閉經、痢症。有孕婦人及痘家莫用。杏行氣秘，桃主血秘。　天竺黃：　味甘而微寒。出南海，大竹之津結成，即竹內黃粉，有節者真。清心火，去風熱，利竅豁痰，鎮肝明目。功同竹瀝，而性和緩，無寒滑之患。治中風不語，小兒驚癇。痘症驚搐，丸散內不可缺。　大棗：　味甘而溫。安中養脾，發脾胃升騰之氣。　西河柳：　能使痧毒外出，治痧疹不出，喘嗽悶亂。沙糖調服，治疹後痢。　牛膝：　味苦酸而氣平。出四川。益肝腎，強筋骨，行血活血，引諸藥下行。治癰腫惡瘡，金瘡跌打。痘後膝腿腫痛者，當以之為引藥。但能墮胎。　蘇木：　破血排膿，消癰去腫；治閉經，散瘀血。痘中莫用，痘後疽癤亦宜慎之。　石斛：　味甘，氣平。除脾熱，平胃氣，濇腎氣，治滑精，壯筋骨，除脚軟。痘有脾胃虛熱者亦宜用。　苦參：　味苦，氣寒。治時氣惡熱，痧疹痒痛。痘兼瘡疥者用之。　知母：　味苦、辛，氣寒而滑。清肺金而瀉火，潤腎燥而滋陰。消痰定嗽，止渴安胎。然傷胃滑腸，痘中莫用，痘後陰虛火動者宜用之。　射干：　味辛，氣平。主喉閉咽痛，止咳嗽氣逆。　薄荷：　味辛，氣涼。蘇產為佳。虛人莫用。上升頭目，發汗祛風，搜肝風，抑肺熱，引諸藥入營衛，治一切頭風痰嗽，壯熱驚風而明目，能達痘毒以出皮膚。　山慈菇：　味甘、辛，氣平。清熱散結，善解諸毒。　紫花地丁：　味辛苦而寒。葉如柳而細，夏開紫花，結角。平地生者起莖，溝壑生者起蔓。最解痘毒及一切無名腫毒。　白及：　味苦、辛，性收濇。專入肺經，能止吐血，肺傷損者可使復生；治跌打損傷，接骨續筋，除瘡癰腫痛，去朽肌腐肉。痘後疽癤用以逐瘀血而生新血，痘後手足皺裂者，用此塗之，能令肌潤。反川烏。　淫羊藿：　味辛、甘，氣香而溫。北地有羊一日百合，專食此藿。入肝腎，補命門，益精氣，壯筋骨，利小便，起陽不興，理陰不產及手足麻木。善攻痘漿，痘有絕不起頂者用之立效。但不敢多用，多則生痒。用羊脂炒。　白蒺藜：　味苦辛而氣溫。補腎瀉肺，而散肝風，去眼中翳膜，治腰痛咳逆，催生下胎，治瘡痒潰爛，去瘀生肌。　龍膽草：　大苦，大寒。入肝膽而瀉火，入膀胱以除濕熱。涼血明目而消赤腫。痘後眼睛紅腫者用之。　菊花：　性平和，味甘者方可用。黃者入陰分，白者入陽分，紫者入血分。益肺腎，制心火而平肝木；祛風除熱，養目去翳。痘後目疾宜用。　欵冬花：　味辛，氣溫。純陽。甘草水浸一宿。用花未開者佳。潤肝瀉熱，消痰止渴，明目定驚，治肺癰喘嗽，口吐膿血之要藥也。痘家有嗽宜用以消痰。　百部：　味甘而微溫。治肺熱咳嗽，(甘)〔疳〕積疥癬，殺諸瘡蟲。　覆盆子：　味甘、酸，性微溫。用葉絞汁滴目中，出目弦蟲，除膚赤，收濕止淚。益腎水而固精，補肝虛而明目，起陽痿，縮小便，澤肌膚，烏鬚髮，令男子陽興，女子多孕。痘後有腎虛流淚，視而失明者宜用之。　草決明：　味甘、苦，氣平。入肝除風熱，治一切目疾。　青葙子：　微寒。祛肝經風熱，治青盲翳障。　穀精草：　味辛而微溫。入肝胃二經，輕升上浮，明目退翳。　密蒙花：　味甘而微寒。潤肝明目，治目中赤脈，青盲下淚。　石決明：　味鹹，氣平。除肝肺風，治青盲內障，而通五淋。　熊膽：　味苦而寒。通明者佳。撲塵水上，投膽少許，豁然而開。涼心平肝，善于瀉熱，祛痰去翳，明目定驚。　夜明砂：　蝠鼠屎。蝠食蚊，砂皆蚊眼，故治目疾。淘淨焙乾。肝經血分藥，活血消積，治目盲障翳，驚風疳積。　望月砂：　即兔屎。兔性常視日月，其目得陰陽之精，故明目。治勞瘵五疳，善解痘毒入眼，痘後眼中翳膜。兔肉、兔血，小兒常食，出痘必稀。　蔓荊子：　味苦辛而微寒。上升頭目。治頭痛腦鳴，止目淚睛痛，搜風涼血。凡手足拘攣者亦用。　以上痘後目疾備以選用。　琥珀：　味甘，氣平。松脂入土年久結成，色赤而明潤，摩熱可吸芥子者真。入肝與心，清瘀血，生肌肉，寧心定魄。治痘疹驚搐，鬼魅侵臨，又能明目去翳。　珍珠：　味甘鹹而性寒。感月而胎，水精所孕。乳浸研粉用。入心肝二經。安魂定魄，治熱祛痰，小兒驚風聖藥。善拔毒，可治痘疔，生肌合口，其效如神。點入目中，立除翳膜。　牛黃：　味甘苦而涼。牛有黃者，肌瘦而毛潤，多吼喚，以盆(乘)〔盛〕水，令不得飲，渴甚，其黃自吐水中，為生黃。有角黃、肝黃、膽黃、心黃，膽黃最佳，磨指甲上，黃即透甲者真。　清心解熱，定魄安魂而辟邪，解魅通竅，定驚化痰之品，無出其右。吐出濃痰，以黃少許，立化為水。　治小兒驚搐，有起死回生之效，非凡藥之可比也。且善能解毒，痘家紫陷、黑陷可以立起。惟孕婦忌。　麝香：　味辛，性溫。氣香，其香聚處草木皆黃。開經絡，通諸竅，透骨髓，治暴卒驚風、中痰、中風，拔痘毒，起黑陷。然實熱而毒壅者用之，有回天之力。氣虛者而妄投之，則殺人如反掌也，切宜慎之。　青礞石：以硝拌勻，煅至如金色為度，煅無金星者勿用。體重而沉，平肝下氣，為治驚利痰之聖藥。　冰片：入肺而傳心脾，走而不守，透內入臟，而通諸竅，散鬱火，治驚癇痰迷，目赤翳障。痘家能起黑陷。　白附：味甘、辛，性大熱。純陽。治痘風熱不退，引藥上行頭面，亦祛痰，能治中風失音。　天麻：味辛，氣溫。入肝經，益氣強陰，祛風消痰，治小兒驚癇與諸風症。　鈎藤：味苦而微寒。除心熱，平肝風，治驚啼與盤腸內弔。痘後手足牽強，一切風症。　威靈仙：性溫。其性善走，能疎五臟，通經絡。　硃砂：性平。定心安魂，辟邪鬼，善解毒。能起痘之紫黑，治小兒一切驚搐，定大人之顛狂。（神）〔辰〕砂：性平。如鏡面者佳。鎮心要藥，養血活血，善治驚狂。凡痘之心神不寧者，無論前後俱不可缺。　蒼术：味甘、辛，性溫而烈。燥胃強脾，為除濕之聖藥。亦能發汗以升胃之陽氣。治水腫，辟邪魔。痘之初中忌用，惟水泡難靨，痘後浮腫宜用。　遠志：味苦、辛，性溫。去心用。主心經，兼通腎氣，強志益智，開聰明而利九竅，治迷惑善忘，夢遺驚悸。痘後心神恍惚者宜用之。石菖蒲：性溫。開心利竅而除風濕。然能散氣，痘家莫用。　細辛：味辛，性溫。散風邪，走九竅，其性烈。痘恐耗氣，莫用。　木賊：性溫。發汗解肌，善除目翳。痘後有翳者用之。　枸杞：性平。益氣生精而助陽，去風明目，腎虛宜用。　棗仁：味酸，性溫。補肝膽而醒脾，為寧心之要藥。　杜仲：性溫。補腎益肝，強筋健骨，善治腰痛。腎經發痘宜用。桑白皮：性寒。專瀉肺火，治嗽清痰，痘後咳逆宜用。　桑寄生：益血助筋，散瘡祛風。　川楝：微寒。導膀胱之熱，引相火下行，通小便，治疝氣之要藥。亦能殺蟲療疥。　烏藥：微溫。疏胸快氣，消食積，治膨脹。五加皮：性溫。順氣化痰，祛風勝濕，逐皮膚之瘀血，療手足之拘攣。痘後風痹宜用。　芙蓉花：清肺涼血，散熱止痛，消腫排膿，治一切癰疽腫毒，大有殊功。痘後疽癤宜用。　皂角：性燥烈。氣浮而散，入肺經。搜風熱，通上下關竅，一切痰迷搐症，為末吹入鼻中，可以立嚏。但痘中恐其散氣，不敢妄用。其刺能達患處以潰癰疽，痘後欲潰疽宜用。　沉香：性溫。下氣而墜痰涎，入腎而暖精壯陽。　乳香：性溫。通十二經，能祛風伸筋，活血調氣，托裏生肌，治諸疽痛。痘後治疽宜用。　沒藥：性平。入諸經，散結氣，通滯血，消腫定痛，而且生肌，治痘後疽癤惡瘡之要藥也。　血竭：性急。入血分，補心血之不足，專除血痛，散瘀生新，乃和血之聖藥。治跌損打傷，止痛生肌。以染透指甲者真。　蘆薈：味苦而大寒。耑清熱殺蟲，涼肝明目，治驚癇，殺疳蟲。吹入鼻內，可除鼻痒。而痘中勿用。　巴豆：性熱，有毒。開竅宣滯，去臟腑沉寒積滯，為斬關奪門之將，立可令人泄瀉，是痘家之忌藥也。　蓮鬚：性溫。清心通腎，益血固精，夢洩遺精必用。荷葉：性平。燒灰存性，能起痘倒靨，止痘發痒。　芡（术）〔子〕：味澀。補脾去濕，治泄瀉，止滑精。　續斷：性溫。川產。補肝腎，通氣血，理筋骨，暖子宮，治腰痛。凡痘後筋骨不舒者必用之。　骨碎補：性溫。補腎強骨，能破血止血，治筋骨折傷。痘後骨筋疼痛，筋骸牽強者宜用之。　益母草：微寒。消水行血，去瘀生新，調經解毒，治血風血痛，為經產之聖藥。青黛：微寒。瀉肝清熱，散五臟之鬱火，解蘊蓄之風熱。治發斑，定驚癇，除丹熱。　防己：微寒。行十二經，通腠理，利九竅，瀉下焦濕熱，為療風水之要藥。降氣下痰而行脚氣，痘後足腫宜用。　甘遂：寒而有毒。反甘草。入腎經，祛水濕，直達水氣所結之處，為下水之聖藥。凡痘後腹滿水腫宜用之。　大戟：寒而有毒。瀉臟腑水濕，行血發汗，治十二水，凡風毒脚腫宜用。通經墮胎，而損元氣，不可妄施。　商陸：寒而有毒。沉陰下行而療水腫，然亦不可妄用。　常山：寒而有毒。能引吐行水而祛痰。專治瘧疾，虛人莫用。　艾葉：醋煮用。生溫熟熱。純陽之性。能回垂絕之元陽，暖子宮，逐寒濕，調經安孕，孕婦出痘宜用。　玄胡索：性溫。活血行氣，調經要藥。孕婦則忌。　三七：微溫。以末調猪血，血化為水者真。散血定痛，為金鎗折傷聖藥。　地榆：微寒。炒黑用。入下焦，除腸風血痢。　鬱金：微寒。純陰之品。涼心熱，散肝鬱，下氣破血，治鬱結心痛，與顛狂失心，或痘毒入心者宜用之。　莪术：氣溫。破氣中之血，消瘀通經，解食積，治腹痛。　三稜：氣平。入肝經，破血中之氣，散血瘀氣結，破停食積塊。　苧根：寒而滑。破瘀解熱。搗貼赤火遊丹，癰疽癤毒，汁能化血為水。　燈草：微寒。降心火，清肺熱。燒灰塗乳，可止夜啼。吹喉能理喉痛。　萹蓄：氣平。殺蟲疥，利小便，治黃疸疳積。　茵陳：微涼。發汗利水，以除脾經濕熱，治黃疸之君藥也。　香薷：微溫。為清暑之主藥，能利水而降熱也。　故(芷)〔紙〕：大溫。入命門，補相火，以通君火，暖丹田，壯元陽，治腰膝冷痛，腎冷精流。　肉蓯蓉：大溫。酒蒸炙用。入腎經血分，補命門相火，滋潤五臟，益髓強筋，治五勞七傷，絶陽不興，絶陰不產，腰膝冷痛，崩帶遺精，為補精血之峻藥。　瑣陽：性溫。酥炙用。益精興陽，潤燥養筋，治陽痿，能固精。　巴戟：微溫。入腎經，強陰益精，治五勞七傷，理風氣，脚氣水腫。　胡蘆巴：溫而純陽。入命門，暖丹田，壯元陽。治陽氣不能歸元，且治疝氣，理寒濕脚氣。　蛇床子：性溫。強陽益陰，補腎散寒，治陰痿囊濕，女子陰痛陰癢，子宮虚寒，產門不閉，一切命門之病可以兼除；且合瘡藥則能殺蟲，煎水浴可去風痒。　菟絲子：和而平。強陰益精，不助相火，治精寒淋瀝，祛風明目，益氣健人。　使君子：氣溫。健脾胃，殺臟蟲，治五疳，為小兒疳積要藥也。　益智：溫而熱。入心腎，補心氣命門之不足，能濇精固氣，且能發鬱結，使氣得宣。　草豆蔻：一名草果。微熱。健脾暖胃，破氣除痰，能除瘧疾。　香附：性平。血中氣藥，通行氣脉，主一切氣滯，利三焦，解六鬱，止腹痛，調經行血，去瘀生新，乃婦人之聖藥也。　木香：味辛而性溫。形如枯骨者佳。氣分之藥，能升能降，泄肺氣，疏肝氣，治一切氣痛心痛，寔大腸，消食，安胎。痘家內托之劑宜用，但能散氣，亦不敢多用。　茴香：味辛而熱。大茴入膀胱暖丹田，補命門，開胃進食，治疝氣，消陰腫。小茴亦能入腎發邪，但痘家不宜妄用。　甘松：性溫。理氣醒脾，治腹卒痛，兼治牙疳，而消脚腫。　山柰：性溫。治心痛冷痛，而理牙風；合香而能辟惡。　良薑：性熱。暖胃散寒，治胃脘痛。　土茯苓：氣平。健脾胃，祛風濕，止泄瀉，治筋骨拘攣，諸瘡之毒。　白歛：氣寒。解火熱，生肌止痛，歛瘡方多用之。　馬齒莧：微寒。散血解毒，能治惡瘡。　絲瓜：氣平。涼血解毒，能起痘黑陷。　藤，燒灰，吹鼻淵。　自然銅：氣平。散瘀止痛，能續筋骨，折打損傷必用。　陀僧：有小毒。止血散毒，桐油敷能消瘡癤之腫。　水銀：寒而有毒。耑殺瘡疥之蟲，墮胎絶孕。　赤石脂：微溫。止血收濕，治泄瀉遺精，收口長肉，催生下胎。　輕粉：性冷。殺蟲治瘡，瘛瘲藥多用之。　雲母：氣平。堅肌續絶，治癰疽瘡腫。　爐甘石：性溫。煅紅，童便淬七次。止血消腫，收濕除爛，退赤去翳，為目疾要藥。　鍾乳：性溫。忌參朮。強陰益陽，通百節，利九竅。令人陽氣暴充，多服不免疽毒。　雄黃：性溫。入肝搜風，殺百毒，治驚癎，化血為水，可辟鬼邪。痘搐入定驚，丸用且能起黑陷。　硫黃：有毒，大熱。純陽。補命門真火，暖精壯陽，疏利大腸。若陽氣暴絶，亦救危之妙藥。且殺蟲療瘡，而辟鬼魅。　枯礬：微寒。收濇之品，生肌緊肉，治疽瘡而令合口。　膽礬：微寒。入膽經，性歛而上行，令吐痰涎而立效。且殺牙蟲。　青鹽：微寒。補腎固齒。　阿膠：性平。清肺養肝，滋腎益氣，和血補陰，除風化瘀，潤燥定喘，安胎調經，引血歸元，故止吐血衄血。　龍骨：微寒。煅用。能收斂濇腸，固精辟邪，解毒，治遺精滑泄。　海螵蛸：微溫。炙用。通血脉，祛寒濕，治目翳出淚。　龜板：氣平。滋陰益腎，理陰虚血熱，治勞傷骨蒸。　牡蠣：煅用。收濇之藥，治遺精崩帶，固大小腸。　五倍子：氣寒，性濇。降火化痰，止血定嗽，療瘡癬，消目腫，歛瘡口。　白蠟：生肌止血，解毒定痛，外科必用。　班蝥：寒而有毒。潰肉墮胎，通經捷效。　丹參：氣平而降。破宿血，生新血，安生胎，墮死胎，為女科要藥，又排膿生肌，治瘡毒癰腫。　天門冬：大寒。入肺分，清金降火，止渴消痰，而滋腎水。　藁本：性溫而氣雄。上祛風寒而治頭痛，下行去濕而治泄瀉。　秦艽：性溫。養血榮筋，祛風寒，除濕熱，治拘攣骨蒸之症。　粳米：氣平。得天地中和之氣，滋養榮衛，人賴以生。陳久者能補脾胃，止虚泄。　糯米：氣溫。能補中氣，收自汗，起痘瘡，入補劑排(腫)〔膿〕化毒。　黑豆：氣微寒。活血解毒，能解腎經痘毒。　黃豆：能解脾胃痘毒，燒灰可治痘瘡破爛。　赤小豆：能解心經痘毒。　綠豆：氣寒。行十二經，清熱解毒。為末，可治痘瘡潰爛。　酒：行血行氣，過飲則傷神耗血，動火生痰。　韭：氣溫。入血分而行氣，益胃助腎，補命門之火。　葱：溫而散。發汗解肌，以通上下腸氣。痘後及見點莫服。　胡荽：氣溫。辟一切不正之氣，麻疹、痘瘡不出，煎酒噴之立效。　雞：性溫。能補虚溫中，可起痘行漿，但益肝火，痘初莫用，八九日後宜用。雞蛋滯氣，不宜用。雞冠血可攻痘毒。　鴨：性冷。老者能滋陰降火，痘家莫用，麻疹無妨。　猪：心血，用作補心藥之引，故心虚而驚怖者用之。尾血，由髓而來，故腎經發痘者，和片與參能起痘陷。肝，主目而藏血，用之可以明目。肺，則補肺，用之可治虚嗽。肚，入脾胃，和補藥可以健脾。腰，通腎，猪腰子和胡椒可治腰痛。腸，入大腸可治腸風下血。膽，瀉肝膽之火而明目。尿胞，入膀胱而利小便。猪脂，能潤燥而滑大腸。猪蹄，可以通乳。

猪肉，略滯氣，不可多食。　犬肉：　性溫。暖脾胃，助陽事。黃補脾而黑補腎。　羊肉：　性熱。益氣血，壯陽道，開胃健力，通氣發瘡。肝，能明目。膽，止風淚。　牛肉：　安中補脾。牛乳，潤腸解熱，補虛勞。　柿乾：　性平。濇腸潤肺，清上焦心肺之熱。　梨：　微寒。潤肺涼心，利大小腸，治痰喘失音。血虛人忌。　橄欖：　微溫。清喉生津。核，磨泉水點眼去翳。　白果：　性溫。善于收濇，縮小便，治白濁。　石榴皮：　微溫。能濇腸，止瀉，治崩帶脫肛。　龍眼：　性溫。益脾長智，養心葆血。痘將灌膿時用。

荔枝：　性溫。入肝腎，益氣行血。核，能散滯氣，辟寒邪，治胃脘痛，婦人血氣痛。殼，能發痘瘡。　落花生：　潤肺舒脾。　蓮子：　溫而濇。補脾胃，濇大腸，安靖上下君相之火，治泄瀉。心：　能清心，可療產後血渴。

荷葉：　燒灰合藥，助脾胃而升發陽氣，可治痘倒靨。

清・謝玉瓊《麻科活人全書》卷一　宜用藥性　防風：　入小腸、大腸、膽、心胞絡、膀胱。治風去濕之仙藥。乃卒伍卑賤之職，隨所引而至。其性上行，故治上盛風邪，瀉肺實喘滿，周身痹痛，四肢攣急，目盲無光，風眼冷淚，一身盡痛，脊痛項強，不能回顧，腰似折，項似拔。瘡在(腰)〔胸〕膈以上俱宜用，為其散結、去上風熱也。肺虛有汗喘乏，氣升作嘔，火升發嗽，陰虛盜汗，陽虛自汗，瀉後脾虛發搐，產後血虛發痙，忌用。

荊芥：　入肝、肺氣分。祛經絡中之風熱，能清頭目，去瘀血，破積氣，消瘡毒。表虛自汗，陰虛面赤者，忌用。

薄荷：　入肝、肺。消風散熱，治咳逆失音，頭痛頭風，眼目、口齒諸病。利咽喉，去舌胎。除小兒驚熱，瘰癧、瘡疥之要藥。又能開鬱散氣。

蘇葉：　入氣、血兩分。解表利咽，開胃通腸。下氣除寒，升中有降。久服泄人真氣，脾胃虛寒人過服，多致滑泄。

前胡：　入肺、脾、胃、大腸、膽、三焦。其功長於下氣，氣下則火降，痰亦降矣。故能治痰飲喘嗽，痞膈諸疾，為痰氣之要藥。其性治氣實風痰。凡陰虛火動之痰及不因外感而有痰者，禁用。

葛根：　入大腸、胃。能鼓胃中清陽之氣。主消渴，身熱，嘔吐，使胃氣敷布，能啟陽氣，解諸毒。使胃氣升發，邪毒自散而不留，乃大腸、胃經之專藥。治頭額痛，眉稜骨痛。天行熱氣嘔逆，發散解肌，開胃止渴，宣發痘疹。葛花，能解酒毒。

葱白：　入肺、胃。專主發散，以通上下陽氣，能出汗。　胡荽：　通心脾，達四肢。能避一切不正之氣。痘疹不出者，搗潠衣被發之。春夏陽氣發越之時，用之反助熱毒，恐變黑色，不可不慎。　連翹：　大腸、心包絡氣分藥。瀉心經客熱，破血結，散氣聚，消腫毒，利小便，瀉心火，故諸痛痒瘡皆治。又能清膽經鬱熱。　牛蒡子：　又名大力子，又名惡實。肺經藥。治風濕癮疹，咽喉風熱，散諸腫瘡瘍之毒。為痘疹之仙藥，又能去皮膚風，消癍。　犀角：　入胃。涼血、散血、畜血，解癍痘、癍疹毒。治驚狂。解蠱毒。又治吐血、衄血、便血、尿血，痘麻血熱毒甚者，尤為必需。　菉豆：　解丹毒煩熱，治風疹及藥石發動，并解熱氣，治奔豘。　山荳根：　治咽喉諸疾及喉痹。解痘疹熱毒，止痛，消瘡腫毒。治發熱咳嗽，善治人馬急黃。殺小蟲，腹脹喘滿，卒患熱厥心痛俱宜。脾胃虛寒作瀉者，忌用。

人中黃：　解天行狂熱，溫毒發斑，一切諸毒惡瘡。

人中白：　治口瘡、舌諸瘡最效，為降火之妙味。

蚯蚓：　又名地龍。白頸者良。解熱毒。入鹽化為水。通經絡。炙乾用。專殺蛇蠱、三蟲、伏尸諸毒。解濕熱，利小便，通經絡。治痘瘡，脾胃虛熱。嬌紅五六日，漸變乾黑伏陷者。又治溫病大熱狂妄，天行大熱，小便暴閉不通。

西河柳：　入胃、大腸。其功專發麻疹。兼解酒毒，去風。以之煎水，洗風疹身痒最效。

雄黃：　入胃。破陰邪，殺百蟲，避百邪。治寒熱鼠(瘻)〔瘻〕惡瘡、疽痔死肌。

蟬蛻：　治皮膚瘡瘍風熱，破傷風。痘疹發痒，痘後目翳。小兒夜啼驚癇。

黃連：　入心、肝。瀉實火，去熱，治目痛眦傷泣出，明目。治腹痛下痢，止消渴，鎮驚，厚腸，治口瘡。

枯黃芩：　入肺。瀉肺火。清肌表之熱。　條芩：　瀉肝、膽、大腸火。除胃中熱。　子芩：　治血熱妄行。

黃柏：　入腎經血分。治肺、脾、大腸、胃、心胞絡、肝經濕熱之專藥。又治腎水膀胱不足，諸痿厥無力。

梔仁：除心肺客熱，兼治五内邪熱，胃中熱氣。炒黑用，專瀉三焦之火及痞塊中火，最清胃脘之血。屈曲下行，能降火從小便泄去。

石膏：入肺、胃。治熱病，暍病，口乾舌焦，大渴引飲，自汗頭痛，溺澀便閉，齒浮面腫，腹中堅痛諸熱症。

大青：即蓼藍。入肝。性稟至陰。其味苦，寒。專於清解溫熱諸邪，陽毒發斑，咽痛必用之藥。天行熱狂，疔腫風疹並治。俱用其葉，蓋葉瀉肝膽之實火，正以袪心(肺)〔胃〕之邪熱，所以小兒疳熱丹毒必用之。莖之性味，亦治溫熱毒盛發斑等候。

青黛：乃藍澱浮沫，攪沉掠出。陰乾用。瀉肝膽，散鬱火。治瘟毒發斑及産後熱痢下重，天行寒熱頭痛。與藍性同，而止血拔毒之功，殺蟲之力，似勝於藍。又治噎膈之疾。和尿白垢，冰片，吹口瘡最効。

元參：入腎。主腎水受傷，真陰失守，孤陽無根，亢而僭逆，咽喉腫痛之專藥。能清上焦氤氳之氣，無根之火。又治目赤腫痛。脾虚泄瀉者忌用。

淡竹葉：性專淡滲下降，故能去煩熱，清心，利小便。根能墜胎催生。

大黃：脾、胃、大腸、三焦血分藥。凡病在五經血分者宜之。能行瘀血，導血閉，通積滯，破癥瘕，瀉痞滿，潤燥結，敷腫毒。瀉腸胃燥熱。

丑牛：專一行水峻下之藥。白者利肺，治上焦痰飲，除壅滞氣逆，通大腸風秘，除氣分濕熱。黑者瀉堅，兼瀉脾胃之濕，消腫，治脚氣，利大小便秘。

枳實：入脾、肝血分。消食瀉痰，滑竅破氣。治宿食不消，心下痞悶。凡病在血分，病人稍弱而痞滿者，不可用。

枳殼：泄肺，走大腸，破氣化痰，除寒熱結。

芒硝：即朴硝。出齊衛者，上生鋒芒，謂之芒硝。治五臟積熱，胃脹閉，滌蓄結食飲，推陳致新，除邪氣。治小兒赤遊風，以硝傾湯中，取布蘸濕拭之。熱結不至堅者，不可輕用。

火麻仁：入大腸、脾經。其性滋潤，初服能令作瀉，久服能令人肥健，有補中益氣之功。臟腑結燥者宜之。又治胃熱便難，止消渴，通乳汁，催生難産，及老人血虚便閉。婦人産後便閉最宜。

猪苓：入膀胱、腎經血分。性善疎利經府，能利水而瀉脾胃水蓄之症。又治痎瘧蟲疰。

澤瀉：入膀胱。治(洒)〔酒風〕身熱汗出，利膀胱濕熱，逐心痰氣。治水蓄煩渴，其功長於行水，素多濕熱之人甚宜。然亦不可過用，多服病人眼。

赤茯苓：入心。但主導利而已。能瀉心經水蓄之症。

川木通：入心、心胞絡、小腸、膀胱。脾胃不和，水道不利，致鬱為寒熱，為腫脹，為淋秘，為痹癉，俱宜用此淡滲之。分利陰陽，則水行火降，脾胃和而心腎平矣。其性除脾胃寒熱，利九竅血脉關節，上通心，清肺，達九竅，下瀉濕袪熱，能瀉心經水蓄之症。

京花通：入肺、胃。入肺，引熱下降而利小便。入胃，通氣上達而下乳汁。治五淋癃閉。妊娠忌用。

車前子：入膀胱、腎經。利小便而不走氣，治氣癃，止痛，通腎氣以利小便，則濕去而癃閉除。清熱利竅，專通化，行水道，疏通膀胱濕熱，不致擾動真火，能瀉腎與膀胱水蓄之症。

滑石：上能散表，下能利小便，為蕩熱散濕，通利六腑九竅之真品。清肺胃之氣，下達膀胱，蕩胃中積聚寒熱。

燈芯草：瀉肺利水。治急喉痺，燒灰吹喉。燒灰塗乳上與兒食，止小兒夜啼。

瞿麥：利小便，主關格諸癃結。出竹木刺。決癰腫，明目去翳，破胎墜子，下閉血。

萹蓄：利水散濕熱，治黃癉霍亂。療小兒魃病，女子陰蝕，及浸淫瘡疥疽痔，殺三蟲。

山茵陳：入膀胱。又名角蒿。生子如鈴。味辛苦，有小毒。專於殺蟲，治口齒瘡絶妙。有逐濕化熱之功。

緜茵陳：入膀胱。葉細如青蒿，專於利水，為濕熱黃癉要藥。治風濕寒熱，熱結黃癉，濕伏手陽明大腸，足陽明胃所主之病。

白茯苓：入脾、胃、心、肺、腎、膀胱。開胃化痰，利水定悸，止嘔逆泄瀉。除濕氣，散虚熱。治胸脇氣逆，上通心氣。治憂恚驚悸，心下結痛，導熱滋乾，流通津液。治煩滿寒熱，口焦舌乾，利小便。

杏仁：入肺。散邪除氣，定喘瀉滯，散結潤燥。除肺中風熱咳嗽。不去油用，亦能潤滑大腸。

貝母：肺經氣分藥。反烏頭。一名蝱。兼入心經，善解心胸鬱結之氣，肺受心胞火乘，因而生痰，或為邪熱所干，喘嗽煩悶，非此莫治。實為肺家燥痰開鬱散結化痰解毒之專品。

乾柿白霜：專清肺胃之熱。在元氣未漓，可勝寒潤者則宜。若虛勞煩嗽喘乏者，用則鬱閉虛陽，病根日固，與埋薪灰燼中無異。

柿蒂：味澀，無毒。取其澀以斂內蘊之熱，故專治呃逆。麻雖忌澀，而柿蒂之澀，非若五味之酸收閉澀比也，故疹家呃逆及心中作逆者，公然用之而不忌。

枇杷葉：入肺，胃。治夏月傷暑氣逆最良，能和胃下氣，蓋氣下則火降痰消，胃和則嘔定噦止，故為治心逆嘔噦及癆嗽之上品。胃寒嘔吐，風寒咳嗽者，忌用。

桑根白皮：瀉肺氣之有餘，止嗽而能利水。肺中有水氣及肺火有餘者宜之。又治唾血熱渴，水腫腹滿臚脹，利水道，去寸白蟲。可以縫金瘡，縫後用熱雞血塗之。肺虛無火，因風寒而嗽者服之，風邪反閉固不散，而成久嗽。

馬兜鈴：入肺。散氣，肺熱痰喘，聲音不清者宜之，能清熱降氣。麻疹內陷，喘滿，聲瘖啞者，宜多用之。肺冷金寒，喘嗽失音者，忌用。

欵冬花：蜜水拌炒。性溫而不燥血，為溫肺治嗽之要藥。潤肺消痰，止嗽定喘。喉痹、喉瘖、肺痿、肺癰咸宜。治麻亦宜慎用，但非若(吉根)〔桔梗〕為害之大耳。

金沸艸：即旋覆花。肺經、大腸要藥。能開結下氣，行水消痰。治驚悸，祛痞堅，除寒熱，散風濕，開胃氣，止嘔吐，除噫氣，故肺中伏飲寒嗽者宜之。但性專溫散，陰虛癆嗽、風熱燥咳，不可誤用，用之嗽愈甚。

栝蔞仁：去殼，打去油。潤燥，為治嗽消痰止渴之要藥。能洗滌胸膈垢膩鬱熱，並治喉痹，痛引心腎，咳唾喘息及結胸滿痛。能降上焦之火，使痰氣下降。麻疹氣喘鼻扇者，必用。脾胃虛，嘔吐自利者，忌用。

天花粉：降上膈痰熱，潤心中煩渴。除時病狂熱，祛酒癉濕黃。治癰瘍，解毒排膿，清胃祛熱生津。凡痰飲色白清稀者，忌用。

甜葶藶：隔紙炒香，研，宜用絹濾過服。入大腸、膀胱。專泄肺中之氣，主癥瘕積聚，破堅逐邪，通利水道，亦能滑大便，為能引領肺氣，下走大腸也。又治肺癰喘逆，痰氣積聚，通身水氣。肺中之水氣膹滿者，非此不能除，故能瀉肺經水蓄之症。又能消麻疹頭面手足遍身浮腫。脾胃虛者忌用。

(比)〔白〕芥子：入肺。散表利氣，豁痰散腫，消腫辟惡，痰在脇下及皮裏膜外者，非此不達。泄瀉傷精，肺經有熱，虛火亢炎者，忌用。

家蘇子：諸香皆燥，惟此獨潤。虛勞咳嗽必用之藥。性能下氣，胸膈不利者宜之。與橘紅同為除喘定嗽、消痰順氣之品。但性主疎泄，氣虛久嗽，陰虛喘逆，脾虛便滑者，皆忌用。

萊菔子：即蘿蔔子。治痰，有推墻倒壁之功，長於利氣。生者升，炒熟者降。升則吐風痰，降則定痰嗽。

竹瀝：善透經絡，治筋脈拘攣。痰在皮裏膜外筋絡四肢者，非此不能化之。胃虛腸滑及氣粗便閉者，誤用，每致呃逆不食，脫泄不止而死。

紫(苑)〔菀〕茸：肺經血分之藥。止咳逆上氣，胸中寒熱結氣，能疎利肺經血氣。去蟲毒痿躄，能散結降氣。專通肺氣，使熱從尿出而去。療咳唾膿血，消痰止渴。又治下痢肺(痛)〔癰〕，善調五勞體虛，止咳定喘。療驚悸，吐衄諸血。陰虛肺熱乾咳者，忌用。

麥冬：入心、肺、胃、腎。定心熱驚煩，療肺痿吐膿。專泄而不專收，能清燥而滋水源。寒多人忌服。

肥知母：入膽、胃、脾、肺。能瀉有餘相火，理消渴煩蒸。下潤腎燥而滋陰，上清肺熱而除煩。表症未除，瀉痢有燥渴，脾胃虛人，忌用。

天冬：肺經氣分藥。兼通腎氣，〔治〕咳逆喘促，肺痿、肺癰，吐衄、乾咳、痰結。能滋肺，肺燥者宜之。能保肺不受火擾，清金降火，益水之上源，故能下通腎氣。

藕汁：性專散血止血，除痛。

梨汁：消痰降火，止心煩。

地骨皮：三焦氣分藥。下焦肝腎虛熱，骨蒸自汗者宜之。有益精氣、退邪火之妙。

家生地黃：入心、腎、心胞絡、肝經。兼行脾與小腸，為散血之專藥。主傷中，逐血痹，填骨髓，長肌肉。作湯，除寒熱積聚。療折跌傷筋，久服身輕不老。又治心熱，五心熱，益腎水，涼心血，脈洪實者更宜。戴元禮曰：陰微陽盛，相火熾強，來乘陰位，日漸熬煎，陰虛火旺之症，總宜用家園生地黃，以滋陰退陽。故麻宜始終用之。

乾生地黃：入脾、腎。涼血滋陰，潤皮膚，虛而有熱者宜。故麻不宜用之。

紫草：入心胞絡及肝經血分。專於涼血活血，利大小腸血。痘疹未出，熱毒甚，大便閉澁，而毒不得發越者，及已出，紫黑便閉者，俱宜。痘疹色紅或白，二便利者，忌用。

紫草茸：麻症不用。乃騏驎竭樹上蟻壤聚其脂液而成，與蜂釀蜜無異。出真蠟國者為上，波斯國者次之。古方用以治五臟邪氣，金瘡，崩漏，破積血，生肌止痛。今人專用之治痘瘡，為其有活血起脹之功，無鹹寒作瀉之患，其功倍於紫草，故以紫(草)茸呼之，實非紫草同類也(草)。其性甘鹹，平，有小毒。近時人多不知此品，故附入於此。

紅花：又名紅藍花。能行男子血脈，通婦人經水，活血。解痘麻毒，散赤腫。治產後血暈及胎死腹中。少則養血，多則行血。過用使人血不止，且性兼上行，不可不知。亦主蠱毒下血。

白茅根：降除伏熱，利小便，止渴。治吐衄便尿諸血。

(靜)(淨)白茅花：入肺。性上升，散熱止衄。

鮮射干：治咳逆上氣，喉痹咽痛，不得消息，散結氣，除腹中邪熱，飲食大熱等候。

竹茹：專清胃府之熱，為虛煩、煩渴、胃虛嘔逆要藥。咳逆唾血，產後虛煩，無不宜之。性雖寒而滑，能利竅，可無欝遏客邪之慮。

漢防己：去身半已下濕熱，善走下行。長於除濕，主下焦血分之病，除邪，利大小便。去風寒溫瘧，熱氣諸病。療水腫，膀胱熱，通腠理，利九竅。大抵二便不利，下焦濕熱者，可用。凡上焦濕熱忌用。其苗名木防己。

當歸：入心、脾、肝。凡血受病及諸病夜甚者，必須用之。專破惡血，養(心)(新)血，潤腸胃，(勞)(榮)筋，澤皮膚。理癰疽，排膿止痛，和營血，散內寒。身能養血，尾能行血，乃血中氣藥。故咳逆上氣，陰虛，陽無所附者，用之補陰，則血和氣降矣。

牡丹皮：入心、腎、心胞絡、肝經。治血中伏火，故相火勝腎，無汗骨蒸為專藥。其味辛氣竄，能開發陷伏之邪外散，故主治寒熱中風、瘛瘲驚癇等症。癥堅瘀血，留舍腸胃五臟，及陰虛吐血、衄血必用之藥。有行瘀血，生好血，破積生新，引血歸經之功。能走泄精液，汗多自汗者，忌用。然性專散血，痘瘡初起用之，恐致根脚散闊。及婦人血崩，與經行過期不淨，屬虛寒者，俱禁用。

銀杏：又名白菓。能定喘。生嚼止白濁，降痰，消毒殺蟲，塗鼻面手足，去皶皰䵟。生搗能浣油膩。同汞搗，(將)(漿)衣被，殺蟲虱。去痰垢之功，可例推矣。熟則壅遏閉氣。多食，令人臚脹昏悶。凡食此過多，脹悶欲死者，急以鵝翎蘸香油於喉中攪之，得吐則生。或以糞清灌之，亦可。

元胡索：入脾、胃。能活血止痛，治小便尿血。《炮炙論》曰：心痛欲死，急覓玄胡。以其能散胃(腕)(脘)氣血滯痛也。善行血中氣滯，氣中血滯，性走而不守，惟有瘀滯者宜之。麻症腰疼，在未收之前生用，已收之後醋炒用。

金釵石斛：入脾、胃。甘可悅脾，故厚腸胃而治傷中。鹹能益腎，故益精氣而補虛羸。為治胃中虛熱之專藥。又能堅筋骨，強腰膝，骨痿脾弱，囊濕精少，小便餘瀝者宜之。麻後不食，多用與服，即能食。

蒲黃：入心胞絡、肝經。治血治痛。生則行血，炒則止血。生炒並用，則能逐瘀生新。主心腹膀胱寒熱，利小便，止血，消瘀血。凡婦人麻症，正產墜胎，天癸正臨及妄行等候，必需之藥。

牡蠣：治傷寒亡陽汗脫。

敗蒲扇、敗蒲席：汗積日久，鹹寒相濟。故用以燒灰，撲身止汗。其用蒲扇者，乃取扇動招風止汗之義也，非謂蒲能禁汗耳。

紫芫花：陳者良。水浸一宿，曬乾，醋炒以去其毒。反甘草。消痰飲水腫，治咳逆咽痛，疝瘕，癰毒，逐水瀉濕，能直達水飲窠囊隱僻處，取効甚捷。不可過劑，泄人元氣。又能瀉肝經水蓄之症。勿因其為放水之品，於麻疹水蓄之候置而不用。

百部根：肥白者良。抽去心用，不去心用，則生煩悶。但其氣溫。為殺蟲要藥，故肺熱癆瘵喘嗽，有寸白蟲者宜之。蟯蟲痢及傳屍骨蒸多用之。凡肺胃寒者宜之。麻症有生肺癰者權用。又以水濃煎，洗牛馬虱。樹木蟲蛀，用填孔中，更削杉木塞之，其蟲即死。殺蟲之功，於此可知。

陳皮：入脾、(胃)(肺)氣分。治胸中痰熱逆氣，為消痰運食之要藥。留白則補脾胃，去白則理肺氣。能瀉肺損脾，理氣燥濕，為麻疹之禁藥。無咳者，用留白陳皮以甚之。

樗根白皮：苦，溫，有毒。入氣分。暴痢滯者宜之。

槐花：入大腸、胃、心胞絡、肝經。治大小便血，目赤腫痛，腸風下血，痔血臟毒。

辰砂：主身體五臟百病，養精神，安魂魄，益氣明目。殺精魅邪惡鬼，久服通神不老。能化爲汞。

龍膽草：性沉降。治肝經邪熱，下焦濕熱，目赤腫瘀肉。小兒肝氣，去腸中小蟲，驚癇，與濕熱邪氣之在中下二焦者，非此不除。以其專伐肝膽之邪也。

桃仁：入心胞絡、肝經。為血瘀、血閉之專藥。雖苦能泄血滯，甘可生新血，必竟破血之功居多，治熱入血室，瘀積癥瘕，經閉，瘧母等候。而麻症心腹痛，大腸閉結，亦有權用者。

百合：補土，消瘀，止嗽，利小便，散積蓄之邪，主邪氣腹心痛。然性專降瀉中氣，故麻症亦間有用者。虛寒，二便清泄者，忌用。

側柏葉：性寒而燥，大能伐胃。雖有止血之功，而無陽生陽生陰長。之力。亡血虛家，不宜擅用。

麻黃：去根節，湯泡去沫，晾用。麻症用酒同蜜炒。須去根，若連根用，令人汗不絕。乃肺經之專藥，故治肺病多用之。去皮毛氣分寒邪，以泄寒實。蓋皮毛外閉，邪熱內攻，肺氣拂鬱，乃衛實之候，宜用之以發汗。若過發則汗多亡陽，飲食勞倦及雜病自汗，表虛之症用之，則脫人元氣，禍患莫測。故麻症不輕用。麻黃根專能止汗，但不宜連根而用。

麻後宜用藥性

川(蚊)〔文〕蛤：入腎。為潤下之味，止渴，利小便。治咳逆胸痹，腰痛脇急，鼠(瘘)〔瘻〕，崩中等症。

蠶(脱)〔蜕〕：又名馬鳴(脱)〔蜕〕。微炒用。即老蠶眠起所脱之皮。今以出過蠶之紙為馬鳴退，非也。治目中翳障，較之蟬(脱)〔蜕〕更捷。惜乎一時難覓。

密蒙花：入肝經血分。潤肝燥，為搜風散結目疾專藥。治青盲，昏翳，赤腫，多眵淚，消目中赤脈，及小兒痘疹餘毒，疳氣攻眼。

川木賊：能發散解肌，升散火鬱風濕。專主眼目風熱，暴翳止淚，取其能發散肝肺風邪。多用令人目腫。久翳及血虛者，傷暑與暴怒赤腫者，忌用。

刺蒺藜：酒浸，炒焦去刺。入肝、腎。治痰，消癰腫，搜腎臟風氣，為治風明目要藥。風入心、腎、心胞絡者，此為嚮導。目疾，為風木之邪，風盛則目病，風去則目明矣。其性苦能泄，溫能宣，辛能潤，故專治惡血，破癥結積聚，治喉痹乳癰。

草決明：又名決明子。炒研。能清熱明目，治青盲目淫，眼赤淚出。不宜久服，久服令人患風。《相感志》云：園中種決明，蛇不敢入。

石決明：九孔者佳。麪包煅熟，研，水飛過用。反雲母石。入肝、腎。為磨翳消障之專藥。又治風熱入肝，煩擾不寐，遊魂無定。不宜久服，恐消之過當，令人寒中。

金銀花：入脾，通肺。主下痢膿血，為內外癰腫之要藥。解毒祛膿，瀉中有補，癰疽潰後之聖藥。能消腫，又能利風虛。氣虛膿清，食少便瀉者，忌用。

紫背浮萍：又名水萍。入肺。其性輕浮。入肺經，達皮膚，故能發揚邪汗，為祛風專藥。發汗勝於麻黃，下水捷於通草。惡疾癘風遍身者，濃煎，浴半日多效。《本經》主暴熱身痒者，以其專疏肌表之風熱也。下水氣者，以其兼通胃、大腸肉理也。勝酒者，謂胃與大腸通達，而能去酒毒也。長鬚髮者，謂毛竅利而血脈榮也。止消渴者，謂經氣和而津液復也。去風丹，治大麻風、癩風，一切有餘風濕、脚氣及三十六種風皆驗。元氣本虛人服之，未有不轉(損)〔增〕劇者。至於表虛自汗者，尤為戈戟，用者須慎。附治風丹方：紅萍為末，蜜丸彈子大，以豆淋酒下一丸。并附豆淋酒法：黑豆半升，炒令烟出，以酒三升浸之，去豆，以酒聽用。

苦參：直入腎經。凡內有實濕者，足以當之。若濕熱既去而更用之，必致苦寒傷腎，定〔生〕腰重脚弱之疾。

威靈仙：性善下走，通十二經，故能宣通五臟，治胃(腕)〔脘〕積痛，脚脛痹濕痛風之要藥。消水，破堅積，朝服暮効。痘疹毒壅於上，不能下達，腰下脛膝起灌遲者，用為引下立効。其性利下，病人壯實者，誠有殊功。但能耗血走氣，氣虛者服之，必虛瀉而成痼疾。血虛不因風濕者忌用。

白菊花：去風熱之要藥。治諸風頭眩腫痛，目欲脫，淚出。又治皮膚死肌，惡風濕痹，久服利風血。

石菖蒲：入心胞絡、腎經。心氣不足者宜之。主風寒濕痹，咳逆上氣，開心孔，補五臟，通九竅，明耳目，出聲音。主耳聾癰瘡，溫腸胃，止小便利。久服不忘不惑。

胡黃連：大伐臟腑骨髓邪熱。小兒腎氣實，猶可當之。腎臟不足者，用之奪人天元。性能直達下焦，善搜淫火之毒。忌猪肉，犯之漏精。

川鬱金：入心及心胞絡。治吐血、衄血、唾血、血腥，破惡血、血淋、尿血，婦人經〔脈〕〔水〕逆行，産後敗血沖心及宿血心痛。

川薑黄：入脾。有二種，蜀川生者，色黄質嫩，有鬚，折之中空有眼，切之分為兩片者，為片子薑黄。江廣生者，質粗形扁如乾薑，僅可染色，不入湯藥，今藥肆混市誤人，徒有耗氣之患，而無治療之功也。治血中之氣，又治風寒溼氣手臂痛。又治癥瘕，癰疽，通經，消腫毒。

殭蠶：祛風化痰，治驚癇夜啼。去三蟲，滅黑皯。男子陰瘍。又治咽喉腫痛，喉痹，立愈。又治風痰結核，頭風，皮膚風癮，丹毒作痒，疳蝕金瘡，疔腫風疾。皆取其散結化痰之義也。

天麻：肝經氣分藥。肝虚不足，用以補之。諸風掉眩，眼黑頭旋，風虚内作者，非此不治。小兒驚痰風熱，服之即消。凡久服，則遍身發出紅斑，是其定風之驗也。血虚無風，火炎頭痛，口乾便閉者，不可妄投。

遠志：入腎。非心藥也。能强志益精。

酸棗仁：入肝、膽，兼入脾經。酸棗味酸性收，其仁則甘潤而性溫，故能散肝膽二經之滯。炒熟用，則收斂津液，故療膽虚不得眠及煩渴虚汗之症。生用，則導虚熱，故療膽熱好眠，神昏倦怠之症。又治心腹寒熱，邪氣結聚，酸痛血痹等症，皆生用以疎利肝脾之血脈。肝虚煩心，不能藏魂，及傷寒虚煩多汗，與虚人盜汗者，皆炒熟用，以收斂肝脾之津液。

青皮：入肝、脾。破滯氣，削堅積，及小腹疝疼。凡久患瘧而熱甚者，必結痞塊，宜多服。能疎利肝邪，但伐肝太甚。中虚者忌用，恐傷生發之氣。又最能發汗，汗多者忌用。

山茱萸：止小便利，秘精氣，治頭骨痛，療耳鳴，補腎氣，興陽道，堅陰莖，添精髓，止老人尿不節。治面上瘡，能斂汗。命門火旺，赤濁淋痛及小便不利者，忌用。

柴胡：入膽經。本手少陽三焦、足少陽膽經藥。若病手太陽小腸、足太陽膀胱，用此味太早，則引寇入門，麻症所以始終忌也。其性升發，虚而氣升者，嘔吐及陰火炎上者，忌用。若陰虚骨蒸服之，助其虚陽上逆，勢必耗盡真陰而後已，麻症血多虚耗，故切為戒忌。操司命之權者，不可不察。

銀柴胡：入腎、胃。性味與石斛不甚相遠，不獨清熱，兼能涼血，虚勞宜用，且能推陳致新，明目益精。麻後身熱不除，日久尫羸者，甚宜。

九肋鼈甲：治痎瘧瘧母，虚勞寒熱，癥瘕痞疾，經水陰瘡，骨蒸勞熱，自汗等症。

阿井膠：益肺補腎。治心腹内崩，勞極洒洒如瘧狀。腰痛，四肢酸疼。女子下血安胎，為諸失血要藥。勞症咳嗽喘急，肺痿肺癰，潤燥滋大腸，治下痢便膿血。所謂陰不足者，補之以味也。久服輕身益氣。附辨真僞法：以頂上有鬃文、極圓整者為真。折之沉殼不作屑，不作皮臭。以蛤粉炒成珠，經月不軟者為佳。東阿産者，雖假，猶無妨害。其水膠入木煤贋造，有傷脾氣，慎不可用。

五穀蟲：又名天漿子。治小兒諸疳積滯，腹大脚弱，翳膜遮睛。

穀麥芽：消穀食。

芡實米：益脾利濕，遺精，濁滯，小便不禁者宜之。

白萹豆：助脾胃，和中下氣，治霍亂。

薏苡仁：升少降多，能清脾，祛肺熱，及久虚癆嗽，肺痿肺癰。虚火上乘，皆宜用為下引。又能利筋去濕，治久風，濕痹拘急，不能伸屈之病。其功專於利水濕，治虚人小便不禁。如治水濕，則生用。津枯便秘，陰寒筋〔急〕及妊娠禁用，以其性專下泄也。

六神麯：入胃。其功專於消化穀麥酒積。脾陰虚胃火盛者，忌用。

山查肉：入肝、脾、胃。大能尅化飲食，其功長於消肉積，行滯血。痢疾初起，多積垢，用薑汁炒。

生薑：入脾、肺。散風寒，止嘔吐，化痰涎，消脹滿，去臭氣，通神明。治傷寒頭痛鼻塞，咳逆上氣，嘔吐等症。煨熟用，則降而不升，〔止〕腹痛泄瀉，扶脾氣，散鬱結。

紅棗：脾經血分藥。和榮衛，滋脾土，平腎氣。中滿者忌用。

桔梗：清肺氣，利咽喉，為肺部引經藥。又能開提腠理，與甘草同為舟楫之劑，諸藥有此一味，不能下沉。但其性升，麻症最忌升發之味，甚不宜用。即痘瘡下部不能起發，亦為之忌。蓋其能阻藥力於上，不得下達也。

甘草：反海藻、大戟、芫花、甘遂。主五臟六腑寒熱邪氣，堅筋骨，長肌肉，倍氣力，解〔毒〕，金瘡腫。生用瀉火解毒，炙用補中散表。雖能和藥性，為常用之品，然能調補中氣，故麻症切為禁忌。

白芍藥：反藜蘆。用入脾藥以酒炒，入止血藥以醋炒。入和營藥及下痢後重，血熱癰毒，俱以酒洗生用。性酸斂，膀胱得收斂愈閉，故小便不通者忌用。麻症最忌收斂之味，最宜利小便之品，是以麻症切忌。

赤芍藥： 性專下氣止痛，而麻症亦忌。

檳榔： 泄胸中至高之氣，使之下行。性如鐵石之沉重，能墜諸藥至於下極。逆氣(理)〔裏〕急，諸氣壅腹脹，後重，胸腹蟲，食積滯作痛。下氣消脹，逐水除痰。殺蟲治痢，攻食破積，止瘧療疝，脚氣瘴癘等候並治。

大腹茸： 散無形之滯，治痞滿膨脹，水氣浮腫，脚氣壅逆。

厚朴： 能破血中氣滯，治中風，傷寒，頭痛寒熱，驚悸逆氣，血痹死肌，去三蟲。

蕪荑： 辛散，能祛五内皮膚骨節濕熱之病，去疳殺蟲，及腸風痔瘻，惡瘡疥癬。

五靈脂： 氣腥。味辛酸。大傷胃氣，雖有治目翳，療中(腕)〔脘〕疼痛之功，藜藿之人稍可以用，膏粱之士大為不宜。麻症亦僅於香茱湯中用之。

香附米： 三焦、肝經氣分藥。開鬱，消痰食，止諸痛，散風寒，行血氣，月候不調，胎產崩漏，多怒多憂者之要藥。治兩脇氣妨，心忪少氣。生用則上行脇膈，外達皮毛，故能散風寒。熟用則下走肝腎，外徹腰足，故能調血氣。

烏藥： 散諸風，治中風中氣諸症。能理七情鬱結，上氣喘急。能治氣血凝滯，霍亂吐瀉，痰食稽留。但膏粱之輩，血虛内熱者，忌用。

吳茱萸： 入肝行脾。散邪溫中，下氣止痛，咳逆寒熱，除濕血痹，逐風邪，開腠理。定吐止瀉，理關格中滿，脚氣疝瘕。制肝燥脾風，厥氣上逆，陰寒膈寒，氣不得上下，腹脹下痢。又治氣逆裏急等症。

藿香葉： 入脾、肺。助脾醒胃，故能止嘔逆，開胃進食，溫中快氣。去瘴氣，止霍亂，治心腹痛。凡時行疫癘，山嵐瘴瘧。用此醒脾健胃，則邪氣無可容而愈。陰虛火旺，胃虛作嘔，内無留滯者，忌用。恐傷正氣，引邪入内。

川芎： 入肝。血中理氣藥，搜肝風，補肝血，潤肝燥。又治一切風氣血氣，及面上遊風，目疾多淚，俱宜。且上行頭目，下行血海，為三焦、膽、心胞絡、肝、頭痛及血虛頭痛之聖藥。助清陽之氣，去濕氣在頭，頭痛必用之藥。麻症若未收之前用之，反致頭疼，故麻症忌用。血痢已通，而痛不止，用之以行氣。又治婦人血閉無子。凡骨蒸盜汗，陰虛火炎，咳嗽吐逆及氣弱之人不可服。為其性辛散，令真氣走泄，而陰愈虛也。

縮砂仁： 脾、胃、肺、腎、大腸、小腸、膀胱七經之氣藥。能引諸藥歸丹田，治脾虛泄瀉，宿食不消，瀉痢白沫，腹中虛痛，寒飲脹痞，噎膈嘔吐，和中行氣，止痛安胎，用之悉効。又治血痢。火炎咳嗽忌用。

半夏： 入膽，兼入胃、脾。虛而有痰氣者，宜加用之。胃冷嘔噦最要之味。治心下堅，胸脹嘔逆，頭眩，咽喉腫痛。又能利水開痰，故能治腸鳴，下氣止汗。但其性悍燥，辛溫有毒，能去濕豁痰，健脾，麻症故切禁之。

南星： 又名虎掌。為開滌風痰之專藥。能下氣利膈，破堅積，除麻痹，散血墮胎。治風勝濕，除痰攻積拔腫。又治口喎舌糜，諸風口禁。但其味辛，而麻氣溫而燥，性緊而毒，故麻症禁用。

人參： 補五臟，安(胎)〔精〕神，定魂魄，止驚悸，除邪氣，明目，開心益智，補元氣，止渴生津，和營養衛，久服輕身延年。

沙參： 專瀉肺氣之熱，喘嗽氣壅，小便赤澀不利。金受火尅，陰虛失血，或喘嗽寒熱及肺痿等宜之。

升麻： 胃經本藥。性升上行，治中惡腹痛，用以開發胃氣。治喉痹口瘡，用以升散大腸、胃、三焦、膽之大熱。以其氣發動熱毒於上，為害莫測，故麻疹尤為切禁。誤用喘滿立至。惟麻後口瘡牙疳及脫肛等候，方可略施。

張璐先生曰： 按古方，麻疹升發藥中，多用升麻，曷知升麻性升，能升動陽氣，每致邪熱上浮，而作喘逆。當以紫蘇、葱白代之。非但升麻當慎，即桔梗，初起之時，亦須酌用，恐其載引濁氣於上也。

白朮： 又名山薑。入脾、胃。生用，除濕(溢燥)〔燥脾〕，消痰利水，治風寒濕痹，死肌(痙疸)〔癰疽〕，散腰臍間血，及衝脈為病，逆氣裏急等候。製熟用，和中補氣，止渴生津，止汗除熱，進飲食，安胎等候。又主大風在身而風眩頭痛，目淚出，逐皮膚間風水結腫，除心下急滿，及霍亂吐下不止，生津暖胃，消穀食。但其純陽之氣，而無益陰之能，故麻症禁用。附製法： 入諸補氣藥中，飯上蒸數次用。入肺胃久嗽藥中，用蜜汁拌蒸用。入脾胃痰濕藥中，用薑汁拌，曬用。入健脾藥中，用土炒用。入瀉利虛脫藥中，炒存性用。入風痹痰濕藥中，利水破血藥中，俱生用。

蒼朮： 可升可降，能徑入諸經，疎泄大腸與胃之濕，而安脾肺，辟時行惡氣。因用米泔水浸炒，故能除上濕發汗。能發汗，故能去風寒濕氣，祛濕而去死肌、(痙疸)〔癰疽〕。下氣而消痰食飲癖，又能總解諸鬱。性雖開腠理，而辛熱（濕）〔溫〕燥，故麻症禁用。

清·陳奇生《痘科扼要》 痘中緊要藥性二十二味 人參：氣分藥也。味甘，氣溫，氣味俱薄，浮而升，陽也。入手太陰肺經、足太陰脾經。益元氣而和中，補五臟，生津液，止渴，安神，健脾。托裏排膿，治痘之聖藥，非此莫能保元氣之大本。補上焦元氣，升麻為之使。補下焦元氣，茯苓為之使。慎用于三日之前，熱症忌用。

黃芪：氣分藥也。味甘，氣溫，平。氣薄味厚，可升可降，陰中陽也。入手少陽三焦、手太陰肺、足太陽脾。畏防風，得防風其功愈大，蓋相畏而相使也。補元氣而益腎，溫肉分而實肌，補肺氣，實皮毛，善治脾胃虛弱，止虛汗，去肌熱。治痘用此，表裏賴之，宣行王道。前幾日生用，後幾日炙用。痘瘡四肢不起不灌，桂枝煎，酒浸透用。

官桂：氣分藥也。味辛，甘，大熱。體輕而上行，浮而升，陽也。入手少陰經。桂枝，入足太陽經，通榮衛，開腠理，以固肌表。和氣血而散風寒，發表之要藥。治痘賴其鼓舞上行，以開榮衛。黃芪借其力以達于表。痘子手足發不透者，用桂枝引經。痘瘡寒戰咬牙者，宜多用。內虛腹痛，用肉桂皆刮去皮，用桂宜不薄不厚才為佳。邪熱症及痘後作痒者忌用。妊娠出痘者禁用，能墮胎。

茯苓：氣分藥也。味甘淡，氣溫，平。氣味俱薄，能升能降，陽中之陰也。白者入手太陰、足太陽少陽。赤者入足太陰、手少陽少陰。補中氣用白，利小便用赤。能利竅而去濕，止渴而生津。治痘不可過用，恐致下滲之失。

白术：味甘，氣溫。可升可降，陰中陽也。入手陽明胃、足太陰脾。主溫中，強脾胃，進飲食而退熱，止下瀉，治嘔吐，利小便而去濕。痘中不可多用，痘瘡發泡浸淫者，宜多用。起脹灌膿時慎用，恐利小便而耗漿，亦氣分藥也。

陳皮：味辛、苦，氣溫。氣薄味厚，可升可降，陽中陰也。能和中補脾，消痰，行滯氣，止嘔。治痘專于痰涎之壅盛者，氣發于泡者加之。亦氣分藥也。

五味子：氣分藥也。味辛、酸，氣溫。味厚氣輕，陰中微陽也。入手太陰肺、足少陰腎。主咳逆上氣，降煩熱，生津止渴，補肺氣，滋陰益腎。治痘渴甚者宜用。

木香：氣分藥也。味辛、苦，氣溫、微熱。味厚，陰中陽也。能調諸氣而破堅，散肺中滯氣，和脾胃，止痢後重。凡痘出不快者，用順氣行毒，而痘出自快，頂陷可起。治痘平氣止瀉不可缺。但不可多用，恐瀉氣。熱症忌用。

肉荳蔻：氣分藥也。味苦辛，氣溫。陽也，入手陽明大腸經。主內虛泄瀉，痢疾，能止霍亂而溫中，治積冷而止瀉。痘瘡寒戰咬牙，胃寒吐逆泄之要藥。

糯米：氣分藥也。味甘，氣溫。升也，陽也。治痘專溫脾胃之中氣，不使毒內攻。制紫草之餘寒，不使傷胃。

陳黃米：氣分藥也。味甘，氣溫。升也，陽也。治痘專扶穀氣，以助胃氣，益真氣而和胃氣。凡痘瘡瀉渴甚者，可炒熟，煮湯飲之。

生薑：味辛，氣微溫。氣味俱輕，升也，陽也。益脾胃，散風寒，治痰嗽，止嘔吐，助陽發表。治痘之不可缺，以其助參、芪之力。宜老而鮮者為佳。痘不起發，色灰白者，用起發。光壯紅綻者不宜用，亦氣分藥也。

當歸：血分藥也。味辛甘，氣溫。氣味俱輕，可升可降，陽也。入手少陰心、足太陰脾厥陰肝。治痘賴以助血歸附氣位，必加白芍以佐之。血熱者用尾，血虛者用頭身，俱酒洗過用。

川芎：血分藥也。味辛，氣溫。氣厚味薄，浮而升，陽也。入手少陽、足厥陰經。能走而發散，助清氣而升頭目，引參、芪以補元陽。同當歸治血虛與血滯，治痘為引導上升之使。

白芍：味苦、酸，氣微寒。氣薄味厚，可升可降，陰中之陽。入手足太陰經。能健脾而補表，止腹痛而收陰。治痘血散而不歸，賴此收之而附氣。亦血分藥也。

麥門冬：血分藥也。味甘、微苦，氣平，微寒。陽中微陰，入手太陰肺經。治心肺熱，補心氣而生脉，清肺火而生津，及治血妄行，主口乾燥渴，除煩。痘無膿者可用，用必溫水浸去心。

黃連：解毒藥也。味苦，氣寒。味厚氣薄，可升可降，陰中陽也。入手少陰心經。能瀉心火，止驚悸，止煩渴，調胃厚腸，除脾胃中濕熱。治痘耑解熱毒，退臉赤，痘後目腫下痢，皆不可缺。

荊芥：解毒藥也。味辛、苦，氣溫。陰中之陽。能除風熱而消毒，清肌表而和咽，辟邪氣，通利血脉，傳送五臟，能發汗。治痘退壅腫，解餘毒，不可無此。痘出不快不透者必用之藥。

甘草：解毒藥也。味甘，氣平，生寒熟溫。陽也。入足厥陰、太陰、少陰經。主五臟六腑寒熱邪氣，解百藥毒。生用大瀉熱火，熟用補三焦元氣，健脾胃而和中，養血補血。治痘用此，分理陰陽，佐正君臣之道。

紫草：解毒藥也。味苦，氣寒。利九竅，通水道，補中氣，制諸邪。治痘心經有熱，閉塞不通，氣血凝滯而毒盛色紫，用此涼心開竅，使痘發越而易起也。亦不可多用，恐利大便。

牛蒡子：解毒藥也。味辛、苦，氣溫，平。能潤肺而散氣，清咽喉而退腫。治痘解除毒起頂不可缺少之藥。微炒，研碎用。

山查肉：解毒藥也。味甘，酸，氣溫，平。陰中之陽。消食積，化結氣，健胃脾。又發痘，消滯血。蒸熟，去核，晒乾用。

清·佚名氏《軒轅逸典》卷一二 藥性論：藥性方書論之詳矣，予何論乎，亦論其有功於痘者而已。故其性有走陽者，有走陰者，有補者，利者，升者，降者，散者，收者，有單行者，有並功者，有相資為用者，有徑直不奪者，不得不約舉而悉言之。

人參：甘而微苦，秉春升之氣性。益肝氣，入脾肺，長肌肉。肝益則血滿，氣到而頂白，肌肉長而皮厚。然性補則多壅，須佐以辛宣之品。上升易作喘，宜兼以流盪之劑，斯妙矣！ 黃芪：甘平補脾，充腠理，托毒邪，益肺厚皮肉，固墻圍。墻圍固則外邪不入，腠理充則内邪必出。斯二者，起脹行漿之宏功也，舍是無他矣。 白朮：甘苦而燥，助中宫，驅邪養正，能實土以培木，能培土以生金。力雖淺於參、芪，而重厚之性參、芪賴之以致遠。

當歸：甘辛而潤，能運參、芪之氣，能滋芪、朮之潤，又領諸藥歸脾，入解散劑，能散血中之邪。斯二者脹與漿之要品也。 甘草：甘平，用之於汗下，所以緩其急，亦所以留其情；用之於溫補，所以助其守，亦所以調其功。專於入脾強於益肺。 川芎：辛芳，能通十二經絡，能散胸中穢雜之氣，能逐渾身一切邪氣。過用則無邪可散，而散真氣矣。 桔梗：能通氣道，使循竅而正上，故利痰結，兼利咽喉，肺家上行之劑所為用之。然性無專，能同補則升補氣，同發則發利氣之數者，前後中各宜量用。 生地：苦甘而潤，滋水為第一，入腎能化血中之火，能生身中之潮。熟地功用相同，而不能化火。 天冬：甘寒而潤滋水同於生地，更能滋肺，散結痰，入腎除燥熱，皆脹漿時用以益水氣者也。 五味子：酸鹹二味俱多，斂虚氣，收血歸根，固魂氣得睡。肝肺二經虚者所宜，實者所忌，心脾二經少用。亦能助生地、天冬等生水源。 山萸：酸平補肝神，起痘頂，止搖頭，明目，斂神光。 山藥：甘平補脾肺，長肌肉。若單用則力微。中三日要藥也。 白芍：酸寒，專於治漿足而不靨者，乃靨時之正品也。餘功專治腹中火氣之相攻疼極而垂亡者。 茯苓：平淡，能去經絡之微邪，補劑用之能不固邪於内，利劑用之能滲邪氣於外。 陳皮：芳辛而微甘，除胸濁氣。補藥得之而健行，利藥得之而益勢，溫中化痰。 青皮：辛而微甘，利藥相宜，補藥有忌。

丹皮：酸涼而不寒，除血中之熱，斂清遊之氣而不損真氣，兼去心肝脾三經煩躁。 以上品類，攻補兼行之味也。 地骨皮：能涼熱氣，單用則力弱，止可用之於早。初起肢節痛者可用，餘不用。 羌活：浮上。除風濕。 獨活：往下。除濕熱，皆宜於點先。 柴胡：左升。虚寒不用。 升麻：右升。同散藥則疏泄，同補藥則提氣，散陽明熱毒。 防風：可上可下。能泄能固，又能助補劑及於四肢以作漿；又能助散劑發痘點於手足，使不聚於頭面，此皆先後通用之品也。 前胡：亦能散下焦之毒。 木通：大能通利膀胱之邪。 通草：緩於木通，而輕虚能浮入肺。 澤瀉：利腎，能却下焦之邪。 赤芍：利小腸，亦兼入心。 大黃：利大腸，兼及六經。附製大黃方法：大黃半觔、茯苓二兩、地膚子二兩、檳榔一兩、薄荷二兩、蘇葉二兩、柴胡二兩、川芎一兩，將前七味煎汁，去渣，然後入大黃熬乾為度，成丸晒乾聽用。 大黃：性專降下，洩利之甚速，凡毒在脾胃于大腸者，其功不小。然性寒傷人，生用尤甚，況其性直行，左右高下靡所不到，遺失之罪，烏可逃乎？故用茯苓走心於小腸，地膚子走膀胱，二味皆疏利下行。檳榔解時行瘟疫之氣，兼走三焦，其性橫行。薄荷、蘇葉走肺浮表，驅風濕，其性輕涼上行。柴胡走肝上達，川芎疎肝散毒，能達于頂，同用煎汁，將大黃熟透，所以製其直下之性，兼益其分外之能，又削其悍戾之氣，奏其除毒之效。此製法之精，增益其所不能也。 猪苓：力厚於木通。 滑石：利皮毛，涼肺，開門戶，散結聚。 黃芩：苦寒，涼肺浮表。 黃連：涼心沉裏。 黃栢：涼下焦。 山梔：涼上焦。 連翹：涼心及肺，力薄於芩、連。 石膏： 寒胃火，除初熱嘔吐。 犀角： 最利竅，除心驚而善解毒。 羚羊角： 解中焦，除肝驚而善解毒。 貝母： 最解結聚，稀痘點之功居魁，然性走肺，須審經絡勢之輕重而用之。 紅花： 散瘀毒。 枳實： 散下焦之積聚。 山查： 散中焦之積聚。 神麯： 散上焦之積聚。 葛根： 解肌上之積聚，見痘後不用。 桑皮： 解膚上之積聚。 膽草： 除膽經之狂。 花粉： 除胃脾之狂。 紫草： 除血中之狂，又透鬆皮毛，開門出益。 凡此等類，皆當用之於放點時，則反危為安。 用之於中後，則反安為危。 若夫芩、連用之於中不過，陰雲劫劑，暫解烈日，倘過用之，實症猶可，虛症決死。 若夫紫草、犀角、枳、麯之類，中後用之，是謂開門揖盜，鮮不至殺人者。 肉桂： 甘辛而溫，助參、芪暖肝腎，壯陽氣，補力為多。 吳茱萸： 辛而不甘，雖暖而散，惟中焦有寒而不起者宜用。 乾薑： 上焦有寒而不起者可用，倘誤用則失痘之神光。 木香： 溫苦而芳，兼走三焦，通血脉，和脾胃，補功亞於桂，散功善於薑。 破故紙： 辛溫，扶命門，實大腸，蒸騰水氣，變化痘顆之漿。 附子： 運補功，益元氣，益火之功，無出於此。 肉荳蔻： 溫澁，專固後門，是皆用之於中，不可用之於先，以妄動虛焰。 惟木香、肉桂溫中帶補，可酌時而用。 白芷： 氣芳，入漿脹藥中。 其毒易串。 艾葉： 溫通十二經絡，能應動藥勢，是皆漿中加用之為良。 半夏： 去脾中之邪而益脾，又能除痰燥濕，收靨健行。 但不可獨使，以其秉性不純也。 鹿茸： 大益血暖血，生肌。 附鹿茸酒方法： 選二三寸真茄茸一兩，以酒入瓦瓶內，煮令皮脫，取出，將酒攄過，其茸之真膏俱在酒內，再將瓦瓶煮酒，煮皮令爛，陸續添酒，必以煮爛為度。 以布攄過，其皮揉爛，化在酒內，其毛去之，又皮內骨，用酥塗之，火上炙焦為末，真膏酒與皮膏酒、骨末，總和一處聽用。 此是製鹿茸妙訣，人多不知，而一概炙之，其真膏悉去無效矣。 紫河車： 大長肉，益氣添血。 然功緩，用之於漿時則不及參、芪、歸、术，而用之於靨時，則有補長之功。 乳香： 能行氣中之結停。 沒藥： 善行血中之結停，結停既去，氣血流行，毒之所以消也。 金銀花： 甘涼而芳，散而有補，故毒潰與不潰，皆可用。 蔓荊子： 形如瞳神，且清涼上行。 甘菊： 甘而芳，上行散邪。 枸杞： 補心腎脾三經之神，入於明目藥中，亦其宜也。 蟬（脱）〔蛻〕： 能解肌表。 虛不用，虛寒不用。

清・佚名氏《眼科總經藥論》卷下　凡諸要藥　黃芪補肺。 歸尾散血。

麥冬補肺。 蓮鬚瀉火，澁精。 蒙花明目去痰。 川芎去風。 羌活降下。 麻
朴硝瀉腸。 蛇退消毒。 蠶退去風。 猪蹄根消毒。 殭蠶去眩風。
黃發汗止汗。 桂心去血。 石决去翳膜。 杏仁去肺寒發表。 草决瀉肝去翳。 蕪荑去
膽星化痰。 蕤仁去風。 棗仁安神、 皂角通竅。 蒲黃去傷血。
疳。 檳榔□□消積食。 秦皮□□□疳。 五味滋腎水。 故紙補腎。 粉草
調血。 沒藥止痛。 乳香止痛。 白附子去風。 地膚子去膀胱火。 覆盆
補肝。 牛蒡子去肝毒。 牛膝通骨節。 益智仁安神。 羚羊角去肝肺火。
楮實子補腎。 茺蔚子通乳調經。 山蘇木去血。 巨勝子補陰。 百草丸去
痘毒。 龜板補陰。 全蝎去風。 金銀花去腎經毒。 遠志鎖精。 川山甲
去皮毒。 秤心子去□傷火。 防己退腫。 貝母化痰。 海風藤止痛。 白
鷄肫根去□傷火。 含胡根去疳。 劉寄奴破血。 石棗調經。 鹿茸補腎鎖
精。 地骨皮退腫，去骨蒸之熱。 川椒去胃經毒。 牡蠣澁。 黑牽牛瀉胃去
毒。 紅花破血。 金沸草瀉肺火。 甘松散血。

清・鄭承瀚《重樓玉鑰續編》　藥性不宜於白腐爛共六十八種。 羌活： 凡喉風諸症，首在切忌，於白腐尤屬不宜，蓋羌活乃手足太陽引經之藥，散肌表寒邪，利周身疼痛，與喉患全不相涉，何必表及無辜？ 而今時之醫，一遇喉症，動輒用之，以致症之轉重而不能收功者有之。 猶執迷而不悟，遇後來者，仍復用之，洵可歎也！ 善治者，無論風寒發熱之與否，從未用及，使其有熱自退，且喉患易愈，亦不愆期，豈不更妙乎？

獨活： 入腎與膀胱兩經，專理下焦風濕痛痹，亦非喉症之所宜投也。

秦艽： 本入陽明清火藥也。 治風寒濕痹，利小水，解溫疫熱毒，或牙痛口瘡發熱者可用。

桔梗： 療諸喉風相宜。 一兼虛候，則當慎用。 至於白腐證，大相逕庭。 蓋其有升無降，開提肺竅，能載諸藥上行，其肺實者固可用，而肺腎陰虛之白腐證，則不宜升提開竅，犯之必反劇。 猶有不識病者，輒妄用至二三錢，以致肺氣益虧而愈閉，乃復加石菖蒲以助之，其不殆也幾希！

射干： 苦寒，有毒。《本草》雖載為治咽喉痹痛要藥，療實熱症則可，若實中兼虛者，即不宜施用。 至白腐之患，又豈苦寒有毒之味所能療者耶？

山豆根： 大苦寒。 固有治咽喉之名，或於實症喉痹稍可。 若論白腐，本屬肺虛燥症，豈可妄投？ 亦不宜與射干之苦寒並用，識者當慎之。

桑白皮：為西方之藥，甘辛微苦而氣寒，仍瀉肺實之火，雖清肺，止咳喘，然亦非白腐所宜。張會稽曰：既瀉肺實。又云：補肺則未必然。李士材曰：古稱補氣者，非若參、耆之正補，乃瀉邪所以補正也。愚者信為補劑，而肺虛者亦用之，大失桑皮之面目矣。且市中近來所貨者，每以山楂根充售，更不相宜。其真偽，尤不可不辨也。

荊芥：又名假蘇。乃解肌發表、退寒熱、清頭目之藥。亦稱利咽喉，惟於白腐不宜，不可因利咽喉而遂用之。即荊芥至賤之物，亦有假者，或云野蘇為之。

龍膽草：大苦，大寒，肝膽經藥也。時珍曰：相火寄在肝膽，有瀉無補，故瀉肝膽之熱正益肝膽之氣也。但大苦大寒，過服恐傷胃中生發之氣及助火邪，亦久服黃連，反從火化之義也。雖療咽喉風熱，切不可投於白腐之證。

黃連：大苦大寒，為治實火之主藥，惟於喉症不可妄用。

黃芩：苦寒之品，入心勝熱，解瘟疫，清咽喉，療肺胃實熱。時珍曰：肺虛不宜者，苦寒傷土，損其母也。白腐症庸可施乎？

白前：治肺氣壅實，胸膈逆滿。虛者禁用。

燈心草：瀉肺熱，降心火，治五淋，除水腫，惟燒燈心灰，能療喉痹。勿因其瀉肺熱而用入白腐諸症。

地骨皮：苦而微寒，乃退陰虛血熱有汗之骨蒸，及肺腎胞中陰虛之伏火，亦能滋水養木。於白腐雖無礙，然可勿用。

天花粉：味苦寒，氣味頗輕，最涼心肺，善解熱渴，亦不宜於白腐。

連翹：苦辛微寒，手足少陽陽明、手少陰之藥。瀉心經客熱，降胃濕熱。諸瘡痛癢皆屬心火，故為瘡家要藥，惟白腐不宜。

豬苓：開腠理，利小便，並非療咽喉之品。

殭蠶：為厥陰、陽明之藥。散風痰，治風熱喉痹。但味辛、鹹，性溫，有小毒，不利於白腐症。

牛蒡子：即鼠黏子，又名大力子。辛溫，入肺，利咽喉，消斑疹，善走十二經，而解中有散。凡喉間紅腫有形起白者，可用。一屬虛證即不宜投。

茵陳：乃太陽經藥。善治黃疸濕熱，豈可投入白腐症耶？

細辛：氣溫大辛，為手少陰引經之藥。開關通竅，治風寒喉閉，雖曰少陰之脈，循絡咽喉而肺燥咽痛及白腐症皆不可用，因其辛散太過，涉虛者尤為不宜。且北細辛，真者甚少，或云葦蘆莖充之。

枇杷葉：苦，辛，平，肺胃藥也。雖清肺降火，除痰嗽，止嘔噦，然亦非白腐之所宜投。

茜草：又名過山龍。色赤入營分，味苦性溫。行血滯，通經脈活血，與紅花相同，而性更通利。凡喉腫色紫，熱在血分者宜用，其餘諸喉患，慎勿浪投。

紫荊皮：苦寒，無毒。破血消癰腫，然不宜於肺虛諸喉患。奈今時諸治咽喉者無不用及，殊可笑耳。

款冬花：辛而微溫，入手太陰經。能溫肺氣，故療咳嗽惟是。辛溫肺寒則可用，而白腐兼嗽即不相宜。

菖蒲：味辛性溫，心肝藥也。行滯氣，開心竅，明耳目，通九竅，出音聲。仙經歷稱菖蒲為水草之精英，神仙之靈藥，但白腐之音啞，乃為表散及寒涼之品傷伐肺腎而然，非風熱閉塞於肺也，豈可因其能出音而妄施用耶？

羚羊角：鹹寒，屬木，善走少陽、厥陰二經，故清肝定風於咽喉，諸症無所用。

犀角：苦，辛，微甘，氣寒，專入陽明。清胃火，亦涼心瀉肝，能解大熱與風毒、陽毒，切勿妄施於喉患諸症及白腐發斑。仲景先師有云，如無犀角以升麻代之者，以其功皆升散也。今人但知犀角之善於解熱，而不知犀角之能升散，尤峻速於升麻也，可不審慎以用歟！

石膏：甘寒，善祛肺胃三焦之火，尤為陽明經實症之要藥。若白腐兼發流丹斑疹者，切勿輕試。

大黃：苦寒，足太陰、手足陽明、手足厥陰五經血分之藥也。有毒，性極猛烈，故有將軍之號。推陳致新，直走不守，清實熱，行瘀血，破結聚，本血分之藥，若於氣分用之，則未免誅伐太過矣。乃治傷寒及瘟疫實症之品。考之諸本草，並未載其治咽喉痹痛，尤於白腐大不相宜。嘗見潘某治各喉症無不用之，是誠何心哉！

木通：又名通草。味苦氣寒，心包絡、小腸、膀胱藥也。能利九竅，宣血脈，消水腫，通關節，雖有清火退熱之名，然後喉患不可妄投。

赤小豆：為消熱毒利水之品。白腐症則最忌利水也。

升麻：微苦，氣平，微辛，乃脾胃肺與大腸四經之藥，取其升散提氣，解膚腠風熱斑疹，引石膏除齒牙臭爛腫痛。若上實氣壅，諸火炎上，肺腎不足，水火無根及白腐等症，則皆忌用。

土牛膝：苦辛，微毒。搗汁和人乳，療風熱實症，喉閉，能取吐痰涎，立即開關。其餘喉患切勿用之，徒傷元氣，並見不效。

馬兜鈴：苦寒氣薄，入手太陰肺經，苦降之品，清肺熱促，止咳嗽喘促，體輕而虛，與肺同象，故專司肺實喘嗽，以清熱降氣為功。若屬肺虛喘嗽，非所宜也。

麻黃：辛甘而溫，微澀，入手太陰、足太陽二經。去營中寒邪，善達肌表，走經絡達表，散風邪，祛肺中寒鬱而開閉，通利九竅，為散寒邪之要藥也。白腐症屬肺虛燥熱，因誤投表散及寒涼之劑，以致喘促，醫者不悟，復認為肺熱，繼用麻黃，肺氣即絕而斃矣。可不慎歟！

蟬蛻：蛻一作退。甘鹹而微涼，得土木餘氣所化，飧風吸露，其氣清虛，乃療屬實之風熱而開腠理。能出聲音者，輕可去實之義，治風熱閉塞之音啞耳。至於白腐之音啞，更非蟬蛻所能療，雖曰金空則鳴，蓋因肺陰虧而遭誤治之故，豈不知聲音出於腎之本乎！

半夏：味大辛、微苦，氣溫，有毒。其質滑潤，其性燥濕，入脾、胃、膽經。生嚼戟喉，製用下肺氣，開胃健脾，消痰止咳嗽，除嘔吐反胃，散風閉喉喑。成聊攝云：半夏辛而散，行水而潤腎燥。好古曰：半夏能泄痰之標，不能泄痰之本。泄本者，泄腎也。咳無形，而痰有形，無形則潤，有形則燥，所以為流濕潤燥耳。以半夏為肺藥則非矣。喻嘉言曰：半夏能和陰陽。李時珍曰：惟陰虛勞損，非濕熱之邪而用之，是重竭其津液，醫之咎也，豈藥之罪哉！試思白腐之燥宜乎不宜。

旋覆花：即金沸草。甘、鹹，微溫，入肺與大腸二經。通血脈，消結痰，祛痞堅，凡氣壅濕熱者宜之。若氣虛及腎陰不足，皆所忌用。

苦參：乃治惡瘡癰腫之品，並不能療咽喉白腐等症。

葛根：辛、甘，氣平，寒，陽明經藥也。輕揚發散，主頭額疼痛，解肌止渴，宣瘢發痘，消毒解酒，雖善達諸陽經而陽明為最，以其氣輕，故功在於解表發汗。用此以治喉患似大非所宜。

馬勃：辛，平。輕虛清肺，解熱散血，治喉痹咽痛，鼻衄失音等症。此乃療屬實者之用，故普濟消毒飲內用之，殊非白腐咽痛音喑所宜。外用，敷臁瘡頗妙。

山梔仁：苦，寒。清心肺之火，除熱鬱，通五淋三焦火鬱。因其味降，亦瀉肝、腎、膀胱之火，虛寒者則大非所宜。

夏枯草：苦，微辛，獨入厥陰。善解肝氣，消瘰癧，散結氣，止目珠痛，開鬱療乳癰，並非治喉之品。

柴胡：苦，微辛，氣平，微寒，入肝、膽、三焦、心包絡四經，其性涼。故解寒熱往來，肌表潮熱，少陽頭痛，肝經鬱證，溫瘧熱盛，平肝熱口苦。總之，邪實者可用，屬虛者非宜。張會稽曰：柴胡，大能泄氣，凡陰虛水虧，孤陽勞熱者，不可用，恐損營氣也。王海藏亦曰：苟無實熱而用柴胡，不死何待？

前胡：苦降，微寒，肺肝之藥。散風祛熱，消痰下氣。二胡均為風藥，但柴胡主升，前胡主降，質性迥異，何能混合？近見時醫，二味每並用之，詎非欲北其轍而南其轅，殊屬可笑。

川芎：辛，微甘，氣溫。其性善散，乃血分藥也，能通血海。多服令人走散真氣，致使暴亡，若三陽火壅於上而頭痛者，得升反甚。今人不明升降之理，而但知川芎善治頭痛，謬亦甚矣。即如喉科之開關散為川芎、白芷二味，取其提劫之功，惟是。近來諸喉患多兼虛燥，又豈可妄施也耶？

白芷：辛，溫。氣厚，手陽明引經本藥也。其氣辛香達表，逐風寒邪熱及肺經風熱，治瘡瘍排膿，止癢痛，療頭痛，通九竅，大能發汗。亦治蛇傷。

青苔：大苦，寒。得陰濕而生，有小毒。惟治下疳，取而煎湯洗之甚效。辟蜈蚣傷。近有好奇者，每用以煎水洗口舌生瘡，遏毒戕胃，貽誤非淺。

附案：辛酉年秋日，高族侄務農，偶受風熱齒痛及咽疼，素性慳吝，視財重於命，不肯服藥，自飲石膏湯二大碗，復取青苔煎湯，含於口內，齒患未見平，而已昏沉不省人事，勢將殆矣。亟延余往診之，兩脈濡弱無力，乃投以養陰重劑，漸及甘溫之品，調治月餘，始能痊健，反耗去多金焉。

栗蒲刺殼：苦澀而涼，陳者尤甚。近來人之氣體漸弱，所有口瘡舌瘡口糜諸症，皆不宜用此煎洗，不識者，每為所誤，以致口舌瘡愈蔓延，至及於咽喉上顎，更有轉為白纏喉而傷夭者，已不止數覯矣。余嘗治口舌各瘡，其未用此刺殼洗者易療。倘經洗過數次，便難應手，曾屢試驗不爽。即此一味，誤人最多，蓋由於鄉曲農夫暨婦人等類多惜費，竟喜此種簡便，而不知此苦澀之為害無窮也。

以上諸品與白腐之屬燥，兼肺腎不足，以及口舌生白瘡諸症，皆不相宜之味，奈泥古不化及一知半解之醫，遇症每率用之，施施然誇為得法，因此被誤而夭枉者甚多，殊深惻憫，故特表而出之。

宜用藥味列後。

生地黃：甘，寒，氣涼，入心、腎二經。養陰除熱，為喉科要藥。但性兼破血宜少用。

熟地黃：甘，溫，微苦。功用尤宏大。補氣血，滋培腎水，填骨髓，益真陰，專補腎中元氣。凡諸真陰虧虛，有為發熱，為頭痛，為喉痹，為氣喘，為痰嗽，或虛火載血於口鼻，或陽浮而狂躁，或陰虛而火升者，皆非熟地不可，得甘草能開胃進食，誠為藥中之上品，並治喉患之神丹。《群芳譜》又載其能治肺，損牙宣齦露，跌撲損傷。嗟乎！熟地之功，其不申於時用者久矣。尤見畏忌於今時諸醫，既不善用猶執此而誹謗之，殊深可恨耳。均按：鄭君此數言，矯枉過正，不免偏護熟地太甚，今人何嘗不重用之？其慎者，每逢人病將愈，不問其體質何如，動以熟地加入方中，為調理之需，率損多而益少。余所目擊僨事者比比。如光緒辛卯壬辰之間，此風最熾，猶記一族嫂，於春初產後去血過多，勢甚萎靡，一老醫不審其雖虛而兼有外感，遽投大劑養血，用熟地至五六錢，服下則飽悶不欲食，二劑則痰壅氣閉而殞。又旺山石姓，一男子年未五十，務農操勞，初夏偶患濕瘧，邪未清以藥截之，致倦怠減食，兼發燒熱，有一醫謂為服田辛苦虛熱可虞，疏一金水六君方與之，囑以多服兼可延年。甫進二劑，即見腹膨氣逆，食少便溏，急趨詢醫，云係初服病行為吉徵也，仍勸多服。乃再三四劑，逐漸加劇，卒成水臌，未半月，腹脚流水而死。迄光緒末年，有一族祖叔母，高年偶患外感，病匪沉重，鄰村一老醫診之，謂宜先扶正而後驅邪，投以八珍合逍遙方法，重用熟地，服下忽變昏迷氣閉，熱反內陷，急延柯君挽救，已無及矣。嗟嗟！此三人者，皆以熟地戕命。蓋藥各有所主治，不能拘定成見，謂此為良，謂彼為劣，總要審症周詳，然後用藥必當，烏喙亦能愈疾，參、耆何不殺人？況熟地滋膩之質，其能一無偏弊乎！不過，白腐一症，實恃為濟生神丹，鄭君之言固不謬而不可概乎別病也。

玄參：苦，甘、微鹹，氣寒。能滋陰清火，不獨入腎，亦走肺臟，故能退無根浮游之火，散周身痰結熱癰，逐頭項咽喉痹痛，解斑疹，理心內驚煩，主用繁多。

貝母：苦，寒，氣平。凡用必須川產者良。其味甘、微苦，氣平，不寒。除肺熱，降胸中熱結，祛肺癰、肺痿、痰膿喘嗽，清咽喉，潤肺燥。至於土貝母、浙貝母，大苦性寒，氣味俱厚，惟不宜於白腐之症。

知母：苦，寒。氣味俱厚，為腎經本藥。兼能清肺止渴，去喉中腥臭，退陰火，肅清龍雷，去膀胱、肝、腎濕熱。

麥門冬：甘而微寒，肺經藥也。其味甘多苦少，故上行心肺，補上焦之津液，清肺中之伏火，益精滋陰，澤肌潤結，瀉熱火而益元氣，滋燥金而清水源，肺乾咳嗽，消痰補怯，誠為要藥。治腸燥便結亦妙。蓋以肺與大腸相為表裏之故。

天門冬：甘苦而寒，肺腎之藥。清金降火，益水之源，故三才丹中用之。

萎蕤：即玉竹。甘平入脾，柔潤入腎，故能補中益氣，逐熱除蒸，治風淫濕毒，止頭痛，腰痛，目疼眦爛，大有殊功。

丹皮：辛、苦，微涼。氣味輕，俱入足少陰及手厥陰。清肝腎之虛熱，但其微涼而辛，治白腐亦頗宜。

火麻仁：即黃麻。甘，平，性滑。潤心肺，滋五臟，利大腸風熱結燥。凡當潤下者，用此最妙。胡麻仁，如栗色，名鼈虱。胡麻主治亦同。

女貞子：苦涼而平，養陰氣，平陰火，清肝火，明目，療陰虛喉痛。於白腐亦宜。

白芍：酸而微苦，性頗寒，氣薄於味，斂降多而升散少，為肺脾行經藥，入肝脾血分，瀉肝火，固腠理，退虛熱，消癰腫，斂瘡口。凡喉患開首緩用，恐其酸斂也。

沙參：微甘，微苦，氣味俱輕。性微寒，補陰清肺，排膿消腫，除邪熱，涼肝，補五臟之陰。南沙參兼清散勿用。

茯苓：甘淡而平。補中開胃，利水化痰，淡滲上行，生津液，開腠理，滋水之源而下降。用人乳拌勻，蒸曬，炒過，更佳。

叭噠杏仁：味甘而美，味厚於氣，無毒。入肺、胃、大腸。寧嗽潤肺，亦潤腸化痰，解喉痹。

黑豆：即馬料豆。甘，寒。色黑，屬水，似腎。腎之穀也。補心腎，散熱祛風，解毒消腫。

一種野料豆：更佳。畏五參、龍膽、豬肉，得杏仁、牡蠣良。

桑葉：甘，寒。手足陽明之藥。涼血清熱。經霜者，療嗽。若音啞勿用。

當歸：甘辛而溫，入心、肝、脾三經，血分之藥。凡喉患屬血虛者，佐白芍治之，效。但不大宜於白腐，因其辛溫而散也。

百合：甘，淡，氣平，功緩。益氣潤肺，除嗽，解喉痹、乳癰，潤大小便。又一種味苦者，不宜用。

山藥：原名薯蕷。甘平而淡，微澀。補脾肺，益腎澀精，養心神，除煩熱，治諸虛百損，須選淮山藥之肥白者乃佳。其建山藥，味苦氣烈，不合於用，尤不宜於白腐。

甘草：氣平味甘之品，合土之德，故獨入脾胃。稼穡作甘，土之正味，蓋土居中而能兼運乎五行，可升可降，可內可外，有和有緩，有生有克，有承有制，有補有瀉，善於解諸毒，祛熱邪，堅筋骨，建脾胃，長肌肉，隨氣藥入氣，隨血藥入血，無往而不可，故稱為國老。凡生用則涼，炙用則溫，尤能助熟地，療陰虛之危。

金釵斛：甘淡而力薄，性輕清和緩，有從容分解之妙。能養陰退火，除煩清肺，逐邪熱，平脾胃之火，去嘈雜善飢。

沙苑蒺藜：甘，溫。入肝、腎二經。益精補腎，止腿痛遺泄。凡喉患後用佐調理甚良。

黑芝麻：即巨勝子。甘，平。補中益氣，養肺潤腸，逐風濕，填腦髓，久服延年，療白纏喉最妙。

以上諸品，均純陰至靜之藥，乃喉患之所必需，用得其宜，何異神丹九轉？第今時之人，腎陰不足者居多，是以喉患屬虛者，比比如此。故治法須兼顧養陰，若拘於俗見，徒從事表散寒涼而不誤者鮮矣。

附見：銅綠，即銅青。酸，平，微毒。治風爛淚眼惡瘡，疳瘡，婦人血氣心痛，吐風痰，合金瘡，止血殺蟲，用醋製刮用。自然銅，辛，平。主折傷續筋骨，散瘀止痛。火煅醋焠七次，研細取用。均按：此二味並非治喉之品，即吹藥內亦不宜入，不知何故，羼入編末。或係鈔書者誤摘於此耶？抑不知前所列忌用藥品下注明六十八味，數之不足，當經錯落此二味，屬於前而補於後耶？然於書意旨無妨，姑仍舊貫錄存之。

清・齊秉慧《痘麻醫案》卷上 要用藥性　人參：氣分藥也。味甘，氣溫。氣味俱薄，浮而升，陽也。入手太陰肺經、足太陰脾經。益元氣而和中，補五臟，生津止渴，健脾安神。托裏排膿，治痘之聖藥，非此莫保元氣之大本。欲補上焦元氣，升麻為之使。補下焦元氣，茯苓為之使。痘科於三日前慎用，熱證尤禁。

黃芪：氣分藥也。味甘，氣溫。氣薄味厚，可升可降，陰中陽也。入手少陽三焦、手太陰肺、足太陰脾三經之藥。得防風其功愈大，蓋相畏而相使也。補中益氣，滋腎益脾，治胃虛弱，止虛汗，去肌熱。凡治虛證用此，表裏賴之。痘科前幾日生用，托毒外出。後幾日炙用。治痘瘡四肢不起，不灌膿者，桂枝煮酒，浸透用。痘靨後，氣虛弱者，蜜炙。大補胸中之陽。合白朮則助脾中之陽。此物各處有出，俱不堪用，務要口外由山西省來，細嫩抽條綿軟，長二尺餘，皮黃肉白者佳。

白朮：味甘，氣溫。可升可降，陰中陽也。入足太陰脾、陽明胃。主溫中，助脾健胃，進飲食，退虛熱，止下泄嘔吐，利腰臍小便而去濕。痘中不可多用。惟發疱浸淫者，乃可多用。起脹灌膿之時，尤須慎用，恐利小便而耗漿。亦氣分藥也。用雲頭貢朮，米泔水浸透，切片，陳久黃土為末，拌和，用文武火炒，勿令枯黑過心。今市藥肆中，悞一焦字，所炒白朮，十有九黑過性者。余開方止寫貢朮(上)(土)炒，不寫焦字，是杜炒過性之意。

甘草：解毒藥也。味甘，氣平。陽也，入足太陰、少陰、厥陰三經。主治五臟六腑寒熱邪氣，解諸藥毒。生用能瀉大熱，炙用補三焦元氣。能健脾胃而和中益氣，養血補血。治痘用此，分理陰陽，佐正君臣之道，故有國老之稱。

生薑：味辛，氣溫。其味俱輕，升也，陽也。益脾胃，散風寒，治痰嗽，止嘔吐，助陽發表，故曰薑辛能散。治痘不可缺，以助參、芪之力。宜老而鮮者佳。痘不起發，用之起發。光壯紅綻者，勿用。亦氣分之藥也。

乾薑：味辛，氣味俱厚，其氣大熱。可升可降，陽中陰也。溫胃散逆，能止吐瀉，去臟腑沉寒。生用發散諸經之寒。切片，炒黑存性，能止諸經之血。炒黃，則溫中散逆。生薑能殺半夏之毒，法製半夏，尤不可無之。

附子：味辛甘，大熱。其性走而不守，通行十二經，不循常度，可升可降，陽中之陽。能補陽氣不足，溫暖脾胃，治四肢厥逆，溫補三陰。凡痘瀉泄內虛，手足冷，寒戰咬牙，色灰白癢塌者，宜用。其餘不可妄用。重二兩以上，頂平圓臍，而乳節少者佳。水漂去鹹味，切四片，童便浸一日，再用甘草、防風煮水取汁，泡附子，煮令一時許，焙乾，磁（壜）〔罐〕收固聽用。

肉桂：氣分藥也。味辛甘，大熱。體輕上行，浮而升，陽也。入手少陰腎經。桂枝入手足太陽經。功能解肌收汗，通營衛，開腠理，固肌表，和氣血，而散風寒，為太陽風傷衛發表之神藥。治痘賴其鼓舞上行，以開營衛。黃芪藉其力以達於表。痘手足發不透者，用桂枝引經。痘瘡寒戰咬牙，內虛腹痛，宜用肉桂。痘後脾腎兩虛者多，又非肉桂、附子大補命門之火，以復腎中之陽，救脾家之母，則飲食何由而進，門戶何由而閉，真元何由而復？若畏附、桂大熱不用，概以四君、六君、歸脾、補中，專以參、朮補土，往往多致不救，醫之罪也。肉桂近時好的難得，毋論厚薄，總以甜者為佳。余書內名桂心者，務令人人要削去粗皮，見油方用之意。蒞桂有紫油、黃油二種，紫油色黑，油濕，宜碗內磨汁冲藥；黃油色黃，油乾，宜碾細末調藥。

當歸：血分藥也。味辛甘，氣溫。氣味俱輕，可升可降，陽也。入手少陰心、足太陰脾、足厥陰肝。助痘賴以助血涼血，活血潤血，必加酒芍以佐之。血熱用尾，血虛者用頭身。酒洗用。產南方者佳。

白芍：味苦酸，氣微寒。味厚氣薄，可升可降，陰中之陽。入手足太陰二經。能健脾而補表，止腸痛而收陰。治痘血散而不歸，收斂氣分，亦血分之本藥。酒炒用。今藥肆用麩炒，恐遭天譴。

赤芍：血分藥也。凡痘瘡發表，或血熱，或小便不利。切片，酒炒透用之。

川芎：血分藥也。味辛，氣溫。氣味輕薄，浮而升，陽也。入手少陽、足厥陰二經。能走而發散，助清氣而升頭目。引參、芪以補元陽，同當歸治血虛與血滯。治痘能引導上升，為使。性多上竄，火炎者不宜。

生地黃：味苦，氣寒。陰中之陽。能行血解熱，生血寧心，涼心君之血熱，止鼻中之衄血，除五心之煩熱，泄脾土之濕熱。其性泥膈，痰多食少者不宜。酒洗用。

熟地黃：味苦甘，氣寒。氣薄味厚，沉而降，陰也。入手足少陰、足厥陰二經。能補腎中元氣，補肝血，滋腎水，安魂定志。治痘，無膿而血虛者用之。但要依古法製，否則有泥膈奪食之憂也。【略】

茯苓：氣分藥也。味甘淡，氣溫平。氣味俱薄，能升能降，陽中之陰也。白者入手太陰、足太陽少陽，赤者入手少陽、足太陰少陰。補中氣用白，瀉火邪，利小便用赤。能利竅去濕，止渴生津。治痘不可過用，恐致下滲之失。去皮用，切片。入丸，乳汁浸，蒸晒尤妙。產雲南者佳。

猪苓：味苦甘淡，氣平寒。氣味俱薄，升而微降。入足太陽膀胱、足少陰腎二經。解傷寒溫疫大熱，除濕利水道，止渴。水浸，去皮，切片用。

澤瀉：味甘鹹，寒。氣味俱厚，沉而降，陰也。入手少陽、少陰二經。治淋閉，逐三焦膀胱停水，瀉腎除濕。擇無毛者，酒潤切片，焙乾，或鹽水炒亦可。

車前子：味甘鹹，寒。主利小便，瀉邪火而不走真氣，故五子丸用之為使。治熱淋，療肝中濕熱衝目赤痛。與茯苓同功。鹽水微炒用之。

燈心：味苦，氣微寒。主治五淋，清心解熱。燒灰能吹急喉痺、陰疳。

山梔仁：味苦，氣寒。氣薄味厚，氣浮而味降，陽中陰也。入手太陰肺經。主五臟邪熱，治心煩不眠，瘡瘍目赤，熱痛煩燥，又治肺煩。凡痘壯熱，吐血衄血，必用之藥。七稜肉宣者佳。去內熱取仁，炒黑。去肌表熱連皮炒黑。俱要存性，無性則無力矣。生用去皮膚熱。虛寒者禁用。

木通：味辛甘，氣平。味薄，陽也。除脾胃寒熱，通利九竅血脈關節，治五淋，利小便，膀胱癃閉，導火熱，出音聲，療耳聾，治鼻塞，散癰腫諸結不消。去皮用。

陳皮：味辛苦，氣溫。氣薄味厚，可升可降，陽中陰也。留白則補胃和中，去白則消痰利氣。止嘔吐之聖藥，治痰涎之壅塞，亦氣分藥也。

青皮：味苦辛，氣微寒。氣味俱厚，沉而降，陰也。入手少陽三焦、足厥陰肝。散滯氣，瀉肝氣，消食破積。溫水洗去穰，剉片，晒乾用。治痘證瀉肝邪，令不成水泡而作癢者也。

木香：氣分藥也。味辛苦，氣溫，微熱。味厚，陰中陽也。能潤諸氣而破堅，散肺中滯氣，和脾快胃，止痢疾後重。凡痘出不快者，用以順氣行毒，而痘出自快，頂陷可起。治痘之法，平氣而不可缺，但不可多用，恐防洩氣。

熱證忌用。

五味子：氣分藥也。味辛酸，氣溫。味厚氣輕，陰中微陽。入手太陰肺、足少陰腎。主治欬逆上氣，降煩熱，生津止渴，補肺氣，滋陰益腎。治痘滿盛者宜用。

砂仁：味苦辛。入手足太陰、陽明、太陽諸經。和半夏，醒脾開胃，溫中散逆。治痘虛寒，腹中煩悶，不思飲食，吐瀉嘔噦，溫脾進食。去殼，炒研碎用。同檀香、白蔻能下氣安胎，同熟地、茯苓能納氣歸腎，得白朮、陳皮能和氣益脾。

半夏：味辛苦，氣平。沉而降，陰中陽也。入足太陰脾、陽明胃、少陰腎三經。化痰涎，止嘔吐，醒脾益胃之藥。痘灌膿時，慎用。煩渴者，亦忌用。

白蔻：辛，熱。流行三焦，溫暖脾胃。三焦和，脾胃轉，諸證自平。而為手太陰肺本藥。肺主氣。散滯氣，消酒積，除寒燥濕，化食寬膨，治脾虛瘧疾。痘家感寒腹痛，吐逆反胃，脾胃火盛及氣虛者禁用。白睛翳膜，白睛屬肺，能散肺滯。太陽經目眦紅筋。太陽脈起內眦。番舶者良。去殼，取仁研用。

肉豆蔻：氣分藥也。味苦辛，氣溫。陽也。入手陽明大腸經。主內虛瀉泄痢疾，能止霍亂而溫中，治冷積而止瀉泄。痘瘡寒戰咬牙，胃寒吐逆瀉泄之要藥。糯米粉裹，濕紙包，火煨熟，取出搗碎，白布壓去油用。

草蔻：辛熱香散，暖胃健脾，破氣開鬱，燥濕祛寒，除痰化食，治瘴癘寒瘧，客寒胃痛，霍亂泄痢，噎膈反胃，痞滿吐酸，痰飲積聚。能解口臭氣，酒毒，魚毒，肉毒。故食料用。過劑助脾熱，耗氣（損目）。破氣開鬱之仙藥，但性辛熱，肺熱者忌之。余每用之，佐以黃芩，效如桴鼓也。

香附：味甘，氣寒。陽中之陰。能下氣開鬱，通行十二經八脈氣分。主一切氣，利三焦，解六鬱，止諸痛。通則不痛。又能逐去凝血，引血藥治氣分而生血，女人之仙藥也。去毛淨，忌鐵。以童便浸，晒乾。炒黑止血補血，鹽水炒潤燥，酒炒行經絡，薑汁炒化痰。

天冬：味苦甘，氣寒。氣薄味厚，陰也。入手太陰肺、足少陰腎。瀉肺火，療熱（浸）〔侵〕肺，吐衄妄行，定肺氣咳逆，喘息促急，潤燥，止消渴。肥大者，湯浸去皮心用。

麥冬：血分藥也。味甘苦，寒，氣平。陽中微陰。入手太陰肺。治心肺熱，潤燥金而清水源，補心氣而生脈，清肺火而生津。治血妄行，主咳嗽，口乾燥渴，除煩。痘無膿者可用。去心。

知母：味苦辛，氣寒。氣味俱厚，沉而降，陰也。足少陰腎經之藥。清腎中之火，治消渴熱中，能潤心肺，消痰止嗽。去毛，切片，酒炒如褐色用。

黃柏：味苦辛，氣寒。氣味俱厚，沉而降，陰也。足少陽、足太陽二經藥也。主五臟腸胃中積熱，清小便，下焦陰中伏火。去粗皮，切片，酒炒。入腎，鹽水炒褐色。

黃芩：苦，入心。寒勝熱，瀉中焦實火，除脾家濕熱，治澼痢腹痛，寒痛大忌，悞用殺人。寒熱往來，能解足少陽經裏熱，黃疸，五淋，血閉氣逆，癰疽瘡瘍，及諸失血，消痰利水，解渴安胎，養陰退陽，補膀胱水。酒炒上行，瀉肺火，利胸中氣，治上之風熱濕熱，火嗽喉腥，五臭肺腥。目赤腫痛。過服損胃。血虛寒者禁用。

黃連：解毒藥也。味甘，氣寒。味厚氣薄，可升可降，陰中陽也。入手少陰心經。能瀉心火，（正）〔止〕驚悸，止燥渴，調胃厚腸，除脾胃中濕熱。治痘耑解熱毒，退臉紅赤，痘後目腫，下痢，皆不可缺。出宣州者粗肥，出雅州者瘦小。狀類鷹爪、連珠者良。去毛。治心火，生用；虛火，醋炒；肝膽火，豬膽汁炒；上焦火，酒炒；中焦火，薑汁炒；下焦火，鹽水炒，或童便炒；食積火，黃土炒；治濕熱在氣分，吳茱萸泡取汁炒；在血分，乾漆滾水泡取汁炒；點赤眼，人乳浸汁點。黃芩、龍骨為使。

紫草：解毒藥也。味苦，氣寒。利九竅，通水道，補中氣。治痘諸邪，心驚有熱，閉塞不通，氣血凝滯而毒盛色紫，用此藥涼心開竅，使痘發越而易起也。亦不可多用，恐利大便。紫草茸，功耑解痘血分之藥。

牛蒡子：一名惡實子，一名鼠粘子，一名大力子。味辛苦，氣平。能開肺竅而散氣，清咽喉而退腫。解餘毒，起痘頂不可缺少之藥。微炒，研碎用。

山查：解毒藥也。味甘酸，氣溫，平。陰中之陽。消食積，化結氣，健脾胃，發痘消滯。去核，晒乾用。

荊芥穗：解毒藥也。味辛苦，氣溫。陰中陽也。除風熱而消毒，清肌表而和咽。避穢氣，通利血脈，傳送五臟，功能發汗。治痘壅腫，解毒不可無此。痘出不透不快者必用之藥。

薄荷：味辛苦，氣涼。氣味俱薄，浮而升，陽也。手太陰肺、足厥陰肝。

故搜肝瀉肺，引諸藥入營衛，功能發汗，通利關節。治痘壯熱，風涎驚搐。蘇州產者佳。

紫蘇：味辛甘，氣溫。解肌發表，治心腹脹滿，開胃進食。剉用。蘇葉發散風寒，蘇梗行氣安胎，蘇子消痰定喘。雞蘇，一名龍腦薄荷，葉似雞喙，梗葉俱紅者真，青色淡紅者不堪用也。

藿香：味甘辛，氣溫。味薄氣厚，浮而升，陽也。入手足太陰二經。（方）〔芳〕香之氣助脾開胃，溫中快氣，治吐逆止嘔。入烏藥順氣散則理脾，入黃芪、白朮、四君、六君等湯尤妙。

白芷：味辛，氣溫。氣味俱輕，陽也。主一切瘡證，排膿止痛，內托生肌。入手足陽明經藥。凡痘瘡發表即潰爛者，手足發癰者。擇白而堅實者良。

葛根：味甘，氣平。性輕浮，陽也。入足陽明胃。解汗熱在經之表，主消渴大熱，解肌熱毒，發表出汗，治脾胃虛渴，升提胃氣，能除胃熱，及天行時病壯熱，煩渴熱毒。凡發表解肌熱，切片。若止渴，搗爛，以糯米泔水和揉，濾取汁。生用清胎熱，解酒毒。痘瘡已出後，忌用。

升麻：味苦甘，氣平，微寒。味薄氣厚，浮而升，陽也。入足陽明胃，引經藥也。亦走手陽明大腸。主解百毒，避瘟疫時氣邪氣。主脾胃，解肌肉間熱，發散本經風邪。若元氣不足，陽虛下陷者，用此升提陽氣上行。忌火。凡上盛下虛者，勿用。痘疹出後，忌用。

桔梗：味苦辛，氣溫。味厚氣輕，陽中之陰。治鼻塞咽喉痛，利胸膈之氣。治肺熱咳逆，消肺癰痰涎。開提肺氣，載諸藥上浮，通天氣於地道。以廣百合搗爛，取汁，浸一日，微炒乾用。

麻黃：味苦甘，氣溫。氣味俱薄，陽也。入手太陰肺、足太陽膀胱本經之藥，手少陰心、陽明大腸。發散風寒，泄衛，逐去營中寒邪。凡痘出遲，黑陷倒靨者，宜用。陳久者良。去根節。發表用根，切片，酒蜜各半煮汁，浸藥良久，微火炒乾，入藥能止虛汗。

柴胡：味苦，氣平，微寒。氣味俱輕，陽也，升也。足少陽膽經、足厥陰肝經引經藥也。主治寒熱邪氣，推陳致新，能引清氣行於陽道，而升提胃氣上行。去蘆用。欲上升者用根，欲下降者用稍。柴胡、升麻入補藥，蜜水炒過，遂緩其升騰之勢，不致過於猛烈耳。

前胡：味苦，氣微寒。主心腹結氣，治邪氣發熱，推陳致新，治風寒外感，咳嗽痰涎。去叉尾，綿軟、和尚頭者佳。蘆上有毛直硬者，不堪入藥。

防風：味甘辛，氣純溫。引入脾胃二經，足太陽本經藥。乃卒伍卑賤之職，隨所引而至也。瀉肺實，散頭目滯氣。治上焦風邪用身，下焦風邪用稍，去叉尾。

羌活：味苦，平。氣味俱薄，陽也。散肌表風邪，和肢節疼痛。入手足太陽，表裏引經藥也。痘證發熱，身痛頭疼及痘後瘡腫目疾，皆用。其氣雄烈，可理遊風。獨活氣緩，可理伏風。

丹皮：味辛苦，氣寒。陰中微陽。入手厥陰、足少陰二經。瀉陰中伏火，除吐血衄血。去骨用。

蘇木：味甘酸鹹，氣平。陽中之陰。主破血排膿，止痛，消癰腫。剉碎，酒煮，取濃汁，入藥和服。

蒲黃：味甘，氣平。主利小水，止血消瘀，一切吐衄，腸風血尿，破血消腫。補血生用，止血炒用。

紅花：味辛甘，氣溫。陰中之陽。多用破血，少用養血。痘瘡用花起黑陷。用子搗汁，和胭脂汁能點黑瘢。治痘血凝滯，活血化成瘢點，用此行滯。酒洗，晒乾用。子數粒，打碎炒用，治天行痘子不出。

桃仁：味苦，氣平。陰中陽也。入手足厥陰二經。止瘀血，避鬱氣，血結血燥，通順大腸。用湯浸，去皮尖。同杏仁潤大腸。杏仁治氣秘，桃仁治血秘。雙仁者殺人。

杏仁：味甘苦，氣溫。入手太陰。開提肺氣，下氣定喘，潤心肺，消心下急滿疼痛，散結潤燥。去皮尖。雙仁殺人。

川貝母：味辛苦，氣平，微寒。主咳嗽上氣，消痰利氣。去心用。俗謂川貝難覓，以半夏代之，此不通藥性者。川貝性寒，治肺家熱痰之藥。半夏辛溫，治脾家寒痰之藥。寒熱迥別，二者天淵，何可代乎？

穿山甲：氣微寒。取嘴爪上甲，以陳壁黃土拌炒成泡，研末。諸瘡用之，以引諸藥直達瘀所。痘陷伏者，用之引導諸藥直達瘡所。不可多用，恐耗氣血，慎之。

麝香：味辛，氣溫。痘黑陷者，用之發表解毒，直入骨髓，透臟腑，拔毒氣。非黑陷隱伏者，不可妄用。

酒：味苦甘辛，氣大熱。能行諸經，引藥達經絡。凡痘解毒諸藥，須酒洗浸炒用，可以通行十二經之表。

牛膝：味苦酸，氣平。主四肢拘攣不可屈伸，活血生血，能引諸藥下行，腰腿以下之疾不可缺。長大而柔軟、苗根俱紅者佳。白者無□，不堪用也。

地骨皮：味苦，氣寒。陰也。入手陽明、足少陰二經。主五內邪氣，熱中消渴，及解肌熱，涼血涼骨。洗淨砂土，去心木，微炒。即枸杞根皮也。腎肝二經之證，悉賴以治之。子名枸杞子，明目壯陽。葉名天精草，清熱明目。根名地骨皮，退熱止汗。

茅根：味甘，寒。補中益氣，治傷寒吐衄，利小便，除瘀血，治消渴，解腸胃熱。取肥大白淨者，搗爛，絞取自然汁用之。虛人吐衄，禁用。

大小薊根：味甘苦，氣溫。主養精保血，止吐衄下血。婦人出痘疹，經血妄行，非此藥不除。

白附子：味甘辛，氣溫，有小毒。治痘四肢風熱不退，頭目不清，用以散風，利濕解毒。薑汁浸透，炮去皮臍，新瓦片焙熱透，切片用。

沉香：水磨，有降氣之功，無破氣之害。用沉粉和藥水服。忌見火。

檀香：白檀調氣，黃檀和脾。佐以生薑、棗子、砂仁、白蔻，水磨極細冲藥。降真香色赤，故走南方而理血。沉香色黑，故走北方而理腎。檀香色黃，故走中央而扶脾，此亦理之確然昭著者。

乳香：箬上烘去油，用燈心研之則細。或以酒研如泥，水飛，晒乾。

沒藥：味辛，氣平。破血理氣，止痛療癰。乳、沒功同，製法亦同。治痘後餘毒不可少之藥。

天花粉：味苦，氣寒。味厚，陽也。主生津，消渴身熱，煩滿大熱，唇乾口燥，排膿消腫，生肌肉，利胸膈，治熱痰止嗽。切片，水浸三日，逐日換水，搗如泥，絹濾去滓澄粉，薄荷襯蒸晒乾，磁(壜)〔罐〕收固聽用。

連翹：味苦，氣平，微寒。氣味俱薄，陽也，可升可降。手足少陽、陽明藥也，入手少陰心經。瀉心火，降脾胃濕熱，除心經客熱。主諸癰毒惡瘡，大有神功。久服恐有寒中之患。

元參：味苦，氣寒。足少陰君藥。乃樞機之劑，管治諸藥上下，清治空中氤氳無根之火，又清腎中浮遊之火。同麥冬、元參各用一兩，用升麻三錢，加入消斑藥內，其功最神。功又能解痘疹之毒。去蘆，忌鐵。

山豆根：味苦，氣寒。主解諸毒，消咽喉腫痛，解痘毒。凡用，磨水調藥尤佳。

細辛：味(溫)〔辛〕，氣(辛)〔溫〕。氣厚於味，陽也。治內寒，散浮熱。細莖根多氣烈，北產者真。近藥肆中有馬辛、土辛，不中用也。痘初發表及癢塌者宜用。

菖蒲：味辛苦，氣溫。通九竅，出音聲。主瘡腫遍身痛癢。一寸九節者佳。為手少陰心君引經藥。痘瘡驚癎，神昏譫語，必用之藥。痘不結痂，潰爛成癢瘡者，亦宜加用之。

腹毛：味辛苦，氣溫。能下一切氣滯，健脾開胃。先以酒洗去濁，再以黑豆汁洗之，晒乾聽用。

檳榔：味辛苦，氣溫。沉而降，陰中陽也。破氣滯，洩胸中至高之劑。形如雞心，中不空虛，切開錦紋者佳。刮去皮臍，見火無功。

黑豆：能解毒和藥，大能補腎，又解腎中之毒，治其相火，兼利小便之藥也。

赤小豆：味甘辛酸，氣味溫平。陰中之陽。下水，排癰腫膿血，治熱中消渴，止瀉泄，利小便，解諸瘡熱毒，又能解心經之毒，治其君火。宋仁宗患痄腮，道士用赤小豆為細末，酒醋調敷之，立愈。故凡一切腫毒，為末，如法塗之，神妙不測。小兒未出痘者，宜煮服。皮浸水，能治目中翳膜。

綠豆：味甘，氣寒，無毒。除熱氣，解痘疔毒。治痘煩熱消渴，力解心經之毒，治其君火。其功在皮，連殼用。

豌豆：性平，味甘。氣薄。能解諸毒，故痘科中用之以拔疔毒。

蟲退：一名蟬蛻。味酸甘，氣寒，無毒。此物居高，飲露不食，有尿無屎，故入小腸。能發痘解毒，以退風熱。若熱盛紅紫者用之，寒涼者忌之。凡痘出不快，或倒陷黑陷，勿去翅足，研細，入藥調服。治目翳，去翅足，洗晒，研細用。

殭蠶：氣味鹹辛，無毒。此物能食不飲，有屎無尿，入手陽明大腸。治驚風痰壅熱甚。亦能發痘。米泔浸一日，待涎浮水面，取出火焙，去丝即黑口。

白蜂糖：味甘，氣平，溫，無毒。主心腹邪氣，安五臟，諸虛不足，益氣補中，解毒止痛。治痘痂不落，用湯調和，時時以鵝翎刷之，易脫，無痕。

石膏：性寒，味甘辛。寒能除熱，甘能調胃，辛能解肌，故有發散之功。陽明腑熱，非此不除。火煅研末，壯人生用，弱人用砂糖拌炒，否恐礙脾胃。

赤石脂：甘緩氣溫，陰中之陽。能止瀉痢，澁可去脫。火煅，水飛，研極細用。痘新起發者，勿驟用，乃收斂劑也，慎之。

明礬：性寒，火煅則溫。味酸濇，氣寒。止瀉痢，治疳蝕瘡毒，收膿水不乾，功耑殺蟲，性能卻水。多服損肺。

雄黃：研細，水飛。瀉足厥陰肝風，解百毒，理蛇傷，能化血為水。□名一盆火，明透亮者佳。

滑石：味甘，氣性沉重，入足太陽、陽明二經。主燥濕，實六腑，化濕毒，行積滯，逐凝血，解燥渴，降邪火，補脾胃。白如凝脂、軟滑者佳。水飛，研細用。痘瘡潰爛，以此敷之良。出蜀廣元縣者真。

硼砂：味甘，寒涼。除上焦胸膈熱痰，生津止嗽。功耑治喉痺，口齒。

珍珠：透裏入堅，解骨髓中之熱，鎮心安神，除目中翳。絹包，入豆腐中煮一柱香，取出，研細用。

龍骨：味甘，氣寒。陽也。止脫，固氣，澁腸。治痘滑泄要藥。色白者佳。火煅，水飛，酒煮，研極細末，不細恐粘腸胃，以遺晚年作熱之害。

犀角：味苦酸，寒，鹹，無毒。功耑安心神，止煩亂，鎮肝明目，涼血□陰。性走散，痘後用此，能散餘毒。若血虛小兒，忌用。

人髮：入(壜)〔礶〕中填滿，鹽泥封固，火煅存性，研細，入汁調服。補陰甚捷，能止痘中衄血，吹入鼻中立止。

人糞：氣寒。主時行大熱狂走，解諸熱毒，痘瘡黑陷。於臘月東行取乾者，以火燒令烟盡，存性，研用。

神麯：味甘，氣溫。消食下氣，功能腐熟水穀。炒搗碎，須同參、朮、香砂用為善。

厚朴：味甘〔辛〕，氣(辛)溫。氣味俱厚，體重濁而降，陰中陽也。溫中益氣，厚腸胃，和冷氣，消宿食，通氣壅。故治腹痛脹滿、散結之聖藥。肉厚色紫者佳。削去粗皮，切片，薑汁炒。近時真者難得。

枳殼：味苦酸辛，氣寒。氣薄味厚，浮而升，微降，陰中陽也。主胸膈痞塞，散結氣，走大腸，泄肺氣。又治遍身風疥，風入皮膚中，如麻痘苦癢。通關節，走皮毛。用陳堅厚者佳，蟲蛀爛者勿用。溫水浸去穰，麩子炒用。枳實製同。枳殼性緩，治氣分病。枳實體小性速，治血分病。功力耑破氣結，故云大黃無枳實不大下，附子無乾薑不大熱。

大黃：味苦，大寒。氣性俱厚，沉而降，陰也。入足陽明胃經。蕩滌腸胃，通利水穀。其性走而不守，瀉諸實不通，心腹脹滿，大便秘結，煩燥。胃弱酒蒸熟用，欲下行者生用。邪在上者，須用酒洗酒浸。

懷山：味甘，氣溫。入手足太陰二經。補中益氣，強陰澁精，功能收固元精，為遺精之仙藥。又兜塞大腸，瀉泄者用之，大有神功。炒黃用。

訶子：味苦酸，氣溫。性急善降，開胃塞腸，能止瀉痢。又治肺氣火傷，鬱遏脹滿，咳嗽喘急。其味苦酸，故有收斂降火之功。去核生用，清肺行氣。煨熟用之，則溫胃固腸。

建蓮子：去皮心，炒。補中養神，清心，固精止洩。

酸棗仁：不寐炒用，不醒生用。寧心益志之藥。

洋片：味辛苦，氣溫。治傷寒舌出，小兒痘陷不省人事，諸瘡不可少之藥。

五倍子：一名川(蚊)〔文〕蛤，一名百藥煎。功用甚多，斂肺降火，解熱毒諸瘡之要藥，故玉樞丹用之。洗去蟲，炒研。亦治遺精之神劑。

萹蓄：苦，寒。利小便，驅濕熱，殺諸蟲。

瞿麥：味苦辛，氣寒。陽中微陰。關格諸閉，小便不通，決壅腫，排膿，明目去翳，破血利竅。非久任之品也。

白蒺藜：味苦辛，氣微寒。治身體風癢，去惡血，長肌肉，明目輕身，功能補腎消痰。凡痘癢者用之。

黃菊花：味苦，氣平，寒。養目明目，去翳膜。治痘後目疾。花應候開者佳。去蒂，晒乾。忌火。

蜜蒙花：酒蜜拌炒。主目病，赤膜、多泪、羞明、障翳。

木賊：味甘苦。與麻黃同形同性。主目疾，退翳膜，明目，益肝膽。功能發汗散火。去節，酒潤，烘乾入藥。

草決明子：味酸苦，氣平，微寒。炒熟，研細。清肝，去目翳，理赤眼。

蒼朮：味苦甘辛，氣溫。味厚氣薄，陰中陽也。入足太陰脾、陽明胃。主除惡氣，避疫厲，健脾安腎，寬中進食，發汗。痘瘡濕癢，不結痂者用之。

房中宜常燒烟，以避不正之氣。堅實中白者，米泔水浸透，去皮，晒乾研，芝蔴拌蒸三次用。

丁香：味辛，氣溫。純陽。入手太陰肺、足陽明胃、少陰腎三經。凡痘色白，胃寒嘔逆，瀉泄腹脹不食者，必用之藥。或寒戰咬牙足冷者，與桂心同用。蓋丁香救裏，官桂發表，非此證者勿用。去丁蓋乳子，碾細末，冲藥水服。切忌見火。

清・劉松巖《目科捷徑》卷一　選集點眼諸藥　附載藥性所治之症，兼炮製之法，俱列於本草之下。

硼砂：味鹹，能軟堅，點水眼胬肉，淤血，淤肌，淤肉。翳中亦可用，取其軟堅也。爛眼不宜，恐疼也。明亮如月色者佳，生研。　硇砂：味鹹，無堅不破，無肌不生，射歹肉而不損好肉，年久翳膜肌肉非此不除。又能殺蟲，用以開水化開，澄去垢，隔碗入水焐乾，刮下，收入磁瓶內，切勿令泄氣，見潮出氣，則化為水，至冬春仍凝為塊。分五色為五行，以黃色佳，次者水紅，次則白，次紫，再次黑灰為至下。為目科外科之要藥，有無數之功效也。　硃砂：辰州者佳，故名辰砂。生研，用正瞳振邪，服以定神。　青礞石：治目中因痰結塊，點之化水而消。　花蕊石：點淤肉濕翳最效。　銅綠：紅銅上刮下者佳，正瞳用。　陽起石、雲母粉：去死肌，明目，止疼痒，用水煮數沸。研用。忌火。　白丁香：一切重翳，非此不除。善能化腐，其性最烈，不可輕用。炮製法：春冬之麻雀糞，不拘多少，以沙鍋入水煮數沸，羅去渣，澄去垢，將水盛在碗內，放在熱鍋微焐，其水變為紅色，將紅湯澄去，下剩白粉，候乾刮下，即為白丁香也。　磁霜：年久重翳，非此不去。善以消磨之功也。以好細磁器，用炭火煅紅，用陳醋汲碎，研細，用井泉水飛過，研至無聲為度。紅磁為珠粉，白者為翠白，青者為翠青，五色分五行，用之總以白者為上，用之亦多。　空青石、玉屑、瑪瑙、古錢、石脂、赭石：以上各味火煅水飛，點目去翳，生光明目，寶石尤效。諸味點淤肉死肌，不拘遠近，無堅不破。加青鹽力尤速，加乾薑末以去寒，隨症加入藥母內，非只單用也。空青點翳如神，然不易得之，石內之水，點目復明，一切火眼尤效。古錢消脹，赭石去毒，目中流血。石脂收斂瞳人，乃性收(嗇)〔澀〕故也。　琥珀、珊瑚：生研，點目生光，止疼，正瞳人，淤肉淤血，膜翳死肌，皆可有效。　珍珠：以豆腐一塊，將珠入內煮之，或微火聊煅，亦可。生用有毒耳。點目止疼，正瞳生光，日久目疾治好，必點此以生光也。　熊膽：性寒。點熱症有奇功，去垢分塵生光。虛寒最忌之。　青魚膽：諸魚膽同性，治同熊膽。點目，夜能視物。不可輕用，太寒。　牛黃：性寒。點熱眼有功，無他用。老牛膽中即同牛黃，力少緩耳。　白礬、膽礬：收淚去濕，消陰鮮毒，止疼。可搽陰挺。　青鹽：鹹能軟堅，重翳肌肉皆可用，目眦紅腫疼脹，退熱觸水，明目止疼。外消陰挺。以青鹽洗目漱口，可以明目固齒。　乾薑：大溫。年久白翳內障，寒症皆可用。去筋，研用。　蜜佗僧：水飛，曬乾。善除濕爛(眩)〔弦〕，水眼最效。　冰片：香能透竅，與麝香凡點藥中不可少也。去濕明目。不可多用，又不可久用，此劫藥也。　潮腦：點目去風，止疼，除濕熱。　石蟹、石燕、石膽：點目生光，去翳。　荸薺粉：點目去熱止疼，明目。石磨磨碎，去渣，澄汁為粉。　青石粉：點目，去浮翳而生光。不可火煅，只以水飛，曬乾即用也。　元明粉：即朴硝所製。去淤肉、淤血、肌膜，消熱除寒，消腫止疼，消陰挺。　焰硝：點目，解毒化淤，消腫脹，止淚明目。　石鹼：點目，去塵垢。　飴糖：點飛絲入目最效。　雄黃：點疳眼，解毒，去翳膜，消腫脹。　血竭：凡目被物損傷，可補其損。同花蕊石尤效，止血。　象牙：目中被竹木刺入不出者，磨水點之，立出而無痕，止疼。　黃雄雞肝汁：點目化堅，點雀目。煮熟，同雄黃食之，治雀目最效。　石菖蒲根：研碎末，治飛絲入目。左目塞右耳，右目塞左耳。　蝙蝠血：點目，能以夜視，與鼠膽同功。　沒藥、乳香：點目，止疼散淤血，解毒生肌。　巴豆霜：目翳至重者點之。去油，去膜，為霜，割時先點，收淚不疼。　烏梅：磨汁，斂瞳人，消淤肉。　麝香：用此專以透竅，凡點藥中不可少此也。　凡草藥須煎汁。凡石性者，須火煅水飛。目中微物不容，故點藥必以細極為妙，研至無聲為度。　先祖並將藥品前後詳明，遺留後輩子孫者，知廣川劉氏家傳。廣川者，乃邑之古名也，即今景州是也。屬直隸河間府，古為廣川郡，又名蓨邑，又曰西柳，乃漢朝周亞夫出守地也。至今州治西有亞夫廟塚，云以誌不忘。景芬謹識。

清・嚴龍圖《痘疹衷要全書》　本草藥性

人參：〔服參有中毒者，不可不知。凡用人參及高麗參並滑參等項，必須先嘗而後用之。若口嚼苦口粘牙，此正味也，可用。若燥澁促舌者，有毒也，不可用之。〕凡參有血絲及黃色明亮者佳。高麗等參性燥，須用糯米蒸過方可用之，否則太燥而難用。　生用甘苦微涼，焙用甘溫。氣味頗厚。陽中微陰。氣虛血虛俱能補，陽氣虛竭者，能回之于無何有之鄉。陰血崩潰者，能障之于已決裂之後。惟其氣壯而不辛，所以能固氣。惟其味甘而純正，所以能補血。故凡虛而發熱，虛而自汗，虛而眩運，虛而困倦，虛而驚懼，虛而短氣，虛而遺泄，虛而瀉利，虛而頭痛，虛而腹痛，虛而飲食不化，虛而嗽血吐血，虛而痰涎壅滯，虛而淋瀝便閉，虛而嘔逆煩燥，虛而下血失氣等證，皆不可缺。然陽多陰少，得氣分者六，血分者四，摠不失為氣分之藥。而血分證不可缺者，正以補陽即所以生陰耳。欲大補元氣，非放膽用之，亦不建奇功。所以輕則一二三四五六錢，重則一兩。忌鐵，反藜蘆。台(當當)〔黨、黨〕參與此同論，但不及人參之力大耳。入脾肺二經，大補氣分。

熟地：味甘、微苦。陰中有陽，入肝腎二經。大補血虛，滋腎水，填骨髓，益真陰，專補腎中元氣，故陰虛不能生陽者，尤宜之。大凡陰虛發熱，陰虛頭痛，陰虛痰嗽，陰虛焦渴，陰虛喉痺，陰虛氣短似喘，脾腎虛寒嘔吐，陰虛火動吐衄，陰虛泄瀉，陰虛狂躁，陰虛撲地，陰虛神散等證，非熟地不足以治之。補氣以人參為主，而芪、术但可為之佐。補血以熟地為君，而芎、歸但可為之佐。然芪、术、芎、歸又有所當避，而人參、熟地則補氣血所不可無。故治氣虛者，非人〔參〕不可。治血虛者，非熟地不可。但陽性速，人參少用亦可成功。陰性緩，熟地非多用不能奏效，輕則三四五六七八錢，重則一兩。

黃芪：味甘，氣平。生用微涼，能補肺氣，解痘毒。氣虛難汗者能發，表虛多汗者能止。炙用性溫，能補中益氣，痘表虛不起不灌者用之又能起灌，蓋溫中即所以固表也。黃芪專主氣分，而亦能止血崩血淋者，以氣固而血自止，故曰血脫益氣也。又能止泄瀉痢疾者，以氣升而陷自除，故曰陷者舉之也。四肢不起不灌，酒浸桂枝佐之能到。除中滿氣滯宜避外，輕三五錢，重則兩餘。黃芪與防風相畏而又相使，故黃芪得防風而力愈大。

白朮：苦能燥濕，甘能補脾，溫能和中，專入脾胃二經。補脾胃，進飲食，而亦能補中益氣，故四君子用之補脾，而亦可以補氣也。惟能補脾燥濕，所以能止瀉利而利小便。發水泡而濕氣盛者，尤宜多用，輕則三五錢，重則兩、八錢。土拌炒。

茯苓：甘溫燥脾，滲降除濕。總有赤白之分，總不離為滲泄之物。白者入氣分，能補肺健脾，然滲多補少，不宜多用，惟其性降，故火浮于上者能降，腎虛水泛為痰者能滲，小便不利者能利，均不宜多用，惟脾濕水盛而發水泡者，則可與白朮並用重用，以能健脾除濕也。赤者入血分，酒洗能治血熱而又發表，故表藥多用之，以能滲濕，故又利小便。抱中心木生者為茯神，入心之用多，與棗仁並用，能補心虛，止驚悸恍惚。與遠志並用，能交心腎。皮能達皮，利皮膚之水，治水腫腹脹。中心木為松節。五者總屬一物。用不過一二錢，惟健脾滲濕，治水包則重用，多至兩、八錢，輕則四五錢。

甘草：味甘，氣平。生用涼，能瀉火解毒。炙用溫，能補中益氣。達莖用梢，治莖中痛。得中和之性，有調補之功，毒藥用之解其毒，剛藥用之和其性，表藥用之助其升，下藥用之緩其速。助參、芪成補氣之功，助熟地救陰中之危。隨氣藥入氣，隨血藥入血，無往不可，故稱國老。惟中滿者忌用，恐其作脹。又云：甘草同茯苓用之則不資滿，而反泄滿，故張仲景解痞滿證有甘草瀉心湯。欲速下者勿用，恐其緩功，又不可不知。用不過一二錢，惟解毒之方，間有重用兩者。

當歸：味甘而重，氣輕而溫。惟其甘溫，故專補血；惟其輕辛，故又能行血；補中有行，行中有補，誠血中之氣藥也。頭止血上行，身養血中守，尾破血涼血，全用活血不走。俱酒洗過用。大約佐之以補則補，故能養營養血，補氣生精。凡有形虛損之病，無所不宜。佐之以攻則通，故下藥用之。營虛而表不解者，佐之以柴、葛能汗；衛熱而表不斂者，佐之以六黃能固。性滑善行，大便不固者，當避之。滯痛不通者，當用之。欬嗽痰不出者，宜用之。血滯為痢者，更宜用之。氣辛而動，故欲其靜者當避之。吐血衄血便血者，亦避之。陰中火動者，宜避之。惟陰中陽虛者，當歸能補血，乃不可少。輕則三五錢，重兩、八錢。

川芎：味甘而辛，其氣溫，其性善走，入肝經，為血中之氣藥。反藜蘆，惡黃連、滑石沉寒之物，以制其升散之性。芎、歸總俱屬血中之氣藥，而芎之散動，尤甚于歸。同參、芪能引之以補元陽，同當歸能補血活血，補肝虛，潤肝膽之燥，血虛頭痛，風寒頭痛，皆宜之。惟火壅于上而痛者，得升反甚，此又升降之義也。用不過一二錢。

白芍：用不過一二錢。味酸性寒，斂降多而升散少，有小毒。白者補而收，赤者散而瀉。酒炒微平，生者更涼，其性沉寒，故入血分。白者生用，能瀉肝火之實熱，治胃熱之易飢，止泄瀉之熱證。炒用能止血虛之腹痛，血虛之發熱，或痘血散不收，瘡潤不斂。入肝經，和血養血，乃補藥中之稍寒者，故脾氣寒而痞滿難化者，忌用。赤者惟痘初發表，或血熱，或小便不利宜之。

生地： 苦寒。能行血解熱，治吐衄，平諸血逆。其用有四：涼心火之血熱，瀉脾胃之濕熱，止鼻中之衄熱，除五心之煩熱。與熟地並用，能補而不滯。俱不可多用。酒洗過用，重不過四五錢，輕不過三錢。虛者燒灰用亦可。

鹿茸： 味甘鹹而氣溫。破開，塗酥，炙黃脆用。益元氣，補真陰，善助精血，尤強筋骨。凡腰腎虛冷，脚膝無力以及痘瘡虛寒不起不灌者，皆宜用之。重則四五錢。

何首烏： 苦澁，甘溫。苦能堅腎，澁能斂氣，甘能補血，溫能養陽，總曰肝腎之藥。然有赤白之分，白者入氣分，能助氣養神。赤者入血分，能養血壯精神，添精髓，收斂精氣。治痘血不足，過期不起發，不收斂。米泔浸透，蒸熟用。取效甚緩，用須加倍。

紅花： 味甘而兼微苦、微辛，其氣微涼。補血活血宜少用，三錢。破血通瘀宜多用，至二三錢。治痘血熱，難出難長難灌，疹血熱不收，俱酒洗用。

紫草： 用不過三五錢。味苦，性寒，肝經血分之藥。惟性寒，故能涼血活血。惟滑利，故能通大便。凡治痘疹，無論未出已出，但血熱毒盛，或紫或黑及大便秘結者，宜用之。若已出紅活，不紫不黑，而大便如常，或滑者，即不可用。但紫草性寒，脾虛者反能作瀉，惟取其茸，尚有升發之功。酒洗過用。

牡丹皮： 性味和緩，原無補性。但微涼而辛，能和血涼血，善行血滯，滯去而鬱熱自解，故云瀉血中之伏火，退無汗之蒸熱。用此者，用其行血滯而不峻。酒洗過用。　忌胡荽、大蒜，畏貝母、大黃。用不過錢。

血竭： 用不過一錢五分。甘鹹微澁，性平。善破積血，散瘀止痛，歛口生肌，為和血之聖藥。痘證用之，不過活血及散藥耳。但性急，不可多用。單碾用，同諸藥搗則飛。

蘓木： 味甘辛，性溫平。為三陰血分之藥。少用則和血活血，多用則破血行血。剉碎，以酒煮汁入藥。用不過一二錢。

桃仁： 苦重於甘。善治瘀血、血閉、血結、血燥、血隔、血癥，潤大腸，逐瘀滯，血逆疼痛膨脹，治大腸血秘，與杏仁治大腸氣秘者不同。行血，連皮尖生用。潤燥，去皮尖炒用。研碎謂之桃仁泥。用不過三錢。

大小薊根： 用不過一二三錢。甘苦而溫。主養精保血，止衄血、吐血、下血。婦人出痘疹，經血妄行，非此不除。

陳皮： 味苦辛而溫。散氣實，消痰滯，去噯氣。入補藥則留白，微甘而性緩。入下氣消痰藥則去白，用辛而性速。同補藥則補，同瀉藥則瀉，同升藥則升，同降藥則降，能補能和，為脾肺氣分之藥。調中快膈，導滯消痰，通治百病。用不過三錢。

青皮： 味苦微酸。苦能去滯，酸能入肝，色青氣烈，入肝膽氣分。疎肝瀉肺，破滯消堅，寬胸消食，治肝氣鬱結，脇痛多怒。治痘瀉肝，令不成水泡而作痒。用不過二錢。

半夏： 大辛，氣溫，有毒。宜薑製過用。為治寒痰之主藥。其質滑潤，故能使大腸潤而治虛秘。其惟燥濕降痰，故能調和胃氣，下肺氣，止嘔吐，治痰厥頭痛。用不過三錢。

貝母： 味苦，氣平。氣味俱輕，功力頗緩，用須加倍。總與半夏同治痰嗽，但半夏兼治脾肺，辛溫性速，散寒。貝母苦，涼性，而清熱痰。各有不同，不可混用。用不過二錢。

膽南星： 七製九製者佳。味苦，寒。降痰因火動如神，治小兒驚癎。總之，實痰實火，壅閉上焦，而氣喘煩躁，焦渴脹滿者，皆所必用。用不過三錢。

麥門冬： 味甘，微苦，微寒。入肺經。瀉肺中伏火及血熱妄行。補上焦之津液，治口乾燥渴，清肺止嗽，解熱嘔。去心用，恐令人煩。用不過三五錢。

天門冬： 味苦，氣寒。入肺經氣分。瀉肺火，止吐衄妄行，解渴除煩，消痰止嗽及陰虛有火之證。虛寒假熱，去心皮用。用不過三二錢。

五味子： 性溫，五味俱全，酸鹹為多。入肺腎二經。故專收斂肺氣，而滋腎水。南五味治風寒欬嗽。北五味治虛損勞損，生津止渴，寧嗽定喘，止腎經之泄瀉，澁精斂汗而退熱，收耗散之肺氣，滋不足之腎水。即南五味，感寒初嗽者，亦當忌之，恐其收斂不散也。用不過三錢。

烏梅： 味酸澁，氣溫平。斂肺，止久嗽，澁腸，止虛寒瀉痢，生津止渴，清熱解毒。皆取其酸斂之功。去核用肉，用不過二錢。

天花粉：　即瓜蔞根汁。微苦微寒。酸能生津，善解熱渴，甘不傷胃，大降膈上熱痰。胃熱口燥唇乾宜用，脾胃虛寒者忌之。用不過二三錢。

瓜蔞仁：　味甘氣寒。氣味俱厚，性降而潤，能降實熱痰涎，解消渴，定喘脹，潤肺止嗽，開鬱結氣閉。但氣味悍劣善動，惡心嘔吐，中氣虛者，不宜用之。《本草》言其補虛勞者，誤。用不過一二枚，去殼用。

馬兜鈴：　微苦、微辛，性寒。氣薄，入肺經。降肺火，清肺氣，除熱痰熱嗽，喘急不得臥。多用則令人作吐，用不過一二錢。

杏仁：　苦、辛，微甘，有小毒。雙仁者不可用。連皮尖用，其味辛。佐生薑、半夏，能治風寒欬嗽。佐麻黃發汗，能散表邪。去皮尖用，其味苦降，同麥冬、乳酸煎膏，能潤肺止嗽，定氣逆上衝，消痰下氣。元氣虛陷者，勿用，恐其沉降太泄。然大腸氣秘者，尤能通之。用不過三錢。

桔梗：　味苦、微辛，氣微涼。其性浮。用此者，用其載藥上升，能引苦泄峻下之劑至極高而成功，故有舟楫之名。入肺經氣分而瀉熱，入胃經開提氣血。總屬肺經上焦胸膈之藥。載發散藥，表散上焦寒邪；載涼藥，清利頭目、咽喉，胸膈滯氣及咽痛喉痺，目赤腫痛；載肺經藥，解肺熱肺癰，鼻塞，唾膿欬嗽；載治痰藥，能寬膈下氣，消痰止嘔。引大黃可使上升，引青皮平肝止脇痛。若欲專用降劑，此物不宜同用，用不過三五錢，托載諸藥不過一二錢。

牛蒡子：　味苦而辛，炒研用。能潤肺，解熱，清利咽喉，喉痛喉痺，解痘毒。凡痘毒滯頂陷不起者，用之能解毒起頂。用不過三五錢。

山豆根：　大苦大寒。解諸熱毒，治喉癰喉風，咽喉痺痛。研末，湯服。用不過一二錢。

射干：　用不過三錢。味苦，性寒，有毒。能瀉實火，散結氣不得息，治欬逆上氣，喉痺咽痛。

淡竹葉：　甘淡，氣平，微涼。氣味俱輕。能清上焦虛熱，專涼心經，亦清脾氣，並小兒風熱驚癇，喉痺。用不過一錢或五分。

燈心草：　甘淡，微寒。能降心火，清肺金，利小腸。蓋心火降，則肺金清，肺金清，則小腸亦清，而熱從小便出矣。用不過一錢或五分。

竹茹：　味甘，微寒。開胃土之鬱，而治胃熱之嘔吐。清肺金之燥，而治肺痿唾痰及小兒風熱驚癇。用不過一二錢。

桑白皮：　味甘、微辛、微苦而氣寒。氣味俱薄，入肺經。瀉肺火而不峻。去皮炙用。若肺氣虛及風寒作嗽者，慎用。忌鐵。用不過二三錢。

地骨皮：　用不過二三錢。味辛，氣寒。能降肺中伏火，善瀉肝腎虛熱。凡不因風寒，而熱在骨髓陰分者宜用，故治骨蒸夜熱。此物涼而不峻，可理虛勞。假熱者勿用。

竹瀝：　味甘，微涼。治風痰虛痰在胸膈，使人癲狂及在經絡四肢、皮裏膜外者，非此不達不行。用不過一二錢。

石斛：　甘淡力薄，頗有苦味。有瀉無補，用除脾胃之虛火，去嘈雜善飢及營中蘊熱，其性輕清和緩，有從容分解之妙，故能退火養陰，除煩清肺，下氣，止消渴熱汗。用不過二三錢。

枇杷葉：　用不過二三錢。味苦，氣平。清肺和胃而降氣，氣下則火降痰消。治熱欬、熱嘔、熱渴。治胃熱，薑汁炙。治肺熱，蜜炙。去毛刺用，毛射肺，令人欬。

鬱金：　苦辛，氣溫。善下氣，破惡血，去積血。用不過二三錢。

枳殼：　苦酸，微寒。多主上行破氣，治胸痺結胸，破心腹結氣，胸脇脹滿等證。麩炒用。用不過三錢。

枳實：　味苦，微酸，寒。其性沉急于枳殼，除脹滿，消宿食，削堅積，化稠痰，破滯氣，消瘀血。解傷寒結胸，佐大黃，大能推蕩。用不過三錢。

厚朴：　用不過二三錢。味苦辛，氣大溫。氣味俱厚，有小毒。薑汁炒。用之者，用其溫降散滯。總之，逐實邪，瀉脹滿，散結聚，治胸腹疼痛之要藥。

檳榔：　苦溫破滯，辛溫散邪。瀉胸中至高之氣，使之下行，能墜諸藥至於下極。攻堅去脹，消食行痰。破氣最速，較之青皮、枳殼尤甚，因其性溫行滯而然，故氣虛下陷者，大非所宜。用不過二三錢。

烏藥：　氣味辛溫，善行諸氣。凡一切病之屬氣者，皆可治。除胸腹一切邪逆之氣，止心腹疼痛，並治膀胱腎氣，上行攻衝心腹。用不過二錢。

延胡索：　苦辛，氣溫。善行滯氣，破滯血。為血中氣藥，故能止腹痛，心氣疼痛，並一切血逆之證。然性惟破氣逐血，必真有血逆氣滯者方可用，氣虛作痛者，大非所宜。用不過三二錢。

木香：　用不過二三錢。味苦辛而性溫，氣味俱厚。能行肝脾肺三經氣滯如神，止心腹脇氣痛甚捷。和胃氣，止嘔吐霍亂，散冷氣，除脹痛。無痛證者不宜用。

沉香：　味辛，氣微溫。諸木皆浮，而沉香獨沉，故能平肝下氣，而墜痰涎。能降亦能升，氣香入脾，故又能理諸氣而調中。其性緩，行氣不傷氣，溫中不助火，治心腹疼痛，噤口惡痢。用不過二三錢。

檀香：　味辛，氣溫。調脾肺，利胸膈，辟穢惡邪氣，散冷氣，止心腹疼痛。又能引胃氣上升，開胃氣，進飲食，止嘔吐。用不過一錢、八分。

乳香：　苦溫氣香，能活血調氣，托裏護心。香蔽瘡孔，能使毒氣外出，不致内攻。生肌止痛，治心腹諸痛，並癰疽腫痛折傷，皆取其活血止痛。製過用，用不過一二錢。

沒藥：　用不過一二錢。苦平。散結氣，通滯血，消腫定痛，生肌，並治金瘡杖瘡，血肉受傷，血瘀發熱作痛。乳香活血，沒藥散血，皆能消腫止痛生肌，故每兼用。

丁香：　用不過一二三錢。味大辛，氣溫，純陽。溫中快氣，治上焦呃逆翻胃，霍亂嘔吐，陰寒心腹脹滯冷痛，胃寒等證。除胃寒瀉痢，小兒吐瀉，痘瘡胃寒不起。

薑：　生薑用不過一二三片多或少數片。乾薑用不過二三錢。炮乾薑多則一兩、八錢，少則二三錢。黑薑多則一兩、八錢，少則一二錢。煨薑用不過三錢。生薑辛溫，行陽分而祛寒發表，治傷寒頭痛，傷風鼻塞，嘔吐；薑汁能化寒痰。生薑煨熟，治脾寒嘔吐，而宜兼溫散者。薑皮辛凉，能和脾行水，治浮腫脹滿。乾薑生用，能逐寒邪而發表；炒焦黄用，謂炮薑，治寒痞脹滿，心腹冷痛，反胃下痢，定寒嘔，消寒痰，下元虚冷而為腹痛瀉痢，專宜溫補者，皆宜用之。炒黑用，則色黑味澁，又能止血。若陰盛隔陽，火不歸源，及寒凉傷胃，陽虚不能攝血而為吐血、衄血、下血者，炒熟留性用之。

肉桂：　善於助陽，尤入血分。四肢有寒痰者，非此不能達。多用不過二錢，少不過五分。味辛甘，氣大熱，有小毒。去粗皮用。能溫補命門，引火歸源，與參、附、熟地並用，最降虚火上炎及下焦虚寒，元陽不足。與芎、歸並用，治痘瘡虚寒作癢不起。桂為木中王，故善平肝木之陰邪，而尤善助肝膽之陽氣。惟其味甘，又最補脾。凡肝邪尅脾土而無火者，尤宜用之。桂枝氣輕，故能走表，以其善調營衛，故能治傷寒發汗。用不過二錢。

製附子：　輕用一二錢，重則七八錢。辛甘，大熱。純陽，性走而不守，有小毒。製過用，能除表裏沉寒，手足厥逆，回陽氣，嘔吐翻胃，心腹冷痛，冷瀉冷痢，四肢拘攣，寒邪濕氣，胃寒生蚘，寒痰寒疝，風濕麻痹，冷瘡久漏，格陽喉痺，陽虚二便不通。能引火歸源，制伏虚火。能引補氣藥，追復散失之元陽；引補血藥，滋養不足之真陰；引發表藥，驅逐在表之風寒；引暖下焦藥，祛逐在裏之冷濕。

川椒：　味辛，性熱，純陽之物，有小毒。炒出汗，去閉目合口者不用。主溫中下氣，暖脾胃，止大嘔大吐不止，殺蚘蟲，治心腹冷痛。用不過三錢。

白附子：　用不過一二錢。甘辛，大溫，有小毒。薑汁炮用。其性升，能引藥勢上行，治面上百病，能去頭面遊風。作面脂，消皯斑。治痘四肢風熱不退及頭目不清。

淫羊藿：　用不過一二錢。辛香甘溫。入肝腎，補命門。治痘絶陽不起。去刺，羊油炒。不可多用。

枸杞：　味甘、微辛，氣溫。味重而純，故能補陰。陰中有陽，故又能益氣。然此物微助陽，而無動性，故用之以助熟地補陰最妙。若真陰虚，而臍腹疼痛不止，或小腹隱痛者，尤宜多用。痘後目疾，赤膜遮睛及風眼赤痛風癢等證，酒洗搗碎用。用不過三錢。

山茱萸：　味酸澁，主收斂。氣平，微溫。入肝腎二經。補腎強陰，固精秘氣，澁滯濁，縮小便。去核取肉用。脾氣太弱畏酸者，宜避之。惡桔梗、防己、防風。核能滑精。用不過三錢。

白扁豆：　味甘，氣溫。炒香用之，最能醒脾。補脾胃氣虚，和嘔吐，止泄痢，進飲食。欲用輕清緩補，此為最當。用不過二三錢。

山藥：　味微甘而淡，性澁，所以能健脾補虚，澁精固腎，治諸虚百損，五傷七傷。但氣輕性緩，不堪專用。故補脾肺必主參、术，補腎水必君山萸、熟地。澁帶濁，須用破故同研。固遺精，必仗菟絲相濟。凡固本丸藥，亦宜搗末為糊。總之，性味柔弱，但可用為使佐。用不過二錢。

肉豆蔻：　味苦辛而澁，性溫。理脾胃虚冷，開胃進食，固大腸虚冷，滑瀉不止，完穀不化，小兒胃寒吐瀉。麵包煨熟用。用不過三錢。

訶子肉：　用不過三錢。味苦酸澁，氣溫。苦重酸輕，性沉而降。苦以降氣消痰，破結氣，酸以斂肺定喘止嗽，澁以收脱止瀉。安久痢，溫以開胃調中，止嘔吐。若久痢肛門急痛者，尤宜用之。上焦元氣虚陷者，當避其苦降之性。去核用，煨熟。

粟殼：微甘澁多，斂肺澁腸而固腎，治久虚欬嗽，甚固大腸，久痢滑瀉脱肛必用，澁精秘氣尤宜。須加甘補同煎。去筋膜，醋拌炒。用不過二三錢。

龍骨：味甘平，性收澁。安神志，鎮驚悸，澁腸，止瀉痢，除遺精夢洩。火煅，濕者焙乾，水飛過用。用不過二錢。

棗仁：用不過二錢。味微甘，氣平。色赤肉酸，故名酸棗。其仁居中，故性主收斂而入心。多眠者生用，不眠者炒用。同補氣血藥則寧心，同當歸則歛汗。

遠志：用不過一錢，或七八分。微苦辛，氣溫。功耑心腎，鎮心止驚。與人參、甘草、棗仁同用，交心腎。但可為佐，不宜多用。神氣上虚者所宜，製以甘草湯，浸一宿，晒乾炒用。

龍眼肉：用不過三枚。甘溫。歸脾益脾，長智養心，故歸脾湯用之作引，治思慮勞傷心脾。

萎蕤：味甘，氣平。補中益氣，用代參、芪，不寒不燥，大有殊功。重則一兩、八錢，少則三五錢。

肉蓯蓉：甘酸鹹，溫。入腎經血分。補命門相火，治絶陽不興，絶陰不產，與淫羊藿同功。腰膝冷痛，崩帶遺精，峻補氣血。但補而不峻，故有蓯蓉之號。驟用滑大便，故虚秘者往往用之。酒洗淡用。滑便用至四五錢，滋補不過三二錢。

黃酒：苦辛，大熱。無灰者良。能行諸經，引藥。凡痘瘡解毒藥須用酒浸洗炒用者，可以通行一身之表，且能引藥上行。少飲則和血行氣，壯神禦寒，辟除穢邪。

人乳：甘鹹。能潤五臟，補血液，澤皮膚，治風火證。乳本血所化，目得血而能視，用點赤澁多淚眼。與黃酒並用，入藥劑能助痘成漿。取少年無病婦人乳白而稠者良。他若黃赤清色氣腥穢者，並不堪用。

大棗：用不過一二三枚。甘溫。煨去核用。脾經藥，能補中益氣，滋養脾土。與生薑並用，能調營衛，使汗出及皮而止。和利下藥，能使下不傷脾。與補劑並用，能和胃，以發脾胃升騰之氣。中滿證忌之，尤忌葱、魚同食。

糯米：甘溫。補脾肺虚寒，故痘瘡皮薄有孔，與補氣藥並用，能厚皮膚，兼密痘孔，故補劑往往加之。用不過一合。

蜜：生性涼，能清熱。熟性溫，能補中益氣，安五臟不足。甘而和，故能解毒。柔而滑，故潤燥。甘緩可以去急，故止心腹、肌肉、瘡瘍諸痛。甘緩可以和中，故能調營衛，通三焦，治百病，和百藥，故蜜炙、蜜丸多用之，而與甘草同功。然能滑腸，故治老人虚秘。痘痂不落，湯和掃之，易落無痕。

葱：味辛，性溫。去青留白，連鬚用。善散風寒邪氣，通關節，開腠理，主傷寒寒熱，天行時氣，頭痛，筋骨酸痛。蓋此物外實中空，肺之菜也。肺主皮毛，其合陽明，故能發汗解肌，以通上下陽氣。陰毒腹痛，炒葱白，安臍上熨之。

菖蒲：用不過一二錢。辛苦，性溫。九節者良。補肝益心，開心孔，通九竅，療驚癇。治痘腫偏身，熱毒痛癢。水浸去粗皮用。痘瘡驚癇，神昏譫語者，必用。痘不結痂，潰爛成疥瘡者，亦宜用。惡麻黃，忌糖與羊肉、鐵器。

硃砂：微甘，性寒。研末，水飛過用者，因有火毒也。通稟五行之氣，故能通五臟。或上或下，無處不到，故可以鎮心逐痰，祛邪降火，治驚癇，鬼魅中惡。但體重性急，善走善降，變化莫測，用治有餘乃其所長，用補不足則非。即同參、芪、歸、术以治小兒，亦可取效。然必虚中挾實者，乃宜之。否則，不可概用。多則二三錢，少則三分。

琥珀：味甘淡，氣平。以松脂入土積久而成寶，故能通塞以寧心，定魂魄，鎮(巔)〔癲〕癇，殺邪鬼精魅。其味甘淡，上行，能使肺氣下降，而通膀胱，利小便，治五淋，又能明目磨翳。利便用至三錢，餘不過一錢、八分。

金箔：味辛，氣平，性寒。生者有毒。氣沉質重，能鎮心神，降邪火，墜痰涎。療風熱上壅及小兒驚風癲癇，痰滯心竅，上氣欬喘，安魂定心志。凡邪盛于上，宜清宜降者，皆所當用。若陽虚氣陷，滑洩清寒者，俱宜避之。

鈎藤鈎：甘苦，微寒。能清心火，肝經風熱。凡小兒驚癇眩運，大人天弔，頭旋煩熱等證，用之風靜火息，諸證自除。故專理肝經風火之病。

食鹽：味鹹，性寒。鹹潤下，故通大小便。鹹走血，故入腎而主骨。凡補腎藥，用鹽水拌炒，或淡鹽湯下者，皆此意也。齒痛，搽牙亦佳。

天麻：味辛，氣平。治虚風眩運，頭旋眼黑，頭痛，諸風濕痺，四肢拘攣，安神志，止驚悸恍惚及小兒風癇驚氣。然性懦力緩，用須倍于他藥。或以他藥相佐，然後見功。用不過三二錢。

柿蒂：能止呃逆。用不過一二錢。

牡蠣粉：同熟地固精氣禁遺尿，同麻黄根斂陰汗，同杜仲止盜汗，同白朮燥脾利濕，同大黄善消癰腫，同柴胡治脇下硬痛。鹹以軟堅，化痰，消瘰癧結核。澁以收脱，治遺精崩帶，止嗽斂汗，固大小便。用此者，用其澁能固斂，鹹能軟堅。用不過三錢。

赤石脂：味甘澁，性溫平。研粉，水飛過用。以味甘而溫，故能益氣調中，治虛煩驚悸，止吐衄之血。瘡毒用之排膿，生肌長肉。以性澁而重，故能收濕固下，治夢洩遺精，腸風瀉痢，血崩帶濁，固大腸，收脱肛。不必强分赤、白二種。用不過三錢。

白礬：味酸澁，性涼，有小毒。所用有四：其味酸苦，可以涌吐，故能吐下痰涎，治癲癇，黄疸；其性收澁，燒枯用之，可固脱滑，故能治崩中帶下，腸風下血，脱肛陰挺，斂金瘡，止血，止牙縫出血，收陰汗脚汗；其性燥，可治濕邪，故能止瀉痢，湯洗爛弦風眼；其性毒，大能解毒定痛，故可治癰疽疔腫，鼻中息肉，喉痺瘰癧，惡瘡疥癬，去浮肉，生新肉及犬蛇蟲蠱毒。或丸或散，或生或枯，皆有奇效。

文蛤：即五倍子。味酸濇，性微寒。能斂能降，療腫喉痺，及夢洩遺精，腸風臟毒，滑瀉久痢，痔漏下血不止，及婦人崩中帶下，子腸不收，小兒脱肛，俱可為散服之。若煎湯用，可洗赤眼濕爛。用不過一二錢。

浮小麥：即水掏浮起者。味鹹，性寒。能止虛汗、盜汗，勞熱骨蒸。用不過一二錢。

麻黄根：用不過一二錢。能止自汗盜汗。同甘斂藥煎服，可以止汗。同牡蠣粉、米粉，或用蕉扇杵末，等分，以生絹袋盛貯，用撲盜汗，或夏月多汗，用之俱佳。甘平，微濇。

殭蠶：辛鹹，性溫，有小毒。取直者，炒用。辛能散，鹹能降，毒能攻毒，輕浮而升，故能散風痰，去頭風，散風熱，喉痺危證。尤治小兒風痰急驚，發痘瘡，攻痘毒。用不過一二錢。

全蠍：辛甘，有毒。色青屬木，故治諸風眩掉，驚癇搐掣，口眼喎邪。全用去足，焙。或用尾，尾力尤緊。用不過一錢，或八分。

藿香：苦辛，氣溫。氣味俱薄。香甜不峻，善快脾順氣，開胃口，寬胸膈，進飲食，止霍亂嘔吐，理肺化滯。加烏藥等劑，亦能健脾。入四君同煎，亦除口臭。用不過一二三錢。

香附米：用不過二三錢。苦、辛、微甘，氣溫。氣味俱厚。用此者，用其行氣血之滯。酒炒，欲其上行。醋炒，則理氣痛傷食。童便炒，欲其下行。凡氣不行之病，皆宜之。

砂仁：辛苦，氣溫。和脾行氣消食，消脹滿，快胸膈，平氣逆。欲其溫暖，須用炒研。用不過二三錢。

神麯：味甘，氣平。炒黄入藥，善助中焦土臟，健脾暖胃，消食下氣，化滯調中。用不過二錢。

麥芽：甘鹹，氣溫。炒用，善於化食和中，消一切米麪諸菓食積，去心腹脹滿。然耗散氣血，中虛不可多用。然胃虛食難消化，食後脹悶者，尤當少用，以助胃消食。用不過錢半、二錢，炒過用。

山查肉：甘酸，溫，平。蒸去核用。消食磨積，散瘀化痰，健脾開胃，化結氣，消一切油膩腥羶之積，又能發痘，消滯血，行參、芪之滯。用不過三二錢。

蘿蔔子：一名萊菔子。味大辛，氣溫。生則能升，熟則能降。生研用，水攪盪，飲之立吐，風痰盡出。散風寒，寬胸膈，及胃有氣食停滯，致成鼓脹者，非此不能除。炒熟，善于破氣定喘，除脹，利大小便，有推墻倒壁之功。中氣不足者，忌用。用不過一二錢。

三稜：味苦，氣平。醋浸，炒熟用。能行血中之氣，善破積氣，逐瘀血，消飲食脹滿，氣滯腹痛，除痃癖癥瘕，積聚結塊。用不過二三錢。

莪朮：苦辛，氣溫，有小毒。製宜或酒或醋炒用。善破氣中之血。在中焦，攻飲食氣滯不消，胃傷吐酸，膨脹。在下焦，攻奔豚痃癖，冷氣積聚。但性氣剛峻，非有堅頑之積不可用。用不過三二錢。

黄連：大苦，大寒。耑治諸火。火在上，炒以酒。火在下，炒以童便。火而嘔者，炒以薑汁。火而伏者，炒以鹽湯。同吴茱萸炒，可止熱痛。同陳壁土炒，可止熱瀉。同枳實用，可消火脹。同天花粉用，能解煩渴。同木香為丸，和火滯下痢腹痛。同吴茱萸為丸，能治胃熱吞吐酸水。治痘，同氣分藥酒炒用，能解氣分之熱毒。酒炒同血分藥用，能解血分之熱毒。若濕熱下痢者，尤其所宜。總之，其性大寒，故能清腸胃，止驚癇，瀉心火，上止吐衄血，下止便血，小兒食積熱疳。治一切實火，陰虛假熱不宜用。過用傷脾。世謂其厚腸胃者，大非。重則兩、八錢，輕則一錢、八分。

黃芩：　味苦，氣寒。枯芩善於入肺，瀉肺金之火，治火痰火嗽，咽痛喉腥，肺痿肺癰，止衄血。與柴胡並用，能治肌表之寒熱，風熱濕熱，頭痛，清上焦之火。凡欲上行，或解肌，俱酒炒，尤能止熱渴。若欲下行，則生用。蓋條芩涼下焦之熱，而入大腸，與白芍並用，能除赤熱痢，涼大腸之熱結。與黃連、厚朴並用，能除腹因火滯為痛。佐砂仁、白朮，能治胎因火盛不安。若大腸無火及滑瀉者，忌用。用不過五錢。

石膏：　味甘辛，氣大寒。欲其緩者，煅用。欲其速者，生用。用此者，以寒涼大解陽明胃經之實熱，邪火盛者不食，胃火盛者多食，皆其所長。及陽明實熱牙痛，胃熱頭痛，肺熱實喘，并陽狂熱結，熱毒發斑發黃，火載血上，大嘔大吐，大便熱秘等，皆當速用。辛能發散，故同柴胡發汗解肌。甘能緩脾清熱，故尤能生津止渴而除煩熱。胃弱及陰虛發熱者，禁用。重用兩、八錢，輕則二三錢。

元明粉：　味辛甘，性沉冷。能降心火，去胃中之實熱，消痰涎，蕩腸中之宿垢，通大便秘結，亦能消腫明目。用不過三二錢。

梔子：　味苦，氣寒。氣浮味降。因其氣浮，故能清心肺之火，解消渴，除熱鬱，療時疾煩躁，心中懊憹，熱悶不得眠，熱厥頭痛，耳目風熱，赤腫疼痛。因其味降，故能瀉肝腎膀胱之火，通五淋，治大小腸熱秘熱結，三焦鬱火，臍下熱鬱疝氣，吐血衄血，血痢血淋，小腹損傷瘀血，皆能治之。瀉火生用，炒黑止血。欲其上行酒炒，欲其下行童便炒，欲其入胃薑汁炒。裏熱用梔仁，表熱用梔殼。若用佐使，治有不同。加茵陳除濕熱，加淡豆豉除心火煩躁，加厚朴、枳實可除煩滿，加生薑、陳皮可除煩嘔。同元胡索破熱滯，瘀血腹痛。因其氣浮而苦，極易動吐，故用為吐藥，以去上焦之痰滯。因其解鬱熱，行結氣，其性屈曲下行，大能降火從小便出，故能通小便熱秘。用不過三二錢。

龍膽草：　大苦，大寒。沉陰下行，入肝膽二經。大能瀉火，凡肝膽有餘之火，皆其所宜。能治小便熱淋，耳腫熱痛，目睛黃赤，睛脹疼痛不可忍。小兒熱疳，下焦濕熱瘡腫，婦人血熱崩淋。上行酒炒，下行便炒。用不過一二三錢。

黃柏：　味苦，氣寒。性降，善降三焦之火，製各以類。酒炒，上可解熱渴，口瘡喉痺。薑汁炒，能清胃火，嘔噦蚘蟲。下能去足膝濕疼痛，性寒而降，去火最速。惟其性沉，故尤功耑肝腎，瀉相火之有餘。若陰虛水虧而枯熱者，又非所宜。凡下行，俱用鹽水拌炒。用不過一二錢。

知母：　味苦，氣寒。性沉。生用則沉中有浮。在上清肺止渴，潤心肺，解虛煩喘嗽，止吐衄血，去喉中腥臭。在中則能退胃火，在下則能去肝腎濕熱，利小便熱淋。鹽水拌炒，能佐黃柏瀉命門相火之有餘。用不過一二錢。

連翹：　苦辛，微寒。輕清升浮，故能瀉膈中浮火，利小便濕熱。以其味苦而輕，故善達肌表經絡之熱。以其辛而能散，故又去諸經散血凝氣滯，為瘡家聖藥。多用不過四五錢，少用不過一二三錢。

牛黃：　味苦辛，性涼，氣平。入心肝二經。能清心退熱，化痰涼驚，治小兒驚癇，熱痰口噤，大人癲狂痰壅。痘瘡紫色，痰盛狂躁。用不過五六分。

犀角：　用不過一二三錢。苦、辛、微甘，氣寒。功力在尖，能解心經之熱，涼心定驚，瀉肝明目。又能解火熱，散風毒陽毒，瘟疫煩熱。磨汁，治吐血衄血下血，及傷寒蓄血發狂，發黃發斑，譫語。痘瘡稠密，內熱黑陷，或不結痂。然性升而善散，故治傷寒熱毒閉表，煩熱昏悶，而汗不得解者。磨汁，攙入藥中，取汗最速。人知犀角之清心熱，而不知其最善發表，較升麻之更速也。

羚羊角：　苦鹹，微寒。能瀉心肝邪熱，明目去障，袪風舒筋，治驚癇搐搦，骨痛筋攣，并治傷寒伏熱。剉末，或磨汁用。用不過一二錢。

胡黃連：　用不過一二錢。大苦，大寒。去心熱，療小兒驚癇熱疳。功用與黃連相似。

蘆薈：　大苦，大寒。功耑清熱，殺蟲，涼肝明目，小兒風熱癲癇，急驚，五疳熱毒，殺三蟲及痔漏熱瘡。用不過三二錢。

人中黃：　甘寒，入胃。清痰火，大解五臟實熱，治天行熱狂。痘瘡血熱，黑陷不起。糞清與此畧同。用不過三二錢。

大青：　苦鹹，大寒。解心胃熱毒，治傷寒時疾熱狂，陽毒發斑。用不過三錢。

沙參：　用不過三二錢。甘苦，微寒。清補肺氣。人參補五臟之陽，沙參補五臟之陰。肺氣虛熱者，用之以代人參。金受火尅者，宜之。風寒客肺者，勿服。

苦參：味苦，氣寒。治時氣大熱，及遍身熱細疹癢痛，酒蒸用。痘瘡潰爛如癩，以此作丸用。咽痛，生研末用。尤耑殺疳蟲。用不過二三錢。

元參：微苦甘鹹，而氣亦微寒。色黑入腎。能瀉命門之火旺，又能入肺散無根浮遊之火，散周身痰結熱癰，逐頸項咽喉痺毒，瘰癧結核。勿犯銅鐵。心熱而躁者，尤宜加用。用不過一二三錢。

丹參：用不過錢半二錢。氣平而降，味苦色赤，入心與心包絡。能養陰定志，益氣解煩，為女科要藥。諸參反藜蘆。

大黃：味苦，大寒。能通熱結及一切因便秘所生之實熱證。欲速者生用，欲緩者酒蒸用。重一兩，輕二三錢。

巴豆：去殼膜油用，惟性毒故能解毒。辛，熱，有大毒。能通寒結及生冷硬物積聚。去心皮膜油，為急治水穀道路之劑。炒去烟，令紫黑用，為緩治消堅磨積之劑。不過一二錢。

芒硝：味苦鹹辛，氣寒。沉陰峻下，有毒。鹹能軟堅，推逐陳積，去臟腑壅滯脹急，大小便不通。不過四五錢。

牽牛：用不過二三錢。苦辛，大熱，有毒。氣雄性急，下氣逐水，通大小便，善走氣分，開氣秘氣結，消氣實氣滯。丸散用救急，亦可佐羣藥煎服。

葶藶：味苦，大寒，沉陰有毒。善逐水氣，不減大黃。但大黃能泄血閉，葶藶能泄氣閉。肺中水氣膹滿脹急者，非此不能除。用不過三二錢。

火麻仁：用不過三二錢。即作布之麻。去殼，搗用。甘平滑利，能潤大腸，佐峻下藥，能通大便。

滑石：滑利竅，淡滲濕，寒瀉熱，沉降火。下入膀胱而行水，治淋閉。治中暑積熱，嘔吐煩渴，為瀉熱除濕之要藥。用不過二三四錢。

木通：用不過二三錢。甘淡輕虛，上通心包，降心火。下通小腸、膀胱，導諸濕熱從小便出。

瞿麥：味苦，微寒。性滑利，通小便，除五淋。凡下焦濕熱疼痛諸病，皆可用之。用不過二三錢。

萹蓄：味苦澁。利小便，通熱淋，除黄疸，殺三蟲。煑汁飲，去下部濕熱，浸淫陰蝕等瘡。醋煎，治小兒蚘蟲，上攻心腹疼痛神效。用不過二三錢。

猪苓：用不過三五錢。苦甘，氣平。性善降，滲入膀胱、腎經，通淋，消水腫，除濕，利小便。

澤瀉：甘淡，微鹹，微寒。沉陰下降，入膀胱，利小便，瀉腎經之邪火。功耑利水行濕，而火浮于上者，尤宜加用。用不過三五錢。

車前子：甘寒。入膀胱、肝經。通尿管熱淋澁痛，利小便而不走氣。兼治濕熱瀉痢，風熱目赤翳障。用不過三五錢。

海金砂：甘寒淡滲。除小腸膀胱濕熱，通五淋莖痛。忌火。用不過一二三錢。

象牙：用不過一二錢。氣平，無毒。極利小便，痘不收結，用之者，以其有利水之功也。

芫花：苦，溫，有毒。耑逐五臟之水，去水飲痰癖，脇下痛，欬逆上氣，心腹肢體脹滿。但多毒，虚者不可輕用。反甘草。用不過一二三錢。

大戟：味苦，大寒，有毒。漿水煑去骨用。主行十二經之水伐腎邪。惟痘瘡黑陷，大小便不通宜用此，以伐膀胱之邪。然此不可妄用。得大棗則不傷脾。反甘草。中其毒者，惟菖蒲可以解之。用不過二三錢。

甘遂：味苦，性寒，有毒。專於行水，能直達水結之處，如水結胸者，非此不除。若留痰、留飲、宿食，癥堅積聚，無不能逐，以攻決為用，為下水之聖藥。故善治大腹腫滿，陰囊腫脹，去面目浮腫，通二便，瀉膀胱濕熱。然性烈傷陰，不宜妄用。反甘草。用不過二三錢。

防己：用不過二三錢。苦寒陰降，去下焦濕熱水腫，利大小便，解諸經壅熱腫痛，濕熱脚氣，通九竅熱閉，逐膀胱肝腎濕熱及熱毒諸瘡，濕熱生蟲等證。

淮牛膝：甘苦，微涼。性沉而滑，下走肝腎二經。能引諸藥下行。酒蒸則溫，能治腰膝疼痛，通膀胱澁秘，大腸乾結。生用能通經閉，治淋痛尿血，喉痺齒痛。遺精便滑者忌用。用不過二三錢。

木瓜：用不過錢半，或二錢。味酸，氣溫。用此者，用其酸能走筋，治腰膝無力，脚氣。引經所不可缺。

五加皮：味辛，性溫。酒浸用。能除風濕，治骨節四肢拘攣，兩脚痺痛，陰痿囊濕。用不過二三錢。

大腹皮：微辛，微溫。酒洗炒過用。主治冷熱邪氣，下一切逆氣滯氣，攻衝心腹大腸，消痰氣，吞酸痞滿，逐水氣浮腫。酒洗，署炒用。不過四五錢。

蒼朮：　甘溫辛烈，入脾胃二經。健脾燥濕，升提胃中陽氣，發汗除濕，散風寒濕。米泔浸，炒用。痘瘡濕癢及不結痂者，宜用之。亦宜房中常燒，以辟不正之氣。用不過三二錢。

茵陳：　苦燥濕，寒勝熱，入膀胱經。發汗利水，以瀉脾胃之濕熱，為治黃疸之君藥。又能辟除穢惡。用不過二三錢。

胡荽：　辛溫香竄，內通心脾，外達四肢。辟一切不正之氣。痘疹不出，酒煎噴之。心脾之氣，得芳香而運行。噴周身，勿噴頭面。

石硫黃：　用不過二三錢。味酸，有毒，大熱。純陽。補命門真火不足。若久患寒瀉，脾胃虛寒，命欲垂盡者，以猪腸裝煑用之，亦救危妙劑。土硫黃，腥臭，不可服。

肉蓯蓉：　甘鹹辛酸，微溫重沉。以其性滑，故入腎經血分，滑大便，除莖中寒熱澁痛。以味重而甘溫，故助相火，暖下焦寒痛。補功甚多。但驟用反滑大便，若虛不可攻而大便閉結不通者，酒洗淡，暫用三四錢，一劑即通，神效。

麻黃：　微苦澁，氣辛，溫。以輕揚之味，而兼辛溫之性，善達肌表，走經絡，大能表散風邪。凡三陽經表實之證，或寒盛，或陰邪深入者，無論冬夏，皆所宜用。總與柴胡，均屬表散，但柴胡涼散，宜陽邪；　麻黃溫散，宜陰邪。用不過二三四錢。

細辛：　大辛，氣溫。氣味俱厚，有小毒。用之不可過一錢，恐耗真氣。為肝腎二經之表藥。用此者，用其溫散，善逐陰分之寒邪，受風腰痛，除陰經之頭痛，且為溫散，或寒盛者亦宜加用。不過一錢，或錢半。

羌活：　微苦，氣辛，微溫。用其能散太陽膀胱經肌表之寒邪，利周身項脊之疼痛。用不過二三四錢。

藁本：　辛溫雄壯，為太陽膀胱經風藥。寒欝本經，巔頂頭痛及大寒犯腦，痛連腮頰者，宜之。用不過二三錢。

升麻：　微苦，氣平。輕浮而升。用此者，用其發散升提，善發陽明經風熱，肌表邪熱。葱引，能去陽明經頭痛。痛在兩眉頭者，為陽明頭痛。元氣下陷，用佐補劑，升提氣血，皆其所宜。發表二三錢，升提三分，炒用。

葛根：　味甘，平，寒。輕浮升發。用此者，用其涼散，能去陽明經表證，頭痛發汗解肌，又能鼓動胃氣上行，生津止渴。故陽明發熱而渴者，尤宜為君。用不過二三錢。

白芷：　味辛，氣溫。輕升為陽，其性溫散敗毒，逐陽明經風寒邪熱，治陽明經表證頭痛，治痘能排膿定癢。多不過二三錢，少不過五分。

柴胡：　用不過二三錢。苦辛，微寒。用此者，用其涼散，為少陽膽經表藥。其性涼，故能解寒熱往來，與少陽經表證頭痛，脇肋硬痛。總之，有表邪可用，無表邪者不可用。總引清氣上行，然能滑便，溏瀉者忌之。兩鬢角痛，此為少陽頭痛。

荊芥：　用不過一二三錢。辛苦，氣溫。浮升為陽。用此者，用其辛散，能解肌發表，退寒熱，散風濕，清頭目，利咽喉，療頭痛頭旋，脊背疼痛，手足筋急煩痛。

防風：　用不過一二三錢。辛甘，氣溫。升浮為陽。用其氣平散風，隨諸經之藥而皆至，故散上焦風邪，頭痛目眩，脊痛項強，周身盡痛。而尤為去風散濕之要藥。

獨活：　微涼，味苦。升而能降，故入腎經。理下焦風濕，腰腹疼痛，兩足痛痺等證。用不過一二錢。

前胡：　用不過一二錢。味苦，氣寒。既能發表，又能和中。惟其發表，故能治傷寒寒熱，風熱頭痛。惟能和中，故除胸中痞滿，開氣，逐結滯。無外感者忌用。

紫蘇葉：　用不過二三錢。味辛，氣溫。色紫入血分。用此者，用其溫散，解肌發汗，祛風寒甚捷。蘇梗，能順氣，虛者宜之。蘇子，性潤而降，能滑大便，消痰喘，順氣滯。

薄荷葉：　用不過一二錢。辛苦，微涼。其性涼散，治傷寒，頭痛寒熱，頭風腦痛，清利頭目咽喉，口齒風熱等證。其性升浮，能引諸藥上行，發汗，消散風熱。

蔓荊子：　味苦辛，氣清，性溫。升浮為陽。主治諸風，頭痛腦鳴，頭沉昏悶。散肝風，止目睛內痛，淚出。用不過二三錢。

殭蠶：　辛鹹，性溫，有小毒。辛能散，鹹能降，毒能攻毒。輕浮而升，能散風痰，去頭風，散風熱，喉痺危。尤治小兒風痰，急驚熱甚，四肢搐搦。亦能發痘瘡，攻痘毒。用不過二三錢。

荷葉：苦平。燒灰合藥，能助脾胃而升發陽氣。痘瘡倒靨者，用此發之。與殭蠶等分，為末，胡荽湯下。

地膚子：用不過一二錢。甘苦，氣寒。入膀胱，除濕熱，利小便而通淋。葉作浴湯，去皮膚風熱。

香薷：用不過二三錢。辛散皮膚之蒸熱，溫解心腹之凝結，為清暑之主藥。治傷暑，除煩熱，調中溫胃，利小便。夏月出痘，不可缺，清暑故也。宜冷飲，熱服瀉。

秦皮：苦，寒。能除肝熱，洗目赤，退目翳。用不過三五錢。

蟬退：用不過一錢五分。其味甘寒，故除風熱。其體輕虛，故發痘解毒。其性善脫，故退目翳。其退為殼，故治皮膚瘾疹。凡痘熱盛，紅紫者可用。虛寒者忌之。痘出不快及黑陷倒靨，帶翅足，研細，入湯調服。退目翳，去翅足研用。

欵冬花：甘辛，性溫。氣浮為陽。入手太陰肺經。能溫肺氣而治寒嗽。用不過三錢。

淡豆豉：用不過二三錢。苦，寒。能解肌發汗，調中下氣，治傷寒頭痛，煩燥滿悶，懊憹不眠。

旋覆花：苦鹹辛。鹹能軟堅，苦辛能下氣，行水濕，通血脉。入肺與大腸經。能消痰結堅痞，吐如膠漆，噯氣不除，大腹水腫，去頭目風。然走散之性，冷利，大腸虛者，慎用。用不過三二錢。

紫(苑)[菀]：用不過三二錢。辛溫潤肺，苦溫下氣。補虛調中，消痰止渴。治寒熱結氣，欬逆上氣，欬吐膿血，肺經虛熱，小兒驚癇，能開喉痺，取惡痰。

夏枯草：重用兩許，輕則三二錢。味苦辛，氣升浮。善解肝氣，養肝血。故能散結開鬱，治目珠夜痛。

白蒺藜：苦辛甘，寒。瀉肺氣，散肝風，益精明目，去翳膜目赤。用補宜炒熟去刺，用涼連刺生搗，去風解毒。沙苑蒺藜略同。用不過三五分。

木賊草：微苦甘，性溫。升陽。性亞麻黃，故能發汗解肌。升散火鬱，去風濕，療目疾，退翳膜，兼治拳毛倒刺。去節用。用不過一二錢。

穀精草：味辛，輕浮上行陽明胃經，兼入厥陰肝經。明目退翳之功，在菊花之上。用不過一二三錢。

密蒙花：用不過二三錢。甘平，微寒。入肝經。潤肝燥，專理目疾，療青盲，去赤腫多淚，消目中赤脉虛翳，畏日羞明。及小兒痘疹，疳氣攻目，風熱糜爛，雲翳遮睛。

甘菊花：味甘。色黃者能養血散風，去頭目風熱，眩暈疼痛，目中翳膜，腫痛，目珠欲脫，淚出。多則一兩、八錢，少則二三錢。

草決明：苦甘，性平，微涼。力薄，入肝經。散風熱，眼赤痛多淚，青盲目淫，膚赤白膜及肝火目昏。搗碎用，止可為佐使。用不過一錢，或錢半。

石決明：辛平。除肺肝風熱，治青盲內障。水飛，點目外障。麪裹煨熟，研細末，水飛過用。用不過一錢，或錢半。

望月砂：即兔糞，兩頭尖者，為雄兔屎良。治痘後目中生翳。兔肝，亦瀉肝熱，亦能明目。用不過一兩，或二三錢。

夜明砂：辛，寒。乃肝經血分藥。活血消積，治目盲翳障。蓋蝙蝠食蚊，砂皆蚊眼，故治目疾。淘洗淨，焙乾用。用不過一二錢。

冰片：亦名龍腦。微甘、大辛。敷用者，其涼如冰。善散氣散血，散火散滯。療喉痺，傷寒舌出，鼻瘜齒痛。點眼，散目熱，去目中赤翳膜障。治痘熱盛狂言，昏迷不省，及痘黑陷，氣壅不能開達，與小兒風痰邪熱急驚，皆宜佐使用之。但宜暫用，不可多用，不過錢許，或三五分。

珍珠：甘鹹，性寒。治痘疔，拔毒生肌收口。點眼，去翳膜。

瑪瑙：辛，寒，無毒。主治目赤爛。

珊瑚：甘平，無毒。能去目翳。小兒目中有麩翳未堅者，研細，點之，三日可愈。

麝香：研末用。用不過三分。辛溫香竄，能開諸竅，通經絡，透肌骨。痘瘡黑陷者，用此引發表。解毒之藥，直入骨髓，透臟腑，拔毒氣使之外出，非黑陷與陷伏，不可妄用。目疾可去目翳，尤善治產難，并墮胎，除一切惡瘡。

穿山甲：炒成珠，研末用。用多不過二錢，少則三五分。鹹寒善竄，耑能行散，通經絡，達腠理，至病所，下乳汁，消癰腫。痘瘡毒滯不起，或倒陷靨，能與麝香佐諸藥，使痘起發，托毒外出。過用誤用，能耗真氣，且破痘頂，慎之！

硃砂：多用不過一二錢，少或三五分。味甘，氣寒。色赤屬火，能瀉心經邪熱，鎮心神。點目，去翳膜。治痘，解毒，痘將出之時，研細末，蜜調服之，能解痘毒，而令出快。研末，水飛用。

人牙：鹹，溫，有毒。牙者，骨之餘，腎主乎骨，用此以伐腎經之邪。若痘遲出不快，而黑陷者，用猪尾血調下一錢。若痘因誤服涼藥，而血澁倒靨者，同麝香，用黃酒調服。

荊芥穗：炒黑用，止下血。生用，治痘能透毒外出。用不二三錢，或五錢。

蘆筍尖：即蘆草之嫩芽尖也。治痘能透毒外出，取其一直出土而勁力尤在于尖也。用多不過數十莖，少則三四莖。

皂刺：鋒銳，能引諸藥直達患處，消散癰疽。用不過三五分。

(莞)[豌]豆：甘平。能解毒，故痘中用之，以拔疔毒也。

髮灰：髮者，血之餘。味苦，性溫。燒製用，大能壯腎，培形體，壯筋骨。又能散瘀血，拔疔毒。吹鼻，尤能止鼻衄。

露蜂房：有小毒。治痘取其以毒攻毒，而尤多受雨露風霜，且能敗毒。故在樹間者良。蜜炙用，用不過一二三錢。

猪尾血：味鹹，氣寒，而尾血尤涼。故痘血熱毒盛者，往往合冰片用之。取小雄猪者良。

鷄冠血：甘辛，微溫。以黃酒調服，能發痘。蓋鷄屬巽風，故易起發也。況頂血至高，純陽之處，用起白陷灰陷之痘更妙。三五年以上老雄鷄最良。

金銀花：甘平，微寒。善于化毒，為諸瘡要藥。而痘後餘毒，尤宜用之。又能解痘毒，但性緩，用須加倍。重則一兩、八錢，輕則三五錢。

紫花地丁：辛苦而寒。大解諸瘡腫毒，故痘密毒盛者，往往用之。用不過三二錢。

地榆：用不過三二錢。苦澁性寒而降。凡血熱而吐血、衄血、便血者，皆能止之。虛寒者不宜用。

童便：味鹹，氣寒。沉陰下降，鹹能走血，故善清諸血妄行，以其能引肺火下行，從膀胱出，乃其舊路，降火最速，故下行藥有用便炒者。用不食腥葷童子中間一節，熱服，真氣方在。若冷，或用湯溫之。

漏蘆：鹹能軟堅，苦能下泄，寒能勝熱，諸瘡用之，散熱解毒者，取其寒能勝熱也。用不過三二錢。

白斂：苦能瀉，辛能散，甘能緩，且寒能除熱。殺火毒，散結氣，生肌止痛，故熱瘡多用之。用不過二三錢。

白鮮皮：氣寒善行，味苦性燥，入脾胃，除濕熱，兼入膀胱、小腸，行水道，為黃疸風痺之要藥。尤治一切毒風之瘡。用不過二三錢。

薤白：辛苦，溫滑。調中助陽，散血生肌，瀉下焦大腸氣滯，治瀉痢下重，腹中常惡者。亦韮類，但不結實為異。如無薤，以韮代之。

鱉甲：味鹹，氣平。乃肝脾腎血分之藥。能治溫瘧，骨節間血虛勞熱及痘腫發班。用不過二三錢。

苦楝子：苦，寒，有小毒。入肝舒筋，能導小腸、膀胱之濕熱，引心包相火下行從小便出。為治疝氣之要藥。亦能殺三蟲。根皮，則功耑殺蟲。川產者良。酒蒸，去核取肉用。用不過二三錢。

使君子：用不過二三錢。甘，溫。能健脾胃，除虛熱，殺三蟲。煨熟用。久而油黑者，不可食。

鶴虱：苦辛，有小毒。殺五臟蟲，治蚘嚙腹痛，面白唇紅，時發時止者，為蟲痛。肥肉汁調末服。用不過一二錢。

絲瓜：甘，平。涼血解毒，行血脉，通經絡，消浮腫，稀痘瘡。若痘出不快，燒存性，入硃砂，蜜水調服。

黑豆：甘，寒。色黑屬水，似腎，腎之穀也。能和諸藥入腎，尤能解腎經之毒。

赤小豆：甘酸色赤，心之穀也。能入心經。清熱解毒，止痘渴。勿去皮，其皮浸水，能治目中翳膜。

綠豆：甘，寒，無毒。能入胃經。清熱解毒，解一切草木、砒霜之毒，拔疔毒，治痘煩熱，消渴。連皮用，其涼在皮。粉撲痘瘡潰爛良。

茶葉：苦甘，微涼。消食下氣，解酒食、油膩、炙燒之毒。多飲消脂，去熱痰，消煩渴，清頭目，醒昏睡。胃寒，酒後飲茶，引入膀胱腎經，患瘕疝水腫。空心忌之。陳細者良。發表與薑、棗同用，能止熱汗，而出涼汗。

醋：亦名苦酒。酸，溫。散瘀解毒，下氣消食，開胃，令人嗜食。惟其散瘀解毒，故腫毒敷藥多用之。惟其消食，故傷食藥與入胃藥多用醋炒。又能殺魚、肉、菜、蕈、諸蟲之毒。食多傷筋。

蜂蜜：　亦名石蜜。生性涼，能清熱。熟性溫，能補中益氣，安五臟諸不足。甘而和，故解毒。柔而滑，故潤燥。甘緩可以去急，故止心腹、肌肉、瘡瘍諸痛。甘緩可以和中，故能調營衛，通三焦，除眾病，和百藥，或丸或炙，與甘草同功。然能滑腸，瀉泄與中滿證忌之。

臘雪：　甘，寒。解一切毒。治天時行瘟疫。臘月以瓶收貯，封固，埋地中候用。

馬齒莧：　酸，寒，無毒。散血解毒，主治痘後瘡毒，痘後牙疳。或取鮮汁服之，或取鮮汁熬膏。

伏龍肝：　甘，溫。調中，止血，去濕消腫。故消痘癰之腫，治反胃吐瀉。

人中白：　鹹，平。能降火散瘀。治痘後牙疳口瘡。煅研用。

密陀僧：　辛鹹，有小毒。能止血散腫。熬膏，塗痘後餘毒。

雄黄：　辛，溫，有毒。故能殺百毒。用此者，用其解毒殺蟲。雌黄畧同。

硼砂：　味甘，微鹹，微涼。色白質輕，故除上焦胸膈之熱痰，生津止嗽，為喉痺口齒諸病之藥，以能消腫故也。

銅綠：　酸，平，微毒。治風爛淚眼，惡瘡疳瘡。研細，水飛用。

青黛：　鹹，寒。能散欝火，敷癰瘡。

孩兒茶：　苦澁。清膈上熱，化痰生津，止血收濕，生肌定痛。與硼砂等分，塗金瘡、口瘡。

白及：　酸苦而辛，性澁而收。服二錢，治跌打損骨。香油調敷，湯火燒傷。並治惡瘡癰腫，敗疽死肌。此去腐逐瘀生新之藥。

天竺黄：　味甘，微寒。涼心經，去風熱，利竅豁痰。功同竹瀝，但性和緩，而無寒滑之患。治大人風不語，小兒急驚為尤宜。

蕎麥粉：　甘，寒。敷痘瘡潰爛良。

水楊柳：　苦，平。作湯洗，可浴毒滯不起，毒滯不灌及鐵葉椒皮之痘。此因氣滯血凝，或風寒外襲而然，得此暖氣透達，自然起發紅活。若再加對證，更捷。

以上藥性，俱單記其一二長，餘俱不載者，恐其太繁雜記也。

清·胡廷光《傷科彙纂·補遺》 水：　在井泉初汲者曰井華水，在江河新汲者曰新汲水，治墜損腸出，冷噴其身面，則腸自入。金瘡血出不止，冷水浸之即止，又故布蘸熱湯盦之亦止。犬咬血出，以冷水洗至血止，綿裹之效，屋漏水洗亦效。打傷眼睛突出一二寸者，以新汲水灌漬睛中，數易自入。蠍蠆螫傷，以水浸故布拓之，暖即易之愈，熱湯漬之亦愈。蛇繞不解，熱湯淋之即解。磨刀水治蛇咬毒攻入腹。豬槽水療蛇咬瘡，浸之。

赤土：　山土也，主湯火傷，研末塗之，或井底泥塗之，或醋調黄土塗之，並效。黄土者，掘地三尺下土也，治攧撲欲死，黄土蒸熱布裹熨之。杖瘡未破，乾黄土與童便入雞子清調塗，乾則易之。地上土，治蜈蚣、蠼螋、蜂、蟻螫傷。蚯蚓屎，名六一泥，治蛇、犬、蜈蚣咬傷。屎坑泥，治蜂蠍諸蟲咬，取塗之。床脚下土，治猘犬咬，和水傅之，灸七壯。檐溜下泥，治豬咬、蜂螫、蟻叮、蛇傷毒，並取塗之。土蜂窠、驢屎泥，並塗蜘蛛咬。門臼塵、香爐灰，並止金瘡血。田中泥燒作瓦，屋上年深者獸頭瓦，研末塗湯火傷。牆脚下便溺處瓦，醋煅為末，酒服，治折傷，接骨神效。

黑鉛：　治蛇蝪所咬，炙熱熨之。鉛性又能入肉，故女子以鉛珠紝耳，即自穿孔；實女無竅者，以鉛作鋌，逐日紝之，久久自開。凡人諸竅被傷而閉塞者，以鉛針紝之，無不通矣。

赤銅屑：　能焊人骨及六畜有損者，細研酒服，直入骨損處，後六畜死，猶有焊痕可驗。又定州崔務墜馬折足，醫者取銅末和酒服之遂瘥，及亡後十年改葬，視其脛骨折處，猶有銅束之也。

自然銅：　治折傷，消瘀血，續筋骨。昔有人以自然銅飼折翅胡雁，後遂飛去。今人治跌打撲損，研細水飛過，同當歸、沒藥等分，以酒調服，仍以手摩痛處神效。恐新出火者有火毒，與金毒相煽，挾以香藥之熱毒，雖有接骨之功，宜防燥散之禍。李時珍曰：　自然銅接骨之功，與銅屑同，不可誣也。但接骨之後，不可常服，即便理氣活血可耳。自銅礦、菜花銅，皆天生者，亦自然銅之類，並治傷損，續筋骨。又錢花鉚，乃鑄錢爐中黄沫，煅研盦之，能續筋骨。

銅鈷鉧：　即銅熨斗也。治折傷，接骨。擣末，研飛，和少酒服二方寸匕效。

鐵衣：　即鐵銹也。治湯火傷，青竹油磨搽之；蠼螋尿瘡，唾涎磨搽之；蜘蛛咬，蒜磨塗之；蜈蚣咬，醋磨塗之，並效。鐵漿，鐵漬水之汁也。治蛇咬、虎狼毒刺、惡蟲等嚙，服之毒不入內也，兼解諸毒入腹。

玉： 有五色，漢朝者古，能療金瘡，摩瘢痕。昔獻帝遭李傕亂被傷，伏后刮玉釵以覆于瘡，應手即愈。又《王莽遺孔休玉》曰： 君面有疵，美玉可以滅瘢。

雄黃： 能殺百毒，辟百邪，人佩之鬼神不敢近； 入山林，虎狼伏； 涉川水，毒不敢傷。雌黃亦殺蜂、蛇毒。

無名異： 川廣山中小黑石子也。治金瘡折傷，止痛接骨。昔人見山雞被網，損其足脫去，銜一石摩其損處遂愈，人因傳之。按《物理小識》云： 無名異出西海州。燒炭之下，百木之精也。一名藥木膠。胡人折雞脛，磨酒沃之，逡巡能行。是則無名異有石者、木者兩種。又蜜栗子，狀如蛇黃而有刺，上有金線纏之，紫褐色，亦無名異之類也，治金瘡折傷皆有效。

花乳石： 一名花蕊石。刮末止金瘡血，以硫黃製為散，治一切金刃箭簇傷，及打撲傷損。狗咬至死者，以藥摻傷處，其血化為黃水，再摻便活，更不疼痛。如內損血入臟腑，煎童便入酒少許，熱調一錢服立效。牲畜抵傷腸出不損者，急納入，桑白皮線縫之，摻藥，血止立活。此石之功，非尋常草木之比也。

石灰： 陳久者良，千年者佳。療金瘡止血大效。古墓中石灰名地龍骨，以大黃製為桃花散，止血第一。水龍骨，即艌船油石灰，治金瘡跌撲傷損，破皮出血，煅過，研細水飛，摻之即愈，又名敗船茹。刮末治金瘡，功同牛膽石灰。按李時珍曰： 石灰乃止血之神品也，但不可着水，着水恐即腐爛。

代赭石： 血分藥也。火煅醋製，內服平肝，外敷止金瘡血，長肌肉。

菩薩石： 其質六棱，大如棗栗，映日瑩潔； 小者如櫻，五色粲然，亦石英之類也。消撲損瘀血，水磨服之，蛇、蟲、蜂、蠍、狼、犬、毒箭等傷，並研末傅之。

滑石： 發表利水，行滯，逐凝血，止金瘡血出。

石青： 即畫家所用之大青。治折跌癰腫，金瘡不瘳。

石蠶： 生海岸石旁。狀如蠶，其實石也。治金瘡，止血生肌有效。

石油： 色如肉汁，作雄硫氣。針箭入肉藥中用之。

鹽藥： 生海西南，雷、羅諸州山谷。似芒消末細，入口極冷。治蛇虺惡蟲藥、箭鏃毒，並摩傅之，甚者水化服。又解獨白草箭毒。按毒白草，即草烏也。

特蓬殺： 味苦，寒，無毒。主折傷，內損瘀血，煩悶欲死者，酒消服。南人毒箭中人及深山大蝮傷人，速將病人頂上，十字剺出血水，藥末敷之，並敷傷處，當上下出黃水數升，則悶解。俚人重之，以竹筒盛帶於腰，以防毒箭。出賀州山內石上，形如碎石，乃硇砂之類也。

半邊蓮： 小草也。生陰濕也，細梗引蔓，節節生細葉，秋開小花，淡紅紫色，止有半邊，如蓮花狀，故名。又呼急解索，治蛇虺傷，搗汁飲，以滓圍敷之，又鬼臼，名独脚蓮，亦治蛇毒並射工中人。或有謂半枝蓮者，諸書無考，恐俗傳之訛也。

蛇含草： 治蛇虺蜂毒，蜈蚣蠍傷及金瘡出血，並搗傅之。昔有田父，見一蛇被傷，一蛇含一草着瘡上，經日傷蛇乃活而去。田父因取草治蛇瘡皆驗，遂名蛇含草也。其葉似龍牙而小，背紫色，故俗名小龍牙，又名紫背龍牙。當用細葉有黃花者佳。人家種之，辟蛇。《抱朴子》云： 蛇含膏，能連斷指。方俟考。

蠶繭草： 生濕地。如蓼大，莖赤花白。治諸蟲如蠶類咬人，恐毒入腹，煮服之，亦可搗傅。

蛇繭草： 生平地。葉似苦枝而小，節赤，高一二尺，種之辟蛇。治蛇虺毒蟲等螫，取根葉搗傅咬處，當下黃水愈。關東一種，狀如芋，莖方節赤，挪傅蛇毒如摘，亦似蛇繭草。又一種草，莖圓節赤似芋，亦傅蛇毒，皆同類異種也。

蛇莓草： 附地蔓生，節節生根，每枝三葉，葉有齒刻，開小黃花，結實鮮紅。搗汁飲，治射工溪毒，傅蛇傷及湯火傷。

蛇床子： 能散跌撲瘀血，煎服湯洗皆可。

蛇眼草： 生古井中及年久陰下處。形如淡竹葉，背後皆是紅圈，如蛇眼狀。治蛇咬，搗爛傅患處。蛇魚草，其苗葉未詳。治金瘡血出不止，搗傅之。

草犀根： 生衢、婺、洪、饒間及嶺南海中。苗高二三尺，獨莖對葉而生，如燈臺草，根若細辛。治虎狼蟲虺所傷，溪毒、野蟲、惡刺等毒，並宜燒研服之，臨死者亦得活。其解毒之功如犀角，故名草犀。生水中者，名水犀。

菴蕳子： 葉似菊葉而薄，多細丫，面背皆青，高者四五尺，其莖白色如艾莖而粗，八九月開淡黃細花，細實如艾實，實中有細子。極易繁衍，藝花者以之接菊。人家種之辟蛇。擂酒飲，治閃挫腰痛。孫思邈《千金翼》、韋宙《獨行方》，主腕折瘀血，並單用菴蕳子，煮汁服，亦可末服。今人治打撲，多用此法，或飲或散，其效最速。

滴滴金：即金沸草。其葉搗傅金瘡出血。

野雞冠：即青葙子。其莖葉止金瘡血。

鐵掃帚：一名蠡實。生荒野中。就地叢生，一本二三十莖，苗高三四尺，葉中抽莖，開花結實，根細長黄色可作刷故名。其實止金瘡血，傅蛇蟲咬。

牛蒡子之根葉搗碎，傅杖瘡、金瘡，永不畏風。又名惡實。處處有之。葉大如芋葉而長，實似葡萄核而褐色。根有極大者，可作菜茹。

蒼耳子之莖葉，搗汁服，治溪毒。和酒服，治沙虱射工等所傷。煮酒服，治狂犬咬毒。其葉似胡荽，白花細莖蔓生，可煮為茹，滑而少味。

豨薟草：搗爛，傅虎傷、狗咬、蜘蛛咬、蠶咬、蠼螋尿瘡。此草氣臭如豬而味薟，故謂之豨薟。又名虎膏、狗膏。皆因其氣似，及治虎、狗傷也。

天南星：治金瘡折傷瘀血，生搗傅之。又塗蛇蟲咬毒，皆效。

半夏：生搗，止金瘡血，傅打撲腫，消瘀滯痕。能治五絶急病。五絶者，縊死、溺死、壓死、凍死、驚死。並以半夏末納入鼻中，心溫者一日可活也。按：南星、半夏亦能散血，故破傷打撲皆主之。

菩薩草：生江浙州郡。淩冬不凋，秋冬有花直出，赤子如蒻頭，冬月采根。治諸蟲傷，搗汁飲，並傅之。

玉簪花葉：治蛇虺螫傷，搗汁和酒服，以渣傅之，中心留空泄氣。

蕁麻草：生江甯山野中，其莖有刺，高二三尺，葉似花桑，或青或紫，背紫者入藥，上有毛芒，觸人如蜂蠆螫蠚，以人溺濯之即解。治蛇毒，搗爛塗之。

坐拿草：生江西及滁州。六月開紫花，結實，采其苗入藥，治打撲傷損。能懵人，食其心則醒。

押不蘆草：形似人參，生漠北回回地。酒服少許，即通身麻痹，加以刀斧亦不知，後以少藥投之則醒。昔華佗能刳腸滌胃以治疾者，必此藥也。用於接骨上髎，可免痛苦。惜其解醒之藥不知何物也。

茉莉花根：以酒磨服一寸，則昏迷一日而醒，二寸二日，三寸三日。凡踢損骨節脱臼，接骨者，用此則不知痛。或加羊躑躅、菖蒲等藥酒服，以接骨上髎者用之。因躑躅有大毒，借石菖蒲引入心經，速于麻痺，不知疼痛，後用人參、甘草等劑解之，正氣足而毒氣退，其昏迷即解。

八解金盤：生江浙諸處。本高二三尺，秋開細白花，葉如臭梧桐而有八角，故名。凡跌打損傷疼痛，取近根皮煎服，即昏迷不甦，身如酒醉，次日可愈，惟弱者酌用之。《本草從新》云：此藥味苦辛，性溫毒烈，其氣猛悍，能開壅塞停積。虚人慎之。

草烏頭：形如烏嘴，其氣鋒鋭，宜其通經絡，利關節，尋蹊達徑而直抵病所。煎為射罔，能殺禽獸，非氣之鋒鋭捷利，能如是乎？凡風寒濕痹，宿痰死血，是其專司。跌打損傷方中亦有用者。昔富陽縣吏，不問跌打閃挫傷在何部，用白末藥一小包，約重一二分，酒送服之，當即周身趧動，次日便愈。後有求其方者，乃草烏末也。

山芝麻：即鬧羊花子，又名土連翹。有大毒。能祛皮膚中賊風痛痹。一農者以山芝麻用燒酒浸炒研末，酒服一匙，概治跌打損傷，疼痛難忍。求者接踵，因此秘以謀生，嗣用重禮，始得其方。然而醫書頻見，更添有他藥也。按：草烏頭、山芝麻，乃至毒之藥也，用之有當，果稱神效，倘少過劑，性命攸關。解烏頭毒者，用飴糖沖湯服之。解山芝麻毒者，煎梔子湯服之。因羊食而躑躅，故曰鬧羊，亦名羊躑躅。

大蟲杖：即虎杖。治撲損瘀血作痛及墜跌昏悶有效，並研末酒服。生田野下濕地。其莖似葒蓼，其葉圓似杏，其枝黄似柳，其花狀似菊，色似桃花。

合子草：生岸旁，葉尖花白，子中有兩片，如盒子樣。搗傅蛇咬傷妙。

鮮葛根：搗傅蛇蟲齧，署毒箭傷。絞汁飲，治猘狗傷，並末傅之。五月五日午時，取根為屑，療金瘡斷血。挪葉止金瘡血亦效。

貓兒卵：即白蘞也。治刀箭瘡，撲損打傷，及湯火傷，出惡刺。其苗作蔓，莖赤，葉如小桑，五月開花，七月結實，根如雞鴨卵而長，三五枚同一窠，皮黑肉白。一種赤蘞，功用皆同。

鵝抱根：生山林下，附石作蔓，葉似大豆，其根形似萊菔，大者如三升器，小者如拳。搗末酒服，解蠻箭藥毒，有效。

黄藥子：其莖高一二尺，柔而有節，似藤非藤，葉大如拳，長三寸許，其根外褐內黃。治蛇犬咬毒，研水服，並塗之。又海藥仁，亦治蛇毒，破血消腫。

白藥子：出原州。苗葉似苦苣，抽赤莖，長似葫蘆蔓，開白花，結子亦名瓜蔞。治刀斧折傷，乾末傅之，能止血痛。會州者葉如白蘞，厥突國者良，潞州者次。

羊婆奶：一名蘿摩，即江浙之羊角花藤也。其實似角，嫩時有白漿，裂時如瓢，其中一子有一條白絨，長寸許，俗名婆婆針線袋兒。搗子傅金瘡，止血。搗汁傅蛇蟲咬毒即消。蜘蛛傷，頻治不愈者，搗封二三度，能爛絲毒，即化作膿也。

山慈菇：葉如水仙花之葉，葉枯後，中抽一莖如箭竿，高尺許，莖端開花白色，亦有紅色、黃色者，上有黑點，乃眾花簇成一朵，如絲紐成，三月結子，有三稜，四月苗枯，其根狀如慈菇。治蛇蟲狂犬咬傷。其葉治溪毒生瘡。

茅針花：夏花者為茅，秋花者為菅，二物功用相近。初生茅時，謂之茅針，挪傅金瘡止血。花老時茸茸然，罯刀傷止痛。茅根搗服，名茅花湯，治撲損瘀血。

地榆：其葉似榆而長，初生布地，故名。功能止血，可作金瘡膏，搗汁塗虎、犬、蛇蟲傷。

紫參：幽芳也。五葩連萼，狀如飛禽，俗名五鳥花。其根止金瘡血，生肌定痛。

金不換：產廣西。木本高三尺，葉厚有三叉，生石隙中。味苦性涼。治跌打損傷，磨濃汁服之。又能止血。與三七苗名金不換者，性味不同。

三七：又名山漆。謂其能合金瘡，如漆粘物也。一名金不換，貴重之稱也。生廣西南丹諸州番洞深山中。其根似白及者，為參三七。有節者，謂之水漆。此藥近時始出南人軍中，用為金瘡要藥，云有奇功。又云：凡杖撲傷損瘀血淋漓者，即嚼爛罨之立止。青腫者即消散，並治蛇傷虎咬。其葉亦治折傷跌撲出血，傅之即止，青腫經夜即散，功與根同。近傳一種草，春生苗，夏高三四尺，葉似菊艾而勁厚，有歧尖，莖有赤稜，夏秋開花，花蕊如金絲盤紐可愛，而氣不香，花乾則吐絮，如苦蕒絮，根葉味甘，治金瘡折傷出血及上下血病甚效。云是三七，而根大如牛蒡根，與南中來不類，恐是劉寄奴之屬，甚易繁衍。

劉寄奴：一莖直上，葉似蒼朮，尖長糙澀而深，背淡，九月莖端分開數枝，一枝攢簇十朵小花，白瓣黃蕊，如小菊花狀，花罷有白絮，其子細長，亦如苦蕒子，六七月采苗及花子。通用止金瘡血極效，兼治折傷瘀血在腹內者及湯火灼傷，並有殊功。按李延壽《南史》云：宋高祖劉裕，小字寄奴，微時伐荻新州，遇一大蛇，射之。明日往，聞杵臼聲，尋之，見童子數人皆青衣，于榛林中搗藥。問其故。答曰：我主為劉寄奴所射，今合藥傅之。裕曰：神何不殺之？曰：寄奴王者，不可殺也。裕叱之，童子皆散，乃收藥而反，每遇金瘡傅之即愈，人因稱此藥為劉寄奴。

山蕎麥：即赤地利，又名五毒草。莖赤，葉青似蕎麥葉，開白花亦如蕎麥，結子青色，根若菝葜，皮紫赤，肉黃赤。用根醋磨，傅蛇、犬、蟲、蠶毒。亦可搗莖葉傅之，防毒內攻，急煮汁飲之。

石龍藤：即絡石也。貼石而生，冬夏常青，其蔓折之有白汁，其葉細而厚，實黑而圓，有團葉、尖葉兩種，功用皆同。治蝮蛇瘡毒，心悶者煎汁服，並洗之。刀斧傷瘡，為末傅之立瘥。

甜藤葉：生江南山林下。蔓如葛，味甘，寒，無毒。煎汁服，治剝馬血毒入肉。搗爛，傅蛇蟲咬傷。

苦芙：凡物穉曰芙。此物嫩時可食，故以名之。初生有白毛，入夏抽莖有毛，開白花甚繁，結細實。燒灰，療金瘡極驗。

清風藤：一名青藤。生台州天台山。其苗蔓延木上，四時常青。治風濕麻痹，損傷腫痛，酒浸服。

紫金藤：又名山甘草。生福州山中。春初單生，葉青色，至冬凋落，其藤似枯條，采皮曬乾。用消損傷瘀血，煎汁服之。

折傷木：生資州山谷。藤繞樹木上，葉似莽草葉而光厚，采莖治傷折。筋骨疼痛，散血補血，酒、水各半，煮濃汁飲之。

落雁木：生南海山野中。蔓生，四邊如刀削，藤高丈餘，葉形如茶，無花實。取莖葉，治折傷內損諸疾，煮汁服之。

每始王木：生資州。藤繞樹木上，葉似蘿摩葉。治跌打傷折筋骨，能生肌破血止痛，以酒、水各半，煮濃汁飲之。

千里及藤：生道旁籬落間。葉細而厚。宣湖間有之。搗爛傅狂犬毒、蛇咬傷。

風延莓：生南海山野中。蔓繞草木上，細葉。治蛇毒、溪毒、瘴氣，並宜煎服。

萬一藤：生嶺南。蔓如小豆，一名萬吉。主蛇咬，杵末，水和傅之。

紫背浮蘋：曬乾為末，傅湯火傷瘡。煎汁和酒服，治打撲損傷。

田字草：生淺水，葉四分，故俗名天打頭，治蛇毒入腹者，搗汁飲之。又田雞草，即鹹酸草，能活死蛙得名。生陰地，葉比花草子細小。治損傷，搗爛剉之。

蝦蟆蘭：葉如蘭，蝦蟆好居其下，故名。又名地菘，一名天明精，俗名鼓槌頭草，根曰土牛膝。主金瘡止血，解惡蟲、蛇螫毒，挪以傅之，立效。《異苑》云：宋元嘉中，青州劉憘射一獐，剖五臟，以此草塞之，蹶然而起。憘怪而拔草，便倒，如此三度。憘因密移此草種之，主折傷，愈多人，故又名劉憘草。

鳳仙花：毒草也。蟲蠹不食葉，蜂蝶不近花，故人家種之，以辟蛇虺。花白者良。治蛇傷，擂酒服之，其毒即解。根葉治杖撲腫痛，搗爛塗之。功能散血通經，軟堅透骨，俗名透骨草者，即此花也。

白芷：芳草也。幹高五寸以上，春生葉相對，婆娑紫色，闊三指許，花白微黃，入伏後結子，立秋後苗枯，二月、八月采根暴乾用。治蛇傷，內服外敷皆效。又有用鮮白芷者，人所不知。浙東鑒湖，專門治毒蛇蠚傷，以整個鮮白芷在傷處同水擦洗，俟紅腫消退，以雄黃、白礬等分為末，油調塗之立效。

猴薑：又名骨碎補。因開元皇帝以其主傷折，補骨碎，故命此名。內服外敷皆效。

當歸：治惡血上沖，倉卒取效。氣血昏亂者服之即定，能使氣血各有所歸，當歸之名因此。凡傷胎去血，金瘡去血，拔牙去血，一切去血過多，心煩眩運，悶絕不省人事，當歸二兩，川芎一兩，每用五錢，水七分，酒三分，煎七分，熱服。如妊娠傷動，服此探之，不損則痛止，已損便立下，故謂神效佛手散。

川芎：乃血中之氣藥，血虚者宜之，氣鬱者亦宜之。如跌撲舉重，損胎不安，或子死腹中者，川芎為末，酒服方寸匕，須臾一二服，立出，不損者即安。

芍藥：白者益脾，能于土中瀉木；赤者散邪，能行血中之滯。凡跌打損傷方中皆宜用之，各有妙處。若金瘡血出，白者炒黃為末，酒或米飲服二錢，仍以末傅瘡上即止，良驗。

鮮地黃葉：如山白菜。凡墜墮跪折，瘀血內留，鼻衄吐紅，皆搗汁飲之。如物傷睛突，搗爛連渣罨之。又竹木毒箭入肉及猘犬咬傷，並可搗汁飲，並塗之。其葉亦可搗傅損傷咬傷。按張鷟《朝野僉載》云：雉被鷹傷，銜地黃葉點之。效能蓋本于此。《蘇沈良方》言：《列仙傳》有山圖者，入山采藥折足，仙人教令服地黃、元參、當歸、羌活而愈。因久服，遂度世。東坡稱其藥性中和，有補虚益血祛風之功，故名之曰四神丹。

牡丹皮：能消撲損瘀血，接續筋骨，金瘡內漏，瀉血分之伏火。伏火即相火也。有四物之功，乃傷科之要藥也。

鬱金：破惡血，止金瘡。薑黃，治撲損瘀血，功用皆相近。但鬱金入心治血，而薑黃兼入脾治氣，又能入臂治痛，理血中之氣可知。

蓬朮：消瘀血，止撲損痛及內損惡血。三稜亦消撲損瘀血。但三稜色白屬金，破血中之氣。蓬朮入肝，兼治氣中之血，為不同爾。

馬蘭：生苗，赤莖白根紫花，長葉有刻齒，狀似澤蘭，但不香爾。破宿血，養新血，合金瘡，止鼻紅，塗蛇咬，皆有殊功。

鹿蹄：一名秦王試劍草。葉似菫菜而頗大，背紫色，春生紫花，結青實，如天茄子。搗塗金瘡出血，並一切蛇蟲、犬咬毒。

馬鞭草：生下濕地。方莖對節，葉似益母草，開細紫花，作穗如車前穗，其子如蓬蒿子。治金瘡行血活血。搗爛，塗蠼螋尿瘡。

猪腰子：生鬱州。蔓生結莢，內子若猪之內腎狀，酷似之，長三四寸，色紫而肉堅。治毒箭傷，研細，酒服一二錢，並塗之。

老鸛草：出齊地。味苦辛，去風活血，疏經絡，續筋骨，治損傷麻痹等症，浸酒服，大有殊功。又鶴頂草，即灰藋之紅心者。搗爛塗諸蟲咬成瘡者，煎湯洗之。

鴨蹠草：一名竹葉菜。處處平地有之。三四月生苗，紫莖，四五月開花，如蛾形，深碧色可愛，其花取汁作畫，色如黛。其葉治蛇犬咬毒，搗汁服，滓塗之。

葵：一名滑菜，言其性也。凡被狂犬咬者，永不可食，食之即發。其葉為末，傅湯火傷，搗汁服，治蛇蠍螫。其根搗塗蛇虺螫傷。蜀葵苗，搗爛塗火瘡。燒研，傅金瘡。蜀葵花，有紅、白、紫、褐各色，治蜂蠍毒。黄蜀葵，一名秋蜀。花葉與蜀葵全殊，另一種也。葉如蓖麻葉，花大如碗，鵝黄色，紫心六瓣，旦開午收暮落。其花浸油，塗湯火灼傷。其子研酒服，治打撲傷損。龍葵，一名苦葵，又名老鴉眼睛草。葉如茄葉，開小白花，黄蕊，結子正圓，大如五味子。其莖、葉、根並治跌撲傷損，消腫散血，搗汁服，以渣傅之。菟葵，一名天葵。狀如葵菜而葉大如錢，其花單瓣而小，止虎蛇毒，搗汁飲之。按：初虞世《古今録驗》云：五月五前齋戒看桑樹下，有菟葵，至五日午時至桑下，咒曰：系黎乎俱當蘇婆訶。咒畢，乃以手摩桑陰一遍，口嚙菟葵及五葉草，嚼熟，以唾塗手，揩令遍；再齋七日，不得洗手。後有蟲蠍蠆咬傷者，以此手摩之即愈也。按：此與端午前一日，不語尋見莨菪，祝曰：先生你卻在這裏。祝畢，以桑灰圍記之，次早日未出時，仍不語，以钁取出，洗淨合丸，配象末以出箭頭之意稍同。然咒祝之法，未可深信。

蓼：亦菜類也。其類甚多，有青蓼、香蓼、水蓼、馬蓼、紫蓼、赤蓼、木蓼七種。紫、赤二蓼，葉小狹而厚；青、香二蓼，葉亦相似而俱薄；馬、水二蓼，葉俱闊大，上有黑點；木蓼，一名天蓼，蔓生，葉似柘葉。六蓼花俱紅白，子皆大如胡麻，赤黑而尖扁。惟木蓼花黄白，子皮青滑。諸蓼並冬死，惟香蓼宿根重生，可為生菜。蓼子煎水，浸蝸牛咬毒；其苗搗爛，塗狐尿瘡；其葉搗爛如泥，傅惡犬咬傷。水蓼生于淺水澤中，今造酒家取葉以水浸汁，和麵作麴。其葉搗敷蛇傷，並汁服，止蛇毒入腹。又海根，葉似馬蓼，根似菝葜而小，亦治蛇咬犬毒，酒及水磨服，並傅之。

威靈仙：蔓生，莖如釵股，花開六出，淺紫色或碧白色，其根多鬚，去眾風，通十二經脈，朝服暮效。同獨蒜、香油搗爛，熱酒沖服，治破傷風病，汗出即愈。同川烏頭、五靈脂共為末，醋糊為丸，如梧桐子大，治打撲傷損，痛不可忍。或手足麻痹，時發疼痛者，每服七丸，鹽湯下，忌茶。

五爪龍：《唐本草》名烏蘞莓。其藤柔而有棱，一枝一鬚，凡五葉，葉圓尖而光，有疏齒，面青背淡，結苞成簇，花大如粟，四出，結實大如龍葵子，生青熟紫，其根白色，大如指，搗之多涎滑，根葉通用。搗傳諸蟲咬傷，汁和童便沖酒服，治跌打損傷，取汗即愈。

過山龍：即茜草。生苗蔓延數尺，方莖中空，有筋，外有細刺，每節五葉而糙澀，其根紫赤色。治跌撲傷折瘀血。此藥專於行瘀活血，故又名血見愁。

血見愁：又名草血竭。田野寺院及階砌間皆有之。小草也，就地而生，赤莖黄花黑實，狀如蒺藜之朵，斷莖有汁，俗名紅筋瓣莧也。治金刃撲損出血，能散血止血，研爛塗之。按《子不語》言：京師徽州會館范姓為鬼所祟，夜半疑盜，呼奴起，奴即揮刀斫之，誤傷主人，渾身血流不止，奄奄待斃。有吳姓蒼頭，教采牆下血見愁草傅之，血止遂甦。後蒼頭溲於牆下，被鬼責曰：與你何干，而賣弄血見愁耶？可見藥草有靈，而鬼亦無能為也。

金瘡小草：止金瘡血，取葉挪傅之。或和石灰杵為丸，日曬乾，刮末傅之。煮汁服，斷血瘀。生江南村落田野間下濕地。高一二寸許，如薺而葉短，春夏間有淺紫花，長一粳米許。

井中苔及萍藍：療湯火傷灼瘡，因菜藍既以解毒，在井中者尤佳。

茈草：味辛，無毒。主治折傷金瘡。

唐夷草：味苦，無毒。主療踒折。但不知其何形色也。

金莖草：味苦，平，無毒。治金瘡內漏。一名葉金草。

火焰草：一名景天。療金瘡止血，亦塗蛇咬。

兔肝草：初生細葉，軟似兔肝，一名雞肝。味甘，平，無毒。治金瘡止血。

千金鑩：生江南，高二三尺，主蛇蠍蟲咬毒，搗傅瘡上，生肌止痛。

盧藥：生胡國。似乾茅，黄赤色。味鹹，溫，無毒。主折傷內損，生膚止痛，諸損血病，水煮服之，亦搗傅傷處。《外臺秘要》治墜馬內損，取盧藥末一兩，牛乳一盞，煎服皆愈。盧音磕，盧，崩損也。

胡堇草：生密州東武山田中。枝葉似小堇菜，花紫色似翹軺花，一枝七葉，花出兩三莖，春采苗。搗汁塗金瘡。凡打撲損傷，筋骨腫痛，同松枝、乳香、亂髮灰、花桑柴炭，共搗為丸彈子大，每酒服一丸，痛止。

撮石合草：生眉州平田中。莖高二尺以來，葉似穀葉，十二月萌芽，二月有花，不結實。其苗味甘，無毒。療金瘡。

露筋草：生施州。株高三尺以來，春生苗，隨即開花，結子碧綠色，四時不凋。其根味辛澀，性涼，無毒。主蜘蛛、蜈蚣傷，焙研，以白礬水調貼之。

九龍草：生平澤。結紅子如楊梅。其苗解諸毒。凡折傷骨筋者，搗罨患處。蛇虺咬傷者，搗汁，入雄黃二錢服，其痛立止。

荔枝草：治蛇咬、犬傷及破傷風，取草一握約三兩，以酒二碗，煎一碗服，取汗出效。

爵床：一名香蘇。原野甚多，方莖對節，與大葉香薷一樣，但香薷搓之香氣，而爵床搓之不香微臭，以此為別。俗名赤眼老母草。治杖瘡，搗汁塗之，立瘥。

天芥菜：生平野。小葉如芥狀，味苦。一名雞痾粘。治蛇傷，同金沸草，入鹽搗傅之。

山枇杷柴：草藥也。治湯火傷，取皮焙研末，蜜調傅之。

辟虺雷：出川中。根似蒼朮。解蛇毒有威，故曰雷。

阿兒只：出西域。狀如苦參。治打撲傷損及婦人損胎，用豆許咽之，自消。

阿息兒：出西域。狀如地骨皮。治金瘡膿不出，嚼爛塗之即出。

奴哥撒兒：出西域。狀如桔梗。治金瘡及腸與筋斷者，嚼爛傅之自續也。

黃麻根及葉：搗汁服，治撾打瘀血，心腹滿，氣短及踠折骨痛，不可忍者。

苎麻：剝取其皮，可以績苎緝布。其根罯毒箭及蛇蟲咬，其葉治金瘡折傷，血出瘀血。

鬼油麻：即漏蘆也。此草秋後即黑，異於眾草，故有漏蘆之稱。治撲傷，續筋骨，止血生肌。

大薊、小薊：二草雖相似，功力有殊。葉並多刺，花如髻，心中出花頭，如紅藍花而青紫色，北人呼為千針草。但大薊高三四尺葉皺，小薊高一尺許葉不皺，以此為異。大薊治撲損瘀血作運，研酒服之。小薊搗合金瘡，及蜘蛛、蠍毒服之亦佳。

大接骨草、小接骨草：功用皆同，莖葉全殊。大接骨草，春生苗，莖葉皆紫色，高一二尺，葉似桑而光，面青背紫赤，與見腫消相似，疑是一物也。小接骨草，生陰地，莖青白色，又名白接骨，葉如薄荷，根如玉竹而無節，搗爛粘如膠，俗名落得打。並治跌打閃挫，傷筋動骨，並用根，內煎服，外搗敷有效。四季花，又名接骨草。花小葉細色白，午開子落。其枝葉搗汁，可治跌打損傷。又山蒴藋、攀倒甑，俱名接骨草，然有接骨之名，惜無接骨之方。又續斷亦名接骨，以節節斷皮黃皺者真。治金瘡內漏，續折傷筋骨，止惡血腰痛，外敷內服皆可。

金梏欖：産於廣西，乃藤根也。形如澤瀉，味苦，性大寒。能解毒，一切蛇、蠍、毒蟲咬傷，磨塗，痛立止。

透骨草：生田野間。春長苗高尺餘，莖圓，葉尖有齒，至夏抽三四穗，花黃色，結實三稜，類蓖麻子，五月采苗。治筋骨疼痛拘攣，有透骨搜風之功，故名。

龍舌草：生南方池澤中。葉如菘，抽莖出水，開白花，根生水底，似胡蘿蔔而香。治湯火灼傷，搗塗之。

兔兒酸：一名穿地鱗。所在田野皆有之。苗比水葒矮短，節密，葉亦稠而瘦小，可作菜食，根赤黃色有節。治傷筋折骨，今人接骨藥中多用之。

堇堇菜：生田野中。苗初塌地，至夏葉間攛葶，開紫花，結三瓣角兒，其子如芥而小，茶褐色，其角類箭頭，故一名箭頭草。搗塗蛇蟲傷毒大效。

綠豆粉：治湯火傷，兼能接骨。昔汴州市民陳汾，素奉觀音甚虔，出遊跌折一足，痛苦叫號菩薩。夜夢一僧登門問所苦。汾曰：不幸損一足，貧乏不能延醫。僧曰：不用過憂，吾有一方，乃接骨膏，正可治汝。便買綠豆粉，於新鍋內炒令紫色，新汲水調成稀膏，厚敷傷處遍滿，貼以白紙，將杉木皮縛定，其效如神。汾如法修合，用之即愈。

紅麴：《本草》不載，法出近世。以白粳米淘浸作堆，覆以布帛，候熱即開攤曬，如此數次，其米蒸變為赤，鮮紅可愛。釀酒，破惡血，行藥勢，治打撲損傷效。

米醋：又名苦酒。五穀及諸果皆可釀，入藥用米醋，為其穀氣全也。凡跌打損傷及金瘡出血昏運者，室中用火炭盆，沃以醋氣為佳，蓋酸益血也。又醋磨雄黃，塗蜂蠆毒，亦取其收而不散之義。

豆醬：按：醬者，將也，能制食物之毒，如將之平暴惡也。故聖人不得其醬不食，亦兼取其殺飲食百藥之毒也。醬多以豆作，純麥者少。入藥當以豆醬陳久者良。治蛇蟲蜂蠆等毒。汁灌耳中，治飛蛾蟲蟻入耳。塗猘犬咬及湯火傷灼未成瘡者有效。

飴餳：乃糯、粳、秫、粟、麥、麻，並堪熬造，惟以糯米作者入藥。《釋名》

云：餹之清者曰飴，稠者曰餳。治打損瘀血者，熬焦酒服，能下惡血。按：《集異記》云：刑曹進，河朔健將也。為飛矢中目，拔矢而鏃留于中，鉗之不動，痛困俟死。忽夢胡僧令以米汁注之必愈。廣詢于人，並無悟者。一日一僧丐食，肖所夢者，叩之。僧云：但以寒食餳點之。如法用之，清涼，頓減酸楚，至夜瘡癢，用力一鉗而出，旬日乃瘥。

酒糟：凡糯、秫、菽、粟、麥，皆可蒸釀酒醋，熬煎餳飴，化成糟粕。入藥須用酒糟而未榨乾者，加少鹽收之。罯撲損瘀血，傅蛇咬蜂叮毒。按：酒糟有麯蘗之性，能活血行經止痛，故治傷損有功。

葱：一名和事草。其莖白，塗猘犬咬，制蚯蚓毒。其葉煨研，傅金瘡水入皸腫。鹽研，傅蛇蟲傷及中射工溪毒。煨葱，治打撲損傷。見《傳信方》云：昔李相席間按球，傷拇指並爪甲劈裂，遽索金創藥裹之，強索飲酒而面色愈青，忍痛不止。有軍吏言用新葱煻火煨熱罨之。三易面色却赤，云已不痛。凡十數度，用熱葱並涕纏裹其指，遂畢席笑語。又《經驗方》云：石城尉因試馬損大指，血出淋漓，用此方再易而痛止，翌日洗面，不見痕迹。又宋推官、鮑縣尹皆能此方，每有殺傷氣未絕者，亟令用此，活人甚眾。又凡損傷皮破血出而患破傷風者，或患破傷濕者，身發寒熱，面目腫脹，手足牽搐，即取連鬚葱搗爛，炒熱罨之，立愈。又茖葱，野葱也。山原平地皆有之。生沙地者名沙葱，生水澤者名水葱。療諸惡載、狐尿刺毒，山溪中沙虱、射工等毒。煮汁浸，或搗傅，大效，亦兼小蒜、茱萸輩，不獨用也。

薑：能疆禦百邪，故謂之薑。初生嫩者曰子薑，宿根謂之母薑，鮮者曰生薑，曬過謂之乾薑也。生薑治跌撲損傷，搗汁和酒調生麵貼之。如閃拗手足者，生薑同葱白搗爛，和麵炒熱盦之。如刀斧金瘡，用生薑嚼爛，傅之勿動，次日即生肉甚妙。如虎傷人瘡，內服生薑汁，外以汁洗淨，用白礬末傅之。如猘犬傷人，飲生薑汁，其毒即解。如蝮蛇螫人，搗生薑傅上，乾即易之。如蜘蛛咬人，切生薑片貼之。乾薑治虎狼傷人，研末傅之。如癲狗咬人，急服乾薑末二匙，並以薑炙熱熨之。又乾薑同雄黃等分為末，袋盛佩之，遇蛇蠍螫咬，即以傅之便安。又生薑葉同當歸為末，亦治打傷瘀血，溫酒服之即愈。

蒜：有大、小二種，功用大略相同。大蒜治金瘡中風，角弓反張，取蒜用酒煮極爛，連滓服之，得汗即瘥。射工溪毒，切蒜片貼上灸之。蛇虺螫傷，嚼蒜封之。蜈蠍螫傷，以蒜摩之。小蒜亦治水毒、射工中人，或煎湯浴，或切片貼灸之。蛇、蠍、蜈蚣螫人，或搗汁服之，或嚼爛塗之。蚰蜒入耳，以汁滴之，皆效。昔華陀見人病噎，食不得下，令取餅店家蒜虀飲之，立吐一蛇。又夏子益《奇疾方》云：人頭面上有光，他人手足近之如火熾者，用蒜汁和酒服之，當吐出如蛇狀。觀此，蒜乃吐蠱要藥。以治蛇虺螫傷，並患水毒入腹閉悶者，服之無不立效。

薤白：其葉類葱，而根如蒜。與蜜同搗，塗湯火傷效。

韭汁：和童便服，治損傷血病，亦塗蛇、蠍、惡蟲毒。

藕：花曰蓮，其葉曰荷，其根曰藕。搗膏罯金瘡並折傷。瘀血積在胸腹，唾血無數者，乾藕為末，酒服一匙，二服即愈。墜跌積血心胃，嘔血下血者，用乾蓮花為末，酒服一匙，其效如神。惡血攻心，悶亂疼痛者，以乾荷葉燒存性，每服一錢，熱童便一盞，食前調下，利下惡物為度。亦止金瘡血。藕節，消瘀血，解熱毒。按：宋時太官作血羹，庖人削藕皮，誤落血中，遂散渙不凝，故醫人用以破血多效也。

慈菇葉：一名剪刀草。治蛇蟲咬，搗爛封之效。

芥菜子：治撲損瘀血腰痛，和生薑研爛貼之。射工毒，丸服之。或搗末和醋塗之，隨手有效。白者尤良。

甜瓜葉：治打傷損折，為末酒服，去瘀血神效。

苦李核仁：治僵仆踒折，瘀血骨痛，服之。蠍蠆螫痛，嚼爛塗之。惡刺瘡痛，李葉同棗葉，搗汁點之。

甜杏仁：能散能降，故解肌散風，潤燥消積，治傷損藥中用之。治墮傷，用杏樹枝一握，水一升，煮減半，入酒三合，和勻分服，大效。

白梅肉：嚼爛，傅刺在肉中。研爛，傅刀箭傷出血。

桃仁：苦以泄滯血，甘以生新血，乃手足厥陰經血分藥也。故破凝血者用之，其功有四：治熱入血室，一也；泄腹中滯血，二也；除皮膚血熱燥癢，三也；行皮膚凝滯之血，四也。是傷科之要藥也。

栗子：療筋骨斷碎，腫痛瘀血，生嚼塗之有效。其一球三顆中，扁者名栗楔，生嚼罯惡刺，出箭頭。

梨：味甘酸，無毒。切片，貼湯火傷，止痛不爛。

烏柿：柿音士，火熏乾者，療金瘡火瘡，生肉止痛。又治狗嚙瘡。圓眼核，研末，止血。殼燒灰，塗燙火傷效。
楊梅樹皮：燒灰，油調塗湯火傷。楊梅核，搗碎如泥，傅一切損傷，止
血生肌，令無瘢痕。
櫻桃葉：治蛇咬，搗汁飲，並敷之。
胡桃肉：味甘氣熱，皮澀肉潤。搗碎和酒溫服，治壓撲傷損，頓服便
瘥。燒黑研，傅火燒成瘡，亦效；同古文錢嚼碎，治閃挫腰痛，而方書不載。
烏桕樹根白皮：煎服，通大小便，解蛇毒。
杉樹皮：治金瘡血出，及湯火傷灼，取老樹皮燒存性，研傅之。或入雞
子清調傅之，一二日愈。
降真香：折傷金瘡家多用其節，云可代沒藥、血竭。按《名醫錄》云：
周崇班被海寇刃傷，血出不止，筋如斷，骨如折，用花蕊石散不效。軍士李高
用紫金散罨之，血止痛定，明日結痂如鐵遂愈，且無瘢痕。叩其方，則用紫藤
香，瓷瓦刮下研末爾。云即降香之最佳者，曾救萬人。羅天益《衛生寶鑒》亦
取此方，云甚效也。加五倍子等分為末，名金瘡神效方。
乳香：一名熏陸香。其樹類松，以斧斫樹，脂溢于外，結而成圓，如乳
頭透明者佳。狤屈獸常啖之，此獸斫刺不死，以杖打皮不傷，而骨碎乃死。
觀此，則乳香之治折傷，雖能活血止痛，亦其性然也。楊清叟云：凡人筋不
伸者，敷藥宜加乳香，其性能伸。
沒藥：亦樹脂也，狀如神香，赤黑色者佳。凡金刃所傷，打損跌墜
馬，筋骨疼痛，心腹血瘀者，並宜研爛，熱酒調服，推陳致新，能生好血。按沒
藥，大概通滯血，血滯則氣壅瘀，氣壅瘀則經絡滿急，經絡滿急故痛且腫。凡
打撲踠跌皆傷經絡，氣血不行，瘀壅作腫痛。且乳香活血，沒藥散血，皆能止
痛消腫，故二藥每每相兼而用。
血竭：一名麒麟竭。乃木之脂液，如人之膏血也。凡傷折打損，一切
內傷疼痛，並宜酒服，其味甘鹹而走血，蓋手、足厥陰藥也，肝與心包皆主血
故爾。按：血竭除血痛，為和血之聖藥是矣。乳香、沒藥，雖主血病而兼入
氣分，此則專於血分者也。
質汗：番語也。出西番。煎檉乳、松泪、甘草、地黄並熱血成之。番人
試藥，以小兒斵一足，以藥納口中，將足蹋之，當時能走者良。治金瘡傷折，
瘀血內損，補筋肉，消惡血，下血氣，止腹痛，並以酒消服之，亦傅病處。又茆
質汗，草藥也。生信州。葉青花白，七月采根，治風腫行血有效。《近效方》
云：土質汗，即益母草膏也。益母乃手、足厥陰血分藥也。治折傷內損，有
瘀血天陰則痛之神方也。又孛露國有樹生脂膏，極香烈，名拔爾撒摩。敷諸
傷損，一日肌肉復合。亦質汗之類，故附之。
白楊木：葉圓而肥大有尖，其皮微白，用銅刀刮去粗皮，煎酒服，治撲
損瘀血，煎膏可續筋骨。若折傷血瀝在骨肉間，痛不可忍者，雜五木為湯，浸
損處。五木者，桑、槐、桃、楮、柳也。又移楊木，葉圓而弱，治踠損瘀血，痛不
可忍，取白皮火炙，酒浸服之。又松楊木，其材如松，其身如楊，葉如梨葉，其
木亦治折傷，能破惡血，養好血。又水楊木，即青楊木也。葉長而細，又名蒲
柳。其皮及根，治金瘡痛楚，水煎服之。柳，小楊也，枝弱垂流，故謂之柳。
葉狹長而青。其華謂之絮，止金瘡血。其葉煎膏，長肉止痛，續筋骨。又檉
柳葉，細絲，花水紅色。其樹脂汁謂之檉乳，合質汗藥用之，治金瘡。
接骨木：一名續骨木。樹高一二丈許，木體輕虛無心，斫枝扦之便活。
花葉如陸英、蒴藋輩，故又名木蒴藋。治折傷，續筋骨，消瘀血，一切血不行
或不止，並煮汁服。
合歡木：此樹葉如皂莢及槐，極細，五月花發紅白色，上有絲茸，秋實
作莢子極薄細。所在山谷皆有之。其皮治折傷疼痛，研末酒服二錢匕，和血
消腫止痛。油調，塗蜘蛛咬。煎膏，續筋骨。按：合歡木皮屬土，補陰之功
甚捷，長肌肉，續筋骨，概可見矣。與白蠟同入膏用甚效，而外科家未曾錄
用，何也？
桑樹葉：搗罯撲損瘀血，挪爛塗蛇蟲傷，服汁解蜈蚣毒，燒末敷湯火
傷。皮中白汁，塗金刃所傷燥痛，須臾血出，仍以白皮裹之甚良。又塗蛇、蜈
蚣、蜘蛛傷有驗。桑枝瀝，和酒服，治破傷中風。桑柴灰，敷金瘡止血生肌。
桑根白皮，作線縫金瘡腸出，更以雞血塗之。唐安金藏剖腹，用此法而愈。
榖樹：一名榖桑，原名楮。其皮作紙，故紙名楮。其實如楊梅，搗爛止
金瘡血。其葉同麻葉，搗汁，漬蠖蛇螫傷。皮間白汁，傅蛇、蟲、蜂、蠍、犬咬。
槐實：名槐角。補絕傷火瘡。木根皮，灸破傷風。槐膠，亦治破傷風，
口眼歪，腰背強，湯飲丸服皆可。
椰桐皮：治蠶咬，毒氣入腹。其葉主蛇、蟲、蜘蛛咬毒，搗爛封之。海
桐花，止金瘡血，其皮洗損傷，皆效。

紫荊皮：即紫荊樹之皮也。治傷眼青腫，猘犬咬傷，並塗蛇虺蟲蠶毒，並煮汁服，亦可汁洗。

金雀花：蔓本，開黃花，小如蛾。治跌打損傷，上部用橫根，臂亦同，下部用直根，搗爛濾汁，沖酒服之。按：此《本草》無考，豈別有名耶？

鬼箭羽：莖上四面有羽如箭。能破陳血，落胎及產後血咬腹痛。按：此能治血運血結血聚，以治跌打損傷，瘀在內者，無不可用。

買子木：出嶺南邛州小谷中。其葉似柿，治折傷血內溜，續絕補骨止痛。按：《宋史》渠州貢買子木並子，則子亦當與枝葉同功，而《本草》缺載，無從考訪。

蘇木：出蘇方國，故名。少用則和血，多用則破血。治撲損瘀傷，研末，能續斷指。酒服療破傷風。

松：乃木之公也。皮名赤龍鱗，煅灰，治金瘡杖瘡火瘡。松節，治跌撲損傷。松脂，治金瘡，豬咬傷。松脂入地千年成琥珀，能利小便，下惡血，合金瘡，生肌肉。宋高祖時，甯州貢琥珀枕，碎以賜軍士，傅金瘡。

竹：其類甚多，惟䈽竹、淡竹、苦竹入藥。竹肉謂之竹茹，治傷損內痛，婦人損胎。竹油謂之竹瀝，治金瘡中風，婦人胎動。

緋帛：乃紅花所染之素絲繒縑也。治墜馬及一切筋骨損者，取其活血破瘀。燒灰，亦療金瘡出血。

青布：乃靛染之棉布也。燒煙熏虎狼咬瘡，能出水。煮汁服，治毒箭傷人，能解毒，新者佳。炊單布，乃墊蒸籠底之布也。治墜馬及一切筋骨傷損，張仲景方中用之。

褌襠：以渾覆為之，故曰褌；當其隱處者，為之襠。洗汁飲，解毒箭，男用女，女用男，童者良。炙熱熨金瘡傷重亦良。又因房驚瘡者，燒灰敷之。

楮紙：燒灰，止金瘡血出。藤紙，燒灰傅破傷出血。麻紙灰，止諸失血。紙錢灰止血。紙煤頭，亦止血。廁紙，乃出恭擦臀之手紙，治癲狗咬傷危在旦夕者，撿有糞者一百張，煎湯服之神效。余在京時，見被癲狗咬已成瘋者，百治不效，有人教服此方，三四服尋愈。雖則世間之棄物，其有功用如此，故錄之。

撥火杖：其上立之炭，刮傅金瘡，止血生肉。吹火筒，治小兒陰被蚯蚓呵腫，令婦人以筒吹其腫處即消。

竹簟：治蜘蛛尿、蠼螋尿瘡，取舊者燒灰傅之。竹籃取耳燒灰，傅狗咬瘡。

白蠟：生肌止血，定痛補虛，續筋接骨。按：白蠟屬金，稟受收斂堅強之氣，為外科要藥。與合歡皮同，入長肌肉膏中用之，神效。

紫鉚：乃紫梗樹上蟲蟻所結之膠也。煎汁作胭脂，其渣即火漆也。治金瘡，破積血，生肌止痛，與麒麟竭大同小異。

蜘網：乃蜘蛛絲結之網也。止金瘡血出。昔裴旻山行，見蜘蛛結網如匹布，引弓射殺，斷其絲數尺收之。部下有金瘡者，剪方寸貼之，血立止也。

壁錢：似蜘蛛，作白幕如錢，貼牆壁間，北人呼為壁繭，乃蟢子窠也。止金瘡出血不止。

蜣蜋：治箭鏃入骨之要藥也。同炒巴豆搗塗，痛定則癢極而拔之立出。此方傳于夏侯鄆。鄆初為閬州，有人額有箭痕。問之，云從馬侍中征田悅中箭，侍中與此藥立出，後以生肌膏傅之乃愈。因以方付鄆云。又螻蛄，亦出䗪肉中針刺箭鏃。又天牛，乃諸樹蠹蟲所化也，亦治箭鏃入肉，並效。

䗪蟲：一名地鱉，又名土鱉蟲也。治折傷瘀血，焙為末，每服二三錢，接骨如神。方進士之七鱉散，酒服七鱉，稱為神品也。又蜚虻即虻蟲，咂血之蟲也。故能逐瘀血，破血積。若蛇螫九竅有血出者，取虻蟲初食牛馬血腹滿者二七枚，燒研，湯服效。按：此蟲即藥肆中所謂紅娘子也。

馬肉蛆：搗爛罨針箭入肉。乃臭馬肉內之蛆也。

灶壁雞：又名灶馬。治竹刺入肉，取一枚搗傅之。

吉吊脂：《廣州記》云：吊生嶺南，蛇頭龜身，水宿亦木棲。其脂至輕利，以銅及瓦器盛之浸出，惟雞卵殼盛之不漏。其透物甚於醍醐。治踠跌折傷，內損瘀血，以脂塗上，炙手熱摩之，即透而愈。

鯉魚目：治刺傷風傷水作腫，燒灰傅之，汁出即愈。

鰣魚肉：蒸下油，以瓶盛，埋土中，取塗湯火傷甚效。

烏鰂骨：即海螵蛸也。研末，傅湯火傷，跌傷出血。

鮑魚肉：即今之乾魚也。治墜墮骽蹶，踠折瘀血，血痹在四肢不散者，煮汁服之。骽與腿同。

海蛇：搗塗湯火傷。按：海蛇，即俗云海蜇頭也。

蠵龜：又名屭贔，乃有力大龜也。其血療俚人毒箭傷，凡中刀箭悶絕者，刺飲便安。其殼謂之龜筒，煮汁服，亦治中刀箭毒。因南人用燋銅及蛇汁毒作刀箭，亦多養此用解其毒。水龜血，和酒服，治打傷，以肉搗傅之。呷蛇龜，腹下橫折，能自開合，好食蛇也，生研，塗撲損筋脈傷。又生搗，罯蛇咬傷，以其食蛇故也。其尾辟蛇，蛇咬者則刮末傅之便愈。其甲燒灰，傅人咬瘡爛。

鱉甲：治撲損瘀血。三足者曰能。治折傷止痛化血，生搗塗之。大者曰黿，其甲殺百蟲毒，續筋骨。小如錢而腹赤曰朱鱉，佩之刀劍不能傷。

蟹：能接續筋骨，生搗沖酒服之。外用搗爛，炒熱罯之。或去殼，同黃搗爛，微炒，納入瘡中，筋即連也。

海贏厴：謂之甲香，煮煿搗碎，同沉、麝諸藥花物合成，謂之甲煎，治蛇、蜂、蠍螫之瘡，傅之。

鸛：乃鶴類也。其尾黑，故又名黑尻。其脚骨及嘴，治蛇虺咬，煮汁服。亦可燒灰末服。

陽鳥：出建州。似鸛而殊小，身黑頸長而白。其嘴燒灰酒服，治惡蟲咬成瘡。

鷹：鷙鳥也。小者為鷂，大者為鷹。其力在骨，燒灰酒服，治傷損，接骨神效。雕似鷹而大，尾長翅短，其色不一。鷙悍多力，其羽可為箭翎，其骨治折傷，接斷骨，酒服二錢，骨接如初。鶚，雕類也。似鷹而土黃色，能翱翔水上，捕魚食，江表人呼為食魚鷹，即《詩經》之雎鳩也。其骨燒存性，同煅古文錢等分為末，酒服一錢，接骨如神，而今醫家罕用，惜哉。

鴆：生南海。大如雕，長頸赤喙，其毛有大毒，入腹即死。其喙帶之，殺(腹)[蝮]蛇毒，遇蛇蟲，刮末敷之立愈。

雞：家禽也。烏雄雞，搗爛搨折傷，塗竹木刺。黑雌雞，亦治踒折骨痛。雞冠血，治跌撲自縊，鬼擊卒死。塗馬咬及蜈蚣、蜘蛛咬等瘡。雞血和酒飲，治筋骨折痛。同乾人屎，塗金瘡腸出。雞屎白，滅瘢痕，塗蚯蚓毒，並敷射工、溪毒。雞子敲孔，合蛛蠍蛇傷，蠼螋尿瘡。雞子清，塗湯火灼傷。雞子黃熬油，塗亦效，並傅杖瘡已破。雞子白皮，貼斷舌有效。

鵝：乃家雁也。性能啖蛇及蚓，制射工，故養之能辟蟲虺。《肘後方》云：人家養白鵝白鴨，可辟食射工。其毛其血皆效。又蒼鵝屎，亦傅蟲蛇咬毒。又天鵝絨毛，治刀杖金瘡，貼之立愈。

豬耳垢：治蛇傷狗咬，塗之。豬齒研末，亦敷蛇咬。豬骨髓，摩撲損神效。

狗腦：治猘犬咬傷，取本狗腦敷之，後不復發。常狗肝同心、腎，搗塗狂犬咬，並效。狗膽能破血，凡血氣痛及損傷者，熱酒服半斤，瘀血盡下乃愈，又治刀箭瘡。狗頭骨煅灰，止血接骨。尾毛灰，亦敷犬傷。

羊肉：不拘生熟，貼消傷腫。羊皮，乘濕臥之，散打傷青腫。羊血，治血悶欲絕，飲一升即活。羊乳，灌蚰蜒入耳，飲之解蜘蛛咬毒。羊鬍鬚，燒灰和油，敷蠼螋尿瘡。羊腦，塗損傷肉刺。羊腎作粥，治脇破腸出，先以香油抹手送入，煎人參、枸杞子汁溫淋之，吃羊腎粥十日即愈。羊肚，治蛇傷手腫，用新剝帶糞羊肚，割一口將手入浸，即時痛止腫消。羊角灰酒服，治打撲損傷。羊屎，罯竹刺入肉，治箭鏃不出。

牛骨髓：傅折傷擦損痛甚者妙。牛蹄甲，治損傷，能接骨，用乳香、沒藥為末，入甲內燒灰，以黃米粉糊和成膏敷之。牛口涎，點損目破睛。黃牛屎，燒熱，裹跌磕傷損即效。濕牛屎，塗湯火燒灼。熱牛屎，敷惡犬咬傷，即時痛止。牛屎燒灰，和醋敷蜂蠆螫痛。

驢溺：浸蜘蛛咬瘡良。又治狂犬咬傷，多飲取瘥。驢耳垢，刮取塗蠍螫。

騾屎：治打損破傷中風腫痛，炒焦裹熨之，冷即易。

鹿角：治傷損，生用則散熱行血消腫，熟用則補虛強精活血。鹿血，治折傷、狂犬傷。

野豬黃：止金瘡血。野豬齒，燒灰水服，治蛇咬毒。

羚羊肉：南人食之，可免蛇蟲傷。

山羊血：治跌撲及傷力失血神效。出廣西左江，生得剖者心血為上，餘血亦佳。如跳墜山谷跌死者，速剖之，其血已凝，力為又次。若遲取，則仍甦，復跳躍去矣。欲識真假，取雞血半杯，投山羊血一米粒，過宿血變成水。或以久凝臭雞血一塊，投入山羊血，過宿變成鮮血者真。僞以大黃和碱假充，掛水不散給人。古方亦有用者，《綱目》失載，誠缺文也。

狐狸目：治破傷中風，狐肝亦效。狐唇，治惡刺入肉，搗爛入鹽封之。雄狐屎，燒灰油封，亦出惡刺。

山獺骨：解藥箭毒，水研少許，敷之立消。產宜州山峒中，一名插翹。

性最淫毒，山中有此獸，諸牝獸悉避去。蠻丁壯健者，挾刃作婦人妝，誘其來，則扼殺之。峒獠甚珍重之，然本地亦不常有。

白獺髓：去瘢痕。吳主鄧夫人，為如意傷頰，血流啼叫。太醫云：得白獺髓，雜玉與琥珀傅之，當滅此痕。遂以百金購得白獺髓，合膏而痊。但琥珀太多，猶有赤點如痣。

牡鼠：雄鼠也。療踒折，續筋骨，生搗傅之，三日一易。同豬脂煎膏，治打撲折傷。臘月以油煎入蠟，傅湯火傷，滅瘢痕極良。五月五日，用石灰搗收，傅金瘡神效。鼠肝，塗箭鏃不出。鼠腦，亦治針刺在肉不出，搗爛塗之即出。若箭鏑針刀在咽喉胸膈諸隱處者，同肝搗塗之。

土坑：治毒箭傷。苗人以毒蛇含其矢鏃而燒其尾，毒氣聚于鏃尖，中者必死。治法：先掘土坑，用火燒溫，將人納其中，以瓷片劃碎其體，久之毒出自愈。

樹膏：白露國有樹，生脂膏極香烈，名撥爾撒摩。傅傷損，一晝夜肌肉復合如故。

吸毒石：《嶺南雜記》云：毒蛇腦中石也。大如扁豆，能吸一切毒腫。今貨者，乃土人捕此蛇，以土和肉舂成。大如圍棋子，可吸蜈蚣、蛇、蠍等傷，置患處粘吸不動，毒盡自落。其石即以人乳浸之，乳變綠色，亟遠棄之，着人畜亦毒也。不用乳浸，石即裂矣。一石可用數次。真腦中石，置蛇頭不動為驗。

脆蛇：奇物也，《本草》不載，方書罕錄。先君子曾言：此蛇產雲南，能接骨。偶閱《滇黔紀遊》云：出土司中，長尺餘，伏草莽間，見人輒躍起，跌為數段，少頃復合為一。色如白金，光亮可愛，誤拾之觸毒即斃。其出入有度，捕者置竹筒徑側，彼以為穴而入，急持之則完，緩則自碎，故名脆蛇。暴乾，以去瘋癘，罔不效也。又可接斷骨，價值兼金。鄭燮脆蛇詩曰：為制人間妙藥方，竹筒深鎖掛枯牆。剪屠有毒餐無毒，究竟身從何處藏。可謂一證矣。

木乃伊：按陶九成《輟耕錄》云：天方國有人，年七八十歲，願舍身濟眾者，絕不飲食，惟澡身啖蜜，經月便溺皆蜜。既死，國人殮以石棺，仍滿用蜜浸之，鐫年月於棺蓋之，俟百年後起封，則成蜜劑。遇人折傷肢體，服少許立愈。雖彼中亦不多得，亦謂之蜜人。陶氏所載如此，不知果有否，姑附卷末以俟博識。按：醫道乃仁術也。用藥須當慎擇，每使怪僻之物，非惟厥疾不瘳，而禍不旋踵矣。《本草綱目》曰：北虜戰場中，多取人膽汁傅金瘡，云極效，但不可再敷他藥，必傷爛也。若先敷他藥，即不可用此。此乃殺傷救急之法，雖于理無害，若收乾者備用，未免不忍，君子不為也。又聞西夷另有一教，生則誘其入夥，死則取其眼睛，以充藥物之用，更為忍心害理，不可以為訓者也。陳承曰：《神農本草經》人部惟髮髲一物，其餘皆出後世醫家，或禁術之流，奇怪之倫耳。近見醫家用天靈蓋治傳尸病，未有一效，殘忍傷神，殊非仁人之用心也。今傷科接骨方中，往往有用胎骨者，以為居奇自眩，希圖厚利，殊不思古人以掩暴骨為仁德，每獲陰報。而方伎之流，心乎利欲，乃收人骨為藥餌，仁術固如此乎？且犬不食犬骨，而人食人骨，是人而不如犬乎？父之白骨，惟親生子刺血瀝骨上即滲入。又《酉陽雜俎》云：荊州一人損脛，張七政飲以藥酒，破肉去骨一片，塗膏而愈。二年復痛。張曰：所取骨寒也。尋之尚在床下，以湯洗之，綿裹藏之，其痛遂止。氣之相應如此，孰謂枯骨無知乎？凡有用胎骨者，亦當警戒。世守斯術者，苟有他藥可易，則仁者之盡心也。

清・曹禾《瘍醫雅言》卷二 主癰腫：石脂 蒺藜子 絡石 薇銜 紫參 澤蘭 莽草 芫花 鹿茸 鹿角 土蜂子 蝦蟆癰疽 黃耆 營實 王不留行 白歛 桑上寄生癰傷 續斷（絡石） 白及癰瘡 菖蒲 牡丹 蚤休 蓼實赤癰 淫羊藿結氣癰腫 海藻面癰腫 天鼠矢頸掖癰腫 大戟癰腫結熱 連翹癰腫惡結 防己

消癰腫：磁石 伏龍肝 芍藥 半夏 虎掌 大豆醋散癰腫 紫石英 通草 元參除癰腫 苦參 敗醬 商陸決癰腫 瞿麥潰癰腫 螻蛄

除寒熱：紫石英 天門冬 柴胡 升麻 薯蕷 麻黃 葶藶 枳實 厚朴 露蜂房 鼈甲 貝子 赤小豆 秫米 莧實 蕤藏府寒熱 甘草 冬葵子五藏間寒熱 旋覆花脾胃寒熱 通草胸中寒熱 紫菀筋骨寒熱 蔓荊實骨中寒熱 龍膽 龍齒 龜甲

除熱：鈆丹 丹參 五味子 苦參 秦艽 貝母 敗醬 大青 水萍 竹葉 白歛 秦皮 小麥皮膚熱 凝水石 遠志 石斛 漏蘆 地膚子 青葙子 澤漆骨中熱 鹿茸骨節間熱 草蒿骨髓痼熱 礬石關節留熱 牡蠣頭熱 茵陳蒿胸中煩熱 菊花 莎草根 天名精 射干 蟹心下煩熱 雞卵白

杏仁腹中邪熱　貫眾心腹邪熱　酸棗仁五内邪熱　槐實五藏積熱　消石五藏客熱　營實三焦大熱　石膏腸胃中熱　栝樓根　茅根　紫參　垣衣　榆皮　蘗木腸熱　大黃　猪懸蹄胃熱　龍膽　黃芩　松脂　梔子　雷丸　韭膀胱熱　防己　甘遂痰熱　竹葉、瀝風熱　松蘿

通血脈：　丹砂　人參　地黃　桂　蜀椒通順血脈　芍藥利血脈　通草利血脈　菊花復血脈　麻子利血氣　甘草通經脈　芒消

利關節：　絡石　營實　蛇床子　牡桂通關節　磁石調關節　蜀椒通關節　石鍾乳通利關節　通草關節緩急　薏苡仁

除結氣：　莽草主結氣　紫石英散結氣　白斂散結　薤去留結　滑石去惡氣　沉香　藿香　乳香寒熱結氣　雀甕百節中結氣　羖羊角皮膚間結氣　乾薑筋骨邪氣　薏苡仁逐邪惡氣　鹿角除邪惡氣　虎骨破結聚氣　假蘇

排膿血：　澤蘭　黃耆　烏喙　白棘　烏賊魚骨　麻蕡　赤小豆宿血　芒消瘀血　車前根葉　蒲黃　王瓜　天名精　茅根　大黃　琥珀　乾漆　牛角鰓　水蛭　桃仁　大豆　假蘇惡血　石硫黃　乾地黃　蒺藜子　芍藥　瞿麥　羚羊角　蠐螬寒血　菟絲子積血　沙參　元參老血　秦椒　牡蠣客血　當歸關節老血　萆薢腹中留血　鹿茸陰中留血　鹿角心脾間老血　射干腸胃間留血　牡丹腰臍間血　朮五藏間惡血　黃耆胸腹五藏賊血　蜚虻腸中聚血　紫參五藏血脈中熱血　代赭石養血　丹參破血　麻子　飴糖止血　茜根　王不留行　小麥　亂髮

長肌肉：　甘草　地黃　薯蕷　石斛　蒺藜子　胡麻生陰中肌　五味子養肌膚　天門冬　菟絲子堅肌　雲母充肌膚　桑上寄生

堅筋骨：　甘草　菟絲子　絡石　淫羊藿　桂　杜仲　胡麻　巴戟天

清・曹禾《瘍醫雅言》卷四　金瘡：　石膽　芎藭　續斷　營實　王不留行　葛根　當歸　通草　藁本　地榆　澤蘭　白頭翁　垣衣　附子　貫眾　桑上寄生　蠐螬　杏核仁金瘡止血　鈆丹　車前根葉　釣樟根皮　馬通產乳金瘡　石膏　防風　澤蘭金瘡尰　甘草金瘡止痛　胡麻仁金瘡風痙　貝母金瘡瘡敗　薤金瘡風寒所掣　獨活

折傷：　通草　白膠　鹿角　烏雞血　鮑魚　蟹　蠐螬　牡鼠踒跌　茜根　蝸牛　李核仁傷撻　營實　猪四足　鷹矢白踠跌瘀血　生地黃踠傷血內漏　續斷絕筋破骨　雄黃續絕　雲母　地黃　菟絲子　牛膝　栝樓根　地榆　乾漆　蜜蠟　白蠟

清・曹禾《瘍醫雅言》卷五　惡瘡：　礬石　石膽　雌黃　粉錫　營實　蛇床子　地膚子　王不留行　苦參　通草　黃芩　萆薢　地榆　草蒿　青葙子　白及　連翹　馬勃　竹葉　鹿角　虎骨　狸骨　文蛤　蛇蛻　螻蛄　葵根諸瘡　丹砂　紫參　當歸　梔子疽瘡　雄黃　石硫黃　鐵落　漏蘆　狼毒　白斂　五加皮　蝦蟆　班貓頭瘍　石脂　蒺藜子　藜蘆　夏枯草　松脂　榆皮　龜甲瘑瘡　防己小兒瘡　紫草小兒臍瘡　鼃蝕瘡　消石

疥癬：　丹砂　石脂　敗醬　防己　草蒿　藜蘆　羊蹄　扁蓄　松脂　楝實　莽草　班貓　白花蛇馬疥　馬勃　柳葉疥蟲　雄黃　石硫黃　羖羊角死肌　雲母　雌黃　菊花　朮　細辛　絡石　白鮮　旋覆花　白及　厚朴　蜀椒　皂莢　梅實風疥　青葙子　乳香　蠶沙　蠍

䵟皻皰䵟黵：　菟絲子　萎蕤　辛夷　天鼠矢　鸕鷀矢　麝香　殭蠶　大豆黃卷　梅實皻皰　紫草　梔子　山茱萸滅瘢　雞矢白　衣魚　原蠶蛾頭禿　石硫黃　雌黃　水銀　羊蹄

清・曹禾《瘍醫雅言》卷六　諸瘻：　丹砂　消石　水銀　王不留行　地榆鼠瘻　石膽　雄黃　磁石　黃耆　薇銜　通草　王瓜　狼毒　虎骨　狸骨　牡蠣　文蛤　斑貓瘰癧　淫羊藿　連翹　夏枯草　鼠李　假蘇瘡瘻　馬兜鈴　鰻鱺魚蟻瘻　雉肉　鮫鯉甲

瘿瘤：　海藻　昆布　白頭翁　連翹　夏枯草

清・曹禾《瘍醫雅言》卷七　丹毒：　茅根

毒腫解毒：　升麻　犀角風毒腫　丁香　衛矛　牽牛子風水毒腫　沉香　藿香風水惡核毒腫　乳香寒熱身腫　忍冬皮間風水結腫　朮諸瘡中風寒水腫　薤

䘌：　雄黃　石硫黃　雌黃　食鹽　苦參　艾葉　馬鞭草　蚺蛇膽　葫

清・曹禾《瘍醫雅言》卷八　九竅：　石鍾乳　滑石　菖蒲　遠志　細辛　苦參　通草　紫草　紫參　防己　蔓荊實　辛夷　竹葉瀝　山茱萸　皂莢　蜚虻　大棗　芥

明目：　丹砂　戎鹽　草蒿　秦椒　梓白皮　螢火　胡麻　蓼實　葱白赤痛　石膽　菊花　白斂　車前子　黃連　決明子　梔子　黃蘗　鯉魚膽　蚺蛇膽白翳　秦皮　貝子　莧實青盲　羖羊角　石決明眦爛　萎蕤核

木蝱瞑癢　伏翼眵矇　旋覆花淚出　蔓荊實
聤耳：　磁石　菖蒲　山茱萸
鼻息肉：　礬石　雄黃　雌黃　通草　藜蘆　瓜蒂
喉痺：　升麻　細辛　絡石　蒺藜子　百合　貝母　款冬花　半夏
桔梗　藜蘆　射干　牡桂　竹葉　秦椒　莽草　蜚蝱　牡蠣　杏仁　葱白
口瘡：　升麻　黃連　大青　蘗木　石蜜　葱白爛臭　蒲黃重舌　絡石
瀋唇　鱓魚
堅齒：　礬石　蔓荊實　秦椒齒疳䘌　丁香齲齒　郁李根

清・曹禾《瘍醫雅言》卷九　五痔：　石脂　雄黃　石硫黃　黃耆　漏蘆　敗醬　青葙子　萹蓄　馬兜鈴　槐實　蘗木　桐葉　榧實　龜甲　文蛤　蠡魚　蝟皮　露蜂房　鼈甲　鰻鱺魚
㿗：　蒺藜子　海藻　狐陰莖　蜘蛛

清・曹禾《瘍醫雅言》卷一〇　婦人乳下乳汁：　石鍾乳　細辛　漏蘆
王不留行　王瓜　桑上寄生　猪四足　蠐螬乳癰　莽草
女子陰蝕：　石膽　石硫黃　羊蹄　萹蓄陰腫　黃連　蛇床子　白鮮
白斂　松蘿　龜甲

清・曹禾《瘍醫雅言》卷一一　陰蝕：　礬石　石脂　營實　蚤休　蘗木　五加皮　龍骨　龜甲　蝟皮　鼈甲　烏賊魚骨　蝦蟆下部瘡　淫羊藿
桐葉

清・朱楚芬《痘疹集成》卷四　解毒之藥，最宜詳辨。如大黃、生地、黃連、石膏，皆解毒清火之妙品，以之治目，切不可冒昧而放膽用之。氣寒則閉，冷則凝也。然則毒何以敗乎？花粉、連翹、蒲(工)〔公〕英、金銀花，舉其數端，已可知所採擇矣。所謂目為水府，而藥用輕清者，此也。即有必用大黃、黃連、石膏、生地之時，或以酒炒，或以酒洗，減其苦涼沉寒之性，而兼酒能活血之滯。如是，在巧於運用，不能舉藥而遍列耳。

破氣藥論　氣領毒而出者也，毒盛則氣為所制，閉塞而不能暢達，何以領毒乎？破氣者，破其閉結，使得以暢達也。獨不慮損真氣乎？蓋氣為毒制，不破其結，則真氣為其消耗，所謂亢則絕者是也。迅利之藥，其性雖雄，有受之者矣，開其結聚之熱，而真氣鼓蕩，自能透發，痘有不起者乎？故精選破氣之藥，列之於左，以備採擇焉。　大黃：　生用直下，酒炒並利胸膈。九蒸則上行頭目。陳醋煮之，能破肝經之積。紅花煮之，能開血分之瘀。所謂以行氣之藥而兼能奏功於血分者，此也。　青皮：　肝氣鬱結，必橫格於中，而脾氣亦不暢發，痘何以起乎？重用之以開肝氣，而中氣亦暢，則囊殼自然充肥，青皮所以為起痘之妙品。然亦能大損中氣，不可不知。　山查：　寬氣道而鬆痘毒，且能破血中之滯氣。　枳殼：　肺管胸膈大腸皆肺主之，一氣相通，枳殼能從肺管吹之，使開而直通大腸，利氣之妙品也。去脹消痞，化痰止嘔，皆氣降故也。　枳實：　耑行肺與大腸之氣，與枳殼同。氣虛者審用。　厚朴：　下氣寬膈，能洩胃實氣分之藥。治者畏其溫燥而不敢用，不知胸膈滿脹，非此不除，雖溫而能散。須薑炒。　桑皮：　利膈止嗽，定喘化痰，氣降故諸症皆平。尤長利水。　前胡：　散風熱，止嘔定喘。胸膈煩悶者，佐大黃以下之。　(兵郎)〔檳榔〕：　降至高之氣，墜諸藥下行。痘中目症，非(兵郎)〔檳榔〕不能散其蒙閉。又為去障磨翳之聖藥，以其能開氣結也。雄者佳。磨汁用。見火則無功。　烏藥：　理七情之鬱結，解諸氣之凝滯。最宜於脚氣疝氣，以其能利小腸之氣而下行也。其性辛溫，故痘家忌用。然溫而能散，佐牛(夕)〔膝〕而利下部之氣，必不可少。　赤芍：　散結利水，療毒壅之腸痛，化小腸之結聚。熱結膀胱，小便不通，非此不除，故為痘症至要之品也。　(玉)〔鬱〕金：　豁心痰，開心鬱，痘中心火太盛，舌爛生瘡，導君火下降，佐以(玉)〔鬱〕金，則鬱開而火散，其功倍捷於(昌)〔菖〕蒲耳。

調氣理氣藥論　毒結氣分者，必破其結。又或虛中有滯，概用破氣之藥，是損其真氣也。調之而氣自開，理之而氣更健，故精選調氣理氣之藥，列於左。　香附：　解中宮鬱結之氣，而使之暢達。痘中有中氣不暢，而不敢破者，用此以調之。　白芍：　能斂能散，肝經之藥，主調和血中之氣者也。人畏其斂，而不知能活肝經之氣。酒炒能調，生用能破。　蔔子：　下氣消食，和中化痰，治胃口之吞酸，啟脾進食，寬中氣而消積。　麥芽：　消麪食，除腹中之脹滿。　陳皮：　溫胃消痰，能降能散，能補能消。　砂仁：　和中消食，痘後中氣不足而有滯者，宜用。　藿香：　痘後胃虛不食，佐砂仁，能安胃進食。　木香：　化脾與大腸之滯氣，痘後中氣虛滿腹脹，非此不消。

氣分升發表散藥論　痘當內外兼治，不解肌表，是閉之也。不發其鬱結，是遏之也。痘之出而不快，長而不充，職是故耳。為之解其表邪則竅利，發其遏鬱則勢暢，攻而帶表帶散，不至使中氣餒而不振者，升發表散之妙也。故為之列其藥于左。　桑蟲：性溫柔而和緩，用以發痘，最為平穩。鮮者佳。　葛根：專主胃經，能散能透，如鐵唇掀唇，重用石膏以佐之。凡毒結陽明者，始終可用。　川羌：耑行一身之筋骨而能透毒，不拘痘前後皆可用。　生芪：從肺經而達於肌膚，故顆粒不起而熱勢和平者，可用之以催發。　白芷：主散陽明之風熱，而止眉稜骨疼，故能由印堂而上達，以催發天庭之痘。兼入肺經，更有排膿之功。　僵蠶：散風邪，達肌表，止痘痒，乃陽明之藥也。亦上行頭目，而有催漿排膿之功。　山甲：能透發隱伏之毒。性至烈，易於起泡，香油炒之，去其燥性，再用涼藥標之，不過三四分足矣，不可過用。　蟬蛻：內開腠裏，外散風熱，發痘止痒，除目翳。　葦笋：胃家藥也。透發催痘，和緩而不燥，大能止嘔。　大力：散風熱，利咽喉，解肌透表。肺家藥也。　白雄雞湯：味甘而性純陽，最能發痘，且潤而不燥，煮占米飯，令孩食之，不可入五味。　柴胡：散血中之熱，解表邪而上行頭目。痘家因其上行而忌用焉，若肝經鬱熱，非此不除。　防風：散周身之風濕，痘出不快，或火鬱皮毛者，佐清涼之味而表散之。上焦用稍。

桔梗：升而能清，發而能散。痘家以為引毒上升，誤矣。　鉤藤：散肝經之風熱，定驚悸而舒拘攣。痘犯驚搐者宜。　芫荽：性辛而散，最解表邪，有鬆肌透毒之功。　麻黄：辛溫上浮，非盛寒之時風邪束閉，切不可輕投。　冰片：微溫，散鬱火，故佐地龍、猪尾血，以開竅發散也。

氣分溫補平補藥論　氣分虛寒，不能領毒，痘何以起脹貫漿乎？或真陽不振，或氣分不充，用保元培補助正，即所以驅邪。或痘後氣虛，瘡疽潰爛，非補不能奏功。故選溫補之藥列於後。　人參：能回元氣於無何之鄉。　附子：非四肢厥逆，真陽幾脫者，不可輕投。　燕窩：甘溫入脾，色白入肺。發不足之痘最妙。　肉桂：真陽幾絕，四肢厥逆者，可酌用之。餘不可輕投。　炙芪：固中氣，入脾而托已潰之瘡。痘症中氣不足，可酌用之。痘後元氣虧，或疔癰疽癤潰爛不長肌肉，與瘡不收者，最宜。　北沙參：補五藏之陰，專主潤肺。痘後久嗽肺燥宜之。

破血藥論　血載毒而出者也。毒盛則血為毒制，而不能流通，何以載毒乎？破者，破其積聚，使得以灌輸也。不破其結，則真陰被薰炙而涸矣，何能起脹而行漿乎？故選破血之藥列於左。　猪尾血：流通之性，無微不到，能破已凝之血，功速而至大。少入冰片，香能利竅，用細絹濾之，須溫服，非盞許不可，少則不效。　歸尾：全歸活血而不走，歸尾破血而下行。用酒洗。　桃仁：能破肝經之積血。連皮尖而生用之，破瘀之功捷而大。去皮尖，炒研，稍緩。　生牛(夕)〔膝〕：凡痘症，下部之血不活者，牛(夕)〔膝〕引破血之味而下攻之，則無不破之瘀矣。　地龍：性沉而涼，凡血分隱伏之毒，能透而能活。去腹內之泥水，洗，入冰片少許。白項者佳。　地丁：涼血破瘀，能透血分隱伏之毒。紫花者佳。雙尾不用。佐紅花，能破痘之黑陷。　蘇木：三陰經血分藥也。最能破瘀血，而兼發散風邪之妙。積血者，肝也。生風者，亦肝。佐勾丁而治拘攣，破血散風，而筋自舒也。

涼血活血藥論　血為毒錮，破之宜矣。若血分燥，涼解之而熱可除。血分滯，調活之而血滯自開。直投破血之味，是損其真陰也。審度於涼血活血之間，而調理之可矣。故選數味列於左。　生地：心腎藥也。痘中涼血之聖藥，潤燥無雙。　紫艸：心胞及肝經藥也。痘犯紫滯，用此以涼之活之，而自變紅潤。輕鬆者佳。　丹皮：入肝經，兼清腎經之熱。涼而能活，故消瘀而無凝寒之害，涼血之妙品也。　紅花：能去血分灰黯之色，少則活，多則破。　當歸：全能活能破，血不足而有滯者宜。　槐花：性寒。痘犯鎖肛，大腸結熱者宜之。　蒲黃：引血歸經之藥也。炒黑止血，生用涼血，消腫。痘犯鼻血不止，重用涼血降肺之味，佐以黑蒲黃，則歸經矣。　地骨皮：微寒。耑(燎)〔療〕骨蒸，以其能涼血中之虛熱也。洗淨，用土炒。　益母艸：行氣活血，而性不峻。入肝經，清熱而疏利，故血貫瞳神者，用之至妙。

血分升散表發論　升發表散，從氣治之者也。以氣主升散故也。然氣分有風寒，血分獨無風寒乎？氣分有伏火，血分獨無伏火乎？發之散之，仍宜從血分治之。然藥味甚少，録數味列於左。　荊芥穗：能散血中之風熱，徹上徹下，故有消斑快毒，解肌潤燥之功。炒黑則有涼血止血之功。　川芎：性辛溫，肝家藥也。上行頭目，下行血海，血分上下中通和之品，而能散血中之風。然痘中目病，非川芎不能從肝經散其風熱，莫畏引毒上升，而棄其妙用也。　獨活：入血分，舒筋活絡。痘後餘毒流注骨節筋絡者，以之佐解毒之藥，而搜血分中之風熱，則毒散而腫消矣。　秦艽：除陽明膽肝之風濕，養血舒筋，理肢節，治拘攣，血分中搜風之藥也。痘後或筋強而血結硬者，以此舒之，則血活而筋骨自和矣。

血分溫補藥論　血分有毒，涼之活之，無容疑矣。若血分虛而不榮，寒而不振，何以載毒而出乎？必以溫補之味，培其生發之源，而真陰可保，或以平補之品，助其滋養之功，血得補而能載，毒得載而能化，補血即所以化毒也。故選數味列於左。　大熟地：　大能資補腎水，為生血養血之上品。痘中非血分甚虛，賴此滋補者，不可輕投。　鹿茸：　秉純陽之性，一身之氣血獨角為至健，而茸則尤精華也。血分虛寒，血中之陽不足也，痘症患此，用之而痘即峻發，漿勢自充。血分有火者，不可輕投。　山茱萸：　補肝血，澀精固腎，能斂肝腎之血，收其渙散，以補其津液。酒蒸用之。　當歸身：　血分中平補之要藥。虛洩者忌之。　阿膠：　肺肝之藥也。有止血養血之功，又(燎)〔療〕血中之風。　澤蘭：　肝脾藥也。芬芳悅脾，可以快氣，疏利悅肝，可以行血，流行榮衛，潤澤肌膚。痘後血不足而肌膚乾燥者，酒潤蒸用。丹參：　補心血，養神志，有生新去舊之功。

清火利水藥論　在氣分曰攻毒，在血分曰涼血，統氣血兩分之熱而除之曰清火，利水即清解之妙用也。　黃連：　瀉五藏之火，而專主心經。可以生用。同吳萸炒，則入肝膽而明目。薑汁炒，則入胃與大腸而除熱。痘家每遇燥烈之症，率皆用之，殊不知其凝寒肅殺之性，非舌擾不寧與舌爛生瘡者，不可輕投。　石膏：　陽明藥也。亢陽烈火，非此不除。然必佐葛根以散之，庶不至伐生生之氣矣。審症煅用亦可。　滑石：　清三焦，涼六府，化暑氣，解煩渴，上利毛髮之竅，下利精溺之竅，又利六府之秘塞，豈止利便而已乎？　犀角：　寒酸而苦。痘中心經火盛譫語若狂者，宜之。　胡連：　入心，兼瀉肝膽。薑汁炒之，能瀉臟毒。痘犯囊腹鎖肛者，可用以佐大黃、黃芩而下之。　黃芩：　枯芩清肺，黃芩清大腸。痘犯咽喉不清，及鎖肛者，二芩並用。　苦參：　痘症毒結陽明胃口熱極而不思食，與乾嘔不止，以之佐石膏、乾葛而除熱，其奏功至速，並治積熱下痢。　膽草：　痘毒結肝經，肝熱則膽亦熱，而驚悸不寧，或膽熱流注膀胱，而赤濁不止。宜少用以清膽經，切不可多，以太寒故也。　山梔：　性輕上浮瀉肺，能引屈曲之火下行，以其清金而利水，熱從小便去。炒黑，清虛熱。　元參：　清腎經之火，斂浮游之熱，消斑疹，利咽喉，明目清火而不過涼。忌銅器。　山豆根：　除風熱，療咽疼，佐大力用之。　川貝母：　微苦，寒。主治肺經之熱痰。粘米同炒。　麥冬：　清肺中伏火，解心經煩熱，潤燥止渴。　竹茹：　安胃止嘔，解肌膚之熱。　竹葉清心，利水，降肺生津。　天冬：　微寒。清肺熱，止嗽定喘。去心用。　蘆根：　治胃熱火逆之呃嘔，能止渴。　菖蒲：　利胞絡之痰，通竅出音，痘失音最宜。　甘艸：　解百毒，清心火，消腫利水。止陰莖之疼，故痘犯囊毬者，重用之。　木通：　清心，利濕熱從小便出。細而白者佳。　澤(泄)〔瀉〕：　微寒。熱結膀胱者，清理最妙。　車前：　微寒。入腎與膀胱二經，利水而不損腎氣，療目睛之赤。炒研，絹包入藥煎。　苓皮：　利小便如馬奔，言其速也。痘犯脾溫不麗者，最宜。

解毒清腫藥論　痘為毒症，凡藥皆為毒計也。然有氣分血分之不同，清火利水之各異，合用之取其交濟，分別之著其耑長，列於左。　銀花：　微寒。治脹滿下利，而消癰敗毒之功最大。　連翹：　清心火，破結散聚，解毒消腫之力最大。　蒲(工)〔公〕英：　性寒。散血中之熱，痘後骨節間有腫硬者，搗膏敷之。內服亦佳，拔毒之妙品也。　花粉：　清熱解渴，更有消腫敗毒之功。　珍珠：　能化玄府之毒，護藏府而防內潰，生肌長肉，為痘中之要品。　牛黃：　清心化熱，利痰定驚，有護心解毒之妙。　雄黃：　性溫。搜肝風，瀉肝氣，解百毒，內外俱可用。若以此發痘，誤矣。　乳香：　活氣血，消腫毒，去腐生肌，內外兼用。　沒藥：　破血攻瘀，消腫止疼。　奇良：　味甘，性平。清濕熱，利關節，除骨疼。痘毒留骨節間，以之化毒而消於無形。　土貝：　痘毒留肺，恐生肺癰者，用之神妙。

目病藥論　痘之目病，與尋常不同，辨之宜精。於治痘之內，兼治目之妙，庶不至有廢人之嘆。故精選痘中藥品，列於左。　穀精艸：　味甘，性平。散頭目之風，去眼中之膜。痘症目之要藥也。　羚羊角：　性寒。清肝熱，解火毒。目中出痘者宜之。　石決明：　清肝肺之風熱，消翳除障。煅用。　蒙花：　性寒。一切多淚羞明，赤膜翳障皆除。　菊花：　味甘，性平。消翳膜，止冷淚。白者為上。　木賊：　磨翳，止淚，定痒。去節用。艸決：　清肝經之風熱。痘後眼赤，翳膜流淚，俱宜炒研用。　刺蒺藜：　散肝經之風熱，治目睛之澁疼。　青葙子：　其功耑主瞳神散蒙開閉。微炒，勿令開。　望月沙：　退赤去膜，散氣蒙，止酸澁。小而尖，暗而不明者良。乃雄兔矢也。　夏枯艸：　最能疏通肝氣，止目珠之痛，不獨為瘰癧門中之要藥也。

清·周茂五《易簡方便醫書》卷一《本草節略》 山草類： 人參參本作蓡、蔆。補元氣，生陰血，亦瀉虛火。 參蘆宜涌吐，亦有補性。 防風黨參補中氣，生津。 西洋人參補肺降火。 北沙參補陰，清肺火。 空沙參即薺苨。寒，利肺。甘，解毒。 甘草有補有泄，能表能裏，可升可降，生陰血。 甘草頭宜涌吐。 甘草稍達莖中。 萎蕤即玉竹。平補氣血而潤，去風濕。 黃芪補氣固表，生亦瀉火生陰。 白朮健脾燥濕。 蒼朮補脾燥濕，宜升陽解鬱。 桔梗通氣血，瀉火散寒，載藥上浮。 天麻祛風。 秦艽艽音交。去風濕。 柴胡發表和裏，退熱，升陽解鬱，調經。 前胡解表下氣，治風痰。 羌活理遊風，發表勝濕。 獨活理伏風，去濕。 防風發表，去風勝濕。 升麻輕，宜升陽解毒。 細辛散風寒濕，行水氣，潤腎燥。 遠志散鬱，通心腎。 金毛狗脊平補肝腎，除風寒濕。 淫羊藿補腎命。 巴戟天補腎祛風。 瑣陽補陽滑腸。 肉蓯蓉補腎命，滑腸。 白及濇。補肺，化痰，生新。 三七瀉散(於)〔瘀〕定痛。 地榆濇。止血。 丹參補心，去瘀生新。 元參補水，瀉無根之火。 苦參瀉火燥濕，補陰。 龍膽草瀉肝膽火、下焦濕熱。 黃連瀉火燥濕，除煩。 胡黃連瀉熱，療疳。 黃芩瀉火除濕。 紫草涼血利竅，治痘瘡熱毒。 知母泄火補水，潤燥滑腸。 貝母散結清火，潤肺，化燥痰。 白頭翁瀉熱涼血。 白前瀉肺，降氣下痰。 白微瀉血熱。 白茅根瀉火消瘀，涼血止嘔。 白鮮皮通祛風濕。 延胡索活血利氣。 落得打行血止血。

芳草類： 當歸補血潤燥，滑腸。 白芍補血，瀉肝斂陰。 赤芍瀉肝散瘀。 芎藭升陽開鬱，潤燥補虛。 牡丹皮瀉伏火，去瘀。 澤蘭行血消水。 馬蘭泄。涼血。 鬱金解鬱破瘀。 薑黃泄。破血行氣。 蓬莪蒁行氣消(於)〔瘀〕。 荊三稜泄。破血行氣，消瘀。 香附調氣解鬱。 木香行氣。 砂仁行氣調中。 白豆蔻行血暖胃。 草豆蔻燥濕祛寒。 草果除痰截瘧。 肉豆蔻溫中濇腸。 破故紙一名補骨脂。燥補命火。 益智子燥脾胃，補心氣、命門。 蛇床子補腎命，祛風濕。 蓽茇除胃冷，祛痰，消食下氣。 良薑燥。暖胃散寒。 紅豆蔻即良薑。燥。溫肺醒脾。 藿香去惡氣，開胃止嘔。 白芷發表，祛風燥濕。 藁本去風寒濕。 香薷通利濕，消暑退熱。 荊芥發表，祛風理血。 紫蘇發表散寒。 蘇子泄。降氣消痰。 雞蘇一名水蘇，一名龍腦薄荷。輕。散熱理血。 薄荷輕。散風熱。 甘松香理氣醒脾。 三柰溫中辟惡。

隰草類： 生地〔瀉〕大腸火，平血逆。 熟地黃平。補肝腎，養血滋陰。 鱧腸即旱蓮草。補益腎，涼血，固齒。 麥門冬潤肺，清心泄熱。 甘菊花祛風熱，補肝腎，明目去翳。 穀精草輕。明目。 草決明一名青葙子。泄肝明目。 決明子泄肝明目。 木賊草輕。發汗去翳。 麻黃輕。發汗。 刺蒺藜疏肝泄肺。 沙苑蒺藜補腎固精。 茺蔚即益母草。行血生血。 茺蔚子調經，明目。 夏枯草散結消癭，明目。 青蒿泄熱療勞，清暑。 連翹輕。散結泄火。 紫(苑)〔花〕地丁泄熱解毒。 漏蘆泄熱解毒。 牛蒡子即鼠粘子。泄熱解毒。 大小薊音計。瀉。涼血破血。 馬鞭瀉。破血消脹，殺蟲。 劉寄奴瀉。破血止血。 紅花行血潤燥。 王不留行行血。 瞿麥利水破血。 扁蓄通淋，殺蟲。 車前子利水，清肝肺。 車前草行水。瀉熱涼血。 燈芯輕。利水清心。 地膚子利水。 冬葵子滑腸利竅。 海金沙通淋，泄濕。 茵陳通利濕熱，治諸黃。 葶藶子大泄氣閉，通行水。 大青瀉心胃熱毒。 青黛瀉肝，散鬱火。 蘆根瀉熱止嘔。 豨薟草去風。 旋覆花一名金沸草。瀉。下氣消痰。 紫(苑)〔菀〕潤肺下氣。 款冬花潤肺化痰，止嗽。 牛膝通下行，補肝腎，散血。 續斷補肝腎，理筋骨。 胡盧巴燥補腎命，除寒濕。 艾葉宜理氣血，燥除寒濕。 棉花治血崩，金瘡。 雞冠花治痔漏下血，赤白痢，崩中，赤白帶。

毒草類： 附子大燥。回陽，補腎命火，逐風寒濕。 烏頭大燥。祛風。 烏附尖宜吐風痰。 草烏頭大燥。開頑痰。 白附子燥。祛風濕，治面疾。 天南星燥濕下氣，治風痰。 半夏燥濕痰，通陰陽。 常山祛痰截瘧，引行水。 黎蘆引吐。 大戟寒。能瀉藏府水濕。 甘遂寒。通。瀉經隧濕。 商陸行水。 芫花大通，行水。 續隨子一名千金子。泄。行水破血，解毒。 牽牛大瀉氣分濕熱。 (華)〔蓖〕麻子泄。通竅，拔毒，出有形滯物。 煙行氣辟寒。 貫眾泄熱解毒。 射干泄火解毒，散血消痰。 玉簪解毒。 大黃大瀉血分濕熱，下有形積滯。 鶴虱泄。殺蟲。 山慈菇泄熱解毒。 仙茅補火。 枲耳一名蒼耳，一名卷耳。輕，發汗，散風濕。 木鱉子泄。外用治瘡。 鳳仙子一名急性子。泄。軟堅。

蔓草類： 何首烏補益肝腎，調和氣血，濇精氣，化虛痰。 菟絲子溫補三陰。 覆盆子溫補肝腎，濇縮小便。 五味子補肺腎，濇精氣。 天門冬泄肺火，補腎水，潤燥。 百部溫肺，治寒(欶)〔嗽〕，殺蟲。 馬兜鈴清肺下氣。 栝樓仁俗作瓜蔞。瀉火，潤肺滑腸，止血，治熱痰。 天花粉即瓜蔞根。瀉火潤燥，治熱痰。 王瓜即土瓜根。瀉熱，通利水，行血。 白斂殺火毒，散結氣。 山豆根瀉熱解毒。 金銀花一名忍冬。除熱解毒。 薔薇根瀉濕熱。 土茯苓通血濕熱。 萆薢通。祛風濕。 防己通行水，泄下焦血分濕熱。 木通古名通草。輕。通行水，泄腸火。 通草古名通脫木。輕。通利水，退熱。 天仙藤通。活血消腫。 葛根輕。宜解肌，升陽散火。 茜草茜音倩，即過山龍。治寒濕風痺，活血行血。　紫葳花一名淩霄花。泄血熱，破血瘀。　威靈仙行氣祛風。　鉤藤鉤除風濕，定驚。　使君子殺蟲消積。　旋花一名旋蒿。補陰續筋。

水草類：　澤瀉通利水，瀉膀胱火，去濕熱。　石菖蒲通竅。　蒲黃生，滑，行血；炒，澀，止血。　紫背浮萍宜發汗，祛風，通行水。　海藻泄熱，軟堅痰，消(婴)〔癭〕瘤。　海帶下水，消癭。　昆布功同海藻而少滑。

石草類：　石斛平胃氣，除虛熱。　骨碎補一名猴薑。堅腎，行血，治折傷。　石韋通淋。　金(莖)〔星〕草一名鳳尾草，一名七星草。泄熱解毒。　地錦一名血見愁。散血止血。

苔類：　海苔軟堅。　卷栢生破血，炒止血。　馬勃輕。解熱，外用敷。

香木類：　柏子仁補心脾，滋肝腎。　側柏葉涼血，清血分濕熱。　松脂一名松香，一名瀝青。燥濕祛風。　松節燥濕祛風。　松毛生髮，宜敷瘡。　松花潤。益氣祛風。　杉木散腫。　肉桂大燥。補命門火，平肝，通血脉，引火歸元。　桂心大燥。補陽活血。　桂枝輕。解肌，調營衛。　辛夷一名木筆花，一名迎春花。散上焦風熱。　沉香調氣暖胃。　丁香暖胃潤肺，壯陽。　白檀香理氣。　紫檀香和血。　降真香辟惡，止血生肌。　烏藥順氣。　乳香活血舒筋。如乳頭明透者良，近來多以楓香假充。性粘難研，有雨則燈心貳錢五分同炒，炒至圓脆可粉為度，扇去燈心，取香，磨細用。　沒藥散結消腫，止痛生肌。色赤如琥珀者良。亦用燈心同炒研。　血竭一名麒麟竭。木汁也。散瘀生新，味甜鹹，色赤，以染透指甲者為真。若味大鹹，有腥氣者，是海母血假充。　楓香脂即白膠香。活血解毒，止痛生肌。　安息香行氣血，辟邪惡。　蘇合香通竅辟惡。出諸番，合眾香之汁煎成，以箸挑起，懸絲不斷者真。　冰片一名龍腦香。透竅，散鬱火，逐邪，消風化濕。多以樟腦假充。以牙色如梅花片者良。用杉木炭養之，則不損耗。　樟腦通竅除濕。　阿魏消積殺蟲。味極臭，取少許沾銅器上過夜，色白如銀者真。　蘆薈瀉熱殺蟲。　胡桐淚泄熱，殺蟲。

喬木類：　黃蘗瀉相火，燥濕清熱。　槐實即槐角。瀉風熱，清肝，涼大腸。　槐花泄熱涼血。　苦楝子一名金鈴子。溫。導熱，治疝氣，殺蟲。　樗根白皮即臭椿樹皮。澀腸燥濕。　椶櫚澀。止血。　沒石子澀精。　訶黎勒一名訶子。澀腸斂肺，泄氣。　厚朴瀉。下氣散滿。　皂莢一名皂角。通竅搜風。　皂角刺通竅潰癰。　肥皂莢瀉熱毒。　水楊枝葉行氣血。　赤檉柳葉解毒療風。　榆白皮滑。利竅，下有形滯物。　海桐皮祛風濕。　杜仲補腰膝。　合歡皮一名夜合。和調心脾。　蕪荑散風濕，消積殺蟲。　烏臼木根皮瀉熱毒。　蘇木泄。行血祛風。　乾漆瀉。破血消積，殺蟲。　大風子燥痰，外用治瘡。　巴豆通。大燥大泄。

灌木類：　桑根白皮泄肺行水。　桑枝祛風。　桑葉涼血止渴，去風明目。　桑葚補肝腎。　楮實瀉。軟堅。　枳實、枳殼瀉。破氣行痰。　梔子泄心肺三焦之火。　酸棗仁補肝膽，安心，斂汗醒脾。　蕤仁消風清熱，治目。　山茱萸補肝腎，秘精氣。　金櫻子澀精固腸。　郁李仁瀉氣破血，潤燥。　女貞子補陰除火。　五加皮祛風濕，壯筋骨。　枸杞子滋肝益腎。　地骨皮涼血，除虛熱。　蔓(京)〔荊〕子散上部風。　木槿活血潤燥。　木芙蓉涼血散熱，止痛，消腫排膿。　狗脊即猫兒刺。止渴，祛風。　山茶花泄。涼血。　密蒙花潤肝明目。　柞木通。利竅，催生。　荊瀝通經絡，滑痰。

苞木類：　竹瀝瀉火滑痰，潤燥。　竹茹瀉上焦煩熱，涼血。　竹葉瀉上焦煩熱。　天竺黃即竹內黃粉。瀉熱豁痰，涼驚。

寓木類：　琥珀行水散瘀，安神。　茯苓行水，安心益脾。取整個切片，照之微有筋膜為真。近來多以米粉和苓末咀片假充。又有以米粉包裹松根種成整個者。　赤茯苓通利濕熱。　茯苓皮行水。　茯神行水，安心。真者木心或在旁，或在中，亦不止一心，切開有筋膜者是也。假者木心在中，且止一心，而無筋膜。　茯神心木名黃松節。療諸筋攣縮，偏風喎斜。　猪苓行水。　雷丸瀉。消積殺蟲。　桑寄生補筋骨，散風濕。

五果類：　杏仁瀉肺，解肌潤燥。　烏梅澀腸斂肺。　白梅治痰厥僵仆，牙關緊閉。　桃仁瀉。破血潤燥。　桃花除痰消積，利二便。　桃葉殺蟲，發汗。　栗補腎。　大棗補脾胃，潤心肺，調營衛，和百藥。

山果類：　木瓜酸澀而溫。和脾理胃，斂肺伐肝，化食止渴，氣脫能收，氣滯能和，調營衛，利筋骨，去濕熱，消水脹，治霍亂轉筋，瀉利脾氣。　梨涼心潤肺，利大小腸。　柿俗作柹。潤肺止嗽，澀腸。　榛調中開胃，益氣力，實腸。　山查行氣消食。　橘皮理氣調中，燥濕消痰。　青皮泄肝，破氣散積。　香圓一名佛手柑。理氣止嘔，健脾進食。　枇杷葉泄肺下氣。　楊梅和。利五藏，生津。　石榴皮澀腸，收脫肛。　銀杏一名白果。澀。斂肺，去濁痰。　胡桃即核桃。補命門，利三焦。

夷果類：　荔枝核散寒散滯。　龍眼肉補心脾。　橄欖清肺。　榧子殺蟲消積。　海松子潤燥。　檳榔泄氣行水，墜氣攻堅。　大腹皮泄，下氣；通，行水。　落花生潤肺補脾。

味類：　川椒散寒除脹，燥濕補火。　椒目利水。　秦椒俗名花椒。散寒燥濕，溫中。　胡椒燥。快膈消痰。　吳茱萸溫中下氣，除濕解鬱，去痰治寒。　茶瀉熱清神，消食。

蓏類：音裸，木上曰果，地上曰蓏。　瓜蒂一名瓜丁。能吐風熱痰涎。　西瓜泄暑熱。　甘蔗和中潤燥。　白沙糖補。和中。　紫砂糖補。和中利血。

水果類：　蓮子補心脾腎，濇精固腸。　石蓮子開胃，去濕熱。　蓮蕋鬚清心通腎，益血固精。　藕生涼血散瘀，熟補心益胃。　藕節濇。止血。　荷葉輕。升陽散瘀。　菱角清暑。　芡實一名雞頭。補脾濇精。　荸薺一名烏芋，一名地栗。泄熱消食。　慈菇行血。

葷辛類：　韭補陽散瘀。　韭子補肝腎，助命門，暖腰膝，治筋痿。　葱白輕。發表和裏，通陽活血。　薤一名藠子。利竅泄滯。　大蒜化食，達竅辟惡。　芸薹一名油菜。散血消腫。　白芥子利氣豁痰。　蔓菁即蕪菁，一名諸葛菜。泄熱解毒，利水明目。　萊菔俗名蘿蔔。破氣化痰，消食。　萊菔子破氣除痰，消食。　生薑散寒發表，開痰止嘔。　薑皮和脾行水。　煨薑和中止嘔。　乾薑燥。溫經逐寒，發表通脉。　黑薑燥。回陽。　胡荽發痘瘡，辟惡氣。　大茴香補腎命，治寒疝。　小茴香理氣血，開胃。　胡蘿蔔寬中散滯。　水芹去伏熱。　同蒿消痰和脾，利便。　白菜一名菘菜。和中除煩。　旱芹除煩，下瘀，止霍亂。

柔滑類：　菠菜通藏府血脉。　莧菜通竅利腸。　馬齒莧泄熱散血，祛風殺蟲。　馬齒莧子明目。　萵苣瀉熱利腸。　蒲公英一名黃花地丁。化熱毒，解食毒，消腫核。　黃花菜通結利腸。　魚鯹草古名蕺。泄熱解毒。　蕨泄熱利水。　芋寬胃通腸。　土芋熟，厚腸胃；生，解藥毒。　山藥一名薯蕷。補脾。　百合潤肺止嗽。　竹筍爽胃消痰。

蓏菜類：　茄子一名落蘇。泄。寬腸。　壺盧一名匏瓜。利水，消腫脹。　冬瓜泄熱，益脾止渴。　南瓜補氣。　越瓜瀉熱利腸。　胡瓜清熱利水。　絲瓜通經脉，涼血解毒，除風化痰。

水菜類：　茭白一名茭筍，一名菰菜。泄熱通利。　紫菜軟堅，消癭瘤。　海粉潤。化痰。　石花菜泄熱。　龍鬚菜清熱消癭。

芝栭類：　木耳治痔。　香蕈音信。破血治風。　磨菰理氣化痰。　土菌一名地蕈。敷瘡疥。

麻麥稻類：　胡麻一名脂麻，一名巨勝。補肝腎，潤五藏，滑腸。　大麻仁一名火麻。潤燥滑腸。　小麥補心。　浮小麥濇。斂汗。　大麥補虛除熱。　穬麥補中除熱。　蕎麥泄。利腸下氣。　野麥古名雀麥。救荒歉。　糯米古名稻。補。溫脾肺。　粳米和胃補中，清肺。　泔古名米瀋第二次者，清而可用，清熱止渴，利便涼血。

稷粟類：　稷補。和中。　黍補中。　粱補氣和中。　粟北人謂之小米。養腎益氣。　秫即黃米。益陰，利肺大腸。　穇子救荒。　蜀黍一名高粱。溫中濇腸，救荒。　薏苡仁補脾肺，通行水。

菽豆類：　黑大豆補腎解毒。　黃大豆寬中，利大腸。　白豆調中。　赤小豆通行水，散血。　扁而紅者是，若半紅半黑，名鬼眼豆，無益有損。　綠豆清熱解毒。　豌豆理脾胃。　蠶豆補中益氣，濇精實腸。　豇豆補腎。　白扁豆補脾除濕，消暑。　刀豆下氣歸元。

造釀類：　淡豆豉解表除煩。　豆腐清熱，利大腸。　陳廩米養胃，利小便。　麪筋解熱，和中。　麥粉和五藏，調經絡。　神麯行氣化痰，消食。　紅麴宜破血燥，消食。　飴糖補中緩脾。　醬解毒。　醋斂氣血，散瘀消腫。　酒宜行藥勢。

金類：　金重。鎮心肝。　自然銅重。續筋骨。　銅青去風痰。　鉛重。墜痰解毒。　黃丹重。內用鎮心墜痰，外用解熱拔毒。　蜜佗僧重。鎮驚墮痰，消積。　古文錢平肝，通下行。　鐵重。墮痰。　鍼砂作鍼家磨鑢細末也，須真(岡)(鋼)砂乃堪用。消水腫，散癭瘤。　鐵漿以生鐵浸水，經久色青。　胡粉又名水粉、定粉，化(松)(鉛)所成也。治癰腫惡瘡，殺蟲，消積墮痰。

玉類：　雲母重。下氣。　白石英重。潤肺。　紫石英重。鎮心，潤養肝。

石類：　硃砂重。鎮心定驚，泄熱。　水銀重。外用殺蟲。　輕粉燥。祛痰涎，外用殺蟲。　銀硃燥。破積刼痰。　雄黃重。解毒殺蟲。　石膏重體泄火氣，輕解肌。　滑石通九竅，行水腫，重泄火。　赤石脂重。濇固大小腸。　禹餘糧濇。　爐甘石燥勝濕，治目疾。　無名異重。和血治傷。　石灰重。燥濕止血。　海石軟堅，消老痰結核。　慈石一名吸鐵石。重。補腎。　代赭石重。鎮虛逆。　空青重。明目。　石膽一名膽礬。涌吐風熱痰涎，兼治咳逆。　礬石重。燥去寒疾。　青礞石重，泄。墮痰。　花蕋石濇。止金瘡血，化瘀。　石燕通利竅，行濕熱。　石蟹解藥毒，治目。

鹵石類：　食鹽寒泄熱，鹹補心，通二便，宜引吐，為諸藥引經。　戎鹽一名青鹽。補腎，泄血熱。　朴硝即皮硝。大泄。潤脾軟堅。　芒硝蕩滌三焦腸胃濕熱，推陳致新。　元明粉泄熱潤燥，軟堅。　鹵石泄。消內積。　硼砂泄。去痰熱。　石硫黃大燥。補陽殺蟲。　白礬化痰解毒，墮濁除風。　綠礬一名皂礬。燥濕化痰，殺蟲消積。

天水類： 立春天雨水升陽。 重午日午時水宜造丹丸。 神水端陽午時有雨，急伐竹竿中必有神水，瀝取為藥。 寒露、冬至、小寒、大寒及臘日水宜浸造。 液雨水立冬後十日為入液，至小雪為出液，得雨謂之液雨。百蟲飲此皆伏蟄，故宜煎殺蟲消積之藥。 露水潤肺。 霜泄熱。 臘雪去火。 冰泄熱。 半天河一名上池水。竹籬頭及空樹中水也。洗瘡。

地水類： 浸藍水除熱解毒，殺蟲。 漿水即炊粟米熟投水中，浸五六日，味酸，生白花，類漿。通關開(味)[胃]，止霍亂瀉利。 地漿掘黃土作坎，深三尺，以新汲水滬入，攪濁澄清。用泄熱解毒。 百沸湯助陽氣。 生熟湯以新汲水、百沸湯合也，一名陰陽湯。調中消食，治霍亂吐瀉有神功。 齏水作黃齏菜水也。宜涌吐。 井華水即平旦第一汲取者。 甑氣水長毛髮。

火類： 燈火止驚。 燈花止血。 艾火灸百病。 桑柴火拔毒止痛，去腐生新。

土類： 黃土燥濕解毒。 伏龍肝即灶心土也。重。調中止血，燥濕消腫。 陳壁東壁土佳。治霍亂泄利，療下部瘡及癬。 墨止血。 釜臍墨一名鍋煤。止血。 百草霜灶突上烟煤。輕。止血消積。 梁上塵一名烏龍尾。輕。止血消積。 孩兒茶出南番。泄熱生津，濇，收濕。 白墡土即白土也。入藥燒用。 燕窩土治諸瘡。 蜂窩土即細腰蜂窩也。治諸癰腫及婦人難產。 蜣螂轉丸土湯淋絞汁，治傷寒時氣，黃疸，霍亂吐洩。 鼠壤土治諸風，和童便塗疔腫。

原禽類： 夜明砂蝙蝠矢也。辛。散血明目。 五靈脂寒號蟲矢也。泄，行血；宜，止痛。 雀卵補陽益精。 白丁香消積。 鴿治瘡疥癬。 鴿卵解瘡毒、痘毒。 鴿屎名左盤龍。消痞，治瘡。 雞補虛溫中。 雞子鎮心。 雞卵中白皮主久咳結氣。 雞肫皮一名雞內金，一名肶胵。除熱，通小腸。 雞矢白下氣，消積。 雉補氣，止利。

水禽類： 鶩血愈噎膈，反胃。 鶩即鴨。補陰。

畜類： 牛黃解熱，通竅，利痰辟邪。 黃明膠補陰。 阿膠平補而潤。 驢溺泄。殺蟲。 白馬溺泄。殺蟲，消癥。溺與尿同。

獸類： 虎骨去風。爪，辟邪。肚，治反胃。 象皮外用斂金創，長肌肉。 犀角泄心胃大熱。 熊膽泄熱。 羚羊角泄心肝火。 鹿茸大補陽血。 麝香通竅。 兔屎一名望月砂。明目，殺蟲。 獺肝殺蟲。 猬皮泄。涼血。

化生類： 桑蟲祛風。 蟬蛻輕。散風熱。 螻蛄俗呼土狗。通行水。

卵生類： 蜜補中，潤燥滑腸。 黃蠟止痛生肌。不可輕食。 露蜂房外科用，取其以毒攻毒。 蟲白蠟生肌長肉。 五倍子一名文蛤。濇。斂肺。 百藥煎治上焦痰飲熱渴。 桑螵蛸補腎。 白殭蠶輕。宜去風化痰。 原蠶砂蠶矢。燥濕去風。 班蝥大泄，以毒攻毒。 蝎宜去風。 水蛭即馬蝗。泄。破血。 蠶繭燒灰，酒服，治癰疽無頭，又療諸疳瘡及血病。 蜘蛛能制蜈蚣。 蜘蛛網止金瘡出血。

濕生類： 蟾蜍一名賴蝦蟆。泄。療肝拔毒。 蜈蚣宜祛風。 白頸蚯蚓泄熱行水。 蚯蚓泥即蚓矢。泄熱解毒。

有鱗魚： 鯉魚通行水。膽，明目。 鰱魚一名連魚。溫中。 鯇魚俗名草魚。暖胃。 青魚膽泄熱，治目疾。 鯽魚和胃實腸，行水。 魴魚一名鯿魚。調胃利腸。

無鱗魚： 鱧魚俗名烏魚，即七星。通利水，祛風。 鱓魚去風。 鰌魚俗名泥鰍。調中益氣。 鰕補陽，吐風痰。 海鰕祛風，殺蟲。 海螵蛸一名烏賊骨。宜通血脉，祛風濕。

龍類： 龍骨濇精固腸，鎮(精)[驚]。 龍齒濇。鎮驚。 鯪鯉一名穿山甲。宜通經絡。

蛇類： 蛇蛻輕。宜祛風毒。 白花蛇去風濕。

龜鼈類： 龜板補腎陰。 龜尿走竅。 鼈甲補陰退熱。 蟹泄。散血。

蛤蚌類： 牡蠣濇腸軟堅。 蚌粉清濕熱。 真珠泄熱，定心。 石決明泄肝熱，明目。 魁蛤一名瓦楞子。泄。消癥散痰。 田螺泄熱止渴，利便。 螺殼泄濕熱。

人類： 髮一名血餘。補陰。燒過，篩極淨方用，不然生病不治。 人中黃泄熱。 金汁即糞清。 人中白降火清瘀。 童便降火清瘀。 乳汁補虛潤燥。 百齒霜即梳上垢。

清・姚俊《經驗良方全集》卷四附《痘疹易知》 痘疹易知藥性 人參： 味甘，性溫。益元氣而生精血，復元神以補五臟。第肺寒宜而熱還傷肺。 黃耆： 味甘，性溫。固腠理而補元氣。內托陰症之瘡瘍，外固表虛之盜汗。 甘草： 甘，平，無毒。生則寒而炙則溫。生固分身稍而瀉火，炙還健脾胃而和中。解百毒而有效，協諸藥而無爭。 當歸： 甘、辛，性溫。生血養血之必需，活血止血之莫缺。頭止血而上行，身養血而中守，稍破血而下流，全活血而不走。虛則補而滯則行，實調血之良品。得川芎以升散，資芍藥而斂附。 生地： 甘、苦，性寒。涼心火之血熱，瀉脾土之濕熱，止鼻中之衄熱，除五心之煩熱。痘家紅紫所必需，藥中解毒不可缺。 熟地： 甘、苦，性溫。活血氣，封鎮骨髓，滋養腎火，補益真陰。得升柴則能發散，得桂附則能回陽。得參芪而入氣分，得歸芍而入血分。 南赤芍： 苦、酸，微寒。能瀉能散。破血中之滯氣，療毒癰之腹痛，即煩熱而亦解。 白芍： 味性同上。能補能收，扶陽氣，除腹痛，收陰氣，健脾經。補虛而生新血，退熱尤良。 川芎： 味辛，性溫。引清氣而行頭角，起頭面之毒。佐參芪以行陽分，解肌表之邪。可為導引通行之使。但性多辛散，火在上而氣虛者宜避。 白术： 味甘，性溫。健脾而利水，燥濕而溫中。能補氣，故能發痘。 能固脾，故能止瀉。 麥門冬： 甘，平，性寒。清心肺之煩渴，生津補液，非虛熱而弗合。 糯米： 味甘，性溫。滋脾胃而益中氣，助血生漿。能制痘毒，使之弗攻。 扁豆： 甘，平，性溫。健脾而和中，養胃而止嘔。 柴胡： 味苦，微寒。發散熱邪，瀉肝膽之毒火。解肌開表，退往來之寒熱。 防風： 味辛，性溫。散風邪而引周身之閉，驅風燥濕。 升麻： 味苦，微寒。升陽氣，達肌表，散風寒。善走陽明，引葱白散手陽明之風邪，引石膏止足陽明之齒痛。火炎者宜戒。 葛根： 味甘，性寒。散肌表之邪，兼能解渴。 檳榔： 苦、辛，性溫。豁痰逐水，殺蟲去積。 荊芥穗： 味辛、苦，溫。散風熱而清血中之火，徹上徹下。梗主發汗。痘疹戒用。 白芷： 味辛，性溫。散風邪而逐寒(溫)〔濕〕，止頭痛而除搔癢。化癰毒，善走陽明。故能起頭面之痘，亦托肌肉之膿。 麻黃： 味苦，性溫。其形中空，散寒邪而發表。其節中閉，止盜汗而固表虛。陰寒沉滯之邪，非此不能散。 木通： 甘，平，性寒。導赤除煩，毒從溺解。 桔梗： 苦、辛，微溫。止咽痛，兼除鼻塞。利膈氣，仍治肺癰。一為諸藥之舟楫，一為肺部之引經。 牛蒡子： 味苦，性寒。清喉解毒，邪從肌洩。痘紅紫熱盛者可用。 紫草： 味苦，性寒。涼血活血。治熱邪而解痘毒，滑利大便。凡用紫草，必下糯米五十粒以(製)〔制〕其冷性，庶不損胃氣而致泄瀉。惟大熱便結者不必用糯米。 蟬退： 味甘，性溫。散風熱而疎邪氣，故能解痘瘡之毒風。 殭蠶： 鹹、辛，微溫。散風痰，解痘毒。尤利咽喉。 犀角： 味苦、酸、鹹。解心火而清肝脾。凡痘中血熱吐衄，焦黑煩燥，皆可用之以解熱毒。 蜂蜜： 味甘，性溫。益脾生津。可結痂，亦可落痂。 硃砂： 味甘，微寒。鎮心氣而除熱毒，墜痰涎而安驚悸。 琥珀： 甘，平，微溫。利水除煩，安神散血。 黃連： 味苦，性寒。瀉諸火而解熱毒，乾嘔聖藥。 元參： 酸、苦，微寒。去浮遊之火，解咽痛而快癍。 滑石： 味甘，大寒。利六腑之塞結，溺赤尤宜。 羌活： 苦、甘，微溫。利筋骨，走經絡，散肌表之毒風，故能止周身之痛。 薄荷： 味辛，性涼。散風熱，清頭目，利咽喉，解熱毒。 肉桂： 味辛，性熱。氣薄者桂枝，氣厚者桂肉。氣薄則發洩，桂枝上行而發表。氣厚則發熱，肉桂下行而補腎。 官桂： 味辛，性溫。能養榮而解表，亦暖血而行經。凡痘瘡營衛不充而見寒滯者，必用此以導達血氣。且善行參、芪、熟地之功。 附子： 味辛，性熱。脾腎虛寒，元陽大虧。凡泄瀉嘔吐不能止，寒戰厥逆不能除者，非此不可以益火之源。 生薑： 味辛，性溫。避惡氣而散寒氣，溫中氣而開脾胃。止嘔吐之要藥。製半夏，有解毒之功。佐大棗，有厚腸之益。 陳皮： 辛、苦，性溫。和脾胃，達陰陽，開痰行氣而消脹。 山查： 味甘，性溫。寬氣道而鬆痘。消食亦宜。 木香： 苦、辛，微溫。理滯氣而溫脾胃，乾紅色滯者不可少。 丁香： 味辛，性熱。暖胃逐寒，順氣止嘔。脾痛寒滯者尤宜。 肉蔻： 味辛，性溫。固腸而溫中，行滯而止瀉。中寒滑瀉者最宜。 白茯苓： 甘，淡，性溫。利竅而除濕，益氣而和中。小便多而能止，大便結而能通。心驚悸而能保，津液少而能生。白者入壬癸，赤者入丙丁。 石膏： 辛、苦，大寒。解煩渴之如烟，退炎炎之火烈，不使焦黑。 連翹： 味苦，微寒。清三焦浮遊之火，解痘疹癰瘍之毒。 枳殼： 苦、酸，微寒。消心下痞塞之痰，泄腹中滯寒之氣。推胃中隔宿之食，削腹內連年之積。 梔子： 味苦，性寒。利小水，降脾肺膀胱之火，使從小便而出。 龍膽草： 味苦，性寒。大清肝腎之火，上退眼目之赤痛，下清足膝之熱腫。 生大黃： 味苦，性寒。驅梟毒而不留，破惡瘀而不守。不令內潰，須佐生草。用在傳于心經。 酒炒生軍，去口臭口爛等症。用在傳于肺經。 九軍塊，去久滯之積膩。用在傳于肝經。 九軍片，補痘後之虛熱。用在傳于脾經。 黃芩： 味苦，性寒。瀉肺火而涼大腸，失血亦宜。 黃栢： 味苦，性寒。補腎虛，降龍雷之火，安上，除虛蟣之蚘蟲。 桑白皮： 味甘，性寒。瀉肺火而治氣逆。 金銀花： 味甘，性平。解痘後之餘毒，紅紫毒盛者尤宜。又解目中之毒。 桃仁： 苦、甘，性寒。潤大腸血秘之難便，破大腸久蓄之血結。 甘菊花： 味甘，微寒。清頭目之風邪。 紫厚朴： 苦、辛，性溫。溫胃而去嘔脹，消痰亦可。 燈心： 味平，性淡。利小火，除心腫。　蒼朮：　味甘，性溫。燥脾而去濕，消食而寬中。　牽牛：　味苦，性寒。入肺經而利小便，通大腸而消水腫。亦能除氣分之濕熱。　天花粉：　甘、苦，性寒。降內熱而止乾渴，化痰涎而止咳嗽。能消毒，亦能通經。

竹葉：　苦、辛，性寒。除新舊風邪之煩熱，止喘促氣盛之上衝。　山豆根：　味苦，性寒。解熱毒，能止咽喉之痛。食少而瀉者勿服。　枳實：　苦、酸，微寒。消胸中之虛痞，逐心下之停水。化日久之稠痰，削年深之堅積。　知母：　味苦，性寒。瀉無根之腎火，療有汗之骨蒸。止虛勞之陽勝，滋化源之陰生。　五味子：　味酸，性溫。滋腎經不足之水，收肺氣耗散之金。除煩熱，生津止渴。補虛勞，益氣強陰。　山藥：　味甘，性溫。助脾益腎。　車前子：　味甘，性寒。止泄瀉，利小便，猶能明目。利小便而不走氣，與茯苓同功。　牛黃：　味苦，性寒。護心解毒，清火開痰。　鹿血：　甘，溫，無毒。大補虛損，益精血，解痘毒，亦解藥毒。　猪苓：　味淡，甘，平。入足太陽，瀉膀胱，開腠理，利小便。　細辛：　味辛，性溫。走少陰合病之首痛，散三陽數變之風邪。　麥芽：　味甘，性溫。消食健脾。　神麯：　味甘，性溫。開胃口，進飲食。尤能消中焦之停滿。　杏仁：　味苦，性溫。開心氣之閉塞，止嗽亦得。　訶子肉：　味苦，性溫。塞脾虛之滑瀉。

大棗：　味甘，性溫。助脈強神，大和脾胃。　紅花：　味辛，性溫。治痘中之血熱。多則行血，少則引血歸經。　川牛膝：　味苦、酸，平。活血而生血，引諸藥以下行。　半夏：　味辛，性溫。除濕熱，化痰涎，大和脾胃。亦止嘔吐。　牡丹皮：　辛、苦，性寒。退陰中之伏火，散血熱之氣結。　地骨皮：　味苦，性寒。退痘後之虛熱。　川貝母：　辛、苦，微寒。治毒痰而利心肺。　藿香葉：　味辛，性溫。開胃口，能進飲食。止霍亂，仍除嘔逆。乾薑：　生則味辛，炮則味苦。生則逢寒邪而發表，炮則除胃冷而和平。梨：　味甘，性寒。潤肺涼心，消痰降火，止嗽除渴。生則清六腑之熱，熟者滋五臟之陰。人知其清火消痰，不知其散風尤妙。去核，將白糖裝滿，入花椒七粒，蒸熟，一則去風，一則養脾。

清・雙泰《痘疹簡明編》卷四　痘症選用本草二百一十六味

破氣藥論十七味。破氣者，正為鬆肌也。凡氣滯血凝，非大破氣血不能冲夫烈毒之壅遏。故破氣正是鬆肌也，何惧之有？　氣領毒而出者也。毒盛則氣為毒制，閉塞而不能暢達，何以領毒哉？　破氣者，破其閉結，使得其暢達，真氣鼓盪，痘有不起者歟？　大黃：　大黃者，其性苦寒而最能滲熱，其本通利而直注大腸，所以逐梟毒，破氣血，有斬關奪門之力，故名曰將軍。烈火伏毒，非此滌蕩，無以攻伐；　非此迅利，不能勝夫梟毒。若謂雄毒烈火尚爾退聽，真氣豈無損乎？　予曰不然。有病則病受其藥，力則銷鎔於邪毒，烈毒既為藥力所殺，則氣血不被烈毒桎梏方能融通灌溉於痘矣，何損正氣之有？　況有泡炙引藥，令其可東可西哉！　服藥勿妄惧其雄烈而誤事機也。生用則直下，酒炒則利胸膈，九蒸則上行頭目，陳醋煮之則破肝經之積，紅花煮之則開血分之瘀。所以行氣之藥，猶能見功於血分也。　山查：　山查能消肉食，治痘為寬氣道，鬆痘毒。何也？　脾家有積，其氣不能健爽，而毒氣更因之而壅遏，故痘不能鬆活圓暢也。有散瘀健脾、行氣消食之功，猶能破血中之滯。

青皮：　青皮者，肝經行氣之藥，兼開脾經，有洩肝破氣散積之功。痘顆不起，重用青皮，何也？　蓋肝氣鬱結，必横膈中，痘何以起？　肝氣開而中氣暢，則痘之囊殼自然充肥，此青皮所以為起脹之妙藥也。破氣消堅，除痰化痞，瘄家必用之品。　枳殼麩炒：　枳殼能降肺氣，上而肺管，中而胸膈，下而大腸，一氣相通。能從肺管吹之使開，直通大腸，(刋)〔利〕氣之妙藥也。去脹消痞，化痰止嘔，皆降氣也。　枳實麩炒：　小殼為實，其力雄猛，故云推墻倒壁。佐大黃而下行，取其直通大腸之氣，莫能阻碍，與枳殼同。　厚朴：　惡澤瀉、硝石。朴能溫中降氣，寬隔消脹。能洩胃實，陽明氣分之藥。快膈消脹，莫甚于此。薑炒引之入胃。　桑皮：　桑皮利膈止嗽，定喘化痰。大洩肺氣，氣順則痰消。猶長于利水，利水即瀉其子以洩其母，取金能生水之意。　前胡：　惡皂莢，為半夏使。前胡肺家藥也，散風熱，利胸膈，止嘔定喘，能降胸前之氣。故胸膈煩悶者，以前胡佐大黃下之。　檳榔：　能墜藥下行。　檳榔逐癘疫，行氣消水，除痰化食，破積寬膈，殺蟲治蚘，截瘧之妙品也。能降至高之氣，墜諸藥下行。專散痘症眼目蒙閉，去障磨翳之聖藥，以其能開氣結也。瘄家之藥也。　烏藥：　利氣下行，利下部之氣。烏藥理七情之鬱結，解氣血之凝滯。能利小腸之氣下行。其性辛溫，治脚氣疝氣，溫而能散。佐生牛膝，專利下部之氣。　赤芍：　赤芍散結利水。療毒壅之腹痛，化小腸之結聚。故熱結膀胱，小便不通，非赤芍無以為功。洩肝火，散惡血經閉腸風，癰腫目赤，耑行血中之滯，酒炒用之；　婦人血分，醋炒。下痢後重，不炒。惡芒硝、石斛。畏鼈甲、小薊。反藜蘆。痘症門中至要之品也，取其涼血。　鬱金：　鬱金耑活心中之痰，直入包絡，能開心經之鬱結。痘中心火太盛，舌爛生瘡，君火不能下降者，以鬱金佐之，則鬱開而火自散，其功倍捷于菖蒲。譫語妄言，非此無功。　芒硝：　朴硝、大黃為使，反硫黃。潤燥軟堅。朴硝酷澁，性急。芒硝經鍊稍緩，滌蕩三焦腸胃實熱，推陳致新。能柔五金，化石為水。破氣之首藥。　草豆蔻：　又名草果。去殼用之。　暖胃健脾，破氣開鬱，燥濕，截瘧，消膨脹，治霍亂吐瀉。破氣之藥也。　白豆蔻：　研用，去皮。流行三焦，行氣暖胃，除寒燥濕，寬胸化食。治嘔吐反胃，去白睛翳膜，快膈開氣之首藥。　肉豆蔻：　又名肉果。麪裹煨用。　燥脾澁腸，暖胃下氣，調中逐冷，化痰消食，解酒消脹，小兒吐逆，乳食不下。　木瓜：　和脾舒氣，活絡舒筋，調和榮衛。去濕熱，消水脹。治霍亂轉筋，上吐下瀉。

調氣理氣藥論十四味　毒結氣分者，固當破其結矣。若氣分間有未暢，又不至為毒所錮，概施以破氣之藥，不免損其真氣也，無乃太過乎？　調之而氣分自開，理之而氣分更健，不可不酌量于其間也。　香附：　又名莎草根。調六鬱，開氣道。血分中益氣之藥也。　止諸痛，利三焦。　治痰飲痞滿，胸腫肚脹，飲食積聚，霍亂吐瀉，吐血便血，胎前百病，氣滯血凝。痘症中氣不暢而不敢破者，以香附調之，乃氣分中之君藥也。　生用上行胸膈，外達皮膚。熟用下行肝腎。鹽水浸炒，入血分而潤燥；　童便浸，達入血分而補虛。　酒炒行經絡，醋炒消積聚，薑炒化痰飲。　炒黑止血。　忌鐵器。　婦科之首藥。白芍：　惡芒硝、石斛，畏龜甲、小薊。反藜蘆。　白芍能斂能散，補血瀉肝，調和血中之氣，安脾肺，固腠理，和血脈，斂逆氣。　益氣除煩，利小便，斂汗，安胎，補勞退熱。　痢疾後重，脾虛肚痛，斂陰分走肝脾之要品也。　麥芽：　炒用。　胃為後天生氣之源，助胃健脾，則食易化。米穀之精英即氣血之本□，故云氣血皆資飲食生。　麥芽消化麵食，脾胃藥也。　能通乳下胎，和中寬腸，啟脾進食而消積。　炒黃用之，專助胃氣上行而資健運。　神麯：　炒用。健脾之聖藥。　神麯發脾胃之積，寬中和氣，兼利脾胃之濕。　炒黃用之，善能開胃氣，化水穀，消積滯，行氣化痰，故能消脹回乳。　三仙：　痘症用三仙，乃取其開胃進食，理氣生發。穀芽炒用：　穀芽健脾消食，开胃快脾，下氣和中。　炒黃用之。　萊菔子：　炒研用之。　萊菔子下氣消食，和中化痰。　能治胃口之吞酸，兼除胸腹之滿脹。炒研用之，長于利氣。　生用能升，熟用能降。　升則吐風痰，散風寒，發瘡痘瘢疹。因其寬氣，降則定痰喘，止咳嗽，調下痢，止內痛。　白芥子：　炒研用之。白芥子通行經絡，利氣活痰，溫中開鬱，發汗散寒，消腫止痛。肺虛者禁用，因其降氣。　蔓菁子：　又名蕪菁。蔓菁子治黃疸腹脹，利水明目，瀉熱解毒。療癥瘕積聚，小兒血痢，一切瘡疽通利之品。　蘇梗：　即紫蘇之梗。蘇梗調和中氣，上下宣暢，順氣安胎。味辛入氣分，色紫入血分。香溫能散寒通（殼）〔竅〕，利肺開胃，益脾發汗，解肌安喘，消痰下氣，（怯）〔祛〕風。蘇子炒研：　蘇子與葉同功。潤心肺，尤能下氣定喘，止嗽消痰。利膈寬腸，溫中開鬱，降氣行痰之藥也。　砂仁：　又名縮砂。研碎用。砂仁補肺益氣，和胃醒脾，快氣調中，通行結滯。醒酒消食，安胎。專能理氣，故治霍亂轉筋。痘後中氣不足而有滯者，最宜用之。去皮炒研。　陳皮：　陳皮開胃健脾，寬氣消痰。能降能消，能散能補。　故其調中理氣，功在諸藥之上。　導滯消痰，宣通五藏。　以其燥濕，濕除則病散，氣順則痰消。乃調氣之妙品也。藿香：　藿香溫中快氣，開胃進食。　安氣逆之吐，止心腹之疼。　若痘後胃虛不食，佐以砂仁，大能安胃进食。　熱結陽明者，恐取其燥，不可輕投。　木香：　研細，兑冲。　木香性溫味厚，沉而下降。　中氣不通者，木香化中焦滯氣，脾家之藥。　尤能洩肺舒肝。　一切氣疼嘔逆，反胃霍亂，氣逆，痢疾後重者，非此無以為功。　痘後肚脹不消，中氣虛滿者，此為要品也。

氣分升發表散藥論二十九味　治痘之首務，必先解其肌表，發其鬱遏，使氣得暢達而毒得出路，則無出之不快，長而不充之患矣。　所謂攻而帶表，攻而帶散，不至有中氣虛餒而不繼者，升發表散之妙也。　桑蟲：　鮮則研水兑藥，乾則入藥煎之。　桑蟲，肺經透發之藥也，而行肺經之陰。　其性溫柔和綏，用以發痘，最為平穩，絕無燥烈衝擊之患。　至妙之品也。　細研取汁，兑藥同服，鮮者愈佳。　若用殭蠶，須重用之。　葛根：　葛根，陽明透發之藥也，而兼能解肌表之熱。　蓋胃為後天生氣之源，葛根耑主胃經，能散能透，妙不可言。　如鐵唇掀唇，自當重用石膏，佐之以葛根，則涼而且散，其功更大，且不至有沉寒之累。　故凡毒結陽明者，始終不可去此。　能開腠理，解煩渴，發汗。傷寒中風，治陽明頭痛。　川羌活：　羌活，發表散風之藥，耑行一身之筋骨，而兼能透毒。　治痘者，不必拘痘前痘後，實為透毒之妙品，而專搜筋骨中之伏毒者也。　生黃芪：　惡龜甲、白鮮皮。畏防風，反為防風所使，其力反壯。為茯苓使。　黃芪，脾家藥也。　生用之能固表，由肺而達于肌膚也。　故痘顆不起而熱勢平和者，用之以催漿托裏，排膿補氣，培元固腠理，瀉陰火，溫三焦，壯脾胃。生血生肌之聖藥也。　白芷：惡金沸草，為當歸使。白芷，散陽明之風熱，治牙疼鼻淵，目痒面皺瘢疵，一切風熱之症。主眉稜骨疼，故能由印堂而上達，以催發天庭之痘。兼入肺經，亦能發汗，而有生肌止痛排膿之功。解砒霜、蛇毒。又治產後血虛頭痛。　白殭蠶：白殭蠶能散風邪而達於肌表，上行頭目，有催漿排膿止癢之功。陽明之藥也。揀直者炒黄用之。　蟬退：又名仙人衣、蟬(脱)〔蛻〕。去足用之。蟬退，内開腠理，外散風熱。故止痒而除目中之翳，兼有發痘之功。取其(脱)〔蛻〕化散解之意。　蜂房：年久者佳。盤口大而有層者年久。蜂房解毒。治驚癇，止風蟲牙疼。能發痘瘡，療癰疽根在藏府。　人中黄：人中黄入胃經，消火化食，大解五藏之熱。痘症血凝黑陷不起者，非此無功。　人中白煅用：人中白降火散瘀。治肺瘀鼻衄，痘瘡倒陷倒靨，牙疳口瘡。瀉火之要藥也。　葦笋：鮮者更佳，肥壯者力大。取其平地突出，直達上生。生於水濕，故性不燥而力猛。葦笋，發表藥也。發痘和經，不燥，其性能透，用以催漿起脹。　山甲：又名鯪鯉。煅用，或油炒，研碎用之。穿山甲，其性雄烈，力透重圍。隱伏之毒不能透發者，以山甲透之。然其性直烈，易於起泡。以香油炒之，去其燥性，再用涼藥標之，用之則無過矣。不可多用，不過三錢耳。　牛蒡子：又名鼠黏子、大力子。炒研用之。肺家藥也。散風熱，利咽喉，解肌透表。大能清瘟痘瘡。咽喉有病，清利表散。發痘起脹，以此為要。　柴胡：惡皂角、前胡。半夏為使。此亦可入血分表散門。柴胡，肝經藥也。能開肝經之鬱，兼散血中之熱。解表邪，上行頭目。婦人熱入血室，小兒五疳，瘡疽血凝。胎前產後諸熱，痘中熱結于目者，非柴胡不能升發表散。　防風：畏(葦)〔萆〕薢，惡乾薑、白歛，殺附子毒。防風能散周身之疼痛風濕，又瀉肺實。痘出不快，火鬱皮毛，以此佐清涼之藥而表散之，乃去風勝濕之聖藥。　桔梗：畏龍膽、白及，忌猪肉。領藥上行頭目。桔梗，肺經藥也。能領藥上行，入至高之地。利咽喉，散痞滿，散寒邪，開氣血。其性升而能清，發而能散。藥中之舟楫也。　鈎藤：鈎藤，肝經藥也。散肝經之風熱，定驚悸，舒拘攣。痘犯驚抽者，宜用之。　元荽：又名胡荽。元荽内通心脾，外達四肢。辟惡氣，宣發痘疹痧瘢。其性辛而能散，解表邪，有鬆肌透毒之功。痘疹(穗)〔穢〕氣致癢，以元荽捲綑擦之，止癢。　紫蘇葉：蘇葉，肺家藥也。最能發散風邪，潤肌解表。　薄荷：又名雞蘇，一名水蘇。一名龍腦薄荷。不可多用。薄荷能清理頭目，有解熱散風之能。　麻黄：去根節用之。惡辛夷、石膏。為厚朴、白微使。根節反止汗。麻黄大能發汗解表。隆冬風邪束閉，不能發散之時，此能發表。去根節用之，蜜炙，散肺家之風邪，開毛孔，治哮喘。　蘆根：蘆根治胃熱火逆之嘔吐，兼能止渴。發痘，去(髮)〔鬚〕用之。　苧根：又名苧頭。苧頭補陰破瘀，解熱潤燥。治天行癘疫，痘瘡癰疽，赤遊丹毒，大渴大狂，胎動下血，諸淋等症。　三川柳：又名水柳、三春柳。三川柳，能散風邪，退表熱。痘中用以鬆肌而快毒。　冰片：又名龍腦。冲兑湯煎，不可見熱。梅花片，能通利諸竅，散瘀火。用猪尾血、雞冠血、活地龍，以冰片佐之，取其香能開(壳)〔竅〕而兼散發，用不過分。　威靈仙：治皮膚之風癢痛風，宣行五藏。痘後兩手腫痛。　升麻：引藥上行頭目。去蘆用之。表散風邪，引藥上行。能升陽氣于至陰之下，升發火鬱，引甘溫之藥上行，以補衛氣之散失而實其表。治頭疼，發痘疹瘢痧。發汗之首藥也。凡肺痿，脱肛下痢，用以提升。　生薑：散寒發表，止嘔開痰。通神明，去惡(穗)〔穢〕，治傷寒頭疼，調中發汗。　老酒：無灰者良。合對餳煎用之。通行一身之表，引藥上行至高之地。壯神禦寒，和血行氣。

氣分温補平補藥品二十九味　痘必有毒，攻毒為要。然領毒者氣也，使氣分虛寒不能領毒，痘何以起？漿何以灌？真元衰弱，非保元回陽，何以培補？故助正氣即所以驅毒也。或痘後氣血既耗，非補何以養其生發之源？況瘡疽潰爛，必宜托裏而後能收長養之功乎！　人參：去蘆用之。反藜蘆，惡皂莢、黑豆、紫石英、人溲、鹹鹵。畏五靈脂，忌鐵。為茯苓使。參耑主補氣，肺家藥也。生用性微涼，熟用性温，大補元氣於無何有之鄉。瀉火益土健脾也。生金明目補肺也。開心氣，益智慧，添精神，除煩渴，通血脉，定驚悸，治虛勞。痘症氣分不足者，以之起脹催漿，其功最速。真元虧損者，非此無以為功。得升麻補上焦，瀉肺火。得茯苓補下焦，瀉腎火。得麥冬、五味子名曰生脉飲，脉絕將死者能復生。得黄芪、甘草乃甘溫退熱，元氣益而邪熱自退，故曰以補為瀉。　蜜炙芪：惡龜甲、白鮮皮。畏防風，得防風，反為防風所使，其力益大。為茯苓使。生用固表，炙用補中。炙芪能固中氣，入脾而托已潰之瘡。故痘症中氣不足，陽虛不起，暨痘後元氣已虧者，以此培元。或癰疽潰爛而不收口者，非此無功。氣能生血，血充而肉長。　附子熟用：附子辛熱有毒，補命門，救陽虛。稟雄烈之性，有斬關之能。引補氣藥以回散失之元氣。痘症中真陰幾脱，四肢逆冷者，非此大熱之藥無以救其生。　肉桂：研細兑冲。桂心入心經，引血化汗化膿。托痘灰陷。桂枝發汗解肌，走四肢，邪從汗出。忌葱、石脂。　肉桂益火之藥也。痘症真陽將絕，四肢厥逆，以之培元壯陽，引火歸原。不可多用，研細兑冲，不可煎熬。　白术土炒：健旺脾氣，無出其右。痘症脾虛泄瀉，不能起脹，用此補脾。在血補血，在氣補氣。無汗能發，有汗能止。燥濕止瀉，功同參芪。　甘草：炙用補中，生用瀉火。稍能止莖中痛，治淋濁。為白朮、苦參、乾漆所使。反大戟、芫花、甘遂、海藻。惡遠志。甘草溫中補氣，解諸毒。隨瀉則瀉，隨補則補。中滿者勿用。　薏米仁：炒研用之。又名薏苡仁。薏苡米清肺益脾，補氣除濕，利水消腫。炒熟用之。　山藥炒用：山藥健脾除濕而滋腎水。炒黄用之。平補中妙品也。　白扁豆：研碎，連皮用之。扁豆和脾胃，止吐瀉。清暑除濕，健中補脾。　建蓮子：去心皮，研用。蓮肉補中養氣，清心除煩，開胃進食，厚腸胃，除寒熱。治脾瀉，噤口痢，淋濁諸症。除君相之邪火，使心腎交，水火濟。痘症收靨，益氣開胃和脾，莫不用此。去皮用之。　蓮心：心能清心熱，止煩燥。痘症毒犯心經，弄舌舒舌。　胡桃實：燒煅存性。核桃入腎經，通命門，利三焦，溫肺潤腸。補氣養血。上而虛寒喘嗽，下而腰脚虛痛，內而心腹諸痛，外而瘡腫諸毒，皆能除也。連皮燒灰入藥。　龍眼肉：龍眼益脾長智，養心葆血。治思慮勞傷，腸風下血。凡血不歸脾等症，此為首藥。　荔枝核：連殼煅用。荔枝，肝腎經藥。宣散寒濕滯氣，辟寒邪。治胃脘痛，婦人血氣痛。殼能發痘起脹，連殼煅用。　芡實粉：芡實固腎益精，補脾除濕。治腰膝瘀痛、泄瀉等症。　益智仁研用：心腎脾三經藥也。補心氣、命門、三焦之不足。澁精固氣，開發鬱結，使氣宣通。治客寒犯胃，冷氣肚痛，止吐瀉，溫中進食。長智慧，添精神，最為有功。　丁香：研末兑冲，不可多用。畏鬱金。治嘔吐霍亂，胃寒肚痛。溫胃洩肺。痘症胃虛，灰白不起，宜之。　胡椒：快（嗝）〔膈〕，清痰，暖胃。冷痢腸滑，陰毒腸痛。殺魚鱉蕈毒。多食傷肺，發瘡痔藏毒，昏目，猶傷陰分。　杜仲：惡元參。鹽炒入腎，醋炙入肝。肝經氣分藥。補肝腎，肝充則筋健，腎充則骨強，故治腰膝酸痛。　紫河車：大補氣血，壯真元，生血脉。痘犯氣血兩虛，此為最要。　枸杞子：潤肺清肝，滋陰益氣，補虛勞，強筋骨，去風明目。補腎洩肝之聖藥也。　破故紙：又名補骨脂。惡甘草，得胡桃良。以乳、童便浸用，或鹽炒。入包絡、命門，補相火，暖丹田，壯元陽，縮小便。治五勞七傷，腰膝冷痛，腎虛泄瀉。大補元陽之藥也。　乾薑：又名紅豆蔻。逐寒邪，發表。炮則大熱，除胃冷，溫經止血，去藏府沉寒（涸）〔痼〕冷，使陽生陰長。引血家之藥，入氣分而生血。故血虛發熱，產後大熱者宜之。乃回陽通脉之聖藥也。能收自汗。　糯米：俗名江米。補脾胃，堅大便，縮小便。發痘解毒，催漿排膿。　粳米：和胃補中，除煩清熱，有和中養胃之功。　茯神：惡白斂，畏地榆、秦艽、龜甲。忌醋。養心氣，寧神定志。痘後心虛不寐者宜之。　酸棗仁：研碎用之。惡防己。肝虛則陰傷而心煩不寐，以棗仁養之。肝得養而魂寧，其睡自熟。以臥則魂歸于肝，因其酸性收斂故也。　沙參：反藜蘆。畏防己。蜜炒用之。能補五藏之陰。專主清潤肺經，故痘症久嗽肺燥者宜之。補陰益氣之首藥也。

破血藥論十四味

血載毒而出者也。毒盛則血為毒制而不能流通，何以載毒也？破血者，破其積聚，使得灌輸也。獨不惧其損真血歟？蓋血被毒制，則真陰被毒薰灼，即陰亢則涸者也。必須破其積聚之熱，而真陰流動，自能灌輸，漿有不行者乎？　歸尾：畏菖蒲、海藻、生薑。當歸本血分之主藥。全歸則活而不走，歸尾則下行，走而不守，專主破血。故痘犯血分不足兼血滯者，全歸、歸尾為最宜之藥也。以酒洗之，則破而兼活。　桃仁：生用力猛，炒則力緩。去皮尖用之。桃仁，肝家藥也。專破肝經之積血，去皮尖，炒而用之。若血瘀之甚，連皮尖生用之。　生牛膝：畏白前，忌羊肉。惡龜甲。能引藥下行。牛膝，下部之藥，引藥下行。治足痿筋攣，陰痿失溺，腰膝骨痛，兼能破血。故凡痘症下部之血不活者，以牛膝引破血之藥而下攻之。散惡血，破癥瘕之首藥。　地龍：又名蚯蚓。活則擣去泥。研水兌於湯煎，乾則入藥同煎。地龍，性涼體沉。涼血而能破，活血而能透，且無隱不收。故古人以為透血分中隱伏之毒。活者研細，取汁兌冰片釐許，入藥同服。白項者佳。　地丁紫花者：地丁，涼血而破瘀。其性深透，開血分隱伏之毒。故君紅花，則能散紫黑。　牡蠣：軟堅，消瘰癧結核，老血癥瘕，遺經崩帶，斂汗止嗽，清熱利濕。能固大小腸。乃肝腎血分之藥也。　皂刺：搜風殺蟲，拓乳。風癘惡瘡，痘症攻毒，起漿，潰散癰疽，取其鋒芒能達患處。少許用之。　藕：解熱消瘀血，止吐血衄血，淋痢，一切血症。解酒毒，除煩解渴。熟用益胃補心。　荷葉：升發陽氣，破血，散瘀血，助脾胃。痘症倒靨，用此發之。　蘇木：行三陰經，血分藥也。破瘀血，散風邪。蓋積血者肝也，生風者亦肝也。佐鉤藤則治拘攣，以血破風散而筋自舒也。　使君肉：健脾殺蟲。治五疳瘡癬。乃小兒諸病之藥。　猪尾血：暨雞冠血、童便，皆係(稱)〔趁〕熱兑入湯煎服之。如已冷，則以熱水熨爔至熱，不可火煎。乃取其活性，煎則死矣。猪尾之血，取其無時不動，又在尾尖，所以活血破血者，莫甚于此。取其流通之性，無微不到。故痘犯氣滯血凝，通身之血凝結，何以灌痘為漿？非用此大破之藥，不能使血流通灌輸。以冰片幾釐，取其香能開(殼)〔竅〕。必須用血一酒盅，合冰片兑入藥內同服。

涼血活血藥論十六味　血為毒錮，破之宜矣。若血分微燥，為之涼解則可矣。若血分少滯，為之調活則開矣。若直投大破之味，不免過矣。宜涼、宜活，酌而理之，則得其平矣。　地榆：惡麥冬。炒黑用之。除血熱，治吐衄，入下焦。腸風血痢，此為首藥。　血餘：煅灰存性用之。即髮灰也。涼血化瘀。治諸血疾，血痢血淋，鼻衄，轉胞不通。　雞冠血：以老酒少許，入于血內。以指泥均入冰片二三釐，合兑湯煎同服。不可火煎。雞冠居至高之地，血乃精華所聚。取其上行頭目，以血活血。天庭不起者宜之。　血竭：逐五藏邪氣，一切惡瘡。止痛生肌活血之首也。　次生地：心腎兩經之藥。涼血分，解煩熱。痘症中涼血之聖藥也。　丹皮：畏貝母、菟絲子、大黃。忌蒜、胡荽。酒洗用之，微焙。肝經血分藥也。涼血而活，專消瘀血而無凝滯之害。　紅花：使血紅活而明潤，專去血色灰黯。少用則活，多用則破。　紫草：入包絡及肝經血分藥也。涼血而破血。痘色紫滯，以紫草涼之活之，則痘能紅活。

槐花：大腸經血分藥也。痘犯鎖肛，大腸熱結者，至效。　絲瓜：涼血解毒，通經絡，行血脉，滑腸下乳，發痘快出。　黑豆：畏五參、龍膽、猪肉。忌厚朴。補腎解毒，鎮心明目，利水下氣，活血祛風。有稀痘之功。　淡豆豉：解表除煩，發汗解肌。治滿悶嘔逆，發癍疹，治傷寒頭痛。　蒲黃：引血歸經之藥。血熱妄行，以炒黑蒲黃止之。生用能涼血消腫。痘犯鼻衄不止，重用涼血降肺熱之藥，佐以炒黑蒲黃，引血歸經矣。專主漿後之藥也。　地骨皮：土炒用之。療骨蒸，退肌膚之熱。專能涼血中之虛熱也。　益母草：又名茺蔚。行氣活血之藥。去瘀生新，調經解毒，活血逐風。血涼而毒化，毒化而漿自行。治胎漏難產，消癰疽疔毒之腫痛。乃養血滋陰，入肝經清熱疏利，血貫瞳人等症，用之最效。婦科之聖藥也。　延胡索：專行血中氣滯，氣中血滯。治氣凝血結，經候不調。乃活血利氣之妙藥也。酒炒行血，醋炒止血。生用破血，炒用調血。痘犯氣滯血凝，非此無功。

血分升發表散藥論四味　升發表散，從氣分治之者也。血分若有風寒伏火，發之散之，仍宜從血分治之。採擇專主血分表散之藥，列之於右。

荊芥穗：反魚、蟹、河豚、牛肉、驢肉。又名假蘇，其德尤善升發。上行頭目。荊穗能散血分之風，除血中之熱，為消斑快毒之要品。有解肌潤燥，利咽喉，清頭目之功。炒黑則涼血止血。　川芎：又名藭芎。小者為撫芎。畏山萸、黃芪。惡黃連、滑石、硝石。肝經藥也。上行頭目，下行血海。血分中上下通和之品，而兼散血中之風。痘中目病，非芎不能從肝經上行，散其風熱。治痘者，每畏其引毒上行，故天庭滿者忌之。　獨活：又名獨搖草。獨活，治風熱，齒疼頭疼，目眩。入血分，舒筋活絡。痘毒流注骨節筋絡者，以之佐解毒之藥而搜血分中之風熱，則毒散而腫消矣。　秦艽：反牛乳。除肝膽陽明之風濕，養血舒筋，理肢節。治拘(戀)〔攣〕，搜血中之風。痘後筋骨不舒，以此舒之。

血分溫補平補藥論十三味　血分之毒，固宜涼之活之。血分不足之痘，若不溫補生發之源，虛寒不振，何以載毒而出也？血得補而能載毒，毒得載而能化漿。所謂補血即是化毒也。　熟地黃：生用，大清心腎肺大腸經之火，通經消瘀。治吐衄血崩。痘症大熱，乾用補陰涼血，治血虛發熱。熟地，腎家藥也。大能滋補腎，故為生血養血之妙藥。痘犯血虛者，用以滋補，生精髓，聰耳目，黑髮烏髭。　鹿茸：長二三寸，分歧如鞍，紅如瑪瑙者佳。畏大黃。鹿茸壯元陽，養真陰，益精〔壯〕髓。腎經藥也。痘犯真陰，虛寒用之，痘即峻發，漿勢自充。不可輕投。　鹿血：鮮血則兑於藥中，乾血則研細兑冲。鹿血，大養肝經之血。痘中血分虛寒者，其功甚速。　山萸肉：惡桔梗、防風、防己。山萸，補肝家之血而澁精固腎，能斂肝腎之血，收其散渙，補其津液。酒蒸用之。治耳鳴耳聾，鼻塞目黃。　丹參：反藜蘆。畏鹹、醋。有去舊生新之功。補心血，養神志，養血活血，安生胎，墮死胎。治目赤，疝痛，瘡疥腫毒，排膿生肌，調經除煩。婦科首藥。　何首烏：忌猪血、無鱗魚、葱、蒜、萊菔子、鐵器。補肝腎，澁精益血，收斂精氣，益髓添精，養血祛風，強筋黑髮。補血活血之首藥也。　淫羊藿：又名仙靈脾。補命門，益精健骨，利小便。痘症中助氣催漿。　童便：又名還元水。如已冷，用熱水爔熱，不可煎熬。補陰散瘀，滋陰潤肺。治吐衄損傷，胎胞不下，產後血暈，敗血入肺。取十二歲以上者，乘熱服之。　白茅根：補中益氣。利小便，解酒毒。治吐衄諸血家之症。　人乳：補五藏，止淚，明目，助痘行漿。眼熱赤痛，乳泡黃連，則洗目最妙。　五加皮：惡元參。順氣化痰，祛風濕，壯筋骨，活絡除風，舒筋拘攣。　遠志：畏珍珠、藜蘆。得茯苓、龍骨良。補心腎，洩熱散欝，強志益神，補精壯陽，聰耳明目，定驚悸。治善忘，使心腎交，猶能補血。　阿膠珠：研用麵、蛤粉炒。去痰，蒲黃炒。止血，酒化，和童便用。畏大黃。此味當入血分發表散門。阿膠，肺肝兩經之藥。有止血養血之功。療血中之風，打碎，以蛤蚧粉炒成珠用之。　澤蘭葉：澤蘭，肝脾經藥也。快氣行血，補而能活，養而不滯。流行榮衛，潤澤肌肉。痘後血虧，髮乾毛燥者，宜之。

清火利水藥論三十九味　攻毒涼血即清火也。瀉藏府之火，除氣血之熱，而曰清火利水，乃清解之妙用也。　黃連：研用。如惡其沉寒，則以酒炙。惡菊花、元參、殭蠶、白鮮皮。畏牛膝、欵冬。川連，瀉五藏之火。專主心經。其性凝寒而不散。痘症舌上生瘡宜之，而必佐散藥，而無沉寒之累。惟心經宜生用之。以茱萸汁炒則入肝膽而明目，薑炒入陽明經。痘症舌攪弄舌，舌上生瘡者用之。　石膏：煅用。石膏，性凝寒，味辛甘，陽明藥也。亢陽烈火，非此凝寒無以勝之，故曰白虎。然必佐以葛根以散之，則不至有凝寒而伐陽明生氣之累。寒能清熱降火，辛能發汗解肌，甘能暖脾益氣，生津止渴。生發之氣，由胃而出。非熱不能生發，故有發癍疹痘瘡之功。然其性凝寒，過用則寒胃口而生氣弱矣，痘何以起？故胃弱血虚者斟用，傷寒欝結無汗，陽明頭痛中暑，自汗舌焦牙痛，胃家極熱，非石膏無以為功。痘犯陽明者宜用之。　犀角：先煎，後入群藥。忌鹽。犀角清心熱，解熱毒。痘症心經火盛，毒攻包絡，譫語若狂，磨汁用之。　滑石：兑沖，通利上下。滑石利六府之熱結，清三焦，涼六府，化暑止渴。通利上下，利竅除濕之藥也。　胡連：研用。惡菊花、元參、殭蠶、鮮皮。畏欵冬、牛膝。忌猪肉。胡連，瀉肝膽，入心經。薑炒則洩藏毒。痘犯囊腹鎖肛，佐黃芩、大黃而下之，其功最速。　黃芩：畏丹皮、丹砂。黃芩，肺家藥也。枯芩清肺，條芩清大腸。痘犯咽喉不清、鎖肛等症，宜之。　苦參：惡貝母、菟絲子、漏蘆。反藜蘆。苦參，除胃熱，治積熱下痢。痘犯毒結陽明，胃口熱極而不思食，乾嘔不止者，佐石膏、葛根，其功最大。猶能補□殺蟲。　龍膽草：忌地黃。其性大寒，肝膽經藥也。痘症毒結肝經，驚悸不寧；或肝膽熱毒，流注膀胱，赤濁下淋者宜之。不可多用。　(枝)〔梔〕仁：炒研用之。(枝)〔梔〕子，肺經藥也。降曲屈之火下行，清金利水，熱從小便而泄。洩肺火之首藥也。炒黑用之，大能涼血。鼻衄宜之。　元參：反藜蘆。忌銅器，惡黃芪、山茱萸、薑、棗。蒸過焙用。腎經藥也。清腎火，斂浮遊之熱。去諸經無名之邪熱，消癍快疹，利咽喉之腫痛。明目清火去熱之妙品也。　山豆根：豆根療咽喉腫痛，除風熱。佐牛蒡，嵩散痘症咽喉疼痛。　川貝母：去心用之。畏秦艽。反烏頭。為厚朴、白微所使。貝母，肺家藥也。治肺癰肺痿，喉痺，目眩，散解除熱，斂瘡口，敷瘡。　麥冬：去心用之。惡欵冬花、苦參、青葙子、木耳。為地黃使。清肺經伏火，生津液。解心經煩熱，潤燥解渴，消痰止嗽。　通草：利小便，除水腫，瀉腎經之邪火，利濕行水。治疝痛淋瀝。　竹茹：清火安胃，止嘔利水。除肺氣而止嗽。　天門冬：去心用之。惡鯉魚。為地黃、貝母使。清肺熱，止嗽定喘。清金降火。治肺痿腫癰，吐膿血，潤肌膚，通二便。　石菖蒲：忌鐵器，惡麻黃，忌飴糖、羊肉。為秦艽使。去皮微炒用之。菖蒲，清心開(殼)〔竅〕，利包絡之痰，通九(殼)〔竅〕而出聲音。痘犯失音、噤口痢，風痺驚癇，崩帶胎漏，消腫止痛，解毒殺蟲。　菉豆：研用。清火利水。生用能消腫解毒，利小便，止渴。痘痂不落者，飲菉豆湯則易落。　茯苓：惡白斂，畏地榆、秦艽、龜甲。忌醋。皮之利水，甚於茯苓。痘犯脾濕不靨，利濕最速。茯苓，滲脾家之濕。交通心腎，利水化痰，去皮用之。　木通：心包絡、小腸經之藥也。利小便，消水腫。上通心經，下利濕熱，皆從小便而洩。　澤瀉：腎與膀胱之藥也。利小便，通水道。熱結膀胱，以此清理，利〔水〕通淋，猶補陰分之不足。　車前子：炒用，以絹包煎。腎、膀胱之藥也。利小便而不損腎。治目(精)〔睛〕之赤。　赤小豆：行水散血，消腫排膿。清熱解毒。治瀉痢，通乳，治脚氣。　菱角：安中消暑，止渴，解酒毒，利濕健脾。　伏龍(干)〔肝〕：又名灶心土。止血，燥濕，消腫，調中。痘犯脾濕不靨，此為首藥。　浮萍草：紫背者良。發汗利濕。入肺經，達皮膚，利小便，止痘癢、消渴。　天南星：畏防風、附子、乾薑。研末入牛膽風乾，名曰膽星。年久者最佳。乃肝膽肺三經之藥也。燥濕祛痰，除風散血。驚癇風眩，蛇蟲咬傷，癰疽瘑癬，能拔毒攻積。　蜂蜜：忌葱、(窩)〔萵〕苣菜。補中，清熱潤燥，滑腸，潤藏府。其皮黃(臘)〔蠟〕，止痛生肌，治下痢。　兒茶：清上膈之熱，化痰生津，止血收濕，定痛生肌，塗金瘡口瘡，疳痔毒腫。　猪苓：利小便，行水發汗，消腫脹，解煩渴，清熱除濕。治傷寒大熱。　燈心：清心解熱，除煩止渴。煅黑存性，利小便，消水腫，止兒夜啼。　淡竹葉：清心暖脾，除煩止渴。治小兒驚癇，咳嗽失音。除上焦之風邪。　大腹皮：行水下氣，寬胸泄肺，和脾。通利大小腸。治脚氣，痞脹霍亂。　蒼朮：燥胃強脾。升發胃中陽氣，逐痰止嘔，發汗除濕。辟惡穢，消腫滿，脾濕下注，腸風帶濁，非此無功。乃燥濕之首藥。　茵陳：合蒼朮以棗泥為餅，熨灶口，其烟辟時瘟惡穢。利水除濕。治黃疸，傷寒時疫，瘴瘧頭疼。洩脾胃之濕熱。　香薷：散皮膚之蒸熱。清暑利濕，治霍亂轉筋，嘔逆水腫，一切暑熱傷濕之症。《經》云：肺氣清則小便利而熱自降。　扁蓄：扁蓄，治黃疸熱淋。除濕，殺蟲，利小便。　瞿麥：惡螵蛸。降心火，利小腸，逐膀胱邪熱。決癰消腫，破血，治淋，回乳。　常山：引吐，行水，截瘧開痰。瘧疾之主藥也。

解毒消腫藥論十八味　痘為毒症，凡藥皆為毒。計有氣分血分之不同，清火利水之各異。皆有耑司，而非一轍也。　荸薺：又名烏芋、地栗。益氣安中，開胃消食。除胸中實熱，消黃疸。化銅止渴。　金銀花：又名忍冬花。去毒，消癰疽之腫。成痂後之聖藥。行漿時禁用，日多傷濕。忍冬，消癰散毒。治脹滿下痢，痘後餘毒之主藥也。　連翹：又名連召。去心用之。回漿時用之，必佐攻散之藥。起脹禁用。痘後餘毒有功之藥也。連翹能瀉心火，有破結散聚、解毒消腫之功。排膿止痛。　天花粉：即瓜蔞根也。乳癰瘡痔、脾胃虛寒者禁用。花粉清內熱，消渴，除火，能消腫敗毒，生肌排膿，滑痰行水。　蒲公英：又名黃花地丁。蒲公英，解毒消腫。痘後骨節腫硬，並可搗膏外敷。能散血中之熱，拔毒敗毒之妙品，痘後餘毒必用之藥也。　珍珠：研細兌冲。珍珠，鎮心安神。能化元府之毒，護藏府，防內潰，生肌長肉。瘡症中之要藥。研細點目，去翳膜。綿裹塞耳，治聾聵。　牛黃：研細兌冲。牛黃護心解毒，利痰定驚。清心化熱之聖藥。　雄黃：研細兌冲。雄黃，辟(穗)〔穢〕惡蚊蠓蟲蟻。搜肝氣，瀉肝風，解百毒。　硃砂：又名丹砂、辰砂。研細兌冲。鎮心清肝，明目定驚，祛風辟邪，解毒。瀉心經邪熱，安胎止渴。　琥珀：研細兌冲。寧心通塞，散瘀，安神定魄。治癲邪鎮驚，破癥明目，生肌磨翳。燥脾土，利小便，並治五淋。　柏子仁：去油炒開。畏菊花。補心脾，潤肝腎。益智寧神，聰耳明目。益血止汗。　黃柏：瀉相火，補腎水。除濕清熱，解渴利水。治痔血腸風，殺蟲安蚘。頭瘡、口瘡，諸瘡痛癢，目赤耳鳴。　青黛：散鬱火，瀉肝熱，解中下焦蓄蘊風熱。治傷寒發癍。　大青葉：解心胃熱毒，陽狂發癍，黃疸，熱痢。丹毒，喉痺。　乳香：研用。活血調氣，定痛消腫。托裏護心，去腐生肌。去油用之。　沒藥：研用，去油。破血攻瘀，消腫生肌。與乳香同功，止痛之妙品也。　土茯苓：又名仙遺糧。通利關節。利關節，清濕熱，除骨痛。痘毒留於骨節，以之化毒而消患于無形。　人牙：治痘症倒靨，出之不快。能宣痘毒，煅用。

痘症目疾品藥十二味　羚羊角：清熱解毒，明目定驚，大清肝肺之熱。目中出痘宜之。　石決明：惡旋覆花。清肝肺之風熱，消翳障赤膜。火煅用之。　草決明：又名決明子。惡火麻仁。除肝經風熱，去翳膜，痘後目赤而流淚宜之。炒研用之。　冬瓜子：補肝明目，散熱毒癰腫，益脾止渴，利小便，消水腫。　蜜蒙花：治羞明多淚，一切目病皆除之。　菊花：去蒂用之。為朮、枸杞、地骨皮所使。散翳膜，止冷淚流溢。耑清頭目眩暈，能養目血。　木賊：退雲翳，止目濇癢之流淚。去節用之。脫肛痔瘻，升散火鬱風濕。能發汗解肌。　白蒺藜：散肝經之風熱，治目澁疼，磨雲翳。　青葙子：明目去翳。耑主瞳人散蒙開閉。微炒用之。　望月沙：用滾水潑汁，兌入藥品。又名兔矢。乃兔糞也。散目中之風熱，退赤去膜，開氣蒙，止目酸澁。　夏枯草：用莖葉。止目(硃)〔珠〕之痛。能舒肝經之氣結，補肝消瘻。　穀精草：散頭目之風，去眼中翳膜。痘症目疾之首藥也。

清肺熱化痰涎止嗽定喘藥品十七味　土貝母：治痘毒留肺，或成肺癰。專能清肺解毒，與貝母同功。　欵冬花：蜜炙。惡皂莢、硝石、元參。畏黃芪、貝母、連召、麻黃、青葙子、辛夷。為杏仁使。得紫(苑)〔菀〕良。潤肺消痰，明目瀉熱，止嗽。肺痿肺癰之要藥也。　紫(苑)〔菀〕：去(髮)〔鬚〕，蜜炙。惡雄黃、瞿麥、藁本、遠志。畏茵陳。欵冬為使。潤肺瀉火，補肺家虛熱。能開喉痺，調中止渴。治吐膿血。　栝樓仁：又名瓜蔞。糖心者佳。仁則研用。畏牛膝，反烏頭，恶乾薑。清上焦之熱，滌蕩胸膈之鬱結。潤肺瀉火，使痰下除。清利咽膈，止嗽定喘。　訶子：又名訶黎勒。開聲音，澁腸斂肺，開胃止瀉。治冷氣滑腸之要品。肚脹，瀉痢脫肛。去核用之。　枇杷葉：蜜炙去毛。降氣消痰，清肺和胃，嘔逆口渴。胃病薑炙，肺病蜜炙。　馬兜鈴：蜜炙。洩肺下氣。治痰嗽喘促，大腸滯熱，血痔瘻瘡。降氣清肺之品。　知母：忌鐵。清肺洩火，滋陰潤腎。消痰止渴，定喘安胎。除煩熱，退骨蒸，滑腸。　芙蓉花：清肺涼血，消腫止痛，散熱排膿，痘症催漿。乃散熱解毒之妙品。　馬勃：清肺解熱，散血止嗽。治喉痺咽痛，鼻衄失音。清瘟之首藥。　射干：療咽喉腫痛，解毒瀉火，散血消痰，鎮肝明目，開聲音，清肺熱。　五味子：惡萎蕤。得人參、五味子、麥冬，名為生脈飲。元陽欲脫者，服此立效。蓯蓉為使。收斂肺氣，滋腎水，生津益氣，斂汗退熱。補虛勞，解酒毒，定喘，斂汗，止瀉，除煩，止嘔，明目，澀精。　半夏：生則有大毒。薑炙用之。另有法夏，化痰如水。反烏頭、附子。忌天雄、昆布、海藻。惡皂莢。畏秦皮、生薑、龜甲、羊肉。為柴胡、射干所使。孕婦勿用。燥濕化痰，開鬱發表。下逆氣，止煩嘔，發聲音，利水消痰之聖藥也。五絕者，用生半夏末吹鼻中。急救五絕者，縊、溺、壓、魘、產。　柿乾：柿蒂、柿霜。潤肺澀腸，寧嗽健脾，消宿血。治肺痿咯血，腸風痔漏。霜生津化痰，清上焦心肺之熱，治咽喉口舌瘡痛。　杏仁：惡黃芪、黃芩、葛根。炒研用之，去皮尖。瀉肺解肌，除風散寒，降氣行痰，潤燥消積。治狗咬毒。　橘紅：去白為紅。除寒發表，下氣消痰，快膈道滯，利水破癥。宣通五藏，理氣燥濕之妙品。核能治疝痛，葉能散乳癰。　旋覆花：一名金沸草、金福花。布包煎之，代蓋殼蒸用。下氣軟堅，行水，通血脈，入肺、大腸經，消胸膈痰涎。去頭目風，走散之藥。　大棗：和中清熱，補脾胃，潤心肺。調中滲濕，悅色，暖陰血，中滿者忌用。

清·黃巖《秘傳眼科纂要》卷一　眼科藥要目雖曰肝竅，而五臟六腑之精華實聚焉。居至高之位，人之日月也。故治之者，製方用藥，稍異諸症。今略為類別，有志斯道者，宜細玩熟玩焉。

心經藥　惟夫黃連味苦而性寒兮，瀉心火之炎炎。黃連色黃，本入脾土，今曰瀉心者，實則瀉其子也。酒炒則厚腸胃，而去腸胃濕熱兮，亦除火鬱肝膽之為患音凡。梔子味苦而性涼兮，佐黃連而瀉心火，解三焦上、中、下之熱鬱兮，火刑金而亦保。肺被火剋，火瀉則金寧。利小便梔子能使三焦之火曲屈從小便出，肺清則氣化行，而小便自利也。而治火眼兮，胃腎涼而自可。至若黃芩之品，苦寒入心，瀉中焦脾胃之實火，除脾家濕熱之相侵。枯芩酒炒則上行而瀉肺，條芩中實則除大腸肝膽之熱淫。治目赤作痛，紅腫白睛。連翹微寒而味苦，入心及胞絡氣分之英，為十二經瘡家聖藥。散諸經氣結而血凝，清無根之火邪上壅頭目，消百般之熱結腫痛留停。牛蒡一名鼠粘子，一名惡實。利咽膈，理痰嗽。辛，平。潤肺之功。消癍疹，解腫毒，消熱散結。虛瀉忌服。性冷而滑。若夫菊花之甘苦兮，能益肺而及腎。肺氣清，則金能生水而腎益。制心火而平肝木兮，火不剋金，則金能平木。養目血而無眚。眚，灾也。火清則血寧。除翳膜而退腫淚兮，肝熱則生翳，木平熱退則翳除，故凡平肝之藥，皆退翳之藥也。肝主淚，熱退則淚止。使金水之常靜。又薄荷之清涼兮，消肺風而散肺熱。肺受風寒而欬嗽兮，目因風腫而莫缺。惟麥冬之甘寒兮，功清心而兼潤肺。除肺熱而解煩渴兮，煩出於肺，肺主渴。治虛勞而熱可退。羌柴胡之苦寒兮，氣味薄而性升揚。行少陽膽、三焦、心胞與厥陰兮肝，功專和解之方。引清氣而上升兮，散肝膽之邪干。干，犯也。平十二經之血凝氣聚兮，功(日)〔同〕連翹，連翹治血熱，柴胡治氣熱。治頭眩目赤之並良。惟陰虛火動之必禁兮，陰虛火動，凡升藥俱忌用。并禁用于戴陽格陽。陰虧是真水虧，相火無制而遊行頭目、喉口。戴陽、格陽是下元寒火，畏寒而飛上。爾其犀角苦酸，性味鹹寒，清胃大熱，涼心瀉肝，化血解毒，除翳去障。叶章。羚羊角鹹苦微寒屬木，諸羊皆屬火，而羚羊獨屬木耳。去障翳而祛風，能清肝而明目。泄手少陰心之邪熱兮，散甲膽乙肝氣肝氣多而主怒，怒則氣逆而上結。血肝藏血之逆鬱也。

肝經藥　若夫白芍苦微酸寒，瀉肝火，肝以斂為瀉，白芍酸，酸則能斂。補肝傷，肝以瀉為補，火退則肝血不傷而自足，故曰補肝。腹痛止，痛為肝木剋脾土，白芍能伐肝，故止腹痛。若腹痛因營氣不和，白芍藥能行營氣。脾肺安。木不剋土，則脾安土旺，能生金，則肺安。惟赤芍之主治兮，與白芍其畧同也；尤瀉肝火而散惡血兮，為血熱目赤之必庸也。庸，用也。赤芍散而瀉之為功兮，白芍主斂夫陰氣之汎汎音(驅)〔漂〕，浮也。也。白兼益脾土而緩中兮，緩中，故止痛。《經》曰損其肝者緩其中，故調血也。赤專行乎滯壅也。　夫豈若龍膽草之苦寒兮，性沉陰而下行。益肝膽而瀉肝火兮，肝以瀉為益，非止補肝也。功兼入夫膀胱。下除下焦之濕熱兮，又上行而治夫翳障。努肉肺熱攀睛心熱之刺痛兮，目紅熱淚之必蕩。目紅心熱，熱淚肝熱。　爾其疎上焦之肝氣兮，必用柴胡。平下焦之肝氣兮，則青皮。其善夫性苦溫而味辛兮，疎肝破滯之必須。肝鬱積而多怒兮，惟青皮之可驅。　于是秦皮苦寒色青性澁，補肝平木，能除肝熱，故曰補肝。故治目疾，痘後翳膜用之勿失。　青葙寒微，肝藉以平，能祛肝經風熱，治翳及青盲。初起可用，瞳子散大者忌。　柴胡註見心經。　黃栢註見腎經。　黃芩註見心經。馬蹄草決甘苦鹹平，瀉肝風熱治眼翳盲，專治目疾故曰決明。痘後退翳，始終可用。　惟蔓(京)〔荊〕子辛散微寒，輕浮升散，入肝胃膀胱，搜風止淚，祛邪在肝。　細辛腎經本藥，辛益肝膽，散風之功。太陽風邪，足太陽膀胱為腎之腑。肝風淚眼，故宜用之。多則不敢。不可過一錢，多則氣不通，悶絕而死，無傷可驗。兩胞緊夫大黃大苦大寒，入心胞脾胃，兼入肝、大腸，一切實熱，功力能蕩。

腫痛，呼叫難當，血熱燥結，用之絕良。其性浮而不沉，走而不守，若邪在上，法宜酒煮，或用酒洗。引致至高，功無出右。　楮實甘寒，補肝補腎，明目充肌，宜酒蒸浸。　夏枯草微寒辛而兼苦，氣稟純陽，肝資其補，解肝熱散結氣，功亦可數。睛珠夜痛，加甘草、香附，一服奏功，無出其右。　川芎辛溫，氣升味盛，為少陽膽引經之藥，入厥陰肝氣分之品。乃血中之氣藥。助清陽而開諸鬱，潤肝燥而散瘀眚，除肝風目淚之涕洟肝熱兮，止少陽頭目之痛警。

脾胃經藥　石(羔)〔膏〕甘辛，體降味淡，陽明胃主藥，熱渴可嗽。色白入肺，兼入三焦氣分，故為治熱渴之要藥。陽明胃目熱脹痛慘慘，清熱降火用之放膽。用石(羔)〔膏〕須重一錢，八分則無力。　朴硝鹹寒，大下實熱，蕩滌三焦腸胃實熱。目赤障翳，因熱必設。　玄明粉力稍緩，朴硝血熱目腫，服之亦消。　石斛甘淡，入脾而除虛熱。　木斛鹹平，入腎而濇元氣。一云補腎虛。　益陰強精，亦有清熱之功。　暖水臟，平胃氣。　地膚子洗眼，治雀盲澁痛。　味苦性涼，除胸中熱壅。洗皮膚之風痒，利膀胱之澁痛。若云久服聽耳明目，亦濕熱去而頭無壅故之也。　厚朴之力，苦降辛溫，調脾平胃，功在寬中。厚朴能散諸滿。　甘草甘平，無用不可，炙則溫中，生則瀉火，通行十二經絡，能解百毒。國老。用之，益氣補中，瀉火解中，俱宜重用。

肺經藥　黃耆甘溫，生用固表，炙則補中益氣。　氣虛莫少，瀉陰火而解肌熱，煩勞則虛而生熱，得甘溫以益氣而邪自退，故曰瀉火。　生血陽生則陰長。肉血充則肉長。　而理非謬。　人參甘苦，大補元氣，肺主氣。　瀉火得升麻瀉肺火，得茯苓瀉腎火，得麥冬瀉心火而生脈。心生血，氣行則血行而脈生。得甘草、黃芪甘溫而退虛熱耳。　滋陰人參從陽藥則補陽，從陰藥則補陰。　健脾益土之功。　生肺，生金之功。　明目火邪退，則目明。　開心，添神心藏神。　定悸，火邪退，則心寧。　消煩止渴，火瀉則(有)〔煩〕除，津生則渴止。　其功無比。　萎蕤之號，一曰玉燭。　眦爛目痛，風淫濕毒，益氣潤心肺，其功曰獨。　五味子性溫，五味俱備，酸鹹為多。專收斂肺氣，滋水生津，氣益則津生。　用宜慎矣。　瞳子散大，脈數有火，復用收斂，斷乎不可。　天冬苦寒，入肺氣分，益腎水母之上源，肺為腎母。　清肺金火邪之用。一說謂能引熟地至所補之處，潤心肺，利二便及陰虛有火之症。　欵冬花純陽，瀉熱潤肺，洗肝明目。此句本眼科藥要也。　治嗽為最。　桔梗色白，白屬金。　辛苦而平，入肺氣分，兼入心胃經，為藥舟檝，載之上騰，開提氣血，此品稱神，清升濁降，頭目自寧。　枳實力猛而治膈胸，枳殼力緩而寬腸胃，破氣行痰，功消脹痞。

主治畧同，虛人則諱。　若夫檳榔辛溫散邪，苦溫破氣，消膨定脹，其捷無比。　白茯味淡，滲濕利竅。白入肺氣分而補心脾之益多，赤入心血分而利濕熱之功厚。　貝母微寒，散肺鬱瀉心火，清燥痰貝母寒潤，治肺家熱痰。半(下)〔夏〕濕燥，治脾家濕痰。　而解肺鬱兮，降心火而寧肺經。　治盲眼而定目眩兮，火熱上攻。　功專散結故治惡瘡。　而平嗽氣之上騰。　前胡體白白屬金，故入肺。　而性降兮，柴胡性升，前胡性降。　功專下氣而消痰，氣有餘則為火，火盛則痰生，下氣則火降痰消。　故能暢肺而解風寒兮，散肝膽大陽膀胱之邪干。干，犯也。　肝膽經風痰，非前胡不能除。　清肺去熱而明目兮，治傷風咳嗽之連連。　若夫葶藶子瀉陽分氣閉，肺主氣。　大黃瀉陰分血閉。　肺中水氣膹急者，膹，奔也。　非此不能制矣。　消腫脹而定喘嗽兮，皆瀉火泄濕之功。　腫痛明目之皆倚。　桑白皮甘寒而瀉肺火兮，泄肺火邪，非泄肺氣。　亦止嗽而清痰。肺中有水則生痰而作嗽，水泄則痰清而嗽止。　桑葉甘寒而入陽明兮大腸、胃，煎水洗風淚之如拈。經霜者煎洗眼，去風淚奇方，每年九月二十三日桑葉煎水洗目，一次永無昏暗。　知母辛苦而寒滑兮，上清肺金而瀉火。下潤腎燥而滋陰兮，黃栢入肺腎血分，知母入肺腎氣分。　消痰止渴之皆可也。莫非清火之用。　惟麻黃之辛溫兮，為肺家之主藥也。　專發汗而解肌兮，去營中風邪之相(薄)〔搏〕也。　入太陽膀胱而走心與胃兮，心主血。汗者，血之液。　走心，故發汗。陽明主肌肉，入胃故解肌。　故諸經散劑之必托也。　目因風熱而腫痛兮，用之宜而可却也。　彼百部之甘苦兮，而其性則微溫。　為寒嗽之所宜兮，曰瀉火則巖未之前聞也。

腎經藥　維夫滋腎水，補真陰，填骨髓，生血精，聰耳明目，則熟地黃是清虛熱養血之上珍也。　瀉丙火小腸，涼腎心，平諸血逆，如吐衂崩中之類。　清燥金，則生地黃是消瘀通經之仙(櫨)〔靈〕也。手足少陰心腎厥陰心厥陰退陽滋陰，吐衂尿血驚有觸而心動曰驚。悸無驚而自動曰悸。有因水停心下，火畏水，故悸。怔忡，即悸也。　則乾地黃是涼血調經之楚萍也。　甘溫兮和血，苦溫兮助心散寒。　養營血兮長肌肉，血旺則肉長。　澤皮膚兮潤胃腸。　血滯兮能通，辛溫能行血分也。　血衰兮能昌，排膿兮止痛，血和則痛止。　惟當歸之最良。　若其頭生血而上行，身養血而中守，尾破血而下流，須細如線者，稍大反壯血。　全歸活血而不走。　川產者善攻，秦產者善補。頭圓尾多，肥潤氣香，名馬尾歸，良。　又一身之異，宜道地之或有者也。　至若元參苦鹹微寒，色黑入腎，能壯水而制浮游無根之火邪，故治目澁喉痛之立靖。皆虛火浮泛為病。　枸杞子兮甘平，補肝腎兮，助陽生津；故治嗌乾消渴。去風明目兮，壯骨腎主骨。強筋。肝主筋。其根名骨皮兮，甘淡而寒；降肺中之伏火兮，泄虛熱於腎肝；內治五內之邪熱兮，外治肌熱骨蒸之有汗。惟牛（七）〔膝〕之苦平兮，性滑竅而下行。酒製而酸溫兮，強筋益腎。亦所能生散惡血而破癥結兮，治喉痺齒心腹痛與五淋。若菟絲子之甘辛和平兮，得正陽之氣也。補三陰而強陰益精兮，溫而不燥，不助相火之為厲也。能祛風而明目兮，精寒淋瀝之必餌也。于是有覆盆子美如珠，益腎藏，補肝虛，故能明目。縮小便，烏髭鬚。蒺藜子苦補腎，辛泄肺，散肝風，益精氣，墜生胎，破瘀血。凡辛散藥而云補，非正補也。去其餘則真元復，而本臟自甯，故亦曰補。昔人謂肝以散為補，此語最悞後生。蒺藜泄肺散肝，是其所長；補腎益精，必非其性。惟沙苑七蠽，小如蔴子者，無刺，綠色，似腎，微（妙）〔炒〕，用以補腎，則大似有理。〇《瑞竹堂方》：凡齒牙打動者，用白七蠽根燒灰摻。又不若肉蓯蓉之鹹溫兮，入腎血分而補命門相火，潤五臟而益髓強筋兮，生精血而不言。

緊磁石之中和兮，諸石性皆猛悍，不可服，惟磁石中和，可服。妙能益夫腎精。質重主鎮養乎真陰兮，使目中之神水不外移也。配硃砂以鎮養乎心血兮，使邪火之不上侵。加神麯以消脾滯兮，助胃土而養生發之氣靈。此道家黃婆媒合嬰兒之妙理兮，方久註夫孫真人。孫真人《千金方》磁石丸。愛丹皮之微寒兮，入手足之少陰心腎厥陰心胞肝。功專泄夫血中之伏火兮，伏火即陰火，陰火即相火。和血涼血而通經，為吐血衄血之必用兮，又退無汗之骨蒸。至若黃栢辛苦，泄腎陰火，除下焦濕清熱，諸痿皆可。濕熱傷筋，筋弛長而不束骨曰痿，合蒼朮名二妙散，為治痿之要藥。目赤耳鳴，火降則好，斯皆腎經之良苗，惟善用者之不左也。

祛風藥　風之中人不一，藥之施治難同。藁本治太陽之腦痛。羌活理太陽之遊風，兼入肝經氣分，散目赤兮有功。入腎經兮氣分用獨活，理伏風兮不可缺。細辛辛而益肝脾兮，若治拳毛之倒睫。細辛足少陰腎主藥，兼入肝脾。倒睫，肝脾之病。葛根甘平，生津止渴，能升胃氣之陽，為發汗解肌之藥。陽明主肌肉。升麻則脾胃引經之品，兼入陽明大腸（大）〔太〕陰肺之窟，能表散夫風邪，並升發夫火鬱。止痛連夫齒頰，火鬱陽明經。解時氣兮癘毒。至若眉稜骨痛，目癢淚出，散風除濕，白芷之功豈不。白芷陽明主藥。蘇葉兮辛溫，散寒定喘兮，利肺之功。益脾兮開胃，故宜飪夫魚鯆。薄荷之辛涼兮，能散能清。搜肝抑肺兮，利頭目之不清。前胡之性雖陰而降下兮，功化痰而散風熱之淫。若夫蟬退去風熱，除目翳，發痘瘡，定驚悸。去風之功。天麻入肝能燥血液。血衰及類中風者忌。諸風眩掉肝病，頭旋眼黑，頑痺驚癇，用之斯得。緊曰附子之辛熱兮，引藥而上行。治頭面之遊風兮，故定口眼喎斜之癇驚。蔓（京）〔荊〕子之搜風涼血兮，入太陽膀胱與胃肝之經，能治夫目赤、齒痛、頭痛、耳鳴。至若上行除脾胃之濕，下安（大）〔太〕陰，脾，使邪氣不傳脾。升陽氣于胃中，散風寒于陽明胃，燥胃強脾則蒼朮之所能也。于是椒目行水道，川椒純陽大熱，入胃則燥濕消食而除脹，入肺則散邪祛冷而發汗（叫）〔散〕寒。補相火而導腎氣逆，性能下行，導腎火以歸元。獨肺胃熱者之禁嘗。又豈若白菊花之能制心火而平肝木，使肺金之長安處於清涼也哉。

涼血藥　予觀夫胡連苦寒，能消果積，故疳症用之。平三消上消肺熱，中消胃熱，下消腎熱。與五痔，牝痔、牡痔、脉痔、血痔、腸痔，皆血熱為病。解五心乎煩熱，能涼心之功。鬱金辛苦氣寒純陰，其性輕揚上行入心，涼心熱散肝鬱治婦人逆經，經不下行，上為吐衄。行滯氣而不損夫氣之正，破瘀血而亦能生乎血之新。與夫丹皮、骨皮、黃連、犀角、羚羊，斯皆涼血之當披尋者也。

散血藥　惟元胡索之苦辛而溫兮，為活血利氣之上珍。入手足太陰肺、脾厥陰心胞、肝兮，治內外諸痛之因夫血結而氣凝。惟紅花之治血兮，少則養血而多則行血；通經閉而涼痘血熱兮，又治喉痺產後血悶之若神。至若桃仁苦泄，血滯而行瘀血，甘緩肝氣而生新血；破血連皮尖而生用，活血去皮尖而炒熟。蘇木則入三陰血分，行血去瘀，產後血痛，脹滿欲死。劉寄奴破血金瘡之要，散血行血芫蔚子其妙乎爾。其紫草茸之鹹寒而通性滑兮，故能利九竅而通二便也。脾虛泄瀉忌用。功涼血而活血兮，故能治夫痘瘡血熱而毒盛也。和血專數夫血竭兮，故能治夫金瘡折跌血聚內傷。功止痛而生肌兮，多使反能生夫膿漿。豈若香附之辛苦兮，治諸氣滯而言良。味辛而能散兮，味苦而能降，利三焦而解六鬱兮，止諸痛而愈瘡瘍。瘡瘍皆由血凝氣滯所致，通則不痛。通行十二經八脈兮，善治胎產與多怒肝主怒氣，行則怒解矣。脹於是。五加皮辛苦而溫，風濕能戡，堅骨益精，除濕之功，濕去則腎藏寧而精骨自益。順氣化痰。濕去則氣自順，而痰不生。逐肌膚之瘀血，療筋骨之拘攣。防已治下部之水濕，因濕而生紅腫之患。苦參利九竅而祛濕熱，除目淚肝熱而去大風之干。至若赤芍、歸鬚、青皮、夏枯、元參、薄荷、升麻、杜仲、牛（七）〔膝〕，行血散血。斯皆散血之品，願學者之勿模糊者也。

退腫藥　腫有寒熱半，則因風宜涼宜散，治各不同。朴硝、大黃、赤白芍、枳殼、連翹、桑皮、車前利水。玄明粉泄脾。菊花、鬱金、元參、秦皮、楮實甘寒，熱腫則宜。荊芥甘溫，香附甘辛。麻黃、蒼朮、羌活、防風、葛根、升麻，用之風腫，其効稱神。蕤仁微寒，一云甘溫。益水治目，目赤腫痛，眦爛淚出。

止淚藥　冷淚長流，是曰肝虛，肝主淚。夏枯、氣稟純陽。枸杞補之為宜。若因風熱淚下如滾湯，白附去皮、秦皮、去風熱。（京）〔荊〕子去皮、青（廂）〔葙〕、去風熱。菊花、去風熱。龍膽。去肝濕熱。溫散蒼朮、香附。又若訶子之苦能泄氣兮，味酸而斂肺降火；濇能收脫而止瀉兮，溫調中以開胃消食；功斂嗽而化痰兮，收脫肛與瀉痢；初起忌用。開聲音而止渴兮，亦酸而能生津之謂也。與五倍子，一名文蛤。之酸濇兮，性則寒而降火。一云溫。能生津而化痰兮，止嗽斂肺之皆可也。堪洗眼而消目腫兮，煎水洗。去風止淚之皆妥也。至若青鹽、食鹽，泡水，俱可洗眼去癢。皮硝即朴硝。酸鹹，止癢止淚，功有同，然又不若枯礬之兼收風淚，而治爛弦風淚也。

退翳膜藥　五臟精華聚于目兮，烏輪屬肝。熱則生翳兮，平肝之藥皆退翳兮，翳有新久寒熱分兮。木賊氣升性溫，能退翳膜。蒺藜苦溫辛溫，益精明目。與穀精兮，性皆辛溫。初起之翳忌兮，久翳平陷，久病翳陷，人參能起。參能起兮，初起之翳用之大所忌兮，其餘草决、性寒，入肝。牛蒡、辛涼，利肺。犀角、涼心。羚羊、角，涼肝肺。芒硝、鹹寒，入腎。瞿麥、苦寒，降心火，利小腸，明目去翳。石决、鹹，平，除青盲內障，水飛過，點外障。青葙、味苦，寒，治青盲障翳，瞳子散大者忌服。蒙花、甘而微寒，治眼中赤脈，青盲，膚翳赤腫眼淚，小兒疳眼。膽草，涼肝。新翳其良。翳自上下兮，病自太陽膀胱經，羌活藁本兮，茺蔚子麻黃。翳自下上兮，脾胃之傷。石（羔）〔膏〕降胃火。石决兮，鎮墜為上也。翳自兩眦遮睛兮，來自少陽膽，荊芥柴胡兮，草决青葙。蟬退蛇退二退兮，取其善蛻之長也。至若望月砂、赤秦皮、菉豆殼、鳳凰衣、海螵蛸、即烏賊骨。草决并青皮，痘後新翳最相宜。年深久目不紅，溫散翳膜法不同。七鼈、蟬退、穀精子、木賊，升揚却有功。若夜明砂兮溫甘，治鷄盲兮青盲，加石决兮豬肝，號石决夜靈丸兮有方也。又若冰片之大辛熱兮，能拔火邪而外出也，點目赤而去膚翳兮，亦火鬱則發之之義也。誤以為寒而常用兮，斯犯乎不點不瞎之戒也。

止痛藥　凡諸腫痛兮，都緣氣滯而血凝。欲行氣而活血兮，氣行血活而痛止。惟乳香沒藥之有能也。血痛配夫川芎當歸兮，因風痛必合防風荊芥之類，虛痛加於補劑兮，熱痛必與涼藥俱登。若單用之以止痛兮，雖乳沒其何能也。

細料藥　爐甘石甘，潤。胃經藥，止血消腫，收濕除爛，退赤去翳，為目疾之要藥。製法注八卷，備方。珍珠、琥珀、瑪瑙、珊瑚俱生用。去翳明目。石燕、石蟹俱研末，飛過，日乾用。去翳膜，除昏淚。硃砂甘，寒。能鎮瞳仁，退火消翳。硼砂清熱退火，明目。磠砂取明亮潔白者，打碎，乳汁浸一宿，或用田螺水煮過，瓦盛焙乾，研為細末。云多年老膜，努肉攀睛，以其爛肉之功。勿多用。膽礬去翳膜，除風。黃丹每一兩用黃連一兩、薄荷五錢煮水飛過，日乾用。去翳膜障，除昏明目。銅綠治爛弦風，用蜜調塗，碗底覆轉，以艾燒烟薰黑用。去翳障，治爛弦風，鎮肝鉤涎，止金瘡出血。輕粉一名膩粉。無製，要取真者。研末，和藥。除昏收淚，明目。不宜多用。明礬凡除風止淚止翳，明目。枯礬見上。冰片見上。（射）〔麝〕香無製，揀真者入藥。通關竅，踈風熱，開翳膜。蕤仁紙包，打去油用。去翳膜，治風釘白釘，為風毒要藥。熊膽用黃連水化開，入甘石，日乾，為末用。去翳膜，退熱，明目。牛黃性涼。無製。鎮心，去翳，安魂安魄。血竭用燈心同研。散血，明目。牙硝火煅雪白，放地下一宿。止風淚住癢，除翳。白丁香即麻雀糞，尖而白成粒者佳，黑頭者不用。取白者，用三黃湯煮過，復用清水飛過，日乾。性能爛肉，不可多用。去努肉攀睛及多年老翳膜耳。白蜜煉好。止痛，明目。雄黃取鮮明者，研為細末。搐鼻以解風熱，散翳開障，目暴病者用。海螵蛸即烏賊骨，一名墨魚骨。去翳膜，止淚。翠白即上等磁器片，用烏火煅紅，候冷。取青翠者，研細末。能磨翳膜。龍骨真龍骨，火煅研至無聲。去老膜，止風淚。巴霜性熱。用紙包，打去油，極淨。有爛肉之功，去老膜、除翳障之効。大通丸用之，通大便有捷効。金精石火煅，研細末，水飛。去翳，除青盲、老膜。金錫即蜜佗僧，一名催千。金色者研為塵，飛過。去久障翳膜。青魚膽味性苦寒，取汁作膏，點眼。有人用製過甘石裝入，或有用黃連裝入，候乾作末，點眼，去熱明目。羊肝甘，溫。補肝虛，明目。猪膽苦，寒。取汁熬膏。除昏翳，明目。雞膽苦，寒。取甘石末和汁，日乾，研末，點眼除風障。鼠膽無製。取汁，點目眦，治雀眼。蚺蛇膽：甘鹹，有小毒。用水研。點目眦，止目痛，塗目皮外消腫。磠砂敲碎，用田螺水煮過。葛師用三黃湯煮過用。

分類　去翳膜：鳳凰衣即哺出雞子之硬殼第二層衣。猪肝子　白丁香　山藥　蛇退　秦皮　珊瑚　石决明　青葙子　芒硝　紅躑躅兼虛補。穀精草初起忌用。木（宅）〔賊〕初起忌用。朴硝　琥珀　白七鼈止睛痛。白礬　附子去寒障。蜜止淚益肝。蟬退　熊膽兼散血。巴戟兼補虛。

海螵蛸洗翳。去風：荊芥去血中風。薄荷入肺。羌活入太陽。防風兼止淚。川芎兼止血。土芎去頭風。骨皮止風熱。草烏　芫花　夜明砂　蒼耳子　白附子去頭面遊風。明目：琥珀　車前　牛膽　蒼耳　地膚　龍腦　人參　菖蒲去頭風。白菊　蒙花　青魚膽　欵冬花　涼臟：黃芩涼血。牙硝涼心。甘草　栢皮俱涼肝。黃連除熱解毒。黃栢涼肝解熱。商陸退腫熱。牛蒡涼心。熊膽涼血去翳。草决涼肝。梔仁瀉肺。連翹瀉心火消腫。地膚兼明目。桑皮瀉肺。兜鈴去肺熱，止嗽。補虛：黃芪補虛益肝。前胡　楮實俱補肝。白茯　菟絲兼止虛淚。躑躅　蒼朮兼去赤。桔梗兼退寒熱。巴戟補腎。人參兼退凝血。白芍兼止睛痛。蓯蓉兼止虛淚。犀角心涼則血甯故曰補。當歸活血。陳皮平。杞子益肝。去頭風：土芎　獨活止頭痛。旋覆花　石(羔)〔膏〕俱止頭痛。退血活血：生地　人參俱退血。紅花行血。熟地活血。杏仁消血。歸身活血。石(羔)〔膏〕去血。凌霄花去血。淚澁眵腫痛：磁石治目昏爛。乳香止痛。葶(力)〔藶〕散腫毒。蕤仁點赤眵。枳殼解眵澁。蝙蝠開青(肯)〔盲〕。杞子止虛淚。石蟹治青盲痛。商陸退熱腫。白芍止睛痛。蒺藜止睛痛。蓯蓉補虛止淚。梔子止熱淚。槐花止熱淚。連翹消腫。青魚膽止目暗。膽草止睛痛。五棓止腫及淚。(一)〔鬱〕金退熱腫毒。蔓(京)〔荊〕子止赤及淚。

眼科藥性相反　鹽醋反菖蒲。豬肉反羊肝。魚反石决明。鷄反菊花。麪反羚羊角。鴨反蒙花。酒反蟬退。葱反蜜。甘草反甘遂。

清·蘇氏《秘傳痘麻纂要》　治痘藥性　痘有虛實之殊，藥有溫涼之異。用藥如用兵，貴識其性。立方如立陣，必定其制。發散乃作先鋒，溫補宜為後隊。故升麻升發元陽，堪散瘡痍。鼠粘清利咽喉，透肌解毒。羌活有運毒定表之能，防風有散邪逐毒之妙。白芷疎風，痘毒憑之發散。紫蘇流氣，實邪藉以驅除。利咽喉而清氣道，能發散而善開提，功必資乎桔梗。分清濁而利小便，消痘毒而去膨脹，效莫大於腹皮。赤芍能攻血滯，解熱止痛。元參肅清氣道，降火除丹。(輕)〔清〕其表而涼其內，功在翹、荊。疎其肌而發其壅，妙在蟬、朮。乾葛療肌而退胃熱，甘草和中而解痘毒。獨活散邪，前胡安表。痘若乾紅，加入紫茸。滑石通竅，壅毒堪行。紅花有活血養血之功，生地有涼血行血之效。黃栢消斑熱，人尿救黑瘡。解(溫)〔血〕毒於忍冬、黃連，惟熱盛堪用。定心煩於麥冬、五味，有渴症宜加。牡丹皮去血中之毒，壯熱煩紅為聖藥。地骨皮去氣中之毒，毛焦熱甚是良方。川芎引清陽而達表，勿缺於未(點)〔滿〕之先。芍藥斂陰氣以扶陽，可多於漿足之後。人參益內，黃耆實表。而氣虛不振者，用之奏捷。官桂有鼓動陽氣之能，惟虛寒不起者賴以成功。大附子反本回元，扶虛寒之作戰慄。天花粉消痰清胃，收肺氣以發聲音。木香順氣而理脾寒，泄瀉可止。厚朴溫中而平胃氣，腹脹堪消。山查善誘瘡疹，能消食積。理滯氣於補益方中，解鬱結於透肌湯內。僵蠶只利於肌膚，捐風定痒如神。糯米能溫於中外，助漿壯神有驗。山藥、扁荳，益氣助脾。當歸、地黃，補血強陰。肉荳蔻溫脾胃而止瀉，訶梨勒斂肺氣而澁腸。菉豆解疔毒，煩渴尤除。壁土清胃熱，嘔瀉能安。鹿茸、雞冠血，灰白頂陷者，用之以鼎峻。黃荳、人乳汁，膿漿清薄者，助之以充暢。其諸藥味，各有主張。春夏桂、附少服，秋冬芩、連莫嘗。瘡若乾枯，茯、朮非其所益。色如紅艷，參、耆豈其攸良。荀偏行補法，未必人人怯弱。若執用辛溫，豈應個個虛寒？當用則用，當去則去。藥隨病更，機臨時變。升麻雖有提沉拔溺之功，勿進於未點之先，惟瀉甚而堪投。身無壯熱，休加乾葛、柴胡。臉不煩紅，勿進芩、連、翹、荊。壅遏只許疎通，投補劑而胸膨減食。內熱只宜清利，多發藥而表爛瘡疼。熱鬱心煩，丁、桂湏防患目。便溏胃弱，芩、連悮用夭亡。泄瀉酸臭，先宜消導，訶、蔻不可以遽止。嘔吐清冷，急宜和胃，連、梔安得以入湯。胃虛弱而補陰，恐增泄瀉。三焦壅而益陽，慮發躁狂。喘滿便清，虛煩亦可補。氣粗膨脹，閉結益可通。色灰便滑者，紫草禁用。氣虧溺數者，木通休嘗。故芩、連解熱毒於未判，荊、翹清血熱於血泡。若還勢在行漿，此味皆為所忌。人牙齒雖能發鬆肌肉，過用則肉裂皮綳。穿山甲實可振揚痘毒，多施則虛撞空殼。藥味不求異人，取效在乎常品。明此一篇，思過半矣。學者留心，謹慎毋忽。

凡用藥解毒，要別臟腑、分陰陽而治。如黃連解心火，黃芩解肺火，梔子解肝火，黃栢解腎與三焦火，石膏解脾胃火，木通解小腸火，黃芩又解大腸火，連翹、牛蒡解瘡毒火，山荳根、紫草茸解痘毒火、升麻解疫毒火。藥性各經絡，主治有不同。

清·佚名氏《雙燕草堂眼科》　藥性使用製法　熊膽：極痛，能去翳膜，能辟塵者真，方可用。將株葉盛之，下又用株葉燒烟熏之，以油盡為度。或用黃連湯化。　硇砂：味鹹辛，有毒。極痛，能去翳膜及臭肉。出西戎，形如牙者真。製用：（卜）〔薄〕荷甘草湯，澄去泥渣，用銅鍋煮乾，飛上器傍如雪者，可能努肉及久年老膜，以其有爛肉之功。但不可多用。一有用三黃湯煮乾。　青鹽：散敗血，收風，極痛。製用：滾水淘去泥沙，又用上清水銅鍋煮乾聽用。　銅青：性寒，味苦。散濕跦風，收爛弦，去熱淚。製用：水浸一日，研細，去粗，入銅鍋內煮乾，或用醋製亦可。去翳痛爛弦風，止淚，鎮肝釣涎。　石蟹：味酸，寒，無毒。治青（育）〔盲〕翳（瘴）〔障〕。生南海。是尋常蟹深久水沫相着成化石，每過潮即漂出。細研，水飛，入藥或用醋製過。　膽（凡）〔礬〕：味酸、辛，寒。治青（育）〔盲〕，通竅止淚。有毒。去痛。無製。生益州山谷。　硼砂：味甘，寒，無毒。明目流火，清熱，鎮瞳人。用水飛過用。鹹水味寒涼，去浮翳（瘴）〔障〕，收爛弦，跦風散血。好眼不用。製用：綠豆粉炒過用。　空青：服中空，外青色，故名。生益州及越崖山凹。　曾青：味酸，微寒。能去痛，止淚。生蜀中山谷。

白青：味甘、酸。能明目通竅。　（厷）〔雄〕黃：味苦，溫。去息肉，搐鼻以鮮風熱，散翳（瘴）〔障〕暴病用。　雌黃：味大寒，有毒。去息肉。生武山。金精則為雌黃。　（凡）〔礬〕石：味酸，寒。治目（育）〔盲〕，除熱除風，止淚開翳。製用：火煅枯。　輕粉：味甘，平，有毒。不痛收風，去爛弦，止淚及翳（瘴）〔障〕。原本水銀出，即膩粉。不宜多用。　海螵蛸：味酸、辛。不痛，除目翳，止淚，收弦。製用：濕紙包，灰火煨過。　全蝎：有痛，去翳膜。　血（蠍）〔竭〕：有痛。血（瘴）〔障〕痛者宜用，餘者不用。燈芯仝研，成粉。　（射）〔麝〕香：有毒。不痛，通竅，跦風熱，開翳膜。蕤仁：去翳（瘴）〔障〕。用帋包，搥去。　黃丹：味平甘，大寒。用滾水泡去泥沙，擂碎，飛過。　珍珠：味甘，大寒。出石決明中。去赤膜浮雲。用豆腐包，煮一時，再用火煨，待豆腐焦乾，搥碎，水飛用。　瑪瑙：味辛，寒。治翳膜。搥碎生用。　珊瑚：味甘，平，冷。去翳膜。搥碎生用。　琥珀：味甘，平，冷。去翳膜。搥碎生用。　錫金：味酸、苦，有大毒。製用：（凡）〔礬〕石火內化水，入金錫在（凡）〔礬〕石內枯過，水乾用。　巴霜：味大熱，苦辛，有大毒。能逐水走。用帋包，搥碎去油盡用。甘草（卜）〔薄〕荷湯煮過。　鐺靈砂：味甘，大寒。生肌散血。用綿帋篩過用。　白丁香：味熱。治翳（瘴）〔障〕努肉，扳睛用。（厷）〔雄〕尖者乳浸，一（用）用三黃湯煮過，又用清水飛過。性能爛肉，不可多用。　牛黃：不製極痛。能除釘翳及白點，又鎮心安神定魄。將牛黃放指甲上，有紅色映指甲下者，即是真牛黃也。　阿魏：味苦。去翳膜。無製。將阿魏水濕銅錫內一夜。狐臭難當其氣盛，阿魏處如銀者真。　龍骨：用濕帋包煨，不可焦枯。能點翳，去老膜，收風雨。　連末：去翳膜，涼血，鮮藥毒。煎汁熬膏用亦可。片腦：味辛，大寒。性熱能明目，去赤翳。合粕米灰不耗。不可多用。

綜述二

金·劉完素《素問病機氣宜保命集》卷下　藥略第三十二附針法：　羌活治肢節痛，太陰經風藥也。　防風療風通用。　甘草和中，調諸藥。　肉桂通氣助陽。　桂枝閉汗和表。　麻黃發太陽、太陰經汗。　桃仁滋血破血。　黃芩瀉肺氣。　雄黃去風。　白芷治正陽明頭痛。　知母泄腎火，助陰。　石膏瀉肺火，是陽明大涼藥。　半夏去痰。　柴胡治少陽厥陰寒熱往來。　芍藥止脾痛，安太陰。　人參補氣和中。　瓜蒂治濕在頭，去中脘痰涎，吐藥。　赤豆利小便。　杏仁潤肺除嗽。　蒼朮溫中，去濕熱，強胃。　草烏頭熱行經。　南星治風痰須用。　天麻治頭風。　神麯消食強胃。　白朮與蒼朮同功。　陳皮益氣。　枳實治心下痞。　枳殼利胸中氣，消痞。　黃連泄心火。　白茯苓止瀉，利小便，太陰經藥。　苦葶藶瀉肺火。　桔梗治咽喉痛，利肺氣。　大黃泄實熱。　厚朴治脹滿，厚腸。　黃耆止汗，治諸氣虛不足。　檳榔破氣，下行。　荊芥清利頭目。　烏梅肉助脾收胃飲食。　沉香益氣和神。　肉豆蔻治大腸腸滑。　附子補命及心火。　朴硝寒鹹去燥。　梔子除煩利氣，行小便。　當歸補三陰血不足。　川芎太陽頭痛。　地黃補腎，真陰不足，臍下痛。　萆薢補腎不足。　杜仲壯腰壯筋骨，兩全。　牛膝補筋益脾。　蓯蓉益陽道及命門火衰。　沙苑蒺藜補腎水真陰。　破故紙補命門不足。　五味子補五藏氣不足。　巴豆去濕，痰藥。　細辛少陰頭痛，不足。　升麻陽明經和解藥。　蛇蛻去皮膚風燥。　茴香利小便，補腎，去濕寒，助陽。　苦楝子去小腹痛。　廣茂去積聚。　乾薑益氣和中。　生地黃涼血。　沒藥除血痛、和血之聖藥也。　地榆治下部有血。　澤瀉治少陰不渴而小便不利及膀胱中有留垢。

金・張元素《醫學啟源》〔任應秋輯本〕卷下　㕮咀藥味　古之用藥治病，擇淨口嚼，水煮服之，謂之㕮咀。後人則用刀，桶內〔細〕剉，以竹篩齊之。

〔藥類法象〕　藥有氣味厚薄，升降浮沉補瀉主治之法，各各不同，今詳錄之，及揀擇制度修合之法，俱列於後。

風升生　味之薄者，陰中之陽，味薄則通，酸、苦、鹹、平是也。

防風：　氣溫，味辛。療風通用。瀉肺實，散頭目中滯氣，除上焦風邪之仙藥也。誤服瀉人上焦元氣。《主治秘要》云：　味甘純陽，太陽經本藥也，身去上風，梢去下風。又云：　氣味俱薄，浮而升，陽也。其用主治諸風及去濕也。去蘆。

羌活：　氣微溫，味甘苦。治肢節疼痛，手足太陽〔經〕風藥也。加川芎治〔足〕太陽、少陰頭痛，透關利節。《主治秘要》云：　性溫味辛，氣味俱薄，浮而升，陽也。其用有五：手足太陽引經，一也；　風濕相兼，二也；　去肢節疼痛，三也；　除癰疽敗血，四也；　風濕頭痛，五也。去黑皮並腐爛〔者〕，剉用。

升麻：　氣平，味微苦。足陽明胃、足太陰脾引經藥。若補其脾胃，非此為引用不能補。若得葱白、香芷之類，亦能走手陽明、太陽，能解肌肉間熱，此手足陽明〔經傷〕風之的藥也。《主治秘要》云：　性溫味辛，氣味俱薄，浮而升，陽也。其用有四：　手足陽明引經，一也；　升陽於至陰之下，二也；陽明〔經〕分頭痛，三也；　去〔風邪在皮膚〕及至高之上，四也。又云：　甘苦，陽中之陰，脾痹非升麻不能除。刮去黑皮腐爛〔者用〕，裏白者佳。

柴胡：　氣味平，微苦。除虛勞煩熱，解散肌熱，去早辰潮熱，此少陽、厥陰引經藥也。婦人產前產後必用之藥〔也〕。善除本經頭痛，非〔他〕藥〔所〕能止。治心下痞，胸膈中痛。《主治秘要》云：　味微苦，性平微寒，氣味俱輕，陽也，升也，少陽經分藥。〔能〕引胃氣上升，以發散表熱。又云：　苦為純陽，去寒熱往來，膽痹非柴胡梢不能除。去蘆用。

葛根：　氣平，味甘。除脾胃虛熱而渴，又能解酒之毒，通〔行〕足陽明之經。《主治秘要》云：　味甘，性寒。〔氣味俱薄，體輕上行，浮而微降，陽中陰也。其用有四：　止渴，一也；　解酒，二也；　發散表邪，三也；　發散小兒瘡疹難出，四也。〕益陽生津液，不可多用，恐損胃氣。去皮用。

威靈仙：　氣溫，味〔苦甘〕。主諸風濕冷，宣通五臟，〔去〕腹內痃滯，腰膝冷痛及治傷損。《主治秘要》云：　味甘，純陽，去太陽之風。鐵脚者佳，去蘆用。

細辛：　氣溫，味大辛。治少陰〔經〕頭痛如神。當〔少〕用之，獨活為之使。《主治秘要》云：　味辛，性溫，氣厚於味，陽也。止諸陽頭痛，諸風通用之。辛熱，溫〔少〕陰〔之〕經，散水寒，治內寒。又云：　味辛，純陽，〔止〕頭痛。去蘆並葉。華山者佳。

獨活：　氣微溫，味甘苦，平。足少陰腎引經藥也。若與細辛同用，治少陰〔經〕頭痛。一名獨搖草，得風不搖，無風自動。《主治秘要》云：　味辛而苦，氣溫。性味薄而升。治風〔須〕用，及能燥濕。《經》云：　風能勝濕。又云：　苦頭眩目運，非此不能除。去皮淨用。

香白芷：　氣溫，味大辛。治手陽明頭痛，中〔風〕寒熱，解利藥也，以四味升麻湯中加之，通行手足陽明經。《主治秘要》云：　味辛，性溫。氣味俱輕，陽也，陽明經引經之藥。治頭痛〔在額〕，及療風通用，去肺經風。又云：苦辛，陽明本藥。

鼠粘子：　氣平，味辛。主風毒腫，〔消〕利咽膈，吞一枚，可出〔癰〕疽〔瘡〕頭。《主治秘要》云：　辛溫，潤肺散氣。擣細用之。

〔桔梗：　氣微溫，味辛苦。治肺，利咽痛，利肺中氣。《主治秘要》云：味涼而苦，性微〔溫〕，味厚氣輕，陽中陰也。肺經之藥也。利咽嗌胸膈，治氣。以其色白，故屬於肺，此用色之法也。乃散寒嘔，若咽中痛，非此不能除。又云：　辛苦，陽中之陽，謂之舟楫，諸藥中有此一味，不能下沉，治鼻塞。去蘆，米泔浸一宿用。〕

藁本：　氣溫，味大辛。此太陽經風藥，治寒氣鬱結於本經，治頭痛、〔腦〕痛，齒痛。《主治秘要》云：　味苦，性微溫，氣厚味薄〔而升〕，陽也，太陽頭痛必用之藥。又云：　辛苦純陽，〔足太陽〕本經藥也。頂巔痛，非此不能除。

川芎：　氣味辛溫。補血，治血虛頭痛之聖藥也。妊婦胎動，〔加〕當歸，二味各二錢，水二盞，煎至一盞，服之神效。《主治秘要》云：　性溫，味辛苦，氣厚味薄，浮而升，陽也。其用有四：　少陽引經，一也；　諸頭痛，二也；　助清陽〔之氣〕，三也；　〔去〕濕氣在頭，四也。又云：　味〔辛〕，純陽，少陽經本藥。擣細用。

蔓荊子：氣清，味辛，溫。治太陽頭痛、頭沉、昏悶，除目暗，散風邪之藥也。胃虚人不可服，恐生痰〔疾〕。《主治秘要》云：苦甘，陽中之〔陰〕。涼諸經之血熱，〔止〕頭痛，〔主目睛内痛〕。洗淨用。

秦艽：氣微寒，味苦。主寒熱邪氣，〔風濕痹〕，下水，利小便，療骨蒸，治口噤及腸風瀉血。《主治秘要》云：性平，味鹹。養血榮筋，中風手足不遂者用之。又云：陰〔中〕微陽，去手〔足〕陽明〔經〕下牙痛、〔口〕瘡毒，〔及除〕本經風濕。〔去蘆〕淨用。

天麻：氣平，味苦。治頭風，〔主〕諸風濕痹，四肢拘急，小兒驚癇，〔除〕風氣，利腰膝，強筋力。《主治秘要》云：其苗謂之定風草。

麻黄：氣溫，味苦。發太陽、太陰經汗。《主治秘要》云：性溫，味甘辛。氣味俱薄，體輕清而浮升，〔陽〕也。其用有四：去〔寒〕邪一也；肺經〔本藥〕二也；發散風寒三也；去皮膚之寒濕及風四也。又云：〔味〕苦，純陽，去營中寒。去根，不剉細，微搗碎，煮二、三沸，去上沫，不然，令人煩心。

荊芥：氣溫，味辛苦。辟邪毒，利血脈，宣通五臟不足〔氣〕。《主治秘〔要〕》云：能發汗，通關節，除勞〔渴〕。冷搗和醋封毒腫。去枝莖，以手搓碎用。

薄荷：氣溫，味辛苦。能發汗，通關節，解勞乏，與薤相〔宜〕，新病〔瘥〕人不可多食，令人虚，汗〔出〕不止。《主治秘要》云：性涼〔味〕辛，氣味俱薄，浮而升，陽也。去高顛及皮膚風熱。去枝莖，手搓碎用。

前胡：氣微寒，味苦。主痰滿胸脇中痞，心腹〔結〕氣，治傷寒〔寒〕熱，推陳致新，明目益精。剉用。

熱浮長　氣之厚者，陽中之陽，氣厚則發熱，辛甘溫熱是也。

黑附子：氣熱，味大辛。其性走而不守，亦能除腎中寒甚，〔以〕白朮為佐，謂之朮附湯，除寒濕之〔聖〕藥〔也〕。〔治濕〕藥〔中宜〕少加之，通行諸經，引用藥也。及治經閉。《主治秘要》云：辛，純陽，治脾中大寒。又云：性大熱，味辛甘，〔氣厚味薄〕，輕重得宜，可升可降，陽也。其用有三：去臟腑沉寒一也；補助陽氣不足二也；溫〔暖〕脾胃三也。然不可多用。慢火炮製用。

乾薑：氣熱，味大辛。治沉寒痼冷，腎中無陽，脈氣欲絕，黑附子為引，用水同煎二物，薑附湯是也。〔亦〕治中焦有寒。《主治秘要》云：性熱，味辛，氣味俱厚，半沉半浮，可升可降，陽中陰也。其用有四：通心氣助陽一也；去臟腑沉寒二也；發〔散〕諸經之寒氣三也；〔治〕感寒腹疼四也。又云：辛溫純陽。《内經》云寒淫所勝，以辛散之，此之謂也。水洗，慢火炙製，剉用。

乾生薑：氣味溫辛。主傷寒頭痛，鼻塞上氣，止嘔吐，治咳嗽，生與乾同治。〔與〕半夏等分，治心下急痛。剉用。

川烏頭：氣熱，味大辛。療風痹半身不遂，引經藥也。《主治秘要》云：性熱，味辛甘，氣厚味薄，浮而升，陽也。其用有六：除寒〔疾〕一也；去心下堅痞二也；溫養臟腑三也；治〔諸〕風四也；破積〔聚〕滯氣五也；〔治〕感寒腹痛六也。先以慢火炮製，去皮，碎用。

良薑：氣熱，味辛。主〔胃中逆〕冷，霍亂腹痛，翻胃吐食，轉筋〔瀉〕利，下氣消食。《主治秘要》云：純陽，健脾胃。碎用。

肉桂：氣熱，味大辛。補下焦〔火熱〕不足，治沉寒痼冷之病，及表虚自汗。春、夏二時為禁藥也。《主治秘要》云：〔若〕純陽，滲泄止渴。又云：甘辛，陽，大熱，去營衛中之風寒。去皮，搗細用。

桂枝：氣熱，味辛甘。仲景治傷寒證，發汗用桂枝者，〔乃〕桂〔條〕，非身幹也，取其輕薄而能發〔散〕。今又有一種〔柳桂〕，〔乃〕桂枝嫩小枝條也，尤宜入治上焦藥用也。《主治秘要》云：性溫，味辛〔甘〕。氣味俱薄，體輕而上行，浮而升，陽也。其用有四：〔治〕傷風頭痛一也；開腠理二也；解表三也；去皮膚〔風濕〕四也。

草豆蔻：氣熱，味大辛。治風寒客邪在於胃口之上，善〔去〕脾胃寒，治客寒令人心胃痛。《主治秘要》云：〔純〕陽，益脾胃去寒。麵〔裹〕煨熟，去麵皮，搗細用。

丁香：氣味辛溫。溫脾胃，止霍亂，消痃癖、氣脹，及胃腸内冷痛，壯陽，暖腰膝。〔殺〕酒毒。《主治秘要》云：純陽，去胃寒。

厚朴：氣溫，味辛。能除腹脹，若〔元氣〕虚弱，雖腹脹，宜斟酌用之，寒腹脹是也。大熱藥中，兼用結者散之，乃神藥也。誤服，脫人元氣，切禁之。紫色者佳。《主治秘要》云：性〔溫〕，味苦辛。氣厚味厚，體重濁而〔微〕降，陰中陽也。其用有三：平胃〔氣〕一也；去腹脹二也；孕婦忌之三也。

又云：陽中之陰。去腹脹，厚腸胃。去粗皮，薑汁製用。

益智仁：氣熱，味大辛。治脾胃中寒邪，和中益氣，治人多唾，當於補中藥內兼用之，不可多服。去皮〔搗〕用。

木香：氣味辛苦。除肺中滯氣，若療中下焦氣結滯，須用檳榔為使。《主治秘要》云：性〔熱〕，味〔辛〕苦。氣味俱厚，沉而降，陰也。其用，調氣而已。又曰：辛，純陽，以和胃氣。廣州者佳。

白豆蔻：氣熱，味大辛。蕩散〔肺〕中滯氣，主積冷氣，寬膈，止吐逆，久反胃，消穀，下氣，進飲食。《主治秘要》云：性大溫，味辛。氣味俱薄，輕清而升，陽也。其用有五：肺金本藥一也；散胸中滯氣二也；〔治〕感寒腹痛三也；溫暖脾胃四也；赤眼暴發，白睛紅者五也。又云：辛，純陽。去太陽〔經〕目內〔大眦紅筋〕。去皮搗用。

川椒：氣溫，味辛。主邪氣，溫中，除寒痹，堅齒髮，明目，利五臟。凡用須炒去汗，又去〔含〕〔合〕口者。《主治秘要》云：辛，陽，明目之劑。手搓細用。

吳茱萸：氣熱，味辛。治寒在咽喉，〔隘〕塞胸中。《經》云：咽膈不通，食不〔可〕下，食則嘔，令人口開目瞪，寒邪所結，氣不得上下，此病不已，令人〔寒〕中腹滿，膨脹下利，寒氣諸藥，不可代也。《主治秘要》云：性熱，味辛。氣味俱厚，半沉半浮，陰中之陽也。氣浮而味降。其用有四：去胸中寒一也；止心痛二也；〔治〕感寒腹痛三也；消宿酒，為白豆蔻之佐四也。又云：辛，陽中之陰，溫中下氣。洗去苦味，曬乾用。

茴香：氣平，味〔辛〕。破一切臭氣，調中、止嘔、下食。須炒黃色，搗細用。

玄胡索：氣溫，味辛。〔破血治氣，婦人月事不調，小腹痛甚，溫暖腰膝，破散癥瘕。搗細用。〕

〔縮砂仁：氣溫，味辛。治脾胃氣結滯不散，主虛勞冷瀉，心腹痛，下氣消食。搗細用。〕

紅藍花：氣溫，味辛。主〔產〕後口噤血暈，腹內惡血不盡，絞痛，破〔留〕血神驗。〔酒浸，佐當歸生新血。〕

神麯：〔氣暖，味甘。〕消食，治脾胃食不化，須用於脾〔胃〕藥中少加之。《主治秘要》云：辛，陽，益胃氣。炒黃色用。

濕化成〔中央〕　戊〔土〕其本氣平，其兼氣〔溫〕、涼、寒、熱，在人以胃應之；己土其本味〔淡〕，其兼味辛、甘、鹹、苦，在人以脾應之。

黄耆：氣溫，味甘，平。治虛勞自〔汗〕，補肺氣，實皮毛，瀉肺中火，脈弦、自汗。善治脾胃虛弱，瘡瘍血脈不行，內托陰證，瘡瘍必用之藥也。《主治秘要》云：氣溫，味甘。氣薄味厚，可升可降，陰中陽也。其用有五：補諸虛不足一也；益元氣二也；去肌熱三也；瘡瘍排膿止痛四也；壯脾胃五也。又云：甘，純陽，益胃氣，去諸經之痛。去蘆並皺，剉用。

人參：氣溫，味甘。治脾〔肺〕陽氣不足，及肺氣〔喘〕促，〔短〕氣少氣，補中緩中，瀉肺脾胃中火邪，善治短氣，非升麻為引用不能補上升之氣。升麻一分，人參三分，可為相得也。若補下焦元氣，瀉腎中之火邪，茯苓為之使。甘草梢子生用為君，善去莖中痛，或加苦〔楝〕，酒煮玄胡索為主，尤妙。《主治秘要》云：性溫，味〔甘〕。氣〔味〕俱薄，浮而升，陽也。其用有三：補元氣一也；止渴二也；生津液三也。肺實忌之。又云：甘苦，陽中之陽也。補胃。嗽喘勿用，短氣用之。去蘆。

〔甘草：氣味甘，生大涼，火炙之則溫。能補三焦元氣，調和諸藥，相協共為力而不爭，性緩，善解諸急，故有國老之稱。《主治秘要》云：性寒，味甘。氣薄味厚，可升可降，陰中陽也。其用有五：和中一也；補陽氣二也；調諸藥三也；能解其太過四也；去寒邪五也。腹脹則忌之。又云：甘苦，陽中陰也。純陽，養血、補胃。梢子，去腎莖之痛，胸中積熱，非梢子不能除。去皮，碎用。〕

〔當歸：氣溫，味甘。能和血補血，尾破血，身和血。《主治秘要》云：性溫，味辛。氣厚味薄，可升可降，陽也。其用有三：心經藥一也；和血二也；治諸病夜甚三也。又云：甘辛。陽中微陰，身和血，梢破血，治上治外，酒浸洗糖黃色，嚼之，大辛，可能潰堅。與菖蒲、海藻相反。又云：用溫水洗去土，酒製過，或焙，或曬乾。血病須去蘆頭用。〕

〔熟地黃：氣寒，味苦。酒噉熏如烏金，假酒力則微溫，補血虛不足，虛損血衰之人須用，善黑鬚髮。忌蘿蔔。《主治秘要》云：性溫，味苦甘，氣薄味厚，沉而降，陰也。其用有五：益腎水真陰一也；和產後氣血二也；去臍腹急痛三也；養陰退陽四也；壯水之源五也。又云：苦，陰中之陽。治外治上，酒浸，剉細用。〕

半夏：氣微寒，味辛，平。治寒痰，及形寒飲冷傷肺而咳，大和胃氣，除胃寒，進飲食，治太〔陰〕痰厥頭痛，非此不能除。《主治秘要》云：性溫，味辛苦。氣〔味俱〕薄，沉而降，〔陰中〕陽也。其用有四：燥〔脾〕胃濕一也；化痰二也；益脾胃之氣三也；消腫散結四也。渴則忌之。又云：平，陰中之陽。除胸中痰涎。湯洗七次，乾用。

白朮：氣溫，味甘。能除濕益燥，和中益氣，利腰臍間血，除胃中熱。〔《主治秘要》云：性溫，味微苦。氣味俱薄，浮而升陽也。〕其用有九：溫中一也；去脾胃中〔濕〕二也；除〔脾〕胃熱三也；強脾胃，進飲食四也；和〔脾〕胃，生津液五也；主肌熱六也；〔治〕四肢困倦，目不欲開，怠惰嗜臥，不思飲食七也；止渴八也；安胎九也。

蒼朮：氣溫，味〔甘〕。主治與白朮同。若〔除〕上濕，發汗，功最大。若補中焦，除濕，力少。《主治秘要》云：其用與白朮同，但比之白朮，氣重而〔體〕沉。〔治〕脛足濕腫，加白朮。泔浸，刮去皮用。

橘皮：氣溫，味苦。能益氣。加青皮減半，去滯氣，推陳致新。若補脾胃，不去白；若理胸中〔滯〕氣，去白。《主治秘要》云：性寒，味辛。氣薄味厚，浮而升，陽也。其用有三：去胸中寒邪一也；破滯氣二也；益脾胃三也。〔少用同白朮則益脾胃，〕其多及獨用則損人。又云：苦辛。益氣利肺，有甘草則補肺，無則瀉肺。

青皮：氣溫，味辛。主氣滯，消食破積。《主治秘要》云：性寒，味苦。氣味俱厚，沉而降，陰也。其用有五：〔足〕厥陰、少陽之分，有病〔則〕用之一也；破堅癖二也；散滯氣三也；去下焦諸〔濕〕四也；〔治〕左脇有積氣五也。

藿香：氣微溫，味甘辛。療風水，去惡氣，治脾胃吐逆，霍亂心痛。《主治秘〔要〕》云：性溫，味苦。氣厚味薄，浮而升，陽也。其用，助胃氣。又云：甘苦，純陽。補胃氣，進〔飲〕食。去枝莖，用葉，以手搓用。

檳榔：氣溫，〔味〕辛。治後重如神，性如鐵石之沉重，能墜諸藥至於下。《主治秘要》云：性溫，氣味苦。氣薄味厚，沉而降，陰中陽也。其用，破滯〔氣下〕行。又云：辛，純陽。破滯氣，泄胸中至高之氣。

廣茂：氣溫，味苦〔辛〕。主心膈痛，飲食不消，破〔痃癖〕氣最良。火炮開用。

京三稜：氣平，味苦。主心膈痛，飲食不消，破氣，〔治〕老癖癥瘕結塊，婦人血脈不調，心腹刺痛。《主治秘〔要〕》云：〔味〕苦，陰中之陽。破〔積〕氣，損真氣，虛人不用。火炮製〔使〕。

阿膠：氣微溫，味甘，平。主心腹疼痛，〔血〕崩，補虛安胎，堅筋骨，和血脈，益氣止痢。《主治秘〔要〕》云：性平，味淡。氣味俱薄，浮而升，〔陽也〕。〔能〕補肺〔氣〕不足。慢火炮〔脆〕，搓細用。

〔訶子：氣溫，味苦。主腹脹滿，不下飲食，消痰下氣，通利津液，破胸膈結氣，治久痢赤白、腸風。去核，搗細用。〕

桃仁：氣溫，味甘苦。治大便血結、血秘、血燥，通潤大便。七宣丸中用之，專療血結，破血。湯浸，去皮尖，研如泥用。

杏仁：氣溫，味甘苦。除肺中燥，治風燥在於胸膈。《主治秘〔要〕》云：性〔溫〕，味苦而甘。氣薄味厚，濁而沉降，陰也。其用有三：潤肺氣一也；消〔宿〕食二也；升滯氣三也。麩炒，去皮尖用。

大麥蘖：氣溫，味鹹。補脾胃虛，寬腸胃。搗細，炒黃色，取麵用之。

紫草：氣溫，味苦。主心腹邪氣，五疳，利九竅，補中益氣，通水道，療〔腹〕腫脹滿。去土，用茸，剉細用。

蘇木：氣平，味甘鹹。主破血，產後血〔脹悶〕欲死者。排膿止痛，消癰腫瘀血。婦人月經不調，及血暈口噤。《主治秘〔要〕》云：性涼，味微辛。發散表裏風氣。又云：甘鹹，陽中之陰。破死血。剉細用。

燥降收　氣之薄者，陽中之陰，氣薄則發泄，辛、甘、淡、平、寒、涼是也。

茯苓：氣平，味甘。止〔消〕渴，利小便，除濕益燥，利腰臍間血，和中益氣為主。治小便不通，溺黃或赤而不利。如小便利，或數服之，則損人目；如汗多人服之，損元氣，夭人壽。醫〔言〕赤瀉白補，上古無此說。《主治秘〔要〕》云：性溫，味淡。氣味俱薄，浮而升，陽也。其用有五：止瀉一也；利小便二也；開腠理三也；除虛熱四也；生津液五也。刮皮，搗細〔用〕。

澤瀉：氣平，味甘。除濕之〔聖〕藥也。治小便淋瀝，去陰間汗，無此疾服之，令人目〔盲〕。《主治秘〔要〕》云：味鹹，性寒。氣味俱厚，沉而降，陰也。其用有四：入腎經一也；去舊水，養新水二也；利小便三也；消腫瘡四也。又云：鹹，陰中微陽。滲泄止渴。搗細用。

猪苓：氣平，味甘。大〔燥〕除濕，〔比諸〕淡滲藥，大燥亡津液，無濕證勿服。《主治秘要》云：性平，〔味淡〕。氣味俱薄，升而微降，〔陽也〕。其用與茯苓同。又云：甘苦，純陽。去心〔中〕懊憹。去黑皮，裏白者佳。

滑石：氣〔寒〕，味甘。治前陰竅澀不利。性沉重，能泄氣，上令下行，故曰滑〔則〕利竅，不比與淡滲〔諸藥〕同。白者佳，搗細用；色紅者服之令人淋。

瞿麥：氣寒，味苦〔辛〕。主〔關格〕，諸癃結，小便不通，治癰腫排膿。明目去〔翳〕。破胎墮胎，下〔閉〕血。〔逐〕膀胱邪熱。《主治秘〔要〕》云：陽中之陰。利小便為君。去枝用穗。

車前子：氣寒，味甘。〔陰癃氣閉，利水道，通小便，除濕痹，肝中風熱衝目赤痛。搗細用。〕

〔木通：氣平，味甘。主小便不通，導小腸中熱。刮去粗皮用。〕

燈草、通草：氣平，味甘。通陰竅澀〔不利〕，利小〔便〕，除水腫、〔癃閉〕、五淋。《主治秘〔要〕》云：辛甘，陽〔也〕。瀉肺，利小便。剉細用。

五味子：氣溫，味酸。大益五臟氣。〔孫真人曰〕：五月常服五味子，以補五臟之氣。遇夏月、季〔夏〕之間，令人困乏〔無〕力，無氣以動，〔與〕黄耆、人參、麥門冬，少加黄蘗，剉〔煎〕湯服之，使人精神，元氣兩足，筋力湧出。生用。

白芍藥：氣微寒，味酸。補中焦之藥，炙甘草為輔，治腹中痛；如夏月腹痛，少加黄芩；若惡寒腹痛，加肉桂一分，白芍藥二分，炙甘草一分半，此仲景神品藥也。如冬月大寒腹痛，加桂一〔錢〕半，水二盞，煎至一盞〔服〕。《主治秘〔要〕》云：性寒，味酸。氣厚味薄，升而微降，陽中陰也。其用有六：安脾經一也；治腹痛二也；收胃氣三也；止瀉痢四也；和血〔脈〕五也；固腠理六也。又云：酸苦，陰中之陽。白補赤散，瀉肝補脾胃。酒浸引經，止中部腹痛。去皮用。

桑白皮：氣寒，味苦酸。主傷中五癆羸瘦，補虚益氣，〔瀉〕肺氣，止吐血、熱渴，消水腫，利水道。去皮用。

天門冬：氣寒，味微苦。保肺氣，治血熱侵肺，上喘氣促，加人參、黄耆，用之為主，〔神效〕。《主治秘〔要〕》云：甘苦，陽中之陰。湯浸，曬乾，去心用。

麥門冬：氣寒，味微苦甘。治肺中〔伏〕火，〔脈〕氣欲絶。加五味子、人參〔二〕味，為生脈散，補肺中元氣不足，須用之。《主治秘〔要〕》云：甘，陽中微陰。引經酒浸，治經枯，乳汁不下。湯洗，去心用。

犀角：氣寒，味苦酸。主傷寒、瘟疫頭痛，安心神，止煩渴霍亂，明目鎮驚，治中風失音，小兒麩豆，風熱驚癇。〔鎊〕末用。

烏梅：氣寒，味酸。主下氣，除熱煩滿，安心調〔中〕，治痢止渴。以鹽豉為白梅，亦入除痰藥。去核用。

牡丹皮：氣寒，味苦。治腸胃積血，及衄血、吐血必用之藥，是犀角地黄湯中一味也。《主治秘〔要〕》云：辛苦，陰中之陽。涼骨熱。剉用。

地骨皮：氣寒，味苦。解骨蒸肌熱，主消渴、風濕痹，堅筋骨。《主治秘〔要〕》云：陰，涼血。去骨用皮，碎用。

枳殼：氣寒，味苦。治胸〔中痞塞〕，泄肺氣。《主治秘〔要〕》云：性寒，味苦。氣厚味薄，浮而升，微降，陰中陽也。其用有四：破心下堅痞一也；利胸中氣二也；化痰三也；消食四也。然不可多用。又云：苦酸，陰中微陽。破氣。麩炒，去〔瓤〕用。

琥珀：氣平，味甘。定五臟，定魂魄，消瘀血，通五淋。《主治秘〔要〕》云：甘，陽，利小便，清肺。

連翹：氣平，味苦。主寒熱瘰癧，諸惡瘡腫，除心中客熱，去胃蟲，通五淋。《主治秘〔要〕》云：性涼，味苦。氣味俱薄，輕清〔而浮〕升，陽也。其用有三：瀉心經客熱一也；〔去〕上焦諸熱二也；瘡瘍須用三也。手搓用之。

枳實：氣寒，味苦。除寒熱，去結實，消痰癖，治心下痞，逆氣，脇下痛。《主治秘〔要〕》云：氣味升降，與枳殼同。其用有四：主心〔下〕痞一也；化心胸痰二也；消〔宿〕食，散敗血三也；破〔堅積〕四也。又云：純陽。去胃〔中〕濕。去〔瓤〕，麩炒用。

寒沉藏　味之厚者，陰中之陰，味厚則泄，酸、苦、〔鹹〕，寒是也。

大黄：味苦，氣寒。其性走而不守，瀉〔諸實〕熱不通，下大〔便〕，蕩滌腸胃中熱，專治〔不大便〕。《主治秘〔要〕》云：性寒，味苦。氣味俱厚，沉而降，陰也。其用有四：去實熱一也；除下焦濕二也；推陳致新三也；消宿食四也。用之須酒浸煨熟，寒因熱用也。又云：苦，純陰，熱淫所勝，以苦瀉之。酒浸入太陽，酒洗入陽明，餘經不用。去皮剉用。

黃蘗：　氣寒，味苦。治腎水膀胱不足，諸痿厥，腰〔脚〕無力，於黃耆湯中〔少〕加用〔之〕，使兩足膝中氣力湧出，痿軟即時去矣。蜜炒此一味，為細末，治口瘡如神。癱瘓必用之藥也。《主治秘〔要〕》云：　性寒，味苦。氣味俱厚，沉而降，陰也。其用有六：　瀉膀胱龍火一也；　利〔小便熱結〕二也；〔除〕下焦濕腫三也；　治痢先見血四也；　〔去〕臍〔下〕痛五也；　補〔腎〕氣不足，壯骨髓六也。二製〔則〕治上焦，單製〔則〕治中焦，不製〔則〕治下焦也。又云：　苦厚微辛，陰中之陽，瀉膀胱，〔利下竅〕。去皮用。

黃芩：　氣寒，味微苦。治肺中濕熱，療上熱目中腫赤，瘀血壅盛必用之藥。泄肺中火邪，上逆於膈上，補膀胱之寒水不足，乃滋其化源也。《主治秘〔要〕》云：　性涼，味苦甘。氣厚味薄，浮而〔降〕，陽中陰也。其用有九：　瀉肺經熱一也；　夏月須用二也；　去諸熱三也；　上焦及皮膚風熱風濕四也；　婦人產後，養陰退陽五也；　利胸中氣六也；　消膈〔上痰〕七也；　除上焦及脾諸濕八也；　安胎九也。單製、二製、不製，分上中下也。又云：苦，陰中微陽。酒炒上行，主上部積血，非此不能除。肺〔苦〕氣上逆，急食苦以泄之，正謂此也。去皮剉用。

黃連：　氣寒，味苦。瀉心火，除脾胃中濕熱，治煩〔躁〕惡心，鬱熱在中〔焦〕，兀兀欲吐，〔心下〕痞滿，〔必用藥也〕。仲景〔治〕九種心下痞，〔五等〕瀉心湯皆用之。《主治秘〔要〕》云：　性寒，味苦。氣味〔俱〕厚，可升可降，陰中陽也。其用有五：　瀉心熱一也；　去上焦火二也；　諸瘡必用三也；　去風濕四也；　赤眼暴發五也。去鬚用。

石膏：　氣寒，味辛甘。治〔足〕陽明經中熱，發熱，惡〔熱〕，躁熱，〔日〕晡潮熱，自汗，小便濁赤，大渴引飲，身體肌肉壯熱，苦頭痛之藥，白虎湯是也。善治本經頭痛，若無此有餘〔之〕證，醫者不識而〔誤用〕之，〔則〕不可勝救也。《主治秘〔要〕》云：　性寒，味淡。氣味俱薄，體重而沉降，陰也。乃陽明經大寒藥，能〔傷〕胃〔氣〕，令人不食，非腹有極熱者，不宜輕用。又云：　辛甘，陰中陽也。止陽明頭痛，胃〔弱者〕不可服。〔治〕下牙痛，用香芷為引。搗細用。

草龍膽：　氣寒，味大苦。治〔兩〕目赤腫睛脹，瘀肉高起，痛不可忍，以柴胡為主，〔龍膽〕為使，治眼中疾必用藥也。《主治秘〔要〕》云：　性寒，味苦辛。氣味俱厚，沉而降，陰也。其用有四：　除下部風濕一也；　〔除〕濕熱二也；　臍下以至足腫痛三也；　寒濕脚氣四也。其用與防己同。又云：〔苦〕，純陽，酒浸上行。去蘆用。

生地黃：　氣寒，味苦。涼血補血，〔補〕腎水真陰不足。此藥大寒，宜斟酌用之，恐損人胃氣。《主治秘〔要〕》云：　性寒，味苦。氣薄味厚，沉而降，陰也。其用有三：　涼血一也；　〔除〕皮膚燥二也；　去諸濕〔熱〕三也。又云：　陰中微陽，酒浸上行。

知母：　氣寒，味大辛。治〔足〕陽明火熱，大補益腎〔水〕、膀胱之寒。《主治秘〔要〕》云：　性寒，味苦。氣味俱厚，沉而降，陰也。其用有三：　瀉腎經火一也；　作利小便之佐使二也；　〔治〕痢疾〔臍〕下痛三也。又云：苦，陰中微陽，腎〔經〕本藥。〔欲〕上頭引經，皆酒炒。刮去毛，裏白者佳。

漢防己：　氣寒，味大苦。療胸中以下至足濕熱腫盛，脚氣，〔補〕膀胱，去留熱，通〔行〕十二經。《主治秘〔要〕》云：　辛苦，陰〔也〕。泄濕氣。去皮淨用。

茵陳蒿：　氣寒，味苦，平。治煩熱，主風濕風熱，邪氣熱結，黃疸，通身發黃，小〔便〕不利。《主治秘〔要〕》云：　苦甘，陰中微陽。治傷寒發黃。去枝莖，用葉，手搓。

朴硝：　氣寒，味苦辛。除寒熱邪氣，六腑積聚，結固血癖，胃中飲食熱結，〔去血閉〕，停痰痞滿，消毒。《主治秘〔要〕》云：　芒硝性寒，味鹹。氣薄味厚，沉而降，陰也。其用有三：　〔治〕熱淫於內一也；　去腸內宿垢二也；破堅積熱塊三也。婦人有孕忌之。又云：　鹹，寒，純陰。熱淫於內，治以鹹寒，正謂此也。

瓜蔞根：　氣寒，味苦。主消渴，身熱煩滿大熱，補虛安中，通月水，消腫毒，瘀血及熱癰毒。《主治秘〔要〕》云：　性寒，味苦，陰〔也〕。能消煩渴。又云：　苦，純陰。心中枯渴，非此藥不能除。

牡蠣：　氣寒，味鹹，平。主傷寒〔寒〕熱，溫瘧，女子赤白帶，止汗，〔止〕心痛，氣結大小腸，治心脇痞。《主治秘〔要〕》云：　鹹。軟痞積。燒白搗用。

玄參：　氣寒，味苦。治心〔中〕懊憹，煩而不能眠，心神顛倒欲絕，血滯，小便不利。

苦〔參〕：　氣寒，味苦。足少陰腎經之君藥也，治本經須用。《主治秘

〔要〕》云：苦，陰，氣沉逐濕。

川楝子：氣寒，味苦，平。主傷寒大熱煩〔躁〕，殺三蟲疥瘍，通利大小便之疾。《主治秘〔要〕》云：入心，止下部腹痛。

香豉：氣寒，味苦。主傷寒頭痛、煩躁滿悶，生用之。《主治秘〔要〕》云：苦，陰。去心〔中〕懊憹。

地榆：氣微寒，味甘酸。主婦人乳產，七傷帶下，經血不止，血崩之病，除惡血，止痛疼，療腸風泄血，小兒疳痢。性沉寒，入下焦，治熱血痢。《主治秘〔要〕》云：性微寒，味微〔苦〕。氣味俱薄，其體沉而降，陰中陽也。專治下焦血。又云：甘苦，陽中微陰。治下部血。去蘆用。

梔子：性寒，味苦。氣薄味厚，輕清上行，氣浮而味降，陽中陰也。其用有四：〔去〕心經客熱一也；除煩〔躁〕二也；去上焦虛熱三也；治〔風〕熱四也。又云：苦，純陽。止渴。

〔續添〕：〔巴豆〕：性〔熱〕，味苦。氣薄味厚，體重而沉降，陰也。其用有三：導氣消積一也；去臟腑停寒二也；消化寒涼及生冷硬物所傷三也。〔又云〕：辛，〔陽〕。去胃中寒〔積〕。

白〔殭〕蠶：〔性微溫〕，味微辛。氣味俱薄，體輕而浮升，陽也。去皮膚間諸風。

生薑：性溫，味辛甘。氣味俱厚，清浮而生升，陽也。其用有四：制厚朴、半夏毒一也；〔發〕散風邪二也；溫中去濕三也；作益胃脾〔藥〕之佐四也。

杜仲：性溫，味辛甘。氣味俱薄，沉而降，陰也。其用壯筋骨，及足弱無力行。

已上諸藥，此大略言之，以為製方之階也。其用有未盡者。

金·張元素《醫學啟源》（任應秋輯本）卷下

〔法象餘品〕　蜀葵花：冷，陰中之陽，赤治赤帶，白治白帶。　梧桐淚：鹹，瘰癧非此不能除。　鬱金：辛苦，純陽，涼心。　款冬花：辛苦，純陽，溫肺止嗽。　香附子：甘，陽中之陰，快氣。　大〔戟〕：苦甘，陰中微陽，瀉肺，損真氣。　白及：苦甘，陽中之陰，止肺〔血〕，澀，白斂同。　甘遂：苦，純陽，水結胸中，非此不能除。　蜀漆：辛，純陽，破血。　射干：苦，陽中之陰，去胃中癰瘡。　天南星：苦辛，去上焦痰及頭眩運。　御米殼：酸，澀，固收正氣。　胡蘆巴：陰，治元〔氣〕虛〔寒〕，及腎〔經〕虛冷。　馬兜鈴：苦，陰中之陽，主肺〔濕〕熱，〔清〕肺氣，補肺。　白附子：陽，溫，主血痹，〔行〕藥勢。　槐花：苦，陰，氣薄，涼大腸熱。　槐實：苦酸，〔同上〕。　茯神：〔陽〕，療風眩、風虛。　沉香：陽，補腎。　檀香：陽，主心腹〔痛〕，霍亂，中惡，引胃氣上升，進食。　乳香：陽，補腎。　竹葉：苦，陰中微陽，涼心經。山茱萸：酸，陽中之陰，溫肝。　郁李仁：苦辛，〔陰〕中之陽，破血潤燥。

金鈴子：酸苦，陰中之陽，心暴痛，非此不能除。即川楝子。　草豆蔻：辛，陽，益脾胃，去寒。　紅花：苦，陰中之〔陽〕，入心養血。　朱砂：心熱非此不能除。　赤石脂：甘酸，陰中之陽，固脫。　甘菊：苦，養目血。

茜根：陰中〔微陽〕，去諸死血。　王不留行：甘苦，陽中之陰，〔下乳引導用之〕。　艾葉：苦，陰中之陽，溫胃。　〔硇〕砂：鹹，破堅癖，獨不用。

所在皆有之藥炮炙制度　凡消石，先以火炒過，研使。　凡食鹽，先炒過，研使。　凡石灰，以風化為末者佳，各依本法用。　凡伏龍肝，先火燒赤，研使。　凡百草霜，銼墨也。研使。　凡麥門冬，先以湯微潤，抽去心，焙乾使。　凡菖蒲，剉，焙使。　凡茴香，先炒過使，或以酒浸一宿，〔浪〕〔晾〕乾，炒過使。　凡乾山藥，剉，微焙使。　凡菊花，焙乾使。　凡薏苡人，微炒乾使。　凡車前子，焙乾使。　凡蛇床子，慢火炒使。　凡乾薑，先炮裂，剉，焙使。　凡艾葉，先去枝梗，杵成茸，以糯米稀粥漿拌勻，焙乾使。或慢火炒使。恐難擣。　凡松脂，研使。　凡枸杞子，焙使，根去骨取皮使。凡桑白皮，剉，微炒使。　凡川椒，先揀去蒂并目，及合口者，炒過，隔帋鋪在地，以盞蓋，令汗出，然後使。　凡楝實，一名金鈴子。先以麸炒過，以手搓去皮，入木臼內杵下麁末，羅過，去核使。　凡皂莢，先揀不蛀者，刮去皮弦并子，塗酥，炙黃使。　凡牛黃，研使。　凡阿膠，先剉，炒令沸燥，剉為度。凡虎骨，先斫開，去內中髓，塗酥，反覆炙令黃赤色使。　凡夜明砂，先微炒過使。　凡蜜，先以火煎，掠去其沫，令色微黃則圓，經久不壞，掠之多少，隨蜜精麁。　凡桑螵蛸，先炙過，或蒸過使。　凡龜甲，先以醋浸三日，取出，炙令黃。急使醮醋炙乾，又蘸，如此三五度，亦可使。　凡露蜂房，先炙過，或炒過使。　凡蟬殼，微炒過使。　凡白殭蠶，先去觜絲，炒過使。　凡蝸牛殼，先炒過使。　凡鱉甲，先以醋浸三日，炙乾使。如急使，只蘸醋炙乾，再蘸，如此五度使。　凡蝦蟆，先塗酥，炙焦黃使，或燒成炭，存性使。　凡鼠糞，先炒過使。　凡蛇蛻，或燒成灰使。　凡烏蛇，先以酒浸二三日，去皮骨，取肉，炙乾使。　凡白花蛇，先去頭并項後七寸，以酒浸三日，棄酒不用，盡去皮骨，火炙乾使。　凡地龍，先搓去土，微炒使。　凡蜣蜋，先去頭翅足，炙過使。　凡橘皮，青橘皮附。先去穰核，并以湯浸洗，去白，焙乾使。　凡烏梅，先洗，槌去核，取肉，微炒使。　凡枇杷葉，先拭去毛，薑汁塗，炙黄使。　凡木瓜，先去穰并硬子，剉，焙使。　凡杏仁，先以湯浸，退去皮并尖，及雙仁者，慢火炒令黄赤使。　凡桃仁，同杏仁法。　凡胡桃，破取肉，以湯浸去皮，研使。　凡棗，先擘破，去核，焙乾使。　凡蒜，炮去皮，研肉使。　凡韮子，先炒過使。　凡紫蘇，去土并枝梗，取葉，焙乾使。　凡荊芥，去枝梗，取穗，焙使。　凡薄荷，先去土并枝梗，取葉使。　凡胡麻，乃黑油麻也。先炒過，研使；或九蒸九曝使。　凡巴豆，先去殼并膜及心，以紙裹，壓去油，取霜使。一法去心膜了，以水煮五度，換水，各煮一沸，研。　凡大豆，乃黑豆也。先炒過使。　凡赤小豆，先炒過使。　凡菉豆，先炒過使。　凡大麥，先炒過使。　凡麴，先炒香使。　右凡有修合，先依法制，治畢令十分乾燥，方秤分兩。庶幾藥力不致偏勝。

金・張元素《潔古珍珠囊》〔見元・杜思敬《濟生拔粹》卷五〕　黄芩去心。　黄連去鬚，黄蘗去皮，知母去鬚。　生地黄，但用酒洗過用之，以酒熱為因也。　甘寒以為佐，黄耆、人參、甘草。　大辛以解結，為臣。結者，散之。連翹、當歸去蘆、藁本。　通經以為使。手之三陽手走頭，而頭走足。足之三陰足走臟，而腹走手。　足太陽膀胱經：　羌活　藁本　足少陽膽經：　柴胡　足陽明胃經：　升麻　葛根　白芷　足太陰脾經：　芍藥白者補，赤破經。　足少陰腎經：　獨活　桂　足厥陰肝經：　柴胡　手太陽小腸經：　羌活　藁本　手少陽三焦經：　柴胡　手陽明大腸經：　白芷　手太陰肺經：　白芷　升麻　加葱白亦能走經　手少陰心經：　獨活　手厥陰心包絡：　柴胡　辛溫活血去惡血：　當歸稍　蘇木　紅花　牡丹皮專治胃流血凝血

必先歲氣無伐天和　春：　防風　升麻　夏：　黄芩　知母　白芍藥　秋：　澤瀉　茯苓　冬：　桂　桂枝　補胃實胃進飲食：　橘皮　人參　甘草　內實內熱者：　黄連　黄蘗　知母　表虛表寒者：　黄耆　人參　桂枝內發在外　氣虛氣弱者：　陳皮　黄耆　人參入脾　氣實氣結者：　青皮　厚朴　木香　沉香　血虛者：　生地黄　當歸身　血實惡血積聚者：　當歸稍　蘇木　紅花　散陰瘡之結聚排膿者：　肉桂，入心引血化汗化膿。出瘡毒消瘡腫　（黍）〔鼠〕粘子用半生半熟解表裏。一名大力子、牛蒡子、惡實子。　瘡出膈已上，須用防風上節。　羌活、桔梗，此一味為舟楫使，諸藥不能下沉。　瘡出身中已下，須用酒水中半盞。　瘡堅而不潰者：　昆布　王瓜根　廣茂　京三稜　瘡痛甚者加用：　黄芩　黄連　黄蘗　知母　十二經中但有瘡，皆血結氣聚，必用連翹。　瘡發而渴者加：　葛根　瘡而而嘔吐者：　半夏　薑屑　瘡出而渴悶者：　黄連　瘡出而飲水者：　澤瀉　茯苓　瘡出而大便不通者：　煨大黄　大便結燥而難得者：　桃仁　麻子仁　郁（里）〔李〕仁　上焦有瘡者須用：　黄芩酒洗　中焦有瘡須用：　黄連酒洗　下焦有瘡須用：　黄蘗　知母　防己俱酒洗　先有燥熱而病瘡者，蓋胃火受邪，當補腎水之不足：　黄蘗　知母　因酒過多，瘡出者，當除膀胱留熱，用：　澤瀉　防尾　瀉腎火，補下焦元氣：　生甘草稍子　補三焦元氣，調和諸藥共力成功者：　炙甘草　馬刀挾癭須用：　昆布　王瓜根　草龍膽　馬刀未破而堅者須用：　廣茂　京三稜　地之濕氣濕寒傷之外，欝壅經絡不行，外有大寒濕之邪，而內必生大熱，當以辛溫之藥，及行本經藥，通其皮毛壅滯，內則苦寒之劑，瀉其當氣之不從，是其治也。　病在上為天，製度宜炒酒洗，煎藥宜武宜清，服之宜緩飲。　病在下為地，煎藥宜文宜濃，服之宜急飲。　去咽嗌近者奇之，遠者偶之。汗不可奇，下不可偶。　補上治上以緩，緩者氣味薄，能遠其表，劑小服而頻食後，使氣味能遠去表去上，故曰治肺者九，蓋欲少而頻者也。　肺：　氣，石膏辛；　血，黄芩苦。　腎：　氣，知母；　血，黄蘗。　地骨皮瀉腎火，揔治熱在外，地為陰，骨為裏，皮為表。牡丹皮治包火，無汗而骨蒸，四物內加上二味，治婦人骨蒸。　知母瀉腎火，有汗而骨蒸。

元・黄石峰《秘傳痘疹玉髓》　藥品性味　人參：　性甘，氣溫。益元氣而和中，生津液而止渴。每用二錢至三錢。金井者佳。　黄芪：　味甘，氣溫。補元氣而益腎經，溫肉分而實肌表。治痘有裏托外（貟）〔負〕之功，去毒排膿之效。每用三錢至五錢，七日後痘起發，用蜜炙。箭幹綿軟者佳。　甘草：　味甘，平。解諸毒而瀉火，健脾胃而和中。用一錢或七分。寒則炙，熱則生。堅實者佳。　官桂：　味辛，熱。袪風邪而實腠理，和榮衛以固肌表，能致氣上行，開榮衛，引黄芪于肌表。每用七分至五分，夏月用三分。不厚

不薄者，去皮。 川芎：味辛，氣溫。能助清氣而升頭角，引參、芪以補元陽。治痘暫引導行經之使。每用五分至七分。七日後漿足，止用雀腦者佳。 當歸：味甘、辛，氣溫。能生血、活血、養血。此助氣血歸附氣位，必加芎以助之，恐其活血流動，毒無定位也。宜用二錢至一錢。身大者佳，暫用。 茯苓：味甘，性溫。能利竅而除濕，益脾胃而除熱。每用三錢至一錢。白者佳，可暫用，不可過用。惟去其毒，不歛而發水泡者不禁，過用則毒不除。 白术：性甘，氣溫。利水道而除濕，益脾胃而退熱。每用二錢至一錢，洗去土，焙乾。白白者佳，暫用。非瀉利水泡，不可過用。惟漿毒溢盛不結者不禁。 芍藥：味酸，平，性寒。能健脾氣而補表，止腹痛而歛血。七日前能收血散不歸附，七日後能收痘漿不歛。每用一錢至七分。白者佳。七日前少用，七日後多用不禁。 紫草：味苦，氣寒。補中氣而利中邪，行痘毒而利九竅。善治痘出不快。每用一錢至七分。忌鐵石。以手斷為末，紫而染手者佳。五日後不用。 陳皮：味苦、辛，氣溫。和中而益脾，消痰而洩氣，兼治痰喘壅盛為泡者加之，不可過也。每用一錢至七分。鮮紅者佳。七日前少用，七日後多用不禁。 五味子：味苦、辛、鹹，氣溫。能降煩熱，止渴生津，補肺氣，滋陰益腎。治痘煩渴不可少。每用十四粒至七粒，酒湛焙乾。暫用。 麥門冬：味甘，平，氣微寒。能清肺火而止渴，補心氣而生脉。每用十五豆至七豆，酒洗去心，焙乾。暫用。 木香：味甘，辛，氣微溫。能順氣而破堅，和脾而辟毒。能平氣，止瀉渴。每用五分至二分，剉片，不可多。暫用。 肉蔻：味辛，氣溫。止霍亂而溫中，治積冷而止瀉。每用五分至三分，麵裹煨熟，去麵。圓實者佳。 鼠粘子：味辛，氣溫，平。能潤肺而散氣，利咽喉而退腫。善解餘毒。每用二錢至一錢半。飽滿新者佳。 荊芥穗：味辛，平，氣溫。能除風熱而消毒，清肌表而利咽。善退壅腫而解餘毒。每用二錢至一錢半。香鮮者佳，洗淨。用于十四日後。 黃連：味苦，氣寒。瀉心火而散痞，燥胃濕而厚腸。善退餘熱。解毒之後臉紅目赤潮熱者不可缺，十四日後用，三日前非頰紅燥熱不潤者不可用。酒炒。暫用。 山查：味甘、酸，氣溫、平。能寬氣消食，益脾去垢。善平氣，解利參芪之滯，間用不可缺。每用二錢至一錢，去核微炒。十四日後用。赤大不蛀者佳。 糯米：味甘，氣溫。能溫脾胃之中氣，不使毒內攻。制紫草之餘寒，不使味傷胃。每用五十粒。 陳黃米：味甘，氣溫。挾穀氣以助陽，益真氣以和胃。每用百粒。多年黃者佳。 生薑：味辛，氣溫。止嘔和中，助陽發表。翼參、芪之力不可缺。每用三片至一片。老而生者佳。常用。

明・鄭寧《藥性要略大全》卷一 當歸 治頭痛欲裂者：用當歸二兩，酒一升，煮取六合，再服即止。 治心痛：當歸為末，酒下方寸匕。 治小便出血：當歸四兩剉片，酒三升，煮取一升頓服。 治小兒臍風瘡久不差：當歸末敷之。 治小兒胎寒好啼，日夜不止，因而成癇者：用當歸為末一小豆大，以乳汁灌之，日夜三四服，差。 治婦人百病、諸虚不足：當歸四兩，地黃二兩，為末，煉蜜丸梧桐子大，米飲下十五丸。 治倒產、子死腹中：擣歸末，酒服方寸匕。 治產後惡血上沖，倉卒取效，無急於此。乃大補不足立效之藥。血氣昏亂者，服之即定。能使血氣各有所歸。產後備急之劑，故聖人立當歸之名。

白芍藥 補中焦之藥，得炙甘草為佐，治腹中痛。○夏月腹痛加黃芩。○如惡寒腹痛，加肉桂一錢，白芍三錢，炙甘草一錢半。此仲景神方也。若冬月大寒腹痛，加桂二錢，水二盞，煎一半服。

地黃 治崩漏及產後血上攻，心悶絕及安胎，衄血、吐血、折傷瘀血，皆用生地黃杵汁飲之。 治衄血：生地黃、薄荷，等分為末，冷水下，及治膈上盛熱。 治蟲心頭痛：杵生地黃汁，或同麵作餺飥，或合淘食，專出蟲，有效。 治勞病骨蒸，日晚寒熱，咳嗽唾血：生地黃汁二合，煮白粥，臨熟入汁攪勻，空心食之。 治吐血：生苄汁一升二合，白膠香二兩，以磁器盛之，入甑蒸，令膠消服之。 治打跌折骨：杵生苄，熨熱包之，三日夜，數易，若血聚，以針決之。

肉蓯蓉 治精敗面黑，虚勞傷：用蓯蓉四兩，水煮爛，薄切，研精羊肉，分為四度，加米煮粥，空心食之。○或共羊肉作羹服，極補虚損，勝於補藥。

天門冬 加茯苓等分為末，服方寸匕，日再服，大寒時單衣汗出。服天冬法，不計多少，去心皮煮之，去查作，再煮作膠，每服用米飲或白湯解服二匙，日三服，不絕，甚益人。延年益壽，大有奇功。

枸杞子 治眼風障，赤膜昏痛：取藥擣汁，注目中，妙。 治暴赤痛眼：用枸杞汁點之。 一方：枸杞子酒，主補虚長肌肉，益顏色，肥健人。又能去勞熱，用杞子五升，好酒二升，研搦勿碎，浸七日，去查飲之。初以三合為始，後即隨量飲之，有奇效。　金髓煎：　枸杞子不計多少，逐日旋摘紅熟者，揀去蒂令淨，便以無灰酒於淨器浸之，以兩月為限，用蠟紙緊封密，勿令透風，浸至兩月，用新竹器漉出，旋於砂盆內研令碎爛，細布濾去查不用，將前浸藥酒併濾過，藥汁攪勻，入銀鍋內，慢火熬成膏，不住手攪，勿使粘底不勻。候稀稠得所，傾出，用淨瓶盛之，勿令洩氣。每早晨及臨臥時，溫酒下二大匙，百日中身強體健。積年常服，可以羽化。入生苄汁同浸熬，尤妙。

栢實　治恍惚虛損，歷節腰間重痛，益血止汗，久服潤容色，耳目聰明，不飢不老，延年益壽。

栢葉仲景方。　治吐血不止者：　栢葉湯主之。青嫩栢葉一把，乾薑三片，阿膠二挺剉炒，三味以水二升，煮一升，去查，別絞馬通汁，取一升，栢□和合，煎取一升，綿濾淨，一服盡之。　治湯火傷，止痛，無瘢痕：　採葉生杵令極爛如泥，冷水調作膏，以貼患處。　治男婦小兒大腸下黑血，或茶腳色，或膿血如靛色，所謂蟲痢：　取栢葉焙乾為末，與川黃連二味，同煎汁服之。　治杖瘡：　採栢樹嫩葉，烘乾，研羅為極細末，用雞子清調塗。待藥乾又上，不過三四次愈。

黑附子　治疔腫盛：　用附子末，醋調塗之，乾即再塗。　治口禁卒不開：　用附子末內管中，撬口吹入喉即甦。　治卒忤停中，不能言，口禁者：　用附子末吹入舌下，愈。

大黃　治產後惡血沖心，或胎衣不下，腹中血塊等症：　用錦文大黃一兩，為細末，好醋半升，同熬成膏，丸如梧桐子大。患者用溫醋七分，煎化五丸服之，良久下。　又治馬墜內損：　同上。　解風熱積熱風壅，消食，化氣，導血，大解壅滯：　用大黃四兩，黑丑四兩，一半生，一半熟，為末，煉蜜丸梧桐子大。每十五丸，茶下。若要微利，吃十五丸，冬月最宜用，並不搜攪人。

半夏　治產後血暈絕：　半夏一兩，為末，冷水和丸如豆大，內鼻中即愈。扁鵲法也。　治蝎螫人：　取半夏水研塗之。　□□卒死：　以半夏末如大豆許，吹入鼻內即甦。

貝母　治胞衣不出：　取貝母七枚，為末酒下。　消痰潤心肺，止嗽：　用貝母為末，和沙糖為丸，含之。　治難產：　作末服。　下乳汁三母散：　牡蠣、知母、貝母，為末，用猪前蹄煮湯調下。　治六畜惡瘡：　用貝母燒灰傅之。

知母　治妊婦月未足，似欲產，腹中痛：　用知母二兩為末，蜜丸梧桐子大，不拘時米飲下二十丸。

三稜洗乳方，妙。　下乳汁：　取京三稜三個，水二鍾，煎至一鍾，洗乳取汁為度。

延胡索　治產後諸病，或月經不調，腹中結塊，崩中淋露，產後血暈，暴血沖心，因損下血：　或酒磨服及煮服。　治產後惡露未盡，腹滿痛：　延胡索末和酒服一錢，立止。　治心痛：　玄胡為末，酒調服。

補骨脂　治勞傷虛冷，髓敗精流，腰膝痛，逐諸冷痹，止小便利，興陽，明目，及婦人血氣墮胎等症：　用故紙十兩，酒洗，杵為細末；　用胡桃肉二十兩，湯浸去皮，細研如泥，入好蜜及前藥末，攪勻，以磁罐盛之。每日以溫酒二合，調藥一匙服之，更以飯壓之，久則自添精髓，悅心明目。忌食芸薹。

木瓜　治臍下攪痛：　用木瓜一兩片，桑葉七片，大棗三枚，水二升，煮作半升，頓服。

金鍾花一名七葉黃荊。　治熱淋，服諸藥不效者：　用金鍾花十數枝，棗七個，同煎服。

合歡一名合昏，一名夜合。疑即今俗云瞎梅條也。　治胸中甲錯，是為肺癰，黃芪湯主之：　取夜合皮一片，掌大，水三升，煮取半，分服之。　治小兒撮口病：　取夜合花枝濃煮汁，拭口并洗。　治打損疼痛：　取花為末，酒調服二錢。

桑白皮　治腳氣癰腫：　煎湯洗之。　治鬢髮墮落者：　生桑白皮二升，以水淹浸，煮五六沸，去查，洗沐其髮，自然滋潤不落。　治口瘡：　用桑汁拭淨洗。　治產後下血不止：　炙白皮煮水飲之。　治血露不絕：　鋸截桑根，取屑五指撮，取好酒服之。　止金瘡痛：　桑柴灰研傅患處。　治蜈蚣及蜘蛛咬：　取汁傅之。　治小兒鵝口：　取汁調胡粉傅之。　治小兒舌上生瘡如粥：　取汁搽之。　小兒重舌：　煮汁塗乳令飲之。　治墜馬傷損：　水煎此成膏，貼之散血。

桑葉：　止霍亂，止渴：　取葉炙，煎湯飲之。　去手足風痹：　用夏秋再生之葉，煎湯洗之。　治青盲眼：　正月八、二月八、三月六、四月四、五月五、六月二、七月七、八月二十、九月十二、十月十二、十一月二十六、十二月晦日，用桑柴灰一合，煎湯洗之。於器中沉極清，泌去脚，稍熱洗之。如覺冷，重湯煮令溫熱得宜，洗之。

竹瀝　治妊婦苦煩，此子煩也：竹瀝不拘多少，細細服之。　產後血氣暴虛汗出：竹瀝三合，微溫服之。　妊婦悞有失墜，忽推築著疼痛：用新青竹茹二合，好酒一升，煮茹三五沸，分三度服。　中風口禁：服淡竹瀝一升。

鬼箭　治惡疰心痛不可忍者，用鬼箭。或卒暴心痛，或中惡氣毒痛，大黃湯亦用鬼箭，皆大方也。

訶子　治痢後急痛，產後陰痛：和蠟燒熏，及煎水洗。　仲景治氣痢，用十枚麵包煨，令麵黃熟，去麵去核，細研為末，和粥飲頓服。　又方，治痢：訶子、陳皮、厚朴等分，蜜丸梧桐子大，每服二十丸。　又方，治赤白下痢，諸藥不效，久轉為白膿：用訶子三个，〔上好者兩枚〕炮取皮，一枚生取皮，為末，以沸漿水調服。淡水亦得。若清水痢，加甘草末一錢；若微有膿血，加二錢。　治痰嗽，咽喉不利：含隨風子一二枚，效。○即訶子未熟、隨風落者。

枳殼　治遠年、近日腸風下血：燒存性為末五錢，羊脛骨燒存性末三錢，濃米飲調，五更空心初一服。約如人行五里，再一服，當日見效。　治難產瘦胎散，昔胡陽公主方：枳殼四兩，甘草二兩，為末，每大錢一匕，如點茶服。自五个月後，一日一服，至臨月易產，仍除產後諸病。

烏藥　治陰毒傷寒：用烏藥子一合，炒令黑烟起，投於水中，煎三五沸，服一大鍾，汗出回陽，立差。

益智子　治夜多小便者：取二十四粒，碎，入鹽同煎服，有奇效。

何首烏　治軟骨風腰膝痛，不能行步，遍身瘙痒：用大首烏有花紋者，同牛膝剉各一斤，好酒一升，浸七日夜，晒乾，於木臼內杵末，煉蜜丸，空心酒下三五十丸。

桂　治九種心痛妨悶：用桂心半兩為末，酒一盅，煎至半盅，去查溫服。　治寒疝心痛，四肢逆冷，全不欲食：用桂心二兩，去皮，為細末，不時熱調一錢。　治卒中惡心痛：桂心八錢，剉，水四升，煮取一升，分二服。　治卒心痛：桂心八錢，水四升，煎至一升，分三服。　治心腹俱脹痛，短氣欲死或已絕：用桂二兩，剉，以水一升二合，煮取一升，頓服。如無桂，用乾薑代之。　治外腎偏墜腫痛：桂心末和水調方寸塗之。

杜仲　治卒患腰脚疼痛，補腎：用杜仲一兩，去粗皮，酥蜜炙微黃，剉，水二鍾，煎至一鍾，去查，用羊腎一對，細切去脂膜，入藥汁中煮，次入薤白七莖，鹽、花椒、薑、醋，如作羹食法，空心服之。

五加皮　治灶火丹後，兩腳赤起者：用五加葉、根燒作灰，五兩，取煅鐵器槽中水調塗。

細辛　得當歸、芎藭、芍藥、白芷、牡丹、藁本，共療婦人諸疾。得決明、鯉魚膽、青魚，共療目疾。

黃連　治目卒痒痛：黃連末浸乳汁，點目眦，止。　治痢香連丸：黃連、青木香，等分為末，白蜜丸梧桐子大，空心米飲下二三十丸，日再服，如神。　治痢，裏急後重：宣連一兩，乾薑五錢，每服一錢半，空心溫酒下，神妙方。　治赤熱痢久不止：雞子白調黃連末為丸，每飲湯下十丸，服三十丸即差。　治下痢膿血如雞子白，日夜無度，繞臍痛者：黃連末一升，酒五升，煮取一升半，分再服，臍下當小攪痛即差。未效再服。　治暴痢赤白如鴨肝，痛不可忍者：黃連、黃芩各一兩，水一升半，煮至一升，分三服，熱喫，冷即凝矣。

胡黃連　治傷寒勞役，大小便赤如血色者：胡黃連一兩，山梔子二兩，去皮，入蜜五錢，拌梔仁炒令微焦，杵為末，用猪胆汁和丸梧桐子大，每用生薑一片，烏梅一箇，童便三合，浸半日，去查，食前服。

牛膝　治小便不利，莖中痛欲死，兼治婦人血結腹堅痛：用一大把，并葉酒煮飲之，立效。　治消渴不止，下元虛損：牛膝五兩，細剉，生地黃汁五升，晝晒夜浸，汁盡為度，蜜丸梧桐子大，虛心溫酒下三十丸。久服壯筋骨，駐顏黑髮，生精液。　治竹木刺肉中不出者：生牛膝莖杵爛，塗之即出。　治金瘡痛：生搗敷之。　治惡瘡：用生牛膝根搗爛敷之。　治牙痛：牛膝根燒灰致齒間。

乾薑　治卒心痛：乾薑末，米飲調下一錢。　治水瀉無度：乾薑末，米飲下一錢。　治咳嗽氣結脹：乾薑末，酒調下一錢。　治頭旋眼眩：同上，立效。　治寒痢，下青色：切乾薑如豆大，米飲吞六七十粒，日三夜一，累試有效。　治血痢神妙方：乾薑燒存性，待冷為末，米飲下一錢。

良薑　治腹痛不止，但嚼食亦效，煮服尤佳。　治冷氣心腹痛，良薑酒煎，溫服。　治心脾痛，良薑細剉，微炒，杵末，米飲下一錢。

茵陳蒿　治遍身風痒、生瘡疥：　茵陳煎湯洗之。

蒼耳草一名喝起草。　治一切疔痛，蒼耳根、莖、葉燒灰，以醋泔澱和如泥，塗之，乾即易之。不過十度，即拔出其根也。　又方：　燒灰，和臘猪油敷疔腫。　治熱毒病攻手足，卒然腫痛欲脫，取蒼耳汁漬之。或搗敷之。治婦人血風攻腦，頭旋悶絕忽死，忽倒地不知人事者，用喝起草，取其嫩心，陰乾為末，以常酒服一錢，無時，其功大效。此藥善通頂門。　治毒蛇傷，并射工沙脹、風疾等傷，眼黑口禁，手足強直，毒攻腹內成塊，逡巡不救者，用蒼耳嫩葉一握。搗取汁，溫酒和灌之。將查厚敷患處。

葛根　治妊婦熱病心悶：　葛根汁二升，分三服。　治心熱吐血不止：取生葛根汁大半升，頓服之，立差。　治血崩：　取葛根自然汁服之。

瓜蔞　下乳汁：　取瓜蔞子洗淨，控乾，炒令香熟，瓦上擒，令白色，為末，酒調下一匙，合面臥少時。　又產後無乳汁：　搗瓜蔞末，井花水調服方寸匕，日二服，夜流出。　治乳癰腫痛：　瓜蔞黃色、老大者一枚，熟搗，以白酒一斗，煮取四升，去滓溫一升服，日三服。　若無大者，小者可用二枚，黃熟為上。

艾葉　治產後瀉血不止：　取乾艾葉五錢炙熟，老生薑半兩，濃煎湯服。

土瓜根　此藥蔓生，葉似瓜蔞而圓，無叉缺，子如彈丸，生青熟赤，無稜。《禮記》云王瓜生，即此物也。不入大方，止可單用。一名落鴉瓜。其根亦似瓜蔞根而小耳。　治黃疸變成黑疸：　用土瓜根杵汁一小升，頓服，當有黃水自小便中出而愈。未出更服。　治小便不通：　取生土瓜根杵汁，以少許水解之筒中，吹下部取通。　一方，下乳汁：　土瓜根為末，酒服一錢，日三服。　治小兒發黃：　生搗汁三合與服，不過三服效。

漢防己　治肺痿咯血多痰：　防己、葶藶，等分為末，糯米飲調下一錢。治服雄黃中毒：　用防己汁解之。

紅花　治產後血暈危絕，不識人事，煩悶：　紅花三兩，新者佳，無灰酒半升，童便半升，煎至一大盞，去滓候冷，頓服之。新汲水煮亦佳。

防風　治破傷風：　防風、南星，等分為末，每用三匙，童便煎服。　治崩中：　防風去蘆，炙赤色為末，每二錢麵糊，酒調下。　舊云：　此藥累經有驗。

車前　治尿血：　取車前草杵汁五合，服之。　治暴瀉：　車前子末二錢，米飲下。　治內障眼久不差者：　用車前子、乾地黃、麥冬，等分為末，蜜丸服。

靈仙　治腰腳痛：　靈仙末，空心溫酒下一錢，逐日微利為度。　酒浸研末，糊丸亦可。

蒲黃　治產後血不下：　蒲黃三兩，水三升，煎一升，頓服。　治月日未足欲產者：　用蒲黃如棗許，井水服。　治產後下血過多，虛羸欲死：　蒲黃三兩，水二升，煎取八合，頓服妙。　治丈夫陰下濕痒：　蒲黃摻之良。　治吐血、唾血：　用炒蒲黃一兩，溫酒或冷水調下三錢。　治小兒吐血不止：蒲黃細研，生地黃汁調下半錢，量小大加減服之。

金沸草一名旋覆花。　治金瘡，斫斷筋者：　杵旋覆根汁滴瘡中，仍用查敷瘡上。半月十五日，斷筋復續。　治金瘡止血：　搗其苗敷瘡。

蛇床子　治小兒癬：　杵床子末，猪油調塗。　治產後陰脫，蛇床子絹袋蒸熨之。○亦治陰戶痛。　一方，溫中坐藥：　蛇床仁為末，以白粉少許和勻，丸如棗大，內入之，自然溫矣。

瞿麥　治石淋：　取子為末，酒服方寸匕，日三服，三日當下石。　治難產或死胎：　以瞿麥濃煮汁服之。

茴香　治卒中惡，心腹中不安：　取莖、葉煮食即愈。　將酒良。　治乾濕脚氣，并腎勞疝氣，膀胱冷氣痛，陰痛，開胃下食，入藥炒用。

丁香　治乾霍亂，不吐不下者：　用丁香十四枚為末，熱湯一升調，頓服。未效，再一服愈。　治妬乳、乳癰：　水調丁香末方寸匕服。　治乳頭破裂：　搗丁香末敷之。　治傷寒噫噦不止：　丁香、乾柿蒂，等分焙研為末，每服一錢，煎人參湯下，無時。

沒藥　治婦人內傷，及血暈臍腹疞刺痛者：　沒藥一味，研細，溫酒調服一錢。　治折傷，馬墜，推陳致新，能生好血。凡服皆須研末，以熱酒調服效。

治墮胎，心腹俱痛，及野鷄痔漏，產後血氣痛，並宜丸散中服。

楓香脂　治吐血不止：　用此香不拘多少，為細末，每服二錢，新汲水調下，有效。

南木香　治痢：　木香方圓一寸許，黃連半兩，水半升，同煎乾，去黃連，只薄切木香焙乾為末。三服，第一陳皮湯，第二陳米湯，第三甘草湯調下。

昔一婦人患痢將死，夢觀音受此方，服之效。

檀香　治心氣痛、霍亂，腎氣腹痛：濃煎服。

鬱金　治尿血不定：以一个杵為末，加葱白一握，水一盞，煎至二分，去查溫服，日二次。

百部　治嗽：用百部根、生薑汁二味攪汁，同煎二合服。或單用有百部汁煎如飴，服之亦效。和蜜服尤佳。

酸棗　治膽虛，睡臥不安，心多驚悸：用酸棗仁一兩，炒令香熟為末，每二錢，竹葉煎湯調下，不拘時溫服。　治骨蒸勞，心煩不得眠：用酸棗仁二兩，水二大盞，研絞取汁，下米二合煮粥。候熟，入生地黃汁一合，更煮一二沸，不時服。

牡荊即黃荊也　治心虛驚悸不定，羸瘦：取荊瀝二升，慢火煎至一升六合，分四服，日三夜一。出《集驗方》。　治喉腫瘡：含荊瀝，徐徐嚥之。　治赤白痢五六年者：取如臂大荊，燒取瀝，服五六合差。　治九竅出血：取荊葉擣汁，和酒服二合。　治蛇毒：取荊葉擣瘡腫上。　治赤白帶下：取子炒研為末，酒調下二錢。　治乳癰：取子擂酒傅之。

苦楝根音練。生子者為雌楝，可服。不生子為之雄楝，吐瀉殺人，不可悞服。　治蟯蟲攻心如刺，吐清水：取東引根剉，水煮濃赤黑色，以汁合米煮作糜，隔宿勿食，來旦服一匕為始，少時再食一匕半糜，便下蟯蟲為驗。

苦楝皮：　治小兒蚘蟲：用楝樹皮去粗，留內嫩皮，水煮汁飲。量大小進服效。　治蛔蟲咬心痛：用苦楝皮煎湯服。　治五種蟲痛：以苦楝皮去粗焙乾為末，米飲下二錢。

枳實　仲景治心下堅痞，大如盤者，枳實白朮湯：枳實七枚，白朮三兩，水一斗，煎取三升，分三服，腹中軟即消。

苘實即苘麻子。　治結熱癰腫無頭者：吞一枚即破。　治赤白痢用苘麻子一兩，炒令香熟為末，以蜜漿下一錢。不過再服。

水蓼主治方與天蓼同。　治蛇毒入內，心悶：絞汁服。　治蛇傷，擣敷之。　治腳氣浮腫：水煮浸洗，消之。　治腳痛成瘡：煮蓼湯，令溫熱相宜，頻頻淋洗，候乾自愈。

蘆柴根　治嘔噦：用蘆根切二三升，水一斗，煮取四升，分四服，入童便尤佳。　治五噎，心膈氣滯煩悶，吐逆不下食：用蘆根五兩剉，以水三碗，煮取二碗，去查，不拘時服。　治食馬肉中毒：擣蘆根汁，飲一大盞，兼作湯浴。

蓖麻子　治癘風，手指攣曲，節間痛不可忍，漸至脫落者：用蓖麻子一兩，去皮，黃連一兩，剉如豆大。以小瓶入水一升同浸，春夏三日，秋冬五日，後取蓖麻子一枚，擘破，面東以浸藥水。平旦時一服，漸加至四至五枚，微利不妨。瓶中水少更添。能逐惡風，云累累有效。　治脚氣，從足至膝脛腫痛，連骨痛者：用葉切蒸軟，薄裹之，日二三易即消。　治腫毒疼痛，不可忍者：擣蓖麻仁敷之。　治湯火傷：蓖麻子、蛤粉，等分為末，研膏，湯損油調〔塗〕，火燒水調塗。　治小兒丹瘤：用蓖麻子五粒，去皮，研入麵一匙，調塗之。

牽牛　治水氣遍身浮腫，氣促，坐臥不得，用牽牛子二兩，微炒擣末，烏牛尿浸一宿，入葱白一莖，煎十餘沸，去渣，空心分為二服。水從小便中出愈。　丹溪云：凡飲食勞倦、痞塊等症，皆血受病，以此瀉之，是血病瀉氣，使氣血俱虛，損其所傷，瀉其元氣，損人而不知也。《經》云：毋盛盛、虛虛，絕人長命，此之謂也。　羅謙甫云：牽牛瀉氣之藥，非苦寒之劑。血熱瀉氣，差悞已甚。若病濕勝，濕氣不得施化，致大小便不通，則宜用之耳。濕去其氣周流，所謂五臟有邪，更相平也。《經》所謂一藏不平，所勝平之。火能平金而瀉肺氣者也。

商陸　治水腫：白者六兩，取汁半合，和酒半升，看人大小，量度與服，當利下水差。又治水腫不能服藥：用白商陸一升，羊肉六兩，水一斗，煮取六升，去渣，和肉、葱、豉作臛，如常法食之。

蘆柴根　治食犬肉不消，心下堅或䐜脹，口乾，或發熱妄語：煮蘆根飲之，效。　治傷寒胸中有熱者：煮汁服。　治霍亂：用蘆花濃煮汁服。

木賊　治腸痔多年不差，出血不止者：用木賊、枳殼各二兩，乾薑一兩，大黃一分，上四味剉一處，炒黑色，存三分性，為末，溫粟米飲調食，煎服二錢。

木鱉子　治婦人乳癰及男婦肛門腫痛：煎湯薰洗及洗痔良。

巴豆　治腹大動搖水聲，皮膚黑色，名曰水蠱：巴豆九十枚，去心皮，炒令黃色，擣丸如小豆大，每水下一丸，小利為度。勿飲酒。　治箭鏃入骨不可拔：取巴豆微炒，與蜣螂同研，塗傷處，須臾痛定微痒，忍之，待極痒不可忍，便拔出之。後速以生肌膏敷之。

青蒿　生挼敷金瘡，止血止痛長肉，立差。

白及　治鼻衄不止：　用白及為末，津液調塗山根上，立止。　又嚼塗手足折，極治癰腫惡瘡死肌。　又治金瘡，功效極多。

大戟　凡使大戟，勿用附生者，令人瀉不禁。　治癮疹風及風毒脚腫：　並煮水熱淋，日再即止。　治水病無問遠近，雖復脉惡候，用大戟、當歸、陳皮各一兩，切，以水二大升，煮取七合，頓服。利下水二斗，勿怪。至重者不過再服便差。水下後更服，永不發。忌毒食一年。

茵芋　治賊風手足枯痹拘攣：　用茵芋、附子、天雄、烏頭、秦艽、女萎、防風、防己、羊躑躅、石南、細辛、桂心各一兩，共十二味，剉，絹袋盛之。無灰酒一斗浸之。冬七日，夏三日，春秋五日。藥成，少煮片時。初服一合，日漸增之，以微痹為度，不宜頓服。

南星　利胸膈，散血墮胎。　除麻痹，下氣，破堅積，消癰腫：　摩敷甚效。

羊蹄根　治癬：　取汁調膩粉少許如膏，塗癬上，三五即愈。如乾，用猪油調塗。

家苧根　安胎，貼熱丹效。　漚苧汁飲，主治消渴。　漬苧汁與產婦溫服，破血。

蠶咬人，毒入肉者：　取苧汁飲之。今人以苧近蠶種則不生也。　治胎動欲墮，腹痛不可忍者：　苧根二兩，銀五兩，酒水各一盞同煎，不拘時分二服。

胎動不安：　取苧根如足指大者一尺，剉，水五升，煮取三升，去查服。

治妊婦忽下黃汁如膠，或如豆汁：　取苧根二升，去黑皮，以銀一斤，水九升，煎取四升，每服入酒半升，或一升，煎藥取一升，分作二次服。　治癰疽發背初起，未成膿者：　以苧根、葉熟杵傅之，日夜數換，腫消愈。　治白丹：　用苧根三斤，小豆四升，水二斗，煮以浴。日三四次浸洗，妙。　治癰疽發背，或乳房發，初起微赤，不急救即死：　搗苧根傅之，數易之。　治五種淋：　用苧麻兩莖打碎，水一碗半，煎取半碗，頓服即通，大妙。

芭蕉油即芭蕉中汁水也　性冷，無毒，治頭風熱，止消渴，湯火瘡。　治暗疾風瞜，癇病涎作，昏悶欲倒者，飲之得吐便差。極有奇效。

金星草此草葉長二尺。出《本草》。　治發背癰腫結核：　用葉半斤，和根剉，酒五升，銀器中煎至二升。五更初頓服。

海金沙　治小便秘：　用海金沙一兩，臘麵（茶）半兩，二味研極細末，每服三錢，生薑、甘草湯下。未通再服。

松葉、松節、松脂　治牙齦歷蝕，齒根暗黑，松節燒灰揩擦之。　治歷節風，四肢疼痛如解：　松脂二十斤，酒五斗，漬三七日，服一合，日進五六服。又松節酒：　主歷節風。　治歷節風：　松葉搗取一升，酒三升，浸七日，每服一合，日三服。

槐子　古方明目黑髮，用槐子于牛膽中浸，陰乾百日，食後吞一枚，十日身輕，三十日髮白變黑，百日內通神。　治女人子藏急痛：　取槐搗汁，銅器內熬，令可作丸子如鼠屎，內陰竅中，三易愈。　取用槐子法：　以相連多為好。十月巳日採之，以新盆盛之，合泥百日，皮爛為水，取子服之，令腦滿髮不白而長生。○合泥百日，似未善也。　又云：　去單子并五子者，只取兩子、三子者。凡使用銅槌槌之令破，入烏牛乳汁內浸一宿，蒸過用。前法不如此法為良。

槐枝　治崩中赤白帶下，不問遠年近日：　槐枝燒灰，食前酒下方寸匕。治陰瘡及濕痒：　取北向不見日槐枝一大握，水二盅，煎一盅，洗三五次。湯冷復暖之。若涉遠，恐沖風，即以米粉撲之效。

穀樹汁　治蛇傷并犬咬：　用穀樹汁合硃砂為丸，名五金膠漆。

乾漆　治九種心痛及腹脇積聚滯氣：　乾漆二兩，杵碎，炒烟出，細研，醋煮麵糊為丸如梧桐子大，每五丸至七丸，熱酒或醋湯下，無時服。　治女經不行及諸癥瘕等症。　室女萬瘕丸：　乾漆一兩，為粗末，炒令烟盡，入牛膝末一兩，以生苄汁一升，入銀器內熬，候可丸如梧桐子大，每服一丸至三五丸，以通利為度。

金櫻子煎　經霜後取來，微杵去刺，勿損皮，擘為兩片。去其子，以水淘洗過，爛搗，入大鍋內，以水煮之，不得絕火。煎約水耗半，取出澄清濾過，再煎似稀飴。每服一匙，溫酒一盞調下，其功不可盡述。　又有將金櫻子榨取油者，尤佳。為之卣櫻糖。　一方，用此糖和芡實為丸，名水陸丹，益補真元，甚妙。

益母草　治婦人赤白帶下：　取益母花為末，每二錢，食前溫湯送下。治產後血暈心痛絕：　取益母草研絞汁，服一盞妙。　治面上風刺：　燒益母草灰，和麵湯溲燒之以洗面。

景天草　治小兒赤遊風行於身，至心即死：杵生景天草傅瘡上。　治煙火丹從背起者，或兩脇及兩足赤火者：景天、真珠末一兩，搗和如泥，塗之。　治螢火丹從頭起：用慎火草杵和苦酒塗之。

酸漿草一名三葉酸漿。疑即螳螂草也。晝形亦似螳螂草。結子成房，房內有子，黃色可食。味酸微苦。　治卒患熱淋遺瀝，小便赤澁疼痛：取酸漿草嫩者杵汁，攪湯溫暖，空心服。

粟米　治翻胃，食入即吐者：杵粟米為粉，水和，丸梧桐子大。每服七枚，爛煮，內醋中細吞之，得下便已。麵亦得用之。

油麻　治心痛，無問冷熱：服生芝麻一合即愈。

茄　治凍脚瘡：用茄根莖葉煎湯漬洗。　子：可摩醋敷癰瘇。

糯米　補中益氣。〇止霍亂吐逆：取米一合，清水研一合，飲之立止。

藍靛　治時熱毒，心神煩燥：用藍靛半大匙，新汲水調服。　治口唇生瘡，連年不瘥：以八月藍葉一斤，搗取汁澆之，不過三日瘥。　治自縊死：以藍汁灌之。又極須安定其心，徐徐緩解其索，慎勿割斷其索，抱取，心下猶溫，刺雞冠血滴入口中即活。男雌女雄。

苦苣　取莖中白汁，傅疔腫出根。　取汁滴癰上立潰。　杵莖葉傅蛇咬患處。

馬齒莧　治疔腫先炙之，次取馬齒莧搗和梳垢，封疔腫。又燒灰和醋，亦可封疔瘡。取汁服，當利下惡(物)，去寸白蟲。　可煎為膏，塗白禿。主治三十六種風結瘡，以一釜煮澄，入蠟三兩重煎成膏，塗瘡上。亦服之。止痢，治腹痛：取馬齒莧細切，煮粥食之。　治翻花瘡：用馬齒莧一升，燒灰，研猪脂調傅。　治小兒臍瘡久不瘥者：燒葉末傅。　治小兒血痢：取生馬齒莧絞汁一合，和蜜一匙，空心飲之。　小兒火丹太甚者：杵馬齒莧傅之，日二三次。　治產後血痢及大小便秘，臍腹痛：生馬齒莧杵汁二三合，煎一沸，入蜜一合攪服。

白鹽梅　治傷損諸瘡，止血生肌無瘢痕，絕妙聖藥。凡取鹽梅，帶核杵之如泥，入竹筒收之。遇大破，即填之；小破則傅之，極妙。

木瓜　治臍下絞痛：用木瓜一兩片，桑葉七片，大棗三枚，水二升，煮作半升，頓服。

犀角《十書》方　治蓄血症，咳血、吐血、咯血、唾血、衄血、下血等症。上焦蓄血，犀角地黃湯；中焦蓄血，桃仁承氣湯；下焦蓄血，抵當湯。三法的當，後之用者，無以復加焉。　治小兒驚癇，嚼舌，仰目，不省人事：以犀角末半錢匕，水二大合，服之立效。

羚羊角　治傷寒熱毒下血：羚羊角為末，服之即差。

虎睛　治小兒驚癇：以虎睛一豆許，火炙為末，水和服之。

鹿茸　補男子腰腎虛冷，脚膝少力，夢遺精滑，女人崩漏：炙為末，空心溫酒下方寸匕。　亦治赤白帶下，入散用。

鹿角　治女子胞中餘血未盡欲死者：以清酒調鹿角灰方寸匕，日三夜一服。　治惡瘡癰腫熱毒：醋摩傅。　治脫精尿血，夢與鬼交：並水磨服。　治蠼螋尿染瘡：燒鹿角末，以苦酒調塗。　治小兒瘧：用生鹿角為細末，臨發時以乳調一字服。　治腎虛腰痛甚者：鹿屑二兩，炒令微黃，研末，空心酒調服方寸匕，日三二服。　治妊婦卒腰痛：用鹿角五寸燒紅，內酒一升浸之，冷，又燒赤淬之。如此數次，研為細末，空心酒調方寸匕服。亦治男子卒腰痛。

鹿角膠　治肺破出血：用鹿角膠末一錢，酒調服。或嗽血不止：以水膠末三錢，沸水化開，放冷服。

阿膠　治孕婦無故卒下血不止：阿膠三兩，搗末，酒一升，煮化一服。又方：用阿膠二兩為末，生苄半斤，取汁入清酒一升，絞汁分三服。

羊乳　治卒心痛：溫服之。　治小兒舌腫：羊乳汁飲之效。　治蜘蛛咬，遍身生絲：羊乳飲之。　治人被蜘蛛咬，腹大如孕婦者：飲羊乳平之。

醍醐　治中風煩熱，皮膚瘙痒，用醍醐四兩，每服酒調下半匙。　治一切肺病咳嗽，膿血不止：好酥五斤，鎔一二遍，停取凝，當出醍醐。服一合主差。

乳腐　治赤白痢：將乳腐細切如豆，以麵拌醋漿水煮二十餘沸，小兒患，服之尤佳。

馬通　剝馬被骨刺破，中毒欲死：取剝馬腹中糞及馬尿洗，以糞傅之，大有效。　治毒熱攻手足腫痛：煮馬糞汁漬之。　治吐血不止：白馬糞燒灰，研水攪汁一升服。　治馬咬人，或刺破瘡，及馬汗入瘡毒痛：馬糞燒灰敷，或尿洗亦佳。

麝香　治瘧：用麝香少許，研京墨書額上，去邪辟魔。　治鼠咬人：用麝香封患處，帛束之。　治蠶咬人：麝香細研，蜜調塗之。　治令人易產：用麝香一錢，研水服。

牛黄　治初生兒噤口：以牛黄少許，細研，淡竹瀝調下，更以猪乳點口。

狗　治女人赤白帶下不止：用狗頭骨燒灰為細末，空心溫酒調下一錢。孕婦忌食狗肉，令兒無聲。　治脾胃冷弱，腹中積冷，脹滿刺痛：肥狗肉半斤，同米、豆豉、鹽等煮粥，頻吃一二頓。　治下痢，臍下痛：用狗肝一具，同米煮，空心合蒜吃，椒、葱、鹽、醬任用。　治浮腫小便澁，少精：肥狗肉五斤，熟蒸，空心食之，作羹亦可。　昔劉太守女病左膝瘡痒，華佗殺取活犬膽搽瘡口，須臾有蟲從瘡上出，如蛇長三尺，病愈。

驢　治急心痛絞連腰臍痛：取驢乳三升熱服，立差。　治反胃：取驢尿一合熱服。

野猪　治令婦人多乳汁：取野猪脂鍊令精細，以一匙和酒一盞，日三服，十日可供三四孩子。

狸肉　治痔痛：用狸肉作羹，或作脯食，妙。

乏筆頭　治難產：取乏筆頭燒灰，藕汁同服。　男子交婚之夕莖痿：取灰調酒服。

猪　治冷瀉久滑赤白，或乳婦下赤白：取肝一葉薄批，揾熟訶子末於肝上，微火炙，又揾之，又炙，又揾，盡半兩末止。空心細嚼，陳米下。　治蛇入口，或併入七竅者：割母猪尾頭，滴血口中即出。　治目盲：用猪膽一枚，熬之，可作丸子如米粒、黍米大。內一丸於眼中，食頃良。　治卒腫病，身面皆洪大：生猪肝一具，細切，頓食之。忌鹽。　治疥：用猪油煎芫花塗之。　治蜈蚣入耳：以猪油煎肉令香，掩耳自出。

羖羊　治金瘡：用羊頭骨燒灰，揾之止血。　治久痢勞痢：燒入藥，和乾薑、莨菪，焦炒見烟為丸。空心白湯下十丸。

牛犢子臍屎　治九竅出血：燒末服方寸匕，水調，乃是暴驚所之疾。初生未食草者，預取之，黄犢為上。

雞子　治卒腹痛，下赤痢，數日不絕：以雞卵一枚，取黄去白，內胡粉令滿殼，燒成屑，酒服一錢。　治小便不通：取卵一个服之，不過三。　治久嗽結氣：得麻黄、紫(苑)〔菀〕和服之立效。

獺肝　治魚骨骾，止久嗽：燒灰服之。

穿山甲一名鯪鯉甲。　治五邪，驚悸，婦人鬼魅、悲啼傷：燒之作灰，以酒或水和方寸七服。　治蟻瘻，治山嵐瘴瘧：燒傅之。　治痔漏惡瘡、疥癬癩：燒甲末傅之。　治腸痔：燒甲末和肉蔻末少許，米飲調服。　治婦人奶痛不能忍：用甲炙黄為末，木通各一兩，自然銅三錢生用，三味各為末，和勻，每服二錢，溫酒下，無時。　治蟻漏：取甲十四片，炙黄為末，猪脂和傅。　治產後血氣上沖心成血暈：川山甲用童便浸一宿，慢火炙黄為末，每一錢加狗膽少許，熱酒調下無時。

螻蛄一名梧鼠，一名碩鼠，一名天螻，一名螜。　治石淋，導水：用螻蛄七枚，鹽二兩，同於新瓦上鋪蓋焙乾為末，溫酒調下一錢。　治十種水病腫滿，喘促不得臥：螻蛄五枚，乾為末，食前湯調下一二錢，小便通，效。

衛矛一名鬼箭羽　下乳汁：煮衛矛汁服。或燒灰水調服。

牡蠣　主治諸惡瘡疽，附骨癰，根在臟腑者，及歷節腫，出疔腫、惡脉諸毒：用亂髮、蛇皮、牡蠣，三味燒灰，酒服方寸匕，日三服。　治蟲牙痛如空：用水煮牡蠣、細辛，等分含之，妙。　治風氣客于皮膚，瘙痒不已：炙牡蠣、蜂房、蟬蛻為末，酒下一錢，日三服。　治小兒臍風濕腫，久不差：燒末傅之。

白蠟即蜜蠟　治孕婦胎漏，下血不止，欲死者：以蠟如雞子大，煎三五沸，好酒和服。

蜜　治卒心痛及赤白痢：水和蜜漿頓服一椀，止。加生薑汁尤妙。　治諸魚骨骾、雜物骾：用好蜜稍稍服，令其自下。　治面皯：取白蜜和茯苓末塗之，七日便差。　治產後熱渴：煉蜜熟，溫酒調服即止。

蜆子　治陰瘡：用陳殼燒灰為末，揾之。　止痢及反胃、失精：用陳殼燒灰，入藥丸服。　治卒咳嗽不止：用白蜆殼不計多少，研極細末，每米飲調下一錢，日三四服。

蟹膏蚯蚓　以蟹投漆中，化為水，又以蚯蚓破之，去泥，以鹽塗之，化為水。主治天行熱病及小兒諸熱病、癲癇等疾，及塗丹毒，併傅漆瘡有效。

土蜂窠　治腫毒及蜘蛛咬：將土蜂窠為末，醋和傅之。

琥珀　治跌打、物榨，内有瘀血者：琥珀為末，酒調方寸匕服。　治金瘡及弓箭傷，悶絶無所識：以琥珀研如粉，童便調服一錢，只三服愈。

雄黄　治毒箭傷：研末傅之，沸汁出，愈。

水銀　取汞法：作爐，置硃砂於其中，下承以水，覆以盎器，外加火煅養，則烟飛于上，水銀流漏於下矣。　治心風秘：用汞一兩，藕節八個，先研藕令細，次以汞同研成砂，丸如芡實大，每二丸，磨刀水下一二服，差。治誤吞金銀首飾：以半兩吞之，再服即出矣。　水銀粉：一名汞粉，一名輕粉，一名峭粉。治小兒吃泥土及膿肚：膩粉一分，沙糖和丸麻子大，空心米飲下一丸。良久，瀉出土泥。　治血痢：膩粉五錢，定粉三錢，即鉛粉，研勻，水浸蒸餅心少許，為丸綠豆大，每七丸或十丸，艾煎湯下。艾多尤妙。　膩粉註於水銀粉下，宜即水銀粉也。但不曰一名膩粉。

粉錫一名鉛粉、胡粉、定粉、光粉、解錫，皆其名也。　治悮吞銀環及釵：用水銀一兩，分服之，釵便下。亦可用鉛粉一兩，研調之，分再服，食銀令如泥也。若吞金銀物在腹中，皆服之令消烊出之。　治耳後月蝕瘡：用胡粉和土塗之。　治火瘡：用鉛粉、羊髓，和塗之。

秤錘　治難產及胞衣不下，或惡血未盡腹痛者　並用秤錘燒紅，淬酒熱服。

鋸鐵　治悮吞竹木入喉者　用鋸鐵燒紅，淬酒熱服。

石灰一名煆石，一名石堊。　治產後陰不能合，濃煎汁薰洗。

百草霜一名鍋墨。　治中惡，心痛欲絶：取草霜半兩，入鹽一錢，熱水研勻頓服。　治心痛：以熱小便調服二錢。　治逆生：以手中指取釜下墨，交畫兒足下，順生。　治舌卒腫，如猪胞滿口，難治，須臾便死，以釜墨和酢塗舌上下，脱再塗之，愈。

黑鉛　烏髭，明目，牢齒牙：用黑鉛半斤，鍋内鎔化，旋入桑條灰，柳木攪成砂，杵羅為末，每日匝牙，入溫水漱在盂内，取其水洗臉，潤肌膚，黑髭也。

赤銅屑　主治折傷，能銲人骨及六畜有損者，取此細研，酒調溫服，宜入骨損處。六畜死後，取骨視之，猶有銲痕。熟銅不堪用，赤銅為佳。《朝野集》云：昔定州人崔務，墜馬折足，醫者取銅末和酒與服，遂痊愈。及老亡後十餘年，改葬，視其骨折處有銅銲之。此銅出武昌，打不裂者佳。

井底沙至冷，治湯火傷。　治孕婦得時疫，令胎下傷，取井底泥傅心下。凡人臥，忽不寤者，切勿以火照，照之殺人。但痛咬其踵及足拇指甲際，而多唾其面即活。　又井底泥塗其目，畢，令人垂頭於井中，呼其姓名便起。

梁上塵　治因忍小便久致轉胞：取三指一撮，以水服之。　治橫生逆產：酒調方寸匕服。　治妒乳：醋和塗之，亦治陰腫。　治小兒頭瘡：先以皂莢湯洗頭，後以油調塵塗之。　治自縊死者：取塵如大豆許，入於筒中，四人各一筒，同時極力吹入兩耳、鼻中即活。

鉛霜一名鉛白霜。　消痰，止驚悸，胸膈煩悶，中風痰實，止渴解酒毒。治室女月露滯澁，心煩恍惚：細研為末，每一錢，溫地黄汁一合調下，或生地黄煎湯下亦可。　治鼻衄：用鉛霜為末，新汲水下一字。　造鉛霜法：以鉛雜水銀十五分之一，合煉作片，醋瓮中密封，經久成霜。

白瓷瓦屑　治鼻衄久不止：研為細末，用一剜耳許吹入鼻，立止。出定州者良，餘不及。

蘆薈波斯國木脂也。　治癬：劉禹錫着其方云：予少患癬，初在頸項間，後延上左耳，遂成濕瘡。後用斑猫、狗膽、桃根，徒令螫蠚，其瘡轉盛。偶遇一人，教用蘆薈一兩，研炙甘草半兩為末，和勻，先以溫漿水洗癬，用物拭乾，二味傅之，立愈。　又方治癬：先以鹽揩匝令淨，後以蘆會末少許傅之。

頭垢　治中蠱毒及蕈毒：用米飲或酒化下，並以得吐為度。　治馬肝毒殺人：取頭垢一分，熱水調下。　治竹木刺在肉不出者：用此塗之即出。　治傷天行病後勞復：含棗核一大丸妙。　治痰瘧：用此，擇淨亂髮為丸梧桐子大，硃砂為衣，發日向東新汲水下五丸，得吐為度。

血餘　治轉胞，小便不通，赤白痢，哽咽，衄血，癰腫骨疽，霍亂等症。孫真人催胞衣不下法：用頭髮梢繚喉中，令惡心，其衣自下。　治大小便不通：以三指取髮灰一撮，水調三服效。　煎膏散血，吹鼻止血。　治黄疸：燒灰水調服一錢。　治白淋：燒灰水調服。

月經　治丈夫熱病及女勞復，忽卵胞縮入腸，腸中絞痛欲死者：取女人經片燒灰，熱水調方寸匕服。　治勞病：取室女經片燒灰，熱水調服，效。　治霍亂困篤：取童女經片，和血燒灰，酒調服方寸〔匕〕。　治馬血入肉，或被藥箭所傷，將欲骨爛：以經血、屎汁塗之，愈。　治癆瘵，舌上生胎厚膜將斃者：　取童女經片燒灰，熱水調服方寸匕。

男子陰毛　主治毒蛇咬：　急取陰毛二十條，口含，嚥其汁，則蛇毒不入腹。出《證類本草》。

衣帶　治金瘡未愈而交接血出不止：　取與交婦人衣帶二寸，燒，研末，水調服之。

明・趙金《醫學經略》卷一　藥性

人葠參。味甘，氣温。入手足太陰經。反藜蘆。　主五藏虛損，安精神，定魂魄，止驚悸，益心志，和脾胃，生津生脉。止虛汗，氣短氣少。治胃虛，吐逆泄利。升麻爲引，用補上焦元氣；　茯苓爲之使，補下焦元氣。肺受寒邪，及短氣虛喘宜用。肺受火邪喘嗽，陰虛火動，吐血勞嗽勿用。仲景治亡血脉虛，以人參補之，謂氣虛血弱，補其氣而血自生，陰生于陽，甘能生血也。理中湯同乾薑用治裏虛腹痛，補不足也。　沙參味苦、甘，氣微寒。　安五藏，養肝氣，止驚煩。肺寒用人參，肺熱用沙參。人參補五藏之陽，沙參補五藏之陰。治血虛痰火盛者，用此以代人參。　丹參味苦，氣微寒。　主寒熱，破癥瘕，止煩滿，益氣養血。去心腹痼疾，散結氣，除風痹腰脊強去聲，止血崩帶下。　紫參味苦、辛，氣微寒。　止渴益精，主寒熱邪氣，通利大小便。療唾血、衄血，腸中聚血、婦人血閉癰腫。　玄參味苦、鹹，氣微寒。入足少陰經。　去無根之遊火，治發斑咽痛，肺瘻骨蒸，散頸下結核瘰癧。　苦參味苦，氣寒，無毒。　峻補陰氣，主脚膝沉重，除癰腫，療瘡疥，殺蟲，治大風有功，及遍身隱疹痒痛。　黃芪味甘，氣微温，入手少陽經，手足太陰經。　實皮毛，止汗，除骨蒸，退虛熱，補脾胃。又治渴，泄瀉腸風，外行皮表中。補脾胃，下治傷寒尺脉不至，是上中下內外三焦之藥。性畏防風，防風能制黃芪，黃芪得防風其功愈大，蓋相畏而相使者也。無汗則發，有汗則止。治血崩，月候不調。內托瘡瘍以章切之聖藥也。黃芪莖短，橫折之如綿，皮黃肉白，謂之綿黃芪，其味甘能配入。其堅脆而味苦者，乃苜蓿根也，味苦故能瘦人，頗能亂真，用者宜審。　甘草味甘，氣平。入足厥陰、太陰、少陰經。反芫花、大戟、甘遂、海藻。　中宫之藥，隨所挾而爲効挾桂麻柴葛，則發散風寒；　挾參朮芎歸，則補氣血；　挾蒼朮、厚朴，則平胃；　挾南星、半夏，則去痰。生則分身梢瀉火，炙則健脾胃和中，能緩諸急，能和諸藥，故名國老。療肺瘻解毒，腹中急縮倍加，中滿忌用。梢，主莖中痛；　節，主腫毒。臘月截竹筒去皮，內甘草浸糞中，治熱疾解毒。　朮白者，味甘、苦、辛，氣温，入足陽明、太陰經。　補脾胃，燥濕消痰，止汗止瀉，消腫滿，利腰臍間血，治霍亂。與枳實、黃連同用能消痞，與陳皮同用能健脾進食，與黃芩同用能安胎。有動氣者勿用。　蒼者，一名山精，味苦辛，氣烈性燥。　寬中進食，發汗除濕，消食，辟瘴氣，散風寒。以鹽水炒，佐黃檗，力健，行下部濕熱。二朮功用頗同，俱能補脾燥濕，但白者補性多，蒼者治性多。　芎去弓切藭味辛，氣温。入手足少陽、厥陰經。　行氣生血，去頭面風，頭痛。血虛頭痛，去舊血生新血，開鬱疎肝氣，上行頭目，下行血海，通肝經，血中之氣藥，又治一切氣，心腹脇下痛。療瘡疽不可多服，耗氣血故也。葉名蘼蕪亦治風辟邪。　當歸味甘、辛，氣温。入手少陰，足厥陰、太陰經。　頭止血，身和血，尾破血。大補不足，氣血昏亂者服之即定，使氣血各有所歸，故名當歸。主婦人漏下無子，胎產必用之。同參芪能補氣血，同大黃、牽牛能破血。從桂、附則熱，從硝、黃則寒。　地黃生者，味甘、苦，氣寒。入手太陽、少陰經。　凉血生血，補腎水，逐血痹，除熱滋陰，止吐衄、溺血、崩漏。患人虛而多熱，加用之。熟者，味甘，氣温。入足少陰、厥陰經。　滋腎陰，益氣力。主男子五勞七傷，婦人崩中不止，產後血虛，臍腹痛。熟則補腎，生則凉血。胃寒者斟酌用之，恐損胃氣。有痰膈不利者，薑汁炒用，恐泥膈故也。〔忌〕銅鐵器，令人消腎。忌萊菔。　肉蓯蓉味甘、酸、鹹。　強陰止精，暖腰膝，補命門相火。治男絶陽不興，女絶陰不產。峻補精血，驟用反致動大便。　鎖陽味甘、鹹。　補陰益精，治虛而大便燥結，可代蓯蓉。　補骨脂一名破故紙。味苦、辛，氣大温。　主男子勞傷，骨髓傷敗，陽衰腎冷，精流腰痛，小水多。又治腎泄，及婦人血氣痛。　骨碎補味苦，氣温。　止血，補傷折骨碎，療骨中風血疼痛，齒痛。　巴戟天味辛、甘，氣微温。　主陰瘻夢遺，病人虛損，加用之。　胡盧巴味苦，氣温。　主元藏虛冷，腎虛，腹脇脹滿，膀胱氣。　牛膝味苦、酸，氣平。　主寒濕瘻痹，益精填骨髓，除腰脊痛。治男子陰消，小便不利，莖中痛，婦人通經，墮胎，血結痛。　漢防己味辛、苦，氣平，寒。　主腰已下至足濕熱腫痛，去膀胱經熱及治手脚攣急。木防己即枝梗也。漢主水氣，木主風氣。　續斷味苦、辛，氣微温。　補不足，調血脉，續筋骨，久服益氣力。　石斛味甘，氣平。　補五藏虛勞，壯筋骨，強陰益精，補不足。　覆盆子味甘，平。　主男子腎虛陰瘻。婦人服之有子。　菟絲子味辛、甘，氣平，温。　補不足，益氣力。主虛寒腰脊痛，添精補髓，堅筋骨。主莖中寒，精自出，溺自餘瀝。　遠志味苦，氣温。　定心氣，止驚悸，耳目聰明，主夢邪，強志不忘。葉名小草。　益精補陰，止夢泄。　石菖蒲味辛、苦，氣温。忌鐵。　開心明耳目，止心腹痛，短小水。　萆薢味苦、甘，氣平。主風寒濕痹，腰背痛，陰痿失溺。　益智味辛，氣温。入手足太陰，足少陰經。主遺精，夜多小便淋瀝。調脾胃中寒邪，止嘔噦腹痛。　烏藥味辛，氣温。主心腹痛，膀胱間冷氣攻衝。順一切氣，婦人之要藥。　芍藥味酸、苦，氣微寒。陰中之陽，入手足太陰經。和氣養血，抑肝緩脾。治脇痛及下痢腹痛，炒用。後重，生用。白補赤瀉。赤者，利小便，下氣；白者，止痛，散氣血。得炙甘草爲佐，治腹痛。夏月少加黄芩。如惡寒而痛，加桂。又云惟治血虚腹痛。蓋諸痛宜辛散，芍藥酸收故也。須酒浸炒。與白术同用能補脾，與川芎同用能瀉肝，與參术同用則補氣。産後不宜用，以其酸寒伐生發之氣。欲用必須酒浸炒過。又云虚寒人禁用。故冬月減芍藥以避中寒。　薯署蕷預一名山藥。味甘，氣温，平。入手太陰經。主傷中，補虚羸，補中益氣，健脾強陰，澁精，止腰痛。　牡丹皮味辛、苦，氣寒。陰中微陽，入手厥陰、足少陰經。瀉陰中火，治虚勞無汗骨蒸，散瘀血，止吐衄，女子經脉不通，腰痛血淋。　地骨皮味苦，氣大寒。入足少陰、手少陽經。解肌熱，去有汗骨蒸，強陰，堅筋骨，去皮膚骨節間風，腎家風眼赤痛。同桑白皮用，瀉肺氣。　枸杞子，味苦，氣寒。補内傷強陰，益精明目。　五味子味酸，氣温，味厚。入手太陰、足少陰經。主欬逆上氣。北五味，滋肺補腎，強陰益精，斂汗生津。南五味，止欬嗽。夏月與黄芪、人參、麥門冬，少加黄蘗，使人精神頓加。寒月與乾薑同用，治肺寒欬嗽。又火熱嗽必用之，蓋火氣盛者，驟用寒凉恐逆，宜五味子斂而降之。　天門冬味苦、甘，氣平，大寒。入手太陰、足少陰經。治喘欬，保肺氣，療肺痿，吐膿血，止吐衄，消痰。苦以泄滯血，甘以助元氣。治肺熱之功多，體虚而熱者加用之，寒多者禁服。　麥門冬味甘、微苦，氣微寒。入手太陰經。治心肺熱，補心氣不足，強陰益精，利小便，生津生脉。治肺痿短氣，欬嗽膿血。　知母味苦、辛，氣寒。入足少陰經。主消渴熱中，瀉腎火，補陰，去有汗骨蒸，消痰止嗽，潤心肺。病人虚而口乾者，加用之。　貝母味辛、苦，氣平，微寒。消痰開鬱，潤心肺，止嗽，斂瘡口。　栝蔞根味苦，氣寒。止渴，消膈上熱痰，利(大)〔六〕府。療癰疽排膿。　實，味苦、甘。治胸中煩悶，洗滌痰垢，下乳汁，消乳癰。　子，味苦、甘，性潤。治痰嗽，利胸膈。甘能補肺，潤能降氣。胸有痰者，以肺受火迫，失降下之令，今得甘緩潤下之助，則痰自降。　紫(苑)〔菀〕味苦、辛。氣温。主欬逆上氣，益肺氣，療肺痿久嗽，吐膿血。　欵冬花味辛、甘，氣温。潤心肺，消痰止喘嗽，除煩，治肺痿肺癰。　百合味甘，氣平。主虚勞欬嗽。　百部味甘、苦，氣微温。主肺熱欬嗽，傳屍骨蒸，殺蟲，治疳蚘。　薏苡仁味甘，氣微寒。主風濕痹，筋攣不可屈伸。久服輕身益氣，治肺痿肺癰，欬吐膿血。此藥力勢和緩，凡用須倍于他藥。　馬兜鈴味苦，氣寒。治肺熱痰結喘欬，氣上逆。　旋覆花味鹹、甘，氣温。主頭風，結氣痰飲，脇下滿，欬嗽。　桔梗味辛、苦、甘，氣微温。主開提氣血，咽嗌胸膈之氣。主下痢腹痛。屬虚者，以苦梗開之。又治肺熱肺風，鼻塞欬嗽，氣促咽痛。消痰結，肺癰。能載諸藥不下沉，故名舟楫。　前胡味苦，氣微寒。治傷寒寒熱，消痰下氣，定喘，散風寒。　柴胡味苦，氣平，微寒。氣味俱輕，陽也，升也。入足少陽、厥陰經。在經主氣，在藏主血，主少陽頭痛，脇痛，往來寒熱如瘧。同青皮治怒氣傷肝，同升麻引胃中清氣上行。春令，同四物湯，及秦艽、牡丹皮，爲婦人調經之劑。有虚勞而無實熱用之致死。發散風寒宜用硬苗，退虚熱宜用軟苗。　銀柴胡出銀州者佳。主虚勞骨蒸，及小兒疳熱。　黄芩味苦，氣平，寒。入手太陰經。主諸熱，瀉肺火。枯飄者，酒炒上行入肺經，消痰定喘嗽。圓實者，入大腸，除熱。與芍藥、甘草同用，治下痢後重腹痛。與白术同用，安胎，清熱降火故也。　黄連味苦，氣寒。入手少陰經。降心火，瀉肝火，眼赤腫，下痢膿血，厚腸胃，消心下痞滿，除煩熱驚悸，止消渴。又主熱在中焦，兀兀欲吐，小兒疳氣，瘡瘍必用之。　胡黄連味苦，氣平。主骨蒸勞熱，久痢成疳。小兒藥多用之。　草龍膽味苦，澁，氣大寒。益肝膽，治目赤脇痛，療疳瘡，小兒疳氣。　釣藤味甘，微寒。主小兒風熱，驚癇瘈瘲，心腹痛。　盧會味苦，氣寒。主胸脇熱痛，明目，小兒驚風、顛癇、疳熱，殺蟲。　使君子味甘，氣温。主小兒五疳瀉痢，小便白濁，殺蟲。　阿魏味辛，氣平，熱。性極臭而能止臭，亦奇物也。凡用，先乾净鉢中搗如粉，熱酒器上裛過用之。主心腹痛積聚，去肉積，殺蟲。　連翹味苦，氣平，微寒。開結降火，治一切惡瘡。　青黛味鹹、甘，氣寒。解五藏鬱火，消赤斑，小兒驚癇、疳、痢諸病。　大青葉似竹，花紫，味苦，氣大寒。主療天行熱疾，煩躁發斑，小兒疳熱。　淡竹葉味辛，氣凉。主胸中痰熱欬逆，解煩熱，止渴，利小便。　青蒿味苦，氣寒。主熱在骨節。　茵陳蒿味苦、辛，氣平，微寒。入足太陽經。主濕熱發黄小便不利。陽黄，茵陳梔子大黄湯；陰黄，茵陳附子湯。大抵以此藥爲主，各隨寒熱而佐以他藥。　香薷味辛，氣微温。消暑，主霍亂，散水腫。治水甚捷，有徹上徹下之功。肺得之則清化行，而熱自下。　車前子味甘、鹹，氣微寒。清内熱，利小便，治産難。葉，搗汁治尿血。　葶藶子味辛、苦，氣大寒。主痰飲結氣，利水道。治面目浮腫，肺壅上氣喘促。又治肺癰喘而不卧。虛人勿用。冬葵子味甘，氣寒，性滑。下乳汁，利小水。蜀葵〔子〕味甘，寒。花有五色。赤者潤血，燥赤帶；白者潤氣，燥白帶。黄葵花治小便淋，油浸傅湯火瘡。子，催生。雞冠子氣凉，無毒。止腸風瀉血，赤白痢，婦人崩中帶下。澤瀉味甘、鹹，氣寒。入足太陽、少陰經。主風寒濕痹，逐膀胱三焦停水淋閉，瀉腎邪，除濕行水，去陰間汗。腎虛小便多者勿用。蘧瞿麥味苦、辛，氣寒。主關格諸癃結利小水，治血淋。木通味辛、甘，氣平。通利九竅血脉，瀉小腸火，通淋閟，下乳汁。燈心草味淡，氣平。清心，利小便。燒灰，取少許吹喉中，治喉痹。塗乳上，與小兒飲，止夜啼。海金沙主通利小腸。石韋味苦、甘，氣平，微寒。主癃閉。薄荷味辛，氣凉。入手太陰、厥陰經。通關竅，散風熱，頭腦風，及小兒驚風壯熱。乃上行之藥，能引諸藥入榮衛。荊芥一名假蘇。味辛、苦，氣温。主頭風眩運，血崩，產後血暈，中風強直。紫蘇味辛、甘，氣温。散風寒發汗用葉。寬中下氣，消痰，治心腹脹滿用梗。煮汁飲，解蟹毒。子，下氣定喘，潤心肺。水蘇一名雞蘇。味辛，氣温。主吐衄，血痢，血崩，下氣，產後中風。水蓼味辛，氣温。煮汁漬脚，消脚氣腫痛。又治霍亂轉筋。藿香味甘、辛，氣温。入手足太陰經。助脾胃，温中快氣，止霍亂吐逆，心痛。莎蓑草根一名香附。味甘，氣微温。開鬱下氣，去凝血。炒黑止血。凡血氣藥必用之，能引血藥至氣分，乃血中之氣藥，婦人之仙藥。麻黄味苦、甘，氣温。入手太陰、足太陽經、手少陰陽明經。榮衛藥也。先以醋浸湯，煮去沫用。泄衛實，去榮中寒，發表出汗，散寒邪。除太陽惡寒頭痛，身熱，又消痰，下氣定喘。多服令人表虛。根節止汗。羌活味甘、辛，氣温。入足太陽經。治周身骨節痛，手足不遂，口眼喎斜，腰背痛。加川芎，治足太陽、少陰頭痛。獨活味苦、甘、辛，氣平，微温。入足少陰經。散風寒濕痹，不能動止，非此不能除。加細辛，治少陰頭痛。防風味甘、辛，氣温。入太陽經，又行脾胃二經，乃卒伍卑賤之職，隨所引而至者也。瀉肺實，散頭目眩痛，周身骨節疼痛。身，去身半已上風；梢，去身半已下風。又治頭面遊風，能去濕。蓋風能勝濕故也。止腸風下血。升麻味甘、苦，氣平，微寒。入手足陽明經。解肌熱，治發斑咽痛，能升提胃中清氣。引人參補上焦元氣，引石膏治齒痛，亦可代犀角引血藥入陽明經。主口瘡，肺痿肺癰。瘡家聖藥。葛根味甘，氣平。入足陽明經。主陽明頭痛，解肌發表，引胃氣上行，止消渴，解酒，升斑疹。未發可用，已發勿用。藁本味辛、苦，氣温。入太陽經。主風寒頭痛在太陽，顛頂痛，齒痛，腦痛。能引諸藥上至顛頂。細辛味大辛，氣温。入手少陰經。療鼻塞腦痛，齒痛，明目。治少陰頭痛如神，當少用之。单用不過五分，多則氣塞不通而死。白芷味辛，氣温。入手陽明經。治肺經風寒，主鼻塞目痛，去頭面風。治陽明頭痛，心腹血刺痛。能行血，又能止血，治女人漏下赤白，催生。療乳癰發背，排膿止痛。蔓荊子味苦、甘，氣微温。入足太陽經。散風邪，治筋骨濕痹拘攣。能清頭目，治太陽頭痛，腦鳴淚出，聰耳。豨希薟力檢切味苦，氣平。治中風麻痹，骨節痛，腰膝無力。葈耳一名蒼耳。味苦、甘，氣温。主風濕周痹，四支拘攣，瘡疥瘙癢。女萎即萎蕤。味甘，氣平。主中風四支拘攣，脚膝痛，頭痛，目痛，眥爛淚出，心腹結痛，及風温時疾寒熱。秦艽交味苦、辛，氣平。入手陽明經。主風寒濕痹，支節痛，及骨蒸。何首烏味甘、苦，澁，氣微温。忌鐵。有雌雄二種，雄者赤，雌者白，修合須合用。益氣血，填精髓，長筋骨，黑鬚髮，悦顏色，延年有子。威靈仙味苦，氣温。主風濕痛風，上下皮膚痒痛。多服疏人真氣，虛者禁用。天麻味辛、甘，氣平。明亮者佳。其苗名赤箭。主頭風眩暈，痰厥頭痛。治小兒驚癇。赤箭用之，有自表入裏之功。天麻用之，有〔自内達〕外之理。半夏味辛、微苦，氣温，性燥。入足陽明、太陰、少陽經。燥濕痰，去寒痰痞塞。治痰厥頭痛，眩暈，止嘔吐。温脾健胃，進飲食，散痰瘧，寒熱往來。血證汗多渴者禁用，燥津液故也。妊婦藥必炒用，恐傷胎也。天南星味辛、苦，氣平。主中風痰涎壅盛，牙噤不開，除風痰麻痹。欲其下行，以黄蘗引之。療癰疽及破傷風。白附子味甘、辛，氣温，有小毒。治風痰，主中風失音，諸風冷氣，血痹。治腿膝無力，治面風，疥癬，除陰囊下濕。附子主風寒欬逆，寒濕痿躄，腰脊膝痛不能行。又主惡寒腹痛，霍亂轉筋，除吐利清白，四支厥冷，吃逆，脉微欲絶。又陽虛人服參芪無速効，于補藥中加附子一片，以行參芪之功。與白术同用，大去寒濕，通行諸經。引用之藥，入手少陽、三焦、命門。性走而不守，浮中沉無所不至。陽中之陽，故行而不止，非若乾薑止而不行。童便浸煮以殺其毒，助下行之力。入鹽尤捷。世俗相襲爲治風及補藥，殺人多矣。烏頭主中風，惡風汗出。消胸膈上痰，除風寒濕痹，血痹，半身不遂，行經藥也。天雄主風寒濕痹，歷節重痛，不能行步，頭面風去來疼痛。通九竅，調血脉，消風痰。側子主濕痹，筋骨攣急，腰脚疼，遍身風疹。附子、烏頭等同出而異名，俱味辛、甘，大熱，有毒，能墮胎。補虛寒須用附子，仍取端平而圓，大一兩已上者，其力全。風家多用天雄，亦取大者，以其尖角多熱，性不肯就下，故取發散也。

乾薑味辛，氣温，大熱。炮用。主胸滿欬逆，温補理中。治裏寒泄利，逐風濕，止腸澼下血，腹中冷痛。又治沉寒痼冷，腎中無陽，脉欲絶。入補陰藥，與黑附子同用，能引血藥入氣分，生血。又治血虚發熱，産後大熱，炒黑用。生用，辛能發散寒邪，利肺氣。與五味子同用，治肺寒欬嗽。

生薑味辛、甘，氣微温。氣味俱輕揚也。主嘔吐之聖藥。通神明，開胃益脾，散風寒，消痰嗽。留皮則温，去皮則熱，夜不宜食。夜氣宜靜，薑動氣故也。汁，和竹瀝，開胸膈間痰。

高良薑味辛、苦，氣大温。主胃冷嘔逆，腹痛泄利，健脾消食。

薑黄味辛、苦，氣温。主心腹結積，氣脹脇痛，打撲損傷，産後敗血攻心，消癰腫。其主治功力烈于鬱金。

鬱金味辛、苦，氣寒。行氣開鬱，性輕揚，能發諸陽之氣。治血氣心腹痛，破惡血，止血淋、吐血。如無鬱金，以山茶花代之。

地榆味辛、甘、酸，氣微寒。除下焦熱，腸風血痢，婦人崩漏，小兒疳熱瀉利。若虚寒瀉利，勿輕用。

澤蘭味辛、甘，氣微温。主産後中風，利九竅，養血氣。

艾葉味苦，氣微温。陳久者良。主灸百病。治吐衄，止下痢赤白，婦人漏血腹痛。能安胎，暖子宫，使人有子。

茺蔚子即益母草。味辛、甘，氣微温，無毒。主明目，益精血，産前後血脹、血暈諸疾。行血養血，産難，絞汁服；消丁腫，搗柤敷腫處。

蒲黄味甘，氣平。主心腹痛。治吐衄、腸風、血痢、尿血。生則消瘀血，熟則補血止血。治産後諸病。

苧根味甘，氣寒。主胎漏下血，止消渴，癰疽。乳癰搗罯之。

茅根味甘，氣寒。止吐衄，利小便，下五淋。花，主治同。

茜根味苦，氣寒。主勞傷心肺吐衄，去諸死血血暈。

蘆根味甘，氣寒。主消渴，客熱，治嘔噦不下食。

紫草味苦，氣寒。服之使豆瘡發出。

紅藍花味辛、甘、苦，氣温。主活血，治一切損傷瘀血不盡，腹内絞痛，用酒煎服。産後血暈，口噤腹痛及死胎，多用則破血，少用則入心養血和血，與當歸同功。子，吞數粒，主天行瘡子不出。

乾燕脂主盯都領切耳。

大小薊味甘、苦，氣温。止吐衄溺血。

劉寄奴味苦，氣温。主通經破血，止腹痛，産後餘疾。

紫葳花即凌霄。味酸，氣微寒。療癥瘕血閉，下胎。

大黄味苦，氣大寒，味極厚。陰中之陰，降也。入手足陽明經。下瘀血、食積、痰積，破癥瘕積聚，瀉諸實熱，心腹脹滿，大便秘結。蕩滌腸胃，推陳致新，性走而不守，號稱將軍。酒浸引之，上至顛頂；如舟楫載之，可浮胸中。若用于下，不用酒浸洗。又傳貼癰腫即消。

牽牛味苦，氣寒。性善走，有毒。主水腫下氣，利大小便，落胎。以氣藥引之則入氣，以血藥引之則入血。大瀉元氣，腹不脹滿，大便不秘者勿用。黑者入血藥，白者入氣藥。

金線重樓即木紫河車。味苦，氣微寒。主驚癇，療癰腫。

大戟味苦、甘，氣寒，有毒。主水蠱，破堅積，通經墮胎。

芫花味苦、辛，氣温，有毒。主欬逆上氣，喉鳴咽腫。消胸中痰飲，又治水腫。多服令人虚。

甘遂味苦、甘，氣大寒，有毒。主腹滿，面目浮腫，留飲。破積聚，利水穀道。水結胸，非此不除。其氣直透所結處，專于攻決。

海藻味苦、鹹，氣寒。主癭瘤瘰癧，除堅積，外腎腫硬。

昆布味鹹，氣寒。主癭瘤，結氣水腫。凡海中菜皆能療癭瘤，又治頽卵腫。

山慈菇主癰腫，瘰癧結核，醋磨敷之。

續隨子味辛，氣温。主血結痃癖，心腹脹痛，除痰飲，利大小腸。

蓖麻子味甘、辛，氣平。主催生，下胎衣，退癰疽。葉，治脚風腫。

三稜味苦、辛，氣平。破癥癖血積，心腹痛，婦人血脉不調。

蓬莪术味苦、辛，氣温。主心腹痛，食積癥癖。散冷氣，治積治氣之要藥。能通經，消瘀血，療婦人血氣痛，破痃癖。婦人藥中多用，蓋色黑屬血，破氣中之血。

木香味辛、苦，氣温。治心腹冷氣痃癖，九種心痛。又治腹中氣不轉運，止霍亂反胃，健脾實大腸，治痢疾，調諸氣，散肺中滯氣，行肝氣。若治中下焦氣結滯，須檳榔爲使，或用黄芩、黄檗。療女人血氣刺痛，腹中結塊作痛，及安胎，婦人月經不調，崩中淋露。

延胡索味辛、苦，氣温。入手足太陰經。療心腹痛，主破血通經，産後惡血，小腹痛。

蘹香子即茴香。味辛，氣平。入手足少陰、太陽經。開胃下食，止嘔吐，調中止痛。主膀胱癩疝，冷氣痛入小腹。

八角茴香味辛，温。角或多或少者非真。主膀胱冷疝。

縮砂味辛、苦，氣温。治脾胃氣結滯不散，宿食不消，腹中虚冷痛。止赤白泄痢，又能安胎行氣故也。

白豆蔻味辛，氣大温。主積冷吐逆反胃，消穀下氣。胃冷宜服，散肺中滯氣。上焦元氣不足，以此補之。

肉豆蔻味辛、苦，氣温。入手陽明經。温中開胃，下氣消食，脾胃虚冷，久泄痢。治小兒傷乳，吐逆泄瀉之要藥。

草豆蔻味辛，氣温。入足太陰、陽明經。主嘔吐霍亂，客寒犯胃作痛。

草果味辛，氣温。主温脾胃，消食，治瘧。

常山味辛、苦，氣寒。得甘草，吐瘧大効。年老及久病人勿用。

菊花味苦、甘，氣平，寒。家種黄白二色，味甘者入藥。主頭風眩〔運〕腫痛，明目養血，去瞖膜。

野菊味苦。名薏。大傷胃氣。

穀精草煮汁洗目痛，亦可煎服。

草決明一名青葙。味鹹、苦，氣平，微寒。明目，除肝熱。久服益〔精〕〔睛〕光。

木賊味甘、微苦。主目疾，退翳膜，消積塊，療腸風，止血痢。

蒺藜味苦、辛，氣温，微寒。明目，治風痹，長肌肉。

地膚子一名落帚。味苦，氣寒。主膀胱熱，利小便，益精強陰，明耳目。　牛蒡子一名大力子、鼠黏子、惡實子。主喉痹，風熱痰壅，出癰疽頭。馬藺子即蠡實。味甘，平，氣温。主喉痹，風寒濕痹。　馬勃味辛，平。主喉痹。射干一名烏扇。主喉痹，消積痰結核。　山豆根味苦，氣寒。　主咽喉腫痛，解諸藥毒，消瘡腫。　鶴蝨即蛤蟆草子。味苦、辛。主心腹痛，殺蟲最要。　預知子味苦，寒。療蠱，殺蟲。　蛇床子味苦、辛、甘，氣平。主男子陰痿不起，婦人陰中腫痛。又療陰汗，四支頑痹疫疼及瘡疥。　藜蘆味辛、苦，寒。吐上鬲風痰，療噦逆，喉痹不通。　漏蘆味苦、鹹，氣寒。主皮膚熱，下乳汁，消癰疽。　夏忍冬藤一名左纏藤、鷺鷥藤，又名金銀花。擣汁和酒飲，消癰疽，相罯亦可。枯草味苦，平，寒。主瘰癧癭氣。有補養氣血之功，盖稟純陽之氣，得陰氣則枯也。蒲公英花似菊，謝則飛絮。味甘，平。消乳癰，擣汁和酒飲之，相傅患處。　白及味苦、辛，平，微寒。傅丁腫發背。　白斂味苦、甘，平，微寒。收斂瘡口。　敗醬味苦、鹹，微寒。止腹痛及泄痢，主暴熱，火瘡，除癰腫。　桂味甘、辛，氣大熱。入手少陰，足太陽經。主腰腹痛，風痹脚輭。通血脉，消瘀血，墮胎。　枝條輕薄者，爲桂枝。横行肩臂，發散風寒。仲景救表以其能斂汗，盖表有風邪故病自汗，以桂枝温榮衛而發其邪，邪去則表密而汗自止。正辛甘發散之義。後人用桂枝止汗，失經旨矣。　身幹厚實者爲肉桂。入藏府補腎，及下焦寒冷，秋冬腹痛，非此不除。　近裏者爲桂心。主風頭痛，天將陰雨先發者。　松脂味苦、甘，氣温。除胃中伏熱消渴，去風痹，輕身延年，療一切惡瘡，生肌止痛。實，主虚羸少氣不足。　葉味温，安五藏，擣爛酒浸服，治脚氣風痹。　茯苓味甘淡，氣平。白者入手太陰，足太陽、少陽經。赤者，入足太陰，手少陽、少陰經。白補赤瀉。　主心下結痛，驚悸，煩滿欬逆。除濕消痰，治水腫淋閟，療肺火肺痿，調胃伐腎邪。陰虚小便多者禁用。茯神，抱根者是。開心益智，安魂魄，養精神，止驚癇。　琥珀味甘，氣平。安五藏，定魂魄，明目，利小便，以燥脾土有功。若血少而小便不利者，反致燥急之苦。茯苓、琥珀二物皆自松出，而所稟各異。茯苓生于陰而成于陽，琥珀生于陽而成于陰，故皆治榮而安心利水也。　松煙墨味辛。治吐血、血暈，崩中，卒下血，合金瘡。　猪苓味甘、苦、淡，氣平。入足太陽、少陰經。除濕利水道，治濕從脚上至小腹腫脹。行水功多，大亡津液，無濕證勿用。多服損目。　柏子仁味甘、辛，氣平。主驚悸，安五藏，益氣血，除風濕痹，療虚損腰痛，潤腎燥。久服延年，美顔色。　葉味苦，澁，氣微温。補陰，止吐衄、血痢、血崩，性多燥，益脾土。黄檗味苦、微辛，氣寒。入足少陰、太陽，引經藥。補〔腎水〕，脚膝痿厥，瀉膀胱熱，清小便，降相火，治骨蒸吐血，泄痢黄疸，腸風五痔，口舌生瘡，明目伏蚘，小腸虚痛，〔女子〕漏下赤白。　杜仲味辛、甘，氣平，温。主脚弱腰脊痛，益精氣，堅筋骨，除小便遺瀝。　五加皮味辛、苦，氣温。補中益精，堅筋骨，消瘀血。治痛風，腰脊痛，男子陰痿囊濕，小便遺溺，女人陰痒。　楮實味甘，氣寒。補虚勞，益氣明目，助腰膝，輕身。　槐實味苦、酸、鹹，氣寒。主五内邪熱，明目，療五痔。　花味苦，主心痛，眼赤，大腸熱瀉血，赤白痢，腸風五痔。枝，洗瘡，煅灰指齒，去蟲。　金櫻子味酸、澁、辛，温。療脾泄，止小便，澁精。　梔子味苦，氣寒。入手太陰經。開鬱，清胃口血，止吐衄。仁，主溺血。加茵陳，治濕熱發黄。加生薑、陳皮，治嘔噦嘈雜。加薑汁，治心腹痛。加豆豉，治大病後客熱虚煩不眠。亡血亡津液，藏府無潤養，内生虚熱，非此不除。又能屈曲下行，降火，故六鬱方中多用之。輕浮而象肺，色赤而象火，故瀉肺中火。仁，去心胸之熱；皮，去肌表之熱。　竹葉味苦、甘，氣平。主凉心經，除胸中煩熱嘔吐。　竹皮茹，味苦，氣微寒。主嘔噦噎膈，温氣寒熱虚煩。　瀝，味甘，性緩。主豁痰，中風痰盛，失音不語，陰虚發熱有痰，及痰盛氣虚少食者。又痰在四支，非此不能開。止驚悸狂煩，安胎，治子煩。　荊瀝味苦，氣温。通利胃氣，止欬逆，下氣，去煩熱，頭目眩暈，失音。氣實人，痰盛宜服。虚痰用竹瀝，實痰用荊瀝。二味開經絡，行血氣，俱用薑汁助送。　枳實味苦、酸，氣寒。主胸膈痰癖，消宿食，安胃氣，破實結，瀉心下痞。又去脾經積血，故治心下痞。脾無積血則不痞。　枳殻味苦、酸、辛，氣微寒。主胸膈痰塞，逐水消脹滿，破癥結痃癖。除寒熱，腸風痔痢，走大腸，泄肺氣。損胸中至高之氣，勿多用。殻大性詳而緩，治高，高者主氣，治在胸膈。實小性酷而速，治下，下者主血，治在心腹。　青皮味苦、辛，氣寒。足厥陰引經藥。入手少陽經。主氣滯，破積結，小腹痛。瀉肝氣，治脇痛。酒醋炒用，多服損人真氣。　橘皮味辛苦，氣温。主逆氣，除胸中痰熱，止嘔吐，欬逆下氣，霍亂吐瀉。去白，理肺氣，降痰，留白，理脾胃，補中。橘皮治高，青皮治低。　橘葉，治胸脇逆氣，消乳腫。橘核，治腰痛疝氣。炒去殻，鹽酒調服。　檳榔味苦、辛，氣温。主消穀逐水，除痰癖，治心痛，殺蟲。又治脚氣衝心，下後重如神。墜諸藥至于極下，泄胸中至高之氣。南人食之以祛瘴厲。　大腹皮味辛，氣微温。健脾開胃，主冷熱氣攻心腹，下一切氣。又治姙婦滿悶，並以薑鹽同煎。厚朴味苦、辛，氣温。主下氣温中，療霍亂，治腹痛脹滿。此散結之神藥。若虚弱人，雖腹脹，宜斟酌用之。誤服，脫人元氣。　木瓜味酸，氣温。入手足太陰經。主霍亂轉筋，脚氣水腫濕痹。此物入肝，故益筋與血。腰腎脚膝無力不可缺。山查，消食健胃，治食積痰，行結氣，消滯血。治婦人兒枕塊痛。煎濃汁入砂糖服，催痘瘡，益小兒。　乾漆味辛、鹹，氣温。主癥瘕，消瘀血，止血暈，去蚘，殺蟲。　椰子皮味苦，氣平。止吐衄。肉，益氣去風。漿，主消渴。　吴茱萸味辛、苦，氣温、大熱。入足太陰、少陰、厥陰經。主欬逆，寒邪隔氣，嘔逆吐酸，霍亂轉筋，温中下氣，止痛，下焦寒濕疝氣。　山茱萸味酸，澁，氣平，微温。入足厥陰、少陰經。補腎氣，添精髓，止小便，秘精興陽道，暖腰膝，療女人月水不定。核，能滑精。　蜀椒味辛，氣温、大熱，有毒。主邪氣欬逆，温中，逐骨節寒濕，心腹冷氣痛，齒痛。通血脉，明目，殺蟲。閉口者殺人。發微汗。無毒。多食令人乏氣。　胡桃味辛，氣大温，屬火而有金，性燥。主下氣温中，止心腹冷痛。不可多服，大傷脾胃肺氣。　畢澄茄即青胡椒。味辛，氣温。主下氣消食，心腹脹痛，膈噎胃反。　丁香味辛，氣温。入手太陰、足陽明少陰經。主温脾胃，止嘔吐噦逆。母丁香大如棗核者。爲末，實紗囊如小指，納陰中，主陰冷。　沉香味辛，氣温。補命門火，壯元陽，散滯氣。治心腹痛，泄痢。　乳香味辛、苦，氣温。調血氣，定諸經痛。治耳聾，心腹痛。催生，煎膏藥療諸瘡，止痛長肉。　沒藥味苦、辛，氣平。主破血止痛，婦人産後血氣痛，打撲損折，血滯腫痛。療金瘡及諸惡瘡。　麒麟竭味甘、鹹，氣平。海母血最相似。但血竭鹹而甘。似梔子氣，嚼之不爛如蠟者上。破積血，合金瘡。治損折內傷血聚。療惡瘡，止痛生肌。　蘇合香味甘，氣温。辟惡通神明，殺鬼精物，除癎痓，破血殺蟲。　天竺黄味甘，氣寒。主小兒驚風天吊，痰壅失音。與小兒爲宜。　龍腦一名米片，一名膏香。味辛、苦，氣温。明目，通利關隔熱塞，小兒風涎閉壅，及暴驚熱。丹溪云：龍腦性大辛，喜走，故能散熱，通利結氣。古今方目痛、喉痹、下疳多用之者，取辛散也。世人悮以爲寒，不知辛散性甚似乎凉耳。諸香皆屬陽，豈有香之至者反爲寒乎？　茶一名茗。味甘、苦，氣微寒。入手足厥陰經。清頭目，去痰熱，止渴消食。　辛夷一名木筆。味辛，氣温。主頭風腦痛，通鼻塞出涕，治鼻。去毛用。　蜜蒙花味甘，氣平。主目生翳赤澁，多眵淚，消目中赤脉。　桑白皮味甘、辛，氣温。入手太陰經。瀉肺氣，欬嗽上氣喘急。主水氣浮腫腹滿，利水道。　一桑葉，經霜者止汗。　桑椹，暴乾，蜜丸止消渴。　桑寄生味苦、甘，氣平。主腰痛，安胎。　合歡皮即夜合樹。味甘，氣平。主安五藏，利心志，令人歡樂，消肺癰。　榆白皮味甘，氣平，性滑利。主大小便不利。能滑胎，塗瘡癬妙。　椿根皮一名樗。味苦澁，氣寒。主遺精，久痢赤白帶。無花不實爲椿，有花而莢爲樗。　椶宗櫚皮味苦，澁，氣平。止吐衄，腸風，崩漏。　烏梅味酸，氣平。解勞熱，收肺氣，截瘧，治久痢，伏蚘，敷惡瘡。　訶梨勒味苦、酸，氣温。性急。六稜黑色肉厚者良。取皮去核用。主肺因火傷，極鬱遏，脹滿喘急。味酸苦，故有收斂降火之功。氣虚者少用。痰嗽咽喉不利，含之有効。又止久痢。　五倍子一名文蛤。味苦酸，氣平。治腸虚泄利，口瘡，五痔下血。煎湯洗脫肛，甚有効。此收斂之劑。　楝實味苦，氣寒。主心腹痛，疝氣。根皮東行者，殺蟲。有雌雄二種。根白生子者爲雌，服食用此。無子者，雄，誤服吐瀉殺人。　雷丸味苦、鹹，氣寒。除小兒熱結積，殺蟲。　蕪荑味苦，氣平。療腸風痔瘻，殺蟲。　巴豆味苦，氣温。有大毒。破堅積痰癖，通閉塞，蕩滌藏府。此斬關奪門之將，不可輕用。又排膿，去惡肉。　木鱉味苦，氣温。主喉痹，消結腫，療惡瘡，生肌。　大楓子味辛、苦。主殺蟲，風瘡疥癬。　蘇方木味甘、鹹、酸，氣平。主破血，婦人血氣心腹痛，月候不調，産後血暈，血脹，撲損瘀血。酒煮取濃汁服之。　桃仁味苦、甘，氣平。入手足厥陰經。主血結，血燥，癥瘕，潤大便，通月水，止痛。苦以破滯血，甘以生新血。　實味酸，多食令人熱。　杏仁味甘、苦，氣温，有小毒。入手太陰經。主欬逆上氣，散肺經風寒喘嗽，潤結燥，療諸瘡。丹溪云：性熱因寒者可用。東垣云：杏仁下喘，治氣也；桃仁療狂，治血也。俱治大便燥，但有血、氣之分。年高人便秘不可泄者，脉浮在氣，杏仁、陳皮；脉沉在血，桃仁、陳皮。陳皮入肺，與大腸爲表裏，故用爲使。　實味酸，多食傷筋骨。　郁李仁味酸、苦，氣平。主水腫，面目四支浮腫。利小便，散腸中結氣，關格不通，破血潤燥。　皂莢味辛、鹹，氣温。引入厥陰經。利九竅，通關節，治中風昏迷。主風痹，吐痰。角針，治瘡腫，用之直達瘡所。　酸棗味酸，氣平。寧心志，斂虚汗，主心虚煩躁，振悸不得眠，膽實多睡熱也。生用，茶葉薑汁調服。膽虚不睡，寒也，炒熟用，竹葉湯調服。　大棗味甘，氣平，温。安中養脾，平胃氣，和百藥，多食損齒。　龍眼肉味甘，氣平。補中歸脾安志，令人不忘。荔枝核慢火燒存性爲末，酒調服。治心痛及疝氣。　柿味甘，氣寒。潤心肺，除煩熱。蒂，下氣，止咳逆。　榧實味甘。此肺家果。主五痔，殺蟲。多食引火入肺，滑大腸。　枇杷味甘。凉肺，潤欬嗽。葉，味苦。火炙，布拭去毛用。主欬逆上氣，嘔噦。治肺熱久嗽。　梨味甘、微酸，氣寒。除消渴，主客熱心煩，肺熱欬嗽，解毒。　梨者，利也，能利痰熱下行。酒病煩渴宜之。多食寒中，金瘡、乳母勿食。　石榴味甘、酸。主燥渴，多食損人肺。榴者，留也。性滯戀膈成痰。皮澁，止久痢。花百葉者，主心熱吐衄。乾爲末，吹鼻中。栗味鹹，氣寒。補腎虚腰脚無力。灰火中煨令汗出，以殺木氣。食之，多食滯氣隔食。楊梅味酸，氣温。止嘔噦，消食，下酒。多食令人發熱。櫻桃味甘。主調中益脾，令人好顏色。胡桃味甘，氣温。補下元，止腰痛，黑髮，消癰疽。多食動風生痰。葡萄味甘，平。主筋骨濕痹，益氣力，除煩解悁，利小便。蔗味甘，温。消酒渴，酒痞。嘔吐腹脹者不可食。砂糖味甘，温。和中助脾。多食損齒發疳。甘生濕，濕生火也。藕味甘，寒。主口渴煩悶，解酒毒，消瘀血。煮食開胃，補五藏。節，搗汁飲，主吐衄。蓮蕋，鎮心澁精。蓮子，補中養神，益精。石蓮子，味甘，氣寒。治噤口痢，澁精。芡實一名雞頭。味甘，氣平。益精氣，強志，除濕痹，腰膝痛。菱角一名芰實。味甘，平。主消渴，清熱。莖，解暑，止泄利。葧臍味甘，平。清熱解渴，下石淋，消毒。茨菰味苦、甘，微寒。主消渴，療熱温中，益氣。茭白一名菰根，味甘，平。解渴，利小便，除腸中痼熱。西瓜味甘，凉。解暑熱煩渴。胃弱下虚者，勿多食。白冬瓜味甘，氣平。解燥渴，利小便。病後將息可食。王瓜味苦，氣寒。主瘀血，止小便，散癰腫。子，主肺痿吐血。甜瓜味甘，平。清熱。蒂，味苦，氣寒，有毒。消水腫，欬逆上氣，風癎喉風痰涎。病在胸膈，皆可吐之。療黄疸及暴急黄，和小豆、丁香爲末，吹鼻中，少時，黄水出。亦可服方寸匕。胃弱及病後、産後亡血，虚家不可用。苦瓠味苦，氣寒。治面目四支浮腫，下水，令人吐。菜一曰蔬。味苦，氣温，性潤。充腸胃，有疏通之義，故名蔬。蕪菁即萊菔甲。味甘，氣温。利五藏，益氣消食。可長食之，令人肥健。諸菜之中最有益者。萊菔根，俗名蘆葍。味辛、甘，氣温，平。消穀下氣，去痰癖，止欬嗽，消渴，治肺痿，止衄血。能解麵毒。因麥名萊，故曰萊菔。子，治喘欬下氣。《衍義》云：散氣用生薑，下氣用萊菔。白芥味辛，温，無毒。主冷氣，利九竅。温中。子，主胸膈痰。丹溪云：痰在皮裏膜外并脇下，非此不能達。莧味甘，寒。主青盲白翳，利大小便。馬齒莧，味酸，氣寒，性滑。主赤白痢。子，明目。苜目蓿，一名灰莧。味辛，平。主安中，除熱病煩滿，目黄赤。酒疸，搗取汁服，令人吐利即愈。菠薐菜味甘，性滑。能通利藏府。薺味甘，氣温。利肝氣，和中，治赤白痢。實，明目，去障翳。葱味辛，温。入手太陰、足陽明經。主傷寒寒熱，頭痛如破，鼻塞。通大小腸，賁豚氣，心腹痛，出汗，安胎。同鹽麝香罯臍，利小水。莖葉，研罯蛇蟲傷，金瘡，蚯蚓毒。多食令人神昏。大抵發散爲功。韭味辛、微酸，氣温。安五藏，除胃中熱痛。韭汁飲之，利膈間瘀血，主中風失音，心脾痛，胸膈氣結滯，中惡腹脹，止血暈。初生小兒灌之，吐惡血，令無病。狂犬蛇虺蟲毒搗傅之，効。冬月用根，多食昏人目。未出土者，名韭黄，滯氣，不宜食。花，動風。子，主夢遺精滑。蒜味辛，温。屬火，有毒。獨頭者入藥。端午日采。除風邪，破冷氣，辟瘟疫瘴氣，健胃化宿食。治霍亂轉筋腹痛，爛嚼，温水送之。醋浸經年者尤良。生食久食，傷神損目，又傷肺脾，宜戒之。癰疽惡瘡，腫核初發，取紫皮獨頭者，横切作片，厚一分，貼腫處中心。炷艾如桐子大，灸蒜上，勿令大熱。若覺痛即擘起蒜，蒜焦更易新者。如痛灸至不痛，不痛灸至痛，以多為善，無不効。疣贅之類，亦依此法灸。薤味辛、苦，氣温。入手陽明經。主胸膈卒痛，除寒熱，温中散結，去水氣，止久痢冷瀉，治金瘡諸瘡。中風寒生，搗熱塗之。與蜜同搗，塗湯火傷，甚効。胡荽味辛，温。主消穀，利大小腸，通心竅，小兒痘不出，令瘡速出。久食損神，發腋氣。茄味甘，寒。多食損神動氣發瘡。根，煮湯淋洗脚瘡，并凍瘡。蒂，燒灰療口瘡。水芹味甘，氣平，寒。養精止血益氣，治煩渴，療女人赤帶。蓴味甘，寒，無毒。主消渴熱痹。秔米味甘、苦，氣平，微寒。入手太陰、少陰經。補益胃氣，止煩渴，平和五藏，止瀉痢，其功莫及。與芡實相合作粥食之，益精強志。陳廩米味鹹、酸，氣温。主下氣，除煩渴，開胃止瀉。糯米味苦、甘，氣温。主温中，堅大便。稻稈，煮汁服，治黄病。粟米味鹹，氣微寒。養腎氣，去脾胃中熱，益氣。陳者味苦，主胃熱消渴，利小便，止瀉利。罌粟一名御米粟。味甘，氣平。主胸中痰滯，胃反不下食，和竹瀝作粥食之。粟殼味澁，令人虚勞嗽，及濕熱泄痢者，多用之。刼病之功雖急，殺人如劍，戒之。生大豆味甘、鹹，氣平。黑者入藥。主傷中淋露，下瘀血，炒令黑烟未斷，熱投酒中。主風痹癱瘓口噤，産後諸風虚熱。血病，煮汁服。解諸藥毒。豆豉味苦，氣寒。無鹽者佳。主傷寒頭痛，寒熱煩躁，心中懊憹。又治腹痛，安胎。大豆黄卷拳。以生豆爲芽，葉便暴乾。味甘，氣平。主濕痹筋攣膝痛，解痘毒。赤小豆味辛、甘、酸，氣温。主熱中，消渴，利小便，止瀉，吐痰，消散毒氣。和雞子白調塗熱毒。多食令人瘦。白扁豆味甘，微温。和中消暑，治霍亂吐利不止，解酒毒。緑豆味甘，皮寒，肉平。主消渴，解丹毒煩熱，及砒毒。作枕囊明目。胡麻一名巨勝，即胡地黑脂麻。八穀之中惟此爲勝，故名。味甘，平。主傷中虚羸，益氣力，填腦髓，堅筋骨，療瘡。苗，名青蘘。味甘，寒。主風寒濕痹，明目。白油麻味甘，寒。生則寒，炒則熱。滑腸胃，通血脈，潤肌膚，止腸風下血。生嚼傅諸瘡良。油，性冷，通大小府，殺蟲，療藥箭毒及虎傷。煎膏，療諸瘡，長肌肉。　麻子味甘，平。入足太陰、手陽明經。主補中益氣，逐水，利小便，潤大腸，風熱結燥，止消渴，破積血，催生。　大麥味鹹、甘，溫。主消渴除熱，益氣調中。　大麥麵，性平，涼。人患纏喉風，食不能下者，作稀糊令嚥之。既滑膩容易下咽，以助胃氣。芽糵微暖。補脾消食，破癥結冷氣，止心腹痛，消痰下氣，治產後秘結，消乳汁。胃虛人宜服，以代戊己，腐熟水穀。多食消腎，戒之。　飴糖味甘，溫。用米麥而爲，即餳也。消痰潤肺，健脾胃，治骨鯁，及誤吞錢。中滿不宜，嘔家忌之。仲景謂：嘔家不可用建中湯，以其甘也。丹溪曰：大發濕中之熱。　小麥味甘、鹹，微寒。去皮則熱，麵熱而麸涼，除熱止燥渴。浮麥，止骨蒸勞熱，盜汗。　神麯味甘，溫。六月作陳久者良。調中下氣，開胃消宿食。主心膈痰逆，霍亂，破癥結，冷氣，治赤白痢。　酒味苦、甘、辛，氣大熱。有毒。殺百邪惡毒氣，通血脈，禦風寒霧氣，能行經絡。味辛者能散，為導引，可以通行一身之表至極高之分。苦者能下，甘者居中而緩，淡者利小便。丹溪云：酒，濕中發熱，性喜升，大傷肺氣，助火生痰，變爲諸病，戒之。　糟，署撲損瘀血。　醋味酸，氣溫。破癥塊堅積，治產後血暈，心腹痛，消癰疽，斂咽瘡。　醬味鹹、酸、甘，氣冷。除熱治火毒，并蛇蟲蜂蠆毒。　玉屑味甘，平。除胃中熱，止煩渴。　石鍾乳味甘，溫。明白光潤，輕鬆如煉硝石者佳。明目益精，安五藏，利九竅，下乳汁。久服延年有子，生服令人淋。丹溪云：此慓悍之劑。《經》云：石鍾乳之氣悍，仁哉言也。夫藥者氣之偏，可用于暫，而不可久。石藥，又偏之甚者。膏粱之家惑于方士服食致長生之說，以石藥體重氣厚，人服之可以延年。受此氣悍之禍而不知，哀哉！　丹砂味甘，微寒。養精神，安魂魄，明目，止煩渴，涼心，辟精魅。治瘡瘍。久服通神明。小兒初生，蜜調塗口中，令吮之，鎮驚。痘瘡將出，蜜調服一字，解痘毒。此物鎮養心神，但宜生服，煉服則有毒，少有不作疾者。《周禮》以丹砂、石膽、雄黃、礜石、磁石爲五毒。古人惟以攻創瘍。　空青味甘、酸，寒。主青盲，去膚翳，止淚。　魯青，主治同。　雄黃味苦、甘、辛，氣平，大溫。治中惡蠱毒腹痛，殺蛇虺蟲毒，療諸惡瘡死肌，去息肉。佩之鬼神不能近，入山林虎狼伏，涉川濟毒物不敢傷。姙婦佩之，轉女爲男。　雌黃味辛、甘，氣平，寒。殺毒蟲，主惡瘡。　硫黃味酸、甘，氣溫、大熱。療欬逆上氣，心腹痃癖，壯陽道。元氣將絕，久患寒泄，脾胃虛弱，垂命欲盡，服之皆効。中病便已，不可過劑。乃至陽之精，療婦人陰蝕，殺疥蟲。　靈砂味甘，溫。水銀、硫黃鍊成者。　養精神，安魂魄，通血脈。　水銀味辛，氣寒，性滑重，有毒。墮胎，殺蟲。得鉛則凝，得硫黃則結，併棗肉研之則散，得紫河車則伏。　輕粉味辛。飛鍊水銀為之。忌一切血。去痰涎，殺瘡疥蟲。　金屑金箔同。味辛，氣平，有毒。畏水銀。用宜煉熟，生者殺人。鎮驚癇，安魂魄。　銀屑銀箔同。味辛，氣平，有毒。用宜煉熟。安五藏，定心神，止驚悸。　赤銅屑味苦，氣平，微毒。治腋氣，主賊風，續人骨。　銅青氣平，微毒。生熟銅俱有。青銅器上綠色是銅之精華也。　明目，治婦人血氣心痛，合金瘡，止血，去息肉。　古文錢治翳障，療風赤眼。鹽鹵浸用。眼暴赤痛，取生薑一塊，淨洗去皮。古青錢刮取薑汁，就錢稜上點，熱淚出愈。婦人橫逆產，心腹痛，五淋，燒以醋淬用。　自然銅味辛，平。療折傷，散血止痛，續筋骨。酒磨服，治撲損，研末，同當歸、沒藥各五分，酒調服，仍磨傅痛處。　蜜陀僧味鹹、辛，平。治金瘡，口瘡，面上䵟斑。　錫味辛，寒。　殺蟲。　錫粉味辛、甘，氣寒。止小便墮胎。炒黑，治小兒疳氣久痢，殺三蟲，去鱉癥。小兒食生米、食泥者，亦治之。　鉛味甘。鎮心安神，主反胃吐噦。鎚薄如紙貼臁瘡。　鉛丹味辛，氣微寒。即黃丹化鉛而成。主驚癇胃反吐逆，除熱下氣，療金瘡。煎膏止痛生肌。《經》云：澁可以去脫而固氣。鉛丹收斂神氣以鎮驚也。　鐵落味辛、甘，平。燒鐵赤沸，砧上打落細皮屑。　主風熱瘡疥，氣在皮膚中。　鐵精氣平，溫。鍛竈中飛出如塵紫色輕虛者。　明目，定心氣，陰癀，脫肛。　鐵漿取諸鐵於器中，以水浸之，經久色青，沫出者即堪染皁。　鎮心主顛癇，發熱急黃狂走，解諸毒入腹，并蛇犬虎狼惡蟲咬。　鐵華粉味鹹，平。取鋼鍛作葉，平面磨磋光浄，以鹽水洒之，內醋甕中，陰處埋百日。上生衣，刮取細研如麵，和諸藥，棗膏為丸。　安心神，堅骨髓，除風邪，養血氣，黑髮。　生鐵氣微寒。水煮洗脫肛。酒煮飲之，破打傷瘀血。　鐵綉生鐵上衣。　惡瘡疥癬，和油塗之。蜘蛛蟲蛟，和蒜磨敷。　秤錘，主賊風，止產後血癥腹痛，及胞衣不下。燒赤，投酒熱飲。　鐺墨，治吐血血暈。塗金瘡，生肌止血。　伏龍肝味辛，溫。竈中對釜年深黃土。　止吐血崩中，護姙婦熱病，和水塗臍，乾即易。又水調服之，令胎不墮，主產後腹痛。　磁石味辛、鹹，寒。治風濕痛及耳聾驚癇，消癰腫鼠瘻頸核。　誤吞針者，取棗核大鍇竅絲穿，令吞之，針自出。　雲母味甘，平。　益精明目，療風疹，傅金瘡惡瘡。　硇砂味鹹、苦、辛，溫，有毒。　主積聚痃癖，破血止痛，治翳膜，去惡肉，生好肌。多服腐壞人腸胃及爛胎。　蓬砂一名鵬砂。味辛、苦，溫，無毒。消痰破癥結，含化嚥津，治喉痹。　石膽即膽礬。味鹹、苦、辛，氣寒。　明目，療喉痹，治惡瘡。　礬石味酸，澁，氣寒。　治痰壅心肺，煩熱止渴，寒熱泄利，堅齒明目，去鼻中息肉。生含嚥津，治喉痹，性却水，故治涎藥多用之。又治蛇蝎螫毒。燒刀頭赤，化礬成汁，熱滴傷處。又治惡瘡。

綠礬性凉，無毒。醸鯽魚燒灰服，療腸風。火煅醋淬，復煅復淬三度，細研，和棗肉，丸服，治大人黄病，小兒疳氣。又治喉痹口瘡，蚛牙疥癬。

滑石味甘，氣寒。性沉重，無毒。入足陽明經。白如凝脂，軟滑者佳。用須甘草和之。　主身熱洩澼，利小便，燥濕，實大府。解燥渴，補脾胃，降妄火之要藥。蕩胃中積聚，逐凝血，通九竅，下乳汁。

石膏味辛、甘，微寒。入手太陰少陽、足陽明經。細理白澤者良。　主時氣壯熱，日晡潮熱，陽明頭痛如裂，大渴引飲，清金制火潤肺，除三焦熱，瀉胃火，治胃熱不食。又治胃熱能食善消，以辛也，故能解肌出汗，上行至頭，以甘也，故能緩脾，益氣止渴，胃虚人不可服。又能益齒，消乳癰。

凝水石即寒水石。味辛甘，氣寒。此有二種，有縱理，有横理。色清明者佳。火煅用。　主身熱，除五藏伏熱，胃中熱，煩滿，止渴，解巴豆丹石毒。

禹餘粮味甘，寒，無毒。　主欬逆，寒熱煩滿，破癥瘕，鍊餌服之不飢。重可以去怯，禹餘糧之重爲鎮固之劑也。

石脂味甘、酸、辛，大温。赤者主養心氣，益精止痢。白者主養肺，餘同。

石英味甘、辛，温。白者主消渴，療陰痿肺痿，肺癰吐膿血，利小便。紫者補不足，治女子風寒在子宮，無子。

花乳石一名花蕊。色正黄，中有淡白點，以此得花之名。火煅。　主吐衄血暈，合金瘡，止惡血，刮末傅之。

代赭者。味苦、甘，氣寒。入手少陰、足厥陰經。　療血痹血瘀，止瀉利，脱精遺溺。　主小兒驚癇疳疾，合金瘡。

石灰味辛，温，有毒。風化者良。　治脱肛，産後玉門不閉，取一斗熬，黄水三斗投灰中，澄清暖洗。又端午日采百草葉，或韭葉，和石灰搗爛，風乾末之，治金瘡，止血生肌。臘月黄牛膽汁搜和内納膽中，當風掛百日，用之更勝。

朴硝初掃一煎而成者是。治留血停痰痞滿，破癥癖軟堅，逐六府積聚，推陳致新，消腫毒排膿。

芒硝水煎傾盆中，結芒有廉稜者是。　主五藏積聚，久熱胃閉，破留血除痰，實利大小便。辛能潤燥，鹹能軟堅，推陳致新。《經》云：熱淫于内，治以鹹寒，佐以苦寒，故用大黄、芒硝相須爲良。

硝石朴硝再煎鍊，上結芒硝，其在下凝結如石，燒之成焰者是。　主傷寒腹中大熱，煩滿消渴，五臓積熱，胃脹閉。滌去飲食蓄結，除邪氣。三硝本一物，俱味苦辛鹹寒。朴硝力緊，芒硝次之，硝石平緩。

玄明粉味苦、辛、鹹。以朴硝煉成者是，太陰，陰中有陽之藥。　開痰明目，治心熱胃熱，膈上虚熱煩燥，并五藏腸胃宿垢癥結。丹溪曰：善消化驅逐，以之治病，病退則已。鍊服補益，豈理也哉？

青礞石搥碎，同焰硝入砂罐内，鹽泥固濟，火煅紅。　治食積留滯，痰積痞塊。

海石味鹹，體浮。　治頑痰，消痞積。

食鹽味鹹，寒。　吐胸中痰澼，治心腹卒痛，堅齒，止齒縫中出血。又能接藥入腎。多食傷肺發欬，走血損筋。病嗽及皷脹者禁之。中蚯蚓毒，化湯洗沃之。

戎鹽味鹹，寒。　明目堅齒，除熱痰，煩熱，心腹痛，止吐血溺血，齒舌出血。傅疥癬，癰疽瘰癧。一名青鹽。西羌所出者是。

鹼減。味苦、鹹。　主大熱狂煩，消痰磨積塊，滌垢膩。多服損人。

無名異味甘，平，無毒。　主金瘡，折傷内損，止痛生肌。

砒霜味苦、酸，有大毒。中之惟糞清可解，菉豆汁、甘草汁亦可解，但性緩不及耳。須候冷服之使吐。　吐諸瘧，風痰在胸膈者，消肉積，作點藥爛癰疽肉。

長流水即千里水。氣平，無毒。　盪滌邪穢，快順疾速，通關下膈，取其性長流，能利小便。

甘瀾水，其法取水一盆，以杓揚之，水上起珠子泡五六千顆者。傷寒茯苓桂枝甘草大棗湯中，以此水煎，不助腎氣，以泄奔豚也。

潦水即雨澤水。　傷寒赤小豆湯用此，取其味薄，不助濕也。

井花水味甘，無毒。平旦井中第一汲者是。　主卒驚，九竅出血。以水噀面，血立止。又治心悶汗出不識人，和蜜飲之効。

甘露水味甘，平。侵晨于百草頭上取之。　消煩渴。　栢葉上者，明目。

冰水，解煩渴，消暑熱。淡水洗去鹽味用之。

臘雪水味甘，寒。　解煩渴熱毒。　臘水煎粥飲，解熱止渴。

地漿水氣寒，無毒。掘地作坑，以水沃其中，攪令濁，俄頃取之。　解諸毒，煩悶。

漿水味甘、酸，氣凉、微温。浙粟米新熟白花者佳。　主調中開胃，止渴，消宿食，治泄利。作粥薄暮啜之，解煩去睡。

麻沸湯，傷寒心下痞，用瀉心湯，以麻沸湯煎，取其氣薄而泄虚熱也。　人有卒忤死者，先以衣三重藉乾腹上，乃取銅器，或瓦器，盛湯着衣上熨之，冷再易，即醒。其中寒者，亦依此法熨之。

亂髮一名血餘。味苦，氣温。　燒灰研末服，止下血溺血，崩中血暈。吹鼻中止衄血，有補陰之功。食中誤吞髮繞喉，取己髮燒灰，水調服一錢。破傷風及沐髮中風，取髮雞子大，無油器中熬黑研爲末，好酒沃之，入何首烏末三錢，和匀，候温灌之，極効。煎膏長肉，消瘀血。合雞子黄煎化爲水，療小兒驚熱，熱瘡。

頭垢氣温。　消乳癰。

人乳汁味甘，氣寒。無毒。　補五藏。點眼，止淚明目，療赤痛。

人屎氣寒。　主時行大熱狂走，解諸毒。宜用絕乾者搗末，沸湯沃服之。善破丁腫頭，以新者封之。一日根爛，或燒灰醋和泥傅，乾即易。狂犬咬，取新者塗之効。　糞清，臘月截淡竹去皮，浸滲取汁，治天行熱狂熱疾，并中毒及惡瘡，解箭鏃藥毒。

人溺氣寒，童子者良。　主虚勞身熱，欬嗽肺痿，吐衄。服之降火最速。除撲損瘀血攻心。和生薑汁少許煎一二沸，乘熱服。難產及胞衣不下，加薑葱煎，熱飲即下。產後溫飲一盞，壓下敗血惡物，免血暈之疾。氣血虛，無熱者，及脾胃虛，飲食不進者，不可服。若打撲傷及蛇犬咬，熱淋患處。　秋石味鹹，氣溫。強筋骨，補精血，開心養志，去百病。　人中白味鹹，氣凉。主勞熱肺痿，吐衄，又治喉痹齒齗，緊唇，瘡湯火傷。須新瓦上用火逼乾研末。　露風岸露天尿缸上者。治口疳。　紫河車，取初生胞胎，或肥盛婦人第二三胎亦可，米泔洗淨，蒸煮入藥，極補陰助元氣。　褌襠，治女勞復，陰陽易。燒灰熱水調服方寸匕，童女褌襠益佳。若女患陰易，即須男子褌也。陰陽易病者，人患時行病起後合陰陽，便即相着，甚于本病。其候小便澁痛，腰痛，寒熱甚者是。服此便通利。月經衣，主治同。浣褌汁，人中箭鏃藥毒，以此解之。

龍骨味甘，氣平，微寒。色青白者善，五色具者尤佳，黑者下。安心神，定魂魄，止驚悸，去脫固氣，澁精，縮小便，止盜汗。小兒臍瘡，燒灰傅之。齒，主顛癇，身熱狂走，心下結氣，不能喘息，骨間寒熱。角，主驚癇瘈瘲，身熱如火，腹中堅及熱洩。　象牙氣平，無毒。主小便不通，煎服。小便多，燒灰服。又治諸物刺入肉，刮取屑細研，和水傅，立出。刺喉中，水調飲之。舊牙梳尤佳。膽，隨四時在足，春前左，夏前右，秋後左，冬後右。和乳汁滴目中，明目。又可和水塗瘡腫。　犀角味酸、苦、鹹。又云：甘、辛，氣寒。無毒。用牯者須生角烏色，未經湯水浸者。凡屑了紙裹置懷中良久，取出搗則易碎，故曰人氣粉。犀若磨取角尖爲佳。凡一切角，大忌鹽。安心神，止煩亂，鎮肝明目。療傷寒溫疫，頭痛煩悶，大熱發狂，中風失音。止吐衄，小兒風熱驚癇，又治發背瘡腫，破血化膿。丹溪云：屬陽，性走，散痘瘡餘毒。若無餘毒，而血虛，或躁熱者，不宜用。又云：鹿取茸，犀取尖，其精銳之力盡在是矣。　虎骨味辛，微溫，無毒。雄者勝。酒炙及酥炙用。辟邪惡氣，止驚悸，治筋骨臂脛毒風攣急，屈伸不得，走注疼痛。用脊膂骨，酒服之妙。風從虎，故治風虎至有力。故可治腰膝。膽，主小兒驚癇疳痢，研水服之。爪，辟邪。膏，主狗齧瘡及頭禿瘡。　牛黃味苦，氣平，凉。輕鬆重疊可揭，微香，摩手甲上黃透爲真。吐出者名生黃，爲上。其次有角黃、心黃、肝膽黃。得之，陰乾百日，使勿見日月光。主驚癇，熱盛狂痓，中風失音。安魂定魄，令人不忘。小兒百病，諸癇口噤不開。取一大豆許，細研，和熟蜜以綿蘸，令吮盡。角䚡，味苦，氣溫，性澁，無毒。用尖燒灰存性，酒調。主瘀血疼痛，女人帶下血崩不止。肉味甘，主消渴，安中益氣，養脾胃，消水腫。髓味甘，補中，填骨髓。膽，味苦，氣大寒。除心腹熱渴，口焦燥，益目精。　黃犍牛、烏牯牛溺，主水腫，利小便。以銅器漸取新者二三升服。乳，微寒，補虛羸，止渴。　酥，補五藏，利大腸，除肺痿。　阿膠味甘、辛，氣平，微溫，無毒。入手太陰、足少陰厥陰經。用東阿井水煮牛皮或驢皮爲之。養肝氣，益肺金，定喘。肺虛極損，欬吐膿血，非此不補。又止痢，治女子內崩下血，血虛而胎不安者，須此。　驢尿，治反胃及癥癖，殺蟲。　白馬莖味鹹、甘，平，無毒。陰乾百日，爲末，同肉蓯蓉丸，空心酒下。主傷中脉絕，陰不起。強志益氣，長肌肉，肥健有子。眼，主驚癇，腹滿瘧疾。脛骨，味甘，寒。可代黃連、黃芩，治中氣不足。懸蹄，主驚邪瘈瘲，衄血崩漏，乳難。齒，主驚癇，水磨服。溺，味辛，微寒。主消渴，男子伏梁積疝，婦人癥疾。又治鱉瘕，洗白禿瘡妙。

熊脂味甘，氣微寒，無毒。十一月取背上膏。寒月則有。主風痹不仁，腹中積聚，寒熱羸瘦。有癇疾者不可食，食則終身不能除。膽，味苦，寒。主時氣熱盛，變爲黃疸，小兒驚癇、五疳，殺蟲、惡瘡及痔，塗之効。　麋脂味辛，溫，無毒。主風寒濕痹，四支不收，療癰腫，惡瘡死肌。角味甘，主痹，止血，補虛劳，益氣力，填骨髓，暖腰膝，壯陽。茸，尤佳。　鹿茸味甘、酸、苦、辛，溫，無毒。不破損及未出血者佳，力在血中也。形如小紫茄者上，毋用太嫩，唯長四五寸，茸端如瑪瑙紅者最佳。陰乾，不可鼻嗅。酥炙用。　主益氣強志，止血，治虛勞，寒熱洒洒如瘧，羸瘦，腰脊痛，脚膝無力。止小便，及洩精，女人崩中赤白。角，味鹹，氣溫。輕身益氣，強筋骨，補絕傷。血在陰中，小腹急痛，腰脊痛，折傷惡血。止尿血，及婦人夢與鬼交者。取末，酒調服，即出鬼精。病人不肯言鬼，用角末水調服方寸匕，即言實也。白膠，味甘，平，溫，無毒。煮鹿角為之，一名鹿角膠。補中益氣，生精延年。主傷中勞絕，腰痛，止吐血下血，治跌撲傷損，婦人崩中赤白，及血閉無子，安胎止痛。肉溫，補中，強五藏，益氣力。生者療口偏，薄切，左患右貼，右患左貼，正即除之。髓，味甘，溫。主男婦傷中絕脉，筋急痛。以酒服。和地黃汁煎膏，填骨髓。蜜煮食，壯陽，令有子。　羚羊角味鹹、苦，寒，無毒。屬木，入厥陰經。角多節，蹙蹙圓繞彎中，深銳緊小，有掛痕者是。主明目益氣，安心神，不魘寐。除狂邪驚癇，療傷寒時氣寒熱，熱在肌膚，濕風注毒，伏在骨間，產後血衝心煩悶，燒末，酒服之。燒灰或屑末，治食噎不通。　羊角味鹹、苦，氣溫、微寒，無毒。青羝羊者爲佳。勿使中濕，濕則有毒。安心益氣，明目，止驚悸吐血，產後餘痛，小兒驚癇。肉，味苦、甘，氣熱。主虛勞，補中益氣，安心，及大風汗出。若時疾初愈，不可食，食當復發。脛骨，治牙齒踈豁疼痛。乳溫，補虛乏，下膈噎。青羊肝膽，主青盲，點眼中，去障翳風淚。　麝味辛，温。春分取生者益良。

主中惡，心腹暴痛，脹急痞滿，温瘧癇痓，蠱毒。治婦人難産。又墮胎，療蛇蠱毒。　膃乙入切肭女骨切臍味鹹，氣熱，無毒。酒浸一日，微火上炙令香，入藥。欲驗其真，取置睡犬旁，犬忽驚跳若狂，又臘月衝風處，置盂水浸之，不凍。　暖腰膝，助陽氣，精衰勞極者有功。治脾胃臍腹積冷。　牡狗陰莖味鹹，平，無毒。六月上伏取，陰乾百日用。主傷中，陰痿不起，令有子。除女子帶下。肉，味酸、鹹，性温。主絕傷，壯陽道。黄色者上，白黑者次之。陰虚發熱人不宜食。大抵人身之虚多是陰虚，世俗往往用此爲補，不知其害。又犬肉不可炙食，致消渴。又勿與蒜同食。白狗血味鹹，主顛狂，取熱血一升飲之，又塗身上。膽，注目中明目，又可酒調服，傅惡瘡効。乳汁，主青盲。取白犬生子目未開時，滴注目中，能療十年盲。狗子開日即瘥。頭骨，燒灰，傅金瘡，止血。附骨疽，及魚眼瘡，燒烟熏之。　豚卵盧管切。味甘，温，無毒。陰乾藏之，勿令敗。　主驚癎賁豚，五癃，邪氣攣縮。肉，味甘、鹹。多食令人暴肥引風。懸蹄，主五痔腸癰。四足，主傷撻敗瘡，下乳汁。膽，味苦、鹹。主傷寒熱渴。又大便不通，内入下部即通。頭瘡，取汁傅之。肝，主女子陰戶苦痒，搔之痛悶炙熱。内陰中，當有蟲出。　狐陰莖味甘，有毒。　主女人絕産陰痒，小兒陰㿉卵腫。頭，燒灰辟邪。心肝，生服治狐魅，燒灰治風。雄狐糞，燒灰辟惡，在木、石上，尖頭，堅者是。　狸骨味甘，温，無毒。主風疰，尸疰，鬼疰，毒氣在皮中。淫躍如針刺，心腹痛，走無常處，及鼠瘻惡瘡。頭骨尤良。炙黄，和麝香、雄黄爲丸，治痔瘻甚効。肉，療諸疰并痔，作羹食之。糞，燒灰，主鬼瘧，發無期度者極効。

獺肝味甘、鹹，微熱，有毒。主傳尸勞。火炙末方寸匕，日再服。治蠱毒久嗽，魚鯁燒服之。肉，療疫氣及水氣腹脹。膽，主明目，亦入點藥中。屎，研傅魚臍瘡。　兎頭骨味甘，平，無毒。臘月者良。　主頭眩顛疾。皮毛及頭，燒灰酒下，又催生，并胎衣餘血不下。腦髓，塗凍瘡。肉，補中益氣。妊娠忌食。　筆頭尖微寒。年久使乏者良。主小便數難不通，陰腫。燒灰，水服之。　丹雄雞：味甘、辛，氣微温。補虚温中，主崩中漏下赤白。　白雄雞：味酸，温。主下氣，療狂邪，消渴，安五藏。冠血，主小兒卒驚，乳難，及縊死，心下温者，男雌女雄，刺血滴口中即甦。百蟲入耳，滴入即出。黑雌雞，主風寒濕痹，安胎，補産後虚羸。治癰疽，排膿，補新血。黄雌雞，主勞傷，補精助陽，小便數，消渴，腸澼洩利。頭，主殺鬼。心，主五邪。肪，主耳聾。腸，主遺溺。胜婢脂切胵充脂切裏黄皮微寒，主洩利遺溺，除熱止煩，尿血，崩中帶下。屎白微寒，主消渴，破石淋，利小便，消蠱脹。血，主中惡腹痛，及踒折骨痛。雞子黄，除熱癎痓。炒油，療諸瘡。卵白微寒，療目熱赤痛，除心中伏熱，止煩滿，下胎衣。醋浸一宿，治黄疸。卵中白皮，主久嗽，同麻黄、紫(苑)〔菀〕服。雖補虚羸，然有風之人不宜多食。勞熱者，亦不可食。性補，能助濕中之火。入藥，烏骨白毛者佳。　雉：味酸，微寒。主補中，益氣力，止洩利，治瘻。　白鵞膏：氣微寒。主耳卒聾。肉平，主消渴。　白鴨：補虚，除熱，利藏府，治水腫。古方鴨頭丸取白鴨，或青頭鴨一隻，治如食法，和米并五味煮熟食之。　野鴨更佳。屎，殺藥石毒，散熱毒攻痢，爲末，水調服。熱毒腫瘡，雞子白和敷之。

鴈肪：味甘，平，無毒。主風攣拘急，偏枯，氣不通利。　鷓鴣：味甘，温，無毒。主嶺南野菌毒，生金毒，及温瘴，搗汁服。　烏鴉：味平，無毒。主骨蒸勞嗽，臘月瓦缾泥封，燒爲灰服。　雄鵲：味甘，寒，無毒。燒灰，以石投中解散者，雄。凡鳥雌雄，可別其翼，左覆右者雄，右覆左者雌。主石淋，消渴，結熱，燒灰淋取汁飲之。巢，多年者，療顛狂鬼魅，及蠱毒。燒之，仍呼祟物名號。傅瘻瘡良。　鴝鵒浴肉：臘月者良。主五痔，止血，治吃噫。炙食，或爲散，飲服之。目睛，和乳汁研，點眼甚明。　鸕鷀頭：氣微寒。主鯁及噎，燒灰服。觜含之亦可。　魚狗：即翠鳥。味鹹。主鯁，及魚骨入肉，不可出者。燒灰服。　啄木鳥：氣平，無毒。齒牙疳䘌，燒灰，内孔中，治癆蟲痔瘻。　雀卵：味酸，氣温，無毒。主下氣，男子陰痿不起。令熱，多精有子。腦，主耳聾，塗凍瘡。頭血，主雀盲。肉大温，壯陽益氣，暖腰膝。冬月者良。妊娠忌食。雄雀屎名白丁香，兩頭尖者是。五月取之良。研如粉，煎甘草湯浸一宿，乾任用。療目熱痛，生弩肉，赤白膜，和首生男乳研如泥，點之即消。女子帶下，溺不利，蜜丸服。除疝瘕，爛痃癖，伏梁諸塊，決癰疽立潰。　鷰屎：味辛，平，有毒。胡鷰入藥。主蠱毒，利小便。窠，與屎同作湯，浴小兒，治驚邪。　伏翼：一名蝙蝠。味鹹，平，無毒。生山谷及古屋壁間，立夏後采，陰乾，重一斤，色白集則倒懸者佳。治五淋，利水道。取血滴目中，令人夜視有光。糞名夜明沙，水淘净，惟蚊兩眼入藥，明目。燒灰酒調服，治子死腹中，又主無辜疳。炒服治瘰癧。　猳鼠：即牡鼠。味甘，温，無毒。療踒折，續筋骨，搗傅之，三日一易。針折在肉内，及箭鏃傷在隱處不出，杵鼠肝及腦塗之，立出。未生毛鼠，油浸傅湯火傷。糞名兩頭尖，主小兒癎疾大腹，及傷寒勞復，陰陽易。　五靈脂：即寒號蟲糞。味甘，氣溫。　主五疳腸風，通利氣脉，行經血，又能止血，産婦血暈，心腹血氣刺痛。　蝟皮：味苦，甘，平，勿使中濕。　主五痔下血，陰腫，痛引小腹、腰背。酒煮服之。腹痛疝積，燒灰酒服。　又開胃氣，治胃逆。　蚺南蛇膽：味苦、甘，氣寒，有小毒。剖膽看内細如粟米，著水中浮起者真。沉而散者非也。　主心腹䘌痛，目腫痛，小兒五疳，下部䘌瘡。　白花蛇：味甘、鹹，氣溫。有毒。霜降後采捕之，火乾，用去頭尾，酒浸三日，棄酒，火炙，去皮骨。此蛇治風速于諸蛇，然大毒，在頭尾各一尺，故去之，只取中段。　主中風濕痺不仁，筋脉拘急，口眼喎斜，半身不遂，骨節疼痛，大風疥癩。　烏蛇：味甘，氣平，無毒。背有三稜，色黑如漆，尾細尖長者佳。眼不陷為真。酒浸，去頭尾，炙，去皮骨。　主諸風頑痺不仁。性至善，不噬物。　蛇蜕：味鹹，甘，平，有毒。五月五日取之。白如銀色，完全石上者佳。　主嘔逆，驚癇瘈瘲，蠱毒，明目，去翳膜，催生，療惡瘡。樹上、墻上蜕者是雄，地上蜕者是雌。　蠡魚：即鱧。味甘，寒，無毒。諸魚膽皆苦，惟此膽可食。　主濕痺，面目浮腫，療五痔。取魚腸以五味炙令香，以綿裹，内入穀道中，一食頃當有蟲出。　青魚膽：取汁滴目中明目，又治喉痺，并塗惡瘡。用(人)〔入〕膽礬。　鯉魚膽：味苦，寒，無毒。　目熱赤痛，青盲，小兒熱腫，塗之。　滴耳中治聾。肉，燒灰治欬嗽。糯米煮粥食，療水腫脚滿。又治妊娠浮腫，安胎。若天行熱病後，不可食。　石首魚：味甘，無毒。頭中有石如棊子，故名。　磨石服之，主石淋。　亦可燒灰服。　魚和蓴菜作羹，開胃益氣。　乾之爲鯗，炙食之，消瓜成水。　亦主卒腹脹，食不消。　鯽魚：味甘，氣溫。　和蓴菜作羹，主胃弱不下食，調中補虚。作鱠，主腸澼，水穀不調，及赤白久痢。　燒灰，主重舌目瞖，口瘡頭瘡。　釀白礬燒灰，治腸風血痢。　内鹽燒之，治齒痛。丹溪云：諸魚皆屬火，惟鯽魚屬土，故屬陽明而有實腸之功。多食能動火，諸魚皆然。鯽當作鰿。《埤雅》云：米稷所化，故屬土。　鰻鱺魚：味甘，有毒。有五色文者其功勝。　主脚氣，腰背間濕，風痺常如水洗，一身風痒如蟲行。　主婦人帶下，療痔瘻，殺蟲。　鱓善魚：補氣益血。血，和麝香塗口喎，即止。　烏賊魚骨：味鹹，氣溫。　消目中浮翳，治心腹痛，主女子漏下赤白，癥瘕。　除中寒腫，又止瘡多膿汁，殺蟲。　腹中有墨，主血刺心痛，醋磨服。　鯪鯉甲：即穿山甲。氣寒，有毒。　主五邪驚啼，瘴瘧，吹乳，痔瘻惡瘡。　龜甲：味鹹，平，無毒。卜師鑽過者名敗龜，大者良，入藥用。生脱者，勿令中濕，中濕即有毒。凡用，酥炙，猪脂、鹽、酒皆可炙。陰中至陰之物，稟北方之氣而生。　補陰血不足，大有功。　去瘀血，續筋骨，治勞倦四支重弱，肌體寒熱，腰背酸疼。

又主小兒顖不合，消癰腫，五痔陰蝕。以其靈于物，故用以補心。　鼈甲：味鹹，平，無毒。生取九肋者佳。釅醋浸炙黄色入藥。　主心腹癥瘕堅積，寒熱温瘧，勞瘦骨蒸，小兒瘧母脇下堅，婦人漏下羸瘦。　頭，燒灰，主小兒諸疾，脱肛。　血亦可塗。　肉甘温，主傷中益氣，補不足，忌莧菜。三足者為能，不可食。　産難，取甲，燒灰服方寸匕，立出。　陰癰。燒灰，以雞子白和傅之。　蟹：味鹹，氣寒。　主胸中邪氣，熱結痛，散血，續筋骨。　黄，能化漆爲水。　爪，主墮胎，破宿血，産後血閉。　蚌：性冷，無毒。濕中有火。　止消渴煩熱，壓丹石毒。　主婦人虚勞，下血崩帶，痔瘻。　以黄連末内之取汁，點赤眼。　爛殼粉，治反胃痰飲，除疳止痢。　醋調敷癰腫。　眞珠：氣寒，無毒。用新完未經鑽綴者佳，須研極細。　主鎮心驚熱，綿裹塞耳中，治聾。　研粉點目中，消膚翳。　淡菜：又名東海夫人。味甘，寒，無毒。　補五藏虚損，理腰脚氣，益陽事。　治下痢，婦人帶下，漏下，産後血結，痃癖疼痛。　牡蠣：味鹹，氣平，微寒，無毒。入足少陰經。　澁大小便，固精。　主心脇氣結痛，除老血，軟積痞，鹹能軟堅也。　女人赤白帶下，除瘰癧癰腫。　蛤蚧：味鹹，氣平。一雌一雄常相隨，形如大守宫。凡采之須存其尾，功力全在尾。入藥去頭足，洗去鱗鬣内不净，酥炙用。　主勞嗽見血，血下淋瀝。　男服雌，女服雄。　海蛤粉：味苦、鹹。　主欬逆上氣，喘息煩滿，胸脇痛。　又治湯火傷，用油調敷。肉性冷，主消渴開胃，解酒毒，治婦人血塊，此物雖冷，與丹石相反。服丹石人，不宜食。　療湯火傷。　石决明：味鹹，氣平。七孔、九孔者良。　主目翳，青盲。　瓦壟：隴子味鹹，氣温。　主心腹冷氣，消氣血積。　田螺：氣大寒。　主反胃，療熱醒酒，止消渴。　内黄連末取汁注目中，除赤痛。　碎其肉敷熱瘡効。　加麝香罯臍，利小水。　蝸牛：味鹹，氣寒。蛞蝓二角，蝸牛四角，兼背有附殼而行。　主賊風喎僻，脱肛，驚癇。　水研服，止消渴。　和蛤粉，傅發背。　蛞活蝓：主治同。　緑桑螺：似蝸牛，黄小，雨後好緑桑葉。　主脱肛，燒灰和猪脂傅之。　桑螵蛸：即螳螂子。味鹹、甘，氣平。二月、三月采，蒸炙用，不然反令人洩。　主腎衰，失精遺溺，不可缺。　療女人血閉腰痛，五淋，利小便。　蝦蟇：味辛、甘，氣寒。治小兒疳積下利，殺蟲，鼠瘻惡瘡。　煮食發濕。　眉間白脂名蟾酥，治癰疽丁腫，蚛牙齒縫中出血，以紙紝子蘸乾末少許，血出處按之立止。　以朱砂、麝香為丸如麻子，小兒疳瘦者，空心服一丸。　如腦疳，乳汁調，滴鼻中。　蛙：味甘，寒。　主小兒熱瘡，殺尸疰蟲。　蜂蜜：味甘，氣平，微溫。　補諸虚不足，和百藥，養脾胃，止腸澼，口瘡，潤大腸。　蠟味甘，氣微温。　主下利，消癰瘡。

白蠟：稟收斂堅凝之氣。生肌止血定痛，接骨續筋。與合歡皮同作膏，長肌肉。外科之要藥。　露蜂房：味鹹、辛，氣平。主驚癇，治齒痛，痔瘻癰腫。　白殭蠶：味鹹、辛，氣溫。治中風失音，一切風疾，皮膚如蟲行，小兒驚癇，臍風夜啼，散痰結。喉痺欲死者，薑汁調灌之。封丁腫，根當自出，傅金瘡。蠶蛻，主血風，止吐衄，腸風帶下，赤白痢。醫家多用蠶蛻紙，而東人用蠶老欲眠所蛻皮。二者雖殊，然東人所用爲正。用當微炒，和諸藥可作丸散。　原蠶蛾：味鹹，氣平。益精氣，強陰道，交接不倦，澁精。　蠶沙氣溫，主熱中消渴，風痺癮疹，癱緩不隨。　繅絲湯：治消渴，用此吐之。此物屬火有陰之用，能瀉膀胱水中相火，以引清氣上朝于口，或以繭殼絲綿煮湯亦可。　蟬蛻：味鹹甘，氣寒。主目昏翳，皮膚瘙痒，驚癇，痘疹不快。　蟬花：有一種蟬，其蛻殼頭上有一角，如花冠狀。主小兒夜啼，心悸，天吊驚癇。　蜣蜋：味鹹，氣寒。主小兒驚癇，腹脹，寒熱疳蟲，惡瘡疔瘡，鼠瘻。　蠐螬：味鹹，氣微溫。主血痺，破折傷，脇下堅痛，月閉。取汁滴目中，去青盲白膜，滴喉中，治喉痺。又傅癰疽，痔瘻惡瘡。　螻蛄：味鹹，氣寒。治水氣腫滿喘促，小水不利。研末，温酒或湯調服一錢匕。又云：自腰以前甚澁，止大小便；從腰以後其利，主下大小便。若出肉中刺，用其腦傅之。　白頸蚯蚓：味鹹，氣寒。療傷寒伏熱狂譫，大腹黃疸，腎藏風，脚氣，鹽湯送下。小便不通，冷水研服。肺痿喉痺，蜜漬研服。人被其毒，以鹽水浸咬處，又以鹽湯飲。屎，封狂犬傷。　蠍：味甘、辛，有毒。主諸風癮疹，及中風半身不遂，口眼喎斜，語塞，手足抽掣。治耳聾，小兒驚風，不可闕。　蜈蚣：味辛，氣溫，有毒。主心腹寒熱積聚，墮胎，去惡血，療癰疽。雞好食，故中其毒以烏雞屎水調傅。又畏蜒蚰，觸之則死，故取以治其毒。大蒜塗之亦効。　斑蝥：味辛，氣寒，有毒。破石癃血積，墮胎，傷人肌，療瘰癧鼠瘻，惡瘡，去癰疽死肉。　蜘蛛：氣微寒，有毒。勿用五色者，取身小足大，深灰色，腹內有蒼黃膿者，去頭足，入藥用。小兒丁奚大腹，燒熟服之。贅疣，取網絲纏之自落。　蜂蠆蜈蚣毒，生置痛處，令吸其毒。　蝱盲蟲：味苦，氣平。主目赤痛，去瘀血。　水蛭：味鹹、苦，氣平。破瘀血瘕積，墮胎，折傷有功。

明・張梓《藥證類明》卷上　風門

甘菊花：治頭風。東垣。頭風，屬血虛。甘菊花善治頭風者，以其味甘寒，能養血退熱故也。潔古、東垣又言其明目者，亦以其養血退熱也。其花輕盈在上，其氣清香，安得不為上行之藥乎？　獨活：治足少陰經之伏風，百節痛風。東垣。獨活辛溫。《內經》云：風淫所勝，平以辛溫。其行足少陰腎，故治足少陰經之伏風。伏風者，深入骨節之風。又言能治百節痛風者，則百節之風皆能治之，又不獨專主少陰何歟。蓋骨者腎之充也。　羌活：治手足太陽經風，去骨節風。潔古。羌活是手足太陽二經本藥，其味辛，能散，故治二經之風。其功太抵與獨活同。但獨活香細，入少陰；羌活氣雄，入太陽為異耳。獨活能治百骨節痛風者，足少陰其充在骨故也。羌活治去骨節間風者，獨指手足太陽二經之骨節也，若治他經之節風，必得他經之藥為引使。　升麻：散手足陽明經風。潔古。升麻氣溫味辛，氣味俱薄，浮而升。手足陽明引經藥，故能發散二經之風。　細辛：主少陰經風。東垣。細辛大辛，純陽，本諸風通用之藥，以其少陰經之藥，又為手少陰引藥。此其專主少陰經之風。　川芎：去頭腦風。東垣。風邪入於頭腦，是清陽之氣下陷，陰血之氣虛衰。川芎能上行頭目以助陽，下行血海以助陰。況其味辛，浮而升，能發散，何頭腦風之不去乎？　防風：身去上風，稍去下風。東垣。防風辛溫，氣味俱薄，浮而升，療風通用之藥。身在上，氣脉上行，故治身半已上之風。稍在下，氣脉下行，故治身半已下之風。因其身稍上下而取義，是述類象形者也。　葛根：發散陽明經風。海藏。《本草》云：輕可以去實，麻黃、葛根是也。葛根體輕上行，陽明經引藥，故發本經之風。　苦參：治大風、熱毒風。丹溪。天地肅殺之風，傷人血脉，謂之大風。《內經》云脉風成為癘，是也。患之者則皮膚燥痒，痂癩膿腐，其證屬心火焉。故丹溪言熱毒風，即指癘風也。若癮疹風毒之小疾，蓋不待言而能治之矣。　麻黃：散風寒。潔古。麻黃甘辛，氣味俱薄，輕清而浮，故能發散風寒。風宜辛散，寒宜甘發也。仲景麻黃湯表散風寒。《本草》云：輕可以去實，麻黃、葛根是也。　秦艽：去手陽明經風。潔古。手陽明大腸之風，必辛散兼苦洩而後已。秦艽味苦兼辛，況其入手陽明經本藥也。此與濕門秦艽，互相參看。　白芷：解足陽明、手太陰經風。潔古。潔古云：白芷治足陽明頭痛風寒，及去手太陰經風熱。以其行足陽明經，又為手太陰之引藥也。其能治風者，性溫味辛，氣味俱輕故也。本是只能溫散風寒，言治風熱者，溫散中就有泄熱之意，所謂發表不遠熱也。　黃芩：去上焦皮膚風。潔古。上焦，肺部也。皮膚，肺合也。黃芩手太陰肺經藥也。

片芩中枯而飄，又能上行從肺。其本非去風之劑，熱去則風已也。藁本：去頂巔之風。潔古。風在高巔之上，非氣雄力壯之劑，〔則〕不能射而取之。藁本味薄而升，行手足太陽經，其氣力雄壯，故能直至頂巔，以取所有之風。（黍）〔鼠〕粘子：除皮膚風。（黍）〔鼠〕粘子味辛，能散，故除風。雖通十二經絡，然辛金（花）〔化〕也，故行肺為多，皮膚合也。潔古言其潤肺散氣。天麻：主諸風。《本草》。諸風者，言風痺、風濕、風癇、風痰、中風、瘈瘲、癱瘓之風證也。天麻能治之者，味辛甘故耳，以其能治諸風，故其苗名之曰定風草。威靈仙：治痛風。丹溪。痛風者，風邪兼濕畱著於四肢肯綮之間，而為痛也。威靈仙其性好走，故能治之。其力又能橫行，故丹溪言其治在臂之痛尤妙。桔梗：治肺部風。東垣。桔梗辛散而苦泄，手太陰引藥也。故治肺部之風。白附子：治中風。東垣。中風者，白附子辛甘微溫，能發散之，其能行藥勢，尤治中風之一端也。南星：主中風。東垣。中風者，必經絡閉塞。南星味苦辛，苦泄而辛散。烏頭：主中風。東垣。中風者，多有濕氣阻遏道路，藥力難到，東垣、丹溪嘗少用烏頭與附子者，益取其性走而不守，能引諸藥行經之捷耳。附子：治風。丹溪。解見上烏頭下。蘇木：去表裏風。東垣。東垣云：蘇木味甘而酸辛，去風與防風同。以其辛甘能發散也。酸為陰，故又能入裏，所以潔古言其能去表裏之風。皂莢：除頭風。日華子。諸風掉眩，皆屬肝木。皂莢辛溫能散，又能入足厥陰肝經，故治頭風掉眩之證。薄桂：治痛風。丹溪。薄桂無味，是桂稍上之薄皮也。輕薄飄揚，橫行手臂，故能引領南星、蒼朮等，以治痛風也。桑瀝：治破傷風。丹溪。桑瀝，是桑枝燒出汁瀝也。一方云：破傷風用桑瀝同好酒服之，以醉為度，酒醒腫散。消風散血，丹溪錄之，以其通行血脉有理也。梨瀝：治中風不語。丹溪。丹溪云：中風語澀，聲音不出，用生梨汁。無梨時月，用條燒瀝，荆條燒瀝亦得。夫語言不出，熱傷於絡也。梨瀝、荆瀝皆寒滑，能解絡熱，以其滲灌深入絡中也。小兒科中有梨漿飲，以治痟熱，亦取寒潤之功。荆瀝：治中風不語。丹溪。解見上梨瀝下。杏仁：散肺中風。東垣。肺受風邪，則燥熱氣逆。杏仁入手太陰肺，味苦甘，性潤。苦以泄熱，甘以緩氣，潤以（上）〔止〕燥。生薑：發散風邪。潔古。辛甘發散為陽。生薑之辛甘能發散，以去風邪也。薄荷：去高巔及皮膚風。潔古。薄荷性涼味辛，氣味俱薄，浮而升，乃上行之藥也。故能上至高巔而散風，其氣力不若藁本雄壯能射而取之也。入手太陰肺，故又去皮膚之風，肺之合皮也。犀角：治癎風。東垣。癎風之證，風火相扇於中，使停痰聚氣，心神不寧。犀角性寒，性走散，故能散風解熱，消痰鎮心，治癎風之功畢矣。蝎：療諸風。《本草》。諸風者，言風熱癮疹，及中風半身不遂，口眼喎斜，語澀，手足抽掣之風也。蝎，甘辛能散風。今治小兒驚搐者多用之。《衍義》云：有用全者，有只用稍者，稍力有功。殭蠶：去皮膚之風。潔古。殭蠶味辛，氣味俱薄，體輕浮而升，所以能去風。丹溪言其屬火而有土與木，老得全氣殭而不化，故從肺，皮膚肺合也。

熱門

辰砂：治心熱。潔古。辰砂之除心熱，性寒純陰，色赤入心，故也。東垣亦言其能鎮浮溜之火。石膏：治足陽明經發熱，日晡潮熱。潔古。三焦火熱。東垣。日晡潮熱，陽明症也。詳見火門石膏下。芒硝：瀉大腸之實熱。潔古。鹹能軟堅，故實熱者，治以芒硝之寒。《內經》云：熱淫於內，治以鹹寒也。沙參：去肺熱。人參味甘氣溫，所以補肺之陽。沙參味苦氣寒，所以補肺之陰，即去肺之熱也。桔梗：治肺部風熱。解見風門桔梗下。大黄：泄腸胃之實熱。潔古。成無己云：宜下必以苦。大黄之苦寒，以下瘀、濕熱。潔古云：大黄性走而不守，故能瀉諸實熱。牽牛：瀉氣中之濕熱。東垣。牽牛味苦，熱者泄之以苦。其性猛烈雄壯，味尤辛辣，所以能瀉氣中之濕熱。若瀉血中之濕熱，宜用大黄，苦寒之味，引之則入血。或云白牽牛入氣分，黑牽牛入血分，意亦近之也。馬兜鈴：主肺熱。潔古。馬兜鈴主肺熱者，其味苦寒以除熱。輕飄象肺，以從肺也。連翹：去上焦諸熱，心經客熱。潔古。連翹通十二經絡，性寒味苦，能去諸經之客熱，以其氣味俱薄，輕清而浮，故瀉上焦諸熱尤的也。心經即上焦部分。黄芪：去肌熱。潔古。肌熱者，虚火積于肌肉之間也。黄芪甘溫，能瀉陰虚之火。升麻：解散肌肉間熱。潔古。肌肉屬陽明。升麻乃足陽明行經藥也。其氣溫味辛，浮而升，故能解散肌肉間之熱。此言甚熱之氣汗以發之也，與黄芪甘溫去肌肉間之虚熱不同。草龍膽：除下部濕熱。潔古。草龍膽味苦辛，故能燥濕泄熱。氣味俱厚，沉而降，陰也，故行下部。此當與濕門草龍膽互相參看。知母：治足陽明大熱。潔古。知母苦寒，入足陽明經，陽明熱勝者用之。鬱金：涼心熱。潔古。鬱金味辛苦，純陰性寒，所以能涼心經之熱也。何以能入心？質紅色赤味苦也。柴胡：發表熱，除往來寒熱。潔古。邪熱在表，必發散以除之。《經》云：其在皮膚者，汗而發之也。成無己云：柴胡之苦，以發表熱。往來寒熱，陰陽爭勝也，是邪熱已在半表半裏矣。故仲景以小柴胡湯以解傳邪之熱。柴胡有二種，發表熱用硬苗者，除寒熱用軟苗者。麥門冬：除虛勞客熱。東垣。虛勞客熱，氣虛不足之故。麥門冬、甘草以補不足。瓜蔞仁：通胸中之鬱熱。成無己。胸中有鬱熱，挾火挾痰之證，瓜蔞仁苦寒以泄熱，況其味甘，有緩潤降下之功。丹溪亦言其能滌胸中垢膩，非鬱熱所成而何哉？秦艽：治傳尸骨蒸之熱。東垣。傳尸骨蒸者，則血澀筋枯，肢節攣痛。秦艽性平味鹹，能養血榮筋。生地黄：治骨蒸熱，涼諸經之熱。海藏。骨蒸之陰血衰，少陽氣陷入陰中，而為蒸蒸之熱也。諸經血熱，亦陽勝陰也。生地黄涼血補血，故能治之。白朮：降脾胃熱，去肌熱。潔古。此言脾胃中之虛熱耳，非言實熱也。肌肉屬脾，肌熱亦是脾胃中熱傳及之也。白朮甘溫，能泄虛火，入足陽明、太陰經，是以能除脾胃及肌之熱。黄連：瀉心熱。潔古。解見火門黄連下。木通：去小腸熱。潔古。解見火門木通下。黄芩：瀉肺熱，除上焦熱，去諸熱。潔古。瀉肺熱，解見火門。黄芩能除上焦熱者，肺在上部，即瀉肺熱也。諸熱是陽有餘。成無己云：陽有餘，以苦除之。黄連、黄芩之苦以除熱。漢防己：泄血中之濕熱。東垣。漢防己大苦寒，純陰降下之劑，所以能治血分，以瀉濕熱也。若上焦，則不宜用。白芷：去手太陰風熱。東垣。解見風門白芷下。天門冬：除熱。東垣。氣血不足之熱，天門冬味甘苦，甘補而苦泄。甘草：除熱。成無己。去腎經積熱。潔古。成無己云：甘草甘平以除熱。又以其寒也，能治腎經積熱者，入足少陰故也。丹溪云：大緩火邪，治下焦宜少用，恐太緩不能自達。與火門甘草互相參看。香附：治胸中熱。東垣。胸中之熱是氣，氣屬陽故也。香附能快氣，氣一通行，則熱可散。青蒿：治骨蒸勞熱。《圖經》。骨蒸勞熱，解見本門生地黄下。青蒿味苦寒，補陰退熱，為最妙之劑。不經其效者，忽之而不用，惜哉！板藍根：治天行熱毒。東垣。板藍根苦寒無毒，東垣普濟消毒飲中用之，以治天行大頭熱毒，謂之鸕鷀瘟者是也。日華子及《聖惠方》亦皆言其能治天行熱毒。熟地黄：治臍下發熱。海藏。臍下發熱，是腎經虛病也。熟地黄能補腎水真陰不足，水盛則熱衰。胡黄連：治骨熱。《本草》。味苦大寒之故。前胡：治傷寒寒熱。《本草》。傷寒病既寒且熱之時，必須發散，以去邪歸正。前胡性寒能去實熱，《局方》敗毒散用之發散是也。天竺黄：去風熱。《衍義》。天竺黄性和緩，治小兒之風熱尤宜也。茯苓：除虛熱。潔古。虛熱者，必小便赤澀。茯苓利竅，泄水熱從小便中出。山梔屈曲下行，降火亦從小便中出也。枳實：去胃中濕熱。東垣。枳實苦寒，苦以燥濕，寒以除熱。山梔子：除煩熱。仲景。傷寒發汗吐下後，虛煩不得眠，心中懊憹者，其高者因而越之，梔子豉湯以吐胸中之邪。成無己云：苦以湧吐，寒以勝熱，梔子豉湯相合吐劑宜矣，梔子豉皆苦寒。竹茹：治溫氣寒熱。竹葉、竹瀝皆大寒，竹茹是微寒，故傷寒家用之以清熱。竹葉：療三焦經蒸病寒熱。海藏。竹葉味苦寒，所以能清熱。仲景竹葉石膏湯以治傷寒虛熱未盡是也，潔古亦言其涼心。竹瀝：治陰虛之大熱。丹溪。陰虛大熱，是虛火也。竹瀝氣寒味甘苦，補血，所以能除陰虛之大熱。地骨皮：解有汗骨蒸之熱。東垣。有汗骨蒸，因陰血虛少，陽氣下陷于內而為熱，熱氣薰蒸于表而汗泄也。地骨皮大寒味苦，純陰涼血，所以能解有汗之骨蒸。餘見本門牡丹皮下。牡丹皮：治無汗骨蒸之熱。海藏。無汗骨蒸，是熱舍於內而不之表者也。熱氣獨留于內，血液煎熬而成骨蒸之證。牡丹皮味苦辛，陰中之(湯)〔陽〕。四物湯中加之，以治諸經之血熱，則能和血、生血、涼血。地骨皮能治有汗骨蒸者，以其能行少陽手也。牡丹皮治無汗骨蒸者，以其上行手厥陰、足少陰，不能行陽道也。槐花：涼大腸熱。東垣。槐花涼大腸之熱者，苦以泄之也。腸風下血，大腸之熱也。與槐實同。蔓荊子：涼諸經之血熱。解見血門蔓荊子下。桃仁：治血中之熱。東垣。血中之熱，謂大便血結、血秘、血燥，與熱入血室者。桃仁微寒味苦，性潤而降，故去血中之熱，留者攻之，結者散之，燥者濡之。杏仁：散肺中風熱。東垣。散見風門杏仁下。乾薑：治血虛發熱。丹溪。血虛發熱，是陽勝為熱之甚也。丹溪以乾薑入補陰藥內治之者，是甚者從之之意也。丹溪又言乾薑入氣分，引血藥以生血，此是陰陽相生之義，尤為近理。餳糖：大發濕中之熱。丹溪。丹溪云：餳屬土，成之於火，故能大發濕中之熱。童溺：療心藏蒸熱。海藏。心藏屬火，童溺性寒潤下，降火最速。又心主血，心經有熱，則血從而熱。童溺味鹹，鹹走血，除血中之熱，則心藏亦得以清涼矣。餘與火門童溺互相發明。猪膚：治傷寒少陰客熱。海藏。成無己云：猪，水畜也。其膚甘寒，其氣先入腎藏，故少陰客熱，以猪膚解之，仲景猪膚湯是也。

濕門　滑石：　燥濕。丹溪。海藏云：　滑石入足太陽膀胱經，通利水道，為至燥之劑。水得燥則消散，故云其燥濕。　蒼朮：　發汗以除上濕，燥土以去中焦之濕，及去皮膚腠理之濕。潔古。蒼朮有輕浮上行之氣，故能發汗以除在上之濕。濕本土，脾胃之氣也。蒼朮性燥，能去脾土之濕。中焦，脾分也。蒼朮氣雄壯，皮膚腠理之濕，非此傍達攻治，不能除也。　白朮：　去諸經之濕。東垣。成無已云：　脾惡濕，甘先入脾。白朮之甘以益脾逐水。諸濕腫滿，皆屬脾土。故言其有去諸濕之功。　羌活：　勝濕。潔古。亢〔則〕害，承迺制。故濕過極，則反兼風化制之。《經》云：　風能勝濕。羌活與獨活氣味俱輕，升也，陽也，故皆能散風以除濕。　獨活：　燥濕。潔古。解見本門羌活下。　澤瀉：　滲泄伏水，除濕。成無已。成無已云：　鹹味湧泄，為陰。澤瀉之鹹以泄伏水。伏水者，胞中停蓄之舊水。伏水既出，則濕自愈。既所謂治濕，不利小便，非其治也。潔古亦云：　其為除濕之聖藥。

草龍膽：　除下部風濕。潔古。濕勝反兼風化。草龍膽氣味俱厚，沉而降，陰也。故能治下部風濕。潔古云：　酒浸亦能上行外行，此當與熱門草龍膽互相參看。　川芎：　去在頭之濕。潔古。頭，諸陽之會，其在高，其氣清。濕土之濁氣也，濁氣上蒸于頭，則清道不通。《經》云：　因於濕，首如裹是也。　川芎味薄，浮而升，陽也，故能入頭，以助清陽之氣。清氣勝，則濁氣自消矣。　黃連：　去風濕。潔古。風自熱生，濕自火生。風自熱生者，即劉河間風病多因熱甚之謂也。濕自火生者，濕為土氣，火熱能生濕土。然則風濕皆因於火熱。熱者泄之以苦，黃連之苦是也。已泄火熱者，治風濕之大要。潔古以黃連為去風濕之劑，真發前人所未發也。　防風：　與濕藥為使以去濕，散經絡中之留濕。潔古。防風療風通用之藥。言為使以去濕者，風能勝濕也。為使者，又有先達之義焉。散經絡中留濕者，亦即風能勝濕之用也。

麻黃：　散皮膚寒濕。潔古。寒濕之氣客於皮膚之間，雖蒼、白朮輩，卒亦不能致其功。《內經》云：　其在皮者，汗而發之也。麻黃氣味俱薄，陽也，升也，故能開鬼門，以泄皮膚之寒濕。　芍藥：　能停諸濕。東垣。或問東垣云：　芍藥能利小便，如何？　東垣曰：　芍藥能停諸濕，而益津液，使小便自行，本非行水之藥。其言能停諸熱者，只是味酸，有收斂之意。　秦艽：　去手陽明風濕。潔古。手陽明風濕，腸風瀉血，牙疼之類是也。　秦艽手陽明本藥，故去本經之風濕。此與風門互相參看。　藁本：　去遍身皮膚風濕。東垣。藁本氣力雄壯，治風通用之藥。兼能治熱者，風能勝濕之義。　漢防已：　療腰已下至足之濕。潔古。防已大苦寒，純陰降下之劑，故能治腰足下部之濕。東垣亦言下焦有濕熱，流入十二經，以致二陰不通者，可審而用之。若上焦之濕熱，不宜用也。　半夏：　燥脾胃之濕。潔古。內傷飲食，以動脾濕者，燥之。半夏之燥，是也。然而又能大和胃氣，胃氣和而勝水，尤燥脾胃之至功也。　甘遂：　瀉火以消腫濕。東垣。土濕極甚，則痞塞腫滿。甘遂性直達，可以通水，而瀉諸腫滿。　大戟：　泄水以燥濕。海藏。成無已云：　苦以泄之。大戟之苦以泄水。海藏云：　苦以泄之水。海藏云：　大戟與甘遂同為瀉水之劑，濕勝者以苦燥之也。　芫花：　行水以去濕。海藏。瀉利者，緣濕變注并出大腸之道，以胃與大腸同乎陽明一經也。水濕去而瀉止。芫花能以下十二種水，仲景用芫花治痢者，以其行水也。　牽牛：　瀉氣中之濕。東垣。解見熱門牽牛下。　附子：　除寒濕。潔古。潔古云：　附子，除寒濕之聖藥也。寒濕者，莫熯於火。附子純陽屬火，夫寒濕之證麻痺不仁是也。《內經》云：　風、寒、濕三氣，合而為痺。東垣、丹溪寒濕藥中少用附子與烏頭者，取其勢力雄偉下行，及通行諸經速捷耳，又非取其熱與燥。

烏頭：　去寒濕。解見上附子下。　商陸根：　導腫氣。成無已。解見氣門商陸根下。　大黃：　去下焦濕。潔古。濕淫所勝，平以苦熱。大黃苦寒，本非去濕之劑。潔古言其能去下焦之濕者，是在下者引而竭之。　威靈仙：　主諸風濕。東垣。解見風門威靈仙下。　牛膝：　主寒濕痿痺。《本草》。寒濕痿痺，多在身半已下。牛膝苦酸，苦湧泄，為下行之劑。丹溪亦言其能引諸藥下行至於九泉。餘解見雜症門牛膝下。　五加皮：　治痺濕。丹溪。解見痛門五加皮下。　葶藶：　導腫濕。成無已。解見氣門葶藶下。　黃柏：　去下部痿厥之濕。潔古。《經》云：　地之濕氣，感則害皮肉筋脈。下部痿厥，是濕傷皮肉筋脈也。黃柏生用能治下部積濕，以其苦燥入腎之故。　猪苓：　大燥除濕。潔古。東垣云：　猪苓味苦甘而淡，苦以泄滯，甘以助陽，淡以利竅，故益燥而除濕也。　茯苓：　利水助陽以除濕，分陰陽而導濕。東垣。成無已云：　脾惡濕。甘先入脾，茯苓之甘，以益脾逐水。潔古云：　茯苓味淡氣薄，為在天之陽，陽當上行，何為利水而泄下？《經》云氣之薄者乃陽中之陰，亦不離乎陽之體，故入手太陽，利水助陽以除濕。況其淡味滲泄，豈不為利水之劑乎。身有濕氣所入，則陰陽混淆，升降之職不行焉。茯苓氣之薄，為陽中之陰，所以能上行以導氣，下行以利水，氣既導矣，水既行矣，則陰陽分判，而濕淫平之也。　芫花：泄濕。海藏。海藏云：芫花大意只是泄濕，以其味苦也。《藥性論》亦言其治水腫脹滿。　樗根皮：泄濕。丹溪。樗根皮味澀，丹溪多用之以為泄濕止利之劑。如滑濁遺精，久泄之證，皆濕也。　椒目：燥濕。丹溪。丹溪云：蜀椒有下達之功，所以其子能行滲道，下燥濕。　松節：燥血中之濕。丹溪。血中之濕，是血中脉間之濕也。血脉有濕，則筋骨痿軟，歷節疼痛。松節屬陽金，性燥有堅勁之意，又能從其類，入於骨節。故丹溪言其能燥血中之濕。　枳實：瀉胃中濕熱。東垣。解見熱門枳實下。　青皮：去下焦濕。潔古。濕多是滯氣所停。青皮性烈味苦，能泄滯氣，氣行則濕行，其體下行，故主下焦也。　乾薑：入腎中，燥下濕。丹溪。泄脾中寒濕。海藏。潔古云：乾薑治腎中無陽。腎中無陽，腎水自勝也。水勝則淫溢於下而為濕。乾薑入腎助脾以勝水。脾中有寒濕，乾薑辛熱燥之，是泄也。雖曰泄之，其實補之。　生薑：去濕。潔古。生薑去濕，只是溫中，益脾胃。脾胃之氣溫和健運，則濕氣自去矣。

火門　辰砂：鎮心中浮溜之火。東垣。《內經》云：有所驚恐，喘出於肺，淫氣傷心，又去起居如驚，神氣乃浮。故心有驚怯之氣，則起浮溜之火。辰砂色赤入心，性重純陰，安神丸用之，以鎮心火。重可以去怯也，鎮壓也。

滑石：降妄火。丹溪。妄火者，下焦無根之火也。滑石大寒，性沉重，所以能至下焦以降火，況其能通利小便，則火亦能從小便中泄去，故遺精淋濁之症，用之以泄熱。　石膏：降胃火，兼除三焦之火。東垣。石膏，本陽明經大寒之藥，因入手太陰、少陽，故又能除三焦之火。　人參：逐腎中邪火。潔古。補肺中陽火。海藏。腎中邪火，是陰虛之火，起于水中者也。人參補氣，本非逐火之藥，取其氣味甘溫，如黃芪甘溫以瀉陰虛之火也。若實火者，人參、黃芪之甘溫，豈有瀉之之理哉。人參能入手太陰肺，不能入腎，然其能補五藏之陽，若用五藏藥相佐使，則隨所引而至。潔古云：若瀉腎中火邪，茯苓為之使。海藏又舉能補肺中陽火者，以其獨入手太陰也。補陽火云者，即補氣之謂也。氣屬陽，氣旺則火旺矣。故潔古云肺受寒邪，宜此治之，肺受熱邪，不宜用也。　甘草：大瀉熱火。東垣。稍子去腎經之火。潔古。甘味能補、能瀉、能緩。故《經》云：以甘補之，以甘瀉之，以甘緩之。甘草生寒則瀉火，炙溫則補。稍子入地下行，故能至腎部，以去至陰之火，況又足少陰經藥也。與熱門甘草互相參看。　柴胡：瀉肝膽三焦之火。東垣。柴胡苦寒折熱，手足少陽、厥陰行經藥。故瀉肝、膽、三焦本經之火。　麥門冬：治肺中伏火。潔古。麥門冬氣寒味苦，專泄而不專收，入手太陰經，故能瀉肺中藏伏之火。　黃連：治心火，去中焦火。潔古。苦先入心。成無己云：上熱者泄之以苦。黃連之苦以降陽，又少陰經之藥，故能瀉心火、中焦脾胃之火。凡藥入口，先從胃中停蓄，盤旋久之而後傳瀉，通調於他藏。然而中焦有火，黃連豈不能以除之哉。　黃芪：瀉肺火。潔古。又瀉陰虛之火。東垣。黃芪本非肺經之藥，以其能補正氣。諸氣者，皆屬於肺。正氣旺，則邪火無容矣。非若黃芩苦寒之瀉肺火也。東垣云：黃芪、人參、甘草三味，退熱之聖藥也。以其甘溫能瀉虛火之故。　肉蓯蓉：補命門相火。海藏。相火不足，是右腎命門虛冷也。命門，藏精之所。丹溪云：肉蓯蓉能峻補精血，精血既充，豈有虛冷不足之患哉。　木通：瀉小腸火。東垣。木通味甘淡，利竅通經，故能瀉小腸之火，亦取其有通之義。　玄參：治無根之火。海藏。玄參苦寒，潔古云玄參乃樞機之劑，管領諸氣，上行下肅，清而不濁，所以治無根之火，以此為聖藥。無根之火者，氤氤氳氳上焦飄揚之火也。與氣門玄參互相參看。　黃芩：瀉肺火。潔古。及瀉大腸火。海藏。黃芩氣寒味苦，能瀉諸熱，又手太陰本藥，故瀉本經之火。大腸與肺同乎表裏，故亦瀉大腸之火。瀉肺火用片芩，取其輕薄上行。瀉大腸用條芩，取其沉實下行也。　青黛：散五藏之鬱火。丹溪。青黛寒涼，丹溪云能散五藏之鬱火。然散肝經之火為多，其色青，象木，喜從其類也。　地骨皮：瀉腎火。東垣。地骨皮性大寒，純陰，入足少陰經，故瀉本經之火。　白芍藥：瀉脾火。東垣。白芍藥味酸苦，酸收苦泄，其入足太陰脾經，故酸收脾經之陰氣，陰氣既收，則火退矣。況其苦又能泄火。　知母：瀉腎火。東垣。知母性寒味苦，沉而降火，補益腎水。膀胱之寒水勝，則火減。　牡丹皮：瀉陰中之火。海藏。海藏云：牝牡，天地陰陽之稱。牡丹為羣花之首，葉為陽發生，花為陰結實，丹為赤，即火，故能入血分，以瀉陰中之火。味苦辛寒，自有泄火之性也。　官桂：補下焦熱火。潔古。官桂辛熱補陽，陽從地底出，故下焦虛寒，陽火不足，以此補之。　益智：主君相二火。海藏。益智味辛熱，故能補相心主包絡二經之火。或問烏頭、附子、天雄、乾薑、官桂、沉香同為辛熱之劑，何益智獨主君相二火？曰：各隨其性升降。丁香：補胃火。丁香味辛溫，純陽，屬火，入足陽明經。故補胃中之火。東垣云：去肺胃寒，即補火意也。其又能入手太陰、足少陰二經，然則豈補胃火而已。沉香：補右腎命門之火。潔古。沉香辛熱，純陽體重，故能補右腎命門之火。東垣亦謂其壯陽補腎。山梔：連皮泄肺火，去皮泄心火。海藏。又能屈曲下行降火，及治塊中之火。丹溪。梔子性寒味苦，潔古云梔子輕飄象肺，色赤象火，故能入手太陰經瀉肺中之火。皮尤輕飄，故瀉肺火者，連皮用之也。泄心火，則去其皮，恐皮從肺不入心也。心屬手少陰，梔子能入手少陰，故仲景梔子豉湯用之，以治心中煩燥之火也。丹溪謂其能屈曲下行降火，是言利小便，使熱從陰竅中出也。梔子本非利小便之藥，緣能清肺，肺氣清而化，膀胱為津液之府，小便從以出也。丹溪又云能治塊中之火，若痰飲宿食，火鬱成塊，用去皮山梔，薑汁拌炒，假辛衝折鬱火，不為無功，所以丹溪於消塊丸藥中多用之。黄柏：瀉膀胱龍火。潔古。丹溪云：黄柏味苦，屬金而有水與火，有補陰瀉火之功，為太陽行經藥。故瀉本經之龍火。龍火出水，故名。膀胱之火，曰龍火。訶子：斂降肺中鬱遏之火。丹溪。《內經》云：肺氣上逆，急食苦以瀉之。訶子味苦酸，苦以泄之，酸以收之。收斂也，泄降也，其苦重酸輕，降多而斂少，況其性急而喜降。竹瀝：涼心經之火。潔古。竹瀝苦寒，苦先入心，寒能殺火。童溺：降火。丹溪。童溺鹹寒，鹹乃北方水化，性潤下。鹹走血，降血分之火。尤宜取于童子者，膀胱無龍火故也。餘與熱門童溺互相發明。人中白：瀉肝火，降陰火。丹溪。人中白性寒味鹹，故能瀉肝經血分之陰火。雞：助肝火，又助濕中之火。丹溪。凡魚、肉之類，皆能助火。雞屬巽，故助肝木之火。其味甘補，故又助濕中之火。甘先入脾，脾主濕故也。何以言雞屬巽？《衍義》云：雞鳴於五更者，日將至巽位，感動其氣而鳴，豈非屬巽之物乎。《內經》言其味辛，或土地種類不同之故。魚：動火。丹溪。《內經》曰魚者陰中之陽，使人熱中動火明矣。丹溪云：諸魚之性，無一息之停，故能動火。惟鯽魚有土，故能入陽明，而有調胃入腸之功。多食之亦未免起火。

燥門　芒硝：解大腸實燥。海藏。熱淫於內，治以鹹寒。芒硝之鹹寒，能攻大腸蘊熱之燥，與玄明粉同。玄明粉：解大腸結燥。海藏。解見上芒硝下。流水：解煩渴。丹溪。流水甘酸，能解煩渴。其性善走，能化滯物，化煩渴亦得以解也。生地黄：去皮膚之燥。潔古。皮膚乾燥，是由血少血熱不能榮養之故。生地黄性寒味苦，能涼血補血，故能去皮膚之燥。所以當歸亦能生血潤燥也。白朮：益燥。潔古。脾惡濕。白朮入脾逐水，水去而益燥。劉河間所謂水得燥則消散。麥門冬：潤肺燥。成無己。成無己云：肺燥熱以酸收之，甘緩之。麥門冬之甘潤肺除燥，其又能入手太陰。天門冬：潤榮衛枯涸之燥。海藏。海藏云：榮衛枯涸者，濕劑所以潤之。天麥二門冬、人參、五味子、枸杞，同為生脉之劑。薯蕷：潤皮毛之燥。海藏。皮毛乾燥，虚而有熱也。虚而有熱，是水液衰少火寡於畏而為虐也。薯蕷與天、麥二門冬同為潤劑，又涼而能補，涼除熱，補除虚，潤滋液也。肺之合脾也，其榮毛也。故皮毛也，屬太陰肺。薯蕷是手太陰經藥也。瑣陽：治虚而大便結燥。丹溪。瑣陽與肉蓯蓉皆滑大腸，故能治結燥。丹溪云：瑣陽補陰氣，治虚而大便結燥，虚而大便不結燥者，雖有補陰之功，勿用，蓋恐滑腸下泄，反致於虚故也。栢子仁：潤腎燥。《內經》云：腎惡燥。又云：燥以濡之。栢子仁性濡潤，以治腎燥。又詳見藏府門。葛根：治脾胃虚熱而煩燥。潔古。脾胃氣虚，則邪熱乘之。津液消爍而渴燥。葛根，足陽明行經藥也，其氣輕浮，能鼓舞胃氣上升。又性寒味甘，能先入脾以解濕，胃氣既能上行，是無虚矣。性寒解熱，是無熱矣。虚熱俱無，則渴燥矣。潔古、東垣言其能生津液者，蓋謂此耳。瘡瘍作渴，尤宜用之。栝蔞根：潤枯燥。成無己。解煩渴。潔古。成無己云：津液不足而為渴者，苦以堅之。栝蔞根之苦，以生津液。蓋燥得水，則濡潤矣。故丹溪言其為治消渴之聖藥。苦參：除皮膚煩燥。東垣。皮膚煩燥，風熱傷肺之故也。苦參氣寒味苦，能治大風有功，況風熱煩燥乎？當歸：生血以潤燥。東垣。解見本門生地黄下。白芷：去頭面皮膚痒燥。頭面皮膚痒燥，是足陽明、手太陰經風熱也。白芷是足陽明、手太陰經風劑，其氣味俱輕，故能上升頭面，外達皮膚也。人參：止渴。潔古。渴因津液不足，人參止渴，是能補肺金之氣，金旺則水生，滋其化源也。五味子：止渴。東垣。腎主液。五味子能益肺金之氣在(下)〔上〕則滋源，在下則補腎而生水，水生而渴止矣。厚朴：下結燥。成無己。成無己云：燥淫于內，治以苦溫。厚朴之苦，以下結燥，故仲景承氣湯用之是也。茯苓：除濕以益燥。潔古。茯苓淡味滲泄，故能利水，水利則濕除，濕除則燥(至)〔止〕。郁李仁：治大便氣燥。《內經》云：燥淫于內，治以苦溫，佐以甘辛，以苦下之。郁李仁之苦辛，能治大便之氣燥。甘蔗：止渴。日華子。性冷味甘，能除心中煩熱，煩熱退，則津液生而渴止。杏仁：除煩燥。潔古。肺金本燥，杏仁性潤，入手太陰經，故本經之燥，東垣亦云其能散結潤燥。桃仁：通腸潤大腸血燥。潔古。成無己云：甘以緩之。小腹急結，緩以桃仁之甘。其言小腹急結者，謂有蓄血也。桃仁破血之劑，故大腸血燥不通者，以此潤通之。麻仁：潤足太陰、手陽明之燥。海藏。成無己云：麻仁之甘，緩脾而潤燥，以其入脾與大腸二經，故能潤足太陰、手陽明之燥，仲景脾約丸用之是也。

寒門　人參：和肺中虛寒。潔古。肺虛寒，是肺中陽氣不足也。人參入手太陰，能補肺之陽氣。甘草：散表寒。東垣。表有寒，須發散之。辛甘發散為陽，甘草之甘是已。其性大寒，發散表寒。須假火炙而溫，仲景麻黃桂枝湯中甘草皆炙也。麻黃：發散風寒，去榮中寒。潔古。發散風寒。解見風門麻黃下。去榮中寒者，寒傷榮也。知母：補益腎水膀胱之寒。潔古。知母性寒味苦，氣味俱厚，沉而降，陰也，所以下行瀉火。瀉火者，即益寒也。知母，腎經本藥。膀胱者，腎之合也，故亦瀉膀胱之火。黃芩：補膀胱之寒。潔古。黃芩能補膀胱寒水之不足者，清金而生水，是滋其化源也。

附子：去藏府沉寒。潔古。沉寒者，沉伏之寒也。寒至于沉伏，陽衰甚矣。附子性大熱味辛，能補陽以勝沉寒。餘見本門天雄下。天雄：補上焦陽虛之寒。潔古。清陽為天，故陽氣多在上焦。上焦陽虛而寒，是陽虛之極也。天雄大熱，與附子、烏頭同為陽中之陽，故皆能補陽虛之寒。天雄之性敷散，不能就下，所以惟補上焦之陽虛也。佛耳草：除肺寒。東垣。肺中氣少則寒。佛耳草酸熱，能收散氣，古方寒嗽氣乏者用之。丹溪云：燈籠草寒治熱嗽，佛耳草熱治寒嗽。胡盧巴：治元藏虛寒。東垣。胡盧巴，純陽之劑。故能治元藏虛寒。細辛：散水寒，治內寒。潔古。水寒，少陰腎水之寒也。內寒，裏寒也。細辛氣味辛溫，少陰經引藥。成無己云：細辛、附子之辛，以溫少陰之經，以其行少陰也，故亦治裏寒。草豆蔻：治胃口客寒。《本草》。草豆蔻，氣熱味辛，純陽，入足太陰、陽明。故能治胃口之客寒。客寒者，外來之寒也。官桂：治沉寒，去榮衛中風寒。潔古。官桂辛熱，能引導陽氣，故能治沉寒。風傷衛，寒傷榮。官桂辛散風熱除寒，況其又能調和營衛之氣，無汗使之有汗，有汗使之自止，以去榮衛中之風寒也。

蜀椒：潤心寒。東垣。心寒者，火氣不足，寒水之氣上乘而侮之。《內經》云：其不及，則己所不勝侮而乘之者是也。治法宜補火瀉水。蜀椒辛溫，純陽屬火，故能潤心寒，潤之為言下也，言使寒水之氣自得其性而潤下也。丹溪亦言其有達下之能。吳茱萸：治胸中寒。潔古。成無己云：寒淫于內，治以甘熱，佐以苦辛。吳茱萸、生薑之辛，以溫胃胸中者，即胃脘當心之處，仲景吳茱萸湯、當歸四逆湯、大溫脾湯皆用之。成無己、東垣皆言其溫胃者，即治胸寒之謂也。益智：治脾胃中寒。潔古。益智氣熱味辛，益氣，入足太陰經，故能去脾胃中寒。海藏言其主君相二火。丁香：去脾胃中之寒。潔古。丁香去脾胃中寒，緣其味辛溫，純陽，益氣，入足陽明故也。詳見火門丁香下。巴豆：去藏府停寒。潔古。停寒者，停積之寒，言過食生冷，凝結不通者也。巴豆性熱味厚，體重而降，開通閉塞，有斬關奪命之勢，停寒之難去乎。乾薑：散裏寒。成無己。成無己云：寒淫所勝，平以辛熱。乾薑之辛熱以勝寒，能散裏寒，不散表寒者，性止而不行故也。潔古言其能去藏府沉寒中焦有寒，東垣言其去腹中寒，皆是散裏寒也。生薑：散風寒。東垣。生薑味辛甘，風宜辛散，寒宜甘發也。

藏府門　辰砂：鎮心。潔古。解見火門辰砂下。滑石：實大腸。丹溪。大腸不實，是濕勝濡泄也。滑石能利水道，大腸斯實矣。天門冬：鎮心。東垣。又潤五藏。東垣。心氣不平，是火氣熾盛之故。天門冬入手少陰經，能滋潤榮衛。其味苦，苦先入心以降火，所以能鎮心氣之不平。又云：甘補，性潤五藏，榮衛枯涸，濕劑所以潤之。甘草：補脾胃。東垣。脾欲緩，急食甘以緩之，以甘補之。地黃：補腎。潔古。生、熟地黃皆補腎水真陰不足，以其皆有補血之功也。腎水，真陰精血是也。白朮：和脾胃。潔古。解見氣門白朮下。續隨子：利大小腸。利大小腸，言通利大小便也。續隨子辛溫，是消散下泄，疎通水氣之劑。五味子：安肺。成無己。補腎暖水藏。東垣。五味子之能安肺者，味酸，收逆氣故也。補腎者，滋水，一也。收肺氣，補其母，二也。水藏，即腎藏也。暖者，性溫之故。

木通：瀉肺。東垣。肺中氣實，木通之苦辛，能泄能散之。白芍藥：安肺。潔古。白芍藥入足太陰經，味酸，能收本經之陰氣，故安脾。木香：健脾。海藏。脾氣不轉運，氣虛寒之故。木香純陽，味辛熱，能溫暖脾氣，脾氣溫暖，則自能健運。　艾：溫胃。潔古。丹溪云：艾屬火而有水，生寒熟溫。潔古云：溫胃者，是熟用之也。　良薑：健脾胃。潔古。良薑味辛大溫，潔古、東垣皆言其健脾胃，是指脾胃中受寒冷之氣滯結不能健運者而言也。　茴香：補命門。東垣。東垣云：茴香補命門不足。命門，屬相火，所謂不足者，是相火不足。其能補之者，是辛溫之故也。　青黛：瀉肝。丹溪。解見火門青黛下。　鬱金：涼心。潔古。上熱者，瀉之以苦。鬱金之苦，能入心以泄熱。　白豆蔻：溫暖脾胃。潔古。解見氣門白豆蔻下。　半夏：健脾胃。潔古。脾胃中濕氣自勝，則失健運之道。半夏屬金與土，能入脾胃以燥濕，濕去則自能健運矣。　附子：溫暖脾胃。潔古。附子大熱，脾胃中有沉寒積冷者用之，豈無溫暖之功哉。本有大熱，而有溫暖者，謂溫暖脾胃中寒冷之氣也。　馬兜鈴：補肺。潔古。火熱爍金，馬兜鈴味苦寒，清肺熱，是補之也。餘見熱門馬兜鈴下。　欵冬花：溫肺。東垣。欵冬花是手太陰藥，味辛純陽，所以能溫肺。　萎蕤仁：潤肺。東垣。萎蕤仁甘寒性潤，所以能潤肺。　藿香：開胃。胃口不開，是邪氣壅滯之也。藿香葉芳，馨氣先歸于胃，所以能引胃氣上騰，而令邪氣消散也。　蒼朮：健胃安脾。東垣。蒼、白朮皆甘溫燥濕，有益于脾胃。白朮性緩，調和脾胃之氣。蒼朮氣雄壯，能健行脾胃之氣。　木香：實大腸。丹溪。老人虛寒，及秋冬氣寒之時，大腸作泄，丹溪用火煨木香以實之。木香性熱，又假火氣，蓋濟其寒也。況木香元有調氣健脾之功，豈不能實大腸。　黄芪：壯脾胃。潔古。脾胃虛，是中氣不足也。黄芪入足太陰經，甘溫補氣，故能壯脾胃。　(黍)〔鼠〕粘子：潤肺。潔古。辛溫性潤故也。雖通十二經絡，然辛先入肺，故潤肺。　肉豆蔻：溫中補脾。丹溪。肉豆蔻屬金與土，氣溫味辛，所以能溫中補脾。泄痢久不已者用之，是言久痢，非嘗用以溫中也。　菖蒲：益心智。夫心者，清靜栖靈者也。其有昏昧，大抵精神短少，或有痰迷心竅，而使健忘失事也。菖蒲益心智者，是其能開心孔故耳。心孔開，則神明出。日華子亦言其治多忘長智。　茯苓：伐腎邪。成無己。　傷寒汗後臍下悸者，欲作奔豚。奔豚者，腎之積，蓋緣發汗後心氣虛，而腎氣逆上凌心，仲景以茯苓伐腎邪，取其淡而利竅，以平其氣。丹溪言久病陰虛者用之恐未相宜，亦以其利竅，有走泄之過也。　琥珀：清肺。潔古。琥珀清肺，又是能燥脾土。脾土運化，肺氣自降。　吳茱萸：溫胃。成無己。成無己云：寒淫于內，治以甘熱，佐以苦辛。吳茱萸、生薑以安胃。　沉香：補命門。潔古。解見火門沉香下。　山茱萸：溫肝藏。潔古。味酸微溫，先入肝也。　栢子仁：潤腎。海藏。腎惡燥，側栢葉補陰，故其子所以能潤腎燥。其有潤之之功者，以其有油液也。　茯神：治心虛。東垣。茯苓是古松樹流肪入(池)〔地〕所成，得霜露泉壤至精之氣，方士言服之通神致靈，和魂煉魄，《本草》亦有此說。茯神是抱根者，與松根連屬，氣不相絕，故尤有安魂養魄養精神之功，是以加神之名。東垣云：心虛非此不能除。蓋取其安魂魄，養精神之意也。　竹葉：涼心。潔古。竹葉味苦，苦先入心也。　木瓜：和脾滋胃。海藏。酸木瓜得木之王味，酸入肝，本無和脾滋胃之理，只緣亦有甘，故入足太陰。酸收甘補，所以亦有和脾滋胃之理。　大棗：溫胃。潔古。補脾。東垣。溫胃者，氣溫之功也。補脾者，味甘之功也。　橘皮：補脾胃。潔古。解見氣門橘皮下。　杏仁：瀉肺。海藏。杏仁味苦性潤，入手太陰經。肺中氣實者用之，以瀉有餘氣。無餘而用之，則瀉肺中之真氣也。　乾薑：溫脾燥胃。海藏。乾薑辛溫，故溫脾燥胃，故理中湯用之也。　生薑：益脾胃。東垣。開胃口。海藏。生薑性溫，味甘辛，甘溫能補脾胃之正氣，辛能散脾胃中邪穢之氣，此所謂益也。胃口也，胃口不開，是邪氣壅閉之也。生薑之辛，以散氣。　大麥蘖：寬腸胃，補脾胃。潔古。大麥蘖氣溫味甘鹹，能代戊己腐熟水穀，水穀腐，而腸胃寬也。其甘溫入脾，又入胃者乎。　人乳：補五藏。《本草》。人乳味甘，是五藏精血醖釀所成，故亦能補五藏也。　龍骨：固大腸。東垣。《本草》云：澀可以去脫，牡蠣、龍骨之屬是也。　犀角：鎮肝。東垣。犀角屬木，入厥陰經，故鎮肝。鎮之之功，在性重上。

氣門

石膏：寒胃氣。潔古。石膏乃足陽明經大寒之藥，故胃中有實熱者用之，非有甚熱在於腸胃者，勿用。　代赭石：鎮畏怯之浮氣。潔古。怯則氣浮，代赭石重可以去怯，亦以其氣寒，能入手少陰也。　滑石：泄氣。潔古。滑石泄氣，不比他藥苦泄，只是性沉重，能墜下其氣。又滑而利竅，以走泄也。　鉛丹：固氣。成無己。人有驚怯，則神氣浮越。鉛丹能收斂神氣，是澀可以去脫也。　人參：補五藏之陽氣。海藏。及補脾肺陽氣，下焦元氣。潔古。海藏言人參甘溫，能補五藏之陽氣，以其入手太陰，能補肺中之氣。肺主氣，肺氣旺，則四藏之氣皆旺矣。若用各藏藥相佐使，亦能隨所引而補各藏之陽。如補下焦元氣，用茯苓為之使是也，餘藏同。既補五藏之陽氣矣，而潔古又獨舉其能補脾肺二經之陽氣者，何哉？以其能入手太陰也，脾與肺同一太陰，故亦能補脾。　沙參：補五藏之陰氣，養肝氣。海藏。人參甘溫，所以補陽。沙參苦寒，所以補陰。雖云補五藏之陰，亦知人參須各用本藏藥相佐使，斯能隨所引而相補一藏也。養肝氣云者，即補陰之謂。肝在左，屬血分，血屬陰，陰氣勝，則血自生，血生則肝氣榮矣。　天門冬：治血熱侵肺喘氣，助元氣，通腎氣。潔古。陰血受熱，則血妄行，上侵於肺，太陰常多氣少血，此天之常數。今血妄行，侵入太陰之分，豈不壅塞肺中行氣之道，而為喘急乎。天門冬味苦甘，性寒潤，入手太陰經。寒以解熱，苦以泄血，所以能治血熱侵肺。助元氣者，甘之功也。腎惡燥，通腎氣者，潤之功也。　甘草：補三焦元氣。潔古。三焦之元氣，溫補而甘緩之，則能象陽健而不息。甘草本性大涼，假火炙之則溫，既溫且甘，如有補于三焦之元氣也。　白朮：調和脾胃之氣。潔古。用之在氣，則主氣。海藏。脾惡濕，白朮甘先入脾，能除濕而益燥，調和脾胃之氣，莫過於除濕益燥之功也。海藏言用之在氣主氣，在血主血。夫氣血之盛衰，皆本乎脾胃之強弱。只緣他有調理脾胃之大功，所以用之在于氣藥中則能主氣，用之在于血藥中則能主血。譬如才德兼備之人，置之於文則主文，置之於武則主武。　柴胡：升胃氣，引清氣。東垣。柴胡氣味俱輕，是少陽、厥陰之藥。故能引領胃氣上行，升騰如春之令也。清氣，是指足少陽厥陰肝膽二經之清氣，引之行陽道也。　麥門冬：補肺中元氣。潔古。補心氣。東垣。麥門冬，手太陰肺經藥也。肺受熱邪，則元氣消耗。麥門冬氣寒，味甘苦，能泄肺中之伏火，火泄則肺氣清平。而其甘味，又加補之之功，則肺中真元之氣，何不可復哉。東垣言其補心氣，取其能調經復脉，心主脉故耳。　升麻：升陰中之陽氣。潔古。血虛，則陽氣乘虛下陷於至陰之中，非升麻浮升之劑，豈能以升舉之。東垣亦云：元氣不足，用此于陰中以升其陽氣上行。補中益氣湯中用升麻三分是也。　木香：升降滯氣。東垣。木香氣熱味苦辛，氣味俱厚，苦泄而降，辛散而升，所以能升降滯氣。　防風：散風。潔古云：除風傷於陽也，防風辛甘上行散之。　五味子：收肺中逆氣。成無己。補五藏之氣。潔古。收斂散氣，補元氣。東垣。成無己云：肺欲收，急食酸以收之。五味子之酸，以收逆氣而安肺。潔古言補五藏之氣，東垣言收斂散氣。大抵只是其味酸能收散逆之氣也。或問潔古不言收氣，而曰補氣，如何？曰：五藏之氣散逆不聚，其能收之斂之，非補而何。東垣又言其補元氣，是言其能滋腎以補水藏也。腎氣盛，則元氣充矣。　葛根：鼓舞胃氣。東垣。鼓舞者，振作興起之謂，胃氣不振，必得本經薄浮之劑以振作之，則胃氣可隨其扶舉而升之。葛根陽明經引藥，又為足陽明行經藥，其體輕浮，是以能鼓舞胃中之氣。　瓜蔞仁：降氣。丹溪。氣屬陽，同乎火體，燥則炎上，潤則降下。瓜蔞仁性緩潤，宜其有降下自然之功用。　苦參：峻補陰氣。丹溪。丹溪言苦參能峻補陰氣，以其是足少陰腎經之君藥，且氣寒味苦故也。氣既寒矣，味既苦矣，又為腎經之君藥矣，豈無補陰之功乎。　白芍藥：收正氣，泄邪氣，斂肺逆氣。潔古。收脾經陰氣。東垣。瀉肝氣。潔古。白芍藥味酸苦，酸收正氣，苦泄邪氣，入手太陰肺，故斂肺中燥逆之氣。入足太陰脾，故收脾經之陰氣。東垣言其瀉脾火，收脾經之陰氣者，即瀉脾火之謂也。潔古言瀉肝氣者，酸入肝，苦以泄氣也。　玄參：管領諸氣，治空中氤氳之氣。海藏。海藏云：潔古言玄參乃樞機之劑，所以能管領諸氣，肅清而不濁。以此論之，治空中氤氳之氣，此為聖藥也。與火門玄參互相參看。　貝母：散胸中鬱結之氣。海藏。成無己云：辛散而苦泄。貝母之苦辛以下氣，故胸中之氣鬱而不散者，宜以此治之。仲景小陷胸湯治寒實結胸者，以其有貝母也。《詩傳》云：采蝱以療鬱結之症。蝱，即貝母也。　黃芩：除肺中逆氣，利胸中氣。潔古。肺苦氣上逆，急食苦以瀉之。黃芩之苦，以泄肺氣。況其又能入手太陰，其氣寒能除熱，熱去則氣自平。利胸中氣者，即泄肺氣之意。肺主氣，肺氣上逆，豈不填塞胸中，而不通利乎。　茴香：治腎勞癩疝之氣，膀胱陰痛，脚氣，破一切臭氣。潔古。茴香味辛溫，散氣，手足少陰、太陽經藥，所以能治腎勞癩疝之氣，及膀胱陰痛，脚氣。夫癩疝之症，丹溪言專本肝經，與腎絕無相干，然亦不離乎腎與膀胱二經。丹溪云：癩疝，是濕熱無寒，則茴香之辛溫，又不宜用也。然只有外寒固閉，而內熱不透泄者，茴香辛溫，散外寒，衝內熱，似或有功，此所以古方治疝之藥多有用者。人受穢臭之氣，必胃脘不清而嘔逆。茴香辛香，能破臭氣，以止嘔而調胃中。古人命以茴香之名，必因其能去臭而回香也。　三稜：破血中之氣。海藏。陰血如水，陽氣如風。故氣行則血行，氣止則血止也。海藏所言血中之氣，是言血中凝滯之氣，則結聚而為癥瘕。三稜味苦色白，大能破泄積氣，積氣破泄，則血之結聚者，而可泮而流行矣。　肉豆蔻：下氣。日華子。丹溪云：肉豆蔻溫中補脾。日華子言其下氣者，蓋以脾得補而善化，其氣自下，非若香附、陳皮輩之駃泄也。縮砂：治脾胃結滯之氣。潔古。氣遇辛溫則渙散，遇辛熱則擾亂。縮砂辛溫之劑，入足太陰、足陽明，故能治脾胃結滯之氣，使之渙散而周流也。香附：快氣。潔古。下氣。東垣。補氣。丹溪。快氣者，行氣也。下氣者，降氣也。香附氣微寒味苦，為陽中之陰，所以能快氣。性沉重，所以能下氣。既能快氣下氣，是無補益於氣之義矣，而丹溪言其補氣者，何哉？其言曰天之所以為天者健而有常也，因其不息，是以生生無窮。言夫氣緩而不健焉，氣過於升而失降，氣無生理矣。香附能抑其高而下行焉，所謂健而有常，生生無窮，豈不信哉。海藏言蓬朮雖為泄氣之劑亦能補氣，即香附能補之意。天南星：下氣。東垣。南星味苦辛，辛散苦泄，所以下氣。白豆蔻：散肺中滯氣，溫暖脾胃之氣。潔古。補上焦元氣。海藏。白豆蔻能散肺中滯氣者，味辛甘，入手太陰也。脾胃氣寒，則失健運之道，不能腐熟水穀，所以脾胃之氣貴溫而不貴寒。白豆蔻性熱，入胃，能溫其寒。海藏言其入手太陰，別有清高之氣，上焦元氣不足，以此補之，豈味甘與辛而氣厚歟？附子：補助陽氣。潔古。脉沉細欲絕，四肢逆冷，漏汗乏氣，如諸此者，是謂脫陽。附子之辛熱，能散陰寒，助陽氣。半夏：益脾胃之氣。潔古。散逆氣。成無己。半夏入足陽明、太陰，屬金與土，其性燥，能去脾胃中之濕，以補陽明也。散逆氣者，以其味苦辛，苦以泄之，辛以散之也。葶藶：導腫氣。東垣。《本草》云：瀉可以去閉，葶藶之屬是也。腫氣，言水腫之氣。葶藶性急，能逐水，味苦能泄滿。桔梗：利胸中氣。潔古。開提中焦之氣。丹溪。桔梗味苦辛，入手太陰，故能利胸中之滯氣。潔古言胸中之氣者，諸氣皆屬于肺也。中焦氣所從出之處，即胸中之分。開提者，如有痰水飲食之類，壓在氣上，桔梗能通壅塞之道，升提其氣上行，使痰水飲食而降下也。旋覆花：治痞堅噫氣。仲景傷寒汗下後，心下痞堅，噫氣不除，旋覆花代赭湯，以其酸鹹能耎堅，又能開結氣，為走散之劑也。甘遂：瀉十二種水氣。東垣。十二種水氣，謂十二經水氣也。甘遂專於行水者，以其氣直達，能透所結處。詳見本門大戟下。大戟：泄水氣。成無己。瀉肺氣，損真氣。潔古。甘遂氣味寒苦，大戟亦氣寒味苦，所以同為泄水之劑。成無己云：苦以瀉之，甘遂、大戟之苦以瀉水濕勝者，苦燥以除之也，即苦泄矣。豈不能泄肺氣，與損真氣乎。牽牛：泄元氣。東垣。《內經》云：辛散氣，辛走氣。氣病無多食辛。劉河間。牽牛之辛，比之諸藥尤為雄烈，所以瀉人之元氣。蘆根：治膈氣。劉河間。膈氣有伏火，蘆根氣寒殺火，其中空，有通之之義。馬兜鈴：清肺氣。潔古。馬兜鈴能清肺氣，以其味苦寒，而形體輕飄象肺，猶山梔象肺入肺也。佛耳草：大升肺氣。潔古。佛耳草，酸熱之劑。酸主收斂，無升之義，何以言其大升肺氣？只緣其有熱耳。酸收散氣，聚于肺中，却乘其熱而上升，是故其升。及大苦酸寒之劑，則專收而無升也。胡盧巴：治膀胱疝氣。東垣。胡盧巴味苦，純陽，能治元藏虛寒，所以膀胱疝氣，宜此治之。丹溪言疝是濕熱，胡盧巴之純陽，與茴香辛溫，能治腎勞㿗疝之義同。詳見本門茴香下。商陸根：導腫氣。東垣。散水氣。商陸根有紅白二種，白入氣分。導腫氣者，須是白之一種也。東垣言商陸味辛酸，與苦同用以導腫氣。故仲景治從腰已下有水氣者，牡蠣澤瀉散主之，內用商陸根辛酸，與栝蔞根、葶藶之苦寒相合為方也。散水氣者，即導腫氣意也。罌粟殼：固氣。潔古。澀可以去脫。氣之下脫者，須酸澀之劑以收固之。罌粟殼味酸澀，所以能固氣。《本草》言去蔕穰，醋炒入痢藥，益取其固氣也。（黍）〔鼠〕粘子：散氣。潔古。味辛故也。蓬莪茂：泄氣益氣。海藏。蓬莪茂味苦辛，苦泄而辛散，本是破氣之劑，而言其益氣者，亦猶香附補氣之義也。詳見本門香附下。草龍膽：治脚氣。潔古。脚氣多風濕所成。草龍膽性寒味苦，沉而降，能泄下部之風濕。瓜蔞根：導腫氣。東垣。東垣云：瓜蔞根味苦寒，與酸辛同用，以導腫氣。謂其辛能散，酸苦能湧泄，三味兼致其功，則能使津液通行無滯，而腫得以消散也。當與本門商陸根同看。鬱金：下氣。東垣。鬱金下氣者，苦泄辛散也。蘭葉：散久積陳鬱之氣。丹溪。丹溪云：蘭稟金水之清氣，而似有火。人知其花香之可貴，而不知其為用之方，蓋其葉能散久積陳鬱之氣。《內經》曰：消渴治之以蘭，除陳氣也。東垣方中嘗用之。薯蕷：補元氣。丹溪。薯蕷味甘，性涼而潤，故與天、麥二門冬同有補助元氣之功。其是手足太陰藥，而補脾肺二經之氣為的也。遠志：定心氣。東垣。心氣不定，是驚悸所亂。遠志味苦溫，入心，所以心神不寧者，用以定志。丹溪言其歸心歸血是也。木通：治周身皮表之氣。丹溪。丹溪治濕氣脚痛，一方立加減法云：泄濕熱，加木通。木通能治周身皮表之氣，以其味苦辛甘淡，苦泄而辛散，甘緩而淡滲，是為泄濕熱之劑也。其有通之之義，故周身皮膚無處不通。　撫芎：升鬱氣。丹溪。鬱氣聚結不散，撫芎升浮之劑，故能升提之。丹溪云：食在氣上，提其氣，則食自降。血在氣上，痰在氣上義同。

官桂：導引陽氣，調和營衛之氣。東垣。導引陽氣，只是辛熱助氣上行陽道。血為榮，氣為衛，榮衛不相和諧，官桂導引陽氣，宣通血脉，使氣血同行。《局方》十全大補湯，用四君子與黄芪補氣，四物湯補血，內加官桂者，是要其調和榮衛之氣，使四君子四物皆得以成補之之功也。

胡椒：傷脾肺之氣。丹溪。胡椒屬火，性燥，所以能傷脾肺之氣。夫五藏之氣皆善溫和而惡大熱，豈惟脾肺二藏猶惡胡椒之熱，豈胡椒猶能傷脾肺二藏之氣哉。丹溪特言能傷脾肺之氣者，以飲食入于胃，游溢精氣，上輸于脾，脾散精，上歸於肺，是脾肺先受其所傷也。或問烏、附、薑、桂之熱，尤甚於胡椒，用之藥中，豈不有傷五藏之氣乎？曰：烏、附、薑、桂用之于藥中，各有君臣佐使以相制，有此證用此藥，是有故無殞也。非比胡椒，世人以之調治飲食，不分冬夏而常食之。故丹溪特舉其傷氣之禍，禁戒之意切矣。

蜀椒：除邪氣。潔古。邪氣者，不正之氣也。蜀椒之香辛，是正氣也。正氣至，則邪氣無容矣。

吳茱萸：治寒氣。潔古。去胸中逆氣，溫中下氣。東垣。潔古云：寒邪所結氣不得上下，此病不已，令人寒中，腹滿下利。此等寒氣，用吳茱萸如神，諸藥不可代也。東垣言胸中逆氣，即潔古所謂寒邪所結不得上下之氣，非謂熱邪氣逆也。溫中，亦即治寒之謂。下氣，亦即治逆氣之謂。吳茱萸能治胸中逆氣，及溫中下氣者，其味辛熱故也。辛熱之劑，升而無降，何以能下氣？蓋其味雖辛熱，猶帶苦烈之氣，況其止能入足太陰、厥陰、少陰，不能行陽道，是以有降下之理。

益智：和中益氣。潔古。脾胃中州之地，有寒邪不和，而氣乏者，益智能和其中，而益其氣，以其辛熱，入足太陰也。

厚朴：去腹脹之氣。東垣。腹脹有虛實。若實而脹者，用厚朴辛散而苦泄，虛脹則不宜用也。丹溪云厚朴能治腹脹，因其味辛，以提其氣。

沉香：養諸氣。東垣。辛溫純陽，故能養諸氣。氣屬陽，故也。東垣言上而至天，下而及泉，用之為使最相宜，是上下諸氣皆能養之也。

檀香：引胃氣。潔古。東垣云：檀香之氣清香，能引芳香之物上行至極高之分，因其通行足陽明，又香先入胃，所以能引胃氣上升也。

黄柏：堅腎氣。東垣。黄柏苦燥，入腎，所以能堅腎。《經》曰：腎欲堅，急食苦以堅之。

枳實：治心下痞氣。東垣。心下痞氣，是脾胃中正氣虛衰，邪氣僭篡中焦之分，或高大如盤者有之。枳實能治之者，味苦微寒，經火炒則溫，苦泄而溫散也。東垣云：潔古用枳實以治脾經之血，故能去心下痞，脾無積血，則心下不痞。此理精詳，見血門枳實下。

枳殼：泄肺氣，破心下痞氣，利胸中氣。潔古。枳殼能治已上諸氣者，只是味苦泄也。枳實性酷而速，有下行之氣勢，比枳實之性稍詳緩，多在中焦不上不下之間。故所治諸氣，亦只在心肺胸中而已。

檳榔：泄胸中至高之氣。潔古。胸中至高之氣，因而越之，則易也。若使之下泄，則難矣。而檳榔味苦泄，性如鐵石之沉重，能墜諸藥至于下，故可使胸中至高之氣而下泄也。

大腹子：下一切氣。日華子。大腹子性體氣味，大抵與檳榔同。檳榔性如鐵石之沉重，故能泄胸中至高之氣。是以大腹子亦能下一切氣。大腹皮輕揚，宜散肺中之氣。沉重者主下，輕揚者主上，安得不謂之散肺氣乎。丹溪嘗用之以治肺氣喘促，及水腫藥中又多用之，蓋亦取其泄肺以殺水之源也。

藿香：補胃氣。潔古。藿香芳香，先入脾，又走足太陰經，故能補助脾胃之氣。

山茱萸：壯元氣。海藏。元氣壯盛，由精氣堅固。若精氣不固，則元氣安得而壯盛。《經》云：滑則氣脫。澀劑所以收之，山茱萸之澀，以收其滑。

桑白皮：固元氣，瀉肺氣。海藏。桑白皮味甘辛，固元氣之不足者，甘也。瀉肺氣之有餘者，辛也。其辛多而甘少，又能入手太陰，當瀉肺氣之功多於固元氣。若於固元氣而用之，必須蜜炙，可助其甘溫之氣也。

訶子：瀉肺氣。東垣。下氣。丹溪。苦以泄之，酸以收之。訶子味酸苦，然苦重而酸輕，所以瀉多而收少。況其性急喜降，故東垣言其泄氣，丹溪言其下氣，泄與下一義也。

棠毬：行結氣。丹溪。棠毬有青紅二種，青猛烈，于經行結氣者，必用青色者為宜。

茗：下氣。海藏。茗味苦，其體又下行，故下氣也。

丁香：益氣。蓋丁香辛溫，純陽之劑，其益氣也必矣。辛雖有散，然其溫多，故有益也。

橘皮：補脾胃之氣。潔古。泄手太陰逆氣。海藏。橘皮本辛苦泄氣之劑，潔古言其補脾胃之氣者，須得白术同用，隨其入足陽明、太陰，又假白术之甘，與辛相合，一補一散，以益脾胃健運之氣。海藏言泄手太陰逆氣，是橘皮本等之功也。主胃不去白者，其白有甘之意。消痰泄氣去白者，恐甘緩其辛也。

青皮：破泄氣。東垣。青皮性烈，苦寒降下，所以能破滯氣。

木瓜：收脫氣和滯氣。東垣。木瓜，足太陰、足厥陰二經之藥。東垣云木瓜氣脫則能收，氣滯則能和。收脫氣者，酸收足太陰脾經之脫氣也。和滯氣者，以其酸能瀉去足厥陰肝經之滯氣，瀉去滯氣，是和之也。

烏梅：收肺氣。東垣。成無己云：肺主氣。肺欲收，急食酸以收之。烏梅之酸，以收陽氣。

芡實：補胃氣。日華子。丹溪云：日華子言芡實補胃氣，《衍義》乃言不益脾胃，恐是當時有食之過量而為病者，故言其不益耳。其味甘平，甘先入脾，成無己云雞頭實與粳米相合之，甘以補正氣，則有益于脾胃無疑矣。

荔枝核：散有形質之滯氣。丹溪。荔枝核性燥熱，屬陽。丹溪言其能治有形質之滯氣者，因是性熱燥，勇于衝折故也。有形質滯氣，謂瘤贅癩疝之類。

萊菔：下氣。丹溪。萊菔味辛下氣，其子尤有推墻倒壁之功。《衍義》云：散氣用生薑，下氣用萊菔。

紫蘇：散一切冷氣，下氣。日華子。紫蘇辛溫，故能除一切冷氣。若下氣，則須用梗。其葉未免有升發之義，其子下氣之功尤良。

荊芥：宣通五藏不足之氣。潔古。五藏之氣不足，荊芥氣溫，屬陽，浮而升。能宣通之者，升提通達之義。意其味苦辛，升舉者，辛之用也；通達者，苦之用也。此不足，非言虛乏不足，只是不足于健行耳。若虛乏之不足，辛散苦泄之劑，豈能有以裨補之哉。

生薑：行陽而散氣。東垣。行陽者，使陽氣流行也。散氣者，使滯氣開散也。蓋能行陽，故散也。其能然者，性溫味辛甘之功。

葱白：通上下之陽氣。海藏。上下陽氣不通，是經隧窒塞，毛孔閉固之也。葱白能走手太陰經，其味又辛，故成無己亦云葱白之辛，以通陽氣。所以發散藥中，不可缺也。

薤：泄下焦滯氣。成無己。薤白泄下焦滯氣者，味辛苦，能泄散，性滑能下行也。仲景四逆散加薤白，治泄痢下重者，亦以泄痢下重，為下焦氣滯也。

粳米：補正氣。成無己。胃者，水穀之海，故五藏六府之氣味，皆出于胃。粳米味甘補胃，胃中正氣充實，則諸藏府之正氣亦充實矣。成無己言其補正氣者，可兼五藏六府之正氣而言也。

神麯：暖益胃氣。潔古。火炒以助天五之氣。海藏。神麯，氣暖味甘，入足陽明經，故能暖益胃氣。海藏言火炒以(取)〔助〕天五之氣，天五生土，即暖益脾胃之謂也。

龍骨：固氣。海藏。收斂浮越之正氣。成無己。龍骨能固氣，收斂浮越之正氣者，純陽味澀之故。成無己云：澀可以去脫，龍骨、牡蠣之澀，以收浮越之正氣。正氣浮越，謂神氣走散也。

阿膠：補肺氣。潔古。阿膠補肺氣，以其氣味俱薄，浮而升，入手太陰也。

羊肉：補有形肌肉之氣。東垣。猪、羊肉皆甘熱補氣。羊肉氣厚，所以能補有形肌肉之氣。所謂形不足者，溫之以氣，是也。《內經》言羊肉味苦，或土地種類不同之故。

敗龜板：大補陰氣。丹溪。龜屬金而有水，乃陰中至陰之物，稟北方之氣而生，故能大補陰氣。

蛤粉：治疝氣。丹溪。疝氣，上衝須降，結聚須消，堅須軟，濕須燥。丹溪言蛤粉之治疝氣，能降，能消，能軟，能燥。其能降者，體重也。能消能軟者，味鹹也。能燥者，經火煅也。

牡蠣：益精氣。海藏。收浮越之正氣。成無己。牡蠣，本腎經之藥。又味鹹入腎，腎藏精，能益精氣者，收澀不泄之功，收浮越正氣。詳見本門龍骨下。

鼈：補氣。丹溪。丹溪云：鼈肉味甘，屬陽，補氣。甲亦補氣，肉甘有補氣之理。甲味鹹，鹹走血，鹹入腎，未必是補氣，既補氣何《本草》言其能治血瘕之疾，衹是血分中一味破決之劑也。

川芎：助清陽之氣，去在頭濕氣。潔古。頭者，諸陽所會之處。陽氣有所不足，則風邪痰厥，痛眩之證生焉。川芎味薄，浮而升，陽也。所以能上至頭腦，以助清陽之氣，去在頭濕氣。解見濕門川芎下。

黃芪：補元氣，益胃氣，補肺氣。黃芪甘溫，大槩是補氣之劑。補元氣者，味甘厚而溫也。益脾氣者，甘先入脾。又能入足太陰補肺氣者，肺主氣也。

瑣陽：補陰氣。丹溪。《本草》不言其功用，何如惟丹溪言其味甘，補陰氣可代肉蓯蓉，肉蓯蓉能峻補精血，可見瑣陽亦是補陰之劑。

防風：瀉肺中實氣，及目中滯氣。肺中氣實，是風邪客之也。此實字，是輕可以去實之實。防風、甘草性溫，氣味俱薄，能瀉肺中之實。風之實，頭目中之滯氣，風傷於陽也。防風辛甘，上行散之。

明·張梓《藥證類明》卷下 血門

玄明粉：勝血。海藏。《內經》曰：鹹勝血。以其味鹹，鹹走血也。故玄明粉之鹹無異於鹽，故海藏云然。

滑石：逐凝血。丹溪。血凝則筋脉澀滯，滑石重滑，重能泄滯，滑能去澀。逐凝血者，此也。

硇砂：破結血。東垣。硇砂味鹹，鹹勝血也。血結必堅，鹹軟堅也。

花蘂石：治吐血。解見瘡瘍門花蘂石下。

人參：補血。張仲景。人參是補氣之藥，東垣云仲景以其補血者，蓋血不自生，須得生陽氣之藥，陽生則陰長，血乃旺矣。若陰虛單補血，血無由而生也。

甘菊花：養目血。潔古。解見風門甘菊花下。

甘草：養血。潔古。緩陰血。東垣。血受火邪則沸騰泛溢，久而則燥涸凝澀。甘草性寒，味甘緩，有補陰瀉火之功，此所以能養血及緩陰血也。養者，不使燥涸凝澀也。緩者，不使沸騰泛溢也。

生地黃：涼血補血。潔古。生、熟地黃能補腎水真陰不足，所以皆有補血之功。但生寒苦，能涼血。熟假酒蒸，微溫，甘苦，能和血為異耳。熟地黄：和血補血。潔古。解見上生地黄下。白朮：利腰臍間血。潔古。用之在血，則主血。海藏。茯苓亦利腰臍間血，血菀于上，是陽氣逆于心胸之間而致也。若腰臍間血不利者，則有下焦濕熱阻遏經隧之故。白朮逐水燥濕，濕行則血利也。如用之於血藥羣隊中，亦能治血。故海藏言其用之在血則主血。詳見氣門白朮下。天門冬：治妄行之血。潔古、東垣。血妄行於上者，是火氣炎上與肺中氣逆故也。血乘火勢，與肺之逆氣錯經而妄行，則為咳血、嘔血、咯血、衄血者也。天門冬氣寒味苦，能降火退熱，保定肺氣，所以能治妄行之血。麥門冬性味功用與天門冬皆同，又同入手太陰肺，故麥門冬亦能治妄行之血。麥門冬：治妄行之血。解見上天門冬下。川芎：補血。潔古。潔古言川芎補血，海藏言其能下行血海。則川芎是血分中之藥，然其味辛，浮而升，則又是發散上行之劑，能助陽氣者也。蓋血分有氣，他能升散其氣，使血和平，是為補血之義。非若地黄等劑，真能補血之不足也。戴元禮言川芎是血中之氣藥者，得之矣。肉蓯蓉：峻補精血。丹溪。肉蓯蓉味甘鹹酸，《本草》言強陰益精氣，丹溪言峻補精血，祇是氣溫味厚，所以有峻補之功。《內經》云：形不足者，溫之以氣。精不足者，補之以味。當歸：根止血，稍破血，身和血。潔古。《內經》曰：脉者，血之府也。諸血皆屬心。通脉者，必先補心益血。苦先入心，當歸之苦，以助心血。凡藥根升而稍降者，根在上，稍在下故也。血下脱者，其根能引之上行，而止息也。血凝澀者，其稍能引之下行，而破散也。身在中，有和之之義。潔古云：若根稍身全用之，一止、一破、一和血也。白芍藥：益血。成無己。芍藥有赤白二種，主手足太陰，收降之體，故能治血海，而入九地之下，復至于厥陰，所以有益于陰血也。後人以白為補，以赤為散。白色在西方，故補。赤色在南方，故散也。秦艽：養血，治腸風瀉血。潔古。潔古言秦艽養血，東垣言治骨蒸，以其能養血也。其能養血者，性平味苦微鹹之故。苦鹹，多於血有損而無補，以其微鹹，能入血，與苦相合，而有補養之功也。陰血寒則堅凝，熱則流通。腸風瀉血，是手陽明風熱留積大腸所致。秦艽，是手陽明藥也，其味亦有辛苦，苦泄熱，辛散風，鹹入血也。黄芩：治上部積血，下痢膿血。潔古。上部，謂心肺之分也。血積於上部，是血氣上逆，血行不得返，其血留積於心肺之間。黄芩苦先入心，苦以瀉逆氣，又入手太陰肺經，故能治上部之積血。下痢膿血，是大腸積熱，所以黄芩之苦以泄熱，肺與大腸為表裏，所以亦能入大腸，以治下痢膿血也。若治上部積血，須用片芩，取其輕浮能上行。下痢膿血，須用條芩，取其沉實能下行也。地榆：治下焦血，腸風下血，下痢膿血。東垣。地榆無他用，專治下焦腸風下痢之血者，以其性寒味苦，體重而降，專行陰道故也。紅花：養新血，破留血。丹溪。紅花主血，苦溫入心，心主血也。又其色紅，喜從其類。紫草、茜根、鬱金、蘇木、紅麴，皆主血，是其證也。少用之則養血，若欲破留血，須多用之。五味偏多，為損也。鬱金：止血，破惡血。東垣。鬱金質紅色赤，味苦入心，心主血。血妄行于上，其能止之者，純陰苦寒之功也。破惡血者，苦能泄下之功也。大意只是其能行血，行血以歸經，則妄行之血止矣，惡血者破矣。蓬莪：破氣中之血。海藏。蓬莪茂是泄氣之劑，能破氣中之血者，氣行則血行也。香附：引血藥至氣分而生血。治崩血，去凝血。海藏。陰血衰少之症，人以為香附氣分之藥而不用，殊不知血藥中用之，其能引血藥至于氣分而生血，此陰陽相生之義也。丹溪亦言乾薑入氣分，引血藥以生血。乾薑味辛溫，純陽之薑若于血藥中用之，亦能引血藥至于氣分而生血。此等義理，人所不知。海藏云治崩血，是行氣而止血也。又能逐凝血，是推陳也，與巴豆治大便不通又能治泄瀉(不)不止同意。射干：通經血，消瘀血。東垣。射干是泄利之劑，其味苦入心，心主血，所以能通經清血也。蜀漆：破血。潔古。蜀漆，是常山苗也。常山性暴悍，善驅逐。其苗味辛，亦悍烈，所以破血。此血指癥瘕之血也。苧根：補陰而行血。丹溪。凡屬水之劑，便能走血分。寒水在泉，為鹹化，鹹走血。苧根屬水，又兼土與金。土甘補，金辛散，所以能補陰而行血。《本草》言其甘冷，能破血止血，破之止之，皆行之之功也。茜根：去死血。潔古。死血，是凝滯之血也。茜根是苦寒之藥，本不可以去凝滯之血。緣質紅色赤，喜從其類。亦有活血之功，然須以酒浸洗之，寒因熱用，又假酒力，捷于行血之為得也。南星：散血。東垣。南星性燥烈，味辛，故散血，跌撲留血，用之有大功也。益母草：行氣治血。丹溪。解見婦人門益母草下。升麻：治衄血吐血。海藏。瘀血入裏，若衄血吐血者，屬陽明證也。犀角地黄湯，乃陽明聖藥也。如無犀角，朱氏以升麻代之。海藏云升麻與犀角性味相遠，何以代之？蓋升麻止是引地黄及餘藥同入陽明耳。其治衄血吐血，此也。木通：緩陰血。東垣。木通緩陰血，其味有甘平之故也。延胡索：破血。潔古。延胡索味苦辛溫，苦泄而辛散，入足厥陰，故能破血。白及：治心肺泄血。潔古。心肺泄血，是吐咳血也。白及味苦辛，苦入心，辛入肺，且純陰性寒，故治心肺之泄血。如紫（苑）〔菀〕苦辛，亦能治心肺咳唾膿血也。東垣言其亦有甘，甘中又有緩血之義。丹溪云吐血不止，加白及，大抵白及有收斂之功。白斂治吐血者，亦在收斂之義。大黃：下瘀血。東垣。治吐衄血。丹溪。瘀血，是言下焦之瘀血也。《經》曰：血實宜決之。大黃苦寒，善泄，故能下之也。丹溪云大黃苦寒，善泄，仲景用之以治心氣不足而吐衄者，名曰瀉心湯。正是少陰經之陰氣不足，本經之陽氣亢甚，無所輔著，以致陰血而飛越，故用大黃泄去亢甚之火，使之和平，則血歸經而自安矣。菴䕡子：治五藏瘀血。瘀血，是氣滯，菴䕡子苦辛，苦泄而辛散，所以墜墮閃肭腰痛者用之，取其能行瘀血也。藍實：使敗血歸經。丹溪。敗血不歸經，是關節不利，及經絡中氣滯不通故也。《藥性論》云：藍實能利關節，治經絡中滯氣。所以丹溪言其能使散敗之血分歸經絡也。蒲黃：治吐血，腸風下血。日華子。《藥性論》云：蒲黃能通經脉。經脉流通，則血自然歸經，而無妄行之過。吐血下血，皆經脈不流通而妄行也。如婦人崩中，及經水過多，亦是經脉不能周流旋轉，而使暴崩下泄，故蒲黃亦能以治之也。紫（苑）〔菀〕：治咳唾膿血。咳唾中膿血，從心肺二經來。紫（苑）〔菀〕味苦辛，苦入心，辛入肺，以致其泄之散之之功，何心肺膿血之不已乎？《藥性論》言其下氣，日華子言其消痰，亦以其苦泄辛散也。既能下氣消痰，則治咳唾膿血者，功過半矣。大薊：止吐血衄血，崩中下血。大薊味苦甘平，能養精保血，所以吐衄血崩中下血者，皆能治之。有一種小薊，亦能破宿血，止新血，丹溪嘗用之搗汁，治吐衄溺血，其比大薊力稍微，只可退熱，不似大薊補養有力。小薊：破宿血，止新血。解見本門大薊下。五加皮：破逐惡風血，行多年瘀血。《藥性論》。五加皮味苦辛，苦泄而辛散，故能破逐惡風血，行多年瘀血也。又言其能下行以治脾濕之症，痺濕之症，惡風血、瘀血之所成也。黃柏：治痢疾先見血。潔古。痢疾，是濕熱。先見血，是腎傳脾之證。東垣云：痢疾見血先後，以三焦熱論之。先見血，是下焦熱也。黃柏能去下焦濕熱。茯苓：利腰臍間血。潔古。茯苓之利腰臍間血，與白朮利腰臍間血同意。解見本門白朮下。牡丹皮：治腸胃積血，衄血吐血。潔古。腸胃積血，衄血吐血，皆熱也。牡丹皮性寒微苦辛，能和血生血涼血，所以潔古言治已上血證為必用之藥。官桂：去下焦畜血。成無己。上焦畜血，多因熱氣上逆，血不循經而為畜者。若下焦畜血，則是寒氣水凝，血不流行而為畜者也。故成無己言下焦畜血，散以桂枝辛熱之氣。仲景桃仁承氣湯中用之，以攻畜血是也。蔓荊子：涼諸經之血。東垣。諸經血熱，必上衝頭目，而為頭痛目暗之證。蔓荊子能治之者，味辛氣清，性寒故也。地骨皮：涼血。東垣。地骨皮純陰，大寒味苦，是以能涼血。其能治骨蒸之熱者，亦以其涼血也。枳實：治脾胃經積血。東垣。散敗血。潔古。東垣云：潔古以枳實治脾經積血，故能治心下痞。脾無積血，則心下不痞也。枳實與枳殼同泄氣之劑，枳殼主高，枳實主下。高者主氣，下者主血。主氣者在胸膈之間，主血者在心腹。所以潔古以治脾經積血，而消心下之痞也。其味苦泄，性酷而速，有疏通破決之義，散敗血即已上意也。槐花：治腸風泄血。東垣。槐花能治腸風瀉血者，味苦純陰，能涼大腸故也。琥珀：消瘀血。東垣。陰血有餘瘀積而不散，琥珀能散之者，是重墜燥急之故。婦人方中，聚寶丹所以用之也。側栢葉：補陰血。丹溪。側栢葉屬陰，性善守，得陰靜之體，所以為補陰之要藥。《本草》言其主吐血衄血者，此也。蘇木：破死血。潔古。死血，是寒氣凝結于血脉之間。蘇木辛苦，有發散之義，其色又喜從其類也。竹瀝：養血。丹溪。竹瀝味苦寒，能除陰虛之大熱，養血之義見矣。其性滑潤，偏能滲濇于血脈。乾漆：消瘀血。乾漆味辛，氣溫，性急，所以消瘀血。桃仁：治大便結血。潔古。去滯血，生新血。東垣。大便結血，解見熱門桃仁下。桃仁味苦甘，而苦重于甘，所以其苦以去滯血生新血者，有甘故也。大棗：緩陰血。東垣。大棗緩陰血，甘溫之故也。郁李仁：破血。潔古。郁李仁味苦辛，苦泄而辛散，又性潤，血燥不行，潤以行之也。乾柿：止血。丹溪。丹溪云：柿屬金而有土，陰也，有收斂之義。止血止嗽，亦可以為助也。藕節：治吐血不止者。《藥性論》云：藕味甘，能消瘀血不散。其節擣汁，主吐血不止。丹溪方中多用之消去瘀血，吐血自止。用其節者，是取上節之義。乾薑：入氣分，引血藥以生血。丹溪。破血。東垣。入氣分引血藥以生血。解見本門香附下。血熱則流通，寒則凝結，乾薑能破凝結之血者，辛熱故也。然當審其果寒而用之，可也。韭：下膈中瘀血。丹溪。韭苦辛，性急，所以能下膈中之瘀血。若性緩之劑，便無消散降下之勢矣。紅麯：活血。丹溪。血滯而不行，謂之死血。紅麯能活而行之。餘見本門紅花下。　大麥糵：行下焦滯血。丹溪。鹹走血，鹹勝血。比諸行血之劑，大麥糵詳緩而有功也。　童溺：主吐衄血。吐衄血，是火載血上錯經妄行。童溺鹹寒，性潤下，降火最速，鹹走血，故降血中之火尤宜也。詳見火門童溺下。秋石代之尤妙。　犀角：治上焦蓄血。海藏。犀角性走散，故能散蓄血。海藏言潔古治蓄血分三部，上焦蓄血用犀角地黃湯，中焦蓄血用桃仁承氣湯，下焦蓄血用抵當丸。夫犀角地黃湯，結者散之也。桃仁承氣湯，畱者攻之也。抵當丸，血實宜決之也，謂破決其血也。　鹿角：散陰中畱血。鹿角味鹹，能入血分，以行血也。　阿膠：補血。成無己。治肺虛唾血。海藏。成無己云：陰不足者，以甘補之。阿膠之甘以補血。肺，手太陰經，多氣少血，肺虛而唾血，是又傷其血也。阿膠入手太陰，以補本經之血。　雞子：補血。成無己。雞子黃甘溫，成無己云陰不足者以甘補之，雞子黃、阿膠之甘以補血。故傷寒少陰病，寒極變熱，心中煩不得臥者，仲景黃連阿膠湯用之，以扶陰散熱也。　敗龜板：補陰血。丹溪。丹溪云：龜乃陰中至陰之物，稟北方之氣而生，故能補陰血之不足。　水蛭：除蓄血。海藏云：苦走血，鹹勝血。仲景抵當湯，凡用蝱蟲、水蛭，鹹苦以泄蓄血也。　蝱蟲：除蓄血。蝱蟲味苦，水蛭味鹹，鹹苦相合，以泄蓄血。餘見上水蛭下。　五靈脂：行血止血。丹溪。五靈脂是北地寒號蟲糞也。凡治血不可單行單止。五靈脂能行能止，所以經血聚痛，不可缺也。熟者行，生者止。欲一行一止，須半生半熟，相合用之也。

痰門　石鹼：消痰。丹溪。石鹼消痰，味鹹能耎能消也。　青礞石：降痰。丹溪。青礞石，用風化硝煅過纔入藥。丹溪云：礞石降痰，重在風化硝。蓋硝鹹能軟痰，又有消化驅逐之力也。礞石本性重墜，則痰隨降下。　海浮石：治老痰。丹溪。鹹能軟堅故也。丹溪云：海浮石，熱痰能降，濕痰能燥，結痰能耎，頑痰能消。則又不獨治老痰而已。夫結痰頑痰，即老痰也。老痰，非濕熱之極不能成，然所治之功亦一致也。　蒼朮：治上中下濕痰。丹溪。蒼朮燥濕，濕氣行，則痰自已。其能入足陽明經，陽明一經自足至頭，故上中下皆能管得。　白朮：消虛痰。丹溪。白朮味甘，亦微有辛，甘補多而辛散少，所以能治虛痰也。虛痰用破決之劑以驅逐之，則虛氣愈虛，而痰火反易生。丹溪以白朮補脾燥濕，以治虛痰，甚是穩當。　瓜蔞仁：除胸中痰。丹溪云：胸中有痰者，以肺受火邪，失降下之令。瓜蔞仁味甘性緩潤，能使痰隨火降也。既能除痰，宜其為治嗽之劑也。　黃芩：消膈上痰。潔古。治熱痰。丹溪。膈上，肺部分也。有痰是肺火擁遏而致。黃芩能瀉肺中之火，丹溪言其治熱痰，亦取其降火也。　天麻：治風痰。潔古。天麻名為定風草，所以為諸風之劑。中風痰盛者，其能驅逐風邪，使痰不復作也。　南星：降痰。東垣。南星味辛苦，苦泄而辛散，有下氣之功，氣降則痰降。　半夏：治胸中寒痰，太陰經痰厥。潔古。胸中寒痰，是形寒飲冷，有傷肺藏所致。半夏之辛以散之。太陰痰厥，于上必頭腦痛，半夏入足太陰經，故能辛散其經之痰厥。半夏亦入足陽明、足少陽二經，此二經有痰，豈不能有以治之？何潔古獨言其治太陰一經之痰厥耶。蓋足陽明、足少陽脉皆自頭至足，所以無厥逆之說。足太陰之脉，不能上至于頭，其經之痰，却上衝于頭，故曰太陰經痰厥也。非其不能治足陽明、少陽之痰也。　射干：行厥陰、太陰之積痰。丹溪。射干味苦，能到至陰之地，所以厥陰、太陰之有積痰，其能以行之。行謂通利之也。　旋覆花：治兩脇痰飲。海藏。兩脇痰飲，是氣滯。旋覆花能開結氣，為走散之劑，堅結處其鹹又可以耎之。　前胡：去痰實。痰是熱成，致乎實又熱之甚也。前胡味苦微寒，為泄氣泄熱之劑，兼有推陳致新之功，所以能去痰實也。　貝母：消痰。日華子。痰是氣鬱而成，故曰治痰以降氣為上。貝母味苦辛，能散胸中鬱結之氣，鬱氣既散，何痰之不消乎？　五味子：止嗽。東垣。嗽因肺中氣逆，五味子酸收逆氣。　麻黃：治傷寒無汗咳嗽。海藏。傷寒無汗咳嗽，是邪氣未散也。麻黃發表，以除邪。　枳實：瀉痰。丹溪。丹溪云：枳實瀉痰，能衝墻倒壁。只是味苦寒，性酷而速，所以能疎泄破決也。枳殼亦能化痰，比枳實勢力稍詳緩耳。　枳殼：化痰。潔古。解見上枳實下。　五倍子：收頑痰。丹溪。頑痰散漫于胸膈之間，五倍子味苦酸，既收之，又能泄之，何頑痰之不已乎？　竹瀝：滑痰，治皮裏膜外之痰。丹溪。淡竹瀝氣寒味苦，降火行痰最捷。其性又滑潤，故能使膠結之痰滑潤而降下也。皮裏膜外之痰，他藥卒不能達，惟竹瀝之滑潤，更佐以薑汁之辛開導經絡，相與滲灌，則能深入到于痰所也。　吳茱萸：治冷痰。東垣。吳茱萸辛熱，能溫中，故去胃中之冷痰。　皂莢：消痰。日華子。皂莢消痰，是味辛鹹也。辛以散之，鹹以耎之。　杏仁：治停痰。丹溪。風熱嗽。東垣。停痰者，停滯之痰也。痰之停滯，是燥熱之故。熱嗽，是肺中氣燥逆。杏仁入手太陰，性潤，微苦甘，苦以瀉熱，甘以緩氣，潤以止燥，所以停痰熱嗽，皆能以治之也。　陳皮：消痰。潔古。解見氣門陳皮下。　白芥子：去兩脇之痰。丹溪。丹溪云：痰在兩脇，非白芥子不能除。辛能橫行傍達，白芥子其味辛溫，所以傍達兩脇，而致其豁散之功也。　生薑：消痰。東垣。生薑消痰，取其味辛辣，有開豁衝散之力也。

積聚門　芒硝：破堅積熱塊。潔古。芒硝味鹹能耎堅，性寒能去實熱。是故熱塊之所宜，寒塊不宜也。　滑石：行積滯。丹溪。性重滑故也。　硇砂：破堅癖。東垣。硇砂味鹹苦辛，鹹耎，苦泄，辛散。然而鹹多于苦辛，故耎之之功亦勝也。　石鹼：磨積塊，洗滌垢膩。丹溪。石鹼磨積塊，鹹耎故也。腸胃中之垢膩能洗滌之，是鹹苦能消能降也。古今人漱澣衣服用之，以代灰湯也。　白朮：消痞。東垣。白朮甘補，有和中益氣之功，本非消痞之藥。東垣言其君枳實以消痞，蓋枳實有克伐之功，白朮有安和之意。若專于安和，難致克伐之効。專于克伐，反有傷殘之禍。故其二味相須而行，斯能致其消痞之功也。　三稜：致癥瘕癖塊。東垣。癥瘕癖積，是氣凝，痰飲，食積，死血也。治之須先破氣。三稜味苦，甚有泄氣之力。海藏言其能破血中之氣，然死血作塊，尤為宜矣。　南星：破堅積。東垣。南星味苦辛，辛散而苦泄，其性又燥烈，所以破積也。　蜀漆：破癥瘕。東垣。潔古云：蜀漆味辛，性暴悍，有破血之功，所以能治癥瘕也。　薑黃：治癥瘕血塊。東垣。鬱金能破惡血，薑黃苦辛大寒，亦能破癥瘕血塊，所以古人多以薑黃代鬱金用也。　黃連：治宿食不消及心下痞。潔古。宿食不消，火鬱氣鬱使然。東垣嘗用黃連與枳實相兼，以致破氣降火之功，以消宿食也。痞是火濕，其苦能泄火濕。　瓜蔞根：洗滌胸中垢膩。丹溪。胸中垢膩，是瘀血所成。瓜蔞根能洗滌之者，只是苦寒下行以泄熱。　當歸：稍主癥瘕。東垣。癥瘕是積血，當歸稍能破血。　餘見血門當歸下。　木香：治冷積氣癖。海藏。木香純陽調氣之劑，故治冷積氣癖不可少也。　青黛：消食積。丹溪。青黛，散五藏之鬱火，火鬱則食聚而不化。丹溪言其消食積，鬱火散而食積行化之理也。況其能瀉肝木，肝木平，則脾土運行，而食亦得以消矣。　延胡索：破癥瘕。潔古。癥瘕是氣血積聚而成。延胡索味苦辛溫，能破血散氣。　縮砂：消食。潔古。縮砂消食行氣故也。香附行氣消食同。　香附：消食。潔古。解見上縮砂下。　大黃：消宿食。潔古。大黃是陽明胃經苦寒善泄之劑，推陳致新之功。潔古言其消宿食，不若言行宿食為愈也。　旋覆花：治痞(鞭)〔鞕〕。海藏。解見氣門旋覆花下。　澤瀉：去胞中留垢。海藏。胞中惡垢，是胞中陳久積物也。澤瀉味鹹，入足太陽、少陰經，能去舊水，養新水。惡垢從舊水中泄去。然舊水亦即惡垢也。　桔梗：治積塊。東垣。積塊多是氣滯。桔梗辛散而苦泄之，又能升提其氣也。然比他攻削之劑不同。　牡丹皮：除癥堅。東垣。牡丹皮性寒，味苦辛，苦泄辛散，用之于血藥中，能和血生血涼血。故瘀血為癥堅，宜其有除之之功。　枳殼：破心下堅痞，消食。潔古。心下痞堅及宿食不消，皆是氣滯之也。枳殼味苦，有破泄之功，比檳榔、枳實輩，則詳緩；比香附、縮砂輩，又能詳緩之劑矣。　官桂：泄奔豚。成無己。海藏言丁香辛溫，能治奔豚。成無己言桂枝能泄奔豚。亦以其辛熱也。解見本門丁香下。　棠毬：消宿食，治婦人兒枕痛。丹溪。丹溪云：棠毬行結氣。又云：消宿食。夫消宿食者，亦即是行結氣之功。食為氣所滯，氣行則食消矣。治婦人兒枕痛，解見婦人門棠毬下。　巴豆：去胃中寒積。潔古。寒積者，過食生冷硬物所傷為積也。巴豆性熱，能蕩滌五藏，五藏滌通閉塞，是以去胃中之寒積。丹溪云：若非寒積，不可用也。　乾漆：去積滯。丹溪。味辛性急故也。　枳實：治宿食不消，破堅積。潔古。消痞。海藏。宿食不消，解見本門黃連下。破堅積者，以其味苦泄，性酷而速。成無已亦言其能消堅破積結也。消痞解見血門枳實下。　丁香：治奔豚，消痃癖。海藏。奔豚者，腎之積發滿小腹，上至心下，如豚之狀，或上或下，故曰奔豚。其證得之于虛寒。丁香辛溫純陽，入足少陰，故能治之。痃癖，即奔豚之屬也。　山梔：治塊中有火。丹溪。解見火門山梔下。　青皮：破堅癖。潔古。味辛破氣故也。　白芥子：治痰癖。潔古。白芥子辛溫，其勢能橫行傍達，丹溪云痰在兩脇，非此不能除。痰之成癖者，故宜用之以治也。　神麯：消食積。丹溪。《商書》曰：若作酒醴爾。惟麯糵，自古以麯為糟粕，水(殼)〔穀〕之物，只是氣溫暖，純陽故也。　牡蠣：耎堅積。東垣。《內經》曰：鹹能耎堅。成無己云：牡蠣味鹹寒，用之則痞者消，鞕者耎。　鼈甲：治血癥。解見氣門鼈甲下。　蚶殼：治血癖。丹溪。蚶殼味鹹，鹹走血，鹹勝血，鹹能耎堅。

痛門　石膏：治陽明頭痛。潔古。陽明頭痛，是本經火氣上衝。石膏陽明經大寒之劑也。甘草：去咽痛。東垣。《內經》云：一陰一陽結謂之喉痺。一陰者，少陰也。一陽者，少陽也。然則咽痛者，君相二火之為虐也。甘草性寒，可升可降，大瀉熱火，仲景甘草湯、桔梗湯是也。柴胡：除手足少陽、厥陰頭痛，脇下痛。潔古。手足少陽、厥陰頭痛，是外感風寒所致。柴胡是已上四經行經藥也。其苦能發表邪，治頭痛。脇頭少陽、厥陰二經之分，其痛是氣與火。柴胡之苦能疎二經之氣，又能泄二經之火。獨活：治少陰經頭痛。潔古。百骨節痛。東垣。少陰頭痛，風寒傷之也。獨活行足少陰經，為治風必用之藥。然須用細辛為使，則能以治之。蓋細辛味細緩，故亦入少陰，所以仲景少陰證用之也。百骨節痛，解見風門獨活下。細辛：主少陰頭痛。東垣。解見本門獨活下。川芎：治血虛頭痛，及諸經頭痛。潔古。川芎是補血藥，又為上行之劑，宜治血虛之頭痛也。若治諸經頭痛，必用各經之藥相佐使，如太陽用羌活，陽明用白芷，少陰用細辛，少陽用柴胡，太陰用蒼朮，厥陰用吳茱萸。黃連：去中焦濕痛。潔古。《內經》云：濕淫于內，以苦燥之。黃連之苦以燥濕，中焦濕痛，濕兼火，故黃連之苦以瀉火。防風：治一身盡痛。東垣。一身盡痛，風濕也。防風散風勝濕。東垣云防風乃卒伍卑賤之職，聽令而行，隨所引而至，所以能治周身也。葛根：治傷寒中風頭痛。東垣。葛根體輕上行，能發散陽明經風。此言傷寒中風頭痛亦祇是陽明經中風頭痛也。與本門柴胡互相參看。麻黃：主中風傷寒頭痛。東垣。中風傷寒頭痛，宜發散出汗以泄邪。麻黃辛甘發散為陽，其體輕清，(可)可以去實。白芍藥：治腹痛。潔古。腹痛，是脾胃中滯氣下墜，填塞小腹，不能運動升降，故痛。潔古云：白芍藥以炙甘草為輔，治腹中痛，以其酸收正氣，苦泄邪氣也。以炙甘草為輔者，假其溫也，又假甘緩也。丹溪云：白芍藥惟治血虛腹痛，諸腹痛皆不可治。此論固當。然諸腹痛用之，伐肝補肝，酸收苦泄，亦不為無功矣。秦艽：治肢節痛。東垣。下牙痛。潔古。肢節痛，風濕也。秦艽味苦辛，能散風行濕。下牙屬手陽明經，痛是風熱作痛也。秦艽苦泄而辛散，手陽明經本藥也。升麻：治陽明經頭痛。潔古。陽明中風頭痛，葛根、升麻皆能治之，以其皆是入陽明之藥也。與本門葛根互看。草龍膽：治目痛，及臍下至足腫痛。潔古。目痛，心火熱甚也。草龍膽氣寒味苦，寒除熱，苦入心以瀉火。臍下至足腫痛，是風濕也。草龍膽能除下部之風濕，其是陰寒之劑，主降下。欲其上行，以治目痛，須酒浸用之。此當與熱門、濕門草龍膽互相參看。知母：治痢疾臍下痛。潔古。痢疾，是胃中濕熱之氣注入大腸而成滯下。臍下，是腎部也。其痛是濕熱下墜于小腹，合起腎中虛火而使之然也。知母苦寒，大補益腎水，膀胱之寒，所以能治之。凡臍下痛，便是虛火，即用之，不獨痢疾臍下痛而可用之也。白芷：治足陽明頭痛。潔古。解見風門白芷下。黃芩：治奔豚臍下熱痛。海藏。奔豚，解見積聚門丁香下。奔豚得之於寒，寒氣閉固，毛竅氣不得泄，則為熱痛。黃芩細實者，名子芩，能下行，降火退熱。延胡索：治心痛、小腹痛。海藏。心痛、小腹痛，或因於氣，或因於血。延胡索味苦辛溫，苦泄辛散，故行氣破血，氣行血破，何痛之不已乎？藁本：治大寒犯腦疼痛、太陽頭痛。潔古。已上諸痛，皆言風寒之痛也。藁本行手足太陽經，自頭至足。性微溫，氣力雄壯而升，故能上至頭腦，以治諸痛也。天麻：治眩運頭痛。潔古。諸風掉眩，皆屬肝木。天麻主諸風之劑，所以能治之。良薑：治霍亂腹痛。潔古。胃中冷逆，霍亂腹痛者，良薑辛散溫和之。縮砂：治心腹痛。潔古。心腹痛多是氣滯。縮砂辛溫散氣也。香附：治心腹痛，以快氣故也。白豆蔻：治感寒腹痛。潔古。白豆蔻性熱味辛，能溫暖脾胃，所以感寒腹痛者，宜用之。附子：治腹中痛。東垣。東垣云：腹中痛，附子補虛勝寒。所言虛者，謂陽虛也。潔古言烏頭能治感寒腹痛，亦此意也。烏頭：治感寒腹痛。潔古。解見本門附子下。桔梗：咽喉痛。潔古。潔古言桔梗治咽喉痛，東垣言其利胸膈咽喉氣壅及痛，只是取其辛散苦泄，又為諸藥之舟(揖)〔楫〕，仲景桔梗湯是也。射干：治咽痺咽痛。潔古。射干治咽痺咽痛，是味苦泄下也。餘見本門甘草下。威靈仙：治腰膝冷痛。丹溪。解見風門威靈仙下。烏藥：主心腹痛。此心腹痛，是言氣滯食鬱之痛也，必用溫散之烏藥，氣溫而味辛也。《衍義》云：烏藥和，來氣少，走泄多，但不甚剛猛。與沉香同磨作湯，治胸腹冷痛甚穩當。桑寄生：治腰痛。此腰痛是言血脉虛衰，不能通行者也。桑寄生味甘平，能益血脈，古方獨活寄生湯，以治虛弱腰痛是也。丹溪亦嘗用之，以治風濕脚腿疼痛，故曰桑上寄生藥之要品也。考之《本草》桑葉、桑枝，皆能治血。桑寄生是寄生桑上，得其氣也。草豆蔻：治客寒心胃痛。潔古。解見寒門草豆蔻下。甘草：稍去莖中痛。潔古。莖中痛是熱鬱腎經，甘草性寒，入足少陰經。稍子能下行降火，稍在下，故其性亦下行也。右重見。　熟地黃：　去臍腹痛。潔古。　臍腹痛是言當臍痛也。此是腎水真陰不足，陽邪攻擊而然。熟地黃能補血，養陰以敵陽。

羌活：　治肢節痛，及風濕頭痛。潔古。　太陽頭痛。海藏。　肢節間痛，是風與濕也。羌活味辛，性溫，為驅風勝濕之劑，又能透關利節，所以肢節痛非此不除。風濕客于高巔之上，羌活氣雄能射而取之。太陽頭痛，風寒也。羌活手足太陽經本藥，故治本經風寒之頭痛。　當歸：　治諸頭痛。海藏。　止痛。東垣。　諸頭痛皆屬肝木，當歸是血分之藥，故主之。凡痛皆是滯氣滯血，及挾火故也。當歸味苦辛甘，苦以泄熱，辛以散氣，甘以和血。　菟絲子：　治腰膝冷痛。解見雜證門菟絲子下。　續斷：　治腰痛。續斷苦辛，微溫。《藥性論》言其宣通百脉，日華子言其調血脉。血脉通調，何痛不治乎？　牛膝：　治腰脊痛。義見濕門及雜證門牛膝下。　半夏：　治太陰痰厥頭痛。潔古。　解見痰門半夏下。　辛夷：　治頭腦痛。此頭腦痛是言膽移熱于腦，而為辛頞鼻淵之痛也。辛夷辛溫，為上行通達之劑，所以能上至于腦以散熱。日子華言其通關節，《本草》言其利九竅通鼻塞，則為上行通達之劑可知矣。　五加皮：　治兩脚疼痛。兩脚疼痺，風濕也。五加皮苦泄辛散，能治風濕。藥性言其破逐惡風血。破逐惡風血，即治痺之義也。丹溪治風濕脚痛，加減法云痛甚加五加皮，可見其逐惡血之功大也。　薄桂：　治臂痛。丹溪。　解見風門薄桂下。　杉節：　治脚氣腫痛。丹溪嘗用杉節作湯，浸洗脚氣腫痛，與松節能燥血中之濕同意。松節屬陽金，杉節亦屬陽金。解見濕門松節下。　杜仲：　止腰痛。東垣。　解見雜證門杜仲下。　川楝子：　治上下部腹痛，及心暴痛。潔古。　上下部腹痛，言臍之上下痛也。其痛是氣滯結，川楝子味酸苦，酸苦能涌泄之。心暴痛者，亦是氣滯與火，其味苦，能入心以泄之。　乳香：　定諸經之痛。潔古。　微溫散氣故也。　木香：　治膀胱冷痛，血氣刺心痛。海藏。　木香味辛，纯陽氣熱，能調滯氣，宜其治膀胱之冷痛，血氣刺心之痛也。　官桂：　治傷寒頭痛。潔古。　秋冬下部腹痛。東垣。　傷寒頭痛，必須發散而後已。　官桂辛甘發散，仲景麻黃桂枝湯是也。秋冬下部腹痛，是鬱結不行，阻氣不運，須用溫散之。況秋冬間必有寒氣所感，雖非寒氣所感，順秋冬之時令，亦當用溫散之劑。官桂辛甘，性熱，能調和榮衛之氣，能治藏府沉寒，此所以秋冬下部腹痛為必用之藥。　黃柏：　治臍下痛。潔古。　臍下痛，是腎經虛火鬱而為痛也。黃柏有補陰之功，降火之妙。

檀香：　主心腹痛。潔古。　心腹痛是氣結滯，檀香芳香氣清，能調氣也。

吳茱萸：　止心痛，及感寒腹痛，厥陰頭痛。潔古。　潔古所言吳茱萸之治心痛，腹痛，頭痛，皆謂寒氣所犯之痛。寒淫所勝，平以辛熱也。吳茱萸入足厥陰經，故獨言治厥陰之頭痛。　厚朴：　治傷寒頭痛。海藏。　海藏云：厚朴與解利藥同用，則治傷寒頭痛。蓋取其苦中有辛溫也。　蜀椒：　治寒濕痺痛。東垣。　寒濕所勝，平以辛熱。蜀椒，辛熱之物也。　蔓荊子：　治太陽頭痛。潔古。　蔓荊子氣清，味辛，性寒，是足太陽經散風之藥。太陽頭痛，風邪也，且頭痛多有血熱所致，其又能凉諸經之血。　枳殼：　治氣刺痛。潔古。　諸經有滯氣，則刺刺然而痛。看何經，分以引經藥導領。枳殼以破滯氣，則痛無不已。　青皮：　治小腹痛。潔古。　青皮性烈苦寒，能行在下之滯氣，去下焦之濕及下食。夫滯氣與濕、與食，皆能作小腹之痛。小腹，厥陰之分。青皮，厥陰引藥也。　橘核：　治腰痛、膀胱氣腎痛。日華子。　丹溪引疝及腰痛多用橘核，取其味苦能散結氣。枸橘核所以亦同，故丹溪云：　枸橘核治水腎之要藥。　瓜蒂：　治偏頭痛。海藏。　偏頭痛是濕氣所干。氣虛者偏在右，血虛者偏在左。瓜蒂能治之者，謂以之作末，納鼻中，出黃水以導濕氣下流也。　葱白：　治傷寒頭痛。海藏。　葱白能治傷寒頭痛者，辛溫以通上下之陽氣故也。《活人》以（蓮）〔連〕鬚葱白湯，治傷寒頭痛如破是也。　生薑：　治傷寒頭痛。東垣。　傷寒頭痛，是邪氣上攻于頭也。傷寒頭痛，雖有風寒之不同，皆待發散而後已。生薑辛甘發散為陽。　乾薑：　治心下急痛。潔古。　霍亂，腹冷痛。東垣。　心下急痛，霍亂，腹冷痛，皆寒氣沉鬱之久，而卒發之也。乾薑辛熱能散裏寒。《內經》云：　寒淫所勝，平以辛熱也。　犀角：　治溫疫頭痛。東垣。　溫疫頭痛，是熱毒也。犀角味苦鹹酸，微寒，無毒。苦鹹酸皆能涌泄，其性微寒，又能解熱。　雞子：　治咽痛。仲景。　傷寒少陰病咽中傷，生瘡，不能語言，聲不出者，仲景苦酒湯方用雞子者，取其甘以緩之也。成無己云：　甘以緩之。雞子之甘，以緩咽痛。

汗門

石膏：　發汗。成無己。　成無己云：　風陽邪，寒陰邪。風傷陽，寒傷陰。風寒兩傷，則非輕劑所能蠲也。必須輕重之劑同散之，乃得陰陽之邪俱已。是以仲景大青龍湯，以石膏為使，石膏為重劑，而又專達肌表。其發汗者，獨發榮中之寒，寒宜甘發。衛中之風，則宜辛散也。　蒼朮：　發汗。潔古。　蒼朮體輕浮，氣力雄壯，有上行之勢，故能發汗。其入足陽明、太陰，但能發此二經。欲發他經之汗，則不可用此。　白朮：止汗。東垣。東垣云：蒼朮功用與白朮皆同，特蒼朮發汗，白朮止汗為異耳。既有止發之異，不可以此代彼也。其所以為異者，白朮性甘溫，味厚，下行，氣亦稍和緩，能益氣。陽氣者，衛外而為固也。衛氣固，則汗豈能外泄。　黃芪：治虛汗。潔古。自汗是氣虛不固，衛外而為固也。黃芪甘溫補氣，當歸六黃湯用之是也。東垣云：有汗則止之，無汗則發之。發之之義未詳。　葛根：發汗。東垣。《本草》云：輕可以去實，麻黃、葛根是也。以其體輕上行之故。然其是陽明引藥，但可用之以發陽明經汗。若初病太陽證，便用葛根發汗，則引太陽邪氣入於陽明，不可解也。潔古所謂引賊破家者，是也。　麻黃：發太陽、少(陽)陰經汗。潔古。麻黃入足太陽、手少陰，故發二經之汗。然其又走足陽明、手太陰二經，此二經之汗亦能發之。餘見風門麻黃下。　柴胡：發表。潔古。解見熱門柴胡下。　升麻：發陽明經汗。海藏。成無己云：大熱之氣，寒以取之，甚熱之氣，汗以發之。麻黃、升麻之甘，以發浮熱。餘解見風門升麻下。　水萍：發汗。丹溪。丹溪云：水萍發汗尤甚麻黃，蓋其體輕浮，故能發散也。　茯苓：開腠理。潔古。潔古言茯苓開腠理，東垣言其能導氣，是亦開腠理之義也。人知茯苓利水而泄下，不知其導氣而外行。蓋雖味淡滲泄，然味淡為在天之陽，其又兼甘平之味，豈能離乎陽之體哉？　官桂：發汗，止汗。東垣。無汗與汗自出，皆為榮衛之氣不相諧。官桂能調和榮衛之氣，使汗自能止，自能出，非是開腠理而發汗，固衛氣而止汗也。　生薑：發散。成無己。陽之汗，以天地之雨名之。生薑能行陽而散氣，蓋其味辛甘故也。　乾薑：固陽虛之汗。成無己。乾薑固陽，辛熱故也。　荊芥：發汗。潔古。荊芥發汗，辛散苦泄，氣溫，浮而升故也。

薄荷：發汗。潔古。薄荷味辛，氣味俱薄而升，有通關節之功，故亦能發汗。

蔥白：發散。東垣。蔥白能發散，味辛能通陽氣故也。

水門　滑石：利水道。成無己。滑石沉重，能泄氣下行，性滑能利竅。又入足太陽膀胱，所以能通水道。　琥珀：利小便。潔古。琥珀性燥急，所以有燥脾濕之功。丹溪云：脾能運化，肺自下降，故小便可通。　芍藥：利小便。東垣。解見濕門芍藥下。　木通：利小便。潔古。木通之味有苦有辛，有甘有淡，苦泄辛散，甘緩淡滲，又有通之之義，安得不利小便。　車前子：通利小便。東垣。車前子通利小便，氣寒味鹹，鹹味湧泄為陰，有降無升之故也。　澤瀉：行水。海藏。去舊水，養新水。潔古。澤瀉味鹹，氣味俱厚，沉而降，陰也。故《衍義》亦言其長于行水，仲景五苓散用之。成無己云：鹹味湧泄為陰，澤瀉之鹹，以泄伏水。伏水者，舊水也。養新水者，推其舊，而致其新也。　芫花：行水。成無己。《本草》言芫花下十二種水，仲景用之治痢，亦以其行水。蓋其味苦微寒，降下，能利水道也。　大戟：泄水。解見氣門大戟下。　甘遂：通水。海藏。解見氣門大戟、甘遂下。

白朮：逐水。成無己云：脾惡濕，甘先入脾，茯苓、白朮之甘，以益脾逐水。　猪苓：利小便。成無己云：淡味滲泄為陽，猪苓、茯苓之甘淡，以行小便。　瞿麥：利小便。瞿麥利小便，以其苦辛氣寒，所以能下利行水，為君主之用。　燈心草：利小便。燈心草屬金，能通陰竅，所以水腫癃閉者，用此以利小便。《本草》言其主五淋赤，利小便之功也。　海藻：泄水氣。成無己云：鹹味湧泄。海藻之鹹，以泄水氣。　茯苓：逐水，利小便。解見本門白朮、猪苓下。　黃柏：利小便熱結。潔古云：無陽者，陰無以生。無陰者，陽無以化。膀胱為津液之府，氣化而能出焉。小便熱結，是有陽無陰也。黃柏大苦寒之劑，以補陰。東垣嘗用此法作滋腎丸，黃柏、知母酒製各二兩，肉桂一錢。

雜證門　黃連：治中焦兀兀欲吐。潔古。治痢。海藏。安蚘。成無己。兀兀欲吐，火氣炎上也，黃連苦寒以瀉火。痢是濕熱，黃連苦燥除濕泄熱。成無己云：蚘得甘則動，得苦則安，黃連、黃柏之苦以安蚘。　藿香：止嘔。嘔是胃中邪氣與火炎上之故。藿香芳馨之氣，能助脾開胃，其味苦，亦能泄氣散火。　茴香：止嘔。解見氣門茴香下。　香附：治霍亂吐瀉。東垣。霍亂吐瀉，是陽氣不升，陰氣不降而成。香附能行氣，氣行則通暢，而吐瀉止矣。　白豆蔻：止翻胃。東垣。翻胃因從氣虛血虛，與有熱有痰。然亦有氣滯者，若果氣滯，則通氣之藥皆可用。白豆蔻性溫，能散滯氣，寬膈進飲食，此東垣所以言其能止翻胃也。　芫花：治痢。仲景以芫花治痢，以其行水也，水去則痢止。　菟絲子：養肌強陰。《本草》。添精益髓。《藥性》。菟絲子味甘辛，不能發散，但主於溫補，其甘多辛少之故。《藥性論》言其能添精益髓，去腰疼膝冷，亦是溫補之功所致。　枸杞子：益精。枸杞子味甘平，微寒，所以有補益之功。　牛膝：強筋。牛膝根氣力勁，勒入土甚深，所以能強筋。故日華子言其能助十二經脉，《本草》云牛膝主寒濕痿痺逐惡血。他味苦酸，能湧泄去濕行血，若血滯與濕氣不行，則筋脉不用，其強筋者又在此與。　巴戟：　治陰痿不起。巴戟味辛甘微溫，能益氣，故能治陰痿。以其能治陰痿也，故還少丹用之，以為益精強陰之助。　辛夷：　治鼻塞出涕。鼻塞涕出，即鼻淵也。解見痛門辛夷下。　猪牙皂角：　通關節。猪牙皂角與皂莢性味不相遠，但皂莢肉味濃，大有疏風消痰之力。猪牙皂角全無滋潤，但用之可以通關節而已，蓋其氣味輕薄故也。如中風牙關緊急，以猪牙皂角搐鼻，通曉人事，進藥，是通關節之功也。　茗：　清頭目。頭目不清，是火氣上干也。茗苦寒下氣，海藏言茗味苦以泄之，其體下行，如何是清頭？蓋海藏只說他下行不能上達，不說到苦寒泄下火氣頭目自清之理也。　金櫻子：　澀精。丹溪云：經絡隧道，以通暢為和平。昧者取澀性以為快，將金櫻子熬膏食之，是自咎也。若有精滑遺濁之證者，此宜用此。　杜仲：　壯筋骨。筋骨不壯，是風濕之氣阻滯經絡，使筋骨不能相著，而為腰疼脚痛之證。杜仲味辛甘，性溫，能散風濕，使經絡流通，而筋骨相著也。雖是辛甘為陽之劑，其性沉降，故有入腎益精之義。所以腎虛腰疼者，亦能治之也。　山茱萸：　秘精。解見氣門山茱萸下。　酸棗仁：　治驚悸。胡治。驚悸則氣散，酸棗仁味酸，能收走散之氣。　地骨皮：　強筋骨。腎主骨，腎藏有熱，則骨亦熱，骨熱則血涸髓枯，而筋失榮養矣。地骨皮入足少陰腎，氣寒味苦，寒能瀉火，苦能堅腎，又純陰涼血，善治骨蒸之熱，此所以能強筋骨也。　茯苓：　止瀉。泄瀉是脾濕太過，茯苓淡滲利水，益燥。　黄柏：　安蚘。解見本門黄連下。　白芍藥：　止瀉痢。瀉痢，土衰木旺。白芍藥能瀉肝補脾，東垣亦言其為下痢必用之藥也。　木瓜：　益筋，治腰腎脚膝無力。木瓜味酸，入足厥陰肝經，肝主筋。《內經》云：多食酸益筋，腰腎脚膝無力，是筋弱也。木瓜能治之者，即其益筋之功也。　荊芥：　清利頭目。東垣云：荊芥與薄荷皆能清利頭目，以其性涼味辛，輕浮，能上行高巔也。　薄荷：　清利頭目。解見上荊芥下。　生薑：　止嘔。東垣。嘔胃口氣不散，生薑之辛，能行陽而散氣，所以東垣以其為嘔家之聖藥也。　龍齒：　安魄。魂魄不安，是神氣走散，浮溜之火相扇於中而然。龍齒味澀，能收斂神氣，性涼體重，能鎮浮溜之火。　犀角：　治小兒驚癇。驚癇，風木亢甚，兼有浮越之火。犀角性涼解火，又能入厥陰經，以鎮肝之氣。　虎骨：　治筋骨攣急。筋骨攣急，是痿軟之證。虎脛骨能治之者，以其有力在脛骨也。　牛黄：　治驚癇。治筋病。東垣。牛黄味苦涼，驚癇有心火，苦涼入心以除熱。肝主筋，牛黄治筋病，入肝故也。　阿膠：　治喘。喘有氣虛，有氣實。東垣言阿膠治喘，不曾分是氣虛氣實。東垣言阿膠治喘，阿膠氣味俱薄，浮而升，入手太陰，能補肺氣不足。其能治喘，是主氣虛之喘也。若氣實之喘用之補肺氣，豈理也哉？　牡蠣：　治泄精。牡蠣味鹹，腎經藥也。其性收澀，故治精泄也。

瘡瘍門

花蘂石：　治金瘡止血。《本草》言金瘡止血，刮末敷之，只是性寒能清血故也。古方有花蘂石治吐血，每三錢或五錢，以童便煎溫調服，瘀血則化為水赤，是取其清血也。　玄明粉：　治瘡瘍大便不通。解見本門大黄下及燥門芒硝下。　沙參：　消腫毒，排膿。凡諸瘡瘍，皆是氣血不從，既成瘡腫，而膿血不能聚，亦是氣血不從。沙參苦則補陰，甘補陽，陰陽氣足，氣血自無不從，且其微寒無毒，豈無消毒之理乎？　柴胡：　治瘡瘍之在左。瘡瘍有因寒氣之腫，八風之變者，此等當汗之。《內經》云：汗之則瘡已也。柴胡是表散之劑，以其行少陽、厥陰，故所治在左。　羌活：　治癰疽敗血，以辛散故也。　黄連：　諸瘡必用潔古。及瘡痛甚東垣。諸痛痒瘡瘍，皆屬心火。黄連之苦入心以瀉火。餘見後黄芩下。　黄芪：　治瘡瘍血脈不行，排膿止痛。氣血衰少，故血脉不行。血脉不行，則膿水不聚而痛。且痛者，又虛火客于內理之間也。黄芪之甘，補元氣，氣旺則血脉流行，血脉流行，豈非排膿止痛哉？且黄芪之甘，又能瀉陰火，其亦止痛之一端也。　防風：　治瘡在胸膈已上。此言寒氣之腫，八風之變而為瘡者。防風辛溫能散，以其氣味俱薄，浮而升，故治主在身半已上。東垣又云：防風、羌活，此二味乃瘡藥之舟楫。　葛根：　治小兒瘡疹難出潔古。治瘡渴東垣。瘡疹有因表實，腠理固閉，發不出者，葛根輕可以去實，故用之解表，錢氏葛根升麻湯是也。瘡渴解見燥門葛根下。　苦參：　治熱毒。皮膚赤癩癧疹疥癬，皆熱毒也。苦參氣寒味苦，所以能治之。詳見風門苦參下。　當歸：　治諸瘡瘍。諸瘡瘍皆因榮氣不從，逆于內理，當歸能和諸經之血。　白芷：　治瘡痍疥癬，長肉。辛溫能散，及去風故也。行陽明，故能長肉。　黄芩：　治瘡瘍痛不可忍潔古。痛是火。黄芩苦寒，乃上中二焦降火之藥。東垣云：若瘡痛甚者，用黄芩、黄連、黄柏、知母，亦專治夫火也。　(黍)〔鼠〕黏子：　主風腫毒。風腫之毒，須用溫散。(黍)〔鼠〕黏子辛溫，散氣除風，又能通十二經絡。東垣云：消散腫毒，用（黍）〔鼠〕黏子，須半生半熟，以解表裏。海藻：治癭瘤馬刀瘡潔古。癭瘤馬刀瘡，最堅硬難潰。海藻味鹹，能軟堅，隨各引經之藥治之，無腫不消。桔梗：治肺癰排膿。桔梗入手太陰肺，味苦辛，能去肺部風熱。肺癰多風熱所致也。縱是肺氣不利而成癰，桔梗亦能苦泄辛散，及能開提其氣也。排膿之功，即上升利散之力是已。射干：治胃癰潔古。治咽痺消腫毒東垣。消結核，治便毒丹溪。人病胃脘癰，是熱聚胃口，陽氣不下行，留結而成。《內經》云：五藏菀熱，癰發于府是也。治法須瀉其熱，使陽氣下行則已也。射干味苦，能通利下行，又能消瘀血。喉痺者，少陰、少陽二火上炎，結於咽喉而成。《內經》云：一陰一陽結，謂之喉痺。一陰者，少陰也。一陽者，少陽也。其治之之要，當用速于降下之劑。射干降下能速也。凡一切腫毒，是熱勝則腫也。射干味苦，寒，能泄熱毒之氣。丹溪言其行厥陰、太陰之積痰，使結核自消甚捷。積痰成核，是滯其痰結成窠囊，久而成核，因于濕，不因于熱，故痰核不紅不痛不腫，是證也。射干味苦，利去其濕，濕去則氣亦以行，而痰核者漸能自消。若便毒者，亦厥陰經濕氣也，用以治之，亦利濕也。白歛：歛瘡口。但能歛瘡口者，即是生肌之劑。詳見本門合歡皮下。白及：主癰疽惡瘡。白及味苦、辛、甘，苦泄之，辛散之，甘緩之，此所以有消毒之功。其亦有收歛之義，與白歛同。羊蹄根：治癬。丹溪云：羊蹄根治癬之要藥，取其屬水走血也。馬鞭草：治金瘡。行血活血之故。連翹：治十二經瘡瘍。連翹通十二經絡，能行諸經血氣，故十二經中有瘡不可無之。薑黃：消腫毒。薑黃味苦、辛，大寒。苦泄而辛散，熱勝則腫，大寒以除熱。青黛：解熱毒。青黛性寒，能散五藏之鬱火，所以能解遊風熱毒也。王不留行：主金瘡止血。金瘡血不止，是血不歸經。王不留行能利血脉，血脉利，則血自能歸經而止矣。天南星：消癰腫。取其辛散苦泄，有破堅散血之功也。知母：治瘡痛甚。解見本門黃芩下。大黃：治瘡瘍大便不通。瘡瘍大便不通，是熱氣內結，必通泄之劑。故東垣云：瘡出而大便不通者，加煨大黃、玄明粉。而大黃必煨而用之，恐其大寒傷胃也。葛根：治瘡渴。解見燥門葛根下。半夏：治瘡出嘔吐。瘡出嘔吐，是胃弱，毒氣內陷，急當救裏。東垣云：若此者，生薑、半夏所以救裏。昆布：治馬刀挾癭。昆布味鹹，鹹能軟堅。馬刀挾癭堅瘡也。蓬术：治瘡堅硬。東垣云：瘡堅硬甚者，用蓬术、三稜二味。不甚堅者不用。堅甚者用之，取其破氣也。不甚堅者不用，恐其泄氣也。三稜：治瘡堅硬。解見上蓬术下。遠志：治一切癰疽《外科精要》。《精要》云：遠志治一切癰疽發背，死血陰毒在內不痛，服、傅之則痛。憂怒氣積作痛，服、傅之則不痛。熱服之則涼。氣虛血冷，潰而不歛，傅、服之則歛。丹溪云：遠志歸心歸血，散鬱行滯，故《精要》言其有如此之功用。藍葉：解遊風熱毒。藍葉味苦甘，冷，無毒。能泄肝火之劑，所以治遊風諸腫之熱毒也。板藍根：治天行大頭熱毒。解見熱門板藍根下。漏蘆：治乳癰發背，瘰癧。漏蘆味苦鹹，大寒，無毒。能通經脉，所以能治已上諸瘡。蓋經脉通而氣血流行之故，且苦寒泄熱，鹹以耎堅。甘草：消五發之癰疽，治肺痿之膿血。五發之癰疽，謂癰疽發於腦、背、眉、髭、鬢也。甘草能解諸毒，能緩血，故消五發之癰疽，治肺痿之膿血。丹溪言其能化毒行經是矣。茺蔚草：消疔腫諸毒。茺蔚草味辛甘，無毒。即白花益母草也。東垣言其能使疔腫內消，并治發背乳癰諸毒。蓋取其辛散甘緩也。景天：治大熱火瘡。景天味苦、酸，純陰大寒之劑，故主大熱火瘡。火瘡，謂遊風丹毒也。藜蘆：治喉痺不通。喉痺不通必用，吐出稠痰，宣泄熱毒之氣，開通道路，方可進得他藥。藜蘆苦寒有毒，為吐湧之極劑也。紫草：發瘡疹。瘡疹不發，是血凝滯也。紫草苦，寒，無毒，色赤入心，心主血，所以有治血之功。馬勃：消腫散毒。東垣云：馬勃味苦，平，散腫消毒，故言其主惡瘡。夏枯草：治瘰癧。丹溪云：夏枯草稟純陽之氣，得陰氣則枯，有補陰養血脉之功。治瘰癧者，其在補養血脉也。蒲公英：治乳癰。丹溪云：蒲公英屬土，化熱毒，消惡腫結核有奇功。可入陽明、太陰經，以治乳癰。乳房，屬陽明也。大薊：消癰腫之毒。榮氣不從，逆于肉理，乃生癰疽。所以消癰腫之劑，不過只取其和血行氣及決熱之功。大薊味苦、甘，性涼。苦涼決熱散氣，甘和血。黃柏：治口瘡丹溪。及瘡痛甚東垣。口瘡多是虛火，黃柏走手厥陰經，能瀉火補陰，是以治口瘡有奇功。治瘡痛甚，解見本門黃芩下。胡桐淚：治瘰癧。瘰癧堅硬，胡桐淚味鹹能耎。瘰癧有鬱火，胡桐淚大寒，能消大毒之熱。棠毬：催瘡疹丹溪。小兒瘡疹不透，多為飲食妨礙經絡與氣滯也。丹溪用之催瘡疹，取其消食行氣之故。五倍子：解熱毒。酸苦湧泄故也。牡丹皮：排膿。牡丹皮氣寒，味苦辛，於諸經中能和血、生血、涼血。既能和血、生血、涼血，得非排膿之要藥乎？　官桂：　排膿，發散積陰瘡疹。東垣云：　官桂入人心，引血化汗排膿，調和榮衛，通利血脈，此其所以為排膿之聖藥。東垣又云：　結積陰證瘡瘍，當少用官桂，以寒因熱用。又為寒氣覆其瘡上，故以大辛熱，消其浮凍之氣。　乳香：　定諸經之痛。解見痛門乳香下。　沒藥：　療金瘡，破血止痛。沒藥味苦，有行泄之義。《衍義》云：　沒藥大槩通滯血，凡諸瘡作痛，是滯氣也。　麒麟竭：　生肌止血。麒麟竭是南蕃諸國，及廣州樹上所出，其木高數丈，脂液從木中流血滴下，如膠飴狀，久而堅凝，色赤如血，故謂之血竭。味鹹平，氣暖，無毒。能止金瘡血，生肌肉。蓋其結而成質，所以有凝斂之功。日華子言其性急，不可多用，却引膿。　合歡皮：　長肌肉丹溪。丹溪云：　合歡皮，即夜合花樹皮也，屬土而有水與金，補陰之有捷功。長肌肉，續筋骨，入膏藥中，用之有神效。丹溪嘗作一方，合歡、白斂二味，㕮咀，每五錢水煎溫服，以治肺癰，收斂瘡口，此亦取其長肌肉之功也。　白蠟：　生肌，止血，定痛。丹溪云：　白蠟屬金，全稟收斂堅凝之氣，生肌、止血、定痛，為外科家之要藥。　桃仁：　治瘡瘍大便結燥東垣。瘡瘍大便秘結而燥，是大腸血熱滯結之故。東垣用桃仁、麻仁、郁李仁之類是也。詳見燥門桃仁下。　郁李仁：　治瘡瘍大便結燥。解見本門大黃及燥門郁李仁下。　橘葉：　治乳癰。乳癰，是足陽明、足厥陰經氣滯而成。乳房屬足陽明，乳頭屬足厥陰也。橘葉苦酸之劑，能入足厥陰以泄滯氣，如青皮又足厥陰神藥同也。　生薑：　治瘡出嘔吐。解見本門半夏下，及雜證門生薑下。　荊芥：　清腫毒。潔古云：　荊芥與醋擣和，封腫毒。蓋取其味辛苦，能散泄，況又能利血脉也。　醋：　斂咽瘡。醋，《傷寒論》謂苦酒是也。仲景以少陰病，咽中傷生瘡，不能語言，苦酒湯主之。成無己云：　酸以收之。苦酒之酸，以斂咽瘡。丹溪蓋取於仲景也。　冬瓜：　分散癰疽毒氣。冬瓜性急而走，故能分散毒氣。　犀角：　散風毒東垣。解痘瘡餘毒丹溪。一切瘡腫。氣寒能解熱毒，性走散，能破血故也。　亂髮：　消瘀血。髮者，血之餘氣，長養發達於外者也。血瘀滯不行，其能消之豈無義焉？此瘀血，謂瘡家瘀血也。宜入膏藥中用之。　雞子：　治咽中生瘡。解見痛門雞子下。　牡礪：　治癰疽鼠瘡。成無己云：　牡礪味鹹寒，用之則痞者消，鞕者耎，故鼠瘻堅鞕之瘡，是宜用之。　螻蛄：　治口瘡。螻蛄味鹹，性冷，丹溪云治口瘡甚效。虚人戒勿用之，以其性急故也。　蛇蜕：　解諸熱毒。蛇蜕甘平無毒，所以能緩諸毒。外科家膏藥中多用之，不入煎劑。

眼目門

黃連：　治赤眼暴發。赤眼暴發，心火上干也。黃連之苦，入心以瀉火。　五味子：　明目。目不明，是火氣昏昧也。五味子壯水之主，以制陽也。　白芷：　治目赤胬肉。目赤胬肉，是風火上攻故也。白芷是解利風熱之劑。　黃芩：　治目赤腫。目赤腫者，是上焦熱氣衝逆也。黃芩性涼，味苦，能除上熱。　甘菊花：　明目。解見風門甘菊花下。　（黍）〔鼠〕黏子：　明目。除風散氣故也。　草決明：　治眼赤痛。草決明味苦，能泄熱。《藥性論》言其除肝竅熱。肝氣通竅于目，故目赤痛者，屬肝熱。其能治目，有決明之名。　當歸：　治眼痛。眼痛是氣壅血滯。當歸味苦辛，苦泄辛散，使血氣流通而止矣。　蔓荊子：　治目暗。　蜀椒：　明目。潔古、東垣皆言蜀椒明目，辛溫之物，本非明目，祇是取其散氣耳。　人乳：　治目。《衍義》云：　人乳汁治目之功多，何也？目得血則能視。婦人之血，上為乳汁，下為月水。乳汁，即血也。用之點眼，豈不相宜？血為陰，故性亦冷。　羚羊角：　明目。目昏痛者，是血熱及木氣盛故也。羚羊角味鹹苦，微寒，能涼血中之熱。其屬木，入厥陰，故又能泄木氣。　犀角：　明目。《內經》云：　東方青色，入通于肝，開竅于目。犀角明目，性涼，入厥陰經，能鎮肝故也。　蛇蜕：　去目翳。蛇蜕去目中翳膜，取其義也。蟬蜕同。　蟬蜕：　去目翳。解見上蛇蜕下。　防風：　散目中滯氣。解見氣門防風下。

婦人門

川芎：　治妊娠胎動。胎動，血少氣滯之故。川芎是血中之氣藥。詳見血門川芎下。　南星：　散血墮胎。血與精氣相合而成，胎血散而胎墮，是必然之理。南星苦下泄，辛走散，其性燥烈，能破堅積。積之堅者開破之，豈無散血墮胎之義乎？　蓖麻子：　取胎產胞衣。丹溪云：　蓖麻子屬陰，而主吸，能出有形質之滯物，故取胎產胞衣、剩骨膿血用之。　蒲黃：　治婦人崩中。　甜菜：　治內外吹乳。　蒲公英：　治婦人乳癰。　牛膝：　治婦人月水不通。牛膝酸苦湧泄，其性能下至九泉，所以入陰戶而行血。　澤蘭：　治婦人血氣衰冷。婦人血氣衰冷，是血脉氣道皆有凝滯故也。澤蘭味辛、苦、甘，微溫。辛苦以泄散凝滯，甘以補血脉之不足。日華子言其利關脉，養血氣者是也。　紫葳花：　治婦人血痛。婦人血痛，是言經閉為痛者也。紫葳花味酸，故入血分。丹溪云：　治血痛之要藥，且補陰甚捷。既能補陰，便有和血之意，血和則痛自止。　猪苓：　治妊娠淋，妊娠從腰脚至腹腫脹海藏。已上二證，皆濕也，必行水以利濕。猪苓入足太陽、少陰經，其味淡，行水之功多也。既多行水之功，凡人淋脹，皆能治之。海藏獨以妊娠者言，以妊娠者多此證也。　蜀葵花：　治赤白帶潔古。赤白帶屬濕熱。蜀葵花性冷。紅花治赤帶，白花治白帶。赤屬血，白屬氣故也。　黄芩：　安胎。胎前當清熱。黄芩苦寒以泄火，丹溪云黄芩安胎者，乃上中二焦藥，降火下行也。　縮砂：　安胎。胎氣不安，多是胃氣不和。丹溪云：　縮砂安胎，行氣止痛故也。　白朮：　安胎。胎氣不安，多是胃中氣不和，不能生長氣血以養胎也。白朮安胎、和胃之故。　麥門冬：　下乳汁。乳汁不行，經脉不行故也。麥門冬、甘草有調經復脉之功，故脉欲絶者，麥門冬加五味子、人參二味，謂之生脉散。　王不留行：　乳難。王不留行是苦甘之劑，一補一泄，是調和也，所以能利血脉。其治乳子之難，只是利血脉之功，因其走而不守，故有王不留行之名。　益母草：　行氣治血。益母草行氣治血，有補陰之妙，故名益母。丹溪云：　胎前産後，有所恃者，氣血耳。此藥胎前無滯，産後無虚，以其行氣中有補也。此草祇是野天麻，四五月間開紫花者是。　射干：　通女人經血。解見血門射干下。　漏蘆：　治乳癰。解見瘡瘍門漏蘆下。　木香：　安胎。木香安胎調氣故也。　烏藥：　治婦人血氣。婦人血氣阻遏，須用溫散，烏藥味辛，氣溫，血得溫而流通，氣得辛而解散。　棠毬：　治婦人兒枕痛。行結氣故也。　竹瀝：　治胎前産後陰虚。解見熱門竹瀝下。　橘葉：　治乳癰。解見瘡瘍門橘葉下。　大麥蘖：　治産後腹膨。大麥蘖氣溫，味甘，雖能消導，不損元氣，反有補脾胃之功，所以産後虚人不忌。丹溪又云：　其能行下焦之滯血，若産後滯血腹脹者，尤宜也。何以能行血？　味鹹走血之故。　阿膠：　安胎。又治妊娠下血。如胎氣不安，補血以安之。阿膠之甘以補血。婦人妊娠，子在腹中，食母之血，故經水不行，更下血，其血必虚，而胎亦不安矣。阿膠之甘溫，宜補血以安胎也。

明・王者瑞《隨身備急方書》卷首　居家遠行隨身備急方書所用藥料

水部　井華水：　即平旦第一汲取者，以水唾面，止九竅、四肢出血，解砒霜、燒酒、煤炭諸毒。　地漿：　掘黄土作坑，以新汲水沃入攪濁，少頃取清用之，解一切毒及霍亂中暍卒死者。　百沸湯：　助陽氣，行經絡。　生熟湯：　即陰陽水也。調中消食，治霍亂嘔吐。　漿水：　即炊粟米熟，投冷水中浸五六日，味酢生白花類漿。通關開胃，止霍亂洩痢。宜作粥，薄暮啜之良。　甑氣水：　沐頭長毛髮令黑。　浸藍水：　除熱解毒，殺蟲，治誤吞水蛭成積，飲之取下即愈。

火部　桑柴火：　拔毒止痛，去腐生新。　艾火：　能灸百病，入雄黄末尤佳。　神針火：　除心腹冷痛，附骨陰疽。凡在筋骨隱痛，針之直達病所。法見方下。　燈火：　止小兒諸驚。　火針：　用錢纏絮，醮麻油燃燒令赤，不赤或冷，則反損人。

土部　白墡土：　即白土也。入藥燒用。　黄土：　水煮去渣服，止冷熱洩痢，腹内熱毒結痛下血，又解諸藥、野菌毒。　燕窩土：　治諸瘡。　蜂窩土：　即細腰蜂窩也。治諸癰腫及婦人難産。　蜣蜋轉丸土：　湯淋絞汁，治傷寒時氣，黄疸，霍亂吐洩。燒存性，酒服，治項癭及瘻瘡。　鼠壤土：　治諸風，和童便塗疔腫。　六一泥：　即蚯蚓糞也。解熱毒，治諸瘡。　蟻蛭土　螺螄泥　井底泥　猪槽下垢土　糞坑底土　伏龍肝：　即灶心土也，止血催生，下胎，治心痛狂顛，風邪蟲毒及諸癰腫。　土墼：　即燒石灰窑中流結土渣也。　砂鍋　白瓷器　古瓦　古磚　烟膠：　熏消牛皮灶上土及燒瓦窑中黑土。　墨：　止血生肌。凡金瘡血出及胎産後血運，醋磨服之。　釜臍墨：　止血生肌。　百草霜：　即灶額墨也。消化積滯，止上下諸血，婦人胎前産後諸病，治傷寒陽毒，瘧痢，喉舌，以及一切瘡癰。　烏龍尾：　即梁上倒掛塵也。　香爐灰　鍛竈灰　鐵爐灰　冬灰：　即冬日灶中所積之柴灰也。　石鹼：　即浸水發麫之鹼水凝如石者。消瘡磨積，去目翳，同石灰潰癰疽，去瘀肉。

金石部　銅綠：　即銅器上綠色，淘洗用之。止婦人血氣、心氣，療金瘡止痛，治爛弦風眼，明目去翳。　鉛：　消瘰癧、癰腫，明目固牙，殺蟲，墜痰。　鉛霜：　以鉛打成錢，穿成串，瓦盆盛生醋，以串横盆中，離醋三寸，仍以瓦盆覆之，置陰處，候生霜，刮下取用。消痰，治吐逆，黑鬚髮。　胡粉：　又名水粉、定粉。化鉛所成也。治癰腫惡瘡，殺蟲消積，墜痰，並止瀉痢。　黄丹：　鉛煉所成。止血去痛，生肌墜痰，殺蟲止痢，明目，治諸瘡及湯火所傷。　密陀僧：　亦黄丹煉成者，止痢，殺蟲消積，治諸瘡腫毒。　銅鈷鉧：　即熨斗。　古文錢：　療風赤眼，婦人生産横逆，燒赤醋淬用，明目，止心痛。　鐵器　鐵銃　鐵刀　鐵鎖　鐵鏵即鐵鍤也。　馬銜　鐵漿：　以生鐵浸水，經久色青。　寒水石：　即石膏。多出汾、孟、虢、耀諸州。而今人收豆腐，則成日用之物。其性寒，火煆過用。除時氣頭痛，三焦火熱，解肌發汗，功用不小。滑石：多出永、道、萊、濠諸州，性甘寒。通九竅六腑，行積聚，逐瘀血，益精氣。無名異：即山中小黑石子也。煉桐油可收水氣，消癰腫，治折傷。石炭：即煤炭也。又名烏金石。近處多有。石灰：燒石為灰，近處皆有。能散血定痛，生肌長肉，治諸瘡瘻，收脫肛、陰挺，消積散結，止血痢，治病最多，不可以其易而忽之。麥飯石：溪中多有，大小不等，其形黃白相間如麥飯，握聚一團，有粒如米如豆者即是。治一切癰疽發背。石燕：所在多有，形似蜆蛤者是。鹽：五味之中，惟此不可缺，而能治百病，實為百病之主。補腎藥用者，以水補水也。積聚結核用者，鹹能軟堅也。諸癰疽、眼目用者，鹹走血也。諸風熱病用者，寒勝熱也。大小便用者，鹹能潤下也。骨病齒病用者，鹹入骨也。諸蟲及蟲傷用者，取其解毒也。惟咳嗽及水腫者宜全禁。皮硝：又名朴硝，生於鹹鹵之地，今人用以治皮，故名皮硝。除百病邪熱，逐六腑積聚，明目去翳。芒硝　馬牙硝：即皮硝一物再熬，而質愈精者。硝石：即焰硝也。取地霜熬煉而成，所在皆有。苦，寒，無毒。能破積散堅，推陳致新，升散三焦火鬱，調和臟腑虛寒，治病功力甚大。白礬：礬為通用之物，而治病功用尤多。下痰涎，解諸毒，止痛生肌，治癰疽疔腫，通大小便，口齒眼目諸病。綠礬：又名青礬。解毒化痰之功與白礬同。

草部　黃精：又名戊己芝。山中多有，俗名野薑。一枝多葉，上似竹而短，兩兩相對，其根橫行，劈根一寸種之，一年稠。亦有葉偏生不對者，名偏精，功力不及正精。久服補中益氣，除風濕，安五臟，久服延年不老。貫眾：又名鳳尾草。近道皆有，春生苗葉如蕨，莖幹三莖，其根紫黑色，有鬚毛如老鴟頭大。治婦人血氣，破癥瘕，除頭風，消斑疹及漆毒，并解諸病。苦參：近道皆有。葉極細似槐葉，花黃，子作莢，根味至苦。治心腹結氣癥瘕，利九竅，除伏熱，止瀉血。山慈菇：又名金燈籠，處處有之。冬月生葉似水仙花之葉而狹，三月中抽一莖如箭幹，高尺許，開花白色，亦有紅色、黃色，有黑點，其花乃眾花簇成一朵，如絲組成，可愛，其根狀如水慈菇，有毛殼包裹。治癰疽疔瘡，并解諸毒。石蒜：又名老鴉蒜，處處有之。春初生葉如蒜及山慈菇葉，葉背有劍稜，七月苗枯，乃于平地抽出一莖如箭，開花四五朵，紅色黃蕊，長鬚，其根狀如蒜，其皮紫赤，其肉白。治疔腫惡核。

白茅根：處處有之。春生芽，布地如針，亦有嗽，夏生花茸茸然，至秋而枯，其根至白。補中益氣，除瘀血，止諸血，主婦人月經不通，又消黃疸，解酒毒。澤蘭：又名孩兒菊。近道皆有。二月生苗，莖幹青紫，作四稜，葉相對如薄荷，微香。治胎前產後諸病，為女科要藥。零陵香：又名薰草。所在多有，多生濕地。葉如麻，兩兩相對，七月中旬開花至香，婦人浸油飭頭。明目，去惡氣，治傷寒頭痛，上氣，腰痛。香薷：人家多種，呼為香菜，以充蔬品。止霍亂腹痛，消水腫。荊芥：散風熱，清頭目，尤為瘡疥要藥。薄荷：功專于消風散熱，故所主治為頭痛頭風。眼目、咽喉、口齒及瘰癧瘡疥要藥。紫蘇：解肌，發表散寒，寬中消痰。作蔬菜殺一切魚肉毒。久服損真氣。水蘇：又名雞蘇。葉似（紫）〔蘇〕葉而好生水旁，所在有之。清肺避惡，治諸血病有殊效。白菊：去風明目。野菊：主治癰腫疔毒、瘰癧。艾：灸百病，亦可作煎服，止諸血下痢及霍亂轉筋，殺蚘蟲。青蒿：處處有之。嫩葉可食，背面皆青，與白蒿異。治骨蒸熱勞為最要藥。益母草：又名茺蔚，又名野天麻。近水濕處甚多，葉如艾葉而背青，一梗三葉，葉葉有尖歧，寸許一節，節節生穗，叢簇抱莖，四五月開花，其草生時有臭氣，夏至後即枯。子有三稜，褐色，明目益精。莖葉皆可用治胎產一切血病，為女科要藥，而醫方鮮知用。夏枯草：原野甚多，苗高一二尺許，莖微方，葉對節生，有細齒，背白，莖端作穗，一穗有細子四粒，能退熱明目，尤為瘰癧瘡瘻要藥，不可以其近而忽之。雞冠花：園圃多植。止痔漏下血，瀉痢及崩中帶下。苧麻：即今作紵布者，根解熱毒，葉治金瘡。蒼耳子：又名耳璫，又名野茄。多生田野。葉如茄，四月生苗如婦人耳璫。去風明目，填精暖腰膝，并治瘰癧瘡疥。豨薟：又名希仙草，又名火杴草。多生田野，素莖，有直稜兼有斑點，葉對節而生，皆有細毛，肥壤一株分枝數十，八九月開小花，深黃色，中有長子，如同蒿。治肝腎風氣，四肢痺麻，骨痛膝弱，大有裨益。兼治風濕諸瘡。箬：多生南方平澤，其根與莖皆似竹，南人取葉作笠及包裹茶鹽。止吐血下血諸病，消癰腫。蘆：多生下濕。根，消渴，解熱毒及解諸魚肉毒。芭蕉：根治癰腫熱結。木賊：近水多有，每莖一幹，無花無葉，寸寸有節，淩冬不凋。去目翳，消積塊，解肌，止血，去風。燈心草：降心火，止血，通氣，散腫，利水。牛膝：莖高一二尺，青紫色，有節如牛膝，故名。葉如匙，兩兩相對。近道多有，名土牛膝，皆可用，但不及川中者尤為良耳。春夏用葉，秋冬用根，惟用葉汁效尤速。補中續絕，利陰氣，填骨髓，除腦中痛，腰脊痛，治久瘧，五淋尿血，喉痹，癰疽惡瘡，傷折。　紫菀：又名夜牽牛。近道多有。其生布地，葉三四相連，五六月開黄白紫花，根作節，紫色，潤軟者佳。調中消痰，補虚下氣，為肺病要藥。又有白菀，即紫菀之色白者。　葵：即傾陽者，園圃多植。葉，利脾胃；根，利竅，能滑胎；子，堅骨長肌，消水氣。　車前草：近道多有。明目，利水，去痛，除風熱。　旱蓮草：又名鯉腸草。柔莖，斷之有墨汁，細實，頗如蓮房狀。止血排膿，烏髭髮，益腎滋陰。　藍：即作澱者。實填骨髓，通關節，益心力，療毒腫，解諸毒。葉汁解百藥毒及蜂螫、斑蝥、砒霜毒。　藍澱：解諸熱毒。　青澱：即澱花。止吐血，散鬱解熱，并治熱瘡惡腫。　蓼：近道多有。子，明目，溫中。葉，去風，殺蟲。虎杖：田野甚多，莖葉有淡黑斑，六七月開花，至九月方已，花片四出，色如桃花，作樹高丈餘。破癥結，去骨節風，治産後諸血病。　蒺藜：近道多有。初生布地，子有刺如菱而小，多着人履。擣除刺，酒蒸，日乾用。除惡血，破積聚，明目補腎，去風長肌。　穀精草：又名流星草。收穀後荒田多有之。一科叢生似秧，抽細莖，開小白花，點點如亂星，明目退翳，功在菊花之上。　地蜈蚣草：多生村落田塍，左蔓延右，右蔓延左，其葉密而對生，如蜈蚣過路者，俗名過路蜈蚣，延上樹者俗名飛天蜈蚣。解諸毒，療癰腫。蜈蚣傷者，入鹽少許，擣塗敷之。　紫花地丁：又名箭頭草，又名獨行虎。處處有之，其葉似柳而細，夏開紫花，結角，平地生者起莖，溝邊生者起蔓。主治癰疽疔腫，瘰癧惡瘡。　蓖麻子：處處有之。莖中空，葉大如瓠，秋間結實，每枝結實數十顆，上有刺，劈開內子如牛蜱，仁有油，可作印色。主偏風不遂，口眼歪斜，失音口噤，頭風喉痹，齁喘，開通關竅經絡，止痛消腫，追膿拔毒，為外科要藥。　鳳仙花：俗名急性子。園圃多植。子，治産難，積塊，下骨鯁。花，治血，消積，治腰脇引痛，酒服。根、葉，軟堅，透骨消腫散血。　覆盆子：即藨也。藨音苞。但藨類甚多，有藤有樹，不可不辨。一種藤蔓繁衍，有鉤刺，一枝五葉，葉小而背皆青，光薄而無毛，開白花，四五月實成，子熟則烏赤，冬月苗凋，俗名插田藨，乃覆盆子也。餘不入藥。大能補虚續絕，強陰健陽，溫中益力，治麻痹為要藥。并止吐血、衄血及打撲損傷。　水藻：所在水中有之。去暴熱，療熱瘡。　骨碎補：又名猴薑。所在多有，多寄生石上及樹間，引根成條，上有黄赤毛，又抽大葉，葉上有椏缺，面青綠色，有青黄點，背青白色，有赤紫點，采根入藥。忌□□。破血止血，去風氣疼痛。　金星草：又名七星草。所在皆有，多生背陰石上、樹間，或古瓦屋上，葉長一二尺，至冬背生黄星點子，兩兩相對。治癰疽發背諸瘡，并散結解熱，通五淋。　石胡荽：又名鵝不食草。所在皆有，多生陰濕處，高二三寸，冬月生苗，細莖，小葉狀如嫩胡荽，其氣腥熏，不堪食，夏間細花黄色，結細子，極易繁衍。祛風痰，散瘡腫，而明目去翳之功尤顯。　酸漿草：又名三角酸。所在皆有，初生嫩時，小兒喜食之。用揩銅錫易白。治惡瘡瘍瘻，蛇虺傷，搗爛敷之。治諸淋症，赤白帶下，婦人血結，和暖酒服之。　虎耳草：人多栽于石山上，形如虎耳，故名。　白芷：所在有之，春生葉，相對婆娑，紫色，闊三指許，花白微黄，立秋苗枯，采根用。解陽明頭痛，中風寒熱，治婦人漏下血閉，陰腫，破宿血，補新血，排膿，止痛，療一切瘡瘍。　芍藥：人多栽植園圃。采根用。退熱除煩，破積止痛，治婦人一切胎前産後諸病。　鼠粘子：又名牛蒡子。處處有之。葉大于芋而長，實似葡萄核而褐色，外殼似栗梂而小於指頭，多刺，根有極大者，作菜益人，人秋後采子入藥。潤肺散氣，消風毒腫，諸瘻。　瞿麥：即俗呼洛陽花。生似小竹葉而窄，其莖有節，開花有紅白數色，娬媚可愛，結實如燕麥，內有小黑子，去。治五淋，浸淫惡瘡，明目去翳。　萹蓄：又名扁竹。多生道旁，似瞿麥，節間花出甚細微，青黄色。治浸淫疥瘡，殺三蟲。　續隨子：又名千金子。人家園亭多植以為飾，葉相續而生，故名續隨。能(積聚切)〔除〕積聚瘀血，并解諸蟲虺毒。　地榆：又名玉豉。平原川澤多有之。宿根三月內生苗，初生布地，獨莖直上高三四尺，對分出葉，似榆葉而稍狹，細長鋸齒，七月開花如椹，子紫黑色，根外黑裏紅。入藥止吐衄血，治胎前産後諸疾，除惡肉，療金瘡。　丹參：又名奔馬草。處處山中有之。一枝五葉，如野蘇而尖，青色皺毛，小花成穗如蛾形，中有細子，根皮丹而肉紫。入藥通利關脉，破宿血，生新血，安生胎，落死胎，止血崩帶下，大益婦人，并排膿止痛，生肌長肉。

仙靈脾：即淫羊藿。所在皆有。一根數莖，莖粗如線，高一二尺，一莖二椏三葉，葉長二三寸，面光背淡，甚薄而細，齒有微刺，采根入藥。堅筋骨，消瘰癧，興絕陽，起絕陰，治一切冷風濕痹。　葶藶子：近道皆有。葉實皆似芥。一名狗薺。破堅逐邪，利水道。　水紅花：多生下濕地，似蓼而葉大，故又名天蓼，取實入藥。明目益氣。　地錦：又名血見愁。田野寺院階砌間皆有之，小草也。就地而生，赤莖黃花黑實，斷莖有汁。治惡瘡癰腫，止撲損出血、血痢，補肝明目，令髮不白，功用甚大。　馬兜鈴：所在多有。蔓生，附木而上，葉脫時其實尚垂如馬項之鈴，故名。去肺中濕熱，止咳嗽喘促，治血痔瘻瘡。　牽牛子：田野有之。其蔓有白毛，斷之有白汁，葉有三尖，花不作瓣，實有蒂裹之，生青枯白，舂去黑皮用。逐痰飲，破氣塊，通大腸氣秘。然辛熱雄烈，洩人元氣，中病則止，佐以乾薑良。　栝樓：所在有之。生苗引藤，葉如甜瓜葉而窄，作叉，有細毛，七月開花，結實在花下，大如拳，生青熟黃，其形圓長不一。子、瓜，潤肺燥，治咳嗽，滌痰結，消癰腫。根名天花粉，除腸胃熱，通小腸，去瘀血，消癰腫瘡癤，排膿利水。　葛：所在皆有，即作絺綌者。根可為粉食。入藥以入土深者為佳。療傷寒中風頭痛，解肌發表，開腠理，散鬱火，療金瘡，解諸藥毒，并治猘狗傷。花，解酒毒。葉，療金瘡。　天門冬：所在皆有，近世多取用飴醃之，以充果食。入藥去心用。鎮心，潤五臟，補五勞七傷，止吐血，治咳嗽，清金降火，消痰去風，久服延年不老。忌鯉魚。誤食中毒，浮萍解之。　何首烏：又名夜交藤。所在皆有。春生苗，蔓延竹木，莖紫色，葉葉相對如薯蕷而不光澤，根有赤白二種，以年深而大者為貴。九蒸九晒。忌鐵器。益精髓，黑髭髮，消癰疽瘰癧，久服延年。　土茯苓：又名冷飯團。山中多有，蔓生，葉有細點，其葉不對，頗類大竹而厚實，根若雞鴨子，連綴而生，赤白二種入藥，白者良。去風濕，利關節，為楊梅諸毒瘡要藥。　黃藥子：人家多植，其莖高二三尺，柔而有節，似非藤實藤也，葉大如拳，根長者尺許，根入藥，外褐內黃。涼血降火，消癭解毒。　威靈仙：所在皆有，初生作蔓，莖如釵股，七月生花六出，淺紫或碧白色，根稠多鬚似穀，乾則深黑，人稱鐵脚威靈仙，采不聞水聲者為佳。忌茶、麪。宣通五臟，去冷滯，消積塊，為風家要藥，不可忽。　絡石：所在皆有，貼石而生，其蔓折之有白汁，其葉小于指頭，面青背淡，濇而不光。去一切風，擣敷金瘡癰腫立瘥。　木蓮：又名木饅頭。所在皆有，貪緣樹木，三五十年漸大，枝葉繁密，似蓮房，打破有白汁，停如漆。葉，治背癰，擣末服之，下利即愈，并治血淋。藤汁，治惡風瘡疥。木蓮，壯陽固精，消腫散毒，止血下乳，并治久痢。　忍冬藤：即金銀花。治一切風濕，療癰疽疥癬，楊梅諸瘡，為消腫散毒要品，久服并可延年益壽。庸人之情，每每貴遠而賤近，何哉？莖葉及花功用皆相同。　羊蹄：又名牛舌菜。所在皆有，近水及濕處極多，葉長尺餘，似牛舌之形，入夏開花起薹，花葉一色，夏至即枯，根如胡葡萄形，入藥用根。殺一切蟲，醋磨治頭瘡浸淫疽痔，女子陰蝕，并解諸蠱毒。　石菖蒲：所在皆有，生于水溪澗石旁，葉有劍稜，一寸九節者良。忌鐵器。主治風寒濕痹，開心孔，補五臟，通九竅，散癰腫，久服耳目聰明，益智不忘。　浮萍：所在皆有，入藥以紫背者佳。以竹篩攤晒，下置水一盆映之，即易乾。治風，崩中血結。　井中苔：治漆瘡、熱瘡、湯火灼瘡。　垣衣：即古墻背陰青草也。止衂血，燒灰治湯火傷。　屋游：即古瓦上苔衣也。治熱毒，牙齦宣露，研末，水調服，止衂血。　土馬騣：乃土墻上所生之青苔，如馬騣者。九竅出血及鼻衂塞之即止。　馬勃：又名牛屎菰。多生園中久腐處，紫色，輕虛狀如狗肝，彈之粉出。療咳嗽喉痹，失音，治惡瘡。

穀部　胡麻：又名巨勝子。即黑油麻也。補氣力，堅筋骨，明耳目，填髓腦，療金瘡，止痛，催生，為仙經上品，服久延年不老。　胡麻油：治蚘蟲心痛，利產催生，一切惡瘡，止痛生肌。　胡麻穰：祛風濕寒痹，益氣補腦，解毒潤腸，作湯潤髮，滑皮膚。崩中血凝，生擣汁飲立愈。　大麻：即績其皮以為布者，花名麻勃。逐諸風惡血。　大麻仁：補虛勞，逐一切風氣，長肌肉，益毛髮，通乳汁，破積血，催生落胎，治諸瘡癩。　大麻葉：擣汁下蚘蟲，敷蠍毒，沐頭令白髮不生。　大麻根：擣汁治產難，崩中熱淋，下血，擣打瘀血在腹，骨節疼痛皆效。　小麥：止漏血、唾血，治暴淋，殺蚘蟲，燒灰油調，塗湯火傷灼。　麥麩：止痛散血，醋炒貼湯火爛瘡，撲損傷折，醋蒸熨手足痛風。　麥麪：敷癰疽，散血止痛，水調服，止衂血吐血。　麥粉：炒，湯服止下痢。　麥苗：絞汁消酒毒，解蠱毒及時疾狂熱。　麥奴：即麥將熟上有黑（煤）〔黴〕者也。治天行陽毒，熱極發狂。　雀麥：即燕麥也。治女人難產。　蕎麥：入藥用甜蕎。多食磨積滯，消熱腫，除白濁、白帶；以沙糖水和麪調服，治痢疾。炒焦，衝水服，治絞腸痧痛。　蕎稈：作薦，避壁虱。灰取礆同石灰，爛癰疽惡肉。　糯米：解斑蝥毒，止霍亂吐逆，洩痢，收自汗，發痘瘡。　粳米　粳穀奴：即（煤）〔黴〕黑者。走馬喉痺，燒研酒服。　禾稈：燒灰，新汲水淋汁冷服，解砒霜毒。　黍米：燒灰和油塗杖瘡，不作瘢。　赤黍米：下氣退熱，治鼈瘕，淘汁服二三度愈。

黃粱米：和中止洩。白粱米：除熱益氣。粟米：補虛損，治反胃、熱痢，濾汁服解諸毒，治霍亂轉筋。秫：即糯粟也。治筋骨攣急，殺瘡疥毒，治肺瘧陽盛陰虛，夜不得眠。薏苡仁：又名藾米，所在多有。治筋急拘攣，大風濕痹，肺痿肺氣咳嗽，涕唾上氣，久服輕身，大有裨益。薏苡根：煮服去蚘蟲，墮胎，治黃疸皆效之。罌粟：人家多種以為玩，花有紅白二種，其實形如酒罌，一罌中千萬粒。粥食治反胃，消痰滯。殼，止洩痢脫肛，歛肺固精。以針刺其節皮，次早津出，刮取用，名鴉片，能澀精氣。

黑豆：生研，逐水脹，除胃熱，下瘀血，散結聚，解砒石斑蝥百藥毒、蟲毒及牛馬瘟毒。炒熱，投酒中飲之治風癱，口噤，產後諸病，并心痛筋攣、膝痛，一切熱毒、風毒、脚氣。久服到老不衰，誠穀食中之上品也。宜仙方重之。

黑豆黃卷：即豆芽也。治濕痹筋攣，散胃中結積，益氣止痛，并破惡血，蓐婦尤宜。赤小豆：闢西河洛江淮多種以為食，健脾胃，止洩痢，排癰疽膿血，和鯉魚食治脚氣，和鯽魚食利水消腫。綠豆：行十二經脉，去浮風，潤皮膚，厚腸胃，解一切藥草、牛馬、金石諸毒，宜連皮服。綠豆粉：散諸熱，益氣，治霍亂轉筋，解酒食一切諸毒。綠豆皮：解毒熱，退目翳。

扁豆：即蛾眉豆也。和中止洩痢，消暑，暖胃除濕，療霍亂轉吐利，解酒毒。蛾眉豆花：焙研服，治崩帶，作羹食治洩痢，擂水飲解一切藥毒垂死。葉，絞汁亦治霍亂吐利。大豆豉：入藥用黑豆者。下氣調中，治傷寒頭痛，時氣熱病，大能發汗，熬末止盜汗，除煩，研塗陰莖生瘡。豆腐：和胃消脹，清熱散血。陳倉米：補中益氣，堅筋骨，通血脉。飯搗封毒腫惡瘡立瘥。研米服去卒心痛。飯 粥 蒸餅：即用小麥粉為之者。麥芽：寬腸下氣，消食和中，除痰飲，破癥結，催生落胎。醬：除熱止煩，解砒霜、百藥及魚肉、蔬蕈、蛇蟲等毒，納下部治大便不通，塗猘犬咬傷及湯火未成瘡者俱效。醋：治產後血運，消堅積，散瘀血，療一切癰腫金瘡及婦人心痛血氣。米酒：行藥勢，殺百邪惡氣。凡飲酒忌諸甜物，合乳飲令人氣結，同牛肉食令人生蟲。酒後食芥及辣物，緩人筋骨；酒後飲茶傷腎臟，腰脚重墜，兼患痰飲。燒酒：火熱有毒，其功在于燥濕痰，開鬱結，治霍亂、瘧疾，心腹冷痛及陰毒欲死，洗赤目腫痛有效。

菜部 韭：溫中下氣，補虛益陽。主治吐血、唾血、血衄，婦人逆經，并撲損傷及胸痺刺痛如錐，胃脘瘀血，俱擣汁服。葉，煮鯽魚斷卒下痢。又解藥毒，狂狗蛇蠍諸毒。但多食能昏神，酒後尤忌，且不可與蜜及牛肉食。韭子：治下元虛冷，夢遺溺血，暖腰膝。葱：通關節，發汗達表，和裏止血，除風濕，身痛麻痺，蟲積心痛。主傷寒頭痛，天行時疾，霍亂熱狂及奔豚脚氣。用白不用青，青熱而白冷也。不可合犬、雉肉，令人病血。薤：溫中益陽，散結，洩痢下重及胸痺痛，下氣安胎。心病宜食，利產婦，下骨鯁，療金瘡、湯火。但不可與牛肉同食，令人作癥瘕。小蒜：理胃溫中，治蟲毒、霍亂，塗疔腫良。大蒜：又名葫。除風濕，破冷氣，爛痃癖，辟邪惡，消癰疽，宣通溫補，殺鬼去痛，除風邪，殺毒氣。經年醋浸者，貼惡瘡良。但性熱屬火，多食損目，傷肺傷脾傷肝，生痰助火。且不可合青魚酢食，令人腹內生瘡。合蜜食殺人。芸薹：俗名油菜，散血消腫，破癥瘕，治產後血風及瘀血，產婦宜之，但患腰脚者不可多食，兼發瘡及口齒諸病。芸薹子：行滯血，破冷氣，消腫散結，治產後諸氣，熱腫，金瘡，血痔，夢中洩精與鬼交。

菘：即白菜。通利腸胃，消食下氣，止熱嗽，療漆毒。青芥：通肺豁痰，利膈開胃。多食動氣與風，有瘡痔病者忌之。同鯽魚食發水腫。青芥子：主治撲損瘀血，腰痛心痛，酒調服良，研末水調塗頂顖止衄血，并消癰腫。治胃寒吐食，肺寒咳嗽。白芥：處處可種，但蒔之者少。葉如芥而白，為蔬食之甚美。利氣豁痰，除寒暖中，散腫止痛，治喘嗽反胃，脚氣，筋骨腰節諸痛。蕪菁：又名蔓菁，又名諸葛菜，云即大兆菜也。南北皆有，北土尤多，四時常有，菜中之最有益者。消食下氣，去心腹冷痛及熱毒風腫。

蕪菁子：明目利小便，消積聚及霍亂腹脹。萊菔：俗名蘿蔔。消痰止嗽，治肺痿吐血，溫中補不足，化積滯，散瘀血，解酒麪毒。飲汁治下痢及失音，擣汁塗湯火傷。同羊肉、銀魚煮食治勞嗽，但不可同地黃食。多食亦動氣，生薑制其毒。萊菔子：止氣痛，下痢後重。搗汁止風痰，醋研消癰腫疔毒。生薑：除風邪寒熱，傷寒頭痛，咳逆嘔吐，去痰，下心下急痛氣，散煩悶，通神明，開胃氣，治脹滿，霍亂冷痢，解菌蕈諸毒。生用發散，熟用和中。病癰瘡人多食則生惡肉。乾薑：溫中止血，逐風濕，治寒冷腹痛，中惡霍亂，風邪諸毒，止唾血，去腰問痛，開關節，宣絡脉，消痰下氣，療轉筋吐瀉，反胃乾嘔，瘀血撲損。久服令人目暗。胡荽：又名胡菜。利大小腸，通小腹氣，止頭痛。療痧疹痘瘡不出，作酒噴之即出。通心竅，補筋脉。多食令人多忘，發痼疾。胡荽子：止吐血，諸肉中毒，發痘疹。蘹香：

所在皆有，多用番舶來者，或云不及近處者有力。補命門不足，暖丹田，治乾濕脚氣，癲疝陰痛及諸瘻，霍亂，膀胱冷氣，調中止痛。　小茴香：　即蒔蘿。治小兒氣脹，霍亂嘔逆，腹冷不下食，健脾開胃。　繁縷：　又名鵝腸菜。多生田野及下濕地，正月生苗，大如指頭，細莖，引蔓，斷之中空有一絲如縷，作蔬甘脆。破血下乳汁，婦人宜之。治積年惡瘡痔。　雞腸草：　人家園庭多有此草，小兒取挼汁以捋蜘蛛網，可掇蟬。三月生苗，葉似繁縷而色微深帶紫，中不空。消(腰)〔腫〕毒，止小便利。　莧：　白莧補氣除熱，赤莧止痢，紫莧殺蟲毒。多食動氣，不可同鼈食。　莧子：　治青盲及黑花白翳，利大小便，去寒熱。久服之益氣力，不飢。　莧根：　治牙痛，陰下冷痛。　馬齒莧：　又名九頭獅子草。所在皆有。其葉比並如馬齒，故名。散血散腫，利腸滑胎，解毒通淋，產後虛汗，殺諸蟲，擣汁治一切癰疽疔腫、濕癬、白禿、杖痛、金瘡有奇效，且明目去翳，延年。　苦藚菜：　明目，治血淋，痔瘻惡瘡。白汁，塗疔腫根自出，滴癰上立潰。久服強力，雖冷甚益人。　蒲公英：　又名黃花地丁。處處有之。春初生苗，葉如苦藚，有細刺，中心抽一莖，莖端出一花，色如黃金。解食毒，散滯氣，化熱毒，消惡腫，結核，疔腫乳癰。　蕺菜：　又名魚腥菜。處處有之，多生濕地，葉似蕎麥而肥，莖大有臭氣。散熱毒癰腫，惡瘡痔瘻，斷瘧疾。　薯蕷：　又名山藥。所在多種，入藥以野生者勝。竹刀刮去皮用。補中益氣力，長肌肉，強陰止洩痢，化痰涎，久服補心神不足，開達心孔，生擣敷腫硬能消散。　百合：　所在皆有，潤肺清心，解熱止嗽，益氣調中，治浮腫脹滿，寒熱諸瘡，傷寒後坐臥不寧如有鬼神，名百合者。　茄子：　散血止痛，消腫寬腸。久虛人不可多食，動氣發痼疾。秋後食多傷目。　茄蒂：　燒灰，米飲服，治腸風下血。　茄根：　散血消腫，治血淋下血，血痢及陰挺，凍瘡。　瓠瓜：　除煩，治石淋，利小腸，潤肺消渴。患脚氣，虛脹者忌之。　苦瓠：　又名苦壺盧。味不堪食，止可作瓢用者。利石淋，治大水面目浮腫，癰疽惡瘡疥癬，齒有蟲䘌者。　敗瓢：　消腫殺蟲，治痔漏下血，崩中帶下。　冬瓜：　益氣耐老，消熱毒癰腫，治小腹水脹，虛冷者食之瘦人。　冬瓜瓤：　悅澤容顏，止煩熱，利小腸。　冬瓜子：　明目，好澤顏色，益氣。　冬瓜皮：　治折傷損痛。　冬瓜葉及藤：　治腫毒惡瘡，殺蜂毒。　南瓜：　補中益氣。多食發脚氣、黃疸。不可同羊肉食，令人氣壅。　絲瓜：　暖胃補陽，固氣利胎，去風化痰，涼血解毒，殺蟲，治大小便下血，痔漏，崩中，疝痛，卵腫，血氣痛，癰疽瘡疹諸病。　絲瓜葉：　療癰疽疔腫，卵癩。　絲瓜根藤：　殺蟲解毒。　苦瓜：　益氣壯陽，清心明目。　木耳：　斷穀，治痔益氣，強志。惟槐、桑樹上者良。多動風氣，發痼疾。　桑耳：　利五臟，宣胃氣，止衄血，腸風下血，婦人心腹痛，崩中帶下，月閉血凝。其金色者治癖飲積聚腹痛，金瘡。　槐耳：　治五痔脫肛下血，婦人陰中瘡痛。

果部　李核仁：　利小腸，除水腫，治損折，瘀血骨痛。　李根白皮：　煎汁飲，主赤白痢。炙黃煎飲，治女人卒赤白帶下，止煩逆，奔豚氣。　李葉：　治小兒壯熱，瘧疾，煎湯浴之良。　李樹膠：　定痛消腫。　杏核仁：　除肺熱，治上焦風燥，利胸膈氣逆，潤大腸氣秘，殺蟲，治諸瘡消腫。多食杏子動宿痰，目暗眉落。　梅子：　下氣除煩熱，治肢體偏枯不仁，去黑痣，蝕惡肉，止瀉調中，消痰止瘧，止吐逆霍亂，療虛勞骨蒸，反胃洩痢，斂肺澀腸，消腫殺蟲。　鹽梅：　治中風驚癇，喉痺痰厥，霍亂吐下，下血血崩，僵仆。牙關緊閉者，搽牙齦涎出即開。貼乳癰腫毒，點惡痣。　梅核仁：　明目益氣，除煩熱。　梅葉：　治休息痢及霍亂，煮汁飲之。　桃核仁：　治瘀血血閉，癥瘕，邪氣寒熱，鬼疰疼痛，殺蟲，止心腹痛。生桃多食令人膨脹及生癰癤，有損無益。　桃毛：　實上毛也，刮取用之。破血閉，下血瘕，寒熱積聚。　桃梟：　實着樹經冬不落者。治肺氣，療心痛，中惡腹痛，磨酒服之。主吐血，諸藥不效者，燒存性，研末煎湯服。破伏梁結氣，止邪瘧，燒烟熏痔瘡。　桃花：　治心腹痛，痰飲積聚，消腫，破石淋，利大小便，悅澤容顏。研末敷肥瘡，手足瘑瘡。　桃枝及白皮：　治心腹痛，解蠱毒，避疫癘，療黃疸，殺諸蟲瘡及中惡腹痛。　桃葉：　療傷寒時氣，風痺頭風，通大小便，止霍亂腹痛。　桃膠：　和血益氣，治石淋，下痢止痛。　桃橛：　即人家釘于地上，以鎮家宅者。治卒腹痛，惡氣脹滿，煮汁服。　栗：　厚腸胃，補腎氣。療筋骨斷，破瘀血，生嚼敷之。孩兒不可多食，滯氣生蟲，往往致病。　栗殼：　煮汁治鼻衄不止，反胃洩血。　棗子：　安中養脾氣，平胃氣，通九竅，助十二經，和百藥，潤心肺止嗽。有齒病、疳病、蟲䘌人不宜啖，小兒尤非所宜。又忌與葱、與魚同食，令人腰腹痛。　棗木心：　中蠱腹痛，煎汁取吐即愈。　苦棗：　治傷寒熱伏臟腑，狂蕩煩滿，大小便閉，取肉煮研，和蜜服。　梨子：　潤肺涼心，消痰降火，解瘡毒、酒毒，多食令人寒中。金瘡、乳婦、血虛者大不可食。　梨葉：擣汁服治霍亂不止，解中菌毒。　梨木皮：解傷寒時氣。　木瓜：處處有之，但以宣城出者為佳耳。去濕和胃，滋脾益肺，治濕痺脚氣，腹脹，心下痞滿，止洩痢水腫。　柿餅：所在皆有。用柿子去皮捏扁，日晒夜露生霜，謂之柿餅。開胃澀腸，消痰止渴，治吐血，潤心血，療肺痿，心熱，咳嗽及咯血，血淋。生食性冷，不可過。　石榴子：止洩痢，崩中帶下。多食損人肺。凡服藥人忌食。　石榴皮：治腰痛不遂，攣急疼痛，止洩痢，下血脫肛，崩中帶下。　石榴東行根：止洩痢帶下，治蚘蟲。

橘子：多食生痰。　黃橘皮：久者為佳，去白用青。治痰涎上氣咳嗽，霍亂吐逆，反胃痞痃，下氣通神。　青橘皮：破堅癖，散滯氣，去下焦諸濕，消乳腫。　橘核：治腎虛腰痛，膀胱氣痛，小腸疝氣，陰核腫痛。　柑子：利腸胃，解熱毒。多食令人肺冷，生痰。　柑皮：下氣調中，解酒毒。　枇杷子：利肺氣，止吐逆。多食生痰。　枇杷葉：和胃降氣，清熱解暑，治肺氣，熱嗽嘔噦不止。燒去毛用。　楊梅子：鹽藏食去痰止嘔噦，滌腸胃除惡氣，燒灰止下痢。多食發瘡致痰。　楊梅核仁：煎湯洗惡瘡疥癬，解砒霜毒。　燒灰油調塗湯火傷。　銀杏：即白果。所在多有，熱食溫肺，益氣，定喘嗽，縮小便，止白濁。生食降痰，消毒殺蟲，治疥癬疳䘌。多食壅氣動風。　胡桃：即核桃。所在多有。補氣養血，化痰，益命門，利三焦，溫肺，治虛寒腰脚重痛，血痢腸風，散腫毒瘰癧，黑鬚髮。食多動風生痰。惟虛火者宜之。　橡斗：所在多有，即櫟樹也。其子刓剜如斗，可以染皂。止洩痢，厚腸胃。　槲實：即大葉櫟。療痔止血及血痢。　枳椇：即雞距子。所在多有。止嘔逆，利大小便，解酒毒。　胡椒：出南番諸國，而食品常需，已屬中國。下氣溫中，去痰，除臟腑中冷，治霍亂氣逆，心腹卒痛，冷氣上衝，殺一切魚肉毒。　吳茱萸：處處有之。枝柔葉皺，其實結于稍頭，纍纍成簇而無核，醋煮焙乾用。溫中下氣，治霍亂，心腹絞痛，腰脚軟弱，痰涎頭痛，止洩痢，下產後餘血，殺惡蟲毒。　茶：下氣消食，消暑，解酒食毒。多食令人瘦。酒後不可飲茶，多患攣痺諸疾。服威靈仙、土茯苓者忌之。甜瓜：止渴除煩，利小便。然性冷，消損陽氣，多食未有不下痢者。　甜瓜蒂：吐風熱痰涎，下水腫殺蟲毒，去鼻中瘜肉，療黃疸。　蔗：下氣和中，助脾氣，利大腸。　沙糖：和中助脾，潤心肺。然多食令人心痛，生蟲，消肌肉，損齒，發疳䘌。　冰糖：潤心肺燥熱，止嗽，消痰解酒，助脾氣，緩肝氣。　蓮子：交心腎，厚腸胃，固精氣，強筋骨，補虛損，和耳目，除寒止脾泄，久痢白濁崩帶。久服耐老，又其菂至秋黑而沉水為石蓮子。　藕：散血生肌，止洩消食，解酒毒，治霍亂，產後血秘，擣罯金瘡及折傷。治粉食，輕身益年。　藕節：止嗽血唾血，血淋溺血，下痢，血崩及口鼻出血。　蓮鬚：清心通腎，固精氣，烏鬚髮，益血，止血崩，吐血。　蓮房：治血脹，止血崩下血。　荷葉：去惡血，留好血，助脾胃，發元神，消水腫，癰疽，發痘瘡，止吐血、咯血、衄血、下血、溺血、敗血。　慈菇：多生水田中。葉有椏，根似芋子而小，治百毒，產後血悶，胞衣不下。葉，治諸惡瘡腫及蛇蟲傷。

木部　柏子：柏有數種，入藥取扁面側生者。益氣去風濕，潤腎燥，安魂定魄，益智寧神，久服輕身延年。蒸熟晒乾取仁用。　柏葉：治吐血，衄血，下痢崩中，冷風骨節疼痛，殺五臟蟲。　柏枝節：煮汁釀酒，去風痺，歷節風。　松脂：又名松香，又名瀝青。治癰疽惡瘡，頭瘡疥瘙，生肌止痛，排膿殺蟲。久服強筋骨，利耳目，不老延年。　松節：釀酒治骨節風痺。松葉：去風濕脚痺，久服不飢延年。　松木皮：生肌止痛，治癰疽瘡口不合及白禿，杖瘡，湯火瘡。　杉木：治漆瘡及脚氣(腫)滿，煮湯洗之。并治奔豚，霍亂，煮湯服。　樟木：煎湯浴脚氣疥瘡風痒，酒服治中惡，心腹痛，霍亂腹脹。　烏藥：所在多有，但以天台者為勝，樹似茶檟，高五六尺，葉微圓而尖，面青背白有紋，入藥用根。除一切冷霍亂，反胃吐食，洩痢，癰癤，脚氣，疝氣，氣厥頭痛，心腹痛。　楓脂：又名白膠香。治一切癰疽瘡疥，金瘡，吐血衄血，生肌止痛。燒過揩牙永無牙病。　椿葉：香者名椿，臭者名樗。煮湯洗瘡疥風疽，煎飲消風祛毒。不可多食，令人動風昏神，尤忌和猪肉、熱麪食。　椿根白皮：去口鼻疳蟲，殺蚘蟲、疥蟲、蟲毒，下血及崩中帶下，白濁遺精，去脾胃積痰。　漆：有毒。煎乾燒存性。療咳嗽，消瘀血痞結腰痛，女子疝瘕，去蚘蟲。生漆瘡者用杉木，或紫蘇，或蟹煎湯洗之良。　梓白皮：治目中疾及吐逆，煎湯洗小兒熱瘡，皮膚瘙痒。　楸白皮：即梓之赤者。治上氣咳嗽，殺蟲。熬膏敷惡瘡疽瘻，癰腫疳痔，除膿血，生肌膚，並長筋骨。　楸葉：擣敷一切瘡腫，寔為外科要藥，而近人少知用者。　白桐葉：即可為琴瑟者。治惡瘡腫毒。　梧桐葉：炙焦研末，敷癰疽發背。　桐油：塗疥癬蟲瘡毒腫，吐風痰喉痺，酒解即止。　苦楝子：處處有之，木高丈餘，葉密如槐而長，三四月開花紅紫色，芬香滿庭，結子如彈丸，生青熟黃，治火熱心燥，瀉膀胱，治諸疝為要藥。　苦楝根皮：殺蚘蟲，治瘡疥及風疹。　槐子：殺蟲去風，明目除熱，止涎唾，補絕傷，婦人乳瘕，子臟急痛。久服明目，益氣延年，烏牛乳蒸過用。　槐花：治五痔心痛，眼赤，殺腹臟蟲及皮膚風熱，赤白痢並炒服，又療失音及喉痺，女人崩中帶下。　槐葉：治產難絕傷，煎湯洗小兒疥癬疔腫。　槐枝：釀酒治大風痿痺，煎湯洗痔瘡。　槐白皮：治中風皮膚不仁，陰疝卵腫，浸洗五痔，一切惡瘡，產門腫痛，湯火瘡。止痛長肉，消癰腫。　皂莢：又名皂角。通關節，消痰殺蟲，治咽喉痺，寒痰氣喘嗽，破堅癥，墮胎，熬膏治一切腫毒，燒烟辟瘟疫，功用甚多，勿以其微而忽之。　皂莢子：去黃，銅刀切晒用。宣導五臟風熱，治大腸虛秘，瘰癧腫毒瘡癬。　皂莢刺：治癰腫，妬乳惡瘡，胎衣不下，殺蟲。　皂莢木皮：治風熱痰氣，殺蟲。　欅柳木皮：治時氣頭痛，熱毒腫毒，斷痢安胎。　楊柳花：即柳絮。止血，治濕痺，四肢攣急，療惡瘡，逐膿血。　楊柳葉：煎水洗漆瘡惡疥疔瘡，熬膏續筋骨，長肉止痛。　楊柳白皮：煎服治黃疸，白濁，酒煮熨諸痛腫，去風止痛，煎湯洗風腫瘙痒。　白楊木皮：治毒風脚氣，四肢緩弱不隨及痰癖，折傷瘀血在骨肉間，痛不可忍，消癭氣，俱酒漬服之。含漱止牙痛。　榆木白皮：滑胎，利五淋，擣涎消癰腫妬乳。久服斷穀不飢，其實尤良。　椶櫚皮：止吐血、衄血，治金瘡生肌，破癥瘕，治腸風洩痢，崩中帶下，燒灰存性用。　梔子：所在皆有，即染家所用者。瀉火除熱，解五種黃病，利五淋，止吐血、衄血、血痢下血、血淋，損傷瘀血。生用瀉火，炒用止血。　桑木白皮：調中下氣，消痰止渴，開胃下食，殺腹臟蟲，止霍亂吐洩，肺氣喘滿，虛勞客熱，水腫腹脹，并可以縫金瘡。　桑椹：利五臟、關節，酒服治一切風，煎汁止霍亂腹痛。　桑枝：治遍體風痒，水氣脚氣，四肢拘攣，攣氣眼運，肺氣咳嗽，久服終身不患偏風。　桑枝灰：蝕黑肉，敷金瘡，止痛生肌。　金櫻子：又名刺梨子。所在皆有。治脾洩下痢，澀精氣。　金櫻花：止冷熱痢，殺寸白蟲。　金櫻葉：研爛消癰腫，又治金瘡。　女貞子：又名冬青，即蠟樹也。補中安五臟，養精神，除百病，久服輕身不老。　女貞葉：除風散血，消腫定痛，治頭目昏痛，一切惡瘡潰爛，水煮乘熱貼之，頻頻換易。　衛矛：又名鬼箭羽。所在皆有，春長嫩條，條上四面有鋒如箭羽。通月經，破癥結，止血崩帶下。　五加皮：處處有之。葉如蒲葉，三花者是雄，五花者是雌，陽人使陰，陰人使陽，剝皮乾用。補中益精，堅筋骨，逐惡風，治四肢不遂及瘀血在皮筋者，腰脚疼痛，心腹疝氣，久服延年益老，功難盡述。　枸杞苗：處處有之，皆可用，但以甘州者為尤佳耳。壯心氣，去皮膚骨節風，消熱毒，散癰疽，益陽事。汁療赤目昏痛。　枸杞子：滋腎潤肺，除風去濕，久服耐老延年。　地骨皮：即枸杞根也。解骨蒸肌熱消渴，風濕痺，堅筋骨，涼血。　黃荊子：除骨間寒熱，通利胃氣，止欬逆，治小腸疝氣。　黃荊葉：治霍亂轉筋，下部䘌瘡，脚氣腫滿。　黃荊根：治肢體諸風，解肌發汗。　黃荊汁：煨燒取汁，除風熱，開經絡導痰，迅行血氣，解熱痢。　紫荊：園圃多植，春開花深紫可愛。活血行氣，治婦人血氣疼痛，經水凝濇，消腫毒，并解蛇虺狂犬諸毒。　木槿：止腸風洩血，赤白帶下，消瘡腫，明目，活血。花亦相同。　木芙蓉：清肺涼血，散熱解毒，治一切大小癰疽腫毒，排膿止痛，為外科要藥。人何為以其(微)而忽之？　柞木皮：即鑿子木也。利竅催生。葉治癰腫。　茯苓：假松氣而生，有松之地皆有。補五勞七傷，開心益志，和中利氣，暖膝安胎，久服大益人。　夜合：即合歡樹，人多栽植于庭，木似梧桐，葉似皂角。取皮入藥消腫止痛。　朽木　古厠木

服器部　故綿絮　麻布　青布　褌襠　麻鞋　紙　草鞋　鑿柄木　蒲扇　燈盞　甑蔽

蟲部　蜂蜜：益氣補中，解毒，和百藥，久服延年。同生地搗汁服，治心腹血刺痛及赤白痢。　黃蠟：補中續絕傷，益氣不飢。　土蜂房：在地中者。　露蜂房：懸樹上者。　白殭蠶：即自死者。治崩中帶下，乳汁不通，為末酒服。結核瘰癧疔腫，(枝根)為末細敷。　蠶繭：燒灰酒服，治癰疽黑頭，又療諸疳瘡及下血、血淋、血崩。　蠶蛻：治血病，益婦人。　蠶連：初生蠶子殼在紙上者。治血崩帶下，洩痢，敷疔瘡、吹乳。　原蠶蛾：第二番蠶也。益精強陰，治暴風金瘡，去翅足用。　原蠶沙：即蠶屎也。須晚出者。去風除濕。　斑蝥：以糯米拌炒至米黑，取出頭、足、兩翅，以髮裹懸牆角一夜，則毒去也。　蜘蛛：能制蜈蚣。凡蜈蚣咬處，以蜘蛛吸之自愈。　蜘蛛網：止金瘡血出。　草蜘蛛：在草上牽網者。　壁錢：作白幕如錢，貼壁上者。　水蛭：即馬蟥。能逐惡血、瘀血。凡血閉崩漏，跌撲損傷，燒灰酒服一錢妙。　狗蠅　牛蜫　蠐螬：狀如蠶而大，身

短節促，足長有毛，生糞土中者外黃內黑，生茅屋上者外白內黯。逐惡血瘀血，治折損崩帶良，且通乳汁。糯米拌炒至黑，去肉毛研用。　桑蠹蟲　蟬蛻：去風明目。　蜣螂：即以土包糞轉而成丸者。能墮胎，治諸惡瘡。

螻蛄：又名土狗。穴土而居，有短翅四足，夜則出外求食。雄者善鳴，喜就燈光。治水腫，通石淋，除惡瘡。　螢：明目通神。　土鼈：俗名簸箕蟲。形扁如鼈，故名。治產後血積，折損瘀血。　蚱蜢：多生禾稼間，長股，善跳，青黑不一。　蜚虻：即噉牛馬血者。逐瘀血，破血積。　蟾蜍：即癩蝦蟆。治陰蝕疽癘惡瘡，燒灰敷之立驗。　蟾酥：以蒜椒等辣物納口中，其汁自出，以竹篦刮下，麪和成塊，乾之。不可入目，令人腫盲。為一切惡瘡要藥。　蝦蟆　鼃：即蝦蟆中之青脊善鳴者。　蝌蚪：即蝦蟆之初生有尾者。　蜈蚣：火炙去頭足用。　蚯蚓：治傷寒瘧痰，狂熱，急慢驚風，歷節風痛，頭風痛風，喉痺，瘰癧，癲癇。　蚰蜒：又名蝸牛。　砂挼子：是處有之，生砂石中，作旋窩，背有刺，能倒行。　蚘蟲：又名人龍。即人腹中蟲也。

鱗部　鯉：煮食消水腫，利小便，下乳汁，定喘嗽，去風塊，止暴痢。凡炙鯉魚不可使烟入目，損目。天行病，下痢後俱不可食，不可同犬肉食。　鯉魚膽：明目。　青魚膽：明目，治喉痺，療惡瘡。　鯽魚：諸魚屬火，惟鯽魚屬土，有調中養胃之功。然多食亦能動火。同沙糖食生疳蟲，同芥菜食成腫疾，同猪肝與雞肉食生癰疽。　烏鱧：即七星魚，首有七星，夜朝北斗，又名柴頭魚。能發痼疾，不宜多食。　黃鱓魚：補五臟，逐風邪，除腹中冷氣，婦人產後宜之。多食發癰、霍亂。不可同犬肉食。　鰕：動風發瘡，有病之人勿食。　蛇蛻：辟惡去風，殺蟲，退目翳，催生安胎，治一切疔腫惡瘡。

介部　龜甲：去瘀血，止血痢，續筋骨，補心腎，治腰脚酸痛。燒灰，敷脫肛、癰疽、頭瘡、女人陰蝕。火煅酒炙用。　鼈甲：破癥結惡血，墮胎消腸癰，撲損瘀血，除瘧母，斂潰癰，治陰蝕痔核。火煅酒浸一夜，爛煮如泥用。　鼈肉：補陰益氣，虛勞血痢崩帶者宜之，久食性冷損人，不可同雞子、莧菜食。性畏葱，又薄荷煮鼈能害人。　蟹：解結散血，愈漆瘡，養筋益氣。此物極動風，風痰人不可食。娠婦食之令子橫生。獨螯、獨目，或六足，或足下有毛及頭背有星，腹中有骨，皆有毒，不可食。中毒以冬瓜汁、紫蘇汁、豉汁皆可解之。　蚌肉：除煩解熱，明目除濕。　蚌粉：解熱燥濕，化痰消積，止白濁，下痢帶下，塗陰瘡癰腫、濕瘡。　田螺：利濕熱，治黃疸，搗爛貼臍，引熱下行，止噤口痢，下淋閉。　螺螄：小如指頭而殼厚于田螺。醒酒解熱，利大小便，消黃疸水腫，治反胃痢疾，脫肛痔漏。

禽部　鵝：肉性冷，多食發霍亂、痼疾。　鴨：補虛，除客熱，和臟腑。老者良。腸風下血人不可食。黑鴨有毒，滑中，發脚氣，口白者殺人。　白雄雞：調中除邪，下氣療狂。　丹雄雞：補虛溫中，止崩漏帶下，辟不祥。　烏雄雞：治心腹惡氣，除風濕麻痺，折損癰疽。　黑雌雞：治反胃腹痛，踒折骨痛，療癰疽，排膿補血及產後虛羸。　黃雌雞：添髓補精，助陽氣，暖小腸，止洩精洩痢，治產後虛羸。　烏骨雞：補虛勞，中惡鬼擊，心腹痛，益產婦及崩中帶下。　雞冠血：丹雞者良。治中惡客忤，解諸毒蟲傷。　雞血：治踒折骨痛，中惡腹痛，解蟲毒。　雞肝：補腎起陽，安漏胎下血，並治女人陰蝕以及風虛目暗。　雞膽　雞腎　雞肶裏黃皮：又名雞內金。止泄精及崩中帶下，洩痢，治喉閉、乳蛾良。　雞毛：破血消癰，下骨鯁。　雞屎白：治中風失音，痰迷，破血下氣，利大小便，消心腹鼓脹，癥瘕，破傷中風，解金、銀、諸蟲毒。　雞子：即卵也。鎮心安胎，治久痢，產後虛勞賊風麻痺，天行熱疾狂走。　雞卵白：治目熱赤痛，心下伏熱，難產血閉血運，黃疸及一切熱毒。　雞卵黃：解熱毒，治下痢，止嘔逆。　雞抱出卵殼：研末磨障翳。　雞卵殼中白皮：治久嗽氣結。　鴿：人家多畜，入藥以白者良。調精益氣，治諸惡瘡，解諸藥毒及蟲毒。　鴿卵：解豆毒。　鴿屎：名左盤龍。治腹中痞塊，消腫及瘰癧諸瘡。驢馬生瘡，研末和草飼之。　麻雀：壯陽益氣，暖腰膝，治血崩帶下，不可合李及諸肝食。　雀卵：治男子陰痿不起，女子帶下，除疝瘕。　雄雀屎：名白丁香。屎底坐尖在上者是雄，兩頭圓者是雌。療目痛，決癰疽。女子帶下，除疝瘕，消積強陰，研細，甘草水〔浸〕一宿焙乾用。　燕：不可食，損人神氣。　燕屎　蝙蝠：又名伏翼，又名天鼠。療五淋，利水道，治久瘧瘰癧，久嗽金瘡。　蝙蝠屎：名夜明沙。治目盲障翳，除瘧破積。　斑鳩：明目益氣，多食助陰陽。　鸜鵒：又名八哥。治五痔，老嗽止血，下氣。　烏鴉：治暗風癇疾，五勞七傷，吐血咳嗽，骨蒸勞疾。　烏鴉目　烏鴉翅毛　喜鵲：去風，消胸中痰結，婦人不可食。

獸部　豬：多食殺藥氣，動風發疾。凡患痼痔漏諸疾者，食之必再發。反烏梅、桔梗、黄連，犯之令人洩痢。合生薑食生面皯，合蕎麥食落毛髮患風病。合吴茱萸食發痔疾，合胡荽爛人臍，合牛肉食生蟲，合羊肝、雞子、鯽魚、豆黄食滯氣，合龜、鼈食傷人。凡煮豬肉，得皂莢子、桑白皮、高良薑、黄蠟，不發風氣。　豬脂：破冷結，散宿血，利血脉，去風殺蟲，治癰疽。　豬髓：治撲損傷瘡，惡瘡。　豬血：治頭風眩運，卒下血不止。　豬心　豬脾：俗名聯貼。　豬腎：性寒，不能補命門精氣，方藥所用，借以引導而已。腎有虚勢者宜之。若腎氣虚寒者非所宜矣。　豬胵臏：治肺痿咳嗽。　豬肚：補中益氣，消積聚癥瘕，治惡瘡。　豬脬：即尿胞也。治遺溺，疝氣墜痛。　豬膽：通大小便，敷惡瘡，殺疳䘌，明目清心。　豬蹄：通乳脉，托癰疽，消毒氣，去惡肉。　豬蹄甲：治五痔伏熱，腸癰內蝕。　豬屎：治寒熱黄疸濕痺，天行熱病。　燒灰發痘瘡，除熱解毒。　狗肉：補腎氣，壯陽道，暖腰膝，益氣力。　黄色者佳。不可去血，去血則力少，不益人。同蒜食損人。娠婦食之令子無聲。氣壯多火之人不宜食，熱病後食之殺人。　狗血：治虚勞吐血，産難横生。　狗乳汁　狗肝　狗膽：殺蟲除積，破血明目，敷痂瘍惡瘡。　狗頭骨：燒灰治久痢，癰疽惡瘡，止痢。　狗屎：燒灰治一切瘻瘡疔腫，發痘瘡倒靨，止心腹痛，解一切毒。　羊：補中益氣，開胃健力。性大熱，若熱病及天行病、瘧疾病後必發熱致危。白羊黑頭，黑羊白頭及獨角者皆有毒，不可食。煮羊以杏仁及瓦片則易爛，以核桃則不臊。銅器煮之男子損陽，女子暴下。同蕎麥、豆醬發痼疾，同醋食傷人心。　羊脂：止下痢，脱肛，去風毒，殺蟲。入瘡藥透肌肉經絡，殺風熱毒氣。　羊血：治九竅出血，産後血悶欲絶，解一切毒。　羊乳：療虚勞，益精氣，補腎肺，利小腸氣，治反胃消渴。　羊髓：利血脉，益精氣。　羊肺：止咳嗽，補不足，去風邪。　羊腎：壯陽益胃，止小便，治虚損盜汗。　羊肝：補肝明目，青羊者佳。不可合豬肉及梅子、生椒食，傷人五臟。　羊膽：明目，治諸瘡。　羊胵　羊舌　羊角：治青盲，止洩血吐衄，婦人産後餘痛，益氣輕身。　羊脊骨：補腎虚，通督脉，治腰痛下痢。　羊脛骨：治脾弱腎虚不能攝精，止白濁，除濕熱，健腰脚，固牙齒。　羊鬚　羊屎　黄牛：安中益氣，養脾胃。病死者有大毒，令人生疔，發痼疾。獨肝者令人痢血至死。合豬肉食生寸白蟲，合韭、薤食發熱病，合生薑食損齒。煮入杏仁、蘆葉易爛。　牛乳：養心肺，解熱毒，潤皮膚。治反胃氣痢，補益勞損。　牛髓：安五臟，平三焦，續絶傷，益氣力，通十二經脉。　牛腦：治脾積痞氣。　牛膽：明目，殺蟲，治癰腫。　牛喉：療反胃吐食。　牛角䚡：角尖中堅骨也。下閉血、瘀血疼痛，治崩中帶下，冷痢。　牛骨：燒灰治吐血，崩中帶下，腸風下血及疳瘡蟲蝕。　牛毛：通淋閉。　牛溺：治水腫腹脹。　牛屎：散熱解毒，治水腫惡氣。　燒灰敷惡瘡爛痘。　噛草：即回噛草也。治反胃、霍亂。　馬：有大毒，須以清水搦出血盡乃煮，不可蓋釜。白馬青蹄、白馬黑頭者并不可食，令人癲，患痢人尤忌。合蒼米、蒼耳食，十有九死。合薑食生氣嗽，合豬肉食成霍亂。凡中馬肉毒者，蘿蔔汁可解。　馬齒　馬骨　馬蹄：下瘀血，殺蟲。　馬溺：破癥瘕伏梁，聚疝熱飲，治反胃，殺蟲。　白馬通：即馬屎也。止吐血下血，金瘡出血，産後諸血，傷寒時疾，垂死者，絞汁飲。又炒熱包熨治杖瘡傷損。晒乾燒火，養一切藥力。　驢　驢乳　驢溺　驢屎：治反胃，心腹疼痛，水腫齒痛，每服五合良。燒灰止血衄，塗惡瘡。

人部　人髮：名血餘。利大小便，消瘀血，止衄血。　頭垢　爪甲　牙齒　人中黄：即人屎也。治天行熱狂，解諸毒，療一切疔腫。　人溺：須童子者佳。滋陰降火甚速，能推陳致新，治咳嗽肺痿，寒熱頭痛，血悶熱狂，瘀血在內，運絶，止吐血、衄血，每用一盞，或入薑汁、韭汁少許，凡陰虚火動者，無過于此方。　人中白：即人溺澄下白垽也。以風日久乾者為良。降火消瘀血，治熱勞，肺痿，止諸竅出血。　月經衣　人血　人乳：補五臟，益氣，悦皮膚潤毛髮，療目赤。但擇無病婦人者為佳。　人氣

清・史樹駿《經方衍義》卷五　本草挈要共二百八種計八部　草部一百五十五種

人參：味甘，微溫，無毒。入肺、脾二經。茯苓為使，惡鹵鹹，反藜蘆，畏五靈脂。去蘆用。其色黄中帶白，大而肥潤者佳。多用則宣通，少用反壅滯。補氣安神，除邪益智。療胸脇逆滿，止心腹寒疼。氣入金家，水生渴止。脾得健運，消食破癥，能回垂絶之元陽，亦拯久傷之血症。百損諸虚咸賴，真寒假熱須求。力可回天，功魁群草。　生地黄：味甘，寒，無毒。入心、肝、脾、腎四經。惡貝母。忌銅、鐵、葱、蒜、蘿蔔、諸血。産懷慶，黑而肥實者佳。補陰涼血，去瘀生新，養筋骨，益氣力，理胎産。療骨蒸心病而掌中熱痛，脾病而痿蹶昏沉。　熟地黄：性味惡忌同前。用大生地酒洗浸一宿，以砂鍋、柳木甑，襯以荷葉，將砂仁粗末拌蒸，晒乾，如是三五次，

透爛為度。滋腎水，封填骨髓，利血脉，補益真陰。久病餘脛股酸痛，新產後臍腹急疼。二地為補腎要藥，益陰上品。但胃寒食少，脾虛泄瀉，痰多氣鬱者禁與。天門冬：味甘，寒，無毒。入肺、腎二經。地黄、貝母為使。忌鯉魚。去心用。定喘定嗽，肺痿肺癰，是潤燥之力也。益精益髓，消血消痰，非補陰之力歟。善殺三蟲，能通二便。甘寒養陰，肺腎虛熱之要藥。若脾虛泄瀉惡食者，禁與。麥門冬：味甘，微寒，無毒。入心、肺二經。地黄、車前為使。惡欵冬花，忌鯽魚。肥白者佳。去心用。退肺中伏火，清心氣驚煩。止渴益精，定血療欬。禁如天冬。黄耆：味甘，微溫，無毒。入肺、脾二經。茯苓為使。惡龜甲、白鮮皮。嫩綠色者佳。蜜炙用。補肺氣而實皮毛，斂汗托瘡，解渴定喘。益胃氣而去膚熱，止瀉生肌，補虛治癆。風癩急需，痘瘍莫缺。有表邪并氣實者禁與。白朮：味苦、甘，溫，無毒。入脾、胃二經。防風為使。忌桃、李、青魚。產於潛者佳。米泔水浸半日，土蒸切片，蜜水拌勻，炒令褐色。健脾進食，消穀補中。化胃經痰水，理心下急滿。利腰臍血結，祛周身濕痺。君枳實以消痞，佐黄芩以安胎。陰虛燥渴者，禁與。蒼朮：味甘、辛，温，無毒。入脾經。畏惡同白朮。產茅山者佳。泔浸炒。燥濕消痰，發汗解鬱。除山嵐瘴氣，弭灾沴惡疾。無濕痰者禁與。甘草：味甘，平，無毒。入脾經。白朮為使。反大戟、芫花、甘遂、海藻，惡遠志。忌猪肉，令人陽痿。補脾以和中，潤肺而療痿。止瀉退熱，堅筋長肌，解一切毒，緩一切性，調和群品，普治百邪。梢止莖中作痛，節醫腫毒諸瘡。中滿者禁與。萎蕤：味甘，平，無毒。入肺、脾、肝、腎四經。畏鹵鹹。蜜水拌蒸透。潤肺而止嗽疼，補脾而去濕熱，益腎而除腰病。莖寒養肝而理眦傷淚出。益陰與地黄同功，扶陽與人參竝力。山藥：味甘，平，無毒。入心、脾、腎三經。蒸透用。益氣長肌，安神退熱。補脾瀉痢勻除，補腎溺精無泄。何首烏：味苦，澁，微溫，無毒。入肝、腎二經。茯苓為使。忌諸血、無鱗魚、蘿蔔、葱、蒜、鐵器。大觔許者，赤白合用，泔浸，黑荳拌蒸晒，九次為度。補真陰而理虛癆，益精髓而能嗣續。強筋壯骨，黑髮悅顏。消諸種癰瘡，療陰傷久瘧。治崩中帶下，調產後胎前。遠志：味苦、辛，溫，無毒。入心、腎二經。畏珍珠、藜蘆，殺附子毒。冷甘草湯浸透，去木，焙乾。定心氣，止驚益智。補腎氣，強志生精。治皮膚中熱，令耳目聰明。虛傷水火竝補，癰疽敷服皆奇。木香：味辛，溫，無毒。入肺、脾、肝三經。生用理氣，煨熟止瀉。平肝降氣鬱可開，而胎可安。健胃寬中食可消，而痢可止。何患乎鬼邪蠱毒，無憂于冷氣心疼。肺虛血燥者禁與。石菖蒲：味辛，溫，無毒。入心、脾二經。秦艽為使。惡麻黄，忌糖飴、羊肉。勿犯鐵器，令人吐逆。石生細而節密者佳。去毛微焙。宣五臟，耳聰目明。通九竅，心開智長。風寒濕痺宜求，欬逆上氣莫缺。止小便利，理膿窠瘡。陰血不足者禁與。薏苡仁：味甘，微寒，無毒。入肺、脾二經。淘淨晒。祛內濕，理脚氣拘攣。保肺金，治痿癰欬嗽。瀉痢不能缺也，水脹其可廢乎。石斛：味甘，平，無毒。入胃、腎二經。惡巴荳，畏僵蠶。酒浸酥拌蒸。清胃生肌，逐皮膚虛熱。強腎益精，療脚膝軟痺。安神定驚，厚腸止瀉。形長而細且堅，味甘不苦為真。悞用木斛味大苦，餌之損人。牛膝：味苦、酸，平，無毒。入肝、腎二經。惡龜甲，忌牛肉。酒蒸用。壯筋骨，利腰膝，除寒濕，解拘攣。益精強陰，通經墮胎。理膀胱氣化遲難，引諸藥下行甚捷。主用多在腎肝下部，上焦藥中勿入，氣虛下陷，血崩不止者禁與。川芎：味辛，溫，無毒。入肝經。白芷為使，畏黄連。川產者佳。主頭痛面風，淚出多涕，寒痺筋攣，去閼生新，長肉排膿，調經種子。小者名撫芎，止利且開鬱。辛甘發散為陽，故多功於頭面。凡虛火上炎，嘔吐欬逆者禁與。當歸：味甘、辛，溫，無毒。入心、肝、脾三經。畏菖蒲、海藻、生薑。酒洗，去蘆。去閼生新，舒筋潤腸。溫中止心腹之痛，養榮療肢節之疼。外科排膿止痛，女科瀝血崩中。心主血，脾統血，肝藏血，歸為血藥，故入三經。頭止血，尾破血，身補血，全用和血，氣血昏亂，服之即定。洩瀉者禁與。白芍藥：味苦、酸，微寒，無毒。入肺、脾、肝三經。惡石斛、芒硝，畏鼈甲、小薊，反藜蘆。煨熟，切片，酒焙。斂肺而主脹逆喘欬，腠理不固。安脾而主中滿腹痛，瀉痢不和。制肝而主血熱目疾，脇下作疼。赤者專行惡血，兼利小腸。中寒及產後禁與。五味子：味甘、酸，核中苦、辛、鹹，溫，無毒。入肺、腎二經。蓯蓉為使，惡萎蕤。嗽藥生用，補藥微焙。產遼東，肥潤者佳。強陰澁精，除熱解渴。滋腎經不足之水，止欬定喘。斂汗固腸，收肺家耗散之金。風邪在表，及痧疹初發，一切停飲，肺有實熱者禁與。丹參：味苦，微寒，無毒。入心經。畏鹹水，反藜蘆。安神散結，益氣養陰。去閼血，生新血，安生胎，落死胎，帶下崩中，胎前產後。沙參：味苦，微寒，無毒。入肺經。惡防己，反藜蘆。主寒熱咳嗽，胸痺痛也頭痛。定心內驚煩，退皮間邪熱。寒客肺經而嗽者，禁與。玄參：味苦、鹹，微寒，無毒。入腎經。惡黄耆、乾薑、大棗、山茱，反藜蘆，忌銅器。蒸過晒乾，黑潤者佳。補腎益精，退熱明目。傷寒癍毒，癆證骨蒸。解煩渴，利咽喉。外科瘰癧癰疽，女科產乳餘疾。脾虛洩瀉者，禁與。苦參：味苦，寒，無毒。入腎經。玄參為使，惡貝母、菟絲，反藜蘆。泔浸一宿，蒸晒。利水固齒，除熱祛濕。癰腫瘡瘍，腸澼下血。損胃寒精，非大熱者禁與。知母：味苦，寒，無毒。入肺、腎二經。忌鐵器。肥白者佳。去毛，鹽、酒炒透。除肺熱而消痰濁欬，瀉腎火而利水滑腸。肢體腫浮為上劑，傷寒煩熱號神良。但能瀉腎家有餘之火，陰寒不宜多服。腎虚陽痿，脾虚溏洩，不思食，不化食者，禁與。

貝母： 味辛、苦，微寒，無毒。入心、肺二經。厚朴為使，畏秦艽，反烏頭。去心，糯米拌炒，米熟為度。川產者良。此治肺金燥痰，與半夏不同。消痰潤肺，滌熱清心。喘嗽紅痰要矣，胸中鬱結神哉。寒痰、濕痰、風痰、食積痰、腎虚水泛為痰，均非貝母所司。

紫(苑)〔菀〕： 味苦、辛，溫，無毒。欵冬花為使。惡遠志，畏茵陳。洗淨，蜜水拌。主痰喘上氣，屍疰勞傷，欬吐膿血，通利小腸。陰虚肺熱者禁與。

百合： 味甘，微寒，無毒。入心、肺二經。花白者入藥。保肺止欬，驅邪定驚。止涕淚多，利大小便。

天花粉： 味苦，寒，無毒。入心、肺二經。枸杞為使。惡乾薑，畏牛膝、乾漆，反烏頭。止渴退煩熱，消痰，通月經，排膿散腫，利膈清心。實名栝樓，結胸上劑。其子潤肺化痰有靈。脾虚洩瀉者禁與。

續斷： 味苦、辛，微溫，無毒。入肝經。地黃為使，惡雷丸。酒浸，焙。補勞傷，續筋骨。破關結，利關節。縮小便，止遺洩。癰毒宜收，胎產莫缺。

秦艽： 味苦、辛，平，無毒。入肝、胃二經。菖蒲為使，畏牛乳。左紋者良。祛風活絡，養血舒筋。骨蒸黃疸，利水通淋。下部虚寒，小便不禁，大便滑者，禁與。

木通： 味辛、甘，淡，平，無毒。入心、小腸二經。色白而梗細者佳。治五淋，宣九竅。殺三蟲，利關節。通血脉，開關格。行經下乳，催生是職。君火為邪宜用木通，相火為邪宜用澤瀉。

澤瀉： 味甘、鹹，微寒，無毒。入腎、膀胱二經。畏五倍子。去皮，酒潤焙。主水道不通，淅瀝腫脹。能止洩精，此指濕火為患。善除胞垢。腎虚精滑，并目虚不明者，禁與。

車前子： 味甘，寒，無毒。入肺、肝、小腸三經。酒拌，蒸曝。利水止瀉，解熱催生。益精明目，開竅通淋。用其根葉，行血多靈。服固精藥，久服此行房即有子。陽氣下陷，腎氣虚脱者，禁與。

扁蓄： 味苦，平，無毒。入膀胱經。利水，治癃淋。殺蟲，理瘡疾。

燈心： 味淡，平，無毒。入心、小腸二經。清心必用，利水偏宜。燒灰吹喉痺，塗乳治夜啼。

萆薢： 味苦，平，無毒。入胃、肝二經。薏苡仁為使，畏大黃、柴胡。主風寒濕痺，腰膝作疼。既可去膀胱宿水，又能止失溺便頻。

土茯苓： 一名菝葜，功用相倣。祛風除濕，去濁分清。化惡瘡之毒，忌醋及茗。

甘菊花： 味甘，微寒，無毒。入肺、腎二經。枸杞、桑白皮為使。主胸中熱，去頭面風。死肌濕痺，目淚頭疼。

金銀花： 味甘，平，無毒。入脾經。解熱消癰，止痢寬膨。

升麻： 味甘、苦，平，無毒。入肺、脾、胃、大腸四經。青色者佳。忌火。解百毒，殺精鬼。辟疫瘴，止喉疼。頭痛齒痛，口瘡癍疹。陽明風邪可散，胃中清氣以升。吐衄血，嗽痰，陰虚火動，氣逆嘔吐，怔忡癲狂，俱禁與。

柴胡： 味甘，微寒，無毒。入肝、膽二經。惡皂莢，畏藜蘆。忌火。主傷寒瘧疾，寒熱往來，嘔吐脇痛，口苦耳聾，飲食積聚，痰實結胸，心中煩熱，熱入血室，目赤頭痛，濕痺可泄，肝勞骨蒸，五疳羸熱。柴胡乃少陽膽經半表半裏之藥，病在太陽者，服之太早，則引賊入門，并病在陰經者，復用柴胡，則重傷其表，俱禁與。

前胡： 味苦，微寒，無毒。入肺、脾、胃、大腸四經。半夏為使，畏惡同柴胡。散結而消痰定喘，下氣以消食安胎。前胡主降，柴胡主升。若陰虚火動而有痰者，禁與。

羌活： 味苦、甘，平，無毒。入肝、腎、小腸、膀胱四經。風寒濕痺，筋骨攣疼，頭旋掉眩，頸項難伸。既入手足太陽表裏引經，又入足之少陰、厥陰八風之邪。散百節之痛寧，產中國者為獨活，理伏風為更神。二活皆主風疾。若血虚頭痛及血虚遍身肢節痛者，禁與。

細辛： 味辛，溫，無毒。入心、小腸二經。惡黃芪、山茱萸，畏滑石。風寒濕痺，頭痛鼻塞，百節拘攣，齒疼淚出，頭面遊風，破痰甚疾。血虚內熱致頭痛咳嗽者，禁與。

茺蔚子： 味辛，微寒，無毒。入肝經。忌鐵器。明目益精，行血除水。葉名益母，功用相當。崩漏及瞳神散大者，禁與。

防風： 味甘、辛，溫，無毒。入肺、小腸、膀胱三經。畏萆薢，惡乾薑、芫花，殺附子毒。色白而潤者佳。大風惡風，風邪周痺，頭面游風，眼赤多淚。能瀉肺實。肺虚有汗者禁與。

荊芥： 味辛，溫，無毒。入肝經。反驢肉、無鱗魚、河豚、蟹、黃鱨魚。主瘰癧結聚，瘀血濕瘟，散風熱，清頭目，利咽喉，消瘡毒。

紫蘇： 味辛，溫，無毒。入肺經。溫中達表，解散風寒。梗能下氣安胎，子可消痰定喘。氣虚、表虚者禁用葉，腸滑氣虚者禁用子。

薄荷： 味辛，溫，無毒。入肺經。產蘇州者良。去風熱，通關節，清頭目，定霍亂。消食下氣，猫咬蛇傷。傷寒舌胎，和蜜擦之。多服損肺傷心。

乾葛： 味甘，平，無毒。入胃經。主消渴大熱，嘔吐頭疼。生用能墮胎，蒸熟化酒毒，止血痢，散鬱火。陽明胃經之藥，上盛下虚之人，雖有胃病，禁與。

麻黃： 味苦，溫，無毒。入心、肺、膀胱、大腸四經。厚朴為使，惡辛夷、石、韋。去根節，水煮去沫。專司冬令寒邪，頭疼身熱脊強。去榮中寒氣，泄衛分風邪。太陽經藥，兼入肺經，肺主皮毛。葛根乃陽明經藥，兼入脾經，脾主肌肉。發散雖同，所入逈異。惟在冬月，表有寒邪者用之。或非隆冬，或無寒邪，或寒邪在裏，或傷風等症，雖發熱惡寒，不頭疼身疼拘急，六脉不浮緊者，俱禁與。

白芷： 味辛，溫，無毒。入肺、胃、大腸三經。當歸為使，惡旋覆花。微焙。頭風目淚，齒痛眉疼，肌膚搔癢，嘔吐不寧。女人赤白帶下，瘡家止痛排膿。其性燥散，耗血損氣，有虚火者勿用。

藁本： 味辛，溫，無毒。入膀胱經。惡薗茹。風家巔頂作痛，婦人陰腫疝疼。頭痛挾內熱，及傷寒頭痛，發於春夏，皆禁與。　天麻：味辛，平，無毒。入肝經。酒浸，煨熟，焙乾。風虛眩運，麻痺不仁，語言蹇澁，腰膝軟疼。殺蠱魅毒，專理風驚。血虛無風，禁與。　香薷：味辛，微溫，無毒。入肺、胃二經。忌見火。主霍亂水腫，理暑氣腹疼。無暑邪者禁與。　黃連：味苦，寒，無毒。入心經。龍骨、連翹為使，惡菊花、玄參、白殭蠶，畏款冬、牛膝。解巴荳、附子毒。忌猪肉、薑汁。炒。瀉心，除痞滿。明目，理瘡瘍。痢疾腹痛，心痛驚煩。殺蟲安蚘，利水厚腸。如上諸症因虛，腎虛脾虛發瀉者，禁與。○胡黃連產於胡地，苦寒更甚，脾虛血弱者，切勿輕嘗。　黃芩：味苦，寒，無毒。入肺、大腸二經。山茱、龍骨為使，畏硃砂、牡丹、藜蘆。酒浸蒸熟，曝之。中枯而大者名枯芩。，清肺部而止嗽化痰，并理目赤疔癰。堅實而細者名條芩，瀉大腸而除濕治痢，兼可安胎利水。楊仁齋謂柴胡退熱不及黃芩，不知柴胡苦以發之，散火之標；黃芩寒以勝熱，折火之本。苦寒傷胃，證挾虛寒者，禁與。　龍膽草：味苦，澁，大寒，無毒。入肝、膽二經。惡地黃。酒炒。主肝膽熱邪，清下焦濕火。腸中小蟲癰腫，嬰兒客忤驚疳。大苦大寒，苟非氣壯實熱之證，禁與。　桔梗：味苦、辛，平，無毒。入肺經。畏白及、龍膽草。泔浸，去蘆，微焙。清肺熱以除癰痿，通鼻塞而理咽喉。排膿行血，下氣消痰。定痢疾腹痛，止胸脇煩疼。舟楫之劑，引諸藥上至高之分，肺經要藥，風症、鬱症、肺症皆不可缺。下焦藥中勿入。　藿香：味辛，微溫，無毒。入肺、脾二經。溫中開胃，行氣止嘔。陰虛火旺，胃熱作嘔者，禁與。　香附：味苦，微溫，無毒。入肺、肝二經。童便浸，晒炒。開鬱化氣，發表消痰。腹痛胸熱，胎產神良。氣分之君藥，女科之總司。然久用獨用，反能耗血。　白荳蔻：味辛，溫，無毒。入肺、胃二經。去衣，焙。溫中，除吐逆。開胃，消飲食。瘧證宜投，目翳莫缺。　草荳蔻：味辛，溫，無毒。入肺、脾、胃三經。去膜，微焙。散寒，止心腹之痛。下氣，驅逆滿之疴。開胃而理霍亂吐瀉，攻堅而破噎膈癥瘕。　肉荳蔻：味辛，溫，無毒。入胃、大腸二經。麵裹煨透，去油。忌鐵器。溫中消食，止瀉止痢。辟鬼殺蟲，心疼腹痛。能下氣而無陳皮、香附之泄，以脾得補而善運，氣自下耳。　縮砂仁：味辛，性溫，無毒。入肺、脾、胃、大小腸、腎六經。炒去衣，研用。下氣而止欬嗽奔豚，化食而理心疼嘔吐。霍亂與瀉痢均資，鬼疰與安胎竝效。開脾胃之要藥，和中氣之正品。若腎虛氣不歸元，非此向導不濟。鬼畏芳香，胎喜疎利，故咸主之。　延胡索：味辛，溫，無毒。入肺、脾二經。酒炒。破血下氣，止腹痛心疼。調經利產，主血暈崩淋。行血中氣滯，氣中血滯，通理諸痛，舒筋療疝，活血化氣之神品也。若無鬱滯，經事先期，血氣崩暈者，禁與。　鬱金：味辛、苦，寒，無毒。入肺、肝、胃三經。血積氣壅，真稱仙劑。生肌定痛，的是神丹。能開肺金之鬱，故名。肆中多偽，着之光明，脆徹，必苦中帶甘味者乃真。火亢吐血不閼，肺肝氣逆者，禁與。　薑黃：味苦、辛，溫，無毒。入肝、脾二經。破血下氣，散腫消癰。別有一種片薑黃，止臂痛有效。血虛者禁與。　蓬莪莁：味苦、辛，溫，無毒。酒炒。積聚作痛，中惡鬼疰。丈夫奔豚，婦人血氣。磨積之藥，恐損真元，須與健脾補真之藥同用。　京三稜：味苦，平，無毒。入肝經，醋炒。下血積有神，化堅癖為水。磨積損真，須與補元藥同用。　款冬花：味辛，溫，無毒。入肺經。杏仁為使，惡玄參，畏貝母、辛夷、麻黃、黃芩、黃耆、連翹、甘草。蜜水炒。化痰則喘嗽無憂，清肺則癰痿有賴。純陽之品，辛溫開豁，卻不助火。　茅根：味甘，寒，無毒。入肺經。涼金定喘，治吐衄并血瘀。利水通淋，祛黃疸及癰腫。茅花止血，茅針潰癰。　白前：味甘，平，無毒。入肺經。甘草湯泡去鬚，焙。療喉間喘呼欲絕，寬胸中氣滿難舒。　淡竹葉：味淡，寒，無毒。入小腸經。專通小便，兼解心煩。淡味五臟無歸，但入太陽，利小便，小便利則心火因之而清。　冬葵子：味甘，寒，無毒。入膀胱經。能催生通乳，疏便閉諸淋。淡滑，故能利竅。無故服之，損真。　萱花：味甘，平，無毒。入心經。長於利水快膈，令人歡樂忘憂。　地榆：味苦，寒，無毒。入肝經。惡麥門冬。止血痢腸風，除帶下五漏。虛寒作瀉，氣虛下陷而崩帶者，禁與。　蒺藜：味甘，溫，無毒。入腎經。酒炒，去刺。補腎止遺，消風勝濕。產沙苑者，強陰益精。　半夏：味辛，溫，有小毒。入心、脾、胃三經。柴胡為使，惡皂莢，畏雄黃、鼈甲、薑，反烏頭。忌羊血、海藻、飴糖。水浸五日，每日換水，去帽，薑礬同煎，汁乾為度。消痰燥濕，開胃健脾。欬逆嘔吐，頭眩昏迷。痰厥頭痛，心中滿堅。消癰可也，墮胎有焉。汪機曰：脾胃濕熱，痰化為涎，此非半夏不治。為其體滑、辛溫也。滑能潤，辛能散，故行濕而通大便，利竅而泄小便，所謂辛走氣能化液是已。血家、渴家、汗家禁與。　南星：味苦、辛，溫，有毒。入肝、脾二經。畏附子、乾薑、生薑。冬月研末，入牛膽中，懸風處。風痰麻痺堪醫，破血行胎可慮。南星治風痰，半夏治濕痰，非西北人真中風者勿服。　附子：味辛甘，熱，有毒。入脾、腎二經。畏防風、黑荳、甘草、黃芪、人參、童便、犀角。重一兩以上者佳。童便浸一日，去皮，切作四片，童便及濃甘草湯同煮，汁盡為度，烘乾。補元陽，益氣力。墮胎孕，堅筋骨。心腹冷疼，寒濕痿躄。足膝癱軟，堅瘕癥癖。冬採為附子，主寒疾。春採為烏頭，主風疾。主治繁多，皆由風、寒、濕三氣所致。邪客上焦，欬逆心痛。邪客中焦，腹痛積聚。邪客下焦，腰膝脚痛。附子熱而善走，諸症自瘥也。丹溪云：氣虛熱甚，稍加附子，以行參、耆之功。肥人多濕，亦用之。虞摶曰：稟雄壯之質，有斬關之能，引補氣藥以追散失之元陽，引補血藥以養不足之真陰，引發散藥以驅在表之風邪，引溫暖藥以除在裏之寒濕。若陰虛內熱者，禁與。

天雄：味辛，熱，有毒。入腎經。遠志為使，畏乾薑。製同附子。除寒濕痿躄，強陰壯筋骨。烏、附、天雄，皆補下焦陽虛。若是上焦陽虛，即屬心肺，當用參、耆，不用烏、附。

白附子：味辛，溫，有毒。入胃經。炮去皮臍。中風失音，消痰去濕。似中風症，雖有痰，亦禁與。

蚤休：味苦，寒，有毒。入肝經。專理癰毒，兼療驚癇。

大黃：味苦，寒，有毒。入脾、胃、肝、大腸四經。黃芩為使，無所畏。錦紋者佳。瘀血積聚，留飲宿食，痰實結熱，水腫痢疾。非血分熱結，六脉沉實者，禁與。

商陸：味辛，有大毒。入脾經。銅刀刮去皮，水浸一宿，黑荳拌蒸。水滿蠱脹，通利二便。赤者搗爛，入麝少許，貼臍，即能利便消腫。若脾虛胃弱而腫者，禁與。

芫花：味苦，溫，有毒。入肺、脾、腎三經。反甘草。陳久者良。好醋煮過，晒乾，則毒減。主痰癥飲癖，行蠱毒水脹。毒性至緊，稍涉虛者禁與。

大戟：味苦、辛，寒，有毒。入脾經。赤小荳為使，惡山茱，畏菖蒲，反甘草。水煮軟，去骨用。苦能直泄，故逐血行水。辛能橫散，故發汗消癰。非元氣壯實，水濕留伏者，禁與。

甘遂：味苦甘，寒，有毒。瓜蒂為使，惡遠志，反甘草。麪裹煨熟。逐留飲水脹，攻痞熱疝瘕。凡水腫，以甘遂末塗腹遶臍，內服甘草湯，其腫便消。非大實大水者，禁與。

續隨子：味辛，溫，有毒。入腎經。去殼，研細，紙包去油。主血結月閉，療血蠱癥瘕。脾虛便滑者禁與。

蓖麻子：味甘、辛，平，有毒。口眼不正，瘡毒腫浮，頭風脚氣，瘰癧丹瘤，胞衣不下，子腸不收。上症皆從外治，不可內服。

射干：味苦，平，有毒。入肺經。泔浸煮之。清欬逆熱氣，捐喉痛咽疼。虛者禁與。

常山：味苦、辛，寒，有毒。入肝經。酒炒透。療痰有靈，截瘧必效。瘧必有黃涎聚於胸中，弦脉主痰飲，故曰瘧脉自弦。常山去老痰積飲，稍挾虛者禁與。

馬兜鈴：味苦，寒，無毒。入肺經。焙。清金，有平欬之能。滌痰，有定喘之效。肺虛挾寒者禁與。

草果：味辛，溫。入胃經。破瘴癘之瘧，消痰食之愆。瘧不由于嵐瘴，氣不實，邪不盛者，禁與。

百部：味甘，微溫，無毒。入肺經。肺寒欬嗽，傳屍骨蒸。能殺蟯蛔，亦除蠅蝨。脾胃虛人，須與補藥同用。

旋覆花：味鹹、甘，微溫，無毒。入肺、大腸二經。去蒂，焙。一名金沸草。老痰堅硬，結氣留飲。風氣濕痺，利腸通腎。走散之藥，虛寒者禁與。

紅花：味辛，溫，無毒。入心、肝二經。酒拌微焙。產後血暈急需，胎死腹中必用。少用活血，多用行血。

夏枯草：味苦、辛，寒，無毒。入肝經。土瓜為使。鼠瘻瘰癧，目痛羞明。久用亦傷胃家。

胡盧巴：味苦，熱，無毒。入腎、膀胱二經。淘淨，酒焙。元臟虛寒，膀胱疝氣。相火熾，陰血虧者，禁與。

牛蒡子：味辛，平，無毒。入肺經。酒炒，研。宣肺氣，理痘疹。清咽喉，散癰腫。開毛竅，除熱毒。為痘疹要藥。血熱便閉者，禁與。

肉蓯蓉：味甘、鹹，溫，無毒。入腎經。酒洗去甲。益精，壯陽事。補傷，潤大腸。男子遺精血瀝，女人帶下陰傷。滋腎補精之首藥，須大至觔許，不腐者佳。溫而不熱，補而不聚，故有從容之名。洩瀉精滑者，禁與。

瑣陽：味甘、鹹，溫，無毒。入腎經。強陰補精，潤腸壯骨。功用禁忌同上。

淫羊藿：味辛，溫，無毒。入腎經。山藥為使。得酒良。用羊油拌炒。強筋骨，起陽事衰。利小便，除莖中痛。火易動者禁與。

仙茅：味辛，溫，有小毒。入腎經。忌鐵，禁牛乳。糯米泔浸一宿，去赤汁，則毒去。助陽填骨髓，止心腹寒疼。開胃消宿食，能強記通神。

補骨脂：味辛，溫，無毒。入腎經。惡甘草，忌羊肉、諸血。胡麻拌炒。興陽事，止腎洩。固精氣，去腰疼。陰虛有熱，大便閉結者，禁與。

菟絲子：味辛、甘，平，無毒。入腎經。山藥為使。酒煮，打作餅，烘乾，再研即成細末。續絕傷，益氣力。強陰莖，堅筋骨。溺有餘瀝，寒精自出。口苦燥渴，寒血為積。

覆盆子：味甘，平，無毒。入肝、腎二經。去蒂，酒蒸。補虛，續絕傷。強陰，美顏色。

骨碎補：味苦，溫，無毒。入腎經。去毛，蜜蒸。主骨碎折傷，耳響牙疼。療腎虛洩瀉，去瘀生新。

巴戟天：味甘，溫，無毒。入腎經。覆盆子為使，畏丹參。酒浸焙。安五臟以益精，強筋骨而起痿。

澤蘭：味苦、甘，微溫，無毒。入肝、脾二經。和血，有消瘀之能。利水，有除蠱之效。

鉤藤：味甘，微寒，無毒。入肝經。舒筋除眩，下氣寬中。小兒驚癇，客忤胎風。

蒲黃：味甘，平，無毒。入肝經。熟用止血，生用行血。無瘀血者禁與。

海藻：味苦、鹹，寒，無毒。入腎經。反甘草。消瘰癧癭瘤，散癥瘕癰腫。脾家有濕者禁與。

艾葉：味苦，微溫，無毒。入脾、肺、肝、腎四經。香附為使。安胎氣，暖子宮。止血痢，理腸風。灸除百病，吐衄崩中。血燥生熱者，禁與。

昆布：味鹹，寒，無毒。入腎經。洗淨。頑痰結氣，積聚癭瘤。多服令人瘦削。

防己：味苦、辛，寒，無毒。入膀胱經。惡細辛，畏萆薢、女苑。祛下焦之濕，瀉血分之熱。理水腫脚氣，通二便閉結。苦寒之藥，服之使人身心煩亂。飲食減少，非濕熱壅遏者，禁與。

威靈仙：味苦，溫，無毒。入膀胱經。忌茶、麪。宣五臟而療痛風，去冷滯而行痰水。大走真氣，且耗人血，不得已而後用之。

水萍：味辛，寒，無毒。入肺經。發汗開鬼門，力比麻黃。下水潔淨府，功同通草。非大實大熱者禁與。

牽牛子：味苦，寒，有毒。入肺、大小腸三經。酒蒸，研細。下氣，逐痰水。除風，利小便。非有大實，不可輕投。

使君子：味甘，溫，無毒。入脾、胃二經。殺諸蟲，治疳積。空腹食數枚，次日蟲皆死而出矣。忌飲熱茶，犯之即瀉。苟無蟲積者，禁與。　紫葳花：味酸，寒，無毒。入心、肝二經。即凌霄花。三焦血閟，二便燥乾。虛人禁與。　木賊草：味甘、苦，平，無毒。入肝經。迎風流淚，翳膜遮睛。多服損肝。　豨薟：味苦，寒，有小毒。入肝、腎二經。肢節不利，肌體麻痺，脚膝軟疼，纏綿風氣。祛風濕是其所長，竝無補益。　青蒿：味苦，寒，無毒。入肝、腎二經。童便浸一宿，曝。去骨間伏熱，殺鬼疰傳屍。寒而洩瀉者，禁與。　茵陳：味苦，寒，無毒。入膀胱經。理黃疸而除濕熱，佐五苓而利小腸。過用損真氣。　益智仁：味辛，溫，無毒。入心、脾、腎三經。去殼，鹽水炒研。溫中進食，補腎扶脾。攝涎唾，縮小便，安心神，止遺濁。功專補火。如血燥有熱及因熱而遺濁者，禁與。　蓽撥：味辛，熱，無毒。入肺、脾二經。去挺，醋浸一宿，焙乾，刮去皮粟子淨。溫脾除嘔逆，定瀉理心疼。古方用此，百中之一，多用損目。　高良薑：味辛，溫，無毒。入脾、胃、肝三經。炒。溫胃去噎，善醫心腹之疼。下氣除邪，能攻嵐瘴之瘧。治心脾疼多用之，寒者至二錢，熱者用四五分，於清火劑中，取其辛溫下氣。虛人須與參、术同行，不可單用。　海金沙：味甘，寒，無毒。入小腸、膀胱二經。除濕熱，消腫滿，清血分，利水道。　穀精草：味辛，溫，無毒。入肝、胃二經。頭風翳膜遮睛，喉痛牙疼疥癢。　青黛：味鹹，寒，無毒。入肝經。清肝火，解鬱結。幼穉驚疳，大方吐血。中寒者禁與。　連翹：味苦，寒，無毒。入心、胃、膽、大腸、腎五經。除心經客熱，散諸經血結。瘡家要藥。多餌即減食。　馬鞭草：味苦，寒，無毒。入肝、腎二經。理發背癰疽，治楊梅毒氣。癥瘕須用，月閉宜求。瘡毒久而虛者，亦禁與。　葶藶子：味辛，寒，無毒。入肺經。榆皮為使。酒炒。疏肺下氣，喘逆安平。消痰利水，理脹通經。洩可去閉，葶藶、大黃之屬。但性峻，不可輕投。　王不留行：味苦，平，無毒。入大腸經。水浸，焙。行血通乳，止衄消疔。失血後、崩漏家，俱禁與。　瞿麥：味苦，寒，無毒。入膀胱經。利水破血，出刺墮胎。　地膚子：味苦，寒，無毒。入脾經。利膀胱，散惡瘡。皮膚風熱，可作浴湯。主用多在皮膚。　決明子：味鹹，平，無毒。入肝經。青盲內障，翳膜遮睛。赤腫眶爛，淚出羞明。此馬蹄決明也。另有草決明、石決明，與之同功，而各為一種。　紫草：味苦，寒，無毒。入心胞絡、肝二經。涼血和血，清解瘡瘍。宣發痘疹，通大小腸。痘家血熱要藥。　山慈姑：味甘、辛，平，有小毒。入胃經。癰疽疔毒酒煎服，瘰癧瘡痍醋拌塗。治毒蛇狂犬之傷，傅粉滓䵟癍之面。亦名金燈花。寒涼之品，不得過服。　貫眾：味苦，寒，有毒。入肝經。去皮毛，剉焙。殺蟲解毒，化哽破癥。產後崩淋，金瘡鼻血。　狗脊：味苦，平，無毒。入肝、腎二經。萆薢為使。剉炒。強筋最奇，壯骨獨異。男子腰脚軟疼，女人關節不利。　天名精：味甘、辛，寒，無毒。入肺經。地黃為使。亦名活鹿草。下瘀血，除結熱，定吐衄，逐痰涎。消癰毒，止咽疼。殺疥蟲，揩膚癢。可吐痰治瘧，塗蟲螫蛇傷。根名土牛膝，功用相同。子名鶴虱，殺蟲專掌。脾胃虛薄，不渴易泄者，禁與。　山荳根：味苦，寒，無毒。入心、肺二經。主咽痛蟲毒，消諸腫瘡瘍。食少而瀉者禁與。　白及：味苦，微寒，無毒。入肺經。肺傷吐血建奇功，癰腫排膿稱要劑。花名箬蘭。癰疽潰後禁與。　藜蘆：味辛、苦，微寒，有毒。入脾、胃二經。司蠱毒與喉痺，能殺蟲理癬疥。與酒相反，同用殺人。　蛇床子：味苦辛，溫，無毒。入脾、胃二經。男子強陽事，婦人暖子宮。除濕風痺癢，擦瘡癬多功。去脾濕，補腎虛，得地黃汁拌蒸三遍後，色黑乃佳。腎火易動者，禁與。　蘭葉：味辛，平，無毒。入肺經。蠱毒不祥，胸中痰癖。止渴利水，開胃解鬱。　茴香：味辛，溫，無毒。入胃、腎二經。主腹痛疝氣，平霍亂吐逆。小者力薄。　阿魏：味辛，溫，無毒。入脾、胃二經。殺諸蟲，破癥積。除邪氣，化蠱毒。虛人不可輕投。　蘆薈：味苦，寒，無毒。入心、肝、脾三經。主去熱明目，理幼穉驚風。善療五疳，能殺三蟲。大苦大寒，脾虛食少者禁與。　蘆根：味甘，寒，無毒。入胃經。噎膈反胃之司，消渴嘔逆之療。可清煩熱，能利小腸。蘆笋更佳。并解河魨毒。嘔逆因於寒者禁與。　黃精：味甘，平，無毒。入脾經。補中益氣，去濕殺蟲。味甘氣和，益脾陰之妙品。土旺則風濕自除。

木部五十八種

桂：味辛、甘，大熱，有小毒。入腎、肝二經。畏石脂，忌生葱。去皮用，見火無功。益火消陰，救元陽之痼冷。溫中降氣，扶脾胃之虛寒。堅筋骨，強陽道，乃助火之勳。定驚癇，通血脉，屬平肝之績。下焦腹痛，非此不除。奔豚疝瘕，用之即效。宣通百藥，善墮胞胎。　桂心：入心、脾二經。理心腹之恙，三蟲九痛皆瘥。補氣脉之虛，五癆七傷多驗。宣氣血而無滯，利關節而有靈。託癰疽痘毒，能引血成膿。　桂枝：入肺、膀胱二經。無汗能發，有汗能止。理心腹之痛，散皮膚之風。橫行而為手臂之引經，直行而為奔豚之向導。肉桂乃近根之最厚者，桂心即在中之次厚者，桂枝即頂上細枝，以其皮薄，又名薄桂。肉桂在下，主治下焦。桂心在中，主治中焦。桂枝在上，主治上焦。陰虛之人，一切血症及無虛寒者，皆禁與。　松脂：味苦、甘，溫，無毒。入肺、胃二經。水煮百沸，白滑方可用。祛肺金之風，清胃土之熱。除邪下氣，壯骨強筋。排膿止痛生肌，煎膏而用。牙疼惡痺崩中，研末而嘗。　松子：甘能益血，潤大便，溫能和氣，主風虛。　松葉：　可生毛髮，宜署凍瘡。　松節：　舒筋，止肢節之痛，去濕，搜骨內之風。　茯苓：　味甘，淡，平，無毒。入心、腎、脾、胃、小腸五經。馬藺為使。畏牡蒙、地榆、秦艽、龜甲，忌醋。產雲南，色白而堅實者佳。去皮膜用。益脾胃而利小便，水濕都消。止嘔吐而定洩瀉，氣機咸利。下行伐腎，水泛之痰隨降。中守鎮心，驚憂之氣難侵。保肺定咳嗽，安胎止消渴。　抱根為茯神，主用俱同，而安神獨掌。　紅者為赤茯苓，功力稍遜，而利水偏長。茯苓假松之餘氣而成，無中生有，得坤厚之精，為脾家要藥。　琥珀：　味甘，平，無毒。入心、肺、脾、小腸四經。安神而鬼魅不侵，清肺而小便自利。新血生而瘀血消，翳障除而光明復。感土木之氣，而兼火化，有艮止離明之象，故能安神。　栢子仁：　味甘、辛，性平，無毒。入心、肝、腎三經。畏菊花、羊蹄草。蒸晒，炒。安神定悸，壯水強陽。潤血而容顏美少，補虛而耳目聰明。心藏神，腎藏志，心腎虛則病驚悸，入心養神，入腎定志，悸必愈矣。悅顏聰明者，皆心血與腎水互相灌溉耳。　側栢葉：　味苦，微寒，無毒。入肝經。牡蠣為使。忌同栢子仁。止吐衄來紅，定崩淋下血。歷節風疼可愈，周身濕痺能安。　枸杞子：　味甘，微溫，無毒。入肝、腎二經。補腎而填精，止渴除煩。益肝以養營，強筋明目。　地骨皮：　味甘，寒，無毒。入腎經。洗淨用。治在表無定之風邪，主傳屍有汗之骨蒸。熱淫於內，瀉以甘寒，固也。又云除風者，腎肝同治也。肝有熱，則風自內生，熱退則風息，此與外感之風不同。　酸棗仁：　味酸，平，無毒。入肝、膽二經。惡防己。炒熟用。酸收而心守其液，乃固表虛有汗。肝旺而血歸其經，用(瘳)〔療〕徹夜無眠。　楮實：　味甘，寒，無毒。入脾經。健脾消水腫，益氣充肌膚。　槐花：　味苦，酸，寒，無毒。入肝、大腸二經。含蘂而陳久者良。微炒。止便紅，除血痢，咸藉清腸之力。療五痔，明眼目，皆資滌熱之功。子名槐角，用頗相同。兼行血而降氣，亦催生而墮胎。　枝主陰囊濕癢，葉醫疥癬疔疽。感天地陰寒之氣，而兼木與水之化，故為涼血要品。其性純陰，虛熱而非實火者，禁與。　黃蘗：　味苦，寒，無毒。入腎經。惡乾漆。鹽、酒炒。肥厚者佳。瀉龍火而救水，利膀胱以燥濕。佐以蒼朮，理足膝之痺痛。漬以蜜水，漱口舌之生瘡。凡脾虛食少，或瀉或嘔，或好熱，或恶冷，或腎虛五更泄瀉，小便不禁，少腹冷痛，陽虛發熱，瘀血停止，產後血虛發熱，金瘡發熱，癰疽潰後發熱，傷食發熱，陰虛小水不利，痘後脾虛，小水不利，血虛煩燥不眠等症，俱禁與。　乾漆：　味辛，溫，有毒。入肝經。畏鐵漿、甘荳湯、螃蟹、川椒。炒至烟盡為度。辛能行血，毒可殺蟲。中其毒者，或生漆瘡者，多食蟹及甘荳湯解之。血見乾漆即化為水，則能損血可知，切勿輕投。　五加皮：　味辛，溫，無毒。入肝、腎二經。遠志為使。惡玄參。明目舒筋，益精縮便。風濕宜求，疝家必選。須用春採嫩芽，其樹皮大苦寒。　蔓荊子：　味苦、辛，平，無毒。入肝、膀胱二經。惡烏頭、石膏。頭風連於眼目，搜散無餘。濕痺甚而拘攣，展舒有效。胃虛恐生痰疾，禁與。　辛夷：　味辛，溫，無毒。入肺、胃二經。芎藭為使，惡五石脂，畏菖蒲、蒲黃、黃連、石膏。其毛射肺中，令人發欬。辛溫開竅，鼻塞與昏冒咸宜。清陽解肌，壯熱與憎寒竝選。血虛火熾者，服之轉甚，禁與。　桑根白皮：　味甘，寒，無毒。入肺經。續斷、桂心、麻子為使。刮去粗皮，蜜水炙，有涎出，不可去之。瀉肺金之有餘，止喘定嗽。疏小腸之閉滯，逐水寬膨。降氣散瘀血，止渴消燥痰。　桑葉：　止汗去風，明目長髮。　桑子：　補血安神，生津止渴。　桑枝：　祛風養筋，消食定欬。　桑耳：　調經，止崩帶。　桑黃：　清肺，療鼻赤。　桑柴灰：　除瘢痣，蝕惡肉。　桑霜：　別名木硇，能鑽筋透骨，拔毒抽疔。白皮，肺虛無火，因風寒而嗽者，禁與。　桑寄生：　味苦，平，無毒。入肝經。忌火。療痺痛，和血脉，舒筋絡，利關節。胎漏宜求，崩中莫缺。海外地暖不蠶，桑無採捋。氣化濃密，自然生出。有言鳥啣他子遺樹而生者，非也。本益血去濕之品，故效如右。　杜仲：　味辛、甘，溫，無毒。入肝、腎二經。惡玄參、蛇蛻。去皮酥炙。強筋壯骨，益腎添精。腰膝之疼痛皆痊，遍體之機關總利。腎苦燥，急食辛以潤之。肝苦急，急食甘以緩之。故主治如上。　女貞實：　味苦，平，無毒。入肝、腎二經。補中，黑鬚髮。明目，養精神。脾虛家，久服腹痛作瀉。　蕤仁：　味甘，溫，無毒。入肝經。湯浸去皮尖，水煮過研膏。破心下結痰，除腹中痞氣。退翳膜赤筋，理眦傷淚出。目疾不緣風熱，而因於虛者，禁與。　丁香：　味辛，溫，無毒。入肝、胃、腎三經。忌見火。畏鬱金。去丁蓋。溫脾胃而嘔呃可瘳，理壅滯而脹滿皆療。齒除疳(慝)〔匿〕，痘發白灰。不係虛寒者禁與。　沉香：　味辛，溫，無毒。入脾、胃、肝、腎四經。調和中氣，破結滯而胃開。溫補下焦，壯元陽而腎暖。療脾家痰涎之血，去肌膚水腫之邪。大腸虛閉宜投，小便氣淋須用。溫而下沉，為命門火衰之要藥。氣虛下陷者，禁與。　檀香：　味辛，溫，無毒。入肺、胃二經。辟鬼殺蟲，開胃進食。療噎膈之吐，止心腹之疼。調上焦氣有奇功。　降真香：　味辛，溫，無毒。色紅者良。行瘀滯之血如神，止金瘡之血至驗。理肝傷吐血勝似鬱金，理刀傷出血過於花蕊。色鮮紅者，行血下氣有功。若紫黑色，不堪用。燒之辟天行時氣，宅舍怪異。　蘇合香：　味甘，溫，無毒。甘暖和脾，鬱結凝留咸霧釋。分芳徹髓，妖邪夢魘盡冰消。產中天竺國，諸香汁合成，故名合香。油如黐膠，以筋挑起，懸絲不斷者真。　安息香：味辛、苦，性平，無毒。入心經。服之行血下氣，燒之去鬼來神。

龍腦香：味辛、苦，微溫，無毒。開通關竅，驅逐鬼邪。善消風濕，并益聰明。新汲水調服，催生甚捷。此香入骨，風病在骨髓者宜也。若風在血脉肌肉，輒入腦麝，反引風入骨矣。

乳香：味辛，溫，無毒。入心經。箬上烘去油，同燈心研之則細。定諸經之痛，解諸瘡之毒。活血舒筋，和中治痢。

沒藥：味苦，平，無毒。製同乳香。宣血氣之滯，醫瘡腐之疼。可攻目翳，堪墮胎兒。

騏驎竭：味甘、鹹，平，有小毒。入心、肝二經。凡用另研，若同他藥擣，則化為飛塵。產外國，難得真。磨之透甲、燒灰不變色者佳。走南方兼達東方，遂作陰經之主。和新血且推陳血，直為止痛之君。乳香、沒藥，兼主氣血，此則專於血分，善收瘡口。

金櫻子：味酸，濇，平，無毒。入脾、腎二經。扃鑰元精，合閉藏之本。牢拴倉廩，贊傳導之權。

山茱萸：味酸，微溫，無毒。入肝、腎二經。蓼實為使，惡桔梗、防風、防己。酒潤，去核，微火烘乾。補腎助陽事，何有腰膝之痾。閉精縮小便，寧慮洩遺之患。月事多而可以止，耳鳴響而還其聰。

梔子：味苦，寒，無毒。入肺經。炒透。治胸中懊憹而眠臥不寧，疏臍下血滯而小便不利。清太陰肺，輕飄而上達。瀉三焦火，屈曲而下行。吐血腹痛等不因實火者，禁與。

蕪荑：味辛，平，無毒。入肺經。除疳積之要品，殺諸蟲之神劑。多服傷胃。

枳殼：味苦，微寒，無毒。入肺、大腸二經。麩炒。破至高之氣，除欬逆停痰。助傳導之官，消水留脹滿。

枳實：即其小者，破積有雷厲風行之勢，瀉痰有衝墻倒壁之威。解傷寒結胸，除心下急痞。二物專主破氣，大損真元，凡氣弱脾虛，以致停食痞滿，法當補中益氣，則食自化而痞自消，若用二枳，是抱薪救火矣。脹滿不因於實邪者，禁與。

厚朴：味苦、辛，大溫，無毒。入脾、胃二經。乾薑為使，惡澤瀉、硝石、寒水石，忌荳。色紫味辛者良。刮去粗皮，切片，薑汁炒。辛能散風邪，溫可解寒氣。下氣消痰，去實滿而寬膨。溫胃和中，調胸腹而止痛。吐利交資，驚煩共主。若脾虛之人，即有如上諸證，亦禁與。

吳茱萸：味辛，熱，有小毒。入脾、胃、肝三經。蓼實為使，惡丹參、滑石，畏紫石英。開口者良。鹽湯泡過，焙乾。燥腸胃而止久滑之瀉，散陰寒而攻心腹之疼。祛冷脹，疎肝氣。疝疼脚氣宜求，開鬱殺蟲至效。凡病非寒滯者，禁與。

檳榔：味辛，溫，無毒。入胃、大腸二經。忌見火。降至高之氣，疏後重之急。瘧疾與痰癖偕收，脚氣與殺蟲竝選。氣虛下陷禁與。

大腹皮：味苦，微溫，無毒。入脾、胃二經。開心腹之氣，逐皮膚之水。主用與檳榔相倣。病涉虛者禁與。

茶葉：味甘、苦，微寒，無毒。入心、肺二經。畏威靈仙、土茯苓，惡榧子。消食下痰氣，止渴醒睡眠。解炙煿之毒，消痔瘻之瘡。能療頭疼，善通小便。稟土之清氣，故其所主皆以清肅為功。南方之松蘿天池者，性太寒凝，不利脾胃，宜興界產者為勝。

猪苓：味甘，淡，平，無毒。入腎、膀胱二經。去皮。分消水腫，淡滲濕痰。多服猪苓，損腎昏目，無濕證者禁與。

烏藥：味辛，溫，無毒。入胃、膀胱二經。主膀胱冷氣攻衝，療胸腹積停為痛。天行疫瘴宜投，鬼犯蠱傷莫廢。血虛內熱，并氣虛者，禁與。

五倍子：味苦、酸，澁，平，無毒。入肺、胃二經。一名文蛤。斂肺化痰，故止嗽有效。散熱生津，故止渴相宜。止血斂汗，消毒斷痢。能收脫肛，并染鬚白。

蜜蒙花：味甘，平，無毒。入肝經。酒潤焙。養營和血，退翳開光。

巴荳：味辛，熱，有大毒。入肺、脾、胃、大小腸五經。芫花為使，畏大黃、黃連、醬豆、冷水，反牽牛。蕩五臟，滌六腑，幾于煎腸刮胃。攻堅積，破痰癖，直可斬關奪門。氣血與食一攻而殆盡，痰蟲及水傾倒而無遺。胎兒立墮，疔毒旋抽。

川椒：味辛，性熱，有毒。入肺、脾、腎三經。杏仁為使，畏欵冬花、防風、附子、雄黃。閉口者害人。溫脾土而擊三焦之冷滯，補元陽而蕩六腑之沉寒。殺蟲止嘔咸資，水腫氣癥均主。通血脉而痿痺除，行肢節而機關利。陰虛火旺者禁與。

胡椒：味辛，大熱，有毒。入胃、大腸二經。消風去痰，溫中下氣。畢澄茄即其大者，亦易僭上。

川槿皮：味苦，平，無毒。止腸風與久痢，擦頑癬及蟲瘡。肉厚而色紅者真。

木鼈子：味甘，溫，有毒。散血熱，除癰毒。止腰痛，生肌肉。不可內服。

皂莢：味辛、鹹，溫，有小毒。入肺、肝、胃三經。栢子為使，惡麥門冬，畏人參、苦參。刮去粗皮及弦與子，酥炙用。開竅通關，宣壅導滯。搜風氣，逐痰涎。

子：去皮，水浸軟，煮糖漬食之，治大腸虛秘，瘰癧惡瘡。刺功用與皂莢同，為潰腫之神藥。孕婦禁與。

訶子：味苦，溫，無毒。入肺、大腸二經。蒸，去核，焙。固腸而洩痢咸安，斂肺而喘嗽俱止。利咽通液，下積寬膨。肺有實熱，瀉痢因濕熱者，禁與。

樗白皮：味苦，澁，寒，有小毒。東引者良。醋炙用。濇血，止瀉痢。殺蟲，收產腸。椿白皮主用相倣。虛寒者禁與。

郁李仁：味酸，平，無毒。入脾、大腸二經。湯浸去皮，研如膏。潤達幽門，宣通水府。

蘇木：味甘鹹，平，無毒。入心、肝、脾三經。宣表裏之風邪，除新舊之閼血。與紅花同功。

沒石子：味苦，溫，無毒。入腎經。忌銅鐵器。用漿水于砂盆中研，焙乾再研，如烏犀色。益血生精，染鬚還少。強陰治痿，壯腎生男。

木瓜：味酸，溫，無毒。入肝經。忌鐵。去穰。筋急能舒，筋緩能利。脚氣宜求，濕痺莫缺。多食損齒及骨。

天竺黃：味甘，寒，無毒。入心經。祛痰，解風熱。鎮心，安五臟。大人中風不語，小兒天吊驚癇。竹之津氣結成，清熱養心，豁痰利竅，與竹瀝相倣。　雷丸：味苦，寒，有小毒。入胃經。荔實、厚朴、芫花為使，惡葛根。酒蒸。殺臟腑之諸蟲，除嬰兒之百病。竹之餘氣，得霹靂而生。

果部十七種

蓮子：味甘，平，無毒。入心、脾、腎三經。泡去皮心，炒。心腎交而君相之火邪俱靖，腸胃厚而瀉痢之滑脱均收。頻用能濇精，多服令人喜。　藕：味甘，平。入心、脾二經。生用則滌熱除煩，散鬱而還為新血。熟用則補中和胃，消食而變化精微。忌鐵。　蓮鬚：味甘，濇，溫，無毒。入心、腎二經。俱忌葱、韭、蒜。清心，而諸竅之出血可止。固腎，而丹田之精氣無遺。鬚髮變黑，瀉痢能除。　葉：可助胃消食，蒂治雷頭風。　石蓮子即經霜後堅黑如石，墮水入泥者。今肆中者，產廣中樹上，味大苦，不可服。　橘皮：味苦、辛，溫，無毒。入肺、脾二經。廣中者佳，閩者力薄，浙產便惡劣矣。陳久愈佳。止嗽定嘔，頗有中和之妙。清痰理氣，却無峻烈之嫌。留白補胃，去白疏通。　核：主膀胱疝氣，一味為末，每酒服五錢。　葉：主肺癰乳癰。絞汁飲之。　青皮：橘之小者。麩炒。破滯氣愈低愈效，削堅積愈下愈良。　大棗：味甘，平，無毒。入脾經。堅實者佳。調和脾胃，潤養肺經。中滿禁與。　芡實：味甘，平，無毒。入脾、腎二經。補腎固精而遺濁有賴，益脾養氣而泄瀉無虞。　烏梅：味酸，平，無毒。入肺、脾二經。定嗽定渴，止血止痢。清音去痰涎，安蚘理煩熱。能蝕惡肉，并消酒毒。　白梅：牙關閉而能開，刀箭傷而血止。　柿：味甘，寒，無毒。入肺、脾二經。潤肺止咳嗽，清胃理焦煩。　柿餅：能厚腸而止洩，主反胃與下血。　柿霜：清心而退熱生津，潤肺而化痰止嗽。　枇杷葉：味苦，平，無毒。入肺、胃二經。刷去背上毛，治胃病薑汁塗炙，治肺病蜜水塗炙。走陽明則止嘔下氣，入太陰則定欬消痰。

果部十七種

甘蔗：味甘，平，無毒。入肺、胃二經。和中下逆氣，助脾利大腸。　桃仁：味苦、甘，平，無毒。入肝、大腸二經。香附為使。泡去皮尖，炒。破諸經之血閉，潤大腸之血燥。肌有血凝而燥癢堪除，熱入血室而譫言可止。非有鬱血者禁與。　杏仁：味苦、甘，溫。雙仁者有毒。入肺、大腸二經。惡黄芪、黄芩、葛根。泡去皮尖，焙。散上焦之風，除心下之熱。利胸中氣逆而喘嗽，潤大腸氣閉而難通。　梨：味甘，寒，無毒。入心、肝、脾三經。外宣風氣，內滌狂煩。消痰有靈，醒酒最驗。　橄欖：味酸，濇，甘，平，無毒。入胃經。清咽止渴，厚腸止瀉。消酒稱奇，解毒更異。悮中河鈍毒，惟橄欖煮汁，服之必解，魚骨鯁同。　胡桃：味甘，平，無毒。入肺、腎二經。佐補骨而治痿強陰，兼胡粉而拔白變黑。久服潤腸胃，恆用悦肌膚。　龍眼：味甘，平，無毒。入心、脾二經。補心虚而長智，悦胃氣以培脾。除健忘與怔忡，能安神而熟寐。　山查：味酸，平，無毒。入脾、胃二經。去核。消肉食之積，行乳食之停。佐茴香而療疝氣之疼，調砂糖而止兒枕之痛。　榧子：味甘，平，無毒。入肺經。反菉荳。殺百種之蟲，療五般之痔。消穀治咳，助骨壯陽。不問何蟲，但空腹食榧子二十一枚，七日而蟲下。

穀部十二種

胡麻：味甘，平，無毒。入肝、脾、腎三經。九蒸晒。養血潤腸而燥急退，補中益氣而癱瘓除。堅筋明目而輕身，填骨益肌能辟穀。補陰去風之要藥，得白朮並行為勝。　麻仁：味甘，平，無毒。入脾、胃二經。畏牡蠣、白薇、白茯苓。絹包，置沸湯中，至冷取出，懸井中，曝乾去殼。潤五臟，通大腸，宣風氣，療產難。多食男痿陽事，女發帶疾。　麻油：味甘，微寒，無毒。熟者利大腸而下胞衣，生得摩瘡腫而生禿髮。熬熟經宿，即助熱動氣。　飴糖：味甘，溫，無毒。入脾經。止嗽化痰宜選，腸虚腹痛須求。酒病，牙疳，腎病，俱禁與。　黑荳：味甘，平，無毒。入腎經。活血散風，除熱解毒。能消水腫，可稀痘瘡。　赤小荳：味甘、酸，平，無毒。入心、小腸二經。磨吞，則利水去蠱。研敷，則散腫排膿。行津滌煩，除痢止嘔。能通乳汁，并下胞衣。　菉荳：味甘，寒，無毒。入肝經。反榧子，惡鯉魚。解熱止渴，去風潤膚。　藊荳：味甘，溫，無毒。入脾經。去皮，炒。補脾胃而止吐瀉，療霍亂而清濕熱。解諸毒大良，治帶下頗驗。　淡荳豉：味甘、苦，寒，無毒。入脾、肺二經。解肌發汗，頭疼與寒熱皆除。下氣清煩，滿悶與瘟瘢並療。疫瘴可用，瘧痢咸資。得葱則發汗，得鹽則止吐，得酒則治風，得薤則治痢，得蒜則止血，炒熟又止汗。　麥芽：味甘、鹹，溫，無毒。入胃經。炒黄，去芒留芽。熟腐五穀，運行三焦。療腹鳴與痰飲，亦催生而墮胎。　神麯：味甘、辛，溫，無毒。入胃經。陳久者良。研細，炒黄。健脾消穀，食停腹痛無虞。下氣行痰，泄痢胃翻有藉。　酒：味苦、甘、辛，熱，有毒。入肺、胃二經。損胃耗血，生痰動火。昏心氣以傷神，助膽經而發怒。

菜部八種

瓜蒂：味苦，寒，有小毒。入胃經。理上脘之痾，水停食積皆平。去胸中之邪，鞕痞懊憹咸治。上部無實邪者，禁與。　白芥子：味辛，熱，無毒。入肺經。解肌發汗，利氣疏痰。酒服而反胃痊，醋塗而癰毒散。痰在脇下及皮裏膜外者用之。肺雖有熱，陰虚火亢者，禁與。　萊菔子：味辛，溫，無毒。下氣定喘，消食除膨。生研堪吐風痰，醋調能消腫毒。虚弱人禁與。　乾薑：味辛，熱，無毒。入肺、脾二經。破血消痰除腹痛，溫中下氣破癥瘕。開胃扶脾，消食去滯。生用發汗有驗，炮黑止血妄行。陰虛有熱者禁與。生薑：味辛，熱，無毒。入肺、胃二經。要熱去皮，要冷留皮。生能發表，熟可溫中。開胃有奇功，止嘔為聖劑。氣脹腹疼俱妙，痰凝血滯皆良。刮下薑皮，脹家必用。凡中風、中暑、中氣、中毒、中惡、霍亂，一切卒暴之證，用薑汁和童便服之，薑汁能開痰，童便能降火也，神良。葱白：味辛。入肺經。忌蜜。跌打金瘡，砂糖研傅。氣停蟲積，鉛粉丸吞。食之虛氣上衝，令人神昏髮落。大蒜：味辛，溫，有毒。入脾、腎二經。忌蜜。性熱氣臭，搜腸胃而耗血。生痰動火，損眼目而傷神。子灸惡瘡，搗攻痞格。氣血虛弱之人，切勿沾唇。韭：味辛，溫，有毒。消閼血，療噎氣，此外無功。昏心神，暗眼目，從來有驗。葱、蒜、韭，臭而有毒，本草極言其有損無益，服藥者尤忌，大損藥力，使服食無功。

金石部十種 硃砂：味甘，寒，有毒。入心經。惡磁石，畏鹹水，忌一切血。水飛。鎮心而定癲狂，辟邪而殺鬼祟。解胎熱痘毒，療目痛牙疼。水銀：即硃砂之液。下死胎必用，殺蟲蝨有功。滲入肉內使人筋攣，若近男陽，陽痿無氣。惟以赤金係患處，水銀自出。雄黃：味苦，平，有毒。研細，水飛。搽楊梅疔毒疥癬痔瘍，療血閼風淫鬼干尸疰。化痰涎之積，塗蛇虺之傷。石膏：味辛，寒，無毒。入肺、胃二經。雞子為使，惡巴荳，畏鐵。營衛傷於風寒，青龍收佐使之勳。相傳因於火邪，白虎定為君之劑。入胃而定頭齒之疼，入肺而除狂逆之氣。老弱、虛寒，并病久者，禁與。滑石：味甘，淡，寒，無毒。入胃、膀胱二經。宣九竅之閉，通六腑之結。精滑，脾虛下陷者，禁與。赤石脂：味酸、辛，大溫，無毒。入心、胃、大腸三經。惡大黃、松脂。煅，水飛。主生肌長肉，可療癰瘍。治崩漏脫肛，能除腸澼。新痢家禁與。青礞石：味鹹，平。入肝經。火煅，水飛。化頑痰癖結，行食積停留。脾虛者禁與。食鹽：味鹹，寒，無毒。入腎經。擦齒止痛，洗目去風。導通二便閉結，吐愈霍亂煩疼。朴硝：味辛、鹹、酸，寒，無毒。入胃、大腸二經。破血攻痰，消食解熱。法製玄明粉，功緩力稍輕。明目清躁，推陳致新。有虛無火，及陰症沉寒者，禁與。硫磺：味酸，大熱，有毒。入心、腎二經。畏細辛、朴硝、鐵、醋。用蘿蔔剜空，入硫磺合定，糠火煨熟，紫背浮萍同煮，皂角湯淘去黑漿。壯陽，堅筋骨，陰氣全消。殺蟲，燥寒濕，瘡疴盡掃。老年風秘君半夏而立通，泄痢虛寒佐蠟礬而速止。須製煉得宜，房室斷絕者可服。一有不當，貽禍匪輕。白礬：味酸，澁，寒，無毒。入肺、脾二經。甘草為使，惡牡蠣、麻黃。消痰止利，滌熱祛風。收脫肛陰挺，理疥癬濕淫。喉痺癰疽，蛇傷蟲毒均治，最能解毒。

獸部十種 龍骨：味甘，平，無毒。入心、肝、腎三經。忌魚及鐵器，畏石膏。火煅，水飛，酒煮晒。澁精而遺洩能收，固腸而崩淋可止。能止自汗，且收脫肛。非久病虛脫者，禁與。麝香：味辛，溫，無毒。忌大蒜。微研。開竅通經，穿筋透骨。治驚癇而理客忤，殺蟲蠱而去風痰。辟邪殺鬼，催生墮胎。牛肉：味甘，溫，有毒。入脾經。肉能滯氣生痰，多食聚涎成膈症。乳能潤腸去噎，頻餐益血并清煩。牛黃：味苦、甘，平，無毒。入心、肝二經。人參為使，惡龍骨、龍膽、地黃、常山，畏牛膝、乾漆。清心主之煩，熱狂邪鬼俱消。攝肝臟之魂，驚癇健忘同療。利痰無滯，入骨搜風。阿膠：味鹹，平，無毒。入肺、肝二經。山藥為使，畏大黃。拌蛤粉炒。止血去閼，疎風補虛。止欬除癰痿，養血理風淫。竝用安胎，允堪治痢。胃熱作嘔吐，脾虛食不消者，禁與。熊膽：味苦，寒，無毒。殺蟲，治五痔。止痢，除黃疸。去目障至效，塗痔瘻如神。鹿角膠：味甘，溫，無毒。入腎經。雙角絕大者佳。製須得法。補腎，生精髓。強骨，壯腰膝。止崩中吐血，能益氣安胎。鹿稟純陽之精，角全生發之氣。虛傷推為聖劑，服食奉作還丹。生角消腫毒，逐惡血。茸與角膠同功。虎骨：味辛，溫，無毒。脛骨最良。酥炙脆。壯筋骨而痿軟可起，搜毒風而攣痛堪除。犀角：味苦、酸、鹹，寒，無毒。入心、胃、肝三經。升麻為使，惡烏頭、烏喙。忌鹽。解煩熱而心寧，驚悸狂邪都掃。散風毒而肝清，目昏痰壅偕消。吐衄崩淋輒止，癰疽發背旋瘳。祛邪過於牛黃，解毒高於甘草。羚羊角：味鹹，寒，無毒。入肝經。理熱毒而昏冒無虞，散閼結而真陰有賴。清心明目，辟邪定驚。濕風痢血宜加，瘰癧癰疽莫缺。

蟲部十種 蜜：味甘，平，無毒。入脾經。忌五辛。蜜一觔，入水四兩，磁器中煉去沫，滴水不散為度。和百藥而解毒，安五臟而補虛。潤腸悅顏，調脾定躁。同薑汁，行初成之痢。同薤白，塗湯火之瘡。牡蠣：味鹹，寒，無毒。入腎經。貝母為使，惡麻黃、辛夷、吳茱萸。火煅，童便淬之。消胸中之煩滿，化痰凝之瘰癧。固精澁二便，止汗□崩淋。有寒者禁與。龜甲：味鹹，寒，無毒。入心、腎二經。惡沙參。去筋，酥炙脆。補腎退骨蒸，補心增智慧。固大腸而除崩漏，止瀉痢而截痎□。小兒顖門不合，臁瘡朽臭難聞。煎成膠良。若□□散，研稍不細，□人腸胃，變為瘕肉，大損人。按龜、鹿皆永年，龜首藏向腹，能通任脉，取下甲以補腎補血，皆陰也。鹿鼻反向尾，能通督脉，取上以補火補氣，皆陽也。鱉甲：味酸，寒，無毒。入肝經。惡礬。酒浸一宿，炙黃。解骨間蒸熱，消心腹癥瘕。婦人漏下五色，小兒脇下堅疼。鼈肉冷而難消，善發癰疽，常食結癥瘕痞核。　石決明：味酸，平，無毒。入肝、腎二經。鹽水煮，水飛。內服而翳障潛消，外點而赤膜盡脫。七孔、九孔者良，十孔者不佳。　蟹：味鹹，寒，有小毒。畏紫蘇、大蒜、木香，忌柹。和經脉而散惡血，清熱結而續筋骨。合小兒之顖，解漆瘡之毒。爪能墮胎。孕婦服之，令兒橫生。　白花蛇：味鹹，溫，有毒。去頭尾，酒浸三宿，皮骨俱有大毒，須去盡。主手足癱瘓及肢節軟疼，療口眼歪斜及筋脉攣急。癘風與破傷同寶，急驚與慢驚共珍。為風家要藥，內達臟腑，外徹皮膚，無處不到。服者大忌見風。產蘄州者佳。黑質白花，脇有二十四方勝紋，腹有念珠斑，口有四長牙，尾有爪甲長一二分，腸如連珠，眼光如生，產他處者眼便一開一閉，或俱閉也，但無毒而力淺。色黑如漆，尾細有劍脊者良。　烏梢蛇治亦相同。　白殭蠶：味鹹、辛，溫，無毒。入肺、脾、肝三經。惡桑螵蛸、桔梗、茯苓、萆薢。米泔浸一二日，待涎浮水上，焙去絲及黑口。治中風失音，去皮毛風癢。化風痰，消瘰癧，拔疔毒，滅瘢痕。即蠶之病風者，用以治風，殆以氣相感歟。　蟬蛻：味鹹，寒，無毒。入肺、肝、脾三經。沸湯洗淨，去足翅，晒乾。抉痘疹之毒，宣皮膚之風。小兒驚癇夜啼，目疾昏花翳障。痘疹虛寒者禁與。　蠍：味辛，有毒。入肝經。善逐肝風，深透筋骨。中風恒收，驚癇有益。但用尾，力尤緊。似中風，及小兒慢脾風，俱禁與。

清·劉璞《醫學集要》卷一　藥性

人參甘，溫。補脾肺，益氣生津。　黃芪甘，溫。補氣固表，退虛熱。　白朮苦，溫。健脾除痰。米泔水浸，土炒。　白苓味淡。滲濕益脾。　赤利水。　當歸辛，溫。身養，尾破，全和血。　川芎辛，溫。調經開鬱，止頭痛。　白芍酸，寒。制肝安脾，收陰氣。　赤芍酸，寒。破血，產後忌用。酒炒。　生地黃甘，寒。涼血，清心胃。薑炒。　熟地黃甘，溫。補血，滋腎增精。　甘草甘，平。緩中，解藥毒。生瀉炙溫。　茯神甘，平。定驚，補心氣。去皮木。　遠志苦，溫。定驚固精。甘草水浸，去骨。　棗仁酸，平。壯膽，斂汗，安眠。炒焦。　柏子味甘。補心腎，扶陽潤腸。　菖蒲性溫。開心竅，除風痺。去毛。　丹參微寒。養心血，調經脉。酒炒。　沙參微寒。補肺陰，清熱咳血。　玄參微寒。清上涼腎，療咽癍。　五味子甘，酸。滋腎水，斂肺氣。　天冬甘，寒。潤燥，消痰嗽。水漬去心。　麥冬微寒。清心肺，除煩熱。去心。　貝母微寒。潤肺，消痰開鬱。去心。　桔梗微溫。利膈下氣，開鬱。去蘆。　百合微寒。潤肺，止吐血，滑腸。　紫菀辛，溫。肺寒咳吐，痰喘。蜜炒。　花粉苦，寒。止渴，清熱痰瘡腫。　兜鈴苦，寒。清肺，平欬定喘。炒。　栝蔞甘，寒。潤肺滌垢，化燥痰。　百部微溫。殺寸白，肺寒咳嗽。　訶子苦，溫。斂肺，止咳瀉。煨，去核。　五棓子苦，酸。斂肺，止嗽瀉。炒。　麻黃苦，溫。發表，無汗傷寒。去沫。　羌活微溫。去周身風寒濕痛。　前胡微寒。散肺，截風邪痰喘。　獨活苦辛。去肝腎風寒痛痺。　柴胡微寒。瀉肝膽寒熱往來。　防風辛，溫。去風濕，能制黃芪。　升麻微寒。升胃散邪，氣逆忌。　蔓荊苦，平。散頭目風邪痛淚。　葛根甘，平。解肌，升胃，散鬱火。　防已苦辛。去下焦濕熱腫疼。　細辛辛，溫。通血，除少陰風邪。　荊芥辛，溫。散風熱，行瘀血。炒。　藁本辛，溫。去巔頂風寒頭痛。　白芷辛，溫。散陽明風邪痛癢。　薄荷辛，溫。清上，散風熱骨蒸。　天麻辛，平。去風暈麻痺，諸澁。　蘇葉辛，溫。溫中行氣，散風寒。　蘇梗辛，平。下胸膈浮氣，除脹。　蘇子味辛。降氣定喘，消痰。炒研。　菊花甘辛。去風熱，清頭目。酒洗。　黃連苦，寒。生瀉心，酒炒厚腸。　胡連苦，寒。清肝膽濕熱，疳疾。　梔子微寒。發越火邪。鬱熱炒，寔火生。　連翹苦，寒。清心胞絡客熱。去心。　黃芩苦，寒。枯清上，條清腸。酒炒。　滑石淡寒。利竅，滌蕩熱躁。水飛。　黃柏苦，寒。瀉相火，除濕熱。酒炒。　石膏辛，寒。清胃，解肌熱，頭病。　知母苦，寒。清肺胃，瀉腎火。生炒。　膽草苦，寒。清肝膽濕熱。酒洗，炒。　丹皮微寒。破血，清陰分伏火。　青黛酸，寒。清肝火，解鬱結。水飛。　地骨甘，寒。涼血，退有汗熱蒸。　地榆淡，寒。清血熱崩痢腸風。　石斛甘，平。清胃，入腎強陰。酒浸。　槐花微寒。清大腸血痢。子同。　茵陳苦，寒。同五苓去濕消疸。　青蒿苦，寒。去骨間伏熱。童便浸。　桑皮甘辛。泄肺氣喘嗽，水脹。　蘆根甘，寒。入胃清熱，解嘔渴。　葶藶辛，寒。踈肺氣喘脹水腫。　茅根甘，寒。止吐衄，清利熱淋。　澤瀉甘(鹽)(鹹)。利水，除濕消腫。去毛。　猪苓甘淡。分利水腫濕瀉。去皮。　車前甘，寒。利水止瀉，下胎衣。　木通甘淡。瀉心，通小腸行經。　瞿麥苦，寒。通小便，破血墮胎。　木瓜酸，溫。除濕，消脚氣水腫。　海金沙清血分濕熱淋腫。　竹茹甘，寒。止嘔，安眠。瀝，滌痰。　竹葉甘，寒。清心解煩，利小便。　燈心甘，平。清心引火，利小便。　大黃苦，寒。通血分熱結瘀滯。　芒硝性寒。潤熱燥，玄明，輕清。　牙皂味辛。通關，吐痰涎。煨去皮弦。　蒼朮辛，溫。燥濕寬中。泔浸，棗湯煮□。　南星辛，溫。去風痰。薑、礬、牙皂製，裝牛膽。　半夏辛，溫。燥濕痰，健脾止嘔。　三稜味苦。攻積癖，破瘀血。醋炒。　莪朮苦，溫。攻積癖，通經。麵裹，煨。

玄胡辛，溫。破血下氣，理諸痛。　薑黃味辛。破血下氣，消瘀疼。　五靈脂甘，溫。血滯作痛。生利炒止。　蒲黃味甘。生破血，炒黑止血。　欝金苦，寒。降肝肺氣逆吐血。　蘇木甘（鹽）〔鹹〕。破積血，產跌閼痛。　紅花辛，溫。少用養血，多行血。　桃仁苦，溫。破血，潤血秘。去皮尖，炒。　益母草味辛。和血，胎產皆宜。　杏仁苦，溫。散風寒喘嗽。去皮尖。　澤蘭微溫。和血行瘀，消血蠱。　乳香苦辛。和血，舒筋止痛。箬焙。　沒藥苦，平。行瘀血壅滯腫痛。　血竭（鹽）〔鹹〕，平。行瘀血，消瘕止痛。　威靈苦，溫。去一身冷滯痛風。　豨薟苦，寒。去風濕，肢體麻痺。　秦艽微寒。榮筋，去風熱，下血。　鈎藤微寒。平肝舒筋，去風癇。　山豆根苦，寒。消咽腫，解蠱毒。　使君子甘，溫。殺蟲，消疳痎。去殼。　牛蒡辛，平。消風熱咽腫，瘢毒。　蜜蒙味甘。和血明目，退翳。酒浸。　青葙子微寒。肝熱，目赤腫脹。　白附子微溫。中風失音，祛痰。　穀精草辛，溫。頭風，翳膜遮睛。　白及微寒。肺傷吐血有收散。　香薷微溫。解暑氣，霍亂腹痛。　枳殼微溫。利胸，下氣寬腸。麩炒。

藿香辛，溫。開胃行氣，止嘔吐。　青皮苦，寒。平肝開欝滯。浸去穰，炒。　枳實味苦。消積滯，下痰氣。麩炒。　檳榔辛，溫。墜氣，逐痰水，殺蟲。　厚朴苦，溫。平胃消痰，食脹。薑炒。　腹皮微溫。消氣脹，膚腫。黑豆汁洗。　烏藥辛，溫。調氣止痛，逐奔豚。　香附微溫。開欝，利血中之氣。　陳皮辛，溫。和中留白；　理痰氣去白。　木香微溫。行滯氣痛吐瀉。煨熟。　砂仁辛，溫。開胃，行滯痛，安胎。　檀香辛，溫。調胸膈氣滯噎吐。　草蔻辛，溫。散寒滯犯胃疼吐。　白蔻辛，溫。開胃，行脾肺滯氣。　茴香辛，平。寒嘔，腎氣腰腹痛。　肉蔻辛，溫。虛寒瀉痢。麵包煨，去油。　丁香辛，溫。降氣，壯命門，通閉。　益智辛，溫。益火，縮遺濁。去殼，鹽炒。　吳萸辛，熱。除痛脹逆吐瀉。鹽泡。　天雄辛，熱。補下焦陽虛。製同附子。　附子辛，熱。掌雄壯之質，有斬關之能，引補氣藥，反散失之元陽。引補血藥養不足之真陰，引發散藥驅在表風邪，引暖藥除在裏寒濕。童便浸透，切開，甘草湯浸，煨半日，麪包微燒，去皮臍。

桂辛甘，熱。入肝腎。近根厚為肉桂，益火，治下焦寒痰，通血脈，墮胎。　桂心入心、脾。治中焦寒痰。　桂枝入肺、膀胱。橫行，為手臂引經；　直行，為奔豚向道。發汗用之者，□調其營，則衛自和，風邪無客，遂自汗而解，非桂枝能發汗也。汗多用之者，□其調和營衛，則邪從汗解，而汗自止，非桂枝能閉汗也。　杜仲甘，溫。益肝腎，理腰痛。鹽炒。　枸杞微溫，益肝腎，填精止渴。

山萸微溫。補肝腎閉精。酒浸，去核。　山藥甘，平。補脾腎，止瀉，填精。　萆薢苦，平。祛下部風濕痺痛。　五加皮辛，溫。去下部風濕疼。　桑寄生苦，平。舒筋除痺，安胎。　續斷微溫。補勞傷，固精安胎。　淫羊藿辛，溫。壯陽事。酒洗，羊油焙。　牛膝酸，平。壯筋除痺，通經淋。　桑螵蛸（鹽）〔鹹〕，平。扶陽，益精氣。蒸焙。　仙茅辛，溫。補火暖精。泔浸去尖、赤汁。　覆盆子甘，平。補腎，固遺溺。酒蒸。　補骨脂辛，溫。益火，止腰痛。炒。　蘆巴苦，熱。腎臟虛寒疝氣。酒蒸。　沙苑蒺藜甘，溫。補腎，固精溺。　菟絲甘，平。遺精，溺有餘瀝。酒蒸。　蓯蓉（鹽）〔鹹〕，溫。補精血，滑大便。酒洗。　鎖陽（鹽）〔鹹〕，溫。強陰，固精氣。酒浸，焙。　巴戟甘，溫。強陰，止夢遺。酒浸，焙。　蛇床子辛，溫。壯陽氣，去風濕。　骨碎補苦，溫。腎瀉骨痿，損傷。　何首烏微溫。補陰血，療瘧癢。　紅棗甘，溫。和脾胃。中滿者忌。　龍眼甘，平。補心安神，益脾胃。　蓮鬚甘，澁。止血，澁精固腸。　蓮子甘，平。清心，補脾固精。去心。　芡實甘，平。益脾腎，止瀉固精。　烏梅澁，溫。斂肺，止咳嗽、痢血。　枇杷葉苦，平。嘔逆薑炒，寒欬蜜炒。　山查酸甘。消滯，通血痢癢腫。　淡豆豉甘，寒。發汗，下氣清煩。　白扁豆甘，溫。脾虛，暑病吐瀉。　黑豆甘，平。和血解毒。赤，利水。　麥芽甘，平。下氣消穀，催生。炒。　胡麻甘，平。滋潤五臟。油解毒。　苡仁微寒。肺勞痰嗽，濕泄痺。　郁李苦辛。下氣通秘，利水。去皮。　神麴甘辛。消食，調中下氣。炒。　火麻仁甘，平。滑腸通秘。托去殼。　酒辛，熱。少和血壯膽，多傷生。　川椒辛，熱。溫脾，壯火，消水腫。　韭辛，溫。消瘀血。子，壯陽固精。　萊菔子辛，溫。下氣，消食除脹。　鮮薑辛，熱。發散，止嘔，皮消腫。　白芥子辛，熱。利氣，化脇下痰。　乾薑辛，熱。溫中，去吐瀉冷疼。　良薑辛，溫。溫中下氣，止心痛。　薑炭辛，溫。引補血藥退虛熱。　艾葉辛，熱。子宮虛冷，寒氣痛。　金銀辛，平。鎮心定魄，安驚癇。　鐵華粉平肝，除風定驚。　硃砂甘，寒。鎮心解邪，下胎。水飛。　磁石辛，溫。入腎鎮精志。煅，酒淬。　紫石英甘，溫。鎮心，暖子宮。醋淬。　人中黃苦，寒。解腸毒實火證。　赤石脂辛，溫。澁崩瀉精滑。酒焙。　人乳甘，平。潤噎膈，大補精血。　秋石（鹽）〔鹹〕，寒。滋陰，溺降火活血。　血餘灰苦，溫。有功血證。鹽泥固煅。　陽起石（鹽）〔鹹〕，溫。助陽止崩。酒淬，水飛。　海石（鹽）〔鹹〕，平。清肺降火，下老痰。　紫河車（鹽）〔鹹〕，溫。理虛勞，補心腎。米泔洗白，磁器盛，入童便、酒少許煎，蒸爛。　龍骨甘，平。固澁虚滑，齒安魂。　阿膠(鹽)〔鹹〕，平。止咳血，胎崩痢。麩炒。　犀角(鹽)〔鹹〕，寒。涼血，解熱毒風邪。　鱉甲酸，寒。清骨蒸，崩瘕。生取酒炙。　羚羊角(鹽)〔鹹〕，寒。解熱毒，定驚癇。　龜甲(鹽)〔鹹〕，寒。滋陰清熱，痢崩。□炙。　麝香辛，溫。開竅搜骨，祛風痰。　鹿茸(鹽)〔鹹〕，溫。補陽益氣，健骨。酒炙。　牛黄甘苦。清心，利痰氣搜風。　虎骨辛，溫。壯筋骨，搜風痛。酒泡。　鹿膠(鹽)〔鹹〕，平。補精氣，崩吐胎漏。　琥珀甘，平。安神，利水，消瘀血。　天竺黄甘，寒。解風熱，祛痰癇。　珍珠(鹽)〔鹹〕，寒。安魂定悸。入豆腐内煮研。　牡蠣(鹽)〔鹹〕，寒。化痰，止汗泄。煅，童便淬。　魚鰾(鹽)〔鹹〕，平。固精，止崩漏經逆。　川山甲味寒。消毒，直達病所。　全蝎辛，平。祛風定搐。炒。　膃肭臍(鹽)〔鹹〕，熱。興陽，暖精寒。酒洗。　海鰾鮹(鹽)〔鹹〕，溫。主收澁。炙。　殭蠶辛，溫。祛風消痰。炒。　蟬蜕甘，平。消風退翳。

清・沈懋官《醫學要則》卷一　藥品分門　肝經之品：　牡丹皮　川續斷　懷生地　懷熟地　明天麻　當歸身　真川芎　白芍藥　何首烏　山萸肉　益母草　大黑棗　夏枯草　海藻　豨薟草　鉤藤　白薇　艾葉　密蒙花　青黛　穀精草　青葙子　草決明　蔓荊子　辛夷　五加皮　胡麻　羚羊角　熊膽　礞石　鱉甲

心經之品：　丹參　茯神　棗仁　栢子仁　石菖蒲　遠志　竹葉　燈心　大青　琥珀　天竺黄　丹砂

脾經之品：　人參　黄芪　茯苓　於术　甘草　芡實　神麯　山查　薏苡仁　大麥芽　車前子　澤瀉　木通　猪苓　建蓮肉　真桂圓　玉竹　荷葉　漏蘆　續隨子　高良薑　使君子　肉豆蔻　雷丸　麻子仁　紅麯　金銀花　川萆薢　草豆蔻　母丁香

肺經之品：　桑白皮　欵冬花　馬兜鈴　天門冬　麥門冬　五味子　札沙參　釵石斛　甘菊花　懷山藥　百合　紫(苑)〔菀〕茸　杏仁　訶子　淡烏梅　阿膠　竹茹　淡竹葉　馬屁勃　葶藶子　牽牛　山荳根　射干　旋覆花　百部　茅根　水萍　蒼耳子

腎經之品：　枸杞子　菟絲子　鹿角膠　補骨脂　肉蓯蓉　黑玄參　龜甲　川牛膝　杜仲　虎骨　仙茅　骨碎補　金櫻子　白蒺藜　沙苑蒺藜　瑣陽　巴戟天　淫羊藿　蛇床子　覆盆子　女貞子　瞿麥　扁蓄草　地膚子　海金沙　大茴香　旱蓮草　楮實子　青鹽　鹿茸　龍骨　海狗腎　牡蠣　蛤蚧　桑螵蛸　紫河車　秋石

氣類之品：　藿香　香附　烏藥　厚朴　大腹皮　廣木香　尖檳榔　苦桔梗　廣陳皮　紫蘇梗　薑黄　枳殼　青皮　砂仁　荳蔻　沉香　鬱金　安息　白檀香　紫降香　草荳蔻　萊菔子　益智仁

血類之品：　赤芍藥　地榆　五靈(芝)〔脂〕　玄胡索　側栢葉　紅花　桃仁　京三稜　蓬莪朮　槐花　蒲黄　蘇木

痰類之品：　橘紅　川貝母　半夏　天花粉　天南星　牛膽星　瓜蔞仁　紫蘇子　白芥子　常山　竹瀝　梨汁　生薑汁　海石　牙皂角　瓜蒂

火類之品：　龍膽草　大力子　石蓮肉　胡黄連　川黄連　連翹　犀角　石膏　黄芩　山梔　知母　黄栢　滑石　芒硝　地骨皮　大黄

燥類之品：　秦艽　童便　蜂白蜜

濕類之品：　漢防己　茅蒼朮　黎蘆　茵陳　芫花　大戟　甘遂　商陸

暑類之品：　宣木瓜　白扁荳　滑石　香薷　青蒿

風類之品：　麻黄　羌活　紫蘇　薄荷　柴胡　葛根　升麻　白芷　防風　荊芥　獨活　威靈仙　北細辛　藁本　宣生薑　葱白頭

寒類之品：　附子　肉桂　乾薑　炮薑　小茴香　吴茱萸

雜類之品：　白及　澤蘭　三七　山慈菰　蓖麻子　白鮮皮　土茯苓　蒲公英　劉寄奴　桑寄生　乳香　冰片　血竭　白蕪荑　真乾漆　巴荳　銅綠　自然銅　蜜陀僧　水銀　輕粉　赤石脂　爐甘石　雄黄　硫黄　無名異　砒石　白礬　膽礬　皂礬　兒茶　夜明沙　牛膠　射香　蚺蛇　蘄蛇　蛇蜕　穿山甲　烏賊骨　白(薑)〔殭〕蠶　蟬退　文蛤　全蠍　蜈蚣　蟾蜍　蚯蚓　血餘　人中黄　人中白

清・方肇權《脉症正宗》卷四　藥性述要：　共藥壹佰零六味。考《本草》之書有數十家，品類過多，以中材之士讀之，類其名亦且煩，尚難盡其性也。但其性一味可治數病，而今人以數味共為湯散，尚未能奪其病者，雖用之而未達病源，故無相符耳。然《本草》之書不可不讀，要識其煩，而簡其要，熟得藥性之旨，方能合於病而應於手也。愚今拆其煩而選其要者百味，僃述性味，皆合正湯散王道之需，附於卷内以便覽焉，其療病也，只此過半矣。又有高才之士，何妨無書不讀，自有博而致約之功，摠歸捷錄之要者也。

人參味甘，性微溫。開胃扶脾，接真氣在頃刻；益肺寧心，回元陽於既倒。虛寒陽陷相宜，陰虛火炎反戾。生地黃味甘、苦，性寒。涼血補陰，去瘀生新，胎前產後必須用，熱症吐衄為相宜。熟地黃味甘、苦，微溫。補腎益精，利血脉而精神充足，潤腑滋臟。壯筋骨與關節咸宜，陰虛火上炎者急需，氣虛陽下陷者更迫。天門冬味甘、苦，性寒。潤肺去燥，生津止渴，補腎降火，骨堅筋強，癰痿要藥，乾咳宜資。麥門冬味甘，平，性微寒。清心宮之熱，煩躁皆安。潤肺中之燥，乾咳能平。利於虛火，實熱功微。白朮味苦、甘，性溫。健脾開胃，磨化食物成精微，燥痰除濕，能〔消〕積滯，寬腸胃。陽虛者可採，陰虧者反燥。蒼朮味辛、甘，性溫。燥脾去濕，水飲皆消。發汗散滿，瘴氣寬平。黃芪味甘，微溫。補元陽而定喘，充膚斂汗；開胃口以進食，虛寒下陷。生用走表托汗，腫毒升散。遠志味苦，性溫。益心氣而驚悸無憂，走腎經而志強有賴。菖蒲味辛，性溫。開心寧神，耳目聰明，歸脾燥濕，九竅通利。萎蕤味甘，性平。潤肺氣，和寒嗽無憂。益腎精，足腰府常強。走元陽功同人參，益陰分性均地黃。力薄也，宜多用。山藥味甘，性溫。益氣分而脾胃健，補陰分而腎水和。虛瀉者，補正之功。下陷者，升舉之力。薏苡仁味甘，微寒。潤肺經，癰痿咳嗽皆宜。理脚氣，濕痺軟弱有賴。燥者使潤，濕者能燥。惟寒涼筋急者忌也。木香味苦、辛，性溫。入心肝踈氣鬱，疼痛自平。走脾胃散寒食，嘔逆常消。痢中用之，冷痢宜也。熱痢服之，受害非輕。石斛味甘，性平。歸腎益精，足膝之患有助。扶胃平熱，飲食之滯不停。質氣輕而力薄，利大劑膏丸之需。牛膝味苦、酸，性平。淮產者益腎宮，利腰膝，強筋壯骨，通經墮胎。川產者理跌撲，正傷損，過關通氣，引藥下行。川芎味甘，性溫。雖養血而善走，能調經以利行。血滯凝泣為當，血行崩漏宜減。四物湯用之不當，血虛火炎者服之升助。當歸味甘，性溫。性全血分生新去瘀之功，榮潤經絡療疼止痛之力。陰虛火炎者以之降伏，女人胎產中伏以扶持。白芍藥味酸、苦，微寒。平肝而瀉血熱，脇下刺痛。養脾能潤枯燥，熱痢調和。人徒以酸斂為戒，誰知血虛火炎功宜。五味子味皮肉甘酸，核苦辛，都鹹，性溫。入肺宮斂耗散之元陽，生津定喘，走腎經揖不足之真陰，夢遺精滑。丹參味苦，微寒。性歸血分，味益心氣，力全胎產，功同四物。安生胎，落死胎。去瘀生新，止崩漏，調帶下，力薄重劑。玄參味苦、鹹，性微寒。性雖寒涼，瀉陰分火炎。味苦清熱，壯水中真陰。所以勞症骨蒸、班毒、煩躁咸宜。知母味苦，性寒。清肺經之枯燥，乾咳煩渴。瀉腎經虛火，骨蒸勞熱。貝母味辛、苦，性微寒。潤養肺經，利乾咳并燥痰；滌蕩心宮，清煩躁與鬱結。紫(苑)〔菀〕味辛，性溫。性辛溫，利肺寒。氣促痰喘寒勞也，為宜。咳吐膿血屬熱也，反碍。欵冬花味甘、辛，性溫。入肺性辛利於散，性溫利於寒。久病喘咳，寒也，應用。新病癰痿，熱也，無功。今人遇虛損之咳嗽，輒以投之，悮人也不淺。百合味甘，性平。潤養肺經，寧咳止嗽，收斂之功耶。力入心宮，安神定魄，鎮禦之力歟。天花粉味苦，微寒。清中焦之燥痰，利膈中之煩渴。實名瓜蔞，治療多同。續斷味辛，性溫。續筋骨之軟弱，補勞傷之虛損。行氣血，關節利。益腎水，洩遺無。腰痛宜投，胎產頻用。秦艽味辛，性溫。去風活絡，辛散之性也。筋骨痛減，溫逐之力耳。人皆以為補劑，非若防風之猛耳。木通味辛，性平。淡能宣通，君火宜也。妊娠須忌，下乳催生。車前子味甘，性寒。引膀胱水邪不留，通五淋熱結常清。燈草味淡，性寒。清心宮之熱，煩躁安寧。分小腸之蓄，利水偏長。燒灰吹喉痺，塗乳止夜啼。金銀花味苦、甘，性寒。解臟腑熱毒，散經絡癰疽。酷熱頻飲而熱邪清，煙酒過度而濕熱滲。升麻味甘、苦，性微寒。升清陽之氣於上，提風寒之邪於外。氣虛下陷者要也，寒瀉脫肛者用之。柴胡味苦，性微寒。入膽經，主寒熱瘧疾。入肝經，主胸滿脇痛。升清陽左上，散胸中氣逆。前胡味甘、辛，微溫。降氣則胸滿寬平，理痰而喘咳多効。獨活味甘、辛，性微溫。性搜風寒，筋骨疼痛有効。濕痺痠疼，經絡凝滯消散。獨活惟伏，無風不入；羌活多遊，功達肌膚。細辛味辛，性溫。主頭痛風寒濕痰，理鼻塞下氣破結。防風味辛、甘，性溫。去風寒深入臟腑，散熱鬱淺停皮膚。荊芥味辛、苦，性溫。理血踈風，皮膚邪去。瘡瘍寒濕，經絡滯消。薄荷味辛，性溫。踈散風熱而頭目清，宣通鬱結而氣下平。紫蘇味甘、辛，性溫。溫中焦寒邪達表，蘇子降氣逆消痰。乾葛味甘，性平。止消渴，清胃熱，理血痢，止嘔吐。麻黃味甘，性溫。諸家表濕而載，豈知裏證堪取。同溫燥能提臟腑寒冷，共風劑可散經絡寒邪。白芷味辛，性溫。散足陽明風邪，嘔逆脹滿。走足太陽經絡，頭痛齒疼。肌膚搔痒，止痛排膿。藁本味辛，微溫。去風專於巔頂，除濕長於升散。香薷味辛，微溫。夏月陰寒閉遏，暑氣腹痛。開胃和脾，霍亂吐瀉。黃連味苦，性寒。清上焦之熱，班狂陽毒瘡瘍。理臟腑之燥，煩躁熱痢腹痛。用黃連而兼養血，無熱不功。黃芩味苦，性寒。入肺經止熱嗽，燥結痰粘口中瘍。清大腸除瀉痢，二便閉濇腸內癰。

桔梗味辛，微溫。寬中焦，理咽喉，清肺熱，消癰瘻。胸脇疼痛須用，托載諸藥緩留。

香附味辛，性溫。開鬱行氣，舒經散寒。同參芪而氣益彰，與歸芎而血流行。

草豆蔻味辛，性熱。入脾胃溫寒邪，心腹疼痛致効。暖中焦化食積，吐瀉脹滿多靈。

肉豆蔻味甘、辛，澀，性溫。入大腸，泄痢滑脫者□□能。走腎經，精洩自滑者溫暖仗持。

元胡索味苦、辛，性溫。行氣血之凝滯，調經脈而流通。止心腹疼痛，破胸脇阻滯。

鬱金味辛、苦，性溫。開氣鬱血積痞逆能平，散脹滿飽悶凝結舒寬。

京三稜味苦，性平。破堅積，消痞塊。新邪強實者當之，久病乘虛兼補。

蓬莪术味苦、辛，性溫。破臟腑之壅滯，積聚痞塊皆消。踈經絡中串結，痰飲凝泣通調。

半夏味辛，平，熟溫。性燥，消脾胃中濕痰。味溫，散經絡之冷邪。頭眩欬逆上焦痰升，胸痞脇脹中焦濕留。

附子味辛、甘，性大熱。溫臟腑之陳寒冷積，燥經絡之痞塊凝滯。益命門火旺，溫腎宮泉冷。寒散即已，過服燥陰。

大黃味甘，性寒。性雄味烈，瘀血積聚消除，號曰將軍。留飲宿食無停，便閉須要，熱痢莫緩。

商陸味酸、辛，性寒。水腫脹滿，莫大之功。分利二便，決流之力。外濕功專，內濕宜減。

蘄艾味苦，性溫。暖子宮，安胎孕，虛寒合宜。止血痢，理腸紅，寒症者中。灸百病而功高，悞燥症反為害。

牛蒡子味辛，性溫。踈風熱之痰壅，肌膚癮疹。理咽喉之閉塞，腫毒瘡瘍。

防已味辛、苦，平，性溫。利臟腑之濕，水腫腹滿皆消。理脚氣之腫，著墜痠軟能除。

威靈仙味苦，性溫。宣經絡痛風，強實者當之。去冷氣痰凝，虛弱者兼補。

牽牛味苦，性寒。逐水之力烈，氣血未衰者可也。下氣之性猛，元神猶旺者能當。

青蒿味苦，性寒。退骨蒸煩熱，性不偏燥。調脾胃進食，芳香有益。

高良薑味辛，性熱。去心腹之寒痛，療胸滿之逆冷。

連翹味苦，性寒。清三焦熱邪，鮮臟腑蘊毒。瘡痒痛痒宜用，班丹火毒須要。

葶藶子味苦，性寒。瀉氣分之有餘，胸脹喘滿皆寬。利水中之腫滿，痰飲聚停消平。

狗脊味苦、甘，性微溫。入肝經而強筋壯骨，歸腎經而腰膝堅強。

白及補肺經而癰瘻有効，清血熱之膿穢消平。

肉桂味辛、甘，大熱。溫中行氣，扶脾胃寒冷。益火壯陽，濟經絡凝泣。奔豚疝氣，堅積痞塊。

白茯苓味淡，甘，性平。益脾胃，分水濕，入腎經，降泛痰，成形年深者力厚。抱根為茯神，安神定魄。紅者為赤苓，破壅分利。

地骨皮味苦，性寒。治在表有汗骨蒸，平腹內臟腑虛熱。

酸棗仁味酸，性平。收斂心神，管攝血液，乃固表虛之汗。補益肝臟，血自歸經，用安徹夜不眠。

黃栢味苦，性寒。瀉命門火旺，腎水安靜。利膀胱濕熱，下焦安和。浣口舌之瘡，敷足脛之患。

五加皮味辛，性溫。入肝舒筋，能除風濕。入腎壯元，力及固斂。脚弱風寒者相宜，血虛氣弱者反戾。

桑白皮味甘，性寒。瀉肺中蘊熱，喘嗽皆安。踈下焦閉滯，水邪寬平。枝可去風明目，子能益血生津。

杜仲味甘，性溫。益腎功溥腰強骨堅，入肝資力機關咸利。

吳茱萸味辛，性熱。溫肝臟陰寒腹痛，燥腸胃滑瀉疝氣。

山茱萸味酸，微溫。溫腎宮精足陽閉，榮肝臟強筋壯骨。

檳榔味辛、甘，澁，性溫。性降三焦氣分莫能當，味烈後重裏急見鮮釋。

山梔子味苦，性寒。清臟腑燥熱而煩躁安，瀉三焦火鬱使從便疏。

枳殼味苦、酸，性微寒。破真氣脹滿痰癖可用，踈三焦濕熱邪留便利。按枳殼性稍緩，而枳實性烈也。

厚朴味辛、苦，性溫。逐寒邪胸滿，腹脹寬舒。理氣痰宿食，嘔吐應効。病去宜減，過服洩真。

猪苓味淡，性平。分消水濕，亦利熱邪。

烏藥味辛，性溫。順氣理冷邪攻沖，溫經散濕停為害。

木瓜味酸，性寒。司筋，筋急筋緩皆便利。主濕，脚氣痺弱有功能。

橘皮味辛、苦，性溫。入肺經，止嗽定喘。入胃經，清痰理氣。留白名陳皮，能補。去白名橘紅，能踈。

青皮味苦、酸，性溫。行經絡阻滯之氣，理臟腑脹滿之積。

香櫞順上焦之氣，呃逆隨降。進中州之食，痰飲消除。

芡實味甘，性平。走腎，濇精遺洩多効。歸脾，健運泄痢功能。

桃仁味甘，性平。行瘀血而不猛，潤燥結以不迫。

杏仁味甘，性溫。散上焦風熱喘咳痰清，利胸中氣逆閉鬱寬平。

山查味甘、酸，性平。消肉食積滯，腸胃調和。行乳汁留停，瘀血消散。

麻仁味甘，性平。潤臟腑血分之燥，通大腸閉濇之患。

神麯味甘，性溫。開胃進食，健脾運化，腹痛食積，痰飲消平。

軍薑味辛，性大熱。溫中散寒，翻胃嘔逆之功。開胃扶脾，消食去滯有驗。炮黑力減，因義相製。

生薑味辛，性熱。發表溫中，燥胃止嘔。氣脹腹滿有効，冷疼脇疼為宜。

葱白味辛，性溫。達表功速，風寒立除。通中發汗，經絡流通。

石膏味甘，性寒。性本寒涼，陽狂消渴從便出；味薄體重，熱結三焦隨下行。

滑石味甘，淡，性寒。利六腑之燥結枯濇，通小便之閉塞短數。

朴硝味苦、辛，性寒。入胃府消食除痰，走大腸破血蕩熱。

五靈脂味甘，性溫。理臟腑冷痰停蓄，行經絡氣血滯痛。

清·黃巖《醫學精要》卷一　藥要須知　耐菴黃巖曰：病有萬變，治各有藥。補氣以(密)〔蜜〕芪、人參，補血以芎、歸、酒芍。氣之滯者，行之以香附、砂仁；氣之逆者，順之以陳皮、蘇子、杏仁、烏藥。理肝氣以青皮、木香，瀉肺氣以前胡、枳殼。沉香降腎氣，菖蒲開心氣，小茴治疝氣，是則所宜知也。至於血有當破者，則蘇木、紅花、三稜、莪术、桃仁、乾漆、歸尾、寄奴。血有當涼者，則紫草、柏葉、白薇、生地。血有當止者，則地榆、樗皮、茜草。散血以三七，活血以玄胡。化瘀血以藕節、小薊，調經血以梔子、丹皮。瓦壟子消血塊，丹參補心血，蒲黃、卷柏生行血，熟止血。而芎、歸為血中氣藥，是又所當知也。原夫除濕無如蒼朮，散滿必須厚朴。消腫以利水為先，而虛腫以健脾為急。面腫者風，白附為上。足腫者濕，防己能除。至於消食之品，麥芽消麵，山查消肉，神麯消果，所宜分也。若夫消積殺蟲，則雷丸、鶴虱、蕪荑、阿魏、胡粉、水仙、檳榔、楝子、榧實、使君，其選也。化痰之藥有寒有熱，黃芩、(括)〔栝〕蔞、竹黃、川貝，治熱痰而入心肺。半夏燥濕痰而入脾經。風痰則南星、半夏、竹瀝、荊瀝。陰火痰宜海石，陰火挾風生痰宜蘇半夏、宋陳皮。火痰則枳實、礞石。豈可混施？至於氣行則痰行，則理氣諸品皆痰藥也。濕熱為痰之本，則利水瀉火諸品皆痰藥也。學者所當隅反也。解鬱以鬱金為最，而香附、黑梔因症而施。解暑以香茹為主，而扁豆、滑石平寒異用。更取滋陰以熟地、紫河車、龜板、龜膠、沙參、玉竹、天冬、麥冬，降火則丹皮、元參、童便最宜爾。其黃連、犀角瀉心火，黃芩、桑皮瀉肺火，龍膽、青黛、羚羊、蘆薈瀉肝火，知母、黃栢瀉腎火，大青、大黃、石膏、花粉瀉胃火，梔子瀉三焦之火，赤(服)〔茯〕、木通瀉小腸之火，是又所宜知也。至於祛寒，則附子、炮薑、吳茱、肉桂。暖胃則丁香、白(叩)〔蔻〕、胡椒、砂仁。及夫嘔吐之症，其因有三：因風則半夏、生薑、藿香、陳皮必用；因寒則丁香、黑薑、縮砂、川椒必資；因熱則竹茹、蘆根必問。至若風瀉，則當祛風，葛根最妙。熱泄則宜分利，木通亦靈。虛瀉當升，升麻可加於補劑。滑泄宜澁，肉(叩)〔蔻〕須配夫石脂。若夫小便不利，則木通、車前、猪苓、澤瀉、赤茯、白茯，其要也。大便不利，則油歸、郁李、桃仁、麻仁、冬葵、皂角潤之滑之，大黃、葶藶、朴硝、元粉攻之決之，蓯蓉、瑣陽四物六味滋之潤之。變而通之在其人耳。再考頭痛，(大)〔太〕陽居腦，治以藁本、羌活，少陽居側，平以柴胡、川芎，陽明居額，療以升麻、白芷，此三陽頭痛之正治也。潤燥則二地、生、熟。二冬、天、麥。牛乳、甘蔗。呃逆則橘皮、竹茹、柿蒂、丁香。治瘧則首烏、烏梅、常山、草果。澁精則牡蠣、龍骨、蓮鬚、(茨)〔芡〕實、金櫻、棗皮。腰痛則杜仲、牛(七)〔膝〕、故紙、胡桃。祛風去濕，補壯筋骨，則海桐皮、五加皮、石楠葉、桑寄生、白鮮皮、巴戟、續斷、秦艽、威靈仙、片子薑黃、虎骨、虎膝。犀牛皮最去風濕。皮痒則蒼耳、地膚、浮萍，煎浴最可。瀉熱解毒，則銀花、甘草、連翹、牛蒡、射干、貫眾、公英、慈菰。通淋則石韋、扁畜、青黛、瞿麥、海金砂。腹痛則芍藥、甘草。滯痛則青皮、白芍、陳皮、枳殼、檳榔、木香、腹皮、腹子、乳香、沒藥。寒痛則吳茱、良薑、元胡、肉桂。熱痛則大黃、枳實。行水則芫花、大戟、甘遂、牽牛、商陸、防己。燥嗽則百合、紫菀、欵冬、沙參、兜鈴、桔梗、川貝、(括)〔栝〕蔞。痰嗽則陳皮、半夏。久嗽則五味、粟殼。寒嗽則百部、肉桂、附子、炮薑。喉痛則豆根、牛蒡、生甘、桔梗、殭蠶、射干。牙痛因風則皂角、細辛，因蟲則藜蘆，為末塞孔，不可吞涎。因寒則蓽撥，因火則黃栢、青黛。口臭則香茹。鼻淵則辛夷、蒼耳。癭瘤則公英、昆布、海帶、海藻、浙貝、夏枯草。吐風痰以瓜蒂、赤小豆。開關散以皂角、細辛。若夫疎風發表，尤宜致詳。麻黃肺經藥，而走(大)〔太〕陽。桂枝引營而達肌表。陽明胃則有升麻、葛根、白芷。太陽膀胱則有羌活、藁本。少陽膽則有柴胡、川芎。前胡入肺，荊芥疎肝，防風搜肝瀉肺，蒼朮辟惡去濕，細辛、獨活入心腎，薄荷、紫蘇理肺風，白附去頭面之風，蟬蛻增皮膚之風，殭蠶、全蝎、天麻、鈎藤定搐搦之風，所宜分也。又若健脾則有白朮、黨參、茯苓、淮山、(茨)〔芡〕實、龍眼。縮小便則有益智、桑螵蛸。暖丹田則有故紙、大茴、胡蘆巴。安胎則有黃芩、白朮、阿膠、艾葉。瘀血作痛，則有蒲黃、靈脂。產後血暈則有荊芥、澤蘭。又若伸筋以乳香，止痛以沒藥。革蔴拔毒，白蠟生肌。薑黃理血中之氣，莪术破氣中之血。退紅腫以金線重樓、木鱉。鎮驚魂以琥珀、珍珠。狗補脾，羊補肺，雞補肝。蟮大熱，螺大寒，鱉滋陰。鯇魚治痢，鹿茸補精。覆盆、枸杞、菟絲、女貞、黃精、狗脊補腎之良也。棗仁、柏仁、辰砂、硃砂養心之良也。茯神補心以通腎，遠志補腎以通心。用藥大要，如斯而已，好學深思之君子，又當博觀《本草》《圖經》，以究其全焉。

清・佚名氏《眼科秘本》

補益獨魁人參，救刑金之火。右手見寔脉者，不可驟用。溫。補氣養陰，降火。

甘平合土甘草，有生熟之殊。生用清火，炙熟健脾，寔脹滿者忌。炙。溫。(生)〔性〕平。和中。

沙參微苦微寒，補陰，頗能清肺。右寸數寔者，甚為合宜。寒，辛。滋陰降肺火。

蒼朮入脾入胃，發汗，更去濕痰。

米泔水浸製。溫。辛。燥濕解鬱。　益衛氣而補三焦，黃耆甘溫，入肺，固表虛之汗。得防風其功愈大，蜜炙。若補腎，鹽水拌炒。溫。補氣生血。　升清氣而降濁氣，去痰，白朮補脾，調中氣之和。和脾，米泔浸。助脾，壁土蒸。嫌其燥，蜜炙。嫌其滯，薑炒。溫。燥濕健脾。　桔梗清熱排膿，引藥入至高之分，肺鬱能開。焙。平。瀉火，散寒開鬱。　玉竹益氣補中，除蒸兼逐熱之能，人參可代。水浸，飯蒸用。平。去風濕，補氣血。　益精補腎，肉蓯蓉之腰膝可瘳。去甲，酒洗。溫。補腎。　入肺除煩，川貝母之燥痰能潤。糯米炒，去心，搗用。寒。消痰開鬱。　知母苦寒入腎，兼能清肺，所以瀉相火而止咳安胎。鹹水炒。寒。瀉腎火。　遠志交心強志，更足益精，故能治善忘而明聰，補腎。去心，焙。溫，補。開鬱。　清腎火而明眼目，莫過元參。忌銅鐵器。寒。清火補腎。　利骨痛而止頭旋，無非羌活。羌活理游風，獨活理伏風，氣血虛而遍身痛者忌之。溫，散。瀉肝勝濕。　丹參色赤，苦，平，破宿生新，產後胎前珍要劑。酒潤微焙。一味丹參散，功同四物湯。平。補心去瘀。　白芍肝脾益血分，益陰滋濕，除煩明目。味酸，寒。避其寒，酒炒。入血藥，醋炒。寒。瀉肝火，又養陰。　黃連瀉心，清肝膽而聰耳明目。生清心，炒清肝膽，上酒，中薑，下鹹。又治小兒疳氣，殺蟲。大寒。降心火。　秦艽味甘，祛風濕而退熱除蒸。便滑泄者勿用。涼，辛，散。疏風。　黃芩治火有功，肺虛者不宜驟用。酒炒。寒。瀉濕熱。　柴胡目赤有效，寒熱者非此不除。上升用梢根，下降用梢。小兒疳羸，尤為要藥。寒，散。升陽解鬱。　前胡祛熱，散風除嗽，安胎，消痰飲。忌火。消痰治風。　防風治風，瀉肺，風眼冷淚，大頭風。上焦風用身，下焦風用梢。溫，散。去風勝濕。　入腎，苦，寒，苦參有功于風熱。火衰虛弱者忌之。人參補脾，沙參補肺，紫參補肝，丹參補心，元參補腎。苦參不在五參之內，然名參者，亦補。寒。瀉火補陰。　健脾開胃，厚朴下氣而消痰。薑汁炒。消痰化食。　黃柏滋腎水之枯熱在下焦，咸資其用。火旺胃強者宜之。瀉相火。　川芎為祛風之藥，一切氣血獨奏奇功。小者名撫芎，耑主開鬱。溫，辛。潤肝，補肝，開鬱。　元胡索辛溫。止痛獨行多功。上酒炒，中醋，下鹹水。溫。活血利氣。　桑白皮瀉肺消痰。肺虛忌用。蜜水炒。瀉肺火。　補腎精充，杜仲利筋攣之痛。去粗皮，酒炒。潤燥補肝。　生新破舊，當歸止頭目之疼。酒洗，微焙。腸滑者忌用。溫。順氣，血行則氣降，又滋陰。　細辛止淚疎風，涉虛宜忌。辛能瀉肝，咳嗽者宜之。辛能補肝，目疾者宜之。溫。疏風。　藁本祛風去濕，頂痛可除。溫，辛。疏風，開寒鬱。　白芷表汗療風，且止眉稜之痛。色白入肺，微焙。溫，燥。疎風除濕。　良薑除瘧止吐，兼祛腹內之寒。土炒用。熱。宣燥暖胃。　紫草通腸解毒，涼血為功。大便利者，不可多用。涼。瀉血熱。　丹皮治火理蒸，功高黃柏。酒洗，微焙。涼，辛。降火。　木香止吐安胎，健脾胃而且能消食。入氣分，生用實大腸，麪煨。溫。順氣降肺。　豆蔻祛散停滯，解酒毒而兼退雲翳。忌火。研細冲服，能散肺滯，故去翳。熱。宣氣化食。　砂仁消食安胎，理上焦之浮熱。炒去衣，研細，冲。血虛火炎者勿用。溫。寬中順氣。　香附消痰開鬱，寬氣怒之胸襟。生則上行胸膈，炒黑止血，酒炒行經，醋炒消積，薑汁炒則化痰，熟則下走肝腎。平。解六鬱，痰、火、氣、血、濕、食。　補骨脂暖腎興陽，腰膝酸疼，腎冷精流不可缺。去皮，鹽水炒。一名破故紙。溫。燥補命火。　廣藿香開胃進食，溫中快氣，腹心止痛賴其芳。淨。溫，辛。寬中，開胃快氣。　安養心神，益智仁之能，和脾以進食。去殼，鹽水炒。熱。宣氣開鬱。　祛風清熱，甘菊花之止冷淚而退翳。忌火。微寒。養血去翳。　香薷發散暑邪。勞役汗多者，不宜，虛表。忌火。兼治水腫，陳者良。宜冷服。辛，散。消暑利濕，退熱。　荊芥散風清熱，下瘀積聚者，頗有奇功。荊芥穗炒黑，治下焦血有功。溫。疎風理血。　薄荷清理舌(胎)〔苔〕，解風熱而清頭目，多服不宜。溫，辛。寬中散熱，解鬱。　蘇葉風寒能散，子定喘，而梗安胎中。久服無益。辛，散。發表散寒。　青蒿在羣草之先，伏熱骨蒸，其功特著。胃虛切勿輕投。童便浸晒。清暑瀉熱。　紅花去積瘀之血，胎傷血運，並入心脾。少用又能養血。酒噴，微焙。溫。潤燥止痛。　茺蔚子行中有補，故調經止痛，職所耑司。炒去殼。一名益母草。(童)〔曈〕神散大者忌之。行瘀生新。　旋覆花散濕消痰，故開胃止嘔。虛衰忌用。去蒂及皮，蒸用。一名金沸草。入煎劑須絹包好，恐毛射肺反嗽。微溫。消痰。　夏枯草止目珠之痛，結氣能通係肝症者，獨稱神效。久服又防傷胃。微寒。散鬱緩火。　牛蒡子理肺經之風，宣氣利喉〔，宣氣〕。虛寒泄瀉，切勿妄投。酒蒸用。寒。除風宣肺氣。　續斷入肝，消腫破瘀，當知宣中之補。酒浸，炒。補肝腎。　木賊止淚，制肝散火，能除目內之翳。平。退翳。　生地黃涼血養陰，清掌中之熱。目疾必須。製熟者，溫補。寒。大瀉火，平血逆，熱者養陰。　川牛膝補腎強筋，理脊膝之疲。淋症尤要。下行生用，入滋補藥酒浸蒸。精滑者忌用。益肝腎。　紫(苑)〔菀〕消痰定喘，益肺有功。多用、獨用尤効。去鬚，洗焙。　葶藶，肺家水氣非此莫療。有甜、苦兩種，甜者少緩，但不可多用。酒炒大黃洩血閉，葶藶洩氣閉，宜輔大棗。大寒。下氣消腫。　麥門冬甘寒，潤燥金而清腎水。止血熱，通乳閉。去心，酒炒。微寒。潤肺清心，瀉熱。五味子酸溫，瀉丙火而補庚金。止渴止瀉，滋腎斂汗，明目。補劑用熟，咳嗽用生。滋腎明目。冬葵子利竅疏腸，同白芷而能排膿散毒。葵根功用相同，又能通乳閉。誤吞銅錢者，汁飲神效。欵冬花消痰潤肺，理肺痿而定喘，清喉。蜜水拌炒。消痰。決明子清肝家風熱，去目翳而淚湧可除。炒研。平。疏肝明目。天門冬主肺熱清金，益腎精而能消痰結。去心。虛者須與參耆同進，不至傷胃。車前子除濕益精，能療目赤。炒研。甘，寒。清肺肝。瀉肺補腎。穀精草頭風翳膜，痘後有功。退翳在菊花之上。溫。退翳明目。連翹消毒療瘡，利小便而能清心火。酒炒，研。微寒。瀉火散結。半夏健脾去濕，止嘔吐而更利老痰。製，無濕症者與半夏不相蒙也。除濕化痰，開鬱。堅骨止遺，菟絲子療瘦疼之腰膝。溫補三陰。消痰破積，威靈仙逐遍體之痛風。壯實者朝服暮效，氣弱者忌之。祛風。煩滿痰凝，天花粉有功於風熱。虛渴者宜之。降火潤燥，滑痰。驚癇寒熱，鉤藤勾見效于胎風。小兒腹痛，大人肝風目眩。但其味易出，宜遲入。葛根發痘宣斑，虛瀉珍為聖藥。升陽散火。木通通心，清肺濕熱，非此不除。細白者佳。防己瀉血熱，木通瀉濕熱。降心火。金銀花補虛療風，退脹滿而不惟消毒。除熱解毒。金石斛悅脾益腎，厚腸胃而邪熱可除。清胃除熱。補虛損而理脚氣，澤瀉之小便能通。去濕熱。明眼目而利膀胱，通草之肺熱易降。退熱。麥芽消食和中。浮麥挾虛自汗。扁豆除濕兮，土家最合。喘能清暑止瀉。連皮炒研。色白入藥，皮如栗色者勿用。穀芽寬食兮，進食啟脾。神麯暖胃健脾，理痢疾而兼能止瀉。菖蒲明目通竅，除痰嗽而更出音聲。飯蒸。枳殼寬脹消痰，泄肺疏腸，主利氣。小者名枳實，功(名)力稍緊。破氣行痰。梔子通調水道，輕飄清肺，利膀胱。虛寒者忌之。炒透用。瀉心肺火。棗仁味酸性收，養肝肺而自能熟寐。補肝寧心。萸肉暖腰壯骨，止月水而疏泄無虞。湯潤去核，能滑腸，忌用。枸杞子補腎益精，膝痛目昏無不愈。酒潤，搗。便滑者勿用。滋肝益腎。地骨皮養肝滋水，精虛火旺賴以痊。淨去泥。走表又走裏之藥，佐青蒿而退邪熱，屢有殊功。降肺火。蔓荊子頂痛頭風，止淚除翳又固齒。酒炒，打碎。宣上部風。蜜蒙花赤膜多淚，障清翳去退羞明。酒炒。潤肝明目。蘆薈滌熱瀉肝，功能明目。清熱涼肝。生薑散風除悶，更化痰涎。汁救暴卒，皮治脹滿。煨則和中止嘔。杏仁苦溫，潤肺除風珍要劑。去皮尖，炒研。要其發散連皮尖。山查化積，乳食宿食賴以驅。陳皮下氣消痰，利用最宏于諸藥。去白理肺氣，留白和胃氣。檳榔破積，止瘧瘴癘，頗見有奇功。刮去臍皮，見火無功。大腹皮辛溫，主浮腫之水氣。豆汁洗淨。吳茱萸除滿，理關格之濕風。閉口者忌用。鹹湯浸，焙。茯苓之化痰開胃。赤苓專主瀉熱行水，茯神安神。寧心益脾，除濕。蟬退之發痘除翳。去頭足，洗去泥。豬苓利小便，不入補方。利濕行水。阿膠主血淋，調腸聖藥。石決明清肝清肺，內服而翳障消除。鹹水煮或麪裹煨。羚羊角明目，定驚平肝，而清熱解毒。滑石化暑解煩，利竅兼能通水。精滑者忌用。石膏除熱胃止痛頭，清肺，更止牙疼。

清·顧以惔《藥達》卷下

〔澀〕精固脫類　牛膝：補腎強陰，理腰脊膝(踁)〔脛〕之傷。補肝強筋，理血結拘攣之症。療淋家莖痛欲死，止久瘧寒熱不休。專以逐(溫)〔濕〕寒，除痿痺，走而下行為功。凡下焦藥中及經閉不久，血崩不止者，忌用。菟絲子：益精髓，堅筋骨，止遺泄。主溺有餘瀝，去腰膝痠軟。稟中和之性，凝正陽之氣。不燥不寒，故為固精首劑。專以補脾腎肝三經為功。凡腎火陽強者，大便燥結者，忌用。胡麻：補中益氣，養肺潤腸，明目耳，填腦髓。專以益脾胃，補肝腎，益血療風為功。補益與藥無忤，無忌用。紫石英：寧心定驚，補肝不足，婦人虛寒不孕者，宜之。溫氣除寒，味甘補中，鎮墜虛火為功，凡婦人火旺不能攝精無孕者，忌用。磁石：養腎益精，明目聰耳。專以補腎益精溺下，軟堅鎮墜去祛為功。凡性稟中和，無猛悍，故無忌用。遠志：壯陽固精，明目聰耳，長肌肉，助筋骨，理一切癰疽，破腎積奔豚。莖名小草，亦主益精，補陰氣，止虛損夢洩。專以洩熱壯氣散鬱，補心定驚為功。凡心經有實火、實熱者，忌用。丹參：補心血，養神志，止驚煩，消積聚，破宿血，生新血，安生胎，落死胎。丹參一味，抵四物之功，故胎產為要劑。專以補心肝腎，益氣養血為功。凡妊婦無故勿服。女貞實：補腎養神，變白明目。專以除腎熱，補腎精，變白明目為功。凡有腹痛作瀉者，忌用。栢子仁：益氣養血，清心安神，補腎助陽，去濕潤燥。專以養神定志，悅脾益氣為功。凡腸滑作瀉，膈間多痰，陽強腎熱，暑濕作瀉者，忌用。桑寄生：止腰痛，健筋骨，充肌膚，去風濕，安胎止崩，下乳。專以益血補腎，祛濕退熱為功。桑之精英，無所禁忌。阿膠：主吐血衄血，淋血尿血，腸風下痢，女人血枯，崩帶胎產，勞嗽喘急肺痿。專以入肺入腎，益陰滋水，補血清熱為功。凡胃弱嘔吐，脾虛食不消者，忌用。何首烏：強筋骨，益精髓，黑鬚髮，斂虛汗，固遺濁，止崩帶，理癰癧，療腸風。苦以堅養腎陰，澀以收攝肝氣，不燥不寒，為滋補良藥。專以益血祛風，解熱行濕為功。神仙妙品，返還少，無所禁忌。杜仲：補腎則精充而骨髓堅強，益肝則筋壯而屈伸利用，故治腰膝痠疼，脊中攣痛，又主陰下濕癢，小便餘(瀝)〔瀝〕。專以益腎補肝，祛濕熱為功。凡腎虛火熾者，勿用。　山茱萸：暖腰膝，興陽道，固精髓，縮便溺，壯筋骨，止月水。味酸屬肝，而在腎者，乙癸同源也。專以益精強陰，補肝腎，斂虛熱，逐濕熱為功。凡水熾陽強者，膀胱熱結便數者，陰虛血熱者，並忌用。　五加皮：主陰痿脊疼，腰痛脚軟，血瘀拘攣，疝氣痛痺。搜風化痰，強筋壯骨。專以除風濕，補肝腎為功。凡下部無風寒濕邪而有火者，肝腎虛而有火者，忌用。　鱉甲：截久瘧，消瘧母，破癥瘕，行瘀血，退煩熱，補新血。專以治勞熱在骨，陰虛寒熱，消散軟堅為功。凡胃弱泄瀉嘔惡，產後泄瀉，食不消，不思食者，忌用。　五味子：滋腎家不足之水，收肺氣耗散之金。強陰固精，止渴止瀉，定喘除嗽，斂汗明目。專以補肺益氣，收攝虛氣，強陰益精為功。凡痧瘮初發，一切停飲，肺有實熱，忌用。　酸枣仁：治煩心不臥，目不得瞑。寒熱結氣，痠痛濕痺，煩渴虛汗。專以補肝、胆、脾三經為功。凡三經有實邪熱者，勿用，以其性兼收斂故也。　續斷：助血氣，續筋骨，破瘀結，消腫毒，縮小便，止遺泄。理胎產崩帶，及跌(蹼)〔撲〕損傷。其性既能行血，又能止血，宣中有補也。專以治胎產，續絕陽，補不足，療金瘡，理腰腎為功。不可同苦寒藥治血病，辛熱藥治胎前。　熟地黃：封填骨髓，補益眞陰，傷寒後脛股酸痛，新產後臍腹結疼。六味丸以之為首，天乙所生之源也。四物湯以之為君，乙癸同歸之治也。專以補腎家之聖藥，益陰血之上品。惟脾虛便溏，產後泄瀉者，忌用。　沙苑蒺藜：主補腎益精，止腰痛遺洩。專以益腎固精為功，火強陽舉者，忌用。　枸杞子：補腎益精，主消渴目昏，腰疼膝痛。專以補腎潤肺，生津益氣，明目退熱為功。凡脾虛泄瀉者，忌服。　無食子：主赤白久利，腎虛陰痿，腸滑夢洩。專以固濇精氣為功。凡痢由於濕熱內鬱，兼積滯者，忌用。　地榆：入下焦理血，凡腸風下血尿血，熱痢，月經不止，帶下崩淋者，熱家用之。專以涼血洩熱，祛下部濕熱為功。凡脾胃虛寒泄痢，胎產胃寒泄瀉、血崩，並忌用。　訶子：酸濇能固腸止瀉，苦溫可下氣寬中。止嗽化痰，止腸風血，生用能清金行氣，煨熱能溫胃固腸。專以苦澀收斂為功。凡肺火咳嗽，溫熱泄瀉，火逆氣喘，虛熱帶下，滯下初發，並忌用。　骨碎補：主骨中毒氣，風血痛，破血止血，補折傷，理耳鳴牙疼。專以入腎強骨為功。凡不宜與風燥藥同用。
蓮鬚：清心止血，達腎固精。男子腎泄，女子崩帶。專以固真補益為功。　龍骨：主丈夫精滑遺泄，女人帶下崩中，腸風下血，瀉痢不止。專以斂攝止脫為功。凡帶下溺血，女子崩漏未久者，忌用。　赤石脂：生肌肉，厚腸胃，除水濕，收脫肛。專以收澁下降，除久痢為功。凡火熱瀉，濕熱痢下白積者，忌用。　肉果：暖脾胃，固大腸，消宿食，寬膨脹，止吐逆。土性喜暖愛香，故肉果與脾胃相宜。專以理脾，開胃消食，止洩瀉為功。凡大腸有火，中暑熱泄，腸風下血，胃火齒痛，滯下初起，並忌用。　粟殼：止瀉痢，固脫肛，治遺精，除久嗽。酸濇收斂，久瀉久咳者，非此不効也。專以酸澁收斂為功。凡咳嗽有火，肺金風寒未散，瀉痢脫肛濕熱未除，火盛遺精者，俱忌用。　金櫻子：酸濇而平，固精止瀉。專以酸濇收斂虛脫為功。凡火熱泄瀉，火熾精滑者，忌用。　烏梅：生精化痰，安蚘清熱，截瘧止痢。專以斂浮熱，化津液，固腸脫為功。凡病當發散者，忌用。　芡實：補中助氣，益腎固精。專以補脾胃，固精氣為功。凡小兒不宜多食。　牡蠣：化痰軟堅，清熱除濕，止泄精腸滑，小便多，盜汗，赤白濁，崩帶，積塊(瘻)〔瘰〕癧。專以斂濇精氣，除熱軟堅為功。凡病虛而有寒，精自出者，忌用。

明目止嗽類

決明子：清肝家風熱，去目中翳膜，理赤眼淚出。專以入肝，益陰洩熱為功。療目疾外無他用，故無禁忌。　石決明：主風熱睛盲內障，骨蒸勞熱。專以入肝，除血熱為功。目疾外他用人稀，故無禁忌。　蕤仁：治兩目赤腫爛弦，熱障努肉。專以散風寒，清邪熱，補血，和肝氣為功。凡目疾無風熱，而肝腎兩虛者，忌用。　秦皮：去肝中久熱，目翳赤腫流淚。女人崩帶，小兒風熱驚癇。專以入肝清熱為功。凡脾胃虛寒者，忌用。　穀精草：主頭風翳膜，痘後目翳。專以補益肝氣，去肝胃二經風熱為功。　青葙子：主皮膚風熱濕癢，殺蟲療瘡，清肝明目。專以清肝熱為功。　木賊草：退目翳，止淚出。與麻黃同形同性，亦能發汗散火。專以入肝，益肝膽為功。凡目疾暴赤腫痛者，忌用。　甘菊花：清頭目風熱，定風虛眩暈。翳膜遮睛，冷淚流溢。性能益金，故肝木得平，而風自息。補水，故心火有制，而熱自除。專以散肺，專制風木，以去風除熱，益血為功。獨稟金精，仙經所錄，故無禁忌。　蜜蒙花：主目痛赤膜，多淚羞明，障翳。專以治肝虛，潤肝燥，養肝血為功。目疾外無他用，故無禁忌。　馬兜鈴：清肺氣，止咳嗽，定喘促。專以清肺熱，降肺氣為功。凡虛寒咳嗽痰作者，忌用。　枇杷葉：清肺則降火而除痰嗽，和胃則寬中而止嘔噦。專以下氣降火為功。凡胃寒嘔吐，肺感風寒咳嗽者，忌用。　紫(苑)〔菀〕：益肺調中，消痰定喘，止血療咳，解瀉補虛。辛而不燥，潤而不寒，補而不滯。然非用多不効，小便及溺血者，服一兩立瘥。專以散肺家虛熱為功。凡陰虛肺熱喘咳者，性溫，不宜獨用。　欵冬花：潤肺消痰，止欬定喘，清喉痺，理肺痿。純陽之性，辛溫而不燥熱，故能輕揚上達至高之府。專以下氣降火，清肅肺家為功。為治嗽要藥，無分寒熱虛實，皆可施用，故無忌。

桑白皮：瀉肺氣而痰水喘嗽皆除，又能長於利水。專以補元氣，瀉肝邪，除濕熱，利水道為功。凡肺寒無火發咳者，忌用。　百合：清肺止嗽，補中益氣，利大小便，安和心膽，止涕淚，主百合病。專以清邪熱，益中氣為功。凡中寒者勿服。　白前：主下氣除嗽，氣寒呃不得臥，氣逆衝喉欲絕。專以入肺經，降肺氣為功。凡氣虛氣逆咳嗽，而非肺氣因客邪壅實者，忌用。　白及：止嗽家之吐血，療諸瘡以生肌。專以洩熱散結，又能收斂為功。凡癰疽已潰，不宜同苦寒藥服。

飴糖：補中健胃，潤肺止嗽。熬焦酒服，能下惡(熱)〔血〕。專以養脾胃，補虛乏為功。凡中滿吐逆，酒病牙疳，及腎家病者，忌用。

消導開鬱類　木香：統理三焦氣分，止心腹痛，健脾胃，消食積，止吐利，安胎氣，理疝氣。療腫毒，辟鬼邪。諸氣憤鬱，皆屬於肺，故上焦氣滯用之者，乃金鬱則泄之也。中氣不運，皆屬於脾，故中焦氣滯宜之者，脾胃喜芳香也。大腸氣滯則後重，膀胱氣不化則癃淋，肝氣逆上則為痛，故下焦氣滯宜之者，乃塞者通之也。專以主諸氣不順為功。凡肺虛有熱，陰虛內熱，心痛屬火者，並忌用。　砂仁：和中行氣，消食醒酒，止痛安胎，除上焦熱。專以下氣散結，溫中和胃，開脾胃為功。凡腹痛屬火，暑熱泄瀉，血熱胎動，濕熱腫滿，火衝咳逆者，並忌用。　香附：利三焦，開六鬱，消痰食，散風寒，行血氣，止諸痛。月水不調，崩漏胎產。生則上行胸膈，外達皮毛。熟則下走肝腎，外徹腰足。得參、朮則補氣，得歸、地則補血，得蒼朮、撫芎則解鬱，得黃連、梔子則降火，得紫蘇則發散，得艾葉則暖子宮。專以降氣調氣，散結理滯為功。凡血熱月事先期者，忌用。　神麴：消食下氣，健脾暖胃，除吐止瀉，破癥結，理痢疾。專以消導，行脾胃滯氣為功。凡脾陰虛，胃火盛者，忌用。　紅麴：消食活血，健脾燥胃，赤白血痢。專以消導和血，活血破血為功。無積滯者，無瘀血者，忌用。　山查：消油膩肉食之積，化血瘀瘕癖之痾。祛小兒乳食停留，療女人兒枕作痛。理偏墜疝氣，發痘疹不快。專以化飲食，健脾胃，行結氣，消瘀血為功。凡胃家無食，脾虛不能運化者，忌用。

吳茱萸：溫中下氣，心腹刺痛，逐風除濕，定吐止瀉，理關格中滿，脚氣攻心，制肝燥脾。專以暖脾胃，散寒邪為功。陽厥似陰，胃火吐酸，虛火腹痛，因暑下一切陰虛臟腑不熱者，並忌用。　高良薑：主寒邪腹痛，止嘔吐，破冷癖，除瘴瘧，消宿食。專以暖胃溫中，散寒袪冷為功。凡胃火作嘔，火熱注瀉，心虛作痛者，皆忌用。　鬱金：下氣破血，止心腹痛，產後敗血冲心，失心顛狂，衄血吐血，痘毒入心。專以降鬱滯，調逆氣，行瘀血為功。凡陰虛火炎，血溢上竅，消肝腸吐血者，忌用。　菖蒲：開心竅，消伏梁，明耳目，出音聲，止心痛，殺諸蟲。專以開陽氣，散邪結，袪濕痺，通利心肝二經為功。仙經服餌，臻乎太和，故無忌用。　檀香：溫中下氣，理噎膈吐食，消風熱腫毒，引胃氣上升進食。專以芬芳開發，辟惡散結除冷為功。凡非沉水者，勿用。　川芎：主一切風，一切氣，一切血。腦風頭痛，目淚多涕，除濕止瀉，行氣開鬱，去瘀生新，調經種子，排膿長肉。　撫芎：專主開鬱。專以入血，走竅上行為功。凡上盛下虛，火炎嘔嗽，自汗盜汗，發熱作渴，咽乾口燥者，並忌用。　草豆蔻：溫中下氣，止心腹痛，嘔吐瀉利。除脾胃寒濕鬱滯。專以袪寒燥濕，破滯行氣，健脾開胃為功。凡有火胃脘痛者，滯下濕熱侵脾作脹，或小水不利者，咸忌用。　蓬莪蒁：破積聚惡血，疏痰食作痛。薑黃入脾，治血中之氣。蓬莪入肝，治氣中之血。專以破血行氣，散結為功。凡脾胃素弱，無積滯者，忌用。　麥芽：開胃下氣，消食和中。專以助胃氣上升，行陽道而資健運為功。凡脾胃虛者，內無積滯者，俱忌用。　穀芽：啟脾進食，寬中消穀。專以消食健脾，開胃和中為功。　降香：行瘀血，破滯氣。專以治怒氣傷肝吐血，上部瘀血停積，胸膈肋痛為功。　鷄內金：主反胃吐食，大腸洩痢。專以通達大腸、膀胱二經，洩熱消穀為功。　枳殼：逐水消痰，化食寬脹，定嘔止瀉，散痞止痛。專以散胸膈痰滯，逐水消脹，安胃為功。凡中氣虛而痰喘，無風寒而咳嗽，陰虛火炎咳嗽，忌用。　枳實：功力稍緊。專以消導，破氣瀉痰為功。凡脾虛痞滿不能運化者，忌用。　烏藥：理七情鬱結，氣血凝停，霍亂吐瀉，痰食稽留，腫脹喘急，脚氣疝氣，止小便頻，去腸中蟲。專以暖胃邪散，理婦人血凝氣滯為功。凡病屬氣虛，婦人月事先期，便赤熱渴，口乾不眠，一切陰虛內熱者，並忌用。　大腹皮：主水氣浮腫，脚氣壅逆，胎氣惡阻。專以暖胃豁痰，下氣破氣為功。病涉虛弱者，勿用。　草果：主瘴瘧寒少熱多，中寒腹痛嘔吐，胃經風邪。專以消一切宿食停滯脹悶為功。凡虛弱有胃火者，暑氣在內而成結滯者，脾虛濕熱脹滿者，俱忌用。　白豆蔻：散肺中滯氣，袪胃中停積，退目中雲翳，通噎膈，除瘧疾，解惡心，止吐逆。專以溫暖，散滯下氣為功。凡嘔吐反胃不因寒者，火升作嘔者，並忌用。

殺蟲燥濕類　百部：主咳嗽喘逆，殺一切蟲，肺寒者宜之。專以降肺氣，散肺熱，熏洗服皆能殺蟲為功。凡脾虛胃弱者，宜斟酌用之。　蕪荑：殺蟲消積，主痔漏，惡瘡疥癬。專走腸胃，殺蟲消積，并治小兒疳瀉冷痢為功。外無他用。　使君子：殺蟲退熱，健脾止瀉，扶助脾胃，收斂虛熱，為小兒要藥。專治小兒五疳便濁，瀉痢腹蟲，補脾健胃為功。凡小兒傷暑，泄痢赤積者，忌用。并忌食熱物、熱茶，犯之即泄。　蒼朮：發汗而去風寒濕，下氣而消痰食水。開鬱有神功，腫脹為要藥。專以除濕祛寒，疏風辟惡為功。凡陰虛血少等症，俱忌用。　薏苡仁：保肺益脾，舒筋去濕，消水腫，理脚氣。專以除濕燥脾胃為功。凡大便燥，小便數，因寒轉筋，脾虛無濕者，忌之。妊娠亦忌。　白芷：陽明頭痛，中風寒熱，及肺經風熱，頭面皮膚風痺燥癢，眉稜骨痛，齒痛，崩帶。專以祛風，蝕膿散結為功。凡漏下赤白，陰虛血熱者，忌用。癰疽已潰，宜漸減。　防已：主下焦風濕腫痛，膀胱畜熱，散癰毒，利二便。專以性燥善走，去下焦血分濕熱為功。凡胃腎虛及胎產血虛，慎勿用此瞑眩之藥。

散瘍解毒類　牛蒡子：達肺氣，利咽喉。去皮膚風，消癍疹毒，出癰疽頭。專以散風除熱解毒為功。凡氣虛痘瘡，大便自利，癰疽已潰，大便自利者，皆忌用。其性冷而滑利故也。　白鮮皮：主惡毒諸瘡，風癩疹癬，濕痺死肌，不可屈伸。通關節，利九竅。肺熱咳嗽，天行狂走，頭目痛。專以散濕除熱為功。凡下部虛寒人，雖有濕熱，勿用。以其性寒故也。　金銀花：主脹滿下痢，消癰散毒，補虛療風。專以微寒益血和中為功。入脾，解肌膚，為瘡科要藥。　穿山甲：主痰瘧，通經脉，下乳汁，消癰腫，排膿血。通竅，發痘，殺蟲。專以散邪，行瘀血，通經絡為功。凡癰疽已潰，痘瘡氣虛不起發，忌用。其性善走也。　乳香：活血和血，定諸經之痛。消腫毒，生肌，去風舒筋，止痢，催生。專以辛香散一切留結為功。凡癰疽已潰，諸瘡膿多時，勿用。　没藥：破血攻瘀，止痛消腫，生肌明目。乳香活血，没藥散血，故止痛生肌，相兼而用。專以入血，治血熱，散瘀血為功。凡胸腹肋骨節諸痛，非瘀血停留者，產後惡露去多，腹中虛痛者，目赤非血熱者，癰疽已潰者，懷孕者，皆忌用。　刺蒺藜：破血消痰，治風明目。專以行血下氣，去燥熱，療腫毒為功。　夏枯草：消瘰癧，散結氣，止目珠痛。補養厥陰血脉，又能疏通結氣。專以消熱散結去濕，并治鼠(瘘)〔瘻〕癭癰乳毒為功。　昆布：主水腫噎膈，瘰癧惡瘡。專以除熱軟堅為功。凡脾家有濕者，忌用。　海藻：主癭癧癰腫，癥瘕水腫，疝氣痰壅。鹹能軟堅，寒能泄熱，故無堅不潰，無腫不消。專以洩結除熱，軟堅潤下為功。凡脾家有濕者，忌用。　王不留行：止金瘡血，癰疽毒瘡。治風腫，利難產，除淋痛，通血脉。專以入血活血為功。孕婦勿服。　皂莢核：治大腸燥結，療瘰癧腫毒。專以疏導風熱壅滯為功。　皂角刺：治癰直達瘡所，未成即消，已成即潰。又治癘風，殺蟲。專以直達瘡所為功。凡癰疽已潰，孕婦胎產，陰虛火炎痰結者，忌用。

蜀葵根：腸胃生癰者，同白芷服，善能排膿散毒。

利水消瘀類　甘遂：瀋决十二經，疏通水道。攻堅破結，直達水氣所結之處。水結胸中，非此不除，故大陷胸湯用之。專以瀉水為功。凡脾虛水腫鼓脹者，切勿輕投，以其性陰寒有毒也。　木通：利小便，消水腫，明耳目，治鼻塞，除煩渴，清伏熱，醒多睡，去三蟲，墮胎下乳。防已苦寒，瀉血分濕熱。木通甘淡，瀉氣分濕熱。專以下降通竅，瀉氣滯，利濕熱為功。凡精滑遺洩者，陽虛氣弱，内無濕熱者，以及懷孕者，皆忌用。　澤瀉：利水道，通小便，補虛損，理脚氣。《本經》云：久服明目。扁鵲云：多服病眼。蓋水道利，則邪火不干空竅，故云明目。水道過於利，則腎氣虛，故云病眼。又《别録》稱其止遺泄，而寇氏謂泄精者不用，蓋相火妄動而遺泄，得澤瀉清之，而精自藏。氣虛下陷而精滑，得澤瀉降之而精愈滑矣。專以淡滲利竅，逐水為功。凡腎氣不固精滑者，目痛、虛寒作瀉者，忌用。　滑石：利竅除熱，清三焦，涼六腑，化暑氣，通小便，解煩渴，厚腸胃。專以甘寒滑利，祛暑散熱，泄水除濕，消積滯，利諸竅為功。凡陰虛内熱，以致小水赤澁者，陰虛火熾煩渴者，脾腎兩虛者，俱忌用。　瞿麥穗：逐膀胱邪熱，小便不通。明目，墮胎，破血利竅。專利小腸實熱閉結為功。凡腎虛，小腸無熱者，水腫蠱脹脾虛者，一切虛人小水不利者，並忌用。胎產便澁，亦不可施。其性陰寒猛利也。　通草：利水(道)〔通〕淋，明目退熱，下乳催生。專以入肺通氣，引熱下引，以利小便為功。凡虛脱人及孕婦，俱忌用。　琥珀：消瘀血，利小腸，通五淋，去目翳。琥珀能燥脾土，脾能運化，則肺氣下降，故小便可通。若血少而小便不利者及致燥急之苦。其性消磨滲利，從辛溫藥則行血破血，從淡滲藥則利竅行水，從金石鎮藥則鎮心安神以為功。凡陰虛内熱，小便不利者，勿用。　車前子：利小便，止帶濁，除濕瀉，消莖腫，催難〔產〕。專以利水去濕，潤下解熱為功。凡勞傷陽氣下陷者，腎氣虛脱者，忌與淡滲藥全用。　萆薢：搜風去濕，白濁莖中痛，陰痿失溺，惡瘡。專以祛風除濕，去濁分清，補益下元為功。凡陰虛火熾，溺澁莖痛者，腎虛腰痛無濕者，並忌用。　石韋：主膀胱熱滿，五淋癃閉，下氣除煩。專以清熱利水為功。　赤小荳：消熱毒，下水腫，利小便，止泄痢。扶土以制水，則健脾而消濕，直窮其本也。專以健脾燥濕為功。凡用不宜過劑，令人枯燥。　猪苓：開腠理，利小便，除濕腫，療痎瘧。專以淡滲利水除濕為功。凡病無濕者，勿用。　茵蔯蒿：治發黄，驅濕熱，利小便，通關節。同梔子、黄栢以治陽黄。同附子、乾薑治陰黄。專以除濕，散熱結為功。凡病無濕，勿用。　澤蘭：破瘀血，消癥瘕，宣九竅，利關節，通小腸，治水腫。芳香悅脾，可以快氣，疎利悅肝，可以行血。流行營衛，暢達膚竅，遂為女科產後上劑。專以洩熱和血，行而帶補為功。除產後，無別用。　紅花：治血通經，去瘀散腫，產後血暈，胎死腹中。多用破血，少用養血。專以行血活血為功。凡血凝滯，候行即止，不可過用。　茜草：行血滯，通經脉，理痛風，除寒濕。活血與紅花同功，而性更通利。專以行血涼血為功。凡血症泄瀉，飲食不進者，忌用。　蘇木：發散表裏風邪，疎通稽留惡血。專以入血，行一切凝滯之血為功。凡產後惡露盡，血虛腹痛者，忌用。　京三稜：破堅積結聚，行瘀血宿食。治瘡腫堅硬，通經下乳墮胎。專以一切凝結停滯，有形堅積為功。凡積聚癥癖，由元氣虛，不能運化所致者，勿用。　玄胡索：行血利氣止痛，落胎，通經絡，利小便，行血中氣滯，氣中血滯，理一身上下諸痛。專以和暢走散，活血行氣為功。凡崩中淋露，經事先期，一切血熱為病，皆應補血涼血則愈，辛走之藥忌用。　薑黃：下氣破血，化癥瘕，消癰腫。片薑黃，入臂理痛。專以泄熱散結，下氣破血為功。凡血虛臂痛，而非瘀血氣逆者，忌用。　乾漆：降而行血，毒而殺蟲。專以入肝行血，消散瘀血為功。凡血虛經閉，而非瘀血阻塞者，忌用。　桃仁：主血結瘀閉癥瘕，潤腸殺蟲。專以通血結、血閉、血燥、血瘀、血畜、血瘕為功。凡血枯經閉，非瘀滯者；產後血虛腹痛，而非留血者；津液不足者便閉，而非血燥閉者，並忌用。　五靈脂：行血散血和血，止胸膈、腹肋、肢節、肌膚一切諸痛。專以破血行血為功。凡血虛腹痛，血虛經閉，心虛有火作痛，病屬血虛，無瘀滯者，並忌用。　蒲黃：生用性滑，主行血通經，消瘀墮胎。炒用性澀，主止吐衄血，痢血尿血，腸風下血，崩漏帶下，兒枕骨痛。專治一切血病為功。凡癆傷發熱，陰虛內熱，無瘀血者，忌用。　益母草：活血行血，調經止痛，下水消腫，胎前產後。又能消毒瘡，明眼目。　茺蔚子功用相同，但葉則專主行血，子則行中有補。專治婦人胎產調經為功。凡血崩者，瞳子散水者，忌用。　赤芍藥：破血下氣，利小便。專以入肝，散血行血涼血為功。凡一切血虛病及產後惡露已行，小腹痛，癰疽已潰，並忌用。　血竭：其味鹹，能治跌撲損傷，癰疽毒瘡，又能破血。　紫花地丁：辛苦而寒。治癰疽發背，疔腫瘰癧，無名腫毒。

清・黃元吉《醫理發明》卷六　藥性

遼參：性大熱，味甘，寒。得天地之旺氣而成，陽氣衰敗并氣大脫者，非此不能挽回。補氣中聖藥。諸症有邪熱實熱者禁用，誤服即死。　黨參：地名即以名藥。性溫，味甘。能健脾胃，補中氣。　北條參：性與黨參同，惟力不勝。　洋參：諸本草內無有。性平，味甘，寒。余常用之，其功力更勝於北條參、黨參也。　白朮：性溫，味辛。能健脾胃，除寒濕。患目疾者禁用。大便燥結，小便短，陰虧火旺者，不可服。　北箭芪：性溫，味甘。能健脾胃，大補中氣，活動氣血，諸虛瘡症，用之托毒出外，久瘡不收口，流清淡汁水不乾者，大見奇功。有邪熱、實熱者，禁用。　茯苓：性甘，平，味淡。補脾胃不燥，兼能利水。六味地黃湯中用之者，取其補氣不燥不寒。陰虛而兼氣弱滑精者，禁用。　懷藥：性味與茯苓同功，惟不利水。生鮮者，和白砂糖搗敷瘡毒。　熟地黃：性微寒，味甘。能滋陰生水要藥，故男女大小真陰虧損，并水不足者，非此不能見效。和人參、黃耆服，亦可補氣。脾胃有寒少用，不得已而用之，取淨瓦焙乾用，切勿燒灰，無力矣。脾胃真陽衰，大便作泄，胃有邪熱、實熱者，禁用。久蒸久晒久露者佳。出懷慶者佳。眼科多用者，取其滋水以制火也。　生地黃：性大寒，能涼血清熱。脾胃寒者，氣弱者，真陽衰者，禁用。　龜膠：性大寒，味淡。滋真陰要品。脾胃虛寒者勿用，真陽衰者禁用。　鹿膠：性溫，味淡。能壯元陽，補命門火，調氣血。火旺陰虧者勿用，有邪熱、實熱者禁用。　懷牛膝：性微寒，味淡。能引諸藥下行，又能生水，為滋陰方中先行。稍見下氣墜胎。　丹皮：性寒，味淡。能引血分之熱。脾胃寒者禁用，不得已而用之，鹽水炒過。　澤瀉：性平，味淡。利水，能清利腎中邪熱、實熱。脾胃弱禁用。　五味子：性溫，味酸。能收斂生津。有實熱者禁用。　山萸肉：性溫，味酸。能壯腎陽，腎虛腰痛，以米酒熬服，神效。有邪實熱者禁用。　當歸：性微溫，味辛。能活動周身經絡氣血。少用生血，多用升而不降。尾能破血。出秦地，白色者佳。　川芎：與當歸功用相同。　安桂：性大熱，有毒。能驅寒濕風邪，生真陽化氣，引火歸原，通周身氣血脉絡，散寒毒凝滯。陽虛久瘧不愈者，服之即效。有邪實熱者，禁用，誤服即死。　附子：性大熱，有大毒。能通十二經絡，驅陰回陽，除寒濕風氣，消風寒積滯，引火歸原。三陰寒厥頭痛如劈，并三陰寒厥作泄者，重用。溫中製用，寒深者用生。凡有邪實熱者，禁用，誤服即死。　乾薑：性大熱，有毒，味大辛。暖胃除寒，治寒嘔吐，助附子之力。有邪實熱者，切不可服，如服即死。　吳茱萸：性大溫，味苦、辛，有毒。驅厥陰寒勝於桂附，散寒氣滯痛。用者以開水泡去苦汁，薑汁、米酒炒過。目痛陰虧勿用。　川花椒：性大溫，有毒。入菜羹內食，少用調和胃氣，又能散三陰寒邪，直達命門，舒暢積氣。殺蟲，散風癢。子，能通小便滯氣。若人誤中椒毒，氣湧塞喉間難通者，服冷水即解。産清溪者佳。　胡椒：性大溫，味辛。能暖胃除寒，順氣，溫丹田，散三陰裏寒。有邪實熱者不可用。又嚼爛敷瘡用。　法半夏：性燥，味辛，有毒。取法製者，除痰濕，化濕痰，醒脾胃。生用研末，能敷金瘡，止血定痛。中此毒者，取生薑汁飲，自解。有邪實熱者禁用。陰虧病目者，誤用即壞。産荊州府者佳。　南星：功用與半夏相同。惟膽南星能清熱痰，兼竹瀝化熱痰更妙。　破故紙：性大溫。能壯元陽，固精，三陰寒邪作泄，腎陽衰，婦人虛寒白帶，男女腰痛，俱用米酒炒用。陽旺者禁用。　益智仁：功用與故紙相同。取仁去殼用。　川大黃：性大寒。能推蕩腸胃中一切熱滯，故陽明積熱者，非此不能除。積熱甚者重用。但寒能傷氣，中病量用，不可太過，過用大傷脾胃，正氣下脱，多難挽回，慎之。滯輕者，酒炒用。滯重者，生用。　芒硝：性寒。能下一切熱滯，功速於大黃，所以腸胃熱滯服大黃不下者，用此下之。脾胃虛寒者，禁用。　川厚朴：性溫，味辛。能去胃實積滯，又能燥溼。平胃散中，以此為君，大破正氣。脾胃虛氣作脹者，禁用。　檳榔：性微辛，味淡。消實積脹氣，除膨脹，順氣。去食積，大破正氣，脾胃虛弱者勿服。因虛氣作脹者，於補方中稍加入三五分，以引消虛氣下除，能消瘴氣。　蒼朮：性燥，味辛。能除溼氣，消積滯，所以平胃散中用之為臣。正氣虛者勿用。陰虛火旺、目病者，少用，禁用。　萊菔子：性平，味淡。能除食積，消虛脹氣。大傷脾胃，正氣弱者禁用。消熱渴，解麥麵毒。　枳實：性微溫，味苦、辛。能除食積，寬中。力味甚猛，正氣虛者勿服。大承氣湯中用之，以助下積先行。　枳殼：本係枳實之嫩者，功用相同，惟力緩耳。　青皮：性微溫，味苦、辛。能利積氣之藥。邪氣、實氣積滯者，大效。正氣弱、脾胃虛者，禁用。　陳皮：本青皮老者，功用相倣，惟力減耳。人多用以化痰者，非也。　沉香：性燥，味苦、辛。本久伏於水中之物，故陰中有陽，雖降氣於厥陰，又能傷真陰。諸氣滯作痛者可用，氣虛痛者勿用。六味地黃湯中用之者，取其引火速下。俗云沉香生天上者，謬甚。　廣木香：性微燥，味辛、苦。剛而不柔，能散諸鬱氣、寒氣。若因食積熱氣痛者，勿用。氣虛者禁用。　降香：性燥，味苦、辛。能降諸氣下行。氣虛弱者禁用。又治破傷血出不能止者。有邪實熱者，勿用。　蘇薄荷：性溫，味辛。升也，散也。通達上竅，散風寒作咳并哮吼者，服之大效。油能點眼角，或搽兩少陽穴，清散風熱。　紫蘇：性溫，味微辛。能散風寒。亦可傷氣，多食損目降氣。正氣弱者，勿用。參蘇散中用之散風寒。　麻黃：性大溫，味辛。能散太陽經寒傷營，又能散風寒，止咳嗽哮吼。與桂枝同用者，借桂枝引接營分之寒外出也。又散周身風寒閉固，營分骨節痛者。虛汗盜汗者，禁用。虛咳哮吼，勿用。　乾葛：性微溫，味淡。能散陽明經表邪。眼科痘科用之者，取其升陽散表也。　桂枝：性溫，味辛。通達肌膚，為太陽經風傷衛要藥。又能引諸藥達四肢，又同麻黃發汗，引寒傷營之邪出外。世醫多謂桂枝能發汗亦能收汗者，非也。蓋人身肌膚，因感冒風邪，毛孔不閉，而汗自出，服桂枝以去其風邪，而汗自收。然則桂枝能發汗而非能收汗者，明矣。如虛汗盜汗者，禁用，誤服必汗多亡陽也。　柴胡：性平，味淡。能散少陽經表邪。眼科痘科中用之者，取其升散發動也。　黃芩：性寒，味淡。能清少陽口苦裏熱，其餘諸症用者，取其清熱而已。胃寒者勿用。　知母：性寒，味淡。能清陽明裏中實熱，口渴，又能清腎中邪熱、實熱。脾胃弱，氣虛者禁用。或不得已，酒炒用。　木通：性寒，味苦。利小便實熱。因氣虛閉者，禁用。産淮地者佳。　車前子：性平，味淡。能利小腸實熱，清小腸虛熱。因虛寒而滑精者，禁用。　桃仁：性微寒，味苦。能破血滯，故膀胱蓄血作狂者，神效。損傷用之，取消瘀血。　杏仁：性平，味微甘。能利氣降氣，肺有實熱作咳者用之。虛咳寒咳者，勿用。虛氣上湧者，勿用。　紫草：性平，味淡。能瀉血中之熱，損傷科用，取其消瘀血也。色赤，亦能染物。　白芷：性溫，味辛。能發散風寒之邪，避穢氣。眼科傷科中用之，取其辛溫散滯。胃熱陰虧者，禁用。　羌、獨活：性平，味淡。能散風寒，除溼氣，通經絡，活氣血。眼科用之，取其升散。傷科用之，取其活氣血。　五加皮：性平，味微苦。舒筋養血，益損傷。浸酒久服，增壽延年。眼科用之，取其清散風熱，不傷脾胃。　桔梗：性平，味甘淡。能散熱開鬱結氣，消上焦風熱之痰。　菖蒲：性溫，味辛。能開竅，除溼氣，散瘡毒。陰虧氣虛者，禁用。人少睡者，勿服。眼多病者，禁用。　生者和生鱉甲研末，以香油調和，能治溼熱瘡。　遠志：性溫，味辛。能散諸瘡毒腫。耗散正氣，陰不足者，禁用。古方云用菖蒲作丸服能使人聰明者，大謬。　肉豆蔻：性溫，味甘。能健脾胃。大腸因氣虛滑者，以麵包煨，去油用。　大便因氣弱燥者，不去油服。有實邪熱，禁用。　白豆蔻：　性熱，味燥。醒脾胃，溫中，止寒嘔，消寒滯溼痰，宣暢胸膈，除虛脹。有實邪熱者禁用。殼退目中寒滯翳障。　砂仁：　性味功用與白蔻同，但力稍減耳。以薑汁炒，吹去衣膜用，免作氣脹。胃熱禁用。　紅豆蔻：　性熱，味辛。能除胃中寒滯，止寒痢。有實熱者禁用。即高良薑之子。　高良薑：　性大熱，味辛。其用與乾薑同，惟力更勝。　生薑：　性溫，味辛。能發散風寒之邪。煨過用，能溫中，又能引火歸原。皮，惟涼。去皮用者，專能發散。有熱禁用。　神麴：　性平，味淡。能去胃中食積，和健脾胃藥用。少用醒脾，多用傷氣。婦人回乳作脹者，服之即消。福建者佳。　麥芽：　性味功用與神麴相同。虛氣作脹者，勿用。　山查：　性平，味淡。能消食積，化肉滯，下氣。稍用醒脾胃，誤服人參氣上喘者，取一二兩熬服即平。虛人少用。　麥冬：　性寒，味甘淡。能清胃中虛熱，又能治虛火上浮作咳。六味地黃湯中用之，取其降虛火也。胃虛寒者禁用。不得已用，米炒黃。　天冬：　性味功用與麥冬相同，惟寒性稍減。　玉竹：　性微溫，味甘。能健脾胃，補氣。陰虧氣虛者可用。脾胃寒弱，大便泄者，禁用。但此藥乃平常無毒之品，好人亦可常服。若有邪熱者，勿服。本草云玉竹有人參之功者，非也。　三(菱)〔稜〕：　性平，味淡。能除氣血實積，氣旺者宜服。大傷正氣，氣血弱者勿用。傷科用之，取破散氣血。　莪朮：　性味功用與三(菱)〔稜〕相同。　常山：　性平，味淡。能清邪熱，消熱痰滯。所以治瘧疾有效者，清化熱痰，而瘧自止也。虛寒患瘧疾者，禁用。　白芥子：　性溫，味大辛。散風寒滯，化寒溼痰，通關竅。若陰虧氣虛，目疾多，并邪實熱，皆禁用。多食損目。　小茴香：　性溫，味甘。能散寒氣，溫脾胃，暖丹田，壯元陽，治腎虛腰痛上品。寒氣痛用之大效，溫能散寒也。婦人因虛寒白帶者，薑酒炒，多用。胃寒者宜服，陰虧火旺者禁用。熱滯氣痛者，亦禁用。　大茴香：　性味功用與小茴香相同，但力更勝耳。凡男女大小氣虛脫肛不上，以此二錢研末，和公猪胰子一付，煎服，下以(華)〔蓖〕麻葉烘揉托之，自上。　紅棗：　性熱，味甘。能健脾胃，補中氣。氣虛胃弱者，宜常服。火旺陰虧者，少食。有邪實熱者，禁用。小兒多食，恐生疳症。又能使齒作蟲牙。用產北者佳。　龍眼：　性大熱，味甘。能健脾胃，生津液，補中氣，養精神，生氣血。小兒氣血虛，痘不起漿者，服之能起脹作漿。氣弱者多食，火旺陰虧者少食，有邪實熱者禁用。　核去光殼皮能治金瘡，止血生肌神效。

荔枝：　性味功用與龍眼相倣，但力不及耳。核，治小腸氣痛妙。　草菓：　性溫，味微辛。能除寒溼痰積，治寒濕痰瘧痰多，肋下痛作咳者，多用有益。熱咳虛咳，禁用。　菉豆：　性平，味淡。能解熱毒，清實熱，止渴，又能解附子毒。胃寒氣虛者，禁用。　黑豆：　性大熱，味甘。能健脾胃，和氣血。黑光皮，壯腎陽。又浸酒赤者，可見熱性。火旺陰虧者，禁用。　赤小豆：　性平，味淡。能解一切熱毒。　黃豆：　性微寒，味淡。能瀉胃熱，又能作膿起漿，故痘科用之以灌漿。瘡科禁用以乾膿。脾胃寒者，禁用。　犀角：　性大寒，味淡。能清解熱毒，熱在上焦者可服，在上焦血分中熱者，服之即解。虛熱禁用。蓋其性有肅殺之氣。　石斛：　性平，味淡。能清胃中虛熱，故眼科滋陰方中用之，取其清熱而不傷脾胃也。取鮮者更佳。　夏枯草：　性微寒，味淡。能清熱解鬱結氣滯，故因熱毒成瘰癧者，或取根葉熬成膏，冲米酒服，或泡米酒服，多愈。泡茶飲，亦清暑熱。胃寒者勿服。　天花粉：　性微寒，味淡。能解陽明裏熱，口內諸瘡因實熱者用之，大見奇功。時症作渴者重用，虛寒者勿用。　連翹：　性平，味淡。能清散諸瘡熱毒，并四時熱氣。諸瘡氣虛者，勿用。　甘草：　性熱，味甘。少用和中，多用生熱。解毒生用，和中炙用。凡滋陰並推蕩方中，禁用。小兒多食，鼻血自出。　金銀花：　性寒，味淡。能解諸瘡熱毒，又可作膿。諸瘡潰後將收口者，禁用，服之膿汁不乾。藤葉取熬膏藥，更妙。熬膏，冲米酒服，消腫毒熱氣。胃虛寒者勿用。凡諸瘡虛者，亦禁用。　梔子：　性大寒，味淡。能除胃中實熱，因實熱吐血鼻血者，宜用。因虛吐血鼻血者，禁用。氣虛胃寒者，亦禁用。　龍膽草：　性大寒，味苦。能除膽中邪熱，傷寒病不惡寒發熱，能飲食，惟舌上有黃胎，其人作狂者，此乃邪熱浸入膽內，服此以瀉膽熱，可見速效。眼科有膽熱者，亦可用。陰虛氣弱者，禁用。　酸棗仁：　性平，味溫。能醒脾胃。多睡者炒用，少睡者生用。又能生神，有熱者勿用。　白芍藥：　性微寒，味微酸。能清實熱，涼血，平邪熱，滋陰。補氣藥中勿用。嘔吐寒利方中，亦勿用。　川牛膝：　性平，味淡。能行四肢經絡，活血，補損傷，壯筋骨。　白蒺藜：　性平，味淡。能散風熱之邪，壯腎陽，活氣血，強筋骨。眼科中用之者，是以散風消熱也。浸酒，久服有益。　沙蒺藜：　性平，味淡。輕而能散，清風熱不燥。眼科中用之，取其清風散熱。要用潼關一種者佳。　川黃連：　性大寒，味苦。能解熱毒，涼血熱。若因熱毒下痢者，用之有效。咽喉實熱痛，痘毒熱太甚者，亦可用。蓋傷寒發熱作渴，陽明裏症宜下，用此大不相當，慎之。即眼科中用之，亦要斟酌，果有實熱，方可用之。即用，務小心詳察，不然受害無窮。氣虛陰虧者，禁用。 黄柏：性大寒，味苦。陰中陰也。能除陽明裏熱，清小便實熱，諸瘡有熱毒者，宜用。大傷脾胃，氣虛人禁用。 杜仲：性平，味淡。能續筋骨，治腰痛，傷科中要品。用取厚者，去粗皮，鹽酒炒。 （管仲）〔貫眾〕：性微寒，味淡。能解時病瘟熱毒，又清夏暑之熱。方傳有小兒於人中穴生一疔，生死反掌之間。一人與以（管仲）〔貫眾〕一兩，真犀角五錢，共煎服，其疔即破，流去黄汁水而愈。著之，以廣人之見。 薏米：性平，味淡。能除濕氣，理脚氣，健脾胃，不燥，陰虧者宜多食。有邪熱者勿食。 白扁豆：性平，味淡。能利水，和胃健脾。不燥，陰虧氣弱者宜多食。有邪熱者勿食。 硃砂：性平，味淡。能鎮心避邪。用於丹藥內者，取其緩痛也。 明雄：性平，味微辛，有小毒。能殺百蟲，除邪，去腐生肌。 硫黄：性大熱，有毒。能殺蟲除濕。真陽衰敗者，以此一斤研末，入公猪大腸內，取砂鑵煑半日，取出，去腸，再研細末，以好大麴酒和米糊丸梧子大，每次三錢。 甘石：性平，味淡。能除溼氣。眼科中用之者，取其收斂藥汁於石內，借點眼內，化除濕熱之氣。以和猪板油捶成膏，可貼臁瘡。 黄丹：性微寒，味淡。能除濕氣，乾水。收膏藥油，凡熬膏藥，每油一斤，下丹或四兩，或五兩。 枸杞：性溫，味甘。陰中有陽。能健脾胃，壯腎陽，腎虛腰痛者用之大效。氣血虛者，宜用。腎陽旺者，禁用。出甘州者佳。 浙貝母：性寒，味淡。能清化一切熱痰，熱咳者，宜（用）。火旺生瘰癧者，宜用。若脾胃虛寒者，禁（用）。 川貝母：性大寒，味淡。能清一切熱痰，其力勝浙貝。（過）大能傷正氣，脾胃虛寒者禁用。熱痰作咳者宜用。虛寒作咳者，誤服即死。凡人誤服二三兩，其面白如米粉，氣喘不止，可見傷氣之不虛也。 蠶沙：性平，味淡。得桑葉之氣，兼感蠶之氣，能清散風熱，又能散風寒，陰中有陽也。晚蠶沙氣足，更妙。 榧子：性溫，味微甘。能健脾胃，殺蟲。凡患（痣）〔痔〕瘡作癢者，多用大效。 地骨皮：性寒，味微苦。能清退實熱，虛熱者禁用。今醫不分熱之虛實，往往謂地骨皮有退熱除蒸之效，誤殺人而不知。 銀柴胡：性平，味淡。能清濕熱，胃寒虛熱者禁用。今人徒守成方，常用此治陰虧虛熱之症，使人速其死也。慎之！ （蘡）〔罌〕粟殼：性微溫，味淡。能收斂。凡虛寒下痢者，宜用。如因邪熱暑氣作瀉用之，將邪熱閉結，受害非淺，慎之！ 洋糖：性大溫，味甘。能溫胃寒，以熱酒調服，又散寒滯氣痛，脾胃弱者多食。陽旺陰虧者，禁食。小兒少食，多食恐生蟲損齒，又恐作牙疳。蜀人謂之白沙糖。 黄糖：性味功用與白糖相同，但力減耳。 白附子：性微溫，味微辛。能散風濕癬瘡，凡瘡癬因風濕生者，宜用。有實熱者，禁用。 （革）〔蓖〕麻子：性溫，有毒。熬膏藥中用之，取其散毒拔毒，去腐生肌。不可食，古方有食此治瘰癧者，未見有效。 柑子：性微寒，味甘。能清實熱，消化熱痰。胃寒虛熱者，禁食。 巴豆：性大熱，有大毒，味大辛。除一切寒積并胃寒。酒病作脹，大便不通，服大黄、芒硝不下者，乃寒滯不通，以此去油取霜，飯糊丸梧子大，白湯送下，多少量用，即通，謂熱能化寒也。又能濫肉傷目，切不可以近目。諸瘡不穿頭者，用此末菉豆大，放瘡頂上，以膏蓋好，半日即穿。有邪實熱者禁用，誤服即死。 柏子仁：性微溫，味甘。能潤腸，和脾胃。大便枯燥者可用。但用時務去油，滑腸。下痢脱肛者，禁用。 牙皂角：性溫，味辛，有小毒。能散瘡毒，通關竅，積滯氣滯作痛，大便氣閉不通者，研末，煉蜜作錠，插入穀道中，使氣自通而下。氣虛者，禁用。 柴皂角：性平，味微辛。能去油膩。子能潤大腸，殺蟲。凡患（痣）〔痔〕瘡作癢者，服之有效。取其利氣除濕殺蟲也。 芫花：性寒，味淡。能通大小腸實熱積滯，瀉熱水邪。大傷正氣，虛人禁用。以此浸濃汁水，泡細絲線，泡半刻，取出晾乾，泡五次，可拴外（痣）〔痔〕。 甘遂：性寒，味淡。能利小腸水邪，其力有推墻倒壁之功。非小便因水邪積滯不通者，萬不可亂用。慎之！虛人禁用。又消利熱痰。 商陸：性味功用與甘遂相同。 牽牛子：性平，味淡。能消實積氣滯，利水道，下氣。但力甚悍，不可輕用。所以大便因氣滯而閉，服大黄、芒硝不通，加此而通者，謂大黄、芒硝行血不行氣也。氣弱者，禁用。 使君子：性微溫，味甘。能健脾胃，殺蟲。凡小兒時常腹痛，大便下蟲者，服之大效。 川楝子：性寒，味苦。能清熱，殺蟲。取汁研末，和糊背殼，蟲不蛀。胃寒者勿用。 細辛：性熱，味辛。開竅，散風寒滯。牙痛方中用之，取其辛以散之。但力勝猛，只可用三四分，多用令人九竅出血。 石膏：性寒，味淡。能解陽明實熱，又能引火下降，裏熱作渴者宜用。六味地黄湯中用之，取其下降之速也。胃寒禁用。 火麻仁：性平，味淡。能潤大腸燥結，腸枯燥者多服。 黑芝麻：性平，味微甘。能健脾胃，潤大腸燥結，老人大腸枯燥者多食。胃熱者勿食。

核桃：性溫，味甘。能健脾胃，潤大腸枯結。腸滑者勿食。外薄衣能壯元陽。有實熱者禁用。油核桃，亦合瘡藥。

大蒜：性大熱，味大辛，有毒。和津液磨成泥，能敷散諸瘡毒。多病目者，有邪熱者，禁用。小腸因寒滯作痛者，熬好大麴酒飲，大效。

大葱：性溫，味辛。能發汗，退風寒之邪，通竅。有虛汗者，禁用。

雪水：性寒，味甘淡。臘月收者佳。能清陽明裏熱，化時行熱毒，止熱渴。凡患時熱之症，周身作熱，久熱不退，服清熱推蕩之藥，兼飲雪水，使陰能化熱，其熱自退。若作熱無汗，多飲即陰以化其陽，必得大汗，其熱即退而愈。時醫不知故，不敢用，葢雪水與冰相同，《詩》云二之日鑿冰冲冲，於此可見矣。冷水與雪水，惟寒稍差耳。有寒邪風邪，食滯胃弱者，俱宜禁用也。

蘿蔔：性微寒，味甘淡。能消食積，清熱化滯氣，止渴，解麵、酒毒。消虛脹少用。凡脾胃弱者，不可食。

馬前子：性大寒，味苦，有毒。能散諸瘡熱毒。有寒者勿用。熬膏藥多用，入藥服者斟酌量用。狗食能斷腸。

木鱉子：性大寒，有大毒。功用與大楓子同。又能搽疥瘡。

大楓子：性大寒，有大毒。熬膏藥用之，取其消散熱毒。

老母鴨：性溫，味甘。能健脾胃，補氣不燥，調和氣血不寒，陰虧者多食。野鴨性味相同。有實熱、邪熱者，禁用。

老母鷄：性大溫，味甘。能補中氣，調脾胃，中氣虛者宜多食。火旺者，勿食，有時熱症者，禁食。

鷄蛋：性微溫，味甘。熟者宜補中氣，生者入藥內用，能清厥陰熱。煑熟取黃，炒油和猪膽汁，掃黃水瘡，神效。

麻油：性平，味微甘。能潤腸解毒，熬膏藥用之者，取其散毒也。凡人有感冒風寒者，并陽明有邪實熱，禁用，不然，食之必膠滯腸胃，邪熱不去，定受其害。慎之！

棉菜油：性味功用與麻油相倣耳。

猪肉：性微溫，味甘。能潤腸胃，補氣血。少食有益，多食生痰，臭食傷胃。凡人有感冒風寒，并陽明有表熱者，禁食，食之必變症難治。板油亦可和臁瘡疥瘡藥。猪首與蹄，亦發病瘡，有痼疾者，禁用。

羊肉：性大熱，味甘。能大補陽氣，健脾胃，壯氣血。陽弱者多食，火旺者少食。有瘡與有時熱者，禁用。羊食百草，故發。

全蝎：性微温，味微辛，有小毒。能驅風邪，散毒氣，遍行周身。其力在尾，故用要全。被此螫者，以木盞葢之，即消。

蜈蚣：性熱，味辛，有大毒。能解諸毒惡瘡，殺瘡之蟲。凡人因虛弱而生瘡者，禁用。

金礞石：性平，味淡。堅實下墜。眼科中用之，取其統氣下降，光不上浮，又能下氣墜痰。木炭煅透，童便淬七次，研數千下方用。

田螺：性大寒，味淡。能清熱，利小便熱。胃寒者勿食，熱甚者多食。和燕窩泥搗爛，又能敷胸前邪熱。虛熱禁用。

秦皮：性平，味淡。能清虛熱，不傷脾胃。眼科中多用之有效，傷科用之散瘀血也。

蕪荑：性平，味淡。能殺蟲，(痣)〔痔〕瘡癢者用之。

蓽撥：性熱，味辛。功用與胡椒同，即胡椒花。

竹瀝：性寒，味淡。能清熱，陽明有實熱者可用。胃寒者禁用。

乳香、沒藥：性微溫，味苦、辛。凡氣痛用者，謂辛能散也。用時去油。又能止血出，定痛。實積痛者不可用。

宣木瓜：性平，味酸。能通理筋氣，又能活血舒氣，解毒。凡人生楊梅結毒於四肢者，若久不愈，即取宣木瓜一斤，研末，蜜為丸如梧子大，每日於早晚空心以黃酒送下，各五錢，服完即愈。謂筋舒血活，毒自散也。

穀精草：性平，味淡。產於穀田中而生，能清散眼中時熱。凡思目紅腫痛者，宜用此。

雷丸：性平，味淡。雷始聲而生於竹林之中。能殺蟲。凡人以馬肉和韭菜食，生寸白蟲，以此二兩研末，調芝麻醬食，必自愈。

川草烏：性大熱，有大毒。驅筋骨中風寒，除濕氣。陽旺有熱者不可用，誤服即死。陰虛者，亦不可用。

木賊草：性平，味淡。能去目中熱翳障膜。

白菊花：性大寒，味苦。能清火浮於頭面作頭痛者。又能清胃中實熱，散風熱。凡目因陰虛者，勿服，誤服多生寒翳，或失明。古方謂白菊花能明目者，不可執定。胃寒者禁用。

葉根生搗爛，敷疔瘡甚妙。

桑白皮：性平，味淡。能清腫熱，治咳嗽因實而作者有效。用時去粗皮，以蜜水炒過。虛人勿用。

防己：性平，味淡。能除溼氣，並消溼腫。

鹿茸：性大溫，味甘。能大補元氣，壯元陽，生氣血，諸瘡氣血弱者，服之即起。痘疹氣血弱不起者，多用。有實熱者，禁用。

紅花：性微寒，味淡。少用活血，多用凉血，過用破血。若陰虛而見有血者，禁用。以米酒炒用，更妙。

荸薺：性平，味甘，寒。能消銅積、食積，清熱止渴。粉能去目翳障。蜀人謂之慈菇者，即此是也。

西瓜：性寒，味甘。能消暑熱，解陽明實熱，又解酒毒。脾胃虛寒者，禁食。古人謂天生白虎湯也。

諸魚類：皆性溫發熱，所以諸瘡時症忌之。惟黿、鱉能滋陰，清虛火下降。有實邪熱者，禁食。

阿膠：性微溫，味淡。陰中有陽。能調血，治婦人血崩不止，又能滋陰潤大腸，消瘀血。胃寒者，禁用。

虎骨：性溫，味辛。能入骨，搜散風寒之邪。壯筋骨，通經絡過節。虎膝更妙。

虎膠：性溫，味淡。能入骨節經絡縫中，驅風邪出外，壯氣血。凡手足因風邪入於內作痛者，非此不能愈。　熊掌：性溫，味淡。能健脾胃，調氣血。取前掌用，熬膏藥用散風寒。油能解毒，膽能點熱毒目疾。　桑寄生：性平，味淡。得桑樹之精而成。能舒筋活血。若因風濕骨節痛，手足不能舒者，用之效。　犀牛黃：性寒，味苦。能清化熱痰，入於竅內者。入丹藥內用，能解附骨結毒。胃寒生痰者，禁用。　珍珠：性平，味淡。能解久瘡大毒。有小毒。用以豆腐煮半日，或入丸，或和丹藥量用。亦能散翳障。　五靈脂：性微溫，味淡。能散氣血滯痛，取真正溏心者佳。今用者多假，故形如兔屎。　瓦楞子：性微寒，味淡。火煅，研末，配上片少許，調香油，能治湯火傷。　劉寄奴：性平，味淡。能調和氣血，傷科中多用之。亦能做瓦楞子，治湯火傷者。　茵陳：性平，味淡。能清利膽熱，凡人患黃(膽)〔疸〕病，面身如黃紙者，看寒熱量用，寒者入熱方內用，熱者入涼方內用。　藕節：性平，味甘，寒。能清血熱妄行，散瘀血。凡血症因熱者可用，虛者禁用。　茅根：性平，味甘，寒。能清熱血逆行，消瘀血。凡血症有熱者可用，寒者禁用。　童便：性寒，味鹹。能清熱血，消瘀血。凡血症因虛寒者誤服，大傷脾胃，慎之！　(蟬)〔蟾〕酥：性大熱，味大辛，有毒。能散諸瘡毒。或外敷，或丸服。不可近目，恐損目。　硼砂：性平，味苦、辛。能清熱化痰，故吹喉方中用之，能解毒散滯，眼科亦用。　樟腦：性溫，味辛。能除溼氣腐瘡，又能和藥治臁瘡，又能避臭蟲、虱子，並能殺蟲，衣箱內多放之。　皂礬：性平，味苦、辛。能推蕩腸胃中一切陳久積滯，古方有皂礬丸，以紅棗肉搗膏成丸梧子大。　蟬花：性平，味淡。能清風熱，退目中障翳。　冬瓜子：性平，味淡。能清化熱痰，又治因熱血崩。胃寒者禁用。　龍骨：性平，味淡。能塞精，止血生肌。因熱滑精者，禁用。　蜂房：性熱，有大毒。熬膏藥用，能解毒。服藥內用，以火焙過，量用。　蚯蚓：性大寒，味淡。能利小便熱結不通。若時令瘟熱之症，小便閉，服利小便方不通，取大蚯蚓七條，搗泥，用冷水調，澄清服。　赤石脂：性平，味淡。能塞腸，凡患久痢不止者，用入藥內，亦可止虛痢。有熱痢者，禁用。煅透，醋淬，研末，可貼臁瘡。　蛇退：性平，有大毒。熬膏藥用之，能散毒氣。　蓮肉：性平，味甘淡。能健脾胃，和氣血，老人、氣虛人宜常服。有時熱者，禁食。出閩省者佳，出楚地者次之。　芡實：性平，味淡。功用與蓮子相做。　血餘：性平，味淡。洗淨，煅灰，能止血妄行，亦可止血生肌。熬膏內用之，取其解毒活血也。　沙參：性甘平，味淡。故用於表裏發散推蕩之中，略調和中氣。　肉蓯蓉：性微溫，味鹹。能壯腎陽，養筋骨，水虧火旺者勿服，有熱者勿服。又稍滑腸，大腸下痢者禁用。　續斷：性微溫，味微辛。能續周身筋骨，并通周身一切手足之氣。　天麻：性微溫，味淡。能清散風邪。傷正氣，凡大小男女因虛受風者，禁用。　(條)〔防〕風：性平，味淡。能清散風熱。因虛生風熱者，禁用。庸醫不分虛實，概以治風病，多有誤事。　鈎藤：性平，味微辛。能清散風熱之邪。　蜂蜜：性平，味甘。蜂採百花而成。陽中陰也，煉丸能收固諸藥，合而為一。又能潤腸。滋陰方中可用，溫補方中勿用。　夜明沙：性平，味淡。服之者取其蚊目之精，以助目光，餘無用也。　升麻：性微辛，味淡。能引清氣上升。補氣方中用之者，取其縱藥升而不降也。　殭(蟲)〔蠶〕：性微辛，味淡。能散風熱。凡虛而生風者，禁用。　秦艽：性微辛，味苦。能活動筋骨之氣，除濕氣，故腳病者多肯用之。　磁石：性堅實下墜，眼科用之，取統氣下降，光不上浮。木炭煅過，以童便浸七次，研細。活者更佳。

清·陳定泰《醫談傳真》卷二

發散之劑　麻黃氣溫，味苦。能通氣發汗。凡風濕寒邪無汗用之。　桂枝溫熱，辛香。通肌達理。凡陽氣微弱感寒者用之。　藁本溫辛雄烈。凡腦頂寒閉者用之。　羌活溫香燥苦。凡肌膚寒濕者用之。　防風辛甘溫苦。壯氣禦邪必用之將。　荊芥溫香辛甘。能散邪、舒氣、〔發汗〕。　紫蘇辛溫甘香。舒氣發汗。　薄荷辛溫甘涼，氣烈。能破氣發汗。　白芷溫香辛苦。(有)〔表〕汗。氣味均能舒氣辟惡。　芎藭溫香辛甘，氣勝。逐血中寒痛，舒營散血。　青蒿溫香辛苦，氣勝。舒氣辟惡。　香薷溫香氣勝。舒氣辟惡。　靈仙辛溫臊苦。燥濕散風，治麻木不仁。　鈎藤溫平。舒氣散風，止腸鳴臍風。　細辛辛溫熱香，氣烈。通竅辟寒。　皂角辛竄猛烈。通關開竅，辟逐頑惡。　陳皮辛香甘苦。疎氣發汗，化痰辟惡。　佛手辛香甘苦。疎氣發汗，化痰辟惡。　橘紅辛香苦甘。化痰破氣，辟惡逐寒。　藿香香溫甘平，舒氣解鬱。　華撥溫臊辛燥。通氣辟惡。　香附溫香辛苦，舒氣。　菖蒲溫苦香辛，舒氣通神。　蒼朮辛溫苦甘，氣勝。壯氣健腸，逐濕運水，辟惡通神。　川椒辛熱雄烈。壯火升氣，暖胃殺蟲。　芥子辛溫燥烈。散氣消腫，化痰破氣。　生薑辛溫雄烈。壯氣逐寒。　葱頭辛溫雄烈，通氣辟惡。

消導攻滯之劑　大黃香苦。攻堅破實。　朴硝鹹寒。蕩滌渣穢。　枳實苦辛。

破氣攻實。厚朴苦辛。破氣攻實。萊菔子辛腥。破實下氣。檳榔刲苦消滯，下氣磨積。砂仁香溫辛涼。化氣行滯。山楂甘酸。下氣消積。神麯香苦。化痰消滯。麥芽香甘。消穀麪滯。牛膝甘苦平寒。沉氣蕩積。杏仁甘苦辛潤。下氣消滯。郁李仁甘酸辛苦，攻積潤腸。火麻仁甘潤。滑腸去滯，滋潤補益。脂麻甘。潤腸去積，滋潤補益。肉蓯蓉鹹潤。滑腸滋陰。油當歸甘潤苦辛。滑腸滋血。

消導利水之劑　牽牛辛平，猛烈。破癖逐水用之。芫花苦溫，有毒。水飲泛溢用之。甘遂苦寒。攻決水濕結塞用之。大戟苦寒。瀉水，破囊解結用之。海藻苦鹹，氣寒。治疝氣脚氣，奔豚水腫。商陸辛平，有毒。治水腫疝瘕，通腸瀉蠱毒。昆布鹹寒淡滑。破積利水。螻蛄俗名土狗。鹹寒。利水消腫。田螺甘寒。利水，清熱解毒。防己辛寒。逐水，風濕鬱積用之。石韋辛平。利水。猪苓苦平。淡滲，降氣利水用之。茵陳苦寒。清利濕熱，發黃用之。萆薢苦平。利水，升清降濁。扁蓄苦平。清利濕熱，淋蛀用之。滑石甘淡沉寒。降氣利水用之。瞿麥苦寒。利水明目，通經。木通甘淡輕虛。煩熱淋瀝用之。海金沙甘寒。利水，治五淋。通紙甘淡輕虛。利水通淋。赤小豆甘平。利水，解毒散血。燈草甘淡。利水滲濕。車前甘寒。多液益精，通淋用之。琥珀甘平。解毒利水，五淋白濁用之，外敷生肌。澤瀉甘淡鹹寒。濕熱內欝用之。薏苡仁甘淡。滲濕健脾。竹瀝甘淡苦辛。利水，除熱化痰。童便鹹寒。降毒利水，散瘀除痰。葶藶苦寒辛烈。伏飲結熱用之。

調和舒氣之劑　台烏香溫。寬和鬱痛鬼氣用之。波蔻香竄辛熱。和中暖胃用之。木香辛溫香苦。諸痛氣結用之。小茴辛溫香甘。脇痛氣鬱用之。草菓溫苦辛甘。舒氣解鬱，行痰寬中。大茴辛溫香竄。寒鬱氣疝用之。排草辛溫。辟惡去邪。蘇合香甘溫。辟邪。丁香辛溫。舒氣暖胃，止霍亂。安息香辛苦。治心腹惡氣，辟邪。檀香溫熱甘平。暖胃通神。五加皮溫香甘平。腎經風濕腰痛，足痿用之。沉香辛熱香甘。氣痛寒滯用之。樟木辛甘微苦。舒氣暖胃，治山嵐瘴毒，吐瀉霍亂。杉木辛溫。治風毒，奔豚霍亂。降真香辛溫舒氣。燒之辟邪惡，外敷止血定痛。大腹皮辛溫。下氣，止霍亂，降逆消腫。旋覆花鹹甘溫。舒氣化痰。延胡索辛香微苦。氣滯血鬱用之。硼砂苦辛。消痰止嗽，破積除障。吳茱萸大熱大辛。暖肝辟寒，解鬱止痛。三稜溫香辛苦。破氣散風，消癖除痰。欵冬花辛溫。治喘逆喉痺，消渴，肺痿肺癰。莪朮溫熱有毒。破氣消癖，化痰散瘀。馬兜鈴寒苦微辛。治肺熱欬嗽，痰結喘促。半夏辛甘溫潤。降氣下痰。前胡苦辛。破氣，止咳化痰。瓜蔞仁苦寒。潤燥，滌痰消毒。枳殼苦辛酸寒。氣壅痰滯用之。青皮苦辛酸香。疏肝舒脾。

調和營血之劑　水蛭鹹寒甘腐。破瘀散結。蘇木甘寒清熱，涼血通營。䗪蟲鹹腐辛醒，破瘀散結。薑黃氣溫苦辛。下氣消痰，消癥散血。桃仁苦平辛溫。逐瘀破癥。三七溫香辛苦。行氣活血，散瘀止痛。紅花苦平。清熱，涼血通經。鬱金苦平。舒氣散血。茜根平寒甘苦。行血通經，攻瘀利便。花蕊石酸濇。止血，能化血為水。紫參苦寒。破血散堅，消積。乾漆辛溫，有毒。破凝久瘀。劉寄奴苦溫。破血止痛。䗪蟲鹹寒，有毒。破堅下血。一名土鼈。瓦壟子甘平。止痢溫中。赤芍酸平微苦。散邪行血。澤蘭苦溫。散瘀通經。地榆苦寒。止痛止血。王不留行苦平。止血逐痛，除痺消瘡，利小便。益母草辛甘溫。活血調經，解毒，治血風。百草霜辛溫。止血。側柏甘辛苦平。治吐血，去風濕，定驚扶陽。血餘苦溫。止衄、五淋、赤痢用之。血竭甘寒。止痛生肌。韭汁辛溫香苦。行血破瘀。靈脂甘鹹氣腐。散結通經。紫草苦寒。涼血，通水療腫，治班疹痘毒。蒲黃甘寒微苦。破瘀散毒。蟹爪鹹寒。解結散血，愈漆瘡，治產後血痛。血見愁辛平。能散血，止血崩血淋，一名地錦。

殺蟲之劑　使君子甘辛腥濇，殺蟲消積。阿魏辛平。辟邪殺蟲，治霍亂瘟瘧。雷丸苦寒，小毒。濕熱生蟲用之。百部腥苦湧吐，化痰毒虱。榧實甘濇油膩，潤腸殺蟲。大楓子辛熱。攻毒殺蟲。蕪荑苦腥殺蟲，下氣消積。水銀辛寒，有毒。外敷殺蟲。苦楝根苦辛烈毒。濕熱蟲痛用之。輕粉辛溫，有大毒。殺疥癬蟲，風瘙毒瘡。巴豆辛溫，有毒。破癥瘕結聚，除鬼毒蠱疰，破血排膿。砒石辛熱，大毒。外敷蝕癰疽敗肉，枯痔，殺蟲。雄黃苦辛，大熱。補陽除邪，殺蟲，定驚化瘀。硫黃辛酸，大熱，有毒。補火殺蟲。蛇床子苦平。壯陽，外敷殺蟲。川椒辛熱香烈。暖中殺蟲。

湧吐之劑　瓜蒂苦竄善湧。痰涎膠固者用之。胡桐淚鹹苦，大寒。治大毒熱，心腹煩滿，取吐。藜蘆苦毒辛寒。凡風痰癲癎者用之。升麻辛腥湧吐。凡屬下陷者，用之以升提。常山腥寒引吐，痰飲瘖瘧者用之。淡豆豉苦寒。發汗，除瘴吐毒。百部腥苦湧吐，痰飲喘咳者用之。

固濇鎮墜之劑　龍骨甘平。濇精止血。珍珠鹹寒甘平。鎮驚明目，生肌墜痰，止白濁，解痘毒。牡蠣辛鹹平，濇。固精斂滑。代赭石重墜降逆，上脫陽浮者用之。赤石脂甘濇固脫，久痢脫滑者用之。金箔辛平，有毒。鎮驚墜火。硃砂鎮驚定魂。磁石鎮精寧魄。

調和清熱之劑　黃連苦寒。清熱，實火喘渴用之。梔子苦寒。清熱，濕熱溺赤用之。黃芩苦寒。清肺，腸胃濕熱用之。龍膽草苦寒。清肝，濕熱目赤用之。黃柏苦寒。清腎，濕熱溺赤用之。　苦參苦寒。瀉肝，目赤脇痛用之。　知母苦寒。清脾，濕熱津燥用之。　石膏甘寒。清胃，熱氣沸騰用之。　竹葉甘寒。涼膽，濕熱口苦用之。　竹茹寒涼甘淡。清熱利水。　連翹苦寒。清心，丹毒瘡腫用之。　貫眾苦寒。解毒殺蟲。　山豆根甘寒。治咽喉毒，清熱消腫。　青葙子苦寒。清熱，明目除膜。　天花粉苦寒。治煩熱腫毒。　柿蒂澀平。治咳逆。　葛根生津通液，風熱在衛者用之。　海石鹹平。利水清熱。　秦艽苦瀉，清熱散風。　石決明鹹平。明目通淋。　葫蘆殼甘涼。清熱散暑，解丹痧毒。　夏枯草苦寒清熱。　柴胡升清通液，寒熱往來者用之。　青黛鹹寒解毒，瀉火散熱。　桑寄生甘涼清熱，解毒涼血。　大青苦寒。解毒。　桔梗辛溫通表，味苦清熱。　茅根寒涼味甘。清熱涼血。　蒙花甘平微寒。治目痛赤腫，青盲多淚。　蕉根大寒。清熱解毒。　槐花苦平。清腸熱，止血。　地骨皮苦寒。解骨蒸肌熱，消渴。　金銀花氣寒味甘。清熱涼血。　枇杷葉苦平。止嗽，清熱解暑。　薺苨甘寒。解熱毒。　石斛氣涼味甘。清熱利水。　白頭翁苦溫。破積止痢。　丹參甘平。滋心，涼血降陰。　犀角苦酸鹹寒。辟惡鎮心，解大熱，散風毒。　沙參甘涼滋肺，清氣止渴。　羚羊角鹹寒。解熱毒。　生地甘寒。涼血。　丹皮辛寒。涼血，清熱行營。　百合甘寒。滋肺，火咳熱渴用之。　桑白甘寒。解毒，清熱行衛。　天冬甘寒。滋液，火咳熱渴用之。　麥冬甘寒。滋液，清火止咳。　雪梨甘涼。生津，清熱解毒。　柿霜涼甘辛。清肺利咽，生津止渴。　西瓜甘寒。消暑清熱。　川貝甘寒。降火化痰，清熱，虛嗽者用之。　冬蟲草甘寒。益陰滋液，清熱。　玄參苦寒。滋腎，清陰降火。　蓮子氣平味甘。補心健脾，清虛熱。　蓮葉香溫苦甘。舒氣清熱，散暑解溫。　菊花甘辛平涼。舒氣散風，明目解毒。　玉竹氣涼味甘。清熱潤衛，通息開音。

調和逐寒之劑　附子辛鹹大熱。治寒厥陽微。　仙茅辛溫，有毒。壯陽逐寒。　肉桂香溫，大熱。逐寒驅冷，益火通經。　陽起石鹹微溫。暖腎壯陽。　胡椒辛溫，大熱。治寒痛嘔泄。　羊藿香甘。強腎健力，壯氣。　乾薑辛溫，大熱。治寒固厥逆。　鎖陽鹹潤。益陰，固陽秘精。　葫巴苦溫，大熱。治虛冷氣疝。　巴戟天直補兩腎，壯陽強陰。　雄蠶蛾甘鹹，熱毒。益精強陰。　肉豆蔻辛溫。暖胃除痰。

補益陽火、陽氣、陽神、陰精、陰血、陰液之劑　人參甘苦微寒。滋陰生液，補氣壯神，行精運血。　當歸甘溫。補營強氣，益血。　白朮甘潤。益土健脾，除濕。　淮山甘潤。補液，和中調胃。　茯苓甘淡。益土，利濕健脾。　黄耆甘腴。補衛壯氣，内托。　炙甘甘和緩中，補脾強胃。　金櫻酸甘。補精，平火寧神。　熟地甘潤。滋營，治陽盛陰虛。　杜仲甘淡。健腰，補精壯筋。　黄精甘溫辛潤。補脾益血，填精益髓。　女貞子甘澀。平陰，滋營壯衛。　杞子甘潤。補營，養神益精。　菟絲子甘香。補精壯衛，滋液。　首烏甘澀。補陰，強精益髓。　龍眼甘平。滋液，補陰強陽。　覆盆子甘淡。益腎，壯腰健骨。　荔枝甘香酸斂，益血滋液。　芡實甘澀。補中助氣，止渴益腎。　紅棗甘平。補血養心寧神。　蓮鬚甘澀。清心通腎，固精止血。　五味子五味俱備，滋液生津。　扁豆甘平。滲利，補脾利水，降氣寧神。　烏梅甘酸，氣寒。斂陰降陽，收氣止血。　骨碎補甘平。補骨益精。　燕窩甘淡氣平。養中滋液，補陰潤脾。　破故紙辛溫。壯陽斂陰。　鹿茸甘腐。通營，補陽配陰。　胡桃甘溫。潤血。　龜板甘腐。通衛，補陰配陽。　阿膠甘平鹹溫。填精補血。　萸肉酸平。興陽補陰，祛風逐寒。　白及苦平。補肺，止血解毒。　遠志苦溫。定驚益精。　海狗腎香甘鹹熱。破積，治邪，興陽益腎。　柏子仁甘平苦辛。去邪定驚，除風益陽。　紫河車甘鹹。補精養血。　益智仁辛溫。補腎益氣，遺精虛漏，小便餘瀝用之。　糯米氣平味甘。補土安胃，益氣滋血。　香粳溫香味甘。補土安胃，益氣滋血。　狗脊氣溫苦甘。堅腎補力，強筋健骨，驅濕逐寒。

清·侯功震《痘疹大成》卷三《藥性論》：藥之性，或在氣分，或在血分，或在某經氣分，或在某經血分。且一藥有專治一經者，有兼治各經者。或升，或降，或補，或瀉，或溫，或涼，或斂，或散，用各不同。詳分其類，以便考核。

破氣藥：　氣為毒制，不破其結，難以透發。宜用破氣之藥。　大黄：　苦寒。瀉諸實熱，逐梟毒，破瘀血，去燥結，直注大腸。酒炒利胸膈，九蒸上行頭目，醋炒破肝之積，紅花煮開血分之瘀。　枳實：　性雄猛。寬胸下氣，瀉脾肺，佐大黄直通大腸。氣虛忌用。　枳殼：　瀉肺氣，通大腸，下氣寬胸，化痰消食，去脹消痞。麩炒用。　青皮：　苦寒。散結消食，能破滯氣，肝經行氣之藥，兼開脾經，為起脹之妙品。然能大損中氣，勿過用。　山查：　消積聚，化肉食，健胃化痰，寬氣道而鬆痘毒，且能破血中滯氣，有制參芪之功。　檳榔：　辛溫。破滯氣，治後重，去目翳，化食積，寬膈除痰。勿經火。　厚朴：　辛溫。寬膈下氣，瀉胃消脹，胃經氣分之藥，泄瀉亦用。　薑炒。　腹皮：　微溫。下隔氣，除腹脹，消浮腫，散毒氣，開胃健脾，通大小腸。　瓜蔞：　仁性寒。寬胸下氣，潤肺化痰，止嗽定喘。　萊菔：　子辛。下氣消食，和中化痰。喘嗽，痢疾，胸腹脹滿，皆治。　烏藥：　辛溫。治氣血凝滯，利下部氣最妙。然痘家每忌用之。

調氣理氣藥：　若氣虛而有滯，破之又恐損氣，則調理之。　香附：　辛溫。快氣開鬱，消食行滯，血分行氣之藥。　陳皮：　辛溫。開胃調脾，寬氣消痰，止嘔吐咳逆，調理中氣為最。　木香：　微溫。溫脾胃，消腹脹，治後重，理中焦及大腸滯氣，脾家藥。　砂仁：　辛溫。養胃進食，和中氣，止嘔吐。痘後氣虛而有滯氣宜用。　蘇梗：　性平。調和中氣，上下宣暢，順氣諸品此最平和。　桔梗：　性平，肺經藥也。順肺氣，利咽喉，治咳嗽，開胸膈，散痞滿，瀉熱排膿，載藥上行，為諸藥舟楫，能開提氣血。　鬱金：　辛苦。破血開鬱，入心包絡，能舒心中鬱結之氣。　藿香：　辛溫。溫中快氣，開胃進食，止嘔吐。熱結陽明者忌用。　白芍調和肝氣及血中之氣。　神麴、麥芽寬中和氣。　桑皮、前胡、蘇子俱降肺氣。見後。

氣分升發表散藥：　痘有表邪鬱滯，宜透發之，所謂攻而帶散、帶表，不使氣餒不振者，升發表散之妙也。　桑蟲：　肺經透發之藥。性溫柔和緩，絕不燥烈，發痘最平穩。　葛根：　胃經透發之藥。鬆痘止渴，解肌表之熱，能散能透，如(掀)〔焮〕唇、鐵唇，重用石膏，佐以葛根，則涼而能散毒，結胃者最利。　升麻：　微寒。清胃，解熱毒，發痘疹，升提下陷，少用，見點後勿用。　防風：　辛溫。解表散風，行周身之閉，能引諸藥至表，亦能瀉肺。　蘇葉：　肺家藥。最能發散風邪，潤肌解表，痘前乾熱可暫用。　羌活：　性溫。散風邪，透毒妙品，專行筋骨，能搜發筋骨之毒。　麻黃：　辛溫。發汗解表，止喘，盛寒時風寒束閉者宜用，見點勿用。　薄荷：　辛溫。祛風解熱，清頭目，清痰散驚，寧嗽發汗，利關節。　柴胡：　微寒，肝經引藥。開肝鬱，解表邪，上行頭目，散血中熱。　前胡：　微寒。散風化痰，止嗽定喘，肺家藥，專下氣，利胸膈。　細辛：　辛溫。利竅止嗽，治頭疼，散頭面諸風，止幾分。　白芷：　辛溫，胃經藥。散陽明風熱，兼入肺經，通竅，去頭疼，催漿排膿，上達天庭。血熱忌用。　僵蠶：　微溫。散風邪，和血止癢，催漿排膿，上行頭目。炒黃。　蟬退：　甘溫。散風熱，發痘疹，開腠理，止癢解毒，去目翳。　牛子：　辛溫，入肺。散熱解毒，解肌透表，利咽喉，行十二經。

蘆芽：　性平，脾胃藥。透毒鬆痘，胃熱嘔吐，發痘，和緩不燥。　芫荽：　辛溫。發痘疹，解散表邪，鬆肌透毒。　三春柳：　花淡紫色，葉碎。散風邪，退表熱，鬆肌快毒。　白雄雞湯：　性純陽，最能發痘，潤而不燥。淡食，煎藥亦可。　溫平補氣分之藥：　氣分虛寒，不能領毒，宜用溫補之藥。人參：　甘溫。專補氣，止渴生津，肺家藥，氣弱者以之起脹催漿最捷。然非真元虧損，勿輕用。痘後虛弱宜用，能補脾。　黃芪：　甘溫，脾肺藥。生用透表，託裏排膿，補氣，氣虛弱而熱平和者，用以催發，補而不滯。炙則固中氣，痘後託裏排膿。　燕窩：　甘溫，脾經藥也。補脾經之陰，故溫而不燥，亦能助肺氣，發不足之痘，最為平穩。　炙草：　脾家藥也。溫中補氣，非中氣虛寒者勿用。　製附子：　辛熱有毒。暖腎，補命門，能引補氣藥，回散失之元氣。然大熱，非四肢厥逆，虛寒痘不起者，勿輕用。　白朮：　性溫。健脾燥濕，止瀉補虛，脾家藥也。性燥，熱盛者忌用。　蓮肉：　甘平。補脾胃，厚腸止瀉，養氣補虛，清心固精。炒用。　山藥：　性溫，脾家藥也。健脾補胃，滋腎澀精，除濕益氣。炒用。　芡實：　甘濇，脾腎二經藥。補脾開胃，滋腎固精，益氣補中。　苡米：　甘平。健脾補肺，去風濕，消水腫，治筋節拘攣。炒熟。　棗仁：　味酸性收，肝家藥也。能補心肝虛，心煩不寐者宜用。　茯神：　甘平，心家藥。安神定志，鎮驚悸，痘後心虛不寐者宜。沙參：　微寒。補五臟之陰，專主潤肺，痘後肺虛熱留而嗽者宜。

破血藥：　血為毒制，不破其結，則真陰虧損，故宜破血之藥。　尾膏：　見雜方內。　活血，兼能破血，其流通之性，無微不到，血瘀最宜。　歸尾：　下行而破血，酒洗則破而兼活，血分不活者最宜。　赤芍：　微寒。散結解毒，破血中滯氣，治小腸熱結，毒壅腹痛。　桃仁：　破積血及皮膚凝滯之血，去皮、尖，炒。血瘀甚，連皮、尖生用。　地丁：　苦寒。涼血破瘀，君以紅花，能散紫黑毒結，深透血中伏毒，有疔與暴痘者最宜。紫花者佳。　蘇木：　入肝經，行三陰經血分之藥。能破鬱血，兼散風邪。　牛膝：　性平。活血生血，引藥下行，兼能破血。下部血不活者，以牛膝為主，引破血之藥攻之，則瘀血皆破矣。

涼血活血之藥：　血分燥則宜涼之，血分滯則宜活之。　生地：　性寒，心腎兩經藥。解煩熱，痘中涼血之聖藥，潤燥無雙。然性凝滯，須酒洗，同透發藥用之。　丹皮：　微寒，肝經血分藥。兼清腎熱涼血妙品，紅盛者用之，瀉血中伏火。散血熱之氣結，酒洗。　紫草：　性寒，入肝及心包絡，血分中要藥。解毒涼血，兼能破血，痘犯紫滯，用此涼之活之，則血行而毒化。紫草茸，研末用。　紅花：　入血分，能使灰黯之痘明潤紅活，治痘血熱。養血同當歸，活血同紫草，少則活血，多則破血。子，出痘，亦能引血歸痘。　全當歸：　辛溫。養血行血，釀漿化暈。為血分中之要藥，血虛有滯者最宜。同生地養血能活，泄瀉忌用。或陳壁土炒。　地龍：性涼。最能涼血，透血中隱伏之毒。水洗去泥，研細取汁。或謂地龍無效，當慎用。入冰片少許。　地骨皮：微寒。涼腎，專治骨蒸，強陰涼血，退痘後虛熱。土炒。　槐花：性寒。治熱痢，大腸血分藥也。治鎖肛熱結大腸者，最效。　蒲黃：引血歸經之藥。血熱妄行者，炒黑用，佐涼血藥，則引血歸經矣。生用，兼能涼血消腫。　益母草：行氣活血之藥，入肝經，清熱而疏利，性平和。

血分升發表散藥：氣分有風寒伏火，血分亦有風寒伏火，治之宜用升散血分之藥，故列數味于左。　芥穗：辛溫。散血中之風熱，解酷毒，散熱結，利咽喉，退上焦熱，潤燥消癍，治發狂譫語，始終俱可。用炒黑，則涼血止血。　川芎：辛溫，肝家引藥。上行頭目，下行血海，補血虛，散血中之風。目病者，能上散其風熱。然恐引毒上行，毒火上炎者勿用。　獨活：心腎引藥，善入血分，舒筋活絡。痘後餘毒，流注骨節筋絡，用佐解毒藥，能散，消腫，搜血分中之風熱。　秦艽：性平。除風濕，養血舒筋，血中搜風之藥，痘後治筋骨拘攣。

溫平補血分之藥：血分虛寒，必須補養以保真陰。　歸身：辛溫。養血潤腸，滋脾陰，平補血分之要藥。瀉忌用。　熟地：甘溫，腎家藥。補血，滋腎水，但恐滯血，痘後血虛者可用。　鹿茸：性熱純陽。補血發痘，行氣貫膿，壯元陽，養真陰。　肉桂：辛熱。通血脈，為參芪之使，壯血虛冷，惟四肢厥逆，痘白虛寒者，以之培元壯陽，餘痘不可輕用。　白芍：微寒，肝家藥。瀉肝入脾，補血斂陰，能調和血中之氣，治腹痛，血熱勿用。能斂血歸窩以成漿，火盛生用，虛寒酒炒。　阿膠：甘平，肺肝兩經藥。養肝補肺，止嗽化痰，養血滋陰，止血潤燥，兼治血中之風。蛤粉炒。　丹參：性平，血分藥。補心血，養神志，去舊生新，養血妙品。酒焙。　萸肉：酸平。補肝血，固腎氣，斂肝腎之血，以補其津液。酒蒸。　澤蘭葉：微溫。入脾疏肝，快氣行血，補而能活，養而不滯，流暢榮衛，潤澤肌膚，痘後血虛，肌膚乾燥者，宜酒蒸。　人乳：味甘。補陰益陽，悅顏明目，羸劣仙方。要壯盛婦人者佳。

清火解毒之藥　黃連：苦寒。專瀉心火，兼瀉五臟之火，解熱毒，治血熱，止乾嘔，厚腸胃。然性凝寒不散，非心火熾盛，勿輕用。用須酒炒。　黃苓：苦寒輕飄，肺家藥。瀉肺火，清大腸，解肌熱，清咽喉，並治失血、痢疾、鎖肛、咳嗽、赤腫等證。酒炒。　石膏：甘寒。降胃火，止熱渴，陽明藥，亢陽烈火，大渴不止，非此不除。然過用恐寒胃，痘難起發，用必佐以葛根。火煅。　犀角：酸寒。清心火，解熱毒，治驚風，內熱黑陷。惟心經大熱，譫語發狂者，可磨汁用，餘勿輕用，恐痘冰伏。　羚羊角：寒。清肝明目，卻驚定風，解熱毒，痘紅盛者，磨汁用。　梔子：苦寒，肺家藥也，性輕浮。瀉肺火，涼心腎，治煩熱，能降屈曲之火而下行，止衄血。炒黑能清虛火。　知母：微寒。滋陰補腎，除熱渴，舒痰欬。生瀉胃火，酒炒瀉腎火。　黃柏：苦寒。降火滋陰，骨蒸濕熱下血堪任。酒炒用。　元參：微寒，腎家藥也。清腎火，利咽喉，消癰腫，明目解毒，消癍快疹，能散浮遊之火，清火而不過涼，去熱妙品。　胡黃連：寒。入心兼瀉肝膽，薑炒瀉臟毒，囊腹、鎖肛證可用。　膽草：大寒，肝膽藥。涼肝，解熱毒，利小便，毒結肝經，驚悸不寧，或肝膽熱毒，流注膀胱，赤濁下淋，少用以清肝熱。　連翹：苦寒，心經藥。故瀉心火，散熱毒，消腫排膿，破諸經之血凝氣聚，痘後餘毒不可少。　木通：微寒，心包絡與小腸藥。利小便，清心經，治熱閉不通，開下竅，使毒從溺解。　花粉：微寒。清熱解毒，降火潤肺，消腫止渴，潤燥除煩，清和疏利之品，虛熱人最宜。　麥冬：微寒，肺家藥。清肺伏火，解心煩熱，潤燥解渴。去心。　天冬：微寒，肺家藥。清肺熱，止嗽定喘，降火消痰。　川貝：微寒。專治肺經熱痰，止咳嗽，涼心肺，除煩熱。去心。　土貝母：清肺解毒，治痘後餘毒留肺，恐成肺癰者，神效。　蒲公英：寒。散血中熱，解毒妙品。痘後骨節腫硬者，搗膏敷。　苦參：苦寒。治熱痢，胃口熱極，乾嘔不食，用佐石膏、葛根。　竹茹：微涼。清胃熱，止嘔噦，治心虛不寐，解肌熱。　竹葉：味甘。退煩熱，降肺氣，清心安眠，利水止渴，止嗽喘。　珍珠：性寒。鎮心安神，護臟腑，化留毒，治痘疔，長肌肉。　牛黃：性寒。涼心解熱，利痰定驚，護心解毒，通竅，治譫語。　硃砂：微寒。鎮心養神，熱盛狂言者可用。勿見火。　甘草：甘溫。和諸藥，解百毒，生用瀉火，消腫利水。　菉豆：性涼。解諸熱毒，清火利水，消渴，除煩熱。飲豆湯，易落痂。　金銀花：解熱毒。　滑石：清三焦，涼六腑。　燈心：清心熱。見下。

利水滲濕之藥　滑石：甘寒。除濕利竅，解煩渴，利小便，化暑氣，涼六腑。　澤瀉：微寒。瀉腎，治熱結膀胱，通小便，利水消腫。　豬苓：

味淡。利水通淋，消腫除濕。多服損腎。　燈心：利小便，除水腫，兼去心經之熱。　茯苓：補脾滲濕，澀瀉利水，化痰，交通心腎，益氣和中。但恐燥漿。　茯苓皮：利小便如奔馬，遇脾濕痘不靨者，利濕最捷。　車前：微寒，入腎與膀胱。利小便，實大便，治目睛赤。炒研。　木通：消水腫利小便。竹葉、菉豆、甘草：俱利水。　檳榔：消水。俱見上。

消腫敗毒之藥　金銀花：微寒。解熱毒，消癰腫，性和平，為痘後餘毒之主藥。　乳香：辛溫。消腫毒，生肌肉，託裏護心，活血調氣，故定諸經之痛，可內外兼用。去油淨，痘後餘毒用。　沒藥：溫平。消腫止痛，破血攻瘀，長肌肉，痘後餘毒用。去油。　土茯苓：平。清濕熱，解筋骨毒，治諸瘡毒，治痘毒留骨節間。　連翹、花粉：消腫排膿。蒲公英、菉豆、甘草節：俱消腫解毒。俱見上。

透毒開竅之藥　穿山甲：寒。專能透發，通經絡，直達病所，毒固閉不出者，非此不為功。《救劫論》山甲用至五錢。然性雄烈，易起泡，須香油炒。再用涼藥標之，勿多用。　皂刺：微溫。能透毒，引藥直達瘡所，為痘毒固閉之要藥。　冰片：辛溫。通諸竅，兼散鬱火，狂躁熱盛者用一二釐。　麝香：辛溫。開竅起痘，解毒安驚。勿見火，用佐地龍、尾膏。　芫荽、葦芽：透毒。　白芷、細辛：通竅。

止嗽化痰之藥　桑皮：甘辛。止嗽化痰，利膈定喘，瀉肺火邪，降肺逆氣。　半夏：辛溫。化痰燥濕，止嘔吐，和脾胃。薑汁炒。　膽星：味苦。除風痰，利胸膈。　蘇子：辛溫。瀉肺，治喘止嗽，消痰，寬胸下氣。　杏仁：苦溫。潤肺，治風寒咳嗽，上氣喘促，潤大腸氣秘。去皮尖炒。　紫菀：辛溫。治痰喘咳嗽，補虛勞，療肺癰，治寒熱結氣。　五味子：溫。能斂肺氣，消痰止嗽，滋腎水，生津止渴。　枳殼、山查、檳榔、蔞仁、菔子、陳皮、桔梗、前胡、黃芩、知母、麥冬、天冬、川貝、茯苓、竹葉：俱理氣清火、止嗽化痰之藥，當因證揀用。

消食開胃之藥　麥芽：甘溫，脾胃藥。健脾消食，寬中化積，消脹散滯。炒用。　神麯：甘溫。開胃進食，消積逐痰，調中和氣。　陳倉米：涼。調脾平胃，下氣消食，寬中止瀉，解渴除煩。　枳實、山查、青皮、檳榔、菔子、香附、厚朴、砂仁、藿香：俱開胃消食之藥。

明目退翳之藥　白菊花：甘平。收目淚，除熱祛風，退紅絲翳膜。　木賊草：甘。益肝，退翳障，止澀癢流淚。　穀精草：平。明目退翳，散頭目之風。　密蒙花：寒。治目中赤膜，多淚羞明，障翳。　草決明：甘。祛肝風熱，痘後目赤，翳膜流淚者，最宜。炒研。　望月沙：散目中之風熱，退赤去膜，散氣蒙，潑汁入藥。望月沙即雄兔屎也，小而尖，暗而不明者是。　白蒺藜：苦。散肝經之風熱，治目睛之澀疼。　石決明：性平。去目翳障，清肝肺之風熱。火煅研。　蔓荊子：苦。頭疼能醫，拘攣濕痺，淚眼堪除。　象牙：氣平。能起痘，目中有痘，磨水搽上，妙。治風癇驚悸。　柴胡、川芎、蟬退、羚羊角、膽草、檳榔：俱治目之藥。見前。

雜藥　肉豆蔻：溫。脾胃虛冷，瀉不止者，可用。　訶子：肉澀。治泄瀉不止，痢疾喘嗽，能收斂肺氣。　丁香：辛熱。脾胃受寒，嘔吐腹痛，痘白者可用。　乾薑：辛熱。脾胃虛寒，腹痛，腎冷氣寒，嘔逆泄瀉，痘白身涼可用。　生薑：辛溫。止嘔吐，治痰嗽，散風寒，開胃和中，助參芪之力。　大棗：甘溫。益氣養脾，潤心肺，調榮衛，助十二經，和脾胃藥，最佳。　糯米：甘溫。益氣補中，溫脾胃，制紫草之寒。　何首烏：溫。治血熱癢塌。　蒼朮：甘溫。燥脾去濕，消食寬中，濕盛不靨者可暫用。　木瓜：味酸。治濕腫脚氣，霍亂轉筋，足膝無力。　元胡：性溫。心腹猝痛，通經活血，跌撲血崩。　天麻：辛甘。治風熱頭眩，療麻痺驚癇。　射干：味苦。逐瘀通經，喉痺口臭，癰毒堪憑。　山豆根：性涼。治咽喉腫疼，兼除風熱，用佐牛子。　側柏葉：苦。治吐血、衄血、血崩、血痢，除濕熱。　茅根：味甘。通關逐瘀，止吐血衄血，去客熱。　童便：味涼。撻撲瘀血，虛勞骨蒸，熱嗽尤捷。　鈎藤鈎：肝經藥。散肝之風熱，定驚悸，舒拘攣，治驚搐。　扁豆：微涼。轉筋吐瀉，下氣和中，酒毒能化。　羊乳：補中帶發，供漿最佳，宜單服。　絲瓜：涼血解毒，通經絡，行血脈。　漏蘆：散熱解毒，排膿及預解痘疹毒。　黃酒：能引諸藥入血分、上皮膚。　菖蒲：利胞絡之痰，通竅出音，痘失音最宜。　雄黃：性溫。搜肝風，瀉肝氣，解百毒，內外俱可用。　夏枯草：最能疏肝氣，止目珠之痛，專治瘰癧。

清・佚名氏撰，陸懋修、馮汝玖校注《本草二十四品》　消散風寒

川芎辛，溫，升、浮。肝、膽、心包。酒炒，五分至一錢。　補血去瘀潤燥。乃血中氣藥，升清陽而開諸鬱，潤肝燥而補肝虛。上行頭目，下行血海，行氣搜風，專補風虛。治風濕在頭諸種頭痛。治男婦一切血證。頭痛必用川芎，血

虛頭痛，大為聖藥。治濕瀉藥中每加麥麴、芎藭，其應如響。即《左傳》治河魚腹疾意也。川芎之治，在目為最，以肝開竅於目，而肝為風臟，又為血臟。所謂目得血而能視也。鬱在中焦，須撫芎開提其氣以升之，氣升則鬱自降。故撫芎總解諸鬱，直達三焦，為通陰陽氣血之使。凡氣升痰喘，虛火上炎，嘔吐欬逆者禁。

香白芷辛、溫。胃、大腸、肺、脾。焙，一錢。　發表去風燥濕。性溫氣厚，芳香上達。治陽明頭痛，眉稜骨痛，鼻淵。牙痛，上齦屬足陽明，下齦屬手陽明。血崩，血秘腸風。去頭面皮肉之風，除皮膚燥癢之痺。祛肺、胃、大腸三經風熱之病。燥能耗血，散能損氣，有虛火者禁。

荊芥穗。辛、苦、溫。肝、脾。炭，炒黑。錢半。　發表袪風理血。其性升浮，入肝經氣分兼行血分。治血之逆而尤優於下行。發汗，散風濕，利咽喉，清頭目。其氣溫散，能助脾消食。為風病血病之聖藥。但目為風藥者非也。炙黑用通利血脈，治吐衄腸風，崩中，血痢，產風血暈，產後去血過多，腹內空虛，則自生風。荊芥最能散血中之風，華陀愈風散用荊芥三錢酒服。又荊芥一味，名舉輕古拜散，治產後感冒。今人但遇風症，概用荊防，此流氣散之相沿耳。不知惟風在皮裏膜外者宜之，若風入骨肉者須防風，不得混。升發巔頂連穗用。治血炒黑用。

防風根。辛、溫、升、浮。肝、肺、脾、胃、膀胱氣分。錢半。　發表袪風勝濕。能散結，祛上部風，治一切痛。手足太陽正治。若補脾胃，非此引用不能行。錢乙瀉黃散倍用防風，乃於土中瀉木也。同黃芪、白芍能實表止汗。同黃芪、白术名玉屏風散，固表聖藥。防風瀉肺實，故能降陽以蓄陰而媾於肝。東垣謂人身風升之氣與元氣胃氣當作一體而論，故補脾胃藥非此引用不行，蓋風木藉土以為用，即能使土木不相侵者，惟此味獨擅其長。肝主經絡，防風氣味皆屬風升，又為肝經氣分藥，故引周身，而此亦隨其所行以為治也。羌活、防風通行經絡，而其用各異。蓋羌活達其氣于水中，故散陰結；防風則暢其氣於火中，故散陽結。凡內傷血虛等證均忌。

羌活辛、苦、溫。腎、膀胱、肝。一錢，錢半。　理遊風，發表勝濕。治風濕相搏，太陽頭痛，督脉為病，脊強而厥。治肌表八風之邪，利周身骨節之痛。羌浮而升，獨沉而升。羌性雄壯，獨性氣緩。羌入太陽，故治游風；獨入少陰，故治伏風。防風自上而下，瀉陽以蓄陰；羌活自下而上，達陽以暢陰。總謂陽之不離於陰以為用，非泛謂風劑便通經絡也。若血虛頭痛、遍身痛，此屬內證，二活並禁。

獨活辛、苦、微溫。入腎。八分至一錢。　理伏風，去濕。羌活理游風，獨活理伏風。治少陰傷寒頭痛，宜與細辛並用。凡兩足寒濕痺，不能動止，非此不治。獨活通經絡之功固不如羌活，第其入至陰之地即寒水而裕風化，又就風木而達水化，則獨活可勝也。

藁本辛、溫，膀胱。一錢。　去風寒濕。其性雄壯，為太陽經風藥。寒鬱本經，頭痛連腦者必用之。治督脉為病，脊強而厥。凡巔頂痛，宜藁本、防風酒炒升麻。又能下行去濕，除婦人疝瘕，陰腫痛，腹中急痛，皆太陽經寒濕。胃風泄瀉。若由上焦心肺胃諸熱歸於手太陽氣化之腑以為頭痛者，不可混投。凡溫(痛)〔病〕頭疼，及春夏陽證頭痛，產後血虛火炎頭痛，病屬上盛下虛者，皆不宜服。

蔓荊子辛、平。肝、胃、膀胱。一錢。　散上部風。治太陽頭痛，風虛之證。其性輕浮升散，通利九竅。頭痛不因風邪者忌之。胃虛人不可服，恐生痰疾。

辛夷辛、溫。肺、胃氣分。錢半。一名木筆花，一名迎春花。　散上焦風熱。其性輕浮，能助胃中清陽上行，通於頭腦。通九竅，利關節。主治鼻淵鼻塞，一切風熱之病，頭痛，目眩，齒疼。氣虛火盛者忌之。

蒼耳子甘、苦、溫。錢半。　發汗，散風濕。上通腦項，下行足膝，外達皮膚。主治鼻淵齒痛，亦能解肢攣痺痛，偏身瘙癢。

紫蘇葉辛、溫。入肺、胃，心氣分、血分。錢半。　發表散寒。味辛入氣分，利肺下氣，定喘安胎。除脹滿。色紫，兼入血分。解肌祛風，寬腸利膈，開胃益脾。治脚氣，為氣得歸元之義。氣虛表虛者禁。

旋覆花即金沸草。苦、鹹、辛，微溫。大腸、肺。絹包，錢半。　下氣消痰，行水軟堅，通血脉。消胸中痰結堅痞，唾如膠漆，噫氣不除。治大腹水腫。利大腸，治風氣濕痺。走散之藥，虛人禁之。

辟除溫暑

淡豆豉甘、苦，寒。入肺、脾。三錢。　解表除煩。解肌發汗。陽寒頭痛寒熱，煩躁滿悶，溫斑。治疫氣、瘴氣，痢疾，溫瘧。苦泄肺，寒勝熱。豆性生用平，炒熟熱，煮食寒，作豉冷。得蔥則發汗，名蔥豉湯。得薤則治痢，得梔子能吐。治虛煩。名梔豉湯。傷寒直中三陰與傳入陰經者忌用。

大豆卷甘，平。入胃。三錢。　理氣消水。除胃中積熱，消水病脹滿，破婦人惡血，療濕痺筋攣膝痛。古方用大豆卷，僅一見於《金匱》薯蕷丸。蓋用以宣腎，以豆為腎家穀也。不聞其能為表邪發散也。

薄荷辛，溫。或曰涼。蓋體溫而用涼也。入肺、心、肝。五七分。　散風熱。上行之藥，能引諸藥入營衛，發汗，通關節，搜肝氣，抑肺盛。宣滯，解鬱。止血痢，治咽喉口齒諸痛，皮膚癮疹。癲癇昏冒由於心藏真陰不得坎水既濟而無以育神者，皆恃此味。本陰以紹陽而清之化之。曾治恍惚多疑一症，用薄荷少許，加入安神方中，三服而愈。辛香伐氣，多服損肺傷心，虛者遠之。

苦桔梗甘，辛，平。入肺經氣分，兼入胃腎。錢許。　宣通氣血，瀉火散寒。載藥上浮。開提氣血，表散寒邪，散結瀉火，清理頭目、咽喉、口鼻諸症。又治痢疾腹痛，脚氣。又能使諸氣下降。既上行而又能下氣，何也？肺主氣，肺金清則濁氣自下行耳。世俗泥為上升之劑，不能下行，誤矣。桔梗利胸中之氣，能開提氣血。蓋中焦為氣所從出之處，如有痰水飲食壓在氣上，惟用桔梗開通壅塞之道，并提其氣上行，能使痰水飲食下降也。乾咳嗽由痰火之邪鬱在肺中，宜苦桔梗以開之。痢疾腹痛乃肺金之氣鬱在大腸，亦宜此味開之，後用痢藥。少陰咽痛用甘桔，取其苦辛散寒，甘平除熱，合用能調寒熱也。

竹葉甘，淡，寒。入心、脾。三錢。　涼心緩脾，除上焦風邪煩熱。消痰，止渴。欬逆喘促，吐血失音，小兒驚癇。

金銀花甘，平，微寒。入肺、脾。三錢。　除熱解毒，補虛療風。養血止渴，除痢寬膨。

連翹心，殼。苦，微寒。入心、膽、大腸、三焦。錢半至三錢。　散結瀉火。其形似心，故入心瀉心火。兼除三焦、膽、大腸濕熱。其性升浮，散諸經血凝氣聚。利水通經，為十二經瘡家要藥。苦寒之物，多用即減食。癰疽潰後勿服。

菉豆衣：甘，寒。行十二經。三錢。　清熱解毒。利小便，止消渴，解一切毒。治瀉痢，熱毒煩熱。其涼在皮。粉：撲豆瘡潰爛良。菉豆解百毒。

生、黑山梔苦，寒。入心、肺、胃血分。錢半至三錢。　瀉心肺三焦之火。能使邪熱屈曲下行，由小便出，而三焦鬱火以解，熱厥心痛以平，吐衄崩淋血痢之病以息。治心煩懊憹不眠。最清胃脘之血，炒黑末服。吹鼻治衄。去皮瀉心火，留皮瀉肺火。又治五黃五淋。炒黑為止血之要藥。損胃伐氣，虛者忌之。

霜、冬、乾桑葉甘，寒，涼。胃、大腸。錢半至三錢。　涼血止血，去風明目。滋燥。喻嘉言清燥救肺湯以之為君。代茶，止消渴。末服止盜汗，須帶露鮮桑葉。

杭甘菊炭。苦，甘，微寒。肺、腎、心、肝。一錢至錢半。　祛風熱，補肺腎，明目。得金水之精，能益肺腎二臟，以制心火而平肝木。水平則風息，火降則熱除，故能養目血，去翳膜。與枸杞相對蜜丸，久服永無目疾。治頭眩，散濕痺，喉風。得金水之精，能益金水二臟，補水所以制火益金，所以平木。木平風息，火降熱除。獨禀金精，專制風木。故為去風要藥，益陰上品。

玉竹即萎蕤。甘，平。入脾胃。錢半三錢。　平補氣血而潤，去風濕。補中益氣，用代參地。不寒不燥，大有殊功。治痁瘧，莖寒，中風不能動搖。本經治風為首功。凡病肝脾不和者，此為要藥。以其能合土木而交相為用也。有熱者不可服。

白薇苦，鹹，寒。入胃。酒洗。錢半。　瀉血熱。陽明衝任之藥。主中風身熱支滿，忽忽不知人。治陰虛內熱，血厥，熱淋，溫瘧，癉瘧及風溫汗後身熱。專治風虛，益陰除熱。治婦人胎前產後，遺尿不知時。同白芍藥等分，酒調服。血虛者忌。

荷葉鮮，乾。苦，平。入脾、胃、膽。鮮三錢，乾一錢。　升陽散瘀。感少陽甲膽之氣，助脾胃而升發陽氣，能散瘀血，留好血，治吐衄崩淋，一切血症。洗腎囊風。痘瘡倒靨者，用此發之。鄭奠一曰：研末酒服，治遺精極驗。○荷蒂止痢。

廣藿香辛，甘，微溫。入肺，胃。錢半。　主正氣，去惡氣。開胃定嘔，快氣和中。中，原作平。治霍亂吐瀉，心腹絞痛，上中二焦邪滯。禀清和芳烈之氣，為脾肺達氣要藥。療肺虛有寒，而〔中〕焦壅熱者。入發散藥則快氣，入補脾藥則益氣，入理氣藥則快脾滯。氣亂於腸，遂作霍亂，致亂正者，惡氣耳。藿香虛燥芳馥，立定其亂，因名曰藿。然其氣味非有偏勝，乃由火歸土之功也。陰虛火旺及胃熱胃虛作嘔者，戒用。

香薷辛，溫。入肺、心、脾、胃。五七分。　利濕消暑退熱。屬金水而主肺。為清暑之主藥。暑必兼濕，故治暑必兼利濕。若無濕，但為乾熱，非暑也。

治霍亂轉筋。屬金與水，有徹上徹下之功。治水甚捷。肺得之則清化行而熱自降。香薷之功，在和金鬱，俾陽氣得以宣布，而中氣因之轉化。而包絡主血，亦因肺金之下降以生。故其力又能和營，而不徒以解表見長。無表邪者戒之。

白扁豆衣。甘，平。入脾。三錢。　補脾除濕消暑。和中下氣，通利三焦，降濁升清，消暑除濕。止渴，止瀉。專治中宮之病。土強濕去，正氣自旺。故能療嘔吐，霍亂，帶下。

滑石塊。飛。甘，淡，寒。入膀胱。三四錢。　利竅，行水，瀉火。淡滲濕，滑利竅，寒泄熱，為蕩熱除濕要藥。色白入肺，清其化源，而下走膀胱以利水道，通六腑九竅津液，為足太陽經本藥。治中暑積熱煩渴，黄疸水腫，水瀉熱利，吐血，衄血。【略】

分經解表

桂枝辛，甘，溫。入膀胱。五分一錢。　解肌，調營衛。溫經通脉，發汗，使邪從汗出。氣鬱升浮，治手足痛風脇風。最能動血，一切血症，不可誤投。

麻黄去節。苦，辛，溫。入肺、膀胱、心、大腸。根：蜜炙。三五分。止汗用根節。　發汗解表，去營中寒邪。瀉衛實，通九竅。治寒傷營症，頭痛，惡寒，無汗。又治痰哮氣喘，咳逆上氣，水腫，風腫。羌活、防風可代。非冬月寒邪在表者勿用。

葛根煨辛，甘，平。入胃。七八分至錢許。　解肌，升陽散火。輕揚升發，能鼓胃氣上行，生津止渴。兼入脾經。發汗退熱。為治清氣下陷泄瀉之聖藥。又治血，溫瘧。風藥多燥，此獨生津止渴。〇葛花：解酒毒。升散太過，上盛下虛之人忌。

柴胡苦，微寒。入肝、膽、三焦、心包。五七分至錢，水炙，蜜炙，鼈血炒。　發表和裏，升陽退熱，調經解鬱。氣升為陽，能引少陽清氣上行，為治諸瘧之要藥。亦能散結。又散十二經瘡疽，功同連翹。〇銀柴胡治勞羸骨蒸，熱從髓出者，必為要藥。虛勞一症，因虛而凝結其氣血者忌，以不生則不化也。亦有外經內傷，先凝結其氣血以致虛者，此不化則不生也。柴胡實為要藥。陰虛火炎氣升者禁用。

浮萍辛，寒，輕浮。入肺。五分至錢。　耑發汗，祛風，行水。輕浮入肺，發汗祛風，利水消腫。用代麻黄。丹溪以為浮萍發汗勝於麻黄。非大實大熱，不可輕試。

細辛大辛，溫。入肝、腎、血分。為心經引經。三五分。　散風寒濕，行水氣，潤腎燥。能發少陰之汗，開胸中滯結。破痰利水。通精氣，利九竅。專治少陰頭痛。治喉痺，齒痛，鼻淵，督脉為病，脊強而厥。風眼淚下倒睫。又能補膽，味厚性烈，不可多用。能入少陽，宣達甲膽之用。自下而上，以行春令。故東垣云：膽氣不足，細辛補之。又能通心竅，醋浸一宿，曬乾為末用。止少陰合病之頭痛。殺三陽數變之風邪。辛散太過，涉虛者忌。

北秦皮苦，寒，性澀。入肝。錢半。　泄熱，治目疾，濇止痢。能除肝熱而平木，故治目疾。收澀而寒，故治崩帶下痢。《綱目》謂補肝。肝益腎，久服益精有子。澀而補下焦，故能益精有子。

白頭翁苦，寒。入陽明血分。酒炒。一錢錢半。　瀉熱涼血。治熱毒血痢，溫瘧寒熱。亦治齒痛，鼻衄，瘰癧疝瘕。血痔偏墜，搗服患處。

存陰復陽

煨、生石膏甘，辛，大寒。入胃、脾、肺、三焦。或煅先煎。三錢至一兩。　體重瀉火，氣輕解肌。足陽明經大寒之藥。色白入肺，兼入三焦。治陽明壯熱，大渴便赤。傷寒鬱結，無汗舌焦，牙痛。胃主肌肉，肺主皮毛。極清肺熱。為發斑疹之要品。辛能發汗解肌，甘能緩脾，生津止渴，寒能清熱降火。少壯大熱者，功效甚速。老弱虛者，禍不旋踵。東垣曰：立夏前服白虎湯，令人小便不禁，降令太過也。

芒硝即皮硝。辛，鹹，苦，大寒。孕忌。胃、大腸、三焦。錢許。　大瀉潤燥軟堅。蕩滌三焦腸胃實熱，推陳致新。治疫痢積滯，留血，停痰，淋閉。火硝是炮中用以作火藥者，與此相反。〇元明粉：芒硝，萊菔汁同煮，露一宿即結成塊，為元明粉。冬時嚴寒方可煮之。去胃中實熱，蕩腸中宿垢，用代芒硝，其性稍緩。〇風化硝：以元明粉置風前，消盡水氣，輕白如粉。即為風化硝。朴硝、芒硝、元明粉、風化硝、馬牙硝，皆屬水而主降。硝石、焰硝、火硝，皆屬火而主升。寒熱相反，而火硝之有芒者亦名芒硝，有棱者亦名牙硝。故易相混。用硝者不若獨用元明粉為穩。　胃虛無實熱者，均為大戒。通經墮胎，用宜審焉。

生、製大黄大苦，大寒。入脾胃、大腸、心包、肝血分。三錢至兩。　大瀉血分實熱，下有形積滯。其性沉而不浮，其用走而不守。若酒浸亦能引至至高之分。蕩滌腸胃，下燥結而除瘀熱。治傷寒時疾，發熱譫語。温熱瘴瘧，下利赤白，腹痛裏急，黃疸，水腫，癥瘕積聚。皆土鬱奪之。又留飲宿食，心腹痞滿，一切實熱。能推陳致新。苟非血分熱結，六脉沉實者，切勿輕與推蕩。

川黃連大苦大寒。入心。治心火生用，上焦火酒炒，中焦火薑汁炒，下焦火鹽水炒，食積火黃土炒，濕熱在氣分，吳萸湯炒。肝膽火猪膽汁炒。濕熱在血分，醋炒。三分至七八分。 瀉火燥濕。瀉心，實瀉脾也，實則瀉其子也。陸註云：似應云瀉心，實瀉脾也。今以瀉心實為句，恐非是。鎮肝涼血。凡治血，防風為上部之使，黃連為中部之使，地榆為下部之使。治熱毒諸痢，除腸中混雜之水。止盜汗，消心瘀，治痞滿、嘈雜、吞酸。吐酸。殺蚘。【略】〇胡黃連：治骨蒸勞熱，小兒五疳。此味應入除熱退蒸門。既以目錄未列，仍附此。心為血主，黃連本寒水之化以入心，正所以調血而治腸澼諸病也。丹溪治食積丸，首用黃連，以吳茱萸制連而治左，以益智仁制連而治右。五臟以我所生者為用，心之用病，莫先於中土。而黃連治熱之鬱而化濕者，亦莫先於中土，正對待以奏功也。虛寒爲病大忌。

生薑辛，溫。入肺胃。二三片。 散寒發表，開痰止嘔，解鬱。行陽分而袪寒，調中暢胃下食。治陽寒頭痛，傷風鼻塞。欬逆嘔噦。嘔家聖藥。胸壅，寒痛。通神明，去穢惡，辟瘴氣。〇生薑汁：治噎膈反胃。同韭汁或竹瀝。〇生薑皮：辛，涼，和脾行水，治浮腫脹滿。〇煨生薑：用生薑懼其散，用乾薑懼其燥，惟此略不燥散。凡和中止嘔，及與大棗並用，取其行脾胃之津液而和營衛也。

淡乾薑辛，大熱。入脾、肺、胃。三五分。 燥濕逐寒，發表溫經，通脉。定嘔消痰，開胃扶脾。通肢節，宣脉絡，消食去滯。治寒痞，積脹。同五味搗，利肺氣，除寒嗽，開臟腑。

炮薑苦、辛，大熱。孕忌。入脾、胃。三五分。 大燥，回陽和中。除胃冷而守中。治臟腑沉寒痼冷，能去惡生新，使陽生陰長，故吐衄下血、有陰無陽者宜之。亦能引血藥入氣分而生血，故血虛發熱，產後大熱者宜之。此非有餘之熱，乃陰虛而陽無所附也。引以黑附，能入腎去寒濕，能回脉絕無陽。通心陽，補心氣。辛能上僭，散氣走血，損陰傷目。凡陰虛有熱者忌之。孕婦尤忌。

附子製。辛、甘，大熱。入腎、命。通行十二經。炮淡，五分至錢。 大燥，回陽，補腎命火，逐風寒濕。大熱純陽。其性浮多沉少，其用走而不守，無所不至。治六腑沉寒。五藏痼冷、主傷寒直中三陰之證。面赤戴陽。真寒假熱。為陰症聖藥，氣虛者，四君；血虛者，四物；虛甚者，俱宜加熟附。古方用為少陰嚮導。後世誤為風藥補藥，殺人多矣。用附子以補火，須防涸水。陰虛之人久服補陽之藥，則虛陽益熾，真陰愈耗，精血日枯，而氣無所附，遂致不救者，多矣。若內真熱而外假寒，熱厥似寒，宜承氣白虎等湯。因霍亂等症，服之禍不旋踵。

生附子生用發散，熟用峻補。分錢。 仲景麻黃附子細辛湯，熟附配麻黃，發中有補；四逆，生附配乾薑，補中有發。〇川烏頭：即附子之母，功同附子而稍緩。附子性重峻，回陽逐寒。烏頭性輕疏，溫脾逐風。〇草頭烏：野生，狀類川烏，故名。搜風勝濕，開頑痰。然至毒，無所攘制，不可輕投。

撤熱清中

犀角尖。苦、酸、鹹，大寒。入心、肝、胃。一錢、錢半。鎊，先煎。磨沖四五分。 瀉心胃大熱。涼心，瀉肝，清胃中大熱。治傷寒時疫發黃發斑，袪風利痰，辟邪解毒。治吐血下血，畜血發斑。痘瘡黑陷。大寒之性，非大熱者不敢輕用。妊娠服之，能消胎氣。

羚羊角尖。苦、鹹，寒。入肝、心、肺。一錢、錢許，磨沖五七分。如鎊，先煎。 瀉心肝火。羊屬火而羚羊角屬木，目為肝竅，清肝，故明目去障。下氣降火。治傷寒伏熱，瀉心肝邪熱。又辟邪而解諸毒。性寒，能伐生生之氣，無火熱者勿用。

大青苦、鹹，大寒。入心、胃，錢半。 解心胃熱毒。治傷寒時疾熱狂，陽毒發斑，黃疸，熱痢，丹毒喉痺。非心胃熱毒勿用。

鮮生地苦、甘，大寒。入心、腎、小腸、胃、大腸，血分。三五錢。汁用一兩。 大瀉火，平血逆。入心、腎，瀉小腸火，清燥金。平諸血逆，消瘀通經。治吐衄崩中，熱毒痢痞，諸大熱大渴引飲。利大小便，又能殺蟲。治心腹急痛。必燥結有實火者方可用。

龍膽草大苦、大寒。入肝、膽，兼入膀胱、腎。七八分至錢。酒浸則上行，甘草水浸。 瀉肝膽火，下焦濕熱，上焦風熱。其性沉陰下行，與防己同功。治時氣溫熱，熱痢，疸黃，脚氣。一切下焦之濕熱。又治胃熱。酒浸亦能上行，治咽喉風熱，骨間寒熱。又去腸中小蟲。柴胡為主，龍膽為使，瘧疾要藥。能就水中大泄火熱，故治肝膽火並濕中蓄熱者。要之此等苦寒，治有餘而為熱之病，非治不足而為熱之病也。大損胃氣，無火者忌之。

蘆薈大苦大寒。入肝、心。錢許。　清熱殺蟲，涼肝鎮心。功專清熱，明目，除煩。治小兒驚癇。吹鼻，殺腦疳。濕癬，甘草末減半，和敷。　脾胃虛寒作瀉者勿服。

川楝子即金鈴子。苦，寒。入膀胱、心包、小腸。一錢、錢半。　瀉濕熱，治疝殺蟲。能導小腸膀胱之熱，因引心包相火下行，通利小便。為治疝氣要藥。又治傷寒，熱狂熱厥。苦寒之品，脾胃虛寒者大忌。

鴉膽子即苦參子。　清熱殺蟲。補。用桂圓肉，每包三粒吞下，專清大腸熱結。以其性苦寒，故須包吞。玖案：《綱目》苦參味苦寒無毒，治心腹結氣，癥瘕積聚，黃疸，溺有餘瀝，逐水，除癰腫，補中明目，止淚。養肝膽，安五藏，定志益精，利九竅，除伏熱腸澼，止渴醒酒，小便黃赤。療惡瘡，下部䘌。平胃氣，令人嗜食。實用苦參。

逐寒和裏

吳茱萸辛、苦，大熱，有小毒。入肝、脾、腎。三五分，九粒，廿一粒。泡淡，鹽水炒。　散風寒濕，下氣疏肝，燥脾溫中。正氣疏肝，除濕解鬱，開腠理，逐風寒。治厥陰頭痛，陰毒腹痛，嘔逆吞酸。俗名酸心。　去痰殺蟲。衝脈為病，氣逆裏急。性雖熱而能引熱下行。濁陰不降，厥氣上逆，膈塞脹滿，非吳茱萸不能治也。損氣動火昏目，即有寒濕者，亦宜酌用。

高良薑辛，熱。入胃、脾。四五分。　暖胃散寒。消食醒酒。治胃脘冷痛。噫逆胃寒者，高良薑為要藥。凡心口一點痛，俗言心痛。非也，乃胃脘有滯，因怒因寒而起者，用良薑、香附同焙研。因寒者，薑二錢、附一錢。因怒者，附二錢，薑一錢。寒怒兼者，各錢半，米飲湯加薑汁一匙，鹽少許，服之立止。名穢迹佛方。古方治心脾痛，多用良薑，寒者用之至二錢，熱者亦用四五分，于清火劑中取其辛溫下氣止痛有神耳。良薑能去風冷者，以陽氣大虛則亦病於風，故不止曰風，而曰風冷。玖案：　亦病句恐有誤。虛人須與參朮同行，不宜多用、獨用。

川椒辛熱純陽，有毒。入腎、命、脾、肺。三五分。　散寒濕，補腎命火。入肺發汗散寒，治風咳嗽。入脾暖胃燥濕，消食除脹。治心腹冷痛，吐瀉澼痢，痰飲水腫。入右腎命門，補火，治腎氣上逆，陽衰洩精，溲數陰汗。破血通經，除癥安蚘。陰虛火旺及肺胃素熱者大忌。

胡椒辛，大熱，純陽。三五分。　暖胃快膈，下氣消痰。治寒痰，食積腸滑，冷痢，陰毒腹痛，胃寒吐水。牙齒浮熱作痛。合蓽茇末治之。○畢澄茄：即胡椒之大者，乃一類二種。主治畧同，亦易僭上。必陰氣至足者方可用。玖案：　至足二字恐有誤字。

丁香去柄。辛，溫，純陽。入胃、肺、腎。三五七只。　暖胃溫腎。泄肺溫胃，壯陽，暖陰。治胃冷壅脹，嘔噦呃逆。非虛寒者勿用。

小茴香一名蒔蘿。辛，平。入胃。三五七分。炒黑，酒炒，鹽水炒。　理氣開胃。發腎邪，治陰疝，寒疝。

大茴香辛，溫。入腎、胃。分錢。　燥補腎、命門，治寒疝。暖丹田，補命門，開胃下食，調中止嘔。治小腸冷氣，㿗疝陰腫。疝氣入腎，炒大茴香二包，更換熨之。疝有七種，氣、血、寒、水、筋、狐㿗也。屬肝經，多因寒濕所致。挾虛者，稍加參、朮。有熱者戒。

薤白頭辛、苦，溫。入大腸。三錢。　滑利竅，泄下焦氣滯。下氣調中，助陽。泄下焦大腸氣滯，治泄痢下重，肺氣喘急，取其滑而利竅也。仲景用栝蔞薤白酒湯，耑治胸痺，利痛，肺氣喘急。陸註：痢，古本作利，今集中概作痢，則此作利痛，轉似誤寫。

理氣導滯

生、甜冬朮製。甘、苦，溫。入脾。一錢至三錢。土炒，蜜少(水)炒。　補氣生血，健脾燥濕。同補血藥能補血，同辛散藥能發汗，同芪、芍之類能止汗。補脾和平，止肌熱，利小便，化癥癖，止泄瀉，理心下急滿，利腰膝血結，治衝脈為病，氣逆(理)[裏]急，臍腹痛，補汗風虛，除濕益氣。與淡味滲濕，風劑燥濕不同，以其能健胃陽而化脾陰也。其所入之經，先胃及脾，其他所入之經，又由脾胃以及之，故能宣天氣之陽，以化地氣之陰，中土氣交，乃能行升降之化也。陰虛而陽熾者勿用。

川朴製。苦、辛，大溫。入脾胃。五分至錢。薑汁炒。　下氣散滿。苦降，能瀉實滿。辛溫，能散濕滿，平胃調中，消食化痰。行結滯，破宿血，散風寒。治反胃，嘔逆，喘咳，瀉利冷痛，霍亂，一切客寒犯胃，濕氣侵脾之症。元氣未虛，邪氣方盛者宜之。脾胃虛者切勿治。孕婦服之，大損胎元。【略】

青皮辛、苦，溫。入肝、膽、肺氣分。七分至錢。醋炒。　瀉肝破氣，消積發汗。入肝膽氣分，色青，氣烈，疏肝瀉氣，破滯削堅，消痰散痞。治肝氣鬱結，久瘧結癖。入肝散邪，入脾除痰。故清脾飲以為君。胸膈氣逆，乳腫。破滯氣，愈低愈效。削堅積，愈下愈良。引諸藥至厥陰陰分，下飲食太陰之倉。同人參、鼈甲，消瘧疾。橘皮之未黃者為青皮。○橘核：治疝痛，腰腎冷痛。去皮炒。

最能發汗，汗多者不可用。氣虛者忌服。

廣陳皮苦、辛，溫。入肺、脾氣分，兼入胃。八分至錢半。蜜炙，治痰，薑汁炒。入下焦，鹽水炒。　調中理氣，消痰燥濕，快膈導滯。入和中藥以健脾胃，則留白。入疏通藥以理肺氣，則去白。去白名橘紅，兼能治寒發表，消痰泄氣。同杏仁治大腸氣閟，同桃仁治大腸血閟。　氣雖中和，亦損真元。無滯勿用。

江枳殼酸、苦，寒。入肺、胃、大腸。錢半。水炒，麩炒。　破氣行痰。瀉肺藏，寬大腸，胸膈結氣，兩脇虛(漲)〔脹〕。治肺氣水腫，瀉痢裏急後重。○枳實：主治略同。枳實利胸肺，枳殼寬腸胃。　多用損胷中至高之氣。

老蘇梗辛，溫。入肺。錢半、二錢。　順氣安胎。玖案：用于活血疏肝劑中頗效。

廣藿梗辛、甘，溫。入肺脾。錢半、二錢、三錢。　快氣和中，開胃止嘔。能祛惡氣而除壅熱。

木香煨。苦、辛，溫。入肺、肝、脾、大腸、膀胱。生切。五七分、錢。　行氣。為三焦氣分之藥，治上下一切氣痛。治嘔逆，反胃，霍亂，痢疾。(梹)〔檳〕榔同用。具升降自然之機，不可以破泄真氣目之。泄肺氣，疏肝氣，和脾氣，消食開鬱。安胎，治痰壅氣結，衝脉為病，氣逆裏急。歸脾湯內用之，以疏藥滯。此味又名五木香，以一枝五莖、五枝，五葉之間，五節故也。夫升降不能離乎中土，是物柯枝節葉，各具中五土數，非兼升降之樞者乎？然則助脾乃其首功，行肝即其次。及以升降神而肝之生化不窮也。生化不窮則何冷氣之不行？又何諸氣之為病乎？香燥而偏于陽，血枯而燥者慎之。

香附生，製，杵。辛、苦，平。肝、肺、三焦。通行十二經。錢半至三錢。研末，四製。

調氣解鬱。乃血中氣藥，利三焦，解六鬱，行十二經八脉氣分。主一切氣，為氣之總司，女科之主帥也。治吐血便血，痰飲積聚，痞滿，腹脹，霍亂吐瀉。臣以參芪，佐以甘草，治虛效甚速。得茯神則交濟心腎，得參朮則補氣，(則)〔得〕歸地則補血，得艾葉則治血氣，暖子宮，得茴香、骨脂則引氣歸元。生用或磨沖，上行胸膈，外達皮膚。熟用，下走肝腎，旁徹腰膝。炒黑則能止血。氣鬱可以多用，氣弱而鬱者，必用補劑。更有火傷元氣以致鬱者，治須降火而少以此佐之，否則燥反肋火而氣更鬱也。　苦燥而能耗血散氣。

台烏藥辛，溫。入脾、肺、腎、膀胱氣分。一二錢至三錢。磨沖，酒炒。　順氣。能疏胸腹邪逆之氣，一切病之屬氣者，皆可治。氣順則風散，故以治中氣中風。氣順則血平，故亦治血逆。治膀胱冷氣，便數白濁，反胃，食積，瀉痢霍亂。婦人血凝氣滯。古云烏藥、沉香、炮薑，虛人之神劑。　氣虛血而內熱者勿用。玖案：血下恐(陋)〔漏〕字。

沉香麯。苦、辛，溫。入腎、命。錢許末。磨沖二三分。　調氣暖腎。入右腎命門，暖精助陽。行氣溫中，能降亦能升，故理氣而調中。主治心腹冷痛，噤口毒痢，及氣痢氣淋。又能平肝下氣，鎮墜痰涎。氣虛下陷，陰虧火旺者忌。玖案：理下原缺氣字，今補毒痢及氣痢氣淋及字原爲乃字，今改及字。

荔枝核甘溫而澀。入肝、腎。五七枚。存性煅研。　散寒濕。能散肝腎滯氣，辟寒邪。治胃脘痛，以其宣散寒濕也。又治婦人血氣痛。合香附末，鹽湯服，名蠲痛散。○荔枝：連殼煅研，止嘔逆。其實雙結，核似睾丸，故治頹疝卵痛。無寒濕氣滯者勿用。

橘核辛，溫，苦。入脾肺氣分。三錢。炒香。　療氣痛。補。能入厥陰，行肝氣，治疝專藥。亦治腰腎冷痛。去皮炒。

活血消瘀

當歸身尾。苦、辛、甘，溫。入心、肝、脾血分。錢半至三錢。酒炒下行。　補血，潤燥，滑腸。為血中氣藥。治虛勞寒熱，咳逆上氣。又治衝脉為病，氣逆裏急；帶脉為病，腹痛滿，腰溶溶如坐水中，及婦人諸不足，一切血證。血滯能通，血虛能補，血枯能潤，血亂能撫。使氣血各有所歸，故名。又能助心散寒。當歸尾破血，當歸頭止血。此味入心，為心之使，歸于血之所主也。蓋能助氣之用，乃能益氣之體。若祇判為入血，便失當歸本來面目矣。極善滑腸，瀉者禁用。

白芍生酸苦寒，入肝、脾、肺血分。錢半。炒、酒炒，以桂末三分拌炒。　補血，瀉肝，斂陰。白朮補脾陽，白芍補脾陰，故治脾熱易飢。又能入血海，衝脉為血海。男女皆有之。而入于九地之下厥陰。瀉肝火，收陰氣，除煩，退熱，安胎。治瀉痢後婦人胎產及一切血證。得甘草，甲己相合，故能去土中之木，瀉肝補脾，能健脾經。又收脾經陰氣。陰氣收則火退，故瀉脾火。同白朮補脾，同川芎泄肝，同當歸補血，同芩連止痢，同人參補氣。脾陰足而萬邪息，此味獨主收脾陰氣，遂下以固肝腎之陰，上以利心肺之陽。陽鬱者，以升陽為主。此味當忌。陽亢者以收陰為主，此味為要。由木媾金，因金媾木，正需此味。氣虛者勿用，新產者忌。以其酸寒，能伐生生之氣。必不得已，酒炒用之。

赤芍與白同。入肝、小腸。錢半。酒炒。桂枝三分拌炒，醋炒。瀉肝散瘀。白補而斂，赤散而瀉。白益脾，能于土中瀉木，赤散邪，能行血中之滯。泄肝火，散惡血，利小腸，通經閉。治小痢後重，不炒。陰虛陽亢者，則投白芍，取其收陰和陽以補之。陰實陽鬱者，則投赤芍，取其升陰導陽以散之。虛者忌用赤。玖案：小痢句，小下當有落字，或小字誤。

丹皮辛、苦，寒。入心、腎、肝、心包血分。錢半。炒黑。瀉伏火，去瘀。瀉血中伏火，治血中結氣，神志不足。通經脉，止吐血，破積血，退無汗之骨蒸。丹皮退無汗之骨蒸，地骨皮退有汗之骨蒸。能瀉陰胞中之火，故四物湯加之。治婦人骨蒸。能行結氣而固真氣，去瘀血而養真血。心虛心火熾甚，腸胃積熱，心氣不足者，丹皮為君。胃氣虛寒，經行過期不淨者勿服。胎前亦宜酌用。

蒲黃生甘、平。入心包、肝血分。錢許。炒。生滑行血，炒澀止血。生：消瘀通經，祛心腹膀胱之熱，利小便。炒：止一切血。崩帶泄精無瘀者勿用。

五靈脂生，炒。甘，溫。入肝血分。錢半。行血止痛。生行血，炒濇血。治諸血病，及腹氣血一切痛。散風殺蟲。血虛無瘀者忌用。

延胡索辛、苦，溫。入肝、脾、心包、肺血分氣分。錢至三錢。行血酒炒，止血醋炒。活血利氣。能行血中氣滯，氣中血滯。治上下內外諸痛。治癥癖崩淋，月候不調，產後血運，暴血上衝。為治血利氣之藥，然走而不守，此爲血中氣藥，氣中血藥，不同于破血之劑，更不得以疎氣耗氣誣之。是從陰中致陽之用，還以達陰之化者也。經事先期，虛而崩漏，產後虛運者，切忌。

紫丹參苦，平。入心經血分。錢半、三錢。補心血，去瘀生新，調經。氣平而降。主心腹邪氣，腸鳴幽幽如走水。去心腹痼疾結氣，通利關脉。養神定志。調婦女經脉不匀，胎產血奔帶下。治骨節疼痛，腰脊強，脚痺。一味丹參散，功同四物湯。為女科要藥。入天王補心丹則補心，一味丹參，治婦人月候不調。雖能補血，長于行血，無瘀酌用。然其通利，究屬生血化血之功，不可與破泄之味(用)〔同〕論。

參三七甘、苦，溫。入肝血分。七分、錢。散瘀定痛。治吐衄崩痢一切血症，為金瘡杖瘡要藥。能損新血，無瘀勿用。

桃仁去皮尖，研。苦，平，微甘。入肝、大腸血分。錢許。炒。破血去瘀。緩肝氣而生心血，通大腸血閉。治熱入血室，血燥血痞，血痢經閉。欬逆上氣。血和則氣降。發熱如狂。若小腹滿痛，小便自利者，為畜血。非血瘀者禁。

紅花苦、辛、甘，溫　入肝經血分。三四分。通行血，潤燥，消腫止痛。入肝經破瘀治血。治喉痺不通，經閉便難，胎死腹中。過用能使血行不止。

茺蔚即益母草。辛、苦，寒。入肝、心包血分。錢半。消水行血，胎產良藥。調經去瘀生新，通二便。茺蔚得木之全，大益肝脾。十一臟取決于膽，此味自上按下，從內徹外，豐美備足。〇茺蔚子炒。明目安心，通血脉。專治血分風熱，血滯目病者宜之。瞳神散大者忌。莖葉花根均可用之。莖葉花根專于行，子則行中有補。其性辛散滑利，勿以其益母之名而濫用之。

茜草根。酸、鹹，溫。《本經》苦寒。入心包、肝血分。兼入心腎。五分至錢。炒黑。通行血。能行血止血，消瘀通經。無瘀滯者忌。

澤蘭苦、甘、辛。入肝脾血分。三錢。通行血，消水。舒脾散熱，泄熱和血，補而不滯，行而不峻，為女科要藥。通九竅，利關節，破宿血，調月經。消癥瘕，散水腫，專走血分。治產後血淋腰痛。性雖和緩，終是破血之品，無瘀者勿輕用。

卷柏生辛、平，炙辛、溫。一錢。生用破血，炙用止血。生用破血通經，治癥瘕淋結。炒用止血，治腸風脫肛。

鬱金辛、微甘、苦，寒。入心、肺、心包、肝，血分。錢半。切片磨沖，五七分。行氣解鬱，涼血破瘀。其性輕揚上行，入心(乃)〔及〕【略】包絡，涼心熱，散肝鬱，治血氣諸痛，婦人經脉逆行。又能下氣，產後敗血攻心，顛狂失心，能開肺經之鬱。故名。入心及包絡，有因驚憂而起，至痰血絡聚心竅，遂成顛狂久病者。用鬱金七分，明礬三分為末，薄荷糊丸桐子大，每白湯下五十丸。蓋鬱金入心去惡血，明礬化頑痰故也。真者絕少。可用山茶花瓣代之。陰虛炎亢，吐血不關肺肝，氣逆血虛而鬱者，均忌。

大、小薊甘、苦，涼；或曰甘溫。生錢許，炭七八分。大、小薊皆能破血下氣，行而帶補。治吐血腸紅，女子赤白，安胎。小薊力微，能破瘀生新，涼血退熱，補虛。以消癰毒，非大薊不可。

槐花苦，涼。入大腸、膽，血。三錢炒。瀉熱涼血。涼大腸，疏肝熱。治赤白泄痢，吐衄腸風，諸血症。舌上出血如綫者，名舌衄。炒末摻之。槐性純陰，虛寒者戒。即虛熱而非實火者亦忌。

地榆炒黑。酸、苦、寒。入肝腎。錢半。　澀，止血。性沉而濇，除下焦血熱。治吐衄崩中，腸風血痢。治膽氣不足。古方斷下多用之，惟熱痢不可驟用。微寒帶補，故可治崩漏之屬熱而虛者。若實熱不可用。虛寒作泄，胃弱及胎產血崩，脾虛作泄者忌。

側柏葉苦、酸、寒。入肝、肺、血分。三錢。生、炒、炭。　涼血，清血分濕熱。性濇而燥，去風濕諸痺，歷節風痛。止吐衄崩淋，一切血症。　血分濕熱以此清之，真陰虛者忌。

花蕊石即花乳石。酸、濇、平。入肝血分。錢許。補。　化瘀止血。療金瘡，婦人血暈惡血，下死胎。治一切失血傷損，內漏目翳。以上皆補。

白茅根甘、寒。入心、脾、胃。五八錢、兩。　瀉火止血，主鼻衄。以下補。補中益氣，(陰)〔除〕伏熱，消瘀血，利小便，解酒毒，血閉寒熱，肺熱喘急，內熱煩渴。

蘇木甘、鹹、辛、平。入三陰血分。分、錢。　行血。以下補。破血，產後血脹悶，消癰腫撲損瘀血，赤白痢，月候不調。

化食殺蟲

神麯甘、辛、溫。入胃。二三錢。　行氣，化痰，消食。開胃，消積滯，消糉子積。治痰逆癥結，腹痛瀉痢，脹滿翻胃。回乳，下胎。亦治目病。○紅麯色赤，破血活血，燥胃消食。治赤白下痢，產後惡露不淨。脾陰虛，胃火甚者忌。且能墮胎。

山查甘、酸、微溫。入脾。錢半、三錢。炭。　破氣消食，化痰散瘀。健脾胃，磨積。止兒枕作痛，砂糖調服。行小兒乳食停留。佐以茴香，治疝氣。多食令人嘈雜，及伐胃中生發之氣。胃中無食及脾虛惡食者忌。

穀芽生。甘溫。入脾、胃。三五錢。焦，焙香，絹包。　健脾消食，開胃和中，化積。功同麥芽而性不損元。

麥芽生。甘、鹹、溫。入胃、大腸。三五錢。焦。包。　開胃健脾，行氣消積。能消一切米麪諸果食積。消食和中，快脾寬腸，除脹，助胃氣上行而資健運。散結，去痰通乳。能消腎氣，墮胎。

枳實酸、苦、辛、寒。入脾胃。錢、錢半。切片。磨沖。　破氣行痰。消食痞，一曰消虛痞。破堅除積，胸脇痰癖，逐停水，去胃中濕熱。枳實瀉痰，有衝墻倒壁之力。大損真元，及孕婦勿用。

檳榔苦、辛、溫。入脾胃。分、錢。切，磨，分。　瀉氣行水，破脹攻堅。瀉胸中至高之氣，使之下行。能墜諸藥至于下極。破滯攻堅，治痰癖脚氣，脚氣沖心者尤須用之。大小便氣閉，裏急後重。治後重驗如奔馬。聤耳出膿，研末吹之。氣虛下陷者切忌。

葛花辛、甘，性平。分、錢。　解酒毒。補。葛根能解酒毒，其花尤良。以其輕揚升發，能鼓舞胃氣上行，入肺生津止渴也。

枳椇子甘、平。俗名雞距。錢。　解酒毒。補。同葛花能解酒毒，止渴除煩。其葉入酒，酒化為水。故治飲酒過度，積熱在脾。加入麝香少許更妙。

玫案：用枳椇子根煎水，洗濕痺腿疾極效。

砂仁末。辛、溫。入脾、胃、腎、膀胱、大小腸。分。二粒。後下。　行氣調中。和胃醒脾，祛冷行滯。治腹痛痞脹，霍亂轉筋，噎膈嘔吐，赤白瀉痢。縮砂蔤花寔結於根下，斂縮蜜藏，故有歸元之義。祛痰消食，醒酒止痛，安胎。能引諸藥歸宿丹田，故補腎藥中，地黃用以拌蒸，取下達，勝于桂附熱毒。腎虛氣不歸元以此向導，大勝桂附熱藥。開胃上品，和中要藥。其所兼入之經，皆本于調脾中之腎，腎中之脾。蓋脾腎相因，而諸藏又相因脾胃也。香竄性燥，血虛火炎者忌。

白荳蔻末。辛、大熱。入肺、三焦、胃、脾。四分。後下。　行氣暖胃，流行三焦而為肺家本藥。散滯氣，消酒積，除寒燥濕，化食寬膨。治脾虛瘧疾，嘔吐寒熱。理元氣，收脫氣。佐血藥能通潤大小腸，使其氣得周流而血自浸潤。即如陽過盛而大小腸不利，不得不用寒涼藥者，佐此以掣行周身，則寒涼不滯於中，而邪氣自退，正氣不損。白蔻入肺而效，溫冷散滯之用，亦兼溫胃。肉果之用，專切于大腸，收令之用。草果大辛大熱，專祛脾胃寒濕鬱滯。火升作嘔，因熱腹痛，氣虛諸症，咸忌。

蕪荑辛、苦、溫，入腸胃。補。　消積殺蟲。燥濕化食，散滿殺蟲。心腹積冷，癥痛鼈瘕。小兒驚疳，冷痢，胃中有蟲，食積作痛。

雷丸苦、寒。入胃、大腸。酒拌蒸，炮用。　專能消積殺蟲。竹之餘氣，得霹靂而生，故名。

鶴蝨苦、辛，有毒。錢。炒。　殺蟲。殺五藏蟲，治蚘嚙腹痛。

使君子甘，溫。入脾胃。二三錢。煨，七粒、十二粒。　殺蟲消積。治五疳便濁。治瀉痢，為小兒諸病要藥。因郭使君用此，故名。無蟲積勿入，忌飲熱茶。玖案：服使君子即飲熱茶，立作呃噦。

榧子甘澀而平。入肺。　潤肺殺蟲。有蟲積者，於上旬日日食之，食至一斤，蟲乃絕。

導痰行水

半夏辛，溫。入脾、胃、大小腸。錢半、三錢。薑製，青鹽製。　行氣調中，除寒濕痰，發表開鬱。止嘔，下逆氣，發聲音，止咽痛。治痰厥頭眩，痰瘧不眠，反胃吐食。半夏有禁血家、渴家、汗家，非脾濕者勿服。

陳膽星苦、辛，溫。入肝、肺、脾。錢，錢半。　燥熱，祛風痰。治風癇風眩。專攻風痰積。　除虛燥痰大忌。生性更烈于膽星，非真中風者勿服。玖案：性更烈于膽星原文上無生字，今特加生字。

竹茹甘，寒。入胃、肺。錢，錢半。　開胃土之鬱，清肺金之燥。涼血。治上焦煩熱，衄血吐血，涼胎氣。治胎動。入溫膽湯。甯神豁痰亦清肝火。醋浸含之，治齒血不止。　胃寒嘔吐及感寒挾食作吐者忌。

竹瀝甘、苦，寒。入心。五錢、兩。薑汁冲。　瀉火，滑痰，潤燥。治中風口噤痰迷。痰在筋絡四肢皮裏膜外者，非此不達。宜於風熱燥火而有痰者。寒濕胃虛腸滑之人勿用。

白芥子辛，溫。入肺、脾、胃。錢半。炒研。研後下。　利氣豁痰。痰在脇下及皮裏膜外者，非此不達。通行經絡，發汗散寒，溫中開胃。治喘嗽反胃，痺木脚氣，筋骨腰節諸痛。〇芥菜：動風氣。有痔瘡疾、便血者忌。　辛散太甚，耗人真氣，昏目發瘡便血者忌。　陰虛火炎咳嗽生痰者忌。　玖案：皆指芥子。

萊菔子辛，溫。入肺胃。錢半。炒研。　破氣除痰消食。生用主吐風痰，發瘡疹；　炒熟定喘嗽，消食除膨。利大小便，止氣痛，下痢後重。虛弱者禁。

大戟苦，寒，有毒。分、錢半。去骨。　瀉水行血。補。能瀉臟腑水濕，利大小便，治十二水之腹滿急痛，積聚癥瘕。得大棗則不損脾，故十棗湯用之。誤服損氣墮胎，以其又能行血發汗故也。玖案：反甘草。

甘遂苦，寒，有毒。分至錢。麪裹煨。　大瀉水。補。能瀉腎經及隧道水濕，直達水氣所結之處，以決為用，下水之聖藥。主十二種水，大腹腫滿。反甘草。虛者忌。

芫花苦，寒，有毒。八分至錢半。醋炒。　行水。補。去水飲痰癖，療五水在五藏，皮膚脹滿急痛引胸脇，咳嗽瘴瘧。玖案：反甘草。

商陸白者良。苦寒有毒。分錢。黑豆湯浸蒸用。　沉陰下行，與戟、遂同功。治水腫脹滿，又治喉痺不通。薄切醋炒，塗喉中良。又能於濕熱之病，瀉蠱毒。

大腹絨辛、苦，溫。入脾、肺、大小腸。皮：錢，錢半。洗淨，煨。　下氣行水。治霍亂痞脹痰隔。泄肺和脾，寬胸利氣。

椒目苦，平。五分。　行水。補。川椒子，名椒目。專行水道，不行穀道。治水蠱，除脹定喘，及腎虛耳鳴。

葶藶子辛、苦，大寒。入肺、膀胱、大腸。分至錢。　下氣行水。肺中水氣膹急，非此不除。下膀胱伏留熱氣，除胸中痰飲，止喘定嗽。大黃瀉陰分血閉，葶藶瀉血分氣閉。性峻，不可輕服。

漢、木防已大辛、苦，寒。入肺、膀胱。行十二經。錢、錢半。　行水，瀉下焦血分濕熱。為療風水之要藥。主治膀胱火邪，治風腫水腫，濕瘧脚氣。治水、風用漢、木防已。性險而健。陰虛及濕熱在上焦氣分者忌。

白前辛，甘，微寒。入肺兼胃、大腸。錢，錢半。　瀉肺下痰。長於降氣，故治肺氣壅實，胸膈逆滿。為治咳要藥。喉中作水雞聲者，服之立愈。《本經》首言胸脇逆氣，夫胸中固肺所治，而脇則陰陽升降之道路也。若虛證之呼吸欲絕，則非白前可治。肺虛者忌。走散下氣。性無補益，凡欬逆氣上，不由于邪客壅寔者禁用。玖案：《大觀本草》及《綱目》皆作胸脇前。胸膈當誤作。

潤燥泄閉

天冬甘、苦，大寒。入肺腎。錢、錢半。去心皮，酒蒸。　降火消金，益水上源。消痰潤燥，止血妄行。治一切陰虛有火之證。保肺氣，定喘嗽，不被邪熱擾。性寒滑。脾虛泄瀉非宜。

麥冬甘，苦，微寒。入肺、心、胃。二錢、錢半，去心蜜炙。通脉不去心。　潤肺清心，瀉熱除煩，生津止嗽。復脉通心，安心氣不足。治胃火上冲嘔吐。療血逆妄行。化痰行水，愈痿躄。治陽明瘧。虛寒泄瀉者忌。

知母辛、苦，寒。入肺、胃、腎、膀胱。錢、錢半。鹽水炒。酒炒上行。　瀉火補水，潤燥滑腸。瀉膀胱、胃熱。治煩熱蓐勞，退有汗之骨蒸。瀉無根之腎火，止虛勞之熱，滋化源之陰。知母下潤腎燥而滋陰，上清肺金而瀉火，乃二經氣藥。黃柏則是(潤)〔腎〕陸作潤，今作腎。經血分藥。故二藥必相須而行。傷胃滑腸，令人作泄。

貝母辛、苦，寒。入肺、心。錢半、三錢。研，勿研去心。　散結清火，潤肺化燥痰。瀉心火，散肺鬱，治咳逆上氣。能散心中鬱結之氣，心中不快用之有效。從陽和陰，由升得降，故方書兼治小水不得及諸淋症，而又主下乳汁。貝母為手太陰肺藥，半夏乃是太陰陽明脾胃藥，二者不可相代。且宜貝母者，往往忌半夏。至於脾胃之病，更非貝母可除。此肺經氣藥而能療血症者。蓋主血雖屬心，更藉肺陰下降，入心而生之。能入肺治燥，非脾家所喜。

杏仁甜、苦。甘溫，苦平。入肺、大腸。三錢。去皮尖，研。　瀉肺解肌，潤燥降氣，行痰瀉肺，除風散寒。又能消積定喘。索麪、豆粉近之則爛。治時行頭痛，上焦風燥，欬逆上氣。杏仁下喘治氣，桃仁療狂治血。俱治大便秘，分氣血。虛而咳嗽，便閉者忌。

栝蔞仁亦名瓜蔞仁。甘、苦，寒。入肺、大腸。三錢、錢半。　瀉火潤肺，滑腸止血，治熱痰。酒服止一切血。清上焦火，使痰氣下降，為治嗽要藥。又能蕩滌胸中鬱熱垢膩。生津止渴，為消渴神劑。治結胸胸痺。王是齋《指迷方》焙研，酒調，或米飲下，治小便不通。亦通大便，治熱痢。寒胃而滑腸。胃虛食少，脾虛泄瀉者忌。

欵冬花辛，溫。入肺。錢、錢半。包，蜜炙。　潤肺化痰，止嗽要藥。治欬逆上氣，肺痿肺癰吐咳膿血。咳非肺燥而為寒飲濕痰者，不可服。

紫(苑)〔菀〕苦、辛，微溫。入肺經血分，兼入胃。錢、錢半。蜜炙。　潤肺化痰。治寒熱結氣，咳逆上氣，咳吐膿血。又利小便，人所不知。專治血痰，為血勞聖藥。吐血保肺，收為上劑。辛而不燥，潤而不寒，補而不滯。安五臟，通結氣。胷中血涎，痰中血膿。陰虛肺熱者，不宜多用，辛散而性滑也。

馬兜鈴苦、辛。入肺。補、分、錢。　瀉肺下氣。治肺熱欬嗽，痰結喘促，血痔瘻瘡。肺氣上急，坐息不得，欬逆連連不止。清肺氣，去肺中濕熱。亦可吐蠱。玖案：此味除分錢二字皆補。

白石英甘、辛，溫。入肺、大腸。三錢。　潤肺。補。利小便，實大腸。治肺痿吐膿，欬逆上氣。濕可去枯，潤以去燥。

枇杷葉苦、甘、辛，平。入肺胃。三錢。去毛筋淨。　瀉肺則下氣，降火清痰，和胃則寬中止嘔。蜜炙治肺病，薑炙治胃病。其功專治痰火。虛寒嘔吐，風寒咳嗽者忌。

前胡甘、辛、苦，寒。入肺、胃、肝、膀胱。錢、錢半。　解表下氣，治風痰，散結。柴前俱是風藥。柴升，前降。肝膽經風痰，非前不除。前胡下氣之功，先在散結。凡外淫之侵其正氣者，皆能破結。必藉此散結之用，使邪去而後可以奏功。無實熱與外感者忌。

沙參苦、甘，微寒。入肝、脾、肺經。二三錢。　補肺陰，清肺火。治久嗽肺痿。肺寒用人參，肺熱用沙參。金合於木以為降，故肺下媾於肝。補肺陰則肝氣始得養也。凡藥入肺金氣分而兼血分者，即于肝有專功，不獨沙參為然也。治慢驚卒疝，胸痺結熱，散血結。沙參甘寒，其體清虛，專補肺氣，因而益脾與腎。故金受火尅者宜之。人參甘溫，其體重實，專補脾胃元氣，因而益肺與腎。故內傷元氣者宜之。肺主氣，而曰太陰者，陽中有陰也。陽不足則甘溫補之，陰不足則甘寒補之。寒在肺中作嗽者勿服。玖案：肺有外邪而服沙參，多成肺勞。

桑白皮甘、辛，寒。入肺、肝、腎。三錢。水炙。　瀉肺火，行水。原與下利二便連書，今提此為綱。利二便，散瘀血，下氣止嗽，清痰。治肺熱喘滿，吐血熱渴，水腫臚脹。小兒脾熱流涎。桑皮、地骨皮，皆瀉火，從二便。　肺虛無火，及風寒而嗽者勿服。

天花粉酸、甘、苦，寒。入心、肺、胃。三錢、二錢。　瀉熱潤燥，輭堅除熱，生津。滑痰解渴，行水通經，止便數。酸能生津，甘不傷胃，宜虛熱人。治熱狂時疾，胃熱疸黃，口燥唇乾。天花粉為消渴神藥。脾胃虛寒者忌。玖案：心胃氣痛因蓄水者，非此不可。

元明粉辛、鹹、甘，寒。入胃、大腸。一錢。　瀉熱潤燥，軟堅破結，消腫。去胃中實熱，蕩腸中宿垢。瀉痢不止，用大黃、元明粉推蕩之，而瀉痢反止。通因通用也。

火麻仁甘，平。入胃、大腸。三錢、錢五。　潤燥，滑腸，緩脾。治陽明病，胃熱汗多而便難。

松子仁甘，溫。　潤肺，溫胃，散風除水。治咳嗽。凡虛秘者，同柏子仁、火麻仁溶蠟為丸，名三仁丸。松子一兩，胡桃二錢，鍊蜜為丸。治肺燥咳嗽。

郁李仁辛、苦、甘，平。入脾、大腸、膽。錢五、三錢。去皮尖，研。　瀉氣破血，潤燥行水。治水腫癃結，大腸氣滯，關格不通。用酒能入膽，治悸目張不瞑。津液不足，慎勿輕投。

杜蘇子辛，溫。入大腸。錢五。　降氣開鬱，消痰利膈，溫中寬腸。蘇葉和而散，蘇梗和而通，蘇子和而降。俱能和氣。發散風氣宜用葉，清利上下宜用子。休息痢，大小便頻數，乾研蘇子末，米飲調服。蘇子下氣之功勝于葉。腸滑氣虛者禁。

冬葵子甘，寒，淡滑。　滑腸利竅。補。潤燥利竅，通榮衛，行津液，利二便，消水腫，通關格，下乳，能滑胎。蜀葵花，赤者治赤帶，白者治白帶。

冬瓜子甘，寒。　補肝明目。〇冬瓜：　寒瀉熱，甘益脾。利二便，消水腫。止消渴。性急而走，久病陰虛者忌。

除濕通淋

蒼朮苦，溫，辛。一錢五、一錢。生製。　補脾燥濕，升胃陽，總解諸鬱。又為治風痺之上藥。卑監之土，宜白朮以培之；敦阜之土，宜蒼朮以平之。能歛脾精以治淋濁。祛風寒濕，為治痿之要藥。補中除濕，力不及白；寬中發汗，功過于白。胃有實熱，燥結多汗者忌用。

茯苓甘，平。入脾、肺、膀胱。三錢。帶皮。　行水甯心，益脾利竅，除濕消痰，通淋。治心下結痛，寒熱煩滿，口焦舌乾，生津止渴。小便多而能止，大便結而能通。小便不禁，虛寒精滑，及陰虧而小便不利者忌。

粉豬苓苦，甘，淡，平。入膀胱。三錢，錢五。　行水袪濕。升而能降。入腎、膀胱經，開腠利竅，泄滯發汗。治痎瘧瀉痢，濕熱消渴，腫脹淋濁。與茯神同泄較甚。能損腎昏目，耗亡津液。

赤苓甘，平。入心、小腸氣分。三錢。帶皮。　通利濕熱。白者入肺、膀胱經氣分，赤者入心、小腸氣分。補心益脾，白優于赤；通利小腸，赤勝于白。〇苓皮：　專能行水，治水脹膚脹。

澤瀉甘、微、鹹，寒。入膀胱、腎。錢五。炒囫圇敲。　利水，瀉膀胱火，去濕熱。利小便，瀉腎經之火邪，專于利濕行水。治消渴痰飲，嘔吐，尿血，一切濕熱之病。濕熱既除，則清氣上行，故又止頭眩，聰明耳目。澤瀉善瀉，古稱補虛者誤矣。病人無濕，腎虛精滑，目虛不明者，切勿輕與。

山茵陳苦、辛、甘，微寒。入膀胱，腎。錢。　專去濕熱，治諸黃。為黃疸君藥。陽黃宜加梔子、黃芩，陰黃宜加附子、乾薑。凡外感內傷濕熱皆宜，惟內傷之寒濕合者不宜此。以小便黃赤及清白自利辨之。

赤小豆甘，酸，鹹，寒。入心、小腸。三錢。　行水散血。止渴解酒，通乳。消腫排膿，清熱解毒。治瀉痢，嘔吐，脚氣。性下行，又通小腸。最滲津液，久服枯瘦。

瞿麥苦，寒。錢五。用穗或用殼。　降心，大利小腸，逐膀胱邪熱。為治淋要藥。又能破血消腫，明目去瞖。通經墮胎，性利善下，虛者慎之。

扁蓄苦，平。錢五。　利小便，治黃疸熱淋。蚘咬腹痛，蟲蝕下部。

海金沙甘，寒，淡滲。入膀胱小腸。三錢、錢五。　能淋瀉熱，治五淋莖痛。治傷寒發狂。大熱，利小便，此釜底抽薪法也。惟熱在太陽血分者宜之。

車前子甘，寒。入膀胱、肝、腎。三錢。炒研。　利水，清肺肝風熱。滲膀胱濕熱，明目通淋。〇草，行水瀉熱涼血。陽氣下陷，腎氣虛脫勿服。

淡竹葉錢半。　玖案：《備要》云：竹生一年者，功用同竹葉。見前。

細木通苦、辛、淡、甘，平。入心、肺、膀胱、小腸。錢、七分。　行水，瀉心小腸火。降心火，清肺熱，化津液，上通心包，下通大小腸、膀胱。諸濕熱皆導之從小便出。能入大便兼通大便，治大渴引飲，口燥舌乾，喉痺咽痛，脾熱好眠。精滑氣弱，肉無濕熱者忌。孕婦忌。

片通草甘，寒。入肺、胃。五分、三錢。　輕通利水。補。入肺則引熱下行而利小便。入胃則通氣上達而下乳汁。通諸竅。虛脫者禁之。孕婦忌，中寒者忌。

甘草稍分至錢。　直達腎莖，淋濁症用之。可止莖中之痛，他無所用。

地膚草甘，苦，寒。入膀胱。補。　通利水。補。小便不通，為日已久，搗地膚草自然汁，服之自通。【略】

歛汗濇精

麻黃根辛，溫，微苦。　麻黃發汗，駛不能禦。根節止汗，捷如影響。其性能行週身肌表，引諸藥至衛分而固腠理。諸虛之汗，歛之固已。即風濕風溫，胃熱痰飲，中暑亡陽，以及柔痙汗多，亦可加用。自汗盜汗用此，及蛤粉、粟米等分為末，袋盛撲之佳。

左牡蠣鹹，寒。入肝腎血分，兼大小腸。四五分。煅，鹽水煅。　濇腸，補水，軟堅。化痰，消瘰癧，結核。老血，瘕疝。皆軟之功。治遺精，崩帶，止嗽，歛汗。

固大小腸。此皆濇以收脫之功。又治虛勞煩熱，溫瘧赤痢，此皆寒以清熱之功。為肝腎血分之藥。有寒者禁。

五味子酸，溫。入肺經血分，腎經氣分。五七分。十四粒、廿一粒。補肺腎，濇精氣。收肺氣耗散之金，補腎陰不足之水。大能聯屬心腎，生津止渴，除熱斂汗，止嘔住瀉，甯嗽定喘。五味俱備，酸鹹為多。風邪在表，痧疹初發，一切停飲實熱，皆禁。

烏梅酸，鹹。入脾、肺血分，兼入肝、大腸。五分至錢。去核。濇腸斂肺，止血涌痰。治久嗽瀉痢，血痢尤良。除冷熱痢，休息痢，瘴瘧。能生津止渴，醒酒，殺蟲。病有當發表，大忌酸收。玖案：烏梅治久痢初起，不宜服。又瘴字恐是瘴字。

訶子即訶子棃勒。苦、酸，溫，大濇。入肺、大腸。錢半。生煨。濇腸斂肺，泄氣。化痰降火，收脫止瀉，開音，瀉痢脫肛，腸風帶下。生用清金行氣，煨熟溫胃固腸。化痰甚妙。訶子湯用訶子四個，半生半炮，桔梗一兩，甘草二寸，俱半生半炙，共末。每服二錢。蓋肺斂則音開，火降則渴止。古方有訶子清音湯，不過三服必愈。嗽痢初起者勿服。雖酸濇，却又泄氣。氣虛者亦忌。有濕熱者尤禁。

（罌）〔罌〕粟殼即御米殼。大酸、濇。入肺、腎、大腸。一錢。蜜炙。濇腸斂肺，固腎。治久嗽瀉痢，遺精，脫肛，多溺，心腹筋骨諸痛。能入腎，故治骨病尤宜。風寒作嗽，及瀉痢初起者忌用。

懷山藥甘，溫。入脾、肺。錢半、三錢。炙黄。補脾肺，濇精氣。補脾不足，清肺虛熱，固腸胃，止瀉痢。又能益腎強陰，治虛損勞傷。又益心氣，治健忘，遺精。小便不利者忌。

山茱萸酸，澀，微溫。入肝腎。錢半。補肝腎，濇精氣，強陰助陽。能通竅發汗，暖腰腎，縮小便。治腎虛耳鳴耳聾，溫肝逐風，治風寒濕痺。小便不利者忌。

益智仁辛，大熱。入脾、心、腎、命門。五分、一錢。煨，炒研。燥脾胃，補心氣、命门之不足。澀精固氣。又能開發鬱結，使氣宣通。溫中進食，攝唾涎。胃冷則涎湧。縮小便，同烏藥、山藥名縮泉丸。其氣辛熱，能開發鬱結，使氣宣通。火能生土，故古人進食藥中多用此，使土中益火也。腎主五液，而涎又為脾之所統。脾腎氣虛，二臟失職，故氣逆上浮，涎穢上溢。此味於開結滯之中，即能斂攝脾腎之氣，故可攝涎。病屬陽虛而不能攝陰，乃為的對。若陰虛不能歸陽，投此適以滋害。血燥有熱，因熱而崩帶遺濁者，不可誤入。

芡實甘，平。入脾腎。三錢。澀精連殼用。補脾澀精，固腎助氣。治夢遺滑精，帶濁，泄瀉，小便不禁。大小便不利者勿服。小兒不宜多食，甚難消化。

金櫻子酸，澀，平。入腎。錢半。澀精，固腸，閉氣。治泄痢，便數。性澀而不利于氣。經絡隧道以通暢為和平，此性澀而不利于氣，用之宜審。

龍骨甘，濇，平。入腎、心、肝、大腸。錢許。煅。濇精固陽，鎮驚安魂。能收斂浮越之正氣，濇腸益腎，止汗定喘。治多夢紛紜，止吐衄崩帶，滑精脫肛。皆濇以止脫之義。

覆盆子甘、酸，温。入肝、腎、肺。錢半。溫補肝腎，濇固精氣。益腎藏而固精，補肝虛而明目。起陽痿，縮小便。治肺氣虛寒。強腎無燥熱之偏，固精無凝滯之害。金玉之品也。性固澀，小便不利者忌用。

沙蒺藜苦、溫。入腎。三錢。補腎固精，強陰明目。治虛勞腰痛。赤白濁，二蒺藜仝用。性能固精命門，火熾者勿服。〇白蒺藜：甘，溫，補腎。治腰痛泄精，虛損勞乏。補録《綱目》。

桑螵蛸甘、鹹，平。入腎、命門、肝。錢許。鹽水炒、炙。補腎，益精氣。治虛損陰痿，夢遺白濁，血崩腰痛。通五淋，縮小便，能通故能縮。又治驚風。即螳螂之子，須桑枝上者。如無桑枝上者，以桑皮佐之。桑皮善行水，能引達腎經。

海螵蛸即烏鰂骨。鹹，溫，澀。入肝、腎血分。錢、錢半。炙。通血脉，祛寒濕。治血枯【略】，止腸風崩漏，澀久虛泄痢，環臍陰蝕腫痛，目翳淚出，聤耳出膿。為末，加麝摻之。

淮小麥鹹，寒。入心、小腸。三錢。後下。補心。養心除煩利溲止，新者性熱，陳者和中。

浮小麥鹹，涼，入心。三錢。斂汗，止盜汗，虛汗。治虛勞骨蒸。〇麵：甘，溫。麥之涼全在皮，所以去皮即熱。脾胃有濕熱者勿服。

截瘧止痢

常山辛、苦，寒，有毒。錢許。酒浸炒。能引吐行水，祛老痰積聚，截瘧。治諸瘧疾。〇蜀漆：即常山莖葉，功用皆同。常山、蜀漆，刼瘧截瘧，須在發散表邪及提出陽分之後用之。近世有甜茶者，即常山苗，偕檳榔、烏梅用之，截瘧大效。性悍暴，能損真氣，弱者慎用。

草果仁。辛熱。入胃。五分。煨，後下。除寒痰，截瘧。除寒瘧，消食化積。草果治太陽獨勝之寒，知母治陽明獨勝之火。蓋治瘧與知母同用，取其一陰一陽，無偏勝之害，並化瘧積。佐常山能截瘧。氣不實，邪不盛者忌。

肉果辛，溫。入脾、胃、大腸。三五分。煨去油。溫中澀腸，暖脾胃。治積冷心腹脹痛，逐痰消食，中惡吐沫。又能澀大腸，止虛瀉冷痢。凡痢疾于溫熱而氣虛者，于苦寒黃連藥中用此味，及木香佐之，乃能奮效。此豈徒以溫味瀉寒哉？蓋為能充其肺之用，以火始而以金終。其性味固有合也。病人有火，及瀉痢初起者皆禁。

赤石脂甘，溫酸，濇。入大小腸。三四錢。水飛。體重性濇，固大小腸。能收濕止血而固下，生肌收瘡口。大小腸下後虛脫，非澀劑無以固之。其他濇藥輕浮，不能達下，惟此體重而濇，直入下焦陰分，故為久痢泄澼要藥，催生下胞。蓋以其能去惡血。惡血化則胞胎無阻。東垣云：胞胎不出，濇劑可以下之。

禹餘糧甘，平，性濇。入大腸、胃，血分。三錢。重濇固下。胃大腸血分重劑。治欬逆下利，血閉癥瘕，血崩。性耑固下，又能催生。李先知云：下焦有病人難會，須用餘糧赤石脂。

樗根皮即臭椿皮。苦寒大濇。入肺、胃血分。錢半，醋炙。濇腸燥濕，斷下。治濕熱為病，泄瀉久痢，崩帶腸風，夢遺便數。有斷下之功。以其苦燥濕，寒勝熱，能入血分而濇血也。○椿根白皮：即香椿皮。香者為椿，臭者為樗。主治與樗皮相彷，力稍遜之。積滯未盡勿遽用。虛寒者亦禁。

石蓮苦，寒。入心、腎、小腸。三錢。清心除煩，開胃進食，去濕熱。耑治噤口痢，淋濁諸症。蓮之黑而沉水者為石蓮。無濕熱而虛寒者勿服。

雞肫皮即雞内金。甘平，性濇。入脾、小腸、膀胱。錢半、三錢。炙。消食。補。能消水穀，除煩熱。治瀉痢便數，遺溺溺血，崩帶，腸風膈消。反胃。

軟堅開痞

海浮石鹹，寒。入肺。三錢。軟堅，消老痰結核，消肺上源。止渴止嗽，通淋。除上焦痰涎，消瘰癧結核，癭瘤。多服損人氣血，慎之。

海蛤殼粉。鹹寒。五七錢至一兩。止嗽歛汗，化痰軟堅。海蛤、文蛤，與牡蠣同功。大抵海物鹹寒，故止嗽化痰，功用略同。李防禦治徽宗妃痰嗽不眠，聞市上賣嗽藥一文一帖，吃了今夜好睡。即此蛤殼。研粉少加青黛也。

海藻苦，鹹，寒。錢半。泄熱軟堅，消癭瘤結核。消癥瘕陰痰之堅聚。○海帶：下水消癭，功同海藻。○昆布：錢半。功同海藻而少滑。性更雄於海藻，多服令人痰陸註：此痰恐是瘦字之誤。削。海藻昆布，耑治陰痰。腹痛曰疝，丸痛、曰潰，故曰潰疝。玖案：耑治陰痰之痰字，應是㿉字，方與下文合。前消癥瘕陰痰之痰字亦㿉字。

柿蒂甘，平，性濇。三五只。止呃逆。古方單用，取其苦溫降氣。《濟生》加丁香、生薑，取其開鬱散痰。亦後治之法。《產寶》云：產後呃逆煩亂，柿餅一個煑汁熱飲。

代赭石苦，寒。入肝、心包血分。三錢。煅，水飛。鎮虛熱，除血熱。治吐血崩帶，胎動產難，噎膈。仲景治傷寒汗吐下後心中痞鞕噫氣，用代赭旋覆湯，取其重以鎮虛逆，赤以養陰血也。陸註：除血不可解，恐是陰字。若未經汗吐下而用代赭則誤。

青礞石甘，鹹，有毒。入肝。三錢。體重墜痰。色青入肝，製以硝石，能平肝下氣，為治驚利痰之聖藥。氣弱血虛者大忌。

荊三稜苦，平。入肝經血分。錢許。醋炒。泡。破血行氣消瘀。入肝經血分，破血中之氣。散一切血痰氣結，老塊堅硬。功近香附而力峻。虛者慎之。

蓬莪朮辛苦而溫。入肝經血分。錢許。行氣破血消瘀。入肝經血分，破氣中之血瘀，通經。主一切氣。治心腹諸痛。冷氣吐酸，奔豚痃癖。虛人忌之。

穿山甲一名鯪鯉。鹹，寒。入肝胃。一二錢。炙酥，炙炒。通經絡，達病所。何處病，即用何處之甲。耑能行散，為風瘧痞科之要藥。治風濕冷痺。其性善竄，性猛，用宜斟酌。癰疽已潰，痘瘡挾虛，大忌。

滌熱退蒸

銀柴胡苦，平，微寒。分。耑治虛勞肌熱。功用與柴胡略同。專治勞熱，骨蒸勞瘧，胎前產後諸熱，小兒五疳羸熱。產銀州者，根長尺餘，微白。陰虛火痰氣升者禁用。

地骨皮甘，淡，寒。入腎、肺、肝。錢半、二錢。瀉熱涼血。降肺中伏火，除肝腎虛熱。治五内煩熱，吐血尿血。搗鮮汁服。止虛汗，消渴，咳嗽。上除頭風痛。肝有熱則自生風。與外盛之風不同。中平胸脇痛，清心肺之熱。下利大小腸，退有汗之骨蒸。朱二允曰：能退內潮，人所知也。能退外潮，人實不知。風寒散而未盡，作潮往來，非柴葛所能治。用此走表又走裏之藥，青蒿佐之，消其浮游之邪，未有不愈。遠勝芩連知柏。中寒者勿服。

左秦艽苦、辛。入腸、胃、肝、膽。錢半。　去風濕，為治痺要藥。去腸胃之熱，疏肝膽之氣。活血勞筋。陸註：勞，想是榮字之誤。搜伏火，退骨蒸，理肢節痛。能去下牙痛，為風藥中潤劑，散藥中補劑。秦艽羅紋錯綜如織，陸註：殆是如織。象形以治經絡之病者也。天道左旋，而人生氣應之。邪逆則反從地道右旋，故用此左旋者以治之。以人身之陽，自左而升。升者謂天，升已而降。降者為地，陰降而陽隨之。下部虛寒滑泄者勿用。

青蒿梗。苦，寒。入膽肝。錢半、三錢。　瀉熱理勞清暑。得春木少陽之令最早，故入少陽厥陰血分。能除陰分及骨髓實熱。治勞瘦骨蒸，蓐勞虛熱，久瘧久痢，虛煩盜汗，熱留在筋骨間。又治溫瘧，但熱不寒。明目，消暑辟穢。凡苦寒藥俱傷胃性。青蒿芬芳襲脾，不犯冲和之氣，宜于血虛有熱之人。寒而泄瀉者當避。

鱉甲鹹，寒。入肝血分。四五錢。生炙，洗刮。　補陰退熱。治勞瘦骨蒸，往來寒熱，溫瘧瘧母。為治瘧要藥陰虛。又治腰痛脇堅，血瘕痔核。

透疹化癍

升麻苦、甘，平。入脾、胃、大腸、肺。三五分。醋炙，水炙。　升陽解毒。為手足太陰陽明引經藥。升陽氣於至陰之下，去至高之上及皮膚之風邪，升散火鬱，表散風邪。引甘溫之藥上行，以補衛氣之散而實其表。補脾胃藥非此引用不效。為小兒痘瘡斑疹之聖藥。未見點時可用，若見點後必不可用。又治久泄脫肛，崩中帶下，能緩帶脉之縮急。治陽明頭痛。又解百藥毒。升麻直入陽明太陰之元，引清氣上行，即并藏府之氣俱隨胃氣而上奉之矣。故專治陽陷之瀉痢、後重及崩帶諸疝。宜用升麻時，竟須用升麻。不可因其同一麻字而遂陸註：此論楷未完。陰虛火升者忌用。玖案：而遂下當係不用二字。同一麻字係指麻黃也。

元參苦、鹹，微寒。入肺、腎。錢半三錢。焙。　補水，瀉無根之火。色黑入腎，瀉無根浮游之火。治心下懊憹，煩悶不得眠。益精明目，利咽喉。又治傷寒陽毒發斑。風藥中多用之。景岳云：《本草》言其入腎，而不知其尤入肺藏。主治補腎氣，除陰中氣分游火，清三焦氣，散游風，治上焦空中氤氳之氣、無根之火為聖藥。又補腎中氤氳之氣，降陰火奔騰。脾虛泄瀉者忌。

青黛鹹，寒。入肝。五分。水飛。　瀉肝，散鬱火。解中下二焦蓄蘊風熱。治傷寒發斑，血痢咯血，合杏仁研，置柿餅中煨食，名聖餅子。耑治咯血。耑治小兒疳蝕羸瘦，解諸熱驚癇，能殺疳蟲。真者從波斯國来，今不可得。可用乾靛青代之。性涼，中寒者忌，即陰虛而有熱者亦不可用。

牛蒡子一名惡實，又名鼠黏子。辛、苦，寒。入腎並胃，通行十二經。三錢。炒研。　瀉熱散結，利二便，消斑疹。清咽喉，宣肺氣，利腰膝凝滯之氣，散諸腫瘡瘍之毒。理痰嗽，治痘症，又散風熱。得荊芥穗，治咽喉不利；得薄荷，治風熱癮疹。性冷而滑，虛寒泄瀉者切勿妄投。

射干苦，寒，有毒。入心、脾、肺、肝、大腸。分、錢。　瀉火，散血，消痰。治喉痺咽痛之要藥。火降則血散腫消而痰結自解。通經閉，利大腸。惟實火者宜之，虛則大戒。

馬勃辛，平。入肺。五七分。　輕解肺熱，散血。清肺，散血熱，止嗽。治喉痺咽痛，吹喉中良。外用敷諸瘡良。

紫草茸甘、鹹，氣寒。入心包、肝血分。錢半。　瀉血熱，滑腸。耑治痘瘡血熱毒盛，二便閉澀者。以其能涼血活血，利九竅而通二便也。又治心腹邪熱。血熱則毒，聞得紫草涼之，則血行而毒出。《活幼心書》云：紫草性寒，小兒脾實者可用。脾虛者能作瀉。古方惟用茸，取其初得陽氣，以類觸類，用發痘瘡。今人不達此理，一概用之，誤矣。便滑者勿用。

山豆根苦，寒。入心、肺、大腸。一錢。　瀉心火以保肺金。去肺、大腸之風熱，治喉癰喉風，齦腫齒痛。解諸藥毒。(種)〔總〕皆瀉熱解毒之效。大苦大寒，脾胃所惡。食少而瀉者大忌。

蟬蛻甘，寒。錢半，五七分。　輕散風熱。蟬乃土木餘氣所化，飲風露而不食，其氣清虛，故除風熱。其體輕浮，故發痘疹。其性善退，故退目瞖。其蛻為殼，故治皮膚癮疹。其聲清亮，故治中風失音。

西河柳即赤檉柳。甘、鹹，平。三錢。　發痧疹，解諸毒。治痧疹不出，利小便，療諸風。

安神定志

茯神抱木。甘，平。入心。三錢。辰砂拌，人乳拌。　行水寧心，益智養神。主治與茯苓同，而入心之用居多。故安魂養神，療心虛驚悸，心掣健忘。即茯苓之抱根生者。以其抱心，故入心之用多。

遠志苦、辛，溫。入心，腎。五分、一錢。炒炭。　散鬱，通心腎。能通腎氣，上行于心。開心，益智。耑治善忘，驚悸不寐，夢洩。為心腎不交要藥，並善豁痰。遠志無補性，腎虛無滯者忌。虛而挾滯者，同養血補氣藥用，資其宣導。玫案：曾以之治中風不語，頗效。蓋豁痰之功也。

酸棗仁甘酸而潤。生平，熟溫。入肝、膽、脾。三錢。生炒。　補肝膽，斂汗，寧心醒脾。除煩止渴，斂陰生津。療膽不眠。生用，專補肝膽。炒熟醒酒，助陰氣，堅筋骨。肝膽二經有實邪熱者勿用。

柏子仁霜。辛，甘，平。入心、脾、腎，肝氣分。錢半、三錢。炒研。　補心脾，滋肝腎。氣香能透心脾，性潤能滋肝腎。益智寧神，聰耳明目。養血止汗。凡補脾藥多燥，惟此獨潤。助脾用之最妙。多油而滑，多痰及作瀉者禁。

紫石英甘，辛，溫。入心，肝。三錢。煅，敲。　鎮心養肝。重以去怯，潤以去枯。治肝血不足，心神不安。女子血海虛寒不孕者宜之。女子係胞玫案：係，恐是系。於腎及心包絡，虛則風寒乘之，故不孕。紫石英辛溫，走二經，散風寒，鎮下焦，為暖子宮之要藥。

石菖蒲辛，苦，溫。入心、脾、胃。七分、一錢。九節。　通竅。芳香而散。開心孔，利九竅，去濕除風，開胃寬中。療噤口毒痢，以其能逐痰滑積，開胃寬中也。香燥而散，陰血不足，精滑汗多者忌。

龍齒鹹，寒，澀。入心。三錢。煅。　鎮心安魂。治驚癇顛疾。小兒五驚十二癇。魂飛不完者，治之以龍齒。

硃砂甘，涼。入心，肝。分。水飛。　鎮心定驚，瀉心熱。體陽性陰，色赤屬火。瀉心經邪熱，清肝辟邪。又能祛風明目，止渴解毒，定癲狂。生用無毒，火鍊殺人。

濂珠粉甘，鹹，寒。入心、肝。三五分。研之不細，傷人藏府。　鎮心安魂，墜痰瀉熱。感月而胎，水精所孕。水能制火。入心肝二經，鎮心安魂，墜痰定驚。大抵寶物多能鎮心安魂，如金箔、真珠、琥珀之類。龍齒安魂，亦假其神氣也。病不由火熱者忌之。

琥珀甘，淡，平。入心、肝、肺。分、錢。　行水寧心，安神散瘀。其味甘淡上行，能使肺氣下降而通膀胱，故能治五淋，利小便，燥脾土，行水。其色赤，故入心肝血分，消瘀，生肌。能通塞，定魂魄，療癲邪，破癥瘕。從鎮墜藥則安心神，從滲利藥則利竅行水，從辛溫藥則破血生肌。松脂入土，年久結成。以摩熱拾芥者真。市人多煮雞子黃及青魚枕偽之，摩呵亦能拾芥，宜辨。陰虛內熱，火炎水虧者，及血少而小便不利者，皆忌。

牛黃甘，涼。入心、肝、膽。分，釐。　清心解熱，利痰涼驚。通竅辟邪。治中風入藏，驚癇口噤，即中風不語之症。牛黃結于心肝膽之間，故還以治心肝膽之病。牛食百草，其精華凝結成黃，猶仙之有內丹。或云牛病乃生黃者，非也。駱駝黃極易得，最能亂真。但摩指上，黃透指甲者為真。

熄風蠲痛

威靈仙辛，鹹，溫。屬木。通行十二經。錢許。　行氣祛風。其性善走，能宣疏五臟。治濕熱流于肢節，腫痛，頑痺，手足不遂，風濕痰氣。又治中風痛風，消癥瘕，積聚，一切冷痛。推腹中新舊之滯，消胸中痰唾之痞。性極快利，積疴不痊者，服之有捷效。大走真氣，耗人血，不得已而用之。

薑黃甘，辛，溫。入脾、肝。七分、一錢。　破血行氣。治風寒濕痺。能橫行手臂，除風消腫。性更烈于鬱金。治血積氣脹，產後敗血攻心。能治背部重墜而痛。以人身陽受氣于胸中，背為胸中之府，薑黃能達上焦之陽，故能治之，勿徒泥于治血也。血虛者大忌。

天麻辛，溫。入肝經氣分。五七分。煨。　耑祛風。諸風眩掉，頭旋眼黑，風虛內作，非天麻不可。通血脉，疏痰氣。小兒驚癇，兼治善驚失智，語多恍惚。天麻專治虛風。虛風者，內風也。風虛之病，有因肝木鬱而不達，自失生發之氣而致者，有因脾胃為病，使土敗木侮而成者。此味能暢風化，鎮風變，故投之陽虛，固為的治，即投之陽實，亦得盡其變。惟攻補殊劑，必藉他藥為佐使耳。血液衰少及非真中風者忌用。

白，刺蒺藜辛，苦，溫。入肺脾。三錢。去刺炒。　疏肝風，瀉肺氣，勝濕破血。催生墮胎。通乳閉，消癥瘕。瀉氣破血之品，不可誤作補潤，與沙苑蒺藜大異。

豨薟草苦，辛。生寒，熟溫。入肝，腎。錢半。　耑理風濕。治肝腎風氣，四肢麻痺，筋骨冷痛，腰膝無力，風濕瘡瘍。由脾腎兩虛，陰血不足，不由風濕而得者忌服。

粉萆薢甘，苦，平。入脾、胃、膀胱、腎。錢半、三錢。　祛風寒濕痺。治腰痛久冷，關節老血，陰痿失溺，莖痛遺濁。凡屬陽明濕熱流入下焦，皆能去濁分清。陰虛火熾，溺有餘瀝，及無濕而腎虛腰痛者皆禁。

殭蠶鹹、辛，平。入肝、肺、胃。一錢、三錢。製。　去風，化痰散結。殭而不腐，得清化之氣，故能治風化痰，散結行經。治中風失音，喉痺咽痛。其氣味俱薄，輕浮而升。又治血病崩中，滯下，風熱乘肝。治皆風熱為病。證由血虛而無風寒客邪者勿用。

細桑枝甘、辛，寒。入大腸。三五錢。酒炒。　祛風行水，通關節，養津液。治風寒濕痺，水氣脚氣。痺在手足者尤效。以其能入四肢也。

鉤籐鉤甘，微寒。入心、肝。三錢。後下。　除風熱，定驚。除心熱，平肝風，發斑疹。治頭旋目眩，小兒驚啼瘈瘲。主肝風相火之病。祛肝風而不燥，庶幾中和。無火者勿服。

胡麻甘，平。入肝、腎。三錢。　補肝腎，潤五臟，滑腸。填精髓，堅筋骨，利大小腸，涼血解毒。治風先治血，血活風自滅。胡麻入肝益血，故風藥中不缺。精氣不固勿服。

地龍即白頸蚯蚓。鹹，寒。入下焦。一條。焙炙。　清熱利水。治溫病大熱狂言。性善下行。治大腹黄疸，腎氣脚氣。蘇頌曰：脚氣必須用之為使。〇蚯蚓泥即蚯蚓屎。甘，寒。瀉熱解毒。治赤白久痢。敷小兒陰囊熱腫，腮腫丹毒。

乳香苦、辛，溫。入心，通行十二經。錢。　活血調氣，去風舒筋。辛香善竄。治心腹諸痛，口噤耳聾，托裏護心。亦治癲狂，止洩痢。瘡疽已潰勿服。

沒藥苦，平。入十二經。錢。　散瘀定痛。散結氣，通滯血，生肌消腫，推陳致新，能生好血。為止痛要藥。諸痛不由血瘀及產後虛痛，癰疽已潰，皆禁。

血竭即麒麟竭。甘，鹹，平，有小毒。入心、肝血分。錢。　和血斂瘡。色赤入血分，散瘀生新。耑治血痛，治金瘡折跌，瘡口不合，止痛生肌，善收瘡口。乳香沒藥兼入氣分，此乃單入血分。性急不可多用，無瘀積者忌之。

健骨強筋

虎骨辛，溫。入肝。三五錢，敲，酥炙。以頭骨、脛骨良。　祛風健骨，定痛。屬金而制木。治風痺拘攣，驚悸癲癇。

杜仲甘，溫，微辛。入肝腎。二三錢。鹽水炒，薑汁炒。　補腰膝及肝腎。潤肝燥，補肝虛。子令母實，故兼補腎。肝充則筋健，腎充則骨強。治腰膝痠痛，胎漏胎墮。腎雖虛而火燥者勿服。

川續斷苦、辛，微溫。入肝腎。三錢。　補肝腎，理筋骨，通血脉。主勞傷，暖子宮，縮小便，止遺洩，破瘀血。治腰痛，胎漏崩帶，腸風血痢。又主金瘡折跌，止痛生肌。補而不滯，行而不泄。為女科、外科上劑。

懷牛膝苦，酸，平。蒸熟，甘，酸，溫。入肝、腎。錢半、二錢。酒蒸，炒炭。　下行，補肝腎，散惡血。能引諸藥下行。熟用治腰膝骨痛，筋攣足痿，陰痿，久瘧。皆補肝腎之功。生用，散惡血，破癥結。治心腹諸痛，淋痛尿血，莖中痛，為治淋要藥。血淋尤宜。又能引火下行，除喉痺齒痛。主治皆在下部，火不下降者，用以為導，甚妙。夢遺滑精，血崩不止，氣虛下陷，因而腿膝腫痛者，大忌。

金毛狗脊苦，甘，溫。入腎、肝。三錢。去毛。　平補肝腎，除風寒濕痺。滋腎益肝，則骨健而筋強。治失溺不節，除風虛，強機關。狗脊之用，在本經關機緩急，一語盡之。故其主治專在風虛。腎虛有熱，小便短赤，口苦舌乾，皆忌。

薏苡仁甘，淡，微寒。入脾、肺、胃。三錢。　補脾肺，行水。甘益胃，土勝水，淡滲濕。泄水所以益土，故健脾。治水腫濕痺，脚氣疝氣，泄痢熱淋。益土所以生金，故補肺清熱。治肺痿肺癰，欬吐膿血。扶土所以抑木，故治風熱筋急拘攣。大便燥結，因寒筋急者忌。

木瓜陈。酸濇而溫。入肝、肺、脾、胃。一錢、錢半。磨冲。　和脾舒筋，斂肺伐肝。理脾胃，化食，止渴。為霍亂轉筋之主藥。能於土中瀉木，治濕熱瀉痢。酸濇之品，病癃者忌。

五加皮苦，辛，溫。入肝腎。錢半。　祛風濕，壯筋骨。辛順氣而化痰，苦堅骨而益精，溫祛風而勝濕。逐皮膚之瘀血，療筋骨之拘攣。治虛羸五緩，五藏經脉緩縱。陰痿囊濕，小兒脚弱。浸酒能治風寒濕痺。下部無風寒濕邪而有火，及肝腎虛而有火者，均忌。

桑寄生甘，苦。入肝、腎。二三錢。　補筋骨，散風濕。苦堅腎，助筋骨而固齒長髮。甘益血，止崩漏而下乳安胎。耑散風濕，散瘡瘍。他樹亦多寄生，不堪入藥。

絲瓜絡甘，冷。錢半，三錢。　通經脉，涼血解毒，除風化痰。治腸風崩〔漏〕，疝痔癰疽。滑腸下乳。

氣血並補

黃芪生。甘，溫。入肺脾。炙。錢半、三錢。欲其稍降，鹽水炒。　大補元氣，固表，瀉火，生血。生用固表，無汗能發，有汗能止。　瀉陰火，解肌熱。　炙用補中，益元氣，生血，定諸痛，排膿內托。　瘡癰聖藥。　痘症不起。　黃芪大補陽虛自汗。　若表虛有邪，發汗不出者，服之自汗。　人參惟補元氣，調中；　黃芪兼補衛氣，實表。　參芪同用，須分主輔。　凡內傷脾胃，發熱惡寒，脹滿痞塞，參為君，芪為臣。　若表虛而自汗、盜汗，漸至亡陽，及一切陰毒不起之病，須實衛護營者，芪為君，參為臣。　其治盜汗自汗，是皮表之藥。　治咯血，益脾胃，是中州之藥。　治傷寒尺脉不至，補腎藏元氣，是裏藥。　乃上中下內外三焦之藥也。　按：　黃芪極滯，胃口胸胃不寬者勿用。　實表，有表邪及表實者勿用。　助氣，氣實者禁。　多怒則肝氣不和亦禁。　陰虛者，宜少用。　恐升氣于表而裏愈虛爾。

肉桂辛，甘，大熱，有小毒。入肝、腎血分。三五分。刮去粗皮。後入，三四沸。飯丸、蜜丸。研冲。　大燥。　補命門火，平補肝木。　通血脉，引火歸元，益陽消陰。　入肝腎血分，氣厚純陽。　治虛寒惡食，濕盛泄瀉，下焦腹痛。　又能抑肝風而扶脾土。　能發汗，去營衛風寒，宣導百藥。　引無根之火降而歸元。　從治欬逆結氣格陽，喉痺上盛下寒等症。以熱攻熱，名曰從治。　〇桂心入心、脾血分。　能引血化汗。　大燥，補陽，活血。　補虛寒，宣氣血，利關節。　治風痺，癥瘕，噎膈腹滿，心腹諸痛。　入桂心二三分，于補陰藥中能行血藥凝滯而補腎。　桂性偏陽，陰虛之人，一切血證，不可悮投。

人參甘、苦，微溫。入肺。一二錢。另煎冲。　大補肺中元氣，生陰血，亦瀉虛火。　治虛勞內傷，發熱自汗，虛欬喘促，傷寒瘟疫，痎瘧，瀉痢，淋瀝，脹滿。　破堅積，消痰水，安精神，定驚悸，除煩渴。　亦治因虛失血。　症至垂危，須多用、獨用。

甘草生。甘，平。通行十二經。炙。三五分。　生用氣平，補脾胃，解毒，瀉心火。　炙用溫補三焦元氣而散表寒。　入和劑則補益，入汗劑則解肌，入涼劑則瀉邪熱，入峻劑則緩正氣，入潤劑則養除血。陸註：　當是陰血。　協和諸藥，使之不爭。　除邪熱，去咽痛及諸火熱。　止痛除滿。　生用為瀉，能行諸藥至于滿所。　又能下氣。　甘草甘溫，能除大熱。　凡陽虛之熱宜甘溫，陰虛之火宜甘寒。　又善能諸急，能舒陽陸註：　善下恐非能字。善即解也，當是紓解之意。　以裕陰，斯由治諸經急痛。　凡心火乘脾，腹中急痛，腹皮急縮者，宜倍用之。　甘草有補有瀉，能表能裏，能升能降，可上可下，故有國老之稱。　實滿者忌之。

陰陽兩調

大生地苦、甘，寒。入心、腎、心包、肝、小腸。三五錢。　養陰涼血。　性陰而降，治血虛發熱，常覺飢餒，五心煩熱，痿痺，驚悸，倦怠嗜臥，胸膈痞悶，吐衄尿血，血運崩中，調經安胎。　利大小便。　又能交心腎而益肝膽。　治心火血熱，瀉脾土濕熱。　治臭中衄熱。陸註：　臭字誤。　玫案：　是鼻字。　除五心煩熱。　性寒而潤，脾虛泄瀉、胃虛食少者忌。

大熟地甘，溫。入脾、肝、腎。三錢至一二兩。研砂仁末，拌打。玫案：　原落砂字，今添。　平補肝腎，養血滋陰。　補益真陰，滋腎水，封填骨髓，補脾陰。　止久瀉，治氣短喘促，陰虧痰嗽，一切肝腎陰虧，虛損百病，為壯水之主藥。　性極滯，痰多氣鬱之人，窒碍胸膈，用宜斟酌。　玫案：　熟地治喘促，須施于陰虛火炎者。　有外邪大忌。

龜板膠。鹹，寒。入心、腎、肺。三五錢。炙，酥炙。　補腎滋陰，補心益智。　其性至陰，屬金與水。　治陰血不足，勞熱骨蒸。　腰脚痠痛，久泄久痢，久嗽痎瘧，瘧母，癥瘕崩漏，一切陰虛血弱之症。　〇膠補陰之力更甚。　雖腎虛而無熱者勿用。

鹿角膠。甘、鹹，溫。入腎。霜，一二三錢。　補陽。　補。　生用行血，散熱消腫。　〇膠、霜，益腎生精血，強骨，壯腰膝。　上焦有痰熱，胃家有火，吐血屬陰火旺者，忌之。

鹿茸甘，溫，純陽。入腎。錢至三錢，酥炙。　大補陽，添精血。　生精補髓，健骨強筋，養血助陽。　治腰腎虛冷，四肢痰陸註：　當是痠。　痛，崩帶，遺精，一切虛損勞傷。　惟脉沉細、火衰者宜之。

蛤蚧尾。鹹，平。入腎、肺。一對。研末冲，酒浸焙，酥炙。　補肺益腎，定喘止嗽，助陽。　治渴通淋，肺痿咯血，氣虛血竭者宜之。　以其能補肺而益水之上源也。　其益精助陽，則亦為納氣歸腎之功。　口食少許，奔走不喘者真。　欬嗽由風寒外邪者勿用。

巴戟天辛、甘，溫。入腎、血分。一二錢。酒浸焙。　補腎祛風濕，強陰益精。　治五勞七傷，風氣脚氣水腫。　巴戟能達元氣之用于上，又能達元氣之用于下，故能使金木交媾。　陰虛而相火熾者忌。

瑣陽甘，溫。入腎、大腸。錢半、三錢。酥炙。　補陰益精興陽，潤燥滑腸。強筋，治痿弱。滑大便，便燥啖之，可代蓯蓉，煑粥彌佳。泄瀉及精不固者忌之。

蓯蓉甘、酸、鹹，溫。入血分。錢半、三錢。酥炙，酒浸，去筋膜。　補腎命相火，滑腸。滋潤五藏，益髓強筋。治五勞七傷，峻補精血。補而不峻，故有蓯蓉之號。腦為髓海，髓生于腎而極于腦者，從陰中之陽，還于至陽之地也。用益腎陽，世概與骨脂例視之。詎〔知〕骨脂由歸陽以化精髓，從陽化陰也。蓯蓉則由精血之益以歸陽，從陰生陽也。從陰生陽，洵當補而不峻矣。驟用恐妨心，滑大便。功用與瑣陽相仿，禁忌亦同。

補骨脂即破故紙。辛、苦，大溫。入心包、命門。三錢。鹽水炒。　燥補命門。暖丹田，壯元陽，縮小便，為壯火益木之要藥。治虛喘嗽，以其能納氣歸腎。腰膝痠痛，胃冷精流。玖案：胃是腎字。火虛泄瀉，收斂神明，補裨骨髓，能使心包之火與命門火通。青蛾丸治腎虛腰痛。鄭相國方：久服延年，用骨脂、胡桃，有木火相生之妙。骨脂無胡桃，猶水母之無蝦也。陰虛有熱，大便閉結者忌。

枸杞子甘，微溫。入肝、腎、大小腸。錢半、三錢。炒黑。　平補而潤。滋肝益腎，生精助陽，補虛勞，強筋骨，利大小腸。治嗌乾消渴。去風明目，去上焦心肺客熱。便滑者勿用。

韭子。辛，溫，微酸。入脾、胃、腎。錢半。　補陽散瘀。入血分行氣，歸心，散瘀血，逐停痰。治吐衄損傷，一切血症，搗汁和童便服。噎膈反胃，胃脘痛。喘治胃熱，韭汁牛乳飲，加薑汁，治反胃。細細溫服。蓋散瘀之力也。○韭子辛、甘。溫。入肝腎。補肝腎，助命門，治筋痿遺尿，洩精，溺血，白帶，白淫。下部有火而陰氣不固者勿服。

蘄艾絨。苦、辛。生溫，熟大熱。通行十二經，走三陰，入肺脾。葉，五分。　理氣血，逐寒濕，暖子宮，溫下元。純陽之性，能回垂絕之元陽。治崩帶腹痛，冷痢血痢。吐衄血逆妄行，生荷葉、生艾葉、側柏葉、生地各等分，搗和為丸，煎服。止諸血，溫中，安胎。虛寒痼冷，溫鬱帶漏，以此和之，中病即止，玖案：溫鬱當是濕字。久服致燥。膠艾四物湯，婦人漏下，或半產後下不絕，玖案：後字亦有誤。或妊娠下血，並宜膠艾四物。蓋陰不能生血，固宜補陰。然不鼓動其陰中之陽，則陰亦不生不化也。血燥血虛慎。

阿膠甘，平。入肺、心、肝、腎。錢半、三錢。鎔冲，入蛤粉拌炒，化痰。止血，蒲黃炒。　平補而潤。清肺，養肝，滋腎。補陰，止血，去痰，除風，化痰潤燥。定喘，治虛勞欬嗽。一切血虛生風之病。補虛而安妊胎，治痿而強骨力。胃弱作嘔吐，脾虛食不消者忌。

生、製首烏甘、苦，溫。入肝、腎。五七錢。　補益肝腎，調和氣血。濇精氣，化虛痰。療久痢惡瘧，養血，袪內風，是為要藥。收斂精氣，強筋益髓。補陰而不滯不寒，強陰而不燥不熱。陸註：強陽易致燥熱，似不應作強陰。為滋補良藥。○夜交籐即首烏籐。有陰陽交合之象，故治不眠。

鮮、生石斛金釵。甘，淡，微鹹，寒。入胃、腎、心脾。八錢、一兩三四錢。　平胃气，除虛热。安神定驚，鎮涎。長于清胃除熱。胃中有熱者宜之，虛而無火者忌。

女貞子甘、苦，涼。入腎。三錢。炒。　補陰除火，益肝腎。少陰之精，隆冬不凋。強腰膝，烏鬚髮，明目。為上品妙藥。純陰至壽之品。惟陰虛有火者宜之，否則腹痛作瀉。

菟絲子辛、甘，溫。入肝、脾、腎三陰。二三錢。土炒香，酒炒，餅。　溫補三陰，強陰益精，溫而不燥。治五勞七傷，溺有餘瀝，寒精自出，袪風止瀉。為調元上品。止消渴，煎湯任意服之。酒製為末，常服能使進食，如湯沃雪。腎家多火，強陽不痿，大便燥結者忌之。

旱蓮草一名鯉腸，甘、酸，寒。入腎。錢半。　補腎陰，功善益血涼血。治血痢，通小腸，療溺血，赤痢變糞，止血。又治腎虛，變為勞淋。○汁：治偏正頭風。純陰之質，不益脾胃。若不同薑汁、椒紅製，服必腹痛作瀉。玖案：汁治頭風，乃搗汁滴鼻中。又變糞二字，或連上赤痢為一句，椒紅亦不解。

龍眼肉甘，平，溫。入心、脾、胃。二三錢。　補心脾。益脾，長知，養心補血。

合歡皮一名夜合花。甘，平。入心。錢半、三錢。　調和心脾。安五藏，和心志，令人歡樂。和血止痛，明目消腫，續筋骨，長肌肉。

穭豆衣甘、苦，濇，溫。或云即黑豆衣。二三錢。　袪風補腎。治賊風，風痺。玖案：原書脾，今改正。

黑豆即馬料豆。甘，寒。入心腎。三錢。炒。　補腎鎮心，袪風除熱。明目解毒，活血消腫。搗塗一切腫毒，用以病後調理。

聽耳明目

慈石即吸鐵石。辛，鹹。入腎、肺。三錢。醋煅，水飛。　補腎。色黑屬水，能引肺金之氣入腎。補腎益精，除煩祛熱，聰耳明目，是其主治。治羸弱周痺，骨節痠痛。補腎故健骨。又治驚癇怔忡。取其重以鎮怯。

石決明鹹，涼，平。入肝、肺。三錢至兩。鹽水炒。　瀉肝熱，明目。清肺肝風熱。內療青盲內障，外點散赤膜外障。治蒸通淋，去勞熱。解酒，為末投熱酒中即解。多服令人寒中。

草決明即青葙子。苦，微寒。入肝。錢半。　泄肝明目。入厥陰，祛風熱，鎮肝。治青盲翳障，及一切目疾。　能動陽火，瞳子微大者勿服。

決明子甘，苦，鹹，平。入肝。錢半。　泄肝明目。入肝經，除風熱，治一切目疾。

密蒙花甘，微寒。入肝。錢半。蜜炙。　潤肝明目。治目中赤膜，青盲膚翳，赤腫眦淚，小兒疳氣攻眼。　穀精草辛溫輕浮。錢半。　功耑明目退翳。亦治頭風喉痺，齒痛，陽明風熱。小兒雀盲，用羯羊肝一具，不洗，以竹刀割開，入穀精草煑粥食之。或作丸，茶下。

蕤仁甘，微寒。或云甘溫。入肝、心、脾。錢半。去皮尖研。　消風清熱，治目。和肝明目，退翳膜赤筋。治赤腫眦爛，破心腹痰結痞氣。皆熱邪為祟。目病不因風熱而因虚者勿用。

木賊草甘，苦，平；或曰溫。入肝。錢半。發汗，去節。　輕發汗，退目翳。中空而輕，有升散火鬱風濕之功。與麻黃同。治目疾，退翳膜。翳乃肝邪鬱遏不能上通於目也。亦治疝痛，脱肛，腸風痔（瘰）〔瘻〕，赤痢，崩中諸血病。

夜明砂即天鼠矢。辛，寒。入肝血分。錢半。淘淨焙。　散血明目。肝經血分藥，活血消積。治目盲障翳。亦治血積腹痛。治血積，可代水蛭虻蟲。即蝙蝠矢也。食蚊，其砂皆蚊眼。

消癰斂痔

凌霄花即紫葳花。甘，酸，寒。入肝血分，錢半、三錢。　瀉血熱，破瘀。入厥陰血分。能去血中伏火，一切血熱生風之症。肺癰用為君藥。主產乳餘疾，女科多用之。破血之藥，走而不守。虚人避之，孕婦尤忌。

忍冬籐又名左纏籐。甘，寒。三錢。　散熱解毒。治癰疽癬瘡，解毒有殊功。止渴，療風養血。

兩頭尖即雄鼠矢。甘，微寒，錢半、三錢。　治傷寒勞復，陰陽易。勞復發熱，男子陰易腹痛。治人有鼠矢湯。陸註：治恐是活字之誤。

夏枯草苦、辛，微寒。入肝。錢半、三錢。　散結，消癭，明目。專治瘰癧〔癭〕瘤，乳癰乳巖。緩肝火，解內熱。治目珠夜痛，用苦寒藥點之反甚者，取效如神。又能散肝之鬱火，治失血後不寐。不宜半夏者，代以夏枯草飲之，其寐立至。陽得陰以化，則陽入陰中而得臥也。久服傷胃。

漏蘆鹹，苦，寒。入肺、胃、大小腸。錢半。　瀉熱，解毒，軟堅。通經下乳，排膿止血生肌。治癰疽發背。古方以為首稱。遺精尿血。能預解時行痘疹毒。

蒲公英即黃花地丁。甘，苦，寒。入腎、脾、胃。三錢。　瀉熱解毒。耑治疔毒乳癰，消腫核。亦為通淋妙品。訒菴試之甚驗。陸註訒菴。白汁塗毒刺甚效。

敗醬草苦，平。入胃、大腸、肝、心包。錢半。　破血解毒。耑治腸癰，排膿解毒。療產後諸病。

刺猬皮苦，平。入胃大腸。錢半。炒黑存性。　涼血開胃。耑治痔瘻，腸風瀉血，陰腫。能開胃氣，故治反胃，令人能食。

馬鞭草苦，微寒。錢半。　破血，殺蟲，消脹。治氣血癥瘕，癰瘡發背，陰腫及痔。

魚腥草辛，微寒。有小毒。錢半。　散熱毒。耑治痔瘡，脱肛，癰腫。

葦莖甘，寒。應即蘆根。葦，蘆之大者。治傷寒內熱，消渴客熱，亦治嘔吐，噦，反胃，止小便數，皆甘益寒降火之功。玖案：原文主治皆係葦根、蘆根之功用，非葦莖也。故未補。《綱〔目〕》考葦莖乃土之外者，非根也。《千金》有葦莖湯，治肺癰。李時珍《綱目》亦云莖非根，主治肺癰。又按莖即葦之幹也。

清・慶恕《醫學摘粹・本草類要》補藥門

補氣類　人參：味甘微苦，入足陽明胃、足太陰脾經。益胃助脾，理中止渴。通少陰之脈微欲絕，除太陰之腹滿而痛。久利亡血之要藥，盛暑傷氣之神丹。熟用溫潤，生用清潤。　甘草：味甘，氣平，性緩，入足太陰脾、足陽明胃經。備沖和之正味，秉淳厚之良資。入金木兩家之界，歸水火二氣之間。培植中州，養育四旁。交媾精神之妙藥，調劑氣血之靈丹。　上行用頭，下行用稍。熟用甘溫培土而補虚，生用甘涼泄火而消滿。熟用去皮蜜炙。

白朮：味甘微苦，入足陽明胃、足太陰脾經。補中燥濕，止渴生津。最益脾精，大養胃氣。降濁陰而進飲食，善止嘔吐；升清陽而消水穀，能醫泄利。性頗壅滯，宜輔之以疏利之品，令其旋補而旋行，庶美善而無弊矣。產於潛者佳，選堅白肥鮮者，泔浸切片，盤盛，隔布上下鋪濕米，蒸至米爛曬乾用。　黄耆：　味甘氣平，入足陽明胃、手太陰肺經。入肺胃而補氣，走經絡而益營。醫黄汗血痹之證，療皮水風濕之疾。曆節腫痛最效，虛勞裏疾更良。善達皮腠，專通肌表。凡一切瘡瘍，總忌內陷，悉宜黄耆。　蜜炙用。　生用微涼，清表斂汗宜之。

補血類　當歸：　味苦辛微溫，入足厥陰肝經。養血滋肝，清風潤木。起經脈之細微，回肢節之逆冷。緩裏急而安腹痛，調產後而保胎前。能通妊娠之小便，善滑產婦之大腸。奔豚須用，吐蛔宜加。寒疝甚良，溫經最效。

阿膠：　味平，入厥陰肝經。養陰榮木，補血滋肝。止胞胎之阻疼，收經脈之陷漏。最清厥陰之風燥，善調乙木之疏泄。蛤粉炒，研用。　鹿茸：　味辛，微溫，入足少陰腎、足厥陰肝經。生精補血，健骨強筋。酥炙用，研碎，酒煮去渣，熬濃，重湯煮成膏最佳。

壯陽類　巴戟天：　味辛甘，微溫，入足少陰腎、足厥陰肝經。強筋健骨，秘精壯陽。去梗，酒浸蒸曬。　覆盆子：　味甘氣平，入足少陰腎、足厥陰肝經。強陰起痿，縮溺斂精。　蛇床子：　味苦辛，微溫，入足太陰脾、足厥陰肝、足少陰腎經。暖補命門，溫養子宮。興丈夫玉莖痿弱，除女子玉門寒冷。

女貞子：　味苦，氣平，入足少陰腎、足厥陰肝經。強筋健骨，秘精壯陽。補益精血，長養精神。　淫羊藿：　味辛苦，微溫，入足少陰腎、足厥陰肝經。榮筋強骨，起痿壯陽。羊脂拌炒。　補骨脂：　味辛苦，氣溫，入足太陰脾、足少陰腎、手陽明大腸經。溫脾暖腎，消水化食。治膝冷腰疼，療腸滑腎泄。能安胎墜，善止遺精。收小兒遺溺，興丈夫痿陽。除陰囊之濕，愈關節之涼。鹽酒拌潤，炒研，曬乾用。同青鹽、乳香，搽日久牙痛。　肉蓯蓉：　味甘鹹，氣平，入足厥陰肝、足少陰腎、手陽明大腸經。暖腰膝，健骨肉。滋腎肝精血，潤腸胃結燥。　龍眼肉：　味甘微溫，入足太陰脾、足厥陰肝經。補脾养血，滋肝生精。　杜仲：　味辛氣平，入足厥陰肝經。榮筋壯骨，健膝強腰。

滋陰類　地黄：　味甘微苦，入足太陰脾、足厥陰肝經。涼血滋肝，清風潤木。療厥陰之消渴，調經脈之結代。滋風木而斷疏泄，血脫甚良；　澤燥金而開約閉，便堅亦效。曬乾生用。　芍藥：　味酸微苦，微寒，入足厥陰肝、足少陽膽經。入肝家而清風，走膽腑而泄熱。善調心中煩悸，最消腹裏痛滿。散胸脇之痞熱，伸腿足之攣急。吐衄悉瘳，崩漏胥斷。泄痢與淋帶皆靈，痔漏共瘰癧並效。　枸杞子：　味苦微甘，性寒，入足少陰腎、足厥陰肝經。補陰壯水，滋木清風。　百合：　味甘微苦，微寒，入手太陰肺經。涼金泄熱，清肺除煩。水漬一宿，白沫出，去其水，更以泉水煎湯用。　貝母：　味苦微寒，入手太陰肺經。清金泄熱，消鬱破凝。　天冬：　味苦氣寒，入手太陰肺、足少陰腎經。清金化水，止渴生津，消咽喉腫痛，除咳吐膿血。　麥冬：　味甘微涼，入手太陰肺、足陽明胃經。清金潤燥，解渴除煩。涼肺熱而止咳，降心火而安悸。　沙參：　味甘微苦，微涼，入手太陰肺經。清金除煩，潤燥生津。其性輕緩，宜多用乃效。　元參：　味甘微苦，入手太陰肺、足少陰腎經。清肺金，生腎水。滌心胸之煩熱，涼頭目之鬱蒸。　玉竹：　味甘，入手太陰肺經。清肺金而潤燥，滋肝木而清風。　天花粉：　味甘微苦，微寒，入手太陰肺經。清肺生津，止渴潤燥。舒痙病之攣急，解渴家之淋癃。

健脾類　大棗：　味甘、微苦，微辛，微酸，微鹹，氣香，入足太陰脾、足陽明胃經。補太陰己土之精，化陽明戊土之氣。生津潤肺而除燥，養血滋肝而息風。療脾胃衰損，調經脈虛芤。　蓮肉：　味甘性平，入足太陰脾、足陽明胃、足少陰腎、手陽明大腸經。養中補土，保精斂神。善止遺泄，能住滑溏。

薏仁：　味甘氣香，入足太陰脾、足陽明胃經。燥土清金，利水泄濕。補己土之精，化戊土之氣。潤辛金之燥渴，通壬水之淋瀝。最泄經絡風濕，善開胸膈痹痛。　白扁豆：　味甘，入足太陰脾、手陽明大腸經。培中養胃，住泄止嘔。

潤腸類　火麻仁：　味甘氣平，性滑，入足陽明胃、手陽明大腸、足厥陰肝經。潤腸胃之約澀，通經脈之結代。去殼，炒研用。　柏子仁：　味甘辛，氣平，入足太陰脾、手陽明大腸、手少陰心、足厥陰肝經。潤燥除濕，斂氣寧神。　白蜜：　味甘，微鹹，入足陽明胃、足太陰脾、手陽明大腸經。滑秘澀而開結，澤枯槁而潤燥。大便滑溏者勿服，入水四分之一，煉熟用。

攻藥門

攻氣類　厚朴：　味苦辛，微溫，入足陽明胃經。降沖逆而止嗽，破壅阻而定喘。善止疼痛，最消脹滿。去皮，薑汁炒。　枳實：　味苦酸辛，性寒，入足陽明胃經。泄痞滿而去濕，消陳宿而還清。麯炒，勿令焦，研用。半夏：味辛，氣平，入手太陰肺、足陽明胃經。下沖逆而除咳嗽，降濁陰而止嘔吐。排決水飲，清滌涎沫。開胸膈脹塞，消咽喉腫痛。平頭上之眩暈，泄心下之痞滿。善調反胃，妙安驚悸。洗去白礬用，妊娠薑汁炒。陳皮：味辛苦，入手太陰肺經。降濁陰而止嘔噦，行滯氣而泄鬱滿。善開胸膈，最掃痰涎。木香：味辛，微溫，入足太陰脾、足陽明胃經。止嘔吐泄利，平積聚癥瘕。安胎保妊，消脹止痛。麵煨，實大腸。生磨，消腫病。紫蘇：味辛，微溫，入手太陰肺經。溫肺降逆，止喘定嗽。瓜蔞：味甘微苦，微寒，入手太陰肺經。清心潤肺，洗垢除煩。開胸膈之痹結，滌涎沫之膠粘。最洗瘀濁，善解懊憹。杏仁：味甘苦，入手太陰肺經。降沖逆而開痹塞，泄壅阻而平喘嗽。消皮膚之浮腫，潤肺腸之枯燥。最利胸膈，兼通經絡。旋覆花：味鹹，入手太陰肺、足陽明胃經。行凝澀而斷血漏，滌瘀濁而下氣逆。白芥子：味辛，氣溫，入手太陰肺經。破壅豁痰，止喘寧嗽。萊菔子：味辛，氣平，入手太陰肺經。下氣止喘，化痰破鬱。生研，吐老痰。

攻血類　牡丹皮：味苦辛，微寒，入足厥陰肝經。達木鬱而清風，行瘀血而泄熱。排癰疽之膿血，化臟腑之癥瘕。芎藭：味辛，微溫，入足厥陰肝經。行經脈之閉澀，達風木之抑鬱。止痛切而斷泄利，散滯氣而破瘀血。桃仁：味甘苦辛，入足厥陰肝經。通經而行瘀澀，破血而化癥瘕。泡去皮尖。紅花：味辛，入足厥陰肝經。專行血瘀，最止腹痛。丹參：味甘，氣平，入足厥陰肝經。行血破瘀，通經止痛，癥瘕崩漏兼醫。三七：味甘微苦，入足厥陰肝經。和營止血，通脈行瘀。澤蘭：味苦，微溫，入足厥陰肝經。通經活血，破滯磨堅。胎產俱良，癥瘕頗善。止腰腹疼痛，消癰疽熱腫，跌打吐衄能瘳。茼茹：味辛，微寒，入足厥陰肝經。行老血，破宿癥。益母草：味苦辛，氣平，入足厥陰肝經。活血行經，破瘀通脈。胎產崩漏，癰疽，癥瘕跌打損傷，悉效。延胡索：味苦辛，微溫，入足厥陰肝經。調經破血，化塊消癥。鱉甲：味鹹，氣腥，入足厥陰肝、足少陽膽經。破癥瘕而消凝瘀，調癰疽而排膿血。醋炙焦，研細用。牛膝：味苦酸，氣平，入足太陽膀胱、足厥陰肝經。利水開結，破血通經。䗪蟲：味鹹，微寒，入足厥陰肝經。善化瘀血，最補損傷。炒枯存性，研細用。虻蟲：味苦，微寒，入足厥陰肝經。善破瘀血，能化宿癥。炒枯去翅足，研細用。水蛭：味鹹苦，微寒，入足厥陰肝經。善破積血，能化堅癥。炒枯存性，研細用。

攻食類　神麴：味辛甘，入足太陰脾經。化穀消痰，泄滿除癥。炒研用。山查：味酸甘，氣平，入足太陰脾、足厥陰肝經。消積破結，行血開瘀。

攻水類　茯苓：味甘氣平，入足陽明胃、足太陰脾、足少陰腎、足太陽膀胱經。利水燥土，泄飲消痰。善安悸動，最豁鬱滿。除汗下之煩躁，止水飲之燥渴。淋癃泄利之神品，崩漏遺帶之妙藥。氣鼓與水脹皆靈，反胃共噎膈俱效。功標百病，效著千方。猪苓：味甘氣平，入足少陰腎、足太陽膀胱經。利水燥土，泄飲消痰。開汗孔而泄濕，清膀胱而通淋。帶濁可斷，鼓脹能消。澤瀉：味鹹微寒，入足少陰腎、足太陽膀胱經。燥土泄濕，利水通淋。除飲家之眩冒，療濕病之燥渴。氣鼓水脹皆靈，噎膈反胃俱效。萆薢：味苦，氣平，入足太陽膀胱經。泄水去濕，壯骨舒筋。淡竹葉：味甘，微寒，入足太陽膀胱經。利水去濕，泄熱除煩。通草：味辛，入足厥陰肝、手少陰心、足太陽膀胱經。行血脈之瘀澀，利水道之淋癃。瞿麥：味苦，微寒，入足厥陰肝、足太陽膀胱經。利水而開癃閉，泄熱而清膀胱。茵陳：味苦，微寒，入足太陰脾、足太陽膀胱經。利水道而泄濕淫，消瘀熱而退黃疸。赤小豆：味甘，入手太陽小腸、足太陽膀胱經。利水而泄濕熱，止血而消癰腫。浸令毛出，曝乾用。滑石：味苦，微寒，入足太陽膀胱經。清膀胱之濕熱，通水道之淋澀。

攻痰類　皂莢：味辛苦澀，入手太陰肺經。降逆氣而開壅塞，收痰涎而滌垢濁。善止咳，最通關竅。竹瀝：味甘，性寒，入手太陰肺經。清肺行痰。鮮竹去節，火烘瀝下，磁器接之。荊瀝：味甘，氣平，入手太陰肺經。化痰泄熱，止渴消風。功與竹瀝相同，熱宜竹瀝，寒宜荊瀝。南星：味辛，性溫，入手太陰肺、足陽明胃經。降氣行瘀，化積消腫。水浸二三日，去其白涎。用牛膽九套者，治痰鬱肺熱甚佳。天南星研末，裝入牛膽中陰乾，每年換牛膽一次，九年方可入藥。天竺黃：味甘，性寒，入手少陰心、足少陽膽經。泄熱寧神，止驚除痰。

攻蟲類　烏梅：味酸，性澀，入足厥陰肝經。下沖氣而止嘔，斂風木而殺蛔。醋浸一宿，去核米蒸。苦參：味苦，性寒，入足厥陰肝、足太陽膀胱經。清乙木而殺蟲，利壬水而泄熱。 蕪荑： 味辛，氣平，入足厥陰肝經。殺蟲破積，止痢消瘡。 使君子： 味甘，微溫，入足太陰脾、足厥陰肝經。利水燥土，殺蟲止泄。每月上旬，取仁數枚，空腹食之，蟲皆死。戒飲熱茶，犯之則泄。 百部： 味苦，微寒，入手太陰肺經。清肺止嗽，利水殺蟲。

貫仲： 味苦，微寒，入手太陰肺、足厥陰肝經。止血行瘀，破積殺蟲。 雷丸： 味苦，性寒，入手少陰心、足厥陰肝經。殺蟲解蠱，止汗除癩。甘草水浸，去皮切炮為末，撲身止汗。 雄黃： 味苦，入足厥陰肝經。燥濕行瘀，醫瘡殺蟲。

攻積類 大黃： 味苦，性寒，入足陽明胃、足太陰脾、足厥陰肝經。泄熱行瘀，決壅開塞。下陽明之燥結，除太陰之濕蒸。通經脈而破癥瘕，消痈疽而排膿血。酒浸用。 芒硝： 味鹹苦辛，性寒，入手少陰心、足太陽膀胱經。泄火而退燔蒸，利水而通淋瀝。 葶藶： 味苦辛，性寒，入足太陽膀胱經。破滯氣而定喘，泄停水而寧嗽。 甘遂： 味苦性寒，入足太陽膀胱經。善泄積水，能驅宿物。 芫花： 味苦辛，入足太陽膀胱經。性專泄水，力能止利。 大戟： 味苦，性寒，入足太陽膀胱經。泄水飲之停留，通經脈之瘀澀。 巴豆： 味辛苦，大熱，入足陽明胃、足太陰脾、足少陰腎經。驅寒邪而止痛，開冷滯而破結。去殼炒研用，強人可服二釐。 三稜： 味苦，氣平，入足厥陰肝經。破血行瘀，消積化塊。 莪朮： 味苦辛，微溫，入足厥陰肝經。破滯攻堅，化結行瘀。醋炒。

吐湧類 香豉： 味苦甘，微寒，入足太陰脾經。調和臟腑，湧吐濁瘀。

瓜蒂： 味苦，性寒，入足陽明胃、足太陰脾經。利水而泄濕淫，行瘀而湧腐敗，亡血家忌之。

散藥門

溫散類 麻黃： 味苦辛，氣溫，入手太陰肺、足太陽膀胱經。入肺家而行氣分，開毛孔而達皮部。善泄衛鬱，專發寒邪。治風濕之身痛，療寒濕之脚腫。風水可驅，溢飲能散。消咳逆肺脹，解驚悸心忡。煮去沫，發表去根節。止汗斂表，但用根節。 桂枝： 味甘辛，氣香，性溫，入足厥陰肝、足太陽膀胱經。入肝家而行血分，走經絡而達營鬱。善解風邪，最調木氣。升清陽脫陷，降濁陰沖逆。舒筋脈之急攣，利關節之壅阻。入肝膽而散遏抑，極止痛楚； 通經絡而開痹澀，甚去濕寒。能止奔豚，更安驚悸。去皮用。 蘇葉： 味辛，入手太陰肺經。降沖逆而驅濁，消凝滯而散結。 荊芥： 味辛，微溫，入足厥陰肝經。散寒發表，驅邪除風。 生薑： 味辛，性溫，入足陽明胃、足太陰脾、足厥陰肝、手太陰肺經。降逆止嘔，泄滿開鬱。入肺胃而驅濁，走肝脾而行滯。蕩胸中之瘀滿，排胃裏之壅遏。善通鼻塞，最止腹痛。調和臟腑，宣達營衛。行經之要品，發表之良藥。

涼散類 浮萍： 味辛，微寒，入手太陰肺經。發表出汗，泄濕清風。

薄荷： 味辛，氣涼，入手太陰肺經。發表退熱，善泄皮毛。 葛根： 味甘辛，性涼，入足陽明胃經。解經氣之壅遏，清胃腑之燥熱。達鬱迫而止利，降沖逆而定喘。作粉最佳，鮮者取汁用甚良。 柴胡： 味苦，微寒，入足少陽膽經。清膽經之鬱火，泄心家之煩熱。行經於表裏陰陽之間，奏效於寒熱往來之會。上頭目而止眩暈，下胸脇而消鞕滿。口苦咽乾最效，眼紅耳熱甚靈。降胃膽之逆，升肝脾之陷。胃口痞痛之良劑，血室鬱熱之神丹。

升提類 升麻： 味辛苦微甘，性寒，入手陽明大腸、足陽明胃經。利咽喉而止疼痛，消腫毒而排膿血。

宣通類 紫菀： 味苦辛，入手太陰肺經。降氣逆而止咳，平息賁而定喘。 款冬花： 味辛，氣溫，入手太陰肺經。降沖逆而止嗽喘，開痹塞而利咽喉。 霜桑葉： 味苦辛，入足太陽膀胱、足厥陰肝經。散水消腫，行瘀止渴。 枇杷葉： 味酸甘，氣平，入手太陰肺經。泄肺下氣，寧嗽止吐。 桔梗： 味苦辛，入手太陰肺經。散結滯而消腫鞕，化凝鬱而排膿血。療咽痛如神，治肺癰至妙。善下沖逆，最開壅塞。 射干： 味苦，微寒，入手太陰肺經。利咽喉而開閉塞，下沖逆而止咳嗽。最清胸膈，善掃瘀濁。 蟬蛻： 味辛，氣平，入手太陰肺經。發表驅風，退翳消腫。

去濕散風類 防風： 味甘辛，入足厥陰肝經。燥己土而泄濕，達乙木而息風。 白芷： 味辛，微溫，入手太陰肺、手陽明大腸經。發散皮毛，驅逐風濕。 細辛： 味辛，氣溫，入足太陰肺、足少陰腎經。降沖逆而止咳，驅寒濕而蕩濁。最清氣道，兼通水源。 蒼朮： 味甘微辛，入足太陰脾、足陽明胃經。燥土利水，泄飲消痰。行瘀去滿，化癖除癥。理呑吐酸腐，辟山川瘴癘。起筋骨之痿軟，回溲溺之混濁。茅山者佳，製同白朮。 天麻： 味辛，微溫，入足厥陰肝經。通關透節，泄濕除風。 秦艽： 味苦，氣平，入足厥陰肝經。發宣經絡，驅除風濕。 防己： 味苦辛，性寒，入足太陰脾、足太陽膀胱經。泄經絡之濕邪，逐臟腑之水氣。　牛蒡子：味苦，氣平，入手太陰肺經。清風泄濕，消腫敗毒。　蔓荊子：味苦，微溫，入足厥陰肝經。泄風濕，清頭目。　甘菊花：味甘，氣平，入足厥陰肝經。清風止眩，明目去翳。　五加皮：味辛，微溫，入足厥陰肝經。逐濕開痹，起痿伸攣。

固藥門

固精類　山茱萸：味酸，性濇，入足厥陰肝經。溫乙木而止疏泄，斂精液而縮小便。去核，酒蒸。　五味子：味酸，微苦鹹，氣濇，入手太陰肺經。斂辛金而止咳，收庚金而住泄。善收脱陷，最下沖逆。　菟絲子：味酸，氣平，入足少陰腎、足厥陰肝經。斂精利水，暖膝溫腰。久服妨脾。　金櫻子：味鹹，性濇，入手陽明大腸、足厥陰肝經。斂腸止泄，固精斷遺。　何首烏：味甘濇，氣平，入足厥陰肝經。養血榮筋，息風潤燥。斂肝氣之疏泄，遺精最效；舒筋脈之拘攣，偏枯甚良。瘰癧癰腫皆消，崩漏淋漓俱止。消痔至妙，截瘧如神。米泔換浸一兩天，銅刀切片，黑豆拌勻，砂鍋蒸曬數次。　山藥：味甘，氣平，入足陽明胃、手太陰肺經。養戊土而行降攝，補辛金而司收斂。善息風燥，專止疏泄。　芡實：味甘，性濇，入手太陰肺、足少陰腎經。止遺精，收帶下。　韭子：味辛，性溫，入足少陰腎、足厥陰肝經。秘精斂血，暖膝強腰。　鹿角膠：味辛鹹，微溫，入足少陰腎、足厥陰肝經。補腎益肝，斂精止血。蛤粉炒研用。　龍骨：味鹹，微寒，性濇，入手少陰心、足少陰腎、足厥陰肝、足少陽膽經。斂神魂而定驚悸，保精血而收滑脱。白者佳，煅研細用。　牡蠣：味鹹，微寒，性濇，入手少陰心、足少陰腎經。降膽氣而消痞，斂心神而止驚。清金泄熱，保液秘精。煅粉，研細用。

固血類　茅根：味甘，微寒，入手太陰肺、足太陽膀胱經。清金止血，利水通淋。　茜草根：味苦，微寒，入足厥陰肝經。通經脈瘀塞，止營血流溢。　石榴皮：味酸，性濇，入手陽明大腸、足厥陰肝經。斂腸固腎，濇精止血。　柏葉：味苦辛濇，入手太陰肺經。清金益氣，斂肺止血。

固神類　棗仁：味甘酸，入手少陰心、足少陽膽經。寧心膽而除煩，斂神魂而就寐。生用泄膽熱安眠，熟用補膽虛不寐。　遠志：味辛，微溫，入手少陰心、足少陰腎經。開心利竅，益智安神。

固腸類　訶子：味酸微苦，氣濇，入手陽明大腸、手太陰肺經。收庚金而住泄，斂辛金而止咳。破壅滿而下沖逆，疏鬱塞而收脱陷。　五倍子：味酸，氣平，入手太陰肺、手陽明大腸經。收肺除咳，斂腸止利。五倍釀法，名百藥煎，與五倍同功。　罌粟殼：味鹹，性濇，微寒，入手太陰肺、手陽明大腸經。收肺斂腸，止咳斷利。初病忌服，當與行鬱泄濕之藥並用。　禹餘糧：味甘，微寒，入足太陰脾、足少陰腎、足厥陰肝、手陽明大腸經。止小便之痛濇，收大腸之滑泄。煅紅，醋淬，研細用。　赤石脂：味甘酸辛，性濇，入手少陰心、足太陰脾、手陽明大腸經。斂腸胃而斷泄利，護心主而止痛楚。

寒藥門

微寒類　連翹：味苦，性涼，入足太陰脾、足太陽膀胱經。清丁火而退熱，利壬水而泄濕。　前胡：味苦，微寒，入手太陰肺經。清肺化痰，降逆止嗽。　蘆根：味甘，性寒，入手太陰肺、足陽明胃經。降逆止嘔，清熱除煩。　石韋：味苦，入足太陽膀胱經。清金泄熱，利水開癃。　竹茹：味甘，微寒，入手太陰肺、足陽明胃經。降逆止嘔，清熱除煩。　金銀花：味辛，微涼，入手太陰肺、足厥陰肝經。涼肝清肺，消腫敗毒。　地骨皮：味苦微甘，性寒，入足少陰腎、足厥陰肝經。清肝泄熱，涼骨除蒸。　白微：味苦微鹹，微寒，入手太陰肺、足太陽膀胱經。涼金泄熱，清肺除煩。　白頭翁：味苦，性寒，入足少陽膽、足厥陰肝經。清下熱而止利，解鬱蒸而涼血。

大寒類　黃芩：味苦，氣寒，入足少陽膽、足厥陰肝經。清相火而斷下利，泄甲木而止上嘔。除少陽之痞熱，退厥陰之鬱蒸。　黃連：味苦，性寒，入手少陰心經。清心退熱，泄火除煩。　梔子：味苦，性寒，入手少陰心、足太陰脾、足厥陰肝、足太陽膀胱經。清心火而除煩鬱，泄脾土而驅濕熱。吐胸膈之濁瘀，退皮膚之熏黃。　黃柏：味苦，氣寒，入足厥陰肝、足太陰脾經。泄己土之濕熱，清乙木之鬱蒸。調熱利下重，理黃疸腹滿。　知母：味苦，氣寒，入手太陰肺、足太陽膀胱經。清金泄熱，止渴除煩。　秦皮：味苦，性寒，入足厥陰肝經。清厥陰之鬱熱，止風木之疏泄。　石膏：味辛，氣寒，入手太陰肺、足陽明胃經。清金而止燥渴，泄熱而除煩燥。研細，綿裹，入藥煎。虛熱煅用。　犀角：味苦酸，性寒，入足厥陰肝、足少陽膽、手少陰心經。泄火除煩，解毒止血。　羚羊角：味苦鹹，微寒，入足厥陰肝經。清風明目，泄熱舒筋。

熱藥門

微熱類　艾葉：味苦辛，氣溫，入足厥陰肝經。燥濕除寒，溫經止血。　薤白：味辛，氣溫，入手太陰肺、手陽明大腸經。開胸痹而降逆，除後重而升陷。最消痞痛，善止滑泄。　益智仁：味辛，氣溫，入足太陰脾、足陽明胃經。和中調氣，燥濕溫寒。遺精與淋濁俱療，吐血與崩漏兼醫。去殼炒研，消食亦良。　縮砂仁：味辛，氣香，入足太陰脾、足陽明胃經。和中調氣，行鬱消渴。降胃陰而下食，達脾陽而化穀。嘔吐與泄利皆良，咳嗽共痰飲俱妙。善療噎膈，能安胎妊。調上焦之腐酸，理下氣之穢濁。除咽喉口齒之疾，化銅鐵骨刺之鯁。去殼，炒研。　白豆蔻：味辛，氣香，入足陽明胃、手太陰肺經。降肺胃之沖逆，善止嘔吐；開胸膈之鬱滿，能下飲食。噎膈可效，痎瘧亦良。去睛上翳障，消腹中脹疼。研細，湯沖。　大茴香：味辛，微溫，入足陽明胃、足少陰腎經。降氣止嘔，溫胃下食，暖腰膝，消癩疝。

大熱類　乾薑：味辛，性溫，入足陽明胃、足太陰脾、足厥陰肝、手太陰肺經。燥濕溫中，行鬱降濁。補益火土，消納飲食。暖脾胃而溫手足，調陰陽而定嘔吐。下沖逆而平咳嗽，提脫陷而止滑泄。略炒用，勿令焦黑。　川椒：味辛，性溫，入足陽明胃、足厥陰肝、足少陰腎、足太陰脾經。暖中宮而溫命門，驅寒濕而止疼痛。最治嘔吐，善醫泄利。去目及閉口者，炒去汗用。

蓽撥：味辛，氣溫，入足太陰脾、足陽明胃經。溫脾胃而化穀，暖腰膝而止痛。吐泄皆醫，疝瘕並效。醋浸焙用。　丁香：味辛，氣溫，入足太陰脾、足陽明胃經。溫燥脾胃，驅逐脹滿。治心腹疼痛，除腰腿濕寒。最止嘔噦，善回滑溏。殺蟲解蠱，化塊磨堅。起丈夫陽弱，愈女子陰冷。用母丁香，雄者為雞舌香。　草豆蔻：味辛，氣溫，入足太陰脾、足陽明胃經。燥濕調中，運行鬱濁，善磨飲食，能驅痰飲。治胃口寒濕作痛，療腹中腐敗成積。泄穢吞酸俱效，蠻煙瘴雨皆醫。痎瘧堪療，霍亂可愈。反胃噎膈之佳藥，嘔吐泄利之良品。化魚肉停留，斷赤白帶下。　麵包糖煨，研去皮。　肉豆蔻：味辛苦，性溫，氣香，入足太陰脾、足陽明胃經。溫中燥土，消穀進食。善止嘔吐，最收泄利。治寒濕腹痛，療赤白痢疾。化痰水停留，磨飲食陳宿。麵包煨研，去油湯沖。　吳茱萸：味辛苦，性溫，入足陽明胃、足太陰脾、足厥陰肝經。溫中泄濕，開鬱破凝。降濁陰而止嘔吐，升清陽而斷泄利。熱水洗數次用。　肉桂：味甘辛，氣香，性溫，入足厥陰肝經。溫肝暖血，破瘀消癥。逐腰腿濕寒，驅腹脇疼痛。　附子：味辛鹹苦，性溫，入足太陰脾、足少陰腎經。暖水燥土，泄濕除寒。走中宮而溫脾，入下焦而暖腎。補垂絕之火種，續將斷之陽根。治手足厥冷，開臟腑陰滯。定腰腹之疼痛，舒踝膝之攣拘。通經脈之寒瘀，消疝瘕之冷結。降濁陰逆上，能回噦噫；提清陽下陷，善止脹滿。紙包數層，水濕，火中灰埋煨熟，去皮、臍切片，砂鍋隔紙焙焦用，勿令黑。　烏頭：味辛苦，性溫，入足厥陰肝、足少陰腎經。開關節而去濕寒，通經絡而逐冷痹。消腿膝腫疼，除心腹痞痛。治寒疝最良，療脚氣絕佳。製同附子，蜜煎取汁用。

《人物典制總部》提要

《人物典制總部》下分『人物』與『典制』兩個部。

『人物部』主要收集古代與藥學相關的人物資料，其中的緯目『傳記』中，收羅歷代藥學人物生平的有關史料，緯目『著録』則采録藥學著作的序跋、凡例等，以反映藥書及其作者的有關情況。為方便閲讀，同書不同時代之序跋題識均集中排列，以先後為序。

『典制部』兩組『綜述』緯目中，『綜述一』載有關朝廷律令，刑律、禮制、祭祀、醫學考試、編校典籍、訪書求賢等詔令。『綜述二』載有關的醫學官制，官辦藥局及學校設置等的制度。緯目『紀事』中，則采集與官府相關的藥事活動，如官府疫病施藥、賜藥，鄰邦及各地貢藥、采藥製藥、食貨，宫廷醫療事故等。

人物典制總部

人物部

傳記

《史記·扁鵲倉公列傳》 扁鵲者，勃海郡鄭人也，姓秦氏，名越人。少時為人舍長。舍客長桑君過，扁鵲獨奇之，常謹遇之。長桑君亦知扁鵲非常人也。出入十餘年，乃呼扁鵲私坐，閒與語曰：我有禁方，年老，欲傳與公，公毋泄。扁鵲曰：敬諾。乃出其懷中藥予扁鵲：飲是以上池之水，三十日當知物矣。乃悉取其禁方書盡與扁鵲。忽然不見，殆非人也。扁鵲以其言飲藥三十日，視見垣一方人。以此視病，盡見五藏癥結【略】。

太倉公者，齊太倉長，臨菑人也，姓淳于氏，名意。少而喜醫方術。高后八年，更受師同郡元里公乘陽慶。慶年七十餘，無子，使意盡去其故方，更悉以禁方予之，傳黃帝、扁鵲之脈書，五色診病，知人死生，決嫌疑，定可治，及藥論，甚精。【略】至高后八年，得見師臨菑元里公乘陽慶。慶年七十餘，意得見事之。謂意曰：盡去而方書，非是也。慶有古先道遺傳黃帝、扁鵲之脈書，五色診病，知人生死，決嫌疑，定可治，及藥論書，甚精。我家給富，心愛公，欲盡以我禁方書悉教公。臣意即曰：幸甚，非意之所敢望也。臣意即避席再拜謁，受其脈書上下經、五色診、奇咳術、揆度陰陽外變、藥論、石神，接陰陽禁書【略】。菑川王時遣太倉馬長馮信正方，臣意教以案法逆順，論藥法，定五味及和齊湯法。

《史記·貨殖列傳》 秦始皇帝令倮比封君，以時與列臣朝請。而巴寡婦清，其先得丹穴，而擅其利數世，家亦不訾。清，寡婦也，能守其業，用財自衛，不見侵犯。秦皇帝以為貞婦而客之，為築女懷清臺。

《列仙傳》卷上 范蠡：范蠡字少伯，徐人也。事周師太公望，好服桂飲水。為越大夫，佐勾踐破吳。後乘輕舟入海，變名姓，適齊，為鴟夷子。更後百餘年，見於陶，為陶朱君，財累億萬，號陶朱公。復棄之，蘭陵賣藥。後人世世識見之。【略】

安期先生：安期先生者，琅邪阜鄉人也。賣藥於東海邊，時人皆言千歲翁。秦始皇東遊，請見，與語三日三夜，賜金璧度數千萬。出於阜鄉亭，皆置去，留書以赤玉舄一量為報，曰：後數年求我於蓬萊山。始皇即遣使者徐市、盧生等數百人入海，未至蓬萊山，輒逢風波而還。立祠阜鄉亭海邊十數處云。【略】

瑕丘仲：瑕丘仲者，甯人也。賣藥於甯百餘年，人以為壽矣。地動舍壞，仲及里中數十家屋臨水，皆敗。仲死，民人取仲尸，棄水中，收其藥賣之。仲披裘而從，詣之取藥。棄仲者懼，叩頭求哀，仲曰：恨汝使人知我耳，吾去矣。後為夫餘胡王驛使，復來至甯。北方人謂之謫仙人焉。【略】

崔文子：崔文子者，太山人也。文子世好黃老事，居潛山下，後作黃散赤丸，成石父祠，賣藥都市，自言三百歲。後有疫氣，民死者萬計，長吏之文所請救。文擁朱幡，繫黃散以徇人門。飲散者即愈，所活者萬計。後去，在蜀賣黃散。故世寶崔文子赤丸黃散，實近於神焉。

《列仙傳》卷下 東方朔：東方朔者，平原厭次人也。久在吳中，為書師數十年。武帝時，上書說便宜，拜為郎。至昭帝時，時人或謂聖人，或謂凡人。作深淺顯默之行，或忠言，或戲語，莫知其旨。至宣帝初，棄郎以避亂世，置幘官舍，風飄之而去。後見於會稽，賣藥五湖。智者疑其歲星精也。【略】

鹿皮公：鹿皮公者，淄川人也。【略】食芝草，飲神泉，且七十年。淄水來，三下呼宗族家室，得六十餘人，令上山半。水盡漂，一郡沒者萬計。小吏乃辭遣宗家，令下山。著鹿皮衣，遂去，復上閣。後百餘年下，賣藥於市。

負局先生：負局先生者，不知何許人也，語似燕、代閒人。常負磨鏡局徇吳市中，衒磨鏡一錢。因磨之，輒問主人，得無有疾苦者，輒出紫丸藥以與之，得者莫不愈。如此數十年。後大疫病，家至戶到與藥，活者萬計，不取一錢，吳人乃知其真人也。後止吳山絕崖頭，懸藥下與人。將欲去時，語下人曰：吾還蓬萊山，為汝曹下神水。崖頭一旦有水，白色，流從石閒來，下服之。多愈疾。立祠十餘處。

朱璜：朱璜者，廣陵人也。少病毒瘕，就睢山上道士阮邱。邱憐之，言：卿除腹中三尸，有真人之業可度教也。璜曰：病癒，當為君作客三十年，不敢自還。邱與璜七物藥，日服九丸。百日病下如肝脾者數斗。養之數十日，肥健，心意日更開朗。【略】如此至武帝末，故在焉。

黃阮邱：黃阮邱者，睢山上道士也。衣裘披髮，耳長七寸，口中無齒，日行四百里，於山上種蔥韰百餘年，人不知也。時下賣藥，朱璜發明之，乃知其神人也。地動山崩，道絕，預戒下人。世共奉祠之。【略】

元俗：元俗者，自言河間人也。餌巴豆，賣藥都市，七丸一錢，治百病。河間王病瘕，買藥服之，下蛇十餘頭。問藥意，俗云：王瘕，乃六世餘殃下墮，即非王所招也。王常放乳鹿，麟母也，仁心感天，故當遭俗耳。王家老舍人自言：父世見俗，俗形無影。王乃呼俗日中看，實無影。王欲以女配之，俗夜亡去。後人見於常山下。

《後漢書·方術列傳》郭玉者，廣漢雒人也。【略】對曰：醫之為言意也。【略】其為療也，有四難焉。自用意而不任臣，一難也；將身不謹，二難也；骨節不彊，不能使藥，三難也；好逸惡勞，四難也。【略】

華佗字元化，沛國譙人也，一名旉。遊學徐土，兼通數經。曉養性之術，年且百歲而猶有壯容，時人以為仙。沛相陳珪舉孝廉，太尉黃琬辟，皆不就。精於方藥，處齊不過數種，心識分銖，不假稱量。針灸不過數處。若疾發結於內，針藥所不能及者，乃令先以酒服麻沸散，既醉無所覺，因刳破腹背，抽割積聚。若在腸胃，則斷截湔洗，除去疾穢，既而縫合，傅以神膏，四五日創愈，一月之間皆平復。佗嘗行道，見有病咽塞者，因語之曰：向來道隅有賣餅人，萍齏甚酸，可取三升飲之，病自當去。即如佗言，立吐一蛇，乃懸於車而候佗。時佗小兒戲於門中，逆見，自相謂曰：客車邊有物，必是逢我翁也。及客進，顧視壁北，懸蛇以十數，乃知其奇。【略】初，軍吏李成苦欬，晝夜不寐。佗以為腸癰，與散兩錢服之，即吐二升膿血，於此漸愈。乃戒之曰：後十八歲，疾當發動，若不得此藥，不可差也。復分散與之，後五六歲，有里人如成先病，請藥甚急，成愍而與之，乃故往譙更從佗求，適值見收，意不忍言。後十八年，成病發，無藥而死。【略】〔樊〕阿從佗求方可服食益於人者，佗授以漆葉青黏散：漆葉屑一斗，青黏十四兩，以是為率。言久服，去三蟲，利五藏，輕體，使人頭不白。阿從其言，壽百餘歲。漆葉處所而有。青黏生於豐、沛、彭城及朝歌閒。

費長房者，汝南人也。曾為市掾。市中有老翁賣藥，懸一壺於肆頭，及市罷，輒跳入壺中。市人莫之見，唯長房於樓上覩之，異焉，因往再拜奉酒脯。翁知長房之意其神也，謂之曰：子明日可更來。長房旦日復詣翁，翁乃與俱入壺中。唯見玉堂嚴麗，旨酒甘肴，盈衍其中，共飲畢而出。【略】

薊子訓者，不知所由來也。建安中，客在濟陰宛句。有神異之道。【略】時有百歲翁，自說童兒時見子訓賣藥於會稽市，顏色不異於今。後人復於長安東霸城見之，與一老公共摩挲銅人，相謂曰：適見鑄此，已近五百歲矣。

北海王和平，性好道術，自以當仙。濟南孫邕少事之，從至京師。會和平病歿，邕因葬之東陶。有書百餘卷，藥數囊，悉以送之。後弟子夏榮言其尸解，邕乃恨不取其寶書仙藥焉。

《後漢書·逸民列傳》臺佟字孝威，魏郡鄴人也。隱於武安山，鑿穴為居，采藥自業。建初中，州辟，不就。【略】

韓康字伯休，一名恬休，京兆霸陵人。家世著姓。常采藥名山，賣於長安市，口不二價，三十餘年。時有女子從康買藥，康守價不移。女子怒曰：公是韓伯休那？乃不二價乎？康歎曰：我本欲避名，今小女子皆知有我，何用藥為？乃遯入霸陵山中。【略】

龐公者，南郡襄陽人也。居峴山之南，未嘗入城府。【略】後遂攜其妻子登鹿門山，因采藥不反。

《後漢書·鄭范陳賈張列傳》張霸字伯饒，蜀郡成都人也。【略】〔子楷〕家貧無以為業，常乘驢車至縣賣藥，足給食者，輒還鄉里。

《晉書·列傳第五·裴秀子頠》頠字逸民，弘雅有遠識，博學稽古，自少知名。【略】頠通博多聞，兼明醫術。荀勖之修律度也，檢得古尺，短世所用四分有餘。頠上言：宜改諸度量。若未能悉革，可先改太醫權衡。此若差違，遂失神農、岐伯之正。藥物輕重，分兩乖互，所可傷夭，為害尤深。古壽考而今短折者，未必不由此也。卒不能用。

《南史·隱逸·陶弘景傳》陶弘景，字通明，丹陽秣陵人也。【略】以宋孝建三年丙申歲夏至日生。幼有異操，年四五歲，恒以荻爲筆，畫灰中學書。至十歲，得葛洪《神仙傳》，晝夜研尋，便有養生之志。【略】父爲妾所害，弘景終身不娶。及長，身長七尺七寸，神儀明秀，朗目疏眉，細形長額，聳耳，耳孔各有十餘毛，出外二寸許，右膝有數十黑子，作七星文。讀書萬餘卷，一事不知，以爲深恥。善琴棊，工草隸。未弱冠，齊高帝作相，引爲諸王侍讀，除奉朝請。雖在朱門，閉影不交外物，唯以披閱爲務。朝儀故事，多所取焉。家貧，求宰縣不遂。永明十年，脱朝服挂神虎門，上表辭禄，詔許之，賜以束帛，敕所在月給伏苓五斤，白蜜二升，以供服餌。【略】於是止于句容之句曲山，恒曰：此山下是第八洞宫，名金陵華陽之天，周回一百五十里。昔漢有咸陽三茅君得道，來掌此山，故謂之茅山。乃中山立館，自號華陽陶隱居。人間書札，即以隱居代名。【略】性好著述，尚奇異，顧惜光景，老而彌篤，尤明陰陽五行，風角星算，山川地理，方圓産物，醫術本草，帝代年歷。【略】弘景既得神符祕訣，以爲神丹可成，而苦無藥物，帝給黄金、朱砂、曾青、雄黄等。後合飛丹，色如霜雪，服之體輕。及帝服飛丹有驗，益敬重之，每得其書，燒香虔受。【略】國家每有吉凶征討大事，無不前以諮詢。月中常有數信，時人謂爲山中宰相。【略】天監四年，移居積金東澗。弘景辟穀導引之法，自隱處四十許年，年逾八十而有壯容。【略】天監中，獻丹於武帝。中大通初，又獻二丹，其一名善勝，一名成勝，并爲佳寶。無疾自知應逝，逆剋亡日，仍爲告逝詩。大同二年卒，時年八十五。【略】詔贈太中大夫，謚曰貞白先生。【略】所著《學苑》百卷，《孝經》《論語集注》，《帝代年歷》《本草集注》《效驗方》《肘後百一方》《古今州郡記》《圖像集要》，及《玉匱記》《七曜新舊術疏》《占候》《合丹法式》，共祕密不傳，及撰而未訖又十部，唯弟子得之。

《梁書・處士・陶弘景傳》 陶弘景，字通明，丹陽秣陵人也。【略】幼有異操，年十歲，得葛洪《神仙傳》，晝夜研尋，便有養生之志。【略】及長，身長七尺四寸，神儀明秀，朗目疎眉，細形長耳。讀書萬餘卷，善琴棋，工草隸。未弱冠，齊高帝作相，引爲諸王侍讀，除奉朝請。雖在朱門，閉影不交外物，唯以披閱爲務。朝儀故事，多取決焉。永明十年，上表辭禄，詔許之，賜以束帛。【略】於是止于句容之句曲山，恒曰：此山下是第八洞宫，名金壇華陽之天，周回一百五十里。昔漢有咸陽三茅君得道，來掌此山，故謂之茅山。乃中山立館，自號華陽隱居。始從東陽孫遊岳受符圖經法，偏歷名山，尋訪仙藥。【略】性好著述，尚奇異，顧惜光景，老而彌篤，尤明陰陽五行，風角星算，山川地理，方圖産物，醫術本草。【略】天監四年，移居積金東澗。善辟穀導引之法，年逾八十而有壯容。【略】大同二年卒，時年八十五，顔色不變，屈申如恒。詔贈中散大夫，謚曰貞白先生【略】。

《隋书・許智藏傳》 許智藏，高陽人也。祖道幼，嘗以母疾，遂覽醫方，因而究極，世號名醫。誡其諸子曰：為人子者，嘗膳視藥，不知方術，豈謂孝乎？由是世相傳授。仕梁，官至員外散騎侍郎。【略】智藏少以醫術自達，仕陳為散騎侍郎。【略】

宗人許澄，亦以醫術顯。父奭，仕梁太常丞、中軍長史。隨柳仲禮入長安，與姚僧垣齊名，拜上儀同三司。澄有學識，傳父業，尤盡其妙。歷尚藥典御、諫議大夫，封賀川縣伯。

《北史・藝術・徐謇傳》 徐謇，字成伯，丹陽人也，家本東莞。與兄文伯等皆善醫藥。謇因至青州，慕容白曜平東陽，獲之，送京師。獻文欲驗其能，置病人於幕中，使謇隔而脈之，深得病形，兼知色候，遂被寵遇。為中散，稍遷内行長。文明太后時問經方，而不及李脩之見任用。謇合和藥劑攻療之驗，精妙於脩。而性秘忌，承奉不得其意，雖貴為王公，不為措療也。【略】謇欲為孝文合金丹，致延年法，乃入居嵩高，採營其物，歷歲無所成，遂罷。【略】謇常有將餌及吞服道，年垂八十，而鬢髮不白，力未多衰。正始元年，以老為光禄大夫。卒，贈安東將軍、齊州刺史，謚曰靖。【略】大寧二年春，武明太后又病，之才弟之範為尚藥典御，敕令診候。【略】之才醫術最高，偏被命召。武成酒色過度，恍忽不恒。曾病發，自云，初見空中有五色物，稍近，變成一美婦人，去地數丈，亭亭而立。食頃，變為觀世音。之才云：此色欲多，大虚所致。即處湯方，服一劑，便覺稍遠；又服，還變成五色物；數劑湯，疾竟愈。帝每發動，暫遣騎追之，針藥所加，應時必效，故頻有端執之舉。【略】歷事諸帝，以戲狎得寵。武成生齻牙，問諸醫，尚藥典御鄧宣文以實對，武成怒而撻之。後以問之才，拜賀曰：此是智牙，生智牙者，聰明長壽。武成悦而賞之。【略】年八十卒，贈司徒公、錄尚書事，謚曰文明。

《北史・藝術・馬嗣明傳》 馬嗣明，河内野王人也。少博綜經方，為人診脈，一年前知其生死。【略】楊愔患背腫，嗣明以練石塗之，便差，因此大為楊愔所重。作練石法：以粗黄色石如鵝鴨卵大，猛火燒令赤，内淳醋中，自有石屑落醋裏，頻燒至石盡，取石屑曝乾，搗下篵，和醋以塗腫上，無不愈。【略】隋開皇中，卒於太子藥藏監。

《北史・藝術・姚僧垣傳》 姚僧垣，字法衛，吴興武康人，吴太常信之八世孫也。父菩提，梁高平令。嘗嬰疾疹歷年，乃留心醫藥。梁武帝召與討論方術，言多會意，由是頗禮之。僧垣幼通洽，居喪盡禮，年二十四，即傳家業。仕梁為太醫正，加文德主帥。梁武帝嘗因發熱，服大黃。僧垣曰：大黃快藥，至尊年高，不宜輕用。帝弗從，遂至危篤。太清元年，轉鎮西湘東王府中記室參軍。僧垣少好文史，為學者所稱。及梁簡文嗣位，僧垣兼中書舍人。梁元帝平侯景，召僧垣赴荊州，改授晉安王府諮議。梁元帝嘗有心腹病，諸醫皆請用平藥。僧垣曰：脈洪實，宜用大黃。元帝從之。進湯訖，果下宿食，因而疾愈。【略】武成元年，授小畿伯下大夫。金州刺史伊婁穆以疾還京，請僧垣省疾，乃云自腰至臍，似有三縛，兩脚緩縱，不復自持。僧垣即為處湯三劑。穆初服一劑，上縛即解；次服一劑，中縛復解；又服一劑，三縛悉除。而兩脚疼痺，猶自攣弱，更為合散一劑，稍得屈申。僧垣曰：終待霜降，此患當愈。及至九月，遂能起行。大將軍、襄樂公賀蘭隆先有氣疾，加以水腫，喘息奔急，坐臥不安。或有勸其服決命大散者，其家疑未能決，乃問僧垣。僧垣曰：意謂此患，不與大散相當。即為處方，勸使急服，便即氣通；更服一劑，諸患悉愈。大將軍、樂平公竇集暴感風疾，精神瞀亂，無所覺知。醫先視者，皆云已不可救。僧垣後至曰：困矣，終當不死。為合湯散，所患即瘳。【略】（建德）四年，帝親戎東討，至河陰遇疾，口不能言；瞼垂覆目，不得視；一足短縮，又不得行。僧垣以為諸藏俱病，不可並療，軍中之要，莫過於語，乃處方進藥，帝遂得言。次又療目，目疾便愈。末及足，足疾亦瘳。比至華州，帝已痊復。【略】隋開皇初，進爵北絳郡公。三年，卒，年八十五。【略】僧垣醫術高妙，為當時所推，前後效驗，不可勝紀。聲譽既盛，遠聞邊服，至於諸蕃外域，咸請託之。僧垣乃參校徵效者為《集驗方》十二卷，又撰《行記》三卷，行於世。

《北史・藝術・許智藏傳》 許智藏，高陽人也。祖道幼，常以母疾，遂覽醫方，因而究極，時號名醫。誡諸子曰：為人子者，嘗膳視藥，不知方術，豈謂孝乎。由是，遂世相傳授。仕梁，位員外散騎侍郎。父景，武陵王諮議參軍。智藏少以醫術自達，仕陳，為散騎常侍。陳滅，隋文帝以為員外散騎侍郎，使詣揚州。會秦王俊有疾，上馳召之。俊夜夢其亡妃崔氏泣曰：本來相迎，如聞許智藏將至，其人若到，當必相苦，為之奈何？明夜，俊又夢崔氏曰：妾得計矣，當入靈府中以避之。及智藏至，為俊診脈曰：疾已入心，即當發癇，不可救也。果如言，俊數日而薨。上奇其妙，賚物百段。煬帝即位，智藏時致仕，帝每有苦，輒令中使就宅詢訪，或以輦迎入殿，扶登御牀。智藏為方奏之，用無不效。卒於家，年八十。

宗人許澄，亦以醫術顯。澄父奭，仕梁，為中軍長史，隨柳仲禮入長安，與姚僧垣齊名，拜上儀同三司。澄有學識，傳父業，尤盡其妙。歷位尚藥典御、諫議大夫，封賀川縣伯。

唐・李肇《唐國史補》卷中 王彦伯自言醫道將行，時列三四竈，煮藥于庭。老少塞門而請，彦伯指曰：熱者飲此，寒者飲此，風者飲此，氣者飲此。皆飲之而去。翌日，各負錢帛來酬，無不效者。

唐・柳宗元《柳宗元集》卷一七《宋清傳》 宋清，長安西部藥市人也。居善藥。有自山澤來者，必歸宋清氏，清優主之。長安醫工得清藥輔其方，輒易讎，咸譽清。疾病庀瘍者，亦皆樂就清求藥，冀速已。清皆樂然響應。雖不持錢者，皆與善藥，積券如山，未嘗詣取直。或不識遙與券，清不為辭。歲終，度不能報，輒焚券，終不復言。市人以其異，皆笑之曰：清，蚩妄人也。或曰：清其有道者歟？清聞之曰：清逐利以活妻子耳，非有道也，然謂我蚩妄者亦謬。

清居藥四十年，所焚券者百數十人，或至大官，或連數州，受俸博，其餽遺清者，相屬於戶。雖不能立報，而以賒死者千百，不害清之為富也。【略】清之取利遠，遠故大，豈若小市人哉？一不得直，則怫然怒，再則罵而仇耳。彼之為利，不亦翦翦乎！吾見蚩之有在也。清誠以是得大利，又不為妄，執其道不廢，卒以富。求者益眾，其應益廣。或斥棄沉廢，親與交；視之落然者，清不以怠，遇其人，必與善藥如故。一旦復柄用，益厚報清。其遠取利，皆類此。

吾觀今之交乎人者，炎而附，寒而棄，鮮有能類清之為者。世之言，徒曰市道交。嗚呼！清，市人也，今之交有能望報如清之遠者乎？幸而庶幾，則天下之窮困廢辱得不死亡者眾矣，市道交豈可少耶？或曰：清，非市道人也。柳先生曰：清居市不為市之道，然而居朝廷、居官府、居庠塾鄉黨以士大夫自名者，反爭為之不已，悲夫！然則清非獨異於市人也。

唐・鄭處誨《明皇雜錄》 開元中，有名醫紀明者，吳人，常授秘訣於隱士周廣。觀人顏色談笑，便知疾深淺，言之精詳，不待診候。上聞其名，徵至京師，令於掖庭中召有疾者，俾周驗焉。有宮人每日昃笑歌啼號，若中狂疾，而又足不能及地。周視之曰：此必因食且飽而大促力，頃復仆於地而然也。周乃飲以雲母湯，既已，令熟寐，寐覺乃失所苦。

唐・段成式《酉陽雜俎・前集》卷七 荊人道士王彥伯，天性善醫，尤別脈，斷人生死壽夭，百不差一。裴胄尚書子忽暴中病，衆醫拱手，或說彥伯，遽迎使視。脉之良久，曰：都無疾。乃煮散數味，入口而愈。裴問其狀，彥伯曰：中無腮鯉魚毒也。其子因鱠得病，裴初不信，乃鱠鯉魚無腮者，令左右食之，其候悉同，始大驚異焉。

《舊唐書・方伎・甄權傳》 甄權，許州扶溝人也。嘗以母病，與弟立言專醫方，得其旨趣。隋開皇初，為秘書省正字，後稱疾免。【略】貞觀十七年，權年一百三歲，太宗幸其家，視其飲食，訪以藥性，因授朝散大夫，賜几杖衣服。其年卒。撰《脈經》、《鍼方》、《明堂人形圖》各一卷。

弟立言，武德中累遷太常丞。御史大夫杜淹患風毒發腫，太宗令立言視之。既而奏曰：從今更十一日午時必死。果如其言。時有尼明律，年六十餘，患心腹鼓脹，身體羸瘦，已經二年。立言診脈曰：其腹內有蟲，當是誤食髮為之耳。因令服雄黃，須臾吐一蛇，如人手小指，唯無眼，燒之，猶有髮氣，其疾乃愈。立言尋卒。撰《本草音義》七卷，《古今錄驗方》五十卷。

《舊唐書・方伎・宋俠傳》 宋俠者，洺州清漳人，北齊東平王文學孝正之子也。亦以醫術著名。官至朝散大夫、藥藏監。撰《經心錄》十卷，行於代。

《舊唐書・方伎・許胤宗傳》 許胤宗，常州義興人也。初事陳為新蔡王外兵參軍。時柳太后病風不言，名醫治皆不愈，脈益沉而噤。胤宗曰：口不可下藥，宜以湯氣薰之。令藥入腠理，周理即差。乃造黃耆防風湯數十斛，置於牀下，氣如煙霧，其夜便得語。由是超拜義興太守。陳亡入隋，歷尚藥奉御。武德初，累授散騎侍郎。時關中多骨蒸病，得之必死，遞相連染，諸醫無能療者。胤宗每療，無不愈。或謂曰：公醫術若神，何不著書以貽將來？胤宗曰：醫者，意也，在人思慮。又脈候幽微，苦其難別，意之所解，口莫能宣。且古之名手，唯是別脈；脈既精別，然後識病。夫病之於藥，有正相當者，唯須單用一味，直攻彼病，藥力既純，病即立愈。今人不能別脈，莫識病源，以情臆度，多安藥味。譬之於獵，未知兔所，多發人馬，空地遮圍，或冀一人偶然逢也。如此療疾，不亦疏乎！假令一藥偶然當病，復共他味相和，君臣相制，氣勢不行，所以難差，諒由於此。脈之深趣，既不可言，虛設經方，豈加於舊。吾思之久矣，故不能著述耳！年九十餘卒。

《舊唐書・方伎・孫思邈傳》 孫思邈，京兆華原人也。七歲就學，日誦千餘言。弱冠，善談莊、老及百家之說，兼好釋典。【略】上元元年，辭疾請歸，特賜良馬，及鄱陽公主邑司以居焉。當時知名之士宋令文、孟詵、盧照鄰等，執師資之禮以事焉。【略】照鄰有惡疾，醫所不能愈，乃問思邈：名醫愈疾，其道何如？思邈曰：吾聞善言天者，必質之於人，善言人者，亦本之於天。天有四時五行，寒暑迭代，其轉運也，和而為雨，怒而為風，凝而為霜雪，張而為虹蜺，此天地之常數也。人有四支五藏，一覺一寐，呼吸吐納，精氣往來，流而為榮衛，彰而為氣色，發而為音聲，此人之常數也。陽用其形，陰用其精，天人之所同也。及其失也，蒸則生熱，否則生寒，結而為瘤贅，陷而為癰疽，奔而為喘乏，竭而為焦枯，診發乎面，變動乎形。推此以及天地亦如之。故五緯盈縮，星辰錯行，日月薄蝕，孛彗飛流，此天地之危診也。寒暑不時，天地之蒸否也；石立土踊，天地之瘤贅也；山崩土陷，天地之癰疽也；奔風暴雨，天地之喘乏也；川瀆竭涸，天地之焦枯也。良醫導之以藥石，救之以鍼劑，聖人和之以至德，輔之以人事，故形體有可愈之疾，天地有可消之災。又曰：膽欲大而心欲小，智欲圓而行欲方。《詩》曰如臨深淵，如履薄冰，謂小心也；糾糾武夫，公侯干城，謂大膽也。不為利回，不為義疚，行之方也；見機而作，不俟終日，智之圓也。

思邈自云開皇辛酉歲生，至今年九十三矣；詢之鄉里，咸云數百歲人。【略】永淳元年卒。【略】自注《老子》《莊子》，撰《千金方》三十卷，行於代。又撰《福祿論》三卷，《攝生真錄》及《枕中素書》《會三教論》各一卷。

《舊唐書・方伎・張文仲傳》 張文仲，洛州洛陽人也。少與鄉人李虔縱、京兆人韋慈藏並以醫術知名。文仲，則天初為侍御醫。時特進蘇良嗣於殿庭因拜跪便絕倒，則天令文仲、慈藏隨至宅候之。文仲曰：此因憂憤邪氣激也。若痛衝脇，則劇難救。自朝候之。未及食時，即苦衝脇絞痛。文仲曰：若入心，即不可療。俄頃心痛，不復下藥，日旰而卒。文仲尤善療風疾。其後則天令文仲集當時名醫共撰療風氣諸方，仍令麟臺監王方慶監其修撰。文仲奏曰：風有一百二十四種，氣有八十種。大抵醫藥雖同，人性各異，庸醫不達藥之行使，冬夏失節，因此殺人。唯脚氣頭風上氣，常須服藥不絕。自餘則隨其發動，臨時消息之。但有風氣之人，春末夏初及秋暮，要得通洩，即不困劇。於是撰四時常服及輕重大小諸方十八首表上之。文仲久視年終於尚藥奉御。撰《隨身備急方》三卷，行於代。虔縱，官至侍御醫。慈藏，景龍中光祿卿。自則天、中宗已後，諸醫咸推文仲等三人為首。

《舊唐書·方伎·孟詵傳》 孟詵，汝州梁人也。舉進士。垂拱初，累遷鳳閣舍人。詵少好方術，嘗於鳳閣侍郎劉禕之家見其勑賜金，謂禕之曰：此藥金也！若燒火其上，當有五色氣。試之果然。則天聞而不悅，因事出爲台州司馬。後累遷春官侍郎。睿宗在藩，召充侍讀。長安中，爲同州刺史，加銀青光禄大夫。神龍初致仕，歸伊陽之山，第以藥餌爲事。詵年雖晚暮，志力如壯。嘗謂所親曰：若能保身養性者，常須善言莫離口，良藥莫離手。睿宗即位，召赴京師，將加任用，固辭衰老。【略】開元初，河南尹畢構以詵有古人之風，改其所居爲子平里。尋卒，年九十三。【略】《補養方》《必效方》各三卷。

《舊唐書·裴潾傳》 裴潾，河東人也。少篤學，善隸書，以門蔭入仕。元和初，累遷右拾遺，轉左補闕。【略】憲宗季年鋭於服餌，詔天下搜訪奇士。宰相皇甫鎛與金吾將軍李道古挾邪固寵，薦山人柳泌及僧大通、鳳翔人田佐元，皆待詔翰林。憲宗服泌藥，日增躁渴，流聞于外。潾上疏諫曰：

臣聞除天下之害者，受天下之利；共天下之樂者，饗天下之福。故上自黄帝、顓頊、堯、舜、禹、湯，下及周文王、武王，咸以功濟生靈，德配天地，故天皆報之以上壽，垂祚於無疆。伏見陛下以大孝安宗廟，以至仁牧黎元。自踐祚已來，剗積代之妖凶，開削平之洪業。而禮敬宰輔，待以終始；內能大斷，外寬小故。夫此神功聖化，皆自古聖主明君所不及，陛下躬親行之，實光映千古矣。是則天地神祇，必報陛下以山岳之壽；宗廟聖靈，必福陛下以億萬之齡；四海蒼生，咸祈陛下以覆載之永。自然萬靈保祐，聖壽無疆。

伏見自去年已來，諸處頻薦藥術之士，有韋山甫、柳泌等，或更相稱引，迄今狂謬，薦送漸多。臣伏以真仙有道之士，皆匿其名姓，無求於代，潛遁山林，滅影雲壑，唯恐人見，唯懼人聞。豈肯干謁公卿，自鬻其術？今者所有誇衒藥術者，必非知道之士。咸為求利而來，自言飛鍊為神，以誘權貴賄賂。大言怪論，驚聽惑時，及其假偽敗露，曾不恥於逃遁。如此情狀，豈可保信其術，親餌其藥哉？《禮》曰：夫人食味別聲，被色而生者也。《春秋左氏傳》曰：味以行氣，氣以實志。又曰：水火醯醢鹽梅，以烹魚肉。宰夫和之，齊之以味；君子食之，以平其心。夫三牲五穀，禀自五行，發為五味，蓋天地生之所以奉人也，是以聖人節而食之，以致康強逢吉之福。若夫藥石者，前聖以之療疾，蓋非常食之物。況金石皆含酷烈熱毒之性，加以燒治，動經歲月，既兼烈火之氣，必恐難為防制。若乃遠徵前史，則秦、漢之君，皆信方士，如盧生、徐福、欒大、李少君，其後皆姦偽事發，其藥竟無所成。事著《史記》《漢書》，皆可驗視。《禮》曰：君之藥，臣先嘗之；親之藥，子先嘗之。臣子一也，臣願所有金石，鍊藥人及所薦之人，皆先服一年，以考其真偽，則自然明驗矣。

伏惟元和聖文神武法天應道皇帝陛下，合日月照臨之明，禀乾元利貞之德，崇正若指南，受諫如轉規，是必發精金之刃，斷可疑之網。所有藥術虛誕之徒，伏乞特賜罷遣，禁其幻惑。使浮雲盡徹，朗日增輝，道化侔羲、農，悠久配天地，實在此矣。伏以貞觀已來，左右起居有褚遂良、杜正倫、呂向、韋述等，咸能竭其忠誠，悉心規諫。小臣謬參侍從，職奉起居，侍從之中，最近左右。傳曰：近臣盡規。則近侍之臣，上達忠款，實其本職也。

疏奏忤旨，貶為江陵令。【略】潾以道義自處，事上盡心，尤嫉朋黨，故不為權幸所知。憲宗竟以藥誤不壽，君子以潾為知言。穆宗雖誅柳泌，既而自惑，左右近習，稍稍復進方士。時有處士張臯上疏曰：

神慮澹則血氣和，嗜欲勝則疾疹作。和則必臻於壽考，作則必致於傷殘。是以古之聖賢，務自頤養，不以外物撓耳目，不徇聲色敗性情。由是和平自臻，福慶斯集。故《易》曰：無妄之疾，勿藥有喜。《詩》曰：自天降康，降福穰穰。此皆理合天人，著在經訓。然則藥以攻疾，無疾固不可餌之也。高宗朝，處士孫思邈者，精識高道，深達攝生，所著《千金方》三十卷，行之於代。其《序論》云：凡人無故不宜服藥，藥氣偏有所助，令人臟氣不平。思邈此言，可謂洞於事理也。或寒暑為寇，節宣有乖，事資醫方，尚須重慎。故《禮》云：醫不三代，不服其藥。施於凡庶，猶且如此，況在天子，豈得自輕？先朝暮年，頗好方士，徵集非一，嘗試亦多，果致危疾，聞於中外，足為殷鑒。皆陛下素所詳知，必不可更踵前車，自貽後悔。今朝野之人，紛紜竊議，直畏忤旨，莫敢獻言。臣蓬艾微生，麋鹿同處，既非邀寵，亦又何求？但泛覽古今，粗知忠義，有聞而默，於理不安。願陛下無怒芻蕘，庶裨萬一。

穆宗歎奬其言，尋令訪皋，不獲。

《舊唐書・劉瞻傳》 劉瞻，字幾之，彭城人。【略】十一年八月，同昌公主薨，懿宗尤嗟惜之。以翰林醫官韓宗召、康仲殷等用藥無效，收之下獄。兩家宗族，枝蔓盡捕三百餘人，狴牢皆滿。瞻召諫官令上疏，無敢極言。瞻自上疏曰：

臣聞修短之期，人之定分。賢愚共一，今古攸同。喬松蕣花，稟氣各異。至如籛鏗壽考，不因有智而延齡；顔子早亡，不為不賢而促壽。此皆含靈稟氣，修短自然之理也。一昨同昌公主久嬰危疾，深軫聖慈。醫藥無徵，幽明遽隔。陛下過鍾宸愛，痛切追思，爰責醫工，令從嚴憲。然韓宗召等因緣藝術，備荷寵榮，想於診候之時，無不盡其方術。亦欲病如沃雪，藥暫通神，其奈禍福難移，竟成差跌。原其情狀，亦可哀矜。而差誤之愆，死未塞責。自陛下雷霆一怒，朝野震驚，囚九族於狴牢，因兩人之藥悞。老幼械繫三百餘人，咸云：宗召荷恩之日，寸祿不霑，進藥之時，又不同議。此乃禍從天降，罪匪己為。物議沸騰，道路嗟嘆。

陛下以寬仁厚德，御宇十年，四海萬邦，咸歌聖政。何事遽移前志，頓易初心。以達理知命之君，涉肆暴不明之謗。且殉宮女而違道，囚平人而結冤，此皆陛下安不思危，忿不顧難者也。陛下信崇釋典，留意生天，大要不過喜捨慈悲，方便布施，不生惡念，所謂福田。則業累盡消，往生忉利，比居濁惡，未可同年。伏望陛下盡釋繫囚，易怒為喜，虔奉空王之教，以資愛主之靈。中外臣僚，同深懇激。

帝閱疏大怒，即日罷瞻相位，檢校刑部尚書、同平章事、江陵尹，充荊南節度等使。再貶康州刺史，量移虢州刺史。入朝為太子賓客分司。翰林學士戶部侍郎鄭畋、右諫議大夫高湘、比部郎中知制誥楊知至、禮部郎中魏簹、兵部員外張顔、刑部員外崔彦融、御史中丞孫瑝等，皆坐瞻親善貶逐。京兆尹溫璋仰藥而卒。

宋・孫光憲《北夢瑣言》卷一〇 新趙意醫：醫者意也，古人有不因切脈，隨知病源者，必愈之矣。唐崔魏公鉉鎮渚宮，有富商船居，中夜暴亡。迨曉，氣猶未絕。鄰房有武陵醫士梁新聞之，乃與診視，曰：此乃食毒也，三兩日得非外食耶？僕夫曰：主公少出船，亦不食於他人。梁新曰：尋常嗜食何物？僕夫曰：好食竹雞，每年不下數百隻。近買竹雞，併將充饌。梁新曰：竹雞喫半夏，必是半夏毒也。命擣薑捩汁，折齒而灌之，由是方甦。崔魏公聞而異之，召到衙，安慰稱奬，資以僕馬錢帛入京，致書朝士，聲名大振，仕至尚醫奉御。有一朝士詣之，梁奉御曰：何不早見示？風疾已深矣，請速歸處置家事，委順而已。朝士聞而惶遽告退，策馬而歸。時有鄜州馬醫趙鄂者，新到京都，於通衢自榜姓名，云攻醫術士。此朝士下馬告之，趙鄂亦言疾已危，與梁生所説同矣。謂曰：只有一法，請官人剩喫消梨，不限多少，時咀齕不及，捩汁而飲，或希萬一。此朝士又策馬歸，以書筒質消梨，馬上旋齕。到家旬日，唯喫消梨，頓覺爽朗，其恙不作。却訪趙生感謝，又訪梁奉御，具言得趙生教也。梁公驚異，且曰：大國必有一人相繼者。遂召趙生，資以僕馬錢帛，廣為延譽，官至太僕卿。

宋・王溥撰《唐會要》卷八二《醫術》 武德中，關中多骨蒸病，得之必死，遞相染著，許允宗每療皆愈。或曰：公醫若神，何不著書，以貽將來？允宗答曰：醫乃意也，在人思慮。有脈候幽微，苦其難別，意之所解，口莫能宣。古之名手，惟是別脈。脈既精別，然後識夫病之源。藥有正相當者，惟須單用一味，直攻彼病。藥力既純，病即可愈。今人不能別脈，莫識病源，以情臆度，多用藥味。譬之於獵，不知兔處，多發人馬，空廣遮圍，或冀一人偶然逢也。如此療病，不亦疎乎？脈之深遠，既不可言，故不能著述。

甄權者，貞觀中，年百餘歲。太宗幸其第，賜以几杖。撰《脈經》《針方》《明堂人形圖》，其弟立言亦達醫術，撰《本草音義》七卷，《古今錄驗方》五十卷。

【略】

三年，詔徵太白山人孫思邈至，居於鄱陽公主廢府。時年九十餘，視聽不衰。盧照鄰、宋令文、孟詵皆執師贄之禮。照鄰嘗問曰：名醫愈疾，其道何也？思邈曰：吾聞善言天者，必資之於人。善言人者，亦本之于天。天有四時五行，日月相推，寒暑迭代。其轉運也，和而為雨，怒而為風，散而為露，亂而為霧，凝而為霜雪，張而為虹蜺，此天地之常數也。人有四肢五臟，一覺一寐，呼吸吐納，精氣往來。流而為榮衛，彰而為氣色，發而為音聲，此人之常數也。陽用其形，陰用其精，天人之所同也。及其失也，蒸則生熱，否則生寒，結而為瘤贅，陷而為癰疽，奔而為喘乏，竭而為焦枯。診發乎面，變動乎形。推及天地，則亦如之。故五緯盈縮，星辰錯行，日月薄蝕，孛彗流飛，此天地之危診也。寒暑不時，此天地之蒸否也。石立土踊，此天地之瘤贅也。山崩地陷，天地之癰疽也。衝風暴雨，天地之喘乏也。雨澤不降，川瀆涸竭，天地之焦枯也。良醫導之以藥石，救之以鍼劑，如聖人和之以至德，輔之以人事，故身有可愈之疾，天地有可消之災，通乎數也。照鄰曰：人事如何？思邈曰：膽欲大而心欲小，智欲圓而仁欲方。照鄰曰：何謂也？思邈曰：心為五臟之君。君以恭慎為主，故心欲小。膽為五臟之將，將以果決為務，故膽欲大。智者動，象天，故欲圓。仁者靜，象地，故欲方。《詩》曰，如臨深淵，如履薄冰，謂小心也。糾糾武夫，公侯干城，謂大膽也。《傳》曰，不為利回，不為義疚，仁之方也。《易》曰，見幾而作，不俟終日，智之圓也。照鄰又曰：養性之要何也？思邈曰：天道有盈缺，人事多屯厄。苟不自慎，而能濟於屯厄者，未之有也。故養性之士，先知自慎。自慎者，以憂畏為本。《經》曰：人不憂畏，大威至矣。憂畏者，生死之門，存亡之由，禍福之本，吉凶之元也。故士無憂畏，則仁義不立。農無憂畏，則稼穡不滋。工無憂畏，則規矩不設。商無憂畏，則貨殖不盈。子無憂畏，則孝敬不篤。父無憂畏，則慈愛不著。臣無憂畏，則勳庸不立。君無憂畏，則社稷不安。故養性者，失其憂畏，則心亂而不理，形躁而不寧，神散而氣越，志蕩而意昏。應生者死，應存者亡，應成者敗，應吉者凶。夫憂畏者，猶水火不可暫忘也。人無憂畏，子弟為勁敵，妻妾為寇讎。是故太上畏道，其次畏天，其次畏物，其次畏人，其次畏身。憂於身者，不拘於人。畏於天者，不危於人。畏於己者，不制於彼。慎於小者，不懼於大。戒於近者，不悔於遠。能如此者，水行蛟龍不能害，陸行虎兕不能傷，五兵不能及，疫癘不能染，讒賊不能謗，毒螫不能加。善知此者，則人事畢矣。照鄰自傷彊仕之年而嬰沉病，乃作《病梨樹賦》以傷稟受之不固也。至四年，思邈授承務郎直尚藥局。

宋・李昉等《太平廣記》卷二一八引《譚賓錄》　甄權精究醫術，爲天下最。年一百三歲。唐太宗幸其宅，拜朝散大夫。

宋・李昉等《太平廣記》卷二一八　許(裔)〔胤〕宗：名醫若神。人謂之曰：何不著書，以貽將來？(裔)〔胤〕宗曰：醫乃意也，在人思慮。又脈候幽玄，甚難別。意之所解，口莫能宣。古之名手，唯是別脈，脈即精別，然後識病。病之於藥，有正相當者，唯須用一味，直攻彼病，即立可愈。今不能別脈，莫識病原，以情(億)〔臆〕度，多安藥味。譬之於獵，不知兔處，多發人馬，空廣遮圍，或冀一人偶然逢也。以此療病，不亦疎乎？脈之深趣，即不可言，故不能著述。

宋・司馬光《涑水記聞》卷三　皇城使宋安道，故名國昌，始以醫進。景祐初，累遷尚藥奉御，職上藥。

宋・方勺《泊宅編》卷五　蜀人石藏用以醫術遊都城，其名甚著。陳承，餘杭人，亦以醫顯。然石好用暖藥，陳好用涼藥。【略】俗語曰：藏用擔頭三斗火，陳承篋裏一盤冰。

宋・方勺《泊宅編》卷七　朱肱，吳興人，進士登科，喜論醫，尤深於傷寒。在南陽時，太守盛次仲疾作，召肱視之，曰：小柴胡湯證也。請併進三服，至晚乃覺滿。又視之，問所服藥安在，取以視之，乃小柴胡散也。肱曰：古人製㕮咀，謂剉如麻豆大，煮清汁飲之，名曰湯，所以入經絡，攻病取快。今乃為散，滯在鬲上，所以胃滿而疾自如也。因依法旋製，自煮以進二服，是夕遂安。

宋・王欽臣《王氏談錄》　方藥精通：公言高文莊方藥精通，聚奇藥，價及巨萬，雅尚之一也。

醫：公言昔東都有一醫者姓劉，其術甚異，通《黄帝八十一難經》，病註者失其旨，乃自為解，獻于闕下。仍為人講說，自號曰劉難經。其治疾察脈，無隱不知。肘後有二藥奩，止藥末數品而已。每視人病，旋取諸末合和加減，分為劑料。日服不盡其數，病未愈，他日再至，曰：此藥服不如數耳。所餘當有幾，人不能欺。後以老終。

宋・孔平仲《續世說》卷六　梁姚僧坦，武帝常因發熱服大黄。僧坦曰：至尊年高，大黄快藥，不宜輕用。帝弗從，遂至危篤。梁元帝嘗有心腹疾，諸醫皆請用平藥。僧坦曰：脉洪實，宜用大黄。從之，因而疾愈。賜錢百萬。

宋・孔平仲《續世說》卷八　陶弘景，字通明。幼有異操，終身不娶。得葛洪《神仙傳》，晝夜研尋，便有養生之志。謂人曰：仰青雲，覩白日，不爲遠矣。以茅山爲金陵華陽之天，乃中山立館，自號華陽陶隱居，人間書札，以隱居代名。特愛松風，庭院皆植松，每聞其響，欣然爲樂。梁武帝手敕招之，不出。惟畫兩牛，一牛散放水草之間，一牛著金籠頭，有人執繩，以杖驅之。

宋・張耒《續明道雜誌》 蘄水縣有高醫龐安時者，治疾無不愈，其處方用意，幾似古人。自言心解，初不從人授也。【略】龐得他人藥，嘗之入口，即知此何物及其多少，不差也。

宋・邵博《邵氏聞見錄》卷二 仁宗皇帝初納光獻后，后有疾，國醫不效。帝曰：后在家，用何人醫？后曰：妾隨叔父官河陽，有疾服孫用和藥，輒效。尋召用和，服其藥果驗。自布衣除尚藥奉御，用和自此進用。用和本衛人，以避事客河陽，善用張仲景法治傷寒，名聞天下。二子奇、兆皆登進士第，為朝官，亦善醫。

宋・李燾《續資治通鑑長編》卷一二 〔開寶四年〕邕州俗重祠祭，被病者不敢治療，但益殺雞豚，徼福於淫昏之鬼。范旻下令禁止，出俸錢市藥物，親為和合，民有言病者給之。獲痊愈者千計，乃以方書刻石龕置廳壁，部內化之。

宋・曾敏行《獨醒雜誌》卷四 毛公弼守泗州，病泄痢，久不愈，及罷官歸，遂謁龐安常求醫。安常診之曰：此丹石毒作，非痢也。乃煮葵菜一釜，命公弼食之，且云當有所下。明日，安常視之曰：毒未去。問食幾何？纔進兩盂。安常曰：某煮此藥，升合銖兩自有制度，不盡不可。於是再煮，強令進之，已乃洞泄，爛斑五色。安常視之曰：此丹毒也，疾去矣。但年高人久痢，又乍去丹毒，脚當弱，不可復餌他藥。因贈牛膝酒兩瓶，飲盡，遂強如初。

宋・陸遊《老學庵筆記》卷三 石藏用名用之，高醫也。嘗言今人稟賦怯薄，故按古方用藥多不能愈病；非獨人也，金石草木之藥亦皆比古力弱，非倍用之不能取效。故藏用以喜用熱藥得謗，群醫至為謠言曰：藏用檐頭三斗火。人或畏之。惟晁之道大喜其說，每見親友蓄丹，無多寡，盡取食之，或不待告主人。主人驚駭，急告以不宜多服。之道大笑不顧，然亦不為害。此蓋稟賦之偏，他人不可效也。晚乃以盛冬伏石上書丹，為石冷所逼，得陰毒傷寒而死。

宋・洪邁《夷堅志・乙志》卷一〇 張銳醫：成州團練使張銳，字子剛，以醫知名，居鄭州。政和中，蔡魯公之孫婦有娠，及期而病，國醫皆以為陽證傷寒，懼胎之墮，不敢投涼劑。魯公密信邀銳來，銳曰：兒處胞十月，將生矣，何藥之能敗！如常法與藥，且使倍服，半日兒生，病亦失去。明日，婦大泄不止，而喉痹不入食。眾醫交指其疵，且曰：二疾如冰炭，又產蓐甫爾，雖扁鵲復生，無活理也。銳曰：無庸憂，將使即日愈。取藥數十粒，使吞之，咽喉即平，泄亦止。逮滿月，魯公開宴，自諸子諸孫及女婦甥壻合六十人，請銳為客。公親酌酒為壽，曰：君之術通神，吾不敢知。敢問一藥而治兩疾，何也？銳曰：此於經無所載，特以意處之。向者所用乃附子理中圓，裹以紫雪耳。方喉閉不通，非至寒藥不為用，即已下咽，則消釋無餘。其得至腹中者，附子力也，故一服而兩疾愈。

宋・洪邁《夷堅志・再補》 許道人治傷寒：劉錫鎮襄陽日，寵妾病傷寒暴亡。眾醫云脈絕不可治，或言市上賣藥許道人有奇術，可用。召之，曰：是寒厥爾，不死也。乃請健卒三十人，作速掘坑，熾炭百斤，雜薪燒之，俟極熱，施薦覆坑，舁病人臥其上，蓋以氈褥。少頃，氣騰上如蒸炊，遍體流汗，衣被透溼，已而頓甦如，取藥數種調治，即日愈。

宋・洪邁《夷堅志・志補》卷一八 吳少師：吳少師在關外，嘗得疾，數月間肌肉消瘦，飲食下咽少時，腹中如萬蟲攢攻，且痒且痛，皆以為癆瘵也。有張銳者，名醫，時在成都，吳遣驛召之。既至切脈，戒云：明旦且忍饑，勿啖一物，俟銳來為之計。旦而往，天方劇暑，白請選一健卒趨往十里外行路中黃土取一盤來。令廚人旋治麵，時將午，乃得食。纔放箸，取土者適至，於是溫酒二升，投土攪於內，出藥百粒，進飲之。覺腸胃掣痛，幾不堪忍，亟登溷。銳先密使別坎一穴，掖吳登之，暴下如注，穢惡斗許，有馬蝗千餘，宛轉蟠結，其半已死矣。吳亦憊甚，扶憩榻上，移時進粥一器，三日平復。始憶去年正以夏夜出師，中塗燥渴，命候兵持馬盂取水，甫入口，似有物，未及吐，已入喉矣，自此遂得疾。銳曰：蟲入人肝脾，勢須孳生，常日遇食時，則聚丹田間，吮咂精血，即散遊四肢。苟知殺之而不能掃盡，亦無益也，故先請枵腹以誘之。此蟲喜酒，又久不得土味，乘飢畢集，故一藥而空之耳。吳大喜，厚賜金帛而送之歸。

宋・洪邁《夷堅志・支景》卷八 茅山道士：揚州名醫楊吉老，其術甚著。某郡一士人，狀若有疾，厭厭不聊賴，莫能名其何等病苦，往謁之，楊曰：君熱證已極，氣血消爍且盡，自此三年，當以背疽死，不可為矣。士人不樂而退。聞親識間說茅山觀中一道士於醫術通神，但不肯以技自名，未必為人致力。士人心計交切，乃衣僮隸之服，詣山拜之，願得執薪水之役於席下。道士喜，留置弟子中，誨以讀經，晝夕祗事左右，頤指如意。歷兩月久，覺其與常隸別，呼，扣所從來，始再拜謝過，以實白之。道士笑曰：世間那有醫不得的病，汝試以脈示我。纔診視，又笑曰：汝便可下山，吾亦無藥與汝，但日日買好梨一顆，如生梨已盡，則取乾者泡湯飲之，仍食其滓，此疾當自平。士人歸，謹如其戒。經一歲，復往揚州，楊醫見之，驚其顔貌腴澤，脈息和平，謂之曰：君必遇異人，不然，豈有安痊之理。士人以告，楊立具衣冠，焚香往茅山設拜，蓋自咎其學之未至也。

宋・葉紹翁《四朝聞見錄・丙集》 王繼先以醫術際遇高宗。當高宗款謁郊宮，僅先期二日，有瘤隱於頂，將不勝其冠冕，上憂甚。詔草澤，繼先應詔而至。既視上，則笑曰：無貽聖慮，來日愈矣。既用藥，瘤自頂移於肩，隨即消，若未嘗有，上遂郊見天地。上嘗以瀉疾召繼先。繼先至則奏曰：臣渴甚，乞先宣賜瓜，而後靜心診御。上急召太官賜瓜。繼先先食之既，上覺其食瓜甘美，則問繼先：朕可食此乎？繼先曰：臣死罪，索瓜固將以啟陛下食此也。詔進瓜，上食之甚適，瀉亦隨止。左右驚，上亦疑，問繼先曰：此何方也？繼先曰：上所患中暑，故瀉，瓜亦能消暑爾。大率皆類此。其後久虛東宮，臺臣論繼先進藥無效，安置福州，因家焉。

宋・葉紹翁《四朝聞見錄・丙集》 寧皇每命尚醫止進一藥，戒以不用，分作三四帖。蓋醫家初無的見，以眾藥嘗試人之疾，寧皇知其然。王大受之父克明，號名醫，遇病雖數證，亦只下一藥，曰：此病之本也，本除而餘病去矣。

金・翰林學士宇文公書《證類本草》後（見《重修政和經史證類備用本草》書末） 唐慎微，字審元，成都華陽人。皃寢陋，舉措語言樸訥而中極明敏。其治病百不失一，語證候不過數言，再問之，輒怒不應。其於人不以貴賤，有所召必往，寒暑雨雪不避也。其爲士人療病，不取一錢，但以名方秘録爲請。以此士人尤喜之，每於經史諸書中得一藥名、一方論，必録以告，遂集爲此書。尚書左丞蒲公傳正欲以執政恩例奏與一官，拒而不受。其二子，五十一、五十四偶忘其名，及壻張宗說，字巖老，皆傳其藝，爲成都名醫。元祐間虛中爲兒童時，先人感風毒之病，審元療之如神。又手緘一書，約曰某年月日即啓封，至期舊恙復作，取所封開視之，則所録三方，第一療風毒再作，第二療風毒攻注作瘡瘍，第三療風毒上攻、氣促欲作喘嗽。如其言，以次第餌之半月，良愈。其神妙若此。皇統三年九月望，成都宇文虛中書。

宋・趙與時《賓退錄》卷三 唐慎微，蜀州晉原人，世為醫，深于經方，一時知名。元祐間，帥李端伯招之，居成都。嘗著《經史證類備急本草》三十二卷，以行于世。而艾晟序其書，謂慎微不知何許人，故為表出。蜀，今為崇慶府。

宋・陳衍《寶慶本草折衷》卷三《名醫傳贊》 謹按：歷代醫之名世者，固難縷舉也。其間秦扁鵲為《難如字經》而脉始明，陶隱居為《別錄》而藥漸備，孫真人為《千金方》而證治之論悉詳。蓋神仙間去聲見，中此三道，壽養之恩侈矣。逮夫聖宋，名醫接武。如郝翁等所施，光於先哲。衍修本草時，曾緝為傳贊以侑之，晚覺其贅而汰焉。知音者每嘉所修本草，請行於世。未幾，又以傳贊請，冀後人睎靈妙以開智慧，監廉節以息貪鄙。遂不敢辭以贅，乃復歸之也。但於傳中，已掇數語，廣序例《逢原》之要。其文略有重複，今猶兩存，蓋欲各全其旨爾。衍謹咨。

名醫傳贊外有名醫勳德，與此傳同者，亦註附於傳內也。

秦扁鵲傳引《史記》及考異，及《難經》序括成。○又引《列子》附文摯事。○又引《明皇雜錄》附周廣事。

秦越人，姓秦氏，名越人。據《史記》為正。號扁鵲，靈應侯，盧國勃海郡鄭人也。楊元操註。《難經・序》云：越人又家於盧國，因曰盧醫。世以盧、扁為二人者，實謬矣。○《文鑑》云：天聖中封號。少時為舍長，張丈切。○守客舍之長也。值桑君過音戈，扁鵲知其神，獨奇之，謹遇十餘年。一日，密謂扁鵲曰：我有禁方，欲傳與公。乃出懷中藥與之，令其飲以上池水，謂水未至地，即露水及竹木上水也。三十日，當知物矣。遂取書悉授扁鵲，忽焉不見。扁鵲飲藥三十日，見垣一方人。垣即牆也，方猶邊也，指隔牆見彼邊人也。以此視病，盡見五臟積結。附事云：文摯醫龍叔。使言病證，背明而立。文摯自後向明望曰：見子心六孔流通，一孔不達，審□而療，與扁鵲能見五臟積結，皆神目也。在趙，會趙簡子病，五日不知人。扁鵲曰：血脈滯也，不出三日，疾必間去聲而能言。居二日半，簡子寤，語去聲諸大夫曰：我之適也帝所甚樂，與百神遊於鈞天矣。過虢，虢太子病篤。扁鵲曰：太子尸蹶也，陽脈下遂，陰脈上爭，會氣閉而不通，形靜如死。使子陽厲針砥石，取外三陽五會。有間去聲，太子甦。使子豹為五分之熨，以八減之劑和煮，熨兩脇下。太子忽起坐，二旬而復。天下盡以扁鵲為能生死人也。扁鵲曰：非能生死人，自當生者，能起之耳。《續元怪錄》又載梁革活尸蹶事，妄誕特甚，不足信也。又過齊，齊侯客之，入見曰：君有疾，在腠理，不治將深。齊侯答以無疾，扁鵲退。齊侯謂左右曰：醫之好利也，欲以不疾者為功。後五日，復見曰：疾在血脈，不治恐深。齊侯不悅。五日，望見齊侯而退走，曰：疾居腠理，湯熨之所及也；在血脈，鍼石之所及也；在腸胃，酒醪之所及也；其在骨髓，雖司命亦無奈之何！五日，齊侯果病。召扁鵲，扁鵲已逃去，曰：今病入骨髓，不可療。數日，齊侯薨。此說亦略註序例中敘女人之科。○附事云：周廣觀人顏色，便知病淺深，不診脈也。及來邯鄲，聞貴婦人，即為帶下醫。至雒陽，聞周人敬老人，即為耳目痹醫。入咸陽，聞秦人愛小兒，即為小兒醫，皆隨俗為變。嘗論病有六不治：驕恣不論於理，一也；輕身重去聲財，二也；衣食不能適，三也；陰陽并，藏氣不定，四也；形羸不能服藥，五也；信巫不信醫，六也。此六論亦載序例上敘業醫之道篇。因採黃帝大旨，闡明脈絡、榮衛、表裏，而約為《難經》，謂醫未易能也。遂成不刊之典矣。既而漸入仙品，符法通靈。符見《正一旨要》。凡尸疰邪祟，咸可揮斥焉。贊曰：

上池秘法，長桑所傳。洞視五臟，禍福預宣。始候趙簡，知夢鈞天。言占虢嗣，尸蹶起焉。遺篇儼在，妙用無邊。

陶隱居傳引《南史》及《雲笈經》《證類本草》諸序括成。○又引《晉中興書》及《肘後百一方》序附葛仙事。

陶弘景，字通明，號隱居、華陽真逸、正白先生。外傳云：初號華陽真人，晚號華陽真逸。○《南史》云：謚正白先生。丹陽秣陵即金陵人也。從幼異操，至十歲，觀抱朴子《神仙傳》，葛洪，字稚川，號抱朴子，又號葛仙也。按：葛仙棄官樂道，鍊丹著書，今隱居皆似之矣。立志養生。及長，讀書萬卷，靈通謙謹。齊高帝時為諸王侍讀，上表辭祿，晦迹於茅山，一名勾曲山，在今建康府。建樓三層，身處其上，弟子居中，接賓客於其下。有虛心告請者，不限貴賤。蒙救拯而痊者，莫可勝紀也。梁武帝與之遊，恩禮甚篤。既而得神符秘訣，武帝以黃金、朱砂、曾青、雄黃等賜之。鍊成飛丹，色如霜雪，服之體輕。武帝服此尤異，益加敬信。附事云：葛仙承東晉成帝以散騎常侍大著召，不就，乃求為令，住勾漏山鍊丹。凡諸福地，葛仙丹井甚多，詳見《九域志》。後建葛仙壇於袁州。○周兌題詩云：稚川不戀晉衣冠，勾漏燒成九轉丹。行滿已隨鸞鶴去，後人徒爾拜空壇。乃頒勅錫、鹿皮巾，屢聘不出。帝有事，必前以陳，謂之山中宰相。平時辟穀吐納導引之暇，緝《真誥》以紀仙家之事，進《名醫別錄》舊號《名醫副品》以補本草之藥。又撰《藥總訣》，作《效驗方》《集驗方》。《圖經》竭條亦引此方。廣《肘後》名《肘後百一方》。葛仙有《肘後方》三卷，內疾為上卷，外發為中卷，他犯為下卷。今隱居合為七十九首，復添二十二首，總一百一首也。及《孝經》《論語》諸書，皆有著述。而天文地理之學，罔不講貫。附事云：葛仙《玉函方》百卷，於中擇易得之藥，括為《肘後方》。又作《神仙傳》十卷，即隱居觀者。又作《抱朴子》內外篇，乃以道號題所著之書也。一日，神仙柏闓告之曰：君陰功已博，更俟一紀，善果當滿，即得解音假形。道經謂尸解者，魂神暫滅，即得返形。及既化，而馬樞得道，乃傳陶隱居，已授蓬萊仙監矣。贊曰：

卓哉隱居，有德有功。亦有王爵，棄若飄蓬。遠師抱朴，淵妙潛通。方傳神聖，利濟曷窮。果證仙監，報豈非豐？

孫真人傳引《唐史》《三水小牘》《避暑錄》《湘山野錄》《曾氏類說》諸書括成。○又引《鬼遺方》序附劉涓子事。○又引《列仙傳》附馬師皇事。○又引《幽怪錄》附葉靜能事。

孫思邈，號泰元真人。此號見《千金髓方》首。京兆古雍州華原人也。七歲日誦千餘言，博習群書，尤深莊、老，里黨目之曰聖童。及長，於陰陽推步、醫藥方法，皆臻其妙。周宣帝時，北朝後周也。以王室多故，隱於終南山石室中，一名太白山，在今京兆府。澄心修鍊。與釋氏宣律師名道宣，曾作《法華經》序，謚澄照律師。互參宗旨。隋文帝以國子博士召，密語去聲人曰：五十年後，有聖人興。吾將助之。不拜茲召也。廣施拯濟，匪但生民均被其福，至若異類，亦蒙其恩。會歲大旱，胡僧欺誑朝政，請於昆明池畔漢武帝穿，在今長安。結壇祈雨，持幻呪七日，池水漸縮。欲施幻法，害龍而掠寶，一云欲龍之腦為藥。龍驚，化作老人，造石室哀訴云：弟子昆明池龍也，罹胡僧之禍，命在旦夕，願垂保護。真人曰：昆明龍宮有仙方三十首，宜以授予，即當救汝。老人曰：其方是陶真君賜鎮此池，不敢輕泄。今已無靳。有頃，以玉函盛平聲方而至，因號《玉函方》。偶與葛仙《玉函方》同名。真人謝之曰：爾無慮。池水忽漲溢岸。胡僧羞恚於避切而殂矣。按《玉函方》序與《酉陽雜俎》所載昆明龍傳方，頗有異同。又取諸小說參。今以《玉函方》序為是也。○後真人著《千金方》，以《玉函方》附《千金》之尾。又見《千金方》其尾多無《玉函方》，恐醫家擅自翻改，故或不同，更俟識者訂之。嘗有人欲殺小青蛇，已傷其體，真人偶出見之，解衣求贖，以藥封裹，放入草間。經月餘再出，遇白衣少年，車騎華煥，拜邀真人，辭而更請。各備馬從，扶真人乘馬，偕行如飛。到一城市，芳菲妍媚。潛問左右，乃涇陽水府也。在涇水之北。宮宇雄麗，侍衛整肅，見龍王端偉，峆帽絳服，欣迎禮謝：昔小兒游外，為愚民所傷。賴君脫衣贖救，感恩實大。導入宮闈，見妃子淑靚，仙衣瓔珞，領青衣小兒拜謝再生之賜。始悟所活青蛇，即此小兒變相耳。王集寶寮，列酒饌妓樂，欵留勤懇。真人辟穀服氣，惟飲酒而已。因叩真人所欲，對曰：思真鍊神，何欲之有？贈以金珠絹穀，概不如願。乃命其子捧仙方三十首為獻，仍以馬從送而歸山。其時所作《千金方》三十卷，逐卷隱一仙方，人莫能測也。按：《續仙傳》及《穀溪影響錄》所載玉闕龍傳方，其說皆同。今以二書為是也。夫龍之池、井及潭，其中化為□□，在在有之，但肉眼不見。惟昆明、涇陽□□，各有仙方，皆歸之真人。世多疑互其說，故引諸說以正焉。〇附事云：劉涓子出郊照射，忽睹一物，高二丈，因射之，走如電徹，聲若風雨。明日，見一小兒云：主人黃父鬼，昨夜為劉涓子射傷，今取水洗瘡。涓子領衆隨小兒至某所，遥見三人：一人臥，一人閱書，一人擣藥，即齊聲呼突而前，三人皆走，但遺治癰疽方一帙。涓子拾之，號《鬼遺方》。亦如收龍宮方也。歲荐旱龍，受人懇禱，擅施雨澤，天遣使者，齎符究詰。龍震恐，現為神人，冒急求援。真人敬為祈告，立致感格，龍幸而逃譴。又驟雨，真人掬檐水揚玩，謂龍有疾。俄而老嫗扶憊前進，真人令以本相見。須臾雲罩病龍，俯首斂鱗，徐徐向下療之，即拏雲騰躍而去。附事云：馬師皇，黃帝時人，善醫馬，有龍下乘，垂耳張口。師皇曰：此龍有病。乃針其唇下及口中，以甘草湯飲之而愈。〇又附事云：仙師葉靜能，開元中寓四明，有老□白衣而□泣□□□□□之守龍也，職在小河，已僅千年。今□□□□□□□□□□□無所□，必獲重罪也。仙師連遣□□□□，取十□□□□□□□符，刀得水□□□風息，□□□□□□謝仙□□□□□□□省若家人□□□□□□□□□□歸去以求救也。更有病虎，傴僂痿乏，蹲伏拜投療之。□□□□□□，擁衛真人，不敢離也。至唐太宗時，真人在高而聽□□□□□□京闕，歎其有道，欲官之不受。適太宗爽節，□詔進藥，□□□□□之赭袍旌其特，以高宗又召為諫議大夫，又固辭而退。□□□其賢如孟詵、盧照鄰之儔，皆踵門問學，每誨其心欲小而膽欲大，行欲方而智欲圓。修身格言若此者衆也。初，其人作《千金方》，□百餘歲，已妙盡古今方藥之要。後三十年復為《千金翼》《千金髓》，□寒、熱、虛、實諸證，補利鍼焫等法，粲然畢陳，故疾在膏肓間，□□肓之上，膏之下。雖醫緩及諸神醫皆不能治，獨真人性天融融，自得膏肓之穴，直謂前人所未喻者，并其雜著行焉。外有《孫真人經驗方》□其序□□□□□□集□□□□□□。功滿德就，竟尸解。音假，見前篇註。昇無何有之鄉云。此天仙宴樂之地也。〇按《唐書》云壽終於永徽三年。一云終於永淳之初□□□□□□生於開皇辛酉者，此實□也。蓋開皇□隋文帝年號，□□真人□生□□召，且不□□□生於明皇乎。尸解之後，時或遊戲人間。當元□□蜀，夢真人覓雄黃，即遣中使携十斤，送於峨眉頂上。在今眉州及興元府。登山未半，見真人幅巾披□神容皓髮，仙童夾侍，指大磐石曰：可置藥於此，有表錄上皇帝。中使視石上朱書百餘字，隨錄隨滅。錄畢，忽白氣漫起，倏焉不見。後成都僧誦《法華經》甚專，真人令僕請其誦經，引過溪嶺煙嵐中一山居。僕云乃主睡酣，待誦至見寶塔品則報。洎誦至此品，果出燃香。聽經既罷，以藤盤竹箸，設秫飯杞菊之供無鹽酪，美若甘露。得襯錢一鐶。僕送出路口，問乃主何姓，曰姓孫。問何名，僕於僧掌中寫思邈兩字。僧懼駭，僕遽失。竟迷舊路，歸視襯資，則一百金錢也。自此是□□□至百五十歲，遁世，莫知所終。天禧中隱世而不見。豈非際遇真人而致此歟？夫真人世修大道，乃通於儒，復拳拳於釋氏，殆欲混合三教，一以貫之爾。贊曰：

赫赫真人，草木知名。三教宗旨，翻研覆精。膏肓創穴，千古法程。廣集仙方，嘉惠生靈。赭袍曜日，來自帝庭。薦錫榮祿，浩然莫應平聲。最可驚詫，龍虎蒙成。

郝翁傳引《邵氏聞見錄》及《名醫錄》括成。〇又引王明清《餘話》附李氏事。〇又引張杲《醫說》附文摯事。

郝允，號神醫郝翁，博陵人，後徙為鄭州人也。因避役逃遁，月夜行山間，憊甚，憩於木下。忽若大羽禽飛止其上，熟視之，乃黃衣道士也。郝拜手乞憐，道士曰：汝郝允乎？遂授以醫法，因得神醫之名。歲常測候四方之病，預聞於遐邇。及斷人之病與死，久者累年，至其日時，皆無差忒。平昔未嘗合和諸藥，遇人有疾，則品量隨證增減，服者皆效。趙諫議及舉家雜處帳中，請遍與診脈，其長少男女，已未嫁娶，無不知者。附事云：李氏子醫一婦人，初診脉云：腸胃間有□□耶。婦人曰：腸中痛不可忍，而大便從小便中出。乃以小元子數十粒，煎茴香湯服之，下赤白數升而愈。其家喜而問之，答曰：初切覺芤脉現於腸部，主瘀生腸內，所服者雲母膏，為元即□□□□□造□□減矣。李□醫和大夫至博士。〇□，各□切。王樞相患腹滿牽急，不食而倦。郝視曰：脾經濕邪，勝於中焦，滯氣鬱塞，不可治內，可外治而差。用苦酒炒灰，置苦瓢中，熨臍腹，但泄下數次而安。王公大異之。郝曰：《黃素》謂濕氣在下，以苦泄之。岐伯言從內之外者，調其內；從外之內者，治其外。此病因汗承涼，臍腹失蓋，自外及內，故外治而差也。夏英公竦病泄，太醫皆以為中虛。郝曰：風客於胃則泄，殆藁本湯證也。英公駭曰：吾服金石等藥無數，而泄不止，其敢服藁本乎？郝強進而泄止。有監軍病悲思，郝謂其子曰：此病甚悸則愈。適李御史宋卿為守，嚴剛畏人。郝實請於李，李遂呼至，佯託他事恐之。監軍皇怖，汗解而愈。附事云：文摯醫齊王病，謂太子曰：王之病，怒發即愈。太子力懇之。文摯不脫履而登床，王大怒，其病果愈。與郝因悸痊疾，同此機也。里中婦，夜忽口噤如死，郝曰：血脉滯也。不用藥，聞雞鳴當無恙。又一病婦，衆醫以為勞傷。郝曰：亟屏藥，是為孕證，必生男子。更有兩妊婦，其一咽嘿不能言，郝曰：胞大經壅，兒生經行，即自能語。其一強壯，郝偶診曰：母氣已絕，全恃兒氣。兒生則母殞矣。凡四婦人，悉符郝斷。晚年著六元五運之書焉。贊曰：

猗歟郝氏，授訣神仙。預測病患，著龜其言。垂帳定脉，剖斷無愆。悸彼監軍，沉痾賴痊。矯首奇蹤，可諸孤騫舉也。

聶善士傳引洪邁《夷堅志》括成。每見警世報應之文，多紀此事。○又引《穀溪影響錄》附何澄事。

聶從志，號善士，儀州華亭人也。有婦人潛其姓氏病篤，拯之而痊。其婦佳媚多情，慕聶豐偉年少而悅之，異日，良人他適，乃詐稱病，邀其至，語去聲之曰：幾入鬼錄，賴君復生。顧世間物，無足稱報，願以此身供枕席之奉。聶乃辭，而婦之情愈切，聶遜卻而潛退，再招不赴。迨夜，盛飾扣門求見，意態綢繆，聶即趨而避之，未嘗敢言。經歲餘，儀州推官黃靖國病，夢入冥證事，既復，遇獰吏捽一婦人於塗，旁觀者指云：此婦欲與聶從志通，非禮污人。冥司懲惡減算，仍除其淫也。聶能持守堅凝，不為冶容所誘，可謂善士。天監此心，特與增壽，賜子孫世世受爵。使聶當時此念一差，則陰譴亦不輕矣。黃與聶厚，密往叩問。聶愕然，力詆。黃告以入冥之詳，聶乃默默也。其後一子登科，而孫相繼榮顯。附事云：何澄療一士人疾，其妻密告澄曰：妾以良人久病，無可供醫藥之資，願以身相酬。澄拒之曰：自為調治取安，切莫以相汙，必致陰責。其夫疾愈。澄一夕夢入神祠，其神語之曰：汝醫有功，不於危難之際，亂良家之女。有此陰德，上帝賜官一資，錢五萬貫。未數月，詔澄視疾東宮，愈，朝廷賜一品官，仍賜錢。○又《夷堅志》載費樞、楊希仲，皆戒慾，俱獲報應，登顯仕及為魁首。與聶、何之事，若合符節。但費、楊二人皆非醫家耳。屬仙井喻汝礪作詩數百言，以發潛德。詞多不錄，其間或不可傳。嗟乎！隱德細行，衆所忽略。今以聶事觀之益信。語默動靜，莫不有造物在焉，其可忽諸？贊曰：

剛乎聶君，壁立不愞。彼姝者子，見《東方之日》詩。蠱之以亂。孰無邪思，君獨冰畔。天監孔昭，報以遐筭。騰騰後葉，青紫輝煥。

錢太丞傳引劉斯《立去集》及《文鑑》，及閻孝忠序括成。

錢乙，字仲陽，為太醫丞。上世居錢塘，吳越王裔。其祖遷為鄆州一云汶上人。至京師，視長公主女疾有功，奏授翰林醫學，賜緋。皇子儀國公病瘈胡計切瘲才用切，國醫罔效，召錢，投黃土湯而愈。神宗皇帝召問黃土愈疾狀，對曰：以土勝水，水得平則風止。風屬木也。水生木，木盛則風盛。今以土勝水，水平而木亦平，則風當止矣。且諸醫治垂愈，小臣適其愈。天子悅其對，擢太醫丞，賜紫衣金魚。廣氏子病，診曰：可毋藥而愈。其幼在傍，指之曰：是且暴病驚人。後三日，過午無恙。明日，果發癇甚危。治之三日，愈。問其故，曰：火色直視，心與肝受邪。過午者，心與肝所用時，當更也。宗室王子病嘔泄，他醫與剛劑，加喘焉。錢曰：病本中熱脾傷，復燥之，將不得前後溲。與石膏湯而效。有士人病欬，面青而光，其氣哽哽。錢曰：肝乘肺，此逆候也。若秋可治，今春不可治。其家祈哀，強之予藥，錢曰：藥甫瀉肝而不少卻，三補肺而益虛，又唇白，不可為也。有娠婦病，衆醫言胎墮，錢曰：娠者，五藏傳養，率六旬乃更，能候其月偏補之，何致墮？已而母子皆全。又乳婦因大恐而病，既愈，目張不瞑，錢曰：煮郁李酒飲，醉則愈。蓋目系內連肝膽，恐則氣結，膽衡音橫不下。郁李人去結，隨酒入膽，結去膽下，則目能瞑。飲之果驗。木部下郁李人續說言此尤詳。嘗著《傷寒論指微》，修《顱顖音信方》，撰《嬰孺論》。又作《小兒藥證直訣》，閻孝忠為其詮次而序之。贊曰：

儀國感恙，仲陽耀功。藥以黃土，克勝祛風。爰妥危孕，勳茂德穹。李醞既酩，寐目春濃。論疫防嬰，覺我昏蒙。

龐道人傳引《東坡志林》及《夷堅志》括成。○又引王日休文附張彥明事。○又引王明清《餘話》附王況事。

龐安時，字安常，號蘄水道人，蘄州人也。兒時讀書，過目輒記。父世醫，授以《脉訣》，乃曰：是不足為也。惟扁鵲之《難經》深矣。更參《內經》

諸書，審而順治，則病不得逃焉。為人治病，踵門求診者，辟邸合居之，親視粥藥，必愈而後遣。其不可為者，必告其所親，十愈八九，所活無數。病家持金帛來謝，不盡取也。附事云：張彥明善口，凡貧下者求藥，皆不受錢，或反以錢米與之。貧下招致，亦往應之。富者以錢贖藥，則付藥口口口必愈，未嘗萌再携錢市藥之意。病或危篤知不可療，亦與良藥慰其心，而錢終不受也。然彥明慈口口口之，龐子其趨一也。後火災周迴熱盡，而彥明之居獨存。子口口有二三孫，厖厚俊爽。此天道偪苦之信也。在舒州今安慶府，有孕婦將產，七日子不下，百術無不用，待盡而已。龐之弟子李百全字幾道適在傍舍，主人引視此婦，百全曰：藥無可施，惟有鍼法。余藝未至，不敢措手。龐偶過門，即邀同視之。令家人以湯溫其腰腹，自為上下拊摩。孕者覺腸胃微痛，呻吟間生一男子，其家驚喜。龐曰：兒已出胞，一手誤執母腸不能脫，故非符藥可用。今隔腹捫兒手所在，鍼其虎口，既痛即縮手，所以遽生。視兒右手之虎口，鍼痕口然。猶神仙之鍼法也。夫鍼法傷膜即害人，今行鍼直徹子藏，全活兩命，真神術也。〇附事云：王況，會鹽法忽變，有大賈睹告示失驚，吐舌不能入，食不下咽，尫羸已甚，召況視之，為鍼舌之底，抽鍼之際，病者若委頓，頃刻其舌伸縮如平時矣。然王況之鍼藝，亦可近於龐矣。後況以醫得幸，官至朝請大夫。〇況，一作貺。坡仙患左手腫，亦一鍼而愈。嘗著《難經解》及《主對集》。古今異宜，備傷寒之變，補仲景之論。藥有後出，今不辨者，作《本草補遺》以續之也。贊曰：

世乏神醫，鮮可依憑。咄哉龐子，鍼藝堪驚。我評斯人，匪仙則靈。有燁其書，既詳既精。廉視金帛，厥德愈馨。

張練使傳引《夷堅志》及《雞峰方》序括成。

張鋭，字子剛，為成州團練使，鄭州人也。蔡魯公京，其孫婦有娠，及期而病，國醫以為陽證傷寒，懼墮胎不敢投涼劑。魯公邀張視之，張曰：兒處胞十月將生，何藥之能敗？以常法與藥，半日，兒生，其病即去。明日，大泄而喉痹不食。衆醫曰：二疾如冰炭，又產蓐甫爾，雖扁鵲復生，無活理也。張曰：使即日愈。取藥數十粒使吞之，咽喉即平，泄亦止。逮滿月，魯公開宴，諸子孫及女婦甥壻合六十人，請張為上賓。公親酌酒為壽曰：敢問一藥而治兩疾，何也？張曰：此於經無所載，特以意處之，乃附子理中元裹以紫雪耳。方喉閉不通，非至寒藥不為用，既已下咽，則消釋無餘。其得至腹中者，附子力也。故一服而兩疾愈。此事亦載逢原用藥當通變篇。公大歎異，盡斂席上金匕箸遺之。刑部尚書慕容彥逢母病，召張至則死矣。張揭面帛注視曰：面赤口開，乃汗不出而蹶，非死也。傷寒或發蹶，一晝夜而活者有之。遂取藥，以水貳升，煮及半灌病者，戒曰：善守半夜。至夜半時覺有聲勃勃然，遺屎滿席，出穢物斗餘而活。張恐其致謝，翌旦不告而歸，但留平胃散一帖，母服，數日愈矣。後入蜀，有人問曰：君之藝其十全者歟？曰：未也。昔療一傷寒，診脉察色，皆為熱極。煮承氣湯，欲飲復疑，至於再三，如有掣其肘者，姑持藥以待病者，忽發顫悸，覆緜衾四五重，始稍定，有汗如洗，明日脫然，使其藥入口，則人已斃。此事亦載逢原用藥當先探論。豈得為造妙，猶自視欿音坎然也。夫不矜己所長，不匿己所短，真謙謙之君子，嘗著《雞峰方》焉。有兩《雞峰方》，此謂小集也。贊曰：

神哉一藥，二疾併脫。張子胸襟，潑潑其活。復命回生，造化可奪。扁起號嗣，共此衣鉢。執德愈謙，芳譽莫遏。

許先生傳引《儀真志》及張郯、張孝忠撰《本事方》後序及《活人指南》序括成。

許叔微，字知可，號元同先生，儀真人也。時人多指為旌陽後身。《會真記》云：西晉許遜為蜀旌陽縣令，學道成仙，因稱旌陽真君。少孤力學，於書無所不讀，而尤邃於醫，誓以救物為心，予而不冀其報。值劇賊犯儀真，已而疾疫大作，許遍歷閭里，視病與藥，十活八九。一夕夢神人謂之曰：汝平生有遺恨乎？對曰：遺恨有三：少失怙恃，不得致菽水之養，一也；束髮讀書，望一第為門戶計，今年踰五十而無所成，二也；後嗣未立，為不孝大，三也。神曰：汝亦有陰功耶？敬舉儀真疾疫事告之。神曰：上帝以此命汝以官，錫汝以子，父母則不可見。因留語云：藥有陰功，一作藥市收功。陳樓間處。殿上呼盧。臚，傳也。喝六作五。莫測其謂。繼於張九成牓，登甲科，名在第六。以恩例，陞第五人，在陳祖言之下，樓材之上。仍得兩子，由徽州幕府，為臨安泮宮判，登聞檢院。嘗著《傷寒歌》，又名《傷寒明鑑》。《活人指南》，以朱肱《活人書》纂成，又謂之《百分等秤》。《經效類例》。晚歲述《本事方》。自序云：醫之道，可以回生起死，必有默相於冥冥之中。上古如岐伯，如伊尹，殆及後世，周有和、緩，秦有扁鵲，漢有倉公，魏有華佗，宋有徐文伯，唐有孫思邈，皆神奇精巧，超越等倫。自茲以往，僅可一二數。而今人之不逮古，何也？蓋古人以此救人，故天畀其道，使普惠含靈。後人以此射利，故天嗇其術而不輕畀予也。此說略載序例上敘業醫之道篇。《本事方》既成，而歷陽貴官張孝忠，愛玩甚篤，乃集通醫相與參訂。凡方證腧式慮切穴，有而未具者，則附益之，或小疵者，亦刊正之，於是其書愈佳焉。近有《本事方後集》，恐非許君本真也。贊曰：

許君邃醫，著書論討。藥彼多疫，榮枯振槁。報施錫第，雙珠呈寶。心於救人，天畀以道。莊誦斯序，利心電掃。

李王二賢傳引《夷堅志》等書括成。

李君，忘其名，撫州人也。藝高德重，衆推其賢。時崇仁縣撫州屬邑巨室，邀其治病，未效而求退，且喻病家，招同里王生。病家然其請，即招王而送李，相遇於途。王叩李將何之，李以實告。王曰：兄尚不能治，愚豈能治焉？不如俱歸。李曰：不然！余得其脉甚精，處藥甚當，然未愈者，乃余運蹇不利，故舉公以代也。用余之藥，悉以授公，公投此必收奇效。王敬如所戒，三日有瘳。病家大喜，以錢五百萬為謝。既歸，徑詣李而言曰：崇仁之役，皆兄之教，謝錢願進其半，為兄壽。李力辭曰：公治病，余何為受謝？王不能強，後以菲禮見情，始敢受。鄉評以二賢譽之。夫均此病也，均此藥也，未效於李，而效於王，豈有優劣耶？亦關於緣分耳。儻升堂而未入室，又難執緣說以自文矣。復患今之為醫，進不能愈，懵不知退，而病滋甚。躡其後者，排斥前人，立異為高，詭秘投劑，或傷人之生者，視二賢為何如哉？贊曰：

李君拯疾，醫門絕藝。藥偶不靈，知命而退。推轂王生，塗傳餘劑。隨規奏功，厚獲稛載。剖金予李，彼則罔愛。維此二賢，高風冠世。

右十傳十贊，闡此名醫之才行也。其才其行，參於前則增耀，顧於後則莫克，真古今之英傑也，故以之而侑本草焉。

《宋史・佞幸・王繼先》　王繼先，開封人。姦黠善佞。建炎初以醫得幸，其後寖貴寵，世號王醫師。至和安大夫、開州團練使致仕。尋以覃恩，改授武功大夫，落致仕。給事中富直柔，奏繼先以雜流易前班，則自此轉行無礙，深恐將帥解體。帝曰：朕頃冒海氣，繼先診視有奇效，可特書讀。直柔再駁，命乃寢。既而特授榮州防禦使。太后有疾，繼先診視有勞，特補其子悅道爲閤門祗候。尋命繼先主管翰林醫官局，力辭。是時繼先用事，中外切齒，乃陽乞致仕，以避人言。【略】其權勢與秦檜埒。檜使其夫人詣之，叙拜兄弟，表裏引援。遷昭慶軍承宣使，又欲得節鉞，使其徒張孝直等校《本草》以獻，給事中楊椿沮之，計不行。【略】侍御史杜莘老劾其十罪。【略】奏入，詔繼先福州居住。【略】放還良家子爲奴婢者凡百餘人，籍其貲以千萬計，鬻其田園及金銀，并隸御前激賞庫。其海舟，付李寶。天下稱快。方繼先之怙寵奸法，帝亦知之，故晚年以公議廢之，遂不復起。孝宗即位，詔任便居住，毋至行在。淳熙八年卒。

元・王好古《此事難知》自序　予讀醫書幾十載矣，所仰慕者，仲景一書爲尤焉。然讀之未易洞達其趣。欲得一師指之，徧國中無有能知者。寤而思，寐而思，天其勤恤，俾我李公明之授予，及所不傳之妙。旬儲月積，浸就編帙，一語一言，美無可狀。始而終之，終而始之，即無端之圜璧也。或有人焉厭聞而惡見者，豈公徒使之然哉？彼未嘗聞，未嘗見，恥夫後於人之過也。因目之曰《此事難知》，以其不因師指也。人徒見是書爲傷寒之法，而不知上合軒岐之經，中契越人之典，下符叔和之文，茲又言外不傳之秘，具載斯文矣。時至大改元秋七月二十有一日，古趙王好古識。

《宋史・劉彝傳》　〔劉彝〕知虔州，俗尚巫鬼，不事醫藥。彝著《正俗方》以訓，斥淫巫三千七百家，使以醫易業，俗遂變。

元・忽思慧《飲膳正要》卷首　三皇聖紀　太昊伏羲氏：風姓之源，皇熊氏之後。生有聖德，繼天而王，為萬世帝王之先。位在東方，以木德王，為蒼精之君。都陳時，神龍出於滎河，則而畫之為八卦。造書契以代結繩之政，立五常，定五行，正君臣，明父子，別夫婦之義，制嫁娶之理。造屋舍，結網罟，以佃漁。服牛乘馬，引重致遠。取犧牲，供祭祀，故曰伏羲氏。治天下一百一十年。　炎帝神農氏：姜姓之源，烈山氏之後。生有聖德，以火承木，位在南方，以火德王，為赤精之君。時人民茹草飲水，採樹木之實，而食蠃蛖之肉，多生疾病。乃求可食之物，嘗百草，種五穀，以養人民。日中為市，作陶冶，為斧斤，造耒耜，教民耕稼，故曰神農。都曲阜。治天下一百二十年。　黃帝軒轅氏：姬姓之源，有熊國君少典之子。生而神靈，長而聰明，成而登天。以土德王，為黃精之君，故曰黃帝。都涿鹿。受河圖，見日月星辰之象，始有星官之書。命大撓探五行之情，占斗罡所建，始作甲子。命容成作曆，命隸首作筭數，命伶倫造律呂，命岐伯定醫方。為衣冠以表貴賤，治干戈，作舟車，分州野。治天下一百年。

《元史・耶律楚材傳》　丙戌冬，從下靈武，諸將爭取子女金帛，楚材獨收遺書及大黃藥材。既而士卒病疫，得大黃輒愈。

《元史・張庭瑞傳》 庭瑞初屯青居，其土多橘，時中州艱得蜀藥，其價倍常。庭瑞課閑卒，日入橘皮若干升儲之，人莫曉也。賈人有喪其資不能歸者，人給橘皮一石，得錢以濟，莫不感之。

《元史・阿合馬傳》 〔至正〕十二年，伯顔帥師伐宋，既渡江，捷報日至。世祖命阿合馬與姚樞、徒單公履、張文謙、陳漢歸、楊誠等，議行鹽、鈔法于江南，及貿易藥材事。阿合馬【略】又奏：北鹽藥材，樞與公履皆言可使百姓從便販鬻。臣等以為此事若小民為之，恐紊亂不一。擬于南京、衛輝等路，籍括藥材，蔡州發鹽十二萬斤，禁諸人私相貿易。世祖曰：善，其行之。

明・王行《半軒集》卷五《醫經辨證圖序》 宋治平、元(裕)〔祐〕間，汶上錢仲陽能研心二書往往得其玄秘而多所發明，特其以嬰醫名時，故尠知之者，為可歎也。嘉定以還，上谷張潔古、河間劉守真、東垣李明之相繼而起，而潔古首開新病舊方不能相值之議。二人者，迺深探二書之奧而參以扁鵲、仲景、叔和、仲陽之説，臨病處方，猶射而中。故三人之醫迭顯乎當時。今觀其所著書雖不能無過，然所謂有本有源者矣。逮我國家隆平，育善養材，方技百家各臻精妙，於是丹溪朱彦修出焉。彦修初從金華許先生學，年三十，以母多病，始事乎醫。根據二書，旁搜衆論，博採精擇，附會折衷，數年而恍然有得，為書數萬言。推明醫道，著藥而不著方，深契古人之旨。是以一時之醫咸宗，朱氏之學遂大行矣。彦修後得其傳者，曰同郡戴原(理)〔禮〕，曰會稽徐彦純。純，余友也。其爲醫，已人之疾多奇效。蓋彦修之學授之彦純者，彦純盡得之，筆之(言)〔書〕者，彦純又得之，而加以切至精勤，不遺餘力。余每見之，未嘗不歎其功之深、學之(厲)〔廣〕而志之堅也。茲以其所著《醫經(類)〔辨〕證圖》若干卷，請余爲序。【略】至正戊戌冬。

明・熊宗立《醫學源流・藥王韋慈藏》 藥王姓韋氏，名訊，道號慈藏。醫中之聖，藥中之王，靈應如神，人皆仰之。今醫家皆圖繪其像而祀之，《名醫圖贊》曰：大唐藥王，德號慈藏。老師韋訊，萬古名揚。

明・李汛《石山居士傳》 居士姓汪，名機，字省之。其先出越國公華長子朗州法曹建之後，四傳至璹者，始遷古黟赤山鎮，即今祁治石山也。其後諱新一者，元季復遷石山之南曰樸墅。鄉人本其所自出，尊之曰石山居士云。【略】早歲習《春秋》經，補邑庠弟子員，屢試不利。其考以望公喻之曰：昔范文正公嘗自禱曰：不為良相，願為良醫。意謂仕而不至于相，則其澤之所及顧不若醫之博耳。蓋翁嘗以醫活人至數千指，故以此喻。居士悟，即棄去科舉浮文，肆力醫家諸書。【略】診治病者，百試百中，疾如桴鼓，聲名益彰，遐邇以疾來請者無虚日。【略】活人至數萬指，都里、姓名、脉色及方症，其徒周臣、許忠歷歷紀之為書，曰《石山醫案》。【略】居士所著有《重集脉訣刊誤》二卷，《内經補註》若干卷，《本草會編》若干卷，惠及後學，尤為不淺。然非通儒者，敢望其門墻也哉？鏡山散人李汛彦夫撰。【略】右傳借觀者衆，因不能應，故共與梓之。嘉靖二年四月望日，門人周臣、許忠謹識。

明・陳桷《外科理例・續題》 先生姓汪氏，名機，字省之，別號石山，世居徽祁之樸墅。早歲習《春〔秋〕》，補邑庠弟子員。性至孝，因思事親者不可不知醫，復精於醫，賴以存活者衆。鏡山先生別傳詳矣。所著有《素問抄《本草會編》《脉訣刊誤》《推求師意》《傷寒選錄》《外科理例》《運氣易覽》《痘治理辨》《石山醫案》《針灸問對》諸書若干卷行於世。先生生天順癸未九月十六日酉時，歿嘉靖己亥十二月初四戌時。嘉靖辛丑 1541 五月朔旦桷續題

明・許浩《復齋日記》 吾邑滑壽，字伯仁，號攖寧。工古文詞，善醫。訂正《靈樞》《素問》錯簡，著《難經本義》《讀素問鈔》《十四經發揮》等集。其治人疾，不拘拘於方書，而以意處劑，無不立效。秋日姑蘇諸士人邀遊虎丘山，一富家有產難，求挽回，諸士人不可，先生登堦，見新落梧桐葉，拾與之曰：歸即以水煎而飲之。未登席，報兒產矣。皆問此出何方？攖寧曰：醫者意也，何方之有？夫姙已十月，而產者氣不足也。桐葉得秋氣而墜，用以助之，其氣足矣，寧不產乎？其神效多類此。今南昌太守宗源，其姻孫也。

明・王錡《寓圃雜記》卷二 劉觀院判：太醫院院判劉觀，字士賓，常侍太宗左右。大暑中，上方束一帶，乃片腦合成者。問公曰：此帶何如？即奏曰：片腦性寒傷腎，惟有香耳。上遽命解去。又，上晚得中風疾，常服麝腦諸香藥。又問曰：可服此否？公曰：香藥如油入麵，終不能出。上遂罷。公之見信如此，蓋由潛邸之舊人也。

明・陸粲《庚己編》卷九 盛御醫：盛御醫寅，字啟東，吳江人。【略】他日，寅晨入御藥房，忽頭痛昏眩欲絶，群醫束手，莫知何疾。勅募人療治，有草澤醫請見，投藥一服，逡巡却愈。上奇之，召問所用何方，對曰：寅空

心入藥室，卒中諸藥之毒。能和諸藥者，甘草也。用是為湯以進耳，非有他術。上詰寅，果未晨饔而入，乃厚勞其人云。

明・莊繼光《先醒齋廣筆記・跋》 予髫年受業王損翁、于如翁兩先生門下，耳繆仲淳先生名如轟雷，然間從兩先生問藝，得一望見顔色，心竊嚮慕之，日屈首家塾，徒深景仰。迨辛亥歲，始奉先君命，修子侄禮，拜領先生教誨。每過吾邑，予必造謁先生，雖應酬旁午，未嘗不進而與談。甲寅，先君病作，諸醫競云外感，力主表散，禁絶飲食，歷半月而勢危。先生僑寓長興，聞之三日夜馳至，審證視脈，頓足大叫，云：誤矣！尊公病係内傷，法宜平補，兼進佳肴名酒，今反用表散奪食，遷延日久，脾氣將絶，奈何？急疏方服之。五日後，藥病不應，歎謂勢不救矣，潸然涕下而别。丁巳夏，予忽遘家變，患奇疴，百藥罔效，自分必死，但恨慈親在堂，不克子職，而膝下尚杳然；莊仲子一線，竟如飛塵朝露，倏焉幻滅耳。適先生至，見予羸瘦，憐憫特甚。呈以所服方約數十，覽而頻蹙曰：藥苟中病，一方足矣，安用多爲？醫者不得要領，補瀉妄施，故致困頓如此。細加診視，爲定湯液方，一月沈疴，竟劑遂安，三劑若失。予病已後，鳩形鵠面，相知見者，輒相顧錯愕，慮其叵測。先生復製常服丸方，祝予守服，幾三年，神理始復。孰使予脱鬼録，得存視息於兩間者，先生再造之恩，其敢諼哉！辛酉，先生卜居吾邑，所居與吾舍僅隔數武，得朝夕過從。壬戌，先生以交知遞逝，感傷成病家居，然四方就醫索方者屨盈案積，力疾手疏，一切制度，纖微必悉，一方成，指腕若脱，予心惻焉。偶憶長興丁長孺先生，曾爲刻《先醒齋筆記》，首載藥品炮炙大法，凡交知以方告者，止疏藥品分兩，旁書如法二字，令病家按本考治，但藥品太簡，苦於未備。乃與康文初謀之，曷不求先生再爲增益，付之剞劂，爲德無量，且免手疏之勞乎？遂相與合請之。時方嚴冬，先生新病甫痊，日曝背南窗下。文初及予每伸赫蹏，輒吮墨揮毫，爲拈數則。有時意所獨得，筆楮偶懶，則娓娓口述，命予兩人授之管城。諸醫案及方大率一仍舊本，而所加者約十至三，至藥品炮炙法，則視舊所增不啻四倍，而法更詳覈焉。閲五月餘方竣事，因商之季弟弢之，捐資刻行。雖然，此特先生武庫一班耳。先生尚有《神農本草疏》，版鍥于金陵而未完；湯藥料簡，稿始加草創而未竟。予決欲從史先生卒業，二書次第刊佈，庶醫學如杲日中天，讀書明理之士，必不爲盲師所障，更使海内知先生一生心血，耗費于此，用功勤而爲學博，其名播遐邇，非耳食也。第予之識先生，實由王、于兩師，追思三先生當年聚首時，掀髯奮袂，上下古今，肝腸意氣，相視莫逆。予譾劣無似，每不加鄙夷，得從旁以承緒論。今先生年逾七十，神檢高映，議論瓌偉，歸然如魯靈光，而兩師竟騎箕仙逝，言念音容，儼然如對，不勝泰山梁木之感云。天啓三年癸亥暮春祓禊日，通家子莊繼光頓首拜識。

明・焦竑《焦氏筆乘》引《西溪叢語》 許叔微精於醫，云五臟蟲皆上行，唯有肺蟲下行，最難治。當用獺爪為末調藥，於初四、初六日治之，此二日肺蟲上行也。

明・焦竑《焦氏筆乘》引《夷堅志》 雷州康財妻，為蠻巫林公榮用雞挑生。值商人楊一者善醫，與藥服之，食頃，吐積肉一塊，剖開，筋脉中有生肉，雞形已具。康訴于州，捕林寘獄，而呼楊令具疾證及所用藥。略云：凡吃魚肉、瓜果、湯茶，皆可挑。初中毒，覺胸腹稍痛。明日漸加攪刺，滿十日，則内物能動，騰上則胸痛，沉下則腹痛。積而瘦悴，其候也。在上鬲則取之，法用熱茶一甌，投膽礬半錢于中，候礬化盡，通口呷服，良久，以雞翎探喉中，即吐出毒物；在下鬲則瀉之，以米飯下鬱金末三錢，毒即瀉下。乃以人參、白术末各半兩，同無灰酒半升納缾内，慢火熬半日許，度酒熟取出溫服之，日一杯，五日乃止。

明・焦竑《焦氏筆乘》引《江表志》 吳廷紹為太醫令。先主因食飴喉中噎，醫莫能為。廷紹獨謂當用楮實湯，一服疾良已。馮延巳苦腦中痛，廷紹密詰廚人，曰：相公平日嗜何等？曰：多食山雞、鷓鴣。廷紹曰：吾得之矣。治以甘豆湯，亦愈。或叩之，答曰：噎因甘起，故以楮實湯治之，山雞、鷓鴣皆食烏頭、半夏，故以甘豆湯除其毒耳。聞者大服。

明・焦竑《焦氏筆乘》引《推蓬寤語》 瘍醫公孫知叔，記問該博，深明百藥之性，創造五毒之劑。取丹砂養血而益心，雄黄長肉而補脾，礬石理脂膏而助肺，磁石通骨液而壯腎，石膽治筋而滋肝。外療瘡瘍之五證，内應五臟，拘之以黄堥，熟之以火候，藥成傅瘍，無不神效。一人鬢有疽，一夕決潰，勢欲殆，以前藥傅之，應手而差。

明・焦竑《焦氏筆乘》 許胤宗仕陳，爲新蔡王外兵參軍。王太后病風不能言，醫家告術窮，胤宗曰：餌液不可進。即以黄芪、防風煮湯數十斛，置牀下，氣如霧重薄之，是夕語。

01.953　**明·劉世龍《王公墓誌銘》**　公諱綸，字汝言，節齋其別號。系出銅川。【略】五代末曰秀者，徙慈。【略】〔成化〕甲辰，第進士。【略】丙午夏，除工部都水司主事，職掌內府工作。【略】庚申，升廣東參政。【略】〔正德〕己巳春，承巡撫湖廣之命。時年侵盜起。【略】選將調兵，相機攻守。乃庚午五月，盜悉平。【略】時公憂勞日久，感病已深。雖自素明醫藥，勢弗可療。乃是年九月甲戌，卒于姑蘇舟中，從行惟一僕。【略】得年僅五十有八耳。【略】其天文、地理、陰陽、星術之說，靡不旁究，而尤精於醫。所著《本草集要》《明醫雜著》，爭相傳刻，利濟弘多。【略】

明·徐春甫《古今醫統大全》卷一《歷世聖賢名醫姓氏》　姓韋名訊，道號慈藏。善醫術，常帶黑犬隨行，施藥濟人。玄宗重之，擢官不受。世仰爲藥王，醫家多祀之。

羅天益，字謙甫，真定人。東垣弟子。潛心苦學，真積力久，居東垣門下十餘年，盡得其妙。著有《衛生寶鑑》二十四卷行世。

王好古，字進之，號海藏，古趙人。性明敏，通經史，好醫方，師李明之。所著《醫壘元戎》十二卷，《醫家大法》三卷，《仲景詳辨》《活人節要歌括》《湯液本草》《此事難知》《癍疹論》《光明論》《標本論》《傷寒辨惑論》等書，行於世。

明·凌迪知《萬姓統譜》卷四十五　王綸，字汝言。慈谿人。由進士除工部主事，改禮部儀制。【略】歷陞廣東參政、湖廣右布政，【略】後擢都御史，巡撫湖廣，歸卒。爲人孝友天植，色養無違，剛方梗介，不媚流俗。所著有《學庸要旨》《節齋雜稿》《禮部要稿》《分守要稿》《承宣》《巡撫》二稿。尤精於醫，所治無不瘳者。其原病定方，不規規泥古而卒不爽于古，論者以爲丹溪復出也。有《本草集要》《(名)〔明〕醫雜著》，爭相傳刻，濟利弘多。

明·謝肇淛《五雜俎》卷五　善醫者不視方，蓋方一定而病無定也。余在東郡，室人產後虛悸，每合眼即有氣一股從下部上攻，直至胸膈，閉急而寤，如是五晝夜，殆矣。諸醫泥方，惟以補氣血投之，益甚。庠生馬爾騏者，曉醫，語之曰：此火也，急則治標，何暇顧氣血？投以胡黃連一進，而熟寐一晝夜，諸症脫然。萬曆辛亥九月，在家，侍兒忽病氣逆，不可臥。一僧善方者曰：此氣不歸元耳，六味丸可立愈也。投之久而如故，且吐出原藥。僧怖曰：胃有寒痰，不受藥矣，非附子不能下也。余信且疑。時有良醫薛子勉者，家芋江，距城二十里，病且亟，迺飛騎迎之，至，診視，笑曰：易與耳。投以蘇子、蘿蔔子、梔子、香附等少許，飲之貼然，且告之故。薛大驚曰：凡氣逆者，皆火也。附子入口，必死無疑。僧亦愧服。至今齊中國手推馬生，閩中推薛生也。

明·沈德符《萬曆野獲編·補遺》卷三　劉文泰：劉文泰先任右通政，管太醫院使，以投劑乖方，致損憲宗，為給事中韓重等、御史陳穀等，交章公疏參劾，孝宗命降為院判。至弘治十六年，上因《本草》訛誤，命官改修，以劉文泰等充其役。而文泰等於《本草》實懵然，乃請用翰林官任校正。閣臣劉健爭之云：豈有詞臣為醫士校書之理？上乃命翰林專修其書，而太醫官不預。蓋文泰曾得故大學士邱濬所著醫書，俱在十三科之外者，欲另奏以為己功，因有此議也。劉健又力爭：臣等職在論思，理難侵越，太醫院官數多，宜令纂修。上又改命該院自修，取回詞臣，以太監張瑜主其事。文泰因此益與瑜相表裏，於是援引專侍禁中，遇上及中宮有疾，無論內外科，俱令文泰直入矣。乙丑之夏，上本以患熱得疾，文泰誤投大熱之劑，煩躁不堪，以至上賓。蓋孝康后素亦信任文泰及瑜，以故不行遏止。比武宗登極，法司會奏張瑜向與文泰為奸，又薦文泰纂修《本草》，先帝不豫，文泰藥不對證，宜比諸司官與內臣交結作弊扶同，奏啟各斬，上允之。於是南北科道劉茝等，咸謂請速誅文泰，以慰先帝在天之靈，上僅報聞而已。久之，二人苦辨不已，俱免死遣戍。史云是時大臣暱厚文泰者，故不用合和御藥大不敬正條，而比他律，因得為後日解脫之地。所指大臣，蓋指謝、李二相也。文泰一庸醫，致促兩朝聖壽，寸磔不足償，竟免於死，若其誣陷王三原，又不足言矣。

明·朱國禎《湧幢小品》卷八　國初，四明人王桓與二儒者同赴召，見太祖于便殿。上問：二儒者在家何業？【略】二儒對曰：臣業醫。上曰：卿為醫，亦知蜜有苦而膽有甜者乎？對曰：蜂釀黃連花則蜜苦，猿猴食果多則膽甜。上曰：是能格物者。擢爲太醫院使。

明·黃承昊《折肱漫録》卷二　予窗友賀立庵方伯常言，其伯父賀岳精於醫，刻有《醫經大旨》，曾治一孕婦，將坐草患小便不通，百藥不效，愈飲愈飽，束手待斃。賀君診之曰：此乃脾氣虛弱，不能勝胞，故胞下墜，壓塞膀胱，以致水道不通，大健其脾，則胞舉而小便自通矣。以白朮二兩，土炒，加炒砂仁數錢，別加一二輔佐之藥，服一劑，小便立通，其神如此。予常記此言于懷中。壬寅歲，予内人有姙，臨月竟同此症，醫藥無功，危甚。予以此法告於醫者，喜醫者虛心如賀法，治之立效，遂舉長子寅錫。予若不聞此言，母子均殆矣。

明・劉若愚《酌中志》卷二二　神廟時，御藥房提督張太監明，精于醫藥，最蒙寵。

明・李中梓《删補頤生微論》自序　【略】余少治經生言，及兩親子俱以藥誤，予又蚤歲多疴，始惕然迫於思，而以鄒魯之業，兼岐黄家言。藥世道之受病，而因以通有生之疾，似同源而流矣。自神廟戊午，採輯成是編，鐫而懸之肆，乃翕然偏走天下。嗣後非不究天人，參禪玄，詢國政，未甘擅專門學，而攜挾持扶以請一刀圭者，日且相迫，三吳中遂以長沙氏目相之。予豈敢云靡弗通而通於是，抑亦相迫而漸至使然者耶？今二十五年以來，不無少進階級，思一再訂，期絲毫不有誤後世，而未可輕與語也。庚辰秋，吳門沈子朗仲，翩然來歸，一握手而莫逆於心，端凝厚藏，慷慨浩直而不漫齒頰，峩然載道之偉器。與語移日暮，鮮弗神領，《靈樞》諸經典，了然會大意。投藥中窾，砉然如庖丁遊刃，豈特曰吾道西矣，而邈然弗可量已。於是相與辨幾微，參益損，躋顛極，破偏拘，皇皇登於大道，以俟百世可以畫一，則庶幾其快我隱、謝我過焉。嗟乎！吾道之不孤，其有賴於朗仲也乎？因再付之剞劂，與同事諸君更一改觀。儻云知青於藍，雖釋其舊本可也已。崇禎壬午四月，華亭李中梓書。

《明史・列傳・方伎》　許紳：又有許紳者，京師人。嘉靖初，供事御藥房，受知於世宗，累遷太醫院使，歷加工部尚書，領院事。二十年，宫婢楊金英等謀逆，以帛縊帝，氣已絶。紳急調峻藥下之，辰時下藥，未時忽作聲，去紫血數升，遂能言，又數劑而愈。帝德紳，加太子太保、禮部尚書，賜賚甚厚。未幾，紳得疾，曰：吾不起矣。曩者宫變，吾自分不效必殺身，因此驚悸，非藥石所能療也。已而果卒，賜謚恭僖，官其一子，卹典有加。明世，醫者官最顯，止紳一人。其士大夫以醫名者，又王綸、王肯堂。綸字汝言，慈谿人。舉進士。正德中以右副都御史巡撫湖廣。精於醫，所在治疾，無不立效。有《本草集要》《(名)〔明〕醫雜著》行於世。肯堂所著《證治準繩》，為醫家所宗。行履詳父樵。

李時珍，字東璧，蘄州人。好讀醫書，醫家《本草》，自神農所傳止三百六十五種，梁陶弘景所增亦如之，唐蘇恭增一百一十四種，宋劉翰又增一百二十種，至掌禹錫、唐慎微輩，先後增補合一千五百五十八種，時稱大備。然品類既煩，名稱多雜，或一物而析爲二三，或二物而混爲一品，時珍病之。乃窮搜博採，芟煩補闕，歷三十年，閱書八百餘家，稾三易而成書，曰《本草綱目》。增藥三百七十四種，釐爲一十六部，合成五十二卷。首標正名为綱，餘各附釋爲目，次以集解詳其出産、形色，又次以氣味、主治附方。書成，將上之朝，時珍遽卒。未幾，神宗詔修國史，購四方書籍。其子建元以父遺表及是書來獻，天子嘉之，命刊行天下，自是士大夫家有其書。時珍官楚王府奉祠正，子建中，四川蓬溪知縣。

又吳縣張頤，祁門汪機，杞縣李可大，常熟繆希雍皆精通醫術，治病多奇中。而希雍常謂《本草》出於神農，朱氏譬之《五經》，其後又復增補別錄，譬之註疏，惜硃墨錯互。乃沈研剖析，以本經爲經，別錄爲緯，著《本草單方》一书，行于世。

清・顧景星《白茅堂集》卷三八《李時珍傳》　李時珍，字東璧。蘄州人。祖某，父言聞，世孝友，以醫爲業。時珍生，白鹿入室，紫芝産庭。幼以神仙自命。年十四，補諸生。三試於鄉，不售。讀書十年不出户庭，博學無所弗窺。善醫，即以醫自居。富順王嬖庶孽，欲廢嫡子，會嫡子疾，時珍進藥，曰附子和氣湯。王感悟，立嫡。楚王聞之，聘爲奉祠，掌良醫所事。世子暴厥，立活之。薦於朝，授太醫院判。一歲告歸，著《本草綱目》。年七十六，預定死期。爲遺表授其子建元。其畧曰：【略】伏願皇帝陛下，特詔儒臣，補著成昭代之典，臣不與草木同朽。萬曆中，勅中外獻書，建元以遺表進，命禮部謄寫，發兩京各省布政刊行。晚年自號瀕湖山人。又著《薖所館詩》《醫案》《脈訣》《五藏圖論》《三焦客難》《命門考》《詩話》。以子建中貴，封文林郎。

顧景星曰：余兒時聞先生軼事，孝友，饒隱德。晚從余曾大父游，讀書以日出入爲期，夜即端坐。其以神仙自命，豈偶然哉！詩文他集失傳，惟《本草綱目》行世。蒐羅百氏，采訪四方，始於嘉靖壬子，終於萬曆戊寅，凡二十八年而成書。舊本附方二千九百三十五，增千一百六十一。贊曰：李公份份，樂道遺榮。下學上達，以師古人。既智且仁，道藝以成。遐以媿之？景純通明。

清・高世栻《醫學真傳》　先生自述余童年喪父，家貧無所資，藉舌耕以奉母。及制舉之業不獲售，遂習岐黃之術於倪先生之門。所授書有《藥性》《全生集》《明醫指掌》《傷寒五法》，并諸方歌訣，以爲道在於是。二十三歲即懸壺，治病頗效，多有稱許者，然循方投藥，究未能刻期應驗。甲辰歲，余年二十有八，七月中旬，患痢甚篤，延時醫診治，藥日投而病日劇，月餘不得愈，遂不服藥，至仲冬而痢方止。因歎曰：醫之不可爲也，醫治我若是，我治人想亦若是。以醫覓利，草菅人命，謂天理何？其時隱菴張先生開講經論，遂往學焉，得究觀《傷寒》《金匱》《神農本經》及《素問》《靈樞》諸書，朝夕參究，始悔前之所習，皆非醫學之根源。隱菴先生亦以鍼芥之投，無微不晰。如是者十年，岐黃至理，雖未能窺其堂奧，而論證施治，已不同於往昔之見病治病，執風痰、氣火、感寒、停食之説，遂循方而投藥也。故每遇一證，必究其本而探其原，處方用藥，不同流俗，因是人咸謂余偏執。【略】余因及門進論，著授《醫學真傳》，以示正道，以斥旁門，而使學者之不可不慎也。【略】

清·徐大椿、徐爔《徵士洄溪府君自序》 余先世隨宋南渡，從江西遷浙江之嘉善，代有科第。明正統時，八世祖富一公又從浙遷吴江之南麻村，再徙西濛港。【略】康熙三十二年五月十五日，余生於下塘毓瑞堂。【略】始先祖名余曰大椿，字靈胎，至是更名大業。後以欽召稱字，遂以字名。【略】余之習醫也，因第三弟患痞，先君爲徧請名醫，余因日與講論，又藥皆親製，醫理稍通。既而四、五兩弟，又連病卒。先君以悲悼得疾，醫藥之事無虚歲。家藏有醫書數十種，朝夕披覽，久而通其大義，質之時醫，茫如也。乃更窮源及流，自《内經》以至元、明諸書，廣求博採，幾萬餘卷，而後胸有實獲，不能已於言矣。謂學醫必先明經脈臟腑也，故作《難經經釋》；謂藥性必當知其真也，故作《神農本草百種録》；謂治病必有其所以然之理，而後世失其傳也，故作《醫學源流論》；謂《傷寒論》顛倒錯亂，註家各私其説，而無定論也，故作《傷寒類方》；謂時醫不攷病源，不辨病名，不知經方，不明法度也，故作《蘭臺軌範》；謂醫道之壞，壞於明之薛立齋，而吕氏刻趙氏《醫貫》，耑以六味、八味兩方，治天下之病，貽害無窮也，故作《醫貫砭》；謂醫學絶傳，邪説互出，殺人之禍烈也，故作《慎疾芻言》。自此三十餘年，難易生死，無不立辨。怪症痼疾，皆獲效驗。遠近求治，刻無寧晷。【略】乾隆二十五年，上訪名醫於諸大臣，秦大司寇文恭公以臣靈胎對，上頷之。九月，大學士將文恪公病，上諭中堂，當招徐靈胎診治。公一再遣人聘余，余適以病辭。廿六年正月，上乃下廷諭，命撫軍陳公，即送來京。時余病亦稍痊，乃就道。至即命與施、孫兩太醫仝擬方，蔣公病已不可爲。余方欲奏明，適上命額附福公問徐靈胎，蔣某病幾時得愈。因密奏曰：過立夏七日，則休矣。福公轉奏，上親臨視，見蔣公病果劇，駕回，諭秦大司寇曰：徐靈胎學問既優，人又誠實，不知能在京效力否？秦公傳旨，臣聞命之下，感激涕零，自揣年老多病，萬難效力，即懇秦公轉奏。是晚，上命視大司農李公疾，明日又命入圓明園，連奉特旨六次，乃於五月初四日，蒙聖恩放歸田里，事詳《述恩紀畧》中。自此築室吴山之畫眉泉，爲静養之地，不復遠行矣。【略】故退述生平而自記之如此，以當《年譜》云。辛卯夏日，洄溪老人書於耄學龕，時年七十有九。

先府君既作《自序》，方期頂祝聖恩，閉戶著書，以終餘年。忽一日嘆曰：吾自審脈象，恐不逾今歲矣。惟覺心中有未了事，亦不自解其因。至［乾隆三十六年］十月廿五日，奉旨復召入都，恍然曰：向覺有未了者，此耶？時方臥病，强起入都。大中丞暨諸大憲，親詣舟次。府君感沐聖恩，力疾登程，爔隨侍。中途疾亦漸已，精神轉旺，餐飯有加。臘月初一日抵都，精力復衰。越三日，府君從容議論陰陽生死出入之理，并自作墓前對聯，有滿山芳草仙人藥，一徑清風處士墳之句，至夜談笑而逝。【略】伏念府君以諸生名達九重，兩膺徵召，生前知遇，身後寵榮，遭逢盛世，千載一時。爔雖自愧無文，謹就府君《自序》所未竟者，附綴數行，以誌不朽云。男爔百拜謹識。

清·杭世駿《道古堂文集》卷二九《名醫盧之頤傳》 之頤，字子繇，生明熹宗時，號晉公，又自稱蘆中人。父復，字不遠。精於醫理，從遊者衆。聘王紹隆於家，講論《内經》，誓願買田以贍學徒，使醫道大明於世。著有《病種》《芷園臆草》諸書。祖惠，字心齋。艱於得孫，願以一周星課《華嚴》滿十二部，燈香前即時現一童子相，既滿，子繇生焉。自絶乳後，不露一隙慧光。羣兒戲，獨不能戲；羣兒誦，獨不能誦。口若膠生，耳若纊塞，形若木偶，衆以爲癡。九歲時依父禪坐，現一身世俱空之境，隨詣聞谷禪師，以三語令參，能舉心爲對。弱冠忽處方藥有合，人亦稍稍許之。王紹隆召聽《内經素問》，不得其旨，聾啞如故。後講張仲景《傷寒》，忽大出辨駁，以困其師。明年，即攝師講席。著《金匱要畧摸象》未成，父促之成，既成，火之。曰：十年後方許汝著書，于是奇穎之聲漸起。試命參預筆削，大有闡發，悉取所著畀之，而於《本草》終不相入，艱苦殊甚。會父復著《綱目博議》，有椒菊雙美之疑，不能决，得之頤私評而决。因令面判七藥，皆有至理。病亟，趣令之頤成之，歷十八年而《本草乘雅》始出，中冠以先人字者，即《博議》也。中分覈、參、衍、斷四則。遭亂後書籍零散，參、覈二種稍補其殘缺，衍、斷倍多，不能追憶，遂名《乘雅半偈》，凡十二卷，今已行世。父歿後，述先人之志，成《摩索金匱》九卷。右目偏盲，摩索者，言暗中得之也。繼《摩索》而作者，有《傷寒金鎞疏鈔》、醫難析疑，遐引曲譬，幾三十萬餘言。難扁鵲，誚華佗，曲王叔和，駁成無已，自孫思邈以下無〔不〕譏。以引《靈》《素》之熱病以言卒病則謬，指七情、六氣、房勞刀杖爲內外三因則謬，以形層皮膚、肌、胸、腹、胃限病者期日則謬，以化氣爲本，以經脈爲標則謬，縱横奥衍，精以理解，悟以禪機。旋入閩，歸理舊業，積三十餘年而後成。碩學如張天生，名彦如陳胤倩，皆從問業。自言於王紹隆得《金匱》之心傳，於陳〔象〕先得《薛案》之私染，而李不夜、嚴忍公，則文章道宜之宗模也。幼耽禪學，于聞谷、憨山二大師得其南車，于離言和尚得其點醒。雲間施笠澤、古婁潘方孺、邵陽甯比玉，不遠而來，起予不少。左右采獲，卒能名家。有子曰彝。餘杭嚴武順與盧氏爲至交，復卒託孤，一言一動，必關白而後行，稍不當，輒訶督譙讓，改乃已。人兩難之。舊史曰：陳曾蓑傳論之頤云：歲丙戌，監國者在山陰。之頤策杖往謁，大爲所親信，授職方郎。事敗，跳身歸鄉里。間與舊相識者往來，門庭雜沓，蹤跡不測，性又簡傲，雖以醫術起家，輕忽同黨，好自矜貴，出入乘軒車，盛傔從，廣座中伸眉抵掌，論議無所忌，識者謂必中奇禍。頃之兩目皆盲，□□成廢人，不出戶庭，而曩所交遊皆斷絶，詫歎一室，竟以憤懣卒，此殆天之所以保全之也。

清・皇甫樞等《上海縣志》卷一〇《藝術》　李中梓，字士材。父尚衮，明萬曆己丑進士。中梓，諸生，有文名，因善病，自究醫理，輯張、劉、李、朱四大家所著書，補偏救弊，集其大成。金壇王字泰亦精於醫，年八十，患脾泄。中梓診視訖，語王曰：公體肥多痰，愈補愈滯，法宜用迅利藥盪滌之。乃用巴豆霜，下痰涎數升，頓愈。又魯藩病，時方盛暑，寢門重閉，牀施氈帷，懸貂帳，身覆貂被三重，王猶呼冷。中梓曰：此伏熱也，古人有冷水灌頂法，今姑爲變通。用石膏三斤煎飲，作三次服。一服去貂被，再服去貂帳，服三次已，盡去週邊，體蒸蒸流汗，遂愈。其神效不可枚舉。然素自矜貴，非富貴家不能致也。年七十餘，作偈端坐而逝。有《道火録》《居士傳燈録》《醫宗必讀》《頤生微論》《內經知要》《本草通玄》《傷要括要》等書十六種，爲後學津梁。其診脈要訣，口授門人董宏度，其餘及門甚衆，多知名於時。

清・唐大烈《吴醫彙講》卷六〔康作霖〕　三皇藥王考

自古三皇畫卦而分陰陽，辨藥而作《本草》，論病而垂《內經》，吾醫開教於《三墳》，至今尚讀其傳書，內而醫院，外而醫學，並奉為主祀，列入條編者也。至唐而有韋氏名訊道，號慈藏者，施藥濟人，世人共仰為藥王，醫史可考。則是藥王之距三皇，已隔唐、虞、夏、商、周、秦、漢、晉及南北朝十餘代矣。今有無知僧道，以藥王之像，塑為卉服，與神農之像無異，藉以通書所載，每年四月二十八日藥王誕之語，影射混淆，惑人酬欵，以致庸俗之人誤稱三皇為藥王，殊為可笑。查《欽定禮科則例》，現載京師先醫廟奉三皇於南向，配句芒等四位於東西向，又分列僦貸季等二十四位於兩廡，由上古而遞次及唐藥王韋慈藏，現與啟元子王冰東西對列，則例彰彰。吾醫之有三皇，猶儒者之有孔子也。若夫藥王，較之程朱諸子，尚有間焉，譬諸范、歐諸儒，庶幾相近。今以若賢若神之號，而與開物成務之大聖人相混，褻慢甚矣，故特考而辯之。

伊湯安等《嘉興府志》卷五七《列傳八》　吴儀洛，字遵程。諸生，力學砥行，私淑張履祥。嘗遊歷楚、越、燕、趙，徵文考獻，不遺餘力。留四明，讀范氏〔天一閣〕藏書，所寓目輒能暗寫。中年欲以良醫濟世，博覽岐黄家言，遂精其術。所著《成方切用》《傷寒分經》，闡明仲景，發西昌喻氏所未發，採入《四庫全書》。又有《春秋傳義》《周易注》《本草從新》等書。

清・徐元梅等《山陰縣志》卷一八《藝術》　陳士鐸，邑諸生。治病多奇中，醫藥不受人謝。年八十餘卒。所著有《內經素問尚論》《靈樞新編》《外經微言》《本草新編》《臟腑精鑑》《脉訣闡微》《石室秘録》《辨症録》《辨症玉函》《六氣新編》《外科洞天奥旨》《傷寒四條辨》《嬰孺症治》《傷風指迷》《歷代醫史》《濟世新方》《瓊笈秘録》《黄庭經注》《梅花易數》等書行世。

王大同、李松林《上海縣志》卷一五《人物・藝術》　李延昰，字辰山，號寒村，原名彦貞。進士尚衮孫，大理評事中立子，中梓從子也。少學醫。中梓撰方書十七部。延昰補撰《藥品化義》《醫學口訣》《脉訣彙辨》《痘疹全書》四部，刊行之。又曾走桂林，任唐王某官，事敗後遁跡平湖佑聖觀，爲道士，以醫自給，聚書至三十櫃。生平事蹟不以告人，人亦不能知也。晚與朱檢討彝尊善，舉所著及藏書二千五百卷畀焉。康熙辛丑卒。

清・王學權《重慶堂隨筆》卷下 〔王孟英〕刊：恕軒先生錢塘人，著利濟十二種：《本草綱目拾遺》十卷，《醫林集腋》十六卷，《祝由錄驗》四卷，《本草話》二十二卷，《花藥小名錄》四卷，《攝生閑覽》四卷，《奇藥備考》六卷，《養素園傳信方》六卷，《囊露集》四卷，《串雅》八卷，《升降秘要》二卷，《藥性元解》四卷。載桐鄉顧菉厓《書目合編》。惜書多未梓，惟望藏其全稿者，力謀壽世為幸。

清・吳德旋《初月樓續聞見錄》卷六 元和陳見三，名傳焯。生而穎異，善讀書。父因事為富人所訟，破其家產。時見三年纔十五，益發憤讀書，而以謀食故，兼習醫，弱冠即能神明其術，甚有聲。游於揚州，揚之人就求治疾者，往往獲奇效，業遂饒，後竟移家於揚。嘗謂古人治疾，皆入山採藥，今人取藥於廛肆間，故醫者依方治疾，或不效，非盡醫不良，藥亦有悮焉。於是即所居之旁，列肆市藥，親督子弟經理，誠信不欺。凡求治疾者，兼求藥，治益神。遇貧者，與藥不取直，揚之人益重之。年過八十，始謝病者不復診。

清・周儀顥《鄒潤安先生傳》（《本經疏證》卷首） 先生諱澍，字潤安，晚號閏菴，姓鄒氏，道鄉先生二十六世孫也。曾祖諱應智，祖諱協鳳，父諱汝奎，代有隱德。前母陳氏，母馬氏，繼母惠氏。先生年十六失恃，哀毀骨立，事父及繼母甚孝。閱六載，又遭繼母喪，哀毀如喪所生。家故貧，艱於就傅，勤苦自勵。於書無所不窺，雖沍寒盛暑，披覽不輟。其於日月之疾徐盈縮，星辰之遲留伏逆，江淮河漢之脈絡條理，南朔東西之阨塞險要，皆能洞悉原委，曉暢機宜，故其發於詩古文詞者，卓然可傳。皇上道光元年，詔舉山林隱逸，鄉先輩議以先生名上於朝。先生聞之，寓書建議者曰：某德薄能鮮，長為鄉人以沒世，乃其分耳。若抗跡邱園，釣弋華譽，鄉黨自好者不為，而子謂我願之乎？議者遂止。張太守丹邨、程太守芝圃咸引重之，嘗諷之曰：以君之學出而問世，誰與相頡頏者？薄此不為，毋乃已甚？先生曰：某賦性迂緩，跼於展舒，苟膺薦牘，非特失已行，且玷君矣，敢固辭。嗚呼！此可以覩先生之所守矣。先生隱於醫藉以事畜。父既沒，弟顯又以疾卒，逋負衆千數，一以身任之。娶陳氏，無子，以弟顯之子夢龍為子。先生生於乾隆五十五年三月二十九日己酉，以道光二十四年八月十六日庚戌卒，年五十有五。所著有《明典》五十四卷，《本經疏證》十二卷，《本經續疏》六卷，《本經序疏要》八卷，《傷寒通解》四卷，《傷寒金匱方解》六卷，《醫理摘抄》四卷，《契桅錄》四卷，《醫經書目》八卷，《醫書敘錄》二卷，《醫經雜說》一卷，《沙溪草堂文集》一卷，《沙溪草堂雜著》一卷，《沙溪草堂詩集》一卷。

論曰：先生以積學敦庸行，為世通儒，獨溫溫無所試，人多惜之。然即其所就藏之名山傳之其人，其所以嘉惠後學者，非淺鮮也。而世徒以醫知先生，豈真知先生者哉！

錢泰吉等《海昌備志》卷三七《藝文》 吳儀洛，海鹽諸生，移家硤石。遵程醫學書聞有十種，今見刊本惟《本草從新》《成方切用》《傷寒分經》三種，《一源必徹》《四診須詳》《雜證條律》《女科宜今》四種見於刊本《凡例》中，尚有三種未知其目。

清・蔣超伯《南漘楛語》卷六 張介賓以人參、附子、熟地、大黃為藥中四維。人參、地黃為良相，大黃、附子為良將。又分藥為八陣：曰補、曰和、曰寒、曰熱、曰固、曰因、曰攻、曰散。其《景岳全書》中，傷寒曰典，雜證曰謨，尤為奇恣。雖力駁劉守真、朱丹溪之說，然誤投參、桂，亦足戕生。善乎仲景之說，曰：桂枝下咽，陽盛乃斃；承氣入胃，陰盛以亡。宜乎于此道中稱聖矣。

陳志培、王廷鑑《鄱陽縣志》卷一一《人物志・儒林》 章穆，字深遠，晚號杏雲老人。東北關人。邑諸生，性剛介，內行修飭，博學強記。讀書必書於紙，每夜手抄五百字，寒暑無間。家素封，不善治生，惟富蓄書。初毀於火，再沒於水，自言二十年來，無片紙可供獺祭。與人語經史子集及百家傳說，默然不遺一字。嘗晤其姻王定遠，王亦博雅強記，相與數典七晝夜，語無復。精算學，從遊者學之弗能至，以是不傳。善醫，多治奇疾。年七十餘暴殄。未殁之夕，喃喃自誦句云：使星夜犯斗牛來，猿鳥忘機幾見猜。莫慳老僧藏不得，昭陵玉匣有時開。著有《四診述古》《食物辨》《天文學》《算學》《禮樂志》《傷寒論》等書。

清・毛祥麟《墨餘錄》卷二 李中梓：李中梓，字士材，邑諸生也。有文名，并精醫理，名重一時。時金壇王肯堂宇泰，亦精岐黃術，年八十患脾泄，群醫咸以年高體衰，頻投滋補，病愈劇，乃延李診視。診畢，語王曰：公體肥多痰，愈補則愈滯，當用迅利藥湯滌之，能勿疑乎？王曰：當世之醫，惟我二人。君定方，我服藥，又何疑？遂用巴豆霜下痰涎數升，疾頓愈。魯藩某病寒，時方盛暑，寢門重閉，床施氈帷，懸貂帳，身覆貂被三重，而猶呼冷。李往診之，曰：此熱也。古有冷水灌頂法，今姑通變用之。乃以石膏三觔濃煎，作三次服。一服去貂被，再服去貂帳，服三次而盡去外圍，體蒸流汗，遂呼進粥，病若失矣。其醫之神效類如此。特素自矜貴，非富家不能致也。

清·李伯元《南亭筆記》卷五 過可學，常州無錫人，由進士官布政使。罷官歸且十年，以賂遺輔臣，薦其有奇藥。上立賜金帛，即其家召之至京師。可學無他方技，惟能煉童男女溲液為秋石，謂服之可以長生。雍正餌之而驗，進秩至禮部尚書，加太子太保，至命撰《進士題名記》，用輔臣恩例也。吳中人呼之為煉尿尚書。

清·王德宣《醫學啟蒙輯覽》 藥王菩薩 近世各地建立藥王廟，中供祀之神，粉面黑鬚，龍冠蟒服，如王者像，稱係唐朝勅封藥王真人孫思邈也。每歲四月二十八日，眾醫集會慶祝。至各醫家所供神像，亦如王者，身坐虎背，左手握雲中所現龍鬚，右手執一鍼如刺龍狀，稱為藥王菩薩，亦云即孫真人也。憶福州于山有藥王菩薩廟，或稱盧醫廟，言此廟建於明前代。廟中像有二，在上者草衣卉服，跣足科頭，腰懸葫蘆；在下者巾服如漢唐人。詢謂在下者為孫思邈真人，在上者乃神農炎帝。蓋廟既名藥王菩薩，不當供祀孫真人，不當廟稱盧醫也。其像恐非當時原塑，必後重修更塑，傳訛以致異其巾袍，故稱誤耳。按《醫林史傳外傳》云：孫思邈，唐京兆華原人，幼稱聖童。隋文帝召，不拜。太宗登位召見，拜諫議大夫，固辭。隱太白山學道，得神仙術。洞曉天文，精究醫業。著《千金方》三十卷，《脈學》一卷。《朱子小學淺註》謂思邈為唐名進士，因知醫貶為技流。孟、盧堅隨，師事之，與論心欲小、膽欲大、智欲圓、行欲方之語。《續仙傳》云：唐孫真人名思邈，遊太白山，曾救一青蛇，乃龍子，後龍王召至龍宮，得水府藥方三十首。又《雜俎》云：思邈隱終南山，有病龍求其點鱗，虎呑金釵求其取出，著有(千)《千金方》書傳世。並無言及思邈封稱藥王之名。《天中記》引《唐本草·序》，藥王菩薩姓韋名訊，又名古，字老師，慈藏。疏勒國得道人也。常被毳袍，腰掛數十葫蘆，頭戴紗巾，手持藜杖，往來城野，以一黑犬自隨。開元中疾疹盛行，醫治輒效，朝野崇敬，稱為藥王菩薩，或傳其年已五百餘矣。又引《神仙傳》言，自堯舜至唐，凡五度化身救世，其後黑犬化為黑龍，負以昇天。後醫者多圖其像以祀之。《原醫圖贊類編》：唐孫思邈精醫術，晚年隱終南山，著《千金方》傳世。嘗謂門弟子曰：醫非小道，其理甚微，臨診施治之際，如跨虎伏龍，少不精心，性命攸關。門人吳道子明其意，繪像於石壁以自警。見之者遂鐫圖傳流於世。今醫家所供神像，意此圖也。據此，各地藥王廟中神像如王者，非孫思邈真人，乃前言封神應王之盧醫扁鵲，秦越人也。于山廟之草衣卉服像者，即藥王菩薩韋老師也。而醫家所供之像，王帽袍服，當更道冠巾服，係唐孫真人思邈也。世之藥王廟，宜稱盧醫廟，更名神應王廟，則得當矣，庶免混祀冒瀆。

陈嘉楷、韩天衢《昌邑縣續志》卷六《人物·文學》 黃元御，字坤載，號研農，別號玉楸子。明太寶忠宣十一世孫。聰明過人，甫成童，爲諸生，世推爲國器。因目疾爲庸醫所誤，一目失明。發憤曰：不能爲名相濟世，亦當爲名醫濟人。總滙醫理，精益求精，考授御醫。純皇帝南巡，奉詔侍從，著方調藥，皆神效。御賜妙悟岐黃匾額。著《四聖心源》《傷寒懸解》《素靈微蘊》《傷寒説意》《四聖懸樞》《長沙藥解》《玉楸堂稿》《玉楸藥解》《靈樞解》《靈樞素問懸解》《難經解》《周易懸解》《道德經懸解》，共十三種，刊行者八種。

趙爾巽等《清史稿·藝術一》 張志聰，字隱庵，浙江錢塘人。明末杭州盧之頤(子)繇父子著書，講明醫學。志聰繼之，搆侶山堂，招同志講論其中，參考經論，辨其是非。自順治中至康熙之初，四十年間，談軒、岐之學者咸歸之。注《素問》《靈樞》二經，集諸家之説，隨文衍義，勝明馬元臺本。又注《傷寒論》《金匱要略》，於《傷寒論》致力尤深，歷二十年，再易稿始成。用王叔和原本，略改其編次。首列六經病，次列霍亂、易復并痓、濕、暍，汗、吐、下，後列辨脈、平脈，而刪叔和《序例》，以其與本論矛盾，故去之以息辨駁。辨成無已舊注，謂風傷衛，寒傷營，脈緩爲中風，脈緊爲傷寒，傷寒惡寒無汗宜麻黃湯，中風惡風有汗宜桂枝湯，諸説未盡當；而風寒兩感，營衛俱傷，宜大青龍湯爲尤謬。其注分章以明大旨，節解句釋，兼晰陰陽血氣之生始出入，經脈藏府之貫通循行，使讀論者取之有本，用之無窮，不徒求之糟粕，庶免終身由之而不知其道也。又注本草，詮釋《本經》，闡明藥性，本五運六氣之理。後人不經臆説，概置勿録。其自著曰《侶山堂類辨》《鍼灸秘傳》。志聰之學，以《素》《靈》《金匱》爲歸，生平著書，必守經法。遺書并行於世，惟《鍼灸秘傳》佚。

高世栻，字士宗。與志聰同里。少家貧，讀時醫通俗諸書，年二十三，即出療病，頗有稱。後自病，時醫治之益劇，久之不藥幸愈。翻然悔曰：我治人殆亦如是，是草菅人命也。乃從志聰講論軒岐仲景之學。歷十年，悉窺精奧。遇病必究其本末，處方不同流俗。志聰注〔著〕《本草崇原》未竟，世栻繼成之。又注《傷寒論》。晚著《醫學真傳》，示門弟子。【略】

張璐，字路玉，自號石頑老人，江南長洲人。少穎悟，博貫儒業，專心醫藥之書。自軒岐迄近代方法，無不搜覽。遭明季之亂，隱於洞庭山中十餘年，著書自娛，至老不倦。倣明·王肯堂《證治準繩》，彙集古人方論、近代名言，薈萃折衷之，每門附以治驗醫案，爲《醫歸》一書，後易名《醫通》。璐謂仲景書衍釋日多，仲景之意轉晦，後見《尚論》《條辨》諸編，又廣搜秘本，反覆詳玩，始覺向之所謂多歧者，漸歸一貫，著《傷寒纘論》《緒論》。纘者，祖仲景之文；緒者，理諸家之紛紜而清出之，以翼仲景之法。其注本草，疏《本經》之大義，并系諸家治法，曰《本經逢源》；論脈法大義，曰《診宗三昧》，皆有心得。又謂唐·孫思邈治病多有奇異，逐方研求藥性，詳爲疏證，曰《千金方釋義》，并行於世。璐著書主博通，持論平實，不立新異。其治病，則取法薛己、張介賓爲多。年八十餘卒。【略】

黃元御，字坤載，山東昌邑人。諸生。因庸醫誤藥損目，發憤學醫，於《素問》《靈樞》《難經》《傷寒論》《金匱玉函經》，皆有注釋，凡數十萬言。自命甚高，喜更改古書，以伸己說。其論治病，主於扶陽以抑陰。

著錄

《漢書·藝文志第十》 《神農黃帝食禁》七卷。

晉·嵇含《南方草木狀》序 南越、交趾植物，有四裔最為奇，周、秦以前無稱焉。自漢武帝開拓封疆，搜求珍異，取其尤者充貢。中州之人或昧其狀，乃以所聞詮敘，有裨子弟云爾。

梁·陶弘景《本草經集注·序》〔見《證類本草》卷一《序例上》〕 隱居先生在乎茅山巖嶺之上，以吐納餘暇，頗游意方技，覽本草藥性，以為盡聖人之心，故撰而論之。舊說皆稱《神農本經》，余以為信然。昔神農氏之王天下也，畫八卦，以通鬼神之情；造耕種，以省殺生之弊；宣藥療疾，以拯夭傷之命。此三道者，歷眾聖而滋彰。文王、孔子，彖象繇辭，幽贊人天。后稷、伊尹，播厥百穀，惠被群生。岐、黃、彭、扁，振揚輔導，恩流含氣。並歲踰三千，民到於今賴之。但軒轅以前，文字未傳，如六爻指垂，畫象稼穡，即事成迹。至於藥性所生，當以識識相因，不爾，何由得聞。至乎桐、雷，乃著在於編簡，此書應與《素問》同類，但後人多更修飾之爾。秦皇所焚，醫方、卜術不預，故猶得全錄。而遭漢獻遷徙，晉懷奔迸，文籍焚靡，〔宋·掌禹錫《嘉祐本草》〕按：蜀本作靡，音糜。千不遺一。今之所存，有此四卷。〔宋·掌禹錫《嘉祐本草》〕按：《唐本》亦作四卷。韓保昇又云：《神農本草》上、中、下并序錄，合四卷。今按：四字當作三，傳寫之誤也。何則？按梁《七錄》云：《神農本草》三卷。又據今《本經》陶序後朱書云：《本草經》卷上、卷中、卷下。卷上注云：序藥性之源本，論病名之形診；卷中云：玉石、草、木三品；卷下云：蟲獸、果菜、米食三品。即不云三卷外別有序錄，明知韓保昇所云承據誤本，妄生曲說，今當從三卷為正。是其《本經》所出郡縣，乃後漢時制，疑仲景、元化等所記。又云有《桐君採藥錄》，說其花葉形色。《藥對》四卷，論其佐使相須。魏、晉已來，吳普、〔宋·掌禹錫《嘉祐本草》〕按：《蜀本》注云：普，廣陵人也，華佗弟子。撰《本草》一卷。李當之〔宋·掌禹錫《嘉祐本草》〕按：《蜀本》注云：華佗弟子。脩神農舊經，而世少行用。等，更復損益。或五百九十五，或四百四十一，或三百一十九；或三品混糅，冷熱舛錯，草石不分，蟲獸無辨；且所主治，互有得失，醫家不能備見，則識智有淺深。今輒苞綜諸經，研括煩省，以《神農本經》三品，合三百六十五為主，又進名醫副品，亦三百六十五，合七百三十種。精粗皆取，無復遺落，分別科條，區畛音軫物類，兼注詺音瞑時用，土地所出，及仙經道術所須，並此序錄，合為七卷。雖未足追踵前良，蓋亦一家撰製。吾去世之後，可貽諸知音爾。

本草經卷上序藥性之源本，論病名之形診，題記品錄，詳覽施用。

本草經卷中玉石、草、木三品。

本草經卷下蟲獸、果菜、米食三品，有名未用三品。

右三卷，其中、下二卷，藥合七百三十種，各別有目錄，並朱墨雜書並子注，今大書分為七卷。

《隋书·經籍志》 《神農本草》八卷、梁有《神農本草》五卷，《神農本草屬物》二卷，《神農明堂圖》一卷，《蔡邕本草》七卷，華佗弟子《吳普本草》六卷，《陶隱居本草》十卷，《隨費本草》九卷，《秦承祖本草》六卷，《王季璞本草經》三卷，《李譜之本草經》、談道術《本草經鈔》各一卷，宋大將軍參軍徐叔嚮《本草病源合藥要鈔》五卷，徐叔嚮等《四家體療雜病本草要鈔》十卷，王末鈔《小兒用藥本草》二卷，甘濬之《癰疽耳眼本草要鈔》九卷，陶弘景《本草經集注》七卷，《趙贊本草經》一卷，《本草經輕行》、《本草經利用》各一卷，亡。《神農本草》四卷、雷公集注。《甄氏本草》三卷、《桐君藥錄》三卷。梁有雲麾將軍徐滔《新集藥錄》四卷，《李譜之藥錄》六卷，《藥法》四十二卷，《藥律》三卷，《藥性》《藥對》各二卷，《藥目》三卷，《神農採藥經》二卷，《藥忌》一卷，亡。《太清草木集要》二卷、陶隱居撰。【略】《石論》一卷、【略】《老子禁食經》一卷、《崔氏食經》四卷、《食經》十四卷、梁有《食經》二卷，又《食經》十九卷；《劉休食方》一卷，齊冠軍將軍劉休撰。亡。《食饌次第法》一卷、梁有《黃帝雜飲食忌》二卷。《四時御食經》一卷、梁有《太官食經》五卷，又《太官食法》二十卷，《食法雜酒食要方白酒》并《作物法》十二卷，《家政方》十二卷，《食圖》、《四時酒要方》、《白酒方》、《七日麫酒法》、《雜酒食要法》、《雜藏釀法》、《雜酒食要法》、《酒并飲食方》、《鮭及鐺蟹方》、《羹臛法》、《鉏膢朐法》、《北方生醬法》各一卷，亡。【略】《神農本草經》三卷、《本草經》四卷蔡英撰、《藥目要用》二卷、《本草經略》一卷、《本草》二卷徐太山撰、《本草經類用》三卷、《本草音義》三卷姚最撰。《本草音義》七卷甄立言撰、《本草集錄》二卷、《本草鈔》四卷、《本草雜要決》一卷、《本草要方》三卷甘濬之撰、《依本草錄藥性》三卷錄一卷、《靈秀本草圖》六卷原平仲撰、《芝草圖》一卷、《入林採藥法》二卷、《太常採藥時月》一卷、《四時採藥及合目錄》四卷、《藥錄》二卷李密撰、《諸藥異名》八卷、沙門行矩撰。本十卷。今闕。《諸藥要性》二卷、《種植藥法》一卷、《種神芝》一卷、【略】《名醫別錄》三卷陶氏撰、【略】《淮南王食經》并目百六十五卷大業中撰、《膳羞養療》二十卷。【略】

醫方者，所以除疾疢，保性命之術者也。天有陰陽風雨晦明之氣，人有喜怒哀樂好惡之情。節而行之，則和平調理，專壹其情，則溺而生疢。是以聖人原血脉之本，因鍼石之用，假藥物之滋，調中養氣，通滯解結，而反之於素。其善者，則原脉以知政，推疾以及國。《周官》：醫師之職掌聚諸藥物，凡有疾者治之，是其事也。鄙者為之，則反本傷性。故曰：有疾不治，恆得中醫。

唐・孔志約《唐本・序》〔見《證類本草》卷一《序例上》〕 禮部郎中孔志約撰：

蓋聞天地之大德曰生，運陰陽以播物；含靈之所保曰命，資亭育以盡年。蟄穴棲巢，感物之情蓋寡；範金揉木，逐欲之道方滋。而五味或爽，時昧甘辛之節；六氣斯沴，易愆寒燠之宜。中外交侵，形神分戰。飲食伺釁，成腸胃之眚；風濕候隙，構手足之災。機當作幾。纏膚腠，莫知救止；漸固膏肓，期於夭折。暨炎暉紀物，識藥石之功；雲端名官，窮診候之術。草木咸得其性，鬼神無所遁情。刳麝剸犀，驅泄邪惡；飛丹煉石，引納清和。大庇蒼生，普濟黔首；功侔造化，恩邁財成。日用不知，於今是賴。岐、和、彭、緩，騰絕軌於前；李、華、張、吳，振英聲於後。昔秦政煨燔，茲經不預；永嘉喪亂，斯道尚存。梁陶景雅好攝生，研精藥術，以為《本草經》者，神農之所作，不刊之書也。惜其年代浸遠，簡編殘蠹，與桐、雷眾記，頗或踳駁，興言撰緝，勒成一家，亦以雕琢經方，潤色醫業。然而時鍾鼎峙，聞見闕于殊方；事非僉議，詮釋拘於獨學。至如重建平之防己，棄槐里之半夏；秋采榆人，冬收雲實；謬粱米之黃、白，混荊子之牡、蔓；異蘩蔞於雞腸，合由跋於鳶尾。防葵、狼毒妄曰同根；鉤吻、黃精引為連類；鉛錫莫辨，橙柚不分。凡此比例，蓋亦多矣。自時厥後，以迄於今。雖方技分鑣，名醫繼軌，更相祖述，罕能釐正。乃復採杜衡於及己，求忍冬于絡石；捨陟釐而取莂藤，退飛廉而用馬薊，承疑行妄，曾無有覺；疾瘵多殆，良深慨歎。既而朝議郎行右監門府長史騎都尉臣蘇恭，摭陶氏之乖違，辨俗用之紕紊，遂表請修定，深副聖懷。乃詔太尉揚州都督監修國史上柱國趙國公臣无忌、太中大夫行尚藥奉御臣許孝崇等二十二人，與蘇恭詳撰。竊以動植形生，因方舛性；春秋節變，感氣殊功。離其本土，則質同而效異；乖於採摘，乃物是而時非。名實既爽，寒溫多謬。用之凡庶，其欺已甚；施之君父，逆莫大焉。於是上稟神規，下詢眾議，普頒天下，營求藥物。羽、毛、鱗、介，無遠不臻；根、莖、花、實，有名咸萃。遂乃詳探秘要，博綜方術。《本經》雖闕，有驗必書；《別錄》雖存，無稽必正。考其同異，擇其去取。鉛翰昭章，定群言之得失；丹青綺煥，備庶物之形容。撰本草並圖經、目錄等，凡成五十四卷。〔宋・掌禹錫《嘉祐本草》〕按：《蜀本草》序作五十三卷，及唐英公《進本草表》云：勒成本草二十卷，目錄一卷，藥圖二十五卷，圖經七卷，凡五十三卷。又英公序云：撰本草並圖經、目錄等，凡成五十三卷，據此三者，合作五十三卷。又據李含光《本草音義》云：正經二十卷，目錄一卷，又別立圖二十五卷，目錄一卷，圖經七卷，凡五十四卷。二說不同，今並注之。庶以網羅今古，開滌耳目，盡醫方之妙極，拯生靈之性命，傳萬祀而無昧，懸百王而不朽。

唐·蘇敬《唐本草》注　《漢書·藝文志》有《黄帝内、外經》。班固論云：經方者，本草石之寒溫，原疾病之深淺。乃班固論經方之語，而無本草之名。惟梁《七録》有《神農本草》三卷，陶據此以《别録》加之為七卷。序云三品混糅，冷熱舛錯，草石不分，蟲獸無辨。豈使草木同品，蟲獸共條，披覽既難，圖繪非易。今以序為一卷，例為一卷，玉石三品為三卷，草三品為六卷，木三品為三卷，禽獸為一卷，蟲魚為一卷，果為一卷，菜為一卷，米穀為一卷，有名未用為一卷，合二十卷。其十八卷中，藥合八百五十種，三百六十一種《本經》，一百八十一種《别録》，一百一十五種新附，一百九十三種有名未用。

唐·梅彪《石藥爾雅·序》　夫《爾雅》者，古人以訓釋難尋之所作也。每想此機，捷妙無以加，故朝廷用之，兼經多歷年代。余西蜀江源人也，少好道藝，性攻丹術，自弱至於知命，窮究經方，曾覽數百家論功者，如同指掌，用藥皆是隱名，就於隱名之中，又有多本。若不備見，猶畫餅夢桃，遇其經方與不遇無别。每噫嗟此事，悵恨無師，由何意也。因見《參同契》云未能悉究，當施直義，其理盡矣。經曰：吾欲結舌不言，恐畏獲罪誅，寫情於竹帛，恐泄天之符。故知聖賢至道玄妙之法，不欲流俗偶然之所聞解也。故委曲其事，令上勤而習之，使下士棄而笑之，理昭然也。但恐後學同余苦心，今附六家之口訣，衆石之異名，象《爾雅》詞句，凡六篇勒為一卷，令疑迷者尋之稍易，習業者誦之不難。兼諸丹所有别名，奇方異術之號，有法可營造者，條列於前，無法難作之流，具名於後。　時唐元和丙戌梅彪序。

《舊唐書·經籍志下》　《神農本草》三卷　《桐君藥録》三卷桐君撰。　《雷公藥對》二卷　《藥類》二卷　《本草用藥要妙》二卷　《本草病源合藥節度》五卷　《本草要術》三卷　《本草藥性》三卷甄立言撰。　《療癰疽耳眼本草要妙》五卷　《種芝經》九卷　《芝草圖》一卷　《吴氏本草因》六卷吴普撰。　《李氏本草》三卷　《名醫别録》三卷　《藥目要用》二卷　《本草集經》七卷陶弘景撰。　《靈秀本草圖》六卷原平仲撰。　《諸藥異名》十卷釋行智撰。　《四時採取諸藥及合和》四卷　《本草圖經》七卷蘇敬撰。　《新修本草》二十一卷蘇敬撰。　《新修本草圖》一十六卷蘇敬等撰。　《本草音》三卷蘇敬等撰。　《本草音義》二卷殷子嚴撰。　《太清神丹中經》三卷　《太清神仙服食經》五卷　又一卷抱朴子撰。　《太清璿璣文》七卷沖和子撰。　《金匱仙藥録》三卷京里先生撰。　《神仙服食經》十二卷京里先生撰。　《太清諸丹要録集》四卷　《神仙藥食經》一卷　《神仙服食方》十卷　《神仙服食藥方》十卷　《服玉法并禁忌》一卷　《太清諸草木方集要》三卷　《太清玉石丹藥要集》三卷陶弘景撰。　《太一鐵胤神丹方》三卷蘇遊撰。　《養生要集》十卷張湛撰。　《補養方》三卷孟詵撰。【略】《太官食法》一卷　《太官食方》十九卷　《食經》九卷崔浩撰。　又十卷，又四卷竺暄撰。　《四時食法》一卷趙氏撰。　《淮南王食經》一百二十卷諸葛穎撰。　《淮南王食目》十卷　《淮南王食經音》十三卷諸葛穎撰　《食經》三卷盧仁宗撰。【略】

右醫術本草二十五家，養生十六家，病源單方二家，食經十家，雜經方五十八家，類聚方一家，共一百一十家，凡三千七百八十九卷。

宋·劉翰、馬志等《開寶重定》序〔見《證類本草》卷一《序例上》〕　三墳之書，神農預其一；百藥既辯，《本草》存其録。舊經三卷，世所流傳；《名醫别録》，互爲編纂。至梁(正)〔貞〕白先生陶〔弘〕景，乃以《别録》參其《本經》，朱墨雜書，時謂明白。而又考彼功用，爲之注釋，列爲七卷，南國行焉。逮乎有唐，别加參校，增藥餘八百味，添注爲二十一卷。《本經》漏功則補之，陶氏誤説則證之。然而載歷年祀，又逾四百。朱字墨字，無本得同；舊注新注，其文互闕。非聖主撫大同之運，永無疆之休，其何以改而正之哉。乃命盡考傳誤，刊爲定本。類例非允，從而革焉。至於筆頭灰，兔毫也，而在草部，今移附兔頭骨之下。半天河、地漿，皆水也，亦在草部，今移附土石類之間。敗鼓皮移附於獸皮，胡桐淚改從於木類。紫鑛亦木也，自玉石品而取焉；伏翼實禽也，由蟲魚部而移焉。橘柚附於果實，食鹽附於光鹽。生薑、乾薑，同歸一説。至於雞腸、蘩蔞、陸英、蒴藋，以類相似，從而附之。仍採陳藏器《拾遺》、李含光《音義》。或討源於别本，或傳效於醫家，參而較之，辯其臧否。至如突屈白，舊説灰類，今是木根；天麻根，解似赤箭，今又全異。去非取是，特立新條。自餘刊正，不可悉數。下採衆議，定爲印板。乃以白字爲神農所説，墨字爲名醫所傳。唐附、今附，各加顯注。詳其解釋，審其形性。證謬誤而辯之者，署爲今注；考文記而述之者，又爲今按。義既刊定，理亦詳明。今以新舊藥合九百八十三種，並目録二十一卷，廣頒天下，傳而行焉。

宋·掌禹錫等《嘉祐本草補注》總敘〔見《證類本草》卷一《序例上》〕　舊説《本草經》神農所作，而不經見，《漢書·藝文志》亦無録焉。《平帝紀》云：元始五年，舉天下通知方術、本草者，在所為駕一封，軺傳遣詣京師。《樓護傳》稱：護，少誦醫經、本草、方術數十萬言。本草之名，蓋見於此。而英公李世勣等注引班固敘《黃帝內外經》云：本草石之寒溫，原疾病之深淺。此乃論經方之語，而無本草之名。惟梁《七錄》載《神農本草》三卷，推以為始，斯為失矣。或疑其間所載生出郡縣，有後漢地名者，以為似張仲景、華佗輩所為，是又不然也。《淮南子》云：神農嘗百草之滋味，一日而七十毒，由是醫方興焉。蓋上世未著文字，師學相傳，謂之本草。兩漢以來，名醫益眾，張機、華佗輩，始因古學，附以新說，通為編述，本草繇是見於經錄。然舊經纔三卷，藥止三百六十五種。至梁陶隱居又進《名醫別錄》，亦三百六十五種，因而注釋，分為七卷。唐顯慶中，監門衛長史蘇恭，又摭其差謬，表請刊定；乃命司空英國公李世勣等，與恭參考得失，又增一百一十四種，分門部類，廣為二十卷，世謂之《唐本草》。國朝開寶中，兩詔醫工劉翰、道士馬志等，相與撰集；又取醫家嘗用有效者一百三十三種而附益之；仍命翰林學士盧多遜、李昉、王祐、扈蒙等，重為刊定，乃有詳定、重定之目，並鏤板摹行。由此，醫者用藥，遂知適從。而偽蜀孟昶，亦嘗命其學士韓保昇等，以《唐本圖經》參比為書，稍或增廣，世謂之《蜀本草》，今亦傳行。是書自漢迄今，甫千歲，其間三經撰著，所增藥六百餘種，收採彌廣，可謂大備。而知醫者，猶以為傳行既久，後來講求，浸多參校；近之所用，頗亦漏略，宜有纂錄，以備頤生驅疾之用。嘉祐二年八月，有詔臣禹錫、臣億、臣頌、臣洞等，再加校正。臣等亦既被命，遂更研覈。竊謂前世醫工，原診用藥，隨效輒記，遂至增多。概見諸書，浩博難究，雖屢加刪定，而去取非一。或《本經》已載，而所述粗略；或俚俗嘗用，而太醫未聞。嚮非因事詳著，則遺散多矣。乃請因其疏捂，更為補注。應諸家醫書、藥譜所載物品功用，並從採掇；惟名近迂僻，類乎怪誕，則所不取。自餘經史百家，雖非方餌之急，其間或有參說，藥驗較然可據者，亦兼收載，務從該洽，以副詔意。凡名本草者非一家，今以開寶重定本為正；其分布卷類、經注雜糅，間以朱墨，並從舊例，不復釐改。凡補注並據諸書所說，其意義與舊文相參者，則從刪削，以避重複；其舊已著見，而意有未完，後書復言，亦具存之。欲詳而易曉，仍每條並以朱書其端云：臣等謹按某書云某事。其別立條者，則解於其末，云見某書。凡所引書，以唐、蜀二本草為先，他書則以所著先後為次第。凡書舊名本草者，今所引用，但著其所作人名曰某人，惟唐、蜀本則曰《唐本》云、《蜀本》云。凡字朱、墨之別，所謂《神農本經》者以朱字；名醫因神農舊條而有增補者，以墨字間于朱字；餘所增者，皆別立條，並以墨字。凡陶隱居所進者，謂之《名醫別錄》，並以其注附於末。凡顯慶所增者，亦注其末曰《唐本》先附。凡開寶所增者，亦注其末曰今附。凡今所增補，舊經未有者，於逐條後開列云新補。凡藥舊分上中下三品，今之新補，難於詳辨，但以類附見，如綠礬次於礬石，山薑花次於豆蔻，扶移次於水楊之類是也。凡藥有功用，本經未見，而舊注已曾引據，今之所增，但涉相類，更不立條，並附本注之末曰續注，如地衣附於垣衣，燕覆附於通草，馬藻附於海藻之類是也。凡舊注出於陶氏者，曰陶隱居云；出於顯慶者曰《唐本》注；出於開寶者，曰今注；其開寶考據傳記者，別曰今按、今詳、又按，皆以朱字別於其端。凡藥名本經已見而功用未備，今有所益者，亦附於本注之末。凡藥有今世已嘗用，而諸書未見，無所辨證者，如葫蘆巴、海帶之類，則請從太醫眾論參議，別立為條，曰新定。舊藥九百八十三種，新補八十二種，附於注者不預焉；新定一十七種。總新、舊一千八十二條，皆隨類粗釋。推以十五凡，則補注之意可見矣。舊著開寶、英公、陶氏三序，皆有義例，所不可去，仍載於首篇云。

新舊藥合一千八十二種：三百六十種《神農本經》，一百八十二種《名醫別錄》，一百一十四種《唐本》先附，一百三十三種今附，一百九十四種有名未用，八十二種新補，一十七種新定。

宋・掌禹錫《補注本草》奏勑〔見宋・唐慎微《證類本草》書末〕

嘉祐二年八月三日詔：朝廷累頒方書，委諸郡收掌，以備軍民醫疾。訪聞貧下之家，難於檢用，亦不能修合，未副矜存之意。今除在京已係逐年散藥外，其三京并諸路，自今每年京府節鎮及益、并、慶、渭四州，各賜錢二百貫，餘州軍監賜錢一百貫，委長吏選差官屬監，勒醫人體度時令，按方合藥。候有軍民請領畫時給付。所有《神農本草》《靈樞》《太素》《甲乙經》《素問》之類，及《廣濟》《千金》《外臺秘要》等方，仍差太常少卿直集賢院掌禹錫、職方員外郎秘閣校理林億、殿中丞秘閣校理張洞、殿中丞館閣校勘蘇頌，同共校正。聞奏，臣禹錫等尋奏置局刊校，并乞差醫官三兩人同共詳定。其年十月，差醫學秦宗古、朱有章赴局祗應。三年十月，臣禹錫、臣億、臣頌、臣洞又奏：《本草》舊本，經注中載述藥性功狀，甚多踈略不備處。已將諸家本草及書史中應係該說藥品功狀者，採拾補注，漸有次第。及見唐顯慶中詔修《本草》，當時修定注釋本經外，又取諸般藥品繪畫成圖，及別撰《圖經》等，辨別諸藥最爲詳備。後來失傳，罕有完本。欲下諸路州縣應係産藥去處，並令識別人子細辨認根莖苗葉花實形色大小，并蟲魚鳥獸玉石等堪入藥用者，逐件畫圖，并一一開説著花結實、收採時月、所用功効。其番夷所産藥，即令詢問榷場市舶商客，亦依此供析，并取逐味各一二兩，或一二枚，封角，因入京人差齎送當所投納，以憑照證，畫成本草圖，并别撰《圖經》所冀與今《本草經》並行，使後人用藥知所依據。

奏可。至四年九月，又准勅差太子中舍陳檢同校正。五年八月，《補注本草》成書，先上之。十一月十五日，准勅差光禄寺丞高保衡同共覆校。至六年十二月繕寫成版？，依舊并目録二十一卷，仍賜名曰《嘉祐補注神農本草》。嘉祐五年八月十二日進。

宋・掌禹錫《嘉祐本草》補注所引書傳（見宋・唐慎微《證類本草》卷一《序例上》） 《補注本草》所引書傳，内醫書十六家，援據最多。今取撰人名氏，及略述義例，附於末卷，庶使覽之者知所從來。餘非醫家所切，不復存此，具列如左。

《開寶新詳定本草》： 開寶六年，詔尚藥奉御劉翰、道士馬志、翰林醫官翟煦、張素、王從蘊、吳復圭、王光祐、陳昭遇、安自良等九人，詳校諸本，仍取陳藏器《拾遺》諸書相參，頗有刊正别名及增益品目。馬志為之注解。仍命左司員外郎知制誥扈蒙、翰林學士盧多遜等刊定，凡二十卷。御製序，鏤板於國子監。

《開寶重定本草》： 開寶七年，詔以新定本草所釋藥類，或有未允。又命劉翰、馬志等重詳定，頗有增損，仍命翰林學士李昉、知制誥王祐、扈蒙等重看詳。凡神農所説，以白字别之；名醫所傳，即以墨字。并目録，共二十一卷。

《唐新脩本草》： 唐司空英國公李勣等奉勅修。初，陶隱居因《神農本經》三卷，增修為七卷。顯慶中，監門府長史蘇恭表請修定，因命太尉趙國公長孫无忌、尚藥奉御許孝宗與恭等二十二人重廣，定為二十卷。今謂之《唐本草》。

《蜀重廣英公本草》： 偽蜀翰林學士韓保昇等，與諸醫工取《唐本草》並圖經相參校，更加删定，稍增注釋，孟昶自為序，凡二十卷，今謂之《蜀本草》。

《吳氏本草》： 魏廣陵人吳普撰。普，華佗弟子，脩《神農本草》成四百四十一種。唐《經籍志》尚存六卷，今廣内不復有。惟諸子書，多見引據。其説藥性寒溫、五味，最為詳悉。

《藥總訣》： 梁陶隱居撰，論次藥品五味、寒熱之性，主療疾病，及採畜時月之法，凡二卷。一本題云《藥像敷訣》，不著撰人名氏，文字並相類。

《藥性論》： 不著撰人名氏，集眾藥品類，分其性味、君臣、主病之效，凡四卷。一本題曰陶隱居撰。然所記藥性、功狀，與本草有相戾者，疑非隱居所為。

《藥對》： 北齊尚書令、西陽王徐之才撰。以眾藥名品、君臣、佐使、性毒、相反，及所主疾病，分類而記之，凡二卷。舊本草多引以為據，其言治病、用藥最詳。

《食療本草》： 唐同州刺史孟詵撰。張鼎又補其不足者八十九種，並舊為二百二十七條，凡三卷。

《本草拾遺》： 唐開元中，京兆府三原縣尉陳藏器撰。以《神農本經》雖有陶、蘇補集之説，然遺逸尚多，故别為序例一卷，拾遺六卷，解紛三卷，總曰《本草拾遺》，共十卷。

《四聲本草》： 唐蘭陵處士蕭炳撰。取本草藥名每上一字，以四聲相從，以便討閲，凡五卷。前進士王收撰序。

《删繁本草》： 唐潤州醫博士兼節度隨軍楊損之撰。以本草諸書所載藥類頗繁，難於看檢，删去其不急，並有名未用之類，為五卷。不著年代，疑開元後人。

《本草性事類》： 京兆醫工杜善方撰。不詳何代人。以本草藥名隨類解釋，删去重複，又附以諸藥制使、畏惡、解毒、相反、相宜者為一類，共一卷。

《南海藥譜》： 不著撰人名氏，雜記南方藥所産郡縣，及療疾之驗，頗無倫次。似唐末人所作，凡二卷。

《食性本草》： 偽唐陪戎副尉劍州醫學助教陳士良撰。以古有食醫之官，因食養以治百病，故取《神農本經》洎陶隱居、蘇恭、孟詵、陳藏器諸藥關於飲食者類之，附以己説；又載食醫諸方，及五時調養臟腑之術。集賢殿學士徐鍇為之序。

《日華子諸家本草》： 國初開寶中四明人撰。不著姓氏，但云日華子大明。序集諸家本草，近世所用藥，各以寒溫、性味、華實、蟲獸為類，其言近用，功狀甚悉，凡二十卷。

宋・蘇頌《本草圖經》序（見《證類本草》卷一《序例上》） 昔神農嘗百草之滋味，以救萬民之疾苦，後世師祖，由是本草之學興焉。漢魏以來，名醫相繼。傳其書者，則有吳普、李當之《藥録》，陶隱居、蘇恭等注解。國初兩詔近臣，總領上醫，兼集諸家之説，則有《開寶重定本草》，其言藥之良毒，性之寒溫，味之甘苦，可謂備且詳矣。然而五方物産，風氣異宜，名類既多，贋偽難别。以虺牀當蘼蕪，以薺苨亂人參，古人猶且患之。況今醫師所用，皆出於市賈，市賈所得，蓋自山野之人，隨時採獲，無復究其所從來。以此為療，欲其中病，不亦遠乎？昔唐永徽中，删定《本草》之外，復有《圖經》相輔而行。圖以載其形色，經以釋其同異。而明皇御製，又有《天寶單方藥圖》，皆所以敘物真濫，使人易知，原診處方，有所依據。二書失傳且久，散落殆盡，雖鴻都祕府，亦無其本。天寶方書，但存一卷，類例粗見，本末可尋。宜乎聖君哲輔，留意於蒐輯也。先是，詔命儒臣重校《神農本草》等凡八書，光禄卿直祕閣臣禹錫、尚書祠部郎中祕閣校理臣億、太常博士集賢校理臣頌、殿中丞臣檢、光禄寺丞臣保衡相次被選，仍領醫官秦宗古、朱有章等，編繹累年。既而《補注本草》成書，奏御，又詔天下郡縣圖上所産藥本，用永徽故事，重命編述。臣禹錫以謂考正群書，資眾見則其功易就；論著文字，出異手則其體不一。今天下所上繪事千名，其解說物類，皆據世醫之所聞見。事有詳略，言多鄙俚，向非專壹整比，緣飾以文，則前後不倫，披尋難曉。乃以臣頌向嘗刻意此書，於是建言奏請，俾專撰述。臣頌既被旨，則裒集衆說，類聚詮次，粗有條目。其間玉石、金土之名，草木、蟲魚之別，有一物而雜出諸郡者，有同名而形類全別者，則參用古今之說，互相發明；其荄梗之細大，華實之榮落，雖與舊說相戾，並兼存之；崖略不備，則稍援舊注，以足成文意；注又不足，乃更旁引經史及方書、小說，以條悉其本原。若陸英為蒴藋花，則據《爾雅》之訓以言之；諸香同本，則用《嶺表錄異》以證之之類是也。生出郡縣，則以《本經》為先，今時所宜次之。若菟絲生於朝鮮，今則出於冤句；奚毒生於少室，今乃來自三蜀之類是也。收採時月有不同者，亦兩存其說，若赤箭，《本經》但著採根，今乃並取莖苗之類是也。生於外夷者，則據今傳聞，或用書傳所載。若玉屑、玉泉，今人但云玉出于闐，不究所得之因，乃用平居誨《行程記》為質之類是也。藥有上中下品，皆用《本經》為次第。其性類相近，而人未的識，或出於遠方，莫能形似者，但於前條附之。若溲疏附於枸杞，琥珀附於茯苓之類是也。又古方書所載，簡而要者，昔人已述其明驗，今世亦常用之，及今諸郡醫工所陳經效之藥，皆並載其方，用天寶之例也。自餘書傳所無，今醫又不能解，則不敢以臆說淺見，傅會其文，故但闕而不錄。又有今醫所用，而舊經不載者，並以類次繫於末卷，曰《本經外類》；其間功用尤著，與舊名附近者，則次於逐條載之，若通脫次於木通，石蛇次於石蟹之類是也。總二十卷，目錄一卷。撰次甫就，將備親覽。恭惟主上以至仁厚德，函養生類，一物失所，則為之惻然。且謂札瘥薦臻，四時代有，救恤之惠，無先醫術。蚤歲屢敕近臣，酬校岐黃《內經》，重定針艾俞穴。或範金揭石，或鏤板聯編。憫南方蠱惑之妖，於是作《慶曆善救方》以賜之；思下民資用之闕，於是作《簡要濟眾方》以示之。今復廣藥譜之未備，圖地產之所宜。物色萬殊，指掌斯見。將使合和者，得十全之效；飲餌者，無未達之疑。納斯民于壽康，召和氣於穹壤，太平之致，茲有助焉。臣學不該通，職預編述，仰奉宸旨，深愧寡聞。嘉祐六年九月日朝奉郎太常博士充集賢校理新差知潁州軍州兼管內勸農及管句開治溝洫河道事騎都尉借紫臣蘇頌謹上。

宋・蘇頌《圖經本草》奏敕〔見宋・唐慎微《證類本草》書末〕　圖經本草奏勑：嘉祐三年十月，校正醫書所奏：竊見唐顯慶中詔修《本草》，當時修定注釋本經外，又取諸藥品繪畫成圖，別撰《圖經》，辨別諸藥最爲詳備。後來失傳，罕有完本。欲望下應係産藥去處，令識別人子細詳認根莖苗葉花實形色大小，并蟲魚鳥獸玉石等堪入藥用者，逐件畫圖，并一一開說著花結實、收採時月及所用功効。其番夷所產，即令詢問榷場市舶商客，亦依此供析。并取逐味一二兩，或一二枚，封角，因入京人差齎，送當所投納，以憑照證，畫成本草圖，并別撰《圖經》，與今《本草經》并行，使後人用藥有所依據。奉詔旨，宜令諸路轉運司指揮轄下州府軍監，差逐處通判職官，專切管句，依應供申校正醫書所。至六年五月，又奏《本草圖經》係太常博士集賢校理蘇頌分定編撰，將欲了當，奉勑差知潁州，所有圖經文字，欲令本官一面編撰了當。詔可。其年十月，編撰成書，送本局修寫。至七年十二月一日進呈。奉勑鏤板施行。

宋・林希《重廣補注神農本草並圖經・序》〔見宋・唐慎微《證類本草》卷一《序例上》〕　良醫之不能以無藥愈疾，猶良將不能以無兵勝敵也。兵之形易見，善用者，能以其所以殺者生人；藥之性難窮，不善用者，返以其所以生者殺人。吁！可畏哉！寒、熱、溫、涼、辛、甘、緩、急，品類萬殊，非一日而七十毒者，孰能辨之？彼《玉函》《金匱》《肘後》《囊中》《千金》《外臺》之所秘，其為方不知其幾何。由是言之，則非獨察脈、用方之為難，而辨藥最其難者。金石之珍，草木之怪，飛潛動植之廣且眾也。風氣不同，南北不通，或非中國之所有，或人力之所不可到，乃欲真偽無逃於指掌之間，則本草、圖經二者，何可須臾離也。世所傳曰《神農氏本草》三卷，梁陶隱居離以為七，唐蘇恭、李勣之徒又附益為二十卷，別圖藥形以為經，其書略備矣。開寶中，太祖皇帝命盧多遜等，考驗得失，增藥尤多，號為《開寶本草》。仁宗皇帝嘉祐初，又使掌禹錫、林億、蘇頌、張洞為之補注，因唐《圖經》別為繪畫，復增藥至千有餘種。於是收拾遺逸，訂正訛繆，刊在有司，布之天下，其為壽養生人之術，無一不具。然世之醫者，習故守陋，妄意穿鑿，操數湯劑，幸而數中，自謂足以應無窮之病；詰其論說，則漠然不知。顧本草與圖經，殆虛文耳。況偏州下邑，雖有願見者，何所售之？閬中陳氏子承，少好學，尤喜於醫，該通諸家之說。嘗患二書傳者不博，而學者不兼有也，乃合為一，又附以古今論說，與己所見聞，列為二十三卷，名曰《重廣補注神農本草並圖經》。

書著其説，圖見其形，一啓秩而兩得之，不待至乎殊方絶域，山巔水涯，而品類萬殊者，森在目前。譬夫談輿地者觀于職方，閱戰具者之入武庫也。承之先世為將相，歐陽子所謂四世六公者，承其曾孫。少孤，奉其母江淮間，閉門蔬食以為養，君子稱其孝。間有奇疾，眾醫愕眙，不知所出，承徐察其脈，曰當投某劑，某刻良愈，無不然者。然則承之學雖出於圖書，而精識超絶茲二者，又安能域之哉？鬼臾區、岐伯遠矣，吾不得而知也；其視秦越人、淳于倉公、華佗輩為何如？識者當能知之。元祐七年四月朔左朝請大夫充天章閣待制知杭州軍州事兼管内勸農事充兩浙西路兵馬鈐轄兼提舉本路兵馬巡檢公事上輕車都尉賜紫金魚袋長樂林希序。

宋・艾晟《大观本草》補注〔見《證類本草》卷三丹砂〕　晟近得武林陳承編次《本草圖經》本參對，陳于圖經外，又以別説附著于後，其言皆可稽據不妄，因增入之。

宋・曹孝忠《政和新修經史證類備用本草》序〔見《政和證類本草・序例》〕　中衛大夫康州防禦使句當龍德宫總轄修建明堂所醫藥提舉入内醫官編類《聖濟經》提舉太醫學臣曹孝忠奉敕撰：成周六典，列醫師于天官，聚毒藥以共醫事。蓋雖治道緒餘，仁民愛物之意寓焉，聖人有不能後也。國朝闡神農書，康濟斯民，嘉祐中，兩命儒臣，《圖經》、《補注》，訓義，剖治，亦已詳矣。而重熙累洽，文物滋盛，士之聞見益廣，視前世書，猶可緝熙而賡續者。蜀人唐慎微，近以醫術稱，因本草舊經，衍以證類，醫方之外，旁摭經史至仙經，道書，下逮百家之説，兼收並録，其義明，其理博，覽之者可以洞達。臣因侍燕間，親奉玉音，以謂此書，寔可垂濟。迺詔節使臣楊戩總工刊寫，繼又命臣校正而潤色之。臣仰惟睿聖當天，慈仁在宥，誕振三墳，躋民壽域，肇設學校，俾革俗弊；復詔天下進以奇方善術，將為《聖濟經》，以幸天下萬世。臣以匪才，叨列是職，兢臨淵谷。而《證類本草》誠為治病之總括，又得以釐而正之，榮幸深矣。謹奉明詔，欽帥官聯，朝夕講究，删繁緝紊，務底厥理。諸有援引誤謬，則斷以經傳；字畫鄙俚，則正以《字説》；餘或譌戾殽互、繕録之不當者，又復隨筆刊正，無慮數千。遂完然為成書，凡六十餘萬言，請目以《政和新修經史證類備用本草》云。政和六年九月一日中衛大夫康州防禦使句當龍德宫總轄修建明堂所醫藥提舉入内醫官編類《聖濟經》提舉太醫學臣曹孝忠謹序。

宋・曹孝忠《證類本草》校勘官叙〔見宋・唐慎微《證類本草》書末〕　政和六年七月二十九日，奉敕校勘。同校勘官太醫學内舍生編類《聖濟經》所點對方書官臣龔璧，同校勘官登仕郎編類《聖濟經》所點對方書官臣丁阜，同校勘官登仕郎編類《聖濟經》所點對方書官臣許堪，同校勘官登仕郎編類《聖濟經》所點對方書官臣杜潤夫，同校勘官翰林醫候入内宿編類《聖濟經》所點對方書官臣朱永弼，同校勘官翰林醫官編類《聖濟經》所點對方書官臣謝惇，同校勘官奉議郎太醫學博士編類《聖濟經》所撿閲官臣劉植，校勘官中衛大夫康州防禦使句當龍德宫、總轄修建明堂所醫藥、提舉入内醫官編類《聖濟經》、提舉太醫學臣曹孝忠。

蒙古・劉祁跋〔見《重修政和經史證類備用本草》書末〕　余讀沈明遠《寓簡》，稱范文正公微時嘗慷慨語其友曰：吾讀書學道，要爲宰輔，得時行道，可以活天下之命。時不我與，則當讀黄帝書，深究醫家奥旨。是亦可以活人也。未嘗不三復其言而大其有濟世志。又讀蘇眉山《題東皋子傳後》云：人之至樂，莫若身無病而心無憂。我則無是二者。然人之有是者接於予前，則予安得全其樂乎？故所至常蓄善藥，有求者則與之，而尤喜釀酒以飲客。或曰：子無病而多蓄藥，不飲而多釀酒，勞已以爲人，何哉？予笑曰：病者得藥，吾爲之體輕；飲者得酒，吾爲之酣適。豈專以自爲也。亦未嘗不三復其言而仁其用心。嗟乎！古之大人君子之量何其弘也。蓋士之生世，惟當以濟人利物爲事。達則有達而濟人利物之事，所謂執朝廷大政，進賢退邪，興利除害，以澤天下是也。窮則有窮而濟人利物之事，所謂居閭里閑傳道授學，急難救疾，化一鄉一邑是也。要爲有補於世，有益於民者，庶幾乎兼善之義。顧豈以未得志也，未得位也，遽泛然忘斯世而棄斯民哉！若夫醫者爲切身一大事，且有及物之功。《語》曰：人而無恒，不可以作巫醫。又曰：子之所慎：齊、戰、疾。康子饋藥，子曰：丘未達，不敢嘗。余嘗論之：是術也，在吾道中雖名爲方伎，非聖人賢者所專精。然捨而不學，則於仁義忠孝有所缺。蓋許世子止不先嘗藥，《春秋》書以弒君。故曰爲人子者不可不知醫，懼其忽於親之疾也。況乎此身受氣於天地，受形於父母，自幼及老，將以率其本然之性，充其固有之心。如或遇時行道，使萬物皆得其所，措六合於太和中，以畢其爲人之事。而一旦有疾，懵不知所以療之，伏枕呻吟，付之庸醫手而生死一聽焉，亦未可以言智也。故自神農、黄帝、雷公，岐伯以來，名卿才大夫往往究心於醫。若漢之淳于意、張仲景，晉之葛洪、殷浩，齊之褚澄，梁之陶弘景，皆精焉。唐陸贄斥忠州，纂集方書，而蘇、沈二公《良方》，至今傳世。是則吾儕以從正講學餘隙，而於此乎蒐研，亦不爲無用也。余自幼多病，數與醫者語，故於醫家書頗嘗涉獵。在淮陽時嘗手節本草一帙，辨藥性大綱，以爲是書。通天地間，玉石、草木、禽獸、蟲魚，萬物性味，在儒者不可不知；又飲食服餌禁忌尤不可不察，亦窮理之一事也。後居大梁，得閑閑趙公家《素問》善本，其上有公標注。夤緣一讀，深有所得。喪亂以來，舊學無廢，二書亦失去。嘗謂他日安居，講學論著外，當留意攝生。今歲游平水，會郡人張存惠魏卿介吾友弋君唐佐來，言其家《重刊證類本草》已出，及增入宋人寇宗奭《衍義》，完焉新書，求爲序引。因爲書其後。己酉中秋日，雲中劉祁云。

泰和甲子下己酉歲□□初日辛卯刊畢

元·麻革《重修證類本草·序》〔見《證類本草》晦明軒本卷首〕 自古人（俞）〔腧〕穴針石之法不大傳，而後世亦鮮有得其妙者，遂專用湯液、丸粒理疾。至於刳腸、剖臆、刮骨、續筋之神奇，以為別術所得，終非神農家事。維聖哲審證以製方，因方而見藥，故方家言盛行，而神農之經不可一朝而舍也。其書大抵源於神農氏。自神農氏而下名本草者，固非一家。又有所謂《唐本》《蜀本》者。迄于有宋政和間，天子留意生人，乃命宏儒名醫，詮定諸家之說，為之圖繪，使人驗其草木根莖、花實之微，與夫玉石、金土、蟲魚、飛走之狀，以辨其藥之真贗而易知，為之類例。使人別其物產、風氣之殊宜，君、臣、佐、使之異用，甘、辛、鹹、苦、酸之異味，溫、涼、寒、熱、緩、急、有毒、無毒之不同而易見，其書始大備而加察焉。行於中州者，舊有解人龐氏本，兵煙蕩析之餘，所存無幾，故人罕得恣窺。今平陽張君魏卿，惜其濅遂湮墜，乃命工刻梓，實因龐氏本，仍附以寇氏《衍義》，比之舊本益備而加察焉。書成，過余屬為序引。余謂人之所甚重者生也，衛生之資所甚急者藥也。藥之考訂，使無以乙亂丙，誤用妄投之失者，神農家書也。開卷之際，指掌斯見，政如止水鑒形，洪鍾答響，顧安所逃遁其形聲哉？養老慈幼之家，固當家置一本，況業醫者之流乎？然其論著，自梁陶隱居，唐、宋以來諸人備矣，余言其贅乎？世固有無用之學，無益之書，余特嘉張君愛物之周，用心之勤，能為是大有益之書，以暨群生，以圖永久，非若世之市兒、販夫，僥倖目前，規規然專以利為也。故喜聞而樂道之。君諱存惠，字魏卿。歲己酉孟秋望日貽溪麻革信之序。

元·張存惠《重修本草之記》〔見《證類本草》晦明軒本牌記〕 此書世行久矣，諸家因革不同。今取《證類》本尤善者為窠模，增以寇氏《衍義》，別本中方論多者，悉為補入。又有《本經》、《別錄》、先附、分條之類，其數舊多差互，今亦考正。凡藥有異名者，取其俗稱注之目錄各條下，俾讀者易識，如蚤休云紫河車，假蘇云荊芥之類是也。圖像失真者，據所嘗見，皆更寫之，如竹分淡、苦、箽三種，食鹽著古今二法之類是也。字畫謬誤，殊關利害，如升斗、疽疸、上下、千十、未末之類，無慮千數；或證以別本，質以諸書，悉為釐正。疑者闕之，敬俟來哲，仍廣其脊行，以便綴緝，庶歷久不壞。其間致力極意，諸所營制，難以具載，不敢一毫苟簡，與舊本頗異，故目之曰重修。天下名賢士夫以舊鑒新，自知矣。泰和甲子下己酉冬日南至晦明軒謹記。

元·張存惠《證類本草所出經史方書》〔見《重修經史證類備用本草》〕

《毛詩注疏》《尚書注疏》《禮記注疏》《周禮注疏》《春秋左傳注疏》《爾雅注疏》《史記》《前漢書》《後漢書》《三國志》《晉書》《南北史》《宋書》《隋書》《唐書》《文選》《孔子家語》《莊子》《列子》《荀子》《淮南子》《抱朴子》《山海經》《說文》《通典》《素問》《巢氏病源》《蜀本草》《吳氏本草》《食療本草》《四聲本草》《刪繁本草》《食性本草》《唐本草餘》《南海藥譜》《藥性論》《本草性事類》《日華子本草》《雷公炮炙論》《藥總訣》陳藏器《本草拾遺》《藥對》《張仲景方》《聖惠方》《千金方》《千金翼》《千金髓》《外臺秘要》《靈苑方》《肘後方》《經效方》《集驗方》《斗門方》《十全方》《廣利方》《梅師方》《范汪方》《產寶方》《勝金方》《廣濟方》《小品方》《葛氏方》《玉函方》《百一方》《鬼遺方》《崔氏方》《陳巽方》《劉氏方》《杜壬方》《孫兆方》《修真方》《扁鵲方》《塞上方》《老唐方》《歐陽方》《蘇恭方》《近效方》《必效方》《成汭方》《張詠方》《姚氏方》《深師方》《救急方》《徐文伯方》《崔知悌方》《張文仲方》《姚和眾方》《食醫心鏡》《子母秘錄》《王氏博濟》《簡要濟眾》《御藥院方》《楊氏產乳》《孫用和方》《姚大夫方》《蘇學士方》《初虞世方》《席延賞方》《楊文蔚方》《太倉公方》

《支太醫方》《高供奉方》《楊堯夫方》《秦運副方》《家傳驗方》《十全博救方》《續十全方》《新續十全方》《金匱玉函方》《兵部手集方》張潞《大效方》《篋中秘寶方》《錢氏篋中方》《乘閑集效方》韋宙《獨行方》文潞公《藥準》《服氣精義方》《小兒宮氣方》《譚氏小兒方》《古今錄驗方》《拾遺諸方》劉禹錫《傳信方》《續傳信方》《李世勣方》《經驗後方》《孫真人食忌》《治勞瘵方》《催生諸方》《頭疼諸方》《治瘧諸方》《治瘡諸方》《治痢諸方》《背癰諸方》《治疽諸方》《海藥》《孫兆口訣》崔氏《海上集》《產書》《仙方》《金光明經》《斗門經》《太上八帝玄變經》《三洞要錄》《青霞子》《道書八帝聖化經》《神仙秘旨》《寶藏論》《太清服煉靈砂法》《丹房鏡源》《神仙傳》《東華真人煮石經》《明皇雜錄》《列仙傳》《馬明先生金丹訣》《修真秘旨》《神異經》葉天師《枕中記》《酉陽雜俎》《異物志》《伯夷叔齊外說》《朝野僉載》《房室經》孫真人《枕中記》《修真秘訣》《廣五行記》《左慈秘訣》《神仙芝草經》《夏禹神仙經》《靈芝瑞草經》《神仙服餌法》《太清草木記》《太清石壁記》《紫靈元君傳》《感應神仙傳》《耳珠先生法》《黃帝問天老》《賈相公牛經》崔豹《古今注》《孝經援神契》《周成王傳》《魯定公記》《顏氏家訓》何晏《九州記》《秦穆公傳》《蜀王本紀》《龍魚河圖》《漢武帝內傳》《魏文帝令》《四時纂要》《齊民要術》《荊楚歲時記》《張司空記》《續齊諧記》陳承《別說》《南岳夫人傳》《崔魏公傳》《太平廣記》《天寶遺事》《唐武后外傳》《唐寶臣傳》《李孝伯傳》《李司封傳》沈存中《筆談》《何君謨傳》《柳宗元傳》《北夢瑣言》楊文公《談苑》宋王微讚《劉元紹書》《庾肩吾啟》《唐李文公集》《壺居士傳》《野人閒話》《王莽書》宋齊丘《化書》《博物志》《太陰號》《玄中記》徐表《南方記》《顧含傳》《李預書》《廣異記》李畋《該聞集》《稽神錄》《歸田錄》《白澤圖》《狐剛子粉圖》《洞微志》《搜神記》《華山記》顧微《廣州記》《南蠻記》《南越記》《南州記》韓終《採藥詩》張協《賦》江淹《頌》《茆亭客話》《本事詩》《異術》《異苑》《典術》《楚詞》《廣韻》簡文帝《勸醫文》《纂文》《本草衍義》凡二百四十七家

《本草衍義·宋太醫學劄》 太醫學狀，承尚書省批送下提舉荊湖北路常平等事劉亞夫狀： 承直郎澧州司戶曹事寇宗奭，撰成《本草衍義》二十卷，申尚書省投納後，批送太醫學看詳。申尚書省本學尋牒，送眾學官看詳去後，今據博士李康等狀，上件寇宗奭所獻《本草衍義》，委是用心研究，意義可採，並是詣實申聞事。十二月二十五日，奉聖旨： 寇宗奭特與轉壹官，依條施行，添差充收買藥材所辨驗藥材。

右劄付寇宗奭。政和六年十二月二十八日。

宋·寇宗奭《本草衍義》卷一《序例上》 衍義總叙： 天地以生成為德，有生所甚重者身也。身以安樂為本，安樂所可致者，以保養為本。世之人必本其本，則本必固； 本既固，疾病何由而生？ 夭橫何由而至？ 此攝生之道無逮於此。夫草木無知，猶假灌溉，矧人為萬物之靈，豈不資以保養？ 然保養之義，其理萬計，約而言之，其術有三： 一養神，二惜氣，三隄疾。忘情去智，恬澹虛無，離事全真，內外無寄； 如是則神不內耗，境不外惑，真一不雜，則神自寧矣。此養神也。抱一元之本根，固歸精之真氣，三焦定位，六賊忘形，識界既空，大同斯契，則氣自定矣。此惜氣也。飲食適時，溫涼合度，出處無犯於八邪，寤寐不可以勉強，則身自安矣。此隄疾也。三者甚易行，然人自以謂難行而不肯行； 如此雖有長生之法，人罕敦尚，遂至永謝。是以疾病交攻，天和頓失。聖人憫之，故假以保救之術，輔以蠲痾之藥，俾有識無識，咸臻壽域。所以國家編撰《聖惠》，校正《素問》，重定《本草》，別為《圖經》。至於張仲景《傷寒論》及《千金》《金匱》《外臺》之類，粲然列於書府。今復考拾天下醫生，補以名職，分隸曹屬，普救世人之疾苦。茲蓋全聖至德之君，合天地之至仁，接物厚生，大賚天下； 故野無遺逸之藥，世無不識之病。然《本草》二部，其間撰著之人，或執用己私，失于商較，致使學者檢據之間，不得無惑。今則併考諸家之說，參之實事，有未盡厥理者衍之，以臻其理； 如水自菊下過而水香，鼹鼠溺精墜地而生子。文簡誤脫者證之，以明其義； 如玉泉、石蜜之類。諱避而易名者原之，以存其名。如山藥避本朝諱，及唐避代宗諱。使是非歸一，治療有源，檢用之際，曉然無惑。是以搜求訪緝者十有餘年，采拾眾善，診療疾苦，和合收蓄之功，率皆周盡。矧疾為聖人所謹，無常不可以為醫，豈容易言哉！ 宗奭常謂： 疾病所可憑者醫也，醫可據者方也，方可恃者藥也。苟知病之虛實，方之可否，若不能達藥性之良毒，辨方宜之早晚，真偽相亂，新陳相錯，則曷由去道人陳宿之蠱，唐甄立言仕為太常丞，善醫術。有道人心腹懣煩，彌二歲。診曰：腹有蠱，誤食髮而然。令餌雄黃一劑，少選，吐一蛇如拇指，無目，燒之有髮氣，乃愈。生張果駢潔之齒？唐張果詔見，元宗謂高力士曰：吾聞飲堇無苦者，奇士也。時天寒，取以飲，三進，頹然曰：非佳酒乃寢。頃，視齒燋縮，顧左右取鐵如意，擊墮之，藏帶中，更出藥傅其斷。良久，齒已生，粲然駢潔，帝益神之。此書之意，於是乎作。今則編次成書，謹依二經類例，分門條析，仍衍序例為三卷。內有名未用及意義已盡者，更不編入。其《神農本經》、《名醫別錄》、《唐本》先附、今附、新補、新定之目，緣《本經》已著目錄內，更不聲說，依舊作二十卷，及目錄一卷，目之曰《本草衍義》。若博愛衛生之士，志意或同，則更為詮修以稱聖朝好生之德。時政和六年丙申歲記。

清・翁同書《聖濟經・跋》　《郡齋讀書志》曰：《聖濟經》十卷，右徽宗皇帝所製也。政和八年五月十一日，詔頒之天下學校。九月二十四日，大司成李邦彥等言，乃者從侍臣之請，令內外學校課試于《聖濟經》出題。臣等竊謂今《內經》《道德經》既已選博士訓說，乞更以《聖濟經》兼講。從之。考《直齋書録解題》、明《文淵閣書目》亦俱著録，明時有刊本。近則流傳極少。此鈔本出江都秦敦夫家。咸豐七年歲杜强圉大荒落病月翁同書識于軍中。

又案：解義為辟廱學生吴禔所撰。崇寧元年建辟廱，一名外學，以處天下貢士，非太學也。

宋・王繼先《紹興本草》序　臣聞《本草》者，神農之書也。後世宗而行之，以為大典。蓋憫有生之札瘥，思藥石以拯濟，而功莫大焉。上下數千百載，罔敢失墜。逮及嬴秦，焚滅先代之典籍，而此經混于醫卜之書得不廢。奈何漢晉之季，文籍散失。《神農舊經》所存者僅三卷，藥止三百六十五種，致使後世不見聖人之全經，惜哉！梁陶氏隱居高尚，本《神農舊經》，附《名醫別錄》，朱墨分別，例舉科條，又加注文。然而獨智自思，偏方寡見，得失相半。逮唐之興，蘇恭表請修定，增益雖多，附會或紊，損益不分，寒熱莫辨。洪惟皇宋隆興，真人出寧，澤及四海，其仁如天。開寶中命盧多遜等重定，嘉祐中詔掌禹錫等補注，元祐陳承著立《別說》，大觀中唐慎微集為《證類》。謹詳古今注說，諸家論議，紛紜淆亂，異同頗多。雖唐注摭陶氏乖違而反有闕失，今注舉唐注謬誤而間有未盡。彼是此非，互相矛盾。考禹錫《補注》，慎微《證類》，又不過備錄諸家異同，亦不能斷其是非。其中性寒之物，而或云治寒；性熱之物，而或云治熱。或補藥云瀉，或瀉藥云補。其辨寒熱補瀉之性，理實倒置。及物之有毒者，而或云無毒；物之無毒者，而或云有毒。其辨有毒無毒之性，義亦相反。以至某藥在諸方常用之驗，而經注前後之未載；某藥合外用與服餌之宜，而辨用的當之未詳。傳之既久，朱墨雜揉，不可既舉。執而用之，所誤至大。天下後世，何所折衷？舉而正之，在於今日。恭惟聖主中興，好生之德，寢兵措刑，固足以躋民于壽域，而俾無橫夭之患矣。然且宸心軫慮，以謂本草之書，經注異同，治說訛謬，於是舉祖宗開寶、嘉祐之故事，詔臣等俾加校定，仰以見聖人仁德之至也！今敢不研精覃思，博採方術，參校諸家，別其同異。若夫物性寒熱補瀉，有毒無毒，或理之倒置、義之相反者，辨其指歸，務從至當。形像則本舊繪畫，以大綱取識，則不敢臆說，執以有據。考名方五百餘首，證舛錯八千餘字，而使用之者不惑，施之者必驗。可以躋上壽，可以致十全。上俾聖政之萬一，下以傳之於將來，豈曰小補之哉？臣等誠惶誠恐，頓首謹言。紹興二十九年二月日上進。

檢閱校勘官翰林醫侯御醫兼權太醫局教授賜紫臣高紹功　檢閱校勘官翰林醫效診御脈兼權太醫局教授賜緋魚袋臣柴源　檢閱校勘官成和郎御醫兼權太醫局教授臣張孝直　詳定校正官昭慶軍承宣使太原郡開國侯食邑一千七百戶食實封壹佰戶致仕臣王繼先。

宋・鄭樵《通志》卷七五《昆蟲草木略》序

學者皆操窮理盡性之說，而以虛無為宗，至於實學，則置而不問。當仲尼之時，已有此患，故曰：小子何莫學夫《詩》。《詩》可以興，可以觀，可以群，可以怨。邇之事父，遠之事君，多識於鳥獸草木之名。其曰小子者，無所識之辭也。其曰何莫者，苦口之辭也。故又曰，人而不為《周南》《召南》，其猶正牆面而立，此苦口之甚也。一部《論語》，言他書不過一再，惟《詩》則言之又言，凡十二度言焉。門弟子有能學《詩》者則深喜之，子貢、子夏在孔門未為高弟，至於論《詩》則與之，至子夏又發起予之嘆者，深嘉之也。夫樂之本在《詩》，《詩》之本在聲。竊觀仲尼初亦不達聲，至哀公十一年自衛反魯，質正於太師氏而後知之，故曰，吾自衛反魯，然後樂正，《雅》《頌》各得其所。此言《詩》為樂之本，而《雅》《頌》為聲之宗也。其曰：師摯之始，《關雎》之亂，洋洋乎盈耳哉！此言其聲之盛也。又曰：《關雎》樂而不淫，哀而不傷。此言其聲之和也。人之情聞歌則感，樂者聞歌則感而為淫，哀者聞歌則感而為傷，惟《關雎》之聲和而平，樂者聞之而樂其樂不至於淫，哀者聞之而哀其哀不至於傷，此《關雎》所以為美也。緣漢人立學官，講《詩》專以義理相傳，是致衛宏序《詩》，以樂為樂得淑女之樂，淫為不淫其色之淫，哀為哀窈窕之哀，傷為無傷善之傷。如此說《關雎》，則洋洋盈耳之旨安在乎？

臣之序《詩》，於《風》《雅》《頌》曰，風土之音曰《風》，朝廷之音曰《雅》，宗廟之音曰《頌》。而不曰風（風）者教也，雅者正也，言王政之所由廢興也，頌者美盛德之形容也。於二《南》則曰，《周》為河洛，《召》為岐雍，河洛之南瀕江，岐雍之南瀕漢，江、漢之間，二南之地，《詩》之所起在於此。屈宋以來，騷人墨客多生江、漢，故仲尼以二南之地為作《詩》之始。而不曰《南》言化自北而南。於《王·黍離》《豳·七月》則曰，王為王城，東周之地，豳為豳豐，西周之地。《七月》者，西周之風，《黍離》者，東周之風。而不曰《黍離》降國風。臣之序《詩》，專為聲歌，欲以明仲尼之正樂。臣之釋《詩》，深究鳥獸草木之名，欲以明仲尼教小子之意。然兩漢之言《詩》者，惟儒生論義不論聲，而聲歌之妙猶傳於瞽史，經董卓、赤眉之亂，禮樂淪亡殆盡，魏人得漢雅樂郎，僅能歌《文王》《鹿鳴》《騶虞》《伐檀》四篇而已。太和之末，又亡其三，惟有《鹿鳴》，至晉又亡。自《鹿鳴》亡後，聲《詩》之道絕矣。

夫《詩》之本在聲，而聲之本在興，鳥獸草木乃發興之本，漢儒之言《詩》者，既不論聲，又不知興，故鳥獸草木之學廢矣。若曰關關雎鳩，在河之洲，不識雎鳩，則安知河洲之趣與關關之聲乎？凡雁鶩之類，其喙褊者，則其聲關關；鷄雉之類，其喙銳者，則其聲鷕鷕，此天籟也。雎鳩之喙似鳧雁，故其聲如是，又得水邊之趣也。《小雅》曰呦呦鹿鳴，食野之苹，不識鹿，則安知食苹之趣與呦呦之聲乎？凡牛羊之屬，有角無齒者，則其聲呦呦；駝馬之屬，有齒無角者，則其聲蕭蕭，此亦天籟也。鹿之喙似牛羊，故其聲如是，又得蔞蒿之趣也。使不識鳥獸之情狀，則安知詩人關關呦呦之興乎？若曰有敦瓜苦，蒸在栗薪者，謂瓜苦引蔓於籬落間，而有敦然之繫焉。若曰桑之未落，其葉沃若者，謂桑葉最茂，雖未落之時而有沃若之澤。使不識草木之精神，則安知詩人敦然沃若之興乎？

陸璣者，江左之騷人也，深為此患，為《毛詩》作《鳥獸草木蟲魚疏》。然璣本無此學，但加採訪，其所傳者多是支離。自陸璣之後，未有以此明《詩》者，惟《爾雅》一種為名物之宗。然孫炎、郭璞所得既希，張揖、曹憲所記徒廣。大抵儒生家多不識田野之物，農圃人又不識《詩》《書》之旨，二者無由參合，遂使鳥獸草木之學不傳。惟本草一家，人命所系，凡學之者務在識真，不比他書只求說也。《神農本經》有三百六十，以應周天之數，陶弘景，隱者也，得此一家之學，故益以三百六十，以應周天之數而兩之。臣少好讀書，無涉世意，又好泉石，有慕弘景心，結茅夾漈山中，與田夫野老往來，與夜鶴曉猿雜處，不問飛潛動植，皆欲究其情性。於是取陶隱居之書，復益以三百六十，以應周天之數而三之。已得鳥獸草木之真，然後傳《詩》；已得詩人之興，然後釋《爾雅》。今作《昆蟲草木略》，為之會同，庶幾衰晚少備遺忘，豈敢論實學也。夫物之難明者，為其名之難明也，名之難明者，謂五方之名既已不同，而古今之言亦自差別，是以此書尤詳其名焉。

宋·韓彥直《橘録》序　橘出溫郡，最多種，柑乃其別種，柑自別為八種，橘又自別為十四種，橙子之屬類橘者又自別為五種，合二十有七種，而乳柑推第一。故溫人謂乳柑為真柑，意謂他種皆若假設者，而獨真柑為柑耳。然橘亦出蘇州、台州，西出荊州，而南出閩廣數十州，皆木橘耳，已不敢與溫橘齒，矧敢與真柑爭高下耶。且溫四邑俱種柑，而出泥山者又傑然推第一。泥山，蓋平陽一孤嶼，大都塊土，不過覆釜，其旁地廣袤只三二里許，無連岡陰壑，非有佳風氣之所淫漬鬱烝。出三二里外，其香味輒益遠益不逮。夫物理何可考耶？或曰：溫並海，地斥鹵，宜橘與柑，而泥山特斥鹵佳處，物生其中，故獨與他異。予頗不然其說。夫姑蘇、丹丘，與七閩、兩廣之地，往往多並海斥鹵，何獨溫？而又豈無三二里得斥鹵佳處如泥山者？自屈原、司馬遷、李衡、潘岳、王羲之、謝惠連、韋應物輩，皆嘗言吳楚間出者，而未嘗及溫。溫最晚出，晚出而羣橘盡廢，物之變化出沒，其浩不可攷如此。以予意之，溫之學者，繇晉唐間未聞有傑然出而與天下敵者，至國朝始盛，至於今日，尤號為文物極盛處，豈亦天地光華秀傑不没之氣來鍾此土，其餘英遺液猶被草衣，而泥山偶獨得其至美者耶？予北人，平生恨不得見橘著花，然嘗從橘舟市橘，亦未見佳者，又安得所謂泥山者啗之？去年秋把麾此來，得一親見花而再食其實，以為幸。獨故事太守不得出城從遠遊，無因領客入泥山香林中，泛酒其下，而客乃有遺予泥山者，且曰：橘之美，當不減荔子。荔子今有譜，得與牡丹、芍藥花譜並行，而獨未有譜橘者。子愛橘甚，橘若有待於子，不可以辭。予因為之譜，且妄欲自附於歐陽公、蔡公之後，亦有以表見溫之學者足以夸天下，而不獨在夫橘爾。淳熙五年十月延安韓彦直序。

宋・王介《履巉巖本草》序　自本草之學興至人間，生名醫相繼，如陶隱居、陳藏器、孫真人、日華子輩，參說甚明。然甲名乙用，彼是此非，終弗一揆。切思産類萬殊，風土異化，豈能足歷而目周之？况真僞相雜，卒難辨析，宜乎若是。至《大觀證類》《紹興校定》，始詳而備矣。老夫有山梯慈雲之西，捫蘿成逕，疎土得岩。日礲月磨，闢畝幾百數。其間草可藥者極多。能辨其名與用者，僅二百件。因擬《圖經》，編次成集。仍參以單方數百隻，不敢施諸人。或恐園丁野婦，皮膚小疾，無昏暮叩門入市之勞，隨手可用，此置圖之本意也。若夫召和穹壤，躋民仁壽，有司奉明昭，蕃夷貢異産，乃國家所務，此豈足以裨贊萬一？藥不旁求，方以單用。其佐使反惡，採摘時月，故略而不書，山中有堂，曰履巉巖，因以名之。嘉定庚辰孟夏望日琅琊默庵書。

金・劉祁《歸潛志》卷一三　自神農、黃帝、雷公、岐伯以來，名卿才大夫往往究心於醫。若漢之淳于意、張仲景，晉之葛洪、殷浩，齊之褚澄，梁之陶弘景，皆精焉。唐陸贄斥忠州，纂集方書，而蘇、沈二公《良方》，至今傳世。是則吾儕以從政講學餘隙而於此乎蒐研，亦不爲無用也。余自幼多病，數與醫者語，故於醫家書頗嘗涉獵。在淮陽時，嘗手節《本草》一帙，辨藥性大綱。以爲是書通天地間玉石、草木、禽獸、蟲角萬物性味，在儒者不可不知。又飲食服餌禁忌，尤不可不察，亦窮理之一事也。

宋・陳衍《寶慶本草折衷・後跋》　《寶慶本草折衷》一編，乃衍攷古驗今，權是訂非，遴選要劑而為之論說也。在寶慶丁亥維莫之春，屬稿已小成，題曰《本草精華》。是時家運蹇否，用力於叢艱劇困中，以故率多厖舛。洎逾十稔，更讀所未見書，歷閱愈遠，採摭尤切。投老林塘，宅心物外，始獲朝夕是編。意有未足，隨削隨補，今又十稔矣。改正之筆，尚未韜也。自顧景薄崦嵫，志罷神耗，於是學詎有再進之望，遂定為成書，不復洊易，因以折衷革精華之名。然而冠以寶慶年號者，蓋不忘其初云。龍集戊申淳祐八載律中應鍾陳衍謹白。

宋・陳衍《寶慶本草折衷》　保康軍節度使新安太守密齋先生謝公序：自寬而栗，至疆而義，而德之用有九；自嚴而不肖者，至勢虛形劣者，而士之用，十有五，吾何以知其然邪？亦〔熟〕於平時之素爾。藥物之用□□寒溫補利，性各不同，使平時未□習知，則實實虛虛，鮮有不誤。矧一物而有自不相為伴者，如麻黃發汗而節止汗，當歸益血而尾去血，橘皮下氣而肉動氣，是豈可不致辨毫釐間邪？本草偕典墳而傳後世，陳藏器、陶隱居、桐君等，蓋著述之尤者也。發明愈詳，大義滋晦。陳君萬卿，苦志醫學，精於【缺】

荊溪吳子良序：【缺】天地間和氣，人物均受之。物之受有偏，人靈於物，則能制物之偏者也。然人雖能制物之偏，而多不能自制其偏，於是疾病生焉。而又有靈於人者出，用物之偏以制人之偏，借物之和以助人之和，此醫道所以與天地通，而非可但以方技名也。故神農、黃帝、岐伯，下至和、緩、倉、扁輩，皆稱聖智神奇，所謂靈於人者哉！其為書具存傳而推廣之者，累代常不乏。今陳滿眼，寄人命於聾盲，而又以誑欺肆拏攫。君於醫通貫如許，及應人急，有酬之金幣不願也。其藝其心，庶幾與天地通者邪！抑君有言，鋪陳考辨，猶為紙上語也。活法在胸中，要不可以紙上盡。顧其可以紙上盡者，既與俗醫相懸絕，則豈可使之終聾盲不一見哉？有力者儻為鋟其書行世，以之制人之偏，助人之和，其功用不少矣。淳祐九年八月□日荊溪吳子良題。

涎頞之棄皀櫪，焦桐之混爨下，直自謂已矣！千百載後，其名迺得在驊騮綠綺間。幸弗幸，遇弗遇，云忝。愚讀書之暇，嘗從事於醫。本草，醫之源，而說者多歧，觀者滋惑。遂潛心正是，有年於兹，然輿時竽瑟，莫我知者。密齋、荊溪二先生，耆德偉望，不輕許可，今獨嘉其志，矜其勤，慨焉而序其端，是蓋於不遇之餘而大有所遇，雖終老家山無憾焉！非特幸是書之得傳也。君子疾沒世而名不稱。愚之名不見稱於一世，而稱於一世之大賢，可謂得其所稱矣。唐《孟浩然集》騰聲千古，韋滔謂不遇王士源，乃十數張故紙耳。士源猶能名浩然於不朽，矧愚之書借重於世之大賢耶？所謂無憾者，此也！陳衍齋沐謹誌。

簡帖：　鎮越大帥倉使待制侍郎養浩先生謝公帖：　天□昨辱盼顧，獲遂〔詹〕識，欣□逮今《本草精華》，終日倚篷展讀，攷論精詳，開發有多。謹用細物，暑中無以見寒衣，□二端，扇子四枋，馳□輕□皇皇，萬望笑存。他容面□，伏冀涵照。天□皇皇再四，上覆秘省學士尊御史。

衍少以膚見詮定本草，早受知於密齋先生，其序文已見於前矣。而養浩先生復褒以藻帖。所謂《精華》者，即今《折衷》之舊名也。昔李白以所作文謁荊州，且惴惴焉，恐不合大人。如衍之庸陋，焉敢望白之萬一？乃木相門，世加眷遇； 大開賁飾，聯璧輝映。殆宿緣所致，何以報稱云。衍端拜謹書。

後跋： 上舍正奏鄭君跋： 貧城陳君之子景孟從余遊。陳君作《本草折衷》二十卷，嘗取而閱之。刪繁疏略黜訛之餘，意自為斷，用功至矣。謝密齋、吳荊溪諸老題辭爛然，君不余鄙，亦俾續其後。夫致信於人，以實不以文； 觀其為方處療，十得八九以上。謂非博學明辨之力不可。微諸老且不能沒其實，於余與何取？ 第是書夙有重賈而櫝之猶謹，余則未之解也。豈將翻研覆精，直欲起疾之不可為乎？ 求之古人，未有能此道者。然則不枉殀，幸矣。君欲以古人所不能者自期，孰欲以今人所不能於君者，幸天下□□□□可以行矣！ 寶祐五年六月老沙角鄭□敬書。

永嘉省元邵君後序： 貧城陳先生，飽經史而能文，尤造乎神聖工巧之道。手著《本草折衷》一編，參之以諸書，續之以己說，損益精當，訂論嚴詳，願見者雖眾而莫之暗投也。伯氏崇珍，實為先生潤玉，故國璉得以熟識其書。嘗勉其鋟行，辭以力不能辦。易曰又勉之，則曰近髣髴古人錢義遺意，日自儉嗇，儲為治梓之需。遲之數載，工可畢矣。竊謂世多殀枉，書行一日，則世受一日之賜。使其可遲也，將如蒼生何？ 遂與伯氏協力經畫，酌其所儲而翼相之，僦工鋟於椒林書舍。一段奇事，甫洊期而成焉。是編舊有僊賢傳贊，晚謂其贅，輒自去之，而知者什百相傳，蔓不可揜。矧伯氏之子應午傳先生學，知慕古人之風，亦勇以為請。既不獲辭，乃復授之也。先生年耄而精爽，近以平昔經效之劑，著為《方論英華》。知音滿眼，異日必刊以垂世云。景戌長至永嘉橋西邵國璉拜手謹識。

冰翁貧城先生著《本草折衷》，有識孰不雋永之。自得謝、吳諸鉅公賞音此書，愈增聲價，第志及板行，每以不獲見為恨。因同仲氏刻意規畫，鳩工繡梓，使篋笥希異之寶，一旦揭之巷逵，系目俱快。噫，偉哉！ 邵崇珍百拜書。

賦詠： 華文郎中趙公寓京邸賦： 陳君萬卿，父子負書遠遊來京國，獲觀所著《本草折衷》於謝兩府席上。志取既當，議論且明，深用欽歎。因其行也，吟五言贈之。十洲靈虛真逸齋彭清中父。

貧城陳隱君，燈火續星星。素□心苗善，修成本草經。傳家書有種，格物藥偏靈。攜子來觀國，朝紳眼倍青。淳祐壬寅四月既望。

江湖詩老戴公寓兗州賦： 貧城陳萬卿，儒家者流，尤長於醫學，著《本草折衷》行世，有聲於士夫間。復古同里而未嘗識面。一日會於宜春郡齋，趙史君盛稱其用藥之妙，因成小詩以贈之。石屏野客戴復古書於東湖介亭。

本草有折衷，儒醫功用深，何須九折臂，費盡一生心。藥物辨真偽，方書通古今。有時能起號，一劑直千金。東嘉張文搴刊。

宋·陳衍《寶慶本草折衷》卷一

折衷發題： 昔神農天縱之資，咀藥知性，黃帝因命岐伯定為本草之經。《世紀》謂黃帝使岐伯定《本草經》，韓保昇謂藥中草類最多，故曰本草也。由漢而後，傳襲發揮，沿歷至唐，兼創《圖譜》。雖曰代不乏人，惟各據所見，其文多互闕也。大宋勃興，聖君有作，開寶、嘉祐中，屢詔近臣扈蒙、掌禹錫等，提領上醫，詳補神農之舊典，仍疏《圖經》，開寶中兩詳定，及嘉祐中補注，仍各疏《圖經》。遂乃頒行天下。蓋世德純厚，詒福生靈者至渥也。既而陳承、唐謹微、謹字，元從心從真，避廟諱，皆改作。寇宗奭，聚文申義，則其書該博矣。然猶異同雜糅，泛切混殽，披檢之際，遽難適從。是故縉雲元闕姓氏、張松、艾原甫之徒，芟削煩冗，纂集機要，則其書始簡便焉。固盡美矣，而未盡善也。衍輒不揆分，篤志詮評。自寶慶以來，繹唐謹微所述，參酌諸所記注，於玉石、草、木、禽、獸、蟲、魚，凡古今所用，風土所宜，其味之甘苦，其性之寒溫，其補利之異能，其精粗之殊等，皆折衷以列條品矣。若夫書不盡言，言不盡意者，必旁引遐索，增入新條及續說而翼之也。如伏火丹砂專主虛冷，前此猶未顯著，今引楊倓音談方以苴其漏之類是也； 如茈音柴胡最消暑毒，前此猶未具載，今引許叔微方以殫其蘊之類是也； 如黑鉛堪充鎮墜之劑，前此猶未辨明，今引吳德夫方以訂其實之類是也； 如地骨皮與枸杞子，種一而效殊，前此猶未區別，今引王兗方以分其用之類是也。至於物理所當闡也，得失所當刊也，亦皆折衷，悉於續說而備見。弗尚撰次成文，貴乎辭達而已。更以序例萃英、逢原記略、名醫傳贊為三卷，冠以目錄。衍覃思訪問，僅克就緒，恐智識不逮，瑜不揜瑕，未敢執以自任。越兩十年，薄遊言歸。諦觀熟玩，徐加損益。幸無負於先覺，庶可仰贊皇朝。惠澤滋廣，恩紀深優。溥天率土，咸登壽域。以振開寶之崇規，以揚嘉祐之盛事。緜緜罔極，豈不偉歟？ 丹丘隱者陳衍萬卿謹敘，旹淳祐八年戊申歲也。

按： 唐謹微、寇宗奭、縉雲、許洪皆邃於本草。今掇其序論之文，兼集諸家之善，各從其類，章別其旨，緝為《序例萃英》； 仍摭餘意，別為《逢原記略》，而又間立論評，皆所以接前賢之步武，揭用藥之權衡也。

宋・陳衍《寶慶本草折衷》卷三《釋例外論》

總記述例：逐卷之首，舊具《神農本經》、《名醫別錄》、唐本先附、今附、新補、新定，及唐謹微續添、續《證類》等目，既不疏出，故不在例也。夫修本草之意，已於首卷發題舉其大略矣，茲申釋例，敷暢厥旨。凡藥品先後之敘，今循唐謹微例以排具也。凡諸註中有精要處，今倣陳日行例，抄作正文。其餘雜說，仍舊為註。或新補其註者，則圈以隔之也。凡經註意同而辭異處，今掇明白詳□□□之也。凡一藥之治效，互在別條者，今皆分入正條，不□□□□。凡《圖經》等，多以藥之同類各種者，及同種而各用者□□□□，紛紜無別。今從縉雲例，隨宜剖析，或纂其文，若文脈不貫，則□加助譚字聯之。□□成章，附於本藥之左；或分其文，炳而易見，列為二三之條，仍註其端曰新分也。凡應病奇劑，唐謹微所未集者，今選括名賢妙語，增立新條，悉已整裁，使其規度統一，亦註其端曰新增也。凡續說及續附紀別藥者，皆有典處，今常用而獲驗也。凡採藥時月，首卷辨藥之論，該載既詳，今不復預例也。

訂性味例：夫藥有酸、鹹、甘、苦、辛之味，又有寒、熱、溫、涼、有毒、無毒之性，或復有平澀混乎性味之間，如陳藏器謂東流水味平，而孟詵云灰之性平。又如日華子謂檳榔味澀，並《藥性論》云牛角鰓性澀，至《唐本註》評蕁，則又云體之澀也。○蕁，常倫切。亦有正條，不言性味，諸家每為說而註之。如一藥，甲以為甘寒無毒，乙以為苦熱有毒，而丙又以為酸涼微毒，皆難依據。今其味則參縉雲之所集，凡經註所紀性味，縉雲皆集而不遺。而其性乃驗隱居之所評。陶隱居序謂療寒以熱藥，療熱以寒藥之謂。更權衡以仲景之方法，張仲景據《素問》之論，推性味以製方。然後求其與主治相合者，訂為定論焉。抑嘗觀許洪引《本草》以註《局方》，言性而不言味，必以性為藥之要統，此《折衷》所以尤篤於論性也。或經註俱闕性味者，即於種類中求性味之切似者以補之。如引蜀椒性味以補漢椒，又如引樗木皮性味以補椿莢之例。如種類之中亦無可求者，未免仍舊而闕矣。

錄名地例：夫藥所稱非一名，所產非一地，今掇其常用之名，如鐺墨名百草霜，今方藥常用，但聞百草霜名之類。○鐺，楚庚切。舉其元出之地，如人參生上黨，及厚朴生交阯之類，皆元初所出之地，後出則漸生別處。○阯，一作趾。皆錄為正文。其餘名餘地，則隨錄以為註。或註稱又云者，乃自別條引入名地也。至於州號有重著者，則從其一。如階州與武都郡，《圖經》既曰雄黃出武都，復言階州有之，今於武都之下註云即階州。餘並依此。○又見古今郡縣名號之同者多矣，如陶隱居註礜石出南康，而贛州號南康郡；又有南康軍及南康縣，此等並從本文錄其一耳。○礜，音緣；贛，音公，贛，古虔州也。有更革者，則仍其舊。《圖經》載產藥州號，邇來更革者多，今仍著舊號者，庶以合乎經也。又如一種藥，有言根出於此矣，復言苗生於彼者，各任土之宜也。《圖經》朴消條嘗言大戟與澤漆本是一物，其根為大戟，生於常山，屬北地。其苗為澤漆，生於泰山，屬東土。然各著所出者，蓋根之與苗，地土各有所宜也。似此者尤多。並按《本草》，參《毛詩》《爾雅》註疏諸書，慮定而筆之也。

撤圖像例：夫本草之圖經，創於唐之永徽也，一云顯慶，皆唐年號。將遂湮微。至嘉祐中詔命修復，益詳於前。然品物多出於他邦異域，故繪為全像，所以喻人知其原委，尤難觀像以辨媺惡也。且醫家悉用見成之藥，非得之商旅，則須之市肆。如諸石則已經碎破，謂丹砂、硫黃之類也。諸金則已經鍛鍊，謂金薄、銀鉛之類也。草木之屬用根者已先去苗，謂人參、當歸之類也。用葉者已先除梗，謂石韋、□草之類也。或摘花取實，謂黃菊、檳榔之類也。或削皮瀝漿，謂厚朴是木皮，沒藥是木漿之類也。至於禽獸蟲魚，或收其骨肉肝膽，謂虎骨、熊膽之類也。或取其皮甲蹄角，謂鼈甲、犀角之類也。間去聲或全體收之者，亦乾枯而色變。謂全蝎、蜈蚣之類也。雖具諸圖，何以比驗？更若食鹽畫其人以運水土，若阿膠畫其亭以蓋井泉；若蜚䖟乃畫其木，若斑貓乃畫其豆，此等之畫，尤泛濫焉。又況唐謹微之《證類》，闕其圖者多矣，今欲剖擇真贋及欲識認尋採，此諸處皆有之物，自欲認採者。各條該括甚明，故止掇經中精切之文，而圖上所載形模，姑從刪撤。

外論一：夫使色吏切必從俗，固不可拘於古之所無；史有闕文，亦不可徇夫今之所有。且今世隨處所產之藥，太醫莫之能識，俗人用之多效。與夫蔬果魚肉，足以供食音嗣者，或發疾病，或解藥力，或傷胎產。本草所不該，諸書所不紀，獨見於長張丈切老風俗之所傳，醫者尤宜從俗採拾，從俗收藏，從俗服食，從俗避忌，不可拘於古之所無而強去之也。然目擊近處所產，用效之藥固多矣，未覩古人證據，故未敢擅立條品，亦史氏之闕文，不可徇夫今之所有而強益之也。

外論二：夫書不盡言，言不盡意，宜深求其意，以解其文。若《素問》《難經》之觀，不得其意，則診視不明。名師良方之授，不得其意，則施治無法。或脉然而證不然，非悟其意，何以決？或證同而病不同，非悟其意，何以推？端緒既多，曲折紛變，言莫能窮，可不以意逆之耶？此古人著書立言，所以示後世之大略爾。故陶隱居有云醫者意也，謂善以意量得其節也。

又人勸許嗣宗嗣字本羊晉切，因帝諱改作。著書以貽後世，亦答以醫特意耳，思慮精則得之。蓋言雖所以達意而不足以盡意，意不盡於有言，當探於無言，如是則優柔饜飫，使自得之，殆將至於得魚忘筌，得兔忘蹄也。

外論三：　夫物我本一源，凡有知者，必同體。典籍所載，不可誣也。使斯人認物為己，則傷物如己傷，寧忍殺生以求生乎？　況夫天地之大德曰生，亦欲俾之各正性命，保合天和，豈徒愛人而不愛物哉？　彼人而不仁，暴殄天物，則□戾於冥冥，固不少矣。陶隱居、孫真人皆有大功於世者也，為其用虻蟲、水蛭輩以入藥，功雖及人，而殘害物命，致稽上升。□□□□云：　陶隱居紀用虻蟲、水蛭輩為藥，有害物命，以此一紀，後方□紀□。○□□□□□□□云：　孫真人宜為上聖，而唐人猶紀中間用虻蟲、水蛭，物命之□□□□□□□食心之惡殺物。是所以《衛生方》一書，全不用蟲獸之屬者，□□□□矣。○□，音報；　惡，烏路切。古人雖切於濟人，一或害物為之，國有大不變已者，但禽獸蟲魚，本草既有條品，諸方又且資用，而縉雲藥書亦錄而不刪，茲故因仍舊貫，苟有可易，仁者宜盡必焉。如必泥夫本法，則當循《十便方》，謂市見成者用。

宋・陳衍《寶慶本草折衷》卷二〇　群賢著述年辰

開寶以後修撰源流，謹錄於此。其自神農，下至偽蜀，更不復贅具也。

《開寶新詳定本草》：　開寶六年，詔尚藥奉御劉翰、道士馬志等，詳校增益。仍命左司員外郎、知制誥扈蒙、翰林學士盧多遜等刊定進呈。御製序。

《開寶重定本草》：　開寶七年，詔以《新定本草》所釋藥類或有未允，又命劉翰、馬志等重詳定，頗有增損。仍命翰林學士李昉、知制誥扈蒙、王祐等重看詳，復撰序進呈。

《嘉祐補註神農本草》：　嘉祐二年，詔太常少卿、直集賢院掌禹錫、殿中丞館閣校勘蘇頌等同共校正。仍領醫學秦宗古等，以《開寶重定本草》因其疏捂，更為補註，並修序例，紀載該洽，至五年成書，復撰序進呈，賜名曰《嘉祐補註神農本草》。

《本草圖經》：　嘉祐三年，詔天下郡縣，圖上藥物，並令識人辨認，畫圖供□上。其產於番夷者，即問商舶，依此共析，以修復唐之《圖經》。時守秘書省掌禹錫欲專壹整飾，乃謂太常博士蘇頌嘗刻意此書，於是進言奏請。既被旨，蘇頌裒集註次，每種藥先畫諸州所供者為圖，繼著形色功效，旁參群籍，疏以為經。亦多引同類之物，並附經內。□製□一，畫圖猶□難全像耳。而舊序例及人部□□□無其圖版，不復具載也。又乃增入外草與外木蔓類，皆境內軍州所生者，繫於卷末焉。至六年成書，蘇頌自撰序，而掌禹錫等同進呈。○後人翻為之文，以為註字。

《重廣補註神農本草并圖經》：　嘉祐中陳承，閬中人。嘗編《神農本草》與《圖經》二書，并聚為一。又發明餘蘊，以古今論說與己所見聞，立為議論一篇。篇端冠以謹按兩字，間列《圖經》之後焉。天章閣待制知杭州充浙西路兵馬鈐轄兼提舉林希為序。○承，或作丞。閬中，或作武林，或作餘杭。○閬，去聲。

《大觀經史證類備急本草》：　唐謹微亦編《神農本草》并《圖經》之外，又續增藥品，益以諸方，與夫經史傳記，道藏佛書，凡該明乎功用者，類聚詳悉。於大觀二年，杭州仁和縣尉艾晟為序。晟仍參對陳承議論，皆可稽據，謂之別說，入於逐藥之尾。其序且言：　謹微姓唐，不知為何許人。傳其書者，失其邑里族氏，故不及載云。○此編卷帙繁浩，諸郡齋及書肆刊行盛矣。廣收偏假，或異同，或脫略，必皆參驗。取其本數多同者為是。加以他書，三復玩泳，然後濡毫焉。今引用處，仍舊稱唐謹微也。

《本草衍義》：　澧州司戶曹事寇宗奭，歷攷《神農本草》與《圖經》二書，參之實事，□折衆說，推衍奧義，各得其宜。舊之有名未用、外草、外木蔓，及意義已盡者，更不編入也。仍衍序例，闡幽索隱，切中事情，尤有助於醫學矣。訪緝十有餘載，至政和六年成書。此年荊湖北路提舉劉亞夫，為宗奭申尚書省投納。○後人以《衍義》正文，翻為註字，附於《證類本草》藥條之末。今引用處，多稱寇氏，或稱寇宗奭也。

右皆述本草之全書，各修其辭者也。外此或立偏奇之論，與經註相戾者；或翻括經註以裁歌訣，而性用失叙者，皆不復援引也。

《縉雲纂類本草》：　乾道中有縉雲先生，不著姓氏，取本草藥物，削冗舉要，混合經註，各條以名、體、性、用四字而類之。依嘉祐之本編排部品，中間以一種藥析為二條、為三條者多矣。外各立條例，以記名字之節重，德味之單複，及炮炙、反惡、升合分兩諸說，冠之卷首。此書約而易守，炳而易見，真得論述之法。鶴溪道人為序。序謂鶴溪俾猶子編括。按：　《三因方》鶴溪乃陳言無擇之道號，即其所居地名也，屬縉雲郡，故題此書曰縉雲焉。○重，平聲，謂藥名相重也。今引用處，仍舊稱縉雲也。

《本草經註節文》：　淳熙中浙漕貢士陳日行，字用卿，越之暨陽人，後為太醫學教授。取本草藥物，删繁摭穎。凡性味主療之說，經列於先，註繼於次，混作大字。其部品依《證類》之本編排。又掇陶隱居、掌禹錫、寇宗奭三家之序，總為義例，揭之卷端。至嘉定中會稽石孝溥及紹興府帥守兼浙東憲汪綱為序。

《本草節要》：嘉定中，監饒州商税張松，字茂之，擇取本草常用藥，抄節性味主治之要，合經註之文，統以成段。雖立言簡甚，而亦頗加補緝。如自然銅之治風，香薷之治暑，皆經註所闕，而張松乃補之之類。又如增立爐甘石、草果等條，最為切當。並不著藥物所出州土及收採時月，亦未依次排具部品。復為續集小編，尤有助於經註也。初婺州太守孟□為序。○張松又作《究原方》，運幹韓淲為序，亦言松有《本草節要》行於世云。今引用處皆稱張松也。

《本草備要》：寶慶中，婺州太守王夢龍，字慶翔，山陰人，謂張松《本草節要》，其間編叙無倫，乃增人藥物異名及土產之宜、美惡之辨，註於目錄之内。其分列部品，並循《證類》元式。凡逐條性味功用，即張松之舊文爾。於中又增藥數品，雖欲備張松之闕，然亦不甚切也。王守自為序。

《本草集議》：艾原甫，臨川人也。遴選近要藥物，會集唐謹微、寇宗奭諸書，復以己意發越。敘括條品，考訂精詳，議論明整。凡藥有種類同而性用切似者，如磁石與玄石，如附子與天雄，此等多總為壹條，然其條猶稍虧也。雖從《證類》之本排具部品，而其間亦頗相互。又立《藥性雜辨》，以紀畏惡反忌之說，列於帙端。至於論藥之異名，製藥之方法，並註目錄條下。惟禽部不書，乃著《常食論說》七篇，而雞鴨飛禽，皆并論之矣。此七篇之文，斷於終卷之尾。但此書序跋尚闕，而著述年辰殆難尋究。嘗見士大夫語及原甫，因叩以實，乃知其人其書，皆在乎張松《節要》之後也。今引用處多稱艾原甫，或稱艾氏也。

《藥性辨疑》：此書亦是本草之節，特異其名爾。所編藥品並如張松，混括經註，并為一段。又紀產藥州土，兼略畫圖像。仍自創燈心草及馬勃二圖。雖依《證類》之本分排部品，乃以果、米、菜三部移於木部之後，惟人部闕之。亦掇陶隱居、掌禹錫、寇宗奭三家之序，總為義例，與諸藥異名，叙之於前。其序跋既未之見，故述作人姓氏、所居及年辰，皆無由可攷也。

右皆摭本草之粹言，各得其體者也。外此有審訂不真，或捨醇而取疵者，或醇疵糅混而無定據者，皆不復援引也。

諸註《和劑局方》中本草箋要：大觀初，太府寺丞陳師文等承朝旨，領醫官趙亢宗等參詳改正。續屢據朝士奏請，增人元散尤多。至嘉定初，四川總領所檢察惠民局許洪，字可大，武夷人，纂取本草藥性治療之要，註於《局方》逐藥之中。其如粉霜、草烏頭之類，皆本草所闕者，許洪則别引性用以註之。悉可取正，但皆不言藥之味耳。仍將直閣吳珽名方及諸局經驗秘方，各隨門類，分附於後。又於卷初編次《指南總論》，凡處方、合和、服餌等法，罔不周備。苧陂王壬為序。今引用處多稱《局方》，或稱許洪也。

又《和劑局方》二編其前皆附本草之節：其一編係桃溪居士劉明之，字信甫所述。先纂本草常用藥物，别為小帙，冠於卷前，亦有泛者。仍集許洪諸家精語，分而敘之，詳且當矣。未覩序跋，不審劉明之於何年述此書，難以知也。又一編係寶慶中監建寧府合同場提督惠民局黄伯就，永嘉人所述。亦先纂本草常用藥物，以冠卷前。一如劉明之之式，更少數藥耳。仍摭許洪總論，輔以雜方，考其編述箋註規度，悉蹈劉明之軌轍也。福建路提舉、天台王夢龍為序。○按：劉明之書傳世已久，而黄伯就書始行焉。

《大衍方》首附本草要略：紹熙中東南漕使孫紹遠，字稽仲，谷橋人著此方。凡方内所用藥物，並於本草中以括治效之要，冠於卷首。其條肆拾有玖，象大衍變通無窮之數。凡同類之藥，各附於本條之後。外有薑、棗、蜜、蠟所至皆有之物，又不在肆拾玖之數。府學諭余汝礪為序。○後之《十便方》，乃依效此編而推廣之也。

《十便良方》首附本草要略：慶元中郭坦，字履道，汾陽人著此方。凡方内所用藥物，並於本草中以括治效之要，冠於卷首，其條陸拾有肆，象大易運用周流不窮之義。其同類之藥，各附於本條之後。外有梅、橘、禽、蟲是處皆有之物，又不在陸拾肆之數，青山宋德之為序。

《易簡方論》首附本草要略：慶元中監臨安府富陽縣酒税王碩，字德膚，永嘉人著此方。凡方内所用藥物，並於本草中以括治效之要，冠於卷首。其條惟叁拾而已，蓋簡而易辨焉。更有加入湯劑之藥，及修合元子之藥，皆在叁拾條之外，然未免太拘也。婺州太守虞儔及諸郡太守為序為跋。近有孫氏，忘其名，嘗於《易簡方》之首，新增藥物拾條。其間附益證論頗多，謂之《增品易簡方》。舊寓東陽，見人抄錄此方，就借閲之。其所增者，亦皆適用，蓋未有序跋，故孫氏所居之地與著述之時並無可證也。

《活人事證方》首附本草要略： 嘉定中桃溪居士劉信甫著此方。凡方內所用藥物，並於本草中以括治效之要，冠於卷首。監行在惠民和劑局葉麟之為序。○甫，一作父。

《醫學指南》中分證附本草要略： 此亦嘉定中劉信甫著此書，立為病證門類。凡書中所用藥物，並於本草中以括治效之要，分入逐證之門。其一藥可以通療衆疾者，則重述其條，如獨活與麝香，已見於中風門，又見於傷寒門之類，遂致條品多同，殆未可數總也。其紀載甚詳，平江府府學教授吳文為序。

《眼科龍木論》尾附本草要略： 昔成都府僧了明著此書。凡書內所用藥物，並於本草中以括治效之要，列為十部，聯於卷尾。雖撮摘最工，而僻異難識者或有之矣。其書至嘉定中流行。三山林鑒為序。

右皆著方，各參本草，以掇方中所用之藥也。然古今之方，充棟汗牛，其間選附本草者亦衆，茲因討論之餘，姑舉數家爾。外此引用醫書及經史子集，與夫稗官小說之類，奚翅百有餘家，不容備列云。

元·胡仕可《本草歌括》序 本草即儒家之史書也。儒不讀史書，何以知人才賢否、得失興亡？醫不讀本草，何以知名德性味、養生延年？照本草之名書，自《神農本草》，以至《名醫別錄》、《唐本》、《蜀本》、新定、重定，先附、今附之數，不下一千七百餘條。其論性體之溫涼，功用之緩急，自有六十□□□□其于小學，未易涉獵。僕祗承敕命，掌教瑞陽，思欲便於小學，擇其見於用者，自博而為〔約〕，依按本文，叶韻成類，庶幾讀者易記，亦可知其大略。用鋟諸梓，與同志共之。旹元貞改元九月朔旦宜豐可丹胡仕可序。

元·劉剡《本草歌括·序》 醫不讀本草，何以知藥之良毒，性之寒溫，味之甘苦，功之緩急也歟？蓋本草之為書，繇神農嘗百草，一日而七十毒，始興醫藥，相傳謂之本草。漢魏以來，名醫張仲景、華佗輩，遂著《本經》。梁有《名醫別錄》，然後《唐本》《蜀本》作《圖經》，以至宋代諸儒，前後訂定，總附凡千有餘條。自是本草之書，燦然大備。然其無名草木之怪，飛潛蠢走之類，五方土產，風氣不同，則有偏有勝，或以偽濫真。況市賈有以虺床當蘼蕪，以薺苨亂人參之患，不惟不能愈疾，而反害之者有焉。此《圖經》之所由作也。所謂《圖經》者，圖以載其形色根苗，經以釋其性情真偽。但文詞深奧，意義幽微，初學尤未易於通曉也。前瑞陽醫學胡掌教，乃按圖撮要，叶韻成歌，凡三百三十九條，便於記誦。予之從游友熊道軒，復取諸方中緊用而胡氏所缺未編者八十四種，悉補增歌括，纂圖附注，以全其未備。觀其為心之勤，亦可謂善繼人之志矣。書成，請予質於編端，以壽諸梓。使初學之士，苟能熟味其歌，精研其經，即圖以驗其真，審方以求其效，而知藥之形苗功用，不致贗偽相雜，性情相反，而得造乎真實之福矣，豈不韙歟？ 正統四年歲次己未五月良旦松塢門人京兆劉剡序。

元·周天錫《本草詩訣》序 《本草節要》肇於張茂之、王慶翔二公，舉世莫不貴其簡嚴。然而後進未易記憶，今採其中切於日用藥品三百六十五種，託諸韻句，以備習讀。故按《神農本草經》法，參周天歲序，治療性味，四言包括無餘，誠《節要》之節要者。初學解而能明，明而能憶，佗日對病議方，了然胸次，猶趍捷徑焉。旹至元甲午中和節東嘉一山老叟周天錫永年序。

元·王好古《湯液本草》序 世皆知《素問》為醫之祖，而不知軒岐之書實出於《神農本草》也。殷伊尹用《本草》為《湯液》，漢仲景廣《湯液》為《大法》，此醫家之正學，雖後世之明哲有作，皆不越此。予集是書，復以《本草》正條，各從三陰三陽十二經為例，仍以主病者為元首，臣佐使應次之，不必如編類者，先玉石、次草木、次蟲魚，以上中下三品為門也。如太陽經當用桂枝湯、麻黃湯，必以麻黃、桂枝為主，本方中餘藥後附之。如陽明經當用白虎湯，必以石膏為主，本方中餘藥後附之。如少陽經當用三禁湯，必以柴胡為主，本方中餘藥後附之。如太陰、少陰、厥陰之經，所用熱藥，皆倣諸此。至於《金匱》祖方《湯液》外，定爲常制，凡可用者皆雜附之。或以傷寒之劑改治雜病，或以權宜之料更療常疾，以湯為散，以散為丸，變易百端。增一二味，別作他名，減一二味，另為殊法。《醫壘元戎》《陰證略例》《瘢論萃英》《錢氏補遺》等書，安樂之法，《湯液本草》統之，其源出於潔古老人《珍珠囊》也。其間議論，出新意於法度之中，註奇辭於理趣之外，見聞一得，久弊全更，不特藥品之咸精，抑亦疾病之不誤。夭橫不至，壽域可期，其《湯液本草》歟。时戊戌夏六月海藏王好古書。

元·王好古《湯液本草》序 神農嘗百草，立九候，以正陰陽之變化，以救性命之昏札，以為萬世法，既簡且要。殷之伊尹宗之，倍於神農，得立法之要，則不害為《湯液》。漢張仲景廣之，又倍於伊尹，得立法之要，則不害為確論。金域潔古老人派之，又倍於仲景，而亦得盡法之要，則不害為奇註。潔古倍於仲景，無以異仲景之倍於伊尹，仲景之倍於伊尹，無以異伊尹之倍於神農也。噫！宗之，廣之，派之，雖多寡之不同，其所以得立法之要則一也。觀潔古之說，則知仲景之言，觀仲景之言，則知伊尹之意，皆不出於神農矣。所以先《本草》，次《湯液》，次《傷寒論》，次《保命書》，闕一不可矣。成無己《明理方例》云：自古諸方，歷歲浸遠，難可考憑，仲景方最為眾方之祖。是仲景本伊尹之法，伊尹本神農之方。醫帙之中，特為縝細，參合古法，不越毫末，實大聖之所作也。文潞公《藥準》云：惟仲景為群方之祖也。昔唐宋以來，得醫之名者，如王叔和、葛洪、孫思邈、范汪、胡洽、朱奉議、王朝奉、錢仲陽、成無己、陳無擇輩，其議論方定，增減變易，千狀萬態，無有一毫不出於仲景者。金域百有餘載，有潔古老人張元素，遇至人傳祖方不傳之妙法，嗣是其子雲岐子張璧、東垣先生李杲明之，皆祖長沙張仲景《湯液》，惜乎，世莫能有知者。予受業於東垣老人，故敢以題。丙午夏六月王好古書。

元・王好古《湯液本草》序　劉禹錫云：《神農本經》以硃書，《名醫別録》以墨書，傳寫既久，硃墨錯亂，遂令後人以為非神農書，以此故也。至於《素問》本經，議者以為戰國時書，加以補亡數篇，則顯然非《太素》中語，宜其以為非軒岐書也。陳無擇云：王叔和《脈訣》即高陽生剽竊，是亦後人增益者雜之也。何以知其然？予觀劉元賓註本，雜病生死歌後，比之他本即少八句。觀此八句，不甚滑溜，與上文書意重疊，後人安得不疑？與《本草〔經〕》硃書雜亂，《素問》之補亡混淆，何以異哉！宜乎識者非之，繼而紛紜不已也。吾不知他時誰為是正。如元賓與潔古詳究而明，稱其中凡有所疑而不古者削去之，或不復註而直書本文。吾不知為意易曉不必云耶？為非聖賢之語而辯之耶？二者必居一於此。又啟玄子註《素問》，恐有未盡，以硃書，待明者改刪增益。傳録者皆以墨書，其中不無差誤。如《刺熱論》註五十九刺，首云王註，豈啟玄子之自謂乎？此一篇又可疑也。兼與《靈樞》不同，以此經比之《素問》八十九刺，何者為的？以此觀之，若是差別，勞而無益，學者安所適從哉？莫若以《金匱》考之，仲景所不言者皆所不取，則正知真見定矣。盧若論血枯舉《太素》云：此得之年少時大脫血而成。又舉子死腹中，穢物不消。又舉犯月水入房，精與積血相射，入於任脈，留於胞中，古人謂之精積。元豐中，雄州陳邦濟收一方，治積精及惡血淹留，胞冷絕娠，驗者甚多，其意與《內經》相近。烏賊魚骨本治漏下與經汁不斷，藘茹去淹留惡血，古人用此，皆《本草》法。予觀方註條云古人用此皆《本草》法一句，何其知本哉。以是知軒岐之學，實出於神農也。又知伊尹《湯液》不出於軒岐，亦出於神農也。皆之一字，至甚深廣也，豈獨烏賊斷汁之一法哉。故知張伯祖之學，皆出於《湯液》，仲景師而廣之，迄今《湯液》不絕矣。晉唐宋以來，號明醫者皆出於此。至今大定間，潔古老人張元素及子雲岐子張璧、東垣李杲明之三老者出，想千百載之下無復有之也。何以知其然？蓋當時學者雖多，莫若三老之實絕也。時戊申仲夏晦日王好古書於家之草堂。

元・左斗元《風科集驗名方》叙　先正有言：達則願為良相，不達願為良醫。醫固非良相比也，然任大責重，其有關於人之休戚則一也。醫豈易言哉？醫之良，非醫之良也，方〔之〕良也。元貞丙申夏，官醫提舉劉公君卿訪予沙羨寓舍，出示虛白趙處士所著《風科》一編，曰：此濟世奇書也，然傳愈久，訛愈多，蓋不特以一亥為三豕而已。知君平日愛人以德，有志活人，敢以校讎為請。予不敏，載念自幼多疾，視人之疾，猶己之疾。今既不得如王珪、陸宣公，達以行其志，獨不能推二公當時輯《秘要》、裒《集驗方》之心以淑諸人乎？遂不復辭讓，迺研精披究。於是取《素問》《靈樞》《難經》《中藏》《巢源》《千金》《外臺》《聖惠》《醫說》等書，及《南北經驗名方》，并《說文》字書，逐一參訂。譌者正之，脫者補之，複者削之，舛者竄之，略者增之，疑者缺之，又取經子史集、古今聖賢名醫治風藥品、治理制度、動風食忌列於前，庶成全書。門類七十有七，今增廣一百六十有五道，計二百四十二類。元方六百三十二，今續添一千三百四十七道，計一千九百七十九方，釐為二十八卷。每類則取聖賢議論病證源流，或脉法鍼法灸法，備載篇首。使覽者即瞭然於心目之間。其願為良醫者，皆有所依據。察脉以驗病，遵方而用藥，可以已疾，而免醫誤之誚，乃予之深願。亦劉公相屬之盛心。是書也，予朝斯夕斯，疲精竭神，閱歷兩期，始克就緒。不惟始終條理秩秩，較之元本，不為無補。昔呂文靖公集《中書條例》成，謂人曰：自予有此例，雖使一庸夫執之，亦可以為相。今《風科》既成，予亦曰：使常人得此，亦可作明醫云。大德戊戌端陽日後學廬陵左斗元辰叟自敍。

元・左斗元《風科本草治風藥品》卷首　古今醫經本草

伏犧氏：造八卦而重之，定五行，號天書。神農氏：造《本草經》上中下三卷，號地書。黃帝氏：衍《太素》靈文，及作《鍼經》，號人書。《吳氏本草》：吳普，魏廣陵人也。華陀弟子，撰修《神農本草》成四百四十一種。唐《經籍志》尚存六卷，今廣內不復有。惟諸子書多見引據。其說藥性寒温五味最為詳悉。《名醫別錄》：梁貞白先生陶弘景，乃以《別錄》參校《神農本經》三卷，朱墨雜書，時謂明白。而又考彼功用之注釋，列為七卷。【略】《和劑局藥性總論》：宋太醫助教許洪注。《經史證類備急本草》：唐慎微，不知為何許人。因其見聞之所逮，博采而備載之。於《本草圖經》之外，又得藥數百種，益以諸家方書，與夫經子傳記、佛書道藏，凡該明乎物品功用者，各附於本藥之左。其為書三十有一卷，目錄一卷，六十餘萬言，名曰《經史證類本草》。

元・虞集《飲膳正要・序》 臣聞古之君子善脩其身者，動息節宣以養生，飲食衣服以養體，威儀行義以養德，是故周公之制禮也。天子之起居、衣服、飲食，各有其官，皆統於冢宰，蓋慎之至也。今上皇帝，天縱聖明，文思深遠，御延閣，閱圖書，旦暮有恆，則尊養德性，以酬酢萬幾，得內聖外王之道焉。於是趙國公臣常普蘭奚，以所領膳醫臣忽思慧所撰《飲膳正要》以進。其言曰：昔世祖皇帝，食飲必稽於本草，動靜必準乎法度，是以身躋上壽，貽子孫無疆之福焉。是書也，當時尚醫之論著者云，噫！進書者可謂能執其藝事，以致其忠愛者矣。是書進上，中宮覽焉。念祖宗衛生之戒，知臣下陳義之勤，思有以助聖上之誠身，而推其仁民之至意。命中政院使臣拜住刻梓而廣傳之。茲舉也，蓋欲推一人之安，而使天下之人舉安；推一人之壽，而使天下之人皆壽。恩澤之厚，豈有加於此者哉！書之既成，大都留守臣金界奴傳敕命臣集序其端云。臣集再拜稽首而言曰：臣聞《易》之《傳》有之大哉乾元，萬物資始。至哉坤元，萬物資生。天地之大德，不過生生而已耳。今聖皇正統於上，乾道也；聖后順承於中，坤道也。乾坤道備，於斯為盛，斯民斯物之生於斯時也，何其幸歟！願颺言之，使天下後世有以知。夫高明博厚之可見如此，於戲休哉。天曆三年五月朔日謹序。奎章閣侍書學士翰林直學士中奉大夫知制誥同脩國史臣虞集譔。

元・忽思慧《飲膳正要》進表 伏覩國朝，奄有四海，遐邇罔不賓貢。珍味奇品，咸萃內府。或風土有所未宜，或燥濕不能相濟。儻司庖廚者，不能察其性味而概於進獻，則食之恐不免於致疾。欽惟世祖皇帝聖明，按《周禮・天官》有師醫、食醫、疾醫、瘍醫，分職而治，行依典故，設掌飲膳太醫四人。於本草內選無毒、無相反、可久食、補益藥味，與飲食相宜，調和五味。及每日所造珍品，御膳必須精製，所職何人，所用何物。進酒之時，必用沉香木、沙金、水晶等盞。斟酌適中，執事務合稱職。每日所用，標注於曆，以驗後效。至於湯煎，瓊玉、黃精、天門冬、蒼朮等膏，牛髓、枸杞等煎，諸珍異饌，咸得其宜。以此，世祖皇帝聖壽延永無疾。恭惟皇帝陛下自登寶位，國事繁重，萬機之暇，遵依祖宗定制，如補養調護之術，飲食百味之宜，進加日新，則聖躬萬安矣。臣思慧自延祐年間選充飲膳之職，於茲有年，久叨天祿，退思無以補報，敢不竭盡忠誠，以答洪恩之萬一。是以日有餘閑，與趙國公臣普蘭奚，將累朝親侍進用奇珍異饌、湯膏煎造及諸家本草、名醫方術，并日所必用穀肉菓菜，取其性味補益者，集成一書，名曰《飲膳正要》，分為三卷。本草有未收者，今即採摭附寫。伏望陛下恕其狂妄，察其愚忠，以燕閑之際，鑒先聖之保攝，順當時之氣候，棄虛取實，期以獲安，則聖壽躋於無疆而四海咸蒙其德澤矣。謹獻所述《飲膳正要》一集以聞。伏乞聖覽下情，不勝戰慄激切屏營之至。天曆三年三月三日飲膳太醫臣忽思慧進上。中奉大夫太醫院使臣耿允謙校正。奎章閣都主管上事資政大夫大都留守內宰隆祥總管提調織染雜造人匠都總管府事臣張金界奴校正。資德大夫中政院使儲政院使臣拜住校正。集賢大學士銀青榮祿大夫趙國公臣常普蘭奚編集。

明・朱祁鈺《飲膳正要・序》 朕惟人物皆稟天地之氣以生者也。然物又天地之所以養乎人者，苟用之失，其所以養則至於殘害者有矣。如布帛、菽粟、雞豚之類，日用所不能無，其為養甚大也。然過則失中，不及則未至，其為殘害一也。其為養甚大者尚然，而況不為養而為害之物，焉可以不致其慎哉！此特其養口體者耳。若夫君子動息威儀，起居出入，皆當有其養焉，又所以養德也。嘗觀前元《飲膳正要》一書，其所以養口體、養德之要，無所不載，蓋當時尚醫所論著。其執藝事以致忠愛，雖深於聖賢之道者不外是也。夫善莫大於取諸人，取諸人以為善，大舜所先肆。朕嘉是書而用之，以資攝養之助，且鋟諸梓，以廣惠利於人，亦庶幾乎好生之仁。雖然生稟於天，非人之所能為，若或戕之，與立巖牆之下者同，有不由於人乎！故此非但攝養之助，而抑順受其正之大助也。景泰七年四月初一日。

元・尚從善《本草元命苞》序 上古神聖，通萬物之性，生世人之命。因其土地之風氣，順其滋植之陰陽，取類而立之。若全體而施之用，是以疾有藥，藥有品，品有族。金石之粉屑滓液，草木之莖葉華實，鳥獸之毛羽齒角，蟲魚之鱗介骨皮，各以其濟世之極功，著其法象姓字於來世。其間溫熱寒涼之性，畏忌反惡之情，酸苦辛鹹之味，君臣佐使之宜，周悉詳備。皇農肇之，伊摯宗之。張機之儔，嗣而益之。華陀、吳普、陶隱居、孟詵、陳藏器、蕭炳、揚損之、杜善方之流，人人自出新意，或增或損，議論不一。於是唐孫慎微研究考覈，始集為一書，號曰《大觀經史證類備急本草》，三十二卷，一千八十二種。其書猥多，節目大備，士不能遍識，互見之文義，達者亦難強記。讀書之暇，摭其切於日用者四百六十八品，取其義理精詳，治法診博，纂而成章，目之曰《本草元命苞》。分為九卷，性味主治，一瞬指掌，先後次第，舊本頗殊。以空青為五行之先，故居玉石之首，硃砂、黃石脂、雲母、磁石次之。如《本草》以雌黃法玉，蓋雌黃感金精之氣，產山之陰者為雌，況無主脾之義，非若黃石脂養脾，而有土石之性耳，故取《聖濟經》為正。其於礬石次之，石膽、食鹽類以鹵鹹，則質同而性相近也。如天門冬次之麥門冬，柴胡類以前胡，則質異而氣相同也。陸英、蒴藋同為一說，赤箭、督郵從而附之。凡此之類，不可悉舉。方今聖朝，崇尚醫學，設立醫官，作養人材。考試出題，以《難》《素》為經疑，仲景為治法，《本草》為藥性。然則《本草》之書，非醫家者流所當孜孜汲汲者乎？後覺之士，欲求繁冗於《大觀》三十二卷一千八十二種之內，不若求簡易於《元命苞》九卷四百六十八品之中，古方畢萃於采摭之要言，捷法痛刪於效驗之成說。持此心廣朝廷好生之德，於倉卒不虞之地，或有取焉。旹至順改元之明年書於上都惠民司寓居之正己齋。

元・吳瑞《日用本草》序 瑞世家醫學，醫之於人，僅供方匕。謂之輔養，固不敢不審。為人之所以自養，莫切於飲食。或不審焉，如斛茶吐瘕，醽醁傷血，生啖孳蝌蚪，勸學誤蟛蜞。類此者，多因閱《神農經》，汲諸方書，摭凡藥物尋常可登觴俎者，水穀、禽獸、蟲魚、蔬茹、果蓏，分為六部。物之性寒溫，良毒、主治，編為書，部各一卷，著之梓墨，以奉士大夫其覽存之。淄澠之飲，期於昌才；日食萬錢，謹於下箸。則飲食而壽康，將自得其醫。惟曰天一生水，水生物。物之穀為養，肉為益，蔬為充，果為助。是編倣此也。亦聞儒者云：宣聖不飲沽酒，饐餲餒敗、色惡臭惡、失飪不時皆不食，飲食之所慎，豈但醫云乎哉。天曆己巳中秋海甯醫學吳瑞謹書。

元・阿思蘭《日用本草・序》 世之人養生也，莫先乎飲食。苟一物弗當，亦致使不壽。是故達者去浮華而從實理，却珍羞而甘淡薄，不為奢侈移志，與樂諸天然。昧者反是，斯又非養生之論。達可良相、良醫者，不外乎此也。偉哉！海寧瑞卿吳君者，世醫名家，著《日用本草》，明其養害辟忌，見其情性善惡，使人知之，從而鋟梓廣之，夫豈不為良心也哉！才因稚茗贈之，次兼於臨軒朱先生家獲觀其書，徵余言記之。夫志養生也，去其飲食有不善於人，謹其節而審其性，從而推之，此又非外乎修身治國之事也。旹至正三年歲癸未仲夏七日化庭阿思蘭海涯子素識。

明・李汛《日用本草・序》 此元天曆中，海甯醫學吳君瑞卿所編《日用本草》。是已歲久，舊板殘缺殆半。其六世孫景，素有祖風，嘗有志翻刻，未克而沒。其子世顯，繼起卒事，而屬予序。夫本草曰日用者，摘其切於飲食者耳。蓋飲食所以養人，不可一日無。然有害人者存，智者察之，眾人昧焉。故往往以千金之軀，捐於一箸之頃而不知。瑞卿憫之，於是類次食物，凡五百四十餘品，共為八卷，曰《日用本草》行於世。蓋以往者不可追，來者猶可救也。其用心亦仁矣。然非上考神農療疾本草，及歷代名賢所著，與夫道藏諸方書，惡足以知之。雖曰四方之味不止於此，而因是可推矣。抑觀魯記，宣父沽酒市脯不食，饐餲餒敗色惡失飪不時之物不食。則飲食固聖門所嘗謹也，瑞卿可謂善學。繼其考志修復先世遺文，俾二百餘年殘仁斷惠，續行於世如一日，世顯可謂善紹，皆宜書此固然也。愚復竊謂是編，事雖近而利則遠，文雖淺而意則深，不但泛泛誤於飲食者可免而已，為人臣子而欲盡忠，愛於日膳者，皆不可以不知也。故為之序。李汛。

明・陳鰲《書〈家傳日用本草〉後》 飲食所以養生，乃日用之不可缺者也。世之人但知飲食為能養生，而不知飲食亦能傷生。故往往因飲食致疾而傷生者多矣。姑舉一事之切見者言之：予近遊宦沁水，學鄰有王姓者，其子七歲，無疾遽亡，人皆驚之。後究其所以，曰曾食杏仁未製者一二枚，以致於此。於戲！一食之不謹而人之生死關焉。此吳氏本草之有益於世也大矣。瑞卿公之心，仁矣哉！瑞卿公以世醫鳴家，嘗著《日用本草》傳世，年久字訛，不便觀覽。六世傳至宗衛公，醫道大行，活人莫計，郡邑之請藥者，接迹其門。篁墩程先生嘗服其藥，屢疾屢瘳，乃書景素堂三字以顏其軒。公甚欲重刊是書，未就而卒。厥子世顯，能繼父志，命工鋟梓，亦可謂能子矣！

非繩祖武者而能如是乎？ 昔人云： 莫為於前，雖美弗彰。莫為於後，雖盛弗傳。此予所以深嘉瑞卿之能作，而世顯之能述也，於是乎書。嘉靖四年乙酉春三月吉旦山西澤州沁水學教諭致仕企菴陳鰲書。

明・吴鎮《日用本草》題識 右家傳《日用本草》六部，凡八卷，乃七世祖瑞卿公編輯。梓行於世，歷二百餘年。版蠹，字多亥豕。先君景素公嘗欲以校正重刊，未果而卒。鎮不肖，恐先善弗傳，無所逭罪，因正訛補逸，命工鋟梓，以繼先君之志，使養生修身，老□□□覽之，不能無小助云。嘉靖四年龍集乙酉夏四月之吉日七世孫鎮謹識。

《宋史・藝文志》 華佗《藥方》一卷 陳藏器《本草拾遺》十卷 孔志約《唐本草》二十卷 李昉《開寶本草》二十卷，《目》一卷 盧多遜《詳定本草》二十卷，《目錄》一卷 《補注本草》二十卷，《目錄》一卷 李含光《本草音義》五卷 蕭炳《四聲本草》四卷 《本草韻略》五卷 楊損之《删繁本草》五卷 杜善方《本草性類》一卷 陳士良《食性本草》十卷【略】 《神農食忌》一卷【略】 穆脩靖《靈芝記》五卷羅公遠注。【略】 《菖蒲傳》一卷 李翺《何首烏傳》一卷【略】 《南海藥譜》一卷【略】 《小兒藥證》一卷 《神仙玉芝圖》二卷 《經食草木法》一卷 孫思邈《芝草圖》三十卷 又《太常分藥格》一卷【略】 《侍膳圖》一卷 徐玉《藥對》二卷 宗令祺《廣藥對》三卷 《方書藥類》三卷 江承宗《删繁藥脉》三卷【略】 晏封《草石論》六卷 《藥性論》四卷【略】 《採藥論》一卷 《制藥論法》一卷【略】 《太清服食藥法》七卷【略】 王道中《石藥異名要訣》一卷【略】 《制藥總訣》一卷【略】 《藥林》一卷【略】 章秀言《草木諸藥單方》一卷【略】 孟詵《食療本草》六卷【略】 《食醫心鑒》二卷 張文懿《本草括要詩》三卷【略】 唐慎微《大觀經史證類備急本草》三十二卷【略】 王俣《編類本草單方》三十五卷【略】 《本草外類》五卷【略】 《食鑒》四卷【略】 何偁《經驗藥方》二卷【略】 （党）〔掌〕禹錫《嘉祐本草》二十卷【略】 《用藥須知》一卷【略】 婁居中《食治通説》一卷 蘇頌《校本草圖經》二十卷【略】 崔源《本草辨誤》一卷【略】 文彦博《藥準》一卷

明・顧夢圭《本草發揮・敘》 百家言醫，丙閎邃長於保身利物，故名儒碩士，咸究肆焉，論著日以繁矣。醫之道，明於六氣、百體之升降盈縮，沉浮緩急，如燭之照。斯臻神品，顧非多識於金石、草木、鳥獸之名，與其性味之寒、溫、甘、苦、良、毒，某也中某疾，某為君臣，某為佐使，則製量小不如宜，醫罔奏功。嗚呼！ 艱哉！ 後世言方藥祖《神農本草》，闡其義者，潔古張氏、東垣李氏、海藏王氏諸家。元至正間，山陰徐用誠復集丹溪朱氏、聊攝成氏之方，訂説補缺，彙粹成編，命曰《本草發揮》。吾郡贈南京太醫院判薛君良武嘗校定之，其於辛甫，視篆南院，梓之以傳，間以敘屬余。余恆嘆為人子者，視其親之遺，罔知所重，古所謂手澤存於父書，口澤存於杯棬，意何如也！ 辛甫每之及乃父抱藝弗售，歿於京師，輒欷歔痛念，竟以醫顯褒贈其親。是編以父所嘗校定，拳拳梓行，其孝可知。且為吏者，往往怠于其官，私其新圖。辛甫在醫院廉勤視事，親畫整整，俸餘新公廨若干楹，校刻《外科心法》《外科發揮》《癰疽灸經》《癰疽驗方》《十四經絡發揮》，暨是編凡若干卷，可謂能其官矣。嗚呼！ 儒者之道，曰孝與忠，辛甫志行如斯，其殆儒醫矣乎。余敘是編而樂道之。南京吏部驗封郎中吴郡顧夢圭敘。

明・卞同《救荒本草・序》 植物之生於天地間，莫不各有所用。苟不見諸載籍，雖老農老圃，亦不能盡識，而可亨可芼者，皆躪藉於牛羊鹿豕而已。自神農氏品嘗草木，辨其寒溫甘苦之性，作為醫藥，以濟人之夭札，後賴以延生。而本草書中所載多伐病之物，而於可茹以充腹者，則未之及也。敬惟周王殿下，體仁遵義，孳孳為善，凡可以濟人利物之事，無不留意。嘗讀孟子書，至於五穀不熟，不如荑稗。因念林林總總之民，不幸罹於旱澇，五穀不熟，則可以療飢者，恐不止荑稗而已也。苟能知悉而載諸方冊，俾不得已而求食者，不惑甘苦於荼、薺，取昌陽，棄烏喙，因得以裨五穀之缺，則豈不為救荒之一助哉？ 於是購田夫野老，得甲坼勾萌者四百餘種，植於一圃，躬自閲視，俟其滋長成熟，迺召畫工繪之為圖，仍疏其花實根榦皮葉之可食者，彙次為書一帙，名曰《救荒本草》。命臣同為之序。臣惟人情於飽食暖衣之際，多不以凍餒為虞，一旦遇患難，則莫知所措，惟付之於無可奈何，故治己治人，鮮不失所。今殿下處富貴之尊，保有邦域，於無可虞度之時，乃能念生民萬一或有之患，深得古聖賢安不忘危之旨，不亦善乎！ 神農品嘗草木以療斯民之疾，殿下區別草木欲濟斯民之飢，同一仁心之用也。雖然，今天下方樂雍熙泰和之治，禾麥產瑞，家給人足，不必論及於荒政，而殿下亦豈忍覩斯民仰食於草木哉？ 是編之作，蓋欲辨載嘉植，不沒其用，期與《圖經本草》並傳於後世，庶幾萍實有徵，而凡可以亨芼者，得不躪藉於牛羊鹿豕。苟或見用

於荒歲，其及人之功利，又非藥石所可擬也。尚慮四方所產之多，不能盡錄，補其未備，則有俟於後日云。永樂四年歲次丙戌秋八月奉議大夫周府左長史臣卞同拜手謹序。

明・李濂《救荒本草・序》　淮南子曰：神農嘗百草之滋味，一日而七十毒，由是本草興焉。陶隱居、徐之才、陳藏器、日華子、唐慎微之徒代有演述，皆為療病也。嗣後孟詵有《食療本草》，陳士良有《食性本草》，皆因飲饌以調攝人，非為救荒也。《救荒本草》二卷，乃永樂間周藩集録而刻之者。今亡其板。濂家食時，訪求善本，自汴攜來。晉臺按察使石岡蔡公見而嘉之，以告于巡撫都御史蒙齋畢公。公曰：是有裨荒政者。乃下令刊布，命濂序之。按《周禮》大司徒以荒政十二聚萬民，五曰舍禁。夫舍禁者，謂舍其虞澤之厲禁，縱民采取以濟饑也。若沿江瀕湖諸郡邑，皆有魚蝦螺蜆、菱芡茭藻之饒，飢者猶有賴焉。齊梁秦晉之墟，平原坦野，彌望千里。一遇大侵，而鵠形鳥面之殍，枕藉于道路。吁！可悲已！後漢永興二年，詔令郡國種蕪菁以助食，然五方之風氣異宜，而物產之形質異狀，名彙既繁，真贋難別，使不圖列而詳說之，鮮有不以虺床當蘼蕪，薺苨亂人參者，其弊至于殺人。此《救荒本草》之所以作也。是書有圖，有說。圖以肖其形，說以著其用。首言產生之壤，同異之名；次言寒熱之性，甘苦之味；終言淘浸烹煮、蒸曬調和之法。草木野菜，凡四百一十四種。見舊本草者一百三十八種，新增者二百七十六種云。或遇荒歲，按圖而求之，隨地皆有，無艱得者。苟如法采食，可以活命。是書也，有功於生民大矣！昔李文靖為相，每奏對常以四方水旱為言。范文正為江淮宣撫使，見民以野草煮食，即奏而獻之。畢、蔡二公刊布之盛心，其類是夫！嘉靖四年歲次乙酉春二月之吉賜進士出身奉政大夫山西等處提刑按察司僉事奉勅提督屯政大梁李濂撰。

明・蘭茂《滇南本草》序　上古神農氏嘗百草而知藥性，軒轅氏訪岐伯、伯高，少俞而知脈理，後世始有生生之術矣。夫人之五臟六腑，氣脈週流，而陰陽血脈，上按天道，下詳地理，非冥心聚精，博攷沉思，不能入其奧妙，而況粗浮之氣，疎絡之見哉？余幼酷好本草，考其性味，辨地理之情形，察脈（略）〔絡〕之往來，獨滇南則不同也。蓋滇南乃崑崙之總脈也，而又近於西天之地，故有逆水，繞之往徐。奇花異草，產於滇域而人不識。余留心數年，審辨數品仙草，合滇中蔬菜草木，種種性情，並著《醫門擥要》二卷，特救民病，以傳後世，為永遠濟世之策。後有學者，以誠求之，切不可心矢大利，而泯救病之心。若能刻存善念，利吾救人，自有神天默佑，獲福非淺。凡行醫者，合脈理參悟，其應如響。然凡奇花異草，切勿輕傳匪人。慎之！慎之！明滇南楊林和光道人止菴蘭茂撰並識。

明《滇南本草》序〔《滇南本草圖說》卷九〕　醫之為道，難言矣。其法雖備於古，而運用之妙在一心。故自軒岐而降，以至有明，其間著書立說，闡其精思奧旨，代不乏人。故其書汗牛充棟，指不勝屈，使學者童而習之，皓首而不得其津涯焉。即能盡讀其書，而但拘守陳跡，靡克變通，往往以古人最良之法，致使今人受甚烈之害者，此豈古人著作之未善歟。抑未能取古人之書，探本窮源，精思研究，以盡古人之妙耳。蓋上古之醫，醫於未病之先；中古之醫，醫於將病之際；今世之醫，醫於既病之後。醫於未病之先者，無傷其天，無戕其性，順養和平，故其人常無病。醫於病之際者，培養其天，輔翼其性，祛其邪而扶其正，故其人雖不能無病，而嘗知所避。醫於既病之後者，其天已薄，其性已戕，即有倉盧，具費經營，況枵腹者不察虛實，妄投以虎狼之劑，施以膚襍之味，大則戕生，小則無濟。凡此者，皆不能盡讀古人之書。讀其書而未克，搜其精奧，以探本窮源也。蘭子因母病，留心此技三十餘年，其學皆探本窮源，得古人精奧，其方餌專一真切，不事枝葉，投入數劑，無不立愈。所以余將已學種種草本著之於書，以救滇民之病。後之得斯書者，恒心尋訪，細察性味，變通草木，更求明師指授脉理，參之天時，方可以為醫矣。止庵先生著，守一子撰，高公抄錄。乾隆三十八年昆明後學朱景陽重抄。

明《滇南本草》跋〔《滇南本草圖說》卷一二〕　以上計一百有零，其性其味，以及寒熱溫平，酸甜苦辛，均已考釋詳明，久經應驗。若復更有經驗草本增入斯集，唯俟後之君子，活人濟世之心已爾。止庵先生著，守一子述，高公抄。旹乾隆三十八年昆明後學朱景陽重抄。

明・范洪《滇南本草圖說・題字》　人受天地之氣以生，即育百物以養其生。百物之名不晰則悞取，性不識則悞食，界在幾微之間，而人之死生壽夭係焉。神農炎帝有憂之，遂制赭鞭鞭草木而嘗之，一日而遇七十一毒。爰著《本草》三卷。余又採諸家不備之性種種，著之以為家常之用，而又以救一方之疾也。滇南高宏業抄。守一子撰。

清・管濬《滇南本草・敘》 昔神農嘗百草以辨藥性，而醫家始有所宗。此神靈首出，功高當世，利及来兹也。古今人每不相及，而其本則隱有於宇。考滇南楊林蘭先生者，自幼閉戶潛脩，讀書好道，不求聞達於當時，惟心存利濟於來世。因於滇中所產之靈藥百草，無不備極精神，區類辨性，繪為圖形，注為書集，聖經所謂格物者也。先生著作甚多，明末兵燹，殘缺無存。其或存者，傳寫多訛。如《滇南草本》，附《醫門擥要》一書，先前未經刊刻。故所存者鮮。延及於今二百餘年，猶多遺失，良可慨也。余承先代遺澤，竊幸家有殘篇。奈年遠代湮，不無廢壞。余長兄暄於癸酉年春，向里人中尋訪舊存，互於校對，親為抄補，此書乃為之全備。但私之於己，其獲益有限，不如公之於世，其為利甚溥也。余念及此，因重訂之。即捐家藏遺本一部，刊刻流傳，俾得者朝夕採覽，識見廣資，庶不貽誤於醫藥，而先生濟世之功，與神農嘗藥之功，亦後先媲美，永垂萬世於不朽云。旹光緒丁亥年仲冬月上浣鄉後學文明管濬重訂題敘并書。

清・周源清《滇南本草・序》 自來醫書所載，甚是不一，惟我鄉先達止庵夫子，手著《滇南本草》，附《醫門擥要》一書，其間辨藥性之周詳，明脈理之精術，審見症之確切，附湯方之合宜，種種悉備，有益濟世，莫可名言。醫家如置一卷，藥石之奉，誠何愧哉。原喜友人管兄所捐藏本，刋刻流傳，願公諸君子同其所好焉。是以為序。歲光緒丁亥年仲冬月上浣鄉後學問渠周源清謹識。

清・無名氏《滇南本草圖說・跋》： 以上諸草木，種種神化，留心尋訪，無有不得。明人指點，其應如響。大明嘉靖丙辰年正月，滇南守一子范洪抄錄。至大清康熙丁丑年，滇南高宏業又抄錄，細開記述。至乾隆三十八年二月朔日，朱景陽又抄，細察訪此書由來舊矣。後高大人諱宏業抄范公守一，只知滇中蘭先生自序，方知滇中有本草一部。後又有聞楊升庵刪去仙草，著《（出）〔滇〕南本草》一部。後此書述在市得見者罕也。余因老母癱瘓痿軟，睡臥於床，出外求方，不期而然，又遇張先生家有此書，余出價五十金攜回。又得李公傳授脉訣，所以老母得愈。細注此書傳後。

清・李文煥《滇南本草・敘》 古有英雄豪傑之士，抱濟人利物之懷。達而兼善天下，出其經綸，燮理陰陽，安懷老少。不達而獨善其身，本其惻怛格物之性，救民之疾，雖窮達不倫，而濟人利物之心則一也。以故神農嘗草，軒轅訪脈，岐伯工診，下此如雷公煎製、仲景《傷寒》，是皆不忍民之疾苦鮮醫，各挾濟物利人之心，以求盡其在己者也，矧以窮達異哉？然九州所產之藥，辨自黃帝，晰於漢唐，備於宋元，已屬無美不臻。即六詔所產，《本草綱目》亦載之悉備，豈待是書出而滇南之草木始著耶？然《綱目》所載者有限，滇南所產者極多，使無人以表章之。造物之精英，不且宣實未宣乎？況滇氣，崐崘正氣，其間五金並產，奇草異茯，靈藥瓌木，恒補中州所弗及。明蘭芷蕣先生功深好古，志切濟人，研心草木數十年，味其甘辛酸苦，明其溫燥涼熱，圖其柯葉形狀，附著《醫門擥要》二卷，於是滇南之一草一木，悉有功於人世，而流傳不朽矣。洎明鼎革，遺編燔於兵燹。國朝二百年來，是書益不可考。本堂主人王君汲汲利濟攖懷，不忍是書之失，蒐羅搜輯。丁亥仲冬，乃淂管文明昆季刼灰撥存家藏善本，不吝工資，重加剞劂。正其帝虎烏焉，釐正其條目篇什，越一載而書成。為丐數言，弁諸簡端。予喜其利物濟人之心摯，而善其章句字畫之辨精，且嘉其以獨善之身，擴兼善之志，故樂為之序，並識其崖略如此云。大清光緒戊子大雪後五日點蒼郁堂李文煥撰並書。

清・趙藩《滇南本草・序》〔叢本〕 曩聞之先君曰：相傳輯雲南藥品者有三家，一沐國公琮，曰《苴蘭本草》；一蘭茂，一楊慎，皆曰《滇南本草》。沐、楊惟傳鈔本，蘭有舊坊刻本，其中有劉乾添注數條。劉不詳何時何地人，恐非蘭氏手定矣。至新坊刻蘭本，則太糅襍，且書中時稱止庵先生，決為無識者竄亂止庵之書矣。惟道光中皖人孫兆蕙，以同知官滇，其人習醫工繪，得楊慎傳鈔本，蘭茂舊坊刻本，乃合校而彙編之，凡得藥四百一十種，分載蘭、楊之說，亦間附己說，自繪為圖，而刊之曰《一隅本草》，其書尚可備醫家之用云。劍川趙藩撰。

明・王綸《本草集要》序〔轉引自《醫籍考》〕 【略】弘治壬子，備員議制王事。公暇取本草及東垣、丹溪諸書，參互考訂。削其繁蕪，節其要略，刪成五卷，定為中部。又取《本草》卷首總論，及採《內經》、東垣諸說有關於本草者，凡一卷，附於前，以為《本草》之源，為上部。又取藥性所治，分類為十二門，凡二卷，以為臨病用藥製方之便，為下部。凡三易稿、歷四寒暑而書成，共八卷，名曰《本草集要》。蓋止取其要，以便初學及吾儒之欲旁通是術者耳。若專門之士，聰敏之資，固當盡閱全書，不可厭繁多而樂簡便也。

明・王綸《本草集要》凡例 此書以《集要》名，故止取其要者，以便觀覽，非有所可否於其間也。又，《本草》集合群書，故多重複，使觀者厭倦焉。今重複者皆去之。又，此書大約分為上、中、下三部，意見後。《本草》第一卷原有總論，發明大意。今兼採《內經》及東垣諸書論說，總附於前，以為本草之源。此為上部。《本草》部分，先玉石，取貴重耳，其他亦多不倫。今此先草部者，書以本草名，藥莫多於草也；次木部，次菜部，果部，穀部者，草木之類也。次石部者，無知之物，草木同也，次兽部、禽部、蟲魚部，終以人部焉，人為萬物之靈也。此為中部。《本草》分上、中、下三品，今此只以類相從，便於檢閱。《本草》所收群方，多有三四品藥相合者，此宜載諸方書，故今皆刪去，止收其本品之所治者。《大觀本草》所收，止於徽宗已前。今此兼收後來潔古、東垣、丹溪等所論，斯為詳備。此書有經有傳，各條下或有解釋經文，及發明餘意者，低一字為傳。單方附其後，亦傳類也。《本草》第二卷，原有指抄病源，所主藥名，今倣其意，分為十二門，曰藥性分類，以為臨病用藥製方之際，易於檢尋。此為下部。

明・梁桂茂《神農本經會通・序》 昔人有云：施藥不如施方。言有及不及也。雖然，不又有方書之所不及者乎？於是抱仁心者，為之博極群書，會通《本經》，俾世窮其物，物窮其用，用窮其變。以彙为一帙，習之者無漏，行之者无誤，人可彭岐而家可盧扁，而其用始神矣。且夫物之不齊，自古記之，則有草木人獸，飛潛昆蟲，金石水土之異類焉；則有燥濕寒溫，涼熱輪平，輕重毒忌之異性焉；則有鹹、苦、酸、辛、甘之異味焉；則有君臣佐使，止行、制引、多寡之異用焉。人之所患病多，則有寒暑、風濕、貪色、喜怒、痰火之異攻焉；則有脾胃、經絡、臟腑、肢體、頭目、肌膚、腠理、膏肓之異受焉；則有痛痒、寒熱、脹渴、嘔溺、利澁、洪細、弦緩、浮沉之異症焉；則有斂散、消補、滲潤、從勝、吐汗下之異治焉；則有春夏秋冬，東南西北，老少男女，虛實、陰陽、肥瘠之異宜焉。談何容易？自炎帝創為《本經》三卷，止藥數百種。自嗣後，梁陶隱居、唐蘇恭、李勣遞加增補，猶為未備也。及攷宋嘉祐奏勑，一則云：朝廷累頒方書，委諸郡收掌，以備軍民醫疾。一則云：係產藥去處，令識別人細認根莖苗葉花實，形色大小，并蟲魚、鳥獸、金石等堪入藥用者，逐件繪圖，一一開說著花結實，收採眥月，所用功效。其蕃夷產藥，即令詢問榷場市舶商客，亦依此供析。而又以掌禹錫、林億、張洞、蘇頌諸賢同共校正，始成《補注神農本草》。迨唐慎微，因其見聞所迨，益以諸家方書與經(子)〔史〕傳記，佛道等藏，以成《證類大觀本草》一書，流傳至今。蓋摭拾若斯之苦也。明興，設太醫院及惠軍惠民等局，其精于業者亦代不乏人，而求如元東垣、丹谿輩，指不多屈，余嘗慨之。曾見吳春巖《養生類要》一書，愛其約而賅，應而不僻，为之刊行，于眥不過如前所稱施方之說。自滕濛野公祖佐京兆，政和治洽以聞，出《本經會通》一書示余。展讀一二，見其收攬宏博，辨析微茫，取物之不齊，合之人之多病，靡不曲折詳盡，而利其用。操斯以往，何必遇七十毒而始知藥，三折肱而始知醫乎？是書为京兆公六世祖任邵陽尹所著述，聞其五七易稿，歷一紀始成，活人滋多。而邵陽公長世滋大，再傳之，後為海州二守，為南安別駕，為贈少司馬，為今京兆公，且層壘而上，靡不人人引考者，亦既累世食其報矣。昔司馬公總理留都江政，寓安集于震，剔行簡練于淘汰。其疏上江防八事，匪烏附而參朮也。此余所自目之者。聞其歐歷粵浙，所在民惠之，如獲更生。蓋以邵陽公之心施於實政。今京兆公持政事，悉遵司馬公成法，復以《本經會通》一書刊行，傳布益永。邵陽公之仁心，先後同律，煇映于簡冊，猗與休哉！余知其食報之未有涯也。余沐司馬公、京兆公兩世周澤，稱世講，兼以平生慕方書而未得其詳，樂觀是書之有成也，敬为之序。旹萬曆丁巳季春之吉中憲大夫雲南臨安知府通家治生梁桂茂頓首謹敘。

明・滕萬里《神農本經會通・跋》 世系邵陽縣公，諱弘，別號可齋，不肖孫萬里六世祖也。公幼而習儀部公過庭之訓，不獨忠孝大旨，摩頂受記，岐嶷聆署，即流覽中所稱仁愛一脈，足展天地萬物同體之念者，匪靡瑩精注目。惟是邵陽錫壤間，父老士紳及窮檐僻谷，罔弗加額祝天，曰：鄭之慈母，今之滕公。既政成，以畏壘多暇，每計人生斯世無百年不盡之身，而有千古不磨之澤。澤一邑〔猶〕澤九有，遇使然也，其惟著書立言者乎？則無若神農氏《本經》一書，自胥庭太昊，以迄于茲。在在而行，人人所需。非直六籍、三墳，偏為經生學士家所昵也。唐文皇渙集大觀，益廣世澤。至我聖祖創為惠民一局，設為官董其事，欲俾海寓悉解呻吟之苦，而卒業扁跗氏，喙喙爭鳴矣。仲景、東垣，世鮮儔匹。而朱氏丹溪多所折衷，彼其遊于七十二毒之日者，已不啻神授。故足術遂于公餘稍輯其畧。及賦歸來，止贏兩袖清風，而是書獨不離坐臥。瀟然環堵，凡五七易稿，始成文行忠信之冊，為四部，析為十卷。年垂白，猶屈首(雔)〔讎〕校，握毛錐子日不倦，凡寒暑遍一支干，廼克投筆，蓋十歲又二云。余曾祖携是書于海州為州司馬，所覈盜獄多全活。高妣壽至百歲，有司為樹百歲坊，得上壽。祖又携是書于豫章之南安為郡別駕，所轄儲糈料量率稱平，得中壽。先司馬敭歷中外，足跡半天下，無不攜是書者，幾得上壽。而付之訒厰氏，則余不肖之佐亦兆尹時也。先是，不肖少小善病，侍先淑人于鄉之日，多閱卷有所考驗，每為輾然。思以先世之澤澤斯世，且可貽之世世也。萍梗之踪，濫竽白下最久。滇郡伯鳳池梁君，為先司馬通家猶子，知不肖欲鐫是書而奇之，謂昔雷氏鑄豐城之劍，始離灼于兩地，究乃合于龍津。邵陽公以儀部公蔭子成是書，今不肖以司馬公蔭子而梓是書。毋論忠孝大節，浩蕩國恩，屈指之所不易，而緣值之偶，若或合之，若或使之，是龍津之會也。嘻！奇亦甚矣！以壽民、以壽世可矣。不肖復為訂訛正韻并句讀，付之訒厰氏，各用楷勒，仍于公署竣事，重成先志云。皇明萬曆丙辰孟冬之吉六世孫萬里百拜首謹跋。

明・滕弘《神農本經會通》凡例

一、據《本經》考覈：岐黃氏之有《本經》也，如緇衣氏之《金剛經》，羽衣氏之《道德經》，學士大夫之于四子六經，皆童而習之，白首而不厭者。橘井、杏泉，著若汗牛。總之根極《本經》者為是。始于炎帝，衍于《唐本》。美哉！洋洋乎大觀也與哉！或謂五經六氣，十二脉絡，《經》似未詳。不(曙)〔睹〕《經》所云乎榮衛、骨節、肌膚、腸腑，及陰陽太少，諸關竅、腠理，藥能及之，則《本經》匪弗槩及之矣。故是刻務以《本經》為據。

一、原會通名義：不握其會，不足窮《本經》之旨。不要于通，不足究《本經》之用。故博極窮書，所由會也。而通之于用，則有諸書所載，各醫家品尚未見，見尚未試者，其名炫襍不一，其治議論不齊，則非通之處處，非通之世世者，此會通之說，較之《大觀》不于其多，于其驗也。又不避于諸書之迭證，于其確也。

一、參古今見聞：《素問》一書，醫家多所不睹。是集原病，多有採摭之者，而丹溪所著為尤要。至于近所見聞，又有出于本草諸論之外，如桑寄生，世共用之，聞之東粵陳憲副云：海邊桑樹，人往採桑寄生，乃有採之不真，遂以他樹寄生為桑寄生，服之殺人。如此見聞，中非一類，並附載于集，最有益于用藥者，不可不知。

一、考品味氣功：天食人以五氣，地食人以五味。氣入鼻，藏于心肺。味入口，藏于腸胃。味生五氣，氣和而津液生，神乃生焉。《本草》分上、中、下，君、臣、使，語其品也。辛、甘、淡、酸、苦、鹹，語其味也。寒、熱、溫、涼，語其氣也。總而名之曰藥性。升、降、浮、沉、陰、陽，及陰中之陰，陽中之陽，與夫主治兼治，和藥以治，語其功也。《經》曰：陽為氣，陰為味。味厚為陰，薄為陰之陽。氣厚為陽，薄為陽之陰。味厚則泄，薄則通。氣薄則發泄，氣厚則發熱。藥味氣功，不越乎此。審而用之，存乎其人。故有辨五方氣味之正者，有辨五方氣味之應者。東方甲風乙木，其氣溫，其味甘，其應肝、膽。南方丙熱丁火，其氣熱，其味辛，其應心、小腸、三焦、胞絡。中央戊溼己土，戊之本氣平，兼氣溫涼寒熱，其應胃。己之本味鹹，兼味辛、甘、酸、苦，其應脾。西方庚燥辛金，其氣涼，其味酸，其應肺。北方壬寒癸水，其氣寒，其味苦，其應腎、膀胱。又有辨五方之傷與勝者，有辨五方之宜與忌者。味過于酸，肝氣以津，脾氣乃絶，惟辛勝酸。味過于鹹，大骨氣勞短肌，心氣乃仰，惟甘勝鹹。味過于甘，心氣喘滿，色黑，腎氣不行，惟酸勝甘。味過于苦，肺氣不濡，胃氣乃厚，惟鹹勝苦。味過于辛，筋脉阻弛，精神乃央，惟苦勝辛。肝色青，宜食甘，甘走肉，肉病人無多食甘。又云：令人脱心。心色赤，宜食酸，酸走筋，筋病人無多食酸。又云：令人癃。肺色白，宜食苦，苦走骨，骨病人無多食苦。又云：令人變嘔。脾色黃，宜食鹹，鹹走血，血病人無多食酸。又云：令人渴。腎色黑，宜食辛，辛走氣，氣病人無多食辛。又云：令人洞心。惟辛之味能散結，能潤燥，能橫行。淡之味能利竅，能滲泄。鹹之味能軟堅，能止之。甘之味能緩急，能上行，能發之。苦之味能燥濕，能堅軟，能直行，能發之。酸之味能收緩，能收散，能束之。明于味氣功，而後可與言藥。

一、辨誤：有紀載誤者，有製用誤者，有攷訂誤者。攷訂之誤，如《脚氣論》中證藥，令人食蕁，每見病起者，食之多死，其誤深矣。又如《藥性論》中證薑黃性熱不冷，而《本經》云寒，其誤可知。陶隱居證車前子為療精洩，而此藥最滑利，嘗見多用者小便不禁，亦似誤言。製用之誤，如紫(何)〔河〕車，俱用瓦焙，研成末，其氣從火散，味因火奪，功力大減，誤矣。法在封固蒸用，詳載《會通》，始為全力。又如厚朴，用于寒脹，則大熱藥，內結用結散之神藥也，用于虛弱，則必損元氣，何可誤用？至于紀載之誤，尤難縷述。今悉校正，令人一查了然，庶不為所誤矣。

一、決疑：　疑事無功，疑藥鮮効。如當用者，疑而不用；不當用者，疑而用之。醫以寄人之命，疑可不決乎哉？　如黄蘗，多疑其苦寒，而決其為痛疼必用之藥。如枳實，多疑用破氣，而佐以人參、乾薑、白朮，則決其為益氣之劑。又人多知補之為補，而不知瀉之為補；多知瀉之為瀉，而不知補之為瀉。似此之類，悉究羣書，并證醫案，以決諸不決之疑。

一、校訛字：　一字之訛，便非此藥，便非此病。訛而復訛，用之立致人之命者，不獨如疽如疸、如瘦如痠、如唾如睡、如正如止之類而已也。今以《大觀本草》細查之，如蘓恭誤以木蠹為蠐螬；誤以青魚枕狀如琥珀者，為堪代琥珀；又誤以水黽亦名水馬者，為海中水馬。而丹溪之《本草》，為食物之《本草》，發明之《本草》，其刻本訛字，各非一二。今悉校正，俾證無訛，藥亦無訛，其所益于世人，非淺淺也。

一、正句讀：　凡一句一字，有當連上句取用者，有當帶下句取用者，有當自為一句取用者。今悉圈明，庶便考究，及臨期取用。

一、用藥不論品：　《本草》以上、中、下分品，而《會通》不拘拘者，藥取治病，雖下下藥奏上上功，苟非對病之藥？　雖欲以菖、茯引年，安所用之。

一、用藥必論人：　藥一而用殊，若槩以主治兼治言藥，則用之不精。是集如婦人產前產後之類，如小兒慢驚急驚之類，必論其人，辨其症，以定于藥功之下。

一、方載的驗：　人不一病，病不一方，方不一藥，如《聖惠方》《千金方》等書，古昔載之，而地有南北，人有貴賤，年有老少，力有強弱，臟有熱涼，病有久近，傷有淺深，脉有虚實，若執一方以應，是庸醫之術也。特録其的驗，以俟能者。

一、採載活法：　月採日採，晒乾陰乾，取枝取實，取首取身之類，皆有成法而亦有活法。惟善守法而不泥法者得之。

明・劉文泰《本草品彙精要》卷首　《御製本草品彙精要》：　删《證類》之繁以就簡，去諸家之訛以從正。天產、地產，煎成、鍛成，一按圖而形色盡知，載考經而功效立見。永登仁壽，可垂遐邇。

明・劉文泰《本草品彙精要》卷首　進《本草品彙精要》表：　承德郎太醫院院判臣劉文泰、臣王槃，修職郎太醫院御醫臣高廷和等，謹以所修《本草品彙精要》進呈者：　臣等誠惶誠恐，稽首頓首，伏以民生有欲，式弘慮患之規；王道無偏，克廣推仁之術。蓋大聖亦克用乂，雖小道必有可觀。顧茲本草之編，實自炎黄而起。李唐之上，代有發明。趙宋以來，時加增正。傳流已越乎千載，鋟梓奚啻乎數番。奈何咨諏未遍于遐方，兼之詮釋徒拘於已見。多或過於餖飣，粗秖識其皮膚。遂俾千古不刊之書，肆有累朝未就之歎。時將有待，事豈徒然。茲蓋伏遇皇帝陛下，乃聖乃神，允文允武。虚心講學，雖山川草木，亦寧留意生人；暨鳥獸魚鱉，咸若無爲而治。有道之長邇者，既醫道之中衰，命臣等以復正。顧惟朽質，曷稱淵謀。筆札屢勤于尚方，指麾一出於宸斷。翻諸舊刻，式用新圖。躬鉛槧以冰兢，撫心膺而汗愧。定異同互考夫諸說，大較就簡以芟繁。辨真僞兼採夫群書，時或補遺而輯略。用嚴君、臣、使之別，類分上、中、下之殊。列部而繫以條，比種而詳其地。凡諸草、石、金、玉之類，毛、蟲、飛、走之形，而大綱畢舉。與夫性、味、氣、質之偏，助、合、反、忌之辨，而細目俱陳。于以成之，有名斯萃。薄言觀者，按圖可知。是雖出於古人，而實備於今日。典彝攸在，恭敬是將。聊伸犬馬之忱，敢謂無遺於一得。猥辱腹心之視，庶期有補於萬分。鄙華陀終於不傳，嗤漢帝以爲無益。竊惟醫流之用藥，譬則世主之掄才。苟去取之未精，實存亡之攸繫。但臣等媿非醫國之手，冀陛下勿忘苦口之言，居安以慮危，原診而知政。更期萬幾之暇，善推所爲，克俾一世之民，咸躋于壽。元氣同天而不息，皇圖配地之無疆。臣等無任瞻天仰聖，激切屏營之至，謹以所修《本草品彙精要》四十二卷，外目錄一卷，裝成三十六帙，隨表上進以聞。臣等誠惶誠恐，稽首頓首謹言。弘治十八年三月初三日承德郎太醫院院判臣劉文泰等謹上表。

奉命纂修《本草品彙精要》官員職名　總督：　司設監太監臣張瑜　提調：　中議大夫贊治尹通政使司右通政掌太醫院事臣施欽　中憲大夫通政使司右通政同掌太醫院事臣王玉　總裁：　承德郎太醫院院判臣劉文泰　承德郎太醫院院判臣王槃　修職郎太醫院御醫臣高廷和　副總裁：　太醫院冠帶醫士臣崔鼎儀　太醫院醫士臣盧志　太醫院醫士臣唐鋐　纂修：　太醫院冠帶醫士臣徐鎮　太醫院冠帶醫士臣夏英　太醫院醫士臣錢宙　太醫院冠帶醫士臣徐浦　太醫院冠帶醫士臣徐昊　太醫院冠帶醫士臣吳釴　太醫院冠帶醫士臣鄭通　中書科儒士臣王瓏　太醫院醫士臣劉翬　太醫院冠帶醫士臣張鐸　催纂：　承德郎太醫院院判臣張綸　承德郎太醫

院院判臣方叔和　承德郎太醫院院判臣錢鈍　謄錄：　中書科冠帶儒士臣吉慶　中書科冠帶儒士臣周時敕　中書科儒士臣姜承儒　中書科儒士臣仰仲瞻　太醫院醫士臣吳恩　太醫院醫士臣祝壽　太醫院醫士臣王棠　太醫院醫士臣方榮　太醫院醫士臣祝恩　太醫院冠帶儒士臣王宜壽　太醫院醫士臣戴仲紳　太醫院冠帶醫士臣何祥　太醫院冠帶醫士臣李潤　中書科冠帶儒士臣練元獻　驗藥形質：　奉議大夫通政使司右參議臣丘鈺　奉議大夫太醫院院使臣李宗周　修職郎太醫院御醫臣施鑑　修職郎太醫院御醫臣劉珍　太醫院惠民藥局副使臣楊恒　繪圖：　錦衣衛前所旌節司百戶臣王世昌　文思院副使臣王輔　武功中衛中前所百戶臣趙賢　畫士臣鄭宣　錦衣衛錦衣後千戶所舍人臣劉緣　畫士臣趙鐸、臣趙海、臣吳贊

明·劉文泰《本草品彙精要》序例　本草之興，神農既辨藥味而即有其目，蓋載之三墳者也。其三百六十五種，取以應度數耳。此即《神農本經》上藥一百二十種爲君，主養命以應天。無毒，多服久服亦不傷人，故有輕身益氣、不老延年之說。中藥一百二十種爲臣，主養性以應人。無毒、有毒，斟酌其宜。故有遏病補虛益損之用。下藥一百二十五種爲佐使，主治病以應地。多毒，不可久服。故有除寒熱邪氣、破積聚、愈疾之功。逮後品第之者，率由此也。其伊尹《湯液》之興，本乎神農。仲景《傷寒論》作，出諸《湯液》。至梁陶隱居始進《名醫別錄》，亦三百六十五種。唐顯慶中命蘇恭、李世勣等摭其差謬，參考得失，又增一百一十四種，謂之《唐本草》。宋開寶中詔劉翰、馬志、盧多遜、李昉、王祐、扈蒙等，又取醫家嘗用有效者一百三十三種，刊定而附益之，謂之宋本先附。蜀孟昶命韓保昇等以《唐本圖經》稍加增廣，世謂之《蜀本草》。而漢、唐、宋千載之間，三經刊著增補，猶爲未當。厥後宋之嘉祐二年，復命掌禹錫等參究諸家本草，再加校正補注而成，名曰(《政和經史證類本草》)(《嘉祐補注神農本草》)。世傳既久，經閱賢哲不爲不多。每有識者，病其繁亂，卒不可正。雖有《衍義》之興，以其訛正並存，用之難別。及王好古、李明之、朱彥修等皆作本草，俱簡而略。皇上嗣登大寶十有六年，嘗於萬機之暇，亦親覽之。特命臣等刪繁補缺，纂輯成書，以便觀覽。然而仁民愛物之心，即神農、黃帝之心也。掌太醫院事右通政臣施欽、臣王玉，院判臣劉文泰、臣王槃，御醫臣高廷和等，與同總督修輯太監臣張瑜，膺奉命以來，夙夜驚惕。敢不竭庸聞膚見，考證諸家之說？刪定補輯，以副聖意。切維臣等醫固職業，所當司預者，非聖君簡命，恐不能息偏執者之言，又何以垂乎綿遠也。前代之人，雖妍於辭章，而方技之理恐有未諳。但臣等才識淺陋，不足以當付任。蓋陰陽五行，形而上者也；飛潛動植，形而下者也。《皇極經世·觀物篇》云：五行之具，各有相兼。飛走之情，不無草木。故石有水火之分，水有木石之異。如斯之類，不可不明。品彙所生，尤當識別。鳥、獸、蟲、魚，別胎、卵、濕、化之生；草、木、果、菜，分叢、植、散、寄之長。其《神農本經》，朱書於前；《名醫別錄》，墨書於次。此蓋以舊本而參訂之者也。嘗觀舊本，陶隱居已言於前，日華子復注於次。至於《圖經》、宋按、《蜀本》注、陳藏器，一物之名，言之二三；一品之情，序之再四。《唐本》注既已辯其乖，《衍義》復以非其說。陶言既知少當，竟未刪除。宗奭已鑒前非，不能盡釋。如此立言者，尚昧其真，考用者何所取據？今則定爲二十四則，採諸家之確論，條陳於各則之下。取舊本之精微，參注於今昔之右。其《圖經》議論，經前人之講究者也，多有切當，故書於前。陶氏之言，擇備於次。日華子、《唐本》注、《蜀本》注云，次第其詳。《藥性論》、《衍義》、陳藏器，各著其要，但重疊薦贅者，亦從而刪之。是非未決者，則考而擇用。如吳普、禹錫、沈括諸人之言，《斗門》《博濟》《肘後》等方之說，不必盡言其人，俱謂之別錄。若近代用之獲效，輿論昭然者，則曰謹按。舊本不分者，如獨活、羌活，青皮、陳皮，白术、蒼术，青、廣木香之類，功效頗殊，形質亦異，皆各立其條。舊本所遺者，若草果、三賴、八角茴香、樟腦、爐甘石之流，亦繪圖增品。此醫之所常用而世之不能無者。其生長、花葉、形質、性味，先究之於用者、貨者，復訪之於土產之人，一言而必叩其端，未嘗己意增損。其名請定宸宮，制曰《本草品彙精要》，臣等稽首奉行。是書既就，非敢欲超越前代。但舊本之文，而志士鴻儒則能斟酌其是非；新本之條，雖初學庸材不待參詳而即悟。大抵方技之書，何須義理淵微；治病之由，貴乎功能易曉。臣愚膚見如斯，條陳次序於後。

明·劉文泰《本草品彙精要》凡例　《本草品彙精要》首玉石，次草，次木，次人，次獸，次禽，次蟲魚，次果，次米穀，次菜，每部悉遵《神農本經》分爲三品，共四十二卷。《神農本經》朱書於前，《名醫別錄》墨書於次，庶不紊亂。分二十四則：一曰名，紀別名也。二曰苗，敘所生也。三曰地，載出處也。四曰時，分生採也。五曰收，書蓄法也。六曰用，指其材也。七曰質，

擬其形也。八曰色，別青黃赤白黑也。九曰味，著酸辛甘苦鹹也。十曰性，分寒熱溫凉收散緩堅軟也。十一曰氣，具厚薄、陰陽、升降之能也。十二曰臭，詳腥膻香臭朽也。十三曰主，專某病也。十四曰行，走何經也。十五曰助，佐何藥也。十六曰反，反何味也。十七曰製造，明炮爁炙煿也。十八曰治，陳療疾之能也。十九曰合治，取相與之功也。二十曰禁，戒輕服也。二十一曰代，言假替也。二十二曰忌，避何物也。二十三曰解，釋何毒也。二十四曰贋，辨真偽也。亦以朱書于上，而各墨書著于其下。　玉石，按《皇極經世書》分天然、人爲之異。蓋金石之類，天然者也；鹽礬之類，人爲者也。今據《經世書》而分石、水、火、土，加金，庶幾盡之。　草、木、穀、菜、果，按《皇極經世》分草、木、飛、走之四類。其草有草之草、草之木、草之飛、草之走；而木、穀、果、菜並如是例，以定物形。　草木之生不一。今以特然而起者爲特生，散亂而生者爲散生，植立而生者爲植生，牽藤而緣者爲蔓生，寄附他木者爲寄生，依麗牆壁者爲麗生，自泥淖中出者爲泥生。各狀其形，以便採用。　禽、獸、蟲、魚，分羽、毛、鱗、甲、贏爲五類。每類又分胎、卵、濕、化之四生。　玉石、草、木、禽、獸、蟲魚、菜、果、米穀之類，舊本雖有名用而無形質者，今悉博考之，繪圖增補。　有世所經用而舊本未載者，如玉石之爐甘石、鵝管石、東流水、甘爛水，草之草果、三賴，木之樟腦、八角茴香，果之香圓、馬檳榔、平波、八檐仁、銀杏、株子、必思荅，米之豌豆、青小豆，菜之胡蘆、甘露子、蘑菰、香菜、薇菜、胡蘿蔔、天花菜，禽之天鵝、鴇、鷓鴣、水鶩，獸之塔剌不花、毫豬之類，今則考其形質、性味，各立其條，增補各部之內。有今名而異乎古稱者，用必致疑。今以通脫木爲木通，木通爲通草，假蘇爲荊芥，薯蕷爲山藥之類，悉改世所通稱之名。　有種同而用異者，如薑石之有麥飯石，獨活之與羌活，枸杞之與地骨，樗木之與椿木葉，胡麻之與巨勝，木香之有青木香，栝樓根之與栝樓實；　朮之有蒼、白，芍藥之有赤、白，豺之與狼，丹雄雞之有烏、白、雌、雄之類，皆各析其條，使用者不難於揀用。　如大鹽、戎鹽、光明鹽、綠鹽，俱係鹽類，取次於食鹽條後。又如殷孽、孔公孽、石花、石牀之類，俱附於石鍾乳條後。又如益智子、鬱金香、藿香，皆草類也，俱自木部移附草部。阿魏、牡丹、盧會，皆木也，自草部移附木部。龍眼、椰子、榧實，皆果也，自木部移附果部。棠毬自外經移附果部。凡係以類相從者，率皆移就一部之中，庶不乖紊。　舊本諸家注釋，皆依漢、唐、宋年代先後次序。今議《圖經》之說，多爲切當，是經前人所推究者也，故首書之。其餘如陶隱居、日華子、《唐本》注、《蜀本》注、陳藏器、唐慎微等說，必擇考其當者錄之。其重言疊論，皆不復瑣屑。又《衍義》之言，多能折中。雖書其末，實以正諸家之疑也。又如近代李明之、王好古、朱彥修注釋藥味之言，有切于治用者，悉附於左。　《删繁》《拾遺》等本草之論，及華陀、吳普、徐之才、掌禹錫等注釋，不須逐一詳名，但曰別錄云。　藥有近代用效而衆論僉同，舊本欠發揮者，今考著其詳，則曰謹按。　天有陰陽，風、寒、暑、濕、燥、火，三陰三陽上奉之，溫涼寒熱四氣是也。溫、熱者，天之陽也；寒、涼者，天之陰也。此乃天之陰陽也。地有陰陽，金、木、水、火、土，生長化收藏下應之，辛甘淡酸苦鹹五味是也，皆象於地。辛甘淡者，地之陽也；酸苦鹹者，地之陰也。此乃地之陰陽也。味之薄者，爲陰中之陽，味薄則通，酸、苦、鹹、平是也；味之厚者，爲陰中之陰，味厚則泄，酸、苦、鹹、寒是也；氣之厚者，爲陽中之陽，氣厚則發熱，辛、甘、溫、熱是也；氣之薄者，爲陽中之陰，氣薄則發泄，辛、甘、淡、平、凉、寒是也。輕清成象，本乎天者親上；重濁成形，本乎地者親下。是以辛甘發散爲陽，酸苦湧泄爲陰。今於各品之下，皆法東垣，詳其陰陽，以辨升降浮沉之理。　《用藥法象》有云：風升生，熱浮長，濕化成，燥降收，寒沉藏。此五者，明五行稟五氣之所生也。故曰生物者，氣也；成之者，味也。以奇生則成而耦，以耦生則成而奇。寒氣堅，故其味可用以耎。熱氣耎，故其味可用以堅。風氣散，故其味可用以收。燥氣收，故其味可用以散。土者，冲氣之所生，冲氣則無所不和，故其味可用以緩。氣堅則壯，故苦可以養氣。脈耎則和，故鹹可以養脈。骨收則強，故酸可以養骨。筋散則不攣，故辛可以養筋。肉緩則不壅，故甘可以養肉。堅之而後可以耎，收之而後可以散。欲緩則用甘，不欲則弗用。用之不可太過，太過亦生病。今於各品之下，的分生長收藏、氣味厚薄，以明五行、五氣所稟而生也。　人部舊本不圖，緣繪圖之設，蓋以取其便於識用耳。人身之物所同有者，故不復繪。　如天名精之與地松，蘩蔞之與雞腸草之類，名雖不同，其實一物者，皆併去之。仍類附於退出之次。　書方土生產，多依唐、宋地名，欲更當代郡縣，恐先後不同，難以考據。今復考其世稱，附載卷末。

明・郭春震《食物本草・序》　清江王子學優政理而又兼慎內養，寓潮之三年，適余以量稿至，王子乃出示《食物本草》，曰：是當與《本草集要》互相發明而同功者，盡梓諸。余受而讀之，見其言物產則剛柔異質，水土異等，其酸鹹苦辛、溫涼燥濕，皆評品精確而鑒戒悉備。其所以攝生而使之年者一也。《傳》曰：人莫不飲食，鮮能(之)〔知〕味。(之)〔知〕味云者，區別所宜以厚吾生也，豈專況道哉？其最著者，在《鄉黨》語中，豈旨於飲食耶？故善攝生者，莫若吾師。是故不明乎《集要》者，不知醫者也；不明乎《食物》而意必以攝生者，亦難善於乎。慎之哉，慎之哉！因與之重加校彙，檄程鄉令黃子進梓行於潮之仰韓堂。賜進士第潮州府知府郭春震書。

明·仲氏後泉書室《食物本草·後序》　自余得是書，而於飲食無復有弗擇者矣，何也？蓋飲食之於人，有利害相半而不可槩食者，有性相反惡而不可並食者，是皆不容以不知也。知而擇焉，其於日用豈曰小補之哉？然非稽類察宜，功毒具列，抑孰從而知之？恐誤食蟛蜞者不獨蔡君謨也。此《食物本草》之所由以著也。雖然，富貴猶飲食也，聖經賢傳猶本草也。以其垂世立教者而三復之，則於富貴必無有弗能擇者矣。而功用為吾人立命，視本草又萬萬也。故觀於飲食而處富貴，亦思過半矣。此漸齋公所以重梓而亟傳之意也。余不佞，敢申附諸末簡。　隆慶庚午孟冬月古旦金陵仲氏後泉書室梓行。

明·許希周《藥性粗評》敘　希周曰：藥以伐病，猶兵之伐叛也。氣失其平而病作，是為善敵、輕敵，以致潰決者，世豈無是人哉？《易》曰：无妄之疾，勿藥有喜。此康強之小疵，治平之餘梗，言乎其不足治也。《書》曰：若藥不瞑眩，厥疾弗瘳。則腹心之寇，社稷之憂，言乎其治之為難矣。是以人貴擇醫，而醫貴知藥。夫謂之知藥者，謂明其性以利病也，猶之乎君貴擇將，而將貴知兵。夫謂之知兵者，謂明其法以利敵也。是故夫子以未達而辭康子之饋，所以擇將也。許世子止以不嘗藥，而來弑父之名。所謂君不擇將，以其國與敵也。或者曰：死生命也，無俟於醫。故和緩不能挽晉侯於膏肓，猶之乎治亂天也；無俟於兵，故孔明不能輔昭烈於全漢。此則以神農之所嘗為贅事，岐伯之問答為費詞，甘分自斃，固不可也。或者又曰：醫者，意也，而存乎人。故橘井一葉，可以攻眾疾，猶之乎大舜之仁，惟以干羽而格有苗，此則梁武當敵，猶講老子闊談無益，亦不可也。故人不可以不知醫，而藥不可以不明性。秦火之前，岐和、彭緩以神醫名。秦火之後，李華、張吳以明醫名者，病賴於醫識其原也，醫資於藥洞其性也。故藥性之作，有《本草》，有《圖經》，有《拾遺》，又有《四聲》，有《開寶》之詳定，又有《嘉祐》之添註，歷漢魏唐宋，如隱居、東垣諸公，汲汲於此者，謂非有所重而然耶！我先君完齋翁，自少知醫，遠近時或賴之，及舉進士，第官大理，乃一疾誤於庸醫，至今為憾。逮希周繼儒業，業儒之暇，亦尚軒岐，後舉於鄉，嘉靖戊戌上春，官不第歸，於舟中取諸家《本草》玩之，深以浩瀚不可記憶為病。然既不得其詳，復不得其略，亦自負也。於是雜舉眾藥意味相對者，屬之以詞，各以所長，著其用焉，摛為駢麗，以便誦讀。凡一帙題曰：《藥性粗評》。夫一藥而該群用，獨取其長，績之略也。藥品溢於一千，而所收五百餘條，錄之略也。所採有時月而歲功隱，所產有州郡而道地微，推舉之略也。曰草木而不類其夭喬，曰玉石而不類其輕重，曰禽蟲而不別其水陸，有貴賤而不別其上下，檢點之略也。謂之粗評，固宜。既成，至辛丑北上，中途以不及返舟中，自謂《粗評》之作，終以一二略者為遺恨。於是復取諸家《本草》玩之，詳其所生、所產與其功用，各註其條下，而每寓以緒論，又略載其單方，庶幾為成書焉。既成，釐為四卷，而粗評之名不易，自以一得之愚，或有裨於初學也，不惜寡昧，出與四方共之。我朝以醫術名者，曰丹溪先生。彼學者由藥性以習脉候，觀會通以達病機，期周官之十全，等孫武子之百勝，不待得之三折肱也，又豈但丹溪之徒而已哉？旹皇明嘉靖辛亥歲秋七月吉知定遠縣事道州。

明·許希周《藥性粗評》書尾　此藥性之粗評，備醫家之一採。至於諸苦直達，多致下通，五辛橫行，常主發散。酸收而固澁，鹹止而軟堅。甘味為平，居中相濟。浮沉厚薄，或有君而有臣；手足陰陽，或以攻而以引，則固有先達之遺旨，後賢之妙傳。應寒暑以推移，分虛實而補瀉，加減妙經權之用，湯丸隨佐使之宜，無不可考。而知殆難悉數以述也。

《藥性粗評》跋：竊祿曲陽滕薛之暇，欲梓是書而復罷者再。夫醫，藝也。疆場方伎之所或能，民有三疾，或是之，無不足於中和，而參苓不與焉。堂堂難與為仁，方人謂之不暇時雨，達材藥有所不攻。矧愚氣質之病，擢髮不既，素癖玄理，迄不能除，方懼無以自藥也，奚暇問人之疾哉？客適至，以是白之，因啟愚曰：何傷乎？古人謂不為宰相，求為良醫。夫宰相燮理陰陽，詔天王以位天地育萬物，故中和宰相之參苓也，忠恕吾人之參苓也。吾人不能以其中和參苓乎？天下亦可以其忠恕參苓乎？人人不亦竊其燮理之一端歟。氣質之疾四，勿可攻，能近取譬，亦可免於痿痹不仁之病矣，故曰無傷。愚以其言之近似也，捐俸命梓，不閱月而其書成。春陵後學許希周再識。

明・江廷顯《藥性要略大全・序》　《藥性要略》者，七潭鄭先生所輯也。乳泉子講學於檀墅，適見其書焉，叩之曰：作者之謂聖，述者之謂明。凡筆之於古者，皆可行於今者也。《藥性要略》何為而輯也？七潭先生曰：醫道之立也久矣，醫書之傳也眾矣。粤自神農、黃帝以開其源，伊、秦諸子以濟其流，竇、王二氏以揚其波。其奧義秘法，燦然可觀。然究其旨有三焉：曰察脉，曰別藥，曰處方。察脉所以闡其幽也，別藥所以辨其性也，處方所以利其用也。是皆可以言傳者也。但方之載於書也有定名，而疾之生於人也無定症。神而明之，變而通之，存乎人焉耳。第世之業醫者，不精其義，或滯其方，或犯其禁。虛實補瀉，或失其宜；標本緩急，〔或〕乖其用。或不視表裏之逆順，或不分藥性之沉浮。差之毫釐，禍延四體，可勝言哉？是何也？蓋由究諸書而或失則繁，用群方而或失則離故也。予病其繁也，去彼取此而撮其要焉；予病其雜也，別藥辨疑而存其略焉，故名之曰《藥性要略》，不過利一身之用耳。故曰：傳之天下，垂諸後世也哉。乳泉子曰：莫為于前，雖盛弗傳；莫為於後，雖美弗彰。觀是書，則知先生之苦心也久矣。夷考其學，祖述羲黃，參酌諸子。撮其要析之，極其精而不亂；存其略合之，盡其大而無餘。繼往聖，開來學者，此也。後之玩是書而有得焉，則濟人利物之功，豈不遠且大哉。七潭先生曰：予家世忝科名，祖、父、伯、姪，皆以明經揚於世。予雖不能繼先志而為君子所不為，焉得無內愧於心乎？乳泉子曰：是何言歟！是何言歟！業經以見於時者，一世之功也。業醫以裕於後者，百世之功也。奚其愧！奚其愧！七潭先生憮然而悟，欣然有得，遂壽諸梓，以公於人。嘉靖乙巳冬一陽月上澣之吉績邑庠生江廷顯謹序。

明・鄭寧《藥性要略大全》序　昔先君子嘗以儒業訓予，每見今之登仕路者，天各一方。既缺問於晨昏，曷能全於子職？親老年荒而莫能養者有之。庸醫非徒其益，而反致害者，間亦有之。觸於目，感於心，故深歎韁鎖於名利者之莫能脫也。予正德丁卯，赴考拂意，時來未冠，先君年七十有五矣，何能俟志之達而榮養乎？蓋盡心於君者，鮮克盡心於親也。忠孝難以兩全，於是役志於醫，而干祿之心日益淡焉。因取軒、岐、伊、李所著《內經》《湯液》等書閱之，且知古今方書所常用者，不過二三百味，更迭調換而已。其間又有所說不同，一味之下，某藥性寒熱無毒，又曰微溫有小毒，又曰溫無毒。如陳皮則曰留白者補胃和中，去白者消痰泄氣，又曰益氣健胃。香附子則曰消食寬中，又曰益氣理胃。似此之類，難以枚舉。如木通指作通草，石脂指作空青，本二物而指為一物，俾後學何所據哉？余則取諸書，參互訂正，名曰《藥性要略》，非敢為明者道，但亦可資後學處方之一助云爾。嘉靖乙巳季冬望後歙北豐陽七潭鄭寧書。

明・鄭筠《藥性要略大全・序》　人稟陰陽五行之性以生，必資陰陽五行之物以養。比其疾也，亦惟藥其陰陽五行者為足以治。蓋一本之妙，相須為用，理固然也。神農嘗百草，黃帝問岐伯，醫道昉此矣。嗣是而後，論述彌煩，發揮寖廣。或聖其醫者，或儒其醫者，然要不能究陰陽之蘊，察萬物之性。藥之辛苦酸鹹甘淡良毒得其真，溫平得其妙，形反宜忌得其理，君臣佐使尅伏得其法。藥性之書所由以作，醫之名世有由然也。第以其書散漫四出而不能歸於一者，為觀者未便。余於是取諸本草，東垣《藥性》與凡他書所及，彙匯為數卷，名曰《藥性要略》。俾人一展卷間，知其藥為某性，某疾治以某藥，視之他書，尤為便覽。然知藥性者，醫之本歟。今七潭之於醫，既嘗裒諸秘傳靈方，別為一集以需用矣。至如藥性，尤切拳拳。余觀其志在於事親。事親，儒道之首也。其次則可以濟人。濟人，儒道之推也。儒而醫則真明不眩，醫而儒則致遠不泥。是固余之所取也，庸是為序之不辭。旹嘉靖乙巳季冬穀旦馬石鄭筠序。

明・鄭曉《醫經大旨》　夫醫之為道，肇於神農，著於《周禮》，以知疾養生，扶植乎世之元氣，誠非百家眾技之流而已也。後之業者，類非儒流，罔克明其大旨，執左見以幸一中，其有不昏夭扎瘥者幾希。

大郡伯唐巖劉公，懼其大旨日湮非所，以軫民命壽國脈也，旁求闔郡下邑，得賀君汝瞻者，少以母疾棄儒業醫，獨理精而奏效捷，藩臬郡邑鄉士大夫與凡民之迎療者無虛日，嘗註《明醫會要》行於世，爭傳慕之。於是屬其博討醫經，自岐黃而下，迄於東垣、丹溪諸名家，類摘成帙。如製劑則有藥性、藥鑑，視疾則有脉法、治法，釋以先賢之總論，徵以成效之藥案，凡男婦嬰兒，內外鍼灸，纖悉畢備。若衣裘挈其領，而服之有方；三軍整其部，而攻逐之有道。取而讀之，其大旨照然在目也。於是書不有以見唐巖公仁民之盛心也哉！夫公固醫國之良也，以王官出守大郡，作興人文，曲成不遺，猶之參苓採諸籠中，而儲材以濟用也。節費愛人，勞心撫字，惟恐一夫不獲其所，猶之察色望氣，處方用藥，期登元元於壽域也。躬冒矢石，禦寇捍災，猶之藥餌所不能攻者，則不恤鍼砭火熨，以搏去斯民之瘡痍也。故雖兵燹之餘，民多安堵，有若大癘時行，而遇盧扁室家，胥慶欣欣，有更生之樂焉。可以覲儒者之作用矣。先正稱良醫壽民，唐巖公之謂哉！余聞活人衆者，子孫有封。賀君既以明醫樹功遐邇，積慶有素，復闡醫旨以濟地之不相及者，俟時之相後者，其惠溥矣。惟厥元孫遂薦乙卯鄉書，天之報施善人，豈爽也耶？今唐翁之治吾郡也，深六祼之政澤，甦七邑之殘黎。聖天子嘉迺丕續榮陟臬憲大夫，行將以壽一郡者壽兩浙，暨登公輔以壽四海，則其仁民之惠，亦如是書，布濩天下，流衍無窮，底民生於壽考，延國祚於靈長，宜其台鼎相將而傳世益顯也。然則太學生郭君文立，亦將筮仕以膺壽民之寄者，矧能以儒之理明醫之旨，校正鋟梓，廣斯惠於不匱，則其後祿殆未涯云。嘉靖丙辰歲春正月望日賜進士第嘉議大夫吏部左侍郎海鹽澹泉鄭曉序。

明・賀岳《醫經大旨》凡例　岳嘗輯《明醫會要》，既板行矣，人多喜之。然後又纂《醫經大旨》，非有他惑而重出也。蒙郡主劉公訪岳，頗諳醫術，案發群書，督令採集，惟愧老鈍踈庸，焉敢有違。遂勉強遵奉，謹摘歷代諸賢要語，少加潤色以歸於一。其中金石古怪燥毒刼藥，悉削不存，懼其禍人也，非敢自以為是，條例於後。同志者乞斥正之，勿以狂瞽誚予，幸甚。

凡《本草要略》，出於東垣《珍珠囊》《丹溪秘傳》。隨身備用，計七十種，及附《古菴藥鑑》，併錄以為後學繩墨。

明・賀岳《醫經大旨》卷一《本草要略》　《本草要略》出丹溪先生隨身備用七十種。珍怪之藥，悉不敢錄。

明・陳嘉謨《本草蒙筌》序　予少業舉子，尋以體弱多病，遂留意軒岐之術。於凡三代以下諸名家有裨衛生者，罔不遍閱精繹之。迺知醫之為道，與吾儒實相表裏，而其理未始不一也。故夫醫有《素》《難》，猶吾儒之有六經也。其有本草，猶吾儒之《爾雅》諸訓詁也。不觀《爾雅》，無以達六經立言之奧旨；不讀本草，無以發《素》《難》治病之玄機。是故本草也者，方藥之根柢、醫學之指南也。嘗悲世之醫者，凡遇某病，不察虛實三因，則曰古方以某藥治効。吾智不逮古人，而敢不遵耶？殊不知病有標本久新，治有逆從緩急。醫貴通變，藥在合宜。苟執一定之方以應無窮之證，未免虛虛實實，損不足，益有餘，及致殺人者有矣，安望以活人乎？揆厥所由，皆未深知本草故爾。然本草舊多有刻，如《大觀》則意重寡要，如《集要》則詞簡不該。至於吾邑汪石山續集《會編》，喜其詳略相因，工極精密矣，惜又雜採諸家，而訖無的取之論，均未足以語完書也。予時僑居郡城，適從遊者日益進思，欲釐正是書，以引來學，而求免三者之弊。乃取諸舊本，會通而折衷之。先之氣味降升，有毒無毒。次之地產優劣，採蚤採遲。又次之諸經所行，七情所具，其製度、其藏留，與夫治療之宜，及諸名賢方書應驗者，靡不殫述。間亦旁掇舊文，竊附臆見，以擴未盡之旨。且慮其繁而不整也，為之撰輯章句，排偶聲律。重者刪，略者補，諂者取，乖者遺。內附同種堪治者，並硃書；外續異名相類者，加圈別。首尾該貫，纖悉著明。其義增前，其文減舊，俾讀者易記，無齟齬之患；考者易尋，免瑣屑之勞。初學由此，日漸造夫精微，亦庶乎行遠升高一助也。是書也，創自嘉靖己未，凡五易稿，七閱歲而始成，題其篇曰《本草蒙筌》，以授諸弟子。僉曰：先生嘉惠後學之心盛矣，豈惟以訓二三子，須以公諸人人可也！固請壽諸梓，因述顛末，以識歲月云。嘉靖乙丑春二月吉日新安八十翁月朋陳嘉謨廷采序。

明・許國《本草蒙筌・序》　《本草蒙筌》十二卷，祁月朋陳君所纂，輯諸家舊本，以便初學者也。世傳農皇《本草》，其書僅僅一卷耳。陶弘景而後，更《唐本》《蜀本》。至於慎微，品類圖釋，十倍其初，不啻詳矣。習之者蓋窮年不能竟也，乃遂併所傳農皇之舊，閣而不講。近世雖有《集要》《會篇》等書，芟繁就約，迄鮮折衷。或者又病其不該。夫洪鈞播氣，散為萬類。茁秀蠉飛，根著蠕動，與含靈之衆，共稟五氣。其為五性，蓄為五味，章為五色，產于五方，協於五臟。和液調劑，於是乎取之；補偏救溢，於是乎用之。蓋枯荄朽骨，遺英委蛻，皆天地之氣也。至於眂色咀味，辯性察宜，分陰陽，別升降，等寒溫，標淑慝，纖悉畢具。徵往俟來，效而不爽。自非神聖，疇能如斯？故農皇《本草》，軒帝《素問》，越人《難經》，千古竝傳，與日月俱遠，非苟而已也。其在儒術，則仲尼六藝，周公《爾雅》。夫《素》《難》諸經者，六藝也；本草者，《爾雅》也。不明六藝旨歸，不可以為儒；不通《爾雅》訓詁，不可以明經。自漢以來，註疏日繁。《爾雅》不復列于學宮，六藝之道鬱而不暢。儒者苟誦帖括，以僥倖於世。彼弘景、慎微之倫，其為註疏，繁矣！意固將以羽翼農皇而其末也，乃併農皇之書，共為廢閣。是驅天下之醫，離其本業，而遂以禁方為帖括也。夫蟛蜞幾誤，鉤吻多訛，自古歎之矣。陳君故業儒，通《爾雅》，明六藝。今《蒙筌》之作，蓋本《會編》之例，廣《集要》之遺，約《大觀》之繁，以紹農皇之絕響。手是編過予而語曰：余之輯是書也，徒以覺悟童蒙，令從事於訓詁，明君臣佐使之理，而因以探《素問》之奧。譬漁者之筌云爾。若夫得魚而忘筌，則存乎其人。予既嘉君之意，又惟山東刻龐氏本，先正商文毅公嘗為之序。今君故纂輯，視山東本彌精，其用心勤矣。顧予非文毅言不足以為君重也。君名嘉謨，字廷采，天性樸茂，以質行聞。又緣飾以文雅，即懸壺市肆中。每清夜宴坐，對月朗吟，因自號曰月朋子。然則世之知月朋者，當又不獨以其醫也。旹大明嘉靖乙丑季秋吉旦賜進士翰林院庶吉士弇西野人許國撰。

明·陳嘉謨《本草蒙筌》凡例

書名蒙筌，為童蒙作也。筌者，取魚具也。漁人得魚，由於筌。是書雖述舊章，悉創新名，韻叶易誦，詞達即明，俾童蒙習熟，濟人卻病，立方隨機應變，亦必由此得爾，故謂蒙之筌云。　卷首總論，舊載甚繁，令人厭目。今惟舉其要領，各立標題，發明大意。他如《集要》《會編》增附《內經》東垣諸書，自有原本，茲不復贅。　卷數次悉宗《集要》規式，先草部者，書以本草名，而藥莫多於草也；次木部者，本草類也；次穀部、菜部、菓部者，草木之餘也；次石部、獸部、禽部、蟲魚部、人部者，塊然者，石也；蠢然者，禽、獸、蟲、魚也；人靈萬物，故終焉。　部分品彙，舊多混淆，今悉釐正。凡生植成株者木，不成株者草。五加皮、衛矛、胡椒、藿香莖並柔小不成株也，舊載木部，今改草部。根葉可啖者菜，不可啖者草，生薑可啖者，舊載草部，今改菜部。紫蘇、荊芥、薄荷、香薷、蓼實、蜀葵，惟煎液潤額以治病，非如菜之可啖也，舊載菜部，今改草部。子堪煮食者為米，罌粟子味甘能補，御米嘗名舊載草部，今改穀部。實可生啖者為菓，草豆蔻味辛，不和菓類安用，舊載菓部，今改草部。龍眼、郁李、榧並屬菓類，編木部似差，改菓部也。龍骨本係鱗蟲，編獸部欠當，改魚部也。伏翼雖能飛鳴，晝匿夜出，削禽部而録蟲部。陵鯉甲雖鱗似鯉，穴土穿山，削魚部而録獸部。餘無議者遵舊。　草、木、根、莖、花、實、枝、葉、禽、獸、臟、腑、筋、骨、皮、毛凡可治療者，並書硃字附系，如不堪者間或有載，字則墨書，餘部倣此。其或同種異名、同名異種、種異名異而治療同者，舊雖另開，今悉類附接續欵後，上別以圈。　藥品治療，匪獨宗述經文，其諸名賢註釋、古今方書但載應病獲効者，雖佐他品，亦纂入不遺，專啟童蒙以助多聞故也。　篇末謨按，或竊附一己淺見，或援引諸賢確言，皆擴未盡旨也。降一字書者，乃尊經文，此為傳爾。　諸藥目録惟標首者書名，內雖附餘，弗克盡贅。凡欲搜考，當以類求，其圈別原有名者，無分種類異同，並書小字傍系。

明·朱孫炎《本草纂要·敘》

余惟本草有解、有註、有集、有要、有圖、有通解、集解、有源流、有大全諸書，上下數千百年，註述無慮數百家。作者之謂聖，述者之謂明，其在茲乎！其在茲乎！標題闡意，精業專門，雖星布川流，若是乎歧徑。而本草命名，宗旨要歸，則千載一揆也。所以然者，何哉？大意本草者，本炎帝神農氏用赭鞭鞭草木，嘗草遇毒，而醫學興焉，遡流尋源之謂也。迨軒轅黃帝之臨天下也，慮人之生，負陰抱陽，食味被色，而寒暑盪于外，喜怒侵于中，夭札昏瘥，有不免焉者。乃與岐伯窮天紀，極地理，遠取諸物，近取諸身，更相問難，而《內經》作焉。是僦貸季通其玄，岐伯契其妙，雷斆暢其情，俞附識其旨，所以總會而提其綱者，則神農帝也，軒轅帝也。蓋惟二帝知性情之源，探五行之本，察色脉之真，通神明之奧，是以先後疏附，得意傳心誦而能解焉，解而能明焉，明而能彰焉，彰而能用焉。此《炮炙論》雷公所由作也。吁！微矣哉！盧扁、長桑君、淳于意，神品尚矣。若張仲景、華陀、王叔和、皇甫謐、葛稚川、孫思邈諸君子，出新意于法度之中，措奇方于理趣之外，豈易得哉！豈易得哉！吾杭龍潭子方氏，名穀，邃醫學，有聲于時久矣。暇日出《本草纂要》于余，乃手書所自得者。其源出于乃父乃祖之心傳，間以己意參之。是編之出，後學不必披閱群書。脉有浮沉，症有虛實，味有厚薄，用有偏全，善用則治，不善用則否。手鏡一覽，而《內經》之妙躍如矣。余讀之不能釋手。潔古老人有《珍珠囊》，孫思邈有《千金方》，君之《纂要》，提揭中玄，暢明藥性，性明而治神，治神而效速，裨益後學，功若泰山，豈出于二公之下哉？是不可以不傳也，壽諸梓以廣其傳，非君之意也，余鄉人意也。是爲敘。嘉靖乙丑六月既望奉訓大夫知江西寧州事九疑朱孫炎撰。

明·潘頤龍《本草纂要·序》

夫技騁雕龍，嘗見之於上古；什翻翥鳳，亦耀穎於今時。莫不醇酎墨酎，波濤津逸。孰知松風水月，竟爾空言；玉宇冰輪，曾經實據？我龍潭方翁，珩瑜孕璞，鏐鈒注型。楊柳春風，鼓太和於懷抱，梧桐秋月，揭高潔於丰姿。少志廟廊，壯趨孔孟，經綸積慮，施濟馳心。迺以塵海身飛，風雲志外。藉爾岐黃之學，約之仁壽之區。技奪聖神，藝精工巧。域中開泰，天下回春。涉獵醫藥之靈，概括羲農之玅。延之歲月，積在簡編。得手應心，遐仁汪濊。用藥注意，厚澤淵源。功溥一時，奇傳千載。遂使金石草木，註性味而畢獻餘情；鳥獸蟲魚，借涵養以全化育。鐫工告訖，侍史加詳，允協輿衷，益徵玅作爾。門人繡梓，以淑諸後，九疑朱翁，飛翰用序之先。頣龍學步後塵，軌循先轍。用彰厥美，敢贅其蕪？刻之簡餘，用以識喜云爾。隆慶壬申上元吉日賜進士舉政大夫刑部四川司郎中潘頣龍撰。

明・皇甫嵩《本草發明》敘　夫醫之為道，莫要於識藥性。藥性明，斯能處方用藥以印病，如尺度權衡以應物，而毫末不爽焉，醫道可明矣。《本草》一經，藥品性味具備，補註訓義亦詳，誠濟世之書也。第諸家輳集，各附見聞，其中治病之說，類多繁衍，每一品藥，該療諸病，多者十數症，少者三四症，漫無專治、監治之法，俾用藥者，莫知取裁。是以近世方家，務求簡便，乃舍《本經》，專讀《藥性賦》等歌括，託為東垣捷徑之法，而不加察。狃於目前常用之藥，於《本經》所載奇異藥品，率莫之究，執此以療病，未免略而弗詳，局而弗備，往多謬誤，殊戾《經》旨。至投劑無效，良由藥性不明，製用未當也。嵩承祖父業，深為此慮，於事儒之暇，究心於醫，蒐輯方書，推本《內經》，爰及諸本草，東垣《湯液》，丹溪《藥性》等書，參閱考訂，求其旨要，著為《本草發明》若干卷，分列上下部，其門如某藥專治某病，其藥監其藥，以某藥為君，某藥佐之為引用，分專治、監治之法，各有攸宜。於常用要用藥品，列在上部，更加詳著。其稀用奇品，列於下部者，亦發明之以備參用。雖未敢云窺羲黃之奧，遡湯液之源，然經義略明，而臨症用藥處方者，庶知旨要，不致汎汎無從矣。用是彙諸編，以俟明者裁之。旹萬曆戊寅夏武林皇甫嵩述。

明・王世貞《本草綱目・序》　紀稱望龍光知古劍，覘寶氣辨明珠。故萍實商羊，非天明莫洞。厥後博物稱華，辯字稱康，析寶玉稱倚頓，亦僅僅晨星耳。楚蘄陽李君東璧，一日過予弇山園謁予，留飲數日。予窺其人，晬然貌也，癯然身也，津津然談議也，真北斗以南一人。解其裝無長物，有《本草綱目》數十卷。謂予曰：時珍，荆楚鄙人也。幼多羸疾，質成鈍椎。長耽典籍，若啖蔗飴。遂漁獵羣書，搜羅百氏。凡子史經傳，聲韻農圃，醫卜星相，樂府諸家，稍有得處，輒著數言。古有《本草》一書，自炎、皇及漢、梁、唐、宋，下迨國朝，註解羣氏舊矣。第其中舛繆差譌遺漏，不可枚數，迺敢奮編摩之志，僭纂述之權。歲歷三十稔，書考八百餘家，稿凡三易。複者芟之，闕者緝之，譌者繩之。舊本一千五百一十八種，今增藥三百七十四種，分爲一十六部，著成五十二卷。雖非集成，亦粗大備，僭名曰《本草綱目》，願乞一言，以託不朽。予開卷細玩，每藥標正名爲綱，附釋名爲目，正始也。次以集解、辯疑、正誤，詳其土產形狀也。次以氣味、主治、附方，著其體用也。上自墳典，下及傳奇，凡有相關，靡不備采。如入金谷之園，種色奪目；如登龍君之宮，寶藏悉陳；如對冰壺玉鑑，毛髮可指數也。博而不繁，詳而有要，綜核究竟，直窺淵海。茲豈僅以醫書覯哉，實性理之精微，格物之通典，帝王之秘籙，臣民之重寶也。李君用心加惠何勤哉。噫！碔玉莫剖，朱紫相傾，弊也久矣。故辯專車之骨，必竢魯儒；博支機之石，必訪賣卜。予方著《弇州卮言》，恚博古如《丹鉛》《卮言》後乏人也，何幸覩茲集哉。茲集也，藏之深山石室無當，盍鍥之以共天下後世味《太玄》如子雲者。時萬曆歲庚寅春上元日，弇州山人鳳洲王世貞拜撰。

明・李建元《進本草綱目疏》　湖廣黃州府儒學增廣生員李建元謹奏，爲遵奉明例訪書進獻《本草》以備采擇事：

臣伏讀禮部儀制司勘合一欵，恭請聖明勅儒臣開書局纂修正史，移文中外，凡名家著述有關國家典章及紀君臣事跡，他如天文、樂律、醫術、方技諸書，但成一家名言，可以垂於方來者，即訪求解送，以備采入《藝文志》。如已刻行者，即刷印一部送部，或其家自欲進獻者，聽。奉此。臣故父李時珍，原任楚府奉祠，奉勅進封文林郎、四川蓬溪知縣。生平篤學，刻意纂修，曾著《本草》一部。甫及刻成，忽值數盡，撰有遺表，令臣代獻。臣切思之，父有遺命而子不遵，何以承先志？父有遺書而子不獻，何以應朝命？矧今修史之時，又值取書之會，臣不揣譾陋，不避斧鉞，謹述故父遺表。臣父時珍，幼多羸疾，長成鈍椎。躭嗜典籍，若啖蔗飴。考古證今，奮發編摩，苦志辯疑訂誤，留心纂述諸書。伏念《本草》一書，關係頗重，註解羣氏，謬誤亦多。行年三十，力肆校讎，歷歲七旬，功始成就。野人炙背食芹，尚欲獻之天子；微臣采珠聚玉，敢不上之明君。昔炎皇辯百穀，嘗百草，而分別氣味之良毒；軒轅師岐伯，遵伯高，而剖析經絡之本標。遂有《神農本草》三卷，《藝文》錄爲醫家一經。及漢末而李當之始加校修，至梁末而陶弘景益以註釋，古藥三百六十五種，以應重卦。唐高宗命司空李勣重修，長史蘇恭表請，伏定增藥一百一十四種。宋太祖命醫官劉翰詳校，宋仁宗再詔補註，增藥一百種，召醫唐慎微合爲《證類》，修補衆《本草》五百種。自是人皆指爲全書，醫則目爲奥典。夷考其間，玼瑕不少，有當析而混者，如葳蕤、女萎二物，而併入一條。有當併而析者，如南星、虎掌一物，而分爲二種。生薑、薯蕷，菜也，而列草品。檳榔、龍眼，菓也，而列木部。八穀，生民之天也，不能明辨其種類。三菘，日用之蔬也，罔克的別其名稱。黑豆、赤菽，大小同條；硝石、芒硝，水火混注。以蘭花爲蘭草，卷丹爲百合，此寇氏《衍義》之舛謬；謂黄精即鈎吻，旋花即山薑，乃陶氏《別錄》之差譌。歐漿、若膽，草菜重出，掌氏之不審；天花、栝樓，兩處圖形，蘇氏之欠明。五倍子構蟲窠也，而認爲木實；大蘋草田字草也，而指爲浮萍。似兹之類，不可枚陳，畧摘一二，以見錯誤。若不類分品列，何以印定羣疑？臣不揣猥愚，僭肆删述，重複者芟之，遺缺者補之，如磨刀水、潦水、桑柴火、艾火、鎖陽、山柰、土茯苓、番木鼈、金枯、樟腦、蝎虎、狗蠅、白蠟、水蛇、狗寶、秋蟲之類，並今方所用，而古本則無。三七、地羅、九仙子、蜘蛛香、猪腰子、勾金皮之類，皆方物土苴，而稗官不載。今增新藥凡三百七十四種，類析舊本，分爲一十六部。雖非集成，實亦粗備。有數名或散見各部，總標正名爲綱，餘各附釋爲目，正始也。次以集解辨疑正誤，詳其出産形狀也。次以氣味主治附方，著其體用也。上自墳典，下至傳奇，凡有相關，靡不收采。雖命醫書，實該物理。我太祖高皇帝首設醫院，重設醫學，沛仁心仁術於九有之中。世宗肅皇帝既刻《醫方選要》，又刻《衛生易簡》，藹仁政仁聲於率土之遠。伏願皇帝陛下，體道守成，遵祖繼志，當離明之正位，司考文之大權。留情民瘼，再修司命之書；特詔良臣，著成昭代之典。治身以治天下，書當與日月争光；壽國以壽萬民，臣不與草木同朽。臣不勝冀望屏營之至。臣建元爲此一得之愚，上干九重之覽，或准行禮部，轉發史館采擇，或行醫院重修，父子銜恩，存殁均戴。臣無任瞻天仰聖之至。

明·李時珍《本草綱目》凡例

一、《神農本草》三卷，三百六十種，分上、中、下三品。梁陶弘景增藥一倍，隨品附入唐、宋《重修》，各有增附，或併或退，品目雖存，舊額淆混，義意俱失。今通列一十六部爲綱，六十類爲目，各以類從。三品書名，俱註各藥之下，一覽可知，免尋索也。

一、舊本玉、石、水、土混同，諸蟲、鱗、介不別，或蟲入木部，或木入草部。今各列爲部，首以水、火，次之以土。水、火爲萬物之先，土爲萬物母也。次之以金、石，從土也；次之以草、穀、菜、果、木，從微至巨也；次之以服、器，從草木也；次之以蟲、鱗、介、禽、獸，終之以人，從賤至貴也。

一、藥有數名，今古不同，但標正名爲綱，餘皆附於釋名之下，正始也。仍註各《本草》名目，紀原也。

一、唐、宋增入藥品，或一物再出、三出，或二物、三物混註。今俱考正，分別歸併，但標其綱，而附列其目。如標龍爲綱，而齒、角、骨、腦、胎、涎，皆列爲目；標粱爲綱，而赤、黄粱米，皆列爲目之類。

一、諸品首以釋名，正名也。次以集解，解其出産、形狀、采取也。次以辨疑、正誤，辨其可疑，正其謬誤也。次以修制，謹炮炙也。次以氣味，明性也。次以主治，錄功也。次以發明，疏義也。次以附方，著用也。或欲去方，是有體無用矣。舊本附方二千九百三十五，今增八千一百六十一。

一、唐、宋以朱墨圈蓋分別古今，經久訛謬。今既板刻，但直書諸家《本草》名目於藥名、主治之下，便覽也。

一、諸家《本草》，重複者删去，疑誤者辨正，采其精粹，各以人名書於諸款之下，不没其實，且是非有歸也。

一、諸物有相類而無功用宜參考者，或有功用而人卒未識者，俱附錄之。無可附者，附於各部之末。蓋有隱於古而顯於今者，如莎根即香附子，陶氏不識，而今則盛行；辟虺雷昔人罕言，而今充方物之類，雖冷僻不可遺也。

一、唐、宋本所無，金元我明諸醫所用者，增入三十九種。時珍續補三百七十四種。雖曰醫家藥品，其考釋性理，實吾儒格物之學，可裨《爾雅》、《詩疏》之缺。

一、舊本序例重繁。今止取《神農》爲正，而旁采《別錄》諸家附於下，益以張、李諸家用藥之例。

一、古本百病主治藥，畧而不切。王氏《集要》、祝氏《證治》亦約而不純。今分病原列之，以便施用，雖繁不紊也。

一、《神農》舊目及《宋本》總目，附於例後，存古也。

明·李時珍《本草綱目》卷一《序例》 歷代諸家本草

《神農本草經》　掌禹錫曰：　舊説《本草經》三卷，神農所作，而不經見，《漢書・藝文志》亦無録焉。《漢・平帝紀》云：　元始五年，舉天下通知方術、本草者，所在軺傳，遣詣京師。《樓護傳》稱：　護少誦醫經、本草、方術數十萬言。本草之名蓋見於此。唐李世勣等以梁《七録》載《神農本草》三卷，推以爲始。又疑所載郡縣有後漢地名，似張機、華佗輩所爲，皆不然也。按《淮南子》云：　神農嘗百草之滋味，一日而七十毒。由是醫方興焉。蓋上世未著文字，師學相傳，謂之本草。兩漢以來，名醫益衆，張、華輩始因古學附以新説，通爲編述，本草由是見於經録也。寇宗奭曰：《漢書》雖言本草，不能斷自何代而作。《世本》《淮南子》雖言神農嘗百草以和藥，亦無本草之名。惟《帝王世紀》云：　黄帝使岐伯嘗味草木，定《本草經》，造醫方以療衆疾。乃知本草之名，自黄帝始。蓋上古聖賢，具生知之智，故能辨天下品物之性味，合世人疾病之所宜。後世賢智之士，從而和之，又增其品焉。韓保昇曰：　藥有玉石、草、木、蟲、獸，而云本草者，爲諸藥中草類最多也。

《名醫别録》　李時珍曰：《神農本草》藥分三品，計三百六十五種，以應周天之數。梁陶弘景復增漢、魏以下名醫所用藥三百六十五種，謂之《名醫别録》，凡七卷。首敘藥性之源，論病名之診，次分玉石一品，草一品，木一品，果菜一品，米食一品，有名未用三品。以朱書《神農》，墨書《别録》，進上梁武帝。弘景字通明，宋末爲諸王侍讀，歸隱句曲山，號華陽隱居，武帝每咨訪之，年八十五卒，謚貞白先生。其書頗有裨補，亦多謬誤。

《桐君采藥録》　時珍曰：　桐君，黄帝時臣也。書凡二卷，紀其花葉形色，今已不傳。後人又有《四時采藥》《太常采藥時月》等書。

《雷公藥對》　禹錫曰：　北齊徐之才撰。以衆藥名品、君臣、性毒、相反及所主疾病，分類記之。凡二卷。時珍曰：　陶氏前已有此書，《吴氏本草》所引雷公是也。蓋黄帝時雷公所著，之才增飾之爾。之才丹陽人，博識善醫，歷事北齊諸帝得寵，仕終尚書左僕射，年八十卒，贈司徒，封西陽郡王，謚文明。《北史》有傳。

《李氏藥録》　保昇曰：　魏李當之，華佗弟子。修《神農本草》三卷，而世少行。時珍曰：　其書散見吴氏、陶氏《本草》中，頗有發明。

《吴氏本草》　保昇曰：　魏吴普，廣陵人，華佗弟子。凡一卷。時珍曰：　其書分記神農、黄帝、岐伯、桐君、雷公、扁鵲、華佗、李氏所説，性味甚詳，今亦失傳。

《雷公炮炙論》　時珍曰：　劉宋時雷斅所著，非黄帝時雷公也。自稱内究守國安正公，或是官名也。胡洽居士重加定述。藥凡三百種，爲上中下三卷。其性味、炮炙、熬煮、修事之法多古奥，文亦古質，别是一家，多本於乾寧晏先生。其首序論述物理，亦甚幽玄，録載於後。乾寧先生名晏封，著《制伏草石論》六卷，蓋丹石家書也。

《唐本草》　時珍曰：　唐高宗命司空英國公李勣等修陶隱居所注《神農本草經》，增爲七卷。世謂之《英公唐本草》，頗有增益。顯慶中，右監門長史蘇恭重加訂註，表請修定。帝復命太尉趙國公長孫無忌等二十二人與恭詳定。增藥一百一十四種，分爲玉石、草、木、人、獸、禽、蟲魚、果、米穀、菜、有名未用十一部，凡二十卷，目録一卷，别爲藥圖二十五卷，圖經七卷，共五十三卷，世謂之《唐新本草》。蘇恭所釋雖明，亦多駁誤。禮部郎中孔志約序曰：【略】

《藥總訣》　禹錫曰：　梁陶隱居撰，凡二卷，論藥品五味寒熱之性、主療疾病及采蓄時月之法。一本題曰《藥象口訣》，不著撰人名。

《藥性本草》　禹錫曰：《藥性論》凡四卷，不著撰人名氏。分藥品之性味，君臣佐使主病之效。一本云陶隱居撰。然其藥性之功，有與《本草》相戾者，疑非隱居書也。時珍曰：《藥性論》即《藥性本草》，乃唐甄權所著也。權，扶溝人，仕隋爲秘省正字。唐太宗時，年百二十歲，帝幸其第，訪以藥性，因上此書，授朝散大夫，其書論主治亦詳。又著《脈經》《明堂人形圖》各一卷。詳見《唐史》。

《千金食治》　時珍曰：　唐孫思邈撰《千金備急方》三十卷，采摭《素問》、扁鵲、華佗、徐之才等所論補養諸説，及《本草》關於食用者，分米穀、果、菜、鳥獸、蟲魚爲食治附之，亦頗明悉。思邈隱於太白山，隋、唐徵拜皆不就，年百餘歲卒。所著有《千金翼方》、《枕中素書》、《攝生真録》、《福禄論》、《三教論》、《老子》、《莊子》注諸書。

《食療本草》　禹錫曰：　唐同州刺史孟詵撰。張鼎又補其不足者八十九種，并舊爲二百二十七條，凡三卷。時珍曰：　詵，梁人也。武后時舉進士，累遷鳳閣舍人，出爲台州司馬，轉同州刺史。睿宗召用，固辭。卒年九十。因《周禮》食醫之義，著此書，多有增益。又撰《必效方》十卷，《補養方》

三卷。《唐史》有傳。

《本草拾遺》　禹錫曰：唐開元中三原縣尉陳藏器撰。以《神農本經》雖有陶、蘇補集之説，然遺沉尚多，故別爲序例一卷，拾遺六卷，解紛三卷，總曰《本草拾遺》。時珍曰：藏器，四明人。其所著述，博極群書，精覈物類，訂繩謬誤，搜羅幽隱，自《本草》以來，一人而已。膚譾之士，不察其該詳，惟誚其僻怪。宋人亦多删削。豈知天地品物無窮，古今隱顯亦異，用舍有時，名稱或變，豈可以一隅之見，而遽譏多聞哉。如辟虺雷、海馬、胡豆之類，皆隱於昔而用於今；仰天皮、燈花、敗扇之類，皆萬家所用者。若非此書收載，何從稽考？此本草之書所以不厭詳悉也。

《海藥本草》　禹錫曰：《南海藥譜》二卷，不著撰人名氏，雜記南方藥物所産郡縣及療疾之功，頗無倫次。時珍曰：此即《海藥本草》也，凡六卷，唐人李珣所撰。珣蓋肅、代時人，收采海藥亦頗詳明。又鄭虔有《胡本草》七卷，皆胡中藥物。今不傳。

《四聲本草》　禹錫曰：唐蘭陵處士蕭炳撰。取《本草》藥名上一字，以平、上、去、入四聲相從，以便討閲，無所發明，凡五卷。進士王收序之。

《删繁本草》　禹錫曰：唐潤州醫博士兼節度隨軍楊損之撰。删去《本草》不急及有名未用之類，爲五卷。開元以後人也。無所發明。

《本草音義》　時珍曰：凡二卷，唐李含光撰。又甄立言、殷子嚴皆有音義。

《本草性事類》　禹錫曰：京兆醫工杜善方撰，不詳何代人，凡一卷。以《本草》藥名隨類解釋，附以諸藥制使、畏惡、相反、相宜、解毒者。

《食性本草》　禹錫曰：南唐陪戎副尉劍州醫學助教陳士良譔。取神農、陶隱居、蘇恭、孟詵、陳藏器諸家藥關於飲食者類之，附以食醫諸方，及五時調養臟腑之法。時珍曰：書凡十卷，總集舊説，無甚新義。古有淮南王《食經》一百二十卷，崔浩《食經》九卷，竺暄《食經》十卷，《膳饈養療》二十卷，昝殷《食醫心鑒》三卷，婁居中《食治通説》一卷，陳直《奉親養老書》二卷，並有食治諸方，皆祖食醫之意也。

《蜀本草》　時珍曰：蜀主孟昶命翰林學士韓保昇等與諸醫士，取《唐本草》參校增補注釋，別爲圖經，凡二十卷，昶自爲序，世謂之《蜀本草》。其圖説藥物形狀，頗詳於陶、蘇也。

《開寶本草》　時珍曰：宋太祖開寶六年，命尚藥奉御劉翰、道士馬志等九人，取唐、蜀《本草》詳校，仍取陳藏器《拾遺》諸書相參，刊正別名，增藥一百三十三種，馬志爲之註解，翰林學士盧多遜等刊正。【略】

《嘉祐補註本草》　時珍曰：宋仁宗嘉祐二年，詔光祿卿直秘閣掌禹錫、尚書祠部郎中秘閣校理林億等，同諸醫官重修本草。新補八十二種，新定一十七種，通計一千八十二條，謂之《嘉祐補註本草》，共二十卷。其書雖有校修，無大發明。其序略云：《神農本草經》三卷，藥止三百六十五種。至陶隱居又進《名醫別録》，亦三百六十五種，因而注釋，分爲七卷。唐蘇恭等又增一百一十四種，廣爲二十卷，謂之《唐本草》。國朝開寶中，兩詔醫工劉翰、道士馬志等修，增一百三十三種，爲《開寶本草》，僞蜀孟昶亦嘗命其學士韓保昇等稍有增廣，謂之《蜀本草》，嘉祐二年八月，詔臣禹錫、臣億等再加校正。臣等被命，遂更研覈。竊謂前世醫工，原診用藥，隨效輒記，遂至增多。概見諸書，浩博難究，雖屢加删定，而去取非一。或《本經》已載，而所述粗略；或俚俗常用，而太醫未聞。向非因事詳著，則遺散多矣。乃請因其疏(語)〔捂〕，更爲補註。因諸家醫書、藥譜所載物品功用，並從采掇。惟名近迂僻，類乎怪誕，則所不取。自餘經史百家，雖非方餌之急，其間或有參説藥驗較然可據者，亦兼收載，務從該洽，以副詔意，凡名本草者非一家，今以開寶重定本爲正。其分佈卷類，經註雜糅，間以朱墨，並從舊例，不復釐改。凡補註並據諸書所説，其意義與舊文相參者，則從删削，以避重複。其舊已著見而意有未完，後書復言，亦具存之，欲詳而易曉。仍每條並以朱書其端，云臣等謹按某書云某事。其別立條者，則解於其末，云見某書。凡所引書，唐、蜀二本草爲先，他書則以所著先後爲次第。凡書舊名《本草》者，今所引用，但著其所作人名曰某，惟唐、蜀本則曰《唐本》云、《蜀本》云。凡字朱墨之別，所謂《神農本經》者，以朱字；名醫因神農舊條而有增補者，以墨字間於朱字；餘所增者，皆別立條，並以墨字。凡陶隱居所進者，謂之《名醫別録》，並以其註附於末。凡顯慶所增者，亦註其末曰《唐本》先附。凡《開寶》所增者，亦註其末曰今附。凡今所增補，舊經未有，於逐條後開列云新補。凡藥舊分上、中、下三品，今之新補難於詳辨，但以類附見。如緑礬次於礬石，山薑花次於豆蔻，枎栘次於水楊之類是也。凡藥有功用，《本經》未見，而舊註已曾引註，今之所增，但涉相類，更不立條，並附本註之末，曰續註。如地衣附於垣衣，燕覆附於通草，馬藻附於海藻之類是也。凡舊註出於陶氏者，曰陶隱居云。出於顯慶者，曰《唐本註》。出於《開寶》者，曰今註。其《開寶》考據傳記者，別曰今按、今詳、又按。皆以朱字別書於其端。凡藥名《本經》已見，而功用未備，今有所益者，亦附於本註之末。凡藥有今世已嘗用，而諸書未見，無所辨證者，如胡盧巴、海帶之類，則請從太醫衆論參議，別立爲條，曰新定。舊藥九百八十三種，新補八十二種，附於註者不預焉。新定一十七種，總新舊一千八十二條，皆隨類附著之。英公、陶氏、開寶三序，皆有義例，所不可去，仍載於首卷云。

《圖經本草》　時珍曰：宋仁宗既命掌禹錫等編繹本草，累年成書；又詔天下郡縣，圖上所産藥物，用唐永徽故事，專命太常博士蘇頌撰述成此書，凡二十一卷。考證詳明，頗有發揮。但圖與説異，兩不相應。或有圖無説，或有物失圖，或説是圖非。如江州菝葜乃仙遺糧，滁州青木香乃兜鈴根，俱混列圖；棠毬子即赤爪木，天花粉即栝樓根，乃重出條之類，亦其小小疏漏耳。頌，字子容，同安人，舉進士，哲宗朝位至丞相，封魏國公。

《證類本草》　時珍曰：宋徽宗大觀二年，蜀醫唐慎微取《嘉祐補註本草》及《圖經本草》合爲一書，復拾《唐本草》、陳藏器《本草》、孟詵《食療本草》舊本所遺者五百餘種，附入各部，並增五種。仍采《雷公炮炙》及《唐本》、《食療》、陳藏器諸説收未盡者，附於各條之後。又采古今單方，並經、史、百家之書有關藥物者，亦附之。共三十一卷，名《證類本草》。上之朝廷，改名《大觀本草》。慎微貌寢陋而學該博，使諸家本草及各藥單方，垂之千古，不致淪沒者，皆其功也。政和中，復命醫官曹孝忠校正刊行，故又謂之《政和本草》。

《本草別説》　時珍曰：宋哲宗元祐中，閬中醫士陳承，合《本草》及《圖經》二書爲一，間綴數語，謂之《別説》。高宗紹興末，命醫官王繼先等校正《本草》，亦有所附，皆淺俚無高論。

《日華諸家本草》　禹錫曰：國初開寶中，四明人撰。不著姓氏，但云日華子大明。序集諸家本草近世所用藥，各以寒、溫、性、味、華、實、蟲、獸爲類，其言功用甚悉，凡二十卷。　時珍曰：按《千家姓》，大姓出東萊，日華子蓋姓大名明也。或云其姓田，未審然否。

《本草衍義》　時珍曰：宋政和中，醫官通直郎寇宗奭撰。以《補註》及《圖經》二書，參考事實，覈其情理，援引辯證，發明良多，東垣、丹溪諸公亦尊信之。但以蘭花爲蘭草，卷丹爲百合，是其誤也。書及序例凡二十卷。平陽張魏卿以其説分附各藥之下，合爲一書。

《潔古珍珠囊》　時珍曰：書凡一卷，金易州明醫張元素所著。元素，字潔古，舉進士不第，去學醫，深闡軒、岐秘奧，參悟天人幽微。言古方新病不相能，自成家法。辨藥性之氣味、陰陽、厚薄、升降、浮沉、補瀉、六氣、十二經、及隨症用藥之法，立爲主治、秘訣、心法、要旨，謂之《珍珠囊》。大揚醫理，《靈》、《素》之下，一人而已。後人翻爲韻語，以便記誦，謂之《東垣珍珠囊》，謬矣。惜乎止論百品，未及遍評。又著《病機氣宜保命集》四卷，一名《活法機要》。後人誤作河間劉完素所著，僞撰序文詞調於卷首以附會之。其他潔古諸書，多是後人依託，故駁雜不倫。

《用藥法象》　時珍曰：書凡一卷，元真定明醫李杲所著。杲，字明之，號東垣。通《春秋》、《書》、《易》，忠信有守，富而好施，援例爲濟源監稅官。受業於潔古老人，盡得其學，益加闡發，人稱神醫。祖《潔古珍珠囊》，增以用藥凡例，諸經向導，綱要活法，著爲此書。謂世人惑於内傷外感，混同施治，乃辨其脈證，元氣陰火，飲食勞倦，有餘不足，著《辨惑論》三卷、《脾胃論》三卷。推明《素問》、《難經》、《本草》、《脈訣》及雜病方論，著《醫學發明》九卷、《蘭室秘藏》五卷。辨析經絡脈法，分比傷寒六經之則，著《此事難知》二卷。別有癰疽、眼目諸書及《試效方》，皆其門人所集述者也。

《湯液本草》　時珍曰：書凡二卷，元醫學教授古趙王好古撰。好古，字進之，號海藏，東垣高弟，醫之儒者也。取《本草》及張仲景、成無己、張潔古、李東垣之書，間附己意，集而爲此。別著《湯液大法》四卷、《醫壘元戎》十卷，《陰證略例》、《癍論萃英》、《錢氏補遺》各一卷。

《日用本草》　時珍曰：書凡八卷，元海寧醫士吴瑞取《本草》之切於飲食者，分爲八門，間增數品而已。瑞，字瑞卿，元文宗時人。

《本草歌括》　時珍曰：元瑞州路醫學教授胡仕可取《本草》藥性圖形作歌，以便童蒙者。我明劉純、熊宗立、傅滋輩，皆有歌括及藥性賦，以授初學記誦。

《本草衍義補遺》　時珍曰：元末朱震亨所著。震亨，義烏人，字彦修，從許白雲講道，世稱丹溪先生。嘗從羅太無學醫，遂得劉、張、李三家之旨而推廣之，爲醫家宗主。此書蓋因寇氏《衍義》之義而推衍之，近二百種，多所發明。但蘭草之爲蘭花，胡粉之爲錫粉，未免泥於舊説，而以諸藥分配五行，失之牽強耳。所著有《格致餘論》《局方發揮》《傷寒辨疑》《外科精要新論》《風木問答》諸書。

《本草發揮》　時珍曰：　書凡三卷，洪武時丹溪弟子山陰徐彦純用誠所集。取張潔古、李東垣、王海藏、朱丹溪、成無已數家之説，合成一書爾，別無增益。

《救荒本草》　時珍曰：　洪武初，周定王因念旱澇民飢，咨訪野老田夫，得草木之根苗花實可備荒者四百四十種，圖其形狀，著其出産、苗葉、花子、性味、食法，凡四卷，亦頗詳明可據。近人翻刻，削其大半，雖其見淺，亦書之一厄也。王號誠齋，性質聰敏，集《普濟方》一百六十八卷、《袖珍方》四卷、詩、文、樂府等書。嘉靖中，高郵王磐著《野菜譜》一卷，繪形綴語，以告救荒，略而不詳。

《庚辛玉册》　時珍曰：　宣德中，寧獻王取崔昉《外丹本草》、土宿真君《造化指南》、獨孤滔《丹房鑒源》、軒轅述《寶藏論》、青霞子《丹臺録》諸書所載金石草木可備丹爐者，以成此書。分爲金石部、靈苗部、靈植部、羽毛部、鱗甲部、飲饌部、鼎器部，通計二卷，凡五百四十一品。所説出産形狀，分別陰陽，亦可考據焉。王號臞仙，該通百家，所著醫、卜、農、圃、琴、棋、仙學、詩家諸書，凡數百卷。《造化指南》三十三篇，載靈草五十三種，云是土宿昆元真君所説，抱朴子註解，蓋亦宋、元時方士假託者爾。古有《太清草木方》《太清服食經》《太清丹藥録》《黄白秘法》《三十六水法》《伏制草石論》諸書，皆此類也。

《本草集要》　時珍曰：　弘治中，禮部郎中慈溪王綸取本草常用藥品及潔古、東垣、丹溪所論序例，略節爲八卷，別無增益，斤斤泥古者也。綸，字汝言，號節齋，舉進士，仕至都御史。

《食物本草》　時珍曰：　正德時，九江知府江陵汪穎撰。東陽盧和，字廉夫，嘗取本草之繫於食品者編次此書。穎得其稿，釐爲二卷，分爲水、穀、菜、果、禽、獸、魚、味八類云。

《食鑒本草》　時珍曰：　嘉靖時，京口寧原所編。取可食之物，略載數語，無所發明。

《本草會編》　時珍曰：　嘉靖中，祁門醫士汪機所編。機，字省之。懲王氏《本草集要》不收草木形狀，乃削去本草上、中、下三品，以類相從，菜穀通爲草部，果品通爲木部，並諸家序例共二十卷。其書撮約，似乎簡便，而混同反難檢閲，冠之以蕎，識陋可知，掩去諸家，更覺零碎，臆度疑似，殊無實見，僅有數條自得可取爾。

《本草蒙筌》　時珍曰：　書凡十二卷，祁門醫士陳嘉謨撰。謨，字廷采。嘉靖末，依王氏《集要》，部次集成。每品具氣味、産采、治療、方法，創成對語，以便記誦。間附己意於後，頗有發明。便於初學，名曰《蒙筌》，誠稱其實。

《本草綱目》　明楚府奉祠敕封文林郎蓬溪知縣蘄州李時珍東璧撰。蒐羅百氏，訪采四方。始於嘉靖壬子，終於萬曆戊寅，稿凡三易。分爲五十二卷，列爲一十六部，部各分類，類凡六十。標名爲綱，列事爲目。增藥三百七十四種，方八千一百六十。

明・李時珍《本草綱目》卷一《序例》　引據古今醫家書目　時珍曰：自陶弘景以下，唐、宋諸本草引用醫書，凡八十四家，而唐慎微居多。時珍今所引，除舊本外，凡二百七十六家。《黄帝素問》王冰註　唐玄宗《開元廣濟方》《天寶單方圖》　唐德宗《貞元廣利方》《太倉公方》　宋太宗《太平聖惠方》《扁鵲方》三卷　張仲景《金匱玉函方》《華佗方》十卷　張仲景《傷寒論》成無己註　《文太醫方》　張文仲《隨身備急方》《徐文伯方》　初虞世《古今録驗方》《秦承祖方》　王燾《外臺秘要方》　華佗《中藏經》　姚和衆《延齡至寶方》《范汪東陽方》　孫真人《千金備急方》　孫真人《食忌》　孫真人《千金翼方》　孫真人《枕中記》《席延賞方》　孫真人《千金髓方》　葉天師《枕中記》《篋中秘寶方》　許孝宗《篋中方》　錢氏《篋中方》　劉禹錫《傳信方》　王(紹)顔《續傳信方》《延年秘録》　柳州《救三死方》　李絳《兵部手集方》《御藥院方》　崔行功《纂要方》《劉涓子鬼遺方》　乘閒《集效方》　陳延之《小品方》　葛洪《肘後百一方》《服氣精義方》　謝士泰《删繁方》　胡洽居士《百病方》　孫兆《口訣》　梅師《集驗方》　崔元亮《海上集驗方》　深師《脚氣論》即梅師　姚僧坦《集驗方》　孫氏《集驗方》　孟詵《必效方》　(平堯卿)〔高若訥〕《傷寒類要》《斗門方》　韋宙《獨行方》　王珉《傷寒身驗方》《勝金方》　文潞公《藥準》　周應《簡要濟衆方》《塞上方》　王袞《博濟方》　沈存中《靈苑方》《救急方》　張路《大效方》　崔知悌《勞瘵方》 《近效方》 陳抃《經驗方》 陳氏《經驗後方》 《蘇沈良方》東坡、存中 《十全博救方》 昝殷《食醫心鏡》 《必用方》 張傑《子母秘録》 楊氏《産乳集驗方》 昝殷《産寶》 譚氏《小兒方》 《小兒宮氣方》 《萬全方》 《太清草木方》 李翺《何首烏傳》 《普救方》 《神仙服食方》 嵩陽子《威靈仙傳》 《寒食散方》 賈相公《牛經》 賈誠《馬經》已上八十四家，係舊本所引。

《靈樞經》 王冰《玄珠密語》 張杲《醫説》 《黄帝書》 《褚氏遺書》 李濂《醫史》 秦越人《難經》 《聖濟總録》 劉氏《病機賦》 皇甫謐《甲乙經》 宋徽宗《聖濟經》 劉克用《藥性賦》 王叔和《脈經》 張仲景《金匱要略》 彭祖《服食經》 巢元方《病原論》 《神農食忌》 《神仙服食經》 宋俠《經心録》 魏武帝《食制》 李氏《食經》 王執中《資生經》 婁居中《食治通説》 《飲膳正要》 劉河間《原病式》 《太清靈寶方》 《玄明粉方》 劉河間《宣明方》 戴起宗《脈訣刊誤》 吳猛《服椒訣》 許洪《本草指南》 黄氏《本草權度》 陸氏《證治本草》 土宿真君《造化指南》 《醫餘録》 月池《人參傳》李言聞 胡演升《煉丹藥秘訣》 《名醫録》 月池《艾葉傳》 張子和《儒門事親》 張潔古《醫學啓源》 《菖蒲傳》 《醫鑒》龔氏 《活法機要》 楊天惠《附子傳》 《潔古家珍》 李東垣《醫學發明》 東垣《辨惑論》 東垣《脾胃論》 東垣《蘭室秘藏》 《東垣試效方》 王海藏《醫家大法》 海藏《醫壘元戎》 海藏《此事難知》 海藏《陰證發明》 羅天益《衛生寶鑒》 丹溪《格致餘論》 丹溪《局方發揮》 盧和《丹溪纂要》 《丹溪醫案》 楊珣《丹溪心法》 方廣《丹溪心法附餘》 《丹溪活套》 程充《丹溪心法》 滑伯仁《攖寧心要》 《惠民和劑局方》 陳言《三因方》 孫真人《千金月令方》 嚴用和《濟生方》 王氏《易簡方》王碩 楊子建《萬全護命方》 繼洪《澹寮方》 《(是齋)〔全生〕指迷方》王貺 楊士瀛《仁齋直指方》

余居士《選奇方》 黎居士《易簡方》 《楊氏家藏方》楊倓 《濟生拔萃方》

杜思敬 胡濙《衛生易簡方》 朱端章《衛生家寶方》 許學士《本事方》許叔微 《雞峰備急方》張鋭 孫用和《傳家秘寶方》 王隱君《養生主論》 真西山《衛生歌》 趙士(衍)〔紆〕《九(龠)〔籥〕衛生方》 王方慶《嶺南方》 《嶺南衛生方》 初虞世《養生必用方》 周定王《普濟方》一百七十卷 虞摶《醫學正傳》 李仲南《永類鈐方》 周定王《袖珍方》 傅滋《醫學集成》 薩謙齋《瑞竹堂經驗方》 王履《溯洄集》 葉氏《醫學統旨》 萬表《積善堂經驗方》

戴原禮《證治要訣》 《醫學綱目》 孫氏《仁存堂經驗方》 戴原禮《金匱鈎玄》 《醫學指南》 楊氏《頤真堂經驗方》 劉純《玉機微義》 《醫學切問》 陸氏《積德堂經驗方》 劉純《醫經小學》 王璽《醫林集要》 《德生堂經驗方》 臞仙《乾坤秘韞》 饒氏《醫林正宗》 《法生堂經驗方》 臞仙《乾坤生意》 周(良)〔文〕采《醫方選要》 劉松篁《保壽堂經驗方》 窺玄子《法天生意》 楊拱《醫方摘要》 陳日華《經驗方》 梁氏《總要》 《醫方大成》 王仲勉《經驗方》 吳球《活人心統》 方賢《奇效良方》 劉長春《經驗方》 吳球《諸證辨疑》 閻孝忠《集效方》 禹講師《經驗方》 趙氏《儒醫精要》 孫天仁《集效方》 戴古渝《經驗方》 《瀕湖醫案》 《試效録驗方》 龔氏《經驗方》 《瀕湖集簡方》 《經驗濟世方》 藺氏《經驗方》 楊起《簡便方》 孫一松《試效方》 阮氏《經驗方》 坦仙《皆效方》 董炳《集驗方》 趙氏《經驗方》 危氏《得效方》危亦林 朱(端章)〔佐〕《集驗方》 楊氏《經驗方》 《居家必用方》 《經驗良方》 唐瑶《經驗方》 鄧筆峰《衛生雜興》 《救急易方》 張氏《經驗方》 王英《杏林摘要》 《急救良方》 龔氏《經驗方》 白飛霞《韓氏醫通》 白飛霞《方外奇方》 徐氏《家傳方》 張三丰《仙傳方》 溫隱居《海上方》 鄭氏《家傳方》 王氏《奇方》 《海上仙方》 談野翁《試驗方》 丘玉峰瓊山《群書日抄》 《海上名方》 包會《應驗方》 何子元《群書續抄》 《十便良方》 《孟氏詵方》 張氏《灊江切要》 李樓《怪證奇方》 《生生編》 邵真人《青囊雜纂》 夏子益《奇疾方》 《摘玄方》 趙宜真《濟急仙方》 《纂要奇方》 《端效方》 王永輔《惠濟方》 《奚囊備急方》 史堪《指南方》 王璆《百一選方》 臞仙《壽域神方》 陳直《奉親養老書》 《世醫通變要法》 吳旻《扶壽精方》 李鵬飛《三元延壽書》 何大英《發明證治》 王氏《醫方捷徑》 《保慶集》 《保生餘録》 《神醫普救方》 楊炎《南行方》 彭用光《體仁彙編》 《傳信適用方》 (王)〔張〕氏《究源方》

王節齋《明醫雜著》 《攝生妙用方》 艾元英《如宜方》 《濟生秘覽》 《王氏手集》 《蕭靜觀方》 《錦囊秘覽》 《唐仲舉方》 《楊堯輔方》 《金匱名方》 《嚴月軒方》 《鄭師甫方》 《芝隱方》 《通妙真人方》 《三十六黄方》 葛可久《十藥神書》 蘇(道)〔游〕《玄感傳屍論》 《上清紫庭追勞方》 朱肱《南陽活人書》 韓祇和《傷寒書》 龐安時《傷寒總病論》 吳綬《傷寒蘊要》 趙嗣真《傷寒論》 成無己《傷寒明理論》 劉河間《傷寒直格》

陶華《傷寒十書》　李知先《活人書括》　陳自明《婦人良方》　郭稽中《婦人方》　熊氏《婦人良方補遺》　胡氏《濟陰方》　《婦人明理論》　《婦人千金家藏方》　《便産須知》　《二難寶鑒》　《婦人經驗方》　錢乙《小兒直訣》　劉昉《幼幼新書》　《幼科類萃》　陳文中《小兒方》　曾世榮《活幼心書》　徐用宣《袖珍小兒方》　張(煥)[涣]《小兒方》　寇(衡)[平]《全幼心鑒》　演山《活幼口議》　阮氏《小兒方》　魯伯嗣《嬰童百問》　《活幼全書》　鄭氏《小兒方》　湯衡《嬰孩寶鑒》　《衛生總微論》即《保幼大全》　鮑氏《小兒方》　湯衡《嬰孩妙訣》　姚和衆《童子秘訣》　《全嬰方》　王日新《小兒方》　《小兒宮氣集》　魏直《博愛心鑒》　高武《痘疹管見》又名《正宗》　李言聞《痘疹證治》　《痘疹要訣》　李實《痘疹淵源》　《聞人規痘疹》八十一論　張清川《痘疹便覽》　陳自明《外科精要》　薛己《外科心法》　《外科通玄論》　齊德之《外科精義》　薛己《外科發揮》　薛己《外科經驗方》　楊清叟《外科秘傳》　李迅《癰疽方論》　周(良)[文]采《外科集驗方》　《眼科龍木論》　《飛鴻集》　倪維德《原機啓微集》　《明目經驗方》　《宣明眼科》　《眼科針鈎方》　《咽喉口齒方》已上二百七十六家，時珍所引者。

明・李時珍《本草綱目》卷一《序例》　引據古今經史百家書目　時珍曰：自陶弘景、唐、宋已下所引用者，凡一百五十一家。時珍所引用者，除舊本外，凡四百四十家。

《易經注疏》王弼　《詩經注疏》孔穎達、毛萇　《爾雅注疏》李巡、邢昺、郭璞　《尚書注疏》孔安國　《春秋左傳注疏》杜預　《禮記注疏》鄭玄　《周禮注疏》　張湛注《列子》　郭象注《莊子》　楊倞注《荀子》　《淮南子鴻烈解》　《呂氏春秋》　葛洪《抱朴子》　《戰國策》　司馬遷《史記》　班固《漢書》　范曄《後漢書》　陳壽《三國志》　王隱《晉書》　沈約《宋書》　蕭顯明《梁史》　李延壽《北史》　魏徵《隋書》　歐陽修《唐書》　王瓘《軒轅本紀》　《穆天子傳》　《秦穆公傳》　《蜀王本紀》　《魯定公傳》　《漢武故事》　《漢武内傳》　《壺居士傳》　《崔魏公傳》　《李寶臣傳》　《何君謨傳》　《李孝伯傳》　《李司封傳》　《柳宗元傳》　《梁四公子記》　《唐武后别傳》　《南嶽魏夫人傳》　《三茅真君傳》　葛洪《神仙傳》　干寶《搜神記》　《紫靈元君傳》　劉向《列仙傳》　徐鉉《稽神録》　《玄中記》　《洞微志》　郭憲《洞冥記》　(樂史)[戴氏]《廣異記》　劉敬叔《異苑》　王子年《拾遺記》　《太平廣記》　吳均《續齊諧記》　段成式《酉陽雜俎》　《異術》　建平王《典術》　杜佑《通典》　《異類》　何承天《纂文》　張華《博物志》　《魏略》　東方朔《神異經》　盛弘之《荆州記》　郭璞注《山海經》　何晏《九州記》　宗懔《荆楚歲時記》　《華山記》　顧微《廣州記》　徐表《南州記》　《嵩山記》　裴淵《廣州記》　萬震《南州異物志》　《南蠻記》　楊孚《異物志》　房千里《南方異物志》　《太原地志》　劉恂《嶺表録異》　孟琯《嶺南異物志》　《永嘉記》　朱應《扶南記》　張氏《燕吳行紀》　《南(城)[越]志》　《五溪記》　王氏《番禺記》　《白澤圖》　《軒轅述寶藏論》　青霞子《丹臺録》　《斗門經》　獨孤滔《丹房鑑源》　東華真人《煮石法》　《房室圖》　《太清草木記》　《神仙芝草經》　《異魚圖》　《太清石壁記》　《靈芝瑞草經》　《狐剛子粉圖》　《魏王花木志》　《夏禹神仙經》　《四時纂要》　賈思勰音叶《齊民要術》　《三洞要録》　郭義恭《廣志》　氾勝之《種植書》　《八帝聖化經》　崔豹《古今注》　丁謂《天香傳》　《八帝玄變經》　陸(機)[璣]《詩義疏》　陸羽《茶經》　《神仙感應篇》　李畋《該聞録》　張鷟《朝野僉載》　《神仙秘旨》　楊億《談苑》　《開元天寶遺事》　《修真秘旨》　《宣政録》　鄭氏《明皇雜録》　潁陽子《修真秘訣》　《五行書》　孫光憲《北夢瑣言》　《左慈秘訣》　《廣五行記》　歐陽公《歸田録》　陶隱居《登真隱訣》　《遁甲書》　沈括《夢溪筆談》　《耳珠先生訣》　《龍魚河圖》　景焕《野人閑話》　韓終《采藥詩》　王充《論衡》　黄休復《茆亭客話》　《金光明經》　《顔氏家訓》　《范子計然》　《宋齊丘化書》　《楚辭》　李善注《文選》　《張協賦》　《本事詩》　《江淹集》　《宋王微讚》　《庾肩吾集》　《陳子昂集》　《陸龜蒙詩》　梁簡文帝《勸醫文》已上一百五十一家，舊本所引者。　許慎《説文解字》　呂忱《字林》今逸　周(弼)[伯琦]《六書正訛》　周(弼)[伯琦]《説文字原》　王安石《字説》　趙古則《六書本義》　顧野王《玉篇》　孫愐《唐韻》　魏子才《六書精藴》　《倉頡解詁》逸　丁度《集韻》　黄公(武)[紹]《古今韻會》　《洪武正韻》　陰氏《韻府群玉》　包氏《續韻府群玉》　《急就章》　張揖《廣雅》　孫炎《爾雅正義》　孔鮒《小爾雅》　曹憲《博雅》　羅願《爾雅翼》　揚雄《方言》　陸佃《埤雅》　《埤雅廣義》　劉熙《釋名》　司馬光《名苑》　陸(機)[璣]《鳥獸草木蟲魚疏》　師曠《禽經》　袁達《禽蟲述》　淮南八公《相鶴經》　黄省曾《獸經》　王元之《蜂記》　朱仲相《貝經》　《龜經》　張世南《質龜論》　鍾毓《果然賦》　《馬經》　傅肱

《蟹譜》 李石《續博物志》 韓彦直《橘(譜)〔録〕》 毛文錫《茶譜》 唐蒙《博物志》 蔡襄《荔枝譜》 蔡宗顔《茶對》 張華《感應類從志》 歐陽修《牡丹譜》 劉貢父《芍藥譜》 贊寧《物類相感志》 范成大《梅譜》 范成大《菊譜》 楊泉《物理論》 劉蒙(泉)《菊譜》 史正志《菊譜》 王佐《格古論》 陳翥《桐譜》 沈立《海棠記》 《天玄主物簿》 陳仁玉《菌譜》 王西樓《野菜譜》 穆修靖《靈芝記》 戴凱之《竹譜》 葉庭珪《香譜》 李德裕《平泉草木記》 僧贊寧《竹譜》 洪駒父《香譜》 周敘《洛陽花木記》 蘇易簡《紙譜》 蘇氏《筆譜》 《洛陽名園記》 蘇氏《硯譜》 蘇氏《墨譜》 張果《丹砂秘訣》 杜季陽《雲林石譜》 《九鼎神丹秘訣》 張果《玉洞要訣》 李德裕《黄冶論》 升玄子《伏汞圖》 桓譚《鹽鐵論》 《大明一統志》 韋述《兩京記》 《寶貨辨疑》 《太平寰宇記》 祝穆《方輿(要)〔勝〕覽》 嵇含《南方草木狀》 《逸周書》 酈道元注《水經》 沈瑩《臨海水土記》 《汲塚竹書》 陸禋《續水經》 《臨海異物志》 左氏《國語》 《三輔黄圖》 陳祈暢《異物志》 謝承《續漢書》 《三輔故事》 曹叔雅《異物志》 法盛《晉中興書》 張勃《吴録》 薛氏《荊揚異物志》 《後魏書》 環氏《吴紀》 (萬震)《涼州異物志》 《南齊書》 《東觀秘記》 劉欣期《交州記》 《唐會要》 劉義慶《世説》 范成大《桂海虞衡志》 《五代史》 《世本》 東方朔《林邑記》 《南唐書》 《類編》 東方朔《十洲記》 《宋史》 《逸史》 任豫《益州記》 《遼史》 《野史》 宋祁《劍南方物贊》 《元史》 費信《星槎勝覽》 周達觀《真臘記》 《吾學編》 顧(玠)〔岕〕《海槎録》 劉郁《出使西域記》 《大明會典》 朱輔(山)《溪蠻叢笑》 袁滋《雲南記》 《太平御覽》 陳彭年《江南别録》 《永昌志》 《册府元龜》 《江南異聞録》 《蜀地志》 《集事淵海》 李肇《國史補》 《華陽國志》 馬端臨《文獻通考》 《楚國先賢傳》 《茅山記》 《白孔六帖》 葛洪《西京雜記》 《太和山志》 《古今事類合璧》 周密《齊東野語》 《西涼記》 祝穆《事文類聚》 周密《癸辛雜志》 《荊南記》 歐陽詢《藝文類聚》 周密《浩然齋日鈔》 《永州記》 鄭樵《通志》 周密《志雅堂雜鈔》 《南裔記》 陶九成《説郛》 羅大經《鶴林玉露》 竺法真《羅浮山疏》 虞世南《北堂書鈔》 陶九成《輟耕録》 田汝成《西湖志》 賈似道《悦生隨鈔》 葉盛《水東日記》 《南郡記》 徐堅《初學記》 徐氏《總龜對類》 伏(深)〔琛〕《齊地記》 《文苑英華》 邵桂子《甕天〔脞〕語》 《郡國志》 《錦繡萬花谷》 毛直方《詩學大成》 《鄴中記》 洪邁《夷堅志》 蘇子《仇池筆記》 《廉州記》 《淮南萬畢術》 鮮于樞《鈎玄》 辛氏《三秦記》 高氏《事物紀原》 《松窗雜記》 《金門記》 伏侯《中華古今注》 杜寶《大業拾遺録》 周處《風土記》 應劭《風俗通》 蘇鶚《杜陽編》 《嵩高記》 班固《白虎通》 方勺《泊宅編》 《襄沔記》 服虔《通俗文》 方鎮《編年録》 鄧(顯)〔德〕明《南康記》 顔師古《刊謬正俗》 楊慎《丹鉛録》 《方國志》 杜臺卿《玉燭寶典》 劉績《霏雪録》 荀伯子《臨川記》 《河圖玉版》 葉夢得《水雲録》 洪(邁)〔皓〕《松漠紀聞》 《河圖括地象》 孫柔之《瑞應圖記》 《江湖紀聞》 《春秋題辭》 許善心《符瑞記》 王安貧《武陵記》 《春秋運斗樞》 《夏小正》 趙(蔡)〔葵〕《行營雜記》 《春秋元命苞》 崔寔《四時月令》 (張匡業)〔平居誨〕《行程記》 《春秋考異郵》 《月令通纂》 金幼孜《北征録》 《禮斗威儀》 王(楨)〔禎〕《農書》 張師正《倦遊録》 《孝經援神契》 王旻《山居録》 段公路《北戶録》 《周易通卦驗》 《山居四要》 胡嶠《陷虜記》 京房《易占》 《居家必用》 隋煬帝《開河記》 劉向《洪範五行傳》 《便民圖纂》 《玉策記》 《遁甲開山圖》 劉伯溫《多能鄙事》 《述征記》 南宫從《岣嶁神書》 臞仙《神隱書》 任昉《述異記》 《皇極經世書》 《務本新書》 祖沖之《述異記》 《性理大全》 俞宗本《種樹書》 薛用弱《集異記》 《五經大全》 《起居雜記》 陳翱《卓異記》 《通鑑綱目》 《洞天保生録》 《神異記》 《程氏遺書》 林洪《山家清供》 李元《獨異志》 《朱子大全》 《閨閣事宜》 《録異記》 《老子》 陳元靚《事林廣記》 戴祚《甄異傳》 《鶡冠子》 《事海文山》 《異聞記》 《管子》 《萬寶事山》 祖台之《志怪》 《墨子》 《奚囊雜纂》 陶氏《續搜神記》 《晏子春秋》 《三洞珠囊》 楊氏《洛陽伽藍記》 《董子》 陶隱居《雜録》 《太上玄科》 賈誼《新書》 《西樵野記》 《太清外術》 《韓詩外傳》 《琅琊漫鈔》 魯至剛《俊靈機要》 劉向《説苑》 (姚福)〔陸粲〕《庚己編》 《地鏡圖》 杜恕《篤論》 王明清《揮麈餘話》 《五雷經》 盧諶《祭法》 景煥《牧豎閑談》 《雷書》 王叡《炙轂子》 陳霆《兩山墨談》 《乾象占》 葉世傑《草木子》 《韋航細談》 《列星圖》 梁元帝《金樓子》 孫升《談圃》 《演禽書》 蔡邕《獨斷》 龐元英《談藪》 《吐納經》 王浚川《雅述》 愛竹《談藪》 謝道人《天(空)〔竺〕經》 章俊卿《山堂考索》 彭

乘《墨客揮犀》　魏伯陽《參同契》　洪邁《容齋隨筆》　蔡絛《鐵圍山叢話》　蕭了真《金丹大成》　《百川學海》　侯延(賞)〔慶〕《退齋閑覽》　《許真君書》　《翰墨全書》　《遯齋閑覽》　陶弘景《真誥》　《(文)〔史〕系》　顧文薦《負暄録》　朱真人《靈驗篇》　朱子《離騷辨證》　陸文量《菽園雜記》　《太上玄變經》　何孟春《餘冬録》　王(性之)〔明清〕《揮麈録》　李筌《太白〔陰〕經(注)》　黄震《慈溪日鈔》　趙與時《賓退録》　《八草靈變篇》　《類説》　葉石林《避暑録》　《鶴頂新書》　吴淑《事類賦》　劉禹錫《嘉話録》　《造化指南》　左思《三都賦》　姚寬《西溪叢話》　《修真指南》　葛洪《遐觀賦》　俞琰《席上腐談》　《周顛仙碑》　魯褒《錢神論》　胡仔《漁隱叢話》　《劉根別傳》　綦母《錢神論》　熊太古《冀越集》　《法華經》　嵇康《養生論》　王濟《日詢手(記)〔鏡〕》　《涅槃經》　王之綱《通微集》　李氏《仕學類鈔》　《圓覺經》　儲(詠)〔泳〕《祛疑説》　周必大《陰德録》　《楞嚴經》　《文字指歸》　《翰苑叢記》　《變化論》　《造化權輿》　《解頤新語》　《自然論》　潘塤《楮記室》　趙溍《養疴漫筆》　劉義慶《幽明録》　仇遠《稗史》　江鄰幾《雜志》　《百感録》　《魏武帝集》　張耒《明道雜志》　《海録碎事》　《魏文帝集》　《唐小説》　《瑣碎録》　《曹子建集》　《林氏小説》　《(治)〔洽〕聞(説)〔記〕》　《韓文公集》　晁以道《客(話)〔語〕》　《龍江録》　《柳子厚文集》　劉跂《暇日記》　《(靈)〔雲〕仙〔散〕録》　《歐陽公文集》　康譽之《昨夢録》　《白獺髓》　《三蘇文集》　(邢)《坦齋筆衡》　《異説》　《宛委(録)〔餘編〕》　《蘇黄手簡》　張世南《遊宦紀聞》　高氏《蓼花洲閑録》　《山谷刀筆》　何薳《春渚紀聞》　畢氏《幕府燕閑録》　《李太白集》　《東坡詩集》　吴澄《草廬集》　《杜子美集》　《黄山谷集》　吴萊《淵穎集》　《王維詩集》　《宋徽宗詩》　楊維禎《鐵崖集》　《岑參詩集》　《王元之集》　宋景濂《潛溪集》　《錢起詩集》　《梅堯臣詩集》　方孝孺《遜志齋集》　白樂天《長慶集》　王荆公《臨川集》　吴玉《崑山小稿》　元稹《長慶集》　《邵堯夫集》　《陳白沙集》　《劉禹錫集》　《周必大集》　《何仲默集》　《張籍詩集》　楊萬里《誠齋集》　《張東海集》　《李紳文集》　范成大《石湖集》　《楊升庵集》　《李義山集》　《陸放翁集》　《唐荆川集》　《左貴嬪集》　《陳止齋集》　《焦希程集》　《王梅溪集》　《張宛丘集》　《方虚谷集》　葛氏《韻語陽秋》　《蔡氏詩話》　《古今詩話》　《錦囊詩對》已上四百四十家，時珍所引者。

明・李時珍《本草綱目》卷一《序例》　采集諸家本草藥品總數

《神農本草經》三百四十七種除並入一十八種外，草部一百六十四種，穀部七種，菜部一十三種，果部一十一種，木部四十四種，土部二種，金石部四十一種，蟲部二十九種，介部八種，鱗部七種，禽部五種，獸部一十五種，人部一種。　陶弘景《名醫別録》三百六種除並入五十九種外，草部一百三十種，穀部一十九種，菜部一十七種，果部一十七種，木部二十三種，服器部三種，水部二種，土部三種，金石部三十二種，蟲部一十七種，介部五種，鱗部十種，禽部一十一種，獸一十二種，人部五種。　李當之《藥録》一種草部。　《吴普本草》一種草部。　雷斅《炮炙論》一種獸部。　蘇恭《唐本草》一百一十一種草部三十四種，穀部二種，菜部七種，果部一十一種，木部二十二種，服器部三種，土部三種，金石部一十四種，蟲部一種，介部二種，鱗部一種，禽部二種，獸部八種，人部一種。　甄權《藥性本草》四種草部一種，穀部一種，服器部一種，金石部一種。　孫思邈《千金食治》二種菜部。　孟詵《食療本草》一十七種草部二種，穀部三種，菜部三種，果部一十一種，鱗部六種，禽部二種。　陳藏器《本草拾遺》三百六十九種草部六十八種，穀部一十一種，菜部一十三種，果部二十種，木部三十九種，服器部三十五種，火部一種，水部二十六種，土部二十八種，金石部一十七種，蟲部二十四種，介部一十種，鱗部二十八種，禽部二十六種，獸部一十五種，人部八種。　李珣《海藥本草》一十四種草部四種，穀部一種，果部一種，木部五種，蟲部一種，介部二種。　蕭炳《四聲本草》三種草部一種，服器部一種，土部一種。　陳士良《食性本草》二種菜部一種，果部一種。　韓保昇《蜀本草》五種菜部二種，木部一種，介部一種，獸部一種。　馬志《開寶本草》一百一十一種草部三十七種，穀部二種，菜部六種，果部一十九種，木部一十五種，服器部一種，土部一種，金石部九種，蟲部二種，介部二種，鱗部一十一種，禽部一種，獸部四種，人部一種。　掌禹錫《嘉祐本草》七十八種草部一十七種，穀部三種，菜部十種，果部二種，木部六種，服器部一種，水部四種，金石部八種，鱗部一種，介部八種，禽部一十三種，獸部一種，人部四種。　蘇頌《圖經本草》七十四種草部五十四種，穀部二種，菜部四種，果部五種，木部一種，金石部三種，蟲部二種，介部一種，禽部一種，獸部一種。　大明《日華本草》二十五種草部七種，菜部二種，果部二種，木部一種，金石部八種，蟲部一種，鱗部一種，禽部一種，人部二種。　唐慎微《證類本草》八種菜部一種，木部一種，土部一種，金石部一種，蟲部二種，獸部一種，人部一種。　寇宗奭《本草衍義》一種獸部。　李杲《用藥法象》一種草部。　朱震亨《本草補遺》三種草部一種，穀部一種，木部一種。　吴瑞《日用本草》七種穀部一種，菜部三種，果部二種，獸部一種。　周定王《救荒本草》二種穀部一種，菜部一種。汪穎《食物本草》一十七種穀部三種，菜部二種，果部一種，禽部十種，獸部一種。寧原《食鑒本草》四種穀部一種，菜部一種，鱗部一種，獸部一種。汪機《本草會編》三種草部一種，果部一種，蟲部一種。陳嘉謨《本草蒙筌》二種介部一種，人部一種。李時珍《本草綱目》三百七十四種草部八十六種，穀部一十五種，菜部一十七種，果部三十四種，木部二十一種，服器部三十五種，火部十種，水部十一種，土部二十一種，金石部二十六種，蟲部二十六種，介部五種，鱗部二十八種，禽部五種，獸部二十三種，人部一十一種。

明·李時珍《本草綱目》卷一《序例》　《神農本經》名例　時珍曰：《神農本草》，藥分三品。陶氏《别録》倍增藥品，始分部類。唐、宋諸家大加增補，兼或退出。雖有朱、墨之别，三品之名而實已紊矣。或一藥而分數條，或二物而同一處；或木居草部，或蟲入木部；水土共居，蟲魚雜處；淄澠罔辨，玉珷不分；名已難尋，實何由覓。今則通合古今諸家之藥，析爲十六部。當分者分，當併者併，當移者移，當增者增。不分三品，惟逐各部。物以類從，目隨綱舉。每藥標一總名，正大綱也。大書氣味、主治，正小綱也。分註釋名、集解、發明，詳其目也。而辨疑、正誤、附録附之，備其體也。單方又附於其末，詳其用也。大綱之下，明註本草及三品，所以原始也。小綱之下，明註各家之名，所以註實也。分註則各書人名，一則古今之出處不沒，一則各家之是非有歸，雖舊章似乎剖析，而支脈更覺分明。非敢僭越，實便討尋爾。

明·李時珍《本草綱目》卷二《序例》　《神農本草經》目録　時珍曰：神農古《本草》凡三卷，三品共三百六十五種，首有名例數條。至陶氏作《别録》，乃拆分各部，而三品亦移改，又拆出青葙、赤小豆二條，故有三百六十七種，逮乎唐、宋，屢經變易，舊制莫考。今又併入已多，故存此目，以備考古云耳。

上品藥一百二十種丹砂　雲母　玉泉　石鍾乳　礬石　消石　朴消　滑石　空青　曾青　禹餘糧　太一餘糧　白石英　紫石英　五色石脂　菖蒲　菊花　人參　天門冬　甘草　乾地黃　术　菟絲子　牛膝　茺蔚子　女萎　防葵　麥門冬　獨活　車前子　木香　薯蕷　薏苡仁　澤瀉　遠志　龍膽　細辛　石斛　巴戟天　白英　白蒿　赤箭　菴䕡子　菥蓂子　蓍實　赤芝　黑芝　青芝　白芝　黃芝　紫芝　卷柏　藍實　蘼蕪　黃連　絡石　蒺藜子　黃芪　肉蓯蓉　防風　蒲黃　香蒲　續斷　漏蘆　天名精　決明子　丹參　飛廉　五味子　旋花　蘭草　蛇牀子　地膚子　景天　茵陳蒿　杜若　沙參　徐長卿　石龍芻　雲實　王不留行　牡桂　菌桂　松脂　槐實　枸杞　橘柚　柏實　茯苓　榆皮　酸棗　乾漆　蔓荆實　辛夷　杜仲　桑上寄生　女貞實　蕤核　藕實莖　大棗　葡萄　蓬虆　鷄頭實　胡麻　麻蕡　冬葵子　莧實　白冬子　苦菜　龍骨　麝香　熊脂　白膠　阿膠　石蜜　蜂子　蜜蠟　牡蠣　龜甲　桑螵蛸

中品藥一百二十種雄黃　雌黃　石硫黃　水銀　石膏　磁石　凝水石　陽起石　理石　長石　石膽　白青　扁青　膚青　乾薑　葈耳實　葛根　栝樓　苦參　茈胡　芎藭　當歸　麻黃　通草　芍藥　蠡實　瞿麥　玄參　秦艽　百合　知母　貝母　白芷　淫羊藿　黃芩　石龍芮　茅根　紫菀　紫草　茜根　敗醬　白鮮皮　酸漿　紫參　藁本　狗脊　萆薢　白兔藿　營實　白薇　薇銜　翹根　水萍　王瓜　地榆　海藻　澤蘭　防己　牡丹　款冬花　石韋　馬先蒿　積雪草　女菀　王孫　蜀羊泉　爵牀　巵子　竹葉　蘗木　吳茱萸　桑根白皮　蕪荑　枳實　厚朴　秦皮　秦椒　山茱萸　紫葳　豬苓　白棘　龍眼　木蘭　五加皮　衛矛　合歡　彼子　梅實　桃核仁　杏核仁　蓼實　葱實　薤　假蘇　水蘇　水蘄　髮髲　白馬莖　鹿茸　牛角鰓　羖羊角　牡狗陰莖　羚羊角　犀角　牛黃　豚卵　麋脂　丹雄鷄　雁肪　鱉甲　鮀魚甲　蠡魚　鯉魚膽　烏賊魚骨　海蛤　文蛤　石龍子　露蜂房　蚱蟬　白殭蠶

下品藥一百二十五種孔公孽　殷孽　鐵粉　鐵落　鐵　鉛丹　粉錫　錫鏡鼻　代赭　戎鹽　大鹽　鹵鹹　青琅玕　礜石　石灰　白堊　冬灰　附子　烏頭　天雄　半夏　虎掌　鳶尾　大黃　葶藶　桔梗　莨菪子　草蒿　旋覆花　藜蘆　鉤吻　射干　蛇含　常山　蜀漆　甘遂　白斂　青葙子　雚菌　白及　大戟　澤漆　茵芋　貫衆　蕘花　牙子　羊躑躅　芫花　姑活　别羈　商陸　羊蹄　萹蓄　狼毒　鬼臼　白頭翁　羊桃　女青　連翹　石下長卿　䕡茹　烏韭　鹿藿　蚤休　石長生　陸英　藎草　牛扁　夏枯草　屈草　巴豆　蜀椒　皂莢　柳華　楝實　郁李仁　莽草　雷丸　梓白皮　桐葉　石南　黃環　溲疏　鼠李　松蘿　藥實根　蔓椒　欒華　淮木　大豆黃卷　腐婢　瓜蒂　苦瓠　六畜毛蹄甲　燕屎　天鼠屎　鼺鼠　伏翼　蝦蟇　馬刀　蟹　蛇蛻　猬皮　蠮螉　蜣螂　蛞蝓　白頸蚯蚓　蠐螬　石蠶　雀甕　樗鷄　斑貓　螻蛄　蜈蚣　馬陸　地膽　螢火　衣魚　鼠婦　水蛭　木虻　蜚虻　蜚蠊　䗪蟲　貝子

明·薛己《本草約言》序　夫人憑車而歷坦道，登舟而泛瀾，情與境俱適。逮至臨大行、孟門、瞿塘、灧滪則靡不惕然驚而又輻脱焉、轡委焉，橹折而帆破焉，則其呼號必倍，而垂援也必力，何也？安危異也。故古先聖人，惟稷教稼，惟契明倫，而神農氏獨於洪荒已前，舉凡若草、若木、若蟲魚玉石之類，無不備嘗而昭示之，寧舍教養而為此不急之務哉，誠曠觀天下業已茹毛飲血，老死不相往來，一切經綸徐聽之，異日而獨是風者、寒者、暑者、濕者，與夫喜、怒、憂、思、悲、驚、恐者，氓之蚩蚩，何所不有，須臾之間，生死判焉，而得不力為垂援，其如此呼號望救者何哉？ 故醫之道倍急於教養，而功亦與稷契等。 昔人稱山中相業，良不誣也。 自是陶弘景而後，增補非一，有所謂《唐本》《蜀本》，計一十六家，而言亦彌廣。 余生也晚，幸秘笈無不發之藏，故余得游息其間，積有年所。 時就《本草》中輯其日用不可缺者分為二種，且別以類誌約也。 韋編幾絕，丹黃班駁不復識。 因思神農生人之澤，昭垂萬禩，而全本浩汗難竟，則斯帙也，其徑捷，其功逸，其神不勞，寓目之餘，條分縷指，無不備具。 所謂開卷一讀，生氣滿堂者，其在斯乎，因命曰《約言》。 公之海內，庶幾案頭篋際，可披可攜，一切苦卷帙之繁者，不至塵封簡蠹矣乎。 嗣是求之《素問》《靈樞》諸書，不可謂非登高行遠之助云。 不然嶮巇在前，風波在後，而棄爾輔，舍爾楫，將車覆康莊，舟橫野渡矣。 冀其終踰絕險，轉危為安也，有是理哉？ 今天下司農、司鐸，蓋不乏人，而神農一任，所係尤急，則翼斯人于不死，而因以抑贊稷契之功，端在是矣。 毋曰非博觀也而忽之。 古吳薛己立齊甫題。

明·陸元厚《茹草編·跋》 梅墟周逸之譜《茹草編》，凡百餘種，發先哲所未究，補《本草》之遺佚，用心亦勤矣。 身居林壑而抱離群之志，才雖足以有為，已飄然長逝，與世相捐遺矣。 斯編之撰，爰以追茹薇之高節，為達士之珍賞，豈小補云。 不計為肉食者鄙，乃復煩枵腹品題。 他日容有目為太牢一臠而不得染指者，將彌景之矣。 甲申冬十月平臯陸元厚識。

明·彭輅《茹草編·序》 肉食者鄙，藿食者癯，自昔兩病之。 然味之匪腴而易供，委山澤田野弗之秘，莫藜藿若也。 梁庾杲之善治蔬，錯列為葅，如韭、薤、淹、生，雜菜之屬凡二十有七種，為任昉氏所詼。 其高曠之致，去之千載，使人欽挹。 今檇李有周子，殆庾之流亞也。 周子居常習草，旁搜廣索，得草百有餘種，視庾有加，悉為圖而詠之成一編。 又摭古語之疏草木者附焉，以嗅味前哲。 或曰周子多愛，愛奇也。 既奇矣，恐不皆可啖。 余意周子負才猷韜，而伏之蚓壤豹霧中。 其為是編，姑以標其長往遐遯、濩落蕭條之思耳。 而辨物多識，有足採者。 粵若炎帝所嘗，主於和藥入餌，故高下品之，君臣佐使用之，未暇及口實奉養也。 后稷宅郃，公劉徙豳，以養道教民，所研綜精矣。 次者瓜壺苴荼，佳者葵菽鬱薁，僅僅數物而止，特其概之也。 周子摭擷之夥，不藉前聾，其食於野而獲者歟？ 野人有舉食芹之美語富人者，富人食而蜇於口，惡告者為給己。 京師五侯七貴，與四方鼎食豪家，窮水陸芻豢之珍，殫滫瀡膳膏之美，嗛焉不饜，曰鉤致所希有，將安事庶草哉？ 惟詭世不逢谷處巘，觀者得之，可以備厥所須而移他嗜好焉。 姬祚衰而賢智隱，其詩曰豈其食魚，必河之魴，言自足而無求也。 顧魚亦不易辦，周子所録，不越乎藻荇筍蒲之間，隨取輙給，即舍魚可矣。 食之無魚也，出之無車也，此曳裾彈鋏者所汲汲而求也。 故役役老死，疲精外馳，而魚與車或未之得。 知茹草味者其免夫？ 故於陵陳仲子辭三公為人灌園，南州徐穉秉耒躬耕，非其力不食，性詎與人殊哉？ 誠有所藉以自足也。 周子者，名履靖，字逸之，別號梅墟，又號梅顛。 蓋里閈佳士也。 後世不識周子，盍視其書？ 萬曆壬午三月三日前進士刑部尚書郎郡人彭輅譔。

明·張大本《補遺本草歌訣雷公炮製·序》 藥有陰柔陽剛之性，製之由來百萬家矣。 粵若羲皇、盧扁、雷公之製，敢云精矣美矣。 得乎技藝相禪，特一偏焉耳。 諺云： 藥有虎狼之威，雖未操刃而能生殺乎人。 易易耶。 求其製之精，有俾壽於斯世者，生聞其語矣，未見其人也。 曷故邪？ 惜乎未獲煮藥之工歟？ 生業儒下風，素要方士。 不期邸間逅江右余君，濾東其號，寓書林陳東君雲岫舍，乃言於生曰： 藥性之有生熟，猶人之有善惡。 教之則善，棄之則惡矣。 是則藥經製則熟，製之不得其方亦生也。 遂袖一帙。 生閱之，迺採本草之賦，掇雷公之要，删繁就約，分兩層而合符； 點華成實，評上下而中規。 稽之由來，余君之祖祖也。 故說陳君梓之。 雖然炮製固出雷公，本草降厥羲皇，孰若如斯之便便耶。 果有回生於萬一，活死於顛危，真仁人君子之用心焉耳。 陳東君梓之以廣其傳，慶術家之甚幸耶。 非術家之幸，實國家之幸耶，亦天下深幸耶！ 昔所謂未見其人，今見其人，見其書也，豈可以坊間叢叢技方目諸？ 術家珍之萬益云云。 皇明萬曆卅三年孟冬月吉旦芝城後學張大本題敘畢。

明·方有執《傷寒論條辨·本草鈔》 《神農本經》藥三百六十五種，效法周天三百六十五度之數，應三才而合四時，此本草之所以權輿也，厥義尚矣。 梁陶隱居進《明醫別錄》，倍之為七百三十種，而義猶在焉。 迨夫《唐本》、《圖經》、蜀唐慎微《證類》，以至宋嘉祐、政和，重定、重修，義皆不論，旁搜遠訪，務在增多，凡見聞所及，有關用驗者，莫不兼收竝錄，實總一千七百四十六種，而藥無遺品，《本草》稱大備。 疾病之需，衛生之具，天下至今為永賴焉。然一百一十三方，用者九十一種耳。舊本皆一一注性味於各方藥下，煩冗無義，今具鈔而附説，以為初學倉卒易於檢對之便，餘則略云。

明・李詡《戒庵老人漫談》卷二　鄭樵《食鑑》四卷。《調養以救飲食三失》：一者，腹已餒。方進口，正美即止，用補胃脘所養沖和之氣，以救飲食過度滿脹之失也。二者，喫輭暖食物，加熟嚼細吞，用補胃脘所受元陽之氣，以救生冷硬食傷於腐熟之失也。三者，省魚肉美味，服淳淡素食，用補胃脘所賦廩祿之氣，以救享用過豐越於常分之失也。食養六要：食品無務於殽雜，其要在於專簡；食味無務於濃釅，其要在於淳和；食料無務於豐贏，其要在於從儉；食物無務於奇異，其要在於守常；食制無務於膾炙生鮮，其要在於蒸烹如法；食用無務於饜飫口腹，其要在於飢飽處中。

明・梅得春《藥性會元》序　嘗稽《周禮》，醫師掌醫政，理藥以保王躬、壽民命，獲效十全者稱上功。故昔哲王御宇，六氣不侵，而災眚不作，熙熙焉如登春臺，由繇然哉。夫醫神於人，而神於醫者，維藥之力。藥匪力，即神醫弗神。醫神於藥，而藥之所以力，維藥之性。性匪辯，即神藥弗力。五方風氣異宜，物產異致，種類糺紛，贗偽仳傂。有酸苦辛鹹甘淡之味，則有溫平寒熱之性，而升降浮沉為用，因之先正謂：人知辯真偽、識藥之難，而不知分陰陽、識藥性之尤難！誠知言也。顧藥性之辯曷昉乎？自神農嘗百藥，製本草，救民疾苦，遺書百餘卷，流播海寓，譚醫者宗焉。倉、越而下，如吳、李《藥錄》，陶、蘇註解，永徽《圖經》，皆裒然上乘，什襲世用。第其載集浩繁，家居猶便翻研，旅篋則難攜挾。予攝生常須藥物，溫平涼熱之性宜辯，而浪遊數千里外，思一取而印證無繇也。春三月，以歲清囹圄之役，奔走沅、盧、辰、漵間。會平溪經幕錢塘梅元實，持所輯《藥性會元》三卷，謁予於舟次。卒業之詞簡而詳，理約而明，指實而核，族類以部而分，方所以產而別，性味以品而殊。燮之以陰陽，配之以經絡，濟之以水火，參之以君臣佐使，附之以畏惡忌反。析明驗於方施，識成功於已試。不必遠稽古籍，近蒐旁門，惟按類隨索，如持左券。殆照心之方諸，辯味之指南也。《肘後》神奇，到今珍之，此胡可秘？因授渠陽備司周南王君，梓以傳焉。梓成，予覽而喟然曰：仁哉！元實之用心也。其默契於元之理乎！夫元者善之長也。天為生物之元。舉蚑行喙息，靡不欲其榮而無瘁，鬯而無凋。然闔闢相乘，時序乃爾，則鼓豔陽煦育之，而使瘁者榮，凋者鬯。哲王體天之元，布德施仁，春滿六合。而人之疾痛癢疴，亦執所不能無，必恃良醫調其榮衛，而藥性紛錯，未易熠其指歸。彼執泥者，不能迎刃中綮，遄遄投之非劑，反以重其膏肓，庸非仁人所隱乎？此書僅三帙，而探本該標，分條析縷，統會杏林百氏之元，以啟橐籥、濟人群，譬之天道，會四氣之元，而繁育品彙。然茲會元之義所由取也。顓方脉者，得是書而校讎於《素問》，詧微於《難經》，折衷於盧、扁、張、王，辯內外緩急，補縱橫出入於孫、俞、朱、李之妙境，又何施而不可？仁哉！元實之用心也。元實才如操割，譚若懸河。祗以數奇，博官戎幕。初抵廨，值平溪亢暘疫甚，施藥救之，所全活無筭。甲午入棘闈供事，有分試劉司理疾篤，微息垂絕，群醫視之，卻步而走。元實植方進劑，起死回生，效捷於響。甫旬日，康復如初。斯固醫神、藥神，而實此書辯性之功神也。今天子省刑蠲賦，加惠黎元，萬方喜更生之會，而僚屬中又有陰培元氣，濟物療民若斯集焉。所裨於春臺之化，豈其微哉？予嘉元實之用心，而其名不可令久而蕪沒也，謾識數言弁諸首，且藉此為仁民之一助云。萬曆二十三年歲次乙未夏六月上浣之吉賜進士第亞中大夫湖廣承宣布政使司分守湖北道兼管撫苗右參政前巡按直隸奉敕提督學校監察御史侍經筵官浙暨陽還沖陳性學譔。

明・杜文燮《藥鑑》序　或謂持鑑以索貌者，不能得其腠理。而按方以索病者，亦不能神其變通。甚矣！方書之不可盡信也。嗟夫！方亦何負于人哉？唯藥不嘗試，方不經驗，漫立局以幸中者之過也。乃是編也者，首察病原，以補東垣之缺；次辨藥力，以佐仲景之偏。論證則由標本，以及經絡，審性則由陰陽以及反畏。至運氣方脉，靡不精研。而常用藥味，又次第序也，以便檢閱，誠古今之明鑑也。考古尋方之士，得是書而存之，則療病不必《指掌》，審藥不必《大觀》；無《素問》而達生，無叔和而知脉。他如《心法》、如《辨疑》，諸家方術，悉註脚耳。當令隨叩隨應隨效，而斯人之不病于夭札者，信有賴也。若目為群書而弁髦焉，是舍鑑而求之妍媸也。有是哉？萬曆戊戌季夏宛陵仙源杜氏序。

明・萬邦孚《萬氏家抄濟世良方》卷六　萬邦孚曰：用藥不知性，而徒信成方，是以病試藥也，其不至於誤殺人也者幾希。故予於《本草》中摘其常用藥品，備錄其溫涼寒熱之性與治症之要，附梓《千家抄方》末，俾治病者按藥性以定方，而不至泥成方以誤病，是亦活人濟世之一道也。

明・楊崇魁《本草真詮》序　本草真詮序：古之醫者，多出於博物好生之士，是以研《素》《難》，精色脉，洞陰陽，曉方餌，故投劑若神而聲名爛焉。若張、葛、陶、王、孫、劉、李、朱，彰彰可覩矣。降而今也，謂醫為小道，儒者薄而弗屑。彼委瑣齷齪之流，緣習以為利。是故岐扁所議，耳所未聞；《圖經》所載，目所未覩，妄以己意，按成方僥幸奇中。間有識者，亦惟是窺其藩籬，未涉閫奥；粗知溫涼寒熱而已，主治反毒而已。試叩以奇偶大小之制，緩急逆順之宜，則固罔然失也。矧運氣之變，經絡之詳，陰陽之辨，升降浮沉之説，如何能解悟焉？又其甚者，以貴品竊厚利，以妄誕獵虚名。珠、犀、冰、麝，無往弗投；奇方怪石，遇病雜施。此輩出而脉因證治乖經離次，病之危者什九矣。寄死生之謂何？此其無恒之尤者也，又何十全三德之足云哉？予以夙晦，作蠹簡編，於岐黄之書嘗致意焉。至閲世之醫者如彼，安能無惻然於懷乎？於是不諒矩見，取諸家本草，采而集諸，稽自炎農、太乙，迄於節齋、古庵，靡不搜其要眇，遺其迂僻。捃摭成帙，命之曰《本草真詮》，蓋先以明運氣，次以别經絡，中以列證治，繼以辨陰陽，而證以古人之議論終焉。信乎醫者便於檢用，餌者便於稽疑，一展卷間，宏綱要旨，昭然在目。彼向之積案盈箱，皆糟粕矣。而難者曰：九折臂而成醫。醫不三世，不服其藥。甚哉！醫之難也。吾子方以儒聞世，俗溺於所見，夫誰其信之？予應之曰：非然也。醫之來尚矣。其學遍物之智也，其心道濟之仁也。有其智而行其仁，此唯吾儒有焉。然則是編也，不足以盡吾儒，寧不足以見吾儒乎？而謂世不信我，吾何敢知！何敢知！旹萬曆壬寅歲仲春搜真子楊崇魁序。

明・常如道人《本草真詮・跋》 洪濛剖判，混沌托初。玄牝交姤，五賊定基。有生體質，二五室廬。陰主其受，陽主其施。鼓之以雷霆，潤之以風雨。五臟所屬，分類别居。上與天通，下與物宜。昇降合符，順時調理，則暴戾之疹不作，少有疾病。自有進退抽添，不療自愈之妙。然而玄風既邈，大藥難明。雖以盧扁之聖，視垣一方，治療之效，恆資藥餌。倘非通陰陽之變化，晰運氣之玄機，亦難望十全矣。何者？天地人物，形器雖殊，稟性則一。故其氣之所感，味之所入，殊無彼此。此理自然，不可誣也。輓近庸醫，罕究斯道，以人身為試藥之壑，以疾病為嘗方之資。又有巧尚單奇，倖在必中，而藉口於蚖脂、鳳卵、麟腊、鼅趾，不亦謬哉？搜真□□□□□□□□□□□□□□□□□□□□效與不效，亦其人自為難易，非其業有精不精也。然世之知君者亦淺矣。迺君猶以一身之所濟有限，而盲醫之嘗試滋毒，於是彙萃本草諸書，博採名家微義，總為《真詮》數卷。凡夫陰陽運氣之奥，經絡證治之法，種種悉備。雖君之學未盡於此，然亦醫家之指南也。嗟夫！五蘊之山，高於須彌；六慾之海，溺人不知。聲色芳臭，皆朘削之斧；滋味醪醴，乃熬煎之具。而又自蠹其根，自竭其源。雖有盧扁，奈之何哉？故醫有四難，人有七病，未可徒委之醫也。宋儒康節有言曰：與其病後能求藥，不若病前能自防。吾願與尊生家交慎之。□□常如道人言。

明・王肯堂《傷寒證治準繩》卷八《藥性》 傷寒方藥，雖成氏註釋頗為明了，而未能盡藥性之奥。故特以仲景一百一十三方中所用九十種藥性，采諸家之説以發明之。學者誠能熟玩而詳究焉，則長沙用藥製方之遺意，庶幾不昧，而亦可以引而伸之，觸類而長之矣！

明・羅文英《本草原始・敘》 李君，儒者也，胡以輯本草？余授李君業儒者也，胡為李君敘本草？要以物而物視之，物其與於我。物而我視之，即一根一荄，一飛一遊一泳，以及塊然凝、黯然呈者，疇非吾性之森羅而法象乎哉！矧三五以降，氣漸澆漓，疪癘夭紮。人或不盡其天年。咎在方術之家，謬執臆見，誤投藥餌。本始之不原，而懵懵焉，承舛襲訛，曷其有極？乃吾儒者，又末技鄙之，置弗道。夫孰知格物窮理之非二事，而同類瘴瘃，固無異其身之疴痛耶？若然，則李君之輯《本草原始》，其意良厚而心獨苦矣。以較他刻，樊然淆亂，掛此漏彼者，不啻軒輊。試取而披之，圖其象矣，必核其名；詳其用矣，必推其體。與夫甘苦辛鹹之味，青黄赭堊之色，寒熱溫涼之性，採制蒸曬之宜，無不種種具備。令觀者煥若發矇，燦如指掌，斯刻詎不大有裨於世哉！雖然，始者始矣，所以始者，口不可得而述，簡不可得而陳。探之未始有始之先，以觀其眇；驗之既始有始之後，以觀其竅。則始從何始，原無可原，即伊耆、巫彭、桐君之著，猶糟粕也。是在得魚兔而忘筌蹄者之神遇耳。李君，名中立，少從余遊，博極秦漢諸書，余雅器重李君，與李君夙自負更有進於此者。此一斑，又何足為李君知已。旹萬曆四十年歲次壬子吉旦賜進士第徵仕郎中書科中書舍人雍丘羅文英質先甫撰。

明・馬應龍《本草原始・敘》 醫雖方技爾，然理微而道大，用廣而功切，故稱仁術焉。上古神農氏始嘗百草而知藥，軒轅氏咨訪岐伯、伯高、少俞而知脈，後世始有生生之術矣。夫人之五藏六腑，氣脈周流，陰陽穴絡，上按天道，下侔地理，非冥心聚精，博考沉思，不能入其奧玅，而況粗浮之氣，疎略之見，又何當焉！余幼善病，留心此技二十餘年，僅得其梗概以自衛。辛杞時，得李君中立氏，年幼而姿敏，多才藝。其醫雖不敢即謂與古人方駕，而偏至之能，有足取焉。所著有《本草原始》。夫本草者，醫之肯綮也。之生而致死，之死而致生，所係在呼吸間，可弗慎乎？李君覈其名寔，考其性味，辨其形容，定其施治，運新意於法度之中，標奇趣於尋常之外，皆手自書而手自圖之，抑勤且工矣。書成，遣人邸中，丐余一言以傳。余以為昔人讀《爾雅》不熟，為蟛蜞所悞；攷白澤不審，陷傒囊於亡。然則非有易牙之口，不能辨淄澠之水；非有師曠之聰，不能督勞薪之味。故古人不三折肱，不稱良醫。吾與子固無所用其患矣，特以告夫來者。賜進士第文林郎禮部儀制清吏司主事渤海馬應龍伯光甫撰。

明·張懋辰《本草便》序　兵本殺人，善用之生人。醫本生人，不善用之殺人。旨哉言乎！夫即以兵喻，綸巾羽扇，指揮如意，醫是已。部曲整然，或刁斗不擊，處方是已。至于士馬兵車，非藥草其何？藉某堪冠軍，某堪偏裨，某某黃鬚兒，此君臣佐使之用也。吳兵浮，楚兵悍，秦兵亟烈，此甘苦辛涼之性也。故士卒不馴不可以臨敵，本草不習不可以爲醫行世。本草如《證類》，如《綱目》，老醫白首未究什三，譬提百萬師而半未組練，雖多奚善耶？且神農以後所增異味，又譬神師劍俠，顧戰鬪震盪有奇功，而殊非佳兵所常訓。因取東垣、節齋刪纂合訂之，俾病者得按證而治，豈便醫家得徑而趨哉？今人士平時不習良醫，一旦臥病漫延而湯劑之，誠苻郎之禮慕容，劉璋之招豫州，不自賊者，寡矣！然則此集雖簡，亦庶乎一身一家之長城堅壘也。張懋辰題。

明·李廷機《醫四書·藥準·序》　不佞領薦於鄉上公車，道涉武林，即知吳興有培元許先生，以醫名三吳間。三吳之人，藉以起死者無筭，種杏已成林矣。然第謂名醫已爾。辛巳歲，游菰淂溪，寓伯念董祠部園中，伯念輒為余言，先生少負奇工博士家言，藉甚菰林，識者謂其芥拾青紫，乃數奇弗售。稍以餘力窺岐黃術，輒有領會。既而試之，試輒售。久之，遂棄去博士家言而顓以醫名家。然猶博及二酉，好古文辭，而尤精於詩詞。不佞然後乃知先生非第名醫，葢名儒也。然第耳之已爾。無幾何，不佞忽病瘧，董氏延先生來診治，不佞因是得識先生。見其狀貌魁然，器宇淵然，持己恂恂然，叔度耶，紫芝耶，直令人消鄙吝而忘名利。然後乃知先生又德讓君子也。先生有飲上池水，故有慧性，且漁獵諸醫書，夙夜校讐，正其謁而發其覆。先是有《素問便讀》等書行世矣。茲弟子復謀梓《藥準》。其說葢為《本草》之雜揉，會諸家，參己見，而發人所未發者也。寧直是絲折醫理，以扶前賢之奧。肫肫者心，惟恐天下後世之迷惑誤人，故欲以是指點而生全之耳。語云：上醫醫國。先生直醫天下萬世矣。其心德不倍厚，而功澤不倍宏且遠哉。夫古稱不朽者三曰：立德，立功，立言。有一於此，皆足裕後。先生兼之，其為不朽，不既多乎。嘗攷公之先世，有知可公者，積學弗偶，迺業醫以種德，後果以施藥功大而換六作五，遂身食其報焉。今先生厚抱種德，不下知可矣。天之嗇公一身而弗售者，必將豐報於後，而大發之胤嗣，則杏林固槐庭哉。不佞雅重先生之為人，故忘檮昧而序其梗槩若此，見先生不顓以醫名云。賜進士及第翰林院編修經筵日講纂修國史官溫陵九我李廷機撰。

明·許兆楨《醫四書·藥準》卷下　藥性論　藥性自《神農本經》而下，增衍至今，如稻、麻、竹、葦，頭頭皆用，萬物於此無盡藏矣。欲窮其奧，則所產各異其地，主療各殊其能，何啻風馬牛不相及也。然人雖至敏，尚苦汗漫之難稽，況寡陋者流，安能遍嘗而盡識？倘因訛就錯，意見妄投，則千里毫釐，駟不及挽矣。司命之謂何，顧與其博而不精，孰若（蕳）〔簡〕而知要。試觀《潔古珍珠囊》中止九十品，丹溪《衍義》止七十二味，流傳到今，其神功所及，燦焉指掌，又何必誇多鬪靡為耶？今以隨身緊要藥性，擇其尤者，謹詳著於左，以便臨病處方之準，俾用之者如水印月，如火燎原，昭晰不眩云爾。若曰退繁抒簡，發先賢之覆，考古驗今，指後學之迷，則蠡測管窺，恐掛一漏萬，因表此以俟來茲。

明·陳繼儒《食物輯要·序》　天地生人亦甚巧矣！目耳鼻共六竅，皆偶，類坤卦之象；口以降共三竅，皆奇，類乾卦之象。乾宜上而反居下，坤宜下而反居上，此泰卦也。坤惟居上，故濁者變而為清，通天之氣者惟鼻；乾惟居下，故清者變而為濁，食地之形者惟口。口上鼻下，是為人中，而三才之理備矣！《易·頤卦》曰：慎言語，節飲食。《中庸》又云：人莫不飲食也，鮮能知味也。世人病氣、病情、病腑、病臟，有脉可按，有證可揣。若飲食之病，或以驟而不覺，或以雜而不辨，或以日用而不著不察。若孕婦小兒，益留留矣。婁東名醫雲谷穆君著《食物輯要》，最為簡明，又與諸名家訂正，然後行之人間，其用心苦，其綜覽博，其考辨精，使賢者可以尊生衛生，即不肖老饕，且將捫舌而懼染指而退矣。夫醫司命也，以命聽醫，孰若以命聽我？況日用飲食，我為政者也。爲知味，則自然知節；知節，則自然身心俱泰。雖謂《食物輯要》即頤卦、節卦、泰卦之注脚可也。讀此書，而雲谷之精於醫道，并可知矣。是故眉道人敘而傳之。華亭眉公陳繼儒撰。

明・盧復《芷園臆草題藥》序 壬寅春，受仁和劉侯旨，集《本草約言》。一夕解衣欲寢，偶拈澤瀉讀之，以其利水道也，又能止寒精之自出；以其明目也，又能使人目盲；以其催產難也，又能種人子息，遂發疑。立久，漏忽再下，觸發行水二字貫其文，似覺釋然。越三歲，以此法解《本草》，似禹航沈生，彼若以為未尽然也，遂動疑再讀，得比類法。辛亥冬日中，見茶氣上升，有細細點子。如甘草色味性情有土之德，能生萬物而為萬物所歸也。手挹攬生潤，始解澤瀉命名之義。迄今望壬寅，已廿七年矣，尚未盡了其大義，則可見余之遲鈍嬾惰，寧不自生愧怍哉！有人以新刻本草見遺，讀之不無憾然。(逐)〔遂〕溫習《綱目》，後題數言以自記。義出偶中，若泣若歌，余小子敢云著述乎？後之哲人，莫踵余之流弊，內無真見而外發狂言，破裂當世之規矩準繩也。倘有有志之人，旁聞不(廾)〔止〕，遂深究《本經》，偏攻諸性，融化世間文句，提其精微而印正之。示一(屮)〔草〕一木，宛然若指諸掌，不是空言，實實見之行事，以濟疲癃夭札，可開天下後世人眼目，此真吾師也，敢不可拜下風？脫或未然，還須珍重。萬曆己未浴佛日錢塘盧復記於芷園懺室。

明・穆世錫《食物輯要》敘 余少業儒，中以病廢，始業醫。醫得之僅谷先君，先君得之東谷唐先生，皆精軒岐之學，吳中所推重者。迨余年二十，體孱弱善病。先君命曰：語云不為良相，當為良醫。醫可以自活活人，此而世家物也，汝其毋墜醫業！遂時時習《素》《難》諸經，及三代以下有裨衛生者，罔不遍閱，遇名家輒相質難，迺知人之病不外乎三因：有感風、寒、暑、濕、燥、火所得外因病者；有觸喜、怒、憂、思、悲、恐、驚所得內因病者；有從勞役、酒色所得不內外因病者。皆脉可以詳辨。至於飲食之致病，脉能診其所以然，不能診其所以然之故。如脉見右關緊盛，或滑疾，或沉伏，但知其傷食，焉能知其傷何物，與同食何物所傷？若近日所傷之物，病者自曉，醫者易治。凡傷飯，以麥芽為主；傷麵，以蘿蔔子為主；傷果，以山楂為主；傷禽獸肉，以草果為主；傷犬肉，加杏仁；傷鷄卵，加蘇子，投之必効。同食幾物所傷，兼用易効。久則不覺，彼此茫然。假如傷食之重者，亦頭疼寒熱，或用柴胡、黄芩之類，豈知食遇苦寒則愈不消。又如飲食不化而生痰，痰多咳嗽，或用桑皮、杏仁，與食何與？展轉反覆，因循日久，至於不起者有之。惜哉！余從事有年，深知飲食之係重，故廣求古今食物諸書，以其中之切要者采摭之，重雜者刪削之，近有實據者增補之，約五百餘種，名曰《食物輯要》，少為却病延年之一助。是書也，易稿數次，始於萬曆丁未，成於甲寅，復請正於眉公陳先生，而敢付之剞劂，以公四方，俾人人咸登壽域云。婁東穆世錫予叔甫謹識。

明・趙南星《上醫本草》序 人知大病之不易愈，而不知大病之不易得也。方其邪萌於皮毛之間而不覺也，至乎腠理則覺矣，而以其無痛楚不為意，以至入於臟腑，廪於腸胃，而猶有強忍不以語人者，是必欲大病者也。而病安能違之？當此時而後用藥，又欲速效，必不可幾矣。以藥之不效也，曰是不對病。易之不效，又易之。數易而不效，則其所易必有對者矣，是以不對易對者也，是以不愈。用藥多，不無損脾胃。脾胃損，則飲食不化，安能用藥？則有付之無可奈何者矣。余何以知之？余自丙辰冬而病，丁巳大病緜連，至於戊午之秋，遂不能用藥。而第取李氏時珍所著《本草綱目》中所載穀蔬肴核之類，擇其有益者用之，隨宜而加損之，忌其無益者。至庚申春夏之間而大愈，乃知飲食之於養生大矣。治之未病，在乎節飲食。余大病之後，猶能不病，而況能早服乎？語曰：有病不治，常得中醫。非言醫可廢也。養之不善，以至於有病，而後治之，則不能無得失，不若其仍養之也。清心寡欲而復能節飲食，苟非膏肓之患，皆可浸平。然則治於未病者，其不病可知矣。斯其所得，豈惟中醫而已，即上醫何加焉。乃稍稍比輯其要及方之易簡者，名曰《上醫本草》。其所引諸書，亦間採之，以資虞玩，怯於思慮，未暇祓飾厥文也。庚申陽月儕鶴居士書。

明・李中梓《藥性解》序 余讀仲景之敘醫，輒為之掩卷。蓋其感生死之芒忽，篤君父之危殆，賤名利之浮榮，冀年壽以沒世。傷哉其言！焉得不原本藥性，加意候診者乎？三皇御宇，太昊首畫八卦，開萬世道術之祖。而神農遍嘗百味，黄帝著為《素問》，迹其鼎足，揚化醫之用居多。今攷《本經》所載草木鳥獸等類，則乾木果、震萑葦、坤子母牛、兌羊艮狗之說。酸鹹有五味之别，青黄有五色之分，則坎水、離火、震木、兑金、坤土之説。定浮沉，明燥濕，則本天本地親上親下之説。立君臣，分佐使，則君一民二之説。有畏有喜，有惡有反，則吉凶利害之説。有補有瀉，有正治，有從治，則變通趨時之説。無非大易之源流，八卦之分布。聖人所以順風氣而防夭札者，端不越此。自太史公著《扁倉》論，以為美好者不祥之器，而儒者又好自張大，置醫於九流之中。欲如皇子之論當心，東里之辯六氣，文摯止疾於齊王，枚乘霍然於太子，豈可得哉？余以少孤，不及拶藥以進慈父，間為母氏嘗之，退而攷諸方書，多所不合。斯用痛心，乃于讀書之暇，發《本經》、仙經，暨十四家本草、四子等書，靡不悉究。然後辨陰陽之所屬，五行之所宜，著《藥性解》二卷。敢謂拯危濟殆，於是焉賴，特以志余之悲，為人子事親之一助爾。且夫甘旨以養之，溫凊以奉之。而卒罹夫不可療之災，欲代則不能，欲遍訪而證諸人則不及，此人子終天之恨。仲景氏傷之，余所不辭而為之縷析者也。若夫《素問》一書，軒岐之精藴在焉，亦欲訂其同異而折衷之。期於剖微而止，敬以異日，公之同好。雲間李中梓撰。

明・沈應暘《明醫選要濟世奇方》卷九《藥性歌括》 諸品藥性陰陽論：【略】《大觀本草》品味太繁，不止千種。有一藥二三名者，閱者用之，令人訛舛。予故擇其常用藥品三百六十味，以按周天度數。又補遺草三十餘味，悉編歌括，以便採用。

明・繆希雍授，莊繼光録《炮炙大法》 予見今之時師，童而習之，俱藥性櫽括駢語，守為家珍。而於《神農本草》及先賢炮炙法，一切高文大牘，竟未嘗夢見。臨證用藥方，産之真贋莫別，修事之軌則全乖。欲以攻病，譬如克敵致勝，責效於不練之卒。至病者甘以七尺之軀，往往聽其嘗試，良可憫也！先生曰：子言誠然。因檢目前嘗用諸藥品，悉按《雷公炮炙》，去其迂濶難遵者，而裁以己法。其無雷公者，則自為闡發，以益前人所未逮。凡諸使、制、解、伏，并反、忌、惡、畏等，附繫其下。庶病家攷用，一覽瞭然，兼可質醫師之誤。其所裨益，功豈尠哉！舊《筆記》所刻止九十餘種，今廣至四百三十九種，一一皆先生口授，而予手録之。其間删繁舉要，補闕拾遺，句字之出入必嚴，點畫之幾微必審。稿凡四易，始付殺青。予竊有微勞焉。延陵莊繼光謹識。

明・鮑山《野菜博録》序 聞上古粒食未興，民藉以生養者，唯是草衣木食。自神農氏作，嘗及百草，以療諸疾，而民無夭歲。則草木之益于人，從古然矣。予性稟澹泊，家常日用，覺與蔬菜宜。諸凡甘毳，不喜縱嗜。及閱王西樓《野菜譜》若干種，每訪採茹植其異者于家圃，以供野味。惜其種類局而未廣。庚戌歲，肄業黄山七載。每過普門師道場，見諸方遊釋，多採根芽花實莖葉，供終日飡，因隨叩索備嘗之，而識所未識者若干種。然猶限之境内，境以外輒遺之。又值社友潘稺春出《備荒本草》，云得關中王府抄本若干種。閲之，予益欣艷。用是按時採取，如法調食。雖性有溫平寒熱之異，味有甘苦辛酸之殊，皆清利爽口，揔之宜人。此尤澹泊者之所怡情，其于腥膻之味，直將唾棄之矣。矧夫療醫以愈疾，備荒以賑饑，種種藉是。益知草木之功，足以廣仁愛而佐粒食于不窮也已。且孟子曰：五穀者，種之美者也。苟為不熟，不如荑稗。兹採集野蔬以防歲歉，隨處便于民取，豈非過于荑稗者乎？今所得若干餘種，共四百數十種，皆予親嘗試之。分作草部二卷，木部一卷。次其品彙，別其性味，詳其調製，並圖其形而臚列之。即野叟山童，一搜閲而知採茹焉。其于民用，未為無補矣。因付之剞劂氏，以廣其傳，而題之曰《野菜博録》。亦謂所遺者尚多，如茹芝餌朮，飡松實，服黄精，能引長年而辟穀者，雖有其理而未徵其事，則猶遺于索取之外，姑竢博雅君子一政之。天啟壬戌仲春香林主人書于天都青蓮庵中。

明・趙洪《野菜博録・跋》 余不揣濁質，性嗜玄宗，視身外之浮名，誠如敝屣，故栖遲衡門，忘飢泌水，自覺樂在其中矣。因憶龍沙會讖，及斯時欲訪同志者，兼窮海内諸勝。戊午春遊白下，聞徽郡有黄山，甲江南之秀，産種種異草，豈無異人居焉？或謂予曰：歙之鮑君在齊則曾栖隱此山，或跣足石上，或雙髻松間，或呼鶴而舞，或招猿而吟，飢飡野菜，渴飲澗泉，飄然若神仙中人。且遇至人授《仙草圖》一帙，服之能輕身永年。彼自著《野菜博録》數百種，茹之可充飢救荒。予聞之，神清骨爽，亦欲仙矣。亟圖荊識而晤在齊，果爾舉動若雲水之間，談吐皆煙霞之語，由是究竟真詮，道從契洽，遂訂物外盟，已越五春秋矣。一日，予索《仙草》《野菜》二書一閲，在齊笑曰：嘗非佛種仙流，不可與視。予亦笑而答之：八百地仙出，非我輩其誰歟？徐閲二書，真是靈秀逼人。予謂在齊曰：方今時事弗寧，民多飢色，《野菜》當亟梓以濟世，亦可作脩道功行之一助云。若《仙草》乃服食之旨，不可輕洩，又當秘之，姑俟異日。古臨趙洪中黄子識。

明·程大中《野菜博錄·跋》 予與元則交雖忘年，而知最深。元則賦性穎異，不與流俗伍，自弱冠從太學歸，益厭囂塵思離脫，迺入黃山，築室白龍潭上，超超乎欲遐舉而遠引焉。松雲泉石，朝夕吟哦，時同老衲坐蒲團參禪守寂，而茹淡有年，偏得菜中味。蓋身涉世中，而神已游物外矣。邇值邊方不寧，慮民艱食，而出素所餐茹而紀載者，名為《野菜博錄》，公之梓人，裨資生者。時一披閱，不難博採而調食之，則取不傷廉，野無遺利，不但凶荒，足以當裹糧，且不傷生饜腹，而神清氣爽，足為導引飡霞地。迺知茲錄一刻，備種種善根，可以療飢，可以止殺，可以濟世，可以延年，庶幾乎仁者之用心矣。予即不敏，亦願釋褐從游，相與採精茹華，作出世脫離想乎。彼肉食者，直將糟粕而吐棄之，吾不知其人何如也。

明·繆希雍《本草經疏》題辭 藥性之道，具在本草。雖代有哲匠，演其奧義，然去古彌遠，寖失其旨。予以綿質，性復疎戇，本不堪塵俗。年方弱冠，值門戶衰冷，世累糾纏。以是多見憤激凝膺之事，十常八九。自茲數嬰疾病，於是檢討《圖經》，求其本意。積累既久，恍焉有會心處，輒劄記之。歷三十餘年，遂成此《疏》。學士大夫見而奇之，欲予付諸梓人，予未之許也。予以昔人嘗云：切忌說破，恐塞斷後學悟門，將茲是咎。外孫毛鳳苞文學曰：不然，世間上根人少，中下人多。設使上根人出，自得無師智獲，覩此書當不言而喻，默默相契；下根人讀之，如盲人譚五色，總不能別；惟中人已上之資，得窺其概，則所得多矣。其為利濟，寧有量耶！請亟登梓，以拯夭枉。予曰：善。且曰：舅祖許可，鳳苞願力任其役。乃悉檢《疏》稿付之。即集予同里門人李楊，通家子雲間康元浤，松陵顧澄先二文學，並其舅氏隱淪戈汕輩董督校讐，早夜孜孜，惟恐或後，其用意可謂勤矣！志存及物，有君子之嗜尚焉，良足多也。予年已髦，倘書成而得早行於世，亦足以副海內求明斯道者之企望也。天啟乙丑暮春海虞遺民繆希雍題于吳江舟次。

明·繆希雍《本草經疏》序 《神農本草經》者，古三墳之一也。其成於黃帝之世乎？觀其嘗藥別味，對病主治，施之百世，無可踰越。其為開天大聖，憫生民疾苦，於飲食衣服之外，復設鍼石藥物，用拯夭札，俾得盡其天年。是已原夫藥之生也，氣稟乎天，味成乎地，性在其間。氣為陽，味為陰，五味四氣，各歸其類，斯親上、親下之義也。既述之以本性，又制之以君臣，合之以佐使，以成其攻邪已疾之能。遂使無情之用，同諸有識，自非生而神靈、冥契萬物者，其孰能與於斯乎！去古滋遠，民性滋漓，心識麤浮，莫能研精殫思，深入玄要，而不察乎即象即理，物物昭然，弭疾延年，功力自著。正以三墳之書，言大道也，言其然而不言其所以然。言亦象也。予因據經以疏義，緣義以致用，參互以盡其長，簡誤以防其失，而復詳列病忌藥忌，以別其微，條析諸藥，應病分門，以究其用，刊定七方十劑，以定其法，闡發五藏苦欲補瀉，以暢其神。著論三十餘首，以通古今之變。始悉一經之趣，命之曰《神農本草經疏》。讀之者宜因疏以通經，因經以契往，俾炎黃之旨，晦而復明，藥物之生，利而罔害，乃余述疏意也。余生也晚，親年已衰，得於稟者固薄，故少善病。長嗜方伎，僻耽藥妙。顧念自昔仙人道士，靡不悉由藥道以濟群生。加之友生協贊，後先不一。馴屆耳順，良友凋喪，百念灰冷。惟茲一事，尚用嬰懷，手所論著，裒然成帙。倘典則可師，幽隱可顯，試用於世，有廣來學，固所願也，不敢必也。采真同好，其相證諸？

明·繆希雍《方藥宜忌考》引〔《本草經疏》卷首〕 昔人有言用藥如用兵，蓋其得失之際，呼吸存亡，機之危險一也。余作疏闡經，冠以序例。其間有諸藥應病之條，當懼後人未能觸類引伸，至於疏誤；或以辭繁義博，難竟厥旨。因列病忌於先，次以藥忌，又次主治。而於病忌之中，條分縷析，以見方之建立，不踰法制。藥忌之下，精列氣血、虛實、寒熱、攻補、和解，各有避忌，不得濫施。繼以主治關切之品，詳載於後，以備因病采用。三義並陳，是非自見。俾臨證者，展卷了然。抉擇既審，無復疑誤，不至枉害人命。因署之曰《方藥宜忌考》，遺諸宇內，以便考鏡云。東吳繆希雍仲淳甫識於三箬道中。

明·朱汝賢《方藥宜忌考·序》〔《本草經疏》卷首〕 坡老有言：吾雖無疾，而性好脩善藥。得人疾愈，吾為之體輕。因笑予癖猶是也。居恒稍暇手方書，見夫賾探隱索，靡不推究精微，以彰厥用。嘗掩卷笑曰：偉哉！聖人之能事也。惟聖人之言曰，盡人之性，盡物之性，可與天地參。醫之功，其可誣哉！軒岐尚矣，次如《史》所紀漢倉、秦扁，洞垣一方，術也乎哉。予友仲淳氏，少列淵穎，不羈之目，於書無所不窺。故業舉子，一擊不中，慨然棄去。學書學劍，旁通形家者言，學殖業厚，世無知者，乃其志篤於活人，無所試而試諸醫。時出其緒，劑方調散，立起病者，世始咸知仲淳，推若神云。夫以仲淳之才，屬當盤錯，不以謨訏顯，而顧使之笑傲湖山，跌蕩文史，放其行如古之逃虛者。或者造物有意斯民，而故老其材，以甦札癘耶？是故問某疾，則舉某方；問某方，則舉某藥，世醫概知之。至問某藥奚以方宜，某方奚以疾宜，有目瞪口呿而已。《局方》罔變，懲者覆餗，仲淳不無惻焉。故為作疏闡經，續序例以盡變。不佞受而讀之，條分縷析，鼎鼎井井，恍登軒岐之堂而面受記也。噫！此仲淳一斑也。然於救世，功有餘矣。爰令兒子之黯訂之梓。匪醫夫疾者，并醫夫醫疾者。天啟甲子春仲朱汝賢題于嘉蓮居。

明・繆希雍《本草經疏》續序例　夫醫之為道也，上明天地之氣機，次達人身之感應，次審病本之盈虛，次別藥性之宜忌，次究古法之精微，之五者，一一體驗，洞然無惑，始可以言醫矣。苟非高明之資，沉潛之性，須以歲月，講求不厭，未易見其成功也。予每見世之醫師，好治病而不好問學。往往臨證輒窮，坐視人斃，意甚憫之。故于暇日，作《續序例》，以存大法。俾世之言醫者，遊神是編，務求所以。克明原本，不少疑貳。其於夭枉，庶幾免乎！若徒記誦，以資口給，蓄積眾說，而中無所主，是謂食不消。茲病非藥可治，則非予過也。因書之篇末，以詔方來。惟憫物者留意焉。

明・顧澄先《本草經疏》凡例　一、《本經》為三墳之書，後增入《名醫別錄》，有朱字、墨字之分，總言藥之主治，從未有發其所以然者。茲《疏》直接神聖立言之旨，故總題之曰《神農本草經疏》。　一、藥物治療，《本經》《別錄》業已備悉。間有未盡者，參之以各名家主治，故小字附列於經文之下，或即於疏內敘述，俾採用易稽。　一、藥類一千二百餘種，品類浩繁，今簡治療之必不可缺，暨近地所產，得於覩記者，備為具疏。餘非必用之藥及罕識難致者，存而不論。　一、種類隨土異形，甚且稱名未覈。矧近來市肆，飾偽似真。若令誤服，遺害非淺。故詳辯種類，以正其謬。　一、畏忌制使，物性自然，非可以意求者，俱照《本經》列之條下。至其製用之宜，古法俱在。茲復採入，俾得遵守。　一、《證類本草》所載諸方，俱錄入主治參互，有未當於用者，已為刪去。其外諸書所錄良方甚多，必詳紀述，以便採取。　一、簡誤以防誤用之失，故有證同而藥不宜同者，每條後詳書其害。至於性渲功良，有益無損，一藥只堪治一病者，悉不復著。　一、目錄次序，悉從《證類本草》，有部分混雜，如木部之藿香，菜部之假蘇，今為移正。　一、本文悉遵《證類》善本。但是書流傳已久，字畫謬譌頗多，茲逐條參訂。有一二意義難通者，稍為釐正，如傷作瘍，動作痛之類。　一、《證類本草》第三十卷，俱載有名未用之藥。今有常用之物，而《本經》未載；有《拾遺》載之而未詳者，茲列為三十卷補遺。　一、本文頂行立欵。其附入之條，有正文者仍從頂行；原係附入者，低字加圈，以別正文。　一、《續序例》下卷，俱係病藥忌宜。今總列應忌諸藥於前，以見必不可輕用。

先生殫一生精力，發千古神聖之奧，以利萬世。門人李季虬氏，幾經參錄，悉以付新安吳康虞氏刻之金陵，未竟而遺焉。流傳於知交者，西吳朱氏，集而刻之，不及其半，然且序次弗倫，考覈未審也。先生以醫為司命，一字有譌，遺禍無極。遂命澄先檢其存稿若干卷，按部選類，彙得全帙，細復檢閱，以為定本。凡《續序例》二卷，藥四百九十味，用識年月，書此凡例云。天啟五年歲在乙丑六月十有一日松陵通家子顧澄先謹識。

明・繆希雍《本草經疏》卷一　讀《經疏》引

予之作是《疏》也，該括經文，義難概述；求其宗趣，宜有裁節。是以或先經而闡義，或隨文而暢旨，或斷章以相比，或因源以導流，或從末而會本，或根性以知非。凡茲數者，期在發明經旨，適當於用。然懼偏見多遺，難為準的，必欲使纖悉洞了，小大靡遺，開擴來學，臻乎無惑，尚有望於明哲之助焉。

明・倪元璐《本草彙言・序》　醫雖方術，其原寔與六經相表裏。六經始羲，《易》次二典，而農、黃《本經》《靈》《素》，介在《書》《易》之間。毉固聖人所始謀也。《易》類萬物之情，《詩》多識鳥獸草木，在六經已寓有本草，儒者烏可不深求其義乎？本草數十家，類皆名儒績學之所爲。自陶隱居著《別錄》，唐高宗因之命李英公、蘇長史、長孫太尉等，幾經區訂，世號《唐本草》。宋復因之，而爲盧學士之《開寶》，掌秘閣之《嘉祐》，蘇博士之《圖經》。咨諏辯論，日以明備。其時纂輯者，非元老勛碩，則館閣英賢，誠重之也。然以詔命崇巍，輶軒通徹，搜采考證，較易爲功。若夫身伏衡茅，業專帖括，以膏火之餘功，探蒼黃之紛賾，自非超識研幾，未可以語此也。侄孫純寓，縫掖英年，埋頭場屋，獨能兼通物性，索攬軒岐，參綜條爕，不漏不紊，而且繁者芟之，闕者補之，紕者正之，微者闡之，編成，命之曰《彙言》。欲欲乎與李瀕湖之《綱目》，陳月朋之《蒙筌》，繆仲淳之《經疏》，角立幷峙，于以羽翼前人，啓迪來者，厥功懋焉，故樂而爲之序。時天啓甲子陽月賜進士第經筵展書纂修記注翰林院編修叔祖元璐撰并書。

明·倪朱謨《本草彙言》卷首　師資姓氏：馬瑞雲更生。仁和。　王紹隆繼鼎。徽州。　繆仲淳希雍。東吳。　盧不遠復。錢塘。　方龍潭瀫。徽州。　葉振華春明。金華。　張卿子遂辰。余姚。　盧子繇之頤。錢塘。　潘碩甫汝楫。仁和。　邵繩山毓璧。紹興。　陳芝先石芹。杭州。　黑天霞見龍。薊州。

同社姓氏：林山公調元。松江。　陳象先嘉相。杭州。　馬繼高登風。紹興。　魯當垣國正。寧波。　高元鼎一夔。丹徒。　許長如恒。仁和。　瞿秉元文成。仁和。　鄭子來元復。仁和。　魏景山國士。紹興。　梁心如璐。湖州。　茹日江拱宸。紹興。　顧汝琳國寶。無錫。　金靈昭兆麟。錢塘。　程君安方册。徽州。　釋臨水道濟。揚州。　方益明有恒。徽州。　耿長生光宸。北直。　朱東生寅。仁和。　馬少川千里。於潛。　李秋江應玉。金華。　楊太和長春。杭州。　蘇水門起蛟。晉江。　陸杏園先春。錢塘。　白尚之聯捷。杭州。　張仰垣斐。錢塘。　繆仲平麓。南直。　沈瑞子楨。錢塘。　宋正泉起鱗。嚴州。　王紹泉顯祖。天台。　張少懷志仁。富陽。　莫士行之鼎。嘉興。　夏碧潭澄。分水。　計日聞大成。泰順。　沈起愚良知。錢塘。　姚斐成雯。嘉興。　沈拜可咸長。錢塘。　保心宇延齡。錢塘。　陸平林瑚璉。杭州。　楊思山慎可。海寧。　吳養元之相。仁和。　江春野如錦。徽州。　葛小溪去藤。奉化。　黃正暘旭。會稽。　周士和世翰。叙州。　蔡心吾國傑。仁和。　李仁甫恒學。仁和。　湯濟安治平。仁和。　陳五占奇。贛州。　楊小江先春。寧波。　金自恒與時。孝豐。　門吉士洞啓。順天。　須四可明德。杭州。　王景雲天錦。仁和。　韋心菴三成。揚州。　趙天民治。錢塘。　江魯陶元機。仁和。　祝多士文斯。仁和。　王大生永年。蘇州。　金山臺國鼎。天津。　邵行甫必。錢塘。　王嘉生元金。成都。　周志含文緒。杭州。　陳一齋齊。永嘉。　詹沛寰文生。錢塘。　劉默齋應乾。杭州。　梅高士一林。德興。　釋冷菴朽心。錢塘。　費五星之達。崑山。　何其玉可則。仁和。　沈孔庭效賢。仁和。　苗天秀立德。陝西。　倪九暘志和。錢塘。　菇貞仲之憲。紹興。　方吉人天士。徽州。　米振斯恒文。順天。　桂谷溪如金。杭州。　姚斐士雲章。徽州。　陳月坡瑤國。仁和。　童玉峰天成。河南。　王少宇國華。仁和。　沈則施公岐。錢塘。　樓渠泉大澮。金華。　陳泗水大鼎。錢塘。　楊啓平永安。鳳翔。　姜月峰汝桂。錢塘。　龔喬雲之鼎。上海。　葛風寰霖。富陽。　姚日章之斐。徽州。　閔效軒玉輅。紹興。　門吉生有道。順天。　伍少山福。陝西。　王嘉士志學。錢塘。　王明源道子。處州。　桂谷山如玉。杭州。　詹潤寰沛生。開封。　楊月江燈。麗水。　門國士一忠。順天。　皮正東啓寅。順天。　梅青子隱。樂清。　趙天生德裕。杭州。　桂汝薪連城。杭州。　王寧宇國楨。杭州。　王景明昭世。杭州。　湯濟時奏平。杭州。　楊小江大生。麗水。　林完仲如杏。杭州。　荀濟川完教。陝西。　沈志所斐。杭州。　東樸子開峰。丹陽。　成治安三策。杭州。　薛宜生大觀。杭州。　陶起凡萬化。紹興。　聞人氏道臣。錢塘。　薛膚泉巨源。新城。　李伯仁恒一。杭州。　薛仁宇存仁。杭州。　祝登山觀濤。仁和。　酈鹿江恒世。紹興。　張侍峰聯登。杭州。　吳涵宇沛生。徽州。　林介伯普成。杭州。　邵起寰一明。仁和。　陳羽陵宗文。錢塘。　皇甫心如臣。杭州。　張龍泉濟成。杭州。　朱寰宇之仁。杭州。　范玉成涵一。寧波。　周完初維新。錢塘。　張盛吾必顯。桐鄉。　邢元璧五瑞。錢塘。　顧朽匏尚。杭州。　陳赤葵丹。錢塘。　趙弘達伯升。仁和。　車體和志遠。仁和。　沈定白公棐。錢塘。　張相如世臣。錢塘。

諸賢産自南北，皆萬曆時人，一時名俊耆儒，深明於醫者。朱遍遊遐方，登堂請教，蒙賜精義，彙集成書，名曰《本草彙言》。台號台諱，逐條填注。今總錄于首章，以誌源流，知所自來者。

明·倪朱謨《本草彙言》凡例八則　是書先尊《神農本經》，次錄陶弘景《別錄》，次《唐本草》，唐新定本草，次甄權《藥性本草》，次孫思邈《千金食治》，次陳藏器《本草拾遺》，次蜀昶《本草》，次宋《開寶本草》，次宋《嘉祐本草》，次《日華本草》，次東垣《用藥法象》，次丹溪《衍義補遺》，以至《會編》《蒙筌》，幷元明舊本不下四十餘種。最後李氏瀕湖《本草綱目》，該博倍于前人，第書中兼收幷列，已盡辨別之功。後賢證驗確論，每多重載。謨更加甄羅補訂，删繁去冗，僭曰《彙言》，志覈也，志純也。

本草諸書，可云淵廣。然歷考之，主其說而古今人有不然者。是知用藥之神妙，非可執一，不容顢頇弗辯也。謨搜輯往代名言，庶無滲漏，復自周遊省直，于都邑市廛，幽巖隱谷之間，徧訪耆宿，登堂請益，採其昔所未詳，今所屢驗者，一一核載。校李氏原本，稍有減增。用供國手之取裁，殊有大裨云。

論藥集方，必見諸古本有據、時賢有驗者，方敢信從。每論每方，必注姓氏出處，公諸天下。猶恐字有訛脫，貽誤于人，復再三考訂而存之。締觀旁注，略見苦心。至于芟繁汰複，尤不待言。

藥品既詳辯其味、其氣、其性之有毒無毒，力之升降浮沉，入某經，列于首條。次載生成出處，何時發生，何時收聚，形與何藥相似，搜訂前言，真確有據。仍列前人姓氏，廣《綱目》之未備者殊多。本草諸書，先叙氣味、陰陽、升降，莫不亟言主治。但云主治者，必出于獨斷、獨用乃可。是書備引古今名家，未拘一說，故不得直標主治二字。觀其主論、處方，即可以意消息之。庶一藥不執于一說，不滯于一用，而化裁出焉。識者鑒之。凡藥治病，有所宜者，必有所忌者。取所宜而不知所忌，以致愈而復發，發而轉劇，或別變他證者，往往有焉。茲列其宜，必詳陳其忌，可爲取捨之準。神農嘗百草而定藥，故其書曰本草，意必先以草爲正，嗣後果、木、金、石、禽、魚等類繼之。故集中先列草部。然取藥求其切于治病耳。方士家謂可以供爐鼎服食，如先賢韓、柳，歷陳服鍾乳、金丹之誤，不止一人。下及砒石可化熱痰，生漆可補腦髓，一切荒誕之談，誤聽之而横殀者多矣！概屏不錄，所以正道術、闢邪說也。集古今原本，無取巵詞失實。然《綱目》臚列繁碎，難于記誦，集中俱融貫爲章句，可讀可記，不至顧此失彼。神而明之，于是乎在。

明・應麐《食治廣要》《本草》非醫家言，博物之書也。予弱冠善病，因喜方術，推求藥性所療治，疾病所從來，恒以是書為準的。以□人之幼膺羸疾，非□□□□□縱恣所致也。口□□□□知而難行。於是，摘其日用飲食之間関係利害者，手錄成帙，冀其觸目警心，庶幾袪疾延生已耳。潼川張國博嘗病脾胃，召予診視。予首以飲食宜忌進，乃出眎茲集。有間病差，喜而謂曰：子言可謂知道者也，欲為子鐫傳，子其無靳乎？予曰：唯唯。退而詮次，授之。公尋移棘寺，漸晉民部，政事日繁，無何出守滇南。予謂：是固燕石也，寶□□□□□□□而更藏十□□□□□□會留銓王尹□□生藻鑒之餘，屬予輯方書，予仍以是求政，更述其緣起。先生喟然曰：此書有裨日用，功利民生。因商之鮑君在齊，而卒業焉。在齊方有聲六館，嘗著《野菜博錄》【缺】

明・應麐《食治廣要》凡例　一《千金食治》以米穀、果菜、鳥獸、蟲魚分類，《食物本草》又以水、穀、菜、果、禽、獸、魚、味八類。是編倣之而以味易釀。如沙、飴、醬、醋、酥酪、醍醐之屬，皆自釀造而成。亦據《本草綱目》而更定之也。　一是編名《食治廣要》，取其可為飲食者而附以治療之法，廣其說而撮其要，删繁辨疑，開卷了然，似乎詳明簡便。有不可得而有名者，如方諸、碧海水之類，有有之而人不堪用者，如市門溺坑、古塚中水之類，皆不收入。　一是編悉依《本草綱目》為主，如燕窩、蝤子之類，皆今時常食，而本草不載。又如閩粤楚蜀之間，山肴海錯，其類頗多，近時食品中亦有載之者，皆失之牽強，恐如陳子真、劉亮輩依仙經服白蝙蝠而立死，此誤世之罪通乎天下，故仍闕之。　一自草部移入菜部者，如生薑、薯蕷之類；自木部移入果部者，如龍眼、橡實之類，皆依前賢校定，不敢妄意出入。　一諸物正名之下，次釋名次氣味，又次主治。至于辨疑、正誤、集解、附方，一皆以先達名號直書。既不沒其實，而是非亦有所歸也。　一發明、引據、集解，有詳略不同。但有關于利害者，不得不詳，而日用平常，則略之耳。　一諸物之出處、時候、形色多有不同，此五方土地不齊，氣味、主治不甚相遠，不必致疑。　一一物有數名，今古不同，正俗或異，皆從《綱目》標正為主，餘皆附于其下。一覽可知，庶免尋索也。

明・應麐《食治廣要・釀部》跋【缺】較夫羽毛，令澹薄者日旨草木之滋，饕餮者漸惜羽毛之命，于忍中寓不忍，北廣君《野菜博錄》之方也。予唯唯曰：謹受教。天啟甲子菊月之吉香雪林主人鮑山書于石城草堂。

題明・陳繼儒《食物本草・序》　天地生人，亦甚偶巧矣。兩目、兩耳、鼻兩孔，其竅皆耦，正如坤卦之象。口與大小便，其竅皆奇，正如乾卦之象。乾宜上而反居下，坤宜下而反居上，此泰卦也。坤惟居上，故濁者變而為清，食天之氣者惟鼻；乾惟居下，故清者變為濁，食地之形惟口。口上鼻下，是為人中。故曰：天地之生人，亦甚偶巧矣。《易・頤卦》曰：慎言語，節飲食。《中庸》又言：人莫不飲食也，鮮能知味也。世人病五氣七情，五臟六腑之症，有脉可按，有情形可摩。若飲食之病，或以驟而不覺，或以雜而不辨，或以日漸日久而不著不察，若孕婦小兒，蓋貿貿矣。予曾睹婁江雲谷穆君，著《食物纂要》，最為簡明，有補人世。茲復得瀕湖李君条補東垣《食物本草》，益加精切鴻鉅。其用心苦，其綜覽富，其攷辨嚴，使賢者可以尊生，達者可以立命。即予老饕，亦且捫舌而懼，染指而退矣。以眎雲谷氏之《纂要》，則又不啻大官鼎烹之與嘗鼎一臠也。夫醫司命也，以命聽醫，孰若以命聽我？況日用飲食，我為政者也。若知味，則自然知節；知節，則自然可以身心俱泰。雖謂《本草》一書，即《頤卦》《節卦》《泰卦》註脚可也，故樂為敘而傳之。崇禎戊寅七月既望雲間陳繼儒撰。

明・吳門書林《食物本草・小引》　是集廼濟世鴻書，厚生急務，實李瀕湖先生条補東垣舊輯也。掺羅品物數倍前編，擷攬見聞，詮詳後喆。錄形象以別真贋，著出產以明優劣。精圖繪以救凶荒，盡烹調以備製度。立類分門，題綱注目，誠有俾日用，無忝編摩。鑒者宜從飲食之恒，知尊性命之正云。吳門書林梓行。

明・姚可成《食物本草》凡例　是書為頤生日用之要，別類分門，詳詮細攷。於凡載籍之所傳，見聞之所及，以至庖司客座之所手經口授者，罔不兼收該採，得其目者二千餘條，真足以為尊養鴻書。雖或間有闕漏，亦必無裨於飲食之正者也。用供左披右攬，匪云管見班窺。　凡天生地成，與物彙滋息，人工長養，其間品味，苟有關乎日用者，無不羅載詳明，以便稽訂。至於奮造炊煎、製釀烹飪諸法，悉皆次第詳列，使覽者知有物必有則，庶不負上天生我蒸民之意。　首重水部者，以水之為物，雖總一源，而其所自出，則種種各別，性味亦種種不同。良毒攸分，利害殊切。故自天泉地水，以迄海內名泉，罔不廣掺志記所詳，盡載域中諸勝。令覽者隨夫居處遊行之地，而辨其清濁高下之分。併附前賢品列，以俟条求。　大書正文，悉仍《大觀本草》及諸家方帙體式，俾閱者一展卷而綱目瞭然，不敢以己見擅易，貽悞於世。每類各題之下，俱用細書，備載諸家註釋。務求人無遺論，物無妄收，寧詳勿略，寧刻勿疎。既令覽之者，廣厥探求；　復示用之者，審所採取。　細註中兼載名人敘記題咏，使讀是集者，偶有晉乎品味之微，即可達乎性命之正。　於諸品良毒，有關去取宜忌之處，俱用旁加圈點。庶掺閱者觸目驚心，誠恐口腹累小，飢渴害大，實保生之要旨。　品類中或有生植之奇，或有良毒之異；　或時月之相反，或地土之相違。種種變幻無方，他書記載未悉，茲刻詳而錄之，俾覽者不特足以正性命，抑亦可以廣見聞。善讀者當有得焉。　既明品物之應驗單方，皆古昔聖賢，軫念民瘼，苦心所立。茲亦附錄於冊。既明品物之功，復佐倉卒之用，斯亦濟人利物，竊比古昔聖賢之意云爾。　附《救荒野譜》。繪形註釋，辨草木之根荄，詳烹炊之製度。設當水旱凶年，辟穀無術，樂飢不堪之時，既可藉以充腸，抑或得以延命，唯在仁人君子，廣為開諭，弘濟時艱難。　附《治蠱方論》。雖由邊陲惡習，中原鮮有，然中之者特猛於鴆毒。惻隱之心，奚分遐邇。茲刻流播四方，使懷奸者，不得逞其技；　被禍者，不致戕其生，未云無補。好生君子，幸曲無治療，以廣同仁。

明・姚可成《食物本草》卷首《救荒辟穀諸方》　引：　炎農興耒耜，藝五穀。天縱神聖，生活斯民。孔子雖蔬食菜羹瓜祭，不忘本也。後世賢明者固多，而愚昧者亦復不少。不特暴殄招愆，即一語忽慢，輕於鴻毛，殊不知獲罪重於山嶽，故有災荒饑饉之報。天本好生，造化原非弄人，奈人自弄此造化。太上云：　禍福無門，唯人自召。覩茲辟穀諸方，是亦昔賢挽回造化、拯溺救焚一時權變之術。雖未果於斷穀證僊，若能按法服食，當令一班餓夫，茫焉懵焉，如醉如夢，苦樂兩忘，形同木偶。延此一綫，轉溝壑以俟豐穰耳。成恐昧是理者，反生誕妄之譏，故特拈筆以解。崇禎壬午清明日蒿萊野人姚可成識。

明・陸康稷《分部本草妙用・序》　昔庖犧問天而八卦列，炎帝問地而百草辨，軒轅問人而五藏六府、十四經脈明。上古至神極聖，順天地之紀，逆幽明之占，治五氣，宣五行，令病者起，夭者壽，則所為旁羅日月星辰，水波土石金玉，而澤之大德生氣也。《周禮》醫師掌醫之政令，邦有疾，則使醫分而治之，歲終則稽其功，以制食上下。我朝調養萬民，設醫院及諸郡醫學，以療民間疾苦，斯亦周官遺制也。代季漫漶，經學榛蕪。居世之士，曾不留神醫藥，上以療君親，下以救貧苦，中以保長生，而苐羶逐榮利，企踵權豪，飾其末而棄其本，華其表而悴其內，進不能愛人知物，退不能愛身知己。卒遇非常，陷身死地，不大可痛惜也哉？　吾友顧君升氏，廣博儒書，深研醫理，著《脈訣炬燈》，業已起人於聾憒。而復著《分部本草》，簡捷明了，不蕪不蔓，以三年之功，照千載之暗。信口信手，觸處逢源，使讀者開卷如鏡，鬚眉若對，而毫髮炳如也。欲得藥性用法之微，孰有過於斯者？　精究斯編，則得本可以遺末，寶內可以賤外。願世之賢士大夫，留心性命者，人寘一編於座右，豈特無仲景之憾，并可以相天之度，運地之紀，達人之幽，而壽國壽民，功靡極矣。今上神靈睿知，勞心勤力，調陰播陽，拯世和民，不遜有熊氏。下臣稷愧不敢企古鴻諸人明習垣方，請以是編藏諸靈蘭之室，布告海內，以濟萬民。旹皇明崇禎歲次庚午一陽吉旦賜進士出身北京吏部文選司員外前兵部武選司主事通家友弟陸康稷頓首拜撰。

明・顧逢伯《分部本草妙用》序　嘗聞用藥如用兵，余讀兵書，而知兵之水土有異也。伎倆不同也，南人習於水戰，北人習於陸戰，山川利於峻險，邊境利於沙漠，或有長於劍戟，長於弓弩，長於矛盾，長於火攻，長於車戰者。假使驅陸戰者而攻水，則先溺之於波濤矣。驅平原者於險地，則先危之於壘卵矣。易弓弩而戈矛，則措手不能支。易車戰而火攻，則倒施適自陷。至於天時地利之不可違，彼己虚實之早宜量，此又因時權變者也。予讀醫書，而知用藥亦猶是爾。心肝脾肺腎，藥之性也，各走其臟。寒溫補瀉平，藥之能也，各效其靈。引經謬則生尅顛倒，補瀉差則證候反劇。至於陰陽氣運之變更，五方燥濕之不一，表裏虚實異形，風寒暑濕異證，又宜因天時人事而靈應之者也。妙得其機，而適投其竅，藥之靈奇也。不猶亞夫武穆之軍，有令人不可測識也哉？予故以本草一書，分為五臟，猶兵之有五部也。其兼經雜藥，猶兵之有擅眾長，堪令使者類序。其寒溫補瀉，猶兵之各善其長，而各利一方者，昭列於前，井然不亂，俟識者得其性，知其能，而各奏其效也。不猶王家之兵，聽之能將，將能將兵者之調遣也耶！至於以陰陽五得之微，運用乎草木金石之藥，直是知彼將我將，識九天九地之機，而操縱如神者。噫！當我世而安得醫師如赤松臥龍者哉！予非曰能之，願學焉。崇禎歲次庚午一陽日古吳友七散人顧逢伯君升父題于贊育齋。

明・顧逢伯《分部本草妙用》凡例　時珍《本草》及《大觀本草》雖云極備，而泛濫無緒，不便檢閲。茲刻先分五臟及兼經雜藥等部，令觀者欲看何經藥，則翻卷即是。而補瀉溫寒，復昭然別序，不惟無浩瀚之苦，而兼得堂正之路，大有便於觀覽云。　白下有《本草刪》一書，無非削繁歸約，不如此書之有頭緒，有斟酌，遵古人之旨，參近世之論，無支蔓之費解，有捷徑之足師。分部別性，特類序以便人檢閲；而應用靈奇，尤開揭以指人趨向。非復前書之混混，幸賞茲刻之昭昭。　凡有疑難藥品，細辨真偽，手頭常藥，肆中無假，則不復贅。　凡藥對此症者，則傍用△，稍次則傍用○，其不△不○者，遵古類書而已。然過于影響者，業已刪去，不敢亂人旨見云。　本草所載成方，或淵虚，或未驗者，俱不敢贅。原于理而確當，試之病而果靈，反不佞歷年所得神方，始敢筆之于後。非若別書之混載，徒以炫人之耳目。友七散人謹識。

明・朱國禎《湧幢小品》卷二五　唐高宗時，于志寧與司空李勣修定《本草》并圖，合五十四篇。帝曰：《本草》尚矣，今復修之，何所異邪？對曰：昔陶弘景以《神農經》合雜家《別錄》註銘之，江南偏方不周曉，藥石往往紕繆。四百餘物，今考正之，又增後世所用百餘物，此以爲異。帝曰：《本草》《別錄》何爲而二？對曰：班固唯記《黄帝内外經》，不載《本草》，至《齊民録》乃稱之。世謂神農氏嘗藥以拯(舍)〔含〕氣，而黄帝以前文字不傳，以識相付，至桐雷乃載篇冊。然所載郡縣多在漢時，疑張仲景、華佗竄記其語。《別錄》者，魏晉以來吳普、李當之所記，其言華葉形色，佐使相須，附經爲説，故弘景合而錄之。帝曰：善。其書遂大行。

明・朱兆柏《養生要括・引》　吾鄉有孟福兆先生者，以積學稱，易壇祭酒，則為王鄭；既而長博士，秉鐸赤城，則為孫胡；乃擢令藁城，丕振弦歌之響，則又為卓魯也。而又世精岐黄之旨，谿嗜味以通性命，列几而進，干櫓備焉，則《養生要括》之書所繇刻乎。人之生也，飲食以滋之，使其順寒燠之序，而不溺於飢渴之情，則可以循日用，保天和，而無俟藥石以伐其後與。飲食之失調而功藥石，又藥石之失御也。而押擲其飲食之軀，則宥生者不得不反本而求其養之之要。且古以之通於治也，以仁義為粱肉，不得已而刑罰加之。此亦湔腸洗胃，而胗療之極思已。倘於饔飧羹胾之節，各叩其宜，則油油然而引恬以養，而倉、扁之三尺可措而不用。故先生於《食物本草》三致意焉。而以藥性及驗方，備爽口之讞，則所以衛吾養者，如周庶鑒而求口實乎？且先生唱明大易，易之理，繼需于蒙，亟以飲食之道，象雲天而昭晏樂，至觀頤而靈龜眈虎之喻，益加節焉。乃無妄之藥則勿之而有喜，此亦先仁義而後刑罰之至教耶？是可以明先生之治藁矣。且是刻也，闡先訓，垂遯施，全民生，窮物理，於是乎備抑古所稱名姓之後，其德博愛，其智業解，能知性命吉凶之數，而貫幽達微不失細小者，其先生也。夫余何所為玄晏。旹崇禎甲戌歲菊月上瀚史氏朱兆柏漫題。

明・李邦梁《食物本草・敘》〔《養生要括》卷首〕　余嘗謂醫為性命之學，本草是博物之書。《藥性賦》一大篇文字，婦人女子皆當令熟讀之。今業茲術者，第誦習歌括，一切苟且從事，至舉目前品物辯質者，有不能置對，則何遽以人之性命邀倖也哉？孟福兆與余同通籍，而兩受事於台，每談及藥餌，鑿鑿有據。蓋其尊之先人以善醫名浙中，令弟先生世其業，家固多方書也。日夕相對，無不指授，為尋常飯。而《本草》一書，遂為案頭冊子。福兆之言曰：吾先公之所有事也，其忌諸台署清暇乎？自撰錄丹鉛乙之，大都是目前食品，於性命最為關切，而秘密神劑，亦分彙備載之，可謂約而盡矣。仍不自秘而謀之梓，俾知醫者，且就近事博習焉。匕箸之間，了然識性，知避忌，病何從生？嘗聞老人有病不須服藥，且以食治之，夫亦謂食生氣也。食味相犯，即此是病，對時捄治，到處是藥耳。嗟乎！人生不為宰相，且為名醫。名醫之子，多有秘而不傳者。獨吾儒道廣大，博愛謂仁，目前切近工夫尤要。是書也，孟福兆之仁也，孝思也。僊都山寅年弟李邦粱書。

明・李中梓《醫宗必讀・本草徵要上》　本草太多，令人有望洋之苦；藥性太少，有遺珠之憂。茲以《綱目》為主，刪繁去複，獨存精要，採集名論，竊附管窺，詳加注釋。比之《珍珠囊》極其詳備，且句字整嚴，便於誦讀，使學者但熟此帙，已無遺用，不必復事他求矣。

明・鄭二陽《仁壽堂藥鏡》引　嘗譬之：醫家之有本草，猶兵家之武藝花名冊也。某兵長于某技，劃焉較著。而十四經絡圖則地理志也，此疆彼界，道里未始不相通，而分限則毫不相假。是以醫之用某藥療某病，即其遣某兵至某處公幹。法須某甲，果精于此技，而又于某處緣熟，乃可一往奏效耳。向使不問某兵果長何藝，憑胸雜遣，今且責弓箭于長鎗手，能乎？至若病本在此經絡，而投藥則為彼經絡，不幾以此州分而代彼縣分受過耶？雖令檄下如雨，其如杳不相應何？予不慧，弗嫻于醫學，每見世之業醫者，往往昧此，心竊病之。年來避喧于密園之不可及處，因取諸名家本草精義，手彙成帙，合之計得三百一十八味，概皆上手必用之品，題曰《藥鏡》。其《十四經發揮》《人鏡經》諸書，續有別纂。倘獲就緒，公之醫林，庶免昧遺之咎，是亦仁壽之一助云。中州潛庵居士鄭二陽書。

明・蔣儀《藥鏡》凡例　是編大義，悉遵古人。間有刪補，則屬金沙秘法。博收精採，余蓋留心數年。至協韻諧聲，務文約義全，易於記誦。醫鏡之鐫，騈車海內。今梓藥性，仍以鏡名，敢云鑑物至清，亦以璧合前書云爾。　編分四卷，首溫，次熱，次平，次寒，義方四令，其中草木昆蟲、金珠砂石之類，亦魚貫鴈行，次序不紊。更著《拾遺》《疏原》《滋生》等賦，譬十二氣之不齊，通於置潤，以為垂遠無敝之紀事也。計《本經》所載，并海外奇方種類浩繁，今特簡治療之必不可缺者，稽疑覈實，翻覆加詳而後已。　採藥期在春秋二仲，春初始萌，枝柔葉短，津潤未散，淳濃在內。至秋風颯颯，枝葉乾枯，津潤歸流下體。大抵春採採先，秋採採末，花實莖葉，各欲得其嫩熟之候。孫思邈云：古人自解採取，陰乾曝乾如法。遠方來者，必求道地，是以十療九瘳。今人採取，氣候茫然。至于南北地宜，新陳真贋，悉憑市販，眼無真識，所以十不五效也。　凡藥之在土者，中半以上為根，其氣上行，病在上中二焦者用之。中半以下為梢，其氣下行，病在下焦者用之。藥之出土者，中半以上為苗，其氣味上升，中半以下為身為幹，其氣味中守下達咸宜，貴乎因病酌用，費悖陰陽而已。　藥宜預蓄，時當淳晏，城市安居，旦暮亟需，求之必得。萬一村居風雨，或竄處遐荒，卒有奇痾，命懸呼吸，三年之艾，用在一朝，仁人君子，能不思有備無患，料理在先乎？更有說焉，狼毒、枳實、橘皮、半夏、麻黃、吳茱萸，此陶隱居所謂六陳也，他如大黃、木賊、荊芥、芫花、槐花、香薷之類，亦須陳者。　藥味有鹹、苦、酸、辛、甘、澹，氣有寒、熱、溫、涼，及入臟入腑，血分氣分。宜丸宜散，宜水煮，宜鹽炒，宜麵煨，宜生咀，宜火煅，宜酥炙，宜漬酒，宜熬膏。煎製老嫩，亦有一物幾製，亦有宜隔湯火，不着銅鐵；利藥欲生，少水而多取；補藥欲熟，多水而少取。古人立方，種種有法，名公新製，容有奇中。大約草木根苗，九月以前採，宜曝乾，十月以後採，宜陰乾。質硬而頑者，宜熬膏，性柔而潤者，宜末服。　傷寒用藥，嚴如定律，非同雜病，略可員通。葢表症不可用裏藥，裏症不可用表藥，半表半裏症不可用表藥裏藥。故良醫之治傷寒，如隆萬以前，場屋中主師定元，一字一句，不入彀者，決不入選。而雜病治法，便如經魁亞魁，偏鋒正鋒，無所不宜，要得題之肯綮而已。　藥有君臣佐使，共成宣攝合和之玅。宜一君二臣，三佐五使，又可一君二臣九佐使。宣者，君行意也。攝者，臣行令而統攝佐使，無不奉行君意，乃始成其合和，其間陰陽配合，子母相生，兄弟協和。有一物而根、莖、花、葉、苗、實、皮、骨可單行者，可相須而行者。又有異物而相刑、相需、相使、相畏、相惡、相反、相殺之不同科者。凡此七情合和之，當用相須相使，而相惡相反者，所宜忌用。然又不盡爾也。若有毒宜制，有堅宜攻，有隔宜通，不妨徑用相畏相殺之藥。如星家所謂取尅我者為用神，其效倍捷，不爾則必殺人。黥布彭越為我部曲，非高帝膽識，未便輕用。　毒藥療病，用如粟許，病去即止，不去倍之，不去十之，去病為度。至如胎骨胞衣，及炮炙生命，我固欲生，彼寧甘死，縱弭救一時，嗣後必遭奇禍。醫道至仁，所宜亟戒。　病在胸膈以上，先食而後服藥。病在心腹以下，先服藥而後食。病在四肢血脉，宜空腹而藥之于旦。病在骨髓，宜飽滿而藥之于夜。胃脘食脹者，服藥之後，宜熨熱物。肺經咳嗽者，宜乘熟睡，喚醒隨呷。東垣服藥活法，病在上，不厭頻而少；病在下，不厭頓而多；少服則滋榮于上，多服則峻補於下。又下藥之具，有宜酒，宜飲，宜水，宜冷，宜熱，宜溫之殊。

如解毒之藥，服宜微冷，熱則使毒氣反盛。凡分載服三服者，要視人稟氣強弱，病勢輕重，以為進退加減，期藥之力，與病相及而已。　修合丸散，宜在五月上辰，端午臘日，并臘月晦日前三兩日，久而不暍也。若仙方救急之藥，須是甲子日陽時合之方靈。如天冬、地黃滋潤之品，宜剉曝獨搗令細，若逢陰雨，以微火烘之，既燥候冷乃搗。凡烘濕藥使燥，皆大耗，當先增分兩，待篩末後秤，乃為得法。投湯酒中者，不須如此。又曝濕藥，置盆水上，反易乾。　論藥諸書，無慮充棟。但能述其功效，而不究其所以奏功之故。是編目例嗣出。間載經絡之歸，炮製之法，選辨之正，名謂異同之義。及有毒無毒，微毒大毒，相使相反，相畏相惡，一一分疏。于本文秖發明其治病因繇，針鋒相對，不爽錙銖而已。學人披覽，如覩金膏。嘉善蔣儀用述。

明・李中梓《頤生微論》卷三　藥性論第二十一

神農三品，數應重卦，增衍至今，馬勃牛溲，亦無遺用，欲窮其類，雖一千八百九十二種，掛漏猶多。要皆聖賢好生之念，博闡以壽斯民。然質非甚敏，藥繁則惑，能不悵多歧之莫適乎？因考潔古老人《珍珠囊》，止論百品；丹溪僅以隨身七十二味，所在活人。與其多而饋，孰若少而察也。乃選四大家恒用，最切要者，一百二十種，附録二十二種，新補二十種，悉以時珍《綱目》為主，剪繁去複，獨存精要，採集名論，竊附管窺，比之舊本，十更四五。蓋偕天下于燎原，而免妄投之失耳。

清・李延昰《藥品化義・序》　古謂用藥救生，用兵救亂，其事急，其義一也。故處方猶之五花八陣，而藥者特其甲仗之屬，藉以克敵。若甲仗朽鈍，是以卒予敵也。更或長短異宜，先後倒置，直可以不戰而敗。救亂云乎哉，則將以救生者，亦可以肅然懼，惕然悟矣。著本草者，自神農以來，不下數十家，多繁簡失中。讀者嘗苦其不適於用。余甲申游蘇中，偶得賈君九如所著《藥品化義》，其為區別發明，誠一世之指南。問其里人，有不聞其姓氏者。嗟乎！豈九如精技入神，世人不見其德，故名沒於州黨？抑所號神醫者，學不必如九如，而已足擅名？皆不得而知也。是書藏之笥中甚久，戊午客浙，而伏暑中曝書，復見九如本，如逢故人。乃命兒子漢徵校正重梓問世。凡善讀此書者，當處方之際，直令壁壘一新，豈獨為九如重開生面也乎。時在庚申立秋日趙郡漫庵李延昰題於當湖之借竹樓。

清・朱矆《藥品化義・序》　自宋人昧人迎之名，偽造王叔和《脈訣》，而後世之庸醫遂不知脈。自元人倡滋陰之論，誤解張仲景《金匱》，而後世之庸醫遂不知病。自明人混三品之別，淆亂陶弘景《別錄》，而後世之庸醫遂不知藥。不知脈何以治病，不知病何以用藥，不知藥則古人所立之方，雖顯而易明者，而亦將誤用。故三者之害，以不知藥為尤甚。夫天以五行生人，以六氣病人。六氣者，《左傳》所云風雨陰陽晦明也，在醫經謂之風火暑濕燥寒。醫經所言內傷之六氣，《左傳》所言外感之六氣也。六氣一有所偏，病即因之立見。此氣偏盛，定緣彼氣偏虛。藥之救偏補虛者，各本其自然之性，而與藏府相入，非知藥者不能神而明之。厥陰病宜疏風木之藥，少陰病宜降君火之藥，少陽病宜滋相火之藥，太陰病宜燥濕土之藥，陽明病宜斂燥金之藥，太陽病宜暖寒水之藥，醫聖立法，蓋合內外偏氣，而審其輕重，故奏效捷於呼吸。而藥之為性也，本於五行，化於六氣，有色可辨，有味可嘗，有氣可嗅，有形可別。其所歸之經，無不可意索而得。若藥不應病，則思其藥；病不應脈，則思其病。古之名醫，有舍脈從病者，未有舍病從藥者。故曰三不知之害，以不知藥為尤甚也。古來言藥之書，幾欲汗牛，至李時珍之《本草綱目》，可謂集大成矣。然愈繁富而人之知藥者愈難。由博反約，蓋鮮其本。《藥品化義》十三卷，傳為賈九如所著，李延昰所補。辨藥之法簡明精當，大旨以從生從化為用藥治病之根原。讀之者人人可以知藥，由是而精之，則可以喻古人立方之意，而審脈療病之功，思過半矣。余藏之笥中二十餘年，今歲始校而梓之，以廣其傳，庶幾於活人之術，不無小補云。道光二十八年二月朱矆序於江西督糧道署。

清・朱家寶《藥品化義・序》　方藥為醫學之一端。自仲景立為方書，世之淺涉醫學者，遂不察藥之形性功用，而惟墨守夫古方。嗚呼！病可以方盡哉？《呂覽》云：病萬變，藥亦萬變。病變而藥不變，古之壽人，今為殤子矣。雞雍、豕零、牛溲、馬勃，用之而當，各有奇功。世人辨藥不精而因以疑藥，甚或偏重西醫，輕以金石升煉之劑相嘗試。一或不慎，禍不旋踵，而藥固不尸其咎也。賈九如《藥品化義》一書，以八法辨五藥，而分隸於十三門，明辨以晰。而於假詭峻烈之品，抉剔尤嚴。使夫讀是編者，通其條貫，上可窺古人立方之意，以契軒農俞跗之微，其下者區別而善用之，亦庶幾寡過，則所以(閑)(賢)聖距邪而躋斯世於太和者，將於是乎在，又豈第為驅使草木之徒，正其規槼也哉？道光末，家丹木中丞公刊於南昌，兵燹後板已無存，兹檢點書簏，尚遺此殘帙。千金之帚，有足珍者。爰用西法排印，以廣其傳。光緒三十年二月滇南朱家寶序於保定府署。

明·施永圖《本草醫旨·食物類》序　天有雨露而萬物化生，人得飲食而萬靈榮暢。況飲食之道，通於神明。《詩》歌燕享，《禮》重蒸嘗，《易》垂噬嗑，何一非飲食之訓乎？天生五穀以開萬世粒食之原，即生羽毛鱗介、昆蟲草木之物，以為五穀之助。但五方之水土既殊，則五方之生產各異。其中相生相尅之道，相宜相反之情，如同水火，命在須臾。世人往往習而不察，以致養命之原，反為戕生之斧，豈上天好生之至意乎？余故纂成《醫旨》，而食物一類，另列一編，備悉甘苦寒熱之性、有毒無毒之分，與夫主治消解之方、簡便神效之法。令人一開卷間，洞若觀火，人人咸知養性，物物盡屬尊生，以此而壽國壽民，世登熙皡。則此編之垂，倘與天地民物互相發明，則與上天好生之至意，未必無小補云。山公施永圖題。

明·李玄暉《本草乘雅半偈·敍》　余蓋素奇子繇，云子繇之生，奇甚。祖心齋公急在得孫，願以一週星課華嚴滿一十二部，於時燈香前，即時時現一童子相。既滿，子繇生焉。余託交子繇父不遠，事心齋公猶父也。聞是靈驗，甚詫其奇。今讀其所著《本草乘雅半偈》，則又并奇其書。而要之，此即一大因緣矣。嘗考《神農本經》及隱居《別録》，各三百六十五種，唐以後無算。子繇各取其要藥，而《本經》《別録》十七，合之得七八百種，金石、服食之類備焉。命之曰《本草乘雅半偈》。夫詮釋名物之書，皆以雅稱。獨《爾雅》最為精核，其餘為翼、為逸、為廣、為埤，不免信任覩聞，闊畧衡尺，故繩以得所，間有失安。《乘雅》名物，即無同異乎？而子繇已悉為判滯，語無影撰，理有宗本，仰瞻姬公，雖不敢稱敵擬，亦庶幾私學弟子矣。名《乘雅》者，數四曰乘。如四矢、四雁、四馬、四丘，咸以乘名，而子繇之雅已備有覈、參、衍、斷四則，固不特載以為義也。覈者，考實之謂也。考其生成處所、形色、種族，已不待繪象，而周鄭璞朴，不能名眩，故曰覈也。參，不越名、性、氣、味、主治功力，而形上實盡扵名相，故古人命名不異羲皇一畫，曰緼，曰門，將在斯焉。此之不研，則一切猜度又安所得？形上者而稱之。是以伏藏之珍，未經發覆，半現之寶，猶待傾湫，隱居尚爾，他復何論。乃子繇即名尋義，為之施啟鑰之功，運補天之手，尠一藥，則必另轉一關機，立一參，則必另開一生面。大似歷代老椎棒喝不襲，而西來大意無不顯出也。衍，則如大衍之衍，五十相乘，有何盡藏，纔拈一品，而横説竪説，正説旁説，浩乎無有津岸。非特明心燈而破暗，亦多借法喻以解纏矣。夫參與衍，例不自子繇剏也。《農經》三品藥石，在《別録》及唐、宋諸家，皆有衍。子繇既參定《農經》正文，旋取衍《本經》者重衍之。以經出聖人，殊不敢踰越範圍，恣談胸臆。迨隱居以後之本草，子繇取其既衍者而衍之也。其弘闊勝大之言，直借以寫其中藏矣。嘗觀《農經》三品，上、中猶易立言，至下品，而立言稍難矣。至《別録》及唐、宋以後，立言益難矣。得子繇而懸河之論始出，則所謂既啓鑰以闢門，仍煉石以補漏，明心燈而破暗，假法喻以解纏者，誠非溢美也。若夫七方、十劑，誰不知大、小、緩、急、奇、偶、複，如列卦位，缺一即不成方。宣、通、補、瀉、燥、濕、重、輕、滑、澁，如調鼎羹，失量即不成劑。乃方劑具有體用，而藥藥具有七方、十劑之體用，故助方之立，直欲使藥物神奇，畢供世用。無奈經傳所傳，理則同條，語有異指，而反以成後人之疑城，若不拆以片言，則譁然聚訟，豈特議禮者為然。抑又何以祛蔽而入覺。故子繇就方劑中立斷，所以通天下之志，斷天下之疑也。如是則遺一不可稱乘。而又名半偈者，何説？蓋取四者中分之覈、參所該，衍、斷具足。能者從之，將一已函三，何況得二。所以子繇書成，但取覈、參示人，而半偈名焉。如來悟道，不用全文，半字滿字，此亦玄機，下者自為周欠爾。子繇殆不欲以聲聞障人覺，故著書則不留餘義以生疑。命世則姑留不盡，以待悟也。夫自烈山以藥草救生，伊尹以湯液立教，世豈乏傳，而費人者不少，豈殀札之患難消，淳華之功難繼哉？則啓廸無其人也。求其人，子繇足當之。會見治鴻術者，盡耀光明，登斯民扵壽域，屈指奇書，古今有幾，余奇其人，并奇其書也固宜。然余既奇其書，則益奇其人。蓋子繇應頷而生，定從智慧海中來，能為是書，不足奇。所奇者，自絕乳而後，曾不露一隙慧光，而何以能擅作者之奇。今夫紛具而後有覈，三立而後有參，畜滿而後有衍，聽審而後有斷，是四者皆扵幼慧中植根。而以此求之，羣兒戲，獨不能戲；羣兒誦，獨不能誦。口若膠生，耳若纊塞，形若木偶，了了乎，懵懵乎，而何以能擅作者之奇。惟九歲時，依不遠禪坐，現一身世俱空之境，隨詣聞谷師，以三語令參，能舉心為對。弱冠忽處方藥有合，人亦稍稍許之，然父執王公紹隆召聽《内經》《素問》，則聾啞如故，其不以前此之偶然為疑者誰。乃自夏徂秋，講仲景書，遂大出辨駁，以困其師。明年，即攝師講席。著《摸象》。《摸象》者，實發仲景奧藏，謙言之以手為識也。

書未成，不遠促之，既成，火之。曰：十年後方許汝著書。於是奇穎之聲漸起，而於《本草》又不相入。每求入，則噴血如注者曷故，會不遠著《綱目博議》，有椒、菊蒦美之疑，不能決，得子繇私評而決。因令面判七藥，皆有至理。乃更以著書許之，而《乘雅》於此伊始矣。無何，不遠病亟，諄諄以《博議》為言。先是，余有楚游，就別不遠，忽謂余我兩人，交若兄弟，來年此時，歸視我舍。余如期歸，親聞遺命，數以此趣子繇，而子繇不堪涕淚，至於今《仲景論疏金錍》成，而《乘雅》亦成。《金錍》者，即踵《摸象》而作者也。《乘雅》中冠以先人字者，即《博識》也。夫小時之光景如是，今讀其書，而光景又不如是。其觀理之妙，不謬毫芒，非胸中默具一大衡鑑，必不能爾。剖析舉往喆未經指示之玄機，及得未曾有之刱論，普現筆端，非胸中默具一大解悟，必不能爾。點化不事咿唔，而陰陽生剋，苞符圖緯，經、子、史、集，琅函貝葉之文，皆供驅使，非胸中默具一大學問，必不能爾。該洽振筆成草，義議雲騫，詞華景煥，非胸中默具一大文章，必不能爾。斌郁而後知往時之不見一慧者，非無慧也。應化聖賢，具大智慧，特其初，不肯輕露一相，而世間肉眼，方且為按圖之索，則懵與慧，幾無辨矣。衆聞斯言，遂疑其人為藥王、藥上，遍嘗十萬八千藥物，使比味，因著書乘覺，而余謂不然。夫不見伊祖誦《華嚴》時，燈香前每現一童子相乎？則子繇從來是即華嚴會上善財童子耳。童子遍參諸聖賢，皆有藥喻，今日發悲愍心，即以所喻之藥喻世也。夫既以所喻之藥喻世，則覈、叅、衍、斷，何者忍秘，而秘即非秘，文殊之默，迦葉之咲，實已一切攝入，吾所謂大因緣者，如是，如是。錢唐李玄暉具草。

明・盧之頤《本草乘雅半偈》序　余質性黑暗，又不能多取師承。然以黑暗故，益不自知其為黑暗。每閱《本草》，艱苦殊甚，間亦弋獲，記之側理。夫自寫其一得爾。而稍稍為人物色。歲在庚午，武林諸君子大集余舍，舉仲景兩論及《靈》《素》秘奧，期余一人為之闡發。余謝不能，然亦不欲自秘其師承也。于是皆計此書之成。自丙寅至庚午，僅得十之二；自庚午至癸酉，僅得十之三，而以誦說，故幾不能竣事。會春風座中狂飈拂面，余遂絕念世紛，專意筆墨，自丙寅至癸未，幾歷十八春秋，而此書始成。原分叅、覈、衍、斷四種，故名其書為《乘雅》。數四為乘，非取載之義也。明年甲申，方事剞劂，又明年乙酉五月，會有兵變，挈家而逃，流離萬狀，諸楚備嘗。沿至丙戌之十月，始得生還，而家徒四壁，則板帙之零落殆盡可知已。既慕古人破甑弗顧之意，而仍自懷千金敝帚之思，勉緝舊業，僅能完叅、覈之殘缺。衍、斷倍多，何能補漏，雖余之始意亦欲中分四種，謂叅覈可該衍斷。遂又名其書為《乘雅半偈》。尋又念一生精力，何忍自藏其半？語詳義例中，而今則姑俟之矣。余平生寔不能負笈遠遊，師承殊少，于家庭，則有先大人荷薪之訓；于父執，則有紹隆王先生《金匱》之心傳，象先陳先生薛案之私淑；于往來，則有仲淳繆先生之指示，而李不夜先生、嚴忍公先生則文章道誼之宗模也。幼耽禪學，于聞谷、憨山二大師，得其南車。于離言和尚，得其點醒。而雲間施笠澤、古婁潘方孺、同邑茹居素亦皆宇內名流，既已于于而來，豈少起予之益。故余之言雖不乏道脈，持黑暗之資，恐猶是摸索語耳。將以就正海內，即以貽笑海內，而前所稱武林諸君子，咸以是書出，殊可為人師承，余不敢冒其稱也。余特不敢不稱述其師承者也。丁亥重九日盧之頤書于無恒業。

明・盧之頤《本草乘雅半偈》義例　《圖說》覈　自炎帝嘗藥，形質始晳，惟德刑異齊，而厥狀緣以區分。先賢著為《圖說》，間亦差別。大率三統相承，風氣代變，且聲教漸遠，而物性亦移，或古之所產，今無取焉。倘按舊圖，靡施新效。余謹從先賢序述名類中妄加辯覈，間取數十種，躬蒔齋圃，求其甲孕癸終之候，敢曰旁通。誠以術重安人，機殊相馬，方則猶是，而投或罔功者，繇辯之有未辯也。芟繁就簡，多仍舊文。語有之，見色見心，設繇是而循所以生成之序，以返而探所以生成之原。如良將用兵，務使兵識將意，將識兵情，斯靡投不善矣。作《圖說》覈。

《本經》叅　《本經》言簡意盡，精義入神，其範圍曲成之妙，非古之聰明睿智而神聖者，何以與此。先賢多得其精，引而不發，後世曲士，見外遺內，取觕舍精，或守其一隅，而乖其全體，斯精義裂矣。余早歲獲聆先人之緒論，扞格鮮解。久之從一品一節中，稍見一班。因遡求《本經》所以立名之意，與後人隨事異稱之故，其德性氣味功能之殊具，溫涼寒熱燥濕之異齊，剛柔升降開闔發斂之互用，固君臣佐使之所繇分也。然張弛縱橫之妙，如善兵者，因敵為變，以操其分合之神。故多亦勝，少亦勝，動亦勝，靜亦勝。設未能直叅古聖精義入神之奧，雖自謂了了，余知其不無茫茫矣。余顓愚謭陋，積歲茫茫，然偶有一得，輒妄憶之而妄言之。覬海內高明，庶有因鄙說而起予者。作《本經》叅。

《別錄》衍　《別錄》，蓋陶隱居就《本經》而稍廣之，所謂衍也。始余因《本經》立名，而稍得所以敷陳治理之義。觸類興思，偶窺一斑，載閱《別錄》，業已引而伸之矣。於此矗自信所見之或可與古為徒也。《別錄》既衍《本經》，余復敢為《別錄》衍。顧余於隱居，何能為役。雖然，推此志也，使人知《別錄》與《本經》非二説，余則幸矣。作《別錄》衍。

附方斷　在昔賢聖，莫不深晳《本經》精義入神之奧，是以因病立方，各有深意。顧人之病證雖同，而所以受病或異，倘按方以合病，合，其幸也；不合，且以病試方矣。故於諸方之次，謬為之斷。俾察證者，更審證之所從來，庶弗至以人儌倖耳。然微茫變動之介，其輕重緩急，有似是而非，似非而是者。謬在千里，差則毫釐，尤不可不深思而熟講也。故能精研《本經》之奧，則我可以立方，矧有古方之可循者乎。不則余懼其操方以希合也。作附方斷。旹崇禎歲次戊辰季冬八日錢唐後學盧之頤識。

明・盧之頤《本草乘雅半偈》凡例

一、本草立名，聖賢各有深意。以德、以性、以色、以味、以體、以用，為品不同，要使後人顧名思義，即一端而得其大全。如六書之指事會意，八卦之設象通變，原有至理存焉。古之名家，精識洞徹，未有不深窺《本草》之奧者，故嘗以一種而治多病。自藥性有賦，人安苟簡，執一端而遺大全。求其苦心刻意，能深探《本草》所以立名之義者，累十數百年，而不少概見矣。則聖賢深意，晦蝕已久。是編不揣，非敢強為傅會。務就一端而求大全，所謂其次致曲，固曲士之微誠也。

一、是編皆就《本草綱目》以為闡揚。蓋《綱目》一書，李氏父子博集精研，近代之篤志《本草》者無出其右矣。第良工苦心，惟恐掛漏不無泛愛。蓋以後人而推求前人之所未盡，自易為力，然意在相成，以惠養後世，總欲立欲達之一念也。如有肆然思蓋前人之意，則鬼神將呵責之矣。況是編之未盡實多，千里比肩，端祈指駁。

一、是編所重在条。原夫《本經》立名居要，其主治亦獨挈綱宗。乃後人未達深旨，故隱居有《別錄》之述，正從綱宗中，再加演暢耳。所以愚竊謂《別錄》為《本經》之衍也。然愚所以竊重於条者，惟能条《本草》之真德用，斯於古人立方之意，隨病之輕重緩急，而嘗變不一處，始堪措手。今之執古方而未盡效者，豈方有未善哉，未能變通而輕重布之耳。

一、君臣佐使之説，聖有明謨，較若畫一，無可移易。然亦借國體喻之，如人主清境內而授之將，則君且委責於臣矣。顧此適足以彰主之明而成主之重。又如人臣出疆，有利社稷安國家者，專之可也。此適以見使之不辱，而君之善任耳。凡此皆所以措國於不傾者也。然則《本經》立名，雖有定品，苟不精条以妙其時措之宜，亦鮮濟矣。

一、藥產古今不同。姑以人參言之，相傳皆稱上黨。往時皆用遼之清河，若上黨，則絕無矣。間有朝鮮者頗不適用，今則大率皆鮮產矣。古人用藥，取之中原而有餘。今多採之遐方遠裔，其近產者絕不足用。至於良楛不侔，更宜甄察。然以良較楛，其賈往往倍蓰什百，是其取效亦必倍蓰什百。世人類多畏良取楛，無力者不必論，奈何有力家，視身之輕也。至於醫者亦苟就之，直欲制梃而撻堅利，愚竊於此，頗三致意。

一、所附諸方，頗有得將在外及大夫出疆之義者。設方與證合，取效甚捷，然取效之後，尤宜加謹培養，所謂逆取而順守也。方中不能一一備陳此義，惟精条而嚴辯之，毋拘毋忽。

一、先人肆力《本草》，著有《博議》，蓋沒齒無倦也。然於諸欵之下，有予有奪，故曰議。其議或一或二，至於六七，不局局然為定額，故曰博。今亦備列編中，不敢言淵源，聊以明不賢之識小。至於家授諸方，間亦附見，統公海內。

一、諸説中間引釋典。緣先君與王紹隆先生，皆從紹覺法師講惟識論，因有所悟，愚小子竊聆緒餘，遂知仲景立論之法，暗與惟識相契，且其妙有超於先天者。用是不敢避流俗譏嫌，略取一二，以俟躍如。

一、藥產苟非目擊，徒取耳聞，不無盡信書之蔽。即愚數十年來，所睹稍多，蓋不俟五十而知四十九年之非矣。所望高明深心遐覽者，有以命之，不妨刊正。

一、愚之条囿於知聞，猶之井觀已耳。況數千年未抉之奧，豈易備闡。然先儒訓詁，實後儒之藉。惟是異時有因之觸發者，獲為之藉，其幸大矣。

一、姫公《爾雅》，專為釋名。後之曰翼、曰埤，種種稱述，其説始廣。是編雖主於顧名思義，而或翼、或埤，亦妄意竊取云爾。

一、藥品雖有德性色味體用之不一，然其要，惟在能妙其用。若識其妙用，斯於升降出入之法，可以大投，可以輕取，無不如意矣。主治立論，實與《內經》相表裏。愚於条中，頗引《內經》者，以此。然有一病而有數藥兼用，及可互用者，亦有一病而必賴一藥獨治者。夫善事必先利器，固矣。苟器之未習，而徒抱臨淵之羨，俾病者、醫者，兩蒙譏焉。惡乎可？ 旹崇禎歲次辛未孟夏八日錢唐後學盧之頤識。

明·盧之頤《本草乘雅半偈》採錄諸書大意 《神農本經》三百六十五種，恰應周天之數。天度無虧，此藥何容去取。惟是古有今無，存空名者，居三之一。故於《本經》實得二百二十二種。

今之人，知有《神農本經》，而不知其有《食經》。然亦三卷中，存茗草一條，而後之人，始知有《食經》也。夫《本經》已亂於張華，而《食經》又歸於剝蝕。故以茗草寓存羊之意，殊不必於此一條，再如《本經》爭所自出矣。蓋《淮南》《世紀》，皆以《本經》出自黃帝。既出黃帝，而神農之稱，又何以傳之千萬禩而無改。惟陶隱居則信以為烈山氏之書。在《漢書》亦云，《本草》不知斷自何代而作，猶疑之耳。未嘗確言其出於軒轅氏也。總之，神聖開天之筆，非二帝不能作，即隨屬一人，亦可。或者書契未作之先，口耳相授，至後而始有筆傳也。此非余之言，而先哲之言也。今《食經》以剝蝕，故人無置喙則幸矣。

陶弘景，字通明，於《本經》已各有《別錄》，數如《本經》，而又於《本經》之外，復收採漢、魏以下諸名家所用之藥三百六十五種，亦名《別錄》，上之梁武。按弘景在宋末，為諸王侍讀，尋歸隱勾曲山房，號華陽隱居。梁武每有大事，輒往咨訪，故時人又號為山中宰相。卒年八十五，謚貞白。其書，首敍藥性之源，論病名之診，次分玉石等部，又有名未用者，三品。今於三百六十五藥之中，採五十種。

《唐本草》者，出自唐高宗時，故係之以唐。初高宗以陶隱居所註《本經》精麤溷收，特命英國公李勣等，主纂修之事，勣等亦稍有增損，故又謂之英國公《唐本草》。顯慶中，有監門長史蘇恭等，以重加訂釋，請帝復命趙國公長孫無忌等，與恭等，互相採訪。則又增入新藥一百二十四種，分類諸品，及有名未用者，列十一部，合目錄及《圖經》，通共五十三卷。世又謂之《唐新定本草》。今於其中，錄其功用者，凡二十種。

《藥性本草》，即《藥性論》，非陶隱居之筆，而唐甄權之筆也。權，扶溝人，仕隋為秘省正字，唐太宗時，春秋百二十歲矣。帝幸其第訪以藥性，因上此書。其他著述，尚有《脈經》《明堂人形圖》。今從《藥性》中，取神麯、土茯苓二種。

唐孫思邈，撰《千金備急方》三十卷。亦採《靈》《素》、扁鵲諸書。所論補養諸說，及《本草》之關于食用者，分類而係之，名曰《千金食治》。夫思邈隱居太白，隋唐徵辟，皆不就，年百餘而卒。則其所得，必不止服食也。而服食亦足以概所得矣。尚有《千金翼方》《枕中素書》《攝生真錄》《福錄論》《三教論》《老莊註》，為世所重。而余錄其食治中犛酥一種。正為切于觀頤耳。

唐開元中三原尉陳藏器，撰《本草拾遺》。亦以《本經》雖有補集，而遺沉尚多，故別為此書。今按，藏器爲吾浙之四明人。其書博極群書，精覈物類，訂繩謬誤，搜羅幽隱，自《本草》以來，一人而已。而世猶有僻怪之誚，此與指橐駝為腫背馬者，何異。人胞一種，功用最大，特亟採之。

蜀後主昶命翰林學士韓保昇等，取《唐本草》重加訂釋，間有增補，別為《圖經》。凡二十卷，昶自為文，以弁其首，謂之《蜀本草》。其生成形狀，更覈于陶、蘇諸家，即增補金櫻子，為世要藥，特錄之。

宋太祖開寶六載，命尚藥奉御劉翰、道士馬志等，取唐、蜀《本草》，及《拾遺》諸書，而叅校之。馬志註解，學士盧多遜等刊正。七年復詔志等重定。學士李昉等看詳此書，凡兩經叅訂。今取凡三十一種。

宋仁宗嘉祐二年，詔光祿卿直秘閣掌禹錫、尚書祠部郎中秘閣校理林億等重修本草，所增定共九十九種，計一千八百條，謂之《嘉祐本草》。秉筆者意在兼收，務從該博，以副詔旨，而于秘奧實無大發明。今為採十種。

《日華諸書本草》，開寶中人譔，不著姓氏。但云日華大明序，集諸家本草。按千家姓，大姓出東萊，則其人乃姓大，名明也。或又言田姓。云其于藥之主治功能頗稱詳悉，凡三十卷。今取蓬砂一種。

《用藥法象》為李東垣先生筆。先生諱杲，字明之，真定人。其祖嘗見神女從地湧出，謂汝有賢孫，當以鴻術名世。後得先生，果有倍年之覺。受業於潔古老人，即盡得其學。祖《潔古珍珠囊》，而增以義例、嚮導、活法，著為此書。中亦間有補遺，如所採通脫木一種，是已。嘗嗟世人不辨脈證，溷同治病，著《辨惑論》。其遺稿實多，皆門人集成，不無出入。惟脾胃一論，謂其以一臟具五臟體，一氣備五氣用，發人未發，真千古之卓見也。

《本草衍義補遺》，乃朱震亨所著。震亨，元末人，字彥修，世稱為丹溪先生。云震亨嘗從羅太無學醫，而此書則因寇氏之《衍義》而推衍之者也。幾二百種，亦多所發明。但時泥舊說，而又以諸藥分配五行，恐不無牽強之失。今採紅麯一種。

《本草會編》出祁門汪機手。機，字省之，嘉靖時人。懲王氏《本草》不收草木形狀，乃削去上中下三品，以類相從。菜、穀通為草部，果品通為木部，合諸家序例，共二十卷。故有會編之名。其撮約似乎簡便，而混同反難檢閱。薺在菜部中最為微品，而取以為冠，何其陋也。掩去諸家，更覺零碎，臆度疑似，殊無實見。僅有數條可錄，取蟲白蠟一種。

嘉靖末年，祁門陳嘉謨撰《本草蒙筌》，其部次一宗王氏集要，每品具氣味、產採、治療、方法，創成對偶，以便誦記，間附己意，頗有發明，便於兒讀，故名《蒙筌》。秋石一種，亦屬新增，取之。

《本草綱目》者，乃明楚府奉祠敕封文林郎李時珍之所譔也。珍，字東璧，蘄州人。其書蒐羅百代，訪採四方，分五十二卷，列一十六部，部各分類，類凡六十，標名為綱，列事為目，增藥三百七十四種。今採六種。

《本經》藥品，惟《本經》及《別錄》得依三品，且不敢紊次，自《別錄》而下，為草、為木、為果、為穀、為蟲豸，不無後先者，以各自成帙故耳。

從來本草命名雖殊，而各有增入，故損益之權，非一手一足之所能操也。(損)操損益者，豈有意乎損益哉。知荒穀貴玉之說，則知不佞採錄之意矣。所錄切要藥品，各附諸家本條下。

歷代本草，幾四十家，除《食經》及《本經》不論外，今所錄者，止一百四十三種，合之《農經》，仍是三百六十五種。上契週天，下備人用，亦既優然有餘矣。丁亥中秋盧之頤子繇甫識。

明·佚名氏《本草通玄·序》 治醫猶治國也，視其不足者補之而已。宣尼之言政，曰足食足兵。使軒岐而錄其要言，則必曰足榮足衛耳。夫天之予人，無弗足者。自私智以勞其心，長飲以損其脾，於是氣乏精搖而筋力減。蓋自智計生而人日趨於不足也。良工察於五味，摻盈把之藥，甫投匕而病者霍然起，蓋補其不足者爾。有摻守中之說者曰：得吾之術，俄頃而三關理、黃庭固，惡用是根荄者為哉？然而導引按摩，疾不可去，而其人者日以倦。琴川喟然歎曰：是未讀李氏《本草》也。治疾不可廢藥，猶治國不可廢道也。今有管夷吾者出，則軍令必寄也。有魏庶子者用，則農戰宜講也。中國相司馬，則舊章宜守也。漆園氏牧馬之喻曰去其害馬者，損有餘之謂也；牧羊之喻曰視其後者而鞭之，補不足之謂也。苟毋諱其不足，則參苓以下、溲勃以上，皆有所補，皆得效，其所補而無不足矣。琴川之論如此，行將持以佐聖主致維熙，俾天下無不足，烏豈曰小補之哉！

明·佚名氏《本草通玄·序》 醫學本利濟之書，往往起死肉骨，易疾痛而予以生全，厥功不細。以故孝子仁人，靡不究心。因歎神農氏嘗百草，一日而遇七十二毒，可謂勞心天下，恫瘝乃身矣。誰謂上古神聖，因任自然，端拱清宮，坐享無為之化哉？《內經·素問》而後，岐黃宗旨代有聞人。人有秘說，然欲按脉主方、對症發藥，端自究心本草，始顧其為書發明既多，指歸亦異。主乎約者或失則漏，主乎博者或失則支。求其約而能該、博而有要，未有若李氏之《本草通玄》者也。李君中梓，字士材，雲間高士。其他著述如林，世爭寶之，玆不復贅。獨是《通玄》之為本草諸書冠也。其燦然臚列，猶是藥品也，而簡切著明，咫尺片言而具尋丈之勢。是他書之藥品猶蹊徑，而《通玄》則跨海登山矣。其去非存是，猶是輯論也，而精當渾確，開卷數語而破千古之疑。是他書之輯論猶門戶，而《通玄》則升堂入室矣。若乃人詳我略，我略人詳，言人之所難言，發人之所未發，則信乎通之無不通，斯玄之無不玄矣。其為本草諸書冠也，不亦宜乎！予珍藏是書久矣。自念家世從【殘】而予方且優遊昆海，則所以起斯世瘡痍而躋吾民于壽域者，固其素志，乃利濟有如是書而不刊布，是豈予之志哉？況金碧近稱首善，天府圖書徵求宜廣，而中原方事戎馬，書坊舊板，安知不即付之荒煙蔓草中也，是尤不可以不刻也。殆將使按脉主方，對症發藥者，永有指歸，不致惑於旁門別徑，是則李氏先得我心之所同然耳。如謂李氏之書必待予而傳也，則吾豈敢？

明·戴子來《本草通玄·序》 蓋聞紛於學者靡窮，原於道者不匱。近從吾師士翁遊，信斯言之不誣也。吾師以名臣子為天下才，幼中奇痾，法無生理。遇至人授以谷神秘旨，乃霍然回春。長嗜典章，若親飴蔗。凡內典玄經，墳索子史，天官地輿，孫吳醫卜等書，盡探微渺。秋闈之翮再振而大風下之，遂遍參尊宿，親見滹沱。曩受三峰之印，邇傳雙徑之衣，行且譜傳燈矣。有著述數十種行世，強半為岐黃家言。(噲)〔膾〕炙人口，匪朝伊夕。以故四方乞刀圭者，往往向深煙遠霞之間，屨嘗滿戶外，而就正靈蘭者，更僕難數。各請指玄，迄無虛晷。吾師酬給罔暇，因論本草一書，上自炎皇，下迄漢唐宋明，無慮剞劂充棟。第引而未發之旨，舛而承訛之弊，不可枚舉。業已有舊刻二種，未逞罄闡其幽，悉簡其誤。用是復奮編摩，重嚴攷訂，扼要刪繁，洞筋擢髓，成本草二卷，命曰《通玄》。夫玄者衆玅之門，常情所未能通者也。一經拈出，久昧忽彰。素所荆榛，闢為坦道。擷千賢之髓，釀就醍醐；煉九還之丹，沛為甘澍。匪直學綜百代，而且識曠千秋。匪直指南一世，而且司鐸萬禩。來也不敏，莊讀一過，而形越神超，敢不捐金以付殺青，公之同人。俾司命者目有光明，即乞命者筭無夭折。何莫非吾師之湛恩穢澤也哉？方今之頌我師者，都比之南陽、易水間，以為神異。詎知吾師出維摩之眼，續濟下之燈，誠是無漏國中留伊不住，却來烟塢，且臥寒沙。倘所稱原於道者，非耶，彼炎皇奧旨，特紛學中一微塵耳。若從是以知師，僅窺一斑，全豹隱矣。此尼山所以泣麟，卞和所以泣玉也。新安門人戴子来百拜謹識。戊午春昆明子厚黃中立書於種杏齋。

明・李中梓《本草通玄》凡例　本草之刻，自炎黃以暨今日，無慮充棟。太繁者流覽無垠，太簡者義理未備。兹刻徵考恒用者，凡若干種，俾讀者便於誦習耳。　從來論藥者，祗論所當然，不及所以然。如秦艽之活絡和經，本于疏滌肝風。昧者收為滋陰上劑，竟忘其所自矣。舉世承訛，莫可枚舉。兹則一一窮源，使投劑者有印泥畫沙之確也。　古法製藥如雷斅，失之太過，而四大家已抵和平，然更多可商者。兹刻靡不詳載，而變古法者，蓋已十之三四矣。　藥性有正用、有旁用。第詳其正用之故，則旁用者自可類推。不敢繁述者，懼多歧之莫適也。　前賢論議每多異同，即相反者亦復不少。必縷析而詳辨之，令前賢心法並行不悖也。　藥具奇功，而古人所未及發者，是刻乃詳紀之，則藥無遺用而效有捷收矣。　是編之刻，凡及門之親與較閲者，以中先之，鼎公繼之，各有苦心。以故語語推敲，字字精核，與他刻之漫筆者，實相徑庭矣。

清・錢謙益《牧齋有學集》卷一五《本草拔萃・序》　醫經經方之書，至河間、東垣而大備。國初諸明醫各有師承，而《本草》一經幾爲絶學。吾友繆仲淳常喟然歎息，以謂三墳五典燼于秦火，獨《素問》《本草》存。《本草》朱書正文，出黃帝、岐伯之手。古之至人，所以相天地之宜，類萬物之情，窮理盡性，精義入神者，發揮變化，實在于此。而世之學醫者，徒取以庀湯液，給方劑，薈蕞獵涉，未有能沉研而鑽極者。蓋此書自唐宋以來，增益于古人之《别録》，踳駁於近代之《綱目》，學者目傭耳食，莫知元本。于是乎醫學承陋，經方傳訛，用藥石殺天下實自此始。乃奮筆爲《經疏》以救其失。參治簡誤之文，若列掌故，若置甲乙，金科玉條，犂然畢舉。上下五百年，發軒岐不傳之秘者，仲淳一人而已。仲淳少苦疾疢，壯多遊寓，所至必訪藥物，載刀筆，五十年而成書。仲淳殁後三十餘年，年家子陸仲德氏，讀繆氏之書而學其學，作爲《本草拔萃》，以發明其宗要。嗚呼！何其難也。仲淳天資敏捷，磊落瑰偉。從紫柏老人游，精研教乘。餘事作醫，用以度世耳。余觀其理積痾，起奇疾，沉思熟視，如入禪定，忽然而睡，煥然而興，掀髯奮袖，處方撮藥，指麾顧視，拂拂然在十指涌出。語其險，則齊桓之斬孤竹；語其奇，則狄青之度崑崙；語其持重，則趙充國之金城方略。淺人曲士，遥聽風聲，猶爲之口呿不合，況有能論其人、論其書，知而好之、好而傳之者乎？余每思仲淳緒言，歎後世無子雲，今得見吾仲德，則仲淳不死也。于其著斯書也，樂爲之敘，以導引其志意而假仲淳以發其端。仲德好學深思，束修矯志，進德修業，日新富有。余雖昏耄，尚能爲仲德詳敘上醫醫國之事，如太史公之傳扁鵲、倉公者，姑書此以俟之。

清・李模《本草彙箋・序》　治病猶治敵，然治敵之道多端，而利器為尚，治病之瀵非一，而辨藥為先。《易》卦之《師》曰聖人以此毒天下，知其毒然後獲至順於至險。卦之《無妄》曰勿藥有喜，震震乎懼夫毒之也。神農以赭鞭鞭百草，一日而嘗七十二毒。《世紀》載宓犧亦嘗百草以制疾，制之為言，猶以其法治之云爾。或曰：黃帝時使十巫升降靈山采百草，始立文字，是為《本草》。厥後伊尹作《湯液本草》，明輕重清濁，陰(易)[陽]升降，及十二經表裏之宜，為製方之祖。然則神聖王佐，首慎辨於藥物，誠慮以生人之道毒之也。昔沈存中論治病五難，而詳及别藥，舉夫殊形異稟，采藏時宜，且引《素問》，稱(易)[陽]明在天，則華實戕氣；少陽在泉，則金石失理。噫！何微渺也！將非神明，其道孰能與於斯乎？俗醫粗習古書，亦知《本草》，而撰象勺蠡，網窺玄浩，但狥用藥之利，不識用藥之害，是猶五兵不飭，而輒稱應敵，豈理也哉？毗陵焉文顧公，痛惻時弊，先出《本草》一編，云以救世，大意在覈是非，審偏全，闢迷惑，通膠滯，齗齗乎諍論無少辟。公固曰：予非過激，蓋慮以生人之道毒之也。予笑謂公曰：公其以毒攻時之不知毒者乎？然公非易為立言者，少懷奇穎，壯益稽古，受知于嘉魚熊公，欲從科目發舒其所欲為，會屢躓，漸旁及《靈蘭》《金匱玉函》諸書，復涉淮泗，游燕冀，縱覽土風物宜，益博通古今名家論著而得其指歸，曰道在是矣。自松陵來吳門，寓予隣庵，日與諸門人披抉理奧。予時過從，譚天人性命之際，服其疏通簡遠，至岐黄家言，超然玄悟。咸本《樞要》，特研精《本草》，每發昔人所未發。應病謁者，則就古方裁易一二味，試輒神效。恒謂予不著書立言，無以大吾生人之用而塞毒吾人之害。今覽其書，如昆吾赤刀，割玉如泥；又如楚王太阿，登城一揮，無所不快。抑予聞之内典云，無想羯南，精神化為土木金石，未也，逆行聖賢，現為藥草，或作靈藥，舒光炤耀。夫屈撓物理不可也，枉折靈寓以戕生命，其可乎？故平毒寒溫，藥之體也；能殺能活，藥之用也。得之則撮土可以成金，失之則醍醐盡為毒藥。神而明之者之事也。是書也，練神淵識，宜自立一家言，而題之曰《彙箋》，其殆擊塗毒鼓，震動大地之聾惑者與。吳郡密庵李模撰，墻東徐樹丕書。

清·顧元交《本草彙箋》序　士君子生多數奇，自甘隱退。其精神智慮，無所寄泊，逴逴攻於藝術。然而仁人用心，不欲銷靡無益之地，庶惟轅岐之學，匪徒衛生，兼可及物。雖位處獨善，而有衆善之理。不佞交年已向邁，生平竟爲三截。人壯時藉魚山老師，延醫衲慎柔於松陵。予酷嗜其術，與之共晨夕者閲二年所，自謂終身之業已定，於是廼復牽繫浮名，往來燕邸。二十年精力，半耗於帖括，半耗於塵韁。甲申、乙酉之間，予年望四十矣。時事既乖，買山無力，則前此慎柔所授，已早筮末路，苟全活計。戊戌春，偶再訪松陵，逗留良久，凡兩易裘葛。刀圭所施，活人數百，而予固不欲久淹此地，乃蹔移吳門，僦居李灌谿先生園亭之側，得奉教於先生，無虚日。所聞皆聖人之言，所勵皆賢人之行，方竊私心厚幸。客曰：子既懷溥濟之術，廼不於通衢之肆，而深棲曲巷。且近來方士，毋論伎之精粗，而唯以工於逢世，巧於衒俗，即翕然響從。如子之守璞抱拙而昧於投時，徒自背耳。予曰：不然。夫醫者，聖賢之道也。枉其聖賢之道以求合於人，本先失矣。且凡事窮達俱繇義命，而況醫之於人，在彼有生死之關，在我有司命之責。其間遇合，各有定數，安能學賣菜傭沿門求市耶？且醫亦匪徒爲謀食也，將著書立說，以公之天下，傳之後賢，爲功甚博，爲澤甚長。此予有《本草彙箋》之刻，特先出以問世耳。夫醫者，識脈，辨症，設方，三者不可缺一。庸流闇於症脈、不辨藥物者毋論矣。即有高明之士，稍知脈法，揣度病機，亦多偶中。而三墳之書，束之高閣；方劑之投，仍然乖舛。每治一方，攻補良毒，多品雜陳；辛苦溫寒，互相拘制。如病自愈則藥之功，不愈則以爲病中膏肓，非藥可療。可不痛哉？古之至人，嘗藥別味。後來宗匠，代有發明。甄權、蕭炳、蘇恭、孟詵之徒，各闡奧義。至蘄陽李東璧先生《綱目》一書，始輯大成。繆仲淳《經疏》繼出，而國門紙貴。大抵《綱目》則人畏其浩繁，《經疏》則憑其才臆，觸類引伸，不無推原附會之說。似一藥而百病皆治，一病而百藥皆可治，使胸無專主者，莫可適從，毋怪乎無師之輩，視藥物爲可混施，而漫涉《蒙筌》《歌訣》諸書，遂以爲藥性在是也。予用是縱稽古之力，攬衆書之長，詳其本義，略其旁及，權於衆理，以要其指歸，彙先後賢諸家之旨，行以一人之筆，而自成一箋。務使觀者悅心，讀之爽口，初無開卷之苦，漸登啖蔗之境。舉凡輕視《本草》爲不必深求，或披覽全書而惡其繁瀚者，則此書不無少裨焉。然而古人之書夥矣，古人之論詳矣，予又安用役役焉復爲之贅。蓋蒐羅既廣，則理出專家；煙楮一新，則移人視聽。苐著述之家，訕誹所集。海内之大，百世之遠，蒙其藻識者固多，受其譏彈者當亦不少。余愧且懼，用敢自弁本末，亟付棗梨，其立言命意，已悉於總論二十餘條，茲不冗列。順治庚子秋昆陵顧元交書于能仁古院。

清·顧元交《本草彙箋》自弁　《周禮》隸醫師於天官，誠以醫道通天，古聖王所甚重也。夫醫者，人也，其道則天也。以天合人，不爽纖末。《素問》一書，言天道者居半，五運六氣，其大端也。其說詳瑣，其義奧繁，時工望之茫無涘畔。即近代繆希雍著《本草經疏》，業以生化之理爲全書之則，乃復罔言運氣之說爲非。噫嘻！誠畏之也！畏其難而反譏其謬，則悖之甚也。春秋戰國時，如和緩、秦越人輩，尚未能捃拾半字，奚況尋常方伎者流，安能望其創制立法，窮理盡性如是之精密乎？觀其文義，亦非秦漢人所能依倣，然非不可學而知也。聖人以天地萬物爲師，賢人以聖人爲師，又因聖人以知天地萬物。理其緒則繁者簡，比其類則離者合，窮其路則奧者通。余不敏，當甲申、乙酉間，正余四十。無聞之日，禁絶人事，杜門一編，寢食坐臥，唯手岐黄書不置。至《天元紀》《五運行》《六微旨》《氣交變》《六元正紀》《至真要》等篇，讀之多礙，則靜而思之。畢三夏之力，殫精竭慮，務徹本原。不揣寡昧，妄加詮釋。更爲錯綜其論，以曲暢厥旨，頗多昔人未發。然則循斯道也，民未病測其將病，已病識其轉病，所中何臟，所變何化，遂可握券以俟乎？曰：不然！人氣通天，寒暑相盪，沴盭相干，此天人感應之常也。然而臟府各有厚薄，稟賦各有堅脆。喜怒交攻，飢飽相困，勞慾致傷，起居失節，病咸人所自致，天亦無如之何。但其虛實傳變，進退盛衰，亢承制復之理，則萬象人身，脈法經絡，呼吸運動，舉莫之能外。病者於一日之間，而即寓六十年之變。醫者通六十年之變，以定機於一日之間。唯張子和深契此義。其云看與何年氣運同，即向某年求治法，可謂開千古眼。考亭未諳醫學本貫天人，乃視爲資身賤術。後人習其業者，卒多鹵莽從事，間有深究斯理者，又多懷膠柱之見，至疑聖人之書不可盡信。嗚呼！此道之所以日晦也。丙午長夏顧元交書。

清·錢潢《本草彙箋·引略》 六藝之外，其最益于民者，莫如醫。醫之爲道，固聖王拯元元，憫夭折，而以天地陰陽之理體之。草木金石以其得氣之偏勝，合臟腑經絡之盛衰。猶必仰觀天時，俯察世運。病隨運生，藥從運轉。故或主辛熱，或主寒涼，各得其當。而本草家臚列五千餘種，良毒溫平，靡所不具，以俟達時知變者採而用之。自炎皇有熊，以及唐宋，《農經》《大觀》《開寶》等編，燦然昭著。而蘄陽李東璧先生《綱目》集成，本草之學大備。今人多簡忽，不加討究。處劑措方，漫無張主，更安望其因時通變，爲一代醫林翹楚哉？此吾師有《本草彙箋》之刻。其立言命意，該博淵微，固不能替一辭，然而用藥之樞，合時之理，潢雖不敏，朝夕侍誨有年矣，故得稍知用藥之機。如張機治寒，完素療熱，震亨滋陰，李杲溫補，皆以運氣之變，時會之宜，故得耑主其說，各命一家。《經》稱運氣、天時、方土、人事詳矣。師之言曰：予以三十年前治症藥法，施之於今，鮮有濟者，往往常致決裂。譬如以今法，施之三十年前，其相背亦猶是矣。生今反古，哲人所戒，奚況負司命之責者，安得膠守管見，而昧昧於乘時也哉？善讀《彙箋》者，知於辨析藥理之外，時寓微旨，可謂貫天人而徹古今，非區區著述者流也。潢早年多疾，留心醫典，既壯，尋有得師之慶。師固先叔祖舊金華守疑菴公畏友，因得收寘門牆。師云：醫家不辨《本草》，猶農人不辨菽粟，將何以處方調治？潢逡巡惶悚，以爲《農經》《本草》固醫之宗也。其後黃帝命六臣論醫，而岐伯最稱職，醫道乃章。後世稱醫，皆以神農爲祖。而洪武間遂祀神農於德壽宮，而列諸賢于兩廡，何則？以神農爲開物造醫之始也。吾師乃能遠述神農之業，近接蘄陽之統，可謂刪繁就簡，使學者(燎)〔瞭〕然於胸臆而不爲群書所障矣。潢用是棄帖括，墜先邦伯公之遺緒，早晚克勤醫理，思有以繼述師傳，故敢附驥尾而爲之引略云。谿門人錢潢文尹父拜述。

清·黃山採藥翁《農經酌雅》例言三則 炎帝嘗藥，厥有本草。最後集成，實維李氏。茲所採輯，悉本《綱目》。曰農經者，原其始也。藥物名新，可供涉筆酌雅之作。良職是由，故恆品目殊，亦所採取。僻類事異，并述源流。不以錯見他書概事屏棄。至於或詳症治，或舉地宜，秪期有廣見聞，未必盡符醫療。原引他家本草，類皆不姓而名。是集所錄，悉仍其舊。

清·翁自涵《本草洞詮·序》 士君子毋輕言著述也，胸中無萬卷書則不可以著述，筆下有一點塵則亦不可以著述。蓋格致之功不講也。然則格致者，聖賢之極則，而天人之勝覽也。余友石匏氏幼讀五車之書，窮二酉之富，凡其車轍所至，幾遍海內，而議論磊落，詞旨倜儻，舉凡天壤間，人物、政事、文章、學術，森羅棋布，奇怪縹緲，耳目所不經之處，一經其闡揚，莫不如數家珍，又如布帛菽粟，愚夫愚婦之所不能須臾離者。平淡神奇，兩家俱失，所據何者？其致知明而格物博也。今閉關抱膝之餘，輒取昔神農所著《本草》，及歷代名賢所纂注編緝，醫家所奉以為蓍蔡之書，間出己裁而探討之，因復出以公世顏，曰《本草洞詮》，而問序於余。余惟數年以來，病魔為祟，筆硯荒廢久矣，何敢序。顧余之病，實考究之不精專，以自貽伊戚，安得不瞿然起而就其書，以求稍有得也。聞諸古人，秦越人之初治疾也，其師飲以上池之水，覃悟而始入，此必有玄秘之陰傳焉，而世俗不之解也。又孫真人道既通矣，忽入龍宮，得三十六笈之異方，乃出以大顯其術，世知其奇矣，而不知其所以奇也。其心一於救人，老而彌劭，故鬼神感之而助之也。石匏氏之為是書也，捄人之心迫之而然也，功何必在二子下。余三復其書，淹博不必言，而以辨物之細，析理之微，垂法之備，三者全而天下無遺理矣。所謂物中之理無不窮，而理外之物無不貫也。寧惟岐黃家宜奉為規矩準繩，而近取諸身，遠取諸物，以通神明之德，以類萬物之情，則居然無漏也。雖謂石匏全體《周易》也，烏乎不可？時順治辛丑子月刑科右給事中武林同里弟翁自涵仲千甫頓首序。

清·王益朋《本草洞詮·序》 劉河間云：上知天文，下知地理，中知人事，然後可以語人之疾病。醫豈易言者哉？《本草》者，醫家之耰鋤弓矢也。夫天生萬物，所以養人。然而庖饌之間，用物尚寡，至於刀圭吹咀，則舉古聖人烈山焚澤驅之，惟恐不盡者，皆可收之而作使，雖毒草惡木，能與五穀同功，自非博雅君子鮮能該括而辨析之。予友石匏氏搜討三才之奧，漱濯六藝之林，於學無所不瞷，且遍遊海内，縱覽名山大川，以恢廓其中之所蘊，一日手一編，謂予曰：夫醫卜，小道也。然《易》為卜筮之書，居六經首，而神農之《本草》，黃帝之《素問》《靈樞》，顧齊之方技而不尊，豈卜重而醫輕乎？茲有《本草》數卷，偕名《洞詮》，願乞一言，以光梨棗。予開卷展玩，見其動植洪纖，靡不辨究，如入龍宮金谷，璀璨悉陳；如對玉鑒冰壺，芹藻可數。而其抉微洞幽之論，堅白同異之辨，能令山言水答，天笑塊噫，泥升雲墜，灰銅鐵飛，頑石起舞，化人把臂，雖輔嗣之注《易》，毛鄭之箋《詩》，無以過於此也。懸諸國門，直博物之通典，衛生之寶鑒，豈第療病而已哉？雖然，石匏辨駁百氏著作甚多，是集之行，特九鼎之一臠也。世之讀是集者，嘗一臠而知九鼎之味可也。順治辛丑暢月吏科都給事中西泠同里弟王益朋撰。

清・戴京魯《本草洞詮・序》 聞古之享大年者，往往以養元氣為功，慎其起居飲食，節慾寡慮，雖有陰陽寒暑，皆不為病；次則服藥於未病之先，使邪不生而痰自去；最下者縱恣自傷，病勢已甚，復用攻伐尅削之劑以救標症，而益大損。其元氣若是者，《本草》百藥不任過，而要豈得任功也哉？嘗曠覽以思，兵刑所以救亂，不善用之則殃。藥石所以已疾，不酌投之則殞。然振古以來，有國有家者，每不能廢兵刑藥石而不用，何也？善用之，不傷其元氣而除其害。元氣者，此黃帝岐伯之所不能秘，而堯舜禹湯文武之所以養天下也，而可忽乎？余少而多疾，下帷攻苦，忘所謂元氣也者，而固嗇之，暨策名筮仕，益不遑恤其軀。然每至劇不能持，則檢方煮劑，盥手和丸，大約無一歲不數數於此者。謁告以來，謝人事，絕思慮，庶不藥而神氣如常，稍一動作，或偶拈筆墨，多議論酬酢，則參耆雖進不善也。以此益信藉藥石之力，不如守元氣之功。然而追思曩馳驅王事時，寒暑中矣，能却溫涼之味乎？身思憊矣，能忘補益之劑乎？斯時雖欲閉室内視，求所謂元氣也者，而時與地固有所不便與不能，則《本草》之書，安敢不讀？況夫藎臣盡瘁於中外，四民風雨而勤劬，婦人多憂思之疾，老穉藉藥果之資，炎黃功在百世，智者酌而投之，奚敢謂所載百藥非無過而功多者耶？余友石匏氏淵心殫力，工古今文，名蓋一時，復旁究百家之學，而於醫藥為尤精，篋中有《本草洞詮》一書，時人欲窺之而不可得也。今年以明經上辟雍，刊是書以公天下。予覽之而喟然曰：良醫療疾於腠理，得先時之術也。庸醫殺人於湯劑，味諸藥之性也。簡要而精詳，文詞博雅，無過是書。工醫者善用之，毋謬寒熱溫涼之性，而大傷人元氣，以滋《本草》諸藥之過，則是書之功也。然則善養元氣者，不事參苓，能用芒硝、黃戟者，亦自無傷元氣，果相益而有成乎，敢質之世之擅國醫者。順治辛丑良月大理寺寺丞錢塘同里弟戴京魯題於梅花精舍。

清・沈焯《本草洞詮・序》 莊生有言，人皆知有用之用，而不知無用之用也。夫無用以為用，其古之所謂龍德而隱者歟。古人之用，莫著于書。然《易》曰：書不盡言，言不盡意。輪扁睹桓公讀書而非之。若夫方術之士，百家之能，皆有用於時，而俞跗之術，素女之經，其尤甚者也。藥者，吾可測之以聲；律者，吾可求之以器；曆者，吾可揆之以數；星者，吾可驗之以度，皆於其有用者憑之。至于醫，而獨乎垣中，辨乎疑似，參苓亦可戕生，砒菌亦可已疾，是刀圭匕劑之所不能知，而《參同》《黃庭》之所不能宣也已矣乎？世無和緩，其伐杵而棄臼乎？家石匏兄讀等身之書，負匡時之略，既不得歷金門、排閶闔，施其用於天下，間泛覽于天文律曆，五丁飛禽，蛻形羽化之書，而尤精於醫，自更其字曰石匏。余從而徵其義，兄笑曰：天下之無用，莫匏瓜若也。吾于天下之有用者舉不能為，則瓠落無所容，斯已矣。余曰：莊生不言之乎，異日者大匠將以為大樽而浮於江湖，兄且若之何？兄曰：固也。匏雖無用，然而為舟可以浮水，為笙可以奏樂，是猶未免於用也。匏而石，石而不可剖，雖匠石無我何也？因出所著《本草》，曰吾願以不材全其天年，是以盡棄一切而不能忘情于《本草》也，且《本草》之為用亦眇矣。吾所言者，藥也，而尚未及乎用，所謂運用之妙，存乎一心，吾將俟之。余曰：兄之于藥，既各著其用矣。著其用而不居此，其意念深矣。且夫百氏之學，先王之政教名法，亦猶藥也，世有能辨其深意，知其末流，此亦治天下之《本草》也，其將藏用于是乎？兄蹙然改容曰：無乃大言乎哉！吏部文選清吏司郎中弟焯書於西湖僧舍。

清・沈穆《本草洞詮》序 余自少壯時肆業不耑，邇年以來叅學不篤，遂遊覽於天官河渠，陰陽軒岐，青烏三式，百家之言，每有會意，輒識數語，久而成帙，帙成輒悔，悔輒焚之。因念方伎切用莫如醫卜，然古人違卜而吉者比比，若違悖藥性，而寒毗芩連，熱投烏附，豈有瘳理？醫固不可不留意也。醫莫先于《本草》，《本草》肇自神農。今讀其經，與《靈樞》《素問》，皆文辭璀璨，似非渾噩之音，且所載郡縣，有東漢地名，疑為後人偽託。然非聖人具生知之哲，豈能辨天下品物性味，合世人疾病所宜而刱造之？蓋上古文字未啟，師學相傳，張機、華陀輩因襲古學，引伸推類，通為編述，而《本草》之書成，以為此神農經也。余常備考藝文，春秋以前和緩之書蔑聞，而道經略載扁鵲數法，至漢淳于意及華陀諸方，間有存者。張機《傷寒論》《金匱玉函》二書，最為眾方之祖，悉依《本草》性度，但其善診脉，明氣候，以意消息之爾。晉代以來，有張留、宮泰、劉德、靳邵、張茂先、皇甫士安，及葛洪、蔡謨、殷仲堪等，並深討物宜，精研藥術。宋有羊欣、元徽、胡洽、秦承祖，齊有褚澄、徐文伯嗣伯群從兄弟，凡此諸人，各有所撰用方。觀其指趣，莫非《本草》之理。至若道經仙方，服食斷穀，延年卻老，飛丹鍊石之奇，雲騰羽化之妙，用藥之理，悉依《本草》，但製禦之道小異。歲月積深，便獲大益耳。然古有刳腸剖腹，刮骨續筋之法，乃別術所得，非神農家事。再觀《范汪方》百餘卷，及葛洪《肘後方》中，有單行經用者，或田舍試驗之法，或殊域異識之術。如藕皮散血，起自庖人；牽牛逐水，近出野老；麪店蒜虀，乃是下蛇之藥；路邊地菘，而為金瘡所秘。此皆觸遇則會，匪由理測。蓋天下物中之理易窮，理外之物難格。用藥中病，如鼓應枹，有非語言文字所得而擬議者也。余讀蘄陽李氏《綱目》一書，精覈該博，嘆其美備，從而採英擷粹，兼羅歷代名賢所著，益以經史稗官微義相關並資採掇勒成一編，存之笥中。適家弟仲升見之曰：是集也，人子以之事親，儒者以之博物，平人以之養生，醫者以之療疾，皆於是乎在也，盍梓諸？亦小有功德事。余曰：否否。古之藥材不多，著作寥寥，而世多壽考。今之醫書廣至百餘家，本草加至千餘種，而人益夭札，是有醫不如無醫也。深山窮谷之中，生不識盧扁為何人，口不知參耆為何味，而龐眉皓齒趾相接也。通都大邑，舟車之所輻輳，王侯之所都居，五步一藥局，十室一良工，而殤夭枉亡者比比，是有藥不如無藥也。何用是殘瀋哉？家弟曰：否否。是集不行，世之醫療，未嘗乏也，彼善於此則有之乎？盍梓諸？功過亦可相準。余笑而應之。爰付之剞劂氏，以廣其傳。時順治歲在辛丑菊月吳興沈穆石匏氏書於澹寧堂。

清・沈穆《本草洞詮》凡例 一、本草肇自《神農本經》三百六十五種，以應周天之數。至梁陶弘景取漢魏名醫所用藥三百六十五種增入，以應重卦，謂之《名醫別錄》；至唐高宗命司空李勣、太尉長孫無忌等修定增藥一百一十四種，謂之《唐本草》；至宋太祖開寶六年，命學士盧多遜等取唐蜀本草，併陳藏器《拾遺》諸書相參，增藥一百一十三種，謂之《開寶本草》；至宋仁宗嘉祐二年，命直秘閣掌禹錫等重修，增藥八十二種，謂之《嘉祐本草》；又詔天下郡縣圖上所產藥物，命博士蘇頌撰述，謂之《圖經本草》；至宋徽宗大觀二年，蜀醫唐慎微取《嘉祐》《圖經》合為一書，復拾《唐本草》、陳藏器《本草》、孟詵《本草》舊本所遺者五百餘種，並增五種，謂之《證類本草》，上之朝廷，改名《大觀本草》；至明萬曆間，蘄州李時珍取金元明諸醫所用舊本未載者三十九種，自增三百七十四種，共藥一千八百九十二種，謂之《本草綱目》，其書取材至富，(柝)〔析〕理甚精，真本草之大成，濟世之慈航也。其他著本草者凡數十家，雖有發明，均無增益。竊謂《本草》一書，家不可闕。《綱目》卷帙繁重，無者不能盡購，有者不能悉讀。且醫之用藥，猶將之用兵，善用兵者，兵不在多；善用藥者，藥豈在廣。余但選擇要藥八百餘種，蒐緝諸家之論，折衷互異之詞，旁採儒書，間附管見，藥少而用則詳，詞簡而義無闕，祇增烟草一種，以盛為時用也。語多纂緝，題曰《洞詮》，亦彷文選稱撰之例，匪敢僭也。

一、藥之治病，不過以寒熱溫涼平之五氣，鹹酸甘苦辛之五味，以治人之臟腑寒熱，使得其平而已。飲食之中，亦有五氣五味焉。以食治病，以藥治病，其理一也。是故《周禮》有食醫之法，嗣後淮南王《食經》一百二十卷，崔浩《食經》九卷，竺暄《食經》一卷，《膳饈養療》二十卷，昝殷《食醫心鑒》三卷，婁居中《食治通說》一卷，陳直《奉親養老書》三卷，孟詵《食療本草》三卷，陳士良《食性本草》十卷，皆祖食醫之義也。是集於穀肉果菜諸部，凡入庖廚者，備著勿遺，若善調於食飲，雖不資藥餌可也。

一、學詩之道興觀群怨而外，尚取多識其名。凡鳥獸草木之類，有名必有其義，裁成服御之方，制伏變化之妙，造物甚巧，義類難窮。經史稗官所載，雖於醫藥無關，附識於篇，以備博覽，亦《爾雅》《詩疏》之一班也。

一、洪武初，周(憲)〔定〕王因念旱澇民飢，諮訪野老田夫，得草木之根苗花實可備荒者四百四十種，圖其形狀，著其出產以及性味食法，凡四卷，謂之《救荒本草》，思深哉！仁人之用心也。是集不能悉載，但於諸部中凡可療飢救荒者，亦附注焉。有心斯世者，仍當求之全集可也。

一、人身中可作藥者，《神農本經》所載惟髮髲一種，後世方書，至於骨肉膽血，咸稱為藥。夫以物命救人命，大雄尚然非之，況戕人以益人乎？醫乃仁術，當不其然。竊稱人身中可拯危起痾者，人氣、人溺為上，人髮、人乳次之，其餘方藥所用，各有一端之功，惟無害於義者則錄用之，其慘忍邪穢者，則闕斷焉。亦願醫家病家，先治心而後治形可也。

一、集中所載有一二醫方，秖因詮解藥性而偶及之，蓋借用以明體也。其餘大方、秘方，不可悉記，並盛為時用，諸方中有精理皆應闡發。另有《人身洞詮》《證治洞詮》二書，當嗣刻以問世。

清・丁其譽《壽世秘典》序　《記》云：莫不飲食，鮮能知味。非喻言也。《周禮・內則》膳膏所用，必順五行衰旺之序。養身莫切於斯，蓋其慎哉。近世拂經自饕，腐藥弗顧，良可憫也。敬奉精細不厭之旨，凡物類之有關於日用飲食者，悉為考訂，無驗不書，非典弗錄，既補衛生，兼資格物，為《類物》。天柱丁其譽識。

清・王琦《侶山堂類辯・跋》　聞之耆老，自順治至康熙之初四十年間，外郡人稱武林為醫藪。蓋其時盧君晉公以禪理參證醫理，治奇疾輒效，名動一時。張君隱菴繼之而起，名與相埒，搆侶山堂招同學友生及諸門弟子講論其中，參考經論之同異，而辨其是非，于是談軒岐之學者，咸向往于兩君之門，稱極盛焉。兩君所著書，皆堪傳世，張氏所輯者，俱已授梓行世，甫及百年，流傳日少。其《針灸秘傳》及《侶山堂類辯》二種，已難得購。余尋之有年，始得《類辯》一種。觀其準古衡今，析疑糾謬，足為後學規矩準繩，亟為重梓，以廣其傳。後之學者，苟以此為指南，庶能得正道而由之，寧有歧路之迷、邪徑之誤哉？隱菴初為糧道書吏，糧道患癃閉，諸醫用藥皆罔效，或薦隱菴，以補中益氣湯投之，一劑而愈。或問之曰：人治以降利之藥而不效，子易以升提之藥而效，其理安在？隱菴曰：公不見夫水注子乎？閉其上而倒懸之，點滴不能下也，去其上之閉，而水自通流，非其法耶？今閱編中所釋，將欲下之，必先舉之，而引轆轤之繩以喻，正是此理，人能以此法觸類而通之，醫法固無盡藏哉！茲事余蓋聞之黃君觀石者如是。近又聞張君東扶言盧晉公事，糧道患內閉，溺不得下，勢甚亟，諸醫皆束手，晉公先生以人參、麻黃各一兩定劑，諸醫囁嚅不敢謂是，糧道不疑，而飲其藥，不踰時溺下，糧道喜以千金贈晉公。與予前所聞者異辭。予意盧張二君所治各一當事，而傳者均屬之糧道，致有異同之疑耳。黃張二友皆非妄言者，故並紀之以為治癃閉之法，并以證此帙中名言精理所蘊不少，人當殫思細參以收其益，慎毋視為淺近而忽之也。乾隆己丑三月五日戊子胥山老人王琦跋。憶甲子歲暮，以事往來橫山大嶺間，道中憩一農家，農家方解豕，析其前蹄，有清水流出約二升許，異而詢之，農家子曰：此豕自幺時即患足弱，不能行立，恒臥而食，此其病之所由來也。予因是悟人之病手足不良，而不任持行者，蓋因水濕之氣留滯其中者，亦如此矣。茲閱隱菴所記，聞猪腸之蚘，而知無病之人未嘗有蚘，其事固可類觀也。穀雨後三日庚子，校勘已畢，重閱此條，因泚筆附記于後。

清・譚瑄《本草述・序》　《本草經》三卷，相傳為神農氏所作。說者謂《漢・藝文志》不見是書，惟《梁七錄》載之，而其中又有後漢郡縣地名，遂疑上古未有文字，必張機、華陀輩附托。不知古聖皇神靈首出，其下又有岐伯、雷公為之輔，相即六書未造，豈無蟲書、鳥篆共相授受者乎？況神農氏之書，非特本草而已。《素問》《難經》，奇文奧義，為萬世醫經之祖，不可因後人之增地名，遂并《本草》而疑之也。漢魏以來，扁倉諸醫皆能神明於《內經》，而《本草》猶沉埋未出。漢平帝元始五年，詔天下通知方術本草者，所在軺傳遣詣京師，《本草》之名始著，遞傳至於唐宋，一時大臣奉詔修輯，取陶弘景、徐之才等所著而合纂之，墨書白字，多所發明。於是唐《顯慶》、宋《開寶》《嘉祐》《大觀》諸本草，益大行於天下。然神農氏之為《經》僅三卷，而藥品止三百六十五種。後世相繼增益，藥品既已倍屣，卷帙之繁又比神農氏而數倍之，其為書非不燦然明備，而深微之旨，同異之論，庸醫俗工罕能精思而詳說之，其不致臨證多誤，以生人之術而反掌殺人者幾希矣！有明蘄州李東璧氏，搜羅百家，訪采四方，所著《本草綱目》，載藥至一千八百九十二種，於唐宋以後諸書，靡有罣漏，醫家者流奉為章程久矣。然博稽旁摭，該括古今，雖體裁弘整，而擇焉而精，語焉而詳，亦或未之能概。此大司寇劉雲密先生《本草述》一書不能無作也。其為書另出杼軸，蓋以去華務實為主，而精詳研覈，以軒岐《素》《難》為之根極，而貫穿融滙於張潔古、李東垣、王海藏、朱丹溪諸家，引而不發者，咸為抉其奧、展其蘊而大暢之，俾可共悟於造化功用之所以然，則恍然於諸先生同異之精微。蓋非特岐、雷之僚佐，亦神農氏之功臣也。余讀之而歎其超然淵詣，誠欲自成一家言，豈僅與《本草綱目》絜短長、較優劣者哉？先生以醫國手值庸醫誤國之後，雖有大丹神藥，無所施其治療，遂自八閩歸潛江，著成是編，貶其功業，而小用之。悲夫！余先君築巖公以五經成進士，奔竄閩海，盡瘁以歿，志與先生畧同，惜所著等身之書，盡散失於兵燹，使後世無所傳述。余反覆劉先生之書，不禁其心痗也。因泫而為之序。康熙三十有八年歲在己卯孟春穀日工科掌印給事中通家子譚瑄謹序。

清・高佑釲《本草述・序》 太極之理，一陰一陽盡之矣。其一動一靜，互為其根，則陽中之陰、陰中之陽盡之矣。天地之陰陽，不得不散而為五行者，所謂質具於地，氣行於天，不遺於一物，乃其不窮於六合者也。然則人之陰陽，其得之以為腑臟、氣血、營衛者，不由是乎。然則草、木、蟲、魚、鳥、獸、金、石、水、土，其得之以為溫、涼、寒、熱、燥、溼、升、降者，不由是乎。雖然，陰陽易辨也，所謂陽中之陰，陰中之陽，則微妙難言。以神農、黃帝之神聖，口咀內視，鍼引石砭，求其分際，察其脈絡，而後能得焉。乃庸工妄人鹵莽從事，何其謬也。誠欲詳審乎陽中之陰、陰中之陽者，亦惟察端於萬物共此一太極，與一物各有一太極之理，而知人性之與四時通，及藥性之與五臟六腑通，其理一也。夫人性之通於四時，與藥性之通於五臟六腑者，自其稟天地之氣以成形，而性即具之。故動靜相反也，而互為其根；陰陽相判也，而互為其宅。所謂五行一陰陽也，陰陽一太極也，太極一無極也。此萬殊而一本也。大造有氣化之本，然而生人生物，胥不外此。其於人也，備陰陽之太極，而五臟六腑具焉。於物也，又各分太極之陰陽，而若氣若味分焉。此一本而萬殊也。遡而為一，體之立也，而萬之用無乎不具。散而為萬，用之行也，而一之體未嘗不存。軒岐之聖，生而知之。張潔古、李東垣、王海藏、朱丹溪諸賢，闡而明之。彼其於先天後天妙合化醇之故，所謂微妙而難言者，有以神而明之矣。庸工不察，而立言之家又往往擇焉而不精，語焉而不詳，求其參互於陰陽交錯之故，以消息乎盈虛之間，蓋戛戛乎其難之，此大司寇潛江劉雲密先生《本草述》之所為作也。先生在先朝舉天啓乙丑進士，起家縣令，歷監司，忤時拂衣，以正氣名聞天下。崇禎末一再膺薦，後驅馳閩海間，見政柄下移，知事不可為，即於學《易》之年，堅乞骸骨歸，自號蠡園逸叟，隱居著書三十載，而於是編尤加意焉。蓋其存心濟物，不獲見諸行事，而寓意於此也。其學博，其識精，故能辨別本草稟受之性，以窺陰陽之奧，而得其合同而化之原。廼徧采諸家方論，權衡而上下之，即世所奉為金科玉律，如李東璧氏《本草綱目》，亦時有去取焉。觀止矣，蔑以加矣。令嗣漣水明府，令淳安之三年，政通人和，無夭扎疵癘之患，其有得於家學淵源者不淺。而欲俾斯民共躋於仁壽之域，屬予較而梓之。家弟言揚適司鐸是邦，相助訂正，以迄有成。是仁術也，夫先生有范文正公良相良醫之願，乃不克如文正之以功業見，而徒寄情於方書，則其時為之歟。後之讀是書者，可以論其世矣。康熙三十有八年歲次己卯夏六月天貺節嘉興後學高佑釲謹序。

清・吳驥《本草述・序》 故司寇潛江雲密劉公道德治聞，以剛腸直節，名於海內。年登八十，稱耇造憖遺之老，生平於書無所不讀，而尤篤好軒岐之學，探賾反約，竭三十年之力，而《本草述》成。其曰述者，《本經》合論，曲鬯旁通，以明夫不居作者。驥夙獲撰杖，辱公呼為小友。甲辰陽月訪公於家，公神明不衰，劇談彌夕，酒闌燭灺，自云：不佞壯而多病，以醫藥自輔，看題處方，良用娛慰。雖古人之好煅好屐，誠弗若也。筆其所見，幸底於成，子其為我序之。諈諉鄭重而別，踰年乙巳，公正星辰之位，又踰年乃克為序。序曰：《本草》，古三墳之書，秦火所未焚者也。漢平帝徵天下，通知逸經古記、天文歷算、鍾律小學、史篇方術本草，及以《孝經》《爾雅》教授者，在所為駕一封軺傳，遣詣京師。而《本草》之名始著。《梁七錄》載《神農本草》三卷，漢之張機、華陀著其論，梁之陶弘景增其注，唐之蘇、陳補其闕，宋之劉翰集其成，明之王氏、李氏、繆氏廣其目，而本草之書乃備。《神農本草》，朱字，譬則經也。諸家增補，朱墨錯互，譬則傳注箋疏也。醫之為道，五運六氣，相為貞勝，人固有之，物亦宜然。葶藶死於盛夏，款冬菀於霜雪，寒暑之異也。雞踰嶺而黑，鸜鵒踰嶺而白，山川之異也。酒飲之一石而不亂，有濡輒顛眩者；漆終日摶灑無害，有觸之瘡爛者，稟賦之異也。黃精、鉤吻一物而異性，烏頭、附子同生而異用，藥之以好辨而為功也。嶺南多毒，而有金蛇、白藥以治毒。湖南多氣，而有薑、橘、茱萸以治氣。魚、鼈、螺、蜆治溼氣，而生於水。麝香、羚羊治石毒，而生於山。藥之以相勝而為用也。觸類引伸，引繩切墨，沈研鑽極，割剝理解，剟後說之踳駁，入先聖之閫奧。公之德遠矣！余於是竊有說也，始余讀《本草》而未有合也，已而讀《內經》而無不合也，已而更讀《易》，而益無不合也。《內經》以人之一身，合周天三百六十度，此乾坤之策也。《本草》凡天施地生，水、火、土、石、飛、走、草、木，此萬物之數，萬一千五百二十之策也。神而明之，以觀其會通，得意忘言而遺筌蹄。公之述本草也，其在斯乎！其在斯乎！唐宋以來，名臣留心醫道者，余得三人焉。狄梁公功在社稷，勳業葢代，而有腦後下針、鼻端疣落之術。陸忠宣經濟弘深，有唐龜鑑，而有謫居荒陬、集錄古方之事。范文正出入將相，先憂後樂，而有不為宰相，則為名醫之願。公心三公之心，學三公之學，歸歟投老，區區以方技自見，研露點筆，十易削藁，後之君子，讀其書而論其世，可以知其為人也。若余也，采天隨之杞菊，制頹齡於刀圭，竊公緒餘附於應璩百一之義，其戔戔者耳。聊藉斯文，託公書以不朽而已。康熙丙午仲冬月竟陵吳驥謹序。

清・毛際可《本草述・序》 康熙庚辰冬，偶問道青溪，時劉漣水明府蒞任五載，頌聲翕然。訪余邸舍，以尊人雲密先生所著《本草述》見示，相屬為序。余性椎魯，少於岐黃家言未暇寓目。後偶讀嵇叔夜《養生論》，謂豆令人重，榆令人瞑，合歡蠲忿，萱草忘憂，而柳子厚論《服食書》亦云：凡言丹砂者以類芙蓉，言當歸者以類馬尾，蠶首。附子八角，甘遂赤膚。始念古之高人名士，於方書藥性，未嘗不加考核，兼以遘咯血之疾，遂潛心《本草》諸書，竊謂《素問》《難經》，猶儒者之六藝也；《本草》猶《爾雅》之箋註蟲魚，以為六藝羽翼者也。考漢末不過三百六十五種，至有明李東璧搜葺至一千八百九十二種，可謂明備，蔑以加矣。然或陰中之陽，陽中之陰，以及氣味之升降，物理之疑似，不無毫釐千里者。先生一一舉而訂定之，閱歲者三十，屬筆者八十餘萬言，變通於意象之中，神明於言詮之表，令初學引伸觸類，瞭若指掌焉。允矣！神農氏之功臣，東垣、丹溪諸子之益友也哉。先生以名進士，宦至司寇，值明季喪亂，杜門高尚，以至歿身。而其抑鬱侘傺之況，所以銷歲月而葆天真者，精力皆萃於此書，與唐之陸宣公謫居荒僻，憂讒畏譏，不敢著書，止集錄古方，以為救濟蒼生之助，彷彿畧同。然宣公之書，不能家傳戶習。而先生所述，直與《素問》《難經》相表裏，其功効尤為過之。至若漣水明府清俸之餘，幾不能給朝夕，而捐貲剞劂，以揚先澤，所謂孝子不匱，永錫爾類，讀之者親親仁民之思，亦可油然而生矣。康熙三十有九年長至後一日遂安後學毛際可撰。

清・陳訏《本草述・敘》 《本草述》一書，楚潛大司寇劉公雲密先生之所著也。先生昔驅馳閩疆，值天人交玄之際，如人元氣垂盡，雖陀扁末易措手，而庸師偽工，多從旁撓之萬端，宜其奉身而退也。退而閉門却掃，積三十年之功，專精此書，究神聖之微旨，闡先哲之緒論，參悟造物胚胎之原，與體物不遺之理，精索而詳說焉，成八十餘萬言，駸駸乎駕《準繩》《綱目》而上之。小試其醫國之手，以自托於蒼生壽世之術，其意深，其旨遠矣。夫醫人之道，原通於醫國，必真知藏府受病之所在，而詳辨于藥劑氣味主治之所宜，庶乎投之而皆當。今不審其所當否，而或執一己之私，膠愛憎之見，黨同伐異，即至敗乃公事而不顧。而甚者又錯迕顛倒，攻補雜試，以僥倖一效，而卒至于不可復挽，明季之已事，何以異是，先生蓋不勝痛之深，故言之切，鑒之遠，故辨之精也。向使先生不奉身而退，退而天不假之年，以有此書，即功業有所成就，亦一時赫赫在人耳目間耳。孰與此書之仁術無窮，登春臺而躋壽考者，不可以世數計哉？說者謂沅湘間代多異人，其所為書多憂愁幽思之旨，先生著書，其亦殆有遺憾。然自軒岐氏以來，張、李、劉、朱、薛、王諸先生之闡微抉幽，以為功于《素》《難》《本經》者，至於今為烈，蓋使天下後世共免於夭札疵癘之患，以無傷其絪縕化生之和，何異就裁成輔相之見諸行事。東坡云：病者得藥，吾為之體輕。況其挽回造化者乎？今先生之書具在，雖謂與張、李、劉、朱、薛、王諸先生同為軒岐氏之功臣，而挽造化于無窮可也。於是歎先生之澤遠矣，先生其亦可以無遺憾也夫。康熙己卯初夏海昌後學陳訏題于淳安學署。

清・鮑橚《本草述・跋》 潛江大司寇劉雲密先生著《本草述》一書，藏於家，令嗣漣水明府令淳安，出先生之書，剞劂行世。予得受而讀之，不覺喟然歎曰：先生仁壽之心何其至也！本草之興，始自炎帝，歷代諸賢，遞相增補，至明李東璧《綱目》作，迺洋洋乎大觀矣。第醫家之用藥也，若不深悉病機藥性，雖熟讀《靈樞》《素問》之書，而臨症妄投，其為害也滋甚，又安望其霍然而興也耶？先生於此有深慨焉，以不忍人之心，著不忍人之書。於《本草》中無一不研，窮其氣味，精究其君臣佐使，勿事穿鑿，毋取沿誤，微言所闡，洞極造化根源，可參化育，其功詎不偉歟！余媿末學未窺其奧，願世之讀是書者，深體是書之微旨，以善其寒熱虛實，陰陽升降，攻補斂散之用，則可以壽國壽民於無窮矣。或謂其體裁，何以與方書別。蓋雖畧去標題，而段落中氣脉存焉，是在讀是書者，融會而貫通之。善乎！吾友念祖、言揚兩君子之言，曰其別也，乃所以為先生之體裁也。特謙不敢居作，而以述命名耳。爰識數語於後。康熙三十八年歲次己卯秋七月既望禹航後學鮑橚拜跋。

清・何鎮《本草綱目類纂必讀》序 上古聖人取草木療民疾苦，辨其品類性味，傳及後世，即炎帝嘗草遇毒之遺編也。以所採多草根木皮，故定名曰《本草》。其編在書契未偹之先而奕禩之立方濟世者，實無不準乎此。若是乎《本草》既具，而詳論以濟生者之不可無也。愚每究觀《本草》，凡生植飛走、金石蟲魚以及水火土灰，品彙萬殊，無一不可以療疾。則前賢已定之藥品，必當按其寒暖剛柔，審夫君臣佐使，斯無不立起沉痾，奏効壽世矣。但學者苦其繁多，難以精悉。茲特宗諸《綱目》，取主治與《本草》刪訂而發明之。復將品物之殊類，區分而序列之。如草木之益人也多，故列之編首。餘則五穀蔬果，為人生日用之需，亦可治病，以次及之。再則人為萬物之靈，古人惟采剩餘，他置勿用。茲亦凜導遺意，止列河車、乳汁數種，又次及之。若禽獸、鱗介、金石、魚蟲諸類，各能奏功，又次第及之。既不欲繁，又不敢畧，編訂成帙，題曰《綱目類纂》，後即附以《濟生邃論》、家傳効方，闡明聖賢之秘旨，偹述前人之驗方，體用具偹，綱舉目張，簡閱良便。僣名《必讀》，不過欲為醫學之一助，以共躋斯世於仁壽也云爾。知我罪我，亦烏敢置喙云。康熙十一年歲次壬子嘉平月天臘節前一日京江何鎮培元氏題于古延張氏之毓麟堂。

清・李中梓《本草匯・序》走少以多病攻醫，遂獲以醫交四方之賢達。往歲吳門郭太參患奇疾，延醫治之增劇。敦召予，予視其證，目瞪口禁，舉體如烙，切脉則大而鼓，按之如無。予知其患在病重而藥輕，急為制大劑薓附以起其痾。留止其也園者近五旬，兩令嗣侍疾之次，咸得接珠玉，以為大參又有後也。時長公弱冠，已舉於鄉；次公章宜，纔踰舞象，瘦如不勝衣，方下帷督業，思軼武其兄。予不自揣，亦間與之縱談文字，而未一涉乎醫也。進別數年，會母夫人孟恭人復遘疾，兩令嗣更召予，予亟往，仍止昔之也園。而診恭人之疾，知其不可起，予未有云。察章宜之色，一似大憂者。予試以恭人證脉詰章宜，章宜答如響，且跽而請曰：家慈患入膏肓，非先生神手，不能造命，故不辭重趼，而望拯於大藥王。言之聲淚俱墮。旹予心惻恭人之疾痾，而重賞章宜之知醫，再留其也園者經旬，則知章宜固以怯弱抱痾者有年，留心方脉。吳門之善醫如默生、朗仲輩，俱其所析疑而發覆者也。時章宜正濡首制舉義，偕其友陳子白筆鍵關程課。然會藝之餘，必相與探索《素》《難》之秘奥，考究湯液之名理，積書至連屋，手抄幾等身矣。予嘉其志之勤，偶一為是正，而章宜虛衷好道，殷殷下詢之不置。別去亦時脂問字之駕焉。迺予向慕吳門之人地，洎兩過也園，顧水石之幽清，亭軒之曲別，盤桓戀賞，有終焉之志，而章宜亦樂得予為追隨。癸之春，章宜顧以也園為予宅，予不待卜而挈孥以來。昔為也園也客者，今為也園也主。詩酒過從，風雨靡間，剪蔬瀹荈，而兩人之樂可知也。吳之人士不以予為蕪陋，戶外之屨恆滿，於是約為講期。月期數會，會必竟席。章宜時在讀《禮》，益得肆力討稽。執經隅坐，義符北面。予因進章宜而策之曰：子休矣！子之父兄咸仕宦，子顧不圖其遠者大者，而何有於區區？章宜曰：唯唯，否否。醫所以寄死生，而前賢以為《儒門事親》，則道莫大乎是，安見其非遠大也。唯先生教誨之，幸甚！予察其誠，舉悉所秘而授焉。向弆之篋衍者，今不惜為君傾倒矣。居無何，予多應四方之召，章宜亦以試事往來都門，不恆相見。一日過章宜齋，披其幃，見案陳一編，繕錄精楷。啟緘，則所輯本草也。原委條貫，有義畢陳。雖刪酌未定，而大段合乎農軒之旨。予勉之曰：是編之集，予志而未逮也。子而繼之，梓可焚研矣。而章宜復請為之引其端，予無文，第為追溯吾兩人結契之由，而書此以為勗。他日懸其書國門，使天下知雲間李士材，少以多病攻醫，今吳門之郭亦然。四方賢達，其願交章宜者，亦有以信予言之不謬也。順治乙未孟春雲間年家弟李中梓士材拜手題。

清・郭章宜《本草匯》卷首　念莪先生之弁是集也，在乙未春。不數月而先生捐舘舍。山木之仰，時不去心，匆匆十餘年來，也園之池臺非故矣，而先生手澤如新。是編屢易稿，不無所增損，獨恨先生不及并教之，為悵悵耳。簡付剞劂，為書一過，曷勝泫然。丙午夏日佩蘭識。

清・沈世奕《本草匯・序》　世傳《神農本草經》三卷，讀之者往往以為偽。嗟夫！神農之書，遼絕荒遠，未有能傳之者，即欲辯之，亦烏從而辯之。或者僅以其風氣不類，故偽之耶？然秦之焚書也，獨醫藥、卜筮、種植之書皆不廢，則本草而有經也。宜有存者，而何至傳其偽哉？而不知夫神農氏無書也，嘗據子家所傳蓋亦征伐而有天下，多雄略，作網罟耒耜等事。然其時不尚文字，無記載為之則已。故堯舜之朝，已莫有一言及之者，而獨傳《本草經》哉？此不辯而知其偽也。雖然，余固不惡夫《本草經》之為偽者也。凡偽之宜闢者，蓋皆托古人之辭以肆其猖狂叛道之談，而妄或信之，則其為害無窮，故君子惡而闢之。而《本草經》者反是者也。且夫天下之可以戕虐生人者，疾痛亦其甚也。而是經之為道，將取五方之物，以別其剛柔之性，而理其陰陽之氣，使夫沉痼炫亂之人服之者多得全，而已不與其功，則又非聖人不能作也，何偽之有？妹倩郭子章宜固儒者，而喜通方藥之說，嘗以其數年之力，匯諸家本草經註解而集之，廣諸梓以問序於余。余固不識是道，然嘗聞之是書之最著者，李東璧之《綱目》也。及考其自漢至宋，為是說者奚啻數十家，而每一書成，輒有辯正，而方名亦輒增數十種，至李東璧乃增至三百餘種，訂訛者亦數十事。自李東璧至今又百餘年，則其所宜辯晰增益者，將安有窮？是知天地之功日起，非篤志研極者，何以繼之？是所貴夫後起者也。郭子其是與？嘗竊怪郭子以名家子出其學問，可以取功名於天下，而顧獨肆力於茲，以自見其意。郭子其有取與？夫人之處世，孰不欲期有利於物，而乃期之而有待，則亦蓄縮私嘆以自愧。若夫醫者意也，所謂以意利天下者也，無待焉者也。故惟醫之為仁較易於他術，郭子任之矣。余有望也夫！余有望也夫！旹康熙五年季夏賜進士出身前日講官內翰林編修加一級沈世奕拜撰。

清・陳陸坤《本草匯・序》　郭子章宜刻其《本草匯》成，揖余而前曰：是編之成，惟吾子左右之，子盍為吾敘？余謝不敏。夫良相之宰天下也，擇而使之。稱位當職而庶事以理，天下之戴者，曰良相之功。匠氏之營室也，亦舉而任之。鳩工庀材夏屋，就而蔭其宇者，曰匠氏之德。斯二者貴賤不同，而同于一道。余于是編，猶乎二也。方不副之是懼，而何敘為？且世之大君子多敘之矣。已而思之，余敘固不足為是編重，而是編之繇剏以迄于成，余寔任較讐焉。則知郭子之苦心者，莫余若也；而能言者，亦莫余若也。遂不復辭，而敘曰：醫之有《本草》，醫之祖也，猶儒之祖六經也。黃、岐之問答未筆，而炎皇首嘗百草以垂世，漏載于《漢・藝文》，始見于《梁七錄》，而識者以為上古無文字，元化、仲景輩本所傳習以為述，蓋得之矣。嗣是而降，隱居《別錄》踵以增華，藏器《拾遺》窮其搜剔。英公、保昇，《唐》《蜀》分鑣；《開寶》《嘉祐》，劉、掌接武。《證類》上自《大觀》而名符不忝，潔古標以《珠囊》而取喻無慚。百氏遞興，諸家競爽。迨東璧出而大成允集，仲醇續而羽翼有加，本草似可以無編也。而郭子曷為乎編？曰勾其要也，汰其冗也，廣其義類而訂其異同也，佐以博說而貫之一理也，取攜便也。朱書墨錄，可以不存，上中下品，無容多贅。桐君、雷公之《採》《對》，古任其勞；《千金》《四聲》之分流，今享其逸。有是數者，而本草不可以無編也。是誠活人之書也，編又不可以無刻也。而或疑郭子之儒而非醫，則是書可以不編，贊郭子之後者亦儒而非醫，則編不必其盡善，而不知蓋有說也。明理之謂儒，而成聊攝之論《傷寒》，亦無加二字之義，則古今惟儒可言醫也。雖然，猶有辨。曩紫陽之題脉書也，曰：予未深究夫子之謝藥也，曰丘未達。儒而可人言醫也幾何？其不殺人也？然則郭子曷為乎編，而編又曷屬校于不敏？曰：郭子固久病成醫也，不敏亦以少善病而願學乎醫也。疇昔之歲，郭子偕余讀書于其家之也園，筆休藥竈，分陳座隅。四子之書，三皇之籍，交錯几案。一日六時，定四時課藝，二時涉醫。也園病感之唫，所由唱和也。會念莪李先生來，自松由寓而家棲遲于也園者。匪朝夕而郭子醫矣。郭子之友亦竊聞乎醫矣。然則是編之成，非不習之儒而漫言者比也，而謂無補于世乎哉？士幸生古人之後而匯書之全，譬之易太羹而調百味，脫木葉而被綈錦，已精求精，必無有天河、地漿混收，草部棠毬、花粉，重見木條，而採杜蘅于及己，求忍冬于絡石，捨陟釐而取葪藤，退飛廉而用馬薊，前賢所譏，吾知免爾。是書行天下，必有戴良相之勳而受工師之蔭者，郭子之及人大矣。余雖為之僕焉，榮矣！康熙丙午長夏同學弟紫藤借菴陳陸坤白筆頓首拜譔

清・郭章宜《本草匯》敘　本草之書備矣，予曷為而有是編哉？是編蓋成于養痾。廿年來，當體求醫，諏今稽古，由博反約，以有此書也。夫醫之為道至隱，而唯藥之在本草則甚顯。命名有義矣，審形有狀矣，產有地矣，制有法矣。五行五色之異用，五氣五味之殊塗，其昭明較著如此，宜乎所投輒效，應不旋踵。而崖崖試之不驗，且以召禍，斯何以故？則讀本草不熟也。何言之？藥物之臚于本草，固各有成說，然其義蘊之妙，生克之宜，或根柢于《靈》《素》之精微，或散現于方書之緒論，或參變于古今諸名家之意悟，而心得相遠也而實以相成，相近也而反以相賊，匕劑之微，死生反掌，豈刻舟按圖，守一卷之師所能仿佛乎？所以古人立一方，必不可移；製一劑，必不敢率。則有擅改前賢之成方，與株守先輩之餘唾者，俱不知醫者也。予稟弱善病，寄命藥餌，草草嘗試，瀕危者屢。雖博取軒岐之書讀之，未識綱領。間與默生、朗仲諸方家縱談蘊奧，賴其啟翼良多。繼得游念莪李先生之門，不為先生棄遺，輒耳提而面命之，歷有年所，于是反復深思，慲然有會，作而起曰：醫之道，無形之理也。醫之藥，有形之物也。有形之物不精，則無形之理安寄？廼即前所謂根柢于《靈》《素》，散現于方書，參變于古今諸名家者，本先生之教，匯而為書。所與晨夕者，又復有陳子白筆，同病相憐，遂得同方

畢業，而講求藉以不孤矣。編既成，凡一藥當前，必始終具備，冠以短言，可資記誦。後列註疏，以便考稽。間附單方，旁羅製度。譬如千支萬派，總歸一流。《夏書》曰：東匯澤為彭蠡，東迤北會為匯。予于是編亦此義爾。他如羌、獨活之不分，大、小薊之混一；麋、鹿角之同用，赤、白芍，赤、白苓之殊功；決明子之不辨，青葙、相思子之承謁；赤豆、石燕失收禽部，淡竹僅見草中，諸若此類，要皆曩賢代為闡發而未立科條，故世人習用，不知能無乖反。哀而出焉，亦衛生之一助也。每于輟翮之暇，杜門無事，既輯《四診指南》《勞瘵玉書》二種，《類經纂註》若干卷，并是編錄而存之，非敢云作，亦驗而後言爾。今年春，家咸樹矦獲覩是編，請助梓以公世，亟命其季梅在操聿牘以從。蓋樹矦走善如鶩，而梅在亦以憂中，願留心于此也。余重違其意，并喜藉手以質諸高明，遂倒篋以授，重加釐訂，不復為北上計。而陳子白筆仍授粲寒齋，課兒子樹晦、樹畹、樹畦為時務。義得始終，藉其是正云。旹康熙五年歲次丙午夏六月吳閶上津里郊西郭佩蘭章宜題于梅花嶼。

清·郭章宜《本草匯》卷首　《本草匯》源流計四十七家

《神農本草經》三卷。上世相傳。昔人疑為華、張成書，而《樓護傳》稱其少誦本草，則前固有書矣。分上中下三品，藥三百六十五種，草類多，故主草。　《名醫別錄》陶貞白增漢魏以來名醫所用，又三百六十五種，合七百三十種。　《桐君采藥錄》黃帝時臣。記其花藥形色，今不傳。　《雷公藥對》黃帝時人。辨藥性主治。北齊（李）〔徐〕之才增飾成書。　《李氏藥錄》魏李當之修《本經》。　《吳氏本草》魏吳普集前人所說藥性。今不傳。　《雷公炮炙論》劉宋時雷斆所著。自稱內究守國安正公，或是官名。藥凡三百種，述修制之法。　《唐本草》唐高宗命李勣等增修陶註《神農本經》，增為七卷。世謂《英公本草》。後蘇恭重訂，加藥一百一十四種，分玉石、草、木、人、獸、禽、虫魚、果、米穀、菜、有名未用，共二十卷。外為《藥圖》二十五卷，世謂《唐新本草》。　《藥總訣》陶貞白譔，題曰《藥象口訣》。　《藥性本草》唐甄權著。唐太宗曾幸其第，訪以藥性，因上此書。時年百二十歲。　《千金食治》唐孫思邈譔本草之關于食用者。　《食療本草》唐孟詵譔，張鼎又補其不足。因《周禮》食醫之義，著此書。　《本草拾遺》唐陳藏器譔。以《本經》雖經陶、蘇補集而遺沉尚多，故別為搜羅幽隱，博極群書。李時珍深服其精覈。　《海藥本草》唐李珣譔。收采海藥。　《胡本草》唐鄭虔譔。皆胡中藥，今不傳。　《四聲本草》唐蕭炳譔。取藥名上一字，以平上去入四聲相從，以便討閱。　《刪繁本草》唐楊損之譔。刪去不急及有名未用之藥。　《本草音義》唐李含光譔。又甄立言、殷子嚴皆有。　《本草性事類》杜善方譔。隨類解釋。附以制、使、宜、反。　《食性本草》南唐陳士良譔。取諸家所定關于飲食者類之，亦祖食醫之意。　《蜀本草》蜀主孟昶命韓保昇等增校《唐本草》，頗詳于陶、蘇。　《開寶本草》宋太祖命尚藥劉翰、道士馬志等九人，取唐、蜀本及《拾遺》諸書參正，增藥一百三十三種。　《嘉祐補註本草》宋仁宗詔掌禹錫、林億等重修。新補入十二種，新定一十七種，通計一千八十二條。雖有校修，無大發明。　《圖經本草》宋仁宗又命蘇頌譔述。蓋詔天下郡縣圖上所產藥物成書。計二十一卷。　《證類本草》宋徽宗大觀二年，蜀人唐慎微取《嘉祐補註》《圖經》二書，復拾前人所遺者五百餘種，及諸說之未盡收者。又采古今單方并經史百家有關藥物者，亦附之。共三十一卷。上之朝廷，改名《大觀》。政和中醫官曹孝忠校正刊行，故又謂《政和本草》。　《本草（外）〔別〕說》宋陳承譔。無可取。　《日華諸家本草》宋人，姓大，名明。或云其姓田。言藥之功用甚悉。二十卷。　《本草衍義》宋寇宗奭譔。參攷事實，覈其情理，援引辨證，發明良多。東垣、丹溪諸公，俱尊信之。　《潔古珍珠囊》金易州張元素著。字潔古。深悟軒岐秘奧，精辨藥性，立為《主治秘訣》。《靈》《素》之後一人。　《用藥法象》元李杲著。號東垣，受業于潔古。祖《珍珠囊》，增以心得而為此書。世稱神醫。　《湯液本草》元王好古譔。號海藏。取本草及仲景、無已、潔古、東垣之書，間附己意而成。　《日用本草》元吳瑞，取本草之切于飲食者，分為八門，聞增數品。　《本草歌括》元胡仕可作，以便童蒙。明劉純、熊宗立、傅滋輩，亦有歌訣及藥性賦。　《本草衍義補遺》元末朱震亨譔。因寇氏《衍義》之義而推衍之。近二百種，多所發明。　《本草發揮》明洪武時徐彥純，集潔古、東垣、海藏、丹溪、無已數家之說。　《救荒本草》明周藩（憲）〔定〕王著。集草木之可備荒者。　《庚辛玉冊》明寧藩獻王著。集方士之書所成，亦資考據。　《本草集要》明王綸集常用藥品。　《食物本草》明正德時汪穎撰。稿本于盧和。　《食鑑本草》明嘉靖時甯原編。無所發明。　《本草會編》明嘉靖中汪機所編。時珍譏其陋。　《本草蒙筌》明嘉靖時陳嘉謨，依王氏《集要》部次，每藥創成對語，以便記誦。間附己意于後，頗有發明。　《本草綱目》明李時珍東璧譔。蒐羅百氏，標名為綱，列事為目。增藥三百七十四種，方八千一百六十。此書之集大成也。　《本草經疏》明繆希雍、字仲醇譔。分疏諸藥主治，多所發明。　《本草通玄》本朝李中梓、號念莪譔。節取其中要旨。　《方脉藥性》明史國信，體脉症活法，纂二百十種。　《本草約言》明薛已集。

清·郭章宜《本草匯》凡例　是編原本《綱目》，佐以《經疏》。其餘諸家，參酌考訂。揀金披沙，務取文簡義盡，歸于中正確當而後止。　是編專明藥性，而首采雜論，繼以用藥式暨病機與主治等八卷者，此亦略本《綱目》之例，惟病機則從婁全善《醫學》增入焉。蓋病機不辨，將藥性安施？無非善全其用也，合是數者，而臨證不難矣。是編主詳本草，凡四診及運氣經絡諸條，未能悉載。然亦不可闕如，茲略舉大綱，附二卷末，俾由綱整網，條理已見井然。是編每一藥下，例成對句，或四六、五七，編為俳語。雖失大雅，便於記誦。元胡仕可、明陳嘉謨，有先為之者矣。是編于藥性下，博取諸家名論，臚列較勘，必使宜忌瞭然。隨附以地產、炮炙、須使、畏惡、制反之不同，庶無一毫疑似，可免對證蒼黃。是編于每藥下，附以驗方，此唐慎微、李時珍本皆然。今法其意，倍加選擇。更有秘授方，如養陽聖丹、烏龍消癖、接氣沐龍等類，傳自異人，歷試而驗，亦出以公世，無非痌瘝一體云爾。是編用便取攜，非資博識。《本經》分上、中、下品，計藥三百四十七種，代增廣至一千五百十八種，《綱目》又增三百七十四種，茲擇切要緊關者，約登四百七十有奇，餘未遑編入，亦本王節齋《集要》之義，覽者恕其固陋云。是編所載藥，或用藥式及主治與單方所收，而編中間一遺者，大抵迂緩之品，非醫林所常用。必求其全，則有《綱目》可考。然如魚膠一物，今多入強陽之劑，而《綱目》不載其用，茲亦從之。是編畋漁百氏，裁割成書，雖聯貫順文，而于本義稍斷者，用畫一。截然可分者，用勾𠃊。當句而句，當讀音豆而讀。難字音註，四聲圈別，俱細加釐訂，一字無譌，使覽者豁然心目，無臨書按劒之苦，亦一快焉。是編得樹矦、梅在兩咸助梓問世，外有《四診指南》《勞瘵玉書》《類經纂註》三種，坊間近有彙刻之請，行將次第就政高賢。但恐蕪鄙，徒資捧腹耳。

清・郭章宜《本草匯》卷首 《本草匯》圖引：《本草》之有《圖經》，自宋仁宗詔之，其臣蘇頌述之，嘉惠後學不淺。李東璧重加搜訂，踵而成書，鉅細不遺，異同畢備，可謂大觀矣。今茲所圖，止取適用，無事繁雜。故凡用根則不及葉，用葉則不及根，並用則兼，暨果、蔬、鳥、獸、蟲、魚之屬皆然。或一物而殊產者，亦止圖其品之最上，而餘則附載本物下，可因此以識彼。若耳目習用，人人能名者，竟不概列焉。無非以簡當為務也。

清・何鎮《本草綱目類纂必讀》凡例 一、本草一編，代不一刻。然有載性味而不辨經絡之歸，詳炮製而不及選擇之法，分毒之有無大小，而不註使反畏惡之別。求其兼貫靡遺稱備美者，無出東璧《綱目》一書。但學者苦其繁多，難以記誦，茲集悉宗其旨，佐以《蒙筌》，參以《經疏》諸書，先辨味，次詳性，次分有毒無毒，次載入某經絡，次別出產真偽，次詳水火法製，次悉佐使畏惡，然後細分治療、宣贊、功用。凡藥之性味體用，無不精悉詳備，雖不敢云全璧，後之同志者流覽及此，或可為醫學之一助云。

一、講藥性而不衷諸先儒之論定，猶夫儒家說四子五經而不本諸《大全》也。後學日事聚訟，究何益哉。茲編于每藥下，必採先儒論說以為發明，首推五行所屬之理為之解註。且明言某證不宜用，某證宜用，而不宜多用，不宜久用，又援古治療效方以為明驗，則藥品無不盡之義而無不晰之微矣。然後按其意旨，參以管見，是亦不揣庸陋而為邯鄲之學步者也。

一、是編便資取用，非圖博識，《本經》分上中下品，計藥三百四十種，歷增至千三百餘種，《綱目》又增三百七十餘種，茲采切要必需之藥，總計五百九十餘種。凡迂緩之品，未經世用，未經目見者，概不敢登，惑人耳目。欲求其全，則有《綱目》可考，此亦本節齋《集要》之意，識者幸毋哂余固陋。

一、是編于每藥下鍊句諧聲，便于記誦，僭名《必讀》，以資初學。元胡仕可、明陳嘉謨已先為之矣，盛朝之郭章宜又復為之矣，竊敢效顰，幸鑒鄙懷。

一、是編于各卷之前，延聘名手精繪圖像。像欲其神，圖辨其真，俾明藥性者，知所自始，按藥品者識所由真。又于各藥下附以經驗單方，秘傳奇方，舉生平之所獨得，無不悉表以公之世，莫非痌瘝一體之微意也。

一、是編網羅百家，裁訂成書。各種藥性，則用大字以提綱，諸家發明則用小字以列目。又凡藥之名目，人之姓氏，則用白文，以便稽攷。又必難字音註，四聲圈別，詳加校閱，一字不譌。覽者不必沉思默味，自有豁然心目之樂矣。京江何鎮培元氏謹識。

清・朱本中《飲食須知》凡例 飲食藉以養生，而不知物性有相反相忌，叢然雜進，輕則五內不和，重則立興禍患，是飲食者亦未常不害生也。歷觀諸家本草疏註，各物皆損益相半，令人莫可適從。茲專選其反忌，彙成一編，俾尊生者日用飲食中便於檢點。性味反忌，選自本草諸書，雖曰未可盡信，每見羅列珍奇，亦僅滿腹，常有當場脹悶，或吐瀉交橫，豈非物性反忌之明著者歟？即平常茶飯，過則傷人，惟於日用飲食間，味無過多，食無過飽，迺得養生之道。天道好生，恣殺物命以供口腹，似非仁人所忍為也。彼溺於奉養，昧於物性，食毒侵攻，暗損五臟，命算隨之以減。所謂人無夭壽，祿盡則亾，何不檢點相宜。一則惜福以延紀算，一則少殺以慈物命，一則省費以留餘貲，一舉而三善備焉。是在尊生者最勉行之。物性與藥性反忌，為患更烈。蓋服餌願冀却病長生，而不明禁忌，適足以助虐速死。選其相犯者，隨註物性本條下，日餌此藥，當忌斯物，開卷了然，同登壽域，未必無小補云爾。凝陽子謹識。

清·鄒弢《養生食鑒·序》 五行之性，配以五味，養生之士，奉以為宗。惟饕餮者流，恣意口腹，不知自檢，有因此而喪其生者。飲食之私，累及肌體，此保身之士所咨且長太息者也。青蘿隱士以辨物之聰明，體好生之旨趣，成《養生食鑒》一書。其於動物、植物性之所宜，與性之所逆，有毒、無毒，有功、無功，靡不條分縷晰，格究其原。其於格致之理，殷殷然三致意焉。夫人之生也，皆受天地中正之氣，日用嗜好，一有不慎，則入於口者害於身，禍伏隱微，忽焉而不能自覺，故古人如孫思邈之《古今食譜》、汪穎之《食物》八類，其於衛生之法，不憚求詳，今得是書而發明之，則異物異性知所防閑，庶活潑生機，期世之人可同登仁壽云爾。茲華公心齋特付石印，復繪圖於中，俾閱者可按圖稽考，以冀廣傳而有功於世。余樂其成，而為之序。光緒二十年金匱鄒弢翰飛識。

清·楊耀祖《本草擇要綱目·序》 余少不敏，制舉子業外，惟殫精竭慮酷嗜《素問》《本草》諸書。桑梓間，遂謬以伯休相許，及謝帖括，從事韜鈐。卯辰之役，聯獲雋遊於京師，益以壺中術，稍見知於當世王公大人及縉紳先生。未幾，授真衛守軍，輸錢穀暇，問疾求診者，纍纍填塞衙舍。余之道信於人與弗信於人，觀其來者可知其處者也。然余用是益滋懼矣，毋論水火寒熱之貌似而實非，強弱攻補之毫釐而千里，即如寒熱平溫之四性，一物也；而根梢異用，一苗也；而生熟殊施，一製也而數用，數製也而一用。其間君臣佐使，畏惡反忌，恒有呼吸死生之別，信手拈來，遂分造化。蘇子人費之說，寧不凜凜然。後知《本草》一書，與《素問》《靈樞》同垂不朽者，誠醫學之金縷也。但世醫捷求養生之術，粗識藥性，淺涉湯歌，遂自信不疑。嗚呼！《本草》一書，尚河漢而罔極，醫道可深言哉。此無他，卷帙浩繁，或貧不能致書，即力能致書，或資不及覽故爾。余每欲思其約而該，明而當，詳審切要而簡覈綜舉者，用成一書，以告來學，愧鞅掌未暇。一日，蔣子雪洲過予署，出其一編，乃渠尊大人介繁翁所輯《本草擇要綱目》。余捧而讀之，殆予所思約而該，明而當，詳審切要而簡覈綜舉者乎。夫聞其名者，不急其用，雖博無庸，今《擇要》僅三百五十餘種，猶精卒良將之足以殲敵，無煩虛聲糜餉之多也。相惡不並進，相畏不同飲，相反忌不共治，猶君子小人之辨類，可與共圖化理也。引經佐使，法製湯名，瞭然藥品之下，猶山水之經緯，陰陽之調燮，可分可合，而以共成化育也。其為軒農岐俞之功臣，豈鮮淺哉。余忝任胥江五載矣，第聞介繁先生，有鹿門之懿行，燕山之隱德，而不知其潛心著述，期於利世濟物如此其懇摯也。歲己未春，雪洲剞劂將竣，問序於余。余握其手而贊嘆之曰：子一舉而三善備矣。克廣先志，孝也；濟渡天下，仁也。播之海內，傳之千秋，醫者憑而不盲，病者危而有恃，則義之利也。余又何幸蹈染香之國，而竊附於知醫哉。聊以白蔣子之世德作求可耳。時康熙己未上巳後二日年家眷弟太原楊耀祖浣手拜書於真江衛署。

清·紀映鍾《本草擇要綱目·序》 天地以靈氣生人，而以餘氣生物，林林總總者，偏塞兩間。然生人原以救人而救物，未聞人待救於物者。曰有之，則《本草》所列上中下之藥品是也。大若水火，細若氣液，貴若金玉參(著)〔蓍〕，賤若土石蒲薄，常者黍稷動植之類，異者駒掇腐蠷之微茫，墳羊陵舄之秘怪，或順用之，或逆用之，苟得其當，回生起蹶，易於反掌。予嘗讀而嘆曰：仁道之大也，觀此思過半矣。天地生物固無無用者，顧聖人成聖人之用，賢人成賢人之用，中下則亦僅於中下之用而已矣。莊生曰：無用而後為大用。東坡亦言問大醫王以何藥，還是眾工所用者，物之貴用有由來已。是書始於炎黃，後世陶通明、蘇恭、李昉、扈蒙、韓保昇、唐慎微等，皆有刊定增附之力。然其卷帙浩繁，學士家繙閱不能遽得其肯綮而用之。新安蔣介繁先生，名儒嗜學，間常究心醫道，以為世間仁人孝子，苟不輕視此七六，則《本草》應與六籍並重，於是擇其要者而輯之。長公雪洲，年少敏給，兼抱濟物之志，遂刊而廣之藝苑，不減司馬子長、胡仁仲能敬承繼志，以父心為心者也。今觀此書，用意精而心良苦，君臣奇偶之制，溫涼補瀉之節，載之甚晰，物之為靈昭昭也。人亦胡為薾然委頓，生平懷仁輔義拯溺救焚之學，既視若膜外，而且溺情騁欲，促修年以綿疾患，不得已則惟待救於無情之金石草木，悠悠忽忽大失天地篤生之旨。嗚乎憊哉！卷婁居士紀映鍾拜纂。

清·陳啟貞《本草擇要綱目·序》 恤患救災，聖賢僊佛之同念。繼志述事，仁人孝子之苦心。炎帝嘗草木於太古之年，為民除疾。扁鵲飲上池於長桑之手，用此尊生。洞察乎溫寒平熱之原，精辨其君臣佐使之義。蓋用之得當，則可轉危而為安。處置乖方，則反易治而為亂，若非深知物性，則必驟發悞人。所以《素問》《靈樞》猶待潛心之後，《本草綱目》實居格物之先。惟吾老友蔣介繁先生，積學有年，號稱博物，游藝之暇，爰及方書。志在活人，不惜研精殫智；心期濟世，屢經博考周咨。聿著成書，未謀剞劂。令子雪洲，英才粹質，早歲執經，壯志惠心，頻年問字。父書能讀，何止萬軸牙籤；先志可承，只此一編藥石。公之當世，功在《內經》《脈訣》之先；珍作家藏，事屬問安嘗藥之首。仁亦溥矣，孝孰大焉！時康熙己未暮春白沙友人陳啟貞頓首拜書。

清·蔣濬《本草擇要綱目·凡例》 本草分玉石、草木、上中下諸品，其藥性即注於各味之下。此遵前賢所定寒熱溫平四種，以類求之即得。本草藥味頗多，此擇必用要藥凡三百五十六種。其怪異難購者，不復贅及。各藥先定氣味、主治，并及惡畏反忌，以防忽略。諸家論藥語簡當可採。用藥君佐互重，有裨醫學。今用之不察者，俱附藥品主治之下。藥稍僻者，其出產形貌製法收法，必注其下。是書先人博涉群典，用意良苦，未及刻之身前，寰內聞而購之不得。濬亟出繡梓，一以完先人仁壽之懷，一以慰同人飢渴之望。親友面同較訂，受益良多。敬藉芳名，用垂不朽。是書悉出先人手訂，濬不敢增減一字。

清·蕭長福《本草擇要綱目·序》 嘗觀《本草》《藥性》諸書，未嘗不嘆其功之大，而有以起天下之病者使之安，起天下之夭者使之壽也。然其書，《本草》詳矣，而每苦於繁；《藥性》簡矣，而又過於略。求其繁簡適宜，則《本草擇要》一書，所由著乎。余之外父介繁公，力學著書，於諸子百家、陰陽術數之學靡不精討，而岐黃為最。每見人之有疾，不啻痌瘝乃身，力圖拯救，即罄其貲囊，曾莫之恤，其所利濟而生全之者，寧易更僕數。然猶以為濟人以藥，所及者不過一鄉一邑而止。莫若手彙一編，而使人人知藥之所以用，與用之所以善，而其功將在天下也。於是讀書輟卷之下，取本草諸書所已載者而發明之，不敢妄鑿一智，不敢輕載一方，惟就諸藥之性寒性熱、孰宜孰忌者，剖晰精確，採摘成編，使人一覽了然，期與天下共登仁壽。乃遲之又久，猶不敢輕以問世，誠慎之重之也。迨厭世後，著作盈車。余舅氏雪洲，謂先人手澤所存，而不亟為表揚，幾於湮沒不彰，非人子之心也。遂搜架下遺編，所得不一書，而《本草擇要》一集，尤當世之所亟需，敢不以質之同好乎。爰付之梓，用以行世。俾海內讀其書因以識其人，此固雪洲闡揚先德之深思。而究其足以轉病為安、轉夭為壽者，未必不與《本草》《藥性》同功也，則其有補於世，又豈淺鮮哉。書成，問序於余。余不敏，敢言序也耶。然而誼不容辭，謹附數言，一以表吾外父利物濟人之念，一以見吾舅氏繼志述事之心云爾。時康熙己未暮春子壻蕭長福頓首百拜識。

清·蔣濬《本草擇要綱目·跋》 嗚呼！濬早失怙，不及趨庭聞詩禮之訓。稍長，永思哀慟，惟從太母及母氏得先人遺書而讀之，攬其丹鉛之富有，纂述之鴻多，自惟愚陋，如涉重溟，不勝望洋向若而歎也。久而稍得其要領，感先人博雅冠當世，生平閉戶自精，不求聞達，讀書務在抉擿理奧，闡微發異，有當於心而後已。自經史外，尤留意河雒軒岐之旨，謂可以窮性命，可以前民用，可以導長年，手澤存焉，一展卷而淚涔涔不能終篇矣。此《本草擇要綱目》上下二卷，乃其精神所寄，通內外之學，適行藏之用，果熟此而民無夭札，物無疵癘，可操券得矣。請之父執同人，皆謂宜先梓以公世，亦稍見先人學有實用，利濟為心。而予小子徒讀父書，不能無愧也。不肖男濬百拜識。時康熙己未花朝日。

清·陳莫國《本草詳節·序》 余友閔冶菴先生，聞其名二十餘年矣，未謀其面，已識其心。雖山川阻隔，語點隱顯，時如晤暢。客秋余寄竹榴軒賤刻。久之，奉新遺書來，推獎溢甚。聞冶菴先生在家，常取拙集，談之四座，往往稱述陳子達之相識豫章，存人口耳。辛酉夏，冶菴合前後集數十卷，耑郵寄余。展讀之，旦夕難倦，氣誼往還，如骨肉水乳未鮮。冶菴之倦倦於余，與余之愜愜冶菴，不得不迫成一類。序之意者，勢也。抑何著作之霆揮風徂，思如納泉，自周秦兩漢而後，不覺杼軸一新，因作而歎曰，冶菴先生之名之實，有如此夫！以故讀書破萬卷，而中有獨得，不隨人俯仰，常虓闞海內，沾沾稅駕於常格常調者，輒厭之。一以渠矱自然為真古。尋繹其條次，能屹然自立，胥有今以相至。因思世人之書，固有用功於一節，而即屈效於全體者，殆心極未弘攬，而才義之不博游也。讀是集之議論風旨，近炙一節不厭簡，遠挹諸體不病煩，真生平隱括，誠非曹然之作可抗衡也。學問見大之時，必弗隘其所取，或匡砥聖緒，或論列時略，意發神符，河漢莫際，且旁飭醫學綿理，編簡渙汗，如清廟奏人，世非所諳，體物綜聞真夫耶。才宏而能博求，意敏而能運遠。廣濟陳子曰，閔冶菴先生彝鼎古物有如此，上翕昔人，下風成者，精采煥若於後世，其書誠千載矣。廣濟眷弟陳奠國猷先別號洗菴題於赤磯之竹榴軒。

清·閔鉞《本草詳節》凡例 是書編卷一十有二，草木等分部一十有七。計藥七百五十有奇。凡男婦小兒內外恆用之藥，無不詳備。其有名未用及採識未確者，概從刪例。蓋藥以拯痾為要，不在矜博而騈奇也。是書以《綱目》為主，更搜前哲方論，補《綱目》之遺；採時賢方論，濟《綱目》之美，務期理明詞暢，舉一通十，即病之六淫七情，無不虛實了然，不僅作一藥之筌蹄已也。《綱目》主治、發明，分人列敘，讀者未免有歧路之惑。是書稿凡六易，冥悟廿年。每一藥中，定證標論，百川俱匯，雖意義原本於多人，融鑄如出於一手，所謂折舊屋改新房，再經匠氏之斧斤，榱題如故，氣象則巍肰一新矣。凡論藥，明其當然，又須明其所以然，使見者如身入氷壺，內外瑩徹，方為有益。是書每論一藥，直窮到底，刻畫精微，昔蒙晦者顯白之，迂曲者引伸之，偏頗者駁正之，即不知醫之人，亦可開卷洞明，而藥之骨節珊珊矣。藥之無毒者，不復贅書。藥之有毒者，則書有毒以別之。花葉枝梗有裨於用者，仍附載之。獨人部，但取爪、髮數件，不過蛻脫之類。其傷殘肢體性命，如天靈蓋、紅鉛等項，一切痛芟。昔陶隱居著《別錄》，尚以損傷物命，致干天譴，況敢於用人，其獲譴當何如也。有人心者，慎之！古人以食治病，食治不愈，然後命藥。今人治病，不達此理，惟從事於藥。然食為平人補養後天之本，氣血資生之源，即病人邪去，調理尤為藥治後勁，故併詳載性味溫涼，使世知所趨避焉。藥之功用，在人靈心變化，不必盡拘古方。而因症因脉用藥，古方即在其中。是書論中，古方間附一二，非録方也，借以發揚此藥之用，證據此藥之功，正補論之所未及詳者。康熙辛酉菊月九日默堂主人自識。

清·徐秉義《握靈本草·序》 吾友王子翰臣，家於疁之東皐，與余兄弟稱宿昔交。其文章環瑋、苞羽當世，海內稱名，孝廉者三十餘年矣。少工帖括，即兼通《靈》《素》之書，此其志誠有大過人者。或曰翰臣以理學爲儒宗，才擅經濟而抑於時令，縶其鶱騰，乃埋光剷采，退而學醫，亦佗傺不聊者之爲也。或曰翰臣寄跡於醫，不過如太公之屠，子陵之釣，君平之卜，安石之圍棋，曼倩之射覆，若高人遊戲焉者，而非以是炫聲上手，以求名於後世者。此皆非深知翰臣者也。夫醫之爲術，雖以之活人，而其道實通乎治世。古者伊尹醫殷，太公醫周，而二姓以王百里醫秦，申庶醫郢，原季醫晉，范蠡醫越，管仲醫齊，而五國以霸。翰臣抱醫天下之才，而無所用，故託之刀圭家，以自顯其繕生救死之力。今其術效矣。自委巷達於京邑，王公貴人以及輿臺之細，凡罹疾厄者，翰臣對脈裁方，投一劑而病立起，時以爲倉公苗父無以過之，於以全活人無算，是即翰臣之旂常卣鼎也，豈其絕音功名而聊於醫焉寄寓者哉？昔有熊氏咨於雷岐著《內經》《本草》爲主治之寶經，翰臣矻首窮研，綜其指要，洞筋擢髓，著爲四部奇書。而《握靈本草》其一種也，余受而讀之，其考校精嚴，語致淵渺，無一不宣暢軒岐，爲後代四家綜核正傳。自翰臣之書出，而仙翁《金匱》、涓子《鬼遺》，皆説鈐也，況其餘乎！夫以翰臣之學術，不得爲良相，乃屈而爲良醫，假一旦迎以安蒲，位以臺輔，俾得調燮陰陽，登斯民於仁壽，免一世之凶札，其弘濟之略，首於是編乎徵之。然世固未有知翰臣者，而翰臣之志亦大可見矣。是爲序。時康熙癸亥仲秋中浣三日年家眷弟徐秉義題於二濾書屋。

清·王翃《握靈本草》序 自醫不列於制科，而醫之業始卑矣。自醫不知有《本草》，而醫之學始廢矣。制科之家，言本六經，大之可以輝煌廊廟，次亦可以經理民物。降至末代，制科之業日下，而其名終不可得而變者，恃經學之猶有存也。若醫家本經，則惟《靈》《素》《本草》而已，《靈》《素》上窮天文，下窮地理，中通人事。《本草》者，天地人三才之散而寄焉者也。岐伯撰《本草》而爲帝師，伊尹制《湯液本草》而成王佐，其時未有制科之目，而帝師王佐竝出其中，蓋能知《本草》之書可以拯生民之夭札，即無不可以起天下之瘡痍。可知三代以前，無列名制科之人，而無不知《本草》之人，兩聖人其明徵矣。雖然《周禮》以醫師掌養萬民，採毒藥以供醫事，而名隸冢宰之官。漢文帝之求賢良也，曰士有讀《三墳》《五典》《八索》《九丘》之書者，吾能尊顯之。《本草》者，《三墳》之一也。漢平元始五年，樓護以通習《本草》，軺車以應方術之詔。嗣是而仲景元化，或隱或仕，皆得以名聞君相。然則士君子能通《本草》，以濟世活人者，未嘗不爲制科重也。而不知《本草》者，反在業醫之家，宜其目爲方伎，卑而不足道也。夫士不通六藝之書，其臨政制治，殃民必多。醫不知《本草》之經，其臨病製方，傷生必甚。嘗見市藥之人，昧於藥之方土節候，惟聽之採藥之家；求藥之人，昧於藥之根莖花實，惟聽之市藥之家。其用之也，或名是而實乖，或質同而效異，此之不知藥醫之得過也猶淺；若乃真贗既分，良毒已辨，而闇於陰陽，迷於升降，其用之也，或應陰而用陽，或宜升而反降，此之不知藥醫，又安所逃其罪哉？孔志約撰本草序有曰：名實既爽，寒溫多謬，用之凡庶，其欺已甚，施之君父，逆莫大焉。斯言良足畏已！竊考近世本草，惟宋《證類》一書，最稱明備。明李東璧爲之增品益方，資以百家考辨，撰爲《綱目》若干卷，嗜奇之家，無不什襲珍之。而俗醫習守《蒙筌》《摘要》之舊，既苦其不能讀，又苦其不易購，將使作者之心，空懷利濟，終古沕沕，可慨也。夫方藥所以療疾，非以炫博，當未經考辨之先，即繪圖《山海》，未足供其睹記；及考辨既定，則經絡之陰陽，性用之宜忌，與制劑之大小奇偶，無不亟待講求。而方士形性，又其次矣。故考信一則眾說可芟，精義存則繁言可節。方則務取合理，苟涉迂誕，槩置弗録。昔楊醫博去有名未用之藥，而有《刪繁》一書。日華子詳華實性味而作《諸家本草》。又若《珍珠囊》之成於潔古，用《藥法象》之撰自東垣，數子者竝以巨眼卓識，精別棄取。翃雖不敏，竊效斯旨。是編也，始於丙申，迄於壬戌，凡四易稿而成。法尚精嚴，文仍璀璨，視海虞華亭，牽合附會以疏經，檃括蕪陋以爲滙者，則有間矣。學者尊之爲本經，勿卑之爲方伎，是則余刪述之微意也。是編初稿成，西昌喻嘉言先生適館余舍，曾出以示先生，先生喟然曰：雷桐不作，斯道晦塞久矣。君其手握靈珠，以燭照千古乎。《握靈本草》者，喻先生之言也。康熙二十二年歲在昭陽上章太淵獻月臨則且中浣穀旦嘉定王翃譔。

清·曹垂璨《握靈本草·序》 昔人謂不通天地人，不可以爲儒。吾以爲不通天地人，并不可以爲醫。儒與醫，業有大小，理無大小也。何則？人稟天地之氣以生，天有四時以制十二月，人亦有四肢以制十二節，天有十二月以制三百六十日，人亦有十二肢以使三百六十節。故順天者存，逆天者亡。順逆之法，不脫五行。五行之自生，則曰水、火、木、金、土。五行之相生，則曰水、木、火、土、金。五行與四時之氣相爲流通，則曰木、火、土、金、水。蓋萬物生於土，歸於土也。至於察寒、溫、平、熱之性，酌君、臣、佐、使之法，神而明之，存乎其人，則業亦未爲小也。我友東皋先生得軒岐之妙，遍閱諸家之書，秘方靈劑，悉悟要旨，著《握靈本草》，金科玉條犁然具舉，中郎得之必秘之帳中矣。其學術淵源，本之《三墳》《十翼》，非若世之醫家，量藥於寸匕，程方於點墨已也，故曰不通天地人，不可以學醫。蓋丹青之妙，能寫物之形。本草一書，能窮物之理。不知其意，而徒以跡泥之，是夏蟲不可以語冰也。至人學以迹，不泥乎迹，故學於迹之所傳而并學於迹之所不傳，是以妙必假物而物不能生妙，巧必因器而器非能成巧。羿無弧矢，不能中微，中微者非弧矢也。倕無斧斤，不能善斲，善斲者非斧斤也。昔黃帝求珠於赤水，今在先生掌握中，不煩象罔而得，炳炳麟麟，豈不照耀千古哉。是爲序。康熙癸亥菊月上浣年家眷弟曹垂璨題於竹香居。

清·王翃《握靈本草》凡例 本草代有增品，始自《本經》《別録》，迄有宋之《證類》，李氏之《綱目》，廣至千有餘種，繁矣！在唐宋間即有《刪繁》《性類》諸書，約品便世，誠不爲過。然觀古來神聖製方，一切良毒盡供醫用。俗醫不知通變，無論烏喙、狼牙愕不敢問，且避參、附如蠱毒，畏大黃、芒硝若刀劍，此不讀本草之過也。是編偏閱古今名方，凡有名有用之藥，考辨性用，依金石卉木爲編次，計得四百餘種。竊倣《刪繁》之義，實非《集要》《通元》比也。　藥產有南北之殊，又有今昔有無之別。《證類》《綱目》兩書，援引百家，博資考辨，功裨本草，誠不淺也。但校書傳世，與纂書便世，其事不侔。況經兩書考辨後且折衷歸一，即於本藥之下註云某藥產某良，形色氣味如某佳，真贗美惡悉見其中，故是編於釋名集解芟削獨多，倘嗜古之家，取充腹笥，借資談柄，則全書具在，即以固陋見嗤，不遑惜也。　主治莫先《本經》，惟藥有增品，治亦叠見。《本經》爲經，諸家如傳，首《本經》，次諸家分著同異，往例然也。是編惟取證治詳備，如《經》所已見，則存《本經》，去諸家。《經》所未見，則存諸家。其有雷同，則或存《本經》，或存諸家，更不拘先《經》後傳，及條列姓名之例。　凡藥根、莖、花、實，取別真偽，而陰陽升降，尤切人身。醫家昧此，何以製方施治。漢晉以來，羽翼本草者，弘景、雷斅輩著論最古。若其發揮功用，莫如宋元以下諸賢，《綱目》引爲發明者是也。其間或各出見解，或先後雷同，種種不一，難以備載。是編細加研閱，有連引數行者，有節取一二語者，必期彼此參互，闡揚盡蘊，即有段落，總以文義條貫，如出一家，既泯姓名去留之跡，亦無剩義以貽後人訾議。　本草單方出於古今經驗諸書，後人偶有採輯，輒獲名家，如江湖之流，酌注不竭，何敢輕議去取也。　余憫世人製方無法，非攻補錯施，即寒熱羣隊。試取眾方，精求其理，其間有單行者，有相使者，有相畏相惡亦可相使者，有銖兩等者，有一倍再倍者，律之古人刌度有合者，此即製方家活法心印也。若云濟世活人，則八千一百十六方，何方不可用，徒藉區區以爲青囊枕秘，陋之甚矣。覽是編者，當識是意。合藥分劑，古今權量不同，古人以六銖爲一分，方云一分者，今之二錢半也。云一字者，今之二分半也。云二刀圭者，方寸匕之一也。方寸匕者，正方一寸，抄取不落爲度。一撮者，四刀圭也。古稱升者，今之二合半也。其例出於陶隱居。今人又不能盡如其制，故王宇泰云：仲景大陷胸湯用大黄六兩，今人用六錢足矣。即此可以例推。

清·陳豐《本草備要·叙》　醫學始於《内經》，藥品始於《本經》。藥性之於醫，特其一端耳，而生殺反掌，匪細故也。桐、雷而下，考其性，正其用，廣其數，詳其義，歷數十百家，宜亦無餘藴矣。然皆偏有所長，求其詞句雅鍊、意旨該明、不簡不繁、體裁合節者，則未之數見也。汪子訒菴，予之石交也。少長宫墻，踰壯厭薄制舉，遂自逸以老。然經史百家，靡不殫究，而於岐黄之書爲尤嗜。蓋以刀圭家尠能探討，而養生者又不可以不知也。予交訒菴久，尊酒論文之暇，輒及醫旨，殆於其間有玄解乎？近以本草一帙示予，蓋薈萃諸家，而手自裁定者也。名曰《備要》，徵叙於予。予知其非以予言重，以予稍解此中意旨耳。夫本草大者莫如《綱目》，謂其類多而難窮也；小本莫如《湯液》，又未免失之稍略。即余小刻醫學五種，其一爲《本草十劑》，蓋推徐氏之説而擴充之，但與《方解》相表裏，而於嬰兒、瘍科藥則未之及。兹本精於搜逸，嚴於樹裁，於《湯液》則補其闕略，於《綱目》則汰其繁蕪，益以《經疏》諸書，使義類昭著，文約而指博，以云備要，亶其然乎！是書行世，則從來諸家別刻，皆可廢覽矣。嗟乎！使訒菴得行其志，將躋民生於仁壽。其見諸事功者，曷止如是。今伏處衡茅，僅著方書以寄意，然其惓惓博濟之心則一也，是則訒菴之爲訒菴也夫。康熙癸亥夏月眷同學弟陳豐拜撰。

清·汪昂《本草備要》敘　醫學之要，莫先於切脉。脉候不真，則虚實莫辨，攻補妄施，鮮不夭人壽命者。其次則當明藥性，如病在某經當用某藥，或有因此經而旁達他經者，是以補母瀉子，扶弱抑强，義有多端，指不一定。自非兼貫博通，析微洞奥，不但呼應不靈，或反致邪失正。先正云：用藥如用兵。誠不可以不慎也。古今著本草者，無慮數百家。其中精且詳者，莫如李氏《綱目》，考究淵博，指示周明，所以嘉惠斯人之心，良云切至。第卷帙浩繁，卒難究殫。舟車之上，携取爲艱。備則備矣，而未能要也。他如《主治指掌》《藥性歌賦》，聊以便初學之誦習。要則要矣，而未能備也。近如《蒙筌》《經疏》，世稱善本。《蒙筌》附論，頗著精義，然文拘對偶，辭太繁縟，而闕略尚多；《經疏》發明主治之理，製方參互之義，又著簡誤以究其失，可謂盡善，然未暇詳地道，明製治，辨真贋，解處偶有傅會，常品時多芟黜，均爲千慮之一失。余非岐黄家，而喜讀其書。三餘之暇，特裒諸家本草，由博返約，取適用者凡四百品，彙爲小帙。某藥入某經，治某病，必爲明其氣味、形色所以主治之由，間附古人畏惡兼施、制防互濟、用藥深遠之意，而以土産、修治、畏惡附於後，以十劑宣、通、補、瀉冠於前。既著其功，亦明其過。使人開卷瞭然，庶幾用之不致舛誤。以云備則已備矣，以云要則又要矣。通敏之士，由此而究圖焉。醫學之精微，可以思過半矣。題曰《本草備要》，用以就正於宗工焉！康熙癸亥夏月休陽訒菴汪昂題於延禧堂。

清·汪桓《本草備要·序》　延禧堂醫書成，家訒菴先生命予序其後。予病譾陋，愧未能也。會孫雲韶太史致書於兄，有良醫良相之譽，予為推廣其説而言曰：醫之與相，功誠相埒，非臆説也。粤稽盛世，擇揆定輔，调燮陰陽，保合太和。建久安長治之謨，於以澤被民生，功留奕世，史册朗然。迨至末紀，黨同伐異，營私害公，以致民生憔悴，盜賊繁興，誰之咎也？唯醫亦然。高明之家，審陰陽，詳虚實，培元氣於未衰，起沉疴於將毙。著書立説，流傳後世。如張仲景、劉河間、朱丹溪、李東垣諸書，至今家弦户誦。若夫庸流，陰陽不知，虚實罔審，南轅北轍，藥石妄投。語云学醫人費，亦可慨也！予兄訒菴先生，英質異授，積学深功。少攻制舉，宗工来國士之知；長多著述，海内共大儒之慕。缘以滄桑，遂甘泉石。每曰：帖括浮名，雕虫小技。縱邀虚譽，无裨實功。唯醫一道，福庇最長。於是博採群書，遐稽往册。集前人之長，成一家之説。《素靈類纂》第壹函也。去其畧僻，採其菁英。分門別類，既不患於尋求；約註明解，又復昭其意義。岐黄一書，顿開生面矣。第二函曰《醫方集解》。詳加減，分經絡，治一病必究其病之由來，用一藥必詳其藥之用力。絲分縷析，綱舉目張。兼之服藥於未病之前，治病有弗藥之用。真有方而具無方之妙也。第三函曰《本草備要》。字無泛設，括千百於一二言中；意可旁通，藏衆多於鮮少幅内。理必宗於前賢，意不讓其浮夸。以云備要，誠備要矣！读此三書，真良醫良相之有同功，而壽國壽世之無異轍矣。予於是不覺振鐸而告世曰：壽國者，主持國事，留心民瘼，奠金甌以鞏固，奉玉烛以長調，相之任也；壽世者，春臺侑物，池水生塵，民無夭札之年，國多台耇之老，醫之責也。生其時者，優游化日，永享太平。含哺鼓腹，仰答聖天子篤念民生、日昃不遑之至意，詎不盛哉！則此三書，其為郅隆之世之一助也，又奚疑焉？時康熙三十三年夏愚弟桓拜序。

清・汪昂《本草備要》叙　言之可貴而足以垂後者，必性命之文也。其次則經濟之文也。余於聖學既無所窺，又六經、四子之書，燦如星日，即漢疏、宋註，且有遺譏，況余愚瞽凡民，安敢以管蠡仰測高深也哉！性命之文，吾無及矣。若經濟之文，必須見諸實事，方能載諸簡編。余少困棘闈，壯謝制舉，長甘蓬虆，終鮮通榮。經濟之文，吾無望焉耳！至於詞章詩賦，月露風雲，縱極精工，無裨實用。揚子所謂雕蟲篆刻，壯夫不爲，不其然乎！竊謂醫藥之書，雖無當於文章鉅麗之觀，然能起人沉疴，益人神智，弱可令壯，鬱可使寬。無關道脉，而能有助剛大之形軀；不係政刑，而實有裨生成之大德。言不墮綺語之障，用有當施濟之仁。群居飽食之餘，或可以愧小慧而勝猶賢也乎！是用寄意此中，思以壽世。初則謂醫學與堪輿不同，堪輿當有秘奧，天機不欲輕泄。若醫家所以濟生救疾，自應無微不闡，無隱不彰，恣意極言，不遺餘蘊。及泛覽諸書，惟《靈》、《素》、《難經》、仲景、叔和，奥衍宏深，不易究殫。自唐宋而下，名家百氏方書，非不燦陳，而義蘊殊少詮釋。如本草第言治某病某病，而不明所以主治之由；醫方第云用某藥某藥，而不明所以當用之理。千書一律，開卷茫如。即間有辨析病源、訓解藥性者，率說焉而不詳，語焉而不暢。醫理雖云深造，文字多欠通明，難以豁觀者之心目。良用憮然，不揣固陋，爰採諸家之長，輯爲《本草備要》《醫方集解》二編。醫療則理法全宗古人，體裁更爲創制。本草則字箋句釋，倣傳註之詳明；醫方則詮症釋方，兼百家之論辨。書分兩帙，用實相資。要令不知醫之人，讀之瞭然，庶裨實用。兩書甫出，幸海內名賢頗垂鑒許，并用以就正焉。今本草原刻，字已漫滅，特再加釐訂，用酬世好。抑世尚有議余藥味之簡者，餘惟《歌賦》《湯液》，藥僅二百四十種，拙集廣至四百種，不爲少矣。如食物僅可充口腹，僻藥非治所常需者，安能盡錄？蓋既取其備，又欲其要，應如是止也。茲因重梓，更增備而可用者約六十品，聊以厭言者之口，仍不礙携者之艱。苟小道之可觀，倘不至致遠之恐泥也乎！康熙甲戌歲陽月休寧八十老人訒菴汪昂書於延禧堂。

清・汪昂《本草備要》凡例　註本草者，當先註病症。不然，病之未明，藥於何有？從前作者罕明斯義，第云某藥入某經治某病而已。淺術視之，蓋茫如也。唯李氏《綱目》，裒集諸家，附著論說，間及病源。《經疏》因之，釋藥而兼釋病，補前人之未備，作後學之指南。茲集祖述二書，更加增訂。藥性病情，互相闡發，以便資用。若每處皆釋，則重複煩瑣，反生厭瀆。故前後間見，或因藥論辨，讀者彙觀而統會之可也。　藥品主治，諸家析言者少，統言者多。如治痰之藥，有治燥痰者，有治濕痰者，諸書第以除痰概之；頭痛之藥，有治內傷頭痛者，有治外感頭痛者，諸書惟言治頭痛而已。此皆相反之症，未可混施。舉此二端，其餘可以類推矣！　又每藥之下，止言某病宜用，而不言某病忌用，均屬闕略。茲集並加詳註，庶無貽悮。　每藥先辨其氣味形色，次著其所入經絡，乃爲發明其功用，而以主治之症，具列於後。其所以主治之理，即在前功用之中，不能逐款細註，讀者詳之。　徐之才曰：藥有宣、上升下行曰宣。通、補、瀉、濇、滑、燥、濕、濕即潤也。輕、重十種，是藥之大體，而《本經》不言，後人未述。凡用藥者，審而詳之，則靡所遺失矣。今爲分闡，以冠於諸藥之首。此十劑也。陶弘景加寒、熱二劑，茲不俱述。然本集燥劑，即陶氏之熱劑，而通劑乃徐氏之燥劑也。而寒劑則多寓於瀉劑也。　藥品主治，已註明入某藏某府者，則不更言入某經絡，以重複無用也。　藥品稍逝遐僻者，必詳其地道形色。如習知習見之藥，則不加詳註。　陰陽、升降、浮沉，已詳於藥性總義中，故每品之下，不加重註。　主治要義及諸家名論用○，病症用△，藥名湯頭用——。頂上十劑用◯。　藥內間附古方，便人施用。如方藥俱全者，則於方名加——。如有方無藥者，則方名不用丨。　藥目次第，每藥稍從其類，以便查閱。　先哲名言，有言以人重者，有人以言重者，須當仍其名氏，庶乎後學知所禀承。或是或非，有可裁斷矣。奈何醫集之中，率掠古人之言，混入己作，使讀者蒼黃莫辨，涇渭難分。習俗移人，賢者不免。甚有合數人之言，砌掇成篇，首尾欠貫，詞意多乖。以故醫學每鮮佳編，良深慨息。本集採用諸家，悉存原名，使可考據。間有删節數行數句者，以限於尺幅也；有增改數句數字者，務暢其文義也。亦有錄其言而未悉其名氏者，以藏書既寡，目力不充，難於盡考也。或時附入鄙見，必加昂按二字，以聽時賢之論定。其間旁搜遠討，義圖貫通，取要删繁，詞歸雅飭，庶幾豁觀者之心目云耳。　是書篇章雖約，多有補《綱目》《經疏》之所未備者，故曰備也。　藥有氣味、形色、經絡、主治、功用、禁忌數端，《藥性歌賦》雖便記誦，然限於字句，又須用韻，是以不能詳括。茲集文無一定，藥小者語簡，藥大者詞繁。然皆各爲杼軸，煆煉成章，使人可以誦讀。若以本文另謄，尤便誦習。《本草》一書，讀之率欲睡欲臥。以每藥之下，所註者不過藏府、經絡、甘酸苦濇、寒熱溫平、升降浮沉、病候、主治而已。未嘗闡發其理，使讀之者有義味可咀嚼也。即如《證類》諸本，採集頗廣，又以衆說繁蕪，觀者罔所折衷也。是編主治之理，務令詳明。取用之宜，期於確切。言暢意晰，字少義多。作者頗費匠心，讀者幸毋忽視。是書將成，始見武林皇甫嵩所著《本草發明》。乃萬曆戊寅年刻。其書加倍於余，其用意頗與余同。始嘆前人亦有先得我心者。其印板業已模糊，亦當時膾炙之書也。世未有翻行之者，特表明之。是書之作，不耑爲醫林而設。蓋以疾疢人所時有，脫或處僻小之區，遇庸劣之手，脉候欠審，用藥乖方，而無簡便方書與之較證，鮮有不受其悮者。是以特著此編，兼輯《醫方集解》一書，相輔而行。篇章雖約，詞旨詳明。携帶不難，簡閱甚便。倘能人置一本，附之篋笥，以備緩急，亦衛生之一助。有識之士，當不以愚言爲狂謬也。昂自壯立之年，便棄制舉。蹉跎世變，念著書作詩，無當人意，祇堪覆瓿，難以垂遠。然禽鹿視息，無所表見，竊用疚心，故疲精瘁神。著輯本草一書，以爲有當於民生日用之實。且集諸家大成，貫穿箋釋，或可有功前賢，嘉惠來世。易世之後，倘有嗜吾書而爲重梓者，庶能傳之久遠，此區區立言之旨也。是書之作，因閱過伯齡《圍棋四子譜》而師其意。蓋圍棋之譜，自唐宋至今，千有餘載。然必如伯齡之譜，有議論，有變換，而後圍棋之妙顯。本草自《本經》而下，不啻數百千家。然率言其氣味主治，而無義味可尋。必須爲之字箋句釋，明體辨用，而後藥性之功全。蓋士生千載之後，貴能取前人之言，寸衡銖稱，抉髓掄精，庶幾有集成之益，無缺略之譏也。故拙著《內經》《本草》《方解》《湯頭》數書，皆另爲體裁，別開徑路，以發前賢未竟之旨，啓後人便易之門。竊謂於醫學頗有闡微廓清之力，讀者倘能鑒別，斯不虛老人之苦心焉耳！【略】訒菴汪昂漫識。

清・李遹新《元素集錦・序》　李君元素，鹿城華胄也。性度安閒，不干戶外，專精醫學有年。其所製新方，往往有奇驗。即余待罪以來，政拙心勞，時膺寒暑。兩載之中，蒙授方藥，罔不奏功。且上自慈闈，下逮藏獲，刀圭頻試，厥驗如神。雖古之盧鵲，不是過也。一日持所著《醫書集錦》示予，將以問世，而命一言。予非越人，惡知醫意？然發其書而讀之，大約祖之岐黃，宗之倉越，下及劉張朱李，歷代名家論辨之精詳，脉方之神妙者，罔不伐毛洗髓於其中而折(裏)〔衷〕以出之。先之以戒律，次之以辨論，終之以治法方條。分內外列為十二卷，俾療者按病而不〔爽〕毫髮。【略】旹康熙乙丑暮春廩延李遹新鷺洲氏漫題於燕香堂。

清・王起元《元素集錦・序》　元素年兄，(束)〔鹿〕邑之世家也，閥閱相繼，棣蕚聯輝。其兄溉翁先生起家名進士，駸歷中外，建節淮陽，督漕山左，功業爛然，德澤覃被，迄今人猶歌頌不衰。元素年兄其仲弟，弱冠才名藉甚，食餼大官者有年。然數奇，屢躓棘闈，後以特開捐貲，為明經之例，遂援例而入國雍，考授州倅。生平賦性慈良，一民一物，胥有吉凶同患之思，於是留心醫理，博極羣書，考究探索，析疑辨誤。久而神明其意，變化生心，每一方出，無不奇效，遠近之人，咸依為命焉。求方者日接踵其門，幾無食沐之隙。近乃彙萃成帙，秘之篋笥，以應四方之請。邑侯鷺翁李老父臺，與之雅相友善，嘗取其方試之，輒試輒驗。見其書而嘆曰：是何可不廣其傳也！慨出俸餘，命梓人剞劂。【略】旹康熙乙丑歲季夏望日年家眷弟王起元書於寧遠署中。

清・劉其時《元素集錦・序》　李君元素，參政公之季嗣，參議公之仲昆，累世勳名，壽國壽民之跡也不勝數。李君以鳳毛麟趾，聲藉成均，儲才以待國用。獨於軒岐秘旨，名家方論，悉攷究而極其精微。蓋欲以壽世之仁，繼父兄而並茂也。一時遠近之被其澤者，咸歌見垣。即予佐茲土以來，六易寒燠，其蒙休於李君者，亦不為少，常思所以贊美之而無由，會李君以所著《集錦》見示，屬予數言以誌其意，予不敏，披讀一過，覩其條分類晰，名論玄言，雖多步趨前人，實能因古而化。茲書一出，如授溺井者以手，授夜行者以燈，梯航斯世，可謂至矣。李老堂臺序，其梗概揚扢已盡。【略】旹康熙乙丑姑洗月望前一日筠陽應侯氏劉其時拜稿。

清・李世藻《元素集錦》序　今夫學醫至今日也，而尚可著書乎哉？自岐黃之旨，既開諸大家，述而詳之，亦既繁且多矣。至王宇泰先生，集諸家之書，而編為《證治準繩》，揔其大成，無復剩意，則學醫至今日也，而尚可著書乎哉？雖然，大匠能與人規矩，不能使人巧。其中治病之法，與立方之妙，有有其意而無其方者，有有其方而未盡其意者，是在學者觸類而通之，以神明其道，則是學醫至今日，不可著而亦可著也。予以素多病，不能不親藥餌，親藥餌不能不看醫書。亦嘗延醫而治予病，竟多不效。及考《本草》，閲醫書，以察時醫之方，始曉然知其謬也。予私曰：公等未讀書耳。乃天之苦予心志也。凡五臟六腑之疾患之殆遍，於是遇一病必詳考諸書，取古人之議論而反復熟讀，沉思默想，得其意而加減其方，由是變化生心，自製新方而服之，往往多效。間有求予方者，與之服之，亦多獲效。然後知古人之方，乃著其規矩，而不必著其巧也。歷十餘年來，所裁之方，復多增加，遂類集之以備用，不敢自衒以示諸人也。乃有從予學醫者，予固辭之，不得不獲已而著為一書，先定其戒律，後詳其辨論，又取成方之可用者，雜入其中，雖各門著治法於前，著方法於後，終謂之著方，非著書也。是故名之曰《醫書驗方》。夫是方也，皆予所親嘗而試之者，雖不敢言三折之良，庶不蹈費人之愆云爾。

鹿邑醫門後學李世藻元素甫撰。門人張繩孔、周林較訂。

清・李世藻《元素集錦・戒律》　《本草發揮》，擇其名人未嘗言者，一指示之，不必逐味言也。其《修治》雖備于本草，當集之以備查看。其人部之藥，原不可用，故不録耳。其反忌藥味，亦必載之，令學者觸目而勿忘。至猪肉所忌，古方亦未嘗盡遵。以予見論之，若暴病有餘之證，或可不拘。至久病羸弱者，必當禁忌，否則難奏效也。

清・王遜《藥性纂要》凡例十二則　至明萬曆間，蘄州李時珍東璧者，彙纂諸書，名為《本草綱目》，五十二卷，藥一千八百九十二種。今遜於《綱目》中，選切要者五百九十七種，增金部神水、水中金，穀部神皇豆、硃米，草部烟草，鱗部海參，獸部獅子油、猴結，人部馬子鹼，共六百六種，名為《藥性纂要》，以藥備用五行，品類百千，近取諸身，遠取諸物，皆供治療，未可專以群卉該之也。故藥則録其切用，書則纂其要言，庶使覽者不憚煩而易記也。

是書悉從李時珍《本草綱目》中摘出，緣《綱目》一編，採摭群書，廣博該備，洵謂集大成矣。凡觀本草，無逾於此。第諸家議論不一，學者難以適從，而彙集諸書未免語多重複。今取切於日用者，妄為刪輯，前後渾合，貫串成章，不存浮文一字，惟欲人人通曉，詞簡義該而已。若欲詳其原始本末，仍當考之李氏《綱目》。

藥石療病，關人軀命，必確見真信，始投之中竅而輒奏效。倘不識性情，模糊妄試，非惟無益而又害之。若僅言已然之故，恐眾人由之，而不能知之，要必言其所以然之故，庶幾格物窮理，乃為有益。故敢以臆說增入於中，聊存愚者之一得，惟俟後之君子，復加裁正爾。【略】

藥出產、生成、形狀、正誤、分類，已詳《綱目》中，兹略而不備，原舊有《綱目》故也。獨詳於治病之義，深切著明，使人知善用之法也。

食品為日用必需，尊生者宜知其性，擇而食之，故當載也。舊有《食物本草》，與藥性分別，今依《綱目》序次，不另分出。

藥性據《綱目》所載，詳觀義理，本古賢之著述，印今時之日用，相符合者解出自然，不加勉強。其切用而不可少者，治廣功多，理應詳解，恐猶遺漏。其間或一用而少者，略訓數語，已盡其長，不煩贅飾。若曲加強解，則欲求明而反晦矣。故知之不逮者則闕焉，猶史闕文之義也。【略】

凡藥氣味毒者，依《綱目》書有毒二字，無毒則不書，闡發毒字精義，從古所未言者。省文也。夫毒者乖戾不和，稟氣之偏者也。若氣稟純正，則何毒之有。今舉數種，以見大略。假如水銀有毒，其氣寒而性下墜之毒也。硫黃有毒，其性熱而上竄之毒也。牽牛有毒，性寒而下泄之毒也。巴豆有毒，性熱而下泄之毒也。砒石有毒，性燥熱而猛烈之毒也。硇砂有毒，性膠粘而腐爛之毒也。物之為毒，其性不同，而毒藥攻邪，則又以毒治毒也。若解毒之藥，甘草和緩，解毒氣之急烈，無分寒熱，均可治也。而犀角、羚羊，則以涼解熱毒。附子、硫黃，則以有毒之熱而解寒凝之毒。穿山、皂刺、全蠍、殭蠶，則無毒有毒，均以攻透出其毒鬱。人參、黃耆，則補正氣，以托邪毒。故在地百物，有生成有毒者，有本無毒之種而間或有毒者，如雙仁杏核、兩蒂甜瓜之類，不一而足。若在天之毒，則疫癘非時不正之氣，與疾風暴雨，酷暑嚴寒，亦皆毒也。在人則氣血不和，偏陰偏陽，遂結成毒。《內經》所謂榮氣不從，逆於肉裏，乃生癰腫，是曰毒也。故毒之既成，難以潛消，惟化於未形之先，調於既形之後，此良法也。

《綱目》附方甚多，難以盡載。惟有巧思、有詮解可以啟人會悟者，間錄一二，以為取法，即係日用之方，而藥非專著本條者，另載方劑帙中。至於家秘之方，舊存新得，人所靳傳者，予盡出之不敢秘，以公諸天下。蓋欲廣前賢立方之德澤，濟世人切膚之疾苦，不願飽一己之私，取一家之效，以為利階也。覽者其留意焉。【略】

用藥最宜審慎，昔人有言用藥如用兵。若危急存亡之際，當用而不用，則坐失機宜，後悔亦晚。不當用而用，則躁進妄施，非先後紊序，則重輕失當。故在用者靈活，隨時度勢，轉變知機，聽人之言，未可順人之意，而隨其可否，出己之斷，亦毋執己之見，而驟决是非。【略】丙寅臘月牆東圃者王遜識。

清·王遜《藥性纂要》序　康熙丁未，余輯《流慶秘書》，為人勗德之勸，問世都稱賞，已載諸誌矣。嘗思治心之餘，人世最重莫如身命，傷生莫如疾病，救疾病莫如醫藥。疾病之來，富貴貧賤皆所不免。若學醫無中正之指歸，病家無是非之辨別，一有痌疚，委身庸劣，聽其短長，以身試醫。醫以藥試病，所傷實多。故岐黃之書不可一日無也。必得善本，常置案頭，信手翻閲，繩尺在前，種種了然。即不專事醫業，而家家盡雷扁矣。況致知格物，不外吾儒之能事。丙寅纂成《藥性》，廼《醫林四書》殿後一種也。書登國乘，予乏費，未克授梓。己巳秋，沈君輝東見而悦之。一日携白鏹五金，慨然助刻。文學吳子禹則予通門世講也，亦捐四金勸事。予遂付稿剞劂氏。今甲戌之春，已越六稔矣。書財告竣。噫！成書之難，固如是夫！沈君素稱善士，前此未與予交，而能樂人之善若己善。予與吳子交在紀群之間，禹則將為予玉成此書，而忽赴召玉樓。嗟乎！二君之外，又安能更得一人哉。茲於書成之日，不勝懷知己而增存歿之感也。康熙三十三年歲次甲戌首春十日東圃王遜識時年五十有九。

題呂巖《本草新編·序》　人不學醫，則不可救人；醫不讀《本草》，則不可用藥。自神農氏嘗藥以來，發明《本草》者數十家，傳疑傳信，未克折衷至正，識者憂之，冀得一人出而辨論不可得。吾弟子陳遠公，實有志未逮。丁卯失意，肆志軒岐學，著《內經》未已，著《六氣》書。今又取《本草》著之，何志大而書奇乎。嗟乎！陳子欲著此書者久矣，而陳子未敢命筆也。陳子少好遊，遍歷名山大川，五嶽四瀆，多所瞻眺，頗能抒發胸中之奇。且所如不偶，躬閱于兵戈患難興亡榮辱者有幾，親視于得失疾病瘴疫死生者又有幾，身究于書史花木禽獸鱗蟲者又有幾。是陳子見聞廣博而咨詢精詳，兼之辨難縱横，又足佐其筆陣，宜其書之奇也。而陳子之奇不在此。陳子晚年逢異人燕市，多獲秘傳，晨夕研求，幾廢寢食，竟不知身在客也。嗟乎！真奇也哉。然而陳子雅不見其奇，遇異人忘其遇，著奇書忘其書，若惟恐人不可救而用藥誤之也。汲汲于著書為事，著《內經》《六氣》之書甫竣，復著《本草》。嗟乎，真奇也哉。而陳子更奇，謂醫救一世其功近，醫救萬世其功遠。欲夫用藥之人，盡為良醫也，則本草之功用，又烏可不亟為辨論哉。甚矣，陳子之奇也。予評閲而序之首，喜得人仍出吾門而折衷至正，實可為萬世法，是則余之所深幸者乎。呂道人巖題于大江之南時康熙己巳燈宵後三日。

題張機《本草新編·叙》　山陰陳子遠公，壯游宇內，得老湖叢著，軒岐之書。其見聞所暨及，既廣且博，宜其書之奇也。雖然無識不可著書，無膽亦不可著書，閲覽於山川草木禽獸魚龍昆蟲之內，而識不足以辨其義，膽不足以揚其論，欲書之奇，得乎？陳子之識，上下千古，翻前人舊案，闡厥精微，絕非詭異，一皆理之所必有也。異膽横絕，浩浩落落，無一語不窮厥秘奧，絕無艱澀氣晦于筆端。是識足以壯膽，而膽又足以濟識也，欲書之不奇，難矣。吾與天師岐伯、純陽呂公，嘉陳子有著作，下使再讀碧落文，其奇應不止此。丁卯秋，訪陳子燕市，陳子拜吾三人於座上，天師將碧落文盡傳之，余傳《六氣》諸書。陳子苦不盡識，余牖迪三閲月。陳子喜曰：吾今後不敢以著述讓後人也。著《內經·靈樞》《六氣》告竣。又著《本草》，奇矣！而陳子未知奇也。百傷不遇，嘆息異才之湮沒不彰。嗟乎！有才不用，亦其常也。抱可以著作之才，不用之于著作，致足惜也。今陳子不遇，仍著書以老，是有才而不違其才矣，又胡足惜乎。況陳子得碧文助其膽識，則書之奇，實足傳遠，然則陳子之不遇，老而著書，正天之厚陳子也。陳子又何必自傷哉。康熙己巳莫春望後漢長沙守張機題于燕江。

題岐伯天師《本草新編·序》　粤稽神農氏，首嘗百草，憫生民夭折不救也。歷代久遠，疊嬰兵燹，祖龍一炷，竹簡化燼。雖醫人諸書，詔告留存，士民畏秦法，盡棄毀靡遺，收藏汲塚，繕寫訛舛，非復神農氏古本。嗣後醫者多有附會，是《本草》在可信不可信間，近更創揚異説，競尚陰寒，殺人草木中，世未識也，予甚憫之。神農氏救世著《本草》，後人因《本草》禍世，失帝心矣。純陽子呂巖與余同志，招余、長沙使君張機，遊燕市，訪陳子遠公，辯晰刀圭，陳子再拜，受教古書，盡傳之。張公又授《六氣》諸書，因勸陳子著述，不可讓之來者也。陳子著《內經》成，著《六氣》，今又著《本草》，勤矣！陳子幼讀六籍，老而不遇，借《本草》之味，發揚精華，其文弘而肆，其書平而奇，世必驚才大而學博也，誰知皆得之吾三人助哉。天下有才學者甚眾，吾輩何獨厚陳子？救世心殷，無異神農氏。則《本草新編》，其即救世之書乎。雲中逸老岐伯天師題于大江之南時康熙乙巳孟春念九日也。

清・金以謀《本草新編・序》 陳子遠公所著《石室秘籙》，皆傳自異人，而於青囊肘後，闡發尤多，故撥盲起疲，捷如響應。余既序之，梓以行世矣。粵稽烈山氏，躬嘗百草，教後世以醫。軒轅、岐伯，相與論性命之學，即今《金匱》《靈樞》《素問》《難經》。一以天地陰陽、四時寒燠、五行屈伸、悔吝之道，通於人身之風寒暑熱、五臟六腑、相生互伐、強弱通塞之機。蓋古先哲王明乎天人合一之理，而後頤指意會，將使天下之人之病無有不治，且并其病也而無之而後快焉。是道也，猶之政也。先王固以不忍人之心行之矣。後世若淳于意、華元化、孫思邈、許胤宗、龐安時諸公，咸以醫鳴，而長沙張公能集大成者，得是道也，得是心也。其間繼起，立論著方，或少偏畸，猶滋訾議，而況其凡乎。自輓近以來，家執一言，人持一見，紛然雜然之說行，天人合一之旨晦，由是習焉莫測其端，狃焉莫窮其變，而冀得心應手也，必無幾矣。陳子乃慨然以著作自任，上探羲皇，密證仙真，痌瘝通之，著書累千萬言。而《本草》一編，略人所詳，詳人所略，考《綱目》，辨疑諸善本，惟探注方與真贗、與甘溫涼熱治病炮製而已。茲則一藥必悉其功用，權其損益，入某經，通某臟，人能言之；入某經而治陰中之陽、陽中之陰，通某臟而補水中之火、火中之水，人不能言也。至或問、辨疑，繭抽蕉剝，愈入愈細。舉《靈樞》以上諸書，後世有誤解誤用者，必引經據史，以辨明之，使人不墮雲霧中。洵乎陳子術之奇也。且其論滋補則往復流連，論消散則殷勤告誡，而於寒涼之味，則尤其難其慎，不翅涕泣而道之，固唯恐輕投於一二人，貽害者眾；錯置於一二時，流毒者遠也。斯其心可不謂仁矣乎。今醫統久替似續，殊難其人。若陳子所云岐伯、雷公、仲景、純陽諸先哲，或顯形而告語，或憑乩而問答，殆亦憫醫理之不明，欲以斯道屬斯人也，陳子何多讓焉。謀也，三載薪勞，一官叢脞，不能仰副聖主如天之仁以廣仁政，而獨於民人死生之際三致意焉，故得是書而樂為之序。又減俸而付諸梓，亦欲舉世讀是書者，務求盡乎其心之仁，而不徒驚乎其術之奇焉，則夫古先哲王之所傳，賢士大夫之所述，庶不至如伯牙海上，知音曠絕，而於以濟世利物也，思過半矣。康熙三十年歲次辛未仲春中浣之吉華川金以謀敬書於上元署中。

清・陳士鐸《本草新編》凡例 《本草》自神農以來，數經兵燹，又遭秦火，所傳書多散軼，魯魚亥豕，不能無誤，一字舛錯，動即殺人。鐸躬逢岐伯天師于燕市，得聞軒轅之道，而《本草》一書，尤殷質詢，凡有所悞，盡行改正。

此書删繁就簡，凡無關醫道者，概不入選，即或氣味峻烈，損多益少，與尋常細小之品，無大效驗者，亦皆屏棄。

本草善本，首遵《綱目》，其次則遜《經疏》。二書鐸研精有素，多有發明，非鬬二公，實彰秘奧。

本草諸書，多首列出產、收採、修製等項，鐸概不登列者，以前人考核精詳，無容再論；惟七方十劑之義尚多缺略，所以暢為闡揚，更作或問或疑附後，使醫理昭明，少為用藥之助。

是書删《神農》原本者十之三，採《名醫》增入者十之二，總欲救濟生人，非好為去取。

氣運日遷，人多柔弱，古方不可治今病者，非言補劑也，乃言攻劑耳，故所登諸品，補多于攻。

《本草》非博通內典，遍覽儒書，不能融會貫通，以闡揚秘旨。鐸見聞未廣，而資性甚鈍，所讀經史，每善遺忘，記一遺萬之譏，實所未免，尤望當代名公之教鐸也。

本草貴多議論發微，不尚方法矜異。鐸所以敘功效于前，發尚論于後，欲使天下後世，盡知草木之精深，人物金石之奧妙，庶不至動手用藥有錯。

此書多得之神助，異想奇思，命筆時有不自知其然而然之象，世有知心，自能深識，不敢誇詡也。

鐸素學刀圭，頗欲闡揚醫典，邇年來，未遑尚論。甲子秋，遇純陽呂夫子于獨秀山，即商訂此書，輒蒙許可，後聞異人之教助，鐸不逮者，皆呂夫子賜也。

是書得于岐天師者十之五，得于長沙守仲景張夫子者十之二，得于扁鵲秦夫子者十之三。若鐸鄙見，十中無一焉。

鐸少喜浪遊，凡遇名山勝地，往往探奇不倦，登眺時多逢異人，與之辯難刀圭，實能開蕩心胸，增益神智，苟有所得，必書笥中。每入深山，見琪花瑤草、異獸珍禽與昆蟲介屬異于凡種者，必咨詢土人，考訂靡已。倘獲奇聞，必備誌之，今罄登茲編。

行醫不讀《本草》，則陰陽未識，攻補茫然，一遇異症，何從用藥。況坊刻諸書，苦無善本，非多則略。鐸斟酌于二者之間，繁簡得宜，使讀者易于觀覽。

是書藥味無多，而義理詳盡，功過不掩，喜忌彰明，庶攻補可以兼施，寒熱可以各用。倘謂鐸多事，翻前人以出奇，或咎鐸無文，輕當世而鬪異，則鐸豈敢。

著書非居勝地，則識見不能開拓，鐸幸客舟中，目觀江濤洶湧，雲巒層疊，助人壯懷，故得暢抒獨得，頗無格格之苦。然同心甚少，考訂未弘，終覺畫守一隅，不能兼談六合。

鐸晚年逢異人于燕市，傳書甚多，著述頗富，皆發明《靈》《素》秘奧，絕不拾世間淺瀋，有利于疾病匪淺，惜家貧不能災梨，倘有救濟心慇，肯捐資剞劂者，鐸當罄囊與之，斷不少吝，以負異人之託。山陰陳士鐸遠公別號朱華子識。

清・沈李龍《食物本草會纂》序 人受天地之氣以生，即育百物以養。其生百物之名不析，則悞取。性不識，則悞食。悞者在幾微之間，而人之死生壽夭係焉。神農有憂之，遂制頳鞭鞭草木而嘗之，一日而遇七十二毒，爰著《本草》三卷，用以濟世，此本草之權輿也。厥後葛洪、陶弘景諸公後先綴緝，增以註釋，神聖群仙，互相發明，大暢厥旨。明李時珍集諸家之長，撰為《本草綱目》。復於《綱目》內擇其切於日用者，另為一編，曰《食物本草》。美備精詳，有功於世不小。予年來二豎為祟，切知病由口入，故於日用飲食間殊切戒嚴。但苦《綱目》太繁，而他本太簡，因廣輯群書，除近時坊刻十餘種外，博求往古，如淮南王崔浩之《食經》，竺暄之《膳饈養療》，孫思邈之《古今食治》，孟詵之《食療》，陳士良之《食性》，昝殷之《食經心鑒》，婁居中之《食治通說》，陳直之《奉親養老》，吳瑞之《日用本草》，汪頴之《食物八類》，甯原之《食鑒》，周定王之《救荒本草》。一一窮蒐，摘其精要，益以見聞，著為是編。末後附以《日用家鈔》《脈學秘傳》，俾世之讀是書者，人人可以鑒物窮理，庶不致名不析而悞取，性不識而悞食，以戕其生矣。堯天舜日之民，盡登於仁壽之域。不才放廢，終老山林，所恃操三寸不律，黼黻太平者，惟此而已。西湖沈李龍雲將氏題於欲靜樓。峕康熙辛未孟春梓於金陵之抱青閣。

清・沈李龍《食物本草會纂》凡例 人為萬物之靈，原資萬物以養其生。凡天壤間食物，有關日用者，細分品類，無不備載，使讀之者知有物必有則，庶不負天生蒸民之意。其無關於日用及怪誕罕見者，概從簡略。 《本草》一書，自神農首著，至今不下數十百種，廣為蒐輯，自不待言。獨烹飪一事，往往庖丁、婦豎，具有隻見。茲集不恥下問，委曲諮詢。凡親試經驗者，一一附入，用滋悅口，亦耕當問奴、織當問婢之意也。 食物有氣味、主治、功用、禁忌諸端，茲先詳臭味用，次詳主治用，次詳附方用，間附禁忌，悉仍原本，以表先王軫念民瘼、利人濟物之至意。 近來坊刻，除太繁太簡概不具論，惟施山公所輯得《綱目》之旨要，但山公所著不載火部，果部不載葡萄，介部不載玳瑁、牡蠣、海螄、吐鐵，殊為缺陷，至如火部之烟草，水族之江瑤柱，諸書多未及載，茲特盡為補入，以佐諸刻之不逮。 每類名題之下，俱用細書備載諸家註釋及生物原始，使食之者，飲水知源，悉其典故。 至採用諸書，有仍其名氏者，有恐篇帙太繁概從刪節者，大約廣蒐博採，務求詳盡，取要刪繁，言歸雅飭耳。 天地生物之奇，有似是而非，良毒大異者，有時地稍殊，美惡迥別者。變幻無方，攸關民命，不憚細為詳晰。 其一事一物，新奇典雅，堪佐詩文採用者，旁加圈點，以備文人不時之需。 同一時也，同一物也，有彼治之異常可口，此治之醜惡不堪，物類相感，失其調製故也。茲特將治物秘方，另為一帙，附於《日用家鈔》卷內，以備詳察。 是書之作，原以備四民之日用，非為醫林而設，但恐行旌旅次僻野窮鄉，謭劣庸醫悞人不少，特將藥性脉理一一附載，亦明哲保身之要務也。 著書立言，往往令讀之者欲睡欲臥，非眾論繁蕪，罔所折衷，即詞旨沉晦，無可咀嚼故也。茲集考核精詳，言簡而暢，不特以正性命，兼可以悅心目，頗費匠心，幸毋忽視。西湖沈李龍雲將氏謹識。

清・顧靖遠《顧氏醫鏡》卷七 凡本藥下不註有毒者，俱無毒。不拘白文、細註，凡連圈幾字者，俱本藥性之大旨，及戒用、緊要。

清・馮兆張《馮氏錦囊秘錄・雜症痘疹藥性主治合參》凡例 雜症痘疹藥性，先哲具備載各冊，議論間有不同，主治每多闕略。竊思痘疹中亦有雜症相兼者，雖在痘時，以治痘為本，雜症為標，然如痘瘡貫膿之時，而夾生吐瀉惡症，及夫惡症初愈，而復傳染痘瘡，此皆不可不共為照管而兼治者。假如一藥，治痘疹實為要品，而於所夾雜症又宜禁用，苟僅專心於此，忘之於彼，不亦助邪為虐，雜症劇而痘疹亦危矣！ 故謹將雜症藥性條下，附註痘疹藥性於後，集成一冊，庶可兩得無礙，在痘疹、在雜症自獲兩全，且便於查覽。

凡藥既有大力，可以救人性命於傾刻，復無毒劣氣味，貽人災患於後來，譬如才德兼備之君子，既所仰仗以濟顛危，復可叨庇以藉生養，愈親之而愈見其益者，則題目頂上，加以四圈。如氣味雖偏，然力量超群，有扶危救困之功，亦可救人性命於傾刻，如亂世之能臣，藉以戡亂扶危，救急於一時者，及性稟平和，功專調補氣血，長養精神，如治世之良臣，藉以安邦定國於久遠者，題目頂上竝加三圈。 如氣味淺薄，能療疾患數病，然無大力，立救沉疴，但可借以佐使治療，實非久服益人之藥，如卒伍卑賤之良善，而驅使又斷不可少者，則題目頂上加以二圈。 如治病雖有小功，損人元氣，亦有小過，功過相等，可暫而不可久，如卒伍卑賤之庸者，然雖有小奸，不足以致大患，若上令明，而下奉自順也，則題目頂上加以一圈。 如氣味庸劣，却病則不足，損人則有餘，猶性成暴惡之徒，善則不能，惡則日甚，損多益少，功不掩過者，及非常用之藥并世稀見之產，方書相傳雖有其名，而治按方藥竝無取用者，則不圈不點，遵古類書而已。倘過涉荒唐者，業已刪去，不敢混陳。　藥名題目之下，即細註藥性稟受氣味寒熱溫涼，以為補瀉輕重之用，末附禁忌炮製，庶諸藥稟性易明，投用的確無誤，製度即得其宜，藥力之功效愈見。　正文倘尚有未盡之旨，及今古有不一之說，復具按論，必取發明，使藥性之優劣，洞然於中，取用之合宜，自能得心應手而不紊矣。　痘疹藥性具附於雜症藥性條後，凡前條止一種藥名者，則所附僅書主治痘疹合參數字。若前條下兼有附名藥者，則所附方為特書某藥合參，便於檢閱。　凡藥切對治是症者，則傍用尖圈，稍次則傍用圓圈，以便知其所用。若功不掩過，及與病有大功大過者，則將為功為過之處，竝加雙圓圈，以便知其所重。其不尖圓雙圈者，遵古類書而已，至於有過屬虛浮者，業以刪去，不敢復贅。　凡物之生也必稟乎天，成也必資乎地。天布令，主發生，寒熱溫涼四時之氣行焉，陽也；地凝質，主成物，酸苦辛鹹甘淡五行之味滋焉，陰也。故微寒微溫者，春之氣也；溫熱者，夏之氣也；大熱者，長夏之氣也；涼者，秋之氣也；大寒者，冬之氣也。凡言微寒者，稟春之氣以生，春氣升而生。言大熱者，感長夏之氣以生，長夏之氣化。言平者，感秋之氣以生，平即涼也，秋氣降而收。言大寒者，感冬之氣以生，冬氣沉而藏。此物之氣得乎天者也。天一生水，地六成之；地二生火，天七成之；天三生木，地八成之；地四生金，天九成之；天五生土，地十成之。水曰潤下，潤下作鹹。火曰炎上，炎上作苦。木曰曲直，曲直作酸。金曰從革，從革作辛。土爰稼穡，稼穡作甘。本乎天者親上，本乎地者親下，氣味多少，各從其類也。凡言酸者得木之氣，言辛者得金之氣，言鹹者得水之氣，言苦者得火之氣，言甘者得土之氣。惟土寄旺於四季，生成之數皆五，故其氣平，其味甘而淡，其性和而無毒，土德沖和，感而類之，莫或不然，固萬物之所出，亦萬物之所入，此物之味，資乎地者也。至於藥之言毒者，謂乖戾不和，稟氣之偏者也。若氣稟純正，則何毒之有？故氣之毒者必熱，味之毒者必辛，枝苗主氣而升以治上，根鬚主味而降以治下，此藥稟性不易之常也。其變通合宜之妙，存乎其人。

清・张璐《本經逢原》小引　醫之有《本經》也，猶匠氏之有繩墨也。有繩墨而後有規矩，有規矩而後能變通。變通生乎智巧，又必本諸繩墨也。原夫炎帝《本經》，繩墨之創始也。《大觀》《證類》，規矩之成則也。瀕湖《綱目》，成則中之集大成，未能達乎變通也。譬諸大匠能與人規矩，不能與人智巧。能以智巧與人達乎變通之道者，黄帝《靈》《素》之文也。能以炎黄之道隨機應用，不為繩墨所拘者，漢長沙一人而已。長沙以天縱之能，一脈相承炎黄之道，信手皆繩墨也。未聞炎黄而外別有繩墨也。嘗思醫林學術，非不代有名人，求其端本澄源，宗乎《本經》主治者，《玉函金匱》而外未之聞也。長沙已往，唐逸士《千金方》獨得其髓，其立方之峻，有過於長沙者，後世未由宗之。以故集本草者，咸以上古逆順反激之用，概置不錄，專事坦夷，以適時宜。其間瑣瑣，固無足論。即瀕湖之博洽今古者，尚爾舍本逐末，僅以《本經》主治冠列諸首，以為存羊之意。惟仲淳繆子開鑿經義，迥出諸方，餘而於委宛難明處，則旁引《別錄》等說，疏作經言，朱紫之混，能無戾乎？昔三餘喬子有《本經注疏》一冊，三十五年前於念莪先生齋頭曾一寓目，惜乎未經刊布，不可復覩。因不自揣，聊陳鄙見，略疏《本經》之大義，並系諸家治法，庶使學人左右逢原，不逾炎黄繩墨，足以為上工也。上工十全六，不能盡起白骨而生之。吾願天下醫師慎勿妄恃己長，以希苟得之利，天下蒼生確遵有病不治，常得中醫之戒，跳出時師圈繢，何繩墨之可限哉。康熙乙亥春王石頑張璐書於雋永堂時年七十有九。

清・陳彩《夕庵讀本草快編・序》　余遷江南，晤吾家子明，數為吾言：浦子介公，吳中快士也。吾藏諸心者已久，而以公務自羈，鮮親談笑。思客宦於吳而不獲交介公，此亦心中極不快事也。甲辰春，移駐姑蘇，得接介公於署邸。既一見，而肝膈炤人。聆其議論，讀其詩文，如坐我於松風之下，濯我於冰壺之中，益以見我子明知人之明，而恨我相見之晚，又成一大快事也。因得讀其《本草快編》，起而擊節，贊歎希有，不能已已。余性不能多讀書，喜賓客過我，又喜人清談妙理，用醒脾困。而《快編》之在我前也，天地之理，萬物之情，陰陽神鬼之秘，夭翹蠕動之形，岐黄問辨之旨，秦越荅難之經，莫不究其源委，明其變化，出其才能，神其配合，以蘇天下之困，而扶天下之危，舒天下之鬱，而返天下之平，即天下安，有快於此者乎？案頭置此一冊，朝夕玩誦，自然百病無有。此其快，吾先得之，他尚未之知也。且聞其繼有《證治快編集成》，當兼以惠教，公諸天下，不但作枕中秘爾，則吾之快豈有已乎？即天下之快豈有已乎？　時康熙甲辰長至日整飭蘇松常道前讀史官年家眷弟陳彩頓首拜撰。

清·李中梓《夕庵讀本草快編·敘》 余總角時喜覽《爾雅》《埤雅》，為其能識草、木、鳥、獸、禽、魚之義。既而閱及本草，更有進焉。何也？自古聖王嘗味別性，正名明用，為萬世利。歷代名家，又從而增補之。品日益，論日廣。至蘄水李氏，父作子述，正訛闢謬，纂成《綱目》，以開後世，功豈淺鮮哉？然集大成者緒必多，論宏博者文難簡。是以書餘二尺，不覺其繁也。但貧者不能購，購者不能讀，讀者難於記誦，每每束之高閣者不少。予欲囑一特達之士，彈核較讎，刪蕪存雋，使覽者易明，用者無悞。留心多載，竟難其人。甲午春董君德仲招游佘山，與諸隱宿，昕夕論道，志足樂也。適有長鬚持書來告，啟而視之，乃浦姪介公賫《快編》求印政者也。挑燈批閱，不覺忘寐。嗟嗟！余蓄念未遂，介公先得吾心之所同。然且及吾門者，介公年最少，學最優。以場屋螢火之餘功，作此千秋不朽之事業。不獨可喜，實可嘉也。連朝細檢，再為釐正，見其立意，以瀕湖發明為主，群論為佐，不獨釋名辨性，更可博識廣聞。雖不業醫者，亦當置之案頭，偶拈一則，便覺開暢胸次。命之曰快，非虛語爾，較之《通玄》，青出於藍矣。亟令郵歸，壽之梨棗。雲間表友生李中梓識。

清·浦士貞《夕庵讀本草快編》序 譚友夏先生與先君星臨公訂金石交，每過吳門，下榻寒齋，談詩論道。予得從之游。嘗謂予曰：尊人以高年得君，稟體柔弱。膏火之餘，宜留心醫道。醫非小術也，范文正以良相並稱矣。然醫非易事也，不參神聖工巧，其何能得焉？予少時曾患咯血，因究心此理，保攝得安。古云：為人子者，不可不知醫。謂上可奉親，下可保身，君其誌之。歲庚子，罣誤被黜，抑鬱成疴。先君子恐誤於藥，命往雲間，叩表叔士材李先生求治。登其堂，見問奇者不異玄亭，執經者有同馬帳。未及彌月而疾霍然，心景慕之，遂執贄焉。述曩時友夏之言為問，師曰：是也，當以脉藥症治為配，子能會心乎？予退而思之，詣朝進曰：脉非神不能辨形象仿佛，藥非聖不能詳氣味功用，症非工不能悉變態虛實，治非巧不能中寒熱溫涼。師撫掌曰：青出於藍，其在子乎？追隨數載，頗決藩籬而窺堂奧。究脉契心，草成《脉悟》；論症平反，撰作《玄機》。獨於本草若望洋。然雖有《綱目》可憑讀之，范無畔岸。寤寐於斯，窮研深究。一載之後，恍若有得。然後知讀本草非讀他書之可比也。中有五難，世所鮮解。如大苦為甘草，文無為當歸，葚為知母，蝱為貝母，茺蔚為益母，芐為地黃，蠙衣為車前，將離為芍藥，忘憂為萱草，蜥蜴為守宮，瓦屋為蚶，木仙為桂，木奴為橘，甘鼎為黿，小白為銀魚。荀卿以蘭根為白芷，淮南以蜉蝣為蛾蠓，高誘以乾鵲為蜻蛚。此則辨名之難也。木有辛夷，草亦有辛夷；石有決明，草亦有決明；草有長卿寄奴，小蟹亦名長卿寄奴；鶴名白鳥，蚊亦名白鳥；馬名玄駒，螘亦名玄駒；螳螂之子名螵蛸，烏鰂之骨亦名海螵蛸。一蟲五稱，曰螽斯，曰莎雞，曰寒蛩，曰蟋蟀，曰促織。一木五香，曰雞舌，曰沉水，曰蜜蠟，曰薰陸，曰黃熟。一花八號，曰芙蓉，曰芙蕖，曰蓮，曰荷，曰茄，曰蕸，曰菂，曰藕。而芙蓉之名冒於拒霜之木，沉速之結誤於旃檀之枝。又山蘄窮大葉者為江蘺，而野芎亂江蘺；細葉者為蘼蕪，而蛇床亂蘼蕪。此則析類之難也。盧橘俗作枇杷，而嶺南四月，自有盧橘。簡子謬傳木鱉，而西蜀秋實，便號秋紅。鬱草出鬱林者名鬱金，出蜀者名鬱金香。今以薑黃為鬱金，殊不香。高良薑出高涼，治黃疸，而高涼自有黃薑，治刑傷。又有風薑治風濕。常山出於嚴陵，而真定亦有常山；檳榔出南越，而滇南又有馬檳榔。蔞葉出南越，名扶留，拌食檳榔，而滇南食其實名蔞子，南越之蔞則不結實。橘產於吳、楚、甌、粵為橘，過江則化為枳；梨產於齊、魯、燕、趙為梨，遷南則變為樝。又覃懷之濟水洑流，地黃入地二三尺，釘頭鼠尾，他處則否；彰明之地近火井，百草入土俱焦而附子獨潤，他處不真。此則別土之難也。水宜寒而有溫泉，火宜熱而有涼焰。晝宜明而有變晝之草，夜宜暗而有夜光之珠。木本浮而有沉水之香，石本沉而有浮水之石。鹽本鹹，沖調火酒而反淡；梅本酸，夾食三廉而反甜。金尅木而有食鐵反茂之樹，水制火而有水中發火之油。羽毛至輕，弱水難載。荊棘最刺，鮭鷹能吞。南荒有火布之鼠，峨嵋有浴雪之蛆。西土有糞銅之蟲，北方有齧鐵之蟻。獨活當風不搖，無風自搖；美人草手折不舞，聞笙歌聲自舞。此則定性之難也。人氣粉犀，戎鹽累卵。蠅點變白，麈尾留紅。鸞膠續劍，蟹黃解漆。翡翠屑金，白蓉血玉。五葉止雕，若根柔栨。萆薢嗇溲，鸊鷉消臟。菾鱣益力，蘆朴加觴。枯荷縮銀，龜尿泐石。都藤破蠱，鯪鯉引乳。與夫炮煉蒸曝，丸散膏煎，隨宜各措，此則劑用之難也。雖然此類頗多，安能悉舉。必須從此推求，方能得其肯綮。百千性味，一理貫通，萬變病情，投如沃雪，譬之韓信將兵，多多益善；庖丁揮刃，目無全牛。庶不負炎帝採嘗正名以定良毒，伊尹分別湯液以拯夭札。代有明賢，繼往開來。增補詳釋，非管窺蠡測所能洞達也。窗友吳龍文謂予曰：　近見世人讀《藥性》一賦，自負知醫；　得草澤數方，矜誇神祕。不獨潤身肥家，更欲傳之子孫。若君如此窮研，無乃自苦，更以苦人，難免迂闊之譏矣！　予應之曰：　吾亦知吾之腐也。曼倩有云：　少所見，多所怪。見橐駝謂馬腫背。烏呼！　黄山谷曰：　醫不明理，如盲射箭。偶或中的，豈可恃為長技耶？　博學明辨，乃吾輩分内事，苟不從博歸約，終是無頭學問。彼徒曰醫耳，恐學醫費人也。昔子政讀《山海經》，始知貳負；　東方躡秦獄地，乃識怪哉。敬輿謫忠州，書詳胸䐋；　長公貶儋耳，方傳海漆。先賢明哲，未經考核真確，不敢以疑似悮將來。吾儕聞見寡昧而欲自逞，無異水湧蹄涔，火炫螢尾，其何能濟？　龍文稽首曰：　聆君之論，茅塞開而中心快。讀君之書，其快更當何如也，足見命名之意深矣！　康熙甲子孟春古吳浦士貞自敘於濠上草堂。

清・浦士貞《夕庵讀本草快編》　諸家評議　秦補念先生評：　鉤深索隱，議論風發。與張茂先、郭景純頡頏者耶！　雖未覽全集，而全集之淵博已見梗概矣。　林枚吉先生評：　博采群書，旁搜輿論。所見既多，其識自廣，殆入二酉探奇秘者乎？　何言之鑿鑿而莫知其端倪，如千尺流峽，疑自天來耶？　非食人間烟火者所能襲書隻字。

清・浦士貞《夕庵讀本草快編》書尾　病中書竣，喜而漫賦：　久著《農經》苦未成，三春枕上較讎吟。《漢書》難畢中郎恨，二酉堪傳家姓名。　書成只合快啣杯，無奈心懷尚未開。莫謂陳言無補世，中多肯綮勿虚猜。　康熙丁丑清和望日七十一叟浦士貞識并書。

清・浦士貞《夕庵讀本草快編》凡例　一、本草之名尚矣。自《神農本經》及漢、唐、宋、明，共四十二家。余新增二家，各標名姓官秩，表其立言輕重，構思淺深，以見學有淵源，令人有所祖述而不忘本也。

一、蘄水李氏父子搜賾索隱，三易稿而始成。分類別部，皆有微意。首列水火土者，水火乃天地之先，土為萬物之母；　次金石者，從土也；　次草、穀、菜、果、木者，從微及巨也；　次服器者，從草木也；　次蟲、魚、介、禽，終以人者，從賤及貴也。予不敢紊，悉遵其舊題，曰讀者，明非自撰之書。蓋讀《綱目》得其快而拈出之者也。

一、諸家所著，繁簡不一，重複舛謬，至《綱目》出而析條分理，校正剔訛，可稱全璧。然其中論廣辨多，使人有望洋之歎，難作枕中之寶。予因撮其要，攬其華，删繁就約，使覽者若執燭之明，讀者無魯魚之誤矣。

一、品類既多，分用不少，若一物別為數條，則愈滋其冗。今以本名領其同類，庶一目了然。如阿膠之統於驢，輕粉之統於汞，鬱金之統於茂，海馬之統於蝦。更有同類而氣味稍殊，功用相做者則合為總論。如瓜、如蛇、如苔、如飯之類。蓋取其簡而可考，備而不瑣也。

一、《藥性》雖云治病之書，然多識鳥獸草木之名，窮其理，究其功。凡經史詩文，以及釋道外典，有一語一事相關者，必采錄之，不獨廣見聞，資談藪，亦可助實學也。

一、諸藥出産不同，用法各異。有重於古而昧於今，如白前之類是也；　顯於今而不錄於古，如山查之類是也。更有甘蔗性寒而誤以為熱，瓜子消痰而反曰生痰。千載蒙冤，莫之能白。今悉改正，以較俗弊。知音博識，自能賞鑒。

清・浦士貞《夕庵讀本草快編》　附錄　本草原始　《神農本草經》：　寇宗奭曰：　《漢書》雖言《本草》，不能斷自何代。《淮南子》雖言神農嘗百草以和藥，亦無《本草》之名。《帝王世紀》云：　黄帝使岐伯嘗味草木，定《本草經》，造醫方，以療眾疾。乃知《本草》之名自黄帝始。蓋上古聖賢具生知之智，故能辨天下品物之性味，合世人疾病之宜忌，後世賢智之士又增其品焉。然藥有金石草木蟲獸，獨以本草名者，為諸藥中草類最多也。凡三卷。　《桐君采藥錄》：　桐君，黄帝時臣也。書凡二卷。記其花葉形色，今已少見。　《雷公藥對》：　雷公，黄帝時臣也。所著凡二卷，北齊徐之才增飾之。按：　之才丹陽人，博識善醫，歷事北齊，諸帝得寵，仕終尚書左僕射。年八十卒，贈司徒，封西陽郡王，謚文明。　《名醫別錄》：　陶弘景，字通明，宋末為諸王侍讀，隱勾曲山，號華陽隱居。梁武帝咨訪之。年八十五卒，謚貞白先生。將漢魏以下名醫所用諸藥三百六十五種，配《本經》之數，亦分上中下，號曰《別錄》。以朱書《本經》，以墨書《別錄》。凡七卷，進武帝，大有裨補。　《李氏藥錄》：　魏李當之，華元化弟子也。修《神農本經》三卷，世雖少見，陶氏、吳氏引在書内，頗有發明。　《吳氏本草》：　魏吳普，廣陵人，華元化弟子也。凡一卷。　《雷公炮炙論》：　劉宋時雷斆所著，非黄帝時雷公也。自稱内究守國安正公，或云官銜，或云道號。胡洽居士重訂，多本於乾寧晏封所作。文義古奥，物理幽玄。　《唐本草》：　唐高宗命英國公李勣等修陶氏舊本增飾之。顯慶中右監門長史蘇恭重加詳註，表請修定，帝復命太尉趙國公長孫無忌二十二人與恭參訂。凡二十卷，目錄一卷，別為《藥圖》二十五卷，《圖經》七卷，共五十三卷。世謂之新《唐本草》。　《藥總訣》：掌禹錫云：亦陶隱居所撰，凡二卷。　《藥性本草》：唐甄權所著。權，扶溝人，仕隋為秘省正字。唐太宗時年一百二十歲，帝幸其第，諮以藥性，因上此書，凡四卷，授朝散大夫。　《千金·食治》：唐孫思邈撰《千金方》三十卷，附本草關於食用者。分米、穀、果、菜、鳥、獸、蟲、魚，亦頗明晰。後隱太白山。隋及後唐徵拜，皆不就。年百餘歲卒。　《食療本草》：唐孟詵撰。詵，梁人，武后時舉進士，累遷鳳閣舍人，出為台州司馬，轉同州刺史。睿宗召用，固辭，卒年九十。因《周禮》食醫之義，故著此書。後張鼎又補其不足，凡三卷。　《本草拾遺》：唐開元中三原縣尉陳藏器撰。謂《本經》雖有陶、蘇補集，然遺沉尚多。故別為序例一卷，拾遺六卷，解紛三卷。藏器，四明人也，其所著述，博極群書，精覈物類，搜羅幽隱，釋本草者難其人，而宋人誚其僻怪，不亦陋乎！　《海藥本草》：唐人李珣所撰。珣，肅、代時人，收采海藥，共成六卷，亦頗詳明。　《四聲本草》：唐蘭陵處士蕭炳撰，取藥名上一字，以平上去入四聲相從，以便討閱。凡五卷，無所發明，進士王收為序。《删繁本草》：唐潤州醫博士兼節度隨軍楊損之撰，凡五卷。　《本草音義》：唐李含光撰，凡二卷。　《本草性事類》：京兆醫工杜善方撰，不詳何代人，凡一卷。　《食性本草》：南唐陪戎副尉、劍州醫學助教陳士良撰。類集諸家藥性關於飲食者，附以食醫諸方，并五時調養臟腑之法，凡十卷。《蜀本草》：蜀主孟昶，命翰林學士韓保昇等，與諸醫士取《唐本草》增補註釋，別為《圖經》。凡二十卷，昶自為序。　《開寶本草》：宋太宗開寶六年，命為尚藥奉御劉翰、道士馬志等九人，取唐、蜀本草詳校，仍取陳藏器《拾遺》相參，增藥一百三十三種，馬志為之註解，翰林學士盧多遜等刊正。七年，復詔志等重定，學士李昉等看詳。凡神農者，白字；名醫所傳者，墨字。共二十一卷，帝自為序。　《嘉祐補註本草》：宋仁宗嘉祐二年，詔光祿卿直秘閣掌禹錫、尚書祠部郎中秘閣校理林億等，同諸醫官重修。新補八十二種，新定十七種，共二十卷。　《圖經本草》：宋仁宗既命掌禹錫等編繹本草，累年成書，又詔天下郡縣圖上所產藥物，用唐永徽故事，專命太常博士蘇頌撰述成書。凡二十一卷，頗有發揮。但圖與說異者，亦間有之。頌字子容，同安人，舉進士。哲宗朝位至丞相，封魏國公。　《證類本草》：宋徽宗大觀二年，蜀醫唐慎微取各家本草，并采古今單方及經史百家有關藥物者即附之，共三十一卷，名曰《證類》。上之朝廷，改名《大觀》。慎微貌雖寢陋而學該博，使諸家之說及各醫之方得以傳世者，皆其功也。政和中，復命醫官曹孝忠校正，又名《政和本草》。　《本草別說》：宋哲宗元祐中，閬中醫士陳承，將《本草》及《圖經》二書而合之，綴數語，謂之《別說》。高宗紹興末，命醫官王繼先等復為校正。　《日華諸家本草》：宋開寶中日華子撰。凡二十卷，按《千家姓》，大姓出東萊，日華子蓋姓大，名明也。　《本草衍義》：宋政和中醫官通直郎寇宗奭撰，參攷事實，覈其情理，援引辨證，發明良多。凡三卷。　《潔古珍珠囊》：金易州明醫張元素所著。元素字潔古，舉進士不第，去學醫，深闡軒岐秘奥，參悟天人幽微，立為主治心法，號曰《珍珠囊》，惜乎論止百品而已。　《用藥法象》：元真定明醫李杲所著。杲字明之，號東垣，通經學。援例為濟源監稅官。受業於潔古，闡發其學，立用藥之法，凡一卷。　《湯液本草》：元醫學教授古趙王好古撰。好古字進之，號海藏，東垣高弟也。取本草及各家之書，附以己意，凡二卷。　《日用本草》：元海寧醫士吳瑞，字瑞卿，文宗時人也。取本草之切於飲食者，分為八門，凡八卷。　《本草歌括》：元瑞州路醫學教授胡仕可，集藥性圖形作歌，以便童蒙習誦。　《本草衍義補遺》：元末朱震亨所著。〔震〕亨字彥修，別號丹溪，浙之義烏人也。從許白雲講道，又從羅太無學醫，著名于世。將寇氏《衍義》而推廣之，凡二百種，多所發明，故曰《補遺》。　《本草發揮》：明洪武時徐彥純所集。彥〔純〕字用誠，山陰人，丹溪高弟也。取潔古、東垣、丹溪、海藏之書，合成三卷，並無發明。　《救荒本草》：洪武初周（憲）〔定〕王號誠齋，因念旱潦民饑，咨訪野老田夫，得草木之根苗花實可備荒者，共四百四十種，圖形著性，亦頗詳明，凡四卷。　《庚辛玉冊》：宣德時寧獻王號臞仙，取崔昉《外丹本草》、土宿真君《造化指南》、獨孤滔《丹房鑒源》所載金石草木可備丹爐者，分為七部，計二卷。　《本草集要》：弘治中，禮部郎中王綸，取本草常用藥品，及張、朱序例，節為八卷，別無增益。綸，字汝言，別號節齋，浙之慈溪人也。舉進士，仕至都御史。　《食物本草》：正德時，九江知府江陵汪穎輯。按此書本於東陽盧和所訂。和，字廉夫，博學尊生之士也，取本草關於食品者，編為八類。穎得其稿，釐為二卷，竊刊以名世。

《食鑒本草》：京口甯原所〔編〕，嘉靖時人也。取可食之物，略載數語，無所發明。《本草會編》：嘉靖中，祁門醫士汪機字省之號石山所編。共二十卷，削去上中下三品，以類相從，菜、穀併入草部，果品通為木部，撮要似乎簡便而混同，反難檢閱，僅有數條，自得可取。《本草蒙筌》：嘉靖末，祁門醫士陳嘉謨，字廷采，遵節齋《集要》部次，每品具氣味、產采、治療、方法，創成對偶，便於習誦，間附己意，頗有發明。《本草綱目》：萬曆時，楚府奉祀封文林郎蓬溪縣令蘄州李時珍，字東璧，號瀕湖，承父李聞言，號月池舊稿，復蒐羅百氏，約三十載而成。分為五十二卷，部列十六類，分六十〔部〕。標名為綱，列事為目。增藥三百七十四種，方八千一百六十。進呈御覽，真曠古之備觀，本草之大成也。《本草經疏》：萬曆時，虞山儒醫繆希雍字仲淳號慕臺撰。以一經附一疏，文字條達，然卓識者少，故不見重於世。《本草通玄》：雲間李師士材，諱中梓，字念莪。崇禎初明經也。棄官業醫。病本草之繁，摘為《通玄》，另出己意，裨補前哲，真一代之偉人，超於元禮、立齋之上。醫之正統不致淪喪者，皆師之力也。

清・劉凝《本草補・序》 昔伏羲畫八卦，以濬人之靈心；神農嘗百草，以起人之痞疾。淑我性，又保我身，上主之恩，亦孔渥矣。自文王周孔既遠，《易》道不明，遂昧造化之初。高者膠葛于圖象，卑者附會于術數，淑性之道，龐雜而莫知統宗。岐伯、俞拊不作，鍼砭失傳，唯守藥性之賦。名醫卒世罕逢，三品亦非原撰。保身之道紛紜而靡有效驗。神形交顇，良可閔憐。泰西石振鐸先生，微言眇論，剔人聾瞽。又以其緒餘，辨物表用，攻人膏肓。其哀矜神形，何其竝摯也。嘗謂凝曰：世人迷厥元始，不知生天地人物之大主。周孔詩書，訓廸昭然，如日中天。秦漢以後，異端蠭起，逾趨逾下，茫然不知性命之所由來。自泰西輩後先至止，無非導人溯本原而定趨向。舌不能罄，筆以繼之，卷帙弘多。余述《默想神功》《永暫定衡》《大赦解略》《初會問答》數種，言前此之所未備。于淑性之道，未必無小補焉。它日又謂凝曰：自鬼臾區以來，盧、扁、倉、華，代有奇人；君、臣、佐、使，各有耑書。若夫簡易而切要，裨于人而捷于效者，胡可廢歟？余以見聞所及，彙為一帙，于保身之道，亦未必無小補焉。凝受而讀之，淑性保身，何當吾世而盡遘之乎？原夫造物主蕃植庶類，養人之肉軀，又降生救贖，拯人之靈魂。靈魂重而肉軀輕，肉軀暫而靈魂永，亦未嘗不恤人之肉軀也。故金、石、水、土，飛、潛、動、植，而冷熱溫涼各別。仲景、東垣、丹溪、河間，其闡發辨論綦詳，用物弘而皙義精矣。然而猝遇奇疾，偶沾怪證，人臣無由奏效于君，人子無由進藥于父，豈非忠孝闕事哉？觀此編所錄，有中邦所無，今攜來種藝，如香草、臭草者；有來自外國，非中邦本土所產，如呂宋之加穵弄果，以西把尼亞國之避驚風石，與泰西多國之〔鍛〕〔椴〕樹皮者；有藥料乏缺，製自外國，如保心石、吸毒石、日精油者；有中邦習用而未審其療治，如薄荷、蔞葉、芥藍、馬齒莧、金絲草者。各疏而列其功效，真有補于本草者矣。又以單方附于其後，猶之《天寶單方藥圖》也。即《黃帝素問》亦載一二方法，非其遺意乎？其間有同一病而方各異者，蓋體氣不一，宜彼宜此，聽病者之自擇焉。至于最污穢，人所見而笑焉者，亦在所錄，殆漆園所云道在屎溺，昌黎所云牛溲、馬勃、敗鼓之皮，天壤間寧有棄物哉？嗚呼！淑性諸撰，可補伏羲；保身之編，可補神農。厥功偉矣，豈曰小補之哉？因進而請曰：海外誠多奇方異藥，曷若廣為搜輯，以福我中邦乎？先生愀然曰：旅人九萬里跋涉，原為救人靈魂，非為肉軀計也。且人遭艱虞，類多向道。生于憂患，死于安樂。子輿氏之言非誣。況身體康泰，半溺嗜欲，而寡寅畏非，所謂瘠土民勤，沃土民淫乎？凝喟然于其言，而更竊有請焉：人之無良，雖備嘗苦楚，而頑冥如故；國憲非不嚴密，小者鞭笞，大者刀斧，蹈之者踵相接也。神哀矜者，亦形哀矜。見顛連困苦者，不問其人之淑慝，苟可一援手而拯之，未有靳焉者。先生曰：是亦足矣！姑布棗梨，以詔來許。呂宋之果，亦近年始知耳，蓋俟後之繼起者。遂付諸剞劂氏。康熙丁丑季夏博竣古臘大赦前七日聖婦亞納瞻禮南豐劉凝拜手書于庾嶺之翼翼堂。

清・陳治《證治大還》卷上《藥理近考》小序

診病之脉，貴通其神。治病之源，務明其藥。寒、熱、溫、涼、平，明其氣也。酸、寒、鹹、苦、辛，明其味也。燥潤緩急，剛柔補瀉，疏散攻發，通利收斂，明其性也。然後以人之虛實，老少男女，強弱消息，其致病之由，窮之以七方十劑之道，汗吐下之法，以臨其證，苟有一線之挽者，豈不能直中肯綮，出幽壑而登春臺，起沉疴而回元氣耶，用是而備《藥理近考》纂。

清・張志聰、高世栻《本草崇原》序 《神農本草》謂之《本經》，計三百六十五種，以應周天之數。上品一百二十五種為君，無毒。主久服養命延年，益氣輕身，神仙不老。中品一百二十種為臣，或有毒，或無毒。主通調血氣，却邪治病。下品一百二十種為佐使，或有毒，或無毒，或大毒。主除寒熱邪氣，破積聚癥瘕，中病即止。夫天地開闢，草木始生。農皇仰觀天之六氣，俯察地之五行。六氣者，厥陰、少陰、太陰、少陽、陽明、太陽，三陰三陽是也。五行者，甲己運土，乙庚運金，丙辛運水，丁壬運木，戊癸運火，五運五行是也。本五運六氣之理，辨草木金石蟲魚禽獸之性，而合人之五臟六腑十二經脈，有寒熱升降補瀉之治。天地萬物，不外五行。其初產也，有東南西北中之五方。其生育也，有春夏秋冬長夏之五時。其形有青黄赤白黑之五色，其氣有臊焦香腥腐之五臭，其質有酸苦甘辛鹹之五味。著為藥性，開物成務，傳於後世，詞古義深，難於窺測。後人纂集藥性，不明《本經》，但言某藥治某病，某病須某藥，不探其原，只言其治，是藥用也，非藥性也。知其性而用之，則用之有本，神變無方。襲其用而用之，則用之無本，窒礙難通。余故詮釋《本經》，闡明藥性，端本五運六氣之理，解釋詳備。俾上古之言，瞭如指掌。運氣之理，炳如日星，為格物致知，三才合一之道。其後人之不經臆說，逐末忘本者，概置勿錄。學者能於此會悟之，則神農觀天察地窮理盡性之學，庶幾近之。後世之書，有涉訛謬者，屏棄勿道，可也。

清・王琦《本草崇原・跋》 以上集《神農本經》上、中、下三品藥性，計若干種，為服食養生，祛邪治病之用。學者體認先聖格物致知之學，則自《別錄》以下，及唐宋元明增補藥性，品類雖繁，莫不各有當然之理，即以參解《本經》之義，觸類引申，總歸五運六氣以詮解，得其綱領，無不貫通。若舍此而從事於諸家之治驗，則散漫多歧，益難啟悟，是為逐末忘本，求進於道者，能知所先後，庶幾得之矣。因陋就簡，舍其本而末是圖，學人大弊也。今之言藥性者，往往雜取世俗孟浪之說，奉為律令，而於《神農本經》棄猶敝屣。譬之經生家，四書五經不之研究，而只記腐爛時文，以為應試之用，思僥倖以取科第，安能冀其必得哉。先民盧不遠作《本草博義》，其子晉公廣之作《乘雅》，張隱庵、高士宗作《本草崇原》，皆以《本經》為宗而推衍之，發前人所未發者甚多，可謂良工心苦。第《乘雅》間雜閑文，語兼晦澀，性根謭陋者，多不能讀。《崇原》則詮解明晰，中人以下，咸可通曉，似於新學為宜。在昔張君創其始，張歿而高君集其成，繕寫樣本，方欲鋟板，高君又亡，事遂中輟，厥後樣本傳歸胡念庵家，念庵父子謝世，不知又歸誰氏，兹從胡之門人高端士處，得其移寫副本，惜乎讎校未精，文句間有缺略訛謬，恐後之閲者，不免夏五三家之歎，爰加訂正，而授之梓，以公於世，學者苟能依此而詳繹之，舉一反三，引伸觸類，自可以入烈山氏之藩籬，而得其妙用，視彼因陋就簡之徒，雜采世俗之說，以處方定劑者，其得失不大有逕庭耶。乾隆丁亥冬至後七日胥山老人王琦跋。

清・何諫《生草藥性備要》序 醫家各經藥品性，非盡為草木賦也。然孔子云：學之可以多識草木之名。則凡書之可以寓目者，何妨節取觀之。其時歲在康熙辛卯，從友延師，授其草性相傳，博覽藥味合成之方，如果效驗，約計貳百餘。雖此《本草綱目》未有所載，目其師友習道，並傳性味調治，多有未究。然其草藥多屬粵東土產，故著家藏篇內咨究前輩，故後學者從其寒熱溫涼之體，始非誦詩讀書之理助云。其效勝似岐黄妙術，猶當的指參詳，未可盡以為據。因並序言於其端矣，故後學從之。

清・王雲錦《本草經解要・序》 古稱神農氏辨別百草之性，咀味窮理，列為成書，後人定之名曰《本草綱目》。然品彙既多，篇章亦富，不無煩衍錯雜之病，能貫通而得其要者，誠難其人。昌黎韓子有言：記事者，提要。纂言者，鈎玄。苟或昧於陰陽類聚群分，未能推明其所以然，而欲臨症補瀉得其所，當然難矣！（葉君天士）〔姚君頤真〕，儒者，喜讀書，尤邃於《易》。嘗著《易經象訓》十二卷，因《易》以悟醫，通乎其理，撰述頗多，《本草經解要》其一也。集中所載，擇湯液中要品而得其精。家姪悦田從學有年，得其指示，抄録此書，出入必偕。近游六安，省舍弟於奎光清署，得謁州刺史楊公。公一見之，反覆讚歎，以為詮釋之精，無逾此編。即命遠齋公子付之梓人，以公當世，使學者識其要領，於本草之精義，洞然豁然，綱舉目張。忘乎其纂輯之勞，而具有貫通之益。其於人之疾也，庶無繆乎。願以此編為良醫家法也可。旹雍正二年十一月日長至錫山王雲錦書於荷經之凝齋。

清・楊緝祖《本草經解要・序》 夫立言者，不其難哉！或敷陳繁賾而肯綮無聞，或梗概觕呈而源流俱昧。失則維均，故職詳未若職要，而明其當然，又必抉其所以然。正如經藉，漢、唐注疏亦云詳矣，宋賢則略名物而窮義理，斯道始朗如星日。今醫之本草而有《綱目》，猶經藉之有注疏也。終身學而未知注疏者眾矣。而醫之於《綱目》亦然，畏其煩重，記誦維艱也，驚猶河漢，會歸不易也。於是乎回陋就簡，承譌襲謬，凡訑訑然刀圭漫試，自詡良工。與夫座擁皋比，居然名宿，滔滔皆是，堪一歎也。（古吳葉先生）〔梁溪姚頤真〕，儒者也，邃于《易》而善醫，即以《易》之盈虛消息，通乎劑之緩急輕重，著書等身。其一為《本草經解要》，於《本經》三百六十五種，而損之，而益之，凡一百七十有四。其詮釋也，縷析詳明，其製方也，斟酌盡善。蓋東璧之書，淹通博大。此則撮其至要，潔靜精微，固義文家法，一立言而三不朽具焉者也。其錫山王君悅田，為海文殿元之群從，學《易》於先生，兼得活人之術焉，間出此眎予。予尋繹再四，謂是論衡也，忍終秘乎？頃者，家大人於政事餘暇，刊布方書數種，補子惠所難周，掖斯人於耆艾，顧藥物則其權輿也，並鍥是書。欲學者咸奉為指南，譬若經生，即未遑遠稽，討斧奧博，但力守宋賢傳注，深思潛玩，融會貫通，已無媿真儒。此（葉）〔姚〕先生著書本懷也。悅田兄尊聞雅意也，亦即家大人保志情殷，常以濟人利物，當隨事力行，敦勉余兄弟之素志也。工竣，為識諸首簡。雍正甲辰歲午月上浣河東楊緝祖書於六署之敬德堂。

清・吴德旋《初月樓續聞見録》卷九　姚柏南，名夢熊，無錫人，諸生。父怡真，貢生。邃於經學，兼精醫理。著有《周易象訓》《春秋義》《南陽經解》《本草經解要》《痘科指掌》諸書。

清・楊友敬《本草經解要附餘・考證》　附考《藥性本草》　宋掌禹錫謂《藥性論》編纂多與《本草》戾，未知何人撰。《綱目》〔云〕即《藥性本草》甄權著也。稱權當唐太宗時，年百二(十)歲，帝臨訪藥性，因上此書，按《唐書》權本傳，貞觀中權已百歲，太宗幸其舍，視飲食，訪逮其術，擢朝散大夫，尋卒，年一百三歲。所撰《脈經》《鍼方》《明堂》等圖傳於時。其弟立言亦精醫。《藝文志》載甄權《脈經》一卷，《鍼經鈔》三卷，《鍼方》一卷，《明堂人形圖》一卷，《甄立言本草音義》七卷，又《本草藥性》三卷，《古今録驗方》五十卷。則《藥性》屬立言，然多一卷，恐並非立言本。《綱目》實指甄權，未穩，不若但稱《藥性本草》也。

清・楊友敬《本草經解要附餘・考證》　卷帙次第

古本但列上、中、下三品，不分部類，自後各家編次不同。《綱目》先水、火、土、金、石。《解要》曰草、曰木、曰苞木、曰金石、曰人、曰獸、曰魚蟲、曰果、曰菜穀。今改編先草木，藥之本也。次竹，竹，《說文》以草名之，其實非草非木，自為一種。《解要》依《綱目》稱苞木，不若竟稱竹部。次果實，蓋不離乎草木。次金石，古本草首金石，固藥所重也。次穀菜禽獸蟲魚，強半日用所需，兼屬已疾。人則依《綱目》最後。《綱目》謂由賤至貴，愚意藥物已多，必欲近取諸身，用其餘焉者可。今姑仍舊，宜去紫河車，進人中黃，稱近餘附載，庶幾穩當也。

清・楊友敬《本草經解要附餘・序》　凡生養補捄之術，率肇端隆古，而歷代聖哲以漸修明。如炎帝味百草，軒皇究息脈，流傳舊矣，然無確據。今《素問》，子程子謂出周秦之際，蓋非誣矣。嘗草遇毒，本《淮南子》，王安道亦嘗著論非之。舊有《本草經》三卷，自弘景以下各增益，宋馬志等合併。凡屬最初，白字別之。吾家升庵好奇，謂白字本草乃神農之舊也。或謂上世未立文字，但師學相承，謂之《本草》。漢季張機、華陀輩始附以新說，由是見於經録，此為近是。蓋雖簡古可喜，而多過其實。又好言神仙不老，固漢魏人習氣然也。歷宋元明，編纂益眾。嘉隆間，楚人瀕湖李時珍撰《綱目》五十二卷，載藥千八百七十一種，時稱大備。顧讀者難之，多約略擷採，各為小帙。然毛膚略具，而義蘊缺如。今姚先生學易草廬本，則更貴精而不貴多，於諸品準時定位，分五行以配藏府，藥與疾相應之故，源委莫不瞭焉。其闡義，若金在鎔。其立言，如珠就貫。易奇而法，所由來矣。於斯道，信精義入神者。〔國〕朝議醫，必先明理，明理在於讀書，殆是之謂矣。其及門悅田王君，偶過吾六，尊聞行知，湯液所投，應如影響。遠齋公子，與之遊而善之。謂是書雖便誦習，然傳鈔難免脫誤，慨付開雕，公諸寓內，洵不朽盛事也。僕前者借觀，隨考證數條，略及音訓，今並附載，庶便初學。他日先生見之，當復一莞爾，謂是猶劑之有佐使也夫。古六城南種竹人楊友敬希洛氏題。旹午月望日也。

清・趙瑾叔撰、陸文謨補《本草詩》跋　醫，末技也，大道弗居焉。顧其學之之方，非取多用宏，亦無由究其旨而詣其極。是故疾無大小，必条天時、人事、物情以視之。視之審矣，宜攻宜達，各隨藏府經絡所受以治之。至於作劑而用藥，醫中之一事耳。何足以盡醫？即以藥言之，自《神農本艸》後，歷代增益，至千五百一十八種。明之李瀕湖，又增三百七十四種，分十六部，五十二卷。其多至於如是。而今醫師所用，不過十之一、五之一耳，又何足以盡藥？雖然，泛而不精，不如專而精之愈也。今使儲藥如山，而於君臣佐使、溫涼補瀉之倫，未能周知其故，而欲以已疾也，難矣！故曰用藥如用兵。兵之貴，貴其練也。驅市人以戰之，虽□□□復生，庸有濟乎？茲《本草詩》

一編，出吾鄉趙瑾叔先生手，自作自注，凡四百六十餘種。所謂五之一也。亦云簡矣，而給用無遺，則又未嘗不該鋟梓。歲久苦其漫漶，余為稍加補葺，以公海內。倘能手此一編，精而精之，豈但便於初學而已，即国工所用，寧有外焉？削桃屑以治嵩師，去有影而糜心疾，精之之效也，又少乎哉？又多乎哉？乾隆元年歲在柔兆執涂良月初吉錢唐後學陸文謨典三甫謹跋。

清・徐大椿《神農本草經百種録》序　百物與人殊體，而人藉以養生却病者，何也？蓋天地亦物耳，惟其形體至大，則不能無生。其生人也得其純，其生動物也得其雜，其生植物也得其偏。顧人之所謂純者，其初生之理然耳。及其感風寒暑濕之邪，喜怒憂思之擾，而純者遂漓；漓則氣傷，氣傷則形敗。而物之雜者、偏者，反能以其所得之性補之、救之。聖人知其然也，思救人必先知物。蓋氣不能違理，形不能違氣，視色別味，察聲辨臭，權輕重，度長短，審形之事也；測時令，詳嗜好，分盛衰，別土宜，求氣之術也。形氣得而性以得。性者，物所生之理也，由是而立本草、製湯劑以之治人。有餘瀉之，不足補之，寒者熱之，熱者寒之，溫者清之，清者溫之，從者反治，逆者正治。或以類從，或以畏忌各矯其弊以復於平。其始則異，其終則同。夫天地生之，聖人保之，造化之能，聖人半之，天地不能專也。漢末張仲景《金匱要略》及《傷寒論》中諸方，大半皆三代以前遺法，其用藥之義，與《本經》脗合無間。審病施方，應驗如響。自唐以後，藥性不明，方多自撰，如《千金方》《外臺秘要》之屬，執藥治病，氣性雖不相背，而變化已鮮沿及。宋元藥品日增，性未研極，師心自用，謬誤相仍。即用《本經》諸種，其精微妙義，多所遺漏。是以方不成方，藥非其藥，間有效驗，亦偶中而非可取。必良由《本經》之不講故也。余竊悲焉！欲詳為闡述，其如耳目所及無多，古今名實互異，地土殊產，氣味不同。且近世醫人所不常用之藥，無識別而收採者。更有殊能異性，義在隱微，一時難以推測，若必盡解全經，不免昧心誣聖。是以但擇耳目所習見不疑，而理有可測者，共得百種，為之探本溯源，發其所以然之義。使古聖立方治病之心，灼然可見，而其他則闕焉。後之君子，或可因之而悟其全，雖荒陋可嗤，而敬慎足矜也。乾隆元年歲在柔兆執徐余月上弦松陵徐大椿題於揚子江舟次。

清・徐大椿《神農本草經百種録》凡例　録此百種，原以辨明藥性，闡發義蘊，使讀者深識其所以然，因此悟彼，方藥不致悮用，非備品以便查閱也。覽者勿以不載常用之藥為疑。　諸藥有獨具之性者，則用詳解。其兼長可互見者，俱不重出，推類自明。　此解亦間有與前之相同者，但彼祗釋其所當然，而未推測其所以然。知所當然，則用古之方，能不失古人之意；知所以然，則方可自製，而亦能合古人製方之義也。故此解皆著其所以然之故，而淺近易曉者則略焉。　所解諸藥，乃就市中所有，審形辨味，以合經義。至古今土產各殊，或有尚非正義與尚有遺義者，則俟知者正之。　諸藥有所出地名，雜以後漢時郡縣，陶隱居疑為仲景、元化等所記。是《本經》所載，已不皆神農以來所產之地矣。今之所產，又大半非漢時所產之地。欲盡考其實，固無從也，故不復列而解之。《本經》所載，一名甚多，因無可解，故亦不列。　品第及字樣，俱依明重刻宋大觀刊唐慎微本所載白字《本經》。考陶隱居《本草》，有朱書墨書之別，朱書為《神農本經》，墨書為《名醫別錄》。開寶間重定印本於《本經》易朱書為白字，大觀本遵之。雖未必無傳訛，而取其近古，猶勝於近刻也。　詳解止此百種，餘亦頗有略為解者，以資人者淺，一概不存。

清・黃鳴鶴《本草詩箋・序》　昔神農創製本草，核定品類，俾天下蒸黎，却疾永年，共躋於春臺壽域之中。古聖人之心殷利濟，澤被萬世，功何偉哉！厥後名賢輩出，擅醫林之矜式，辯本草之異同者，指不勝屈。其間闡明義蘊，推擴精微，亦可謂不遺餘力，爍然美備者矣。惟是著述既繁，指歸莫一，自神農《本草經》而下，以迄明季李瀕湖之《綱目》，簡策浩漫，奚啻充棟。則品類之衍僻，主治之純疵，勢所不免。初學者讀之，豈特有望洋之歎，而更多涇渭之歧，余心竊病諸。歲丁巳，余由潤州移守姑蘇，素知惠民局司事東樵朱子，為吳中世冑，雅擅軒岐之學。在局療治實心，屢收成效，余甚嘉之。一日以所著《本草詩箋》就正於余，反覆讀之，其中分門晰類，提要鉤玄，辭約而旨該，句精而義顯，真可作迷途之津筏，暗室之明燈。不但便於記誦，嘉惠醫林，抑且發秘宣奇，功深壽世。至水穀蔬菜食物等部，皆博雅君子所宜旁通玩索，尤不可以岐黃之書而忽之。若夫韻格之超絕，對偶之精工，此特詩人之餘事耳，茲不復書。乾隆四年仲夏建水黃鶴鳴題。

清・王錦《本草詩箋・序》　蓋自神農咀百草，以辨寒溫燥濕，鹹苦酸辛，於是定其品節，以迄君臣佐使之宜，制為本草。治病者咸知所據，註本草者則有東陽朱彥脩氏，厥後名賢輩出，著作如林。然亦踵事增華，未必其顯微而闡幽也。吳中東樵朱子，余姊丈也。業精和緩，術等扁盧。其於醫也，按脈立法，因時辨方，變化於神明之中，一宗於理而不膠於成法，故其所治輒效。今療至行坊惠民局，貧病全活無算。又以其餘，著為《本草詩箋》十卷。去其奧僻，採其菁英，分門別類。既不患於尋求，詳性辨功，又復昭其意義。本草一書，可謂頓開生面矣。是不特句調韻叶可歌可詠，抑且發奇摘要，嘉惠醫林。金針之度，非摭拾唾餘之可比也。讀是編者，即以登岐伯之堂，入軒轅之室，何有哉！夫望而知之之謂神，聞而知之之謂聖，問而知之之謂工，診脈而知之之謂巧，是數者殆未可以言傳。而所以施神聖工巧之能者，則藥之用存焉。故審證用藥，良工莫能外也。然則《本草詩箋》之作，非為暗室之明燈，後學之津筏哉！旃蒙赤奮若之歲孟夏余月翰林院編修年眷弟王錦著。

清・蔣溥《本草詩箋・序》 予聞醫之有方也，猶陣之有圖，奕之有譜。善用之足以制勝，不善用之未有不失算而敗者也。故河汾氏之言，曰醫者，意也；藥者，瀹也。先得大意，後以藥物疏瀹之。此可謂善言醫者矣。嘗攷古之著醫書者，自《神農本草》而後，漢為七家，唐九倍之，得六十有四。宋益以一百九十有七。元明以迄本朝，著作如林，奚啻充棟。第以有定之方，治無定之病，予不知其意於何指也。吳郡東樵朱子，業精和緩。療治惠民局貧病，屢收成效。復以肘後之奇，諧之音律，著為《本草詩箋》十卷。晰類分門，旨該詞簡，皆殆先得大意，不失河汾氏之指者乎。昔張長沙所云，居世之士，曾不留神醫術，上療君親，下救危苦者，凡夫也。玄晏云：人受先人之體，有八尺之軀，而不知醫事者，游魂也。是書發微闡幽，獨開生面。不獨津梁後學，抑且使博物君子，摩挲唫咏。詳性辨功，皆為金針之度者，良非淺鮮。故謂之《華陀養性》也可，謂之《桐君藥錄》也亦可。是為序。乾隆丙子歲小陽月下瀚五日虞山蔣溥題并書。

清・汪由敦《本草詩箋・序》 醫萬變，藥亦萬變。藥與病值，惟用一物攻之，療未萌之兆，氣純而愈速，要在審其是而已矣。然而附土離石，三枝六根，臚名實，別良楛，毋使贋者犓者条是矣，而非其所以是者焉。粵自有熊氏赭鞭鞭百草，盡嘗其平毒寒溫之性，後世益之以爪牙毛角、鮮醲腐敗，凡飛走隘伏，頑獷搏噬，縋幽鑿險，環四方上下，靡不可類以藥。於是風實雲子，元霜絳雪，白鳳之胏，蒼鸞之血，《農經》之所著，桐君之所錄，通明淵覽，仲宣博識，不能遍觀而盡述焉。古今著本草者毋慮數百家，而求其精且詳者，無如李氏《綱目》。然而卷帙浩繁，證佐条互。楊子云一閧之市，不勝異意焉；一卷之書，不勝異說焉。煩而不殺，學者嘆望洋已。他如書俗《指掌》《藥性》《蒙詮》諸書，毋論言語蕪穢，學士大夫目治鄙棄，而宣通嗇滑，拘牽文義，恆局趣若轅下駒。胡麻、鹿藿，纔救頭痛之痾，麥麴、芎藭，蹔止河魚之疾。簡文所訶，厥弊為烈。吳門朱子東樵所著《本草詩牋》，詳其酸甘辛苦之所養，列其主治佐使之所異，鑱支削葉，約以韻語，雖萬變而衷諸是者焉。嗟乎！顛棘小草，五嶽異名。伊尼凡獸，九物是食。凡風土之宜，山澤之良，詎非博物者所宜究心乎？況乎食桃不康，見李思戒；藍澱愈噎，瑤柱動氣，尤知命者所兢兢也。是書不支不蔓，原本雷、岐，緣飾儒術。裁為群詩，動合彀律，豈惟是懸諸肘後，為折肱者之綆繘已耶？是為序。乾隆丁丑秋七月朔日休寧汪由敦并書。

清・徐曰璉《本草詩箋・跋》 《本草詩箋》十卷，吾鄉東樵朱先生所作。先生於醫，獨精妙理，所讀書尤多，而所著書亦不一種。余觀醫術中《靈》《素》《難經》諸書，字艱義奧，未易殫究。降自唐宋以下百家言，非不語焉而詳，然蕪詞歧旨，尠或免焉。《本草》一書，在醫門尤為關要。著述充棟，歸趣莫一。是《箋》理宗先哲，別出機杼，而又賦形咏物，見於每種。俾讀者悠然有得乎品味之正，主治之宜，功不誠鉅哉！昔鄭康成衍毛氏《詩傳》之未盡者，名曰箋。張華《博物志》云康成謙謹不敢言注，但表識其不明者耳。是箋也，闡發理蘊，覼縷道妙，其殆與李瀕湖、繆希雍輩爭烈矣。平江徐曰璉跋。

《明史・藝文志》 子類十二：【略】九曰藝術類。醫書附。【略】孝宗《類證本草》三十一卷【略】 吳球【略】《用藥玄機》二卷【略】 王鏊《本草單方》八卷【略】 李時珍《瀕湖脈學》一卷，《奇經八脈考》一卷，時珍《本草綱目》一書，用力深久，詳《方伎傳》。【略】 方穀【略】《本草集要》十二卷【略】 徐彪《本草證治辨明》十卷 繆希雍《本草經疏》二十卷，《方藥宜忌考》十二卷

清・張琦《長沙藥解・序》 《長沙藥解》者，黃氏述《傷寒》《金匱》方藥之旨而作也。

自神農嘗百草以治民疾，而醫學始興。故言藥性者，以神農為主。而世傳《神農本草經》三卷，《漢志》不著錄，其言不類上古，又雜出後漢地名，陶宏景以為仲景、元化輩所記。而《傷寒論》序云撰用《素問》《八十一難經》《陰陽

大論》《胎臚藥錄》，而不及《本草經》。以其說按之，亦往往不合。蓋上古文字未興，多出口授，傳其學者，乃編勒成書。受授既久，多所差謬，或間以己說，故其言雜而不能醇。魏晉以來，吳普、李當之、陶宏景皆有增益，各為撰述。唐宋諸臣，復屢事修纂，務為衒博，以求該備，於是異說橫出，破碎無紀。醫者無所宗，尚乃各出私智，人自為書，故宋元而後，醫有異學，藥有異性。

明李時珍作《本草綱目》，思以正之，而援據繁縟，輒未得其精要。蓋沿襲訛謬，數千百年，古籍淆亂，無所依據，而欲以一人心力，拾掇而得之，斯固難矣。

余嘗以為學者生千載後，既不能具生知之性，通神明之德，以類萬物之情，僅據往籍，以得大概。而《本草》既訛，雜不可信。《素問》諸書，又不及方藥。惟仲景氏繼炎黃之業，作《傷寒》《金匱》，後世宗之為方書之祖。其處方論藥，條理精密，有端緒可尋。又生當漢世，多得古說。然則今日而欲辨章百物，求神農黃帝之所傳者，舍仲景之書，其奚適焉？此即黃氏作書之意也。

余既刊《傷寒懸解》，乃復刊此，俾相輔以行，而述所知者序其後。至若排比方藥，以求其性貫串大義，以達其用，探賾索隱，鉤深致遠，世有知者，自能鑒之，無事贅說爾。陽湖張琦。

清・黃元御《玉楸藥解》　昔神農解藥，黃帝傳醫，仲景先生繼農黃立法，聖作明述，於是焉備。癸酉春仲，既解《長沙藥性》，而仲景未用之藥，散在後世本草，數百千載，狂生下士，昧昧用之，以毒兆民。農黃已往，仲景云徂，後之作者，誰復知醫解藥？諸家本草，率皆孟浪之談。明時李時珍修《綱目》，博引庸工訛謬之論，雜以小說稗官、仙經梵志，荒唐無稽，背馳聖明作述之義幾千里矣。玉楸子悲憶昔人，愴念來者，甲戌三月成《傷寒說意》，五月成《素靈微蘊》，六月復作《玉楸藥解》，八月癸丑告成，此愚書之第八部也。蕭蕭古寺，落落荒齋，感歲月之已晚，傷春秋之欲暮。當伯玉知非之時，值孔子學《易》之秋，事與之判，年與之齊，慨世短而心長，念身微而愁劇。雖然，子長作《史》，子雲草《玄》，固當牢騷於創始之日，亦必愉快於勒成之時者。志勵丁年，書竣蒼首，十仞作井，一簣成山，此亦煙嵐著書之士最為破涕而笑者也。嗚呼！有一代之功業，有千秋之勳猷，任兼將相，望重國家，宣沙漠之雄威，馳丹青之良譽，榮則榮矣。無何而古墓為田，松柏成薪，豐碑已斷，綠字無存，傳觀故實，不能攷其姓名，遠綜先典，莫或搜其軼事，念滄桑之變化，嘆陵穀之遷移，其間宏才遠略，豐功偉烈，生而光顯，沒而泯滅者，不知幾何。三不朽事業，殊不在是，與其收功臣之帶礪，享良相之茅土，不如永日嘯歌，逍遙於黃葉青山下也。甲戌八月甲寅東萊都昌黃元御撰。

清・吳儀洛《本草從新》序　余先世藏書最夥，凡有益於民用者，購之尤亟。以故岐黃家言，亦多海內希見之本。余自髫年習制舉業時，即旁覽及焉。遇有會意，輒覺神情開滌，於是盡發所藏而精繹之，迄今四十年矣。夫醫學之要，莫先於明理，其次則在辨證，其次則在用藥。理不明，證於何辨？證不辨，藥於何用？故拙著醫學十種，其一曰《一源必徹》，其二曰《四診須詳》。於經義病情，必斟酌羣言而期於至當也。而又念天生之藥，凡以濟斯人之疾苦者也。有一病，必有一藥，病千變，藥亦千變。能精悉其氣味，則千百藥中任舉一二種用之且通神。不然，則歧多而用眩。凡藥皆可傷人，況於性最偏駁者乎？自來注本草者，古經以下，代有增訂，而李氏《綱目》為集大成，其徵據該洽，良足補《爾雅》《詩疏》之缺，而以備醫學之用。則病其稍繁，踵之者繆氏之《經疏》，不特著藥性之功能，且兼言其過劣，其中多有發明。而西昌喻嘉言頗有異義。最後新安汪氏祖述二書，著《備要》一編，卷帙不繁，而採輯甚廣，宜其為近今膾炙之書也。獨惜其本非岐黃家，不臨證而專信前人，雜採諸說，無所折衷，未免有承誤之失。余不揣固陋，取其書重訂之，因仍者半，增改者半，旁掇舊方，參以涉歷，以擴未盡之旨。書成，名曰《本草從新》。付之剞劂，庶幾切於時用，而堪羽翼古人矣乎。其餘數種，將次第刊布，與有識者商之。乾隆丁丑歲三月上巳日澉水吳儀洛遵程書於硤川之利濟堂。

清・吳儀洛《本草從新》　本集所錄，凡六百七十種，視《備要》加三之一，於世所常用之品，庶幾備矣。唯是藥性每隨時地而少異，故陶隱居嘗云：諸藥所生，皆的有境界，今之雜藥，多出近道，氣力性理，豈得相似？李東垣亦云：失其地則性味或異，失其時則氣味不全。是知古人已兢兢慮之，況至今日，而產藥之地尤多遷變，加以人情不古，作偽多方，自非別白精詳，何以擴前聞而詔來哲？汪氏《備要》之用，彙集群言，厥功甚偉。而辨訛考異，非其所長，亦此書之缺陷也。洛識學淺陋，茲所重訂，凡素所涉歷而知之真者，已謹為訂正，餘則姑仍其舊。唯冀海內格致精深之士，各出新知，匡余不逮，斯實洛之幸，亦不獨洛之幸矣！　乾隆丁丑中冬月長至前三日吳儀洛又書。

清・吳儀洛《本草從新》凡例　注本草者，當先注明其所以主治之由，與所以當用之理，使讀之者有義味可咀嚼也。茲集藥性病情，互相闡發，庶便資用。若每處皆釋，則重複煩瑣，反生厭濆，故前後間見，或因藥論辨，讀者彙觀而統會之可也。上自《神農本草經》，以至李氏《綱目》，俱遞有收載，自《綱目》以後收載絕少。如燕窩之類，用治甚多，從前俱所失收，茲集俱為增入。　自古本草以至近今本草俱有是名，而今并無是藥者，如預知子之類，俱為削去。【略】　採用諸書，悉仍其名氏，使知為先哲明言，有可考據也。間有刪節數行數句者，以限於尺幅也，有增改數句數字者，務暢其文義也。其間廣搜博採，義圖貫通，取要刪繁，詞歸雅飭，庶幾爽觀者之心目云爾。凡假藥不可不辨，如花草子偽沙苑疾藜，香欒偽枳實、枳殼之類，始則以偽亂真，漸至真者絕少，數百年來從無一人起而指摘之者。此類甚多，茲集俱正其誤。　同是藥名，而力量厚薄懸殊，性味優劣迥別。如野白朮與種白朮，并江西白朮之類，至肉桂中洋桂，黃連中新山連，更害人之尤者也，茲集俱細為分別。　一藥而雜別種在內，用者即不能取效。如肆中柴胡，夾雜白頭翁、小前胡、遠志苗、丹參等於內，不細為揀去，不唯無益，而反有害矣，亦斷不可不正之。　藥品修治，必須如法。今肆中熟地黃用煮，菟絲餅加麵之類，製治乖方，斷不可用，俱為正之。　凡可以救荒者，收載稍繁，以其有裨於生成之實用也。　養生與治病，食物之宜否，關係非細，故收載不厭其繁。【略】　拙著第四種《成方切用》，及第一種《一源必徹》，第二種《四診須詳》，俱嗣刻問世。

清・汪紱《醫林纂要探源》卷二　藥性：　用藥之要，不過五味，以養五化五氣，以平六淫。辨其輕重浮沉，以知其所入之經，所歸之臟。更參之以五形五色，以意會之，則用藥製方以應證候，亦可思過半矣。然藥之性味不可不考，古今《本草》不止一家，學者病其煩，則不能偏閱。近今所謂《藥性賦》者，則又掛漏而不足以盡藥之用，且言其用而不明其所以用。宜醫者之日庸而日謬也。草木難言，雖淹博如李時珍，亦有不能無誤者，況其下乎？茲特標其切於用者，而詳其性味所宜，以待人之自為神明其用，不屑屑於治證及古方。蓋不欲過煩，亦不欲人之執一而不通也。

清・汪紱《醫林纂要探源》卷三　右所論藥性，有大翻前人窠臼者。氣味之間，或酸或鹹，有所增減；或寒或熱，有所更改。要或以親嘗知之，或以博考得之，而其所論補瀉，又實皆本《內經》之旨，參以博之經傳，然後窮悉物情根極理要以發明之，非敢以己意為異同也。所論主治，不欲過煩。然提挈綱領，亦已簡而該。善用者可以引伸而觸類矣。

清・張煥《得配本草・序》　煥幼時竊聞先君語，輩行中精軒岐之學者，必推嚴西亭、施澹寧、洪緝庵三先生。三先生皆隱德君子，診視遇險難者，三人必反覆辨論，以故試其藥，無不得心應手。洎煥業是，已不及見三先生而一親其言論丰采為恨。友人施君愛亭，承澹寧先生家傳，嘗出三先生同輯《盤珠集》一書見示，煥愛而讀之。景仰前型，蓋不異三先生之授受一堂也。集中各種，於切脈處方之法，多所發明。而《得配本草》尤能獨開生面，於濟世不為無補，急宜梓行以廣其傳。愛亭曰：　是固余之願也。因相與謀諸洪君西郊。西郊念先人手澤，深以弗克負荷滋愳，慨然任剞劂之資用。以是書冠卷端，而《脈法大成》、《胎產症治》、緝庵先生之《虛損啟微》諸書，亦綴於後。嗟夫！　後世傳是學者，或作或述，其書無慮數千百卷，類多散漫龐雜，言愈多而旨彌晦。是集簡明而切近後人，易於闡揚，殆所謂仁人之言，其利溥哉。世之欲起死人而生之者，舍是書何以焉。嘉慶甲子新秋世愚侄張煥謹識。

清・魏朝陽《得配本草・序》　本草莫備於《綱目》，由來舊矣。其後刪繁就簡，利在省便。意為去取者，又不一書。然寒溫消補，各就其一性而專言之。即古方有君臣佐使之義，亦第就其方為輕重而泛言之。故知藥者不知方，知方者仍不知病，宜醫者之終誤於所治也。我姚嚴西亭、施澹寧、洪緝庵三先生者，文章之外，兼擅岐黃。嘗念藥之不能獨用，病之不可泛治也，博采群書，互相辨論，合為《得配本草》一書，凡十卷。搜羅不亞《綱目》，職任專於古方。前則辨性以明其體，後乃詳治以達其用。得一藥而配數藥，一藥收數藥之功；配數藥而治數病，數病仍一藥之效。以正為配，固倡而隨；以反為配，亦克而生。運用之妙，殆無過此已。且夫君臣配則治道隆，夫婦配則家道成。配之時義大矣哉！使讀是書者，知藥而即知病，知病而即知所以治病，誠一以貫之者也，豈不足垂世而行遠哉。乾隆二十六年歲在辛巳九月既望魏朝陽拜撰。

清·嚴潔等《得配本草》凡例　藥有畏惡反使，每品下先為標明，令人開卷了然。　藥有主治，詳載首條，使用之者得其直達之功。　藥獨入一經，以治一病，亦隨佐使而治百病。今著配偶於主治之後，使知寒熱攻補，變化無窮。苟能觸類旁通，運用自然入妙。　藥分優劣。近時用藥，但論某藥治某病，不知名同實異，功效懸殊。茲特詳加論辨，俾取資者有所考證。　藥有製法，製得其宜，性味功用為之變化。今備采雷公炮製法，詳載於後。　用藥治病，取藥有利必有害。特載禁忌於後，庶使觸目驚心，不敢輕試。　爰附怪症於其相制。每有百藥不治之症，而一物足以療之，此物之相制也。爰附怪症於各條之後。　藥有不忍用者，如天靈蓋、胎骨、人血之屬，盡行芟去。　有隨處可得而醫家罕用者，如李根白皮、萱草、水芹之類，斟酌盡善而備采之。　然亦有所考據，非敢妄為也。　從《本草綱目》為準繩，分為二十五部，共計六百五十五種。　水、火、土、金、石八十五種為卷一，山草、芳草八十五種為卷二，隰草、毒草九十八種為卷三，蔓草、水草、石草、苔草六十二種為卷四，穀類、菜類七十五種為卷五，果類四十八種為卷六，木類、竹類、服帛類八十七種為卷七，蟲類、鱗類、介類六十八種為卷八，禽類、獸類三十六種為卷九，人部十一種為卷十。　天一生水，以水為首，從賤至貴，以人為尾。　每品主治得配之下，多留餘地，以俟高明者再加注釋。

清·陸烜《人參譜》序　昔王漁洋欲撰《人參譜》，雜鈔群籍，散見於《池北偶談》《居易錄》《香祖筆記》《古夫于亭雜誌》《分甘餘話》中，略稱完美，然其書卒不成。頃，余偶得怔忡疾，醫者曰非人參不可。顧近日遼參貴逾珠琲，貧家安所得此？因感是，遂遍憶舊覽，檢書幾百種，披閱手抄，稍加論列。不十日譜成而病若失。豈人參有靈能陰相耶？於是漁洋之志遂獲成就。其有闕略，請俟鴻通。時乾隆丙戌重陽前一日梅谷陸烜書。

清·沈金鰲《要藥分劑》凡例　要藥者，尋常日用必需之藥，所以別乎險僻之味也。古人云：　良藥治病，十全八九。毒藥治病，治不一二。可見用藥之當慎矣。茲編所錄止四百餘品，稍涉險僻者概屏去之。　是編照《十劑》分類，欲人曉然于藥之各有其性，而宣、通、補、瀉、輕、重、滑、澁、燥、濕，一覽易知，不至引用錯悮也。　每藥首明主治，見藥之功用不一也。　次詳歸經，見藥與經各有所入，不相襲也。　次列前人議論，見藥之味性，運用有至當也。　次標禁忌，見藥之于症宜詳審也。　次及炮製，見藥之味性有偏，其相救相制不可略也。　前人云：　用藥依《本經》所治，總無大錯。　故是編所錄之藥，凡有《本經》者，無不首列。　至《名醫別錄》，所以補《本經》未備者，亦無不錄。　其歷代諸賢，發明諸藥功用，又足備《別錄》之缺，悉皆採入。　上自《本經》，下至《綱目》《備要》等，所言治法，或不與是藥相合，即刪削之。　或又彼此所言相同，則存前而刪後。　引前人議論，必於是藥功用及與是藥所治病發揮精切，其旨畫一者，方始錄之，非徒徵引繁博為也。　主治及前論，俱直書前人之語，不敢改竄。　以其語皆至當，莫易也，隨各注其名或字，不敢沒人善也。　或有前人識所未及，而鄙見偶及者，則用鰲按字附其說于後。　歸某經下必着為如何之品句，此數字或括是藥全性，或耑及是藥最重之用，其法不一，當意會之。　仲醇《經疏》為自來本草第一精細之書，其著簡誤，尤為審量極至，故是編禁忌一宗之。　編中有不列炮製者，或以是藥無甚製法，或製法衆其皆知，便不得贅。　沈金鰲芊綠自誌。

清·沈金鰲《要藥分劑》敘　按徐之才曰：　藥有宣、通、補、瀉、輕、重、滑、澁、燥、濕十種，是藥之大體。而《本經》不言，後人未述。凡用藥者，審而詳之，則靡所遺失。誠哉，是言也！《內經》發揮宣通等義亦甚詳，而《十劑》之說，誠足盡藥之用，以為依據矣。隱居陶氏續入寒熱二條，仲醇繆氏以寒有時不可治熱，熱有時不可治寒，訾為背謬，因去寒熱而增升降二劑。夫繆之訾陶，其說良是。但即升降二義繹之，《十劑》中，如宣、輕則兼有升義，瀉、滑則兼有降義。且諸藥性非升即降，或可升可降，或升多降少，或升少降多，別無不升不降，耑為宣通等性者，則升降二字可以概群藥，不得另立二門，次於《十劑》後。宜之才以《十劑》為藥之大體，靡所遺失也。自神農著《本經》，歷代藥性書，悉以草木金石等依類相次，讀者幾忘十字之義，并忘藥有此十種之性，宜其製方用藥，相反相戾，錯雜以出之也。余輯是書，爰據《十劑》，以分門類，非敢好異。欲閱者曉然於藥之各有其性，因各有其用，庶臨症時可無背云爾。沈金鰲自書。

清·裘慶元《人參考·序》　甚矣！印刷品之效力，真有不可思議者。予因刻《人參考》，不覺重有感焉。《人參考》稿録自某叢書，讀其原序，知書本吾國所撰，乃爲日本人所印行，至日本人之印此書之時，有見夫人參之銷行，藥用日盛一日。産〔人〕參者，惟我國與朝鮮，亦在我國版圖內，故彼所用之參，每年必由我國輸出。彼因之藉此十數頁之《人參考》，而大聲疾呼，喚醒國人取法製植，遂得有今日之東洋參，駕我國人參而廣銷矣！近數十年且年必輸入我國而增額也。嗚呼！此中盛衰，是豈別有故歟？推厥原因，要皆收效於印刷品耳！是以吾儕印行社報，原亦爲鼓吹我國醫藥起見，然東西藥日見輸入於我國，而我國何無一愛國者，仿《人參考》而大聲疾呼之，是豈又我國人別有不及彼邦之處也耶？予當於是書興起我同志，(原)〔願〕我同志勉之。俾東西藥，亦得漸自製植，或亦有駕出彼邦之一日，則予之重刻《人參考》，庶不僅禮失，而又得爲幸也。是爲序。中華民國五年十月吉生裘慶元識於紹興醫藥學報社

附日・石阪圭宗珪《人參考・刻人參考序》 曩者，嶽父竿齋君之奉命，君教諭鍼科於甲斐州，實寬政丁巳年也。先是，州之府未曾有黌舍之設也，君乃丐創學舘，聚生徒，典教事，且於舘側賜地三千弓，墾藥圃，自官醫以及城市草莽之醫，皆趣舘而肆其業，走圃以便識草蘇、草荄，俱皆君督之。蓋多紀永壽院之議，而鎮臺永見近藤二公之所申諭云：當時本州業醫者，皆投刺納謁，爭蟻附蝟，集於其門矣。有神津宗益者，齡過肉帛，一日來請問曰：野老往寬保延享間，宦於京師坊間，沽得朝鮮刊《東醫寶鑑》一部，歸舍披閱，得字紙若干葉於其間，以質諸人，即是彼邦製人參之傳訣也。嘗聞之，昔豐公之征韓也，先鋒將陷王城，俘一書庫載歸，想豈是此之遺歟？先生方令創開藥圃，種藝方蕃，他日又必應植參，以充世用。此法若得，一有用於世，實野老之幸，出以贈之，君受而謝焉。厥後召遺進侍醫敘法眼，後文政己卯丐會津侯得人參數十根，乃依法製之，又製秋田參、津輕參，不一而已，尚且安排(錬)〔練〕習，竟能得其要訣。君嘗曰：此若干葉字紙，乃是吾八寶珠船，而他日必應有大裨益矣。後無幾，果有賴此製參，再三拯得兒孫於痘瘡危篤中，則知君之言亦不虛矣。文政己丑秋，遂命試製野州參一百餘根，以上進之，其體之圓，色之光，質熟而肉潤，氣味全存，置諸船貨上品中，難復爲軒輊矣。是乃予之曾以受其秘訣，而常親炙製法事而所知也。抑人參神草，而王氣鍾靈之邦必生之，其於調生養病，古來無復論也。但憾世未得其製法，夫參而不爲參用，亦徒參耳。故有事輒必仰之外邦，是以其價年貴一年，百年以來，上頂者唯富貴有力家得用之，如寒素貧賤者，雖粗惡下等品，皆不能致也，劣得疑似(膺)〔贋〕物，徒費餘財。夫既如此，則雖有真參，醫亦不能親用，常使其氣味效驗，有時用之，亦不過一些二撮之微，太類小兒遊戲，塵飯土羹，以相獻酬，噫嘻，一杯水於一車薪，何有哉？是以至其使用品題等，皆茫乎不分玉石，徒主張藥舖妄說，欺人欺己，剩其收藏之，不知悞事者甚多矣。清唐衡銓，青年蚤已有《人參考》之著，其書特能辯地道出山之蚤暮，貨市形色之高下等，歷歷可指擿，至其辯行戶店家多立名稱，以眩惑人者，又可謂頗精且實也。雖零星冊子，不亦足以傳乎世人。讀此略得辯識其真(膺)〔贋〕，不第不爲賈豎奸儈所瞞，便免於其襲燕石、市禍害之誚已。竊惟我日域爲精英鍾靈之地，享保以還，生人參，沿道已夥矣。若能廣製此，贍於世用，令醫常用而恣驅使，長使人人調生養病以無憾，則此書之爲筌蹄，亦固所不辭也。乃按此書於文房肆考中，校而授梓。旹文政庚寅歲孟秋東都櫟園石阪圭宗珪。

清・魯永斌《法古錄》凡例 歷代名醫用藥以活人，即著書以傳世。故有言以人著者，亦有人以言重者。後之覽者，考其姓名，察其意旨，則醫學從此精進焉。近世醫者，掠古人之名姓議論，而妄參以臆說。不但埋沒先哲，而且不解病源。欲其用藥不錯也難矣！茲集採錄諸家，悉存姓字。如《神農本經》、雷斅《炮炙》，弘景、潔古之名，海藏、瀕湖之號，各著於本草之中，則其言傳，其人傳，而是書亦無不傳。諸家本草原欲使人對證發藥也，若第言某藥治某病，不言其所以主治之由，第云某病用某藥，而不告其所以當用之理，後學開卷，茫然莫知精義。即間有指示病情，訓解藥性，而說焉不詳，語焉不精，能使觀者之心目豁然而洞然耶？茲集採錄諸家議論，條分縷析，俱有實義，可使知醫之人一覽瞭然。藥性、經絡，俱各載於藥品之下。譬如色青、味酸者入肝，即知其入足厥陰經也。何必另註厥陰等字？餘經皆然，省而不贅。藥品主治，諸家析言者少，統言者多。如治痰之藥，有治燥痰者，有治濕痰者，諸書第以除痰槩之。頭痛之藥，有治內傷者，有治外感者，諸書惟言治頭痛而已。殊覺混施，不無貽誤。且如中風有數十餘種，傷寒有二十餘條，痺非一端，疝非一症，而更有虛實寒熱之不同，老少強弱之各異。若但以一藥而槩治之，則不無闕略而鮮效矣。茲集採錄各家治法，分別而施，極其精詳。如某病用某藥，忌用某藥，皆顯而言之，切而指之。庶無闕略貽誤之弊。看本草者，當先知病症。因症用藥，則藥與症符，而病即可除。今世醫家錯認病症而妄用藥品，非徒無益，而又害也。茲集採錄先賢之論證用藥者，而確切指示，見者可以靜觀自得焉。藥性有相畏相反者，各

家本草俱載而茲集不載。蓋以相畏乃以相制，相反乃以相成，先哲曾言此義，雖並用無妨也，故不載。若藥有斷不可合用則傷人者，又於藥品下詳言也。草木、蟲魚、人物、鳥獸、金石、水土，各有性情，各有功用，兼且出有其地，取有其時。制伏者咸有其法，煅製者悉有其方。茲集採錄（說）諸說，既可以知天下之物情，亦可以資一生之博雅，見者可詳閱之。

清・魯永斌《法古錄》叙　古者民有疾病，未知藥石。炎帝神農氏始味草木之滋，察其寒溫平熱之性，辨其君臣佐使之義，作方書以療民疾，而醫道立矣。嗣即黄帝繼之，咨於岐伯，（倫）〔論〕《內經》，處方餌，而雷公、桐君之屬佐之。由是而魏晉唐宋以及我朝，諸名醫之相繼而作本草者，歷代各有其人，各存其說。議論藥性，增刪著述，其載籍有不可勝紀者矣。然《湯液》之品類少者，既過於簡；而《綱目》之講義多者，又覺其繁，使觀者何所折衷也。是必於藥性之主治而應用者，確切指陳，務使繁簡合宜，明白曉暢，而後可以啟後學而裨實用，余今年近古稀，心耑醫學，時取古人之本草而博覽之，得其精義，即為採錄。存眾物之本性，集先哲之名言，彙為一編，以傳斯世。非敢自附於作者之末，不過好古而纂述之。名為《法古》，實即宜今。後之醫者，庶可以得集成之益云爾。旹乾隆四十五年九月九日山陰魯永斌憲德氏題于飛來峰之東武山房。

附：琉球・吳繼志《質問本草》例言　自神農氏嘗藥以來，赭鞭之學，廣被八方。家傳弘景之學，人奉東璧之書。深林叢篁，搜索無遺。遠島遐荒，剔抉殆盡。至今大明於世焉。然世歷沿革，地異封疆，故其所云云，多出於傳聞的然，鮮知其形狀、稱謂。蓋以疆域各異，問訪難通，成學之艱，一在於此。繼志雖不敏，忝居醫員，於是採中山及掖玖諸島所产，草木瑰異，而名稱未定者數百種。寫真描生，并貼其物。於傍註以開落之候，別裏根實等數件，歲限七八十種，以為一帖。遠質之於福省及北京諸處。自乾隆四十六年辛丑，至五十年乙巳。即天明改元至五年也。其殊難辨者，種諸盆中以致焉。或易名問詰，或改姓再難。亦疑其妄指，附以柴胡、芎藭、女貞等確實無疑者，擇其諸說合同可信者，纂以為書。參伍往復，始命淨寫。蓄志之久，編輯之勞，良非一朝一夕之故也。

此書所載，實多僻奇要，不可皆以為用也。蓋善書定說，更數十人。待數百年而後定。故所無用於今，未必無用於後世焉。是以擇其有効於內治，而名稱正者，置諸內篇。以其可施於外治及瑰異錯雜者，列諸外篇。此二篇之所以有別也。

如荔枝、龍眼、橄欖、枳實、使君子等二十二種，產於中山及掖玖諸島者，與漢種殊無異，特以其不可移於他方，世或有不知其狀者，故圖其形，以附於後。

本文所載，問辨交互。讀者易迷，故今低行問書，以為區別。

此書之舉，先欲以試其小成也，故未廣搜遐索。若夫大成，則山產海錯，無不悉載。南北地土，收拾無遺者。繪畫之工，爛然盈目。然為力甚艱，斷定未易，故期後日，如其所質問福省、北京諸子，具載各條，猶輯之於此，以便流覽云。

京都：鄧履仁　周之良　吳美山　江南：徐瞻泰　陸澍雨莊　陸素行太樸　蔣嵩三　浙江：盧建其　陸明齊　沈藻庭　邵元世　江西：許永枝　吳太茂　王隆盛　李旭　福建：潘文起貞蔚　石國倓家辰　孫琰景山　陳光漢倬為　馮岳溪　陳太枝　陳標文錦　李興成　盧亨春　周天章　宋宜觀　林大明　林其嵩殷垣　陳宜春金安　蔡賀　鄭茂慶　吳永都　徐觀春　盛煥文　周名發　高林枝　高萬年　徐淮子靈　廣東：戴文煜道光　戴大培昌蘭　楊國棟　陳得功　山西：段煥章　崔華年　張奐遠

右諸家所通詢問，而陳宜春、鄭茂慶、高林枝、徐瞻泰、吳永都、陸明齊、段煥章、崔華年、蔣嵩三、盛煥文等十名為漂客。旹寛政紀元己酉仲秋上澣中山吳繼志子善甫識。

附：琉球・吳繼志《質問本草》質問帖書牘及題跋　書牘　《草木圖狀》一卷，遠呈之遊學諸兄。敢煩兄等有請福省及各所諸老先生，謹訴其素志如左：夫百器財國，用不遍，不關人命。蕉布以衣，螺殼以炊，不能無疾病。苟有疾病，不可無藥種。縱令有藥材，不辨其真偽，輙毒其肺腑，使人死非命。可畏之甚者也！於是弟與同志相謀，杜門謝客，黽勉不已。本藩所產山草野木，或嘗求之華夏。而所栽培，或令山北求之土噶喇、掖玖諸島，悉圖寫之，且貼其真於其旁，以為一帖。歲七八十種，若百数種。附之貢船，謹質其名性於福省及各所鉅儒大毉先生。積以歲月始卒業，將絕海窮民之救。夫本藩不啻天地間一芥子，是以典籍匱乏，又無博覽廣聞者。所得其土噶喇、掖玖諸島草木，問之土人，亦是朱離鴂舌，不足徵也。故有此舉，伏乞諸兄為弟紹介，質之諸老先生而輪覽十日，儘十五日為期。別以所附之素葉子一卷，與之每人，使其書本草所載正名某，異稱某，俗稱某，治某症。亦各書某省、某鄉、某姓名，委曲丁寧，使覽者如示之掌上。冀得諸老先生之善說，篤信固守，異說咻之，端然不遷。使有志者辨其真偽，從其症，投其劑，民人之救，不啻弟幸甚，實本藩幸甚！北嚮再拜，敢陳鄙悃，不勝瞻望。其亦以是語之於諸老先生，敢告兄等，切磋琢磨，螢雪莫懈。日月逝矣，歲不我延。時春尚寒，努力自愛，伏待回報。壬寅二月十三日通家弟吳繼志頓首拜上遊學諸兄文几。

清・陳文錦《質問本草・敘》 昔在循蜚，罔知藥石。古傳炎帝方創醫林，嘗草木之繇條而分其物性，品水泉之甘苦而酌其土宜。世鮮沈疴，民無夭札。迄沿黃帝，更號軒轅。咨岐伯而著《內經》，命巫彭而垂方餌。桐君贊治，俞跗識微。《本草》三編，《藝文》一録。上中下各殊其等，氣色聲竝抉其幽。皇古風遙，神靈代渺。扁盧而外，和緩以來，李當之始益纂修，陶弘景更加註釋。李司空重訂，蘇長史請增。太祖命復校詳，仁宗詔兼《證類》。由是目為奧典，從茲指作全書。遡漢及梁，自唐而宋，歷代醫宗百氏，累朝名手千家。然女萎、葳蕤，二物歸一件，而南星、虎掌，一物分兩名。三菘弗克判厥目稱，八穀未能辨其品彙。黃精即鉤吻，《別録》還見差訛。百合即卷丹，《衍義》尚多舛謬。至若圖形兩處，蕪亦欠明。又如菲菜重標，掌仍不審。名流著作，非無偶誤。彙分英哲，偏磨未免，或淆品列。況挾管窺之見，謬憑蠡測之思。稽地道之所發生，考土膏之所蕃衍。十八省山川出產，待用無遺。千萬邦風物較殊，取資不竭。遐陬僻壤，蜀廣尤多。絕域外番，夭喬迭出。稗官之所不及紀，《綱目》之所不盡詳。要之地土未真，妍媸攸判。且或市廛飾偽，氣味全乖。收採非時，楛良異質。尾根並蓄，呼應弗靈。製造鮮精，施功定減。肥磽不一，主治莫何。所賴刀圭家辨其形性，宣通補瀉、燥濕滑澀之並調；尤藉青囊人審夫脈候，臟腑經絡、浮沈升降之互防。子母弟兄均須斟酌，君臣佐使胥有權衡。五行生剋咸資，二氣陰陽交濟。斯能賑世方、滌病源。今依貴國之畫圖，謹按葉根之采繪，間與醫書相合，適偕本草不符。八十二條，類析群分。一十六問，詳詮細解。性療奚症，品治何經。古號孰名，俗稱那藥。地宜之厚薄，藥草之偽真。特嫌魚目混珠，更恐碔砆淆玉。乃荒株蕪卉，輿誌靡登，而野草閒花，山經罕載。風雷雨露，沾被重輕；春夏秋冬，吐茹華實。滋生雖異，物性皆同。典醫應切病情，用藥還宜體諒。一一俱為詁釋，條條共與疏明。開卷瞭然，展圖朗若。爰副諮詢於重華向友，聊供採擇乎繼志吳兄。庶無亥豕之譏，竝免魯魚之錯。差足壽民而壽國，且堪濟世以濟生云爾。乾隆肆拾柒年歲次壬寅季冬臘月上澣閩中瓊河名標陳文錦題。

清・潘貞蔚《質問本草・敘》 自黃帝使岐伯嘗味草木，典醫療疾，而經方本草之書出焉。其藥有以形名，以色名，以氣名，以味，以質，以時，以能名者。然美惡迥別，地道患其不真。氣味全乖，市肆患其飾偽。良楛異質，收採患其非時。故古今著本草者不下數百家，要必指示詳明，考究淵博，庶可為衛生之一助。誠以用藥固不可不慎也。

琉球國吳公，志切辨藥。集中山諸島素未知名之物，得八十有二種。取其花苗枝葉，曝晒完好，粘樣冊中。旁用彩筆圖其形色，又區別澤生、野生、岩生、樹生，萌於何時，花於何候；或經秋而零，或歷冬不凋。窮形盡相而質名於余。余譾陋，何足盡草木之蕃變？因承明問，搜之圖經，訪之賈肆。其得以指名者，為細註於後。予雖不敢略為附會，然自航海而來乾枯之品，色味變易，不無疑似之慮。尚望用之者再加考核，方足嘉惠斯人，而無(貼)〔貽〕悞。至其無從辨證者，或中華所不生，或藥籠所不録，寧為闕疑，無為臆說。良以藥不可不真，用藥尤不可不慎。其敢矜言博洽而妄品評也哉。旹乾隆四十有七年歲次壬寅立冬後六日書於養正草堂，閩省候選同知潘貞蔚定，候選府知事石家辰叅。

清・陸澍《質問本草・序》 余松江人也。郡為天醫星照臨之地，前時故多名醫，如沈魯珍、何時忠、潘耀先、車渭津、陳日賢、李揆文諸先生，嘖嘖人口矣。余生也晚，不及親受諸先生之嫡傳。而自棄儒就醫以來，竊維方真，尤貴藥真，始足以療病而濟人。曾入山采集草根，播種審察，枝葉花寔與肆中乾藥相符，的係何名何性，種類三百有餘。里中濟施歷有年所矣。庚子歲，偕王舍親赴任閩中，有貴國吳公，志切辨藥。集中山諸島草藥八十有二，采其根苗花葉，粘貼冊中。既別產生之地，又分萌枯之候。彩筆繪圖，委余箋釋。余不揣固陋，識名辨性，分註一帙。雖諾而不却，然自愧庸庸之輩，勉註一十六種。其餘未註諸品，內多疑似，尚須枝葉花菓根皮，如白芷、厚朴者，嫩枯俱備，徐徐攷核。務得名真性確，庶幾續註補遺，以質高明。至謂明於藥性，即精於醫理，足以望余郡諸前輩先生之後塵也。余何敢？余何敢？時乾隆壬寅歲菊月三日書於榕城旅舍。江南雨莊陸澍識，次男素行太樸仝条。

清·周天章《質問本草·題檢校藥品跋語》 古稱炎帝辨百穀，嘗百草，方察生民之症。軒轅咨岐伯，命桐君，始開醫藥之原。遂有《神農本草》三編，《藝文》一録，永傳後世。迨梁唐宋明而後，又漸補增藥品，古今共合有一千八百九十二種，詳矣盡矣。第人非神聖，孰能析草木之毒良？智靡天聰，詎易分縣條之氣味。依古以來，名醫八百有餘家。凡屬殊方異域，僻谷深山，土苴形狀，物產氣色，其間甘苦酸鹹辛，燠寒溫燥濕，俱各周知其種類，詳悉其藥性，而所療醫者何病，所主治者何絡，釐毫不差，故能著書立說，以傳後世焉。今中山吳繼志者，幼肄醫方，長研藥品。岩洞水濱，遍為採取。野芬藪品，深與搜羅。茲檢得五十條，特囑求稱名，詳指示，此草係稱何藥？此木實屬何性？一一畫圖。併將晒乾之枝葉皮根，貼訂全本，請為逐條詮註。誠以藥之為物，人命攸關，非如器物可比。一藥差錯則傷人命，豈可苟且強辨之耶。故為將所畫之圖，用心細察。亦與《綱目》所載比照，再向採藥者相為驗看，亦更與製藥人商議，只知九件是為某藥，其餘不能通曉。此可知萍實商羊，惟孔子能知。實沈臺駘，獨鄭僑克辨。外此如張華終軍之博洽，皆由其聰明洞達，智識迥出尋常萬萬也。況於百卉萬株，閑花荒植，山經之所不及載，稗史之所不盡登者，甚至《綱目本草》以外，或棄于彼而收于此。且一物而因土迥殊，一藥而隨方各別，而乃以管窺之見，欲求其種種辨名，條條縷析，亦綦難矣。志之苦心精究，細意尋求，雖遠不及梁唐宋明諸名家，兼收博採，待用無遺，允為醫師之良者，更能於球陽各山巓水涯，旁求搜取，圖繪諸種，亦可以待後世名醫起而条稽採擇之。諒不無裨益於醫林焉已。旹乾隆四十八年癸卯九月閩中周天章訂並跋。

清·羅國綱《羅氏會約醫鏡》凡例 古今本草不一，多者太繁，少者太簡，求其藥性與病情指示適中，而令閱者朗然無疑，未之有也。即如痰症，有燥痰、濕痰之異，而諸書第以除痰概之；熱症，有內傷外感之殊，而諸書第以退熱括之，此皆病證相反，未可混施。舉此二端，其餘可以類推。縱其中間有論及，而亦未必在明析也。且有一味藥，言能治二三十種病者，雖古人著書，以是藥有一毫之長，不忍遺漏，而豈無輕重之用？亦不明其何以能治某病之理，使用者無所適從，不惟無益，而且有害。余於是道，閱歷已五十餘年矣，合覽群書，稍有所得，詳明是藥所以能治某病，以味之或酸或辛，氣之或升或降，性之或補或瀉之類，各言其由，庶令人明其主治之理，取用之宜，使用者無誤，而病者易痊，亦衛生之一助云耳。 古人著本草，原以濟人為心，如參、芪、歸、术之類，即治世之賢臣，用以輔理元氣者也；如麻、桂、硝、黃之類，即亂世之良將，用以勦除寇賊者也。至於有之不以為益，用之反以為害者，如天靈蓋、紫河車，是以人食，大傷仁人忠厚之道者也。如水蛭、礬石，用之不得其法，反致遺害於無窮也；如蛤蚧、膃肭臍，性之不正，適以引人損精耗神者也。如此類者，難以盡舉。余著是集，或刪之而不錄，或錄之而辨其不必用，亦以應用藥物，和平而神良者不少，何必舍其萬全，而用此傷心害身之物邪！後之人倘謂古人已用之於前，今人何妨用之於後，又豈知因病用藥，固有不能如古人之神聖者哉！ 醫之為道，因病立方，固貴精明，而用藥亦須詳審，如地道不真，市肆多偽，收取非時，存貯過久，頭尾誤用，製治無法，不能隨手奏效，或歸咎於藥之無功，譬之兵不精練，思以盪寇克敵，適以覆眾輿尸也。治療之家，可不留心歟！ 凡藥製造，貴在適中。不及，則我之所欲不遂；太過，則彼之氣味反失。酒製，上升，去寒性。薑製，發散，除寒滯。入鹽，走腎臟，仍仗軟堅。用醋，注肝經，且資收斂。童便製，除劣性，降下。米泔製，去燥性，和中。乳製，潤枯生血。蜜製，甘緩益元。陳壁土炒，藉土氣以補中州。麥麸皮炒，抑酷性，免傷上膈。烏豆甘草湯漬，解毒，致令中和。羊酥猪脂塗炙，滲骨容易脆斷。黃連、香附，製法不一，各註本草。去穰者免脹，去心者除煩。製治各有所宜，不可不如其法也。 每味藥，先辨其氣味形色，次於有毒者標之，後著所入經絡，乃為發明其功用，而以主治之症具列於後，其所以主治之理，字箋句釋，明體辨用，俾閱者朗然。 藥品產於異域遐僻者，必詳其地道形色；如習見習知之藥，則不加詳注。 生藥先增分量，候製造成，而後秤用之，恐生多而熟少也。 若君臣重輕不合，未必有效。 藥有五味，并各有所用也。酸屬木，入肝，用之能濇、能收。苦屬火，入心，用之能瀉、能燥、能堅。甘屬土，入脾，用之能補、能和、能緩。辛屬金，入肺，用之能散、能潤、能橫行。鹹屬水，入腎，用之能下、能耎堅。淡者，能利竅、能滲泄。又有藥之頭入頭，幹入身，枝入肢，皮行皮，亦須知之，以便取用。

清・林玉友《本草輯要》序　本草一書，撰自軒皇。古今來增補著述者，不啻數百家。而求其淵博精詳者，雖唐宋重修，皆有善本；《拾遺》《證類》，俱稱該洽，終無如李氏《綱目》，格物窮理，可補《爾雅》《詩疏》之缺。第品類繁多，讀之者每苦於不得其要，如涉海問津。他如《歌括》《藥性賦》《蒙筌》等書，雖集其要，以便初學誦讀，然俱在李氏之先，纂古本而多所遺。即繆氏《經疏》、汪氏《備要》，皆為祖述《綱目》而集其要，釋藥兼乎釋病，以發前人之所未發。而其要仍屬多遺，讀之者又限於一隅之見，弗獲觸類而長，將何所折衷以歸於至要，而為後學之津梁哉？用是搜討群書，爰輯是編。自水土金石、禽獸、蟲魚、果菜、器物，以及人身髮膚垢膩，凡可以養生，可以療病者，在所必錄。上自經史記載，下及諸子百家論說，凡有關於藥性，有切於病情者，靡不兼收。至於名近迂僻，類乎怪誕，及以人補人，如天靈蓋與紫河車，方餌用之，為自傷其類，則均所弗取。明其體，辨其用，或理有未顯，義有未盡，則徵引互發，以詳其要之所歸。正誤期於有本而有源，考據擇其無偏而無倚。部雖分而類則聚，頗易尋求。詞或寡而語或詳，總歸包括。庶幾其要無遺，俾讀者既不至於涉海問津，亦可以觸類而長，或可為後學之津梁歟。書始於乾隆丙午春月，成於庚戌夏日。參訂校字者，則余次子徽瓊也。時乾隆庚戌中秋後二日寸耕居士林玉友渠清撰。

清・談泰《解毒編》序　昔魏武帝啖冶葛至一尺，必先食蕹菜。蓋冶葛有大毒，以蕹汁滴其苗，當時萎死。吳黃武中，江夏李俁以罪從合浦，初入境，遇蠱毒，其奴得吉利草與俁服，遂解。物類之相反者並食足以傷人。物之有裨於人，及人性所嗜之物，多食亦能害人。講求尊生之術者，不可不辨之於蚤也。古愚老人有見於此，凡飲食、藥餌、草木、菜果之屬，區其品類，別其禁忌，一切經驗之方，俱收並蓄，待用無遺。他如昆蟲鱗介、飛禽走獸，以及人之一身，偶有患害，靡不詳錄品騭，以著於篇，俾知某物之毒，某物可以解之。且襍引諸法以試之，防之於未然之前，應之於倉卒之際。其濟世婆心，不為無補矣。史稱神農黃帝有《食禁》七卷，梁有《黃帝襍飲食忌》二卷，隋有《老子禁食經》一卷，其書今不傳，而《博物志》引《神農經》，謂藥種有五物，一曰狼毒，（占斯）〔蛄蟖〕解之；二曰巴豆，藿汁解之；三曰藜蘆，〔葱〕湯解之；四曰天雄、烏頭，大豆解之；五曰（班茅）〔斑蝥〕，戎鹽解之。觀此則解毒之法，古皇先已慮及，而後世著述家如《物類相感志》等書，微有發明，惜未能窮搜博採，以徵大備。迨明末蘄州李氏，以三十年之精力，閱書八百餘家，稾經三易，成《綱目》五十二卷。所收諸藥計一千九百三十二種，詳其出產形色，次以氣味、主治、附方，為醫學之淵海。乃世儒苦其繁碎，且書富而價不廉，繩樞甕牖之子安能一一購讀之？古愚綜其大要，佐以見聞所及，彙為《解毒》一編，不可謂非渡人寶筏矣。僕記前代有盛寅者，以醫名世。一日空心入藥房，猝中藥毒，人莫能療。草澤醫人以甘草飲之即解。當危急存亡之際，九死一生，得古愚之書以濟其難，遂能轉禍為福，軀命獲全。此仁人君子之用心，迥出尋常萬萬者。《山經》言雁門之水，其中多魳。魳之魚，食之殺人。論者以為即河豚也。今卷中解豚魚之毒有十餘方，又補註家所未備矣。嗟乎！此書一出，必當行遠壽世，學者玩索而有得焉，豈有誤食蟛蜞，不讀《爾雅》之譏哉？乾隆甲寅水春正月既望上元談泰階平甫拜書於清河橫舍。

清・黃宮繡《本草求真》凡例　本草一書，首宜分其形質氣味，次宜辨其經絡臟腑，終宜表其證治功能。歷觀諸書，無不備載。然理道不明，意義不疏，徒將治效彰著。淺學醫士，其奚辨焉。況有補不實指，瀉不直說，或以隔一隔二以為附會，反借巧說以為虛喝。義雖可通，意難即悟。茲從往昔諸書，細加考訂。其有一義未明，一意未達，無不搜剔靡盡。牽引混說，概為刪除。俾令真處悉見，斷不隨聲附和，語作影響，以致眩人耳目也。藥品補瀉，或陰或陽，或氣或血，或燥或潤，原自有別。遍繹諸書，無有實載。如白朮味苦性燥，是能入脾補氣。山藥味甘氣平，是能入脾補陰。人參、黃耆味甘性溫，是能入肺而補氣。萎蕤、蜂蜜甘平甘溫，是能入肺而補陰。龍眼甘溫，是能入心而補氣。當歸、柏子仁辛甘溫潤，是能入心而補血。山茱萸、杜仲辛溫酸溫，是能入肝而補氣。首烏、阿膠甘平微溫，是能入肝而補血。至附桂辛熱，則能入腎以補陽。熟地、枸杞甘潤甘溫，是能入腎以補陰。補劑如斯，瀉劑亦然，而書僅以補瀉混指。是集論補、論瀉，俱以陰陽氣血分辨，概不敢以影響渾混等語塞責，庶使開卷瞭瞭，無有錯誤。本草藥性，最宜就實講明，不可一毫牽引。如書既言桑白皮入肺瀉火，是明於氣無補，而又混引益氣之說以相淆。枳殼、枳實本為下氣最峻之味，而書又引益氣明目之說以為質。桔梗本屬升氣之品，而書又擴其義曰降。赤小豆本非大熱之味，而書又別其義曰燥。紫石英、白石英之甘與溫，本非最濕之品，而書又反其詞曰濕。此惟上哲之士，始可以悟其蘊。若使粗工褊淺，又曷克以明其義乎？是集凡有義蘊難明之處，逐一詳解，不令稍有含混。經絡臟腑，他書亦有載。係某藥主入某經，某藥兼入某經。然衆書繁雜，持論不一。如知母味辛而苦，沉中有浮，降中有升，本能清肺以寧腎，而書偏置潤肺不語，止言於水有滋。牽強混引，殊多不解。是篇凡有類此不明，無不從實發揮，庶主輔攸分，而經腑與臟之藥，自不致誤。是集論症、論治、論效，總以藥之氣、味、形、質四字推勘而出。則藥之見施於病者，既有其因，而藥之見施於病而即有效者，又有其故。如劉寄奴之能破瘀通經行血，又治金瘡使血頓止，一通一澁，似不相合。他書止載治效，無有詮釋，使人自悟。是篇凡其藥有類是，無不按實考明，盡情闡發。俾令後學，始有津涯。藥多有形質相同，氣味相等。若使各為註釋而不比類合觀，則疑似莫辨。如訶子、粟殼共為澁藥之類，白蔻、砂仁共為燥胃之類，猪苓、澤瀉共為利濕之類，羌活、獨活共為驅風之類，大戟、甘遂共為瀉水之類，枳殼、枳實共為破氣之類，附子、肉桂共為補火之類，地黃、枸杞共為滋水之類，牛黃、貝母共為清熱祛痰之類，乳香、沒藥共為行血破血之類，人參、黃耆共為補肺、補氣之類。本草分論雖多，而合論則少，是篇尚論藥味，凡有氣味相同，無不先於篇首合同闡發，再於各味之中，又取相類以為分別。庶使毫釐千里，無有差謬！藥有宜有忌，宜者可用，而忌者不可用也。有其宜之當用，即有其忌之不可用。是篇既於藥品之宜，反復申明。復於藥性之忌，多為註釋。俾其喜忌並知，而無臨症歧亡之弊矣。本草藥味，他氏多以草木、昆蟲、金石類為編次，以便披閱。然形質雖同，而氣味不就，一處合編，則諸藥諸性又已分散各部而不可以共束矣。是編開列藥品，總以氣味相類共為一處。如補火等藥則以補火為類，滋水等藥則以滋水為類。間有一味而兼數治數性者，則不得不就一處以為品列，不必彼此重見，是亦限於編次之一道也。再於分別氣味之下，又註是草、是木、是金、是石以為類次，俾氣味既得依類而處，而形質亦得分類合觀。庶涇渭攸分，而學者自無亡津之嘆。本草《本經》，出自神農，其理自屬不易，然考論中所載，藥性多有安五臟，定神志，並延年益壽，身輕黑髮及桑白皮、紫草補中益氣等說。按此語多膚廓，不無可疑，且考神農嘗草，流傳至今，是時文字未開，當有識識相因，不爾何由得聞。所詳藥出郡縣，多有後漢地名，故寇宗奭、陶通明、掌禹錫皆謂是書考之於漢，已有不能斷自何代所作。淮南子集論言神農嘗百草以和藥，亦無本草之名，至稱桐（城）〔雷〕本此載在簡編，應與《素問》同類，何以後人多為更飾，故有疑為他氏所著，厥後代為損益，其真愈失，而其論愈訛，無怪李氏瀕湖纂集本草，僅以《本經》主治冠列諸首而不力為著解。且有疑其經論未確，留此以為存半之意。非故厚今薄古，實以語多膚廓，故不敢以疑信相參之書等於《素問》，同作千古俎豆觀也。惟有長洲〔張〕路玉極力尊崇，而其中多有強為紐合之心，仍非尊崇本意。故余尚論藥性，每從實處追求，既不泥古以薄今，復不厚今以廢古，惟求理與病符，藥與病對。俾炎帝救世之真心，默與余論相合，而不失其尊崇之意，是亦余心之素望也矣！他書皆有圈點勾勒，取其易於披閱，然滿紙細圈，稠密不空，余素不尚。且此非屬文藝，僅求意義通達，不蔓不支，便愜余志。故集止就第一要處以爲圈節，餘則或點或某以爲甄別。

清・黃宮繡《本草求真》卷首 繡按：是書編次，悉從藥性氣味類載。如補火則以補火之藥一類，滋水則以滋水之藥一類，散寒則以散寒之藥一類，瀉熱則以瀉熱之藥一類，以便披閱。但人藥性不明，或以倉卒之會，藥次有難稽查，仍照古式分以草木、金石、鳥獸，另立篇目附於卷末，并於各藥之下註立先後號次，以便照號檢對。

清・吳瑭《醫醫病書》卷下 《雷公炮製論》 《雷公炮製》，此雷公係五代時之雷斆，其學術未見精也。今人誤認為黃帝、岐伯時論道之雷公，謹遵之而不敢議。蓋世運至五季之衰，無道不壞。古今多用生藥、毒藥，藥之偏，所以矯病之偏也。五季之時，醫失其學，殺人者多，故雷公起而救之，不能使天下之人皆有學問，遂將稍有性氣之藥，不分有毒、無毒，一概炮製。如茯苓平淡之上品，用乳製，恐其滲也。若畏其滲，何如不用。用之者，用其滲也。去其滲而用之，何所用哉？人參用秋石製，欲其入腎也。大隊補腎藥，或補八脉藥而用人參，自有功用，何必製之？即製之未必入腎也。阿膠炒成珠，畏其膩也。既畏其膩，改用他藥，且阿膠取濟水之極深沉降，水曰潤下，茲以火炒之，是炎上也。半夏不用薑製而用礬製，〔古法用生薑製，以生薑能制半夏之小毒，半夏、生薑有相須之妙。近日藥肆中用礬製，潔白好看，不適於用，斷不可從。他如麥冬之去心，詳論《溫病條辨》中。〕其他錯繆之處，不能殫述。學者隨時考察，通者從之，不通者違之，一視天理之公，不稍存好惡。

清・蔣慶齡《神農本草經讀・序》 陳修園老友，精於岐黄之術，自負長沙後身，世醫環而姍笑之。及遇危症，纏斷桅橫，萬手齊束。修園往，脫冠几上，探手舉脈，目霍霍上聳，良久乾笑曰：候本不奇，治之者擾之耳。主人曰：某名醫？曰：誤矣。曰：法本朱、張、王、李？曰：更誤矣。天下豈有朱、張、王、李而能愈疾者乎！口吃吃然罵，手仡仡然書，方具，則又自批自贊自解，自起調刀圭火齊，促服之。服之，如其言。

嘗以李時珍《綱目》為譾陋，著有《神農本草經注》六卷，其言簡，其旨賅，其義奇而不軼於正。其鉤深索隱也，玄之又玄，如李將軍之畫，不肯使一直筆。其局辟奥敞也，仍復明白坦易，如白香山詩句，雖灶下老嫗，亦可與之觿解，不可解而後解，及其解之了，不異人也。可謂金心在中，銀手如斷矣。

出山後，斂抑才華。每診一病，必半日許，才出一方，有難之者，其言訥訥然如不能出。

壬戌冬，回籍讀禮，閉門謝客。復取舊著六卷中遴其切用者一百餘種，附以《別錄》，分為四卷，俱從所以然處發揮，與舊著頗異，名曰《本草經讀》。蓋欲讀經者，讀於無字處也。修園為余言，所著尚有《傷寒論注》四卷，《重訂柯注傷寒論》八卷，《重訂活人百問》八卷，《金匱淺注》十六卷，《醫醫偶錄》二卷，《醫學從眾錄》八卷，《真方歌括》二卷，《景岳新方砭》四卷，《傷寒論讀》四卷，《金匱讀》四卷，《醫約》二卷，《醫訣》三卷。雖依類立言，義各有取要。其闡抉古經之旨，多與此書相發明，暇日余將遍讀焉。嘉慶八年歲次昭陽大淵獻皋月既望侯官愚弟蔣慶齡小榕氏序。

清・佚名氏《神農本草經讀・敘》 上古聖人，仰觀天之六氣，俯察地之五行，辨草木、金石、禽獸之性，而合於人之五臟、六腑、十二經脈，著爲《本草經》，詞古義深，難於窺測。漢季張長沙《傷寒論》《金匱要略》，多采中古遺方，用藥之義悉遵《本經》，應驗如響。自李唐而後，《千金》《外臺》等書，有驗有不驗者，蓋與《本經》之旨，有合有不合也。沿及宋、元諸家，而師心自用，藥品日增，經義日晦，只云某藥治某病，某病宜某藥，因陋就簡，愈趨愈下。而流毒之最甚者，莫如宋之雷斆，竊古聖之名，著為《炮製》，顛倒是非，不知《本經》為何物，潔古、日華、東垣輩因之，而東垣純盜虛名，無稽臆說流傳至今，無有非之者。李瀕湖《綱目》卷帙浩繁，徒雜采世俗之說，以多為貴，不無喧賓奪主之嫌。汪訒庵照《綱目》而約爲《備要》，逐末忘本，不足道也。余友孝廉陳修園精通醫學，起死回生，指不勝屈。前著有《本草經注》六卷，字櫛句解，不遺剩義，繕本出，紙貴一時。茲復著《本草經讀》四卷，視前著又高一格，俱從所以然處發揮，且以《內經》之旨，《金匱》《傷寒》之法融貫於中，一書堪為醫林之金書，洵神農之功臣也。

余自髫年，以慈闈多病，矢志於醫。因本草向無善本，集張隱庵、葉天士、陳修園三家之說，而附以管見，名為《本草經三注》，而集中唯修園之說最多。今得修園之《本草經讀》，則余《三注》之刻，可以俟之異日矣。喜其書之成而為之序。

清・陳修園《神農本草經讀》凡例 一、明藥性者，始自神農，而伊尹配合而為湯液。仲景《傷寒》《金匱》之方，即其遺書也。闡陰陽之秘，泄天地之藏，所以效如桴鼓。今人不敢用者，緣唐、宋以後，諸家之臆說盛行，全違聖訓，查對與經方所用之藥不合，始疑之，終且毀之也。　二、《神農本草》藥止三百六十品，字字精確，遵法用之，其效如神。自陶弘景以後，藥味日多，而聖經日晦矣。張潔古、李東垣輩，分經專派。徐之才相須、相使、相惡、相反等法，皆小家伎倆，不足言也。是刻只錄一百餘種，其餘不常用與不可得之品闕之。其注解俱遵原文，逐字疏發，經中不遺一字，經外不溢一辭。　三、是刻只錄時用之藥，其品弟及字樣不盡遵舊本。考陶隱居本草，有朱書、墨書之別，朱書為《神農本經》，墨書為《名醫別錄》。開寶間重定印本，易朱書為白字，茲因其近古而遵之。是刻遵古分上中下三品，《別錄》等本，采附於後。　四、藥性始於神農。用藥者不讀《本草經》，如士子進場作制藝，不知題目出於四子書也。渠輩亦云藥性，大抵係《珍珠囊藥性賦》《本草備要》及李時珍《本草綱目》之類，雜收眾說，經旨反為其所掩，尚可云本草耶？　五、近傳《本草崇原》，越之張隱庵著也。《本草經解》，吳之葉天士著也，二書超出諸群書之上。然隱庵專言運氣，其立論多失於蹈虛；天士囿於時好，其立論多失于膚淺。而隱庵間有精實處，天士間有超脫處，則修園謝不敏矣，故茲刻多附二家之注。　六、上古以司歲備物，謂得天地之專精。如君相二火司歲，則收取薑、桂、附子之熱類；　如太陽寒水司歲，則收取黄芩、大黄之寒類；　如太陰土氣司歲，則收取芪、术、參、苓、山藥、黄精之土類；　如厥陰風木司歲，則收取羌活、防風、天麻、鉤藤之風類；　如陽明燥金司歲，則收取蒼术、桑皮、半夏之燥類。蓋得主歲之氣以助之，則物之功力倍厚。中古之世，不能司歲備物，故用炮製以代天地之氣，如製附子曰炮，助其熱也；製蒼术曰炒，助其燥也；製黃連以水浸，助其寒也。今人識見不及，每用相反之藥，而反製之，何異束縛手足而使之戰鬥哉？侶山數堂之說最精，故節錄之。按：製藥始於雷公炮製，荒謬難以悉舉。要知此人名斆，宋時人，非黃帝時之雷公也。七、熟地黃、枸杞，取其潤也。市醫炒松則上浮，燒灰則枯燥矣。附子、乾薑，取其烈也；市醫泡淡則力薄，炮黑則氣浮矣。以及竹瀝鹽、鹹枳實之類，皆庸醫兩可之見，不足責也。至於棗仁生則令人不眠，熟則令人熟睡；黃芪生用則托裏發汗，炒熟則補中止汗；麥門冬不去心，令人煩燥；桑白皮不炒，大瀉肺氣之類，數百年相沿之陋，不得不急正之。八、《本經》每藥主治，不過三四證及六七證而止。古聖人洞悉所以然之妙，而得其專長，非若後世諸書之泛泛也。最陋是李時珍《綱目》，泛引雜說而無當。李士材、汪訒庵，每味必摘其所短，俱是臆說，反啟時輩聚訟紛紛。修園為活人計，不得不痛斥之。九、神農嘗草而作《本草經》，實無可考，其為開天明道之聖人所傳。張仲景、華元化起而述之，陶隱居之說不誣也。漢時去古未遠，二公為醫中之傑，遵所聞而記之，謂非神農所著可也，謂為神農所著亦可也。十、每藥注解，必透發出所以然之妙，求與《內經》、《難經》、仲景等書，字字吻合而後快。古云群言淆亂衷於聖，願同志者取法乎上。

清・趙學敏《本草綱目拾遺》小序

客有問於予曰：聞子有《綱目拾遺》之作乎？予曰：然。客曰：瀕湖博極群書，囊括百代，徵文考獻，自子史迄稗乘，悉詳採以成一家之言。且其時不惜工費，延天下醫流，遍詢土俗。遠窮僻壤之產，險探仙麓之華。如《癸辛雜識》載押不蘆，《輟耕錄》載木乃伊，瀕湖尚皆取之，亦何有遺之待拾歟？覩子所為，不幾指之駢疣之贅歟？余曰：唯唯，否否！夫瀕湖之書誠博矣！然物生既久，則種類愈繁。俗尚好奇，則珍尤畢集。故丁藤、陳藥，不見《本經》。吉利、寄奴，惟傳後代。禽蟲大備於思邈，湯液復補於海藏。非有繼者，誰能宏其用也？如石斛一也，今產霍山者則形小而味甘；白术一也，今出於潛者則根斑而力大。此皆近所變產。此而不書，過時罔識，將何別於《百粵記》中之產元黃基治腫毒，《孫公談圃》之用水梅花治痢疾？後且莫知為何物，安辨其色味哉？矧夫烟草述於景岳，燕窩訂於石頑。閱繆氏《經疏》一編，知簡誤實為李氏之功臣，則予《拾遺》之作，又何有續脛重跖之虞乎？客應曰：可。即命予弁斯言於首以為敘。乾隆乙酉八月錢塘趙學敏恕軒題於雙硯草堂。

清・趙學敏《本草綱目拾遺》凡例

是書專為拾李氏之遺而作。凡《綱目》已登者，或治療有未備，根實有未詳，仍為補之。

藥目本有次第，《綱目》分類，自不得不繁，茲概從簡以為例。

用藥取其便也，珍貴罕見之物奚取焉。然以天地間瓌奇神異，何所蔑有，倘遇其物而莫能名，何如備其說之猶可考也，載之以助博物者用。

拙集雖主博收，而選錄尤慎。其中有得之書史方志者，有得之世醫先達者，必審其確驗，方載入，并附其名以傳信。若稍涉疑義，即棄勿登。如銀汗、釘霜、雞丹、蜂溺、雲根石、雄黃油之類，不乏傳方，俱難責效。有似此者，概從刪削。甯蹈缺略之譏，不為輕信所誤。

草藥為類最廣，諸家所傳，亦不一其說，予終未敢深信。《百草鏡》中收之最詳，茲集間登一二者，以曾種園圃中試驗，故載之。否則甯從其略，不敢欺世也。

《綱目》無藤部，以藤歸蔓類。不知木本為藤，草本為蔓，不容牽混。茲則另分藤蔓部。《綱目》無花部，以花附於各種本條。然其中有錄其根葉反棄其花者，或僅入其花名，又無主治者。因為另立花部。其枝梗有補遺者，亦附其後。如梅花附梅梗之類，可以例推。

《綱目》中有僅列其名無主治者，如梅花、龍涎，悉為錄驗增入。有考核未詳者，他日擬作《待用本草》，將宇宙可入藥之物，未經前人收採者，合之另為一書，以俟博訪於後之君子。

《綱目》有誤分者，有誤合者。如草部既列鴨跖草專條，何於雜草內又列耳環草？豈以其有碧蟬兒花之名誤分也？不知碧蟬花即鴨跖草。又於長生草下附紅蔑草，引《庚辛玉冊》之通泉草為註，乃因通泉草亦有長生草之名而誤合也。殊不知通泉草乃蒲公英之別名。似此舛棼，不勝指數。至於貝母不分川、象，大棗不分南北，以致功用相歧，傳誤匪淺，則悉為補正其缺。

《綱目》收載不少，如爪甲代刀，天靈殺鬼，言之詳矣。茲求其遺，必於隱怪殘賊中搜羅之。非云濟世，實以啟奸。夫殺物救人，尚干天怒，況用人以療人乎？故有謂童腦可以生勢，交骨可以迷魂，直羅剎脩羅道耳。噫！孫思邈且自誤矣，老神仙吾何取哉！今特刪之，而附其所刪之意於此。

是錄選輯之初，於目下分註增品、補治二字為別。凡《綱目》未載則為增，《綱目》已載、治法未備則為補。庚子春，復加校訂。於補治十去八九，蓋常用者主治自紛，《綱目》采載亦夥，毋庸再補。惟《綱目》所收罕用之物，而主治寥寥，仍為補治不刪。品類無多，亦不必目下分識，故概削之。

《綱目》中大

目為綱，細目為目。有釋名、集解，以考名稱形狀。氣味、主治，以別寒熱功用。發明以著其效，正誤以定其訛。脩治以和其性。且主治未備，則有附方；物質相同，則有附錄。亦可謂詳盡矣。然其例亦有不一者：若土當歸乃荷包牡丹之根，而無釋名、集解。鐵線草、金絲草有集解而不言形狀。水仙花、甘鍋泥非難得之物，而氣味不載。既例脩治，而諸石中獨罕見其法。既無主治，則不應入藥，而海獺、猾髓並錄不遺。尋常之味，每多發明；珍貴之倫，未獲一解。可見前人用心，多持矜慎。予成書既簡，一切繁例從芟。其藥品采自陳編，在古人原載氣味形狀。或一物數名者，統為直敘，不另分細目。有得之傳聞或舊本，不載名解、氣味者，亦不妄添臆說。間有一得，則為附註於後，以就正方家。倘蒙同志之助，為一一指訂舛訛，更當永誌不朽。

清・張應昌《本草綱目拾遺・跋》

《本草綱目拾遺》十卷，乾隆間吾杭趙恕軒先生所著《利濟十二種》之一也。十二種者，《醫林集腋》《養素園傳信方》《祝由錄驗》《囊露集》《本草話》《串雅》《花藥小名錄》《升降祕要》《攝生閒覽》《藥性元解》《奇藥備考》及是編也。全目及總序，備載於是編卷首。鮑氏彙刻書目亦載十二種之目。但有傳鈔本，皆未刻。至嘉慶末年，傳鈔本則止有是編與《串雅》二種，其十種已不傳。且是編每藥品下論列各條，顛倒錯亂，眉目不晰。余因訪知杭醫連翁楚珍藏其稿本假閱，乃先生手輯未繕清本者。初稿紙短，續補之條，皆黏於上方，黏條殆滿，而未注所排序次，故傳鈔錯亂耳。余乃按其體例，以稿本校正排比傳鈔本之誤，然後各條朗若列眉，還其舊觀。原稿本仍歸返連翁。迨庚申寇亂，翁家原稿本亡失，《串雅》亦佚。余編繕此本，幸攜帶僅存。得存先生遺著之一，亦足寶重矣。余又聞雍乾間杭人汪君懷著有《草藥綱目》一書，裒然大部，與瀕湖《綱目》等。其稿未傳鈔，訪諸其族人，皆未見，想已湮沒失傳，恨未得其書，與李氏、趙氏鼎峙，為本草之大全也，惜哉！同治甲子秋日錢唐張應昌仲甫氏撰。

清・趙學敏《本草綱目拾遺》序

《利濟十二種》總序：先君子昔艱於嗣。嘗至京師，遇異人云：準君相無後，若行利濟事，可得子。及總鹺下砂，時海溢，淹斃者不下數十萬，先君悉為設法撈埋。秋疫癘繼作，又為捐俸，延醫合藥以療疾，賴生者數萬人。更詳創築塘，當事轉題得奉俞旨允行。時各場皆被潮災，攀轅借寇，自下砂、石堰、穿山、鳴鶴、龍頭等凡七邑，皆一身董其事。塘成，名曰利濟。是年秋潮驟至，迄無害。後由永春司馬宰尤溪，甫生余昆季二人，乳字之曰利濟。退居之日，用以名其堂，此利濟所由昉也。先君嘗欲以一子業儒，一子業醫，故楷弟自幼年讀經書外，兼課以《靈》《素》《難經》及《傷寒論》諸書，暇時復命默畫《銅人圖》以嬉戲，貯《甲乙卷》於養素園，區地一畦，為栽藥圃。予弟兄春秋輒寢食其中。今弟銳意岐黃，用承先志。雖未敢自信出以應世，然親串間有請診者，服其藥無不應手愈。居恒喜著書，所纂有《百草鏡》八卷，《救生苦海》百卷，皆言中肯綮，解洞玄微，誠有裨於斯道者不淺。予自愧譾庸，號涔勺水，曾當大雅之目者，乃欲為瓦釜鳴耶。憶自髫齡，性好博覽，凡星曆、醫卜、方技諸學，間亦涉歷之，意有所得，即欣欣忘倦。鈔撮成帙納之篋，久而所積溢簏外，束庋閣上，纍纍幾千卷。近亦稍自厭棄，間歲檢閱其無用者焚之。此十二種內，《祝由》《串雅》二稿，己丑春已取投之燄，時因小輩攫去，乃姑存焉。自甲戌歲始成《醫林集腋》。從鄰人黃販翁家閱所藏醫書萬餘卷，參以舊存江閩祕本，集其屢驗者，名之曰腋，見精選之匪易也。戚好中有以驗方見示，及游篋所得，歷年頻增，為《傳信方》。乙亥春，湖南汪子師僦予舍居，見其案頭有《祝由》本，汪君用之素驗，暇日因借錄一通。後又得張氏本及《儒門事親》萬薛二家抄，採擇試之，刪其妄而存其效，且便於行者，以為山居一時不能備藥石之助，作《祝由錄驗》。予素有書癖，日不給，焚膏繼之。恐堂上呵禁，嘗篝燈帷中，藏書夜觀，煤積翠帳皆黑。丙子秋，患目幾廢，息視不啟者六月，乃愈，因作《囊露集》，較《瑤函》《銀海》《龍木論》《明鏡箋》，自謂過之。以囊露名者，蓋取囊柏葉露可治目意。宗子柏雲挾華扁術，行遊名都。戊寅航海從中山歸，相闊已八載矣，投刺來謁。予時讀禮家居，館之三月，間與談，有闢其謬處。柏雲故虛懷士，頗以予言為然，慷慨出其歷游方術頂串諸法，合予《養素園簡驗方》本彙編之。串而曰雅，知非江湖俗技之末也。鏡水居士、隱元上人皆擅點茆法，素與何竹里善。庚辰，予讀書西山寺回峰精舍，適竹里避暑至，與之結河朔飲，曾一面焉，因得聞制伏鼎火諸說。予用其法於諸科升降藥中，體不耗而功倍捷，因集古來升降諸方，參以製法，為《祕要》一書，而以藥性之奇制者為《元解》，以見本草之用為最廣。昔高濂有《珍異藥品》，而搜其未全，瀕湖著《本草綱目》，而後出未補，悉為續之，一曰《奇藥備考》，一曰《綱目拾遺》，均各有義例焉。夫本草之成書，自《神農本經》《桐君藥錄》而下，繼作者不下數十家，固無乎不備矣。然所重者藥性，則論性者多考其真偽若何，辨其地產各別。如地黃有三才之判，天冬有五嶽之分。縱李氏已略言之，而究之風俗異宜，古今殊轍，百餘年來未有不轉易者。況乎婆奶公鬚，名隨俗改；丹經媚帖，藝以途分。苟隱僻或謝未知，將名稱亦云素昧乎？有不為所竊笑者幾希，因作《本草話》《花藥小名錄》。至於《攝生閒覽》，為導引却病之方，坎離栽接之說。何取哉？嗟乎！學期適用，醫可通元。殊慚襪線之才，敢詡金鍼之祕。用是述其緣起，贅於簡端。他日倘能將《靈》《素》《脈經》《傷寒》有見解處著為醫論，續增十種，合吾弟所著二書並梓之，為《利濟後集》，斯予之志也夫。庚寅春仲上澣六日恕軒趙學敏序。

利濟十二種全目，《醫林集腋》十六卷，《養素園傳信方》六卷，《祝由錄驗》四卷，《囊露集》四卷，《本草話》三十二卷，《串雅》八卷，《花藥小名錄》四卷，《升降祕要》二卷，《攝生閒覽》四卷，《藥性元解》四卷，《奇藥備考》六卷，《本草綱目拾遺》十卷，通計一百卷。

清·蔡恭《藥性歌》序 先志有之，曰三折肱，斯為良醫。余何敢言醫哉？惟是人生在世，倏如飄塵。況余秉質羸弱，夙抱沉痾，時與藥鐺為緣。復因衣食奔走，不獲閉門習養岐黃家言，卒未能研究萬一。然每念孔聖未達不敢嘗之義，用切兢兢。竊于會計餘暇，留心本草一書者蓋亦有年，而性善健忘，幾疲翻閱。爰就《綱目》所定品類，尋味別性，拈韻纂句，率成俚言，叢積行篋。客有見而好之者，謂宜編繕卷帙，便兒童習誦之助。余謝不敏。既而思之，古人敝箒自享，每舉生平致力之端，輒為珍護靡已。良以嗜好所在，有不忍聽其散佚者矣。因謹依客命，舉篋中所錄存者，編為八卷，繕成上下二帙，付弟姪輩藏之，以作家塾省覽。有以余為熟諳醫理，故能于《本草綱目》源流兼綜，條貫若此。夫醫則余何敢言哉！余惟是不忘余所致力焉已矣。嘉慶丁卯年小春月上澣筠溪蔡恭書于濟陽書屋。

清·蔡錫麟《藥性歌·跋》 先伯自幼喜讀書，少孤家貧，慮大母年漸老，不忍重貽母劬勞，因棄舉業，習貿易，與先考相友愛。以其歲入樽節之，以與先考奉養大母，得歡心。大母年臻大耋焉。後因勞成疾，歸里杜門養痾，廣搜醫藥，諸集方書，則深討尋繹之，遂悟醫理。然專於自治而未嘗治人也。積五六年，成《藥性歌》八卷，欲付梓，旋去世，乃授先考，曰：此余數年來用心於此，雖非醫書，惟習醫者可從此入悟藥性，不無裨補也。第先考亦衣食于人，未暇梓，今先考又去世二十餘年矣。竊慮前人有作，後人莫述，咎實難辭。爰命兒子燮源、楙源校讎，將謀付之手民。適芝泉姪偕其妹婿郡城韓子敬亭來里舍，見之嗟賞不置，勸之梓甚力，並許佽之。而先伯《藥性歌》一編，因得藉以傳。是則敬亭姪倩與芝泉姪之嘉惠後學之功，亦非淺鮮矣。因並誌其緣起。同治八年春王正日姪錫麟謹跋。

清·許宗彥《本草經疏輯要·序》 余自少至長，多底滯之疾，恆治藥餌，遂稍留意於醫。近年以來亦略有所解會。竊謂醫之道至精，非明於陰陽四時，五行消息，衰旺之旨，不足以察民病之原本。不洞表裏藏府贏不足之數，不能識症之緩急，知施治所先後。能察病且審症矣，而製方不中度，藥味失真。當滘人參，反得支蘆菔；當滘麥門冬，反蒸穬麥助病以增劇。蓋醫之不可無學明矣。雖然，運氣微妙，固不能執成法以求之。藏府見於色脈，若微若顯，若可知，若不可知，必醫者之神明至虛至靜，乃能心手默念，體隔必通，洞垣一方，了然不惑。意之所解，口莫能宣，此則古之名醫莫不有神悟焉。殆非學力可至。若夫金石草木，百品千類，燥濕寒溫異用，古人辨之至精，講說甚備，多識而不疑，施用而不忒，則存乎學而已矣。《禮》云：醫不三世，不服其藥。《黃帝針灸》一也；《神農本草》二也；《素女脉訣》三也。《脉訣》既不傳，《針灸》傳而不盡傳，惟《本草》存，又多為後人所亂。山川之產，要亦不盡同於古。殷仲春《醫藏》於普醍函列本草數十種，今盛行於世者，獨李氏《綱目》，而醫者頗病其繁。明天啟間，吳人繆仲醇在東林中有神醫之號。嘗著《本草經疏》三十卷。近世名醫葉桂，多取其說，益辨症以審藥之宜忌，簡而易守，醫門之津筏也。海虞吳君懷祖，以醫有聲武林，乃錄繆氏書尤要者，訂為八卷，名曰《輯要》。而以紫垣朱氏《痘疹秘要》一卷，及《經驗諸方》一卷附焉。書既成，介華秋槎明府問序於余。繆氏書，余未嘗治焉，其淺深無由知。吳君不高譚《靈》《素》，抑揚丹溪、河間之說，而獨孜孜以《本草》為急，蓋與余素所持論有相合者。因次余說於篇，仍質之吳君。嘉慶己巳年季夏德清許宗彥譔。

清·吳世鎧《本草經疏輯要》凡例 是書本於前明繆仲醇《神農本草經疏》。《經疏》之意，雖能開導後學，然未免穿鑿拘泥。今以《疏經》之義，藥味之要，皆刪取其半，庶幾簡明且適於用。是書藥性主治及叅互，并不宜擅用。簡誤之處，悉遵原本。有原本未收者，今另遵古選入。是書所集諸方，有繁而不括及籠統者，槩不選用。有精而未載者，今另採入。增入用藥精微要義。有是證必需是藥，不可移易者，皆本潔古、東垣、丹溪、時珍諸前賢所著。原集藥品雖有其名，今所不能覓者，槩行刪去。【略】首卷治病序例，悉照原本。其間条入鄙見，尚祈高明誨正。劍南氏識。

清·黃凱鈞《藥籠小品》《神農本草》藥分上中下三品，共三百六十五種。後世逐漸增添，至李時珍《綱目》乃有一千八百七十一種，辨其性味，所主何經，所療何疾，亦為詳且盡矣，何待言哉？然藥如人才，各有短長。堯舜善治天下，執鞭驅羊，不如三尺之童；秦武力能舉鼎，而有絕脰之患。許歷軍士，乃獻破秦之策；童子至性，能禁猛虎之暴。故參、耆上藥，有時亦能流弊；蛇床下品，用當亦擅其長。或前人已言，或心有所得，咸為辨別。昔華仙治病，藥不過漆葉、青粘；今已百倍於前，曩通其意，亦大可措手矣。

清·曹建《調疾飲食辯·序》 飲食為生人大欲，拂之則顛，縱之則流，誠不可不辨也。觀經傳所載，以及本草、職方、諸子百家，言飲食者甚繁。古人謂保壽有三，其一在腹中量所受，即是辨之明耳。吾鄉前輩章杏雲老先生，儒雅士也，本經術湛深之餘，手訂《飲食辯》一書。上窮天文、日星、歲序、曆算，下究草木、蟲魚、山海珍錯。凡五行百產之精，一飲一食之微，無不源源本本，辨其性之剛柔燥濕，與其用之損益斟酌。條分縷析，較鍾伯敬《遵生八箋》異曲同工矣。老先生積籍頗富，自少而壯而老，未嘗一日廢學。資敏善記，數千言過目一二遍，便能背誦永不忘。更精醫理，家雖貧，曾不知阿堵為何物，聞相識有奇險症，敝裘破蓋，輒親往無難色。指下活人無數，人望之如生佛。云是書之成，蓋得自老先生博覽群書，識之於心，筆之於簡。不惟日追駒影，亦且夜費蘭膏，孜孜矻矻，至老不倦。所著各種，皆經試驗不爽，既攷諸古，復證諸今，並非剿說雷同可比。老先生仁心為質，久欲以是編問世，苦無力不能遂意，又不肯因人成事，在日僅鐫半集輒止。老先生壽履耄耋，以無疾而終。夫乃知其得力於手訂之功居多，是書不即現身說法者歟。歿後，板存半，稿存半。適有好善者求其後稿，續刻成編，昨問序於予。當夕，予就睡甫交睫，忽與老先生大令嗣，乃已故明經軒淩先生相晤於南柯下，渠似有所託之狀。予醒而驚，恍然老先生英光慈範猶在目前。嗟乎！神物斷無終埋，明珠自應合浦。老先生數十年攻苦，婆心濟世，功當不朽。覽斯編者，奉為飲食之經，即共躋夫仁壽之域，此其德澤之垂於無窮，亦豈予後學所能揚其萬一哉！亦聊以誌感慕不忘之意云爾。時道光三年歲次癸未浴佛節同邑後學曹建頓首拜撰。

清·章穆《調疾飲食辯》卷首 調疾飲食辯述臆

粵稽《周官》醫師為醫官長，其下四官：疾醫療疾，瘍醫療瘍，獸醫療獸，命之曰醫，宜也；食醫職司調食，不及藥石之具，亦以醫名，知飲食之關於疾病者大矣。故《魯論》載不食之條，《大易》著觀頤之訓，雖無疾猶當謹之，況其在沉痾困頓間乎？杏雲老人閱歷病情五十餘載，見誤於藥餌者十五，誤於飲食者亦十五。藥餌之誤，辜在醫；飲食之誤，辜在病人。而律以食醫調食之旨，醫者亦不得辭其責也。然食品繁多，講求不易，自古醫書談此事者代不乏人，鮮有善本。獨前明李氏《綱目》最稱淹洽，而詮理多乖。爰不揣弇鄙，舉世間食物分為六類，考訂以《綱目》為宗，詮理則折衷於漢、魏、六朝、唐、宋、元、明數百家之說，期於得義理之安而後已。是役也，寒暑三更，藁凡五六易，書成得二十萬言。焚膏呵凍，揮翣驅蟲，悉老人親搽不律，無一人一日之助也。而其以辯名書者何？李氏博學多聞，於醫術則未窺堂奧。蓋自軒農肇立醫經，傳至宋時而統中絕。金、元、明，劉、張、朱、李、薛、趙、高、韓諸子，識趣卑陋，學植空疏。《綱目》為其所囿，全部論說物理病情，總不能出此數家之塵霧。此則如金在沙，非淘之汰之使沙盡，而金胡以見，豈好辯哉？實將擁篲中逵，為研蒐者清拓古開蒙之道，俾無愧於稱師稱長也云爾。時皇清嘉慶十八年太歲在昭陽作噩皋月上澣鄱陽杏雲老人章穆。

清·章穆《調疾飲食辯》發凡 一、病人飲食，藉以滋養胃氣，宜行藥力。故飲食得宜，足為藥餌之助；失宜，則反與藥餌為讎。乃世俗之弊則有二：饕餮之人，但貪口腹，不遵禁忌，誤在放縱；謹慎之人，不知物理，概不敢食，誤在拘泥。加之嗜好萬有不齊，風土五方各別，誤投害固非淺，而當食不食，坐失亦多矣。然畢竟謹慎者誤小，放縱者誤大。數十年中，常見用藥不誤而病日深者，皆不遵禁忌之人也。故書中諄懇言之，願舉世病人各以生命為重，慎毋欺瞞醫人，偷食不宜食之物，以自喪其生，且令醫人蒙不白之冤也。 食物有極宜病人，而俗醫反以為大戒者；有極不宜病人，而反不戒者。是病人不知物性，醫人更不知物性也。書中辯論處，必反復申明。其理固已，又必援引古訓，或一二家、或數家之說以證之，明吾辯之有所根據，非一人臆度之私也。願舉世醫人各以病人生命為重，慎毋偏執一知半解，悍然自是，致病人遭殺人不用刃之禍也。 歷代醫書本草，考據精詳莫過於唐陳藏器《拾遺》、甄權《藥性》，宋蘇頌《圖經》、掌禹錫《嘉祐》、寇宗奭《衍義》，明李時珍《綱目》，而論食物稍詳者，惟唐孟詵《食療》，南唐陳士良《食性》，明甯原《食鑒》、汪穎《食物》。書中引證處，惟以《綱目》為主。其餘諸家，亦不下十之五六。凡整篇整段及語關切要者，必標其名。間有節引一二句，或合數家之論以成一說者，勢不能一一標名，恐隔斷文氣，令讀者目迷，非敢掠美也。　此書之作，雖全以《綱目》為主，而斷制處，則不敢隨聲附和。蓋考據之精，《綱目》為最，於理境則不能無欠也，明眼人自知之。　書中援引各家之說，十九非全錄原文。其改竄刪補處，取理明辭暢，使讀者了然心目而已。蓋古人千慮一失，義理或有未安，辭旨不無滲漏。鄙意欲明示後人，乃正以納忠。古人九原可作，當亦相視而笑，莫逆於心也。　書中所錄諸方，皆極平穩且極應驗，閱者隨時檢用，不須加減。以此乃醫家、病家兩用之書，家置一冊，即得百千救急妙方。其因病制宜不可執泥者，乃醫家變動不拘之活法，非人人所能用也，任是佳方，概不敢錄。　書中辯論不厭詳明，理也。而語多提撕儆戒，未免嫌於狂戇，蓋非立異鳴高，亦力挽頹波，不得不然之勢也。試觀大司馬九伐之法，載在《周官》。子輿氏則曰：善戰者服上刑。矯時救弊之言，易於抗激古今，血性人往往如斯，惟讀者諒其愚直而已。　書中所引醫家論說，動關實用，不敢稍有外謟。其經、史、子、集四庫中典故，及稗官、野史、說部、叢書，不過借為考據，或偶然涉筆成趣。篇名、地名、人名、朝代，不無間有紕謬。蓋此書成於晚歲，學業久荒，又卷帙散亡，無片紙可供獺祭，惟讀者諒其昏髦而已。　醫書與儒書並重，故本朝進呈醫家論著，亦得與《四庫全書》並塵乙覽。武英殿書目中，皆蒙欽定考語，示其優劣。而《本草綱目》一書，《康熙字典》亦多採擇。諸凡術藝家言，不得與焉。乾隆年間，復奉勅纂修《醫宗金鑒》，薄海內外無不欽遵。故此書所載典故，如藏冰、鹽政、茶課、魚課、曆法、河工、牧政、馬政等條，略於前代，而於本朝，謹遵乾隆年間欽定條例，詳悉繕入，俾草野儒生共知損益百王之盛軌焉。其不能盡載者，《會典》久已頒行，朝野恪遵為成憲，留心有用之學者，可以全考也。

清・胡廷光《傷科彙纂・補遺》　耀山云：按症立方，配以君臣佐使，行經入絡，各有專能，合而成功，果稱神奇。然藥有單行獨效者，其功勝倍，其藥最廣，蓋以群藥而療一症，不若一味而治多病為簡便也。古云：多品合丸，其力不專。俗云：識得單方一味，可以氣殺名醫。是集凡關損傷咬傷者，古方備錄，似屬無漏。外有先世秘傳，以及名家口授試驗之方，法古證今，重為考訂。詳其根葉枝苗，敘其性效功能。一一補述，非敢云全，聊以備選。庶使閱之者，無復遺憾也。

清・莫樹蕃《草藥圖經》序　且物之生也，莫不本乎天地。得陰陽剛柔之氣，而根荄枝榦以成葉蕚花實，歷四時而各有榮枯。得氣之粹者為良，得氣之戾者為毒。故五形、五氣、五色、五味、五性、五用，炎農嘗而辨之，軒岐述而註之。迨漢魏唐宋，明賢良醫，代有增益。是《綱目》一書，可謂廣矣備矣。然五方異宜，各有生植，彼生於東南者，未必盡知西北之良。亦猶生於西北者，未必周知東南之美。故《補遺》《拾遺》《開寶》《嘉祐》所未能盡收。即收之，亦有列其名而未適於用者。則其不知不識者，固已實繁有徒矣。我懷庭夫子得羅軍門異授奇方，皆古方所未有，本草所未收。因命蕃校訂。蕃不辭固陋，廣為採訪。或得之於山巔，或得之於水湄。爰詢方士，考諸土著，耆老鄉民之素識其名而知其形狀，曾於某證某方中所經用而奏效者，並考其性之溫涼燥濕，氣味形色，因繪其形而詳註之，共得六十種。俾傳播於天下後世，使醫俗者即以醫國，壽國者即為壽民，豈僅多識於鳥獸草木之名耶，亦聊以補古今良方之所未備云爾。道光七年丁亥仲秋琴岡莫樹蕃謹識。

清・吳鋼《類經證治本草》敘　本草自神農以來，代有註釋，凡數十家，皆是分門析類，使後學者雖便稽查，難於運用。後有《藥性賦》一書，時醫誦習，珍之寶之，以為可以醫人，殊不知此書是發蒙舉略，譬之坐井觀天，而曰天小者，非天小也。彼至臨症之時，茫然不定，因而病不知證，藥不成方，如臨深淵，若涉大海，十壞七八，而不自悟。乃曰：我氣藥治氣病，血藥治血病，安得有誤？原藥之不能道地耳。此其人平日向無工夫，胸膺全無學問，不知求本之理，而誣罪於藥之不道地，吾恐其人之未道地也。復有強為之辭，曰藥醫不死病，伊病當死，我安得而救之。此一等最為無賴之徒，是謂不屑之教誨也。夫病有淺深，症有疑似，治有緩急，調有先後，生平讀得幾行書，即摘引古誼，以昧自心。吾恐其病未必死，而醫死之也。余何人焉，性愚才拙，而習此司命之責，又安能以盡其妙，於是雪案燈窗，揣摩十餘載，漸有得而悟其理。乙酉春暇，歷閱《本經》《綱目》《彙言》，唐宋本草及各家方書，採集五百五十七種，又增附四百四種，分藏府經絡，別溫涼補瀉。此外，藥中不註經絡者，又採錄六百十五種，又增附二百四種，加以註形辨偽，草創成藁。至丁亥歲，舍館於歙南龍灣之葉氏，復淂主人之秘藏，並各方書。於是重加修餙，增補證治，合會其說，其間取醫傳之外，又參以三教聖人之書、百家博覽之學，凡百數十種，間亦竊附己意，補其闕略，復遵《政和》真圖，繪畫一冊，刪其習知，圖其難辨，於是脫藁，分為四冊，通計一千七百八十二種，名其書為《類經證治本草》。則於用法極其精詳而大備，將使後學取而讀之，知其藏府經絡，溫涼補瀉，奇形怪症，異論仙方，庶不致有夭枉人性命也。昔東垣先生引經類藥，龔氏分經辨性，藥雖不多，皆有深意於是而未逮。則余今日集斯書也，亦足以成二先生之志者矣。雖然，醫道至難，雖有是書，必須心靈性巧之士，會悟其理，窮究其源，一以貫之，則書中載録之奇方怪病，隨機運用，如由基之治射，發則必中，萬舉萬全。夫動有千端，靜歸一理，資深玩索，溫故知新。則有不能備書者，兼可以意會，不可形容者，又可以心得深明其理，是為明醫。則彼身之病，千變萬化，而吾心之用亦千變萬化矣。後賢復起，不易吾言。是為序。道光七年歲次丁亥孟冬月下澣誠齋吴鋼書於松泉山館。

清·吴鋼《類經證治本草》凡例　是書，已類分臟腑，是以不註入經。先明氣味，次錄總括，然後備悉諸家之述。明其利害，要其變通，然後補其證治，辨其道地，而註其炮製，後存其畏惡。藥有別名，滋惑人耳目，一皆刪去不載。是書理盡詳悉，藥品極多，今止分為四冊，一以便於誦讀，一以便於攜帶。所有一切重複繁文，悉皆刪去。皆字字珠玉，讀者不可一字放過。

藥有五色五味，凡色青味酸者，皆屬木，木屬肝經，故入肝。餘可類推。藥性酸，能濇能收。苦能瀉，能燥能堅。甘能補，能和能緩。辛能散，能潤能橫行。鹹能下，能耎堅。淡能利竅，能滲泄。此藥性之義也。【略】藥輕虛者，浮而升。重實者，沉而降。味平者，化而成。味薄者升而生，氣薄者降而收。氣厚者浮而長，味厚者沉而藏。氣厚味薄者，浮而升。味厚氣薄者，沉而降。氣味俱厚者，能浮能沉。氣味俱薄者，可升可降。酸鹹者不能升，辛甘者不能降，寒者不能浮，熱者不能沉。此氣味升、降、浮、沉之義也。藥根之在土中者，身半以上則上升，身半以下則下降。枝者達四枝，皮者達皮膚，心幹者內行藏府，質輕者上入心肺，質重者下入肝腎，中空者發表，內實者攻裏，枯燥者入氣分，潤澤者入血分。此上下內外，各從其類也。【略】凡藥有燥濕之不同，湏製就，然後稱之為合法。凡合丸劑，以乾藥末一兩，用生蜜一兩，此為大法。於中有藥末之乾濕不同，則又臨時添退可也。大凡藥片一兩，製末止有七錢。凡藥有毒、微毒、小毒、大毒，悉皆於藥下註明。如無此二字，則皆無毒也。凡藥有不註入經者，是為經外之藥，皆錄於末卷。仍遵舊制，草、木、金、石、鳥、獸、蟲、魚。其所不常用者，於藥物名下，註其出處形狀，則一目了然，且又多識於鳥、獸、草、木之名也。凡此書，通計藥一千八百七十七品，不為少矣。仍有不入湯藥，一皆錄註《圖經》繪畫，不在此數。其有名未用者，悉皆刪去，不載錄。凡藥品有重出者，皆有黑圈記認，不復再計數，但存其文。然非雷同之語，必另有深意，乃補其闕略。是以各於本藥下註明在某處，便為查看，一同會參。

清·張德裕《本草正義》序　《本草》為載藥之書，古人以草、木、金、石、禽、獸、蟲、魚，別類分門編述，治療種數頗繁，說不臻一。觀者往往朱紫混淆，眉目不清。蓋由備詳品用，概言功能，而孰宜孰忌，專主兼及，未有分晰，且竟有彼云熱而此云寒者，互異懸殊，適從更於何據？茲余刪其叢冗，究其專一。不以物品分門，而以攻補歸列。比類而陳，易於觀曉。其有不類者，取寒熱性同，亦總為□□□本草，迺醫學首務，纖毫不可紕謬。故必採其精，〔撮其〕要，雖録取無多，亦簡明之必當備也。或可為後學尋覽之一助云爾。道光八年歲次戊子仲春穀旦鄞邑張德裕鉅標甫又號术仙序。

清·張德裕《本草正義》凡例　前刊目達補遺初續，二編辭義鄙俚，貽笑大方。茲復刪採損益，分列藥品性用，妄付剞劂，自揣不敢，乃好生苦衷，不遑他顧。《本草》諸書所載藥性寒溫，每有舛錯，功用概言，未免混蒙，故揭眾除繁，以便參考。藥先明氣味，有氣重味輕，味重氣輕，氣味俱厚，氣味俱薄，純氣純味，升降浮沉，剛柔動靜。黃耆、甘草，古用蜜炙，近世多用清炒，以訛傳訛，是未明其□也。載補遺甘藥論。用藥有體用之分，診脉有體象之別，俱詳補遺條中。不切要用者，□後刪去。

清·張琦《本草述錄》卷一　劉雲密先生《本草述》，發(胡)〔明〕陰陽制化之妙。迺據而錄之。陽湖張琦。

清·鄒澍《本草述鉤元·序》　道寓於物，而物不足以該道。理宣於言，而言不足以盡理。此言醫者所以滯於言，不免害於理也。世言某物可治某病，及如法治之，而效者僅一，不效者恒九，則不得不深辨其所當然，各辨其所以然。言之縷縷，載之陳陳，古書所以簡，今書所以繁矣。簡則難明，繁則易訛，欲求繁簡之得宜，必明乎道之所歸而無歧，要於理之至當而有斷，此楊君穆如於《本草述》所以有鉤元之作也。夫本草湛深簡古，洵三代以來師弟以口耳相授受者。兩漢而下，仲景、元化揚其波，貞白約其流，甄權、日華助其瀾，慎微暢其歸，皆於物之體用符節相應處，指其所當然而已。金元四家頗欲明其所以然，而不校其性情功用之貼切於病機病情，憑空結撰屬金屬木入肺入肝諸語以連絡之，謂有分派配合之妙，恐後人之滯於言者貽誤不少。明潛江劉若金先生著《本草述》，其旨以藥物生成之時度五氣、五味、五色，以明陰陽之升降，實欲貫串四家，聯成一綫，惜文辭蔓衍，讀者幾莫測其所歸。楊君以博雅通儒，精治《素》理，為之去繁就簡，汰其冗者十之四，達其理者十之六，而其旨粲然益明，擇精語詳，瞭如指掌，厥後為令山左，循聲卓著，以良吏而兼良醫，活人無算，惜乎簿書勞瘁，不祿以終，未及以所著付梓人，藏稿於家者幾十餘載。會君門人伍仲常秘讀奉諱歸里，懼是書之湮沒，竭力謀剞劂，予喜是書之有成也，爰濡筆而為之序。道光壬寅八月中秋節毗陵鄒澍謹序。

清・楊時泰《本草述鉤元》序　道光六年丙戌，余在京師，館於成果亭中丞家，瞿麗江比部持此書未訂本見贈，繙閱數過，愛不能釋，遂手自裝訂，暇即就其中論義，刪而約之。歷丁亥戊子，乃并其前後徵引各條，旋就輯次。業未卒，自都還南，館於泰屬之康二如鹺尹署，二如喜談醫，館政最簡，遂出全力掇拾此編。其年冬，手鈔卷數自後半起，歷庚辛壬三載告成，猶病其末數卷未歸一律也。道光癸巳十一月十二日冬至節楊時泰識。

清・楊時泰《本草述鉤元》卷首　武進陽湖合志

楊時泰，字穆如，嘉慶己卯舉人，工醫事。自明已來，江南言醫者，類宗周慎齋。慎齋善以五行制化，陰陽升降，推人臟氣而為劑量準。雍正已後，變而宗張路玉，則主於隨病立方，遇病輒歷試以方，迨試徧，則束手。時泰於醫，深得慎齋閫奥，尤善以脈之竝見變見，揣測人臟腑寒熱虚實，其用藥一準劉若金，備得金元四家補瀉開合精理，凡值錯雜難明病，每每斂數味成方，一若抉而去者，人咸推服焉。以道光丙戌大挑一等，署山東莘縣知縣卒，著有《本草述鉤元》，即約劉若金之書而薙其繁蕪者也。

清・鄒澍《本經序疏要》序　班氏《藝文志》謂：醫經者，原人血脈、經絡、骨髓、陰陽、表裏，以起百病之本，死生之分，而用度鍼石湯火所施，調百藥齊和之所宜。經方者，本草石之寒溫，量疾病之淺深，假藥味之滋，因氣感之宜，辨五苦六辛，致水火之齊，以通閉解結，反之於平。蓋自是醫經經方遂分，連絡之者，《本草經》則其樞紐矣。乃《志》不載其書，然《帝紀・平帝》元始五年，徵天下通知逸經、古紀、天文、曆算、鐘律、小學、史篇、方術、本草，及以五經、《論語》、《孝經》、《爾疋》教授者，所在為駕一封軺傳遣詣京師，至者數千人。《樓護傳》護少隨父為醫長安，誦醫經、本草、方術數十萬言，世不忽其書，故習而傳之者，代不乏人。其得至今存者，惟梁貞白先生陶氏書為最古。今案其文，既歷載《本經》總序於前，復患諸藥一種雖主數病，而性理有偏著，立方或致疑混，赴急抄撮，恐不皆得研究，故將《本經》序大病之主已下一節，循其所列剖而析之，分為八十三項件，繫主治藥於下，方贅之序末。是陶氏實注《本經》，而得《本經》與醫經經方連絡交會處矣。予治仲景書，既由不明藥物主病之所以然，用力《本經》，有《本經》疏證、續疏之作矣。繼治孫真人、王太守書，覺與仲景書猶未相承接，遂立志究竟病名古今相沿之準，病證彼此不侔之故，而證以藥物主治之由，得是編以為鵠，反覆尋繹，參互研訂，然後知一證也，隸之此病則屬虚，隸之彼病更屬實；一藥也，投之彼病則逐實，投之此病反補虚。於仲景書以此推其緒，於孫真人、王太守書以此要其歸。蓋自是而漢人唐人醫學醫經經方旨趣，得連為一貫焉。篇中附北齊徐氏、唐蘇氏、蜀韓氏、宋唐氏所增其精詣，幾與陶氏埒，而徐氏所續九項，實有稗補證明之功，亦隨例詮釋而不削也。道光二十年九月五日武進鄒澍序。

〔本經〕：貞白先生名宏景，梁時隱居茅山，自號華陽隱居。實始集《別録》附入本草經中。徐氏名之才，北齊尚書令，封西陽王，著《藥對》。蘇氏名恭，顯慶中與長孫無忌、許敬宗等修定《本草》，李勣表上之，今名《唐本草》。韓氏名保昇，孟蜀重廣《唐本草》，並稍增注釋，名《蜀本草》。掌氏名禹錫，宋嘉祐時奉詔重修《本草》，名《嘉祐補注本草》。唐氏宋大觀時蜀人，取諸家本草彙而集之，并采入經史中言醫事，隨類附入，名《證類本草》。

清・鄒澍《本經續疏・序》　耆婆學醫七年，師見其勤且敏也。一日與劚藥盛藥具，令徧察國中，凡草木不中藥用者，悉為取來。耆婆求之不獲，空器以復其師，師大稱賞焉。佛氏主宏悟，予以為非是。《本經》為神農親定，設如彼所云，則凡典章法度經世大則，在黃帝時規模略具，何以歷唐虞三代，其制乃備，孔子猶欲兼收節取，如虞樂夏時殷輅周冕也。夫肖物刻範，因弊設防，究之未事已前，證之成驗已後，經制固應如是，藥物豈獨不然？蓋一人效技，必備數十百藥而用始周；一藥意旨，必歷數十百人而情乃確。如果學七年，所見竟無非藥，一日嘗藥至遇七十毒，則今所傳《本經》者，蓋可旦暮明之，而旬日間得期於通矣。曾謂其易如是哉，陰陽紓斂，期之以時日，終不能無愆；高下燥濕，限之以方野，猶恐其有忒。何況取以研覈物之形色氣味，用以衡量人之強弱疾厄，自宜積歲月乃得要領，以故歷數十年始增一物，更千百年得一會歸。不然周秦以上三百六十五味固託始神農，漢魏以下迄於齊梁，藥物已倍，何不聞又有神農耶？自是以降，增至三百餘種者有《拾遺》《綱目》，增百餘種者有《唐本》《開寶》，其嘉祐《圖經》皆至七十餘種，不及五十種者指不勝屈。善夫，宇文虛中稱唐慎微為士人治病，概不受酬，但以名方秘録為請，以故士人於經史書中得一藥名一方論，必録以告，遂積成卷軸，為《證類本草》。噫！古人之勤乃爾，訂《本經疏證》訖，豫春復以常用之藥為請，續疏如右，自知詒誚，然固有所本，與憑空增藥異矣。鄒澍識。

清・鄒澍《本經疏證》序 予治《傷寒論》《金匱要略》，用屬辭比事法，於不合處求其義之所在，沿卻尋窾，往往於古人見解外，別有會心。然每論用藥，則不能稍有異同也。友人楊君穆如本經之學素深，壬辰秋，偶因過訪，叩其治本經法，楊君甚稱《本草述》精博。《本草述》者，予蓋曾讀焉，而苦其冗蔓者也。楊君言劉潛江文筆萎薾，用意甚深，能熟讀之，略其繁蕪，則精博自見。因講芍藥一味，予為心醉。歸而朝夕誦之，覺其旨淵，然無盡然，微嫌其用力於張長沙、孫真人猶少也。因以己意，取《本經》《別錄》為經，《傷寒論》《金匱要略》《千金方》《外臺秘要》為緯，交互參證，而組織之，務疏明其所以然之故。是年冬，疏證藥六味求正楊君，楊君深以為善。但謂似獨為漢唐時用藥發者，實則後世纘論，悉有精詣不可廢也。予敬諾焉。思夫古今至遠，賢哲至眾，一簣之加，詎謂必無，第大經大法既已森然，縱繼長增高，恐終未能超軼於規矩準繩外也。爰將仲景所用藥百七十味，先究心焉。几六易寒暑，克成是編。嗚呼！炎軒二帝開物成務於前，南陽華原紹志述事於後，其旨博大淵微，淺學後生詎能洞徹底蘊。顧就彼此契合，求其所以同，後先齟齬，求其所以異，期於心有所得，用有所徵，斯已矣，敢曰為古聖賢闡發義理哉！從子豫春學於予，於是編討論校錄之力不少，茲欲次第而編輯之，爰書其緣起如此。道光十七年首夏鄒澍序。

編輯既定，再四校覆，書中疵累不一，摘其最大而有悖古人體制者四端，謹疏於首：一曰擅改古書以成己意也。楊君穆如初旨欲邀諸同人將《本草述》汰蕪存真，各為删本。間日出以相示，互為印證，以期毫無遺憾。時和其說者有余君敏求、魏君培之。予則謂劉潛江不全體《本經》《別錄》，即及之，亦視同海藏、東垣，而於金元諸家無論是非，必欲令成一貫，以是左牽右挽，駠至辭費。若加删汰，定至轉失本真，何如即其聯合之法，取以聯合《本經》《別錄》《傷寒論》《金匱要略》《肘後》《千金》《外臺》。諸君咸謂為然。遂以此見推，因有是作，篇中述潛江語，竝芟改所餘，職是故耳。要之潛江及盧氏父子，皆於此中實有所得，誠可謂好學深思，心知其意者，故不敢避擅亂古書之妄云。二曰譬喻冗雜，不就軌範也。梅勿庵治𤣥學，凡拈一義，必反覆曲折，務推明其故，一若人終不喻者，圓球之外，譬以圓燈，甚至壍堵陽馬，立錐鱉臑，無不指實課虛，推闡盡致。因自謂章繁句複，往復諄然，必如此始可自信，以信於古人。予於此篇，無論村夫圃叟，婦孺臧獲，凡於物理有關，無不詢訪厥由，苦思力索，期於有補。展卷自觀，罕譬曲喻，誠有如勿庵所云者，拘滯固陋，貽誚通方，真不免矣。瞶者與人言，每高其聲，惟恐聽者不聞也，體其用心亦良苦哉！三曰任情馳騁，渾忘畛域也。論藥、論方、論病，各有界限，第方以一味出入，而所主迥絕，以羅列殊致，而治效略同，不從異同闡抉，於何明藥之底蘊。病有絲毫變異，頓別陰陽，有寒熱互陳，須嫺操縱，不執兩端究詰，於何識處方之化裁。以是篇中每緣論藥，竟直論方，并成論病，越畔之思，固難免矣。但果能有益於明哲，亦何嫌引罪於顓蒙。所期大雅之裁成，不愧芻蕘之獻納，是則區區之微忱矣。四曰疏密錯出，不歸一律也。古人著書體制既定，自能首尾相稱，決不彼此參差，從未有密則辨析黍銖，疏或大綱未舉，相間錯雜，如不出一手者。此編殆不免焉。區區之私，嘗謂古人之書，苟非經典，吾以為師，不以為法。師者仿其用心，法者奉為楷則。明哲之士倘能以用心知我，篇中原頗有指南，特文字考據，積習未除，一章之中，自爾行所當行，止所當止，及統會全局，反致不能規規繩墨耳。年齒未盡，誓尚補苴。若得同心，證其不逮，尤不能無望也。

六年夢夢，一旦爽然，至今日芟夷槎枿，抉摘疵類，自以為昭然矣。焉知後日視之，不仍為夢夢耶。爰書起訖之所自如左，俾後之悼今不忘今之悼昔也。

清·鄒澍《本經疏證》例言 是編為潛江劉氏《本草述》而發。潛江博極群書，研精薈萃，積三十年始成。書中多引東垣、丹溪、海藏、潔古，而於張長沙、孫真人略焉。故先生專由本經抉發精蘊，別錄則主張長沙、孫真人為多。補苴罅漏，足為劉氏功臣。先生底本以朱墨分寫《本經》《別錄》，今用陰陽文別之，便於一覽瞭然。是編引證淵博，凡經史子集，釋典道藏，泰西域外之書，佐引無遺。間有不能解者，未敢點竄，甯存其真，勿失之誣。是編用意已詳自序，其中推闡盡致，指實叩虛，一言再言，往復不已，誠如自序所云：一若人終不喻者。蓋其意專欲人之能喻也，閱者勿嗤詞費焉。先生《疏證》藥味六年始畢，其《疏證》藥味年月，分著卷首，庶後之閱者，知先生用心之專，且久如此，故不以重複為嫌。是編係門下士抄錄，先生未及訂正而卒。底本如虋冬之虋，人蓡之蓡，茈胡之茈，澤蕮之蕮，皆書作門、参、柴、瀉。今依《說文》《爾雅》改正。此外字畫譌誤，亦隨時點定。

清·湯用中《本經序疏要·跋》 《本經疏證》十二卷，《續疏》六卷，《序疏》八卷，鄒君潤庵澍撰。予年弱冠，喜治岐黃家言，每日夕與潤庵會陳家酒罏，課日問所業，或舉今日治某家某症，立某方，互證得失以為常。既奔走皖、豫、燕、趙者，垂二十年。道光壬辰，重晤於中表趙于岡之約園，予醫學茫未有進，而君蔚然為世所宗，君為人治病，必先單家而後巨室，非盛寒暑，未嘗乘輿。常疾夫世之號能名其家者，破壞古法，羼雜私意，故每治人疾，必引成方。予在山左時，嘗以玫瑰花、龍眼肉合成膏，愈吳洛生大令母脘痛，為君所呵。予答言：藥在中病，古方奚為。君驟聞頗忿甚，立起辭去。予亦即北行，乃未一年，而君歸道山矣。君歿後五年，戊申于岡始郵示此書，實能抉昔賢之閫奥，為後學之津梁，悔從前率爾違牾，悲涕刻責。會江夏童公石塘濂、仁和武公蝶生泴莊，見是書而愛之，力請集貲剞劂。以戊申八月開雕，斷手己酉三月，校定者袁君坦齋光裕、魏君修㝹褱、莊君子久延準、楊君曉亭欣而始終其事者，童武兩公之力為多，用中得藉手補過，慰私恨於無窮，益滋愧矣。道光己酉三月湯用中謹跋。

清·王世鍾《家藏蒙筌》卷一五 《家藏蒙筌·本草》共二卷，本草一書，關係頗重。自《神農本草》漢末李當之校修，梁末陶弘景註釋，李勣重修，劉翰詳校，唐慎微合修，李時珍辨正。歷來本草原非一家，通以李氏《綱目》為正。茲不揣譾陋，爰採諸家之長，輯為本草二卷，芟複補闕，繩偽解惑，仍其舊而新焉。其溫涼燥濕之性，升降浮沉之理，或補或瀉，有毒無毒，宜用宜忌，畏惡相反，無微不錄，頗無謬誤。雖曰藥品，實該物理，當不止於治病已也。

清·包誠《十劑表》序 兵為不祥之器，取足以弭亂。藥非授餐之常，取足以療疾。善弭亂者，知彼知己。善療疾者，知病知藥。其不知症者無論矣，知症而不知藥，如遣將非人，適足致敗。夫兵不過奇正，奇正之變，不可勝窮。藥不過氣味，氣味之變，亦不可勝窮。通四時五行之化，察五藏六府之宜，辨百草辛酸苦甘鹹之味，審人身喜怒悲憂恐之情，故以治百病，道精而效神也。醫學蒙昧，各據門戶，執古方不能治今病，讀醫經不如多臨症之說，不深求經方藥録用意所在，徒創異說以博名譽。論說日繁，醫學日晦。故讀古人之書而察其理，則知今之症。辨古人之方而明其用，則知今之藥。然後察奇偶佐使之宜，知氣味制化之妙，變而通之，神而明之，眾品雜進不為多，一味獨行不為少，溫涼可以相使，燥濕可以相濟，輕重可以相維，如身之使臂，臂之使指。夫豈粗解藥性、率爾處方所能中病哉？故一味有一味之性，一氣有一氣之用，合成一方，則氣味殊而用亦遂異。《呂覽》云：夫草有莘有藟，獨食之殺人，合而食之則益壽。非性改也，制化之妙也。予少遊山左，受學於陽湖張宛鄰先生，名琦，字翰風，為館陶令十年，循聲卓著，著有《素問釋義》十卷。先生嘗取明劉氏雲密《本草述》，潛江劉公名若金，號雲密，以名進士官至司寇，值明季喪亂，杜門高尚，自號蠡園逸叟。數十年精力皆萃於此書，洋洋乎八十餘萬言，名曰《本草述》。別擇精粗，刪繁就簡，為《本草述録》六卷。予讀之，乃見藥物氣味之真，而得古人主方制化之妙。竊以為《本經》《別録》諸書，著其治而不言其理，《千金》《外臺》之方，詳所主而不審其由，以故後學罕所會悟。欲明制化之妙，必先求所以制化之理，又必分求其所專擅，而後可合求其所通變。爰就其書，以徐之才《十劑》之說為表以明之，庶幾求藥性者易於省覽，而於處方治病，亦不無小補焉。道光庚子年十一月朔安吳包誠。

清·方秉《本草分經·叙》 本草之作，肇自神農，厥後代有傳書，至《綱目》而大備。然卷帙浩繁，艱於記誦。於是膚淺者流率以藥性賦為宗旨，挂一漏百，貽害無窮。迨《備要》《從新》諸書行於世，而後本草之功用復著，顧其體例，則仍以草木蟲魚分門而比類。讀者但識其性味主治，而於所入之經絡，每多忽之，此所以有誅伐無過之譏，而難收針芥相投之效也。吾友山陰姚君，名瀾字涴雲，申韓高手也，由明經需次廣文。余筮仕之江，即延之賓館，論交垂三十年。間遇微疴，君為治之，則信手拈來，藥止數味，而效如桴鼓。詢以岐黄，曰：吾非知醫，但知某藥入某經耳。庚子之春，余攝篆越郡，得姚君所輯《本草分經》抄本。公餘之暇，披覽一過。蓋以經絡為綱，以藥品為目，俾閱者豁然於某味為某經之藥，不致亂投雜進，其有裨於醫術不淺哉。爰急為付梓，以廣其傳。姚君素善病，中年鬚髮盡脱，因自號維摩和尚，今已逾花甲，而精力不衰，殆即按經服藥之明效歟。道光庚子歲仲春上浣知紹興府事桐城珊洲方秉書。

清・姚瀾《本草分經》凡例　是編所載藥名及其字體，概從時俗。如薏苡仁作米仁，惡實作牛蒡子，又薑作姜，石膏作石羔之類。緣通儒不妨從俗，而在初學則便於查閲也。　是編以經絡為綱，藥品為目。勢不能於一經之內，彙草木蟲魚之全，故於後卷另列總目，全載藥品。又於每味下註明某經字樣，俾閱者按經而稽，易如指掌。　凡一藥而兼入數經者，均於總目每味之下註明。至其性味功用，則止於第一經之一味內詳載，其餘各經下，但註見某經字樣，以省卷帙。　藥有不循經絡者，另列雜品一門。凡總目不下註某經，或通行者，皆雜品也。　凡一經彙一經之藥，從其同也。而其功用則各不同，故又分列補、和、攻、散、寒、熱六者，使之亦從其同。庶令閲者依類取用，較為便捷。　藥品多有一物數名者，若分載各味之下，則散而難稽，茲將同名諸品，彙列一卷，以便查攷。　藥性有畏惡反忌，讀本草者，不可不知。然古方多有兼用者，若泥於其性而不知變通，轉多窒滯。是當廣閲古方，以求其義，不必存膠柱之見也。故編內不備載畏惡反忌之文。　古今本草所著藥性，間有不同。是編叅互考訂，不下數十種。遇有性味互異者，或諮訪名流，或曾經試驗，始行載入，非敢意為去取。　入藥之品，物類繁多。功用之詳，記載極博。欲究其全，則《綱目》尚有未備；求適於用，則《從新》猶覺其繁。是編大約以《從新》為則，而於品味則增益之，於訓詁則節刪之，亦取其適用而已。

清・葉桂《本草再新》序　昔謂不為良相，當為良醫。葢醫藥一端，亦可以燮理陰陽，濟人生活。人秉陰陽之氣以成，其間寒暑相侵，憂喜相搏，嗜慾不節，起居無時，皆足為病。設此大法，助上天好生之德，免元元夭扎之虞，實濟世之慈航，人生之永賴也。故上自神農，以及岐伯、雷公，闡發奧義，洞見臟腑，并有炮製等法，垂之於世，救藥性之偏勝，佐藥力之未逮，尤為後世用藥之津梁。迨漢紀以來，名賢輩出，論醫論藥，各具隻眼。仲景元化最為傑出，議論症治之法，委曲詳盡，惟於藥品之性，未免言之過略。予歷觀各代藥性之書，互有發明，亦多罣漏。惟前明李氏《本草綱目》，可謂收羅廣，而編纂精，無如引證太多，似嫌其雜。且藥品有南北之產，來症有新奇之異。今昔來症與人之元氣強弱固有不同，而產藥南北異性，氣味厚薄，亦多歧出，宜隨時權變而治之，方克有濟。如其藥昔有今無，未便執古方而泥古藥。如昔無今有，勢必用斯品而療斯病。是藥性之講求，與論症議方交相重也。近世各家會輯藥性者甚夥，亦補前人所未備，均有可取。惜其博焉不精，語焉不詳，故予不能已於言，而有斯編之續也，非敢自詡為良醫之治病，猶良相之治國。然揆之好生惡死、濟世救人之心，似有同情也。用弁數言，於首後之君子尚其諒之。姑蘇小峯葉桂序。

清・白從瀛《本草再新・敘》　器非求舊，學貴日新，醫何為獨不然？良醫之於藥也，猶百工之於利器，儒者之於學業也。漢平帝時，徵天下通知方術本草者，又齊人樓護幼隨父為醫，能誦醫經方術本草數十萬言，出入貴戚家，爭延為上客。其時去古未遠，故古經之傳學者，咸肄業及之。然舊經藥僅三百餘種，至陶隱居增為七卷，而本草一新。唐顯慶中增藥品一百十餘，為《唐本草》。蜀孟昶繼增之，為《蜀本草》，而本草又一新。及宋開寶中，別加詳定，復增百三十餘。嘉祐初，掌禹錫、林億等，更為補註，凡新舊藥品至一千八十有奇，其類既富，其用亦愈新。其他專門名家，見於歷代藝文志及通志、通考諸書者，又不下數十家，日異月新，洵未易為更僕數。至明代李氏時珍，集諸家之大成，補昔賢所未備，獨出新意，取正名為綱，分釋為目，有一千八百九十餘品，蒐羅之富，薈萃之精，誠醫學之淵海矣。雖然博學，將以說約也。因時貴能制宜也，苟存其名，而無其物，或存其說，而無其功，雖新猶弗新也。讀百萬言之簡編，不能得一卷之用，竭數十年之記誦，不能濟一時之需。陳陳相因，又奚取材焉？且夫物產之有其宜也，取用之有所忌也，稱名之有不同也。古之所珍，或為今之所賤也；古之所棄，或為今之所收也。偭規錯矩者，固不可語於討論之功。刻舟求劍者，亦不可語於宏通之學也。嘗試論之，如芣苢之樂有子，而證諸今日獨用過泄之車前，則敗矣。卷耳之供常蔬，而徵諸今日發汗散風之蒼耳，則惑矣。芍藥之和五味，而考諸今日白補而收、赤散而瀉之劑，則傎矣。人葠產於上黨，或產於潞州，而較諸今日遼東朝鮮之品，則歧矣。上下數千年間，滄海桑田，且不可知，矧區區草木之精華，能保無臭味差池，性質變更者，而猶泥於古說之紛紜不折衷，今人之論正譬，猶取逢掖章甫之制，強為今人之衣冠，慕茹毛飲血之風，強為今人之飲食，吾知其不適於體也。國朝吳遵程先生《本草從新》，為近日最新之本，取舊說所流傳，參以及身所閱歷，最為切於時用。然至今又數十年矣，閱歷之深，取材之當，則尚有未之逮者。吳門葉小峯先生，以醫術名噪當世，乃起而繼之，為本草一書，略其所已詳，增其所未及，即居恆日用之物，皆可供藥，籠之資洵，濟世之慈航也。余於書肆中偶得此編，見其卷帙無多，而決擇精審，簡而能該，遍質諸業，醫家皆嘖嘖掛齒頰稱道弗衰。余深恐其流傳不廣，湮沒不彰，爰詳為校勘，付諸剞劂，顏其書曰《再新》，庶不沒先生嘉惠後學之意。是書也，以為吳氏之功臣，可也。即推而上之，以為神農之功臣，亦無不可也。道光辛丑孟夏臨桂白從瀛謹序。

清・白從瀛《本草再新・凡例》 註本草者，當先註明其所以主治之由，與所以當用之理，使讀之者有義味可咀嚼也。茲集藥性病情，互相闡發。庶便資用。若每處皆釋，則重複煩瑣。今並於證治要緊關頭，簡練加註，如畫龍點睛，一覽醒悟。讀者體會之可也。【略】 藥品主治，諸家析言者少，統言者多。如治痰之藥，有治濕痰者，有治燥痰者。諸書第以除痰概之。頭痛之藥，有治內傷頭痛者，有治外感頭痛者，諸書唯言治頭痛而已。如遇相反之證，未可混施。舉此二端，其餘可以類推矣。今於每藥註明治用，其痰之濕燥，頭痛之虛實，而是症宜用不宜用，已曉然分晰矣。讀者領會之，自無歧誤。【略】 藥品主治已註明某臟某腑，茲更言入某經絡，以便學者了然心目。【略】 同是藥名，而力量厚薄懸殊，性味優劣迥別。如野白朮與種白朮，并江西白朮及肆中以蒼朮借代之類。至肉桂中洋桂，性躁； 黃連中新山連，味薄。以及香櫞偽枳實、枳殼，花草子偽沙苑蒺藜，更害人之尤者也。學者不可不辯，以免誤用。藥品修治，必須如法。今肆中熟地黃用煮，菟絲餅加麪之類，製治乖方，斷不可用。茲另列〔泡〕〔炮〕製之法附後，以備製用。

清・奎瑛《素仙简要》卷上 藥物眾多，各一其性，宜否萬殊，難以盡識。用者不得其要，未免多誤。兼之本草所註，又皆槩言其能。凡有一長，自難泯沒。惟是孰為專主，孰為兼能，孰者利於此而不利於彼，學者昧其真性，而惟按圖以索驥。所以用多不效，益見用藥之難矣。余集諸藥品，分擬平溫寒熱四章。然藥性一物，多有兼主十餘病者。是編主治之理，皆經驗心得之法。博採偏長，期於確切。言暢意晰，字少義多。作者頗費苦心，讀者詳之。本草一書，惟李氏《綱目》著論精詳，可謂補前人之未備，為後學之指南。博學之士，細心而統會之可也。

清・岳昶《藥性集要便讀》序 夫天以陽生，地以陰長。由太少陰陽，生水火木金土，而五行成矣。化生萬物，氣以成形，而理亦賦焉。醫之道始于神農辨百草，而作《本經》，繼之軒轅使臣岐伯，發明運氣勝復臟腑，而作《內經》。《綱目》曰： 天造地化而草木生焉。剛交于柔而成根荄，柔交于剛而成枝幹。葉萼屬陽，華實屬陰。得氣之粹者為良，得氣之戾者為毒。故有五形焉，五氣焉，五色焉，五味焉，五性焉，五用焉。漢魏唐宋明賢良醫，代有增益。蓋風寒暑濕燥火六氣之太過者為六淫，為外感病，而喜怒憂思悲恐驚人之七情，為內傷病。病之純寒純熱，極虛極實者，均為易治。若疑似之證，如中梓論大實有羸狀，誤補益疾。至虛有盛候，反瀉含寃。陰症似乎陽，清之必敗； 陽症似乎陰，溫之轉傷。當斯時也，惟成無己傳，所謂能分形析證，若同而異者明之，似是而非者辨之，方不致毫釐千里之謬。夫學者以藥性為初階，但群書所載，古奧繁重，難于記誦。愚酬應之暇，性好抄寫，取其切近簡明，叅以臆見，叶以平仄，為《歌括便讀》三卷。俾初學易于入門，由此而博覽群書，神明規矩，則此書雖謭陋，未始非一簣之基云。時道光癸卯陽生月蘭陵晉昌岳昶譔于施濟堂。

清・岳昶《藥性集要便讀》凡例 《淮南子》載聖皇神農嘗百草，作《本草經》。至梁陶貞白集漢魏增藥倍之為《別錄》，前明李東璧蒐羅百氏集成《綱目》，為醫學淵海，繆仲淳《本草經疏》更添諸病宜忌，潛江劉雲密發明每藥陰陽運氣之理，撰《本草述》三十二卷。至國朝張石頑宗《本經》，集諸家，刪繁就簡，為《本經逢原》。昶不揣疎陋，承諸先哲論撰，竊擬五七言歌括為《集要便讀》，俾初學知所入門焉。每首歌括先標藥名，次氣味、形色、經絡，總以發明、主治、功用。各部書名即注句首，凡相須相使宜忌附焉。【略】 歌括宗《佩文詩韻》，間用《通韻》及《古今韻略》，其中平仄不能盡叶者，以限於藥名病名也。【略】　藥之為用，或地道不爽，則美惡迥別；或市肆餙僞，則氣味全乖；或收採非時，則功力不及。須每藥另包易辨也。

清・何本立《務中藥性》敘　太古民無粒食，茹毛飲血，結繩而治。伏羲氏出，因圖畫卦，制字代繩，文明始振。神農氏出，嘗草別藥，教為耕藝，民人乃育。軒轅氏出，立方調劑，訓以烹飪，衛生有經，而治道漸完備矣。既而繹思，三皇之王天下也，畫八卦以通鬼神之情，造耕種以省殺生之弊，宣藥療疾以拯夭傷之命。此三道者，歷衆聖而滋彰。文王孔子，彖象繇辭，幽贊人天。后稷伊尹，播厥百穀，惠被群生。岐黄彭扁，振揚輔導，恩流含氣。民到于今，賴之雨粟。以後人多著述，而本草一書，撰自軒皇，藥分三品，凡三百六十五種，法周天三百六十五度，與《內經》諸書並為世寶。梁陶通明增藥一倍，唐宋重修，各有增附。此歷季之舊本也。其編葺為《綱目》者，於明萬曆初年，楚黄李東璧，集諸家為大成，自金、石、草、木、禽、獸、蟲、魚、器物、菜菓，以及人身膚髮垢膩，通列一十六部為綱，六十類為目，使溫、凉、燥、濕、補、瀉、宜、忌，無微不錄，誠為濟世要編。但卷篇繁頤，未易領會，人多苦之。鄙欲就簡，浩浩茫茫，無從而入。旦夕繙閱，何法貫之？久思乃悟，《本草綱目》五十二卷，一千八百九十二種，有有名而無用者，或有功用而人卒未識者，置之後續。茲以最要者編為詞訣，俾學者便於誦讀，點記胸中。由是再玩全書，則易讀易解，有會心之樂，而無望洋之嘆矣。然鄙年近七袠，忘其固陋，恭逢盛世，光天化日之下，草創成藁。不敢自是，而必就有道以正之，庶幾匡我所不逮歟。大清道光甲辰歲清江何本立書於懷仁堂。

清・王端履《重論文齋筆錄》卷一〇　《本草述》三十二卷，潛江劉雲密若金所著。前有吳驥、譚瑄、陳訏、毛際可諸序，刊刻精工，紙墨堅潔，其持論皆粹，然儒者之言，非俗醫所能窺其堂奧。即第一條雨水，云立春節雨水，李時珍謂宜煎發散及補中益氣藥，是因虞摶謂其得春生發之氣也。如梅雨水，時珍則謂其皆受濕熱之氣，鬱遏薰蒸，釀爲霏雨，人受其氣則生病，物受其氣則生黴，故此水不可造酒醋。即此說觀之，則梅雨水不宜用矣。又液雨水，立冬後十日為入液，至小雪爲出液，得雨謂之液雨云。時珍主治殺百蟲，宜煎殺蟲消積之藥，蓋固此雨在嚴冬而百蟲皆伏蟄，故取此義爾。此書雖多糾時珍之失，然實足與《本草綱目》相輔而行也。

清・陸應穀《植物名實圖考・敘》　《易》曰：天地變化草木蕃明乎？剛交柔而生根荄，柔交剛而生枝葉，其蔓衍而林立者，皆天地至仁之氣所隨時而發，不擇地而形也。故先王物土之宜，務封殖以宏民用，豈徒入藥而已哉！衣則麻桑，食則麥菽，茹則蔬果，材則竹木，安身利用之資，咸取給焉。群天下不可一日無，則植物較他物為特重。其名昉於《周禮》，其實載在《本經》。采其實斯著其名，三百六十品中殆無虛列。嗣是《別錄》《圖經》，代有增益，《綱目》晚出，稱引尤繁。顧其書，類皆旁及五材，兼收十劑，胎卵濕化，紛然並陳。求其專狀草木，成一家言，如賈思勰之《要術》、周定王之《救荒》，殊不易得。豈其識有所短，而材力有未逮歟？抑拘於其業，囿於其方，未嘗遊觀宇宙之賾、品彙之庶，而知其切於民生日用者，至利且便也。瀹齋先生具希世才，宦跡半天下，獨有見於茲，而思以愈民之瘼。所讀四部書，苟有涉於水陸草木者，靡不剬而緝之，名曰《長編》。然後乃出其生平所耳治目驗者，以印證古今，辨其形色，別其性味，看詳論定，摹繪成書。此《植物名實圖考》所由包孕萬有，獨出冠時，為本草特開生面也。夫天下名實相副者尠矣，或名同而實異，或實是而名非。先生於是區區者，且決疑糾誤，毫髮不少，假等而上之，有關於人治之大，其綜核當何如耶？讀者由此以窺先生之學之全，與政之善，將所謂醫國甦民者莫不咸在，僅目為炎黄之功臣，則猶淺矣。若夫登草木，削昆蟲，仿貞白、《千金翼方》之作，為微生請命，則尤其發乎至仁，而以天地之心為心也。然則是書之益，又可量哉？余不敏，嘗傳言焉，頗識其用意所在，故序刻之以廣其傳。道光二十有八年歲次戊申三月清明後五日蒙自陸應穀題於太原府署之退思齋。

清・曾國荃序《植物名實圖考・序》　嘗讀《本草綱目》一書，其於水陸草木，博采盡收，各有宜忌。植物之利民用大矣哉，而村閭市井，稍能讀藥性，輒敢懸壺，其所嘗用，不過數十品，仍不能施用得當，是曰以仁術殺人，不仁孰甚！近年山西醫士固陋，較他省為尤甚，推求其故，蓋由書籍不多，不足以資考核。去年春，余仿東南各省規模，為請於朝，在於省會地方設立濬文書局，於刊刻四子六經之外，購求善本醫書，鏤板以行，亦欲餉文人而甦民命耳。曩者葆芝岑中丞為言《植物名實圖考》一書，煞費心者，匠以足補繹自《綱目》《經疏》所未備。板存太原府署，散失板片五十有二，芝岑商於余，從印本摹刊如數，依次補入，工費無幾，庶幾編得稱全書，使如千百十板，不致終為爨下物，誠善舉也。議甫定，適余奉命督師山海關，防禦海疆，朝廷即以芝岑代余撫晉，於是芝岑所商於余所，遂以專屬之。芝岑考《長編》為吳瀹齋先生手著，未及刊行而陸稼堂先生刊行之，今書板散失，又得芝岑為之刊補。噫！一書之成，其難如此，況吾輩身任籌疆，因時沿革，欲成一方之務，不重賴二三同志，後先共商濟也哉。書成，芝岑屬文於余，竊幸芝岑救世之苦心與余同，即與瀹齋、稼堂兩先生亦無不同也。時光緒庚辰冬十月湘鄉曾國荃補序。

清・趙其光《本草求原》序　不曉症脈，不知病原；知病原，而不知物性，亦不知病之何以治；即知某藥治某病，而不知其所以治，則用古人方，僅守古人之法，仍不知古人製方之意。《神農本經》一書，從五形、五色、五臭、五氣、五味，及生長收藏之時令，推測而得其所以治五臟六腑、十二經脈之故，故同治一症，而或從、或逆、或反、或正，各有其原。漢長沙《傷寒》《金匱》諸方，悉從《本經》精義而出，故一加減，而治症各異，效如桴鼓。自梁陶弘景作《別錄》，增《本經》而倍之，其言氣、言味與《本經》多有異同。後之集本草者，遂不講《本經》，徒增藥品，止錄其當然，而不推求其所以然。其他者𧴪𧴪固無論矣。即李瀕湖之《綱目》，亦徒多雜淺說，矜其博洽；雖以《本經》冠眾說之首，而其義蘊毫無發揮，是等之存羊而已。汪訒庵之《備要》，從《綱目》出，間出己見，亦有好處，而背經旨者亦復不少。惟前明仲醇繆子所著《本草經疏》，頗能開鑿經義，而拘泥尚多。劉潛江又旁及張潔古、李東垣、王海藏、朱丹溪諸說，而彙以己意，為藥四百九十種，其精深微妙，能發前人所未發。但詞重意複，洋洋乎八萬言，世之苟且圖利以求捷徑者，莫不厭其繁而置之高閣。至我聖朝名醫，如徐靈胎、葉天士、陳修園等，皆仿張隱庵之法，句疏字解，而發揮其所以主治之故，其於《本經》一書，各有探本窮原之妙，修園尤參契於《靈》《素》《難經》與仲景之書而詳說之，彼四子者，真神農之功臣也。但各於《本經》摘釋，而各有未全；且於諸家治驗，概置不錄，則中人以下，猶恐其重視而畏遠之。予乃採雜眾說，從長棄短，而伸以己見。其間有各家主治難明之處，亦引《內經》及長沙方法與名醫方論，貫通而曲暢之。其諸家治驗，有足與經義相發明，或為經旨所未及者，均繫焉。又於《本經》三百六十五品外，為世俗所常用，與食物生草便於採取，而確有專長殊效者，悉備列焉，以便查閱。計藥九百餘種，良方、單方不啻數萬，較《綱目》似約，而切於時用，大有加焉。至《綱目》所載，為不常用與乎不易得者，概刪不錄。稿凡幾易，七越冬夏，而書始成，使讀者深識其所以然，因此悟彼，而古人立方治病之義，凡所為順逆反激，與乎升降互用、滑澀互用、寒熱互用、補瀉互用之法，灼然可據；而後雜病雜治，方可自製，庶不致專事坦夷，徒守不寒不熱數十種，開口動言穩當，以為逢迎富貴之捷徑，而為淺陋之庸醫也。雖不敢自謂毫無遺義，而較於世之傳書，頗為明備，號曰《本草求原》，非誇也，道其實也。所以明劉、徐、葉、陳四家之註，一皆疏解《本經》主治之原。予則求原於四家，為之增其類，補其義，以無失古聖前賢先後同揆之原，非敢專執一人之說以鳴高也，故又名之曰增補四家本草原義。古有云：群言淆亂，當折衷於聖。此則予之志也，四家先得我心也。歲在戊申孟秋，暘谷陳兄見此書於外海紉蘭之館，喜其詳明且備，謂使人人得而閱之，亦足為日用養生之一助，因慨然助貲而付於梨梓。但古今土產各殊，如牛黃、首烏等，已非前時所產，氣味不同，功效亦別，欲詳考其實，而耳目所及無多，猶俟高明正之。倘有時下新出之品，果見殊能，堪采治者，亦望識者增予之所不逮焉。道光二十八年歲次戊申季秋岡州寅谷趙其光自題於養和堂。

清・趙其光《本草求原》凡例　本草自李時珍泛引唐、宋以後之臆說，世人咸奉為圭臬，論者且謂《本經》為張機、華佗所附托。然伊聖製方吻合於前，長沙及近代名醫闡發於後。凡遵《本經》者，俱登軒岐之奧窔，為濟世之聖賢，謂為神農之書可也，吾亦取法乎上而已。《神農本草》三百六十五種，上品百二十有五，為虛人久服補養之常用；中品百有二十，為通調氣血卻痛之暫用，不可久服；下品百有二十，為驅寒、逐熱、攻堅之急用，中病即止。今不分品第，以類聚之，非變經也，欲人便於查閱，經義明而性品自見也。某藥入某經、治某病，皆從形、色、氣、味而出。蓋天有五氣，地生五味，以應人之臟腑。如春氣溫，應於肝膽；夏氣熱，應於心與小腸、命門；秋氣平，應於肺、胃、大腸；冬氣寒，應於腎與膀胱。四季之氣沖和，應於脾胃，此以氣治也。酸屬木，入肝膽；苦屬火，入心命、小腸；辛屬金，入肺、胃、大腸；鹹屬水，入腎、膀胱；甘屬土，入脾胃，此以味治也。紅入心，青入肝膽，黃入脾胃，黑入腎、膀胱，白入肺，此以色治也。凡禽獸之心入心，肺入肺，及沙苑像腎入腎，牛膝像筋入筋，橘柚之皮像毛孔、走皮毛之類，此以形治也。又虎嘯風，蟬鳴風，皆去風，此以類相從也。他若犬咬以虎骨，鼠咬以貓糞，雞內金能化穀而治穀哽之類，是以相制而治也。蟬蛻、蛇蛻善退脫而去翳；穀麥本屬土，發芽則曲直作酸；土得木疏，故消食，此以意治也。唐宋以後，不講《本經》，指寒為熱，指苦為甘，如柚本苦，以為甘、為酸，如芍本苦，以為酸。其所謂入某經、治某病者，遂紛淆而不足為準。今氣味悉遵《本經》，其《本經》所未載者，則參之《別錄》，考之方書，不敢妄從臆說。上古以司歲備物，如厥陰風木司歲，採散風藥；君相二火司歲，採熱藥之類。皆因人之有病，悉屬臟腑有偏，必得物之偏氣以治病之偏，其效乃速也。後人不能司歲備物，又以相反之藥制之，失其性矣，是為識力不及者，防其誤用之過也。然亦有加制以助其力，或加制以為引經，或加制以殺其毒，或加制以就臟腑之脆薄者，法亦不可廢也。故理有可取則從之，如粟殼蜜炙則澀減，薑、附泡淡則烈除，生薑經煨則辛散，輕而溫中，亦微之類是也。其於理不合者辨之，如歸、朮加炒，則液亡；熟地燒炭，則枯燥無用之類是也。張隱庵概從氣運論治，陳修園則力辟制法，皆偏見也。既不敢是古而非今，又何敢人云而亦云。古人採藥，多用二八月，以二月萌芽，八月苗未枯而易識耳。其實，用根採於秋、冬而後實，人參春、夏採則輕浮，或採於未花之時而色鮮，紫草是也；用芽葉者，採於芽初葉長；用花者，採於花盛；用實者，采於成實之時，此其大概也。藥先標其形色、氣味、生禀，所以主治之功能於前，令人識其本原，而後以《本經》主治或《別錄》主治繼之；再又以各本草、各方書之症治繼之。其句疏字解，半宗前賢，今不能一錄其所本、詳其姓氏，順文氣也，惜字工也，非敢淆亂而略美也。雞逾嶺而黑，鸜鵒逾嶺而白，山川水土之異也。故受清、受補，各有隨地之殊。酒有飲斗石而不亂，有濡脣而顛眩者，禀賦厚薄之異也。故受攻、受補，亦各隨人而別。丹溪好清，景岳重補，因其所處不同，一生之見功亦異，故各舉其所見以為言。若偏執一說，則虛虛實實皆所不免。乃論者且謂古人之禀受皆厚，今人之氣質盡薄，止守不寒不熱者，以求穩當。豈古人壽皆百年，而今人盡皆夭折耶？此亦謬之甚者矣。藥有相須、相使、相惡、相反之說，雖不必泥，而亦不可不知，今節而錄之。古方言雲母粗服，則着人肝肺；枇杷、狗脊不去毛，則射人肝肺。世俗似此論甚多，皆謬也。蓋人有咽、有喉，咽以納飲食，則直入胃，乃傳於廣腸，及於大小二腸，不入五臟；喉則上通天氣，下通五臟，以行呼吸。其五臟之氣，正如冶家鼓鑄，凡飲食藥餌入腹，藉真氣所蒸，則細研之石類皆飛走，其精英而達於肌骨，一如天地之氣，貫穿金石土中毫無留礙；其餘草木鳥獸，則氣味亦洞達於五臟，及其氣盡，則渣滓入於大腸，濕潤滲於膀胱，皆敗物不能化，惟當退泄耳。凡所謂某物入肝，某物入腎之類，皆氣味到彼耳，非其質能到彼也。故謂毛能刺咽粗，石恐阻膀胱則可，謂其射肝着肺則不可。目錄每部留餘地者，正欲俟高明增予之所未及也。

清·王楚材《神農本草經贊·序》　古書之以《經》稱而流傳於今者，以《神農本草經》與大禹《山海經》為最。顧《山海經》舊傳禹與益同記之，而有長沙、零陵、桂陽、諸暨等郡縣，識者疑之。因及《神農本草》，其出藥物者，亦有豫章、朱崖、趙國、常山、奉高、真定、臨淄、馮翊等名，亦以為疑。然無可疑也。《本草》之目，始見於《漢書》平帝之詔。班氏《藝文志》，有《神農黃帝食禁》七卷，食禁乃食藥之譌。《周禮》賈疏引之正作食藥，其即《本草》諸書明矣。《隋書·經籍志》：《神農本草》八卷。又云：梁有《神農本草》五卷，《神農本草屬物》二卷，《神農明堂圖》一卷，殆合之為八卷邪！然梁《七錄》止云《神農本草》三卷，核其書，上藥一百二十種為君，主養命以應天者本上經。中藥一百二十種為臣，主養性以應人者本中經。下藥一百二十五種為佐使，治病以應地者本下經。則作三卷者，其本經也。又合三百六十五種，法三百六十五度，一度以應一日，以成一歲。本草之為經大矣！其有豫章等郡縣名，皆後人羼入之文字。《大觀本草》黑白字書，釐正最精。《太平御覽》所行經史，止云生山谷、生川澤者，尤為確據。陽湖孫觀察星衍，及從子馮翼，相與輯之，實為神農功臣，亦可無疑於是經矣。漢陽葉大中丞封翁東卿先生，就養於粵東節署，老而好學，攷古不衰，因取孫氏所編《神農本草經》，物物而為之贊。贊各四言四韻，音節之古，不可名言。又自為之注，簡而且明。使讀《本草》者，流覽諷誦，不能釋手。而其藥之本性治用，瞭然於目，自有會心，不尤為神農功臣乎？楚材以縣職試用於粵者逾年，適與同寮校閲廣郡試卷，而封翁寄示是書，命為之序。展讀三四，竊有請焉。昔郭景純注《山海經》，而并為圖贊。翁之為是贊也，其亦有景純之志乎？翁以為然，即以是言繫諸簡末云。道光三十年庚戌夏五鄞王楚材謹序於廣州郡齋。

清·文晟《醫方五種》序〔《新編六書》卷首〕　余素不知醫，又膺多疾，每查取古人成方，試之輒效。中年筮仕，幸增彊健。因采內外科及集驗簡便諸方，錄成七卷。丙午，與友人趙子鶴亭衢同訂《急救》一編。近復增訂《達生篇》，附以《女科摘錄》；《慈幼集》，附以《痘疹》，共滙為五本，總計正方四百有奇，偏方實逾五倍。非敢出以問世，亦聊備醫藥不便之鄉村，得以隨時引用焉。道光庚戌冬月萍鄉文晟書于嘉應州署。

清·文星瑞《新編六書》序　昔唐陸敬輿、宋蘇子瞻，文章氣節為一代名臣，皆有手輯方書以行於世。蓋醫雖小道，其濟人利物一也。先君子性耽書史，簿書之暇，手不釋卷，而于岐黄一道尤所究心。證之于古，訪之於今，酌之以己見，積數十寒暑，始成是編。歲庚戌，重牧嘉應，政成人和，端居多暇，爰手自編定，鋟版濟世。新友家得之者，屢獲奇驗，轉相流傳，幾於家置一帙。嗣復續集《偏方補遺》一卷，《藥性食物摘録》一卷。甫成而有閩寇之難。嘉應城破，先君子殉難捐軀。所刊家集並方書版片悉毁於火。有來索者，愧無以應。瑞又因忝牧羅州軍書旁午，無有暇晷。今夏卸篆，始將家集重加校訂，而又先共所亟，以是編付諸手民，並附以續集《偏方補遺》《藥性食物摘録》，都為六卷，亦以先人之志而廣方便之傳云爾。撫讀遺編，惓懷手澤，愴然以涕，用溯其緣起如此。同治三年仲夏男星瑞謹記。

清·汪鼎《重刻新編六書·序》　從來濟世良醫用藥如神，皆辨症明確。豫章文公編是書，首重辨症，以一切精詳審決之法，弁諸簡端，如逢疾病，先本此書，悉心辨認，然後照方醫治，必無貽誤之虞。其濟世婆心，洵可千秋不朽矣。歲乙丑，哲嗣於劫灰之餘，重加校訂，普附偏方、藥性等録，續刻於後，能繼述以成先志不變，善乎！文公同鄉周君于辛未春明携來邘上，擬重刻以廣其傳，俾好善者隨時印送。吾鄉宋君、葉君、唐君、方君等同聲相應，共成善舉。壬申春遂付剞劂。入秋工竣，板存揚郡，願印送者，既有定價，又無勞遠索他方。伏願仁人君子，樂善好施，廣為布散，儻能家有其書，則無論何處之醫為庸為良，庸則可免其誤人，良則可增其卓識，從此四海白叟黄童，憑書辨證，按症尋方，咸以昌陽引年，無或進豨苓之誚，其關係於萬方民命，豈淺鮮哉。唯是書六卷，卷各一名，似乎僅有條目，不揣冒昧統名為六種，新編以綱之，使覓書者稱名簡便且昭纂輯者之心，非求異也。鼎譾陋無文，特不忍諸君子樂善之志隱而弗彰，謹詳其重刻之由，以為序。同治十一年歲壬申四月既望新安子實汪鼎謹識。

清·鈕文鰲《本草明覽·誌》　咸豐甲寅，誠余館於劉東孟家，東孟出示《本草明覽》。余急取閱之，覺藥性詳明，班班可考，詢推善本，實當代之鴻寶也。爰借鈔一過，以備參觀，藏諸篋笥，聊作揣摩之一助云爾。仙洲鈕文鰲誌是。

清·張心淵《藥性蒙求·序》　醫書汗牛充棟，學者每興望洋之歎。自古及今家弦而戶誦者，孰能窮靈秘而探奧旨哉？漢以來諸名醫立談著書，皆就功成名立之後，垂示將來，其用心之甘苦，未嘗宣露也。近世皇甫雲洲先生編輯《明醫指掌》一書，分門別類，大小男婦諸科悉備，而其要在《藥性訣》，每賦四言，使初學便於記誦，真度世之金針也。雲間吾宗希白先生以儒理闡發醫理，僻寓魏塘有年矣。余自己酉遊宦歸，始耳其名，旋識其面，後乃數二見，視其貌藹然也，聆其言粹然也，知其謹慎精詳於此道，蓋三折肱矣。丙辰夏，携所撰《藥性訣》一冊示余，以補《明醫指掌》所未及，學者熟讀而深思之，取精用宏，以為入德之初基，濟時之發軔，皆先生有以導之也，爰書數語於簡端。咸豐丙辰夏五月上浣宗愚弟心淵謹識。

清·陸以湉《冷廬醫話》卷二　古書：《四庫全書》醫家類存目《藥鏡》四卷，浙江巡撫採進本。《題要》云：明蔣儀撰。儀，字儀用。嘉興人，正德甲戌進士，其歷官未詳。是編前後無序跋，惟凡例謂《醫鏡》之鐫，騈車海内，今梓藥性，仍以鏡名云云。此書余於咸豐七年，從武林書坊得刊本四卷，乃與王宇泰《醫鏡》四卷有儀用崇禎辛巳序文。合刻者，前有儀用之弟雲章彥文氏順治丁亥序，及儀用康熙二年自序。各卷首刊嘉善蔣儀纂定，常醴參訂。彥文之序，謂儀用負宏濟蒼生之願，出入場屋，見刖執事，鬱鬱不得志，以為無爵位而有功名，可以遂我宏濟之願者，莫若業醫，若偏訪名宿，遂得宗旨於王宇泰先生，發其枕祕，有《醫鏡》一書，鐫傳海内，學人奉為指南矣。然而用克鏡醫，必先鏡藥，歲在乙酉魏塘春夏為弘光元年，魏塘秋冬為順治之二年，民之死於兵、死於疫者，蓋踵相望，儀用側處北村，惻然心傷，益無意章句，乃集古今藥性全書，並諸名家，及金壇用藥秘旨，手自刪訂編輯，綴方給藥，全活鄉黨貧人，又與常子馨逸互相考論，砥琢詞章，協以聲韻，成書四卷，名曰《藥鏡》。又云：儀用近葺蓬編茨，驅兒輩及僮僕，督耕隴上，暇時買藥歸來，懸壺街市，袖古今醫說，研窮探味，云以自老。據此則儀用應試而未嘗登第，入本朝業醫以終。《題要》所云，乃據採進本之辭耳。及考《嘉興府志·撰述門》，祇有卜祖學《藥鏡》，無儀用名，當亦有誤，特識於此，為吾郡徵文獻者告焉。

今書：無錫沈芊綠金鰲《要藥分劑》十卷，準徐之才十劑分類，凡四百餘品，皆尋常日用必需之藥，故曰要藥。其宣劑五靈脂註云：寒號蟲，四足有肉翅，能飛，但不甚遠，此雖名蟲，既能飛則屬鳥類矣，從前本草書多列蟲部，恐非是，今故次於禽鳥之例。余按：五靈脂自蟲部入禽部，始於《本草綱目》，豈沈未之見耶？【略】吳門朱東樵鑰，有《本草詩箋》，錢塘陸典三文謨，亦有《本草詩》，而陸為勝，徵引亦較廣博。藥各繫以七律，凡五百三十四首，錄其第一首《人參詩》云：五葉三椏別樣新，黃參上黨味尤純。瑤光星散天邊寶，人體精成地底珍。開胃助脾能補氣，寧心潤肺自安神。元陽可喚春回轉，虛實須教辨識真。按：人參功用固大，誤服之害亦非細，末句命意深矣。

清・翁藻《分經本草・序》 聞之《禮》云：醫不三世，不服其藥。是古人於醫藥何為如此之鄭重也。蓋以人之一身，稍失調養，恆賴乎醫藥。苟不慎，必至殺人。所以孔子有疾，康子饋藥，孔子猶曰某未達，不敢嘗。由此觀之，藥固不可亂服，藥又豈可紊施哉？藻家居江右，習醫五世，未行其業。但憫世人之多夭，恐學者之多誤，因著《醫鈔類編》，內有《分經本草》。各經繪圖，於用藥治病為尤詳。然此書只行之江右而未傳之海內者，藻誠不敢以之欺世，亦稍足以之活人。噫！藻雖未能公人之同好，實難禁人之私録也。是為序。咸豐十年冬月二十四日武陵翁藻自序。

清・王孟英《隨息居飲食譜》序 嗚呼！國以民為本，而民失其教，或以亂天下。人以食為養，而飲食失宜，或以害身命。衛國、衛生，理無二致。故聖人疾與戰竝慎，而養與教竝重也。《中庸》曰：人莫不飲食也，鮮能知味也。夫飲食為日用之常味，即日用之理，勘進一層。善頤生者，必能善教民也。教民極平易，修其孝弟忠信而已。頤生無元妙，節其飲食而已。食而不知其味，已為素餐。若飽食無教，則近於禽獸。余嘗曰：子臣弟友，聖人之道學也；孝弟忠信，王者之干城也。聖賢書具在，小子何敢贅焉？惟飲食乃人之大欲所存，易為腹負，故大禹菲飲食而武侯甘澹泊也。今夏石米八千，斤藿四十。茫茫浩劫，呼籲無門。呂君慎盦知我將為餓殍也，招遊梅涇，寓廣川之不窺園，館事可為，無路可走。悠悠長夜，枵腹無聊。丐得枯道人禿筆一枝，畫餅思梅，纂成此稿，題曰《飲食譜》。質諸知味者，或不賤其養小失大而有以教我也。咸豐十一年辛酉秋七月睡鄉散人書于隨息居。

清・王孟英《隨息居飲食譜》序 嗚呼！《飲食譜》何為而作耶？蓋世味深嘗，不禁有飲水思源之感也。竊謂食毛踐土二百餘年，歲無奇荒，國無苛政，竟至禽獸食人食，而塗有餓殍。豈非亘古未聞之奇事哉！士雄年十四失怙，賴先慈搘拄門戶，而家有七口，廚無宿舂。蒙父執金履思丈，念舊憐孤，字余曰孟英，命往金華鹺業，佐司會計。舅氏俞公桂庭，誼篤親親，力肩家事，贈余齋名曰潛，屬潛心學問，勿以內顧為憂。乃未十載，金丈、舅氏相繼謝世，余愧無以仰副二公盛意而潛修英發也。徒以性情疎邁，遇合多奇。同郡周君光遠，知我最深，挈舍弟季傑，另闢一業，俾資事蓄。而余律身極儉，不善居積，或以癡目之，遂自號半癡。迨周君作古，母逝子殤，世景日非，益無意人間事矣。乙卯冬，攜眷回籍，息影窮鄉，賃屋而居，堂名歸硯，欲遂首邱之志而終老焉。詎上年春省垣失事，季傑幸縋城歸。秋仲渟溪遭難，雖不傷人，而坐食無山，癡將安用？今旅濮院，麩覈充飢。我生不辰，兔爰與難。華胥學步，神契希夷，因易字曰夢隱。併粗述四十年孤露衷情，以志前路悠悠，皆先人所留之餘地，而後路茫茫，惟有不忘溝壑耳。知味者鮮，且藏稿以俟之。辛酉八月中旬，隨息子又題。

清・王孟英《隨息居飲食譜》卷首 飲食譜題辭

名教於今賴主持，先生洵不愧人師。匡時念切成憂憤，遯世情高託夢癡。先生一號半癡，近又更字夢隱。生幸同庚憐我弱，學慚無術負公知。還忻兒輩叨恩庇，長荷春風化雨施。辛酉仲冬同邑教弟周在恩二郊。

精心搜輯健揮毫，水始螽終特見操。例似蟲魚牋《爾雅》，體參草木注《離騷》。養生獨抉神符祕，作議翻嫌食憲勞。手筆如君真傑出，何當相賞醉芳醪。同治元年仲夏錢塘後學吳淦菊潭。

《飲食譜》寄託至深，意最廣，欽佩！欽佩！壬戌季夏宜春後學袁鳳蓮芾

讀書能明理，方許為良醫。良醫亦多術，開卷每闕疑。王君著作才，手卷不停披。古汲得井綆，學羞傍藩籬。方非祕橘泉，水非飲上池。觀書眼如鏡，大用包無遺。一伎尚如此，何況民牧司。政柄失舉措，兵燹災黔黎。東西兩浙境，百萬生靈糜。速將醫國法，起天下瘡痍。硝黃肆攻伐，滌盪其垢疵。參苓兼補益，漸漸生氣滋。邪去正可助，明辨無參差。慎勿畏美疢，酖毒長亂機。慎勿畏惡石，苦口是良規。不然飲食人，人得而賤之。君乃明理者，累牘亦何為？意別有所在，未許以管窺。能事絀游夏，莫為贊一詞。壬

戌長夏錢塘後學張蔭矩卿。

薄俗紛紛口腹貪，先生仁術砭愚憨。養修精義農經補，飲食源流上古參。箋注書徵山海富，酸鹹味各性情諳。我慚未解蘭臺祕，快睹新編作指南。壬戌秋初餘杭姻愚弟褚維垲子穎。

甘苦深嘗世味餘，閉門且著一編書。青鐙風雨西窗下，箋疏功深午夜初。寒溫物性辨分明，例似嵇康論養生。不識先生開卷意，《豳風》《無逸》兩含情。硯已無田可白鉏，浪遊橐筆隱華胥。嘗來雋永惟書味，食字成仙脈望如。先生慨硯無歸而遠遊，因自號華胥小隱。曩嘗自書楹聯云：近人情之謂真學問，知書味即是活神仙。安得溪山買一區，荷衣芰帶與君俱。君于乙卯冬，忽擕一硯歸鄉，余兄仲和屢欲移家往結鄰，而輒為事阻，卒羅于難，豈非數耶？且耕且鑿忘年月，靜俟河清守我愚。壬戌仲秋仁和愚弟朱志成萊雲。

此書大旨，每物求其實驗，不為前人臆說所惑，較勝《食物本草》多矣。夢隱以校訂見委，余方避地無聊，藏書已燼，多病善忘，雖妄附數語，未必能為此書之益也。壬戌閏月烏程愚弟汪曰楨謝城。

《飲食譜》采擷浩博，妙能以簡約出之。少陵云讀書破萬卷，下筆如有神，正此之謂。所列單方亦皆精妙，發刊後定當風行海宇，傳之無窮。敬附小詩二首，以識悅服之忱云。烽火連天急，蕭然獨隱居。不勝憂世念，更著活人書。道可淵泉證，言真菽粟如。勸懲關政教，仁術豈虛譽。君醫案有仁術志八卷，周光遠、張柳吟諸君所輯。萬卷充腸後，名山業始成。立言皆有物，析理必求精。世鮮能知味，人當重養生。一編傳刻遍，利濟及寰瀛。壬戌季秋桐鄉愚弟陸以湉定圃。

一編新著出青箱，濟世仁心術更良。奏客獨傳伊摯法，齊侯請試越人方。食單安用門生議，饌品先宜膳宰嘗。省識延年兼卻疾，底須仙府乞瓊漿。壬戌嘉平烏程愚弟蔣堂海珊。

參天地為人，人莫不飲食。飲食有其經，明者為之述。息養憑天功，長育資地力。飲水當思源，民以之為質。穀蔬菰介鱗，詳辨須博識。燥濕熱溫涼，先民程以式。四氣有乘除，五行互生剋。宜臊宜羶殊，用鹽用醬悉。知味者鮮何，用是心怵怵。一篇養生論，洋洋快心得。著論者稽康，猶未得其詳。投筆蹶然起，我友瑯琊王。分門更別類，一一提其綱。窮原以竟委，紹遠更搜旁。始知天地間，萬物無盡藏。渡河竄三豕，踰嶺識五羊。循名而責實，棄短以從長。東南正蹂躪，避寇在窮鄉。劬書劇嗜炙，厥義大為彰。門生食單議，無奈徒徬徨。韓柳唐通儒，著作一代擅。韓有圬者篇，柳有梓人傳。圬者梓人儔，夫豈邦之彥。韓柳不憚煩，微言寓諷勸。先生此書成，可作韓柳諭。始以水開端，終以蟲螽殿。魚子一失水，蟲螽極其變。害稼信有然，得水乃所願。猶之橫暴民，撫育跡亦斂。遷善日不知，洗心更革面。許我讀終篇，闚管一斑見。

上海乃海隅一邑也，茲為蘇省會垣，而江浙之竄難者，率止于此地狹人稠，難乎駐足。夏閒夢隱來遊，假榻鎮海周君采山寓中，會陳君春泉之女患證垂危，因采山轉乞援手，乃一劑得生，春泉不勝感佩，而夢隱瀛眷適至，遂以黃歇浦西矮屋三楹為先生隨息居，朋輩過從輒有題贈。

虛室生白，人皆羨之。且《飲食譜》一書，聞厲伯符方伯已刻於鄂垣，今陳君又刊于滬上，而重訂《霍亂論》諸稿，同志者亦將梓以壽世，爰再賦二律，藉攄欽悅之懷焉。□枝聊借類鷦鷯，白板門閒遠市囂。深巷寂寥泥滑滑，隔城根觸路迢迢。捲簾挹爽過朝雨，倚枕無眠聽夜潮。刼歷紅羊隨處息，先生物外獨逍遙。朝朝仰屋著書勞，洛下應騰紙價高。為有安排徐穉榻，更兼持贈呂虔刀。嗟嗟世事猱升木，鬱鬱人情馬嚙槽。縱復此心名利澹，元龍意氣總能豪。壬戌嘉平嘉興愚弟張保衡小尹。

片語移時實起予，春申浦上識君初。緣深到處能驅疾，心靜無為日著書。壽物壽人知獨任，醫民醫國有誰如。沿江一折塵囂絕，即是先生隨息居。超然物外隱華胥，撰述洋洋辨魯魚。撰述各種多糾正前人之謬。寓意良深託耕鑿，發揮豈僅志含茹。言中有物文章老，先生家向懸一聯，云精神到外文章老，學問深時意氣平。聞係稟承先訓，書以自勵者。家風品學即此可徵矣。眼底無塵習俗除。料得鐫成還示我，一編快讀笑談餘。壬戌嘉平仁和世晚徐嗣元起菴。

海上重尋我友王，新編著述富琳瑯。泉源善導皆滋養，頑梗能安即秀良。《譜》以水始，以蝗終，謂魚子得水可不為蝗，猶莠民向化可不為盜。寓意深厚，獨具苦心。口用尋常真學問，致知格物大文章。卻求韜隱無容隱，一枕酣恬託夢鄉。君字近改夢隱。靜掩雙扉遠俗塵，名言析理務推陳。篋中賸有擕歸硯，已刻之書十餘種，刼後僅《歸硯録》四卷幸存。指下全無不活人。客臘余久患喘渴，腫脹，腹瀉，無眠，服君方三劑，諸恙遂減，十劑而霍然。殆今之仲景也。潑瓮香醪剛報熟，登盤早韭快嘗新。時將往泰州兼承飲錢。那堪驪唱匆匆別，悵望天涯益愴神。癸亥春王仁利世晚許之棠培之。人以飲食生，亦以飲食死。飲食有何常，死生亦偶耳。昂藏七尺軀，天地可小視。俯仰適其適，何悲復何喜。藜藋與鼎鐘，吾心秪如是。首陽儻無稱，孤竹自脫屣。後車數十乘，永懷子輿氏。一醉方獨醒，誰識其中旨。狂病不可藥，問君奈何爾。王君丈人行，狂言幸無訾。耳名踰十年，亦還知我否？君今隱于醫，我但鑽故紙。不知蝨食靈，聊為爵飲洗。滌吾腸胃間，有如水清泚。　今天下之病亟矣，元氣耗竭，而外邪益熾，吾謂縱有醫國手，亦將聽之天命而已。然中外諸公方，且徐徐焉起而圖之。夫飲食之道貴以需，剝極而復，尚可須臾緩邪？顧及是而謀，所以復元氣者，則亦仍求之飲食之道可矣。今有病者于此，原其受病之始，必曰飲食不節。究其養病之端，亦必曰飲食必調。知向者之受病，即可知今日治病之所在。夫治病于今者，培其本，節其流，兩言盡之矣。不見夫病起者之調養得宜，未幾而瘠者肥，弱者強，或且有倍勝于前者，飲食之義大矣哉。須讀《飲食譜》大略，已覺津津有餘味。竊意此書出，非僅膾炙人口，將使知味者因是而洗滌腸胃，含茹性情，則先生噓枯起廢之功，蓋不啻偏飲食之矣。復製蕪詞以申贊頌。　天一生水，人心之精，仁發於知，鑿通乎耕。飲且食焉，遊神太清。道味世味，辨逾淄澠。淡而彌永，元酒太羹。觀象山雪，頤貞則吉。蒙養以需，有孚斯實。不濬其源，其流乃窒。天君泰然，百體受職，身之肥也，肥家肥國。癸亥孟春秀水教姪張王熙欣木。

從來仙佛最多情，名利悠然兩不縈。一片深心惟濟世，教人隨意學長生。醫國醫人理本同，能因物性即為功。東南民力瘡痍徧，也在調元贊化中。餘杭姻家愚弟褚維奎星槎。

夢隱先生通儒也，軫念民艱，慨然有救世之志，談窮檐疾苦讐焉失氣。或扼腕而吁，廼遯跡于醫。性耽著書，下筆數千言，近鬢髯半霜雪，猶竭毷毷之思，撰述不倦，作《飲食譜》，自水穀至鱗介，覼縷如列，眉箋注簡，當尤切日用。雖然懸壺末伎也，生人之意靡窮，生人之量有限。出門一望，瘡痍溢目，蓬蒿滿田，痌瘝在抱者，盍起而飲食教誨吾民哉。餘杭姻家愚弟褚維屋子方。

膏粱非所願，丹藥亦有毒。造物養苦生，陽飲陰食足。世人味鮮知，萬錢恣口腹。損形兼損神，酣豢病已伏。葠苓雖美材，元氣剝難復。先生懷苦心，方書補未録。治病在病先，物性諳極熟。珍奇既旁搜，尤不遺菽粟。味得味外味，澹然自節欲。固可齩菜根，何妨嘗鼎肉。癸亥仲春餘杭世姪郎璟子魯。

人生何苦縱嗜欲，乃以口腹戕其身。國家晏安滋酖毒，降災勿謂天不仁。上醫醫人先醫國，能挽造化回艱迍。蒸蒸元氣務培養，飲和食德何其醕。不然歸去壺中住，杏林一枝著手春。君平隱卜梅福市，同作千秋高蹈人。先生恫瘝夙在抱，惻然疾苦念吾民。鍼膏起廢託奢願，手無斧柯徒風塵。去年大疫東南遍，貔貅十萬聲吟呻。元年夏，浙皖金陵諸營無不病。奈何百戰賸精銳，竟使沉疴化碧燐。今時安得起陀扁，刀圭一服神乎神。好為朝廷畱猛士，廓清海宇平黃巾。又如流亡滿鄉梓，垢惡所聚疵癘因。老弱踣困壯者病，面黧容槁衣則鶉。問誰大展回春手，葠苓妙劑調君臣。瘡痍到處盡甦息，仁民之義推親親。嗚呼此願不能遂，一編靈素遙傳薪。飲食之味知者鮮，寓意則遠理則真。可補《本草》條目闕，可悟《爾雅》經注新。立言本旨不在此，救時藥石勞譠譠。譬諸草檄愈風疾，警心惕目無其倫。先生之學在經世，先生之書可問津。願刊萬本摹萬紙，獻之彤墀徵蒲輪。行見陰陽，調燮沴氣，泯肥家肥，國澤九垠。秀水愚弟金福曾苕人。

雨後精苗數藥欄，蟲魚草木見聞殫。非關博物誇龍鮓，豈為談經喻馬肝。春墅煙浮千品活，秋窗葉落一鐙殘。別從醫案開生面，莫笑豪華議食單。秀水愚姪趙銘桐孫。

顛沛危亡際，先生道不窮。著書多歲月，醫俗煦春風。慧眼人情識，靈心物理通。先生論事論學總以近人情為第一義，故能盡人之性以盡物之性，如此也。不才忻附驥，小伎愧雕蟲。同邑受業周開第少謙。

菽粟疏食生民寶，上古教人有至道。後世貪饕口腹恣，徒自肥腸復滿腦。飲食以生亦以死，先生用是惄焉擣。飲水思源理當然，厥義于人易了了。搜羅殆徧無一遺，蔬蓏鱗介牲禽鳥。王綱失墜政凌夷，以致中原頻擾擾。飲之食之失其經，頤養殊乖明哲保。爰知其理將毋同，一編窮年閉門草。飲和食德盛世氓，日用為質遊皞皞。及今蹂躪年復年，生民塗炭思逞狡。太和元氣誰為回，調攝得宜細參考。食之以時王政垂，生養往往關億兆。先生著書格物功，家風志不在溫飽。若論斗石才恢恢，不棄菲葑躬藐藐。小子何知大度涵，用敢作歌識傾倒。安得人人如此仁心存，同胞同與痌瘝常在抱。餘杭姻愚姪褚成亮叔寅。

少陵每飯不忘君，飲水思源至理廑。千里膏腴拳豺虎，上三名叔夢中與烇聯名得之，醒而命烇足成一律。萬般波浪痛榆枌。家鄉蹂躪慘不可言。旨參造化陰陽變，味倩調和鼎鼐芬。《譜》以調和列蔬食前，其意深矣。春草偏成竹林句，聯吟從此更殷勤。等身著作鬼神驚，叔未刻諸稿不止盈尺。探得源頭物理精。濟世不隨塵世溷，存心秖見道心瑩。生涯淡極詩書潤，德澤深從忠孝成。靖康之難，我安化始祖忠肅王，暨子錫京公同殉節，敕建專祠，吾叔嘗重立忠孝流芳，賜額時舉此二字以訓後人。歸硯咀含曾盥讀，承賜讀《歸硯録》亦寓木本水源之意。垂青小阮感衷情。難後時蒙存注。海鹽族姪元烇肖上。

復獲追隨杖履前，甲江重聚假天緣。瘡痍偏地心愁絕，鋒鏑餘生意惘然。不倦折肱商舊學，重訂《霍亂論》，將次付梓。重校《證治鍼經》亦已脫稿。又經著手出新編。切于日用斯為貴，逐物推求邁昔賢。汪謝城先生謂此書遠勝《食物本草》，洵定評也。湖山美地劫灰揚，猶喜名山著述藏。公昔居杭會嘗刊醫書十餘種，版未攜歸，諒遭兵燹，幸諸稿皆存。近聞楊素園先生將為重刻于江西，且欲以《溫熱經緯》諸種竝付剞劂。樗櫟材庸慚述德，《歸硯録》采先祖論醫一則。淵源學富纘重慶。公之曾大父著《重慶堂隨筆》，公嘗刊入叢書。繁徵博引偏能盡，遠紹旁搜罔不臧。悟得先生言外意，漫天何至有飛蝗。同邑姻愚姪戴其濬鶴山。

清·董耀《隨息居飲食譜·跋》

昔汪信民先生曰：人嘗齩得菜根，則百事可做。噫！豈為齩菜根者言耶？國朝湯文正公撫吳時，日給惟菜韭，其公子偶市一雞，公知之，立召公子跪庭下，責之曰：惡有士不嚼菜根，而能作百事者哉？即遣去。奈何世之肉食者流，竭人肥膏，供其口腹，拳其妻孥，以為分所應爾。及當天下事，則碌碌無所措，暴殄天物，莫此為甚。飲不思源，則為忘本。此夢隱《飲食譜》之所由作也。夢隱名重三江，傳食諸侯數十年。會世有亂徵，歸處窮鄉，布素自甘，粹然儒士，門以內不佞佛，亦不殺生，蓋儉以養廉，澹以寡欲，安貧之道於是，却疾之方於是。而其立身養生之有素者，慨然欲與世共而譜是書。書先水穀，水，食之精也；穀，食之本也。調和為制宜之具也，蔬果亦日用之常也，故曰飲曰食，而考之實，辨之詳，毛羽鱗介不言食，以非人人可常食也。至穀食以番藷終，救荒之功也。至蔬食以菽乳終，薄海之常饌也。義例謹嚴，意寓懲戒，美不勝書。書所管見者，蘇文忠公云：屠殺牛羊，刳臠魚鼈，以為膳羞，食者甚甘，死者甚苦，故無故不殺，聞聲不食，古聖賢於斯三致意焉。則是書之微意，實通古今，而酌其宜，豈若愚人佞佛持戒殺之説，而終不可行者耶。且夢隱嘗處膏脂而不潤，今食穅籺而充然。蓋無人而不自得也，是編之纂，直胥天下後世，而飲食之、教誨之，顧可以養生卻病一端視之哉。余敢述其微，以告夫世之肉食者。咸豐辛酉仲冬秀水董耀枯匏。

清·呂大綱《隨息居飲食譜·跋》

春秋戰爭七十國，而顏淵、原憲之徒，以陋巷終者，其時天下尚能容隱君子也。夫隱君子者，或高尚其事而隱，或功成身退而隱，或時不可為而隱，或不堪從政而隱，類皆有地以容其隱者也，否則託迹於農工樵賈、緇黃末伎之流，以自食其力而隱，其途雖殊，其歸則同。更或力不能為農工樵賈、緇黃末伎者，如留侯鄴侯之隱於白雲鄉，劉阮陶李之隱於醉鄉，司馬長卿以溫柔鄉隱，希夷先生以睡鄉隱，尤為隱中之尤著者也。吾友海昌王君，抱有用之才，無功名之志，操活人之術，而隱於布衣，此海豐張雨農司馬以為奇人。而吾鄉莊芝階中翰，稱曰隱君子也。余謂惟奇人斯能隱，王君身雖隱，而名望日隆，遨遊公卿數十年，知劫運釀成，莫從挽救，飄然歸籍，貧無立錐，嘗著《歸硯録》以見志，乃不數年，而偏地荊榛，硯田蕪穢，癡無所用，身亦難潛。君號半癡，而顏其室曰潛齋。今夏挈眷來此，米珠薪桂，併日而食，因纂《飲食譜》以攄懷，易字曰夢隱。噫！顧仁術猶不能容於擾攘之世，而欲追步希夷隱於睡鄉，以待承平之日哉。是《譜》以水始，以蝗終，寓意深矣。夢隱身嘗世味，如辨淄澠，豈治亂之理，果可徵之人事歟。初省垣以重兵自衛，糜餉年餘，秋杪被圍至六十餘日，升米三千，斤蔬七百，草根掘盡，餓斃者以數萬計，卒以兵潰城陷，死於鋒鏑及自殉者，亦以萬計，其彼擄與流轉而死者，又不可以數計，千古名城，遂無噍類，蝗飛蔽天之禍，竟至是耶，嗚呼！慘矣！韓子云：食焉而怠其事，必有天殃。殃之及也，生民塗炭，可不痛哉！是書言近而旨遠，吾願後之覽者，無負其苦心焉。爰抒聞見，跋諸卷尾。咸豐辛嘉平秀水呂大綱慎盦。

清·凌奂《本草害利》序

古人有三不朽，曰立德，其次立功，又次立言。余何人也，豈敢妄發言哉？敢於功德自誇耶？從幼年來體弱多病，思閱方書，因從書賈購得吾郡良醫烏鎮逸林僧所遺醫書甚夥。自軒岐仲聖逮今諸家註論，靡不收採，略得心領神會。遂棄諸子業，從我郡吳古年夫子遊。將歷代名醫著述書籍，探本窮源，隨時就正。讀破萬卷，講論偏見錯謬之處，或自昏黃達旦。先生年屆古稀，日逐臨證，得有餘暇，猶不辭倦，且諄諄訓曰：

醫關性命，不可苟且。一病有一經所發，若察脉辨證，尤宜加謹，恐失之毫釐，謬於千里也。先生袖出一帙，曰《本草分隊》。取其用藥如用兵之意。蓋臟腑即地理也。處方如佈陣也。用藥如用兵將也。病本在於何經，即以君藥主將；標在何經，為臣使之藥，即所以添兵弁。識得地理，佈成陣勢，一鼓而戰，即能殄滅賊氣，即所謂病退也。然後調攝得宜，起居如常，即兵家善後事宜，民得安居樂業也。苟調度不精，一或失機，一敗塗地，即用藥不審，草菅人命也。奈近時醫家，一到病家，不先看脉審證，遂聽病家自述病情，隨即寫藥數味，曰某湯主治。粗知大略，用某藥能除某病。如此治病，則仁人必深慮而痛恨之。雖業醫臨證，有望聞問切四診之說。然望是觀其氣色，如《經》云：青欲如蒼璧之澤，不欲如藍也。聞是聽其聲音，清濁高低，即宫商角徵羽五者，屬五臟也云。問是問其老少男女，平素勞逸喜惡，起患何時，始得何病，曾服何藥，問病源也。切是最要之事，診得浮沉遲數，滑濇大小長短諸脉，見於左右寸關尺部，辨明虛實表裏寒熱，何證發於何經，應用寒熱溫涼之藥，定方進藥，君臣佐使，配合得宜，如湯沃雪，諸恙若失，方能起死回生，豈有害哉！

凡藥有利必有害。但知其利，不知其害，如衝鋒於前，不顧其後也。余業是道二十餘年，遇證則慎思明辨，然後下筆。補偏救弊，貽誤者少。審識藥品出產形狀，親嘗氣味，使藥肆中不敢偽充而誤人耳。

先生之《分隊》一書，尚未刊行於世。遂集各家本草，補入藥之害於病者，逐一加註，更曰《本草害利》。欲求時下同道，知藥利必有害，斷不可粗知大略，辯症不明，信手下筆，枉折人命。用是不揣固陋，集古今名醫之刪繁就簡，撰述成書，以付剞劂。公諸同好，並就正於海內明眼，亦慎疾之一端云爾。咸豐壬戌年吳興凌奐曉五著自序。

清・屠道和《本草匯纂》序

道光丁未夏，復上春明，考教習不售，科名念隳，即潛心岐黄之學。首讀《靈》《素》內經、越人《難經》，次及張仲景、劉河間、李東垣、朱丹溪四大家書。然後博考名賢，旁搜廣集，尋端繹理，往復沈吟，非僅誦說已也。嗣是研求《脈訣》，探源元素、東垣、念莪、期叔、瀕湖諸書，而悉折衷於《靈素》。言言推究，字字揣摩，體會數年，始於四言之訣、二十八法之微豁然胸中，瞭然指下矣。至於本草林立，互為考求，某藥入某經，某藥治某病，某體於某藥為宜，某體遇某藥則忌，手自纂抄，彙成一卷。蓋亦如學士溫經，平素運化胸中，作文時乃供驅遣，用藥如用兵，可輕心以掉哉？夫讀書不多，則見聞終陋；察脈不審，則病源難知；本草不詳，則製方鮮當。予惟殫心攻苦枕籍多年，而後熟通經絡，洞悉臟腑，望聞問切，體驗周詳。今雖不敢概期桴應，而寒熱虛實似不至臨證茫然。乃嘆醫道關人性命，投治稍差，禍慘利刃，有志斯道者，未易率爾操觚也。咸豐元年歲次辛亥湖北孝感縣屠道和燮臣氏識於京師旅館。

清・屠道和《本草匯纂》序

予自習醫後，知藥性宜熟，腹笥宜充，爰取各名家醫書，檢本草五百餘種，校正纂抄。功方及半，道光庚戌夏，攜入都門，朝夕續纂，咸豐辛亥秋始竣，事凡三歷寒暑矣。京師友人見而善之，欲為付刊。予時歉其未備也，尤慮稍有錯訛，貽誤後世，負咎滋深，辭未遂。後官楚南，案牘勞形，弗遑兼及。同治癸亥歲，自念年逾六旬，此後精神恐難振作，復輯前所未備各書，參互考訂，越五月而功成。簡括詳明，查閱最易，且諸書皆備，無俟旁求。倘家有是書，則延醫時須察方中藥性，果與病有情，方能奏效，並於藥性宜忌逐一詳明，縱病家不盡知醫，偶遇庸工，料不至聽其妄用。私心竊計，似屬有功當時，惟望海內大君子宅心仁愛，念切痌瘝，推澤遐荒，廣為刊布，起群生之札癘，而胥渡以慈航。匪獨姓字馨香，增光竹帛，而活人濟世之心，猶且令千載下頌無量功德佛於勿諼，其視刊送他書者，不尤為大有實際與。同治二年屠道和燮臣氏再識於長沙省湖北會館之西園。

清・屠道和《本草匯纂》凡例八則

此書係採核《圖經》、《本經》、《唐本》、《別錄》、李珣、孟詵、元素、大明、吳普、甄權、《開寶》、藏器、李景、蘇頌、弘景、東垣、張璐、丹溪、汪昂、李士材、張景岳、楊士瀛、程履新、何本立、李時珍，凡二十餘種。輯其精要，簡括詳明。俾考核藥性者，咸知眾美胥該，此外更無遺義，不必他求。

本草唯《綱目》最詳。然皆集腋成裘，故其中不免前後重複，上下錯綜。予乃編集成章，從頭目心胸以至足胕，由婦人童穉以及外科，各從其類。俾閱者醒目，一見瞭然。

本草林立，其中所稱，或寒溫迥別，或補瀉不齊，或甘辛互異。予皆集各名家書，纂核數載，詳細研求。取其眾論相同，折衷至正。庶令閱者知所宗主，不至見惑騎牆。

藥性有係清降而偏言補陰者，以熱除而陰自得所長也。有係疏通而偏言補氣者，以滯去而氣自得所生也。諸如此類，悉註明條下，俾學者開卷釋然，不至重生疑慮。

醫乃仁術。茲已採輯藥性五百餘種，洵足供用。至於天靈蓋、紫河車之類，似有言之不忍者，故集中概置弗錄。且歷代續增藥品繁多，不下千種。若必備載，誠恐業醫者未必皆具過人聰明，悉能詳記。與其繁而難紀，不若簡而易詳。因擇其緊要者輯之，俾學人易於熟識。在精不在多，識者鑒之。

醫貴通儒，藥性即屬經史。倘有是病而無是藥，何能中其竅要？故製方者，必須腹笥淵博，方能取用不竭，應手奏功。尤須經絡熟通，而後能直達病所，不至誤繞歧徑，坐失機宜。即如上焦有熱而猥用下焦寒藥，則過而不留矣。下焦有熱而妄用上焦寒藥，則浮而不達矣。其用熱藥亦如之。更有用熱遠熱、用寒遠寒之義，均宜恪遵《內經》酌用。神明變化，存乎其人，是在司命者博而益精耳。　儒不知醫，固非通材。醫不通儒，難言司命。《靈》《素》內經，即四書大字也。張仲景書，即朱註也。宜與秦越人《難經》，熟讀詳記。劉河間、李東垣、朱丹溪，即文章之大家也。其餘王叔和、孫思邈、王肯堂、成無己、(王)〔張〕潔古、吳鶴皋、薛立齋、李期叔、張子和、戴元禮、喻嘉言、李士材、傅青主、程履新、李時珍、張景岳，此外尤指不勝屈，皆名家也。至於病分內傷外感，即題目也。望聞問切，即構思也。立方即作文也，藥性即經史也。必有五百餘種熟於胸中，方足供我驅遣。譬諸作文，有出方有對也。學者其可僅記大略而潦草塞責，以忽視人命哉！　藥宜功過兼詳。所謂功者，藥必於病有情而後能奏效。所謂過者，某病於某藥不宜，某藥於某體當禁，必於立方時知所避忌，而後不至傷人。此編所纂，悉詳明宜忌，俾業醫者得是書而可以濟世，亦病家有是書而不至誤於庸醫。尤願業醫者，均念人命至重，竭力精詳。是則余救世之苦心所深企望也夫。

清・佚名氏撰，陸懋修、馮汝玖校注《本草二十四品》　錄前抄《本草二十四品》書後：《本草二十四品》為陸九芝太夫子手抄本。庚戌歲，鳳石夫子出以示玖，命校正，拟付剞劂。詳讀一過，其主治分經，精詳賅備，洵為世之善本。卷首未詳為何人所著，殆太夫子手自集成者。惟藥味中之論說，亦間有未全處，不敢遽付梓人。因手抄一部，以作枕中珍秘。嘗思藥性自神農嘗百草而寒熱始分，伊尹作《湯液》而功用始備，故有一症必有一藥，而藥復有主治，有兼治，有專入之經，有兼通之經。主治者，其性專用以為君也；兼治者，其用緩，用以為臣佐而緩他藥者也。專入一經者，其性味必純一，兼通各經者，其性味多複雜。此從古至今所不能易者也。雖然去古已遠，神農、伊尹之書不易得見。今世所慣用者，皆唐宋以後之本草，其于主治、兼治，不無混淆。于是藥之性味，每每寖失。今人又恆棄其主治之功，而輒用其兼治之性，故治症罔效。乃不自責差謬，反誣藥有今古之分。此皆不肯深求之過也。倘能于仲景《傷寒》《金匱》中考其立方之義，而究其用藥之確，則神農遺意似亦不難因此而上溯矣。宣統庚戌冬至後一日桐鄉馮汝玖記于冰龕。

重抄《本草二十四品》記：　此書為陸九芝先生用功之作。較之《本經》則為詳，比之《綱目》則不濫，最宜于初學醫者。能手抄或記誦，勝于讀《湯頭歌》《藥性賦》多多矣。前曾于宣統庚戌歲手抄一部以自寶存，並于書後詳論藥性、主治、兼治之義。惟書中多有未全之處。久思校正而考補之，忽忽二十餘年，奔走謀食，無暇伏案。今歲發奮重抄，凡有錯誤及遺漏處，悉為校補。將來或遇機緣，得以刊行，似可有裨于後學，亦不負九芝先生之苦心也。辛未歲立冬後一日抄竟。桐鄉馮水若海。宣統三年後皆用今名字。

清・黃鈺《本經便讀》序　醫者治病，貴善用藥。藥之氣味，具有五行。五行者，天地生成之數，陰陽消長之理。不明乎此而能用藥以治病者，鮮矣。顧藥之適於用者，固在氣味，而當混沌初闢之時，其氣之寒熱溫平涼，味之甘苦酸辛鹹，果何由而辨別不爽？自非開天明道之聖人首出庶物，烏能審氣察味，定為不易之經哉。史稱炎帝神農時，民有疾病，未知藥石。帝始味草木之滋，嘗一日而遇七十毒，神而化之，遂作方書，以療民疾。所謂方書，雖未指名，世所傳《神農本草經》，意其遺也。厥後如伊聖《湯液》、仲景《傷寒》《金匱》諸方，咸遵而用之，罔有或越。《易》所謂明於天之道而察於民之故，是興神物以前民用者，其此之謂歟。唐宋而後，卮言日出，經旨反晦，醫道之壞，實由於斯。浸淫至今，異學爭鳴，各逞臆見，比之洪水猛獸，抑又甚焉。夫士子讀書，必宗孔子，非是者，即為離經畔道。業醫而不宗《本經》，獨非離經畔道者乎？雖仲景後宗《本經》者間亦有人，然不無異同之見。惟國朝徐靈胎、張隱菴、葉天士、陳脩園輩，註解《本經》，闡發精蘊，不啻啟瞶振聾，厥功偉矣。而脩園《本草經讀》一書，尤多期望後學之意，但經文詞旨簡奧，語句參差，讀者每以艱於記誦為恨。余不揣固陋，取《本經》而編輯之，補短截長，叶以韻語，名曰《本經便讀》。極知僭妄，無所逃罪，然在初學之艱於記誦者，未必無小補也。至若明於天地生成之數，陰陽消長之理，兼善其君臣佐使之宜，以適於用而幾十全者，則有望於學識兼優之士，神明變化焉。鄙人謝不敏矣。旹同治八年歲在己巳春王正月上元後一日黄鈺自序於芸經堂。

清・黄鈺《本經便讀》凡例

藥性始于神農所傳《本草經》，闡陰陽之秘，洩天地之藏，誠千古所不易者也，自梁陶弘景而後，諸家之説盛行，其與經旨相謬戾者多矣。茲編一以《本經》為準，所謂群言淆亂衷于聖也。《本經》藥味分上、中、下三品，茲編仍之。其前後次序不盡拘也。《本經》藥有三百六十五品，茲只照常用者録之。其有後人所不識及識而不常用者，闕焉。至如大戟、芫花、甘遂、水蛭、虻蟲、蠐螬、雲母、鼠婦、蜣螂、白魚等，雖非常用，而仲景《傷寒》《金匱》方中用之，不妨編入，以見古人用藥悉遵《本經》之意。

藥有經方用之，及時方所常用而《本經》所無者，因採《別録》諸本附于後。

《本經》藥品經方尚用之不盡，而必附《別録》以下藥味且録之多者，以時方所常用，不欲拂時好也。其藥之氣味主治，俱見《本草綱目》。然《綱目》雜收眾説，反令人無所適從。茲編惟取最先者存之，餘皆從略。

《本經》有橘皮，無青皮，《圖經》始分之；有枳實，無枳殼，《開寶》始分之。後人既已分用，不妨附入。至若羗活一名獨活，是一物而二名也。然考今時所用，實是二種，因取唐甄權《藥性》附焉。惟天麻乃赤箭之根，氣味甘平；地骨皮乃枸杞之根，主治(赤)〔亦〕同。不必分截。

藥之為用，在於氣味。如芍藥，《本經》苦平，《別録》酸寒，今人只知其為酸寒，不復知其為苦平矣。是皆荒經之過也。若赤芍之誤，陳脩園已闢之，茲不贅。

藥之氣味功能，茲編已悉具矣。讀者于誦熟後，更取諸家註解而參閲之，自有得心之候。

時醫不能用經方者，以經方所用之藥，與時下本草氣味功能不合故也。讀此編後，取經方查對，有一味不合否？

昔人云：取法乎上，僅得乎中。業醫而不宗《本經》，是不能取法乎上也。竊恠世之為醫者，於諸家雜説深信不疑，而於《本經》則疑而棄之，不一寓目。豈後人之智，能反出開天明道之聖人上哉？何不思之甚也。

是編原為初學而設，只取稍叶韻語，便於誦讀，其中不無倒亂割裂之處。然引人入勝，寔不得已也，識者諒之。

讀是編者，必須屏去一切雜説，專力于斯，自然深造有得。不然，是先入之言為主，雖讀猶弗讀也。

清・劉尚鼎《草本便方・序》

□病之功，醫明為先。□□之功，藥真為貴。藥真而醫明，天下必無不瘳之疾，天下豈有誤死之人。顧何以貧者乏錢□□藥難得；富者多金而真藥亦難求。此其故，非誤認偽作真以導盲，即故用偽替真以圖利。是以醫雖和緩而罔功，疾未膏肓而莫救。所在識之最精，辨之最明者為良乎？噫！人生致病多端，偶染一病，而即□□□□□氣數，有以生之□，抑醫之不□，實藥之不真也。□弟士季，得授家□，□醫拌藥，四處採訪卅餘年，深悉其弊。因於古書明醫本草中纂輯川東土產草木，根皮、枝葉、花實，油漿、五穀、豆蔬、金石、水土、人物、禽獸、鱗甲、介蟲、器用，一切性味形狀，詳辨真偽，用以救世，俱有成効。不欲自秘，故編歌訣，集成醫方，為後世之業軒岐者簡而便，於醫道病家不無小補云。同治九年庚午歲春日柏村汝和劉尚鼎題。

清・劉紹熙《草木便方・序》

醫之為道，最功於日用者，可謂□□便也。然病非一端，藥□□族。通都大邑，或不難驟而致之。若夫僻壤窮鄉，人村寥落，偶嬰一疾，必數十里而後有醫，又數十里而後有藥。間有病革引救，數人奔走，稽延終日而藥不入口得者。又況藥有貴賤，人有貧富。或需是藥而力不能購，或取諸肆而藥非其真，以之療病而輕者增劇，重者瀕危。如是則便者不便矣。熙堂叔士季，攖心久之。爰取□先叔祖善述公所著《髦壽醫學》，並數十年讀書臨症所得，輯為成書，出以示熙。熙受而讀焉。□□□內外，症無大小，人無老幼男婦□□眼前方治之，俾□□□□隨地得藥，隨藥愈病，顔之曰《草木便方》，良甚便也。雖然，便方云者，為其便於日用，非取其便於醫學也。人苟欲專精此道，則明藥性必於《神農本經》，論病情必於《靈樞》《素問》。病而藥，藥而方，必於伊尹之《湯液》與漢季張長沙之《傷寒》《金匱》，下學上達，以至於粹精之域，而為醫中巨擘，不且由此便方基之哉？熙制舉子業外，兼通堪輿星學，尤嗜醫。向得閩省陳修園先生《公餘醫録》十數種，寢饋多年，頗有弋獲。今閲士季□所解，又復增益所不能□足□□□梓人，以公同志。吁□□之賢□□□者，或亦共善其方之便□□。光緒六年歲庚辰季春上巳後一日愚堂姪邑增生劉紹熙庶咸謹識。

清・田綿淮《本草省常》序

先大父嘗患女科之難，著《擇善録》十二卷。悲行人之疾苦，著《隨身佩》一卷。恐飲食之害人，欲著本草而未果。夫本草自古經後不啻數百家，可謂夥矣。有一病即有一藥，病千變藥亦千變，可謂詳且備矣，又何待今日之重複煩瑣也哉？獨是養生與治病均係匪輕，諸家採取，皆因病資用，至於平常飲食，不及省察。倘入口不宜，不幾以養人者害人乎？惟瀕湖《綱目》，意旨周密，可稱醫家至寶，養生者每苦其繁而難窮。

他如孫氏之《食治》、崔氏之《食經》、孟氏之《食療》、陳氏之《食性》、吳氏之《日用》、周定王之《救荒》，以及《食物》《食鑒》《心鑒》《清鑒》《養療》《便覽》《類編》《通說》《會纂》諸本，雖專為飲食所需，要知古今易制，名義多殊，讀者未能瞭。愚不揣固陋，妄加品評，博採衆論之長，斟酌時地之異，遵依古人者十之七，驗諸己身者十之三，爰緝小帙，題曰《本草省常》。非敢以著述名世也，聊以竟先人未竟之志也云爾。清代第四癸酉九月既望中州田綿淮伯沺氏書於寒勁小齋。

清·田綿淮《本草省常》凡例　是集原為養生者鑒，非為治病者言也，故草木金石之品俱不錄。物品氣稟乎天，味成乎地，性居其間。是集祇辨某性，不辨氣味。蓋所採俱屬日用之常，氣味人所共知耳。天地生物無窮，前書從來未載者如匾豆、紅芋之類，見今世種者頗多，食之宜人，是集俱為採入，以質高明。是集所載有有損無益者，如葵菜、慈姑之類；有斷不可嘗者，如雁、燕、騾馬之類；有食之殺人者，如河豚之類。等物既無可取，每見人食，今特錄之，欲人知所戒云。自古本草俱有是名而今並無是物者，或有是物而飲食尋常未用者，俱為削去。是集所載共三百六十五品，以效《本經》之數。復將禽獸類中刪去一十五品，其餘詳著其短，略著其長者，恐人貪口腹而恣殺生靈也。是集考證前書，刪繁取要，義求其該，文從乎簡，發明未必盡是，願高明之家教之。

清·談鴻鋆《藥要便蒙新編》序　粵自神農氏，作窺天地之化育，憫民生之疾苦，取百草而備嘗之，以明寒熱溫涼之性，升降補瀉之宜，藥品遂行於世。厥後伊尹元聖製為《湯液》，配君臣，明佐使，後人因之，始有湯頭之名。近世不乏哲匠宗工，而庸手亦所在多有。如遇虛症輒用六味丸、八味丸，遇實症輒用大承氣、小承氣之類，而其方藥中之若者寒，若者熱，若者溫，若者涼，若者為升為降，若者為補為瀉，則昧焉弗講。即或有志講求者，而成人之記憶不及童蒙，今日所得，明日而輒忘，此時所知，移時而復昧，一臨病症，祇得以依稀髣髴之見，於一二古方中求生活。嗚呼！古人有刻版之湯頭，世人烏有刻版之病症哉？豈知醫學之要，脈法而外，因莫切於湯頭，而要必自知藥性始，爰不揣固陋，竊取《神農本經》，並博採先哲名言，與百家著述，薈萃而擇其精。限韻編輯，詠為四字駢言，名曰《藥要便蒙》。友人見之，謂足嘉惠斯世，遂捐資以付手民，俾學者童而習之，記憶既堅，異日檢閱成方，自覺瞭如指掌，即無意於醫學，而或有延醫療治之事，胸中亦有把握，庶不為庸手所誤，非敢謂有功於世，亦期為衛生之一助云。光緒七年歲次辛巳秋菊月自序於京師虎坊橋東之聚賢別墅談鴻鋆問渠謹序。

清·薛福辰《藥要便蒙新編·序》　醫之為道，有本草，醫經，經方三大家。醫經昉於《內》《難》，而《脈經》《甲乙經》即其支流。經方昉於《傷寒》《金匱》，而《病原》《千金》《外臺》實其嫡派。本草一家，以《神農本經》為鼻祖，繼自踵增日盛，迄唐慎微，而乃有《經史證類本草》，用集大成，有明李時珍因之著為《綱目》。凡在神經、怪牒、野史、稗官，靡不燦列記載博矣。然而貪多炫奇，端緒歧出，學者無所宗尚也。自醫聖、醫賢之不作，矯誣之輩，動輒自號為醫。嗟乎！嗟乎！今之自號為醫者，叩以二十四脈不知，叩以十二經十五絡不知，叩以五運六氣之主客流行又不知。尤其甚者，湯液未解一方，本草未達一味，顧詡詡號於人曰：吾醫也，吾良醫也。彼病家者，卒亦以此事茫無涉獵，末由一指其妄，而甘受其紿。余嘗與人同治一病，目擊夫病家偶舉《本草》中之金果欖、胖大海、千年健常用諸品，詢同事者，以此藥何性。其人不能答，但含胡應之曰：此等藥直無庸問，總之與此症無涉耳。維時，余在旁亦噤不得出聲。蓋既不欲自暴其長，又恐同事者之變羞成怒，卒以多所拘礙，未獲明為之言也。甚矣，其惑也！良用憮然，欲補救而無術。辛巳夏，余奉詔入都，為當今慈禧皇太后療疾，幸報大安，客於都門。因得與農部談子交善，談子出其所著《藥要便蒙》一書，徵序於余。余觀其用意，以為醫道之衰，良由講求藥性者之少，講求藥性，又不如以明顯簡括之文，俾人人童而習之，夫明顯簡括，則人不畏難，童而習之，則記憶可久。誠使家置一編，不特有便治療，亦可證醫者優劣，而無窮之夭枉，或因之而挽回。厥意美，厥功鉅哉。余敘談子此書，亦即談子利濟之志，爰不禁大聲疾呼，將使天下萬世咸曉。然於疢疾在躬，勿輕延醫，必得如談子之以名儒為名醫者，乃可延請。延請而專任之，無稍差忒，庶幾有瘳。世之自號為醫者衆矣，嗟彼病家，無徒耳食也，無徒耳食也！是為序。光緒七年歲在重光大荒落冬十有一月特賞頭品頂戴布政使銜授廣東督糧道世愚弟無錫薛福辰頓首拜序。

清·生豫師《藥要便蒙新編·跋》　朱子謂天以陰陽五行化生萬物，氣以成形，是氣為五行之氣。萬物以人為貴，蓋得天氣全，五行備。草、木、禽、獸、金石等類，得天氣偏，五行缺。然氣雖一偏，而與人同受於天無異也。五行之氣和則形生，五行之氣偏則形病。古聖人審物類一偏之氣，以調和之，此《神農本草》所由作歟。明乎藥性，詳乎臟腑，則某藥入某臟某腑，氣類相引，各本其性之溫涼寒熱，以為宣洩補益之法，始無舛誤。至後世氣運漸薄，人物稟受者亦少異，著說本草諸家，各抒己見，紛如聚訟，學者遂無所適從。往往俗醫以識解游移，而誤人者有之。問渠談生作《藥要便蒙》，考本草之源流，集諸家之論疏，參互考訂，撮要鉤元，叶韻類編，簡明賅括，便記誦，易披覽，洵善本也。由此參悟，且可得人物一體，天地同流之意。噫！醫道通神，豈虛語哉？固非僅為便蒙計已也。光緒八年三月上澣特賞頭品頂戴署烏魯木齊都統前西甯辨事大臣三韓友生豫師拜跋。

清・談鴻鋆《藥要便蒙新編》凡例　古今著《本草》者，無慮數十百家。其間詳且備者，莫如李時珍《綱目》。然卷帙浩繁，除常用之品外，第可以廣見聞而不能盡誦讀，此編為幼學計，不得不務從簡括。　是編藥性，除遵《神農本經》外，兼採取諸家本草論辨，折衷求是，並未意為增減，懼蔑古也。此編竊蹈缺略之譏，却無僭妄之弊。高明者鑒之。　他書藥性歌括，第渾言某藥治某病，而未析言某病祇宜某藥，即如知母、丹皮同治骨蒸，而不知無汗不得用知母，有汗不得用丹皮。半夏、貝母同治咳逆，而不知燥痰不得用半夏，濕痰不得用貝母。諸若此類毫釐之差，即千里之謬，一或不慎殺人反掌。此編為活人計，不得不力辨之。　藥性有歌括，不過提綱挈領，以便幼學記誦。至成人講求用藥神而明之，則又存乎其人。譬如一方中血藥少，氣藥多，補血藥亦從而補氣。氣藥少，血藥多，補氣藥亦從而補血。他如上病下取，下病上取，中病旁取，內病外取，外病內取，以及寒因熱用，熱因寒用，塞因塞用，通因通用諸法，其中正治、反治、從治、逆治，變化離奇，歌括中焉能枚舉？若必欲盡悉其義，自有古先輩諸方書在。　他書歌括不過約略言之，並未析言某病在某經，某經宜某藥。輯者不求甚解，讀者遂終身不解，貽誤何窮。此編凡一藥有專入一經者，有兼入二三經者，必苦為分明，不敢稍涉含混。若夫治在此經，而應在彼經；治在彼經，而應在此經，則又在乎人之天資閱歷，化裁變通，茲不贅及。　凡讀古人書，固貴知其人，尤貴論其世。即如細辛一藥，人皆知為辛烈，不可過服矣。而《神農本經》乃稱為久服之品，豈聖經不可遵乎？良以上世天地之氣化既渲，而物性亦正；人類之稟賦既厚，而食性亦強，故久服細辛無害。而且起居有節，不妄作勞，類能終其天年，閱百歲乃去。迄於今，地氣既多變遷，物性亦因之有異，兼以人之稟賦既不如古，而復淫慾以戕生，飲食以恣意，故未半百而衰。每見有服參、耆而猶罔效者，豈細辛之辛烈而可久服耶？總之，《神農本經》為千古醫方之祖，善學者參酌而用之可耳。　諸家論辨，亦神農功臣，未可盡非。吾故謂陳脩園之尊神農，貶諸家，師古而不免泥古，亦賢者過高之弊也。　他書藥性歌括，如用九青韻，兼用十二侵，用十蒸韻，兼用十一真，似未允協。雖古人用韻亦間有不拘，然使幼學讀之，先入為主，異日考場中作賦作詩，貽誤匪淺。此編限韻編輯，除起句不論外，概不敢一字出韻。　是編藥品，竊比《毛詩》之數，以便幼學。其中所採《神農本經》一百四十三種，諸家本草二百二十二種，共集成三百六十五種，言三百者，舉大數耳。統凡常用諸品，應有皆有，應無皆無。而其藥目次第，則又分為十門，俾易查閱，使學者由此而貫通之，可以應無窮之病。若雜收眾說，擇焉不精，語焉不詳，徒亂人意，雖多亦奚以為。是編每藥註釋以三十字為限，列於正文上層，俾學者一目了然，而便記憶。其中鄙見所及，兼採取先輩名言，藉資引證。而其辭意繁多者，則又不得不稍從刪改，使歸簡括。附錄經驗古方，散見於各條註釋下。既註明藥之功，復申明藥之效，使學者觸類旁通，進而求古人用藥之意，其運用有不能盡者矣。　歷代諸家本草，皆以草、木、鳥、獸、蟲、魚、金石等分類，檢查固屬甚便，而用藥者仍覺茫然。此編不以藥之形象相似者分類，而以藥之功用相近者分門。舉凡常用諸品，孰者為補益，孰者為宣通，孰者為祛寒，孰者為瀉熱，孰者為驅風，與除痰，以及潤燥、利濕、收濇、消散之類，靡不縷晰條分，統天下萬有不齊之病，悉括之於十門之中。苟治病者，能審為何經之病，宜用何門之藥。病有淺深，藥即有輕重，而於病之互見，與藥之相需者，則又旁及他門，以參伍而錯綜之，主治不悖乎古方，而亦不囿於古方，果使配合得宜，便成一好藥方，是醫學入門之捷徑。計無有逾於此矣！願以告世之有志醫學者。　為人子者，不可不知醫。誠令於髫齡時，每日讀書，正課外即將此編帶讀數行，隨讀隨溫，務期熟記。行見幼而習之，至老不忘，及長而欲學岐黃，自覺事半功倍。即使無暇於醫學，而或處僻壤窮鄉，與馬足船唇之地，偶遇庸手，亦可藉資較證。凡茲數條輯者，覺費苦心，閱者幸毋忽視，為人父兄者，當不以愚言為細務也。談鴻鋆問渠再識。

清・羅錦文《藥要便蒙新編・跋》　余讀《藥要便蒙》，竟不禁喟然曰：

是殆有濟世之心，無濟世之權，而托於此，以抒其願者非歟。談君為余齊年友，抱軼材，工文藻，行見入金門、上玉堂亦意中事，而乃聲蜚北苑，運扼南宮，鬱鬱半生，僅駢集方書以寄意，豈薄為醫家者流，束書不觀耶？夫懷鉛握槧，士之潦倒名場者多矣。一不遂意，輒抑鬱無聊，或詩酒以寫牢騷，或山水以寄嘯傲，其有窮愁著書者，則又喜為稗官小說，齊諧無稽，果有益於人乎哉？談君此作，實事求是，是即仁愛之所託也，是即明達之所任也。行將廣其道，以究心民瘼，希蹤碩輔，異日壽國壽民，而傳之不朽。余於談君有厚望焉！因並附識其說如此。光緒八年二月朔國史館協修功臣館纂修翰林院編修年愚弟羅錦文拜跋。

清・趙晴初《存存齋醫話稿》附錄　〔十六〕客有詢本草善本于余者，答曰：諸家本草，每謂《本經》言簡意賅，精微處自有神妙不測之用，惟其文字高潔，每多含意未伸，非得慧心人悟徹隱微，得其真解，亦最易自趨歧途。所以後人之說藥性者，輒有似是而非，演成幻景之弊。迨唐以降，本草愈繁，主治更備，非不明白暢曉，言之成理，有時足補《本經》所未及。然已多數浮泛，難以盡信，甚至將《本經》舊說，別伸一解，而失之毫釐，謬以千里，全非古人之本意者，所在多有，貽誤後學，為害亦巨。李瀕湖《綱目》，網羅一切，最為淵博；有時殊病其繁，然羅列古籍，彙為一編，聽學者自為抉擇，可謂集其大成。以後諸家，繆氏《經疏》，差有發明，而時失之庸，似少精義。徐氏《百種錄》，文筆簡明，闡發精當，最是上乘，惜其太少，必不足用。石頑《逢(源)〔原〕》，大有獨得之見，啟迪後人不淺，皆治藥物學者不可不讀之書。餘若葉天士、張隱庵、陳修園喜言氣化，貌似高深，實則空談，何裨實用？又若汪氏之《備要》，吳氏之《從新》，則僅於《綱目》中撮取一二，以為能事已足，實如乞兒乍入寶山，舍珠玉而拾瓦石，不值識者一笑耳。以上節錄《瘍科綱要》。惟何廉臣之《實用藥物學》，按西法分類，每品注明用量，體裁最喜。學者若照何氏分類，將《本經逢(源)〔原〕》重加編輯，而以徐氏《百種錄》附入，作為參考，則眾美咸具，允稱善本。吾子既習本草，敢以是舉之成功相期也。

清・張貴良《本草綱目易知錄・序》　余生平三次習醫，皆不果。一開卷輒茫然，無論《難經》《脈絡》，閱則思睡。即偶記一二藥性，過時輒忘。既而性之所難近者，遂棄去。然私心竊慕，每見一醫來，則親奚近之。見有名高一時者，則不啻神明奉之矣。吾鄉戴丈心田先生，儒而醫也，其先世已精其業，遠未周知。既其伯兄，醫林巨手，活人無算，其季子皆勁敵，惜未永其年。而先生獨駕乎昆季之上。蓋積年已深，閱歷愈久，而術業彌精也。家居時少，常館於江右之景鎮，余捷秋闈，及通籍，三過其地，見夫門庭若市，日就醫者不下數十百人，呻唫之聲徹於里巷，悉皆神其方以去。午餐後復乘一輿，沿門診視，無問寒暑，率能應手輒效，由是頌聲遍道路，雖古之盧扁不過是也。試一叩其生平所學，則出其所心得而筆之於書者數種，以示余，披閱之餘，知於此道三折肱而九折臂，非出入群書，由博而約，未能驟臻此境，真救世金鍼也。而尤愛其《綱目易知錄》一編，繁簡合宜，斟酌盡善，上以增其前哲所未及，下以開來學之所從，其用心苦也，其致力專也，其有裨於醫家者實不少。急宜付梓，以公同好。梓成，願惠一部於余，余簿書鞅掌，未暇從事於斯，留與子若孫，性之所近者，奉為至寶云爾。賜進士第工部屯田司主事同知銜湖南補用知縣年家眷侍生張貴良謹序　時光緒十二年歲次丙戌春王正月吉日。

清・戴葆元《本草綱目易知錄》序　蓋聞習舉業者以經籍為根底，習醫業者以藥性為本源。藥性不諳，徒泥古方治病，其悞人豈淺鮮哉？葆自弱冠後棄儒就醫，群書無不涉獵，而於藥性尤殫心焉。先君恒升公嘗語葆曰：汝習醫有年，歷症不少，應效漸多，亦知藥性，諸家所著，宗何為善？對曰：葆讀《綱目》而苦其繁，讀《備要》而嫌其略。繁則難以記憶，略則隘所見聞，二者均不可拘守焉。先君喜言有中，曰：醫，予家世業，汝既知其然，曷不去其繁補其略，彙訂一編以便子姪之學？葆諾而未敢遽自任也。今年近古稀，千慮一得之餘，曾編《家傳課讀》兩卷，以授徒及弟姪輩。王太史丹臣先生時奉榷使景鎮，見而愛之，業承勸梓，公諸同好，而先君彙訂《本草》之命言猶在耳，事豈忘心？故於《綱目》《備要》二書酌其繁略，可去者去之，宜增者增之，輯為八卷，俾子姪輩初學披閱，廣所見聞，仍便記憶，名曰《綱目易知錄》，聊以承先君所命之志，非敢以問世也，是為序。時光緒十一年歲次乙酉孟春月穀旦心田戴葆元書於思補山房。

清・戴葆元《本草綱目易知錄》卷首　條目：《本草綱目》，明季李時珍先生集藥性之大成者也，其文彙集諸家主治，句多重複，而註內又彙各所述出處真偽，自又為折中，似覺煩衍。蓋作者究本窮源，使人澄清徹底，而觀者走馬看花，反覺望洋興嘆。是多不置，置亦不考究。今予輯其大要，重複者去之，辨出處者不錄，使觀者便於省目。後人彙《本草》，每味摘《綱目》數句，編成歌括。度其所彙者，意詞句簡便，使人明白易曉，難以言賅也。亦猶童蒙入學，初讀小書，使自漸能升堂入室，詎知近業醫者則視此為全集熟讀，何異坐井觀天，其所見甚小，鮮有不悞乎？諸家所彙《本草》，惟汪訒菴輯《備要》藥性遵照《綱目》法，通稱詳悉。但此係開醫者之規模，不能使人人之通曉。如草木部根苗俱可用者，因簡而不載；蔬菜部日食所需者，損益而不詳；禽獸部略述其肉，不錄其皮毛腸臟也。《本草綱目》計訂有四十〔六〕部，業醫者嫌其繁，艱於考究，縉紳家慮其多，不便翻閱，故予輯茲《易知錄》照《綱目》成法，摘其要旨，通計八部，使考閱者無艱慮之患，是猶《綱鑒易知錄》法也，通皆稱便。為人子者不可以不知醫，尤先明其藥性，如甘草益人者也，病中滿者，在所必忌。砒石毒人者也，瘧痢癖積症亦取用，設請醫立方，察其用藥，查此核對，庶無虛虛實實之悞。《萬方鍼線》係蔡繭齋先生編集而後附入也。原其意，設遇急病，促醫難至，翻閱是集，頃刻可治，均有功於救世者也。故予亦照謄正其列附方小字，不須分別；所有明文主治可採者，下加一大字；治他病仝上方者，下加仝字；諸家按內主治可採者，及丸散方治者，俱加按字；又有症治方，與《鍼線》條目，而字有一二不同者，其所治之病則一，若照分列，未免煩絮，閱者見原。

清·黃光霽《本草衍句》序　本草家數最多，而煩減不一。其藥味之減者，惟《神農本經》三百六十種。歷代以來，踵事日增。至明之《綱目》，多至千餘，其煩極矣。然藥味雖煩，而發明、主治詳悉源流，集諸家之大成，匯衆方之精義，誠醫家之準繩也。但卷數煩多，難於識誦，一經掩卷，則復茫然。況下愚之資，何能識其萬一？近開減易之門，如《珍珠囊藥性賦》，句讀無多，便於強識。減則減矣，而源委不清，證治不明，藥不入於何經，治於何病也。凡藥味各具一性情，各顯數功效，治必多於數症，用不拘於一經，或在此則為耑，或在彼而為使，其藥味之相得，寒溫之各殊，苟不洞悉其性情，焉能盡識其功效哉？愚不揣固陋，因集《本草》而衍句之，選諸注以輔翼之，擇古方之平易者，又從而附麗之，朗若列眉，明如指掌。藥不求多，寡堪敵衆。辭務明晰，句不尚文，皆隨其性情功效，而敷衍成章，不敢妄增一字，因名之曰《衍句》，使吾孫有所指循，易於誦讀，為入門之階梯。較之《藥性賦》，則覺其煩；合之《綱目》，未免太減，然自此神而明之，引而伸之，則不拘於煩減間也。著者識。

清·戈仁壽《神農本草經指歸·前言》　《本草》一書，藥理微奧。所述藥性，每謂久服輕身益壽等語，似江湖術士之臆說。謂之為偽書，乃後人所作。要知我華夏立國之初，往古之聖哲，神農乃生而知之者，樹五穀以資民生，嘗百草以療民疾，農事方書制度乃備。《本草》一書非後人所撰也，明甚。經文輕身益壽等語，但人未得其解耳。當今之士，務以思求經旨，留神醫藥。如夫天生五味以養人，藥以五味之偏以療病，分寒熱溫涼攻補疏瀉以治之。木宜條達，曲直作酸，木以達為補。火宜下降，炎上作苦，火以降為補。土宜疏泄，稼穡作甘，土宜疏為補。金宜收肅，從革作辛，金以收為補。水宜上升，潤下作鹹，水以升為補。天以五行化五氣，以生寒暑燥濕風。人以五臟化五志，以生喜怒悲憂恐。原夫人之身，備有二氣五行，充足表裏無偏，其身康強輕健，百病不生。陰陽有偏則病，藥餌能使表裏疏通以達於病所，通其滯而解其危。惟藥術之精者甚難，若用之不當，則貽誤匪淺。講求衛生者所以不敢輕於一試也。何也？每每於病之輕者加重，重者不起。人有疾病而保其生命，則當首求良醫，次求良藥。良藥不易治，而良醫尤不易得。是以世之病者，往往不誤於藥，多誤於醫。先嚴有鑒於此，心焉惘惘，特發濟世之苦衷，雖年逾古稀，而廢寢忘餐，尤竭慮以研究。苦志數十載，對證用藥，庶幾百難一失。並使後之學者，一目了然。非敢邀微名於一時，惟望人之却病延年也。宣統元年九月下浣男仁壽述之謹誌。

清·陳其瑞《本草撮要》序　余質愚魯，明知學醫非有記性悟性，斷不能洞悉精微、隨機應變以療人疾。無如嗜醫之心已歷三十餘年，未嘗或倦。因之博採古今各大家所著方藥，刪繁就簡，注於每藥之下，某藥某味某性，入某經專治某病，與某藥同用治某病，並將治某病，宜生用熟用，炙用炒用，研用獨用，以及某藥與某藥，相佐相惡，相畏相反，相須相殺，逐一註明，不加臆說。現值醫局從公之暇，次第錄成，置之案頭，以便查閱，聊資記性悟性之不足。若云藉此已能洞悉精微、隨機應變以療人疾，則吾豈敢。光緒十二年六月既望當湖陳其瑞蕙亭識。

是編之輯，亦猶楊氏之《鉤元》，約劉氏之《本草述》而薙其繁蕪。但初不知有《鉤元》之刻，迨輯成後，始得而讀之，不意拙輯竟如復薙《鉤元》繁蕪者，抑亦奇矣。目次因水火土部，未能與草木等部一律，故附卷尾。藥品比《備要》略增，較《從新》稍減，主治悉遵經旨，體裁無異《鉤元》，以藥為經，以方為緯，撮其大要，亦可舉一反三。若欲必究其全，則自有諸家書在。蕙亭文筆。

清·張秉成《本草便讀》序　粵自神農嘗草木，著《本草經》，創始醫道，厥後神其技者，太古有岐伯、少俞，中世有扁鵲、秦和，漢興有太倉公、張仲景。考方域之異宜，辨藥品之真僞，按陰陽五行君臣佐使之理，著書立說，以羽翼《本經》。魏晉以來，校修補註者，魏有李當之，梁有陶弘景，北齊有徐之才，唐有蘇恭、孫思邈、陳藏器，宋有劉翰、掌禹錫、唐慎微、寇宗奭，金元之間有張、劉、李、朱，皆其最著者也。但名作雖多，惜無善本。逮有明李時珍出，採輯藥品千九百種，綜核群籍八百餘家，集諸家之大成，著《本草綱目》一書。誠為廣大精微，盡善盡美。但初學者讀之，一如望洋觀海。即窮經皓首，亦無所折衷。其餘之簡便者，如《備要》，如《從新》，固能由博返約，但皆以所屬之性味，所入之臟腑，有毒無毒列之於前。記誦之難，無有甚於此者。成學醫二十餘年，力購本草數十家，朝夕研究。以為業醫者，若不先明藥之性味，氣之厚薄，質之寒溫，雖博覽群書，知方知病，而不知藥之性，其不致運用乖方而草菅人命者幾希矣。故遇有一物之性味功用，確切不移，能與病相當而取效者，則每味擬一二聯、或五六聯，置之案頭。數年來積成五百餘品。刪繁去複，編為排偶俚言。將各物性味所入所治，參差前後，不使學者混淆難誦。書成，仿李東垣《指掌》、陳嘉謨《蒙筌》之意，顏之曰《本草便讀》。亦非敢以管窺蠡測之見，與先哲爭衡也。不過欲引進後學，譬如行遠必自邇，登高必自卑耳。至其中詞句之不雅，對仗之不工，一則緣成之學業未深，短於文墨；一則限於藥品之性味主治，恐失本真。譾陋之由，實有所自。定知當世高明君子，必有起而正之者，故特序其原始如此。光緒丁亥孟夏武進張秉成兆嘉氏自序於存誠堂。

清·張秉成《本草便讀》凡例　此書原為初學而設。並非全璧。採集諸家本草，參酌鄙見，共集藥品五百八十餘種。每種編成一二聯或三四聯，止論其性味主治確切不移者，其他一概不錄。此書原取簡便易讀，故每藥一種，其聯句概從簡略。尚有意義未盡者，於每味下另增小註，讀者玩之。【略】　此書所載藥品，不過五百八十餘種，皆尋常凡用之藥，其餘不常用之藥，以及有名未備之物，均未載入。學者欲窺全豹，自有他書具在。【略】　此書始丁亥，至戊戌，凡十易寒暑，已蒙諸大雅賜序付刊。

清·高承炳《本草簡明圖說》序　喻氏云：醫之為言，意也。明乎天人陰陽之意，審乎盈虛消長之機，始可與言醫。醫道豈易言哉？賈子不云乎：古之聖人，不居朝廷，必居醫卜之間。君子用之以衛生，而推之以濟世，乃稱仁術。古人於醫學視之甚重，良以軒岐旨奧，扁倉淵微，以意逆志，斯能得之。炳資性椎魯，中間更值多故，嘗學無所得，秪以生長醫門，親承提命，得讀先人遺籍，略識蹊徑，奚敢謬稱知醫？側聞先祖言：讀書先求識字，學醫須先識藥。李氏《本草綱目》美矣備矣，初學每苦其繁，且其徵引雖博，獨於繪圖一門，未加詳覈。輾轉翻刻，已失本真。學者殊難依據。因著《本草圖證》一書，逐種考校。命炳繪圖。草木蟲魚，務求形肖，以補《綱目》之闕略。未及刊印，粵寇難作，先祖避兵播遷，旋即下世，書稿殘失，僅存草部百十種。連年僕僕，無暇脩整。去秋薄游海上，攜之行笥，偶為友人所見，慫恿付梓。病其殘闕，囑為補訂。并將藥性功用，撮要書於各種上，更其名曰《本草簡明圖說》。斟酌損益，收藥(十)〔千〕餘種。毉家應用藥品，似已粗備。分部序次，仍循《綱目》之例。初學玩圖誦說，或於識藥一道，不無小補。第為時迫促，八閱月告成。應用書籍，未能全備。況檮昧如蒙，見聞有限，舛誤良多。尚望博雅君子，指示提攜，匡所不逮，是則蒙之厚幸也夫。光緒十三年歲在丁亥秋日句吳高承炳書於海上萍寄軒。

清·宦懋庸《本草簡明圖說·序》　舜妹敤首始為圖，神農氏始別百草，漢張仲景始有方書。醫有方，方有本草，尚矣哉！然世傳《神農本草經》三百六十五種，《唐書·方伎傳》云《漢·藝文志》惟載《黃帝內外經》而無《本草》，至齊《七錄》始有之。人謂神農嘗藥時尚無文字，至桐雷乃載之篇冊。而所載乃多漢地名，疑張機輩竄亂其語。間考《本經》原文，惟陶、雷兩註最古，而不及圖。鄭樵《通志》乃有原平仲《靈秀本草圖》六卷，唐李勣等《藥圖》二十卷，《本草圖經》七卷，蘇敬《新脩本草圖》二十六卷。至宋掌禹錫有《本草圖經》二十卷，凡專門本草之學而精研圖譜者，率不出此。明李時珍集本草之大成，採書至八百餘家，取舊者一千五百十八種，而增入三百七十四種，為十六部六十二類，一千八百八十二種。美矣備矣！然猶未及圖譜。則後人所以補其未備者，誠不可緩。乃余近讀勾吳高君研五之《本草簡明圖說》，乃作而歎曰：誠哉！有濟世心者，必有濟世權。無其權而徒挾濟世之具，則亦惟出斯具以白斯世，求不汩吾濟世之心而已。高君與余初不謀面，然觀其自敘亦曰求所以弭李氏之缺憾，想其人必善與人同之君子，初非炫長求售者。然吾聞泰西人精一技，則終身守之。其君相亦就所事而任，且加秩焉。以視吾華人之鄙伎術而尚科名，聚畢生精力於呫唔唫諷，不得則夷奇士於賤工，甚且升斗自累者。嗚呼！何其傎也。然君子不患失位而患無以自見。君能守其先書而益恢之，君之心固白且慰矣。世儻有劉向、班固其人者，誦君之說，披君之圖，他日藝文志之所取材，特匪一時，千古事也。故樂為序而歸焉。光緒十三年嘉平月遵義宦懋庸莘齋譔。

清・薛福辰《本草簡明圖說・序》 吾鄉工秦越人術者，嘉、道間推高氏、曹氏。高氏錦庭先生潛心內外科，脉理尤精，遇危疾輒應手愈。時歸安姚文僖公視學江左，夙知醫，尠得許可，獨心折先生，歎曰：非常人也。晚年著有《瘍科心得集》。鄉先達孫文靖公為之序，鐫板行世，事載邑志。錦庭先生子，上池學博，鼎汾與先大夫為莫逆交六年，承家學，亦多著述。惜遭兵燹散佚。今其文孫研五，世誦醫學外，尤善繪事。料檢遺稿，有《本草圖證》一種，十遺八九。爰為叅考補綴，繪圖張說，郵寄來都，囑為鑒定。公餘繙閱一過，中間考據極詳。摹寫盡善品，至千餘種之多。視李氏《本草綱目》，尤為精核。俾習業者展卷瞭如，可為善承先志，嘉惠後學者矣。余故樂為之序，并述其先德而歸之。光緒十三年歲治丁亥壯月撫屏薛福辰識於都門。

清・趙元益《本草簡明圖說・跋》 余少讀徐靈胎先生《醫必備藥論》，知醫之於藥，不惟宜悉其功用性情，又須能辨其形色臭味。而藥之於醫一日不可離，亦一味不可缺，如是能應用無窮，而所投輒效。豈非以《本草綱目》一書為學醫者入門之寶筏、切要之實功哉！近今醫學日衰，坊刻《本草》等書漫漶舛錯，至不可讀。而市中懸壺者，除診脈開方外，餘皆不問其藥品之純雜真偽，一憑之市肆，未嘗有過而問焉者。設藥不對方，病家亦不能知，惟有委之命數而已。吾友高君硯五，嘉、道間無錫名醫錦庭先生之文孫也。心焉傷之，因出其先祖所著《本草圖證》，重為補訂。自繪圖，並附以精當不易之說。書成更名曰《本草簡明圖說》。其繪事之工細，敘述之精詳，有目共賞，無煩余之贅言。獨思自今以後，學醫者皆知從事於本草，必先考其圖說，而後得所指歸。設有謬誤，可援據此書以辨證之，則於行醫治病之事，豈惟小補云爾哉。光緒十四年戊子仲春月朔日新陽趙元益跋。

清・高承炳《本草簡明圖說》凡例 是書標題《本草簡明圖說》，以繪圖為事，而附以簡明諸說也。所列部目藥品次序，性味功用，遵照《綱目》，刪繁就簡。其一物數名，有所關繫者錄之。一物產數處，但書某處者良。或彼此各有取者，並書焉。其性味同而議論各異，間有溫涼懸殊者，叅互考訂，折衷一是。至主治功用，雖只寥寥數語，亦必囊括全文，未敢率爾操觚。經驗諸方，附載一二。

各部繪圖，有目見者，有傳聞者，有方書所載考訂而得者，有從西人圖繪叅酌而得者。載籍微有不同，搜訪苦難徧及。毫釐千里，咎實難辭。況地同時同，肥磽雨露之不同，則花葉支幹，判然各異。以及蟲魚鳥獸，各有土宜；海澨山巔，剛柔易性。勢難執一而論，有識者自能諒之。

是圖首列水火土三部，形無一定，圖所難圖，秖存其說而圖闕焉。次列金石二部，大小異質，精粗異形。其圖雖備，殊難摹擬。次列草、木、蟲、鱗、介、羽、毛諸部，凡可着筆，務求其肖次。列人部、服器部，無須圖明，人所共悉。凡圖繪所不能盡者，必於其說加詳焉。

是圖繪就分為元亨利貞四冊，附載諸說，限於篇幅，未免因簡罣漏。第以馬背船唇，便於携帶；客窻岑寂，藉資披覽而已。

清・唐宗海《本草問答》敘 余自去冬遊於粵省，得遇張君伯龍，天姿英敏，文史淹通，留心世故而不習舉業，真達人也。其父墨園曾膺張香帥保薦循吏，政治勞心每生疾疢，伯龍以人子須知醫，寢饋方書於今。七年前春其父偶感時證，病象危險，羣醫無策，伯龍極力救治，頓獲安全。國手之名，一時騰噪，乃益留心醫理。與余邂逅便留講貫，謂余所著中西各種醫書於病源、治法固已詳矣，而獨少本草，未免缺然。余曰：吾所論著已寓藥性，且本草業經充棟，何煩再贅？伯龍曰：不然，諸家本草揚厲鋪張，幾于一藥能治百病，及遵用之卒不能治一病者，註之泛也。又或極意求精，失於穿鑿，故託高遠，難獲實效。且其說與黃炎、仲景諸書往往刺謬，若不加辨正，恐古聖之旨不能彰著于天下。近日西醫釋藥，每攻中醫，適能中中醫之弊，而中國醫士不能發西人之覆，徒使西藥流弊，又增甚于中國。本草之禍，豈淺鮮哉！甚矣！本草自晉唐以後，千歧百出。極于《綱目》，幾令人目迷五色。《三家注》力求深奧，轉多晦義。徐靈胎冠絕一時，頗合經旨。惜其時無西人之說，未能互證以注《本經》。今先生博通西醫，參合黃炎、仲景之書，以折衷于至當。若不將本草發明，其流弊又誰救哉？雖西國異產及新出藥品，不能盡行論列，但使揭出大義，舉一反三，則據此以求，無論中西各藥，見於目而嘗於口，便可推例以知其性矣。幸毋隱秘不宣，惟先生明以教我。余以伯龍此言甚摯，因與問答而成是書。時大清光緒十九年歲在癸巳仲春月蜀天彭唐宗海容川敘。

清・唐宗海《本草問答》卷下　問曰：《神農本經》藥分上、中、下三品，共三百六十種，以應周天之數，歷代增入，至《綱目》千有餘種。《本草從新》又有增益。此卷所論，或遺《本經》之藥，或取方外之談，或及西法，或採新藥，不拘一例，得毋混淆？答曰：此為辨藥之真性起見，幾顯然易明，確切不移，精妙無比者一一論定，使人知此理則真知此藥，并可以用知別藥，引而伸之，觸類而長之。古今本草已言之義，既賅舉而無遺，且兼西人格致之學以解《靈》《素》不傳之秘，而西藥之得失，亦可與此以訂正焉。雖此卷非本草專書，而本草之精義皆俱於此矣。

問曰：本草如《綱目》《求真》《鉤元》《集解》《百種》《三注》等書，世所尚矣，先生論藥謂各書皆未盡善，然則各書可廢乎？答曰：不然，各有優劣，但當棄短取長，毋得一切廢黜。徐氏本草《百種》尤精密，然如人參、黃芪亦乏精義。但其書大純小疵，未可執此而斥其紕繆也。《三注》亦切實，然尚未到化境。《綱目》泛而無當，然考藥之形象與所產之地，亦足取焉。《求真》《鉤元》等書敷衍舊說，可採無多。鄙意自謂此卷論藥性極真，舉此義以較論各書，則棄取從心，自不迷眩，非欲廢各書而獨行己說也。願天下操術留心者，共訂正焉。

清・席時熙題詩（《本草問答》卷尾）　人身小天地，氣血分陰陽。內外失調攝，偏勝則為殃。軒岐大聖人，閔民恆如傷。坐朝論治理，部悉及毫芒。五行兼六氣，肺腑暨肝腸。壽世而壽民，道如日月光。神農鞭草木，三百味親嘗。拈藥治諸病，真能起膏肓。後世增多品，苦口未居良。長沙太守起，謹遵湯液方。上採軒黃奧，入室升其堂。以下名賢輩，紛紛逮漢唐。言多而道晦，聚訟各稱強。千慮或一得，米粟雜秕糠。天彭容川子，報國以文章。杏苑探花手，餘技及長桑。讀書破萬卷，《靈》《素》熟胸藏。著論滿其家，高希仲景張。新成藥《問答》，闡發更精詳。包羅天地氣，名言至理長。讀之開茅塞，可登斯民康。映雪高聲誦，字字發奇香。讀《藥性問答》，謹書卷後，即請容川仁兄大法家大人兩政鄉愚弟席時熙頓首拜題。時癸巳十二月二十五日也。

清・佚名氏《草木春秋・序》　醫之一道，難言也。醫者，易也。必得心領神會，方能應手而癒。藥性之補瀉寒熱，攻表滑澀，種種不一，更得深識其藥性，然後可以調度。如若用藥，譬如用兵。奇正變化，神明莫測。余光緒二十年隨湘軍熊帥征東洋，路過河南彰德府大寺，遇一老僧，年方百餘歲，與余見面，口稱數句有緣，要與余訂交，不殊金蘭，共暇譜，有同盟。予言訂金蘭譜，余不敢高攀。仙長如慈仁，予徒一拜為師尊。仙長喜之不盡，次日深留，予不敢久住，官身不由自己。余視僧仙，難一分手。予不敢在此，次日辭別。不日至滎澤，過黃河，師尊趕送予過黃河，傳授醫道三百六十五穴，三百九十七法，神聖工巧，用藝之奇，用藥之巧，瘋癲癇狂，筋骨麻木，手足不隨，腰痛腿疼，水腫氣臌，各樣奇方，內外兩科，疽陰癰陽，陰虛陽實，主客標本，寒熱逆順辨治，八法神針。

清・佚名氏《草木春秋》序　余嘗留心於醫，非一日矣。甲午年，彰德拜師，滎澤授傳。自儒學不逮，得師傳口授，日夜歸習。久讀本草，深知藥性。但世久遠，殘缺編次，傳寫之誤。今博集諸家注釋，採其精粹，正其錯譌，刪其駁雜，補其缺漏，發其餘蘊，擇其緊要。不必整襟而談，但從遊戲而出，編成《草木春秋》一部，以於行之天下。明公目見，固可噴飯；名士視之，亦可消遣解悶。高師見之，該吐老痰。吾之意，而在本草一大部，煅煉成書，殆有起死回生而活之。先活草木金石之腐且朽者，如甘草、金石斛之屬，盡使着優孟衣冠，悲怒啼笑於紙上，以活藥藥死人，未有不霍然而起者。醫士而用呼活藥，亦豈肯忘情於活藥，歡誦鼓舞，則人人知其藥，亦即人人知其性。用藥者不知有錯誤之遺憾，服藥者不致有屈死之冤魂，而吾之心足矣。然自好高者，謂藥多活人，而人未必盡活者也。故有呼我為迂者，我即應之，以為迂；故有呼我為狂，我即應之，以為狂。但求不愧於心，庶於醫道不無小補，是則吾之志也。夫憑空結撰，匪夷所思，無口使言，實足傳奇，何以譬之蜃樓海市，間閱一過，令人解頤。集中多真假之處，閱者以意會可也。通以甘草，起以甘草。接首尾以線穿成，中間（拗）〔奧〕妙而下，無中生有，真是絕妙文詞，絕世文情。

清・陳明曦《本草韻語》敘　仁者之術，莫切於醫。而窮年莫殫之學，累世莫究之蘊，尤莫深於醫。庸工無論矣，讀書明理之士，潛心研究，當有悟道之時，然而寒熱判矣，虛實區矣，而陰陽分合之際，氣化感應之源，介在危微，莫尋端緒。苟非學究天人，神通指下，鮮不毫釐千里者。甚哉！醫道之難也。明曦自曰壯後，每當暇晷，輒於斯道問淂，至今則年近曰老矣，差自信者，看書頗識大旨，切脉微有會心。每治一病，尚不至茫乎若迷耳。究之讀書之日少，臨證之日亦無多。殫學究藴之功，僅不與庸工同列醫道云乎哉。惟念古人方劑，具有成法可遵，固而肆力於兹，冀為初學入門之準。歲乙未，訂為《醫方歌略》，邇年來偶有心得，輒著為淺論若干條，终未敢出而問世。繼思醫家要着，藥性為先。藥性不詳，雖審病不差，而处方鮮當，業付棗梨。夫本草諸書，非無善本，然條目繁衍，語句參差，藉非聰慧其克奏效者幾希。至於《藥性賦》，記誦不難，卻嫌其太略。用是羅列本軼群，焉能過目成誦？詳者不煩，簡者不漏，務令學者熟讀草，揀至最要者，參互考訂，而集為詩。則是書之作，未始非強記，了然於心。倘診視原有權衡，而用藥自臻精當。刊既竣，顏曰《本草韻語》，與《醫方歌》合訂成書，特識諸簡醫學之一助也。端，以自道其意云。

清·陈明曦《本草韻語》凡例　集中諸藥，俱從《本草經》《本草綱目》《本草經疏》《本草備要》，參閲合考，集而成詩。間有從《本草滙》《本草正》及《長沙藥解》補入者。總之詳而不失於蕪，簡而不失於漏。庶幾流傳之後，不滋貽誤之愆。

藥一味，為詩一首。其性味功能皆括於一詩之内。或一首不能詳，更用一首續之。或只遺一二條，則於詩後或註中補之。總期統括無遺，以備醫家之用。

集中藥凡二百七十三味，詩凡三百零四首，皆摘要之作。他如一藥只治一二證，不難默識者，以及隱僻而不常用者，毒劣不可輕試者，詩皆闕如，欲令讀者不苦煩難也。必欲知其性味功能，則本草具載，可考而知也。

諸藥註釋及經驗各方，悉遵本草，録入以備討論採擇。惟涉荒誕者刪之。其中義理精當處，逐名加圈，俾學者看書著眼，以資卓識。間附己見，加按字以別之。

詩中多用通韻。以藥性病證皆有確切不移之字義，若限於一韻，反多假借，難求確當矣。又臟腑、血氣、水火、寒熱、陰陽等字，不免重複，亦因詩必顯明的確，故無可代之字，如代則不顯不確矣。識者諒之。

藥之氣味及入何經，皆於藥名下註明。至於出自何地，製以何法，何為良，何為偽，佐使若何，畏惡若何，詩後逐一詳載。讀者不必另閲本草諸書。

諸部各分為類，每類中七律多，五律少。七律居前，五律居後。皆欲學者逐處有端緒可尋，記誦尤為易易。平仄兩讀者，字下各有音註。惟教字應字，通集讀平聲，前有音註，後不復贅。

清·張西銘《藥性詩解·序》　道無難精之者至焉，道無易習之者忽焉。羿之射，秋之奕；蘭子之舞劍，淮南之飛昇；夔典樂，皋陶典刑，彼皆知其難而精之者也。人知其精不知其難，於是射者、奕者、劍舞者、吐納求長生者、官太常司寇者、盈天下而傳者無聞，醫亦云然。今鄉曲下士，粗識數字，紛紛為醫，醫若是易乎？一遇奇症，束手無策，醫若是難乎？况醫之為道尤非易言。神農始之，黄帝昌之，周公使冢宰領之，其道通於神聖，苟能以術仁其民，使無夭札，是即孔聖老安少懷之志，端木氏所謂博施濟衆也。蓋其效可立覩，故名醫百無一人。肺腑不能語，故庸醫殺人。人不知求一能精是術者，其惟吾友李君乎？李君桂庭，邃於醫者也。其著述甚富，名稱噪於時，與余為莫逆交。余患寒嗽數年，投以藥餌，沉痾霍然。方思采其奇方異術，奮筆記之，流播海内，以垂醫鑒，而活蒼生。倉猝不可得，今夏遇於友人家，得見所著《醫學塾課》《診視要編》等數卷，此李君念餘年臨證所集之醫案，及公餘之暇，教授生徒之課(槁)〔稿〕。其中辨別寒溫，播為聲詩，剖析經絡，瞭如指掌，所謂良醫不離古法，而亦不泥古法是也。每視人疾，穿穴膏肓，如見肺肝。其用藥也，斬關奪隘，如周亞夫之軍從天而下。諸岐黄家目瞠心駭，帖帖讋服，《記》稱德成而先，藝成而後，似乎德重而藝輕。不知藝也者，德之精華也，德之不存，藝於何有？人但見李君術絕伎精，而不知平素事親孝，父病籲天代請，與人藥貧富不較，值是殆據於德而後遊游於藝者也。然則得心應手，生死人而肉白骨，非偶然也。使由此而精進之，何難與我朝葉天士、薛一瓢、徐靈胎三先生相頡頏哉？余不文，且素不知醫，因覽李君著述，勃有興感，故樂為之序，以弁諸簡端云爾。時大清光緒二十一年歲次乙未閏五月望日乙亥歲貢生候補儒學正堂愚小弟張西銘筱渠拜序於學乖崕之山房。

清·平步青《霞外攟屑》卷六　《問字堂集·校定〈神農本草經序〉》：舊説本草之名，僅見《漢書·平帝紀》及《樓護傳》。予按《藝文志》，有《神農黄帝食藥》七卷，今本譌爲《食禁》。賈公彦《周禮·醫師》疏引其文，正作《食藥》。宋人不考，遂疑本草非《七略》中書也。庸按《新唐書·于志甯傳》云：班固唯記《黄帝内外經》，不載《本草》。至齊《七錄》及稱之。世謂神農氏嘗藥以拯含氣，而黄帝以前，文字不傳，以識相付，至桐雷乃載篇冊，然所載郡縣，多在漢時。疑張仲景、華佗竄記其語。于與賈同時，果《食藥》即爲《本草》，志甯何不以之對帝？知班固不載，本之《七略》。孫說似臆度也。周中孚《鄭堂札記》卷四首條，嚴可均《全上古文目案語》，即本淵如《曝書亭集・本草衍義跋》云：《本草經》撰自神農，《隋志》已著其目。《帝王世紀》黄帝使岐伯定《本草經》。《中經簿》有子儀《本草經》一卷。鄭注《周禮・食醫》謂治合之齊，存乎神農、子儀之術。賈疏云：晉《中經簿》：《本草經》三卷，周末人子儀所纂。《讀書偶識》附《韓詩外傳》，子儀是秦越人之弟子。神農所作，蓋自尊其經，必託之古聖，注家通弊也。按《補續漢書藝文志》子部，有蔡邕《本草》七卷，見《隋志》。

清・慶恕《醫學摘粹・本草類要》敘　《神農本草經》，其藥味只三百六十品，而神明變化，已無病不治矣。迨陶弘景，始增至七百二十品，至後《本草綱目》之書出，其藥味竟增至千餘品。貪多務廣，泛濫無歸，後人學之，往往不得其要領，此有志者所以欲由博而反約也。余公餘之暇，擇藥味之精切可用者，得一百八十品。取其專長，分門別類，朗若列眉，令人一開卷而即了然。復取黄注，摘要而錄之，示人以簡便易學之門。有志斯道者，倘於此書而熟讀玩味，庶不至望洋興嘆也夫。光緒二十二年歲在丙申三月初八日雲閣氏自敘。

清・黄彝鬯《藥性粗評全注》敘　且夫醫之一途，不讀湯頭不足以治病，固也。然有此病，必用此方。用此方，必需此藥。則識藥性又為醫家開宗第一義。無如世之為醫者，往往避難就易。略記時方一二，輒自負為名醫。任意妄投，草菅人命。其罪與殺人何異？今春將暮，余倦游大江南北，歸，閒居無事，不忍人之性命委諸無形之斧刃，迺取李瀕湖《綱目》，删除雜說，得藥六百餘品，衍為《粗評》。仍復搜採《本經》及諸名家之論治精確者，逐注詳明。俾業斯者，朝夕誦之。尋繹其義，確知藥性之功用，無有游移。然後變化從心，不阿時好。審脈以定證，辨證以處方，就方以議藥。自不至彙藥治病，終其身為庸醫爾。光緒二十二年歲次丙申冬仲長沙黄彝鬯虔僧自敘於求知書屋。

清・夏安雅《藥性粗評全注》敘　醫家方書，莫不有求勝古人之心，互相傾軋。吹毛求疵，大言失實。如爭《大學》之錯簡，詮註愈多，本義愈晦。以致後世之業醫者，於病證方藥鮮所適從，而受病者茫不知醫，遂聽其顛倒於疑似之間，而病益劇。歲丁酉，長沙黄虔僧先生司理校經堂，日夕餘閒，接其議論。謂醫為格物致知之一事，夙昔闡究經史，學醫特其餘事。乃性之所近，竟不以儒名而以醫名。因出所編《藥性粗評》，前列藥名，次括駢語。既易考求，又便記誦。何先生之於方技殷殷啟發，一至於此？蓋先生往來大江南北，講學崇寧，見夫庸醫誤人，深堪痛恨。而又以誤投湯藥雖出庸醫，而被其誤者，實由不知藥性所致。爰取《本草綱目》，於水、火、土、金、草、木、鳥、獸、蟲、魚各部中，采輯常用之藥六百餘品，詳明剖晰。庶業醫者臨證用藥，不至苟且依違遷移，致變即受病。而素不知醫者，亦知某病宜用某藥，不至輕於嘗試矣。於以拯濟群生，同登壽域，皆其啟發之功也。語云良相良醫，同功異位。信哉！光緒二十三年春三月邵陽夏安雅撰。

清・黄彝鬯《藥性粗評全注》凡例　是書原為初學起見。初學一誤，不特終其身為庸醫，必且殺人無算。誠可慨也。學者果即是書為先路之導，因以窮源竟委，何莫非入道之始基歟？　明藥性，始於神農，藥止三百六十品。自陶弘景以後，藥品日增，學者每以繁重為憾。茲特删除雜說，錄時用之藥六百六十三品，衍為《粗評》，俾學者便於記誦也。　《藥性賦》已見於《珍珠囊》《本草歌括》諸書，然亦略而不詳焉。是書評注合為一編，眉目較醒。學者分而讀之，合而參之，得其所以易而即知其所以難也。　藥性注釋，專取《本經》及諸名家之論治精確者。其餘雜說，一概從删。欲初學洞悉其所以然之妙而得其專長也。　藥性主治有三四證、六七證以上者，是書限於字句，不能包括無遺。識者諒之。　藥有宜熟用者，有宜生用者。或因其性而順之，或辨其藏而調之。各隨其勢，不必拘拘於雷公(泡)[炮]製法也。徐之才相須相使、相惡相反等法，皆小家伎倆，不足信也。　茲不具錄，願學者取法乎上也。

清・韓鴻《本草擇要類編》序　憶肄業時，始讀《內》《難》，繼讀《醫方脉要》及《本草擇要》。《擇要》者，集《綱目》諸家之說，擇其要也。先嚴嘗謂鴻曰：《本草擇要》一書，業師蓋臣王老先生所授也。聞其書稿成，即罹髮逆，散失迨半。後掇拾而成之。其義皆遵《從新本草》，與平昔取用而驗者，不惜繁瑣，備存之。然《綱目》中精要，固無所不收。而其間重見互出者，亦復不少。且藥之出處與修治、禁忌諸端，多未表出。夫欲便初學，理合删繁。然過事剪裁，藥之精義不達，如雲林龔氏四言四句已簡矣，而《藥性賦》則以一言半句包之，則更簡也。至長樂陳修園之《經讀》，吴江徐靈胎之《百種錄》，二家悉主《本經》，其所選註衹常用百餘品。雖取法乎上，妙論環生，所未註者，後學仍屬茫然。且餘藥功用，即諸家所表出者，却有應如桴鼓之效。至《本經》所未見品物，其驗亦彰彰可考，似難淹沒。夫方書所列各家，均有成見，惟視讀之者選用何如耳。予擬就家藏本略為刪之，定令其字句稍歸整飭，庶讀之爽然，自不難于記憶也。書已脱稿，尚未謄清。爾輩將來但可以令子弟讀，切不可付梓，貽大雅譏。然《擇要》一種，後學尤當奉為圭臬也。邇時兵燹頻驚，終日應診，日夜且無甯晷。稿本庋藏，未遑抄錄。嗣先嚴謝世，鴻因檢出。稿凡三種，總目曰《韓氏醫課》。本草一種，顏曰《撮要類編》。緣《擇要》初分上中下三卷，并未類聚門分，亦未若《本經》列上中下三品，因為類之。然類之亦非《綱目》條分縷(晰)[析]，有物必書。大率草入草類，木入木類，籐入籐類，穀入穀類，諸辛香自為一類，毛羽鱗介昆蟲共一類。俾讀者、撿者，開卷清若列眉，不難翻閲。至藥性仍主《從新》與諸前哲名言碩論。或間附效方及親驗屢應者，俱萃其精英而棄其糟粕。句句排比，不僅爽目，亦甚順口，絕無佶屈聱牙之弊。為家課讀本，殊覺此善于彼。鴻初未敢贅撰一言。今守是業近三十年，復取其稿，再三玩誦，然後知選集諸家本草并附治驗與後贅言，皆歷試不爽之論。因亟為錄正，更將晉三王子《得宜》錄附目中。及《本草拾遺》內市間所有日所屢用，而《綱目》《從新》諸書未載之品，略選一二。至略叅管見，亦由親歷，而言非臆度也。抄成，并擇要一種，皆授之子弟而盡讀之。此即先嚴尊師之意，鴻又何敢而忽諸。光緒丁酉歲春王月中浣印秋氏韓鴻謹序。

清・章炳森《本草崇原集説・序》　《本草崇原》一書，康熙時錢塘張隱庵先生刪定《神農本經》，探五運六氣之原，陰陽消長之理，就原文逐加注釋。乾隆時閩陳氏修園著《本草經讀》，半師其説；同時葉氏天士著《本草經解》，徐氏靈胎著《本草百種錄》，雖見知見仁，各有心得，而皆以《本經》為綱。誠以藥各有性，性者稟於陰陽運氣，惟上古聖人觀天察地，能明其性，故言本草必宗《本經》。近百年來，醫學失傳，務博者，輒讀李時珍《綱目》等書，而淺陋之輩，則取《本草備要》《本草從新》《藥性賦》諸篇，但知某藥治某病，某病須某方，不探五運六氣之原，不明陰陽消長之理，徒襲其用，未究其性，自欺欺人，良可慨已。錢塘仲昴庭先生，余中表伯叔行也。邃于理學，一宗《本經》、長沙及張氏、高氏書，疏方用藥神妙變化。曾徵辟入都，供奉慈聖，歸主杭垣醫局二十餘年，慮近時本草無善本也，爰取《崇原》為綱，附載《經讀》《經解》《百種錄》並張氏《侶山堂類辨》、高氏《醫學真傳》諸説，參酌己意，纂集成編，名曰《本草崇原集説》。屬草甫定，先生遽歸道山。殘編零落，塗乙漫漶。余與王君夔梅，夙聆先生緒論，不揣固陋，彙集各書，搜輯參校。凡先生遺墨咸錄載之，不敢增損。間有眉批，列於《經讀》《經解》諸本，而原文已經先生刪去者，則並眉批亦節之。書成付梓，以竟先生之志。後之覽者，因是編而上探五運六氣之原，陰陽消長之理，醫學日明，群生暢遂，庶不負先生纂集之苦心乎！宣統元年己酉六月章炳森序。

清・王紹庸《本草崇原集説・跋》　光緒六年歲庚辰，識昴庭先生于甬上，時余方從事于張、高二子《靈》《素》《傷寒集注直解》等書，遇有疑義，輒就先生質問，講解開示，不啻游先生之門，飲上池水也，旋當道延先生開醫局于省垣，于是同道諸君，如李寶庭、程遜齋、施瑞春、章椿伯、林舒青皆萃于一局，復有武林醫藪之目。先生思以張、高所注《靈》《素》付官書局重刊，以廣其傳。而各書自經兵燹，罕有存者，僅杭州丁氏，餘杭褚君敦伯處尚得完本。余亦出所藏，資先生彙付校刊。其書以成，會余就泉唐刑幕，繼復膺院司之聘，先生道南作宅，余得比鄰僦居，朝夕過從，獲聆緒論者垂十數年。先生之言曰：《靈樞》論營衛血氣，生始出入，臟腑經脈，交會貫通，明示人以治病標準。若《素問》更理蘊精微，博大廣遠，直兼天、地、人三者言之，不盡言醫，而醫道固在其中。又深惜《針灸秘傳》一書，乾隆時已不可得。乃于活人之暇，作《本草崇原集説》，每析一義得一解，斟酌再三，折衷至當，同道諸子，固游夏莫贊也。其所主治，悉從名形氣味，色相時令，以合天地之五運六氣。故論斷精確，實有可憑，使讀者潛心領悟，自成有本之學。今者新學日盛，國粹式微，西醫治病，尚未明乎運氣，恐聖經賢論無復過問者矣！先生歸道多年，哲嗣省三，以《集説》原本，委任校讎。先生既不自序，其凡例亦未訂定。惟王琢崖原跋中有先生手為訂定者數節，其言簡要明顯，或本不欲序而即以此改跋示人歟？不獲已，與椿伯、舒青往復考訂，竭數年之力，參校竣事，其中外誤恐仍不免。茲省三亟擬付梓，爰述其大略如是。並將跋刊入，仍列琢崖氏名，而誌其原委云。宣統二年二月王紹庸謹跋。

清・仲昴庭《本草崇原集説》凡例　《神農本經》三百六十五種，應周天之數。《崇原》上品一百二十五種，數與《本經》合，內有附載三十二種，皆《本經》所無，則已刪《本經》三十二種矣。中品一百三種，內附載十五種，亦刪《本經》三十二種。下品六十一種，內附載四種，刪《本經》六十三種。不知張氏當時刪節何意，今編次品數悉仍張氏之舊，不補《本經》，以此書名《崇原集說》，非《本經》集說也。《崇原》闡發藥性皆從運氣着筆，為諸家之冠，惟字句間有煩冗處，仲氏略加刪改。今《崇原》下有與張氏原本不同者，皆仲氏所改也。閱者如欲尋張氏原文，自有《本草崇原》在。《經讀》《經解》《百種錄》所收藥品，有為《崇原》所不載者不錄，說不同而無精義者亦不錄。刪節筆削，悉心苦心，故每味下有采諸說，有不采諸說者。大約采《經讀》者最多，《經讀》《百種錄》則間及之，並摘錄《類辨》《真傳》數則，總以《崇原》為主，諸說為輔。凡《崇原》《經讀》《經解》《百種錄》諸說皆逐一標明。《崇原》原本中間有愚按及某某曰等列之圈外者，仍照舊式。若仲氏說則列於後，更作圈以別之，仿《四書集注》圈外標注例也。亦有仲氏評論諸家者，列為眉批。若為諸家之言，必標明其人，以期醒目。惟《本經》原文必高一格，所以示尊《經》而正《綱目》體例之失。仲氏著此書，屬草甫定，未及繕本而卒。其說散見於《本草崇原》《本草三家合注》《本草經讀》《醫學真傳》《侶山堂類辨》諸書，東鱗西爪，彙集頗難，且又塗已漫漶，今就可辨者錄之，不敢增損，其筆誤及重複脫落外補正之，《崇原》本文有誤字校正之。或《經讀》本著批，而《三家》本已刪原文，《三家》本著批，而《經讀》本已刪原文者，皆節去之。管窺蠡測，疏漏不免，海內名家糾正為幸！《經讀》一書，仲氏亦有批注，其藥品非《本經》所有，而《經讀》列入附錄者，仲氏亦多加墨，間有引《類辨》《真傳》之語，以明其性也，今不忍割愛，特附于後，以存仲氏之說，閱後勿謂其羼雜也。

清·鄭奮揚《增訂偽藥條辨》序　古者醫自采藥，司歲備物，能得大地之專精，故治十得九，奏效如神。降及後世，人心不古，疑信參半。醫者避嫌，但求診脈處方，無愧我心。凡藥之採取時節，及出產土地、新陳真偽，一概不講，醫與藥判為兩途，藥與病離為二致。用藥之權，反操自藥肆，其自顧招牌，以圖馳名者，尚堪見信。有一種市利之徒，貪營之心重，則利濟之志泯，得一藥則賺一藥之利，製一藥則損一藥之功，以偽亂真，以賤抵貴，巧詐相尚，夭札生靈。其流弊伊於胡底耶！余世讀《活人書》，自束發仰承庭訓，即聞有偽藥之弊。閱歷雖久，聞見難周。今春上元旋鄉，與翕如徒弟談及，渠復示偽名三十餘味。書將脫稿，又承郭表弟叔雅，檢示十六味，重為辨纂。不意四十年來，假藥混售，有許多名色，病家罔識，藥販昧良。若不詳細研究，大聲疾呼，則草菅人命，未始非醫者之咎也。故不避嫌怨，著為《條辨》，知我罪我，亦聽諸人矣。豈有他哉，不得已也。光緒辛丑仲春之月閩縣鄭奮揚肖巖謹識於袖海廬。

清·鄭奮揚《增訂偽藥條辨》跋　纂此書十七年，藏諸篋中，未敢問世。客歲，得讀社友曹君赤電所著規定藥品之商榷，首列亂真之偽品，經驗既富，調查甚確，一經對勘，真偽立判。其有功於世，良足多矣。蒙僻處海嶠，聞見未周，訪查不易，所揭白偽藥百餘種，僅就耳目所及而條辨之，以視曹君之博雅，何異小巫而見大巫。然舊學以商量而邃密，故不揣淺陋，郵寄請益，幸蒙不棄，將規定亂真之偽品，合參而重訂之。既邀附驥之榮，遑計續貂之誚耳。嗟夫！際此醫藥競爭時代，優勝劣敗，固為天演淘汰之公例。若出真方服假藥，是自欺自戕，於人何尤。無怪泰東西之藥品，日新月異，如潮流所趨，無孔不入。倘長此不進，不知改良，不聯團體，吾恐十年後中華之生命財產，悉操外人之手矣。唯願天下醫林志士，再就當地出產之藥品，調查明確，援據各家本草而辨其真偽，喚醒迷途，扶持正軌，庶幾吾國天產之藥材，可放光彩於世界。拭目以俟，能不馨香禱祝以求之也夫。丁巳荔夏天貺節飲井山人肖巖甫謹跋，時年六十有九。

清·陳贊圖《增訂偽藥條辨·序》　天下惟似是而非者，辨之不容不早，亦絕之不容不嚴。莠之亂苗，紫之奪朱，其近在目前，而盡人能識者，聖人猶惡焉。進而有關乎生人性命之原，世道淳澆之故，而又為人所難辨者可知矣。肖巖茂才，余通家子也，承累世青囊之學，居恒出其術以活人，輒應手起。蓋其診脈處方，不特於腑臟之伏也，血氣之留也，空竅之塞也，關鬲之礙也。必洞見其癥結，下及陰陽燥濕之宜，佐使君臣之法，亦皆考之必力，用之必神。故採藥之道地新陳，採取時節，炮製經方，均講之有素。每恨牟利之徒，販售偽藥，夭札生靈。爰即生平耳目所關，嚴加考究者，凡若干種，釐為《偽藥條辨》，以為此固盡人所難辨，而又盡人所當辨者也。書成，問序於余。余維今之醫者，識時方數種，讀本草一書，輒詡詡然號於人曰：邱之蝱，吾知其為貝母也；原之堇，吾知其為烏頭也；牆之茨，吾知其為蒺藜也；

谷之蓷，吾知其為茺蔚也；　臺賡緇撮，吾知其為香附之稱；　毘薦黃流，吾知其為鬱金之號。究之赤箭、青芝，飽讀雷公之賦。露苗烟蕊，未提風伯之籠。《素問》即或成書，赭鞭未嘗別味。問名則是，課實則非。當夫真假雜陳，未有不懵然罔辨者。無他，耳食雖詳，而講求無本也。今肖巖世兄，以霹靂手，運菩提心，良楛斯分，真假立見，使牛鬼蛇神，無從逃溫嶠之犀，而馬勃牛溲，皆得奏醫師之效。將見向之草菅人命，漁利販售者，無所往而可試其欺，因而愧悔之萌，良心復發，未始非由澆反淳之一機也。然則是書之有功於世道，豈淺鮮哉！　余故樂為之序焉。光緒辛丑春和之月世愚弟陳贊圖拜撰。

民国・余祥池《增訂偽藥條辨・序》　《書》有之作偽心勞日拙，甚矣。作偽之無益而有害也。矧在藥物所以療病，一涉於偽，則不足以救人，而反足以損人，甚者或竟至於戕人。以救人之藥品，而至於損人戕人，其害不為細，而實由於一偽字階之厲。吁！　其可駭也夫。宋元以降，醫與藥分路而揚鑣，貨藥者未必知醫，而知醫者未必貨藥。雖有良醫，而藥肆多偽藥，則良醫仍無濟於事，故良醫良藥，宜相輔而行，而決不容偽藥贋鼎之雜出其間也。曩者，先君致力於實學，而於醫藥尤多所攷訂，不佞自髫齡時輒聞庭訓及之。由是於《靈》《素》以下，稍稍窺見門徑。弱冠之時，親友之病者，相率就診於不佞，治之頗有效。然終未敢自信，故嗣後有請診者，輒謝絕之。今老矣，鬢絲禪榻，專以鬻詩文書畫自娛。顧每聞有醫學佳著，如渴驥赴泉而不能自止。嘗慨夫偽藥之亂真，欲著一書以問世。而人事匆促，學殖荒疏，因循不果。四明曹君炳章邃於醫藥學，臨診以外，孜孜於著述無倦容。近又取閩縣鄭子肖巖所著《偽藥條辨》而增訂之，條分縷析，博大精微，可謂盡善盡美，足以偽藥之棒喝，禹鼎鑄姦，不是過也。作偽之風，其可因是而稍弭乎。民無夭札，將以是書為左券，獨是不佞所有志而未逮者。而曹君乃奮筆而成之，非所謂有志者事竟成耶。茲會剞劂，爰樂而序之。戊辰九月紹興余祥池序於仰師賓學淨室之四積軒。

民国・曹炳章《增訂偽藥條辨》序　博物固難，而於藥材不得不求博焉。用藥尤難，而於物性不得不求達焉，胡可人云亦云，而不致思哉？觀唐顯慶《重修本草》，孔約之序有言曰：　動植形生，因方舛性；　春秋節變，感氣殊功。離本土則質同效異，乖採摘則物是時非。此數語者，誠概括神農嘗味、雷公炮炙之微義，猶舉醫家之能事矣。無如近世業醫之士，率承父師之庭訓，沿習方士之俚談，既未曾閱歷山川，訪眾材之出處，又不能搜羅經史，採明哲之討論，即《本草綱目》一書，乃藥品之藝林，材用之淵藪，孰能細為考證。即或悉心研求，而傳訛亦甚多，無怪乎習於道聽途說，并惑於市儈妄言，致使真材被棄，贋物風行。如大黎子偽充巨勝，相思子混當赤豆，諸如此類，不勝枚舉。沈萍如云：　天地之於萬物，生長收藏，本具五行之理。溫涼厚薄，乃隨九土之宜。然亦有禀性懸殊，而秋生夏死、春萎冬榮之不同。如夏麥冬瓜，臘梅秋菊，各以時榮。天下皆然。習見不異者，擴而充之，則蜀之稻，一歲二藝；　滇之罌粟，四時皆花；　滇黔瓜茄豆蔓，逾冬不凋；　松本長青，而六詔松針，交春黃隕；　梅魁春首，而滇中梅蕊，臘盡花開；　蓖麻幹空如竹，西賧成木如拱；　仙人掌草木也，他處遇霜即萎，滇南可列蒔方丈，以作垣籬，開花如瓠，結果如瓜。此多諸家本草所不載，皆由方土氣候之不齊，而致物性種類亦不一，不獨此也。且收藥諸材，猶當審其收採之時候，察其方土之寒燠，達其物性之變更，揆之於理，而後乃收其效，非可以一隅之偏論，膠柱鼓瑟耳。假如植物之皮葉根荄、花蕊子仁之類，而必採摘有時。若杜仲、黃蘗、秦皮等，其用在皮，理當取之於夏，因夏時漿發於皮，力全而功倍。春則漿未升，秋冬則漿已降，漿收皮槁，效用已失。地骨、丹皮、芎、歸、地、芍，則亦宜各因其長盛之際而採之。其他如山草類之苓、連、知、貝，本多野生者佳，取用其根，宜於秋冬為勝。若椿樗、五茄等喬木之根皮，則亦宜採於落葉之時，其漿液歸根，效力亦勝。至於杏、桃、果蓏之仁核，類多收於夏秋。余目覩夏食未熟果蓏之核仁，多癟薄無肉。可見未至其時，而生長不足也。若夫甘菊、忍冬、凌霄、密蒙等花，以及蘇葉、藿香、薄荷、荊芥、青蒿、佩蘭等芳草之類，則各乘盛時而採之，則氣足力全。既採之後，必當即時晒燥，庋藏箱缸，使芳香之氣不散。苟煎服合度，效能更勝。否則或收採失時，及任其風吹濕蒸，不但失其氣味效能，且增加黴毒，暗助病菌孳長，此不可不知也。苟能收採合時，炮製遵法，必須理有可循。再加親知灼見，屢經試驗，方可傳信。乃今藥肆射利，在小鋪，則以偽亂真，以紫亂朱，但求名狀相似，不別效用冰炭。甚則黑明角充犀角，山羊角混羚羊，只求己利，不惜人害。在大鋪，則但求形色雅觀，進值高昂，不別性質良窳。如半夏用蜀產，而不用浙產；　橘紅用川產，不用建產。大抵川夏顆大，形式雅觀，浙產粒小，不知川夏質鬆，落水即胖，且力薄性劣，較之浙夏質堅味厚，功力皆宏者，大不相同。橘紅之用川產，亦因平薄無瘢痕；建紅捲小有瘢痕，而形色雖不雅觀，然氣味濃厚，不若川紅之味淡氣薄耳。甚至醫方書明蒼术，而用茅术；書明於术，而用江西术；以蒼术、於术價賤，茅术、江西术價貴，以價貴賤分高下耳，不知效能各有擅長。如蒼术燥濕，茅术利濕，用處不同。於术健脾，江西术生津，補法懸殊。諸如此類，亦不勝枚舉。數年前吾紹亦有相沿此惡習，近時則已改良之。然世人茫然不察，致將確能治病之藥，嫌其輕賤而不用，反以重值購求不對病之贋品為神丹，直至不效，亦不自認誤藥之過，而惟委之天命而已。嗚呼！吾國藥物不改良，醫學無從進步。欲求其改良之道，必須從醫藥共同研究始。如上古神農嘗藥，中古韓康賣藥，皆醫士而兼藥劑師也。自趙宋設立和劑藥局，售藥雖有專肆，而仍有醫師指導售賣者也，不若近世醫自為醫，藥自為藥。行醫者，只辨性味處方，不明藥品之真偽。賣藥者，只知形色雅觀，不知炮製之精當。至於產處之道地與否，丸散膏丹之遵古與否，醫師既不調查，藥師亦不報告，分道揚鑣，兩不相牟，執而不變，豈有進步哉？際此中醫藥競爭圖存之時，醫與藥，必須共同一氣，將一切沿習積弊，一一設法改良。炳章自幼嫻藥習醫，至今仍以此為衣食謀，具有切身之關係，常蓄醫藥革命之決心，恨無實行鏟除能力。於民國二年春，爰集同志，組織和濟藥局，為改良之創始。訂正丸散膏丹方書，編著膏丸説明，考定傳訛藥品，撰述規定藥品之商榷等書。刊印以來，傳誦遐邇，荷蒙海內同志所歡迎，紛紛報告改良者，已有十餘埠之多。余故友鄭君肖巖，亦夙具此心，著有《偽藥條辨》一書，郵示於余，囑余評註撰序而刊行之。余捧誦一週，其間所採偽藥，計百十一種，能將傳訛作偽等弊，從實驗條辨發明，與余規定藥品之商榷，可謂無獨有偶。惜門類不分，而藥品產地叢多，質性不齊，未免遺漏。炳章爰將各藥，別其門類，分訂四卷，間有實驗識見，鑒別條下。惟鄭君原文，不敢更動隻字。雖然，吾國地大物博，豈能盡我二人所見。無非先創其例，以吾二人著先鞭耳。凡增補之，訂正之，請質諸海內外醫藥經驗家及博物家，果能相與有成，以臻完美，正不獨吾道藥界之幸甚，而天下蒼生亦幸甚也夫。丁卯七月四明曹炳章序於紹城和濟藥局。

清・鄭奮揚著，曹炳章注《增訂偽藥條辨》例言 此書專為辨別藥之真偽而作。凡藥性氣味功用，行何經絡，專治何病，各家本草，業已詳明辨釋，故考證從略。諸藥有天生地產之正所，則為道地正品。若土人遷地移栽地土不宜之處，即是不良。或亦兼產遍地，皆稱道地者。書中所列偽名，如大小稀副先沖剪等類，乃藥肆通稱之名，非假藥之本名。欲絕流弊，先記偽名。藥之形色氣味，經藥肆剉切之後，不易辨識。故是書僅就藥之本質者證而言之。所辨偽藥，只就聞見所及言之，尚望海內高明，匡其不逮。

清・毛祥麟《對山醫話》卷四 神農以赭鞭鞭百草，盡去其毒，而後辨其氣味，察其寒溫，著《本草經》三卷。後雖積漸增加，然至漢末，亦僅傳三百六十五種，至明東璧氏，彙集諸家，輯《綱目》一書，多至一千八百十二種，而歧誤亦多。余謂古書簡而多闕，今書繁而多訛，近惟潄水吳氏之《從新》，去取適中，便於檢閱，宜為人所膾炙。然屆今甫百年，而品味已多變異，甚至有是名而無是物，肆中遂以他藥代之。在醫者但知某藥治某病，泛取而浪用之，貽誤尚有窮乎。余不揣固鄙，嘗欲明出處，辨氣味，詮真偽，去所無，補所闕，更勒一書，名曰《本草時宜》，以切於用。然必考證詳確而後筆之，故二十年來，僅得七十餘種。今年逾周甲，慮不能竟其事，倘得假吾數年，庶於是書無憾云。

清・周巖《本草思辨録》敘 醫可易言乎哉？在聖門曰小道，在史家曰方伎。顧所謂小道者，特視大學之道，位天地育萬物為小焉耳。神聖作之於前，賢哲述之於後。李唐而降，斯道寖微。非實有至精至神，方可與斯之一境，胡為史冊所載，代不數人，若倉公、扁鵲、華元化一流，則更無代興而特起。江氏艮庭有云：孔子聖無不通，焉有不知醫者。自牖執手，切其脈也，而孔子教人遊藝，如《禮記》疏所稱夫子脈訣，卒未聞傳之其人，豈真以方伎而賤之？蓋其慎也。憶余幼時曾以春溫誤服麻黃，致舉室怔營。迨咸豐丙辰，以副車入貲為比部主事，留滯京邸，又以寒痢為醫投涼劑而誤。更醫復然，危狀迭見。賴友人檢方書鑒前弊而拯之，得以無虞。余於是始有志於醫。恒詣廠肆購書，置之几案，朝夕披覽，雖至困甚，亦冀鬼神來告，不悟徹不已。久之為人療病，時或幸中，謬竊虛譽。然自甲子改官邑令，所宰晉祁皖舒，皆地當孔道，差務絡繹，又不用門丁一人，事無巨細，靡不親裁，計束醫書高閣者，凡十八年。洎壬午調任盱眙，自分無治劇才，甫捧檄，即乞疾而歸，戢影蓬門，無以遣日，則復取群籍，研求加邃。乃喟然曰：余向之於醫，猶門外漢耳，今其或者可與入門矣。夫學問之道，不外致知、力行兩端，醫何獨不然。致知之書，如《素問》《靈樞》《本草經》尚矣。而《傷寒論》《金匱要略》，則又南陽先師本致知以為力行之書，《靈素》《本經》，悉括其中。學者能即是而寢饋篤好之，積以歲月，真可引伸觸長，施用無窮。然而談何易也。人知辨證之難，甚於辨藥；孰知方之不效，由於不識證者半，由於不識藥者亦半。證識矣而藥不當，非特不效，抑且貽害。竊怪古來注仲聖書者，無慮數十百家，獨於方解，鮮精確澄徹。其故在《本草》之學，自來多不深求。識《本草》如是，遂視方義亦當如是。於古人因證施治之微旨，去而千里矣。讀仲聖書而不先辨本草，猶航斷港絶潢而望至於海也。夫辨本草者，醫學之始基，實致知之止境，聖人列明辨於學問思之後，其功自非易致。譾劣如余，何足語此。然而遐軌勉躡，樂豈辭疲，秉燭之明，歲有增益。自戊戌春有《六氣感證要義》之刻，嗣於藥用有心得者，即徵諸方；方義有見及者，並印以藥。弗明弗措，惟竭吾才。今又六更裘葛，取所著稽之，得藥百二十八味，聊依《綱目》編次，釐為四卷。大抵援據仲聖兩書，而間附以他說他藥，隨手札記，殊無體例。余老矣，值時局之艱虞，念儒冠之多誤，是惟弓冶，可得蟬嫣。爰命孫兒智浚，錄付剞劂，以垂來許，並問世焉。若云臧否人物，以自表異，斯醫工之故習，而非余之所敢蹈爾。光緒三十年甲辰夏四月鹿起山人周巖自敍於微尚室，時年七十有三。

清・汪銘業《要藥分劑補正・序》 本草著自神農，漢唐以降，藥品日增，經義日晦。編輯成書，代不乏人。瀕湖出，蒐羅遺品，闡發功能，區分名寔，考究異宜，綜覽大綱，詳分細目，集成千七百餘種，嘉惠後人，既周且至。（願）〔顧〕卷帙繁多，學者望洋咨嗟興歎。他如《主治指掌》《藥性歌賦》《本草從新》《本草備要》等書，逐末忘本，拘泥鮮通，謬誤叢生，奚裨寔用？近世俗醫，乃竟視若津梁，奉為榘則。父以訓子，師以授弟，以訛傳訛，醫者病者，舉世夢夢，甘受其毒，而不知誰過。夫用藥如用兵，不能將兵，焉能制敵？不明藥性，率然治病，無惑乎？虚寔莫辨，攻補妄施。溫涼雜投，寒熱倒置。方不成方，動輒得咎，艸菅人命也。余竊悲焉。癸卯識先生於滬上，先生博雅人也。書藏富有，好古敏求，心期濟世，研理務精，朝夕過從，頗多裨益。一日，出《要藥分劑》以示余，曰：古今本草，以斯為善。惜乎門類不全，尚多遺憾。我欲搜集群書，補而正之。汝能助我參攷否？余生也晚，不及見先大父特庵公，親承醫旨。暇檢殘篇，略知門徑，遂自不揣，怡然允諾。先生亦欣欣，有疑必問。三易其稿，越二年而書成。余讀之，見夫精覈種物，博採群書，分門別類，有美必搜，寔足使學者識名辨性，治病處方，奉為圭臬，不再外誤。先生殆為神農之功臣，瀕湖之良友。沈氏有知，當亦心折先生之讀書得間，而自悔剩義之獨留乎？將付梓人，爰為之序。光緒年月山陽劍農汪銘業謹序。

清・永寧外史《九龍蟲治病方》序言 九龍蟲產自呂宋。味性滋陰補陽，生精養血，壯筋骨，去寒冷胸膈之不寬，加（飡）〔餐〕進食。治瘀血之軟，引火歸原。能添耳之聰明，善伸手足之拘攣，背之酸痛。幼孫服之而疹痘稀少，老年服之而精神壯健。此蟲得純陽之造化，初生之時，形體細（徵）〔微〕，而脱紅黃色，次輕榮色紅，三變九脱始成形。誠為美物。四季均宜暖處安置，不便受風寒。慎之。此物自康熙辛（西）〔酉〕進貢來內，能障百病。雄雌配合，月生九子。養者截竹筒，大小均（不）可。須要誠心喂養。用糯米炒黃，再加肉桂研末，蓮子、紅花、大棗、核桃仁去皮、白芷，裝滿筒中。須要勤添。此蟲最愛清潔，不論男女皆可養育。冬天常入被窩。若是不潔，其蟲自死。醫治諸病，對引量病服之，無不效驗（驗）。切忌生冷。服蟲後，永忌牛肉，犯者病發，無藥可治。慎之！詳註。永寧外史。

《清史稿・藝文志》 醫家類：【略】《長沙藥解》四卷黃元御撰。【略】《神農本草百種録》一卷徐大椿撰。《神農本草經讀》四卷陳念祖撰。《本草述》三十二卷劉若金撰。《得宜本草》一卷王子接撰。《本草備要》四卷汪昂撰。《本草崇原》三卷高世栻、張志聰撰。《本草通原》二卷李中梓撰。《本草綱目藥品藥目》一卷蔡烈先編。圖三卷許燮年繪。《本草萬方緘綫》八卷蔡烈先撰。《本草話》二十二卷，《本草綱目拾遺》十卷，《藥性元解》四卷，《花藥小名録》四卷，《奇藥備考》六卷趙學敏撰。《本草綱目求真》十一卷黃宮繡撰。《本草匯纂》十卷屠道和撰。《本經逢原》四卷張璐撰。《本經疏證》十二卷，《續疏》六卷，《本經序疏要》八卷鄒澍撰。《藥性歌括》一卷，《日用菜物》一卷汪昂撰。《玉楸藥解》四卷黃元御撰。《要藥分劑》十卷沈金鰲撰。《藥性賦音釋》一卷金蘋華撰。【略】《雜症痘疹藥性合參》十二卷馮兆張撰。【略】《藥症宜忌》一卷陳澈撰。【略】《勿藥須知》一卷尤乘撰。《神農本草經》三卷孫星衍、孫馮翼同輯。

典制部

綜述一

《魏書・顯祖紀》〔天安〕四年【略】三月丙戌，詔曰：朕思百姓病苦，民多非命，明發不寐，疚心疾首。是以廣集良醫，遠採名藥，欲以救護兆民。可宣告天下，民有病者，所在官司遣醫就家診視，所須藥物，任醫量給之。

《魏書・顯祖紀》〔延興二十有一年〕【略】九月丙申，詔曰：哀貧恤老，王者所先，鰥寡六疾，尤宜矜愍。可敕司州洛陽之民，年七十已上無子孫，六十以上無期親，貧不自存者，給以衣食；及不滿六十而有廢痼之疾，無大功之親，窮困無以自療者，皆於別坊遣醫救護，給醫師四人，豫請藥物以療之。

《魏書・世宗紀》〔永平三年〕冬十月辛卯，中山王英薨。丙申，詔曰：【略】可敕太常於閑敞之處，別立一館，使京畿内外疾病之徒，咸令居處。嚴敕醫署，分師療治，考其能否，而行賞罰。雖齡數有期，修短分定，然三疾不同，或賴針石，庶秦扁之言，理驗今日。又經方浩博，流傳處廣，應病投藥，卒難窮究。更令有司，集諸醫工，尋篇推簡，務存精要，取三十餘卷，以班九服。郡縣備寫，布下鄉邑，使知救患之術耳。

《魏書・世宗紀》〔延昌元年夏四月〕癸未，詔曰：肆州地震陷裂，死傷甚多，言念毀沒，有酸懷抱。亡者不可復追，生病之徒宜加療救。可遣太醫、折傷醫，并給所須之藥，就治之。

《南史・梁本紀上》〔天監十六年〕三月丙子，敕太醫不得以生類為藥。

唐・長孫無忌《故唐律疏議》卷九《職制》 諸合和御藥，誤不如本方及封題誤者，醫絞。

疏議曰：合和御藥，須先處方，依方合和，不得差誤。若有錯誤，不如本方，謂分兩多少不如本方法之類。合成仍題封其上，注藥遲駃冷熱之類，并寫本方俱進。若有誤不如本方及封題有誤等，但一事有誤，醫即合絞。醫，謂當合和藥者，《名例》大不敬條內已具解訖。

料理簡擇不精者，徒一年。未進御者，各減一等。監當官司，各減醫一等。餘條未進御及監當官司，並準此。

疏議曰：料理，謂應熬削洗漬之類。簡擇，謂去惡留善，皆須精細之類。有不精者，徒一年。其藥未進御者，各減一等，謂應絞者從絞上減，應徒者從徒上減，是名各減一等。監當官司，依令：合和御藥，在內諸省，省別長官一人，并當上大將軍、將軍、衛別一人，與尚藥、奉御等監視。藥成，醫以上先嘗。除醫以外，皆是監當官司，並於已進、未進上，各減醫罪一等。注云餘條未進御者，謂下條造御膳、御幸舟船、乘輿服御物，但應供奉之物未進御者，各隨輕重減一等，監當官司又各減一等，故云並準此。

唐・長孫無忌《故唐律疏議》卷二五《詐偽》 諸醫違方詐療病，而取財物者，以盜論。

疏議曰：醫師違背本方，詐療疾病，率情增損，以取財物者，計贓，以盜論。監臨之與凡人，各依本法。

唐・長孫無忌《故唐律疏議》卷二六《雜律》 諸醫為人合藥及題疏、針刺，誤不如本方，殺人者，徒二年半。

疏議曰：醫師為人合和湯藥，其藥有君臣、分兩，題疏藥名，或注冷熱遲駃，并針刺等，錯誤不如本方者，謂不如今古藥方及本草，以故殺人者，醫合徒二年半。若殺傷親屬尊長，得罪輕於過失者，各依過失殺傷論。其有殺不至徒二年半者，亦從殺罪減三等，假如誤不如本方，殺舊奴婢，徒二年減三等，杖一百之類。傷者，各同過失法。

其故不如本方，殺傷人者，以故殺傷論；雖不傷人，杖六十。即賣藥不如本方，殺傷人者，亦如之。

疏議曰：其故不如本方，謂故增減本方，不依舊法，殺傷人者，以故殺傷論，尊長、卑幼、貴賤並依故殺傷之律。雖不傷人，謂故不如本方於人無損，猶杖六十；於尊長及官人，亦同毆而不傷之法。即賣藥不如本方，謂非指的為人療患，尋常賣藥，故不如本方，雖未損人，杖六十；已有殺傷者，亦依故殺傷法，故云亦如之。

《舊唐書・懿宗本紀》〔大中四年〕七月朔，制：【略】如聞溪洞之間，悉藉嶺北茶藥，宜令諸道一任商人興販，不得禁止往來。廉州珠池，與人共利。近聞本道禁斷，遂絕通商，宜令本州任百姓採取，不得止約。

宋・王溥《唐會要》卷六七《伎術官》 神功元年十月三日勑： 自今以後，本色出身，【略】醫術者，不得過尚藥奉御。

《舊五代史・梁书・太祖本紀七》〔乾化二年五月丁亥〕詔曰：【略】國癘之文，尚標七祀；良藥之市，亦載三醫。用憐無告之人，宜徵有喜之術。凡有疫之處，委長吏檢尋醫方，於要路曉示。如有家無骨肉兼困窮不濟者，即仰長吏差醫給藥救療之。

宋・宋敏求《唐大詔令集》卷一一四《政事》 醫方疾病附

諸州置醫學博士敕 敕： 神農鞭草，以療人疾，岐伯品藥，以輔人命。朕銓覽古方，永念黎庶，或營衛內擁，或寒暑外攻，因而不救。良可歎息。自今遠路僻州，醫術全少，下人疾苦，將何恃賴？宜令天下諸州，各置職事醫學博士一員，階品同于録事，每州寫《本草》及《百一集驗方》，與經史同貯，其諸州于録事各省一員，中下州先有一員者省訖，仰州補勳散官充。開元十一年七月。

牓示《廣濟方》敕 朕頃者所撰《廣濟方》，救人疾患，頒行已久，傳習亦多，猶慮單貧之家，未能繕寫，閭閻之內，或有不知，儻醫療失時，因至夭橫，性命之際，寧忘惻隱，宜命郡縣長官，就《廣濟方》中逐要者，於大板上件録，當村坊要路牓示，仍委採訪使勾當，無令脫錯。天寶五年八月。

頒《廣利方》敕 敕： 立國之道，莫重於愛民育物之心，期臻於壽域，故安其性命，順其節宣，使六氣不差，百疾不作，斯亦救人之要也。朕以聽政之暇，思及黎元，每慮温濕不時，壅鬱為厲，或僻遠之俗，難備於醫方，或貧匱之家，有虧於藥石，失於救療，遂至傷生。言念於茲，載深憂軫。屬春陽在候，寒暑方交，閭里之間，頗聞疾患。每因服餌，尤感予衷。遂閱方書，求其簡要。並以曾經試用，累驗其功，及取單方，務於速效。當使疾無不差，藥必易求。不假遠召醫工，可以立救人命。因加纂集，以便討尋。類例相從，勒成五卷，名曰《貞元集要廣利方》。宜付所司，即頒下州府，閭閻之內，咸使聞知。

宋・佚名氏《宋大詔令集》卷二一九 訪醫術優長者詔開寶四年□月戊子 《周禮》有疾醫掌萬民之病，又漢置本草待詔以方藥侍醫。朕每於行事，必法前王。思得巫咸之術，以實太醫之署。其令郡國，求訪醫術優長者，咸籍其名，仍量賜裝錢，所在廚傳給食，速遣詣闕。

訪求醫書詔太平興國六年十二月癸酉 太醫之方，以十全為上。神農之藥，有三品之差。歷代之議論寔繁，生人之性命攸擊。比令編纂，多所闕遺。宜行購募之文，用申康濟之意。宜令諸路轉運司，遍指揮所管州府，應士庶家有前代醫書，並許詣闕進納。及二百卷已上者，無出身與出身，已任職官者亦與遷轉。不及二百卷，優給緡錢償之。有詣闕進醫書者，並許乘傳，仍縣次續食。

行《聖惠方》詔淳化三年五月己亥 醫藥之書，人命攸擊。將疾疢之是療，必學術之至精。故太醫之職，以十全而為能。聚毒之家，非三世而不餌。朕軫念黎庶，慮其夭枉，爰下明詔，購求名方。悉令討論，因而綴緝。已成編卷，申命雕鐫。宜推流布之恩，用彰亭毒之意。其《聖惠方》并目錄共一百一卷，應諸道州府各賜二本。仍本州選醫術優長治疾有效者一人，給牒補充醫博士，令專掌之，吏民願傳寫者並聽。先已有醫博士即掌之，勿更收補。

選良醫診視京城病人詔淳化三年五月戊申 古先哲王之愛民也。大暑流爍，必施扇暍之仁。凶年饑饉，必有淖糜之賜。如聞今歲，天災流行，閭閻之民，疾疫相繼。既醫藥之不給，必閼夭之居多。用伸救療之恩，庶推勤恤之意。宜令太醫署，選良醫十人，分於京城要害處，聽都人之言病者，給以湯藥。扶疾而至者，即與診視。賜太醫錢伍拾萬，分給為市藥之直。中黃門一人，往來按行之。

差醫人散藥詔元祐八年四月壬申 訪聞近日在京軍民，難得醫藥。令開封府體訪，如委是人多病患，可措置於太醫局，選差醫人就班直軍營坊巷，認地分診治。本府那官提舉合藥，并日支食錢，於御前寄收封樁錢內等第支破，候患人稀少即罷。

求方書藥法御筆政和四年八月三十日 人肖形於天地，氣盭則形病。昔聖人救以醫藥，躋之壽域，仁政之急務也。比者醫不窮理，流於世好，人以夭折，朕甚憫焉。乃詔有司，詔學設局，教養多士，命之以官，分任天下，士稍勸焉。尚慮方書藥法，有不如古，遺失不完，致誤服食。其令天下應有奇方善術，許申納本州，逐州繳進以聞，稱朕好生之意。差曾孝忠就提舉入內醫官所編類御前所降方書，差文臣米肱、劉植充檢閱官，候逐路進到奇方善術，並送本部編集，俟書成進呈，仍以《政和聖濟經》為名，下國子監刊印頒行。

宋・李燾《續資治通鑑長編》卷三三　〔淳化三年〕上復命醫官集《太平聖惠方》一百卷。己亥，以印本頒天下，每州擇明醫術者一人補醫博士，令掌之，聽吏民傳寫。

宋・李燾《續資治通鑑長編》卷八〇　〔大中祥符六年春正月庚子〕令審刑院、大理寺、三司詳定配隸法。既而取犯茶、鹽、礬、麴，私鑄錢，造軍器，市外蕃香藥，挾銅錢、誘漢口出界，主吏盜貨官物，夜聚為妖等十二條，悉減從輕焉。

宋・李燾《續資治通鑑長編》卷一八一　〔至和二年〕戊辰，詔提舉醫官院：自今試醫官，並問所出病源，令引醫經本草，藥之州土、主療及性味畏惡，修製次第，君臣佐使，輕重奇偶條對之。每試十道，以六通為合格。

宋・李燾《續資治通鑑長編》卷二四二　〔熙寧六年〕中書言：御藥院申：昨有旨，諸路冬夏歲賜藥，盡計直，及降方書下轉運司，就合賜之。而故事歲差使臣齎賜緣邊將帥，因得傳宣勞問，今既有法，所差使臣恐合隨罷。禮房以為勞問使臣自當如故事不廢，餘依所定。上批：三路緣邊舊差使臣，本以賜夏藥故因勞問，今藥既不賜，獨往撫問，意頗無謂。況所賜藥並題名用寶，恩禮甚重，今若止令轉運司合散，恐失事體。昨祕書丞何琬止以川峽路遠，艱於時至，故乞止賜方書，今三路地里既非川峽之比，遣使勞賜，可且依舊，餘依何琬所請。

宋・李燾《續資治通鑑長編》卷三〇五　〔元豐三年〕詔醫官使以下診御脉，并御藥院祇應者，隸御藥院，其入內祇應并看驗病證，醫官隸內東門司。

宋・李燾《續資治通鑑長編》卷五〇七　〔元符二年〕壬戌，禮部言，尚藥奉御判太醫局孔元狀，乞將《神醫普救方》差官校正，付國子監鏤板頒行。從之。

《宋史・仁宗本紀》　至和元年春正月辛未，詔：京師大寒，民多凍餒死者，有司其瘞埋之。壬申，碎通天犀，和藥以療民疫。【略】

〔至和年〕九月【略】戊辰，詔：試醫官須引《醫經》《本草》以對，每試十道，以六通為合格。辛巳，罷輔臣、宣徽、節度使乾元節任子恩。【略】

〔二年〕八月己酉，詔：每歲賜諸道節鎮、諸州錢有差，命長吏選官和藥，以救民疾。

《元史・世祖本紀》　〔至元二十一年十二月〕癸酉，命翰林承旨撒里蠻、翰林集賢大學士許國禎，集諸路醫學教授增修《本草》。

《元史・刑法志》　惑人集眾，以賣偽藥者，禁之，違者重罪之。【略】

諸有毒之藥，非醫人輒相賣買，致傷人命者，買者賣者皆處死。不曾傷人者，各杖六十七，仍追至元鈔一百兩，與告人充賞。不通醫術，製合偽藥，於市井貨賣者，禁之。

《大明律》卷一二　合和御藥　凡合和御藥，誤不依本方，及封題錯誤，醫人杖一百。料理揀擇不精者，杖六十。若造御膳，誤犯食禁，廚子杖一百。若飲食之物不潔淨者，杖八十。揀擇不精者，杖六十。不品嘗者，笞五十。監臨提調官，各減醫人、廚子罪二等。若監臨提調官及廚子人等，誤將雜藥至造御膳處所者，杖一百，所將雜藥就令自喫。門官及守衛官，失於搜檢者，與犯人同罪，并臨時奏聞區處。

《大明律》卷一九　庸醫殺傷人　凡庸醫為人用藥、鍼刺，誤不依本方，因而致死者，責令別醫辨驗藥餌穴道，如無故害之情者，以過失殺人論，不許行醫。若故違本方，詐療疾病而取財物者，計贓，準竊盜論。因而致死，及因事故用藥殺人者，斬。

《明實錄・孝宗實錄》　〔弘治十六年〕司禮監太監蕭敬傳旨：本草舊本繁簡不同，翰林院其遣官二員，會同太醫院官，刪繁補缺，纂輯成書，以便觀覽。于是大學士劉健等奏委編修沈燾、陳霽，往司纂輯。已而太醫院奏，擬本院官生劉文泰等纂修謄錄送內閣校正，撰序，上表進呈。健等復言，纂輯書籍必須通曉文義，該博典籍，庶損益得宜，痊次不謬。《本草證類》等書多係前賢編纂，出入經史，文義深奧。今太醫院官生僅辦藥物，文理多有未諳，字樣亦有識不真。所纂輯恐多乖謬，致誤後人。乞勅禮部將該院所擬纂修等項官生嚴加考選。如果明通藥性，兼曉文義者，方許供事，毋容冒濫，妄圖恩典。其本部編修二員，既奉成命，委任宜專。其纂輯之際，就令通行裁定，并加校閱，務使無忝前修，有益世用，方可上塵御覽。臣等叨預機密，政務繁冗，又兼纂修《通鑑纂要》等書，今本草既不在本院修纂，已有差官專理。況修書舊規，纂修之下，方有校正名目。若劉文泰等纂修，乃使臣等為之校正，揆之事體，尤為顛錯，伏乞斷自宸衷。臣等不必干預，庶事理允當，書籍可成。從之。時文泰等但欲援引所親，妄圖陞賞，實未有精于醫理者，皆畏考試。掌太醫院事右通政施欽等自陳，臣等一介草茅，賦性庸愚，仰承聖命纂修本草，逮而自揣，誠不勝任，乞命翰林院重臣纂修，庶克有濟。上乃命翰林院纂修，太醫院官生並不必預，而免其考選。蓋大學士丘濬嘗欲重修本草，每種立十三則，而親著一種為例。文泰得之，欲攘以為功，故陽為推遜，以避考試。健等又言，藥物方書，太醫院專職，臣等職在論思，理難侵越。具該院官生數多，中間亦必自有通曉文義之人，可以纂輯成書，伏望特回宸斷，仍命該院纂經自呈進，熹等一併取回，庶職守有定，體統不失。上曰：本草一書，與其他醫書不同，以卿等問學優深，乃命纂輯。今所言如此，其令太醫院自行纂修。欽等遂具官生并儒士、畫士四十七人名上。時上好醫藥，于南城合修諸丸以賜臣民。太監張愉主其事，文泰等以此被寵，賞賜無算。上親御宸翰書藥方賜之，故本草亦在南城開局。

《明實錄・世宗實錄》〔嘉靖六年〕禮部尚書桂萼等言古者醫師歲終皆有考覈，故術業久而益精。今拘于世業，按籍收人，一入供事，永無考較。所謂粗工洶洶，何以有濟。且獨用此一途，則天下雖有盧扁公，無由自進，而國家太醫院永為此輩巢窟。臣讀擇士可教者，設程限，使誦習其業，一歲四試。約有成材，則會太院醫考試，列為三等。上者入御藥房，已入者，准與授職。中者授冠帶辦事。本院已冠帶者，與之俸給。下者應役本院如故。或良醫大使有缺中下者，得赴吏部銓補。其不係世業，精通醫術者，聽其應試。試高等，得入籍，而汰其世業不通者，無令冗食。至於見在各官，考滿及考察皆聽。臣等課其醫業，送吏部斟酌黜陟。上以為醫道人命所關，命醫士考選去留。及收在外人役，皆如部議，餘仍舊規行。于是萼等復言有考試而無教習，則業無傳授，事竟因循，見在各官冗濫尤甚，宜并加考選，奏請去留，且考滿考察之議，無非欲其有所警惕，以圖後效。上悉從之。

《明史・禮志》 三皇：明初仍元制，以三月三日、九月九日通祀三皇。洪武元年，令以太牢祀。二年，命以句芒、祝融、風后、力牧左右配，俞跗、桐君、僦貸季、少師、雷公、鬼臾區、伯高、岐伯、少俞、高陽十大名醫從祀。儀同釋奠。四年，帝以天下郡邑通祀三皇為瀆。禮臣議：唐玄宗嘗立三皇五帝廟於京師。至元成宗時，乃立三皇廟於府州縣。春秋通祀，而以醫藥主之，甚非禮也。帝曰：三皇繼天立極，開萬世教化之原，汩於藥師可乎？命天下郡縣毋得褻祀。

正德十一年，立伏羲氏廟於秦州。秦州，古成紀地，從巡按御史馮時雄奏也。嘉靖間，建三皇廟於太醫院北，名景惠殿。中奉三皇及四配。其從祀，東廡則僦貸季、岐伯、伯高、鬼臾區、俞跗、少俞、少師、桐君、雷公、馬師皇、伊尹、扁鵲、淳于意、張機十四人，西廡則華陀、王叔和、皇甫謐、葛洪、巢元方、孫思邈、韋慈藏、王冰、錢乙、朱肱、李杲、劉完素、張元素、朱彥修十四人。歲仲春、秋上甲日，禮部堂上官行禮，太醫院堂上官二員分獻，用少牢。復建聖濟殿於內，祀先醫，以太醫官主之。二十一年，帝以規制湫隘，命拓其廟。

清・徐本等《大清律例》卷一七《禮律・儀制》 合和御藥

凡合和御藥，誤不依對症本方及封題錯誤，經手醫人杖一百。料理揀擇誤不精者，杖六十。若造御膳誤犯食禁，廚子杖一百。若飲食之物不潔淨者，杖八十。揀擇誤不精者，杖六十。御藥御膳不品嘗者，笞五十。監臨提調官各減醫人、廚子罪二等。若監臨提調官及廚子人等，誤將雜藥至造御膳處所者，杖一百。所將雜藥就令自喫。御膳所廚子人等有犯，監臨提調官知而不奏者，門官及守衛官失於搜檢者，與犯人同罪，並臨時奏聞區處。

條例：醫官就內局修製藥餌，本院官診視，調服御藥，參看校同，會近臣就內局合藥，將藥貼連名封記具本，開寫本方藥性、治症之法於日月之下，醫官、近臣書名以進置簿書。進藥奏本既具，隨即附簿年月下書名，近臣收掌，以憑稽考。煎調御藥，本院官與近臣監視，二服合為一服，俟熟分為二器，其一器御醫先嘗，次院判，次近臣，其一器進御。

清・徐本等《大清律例》卷一九《兵律・軍政》 軍人替役

若醫工承差關領官藥，隨軍徵進，轉雇庸醫冒名代替者，本身及替身各杖八十。庸醫所得雇工錢入官。

清・徐本等《大清律例》卷二〇《兵律・關律》 私出外境及違禁下海条例

附近苗疆五百里以內，民人煎挖、窩囤、興販硝黃事發，如在十斤以下，杖一百。其十斤以上者，杖六十，徒一年。二十斤以上者，按照五徒，以次遞加。五十斤以上者，杖一百，流二千里。八十斤以上者，杖一百，流二千五百里。一百斤以上者，杖一百，流三千里。多至百斤以上者，照合成火藥賣與鹽徒例，發近邊充軍。若囤積未曾興販，減私販罪一等。焰硝每二斤作硫黃一斤科斷。鄰保、挑夫、船戶，照例分別發落。其該地銀匠、藥鋪、染房需用硝黃，地方官照例給批，定限每次不得過五斤，違者治罪。

清・徐本等《大清律例》卷二四《刑律・賊盜中》 刨參官商私刻小票，影射私參，照私販人參例分別治罪。

凡領票刨參人夫，例給鳥槍，應查明人數多寡，批給鳥槍，填明票上，出口驗放，回山查核。違例私帶者，照商民應用鳥槍不報官私造例，杖一百。其將鳥槍轉給售賣刨參之人者，比照軍人將軍器私賣與人發邊遠充軍律，減一等，杖一百，徒三年。該管官不行查出交部議處。【略】

刨參人夫不往所指山林刨採，或將票張賣放別路飛揚者，除交官參外，餘剩俱令入官，仍杖八十，枷號一個月。

私刨人參賊犯，在山林僻壤莊屯潛蹤盤踞，該處保正、甲長，如有飛包過付，窩藏黑人不行首報，除窩家照例治罪外，保正、甲長如審係知情不首，照保甲知有為盜窩盜之人瞻徇隱匿例，杖八十，加枷號一個月。如不知情，照牌頭所管內有為盜之人雖不知情而失察例，笞四十。

漁利之徒潛蹤山林，收買參秧栽種，及貪利之人私行入山偷刨參秧貨賣，一經拿獲，均照偷刨私賣收買私參例，一體治罪。

領票工人內，如有偷竊領票商人之參者，照刨參已得例按照得參數目分別徒、流，仍於面上刺竊盜字，追贓給主。【略】

在口外出錢雇人偷挖黃芪，首犯除有拘捕多犯等情，仍按罪人拘捕及奪犯毆差各本律、本例分別定擬外，如所雇人數未及十名者，照違制律杖一百。十人以上加枷號兩個月。五十人以上杖六十，徒一年。每十人加一等，以次遞加，罪止杖一百，徒三年。為從各減一等。受雇挖芪之人，照不應重律杖八十，遞籍管束。如係割草民人，不得妄拿滋事。該處囤積黃芪首犯，數至十斤以上者，亦照違制律杖一百。五十斤以上者，加枷號兩個月。百斤以上，杖六十，徒一年。每百斤加一等，以次遞加，罪止杖一百，徒三年。為從，亦各減一等，黃芪入官。至無業貧民，零星有挖黃芪進口售賣，每次人數不得過十名，每人攜帶不得過十斤。違者以私販論，仍責成守口員役及各口關隘官弁實力稽查。尚有賄縱情弊，查出按例究辦。【略】

山海等關巡查人員，如有搜獲人參、珠子，該管官交部議敘。如有搜查不力以及私帶過關者，將該管官照失察例議處，巡查人等照不應重律治罪。明知故縱者，該管官革職，巡查人等枷號一個月，杖一百。受賄賣放者，計贓以枉法從重發落。其失察偷出邊關，刨參至一百名者，令催披甲人等鞭五十。至二百名者，鞭一百。至五百名以上者，枷號一個月，鞭一百。該守禦官亦按失察名數分別議處。【略】

凡旗民人等偷刨人參，如有身充財主雇人刨採，及積年在外逗遛已過三冬，人數未及四十名，參數未至五十兩者，發雲、貴、兩廣煙瘴地方管束。若人至四十名以上，參至五十兩以上，為首之財主及率領之頭目，並容留之窩家俱擬絞監候。為從，發雲、貴、兩廣煙瘴地方，所獲牲畜等物給付拿獲之人充賞，參入官。擬絞人犯遇赦減等者，亦照為從例發遣。其未得參者，各減一等。如並無財主，實係一時烏合，各出資本及受雇偷採，或隻身潛往得參者，俱按其得參數目，一兩以下，杖六十，徒一年。一兩以上，至五兩，杖七十，徒一年半。一十兩，杖八十，徒二年。一十五，兩杖九十，徒二年半。二十兩，杖一百，徒三年。二十兩以上至三十兩，杖一百，流二千里。每十兩遞加一等，罪止杖一百，流三千里。為從及未得參者，各減一等。代為運送米石者，杖一百。私販照私刨人犯，減一等治罪。得參人犯，首、從照例刺字。未得參及私販人犯，俱免刺字。刨參案內，有犯軍、流、徒罪者，係旗人銷去旗檔，照民人一體問擬。若旗下家奴有犯罪，應軍、流者，發駐防給兵丁為奴，徒罪照例發配，限滿釋回，仍交主家服役。如伊主知情故縱者，杖八十。係官，交部議處。不知者，不坐。其潛匿禁山刨參被獲擬徒人犯，限滿釋回，復行逃往禁山刨參者，不分已得未得，俱發附近充軍。旗下家奴發往駐防，給兵丁為奴。

清・徐本等《大清律例》卷二五《刑律・人命》 凡庸醫為人用藥、鍼刺，誤不如本方，因而致死者，責令別醫辨驗藥餌、穴道，如無故害之情者，以過失殺人論，依律收贖，給付其家。不許行醫。若故違本方乃以詐心療人疾病而增輕作重，乘危以取財物者，計贓，准竊盜論。因而致死，及因事私有所謀害故用反症之藥殺人者，斬監候。

綜述二

《後漢書・百官志》 太醫令一人，六百石。本注曰：掌諸醫。藥丞、方丞各一人。本注曰：藥丞主藥。方丞主藥方。【略】

章和以下，中官稍廣，加嘗藥、太官、御者、鉤盾、尚方、考工、別作監，皆六百石，宦者為之。【略】

中宮藥長一人，四百石。本注曰：宦者。【略】醫工長。本注曰：主醫藥。

《後漢書・禮儀志》 不豫，太醫令丞將醫入，就進所宜藥。嘗藥監、近臣中常侍、小黃門皆先嘗藥，過量十二。

《隋书・百官志》 尚食局，典御二人，直長四人，食醫四人。尚藥局，典御二人，侍御醫、直長各四人，醫師四十人。【略】

太醫署有主藥、二人。醫師、二百人。藥園師、二人。醫博士、二人。助教、二人。按摩博士、二人。祝禁博士二人。等員。【略】

〔門下坊〕宮門置【略】典膳、藥藏，並置監、丞各二人。藥藏又有侍醫四人。齋帥置四人。

殿內省【略】又有奉車都尉十二人，掌進御輿馬。統尚食、尚藥、尚衣、尚舍、尚乘、尚輦等六局，各置奉御二人，正五品。皆置直長，以貳之。正七品。尚食直長六人，又有食醫員。尚藥直長四人，又有侍御醫、司醫、醫佐員。

題唐玄宗《唐六典》卷一一　殿中省　尚藥局：奉御二人、直長四人、書令史二人、書吏四人、侍御醫四人、主藥十二人、藥童三十人、司醫四人、醫佐八人、按摩師四人、呪禁師四人、合口脂匠二人、掌固四人。【略】大業三年，分門下省尚食、尚藥、御府、殿內等局，分太僕寺車府、驊騮等署，置殿內省監正四品、少監從四品，丞從五品，各一人，掌諸供奉；又有奉車都尉十二人，掌進御輿馬；統尚食、尚藥、尚舍、尚衣、尚乘、尚輦等六局。【略】殿中監掌乘輿服御之政令，總尚食、尚藥、尚衣、尚乘、尚舍、尚輦六局之官屬，舊屬官又有天藏府，開元二十三年省。備其禮物，而供其職事；少監為之貳。【略】若和合御藥，則監視而嘗之。

尚藥局：奉御二人，正五品下；自梁、陳、後魏已往，皆太醫兼其職。北齊門下省統尚藥局，有典御二人、侍御師四人、尚藥監四人，惣御藥之事；又集書省統三局，有中尚藥局典御二人、丞二人、中謁者僕射二人，惣知中宮醫藥之事。隋門下省統尚藥局典御二人，正五品下；侍御醫四人，正七品上；直長四人，正七品下；醫師四十人。大業三年分屬殿內，改為奉御，皇朝因之。龍朔二年改為奉醫大夫，咸亨元年復舊。直長四人，正七品上；隋置四人，正七品下，煬帝加品為正七品上，皇朝因之。侍御醫四人，從六品上；北齊尚藥局有侍御師四人，隋有侍御醫四人，皇朝因之。主藥十二人；藥童三十人；漢有藥丞，主藥。後周有主藥六人，隋有主藥四人、藥童二十四人。司醫四人，正八品下；隋大業中置，皇朝因之。醫佐八人，正九品下；隋大業中置，皇朝因之。按摩師四人；隋有按摩師一百二十人，皇朝減置。呪禁師四人；皇朝初置。合口脂匠二人。皇朝初置。尚藥奉御掌合和御藥及診候之事，直長為之貳。凡藥有上、中、下之三品。上藥為君，養命以應天；中藥為臣，養性以應人；下藥為佐，療病以應地，遞相宣攝而為用。凡合藥宜用一君、三臣、九佐，方家之大經也，必辨其五味、三性、七情，然後為和劑之節。五味謂酸、鹹、甘、苦、辛，酸屬肝，鹹屬腎，甘屬脾，苦屬心，辛屬肺。三性謂寒、溫、平。七情謂有單行者，有相須者，有相使者，有相畏者，有相惡者，有相反者，有相殺者。其用又有四焉，曰湯、丸、膏、散，視其病之深淺所在而服之。診脉辨寸、關、尺之三部，以調四時沉、浮、滑、澀之節，而知病之所在。在胸膈者，先食而後服藥；在心腹者，先服藥而後食。凡合和御藥，與殿中監視其分、劑，藥成，先嘗而進焉。合藥供御，門下、中書司別長官一人，并當上大將軍衛別一人，與殿中監、尚藥奉御等監視；藥成，醫佐以上先嘗，然後封印；寫本方，方後具注年、月、日，監藥者偏署名，俱奏。餌藥之日，尚藥奉御先嘗，次殿中監嘗，次皇太子嘗，然後進御。侍御醫掌診候調和。司醫、醫佐掌分療眾疾。主藥、藥童掌刮、削、擣、篩。按摩師、呪禁師所掌如太醫之職。

題唐玄宗《唐六典》卷一四　太常寺　太醫署：令二人、丞二人、府二人、史四人、主藥八人、藥童二十四人、醫監四人、醫正八人、藥園師二人、藥園生八人、掌固四人、醫博士一人、醫助教一人、醫師二十人、醫工一百人、醫生四十人、典學二人、鍼博士一人、鍼助教一人、鍼師十人、鍼工二十人、鍼生二十人、按摩博士一人、按摩師四人、按摩工十六人、按摩生十五人、呪禁博士一人、呪禁師二人、呪禁工八人、呪禁生十人。【略】

太醫署：令二人，從七品下；《周禮》有醫師上士、下士。秦少府屬官有太醫令、丞，無員多至數十人。後漢又有藥丞一人，魏因之。晉氏宗正屬官有太醫令、丞，銅印、墨綬，進賢一梁冠，絳朝服，品第七；過江，省宗正，而太醫以給門下省。宋、齊太醫令，丞隸侍中。梁門下省有太醫令、丞，令班第一，丞為三品勳位。陳因之。後魏有太醫博士、助教。北齊太常寺統太醫令、丞。後周有太醫下大夫、小醫上士。隋太常寺統太醫署令、丞，有主藥、醫師、藥園師、按摩呪禁博士；煬帝又置醫監五人、醫正十人。皇朝因之。丞二人，從八品下；秦、漢已來皆有丞一人。至隋，又置二人，皇朝因而不改。醫監四人，從八品下；醫正八人，從九品下；後周有醫正上士、中士、下士。隋煬帝置醫監五員、醫正十員，皇朝減之。隋又有藥園師、藥生等，皇朝因之。醫師二十人，醫工一百人；《周禮》有醫師上士、下士。後漢有醫工長，第五倫補為淮陽王醫工長是也。隋太醫有師二百人，皇朝置二十人，醫工二百人。醫生四十人，典學二人。後周醫正有醫生三百人，隋太醫有生二百二十人，皇朝置四十人。貞觀後，置典學二人。太醫令掌諸醫療之法，丞為之貳。其屬有四，曰醫師、鍼師、按摩師、呪禁師，皆有博士以教之，其考試、登用如國子監之法。諸醫、鍼生讀《本草》者，即令識藥形而知藥性；讀《明堂》者，即令驗圖識其孔穴；讀《脉訣》者，即令遞相診候，使知四時浮、沈、澁、滑之狀；讀《素問》《黄帝鍼經》《甲乙脉經》皆使精熟。博士月一試，太醫令、丞季一試，太常丞年終總試。若業術過於見任官者，即聽補替。其在學九年無成者，退從本色。凡醫師、醫正、醫工療人疾病，以其痊多少而書之，以為考課。每歲常合傷寒、時氣、瘧、痢、傷中、金瘡之藥，以備人之疾病者。藥園師以時種蒔、收採諸藥。京師置藥園一所，擇良田三頃，取庶人十六已上二十已下充藥園生，業成，補藥園師。凡藥有陰陽配合，子母兄弟，根葉花實，草石骨肉之異；及有毒無毒，陰乾曝乾，採造時月，皆分別焉。凡藥八百五十種：三百六十，《神農本經》；一百八十二，《名醫別錄》；一百一十四，《新修本草》新附；一百九十四，有名無用。皆辨其所出州土，每歲貯納，擇其良者而進焉。

醫博士一人，正八品上；助教一人，從九品上。晉代以上手醫子弟代習者，令助教部教之。宋元嘉二十年，太醫令秦承祖奏置醫學，以廣教授，至三十年省。後魏有太醫博士、助教。隋太醫有博士二人，掌醫。皇朝武德中，博士一人，助教二人；貞觀中，減置一人，又置醫師、醫工佐之，掌教醫生。醫博士掌以醫術教授諸生習《本草》《甲乙脉經》，分而為業：一曰體療，二曰瘡腫，三曰少小，四曰耳目口齒，五曰角法。

題唐玄宗《唐六典》卷二六 太子三師三少詹事府左右春坊內官 藥藏局：

藥藏郎丞各二人、書令史一人、書吏二人、侍醫四人、典藥九人、掌固六人、藥僮十八人。【略】

藥藏局：藥藏郎二人，正六品上；北齊門下坊領藥藏局，有監、丞各二人，正六品下；侍藥四人，正七品下。隋門下坊領藥藏局監、丞二人，侍藥四人；監，正七品下。皇朝改監為太子藥藏郎。丞二人，正八品上。北齊藥藏局有丞二人，正八品下。隋正九品下，皇朝因之。藥藏郎掌和齊醫藥之事，丞為之貳。凡皇太子有疾，命侍醫入診候以議方藥。應進藥，命藥僮擣篩之；侍醫和成之；將進，宮臣監嘗，如尚藥局之職。

《舊唐書·職官志一》 尚食為奉膳，尚藥為奉醫。【略】七日，又制【略】典膳、藥藏、內直監、宮門大夫，並改為郎。【略】正第五品下階：【略】太子中舍人、尚食尚藥奉御。【略】從第六品上階：【略】侍御醫。《武德》《乾封令》，正七品上。【略】正第八品上階：【略】太醫博士、太子典膳藥藏丞。【略】舊從八品下，開元初改。正第八品下階：【略】尚藥局司醫。【略】已上文職事官。正第九品下階：【略】尚食局食醫、尚藥局醫佐。【略】武德初，【略】食貨監一人，正第八品下，諸監同。掌膳羞、財物、賓客、鋪設、音樂、醫藥事。丞二人。

《舊唐書·職官志二》 尚食局：奉御二人，正五品下。隋初為典御，又改為奉御。直長五人，正七品上。食醫八人。正九品下。【略】食醫掌率主食王膳，以供其職。

尚藥局：奉御二人，正五品下。直長四人，正七品上。書吏四人。侍御醫四人，從六品上。主藥十二人，藥童三十人。司醫四人，正八品下。醫佐八人，正八品下。按摩師四人，呪禁師四人，合口脂匠四人，掌固四人。奉御掌合和御藥及診候方脈之事。直長為之貳。凡藥有上、中、下三品，上藥為君，中藥為臣，下藥為佐。合造之法，一君三臣九佐，別入五藏，分其五味。有湯丸膏散之用。診脈有寸、關、尺之三部，醫之大經。凡合和與監視其分劑，藥成嘗而進焉。侍御醫，掌診候調和。主藥、藥童，主刮削擣簁。【略】

〔內官〕司藥二人，正六品。典藥二人，正七品。掌藥二人，正八品。【略】司藥掌方藥。【略】

奚官局：令二人，正八品下。丞二人，正九品下。書令史三人，書吏六人，藥童四人。奚官令掌奚隸工役、宮官品命。丞為之貳。凡宮人有疾病，則供其醫藥，死亡則供其衣服，各視其品命。仍於隨近寺觀，為之修福。【略】

諸陵署：令一人，從五品上。錄事一人，府二人，史四人，主衣四人，主輦四人，主藥四人，典事三人，掌固二人。【略】

大醫署：令二人，從七品下。丞二人，從八品下。府二人，史四人，主藥八人，藥童二十四人。醫監四人，從八品下。醫正八人，從九品下。藥園師二人，藥園生八人，掌固四人。太醫令掌醫療之法。丞為之貳。其屬有四，曰：醫師、針師、按摩師、禁咒師。皆有博士以教之。其考試登用，如國子之法。凡醫師、醫工、醫正療人疾病，以其全多少而書之以為考課。藥園師，以時種蒔收采。

諸藥醫博士一人，正八品上。助教一人，從九品下。醫師二十人，醫工一百人，醫生四十人，典藥二人。博士掌以醫術教授諸生。醫術，謂習《本草》《甲乙脈經》。分而為業，一曰體療，二曰瘡腫，三曰少小，四曰耳目口齒，五曰角法也。【略】

東宮官屬【略】藥藏局： 藥藏郎二人，正六品上。丞二人，正八品上。侍醫典藥九人，藥童十八人，掌固六人。藥藏郎掌和劑醫藥。【略】

州縣官員： 【略】醫藥博士一人，助教一人，學生二十人。【略】

京兆、河南、太原牧及都督、刺史掌清肅邦畿，考覈官吏，宣布德化，撫和齊人，勸課農桑，敦敷五教。【略】功曹、司功掌官吏考課、祭祀、禎祥、道佛、學校、表疏、醫藥、陳設之事。【略】醫藥博士以百藥救民疾病。

宋・王溥《唐會要》卷六五《殿中省》 開元五年十月二日勅： 尚藥局醫官，王公已下，不得輒奏請將外醫療。

十年五月九日勅： 尚藥局御藥庫，每月支監門二人守當。【略】

貞元十五年四月勅： 殿中省尚藥局司醫，宜更置一員，醫佐加置兩員，仍並留授翰林醫官，所司不得注擬。【略】

元和三年五月，殿中省奏： 勅當司尚食、尚衣、尚舍、尚藥、尚輦等，共五局伎術直官，聽在外州府官來直本司，伏以五局所置官，不請課料。若不授伎術官，即多逃散，伏請宣付吏部，准舊例處分。勅旨依奏。

宋・王溥《唐會要》卷八二《醫術》 〔貞元〕八年八月，加殿中省侍御醫藥藏局丞俸錢，仍令侍御醫及尚藥直長、藥藏郎並留授翰林醫官，所司不得注擬。

宋・王溥《五代會要》卷一二 休假 後唐天成四年五月四日，度支奏： 準勅，中書門下奏，朝臣時有乞假覲省者，欲量賜茶藥，奉敕宜依者。竊緣諸班官覲省司，不見品秩高卑，兼未則例，難議施行。各令據官品等第指揮。

文班： 左右常侍、諫議、給事、舍人、諸行尚書、太子賓客、諸寺大卿、國子監祭酒、詹事、左右丞、諸行侍郎，宜各賜蜀茶三斤。起居、拾遺、補闕、侍御史、殿中監察御史、左右庶子、諸寺少卿、國子監司業、河南少尹、左右諭德、諸行郎中、員外郎、太常博士，宜各賜蜀茶二斤，蠟面茶二斤，草豆蔻一百枝，肉豆蔻五十枝，青木香一斤半。國子博士、五經博士、兩縣令、著作郎、太常、宗正、殿中丞、諸局奉御、大理正、太子中允、洗馬、左右贊善、太子中舍、司天五官正，宜各賜蜀茶二斤，蠟面茶一斤，草豆蔻五十枝，肉豆蔻五十枝，青木香一斤。武班： 左右金吾上將軍、左右諸衛上將軍，宜各賜蜀茶三斤，蠟面茶二斤，草豆蔻一百枝，肉豆蔻一百枝，青木香二斤。左右諸衛大將軍、左右諸衛將軍，宜各賜蜀茶二斤，蠟面茶二斤，草豆蔻一百枝，肉豆蔻五十枝，青木香一斤半。左右率府副率，宜各賜蜀茶二斤，蠟面茶一斤，草豆蔻五十枝，肉豆蔻五十枝，青木香一斤。

右敕奉： 今後或有臣僚請假覲省，其所賜茶藥，候辭朝之日，於閤門宣賜。

晉天福二年九月，度支奏： 朝臣請假覲省出入，皆有支賜茶藥，今緣諸庫存貯無多，伏乞權罷。從之。【略】

五年二月勅： 朝臣請假覲省，依天成四年勅支賜茶藥。

宋・王溥《五代會要》卷一二 醫術 後唐清泰三年三月，翰林學士和凝奏： 天下諸屯駐兵士，望令太醫署合傷寒、時氣、瘧痢等藥茶，量事給付本軍主掌，以給患病士卒之家。百姓亦準醫疾令，和合藥物，拯救貧民。兼請依本朝故事，諸道署置藥博士，令考尋醫方，和合藥物，以濟部人。其御製《廣濟》《廣利》等方書，亦請翰林醫官重校，頒行天下。勅： 所奏醫博士，諸道合有軍醫，許及諸道補署，不在奏聞，餘依所奏。

宋・龐元英《文昌雜錄》卷三 內香藥庫在謻門內，凡二十八庫。真宗皇帝賜御詩二十八字，以爲庫牌。其詩曰每歲沉檀來遠裔，累朝珠玉實皇居。今辰內府初開處，充牣尤宜史筆書。東庫內有王燒金藥一鑪，至今猶在。又有辰砂一塊，其上忽生新砂二十二顆，赤如火色，嘗取之禁中，還送本庫焉。

宋・蔡絛《鐵圍山叢談》卷一 〔政和初〕拱宸門之左，對後苑東門，有一庫無名號，但謂之苑東門庫，乃貯毒藥之所也。外官一員共監之，皆二廣、川、蜀每三歲一貢。藥有七等，野葛、胡蔓皆與，鴆酒在第三，其上者鼻嗅之立死。於是親筆為詔，謂取會到本庫稱，自建隆以來不曾有支遣。此皆前代殺不庭之臣，藉使臣果有不赦之罪，當明正典刑，豈宜用此。可罷其貢，廢其庫，將見在毒藥焚棄，瘞於遠郊，仍表識之，毋令牛畜犯焉。烏乎！上聖至仁，大哉堯舜之用心也。

宋・蔡絛《鐵圍山叢談》卷六 都邑惠民多增五局，貨藥濟四方，甚盛舉也。歲校出入，得息錢四十萬緡，入戶部助經費。然往時議者甚大不然矣。時上每飭和劑局，凡藥材告闕，俾時上請焉。大觀間，和劑局官一日請內帑授藥犀百數，歸解之，偶忽得一株，大絕常犀，且甚異。因不敢用，復上之朝廷，乃命工為之帶，雖工人亦歎駭。此上德有所感召之效矣。蓋犀倒透中返成正透，其面猶黃蠟，中有黑雲一朵，雲中夭矯一金龍，飛盤拏空，爪角俱全。遂為御府第一號瑞雲盤龍御帶。【略】

宣和殿小庫者，天子之私藏也。【略】又乙巳歲冬，魯公得疾甚殆，上為臨問，而醫者奏當進附子物。上意惻怛，命主小庫內侍舉附子以進。御手亦爲採擇取四，遣中使賜魯公，率大猶拳。其一重三兩四錢，次重三兩二錢，二皆二兩八錢。吾狂妄，平居眼孔隘宇宙，睹此亦歎所未始見，則他可稱是。

宋·周煇《清波雜誌》卷一二　神宗朝創置賣藥所，初止一所，崇寧二年增為五局，又增和劑二局，第以都城東西南北壁賣藥所爲名，議者謂失元創藥局惠民之意。歲得息錢四十萬，以助戶部經費。今行在所置局，歲課雖視昔有損，意豈在夫羨贏，其於拯民瘼、施實惠，亦云博矣。

宋·李燾《續資治通鑑長編》卷二七四　〔熙寧九年〕上批：零賣熟藥宜罷，恐太傷鄙細，四方觀望，有損國體。他事更有類此者，亦與指揮。時太醫局賣熟藥，而市易司出錢買之，復使零賣，故降是詔。已而執政進呈不行。

宋·李燾《續資治通鑑長編》卷二七五　〔熙寧九年〕詔罷熟藥庫合藥所，其應御前諸處取索藥等及所減吏人，並隸合賣藥所，仍改為太醫局。此據《實錄》，與八日所書事差不同，當考。

宋·周密《癸辛雜識》別集上　和劑藥局　和劑惠民藥局，當時製藥有官，監造有官，監門又有官。藥藥成，分之內外，凡七十局，出售則又各有監官。皆以選人經任者為之，謂之京局官，皆為異時朝士之儲，悉屬之太府寺。其藥價比之時直損三之一，每歲糜戶部緡錢數十萬，朝廷舉以償之，祖宗初制，可謂仁矣。然弊出百端，往往為諸吏藥生盜竊，至以樟腦易片腦，台附易川附，囊橐為姦，朝廷莫之知，亦不能革也。凡一劑成，則又皆為朝士及有力者所得，所謂惠民者，元未嘗分毫及民也。獨暑藥、臘藥分賜大臣及邊帥者，雖隸御藥，其實劑局為之。稍精緻若至寶丹、紫雪膏之類，固非人間所可辦也。若夫和劑局方，乃當時精集諸家名方，凡經幾名醫之手，至提領以從官內臣參校，可謂精矣。然其間差訛者亦自不少，且以牛黃清心丸一方言之，凡用藥二十九味，其間藥味寒熱訛雜，殊不可曉。嘗見一名醫云：此方止是前八味至蒲黃而止，自乾山藥以後凡二十一味，乃補虛門中山芋丸，當時不知緣何誤寫在此方之後，因循不曾改正。余因其說而攷之，信然。凡此之類必多有之，信乎誤注《本草》，非細故也。

宋·俞文豹《吹劍錄外集》　達則願爲宰相，窮則願爲良醫，以濟人利物之功一也。朝廷置惠民局、太醫局，所以達濟利之心，贊仁壽之治也。今惠民局以藥材貴而藥價廉，名雖存而實則泯。職其事者，太府丞也。非惟藥材不能通曉，而驟遷倏易，亦不暇究心職業。所謂四局官，止於受成坐肆而已，惟吏輩寢處其間，出入變化，皆在其手。藥材既苦惡，藥料又減虧，稍貴細藥，則留應權貴之需。四局所賣者，惟汎常粗藥，缺者多而贖者亦罕。一局輸費，為數不貲，民受其名，吏享其實，故都人謂惠民局爲惠官局，和劑局為和吏局。

宋·吳自牧《夢粱錄》卷九　惠民利濟局，在大府寺內之右，製藥以給。惠民局，合暑臘藥以備宣賜。太平惠民局，置五局，以藏熟藥，價貨以惠民也。

《宋史·高宗本紀》　〔建炎二十一年〕二月甲寅夜，雨雹。乙卯，詔諸州置惠民局，官給醫書。

《金史·百官志》　尚藥局：提點，正五品。使，從五品。出職官內選除。副使，從六品。掌進湯藥茶果。直長，正八品。都監，正九品。果子都監、同監各一員，掌給受進御果子。本局本把四人。

太醫院：提點，正五品。使，從五品。副使，從六品。判官，從八品，掌諸醫藥，總判院事。管勾，從九品。隨科至十人設一員，以術精者充。如不至十人併至十人置。不限資考。正奉上太醫，一百二十月升除。副奉上太醫，不算月日。長行太醫，不算月日。十科額五十人。

御藥院：提點，從五品。直長，正八品。掌進御湯藥。明昌五年設，以親信內侍人充。都監，正九品。不限員，《泰和令》四員。同監，從九品。不常除，《泰和令》無。【略】

惠民司：令，從六品。掌修合發賣湯藥。舊又設丞一員。大定三年，有司言惠民歲入息錢不償官吏俸，上曰：設此本欲濟民，官非人，怠於監視藥物，財費何足計哉！可減員而已。直長，正八品。都監，正九品。

《金史・哀宗本紀》 大同府【略】產白駞、安息香、松明、松脂、黃連、百藥煎、芥子煎、鹽、撈鹽、石綠、綠礬、鐵、甘草、枸杞、碾玉砂、地蕈。

大興府【略】藥產滑石、半夏、蒼朮、代赭石、白龍骨、薄荷、五味子、白牽牛。

開封府【略】有藥市四，榷場。產蜜蠟、香茶、心紅、朱紅、地龍、黃栢。

太原府【略】藥產松脂、白膠香、五靈脂、大黃、白玉石。

元・湯彌昌《平江路新建惠民藥局記》〔見明・錢穀辑《吳都文萃續集》卷八〕 人物並生天地間，人之所以絲身而穀腹，飽肉而食鮮，以為生生之資者，取諸物而悉備。至於陰陽之變，暑寒晦明之感，或節宣不時而致疾，則又產靈藥以療之。天之惠爾民也，至矣。古昔聖人代天司牧，胞與推念，休戚由己，亦致教之樹藝佃漁以養其生，且惟疾之憂思有以扶持安全之成。周醫師設官，凡邦之有病者咸造焉。分授病醫之屬，俾療以草木蟲石穀之五藥，而稽其十全之功。是以國無疵厲，民不夭折，子民之人如天之惠也。聖朝以仁得天下，嘉惠黎民，纖悉周密。大德己亥詔路府設惠民藥局，官給抄本散諸藥市，月取其息，以資制劑。責任守長提其綱，擇良醫主之，歲一更代，法誠良，意誠美矣。吳郡為大藩府，生齒滋繁，謁醫者無虛日。初闤市有故酒樓，嘗以為行用鈔庫。已而庫他徙，遂葺斯樓為之。延祐三年春，郡奉命增設用庫，有司請仍舊貫，而局設於醫學，卑陋逼仄，製藥無所。總管必巴實正議惕然曰：以大府而一局弗克建，其何以嚴醫事而稱隆旨。始議改作，諗諸同僚，諏諸幕屬，議克協得。頒春亭廢址於麗譙東南十步，地居巽維，氣鍾溫厚。卜者曰：吉。瓦礫既夷，厥基隆然。總管首捐俸為一，郡僚屬倡下，委錄事孫良佐、董役，俾主局顧某、施某經營之。構美材，傭良工，經始于四年七月，迨良月落成。高門北向，重屋後峙。各四楹堅壯完美，高朗爽塏。官不糜帑，民不知役。一旦龍角驤舉，翬翼飛騫，卓為一郡壯觀，甚盛舉也。欽惟聖天子體乾元之仁，溥安民之惠。命良二千石，殫心赤子而圖其安。吳郡得賢侯布宣上恩，汲汲惟民病之是瘳，局成而惠無窮矣。然侯之為政，豈是心以往，使病瘵者奮、困者蘇，呻者謠，富壽安逸，各得所欲，而藥劑之惠，鄭子產濟涉之小惠而已哉。其發政出令，利興害除，惟恐一毫或病爾民。推特其一端爾。郡之士民欲紀其事而來徵文，遂摭其實，并附作興歲月而書之。俾刻堅珉以垂不朽。長沙湯彌昌記。

惠民藥局在府治東南吳會坊側，初以舊和豐樓為局，延祐五年建於此。

《元史・世祖本紀》〔中統二年五月〕丁亥【略】詔成都路置惠民藥局。遣王祐於西川等路採訪醫、儒、僧、道。【略】

〔中統四年六月〕癸酉【略】立上都惠民藥局。【略】

〔至元三年五月〕庚子，敕太醫院領諸路醫戶、惠民藥局。

《元史・順帝本紀》〔至正四年〕二月戊戌，祭社稷。辛丑，四川行省立惠民藥局。【略】八月【略】是月，陝西行省立惠民藥局。

《元史・選舉志》 世祖中統二年夏五月，太醫院使王猷言：醫學久廢，後進無所師授。竊恐朝廷一時取人，學非其傳，為害甚大。乃遣副使王安仁授以金牌，往諸路設立醫學。其生員擬免本身檢醫差占等役，俟其學有所成，每月試以疑難，視其所對優劣，量加勸懲。後又定醫學之制，設諸路提舉綱維之。凡宮壼所需，省臺所用，轉入常調，可任親民，其從太醫院自遷轉者，不得視此例，又以示仕途不可以雜進也。然太醫院官既受宣命，皆同文武正官五品以上遷敘，餘以舊品職遞陞，子孫廕用同正班敘。其掌藥，充都監直長，充御藥院副使，陞至大使，考滿依舊例於流官銓注。諸教授皆從太醫院定擬，而各路主善亦擬同教授皆從九品。凡隨朝太醫，及醫官子弟，及路府州縣學官，並須試驗。其各處名醫所述醫經文字，悉從考校。其諸藥所產性味真偽，悉從辨驗。其隨路學校，每歲出降十三科疑難題目，具呈太醫院，發下諸路醫學，令生員依式習課醫義，年終置簿解納送本司，以定其優劣焉。

《元史・百官志》 太醫院，秩正二品，掌醫事，製奉御藥物，領各屬醫職。中統元年，置宣差，提點太醫院事，給銀印。〔至元〕二十年，改為尚醫監，秩正四品。二十二年，復為太醫院，給銀印，置提點四員，院使、副使、判官各二員。大德五年，陞正二品，設官十六員。十一年，增院使二員。皇慶元年，增院使二員。二年，增院使一員。至治二年，定置院使一十二員，正二品； 同知二員，正三品； 僉院二員，從三品； 同僉二員，正四品； 院判二員，正五品； 經歷二員，從七品； 都事二員，從七品； 照磨兼承發架閣庫一員，正八品； 令史八人，譯史二人，知印二人，通事二人，宣使七人。

廣惠司，秩正三品，掌修製御用回回藥物及和劑，以療諸宿衛士及在京孤寒者。至元七年，始置提舉二員。十七年，增置提舉一員。延祐六年，陞正三品。七年，仍正五品。至治二年，復為正三品，置卿四員，少卿、丞各二員。後定置司卿四員，少卿二員，司丞二員，經歷、知事、照磨各一員。

大都、上都回回藥物院二，秩從五品。掌回回藥事。至元二十九年始置。至治二年，撥隸廣惠司，定置達魯花赤一員、大使二員、副使一員。

御藥院，秩從五品，掌受各路鄉貢、諸蕃進獻珍貴藥品，修造湯煎。至元六年始置。達魯花赤一員，從五品；大使二員，從五品；副使三員，正七品；直長一員，都監二員。

御藥局，秩從五品，掌兩都行篋藥餌。至元十年始置。大德九年，分立行御藥局，掌行篋藥物。本局但掌上都藥倉之事。定置達魯花赤一員，從五品；局使二員，從五品；副使二員，正七品。

行御藥局，秩從五品。達魯花赤一員，大使二員，副使三員，品秩同上。掌行篋藥餌。大德九年始置。

御香局，秩從五品，提點一員，司令一員，掌修合御用諸香。至大元年始置。

大都惠民局，秩從五品，掌收官錢，經營出息，市藥修劑，以惠貧民。中統二年始置，受太醫院劄。至元十四年，定從六品秩。二十一年，陞從五品。

上都惠民司，提點一員，司令一員。中統四年始置，品秩並同上。

醫學提舉司，秩從五品。至元九年始置。十三年罷，十四年復置。掌考較諸路醫生課義，試驗太醫教官，校勘名醫撰述文字，辨驗藥材，訓誨太醫子弟，領各處醫學。提舉一員，副提舉一員。

官醫提舉司，秩從五品，掌醫戶差役、詞訟。至元二十五年置。【略】

典醫監，秩正三品，領東宮太醫，修合供進藥餌。至元十九年，置典醫署，秩從五品。三十一年，改掌醫署，尋罷。大德十一年，復立典醫監。至大四年罷。泰定四年，復立署。天曆二年，改典醫監，秩正三品。置達魯花赤二員，卿三員，太監二員，少監二員，丞二員，經歷、知事各一員，吏屬凡十八人。其屬司一、局二。

廣濟提舉司，達魯花赤一員，提舉、同提舉、副提舉各一員，掌修合藥餌，以施貧民。

行典藥局，達魯花赤一員，大使、副使各二員，掌供奉東宮藥餌。

典藥局，達魯花赤一員，大使、副使、直長各二員，掌修製東宮藥餌。

【略】

掌醫監，秩正五品，領監官一員、達魯花赤一員、卿四員、太卿五員、太監五員、少監六員、丞二員。至元三十一年，改典醫為掌醫署，秩五品。至大元年陞監，設已上官員。至治三年罷。

修合司藥正司，秩從五品，達魯花赤一員，副使、直長各二員，掌藥六人，掌修合御用藥餌。至治三年罷。

行篋司藥局，秩從五品，達魯花赤一員，使、副使各二員，掌供奉御用藥餌。至治三年罷。

廣濟提舉司，秩從五品，達魯花赤、提舉、同提舉、副提舉各一員，掌修合藥餌，以濟貧民。

《元史·食貨志》 惠民藥局　《周官》有醫師，掌醫之政令，凡邦有疾病疕瘍者造焉，則使醫分而治之，此民所以無夭折之患也。元立惠民藥局，官給鈔本，月營子錢，以備藥物，仍擇良醫主之，以療貧民，其深得《周官》設醫師之美意者與。

初，太宗九年，始於燕京等十路置局，以奉御田闊闊、太醫王璧、齊楫等為局官，給銀五百錠為規運之本。世祖中統二年，又命王祐開局。四年，復置局於上都，每中統鈔一百兩，收息錢一兩五錢。至元二十五年，以陷失官本，悉罷革之。至成宗大德三年，又準舊例，於各路置焉。凡局皆以各路正官提調，所設良醫，上路二名，下路府州各一名，其所給鈔本，亦驗民戶多寡以為等差。今并著于後：腹裏，三千七百八十錠。河南行省，二百七十錠。湖廣行省，一千一百五十錠。遼陽行省，二百四十錠。四川行省，二百四十錠。陝西行省，二百四十錠。江西行省，三百錠。江浙行省，二千六百一十五錠。雲南行省，真叭一萬一千五百索。甘肅行省，一百錠。

《明會典》卷八〇 恤孤貧：國初立養濟院，以處無告。立義塚以瘞枯骨。累朝推廣恩澤。又有惠民藥局、漏澤園、播竿蠟燭二寺。其餘隨時給米給棺之惠，不一而足。

《明會典》卷二一三 南京太醫院：凡本院藥餌，俱南京禮部收到各處解來生藥製造。計湖廣等布政司，南直隸府州，歲解本院藥材七千二百四十四斤六兩。

凡南京各營該用藥餌，俱撥醫士隨病供應。嘉靖十年議准，每營各置藥局，從南京禮部，督同本院，考選精通藝業醫士一人，在局提調。待三年無過，給與冠帶。九年無過，送吏部銓授署吏目，仍前提調。其各局藥材，俱從南京禮部劄行本院解發。

【略】屬禮部。而惠民有局，生藥有庫，亦各設大使副使，為其屬云。

《明會典》卷二二四　國初置醫學提舉司，後改太醫監，又改太醫院。

凡本院院使、院判、御醫，日於內府御藥房，分兩班輪直供事。嘉靖十五年，改建聖濟殿，于文華殿後設御藥庫，本院官分班輪直。凡收受四方進貢及儲蓄上用藥品，俱於內府收掌。

凡供用藥餌，國初令醫官就內局修製。本院官診視御脉，御醫參看校同，內臣就內局合藥。將藥帖連名封記，具本開寫本方藥性治證之法，於日用之下，醫官內臣書名以進。置簿曆，用中書省印合縫，進藥奏本既具，隨即附簿年月下書名，內臣收掌，以憑稽考。

凡烹調御藥，本院官與內臣監視，每二服合為一服，候熟分為二器。其一器御醫先嘗，次院判，次內臣。其一器，進御。【略】

凡醫士醫生，俱於本院修合藥餌。若醫官醫士，仍差委各處用藥。

計各處用藥，醫官、醫士員名。聖濟殿，即御藥房，嘉靖十五年改建。凡支雜職俸冠帶醫士并冠帶醫士，內殿六年，外差九年，各□日，考陞吏目。吏目六年，考陞御醫。【略】

御藥房供事，原係本房者量授職事，二給冠帶，發回本院辦事。原奉例冠帶者，與支雜職俸給。五等照常當差。良醫大使有缺，於二等、三等內考送吏部銓補。在外人役醫業精通者，一體收考量為取用。【略】

御藥房供事二等給與冠帶，與三等俱發本院當差，遇有御醫吏目員缺，將本房等人員送部再考，擇其術業精通，操履端謹者。御醫於吏目內銓補，吏目於醫士內銓補。遇有良醫大使等項員缺，於二等人役內，如前考補，定擬職事，咨送吏部，照缺填註，若將不係。

御藥房供事人員朦朧推舉者，聽禮部糸究。【略】

凡天下解納藥材，俱貯本院生藥庫，以御醫二員，與大使一員，辨驗收放。禮部仍委官一員監收。至年終，照例造冊二本，一留本院備照，一送本部查考。隆慶四年題准，管庫官員每年一更替。

《明實錄·太祖實錄》〔洪武三年〕置惠民藥局，府設提領，州縣曰官醫。凡軍民之貧病者，給之醫藥。

〔洪武六年夏四月〕戊戌置御藥局于內府，秩正六品尚藥奉御二人，直長二人，藥童十人。俱以內官內使充。設太醫院御醫四人，以太醫院醫士充。凡收受四方貢獻名藥及儲蓄藥品，奉御一人掌之。凡供御藥餌，醫官就內局脩製。太醫院官診視御脉，御醫參看校同，約會奉御就內局合藥。將藥貼連名封記，具本開寫本方、藥性、治證之法於日月之下，醫官奉御書名以進，置簿曆一，用中書省印記其縫。凡進藥奏本既具，隨即附簿年月下書名，奉御收掌，以憑稽考。烹調御藥，太醫院官與奉御監視，每二服合爲一服，候熟分爲二器。其一器御醫先嘗，次院官，次奉御，其一器進御。

〔洪武二十七年〕置普定衛儒學及惠民藥局。

《明實錄·太宗實錄》〔永樂十年癸亥〕江西安仁縣知縣曹閏奏：天下府州縣俱有惠民藥局、養濟院，而本縣久廢，請復開設。從之。

《明實錄·宣宗實錄》　宣德三年三月癸巳，行在禮部尚書胡濙【略】又言在外府州縣舊設惠民藥局，洪武間官置藥材，令醫官、醫者在局。凡軍民之貧而病者給醫藥。今雖有醫官、醫者，而無局舍藥材。宜令有司亦於農隙修藥局，遵洪武之法行之，庶不負朝廷惠恤軍民之意。從之。仍命監察御史、按察司官巡視。

《明實錄·英宗實錄》〔正統二年〕置遼東都司醫學及屬衛藥局，從左副都御史李浚奏請也。【略】

〔正統三年〕設陝西西寧衛惠民藥局，從署都指揮僉事金玉奏請也。

〔正統六年〕辛丑，命朝鮮使臣高得宗齎《大統曆》一百本及醫方藥味歸，賜其國王。【略】

〔正統十年〕瓦剌使臣桑加失裏等奏其太師也先求人參、木香諸藥，陰陽占候算卜諸書。上曰：厚往薄來，固柔遠人之道。第彼貪得無厭，且詞涉不(孫)〔遜〕，其俱勿予。

《明實錄·憲宗實錄》〔成化十七年〕戶部會議漕運并巡撫官所奏事宜：【略】一天下郡縣皆設惠民藥局以濟貧病，至於邊軍尤宜加恤。今陝西、甘肅等十餘衛所醫藥俱缺，疾疫無所療治，請勑所司各立醫學一所，選精通醫術者教軍餘子弟習業。

《明實錄·穆宗實錄》〔萬曆七年〕舊制，于太醫院中碾磨藥末，送聖濟殿修合丸散。今提督御藥房太監劉陽欲于內殿碾磨，非制也。禮部覆照舊

規。從之。【略】

（萬曆三十三年）丁卯，禮部言：每歲端陽，太醫院官同聖濟殿內官往南海子採取蟾酥，殘傷物命甚多。此藥主攻毒之方，合用原少，且坊肆間可隨時取辦，不煩採而有者，乞勅停免。從之。

明・朱國禎《湧幢小品》卷二五　御藥烹二服爲一服，候熟分爲二器。御醫先嘗，次院判，次內官，其一器以進御。

明・劉若愚《酌中志》卷一六　尚寶監，掌印太監一員，僉書等官數十員。職掌御用寶璽、敕符、將軍印信。其所可知者，尚寶司凡所領者【中略】，曰御藥謹封，則牙刻者也，御藥房用之。凡敕命遠出者，仍用一黃紙封套，上下悉用牙刻方寶封識之，其文曰册符出驗四方之寶。其餘咸玉刻也。【略】

御藥房，提督太監正副二員，分兩班。餘曰近侍，二三十員。未進宮、未穿紅者，曰習醫官人，三四十員。職掌上用藥餌，與太醫院相表裏。凡選官人進內，必撥年少者三五十人，選醫教習，讀《藥性賦》《醫要集覽》及《素問》《脈訣》等書。祖宗以來，無敢有閒人入藥房者，防至密也。逆賢用事，則大不然，可嘆也。凡聖體違和，傳放御醫。至日，四人或六人吉服入宮，不論冬夏，必於殿門之內，設炭火一盆，中焚蒼朮雜香，人人從盆上入。叩頭畢，第一員膝行跪診左手，第二員跪診右手，仍互更再診。畢，各將聖恙大略，面奏數言，出至聖濟殿，計藥開方，具本，御藥房用金罐煎進之。罐口以御藥謹封緘之。【略】

寶和等店，經管各處商客販來襍貨。一年所徵之銀，約數萬兩，除正額進御前外，餘者皆提督內臣公用，不係祖宗額設內府衙門之數也。店有六：曰寶和，曰和遠，曰順寧，曰福德，曰福吉，曰寶延。而提督太監之廳廨，則在寶和店也。俱坐落戎政府街。凡奉旨提督者，亦無勅書。傳云：起自嘉靖年間，裕邸差官徵收。【略】如滇粵之寶石、金珠、鉛銅、砂汞、犀象、藥材，吳、楚、閩、越、山、陝之幣帛羢貨，又不與也。天啟以前，大概如此。

明・佚名氏《謏聞續筆》卷三　東宮位下：【略】典藥局，同御醫修合藥餌，供進湯液之事。典膳局，掌供進膳饈。【略】內使司冠一人，【略】司藥二人。

公主位下：【略】洪武中定宮中女官之職，凡六局。曰尚宮局【略】曰尚儀局【略】曰尚服局【略】曰尚食局。尚食二人，掌供膳饈品齊之數，凡進食先嘗之。所總四司，曰司膳，掌割烹煎和之事，典膳、掌膳佐之；曰司醞，掌酒醴酏飯之事，典醞、掌醞佐之；曰司藥，掌醫方藥物之事，典藥、掌藥佐之；曰司饎，掌給宮中廩餼薪炭之事，典饎、掌饎佐之。

《明史・職官志》　太醫院：太醫院。院使一人正五品，院判二人正六品。其屬，御醫四人，正八品，後增至十八人，隆慶五年定設十人。吏目一人從九品，隆度五年定設十人。生藥庫、惠民藥局，各大使一人，副使一人。

太醫院掌醫療之法。凡醫術十三科，醫官、醫生、醫士，專科肄業：曰大方脈，曰小方脈，曰婦人，曰瘡瘍，曰鍼灸，曰眼，曰口齒，曰接骨，曰傷寒，曰咽喉，曰金鏃，曰按摩，曰祝由。凡醫家子弟，擇師而教之。三年、五年一試、再試、三試，乃黜陟之。凡藥，辨其土宜，擇其良楛，慎其條製而用之。四方解納藥品，院官收貯生藥庫，時其燥濕，禮部委官一員稽察之。診視御脈，使、判、御醫參看校同，會內臣就內局選藥，連名封記藥劑，具本開寫藥性、證治之法以奏。烹調御藥，院官與內臣監視。每二劑合為一，候熟，分二器，一御醫、內臣先嘗，一進御。仍置歷簿，用內印鈐記，細載年月緣由，以憑考察。王府請醫，本院奉旨遣官或醫士往。文武大臣及外國君長有疾，亦奉旨往視。其治療可否，皆具本覆奏。外府州縣置惠民藥局。邊關衛所及人聚處，各設醫生、醫士或醫官，俱由本院試遣。歲終，會察其功過而殿最之，以憑黜陟。

太祖初，置醫學提舉司，設提舉從五品，同提舉從六品，副提舉從七品，醫學教授正九品，學正、官醫、提領從九品。尋改為太醫監，設少監正四品，監丞正六品。吳元年，改監為院，設院使，秩正三品，同知，正四品，院判，正五品，典簿，正七品。洪武三年，置惠民藥局，府設提領，州縣設官醫。凡軍民之貧病者，給之醫藥。六年，置御藥局於內府，始設御醫。御醫局，秩正六品，設尚藥、奉御二人，直長二人，藥童十人，俱以內官、內使充之。設御醫四人，以太醫院醫士充之。凡收受四方貢獻名藥及儲蓄藥品，奉御一人掌之。凡供御藥餌，醫官就內局修製，太醫院官診視。十四年，改太醫院為正五品，設令一人，丞一人，吏目一人。屬官御醫四人，俱如文職授散官。二十二年，復改令為院使，丞為院判。嘉靖十五年，改御藥房為聖濟殿，又設御藥庫，詔御醫輪直供事。

清・嵇璜、刘墉《清朝通典》卷二八　太醫院：【略】自院使至醫士皆以所業專科分班侍直。曰宮直，曰六直。其直次曰外班房，曰東藥房。各以其次更代供使令焉。又有效力醫生，無定員，掌炮製之法，院使考其術而進退之。

徐珂《清稗類鈔・物品類》 武英殿露房所藏藥品：武英殿有露房，即殿之東末間，舊為藏皮西洋藥物花露之所，又有狗寶、鮓寶、蜘蛛寶、獅子寶、蛇牙、蛇睛等物。而蜘蛛寶黑如藥丸，巨若小胡桃，其蛛當不細矣。又有曰德力雅噶者，頗似藥膏，監造列單，交造辦處呈進，上分賜諸臣，餘交造辦處。舊傳西洋堂歸武英殿管理，故所存多西洋之藥。比交造辦處，而露房遂空，舊檔冊悉焚，於是露房之稱始改矣。

《清史稿・選舉志》 京師大學堂分大學院、大學專門分科、大學豫備科。【略】專門分科凡七：曰政治科，曰文學科，曰格致科，曰農業科，曰工藝科，曰商務科，曰醫術科。【略】醫術科分目二：醫學，藥學。

《清史稿・輿服志》 太醫院藥庫銅印，直紐，方一寸九分，厚四分二釐。

《清史稿・職官志》 〔太醫院〕凡藥材出入隸禮部。〔順治〕十六年，改歸本院。十八年，生藥庫復隸禮部。康熙三年，定直省歲解藥材，並折色錢糧，由戶部收儲付庫。

綜述三

《漢書・平帝紀》 〔元始二年〕民疾疫者，舍空邸第，為置醫藥。

《漢書・外戚傳》 女醫淳于衍者，霍氏所愛，嘗入宮侍皇后疾。【略】顯曰：婦人免乳大故，十死一生。今皇后當免身，可因投毒藥去也。【略】〔衍〕即擣附子，齎入長定宮。皇后免身後，衍取附子并合大醫大丸以飲皇后。有頃曰：我頭岑岑也，藥中得無有毒？對曰：無有。遂加煩懣，崩。

《漢書・郊祀志》 自威、宣、燕昭使人入海求蓬萊、方丈、瀛洲。此三神山者，其傳在勃海中，去人不遠。蓋嘗有至者，諸僊人及不死之藥皆在焉。【略】

後五年，始皇南至湘山，遂登會稽，並海上，幾遇海中三神山之奇藥。不得，還到沙丘崩。【略】

少君言上：祠竈皆可致物，致物而丹沙可化為黃金，黃金成以為飲食器則益壽，益壽而海中蓬萊僊者乃可見之，以封禪則不死，黃帝是也。臣嘗游海上，見安期生，安期生食臣棗，大如瓜。安期生僊者，通蓬萊中，合則見人，不合則隱。於是天子始親祠竈，遣方士入海求蓬萊安期生之屬，而事化丹沙諸藥齊為黃金矣。久之，少君病死。天子以為化去不死也，使黃錘史寬舒受其方，而海上燕、齊怪迂之方士多更來言神事矣。

《後漢書・孝靈帝紀》 〔建寧四年〕大疫，使中謁者巡行致醫藥。司徒許訓免，司空橋玄為司徒。【略】

〔熹平〕二年春正月，大疫，使使者巡行致醫藥。

〔光和〕二年春，大疫，使常侍、中謁者巡行致醫藥。

《後漢書・吳延史盧趙列傳》 時皇子有疾，下郡縣出珍藥，而大將軍梁冀遣客齎書詣京兆，并貨牛黃。

《後漢書・南蠻西南夷列傳》 莋都夷者，武帝所開，以為莋都縣。【略】

冉駹夷者，武帝所開，元鼎六年，以為汶山郡。【略】有靈羊，可療毒。又有食藥鹿，鹿麑有胎者，其腸中糞亦療毒疾。又有五角羊、麝香、輕毛毼雞、牲牲。其人能作旄氈、班罽、青頓、毞毲、羊羧之屬。特多雜藥。地有鹹土，煑以為鹽。麢羊牛馬食之皆肥。

《宋書・孝武帝本紀》 〔大明四年夏四月〕辛酉，詔曰：都邑節氣未調，疫癘猶眾，言念民瘼，情有矜傷。可遣使存問，并給醫藥；其死亡者，隨宜卹贍。

題唐玄宗《唐六典》卷三 〔關內道〕厥貢岱赭，鹽山、角弓、龍鬚席、蓯蓉、野馬皮、麝香。京兆粲草席、地骨白皮、酸棗人，華州伏苓、伏神、細辛，同州皺文吉莫皮，岐、隴、涇、寧、鄜、坊、丹等州龍鬚席，原、夏等州白氈，夏州角弓，鹽州鹽山，會州駞褐，靈州鹿角膠、岱赭、花蓯蓉、雕翎，靈州、豐州野馬皮，勝、銀等州女稽布，邠州火筯、剪刀、蓽豆、澡豆，丹、延、慶等州麝香。

〔河南道〕厥貢紬、絁、文綾、絲葛、水葱、藨心蓆、瓷石之器。【略】豫州雞鷘綾、雙絲綾、蓍草、碁子，潁州綿，兗州鏡花綾，齊州絲葛，淄、兗、齊等州防風，青州仙文綾，鄭州麻黃，許州藨心蓆，登州水蔥蓆，陝州栝蔞根、柏子人，曹州虵床子，濟州阿膠，泗州貲布，沂、兗等州紫石英，萊、登、密等州牛黃。【略】

〔河東道〕厥貢䌷扇、龍鬚席、墨、蠟、石英、麝香、漆、人蔘。太原龍骨、甘草、礜石、鋼鐵，潞州墨、人蔘、花蜜、菟絲子，澤州白石英、野雞、禹餘糧，晉州蠟燭，絳州防風，蒲州龍骨、竹扇，虢州硯瓦、地骨白皮，汾州石膏，慈州蠟，隰、石二州胡女布，晉、汾二州龍鬚席，儀、澤、潞等州人蔘，嵐、虢、忻等州麝香，忻州豹尾，代州熟青、熟綠，朔、代二州白雕翎，蔚州松子，雲州雕翎。

〔河北道〕厥貢羅、綾、平紬、絲布、綿紬、鳳翮葦席、墨。【略】懷州牛膝，【略】相州紗、鳳翮席、胡粉，【略】嬀、營、歸順等州麝香，檀州、安東府人參，平州蔓荊子，薊州鹿角膠，易州墨，燕州墨、豹尾，安東、單于野馬皮。

〔山南道〕厥貢金、漆、蜜蠟、蠟燭、鋼鐵、芒消、麝香、布、交梭白縠、細紵、綾、葛、綵綸、蘭干。【略】襄、均、房、商等州麝香，【略】峽州芒消，歸州紵、麻布，金州麩金，萬州金，忠州蘇薰席，梁州燕支、紅花，洋州白交梭，壁、巴、蓬、通、忠、渠等州綿紬，集、通、合等州白藥子，通州絳香，渠州買子木并子，涪州連頭獠布，渝、峽、隨等州葛，合州牡丹皮，閬州重蓮綾，襄州白縠，鳳州蠟燭，巴州蘭干布，房州紵，襄州烏漆碎石文漆器、白綸巾，興、鳳、集、夔等州蜜蠟。

〔隴右道〕厥貢麩金、礪石、碁石、蜜蠟、蠟燭、毛毲、麝香、白氎及鳥獸之角、羽毛、皮革。廓、宕二州貢麩金，宕州散金、麝香，沙州碁子，肅州礪石，成州、武州蠟燭，洮州毛毲，涼州毲布，甘、肅、瓜、涼等州野馬皮，西州白氎，瓜州吉莫皮，伊州陰牙角、胡桐律，鄯州牸羊角、野馬皮，岷、秦二州龍鬚席，犛牛尾、雕翎，秦州芎藭，肅州肉蓯蓉、柏脉根，瓜州草豉子，北庭州速霍角、陰牙角、阿魏截根，安西緋氈、硇砂、陰牙角、氍毹，甘、沙、渭、河、蘭、疊等州麝香。

〔淮南道〕厥貢交梭、紵、絺、孔雀、熟絲布、青銅鏡。【略】黃州紵、貲布、烏蛇，安州青紵布，壽、廬、光等州生石斛。【略】

〔江南道〕厥貢紗、編、綾、綸、蕉、葛、練、麩金、犀角、鮫魚、籐紙、朱砂、水銀、零陵香。【略】建州蕉花練，福州蕉、海蛤，泉、括二州綿，饒、衡、巫等州麩金、犀角，洪、撫、潭、永等州葛，蘇州吳石脂、吳蛇牀子，台州金漆、乾薑、甲香，江州生石斛，鄂、江二州銀，永州石燕，道州零陵香，澧州龜子綾、五入簟，朗州紵練，辰、錦二州光明砂、水銀，溪、錦二州朱砂，常、湖、歙、宣、虔、吉、郴、袁、岳、道等州白紵布，施、宣二州黃連，宣州綺，南州班布，思、黔、費、業、溱、珍等州蠟，夷州蠟燭，溫、台二州鮫魚皮。

〔劍南道〕厥貢麩金、羅、綾、綿、紬、交梭、彌牟布、絲、葛、麝香、羚羊犛牛角尾。【略】戎、普、瀘等州葛，邛、劍、嶲等州絲布，龍、雅、眉、嘉、資等州麩金，姚、茂、扶、靜、文、悉、松、維、當、柘、翼等州麝香，劍州蘇薰席，普州天門冬煎，榮州班布，黎州蜀椒，龍州羚羊角，當、靜、柘等州當歸、羌活，松州狐尾，悉州當歸、犛牛尾，維州犛牛尾，姚州金。

〔嶺南道〕厥貢金、銀、沉香、甲香、水馬、翡翠、孔雀、象牙、犀角、龜殼、鼉鼊、綵藤、竹布。融、象二州貢金，桂、邕、昭、柳等五十餘州貢銀，桂州銅盤，連州細布、鍾乳，崖、欽二州高良薑，廣州竺席、生沉香、水馬、甲香、鼉鼊皮、籐簟，廣州、安南並貢龜殼，循、振二州五色籐盤，振州班布食單，安南及潮州蕉，安南檳榔、鮫魚皮、翠毛，愛、龐等州孔雀尾，驩州象牙、藥、犀角、金薄黃屑、沉香，漳、潮等州鮫魚皮、甲香，韶州竹子布，岡州甲香、詹糖香，廣、潮、高、循、峰、邵等州及安南蚺蛇膽，春、韶、瀧、廣等州石斛，雷州絲電，富州班布、白石英，蒙州麩金，古州蠟，容州朱砂、銀，欽州翡翠毛，陸州玳瑁、鼊皮、翠毛、甲香，峰州豆蔻，福祿、邵二州白蠟，福祿、龐二州紫鉚木，昆州桂心。

唐·劉肅《大唐新語》卷七 端午日，玄宗賜宰臣鍾乳。宋璟既拜賜，而命醫人鍊之。醫請將歸家鍊，子弟諫曰：此乳珍異，他者不知，今付之歸，恐招欺換。璟誡之曰：自隱爾心，然疑他心耶？仗信示誠，猶恐不至，矧有猜責，豈可得乎？

《舊唐書·天文志》 又按貞觀中，史官所載鐵勒、回紇部在薛延陁之北，去京師六千九百里。又有骨利幹居回紇北方瀚海之北，草多百藥，地出名馬，駿者行數百里。

《舊唐書·太宗本紀下》 〔貞觀〕十年【略】是歲，關內、河東疾病，命醫齎藥療之。

宋·王溥《唐會要》卷五一《識量上》 總章元年十月七日，東天竺烏茶國，長年婆羅門盧伽逸多，受詔合金丹。上將餌之，東臺侍郎郝處俊諫曰：脩短有天命，未聞萬乘之主，輕服蕃夷之藥。昔貞觀末年，先帝令婆羅門僧那羅爾娑婆寐，依其本國仙方，合長生神藥。胡僧既有異術，徵求靈草祕石，歷年而成。先帝服之，竟無異效，大漸之際，名醫莫知所為。議者欲歸罪於胡人，將申大戮，又恐取笑夷狄，法遂不行。龜鑑若是，惟陛下深察。上納之，遂不服其藥。

宋·王溥《唐會要》卷五二《識量下》 元和五年八月，上謂宰臣曰：神仙長生之說，可信乎？李藩對曰：神仙之說，出於道家。然道之所宗，以元元五千言為本。按其文，皆去華尚樸，絕棄健羨，以執柔見素為道，少思寡欲為貴。其言皆於六經符協，是故歷代寶之，以為治國治心之要，未曾有神仙不死之說。後代虛誕之徒，假託聖賢之言，為怪譎之論，末流漸廣。及秦始皇、漢武帝，志求長生，延召方士，於是有盧生、韓生、少君、欒大之類，售其欺詐，以為禱祠神仙，可求不死，二主溺信之。始皇遣方士入海，求三山靈藥，遂外匿不歸。漢武以女妻方士欒大，後亦無驗，欒大竟坐腰斬。此則前代帝皇，惑於虛說者，著在前史，其事甚明。貞觀末年，有胡僧自天竺至中國，自言能治長生之藥，文皇帝頗信待之。數年藥成，文皇帝因試服之，遂致暴疾。及大漸之際，群臣知之，遂欲戮胡僧，慮為外夷所笑而止。載在國史，實為至誡。古人云：服食求神仙，多為藥所誤。誠哉是言也。君人者，據宇宙之廣，撫億兆之眾，但當嚴恭夙夜，務為治安，則四海樂推，無思不服，天命所祐，自知延長，不可聽誘惑之虛說。陛下春秋鼎盛，方志昇平，倘能深鑒流弊，斥遠方士，則百福自生，坐臻永年。伏願詳考古今，以保至正，則天下幸甚。

宋·王溥《唐會要》卷八二《醫術》 二十二年九月十六日，右衛率府長史王元策，奉使天竺，得方士那羅邇婆寐，自言壽二百歲，云有長生之術。上頗信之，深加禮敬，館之金飆門內，造延年之藥，竟不就，放還，死於長安。

顯慶二年，右監門府長史蘇敬上言：陶弘景所撰《本草》，事多舛謬，請加刪補。詔令檢校中書令許敬宗、太常寺丞呂才、太史令李淳風、禮部郎中孔志約、尚藥奉御許孝崇，并諸名醫等二十人，增損舊本，徵天下郡縣所出藥物，并書圖之。仍令司空李勣總監定之，并圖合成五十五卷。至四年正月十七日撰成。及奏，上問曰：《本草》行來自久，今之改修，何所異也？于志寧對曰：舊《本草》是陶弘景合《神農本經》及《名醫別錄》而注解之。弘景僻在江南，不能遍識藥物，多有紕謬。其所誤及《別錄》不書，四百有餘種。今皆考而正之，《本草》之外，新藥行用有效者，復百餘種，今附載之。此所以為勝也。上稱善，詔藏于秘府。

宋·王溥《唐會要》卷八二《醫術》 開元十一年九月七日，親製《廣濟方》，頒示天下。

天寶五載八月敕：朕所撰《廣濟方》，宜令郡縣長官，選其切要者，錄于大版上，就村坊要路榜示，仍委採訪使勾當，無令脫錯。

乾元元年二月五日制：自今已後，有以醫術入仕者，同明經例處分。至三年正月十日，右金吾長史王淑奏：醫術請同明法選人。自今已後，各試醫經、方術策十道，本草二道，脈經二道，《素問》十道，張仲景《傷寒論》二道，諸雜經、方義二道。通七以上留，已下放。又尚食藥藏局，請同典膳局。太醫署，請同大樂署。

貞元二年九月，山人鄧思齊獻威靈仙草。出商州，能愈眾疾。上于禁中試用，有效。令編附本草，授思齊太醫丞。

宋·王溥《唐會要》卷八二《醫術》 〔貞元〕十二年二月十三日，上親製《貞元廣利方》五卷，頒于州府。至三月十五日敕：貞觀初，諸州各置醫博士。開元中，兼置助教，簡試醫術之士，申明巡療之法。比來有司補擬，雖存職員，藝非專精，少堪施用。緬思牧守，實為分憂。委之採擇，當悉朕意。自今已後，諸州應闕醫博士，宜令長史各自訪求選試，取藝業優長，堪效用者，具以名聞。已出身入式，吏部更不須選集。

十七年十二月敕：翰林醫官及藥童，自今已後，縱考滿并不得于所司選，其見選人亦宜停。【略】

長慶元年正月，處士張皋上疏曰：臣聞神慮淡則血氣和，嗜欲勝則疾病作。和則必臻于壽考，作則必致於傷殘。是以古之聖賢，務自頤養，不以外物撓耳目，不徇聲色敗性情，由是和平自臻，福慶斯集。故《易》曰：无妄之疾，勿藥有喜。《詩》曰：自天降康，降福穰穰。此皆理合天人，著在經訓。然則藥以攻疾，無疾固不可餌之。高宗朝，有處士孫思邈者，精識高遠，深達攝生。其所著《千金方》三十卷，行之於世。序論云：凡人無故，不宜服藥。藥勢偏有所阻，令人藏氣不平。思邈此言，可謂洞于事理也。或寒暑為寇，節宣有乖。事資醫方，尚須慎重。故《禮》云：醫不三世，不服其藥。施於凡庶，猶且如此，況在天子，豈得自輕？先朝暮年，頗好方士。徵集非一，嘗試亦多。累致危疾，聞於中外，足為殷鑒。陛下素所詳知，必不可更踵前車，自貽後悔。今朝野之人，紛紜竊議。直畏忤旨，莫敢獻言。臣蓬艾微生，麋鹿同處，既非邀寵，亦又何求。但以曾覽古今，麤知忠義。有聞而默，於理不安。願陛下無忽芻蕘，庶裨萬一。時穆宗頗好金石之藥。疏奏，上嘉歎久之，竟訪皋不獲。

宋·王溥《唐會要》卷九七 吐蕃：二年，遣使論監通來朝。先是，遣宗正少卿兼御史中丞李從簡入蕃。其年五月，至自蕃中。進國信金銀器、玉帶、獺褐、犛牛尾、朝霞氎、雜藥并馬、牛、橐駝等。詔以其信物頒賜宰臣已下。

宋·王溥《唐會要》卷九九 吐火羅國：開元七年，其葉護支汗那帝賒上表，獻解支之人暮闍，請加試驗。八年，獻名馬驢及異藥。至十二年，遣使獻胡藥、乾陀婆羅等二百餘品。十七年，冊其首領骨咄祿頓達度為葉護。其年，葉護遣使獻須那伽帝釋麥。十八年，遣使獻紅頗梨、碧頗梨、生馬腦、金精及質汗等藥。【略】

罽賓國：【略】開元七年，遣使獻天文大經，及秘方奇藥。

宋·王溥《唐會要》卷一〇〇　天竺國【略】是時，就其國得方士那邏邇娑娑寐，自言年二百，云有長生之術。上深禮之，館於金飆門內，造延年藥。令兵部尚書崔敦禮監主之，使天下采諸奇藥異石。延歷歲月，藥成，服之無效，後放還本國。

開元【略】十七年六月，北天竺國王三藏沙門僧密多獻質汗等藥。

雜錄：【略】〔貞觀〕二十一年三月十一日，以遠夷各貢方物，其草木雜物有異於常者，詔所司詳錄焉。葉護獻馬乳葡萄一房，長二尺，子亦稍大，其色紫。摩伽國獻菩提樹，一名波羅，葉似白楊。康國獻黃桃，大如鵝卵，其色如金，亦呼金桃。伽毘國獻鬱金香，葉似麥門冬，九月花開，狀如芙蓉，其色紫碧，香聞數十步，華而不實，欲種取其根。罽賓國獻俱物頭花，其花丹白相間，而香遠聞。伽失畢國獻泥樓鉢羅花，葉類荷葉，圓缺，其花色碧而蕊黃，香芳數十步。健達國獻佛土葉，一莖五葉，花赤，中心正黃而蕊紫色。泥婆羅國獻波稜菜，類紅藍花，實似蒺藜，火熟之，能益食味。又酢菜，狀如菜，闊而長，味如美鮮苦菜，狀如苣，其葉闊，味雖少苦，久食益人。胡芹狀如芹，而味香。渾提葱其狀如葱而白。辛嗅藥，其狀如蘭，淩冬而青，收乾作末，味如桂椒。其根能愈氣疾。薛延陀獻拔蘭鹿，毛如牛，角大如麢。西蕃突厥獻馬蹄羊，其蹄似馬。波斯國獻活褥蛇，其狀如鼠而色青，身長七八寸，能入穴取鼠。西蕃咄祿可汗獻金卵鷄，觳鳥觳也。雕刻作禽獸，而塗以金。西蕃胡國出石蜜，中國貴之。太宗遣使至摩伽佗國取其法，令揚州煎蔗之汁，於中廚自造焉。色味逾於西域所出者。葡萄酒，西域有之，前世或有貢獻。及破高昌，收馬乳葡萄實，於苑中種之，并得其酒法，自損益造酒。酒成，凡有八色，芳香酷烈，味兼醍醐，既頒賜群臣。京中始識其味。

宋·龔鼎臣《東原錄》　嘉祐七年，賀正旦，西人大首領祖儒嵬名聿正，副首領樞銘靳允中。祖儒、樞銘乃西夏之官稱，大者，姓嵬，名聿正，其所貿易，約八萬貫。安息香、玉金、精石之類以估價賤，卻將迴；其餘硇砂、琥珀、甘草之類，雖賤亦售，盡置羅帛之舊。價例太高，皆由所管內臣并行人擡壓價例，虧損遠人。其人至賀聖節，即不帶安息香之類來，只及六萬貫。

宋·孔平仲《續世說》卷九　太宗俘敵天竺國人，就其中得方士那羅邇娑婆寐。自言二百歲，云自有長生之術。太宗深加禮敬，館之於金飆門內，造延年之藥，令兵部尚書崔敦禮監主之。發使天下，採諸奇藥異石，不可勝數。延歷歲月，藥成。服竟不效，放還本國。

宋·徐兢《宣和奉使高麗圖經》卷六　高麗舊俗，民病不服藥，唯知事鬼神，咒詛厭勝爲事。自王徽遣使人貢求醫之後，人稍知習學，而不精通其術。宣和戊戌歲，人使至，上章乞降醫職以為訓導。上可其奏，遂令藍茁等往其國，越二年乃還。自後通醫者衆，乃於普濟寺之東起藥局，建官三等。一曰太醫，二曰醫學，三曰局生。綠衣木笏，日蒞其職。高麗他貨，皆以物交易，惟市藥則間以錢貿焉。

宋·李燾《續資治通鑑長編》卷一一　〔開寶三年〕詔三司，諸路兩稅折科物，非土地所宜者，勿得抑配。又詔諸州，凡絲緜、紬絹、麻布、香藥、毛翎、箭笴、皮革、筋角等，所在約支二年之用，勿得廣有科市，以致煩民。

宋·李燾《續資治通鑑長編》卷一六　〔開寶八年〕詔商人以生藥度嶺者免算。王稱《東都事略》：詔曰：嶺表之俗，疾不呼醫，自王化攸及，始知方藥，商人齎生藥度嶺者勿算。【略】

十一月己巳朔，瓊州言俗無醫，民疾病但求巫祝。詔以《方書》《本草》給之。邕州之右江生毒藥樹，宣化縣人常採貨之，知州侯仁寶奏其事，詔盡令伐去。仁寶，益之子也。《舊錄》以己巳為十月晦，今從《新錄》及《本紀》。

宋·李燾《續資治通鑑長編》卷一八　〔太平興國二年〕香藥庫使高唐張遜建議，請置榷易局，大出官庫香藥、寶貨，稍增其價，許商人入金帛買之，歲可得錢五十萬貫，以濟國用，使外國物有所泄。上然之，一歲中果得三十萬貫。自是歲有增羨，卒至五十萬貫。熊克《九朝通略》：仍令非出官庫者無得私相易。【略】

契丹在太祖朝，雖聽沿邊互市，而未有官司。是月，始令鎮、易、雄、霸、滄州各置榷務，命常參官與內侍同掌，輦香藥、犀、象及茶，與相貿易。熊克《九朝通略》云：後有范陽之師，乃罷不與通。

宋·李燾《續資治通鑑長編》卷四二　〔至道三年〕凡租稅有穀、帛、金鐵、物産四類。【略】物産之品六：【略】五曰果、藥、油、紙、薪、炭、漆、蠟。

宋·李燾《續資治通鑑長編》卷五二　〔咸平五年〕環慶路部署言：軍

士涉雪討蕃部，苦寒，有支體廢墮者，今遣還京師。上念其久勞，不忍遽棄，令中使就賜緡錢、藥酒，以隸剩員，凡三十三人，廩給如故。自是，遂為定例。【略】

先是，嶺南輸香藥以郵，置卒萬人，分鋪二百，負擔抵京師。朝議病其煩擾，詔戶部判官淩策與諸路轉運使規制之。策請陸運至南安軍，即泛舟而北，止役卒八百，大省轉送之費。策，宣州涇人也。

宋·李燾《續資治通鑑長編》卷五六　〔景德元年〕遣中使賜种放藥。【略】

壬午，以盛暑罷京城工役，遣使分賜療暍者藥，仍頒其方於天下。

宋·李燾《續資治通鑑長編》卷六三　〔景德三年〕廝鐸督遣使言蕃部多疾，乞賜白龍腦、犀角、硫黃、安息香、白紫石英等藥，并求弓矢，皆可之。藥同而名異者，令驛人辨説給付，使者感悦而去。【略】

〔大中祥符二年二月〕併香藥榷易院入榷貨務。

宋·李燾《續資治通鑑長編》卷八五　〔大中祥符八年〕九月己酉，注輦國王羅茶羅乍遣使娑里三文等來貢真珠衫、帽各一，及真珠、象牙、香藥等。

宋·李燾《續資治通鑑長編》卷一〇二　乾興元年用三説法，每券十萬，茶售錢萬一千至六萬二千，香藥、象齒售錢四萬一千有奇。【略】天聖元年用新法，二年，茶及香藥、東南緡錢每給直十萬，茶入實錢七萬四千有奇至八萬，香藥、象齒入錢七萬二千有奇。

宋·李燾《續資治通鑑長編》卷一〇八　〔景祐三年〕詔廣南地多瘴霧之毒，凡軍民有疾者，給官錢市藥瘳治之。

宋·李燾《續資治通鑑長編》卷一四六　〔慶曆四年〕丙子，賜德順軍《太平聖惠方》及諸醫書各一部。韓琦言軍城初建，屯集師旅，而極邊之地，人皆不知醫術，故賜之。

宋·李燾《續資治通鑑長編》卷一五八　〔慶曆六年〕上謂輔臣曰：蠻猺未平，兵久留戍，南方夏秋之交，常苦瘴霧，其令醫官院定方和藥，遣使給之。

宋·李燾《續資治通鑑長編》卷一六三　〔慶曆八年二月癸酉〕頒《慶曆善救方》。上始閲福建奏獄，多以蠱毒害人者，福州醫工林士元能以藥下之，遂詔錄其方，又命太醫集諸方之善治蠱者為一編，詔參知政事丁度為序而頒之。

宋·李燾《續資治通鑑長編》卷一六七　〔皇祐元年〕先是，知雲安軍、屯田員外郎王端言：川、峽之俗，多蠱毒中人，死者蓋十八九。去年朝廷頒《善救方》，其惠甚大。然所用藥，或本土所無有，而民間不能致，請官為給錢和藥與民。既從其請，仍令諸路準此。

宋·李燾《續資治通鑑長編》卷一七〇　〔皇祐三年〕三司奏：自改法至今，凡得穀二百八十八萬餘石，芻五十六萬餘圍，而費緡錢一百五十五萬有奇，茶、鹽、香、藥又為緡錢一千二百九十五萬有奇。茶、鹽、香、藥，民用有限，榷貨務歲課不過五百萬緡，今散於民間者既多，所在積而不售，故券直亦從而賤。【略】

國子博士、監榷貨務薛向言：祖宗之法，塞下入粟，三司出茶、鹽、香藥、象牙、雜物稱其直，號三税法。內郡則轉運司以常賦充。今改用四税，是歲常倍出中都錢，而茶、鹽、香藥、象牙之物出多而用有極，則價賤而不售，官私兩失其利。

宋·李燾《續資治通鑑長編》卷一七六　〔至和元年春正月〕壬申，碎通天犀，和藥以療民疾。時京師大疫，令太醫進方，內出犀牛角二本，析而觀之，其一通天犀也。內侍李舜卿請留供帝服御，帝曰：吾豈貴異物而賤百姓哉。立命碎之。

宋·李燾《續資治通鑑長編》卷一八六　〔嘉祐二年〕韓琦言：朝廷近頒方書諸道，以救民疾，而貧下之家力或不能及。請自今諸道節鎮及并、益、慶、渭四州，歲賜錢二十萬，餘州軍監十萬，委長吏選官合藥，以時給散。從之。按《宋史》賜錢合藥，在己酉日。

琦又言：醫書如《靈樞》《太素》《甲乙經》《廣濟》《千金》《外臺祕要》之類，本多訛舛，《神農本草》，雖開寶中嘗命官校定，然其編載尚有所遺，請擇知醫書儒臣與太醫參定頒行。乃詔即編修院置校正醫書局，命直集賢院、崇文院檢討掌禹錫等四人，並為校正醫書官。禹錫，郾城人。

宋·李燾《續資治通鑑長編》卷二二五　〔熙寧四年〕層檀國入貢，始通也。【略】土產【略】犀、象、薰陸、木香、血竭、沒藥、硼砂、阿魏、蘇合油、真珠、玻璃、葡萄、千年棗、蜜沙華三酒。

宋·李燾《續資治通鑑長編》卷二五〇　〔熙寧七年〕權知高麗王徽表求

醫、藥、畫、塑四工以教國人。詔羅拯於四色人内募願行者，各擇三兩人先令赴闕。

宋・李燾《續資治通鑑長編》卷二七一 〔熙寧八年〕置提舉太醫局所。從太常寺主簿單驤請也。【略】又詔翰林醫官院選治嵐瘴藥方五七種，下合藥所修製。

宋・李燾《續資治通鑑長編》卷二八八 〔元豐元年〕御藥院言：藥材有市販所無，乞下諸路轉運司具出産州軍。如闕，本院以所須名色科置上供。從之。

宋・李燾《續資治通鑑長編》卷二八九 〔元豐元年〕詔太醫局選醫生十人，給官局熟藥，乘驛詣曹村決河所醫治見役兵夫。【略】三司言，太醫局熟藥所熙寧九年六月開局，至十年六月，收息錢二萬五千餘緡，其息計倍。

宋・李燾《續資治通鑑長編》卷五〇五 〔元符二年〕高麗國進奉使尹瓘等言，乞賜《太平御覽》等書。詔，所乞《太平御覽》并《神醫普救方》見校定，俟後次使人到闕給賜。

宋・曾敏行《獨醒雜誌》卷二 夏英公帥江西日，時豫章大疫，公命醫製藥，分給居民。

宋・曾敏行《獨醒雜誌》卷三 廣南風土不佳，人多死於瘴癘，其俗又好巫尚鬼，疾病不進藥餌，惟與巫祝從事，至死而後已。方書藥材未始見也。景德中，邵曄出為西帥，兼領漕事，始請於朝，願賜《聖惠方》與藥材之費，以幸一路。真宗皆從其請，歲給錢五百緡。今每歲夏至前，漕臣製藥以賜一路之官吏，蓋自曄始。

宋・洪邁《夷堅志・戊志》卷三 慶元乙卯春夏間，疫氣大作，民病者十室而九。張子智，知常州。多治善藥，分諸坊曲散給。

宋・陸遊《避暑漫抄》 政和初，上始躬攬權綱，不欲付諸大臣。因述藝祖故事，御馬親巡大内諸司。至内後拱宸門之左，對後苑東門有一庫無名號，但謂之苑東門庫，乃貯毒藥之所也。外官一員共監之，皆二廣、川蜀每三歲一貢。藥有七等，野葛、胡蔓皆預，鴆猶在第三，其上者鼻嗅之立死。於是親筆爲詔，謂取會到本庫，稱自建隆以來，不曾有文遣此，皆前代用以殺不廷之臣。藉使臣下果有不赦之罪，當明正典刑，豈宜用此？可罷其貢，廢其庫，將見在毒藥焚棄，瘞于遠郊，仍表識之，毋令牛畜犯焉。

宋・趙與時《賓退錄》卷一〇 任土作貢，三代而下未之或廢，時有損益而已。【略】《禹貢》以來，歷代史志及地理之書，但載土貢之目，而不書其數，惟《元豐九域志》爲詳。嘗最一歲所貢，凡為【略】龜殼二十枚，【略】鰾膠一十斤，【略】朱砂四斤一兩，雲母二十斤，鍾乳四斤八兩，芒硝一十斤，【略】禹餘糧一十斤，白石英一十二斤，紫石英二十斤，白石脂一十斤，水銀三斤二兩，石膏二十斤，磁石一十斤，陽起石一十斤，長理石五斤，礬石一十斤，石鷰二百枚，白菊花三十斤，人參三十斤一十兩，天門冬二十斤，甘草二百六十斤，白术一十兩，牛膝五十斤，柴胡三十斤，車前子一斗，乾山蕷一十五斤，細辛一十斤，石斛一十二斤，生石斛四十斤，巴戟一十斤，菴蕳一十斤，芎藭三十斤，黄連五十斤，蓯蓉六十斤，防風七十斤，五味子五十斤，蛇床子二十五斤，杜若一十斤，葛粉一十斤，栝蔞根一十斤，當歸一十斤，麻黄二十五斤，知母一十斤，仙靈脾一十斤，紫草五十斤，海藻一十斤，高良薑一十五斤，牡丹皮一十五斤，零陵香二十斤，縮砂二斤，白藥子五斤，天雄一斤，大黄一百斤，葶蘼子三升，連翹一十斤，續隨子三斤，荊芥一十斤，羌活一十斤，木藥子二百顆，桂心四十斤，茯苓三十斤，茯神五斤，酸棗仁三斗，黄蘗五斤，五加皮一十斤，杜仲五斤，沉香一十斤，詹糖香二斤，檳榔一千顆，枳殼一十五斤，枳實一十五斤，巴豆一斤，紅椒三十斤，貫子木二斤，白膠香五斤，苦藥子三斤，紅花五十斤，柏子仁一十斤，地骨皮二十斤，胡粉二十斤，龍骨一十斤，麝四斤一十一兩，牛黄九兩，阿膠七斤一十四兩，鹿茸一對，羚羊角一十五對，犀角二株，蜜三百四十斤，白蜜三十斤，蠟四百四十斤，牡蠣一十斤，烏鰂魚骨五斤，覆盆二斤。

《宋史・太祖本紀》 〔乾德元年冬十月〕丁未，吴越國王進郊祀禮金銀、珠器、犀象、香藥皆萬計。【略】十二月己亥，泉州陳洪進遣使貢白金千兩，乳香、茶藥皆萬計。【略】

〔開寶九年二月〕壬戌，錢俶進賀平昇州銀絹、乳香、吴綾、紬綿、錢茶、犀象、香藥，皆億萬計。【略】三月己巳，俶進助南郊銀絹、乳香以萬計。

《宋史・真宗本紀》 〔景德三年秋七月〕壬子，賜廣南《聖惠方》，歲給錢五萬，市藥療病者。

《宋史・仁宗本紀》 〔皇祐元年〕秋七月【略】己未，詔諸州歲市藥以療民疾。

《宋史・哲宗本紀》〔紹聖元年〕夏四月乙巳朔，阿里骨進獅子。丙午，以旱詔恤刑。己酉，詔中外決獄。庚戌，詔有司具醫藥治京師民疾。

《宋史・五行志・水下》 淳化五年六月，京師疫，遣太醫和藥救之。【略】紹興元年六月，浙西大疫，平江府以北，流屍無算。秋冬，紹興府連年大疫，官募人能服粥藥之勞者，活及百人者度為僧。三年二月，永州疫。六年，四川疫。十六年夏，行都疫。二十六年夏，行都又疫，高宗出柴胡製藥，活者甚眾。

《宋史・食貨志・振恤》 先是，仁宗在位，哀病者乏方藥，為頒《慶曆善救方》。知雲安軍王端請官為給錢和藥予民，遂行於天下。嘗因京師大疫，命太醫和藥，內出犀角二本，析而視之。其一通天犀，內侍李舜舉請留供帝服御。帝曰：吾豈貴異物而賤百姓？竟碎之。又蠲公私僦舍錢十日。令太醫擇善察脈者，即縣官授藥，審處其疾狀予之，無使貧民為庸醫所誤，夭閼其生。

《宋史・吐蕃列傳》〔景德〕三年，【略】鐸督遣安化郎將路黎奴來貢。黎奴病于館，特遣尚醫視療。及卒，上憐之，厚加賵給。五月，鐸督又言部落疾疫。詔賜白龍腦、犀角、硫黃、安息香、白紫石英等藥，凡七十六種。使者感悅而去。【略】〔四年〕，上以六谷、甘州久推忠順，思撫寧之，乃遣使諭廝鐸督令援結回鶻為備，并賜鐸督茶藥、襲衣、金帶及部落物有差。【略】

廝囉地既分，董氈最彊，獨有河北之地，其國大抵吐蕃遺俗也。懷恩惠，重財貨，無正朔。市易用五穀、乳香、硇砂、罽毯、馬牛以代錢帛。【略】尊釋氏。不知醫藥，疾病召巫覡視之，焚柴聲鼓，謂之逐鬼。

《金史・世宗本紀》〔大定〕二十年正月【略】壬戌，命歲以錢五千貫造隨朝百官節酒及冰、燭、藥、炭，視品秩給之。

《金史・哀宗本紀》〔天興元年六月〕辛未，復修汴城。以疫後，園戶、僧道、醫師、鬻棺者擅厚利，命有司倍征之，以助其用。

〔八月〕辛丑，設四隅和糴官及惠民司，以太醫數人更直，病人官給以藥，仍擇年老進士二人為醫藥官。

《元史・世祖本紀》〔至元二十二年九月〕丙子，真蠟、占城貢樂工十人及藥材、鰐魚皮諸物。

《元史・武宗本紀》〔至大二年六月庚午〕又，太醫院遣使取藥材於陝西、四川、雲南，費公帑，勞驛傳。

《元史・食貨志》 故倣前史之法，取其出入之制可考者：【略】十有七曰惠民藥局，【略】具著于篇，作《食貨志》。

額外課：元有額外課。謂之額外者，歲課皆有額，而此課不在其額中也。然國之經用，亦有賴焉。課之名凡三十有二：【略】十四曰山查，十五曰麯，【略】三十一曰薑，三十二曰白藥。其歲入之數，唯天曆元年可考云。

山查課：總計鈔七十五錠二十六兩四錢，內真定路一錠二十五兩八錢，廣平路四十錠五兩一錢，大同路三十三錠四十五兩四錢。麯課：江浙省鈔五十五錠三十七兩四錢。【略】薑課：興元路一百六十二錠二十七兩九錢。白藥課：彰德路，一十四錠二十五兩。

《元史・安南傳》〔中統〕三年九月，以西錦三、金熟錦六賜之，復降詔曰：卿既委質為臣，其自中統四年為始，每三年一貢，可選儒士、醫人及通陰陽卜筮、諸色人匠，各三人，及蘇合油、光香、金、銀、朱砂、沉香、檀香、犀角、玳瑁、珍珠、象牙、綿、白磁盞等物同至。【略】〔四年十一月〕帝賜來使玉帶、繒帛、藥餌、鞍轡有差。【略】〔至元〕四年九月，使還，答詔許之，仍賜光昺玉帶、金繒、藥餌、鞍轡等物。【略】七年十一月，【略】又前所貢藥物品味未佳，所徵回鶻輩，託辭欺誑，自今已往，其審察之。

《明會典》卷三〇 凡浙江、江西、福建、廣東、四川、湖廣、河南、山東、山西、陝西等布政司，應天、直隸、蘇、松、常、鎮、廬、鳳、淮、揚、徽、寧、池、太、安慶等府，滁、徐、和、廣德等州，解到綿布、銀硃、蜜陀僧、百藥煎、黑鉛、二硃、梔子、五倍子、烏梅、紫草、薑黃、藤黃、明礬、藍靛、紅花、槐花、水膠、黃丹、白及、光粉、綠礬、茜草、靛花青，俱送本庫收。

《明會典》卷一〇八 凡進蘇木、胡椒、香蠟、藥材等物萬數以上者，船至福建、廣東等處，所在布政司，隨即會同都司、按察司官檢視物貨，封艙完密，聽候。先將番使起送赴京，呈報數目，除國王進貢外，番使人伴附搭買賣物貨，官給價鈔收買，然後布政司仍同各衙門官，將貨稱盤見數，分豁原報，附餘數目，差人起解前來。禮部委官及行戶部、都察院委官會同差督人夫，運進承運等庫，稱盤入庫。禮部先期開寫各庫該收貨物手本，于午門關領各門勘合，填寫照進，并出給長單，令該庫批寫實收數目，回部備照。○後續定，凡外國朝貢，惟朝鮮國所進方物，陳設奏進，其餘俱該司驗過，具題得旨，開

具手本，送右順門即歸極門，內府各該衙門交收。今朝鮮國貢物，亦不陳設。止具題開，送歸極門內使交收。【略】

凡進藥材等物，徑從禮部具題，送歸極門交收。蘇木、胡椒、硫黃，近多解南京禮部交收。○凡各處夷人貢到方物，例不給價。

《明會典》卷一一三 凡番貨價值，弘治間定，回回并番使人等進貢寶石等項，內府估驗定價例：【略】象牙，每斤五百文。暹羅十貫。翠毛，每斤三百文。古刺水，內大合一貫，小合五百文。回回石青，每斤一貫。烏爹泥，每斤五百文。油血石，每兩二貫。番砂，每斤二百文。膽礬，每斤二貫。妥剔牙，每斤一貫。黃蠟，每斤五百文。雄黃，每斤五百文。阿魏，每斤二貫。蓽茇，每斤二貫。沒藥，每斤五貫。滿剌加十貫。肉荳蔻，每斤五百文。暹羅白荳蔻十貫。荳蔻花，每斤五百文。蓽澄茄，每斤一貫。悶蟲藥，每斤二百文。大楓子，每斤一百文。暹羅十貫。木鱉子，每斤三百文。血竭，每斤一十五貫。龍涎，每兩三貫。蘇合油，每斤三貫。乳香，每斤五貫。暹羅四十貫。沉香，每斤三貫。速香，每斤二貫。丁香，每斤一貫。木香，每斤三貫。金銀香，每斤五百文。降真香，每斤五百文。暹羅十貫。黃熟香，每斤一貫。暹羅十貫。安息香，每斤五百文。梔子花，每斤一貫。丁皮，每斤五百文。暹羅二貫。蘇木，每斤五百文。琉球十貫，暹羅五貫。烏木，每斤五百文。暹羅、滿剌加俱四十貫。紫檀木，每斤五百文。胡椒，每斤三貫。琉球三十貫，暹羅二十五貫，滿剌加二十貫。

【略】

凡折還物價，弘治間定：【略】麝香，每斤一千五百貫。樟腦，每斤一百貫。良薑，每斤二十五貫。大黃，每斤三十貫。【略】

歲進：舊例歲進茶芽及木瓜藥材，俱從土產去處起解，轉送該衙門供用，各有定數。【略】

藥材：廣西思明府歲進解毒藥五方三十四味，共三十八斤。內錦地蘿一味，重二斤。消食藥十味，重十二斤。消毒藥十八味，重十九斤。大衝藥一味，重一斤。塞住藥四味，重四斤。

四川成都府歲進藥材七味，內天雄二十對，附子五十對，川烏三十對，漏藍二十斤，仙茅二十一斤，補骨脂十五斤，巴豆四斤。

《明會典》卷二二四 凡天下歲辦藥材，俱於出產地方派納。永樂以後，額定五萬五千四百七十四斤。成化以來，其數漸增。至嘉靖初，通計二十六萬四千二百二十七斤有零。十三年議准，歲辦藥材，以十分為率，九分採辦本色。雖遇災傷，不許折價，其一分折銀解送，以備收買應用。十七年，令俱徵解本色，不許折價。後題減一萬五千五百四十一斤零。今見辦共計二十四萬九千五百八十一斤零。易金箔、硃砂、麝香等藥。浙江布政司所屬府州縣原額紫菀等藥，共三萬一千九百九十斤五兩，金箔一百八貼，銀箔七十二貼。後題減三百八十斤，易金箔八百貼，實該三萬一千六百一十斤五兩，金箔九百八貼，銀箔如舊。江西布政司所屬府州縣原額香薷等藥，六千一百四十二斤二兩六錢。湖廣布政司所屬府州縣原額貝母等藥，五千八百九十四斤二錢，白花蛇九條，烏蛇十條。後題減二千二百五十九斤十二兩四錢，易硃砂、麝香一百四斤，實該二千七百三十八斤三兩八錢。福建布政司所屬府州縣原額青黛等藥，二千七百五十九斤七兩七錢一分。後題減十四兩四錢，易天竺黃五斤，實該二千七百六十三斤九兩三錢一分。四川布政司所屬府州縣原額附子等藥，一萬七千三百二十一斤八兩，天雄四對。後題減二千八百三十斤，易麝香、犀角九斤，琥珀二十兩，實該一萬四千五百一斤一十二兩。廣東布政司所屬府州縣原額藿香等藥，九千二百三十四斤三兩四錢，蛤蚧一十七對。後題減三千七百斤，易沉香等藥，二百三十五斤，片腦三十兩，實該五千七百七十一斤一兩四錢。廣西布政司所屬府州縣原額零陵等藥，五千八百八十斤。後題減二千斤，易山豆根等藥二百四十斤，片腦三十兩，實該三千八百二十一斤十四兩。山西布政司所屬府州縣原額蒼朮等藥，八千八百七十斤十兩七錢。後題減五十斤，易麝香十斤，實該八千八百三十斤十兩七錢。山東布政司所屬府州縣原額天麻子等藥，八千四百四斤一兩九錢，蒼朮二萬二千四百八十斤。河南布政司所屬府州縣原額威靈仙等藥，八千四百九十二斤十二兩。陝西布政司所屬府州縣原額升麻等藥，一萬二千九十九斤七兩。後題減二千二百二十斤，易雄黃等藥五百三斤，實該一萬三百一千一斤七兩。遼東都司原額人參等藥，八百斤。應天府原額生玄胡等藥，五千八百五十九斤，蒼朮三萬九千六百九十斤。鎮江府原額半夏等藥，三千七百二十六斤，蜈蚣四十五條。蘇州府原額海金沙等藥，一萬一千八百四十四斤。後題減二千一百斤，易金箔一千貼，實該九千七百四十四斤。松江府原額紫蘇一千一百七十斤。徽州府原額茯苓等藥，九百四十九斤八兩。寧國府原額半夏等藥，九千九百八十六斤十一兩二錢五分，烏爛蟲蛀下木瓜二千箇。太平府原額榆皮等藥，二百八十一斤十四兩七錢五分。池州府原額獨活等藥，五百八十五斤。鳳陽府原額柴胡等藥，一千七百七十斤七兩三錢。揚州府原額半夏等藥，六百五十九斤九兩四錢。淮安府原額柴胡等藥，三千一百二十七斤八兩，蒼术二萬四千三百三十一斤。廬州府原額糖毬等藥，八十五斤十五兩五錢九分。安慶府原額白礬等藥，四百五十八斤七兩。廣德州原額茯苓六百三十斤。滁州原額桔梗等藥，一千五百九十八斤七兩一錢六分。徐州原額鹿茸等藥，八十二斤十四兩六錢七分。和州原額柴胡等藥，二百二十二斤十四兩。順天府原額乾菊花等藥，一千九百四十六斤一兩，蒼术八千五百九十四斤。大名府原額大皂角等藥，一千五百斤。河間府原額火麻子等藥，二千一百七十九斤八兩。保定府原額大皂角五百斤。真定府原額大皂角等藥，七百六十五斤。延慶州原額黄芩等藥，七百斤。保安州原額黄芩等藥，七百斤。

《明實錄·太祖實錄》〔洪武六年〕海賈回回以番香阿剌吉爲獻。阿剌吉者，華言薔薇露也。言此香可以療人心疾，及調粉爲婦人容飾。上曰中國藥物可療疾者甚多，此特爲容飾之資，徒啓奢靡耳。却不受。【略】

〔洪武十一年十一月〕丁未溢亨國王麻哈剌惹答饒遣其臣淡罔麻都等奉金表，貢番奴六人，胡椒二千斤，蘇木四千斤，及檀、乳、腦諸香藥。百花國王剌丁剌者望沙亦遣其臣八智亞壇等奉金表，貢白鹿、紅猴、龜筒、玳瑁、孔雀、鸚鵡、哇哇倒掛，及胡椒、香蠟等物。詔賜二國王及使者金織文綺紗羅衣服有差。

《明實錄·太宗實錄》〔永樂元年〕朝鮮國王李芳遠遣陪臣李貴齡等奉表朝賀，貢方物。貴齡奏芳遠父兄有疾，令齎布五十端，求市龍腦、沉香、蘇合香油諸物和藥。上命太醫院悉賜所須藥，而還其布。【略】

〔永樂四年〕癸丑，上與侍臣語，知京師之人多有疾不能得醫藥者，嘆曰：府内貯藥材甚廣而不能濟人於闕門之外，徒貯何為？命大醫院如方製藥，或為湯液，或丸，或膏，隨病所宜，用於京城内外散施。仍訪朝臣中有通於醫者，俾分任其事。又曰：朕一衣一食不忘下人之艱，猶於咫尺不能有濟，何況遠外。遂命禮部申明惠民藥局之令，必有實惠，勿徒有文具而已。

《明實錄·宣宗實錄》〔宣德三年〕行在禮部尚書胡濙言：昨太醫院奏尚衣監當用辟蟲香，請令本部遣人往福建等處，支給官鈔，收買樟腦、甘松等藥二萬斤製用。上曰：此非急務，止移文不必遣人，且香藥安用許多，可減其十之七。【略】

〔宣德八年〕直隸真定府定州知州林衡奏：州自春至夏不雨，民多乏食。近承行在禮部徵索藥材，皆非本州所產，乞改徵於出產之地。從之。

《明實錄·帝郕戾王附錄》〔景泰六年三月丙午朔〕禮部奏太醫院急缺香料五千一百七十斤，各處催辦未至。乞給内府銀鈔，于在京生藥鋪戶之家兩平收買。詔令太醫院斟酌至急者量數，用銀收買，餘俟明年議之。

《明實錄·英宗實錄》〔天順元年〕安南國陪臣黎文老奏：詩書所以淑人心，藥石所以壽人命。本國自古以來每資中國書籍、藥材，以明道理，以躋壽域。今乞循舊習，以帶來土產香味等物，易其所無，回國資用。從之。【略】

〔天順二年〕辛卯，哈密忠順王卜列革以母疾，遣使臣察馬力丁來朝貢馬，奏求通醫術者一人，并丁香、桂皮諸藥。上曰：哈密路遠，醫人不必遣。第給所需藥付來使齎回賜之。【略】

〔天顺四年〕己卯岷王徽煣奏患風疾，求藥材一百八味。上命以人參等一百一味賜之，其麝香、龍腦、沉香、牛黄、硃砂、血竭、全蝎七味不予。

《明實錄·憲宗實錄》〔成化六年〕哈密等地面使臣馬黑麻等，請以所帶玉石、大黄、硇砂易買紗羅叚并布絹、甆器、銅錫、藥餌、鞍轡等物。【略】

〔成化十四年〕免徵遼東藥材二年。遼東都司歲貢人參三百斤，五味子一百五十斤，連年貢未至。巡撫都御史陳鉞奏：藥材產于鳳凰山靉陽等處，距遼陽四五百里，密邇虜巢，時被侵掠，不得採取。乞暫停免，俟事寧之，□採辦如例。從之。【略】

〔成化二十一年〕各處歲辦藥材約有一十二萬餘斤，積久陳腐。今宜計足二年之用，暫免一年採辦。後視為例。陝西、山西、河南，旱災尤甚，歷年逋欠藥材悉宜宥免。上批答曰：禁奢侈已行矣。

《明實錄·孝宗實錄》〔弘治十七年〕先是兵部尚書劉大夏等會奏：【略】一太醫院額辦藥材多有本地不產，買辦於京者，或至堆積陳腐，徒費錢財。今後缺用者，仍舊解納，其餘宜暫停止。【略】

〔弘治十八年〕司設監太監張瑜、掌太醫院事右通政施欽、院判劉文泰、御醫高廷和等有罪下獄。初先帝以禱雨齋戒，偶感風寒，命瑜與太醫院議方藥。瑜私於文泰、廷和不請胗視，輒用藥以進。繼與欽及院判方叔和、醫士徐昊等進藥，皆與證乖。先帝遂彌留弗興，中外痛恨。英國公張懋等，及給事中王宸、薛金，御史陳世良等交劾其惡，以為庸醫殺人律科過失，特為常人設耳。若上誤人主，失宗廟生靈之望，是為天下大害，罪在不赦。故合和御藥，誤不依本方，謂之大不敬，列諸十惡，請加瑜等顯戮以洩神人之怒。令旨從懋等言，乃命錦衣衛執瑜等送都察院，會多官鞫之。【略】

都察院左都御史戴珊會英國公張懋，吏部尚書馬文升等以張瑜等獄，上謂瑜嘗奉命修理藥料，與劉文泰及右參議丘鈺假市藥侵盜官錢。及纂修本草，又薦文泰及高廷和同事，並緣為姦。先帝不豫，瑜欲援引文泰等徼倖成功，輒用其藥。施欽及院判方叔和，醫士徐昊等相繼胗視，俱藥不對證，瑜、文泰、廷和宜比諸司官與內官交結作弊，而扶同奏啟者律各斬。欽等罪各有差，且言右通政王玉、院使李宗周、院判張倫、錢鈍、王槃等，坐視用藥非宜，隱忍不舉，得旨瑜、文泰、廷和，依律論死，欽叔和革職閒住，昊發原籍為民，玉等各降二級，鈺未盡之贓追究以聞於是。玉降院使，宗周院判，倫、鈍、槃俱太常寺典簿，供事如舊。後鈺追贓五百兩，罷為民。時大臣有陰厚文泰者，故不用合和御藥大不敬正條，而比依交結內官律。其後瑜等遂以為解脫之地，識者恨之。

《明實錄・世宗實錄》〔嘉靖元年〕襄王祐櫍以疾，求空青等藥，詔賜之。【略】

〔嘉靖十二年〕西域額即乩哈辛王等所遣貢使以番文二十九通奏求中國繒幣褋物。詔量以布帛、茶藥等物給之。【略】

〔嘉靖三十五年〕上問禮部：古之用芝草入藥者，今產於何？所求之可得否？具以狀對。尚書吳山等對言：草芝有赤、黑、青、白、黃、紫，其色不同，其味亦異。然皆云久食者，可以輕身。王充《論衡》云：芝生於土。土氣和，故芝草生。《瑞命記》云：王者德仁，則芝草生。《文選》云：煌煌靈芝，一年三秀。漢《舊儀》云：芝有九莖，金色綠葉，朱實，夜有光。《黃帝內傳》云：王母遺仙人歌萬年長生之曲，授帝以石函玉笈之書，會閬風瑤池之上，授《神芝圖》十二卷。然世不常有，人所罕見，故歷代得之皆以為瑞，而服食之法亦未有傳。仰惟皇上體道奉玄，諸福之物自可致之，祥無不畢至，則夫芝草自將應時挺生，遠近必有獻者。所產之地，臣未敢預擬也。於是上詔有司採諸玄岳龍虎鶴鳴三茅齊雲及五岳，仍訪之民間。會宛平縣民張巨估得芝五本，獻之。上悅，賚以銀幣，自是臣民獻芝草瑞物者紛紛矣。【略】

〔嘉靖十五年〕上為聖母調藥止目淚，用海松子有效。詔下廣東布政司於暹羅界瀕海處所訪求進用。

《明實錄・穆宗實錄》〔隆慶元年〕方士王金等下獄論死。金初以修煉夤緣真人陶仲文子世恩，希求恩澤，乃偽造五色靈龜、靈芝，以為天降瑞徵。又與世恩及陶倣、劉文彬、申世文、高守中偽造諸品仙方，《養老新書》《七元天擒護國兵策》，及以金石藥進御。倣得遷太醫院使，世恩太常寺卿，金太醫院御醫，文彬太常寺博士。至是以遺詔逮金等鞫問，遂皆伏法。【略】

〔天啟七年〕以廠臣魏忠賢捐貲葺理鄭城藥王廟，上心嘉悅，命四方商賈依廟開廛，一切租稅盡行蠲免，所有香火錢糧，差內臣張添祥等前往經管，公同登記收貯，以備修理焚祝之資，府縣官不得干預。【略】

〔天啟七年〕浙直等處商人翁元等以鄭州藥王廟商稅蒙廠臣奏免，請許捐資建坊，以彰仁化。許之，坊名顯德流芳。

明・余繼登《典故紀聞》卷一一 英宗初即位，敕省諸冗費。【略】太醫院藥材九萬八千一百餘斤，省為五萬五千四百餘斤。

明・沈德符《萬曆野獲編》卷二一 進藥：嘉靖間，諸佞倖進方最多，其祕者不可知，相傳至今者，若邵、陶則用紅鉛取童女初行月事煉之如辰砂以進；若顧、盛則用秋石取童男小遺去頭尾煉之如解鹽以進。此二法盛行，士人亦多用之。然在世宗中年始餌此及他熱劑，以發陽氣，名曰長生，不過供祕戲耳。至穆宗以壯齡御宇，亦為內官所蠱，循用此等藥物，致損聖體，陽物晝夜不仆，遂不能視朝。

明・沈德符《萬曆野獲編》卷二九 獻芝：嘉靖中葉以後，大小臣工進白鹿、白兔、白雁者固多，而後乃以芝草為重，下至細民亦競上獻，如三十七年，陝西鄠縣民王金，進芝山一座，聚芝一百八十一本，名曰仙應萬年芝。以祝聖壽，其間徑一尺八寸者凡數本。上悅，賚以金帛。是年冬，禮部類奏四方所進芝一千八百四本，詔猶以徑尺以上者尚少，命廣求以進。于是命輔臣嚴嵩、李本等煉以為藥，且詔次輔徐階曰：卿政本之重，不以相溷也。階惶恐，請煉藥如二臣，上始悅，自是督臣胡宗憲獻芝與白龜同進，上以之謝玄壇告宗廟，賜宗憲鶴袍。而陝西撫臣程軌，按臣李秋，獻白鹿芝草，云得之部內書堂萬壽宮中，蓋詭為美名以媚上也。二臣各拜幣鈔之賜，仍命謝玄告廟。至四十一年，王金者又進靈芝五色龜，上大喜，諭禮部：龜芝五色既全，五數又備，豈非上元之賜？仍告太廟，百官表賀，拜金為御醫。四十三年太醫院御醫王金，又進萬壽香山三座，聚芝三百六十本為之者。是歲天下臣民進法祕仙桃瑞芝，及為上祝釐建醮者不絶，各承賞賚。又一年，而上鼎成龍去，王金坐進藥損上躬，論大辟，高新鄭為政貸出。

明·沈德符《萬曆野獲編》卷三〇　西天功德國：洪武七年，西天阿難功德國王卜哈魯，遣講主必尼也來貢，并獻解毒藥石。詔賜文綺禪衣等物。古來不聞有此夷名，且《會典》朝貢諸夷，不載其國，并金元諸史皆無之。但其時與和林國使仝來，亦遣講主朝貢獻方物，及元所賜金玉銅銀等印。按和林為元舊都，何以改稱國？必胡僧賺賞，并功德國亦僞造美名，天朝姑妄聽之耳。

明·朱國禎《湧幢小品》卷二五　列聖大故，太醫擬罪，未見確據。惟孝皇有疾，太醫進藥，鼻血驟崩，蓋誤用熱劑也。御藥局太監張瑜，醫官施欽、劉文泰等四人，皆下獄。據正律，誤用御藥，大不敬，當斬。

明·劉若愚《酌中志》卷一七　聖濟殿，供三皇、歷代名醫，御服藥餌之處。

明·談孺木《棗林雜俎》中集　萬曆甲午，詔雲南布政司取琥珀二百斤，一時騷然。永昌府帑舊貯二十餘斤，以上供搜括，數年竟不能充而止。

《明史·列傳·外國》　朝鮮：成祖立，遣官頒即位詔。永樂元年正月，芳遠遣使朝貢。四月復遣陪臣李貴齡入貢，奏芳遠父有疾，需龍腦、沉香、蘇合、香油諸物，齎布求市。帝命太醫院賜之，還其布。芳遠表謝，因請冕服書藉。帝嘉其能慕中國禮，賜金印、誥命、冕服、九章、圭玉、珮玉，妃珠翠七翟冠、霞帔、金墜，及經籍綵幣表裏。自後貢獻，歲輒四五至焉。【略】

〔暹羅〕其貢物，有象、象牙、犀角、孔雀尾、翠羽、龜筒、六足龜、寶石、珊瑚、片腦、米腦、糠腦、腦油、腦柴、薔薇水、碗石、丁皮、阿魏、紫梗、藤竭、藤黃、硫黃、沒藥、烏爹泥、安息香、羅斛香、速香、檀香、黃熟香、降真香、乳香、樹香、木香、丁香、烏香、胡椒、蘇木、肉荳蔻、白荳蔻、蓽茇、烏木、大楓子及撒哈剌、西洋諸布。其國有三寶廟，祀中官鄭和。【略】

柔佛，近彭亨，一名烏丁礁林。永樂中，鄭和遍歷西洋，無柔佛名。或言和曾經東西竺山，今此山正在其地，疑即東西竺。【略】所產有犀、象、玳瑁、片腦、沒藥、血竭、錫、蠟、嘉文簟、木棉花、檳榔、海菜、窩燕、西國米、蛬吉柿之屬。【略】

古里，西洋大國。【略】所貢物有【略】龙涎香、蘇合油【略】之屬。

錫蘭山，或云即古狼牙修。【略】所貢物有珠、珊瑚、寶石、水晶、撒哈剌、西洋布、乳香、木香、樹香、檀香、沒藥、硫黃、藤竭、蘆薈、烏木、胡椒、碗石、馴象之屬。

榜葛剌，即漢身毒國，東漢曰天竺。【略】厥貢：【略】糖霜、乳香、熟香、烏香、麻藤香、烏爹泥、紫膠、藤竭、烏木、蘇木、胡椒、粗黃。

祖法兒，【略】天使至，詔書開讀訖，其王徧諭國人，盡出乳香、血竭、蘆薈、沒藥、蘇合油、安息香諸物，與華人交易。乳香乃樹脂。其樹似榆而葉尖長，土人砍樹取其脂為香。有駝雞，頸長類鶴，足高三四尺，毛色若駝，行亦如之，常以充貢。

不剌哇，【略】宣德五年，和復往使。其國，【略】田不可耕，蒜、葱之外無他種，專捕魚為食。所產有馬哈獸，狀如獐；花福祿，狀如驢；及犀、象、駱駝、沒藥、乳香、龍涎香之類，常以充貢。

竹步，亦與木骨都束接壤。永樂中嘗入貢。【略】所產有獅子、金錢豹、駝蹄雞、龍涎香、乳香、金珀、胡椒之屬。

剌撒，自古里順風二十晝夜可至。永樂十四年遣使來貢，命鄭和報之。【略】所產有乳香、龍涎香、千里駝之類。

清·褚人獲《堅瓠續集》卷一　嘉靖甲辰，朝廷於京師每歲一月，日散粥米二百石，施藥六千囊。粥則人給一杓，可三五口供也；藥則衣金者百丸，并符湯方各一紙。以白綾作袋，上刻印板云：凝道雷軒施。內貯銀五分，銅錢十五文，計價二錢，惠下之心至矣。雷軒，蓋世宗道號也。

清·褚人獲《堅瓠二集》卷四　採（蟬）（蟾）酥：太醫院有採（蟬）（蟾）酥差，差時儀從甚都。某判院欲以炫耀其友，枉道過焉。友作詩嘲之，曰：白馬紅纓出禁城，喧天金鼓詠霓旌。穿林過莽多豪氣，拿住蝦蟆壞眼睛。時人傳以為笑。

清·王士禛《池北偶談》卷三　康熙丁未夏，荷蘭國甲妻吧王油煩嗎綏極遣陪臣卑獨攀呵閏等入貢，內有【略】旃檀樹四株，各長二丈許，【略】牡丁香【略】之屬。

清・王士禛《池北偶談》卷四　荷蘭國自康熙六年入貢，今二十五年。臺灣平，設郡縣，其王耀漢連氏甘勃氏遣陪臣賓先吧芝復奉表進貢。【略】貢物：【略】奇秀琥珀二十四塊，【略】丁香三十擔，冰片三十二斤，甜肉豆蔻四甕，廂金小箱一隻。內丁香油、薔薇花油、檀香油、桂花油各一罐。

清・楊賓《柳邊紀略》卷三　至王公宗室亦各按旗分地，令其採捕。按《會典》：國初，王以下，公以上，許遣壯丁于烏喇地方採捕東珠、貂鼠、人參等物，效力勤勞。大臣許遣壯丁採取人參。順治五年，停止大臣採參。七年，停止宗室採捕東珠、貂鼠等物。八年，定烏喇採參人數：親王一百四十丁，世子一百二十丁，郡王一百丁，長子九十丁，貝勒八十丁，貝子六十丁，鎮國公四十五丁，輔國公三十五丁，鎮國將軍二十五丁，輔國將軍二十丁，奉國將軍十八丁，奉恩將軍十五丁。鑲黃旗人參山、曰黑扯木、曰馬家、曰肥牛村、曰牛哈兒哈、曰色欽、曰趙家、曰厄兒民河、曰哈兒民河岡、曰佟家河、曰拉哈多布庫河、曰牙兒渣河。採捕山曰波那活河、曰一而門、曰呼藍、曰馬哈拉。正黃旗人參山曰木起、曰呼渾谷背山傍、曰幽呼羅東界、曰克扯木、曰肥牛村、曰土克善梅佛黑齊、曰五林峯，曰厄爾民河、曰哈爾民河夾岡、曰佟家河、曰拉哈多布庫河、曰渾濟山、曰見得黑山。採捕山，曰一而門、曰牙瀨港、曰厄黑五陵河。正白旗人參山曰呼雷、曰剛山嶺、曰東勝阿谷、曰濟而歌把羅、曰打八址岡、曰濟兒歌河、曰瓦而喀什把羅、曰覺羅衞濟嶺、曰昂把釋楞、曰阿沙哈河、曰綿灘厄母皮里、曰阿什汗河、曰湖南谷、曰湖南嶺、曰布魯張市、曰叉欣谷、曰梭布納、曰鈕王澗谷、曰布勒亨。採捕山曰希兒哈河、曰阿克敦、曰上澗峯、曰木書河。正紅旗人參山曰朱哈兒哈、曰撒姆湯阿、曰劉姑山嶺、曰倭兒烘噶哈、曰阿巴噶哈、曰木敦、曰古黑嶺背山傍、曰汗處哈谷、曰西伯谷、曰倭兒烘谷、曰阿米大谷、曰阿米大牙兒過。採捕山曰撒倫一而門、曰五藍得弗、曰哈占你白葉。鑲白旗人參山曰劉姑山嶺、曰撒婦湯阿、曰張而都科八羅、曰歡他、曰呼勒英尼、曰剛山嶺、曰色真打把庫、曰扎而打庫河、曰烏林庫占、曰三通嶺、曰多把庫羅門、曰渾濟木敦。採捕山曰阿呼峯、曰撒倫。鑲紅旗人參山曰加海、曰撒姆占河、曰沂澈東倭、曰扎姆必汗、曰扎姆他賴、曰紐木舜、曰五什欣阿普大力、曰倭兒烘阿普大力、曰白母白力、曰撒哈連、曰昂八烏而呼、曰納孟厄、曰阿沙哈圍黑、曰厄黑港、曰古黑嶺南山傍、曰瓦黑呼、曰汗處掀谷、曰昂把烏黑、曰昂把釋楞。採捕山曰勒夫渡口、曰一八單、曰依蘭峯、曰朱綠峰、曰呼朱白葉。正藍旗人參山曰東勝阿、曰加哈嶺、曰瓦爾喀什、曰扎兒呼河、曰吉姆申、曰書谷、曰倭兒烘噶哈、曰昂巴噶哈、曰木敦家姆占、曰灣他哈、曰紐王澗谷、曰非牙郎阿、曰阿什哈溫扯黑。採捕山曰阿濟革牙哈、曰木克峰、曰阿姆灘納麥爾齊、曰昂巴牙哈。鑲藍旗人參山曰扎姆必汗、曰扎東阿、曰色欽、曰扎庫木、曰厄一夫峰、曰都稜、曰溫泉、曰扎兒呼河、曰圍黑法山。採捕山曰牙瀨港、曰一呑木克、曰波呑、曰酸馬岡。

遼東人葠《本草》云：人葠與甘艸同功而易蛀，惟納器中密封可經年不壞。《紫桃軒雜綴》云：人參一名人葠，葠者，漸漬之義。又名人微，微，亦微漸之意。一名人御，以其生有階級。又名鬼蓋，以其生背陽向陰。又有神草、地精、海腴之名。《異苑》云：人參名土精。《海錄》云：天狗，人參也。《春秋運斗樞》云：搖光星散為人參。廢江淮山瀆之利，則搖光不明，人參不生。《說文》云：葠與參同。扁鵲云：有毒，或生邯鄲。《西溪叢語》曰：《梁書》阮孝緒母疾，須人參。舊傳鍾山所生，有鹿引之，鹿滅，得此草。四月發芽，五月花，花白，色如韭。花叢大者若椀，小者若鍾。六月結子，若小豆而連環，色正紅，久之則黃而扁。扁鵲云：三月生葉小花，核黑，莖有毛，九月採根。初生一椏，四五年兩椏，十年後三椏，年久者四椏。每椏五葉，葉若芙蓉，一莖直上。《扈從東巡日錄》所謂百尺杵也。高者數尺，低者尺餘。陶隱居曰：上黨參，形長而黃，多潤實而甘。百濟形細而堅白，氣味薄。遼東形大而虛軟。《紫桃軒雜綴》云：生上黨山谷者最良，遼東次之，高麗百濟又次之。《異苑》曰：上黨者，人形皆具，能作兒啼。《西溪叢語》曰：扁鵲云：有頭、足、手、面目如人。《廣五行記》云：土下有呼聲，掘之得人參，如人形，四體備具，聲遂絕。《隋書・五行志》曰：高祖時，上黨人家宅後每夜有人呼聲，求之不得。去宅一里所，但見人參一本，枝葉峻茂，因掘去之，其根五尺餘，具體人狀，呼聲遂絕。《夷堅丙志》曰：青城老澤平時無人至，其間關壽卿與同志七八人作意往遊，未到二十里，日勢薄暮，鳥鳴猿悲，境界淒厲。久之山月稍出，花香撲鼻，諦視滿山，皆牡丹也。幾二更，乃得一民家老人，猶未睡，見客欣然延入，布席而坐。少頃，設麥飯一鉢，菜羹一盂，揖客坐食，翁獨據榻正坐，俄出一物如小兒狀，置于前，衆莫敢下箸，獨壽卿劈食少許。翁曰：儲此味六十年規以待老，今遇重客不敢藏，而皆不顧，何也？取而盡食之，曰此松根人參也。今上黨、百濟，皆枯白無味，而遼以東所產多黃潤甘實，不盡如前所云。而人形略具者，聞亦有之，但不能作兒啼耳。甲子、乙丑已後，烏喇寧古塔一帶採取已盡，八旗分地徒有空名。官私走山者，非東行數千里入黑金阿機界中，或烏蘇江外，不可得矣。

高麗人作《人參贊》云：三椏五葉，背陽向陰。欲來求我，根樹相尋。《居易錄》曰：宋思陵得李伯時畫人參、地黃二藥，裝潢之。御書東坡二贊有鍾太常家法，其贊參云：上黨天下脊，遼東真井底。元泉傾海腴，白露灑天醴。靈苗此孕毓，肩股或具體。移根到羅浮，越水灌清泚。地殊風雨隔，臭味終祖禰。青椏綴紫萼，圓實墮紅米。窮年生意足，黃土手自啟。上藥無炮炙，齕齧盡根柢。開生定魂魄，憂恚何足洗。糜身副吾生，既食首重稽。楊升菴《藥市賦》曰：人參三椏，來自高句驪之國。桃枝九折，出于嶲昆明之陬。

宗室人參，過山海關，皆有定額，額外人參照例每斤納稅六錢。例云：親王人參七十斤，世子六十斤，郡王五十斤，長子四十五斤，貝勒四十斤，貝子三十斤，鎮國公二十二斤半，輔國公十七斤半，護國將軍十二斤半，軸國將軍十斤，奉國將軍九斤，奉恩將軍七斤半。準免關稅，餘參每斤納銀六錢，其買參者準于盛京、開原等處採買，不許於打牲之處採買。凡走山者，山東、西人居多。大率皆偷採者也。每歲三四月間，趨之若鶩。至九十月間乃盡歸。其死於飢寒不得歸者，蓋不知凡幾矣。而走山者日益多，歲不下萬餘人。凡走山刨參者，率五人為伍，而推一人為長，號曰山頭，陸行乘馬，水行駕威弧，獨木小舟名。沿松花江至諾尼江口登岸，覆舟山谷間，乃入山。相土山頭坐而指揮四人者，剝樹皮為窩棚。又擇一人炊，三人樵蘇。夜則燎火自衛。曉食已，人攜小刀一，火石包一，四尺長木鑱一，皮袋一，隨山頭至嶺。受方略，認徑路，乃分走叢木中，尋參子及葉。《扈從東巡日錄》云：其草一莖直上，獨出眾草，光與曉日相映。得則跪而刨之，山頭者時時立嶺上，作聲以呼其下，否則迷不能歸矣。日暮歸窩棚，各出所得，交山頭，乃洗剔而煮。按《實錄》云：先以水漬參，明人佯不欲市。邊人恐朽敗急，售多不得價。太祖乃命煮而售之，煮參始此。近又以煮則味薄，改而為蒸矣。貫以縷，懸木而乾之，日惟曉夜再食。糧盡，則五人均分而還。

關東人呼參曰貨，又曰根子。肉紅而大者，曰紅根。半皮半肉者，曰糙。重空皮曰泡平聲。視泡之多寡，定貨之成色。《扈從東巡日錄》有紫團、白條、羊角、金井、玉蘭諸名。己巳、庚午間，足色者斤寧古塔參以十八兩為斤，奉天以十九兩為斤，京師以南以二十兩為斤。十五兩；八九色者，斤十二三兩；六七色者斤九、十兩；對沖者六七兩。泡，三兩。若一枝重兩以上，則價倍。一枝重斤以上，價十倍。成人形則無價矣。相傳康熙二年得人形者，一枝重二十二兩，獻於朝後，絕不得。

清・嵇璜、刘墉《清朝通典》卷一五 市糴：【略】順治元年設立貿易人參科條，止許於江寧、揚州、濟寧、臨清四處開肆，其有虧值勒買者罪之。二年令各莊頭採買芻糧，毋得勒價強買。又申江寧、蘇杭各處機房組織惡薄之禁。四年罷粵東雷、廉二郡採珠役。五年禁止諸王府商人及旗下官員家人外省貿易。六年申定貿易人參入科條。嗣後止許在京均平市易，永為定例。

清・姚衡《寒秀草堂筆記》卷三 嘉慶十九年八月初七日，因修理武英殿露房，進呈庫中所藏，頒賞內廷大臣。先文僖公以戶部侍郎，入直南書房，與賜：肉豆蔻油二斤四兩。一匣，治筋骨疼怕冷，塗搽。肉豆蔻花油二兩五錢。二玻璃瓶，能補脾胃，順氣保心化痰。白豆蔻油五錢。一玻璃瓶，能暖脾胃，去食水，下小水。蜜蠟金油八兩四分三釐。三玻璃瓶。蜜蠟油四兩九錢七分五釐。三玻璃瓶。以上三種，治頭迷痰火病。香櫞油十二瓶。能化痰，補脾胃，保心血。阿里西油五錢四分。一玻璃瓶，能保心，暖脾胃，化溼痰，順氣。都爾們底那油十六斤八兩二錢。三十一玻璃瓶，外又一瓶，治小水不通，兼內疼痛。郭巴益巴油三十斤九兩九錢。三十二玻璃瓶，一磁瓶，一錫合，治刀傷。丁香油二十六斤九兩三錢五分二釐。二十七玻璃瓶，治胃氣痛。蘇合油七兩。一錫合，治胃寒，解瘡毒收口。巴爾撒米油三斤一兩三錢五分。六玻璃瓶，治刀傷。冰片油十一斤九兩四錢，二十玻璃罐，二磁瓶，系冰片蒸成，其用法與冰片同。肉桂油八兩，二玻璃瓶，能補力。桂皮油八兩二錢八分五釐。六玻璃瓶，能補力。利諾油一斤。一玻璃瓶，能化散止痛化毒。阿里法油十八斤九兩。二十五玻璃瓶，一磁瓶，能解諸蟲之毒。密羅柑油八瓶。治頭迷。噶几雅油四瓶。係補藥。密羅費的里油四瓶。郭羅多油八瓶。方日班你油七瓶。熱爾索尼油二瓶。柳丁花油三瓶。客几拉油三瓶。日牙心的油三瓶。花露油二十瓶。二匣。百花油二十五瓶。花露六瓶。以上十種能補脾胃，治肚疼。德里雅噶一百六斤十五兩三錢。二磁瓶，二玻璃瓶，四十三錫合，治惡毒冷氣，腹內掙痛，脾胃虛弱。牙卜都牙一兩六錢。一匣，治諸瘡腫毒，岔氣痛。色噶謀牛十兩五錢。一匣。兀思噶末牙五兩。一匣。以上三種，治瀉肚，去食化痰。撒蘇付拉蘇五斤八兩。一匣，發散，調脾胃，頭沈，順氣。達噶馬噶十二兩。一匣，治牙疼，偏腦疼，筋受傷。達末利地二十四斤三兩。三磁瓶，治發燒。昂地謀牛一百廿八斤十三兩二錢。二匣，二磁瓶，治瘡內膿發散。金地略二斤九兩。一匣，能清脾胃。厄把昂地莫牛一兩。一玻璃瓶，治嘔吐，清脾胃。昂地謀牛瑠璃十四兩七錢。一匣，係吐藥。阿里噶農對不理噶四斤八兩。一匣，能化溼痰順氣。得爾西日拉達十五兩正錢。一匣，治吐血，紅痢疾。都地牙二斤五兩。一匣，治瘡止瀉，把甘收口。色三多二斤十四兩。一匣，能清血解毒。立克農噶牙公三斤十兩。一匣，治藏溼濕潮，清血解毒。熱拉巴十斤七兩。一匣，能跑肚，去小水，治蟲證、筋骨疼。撒拉撒巴里拉五斤七兩。四匣，治五藏內溼潮，發散。郭事尼勒八斤八兩。二磁瓶，能保心，治傷寒。三爾郭郭拉七兩三錢。一匣，治眼疾，拔毒收口。辣依斯得杜爾們底拉一斤十四兩。二匣。多爾們底拉二斤十一兩。一匣。以上三種，治吐血，紅痢疾。得蠟得馬爾達八兩八錢。一匣，治傷熱之證。西磁噶瓜那四斤九兩五錢。一磁瓶，一匣，治痢疾。臥博那果六斤七兩。一磁瓶，能化痰。瑟拉必諾一斤二兩四錢。一匣，能化痞疾，解肝毒。額勒密一斤。一匣，能壯筋骨，發散腫毒。思朋熱牙二兩八錢。一匣，能治鼠瘡、疳瘡。巴思達一斤十二兩。一匣，係吐藥。古馬拉必各二兩三錢。一匣，能去火解毒。得勤噶剛地八兩七錢。一錫合，能止血，治癆病。歐福爾必窩一兩。一錫合，係外用搽藥，去瘡上瘀肉。噶斯多里約一斤三錢。一匣，能化濁痰順氣。額里斯波羅碧額達得八兩二錢。一玻璃瓶。厄里克西爾必厄達底思一兩。一玻璃瓶。以上二種，能避瘟病，治牙病。馬斯底斯三斤十五兩五錢。一匣，能補脾胃。瓦牙郭七錢。一玻璃瓶，合膏藥能。阿莫你牙果六斤九兩六錢。一錫合，一匣，能化痰。噶拉巴諾八斤三兩。二錫合，一木合，治婦人月經不調。白得略七斤一兩。一磁瓶，能化溼痰，利小水，解毒。西巴爾撒蘇佛勒四兩。一玻璃瓶。巴爾撒末多爾們底那四兩。一玻璃瓶。以上三種，治癆證，咳嗽吐痰，順氣。阿里斯多羅吉牙九兩。一匣，能化痰，利小水，和血。薩朋四斤六兩。一匣，係膏藥料，治流火，半身不遂。索爾達十斤八兩。二匣，治跌打損傷，和血。噶種得七十七斤十三兩六錢五分。二磁瓶，三匣，能補脾胃，去心跳、頭迷。格羅佛尼三斤。一匣。白斯噶肋菓七兩。二匣。郭羅佛你牙五斤十一兩。二匣。斯噶末尼牙一斤十三兩。一匣。以上四種，能發散，化痰順氣。墨竹剛八錢。一匣，治蟲證，肚腹不調。硫黃乳一兩。一匣，能順氣和血散氣。倭硫黃九斤十四兩七錢。二匣，能溫補命門相火。龍涎香六斤三兩九錢九分。二匣，能保心，補脾胃，散悶氣。沉香一斤四兩。一匣，能降氣，化積滯。苦木八斤十四兩三錢。一匣，治諸瘡腫毒，岔氣痛。蛇木十五斤十一兩四錢。二匣，治瘧疾，肚內疼，腹、骽腫。冰片木五兩一錢。一錫合，係樟木津液結成，能治喉痹，退雲翳。涼石二斤。一匣，治尿泡內疼，利小水。方石五十塊。一匣，能保心，去悶氣、頭迷、腫毒。螃蟹石七兩。治肚疼，保心理氣，去毒火。吸毒石十三兩五錢。一匣，治痘疹毒，瘟疹毒，傷寒。珊瑚枝子十四兩。一匣，能解毒去火理氣，脾胃熱痔瘡。藍寶石面子四兩五錢。一匣。白寶石面子二兩五錢。一匣。以上二種，能保心解毒。綠寶石面子五兩。一匣。紅寶石面子一兩五錢。一匣。黃瑪瑙面子三兩。一匣。瑪瑙面丸一兩三錢。一圓合。以上四種，治痰火，瘟病，瀉肚。保心石丸十五兩。一匣，治瘧疾，傷寒，解小兒痘疹。昂地謀牛鍾二個。一匣，或水或酒裝滿，放十二時辰服，治痰火病。刺豬球二個。一匣。蜘蛛寶四個。一匣。以上二種，能治發燒傷寒。猴寶七十七個半。內破的二個，一匣。鹿寶九個。一匣。野羊寶二個。一匣。山羊寶十七個。一匣。羊寶二十八個。一匣。以上五種，能保心解毒，治傷寒痘疹。獅子寶十五個。內破的一個，一合，治婦人難產，經水不調，研水服。牛寶四個。一匣。野豬寶一個。一匣。馬寶一個。一匣。以上三種，治痢疾，研水服。蛇辟毒牙一個。一匣。蛇睛一對。一匣。蛇哩一個。一匣。蛇舌一個。一匣。蛇牙二十二個。一匣。蛇王舌一個。一匣。魚牙一個。一匣。以上七種，治傷寒心跳，發散解毒。白葡萄城四斤四兩二錢。一匣。葡萄城九十斤十一兩七錢。一匣，三磁瓶。葡萄城鹽一斤十四兩九錢。一匣。以上三種，合別藥煎水，化痰利小水。葡萄城醋六十一斤。三磁瓶，性涼，入內發澀，外合藥料用。番紅花三斤六兩。三匣，能破積血。乾桂花十七斤十二兩。二箱，二磁瓶，能避一切惡氣，潤髮。共計一百廿二種。

清·姚元之《竹葉亭雜記》卷一　武英殿有露房，即殿之東稍間，蓋舊貯西洋藥物及花露之所。甲戌夏，查檢此房，瓶貯甚夥，皆丁香、荳蔻、肉桂油等類，油已成膏，匙匕取之不動；又有狗寶、鱉寶、蜘蛛寶、獅子寶、蛇牙、蛇睛等物。其蜘蛛寶黑如藥丸，巨如小胡桃，其蛛當不細矣。又有曰德力雅噶者，形如藥膏，曰噶中得者，製成小花果，如普洱小茶糕。監造列單，交造辦處進呈。上分賜諸臣，餘交造辦處。舊傳西洋堂歸武英殿管理。故所存多西洋之藥。此次交造辦處而露房遂空，舊檔冊悉焚。於是露房之稱始改矣。

《清史稿·邦交志》　乾隆【略】五十四年，又以納叛人閉市，嚴禁大黃、茶葉出口，俄人復以為請。

《清史稿·食貨志》　同治元年，【略】是年設江寧大勝關釐卡。河南禹州、陝州暨河內縣、清化鎮均設藥材釐金分局。